Ami lecteur

*Lorsque les frères Michelin ont conçu
et distribué la première édition de ce Guide
en 1900, ils affirmaient leur confiance dans
l'avenir de l'Automobile, du Pneumatique,
du Tourisme. Notre siècle qui s'achève
a pleinement confirmé leur anticipation.*

*Mais une vision qui se réalise ne constitue pas
un achèvement. C'est même un nouveau
départ.*

*L'automobiliste du XXIe siècle voudra
toujours voyager plus loin, plus librement,
plus sûrement aussi. «Le Michelin» restera
donc demain son conseiller, expérimenté,
solide, indépendant.*

*Ami lecteur, le Guide Rouge vit et progresse
pour vous et grâce à vous. Sur papier comme
sur écran, il poursuit son service,
fidèle à sa vocation première.*

Bonne route à tous !

E. Michelin.

1

1900•2000
Le Guide Rouge France a cent ans!

« Cet ouvrage paraît avec le siècle,
il durera autant que lui. »

(Edouard et André MICHELIN, 1900)

● *Le Guide n'a pas été publié
en 1921, ni pendant
les deux guerres
(1915-18, 1940-44).
L'année 2000 représente donc
sa 91ᵉ édition.*

Né pour rendre service

*L'automobile et le pneu: deux innovations
de la fin du XIXᵉ siècle, dont peu de contemporains
pressentent l'avenir.*

- **1891:** *Création du pneu démontable Michelin
  (pour vélos).*

- **1895:** *L'Eclair, première automobile
  sur pneumatiques (Michelin).
  Création de l'Automobile-Club de France
  (ACF).*

- **1899:** *1ᵉʳ Tour de France automobile.
  Une voiture électrique, la «Jamais Contente»,
  dépasse la vitesse de 100 km/h. sur pneus Michelin.*

*Les frères Edouard et André Michelin savent
que les «chauffeurs» attendent à la fois une assistance
sécurisante et une information pratique:
telle sera la mission dévolue au Guide Rouge,
créé en 1900. A la fois mode d'emploi
du pneumatique et initiation à la préparation du voyage
et de la bonne étape.*

*Quelques chapitres développés dans le Guide
Rouge à l'intention de l'automobiliste:*

- *Prix de vente des essences (1900)*
- *Calcul de la vitesse à laquelle on marche (1900)*
- *Outillage, accessoires et pièces de rechange
  qu'un chauffeur doit toujours emporter
  dans les coffres de son automobile (1901)*
- *Liste des bons chirurgiens de France (1902)*
- *Les bacs qui passent les autos (1904)*
- *Signaux de route (1905)*
- *Le droit pratique du chauffeur (1909)*
- *Tableaux de gonflage des pneumatiques
  (depuis 1901)…*

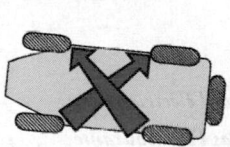

*Le Guide Rouge sera suivi d'autres initiatives
Michelin: le Bureau d'Itinéraires (1908),
la carte routière (1910), les bornes,
les guides touristiques…et bien d'autres!*

L'ami du voyageur

● *L'automobile, instrument de liberté, impose d'organiser son déplacement et de faire des choix: à quelle distance vais-je? Par où passer? Où faire étape? Trouver du carburant? Se faire réparer en cas de panne? Quel confort? Quels prix? Le Guide Michelin apporte ses conseils et ses adresses, il devient le bon génie du conducteur, «l'Oeuf de Pâques» de l'automobiliste.*

● *Pas de bon voyage sans les plans des villes à traverser ou à visiter: de 13 en 1900, ces plans passent à 600 en 1913! Localisant les établissements, les bâtiments administratifs et les curiosités, indiquant voies de traversée, sens uniques, parcs de stationnement, le tout dûment actualisé chaque année, les plans Michelin contribuent de bonne heure au succès du Guide. Les Alliés en feront bon usage lors du Débarquement!*

Quelques symboles d'hier...

	L'hôtel n'a pas l'éléctricité
	L'hôtel n'a pas l'eau courante
	Eclairage électrique
	Eau courante froide
	Chauffage central
	Hôtel-Palais, avec confort princier

Fort
de son indépendance...

«Offert gracieusement aux chauffeurs» jusqu'en 1919,
le Guide comporte jusqu'à cette date des «réclames»
pour l'automobile et l'hôtellerie.

C'est avec l'introduction des restaurants (1920)
qu'il définit sa nouvelle position, faite de rigueur
et d'autonomie, qui donnera désormais une valeur
déterminante à tous ses conseils:

● il évacue toute insertion publicitaire,

Pas de publicité payée dans ce guide

● il est désormais vendu en librairie (prix 1920: 7F),

● il contrôle l'usage promotionnel
de ses recommandations,

Bibendum n'accroche pas de panonceau aux hôtels et restaurants qu'il signale..

● il met en place une équipe d'inspecteurs qualifiés,
que leur incognito et le règlement de leurs notes
mettent à l'abri de toute influence.

Pour être inscrit
au Guide Michelin:
pas de piston,
pas de pot de vin !

Depuis cette date, le Guide Michelin est resté pleinement
fidèle à sa ligne de conduite: il prend ses décisions en
toute indépendance et n'en rend compte qu'à ses lecteurs.

Les étoiles de "bonne table"
ne se donnent pas :
elles se méritent

...et de la fidélité de ses lecteurs.

« Ce Guide se perfectionnera d'année en année si nos lecteurs veulent bien continuer à être nos collaborateurs et à nous envoyer critiques et corrections. »
(1901)

● Informer et satisfaire l'automobiliste avec son aide, telle est, dès l'origine, la démarche du Guide. C'est ainsi qu'il conjugue le savoir-faire de ses inspecteurs avec les attentes et les appréciations de ses lecteurs.

écrivez-nous...

« Sans les chauffeurs, nous ne pouvons rien, avec eux, nous pouvons tout. »
(1900)

● La clé de cette relation privilégiée, c'est le formulaire-réponse qui accompagne chaque édition. Outil de dialogue, porteur de compliments ou de critiques, il est le «baromètre» permanent de la confiance mutuelle.

Rien ne sert de gémir : il faut écrire à Michelin

● De 100 000 à 140 000 commentaires spontanés sur les établissements français parviennent chaque année avenue de Breteuil.

Bibendum averti en vaut deux. Avertissez-le de "ce qui ne va pas !"

merci !...

1904

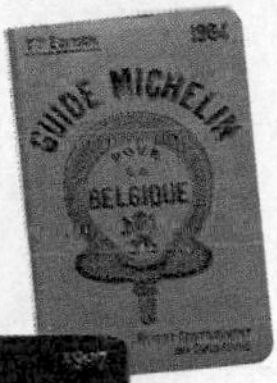

Père d'une famille nombreuse

1907

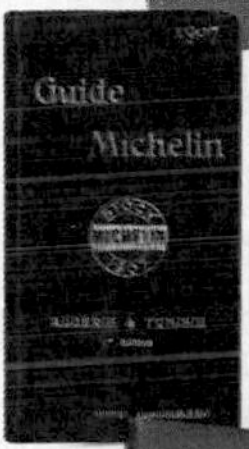

● *Précurseur, le Guide de France n'est pas resté longtemps seul. A ses côtés, en quelques années, une dizaine de titres ont étendu le conseil de Bibendum aux pays d'Europe et en partie, du bassin méditerranéen. Chaque volume arborait alors une couleur spécifique.*

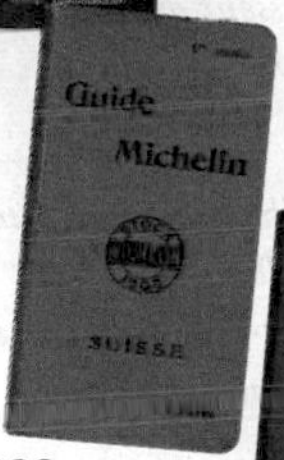

1908

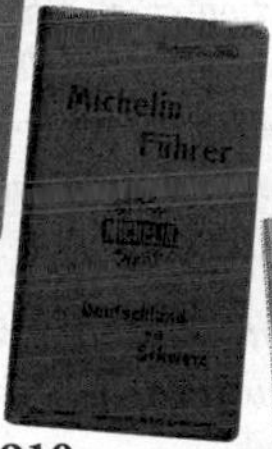

1910

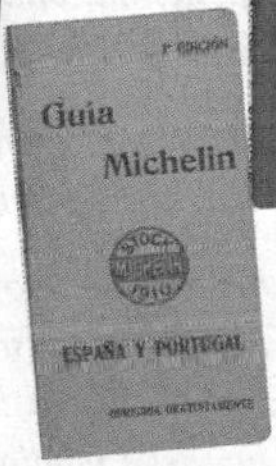

1910

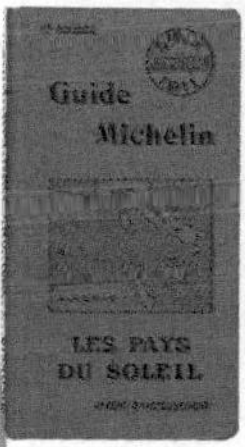

1911

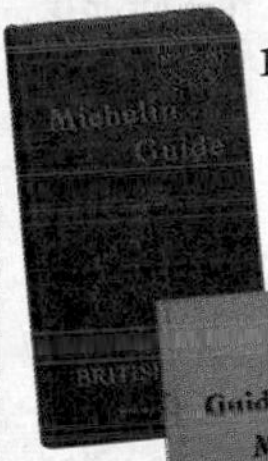

1911

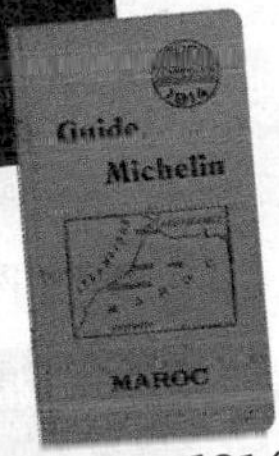

1914

1952 : *Espagne*
1953 : *Belgique-Luxembourg*
1956 : *Italie (du Nord)*
1957 : *Benelux*
1964 : *Deutschland*
1973 : *España-Portugal*
1974 : *Great Britain and Ireland*
1982 : *Europe*
1992 : *Ireland*
1994 : *Suisse*
1995 : *Portugal*

● *A partir de 1950, une deuxième génération de Guides reprennent à travers notre continent ce service au voyageur. Sous une couverture uniforme rouge et grâce à des équipes d'inspecteurs issues de chaque pays, ils se constituent en une collection homogène qui accompagne l'essor touristique européen.*

● *Une glorieuse édition: Le Guide France 1939, réédité par les Alliés en juin 1944 pour la reprise des villes occupées.*

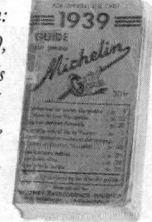

De Varsovie
aux Canaries et
de Dublin
à Budapest,
la collection actuelle
des Guides Rouges
Michelin propose
à ses lecteurs:
31700 hôtels
18400 restaurants
1400 tables
«étoilées»
1600 tables
«Bib gourmand»
1200 plans
de villes
7000 pages...

Une référence internationale

75 années d'Etoiles

● *1926: le Guide France accorde ses premières «Etoiles de bonne table» à 46 tables régionales. Ainsi apparaît, discrètement, la dimension gastronomique du Michelin (les ✿✿ et ✿✿✿ naissent au cours des années suivantes). La collection va l'élargir progressivement à toute l'Europe.*

● *Les méthodes de sélection et les définitions, identiques d'un pays à l'autre, garantissent que le savoir-faire culinaire ainsi distingué répond - par-delà les traditions et les spécificités nationales - à la même rigueur pour satisfaire tous les publics.*

● *De là vient, sans doute, l'immense écho planétaire qui accompagne les promotions au niveau suprême:*

✿✿✿ *Une des meilleures tables, vaut le voyage*
Exceptional cuisine, worth a special journey
Eine der besten Küchen: eine Reise wert
Una delle migliori tavole , vale il viaggio
Una de las mejores mesas, justifica el viaje
Uma das melhores mesas, vale a viagem
Uitzonderlijke keuken: de reis waard
最上の料理、出かける価値あり

D'un siècle à l'autre

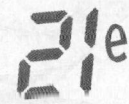

Mission accomplie pour le Michelin... tout au moins par rapport à la «prophétie» de ses créateurs.
Mais ce 100ᵉ anniversaire n'est-il pas au fond qu'une étape dans le développement de son service au voyageur?
A la fois information d'expert et conseil d'ami, le Guide Rouge vise toujours à évoluer avec son époque et son public, à perfectionner son aide, mais dans la fidélité à ses règles et à sa signature.

Le lien qu'il entretient avec son temps, avec notre temps, constitue ainsi une perspective essentielle, qui peut prendre bien des formes:

● *Une information à jour* - Dans ses guides comme dans ses cartes, l'actualité est une préoccupation constante de Bibendum. Ainsi s'explique son conseil mille fois répété de toujours «utiliser le Guide de l'année».

De bons hôtels s'ouvrent... Seul, le guide de l'année l'indique!

● *De 1900 à 2000: présent!* - Parmi les milliers d'hôtels recommandés tout au long de sa vie par le Guide, il est dans les régions des maisons de tradition, certainement bien gérées, qui citées déjà dans l'édition 1900, ont su résister aux tribulations du siècle et sont encore conseillées... dans le volume 2000!
Une fidélité remarquable pour cette centaine de maisons, reconnaissables cette année à leur pictogramme exceptionnel.

100

● *Informer plus vite!* - Si le siècle qui s'achève a été celui de la vitesse, le prochain sera celui de l'immédiat. Le Guide sur papier est pour longtemps une réalité bien vivante, mais les supports numériques apportent déjà une réactivité et une souplesse nouvelles, annonciatrices d'un guidage touristique encore plus efficace.

Sur Internet, le Guide Rouge perd sans doute sa chaude couleur... mais pas sa forme!

Sommaire

Le choix d'un hôtel, d'un restaurant

Ce guide vous propose une sélection d'hôtels et restaurants établie à l'usage de l'automobiliste de passage. Les établissements, classés selon leur confort, sont cités par ordre de préférence dans chaque catégorie

Catégories

🏨	XXXXX	*Grand luxe et tradition*
🏨	XXXX	*Grand confort*
🏨	XXX	*Très confortable*
🏨	XX	*De bon confort*
🏨	X	*Assez confortable*
🏠		*Simple mais convenable*
|M|		*Dans sa catégorie, hôtel d'équipement moderne*
sans rest.		*L'hôtel n'a pas de restaurant*
	avec ch.	*Le restaurant possède des chambres*

Agrément et tranquillité

Certains établissements se distinguent dans le guide par les symboles rouges indiqués ci-après.
Le séjour dans ces hôtels se révèle particulièrement agréable ou reposant.
Cela peut tenir d'une part au caractère de l'édifice, au décor original, au site, à l'accueil et aux services qui sont proposés, d'autre part à la tranquillité des lieux.

🏨 à 🏠	*Hôtels agréables*
XXXXX à X	*Restaurants agréables*
« Parc fleuri »	*Élément particulièrement agréable*
🖐	*Hôtel très tranquille ou isolé et tranquille*
🖐	*Hôtel tranquille*
≤ mer	*Vue exceptionnelle*
≤	*Vue intéressante ou étendue.*

Les localités possédant des établissements agréables ou tranquilles sont repérées sur les cartes pages 105 à 126.

Consultez-les pour la préparation de vos voyages et donnez-nous vos appréciations à votre retour, vous faciliterez ainsi nos enquêtes.

L'installation

Les chambres des hôtels que nous recommandons possèdent, en général, des installations sanitaires complètes. Il est toutefois possible que dans les catégories 🏠 et ⛺ certaines chambres en soient dépourvues.

30 ch	Nombre de chambres
🛗	Ascenseur
▤	Air conditionné (dans tout ou partie de l'établissement)
📺	Télévision dans la chambre
🚭	Chambres réservées aux non-fumeurs
☎	Téléphone dans la chambre, direct avec l'extérieur
📞	Prise Modem-Minitel dans la chambre
♿	Chambres accessibles aux handicapés physiques
🍽	Repas servis au jardin ou en terrasse
🏋	Salle de remise en forme
🏊 🏊	Piscine : de plein air ou couverte
🏖 🌳	Plage aménagée – Jardin de repos
🎾	Tennis à l'hôtel
🏛 25 à 150	Salles de conférences : capacité des salles
🚗	Garage dans l'hôtel (généralement payant)
Ⓟ	Parking réservé à la clientèle
🅿	Parking clos réservé à la clientèle
🐕	Accès interdit aux chiens (dans tout ou partie de l'établissement)
mai-oct.	Période d'ouverture, communiquée par l'hôtelier
saisonnier	Ouverture probable en saison mais dates non précisées. En l'absence de mention, l'établissement est ouvert toute l'année.

12

La table

Les étoiles

*Certains établissements méritent d'être signalés
à votre attention pour la qualité de leur cuisine.
Nous les distinguons par les étoiles de bonne table.*

*Nous indiquons, pour ces établissements,
trois spécialités culinaires et des vins locaux
qui pourront orienter votre choix.*

❋❋❋
22
Une des meilleures tables, vaut le voyage

*On y mange toujours très bien, parfois merveilleusement.
Grands vins, service impeccable, cadre élégant...
Prix en conséquence.*

❋❋
70
Table excellente, mérite un détour

*Spécialités et vins de choix...
Attendez-vous à une dépense en rapport.*

❋
407
Une très bonne table dans sa catégorie

*L'étoile marque une bonne étape sur votre itinéraire.
Mais ne comparez pas l'étoile d'un établissement
de luxe à prix élevés avec celle d'une petite maison où,
à prix raisonnables,
on sert également une cuisine de qualité.*

496
Le "Bib Gourmand"

Repas soignés à prix modérés

*Vous souhaitez parfois trouver des tables
plus simples, à prix modérés ; c'est pourquoi
nous avons sélectionné des restaurants proposant,
pour un rapport qualité-prix
particulièrement favorable, un repas soigné,
souvent de type régional en province.
Ces restaurants sont signalés par le* **"Bib Gourmand"**
et Repas.
Ex. Repas 100/130 *en province.*
Ex. Repas 130/180 *à Paris et sa région.*

Consultez les cartes des étoiles de bonne table ❋❋❋,
❋❋, ❋ *et des* **"Bib Gourmand"** , *pages 104 à 126.*
Voir aussi page suivante
Les vins et les mets : voir p. 102 et 103

13

Les prix

Les prix indiqués dans ce guide ont été établis
en automne 1999 et s'appliquent à **la haute saison**.
Ils sont susceptibles de modifications, notamment
en cas de variations des prix des biens et services.
Ils s'entendent taxes et service compris.
Aucune majoration ne doit figurer sur votre note,
sauf éventuellement la taxe de séjour.

Les hôtels et restaurants figurent en gros caractères
lorsque les hôteliers nous ont donné tous leurs prix
et se sont engagés, sous leur propre responsabilité,
à les appliquer aux touristes de passage
porteurs de notre guide.

Hors saison, certains établissements proposent
des conditions avantageuses, renseignez-vous
lors de votre réservation.

Entrez à l'hôtel le guide à la main, vous montrerez ainsi
qu'il vous conduit là en confiance.

Repas

| enf. 60 | *Prix du menu pour enfants* |
| 🥜 | *Établissement proposant un menu simple*
 à **moins de 85 F** |

Repas à prix fixe :

Repas *(52)*	*Prix d'un repas composé d'un plat principal,* *accompagné d'une entrée ou d'un dessert,* *généralement servi au déjeuner en semaine*
90 (déj.)	*Menu servi au déjeuner uniquement*
110/150	*Prix du menu : minimum 110, maximum 150*
100/150	*Menu à prix fixe minimum 100 non servi les fins* *de semaine et jours fériés*
bc	*Boisson comprise*
⚲	*Vin servi au verre*
⚱	*Vin de table en carafe*

Repas à la carte :

| Repas <br> carte 140 à 310 | *Le premier prix correspond à un repas normal*
 comprenant : entrée, plat garni et dessert.
 Le 2ᵉ prix concerne un repas plus complet
 (avec spécialité) comprenant : deux plats,
 fromage et dessert (boisson non comprise). |

Chambres

ch 190/380 · *Prix minimum* 190 *pour une chambre d'une personne et prix maximum* 380 *pour une chambre de deux personnes*

29 ch ☑ 210/450 · *Prix des chambres petit déjeuner compris*

☑ 35 · *Prix du petit déjeuner (généralement servi dans la chambre)*

appart. · *Se renseigner auprès de l'hôtelier*

Demi-pension

1/2 P 220/350 · *Prix minimum et maximum de la demi-pension (chambre, petit déjeuner et un repas) par personne et par jour, en saison ; ces prix s'entendent pour une chambre double occupée par deux personnes, pour un séjour de trois jours minimum.*
Une personne seule occupant une chambre double se voit parfois appliquer une majoration.
La plupart des hôtels saisonniers pratiquent également, sur demande, la pension complète.
Dans tous les cas, il est indispensable de s'entendre par avance avec l'hôtelier pour conclure un arrangement définitif.

Les arrhes

Certains hôteliers demandent le versement d'arrhes.
Il s'agit d'un dépôt-garantie qui engage l'hôtelier comme le client.
Bien faire préciser les dispositions de cette garantie.
Demandez à l'hôtelier de vous fournir dans sa lettre d'accord toutes précisions utiles sur la réservation et les conditions de séjour.

Cartes de crédit

AE ⓪ GB JCB · *Cartes de crédit acceptées par l'établissement : American Express. Diners Club. Carte Bancaire (Visa, Eurocard, MasterCard). Japan Credit Bureau*

Les villes

63300	Numéro de code postal de la localité (les deux premiers chiffres correspondent au numéro du département)
⊠ *57130 Ars*	Numéro de code postal et nom de la commune de destination
P ⊲SP⊳	Préfecture – Sous-préfecture
🆔 ⑤	Numéro de la Carte Michelin et numéro du pli
G. Jura	Voir le Guide Vert Michelin Jura
1 057 h.	Population
alt. 75	Altitude de la localité
Stat. therm.	Station thermale
1 200/1 900	Altitude de la station et altitude maximum atteinte par les remontées mécaniques
⛷ *2*	Nombre de téléphériques ou télécabines
⛷ *14*	Nombre de remonte-pentes et télésièges
⛷	Ski de fond
BY B	Lettres repérant un emplacement sur le plan
✻ ≼	Panorama, point de vue
✈	Aéroport
🚗	Localité desservie par train-auto. Renseignements au numéro de téléphone indiqué
⛴	Transports maritimes
⛴	Transports maritimes pour passagers seulement
🛈	Information touristique

Les curiosités

Intérêt

★★★   *Vaut le voyage*

★★   *Mérite un détour*

★   *Intéressant*

      Les musées sont généralement fermés le mardi

Situation

An 2000	*Événements et manifestations organisés ou soutenus par la Mission « 2000 en France »*
Voir	*Dans la ville*
Env.	*Aux environs de la ville*
N, S, E, O	*La curiosité est située : au Nord, au Sud, à l'Est, à l'Ouest*
② ④	*On s'y rend par la sortie ② ou ④ repérée par le même signe sur le plan du Guide et sur la carte*
2 km	*Distance en kilomètres*

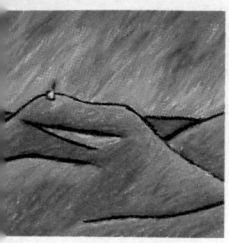

Les cartes de voisinage

Avez-vous pensé à les consulter ?

*Vous souhaitez trouver une bonne adresse,
par exemple, aux environs de Clermont-Ferrand ?
Consultez la carte qui accompagne le plan
de la ville.*

*La « carte de voisinage » (ci-contre) attire
votre attention sur toutes les localités citées au Guide
autour de la ville choisie, et particulièrement
celles qui sont accessibles en automobile en moins
de 30 minutes (limite de couleur).*

*Les « cartes de voisinage » vous permettent ainsi
le repérage rapide de toutes les ressources proposées
par le Guide autour des métropoles régionales.*

Nota :

*Lorsqu'une localité est présente sur une
« carte de voisinage », sa métropole de rattachement
est imprimée en BLEU sur la ligne des distances
de ville à ville.*

*Vous trouverez
Châtelguyon
sur la carte
de voisinage de
Clermont-Ferrand.*

Exemple :

CHÂTELGUYON *63140 P.-de-D.* 🎴 ④ *G. Auvergne*
      Voir *Gorges d'Enval★ 3 km par* ②
      🛈 *Office de Tourisme av. de l'Europe*
      Paris 417 ① – *Clermont-Ferrand 21* ①

- ● *Localité possédant au moins un hôtel et un restaurant cités au Guide*
- ● *Localité possédant au moins un restaurant cité au Guide*
- □ *Localité possédant au moins un hôtel sans restaurant cité au Guide*

Bellenaves · Charroux · · Vichy · Bellerive · Abrest · le Mayet-de-Montagne

N 144 · A 719 · N 209 · Gannat · St-Yorre

St-Pardoux · Effiat · N 209

St-Gervais-d'Auvergne · Randan · 30 minutes · Allier · D 906

Pont-du-Bouchet · Châtelguyon · Maringues · Puy-Guillaume

Pontaumur · Riom · Ennezat · St-Rémy-s-Durolle · Monnerie-le-Montel

D 941 · Pontgibaud · Volvic · CLERMONT F° AULNAT · Courty · Thiers · Pont-de-Dore

Col de Ceyssat · Chamalières · N 9 · Pont-du-Château · Lezoux · Bort-l'Etang

Orcines · Mazaye · Bouzel · CLERMONT-FERRAND · Courpière · Aubusson-d'A.

Herment · Puy-de-Dôme · Royat · Pérignat-lès-S. · le Brugeron

N 89 · A 72 · D 906

Orcival · Longues · St-Jean-des-Ulières

A 89 · Laqueuville · N 89 · St-Saturnin

St Sauves · le Genestoux · St-Nectaire · Champeix · Sauxillanges · Ambert

le Bourboule · Murol · Perrier · Issoire

la Tour-d'Auvergne · le Mont-Dore · Chambon (Lac) · le Cheix

Super-Besse · Besse-en-Ch. · Sarpoil · St Germain-l'Herm

D 922 · Dagnols · Pavin (Lac) · Boudes · A 75

Picherande · Ste-Florine · Brassac-les-Mines

0 ____ 10 km

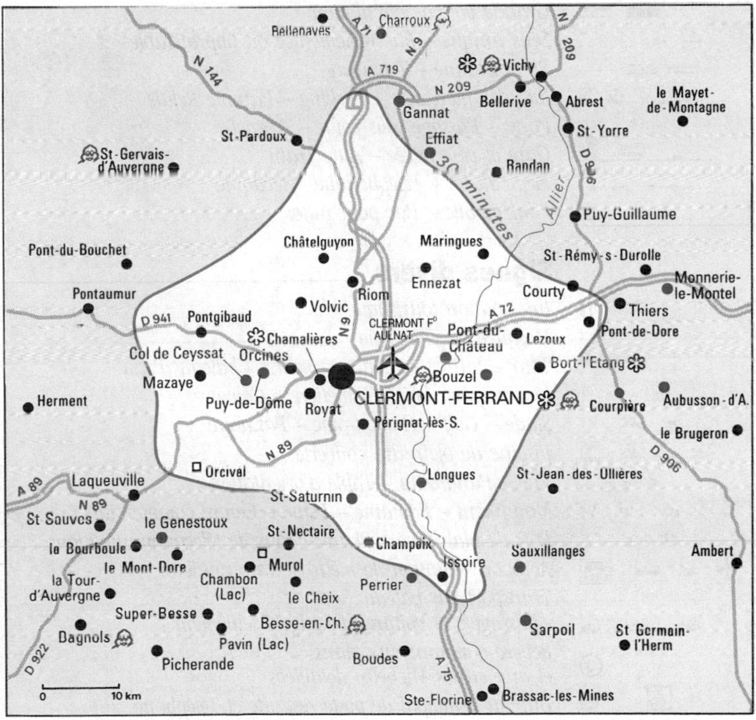

Toutes les « cartes de voisinage » sont localisées sur l'Atlas en fin de Guide.

Les plans

□ ●   *Hôtels*
■ ●   *Restaurants*

Curiosités

Bâtiment intéressant
Édifice religieux intéressant :
- Catholique – Protestant

Voirie

Autoroute, double chaussée de type autoroutier
    Échangeurs numérotés : complet, partiels
Grande voie de circulation
Sens unique – Rue réglementée ou impraticable
Rue piétonne – Tramway
R. Pasteur   *Rue commerçante – Parking – Parking Relais*
Porte – Passage sous voûte – Tunnel
Gare et voie ferrée – Auto/Train
Funiculaire – Téléphérique, télécabine
Pont mobile – Bac pour autos

Signes divers

Information touristique
Mosquée – Synagogue
Tour – Ruines – Moulin à vent – Château d'eau
Jardin, parc, bois – Cimetière – Calvaire
Stade – Golf – Hippodrome – Patinoire
Piscine de plein air, couverte
Vue – Panorama – Table d'orientation
Monument – Fontaine – Usine – Centre commercial
Port de plaisance – Phare – Tour de télécommunications
Aéroport – Station de métro – Gare routière
Transport par bateau :
- passagers et voitures, passagers seulement
Repère commun aux plans
et aux cartes Michelin détaillées
Bureau principal de poste restante et Téléphone
Hôpital – Marché couvert – Caserne
Bâtiment public repéré par une lettre :
A   C   *- Chambre d'agriculture – Chambre de commerce*
G   H   J   *- Gendarmerie – Hôtel de ville – Palais de justice*
M   P   T   *- Musée – Préfecture, sous-préfecture – Théâtre*
U   *- Université, grande école*
POL.   *- Police (commissariat central)*
Passage bas (inf. à 4 m 50) – Charge limitée (inf. à 19 t)

"This Guide was created at the beginning of the century and will last at least as long."

(Preface to the Michelin Guide 1900)

Dear Reader

*When the Michelin brothers created and distributed the first edition of this Guide in 1900, it was a sign of their faith in the future of the car, the tyre and of travel.
The last 100 years have certainly lived up to their expectations.*

But this is not the end of the story. It is a new beginning.

As we head into the 21st century, motorists are looking to travel further, more independently and more confidently. For tomorrow's journey, just as today, the Michelin Guide will remain your truly independent, reliable and well-travelled companion.

The Red Guide continues to thrive and grow for you, our readers, and also because of you. The original spirit of the Michelin brothers lives on in today's Guide, providing you with information you can always trust, whether on paper or on screen.

Wishing you many pleasant journeys!

E. Michelin.

1900•2000
The Red Guide France is 100 Years Old!

**" This Guide was created at the beginning
of the century and will last at least as long "**

(Edouard and André MICHELIN, 1900)

● *The Guide was not published
in 1921, or during either World War
(1915-18, 1940-44).
This year's is therefore the 91st edition.*

Designed to serve

The motor car and the tyre: no-one could have foreseen the future of these two turn-of-the-century innovations.

- **1891:** *Michelin develops the detachable Michelin tyre (for bicycles).*

- **1895:** *L'Eclair, the first motor car to run on (Michelin) tyres.*
  The Automobile Club de France (ACF) is established.

- **1899:** *1st Car Tour de France.*
  «Jamais Contente», an electric car, exceeds 100 km/h on Michelin tyres.

Edouard and André Michelin knew that «motorists» were looking for both reassuring assistance and practical information. This would be the role of the Red Guide, first created in 1900. The guide was designed as a combination of tyre manual, travel handbook, and guide for places to stay.

Key features for motorists of the Red Guide:

- *Petrol prices (1900)*
- *Speed calculations (1900)*
- *Equipment, accessories and parts that should always be carried in the boot (1901)*
- *List of recognised surgeons in France (1902)*
- *Ferry crossings (1904)*
- *Road signs (1905)*
- *Practical motoring regulations (1909)*
- *Tyre pressure tables (since 1901)…*

And the Red Guide was the first of many other Michelin initiatives: from the Route Planning Office (1908) to Michelin road maps (1910), national milestones, tourist guides, …and many, many more!

Your travel companion

● *With the increased freedom offered by motor travel, drivers are faced with many questions. How far will we travel? What route shall we take? Where shall we stop en route? Where will we find petrol? Where is the nearest garage if we break down? What standard of hotel should we stay in? How much will it cost? The Michelin Guide is here to offer advice and a selection of useful addresses, making it a real travel essential for all motorists.*

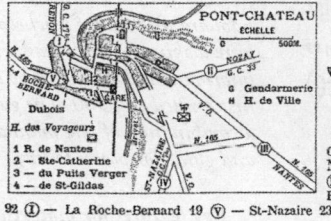

● *And travelling could not be simpler with town and city plans for those places you are looking to travel through or spend time in. There were 13 plans in the first guide in 1900, and by 1913 this number had increased to 600! These plans are fully revised each year to show hotels, restaurants, main buildings and attractions, as well as one way streets and car parks, making them an indispensable part of the Guide. Even the Allies made good use of them during their landing!*

Symbols of the past...

⚓	*The hotel has no electric light*
🛁	*Hotel without running water*
💡	*Electric light*
🚰	*Cold running water only*
♨	*Central heating*
🏛	*Luxuriously appointed palace hotel*

Our strength lies in our independence...

«Free for all motorists» up until 1919, the Guide once carried «advertisements» for both motor and hotel industries.

But when restaurants were first included in 1920, the Guide took on a new stance, assuring its complete autonomy and impartiality by:

- *removing all advertising,*

There is no paid advertising in this Guide

- *going on sale in bookshops (7FF in 1920)*

- *refusing the use of the Michelin recommendation for promotional purposes,*

There are no «Michelin Guide» hotel or restaurant signs

- *setting up a team of qualified inspectors who, by retaining their anonymity and always settling the bill, could ensure that all decisions were entirely impartial.*

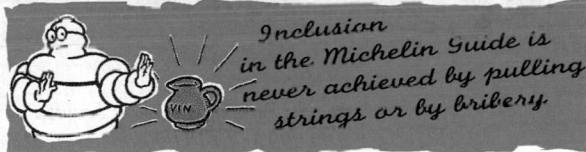

Inclusion in the Michelin Guide is never achieved by pulling strings or by bribery.

Since 1920, the Michelin Guide policy has remained true: all decisions are entirely independent and impartial, devoted to the interests of our readers at all times.

Michelin stars are not given, they are earned

...and in the loyalty of our readers.

> **"With the contributions of our readers, sending us criticisms and corrections, this guide can only get better and better each year."**
> (1901)

● *To inform and satisfy motorists, with their help, has always been the role of the Guide. In this way, the Guide brings the expertise of its inspectors into line with the expectations and views of the readers.*

> **"Without motorists we would be nothing. With them we are everything."**
> (1900)

Write to us...

● *The key to this close relationship is the reader questionnaire which is tucked inside every guide. This questionnaire conveys the comments and criticisms of our readers, and is a permanent measure of our mutual trust.*

Forewarned is forearmed. Make sure Bibendum knows when something is 'not right'!

● *The Paris office receives between 100,000 and 140,000 comments about French hotels and restaurants every year.*

thank you!...

Head of a large family

1904

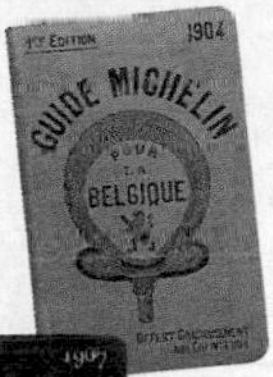

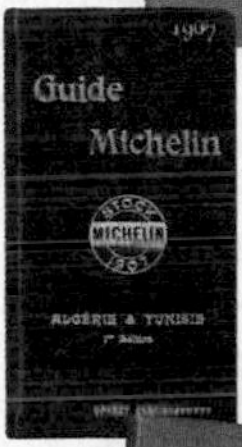

1907

The first Guide covered France - but it was not alone for long. Over the years a dozen other titles extended Bibendum's advice throughout Europe and some parts of the Mediterranean. Each volume had its own unique colour.

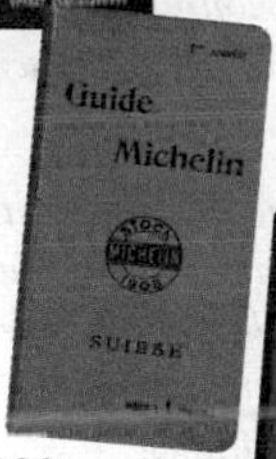

1908

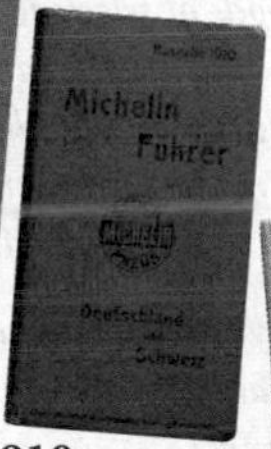

1910

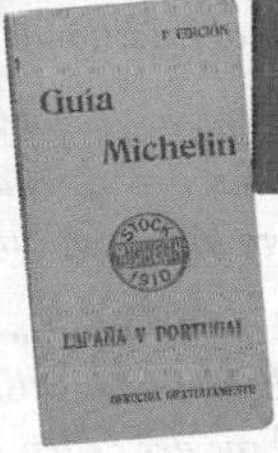

1910

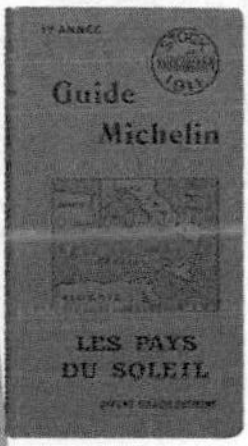

1911

1911

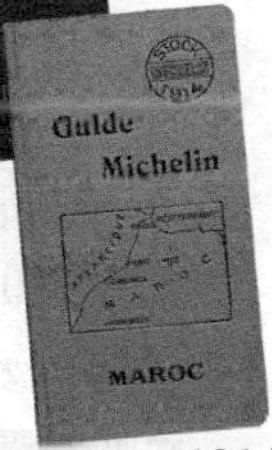

1914

- **1952:** *Spain*
- **1953:** *Belgium-Luxembourg*
- **1956:** *Italy (Northern)*
- **1957:** *Benelux*
- **1964:** *Germany*
- **1973:** *Spain-Portugal*
- **1974:** *Great Britain and Ireland*
- **1982:** *Europe*
- **1992:** *Ireland*
- **1994:** *Switzerland*
- **1995:** *Portugal*

With the tourist boom of the 1950's a second generation of Guides was launched across Europe. With teams of inspectors set up in each country, they became a standard collection, every one sporting a new red cover.

Leading the troops: The France Guide 1939 was reprinted by the Allies in June 1944 for use in the recapture of occupied towns.

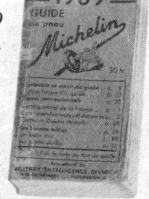

From Copenhagen
to the Canaries,
from Birmingham
to Budapest,
today's Red Guide
collection offers
readers:
31,700 hotels
18,400 restaurants
1,400 establishments
"starred"
1,600
"Bib gourmand"
symbols
1,200 town and
city plans in more
than 7,000 pages
full of information...

International reference point

75 Years of Stars

● *1926:* In 1926, the France Guide gave its first «Etoiles de bonne table» to 46 regional establishments. This marked the birth of Michelin gastronomy (✿✿ and ✿✿✿ were not awarded until later years). At the same time Michelin stars began to appear across the whole of Europe.

● Standards and methods of selecting establishments worthy of the Michelin star are the same throughout all countries, celebrating a level of culinary expertise of a standard to satisfy readers from any nation, regardless of traditional or national cuisines.

● This is no doubt why there is so much international excitement when an establishment is promoted to the very highest of ranks:

✿✿✿ Une des meilleures tables, vaut le voyage
Exceptional cuisine, worth a special journey
Eine der besten Küchen: eine Reise wert
Una delle migliori tavole , vale il viaggio
Una de las mejores mesas, justifica el viaje
Uma das melhores mesas, vale a viagem
Uitzonderlijke keuken: de reis waard
最上の料理、出かける価値あり

From this century into the next 21st.

*So, it is mission accomplished for the Michelin Guide…
At least as far as its creators' «prophecy» goes.
But that certainly is not the end of it - this centenary is
merely another, albeit very large, milestone
in Michelin's service to travellers.
Providing advice as both expert and companion,
the Red Guide is constantly developing in line with
the times and readers' tastes, to give the best information
and remain true to its name and its impartiality.
Moving with the times, in our time, the key to
the continued success of the Guide is its perspective,
which manifests itself in many forms·*

● *Up-to-date information - Whether for guides
or maps, Michelin always insists on the most up-to-date
information. That is why we say time and time again
«always use the latest guide».*

Good hotels are always opening… only this year's Guide lists them all!

● *From 1900 to 2000, and still going strong!
Of the thousands of hotels selected by Michelin
throughout the century, some of the best run and
traditional establishments have learned to move with
the times, just as we have. That is why some of the hotels
listed in the 1900 guide still form part
of the selection for 2000! To celebrate
this incredible achievement,
we have highlighted these hotels with
a special symbol.*

100

● *Faster information! - This century has marked
the age of speed - the next will then surely be the age of
immediacy. And whilst the paper Guide will be with
us forever, today's demands are for information literally
at the touch of a button. With numerous developments
to digital products, Michelin's travel guides are already
well on their way down the information super highway!*

Contents

Choosing a hotel
or restaurant

*This guide offers a selection of hotels and restaurants
to help motorists on their travels. In each category
establishments are listed in order of preference
according to the degree of comfort they offer.*

Categories

🏨	XXXXX	*Luxury in the traditional style*
🏨	XXXX	*Top class comfort*
🏨	XXX	*Very comfortable*
🏨	XX	*Comfortable*
🏨	X	*Quite comfortable*
🏠		*Simple comfort*
Ⓜ		*In its category, hotel with modern amenities*
sans rest.		*The hotel has no restaurant*
	avec ch.	*The restaurant also offers accommodation*

Peaceful atmosphere and setting

*Certain establishments are distinguished
in the guide by the red symbols shown below.*

*Your stay in such hotels will be particularly pleasant
or restful, owing to the character of the building,
its decor, the setting, the welcome
and services offered, or simply the peace
and quiet to be enjoyed there.*

🏨 to 🏠	*Pleasant hotels*
XXXXX to X	*Pleasant restaurants*
« Parc fleuri »	*Particularly attractive feature*
🦢	*Very quiet or quiet, secluded hotel*
🦢	*Quiet hotel*
≤ mer	*Exceptional view*
≤	*Interesting or extensive view*

*The maps on pages 105 to 126 indicate places with
such very peaceful, pleasant hotels and restaurants.*

*By consulting them before setting out and sending
us your comments on your return you can help us
with our enquiries.*

Hotel facilities

In general the hotels we recommend have full bathroom and toilet facilities in each room.
This may not be the case, however, for certain rooms in categories 🏠 and ♔.

30 ch	*Number of rooms*
|♦|	*Lift (elevator)*
▤	*Air conditioning (in all or part of the hotel)*
TV	*Television in room*
⇄✕	*Rooms reserved for non-smokers*
☎	*Direct-dial phone in room*
℃	*Minitel-modem point in the bedrooms*
♿	*Rooms accessible to disabled people*
🏠	*Meals served in garden or on terrace*
ᶠ↺	*Exercise room*
⟐ ⟑	*Outdoor or indoor swimming pool*
⚓ 🌿	*Beach with bathing facilities – Garden*
⚞	*Hotel tennis court*
⚕ 25 à 150	*Equipped conference hall*
	(minimum and maximum capacities)
🚗	*Hotel garage (additional charge in most cases)*
P.	*Car park for customers only*
P	*Enclosed car park for customers only*
🐕	*Dogs are excluded from all or part of the hotel*
mai-oct.	*Dates when open, as indicated by the hotelier*
saisonnier	*Probably open for the season – precise dates not available.*
	Where no date or season is shown, establishments are open all year round.

Cuisine

Stars

*Certain establishments deserve to be brought
to your attention for the particularly fine quality
of their cooking. Michelin stars are awarded
for the standard of meals served.*

*For such restaurants we list
three culinary specialities and a number
of local wines to assist you in your choice.*

✿✿✿ Exceptional cuisine, worth a special journey

22   *One always eats here extremely well, sometimes
superbly. Fine wines, faultless service,
elegant surroundings. One will pay accordingly!*

✿✿ Excellent cooking, worth a detour

70   *Specialities and wines of first class quality.
This will be reflected in the price.*

✿ A very good restaurant in its category

407   *The star indicates a good place to stop on your journey.
But beware of comparing the star given
to an expensive de luxe establishment to that
of a simple restaurant where you can appreciate
fine cuisine at a reasonable price.*

⊛ The "Bib Gourmand"

496   Good food at moderate prices

*You may also like to know of other restaurants
with less elaborate, moderately priced menus
that offer good value for money and serve
carefully prepared meals. Outside the Paris region, such
establishments generally specialise in regional cooking.
In the guide such establishments are marked ⊛
the* **"Bib Gourmand"** *and* Repas *just before
the price of the menu:*

For example Repas 100/130 *outside the Paris region*
            Repas 130/180 *in the Paris region*

Please refer to the map of star-rated restaurants ✿✿✿,
✿✿, ✿ *and the* **"Bib Gourmand"** ⊛, *pp 104 to 126.*
See also ⊜ *on next page*
Food and wine: see pages 102 and 103

Prices

The prices indicated in this Guide, supplied in Autumn 1999, apply to **high season**. Changes may arise if goods and service costs are revised.
The rates include tax and service and no extra charge should appear on your bill,
with the possible exception of visitors' tax.

Hotels and restaurants in bold type have supplied details of all their rates and have assumed responsibility for maintaining them for all travellers in possession of this guide.

Out of season, certain establishments offer special rates. Ask when booking.

Your recommendation is self evident if you always walk into a hotel Guide in hand.

Meals

enf. 60	*Price of children's menu*
❧	*Establishment serving a simple menu **for less than 85 F***

Set meals:

Repas *(52)*	*Price for a 2 course meal, generally served weekday lunchtimes*
90 (déj.)	*Set meal served only at lunch time*
110/150	*Lowest* 110 *and highest* 150 *prices for set meals*
100/150	*The cheapest set meal* 100 *is not served on Saturdays, Sundays or public holidays*
bc	*House wine included*
♀	*Wine served by the glass*
⚱	*Table wine available by the carafe*

A la carte meals:

Repas carte	*The first figure is for a plain meal and includes*
140 à 310	*first course, main dish of the day with vegetables and dessert* *The second figure is for a fuller meal* *(with spécialité) and includes 2 main courses, cheese, and dessert (drinks not included).*

Rooms

ch 190/380

Lowest price 190 for a single room and highest price 380 for a double

29 ch ⊑ 210/450

Price includes breakfast

⊑ 35

Price of continental breakfast (generally served in the bedroom)

appart.

Check with the hotelier for prices

Half board

1/2 P 220/350

Lowest and highest prices of half board (room, breakfast and a meal) per person, per day in season. These prices are valid for a double room occupied by two people for a minimum stay of three days. When a single person occupies a double room he may have to pay a supplement. Most of the hotels also offer full board terms on request. It is essential to agree on terms with the hotelier before making a firm reservation.

Deposits

Some hotels will require a deposit, which confirms the commitment of customer and hotelier alike. Make sure the terms of the agreement are clear. Ask the hotelier to provide you, in his letter of confirmation, with all terms and conditions applicable to your reservation.

Credit cards

AE ⑩ GB JCB

American Express – Diners Club – Carte Bancaire (includes Eurocard, MasterCard and Visa) – Japan Credit Bureau

Towns

63300	Local postal number (the first two numbers represent the department number)
⊠ 57130 Ars	Postal number and name of the postal area
ℙ ⟨SP⟩	Prefecture – Sub-prefecture
80 ⑤	Number of the appropriate sheet and section of the Michelin road map
G. Jura	See the Michelin Green Guide Jura
1 057 h.	Population
alt. 75	Altitude (in metres)
Stat. therm.	Spa
Sports d'hiver	Winter sports
1 200/1 900	Altitude (in metres) of resort and highest point reached by lifts
⛷ 2	Number of cable-cars
⛷ 14	Number of ski and chair-lifts
⛷	Cross country skiing
BY B	Letters giving the location of a place on the town plan
✳ ≼	Panoramic view. Viewpoint
✈	Airport
🚗	Places with motorail pick-up point. Further information from phone no. listed
🛥	Shipping line
🛥	Passenger transport only
🛈	Tourist Information Centre

Sights

Star-rating

★★★ *Worth a journey*
★★   *Worth a detour*
★   *Interesting*

Museums and art galleries are generally closed on Tuesdays

Location

An 2000 *Events organised or supported by Mission « 2000 en France »*

Voir *Sights in town*

Env. *On the outskirts*

N, S, E, O *The sight lies north, south, east or west of the town*

②④ *Sign on town plan and on the Michelin road map indicating the road leading to a place of interest*

2 km *Distance in kilometres*

Local maps

May we suggest that you consult them __

Should you be looking for a hotel or restaurant not too far from Clermont-Ferrand, for example, you can consult the map along with the town plan.

The local map (opposite) draws your attention to all places around the town or city selected, provided they are mentioned in the Guide. Places located within a thirty minute drive are clearly identified by the use of a different coloured background.

The various facilities recommended near the different regional capitals can be located quickly and easily.

Note:

Entries in the Guide provide information on distances to nearby towns. Whenever a place appears on one of the local maps, the name of the town or city to which it is attached is printed in BLUE.

Example:

Châtelguyon is to be found on the local map Clermont-Ferrand.

CHÂTELGUYON *63140 P.-de-D.* 🔟 ④ *G. Auvergne*
  Voir *Gorges d'Enval★ 3 km par* ②
  🚹 *Office de Tourisme av. de l'Europe*
  Paris 417 ① – *Clermont-Ferrand 21* ①

- Place with at least one hotel and restaurant included in the Guide

- Place with at least one restaurant included in the Guide

□ Place with at least one hotel, without restaurant, included in the Guide

Bellenaves • Charroux ✿
N 744
N 71
A 719
N 9
✿ Vichy
N 209
Bellerive • Abrest
le Mayet-de-Montagne •
Gannat •
St-Pardoux • Effiat
St-Gervais-d'Auvergne ✿
St-Yorre •
30 minutes
Randan •
Allier
N 906
Puy-Guillaume •
Pont-du-Bouchet •
Châtelguyon •
Maringues •
St-Rémy-s-Durolle •
Pontaumur •
D 941
Pontgibaud •
Volvic •
Riom
Ennezat •
Courty •
Monnerie-le-Montel •
A 72
Thiers •
Chamalières ✿
CLERMONT-Fᵈ AULNAT
Pont-du-Château
Leznux •
Pont-de-Dore •
Col de Ceyssat
Orcines
Mazaye •
Puy-de-Dôme
Royat
Bouzel •
CLERMONT-FERRAND ✿
Bort-l'Etang ✿
Courpière •
Aubusson-d'A. •
Herment •
Pérignat-lès-S. •
le Brugeron •
Urcival □
N 89
Longues •
St-Jean-des-Ollières •
D 906
Laqueuville •
A 89
N 89
St-Saturnin •
St-Sauves •
le Genestoux •
St-Nectaire •
Champeix •
Sauxillanges •
Ambert •
la Bourboule •
Murol □
Issoire •
le Mont-Dore •
Chambon (Lac)
le Cheix •
Perrier •
la Tour-d'Auvergne •
Super-Besse •
Besse-en-Ch. ✿
Sarpoil •
St-Germain-l'Herm •
Bagnols ✿
D 922
Pavin (Lac)
Picherande •
Boudes •
A 75
Ste-Florine •
Brassac-les-Mines •
0   10 km

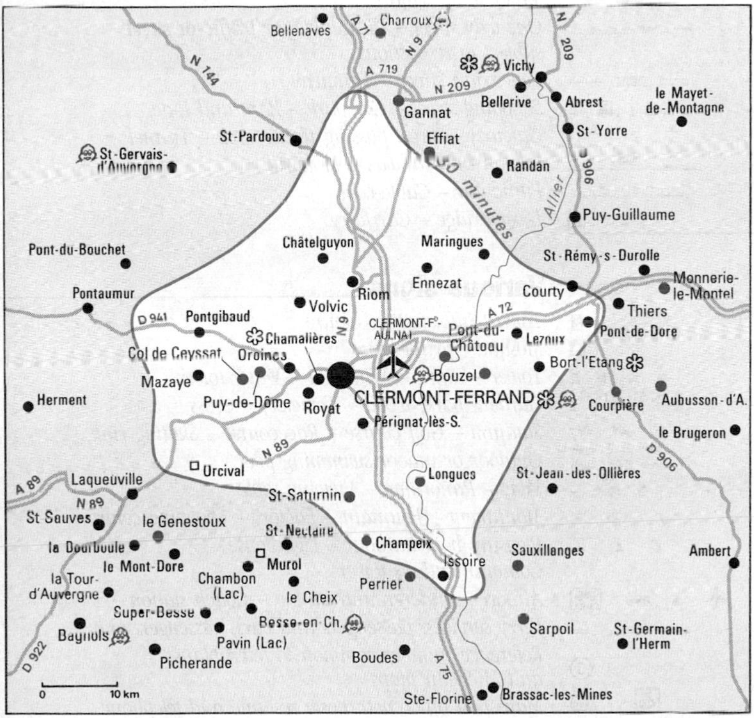

All towns with local maps are indicated on the Atlas at the end of the Guide.

39

Town plans

□ • *Hotels*
■ • *Restaurants*

Sights

Place of interest
Interesting place of worship:
- Catholic – Protestant

Roads

Motorway, dual carriageway
  Numbered junctions: complete, limited
Major thoroughfare
One-way street – Unsuitable for traffic or street
subject to restrictions
Pedestrian street – Tramway
R. Pasteur P R *Shopping street – Car park – Park and Ride*
Gateway – Street passing under arch – Tunnel
Station and railway – Motorail
Funicular – Cable-car
Lever bridge – Car ferry

Various signs

Tourist Information Centre
Mosque – Synagogue
Tower – Ruins – Windmill – Water tower
Garden, park, wood – Cemetery – Cross
Stadium – Golf course – Racecourse – Skating rink
Outdoor or indoor swimming pool
View – Panorama – Viewing table
Monument – Fountain – Factory – Shopping centre
Pleasure boat harbour – Lighthouse
Communications tower
Airport – Underground station – Coach station
Ferry services: passengers and cars, passengers only
③ *Reference number common to town plans*
and Michelin maps
Main post office with poste restante and telephone
Hospital – Covered market – Barracks
Public buildings located by letter:
A C *- Chamber of Agriculture – Chamber of Commerce*
G H J *- Gendarmerie – Town Hall – Law Courts*
M P T *- Museum – Prefecture or sub-prefecture – Theatre*
U *- University, College*
POL. *- Police (in large towns police headquarters)*
18T ⑱ *Low headroom (15 ft. max.) – Load limit (under 19 t)*

40

Amico lettore

*Quando i fratelli Michelin idearono e
distribuirono la prima edizione di questa
Guida nel 1900, essi affermavano la loro
fiducia nel futuro dell'Automobile, del
Pneumatico, del Turismo. Il secolo che volge
al termine ha pienamente
confermato questa loro anticipazione.*

*Ma una visione che si realizza non significa
forzatamente il compimento di un'opera.
E' anche un nuovo punto di partenza.*

*L'automobilista del XXI secolo vorrà viaggiare
sempre più lontano, con maggiore libertà,
anche in maggiore sicurezza. "La Michelin "
si confermerà anche domani come l'amico
che consiglia, fidato, sicuro, indipendente.*

*Amici lettori, la Guida Rossa vive e progredisce
per Voi e grazie a Voi. Sulla carta stampata
o su supporto informatico, essa prosegue il suo
servizio, fedele alla sua vocazione iniziale.*

Buon viaggio a tutti !

E. Michelin.

1900●2000
La Guida Rossa France ha cento anni!

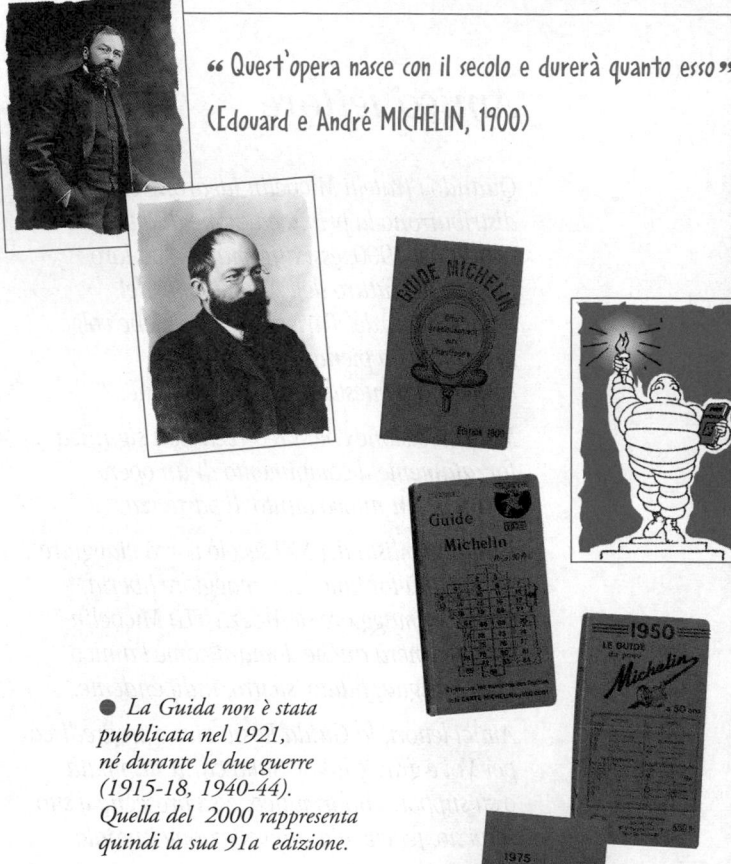

" Quest'opera nasce con il secolo e durerà quanto esso "

(Edouard e André MICHELIN, 1900)

● *La Guida non è stata
pubblicata nel 1921,
né durante le due guerre
(1915-18, 1940-44).
Quella del 2000 rappresenta
quindi la sua 91a edizione.*

Nata per offrire un servizio

L'automobile e il pneumatico: due innovazioni che risalgono alla fine del 19° secolo; pochi, allora, potevano prevederne il futuro.

● **1891:** *creazione del pneumatico smontabile Michelin (per biciclette).*

● **1895:** *l'Eclair, prima vettura a montare pneumatici (Michelin). Creazione dell'Automobile-Club di Francia (A.C.F.).*

● **1899:** *1° Giro di Francia in automobile. Un veicolo elettrico, la "Jamais Contente", supera la velocità dei 100 km orari montando pneumatici Michelin*

I fratelli Edouard e André Michelin sapevano che gli automobilisti avevano bisogno sia di un'assistenza per la sicurezza del loro viaggio che di un'informazione pratica: sarà questa la missione assegnata alla Guida Rossa, creata nel 1900.
Istruzioni per l'uso dei pneumatici, suggerimenti per la preparazione del viaggio e la scelta di una tappa lungo il percorso.

Alcuni capitoli proposti nella Guida Rossa al servizio dell'automobilista:

● *Il prezzo di vendita delle benzine (1900)*
● *Il calcolo della velocità di viaggio (1900)*
● *L'elenco degli accessori e dei e pezzi di ricambio indispensabili per un automobilista (1901)*
● *Una lista di presidi medici di Francia (1902)*
● *Le chiatte per il trasporto delle auto (1904)*
● *La segnaletica stradale (1905)*
● *I diritti dell'automobilista (1909)*
● *Le tabelle di pressione dei pneumatici (dal 1901)...*

La Guida Rossa sarà seguita da altre iniziative Michelin: L'Ufficio degli Itinerari (1908), le carte stradali (1910), le pietre miliari, le guide turistiche...e altre ancora !

L'amico del viaggiatore

«La presente pubblicazione ha il desiderio di fornire tutte le informazioni che possono essere utili ad un automobilista che viaggia in Francia, per permettergli di rifornire la sua auto, ripararla, consentirgli di trovare un alloggio o fare un buon pasto, inviare della posta, un telegramma o fare una telefonata.» (1900)

«Noi promettiamo ai guidatori di eliminare con decisione dalla nostra Guida tutti gli alberghi per i quali ci verranno segnalate mancanze per quanto riguarda la cucina, la camera, i servizi, il servizio; i distributori di carburante inefficienti; i rivenditori di gomme Michelin per i quali ci vengano sottoposte serie lamentele...» (1900)

● L'automobile, strumento di libertà, impone di organizzare il proprio spostamento e fare delle scelte: fin dove arrivo? da dove passo? dove fermarsi per una sosta? dove fare rifornimento? dove trovare assistenza in caso di guasto? dove trovare un luogo confortevole? a quale prezzo? La Guida Michelin fornisce consigli e indirizzi, diviene un supporto ricco di sorprese per chi guida, «l'Uovo di Pasqua» dell'automobilista.

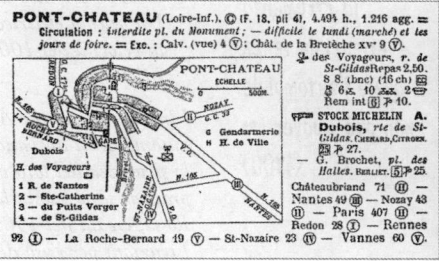

● Non ci sono buoni viaggi senza le piantine delle città che sono da attraversare o da visitare: delle 13 inserite nel 1900, si arriverà alle 600 dell'edizione del 1913! Le piantine localizzano gli esercizi, gli edifici amministrativi e le curiosità, indicano le vie di accesso, i sensi unici, le aree di parcheggio: il tutto debitamente aggiornato ogni anno. Le piante Michelin contribuiscono sicuramente al successo della Guida. Gli Alleati sapranno infatti farne buon uso al momento del loro sbarco in Normandia nella 2a Guerra Mondiale!

Alcuni simboli di ieri...

	Senza elettricità
	Senza acqua corrente
	Impianto di luce elettrica
	Acqua corrente solo fredda
	Riscaldamento centralizzato
	Albergo, palazzo con confort principesco

Forte della sua indipendenza

Fino al 1919, la Guida inseriva alcuni annunci pubblicitari riferiti all'automobile e agli alberghi. E' con l'introduzione dei ristoranti (1920) che viene definita la sua nuova posizione, fatta di rigore e di autonomia, che darà in seguito un valore determinante a tutti i suoi consigli:

● *viene eliminato ogni annuncio pubblicitario:*

Questa guida non contiene pubblicita' a pagamento

● *viene venduta in libreria (prezzo 1920: 7 franchi dell'epoca),*

● *verifica l'eventuale uso improprio a scopo promozionale delle sue segnalazioni,*

Bibendum non applica targhe pubblicitarie agli alberghi e ai ristoranti da lui segnalati

● *viene composto un gruppo di ispettori qualificati, per i quali l'anonimato e il pagamento integrale dei propri conti sarà la migliore garanzia di imparzialità di giudizio.*

Per l'iscrizione nelle sue Guide, Michelin non accettane favori, né denaro!

A partire da questo momento, la Guida Michelin resterà pienamente fedele a questa linea di condotta: prenderà le proprie decisioni in totale indipendenza e non renderà conto delle sue scelte che ai propri lettori.

Le Stelle della Buona Tavola non si danno: si meritano.

45

...e della fiducia dei suoi lettori.

«Questa Guida si perfezionerà di anno in anno, se i nostri lettori vorranno continuare ad aiutarci inviandoci le loro critiche e i loro suggerimenti.» (1901)

«Senza gli automobilisti, noi siamo impotenti; con loro, possiamo tutto.» (1900)

● *Informare e soddisfare l'automobilista con il suo aiuto; è questo, fin dall'origine, lo scopo di questa Guida. E' così che si coniugano le competenze dei propri ispettori con le attese e l'apprezzamento dei propri lettori.*

scriveteci...

● *La chiave di questo rapporto privilegiato, è il questionario per le segnalazioni che viene inserito in ogni edizione. Strumento di dialogo, per trasmetterci sia complimenti che critiche, rappresenta un «termometro» costante della fiducia reciproca.*

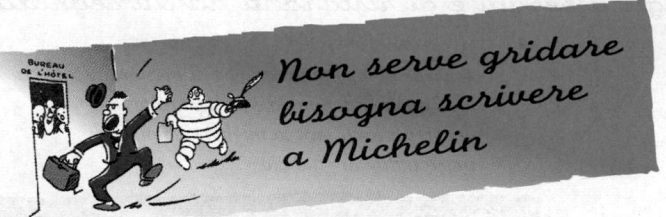

Non serve gridare bisogna scrivere a Michelin

● *Dalle 100.000 alle 140.000 segnalazioni spontanee relative a esercizi francesi arrivano ogni anno alla nostra redazione di Parigi.*

Bibendum avvisato, turista salvato informateci di quello che no va!

...grazie!

Capostipite di una famiglia numerosa

1904
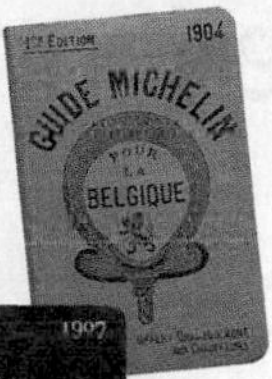

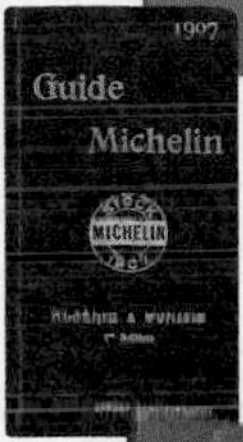

1907

● *Prima ad apparire, la Guida di Francia non è rimasta a lunga da sola. Al suo fianco, nel corso di qualche anno, sono apparsi una dozzina di titoli, che hanno esteso il consiglio del Bibendum ai Paesi del nord Europa e, in parte, a quelli del bacino mediterraneo. Ogni volume ostentava allora un colore specifico*

1911

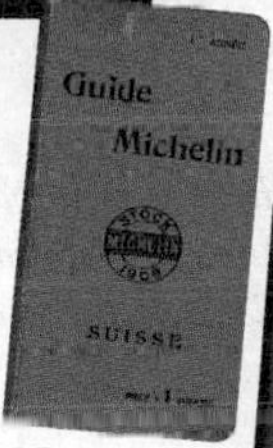

1908

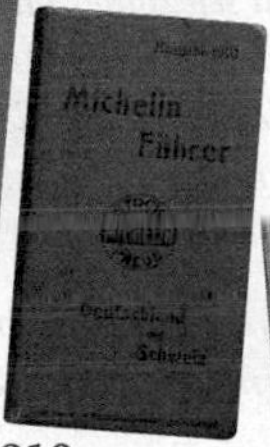

1910

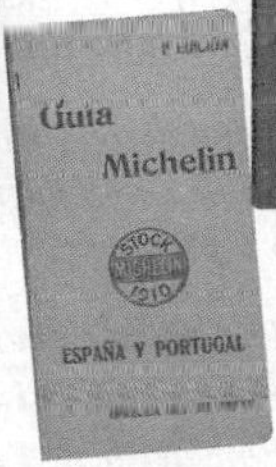

1910

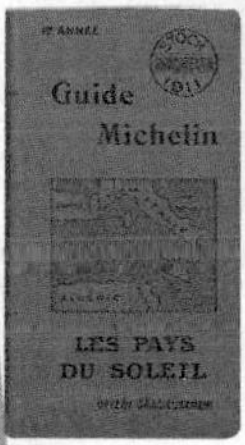

1911

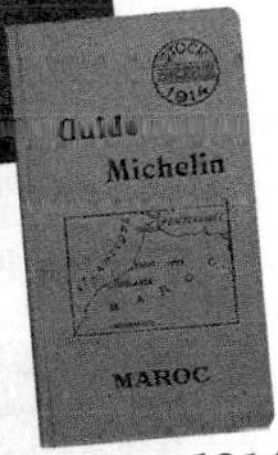

1914

1952: *Spagna*
1953: *Belgio-Lussemburgo*
1956: *Italia (del Nord)*
1957: *Benelux*
1964: *Germania*
1973: *Spagna Portogallo*
1974: *Gran Bretagna-Irlanda*
1982: *Europe*
1992: *Irlanda*
1994: *Svizzera*
1995: *Portogallo*

● *Dal 1950, una seconda generazione di Guide ripropone, su tutto il nostro continente, questo servizio al viaggiatore. Tutte caratterizzate da un'uguale copertina rossa e grazie ai gruppi di ispettori creati in ogni paese, si compone così una collezione omogenea che accompagnerà lo sviluppo del settore turistico in Europa.*

● *La Guida Francia del 1939 ristampata per gli Alleati nel Giugno 1944 per la riconquista delle città occupate.*

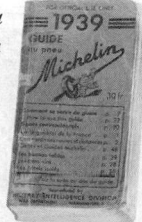

Da Varsavia alle Canarie, da Dublino a Budapest, l'attuale collezione delle Guide Rosse Michelin propone ai suoi lettori:

31.700 alberghi
18.400 ristoranti
1.400 ristoranti «stellati»
1.600 locali «Bib gourmand» (pranzi accurati a prezzo contenuto)
1.200 piante di città
7.000 pagine...

Un punto di riferimento internazionale

75 anni di stelle

● *1926: la Guida Francia assegna le sue prime «Stelle della Buona Tavola» a 46 ristoranti regionali. Inizia così, discretamente, la dimensione gastronomica di Michelin (le ✿✿ et le ✿✿✿ nasceranno negli anni successivi). La stella sarà inserita progressivamente in tutti i titoli della collezione..*

● *I metodi e i criteri di selezione, identici da un paese all'altro, garantiscono che il savoir-faire culinario così contraddistinto risponda, al di là delle tradizioni e delle specificità proprie di ogni paese, allo stesso rigore, per soddisfare tutto il pubblico.*

● *Da questo deriva, senza dubbio, l'immensa risonanza mondiale che accompagna ogni «promozione» al livello superiore:*

✿✿✿ *Une des meilleures tables, vaut le voyage*
Exceptional cuisine, worth a special journey
Eine der besten Küchen: eine Reise wert
Una delle migliori tavole , vale il viaggio
Una de las mejores mesas, justifica el viaje
Uma das melhores mesas, vale a viagem
Uitzonderlijke keuken: de reis waard
最上の料理、出かける価値あり

Da un secolo all'altro

«Missione compiuta» per la Guida Michelin…
per lo meno rispetto alla «profezia» dei suoi creatori.
Ma in fondo questo 100° anniversario non è forse
che una tappa per un ulteriore sviluppo del suo servizio
nei confronti del viaggiatore?
Informazione competente e consiglio amichevole
allo stesso tempo, la Guida Rossa tende sempre
a evolversi in linea con i tempi e le esigenze del pubblico,
perfezionandosi con il suo aiuto, ma sempre nel rispetto
delle proprie regole e del proprio marchio. Il legame
che mantiene con i tempi costituisce così un'ottica
essenziale che può assumere diverse forme:

● *Un'informazione aggiornata* - nelle guide come
nelle carte, l'attualità è una preoccupazione costante
di Bibendum. Così si spiega il suo ripetuto consiglio
di «utilizzare le Guide dell'anno».

Nuovi e confortevoli alberghi vengono aperti…
Solo la guida dell'anno li segnala!

● *1900 - 2000 : presente!* - Fra le migliaia di alberghi
segnalati nel corso della sua esistenza, vi sono esercizi
che, citati, nell'edizione 1900, hanno saputo resistere
agli eventi di un secolo e sono ancora segnalati…
nella guida 2000! Una fedeltà encomiabile
per un centinaio di esercizi, evidenziati
quest'anno da un simbolo particolare.

100

● *Informare più velocemente!* - Se il secolo che
si chiude è stato quello della velocità, il prossimo sarà
quello dell'immediatezza. La Guida su supporto cartaceo
resterà a lungo una realtà, ma i supporti informatici
consentono già una reattività e una flessibilità nuove,
annunciatrici di una guida turistica
ancora più efficiente.

Su Internet, la Guida Rossa potrà perdere il suo caldo
colore…ma non il suo modo di essere e i suoi preziosi
contenuti!

Sommario

La scelta di un albergo, di un ristorante

*Questa guida vi propone una selezione di alberghi
e ristoranti per orientare la scelta dell'automobilista.
Gli esercizi, classificati in base
al confort che offrono, vengono citati in ordine
di preferenza per ogni categoria.*

Categorie

🏨	XXXXX	*Gran lusso e tradizione*
🏨	XXXX	*Gran confort*
🏨	XXX	*Molto confortevole*
🏨	XX	*Di buon confort*
🏠	X	*Abbastanza confortevole*
🏠		*Semplice, ma conveniente*
M		*Nella sua categoria, albergo con installazioni moderne*
sans rest.		*L'albergo non ha ristorante*
	avec ch.	*Il ristorante dispone di camere*

Amenità e tranquillità

*Alcuni esercizi sono evidenziati nella guida
dai simboli rossi indicati qui di seguito.
Il soggiorno in questi alberghi dovrebbe rivelarsi
particolarmente ameno o riposante.*

*Ciò può dipendere sia dalle caratteristiche
dell'edificio, dalle decorazioni non comuni,
dalla sua posizione e dal servizio offerto,
sia dalla tranquillità dei luoghi.*

🏨 a 🏠	*Alberghi ameni*
XXXXX a X	*Ristoranti ameni*
« Parc fleuri »	*Un particolare piacevole*
🦢	*Albergo molto tranquillo o isolato e tranquillo*
🦢	*Albergo tranquillo*
⇐ mer	*Vista eccezionale*
⇐	*Vista interessante o estesa*

*Le località che possiedono degli esercizi ameni o molto
tranquilli sono riportate sulle carte da pagina 105 a 126.*

*Consultatele per la preparazione dei vostri viaggi e,
al ritorno, inviateci i vostri pareri; in tal modo
agevolerete le nostre inchieste.*

Installazioni

*Le camere degli alberghi che raccomandiamo
possiedono, generalmente, delle installazioni
sanitarie complete. È possibile tuttavia
che nelle categorie ⬜ e 𝕐
alcune camere ne siano sprovviste.*

30 ch	*Numero di camere*
🛗	*Ascensore*
▤	*Aria condizionata (in tutto o in parte dell'esercizio)*
📺	*Televisione in camera*
⊱✲	*Camere riservate ai non fumatori*
☎	*Telefono in camera comunicante direttamente con l'esterno*
📞	*Presa Modem-Minitel in camera*
♿	*Camere di agevole accesso per i portatori di handicap*
⛲	*Pasti serviti in giardino o in terrazza*
🏋	*Palestra*
⛲ ▨	*Piscina: all'aperto, coperta*
🏖 🌿	*Spiaggia attrezzata – Giardino*
✗	*Tennis appartenente all'albergo*
👥 25 à 150	*Sale per conferenze: capienza minima e massima delle sale*
🚗	*Garage nell'albergo (generalmente a pagamento)*
🅿	*Parcheggio riservato alla clientela*
🅿	*Parcheggio chiuso riservato alla clientela*
🐕⃠	*Accesso vietato ai cani (in tutto o in parte dell'esercizio)*
mai-oct.	*Periodo di apertura, comunicato dall'albergatore*
saisonnier	*Probabile apertura in stagione, ma periodo non precisato. Gli esercizi senza tali menzioni sono aperti tutto l'anno.*

La tavola

Le stelle

*Alcuni esercizi meritano di essere segnalati
alla vostra attenzione per la qualità particolare
della loro cucina; li abbiamo evidenziati
con le « stelle di ottima tavola ».*

*Per ognuno di questi ristoranti indichiamo tre
specialità culinarie e alcuni vini locali che potranno
aiutarvi nella scelta.*

ஐஐஐ **Una delle migliori tavole, vale il viaggio**

22 *Vi si mangia sempre molto bene, a volte
meravigliosamente, grandi vini, servizio impeccabile,
ambientazione accurata... Prezzi conformi.*

ஐஐ **Tavola eccellente, merita una deviazione**

70 *Specialità e vini scelti... Aspettatevi una spesa
in proporzione.*

ஐ **Un'ottima tavola nella sua categoria**

407 *La stella indica una tappa gastronomica
sul vostro itinerario.
Non mettete però a confronto la stella di un esercizio
di lusso, dai prezzi elevati, con quella
di un piccolo esercizio dove, a prezzi ragionevoli,
viene offerta una cucina di qualità.*

Il "Bib Gourmand"

496 **Pasti accurati a prezzi contenuti**

*Talvolta desiderate trovare delle tavole più semplici
a prezzi contenuti. Per questo motivo abbiamo
selezionato dei ristoranti che, per un rapporto
qualità-prezzo particolarmente favorevole,
offrono un pasto accurato, in provincia spesso
a carattere tipicamente regionale.*

*Questi ristoranti sono evidenziati nel testo
con il* **"Bib Gourmand"** ⊜ *e* Repas,
es. Repas 100/130, *in provincia.*
es. Repas 130/180, *a Parigi e nella sua regione.*

Consultate le carte con stelle ஐஐஐ,
ஐஐ, ஐ *e con* **"Bib Gourmand"** ⊜ *(pagine 104 a 126).*
Vedere anche ⊜ *a pagina seguente.*
I vini e le vivande: vedere p. 102 e 103

I prezzi

*I prezzi indicati in guida, stabiliti nell'autunno
1999, si riferiscono all'***alta stagione***. Potranno
pertanto subire delle variazioni in relazione
ai cambiamenti dei prezzi di beni e servizi.
Essi s'intendono comprensivi di tasse e servizio.
Nessuna maggiorazione deve figurare sul vostro conto,
salvo eventualmente la tassa di soggiorno.*

*Gli alberghi e i ristoranti vengono menzionati in
carattere grassetto quando gli albergatori ci hanno
comunicato tutti i loro prezzi e si sono impegnati,
sotto la propria responsabilità, ad applicarli ai
turisti di passaggio, in possesso della nostra guida.*

*In bassa stagione, certi esercizi applicano
condizioni più vantaggiose, informatevi al momento
della prenotazione.*

*Entrate nell'albergo con la Guida alla mano,
dimostrando in tal modo la fiducia in chi vi ha
indirizzato.*

Pasti

enf. 60	*Prezzo del menu riservato ai bambini*
☜	*Esercizio che presenta un menu semplice per **meno di 85 F***

Pasti a prezzo fisso:

Repas (52)	*Prezzo di un pasto composto dal piatto principale accompagnato da antipasto o dessert, generalmente servito a mezzogiorno in settimana*
90 (déj.)	*Menu servito a mezzogiorno soltanto*
110/150	*Prezzo del menu: minimo* 110, *massimo* 150
100/150	*Menu a prezzo fisso minimo* 100, *non applicato durante il fine settimana e nei giorni festivi*
bc	*Bevanda compresa*
♀	*Vino servito a bicchiere*
⚱	*Vino da tavola in caraffa a prezzo modico*

Pasto alla carta:

Repas carte 140 à 310	*Il primo prezzo corrisponde ad un pasto semplice comprendente: antipasto, piatto con contorno e dessert. Il secondo prezzo corrisponde ad un pasto più completo (con specialità) comprendente: due piatti, formaggio e dessert (bevande escluse).*

54

Camere

ch 190/380   *Prezzo minimo* 190 *per una camera singola*
e prezzo massimo 380 *per una camera*
per due persone

29 ch ⌦ 210/450   *Prezzo della camera compresa la prima colazione*

⌦ 35   *Prezzo della prima colazione*
(generalmente servita in camera)

appart.   *Informarsi presso l'albergatore*

Mezza pensione

1/2 P 220/350   *Prezzo minimo e massimo della mezza pensione*
(camera, prima colazione e un pasto) per persona
e al giorno, in alta stagione. Questi prezzi sono
validi per la camera doppia occupata da due
persone, per un soggiorno minimo di tre giorni;
la persona singola che occupi una camera doppia,
potrà talvolta vedersi applicata una maggiorazione.
La maggior parte degli alberghi pratica anche,
su richiesta, la pensione completa.
È comunque consigliabile prendere accordi
preventivi con l'albergatore per stabilire
le condizioni definitive.

La caparra

Alcuni albergatori chiedono il versamento
di una caparra. Si tratta di un deposito-garanzia
che impegna tanto l'albergatore che il cliente.
Vi consigliamo di farvi precisare le norme
riguardanti la reciproca garanzia di tale caparra.
Chiedete all'albergatore di fornirvi nella sua lettera
di conferma, ogni dettaglio sulla prenotazione
e sulle condizioni di soggiorno.

Carte di credito

AE ⑩ ⊞ JCB   *American Express – Diners Club – Carte Bancaire*
(comprende Eurocard, MasterCard e Visa) –
Japan Credit Bureau

Le città

63300	*Codice di avviamento postale (le prime due cifre corrispondono al numero del dipartimento)*
✉ 57130 Ars	*Numero di codice e sede dell'ufficio postale di destinazione*
ℙ ⟨SP⟩	*Prefettura – Sottoprefettura*
80 ⑤	*Numero della carta Michelin e numero della piega*
G. Jura	*Vedere la Guida Verde Michelin Jura*
1 057 h.	*Popolazione*
alt. 75	*Altitudine della località*
Stat. therm.	*Stazione termale*
Sports d'hiver	*Sport invernali*
1 200/1 900	*Altitudine della località e altitudine massima raggiungibile con gli impianti di risalita*
⛷ 2	*Numero di funivie o cabinovie*
≰ 14	*Numero di sciovie e seggiovie*
⛷	*Sci di fondo*
BY B	*Lettere indicanti l'ubicazione sulla pianta*
☀ ≼	*Panorama, vista*
✈	*Aeroporto*
🚗	*Località con servizio auto su treno. Informarsi al numero di telefono indicato*
⛴	*Trasporti marittimi*
⛴	*Trasporti marittimi (solo passeggeri)*
🛈	*Ufficio informazioni turistiche*

Luoghi d'interesse

Grado di interesse

★★★ *Vale il viaggio*
★★ *Merita una deviazione*
★ *Interessante*

I musei sono generalmente chiusi il martedì

Ubicazione

An 2000 *Eventi e manifestazioni organizzati o sostenuti dalla Mission «2000 en France»*
Voir *Nella città*
Env. *Nei dintorni della città*
N, S, E, O *Il luogo si trova: a Nord, a Sud, a Est, a Ovest*
②④ *Ci si va dall'uscita ② o ④ indicata con lo stesso segno sulla pianta della guida e sulla carta stradale*
2 km *Distanza chilometrica*

Le carte dei dintorni

Sapete come usarle?

*Se desiderate, per esempio, trovare un buon indirizzo
nei dintorni di Clermont-Ferrand,
la « carta dei dintorni » (qui accanto) richiama
la vostra attenzione su tutte le località citate
nella Guida che si trovino nei dintorni della città
prescelta, e in particolare su quelle raggiungibili
in automobile in meno di 30 minuti
(limite di colore).*

*In tal modo, le « carte dei dintorni » permettono
la localizzazione rapida di tutte le risorse proposte
dalla Guida nei dintorni delle metropoli regionali.*

Nota:

*Quando una località è presente su una « carta
dei dintorni », la città a cui ci si riferisce è scritta
in BLU nella linea delle distanze da città a città.*

*Troverete
Châtelguyon
sulla carta
dei dintorni di
Clermont-Ferrand.*

Esempio:

CHÂTELGUYON *63140 P.-de-D.* 🔢 ④ *G. Auvergne*
   Voir *Gorges d'Enval★ 3 km par* ②
   🅱 *Office de Tourisme av. de l'Europe*
   Paris 417 ① – *Clermont-Ferrand 21* ①

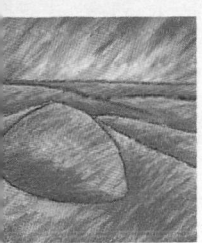

- Località con almeno un albergo ed un ristorante segnalati in Guida
- Località con almeno un ristorante segnalato in Guida
- Località con almeno un albergo senza ristorante segnalato in Guida

Bellenaves · Charroux
Vichy
A 719 · N 209
Gannat · Bellerive · Abrest · le Mayet-de-Montagne
St-Pardoux · Effiat · St Yorre
St-Gervais-d'Auvergne · Randan
Puy-Guillaume
Pont-du-Bouchet · Châtelguyon · Maringues · St-Rémy-s-Durolle
Pontaumur · Ennezat · Courty · Monnerie-le-Montel
Riom · Thiers
D 941 · Pontgibaud · Volvic · CLERMONT-F°. AIII NAT · Pont-du-Château · Lezoux · Pont-de-Dore
Col de Ceyssat · Chamalières · Orcines · Bouzel · Bort-l'Etang
Mazaye · Puy-de-Dôme · Royat · CLERMONT-FERRAND · Courpière · Aubusson-d'A.
Herment · Pérignat-lès-S. · le Brugeron
Orcival · Longues · St-Jean-des-Ollières
Laqueuville · St-Saturnin
St-Sauves · le Genestoux · St-Nectaire · Champeix · Sauxillanges · Ambert
la Bourboule · Murol · Issoire
le Mont-Dore · Chambon (Lac) · Perrier
la Tour-d'Auvergne · le Cheix
Super-Besse · Besse-en-Ch. · Sarpoil · St-Germain-l'Herm
Bagnols · Pavin (Lac) · Boudes
Picherande · Ste-Florine · Brassac-les-Mines

0 · 10 km

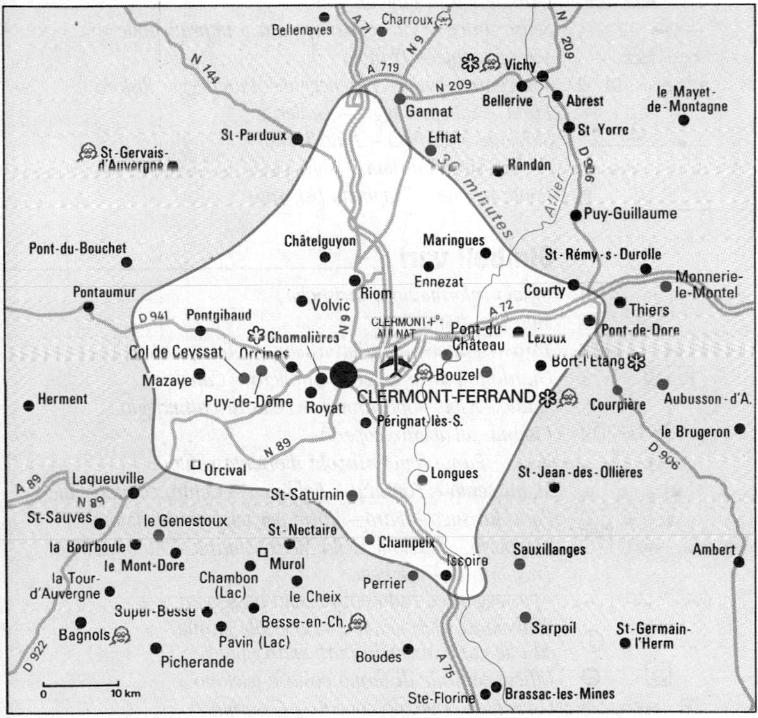

Tutte le « carte dei dintorni » sono localizzate sull'atlantino alla fine della Guida.

Le piante

□ • Alberghi
■ • Ristoranti

Curiosità

Edificio interessante
Costruzione religiosa interessante:
- Cattolica – Protestante

Viabilità

Autostrada, doppia carreggiata tipo autostrada
  Svincoli numerati: completo, parziale
Grande via di circolazione
Senso unico – Via regolamentata o impraticabile
Via pedonale – Tranvia
R. Pasteur Via commerciale – Parcheggio – Parcheggio Ristoro
Porta – Sottopassaggio – Galleria
Stazione e ferrovia – Auto/Treno
Funicolare – Funivia, Cabinovia
Ponte mobile – Traghetto per auto

Simboli vari

Ufficio informazioni turistiche
Moschea – Sinagoga
Torre – Ruderi – Mulino a vento – Torre idrica
Giardino, parco, bosco – Cimitero – Calvario
Stadio – Golf – Ippodromo – Pista di pattinaggio
Piscina: all'aperto, coperta
Vista – Panorama – Tavola d'orientamento
Monumento – Fontana – Fabbrica – Centro commerciale
Porto turistico – Faro – Torre per telecomunicazioni
Aeroporto – Stazione della Metropolitana – Autostazione
Trasporto con traghetto:
- passeggeri ed autovetture, solo passeggeri
Simbolo di riferimento comune alle piante
ed alle carte Michelin particolareggiate
Ufficio centrale di fermo posta e telefono
Ospedale – Mercato coperto – Caserma
Edificio pubblico indicato con lettera:
A C   - Camera di Agricoltura – Camera di Commercio
G H J   - Gendarmeria – Municipio – Palazzo di Giustizia
M P T   - Museo – Prefettura, Sottoprefettura – Teatro
U   - Università, grande scuola
POL.   - Polizia (Questura, nelle grandi città)
Sottopassaggio (altezza inferiore a m 4,50) –
Portata limitata (inf. a 19 t)

„Dieses Werk hat zugleich mit dem Jahrhundert das Licht der Welt erblickt und es wird ihm ein ebenso langes Leben beschieden sein."

(Vorwort zum Michelin-Führer des Jahres 1900)

Lieber Leser

Mit der Herausgabe des ersten Michelin-Hotelführers im Jahre 1900 bewiesen die Brüder Michelin ihren Glauben an die Zukunft des Automobils, des Reifens und die Entwicklung des Tourismus. Das zu Ende gehende Jahrhundert hat diese Einschätzung in vollem Umfang bestätigt.

Die Verwirklichung dieser Vision ist damit jedoch noch nicht abgeschlossen, sie bedeutet vielmehr Ansporn zu ständigem Neubeginn.

Der Autofahrer des 21. Jahrhunderts will immer weiter, sicherer und freier reisen. Deswegen wird der „Rote Michelin" auch morgen sein bewährter zuverlässiger und unabhängiger Berater sein.

Lieber Leser, der „Rote Michelin" lebt und entwickelt sich weiter für Sie und dank Ihrer Hilfe. Er bleibt seiner ursprünglichen Aufgabe getreu, ob auf Papier oder in den elektronischen Medien.

Michelin wünscht Ihnen „Gute Reise"

E. Michelin.

1900•2000

Der Rote Michelin-Führer France wird 100!

❝ Dieses Werk hat zugleich mit dem Jahrhundert das Licht der Welt erblickt, und es wird ihm ein ebenso langes Leben beschieden sein. **❞**

(Edouard und André MICHELIN, 1900)

● *Im Jahr 1921 sowie in den Kriegsjahren 1915-18 und 1940-44 wurde der Rote Michelin-Führer France nicht veröffentlicht. Im Jahr 2000 erscheint also die 91. Ausgabe.*

Von Anbeginn ein nützlicher Helfer

" Der Autoverkehr hat soeben das Licht der Welt erblickt. Er wird sich von Jahr zu Jahr weiterentwickeln und der Reifen mit ihm, denn der Reifen ist ein wesentliches Teil, ohne das ein Auto nicht fahren kann. "
(1900)

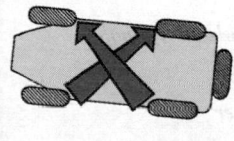

Das Automobil und der Reifen - zwei Neuerungen des auslaufenden 19. Jahrhunderts, deren Zukunft nur wenige Zeitgenossen voraussahnen.

● **1891:** *Erfindung des demontierbaren Reifens (für Fahrräder) durch Michelin.*

● **1895:** *Der «Eclair» (auf Deutsch: Blitz) - das erste Auto auf Luftreifen (Michelin). Gründung des Automobile-Club de France (ACF).*

● **1899:** *1. Frankreich-Rundfahrt für Automobile. Ein Auto mit Elektroantrieb, die «Jamais Contente» (auf Deutsch: die ewig Unzufriedene), erreicht auf Michelin-Reifen eine Geschwindigkeit von über 100 km/h.*

Die Brüder Edouard und André Michelin wissen, daß die Autofahrer zum einen Hilfe und Unterstützung erwarten und zum anderen praktische Informationen: Das wird von Anbeginn die Aufgabe des Roten Michelin-Führers sein, der 1900 erstmals erscheint und zugleich eine Gebrauchsanweisung für den Reifen und eine Anleitung zur Vorbereitung von Reisen und zur Auswahl der richtigen Zwischenstopps ist.

Hier einige der im Roten Michelin-Führer abgehandelten Themen:

● *Verkaufspreise für Kraftstoffe (1900)*
● *Berechnung der Reisegeschwindigkeit (1900)*
● *Werkzeuge, Zubehör und Ersatzteile, welche der Autofahrer stets im Kofferraum seines Autos mit sich führen sollte (1901)*
● *Verzeichnis guter Chirurgen in Frankreich (1902)*
● *Fähren, die auch Autos übersetzen (1904)*
● *Verkehrszeichen (1905)*
● *Der Autofahrer und das Recht (1909)*
● *Reifendrucktabellen (seit 1901)…*

Dem Roten Michelin-Führer folgen weitere Initiativen: das Büro für Reiserouten (1908), die Straßenkarten (1910), die Kilometersteine, die Grünen Reiseführer … und vieles andere mehr!

Der Freund des Reisenden

"Der vorliegende Reiseführer möchte dem Autofahrer, der in Frankreich unterwegs ist, nützliche Hinweise dafür geben, wo er tanken und sein Automobil reparieren lassen kann, wo er übernachten und essen kann, wo er Briefe oder Telegramme aufgeben oder telefonieren kann." (1900)

"Wir versprechen den Autofahrern, dass Hotels, von denen sie uns melden, dass Essen, Zimmer, Toiletten oder Service zu wünschen übrig lassen, Kraftstoffdepots, die nicht immer ausreichend versorgt sind, Michelin-Reifenhändler, die ihnen ernsthaften Anlass zur Klage gegeben haben, gnadenlos aus unseren Listen gestrichen werden" (1900)

● *Das Automobil, ein Instrument der Freizügigkeit, bringt auch eine Reihe von Zwängen mit sich: Man muss seine Reise planen und dafür Antworten auf eine Reihe von Fragen finden: Wie groß ist die Entfernung? Welche Route soll ich wählen? Wo mache ich am besten eine Pause? Wo kann ich tanken? Wo kann ich eine Panne an meinem Automobil beheben lassen? Mit welchem Komfort kann ich rechnen?*

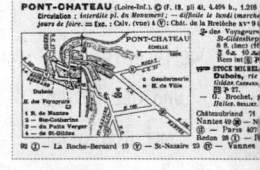

Wie steht es mit den Preisen? Der Michelin-Führer erteilt Ratschläge und nennt Adressen. Er entwickelt sich zum guten Geist des Autofahrers und wird zum klassischen Ostergeschenk für den Automobilbesitzer.

● *Zur guten Reise gehören auch Pläne der Städte, die zu durchqueren oder die eine Besichtigung wert sind. In der Ausgabe von 1900 gab es 13 solcher Stadtpläne; 1913 waren es schon 600! Diese von Michelin selbst gestalteten Pläne, aus denen die Lage von Hotels, Verwaltungsgebäuden und Sehenswürdigkeiten hervorgeht, in denen Durchfahrtstrecken, Einbahnstraßen und Parkplätze eingezeichnet sind und die jedes Jahr auf den neuesten Stand gebracht werden, tragen schon früh zum Erfolg des Michelin-Führers bei. Selbst die Alliierten machen ihn sich bei der Landung zunutze!*

Hier einige der damals verwendeten Symbole:

♨	*kein elektrisches Licht*
⌂	*kein fliessendes Wasser*
🕯	*elektrische Beleuchtung*
🚿	*nur fliessend kaltes Wasser*
🏛	*Zentralheizung*
🏰	*Palast-Hotel, mit fürstlichem Komfort*

Stark durch Unabhängigkeit...

Bis 1919 wird der Rote Michelin-Führer kostenlos verteilt und enthält Werbeanzeigen für Autos und Hotels.

Mit der Aufnahme von Restaurants (im Jahr 1920) wird seine Position neu definiert: Strenge und Unabhängigkeit sind nunmehr angesagt und verleihen den von ihm erteilten Ratschlägen einen einzigartigen Wert:

● Alle Werbeanzeigen verschwinden aus seinen Seiten,

Keine bezahlte Werbung im Michelin-Führer

● Er wird nunmehr über den Buchhandel verkauft (im Jahr 1920 zum Preis von 7 Francs).

● Er hat die volle Kontrolle über die werbemäßige Nutzung seiner Empfehlungen.

Bibendum befestigt keine Werbeschilder an empfohlene Hotels oder Restaurants

● Durch den Einsatz von qualifizierten Inspektoren, die anonym auftreten und wie jeder andere Kunde auch ihre Rechnung bezahlen, entzieht er sich jeglicher Einflussnahme.

Um im Michelin-Führer aufgenommen zu werden, helfen keine Beziehungen und keine Bestechung.

Dieser Leitlinie ist der Michelin-Führer seither treu geblieben: Er trifft seine Entscheidungen in voller Unabhängigkeit und ist nur seinen Lesern Rechenschaft schuldig.

Michelin Sterne werden nicht verliehen, sie werden verdient.

...und die Treue seiner Leser.

> **"Dieser Reiseführer wird von Jahr zu Jahr besser werden, wenn unsere Leser sich weiterhin als unsere Mitarbeiter betätigen und uns ihre kritischen Anmerkungen und Korrekturwünsche zukommen lassen."**
> (1901)
>
> **"Ohne die Autofahrer können wir gar nichts tun, mit ihrer Hilfe ist alles möglich."**
> (1900)

● *Den Autofahrer informieren und seinen Bedürfnissen entsprechen: Auf diesem Konzept basiert der Rote Michelin-Führer von Anbeginn an. In ihm verbinden sich das Know-how der Inspektoren und die Erwartungen und Rückmeldungen seiner Leser.*

Schreiben Sie uns...

● *Schlüssel für diese enge Beziehung ist das jeder Ausgabe beiliegende Antwortformular. Als Instrument des Dialogs mit dem Leser, in dem dieser seine Zustimmung oder seine Kritik zum Ausdruck bringen kann, ist dieses Formular eine Art «Barometer» zur laufenden Messung des gegenseitigen Vertrauens.*

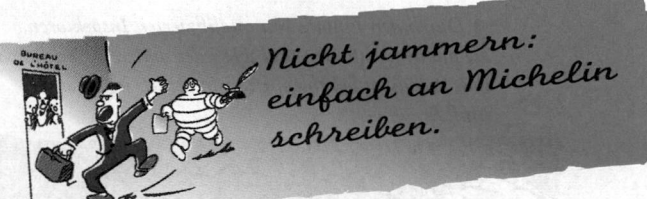

Nicht jammern: einfach an Michelin schreiben.

● *Zwischen 100.000 und 140.000 Zuschriften zum Roten Michelin-Führer France gehen jährlich in der Avenue de Breteuil ein.*

Ein gut informierter Bibendum ist Gold wert. Benachrichtigen sie ihn über Dinge, die nicht in Ordnung sind.

...danke!

1904

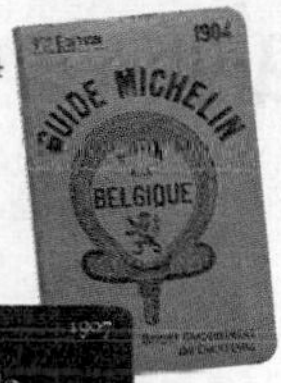

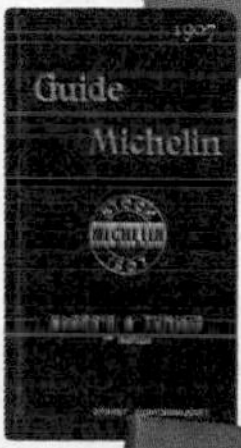

1907

Vater einer großen Familie

● *Als erster seiner Art ist der Rote Michelin-Führer France nicht lange allein geblieben. Im Verlauf von nur wenigen Jahren erscheinen weitere Titel, mit denen Bibendum seine Ratgeberfunktion auf die europäischen Länder und einen Teil des Mittelmeerraums ausdehnt. Jeder Band war damals in einer anderen Farbe gehalten.*

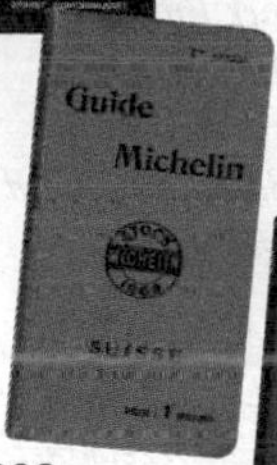

1908

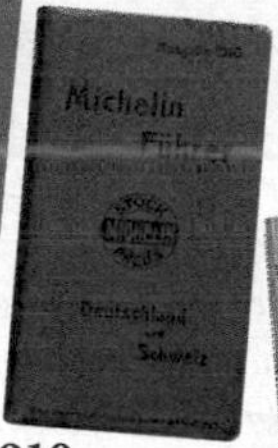

1910

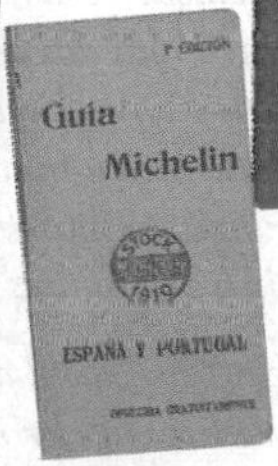

1910

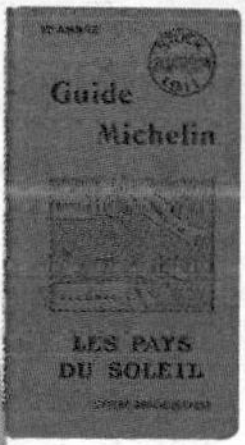

1911

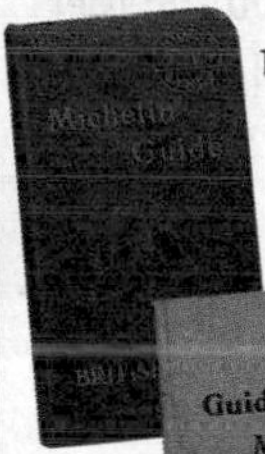

1911

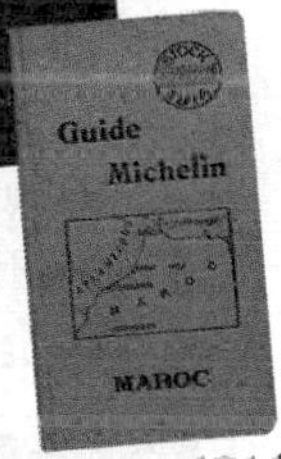

1914

1952 : *Spanien*
1953 : *Belgien und Luxemburg*
1956 : *Norditalien*
1957 : *Benelux-Länder*
1964 : *Deutschland*
1973 : *Spanien und Portugal*
1974 : *Great Britain and Ireland Greater London*
1982 : *Europe*
1992 : *Ireland*
1994 : *Schweiz*
1995 : *Portugal*

● *Ab 1950 tritt eine zweite Generation Michelin-Führer in den Dienst der europäischen Autofahrer. Mit einheitlich rotem Einband und dank des Einsatzes von Inspektoren, die aus dem jeweiligen Land stammen, bilden sie eine in sich geschlossene Sammlung, die parallel zur Ausweitung des Tourismus in Europa weiterentwickelt wird.*

● *Eine ruhmreiche Ausgabe: Die im Juni 1944 von den Alliierten im Hinblick auf die Rückeroberung der von den deutschen Truppen besetzten Städte neu aufgelegte Ausgabe des Frankreich Führers von 1939.*

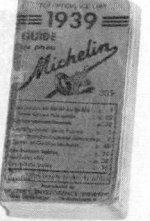

Von Warschau bis
zu den Kanarischen
Inseln, von Dublin
bis Budapest: Heute
findet der Leser
in den Roten
Michelin-Führern
31.700 Hotels
18.400 Restaurants
1.400 Ein- oder
Mehr-Sterne-
Restaurants
1.600 vom
«Bib gourmand»
empfohlene
Restaurants
1.200 Stadtpläne
7.000 Seiten...

Ein internationaler Maßstab

75 Jahre Michelin-Sterne

● *1926: Im Roten Michelin-Führer France werden die ersten «Sterne für gute Küche» an 46 Restaurants vergeben, die regionale Spezialitäten anbieten. Das ist der - diskrete - Auftakt zu einer Entwicklung, mit der der Michelin-Führer zum Maßstab für Feinschmecker wird (❀❀- und ❀❀❀ kommen in den späteren Jahren hinzu). Die Sammlung wird nach und nach auf ganz Europa ausgedehnt.*

● *Durch die in allen Ländern gleichen Auswahlmethoden sowie einheitliche Definitionen wird gewährleistet, dass das auf diese Weise ausgezeichnete kulinarische Können über die landeseigenen Traditionen und Besonderheiten hinaus denselben strengen Anforderungen entspricht und die Erwartungen eines breiten Publikums erfüllt.*

● *So erklärt sich wohl auch das weltweite Echo, das jede Verleihung der höchsten Auszeichnung auslöst:*

❀❀❀ *Une des meilleures tables, vaut le voyage*
Exceptional cuisine, worth a special journey
Eine der besten Küchen: eine Reise wert
Una delle migliori tavole , vale il viaggio
Una de las mejores mesas, justifica el viaje
Uma das melhores mesas, vale a viagem
Uitzonderlijke keuken: de reis waard
最上の料理、出かける価値あり

Von Jahrhundert zu Jahrhundert 21.

Der Rote Michelin-Führer France hat die ihm gestellte Aufgabe erfüllt… zumindest was die «Weissagung» seiner Gründerväter angeht. Aber eigentlich ist dieser 100. Geburtstag nur ein weiterer Schritt in der Entwicklung des Service, den er dem Reisenden bietet.

Als fachkundiger Informant und freundschaftlicher Ratgeber ist der Rote Michelin-Führer immer bestrebt, mit der Zeit zu gehen, sich zusammen mit seiner Leserschaft weiterzuentwickeln und noch besser Hilfestellung zu leisten, dies aber stets getreu seinen Regeln und im Bewußtsein des in ihn gesetzten Vertrauens.

Diese Verbindung zur heutigen Zeit, unserer heutigen Zeit, ist ein ganz wesentlicher Aspekt, der viele unterschiedliche Formen annehmen kann:

● **Aktuelle Informationen!** Ob Straßenkarten oder Reiseführer - Bibendum achtet stets auf Aktualität. Daher auch der von Anfang an erteilte und tausendfach wiederholte Ratschlag, man solle immer nur die neueste Ausgabe benutzen.

Neu eröffnete Häuser…, finde man nur in der aktuellen Ausgabe

● *Vom Jahr 1900 bis zum Jahr 2000: stets präsent!*
Unter den vielen tausend Hotels, die der Rote Michelin-Führer seit seinem Bestehen empfohlen hat, gibt es - gut geführte - Traditions-Häuser, die schon in der Ausgabe des Jahres 1900 genannt wurden und die nach den Wechselfällen eines ganzen Jahrhunderts in der Ausgabe des Jahrs 2000 immer noch empfohlen werden! Auf diese bemerkenswerte Beständigkeit, durch die sich etwa hundert Häuser auszeichnen, wird in diesem Jahr mit einem besonderen Symbol hingewiesen.

100

● *Schneller informieren!* - Auf das Jahrhundert der Geschwindigkeit, das nun zu Ende geht, folgt das Jahrhundert der sofortigen Verfügbarkeit. Der Rote Michelin-Führer in Papierform wird noch lange eine lebendige Wirklichkeit bleiben; aber schon heute ermöglichen elektronische Medien ein besseres Reaktionsvermögen und eine bis dato nicht gekannte Flexiblität, beides Vorboten einer noch effizienteren Beratung des Reisenden.

Der Rote Michelin-Führer im Internet verliert zwar seine anheimelnde Farbe, aber nichts von seiner Format!

Inhaltsverzeichnis

Wahl eines Hotels, eines Restaurants

Die Auswahl der in diesem Führer aufgeführten
Hotels und Restaurants ist für Durchreisende
gedacht. In jeder Kategorie drückt die Reihenfolge
der Betriebe (sie sind nach ihrem Komfort
klassifiziert) eine weitere Rangordnung aus.

Kategorien

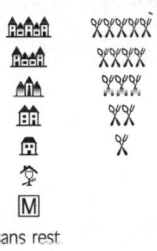

命命命	XXXXX	*Großer Luxus und Tradition*
命命命	XXXX	*Großer Komfort*
命命	XXX	*Sehr komfortabel*
命命	XX	*Mit gutem Komfort*
命	X	*Mit Standard-Komfort*
⚘		*Bürgerlich*
M		*Moderne Einrichtung*
sans rest.		*Hotel ohne Restaurant*
	avec ch.	*Restaurant vermietet auch Zimmer*

Annehmlichkeiten

Manche Häuser sind im Führer durch rote Symbole
gekennzeichnet (s. unten). Der Aufenthalt in diesen
ist wegen der schönen, ruhigen Lage, der nicht
alltäglichen Einrichtung und Atmosphäre sowie dem
gebotenen Service besonders angenehm und erholsam.

命命命 bis ⚘	*Angenehme Hotels*
XXXXX bis X	*Angenehme Restaurants*
« Parc fleuri »	*Besondere Annehmlichkeit*
⇘	*Sehr ruhiges oder abgelegenes und ruhiges Hotel*
⇘	*Ruhiges Hotel*
⇐ mer	*Reizvolle Aussicht*
⇐	*Interessante oder weite Sicht*

Die Übersichtskarten S. 105 – S. 126, auf denen
die Orte mit besonders angenehmen oder sehr ruhigen
Häusern eingezeichnet sind, helfen Ihnen bei
der Reisevorbereitung. Teilen Sie uns bitte nach
der Reise Ihre Erfahrungen und Meinungen mit.
Sie helfen uns damit, den Führer weiter zu verbessern.

Einrichtung

Die meisten der empfohlenen Hotels verfügen über
Zimmer, die alle oder doch zum größten Teil mit
Bad oder Dusche ausgestattet sind.
In den Häusern der Kategorien 🏠 und ♔ können
diese jedoch in einigen Zimmern fehlen.

30 ch	Anzahl der Zimmer
|⬍|	Fahrstuhl
▤	Klimaanlage (im ganzen Haus bzw. in den Zimmern oder im Restaurant)
TV	Fernsehen im Zimmer
⚞✳	Nichtraucherzimmer
☎	Zimmertelefon mit direkter Außenverbindung
📞	Minitel- Anschluß im Zimmer
♿	Für Körperbehinderte leicht zugängliche Zimmer
�	Garten-, Terrassenrestaurant
🏋	Fitneßraum
🏊 🏊	Freibad, Hallenbad
🏖 🌳	Strandbad – Liegewiese, Garten
🎾	Hoteleigener Tennisplatz
🛄 25 à 150	Konferenzräume (Mindest- und Höchstkapazität)
🚗	Hotelgarage (wird gewöhnlich berechnet)
P	Parkplatz reserviert für Gäste
P	Gesicherter Parkplatz für Gäste
🐕✗	Hunde sind unerwünscht (im ganzen Haus bzw. in den Zimmern oder im Restaurant)
mai-oct.	Öffnungszeit, vom Hotelier mitgeteilt
saisonnier	Unbestimmte Öffnungszeit eines Saisonhotels. Häuser ohne Angabe von Schließungszeiten sind ganzjährig geöffnet.

Küche

Die Sterne

Einige Häuser verdienen wegen ihrer überdurchschnittlich guten Küche Ihre besondere Beachtung. Auf diese Häuser weisen die Sterne hin.

Bei den mit «Stern» ausgezeichneten Betrieben nennen wir drei kulinarische Spezialitäten und regionale Weine, die Sie probieren sollten.

✿✿✿ **Eine der besten Küchen: eine Reise wert**

22 *Man ißt hier immer sehr gut, öfters auch exzellent, edle Weine, tadelloser Service, gepflegte Atmosphäre... entsprechende Preise.*

✿✿ **Eine hervorragende Küche: verdient einen Umweg**

70 *Ausgesuchte Menus und Weine... angemessene Preise.*

✿ **Eine sehr gute Küche: verdient Ihre besondere**
407 **Beachtung**

Der Stern bedeutet eine angenehme Unterbrechung Ihrer Reise.
Vergleichen Sie aber bitte nicht den Stern eines sehr teuren Luxusrestaurants mit dem Stern eines kleineren oder mittleren Hauses, wo man Ihnen zu einem annehmbaren Preis eine ebenfalls vorzügliche Mahlzeit reicht.

Der "Bib Gourmand"

496 Sorgfältig zubereitete, preiswerte Mahlzeiten

Für Sie wird es interessant sein, auch solche Häuser kennenzulernen, die einfachere, vorzugsweise typische Küche der Region zu einem besonders günstigen Preis/Leistungs-Verhältnis bieten.
Im Text sind die betreffenden Restaurants durch das rote Symbol ⓘ **"Bib Gourmand"** *und* Repas *kenntlich gemacht,*
z. B. Repas 100/130 *in der Provinz.*
z. B. Repas 130/180 *in Paris und der Region Paris.*

Die Karten mit «Stern» ✿✿✿, ✿✿, ✿
und **"Bib Gourmand"** ⓘ *sind auf S. 104 bis 126 zu finden.*
Siehe auch ⇐ *nächste Seite.*
Gute Weine: siehe S. 102 und 103

Preise

Die in diesem Führer genannten Preise wurden uns im Herbst 1999 angegeben, es sind **Hochsaisonpreise**. *Sie können sich mit den Preisen von Waren und Dienstleistungen ändern. Sie enthalten Bedienung und MWSt. Es sind Inklusivpreise, die sich nur noch durch die evtl. zu zahlende Kurtaxe erhöhen können.*

Die Namen der Hotels und Restaurants, die ihre Preise genannt haben, sind fett gedruckt. Gleichzeitig haben sich diese Häuser verpflichtet, die von den Hoteliers selbst angegebenen Preise den Benutzern des Michelin-Führers zu berechnen.

Außerhalb der Saison bieten einige Betriebe günstigere Preise an. Erkundigen Sie sich bei Ihrer Reservierung danach.

Halten Sie beim Betreten des Hotels den Führer in der Hand. Sie zeigen damit, daß Sie aufgrund dieser Empfehlung gekommen sind.

Mahlzeiten

enf. 60	*Preis des Kindermenus*
☙	*Restaurant, das ein einfaches **Menu unter 85 F** anbietet*

Feste Menupreise:

Repas (52)	*Preis für ein Menu, bestehend aus einem Hauptgericht und einer Vorspeise oder einem Dessert, das während der Woche mittags serviert wird.*
90 (déj.)	*Nur mittags angeboten*
110/150	*Mindestpreis* 110 F, *Höchstpreis* 150 F
100/150	*Mindestpreis* 100 F *für ein Menu, das am Wochenende und an Feiertagen nicht angeboten wird*
bc	*Getränke inbegriffen*
♀	*Wein glasweise ausgeschenkt*
⚱	*Preiswerter Tischwein in Karaffen*

Mahlzeiten «à la carte»:

Repas carte 140 à 310	*Der erste Preis entspricht einer einfachen Mahlzeit und umfaßt Vorspeise, Tagesgericht mit Beilage, Dessert. Der zweite Preis entspricht einer reichlicheren Mahlzeit (mit Spezialgericht) bestehend aus zwei Hauptgängen, Käse, Dessert (Getränke nicht inbegriffen).*

Zimmer

ch 190/380

Mindestpreis 190 F *für ein Einzelzimmer, Höchstpreis*
380 F *für ein Doppelzimmer*

29 ch ⊑ 210/450 *Zimmerpreis inkl. Frühstück*

⊑ 35 *Preis des Frühstücks (meist im Zimmer serviert)*

appart. *Preise auf Anfrage*

Halbpension

1/2 P 220/350 *Mindestpreis und Höchstpreis für Halbpension*
(Zimmerpreis inkl. Frühstück und eine Mahlzeit)
pro Person und Tag während der Hauptsaison,
bei einem von zwei Personen belegten Doppelzimmer
für einen Aufenthalt von mindestens drei Tagen.
Falls eine Einzelperson ein Doppelzimmer belegt,
kann ein Preisaufschlag verlangt werden. In den meisten
Hotels können Sie auf Anfrage auch Vollpension
erhalten. Auf jeden Fall sollten Sie den Endpreis
vorher mit dem Hotelier vereinbaren.

Anzahlung

Einige Hoteliers verlangen eine Anzahlung.
Diese ist als Garantie sowohl für den Hotelier
als auch für den Gast anzusehen.
Bitten Sie den Hotelier, daß er Ihnen in seinem
Bestätigungsschreiben alle seine Bedingungen
mitteilt.

Kreditkarten

AE ⓪ GB JCB *American Express – Diners Club – Eurocard,*
MasterCard, Visa – Japan Credit Bureau

Städte

63300	Postleitzahl (die zwei ersten Ziffern sind gleichzeitig Departements-Nummer)
✉ 57130 Ars	Postleitzahl und Name des Verteilerpostamtes
ℙ ⬤	Präfektur – Unterpräfektur
⑧⓪ ⑤	Nummer der Michelin-Karte und Faltseite
G. Jura	Siehe Grünen Michelin-Reiseführer « Jura »
1 057 h.	Einwohnerzahl
alt. 75	Höhe
Stat. therm.	Thermalbad
Sports d'hiver	Wintersport
1 200/1 900	Höhe des Wintersportortes und Maximal-Höhe, die mit Kabinenbahn oder Lift erreicht werden kann
⛷ 2	Anzahl der Kabinenbahnen
⛷ 14	Anzahl der Schlepp- oder Sessellifts
⛷	Langlaufloipen
BY B	Markierung auf dem Stadtplan
✳ ≼	Rundblick – Aussichtspunkt
✈	Flughafen
🚗	Ladestelle für Autoreisezüge – Nähere Auskunft unter der angegebenen Telefonnummer
⛴	Autofähre
⛴	Personenfähre
🛈	Informationsstelle

Sehenswürdigkeiten

Bewertung

★★★ Eine Reise wert
★★ Verdient einen Umweg
★ Sehenswert

Museen sind im allgemeinen dienstags geschlossen

Lage

An 2000 Veranstaltungen oder Ereignisse welche von Mission
«2000 en France» organisiert oder untertützt werden

Voir In der Stadt

Env. In der Umgebung der Stadt

N, S, E, O Im Norden (N), Süden (S), Osten (E), Westen (O) der Stadt

②④ Zu erreichen über die Ausfallstraße ② bzw. ④,
die auf dem Stadtplan und auf der Michelin-Karte
identisch gekennzeichnet sind

2 km Entfernung in Kilometern

Umgebungskarten

Denken Sie daran sie zu benutzen _____

*Die Umgebungskarten sollen Ihnen die Suche
eines Hotels oder Restaurants in der Nähe
der größeren Städte erleichtern.*

*Wenn Sie beispielsweise eine gute Adresse in der
Nähe von Clermont-Ferrand brauchen, gibt Ihnen
die Karte schnell einen Überblick über alle Orte,
die in diesem Michelin-Führer erwähnt sind.
Innerhalb der in Kontrastfarbe gedruckten Grenze
liegen Gemeinden, die man in weniger
als 30 Autominuten erreichen kann.*

Anmerkung:

*Auf der Linie der Entfernungen zu anderen Orten
erscheint im Ortstext die jeweils nächste
Stadt mit Umgebungskarte in BLAU.*

Beispiel:

*Sie finden
Châtelguyon auf der
Umgebungskarte von
Clermont-Ferrand.*

CHÂTELGUYON 63140 P.-de-D. **73** ④ G. Auvergne
    Voir *Gorges d'Enval*★ 3 km par ②
    🛈 Office de Tourisme av. de l'Europe
    Paris 417 ① – *Clermont-Ferrand 21* ①

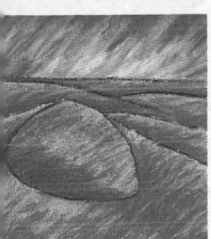

- Ort mit mindestens je einem empfohlenen Hotel und Restaurant
- Ort mit mindestens einem empfohlenen Restaurant
- Orl mit mindestens einem empfohlenen Hotel garni

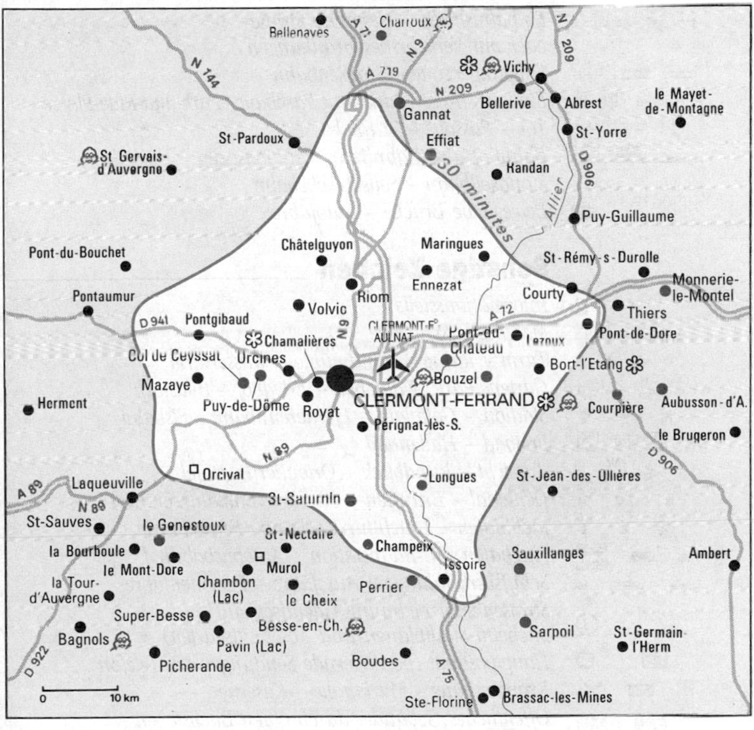

*Alle Umgebungs-
karten sind sche-
matisch im Karten-
teil um Ende des
Bandes
eingezeichnet.*

Stadtpläne

□ ● Hotels
■ ● Restaurants

Sehenswürdigkeiten

Sehenswertes Gebäude
Sehenswerte katholische bzw. evangelische Kirche

Straßen

Autobahn, Schnellstraße
④ ④ Numerierte Anschlußstelle: Autobahneinfahrt –
und/oder -ausfahrt
Hauptverkehrsstraße
← ◄ ⊏⊏⊏⊏⊏⊐ Einbahnstraße – Gesperrte Straße
oder mit Verkehrsbeschränkungen
Fußgängerzone – Straßenbahn
R. Pasteur 🅿 🅟 Einkaufsstraße– Parkplatz, Parkhaus– Park-and-Ride-Plätze
Tor – Passage – Tunnel
Bahnhof und Bahnlinie – Autoreisezug
Standseilbahn – Seilschwebebahn
🅐 🅑 Bewegliche Brücke – Autofähre

Sonstige Zeichen

🅱 Informationsstelle
☪ ✡ Moschee – Synagoge
Turm – Ruine – Windmühle – Wasserturm
Garten, Park, Wäldchen – Friedhof – Bildstock
Stadion – Golfplatz – Pferderennbahn – Eisbahn
Freibad – Hallenbad
Aussicht – Rundblick – Orientierungstafel
Denkmal – Brunnen – Fabrik – Einkaufszentrum
Jachthafen – Leuchtturm – Funk-, Fernsehturm
S.N.C.F. Flughafen – U-Bahnstation – Autobusbahnhof
Schiffsverbindungen: Autofähre – Personenfähre
③ Straßenkennzeichnung (identisch auf
Michelin-Stadtplänen und Abschnittskarten)
Hauptpostamt (postlagernde Sendungen) u. Telefon
✚ ⊠ ·×· Krankenhaus – Markthalle – Kaserne
Öffentliches Gebäude, durch einen Buchstaben
gekennzeichnet:
A C - Landwirtschaftskammer – Handelskammer
G 🛡 H J - Gendarmerie – Rathaus – Gerichtsgebäude
M P T - Museum – Präfektur, Unterpräfektur – Theater
U - Universität, Hochschule
POL. - Polizei (in größeren Städten Polizeipräsidium)
4'4 18T ⑱ Unterführung (Höhe bis 4,50 m) – Höchstbelastung
(unter 19 t)

***"Esta obra nace con el siglo
y durará tanto como él."***
(Introducción a la Guía Michelin de 1900)

Amigo lector

Cuando crearon y distribuyeron la primera edición de esta Guía en 1900, los hermanos Michelin demostraron que confiaban en el futuro del Automóvil, del Neumático y del Turismo. Ahora, el siglo que finaliza confirma su visión de futuro.

Pero una previsión que se cumple no constituye un logro. En realidad es un nuevo punto de partida.

El automovilista del s. XXI querrá seguir viajando cada vez más lejos, con mayor libertad, pero también con más seguridad. Por eso La Guía Michelin seguirá acompañándole y aconsejándole con su experiencia, seriedad e independencia habituales.

Amigo lector, La Guía Roja vive y progresa por y para usted. Impresa en papel o en formato digital, permanece a su servicio, fiel a su vocación desde hace un siglo.

¡Feliz viaje a todos!

E. Michelin

1900•2000
¡La Guía Roja France cumple cien años!

" Esta obra nace con el siglo, y durará tanto como él "

(Edouard y André MICHELIN, 1900)

● *La Guía no se publicó en 1921
ni durante las dos Guerras Mundiales
(1915-18, 1940-44).
La edición del 2000
es por lo tanto la 91ª.*

Nacida para ser útil

El automóvil y el neumático son dos grandes inventos de finales del s. XIX que muy pocos contemporáneos supieron valorar en toda su importancia.

- **1891:** *creación del neumático desmontable Michelin (para bicicletas).*

- **1895:** *Nace el L'Eclair, el primer automóvil con neumáticos (Michelin).*
  Se crea el Automobile-Club de France (ACF).

- **1899:** *1a Vuelta a Francia en automóvil.*
  Un automóvil eléctrico, el Jamais Contente, supera los 100 km/h calzado con neumáticos Michelin.

Los hermanos Édouard y André Michelin saben que los «chauffeurs» necesitan disponer de la asistencia adecuada y de datos contrastados y útiles. Con este objetivo, en el año 1900 crean la Guía Roja que cumple una doble función: sirve de modo de empleo de los neumáticos y ayuda a organizar el viaje y las paradas en ruta.

Estos son algunos de los capítulos incluidos en la Guía Roja para ayudar a los automovilistas:

- *Precio de venta de los carburantes (1900)*
- *Cálculo de la velocidad de circulación (1900)*
- *Herramientas, accesorios y piezas de recambio que tiene que llevar siempre un automovilista en el maletero del vehículo (1901)*
- *Lista de los mejores cirujanos franceses (1902)*
- *Ferrys con capacidad para transportar automóviles (1904)*
- *Señalización de carreteras (1905)*
- *El derecho práctico del automovilista (1909)*
- *Cuadros de inflado de los neumáticos (desde 1901)…*

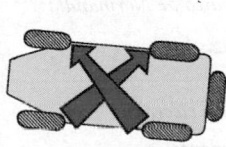

A la Guía Roja seguirían otras iniciativas de Michelin, como la Oficina de Itinerarios (1908), el mapa de carreteras (1910), los hitos kilométricos, las guías turísticas… y muchas más.

Amiga del viajero

● *El automóvil es un instrumento de libertad, pero para evitar imprevistos conviene preparar el viaje con antelación: ¿Qué distancia voy a recorrer? ¿Por dónde voy a pasar? ¿Dónde voy a detenerme? ¿Dónde puedo encontrar gasolina? ¿Dónde hay talleres en caso de avería? ¿Qué servicios ofrece cada hotel? ¿A qué precio? Con sus consejos y direcciones la Guía Michelin se convierte en el hada madrina del automovilista.*

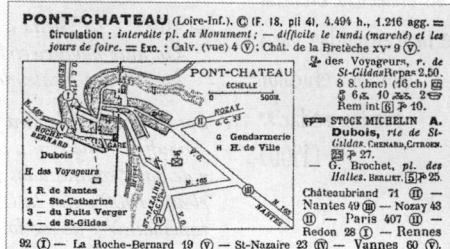

● *Para realizar un buen viaje los planos de ciudades son imprescindibles; de los 13 planos que incluía en 1900, la Guía pasó a contener 600 en 1913. En cada uno de ellos figuraban los edificios administrativos y las curiosidades, las vías preferentes, las calles de sentido único, los aparcamientos; además, como ahora, los datos se actualizaban anualmente. Los planos de Michelin fueron una de las principales causas del éxito de la Guía. Para demostrar su fiabilidad basta decir que los Aliados los utilizaron después del desembarco de Normandía.*

Algunos de los símbolos utilizados en las primeras guías

	Sin alumbrado eléctrico
	Sin agua corriente
	Alumbrado eléctrico
	Agua corriente fría
	Calefacción central
	Hotel Palacio con confort regio

Orgullosa de su independencia...

La Guía Roja Francia fue gratuita hasta 1919 y también hasta esa fecha incluyó publicidad relacionada con el automóvil y la industria hotelera.

Con la introducción de los primeros restaurantes en 1920, la Guía definió su nueva posición, basada en el rigor y la independencia. Desde entonces estas dos cualidades han dado un valor determinante a sus consejos:

En esta guía no hay ninguna publicidad de pago

- *se empieza a vender en librerías (precio en 1920: 7 F),*

- *controla el uso comercial que se hace de sus consejos,*

La Guía Michelin no distribuye placas de propaganda

- *crea un equipo de inspectores cualificados, que se mantienen al margen de cualquier influencia porque trabajan de incógnito y nunca aceptan invitaciones.*

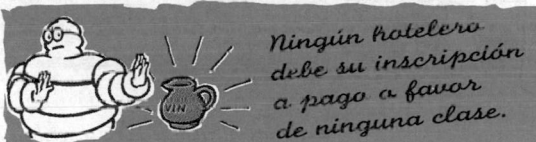

Ningún hotelero debe su inscripción a pago a favor de ninguna clase.

Desde entonces la Guía Michelin se ha mantenido fiel a su línea editorial. Toma todas las decisiones con total independencia y sólo rinde cuentas a sus lectores.

Las estrellas de «buena cocina» no se dan: hay que hacer méritos para obtenerlas

...y de la fidelidad de sus lectores.

> "La Guía se irá perfeccionando año tras año siempre que nuestros lectores quieran seguir colaborando con nosotros mediante sus críticas y sus sugerencias." (1901)

● *Desde el primer momento la vocación de la Guía fue informar y ayudar al automovilista, conjugando los conocimientos de los inspectores con las expectativas y las observaciones de sus lectores.*

¡Escríbanos!

> "Sin los automovilistas no podemos hacer nada, con ellos somos capaces de todo." (1900)

● *La clave de esta estrecha relación es el formulario de sugerencias que se incluye en cada edición. Una auténtica herramienta de diálogo, soporte de alabanzas y críticas, y «barómetro» permanente de la confianza mutua.*

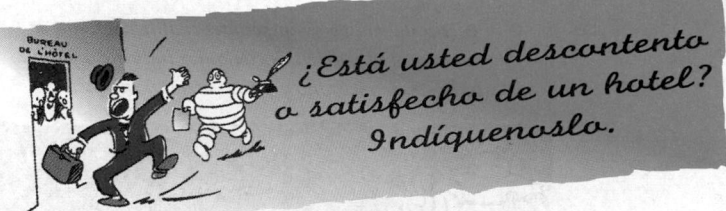

¿Está usted descontento o satisfecho de un hotel? Indíquenoslo.

● *En las oficinas de París se reciben anualmente entre 100.000 y 140.000 comentarios sobre los establecimientos hoteleros franceses.*

¡Gracias!

Madre
de familia numerosa

1904

1907

● *La Guía de Francia tuvo descendencia enseguida. En pocos años se creó una decena de títulos que abarcaban distintos países europeos y parte de la cuenca mediterránea. En aquella época cada título tenía un color diferente.*

1911

1908

1910

1911

1910

1914

1952 : *España*
1953 : *Belgique-*
Luxembourg
1956 : *Italia*
(Norte)
1957 : *Benelux*
1964 : *Deutschland*
1973 : *España-*
Portugal
1974 : *Great Britain*
and Ireland
1982 : *Europe*
1992 : *Ireland*
1994 : *Suisse*
1995 : *Portugal*

● *A partir de 1950 nació una nueva generación de Guías que abarcaban casi todo el continente para ofrecer sus servicios al viajero. Se adoptó una única cubierta de color rojo y, con la creación de nuevos equipos de inspectores en cada país, se constituyó una colección homogénea que creció paralela al desarrollo turístico de la época.*

● *Una edición excepcional*
En 1944 los Aliados reeditaron la Guía Francia 1939 y la utilizaron en su campaña de liberación de las ciudades ocupadas por los alemanes.

De Varsovia a las Islas
Canarias y de Dublín
a Budapest,
la actual colección
de Guía Rojas Michelin
ofrece a sus lectores:
31.700 hoteles
18.400 restaurantes
1.400 mesas
con "estrellas"
1.600 mesas
"Bib gourmand"
1.200 planos
de ciudades
7.000 páginas...

Una referencia internacional

75 años de Estrellas

● *1926: la Guía de Francia concede las primeras «Estrellas de buena mesa» a 46 restaurantes regionales. Así, poco a poco, se van sentando las bases gastronómicas de la Guía Michelin (las ✿✿ y las ✿✿✿ nacerían poco después). La colección se amplió progresivamente hasta abarcar toda Europa.*

● *Los métodos de selección y las definiciones, idénticos en todos los países, garantizan que -con independencia de las tradiciones y las características específicas de cada país- los méritos culinarios de los establecimientos seleccionados responden a los mismos criterios y satisfacen a todos los públicos.*

● *Éte es sin duda el motivo de la gran repercusión que alcanza en todo el mundo la concesión de la máxima distinción:*

✿✿✿ *Une des meilleures tables, vaut le voyage*
Exceptional cuisine, worth a special journey
Eine der besten Küchen: eine Reise wert
Una delle migliori tavole , vale il viaggio
Una de las mejores mesas, justifica el viaje
Uma das melhores mesas, vale a viagem
Uitzonderlijke keuken: de reis waard
最上の料理、出かける価値あり

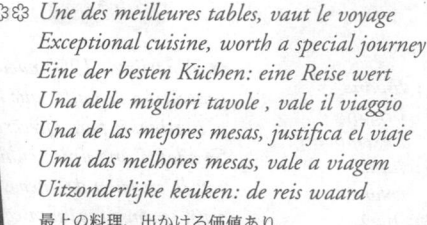

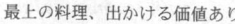

De un siglo a otro 21º

La guía Michelin ha cumplido su misión, al menos en lo que respecta a la «profecía» de sus creadores. Pero, probablemente, este centésimo aniversario no sea, en el fondo, más que una etapa en su continuo servicio al viajero. Con sus informaciones de especialista y sus consejos de amigo, la Guía Roja quiere evolucionar con los tiempos y con los gustos del público, así como perfeccionar su ayuda, pero sin renunciar a sus normas y a su renombre.

Su adecuación al tiempo, a nuestro tiempo, constituye una perspectiva esencial que puede adoptar muchas formas:

● *Información actualizada* - Tanto en las guías como en los mapas, la actualidad es una constante en los objetivos de Michelin. A ella responde un consejo que se ha venido repitiendo constantemente a lo largo de los años: «utilice la última edición de la Guía».

Un hotel nuevo o reciente... ¡Sólo la Guía del año lo indica!

● *Siempre presente desde 1900 hasta el 2000* - Entre los miles de hoteles aconsejados a lo largo de su vida, hay establecimientos tradicionales, muy bien dirigidos, que ya se citaban en la edición de 1900 y que, tras superar las tribulaciones de nuestro siglo, siguen figurando en la Guía del 2000. Fidelidad digna de mención en un centenar de negocios que este año van acompañados de un símbolo excepcional.

100

● *Informar más deprisa* - Si el siglo que está terminando es el de la velocidad, el próximo será el de la inmediatez. La guía en papel seguirá siendo una realidad viva pero no hay duda de que los soportes digitales, más interactivos y flexibles, anuncian ya una era de mayor eficacia.

A pesar de que en Internet la Guía Roja pierde su cálido color, se sigue conservando en forma.

Sumario

La elección de un hotel, de un restaurante

*Esta guía propone una selección de hoteles
y restaurantes para uso de los automovilistas
de paso. Los establecimientos, clasificados según
su confort, se citan por orden de preferencia dentro
de cada categoría.*

Categorías

🏨	XXXXX	*Gran lujo y tradición*
🏨	XXXX	*Gran confort*
🏨	XXX	*Muy confortable*
🏨	XX	*Confortable*
🏠	X	*Sencillo pero confortable*
🏡		*Sencillo pero correcto*
M		*Dentro de su categoría, hotel con instalaciones modernas*
sans rest.		*El hotel no dispone de restaurante*
	avec ch.	*El restaurante tiene habitaciones*

Atractivo y tranquilidad

*Ciertos establecimientos se distinguen en la guía
por los símbolos en rojo que indicamos a continuación.
La estancia en estos hoteles es especialmente
agradable o tranquila.*

*Esto puede deberse a las características del edificio,
a la decoración original, al emplazamiento,
a la recepción y a los servicios que ofrece,
o también a la tranquilidad del lugar.*

🏨 a 🏡	*Hoteles agradables*
XXXXX a X	*Restaurantes agradables*
« Parc fleuri »	*Elemento particularmente agradable*
🐾	*Hotel muy tranquilo, o aislado y tranquilo*
🐾	*Hotel tranquilo*
← mer	*Vista excepcional*
←	*Vista interesante o extensa*

*Las localidades que poseen establecimientos
agradables o muy tranquilos están señaladas
en los mapas de las páginas 105 a 126.*

*Consúltelos para la preparación de sus viajes
y envíenos su apreciación a su regreso,
así nos ayudará en nuestra selección.*

La instalación

Las habitaciones de los hoteles que recomendamos
poseen, en general, cuarto de baño completo.
No obstante puede suceder
que en las categorías 🏠 y ♤
algunas habitaciones carezcan de él.

30 ch	Número de habitaciones
|♦|	Ascensor
▦	Aire acondicionado (en todo o en parte del establecimiento)
TV	Televisión en la habitación
⥼✕	Habitaciones para no fumadores
☎	Teléfono en la habitación directo con el exterior
ℰ	Toma de Modem-Minitel en la habitación
ᵜ	Habitaciones de fácil acceso para minusválidos
⟟	Comidas servidas en el jardín o en la terraza
ʄ₆	Fitness club (gimnasio, sauna...)
⌇ ▦	Piscina : al aire libre o cubierta
⛱₆ ⟿	Playa equipada – Jardín
✗	Tenis en el hotel
🔬 25 à 150	Salones de reuniones : capacidad
⟿	Garaje en el hotel (generalmente de pago)
Ⓟ	Aparcamiento reservado a los clientes
🅿	Aparcamiento cerrado reservado a los clientes
✗	Prohibidos los perros (en todo o en parte del establecimiento)
mai-oct.	Período de apertura comunicado por el hotel
saisonnier	Apertura probable en temporada sin precisar fechas. Sin mención, el establecimiento está abierto todo el año

La mesa

Las estrellas

*Algunos establecimientos merecen ser destacados
por la calidad de su cocina.*

Los distinguimos con las estrellas de buena mesa.

*Para estos restaurantes indicamos tres
especialidades culinarias y vinos locales
que pueden orientarles en su elección.*

සිසිසි **Una de las mejores mesas, justifica el viaje**

22 *Cocina del más alto nivel, generalmente excepcional,
grandes vinos, servicio impecable, marco elegante...
Precio en consecuencia.*

සිසි **Mesa excelente, vale la pena desviarse**

70 *Especialidades y vinos selectos...
Cuente con un gasto en proporción.*

සි **Muy buena mesa en su categoría**

407 *La estrella indica una buena etapa en su itinerario.
Pero no compare la estrella de un establecimiento
de lujo, de precios altos, con la de un establecimiento
más sencillo en el que, a precios razonables,
se sirve también una cocina de calidad.*

El "Bib Gourmand"

496 Buenas comidas a precios moderados

*A veces Vd. desearía encontrar establecimientos más
sencillos, a precios moderados. Por ello hemos
seleccionado unos restaurantes que ofrecen,
con una buena relación calidad-precio,
una buena comida, generalmente de tipo regional
en provincias.*

*Estos restaurantes están señalados en el texto
con el* **"Bib Gourmand"** ☺ *y* Repas.
Ej. Repas 100/130 *en provincias.*
Ej. Repas 130/180 *en Paris y su region.*

Consulte los mapas con estrella සිසිසි,
සිසි, සි *y con* **"Bib Gourmand"** ☺ *(páginas 104 a 126).*
Ver también ☜ *página siguiente*
Los vinos y los platos : Ver páginas 102 y 103

Los precios

Los precios indicados en esta guía, establecidos en otoño de 1999, se aplican en **temporada alta**. *Pueden producirse modificaciones debidas a variaciones de los precios de bienes y servicios. Los precios incluyen los impuestos y el servicio. En su nota no debe figurar ningún recargo excepto, eventualmente, el impuesto de estancia.*

Los hoteles y restaurantes figuran en caracteres gruesos cuando los hoteleros nos han señalado todos sus precios, comprometiéndose bajo su responsabilidad a respetarlos ante los turistas de paso portadores de nuestra guía.

En temporada baja, algunos establecimientos ofrecen condiciones ventajosas, infórmese al reservar.

Entre en el hotel con su guía en la mano, demostrando así que ésta le conduce allí con confianza.

Comidas

enf. 60	*Precio de menú infantil*
	El establecimiento sirve una comida simple ***a menos de 85 F***

Comidas a precio fijo :

Repas *(52)*	*Precio de una comida compuesta sólo del plato fuerte del día con entrada o postre, servida generalmente al almuerzo los días de semana.*
90 (déj.)	*Menú : precio del almuerzo*
110/150	*Precio del menú : mínimo* 110/*máximo* 150
100/150	*El menú a precio fijo mínimo* 100 *no se sirve los fines de semana y festivos*
bc	*Bebida incluída*
	Vaso de vino a precio moderado
	Jarra de vino de la casa a precio moderado

Comida a la carta :

Repas carte 140 à 310	*El primer precio corresponde a una comida normal comprendiendo : entrada, plato fuerte del día y postre. El 2 precio se refiere a una comida más completa (con especialidad) comprendiendo : dos platos, queso y postre (bebida no incluída).*

Habitaciones

ch 190/380   *Precio mínimo* 190 *de una habitación individual*
y precio máximo 380 *de una habitación doble*

29 ch ⌑ 210/450   *Precio de la habitación con desayuno incluido*

⌑ 35   *Precio del desayuno (generalmente servido*
en la habitación)

appart.   *Pida los precios al hotelero*

Media pensión

1/2 P 220/550   *Precio mínimo y máximo de la media pensión*
(habitación, desayuno y una comida) por persona
y por día en habitación doble, en temporada alta,
para una estancia mínima de tres días.
Una habitación doble ocupada por una única
persona puede tener un suplemento.
En la mayoría de los hoteles, previa solicitud,
es posible alojarse en régimen de pensión completa.
Conviene concretar de antemano los precios
con el hotelero.

Las arras

Algunos hoteleros piden una señal al hacer
la reserva. Se trata de un depósito-garantía
que compromete tanto al hotelero como al cliente.
Conviene precisar con detalle las cláusulas
de esta garantía.
Pida al hotelero confirmación escrita
de las condiciones de estancia así como todos
los detalles útiles.

Tarjetas de crédito

⊞ ⓪ ⊞ ⱼсв   *American Express – Diners Club – Eurocard,*
MasterCard, Visa – Japan Credit Bureau

Las poblaciones

63300	Código postal de la localidad (los dos primeros dígitos corresponden al número del Departamento o Provincia)
✉ 57130 Ars	Código postal y lugar de destino
ℙ ⬫	Prefectura – Subprefectura
🄶🄾 ⑤	Mapa Michelin y pliegue
G. Jura	Ver la Guía Verde Michelin Jura
1 057 h.	Población
alt. 75	Altitud de la localidad
Stat. therm.	Balneario
Sports d'hiver	Deportes de invierno
1 200/1 900	Altitud de la estación y altitud máxima alcanzada por los remontes mecánicos
⛷ 2	Número de teleféricos o telecabinas
⛷ 14	Número de telesquís o telesillas
⛷	Esquí de fondo
BY B	Letras para localizar un emplazamiento en el plano
❋ ⩽	Panorama, vista
✈	Aeropuerto
🚙	Localidad con servicio Auto-Expreso. Información en el número de teléfono indicado
⛴	Transportes marítimos
⛟	Transportes marítimos para pasajeros solamente
🄱	Información turística

Las curiosidades

Grado de interés

★★★   *Justifica el viaje*
★★   *Vale la pena desviarse*
★   *De particular interés*

Los museos cierran generalmente los martes

Situación de las curiosidades

An 2000   *Actividades artísticas y culturales organizadas o patrocinadas por la Mission «2000 en France»*

Voir   *En la población*

Env.   *En los alrededores de la población*

N, S, E, O   *La curiosidad está situada : al Norte, al Sur, al Este, al Oeste*

② ④   *Salir por la salida ② ó ④ localizada por el mismo signo en el plano de la Guía y en el mapa*

2 km   *Distancia en kilómetros*

Los mapas de alrededores

No se olvide de consultarlos

*¿Quiere usted encontrar un determinado
establecimiento, en los alrededores de, por ejemplo,
Clermont-Ferrand?*

*Consulte el mapa que acompaña al plano
de la ciudad.*

*En el « mapa de alrededores » (reproducido
más abajo) figuran todas las localidades citadas
en la Guía que se encuentran en las cercanías
de la ciudad escogida, principalmente las situadas
a menos de media hora de coche (límite de color).*

*Los « mapas de alrededores » permiten localizar
rápidamente todas las posibilidades propuestas
por la Guía en torno a las metrópolis regionales.*

Nota :

*cuando una localidad figura en un « mapa
de alrededores », la metrópoli a la que pertenece
está impresa en color AZUL en la línea
de distancias entre ciudades.*

Ejemplo :

*Châtelguyon figurará
en el «mapa
de alrededores»
de Clermont-Ferrand.*

CHÂTELGUYON 63140 P.-de-D. 73 ④ G. Auvergne
Voir *Gorges d'Enval★ 3 km par* ②
🛈 *Office de Tourisme av. de l'Europe*
Paris 417 ① – *Clermont-Ferrand 21* ①

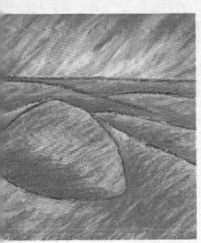

- Localidad que tiene por lo menos un hotel y un restaurante citados en la Guía

- Localidad que tiene por lo menos un restaurante citado en la Guía

- Localidad que tiene por lo menos un hotel sin restaurante citado en la Guía

Charroux
Bellenaves
Vichy
Bellerive · Abrest
le Mayet-
de-Montagne
St-Yorre
Effiat
St-Pardoux
Randan
St-Gervais-
d'Auvergne
Puy-Guillaume
Châtelguyon
Maringues
Pont-du-Bouchet
St-Rémy-s-Durolle
Ennezat
Monnerie-
le-Montel
Pontaumur
Courty
Volvic
Riom
Thiers
Pontgibaud
Chamalières
CLERMONT-Fᵈ.
AULNAT
Pont-du-
Château
Lezoux
Pont-de-Dore
D 941
Col de Ceyssat
Orcines
Bort-l'Etang
Mazaye
Bouzel
Herment
Puy-de-Dôme
Royat
CLERMONT-FERRAND
Courpière
Aubusson-d'A.
Pérignat-lès-S.
le Brugeron
Orcival
Laqueuville
Longues
St-Jean-des-Ollières
St-Saturnin
St-Sauves
le Genestoux
la Bourboule
St-Nectaire
Champeix
Murol
Sauxillanges
Ambert
le Mont-Dore
Chambon
(Lac)
Issoire
la Tour-
d'Auvergne
le Cheix
Perrier
Super-Besse
Besse-en-Ch.
Sarpoil
St-Germain-
l'Herm
Bagnols
Pavin (Lac)
Boudes
Picherande
Ste-Florine
Brassac-les-Mines

0   10 km

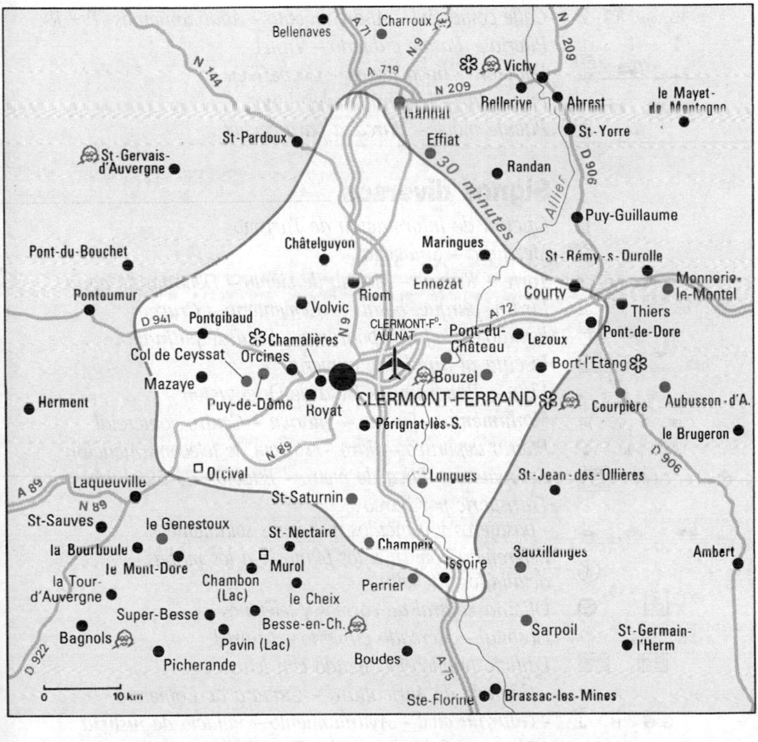

*Todos los «mapas
de alrededores»
están localizados
en el Atlas situado
al final de la Guía.*

Los planos

□ ●   *Hoteles*
■ ●   *Restaurantes*

Curiosidades

Edificio interesante
Edificio religioso interesante:
- Católico – Protestante

Vías de circulación

Autopista, autovía
   Número del acceso: completo, parcial
Vía importante de circulación
Sentido único – Calle reglamentada o impracticable
Calle peatonal – Tranvía
R. Pasteur   *Calle comercial – Aparcamiento – Aparcamientos «P + R»*
Puerta – Pasaje cubierto – Túnel
Estación y línea férrea – Coche/Tren
Funicular – Teleférico, telecabina
Puente móvil – Barcaza para coches

Signos diversos

Oficina de Información de Turismo
Mezquita – Sinagoga
Torre – Ruinas – Molino de viento – Depósito de agua
Jardín, parque, bosque – Cementerio – Crucero
Estadio – Golf – Hipódromo – Pista de patinaje
Piscina al aire libre, cubierta
Vista – Panorama – Mesa de Orientación
Monumento – Fuente – Fábrica – Centro comercial
Puerto deportivo – Faro – Torreta de telecomunicación
Aeropuerto – Boca de metro – Estación de autobuses
Transporte por barco:
- pasajeros y vehículos, pasajeros solamente
Referencia común a los planos y a los mapas detallados Michelin
Oficina central de correos y teléfonos
Hospital – Mercado cubierto – Cuartel
Edificio público localizado con letra:
A   C   *- Cámara de Agricultura – Cámara de Comercio*
G   H   J   *- Guardia civil – Ayuntamiento – Palacio de Justicia*
M   P   T   *- Museo – Gobierno civil – Teatro*
U   *- Universidad, Escuela Superior*
POL.   *- Policía (en las grandes ciudades: Jefatura)*
Pasaje bajo (inf. a 4 m 50) – Carga limitada (inf. a 19 t)

Les vins et les mets

Un mets préparé avec une sauce au vin s'accommode, si possible, du même vin.
Vins et fromages d'une même région s'associent souvent avec succès.
En dehors des grands crus, il existe en maintes régions de France des vins
locaux qui, bus sur place, vous réserveront d'heureuses surprises.

Food and wine

Dishes prepared with a wine sauce are best accompanied by the same kind of wine.
Wines and cheeses from the same region usually go very well together.
In addition to the fine wines there are many French wines, best drunk
in their region of origin and which you will find extremely pleasant.

I vini e le vivande

Un piatto preparato con una salsa al vino si accorda, se possibile, con lo stesso vino.
Vini e formaggi di una stessa regione si associano molte volte con successo.
Al di fuori dei grandi vini, esistono in molte regioni francesi dei vini locali
che, bevuti sul posto, vi riserveranno piacevoli sorprese.

Welcher Wein zu welcher Speise

Wenn die Sauce eines Gerichts mit Wein zubereitet ist, so wählt man nach
Möglichkeit diesen als Tischwein.
Weine und Käse aus der gleichen Region harmonieren oft geschmacklich
besonders gut.
Neben den Spitzengewächsen gibt es in manchen französischen Regionen
Landweine, die Sie am Anbauort trinken sollten. Sie werden angenehm
überrascht sein.

Los vinos y los platos

Un plato preparado con una salsa de vino se acompaña, si es posible,
del mismo vino.
A menudo los vinos y quesos de una región se combinan con éxito.
Aparte de los vinos famosos, en muchas regiones de Francia hay unos vinos
del país que, bebidos allí mismo, le pueden sorprender agradablemente.

Les meilleures années/The best vintages/Le migliori annate
Die besten Jahrgänge/Las mejores añadas

1 Alsace
1988 89 90 91 92 93 94 95 96
97 98

2 Bordeaux
blancs (white) (bianchi) (weiße)
(blancos)
1986 88 89 90 93 94 95 96 97 98
rouges (claret) (rossi) (rote) (tintos)
1986 88 89 90 93 94 95 96 97
98

3 Bourgogne
Burgundy – Burgunder
blancs (white) (bianchi) (weiße)
(blancos)
1986 88 89 90 91 92 93 94 95
96 97 98
rouges (red) (rossi) (rote) (tintos)
1988 89 90 91 93 94 95 96 97
98

4 Beaujolais
1989 90 91 93 94 95 96 97 98

5 Champagne
1988 89 90 91 92 93 94 95 96
97 98

6 Côtes du Rhône
1986 88 89 90 91 92 93 94 95 96
97 98

7 Val de Loire
Muscadet
1988 89 90 92 93 94 95 96 97 98
Anjou – Touraine
1986 88 89 90 93 94 95 96 97 98
Pouilly – Sancerre
1986 87 88 89 90 91 92 93 94 95
96 97 98

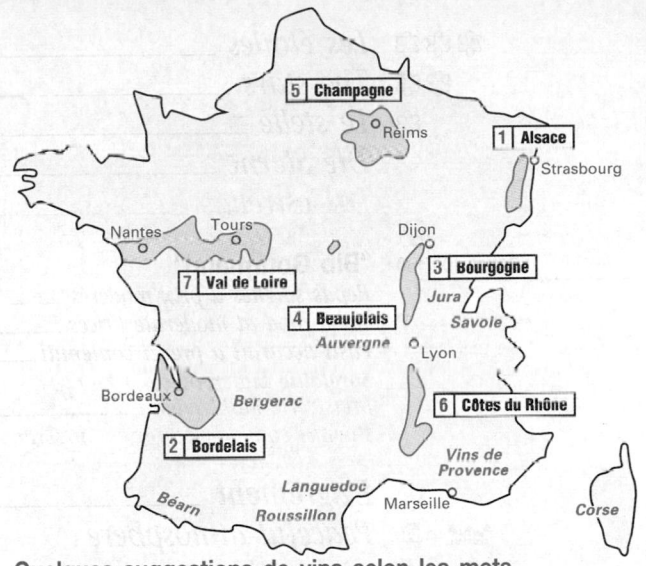

5 Champagne

Reims

1 Alsace

Strasbourg

Nantes Tours Dijon

3 Bourgogne

7 Val de Loire

Jura

4 Beaujolais

Savoie

Auvergne Lyon

Bordeaux Bergerac

6 Côtes du Rhône

2 Bordelais

Vins de Provence

Béarn Languedoc

Roussillon Marseille

Corse

Quelques suggestions de vins selon les mets...
A few hints on selecting the right wine with the right dish...
Qualche suggerimento sul consumo dei vini...
Einige Vorschläge zur Wahl der Weine...
Algunas sugerencias de vinos según los distintos platos...

Vins blancs secs	1	*Sylvaner, Riesling, Tokay-Pinot gris*
Dry white wines	2	*Graves secs*
Vini bianchi secchi	3	*Chablis, Meursault, Pouilly-Fuissé, Mâcon*
	5	*Champagne (brut)*
Herber Weißwein	6	*Condrieu, Hermitage, Provence*
Vinos blancos secos	7	*Muscadet, Pouilly-s.-L., Sancerre, Vouvray sec*

Vins rouges légers	1	*Pinot noir, Riesling (blanc)*
Light red wines	2	*Graves, Médoc*
Vini rossi leggeri	3	*Côtes de Beaune, Mercurey*
	4	*Beaujolais*
Leichter Rotwein	5	*Coteaux champenois*
	6	*Tavel (rosé), Côtes de Provence*
Vinos tintos suaves	7	*Bourgueil, Chinon*

Vins rouges corsés		
Full bodied red wines	2	*Pomerol, St-Émilion*
Vini rossi robusti	3	*Chambertin, Côte-de-Nuits, Pommard...*
Kräftiger Rotwein		
Vinos tintos con cuerpo	6	*Châteauneuf-du-Pape, Cornas, Côte-Rotie*

Vins de dessert	1	*Muscat, Gewurztraminer (vins secs)*
Sweet wines	2	*Sauternes, Monbazillac*
Vini da dessert	5	*Champagne (demi-sec)*
Süßer Wein	6	*Beaumes-de-Venise*
Vinos dulces	7	*Anjou, Vouvray (demi-sec)*

❀❀❀ *Les étoiles* _____

❀❀ *The stars* _____

❀ *Le stelle* _____

Die Sterne _____

Las estrellas _____

Repas 100/130 **"Bib Gourmand"**

Repas soignés à prix modérés _____

Good food at moderate prices _____

Pasti accurati a prezzi contenuti _____

Sorgfältig zubereitete
preiswerte Mahlzeiten _____

Buenas comidas a precios moderados _____

L'agrément _____

Peaceful atmosphere
and setting _____

Amenità e tranquillità _____

Annehmlichkeit _____

Atractivo y tranquilidad _____

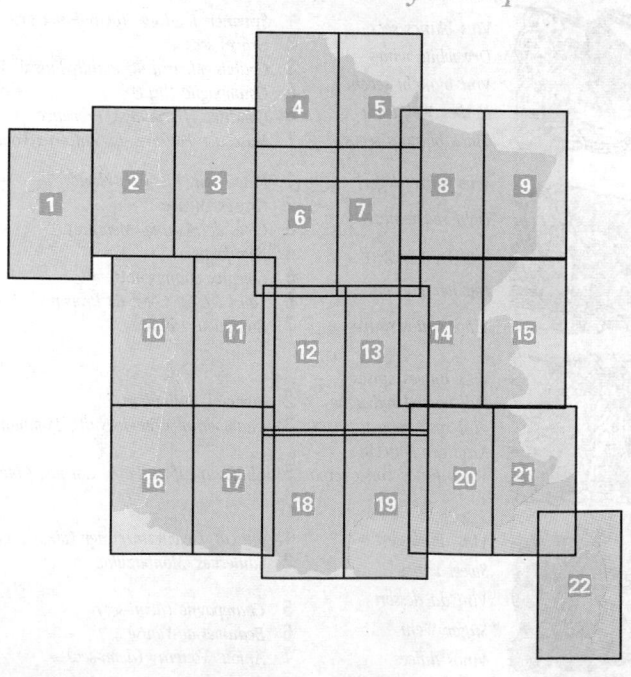

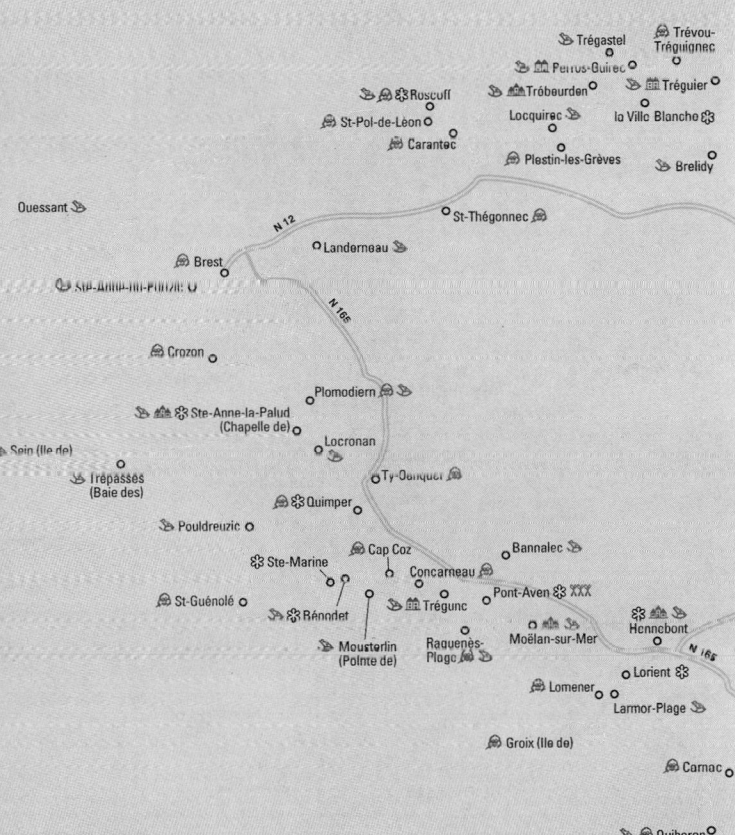

Trégastel
Trévou-Tréguignec
Perros-Guirec
Roscoff
Trébeurden
Tréguier
St-Pol-de-Léon
Locquirec
la Ville Blanche
Carantec
Plestin-les-Grèves
Brelidy
Ouessant
St-Thégonnec
N 12
Landerneau
Brest
Ste-Anne-la-Palud
(Chapelle de)
Ste-Anne-la-Palud
(Chapelle de)
N 165
Crozon
Plomodiern
Locronan
Sein (Île de)
Ty-Dangue
Trépassés
(Baie des)
Quimper
Pouldreuzic
Bannalec
Ste-Marine
Cap Coz
Concarneau
St-Guénolé
Pont-Aven
Bénodet
Trégunc
Mousterlin
(Pointe de)
Raguenès-
Plage
Moëlan-sur-Mer
Hennebont
N 165
Lomener
Lorient
Larmor-Plage
Groix (Île de)
Carnac
Quiberon
l'Apothicairerie
Belle-Île
Bangor
Port-Goulphar

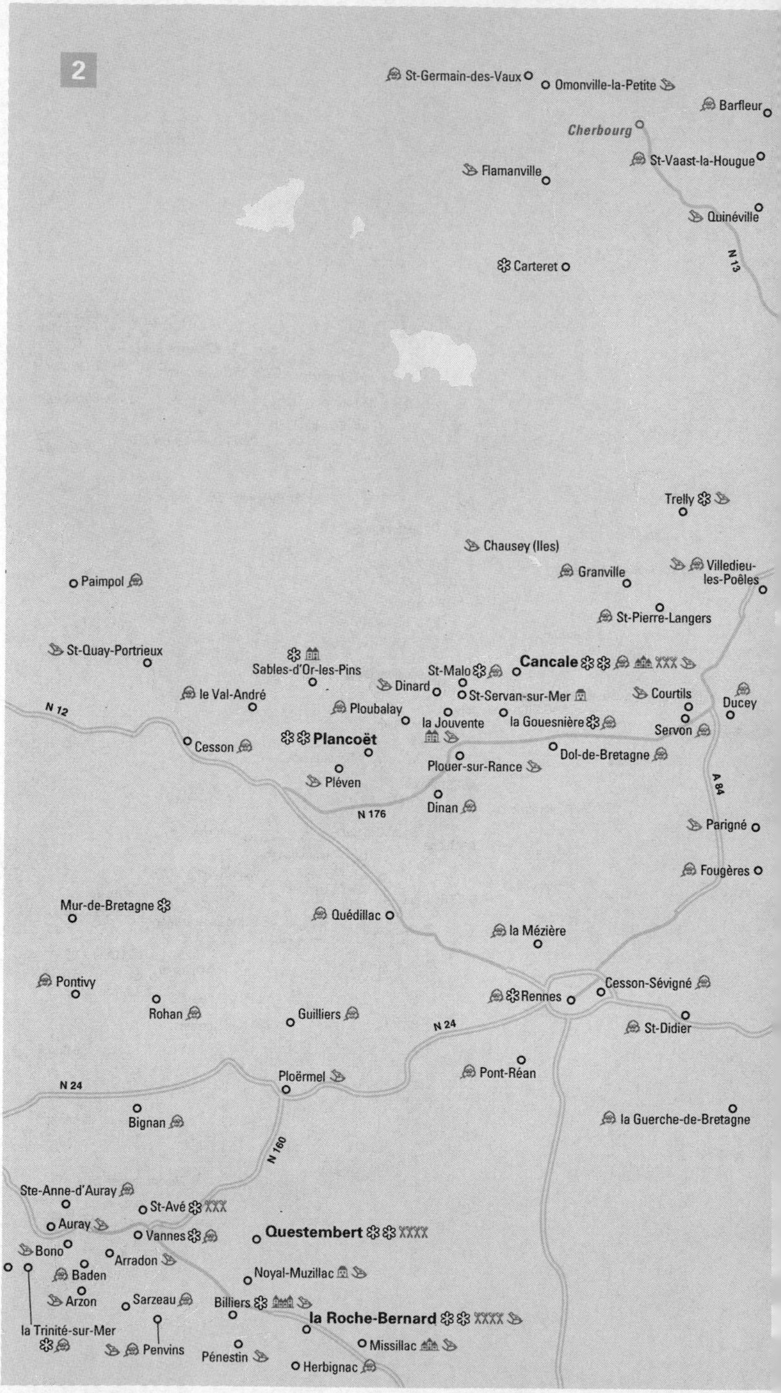

2

St-Germain-des-Vaux ○ Omonville-la-Petite

Barfleur

Cherbourg ○ St-Vaast-la-Hougue ○

Flamanville ○

Quinéville

N 13

Carteret ○

Trelly

Chausey (Iles)

Granville ○ Villedieu-les-Poêles ○

Paimpol ○ St-Pierre-Langers

St-Quay-Portrieux

Sables-d'Or-les-Pins

St-Malo **Cancale**

le Val-André Dinard ○ St-Servan-sur-Mer ○ Courtils Ducey

N 12 Ploubalay la Jouvente ○ la Gouesnière Servon

Cesson **Plancoët**

Plouer-sur-Rance Dol-de-Bretagne ○

Pléven A 84

Dinan ○

N 176 Parigné ○

Fougères ○

Mur-de-Bretagne Quédillac ○

la Mézière ○

Pontivy ○

Rohan Guilliers Cesson-Sévigné ○

Rennes St-Didier ○

N 24

Ploërmel Pont-Réan ○

N 24

Bignan la Guerche-de-Bretagne ○

N 160

Ste-Anne-d'Auray

St-Avé

Auray **Questembert**

Bono Vannes

Arradon Noyal-Muzillac

Baden

Arzon Sarzeau Billiers

la Trinité-sur-Mer **la Roche-Bernard**

Penvins Missillac

Pénestin Herbignac ○

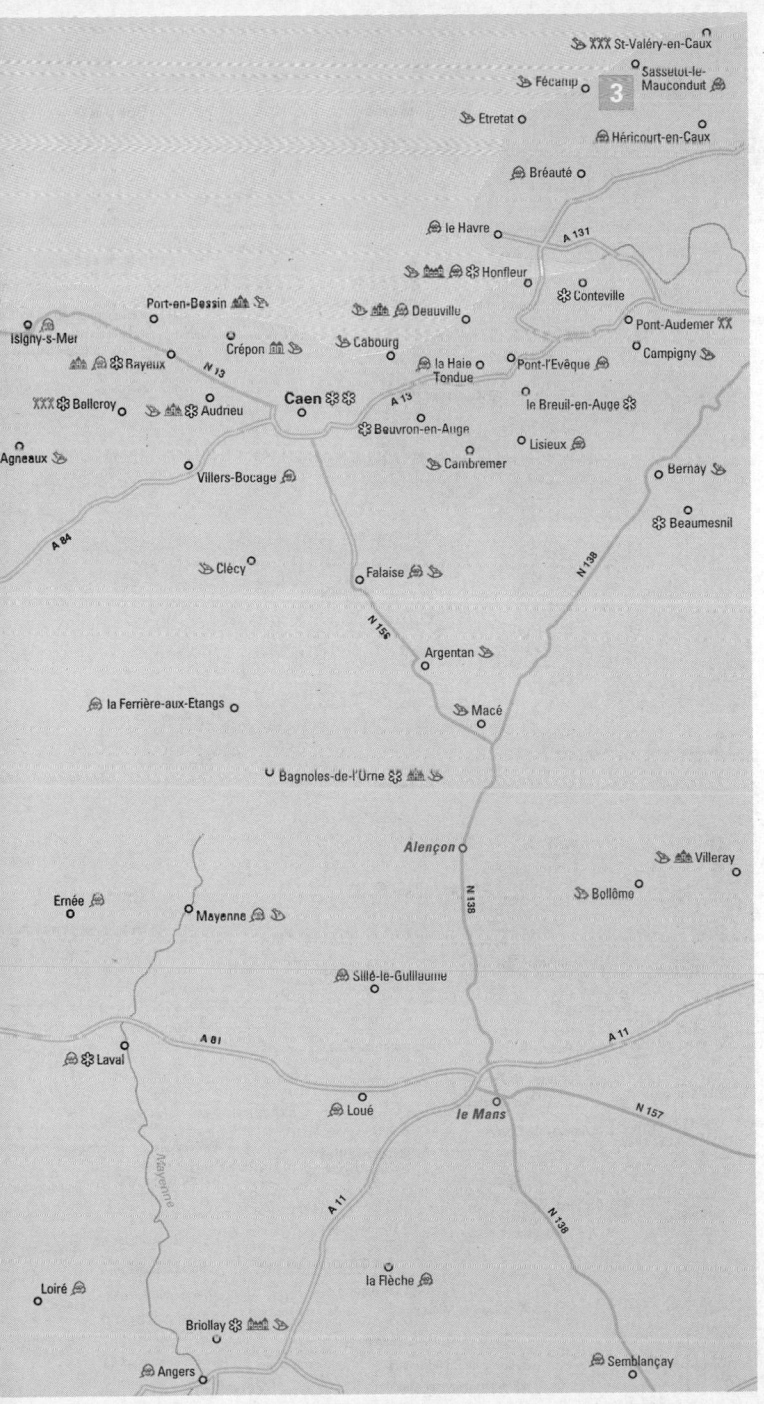

XXX St-Valéry-en-Caux

Fécamp ○ **3** Sasselot-le-Mauconduit

Etretat ○ Héricourt-en-Caux

Bréauté ○

le Havre ○ A 131

Honfleur Conteville

Deauville Pont-Audemer XX

Port-en-Bessin Cabourg Campigny

Isigny-s-Mer Crépon la Haie Tondue Pont-l'Évêque

Bayeux N 13 le Breuil-en-Auge

XXX Belleroy Caen Lisieux

Audrieu A 13 Beuvron-en-Auge

Agneaux Villers-Bocage Cambremer Bernay

Beaumesnil

A 84 Clécy Falaise

N 158

N 155 Argentan

la Ferrière-aux-Étangs Macé

Bagnoles-de-l'Orne

Alençon ○ Villeray

Ernée Bollôme

Mayenne N 138

Sillé-le-Guillaume

A 81 A 11

Laval Loué le Mans N 157

Mayenne

A 11 N 138

Loiré la Flèche

Briollay Semblançay

Angers

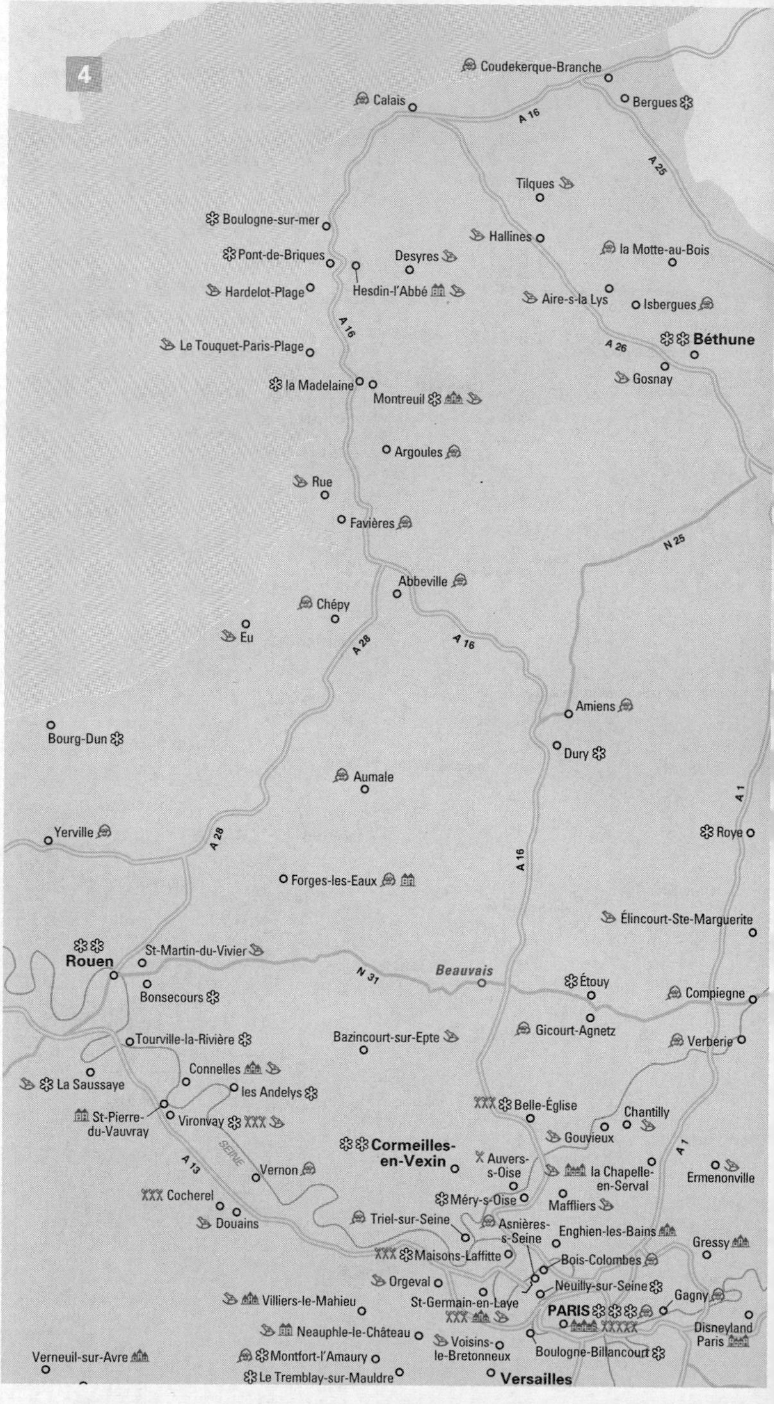

Coudekerque-Branche

Calais

Bergues ❄

A 16

A 25

Tilques ⊗

Boulogne-sur-mer ❄

Desyres ⊗

Hallines ⊗

la Motte-au-Bois ⌂

Pont-de-Briques ❄

Hardelot-Plage ⊗

Hesdin-l'Abbé 🏛 ⊗

Aire-s-la Lys ⊗

Isbergues ⌂

A 16

❄❄ **Béthune**

A 26

Le Touquet-Paris-Plage ⊗

Gosnay ⊗

la Madelaine ❄

Montreuil ❄ 🏛 ⊗

Argoules ⌂

Rue ⊗

Favières ⌂

N 25

Abbeville ⌂ ⊗

Chépy ⊗

A 28

A 16

Eu ⊗

Amiens ⌂

Bourg-Dun ❄

Dury ❄

Aumale ⌂

A 1

Yerville ⌂

A 28

❄ Roye ○

Forges-les-Eaux ⌂ 🏛

Élincourt-Ste-Marguerite ⊗

❄❄ **Rouen**

St-Martin-du-Vivier ⊗

N 31

Beauvais

Étouy ❄

⌂ Compiegne

Bonsecours ❄

Gicourt-Agnetz ⊗

Verberie ⌂

Tourville-la-Rivière ❄

Bazincourt-sur-Epte ⊗

A 16

❄ La Saussaye

Connelles 🏛 ⊗

XXX ❄ Belle-Église

Chantilly

les Andelys ❄

⊗ Gouvieux

🏛 St-Pierre-
du-Vauvray

Vironvay ❄ XXX ⊗

X Auvers-
s-Oise

🏛 la Chapelle-
en-Serval

A 1

SEINE

Ermenonville

A 13

Vernon ○

❄❄ **Cormeilles-
en-Vexin**

❄ Méry-s-Oise

Maffliers ⊗

XXX Cocherel

Triel-sur-Seine ⊗

Asnières-
s-Seine

Enghien-les-Bains 🏛

Gressy

Douains ⊗

XXX Maisons-Laffitte

Bois-Colombes ⌂

❄❄ Villiers-le-Mahieu

Orgeval ⊗

Neuilly-sur-Seine ❄

Gagny

🏛 Neauphle-le-Château

St-Germain-en-Laye

PARIS ❄❄❄ ⌂

Verneuil-sur-Avre 🏛

⌂ ❄ Montfort-l'Amaury

Voisins-
le-Bretonneux

🏛 XXXXX

Disneyland
Paris 🏛

❄ Le Tremblay-sur-Mauldre

Boulogne-Billancourt ❄

Versailles

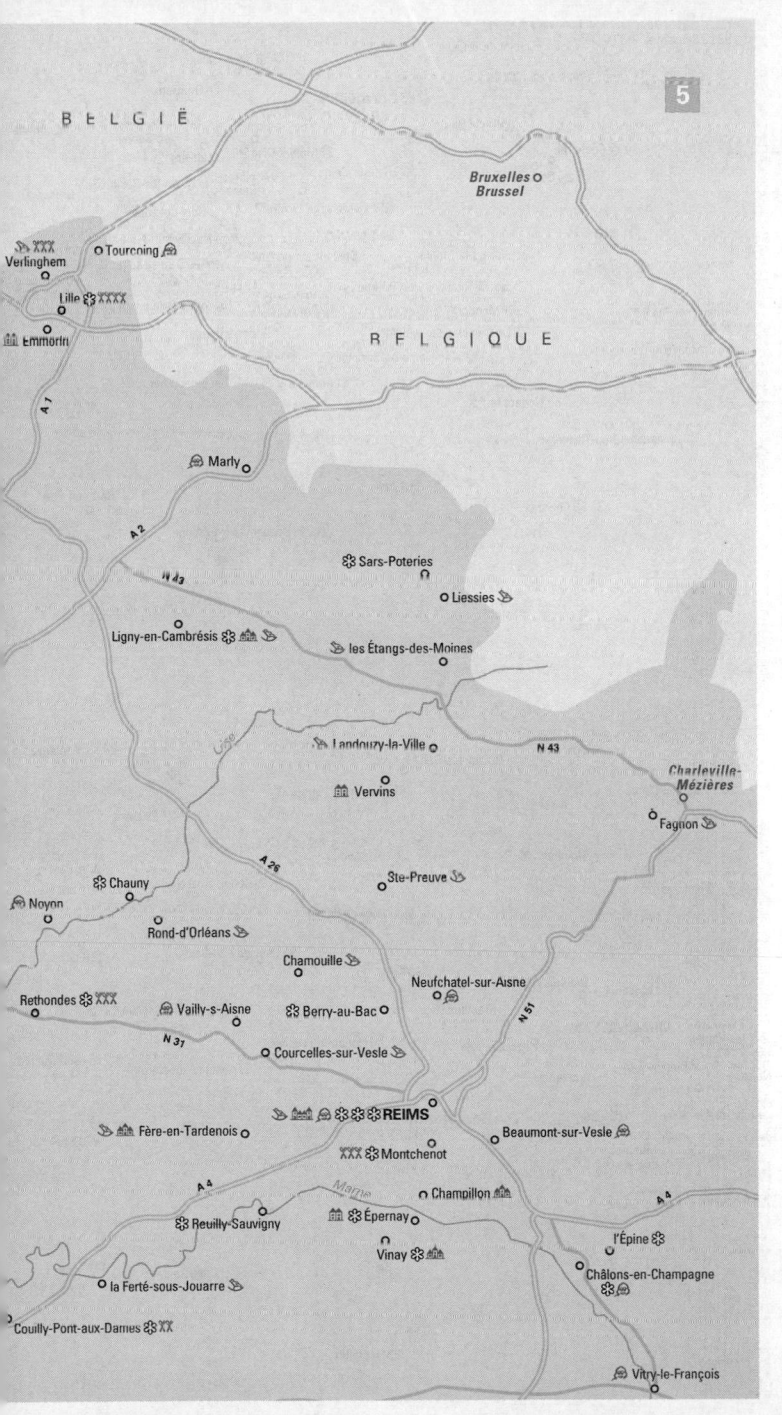

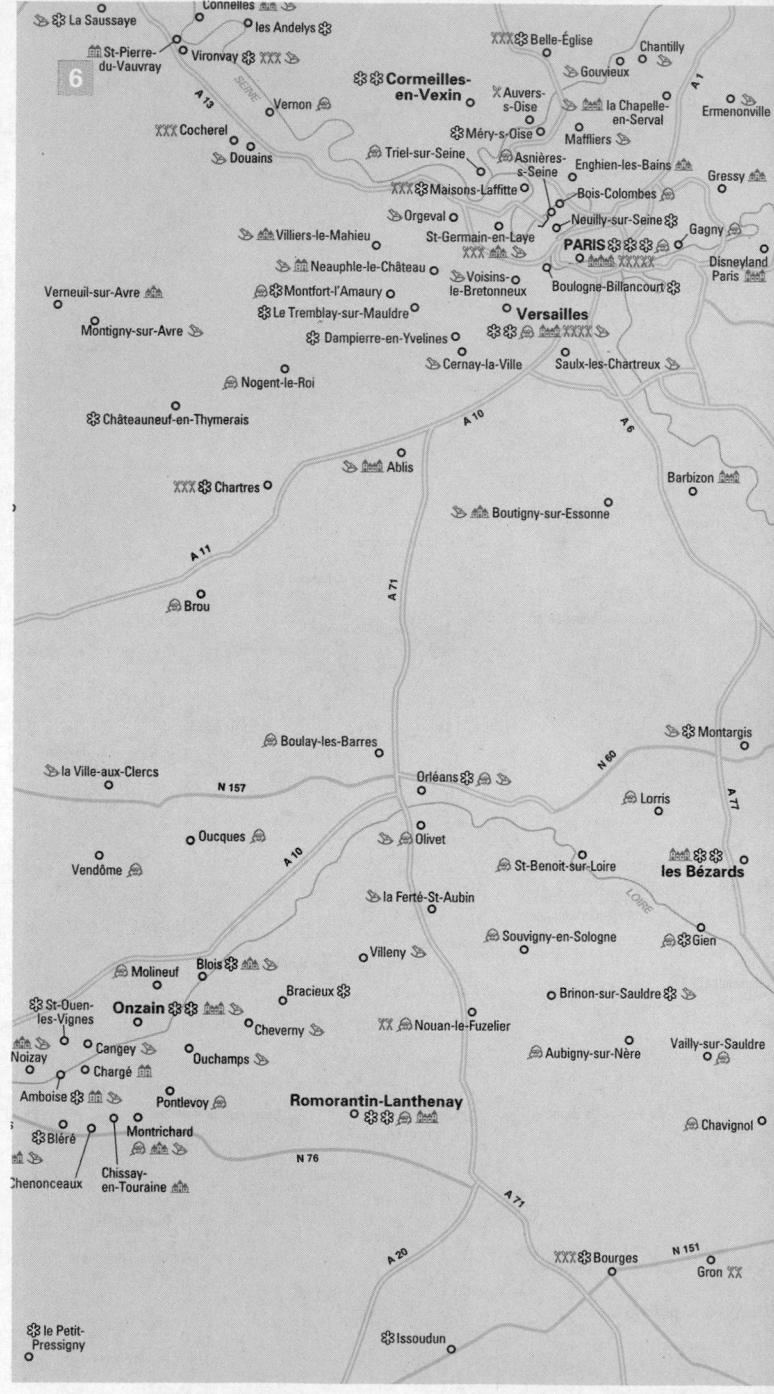

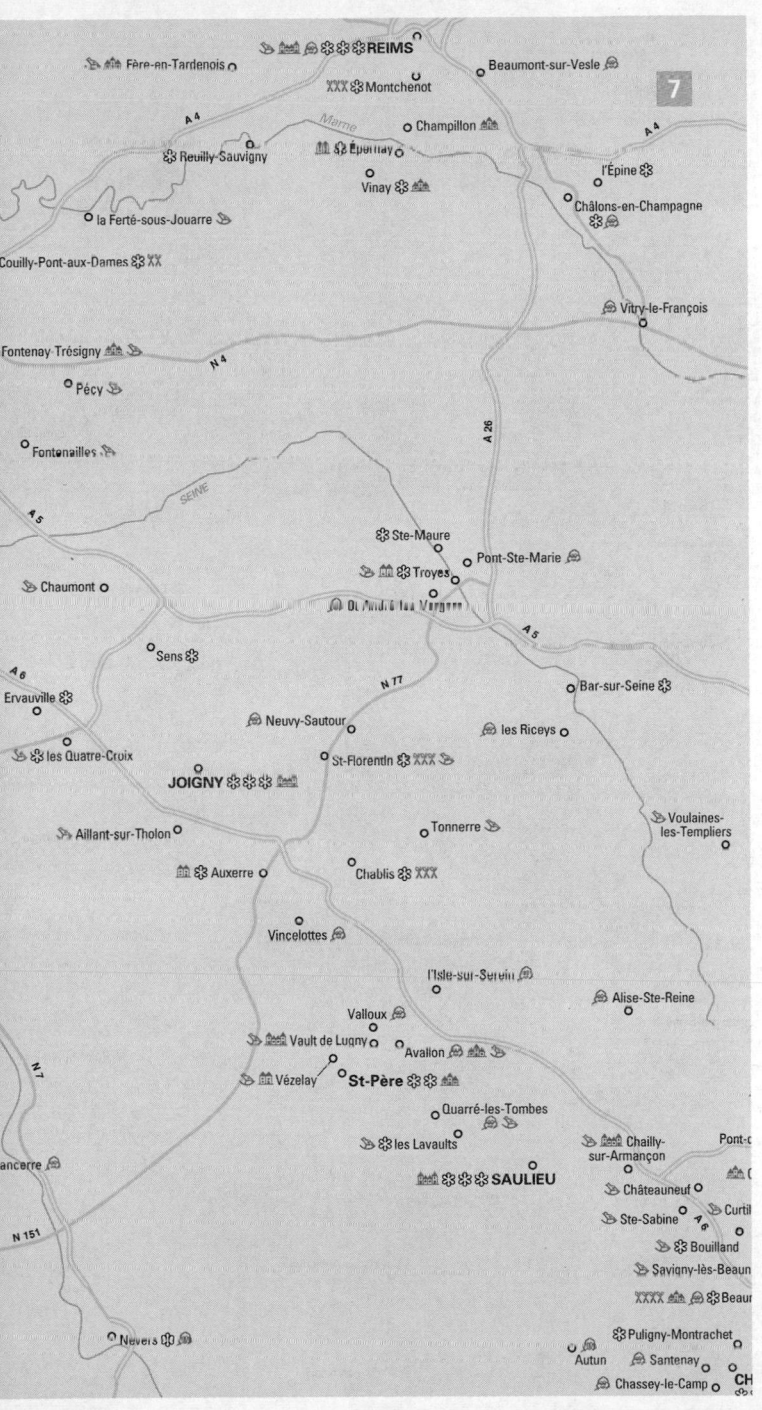

Fère-en-Tardenois

REIMS

Beaumont-sur-Vesle

Montchenot

Champillon

Marne

Reuilly-Sauvigny

Épernay

l'Épine

Vinay

Châlons-en-Champagne

la Ferté-sous-Jouarre

Couilly-Pont-aux-Dames

Vitry-le-François

Fontenay-Trésigny

N 4

Pécy

Fontenailles

SEINE

A 5

A 26

Ste-Maure

Pont-Ste-Marie

Troyes

Chaumont

St-André-les-Vergers

A 5

Sens

Bar-sur-Seine

A 6

Ervauville

N 77

Neuvy-Sautour

les Riceys

les Quatre-Croix

St-Florentin

JOIGNY

Aillant-sur-Tholon

Tonnerre

Voulaines-les-Templiers

Auxerre

Chablis

Vincelottes

l'Isle-sur-Serein

Alise-Ste-Reine

Valloux

Vault de Lugny

Avallon

Vézelay

St-Père

Quarré-les-Tombes

N 7

les Lavaults

Chailly-sur-Armançon

Pont-

ancerre

SAULIEU

Châteauneuf

Ste-Sabine

A 6

Curtil

Bouilland

Savigny-lès-Beaun

Beau

N 151

Puligny-Montrachet

Nevers

Autun

Santenay

Chassey-le-Camp

CH

7

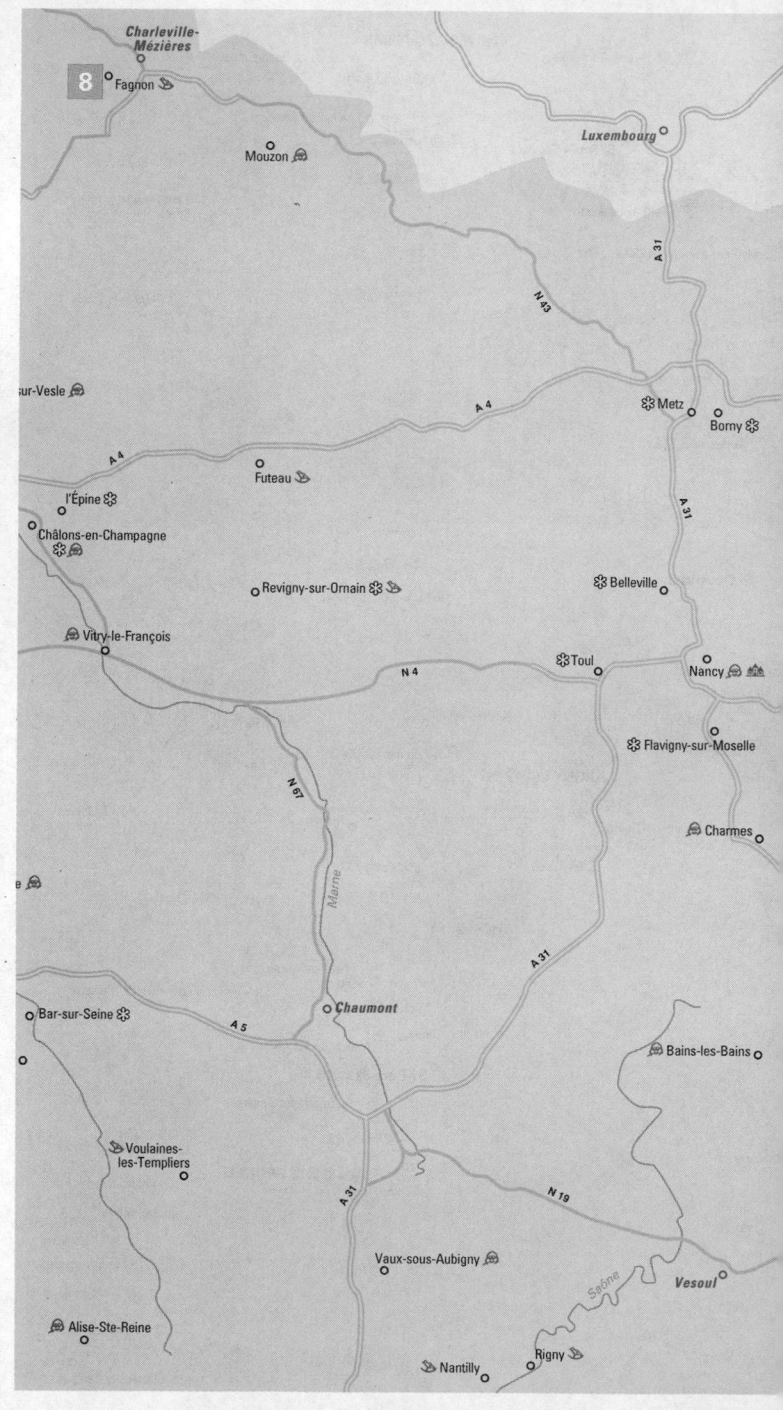

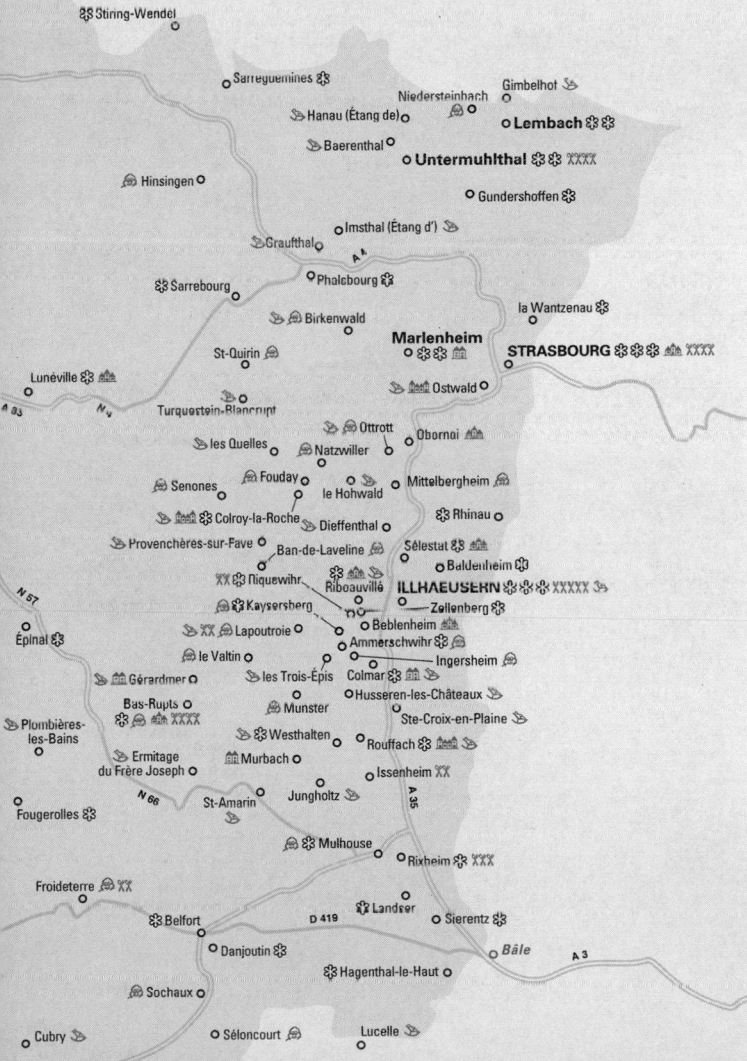

DEUTSCHLAND

🍴 Stiring-Wendel

○ Sarreguemines 🍴

Niedersteinbach ○   Gimbelhot 🍴

🍴 Hanau (Étang de) ○   🏰   ○ Lembach 🍴🍴

🍴 Baerenthal ○   ○ **Untermuhlthal** 🍴🍴 XXXX

🏰 Hinsingen ○

○ Gundershoffen 🍴

○ Imsthal (Étang d') 🍴

🍴 Graufthal ○

A 4

🍴 Sarrebourg ○   ○ Phalsbourg 🍴

la Wantzenau 🍴

🍴 🏰 Birkenwald
○

Marlenheim   STRASBOURG 🍴🍴🍴 🏛 XXXX
○ 🍴🍴🍴 🏛

St-Quirin 🏰

🏛 Ostwald ○

Lunéville 🍴 🏛
○

A 33   N 4

🍴
Turquestein-Blancrupt

🍴 🏰 Ottrott   Obernai 🏛
○   ○

🍴 les Quelles ○   🍴 Natzwiller ○

🏰 Senones   🏰 Fouday ○   le 🍴   ○ Mittelbergheim 🏛
○   ○   le Hohwald

🍴 🏛 🍴 Colroy-la-Roche ○   🍴 Dieffenthal ○   🍴 Rhinau ○

🍴 Provenchères-sur-Fave ○   Ban-de-Laveline ○   Sélestat 🍴 🏛
○

○ Baldenheim 🍴

N 57   XX 🍴 Riquewihr   🍴 🏛 🍴   **ILLHAEUSERN** 🍴🍴🍴 XXXXX 🍴
○   Ribeauvillé ○

🍴 🍴 Kaysersberg   ○   Zellenberg 🍴

Épinal 🍴   🍴 XX 🏰 Lapoutroie ○   ○ Beblenheim 🏛
○

🏰 le Valtin ○   🍴 Ammerschwihr ○

Ingersheim 🏛

🍴 🏛 Gérardmer ○   🍴 les Trois-Épis   Colmar 🍴 🏛 🍴
○   ○ Husseren-les-Châteaux 🍴

Bas-Rupts ○   🏰 Munster   Ste-Croix-en-Plaine 🍴
🍴 🏰 🏛 XXXX

🍴
Plombières-   🍴 🍴 Westhalten ○   Rouffach 🍴 🏛 🍴
les-Bains   🏛 Murbach ○
○   🍴 Ermitage   ○ Issenheim XX
du Frère Joseph

N 66   Jungholtz 🍴   A 35
St-Amarin

Fougerolles 🍴
○   🏰 🍴 Mulhouse
○

○ Rixheim 🍴 XXX

Froideterre 🏰 XX
○

🍴 Landser
○

🍴 Belfort   D 419   ○ Sierentz 🍴

○ Danjoutin 🍴   ○ *Bâle*   A 3

🍴 Hagenthal-le-Haut ○

🏰 Sochaux
○

○ Cubry 🍴   ○ Séloncourt 🍴   Lucelle 🍴
○

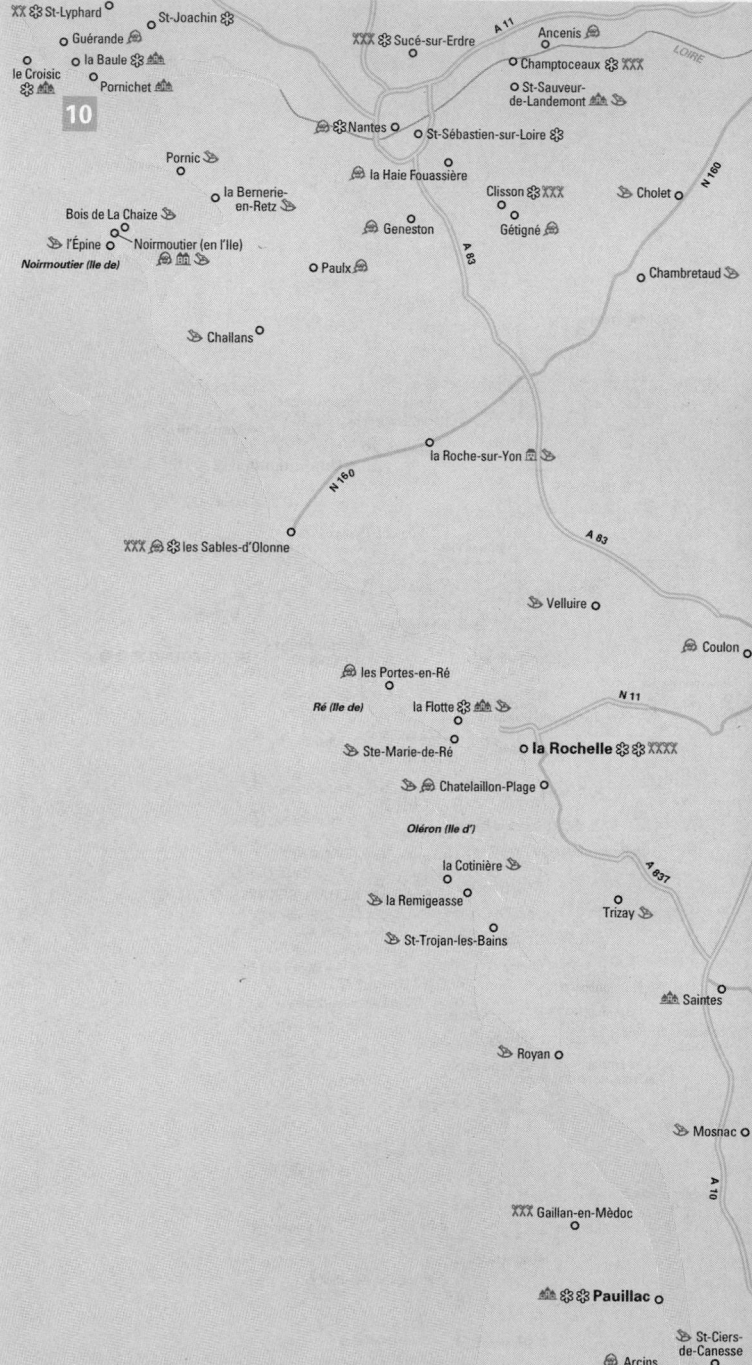

10

XX ✿ St-Lyphard ○
○ St-Joachin ✿

○ Guérande 🏛
la Baule ✿ 🏛🏛
le Croisic
✿ 🏛🏛
Pornichet 🏛🏛

XXX ✿ Sucé-sur-Erdre ○

Ancenis 🏛

○ Champtoceaux ✿ XXX

○ St-Sauveur-
de-Landemont 🏛🏛 🦐

🏛 ✿ Nantes ○
○ St-Sébastien-sur-Loire ✿

Pornic 🦐
○

🏛 la Haie Fouassière

○ la Bernerie-
en-Retz 🦐

Clisson ✿ XXX
🦐 Cholet ○

Bois de La Chaize 🦐
🦐 l'Épine ○
Noirmoutier (en l'Ile)
🏛🏛 🏛 🦐
Noirmoutier (Ile de)

🏛 Geneston
○

Gétigné 🏛

N 160

○ Chambretaud 🦐

○ Paulx 🏛

A 83

🦐 Challans ○

la Roche-sur-Yon 🏛 🦐
○

N 160

A 83

XXX 🏛 ✿ les Sables-d'Olonne ○

🦐 Velluire ○

🏛 Coulon
○

🏛🏛 les Portes-en-Ré ○

Ré (Ile de)
la Flotte ✿ 🏛🏛 🦐
○

N 11

🦐 Ste-Marie-de-Ré
○

la Rochelle ✿ ✿ XXXX

🦐 🏛 Chatelaillon-Plage ○

Oléron (Ile d')

la Cotinière 🦐
○

A 837

🦐 la Remigeasse ○

Trizay 🦐
○

🦐 St-Trojan-les-Bains ○

🏛🏛 Saintes
○

🦐 Royan ○

🦐 Mosnac ○

A 10

XXX Gaillan-en-Mèdoc
○

🏛🏛 ✿ ✿ **Pauillac** ○

🦐 St-Ciers-
de-Canesse

🏛 Arcins ○

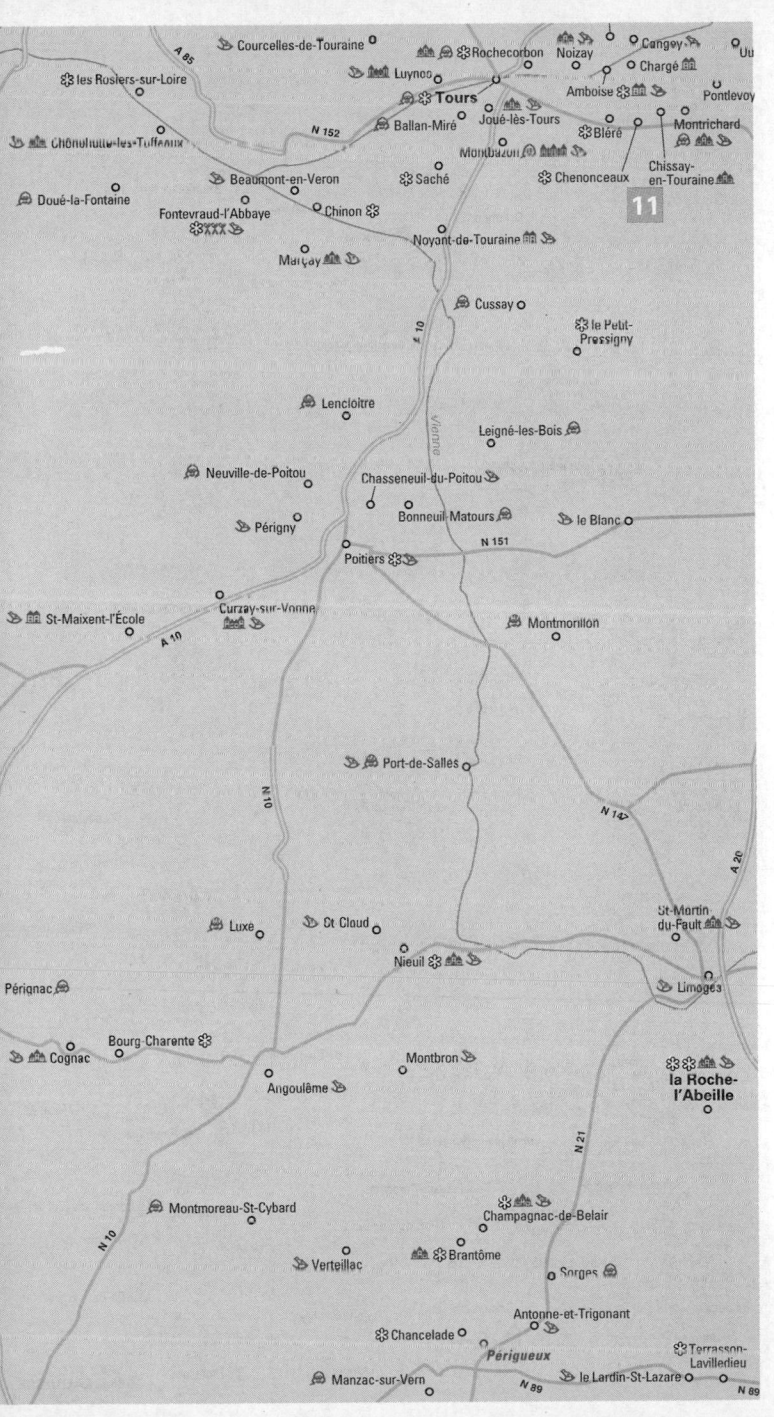

Courcelles-de-Touraine

les Rosiers-sur-Loire

Rochecorbon
Noizay
Cangey
Chargé
Luynes
Amboise
Pontlevoy
Tours
Montrichard
Ballan-Miré
Joué-lès-Tours
Bléré
Chônohutto-les-Tuffeaux
N 152
Montbazon
Chissay-en-Touraine
Beaumont-en-Veron
Saché
Chenonceaux
Doué-la-Fontaine
Fontevraud-l'Abbaye
Chinon
11
Marçay
Noyant-de-Touraine

Cussay
le Petit-Pressigny

Lencloître

Leigné-les-Bois

Neuville-de-Poitou
Chasseneuil-du-Poitou

Bonneuil-Matours
le Blanc
Périgny
N 151
Poitiers

St-Maixent-l'École
Curzay-sur-Vonne
Montmorillon

Port-de-Salles

N 147

St-Martin-du-Fault
Luxe
St Cloud
Nieuil
A 20
Pérignac
Limoges
Bourg-Charente
Montbron
la Roche-l'Abeille
Cognac
Angoulême

Montmoreau-St-Cybard
Champagnac-de-Belair
Verteillac
Brantôme
Sorges
Chancelade
Antonne-et-Trigonant
Terrasson-Lavilledieu
Périgueux
Manzac-sur-Vern
le Lardin-St-Lazare
N 89
N 89

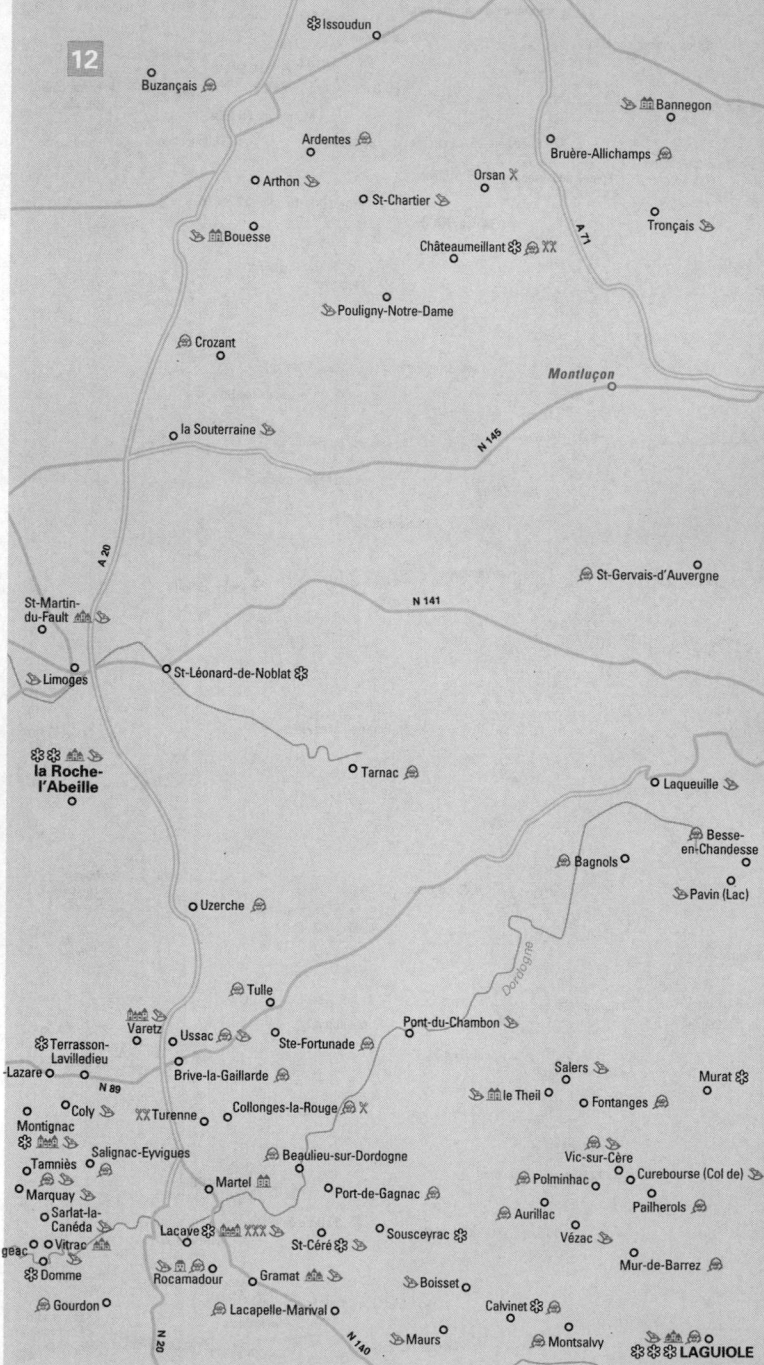

12

Issoudun

Buzançais

Bannegon

Ardentes

Bruère-Allichamps

Orsan

Arthon

St-Chartier

Tronçais

Bouesse

Châteaumeillant

A 71

Pouligny-Notre-Dame

Crozant

Montluçon

la Souterraine

N 145

A 20

St-Gervais-d'Auvergne

N 141

St-Martin-
du-Fault

Limoges

St-Léonard-de-Noblat

Laqueuille

la Roche-
l'Abeille

Besse-
en-Chandesse

Tarnac

Bagnols

Pavin (Lac)

Uzerche

Tulle

Dordogne

Varetz

Ussac

Ste-Fortunade

Pont-du-Chambon

Terrasson-
Lavilledieu

-Lazare

N 89

Brive-la-Gaillarde

Salers

Murat

Coly

Turenne

Collonges-la-Rouge

le Theil

Fontanges

Montignac

Beaulieu-sur-Dordogne

Vic-sur-Cère

Tamniès

Salignac-Eyvigues

Polminhac

Curebourse (Col de)

Martel

Port-de-Gagnac

Pailherols

Marquay

Aurillac

Sarlat-
la-Canéda

Lacave

Vézac

-geac

Vitrac

St-Céré

Sousceyrac

Domme

Rocamadour

Gramat

Mur-de-Barrez

Gourdon

Boisset

Lacapelle-Marival

Calvinet

N 20

N 140

Maurs

Montsalvy

LAGUIOLE

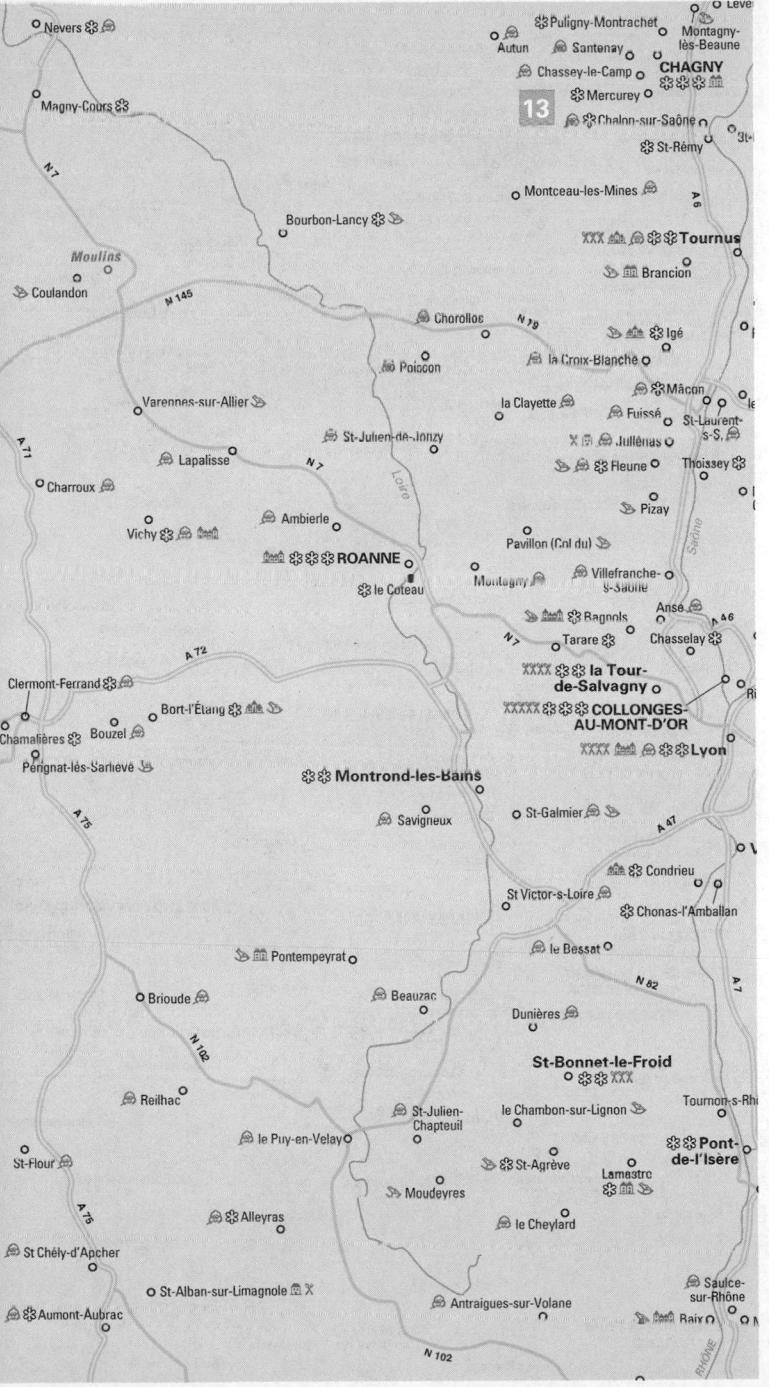

Nevers

Magny-Cours

N 7

Moulins

Coulandon

N 145

Bourbon-Lancy

Varennes-sur-Allier

A 71

Lapalisse

N 7

Charroux

Vichy

Ambierle

ROANNE

le Coteau

A 72

Clermont-Ferrand

Bort-l'Étang

Chamalières

Bouzel

Pérignat-lès-Sarliève

A 75

Pontempeyrat

Brioude

N 102

Reilhac

le Puy-en-Velay

St-Flour

A 75

Alleyras

St Chély-d'Apcher

St-Alban-sur-Limagnole

Aumont-Aubrac

N 102

Puligny-Montrachet

Leve

Montagny-lès-Beaune

Autun

Santenay

Chassey-le-Camp

CHAGNY

13

Mercurey

Chalon-sur-Saône

St-Rémy

Montceau-les-Mines

A 6

Tournus

Brancion

Charolles

N 79

Igé

Poisson

la Croix-Blanche

Mâcon

la Clayette

Fuissé

St-Julien-de-Jonzy

St-Laurent-s-S.

Juliénas

Fleurie

Thoissey

Pizay

Pavillon (Col du)

Montagny

Villefranche-s-Saône

Anse

A 46

Bagnols

Tarare

Chasselay

N 7

la Tour-de-Salvagny

COLLONGES-AU-MONT-D'OR

Lyon

Montrond-les-Bains

Savigneux

St-Galmier

A 47

Condrieu

St Victor-s-Loire

Chonas-l'Amballan

le Bessat

N 82

A 7

Beauzac

Dunières

St-Bonnet-le-Froid

St-Julien-Chapteuil

le Chambon-sur-Lignon

Tournon-s-Rhô

St-Agrève

Lamastre

Pont-de-l'Isère

Moudeyres

le Cheylard

Antraigues-sur-Volane

Saulce-sur-Rhône

Baix

RHÔNE

Cour-St-Maurice   Goumois

Charquemont

Bonnetage

Morteau   Villers-le-Lac

Lods

SUISSE

Thonon-les-Bains   Évian-les-Bains

Yvoire   la Beunaz

Anthy-sur-Léman

Bonnatrait   la Chapelle-d'Abondance

Bons-en-Chablais   Bellevaux

les Gets

Bonneville   Samoëns

la Roche-sur-Foron   Salvagny   Vallorcine

les Carroz-d'Arâches

Chinaillon   Sallanches   **Chamonix-Mont-Blanc**

Bluffy (col de)   Cordon   Combloux   le Lavancher

Thônes   la Clusaz   le Prarion

les Houches

le Bettex

Talloires   Manigod   Arbois (Mont d')

Chaparon   Mégève   les Contamines-

Humet   Montjoie

Doussard

Tertenoz   Notre-Dame-

de-Bellecombe

Albertville

Grésy-sur-Isère

Bourg-St-Maurice

Coise

Tignes

Méribel   **Courchevel**   Val-d'Isère

les Menuires

Val-Thorens   Bonneval-sur-Arc

St-Sorlin-d'Arves

Valloire

Mizoën

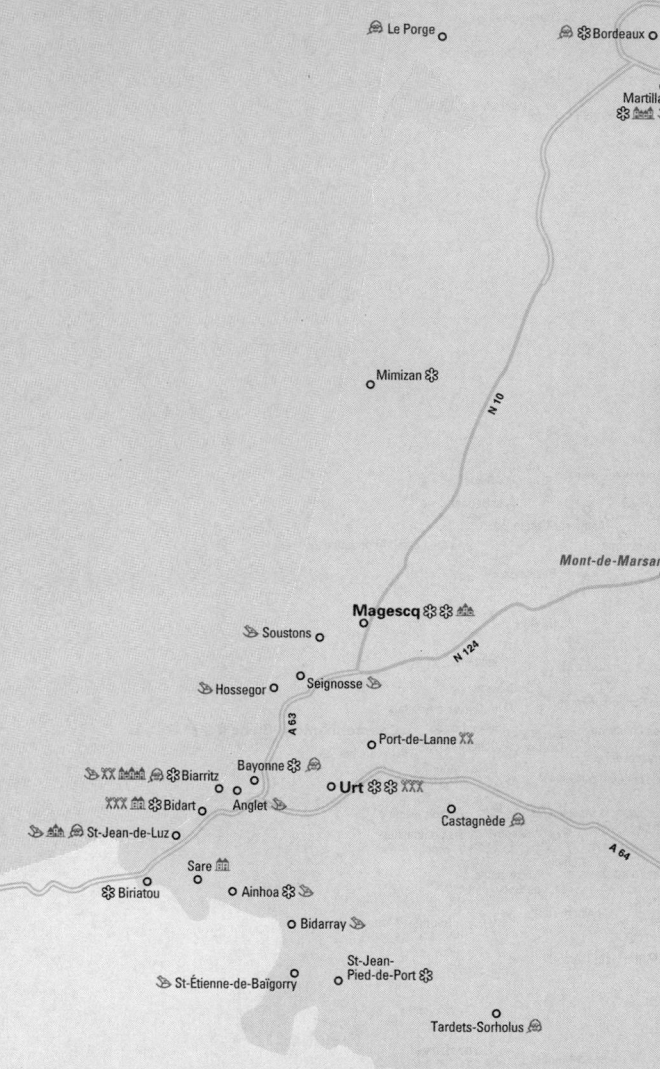

16

🦐 ✕✕ 🏨 🍴 Margaux

🍴 Le Porge ○

🍴 ❄ Bordeaux ○

Martillac
❄ 🏨 🦐

Mimizan ❄

N 10

Mont-de-Marsan ○

Magescq ❄ ❄ 🏨

🦐 Soustons ○

N 124

🦐 Hossegor ○   Seignosse 🦐

A 63

Port-de-Lanne ✕✕

Bayonne ❄ 🍴

🦐 ✕✕ 🏨 🍴 ❄ Biarritz   **Urt** ❄ ❄ ✕✕✕

✕✕✕ 🏨 ❄ Bidart ○   Anglet 🦐   Castagnède 🍴

🦐 🏨 🍴 St-Jean-de-Luz ○   A 64

Sare 🏨

❄ Biriatou   Ainhoa ❄ 🦐

Bidarray 🦐

St-Jean-
Pied-de-Port ❄

🦐 St-Étienne-de-Baïgorry   Tardets-Sorholus 🍴

E S P A Ñ A

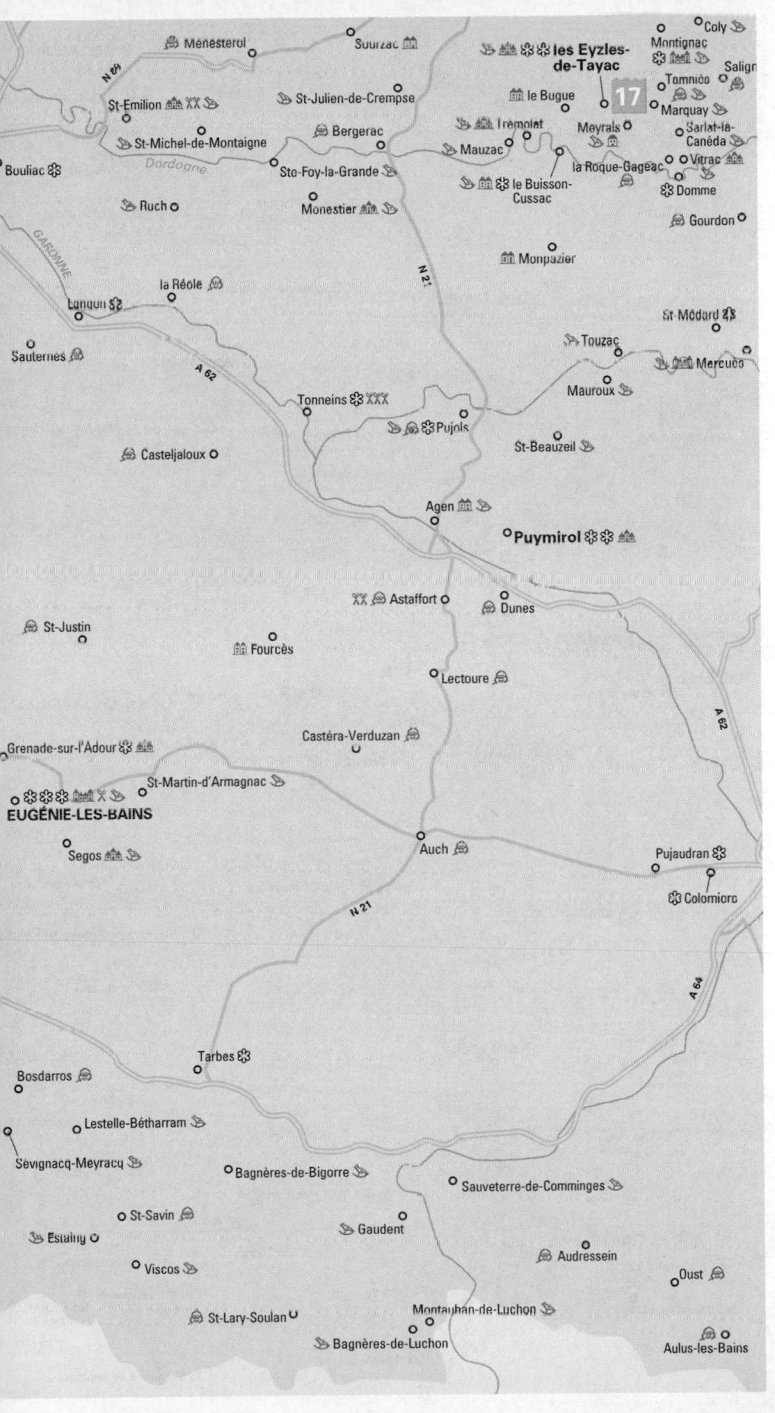

Ménestérol
Suurzac
les Eyzles-de-Tayac
Coly
Montignac
Salign
St-Emilion
St-Julien-de-Crempse
le Bugue
Temnios
St-Michel-de-Montaigne
Bergerac
Trémoint
Meyrals
Marquay
Dordogne
Mauzac
Sarlat-la-Canéda
Bouliac
Ste-Foy-la-Grande
la Roque-Gageac
Vitrac
Ruch
Monestier
le Buisson-Cussac
Domme
GARONNE
Gourdon
Monpazier
la Réole
St-Médard
Langon
Touzac
Sauternes
Mercues
A 62
Maroux
Tonneins
Pujols
St-Beauzeil
Casteljaloux
Agen
Puymirol
St-Justin
Astaffort
Dunes
Fourcès
Lectoure
Castéra-Verduzan
Grenade-sur-l'Adour
St-Martin-d'Armagnac
EUGÉNIE-LES-BAINS
Auch
Pujaudran
Segos
Colomiers
N 21
A 64
Tarbes
Bosdarros
Lestelle-Bétharram
Sévignacq-Meyracq
Bagnères-de-Bigorre
Sauveterre-de-Comminges
St-Savin
Gaudent
Estaing
Audressein
Viscos
Oust
St-Lary-Soulan
Montauban-de-Luchon
Aulus-les-Bains
Bagnères-de-Luchon

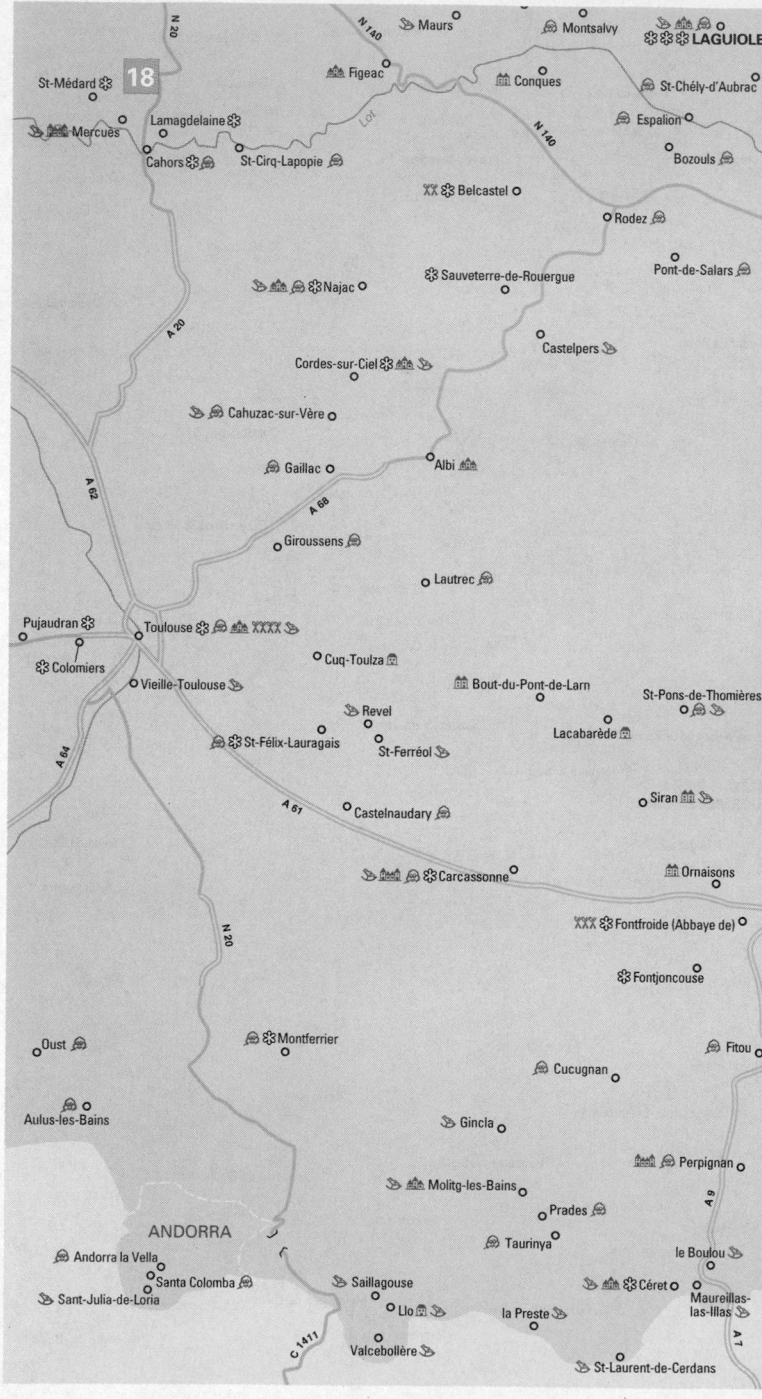

19 St-Pons

N 102

Mende

La Garde-Guérin

Ruoms

Montélimar

Le Teil

les Vans

Beaulieu

la Garde-Adhémar

Valaurie

Cocurès

Barjac

Rochegude

Florac

St-Victor-de-Malcap

Sérignan-du-Comtat

Lot

la Malène

Meyrueis

Alès

Bagnols-sur-Cèze

Orange

Millau

Générargues

Châteauneuf-du-Pape

Villeneuve-lès-A

St-Jean-du-Bruel

Arpaillargues-
et-Aureillac

Castillon du Gard

A 75

Tornac

Collias

Avignon

Barbentane

Madières

St-Martin-de-Londres

Nîmes

Marguerittes

St-Rémy-de-P.

St-Saturnin-
de-Lucian

Garons

Fontvieille

A 8

Paradou

St-Guiraud

Clapiers

A 9

Octon

N 109

Mourèze

MONTPELLIER

Lattes

la Grande-Motte

le Sambuc

Lignan-sur-Orb

Stes-Maries-
de-la-Mer

Béziers

Marseillan

A 9

Coursan

Narbonne

St-Cyprien

Argelès-sur-Mer

Collioure

Banyuls-sur-Mer

Rhône

N 11C

N 106

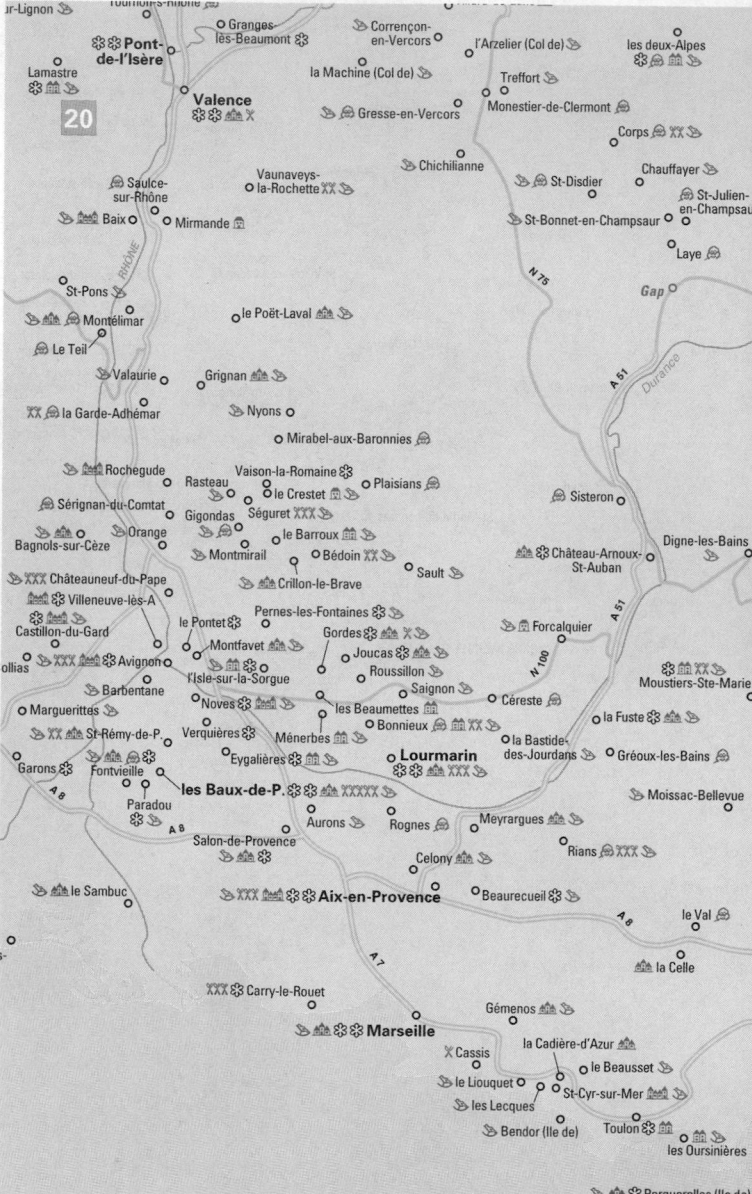

ur-Lignon
Tournons-Rhône

❄❄ Pont-de-l'Isère

Granges-lès-Beaumont ❄❄

Corrençon-en-Vercors
l'Arzelier (Col de) ⚓

les deux-Alpes
❄❄ ⛰ ⚓

Lamastre
❄⛰⚓

la Machine (Col de) ⚓

Treffort ⚓

Valence
❄❄⛰ ✕

Gresse-en-Vercors
⚓ ⚓

Monestier-de-Clermont ⚓

Corps ⚓ ✕✕ ⚓

Chauffayer ⚓

Chichilianne ⚓

St-Disdier ⚓

St-Julien-en-Champsaur

Saulce-sur-Rhône
⚓

Vaunaveys-la-Rochette ✕✕ ⚓

St-Bonnet-en-Champsaur ⚓

⚓ ⛰ Baix ○

Mirmande 🏰

Laye ⚓

Gap

St-Pons ○

le Poët-Laval ⛰⛰

⚓ ⛰ Montélimar
⚓ Le Teil

RHÔNE

N 75

Durance

A 51

Valaurie ○

Grignan ⛰⛰ ⚓

Nyons ○

✕✕ ⚓ la Garde-Adhémar

Mirabel-aux-Baronnies ⚓

Rochegude ⚓⛰⛰

Rasteau

Vaison-la-Romaine ❄

Plaisians ⚓

Sisteron ○

Digne-les-Bains

Sérignan-du-Comtat ⚓

Gigondas

le Crestet 🏰 ⚓

Séguret ✕✕✕ ⚓

⚓ ⚓ Orange

Montmirail

le Barroux ⛰⛰ ⚓

Château-Arnoux-St-Auban ⛰⛰ ❄

Bagnols-sur-Cèze

✕✕✕ Châteauneuf-du-Pape

Bédoin ✕✕ ⚓

Sault ⚓

Crillon-le-Brave ⚓⛰⛰

⛰⛰ ❄ Villeneuve-lès-A

Castillon-du-Gard

Pernes-les-Fontaines ❄ ⚓

Gordes ❄⛰ ✕ ⚓

Forcalquier ⚓ 🏰

le Pontet ❄
Montfavet ⛰⛰ ⚓

ollias

⚓ ✕✕✕ ⛰⛰ ⚓ Avignon

l'Isle-sur-la-Sorgue
⚓ ❄❄

Joucas ❄ ⛰⛰ ⚓

Roussillon ⚓

N 100

Moustiers-Ste-Marie ❄⛰⛰ ✕✕ ⚓

Barbentane

Noves ❄⛰ ⚓

Saignon ⚓

Céreste ⚓

Marguerittes ⚓

Verquières ⚓

les Beaumettes ⛰⛰

Bonnieux ⚓ ⛰⛰ ✕✕ ⚓

la Fuste ⚓ ⛰⛰ ⚓

⚓ ✕✕ ⛰ St-Rémy-de-P.

Ménerbes ⛰⛰ ⚓

Lourmarin
❄❄ ⛰⛰ ✕✕✕ ⚓

la Bastide-des-Jourdans ⚓

Gréoux-les-Bains ⚓

Garons ❄
Fontvieille

Eygalières ❄ ⛰⛰ ⚓

A 8

les Baux-de-P. ❄❄ ⛰⛰ ⛰⛰ ✕✕✕✕ ⚓

Moissac-Bellevue ⚓

Paradou
❄❄

Aurons ⚓

Rognes ⚓

Meyrargues ⛰⛰ ⚓

A 8

Salon-de-Provence

Rians ⚓ ✕✕✕ ⚓

le Sambuc ⚓ ⛰⛰

Celony ⛰⛰ ⚓

⚓ ✕✕✕ ⛰⛰ ❄ ❄ Aix-en-Provence

Beaurecueil ❄ ⚓

le Val ⚓

A 8

la Celle ⛰⛰

✕✕✕ ❄ Carry-le-Rouet

A 7

⚓ ⛰⛰ ❄ ❄ Marseille

Gémenos ⛰⛰ ⚓

la Cadière-d'Azur ⛰⛰

✕ Cassis

le Beausset ⚓

le Liouquet ○
les Lecques

St-Cyr-sur-Mer ⛰⛰

Bendor (Ile de) ⚓

Toulon ❄ ⛰ ⛰⛰ ⚓

les Oursinières

⚓ ⛰⛰ ❄ Porquerolles (Ile de)

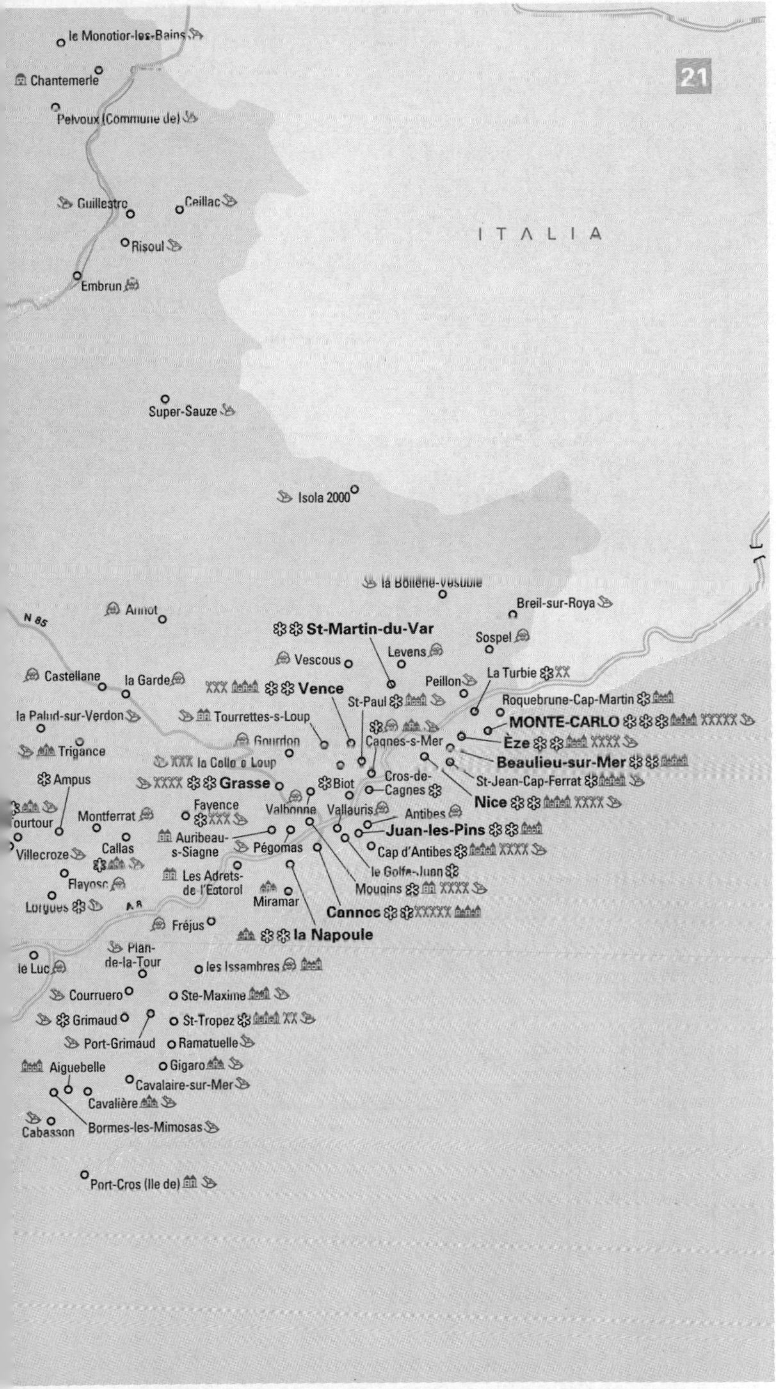

le Monêtier-les-Bains

Chantemerle

Pelvoux (Commune de)

Guillestro   Ceillac

Risoul

Embrun

ITALIA

Super-Sauze

Isola 2000

la Bollène-Vésubie

Breil-sur-Roya

N 85   Annot

Castellane   la Garde   Vescous   Levens   Sospel   St-Martin-du-Var

la Palud-sur-Verdon   Peillon   La Turbie

Tourrettes-s-Loup   Vence   St-Paul   Roquebrune-Cap-Martin

Trigance   Gourdon   Cagnes-s-Mer   MONTE-CARLO   Èze   Beaulieu-sur-Mer

Ampus   la Colle s Loup   Grasse   Biot   Cros-de-Cagnes   St-Jean-Cap-Ferrat   Nice

Tourtour   Montferrat   Fayence   Valbonne   Vallauris   Antibes   Juan-les-Pins

Villecroze   Callas   Auribeau-s-Siagne   Pégomas   Cap d'Antibes   Mougins

Flayosc   Les Adrets-de-l'Estérel   le Golfe-Juan   Cannes   la Napoule

Lorgues   Miramar   Fréjus

le Luc   Plan-de-la-Tour   les Issambres

Courruero   Ste-Maxime

Grimaud   St-Tropez

Port-Grimaud   Ramatuelle

Aiguebelle   Gigaro

Cavalaire-sur-Mer

Cavalière

Cabasson   Bormes-les-Mimosas

Port-Cros (Ile de)

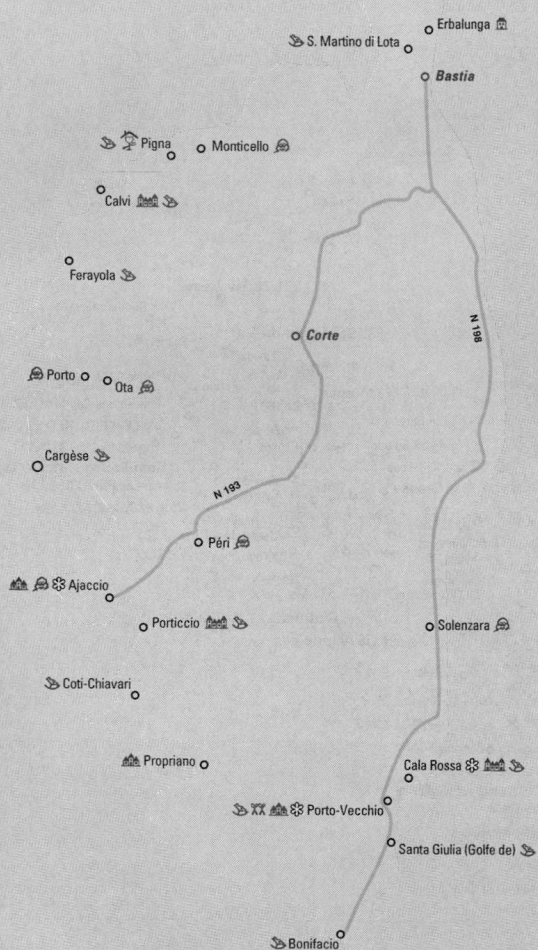

22

S. Martino di Lota Erbalunga

Bastia

Pigna Monticello

Calvi

Ferayola

Corte

Porto Ota

Cargèse

N 193

Péri

Ajaccio

Porticcio

Coti-Chiavari

Propriano

Solenzara

Cala Rossa

Porto-Vecchio

Santa Giulia (Golfe de)

Bonifacio

N 198

Localités

par ordre alphabétique

Places

in alphabetical order

Località

in ordine alfabetico

Alphabetisches
Ortsverzeichnis

Localidades

por orden alfabético

ABBEVILLE ⬦ 80100 Somme 52 ⑥ ⑦ G. Picardie Flandres Artois – 23 787 h alt. 8.

Voir *Vitraux contemporains*★★ *de l'église St-Sépulcre* – *Château de Bagatelle*★ S – *Façade*★ *de l'église St-Vulfran* – *Musée Boucher de Perthes*★ BY **M**.

Env. *Vallée de la Somme*★ SE.

🛈 *Office de Tourisme 1 pl. Amiral Courbet* ℘ *03 22 24 27 92, Fax 03 22 31 08 26.*

Paris 186 ③ – *Amiens 51* ② – *Boulogne-sur-Mer 80* ① – *Rouen 106* ④.

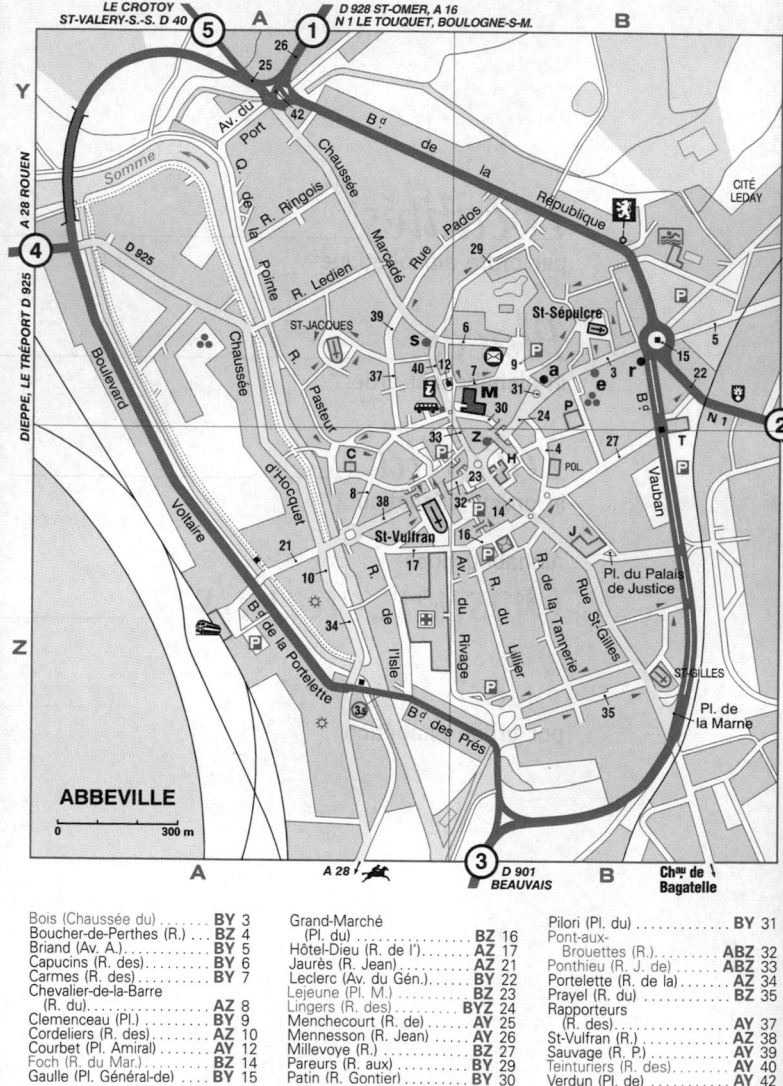

Campers... Use the current Michelin Guide
Camping Caravaning France.

🏨 **France,** 19 pl. Pilori ℰ 03 22 24 00 42, *Fax 03 22 24 26 15* – |🛗|, ▤ rest, 📺 ☎ ❤ 👤 –
💯 🛎 35 à 70. 𝔸𝔼 ⑩ 🆚   BY a
Repas (70 bc) 98 👤, enf. 38 – 🍽 50 – 69 ch 280/700 – ½ P 277/331

🏨 **Ibis,** par ② et rte d'Amiens : 2 km ℰ 03 22 24 80 80, *Fax 03 22 31 75 96*, 🌳 – ❄ 📺 ☎ ❤
👤 🖭 – 🛎 30. 𝔸𝔼 ⑩ 🆚
Repas 59 bc/140 👤, enf. 39 – 🍽 35 – 45 ch 260/310

🏨 **Relais Vauban** sans rest, 4 bd Vauban ℰ 03 22 25 38 00, *Fax 03 22 31 75 97* – 📺 ☎ ❤.
⑩ 🆚   BY r
fermé 20 déc. au 10 janv. – 🍽 35 – 22 ch 250/290

✕✕ **Au Châteaubriant,** 1 pl. Hôtel de Ville ℰ 03 22 24 08 23, *Fax 03 22 24 22 64* – 𝔸𝔼 🆚
🍽 *fermé dim. soir et lundi* – Repas 85/190 👤, enf. 45   BYZ z

✕✕ **L'Escale en Picardie,** 15 r. Teinturiers ℰ 03 22 24 21 51, *Fax 03 22 24 72 17* – 𝔸𝔼 ⑩ 🆚.
🅰   AY s
🍽 *fermé 20 août au 8 sept., vacances de fév., dim. soir , lundi et soirs fériés* – Repas · poissons
et coquillages - 125/285 👤

✕ **Corne,** 32 chaussée du Bois ℰ 03 22 24 06 34, *Fax 03 22 24 03 65* – 𝔸𝔼 ⑩ 🆚
fermé sam. midi et dim. – Repas (70) - carte 140 à 260 👤   BY e

à **Mareuil-Caubert** au Sud par D 928 (rte de Rouen): 4 km – 900 h. alt. 12 – ✉ 80132 :

✕ **Auberge du Colvert,** 4 rte Rouen ℰ 03 22 31 32 32, *Fax 03 22 31 32 32* – 🅿. 🆚
fermé 17 juil. au 3 août, dim. soir et merc. – Repas 72 (déj.), 95/150

L'ABERGEMENT-CLÉMENCIAT 01 Ain 🗺 ② – *rattaché à Châtillon-sur-Chalaronne*.

Une réservation confirmée par écrit ou par fax est toujours plus sûre.

L'ABER-WRAC'H 29 Finistère 🗺 ④ G. Bretagne – ✉ 29870 Landéda.
🅱 *Office de Tourisme* 15 q. Kléber ℰ 02 98 27 93 60, *Fax 02 98 27 87 22.*
Paris 607 – Brest 28 – Landerneau 37 – Morlaix 70 – Quimper 93.

🏨 **Baie des Anges** Ⓜ 🏖 sans rest, ℰ 02 98 04 90 04, *Fax 02 98 04 92 27*, ≤, « Face au site
sauvage de l'Aber Wrac'h » – 📺 ☎ ❤ 👤. 𝔸𝔼 🆚
fermé janv. et fév. – 🍽 65 – 20 ch 520/620

✕ **Brennig,** ℰ 02 98 04 81 12, *Fax 02 98 04 93 21*, ≤ – 🅿. 🆚
fermé 3 au 18 oct. et mardi – Repas 98/195 👤, enf. 45

ABLIS 78660 Yvelines 🗺 ⑨, 🗺 ⑩ – 2 033 h alt. 151.
Paris 64 – Chartres 31 – Mantes 66 – Orléans 76 – Rambouillet 15 – Versailles 48.

à **l'Ouest** : 6 km par D 168 – ✉ 28700 St-Symphorien-le-Château :

🏨 **Château d'Esclimont** 🏖, ℰ 02 37 31 15 15, *Fax 02 37 31 57 91*, ≤, 🌳, « Dans un
grand parc boisé, étang », 🏊, ✕ – 🛗 ❄ 📺 ☎ 🅿 – 🛎 20 à 120. 𝔸𝔼 ⑩ 🆚 🅹🅲🅱. ✕ rest
Repas 290 bc (déj.), 340/495 👤, enf. 150 – 🍽 110 – 47 ch 1000/2100, 5 appart – ½ P 960/
2110

ABONDANCE 74360 H.-Savoie 🗺 ⑱ G. Alpes du Nord – 1 251 h alt. 930 – Sports d'hiver : 930/
1 650 m ⛷ 1 🚡 11 🎿.
Voir *Abbaye* : *Fresques*** du cloître.*
🅱 *Office de Tourisme* ℰ 04 50 73 02 90.
Paris 597 – Thonon-les-Bains 28 – Annecy 102 – Évian-les-Bains 30 – Morzine 26.

🏨 **Les Touristes,** ℰ 04 50 73 02 15, *Fax 04 50 73 04 20*, 🌳, 🚲 – 📺 ☎ 🅿. 🆚. ✕ rest
1ᵉʳ juin-30 sept. et vacances de Noël-début avril – Repas (70) - 100/270 👤, enf. 50 – 🍽 40 –
21 ch 200/350 – ½ P 230/320

ABRESCHVILLER 57560 Moselle 🗺 ⑧ – 1 233 h alt. 340.
Paris 455 – Strasbourg 80 – Baccarat 46 – Lunéville 58 – Phalsbourg 23 – Sarrebourg 17.

✕✕ **Auberge de la Forêt,** à Lettenbach : 0,5 km ℰ 03 87 03 71 78, *Fax 03 87 03 79 96*, 🌳 –
▤ 🅿. 🆚
fermé vacances de Noël et lundi – Repas 65 (déj.), 125/210 👤, enf. 70

ABREST 03 Allier 🗺 ⑤ – *rattaché à Vichy.*

LE CAP D'AGDE

A

ST-MARTIN-DES-VIGNES

MONT-ST-MARTIN

Rue St-Martin des Vignes

Rue des

Gallo - Romains

R. de Brassac

R. Sarret Coussergue

R. Volvire de Brassac

Avenue

ST-MARTIN DES-CHAMPS

Avenue des Alizés

Avenue d'Outre-Mer

R. du Pacifique

R. des Corsaires

RICHELIEU

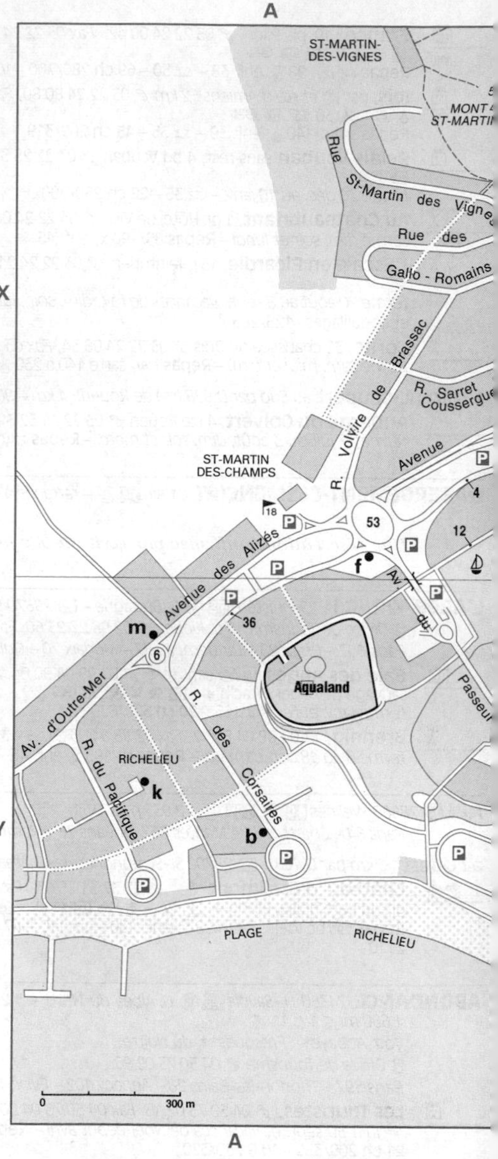

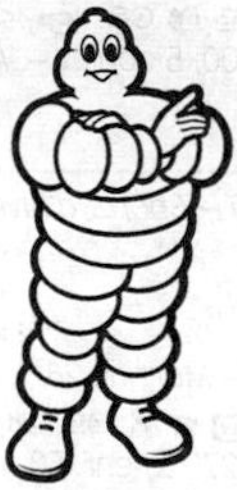

Aqualand

Passeur

PLAGE

RICHELIEU

X

Y

0 ——— 300 m

A

130

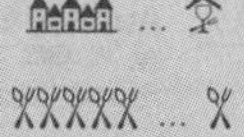

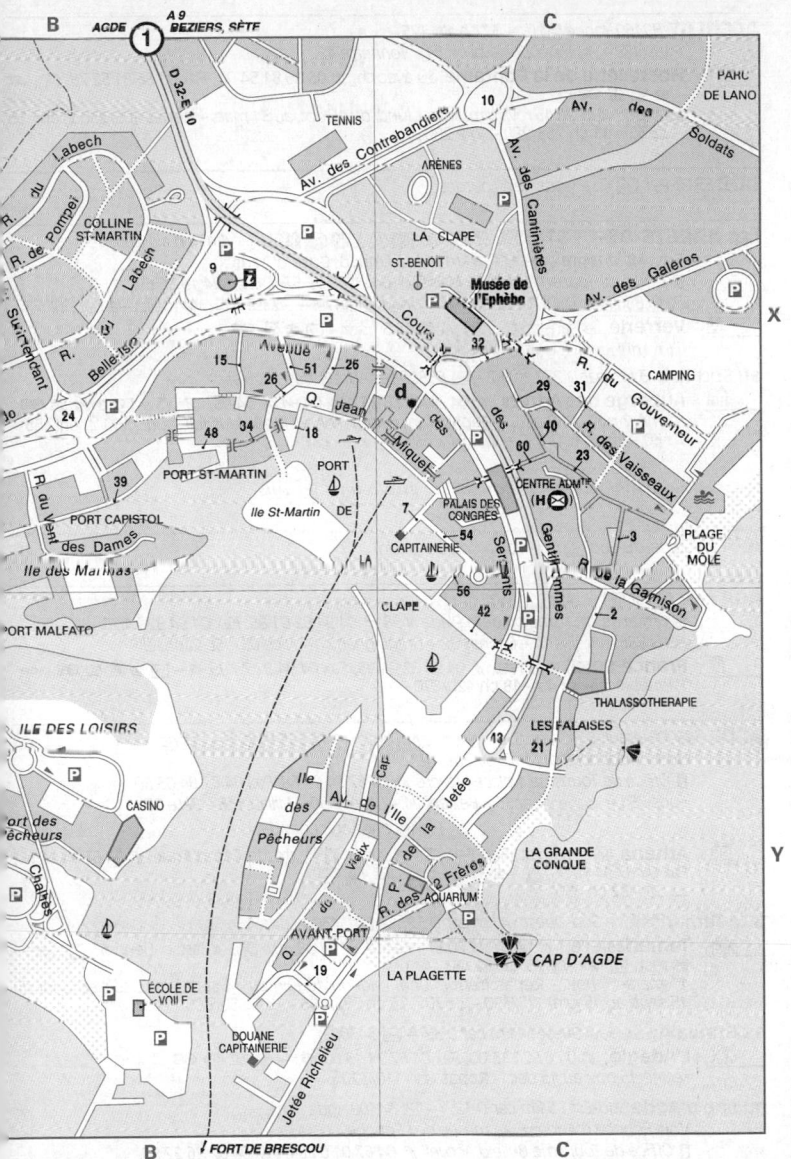

ACCOLAY *89460 Yonne* 65 ⑤ – *377 h alt. 125.*
Paris 189 – Auxerre 23 – Avallon 31 – Tonnerre 42.

XX **Hostellerie de la Fontaine** avec ch, ✆ 03 86 81 54 02, *Fax 03 86 81 52 78*, – ☎. AE GB
fermé 1er déc. au 15 fév., dim. soir et lundi du 15 oct. au 31 mars – **Repas** 105/250, enf. 55 – ☐ 35 – **11 ch** 265/280 – ½ P 280

ADÉ *65 H.-Pyr.* 85 ⑧ – *rattaché à Lourdes.*

Les ADRETS-DE-L'ESTÉREL *83600 Var* 84 ⑧, 114 ㉕, 115 ㉝ – *1 474 h alt. 295.*
Env. Mt Vinaigre ※★★★ S : 8 km puis 30 mn, G. Côte d'Azur.
Office de Tourisme pl. de la Mairie ✆ 04 94 40 93 57, Fax 04 94 19 36 69.
Paris 886 – Fréjus 17 – Cannes 25 – Draguignan 44 – Grasse 31 – Mandelieu-la-Napoule 16.

Verrerie sans rest, ✆ 04 94 40 93 51, – TV ☎ P. GB
avril-sept. – ☐ 40 – **7 ch** 280/330

au Sud-Est : *3 km par D 237 et N 7 – ✉ 83600 Les Adrets-de-l'Esterel :*

Auberge des Adrets, ✆ 04 94 40 36 24, *Fax 04 94 40 34 06*, – TV ☎ P. AE GB
fermé 2 nov. au 8 déc. – **Repas** *(fermé dim. soir et lundi sauf juil.-août)* 160, enf. 58 – ☐ 60 – **10 ch** 600/930 – ½ P 570/635

Le Guide change, changez de guide tous les ans.

AFA *2A Corse-du-Sud* 90 ⑯ – *voir à Corse (Ajaccio).*

AGAY *83530 Var* 84 ⑧, 114 ㉖, 115 ㉝ ㉞ *G. Côte d'Azur.*
Office de Tourisme bd de la Plage N 98 ✆ 04 94 82 01 85, Fax 04 94 82 74 20.
Paris 886 – Fréjus 13 – Cannes 32 – Draguignan 44 – Nice 63 – St-Raphaël 9.

France-Soleil sans rest, ✆ 04 94 82 01 93, *Fax 04 94 82 73 95*, ← – TV ☎ P. AE GB JCB
Pâques-oct. – ☐ 49 – **18 ch** 420/620

AGDE *34300 Hérault* 83 ⑮ ⑯ *G. Languedoc Roussillon* – *17 583 h alt. 5 – Casino.*
Voir Ancienne cathédrale St-Étienne★.
Office de Tourisme 1 place Molière ✆ 04 67 94 29 68, Fax 04 67 94 03 50.
Paris 761 – Montpellier 55 – Béziers 24 – Lodève 59 – Millau 118 – Sète 25.

Plans pages précédentes

Athéna M sans rest, Sud-Est : 2 km par D 32E10, rte de Cap d'Agde ✆ 04 67 94 21 90, *Fax 04 67 94 80 80*, – ☎ & P. AE GB
☐ 50 – **32 ch** 430

à La Tamarissière *Sud-Ouest : 4 km par D 32E12 – ✉ 34300 Agde :*

Tamarissière, ✆ 04 67 94 20 87, *Fax 04 67 21 38 40*, « Jardin fleuri », – rest, TV ☎ – 25. AE GB. rest
1er mars-1er nov. – **Repas** *(fermé lundi midi du 16 juin au 14 sept., dim. soir et lundi du 15 sept. au 15 juin)* 175/390 – ☐ 70 – **26 ch** 585/685 – ½ P 550/605

au Grau d'Agde *Sud-Ouest : 4 km par D 32E – ✉ 34300 :*

XX **L'Adagio**, ✆ 04 67 21 13 00, *Fax 04 67 21 13 00*, – . AE GB
fermé 15 nov. au 15 déc. – **Repas** *(80)* - 110/320

au Cap d'Agde *Sud-Est : 5 km par D 32E10 – ✉ 34300 Agde :*
Voir Ephèbe d'Agde★★ au musée de l'Ephèbe.
Office de Tourisme Bulle d'Accueil ✆ 04 67 01 04 04, Fax 04 67 26 22 99.

Capaô, av. Corsaires ✆ 04 67 26 99 44, *Fax 04 67 26 55 41*, – ch, TV ☎ & – 45. AE GB JCB — AY b
1er avril-30 oct. – **Repas** 100/195, enf. 48 – ☐ 50 – **55 ch** 580/750, 9 duplex – ½ P 470/555

St-Clair sans rest, pl. St-Clair ✆ 04 67 26 36 44, *Fax 04 67 26 31 11*, – TV ☎ P – 25. AE GB — CX d
1er avril-1er nov. – ☐ 50 – **80 ch** 530/640

Les Grenadines, 6 impasse Marie Céleste ✆ 04 67 26 27 40, *Fax 04 67 26 10 80* – TV ☎ & P. GB — AY k
hôtel : 7 avril-15 oct. ; rest. : 1er mai-30 sept. – **Repas** 85/120, enf. 50 – ☐ 35 – **19 ch** 470/490 – ½ P 345/365

🏠 **Azur** sans rest, 18 av. Iles d'Amérique, ℰ 04 67 26 98 22, *Fax 04 67 26 48 14*, 🏊 – 📺 ☎ 💆
⅋ 🅿 🆎 ⑩ 🇬🇧   AX **f**
🛏 35 – **22 ch** 390/440, 12 duplex

🏠 **Gil de France**, av. Alizés ℰ 04 67 26 77 80, *Fax 04 67 01 26 21*, 🏊 – cuisinette 📺 💆 ⅋ 🅿
🆎 ⑩ 🇬🇧   AY **m**
Repas (résidents seul.) 80/120 ¥ – 🛏 40 – **32 ch** 450/510 – ½ P 340

AGEN 🅿 47000 L.-et-G. ⁷⁹ ⑮ *G. Aquitaine – 30 553 h alt. 50.*
Voir Musée★★ AXY **M** – Église de Moirax★ *9 km par* ④.
🏌 d'Agen-la-Garenne : ℰ 05 53 77 00 88, SO : 3 km.
🛈 *Office de Tourisme* 107 bd Carnot ℰ 05 53 47 36 09, *Fax 05 53 47 29 98.*
Paris 629 ① – Auch 74 ④ – Bordeaux 141 ⑤ – Pau 162 ⑤ – Toulouse 119 ⑤.

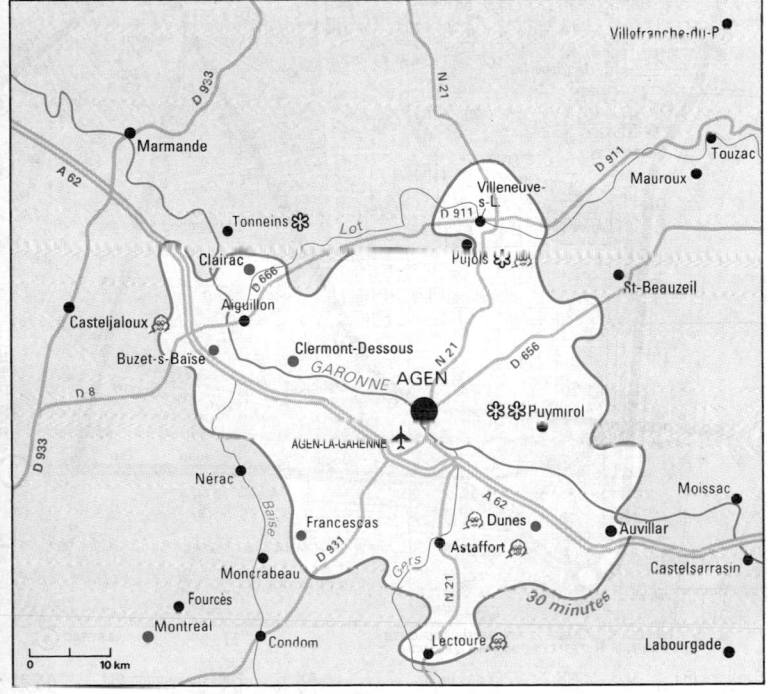

🏛🏛 **Château des Jacobins** 🌾 sans rest, 1 ter pl. Jacobins, ℰ 05 53 47 03 31,
Fax 05 53 47 02 80 – 📺 ☎ 🅿 🆎 🇬🇧 🇯🇨🇧   AY **f**
🛏 70 – **15 ch** 420/680

🏛🏛 **Atlantic Hôtel** sans rest, 133 av. J. Jaurès par ③ ℰ 05 53 96 16 56, *Fax 05 53 98 34 80*, 🏊
– 📳 📺 ☎ 💆 ⅋ 🚐 🅿 🆎 ⑩ 🇬🇧
fermé 23 déc. au 2 janv. – 🛏 35 – **44 ch** 260/340

🏛🏛 **Provence** sans rest, 22 cours 14 Juillet ℰ 05 53 47 39 11, *Fax 05 53 68 26 24* – 📳 📺
☎ 🆎 ⑩ 🇬🇧   BX **s**
🛏 38 – **20 ch** 315/340

🏛 **Ibis** sans rest, 16 r. C. Desmoulins ℰ 05 53 47 43 43, *Fax 05 53 47 68 54* – 📳 🗠 📺 ☎ 💆
⅋ 🚐 🅿 🆎 ⑩ 🇬🇧   BX **b**
🛏 35 – **56 ch** 360/500

🏠 **Stim'Otel**, 105 bd Carnot ℰ 05 53 47 31 23, *Fax 05 53 47 48 70* – 📳, 🔳 rest, 📺 ☎ 💆 ⅋ –
🔶 40. 🆎 🇬🇧   BY **a**
Repas *(fermé sam. midi et dim.)* 63 (déj.), 83/140 ⅃ – 🛏 36 – **58 ch** 305/320

🍴🍴 **Fleur de Sel**, 66 r. C. Desmoulins ℰ 05 53 66 63 70, *Fax 05 53 66 63 70* – 🔳. 🇬🇧
fermé 17 au 24 août, sam. midi et dim. – **Repas** 110/210 et carte 230 à 340 ¥   BX **n**

XXX **Mariottat**, 25 r. L. Vivent ℘ 05 53 77 99 77, Fax 05 53 77 99 79, 🐾, « Ancien hôtel particulier du 19e siècle » – 🗐 **P**. **Æ** **GB**
AY s
fermé vacances de fév., sam. midi, dim. soir et lundi – **Repas** 105/295, enf. 70

XX **Washington**, 7 cours Washington ℘ 05 53 48 25 50, Fax 05 53 48 25 55, 🐾 – 🗐. **Æ** **⊙**
GB **JCB**
AY r
fermé 8 au 21 août, dim. soir et lundi – **Repas** (99) - 115/180 ♈

X **Bohème**, 14 r. E. Sentini ℘ 05 53 68 31 00, 🐾 – **Æ** **GB**
BX e
fermé 1er au 15 mars, 4 au 17 sept., merc. soir et dim. – **Repas** 69 (déj.), 89/165 ♈

✕ **L'Atelier,** 14 r. Jeu de Paume ✆ 05 53 87 89 22, Fax 05 53 87 89 22 – ▤. ◭ ⓖⓔ
fermé 7 au 20 août, sam. midi, lundi midi et dim. – **Repas** 70 (déj.)/150 ♀

AY v

par ① *et rte cimetière de Gaillard (D 4) : 2,5 km –* ⊠ *47510 Foulayronnes :*

✕✕ **La Braise,** av. Gaillard ✆ 05 53 47 34 65, Fax 05 53 48 25 71, ≼, ☵ – ₽. ⓖⓔ
fermé merc. en juil.-août et sam. midi – **Repas** (70) - 88/140 ⅃, enf. 50

au Sud-Ouest *par* ④, *rte d'Auch (N 21) puis D 268 : 12 km –* ⊠ *47310 Laplume :*

🏛 **Château de Lassalle** ᨡ, Brimont ✆ 05 53 95 10 58, Fax 05 53 95 13 01, ☵, parc,
« Demeure du 18e siècle élégamment aménagée dans la campagne », ⌇ – ⊡ ☎ ₽.–
▵ 20, ◭ ⓞ ⓖⓔ, ⅏ rest.
fermé 15 janv. au 15 fév. – **Repas** *(fermé dim. soir et lundi sauf de juin au 15 sept.)* (110)
135 (déj.), 155/220 ♀ – ⌇ 90 – **14 ch** 690/1190 – ½ P 690/890

AGNEAUX 50180 Manche **54** ⑬ – *4 173 h alt. 60.*
Paris 307 – Saint-Lô 5 – Bayeux 40 – Caen 77 – Coutances 27.

🏛 **Château d'Agneaux** ᨡ, ✆ 02 33 57 65 88, Fax 02 33 56 59 21, « Château du 13e siècle,
parc » – ⊡ ☎ ₽, ◭ ⓖⓔ
Repas (nombre de couverts limité, prévenir) 102 (déj.), 145/350 – ⌇ 71 – **12 ch** 445/942

*The names of main shopping streets are printed in red
in the list of streets.*

AGON-COUTAINVILLE 50230 Manche **54** ⑫ G. *Normandie Cotentin* – *2 510 h alt. 36* – *Casino.*
🛈 *Office de Tourisme pl. 28-Juillet 1944* ✆ 02 33 47 01 46, Fax 02 33 45 47 68.
Paris 347 – Barneville-Carteret 48 – Carentan 43 – Cherbourg 78 – Coutances 13 – St-Lô 42.

🏛 **Neptune** sans rest, à Coutainville-centre ✆ 02 33 47 07 66, ≼ – ☎. ◭ ⓞ ⓖⓔ
1er avril-1er oct. – ⌇ 52 – **11 ch** 290/450

✕✕ **Hardy** avec ch, à Coutainville-centre ✆ 02 33 47 04 11, Fax 02 33 47 39 00 – ⊡ ☎ ℭ. ◭
ⓞ ⓖⓔ
fermé 15 janv. au 10 fév., dim. soir et lundi d'oct. à mars – **Repas** 115/350 ♀ – ⌇ 48 – **15 ch**
290/420 – ½ P 340/400

AGOS-VIDALOS 65 H.-Pyr. **85** ⑰ – *rattaché à Argelès-Gazost.*

AGUESSAC 12520 Aveyron **80** ⑭ – *811 h alt. 375.*
Paris 635 – Mende 88 – Rodez 59 – Florac 69 – Millau 9 – Sévérac-le-Château 27.

🏠 **Rascalat,** Nord-Ouest : 2 km sur N 9 ✆ 05 65 59 80 43, Fax 05 65 59 73 90, ☵, ⌇, ⇺ –
⊡ ☎ ⇆ ₽. ◭ ⓖⓔ
fermé 1er janv. au 1er mars, dim. soir et lundi d'oct. à déc. – **Repas** 110/240, enf. 55 – ⌇ 35 –
15 ch 320/370 – ½ P 300/330

AHETZE 64210 Pyr.-Atl. **85** ② – *1 069 h alt. 28.*
Paris 786 – Biarritz 10 – Bayonne 19 – Pau 126 – St-Jean-de-Luz 12.

✕ **L'Épicerie d'Ahetze,** pl. Fronton (église) ✆ 05 59 41 94 95, Fax 05 59 41 94 95, ☵ –
ⓖⓔ
fermé 10 au 20 juin, 10 au 20 oct., dim. soir et lundi – **Repas** (nombre de couverts limité,
prévenir) 100 bc (déj.)/140 ⅃, enf. 60

L'AIGLE 61300 Orne **60** ⑤ G. *Normandie Vallée de la Seine* – *9 466 h alt. 220.*
🛈 *Office de Tourisme pl. F.-de-Belna* ✆ 02 33 24 12 40, Fax 02 33 34 23 77.
Paris 140 – Alençon 61 – Chartres 80 – Dreux 61 – Évreux 56 – Lisieux 59.

🏛 **Dauphin,** pl. Halle ✆ 02 33 84 18 00, Fax 02 33 34 09 28 – ⊡ ☎ ℭ – ▵ 100, ◭ ⓞ ⓖⓔ
Repas 140/280 ♀, enf. 55 **- Renaissance** (brasserie) ✆ 02 33 84 18 05 **Repas** 65/
73 ♀, enf. 40 – ⌇ 45 – **30 ch** 359/523 – ½ P 346/377

rte de Dreux *Est : 3,5 km sur N 26 –* ⊠ *61300 St-Michel-Thubœuf :*

✕✕ **Auberge St-Michel,** ✆ 02 33 24 20 12, Fax 02 33 34 96 62 – ₽. ⓖⓔ
fermé 3 au 18 janv., 7 au 30 sept., mardi soir, merc. soir et jeudi sauf fériés – **Repas**
90 bc/185 ⅃, enf. 45

AIGUEBELETTE-LE-LAC *73 Savoie* 74 ⑮ *G. Alpes du Nord – 170 h alt. 410.*
Voir Lac★ – Tour du lac★ – Site★ de la Combe.
Paris 554 – Grenoble 76 – Belley 35 – Chambéry 22 – Voiron 36.

à la Combe *(rive Est) : 4 km par D 41 – ✉ 73610 Aiguebelette :*

XX **La Combe "chez Michelon"** avec ch, ☏ 04 79 36 05 02, *Fax 04 79 44 11 93,* ≤ Lac, – TV ☎ P. GB.
fermé 2 nov. au 4 déc., lundi soir et mardi – **Repas** 150/240 ♀, enf. 75 – ☕ 45 – **7 ch** 360

à Novalaise-Lac *(rive Ouest) : 7 km par D 921 – 1 234 h. alt. 427 – ✉ 73470 :*

Novalaise-Plage , ☏ 04 79 36 02 19, *Fax 04 79 36 04 22,* ≤ lac, – TV ☎ P. GB. ch
1er avril-1er oct. – **Repas** *(fermé lundi soir et mardi sauf du 15 juin au 15 sept.)* (89) - 115/269 ♀ – ☕ 38 – **14 ch** 250/380 – ½ P 350

à St-Alban-de-Montbel *(rive Ouest) : 7 km par D 921 – 418 h. alt. 400 – ✉ 73610 :*

St-Alban-Plage sans rest, Nord-Est : 1,5 km ☏ 04 79 36 02 05, *Fax 04 79 44 10 37,* ≤ Lac, – TV ☎ P. GB
Pâques-oct. – ☕ 40 – **16 ch** 280/420

à Attignat-Oncin *Sud : 7 km par D 921 – 398 h. alt. 570 – ✉ 73610 :*

XX **Mont-Grêle** avec ch, ☏ 04 79 36 07 06, *Fax 04 79 36 09 54,* ≤, – TV ☎ P. GB. ch
fermé 15 déc. au 28 fév., mardi soir et merc. sauf juil.-août – **Repas** (95) - 115/195 ♀, enf. 70 – ☕ 45 – **11 ch** 210/295 – ½ P 260/295

Au moment de chercher un hôtel ou un restaurant, soyez efficace. Sachez utiliser les noms soulignés en rouge sur les cartes Michelin à 1/200 000. Mais ayez une carte à jour!

AIGUEBELLE *83 Var* 84 ⑰, 114 ㊽ *– rattaché au Lavandou.*

AIGUES-MORTES *30220 Gard* 83 ⑧ *G. Provence – 4 999 h alt. 3.*
Voir Remparts★★ et tour de Constance★★ : ※★★ – Tour Carbonnière ※★ NE : 3,5 km.
Office de Tourisme porte de la Gardette ☏ 04 66 53 73 00, Fax 04 66 53 65 94.
Paris 748 – Montpellier 36 – Arles 49 – Nîmes 42 – Sète 54.

Templiers , 23 r. République ☏ 04 66 53 66 56, *Fax 04 66 53 69 61,* « Bel aménagement intérieur dans une demeure du 17e siècle » – ☎ . AE GB
début mars-31 oct. – **Repas** *(fermé mardi sauf juil.-août)* (dîner seul.) carte 170 à 250 – ☕ 55 – **11 ch** 570/800

St-Louis, 10 r. Amiral Courbet ☏ 04 66 53 72 68, *Fax 04 66 53 75 92,* – TV ☎ . AE GB
100
1er avril-31 oct. – **Repas** 105/195, enf. 60 – ☕ 50 – **22 ch** 290/490 – ½ P 295/380

des Croisades sans rest, 2 r. Port ☏ 04 66 53 67 85, *Fax 04 66 53 72 95* – TV ☎ P. GB.
☕ 40 – **15 ch** 270

XX **Arcades** M avec ch, 23 bd Gambetta ☏ 04 66 53 81 13, *Fax 04 66 53 75 46,* « Demeure du 16e siècle », – rest, TV ☎. AE GB JCB. ch
fermé 1er au 15 mars, 15 au 30 nov., lundi sauf le soir en juil.-août et mardi midi sauf fériés – **Repas** 135/250 ♀, enf. 65 – **9 ch** ☕ 480/650

X **Maguelone,** 38 r. République ☏ 04 66 53 74 60, – . GB
fermé 15 janv. au 1er mars, lundi midi et merc. d'oct. à juin – **Repas** 105 (déj.), 145/195 ♀

X **Salicorne,** 9 r. Alsace-Lorraine ☏ 04 66 53 62 67, – GB
fermé 2 au 31 janv., mardi sauf du 15 juin au 15 oct. et le midi sauf dim. et fêtes – **Repas** (130) - 155/280

rte de Nîmes *Nord-Est : 1,5 km – ✉ 30220 Aigues-Mortes :*

Royal Hôtel, ☏ 04 66 53 66 40, *Fax 04 66 53 72 29,* – ch, TV ☎ P – 15. GB
Repas 63/170 ♀, enf. 36 – ☕ 32 – **44 ch** 268/291 – ½ P 238

AIGUILLON *47190 L.-et-G.* 79 ⑭ *– 4 169 h alt. 35.*
Paris 690 – Agen 31 – Houeillès 31 – Marmande 29 – Nérac 27 – Villeneuve-sur-Lot 34.

Terrasse de l'Étoile, cours A.-Lorraine ☏ 05 53 79 64 64, *Fax 05 53 79 46 48,* – TV ☎ – 25. AE GB
Repas 78/145 ♀, enf. 45 – ☕ 30 – **17 ch** 300 – ½ P 250

AILEFROIDE 05 H.-Alpes 77 ⑰ – rattaché à Pelvoux (Commune de).

AILLANT-SUR-THOLON 89110 Yonne – 1 407 h alt. 112.
- 🛈 Office de Tourisme 15 r. des Ponts ℘ 03 86 63 54 17, Fax 03 86 63 54 17.
- Paris 145 – Auxerre 20 – Briare 70 – Clamecy 61 – Gien 80 – Montargis 61.

au Sud-Ouest : 7 km par D 955, D 57 et rte secondaire – ⊠ 89110 Chassy :

🏨🏨 **Domaine du Roncemay** Ⓜ ⌂, ℘ 03 86 73 50 50, Fax 03 86 73 69 46, 🌹, ⓕ₅, ⌁, 🍴,
  ✗ – 🔲 ch, 📺 ☎ & 🅿 – 🔏 30. 🆎 �ⓞ 🆖 🖯
  Repas 320/350 - *Club House* : Repas 220/250 – � 85 – **16 ch** 590/990 – ½ P 735/1215

AIME 73210 Savoie 74 ⑱ G. Alpes du Nord – 2 963 h alt. 690.
- Voir Ancienne basilique St-Martin★.
- 🛈 Syndicat d'Initiative av. Tarentaise ℘ 04 79 55 67 00.
- Paris 652 – Albertville 42 – Bourg-St-Maurice 12 – Chambéry 90 – Moutiers 15.

🏨 **Cormet** sans rest, av. de Tarentaise ℘ 04 79 09 71 14, Fax 04 79 09 96 72 – 📺 ☎ ✎ 🅿.
  🆖 ✗
  fermé 15 au 30 mai – � 30 – **14 ch** 240/300

🏨 **Palanbo** sans rest, av. de Tarentaise ℘ 04 79 55 67 55, Fax 04 79 09 70 74 – 📺 ☎ & 🅿. 🆎
  ⓞ 🆖
  � 34 – **20 ch** 260/320

🍴🍴 **L'Atre**, av. de Tarentaise ℘ 04 79 09 75 93, 🌹 – ⓞ 🆖
  fermé 26 juin au 12 juil. et mardi – Repas 85/150 ⌂

AINCILLE 64 Pyr.-Atl. 85 ⑦ – rattaché à St-Jean-Pied-de-Port.

AINHOA 64250 Pyr.-Atl. 85 ② G. Aquitaine – 539 h alt. 130.
- Voir Rue principale★.
- Paris 797 – Biarritz 29 – Bayonne 28 – Cambo-les-Bains 11 – Pau 127 – St-Jean-de-Luz 24.

🏨🏨 **Ithurria** (Isabal), ℘ 05 59 29 92 11, Fax 05 59 29 81 28, « Salle à manger rustique », ⓕ₅,
  ⌁, 🌹, ✗ – 🔲 rest, 📺 ☎
  15 avril-2 nov. et fermé merc. sauf juil.-août – Repas (dim. prévenir) 175/260 – � 50 –
  27 ch 700 – ½ P 580/620
  Spéc. Foie gras des Landes au naturel. Salade tiède de queues de langoustines. Pigeon rôti
  à l'ail doux. Vins Jurançon sec, Irouléguy.

🏨🏨 **Argi-Eder** ⌂, ℘ 05 59 93 72 00, Fax 05 59 93 72 13, ≤, 🌹, ⌁, 🌹, ✗ – 🔲 rest, 📺 ☎
  ✎ 🅿 – 🔏 30. 🆎 ⓞ 🆖 🖯 ✗ ch
  15 avril-11 nov. et fermé dim. soir et merc. hors saison – Repas (dim. prévenir) 125/230,
  enf. 70 – � 54 – **32 ch** 660/870, 4 appart – ½ P 630/640

🏨 **Oppoca**, ℘ 05 59 29 90 72, Fax 05 59 29 81 03, 🌹 – ☎ 🅿. 🆖
  fermé 15 nov. au 15 déc. – Repas (fermé dim. soir et lundi sauf juil.-août) 95/170, enf. 50 –
  � 35 – **12 ch** 285/320 – ½ P 260/285

AIRAINES 80270 Somme 52 ⑦ G. Picardie Flandres Artois – 2 175 h alt. 30.
- Paris 156 – Amiens 29 – Abbeville 22 – Beauvais 69 – Le Tréport 50.

🍴 **Relais Forestier du Pont d'Hure**, rte d'Oisemont par D 936 : 5 km ℘ 03 22 29 42 10,
  Fax 03 22 29 89 73 – 🅿. 🆖
  fermé 2 au 20 août, 2 au 19 janv. et mardi – Repas - rôtisserie et grillades au feu de bois
  88/190, enf. 45

Write us...

If you have any comments on the contents of this Guide.

Your praise as well as your criticisms will receive careful
consideration and, with your assistance, we will be able to add
to our stock of information and, where necessary, amend
our judgments.

Thank you in advance!

AIRE-SUR-L'ADOUR *40800 Landes* 82 ① ② *G. Aquitaine – 6 205 h alt. 80.*

Voir Sarcophage de Ste-Quitterie dans l'église Ste-Quitterie.*

Office de Tourisme (fermé le dim.) 05 58 71 64 70, *Fax 05 58 71 64 70.*

Paris 726 – Mont-de-Marsan 32 – Auch 84 – Condom 68 – Dax 86 – Orthez 58 – Pau 53.

AIRE-SUR-L'ADOUR

Adour (Allée de l') 2
Arènes (R. des) 3
Carnot (R.) 5
Commerce (Pl. du) ... 6
Despagnet (R. F.) 7
Duprat (R. P.) 9
Duthil (R. P.) 12
Gambetta (R.) 13
Gaulle (Pl. Gén.-de) ... 15
Labeyrie (R. H.) 16
Verdun (Av. de) 18

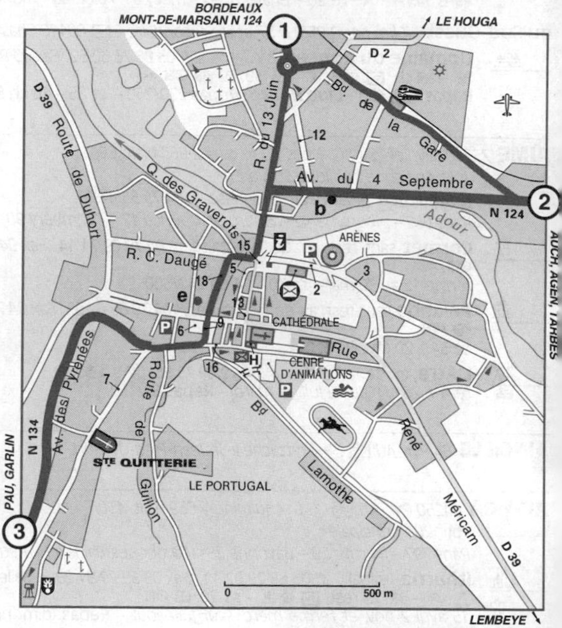

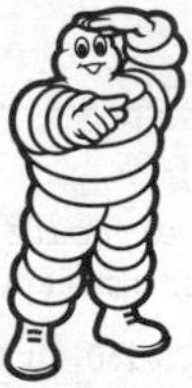

Adour Hôtel sans rest, 28 av. 4 Septembre **(b)** 05 58 71 66 17, *Fax 05 58 71 87 66*, – P. GB
fermé nov. – 35 – **31 ch** 210/260

Les Bruyères, par ① : *1 km* 05 58 71 80 90, *Fax 05 58 71 87 21*, – P. AE GB
fermé 1er au 11 nov. et dim. soir – **Repas** 70/200, enf. 40 – 35 – **8 ch** 200/250 – 1/2 P 200/220

Chez l'Ahumat avec ch, 2 r. Mendès-France **(e)** 05 58 71 82 61 – GB. ch
fermé 13 au 26 mars et 1er au 13 sept. – **Repas** *(fermé merc.)* 60/150, enf. 45 – 25 – **13 ch** 140/210 – 1/2 P 160/185

Moulin Gourmand, rte Bordeaux 05 58 71 84 15, *Fax 05 58 71 84 15*, – P. AE GB
fermé vacances de Toussaint et lundi sauf fériés – **Repas** 70 (déj.), 98/170, enf. 50

rte de Bordeaux *par ① et N 124 : 4,5 km – 40170 Cazères-sur-l'Adour :*

Aliotel M sans rest, 05 58 71 72 72, *Fax 05 58 71 81 94*, parc, – P – 30. GB
35 – **34 ch** 200/240

à Ségos *(32 Gers) par ③, N 134 et D 260 : 9 km – 248 h. alt. 111 – 32400 :*

Domaine de Bassibé , 05 62 09 46 71, *Fax 05 62 08 40 15*, – P – 25. AE GB
Pâques-janv. et fermé lundi et mardi sauf juil.-août – **Repas** 245 – 75 – **10 ch** 690/760, 7 appart – 1/2 P 665/720

Si vous cherchez un hôtel tranquille,
consultez d'abord les cartes de l'introduction
ou repérez dans le texte les établissements indiqués avec le signe .

AIRE-SUR-LA-LYS 62120 P.-de-C. 51 ⑭ G. Picardie Flandres Artois – 9 529 h alt. 30.

Voir Bailliage★ – Collégiale St-Pierre★ – Commune de la "Méridienne Verte".

🅱 Office de Tourisme Le Bailliage, Grand'Place ℘ 03 21 39 65 66, Fax 03 21 39 65 66.

Paris 236 ⑥ – Calais 61 ① – Arras 56 ⑦ – Boulogne-sur-Mer 68 ③ – Lille 59 ①.

 Hostellerie des 3 Mousquetaires 🏡, rte de Béthune (N 43) ℘ 03 21 39 01 11, Fax 03 21 39 50 10, « Demeure du 19ᵉ siècle dans un parc avec pièce d'eau » – 📺 ☎ ⬥ 🅿 – 🔬 35. 🆎 ⓞ 🇬🇧. ✀
fermé mi-déc. à mi-janv. – **Repas** 125/275 ♀, enf. 60 – ⬜ 60 – **33 ch** 340/660 – ½ P 535/710

à la gare d'Isbergues Sud-Est : 6 km par D 187 – 5 145 h. alt. 25 – ⊠ 62330 Isbergues :

✕✕ **Buffet** Ⓜ avec ch, ℘ 03 21 25 82 40, Fax 03 21 27 86 42, 斧, 帚 – 📺 ☎ ⬥. 🇬🇧
fermé 30 juil. au 23 août, vacances de fév., dim. soir et lundi midi sauf fériés – **Repas** 100/260 ♀ – ⬜ 30 – **5 ch** 240/300 – ½ P 300

AISEY-SUR-SEINE 21400 Côte-d'Or 65 ⑧ – 172 h alt. 255.

Paris 247 – Chaumont 74 – Châtillon-sur-Seine 15 – Dijon 69 – Montbard 27.

🏠 **Roy** 🏡, ℘ 03 80 93 21 63, Fax 03 80 93 25 74, 帚 – 📺 ☎ 🅿. 🆎 ⓞ 🇬🇧
fermé janv., dim. soir, lundi soir et mardi hors saison – **Repas** 75/200 ♀ – ⬜ 35 – **9 ch** 160/260 – ½ P 200/260

AIX-EN-PROVENCE ◉ 13100 B.-du-R. 84 ③, 114 ⑮ G. Provence – 123 842 h alt. 206 – Stat. therm. – Casino AY.

Au 2000 : 20 juil. : Les musiques du millénaire (Concerts)

Voir Le Vieil Aix★★ : Cours Mirabeau★★ - Cathédrale St-Sauveur★ : triptyque du Buisson Ardent★★ - Cloître★ BX Bᵇ – Place Albertas★ BY 3 - Place★ de l'hôtel de ville BY 37 - Cour★ de l'hôtel de ville BY H – Quartier Mazarin★ : fontaine des Quatre-Dauphins★ BY S – Musée Granet★ CY M⁶ – Musée des Tapisseries★ BX M² – Fondation Vasarely★ AV M⁵.

🅱 Office de Tourisme 2 pl. du Gén.-de-Gaulle ℘ 04 42 16 11 61, Fax 04 42 16 11 62.

Paris 758 ③ – Marseille 31 ③ – Avignon 84 ④ – Nice 177 ② – Sisteron 100 ① – Toulon 83 ②.

AIX-EN-PROVENCE

Berger (Av. G.) ... **BV** 7
Brossolette (Av.).. **AV** 13
Club Hippique
  (Av.) .... **AV** 18
Dalmas (Av. J.).. **AV** 23
Ferrini (Av. F.) .... **AV** 30
Fourane
  (Av. de la) ..... **AV** 32
Galice (Rte de) ... **AV** 33
Isaac (Av. J.) ..... **BV** 41
Malacrida (Av. H.) **BV** 48
Minimes (Crs des) **AV** 52
Moulin (Av. J.) ... **BV** 56
Pigonnet (Av. du) . **AV** 62
Poilus (Bd des)... **BV** 67
Prados (Av. E.) ... **BV** 68
Solari (Av. Ph.) ... **AV** 76

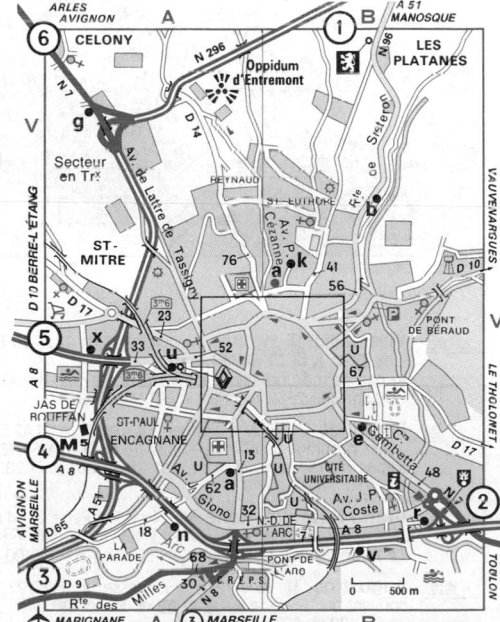

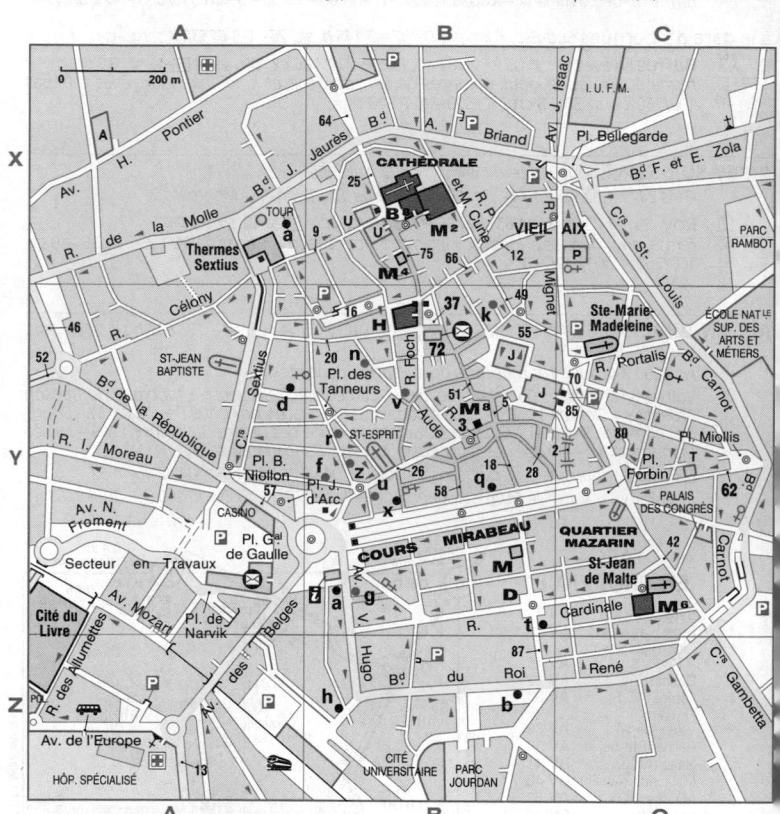

Villa Gallici Ⓜ 🌲, 18 bis av. Violette 🕿 04 42 23 29 23, *Fax 04 42 96 30 45*, ≤, 🌳, 🏊, 🎾
– 🗏 📺 🕿 & 🅿. 🝆 ◑ ☍ ☍
BV **k**
Repas *(fermé lundi soir et le midi de nov. à mars)* (résidents seul.) carte 340 à 450 ♀ – ♀ 130
– **18 ch** 1350/2650, 4 appart – ½ P 1225/1875

Pigonnet 🌲, 5 av. Pigonnet ✉ 13090 🕿 04 42 59 02 90, *Fax 04 42 59 47 77*, ≤, 🌳,
« Parc ombragé fleuri », 🏊 – 🛗 🗏 📺 🕿 🅿 – 🔏 60. 🝆 ☍ ☍
AV **a**
Repas *(fermé sam. midi et dim. midi sauf juil.)* 280/350 – ♀ 80 – **52 ch** 800/1600 –
½ P 750/1100

Grand Hôtel Roi René Ⓜ, 24 bd Roi René 🕿 04 42 37 61 00, *Fax 04 42 37 61 11*, 🌳,
🏊 – 🛗 🍴 🗏 📺 🕿 ✆ 🝆 ⇔ – 🔏 150. 🝆 ◑ ☍ ☍
BZ **b**
La Table du Roi : Repas 195/295 ♀, enf. 45 – ♀ 100 – **131 ch** 865/1300, 3 appart

Augustins Ⓜ sans rest, 3 r. Masse 🕿 04 42 27 28 59, *Fax 04 42 26 74 87*, « Ancien
couvent du 15ᵉ siècle » – 🛗 🗏 📺 🕿. 🝆 ◑ ☍. 🛇
BY **x**
♀ 65 – **29 ch** 600/1500

Aquabella M, 2 r. Étuves 𝄖 04 42 99 15 00, Fax 04 42 99 15 01, 余 – 岗 紣 ≡ ☎ ✆ 战
– ⅍ 60 à 100. 盃 ⓞ GB 丂CB   AX   a
L'Orangerie : Repas *(80)*-120/150, enf. 50 – ☲ 60 – **110 ch** 720/850 – ½ P 625

Mercure Paul Cézanne sans rest, 40 av. V. Hugo 𝄖 04 42 26 34 73, Fax 04 42 27 20 95,
« Mobilier ancien » – 岗 ≡ 𝖳𝖵 ☎. 盃 ⓞ GB   BZ   h
☲ 60 – **55 ch** 540/665

Holiday Inn Garden Court M, 5 rte Galice ⊠ 13090 𝄖 04 42 52 75 27,
Fax 04 42 52 75 28, 余, 丄 – 岗 紣 ≡ 𝖳𝖵 ☎ ✆ 战 ⌂ – ⅍ 100. 盃 ⓞ GB 丂CB   AV   u
Repas 110 ♀ – ☲ 60 – **90 ch** 790/850

Novotel Beaumanoir M, Résidence Beaumanoir (sortie autoroute 3 Sautets)
𝄖 04 42 91 15 15, Fax 04 42 38 46 41, 余, 丄, 秫 – 岗 紣 ≡ 𝖳𝖵 ☎ ✆ 战 🅿 – ⅍ 150. 盃 ⓞ
GB   BV   r
Repas carte 150 à 220 ♀, enf. 55 – ☲ 60 – **102 ch** 500/550

Bleu Marine M, 42 rte Galice 𝄖 04 42 95 04 41, Fax 04 42 59 47 29, 余, Ⅰծ, 丄 – 岗 ≡ 𝖳𝖵
☎ ✆ 战 ⌂ – ⅍ 50. 盃 ⓞ GB 丂CB   AV   x
Repas 110/145, enf. 49 – ☲ 55 – **84 ch** 630

Grand Hôtel Nègre Coste sans rest, 33 cours Mirabeau 𝄖 04 42 27 74 22,
Fax 04 42 26 80 93 – 岗 ≡ 𝖳𝖵 ☎ 盃. 盃 ⓞ GB 丂CB   BY   q
☲ 50 – **37 ch** 412/700

Novotel Pont de l'Arc, av. Arc de Meyran (sortie autoroute 3 Sautets)
𝄖 04 42 16 09 09, Fax 04 42 26 00 09, 余, 丄 – 岗 紣 ≡ 𝖳𝖵 ☎ ✆ 战 🅿. 盃 ⓞ GB 丂CB   BV   v
Repas 145 ♀ – ☲ 60 – **80 ch** 490/530

St-Christophe M, 2 av. V. Hugo 𝄖 04 42 26 01 24, Fax 04 42 38 53 17 – 岗 ≡ 𝖳𝖵 ☎ ⌂
⅍ 25. 盃 ⓞ GB 丂CB, 綵 rest   BY   a
Brasserie Léopold (fermé 1 au 21/8, 7 au 20/1, dim. soir de nov. à mars, sam. midi et lundi)
Repas *(85)*-130/180 ♀, enf. 50 – ☲ 50 – **52 ch** 420/600, 6 duplex – ½ P 355/370

Quatre Dauphins sans rest, 54 r. Roux Alpheran 𝄖 04 42 38 16 39, Fax 04 42 38 60 19 –
𝖳𝖵 ☎. GB   BY   t
☲ 42 – **12 ch** 295/420

Manoir ⌂ sans rest, 8 r. Entrecasteaux 𝄖 04 42 26 27 20, Fax 04 42 27 17 97 – 岗 𝖳𝖵 ☎
🅿. 盃 ⓞ GB 丂CB   AY   d
fermé 7 au 29 janv. – ☲ 40 – **40 ch** 360/490

Mozart ⌂ sans rest, 49 cours Gambetta 𝄖 04 42 21 62 86, Fax 04 42 96 17 36 – 岗 𝖳𝖵 ☎
⌂. 🅿. GB   BV   e
48 ch ☲ 310/420

Campanile La Beauvalle, r. J. Andréani (par av. Pigonnet) ⊠ 13090 𝄖 04 42 26 35 24,
Fax 04 42 26 25 47, 余 – 岗 紣 ≡ 𝖳𝖵 ☎ 战 🅿 – ⅍ 50. 盃 ⓞ GB   AV   n
Repas 98/116 ♀, enf. 39 – ☲ 39 – **115 ch** 305

🏵🏵🏵 **Clos de la Violette** (Banzo), 10 av. Violette 𝄖 04 42 23 30 71, Fax 04 42 21 93 03, 余 –
≡. 盃 GB, 綵   BV   a
ⵡⵡ
*fermé 20 à 20 août, vacances de fév., lundi sauf le soir d'avril à nov., merc. midi d'avril à nov.
et dim.* – Repas (nombre de couverts limité, prévenir) 300/600 et carte 430 à 550
Spec. Charlotte de truffes noires au lard fumé (déc. à mars). Petits légumes farcis au jus
d'ail (juin à oct.). Canon d'agneau en croûte d'herbes. **Vins** Coteaux d'Aix-en-Provence.

🍴🍴 **L'Aixquis**, 22 r. Leydet 𝄖 04 42 27 76 16, Fax 04 42 93 10 61 – ≡. 盃 GB 丂CB   BY   f
fermé 1er au 23 août, 2 au 8 janv. et dim. – Repas *(97)* -148/370 ♀, enf. 90

🍴🍴 **Amphitryon**, 2 r. P. Doumer 𝄖 04 42 26 54 10, Fax 04 42 38 36 15, 余 – ≡. 盃 GB
fermé 15 août au 1er sept., lundi midi et dim. – Repas 100 (déj.), 175/285 ♀   BY   u

🍴🍴 **Chez Féraud**, 8 r. Puits Juif 𝄖 04 42 63 07 27 – ≡. 盃 GB   BY   k
fermé août, lundi midi et dim. – Repas 120/150

🍴🍴 **Les Bacchanales**, 10 r. Couronne 𝄖 04 42 27 21 06, Fax 04 42 27 21 06 – ≡. 盃 GB 丂CB
fermé merc. midi et mardi – Repas 95 (déj.), 145/295 ♀, enf. 75   BY   z

🍴 **Bosque d'Antonelle**, 16 r. Félibre Gaut 𝄖 04 42 38 32 08 – ≡. GB   BY   n
fermé fév., lundi midi et dim. – Repas 85/150 ♀

🍴 **Yôji**, 7 av. V. Hugo 𝄖 04 42 38 48 76, Fax 04 42 28 83 29, 余 – ≡. 盃 GB 丂CB. 綵
fermé lundi – Repas - cuisine japonaise et coréenne - 75 (déj.), 125/205 ⅋   BY   g

🍴 **Chez Maxime**, 12 pl. Ramus 𝄖 04 42 26 28 51, Fax 04 42 26 74 70, 余 – ≡. GB 丂CB. 綵
fermé 15 au 31 janv., lundi midi et dim. – Repas *(78)* - 98 (déj.), 130/270 ♀   BY   v

🍴 **Bistro Latin**, 18 r. Couronne 𝄖 04 42 38 22 88, Fax 04 42 38 22 88 – ≡. GB   BY   r
fermé 5 au 11 juin, lundi midi et dim. – Repas *(75)* - 95 (déj.), 125/185 ♀

rte de Sisteron *vers ① : 3 km :*

🏠 **Prieuré** ⌂ sans rest, 𝄖 04 42 21 05 23, Fax 04 42 21 60 56, ← – ☎ ✆ 🅿. GB. 綵
☲ 40 – **23 ch** 320/400   BV   b

rte de St-Canadet *par ①, N 96 et D 13 : 9 km – ✉ 13100 Aix-en-Provence :*

XX **Puyfond,** ✆ 04 42 92 13 77, *Fax 04 42 92 03 29,* ☂, parc – 🅿. AE GB
fermé 15 août au 10 sept., 2 au 10 janv., vacances de fév., dim. soir et lundi – **Repas** *(100)* - 150/180, enf. 60

à Le Canet *par ② : 8 km sur N 7 – ✉ 13590 Meyreuil :*

XX **Auberge Provençale,** ✆ 04 42 58 68 54, *Fax 04 42 58 68 05,* ☂ – ▤ 🅿. AE ◑ GB JCB. ⊘
fermé 22 au 26 déc., vacances de fév., mardi et merc. – **Repas** *(100)* - 125/250 🍷

à Beaurecueil *par ②, N 7 et D 58 : 10 km – 510 h. alt. 254 – ✉ 13100 Aix-en-Provence :*
ℹ *Office de Tourisme Mairie ✆ 04 42 66 92 90 et (saison) Rd-Pt de Galice ✆ 02 42 27 98 79.*

XXX ✿ **Relais Ste-Victoire** (Jugy-Berges) ☾ avec ch, D 46 ✆ 04 42 66 94 98, *Fax 04 42 66 85 96,* ‹, 🏊, 🌳 – ▤ rest, ☎ 🅿. AE GB
fermé 1er au 15 mars, vacances de Toussaint, 1er au 8 janv., vacances de fév., vend. midi, dim. soir et lundi – **Repas** (week-ends prévenir) *(160)* - 300/350 🍷, enf. 140 – ☕ 75 – **12 ch** 600/800 – ½ P 600/900
Spéc. Oeufs pochés à la crème de truffes. Filet de boeuf "Paul Cézanne". Fricassée d'artichauts façon barigoule. **Vins** Côtes de Provence.

par ③, *D 9 ou A 51, sortie Les Milles : 5 km – ✉ 13546 Aix-en-Provence :*

⌂⌂⌂⌂ **Château de la Pioline** ☾, zone commerciale de la Pioline ✆ 04 42 52 27 27, *Fax 04 42 52 27 28,* ☂, parc, « Belle demeure dans un jardin à la française », 🏊, 🌳 – ▤ ch, TV ☎ 🅿 – 👥 50. AE ◑ GB JCB. ⊘ rest
Repas 150 (déj.), 250/410 – ☕ 90 – **30 ch** 950/1800 – ½ P 815/1240

par ③ *et D 9 - sortie n° 4 : 10 km – ✉ 13591 Aix-en-Provence :*

⌂⌂⌂ **Royal Mirabeau** Ⓜ ☾, av. G. de la Lauzière Pichaury II ✉ 13591 ✆ 04 42 97 76 00, *Fax 04 42 97 76 01,* ☂, 🏋, 🏊, 🌳 – ⇕ 🚭 ▤ TV ☎ ✆ ♿ 🅿 – 👥 150. AE GB
Repas 148 🍷 – ☕ 50 – **95 ch** 460/590 – ½ P 445/495

à Celony *par ⑥ : 3 km sur N 7 – ✉ 13090 Aix-en-Provence :*

⌂⌂⌂ **Mas d'Entremont** ☾, ✆ 04 42 17 42 42, *Fax 04 42 21 15 83,* ‹, ☂, parc, « Demeure provençale avec terrasses dans un parc », 🏊, 🎾 – ⇕ cuisinette, ▤ ch, TV ☎ ✆ 🅿 – 👥 50. GB JCB AV g
15 mars-1er nov. – **Repas** *(fermé dim. soir sauf fériés)* 210/250 🍷 – ☕ 80 – **18 ch** 680/880 – ½ P 630/730

AIX-LES-BAINS *73100 Savoie* **74** ⑮ *G. Alpes du Nord – 24 683 h alt. 200 – Stat. therm. (10 janv.- mi déc.) et Marlioz – Casinos Grand Cercle* **CZ**, *Nouveau Casino* **BZ**.
Voir *Esplanade du Lac★ – Escalier★ de l'Hôtel de Ville* **CZ H** – *Musée Faure★.*
Env. *Le tour du lac du Bourget★★ 51 km, en bateau★ : 3 h – Abbaye de Hautecombe★★ – Mont Revard ✻★★★ 21 km par D 913.*
✈ *de Chambéry-Aix-les-Bains : ✆ 04 79 54 49 66, au Bourget-du-Lac par ④ : 8 km.*
ℹ *Office de Tourisme pl. M.-Mollard ✆ 04 79 35 05 92, Fax 04 79 88 88 01 Annexe (saison) Grand Port Embarcadaire ✆ 04 79 34 15 80.*
Paris 541 ④ – Annecy 34 ① – Bourg-en-Bresse 111 ④ – Chambéry 18 ④ – Lyon 108 ④.

Plan page ci-contre

⌂⌂⌂⌂ **Park Hôtel du Casino** Ⓜ, av. Ch. de Gaulle ✆ 04 79 34 19 19, *Fax 04 79 88 11 49,* ☂, 🏋, ▣🏊, 🌳 – ⇕ 🚭 ▤ TV ☎ ✆ ♿ 🅿 – 👥 15 à 400. AE ◑ GB JCB CZ x
Repas brasserie *(120)* - 140/300 🍺, enf. 65 – ☕ 100 – **102 ch** 670/910, 10 appart – P 680/730

⌂⌂⌂⌂ **Ariana** Ⓜ ☾, av. de Marlioz à Marlioz : 1,5 km ✆ 04 79 61 79 79, *Fax 04 79 61 79 00,* ☂, centre de balnéothérapie, « Parc ombragé », 🏋, ▣🏊 – ⇕ 🚭, ▤ ch, TV ☎ ✆ 🅿 – 👥 150. AE ◑ GB AX a
Repas *(100)* - 125/185, enf. 60 – ☕ 70 – **60 ch** 565/750 – ½ P 455/560

⌂⌂⌂ **Astoria,** pl. Thermes ✆ 04 79 35 12 28, *Fax 04 79 35 11 05,* « Décor Belle Époque », 🏋 – ⇕ TV ☎ ✆ ♿ – 👥 20. AE ◑ GB JCB. ⊘ CZ z
fermé déc. – **Repas** 100 (dîner), 125/150 – ☕ 50 – **135 ch** 340/495 – P 390/415

⌂⌂⌂ **Manoir** ☾, 37 r. Georges-1er ✆ 04 79 61 44 00, *Fax 04 79 35 67 67,* « Jardin ombragé », 🏋, ▣🏊, 🌳 – ⇕ TV ☎ 🚗 🅿 – 👥 200. AE ◑ GB JCB CZ r
Repas 148/265 🍷 – ☕ 60 – **73 ch** 375/795 – P 445/595

⌂⌂⌂ **Acquaviva,** av. de Marlioz à Marlioz : 1,5 km ✆ 04 79 61 77 77, *Fax 04 79 61 77 00,* ☂, « Parc ombragé », 🏊 – ⇕ cuisinette 🚭 TV ☎ ✆ ♿ 🅿 – 👥 250. AE ◑ GB AX s
fermé 15 déc. au 10 janv. – **Repas** 115/140 🍷 – ☕ 58 – **100 ch** 480/525 – P 445/488

⌂⌂ ☺ **Agora** Ⓜ, 1 av. Marlioz ✆ 04 79 34 20 20, *Fax 04 79 34 20 30,* ▣🏊 – ⇕, ▤ rest, TV ☎ ✆ ♿ 🚗 – 👥 50. AE ◑ GB JCB CZ u
Repas brasserie *(65)* - 85/145 🍷 – ☕ 50 – **60 ch** 325/445 – P 380/420

AIX-LES-BAINS

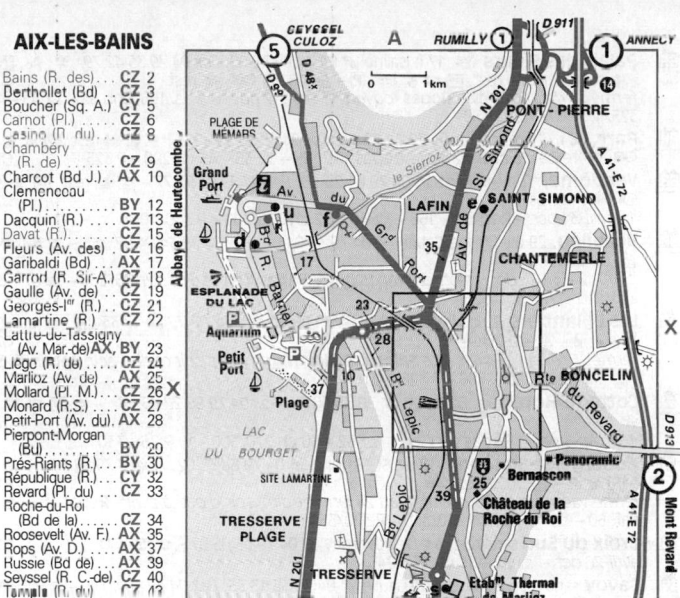

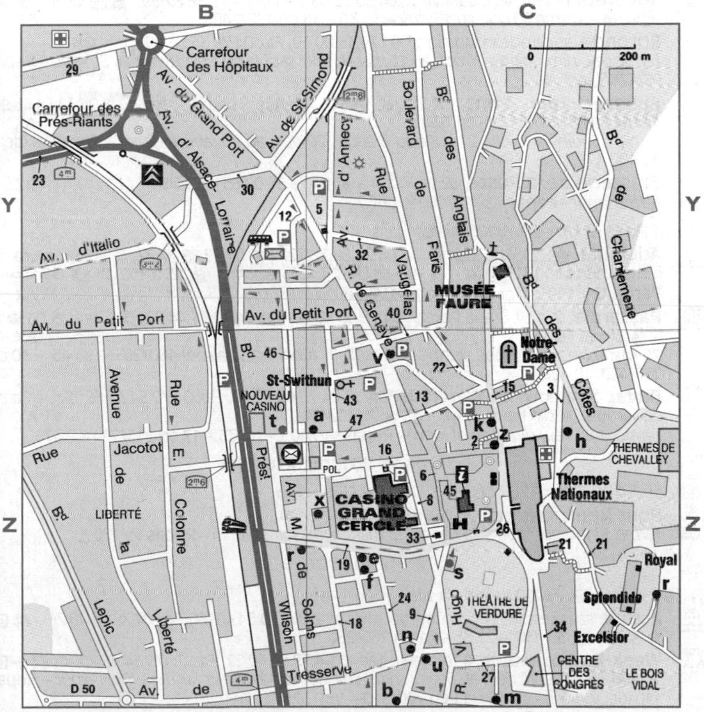

Palais des Fleurs ⑤, 17 r. Isaline ☎ 04 79 88 35 08, Fax 04 79 35 42 79, 斎, ♠, ⬛, ⬛
– ⌷ cuisinette, ⊟ rest, 📺 ☎ ঠ. 🚗 📵 – 🛦 40. ⚠ 🄶🄱. 🎖 rest   CZ **m**
fermé 15 déc. au 5 fév. – **Repas** *(ouvert 1ᵉʳ mars-2 nov.)* (60) - 75/165, enf. 53 – ⊇ 45 – **40 ch**
325/431 – ½ P 290/339

Parc, 28 r. Chambéry ☎ 04 79 61 29 11, *Fax 04 79 88 33 49*, 斎 – ⌷, ⊟ rest, 📺 ☎ ঠ. 🚗.
🄶🄱. 🎖 rest – *16 avril-22 oct.* – **Repas** 100/135 – ⊇ 35 – **45 ch** 290 – P 325   CZ **n**

Vendôme, 12 av. Marlioz ☎ 04 79 61 23 16, *Fax 04 79 88 93 77* – ⌷, ⊟ rest, 📺 ☎ 📵. ⚠
🄾 🄶🄱. 🎖 rest   CZ **b**
1ᵉʳ avril-31 oct. – **Repas** 95/160 – ⊇ 40 – **32 ch** 300/380 – P 360/405

Beaulieu, 29 av. Ch. de Gaulle ☎ 04 79 35 01 02, *Fax 04 79 34 04 82*, 斎 – ⌷ 📺 ☎ ✆ –
🛦 25. ⚠ 🄾 🄶🄱   BCZ **r**
hôtel : 2 avril-20 déc. ; rest. : 2 avril-15 nov. – **Repas** *(fermé dim.soir)* 95/250 – ⊇ 37 – **31 ch**
250/300 – ½ P 307/325

Les Églantiers, 20 bd Berthollet ☎ 04 79 88 04 38, *Fax 04 79 34 17 33* – ⌷, ⊟ rest, 📺 ☎
📵 – 🛦 25. ⚠ 🄾 🄶🄱 🄹🄲🄱   CZ **h**
fermé 15 fév. au 15 mars – **Le Salon d'Elvire** *(fermé merc. soir et dim. soir)* **Repas** 98/390 🎖
– ⊇ 35 – **29 ch** 260/280 – P 325/340

Cottage Hôtel, 9 r. Davat ☎ 04 79 35 00 55, *Fax 04 79 88 22 85*, 斎 – ⌷ 📺 ☎ ✆. 🄶🄱.
🎖 rest   CZ **k**
1ᵉʳ mars-5 nov. – **Repas** 98/130 🎖 – ⊇ 32 – **50 ch** 270/300 – ½ P 265/330

Auberge St-Simond, 130 av. St-Simond ☎ 04 79 88 35 02, *Fax 04 79 88 38 45*, 斎, 🌳
– 📺 ☎ 📵 – 🛦 20. ⚠ 🄾 🄶🄱   AX **e**
fermé vacances de Toussaint, 8 au 28 janv. et dim. soir d'oct. à avril – **Repas** (85) - 98/195,
enf. 60 – ⊇ 40 – **20 ch** 210/310 – P 320/350

Croix du Sud sans rest, 3 r. Dr Duvernay ☎ 04 79 35 05 87 – ☎. ⚠ 🄶🄱   CZ **f**
avril-20 oct. – ⊇ 32 – **16 ch** 150/245

Savoy sans rest, 21 av. Ch. de Gaulle ☎ 04 79 35 13 33, *Fax 04 79 88 40 10* – ☎. ⚠ 🄾 🄶🄱
🄹🄲🄱 – *1ᵉʳ avril-fin oct.* – ⊇ 28 – **22 ch** 147/240   CZ **n**

Cécil Hôtel sans rest, 20 av. Victoria ☎ 04 79 35 04 12, *Fax 04 79 61 32 08* – ⌷ 📺 ☎. 🄾
🄶🄱. 🎖 – *fermé 15 fév. au 15 mars* – ⊇ 30 – **21 ch** 200/270   CZ **a**

Revotel sans rest, 40 r. Genève ☎ 04 79 35 03 37, *Fax 04 79 88 82 99* – ⌷ 📺 ☎. ⚠ 🄾 🄶🄱
🄹🄲🄱 – *fermé 30 nov. au 15 janv.* – ⊇ 30 – **18 ch** 192/240   CZ **v**

Rotonde, square Jean Moulin ☎ 04 79 35 00 60, *Fax 04 79 35 04 29*, 斎 – 🄶🄱
fermé fév., dim. soir du 1ᵉʳ oct. au 15 mai et lundi sauf le midi du 16 mai au 30 sept. – **Repas**
98/175 🎖, enf. 45   CZ **s**

Auberge du Pont Rouge, 151 avenue Grand Port ☎ 04 79 63 43 90,
Fax 04 79 63 43 90, 斎 – ⚠ 🄶🄱   AX **f**
fermé 25 juin au 2 juil., 27 août au 8 sept., 20 déc. au 10 janv. et jeudi – **Repas** 65 (déj.),
95/180 🎖

Brasserie de la Poste, 32 av. Victoria ☎ 04 79 35 00 65 – ⚠ 🄶🄱   BZ **t**
fermé lundi – **Repas** (55) - 80/160 🎖, enf. 45

au Grand Port : *3 km* – ⌧ 73100 Aix-les-Bains :

Adelphia Ⓜ, 215 bd Barrier ☎ 04 79 88 72 72, *Fax 04 79 88 27 77*, ≼, 斎, centre de
balnéothérapie, ♠, ⬛, 🌳 – ⌷ 📺 ☎ ✆ ঠ. 🚗 – 🛦 15 à 100. ⚠ 🄾 🄶🄱 🄹🄲🄱
Repas 120/190 🎖 – ⊇ 60 – **70 ch** 480/680 – ½ P 430/480   AX **d**

Pastorale, 221 av. Grand Port ☎ 04 79 63 40 60, *Fax 04 79 63 44 26*, 斎, 🌳 – ⌷ 📺 ☎ 📵
– 🛦 30. ⚠ 🄾 🄶🄱   AX **u**
20 mars-2 nov. – **Repas** *(fermé dim. soir et lundi hors saison)* 100/205 – ⊇ 45 – **30 ch**
280/420 – P 420

Davat ⑤ avec ch, à 100 m Grand Port ☎ 04 79 63 40 40, *Fax 04 79 54 35 68*, 斎, « Cadre
de verdure, jardin fleuri », 🌳 – 📺 ☎ 📵. ⚠ 🄶🄱   AX **r**
fermé janv., fév., dim. soir et lundi – **Repas** 90/240 🎖 – ⊇ 35 – **17 ch** 215/290 – P 370

par N 201 (dir. Rumilly)

à Grésy-sur-Aix : *5 km* – *2 374 h. alt. 350* – ⌧ 73100 :

Pont Neuf, (près gare) ☎ 04 79 34 84 64 – 📵. 🄶🄱
fermé 17 juil. au 7 août, 29 fév. au 13 mars, dim. soir et lundi – **Repas** 75/170 🍷

par la sortie ④ :

sur N 201 : *5 km* – ⌧ 73420 Viviers-du-Lac :

Assinie sans rest, 85 rte du Bourget-du-Lac ☎ 04 79 54 40 07, *Fax 04 79 54 40 76* – ⊟ 📺
☎ ঠ. 🛦 30. ⚠ 🄾 🄶🄱 – ⊇ 35 – **41 ch** 260/280

Week-End ⑤ avec ch, à Tresserve-Lac ☎ 04 79 54 40 22, *Fax 04 79 54 46 70*, ≼, 斎 – 📺
☎. 🄶🄱 – *fermé 1ᵉʳ déc. au 5 janv., dim. soir de nov. à avril et lundi sauf juil.-août* – **Repas**
110 (déj.)/240 🎖 – ⊇ 36 – **11 ch** 200/310 – ½ P 325

AIZENAY 85190 Vendée **67** ⑬ – 5 344 h alt. 62.

🛈 Office de Tourisme (saison) rd-pt de l'Ancienne Gare ℘ 02 51 94 62 72.
Paris 442 – La Roche-sur-Yon 18 – Challans 25 – Nantes 60 – Les Sables-d'Olonne 34.

XX **Sittelle**, 33 r. Mar. Leclerc ℘ 02 51 34 79 90 – **P.** **GB**
fermé août, vacances de fév., sam. midi, dim. soir et lundi – **Repas** 125 (déj.), 220 bc/260,
enf. 65

AJACCIO 2A Corse-du-Sud **90** ⑰ – voir à Corse.

ALBERT 80300 Somme **52** ⑨ G. Picardie Flandres Artois – 10 010 h alt. 65.

🛈 Office de Tourisme 9 r. Gambetta ℘ 03 22 75 16 42, Fax 03 22 75 11 72.
Paris 152 – Amiens 31 – Arras 40 – St-Quentin 54.

🏨 **Royal Picardie** **M**, rte Amiens ℘ 03 22 75 37 00, Fax 03 22 75 60 19, 🍴 – 🛏 📺 ☎ 📞
GB 🛁 **P.** – 🔔 40. **AE** **①** **GB**
fermé dim. soir – **Repas** 78/300 ♀ – ☞ 45 – **24 ch** 315/350 – ½ P 270

🏨 **Basilique**, 3 rue Gambetta ℘ 03 22 75 04 71, Fax 03 22 75 10 47 – 📺 ☎ 📞 – 🔔 25. **GB**
fermé 13 août au 3 sept., 23 déc. au 7 janv., sam. soir hors saison et dim. – **Repas** (68) -
80/190 ♀, enf. 50 – ☞ 35 – **10 ch** 240/320 – ½ P 260

*Un automobiliste averti utilise le **guide Michelin** de l'année.*

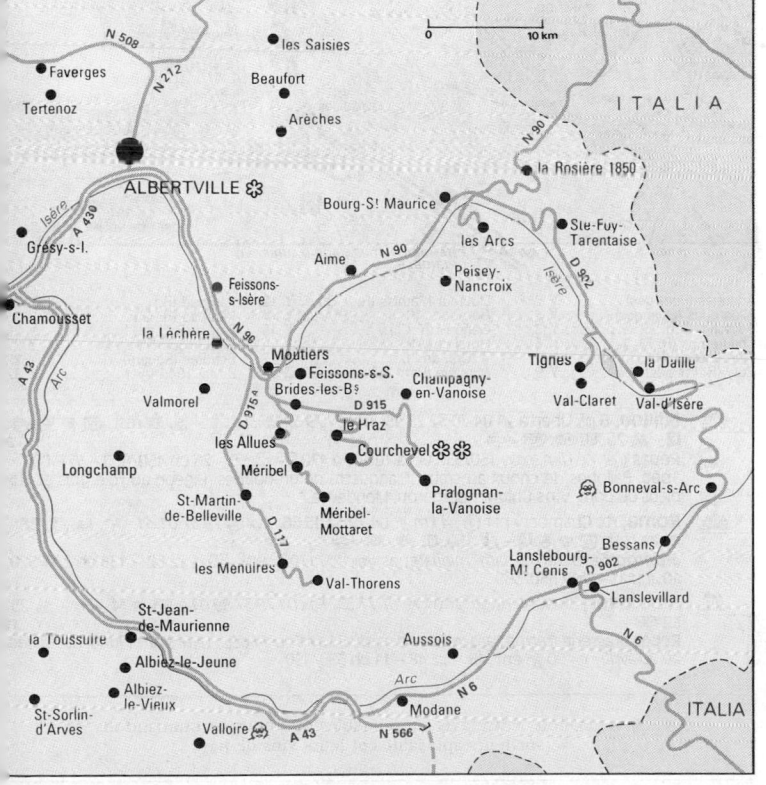

Voir *Conflans : bourg★, porte de Savoie* ≼★ B – *Route du fort du Mont* ≼★★ E : 11 km par D 105.

🛈 Office de Tourisme 11 r. Pargoud ℘ 04 79 32 04 22, Fax 04 79 32 87 09.

Paris 585 ① – Annecy 45 ① – Chambéry 52 ③ – Chamonix-Mont-Blanc 67 ①.

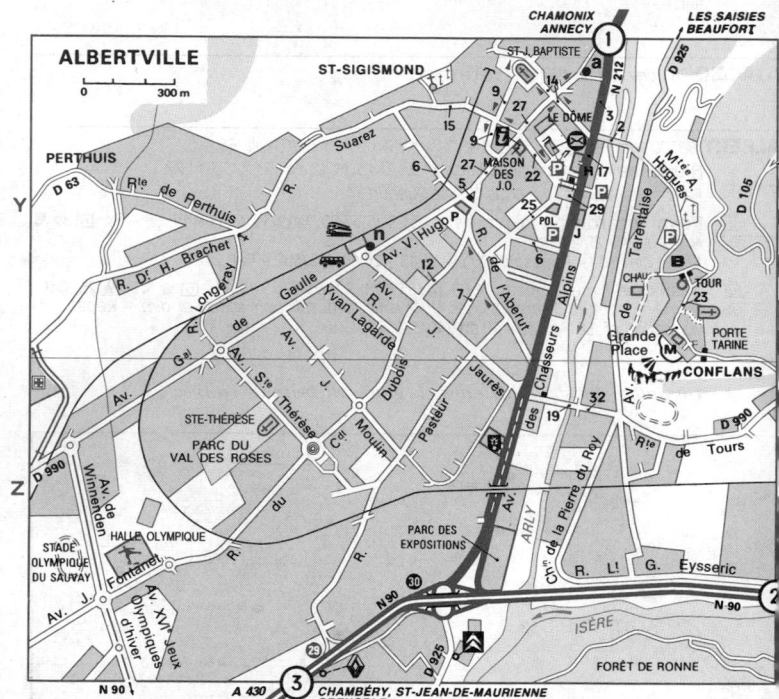

🏨🏨 **Million**, 8 pl. Liberté ℘ 04 79 32 25 15, *Fax 04 79 32 25 36*, 🈺 – 📶, 🍴 rest, 📺 ☎ ⚒ 🚗 **P** – 🔬 25. 📭 ⓪ ☺ 🎴
❀ 100⑤
Y a

Repas *(fermé dim. soir)* 150/550 et carte 300 à 470 ♈ – ☕ 55 – **26 ch** 450/800 – ½ P 600
Spéc. Ballotins de choux au crabe. Blanquette de grenouilles. Pigeon au foie gras et aux pieds de porc. **Vins** Chignin-Bergeron, Mondeuse.

🏨🏨 **Roma**, rte Chambéry par ③ : 4 km ℘ 04 79 37 15 56, *Fax 04 79 37 01 31*, 🈺, 👍, ℥, ℁ – 📶, 🍴 rest, 📺 ☎ ⓰ **P** – 🔬 150. 📭 ⓪ ☺ 🎴
Montgolfière *(fermé sam. midi)* **Repas** *(88)* 125/170 ♈, enf. 50 – ☕ 52 – **136 ch** 290/520, 10 appart – ½ P 330/365

🏨 **Albert 1er**, 38 av. V. Hugo ℘ 04 79 37 77 33, *Fax 04 79 37 89 01* – 📺 ☎ ⚒ 🚗 – 🔬 25. 📭 ☺
Y n

Repas brasserie *(fermé sam. midi et dim. du 21 avril au 14 déc., dim. soir et lundi du 15 déc. au 20 avril)* *(70)* - 90 🍴, enf. 45 – ☕ 48 – **11 ch** 350/450

Donnez-nous votre avis sur les tables que nous recommandons,
sur leurs spécialités et leurs vins de pays.

ALBI 🅿 *81000 Tarn* 🔢 ⑩ *G. Midi-Pyrénées – 46 579 h alt. 174.*

An 2000 *10 mars : La danse du temps (Chorégraphie).*

Voir *Cathédrale Ste Cécile*★★★ – *Palais de la Berbie*★ *: musée Toulouse-Lautrec*★★ – *Le vieil Albi*★★ *: hôtel de Reynès*★ Z C – *Pont Vieux*★ – *Église St-Michel de Lescure*★ 5,5 km par ①.

Autodrome *2 km par* ⑥.

🖪 *Office de Tourisme Palais de la Berbie pl. Ste-Cécile* 🖉 *05 63 49 48 80, Fax 05 63 49 48 98.*
Paris 690 ⑤ *– Toulouse 75* ⑤ *– Béziers 149* ④ *– Clermont-Ferrand 295* ①.

Plans page suivante

🏨 **Réservo** Ⓜ ☜, *rte Cordes par* ⑥ *: 3 km* 🖉 05 63 60 80 80, *Fax 05 63 47 63 60*, ≤, 🍴,
« Dans un parc au bord du Tarn », 🏊, ℁ – 📶, 🗐 ch, 📺 ☎ 🄿 – 🛎 15 à 50. 🄰🄴 ⑩ 🄶🄱 🄹🄲🄱
1ᵉʳ mai-31 oct. – **Repas** 125 (déj.), 164/300 ♀, enf. 59 – 🖙 72 – **24 ch** 550/1310 – ½ P 656/
984

🏨 **Hostellerie St-Antoine,** 17 r. St Antoine 🖉 05 63 54 04 04, *Fax 05 63 47 10 47,*
« Jardin, meubles anciens », 🍴 – 📶, 🗐 ch, 📺 ☎ 🄿 – 🛎 25. 🄰🄴 ⑩ 🄶🄱 🄹🄲🄱   Z d
Repas *(fermé sam. midi et dim.)* (98) -144/197 ♀   🖙 50 – **44 ch** 426/853

🏨 **Chiffre,** 50 r. Séré-de-Rivières 🖉 05 63 48 58 48, *Fax 05 63 47 20 61,* 🍴 – 📶, 🗐 rest, 🖳
☎ 🚗 🄿 – 🛎 25 à 100. 🄰🄴 ⑩ 🄶🄱   Z b
Repas *(fermé sam. midi et dim.)* 130/380 ♀, enf. 60 – 🖙 50 – **37 ch** 330/490 – ½ P 370/430

🏨 **Grand Hôtel d'Orléans,** pl. Stalingrad 🖉 05 63 54 16 56, *Fax 05 63 54 43 41,* 🍴, 🏊 –
📶 🗐 📺 ☎ 🚗 – 🛎 15 à 80. 🄰🄴 ⑩ 🄶🄱   X e
fermé 21 déc. au 8 janv. – **Repas** *(fermé sam. midi et dim.)* 120/250 ⅙ – 🖙 45 – **56 ch**
350/650 – ½ P 380/400

🏨 **Mercure** Ⓜ, 41 bis r. Porta 🖉 05 63 47 66 66, *Fax 05 63 46 18 40,* ≤ le Tarn et la cathédrale, 🍴 – 📶 � 🗐 📺 ☎ 🚫 ℅ 🄿. 🄰🄴 ⑩ 🄶🄱 🄹🄲🄱   Y n
Repas *(fermé 21 déc. au 2 janv., sam. midi et dim. midi)* 100/180 ♀, enf. 55 – 🖙 55 – **56 ch**
400/550

🏨 **Hostellerie du Vigan,** 16 pl. Vigan 🖉 05 63 54 01 23, *Fax 05 63 47 05 42,* 🍴 – 📶 📺 ☎
℅ 🚗 – 🛎 15 à 60. 🄰🄴 ⑩ 🄶🄱 🄹🄲🄱   Z s
Repas 90/200 ♀, enf. 40 – 🖙 35 – **39 ch** 290/330 – ½ P 250/270

🏨 **Cantepau** sans rest, 9 r. Cantepau 🖉 05 63 60 75 80, *Fax 05 63 47 57 91* – 📶 📺 ☎ 🄿. 🄰🄴
⑩ 🄶🄱. ℅   V a
fermé 17 déc. au 2 janv. – 🖙 35 – **33 ch** 240/260

🏨 **George V** sans rest, 29 av. Mar. Joffre 🖉 05 63 54 24 16, *Fax 05 63 49 90 78* – 📺 ☎ ℅ 🄰🄴
⑩ 🄶🄱 🄹🄲🄱. ℅   X q
🖙 36 – **9 ch** 190/260

🍴🍴🍴 **Moulin de La Mothe,** r. de la Mothe 🖉 05 63 60 38 15, *Fax 05 63 47 55 42,* ≤, 🍴, parc,
« Au bord du Tarn » – 🗐 🄿. 🄰🄴 ⑩ 🄶🄱   V f
fermé vacances de Toussaint, de fév., dim. soir sauf juil.-août et merc. – **Repas** 145/170 et
carte 255 à 340 ♀, enf. 70

🍴🍴🍴 **L'Esprit du Vin,** 11 quai Choiseul 🖉 05 63 54 60 44, *Fax 05 63 54 54 79,* 🍴 – 🗐. 🄰🄴 ⑩
🄶🄱. ℅   Y h
fermé 10 au 28 fév., dim. soir et lundi – **Repas** 98 (déj.), 185/300 ♀

🍴🍴 **Jardin des Quatre Saisons,** 19 bd Strasbourg 🖉 05 63 60 77 76, *Fax 05 63 60 77 76* –
🗐. 🄰🄴 ⑩ 🄶🄱   V d
fermé dim.soir et lundi – **Repas** 120/185 ♀

🍴🍴 **Vieil Alby** avec ch, 25 r. Toulouse-Lautrec 🖉 05 63 54 14 69, *Fax 05 63 54 96 75,* 🍴 – ✂,
🗐 rest, 📺 ☎ ℅. 🄰🄴 ⑩ 🄶🄱. ℅ ch   Z k
fermé 26 juin au 10 juil., 22 janv. au 12 fév., dim. soir et lundi – **Repas** (80) - 98/250 ♀, enf. 60
– 🖙 40 – **9 ch** 255/320 – ½ P 290/320

à Castelnau-de-Lévis *par* ⑥, *D 600 et D 12 : 7 km – 1 308 h. alt. 221 –* ⊠ *81150 :*

🍴🍴 **Taverne,** 🖉 05 63 60 90 16, *Fax 05 63 60 96 73,* 🍴 – 🗐. 🄰🄴 ⑩ 🄶🄱 🄹🄲🄱
fermé vacances de Toussaint, de fév., dim. soir d'oct. à mars, et lundi – **Repas** 125/355

ALBI

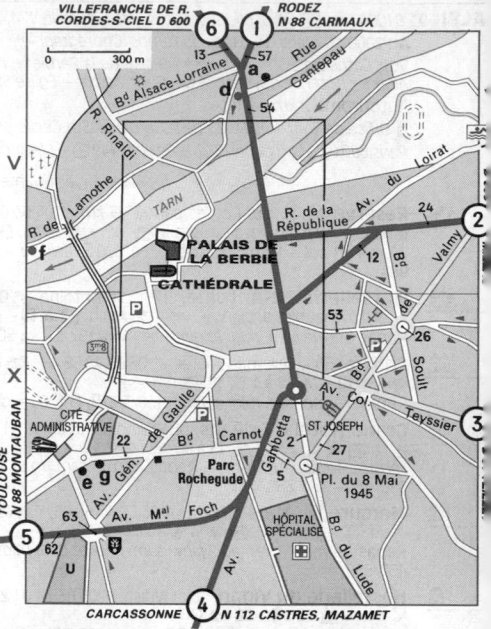

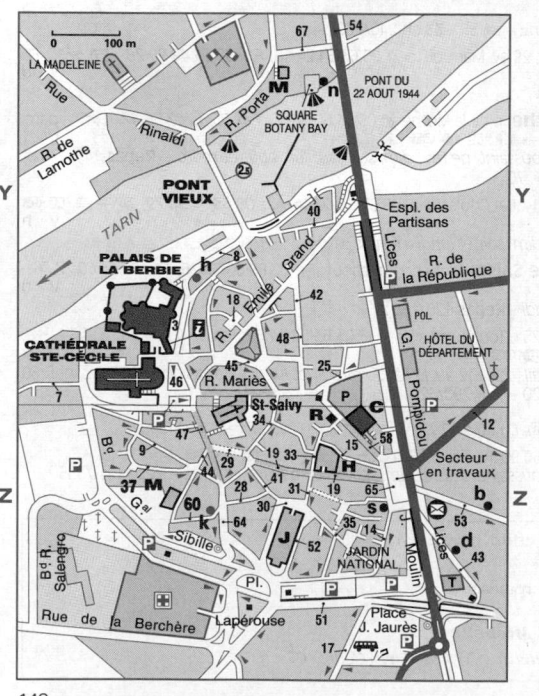

ALBIEZ-LE-JEUNE 73300 Savoie 77 ⑦ – 61 h alt. 1350.

Paris 646 – Albertville 74 – Chambéry 84 – St-Jean-de-Maurienne 12.

L'Escale ⛰, ☎ 04 79 59 85 08, *Fax 04 79 64 32 40*, ← – ☎. GB
fermé 13 nov. au 15 déc., dim. soir et merc. hors saison – **Repas** 90/250 – ☕ 37 – **12 ch** 235 – ½ P 240

ALBIEZ-LE-VIEUX 73300 Savoie 77 ⑦ – 301 h alt. 1560.

Voir Col du Mollard ←★ S : 3 km, G. Alpes du Nord.

Office de Tourisme ☎ 04 79 59 30 48, Fax 04 79 59 32 30.

Paris 650 – Albertville 78 – Chambéry 88 – St-Jean-de-Maurienne 17 – St-Sorlin-d'Arves 14.

Rua ⛰, ☎ 04 79 59 30 76, *Fax 04 79 59 33 15*, ← – ☎ P. GB. ✻ rest
1er juil.-31 août et 15 déc.-15 avril – **Repas** 89/150, enf. 52 – ☕ 32 – **20 ch** 230/280 – ½ P 310

ALBIGNY-SUR-SAONE 69 Rhône 74 ①, 110 ⑭ – *rattaché à Neuville-sur-Saône.*

ALBOUSSIÈRE 07440 Ardèche 76 ⑳ – 727 h alt. 552.

Syndicat d'Initiative du Pays de Crussol ☎ 04 75 58 20 08.

Paris 583 – Valence 21 – Privas 57 – Tournon-sur-Rhône 32.

Auberge de Duzon avec ch, ☎ 04 75 58 29 40, *Fax 04 75 58 29 41* – TV ☎ ♿ – 30. GB
fermé 2 janv. au 15 fév., dim. soir et lundi – **Repas** 90 (déj.), 135/280, enf. 60 – ☕ 45 – **8 ch** 280/350 – ½ P 240/290

ALENÇON P 61000 Orne 60 ③ G. Normandie Cotentin – 29 988 h alt. 135.

Voir Église Notre-Dame★ – Musée des Beaux-Arts et de la Dentelle★ : collection de dentelles★★ **BZ M²** *– Musée de la Dentelle : collection de dentelles★★* **CZ M¹**.

Env. Forêt de Perseigne★ 9 km par ③.

Office de Tourisme Maison d'Ozé pl. Lamagdelaine ☎ 02 33 26 11 36, Fax 02 33 32 10 53.

Paris 193 ② – Chartres 118 ③ – Évreux 119 ② – Laval 90 ⑤ – Le Mans 50 ④ – Rouen 148 ①.

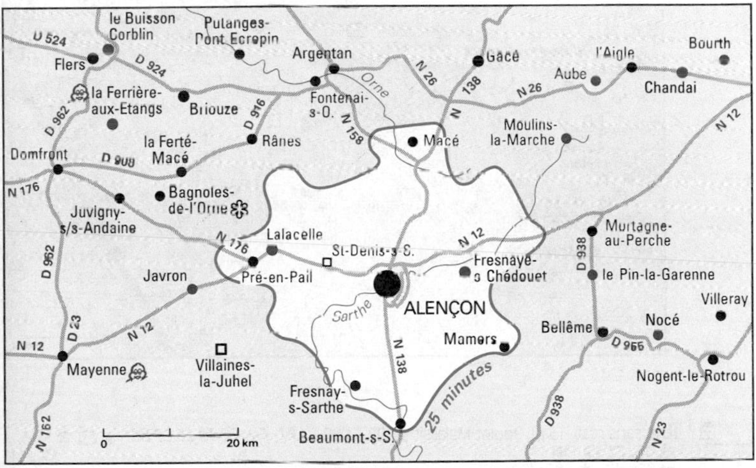

Grand Cerf, 21 r. St-Blaise ☎ 02 33 26 00 51, *Fax 02 33 26 63 07*, – TV ☎. AE GB
fermé 1er au 10 janv., dim. d'oct. à mars et fériés – **Repas** (80) - 118/250 ♀, enf. 45 – ☕ 37 – **20 ch** 250/340 – ½ P 258/273 — CZ f

Arcade M sans rest, 187 av. Gén. Leclerc par ④ : 2 km ☎ 02 33 28 64 64, *Fax 02 33 28 64 72* – TV ☎ ♿ P – 50. AE GB
☕ 35 – **55 ch** 290/330

Chapeau Rouge sans rest, 3 bd Duchamp ☎ 02 33 26 20 23, *Fax 02 33 26 54 05* – TV ☎. AE GB — AY v
fermé 1er au 13 août – ☕ 32 – **16 ch** 170/285

ALENÇON

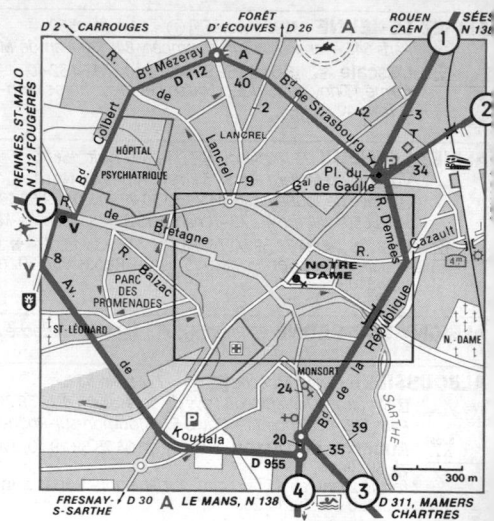

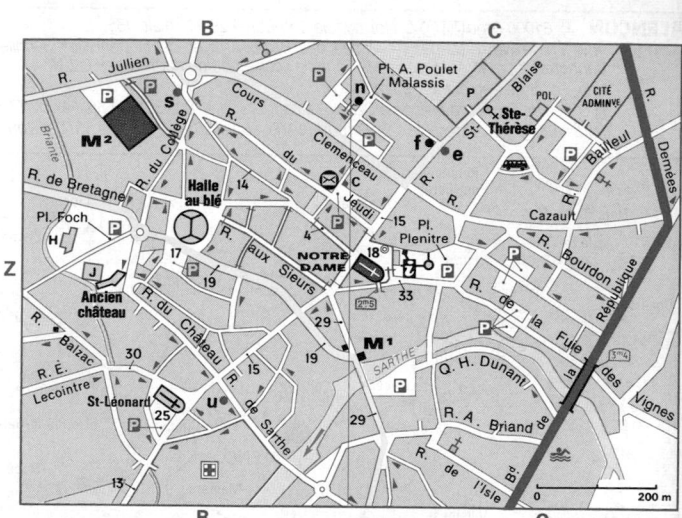

⛔⛔ **L'Escargot Doré**, 183 av. Gén. Leclerc par ④ : 2 km ☎ 02 33 28 67 67, Fax 02 33 27 77 39 – ▣, ⯃
 fermé 24 avril au 1ᵉʳ mai, 17 juil. au 7 août, 2 au 10 janv., dim. soir et lundi – **Repas** - grillades - 103/210 ⵉ, enf. 55

⛔ **Cabestan**, 22 r. St-Blaise ☎ 02 33 32 16 84 – ⯃   CZ e
 fermé 23 août au 6 sept. et merc. – **Repas** 78 (déj.), 98/138 ⵉ

rte de Mamers par ③ : 5 km – ✉ 72610 Le Chevain (Sarthe) :

⛔⛔ **Chai de l'Abbaye**, sur D 311 ☎ 02 33 81 78 05, Fax 02 33 81 78 09, ☎, ⯃ – ⯃
 fermé 6 au 31 août, vacances de fév., dim. soir et lundi – **Repas** 89/235

*Les principales voies commerçantes figurent en rouge
dans la liste des rues des plans de villes*

ALÈS ⓪ 30100 Gard ⑧⓪ ⑰ ⑱ G. Languedoc Roussillon – 41 037 h alt. 136.
    An 2000 19 mai : La danse du temps (Chorégraphie).
    Voir Musée minéralogique de l'École des Mines★ N – Musée-bibliothèque Pierre-André-Benoît★ O : 2 km – Mine-témoin★ O : 3 km.
    🄱 Office de Tourisme pl. Gabriel-Péri ☎ 04 66 52 32 15, Fax 04 66 56 57 09.
    Paris 708 ② – Albi 227 ③ – Avignon 72 ③ – Montpellier 70 ③ – Nîmes 46 ③.

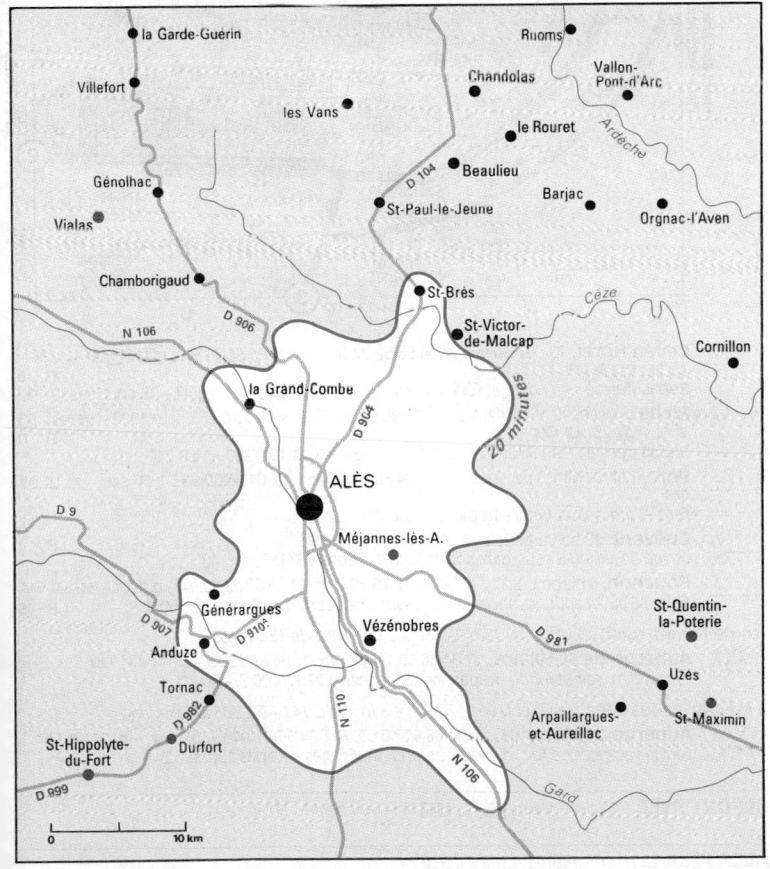

ALÈS

Albert-1ᵉʳ (R.) . . . . **B** 2
Audibert (R. Cdt) . . . . . . **A** 3
Avéjan (R. d') . . . . **B**
Barbusse (Pl. Henri) . . . **B** 4
Docteur-Serres (R.) . . . . **B**
Edgar-Quinet (R.) . . . . . . **B**

Hôtel-de-Ville (Pl. de l') . . **A** 5
Lattre de
   Tassigny (Av. de) . . . . **B** 6
Leclerc (Pl. Gén.) . . . . . . **B** 8
Louis-Blanc (Bd) . . . . . . **B**
Martyrs-de-la-
   Résistance (Pl.) . . . . . **B** 9
Michelet (R.) . . . . **B** 10
Paul (R. Marcel) . . . . **B** 12

Péri (Pl. Gabriel) . . . . **B** 13
Rollin (R.) . . . . **A** 14
St-Vincent (R.) . . . . **B** 15
Semard (Pl. Pierre) . . . . **B** 16
Soleil
   (R. du Faubourg-du) . . **B** 17
Stalingrad (Av. de) . . . . . **B** 18
Taisson (R.) . . . . **B** 19
Talabot (Bd) . . . . **B** 20

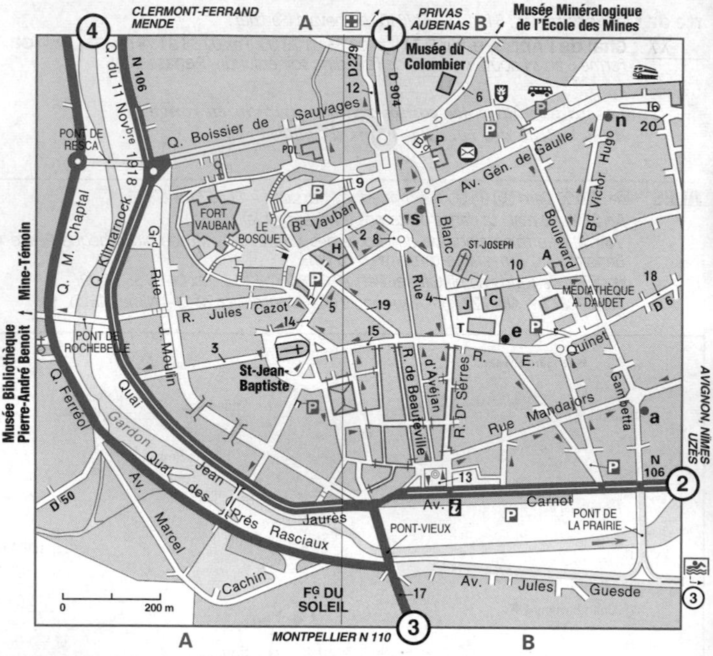

Ceven'Hôtel, 18 r. E. Quinet ℘ 04 66 52 27 07, Fax 04 66 52 36 33 – 🛗 🖭 📺 ☎ ✆ ⇔ –
🛎 25. 🖭 ⓓ ⲅⲃ   **B** e
Repas (fermé sam., dim. et fériés) 75 (déj.), 95/165 🍴, enf. 48 – ⲥⲍ 47 – **75 ch** 330/350

Riche avec ch, 42 pl. Sémard ℘ 04 66 86 00 33, Fax 04 66 30 02 63, salle 1900 – 🖭 rest, 📺
☎ ✆ – 🛎 25. ⓓ ⲅⲃ   **B** n
Repas (fermé 1ᵉʳ au 30 avril) 97/286 🍷 – ⲥⲍ 35 – **19 ch** 190/280 – ½ P 240

Parc, 174 rte Nîmes par ② : 2 km ℘ 04 66 30 62 33, Fax 04 66 30 98 54, 🍽, 🌳 – 🅿. 🖭 ⓓ
ⲅⲃ
fermé dim. soir et lundi – **Repas** 110/280, enf. 60

Guévent, 12 bd Gambetta ℘ 04 66 30 31 98 – ⲅⲃ   **B** a
fermé 24 juil. au 6 août, dim. soir et lundi – **Repas** 78/138, enf. 48

Bouchon, 4 bis bd L. Blanc ℘ 04 66 52 25 50, Fax 04 66 52 25 50, 🍽, bistrot – 🖭. ⓓ ⲅⲃ
fermé 8 au 24 août, vacances de fév., sam. midi et dim. – **Repas** 95/150 🍷   **B** s

rte de Nîmes par ② : 3 km sur N 106 – ⊠ 30560 St-Hilaire-de-Brethmas :

Auberge de St-Hilaire, ℘ 04 66 30 11 42, Fax 04 66 86 72 79, 🍽 – 🖭 🅿. ⲅⲃ
fermé dim. soir et lundi – **Repas** 100/390 et carte 270 à 400 🍷, enf. 70

à Méjannes-lès-Alès par ② et D 981 : 7,5 km – 810 h. alt. 141 – ⊠ 30340 Salindres :

Auberge des Voutins, ℘ 04 66 61 38 03, Fax 04 66 61 04 19, 🍽, 🌳 – 🅿. 🖭 ⓓ ⲅⲃ
fermé vacances de fév., dim. soir et lundi sauf fériés – **Repas** 150/350 🍷

ALFORTVILLE 94 Val-de-Marne 👸 ①., 🔟🔟 ㉗ – voir à Paris, Environs.

ALGAJOLA 2B H.-Corse 🔟🔟 ⑬ – voir à Corse.

152

ALISE-STE-REINE 21 Côte-d'Or 🔢 ⑱ – rattaché à Venarey-les-Laumes.

ALIX 69580 Rhône 🔢 ⑨, 🔢 ①, 🔢 ② – 665 h alt. 287.
Paris 444 – Lyon 30 – L'Arbresle 13 – Villefranche-sur-Saône 12.
※※ **Vieux Moulin**, ℘ 04 78 43 91 66, Fax 04 78 47 98 46, 🌅 – 🄿. 🄶🄱
fermé 13 août au 12 sept., lundi et mardi – **Repas** 120/280 ♈, enf. 60

ALLAS-LES-MINES 24 Dordogne 🔢 ⑰ – rattaché à St-Cyprien.

ALLÈGRE 43270 H.-Loire 🔢 ⑥ G. Vallée du Rhône – 1 176 h alt. 1057.
Voir Ruines du château ⁂*.
🄱 Office de Tourisme r. du Mont Bar ℘ 04 71 00 72 52 (hors saison) ℘ 04 71 00 71 21.
Paris 530 – le Puy-en-Velay 28 – Ambert 45 – Brioude 45 – Langeac 29.
🏠 **Voyageurs**, D 13 ℘ 04 71 00 70 12, Fax 04 71 00 20 67, 🄹 – 🄽 ☎ 🚗 🄿. 🄶🄱
🚃 30 mars-1ᵉʳ déc. – **Repas** 70/150 ♈, enf. 45 – 🍽 35 – **20 ch** 165/280 – ½ P 190/220

ALLEMONT 38114 Isère 🔢 ⑥ – 600 h alt. 830.
Voir Traverse d'Allemont ⁂** O : 6 km, G. Alpes du Nord.
Paris 614 – Grenoble 47 – Le Bourg-d'Oisans 11 – St-Jean-de-Maurienne 62 – Vizille 29.
🏠 **Giniès** 🏊, ℘ 04 76 80 70 03, Fax 04 76 80 73 13, ≤, 🌅, 🌳 – 🄽 ☎ 🚗 ❤ ♿ 🄿. 🄶🄱. ※
Repas (4 mai-15 sept. et vacances de fév.-31 mars) (80) - 105/142 ♈, enf. 60 – 🍽 38 – **15 ch**
270/290 – ½ P 290

Towns underlined in red on the **Michelin maps**
at a scale of 1 : 200 000 are included in this Guide.

Use the latest map to take full advantage of this information.

ALLEVARD 38580 Isère 🔢 ⑯, 🔢 ⑥ G. Alpes du Nord – 2 558 h alt. 470 – Stat. therm. (mai-oct.) –
Sports d'hiver au Collet d'Allevard : 1 450/2 100 m ⛷ 13.
Voir Route du Collet★★ par D 525ᴬ – Route de Brame-Farine★ NO.
🄱 Office de Tourisme pl. Résistance ℘ 04 76 45 10 11, Fax 04 76 97 59 32.
Paris 596 ① – Grenoble 41 ② – Albertville 51 ① – Chambéry 34 ①.

ALLEVARD

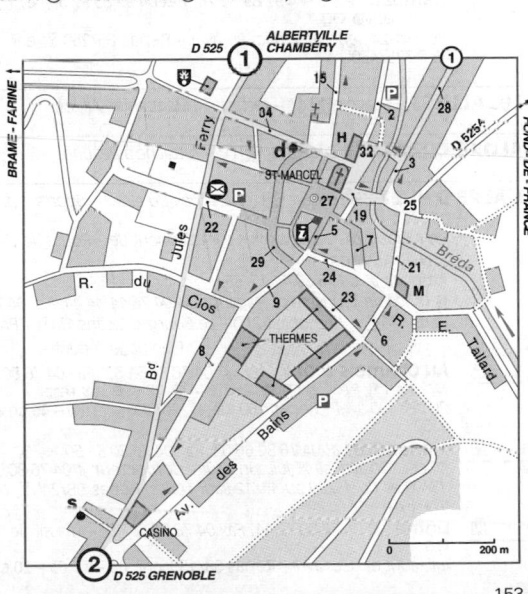

🏨 **Les Pervenches** ॐ, (s) ℘ 04 76 97 50 73, Fax 04 76 45 09 52, ≤, 斎, parc, ♨, ℅ – 📺
🕾 🄿, 🅰🅴 🅶🅱 🍴, ℅ rest
mi-mai-mi-oct., début fév.-mi-avril et fermé. soir de fév. à avril – **Repas** 95/170, enf. 58
– ☺ 44 – **26 ch** 283/405 – ½ P 345/371

🏨 **Speranza** ॐ, rte Moutaret par ① et D 9 : 1 km ℘ 04 76 97 50 56, Fax 04 76 13 55 84, ≤,
🎋 – cuisinette 📺 🕾 🄿, 🅶🅱
fermé 18 au 28 avril et 1er au 15 nov. – **Repas** (fermé dim. soir et merc. d'oct. à juin)
98/155 ⌇, enf. 45 – ☺ 40 – **20 ch** 265/310 – ½ P 295

🏨 **Alpes,** (d) ℘ 04 76 45 94 10, Fax 04 76 45 80 81 – ⬥⬥ 📺 🕾 ✆, 🅰🅴 ⓪ 🅶🅱
fermé merc. sauf hôtel et dim. soir hors saison – **Repas** (69) - 84 (déj.), 120/250 ⌇, enf. 45 –
☺ 44 – **20 ch** 260/300 – ½ P 248/282

à Pinsot Sud : 7 km par D 525 A – 145 h. alt. 730 – ⊠ 38580 :

🏨 **Pic Belle Étoile** ॐ, ℘ 04 76 45 89 45, Fax 04 76 45 89 46, ≤, 斎, 𝑓ₐ, ♨, 🎋, ℅ – 🛗 📺
🕾 ✆ 🄿, – 🛁 40, 🅰🅴 🅶🅱
Repas 115/220, enf. 70 – ☺ 55 – **40 ch** 420/535 – ½ P 425/480

ALLEYRAS 43580 H.-Loire 🐂🐂 ⑯ – 232 h alt. 779.
Paris 556 – Le Puy-en-Velay 32 – Brioude 71 – Langogne 43 – St-Chély-d'Apcher 59.

🏨 **Haut-Allier** (Brun) ॐ, au Pont d'Alleyras, Nord : 2 km par D 40 ℘ 04 71 57 57 63,
✿ Fax 04 71 57 57 99, ≤, 斎 – 🛗, 🍽 rest, 📺 🕾 ✆, 🅰🅴 🅶🅱, ℅
✿ début mars-15 nov. – **Repas** (fermé lundi sauf août et le soir en juil., dim. soir et mardi midi
de sept. à juin sauf fériés) 125/380 et carte 160 à 300 ⌇ – ☺ 45 – **19 ch** 280/650 –
½ P 320/425
Spéc. Lingot de jarret de porc et foie gras. Suprême de pintade poêlé aux "graines à
roussir". Sorbets aux fleurs de la Margeride. **Vins** Corent, Chanturgue.

ALLOS 04260 Alpes-de-H.-P. 🎯🎯 ⑧ G. Alpes du Sud – 705 h alt. 1425 – Sports d'hiver : 1 800/2 600 m
⬧5 ⬦28 ⚶.
Env. ⬧⬧★★ du col d'Allos NO : 15 km.
Paris 772 – Digne-les-Bains 80 – Barcelonnette 36 – Colmars 8.

au Seignus Ouest : 2 km par D 26 - alt. 1500 – ⊠ 04260 Allos
⛷ **Altitude 1500** ॐ, ℘ 04 92 83 01 07, Fax 04 92 83 04 78, ≤, 斎 – 🕾 🄿, 🅶🅱, ℅ ch
1er juil.-8 sept. et 20 déc.-15 avril – **Repas** 95/150, enf. 50 – ☺ 35 – **15 ch** 200/250 –
½ P 250/300

à la Foux d'Allos Nord-Ouest : 9 km par D 908 – ⊠ 04260 Allos
🏨 **Hameau** ॐ, ℘ 04 92 83 82 26, Fax 04 92 83 87 50, ≤, 斎, 𝑓ₐ, ♨ – 🛗 📺 🕾 ✆, ⅋ 🄿 –
🛁 25, 🅰🅴 ⓪ 🅶🅱
10 juin-24 sept. et 2 déc.-20 avril – **Repas** 85/250 ⌇, enf. 50 – ☺ 45 – **36 ch** 360/540 –
½ P 375/450

Les ALLUES 73 Savoie 🐂🐂 ⑰ – rattaché à Méribel-les-Allues.

ALOXE-CORTON 21 Côte-d'Or 🐂🐂 ① – rattaché à Beaune.

L'ALPE D'HUEZ 38750 Isère 🐂🐂 ⑥ G. Alpes du Nord – Sports d'hiver : 1 400/3 350 m ⬧14 ⬦70
⚶.
Voir Pic du Lac Blanc ⬧⬧★★★ par téléphérique – Route de Villars-Reculas★ 4 km par D 211ᴮ.
Env. Lac Besson★.
Altiport ℘ 04 76 80 41 15, SE.
🄱 Office de Tourisme pl. Paganon ℘ 04 76 11 44 44, Fax 04 76 80 69 54.
Paris 630 ① – Grenoble 62 ① – Le Bourg-d'Oisans 13 ① – Briançon 72 ①.

Plan page ci-contre

🏯 **Au Chamois d'Or** 🏨 ॐ, ℘ 04 76 80 31 32, Fax 04 76 80 34 90, ≤ pistes et montagnes,
斎, 𝑓ₐ, ♨, ℅ – 🛗 📺 🕾 ✆ 🄿 – 🛁 20, 🅶🅱, ℅ rest   B   e
20 déc.-20 avril – **Repas** 160 (déj.), 220/280 – ☺ 80 – **45 ch** 890/1580, 4 duplex – ½ P 770/
1130

🏨 **Mariandre,** ℘ 04 76 80 66 03, Fax 04 76 80 31 50, ≤, 斎 – 🛗 📺 🕾 ✆, 🅰🅴 ⓪ 🅶🅱
1er déc.-30 avril et 1er juil.-fin août – **Colporteur** ℘04 76 80 95 89 (fermé lundi du 1er/05 au
15/06 et du 15/09 au 1er/12 sauf fériés) **Repas** 98/240 ⌇, enf. 55 – ☺ 60 – **26 ch** 860 –
½ P 620   A   u

🏨 **Dôme,** ℘ 04 76 80 32 11, Fax 04 76 80 66 48, ≤ massif de l'Oisans – 🛗 📺 🕾 ✆ ⬟ 🄿, 🅰🅴
🅶🅱   B   q
juil.-août et déc.-avril – **Repas** 88/150, enf. 68 – ☺ 63 – **20 ch** 675/760 – ½ P 575/650

ALPE D'HUEZ

Bergers (Chemin des) ...... **B 2**

Cognet (Pl. du) .... **B 4**
Fontbello (R. de) .... **B 5**
Meije (R. de la) .... **B 6**
Paganon (Pl. Joseph) .... **A 7**

Pic-Bayle (R. du) .... **B 8**
Poste (Route de la) .... **A 9**
Poutat (R. du) .... **B 10**
Siou-Coulet (Route du) ..... **A 12**

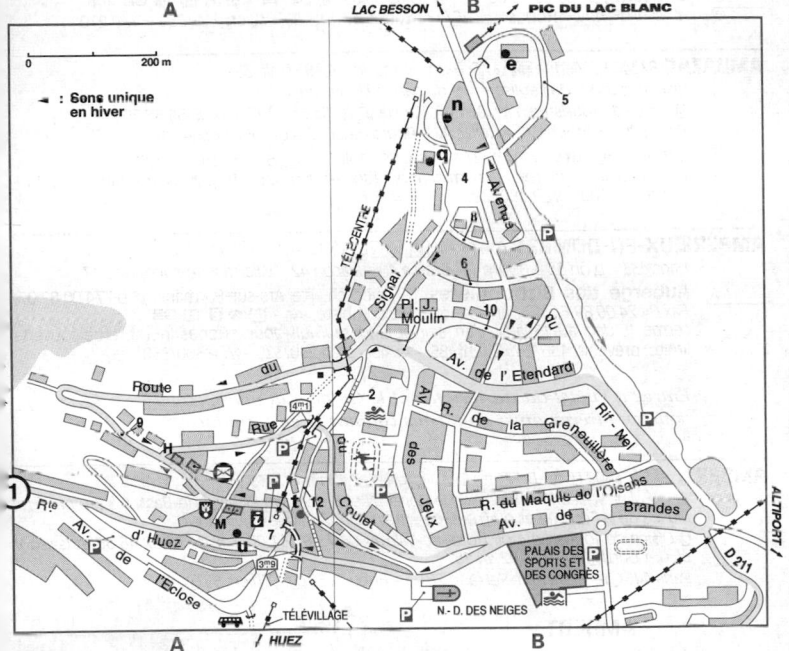

LAC BESSON — PIC DU LAC BLANC

0 — 200 m

← : Sens unique en hiver

TÉLÉSIÈGE

Signal

Route du

Rue

Pl. J. Moulin

Av. de l'Étendard

Av. de la Grenouillère

R. du

Coulet

des Jeux

R. du Maquis de l'Oisans

Av. de Brandes

ALTIPORT

D 211

PALAIS DES SPORTS ET DES CONGRÈS

TÉLÉVILLAGE

N.-D. DES NEIGES

A — HUEZ — B

🏨 **Christina** ⟋, ☎ 04 76 80 33 32, Fax 04 76 80 66 12, ≤ massif de l'Oisans, 🍽 – 🛗 📺 ☎.
AE GB. ✗ rest   **B n**
20 déc.-24 avril – **Repas** 160 (déj.)/180 – ⍁ 65 – **27 ch** 655 – ½ P 677/760

✗ **Au P'tit Creux**, ☎ 04 76 80 62 80, Fax 04 76 80 39 37, 🍽 – ⓞ GB   **A t**
fermé 2 mai au 15 juin, 5 au 20 sept. et dim. soir de sept. à nov. – **Repas** (prévenir)
140/190 ♊, enf. 60

✗ **Cabane du Poutat** secteur des Bergers, accès piétons (40 mn) depuis gare départ
télécabine des Marmottes ☎ 04 76 80 42 88, Fax 04 76 80 42 88, ≤ massif de l'Oisans, 🍽,
« Restaurant d'altitude (2100 m) au milieu des pistes » – GB
1er déc.-28 avril – **Repas** (déj. seul.) (dîner sur réservation) 100 (déj.), 250/280 ♊

ALTENSTADT 67 B.-Rhin 57 ⑲ – rattaché à Wissembourg.

ALTKIRCH ⟨S⟩ 68130 H.-Rhin 66 ⑨ G. Alsace Lorraine – 5 090 h alt. 312.
🅑 Office de Tourisme pl. Xavier-Jourdain ☎ 03 89 40 21 80, Fax 03 89 40 02 90.
Paris 457 – Mulhouse 21 – Basel 35 – Belfort 33 – Montbéliard 53 – Thann 27.

à Hirtzbach Sud : 4 km – 1 143 h. alt. 308 – ⊠ 68118 :

✗✗ **Ottié**, à la bifurcation D 432 et D 17 ☎ 03 89 40 93 22, Fax 03 89 08 85 19, 🍽, 🌳 – 🅿. GB
fermé 20 juin au 10 juil., fin déc. au 6 janv., lundi soir sauf en août et mardi – **Repas** 58
(déj.)/230 ♊, enf. 60

à Wahlbach : Est : 10 km par D 419 et D 19⁸ – 242 h. alt. 320 – ⊠ 68130 :

✗✗ **Auberge de la Gloriette** avec ch, ☎ 03 89 07 81 49, Fax 03 89 07 40 56, 🍽, 🌳 –
📺 rest, 📺 ☎ 🅿. AE GB ᐧᗑ
fermé 1er au 13 mars, 1er au 21 nov., lundi et mardi d'oct. à avril – **Repas** 98 (déj.), 140/350 ♊
– ⍁ 55 – **9 ch** 300/450 – ½ P 350/550

ALVIGNAC
46500 Lot **75** ⑲ – 473 h alt. 400.

🛈 Office de Tourisme r. Centrale ℘ 05 65 33 66 42, Fax 05 65 33 60 62.
Paris 532 – Brive-la-Gaillarde 52 – Cahors 63 – Figeac 42 – Rocamadour 9 – Tulle 66.

⛪ **Château**, ℘ 05 65 33 60 14, Fax 05 65 33 69 28, 🏤, 🦽 – ☎ 🅿, 🆎 ⓪ ☲ ⌡⊂⌐
⇑⇓ 1er avril-1er nov. – **Repas** (58) - 70/180 ⌾, enf. 37 – 🖵 30 – **36 ch** 210/250 – ½ P 270

AMBAZAC
87240 H.-Vienne **72** ⑧ G. Berry Limousin – 4 889 h alt. 387.

Voir Trésors★★ de l'église – ≤★ du parc de Montméry.
🛈 Office de Tourisme 3 av. Gén.-de-Gaulle ℘ 05 55 56 70 70, Fax 05 55 56 70 70.
Paris 379 – Limoges 22 – Bellac 42 – Bourganeuf 38 – La Souterraine 41.

🍴 **Les Voyageurs** avec ch, 27 av. Gén. de Gaulle ℘ 05 55 56 60 31 – 🅿, ☲
⇑⇓ fermé vacances de fév., sam. midi hors saison et dim. soir – **Repas** (49) - 82/240 ⌾ – 🖵 25 –
10 ch 120/180 – ½ P 180/220

AMBÉRIEUX-EN-DOMBES
01330 Ain **74** ① ②, **110** ⑤ – 1 156 h alt. 296.

Paris 433 – Lyon 35 – Bourg-en-Bresse 40 – Mâcon 42 – Villefranche-sur-Saône 17.

🍴🍴 **Auberge des Bichonnières** 🦫 avec ch, rte Ars-sur-Formans ℘ 04 74 00 82 07,
Fax 04 74 00 89 61, 🏤, ancienne ferme dombiste, 🦽 – ☎ 🅿, 🆎 ☲
fermé 15 déc. au 15 janv., dim. soir et lundi sauf juil.-août – **Repas** (nombre de couverts
limité, prévenir) 135/250 ⌾, enf. 85 – 🖵 45 – **9 ch** 230/320 – ½ P 300/350

Entrez à l'hôtel ou au restaurant le Guide à la main,
vous montrerez ainsi qu'il vous conduit là en confiance.

AMBERT
⟨P⟩ 63600 P.-de-D. **73** ⑯ G. Auvergne – 7 420 h alt. 535.

Voir Église St-Jean★ – Vallée de la Dore★ N et S – Moulin Richard-de-Bas★ 5,5 km par ② –
Musée de la Fourme et du fromage – Train panoramique★ (juil.-août).
🛈 Office de Tourisme 4 pl. Hôtel-de-Ville ℘ 04 73 82 61 90, Fax 04 73 82 48 36 et (saison)
pl. G.-Courtial ℘ 04 73 82 14 15.
Paris 446 ① – Clermont-Ferrand 78 ① – Brioude 60 ③ – Thiers 55 ①.

AMBERT

Chabrier (Av. E.) . . . . **Z**
Château (R. du) . . . . **Z** 3
Cheix (Rue du Petit) . . . . **Z**
Clemenceau (Av. G.) . . . . . **Y** 4
Courtial (Pl. G.) . . . . **Y** 6
Croves du Mas (Av. des) . . **Y**
Filéterie (R. de la) . . . . **Z** 7
Foch (Av. du Mar.) . . . . **Z** 8
Gaulle (Pl. Ch.-de) . . . . **Z**
Goye (R. de) . . . . **Y** 12
Henri IV (Bd) . . . . **Z**
Livradois (Pl. du) . . . . **Z**
Lyon (Av. de) . . . . **Z** 13
Nord (Bd du) . . . . **YZ**
Pontel (Pl. du) . . . . **Z** 16
Portette (Bd de la) . . . . **Z** 17
République (R. de la) . . . . . **Z** 19
St-Jean (Pl.) . . . . **Y** 20
St-Joseph (R.) . . . . **Z**
Sully (Bd) . . . . **Z** 21
11-Novembre (Av. du) . . . . **Z** 23

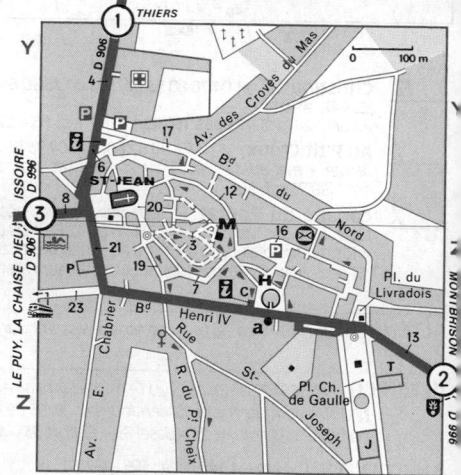

Michelin n'accroche pas
de panonceau
aux hôtels et restaurants
qu'il signale.

⛪ **Chaumière**, 41 av. Mar. Foch par ③ ℘ 04 73 82 14 94, Fax 04 73 82 33 52, 🏤, 🦽 – 📺 ☎
⇑⇓ 🅿, 🆎 ⓪ ☲ ⌡⊂⌐
fermé 26 déc. au 20 janv. et sam. d'oct. à mai – **Repas** (fermé vend. soir de nov. à fin mars,
sam. d'oct. à fin mai et dim. soir) (60) - 95/220 ♗, enf. 60 – 🖵 42 – **23 ch** 270/330 – ½ P 270

🍴 **Les Copains** avec ch, 42 bd Henri IV ℘ 04 73 82 01 02, Fax 04 73 82 67 34 – ▤ rest, 📺 ☎
⇑⇓ ☲, ☲ 🦽 ch   **Z** a
fermé 10 sept. au 10 oct., vacances de fév., sam. de sept. au 15 juil. et dim. soir – **Repas**
70/230 ⌾, enf. 65 – 🖵 37 – **11 ch** 280/340 – ½ P 250/270

AMBIALET 81340 Tarn **80** ⑫ G. Midi-Pyrénées – 386 h alt. 220.

Voir Site★ – Commune de la "Méridienne Verte".

Paris 700 – Albi 23 – Castres 55 – Lacaune 56 – Rodez 71 – St-Affrique 62.

Pont, ℰ 05 63 55 32 07, Fax 05 63 55 37 21, ≤, 佘, ⌁, ⇌ – ▤ rest, ▥ ☎ P – ⛾ 25. ⬚
⑩ ⒼⒷ – fermé janv., fév., dim. soir et lundi de nov. à mars – **Repas** 100/280 ⋎, enf. 65 –
⊷ 40 – **20 ch** 293/335 – ½ P 320

AMBIERLE 42820 Loire **73** ⑦ G. Vallée du Rhône – 1 763 h alt. 467.

Voir Église★.

Paris 386 – Roanne 18 – Lapalisse 35 – Thiers 72 – Vichy 52.

Prieuré, ℰ 04 77 65 63 24, Fax 04 77 65 69 90 – ▤. ⒼⒷ
fermé vacances de Toussaint, de fév., dim. soir, mardi soir et merc. – **Repas** 90/300 ⋎,
enf. 55

AMBOISE 37400 I.-et-L. **64** ⑩ G. Châteaux de la Loire – 10 982 h alt. 60.

Voir Château★★ : ≤★★ de la terrasse, ≤★★ de la tour des Minimes – Clos-Lucé★ – Pagode
de Chanteloup★ 3 km par ④.

Env. Lussault-sur-Loire : aquarium de Touraine★ O : 8 km par ⑤.

🛈 Office de Tourisme q. Gén.-de-Gaulle ℰ 02 47 57 09 28, Fax 02 47 57 14 35.

Paris 224 ① – Tours 26 ⑤ – Blois 37 ① – Loches 36 ④ – Vierzon 91 ③.

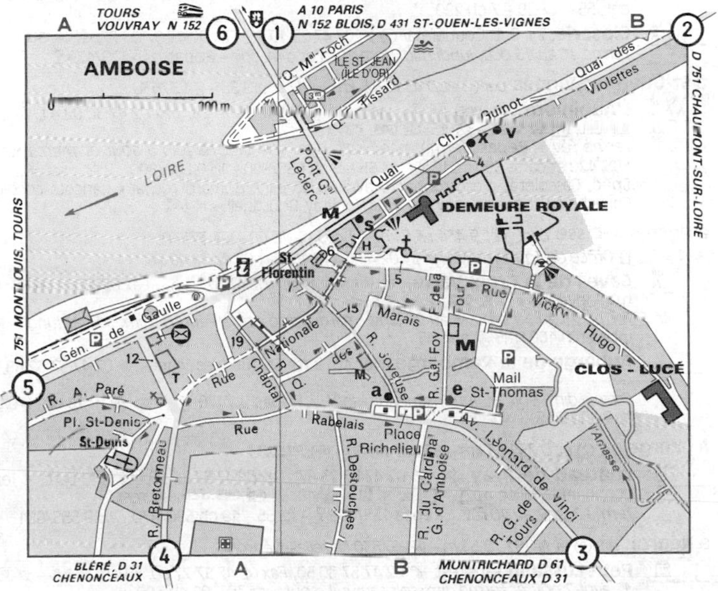

Concorde (R. de la)	**B** 4	J.-J. Rousseau (R.)	**B** 7	Orange (R. d')	**B** 15
Debré (Pl. M.)	**B** 5	Martyrs-de-la-R. (Av.)	**A** 12	Victor-Hugo (R.)	**B**
François-Iᵉʳ (R.)	**B** 6	Nationale (R.)	**AB**	Voltaire (R.)	**A** 19

Choiseul, 36 quai Ch. Guinot ℰ 02 47 30 45 45, Fax 02 47 30 46 10, ≤, 佘, « Élégante
installation, piscine et jardin fleuri », ⌁, ⇌ – ▤ ▥ ☎ Ꮪ ⇝ P – ⛾ 80 ⬚ ⑩ ⒼⒷ ⒿⒸⒷ
fermé 10 déc. au 31 janv. – **Repas** 190 (déj.), 290/500 et carte 380 à 560 ⋎ – ⊷ 90 – **29 ch**
650/1450, 3 appart – ½ P 785/1185
Spéc. Croûte de chèvre à la fricassée de petits gris. Rillettes et blanc de géline tourangelle
rôti (juin à déc.). Moelleux au cacao. **Vins** Montlouis, Touraine Amboise

B V

Novotel ⑤, Sud : 2 km par ③ rte de Chenonceaux ℰ 02 47 57 42 07, Fax 02 47 30 40 76,
≤, 佘, ⌁, ⇌, ✗ – ⸙ ⎗ ⎗ ▥ ☎ Ꮪ P – ⛾ 150. ⬚ ⑩ ⒼⒷ
Repas carte 140 à 250 ⋎, enf. 50 ⊷ 58 – **121 ch** 490/650

Manoir Les Minimes Ⓜ sans rest, 34 quai Ch. Guinot, ℰ 02 47 30 40 40,
Fax 02 47 30 40 77 – ▥ ☎ Ꮪ P. ⬚ ⒼⒷ – ⊷ 58 – **13 ch** 590/820

B X

🏨 **Belle Vue** sans rest, 12 quai Ch. Guinot *ℰ* 02 47 57 02 26, Fax 02 47 30 51 23 – 📶 📺 ☎.
GB. ⪪
B S
15 mars-15 nov. – 🍽 35 – **32 ch** 300/350

🏨 **L'Arbrelle** ⪧, rte des Ormeaux, Sud : 2 km par ③ rte de Chenonceaux *ℰ* 02 47 57 57 17,
Fax 02 47 57 64 89, ≼, 🌤, parc, ⏚ – 📺 ☎ ❤ & 🅿 – 🔬 20. 🖭 ◑ GB
fermé 1ᵉʳ au 15 janv. – **Repas** *(fermé dim. soir et lundi sauf juil.-août)* (70) - 95/175 ♀, enf. 49
– 🍽 39 – **11 ch** 330/390 – ½ P 300

🏨 **Blason**, 11 pl. Richelieu *ℰ* 02 47 23 22 41, Fax 02 47 57 56 18, 🌤 – 🗟 rest, 📺 ☎ ❤ &. 🖭
◑ GB
B a
fermé 10 janv. au 15 fév., merc. midi, sam. midi et mardi – **Repas** 75/225 ♂, enf. 49 – 🍽 35
– **28 ch** 270/300 – ½ P 245

🏨 **Ibis**, Est : Z.I. La Boitardière par ② et D 31 : 3 km *ℰ* 02 47 23 10 23, Fax 02 47 57 31 41, 🌤
– ⪪ 📺 ☎ ❤ & 🅿 – 🔬 120. 🖭 ◑ GB
Repas (75) -95 ♂, enf. 39 – 🍽 35 – **70 ch** 295/340

XXX **Manoir St-Thomas**, 1 Mail St-Thomas *ℰ* 02 47 57 22 52, Fax 02 47 30 44 71, 🌤, « Elé-
gant pavillon Renaissance », 🌱 – 🖭 ◑ GB JCB
B e
fermé 15 janv. au 5 mars, dim. soir et lundi de sept. à juin – **Repas** 185/310 et carte 280 à
360 ♀

XX **Bonne Étape** avec ch, Nord-Est par ② : 2 km *ℰ* 02 47 57 08 09, Fax 02 47 57 12 33, 🌤,
🌱 – 📺 ☎ 🅿. 🖭 GB
fermé 20 déc. au 6 janv. et 21 fév. au 11 mars – **Repas** *(fermé dim. soir et lundi)* 78/262 ♀,
enf. 55 – 🍽 29 – **7 ch** 290

X **Closerie**, 2 r. P.-L. Courier par ⑤ *ℰ* 02 47 23 10 76, Fax 02 47 57 66 77, 🌤 – GB
fermé 1ᵉʳ au 15 oct., lundi midi, sam. midi et dim. soir – **Repas** (79) -129/179 ♀

à St-Ouen-les-Vignes par① et D 431 : 6,5 km – 747 h. alt. 80 – ☒ 37530 :

XXX **L'Aubinière** (Arrayet) Ⓜ ⪧ avec ch, *ℰ* 02 47 30 15 29, Fax 02 47 30 02 44, 🌤, 🌱 –
❀ 🗟 rest, 📺 ☎ ❤ 🅿. 🖭 GB. ⪪ ch
fermé fév. – **Repas** *(fermé mardi soir, dim. soir sauf de juin à août et merc.)* 120 (déj.),
195/420 et carte 390 à 510 ♀ – 🍽 65 – **5 ch** 650/800 – ½ P 600/800
Spéc. Cassolette d'escargots (15 avril au 15 juil.). Homard rôti aux haricots cocos (été).
Ganache au chocolat-caramel. **Vins** Vouvray, Bourgueil.

à Pocé-sur-Cisse par① et D 431 : 3,5 km – 1 493 h. alt. 60 – ☒ 37530 :
🛈 Office de Tourisme Mairie *ℰ* 02 47 57 18 15, Fax 02 47 30 49 24.

X **Caves de la Croix Verte**, rte d'Amboise *ℰ* 02 47 57 03 65, Fax 02 47 57 03 65, « Salle
troglodytique » – 🅿. GB
fermé 23 au 30 sept., 5 au 25 janv., mardi soir d'oct. à Pâques, dim. soir et lundi – **Repas**
(prévenir) 100/185 ♂, enf. 45

X **Auberge de la Ramberge** avec ch, 9 rte St-Ouen-les-Vignes *ℰ* 02 47 57 32 48, 🌤 –
GB
fermé dim. soir et lundi sauf juil.-août – **Repas** 65/170 ♂ – 🍽 29 – **16 ch** 170/300 –
½ P 190/235

à Chargé par② et D 751 : 3 km – 862 h. alt. 60 – ☒ 37400 :

🏨 **Château de Pray** ⪧, *ℰ* 02 47 57 23 67, Fax 02 47 57 32 50, ≼, 🌤, parc, « Terrasse
dominant la vallée », ⏚ – 📺 ☎ ❤ 🅿 – 🔬 40. 🖭 ◑ GB JCB. ⪪ rest
fermé 2 janv. au 10 fév. – **Repas** 155/305 ♀ – 🍽 65 – **19 ch** 590/870 – ½ P 555/681

à Négron par⑥ et N 152 : 2,5 km – ☒ 37530 Nazelles-Négron :

🏨 **Petit Lussault** sans rest, *ℰ* 02 47 57 30 30, Fax 02 47 57 77 80, « Parc », ✗ – ☎ 🅿. GB
1ᵉʳ avril-2 nov. et fermé dim. soir sauf juil.-août – 🍽 35 – **22 ch** 300

AMBONNAY 51150 Marne 🗺 ⑰ – 917 h alt. 95.
Paris 161 – Reims 29 – Châlons-en-Champagne 22 – Épernay 20 – Vouziers 66.

XX **Auberge St-Vincent** avec ch, *ℰ* 03 26 57 01 98, Fax 03 26 57 81 48 – 📺 ☎ ❤ 🚙. 🖭
◑ GB. ⪪ ch
fermé dim. soir et lundi – **Repas** 140/360 ♀, enf. 60 – 🍽 50 – **10 ch** 310/380 – ½ P 420

AMÉLIE-LES-BAINS-PALALDA 66110 Pyr.-Or. 🗺 ⑱ ⑲ *G. Languedoc Roussillon* – 3 239 h
alt. 230 – Stat. therm. (17 janv.-21 déc.) – Casino.
Voir *Vallée du Mondony★ S – Bourg médiéval de Palalda★*.
🛈 Office du Tourisme et du Thermalisme q. du 8-Mai-1945 *ℰ* 04 68 39 01 98, Fax 04 68 39
20 20.
Paris 891 ② – Perpignan 38 ② – Céret 9 ② – Prats-de-Mollo-la-Preste 24 ③.

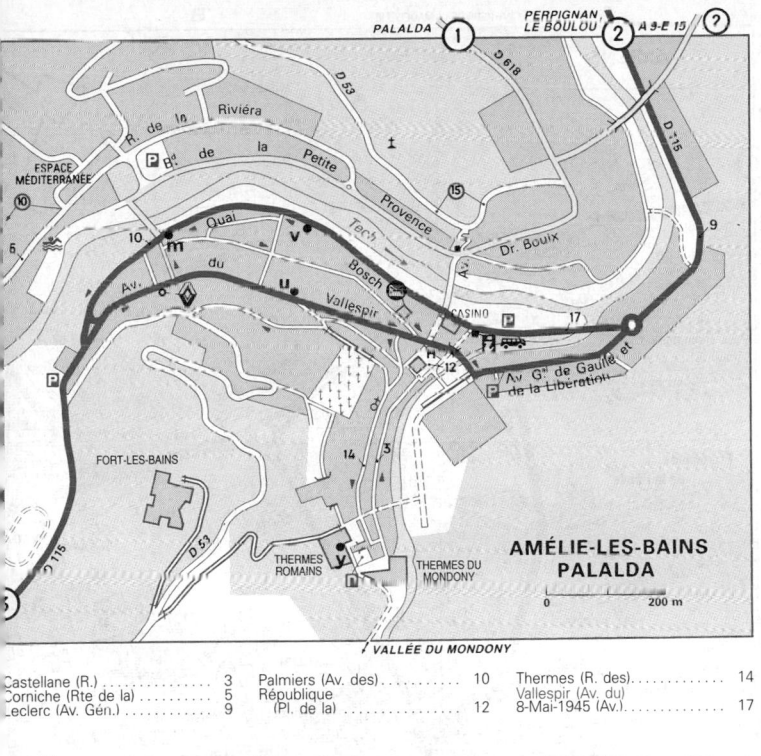

🏩 **Palmarium Hôtel**, av. Vallespir (u) ℘ 04 68 39 19 38, Fax 04 68 39 04 25 – 🛗 📺 🕿 ఊ
⇔. ☺
fermé 10 déc au 17 janv. – **Repas** 100/160 ♀, enf. 55 – ☲ 38 – **65 ch** 200/300 – P 295/320

🏠 **Roussillon** Ⓜ, av. Beau Soleil par ② ℘ 04 68 39 34 39, Fax 04 68 39 81 21, 🌦, 🛝, 🌳
🛗 📺 🕿 🍴 ఊ 🅿 ☺. ⁒ rest
fermé 15 déc. au 1ᵉʳ mars – **Repas** *(fermé lundi)* 95/165, enf. 45 – ☲ 45 – **30 ch** 265/345 –
½ P 275

🏠 **Palm-Tech Hôtel**, quai G. Bosch (v) ℘ 04 68 83 98 00, Fax 04 68 39 84 27 – 🛗 🕿 🍴 ఊ
⇔ 🅿 ☺
1ᵉʳ mars-1ᵉʳ déc. – **Repas** *(70)* - 105/150 ♣, enf. 55 – ⏦ 35 – **56 ch** 150/270 – ½ P 240/260

🏠 **Bains et Gorges**, pl. Arago (y) ℘ 04 68 39 29 02, Fax 04 68 39 82 52 – 🛗 🕿 ☺
☜ *fermé 1ᵉʳ déc. au 31 janv.* – **Repas** 70/110 ♀ – ☲ 32 – **44 ch** 215/245 – P 249/264

🏠 **Ensoleillade La Rive** sans rest, r. J. Coste (m) ℘ 04 68 39 06 20 – 🛗 cuisinette 📺 🕿 🅿.
☺
☲ 29 – **14 ch** 140/255

L'AMÉLIE-SUR-MER 33 Gironde 🗂 ⑯ – *rattaché à Soulac-sur-Mer*.

AMIENS 🅿 80000 Somme 🗂 ⑥ ⑥ *G. Picardie Flandres Artois* – 131 872 h alt. 34.

An 2000 *Toute l'année : Les couleurs du monde (Illuminations et expositions)*.

Voir *Cathédrale Notre Dame*★★★ *(stalles*★★★*) – Hortillonnages*★ – *Hôtel de Berny*★ CY M³ –
Quartier St-Leu★ – *Musée de Picardie*★★ – *Théâtre de marionnettes "ché cabotans
d'Amiens"* CY T² – Commune de la "Méridienne Verte".

Env. *Samara*★ NO : 10 km par D191.

🛈 Office de Tourisme 6 bis r. Dusevel ℘ 03 22 71 60 50, Fax 03 22 71 60 51.
Paris 143 ③ – Lille 121 ② – Reims 174 ③ – Rouen 121 ⑤ – St-Quentin 77 ③.

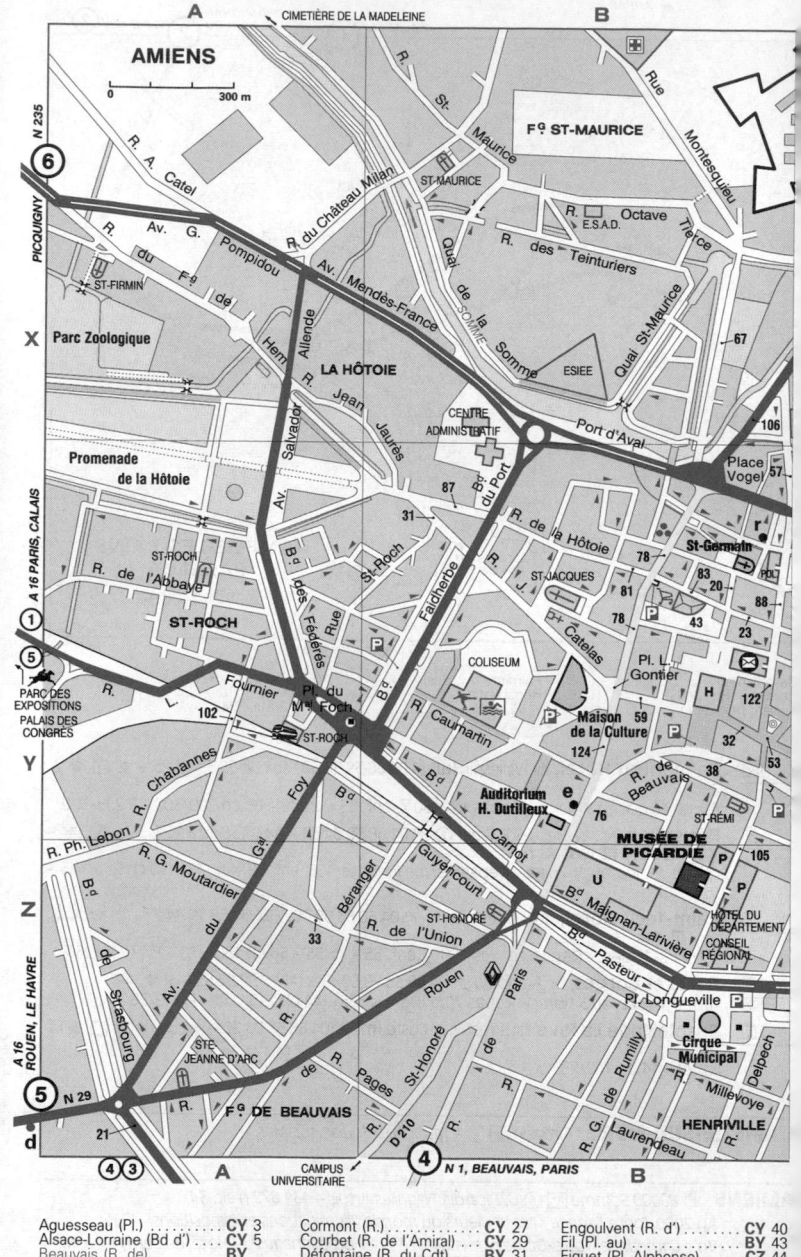

AMIENS

CIMETIÈRE DE LA MADELEINE

0   300 m

FG ST-MAURICE

Parc Zoologique

LA HÔTOIE

Promenade de la Hôtoie

CENTRE ADMINISTRATIF

ST-ROCH

ST-ROCH

St-Germain

ST-JACQUES

COLISEUM

PARC DES EXPOSITIONS PALAIS DES CONGRÈS

Maison de la Culture

Auditorium H. Dutilleux

MUSÉE DE PICARDIE

ST-HONORÉ

ST-RÉMI

HÔTEL DU DÉPARTEMENT CONSEIL RÉGIONAL

STE JEANNE D'ARC

FG DE BEAUVAIS

Pl. Longueville

Cirque Municipal

HENRIVILLE

CAMPUS UNIVERSITAIRE

N 1, BEAUVAIS, PARIS

160

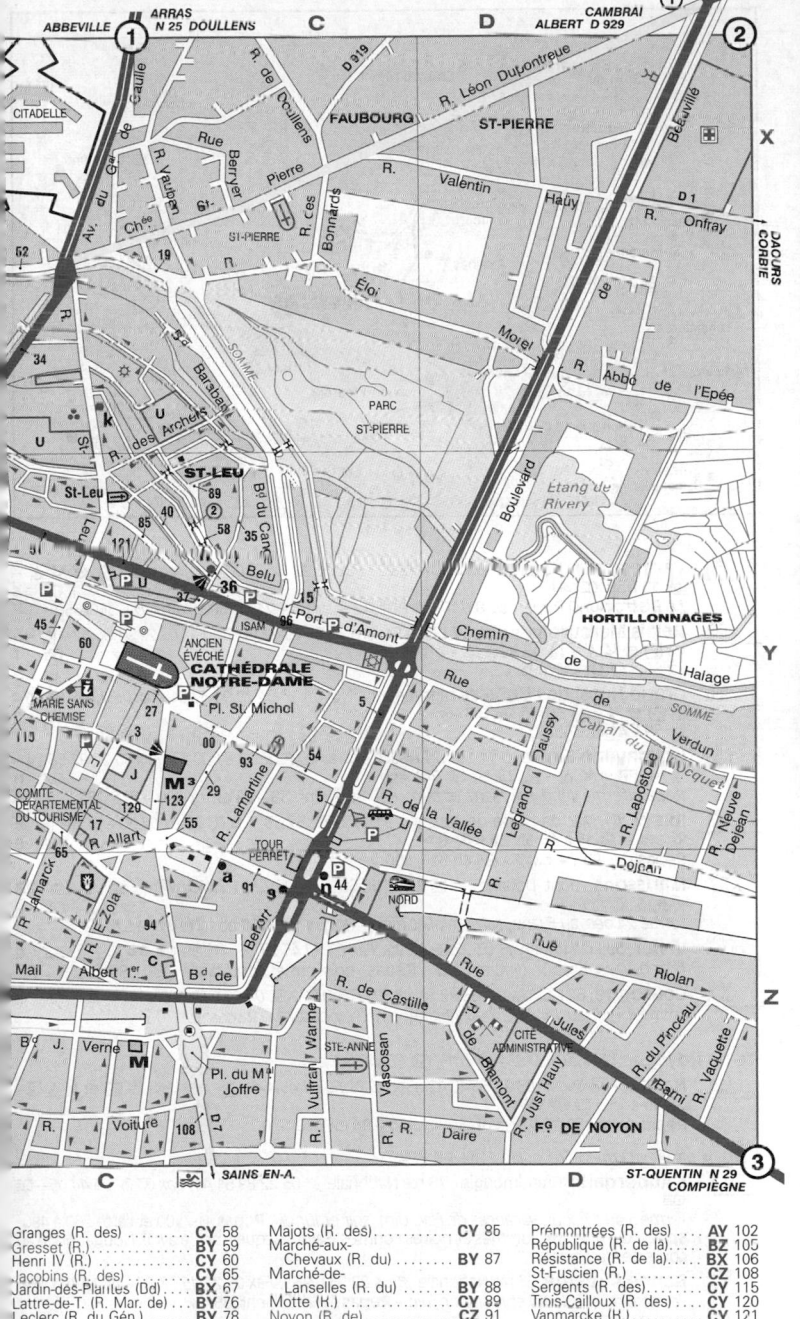

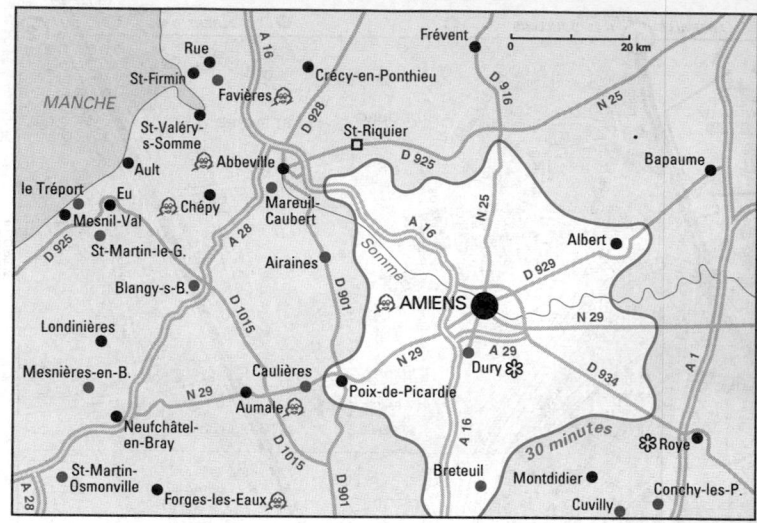

🏨🏨 **Carlton**, 42 r. Noyon 📞 03 22 97 72 22, *Fax 03 22 97 72 00* – 🛗, 🍽 rest, 📺 ☎ 🛎 🔥 –
🔥 15 à 50. 🗚 ⒼⒷ
     CZ **s**
   Le Bistrot (grill) **Repas** *(69)*-89/105 ♀, enf.42 – 😐 65 – **23 ch** 500/740 – ½ P 360/550

🏨🏨 **Relais Mercure** sans rest, 17 pl. au Feurre 📞 03 22 22 00 20, *Fax 03 22 91 86 57* – 🛗 ✦
   📺 ☎ 🛎 🔥 – 🔥 15 à 20. 🗚 ⓞ ⒼⒷ ᴊᴄʙ
     BY **r**
   😐 50 – **47 ch** 440/495

🏨🏨 **Grand Hôtel de l'Univers** sans rest, 2 r. Noyon 📞 03 22 91 52 51, *Fax 03 22 92 81 66* –
   🛗 📺 ☎ 🛎 – 🔥 30. 🗚 ⓞ ⒼⒷ ᴊᴄʙ
     CZ **a**
   😐 59 – **41 ch** 360/500

🏨 **Holiday Inn Express** Ⓜ, 10 bd Alsace-Lorraine 📞 03 22 91 00 77, *Fax 03 22 92 58 24* –
   🛗 ✦ 📺 ☎ 🛎 🔥 – 🔥 25. 🗚 ⓞ ⒼⒷ ᴊᴄʙ
     CZ **n**
   Repas *(fermé vend. soir, sam. et dim.)* *(69)* - 89 ♀, enf. 38 – **69 ch** 390 – ½ P 265

🏨 **Ibis** Ⓜ, 4 r. Mar. de-Lattre-de-Tassigny 📞 03 22 92 57 33, *Fax 03 22 91 67 50* – 🛗 ✦ 📺 ☎
   🛎 🔥 – 🔥 15 à 35. 🗚 ⓞ ⒼⒷ ᴊᴄʙ
     BY **e**
   Repas *(75)* - 95 ♀ – 😐 35 – **94 ch** 320/350

🍴🍴🍴 **Marissons**, pont Dodane 📞 03 22 92 96 66, *Fax 03 22 91 50 50*, 😀 – 🍽. 🗚 ⓞ ⒼⒷ
   ᴊᴄʙ
     CY **n**
   fermé 24 déc. au 5 janv., sam. midi et dim. – **Repas** 120/265 et carte 270 à 320 ♀

🍴🍴 **Vivier**, 593 rte Rouen 📞 03 22 89 12 21, *Fax 03 22 45 27 36* – 🅿. 🗚 ⓞ ⒼⒷ
     AZ **d**
   fermé 10 au 17 août, dim. et lundi – **Repas** - poissons et coquillages - 130/380 ♀

🍴🍴 **Couronne**, 64 r. St Leu 📞 03 22 91 88 57, *Fax 03 22 72 07 09* – 🗚 ⒼⒷ
     CX **k**
😀   *fermé 15 juil. au 14 août, 2 au 11 janv., dim. soir et sam.* – Repas 92/170 ♀

rte de Roye *par ③, N 29 et D 934 : 7 km* – ✉ 80440 Boves :

🏨🏨 **Novotel** Ⓜ 😀, 📞 03 22 50 42 42, *Fax 03 22 50 42 49*, 😀, 🏊, 🌳 – ✦ 🍽 📺 ☎ 🛎 🔥 🅿 –
   🔥 15 à 150. 🗚 ⓞ ⒼⒷ
   Repas carte 130 à 230 ♀, enf. 50 – 😐 60 – **94 ch** 490/530

à Dury *par ④ : 6 km* – 1 341 h. alt. 115 – ✉ 80480 :

🍴🍴🍴 **L'Aubergade** (Grandmougin), 78 rte Nationale 📞 03 22 89 51 41, *Fax 03 22 95 44 05* – 🗚
😀 ⒼⒷ
   fermé 3 au 17 août, vacances de fév., dim. soir et lundi – **Repas** 115/400 et carte 260 à 480
   Spéc. Foie gras aux pommes et poires confites. Saint-Jacques (oct. à avril). Nougat glacé au
   coulis de framboise.

🍴🍴 **Bonne Auberge**, 63 rte Nationale 📞 03 22 95 03 33, *Fax 03 22 45 37 38* – 🗚 ⓞ ⒼⒷ ᴊᴄʙ
   fermé dim. soir, lundi et le soir en juin – **Repas** 99/230 ♀, enf. 85

The Guide changes, so renew your Guide every year.

AMILLY *15 Loiret* 🔢🔢 ⑦ – *rattaché à Montargis.*

AMMERSCHWIHR *68/70 H.-Rhin* 🔢🔢 ⑱ ⑲ *G. Alsace Lorraine* – *1 869 h alt. 215.*
Voir *Nécropole nationale de Sigolsheim* ☀ ᴬ *du terre-plein central N . 4 km.*
Paris 439 – *Colmar 8* – *Gérardmer 53* – *St-Dié 48* – *Sélestat 26.*

🏛
🍽 **A l'Arbre Vert**, ℰ *03 89 47 12 23, Fax 03 89 78 27 21,* « Salle à manger avec boiseries sculptées » – 🎬 ☎ ❅ ⬛ ⑩ 🆖, ✸ ch
fermé 12 au 23 nov., 15 fév. au 23 mars, lundi soir et mardi – Repas 80/240 ♈, enf. 45 –
☲ 38 – **16 ch** 200/290 – ½ P 320/360

✖✖✖ **Aux Armes de France** (Gaertner) avec ch, ℰ *03 89 47 10 12, Fax 03 89 47 38 12* – 🎬 ☎
❁ 🄟 🄰🄴 ⑩ 🆖 ⬛
fermé 1ᵉʳ au 9 mars, 10 au 27 janv., merc. et jeudi – Repas 260/520 et carte 360 à 520 ♈,
enf. 100 – ⬮ 70 – **10 ch** 380/480
Spéc. Gelée de lapin aux herbes et caviar d'aubergine. Mignon de Saint-Pierre à la purée de
pommes de terre. Ragoût de rognon et ris de veau aux girolles. **Vins** Riesling "Kaeffer-
kopf", Tokay-Pinot gris.

✖✖ **Aux Trois Merles** avec ch, ℰ *05 89 78 24 35, Fax 03 89 78 13 00,* 🏡 – ☎ 🄟 🄰🄴 🆖,
⬛ ✸ ch
fermé 1ᵉʳ au 15 fév., dim. soir et lundi – **Repas** 80/260 ♈, enf. 50 – ☲ 38 – **15 ch** 185/320 –
½ P 280/350

AMNÉVILLE *57360 Moselle* 🔢 ③ *G. Alsace Lorraine* – *8 926 h alt. 162* – *Stat. therm. (21.02/9.12)* –
Casino.
Voir *Parc zoologique du bois de Coulange*★.
🅱 *Office de Tourisme Centre Thermal et Touristique* ℰ *03 87 70 10 40, Fax 03 87 71 90 94.*
Paris 319 – *Metz 21* – *Briey 14* – *Thionville 17* – *Verdun 65.*

au **Parc de Loisirs** *bois de Coulange, Sud : 2,5 km* – ✉ *57360 Amnéville :*

🏨 **Diane Hôtel** ⌘ sans rest, ℰ *03 87 70 16 33, Fax 03 87 72 36 72* – 📶 🎬 ☎ ❅ ᵇ – 🔠 35.
🄰🄴 🆖
fermé 6 au 20 août, 24 déc. au 14 janv., vend. et sam. de nov. à avril – ☲ 45 – **43 ch**
330/370, 3 appart

🏨 **St-Éloy** ⌘, ℰ *03 87 70 32 62, Fax 03 87 71 71 59,* 🏡 – 🎬 ☎ ᵇ – 🔠 50. 🄰🄴 🆖
fermé 1ᵉʳ au 7 janv. – **Repas** *(fermé dim. soir)* 100/200 ♈, enf. 70 – ☲ 45 – **47 ch** 270/340 –
½ P 245/270

🏨 **Orion** ⌘, ℰ *03 87 70 20 20, Fax 03 87 72 36 21,* 🏡 – 🎬 ☎ ❅ ᵇ – 🔠 30 à 60. 🄰🄴 🆖
fermé 25 au 31 déc., vend. et sam. de nov à avril – **Repas** *(fermé sam. midi et vend. soir)*
90/140 ᵇ – ☲ 45 – **44 ch** 260/300 – ½ P 235

✖✖ **Forêt**, ℰ *03 87 70 34 34, Fax 03 87 70 34 25,* 🏡 – ▦. 🄰🄴 ⑩ 🆖
fermé 22 déc. au 6 janv., dim. soir et lundi – **Repas** 120/250 ♈

AMONDANS *25330 Doubs* 🔢 ⑤ – *77 h alt. 720.*
Paris 422 – *Besançon 30* – *Pontarlier 39* – *Salins-les-Bains 28.*

✖✖✖ **Château d'Amondans** (Medigue) ⌘ avec ch, ℰ *03 81 86 53 14, Fax 03 81 86 53 76,*
❁ parc, ⬛ – 🎬 ☎ ❅ 🄟 – 🔠 60. 🄰🄴 ⑩ 🆖 ⬛
fermé 13 au 23 août, fév, dim. soir, mardi et merc. – **Repas** (menu unique) (nombre de
couverts limité, prévenir) *(150)* - 195/400 ♈ – ☲ 50 – **10 ch** 300/330
Spéc. Foie gras de canard chaud au pain d'épices. Côte de veau au comté. "Amondanais"
aux pommes et noix. **Vins** Vin Jaune, Arbois.

AMOU *40330 Landes* 🔢🔢 ⑦ – *1 481 h alt. 44.*
Paris 759 – *Mont-de-Marsan 48* – *Aire-sur-l'Adour 52* – *Dax 32* – *Orthez 14* – *Pau 50.*

🏛 **Commerce**, près Église ℰ *05 58 89 02 28, Fax 05 58 89 24 45,* 🏡 – 🎬 ☎ ⬅ 🄟 – 🔠 20.
🄰🄴 🆖
fermé 11 au 30 nov., vacances de fév. et lundi de nov. à mars – **Repas** 90/230, enf. 60 –
☲ 35 – **17 ch** 240/280 – ½ P 250

AMPHION-LES-BAINS *74 H. Savoie* 🔢🔢 ⑰ *G. Alpes du Nord* – ✉ *74500 Publier*
Paris 576 – *Thonon-les-Bains 6* – *Annecy 80* – *Évian-les-Bains 4* – *Genève 40.*

🏨 **Princes**, ℰ *04 50 75 02 94, Fax 04 50 75 59 93,* ≤, port privé, 🛥, ☞ – 📶 🎬 ☎ 🄟. 🄰🄴 ⑩
🆖
1ᵉʳ mai-30 sept. – **Repas** 90/250, enf. 50 – ☲ 35 – **35 ch** 400/600 – ½ P 400/450

🏠 **Tilleul,** ℰ 04 50 70 00 39, Fax 04 50 70 05 57, ☞ – 🛗 📺 ☎ ❤ 🅿, 🆎 ⓞ 🆖
   Repas *(fermé 23 déc. au 15 janv., dim. soir et lundi)* (70) - 100/260 ♈, enf. 50 – ☷ 35 – **27 ch**
   250/450 – ½ P 350

🏠 **Chablais,** Sud : 1 km vers Publier ℰ 04 50 75 28 06, Fax 04 50 74 67 32, ≤, 🌤, ☞ – 📺 ☎
   🅿, 🆖, ❀ rest
   fermé 23 déc. au 5 fév. et dim. du 15 sept. au 15 mai – **Repas** (78) - 88/220 ♈, enf. 49 – ☷ 36
   – **23 ch** 170/290 – ½ P 200/280

AMPUIS 69420 Rhône **74** ⑪, **110** ㉞ – 2 051 h alt. 150.
   Paris 495 – Lyon 36 – Condrieu 5 – Givors 18 – Rive-de-Gier 33 – Vienne 8.

🍴🍴 **Côte Rôtie,** pl. Église ℰ 04 74 56 12 05, Fax 04 74 56 00 20, 🌤 – 🆎 🆖
   fermé 15 août au 8 sept. et 2 au 10 janv. – **Repas** *(fermé lundi soir et mardi)* 130 (déj.),
   198/350 ♈ - **Bistrot à Vins de Serine** ℰ 04 74 56 15 19 *(fermé dim. et lundi)* **Repas**
   89(déj.)/100♈

AMPUS 83111 Var **84** ⑥, **114** ㉒ G. Côte d'Azur – 622 h alt. 600.
   Paris 839 – Castellane 57 – Draguignan 15 – Toulon 96.

🍴 **Roche Aiguille,** ℰ 04 94 70 97 24, Fax 04 94 70 97 24, 🌤 – 🆖
   fermé janv., dim. soir et lundi – **Repas** 130/220

🍴 **Fontaine d'Ampus** (Haye), ℰ 04 94 70 98 08, 🌤 – 🆖
   fermé 15 au 31 oct., fév., mardi sauf le soir en juil-août et lundi – **Repas** (nombre de
   couverts limité, prévenir) (menu unique) (120) - 198 ♈
   Spéc. "Truffes" d'herbes et caillé de chèvre (juil.). Caneton mi-sauvage en cocotte (nov.).
   Tarte tatin de melon et pistaches (août). **Vins** Côtes de Provence.

ANCENIS ⬗ 44150 Loire-Atl. **63** ⑱ G. Châteaux de la Loire – 6 896 h alt. 13.
   🛈 Office de Tourisme pl. Millénaire ℰ 02 40 83 07 44, Fax 02 40 83 07 44.
   Paris 346 – Nantes 37 – Angers 53 – Châteaubriant 45 – Cholet 49 – Laval 93.

🏨 **Akwaba,** bd Dr Moutel ℰ 02 40 83 30 30, Fax 02 40 83 25 10 – 🛗, 🍽 rest, 📺 ☎ ❤ 🕭 🅿 –
   🔬 50. 🆎 ⓞ 🆖
   Repas *(fermé sam. soir et dim.)* 78/159 ♈, enf. 40 – ☷ 40 – **51 ch** 349/369 – ½ P 211/262

🍴🍴 **Les Terrasses de Bel Air,** Est : 1 km rte Angers ℰ 02 40 83 02 87, Fax 02 40 83 33 46,
   🌤 – 🅿, 🆖
   fermé 24 juil. au 6 août, dim. soir et lundi – **Repas** 85 (déj.), 145/290 ♈, enf. 75

🍴 **Toile à Beurre,** 82 r. St-Pierre (près église) ℰ 02 40 98 89 64, Fax 02 40 96 01 49, 🌤 – 🆎
   🆖
   fermé 27 août au 11 sept., 4 au 19 fév., dim. soir et lundi – **Repas** 70 (déj.), 98/195 ♈

ANCY-LE-FRANC 89160 Yonne **65** ⑦ G. Bourgogne – 1 174 h alt. 180.
   Voir Château★★.
   🛈 Office de Tourisme (saison) Faïencerie ℰ 03 86 75 03 15.
   Paris 216 – Auxerre 55 – Châtillon-sur-Seine 38 – Montbard 29 – Tonnerre 18.

🏠 **Hostellerie du Centre,** ℰ 03 86 75 15 11, Fax 03 86 75 14 13, 🌤, 🔲 – 🍽 ch, 📺 ☎ ❤
   🅿 – 🔬 25. 🆎 🆖
   fermé 20 déc. au 5 janv. – **Repas** (70) - 88/250 ♈, enf. 58 – ☷ 40 – **22 ch** 220/350 –
   ½ P 250/300

Les ANDELYS ⬗ 27700 Eure **55** ⑰ G. Normandie Vallée de la Seine – 8 455 h alt. 28.
   Voir Ruines du Château Gaillard★★ – Église Notre-Dame★.
   🛈 Office de Tourisme r. Philippe-Auguste ℰ 02 32 54 41 93.
   Paris 104 ② – Rouen 39 ① – Évreux 38 ③ – Gisors 30 ② – Mantes-la-Jolie 52 ③.

Plan page ci-contre

🍴🍴🍴 **Chaîne d'Or** ⬗ avec ch, 27 r. Grande ℰ 02 32 54 00 31, Fax 02 32 54 05 68, ≤ – 📺 ☎ ❤
   🅿, 🆎 🆖   A a
   fermé 24 déc. au 1er fév., mardi midi hors saison, dim. soir et lundi – **Repas** 150/330 et carte
   320 à 430 ♈ – ☷ 75 – **10 ch** 420/760
   Spéc. Croustillant d'oeuf mollet, ris de veau et champignons. Charlotte de rognons de
   veau sauce vin rouge. Tarte tiède aux pommes flambée au calvados.

🍴🍴 **Villa du Vieux Château,** 78 r. G. Nicolle ℰ 02 32 54 30 10, Fax 02 32 54 30 06, 🌤 – 🆖
   fermé 15 au 31 août, 25 au 31 déc., 19 au 26 fév., lundi et mardi – **Repas** 105/200 ♈   A e

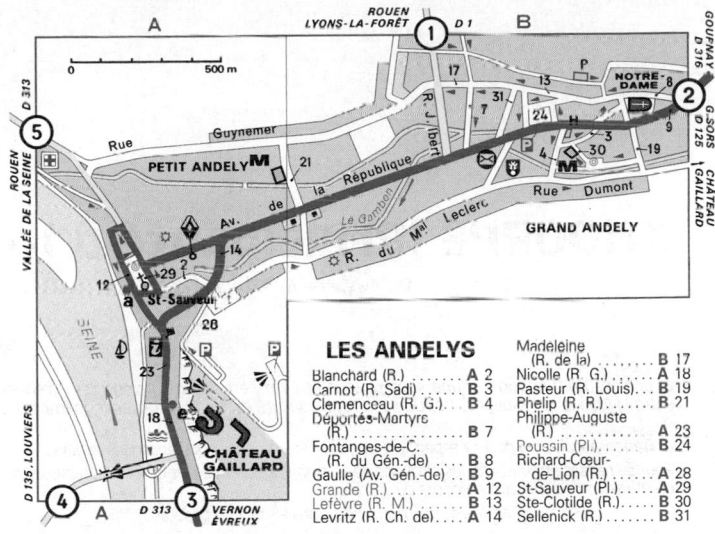

LES ANDELYS

North is at the top on all town plans

ANDLAU 67140 B.-Rhin 62 ⑨ G. Alsace Lorraine – 1 632 h alt. 215.

Voir *Église* ★ : *porche* ★★.

🛈 Office de Tourisme 5 r. du Gén.-de-Gaulle ℰ 03 88 08 22 57, Fax 03 88 08 42 22.
Paris 500 – Strasbourg 45 – Erstein 23 – Le Hohwald 8 – Molsheim 25 – Sélestat 17.

🏨 **Zinckhotel** M sans rest, 13 r. Marne ℰ 03 88 08 27 30, Fax 03 88 08 42 50, « Ancien moulin, décor original », 🖈 – 📺 ☎ ᦉ 🅿. ᏫᏴ, 🛠
fermé 11 au 15 déc. et 4 au 9 fév. – ☷ 40 – **14 ch** 325/600

🏨 **Kastelberg** ⑤, 10 r. Gén. Koenig ℰ 03 88 00 97 83, Fax 03 88 08 48 34, 🖈, 🖈 – 📺 ☎ ᦉ 🅿 – 🔬 30. ᏫᏴ
fermé vacances de fév. – **Repas** (fermé du 2 janv. à fin mars) (dîner seul.) 98/280 ᦒ, enf. 60 – ☷ 60 – **29 ch** 295/360 – ½ P 310/335

✕✕ **Boeuf Rouge**, ℰ 03 88 08 96 26, Fax 03 88 08 99 29, 🖈 – ᴁ ⓪ ᏫᏴ
fermé 14 juin au 7 juil., 15 janv. au 1ᵉʳ fév., merc. soir et jeudi – **Repas** 98/178 ᦒ, enf. 43
-Winstub : Repas carte 110 à 180 ᦒ, enf. 43

Write us...

If you have any comments on the contents
of this Guide.

Your praise as well as your criticisms
will receive careful consideration and,
with your assistance, we will be able to add to our
stock of information
and, where necessary, amend our judgments.

Thank you in advance!

ANDORRE (Principauté d')★★

🅱🅶 ⑭ ⑮ - G. Midi Pyrénées - 62 400 h. alt. 1 029

La principauté d'Andorre, d'une superficie de 464 km², est située au cœur des Pyrénées entre la France et l'Espagne. Depuis 1993 la principauté est un État souverain membre de l'O.N.U.

Le franc français et la peseta espagnole ont indifféremment cours légal dans le pays.

Pour se rendre en Andorre, les citoyens de l'Union Européenne ont besoin d'un passeport ou d'une carte d'identité en cours de validité.

Dans ce guide, nous indiquons les prix en pesetas

Andorre-la-Vieille Capitale de la Principauté – *alt. 1029.*

Voir *Vallée du Valira del Orient★ NE Vallée du Valira del Nord★ N.*

🛈 *Office de Tourisme r. du Dr.-Vilanova ℘ (00-376)82 02 14, Fax (00-376) 82 58 23.*
Paris 882 – Carcassonne 167 – Foix 104 – Perpignan 168.

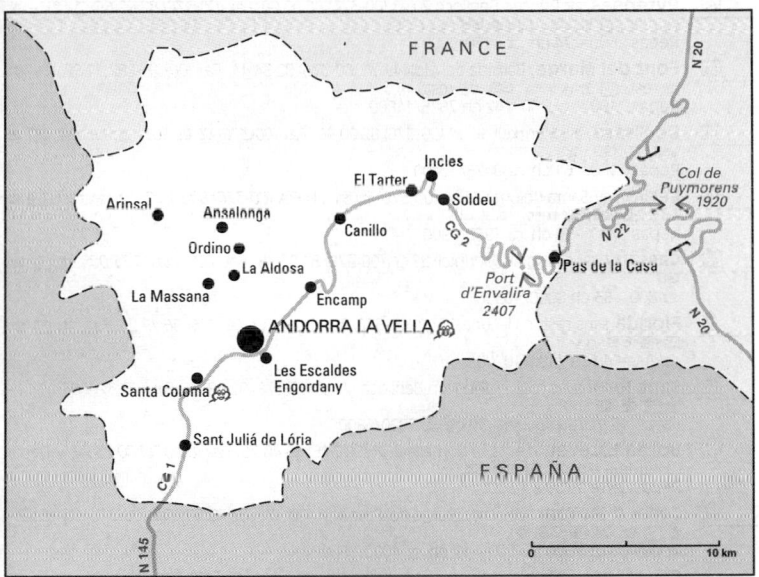

🏨 **Plaza**, r. Maria Pla 19 ℘ (00-376) 86 44 44, *Fax (00-376) 82 17 21*, 🗏 – ✿ 🖿 📺 ☎ 🔥 ⇔ – 🔏 25 à 300. 🆎 ⑩ 🆖 JCB. 🕸 rest
Repas 1750 - *La Cúpula* : Repas carte environ 4500 – 🖙 1650 – **92 ch** 17600/22000, 8 appart

🏨 **Crowne Plaza Andorra**, r. Prat de la Creu 88 ℘ (00-376) 87 44 44, *Fax (00-376) 87 44 45*, 🗏, 🔲 – ✿ 🖿 📺 ☎ 🔥 ⇔ – 🔏 25 à 700. 🆎 ⑩ 🆖 JCB. 🕸 rest
Repas 1750 – 🖙 1650 – **133 ch** 17600/22000.

🏛 **Andorra Park Hôtel** ﹩, r. Les Canals 24 ℘ (00-376) 87 77 77, *Fax (00-376) 82 09 83*, ≼, 🏯, « Piscine entourée de jardins », 🔲, ﹉, 🕸 – ✿ 📺 ☎ 🖭 – 🔏 25 à 80. 🆎 ⑩ 🆖 🕸
Repas 5975 – **38 ch** 🖙 13550/18100

🏛 **Andorra Center**, r. Dr Nequi 12 ℘ (00-376) 82 48 00, *Fax (00-376) 82 86 06*, 🗏, 🔲 – ✿, 🖿 rest. 📺 ☎ ⇔ – 🔏 25 à 50. 🆎 🆖
Repas 1450 – **130 ch** 🖙 12700/16400, 10 appart

🏛 **Mercure**, r. de la Roda ℘ (00-376) 82 07 73, *Fax (00-376) 82 85 52*, 🗏, 🔲 – ✿ 🖿 📺 ☎ 🔥 ⇔ 🖭 – 🔏 25 à 175. 🆎 ⑩ 🆖. 🕸
Repas 3000 – 🖙 1300 – **146 ch** 20250/22500

🏛 **Novotel Andorra**, r. Prat de la Creu ℘ (00-376) 86 11 16, *Fax (00-376) 86 11 20*, 🗏, 🔲 – ✿ 🖿 📺 🔥 ⇔ 🖭 – 🔏 25 à 200. 🆎 ⑩ 🆖. 🕸 rest
Repas 3000 – 🖙 1300 – **97 ch** 18000/20000, 5 appart

🏛 **President**, av. Santa Coloma 44 ℘ (00-376) 82 29 22, *Fax (00-376) 86 14 14*, ≼, 🗏, 🔲 – ✿ 📺 ☎ ⇔ – 🔏 25 à 110. 🆎 🆖. 🕸 rest
Repas 2500 – **111 ch** 🖙 14000/18000

🏛 **Eden Roc**, av. Dr Miljavila 1 ℘ (00-376) 82 10 00, *Fax (00-376) 86 03 19* – ✿ 📺 ☎ ⇔. 🆎 ⑩ 🆖. 🕸
Repas *(fermé juin)* 2300 – **56 ch** 🖙 11000/16000

🏛 **Flora** sans rest, Antic Carrer Major 25 ℘ (00-376) 82 15 08, *Fax (00-376) 86 20 85*, ﹉, 🕸 – ✿ 📺 ☎ ⇔. 🆎 ⑩ 🆖
45 ch 🖙 7500/12000

🏠 **Xalet Sasplugas** ﹩, r. La Creu Grossa 15 ℘ (00-376) 82 03 11, *Fax (00-376) 82 86 98*, ≼, 🏯 – 📺 ☎ ⇔. 🆎 🆖. 🕸 rest
Repas 2900 - *Metropol (fermé 1er au 15 juil., dim. soir et lundi midi)* **Repas** carte 3500 à 5000 – **26 ch** 🖙 7000/10500

🏨 **Ibis**, av. Meritxell 58 ℰ (00-376) 82 07 77, *Fax (00-376) 82 82 45*, 𝄡, ☒ – 🛗, 🍴 rest, 📺 ☎ 🚗. 🆎 ⓪ 🆖. ⚛
Repas 2850 – ☲ 1250 – **63 ch** 15000/17000

🏨 **Pyrénées**, av. Princep Benlloch 20 ℰ (00-376) 86 00 06, *Fax (00-376) 82 02 65*, ⚗, ⚛ – 🛗, 🍴 rest, 📺 ☎ 🚗. 🆎 ⓪ 🆖. ⚛ rest
Repas 2600 – **74 ch** ☲ 6150/9800

🏨 **Font del Marge**, Baixada del Moli 49 ℰ (00-376) 82 34 43, *Fax (00-376) 82 31 82*, ≼ – 🛗, 🍴 rest, 📺 ☎ ᐳ 🚗. 🆖. ⚛ rest
Repas 2100 – ☲ 750 – **42 ch** 7875/11800

🏨 **De l'Isard**, av. Meritxell 36 ℰ (00-376) 82 00 96, *Fax (00-376) 86 66 95* – 🛗, 🍴 rest, 📺 ☎ 🚗. 🆎 🆖. ⚛
Repas 2150 – **61 ch** ☲ 9475/12400

🏨 **Cérvol**, av. Santa Coloma 46 ℰ (00-376) 80 31 11, *Fax (00-376) 80 31 22* – 🛗, 🍴 rest, 🚗. 🆎 🆖. ⚛ rest
Repas 1750 – **56 ch** ☲ 7950/9900

🏨 **Cassany** sans rest, av. Meritxell 28 ℰ (00-376) 82 06 36, *Fax (00-376) 86 36 09* – 🛗 📺 ☎. 🆖
☲ 800 – **53 ch** 8000/10500

🏨 **Florida** sans rest, r. Llacuna 15 ℰ (00-376) 82 01 05, *Fax (00-376) 86 19 25*, 𝄡 – 🛗 📺 ☎. 🆎 ⓪ 🆖 �🅙🅒🅑
☲ 700 – **48 ch** 7100/10200

🏨 **Sant Jordi** sans rest, av. Princep Benlloch 45 ℰ (00-376) 82 08 65, *Fax (00-376) 86 14 14* – 🛗 📺 ☎. 🆎 🆖
fermé 15 mai au 15 juin – **30 ch** ☲ 7800/9800

✕✕ **Borda Estevet**, rte de La Comella 2 ℰ (00-376) 86 40 26, *Fax (00-376) 80 03 24*, « Décor rustique » – 🍴 🅿. 🆎 🆖. ⚛
Repas carte 3 750 à 4 350

✕✕ **Celler d'En Toni** avec ch, r. Verge del Pilar 4 ℰ (00-376) 82 12 52, *Fax (00-376) 82 18 72* – 🛗 📺 ☎. 🆎 ⓪ 🆖. ⚛
Repas carte 3 500 à 5 500 – **17 ch** ☲ 4000/6600

✕ **Can Manel**, r. Mestre Xavier Plana 6 ℰ (00-376) 82 23 97, *Fax (00-376) 82 45 91* – 🍴 🅿. 🆎 ⓪ 🆖. ⚛
🐾 *fermé merc.* – **Repas** carte 3 400 à 4 500

Arinsal – *alt. 1145 – Sports d'hiver 1550/2560 m ✶ 1 ✦ 13.*
Andorra-la-Vella 9.

🏨 **Xalet Verdu**, ℰ (00-376) 73 71 40, *Fax (00-376) 73 71 40*, ⚗ – 🛗 📺 ☎ ᐳ 🚗. ⓪ 🆖. ⚛ rest
fermé mai et nov. – **Repas** 2200 – **52 ch** ☲ 10000/14000

🏨 **Solana**, ℰ (00-376) 83 51 27, *Fax (00-376) 83 73 95*, ≼, ☒ – 🛗 📺 ☎ 🚗 – 🏛 25 à 40. 🆎 ⓪ 🆖. ⚛ rest
fermé nov. – **Repas** 2500 – ☲ 800 – **95 ch** 5000/8500

Canillo – *alt. 1531.*
Voir *Crucifixion*★ *dans l'église de Sant Joan de Caselles NE : 1 km.*
Andorra-la-Vella 12.

🏨 **Bonavida**, pl. Major ℰ (00-376) 85 13 00, *Fax (00-376) 85 17 22*, ≼, 𝄡 – 🛗 📺 ☎ 🚗. 🆎 ⓪ 🆖. ⚛
fermé 1er oct. au 2 déc. – **Repas** (dîner seul. sauf mai-sept.) 2750 – **43 ch** ☲ 10400/13600

🏨 **Roc del Castell** sans rest, rte General ℰ (00-376) 85 18 25, *Fax (00-376) 85 17 07* – 🛗 📺 ☎
44 ch

Encamp – *alt. 1313.*
Voir *Les Bons : site*★ *N : 1 km.*
Andorra-la-Vella 7.

🏨 **Coray**, chemin dels Caballers 38 ℰ (00-376) 83 15 13, *Fax (00-376) 83 18 06*, ≼, 🎋 – 🛗 📺 ☎ 🚗. 🆖. ⚛
fermé nov. – **Repas** 1300 – **85 ch** ☲ 5000/7400

🏨 **Univers**, r. René Baulard 13 ℰ (00-376) 83 10 05, *Fax (00-376) 83 19 70* – 🛗 📺 ☎ 🅿. 🆖. ⚛
fermé nov. – **Repas** 1400 – ☲ 600 – **31 ch** 4300/6500

Les Escaldes-Engordany – *alt. 1105.*

ℹ *Office de Tourisme pl. dels Co-Princeps, ℰ (00-376) 82 09 63. Andorra-la-Vella 2.*

Roc de Caldes ⚘, rte d'Engolasters ℰ (00-376) 86 27 67, *Fax (00-376) 86 33 25*, ≤, « A flanc de montagne », 🔽 – 📳 🗐 📺 ☎ ๕, ⇦ 🅿 – 🔬 25 à 150. 🆎 ⑩ 🆖, ⅌ rest
Repas 4500 – **45 ch** ⊆ 27000

Roc Blanc, pl. dels Co-Princeps 5 ℰ (00-376) 87 14 00, *Fax (00-376) 86 02 44*, 𝄩, 🔽 – 📳, 🗐 rest, 📺 ☎ ⇦ – 🔬 25 à 600. 🆎 ⑩ 🆖 ᴊᴄʙ, ⅌ rest
Repas 4800 - *El Pí :* **Repas** carte environ 5400 – *L'Entrecôte* brasserie : **Repas** carte environ 3400 – ⊆ 1900 – **184 ch** 16500/20600

Delfos, av. del Fener 17 ℰ (00-376) 82 46 42, *Fax (00-376) 86 16 42* – 📳, 🗐 rest, 📺 ☎ ⇦ – 🔬 25 à 75. 🆎 ⑩ 🆖 ᴊᴄʙ
Repas 2950 – **200 ch** ⊆ 10800/14000

Panorama, rte de l'Obac ℰ (00-376) 86 18 61, *Fax (00-376) 86 17 42*, ≤ vallée et montagnes, 𝄩, 🔽 – 📳, 🗐 rest, 📺 ☎ ๕, ⇦ – 🔬 25 à 500. 🆎 ⑩ 🆖, ⅌ rest
Repas 3700 – ⊆ 1500 – **177 ch** 12500/14600

Prisma, av. del Ferrer 14 ℰ (00-376) 86 79 29, *Fax (00-376) 86 79 30* – 📳, 🗐 rest, 📺 ☎ ๕, ⇦. 🆎 🆖. ⅌
Repas (déj. seul.) 1400 – **55 ch** ⊆ 13000/18000

Eureka, av. Carlemany 36 ℰ (00-376) 86 66 00, *Fax (00-376) 86 68 00* – 📳 🗐 📺 ☎. 🆎 🆖, ⅌ rest – **Repas** 1200 – **75 ch** ⊆ 7200/9600

Valira, av. Carlemany 37 ℰ (00-376) 82 05 65, *Fax (00-376) 86 67 80* – 📳 📺 ☎ 🅿. 🆎 🆖, ⅌ – **Repas** 2150 – **55 ch** ⊆ 9475/12400

Cosmos, av. de les Escoles 10 ℰ (00-376) 86 30 10, *Fax (00-376) 86 30 15* – 📳, 🗐 rest, 📺 ☎ ⇦. 🆎 ⑩ 🆖, ⅌
Repas 1650 – **75 ch** ⊆ 9300/14400, 76 appart

Metropolis sans rest, av. de les Escoles 25 ℰ (00-376) 86 33 63, *Fax (00-376) 86 37 10* – 📳 📺 ☎ ⇦. 🆎 ⑩ 🆖
⊆ 900 – **68 ch** 7100/9200

Eurotel, av. Fiter i Rossell 51 ℰ (00-376) 86 30 31, *Fax (00-376) 86 30 24* – 📳 📺 ☎ ⇦ 🅿. 🆎 🆖, ⅌ rest
Repas (dîner seul.) 1700 – **70 ch** ⊆ 7650/11000

Comtes d'Urgell, av. de les Escoles 29 ℰ (00-376) 82 06 21, *Fax (00-376) 82 04 65* – 📳, 🗐 rest, 📺 ☎ ⇦. 🆎 ⑩ 🆖 ᴊᴄʙ, ⅌ rest
Repas 2600 – **200 ch** ⊆ 6225/9200

Les Closes, av. Carlemany 93 ℰ (00-376) 82 83 11, *Fax (00-376) 86 39 70* – 📳 📺 ☎ ⇦ 🆖, ⅌ – **Repas** 1450 – **78 ch** ⊆ 6000/10500

Espel, pl. Creu Blanca 1 ℰ (00-376) 82 08 55, *Fax (00-376) 82 80 56* – 📳 📺 ☎ ⇦ – **102 ch**

Aquarius, Parc de La Mola 10 (Caldea) ℰ (00-376) 80 09 80, *Fax (00-376) 82 92 22*, ≤, « Décor moderne » – 🗐 🅿. 🆎 🆖
fermé 15 jours en juin, 15 jours en nov. et mardi – **Repas** carte 4 100 à 5 350

La Massana – *alt. 1241.*

ℹ *Office de Tourisme av. Sant Antoni, ℰ (00-376) 83 56 93, Fax (00-376) 83 86 93. Andorra-la-Vella 4.*

Xalet Ritz ⚘, rte de Sispony, Sud : 1,8 km ℰ (00-376) 83 78 77, *Fax (00-376) 83 77 20*, ≤, « Belle décoration intérieure », 🔽 – 📳 📺 ☎ ⇦ 🅿. 🆎 ⑩ 🆖. ⅌
Repas 3000 – **47 ch** ⊆ 14300/19600

Rutllan, av. del Ravell ℰ (00-376) 83 50 00, *Fax (00-376) 83 51 80*, ≤, 🔽, ⌗ – 📳 📺 ☎ ๕, ⇦. 🆎 ⑩ 🆖, ⅌ rest
Repas 3000 – ⊆ 1300 – **96 ch** 7000/11500

Suite Hôtel ⚘, rte de Sispony, Sud : 1,7 km ℰ (00-376) 83 81 22, *Fax (00-376) 83 81 12* – 📳 📺 ☎ ๕, ⇦ 🅿. 🆎 ⑩ 🆖, ⅌
Repas 3000 – **36 ch** ⊆ 17600/22000

Marco Polo, av. de Sant Antoni ℰ (00-376) 83 63 63, *Fax (00-376) 83 65 00* – 📳 📺 ☎ 🅿. 🆎 ⑩ 🆖, ⅌ rest
fermé 1er au 22 nov. – **Repas** (dîner seul. en hiver) 2200 – **139 ch** ⊆ 7200/9600

El Rusc, rte d'Arinsal : 1,5 km ℰ (00-376) 83 82 00, *Fax (00-376) 83 51 80*, « Élégant décor rustique » – 🗐 🅿. 🆎 ⑩ 🆖, ⅌
fermé dim. soir et lundi – **Repas** carte 4 400 à 5 500

La Borda de l'Avi, rte d'Arinsal : 0,7 km ℰ (00-376) 83 51 54, *Fax (00-376) 83 53 90* – 🅿. 🆎 ⑩ 🆖
Repas - viandes - carte 4 325 à 6 500

Borda Raubert, rte d'Arinsal : 2 km ℰ (00-376) 83 54 20, *Fax (00-376) 86 61 65*, « Décor rustique » – 🅿
cuisine régionale

à La Aldosa *Nord-Est : 2,7 km :*

🏠 **Del Bisset** ⤳, rte d'Ordino ℘ (00-376) 83 75 55, Fax (00-376) 83 79 89, ≼ – 🛗 📺 ☎ ⅙, ⟵ 🄿, ☞. rest
Repas 2250 – **30 ch** ⯑ 5000/7000

Ordino – *alt. 1304. Sports d'hiver 1940/2600 m ⚡ 12.*
Andorra la Vella 7.

🏠🏠 **Coma** ⤳, ℘ (00-376) 83 51 16, Fax (00-376) 83 79 38, ≼, 🏻, ᴣ, ⅗ – 🛗, 🍴 rest, 📺 ☎ ⅙, ⟵ 🄿, ☞ ☞. ⅗
fermé nov. – **Repas** 2500 – **48 ch** ⯑ 9000/13000

à Ansalonga *Nord-Ouest : 1,8 km :*

🏠 **Sant Miquel**, rte del Serrat ℘ (00-376) 85 07 70, Fax (00-376) 85 05 71, ≼, 🏻 – 🛗 📺 ☎
🄿. ☞. ⅗
Repas 1550 – **19 ch** ⯑ 6000/8500

par rte de Canillo *Ouest : 2,3 km*

🏠🏠 **Babot** ⤳, ℘ (00-376) 83 50 01, Fax (00-376) 83 55 48, ≼ vallée et montagnes, « A flanc
de montagne », ᴣ, ⅗ – 📺 ☎ ⟵ 🄿, ☞ ☞ ☞. ⅗ rest
fermé 2 nov. au 2 déc. – **Repas** 2500 – ⯑ 750 – **55 ch** 8000/10000

Pas-de-la-Case – *alt. 2091.*
Andorra-la-Vella 29 – Sports d'hiver 2050/2600 m ⚡ 27.

🏠🏠 **Le Sporting**, r. Catalunya 1 ℘ (00-376) 85 54 51, Fax (00-376) 85 54 65 – 🛗 📺 ☎ ⟵ –
🛗 25 à 60. ☞. ⅗ rest
3 déc.-24 avril – **Repas** 3500 – **76 ch** ⯑ 14750/15750

🏠🏠 **Esqui d'Or**, r. Catalunya 9 ℘ (00-376) 85 51 27, Fax (00-376) 85 51 78, 🅵 – 🛗 📺 ☎ ⟵
☞. ⅗
déc.-avril – **Repas** 3375 – ⯑ 1250 – **62 ch** 12000

🍴 **Campistrano**, r. Bearn 30 ℘ (00-376) 85 64 88 – ☞. ⅗
fermé juil. et merc. en été. – **Repas** - produits de la mer - carte 3 475 à 5 100

rte de Soldeu *Sud-Ouest : 10 km :*

🏠🏠 **Grau Roig** ⤳, r. Grau Roig ℘ (00-376) 85 55 56, Fax (00-376) 85 50 37, ≼, 🅵, 🖥 – 🛗 📺
☎ ⅙, 🄿, ☞ ☞ ☞. ⅗
fermé 1er au 20 mai et 16 oct. au 27 nov. – **Repas** 3000 – **44 ch** ⯑ 17500/19000

Santa-Coloma – *alt. 970.*
Andorra-la-Vella 3.

🏠🏠 **Cerqueda** ⤳, r. Mossen Lluis Pujol ℘ (00-376) 82 02 35, Fax (00-376) 86 19 09, ᴣ, ☞ –
🛗 📺 ☎ 🄿, ☞ ☞. ⅗ rest
fermé 7 janv. au 7 fév. – **Repas** 2400 – ⯑ 600 – **65 ch** 4400/8100

🍴 **Cal Bolet**, av. Verge del Remei 9 ℘ (00-376) 82 44 44, Fax (00-376) 82 43 02, 🏻 – 🄿, ☞
☞. ☞
fermé lundi soir (en oct.-nov. et du 15 janv. à mars) et dim. soir – **Repas** carte 3 300 à 5 000

🍴 **Don Pernil**, av. d'Enclar 94 ℘ (00-376) 86 52 55, Fax (00-376) 86 36 24, 🏻, « Décor rus-
🐾 tique » – 🍴 🄿, ☞ ☞ ☞
fermé janv. – Repas - viandes grillées - carte 2 700 à 4 100

🍴 **Parador**, av. d'Enclar 100 ℘ (00-376)82 18 04, Fax (00-376)82 18 04 – 🍴 🄿, ☞ ☞
fermé 1er au 15 juil. et lundi – **Repas** carte 2 500 à 3 500

Sant-Julià-de-Lòria – *alt. 909.*
Andorra-la-Vella 7.

🏠🏠🏠 **Pol**, r. Verge de Canolich 52 ℘ (00-376) 84 11 22, Fax (00-376) 84 18 52 – 🛗, 🍴 rest, 📺 ☎
🄿, ☞ ☞. ⅗
fermé 7 janv. au 9 fév. – **Repas** (dîner seul.) 2400 – **80 ch** ⯑ 9400/9900

🏠🏠🏠 **Imperial** sans rest, av. Rocafort 27 ℘ (00-376) 84 33 92, Fax (00-376) 84 34 79 – 🛗 🍴 📺
☎ 🄿, ☞ ☞
fermé 15 au 30 juin et 15 au 30 nov. – **45 ch** ⯑ 8500/10500

🍴🍴 **La Guingueta**, rte de la Rabassa ℘ (00-376) 84 29 45, Fax (00-376) 84 39 45, 🏻, « Décor
rustique » – ☞ ☞
fermé 22 juin au 15 juil., dim. soir et lundi – **Repas** carte 5 500 à 7 500

au Sud-Est *: 7 km :*

🏠 **Coma Bella** ⤳, alt. 1 300 ℘ (00-376) 84 12 20, Fax (00-376) 84 14 60, ≼, « Dans la forêt
de la Rabassa », 🅵, ᴣ – 🛗 📺 ☎ 🄿, ☞ ☞. ⅗ rest
Repas 1500 – **35 ch** ⯑ 6900/9400

Soldeu – alt. 1826. Sports d'hiver 1700/2560 m. ≼ 1 ≼ 20.
    Env. Port d'Envalira ✳ ✳✳ SE : 7,5 km.
    Andorra-la-Vella 19.

🏨 **Piolets**, rte General ℰ (00-376) 87 17 87, Fax (00-376) 87 17 88, ₤₆, 🔲 – 📶 📺 ☎ ₠ ⇦ –
    🛏 25 à 80. ᴀᴇ ᴳᴮ. ⴳ⯑
    Repas 1950 – **118 ch** ⇆ 10745/14490

à Incles Ouest : 1,8 km :

🏠 **Parador Canaro**, ℰ (00-376) 85 10 46, Fax (00-376) 85 17 20, ≼ – 📺 ☎ ⇦ ᴾ. ᴀᴇ ᴳᴮ.
    ⴳ⯑ – fermé 15 mai au 30 juin – **Repas** 1900 – **18 ch** ⇆ 4950/8950

à El Tarter Ouest : 3 km :

🏨 **Del Tarter**, ℰ (00-376) 80 20 80, Fax (00-376) 85 14 74, ≼ – 📶 📺 ☎ ⇦ ᴾ. ᴀᴇ ⓞ ᴳᴮ.
    ⴳ⯑ – 3 déc.-25 avril et 31 mai-15 oct. – **Repas** 2500   ⇆ 1100 – **37 ch** 8500/11000

🏨 **Llop Gris** ⴳ, ℰ (00-376) 85 15 59, Fax (00-376) 85 12 29, ≼, ₤₆, 🔲 – 📶 📺 ☎ ⇦ ᴾ –
    🛏 30 à 80. ᴳᴮ ᴶᴄᴮ. ⴳ⯑ rest
    fermé 1er au 22 mai et 12 oct. au 13 nov. **Repas** 3300 – **75 ch** ⇆ 15000/19700

🏠 **Del Clos**, ℰ (00-376) 85 15 00, Fax (00-376) 85 15 54, ≼ – 📶 📺 ☎ ⇦. ᴀᴇ ⓞ ᴳᴮ. ⴳ⯑
    Repas (dîner seul.)(buffet en hiver) 2500 – **54 ch** ⇆ 11760/16800

XX **De Sant Pere** ⴳ avec ch, ℰ (00-376) 85 10 87, Fax (00-376) 85 12 96, ≼, �, « Décor
    rustique » – 📺 🛰 ᴾ. ᴀᴇ ⓞ ᴳᴮ. ⴳ⯑ rest
    Repas carte 3 000 à 4 500 – **6 ch** ⇆ 14000

ANDRÉZIEUX-BOUTHÉON 42160 Loire 👂👃 ⑱ – 9 407 h alt. 395.
    Voir Lac de retenue de Grangent✳✳ S : 9 km, G. Vallée du Rhône.
    🛈 Office de Tourisme (fermé sam.-dim.) r. d'Urfé ℰ 04 77 55 37 03, Fax 04 77 55 88 46.
    Paris 467 – St-Étienne 19 – Lyon 77 – Montbrison 19 – Roanne 72.

🏨 **Loc Irio** ⴳ, 32 av. J. Mal Louret (dir. gare) ℰ 04 77 36 09 09, Fax 04 77 36 09 00, 🌇, ₤₆, 🔲,
    🌿 – 📺 ☎ ✓ ᴾ – 🛏 20. ᴀᴇ ᴳᴮ ᴶᴄᴮ
    fermé 7 au 20 août, vacances de Toussaint et de fév. – **Repas** (fermé sam. midi, dim. soir et
    lundi) 90/280 ⵙ – ⇆ 50 – **10 ch** 450 – ½ P 290/325

ANDUZE 30140 Gard 👂👃 ⑰ G. Languedoc Rousillon – 2 913 h alt. 135.
    Voir Bambouseraie de Prafrance✳ N : 3 km par D 129.
    Env. Grottes de Trabuc✳✳ NO : 10 km – Le Mas soubeyran : musée du Désert✳✳ (souvenirs
    protestants 17e-18e s.) NO : 7 km.
    🛈 Office de Tourisme plan de Brie ℰ 04 66 61 98 17, Fax 04 66 61 79 77.
    Paris 721 – Alès 14 – Montpellier 60 – Florac 67 – Lodève 84 – Nîmes 46 – Le Vigan 51

au Nord-Ouest : 3 km par rte de St-Jean-du-Gard – ✉ 30140 Anduze :

🏨 **Porte des Cévennes** ⴳ, ℰ 04 66 61 99 44, Fax 04 66 61 73 65, ≼, 🌇, ₤₆, 🔲, 🌿 – 📺
    ☎ ᴾ – 🛏 15. ᴀᴇ ⓞ ᴳᴮ. ⴳ⯑
    1er avril-21 oct. – **Repas** (dîner seul.) 100/160, enf. 55 – ⇆ 48 – **38 ch** 360/400 – ½ P 300/
    330

🏠 **Régalière**, ℰ 04 66 61 81 93, Fax 04 66 61 85 94, 🌇, 🔲, 🌿 – 📺 ☎ ᴾ. ᴀᴇ ⓞ ᴳᴮ
    12 mars-26 nov. – **Repas** (fermé merc. midi sauf juil.-août) 90/230 ⵙ, enf. 45 – ⇆ 40 –
    12 ch 290 – ½ P 290

XX **Moulin de Corbès**, ℰ 04 66 61 61 83, Fax 04 66 61 68 06, 🌇 – ᴾ. ᴀᴇ ⓞ ᴳᴮ
    fermé 1er janv. au 3 mars, dim. soir et lundi sauf juil.-août – **Repas** 155/340 ⵙ, enf. 70

à Générargues Nord-Ouest : 5,5 km par D 129 et D 50 – 546 h. alt. 160 – ✉ 30140 :

🏨 **Auberge des Trois Barbus** ⴳ, rte Mialet ℰ 04 66 61 72 12, Fax 04 66 61 72 74,
    ≼ vallée des Camisards, 🌇, 🔲, 🌿 – 📺 ☎ ᴾ – 🛏 25. ᴀᴇ ᴳᴮ
    25 mars-1er nov. et fermé dim. soir et lundi du 15 sept. au 10 avril – **Repas** 120 (déj.),
    180/320 ⵙ – ⇆ 65 – **34 ch** 350/720 – ½ P 440/575

à Tornac Sud-Est : 6 km par D 982 – 650 h. alt. 140 – ✉ 30140 :

🏨 **Les Demeures du Ranquet** Ⓜ ⴳ, rte St-Hippolyte-du-Fort : 2 km ℰ 04 66 77 51 63,
    Fax 04 66 77 55 62, 🌇, « Parc dans le maquis », 🔲 – 🌀 📺 ☎ ✓ & ᴾ – 🛏 30. ⓞ ᴳᴮ ᴶᴄᴮ
    15 mars-31 oct. – **Repas** (fermé mardi soir et merc. sauf du 1er juin au 15 sept.) 200/380 ⵙ,
    enf. 100 – ⇆ 85 – **10 ch** 660/950 – ½ P 700/740

à Durfort Sud-Ouest : 12 km par D 982 – 492 h. alt. 150 – ✉ 30170 :

X **Real**, rte St-Hippolyte-du-Fort ℰ 04 66 77 50 68, 🌇 – ᴾ
    fermé 26 juin au 3 juil., 29 nov au 4 déc., dim. soir et lundi – **Repas** (déj. seul. du 15 sept. au
    1er juil.) 88 bc (déj.), 100/200 bc ⵙ

ANET 28260 E.-et-L. 55 ⑰, 106 ⑬ – 2 696 h alt. 73.

Voir *Château*★, G. Normandie Vallée de la Seine.

🛈 *Syndicat d'initiative* 8 r. Delacroix 🕾 02 37 41 49 09.

Paris 78 – Chartres 51 – Dreux 18 – Évreux 35 – Mantes-la-Jolie 28 – Versailles 58.

🏬 **Dousseine** ⌾ sans rest, rte Sorel-Moussel 🕾 02 37 41 49 93, Fax 02 37 41 90 54, « Jardin fleuri », 🐎, ⚒ – 📺 ☎ 🗪 & 🅿 – 🔬 40. ⅌

⇆ 40 – **20 ch** 280/300

🍴🍴 **Auberge de la Rose** avec ch, 6 r. Ch. Lechevrel 🕾 02 37 41 90 64, Fax 02 37 41 47 88 –
⤷100 ☎. ⅌

fermé dim. soir et lundi – **Repas** 153/240 ⅌ – ⇆ 35 – **7 ch** 190/240

🍴🍴 **Manoir d'Anet,** 3 pl. Château 🕾 02 37 41 91 05, Fax 02 37 41 91 04 – ⅍ ⅌
fermé 5 au 25 janv., mardi soir, jeudi soir et merc. – **Repas** 138/238

ANGERS 🅿 49000 M.-et-L. 63 ⑳ G. *Châteaux de la Loire* – 141 404 h Agglo. 208 282 h alt. 41.

Voir *Château*★★★ : tenture de l'Apocalypse★★★, tenture de la Passion et Tapisseries mille-fleurs★★ – *Vieille ville*★ : cathédrale★★, galerie romane★★ de la préfecture★ BZ P, galerie David d'Angers★ BZ B, – Maison d'Adam★ BYZ K - Hôtel Pincé★ – Choeur★★ de l'église St-Serge★ – Musée Jean Lurçat et de la Tapisserie contemporaine★★ dans l'ancien hôpital St-Jean★ – La Doutre★ AY.

Env. *Château de Pignerolle*★ : musée européen de la Communication★★ E : 8 km par D 61.

✈ *Aéroport d'Angers-Marcé,* 🕾 02 41 33 50 00, Fax 02 41 33 50 05, par ① 24 km.

🛈 *Office de Tourisme* 13 prom. du Bout du Monde 🕾 02 41 23 51 11, Fax 02 41 23 51 66.

Paris 295 ① – Laval 79 ⑤ – Le Mans 96 ① – Nantes 91 ⑤ – Rennes 128 ⑤ – Tours 108 ①.

🏨 **Anjou,** 1 bd Mar. Foch 🖂 49100 🕾 02 41 88 24 82, Fax 02 41 87 22 21, « Belle décoration intérieure » – 🛗 📺 ☎ 🗪 ⟷ – 🔬 120. ⅍ ⓪ ⅌ 🃏 ⅌ rest CZ h
Salamandre : Repas 145(déj.),180/240 ⅊ – ⇆ 62 – **53 ch** 400/790, 4 appart

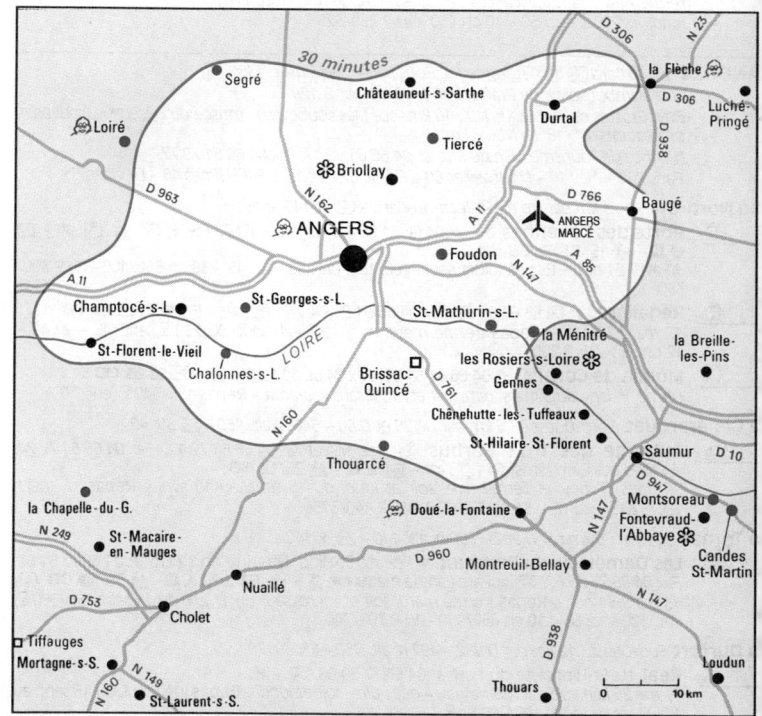

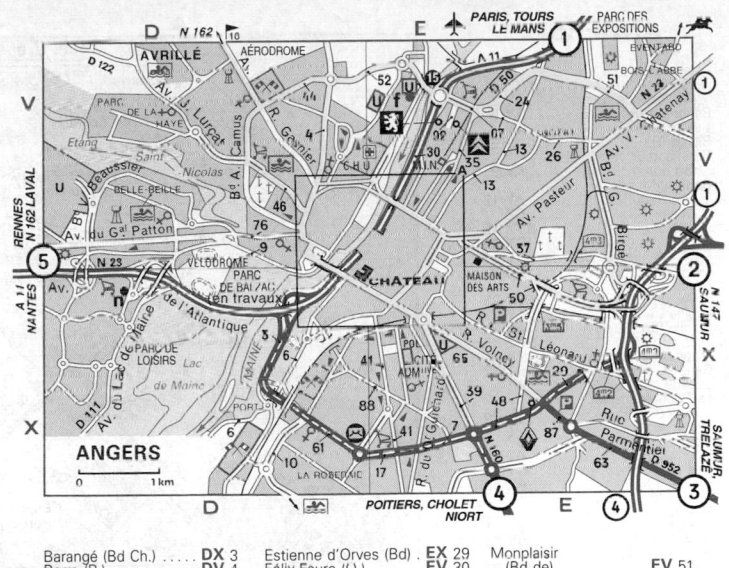

France, 8 pl. Gare ✉ 49100 ℘ 02 41 88 49 42, Fax 02 41 06 76 70 – 🛗 ▦ 📺 ☎ ✆ – 🔥 55. ⚠ ⓞ ☒ 💳
AZ t
Plantagenets (fermé 1ᵉʳ au 15 août, sam. midi et dim. soir) Repas 100(déj.), 130/210 ♔, enf. 70 – **Le Bistrot** (fermé 23 déc. au 3 janv.) Repas 65/100 ♔ – ☷ 55 – **56 ch** 400/600 – ½ P 300

Mercure Centre Ⓜ, pl. Mendès-France (Centre des Congrès) ✉ 49100 ℘ 02 41 60 34 81, Fax 02 41 60 57 84 – 🛗 ⇗, ▦ rest, 📺 ☎ ⅗ 🚗 – 🔥 30. ⚠ ⓞ ☒ 💳
CY a
Repas (fermé 25 déc. au 3 janv.) (90) - 120 ♔, enf. 48 – ☷ 60 – **84 ch** 515/560

Bleu Marine, 18 bd Mar. Foch ✉ 49100 ℘ 02 41 87 37 20, Fax 02 41 07 49 54, 🎄 – 🛗 📺 ☎ ✆ – 🔥 80. ⚠ ⓞ ☒
CZ u
Repas (95) - 145 ♔, enf. 49 – ☷ 60 – **70 ch** 420/480

Mail ॐ sans rest, 8 r. Ursules ✉ 49100 ℘ 02 41 25 05 25, Fax 02 41 86 91 20, « Demeure du 17ᵉ siècle » – 📺 ☎ ✆ 🅿. ⚠ ⓞ ☒
CY b
☷ 37 – **26 ch** 245/360

Progrès sans rest, 26 r. D. Papin ✉ 49100 ℘ 02 41 88 10 14, Fax 02 41 87 82 93 – 🛗 📺 ☎ ✆. ⚠ ⓞ ☒ – ☷ 39 – **41 ch** 280/330
AZ f

St-Julien sans rest, 9 pl. Ralliement ✉ 49100 ℘ 02 41 88 41 62, Fax 02 41 20 95 19 – 🛗 📺 ☎. ⚠ ⓞ ☒
CY e
☷ 38 – **34 ch** 235/330

Holiday Inn Express Ⓜ, 23 bis r. P. Bert ℘ 02 41 25 48 48, Fax 02 41 25 48 49 – 🛗 ⇗ 📺 ☎ ✆ & 🅿 – 🔥 40. ⚠ ⓞ ☒ 💳
CZ e
Repas (fermé vend. soir, dim. midi et sam.) 85/250 ♌ – ☷ 30 – **52 ch** 370

Continental sans rest, ✉ 49100 ℘ 02 41 86 94 94, Fax 02 41 86 96 60 – 🛗 📺 ☎ ✆. ⚠ ⓞ ☒ – ☷ 34 – **25 ch** 220/320
BYZ n

Ibis, r. Poissonnerie ✉ 49100 ℘ 02 41 86 15 15, Fax 02 41 87 10 41 – 🛗 ⇗ 📺 ☎ ✆ & – 🔥 30. ⚠ ⓞ ☒
BY b
Repas (dîner seul.) 61/110 ♌, enf. 39 – ☷ 37 – **95 ch** 305/340

ANGERS

*Pas de publicité
payée dans ce guide*

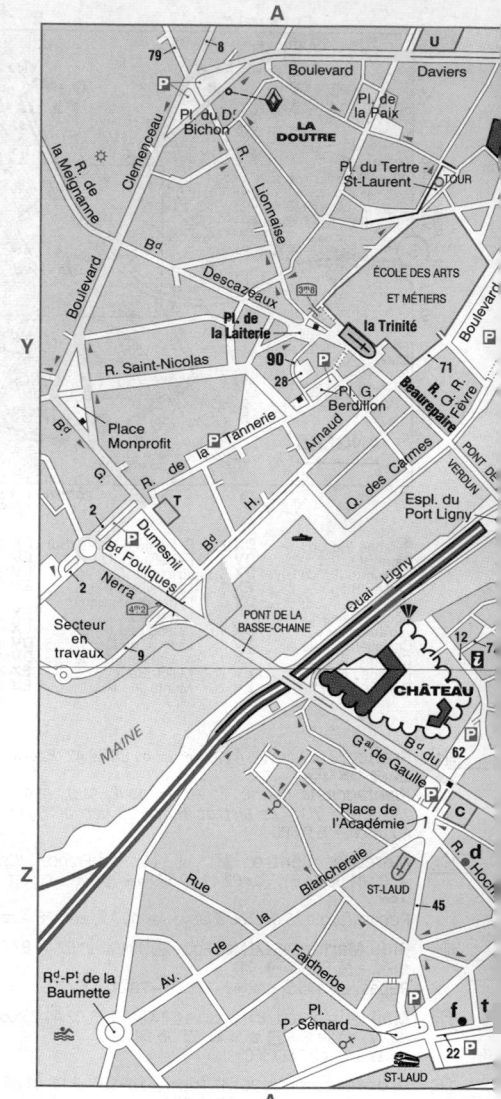

🏠 **Europe** sans rest, 3 r. Château-Gontier ⊠ 49100 ☎ 02 41 88 67 45, Fax 02 41 86 17 42 –
📺 ☎ ✔. 🆎 ⓪ 🅶🅱 ⛎ – ☑ 30 – **29 ch** 233/278   **CZ a**

🏠 **Royalty** sans rest, 21 bd Ayrault ⊠ 49100 ☎ 02 41 43 78 76, Fax 02 41 60 37 51 – ⧉ 📺 ☎
✔ ও. 🅶🅱 – fermé 26 déc. au 2 janv. – ☑ 35 – **20 ch** 225/290   **CY z**

XX **Provence Caffé**, 9 pl. Ralliement ☎ 02 41 87 44 15, Fax 02 41 87 44 15 – 🍽. 🅶🅱,
🕭 – fermé 1ᵉʳ au 20 août, 23 déc. au 7 janv., lundi midi et dim. – Repas (prévenir) 98/
149 ♀   **BCY e**

XX **Ma Campagne,** 14 prom. de Reculée ⊠ 49100 ☎ 02 41 48 38 06, Fax 02 41 48 04 37,
🏧 – 🅶🅱   **EV f**
fermé dim. soir et lundi – **Repas** 85 (déj.), 105/195 ♀, enf. 60

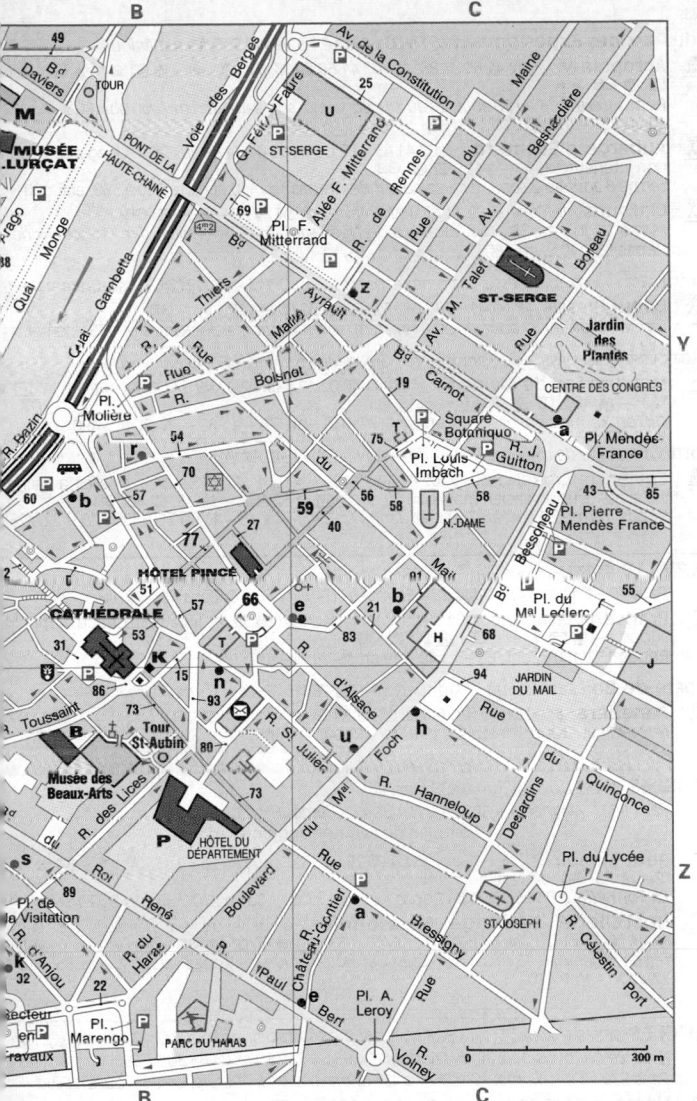

XX **Lucullus,** 5 r. Hoche ⊠ 49100 ℰ 02 41 87 00 44, *Fax 02 41 87 00 44*, « Salles voûtées » –
AE GB – *fermé 1ᵉʳ au 22 août, vacances de fév., dim. sauf le midi de sept. à juin et lundi –*
Repas *(85)* - 115/270 bc, enf. 60   AZ **d**

XX **Rose d'Or,** 21 r. Delaâge ⊠ 49100 ℰ 02 41 88 38 38 – 🍴. GB. ⚬ – *fermé dim. soir et*
lundi – **Repas** *(nombre de couverts limité, prévenir)* 110/180, enf. 60   BZ **s**

X **Relais,** 9 r. Gare ⊠ 49100 ℰ 02 41 88 42 51, *Fax 02 41 24 75 20* – GB – *fermé*
13 au 29 août, 24 déc. au 2 janv., dim. sauf le midi de sept. à juin et lundi – **Repas** *(80)* -
98/160 ⱺ   BZ **k**

X **Péché Gourmand,** 48 r. Parcheminerie ℰ 02 41 81 04 76 – AE ⓞ GB   BY **r**
✂ *fermé dim. –* **Repas** 68/169 ⱺ

près du Parc des Expositions *par ① N 23 : 6 km* – ⊠ *49480 St Sylvain d'Anjou :*

🏠 **Acropole** Ⓜ, ℰ 02 41 60 87 88, Fax 02 41 60 30 03, 斎, 🛏, 🔌 – 🛗 📺 📞 📞 ♿ 🅿 – 🔬 80
ⒶⒺ ⓞ ⒼⒷ ⒿⒸⒷ
Repas *(fermé 13 au 20 août, 24 au 31 déc., vend. soir, sam. et dim.)* (70) - 90/160 ♀ – ⊇ 45
50 ch 350 – ½ P 270

❌❌❌ **Auberge d'Éventard**, ℰ 02 41 43 74 25, Fax 02 41 34 89 20, 斎, « Élégante décoration intérieure », 🛏 – 📺 🅿 ⒶⒺ ⒼⒷ. 🛏
fermé 8 août au 2 sept., dim. soir et lundi – **Repas** 165/410 et carte 280 à 360, enf. 100

❌❌ **Clafoutis**, rte Paris ℰ 02 41 43 84 71, Fax 02 41 34 74 80 – 🗏 🅿. ⒶⒺ ⒼⒷ
fermé 24 juil. au 23 août, vacances de Noël, sam. midi, lundi soir, dim. et soirs fériés
Repas 95/240 ♀, enf. 60

à Foudon *Est : 11 km (dir. Plessis-Grammoire) par D 116 et D 113* – ⊠ *49124 Plessis-Grammoire :*

❌❌ **Boeuf Plessis**, ℰ 02 41 76 72 12, Fax 02 41 76 80 85, 斎, 🛏 – ⒼⒷ
🐄 *fermé 30 juil. au 22 août, 1er au 8 fév., dim. soir, lundi et mardi* – **Repas** 85/235 ♀, enf. 65

à l'Ouest *vers ⑤ autoroute de Nantes, sortie Grand Maine : 2 km* – ⊠ *49000 Angers :*

🏯 **Mercure Lac de Maine** Ⓜ, ℰ 02 41 48 02 12, Fax 02 41 48 57 51, 🎿 – 🛗 🛏 🗏 📺
📞 🅿 – 🔬 100. ⒶⒺ ⓞ ⒼⒷ ⒿⒸⒷ   DX
Diffen *(fermé sam. et dim.)* **Repas** 105/210 ♀, enf. 75 – ⊇ 60 – **75 ch** 445/490

au Nord-Ouest *rte de Laval par N 162 : 8 km* - DV – ⊠ *49240 Avrillé :*

🏠 **Cavier**, La Croix-Cadeau ℰ 02 41 42 30 45, Fax 02 41 42 40 32, 斎, « Salles à mange
installées dans un ancien moulin », 🛏, 📺 📞 📞 🅿 – 🔬 35. ⒶⒺ ⓞ ⒼⒷ
Repas *(fermé 24 déc. au 7 janv. et dim.)* 97/182 ♣ – ⊇ 48 – **43 ch** 260/380 – ½ P 227/282

ANGERVILLE 91670 Essonne 🐿 ⑲ – *3 012 h alt. 141.*
Paris 70 – *Chartres 46* – *Ablis 28* – *Étampes 20* – *Évry 56* – *Orléans 49* – *Pithiviers 28.*

🏨 **France**, pl. du Marché ℰ 01 69 95 11 30, Fax 01 64 95 39 59, « Cadre rustique et mobilie
ancien » – 🛗 📺 📞 ⟶ 🅿 – 🔬 60. ⒶⒺ ⒼⒷ
Repas 150/180 ♀, enf. 60 – ⊇ 48 – **19 ch** 350/550 – ½ P 780

à la Poste-de-Boisseaux *Sud : 7 km sur N 20* – ⊠ *28310 (E.-et-L) Barmainville :*

❌❌ **Panetière**, ℰ 02 38 39 58 26, Fax 02 38 39 53 40, 🛏 – 🅿. ⒶⒺ ⒼⒷ
fermé 1er au 9 août, mardi soir et lundi – **Repas** 115/165

Les ANGLES 30133 Gard 🐿 ⑪ – *6 838 h alt. 66.*
Paris 684 – *Avignon 6* – *Alès 71* – *Nîmes 45* – *Remoulins 21*
Voir plan de Avignon agglomération.

🏨 **Petit Manoir** 🛏, av. J. Ferry ℰ 04 90 25 03 36, Fax 04 90 25 49 13, 斎, 🛏 – 📺 📞 📞
🅿 – 🔬 35. ⒼⒷ. 🛏 rest   AV
La Tonnelle ℰ 04 90 26 04 04 **Repas** 98/300 – ⊇ 39 – **50 ch** 270/360 – ½ P 270/315

🏨 **Hostellerie Ermitage Meissonnier**, à Bellevue sur D 900 rte Nîme
ℰ 04 90 25 41 02, Fax 04 90 25 11 68, 🛏, 🛏 📞 🅿 ⒶⒺ ⓞ ⒼⒷ ⒿⒸⒷ   AV
fermé 1er janv. au 15 mars, dim. soir (sauf hôtel) et lundi – **Repas** 98/300 ♣ – ⊇ 55 – **16 c**
270/520 – ½ P 470

Les ANGLES 66210 Pyr.-Or. 🐿 ⑯ – *528 h alt. 1650 – Sports d'hiver : 1 600/2 400 m ✦2 ✦24 ✦.*
🅱 Office de Tourisme 2 av. de l'Aude ℰ 04 68 04 32 76, Fax 04 68 30 93 09.
Paris 879 – *Font-Romeu-Odeillo-Via 19* – *Mont-Louis 11* – *Perpignan 91* – *Quillan 60.*

🏠 **Llaret**, ℰ 04 68 30 90 90, Fax 04 68 30 91 66, ← – 📺 📞 🅿. ⒼⒷ. 🛏
20 juin-30 sept. et 1er déc.-30 avril – **Repas** 95/155, enf. 50 – ⊇ 40 – **26 ch** 300/350
½ P 300/330

ANGLES-SUR-L'ANGLIN 86260 Vienne 🐿 ⑮ *G. Poitou Vendée Charentes* – *424 h alt. 100.*
Voir Site★ – Ruines du château★.
🅱 Office de Tourisme 14 La Place ℰ 05 49 48 86 87.
Paris 298 – *Poitiers 51* – *Châteauroux 78* – *Châtellerault 34* – *Montmorillon 34.*

❌❌ **Relais du Lyon d'Or** 🛏 avec ch, rte de Vicq ℰ 05 49 48 32 53, Fax 05 49 84 02 2
« Maison du 15e siècle » – 📺 📞 📞 🅿. ⒼⒷ
1er janv. au 10 fév. – **Repas** *(fermé mardi midi et lundi)* 110/190 ♀ – ⊇ 40 – **10 ch** 370/450
½ P 340/380

64600 Pyr.-Atl. 🟨 ⑱ *G. Aquitaine* – *33 041 h alt. 20.*

　　🛬 *de Biarritz-Anglet-Bayonne* ℰ *05 59 43 83 83, SO : 2 km.*

　　🄳 *Office de Tourisme 1 av. Chambre-d'Amour* ℰ *05 59 03 77 01, Fax 05 59 03 55 91.*

　　Paris 774 – *Biarritz 4* – *Bayonne 5* – *Cambo-les-Bains 17* – *Pau 115* – *St-Jean-de-Luz 18*

　　　　　　　　Plan : voir Biarritz-Anglet-Bayonne.

🏨 **Novotel Biarritz Aéroport** Ⓜ, 68 av. Espagne, N 10 ℰ 05 59 58 50 50, Fax 05 59 03 33 55, 😊, 🏊, 🌳, 🍴 – 🖃 🕿 📺 🕿 ❤ 🕭 🅿 – 🛗 25 à 120. 🖭 ⓪ ☕ ᴶᶜᴮ
Repas *(95)* - 140 ♈, enf. 50 – 🖵 57 – **121 ch** 540/625　　　　　　BX m

🏨 **Atlanthal** Ⓜ 🐚, 153 bd Plages - ABX ℰ 05 59 52 75 75, Fax 05 59 52 75 13, ≤, 😊, centre de thalassothérapie, 🗗, 🏊, 🛝, 🌳 – 🖃 cuisinette, 🖿 rest, 📺 🕿 🕭 🅿 – 🛗 20 à 150. 🖭 ⓪ ☕, ᴥ rest
Repas 175 ♈ – 🖵 65 – **99 ch** 650/1610 – ½ P 680/1020

🍴 **La Concha**, 299 av. de l'Adour, à la patinoire - dir. La Barre BX ℰ 05 59 63 49 52, Fax 05 59 63 84 52 – 🖿. ☕
Repas carte 150 à 260 ♈

Ⓟ *16000 Charente* 🟨 ⑬ ⑭ *G. Poitou Vendée Charentes* – *42 876 h Agglo. 102 908 h alt. 98.* – An 2000 janv.-sept. : *Major Moebius, dessinateur de BD (Exposition).*

　　Voir *La ville haute* ★★ – *Site* ★ – *Promenade des remparts* ★★ – *Cathédrale St-Pierre* ★ : façade ★★ Y F – *C.N.B.D.I. (Centre national de la bande dessinée et de l'image)* ★ Y.

　　🛬 *d'Angoulême-Champniers,* ℰ *05 45 69 88 09, par* ① *: 12 km.*

　　🄳 *Office de Tourisme pl. des Halles* ℰ *05 45 95 16 84, Fax 05 45 95 91 76.*

　　Paris 449 ① – *Bordeaux 120* ⑤ – *Limoges 103* ② – *Niort 115* ① – *Périgueux 85* ③.

🏨 **Mercure - H. de France** Ⓜ, 1 pl. Halles Centrales ℰ 05 45 95 47 95, Fax 05 45 92 02 70, 😊, 🌳 – 🖃 🕿, 🖿 rest, 📺 🕿 ❤ 🕭 ⟷ – 🛗 25 à 200. 🖭 ⓪ ☕　　　　Y e
Repas *(fermé sam. midi, dim. midi et les midis fériés)* *(99)* - 169 ♈, enf. 69 – 🖵 60 – **89 ch** 480/630

🏨 **Européen** Ⓜ sans rest, pl. G. Pérot ℰ 05 45 92 06 42, Fax 05 45 94 88 29 – 🖃 🕿 📺 🕿 ❤ 🕭 ⟷ – 🛗 15. 🖭 ⓪ ☕　　　　　　　　　　　　　　Y a
🖵 45 – **33 ch** 330/450

ANGOULEME

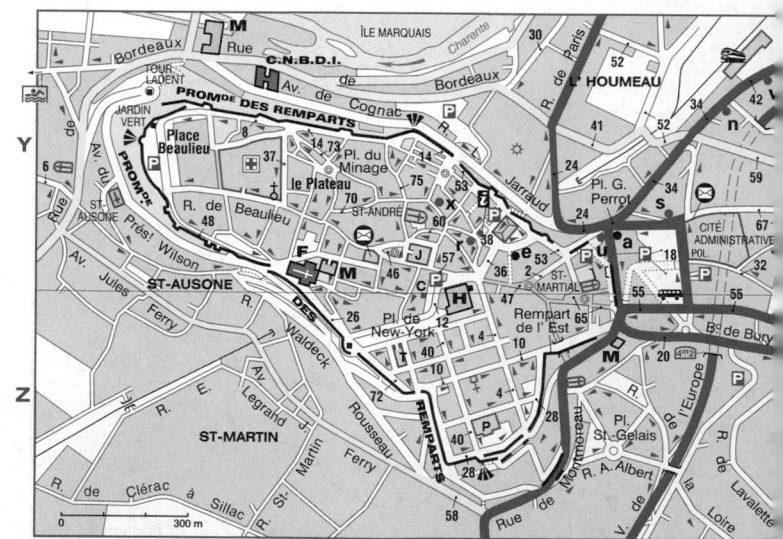

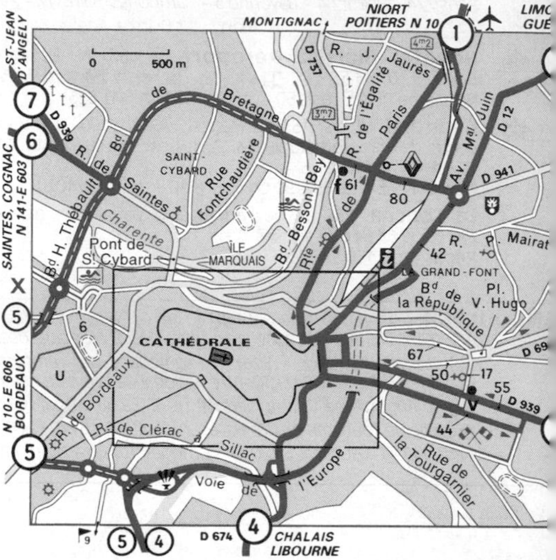

🏨 **St-Antoine,** 31 r. St Antoine ℰ 05 45 68 38 21, *Fax 05 45 69 10 31*, 🍴 – 🛏 📺 ☎ ✆ ♿ P
🅿 📶 20. �credit 🅾 GB ⱼcⱽ   X
Repas *(fermé sam. midi et dim. soir)* 80/120, enf. 50 – ⌹ 39 – **32 ch** 295/340 – ½ P 255
275

🏨 **L'Épi d'Or** sans rest, 66 bd René Chabasse ℰ 05 45 95 67 64, *Fax 05 45 92 97 23* – 🛏 📺
P – 📶 20. ⱰⰀ 🅾 GB   X
fermé 24 déc. au 2 janv. – ⌹ 35 – **33 ch** 300/350

178

XXX **Ruelle**, 6 r. Trois Notre-Dame ☎ 05 45 95 15 19, Fax 05 45 95 15 19 – 🝇 ⓘ 🆖 🔃
fermé 17 au 30 avril, 31 juil. au 20 août, 1er au 14 janv., 17 fév. au 7 mars, sam. midi et dim. –
Repas 178 bc (déj.), 180/280 et carte 240 à 440 ♈   Y x

XX **Rest. Le Terminus**, 1 pl. Gare ☎ 05 45 95 27 13, Fax 05 45 94 04 09 – 🝇 ⓘ 🆖 🔃
fermé 15 au 20 août, dim. soir et lundi – **Repas** 98/170 ♈   Y n

X **Tour des Valois**, 7 r. Massillon ☎ 05 45 95 23 64, Fax 05 45 38 14 55 – 🝇 🆖
成 *fermé 15 août au 6 sept., 20 au 27 fév., dim. soir et lundi midi –* **Repas** 68/208 ♈   Y r

X **Le Bastien**, 23 pl. Gare ☎ 05 45 95 00 27, Fax 05 45 93 20 62 – ■. 🆖   Y v
fermé 14 au 20 août, Noël au Jour de l'An, sam. midi et dim. – **Repas** 70 (déj.), 110/150 ♈,
cnf. 50

X **Cité**, 28 r. St-Roch ☎ 05 45 92 42 69, Fax 05 45 93 24 35 – 🝇 ⓘ 🆖   Y s
fermé 1er au 15 août, vacances de fév. et dim. – **Repas** 72 (déj.), 98/160 ♓

X **Palma**, 4 rampe d'Aguesseau ☎ 05 45 95 22 89, Fax 05 45 94 26 66 – 🆖   Y u
成 *fermé vacances de Noël, sam. midi et dim. –* **Repas** 70/180 ♈, enf. 48

te de Poitiers *par* ① – ✉ *16430 Champniers :*

🏨🏨 **Relais Mercure** Ⓜ, à 6 km près échangeur Nord ☎ 05 45 68 53 22, Fax 05 45 68 33 83,
🖼, 🝇, 🐾 – 📶 🍴 🖬 🖵 ☎ ☪ ♿ 🅿 – 🝱 180. 🝇 ⓘ 🆖
Repas *(76)* - 120 ♈, enf. 50 – 🍽 58 – **103 ch** 380/410

🏨 **Ibis**, à 6 km près échangeur Nord ☎ 05 45 69 16 16, Fax 05 45 68 20 77, 🖼 – 🍴 🖵 ☎ ☪
♿ 🅿 – 🝱 25. 🝇 ⓘ 🆖
Repas *(75)* - 95 ♓, enf. 39 – 🍽 35 – **62 ch** 315/345

■ Soyaux *par* ③ *: 4 km – 10 353 h. alt. 133 – ✉ 16800 :*

XX **Cigogne**, (à la Mairie, prendre r. A.-Briand et 1,5 km) ☎ 05 45 95 89 23, Fax 05 45 95 89 23,
−, 🖼, « *Terrasse face à la campagne* » – 📠. 🝇 ⓘⓘ
fermé 13 au 27 nov., 12 au 19 fév., dim. soir et lundi – **Repas** 75 (déj.), 105/155 ♈

■ Maison-Neuve *par* ③ *et D 939, D 4 et D 25 : 17 km – ✉ 16410 Vouzan :*

XX **Orée des Bois** 🛏 avec ch, ☎ 05 45 24 94 38, Fax 05 45 24 97 51, 🖼, 🝇 – 🖵 ☎ ☪ 🅿.
🝇 🆖
fermé vacances de Toussaint, de fév., dim. soir et lundi – **Repas** 130/320, enf. 60 – 🍽 40 –
7 ch 260 – ½ P 320

■ Roullet *par* ⑤ *et N 10, dir. Bordeaux : 14 km – 3 378 h. alt. 50 – ✉ 16440 :*

🏨🏨 **Vieille Étable** 🛏, rte Mouthiers : 1,5 km ☎ 05 45 66 31 75, Fax 05 45 66 47 45, parc, 🝇,
☯ – 🖵 ☎ ☪ 🅿 – 🝱 50. 🆖. 🍴 rest
fermé dim. soir d'oct. à mai – **Repas** 88/270 ♓, enf. 90 – 🍽 37 – **29 ch** 300/380 –
½ P 330/370

🏨 **Marjolaine** sans rest, Les Glamots ☎ 05 45 66 46 46, Fax 05 45 66 43 29 – 🖵 ☎ ☪ 止 🅿.
🆖, 🍴
fermé 24 déc. au 3 janv. et dim. soir en hiver – 🍽 27 – **30 ch** 175/230

■ te de Cognac *par* ⑥, *N 141 et D 120 : 10 km* ✉ *16290 Asnières sur Nouère :*

🏨🏨🏨 **Hostellerie du Moulin du Maine Brun** 🛏, ☎ 05 45 90 83 00, Fax 05 45 96 91 14,
🖼, « *Beau mobilier* », 🝇, 🝇 – 🖵 ☎ ☪ 🅿. 🝇 ⓘ 🆖 🔃
15 avril-15 oct. – **Repas** *(fermé lundi)* 105/205 ♈, enf. 55 – 🍽 65 – **18 ch** 460/750 –
½ P 485/570

■ ANNEBAULT 14430 Calvados 🝮 ⑰ – 317 h alt. 140.
Paris 199 – Caen 35 – Cabourg 15 – Pont-l'Évêque 11.

XX **Auberge Le Cardinal** avec ch, ☎ 02 31 64 81 96, Fax 02 31 64 64 65, 🖼, 🝇 – 🖵 ☎ 🅿.
🆖 – *fermé 10 janv. au 10 fév., mardi soir et merc. –* **Repas** 110/290 ♈, enf. 58 – 🍽 40 – **7 ch**
290/330 – ½ P 320/380

■ ANNECY 🅿 74000 H.-Savoie 🝮 ⑥ *G. Alpes du Nord* – 49 644 h Agglo. 126 729 h alt. 448 – Casino.
Voir *Le Vieil Annecy*★★ : *Descente de Croix*★ *dans l'église St-Maurice* EY E, *Palais de l'Isle*★★
EY M², *rue Ste-Claire*★ – *pont sur le Thiou* ≤★ EY N – *Musée-château*★ – *Les Jardins de*
l'Europe★.
Env. *Tour du lac*★★★ *39 km, en bateau : 1h30 – Gorges du Fier*★★ : *11 km par* ⑥ –
Collections★ *du château de Montrottier : 11 km par* ⑥ – *Crêt de Châtillon* ☀★★★ : *18,5 km*
par ⑥ *puis 15 min – Col de la Forclaz*★★ – *Forêt du crêt du Maure*★ ; ≤★ *3 km par D 41.*
🛬 *d'Annecy-Meythet* ☎ 04 50 27 30 06, *par N 508* BU *et D 14 : 4 km.*
🅱 *Office de Tourisme Clos Bonlieu 1 r. J.-Jaurès* ☎ 04 50 45 00 33, Fax 04 50 51 87 20.
Paris 541 ⑤ – *Aix-les-Bains 34* ⑤ – *Genève 47* ① – *Lyon 140* ⑤ – *St-Étienne 187* ⑤.

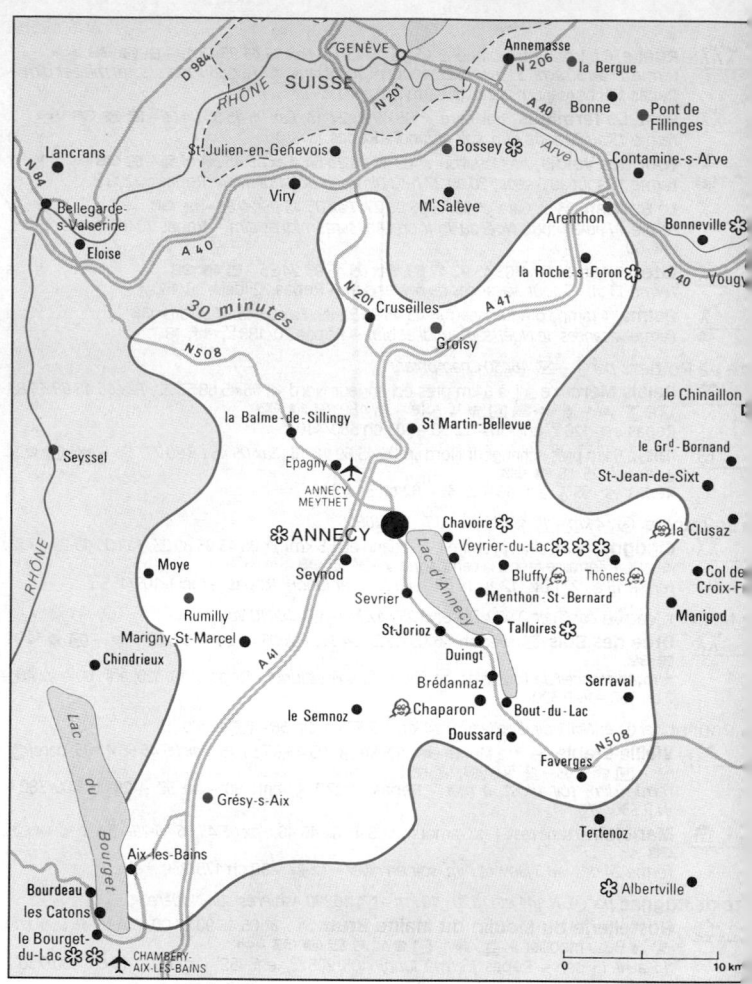

ANNECY

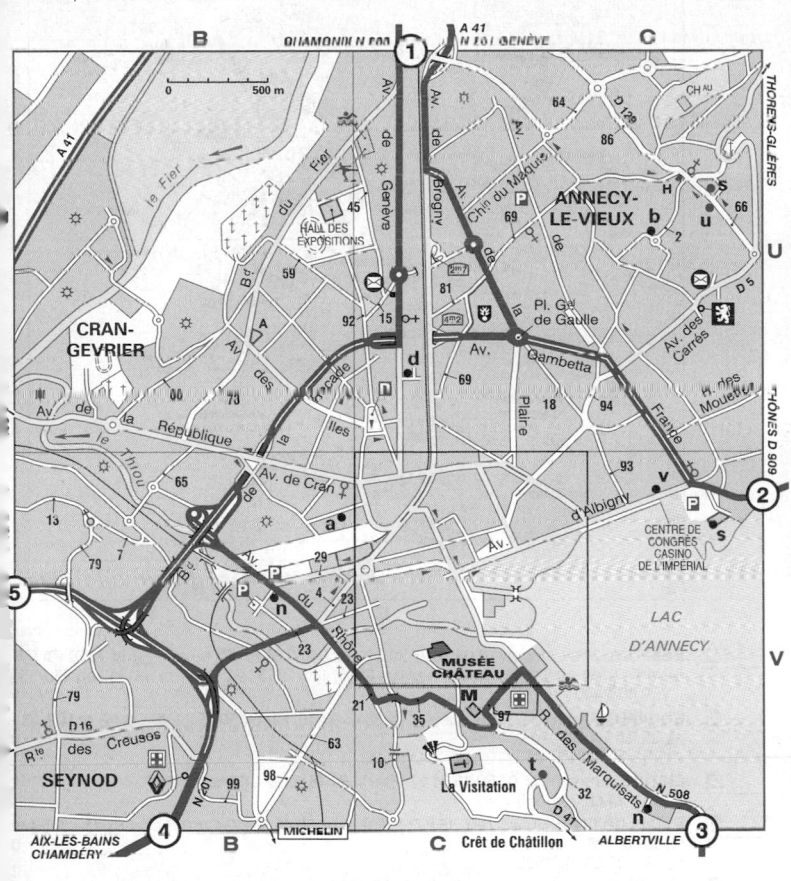

🏨 **Allobroges** sans rest, 11 r. Sommeiller ℰ 04 50 45 03 11, *Fax 04 50 51 88 32* – 📶 cuisinette 📺 ☎ 🕭 🅿 – 🔬 25. 🆎 ⓪ 🇬🇧 🇯🇨🇧   DY n
⌷ 68 – **50 ch** 550/650

🏨 **Holiday Inn Garden Court** Ⓜ, 5 av. Thiou ℰ 04 50 52 35 35, *Fax 04 50 52 35 00* – 📶
🍴 🞑 📺 ☎ 🕿 🕭 ⇔ – 🔬 60. 🆎 ⓪ 🇬🇧 🇯🇨🇧. 🛠 rest   BV n
Repas *(58)*·70/180 ♈, enf. 45 – ⌷ 85 – **125 ch** 600/650

🏨 **Marquisats** ⌾ sans rest, 6 chemin Colmyr ℰ 04 50 51 52 34, *Fax 04 50 51 89 42* – 📶 📺
☎ 🅿. 🆎 ⓪ 🇬🇧. 🛠   CV n
⌷ 55 – **22 ch** 400/600

🏨 **Flamboyant** sans rest, 52 r. Mouettes **CU** à Annecy-le-Vieux ⊠ 74940 ℰ 04 50 23 61 69,
Fax 04 50 23 05 03 – cuisinette 🞑 📺 ☎ ⇔ 🅿. 🆎 ⓪ 🇬🇧 🇯🇨🇧
⌷ 59 – **30 ch** 375/695

ANNECY

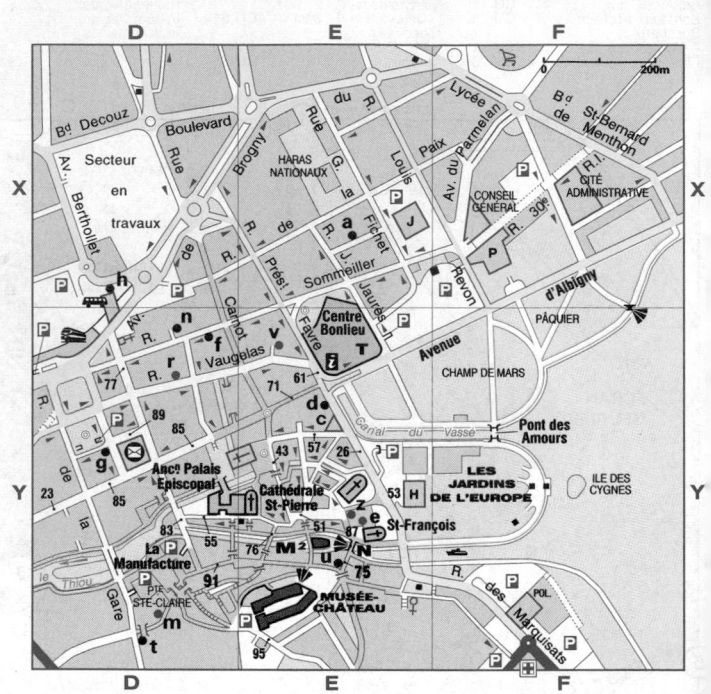

🏨 **Réserve**, 21 av. Albigny ℘ 04 50 23 50 24, Fax 04 50 23 51 17, ≤, 鼻 – 📺 ☎ 🅿. 🖭 ⓪ 🖸🖻
fermé 20 déc. au 8 janv. – **Repas** (106) - 128 (déj.), 140/195 ♀, enf. 65 – 🖙 48 – **12 ch** 450/550
– ½ P 400/440
CV **v**

🏠 **Bonlieu** Ⓜ sans rest, 5 r. Bonlieu ℘ 04 50 45 17 16, Fax 04 50 45 11 48 – 🛗 📺 ☎ ✔ ℥ 🖻 –
🔏 25. 🖭 ⓪ 🖸🖻 🔟🖻
🖙 48 – **35 ch** 390/490
EX **a**

🏠 **Clarine** sans rest, ℘ 04 50 45 04 12, Fax 04 50 45 90 92 – 📺 ☎ ✔. 🖸🖻
🖙 38 – **24 ch** 258/358
DY **t**

🏠 **Palais de l'Isle** Ⓜ sans rest, 13 r. Perrière ℘ 04 50 45 86 87, Fax 04 50 51 87 15 – 🛗 📺 ☎
✔. 🖭 ⓪ 🖸🖻
🖙 49 – **26 ch** 425/525
EY **u**

🏠 **Nord** sans rest, 24 r. Sommeiller ℘ 04 50 45 08 78, Fax 04 50 51 22 04 – 🛗 📺 ☎. 🖭 🖸🖻
🖙 38 – **30 ch** 268/338
DY **f**

🏠 **Les Terrasses**, 15 r. L. Chaumontel ℘ 04 50 57 08 98, Fax 04 50 57 05 28, 斎, 鼻 – 📺 ☎
⊝ ✔ 🅿. ⓪ 🖸🖻. ᏚᏚ rest
BV **a**
Repas (fermé 18 déc. au 14 janv. et dim. sauf juil.-août) (59) - 85 ♀ – 🖙 35 – **20 ch** 290/370 –
½ P 255/305

🏠 **Eden** sans rest, 3 r. Alpins ℘ 04 50 57 14 64, Fax 04 50 67 00 87 – 📺 ☎ ⅙. 🖸🖻. ᏚᏚ
fermé 15 au 29 oct. – 🖙 33 – **10 ch** 248/310
CU **d**

🍴🍴🍴 **Clos des Sens** (Petit), 13 r. J. Mermoz à Annecy-le-Vieux par av. France et rte Thônes
✉ 74940 ℘ 04 50 23 07 90, Fax 04 50 66 56 54, 斎 – 🖭 ⓪ 🖸🖻
CU **u**
🥨 fermé 1er au 15 janv., sam. midi, dim. soir et lundi – **Repas** 135 (déj.), 198/380 et carte 290 à
430 ♀, enf. 78
Spéc. Beignets de gigotins de grenouilles. Porcelet des Bauges, polenta moelleuse.
Fenouil-feuilles caramélisées, chutney et glace estragon.

XXX **Ciboulette**, 10 r. Vaugelas - impasse Pré Carré ℰ 04 50 45 74 57, Fax 04 50 45 76 75, 🏤
– GB – *fermé 1ᵉʳ au 21 juil., vacances de fév., dim. et lundi sauf fériés* – **Repas** 140/220 et
carte 250 à 360   EY v

XXX **L'Atelier Gourmand** (Leloup), 2 r. St-Maurice ℰ 04 50 51 19 71, Fax 04 50 51 36 48, 🏤
– AE ① GB   EY z
*fermé 21 août au 5 sept., 21 fév. au 7 mars, dim. (sauf le midi de juin à août et de nov. à
janv.) et lundi* – **Repas** 195/450 et carte 400 à 530
Spéc. Poissons du lac (fév.-oct.). Lasagne de fruits de mer à l'encre de seiche. Soupe au
chocolat. **Vins** Chignin-Bergeron, Mondeuse.

XX **Auberge de Savoie**, 1 pl. St-François-de-Sales ℰ 04 50 45 03 05, Fax 04 50 51 18 28,
🏤 – GB – *fermé 26 avril au 3 mai, 13 au 23 nov., 1ᵉʳ au 10 janv., mardi soir et merc.* –
Repas - produits de la mer - 145/265 ⌾   EY e

XX **Belvédère**, rte Semnoz Sud-Est . 2 km par r. Marquisat ℰ 04 50 45 04 90,
Fax 04 50 45 67 25, ≤ Annecy et lac, 🏤 – AE GB, ✦   CV t
fermé 15 janv. au 15 mars, dim. soir et lundi – **Repas** 160/330

XX **Pré de la Danse**, 16 r. J. Mermoz à Annecy-le-Vieux, par av. France et rte Thônes
✉ 74940 ℰ 04 50 23 70 41, Fax 04 50 09 90 83, 🏤 – P. GB   CU s
fermé dim. soir et lundi – **Repas** 85 bc (déj.), 128/198 ⌾, enf. 55

XX **Bilboquet**, 14 fg Ste-Claire ℰ 04 50 45 21 68, Fax 04 50 45 21 68 – AE GB   DY m
fermé 3 au 10 juil., 1ᵉʳ au 8 janv., dim. soir et lundi sauf juil.-août – **Repas** 99/220 ⌾, enf. 60

X **Les Artistes**, 26 r. Vaugelas ℰ 04 50 45 30 04, Fax 04 50 51 12 47 – AE ① GB   DY r
fermé dim. – **Repas** (99) -125/185 ⌾

à Chavoires par ② : 4,5 km – ✉ 74290 Veyrier :

🏨 **Demeure de Chavoire** M sans rest, 71 rte Annecy ℰ 04 50 60 04 38,
Fax 04 50 60 05 36, ≤, « Élégante installation » – 📺 📞 ✔ P. AE ① GB ᴊᴄʙ
fermé 13 au 26 nov. – ⌾ 90 – **10 ch** 800/1150, 3 appart

XXX **L'Amandier** (Cortesi), 91 rte Annecy ℰ 04 50 60 01 22, Fax 04 50 60 03 25, ≤ lac, 🏤, 🌳
– P. AE ① GB
fermé nov., vacances de fév., dim. sauf le midi de mars à sept. – **Repas** 175 (déj.), 245/450 et
carte 340 à 490 ⌾, enf. 75
Spéc. Farcette annécienne en ravioles. Pot-au-feu de foie gras de canard. Rissole de poires
aux fruits secs. **Vins** Chignin-Bergeron, Pinot de Savoie.

à Veyrier-du-Lac par ② : 5,5 km – 1 967 h. alt. 504 – ✉ 74290 .

🛈 Office de Tourisme r. de la Tournette ℰ 04 50 60 22 71, Fax 04 50 60 00 90.

XXXXX **Auberge de l'Éridan** (Veyrat) M ⌾ avec ch, 13 Vieille rte des Pensières
ℰ 04 50 60 24 00, Fax 04 50 60 23 63, ≤ lac, 🏤, 🌳 – 🔲 📺 📞 ✔ 🚗 P. AE ① GB
10 avril - 15 nov. – **Repas** (fermé mardi midi, merc. midi et lundi) 395 (déj.), 695/995 et carte
740 à 1 320 – ⌾ 245 – **11 ch** 1550/3950
Spéc. Omble chevalier à l'émulsion de coquelicot. Caneton au café torréfié, lait de reine des
prés. Salade de fruits et légumes tièdes au sabayon de tanaisie. **Vins** Chignin-Bergeron,
Mondeuse.

rte du Semnoz Sud-Est · 3,5 km par D 41 CV et rte forestière – ✉ 74000 Annecy :

X **Super Panorama** ⌾ avec ch, ℰ 04 50 45 34 86, ≤ lac et montagnes, 🏤, 🌳 – GB
fermé 28 déc. au 31 janv., lundi soir et mardi – **Repas** 98/250 ⌾, enf. 50 – ⌾ 35 – **5 ch** 225

à Seynod par ④ : 1 km – 14 764 h. alt. 577 – ✉ 74600 :

🏨 **Mercure** M, N 201 ℰ 04 50 52 09 66, Fax 04 50 69 29 32, 🏤, 🌀, 🌳 – ✦, 🔲 rest, 📺 📞
✔ 🖐 P – 🔬 70. AE ① GB ᴊᴄʙ
Repas (fermé dim. midi et sam.) (79) -120 ⌾, enf. 50 – ⌾ 55 – **67 ch** 450/520, 4 appart

à Épagny par ⑤ et N 508 : 7 km – 2 061 h. alt. 455 – ✉ 74330 :

🏨 **Alpha** M, ℰ 04 50 22 67 46, Fax 04 50 22 53 71, 🏤 – ✦ 📺 📞 ✔ & 🚗 P – 🔬 20. AE
GB – **Repas** (fermé dim.) 69 bc (déj.)/105 ⅋, enf. 42 – ⌾ 38 – **50 ch** 285/305 – ½ P 290

ANNEMASSE 74100 H.-Savoie 🔟 ⑥ G. Alpes du Nord – 27 669 h alt. 432 – Casino Grand Casino.
🛈 Office de Tourisme Hôtel-de-Ville r. de la gare ℰ 04 50 95 07 10, Fax 04 50 37 11 71.
Paris 541 ③ – Annecy 51 ③ – Thonon-les-Bains 31 ① – Bonneville 21 ③ – Genève 8 ③.

Plan page suivante

🏨 **Mercure** M, par ③ et rte Gaillard ✉ 74240 Gaillard ℰ 04 50 92 05 25, Fax 04 50 87 14 57,
🏤, 🌀, – 🖐 ✦ 🔲 📺 📞 ✔ & P – 🔬 70. AE ① GB
Repas (105) -135 ⌾, enf. 70 – ⌾ 62 – **78 ch** 535/595

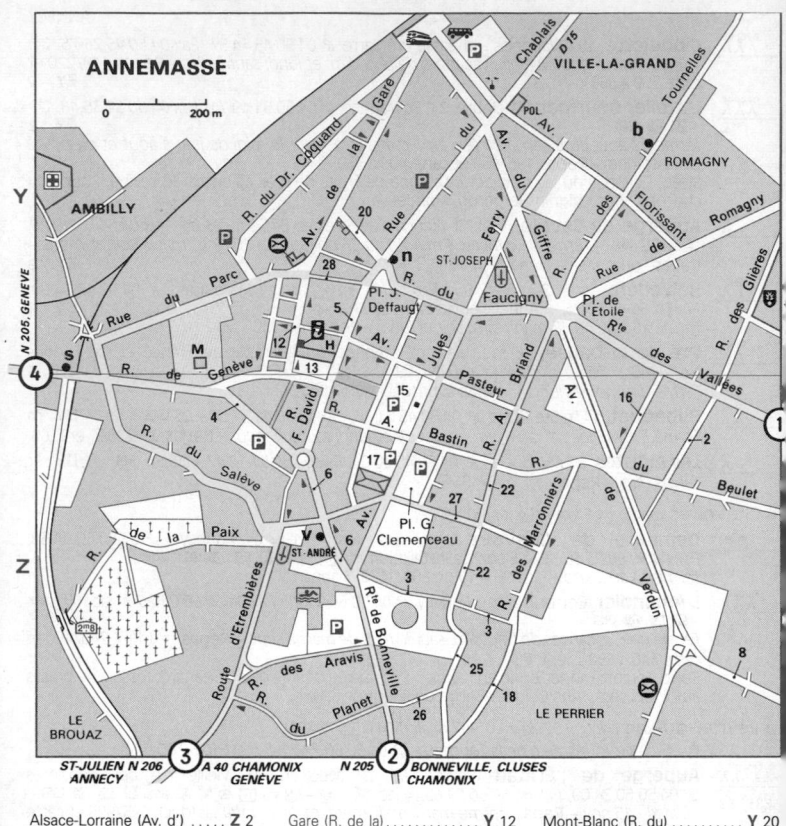

ANNEMASSE

0   200 m

AMBILLY

ROMAGNY

VILLE-LA-GRAND

ST-JOSEPH

Pl. de l'Etoile

LE
BROUAZ

ST-JULIEN N 206
ANNECY

A 40 CHAMONIX
GENÈVE

BONNEVILLE, CLUSES
CHAMONIX

🏨 **St-André** Ⓜ sans rest, 20 r. M. Courriard ℘ 04 50 84 07 00, Fax 04 50 84 36 22 – 🛗 ⇔ ▤ 📺 ☎ ✆ ᵬ ⟷ – 🕍 90. 🖭 ⓞ ☖
⟁ 45 – **45 ch** 300/380   Z v

🏨 **Arc-en-Ciel** sans rest, 21 r. Tournelles (à Ville-la-Grand) ℘ 04 50 92 66 00, Fax 04 50 87 06 88 – 🛗 ⇔ 📺 ☎ – 🕍 25. 🖭 ⓞ ☖
⟁ 35 – **41 ch** 310/390   Y b

🏨 **National** sans rest, 10 pl. J. Deffaugt ℘ 04 50 92 06 44, Fax 04 50 87 07 45 – 🛗 📺 ☎ 🅿 🖭 ⓞ ☖
⟁ 40 – **40 ch** 200/300   Y n

🏨 **Hague** sans rest, 42 r. Genève ℘ 04 50 38 47 14, Fax 04 50 37 36 10 – 🛗 📺 ☎ 🅿 🖭 ⓞ ☖ 🅹🅲🅱
⟁ 35 – **23 ch** 240/290   Y s

à **La Bergue** Est : 6 km par ①, D 907 et D 183 – ⊠ 74380 Cranves-Sales :

🍴 **Pergola,** ℘ 04 50 39 30 27, Fax 04 50 36 76 43, 斉 – 🅿 ☖
fermé 28 août au 16 sept., 5 au 17 fév., lundi et mardi – **Repas** 98/200 ⓕ

Entrez à l'hôtel ou au restaurant le Guide à la main,
vous montrerez ainsi qu'il vous conduit là en confiance.

ANNONAY 07100 Ardèche 🗷 ① *G. Vallée du Rhône* – *18 525 h alt. 350*.

> 🖪 Office de Tourisme pl. des Cordeliers ℘ 04 75 33 24 51, Fax 04 75 32 47 79.
> Paris 534 ① – St-Étienne 43 ④ – Valence 52 ① – Yssingeaux 58 ③.

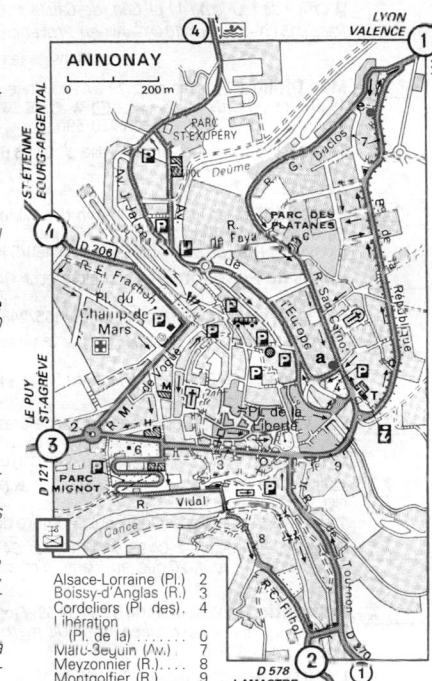

XX **Marc et Christine**, 29 av. Marc Seguin **(e)** ℘ 04 75 33 46 97, Fax 04 75 32 30 00, 🈂 – 🖼
Repas *(fermé 16 au 31 août, vacances de fév., dim. soir et lundi)* (95) - 110/295 ♈ - *Patio* ℘ 04 75 32 33 34 Repas (60) 112/125 ♈, enf. 45

XX **Halle**, 17 pl. des Cordeliers **(a)** ℘ 04 75 32 04 62 – 🖭 🖼 fermé 21 août au 4 sept., 19 au 25 fév., dim. soir et lundi sauf fériés – **Repas** 88/220 ♨, enf. 45

au Golf de Gourdan *par* ① *et N 82 (rte St-Étienne)* : *6,5 km* – ✉ 07430 Annonay :

🏨 **D'Ay** Ⓜ 🦢 sans rest, ℘ 04 75 67 01 00, Fax 04 75 67 07 38 – 📳 🗐 🖭 ☎ & 🅿 – 🔬 40. 🖭 🖼 ⛶ 45 – **33 ch** 300/480

à Davézieux *par* ① · *5 km sur D 82* – *2 371 h. alt. 440* – ✉ 07430 .

> Voir *Safari parc★ de Peaugres NE : 3 km.*

🏨 **Don Quichotte et Siesta**, rte Valence ℘ 04 75 33 07 90, Fax 04 75 67 57 19, 🈂, 🏊, ✎ – 📳 🖭 ☎ 🅿 🔬 40 🖭 ⑩ 🖼
Repas *(fermé dim. soir d'oct. à mars)* 99/249 ♨, enf. 60 – ⛶ 40 – **52 ch** 240/380 – ½ P 300

Alsace-Lorraine (Pl.) 2
Boissy-d'Anglas (R.) 3
Cordeliers (Pl des) 4
Libération
(Pl. de la) 6
Marc-Seguin (Av.) 7
Meyzonnier (R.) 8
Montgolfier (R.) 9

ANNOT 04240 Alpes-de-H.-P. 🗷 ⑱, 🗷 ⑫ *G. Alpes du Sud* – *1 053 h alt. 708*.

> Voir *Vieille ville★ – Clue de Rouaine★ S : 4 km.*
> 🖪 Office de Tourisme bd St-Pierre ℘ 04 92 83 23 03, Fax 04 92 83 32 82.
> Paris 821 – Digne-les-Bains 71 – Castellane 31 – Manosque 111.

🏠 **Avenue**, ℘ 04 92 83 22 07, Fax 04 92 83 55 13 – 🖭 ☎. 🖼
1er mars-1er nov. – **Repas** 95/150 – ⛶ 38 – **11 ch** 260/320 – ½ P 270/300

ANOST 71550 S.-et-L. 🗷 ⑦ *G. Bourgogne* – *746 h alt. 454*.

> Paris 273 – Autun 24 – Château-Chinon 20 – Mâcon 136 – Montsauche 19.

X **Galvache**, ℘ 03 85 82 70 88, Fax 03 85 82 79 62, 🈂 – 🖼
Pâques-15 nov. et fermé lundi sauf de juil. à sept. et fériés – **Repas** 88/195 ♈

ANSE 69480 Rhône 🗷 ①, 🗷 ③ – *4 458 h alt. 170*.

> Paris 437 – Lyon 28 – Bourg-en-Bresse 58 – Mâcon 49 – Villefranche-sur-Saône 6.

🏨 **St-Romain** 🦢, rte Graves ℘ 04 74 60 24 46, Fax 04 74 67 12 85, 🈂, 🌳, ✎ – 🖭 ☎ ✆ 🅿 – 🔬 20. 🖭 ⑩ 🖼 🇯🇵 – *fermé 27 nov. au 8 déc. et dim. soir du 5 nov. au 6 mai* – Repas 100/310 ♨, enf. 87 – ⛶ 35 **25 ch** 235/320 – ½ P 257/270

à Lachassagne *Sud-Ouest : 4 km par D 39* – *605 h. alt. 368* – ✉ 69480 :

XX **Paul Clavel**, ℘ 04 74 67 14 99, Fax 04 74 67 14 99, 🈂, terrasse avec ≤ les vignes – 🅿.
🖼 – *fermé 27 juil. au 20 août, dim. soir, lundi et mardi* – **Repas** 85 (déj.), 165/280, enf. 85

ANTHY-SUR-LÉMAN 74 H.-Savoie 🗷 ⑰ – *rattaché à Thonon-les-Bains*.

ANTIBES 06600 Alpes-Mar. 🔟 ⑨, 🔢 ㉟ ㊵ G. Côte d'Azur – 70 005 h alt. 2 – Casino "la Siesta" bord de mer par ①.

Voir Vieille ville★ : Promenade Amiral-de-Grasse ⇐★ – Château Grimaldi (Déposition de Croix★, Musée Picasso★) – Musée Peynet★ – Marineland★ 4 km par ①.

🖪 Office de Tourisme 11 pl. Gén.-de-Gaulle ℘ 04 92 90 53 00, Fax 04 92 90 53 01.

Paris 915 ③ – Cannes 10 ② – Aix-en-Provence 160 ③ – Nice 23 ①.

Plans pages suivantes

🏨 **Mas Djoliba** ⬩⬩ sans rest, 29 av. Provence ℘ 04 93 34 02 48, Fax 04 93 34 05 81, « Villa 1920 dans un jardin », ⬩, ⬩ – 📺 ☎ 🅿. 🆎 ⓪ 🆚 🆓. ⬩⬩   CY d
1ᵉʳ fév.-30 oct. – ⬩ 50 – **13 ch** 430/590

🏨 **Josse** sans rest, 8 bd James Wyllie ℘ 04 93 61 47 24, Fax 04 93 61 97 62, ⬩ – 📺 ☎ ⬩
🆎 ⓪ 🆚 🆓   BU s
⬩ 55 – **26 ch** 750/850

🏨 **Petit Castel** sans rest, 22 chemin des Sables ℘ 04 93 61 59 37, Fax 04 93 67 51 28 – ⬩
📺 ☎. 🆎 ⓪ 🆚 🆓. ⬩   BU b
fermé vacances de fév. – ⬩ 48 – **16 ch** 460/540

🏨 **Relais du Postillon,** 8 r. Championnet ℘ 04 93 34 20 77, Fax 04 93 34 61 24, 🏡 – 📢 📺
☎. 🆚   CX f
Repas (fermé nov., dim. soir et lundi) 155/248 🆚 – ⬩ 42 – **15 ch** 285/478

🏠 **Ponteil** ⬩⬩, 11 impasse Jean Mensier ℘ 04 93 34 67 92, Fax 04 93 34 49 47, 🏡 – 📺 ☎ 🅿.
🆎 🆚   CY u
fermé 15 nov. au 27 déc. et 8 janv. au 5 fév. – **Repas** (dîner seul.)(résidents seul.) – ⬩ 44 –
14 ch 300/490 – ½ P 300/400

🍴🍴🍴 **Les Vieux Murs,** promenade Amiral de Grasse ℘ 04 93 34 06 73, Fax 04 93 34 81 08, ⬩,
🏡, « Sur les remparts, face à la mer » – ⬩. 🆎 🆚. ⬩   DY b
fermé lundi d'oct. à mars – **Repas** 220 et carte 310 à 470

🍴🍴 **Jarre,** 14 r. St Esprit ℘ 04 93 34 50 12, Fax 04 93 34 50 12, 🏡, « Patio ombragé » – 🆎
🆚   DX a
1ᵉʳ avril-10 oct. – **Repas** (dîner seul.)(nombre de couverts limité, prévenir) carte 210 à 350

🍴🍴 **Oscar's,** 8 r. Rostan ℘ 04 93 34 90 14, Fax 04 93 34 90 14 – 🆚   DX s
🏮 fermé 1ᵉʳ au 15 août, 20 déc. au 5 janv., dim. soir et lundi.
Repas 120 🆚

🍴 **Romantic,** 5 r. Rostan ℘ 04 93 34 59 39, Fax 04 93 34 59 39 – ⬩. 🆎 🆚   DX v
fermé 5 au 26 déc., le midi en juil.-août, merc. sauf le soir d'avril à sept. et mardi – Repas
100 (déj.), 135/195 🆚

🍴 **L'Oursin,** 16 r. République ℘ 04 93 34 13 46 – ⬩. 🆚   CX z
fermé 21 mai au 12 juin, 26 nov. au 4 déc., 9 au 17 janv., dim. soir et lundi sauf été – Repas -
produits de la mer - 99 ⬩, enf. 45

🍴 **Marquis,** 4 r. Sade ℘ 04 93 34 23 00 – 🆎 🆚   DX e
fermé 1ᵉʳ au 11 nov., 5 au 15 janv., mardi midi et lundi – **Repas** 95/195 🆚

rte de Nice par ① et N 7 – ✉ 06600 Antibes :

🏨 **Thalazur** ⬩⬩, 3 km, chemin des Moyennes Bréguières (près hôpital) ℘ 04 92 91 82 00,
Fax 04 93 65 94 14, 🏡, centre de thalassothérapie, ⬩, ⬩, ⬩ – 📢 cuisinette ⬩ 📺 ☎ ⬩,
⬩ 🅿 – 🕍 40. 🆎 ⓪ 🆚. ⬩ rest
Repas 130/250 🆚 – ⬩ 60 – **149 ch** 390/990, 14 appart – ½ P 485/735

🏠 **Chrys Hôtel** sans rest, chemin de la Parouquine ℘ 04 93 74 32 48, Fax 04 93 74 40 06, ⬩
– ⬩ 📺 ☎ ⬩, ⬩ 🅿. 🆎 ⓪ 🆚 🆓
⬩ 55 – **27 ch** 495/750

🏠 **Bleu Marine** sans rest, 2,5 km chemin des 4 Chemins (près hôpital) ℘ 04 93 74 84 84
Fax 04 93 95 90 26 – 📢 📺 ☎ ⬩ 🅿. 🆎 ⓪ 🆚. ⬩
⬩ 38 – **18 ch** 320/370

🍴🍴🍴 **Bonne Auberge,** à 4 km ℘ 04 93 33 36 65, Fax 04 93 33 48 52, 🏡 – ⬩ 🅿. 🆚
fermé 20 nov. au 10 déc., dim. soir d'oct. à mars et lundi sauf le soir du 15 juil. au 31 août –
Repas 210

par ③ rte de Grasse : 4,5 km – ✉ 06600 Antibes :

🏨 **Apogia,** 87 allée Belle-Vue (près accès autoroute) ℘ 04 93 74 46 36, Fax 04 93 74 53 04
⬩ 🏡, ⬩, ⬩, ⬩ – 📢 ⬩ ch, 📺 ☎ ⬩ 🅿 – 🕍 40. 🆎 ⓪ 🆚 🆓. ⬩
Repas 85/140 ⬩, enf. 60 – ⬩ 60 – **75 ch** 590 – ½ P 420

🏠 **Clarine** Ⓜ, 2067 chemin de St-Claude (près centre commercial Carrefour.
℘ 04 93 33 34 50, Fax 04 93 74 11 61, ⬩ – 📺 ☎ ⬩ ⬩ ⬩ – 🕍 35. 🆎 ⓪ 🆚
⬩ rest – **Repas** (fermé sam. et dim. hors saison) (dîner seul.) 63/103 🆚, enf. 39 – ⬩ 38 –
88 ch 380 – ½ P 290

Cap d'Antibes – ✉ 06160 Juan les Pins :

Voir *Plateau de la Garoupe* ☀** – *Jardin Thuret** Z F – <* *Pointe Bacon* – ≼* *de la plate-forme du bastion (musée naval)* Z **M**

Cap ⌂, bd Kennedy ℘ 04 93 61 39 01, Fax 04 93 67 76 04, ≼ littoral et massif de l'Esterel, « Grand parc fleuri face à la mer », ⌀, ⌂, ☀ – ⌂, 🔲 ch, ☎ ⌂ ⌂ – 🔒 200. ⌀ BV x
avril-oct. – **Repas** voir rest *Eden Roc* ci-après – ⌂ 120 – 121 ch 2500/6300, 9 appart

Impérial Garoupe 🅼 ⌂, 770 chemin Garoupe ℘ 04 92 93 31 61, Fax 04 92 93 31 62,
parc, ⌂, ⌂ – ⌂, 🔲 ch, 🔲 ☎ ⌂ ⌂, 🆎 ⓪ ㏿ ⌀ rest   BV r
17 avril-31 oct. – **Repas** *(fermé merc. sauf juil.-août)* 250/300 – ⌂ 110 – **30 ch** 1730/1980,
4 appart – ½ P 1275/1400

ANTIBES

Flèche noire
Sens unique en saison

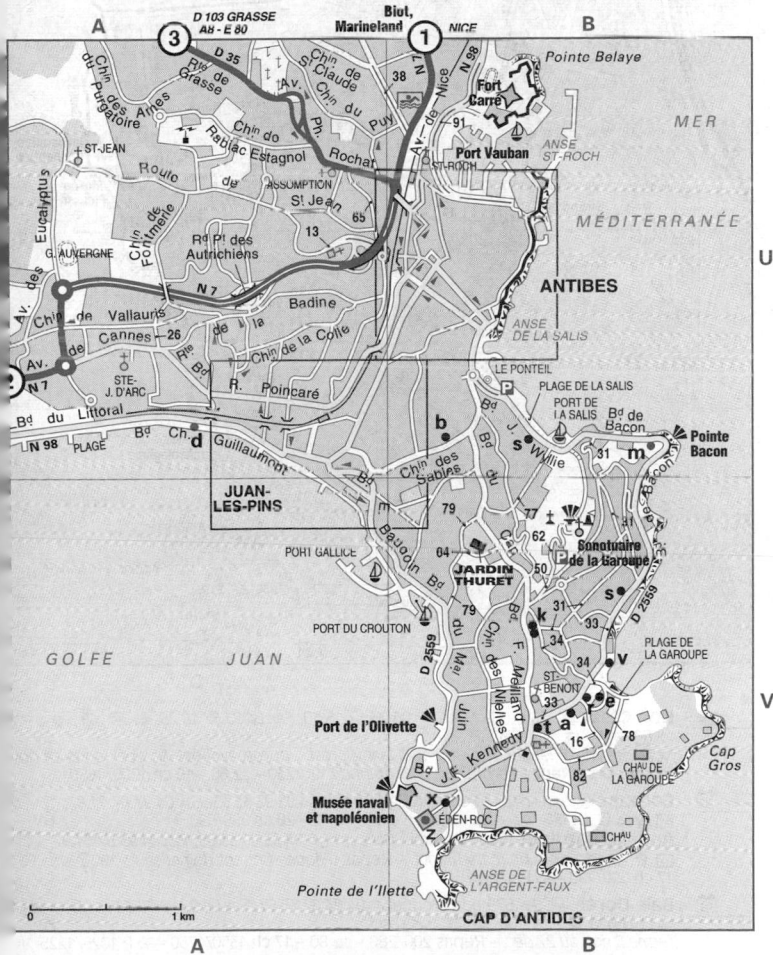

ANTIBES

Albert 1er (Bd) . . . . **CDY**
Alger (R. d') . . . . **CX** 3
Arazy (R.) . . . . **DXY** 4
Barnaud
(Pl. Amiral) . . . . **DY** 6
Barquier (Av.) . . . . **DY** 8
Bas-Castelet (R. du) . . . . **DY** 9
Bateau (R. du) . . . . **DX** 10
Clemenceau (R. G.) . . . . **DX** 14
Dames-Blanches
(Av. des) . . . . **CY** 19
Directeur Chaudon (R.) . . . . . **CY** 20
Docteur Rostan (R. du) . . . . . **DX** 24
Gambetta (Av.) . . . . **CX** 30
Gaulle (Pl. Gén. de) . . . . **CXY**
Grand-Cavalier (Av. du) . . . . . **CX** 37
Guynemer (Pl.) . . . . **CX** 40
Haut-Castelet (R. du) . . . . **DY** 42
Horloge (R. de l') . . . . **DX** 43
Martyrs de
la Résistance (Pl. des) . . **CDX** 51
Masséna (Cours) . . . . **DX** 52
Nationale (Pl.) . . . . **DX** 55
Orme (R. de l') . . . . **DX** 57
République (R. de la) . . . . . . **CDX** 67
Revely (R. du) . . . . **DX** 68
Revennes (R. des) . . . . **DY** 69
St-Roch (Av.) . . . . **CX** 72
Saleurs (Rampe des) . . . . **DX** 75
Tourraque (R. de la) . . . . **DY** 83
Vautrin (Bd Gén.) . . . . **CX** 84
8 Mai 1945 (Square du) . . . . **DX** 90
24 Août (Av. du) . . . . **CY** 92

🏨 **Don César** Ⓜ, 46 bd Garoupe ✆ 04 93 67 15 30, *Fax 04 93 67 18 25*, ≤, 🏖, 🏊, – |
▤ 📺 ☎ ♿ 🚗. ⓪ GB. 🚫 **BV**
hôtel : fermé 1er au 26 déc. et 5 au 31 janv. ; rest. : ouvert avril-oct. et week-ends en nov
fév. et mars – **Repas** *(fermé dim. soir et lundi)* 190/230 – ☕ 80 – **19 ch** 1200/1650

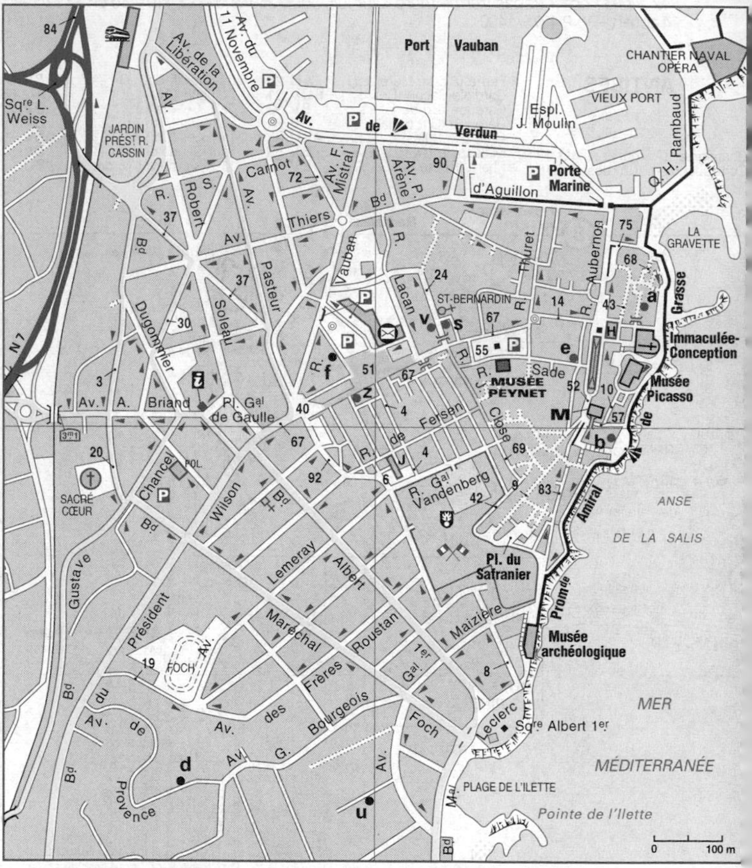

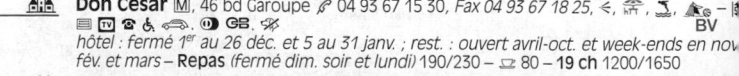

🏨 **Garoupe** Ⓜ sans rest, 60 chemin Garoupe ✆ 04 92 93 33 33, *Fax 04 93 67 61 87*, 🏊 – ▤
📺 ☎ 📞 🅿. AE GB. 🚫 – *fin mars-fin oct.* – ☕ 60 – **20 ch** 690/890 **BV**
Annexe Gardiole 🏨, 74 chemin Garoupe ✆ 04 93 61 35 03, *Fax 04 93 67 61 87*, 🏖
📺 ☎. AE GB. 🚫 – *fin mars-fin oct.* – **Repas** *(Pâques-fin sept.)* (dîner seul.) 150 🍷 – ☕ 60
17 ch 590/790 – ½ P 475/575.

🏨 **Baie Dorée** Ⓜ 🐚, 579 bd Garoupe ✆ 04 93 67 30 67, *Fax 04 92 93 76 39*, ≤, 🏖,
▤ ch, 📺 ☎ 🅿 – 🏛 100. AE GB. 🚫 rest **BV**
fermé 5 nov. au 27 déc. – **Repas** 200/280 – ☕ 80 – **17 ch** 1350/1750 – ½ P 1025/1225

Levant 🦢 sans rest, à la Garoupe, chemin plage 𝒫 04 92 93 72 99, *Fax 04 92 93 72 60*, ≤,
🔥 – 🖃 📺 ☎ 🅿️ 🔼 🅖🅑 ✻   BV e
Pâques-oct. – ☲ 55 – **25 ch** 650/1050

Castel Garoupe 🦢 sans rest, 959 bd la Garoupe 𝒫 04 93 61 36 51, *Fax 04 93 67 74 88*,
🔍, 🌄, ✻ – cuisinette 📺 ☎ 🅿️ 🔼 🅖🅑 ✻   BV a
11 mars-3 nov. – ☲ 70 – **22 ch** 760/870, 5 studios

Beau Site sans rest, 141 bd Kennedy 𝒫 04 93 61 53 43, *Fax 04 93 67 78 16*, 🔍 – 📺 ☎ 🅿️.
🔼 ⓞ 🅖🅑   BV t
15 mars-20 oct. – ☲ 50 – **30 ch** 340/670

Eden Roc - Hôtel du Cap, bd Kennedy 𝒫 04 93 61 39 01, *Fax 04 93 67 76 04*, ≤ littoral et
les îles, 🌄, « Isolé sur un roc, en bordure de mer » – 🖃 🅿️. ✻   BV z
avril-oct. – **Repas** carte 550 à 700

Bacon, bd Bacon 𝒫 04 93 61 50 02, *Fax 04 93 61 65 19*, ≤ Antibes et baie des Anges, 🌄 –
🖃 🅿️. 🔼 ⓞ 🅖🅑. ✻   BU m
1ᵉʳ fév.-31 oct. et fermé lundi – **Repas** - produits de la mer - (dîner à la carte en juil.-août)
280/450 et carte 350 à 850
Spéc. Bouillabaisse. Fricassée de rougets tièdes à l'estragon. Chapon en papillote (mai à
sept.). **Vins** Côtes de Provence.

ANTILLY 60620 Oise 56 ⑬ – 271 h alt. 90.
Paris 69 – Compiègne 37 – Beauvais 86 – Meaux 29 – Senlis 34 – Soissons 46.

Poivre et Sel, 19 r. Château 𝒫 03 44 87 88 20, *Fax 03 44 87 88 29*, 🌄 – 📺 ☎ ✆ 🔼 🅖🅑
fermé dim. soir et merc. – **Repas** 85/180 ♈, enf. 64 – ☲ 35 – **7 ch** 260/300 – ½ P 280

ANTONNE-ET-TRIGONANT 24 Dordogne 75 ⑥ – rattaché à Périgueux.

ANTONY 92 Hauts-de-Seine 60 ⑩,, 101 ㉕ – Voir à Paris, Environs.

ANTRAIGUES-SUR-VOLANE 07530 Ardèche 76 ⑲ G. Vallée du Rhône – 506 h alt. 470.
Paris 642 – Le Puy-en-Velay 77 – Aubenas 13 – Lamastre 58 – Langogne 66 – Privas 41.

Remise, au pont de l'Huile 𝒫 04 75 38 70 74, cadre rustique – 🅿️. ✻
fermé 19 au 25 juin, 13 nov. au 6 déc., dim. soir et vend. sauf juil.-août – **Repas** 120/200

AOSTE 38490 Isère 74 ⑭ – 1 548 h alt. 221.
Paris 515 – Grenoble 58 – Belley 26 – Chambéry 35 – Lyon 72.

à la Gare de l'Est Nord-Est : 2 km sur N 516 – ✉ 38490 Aoste :

Vieille Maison, 𝒫 04 76 31 60 15, *Fax 04 76 31 69 75*, 🌄, 🔍, 🌄 – 📺 ☎ 🅿️ 🔼 🅖🅑
fermé 14 sept. au 8 oct., 24 déc. au 2 janv., dim. soir et merc. – **Repas** 110/295 – ☲ 40 –
16 ch 300/320 – ½ P 280/310

Au Coq en Velours avec ch, 𝒫 04 76 31 60 04, *Fax 04 76 31 77 55*, 🌄, « Jardin fleuri »,
🌄 – 📺 ☎ ✆ ⇔ 🅿️ 🔼 🅖🅑
fermé 2 janv. au 1ᵉʳ fév., dim. soir et lundi – **Repas** 110/300 – ☲ 42 – **7 ch** 320/350 –
½ P 270/350

L'APOTHICAIRERIE 56 Morbihan 63 ⑪ ⑫ – voir à Belle-Ile-en-Mer.

APPOIGNY 89380 Yonne 65 ⑤ G. Bourgogne – 2 755 h alt. 110.
Paris 163 – Auxerre 11 – Joigny 18 – St-Florentin 29.

Auberge Les Rouliers, N 6 𝒫 03 86 53 20 09, *Fax 03 86 53 02 61*, 🌄 – 🅿️ 🔼 🅖🅑
fermé 8 au 21 janv., lundi soir, mardi soir et merc. soir de sept. à mai – **Repas** 79/155 ♈,
enf. 45

APREMONT 73190 Savoie 74 ⑮ – 781 h alt. 330.
Env. Col de Granier : ≤** des terrasses du chalet-hôtel, SO : 14 km, G. Alpes du Nord.
Paris 571 – Grenoble 50 – Albertville 49 – Chambéry 9 – St-Jean-de-Maurienne 70.

St-Vincent, 𝒫 04 79 28 21 85, *Fax 04 79 28 21 85*, ✻ – 🅖🅑
fermé 25 juin au 3 juil., 1ᵉʳ au 8 nov., 20 fév. au 1ᵉʳ mars, dim. soir et lundi – **Repas** 75 (déj.),
123/178 ♈, enf. 40

APT ⟨SP⟩ 84400 Vaucluse **81** ⑭, **114** ② *G. Provence* – 11 506 h alt. 250.

🛈 *Syndicat d'Initiative av. Ph.-de-Girard ℘ 04 90 74 03 18, Fax 04 90 04 64 30.*

Paris 730 ③ – Digne-les-Bains 93 ① – Aix-en-Provence 51 ② – Avignon 54 ③.

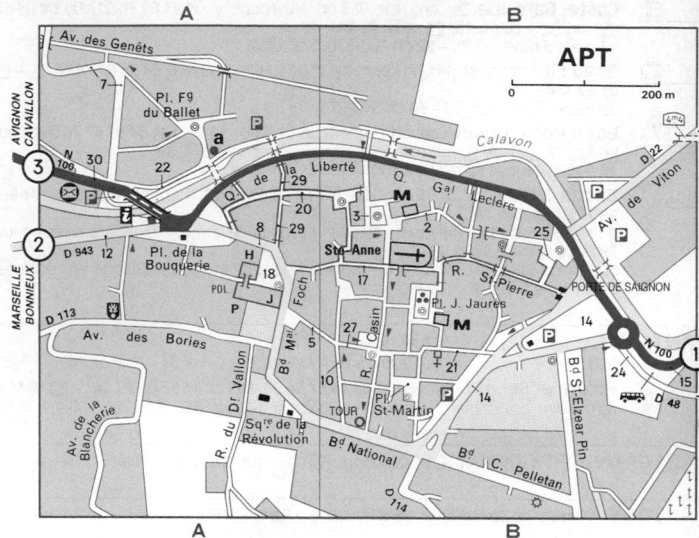

XXX **Auberge du Luberon** avec ch, 17 quai Léon Sagy ℘ 04 90 74 12 50, *Fax 04 90 04 79 49,*
🛐 – 🆃🆅 ☎ ⟨⟩, 🆎 ⓪ 🇬🇧   **A a**
fermé 23 déc. au 15 janv. – **Repas** *(fermé lundi sauf le soir en saison et dim. soir hors saison*
(nombre de couverts limité, prévenir) 155/420 et carte 240 à 450 ⧠ – ⌷ 45 – **14 ch** 295/445
– ½ P 363/428

à Saignon *Sud-Est : 4 km par D 48 – 1 018 h. alt. 450 –* ⊠ 84400 Apt :

🏠 **Auberge du Presbytère** 🕸, ℘ 04 90 74 11 50, *Fax 04 90 04 68 51,* ≤, 🛐 – ☎. 🆎
🇬🇧. ⅏ ch
fermé 15 nov. au 15 déc., 5 janv. au 1ᵉʳ fév., jeudi midi et merc. – **Repas** *(prévenir)*
125 *(déj.)*/175 – ⌷ 50 – **10 ch** 390/580 – ½ P 365/515

par ③ – ⊠ 84400 Apt :

🏠 **Relais de Roquefure** 🕸, à 6 km par N 100 et rte secondaire ℘ 04 90 04 88 88,
Fax 04 90 74 14 86, ≤, 🛐, parc, 🔄 – ☎ 🅿. 🇬🇧
fermé 15 déc. au 15 fév. – **Repas** *(dîner seul. sauf dim.)* 110/130 ⅊ – ⌷ 45 – **15 ch** 240/380 –
½ P 260/350

XXX **Bernard Mathys,** Le Chêne, 4,5 km par N 100 ℘ 04 90 04 84 64, *Fax 04 90 74 69 78,* 🛐,
parc – 🅿. 🆎 🇬🇧
fermé mi-janv. à mi-fév., mardi et merc. – **Repas** 160/450 et carte 360 à 490

ARBIGNY 01 Ain **70** ⑫ – *rattaché à Pont-de-Vaux.*

Une réservation confirmée par écrit ou par fax est toujours plus sûre.

ARBOIS *39600 Jura* 70 ④ *G. Jura – 3 900 h alt. 350.*

Voir *Maison paternelle de Pasteur*★ *– Reculée des Planches*★★ *et grottes des Planches*★
E : 4,5 km par D 107 – Cirque du Fer à Cheval★★ *S : 7 km par D 469 puis 15 mn.*

🛈 *Office de Tourisme r. de l'Hôtel-de-ville ℘ 03 84 66 55 50, Fax 03 84 66 25 50.*

Paris 394 – Besançon 47 – Dole 35 – Lons-le-Saunier 39 – Salins-les-Bains 12.

🏨🏨 **Jean-Paul Jeunet** M, r. de l'Hôtel de Ville ℘ 03 84 66 05 67, Fax 03 84 66 24 20 – 📳 📺
❀❀ 🏨 ☜ – 🏠 40, 🖭 ⓪ 🆖
fermé déc., janv., merc. midi et mardi d'oct. à juin – **Repas** 220 (déj.)/600 et carte 380 à
550 ♀, enf. 90 – ♀ 70 – **11 ch** 430/600 – ½ P 680/700
Spéc. Roulé d'écrevisses "pattes rouges" (été). Poularde de Bresse au vin jaune et morilles.
Macaron au chocolat caraque. **Vins** Arbois, Château-Chalon.

Annexe Le Prieuré 🏨 ⏖ sans rest,, ☞ – 📺 ☎. 🆖
fermé déc., janv. et mardi d'oct. à juin – ♀ 70 – **6 ch** 370/450

🏨🏨 **Cépages** M, rte Villette-les-Arbois ℘ 03 84 66 25 25, Fax 03 84 37 49 62 – 📳, 🍽 rest, 📺
☎ ♿ 🅿. – 🏠 30. 🖭 ⓪ 🆖
Repas buffet - *(fermé vend., sam. et dim.) (dîner seul.)* 108 ♀ – ♀ 46 – **33 ch** 330/365 –
½ P 275

🏨 **Messageries** sans rest, r. Courcelles ℘ 03 84 66 15 45, Fax 03 84 37 41 09 – 📺 ☎ ♿ ☞.
🆖
fermé déc. et janv. – ♀ 35 – **26 ch** 175/330

✗✗ **Balance,** r. Courcelles ℘ 03 84 37 45 00, Fax 03 84 66 14 55, 🍴 – 🆖
fermé 27 sept. au 3 oct. et 1er déc. au 31 janv. – **Repas** *(fermé dim. soir sauf du 15 juil. au
25 août et lundi) (84 bc)* -101/151 ♀

✗ **Caveau d'Arbois,** 3 rte Besançon ℘ 03 84 66 10 70, Fax 03 84 37 49 62 – 🍽 🅿. 🖭 ⓪
🆖. ⌖
Repas *(78)* - 88/336 ♀

✗ **Finette - Taverne d'Arbois,** 22 av. Pasteur ℘ 03 84 66 06 78, Fax 03 84 66 08 82, 🍴 –
🍽 🅿. 🖭 🆖
Repas 89/268 ♀, enf. 45

à Pupillin *Sud : 3 km par D 246 – 213 h. alt. 450 –* ✉ *39600 :*

✗ **Auberge Le Grapiot,** ℘ 03 84 37 49 44, Fax 03 84 37 49 44 – 🅿. 🆖
fermé fév., dim. soir et lundi – **Repas** *(65)* - 110/150 ♀, enf. 45

ARBOIS (Mont d') *74 H.-Savoie* 74 ⑧ *– rattaché à St-Gervais-les-Bains.*

ARBONNE *64 Pyr.-Atl.* 78 ⑱ *– rattaché à Biarritz.*

ARCACHON *33120 Gironde* 78 ② ⑫ *G. Aquitaine – 11 770 h alt. 5 – Casino* **BZ.**

Voir *Boulevard de la Mer*★ *– Front de mer*★ *:* ≼★ *de la jetée – La Ville d'Hiver*★ *– Musée de la
maquette marine : port*★ **BZ M.**

🛈 *Office de Tourisme espl. G.-Pompidou ℘ 05 57 52 97 97, Fax 05 57 52 97 77, (juil.-août)
accueil : l'Aiguillon.*

Paris 653 ① – Bordeaux 74 ① – Agen 196 ① – Bayonne 184 ① – Dax 145 ① – Royan 191 ①.

Plans page suivante

🏨🏨 **Mercure** M sans rest, 4 r. Prof. Jolyet ℘ 05 56 83 99 91, Fax 05 56 83 87 92 – 📳 ⬚ 🍽 📺
☎ ♿ 🅿. 🖭 ⓪ 🆖   **BZ** r
♀ 60 – **57 ch** 525/1240

🏨🏨 **Point France** sans rest, 1 r. Grenier ℘ 05 56 83 46 74, Fax 05 56 22 53 24 – 📳 🍽 📺 ☎ ♿
☞, 🖭 ⓪ 🆖   **BZ** q
1er mars-1er nov. – ♀ 60 – **34 ch** 615/915

🏨🏨 **Grand Hôtel Richelieu** sans rest, 185 bd Plage ℘ 05 56 83 16 50, Fax 05 56 83 47 78, ≼
⧠100 – 📳 📺 ☎ ♿ 🅿. 🖭 ⓪ 🆖   **BZ** n
15 mars-2 nov. – ♀ 55 – **43 ch** 450/800

🏨🏨 **Les Vagues** ⏖, 9 bd Océan ℘ 05 56 83 03 75, Fax 05 56 83 77 16, ≼, 🍴 – 📳 📺 ☎ ♿ 🅿.
– 🏠 20 à 30. 🖭 ⓪ 🆖. ⌖ rest   **AZ** b
Repas *(21 avril-1er oct.)* 145/168 ♀, enf. 55 – ♀ 65 – **30 ch** 526/840 – ½ P 472/629

🏨🏨 **Sémiramis-Villa Térésa** ⏖, 4 allée Rebsomen ℘ 05 56 83 25 87, Fax 05 57 52 22 41,
« Villa du 19e siècle », ⬛, 🍴 📺 ☎ ♿ 🅿. 🆖, ⌖   **AZ** m
fermé 15 au 30 nov., 5 au 31 janv. et dim. du 15 oct. au 15 mars – **Repas** (dîner seul.) 180 –
♀ 68 – **20 ch** 660/750 – ½ P 495/630

191

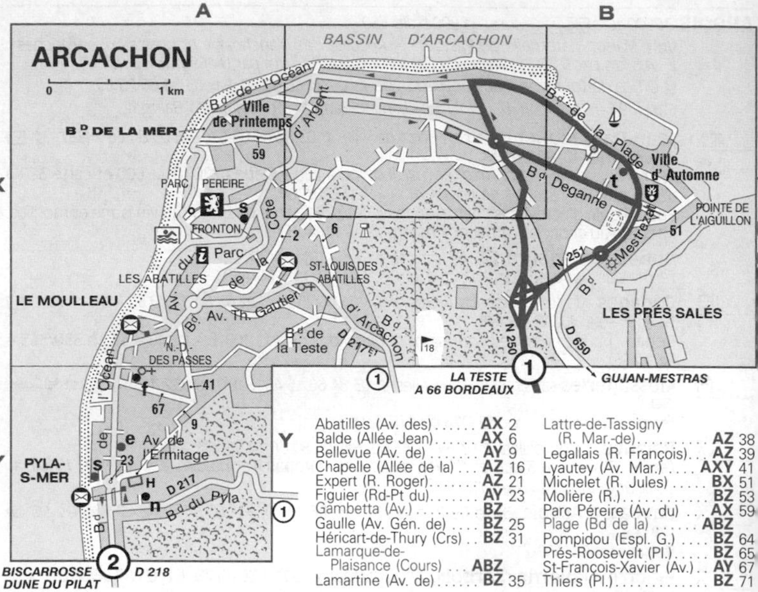

ARCACHON

BASSIN D'ARCACHON

B⁰ DE LA MER

LE MOULLEAU

PYLA-S-MER

BISCARROSSE
DUNE DU PILAT

LA TESTE
A 66 BORDEAUX

GUJAN-MESTRAS

LES PRÉS SALÉS

CAP FERRET

FRONT DE MER

Jetée de la Chapelle

Jetée d'Eyrac

Notre-Dame

LYCÉE CLIMATIQUE

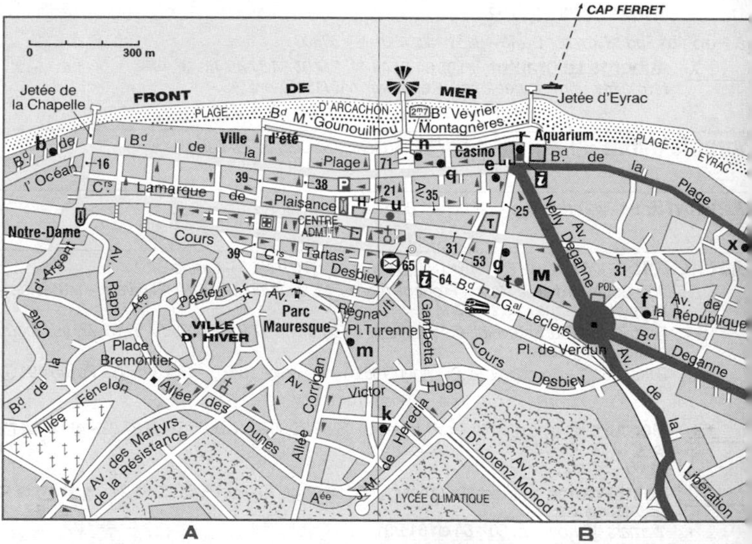

🏛 **Aquamarina** Ⓜ sans rest, 82 bd Plage ℰ 05 56 83 67 70, Fax 05 57 52 08 26 – 📶 📺 ☎ &
🚗, AE ⓪ ⎍ GB
BZ
fermé 22 déc. au 2 janv. – ⎍ 58 – **33 ch** 422/595

🏠 **Les Mimosas** sans rest, 77 bis av. République ℰ 05 56 83 45 86, Fax 05 56 22 53 40 – 📺
☎. GB – *fermé 1ᵉʳ janv. au 28 fév.* – ⎍ 35 – **21 ch** 300/380
BZ

🏠 **Roc H. et Moderne** sans rest, 200 bd Plage ℰ 05 56 72 48 48, Fax 05 56 83 22 76 – 📶 📺
☎ &, AE ⓪ ⎍ GB
BZ
avril-oct. – ⎍ 45 – **50 ch** 650/680

192

🏠 **Novel** sans rest, 24 av. Gén. de Gaulle ℰ 05 56 83 40 11, Fax 05 57 52 26 47 – 🛗 📺 ☎ ✆.
🖭 ⓪ ⮺ GB   BZ y
fermé 7 au 31 janv. – 🍴 40 – **20 ch** 290/400

🏠 **Marinette** ⮚ sans rest, 15 allée J.-M. de Hérédia ℰ 05 56 83 06 67, Fax 05 56 83 09 59 –
🖭 ☎. ⮺GB   R7 k
15 mars-1ᵉʳ nov. – 🍴 35 – **23 ch** 300/420

XX **Patio**, 10 bd Plage ℰ 05 56 83 02 72, Fax 05 56 54 89 98, 🌤 – 🖭 GB ᴊᴄв   BX t
fermé 15 au 30 nov., 15 au 28 fév., mardi sauf le soir en été et lundi midi en été – **Repas**
165 bc

X **Les Genêts,** 25 bd Gén. Leclerc ℰ 05 56 83 40 28, Fax 05 56 83 12 14 – 🍽. 🖭
🕃 GB   BZ t
fermé 2 au 16 oct., 2 au 16 janv., dim. soir sauf juil.-août et lundi – **Repas** 81/145 ⥾, enf. 50

X **Bayonne** avec ch, 9 cours Lamarque ℰ 05 56 83 33 82, Fax 05 56 83 73 06 – 🖭 ☎. 🖭 ⓪
🕃   BZ u
Pâques-20 oct. – **Repas** 80/200 ⥾, enf. 46 – 🍴 42 – **18 ch** 530/595 – ½ P 410/430

aux Abatilles *Sud-Ouest : 2 km* – ⊠ 33120 Arcachon :

🏩 **Parc** sans rest, 5 av. Parc ℰ 05 56 83 10 58, Fax 05 56 54 05 30 – 🛗 📺 ☎ 🅿. GB. 🛠
15 juin-30 sept. – 🍴 48 – **30 ch** 480/560   AX s

au Moulleau *Sud-Ouest : 5 km* – ⊠ 33120 Arcachon :

🏠 **Les Buissonnets** ⮚ sans rest, 12 r. L. Garros ℰ 05 56 54 00 83, Fax 05 56 22 55 13,
« Jardin fleuri », 🌳 – 🖭 ☎. GB. 🛠   AY f
fermé oct. – 🍴 50 – **13 ch** 450

ARCANGUES 64 Pyr.-Atl 🗺 ⑱ – *rattaché à Biarritz.*

ARCAROTTA (Col d') 2B H.-Corse 🗺 ④ – *voir à Corse.*

ARC-EN-BARROIS 52210 H.-Marne 🗺 ② G. Champagne – 874 h alt. 270.
🛈 Office de Tourisme (saison) Hôtel-de-Ville ℰ 03 25 02 52 17.
Paris 262 – Chaumont 25 – Bar-sur-Aube 54 – Châtillon-sur-Seine 43 – Langres 30.

XX **Parc** ⮚ avec ch, ℰ 03 25 02 53 07, Fax 03 25 02 42 84, 🌤 – 🖭 ☎ ✆ – 🔬 20 ⓪ GB
fermé fév., dim. soir et lundi du 7 mars au 31 mai, mardi soir et merc. de sept. à janv. –
Repas 100/160 ⏚, enf. 45 – 🍴 30 – **16 ch** 300/400 – ½ P 260

ARCENS 07310 Ardèche 🗺 ⑱ – 479 h alt. 615.
Paris 602 – Le Puy-en-Velay 59 – Le Cheylard 15 – Privas 62 – St-Agrève 24.

⥾ **Chalet des Cévennes** ⮚., ℰ 04 75 30 41 90, ≤, 🌳 – ☎ ⥬. 🅿. GB. 🛠 ch
🕃 *fermé 1ᵉʳ au 20 oct., dim. soir et vend. de nov. à mai* – **Repas** 85/180, enf. 45 – 🍴 35 – **16 ch**
200/260 – ½ P 240/260

ARC-ET-SENANS 25610 Doubs 🗺 ④ G. Jura – 1 277 h alt. 231.
An 2000 juin-sept. : A la recherche de la cité idéale (Exposition).
Voir *Saline Royale*★★.
Paris 393 – Besançon 36 – Pontarlier 62 – Salins-les-Bains 16.

X **Relais** avec ch, pl. Église ℰ 03 81 57 40 60, Fax 03 81 57 46 17, 🌤 – ☎. GB
🕃 *fermé 15 déc. au 15 janv. et dim. soir* – **Repas** (48) - 58/180 ⥾, enf. 48 – 🍴 30 – **10 ch** 185 –
½ P 175/190

ARCINS 33 Gironde 🗺 ⑧ – *rattaché à Margaux.*

ARCIZANS-AVANT 65 H.-Pyr. 🗺 ⑰ – *rattaché à Argelès-Gazost.*

L'ARCOUEST (Pointe de) 22 C.-d'Armor 🗺 ② – *rattaché à Paimpol.*

Les ARCS 73 *Savoie* **74** ⑱ *G. Alpes du Nord* – *Sports d'hiver : 1 600/3 226 m* ⚞5 ⚟64 ☈ –
⊠ 73700 Bourg-St-Maurice

Voir *Arc 1800* ☀❋ ★ – *Arc 1600* ⬱★ – *Télécabine le Transac*☀❋ ★★★.

🛈 *Office de Tourisme* ☎ 04 79 07 12 57, Fax 04 79 07 45 96.

Paris 678 – *Albertville 54* – *Bourg-St-Maurice 14* – *Chambéry 116* – *Val-d'Isère 42*.

🏛 **Grand Hôtel Mercure** Ⓜ ॐ, Sud : 5 km - alt. 1800 m. ☎ 04 79 07 65 00,
Fax 04 79 07 64 08, ⬳, 🍽, **I₆**, ⏋ – 🛗 ⤬ 🎬 ☎ ✆ & ⇨ – 🏴 15 à 40. 歷 ⓄⒹ Gᴮ. ॐ rest
1ᵉʳ juil.-31 août et 10 déc.-20 avril – **Repas** *(90)* - carte environ 170, enf. 65 – **81 ch** ⇆ 1540

Les ARCS 83460 *Var* **84** ⑦, **114** ㉓ *G. Côte d'Azur* – *4 744 h alt. 80*.

Voir *Polyptyque* ★ *dans l'église* – *Chapelle Ste-Roseline* ★ *NE : 4 km*.

🛈 *Office de Tourisme pl. Gén.-de-Gaulle* ☎ 04 94 73 37 30, Fax 04 94 47 47 94.

Paris 853 – *Fréjus 28* – *Cannes 60* – *Draguignan 11* – *St-Raphaël 31*.

ᕽᕽᕽ **Bacchus Gourmand,** à la Maison des Vins, rte Vidauban par N 7 : 2 km
☎ 04 94 47 48 47, Fax 04 94 47 55 13, 済 – ▤ **P.** Gᴮ
fermé 2 au 17 janv., mardi soir sauf juil.-août et merc. – **Repas** 210/290 et carte 290 à 430 ₤

ᕽᕽ **Logis du Guetteur** ॐ avec ch, au village médiéval ☎ 04 94 99 51 10,
Fax 04 94 99 51 29, 済, « *Pittoresque installation dans un fort du 11ᵉ siècle* », ⏋ – 🎬 ☎ ✆
P. 歷 ⓄⒹ Gᴮ
fermé 18 janv. au 1ᵉʳ mars – **Repas** 160/360 ₤ – ⇆ 60 – **12 ch** 700 – ½ P 580

ᕽᕽ **Relais des Moines,** Est : 1,5 km par rte Ste-Roseline ☎ 04 94 47 40 93,
Fax 04 94 47 52 51, 済, parc, « *Ancienne bergerie* », ⏋ – **P.** 歷 Gᴮ
fermé nov., dim. soir et lundi – **Repas** 140 (déj.), 185/335

ARDENTES 36120 *Indre* **68** ⑨ *G. Berry Limousin* – *3 511 h alt. 172*.

Paris 279 – *Bourges 66* – *Argenton-sur-Creuse 42* – *Châteauroux 14* – *La Châtre 22*.

ᕽᕽ **Chêne Vert** avec ch, 22 rte de La Châtre ☎ 02 54 36 22 40, Fax 02 54 36 64 33 – 🎬 ☎ ✆.
歷 ⓄⒹ Gᴮ
fermé 1ᵉʳ au 10 août, 18 fév. au 5 mars, dim. soir et lundi – **Repas** 130/250 ₤, enf. 68 – ⇆ 42
– **7 ch** 270/430 – ½ P 295/360

ᕽ **Gare,** ☎ 02 54 36 20 24, Fax 02 54 36 92 07 – **P.** Gᴮ
🐾 *fermé 1ᵉʳ au 21 août, dim. soir, lundi et soirs fériés* – **Repas** 120/165

ARDRES 62610 *P.-de-C.* **51** ② *G. Picardie Flandres Artois* – *3 936 h alt. 11*.

🛈 *Office de Tourisme Chapelle des Carmes* ☎ 03 21 35 28 51, Fax 03 21 35 28 51.

Paris 275 – *Calais 16* – *Arras 96* – *Boulogne-sur-Mer 42* – *Lille 90*.

ᕽᕽ **Le François 1ᵉʳ,** pl. Armes ☎ 03 21 85 94 00, Fax 03 21 85 87 53 – Gᴮ
*fermé 13 au 28 août, 24 déc. au 2 janv., dim. soir et lundi de janv. à mars et le soir du mardi
au jeudi* – **Repas** 99/195 ₤

ARÊCHES 73 *Savoie* **74** ⑰ *G. Alpes du Nord* – *alt. 1080* – *Sports d'hiver : 780/2100 m* ⚟15 ☈ –
⊠ 73270 Beaufort-sur-Doron.

Voir *Hameau de Boudin* ★ *E : 2 km*.

🛈 *Office de Tourisme* ☎ 04 79 38 15 33, Fax 04 79 38 39 07.

Paris 602 – *Albertville 25* – *Chambéry 76* – *Megève 46*.

🏛 **Auberge du Poncellamont** ॐ, ☎ 04 79 38 10 23, Fax 04 79 38 13 98, ⬳, 済, 🚗 –
🎬 ☎ **P.** Gᴮ
25 mai-30 sept., 22 déc.-15 avril et fermé dim. soir et merc. sauf vacances scolaires – **Repas**
98 (déj.), 128/230, enf. 60 – ⇆ 42 – **14 ch** 315/340 – ½ P 340

ARENTHON 74 *H.-Savoie* **74** ⑦ – *rattaché à La Roche-sur-Foron*.

ARÈS 33740 *Gironde* **71** ⑲ *G. Aquitaine* – *3 911 h alt. 6*.

Paris 631 – *Bordeaux 48* – *Arcachon 46*.

ᕽᕽ **St-Éloi,** 11 bd Aérium ☎ 05 56 60 20 46, Fax 05 56 60 10 37, 済 – 歷 Gᴮ
fermé vacances de fév., dim. soir et lundi sauf juil.-août – **Repas** *(80)* - 110/300, enf. 60

ARGELÈS-GAZOST ⟨SP⟩ 65400 H.-Pyr. 85 ⑰ G. Midi-Pyrénées – *3 229 h alt. 462 – Stat. therm. (10 avril-21 oct.) –* Voir Route du Hautacam★ : E par D 100.

🅱 Office de Tourisme Grande Terrasse ℘ 05 62 97 00 25, Fax 05 62 97 50 60.

Paris 827 ① – Pau 58 ① – Lourdes 15 ① – Tarbes 31 ①

🏨 **Miramont,** 44 av. Pyrénées ℘ 05 62 97 01 26, Fax 05 62 97 56 67, « Jardin fleuri », 🚗 – ⊟, 🍴 rest, 📺 ☎ 👍 🅿 🕐 📠 ⚡
                                                                                                         Z n
fermé 2 nov. au 20 déc. – **Repas** (dim. prévenir) 95/155 ⚥ – ⊑ 45 – **27 ch** 260/380 – P 370

ARGELÈS-GAZOST

Alicot (R. Michel)	**Y** 3	Édouard VII (Pl.)	**Z** 36	République (Pl. de la)	**Z** 85
Bourdette (R. Jean)	**Z** 18	Foch (R. du Mar.)	**Y** 39	Saint-Orens (R.)	**Z** 88
Bourg Neuf (R. du)	**Y** 19	Gassan (Av. Émile)	**Y** 42	Sainte-Castère (R.)	**Z** 91
Coubertin (Av. P. de)	**Z** 29	Joffre (Pl.)	**YZ** 53	Sassère (Av. Hector)	**Y** 92
Dambé (Av. Jules)	**Y** 30	Nansouty (Av. du Gén.)	**Y** 69	Sorbe (R.)	**Z** 93
Digoy (R. Capitaine)	**YZ** 33	Pastour (R.)	**Z** 75	Sylvestre (Av. Armand)	**Y** 96
		Pérus (Pl.)	**Y** 77	Victoire (Pl. de la)	**Y** 100
		Poilus (R. des)	**Y** 80	Vieuzac (R. de)	**Y** 101
		Reine Nathalie (Av.)	**Y** 84	8 Mai (R. du)	**Y** 106

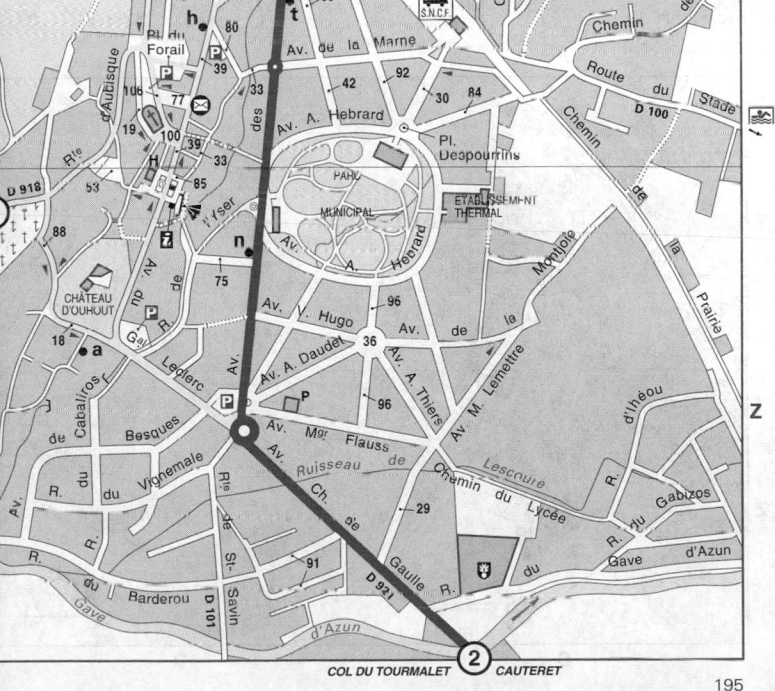

195

Les Cimes &, pl. Ourout ℰ 05 62 97 00 10, Fax 05 62 97 10 19, ▨, ☞ – ⌷ cuisinette, ▤ rest, ⊡ ☎ ℙ. ⅁ℬ
fermé 3 nov. au 18 déc. – **Repas** 80/240, enf. 52 – ⊇ 42 – **25 ch** 279/367 – P 336/367
Z a

Soleil Levant, 17 av. Pyrénées ℰ 05 62 97 08 68, Fax 05 62 97 04 60, ☞ – ⌷ ⊡ ☎ ℙ. ⅍ℰ ⅁ℬ
fermé 1er au 23 déc. – **Repas** 60/190, enf. 40 – ⊇ 35 – **33 ch** 215/245 – P 275/295
Y t

Hostellerie Le Relais, 25 r. Mar. Foch ℰ 05 62 97 01 27, Fax 05 62 97 90 00 – ▤ rest, ⊡ ☎ ℙ. ⅁ℬ
Pâques-fin sept. – **Repas** 65/200 ℤ, enf. 45 – ⊇ 35 – **23 ch** 205/300 – ½ P 210/260
Y h

à Agos par ① : 5 km – 270 h. alt. 450 – ⊠ 65400 Agos-Vidalos :

Chez Pierre d'Agos, ℰ 05 62 97 05 07, Fax 05 62 97 50 14, ⌂, ▨, ⅍ – ⌷, ▤ rest, ⊡ ☎ ℙ. – ⅍ 30. ⅁ℬ
fermé 15 nov. au 20 déc. – **Repas** 59/216, enf. 50 – ⊇ 36 – **70 ch** 220/290 – P 240/290

à St-Savin Sud : 3 km par D 101 – Z – 331 h. alt. 580 – ⊠ 65400 .
Voir Site★ de la chapelle de Piétat S : 1 km.

Viscos avec ch, ℰ 05 62 97 02 28, Fax 05 62 97 04 95, ⌂ – ☎ ℙ. ⅍ℰ ⓞ ⅁ℬ
fermé 1er au 27 déc., dim. soir et lundi sauf vacances scolaires – **Repas** (85) - 120/310 ℤ, enf. 64 – ⊇ 40 – **14 ch** 270/330 – P 355/375

à Arcizans-Avant Sud : 4,5 km par D 101 et D 13 – 258 h. alt. 640 – ⊠ 65400 :

Auberge Le Cabaliros &, ℰ 05 62 97 04 31, Fax 05 62 97 91 48, ≤, ⌂, ☞ – ⊡ ☎ ℙ. ⅁ℬ. ⅍
fermé 8 oct. au 7 déc., 15 au 31 janv. – **Repas** (fermé mardi soir et merc. hors vacances scolaires) 90/210 ℤ, enf. 55 – ⊇ 36 – **8 ch** 270/290 – P 315

ARGELÈS-SUR-MER
Zone piétonne en saison

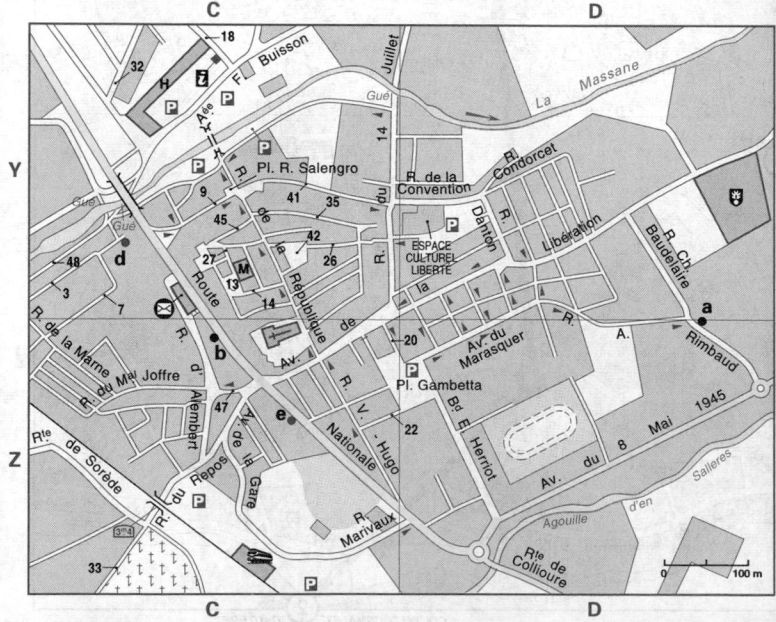

ARGELÈS-SUR-MER 66700 Pyr.-Or. 🗺️ ⑳ – 7 188 h alt. 19 – Casino à Argelès-Plage BV.

🏛️ Office de Tourisme pl. de l'Europe ℘ 04 68 81 15 85, Fax 04 68 81 16 01 Annexe (saison) face à l'Hôtel-de-Ville ℘ 04 68 95 81 55.

Paris 883 ⑥ – Perpignan 22 ⑤ – Céret 28 ④ – Port Vendres 9 ③ – Prades 67 ⑤.

à Argelès-village – ⊠ 66700 Argelès-sur-Mer :

🏠 **Cottage** M ﹩, r. A. Rimbaud ℘ 04 68 81 07 33, Fax 04 68 81 59 69, 🍽️, ⏳, 🌳 – 📺 ☎ ⅙ 🅿️ 🆖 – 1ᵉʳ avril-15 oct. – **L'Orangeraie** (fermé le midi sauf dim.) **Repas** 160/190 ⅌, enf. 60 – 🍽 60 – **34 ch** 420/620 – ½ P 420/625 DY a

🏠 **Grand Hôtel du Commerce**, rte Nationale ℘ 04 68 81 00 33, Fax 04 68 81 69 49 – 📵, 🍽 rest, 📺 ☎ 🅿️ 🆎 ⑩ 🆖 CZ b
fermé 12 au 20 nov. et 30 déc. au 6 fév. – **Repas** (fermé vend. soir, dim. soir et lundi d'oct. à mai) 72/192 🜂, enf. 50 – 🍽 40 – **32 ch** 300 – ½ P 272/283

Annexe Le Parc ﹩ sans rest., ⏳, 🌳 – 🛗 ☎ 🅿️ 🆎 ⑩ 🆖
20 mai-30 sept. – 🍽 42 – **24 ch** 300/375

💱 **Relais de la Massane**, 32 r. Marcelin Albert ℘ 04 68 81 51 50, Fax 04 68 81 31 50, 🍽️ – 🆖 – fermé 15 au 25 mars, jeudi midi et merc. – **Repas** 95/210, enf. 50 CY d

🍴 **Soubirana** avec ch, rte Nationale ℘ 04 68 81 01 44, 🍽️ – 🍽 rest, ☎ ⟵⟶, 🆖
fermé 20 oct. au 20 nov., dim. soir et sam. du 15 sept. au 15 juin – **Repas** 75/175 ⅌, enf. 38 – 🍽 35 – **16 ch** 185/235 – ½ P 220 CZ c

ARGELÈS-SUR-MER

Zone piétonne en saison

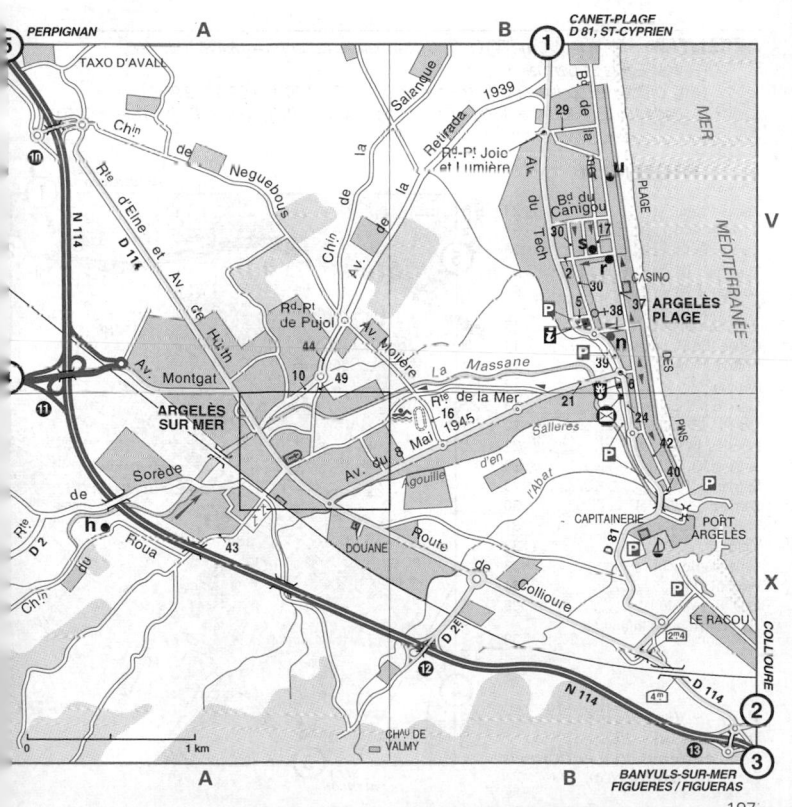

à Argelès-Plage *Est : 2,5 km G. Languedoc Roussillon – ✉ 66700 Argelès-sur-Mer :*
Voir SE : Côte Vermeille★★.

Grand Hôtel du Lido, bd Mer ✆ 04 68 81 10 32, *Fax 04 68 81 10 98,* ≤, « En bordure de mer », – AE GB BV u
6 mai-30 sept. – **Repas** *(110)* - 155/210, enf. 70 – 60 – **66 ch** 490/870 – ½ P 485/660

Plage des Pins, ✆ 04 68 81 09 05, *Fax 04 68 81 12 10,* ≤, – GB. ch BV r
27 mai-30 sept. – **Repas** 120/145, enf. 60 – 55 – **50 ch** 450/550 – ½ P 400/450

Maritime, bd des Albères ✆ 04 68 81 50 00, *Fax 04 68 95 96 75,* – AE GB BV s
15 avril-15 oct. – **Repas** 140, enf. 65 – 50 – **24 ch** 320/375 – ½ P 355

L'Amadeus, av. Platanes ✆ 04 68 81 12 38, *Fax 04 68 81 30 00* – GB BV n
fermé 1er janv. au 14 fév., mardi et merc. de nov. à mars et lundi de sept. à juin – **Repas** *(90)* - 115/225, enf. 55

rte de Collioure *: 4 km – ✉ 66700 Argelès-sur-Mer :*

Les Mouettes, ✆ 04 68 81 82 83, *Fax 04 68 81 32 73,* ≤, – AE GB
1er avril-31 oct. – **Repas** 120 (déj.), 180/300 – 60 – **26 ch** 400/650 – ½ P 400/500

à l'Ouest *1,5 km par rte de Sorède et rte secondaire – ✉ 66700 Argelès-sur-Mer :*

Belle Demeure, chemin du Roua ✆ 04 68 95 85 85, *Fax 04 68 95 83 50,* « Ancien moulin », – – 25. AE GB JCB AX h
1er mars-31 oct. – **Repas** *(fermé dim. soir et lundi sauf juil.-août) (110)* - 165/295 – 50 – **14 ch** 450/580 – ½ P 410/475

Le Guide change, changez de guide tous les ans.

ARGENTAN *61200 Orne* 60 ② ③ *G. Normandie Cotentin – 16 413 h alt. 160.*
Voir Église St-Germain★.
Office de Tourisme pl. du Marché ✆ 02 33 67 12 48, Fax 02 33 39 96 61.
Paris 194 ② – Alençon 46 ③ – Caen 59 ⑤ – Dreux 115 ② – Flers 43 ④ – Lisieux 58 ①.

ARGENTAN

Beigle (R. du)	2
Boschet (R. P.)	3
Carnot (Bd)	7
Chaussée (R. de la)	8
Collège (R. du)	9
Forêt-Normande (Av. de la)	13
Gaulle (Bd Général-de)	14
Griffon (R. du)	15
Henri-IV (Pl.)	18
Leclerc (Pl. Général)	19
Marché (Pl. du)	20
Panthou (R. E.)	21
St-Germain (R.)	28
St-Martin (R.)	29
Semard (Pl. Pierre)	30
Trois-Croix (Pl. des)	31
Victor-Hugo (Bd)	32
Vimal-du-Bouchet (Pl.)	33
Wolf (R. J.)	34
2e-D.-B. (Av. de la)	35
104e-Régiment-d'Infanterie (R. du)	38

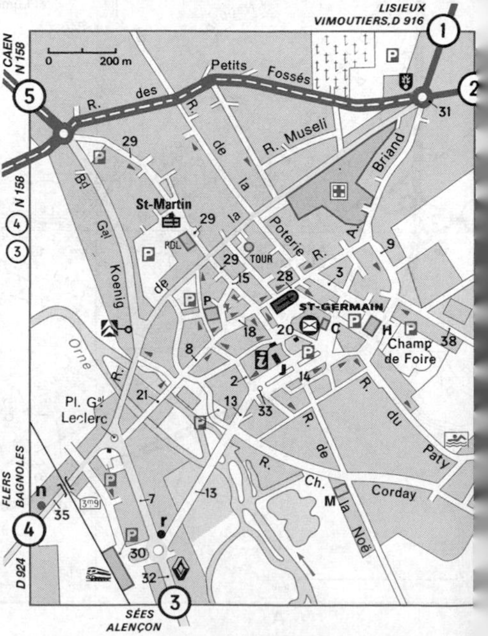

Pour un bon usage des plans de villes, voir les signes conventionnels dans l'introduction.

🏠 **France**, 8 bd Carnot (r) ℰ 02 33 67 03 65, Fax 02 33 36 62 24, 🏤 – 📺 ☎ ❤ 🇬🇧
🍽 *fermé 3 au 16 juil., 21 au 27 déc., 15 au 28 fév. et dim. soir* – **Repas** 75/200 ♀, enf. 50 –
🖴 35 – **12 ch** 195/280 – ½ P 230/255

🏠 **Ariès**, Z.A. Beurrerie par ④ : *1 km* ℰ 02 33 39 13 13, Fax 02 33 39 34 71 – 📺 ☎ ❤ ♿ 🅿 –
🛁 50. 🖭 🇬🇧
Repas 95/250 ♀ – 🖴 38 – **43 ch** 295 – ½ P 285/355

🍽🍽 **Renaissance** avec ch, 20 av. 2ᵉ Division Blindée (n) ℰ 02 33 36 14 20, Fax 02 33 36 65 50,
🏤 – 📺 ☎ ❤ 🅿 🕮 ⓪ 🇬🇧
fermé 1ᵉʳ au 15 août, dim. soir et lundi – **Repas** (95) - 120/340 – 🖴 45 – **7 ch** 300/300
½ P 335/475

par ② *N 26 et D 729 ; 11 km* – ✉ 61310 Silly-en-Gouffern :

🏨 **Pavillon de Gouffern** 🦌, ℰ 02 33 36 64 26, Fax 02 33 36 53 81, ≤, parc, « Ancien
🍽 pavillon de chasse », ☜ – 📺 ☎ ❤ 🅿 – 🛁 50. 🖭 ⓪ 🇬🇧
fermé fév., dim. soir et lundi midi de mi nov. à mi-mars sauf fêtes – **Repas** 75/235 ♀, enf. 65
– 🖴 45 – **21 ch** 300/450 – ½ P 4/0/650

à Fontenai-sur-Orne par ④ : 4,5 km – 292 h. alt. 65 – ✉ 61200 :

🍽🍽 **Faisan Doré** avec ch, ℰ 02 33 67 18 11, Fax 02 33 35 82 15, 🏤 – 📺 ☎ 🅿 – 🛁 100. 🖭
🇬🇧, ❤ ch
fermé dim. soir – **Repas** 95/298, enf. 55 – 🖴 40 – **14 ch** 280/315 – ½ P 280/350

ARGENTAT 19400 Corrèze 🗺 ⑩ G. Berry Limousin – *3 189 h alt. 183.*
Env. Site★ – Tours de Merle★★ E : 23 km.
🅱 *Office de Tourisme (15 juin-15 sept.) 30 av. Pasteur* ℰ 05 55 28 16 05 et (hors saison)
Mairie ℰ 05 55 28 10 91, Fax 05 55 28 81 26.
Paris 508 – Brive-la-Gaillarde 45 – Aurillac 54 – Mauriac 50 – St-Céré 42 – Tulle 30.

🍽 **Fouillade** avec ch, pl. Gambetta ℰ 05 55 28 10 17, Fax 05 55 28 90 52, 🏤 – 📺 ☎ ❤. 🇬🇧
🍽 *fermé 12 nov. au 12 déc.* – **Repas** *(fermé lundi du 15 sept. au 15 juin)* (59) - 73/190 ♀, enf. 40
– 🖴 40 – **14 ch** 240 – ½ P 170/225

ARGENTEUIL 95 Val-d'Oise 🗺 ⑳., 🗺 ⑭ – *voir à Paris, Environs.*

ARGENTIÈRE 74 H.-Savoie 🗺 ⑨ G. Alpes du Nord – *alt. 1253 – Sports d'hiver : voir Chamonix –*
✉ 74400 Chamonix-Mont-Blanc
Voir SE : Aiguille des Grands Montets ≤★★ par téléphérique – Trélechamp ≤★★ N : 2,5 km –
Réserve naturelle des Aiguilles Rouges★★ N : 3,5 km.
Paris 622 – Chamonix-Mont-Blanc 9 – Annecy 104 – Vallorcine 9.

🏨 **Montana**, ℰ 04 50 54 14 99, Fax 04 50 54 03 40, ≤, 🏤 – 🛗 📺 ☎ ❤ ♿ 🛏 🅿 🖭 ⓪ 🇬🇧
15 juin-1ᵉʳ oct. et 15 déc.-15 mai – **Repas** *(1ᵉʳ juil.-15 sept. et 20 déc.-1ᵉʳ mai)* (dîner seul. en
hiver) 130/160 – 🖴 50 – **24 ch** 590 – ½ P 490

à Montroc-le-Planet Nord-Est : 2 km par N 506 et rte secondaire – ✉ 74400 Argentière :

🏨 **Les Becs Rouges** 🦌, ℰ 04 50 54 01 00, Fax 04 50 54 00 51, ≤ Mont-Blanc et aiguilles,
🏤 – 🛗 📺 ☎ ❤ 🅿 🖭 ⓪ 🇬🇧 🕮, ❤ rest
fermé 5 nov. au 15 déc. – **Repas** 108 (déj.), 185/395 bc ♀, enf. 85 – 🖴 75 – **24 ch** 270/635 –
½ P 428/502

ARGENTON-SUR-CREUSE 36200 Indre 🗺 ⑰ ⑱ G. Berry Limousin – *5 193 h alt. 100.*
Voir Vieux pont ≤★ – ≤★ de la terrasse de la chapelle N.-D.-des-Bancs – Vallée de la
Creuse★ SE par D 48.
🅱 *Office de Tourisme 13 pl. de la République* ℰ 02 54 24 05 30, Fax 02 54 24 28 13.
Paris 300 ① – Châteauroux 31 ① – Limoges 94 ④ – Montluçon 103 ② – Poitiers 101 ⑤.

Plan page suivante

🏠 **Manoir de Boisvillers** 🦌 sans rest, 11 r. Moulin de Bord (e) ℰ 02 54 24 13 88,
Fax 02 54 24 27 83, 🎄, 🏤 – 📺 ☎ 🅿. 🇬🇧
fermé déc. et dim. de janv. à mars – 🖴 45 – **14 ch** 255/395

🏠 **Cheval Noir**, 27 r. Auclert-Descottes (n) ℰ 02 54 24 00 06, Fax 02 54 24 11 22, 🏤 –
❤ rest, 📺 ☎ ❤ 🅿. 🇬🇧
fermé dim. soir et lundi midi hors saison – **Repas** (65) - 95/180 ♀, enf. 55 – 🖴 35 – **20 ch**
240/320 – ½ P 260

ARGENTON-SUR-CREUSE

Acacias (Allée des) 2
Barbès (R.) 5
Chapelle-N.-D. (R. de la) 7
Châteauneuf (R.) 8
Chauvigny (R. A. de)... 10
Coursière (R. de la).... 12
Gare (R. de la) 14
Grande (Rue) 15
Merle-Blanc (R. du).... 18
Point-du-Jour (R. du) 20
Pont-Neuf (R. du) 23
Raspail (R.) 24
République (Pl. de la) .. 25
Rochers-St-Jean (R. des) 27
Rosette (R.) 28
Rousseau (R. Jean-J.).. 29
Victor-Hugo (R.) 30
Villers (Imp. de) 31

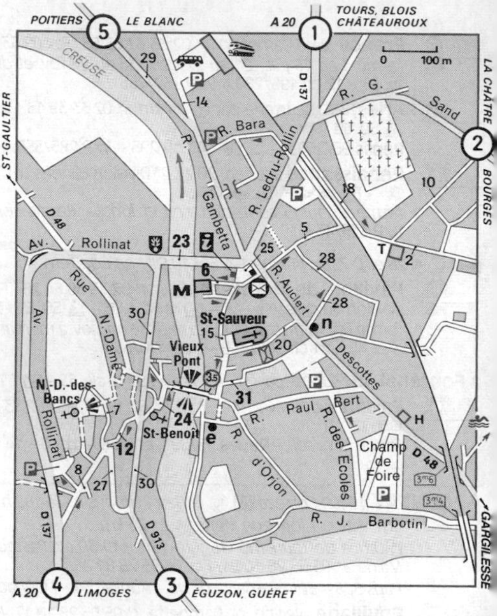

Les plans de villes sont orientés le Nord en haut.

à St-Marcel *par ① : 2 km – 1 687 h. alt. 146 – ✉ 36200.*

Voir *Église★ – Musée archéologique d'Argentomagus★ – Théâtre du Virou★.*

Prieuré, ✆ 02 54 24 05 19, *Fax 02 54 24 32 28*, ≤, 🍽, – ☎ P – 🏔 30. GB
fermé mi-janv. à mi-fév., mardi d'oct. à mars et lundi – **Repas** 100/190 ♀, enf. 48 – ☕ 35 – **12 ch** 260 – ½ P 230

à Tendu *par ① : 8 km – 446 h. alt. 171 – ✉ 36200 :*

XX **Moulin des Eaux Vives**, Sud-Est : 4 km par D 30 et rte secondaire ✆ 02 54 24 12 25, *Fax 02 54 24 34 62*, 🍽, « Moulin du 18e siècle au bord de l'eau » – AE GB
fermé 8 janv. au 8 fév., lundi soir et mardi du 16 oct. au 14 avril – **Repas** (dim. prévenir) 130/220 ♀, enf. 65

à Bouësse *par ② : 11 km – 416 h. alt. 185 – ✉ 36200 :*

Château de Bouesse 🐌, ✆ 02 54 25 12 20, *Fax 02 54 25 12 30*, ≤, 🍽, « Château du 13e siècle dans un parc » – ☎ ✆ P. AE GB. 🚫
mi-mars-mi-nov. – **Repas** *(fermé lundi hors saison)* (95) - 140 (déj.), 180/220, enf. 80 – ☕ 60 – **8 ch** 380/480 – ½ P 435/495

ARGENT-SUR-SAULDRE *18410 Cher* 65 ⑪ *G. Châteaux de la Loire – 2 525 h alt. 171.*

Env. *Château★ de Blancafort : 8 km au SE.*

Paris 173 – Orléans 61 – Bourges 58 – Cosne-sur-Loire 45 – Gien 21 – Salbris 41 – Vierzon 53.

XX **Relais de la Poste** avec ch, ✆ 02 48 81 53 90, *Fax 02 48 73 30 62*, 🍽 – TV ☎ ✆ P – 🏔 40. AE GB – **Repas** *(fermé lundi midi hors saison)* 80/390 ♀, enf. 70 – ☕ 35 – **10 ch** 220/330 – ½ P 240/350

XX **Relais du Cor d'Argent** avec ch, ✆ 02 48 73 63 49, *Fax 02 48 73 37 55*, 🍽 – TV ☎ P. AE GB – *fermé vacances de Toussaint, 16 fév. au 10 mars, mardi soir et merc.* – **Repas** 90/230 ♀ – ☕ 33 – **7 ch** 200/275 – ½ P 210

ARGOULES *80120 Somme* 51 ⑫ *G. Picardie Flandres Artois – 363 h alt. 18.*

Voir *Abbaye★ et jardins★ de Valloires NO : 2 km.*

Paris 218 – Calais 93 – Abbeville 34 – Amiens 83 – Hesdin 18 – Montreuil 21.

X **Auberge du Coq-en-Pâte**, ✆ 03 22 29 92 09, *Fax 03 22 29 92 09*, 🍽 – GB
fermé 19 sept. au 3 oct., 12 janv. au 2 fév., dim. soir et lundi sauf fériés – **Repas** (nombre de couverts limité, prévenir) 90/150

ARINSAL 86 ⑭ – *voir à Andorre (Principauté d').*

ARLEMPDES *43490 H.-Loire* 76 ⑰ *G. Vallée du Rhône – 142 h alt. 840.*

Voir *Site★★ – ≤★★ de la chapelle.*

Paris 567 – Le Puy-en-Velay 29 – Aubenas 67 – Langogne 28.

Manoir ⑤, ℘ 04 71 57 17 14, ≤, 斎 – TV ☎ ✆. GB. ※ ch
11 mars-1er nov. – **Repas** 89/200, enf. 50 – ☐ 37 – **16 ch** 260/270 – ½ P 245

ARLES ⟨SP⟩ *13200 B.-du-R.* 83 ⑩ *G. Provence – 52 058 h alt. 13.*

An 2000 4 juil.-20 août : 31èmes Rencontres Internationales de la Photographie.

Voir *Arènes★★ – Théâtre antique★★ – Cloître St-Trophime★★ et église★ : portail★★ – Les Alyscamps★ – Palais Constantin★* **Y S** *– Hôtel de ville : voûte★ du vestibule* **Z H** *– Cryptoportiques★* **Z E** *– Musée de l'Arles antique★★ (sarcophages★★) – Museon Arlaten★* **Z M6** *– Musée Réattu★* **Y M4** *– Ruines de l'abbaye de Montmajour★ 5 km par ①.*

🅘 *Office de Tourisme espl. Charles-de-Gaulle ℘ 04 90 18 41 20, Fax 04 90 18 41 29, Accueil Gare SNCF ℘ 04 90 49 36 90.*

Paris 721 ① – Avignon 36 ① – Aix-en-Provence 78 ② – Marseille 95 ② – Nîmes 32 ⑥.

Plans page suivante

Jules César, bd Lices ℘ 04 90 93 43 20, *Fax 04 90 93 33 47*, 斎, « Ancien couvent avec son cloître, jardins intérieurs », ⛱, 🐾 – ▤ TV ☎ ✆ 🚗 – 🏛 30. AE ⓓ GB JCB — Z b
fermé 12 nov. au 23 déc. – ***Lou Marquès :*** **Repas** 150/420bc, enf. 65 – ***Le Cloître :*** *(déj. seul.)* **Repas** 105/130 bc, enf. 65 – ☐ 85 – **50 ch** 750/1250, 5 appart – ½ P 750/1100

D'Arlatan ⑤ sans rest, 26 r. Sauvage (près pl. Forum) ℘ 04 90 93 56 66, *Fax 04 90 49 68 45*, « Demeure du 15e siècle, vestiges archéologiques et beau mobilier », 🐾 – |‡| ▤ TV ☎ ✆ 🚗 – 🏛 50. AE ⓓ GB — Y f
☐ 62 – **41 ch** 500/850, 7 appart

Nord Pinus, pl. Forum ℘ 04 90 93 44 44, *Fax 04 90 93 34 00*, 斎, « Élégante installation » – |‡|, ▤ ch, TV ☎ 🚗. AE ⓓ GB — Z t
Brasserie ℘ 04 90 93 02 32 **Repas** *(98)*-180 ♀ – ☐ 75 – **25 ch** 770/1700 – ½ P 682/1112

New Hôtel Arles Camargue Ⓜ, 45 av. Sadi-Carnot ℘ 04 90 99 40 40, *Fax 04 90 93 32 50*, ⛱ – |‡| ▤ TV ☎ ♿ 🚗 P – 🏛 70. AE ⓓ GB JCB — X a
Repas *(80)* - 99 ♀, enf. 50 – ☐ 55 – **63 ch** 510/560, 4 duplex – ½ P 410

Mireille Ⓜ, 2 pl. St-Pierre à Trinquetaille ℘ 04 90 93 70 74, *Fax 04 90 93 87 28*, 斎, ⛱ – ⅍ ▤ TV ☎ 🚗. AE ⓓ GB JCB — Y h
hôtel : 1er mars-5 nov. ; rest. : 10 mars-31 oct. – **Repas** *(75)* - 110/170 ♀ – ☐ 59 – **34 ch** 399/650 – ½ P 420/544

Musée sans rest, 11 r. Gd-Prieuré ℘ 04 90 93 88 88, *Fax 04 90 49 98 15* – ▤ TV ☎ 🚗. AE ⓓ GB JCB — Y u
fermé 1er déc. au 15 fév. – ☐ 38 – **20 ch** 240/390

Calendal Ⓜ ⑤ sans rest, 22 pl. Dr Pomme ℘ 04 90 96 11 89, *Fax 04 90 96 05 84*, « Jardin ombragé », 🐾 – ▤ TV ☎ ♿. AE ⓓ GB JCB — Z s
☐ 40 – **27 ch** 380/450

Amphithéâtre Ⓜ sans rest, 5 r. Diderot ℘ 04 90 96 10 30, *Fax 04 90 93 98 69* – ▤ TV ☎. AE GB JCB — Z n
1er mars-1er déc. – ☐ 36 – **15 ch** 315/360

St-Trophime sans rest, 16 r. Calade ℘ 04 90 96 88 38, *Fax 04 90 96 92 19* – |‡| TV ☎. AE GB — Z x
15 fév.-15 nov. – ☐ 35 – **22 ch** 245/350

Muette sans rest, 15 r. Suisses ℘ 04 90 96 15 39, *Fax 04 90 49 73 16* – TV ☎ ✆ 🚗. AE GB — Y q
☐ 37 – **18 ch** 310

Porte de Camargue sans rest, 15 r. Noguier à Trinquetaille ℘ 04 90 96 17 32, *Fax 04 90 18 97 92* – |‡| ▤ TV ☎ ♿. AE GB — Y g
fermé 15 déc. au 15 janv. – ☐ 37 – **25 ch** 260/415

Mirador sans rest, 3 r. Voltaire ℘ 04 90 96 28 05, *Fax 04 90 96 59 89* – TV ☎. AE ⓓ GB JCB — Y n
fermé 15 janv. au 16 fév. – ☐ 28 – **15 ch** 190/260

Constantin sans rest, 59 bd Craponne ℘ 04 90 96 04 05, *Fax 04 90 96 84 07* – TV ☎. AE GB — Z k
mi-mars-mi-nov. et 24 déc.-4 janv. – ☐ 30 – **15 ch** 180/280

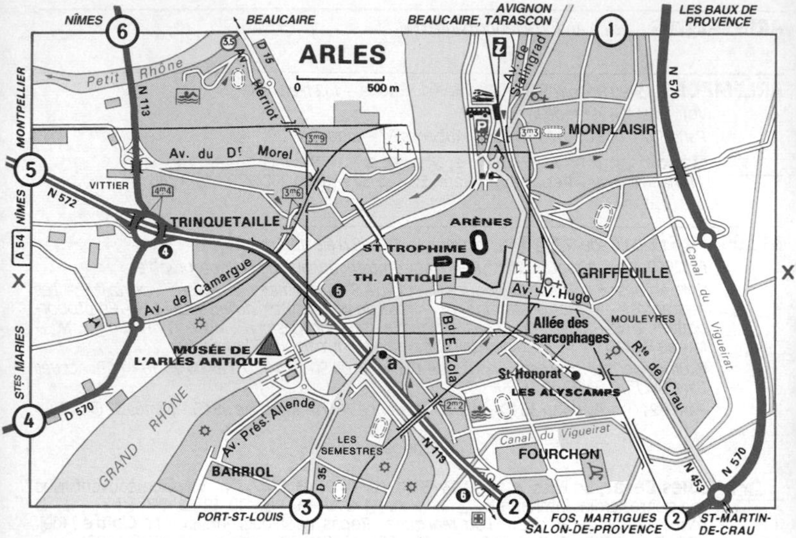

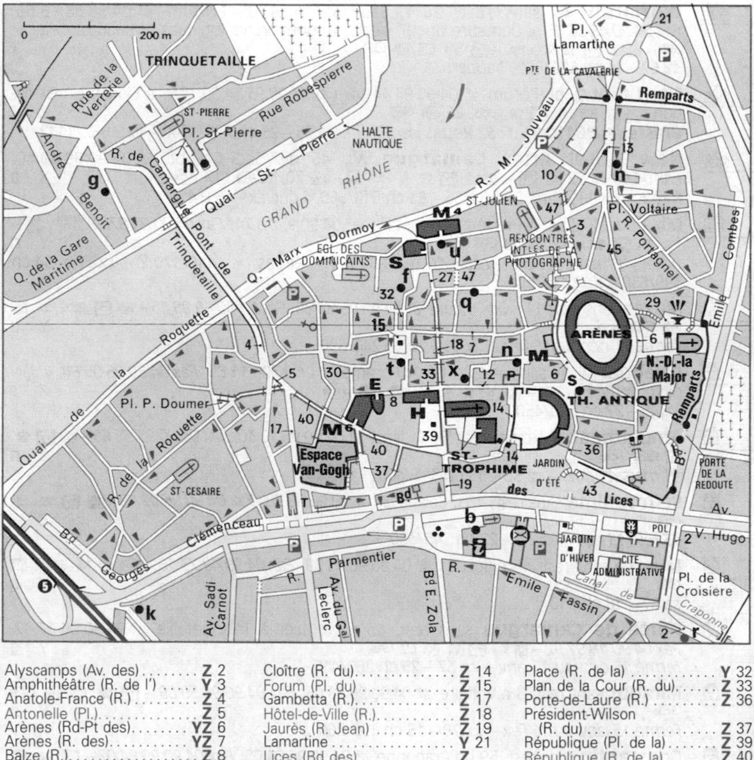

Alyscamps (Av. des) . . . . Z 2
Amphithéâtre (R. de l') . . . . . Y 3
Anatole-France (R.) . . . . Z 4
Antonelle (Pl.) . . . . Z 5
Arènes (Rd-Pt des) . . . . YZ 6
Arènes (R. des) . . . . YZ 7
Balze (R.) . . . . Z 8
Blum (R. Léon) . . . . Y 10
Calade (R. de la) . . . . Z 12
Cavalerie (R. de la) . . . . Y 13
Cloître (R. du) . . . . Z 14
Forum (Pl. du) . . . . Z 15
Gambetta (R.) . . . . Z 17
Hôtel-de-Ville (R.) . . . . Z 18
Jaurès (R. Jean) . . . . Z 19
Lamartine . . . . Y 21
Lices (Bd des) . . . . Z
Maïsto (R. D.) . . . . Y 27
Major (Pl. de la) . . . . Y 29
Mistral (R. Frédéric) . . . . Z 30
Place (R. de la) . . . . Y 32
Plan de la Cour (R. du) . . . . . Z 33
Porte-de-Laure (R.) . . . . Z 36
Président-Wilson
(R. du) . . . . Z 37
République (Pl. de la) . . . . . . Z 39
République (R. de la) . . . . . . Z 40
Vauban (Montée) . . . . Z 43
Voltaire (R.) . . . . Y 45
4-Septembre (R. du) . . . . Y 47

XXX **L'Olivier**, 1 bis r. Réattu ℘ 04 90 49 64 88, Fax 04 90 93 85 42, 🍽 – 🍴 **GB**   Y u
fermé 1ᵉʳ au 15 nov., 25 janv. au 10 fév., lundi (sauf le soir en saison) et dim. – **Repas** 148/380 - **Bistrot de l'Olivier** : **Repas** 108 ◊

X **Jardin de Manon**, 14 av. Alyscamps ℘ 04 90 93 38 68, Fax 04 90 49 62 03, 🍽 – **AE GB**
ferme vacances de Toussaint, de fév., dim. soir d'oct. à Pâques et merc. – **Repas** (nn) 98/200 ♈, enf. 70   Z r

à Fourques *(Gard) par ⑥ : 4 km – 2 251 h. alt. 3 – ⊠ 30300 :*

🏠 **Mas des Piboules** Ⓜ, N 113 ℘ 04 90 96 25 25, Fax 04 90 93 68 88, 🍽 , ⤢ – 📺 ☎ ⚓ ሌ
🅿 **GB**
mars-oct., fermé vend. et sam. de nov. à fév. – **Repas** 95/130 – ⧄ 45 – 50 **ch** 550/560 – ½ P 285

ARMBOUTS-CAPPEL *59 Nord* 🗺 ③   *rattaché à Dunkerque.*

ARMENTIÈRES *59280 Nord* 🗺 ⑮, 🗺 ⑪ *G. Picardie Flandres Artois* – *25 219 h alt. 16.*
🅱 *Office de Tourisme 33 r. de Lille ℘ 03 20 44 18 19, Fax 03 20 77 48 15.*
Paris 234 – Lille 20 – Dunkerque 59 – Kortrijk 48 –.Lens 35 – St-Omer 51.

🏠 **Albert 1ᵉʳ** sans rest, 28 r. Robert Schuman ℘ 03 20 77 31 02, Fax 03 20 77 05 16 – 📺 ☎.
GB, ⚘
⧄ 30 – **15 ch** 165/250

ARMOY *74 H.-Savoie* 🗺 ⑰   *rattaché à Thonon-les-Bains.*

ARNAC-POMPADOUR *19230 Corrèze* 🗺 ⑧ *G. Berry Limousin* – *1 444 h alt. 413.*
Paris 451 – Brive-la-Gaillarde 43 – Limoges 59 – Périgueux 66 – St-Yrieix-la-Perche 24.

🏠 **Parc**, pl. Vieux Lavoir ℘ 05 55 73 30 54, Fax 05 55 73 39 79, 🍽 , ⤢ – 📺 ☎ **AE GB**
fermé 24 déc. au 25 janv., sam. et dim. de nov. à mars – **Repas** 62 (déj.), 110/200 ♈, enf. 50 –
⧄ 38 – **10 ch** 230/270 – ½ P 320

rte de Lanouaille *5 km par D 7 – ⊠ 19230 Arnac-Pompadour :*

🏠 **Auberge de la Mandrie** ⑤, ℘ 05 55 73 37 14, Fax 05 55 73 67 13, 🍽 , parc, ⤢ – 📺
☎ 🅿 – 🔟 30, ⑪ **GB**
Repas *(fermé dim. soir de déc. à mars)* 72/180 ◊, enf. 50 – ⧄ 38 – **22 ch** 245 – ½ P 275

ARNAGE *72 Sarthe* 🗺 ⑬ – *rattaché au Mans.*

ARNAY-LE-DUC *21230 Côte-d'Or* 🗺 ⑱ *G. Bourgogne* – *2 040 h alt. 375.*
Paris 286 – Beaune 36 – Dijon 59 – Autun 27 – Chagny 41 – Montbard 74 – Saulieu 29.

🏠 **Chez Camille**, ℘ 03 80 90 01 38, Fax 03 80 90 04 64 – 📺 ☎ ⚓ 🔜 🅿. **AE ⑩ GB JCB**
Repas 98 bc/498 ◊ – ⧄ 50 – **11 ch** 395 – ½ P 448
Annexe Clair de Lune 🏠 sans rest, ℘ 03 80 90 15 50 – 📺 ☎ 🅿. **AE ⑩ GB JCB**
⧄ 30 – **14 ch** 180

X **Terminus** avec ch, N 6 ℘ 03 80 90 00 33, Fax 03 80 90 01 30 – 📺 ☎ 🅿. **AE GB**
fermé 6 janv. au 5 fév., dim. soir et lundi sauf juil.-août – **Repas** (60) - 92/178 ♈, enf. 50 –
⧄ 33 – **8 ch** 180/260 – ½ P 230/290

ARPAILLARGUES-ET-AUREILLAC *30 Gard* 🗺 ⑲ – *rattaché à Uzès.*

ARPAJON *91290 Essonne* 🗺 ⑩ – *8 713 h alt. 51.*
🅱 *Office de Tourisme pl. de l'Hôtel-de-Ville ℘ 01 60 83 36 51, Fax 01 60 83 80 00.*
Paris 33 – Fontainebleau 50 – Chartres 71 – Évry 18 – Melun 43 – Orléans 87 – Versailles 40.

XXX **Saint Clément**, 16 av. Hoche (D152) ℘ 01 64 90 21 01, Fax 01 60 83 32 67, 🍽 – 🍴. **AE GB**
fermé août, dim. soir et lundi – **Repas** 195

ARPAJON-SUR-CÈRE *15 Cantal* 🗺 ⑫ – *rattaché à Aurillac.*

Les ARQUES 46250 Lot **79** ⑦ G. Périgord Quercy – 160 h alt. 254.

Voir *Église St-Laurent*★ : *Christ*★ *et Pietà*★ *de Zadkine* – *Fresques murales*★ *de l'église St-André-des-Arques.*

Paris 573 – Cahors 27 – Gourdon 27 – Villefranche-du-Périgord 20 – Villeneuve-sur-Lot 59.

✗ **Récréation,** 𝒫 05 65 22 88 08, 🏠 – ⬛ 🅖🅑. 💱
1er mai-30 sept. et week-ends en mars, avril et d'oct. à déc. – **Repas** (fermé mardi midi et merc.) (85) - 135 ₰, enf. 50

ARRADON 56 Morbihan **63** ③ – rattaché à Vannes.

ARRAS

Adam (R. Paul) . . . . **AY** 2
Agaches (R. des) . . . . . . **BY** 3
Albert-Ier-de-Belg.
(Rue) . . . . **BY** 4
Ancien-Rivage
(Pl. de l') . . . . **BY** 5
Barbot (R. du Gén.) . . . . **BY** 6
Baudimont
(Rond-Point) . . . . **AY** 7
Carabiniers d'Artois
(R. des) . . . . **AY** 8
Cardinal (R. du) . . . . **CZ** 9
Delansorne (R. D.) . . . . . **BZ** 10
Doumer (R. Paul) . . . . . . **BY** 12
Ernestale (R.) . . . . **BZ** 13
Ferry (R. Jules) . . . . **AY** 15
Foch (Pl. Maréchal) . . . . **CZ** 16
Gambetta (R.) . . . . **BZ**
Gouvernance
(R. de la) . . . . **BY** 18
Guy-Mollet (Pl.) . . . . **CY** 19
Kennedy (Av. J.) . . . . . . **AZ** 24
Legrelle (R. E.) . . . . . . **BCZ** 25
Madeleine (Pl. de la) . . . **BY** 28
Marché-au-Filé
(R. du) . . . . **BY** 30
Marseille (Pl. de) . . . . . . **BZ** 31
Robespierre (R.) . . . . . . **BZ** 34
Ronville (R.) . . . . **CZ** 35
St-Aubert (R.) . . . . **BY**
Ste-Claire (R.) . . . . **AZ** 37
Ste-Croix (R.) . . . . **CY** 39
Strasbourg (Bd de) . . . . **CZ** 42
Taillerie (R. de la) . . . . . **CY** 43
Teinturiers (R. des) . . . . **BY** 45
Théâtre (Pl. et R.) . . . . . **BZ** 47
Verdun (Cours de) . . . . . **AZ** 49
Victor-Hugo (Pl.) . . . . . . **AZ** 51
Wacquez-Glasson
(Rue) . . . . **CZ** 52
Wetz-d'Amain
(Pl. du) . . . . **BY** 53
29-Juillet (R. du) . . . . . . **BY** 54
33e (Pl. du) . . . . **BY** 55

Welcome to France!
Remember,
keep to the right.

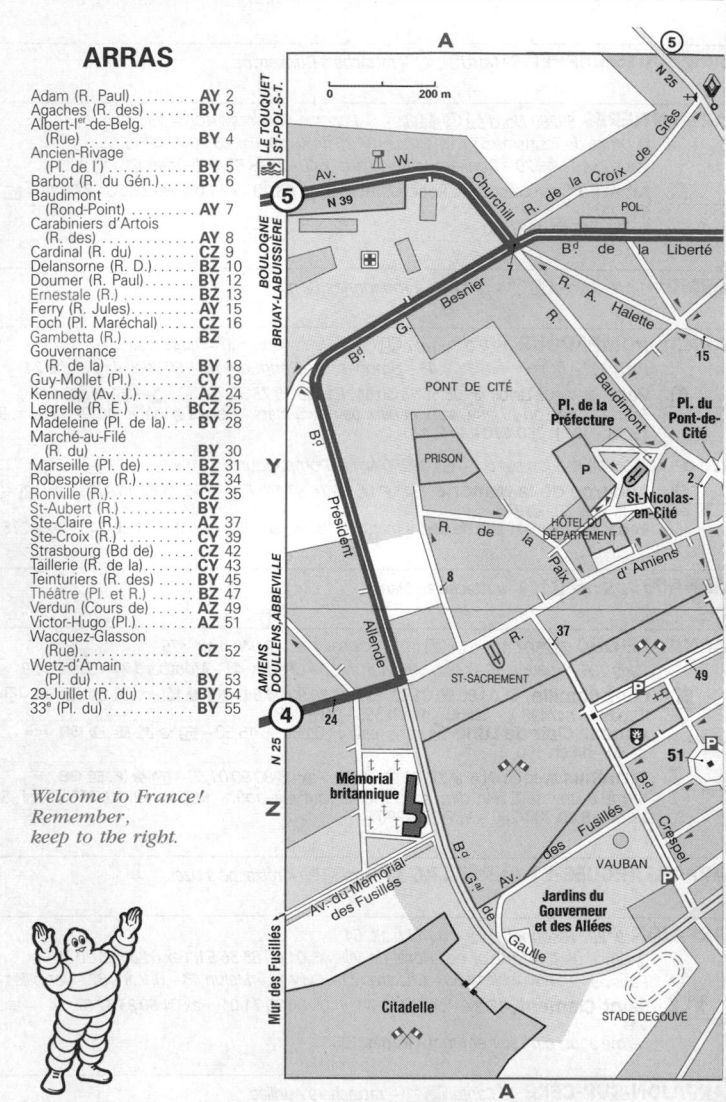

ARRAS P 62000 P.-de-C. 53 ② *G. Picardie Flandres Artois – 38 983 h alt. 72.*

Voir *Grand'Place*★★ *et Place des Héros*★★ – *Hôtel de Ville et beffroi*★ **BY H** – *Ancienne abbaye St-Vaast*★★ : *musée*★.

Office de Tourisme Hôtel-de-Ville pl. des Héros ☎ 03 21 51 26 95, Fax 03 21 71 07 54.

Paris 179 ② – Lille 53 ① – Amiens 66 ④ – Calais 111 ① – Charleville-Mézières 158 ②.

100 **Univers** M, 3 pl. Croix Rouge ☎ 03 21 71 34 01, *Fax 03 21 71 41 42*, « *Élégante demeure du 18e siècle* » – 40 à 100. AE GB **BZ v**

Repas *(fermé dim. soir en janv. et fév.)* 120/260 – 55 – **37 ch** 370/620 – ½ P 490

Mercure Atria M, 58 bd Carnot ☎ 03 21 23 88 88, *Fax 03 21 23 88 89* – – 30 à 300. AE GB **CZ b**

Repas *(fermé 24 déc. au 3 janv.)* 98/120 ♀, enf. 55 – 58 – **80 ch** 475/580

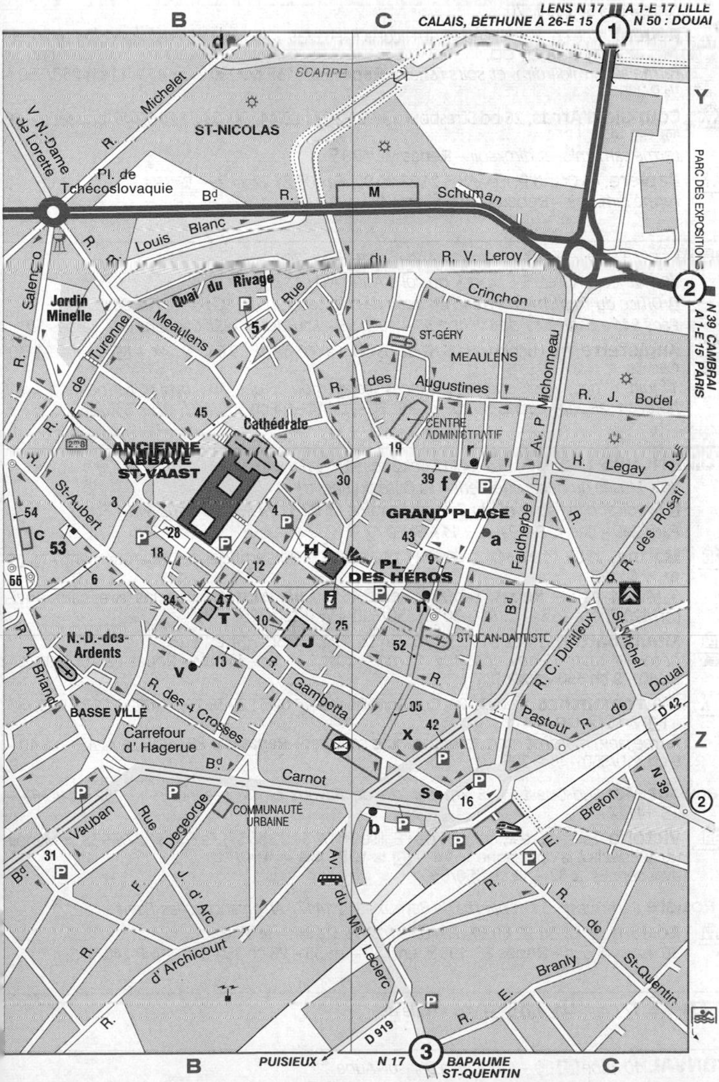

🏨 **Astoria**, 12 pl. Foch ℰ 03 21 71 08 14, *Fax 03 21 71 60 95* – 🖩 rest, 🖵 ☎ ✿ – 🛗 30. 🖭 ⓪ ⏚ 🗾
CZ s

Carnot : Repas 98/250bc ♀, enf. 50 – ⛺ 50 – **29 ch** 260/290 – ½ P 255

🏨 **3 Luppars** sans rest, 49 Grand'Place ℰ 03 21 07 41 41, *Fax 03 21 24 24 80* – 📳 🖵 ☎ ✿. 🖭 ⓪ ⏚ 🎉
CY r
⛺ 40 – **42 ch** 210/300

🏨 **Ibis** sans rest, 11 r. Justice ℰ 03 21 23 61 61, *Fax 03 21 71 31 31* – 📳 🍴 🖵 ☎ ✿ ⅄. 🖭 ⓪ ⏚
CZ n
⛺ 35 – **63 ch** 310/330

🍴🍴🍴 **Faisanderie**, 45 Grand'Place ℰ 03 21 48 20 76, *Fax 03 21 50 89 18*, « Cave du 17e siècle »
– 🖭 ⓪ ⏚ 🎉
CY f
fermé 1er au 21 août, 4 au 10 janv., vacances de fév., dim. soir et lundi – Repas 145/315 et
carte 410 à 540, enf. 70

🍴🍴 **Régent** avec ch, r. A. France à St-Nicolas ✉ 62223 ℰ 03 21 71 51 09, *Fax 03 21 07 87 56*,
🍴, 🚗 – 🖵 ☎ 🅿. 🖭 ⏚
BY d
fermé sam. midi, dim. et soirs fériés – Repas (90) - 135 bc/290 – ⛺ 40 – **11 ch** 250/350 –
½ P 285

🍴🍴 **Coupole d'Arras**, 26 bd Strasbourg ℰ 03 21 71 88 44, *Fax 03 21 71 52 46*, brasserie – 🖭
⓪ ⏚ 🎉
CZ x
fermé sam. midi et dim. soir – Repas 119/178 ♀

🍴🍴 **Rapière**, 44 Grand'Place ℰ 03 21 55 09 92, *Fax 03 21 22 24 29* – 🖭 ⏚
CY a
fermé dim. soir – Repas 88/195 ♀, enf. 45

ARREAU 65240 H.-Pyr. 🞓🞓 ⑲ *G. Midi-Pyrénées* – *853 h alt. 705.*

Voir *Vallée d'Aure★ S* – ✳★★★ *du col d'Aspin NO : 13 km.*

🅱 *Office du Tourisme d'Arreau Château des Nestes* ℰ 05 62 98 63 15, *Fax 05 62 40 12 32.*
Paris 841 – *Bagnères-de-Luchon 33* – Auch 93 – Lourdes 78 – St-Gaudens 56 – Tarbes 59.

🏨 **Angleterre**, rte Luchon ℰ 05 62 98 63 30, *Fax 05 62 98 69 66*, 🏊, 🚗 – 🖵 ☎ 🅿. – 🛗 30.
⏚ 🎉
*1er juin-1er oct., week-ends et vacances scolaires du 26 déc. au 2 avril et fermé lundi (sauf
hôtel en saison)* – Repas 70/200 ♀, enf. 50 – ⛺ 44 – **24 ch** 350/430 – ½ P 335/380

ARROMANCHES-LES-BAINS 14117 Calvados 🞖🞖 ⑮ *G. Normandie Cotentin* – *409 h alt. 15.*

Voir *Musée du débarquement* – *La Côte du Bessin★ O.*

🅱 *Syndicat d'Initiative pl. du Groupe Lorraine* ℰ 02 31 22 36 45, *Fax 02 31 21 80 22.*
Paris 260 – *Caen 28* – Bayeux 11 – St-Lô 47.

🏨 **Marine**, ℰ 02 31 22 34 19, *Fax 02 31 22 98 80*, ≤ Port artificiel du Débarquement – 📳 🖵
☎ 🅿. 🖭 ⏚
5 fév.-11 nov. – Repas 99/185 ♀, enf. 45 - **Pub Winston :** Repas 80 et carte environ 120 ♀, enf. 35 – ⛺ 45 – **30 ch** 350/390 – ½ P 350/380

🏨 **Mountbatten**, ℰ 02 31 22 59 70, *Fax 02 31 22 50 30* – 🖵 ☎ 🅿. ⏚
hôtel : 1er mars-15 nov. et 15 fév.-1er mars ; rest. : 1er avril-15 nov. – Repas (65) - 85/180 ♁ –
⛺ 40 – **9 ch** 350 – ½ P 325

🍴 **d'Arromanches** avec ch, 2 r. Col. René Michel ℰ 02 31 22 36 26, *Fax 02 31 22 23 29*, 🍴
– 🖵 ☎ ✿ 🅿. ⏚ 🎉 ch
fermé janv., mardi et merc. sauf vacances scolaires – Repas (69) - 88/180 ♀, enf. 45 – ⛺ 40 –
9 ch 310/350 – ½ P 295

à Tracy-sur-Mer *Sud-Ouest : 2,5 km par rte de Bayeux et rte secondaire* – *252 h. alt. 60* –
✉ 14117 :

🏨 **Victoria** 🞁 sans rest, chemin de l'Église ℰ 02 31 22 35 37, *Fax 02 31 22 93 38*, « Manoir
du 19e siècle à la campagne », 🚗 – 🖵 ☎ ✿ 🅿. ⏚ 🎉. 🎉
avril-sept. – ⛺ 42 – **14 ch** 350/530

à La Rosière *Sud-Ouest : 3 km par rte de Bayeux* – ✉ 14177 Arromanches-les-Bains :

🏨 **Rosière**, ℰ 02 31 22 36 17, *Fax 02 31 22 19 33*, 🚗 – ☎ 🅿. ⏚
30 mars-15 oct. – Repas 88/195 ♀, enf. 50 – ⛺ 35 – **26 ch** 250/340 – ½ P 240/315

ARS-EN-RÉ 17 Char.-Mar. 🞓🞓 ⑫ – *voir Ré (Ile de).*

ARSONVAL 10 Aube 🞓🞓 ⑱ – *rattaché à Bar-sur-Aube.*

ARTEMARE 01510 Ain **74** ④ – 961 h alt. 245.

Paris 507 – Aix-les-Bains 34 – Bourg-en-Bresse 77 – Chambéry 55 – Lyon 102 – Nantua 49.

🏠 **Michallet,** ✆ 04 79 87 39 35, Fax 04 79 87 39 20, 🏤 – 🖭 ☎ 📞 🅿. GB
🍴 fermé 17 déc. au 9 janv., dim. soir et lundi – **Repas** 75/270 🎨 – 🖵 30 – **23 ch** 205/250 –
½ P 195/215

ARTHON 36330 Indre **68** ⑱ G. Berry Limousin – 902 h alt. 145.

Paris 284 – Bourges 81 – Argenton-sur-Creuse 25 – Châteauroux 15 – La Châtre 31.

🏠 **Tremblère** 🐾, rte Bouesse : 1 km ✆ 02 54 36 14 38, Fax 02 54 36 13 35, 🏤, 🏊 – 🖭 ☎
📞 🔥 🅿. – 🔼 40. 🖭 ⓞ GB
Repas 110/230 🍷 – 🖵 32 – **41 ch** 290/390 – ½ P 290/305

ARTZENHEIM 68320 H.-Rhin **62** ⑲ – 607 h alt. 180.

Paris 456 – Colmar 16 – Mulhouse 57 – Sélestat 20 – Strasbourg 74.

XXX **Auberge d'Artzenheim** 🐾 avec ch, ✆ 03 89 71 60 51, Fax 03 89 71 68 21, 🏤, 🌳 –
🖭 ☎ 🅿. 🖭 GB. 🦀 ch
fermé 15 fév. au 15 mars, lundi soir et mardi soir – **Repas** 120 bc/355 et carte 240 à 370 🍷,
enf. 68 – 🖵 40 – **9 ch** 255/345 – ½ P 295/350

ARUDY 64260 Pyr.-Atl. **85** ⑥ G. Aquitaine – 2 537 h alt. 415.

Paris 803 – Pau 26 – Argelès-Gazost 56 – Lourdes 43 – Oloron-Ste-Marie 20.

🏩 **France,** pl. Hôtel de Ville ✆ 05 59 05 60 16, Fax 05 59 05 70 06 – 🖭 ☎. GB. 🦀
🍴 fermé mai et sam. hors saison – **Repas** (59) - 69/119 🎨, enf. 50 – 🖵 32 – **19 ch** 130/285 –
½ P 182/235

ARVIEU 12120 Aveyron **80** ② – 925 h alt. 730.

🚩 Syndicat d'Initiative (juil.-août) à la plage ✆ 05 65 46 00 07 et (hors saison) à la Mairie ✆ 05
65 46 71 06.

Paris 668 – Rodez 33 – Albi 67 – Millau 62 – St-Affrique 60 – Villefranche-de-Rouergue 75.

🏩 **Au Bon Accueil,** ✆ 05 65 46 72 13, Fax 05 65 74 28 95 – ☎ 📞 🖭 GB
🍴 fermé 1ᵉʳ au 15 fév. – **Repas** 65 bc/185 🎨 – 🖵 30 – **12 ch** 145/240 – ½ P 185/230

L'ARZELIER (Col de) 38 Isère **77** ④ – rattaché à Château Bernard.

ARZON 56640 Morbihan **63** ⑫ G. Bretagne – 1 754 h alt. 9.

Voir Tumulus de Tumiac 🌸★ E : 2 km puis 30 mn.

🚩 Office de Tourisme Rd-Pt du Crouesty ✆ 02 97 53 69 69, Fax 02 97 53 76 10.

Paris 489 – Vannes 33 – Auray 51 – Lorient 91 – Quiberon 79 – La Trinité-sur-Mer 64

au Port du Crouesty Sud-Ouest : 2 km – ✉ 56640 Arzon :

🏨 **Miramar** 🖭 🐾, ✆ 02 97 67 68 00, Fax 02 97 67 68 99, ≤, institut de thalassothérapie,
« Architecture originale évoquant un paquebot », 🎨, 🏊 – 🛗 🍽 🖭 ☎ 📞 🔥 ⟶ 🅿 –
🔼 30 à 50. 🖭 ⓞ GB. 🦀 rest
fermé 28 nov. au 26 déc. – **Salle à Manger : Repas** (195)-255/200 🍷, enf. 140 – **Ruban
Bleu** (rest. diététique) (non-fumeurs exclusivement) **Repas** 255/280, enf. 140 – 🖵 110 –
108 ch 1750/2100, 12 appart – ½ P 995/1363

🏠 **Crouesty** 🖭 sans rest, ✆ 02 97 53 87 91, Fax 02 97 53 66 76 – 🖭 ☎ 🅿. GB
fermé 15 nov. au 8 fév. – 🖵 39 – **26 ch** 350/450

à Port Navalo Ouest : 3 km – ✉ 56640 Arzon :

XXX **Grand Largue,** à l'embarcadère ✆ 02 97 53 71 58, Fax 02 97 53 92 20, ≤ golfe du Morbihan, 🏤 – GB
fermé 15 nov. au 20 déc., 3 janv. au 3 fév., mardi de sept. à juin, lundi midi en juil.-août et
lundi soir – **Repas** 135 (déj.), 160/350 et carte 310 à 390 🍷

ASCAIN 64310 Pyr.-Atl. **85** ② G. Aquitaine – 2 653 h alt. 24.

🚩 Office de Tourisme ✆ 05 59 54 00 84 (hors saison) ✆ 05 59 54 68 34

Paris 797 – Biarritz 23 – Cambo-les-Bains 26 – Hendaye 23 – Pau 137 – St-Jean-de-Luz 7.

🏨 **Oberena** 🐾 sans rest, chemin Carrières ✆ 05 59 54 03 60, Fax 05 59 54 41 67, 🎨, 🏊, 🖾,
🌳 – 🖭 ☎ 🔥 🅿. – 🔼 50. GB – fermé 4 janv. au 15 fév. – 🖵 50 – **24 ch** 390/680

🏠 **Parc Trinquet-Larralde,** ✆ 05 59 54 00 10, Fax 05 59 54 01 23, 🏤, 🌳 – 🖭 ☎ 🖭 ⓞ
🍴 GB – fermé 2 janv. à mi-fév., dim. et lundi de nov. à mars – **Repas** (fermé dim. soir et lundi
d'oct. à juin) 85/240, enf. 45 – 🖵 50 – **24 ch** 370/450 – ½ P 340/380

207

au col de St-Ignace *Sud-Est : 3,5 km –* ⊠ *64310 Ascain.*

Voir *Montagne de la Rhune* ⁂ ★★★, *1h par chemin de fer à crémaillère.*

⊗ **Les Trois Fontaines,** *ℰ* 05 59 54 20 80, Fax 05 59 54 20 80, ≤, 佘, ☞ – **P.** **GB**
⊗ *fermé janv. et merc. du 15 sept. au 30 juin –* **Repas** 75/145, enf. 45

ASNIÈRES-SUR-SEINE *92 Hauts-de-Seine* 📒📒 ⑳., 📕📕 ⑮ – *voir à Paris, Environs.*

ASPRES-SUR-BUËCH *05140 H.-Alpes* 📒📒 ⑤ *G. Alpes du Sud –* 743 h alt. 778.

Paris 665 – Gap 34 – Grenoble 97 – Sisteron 46 – Valence 127.

🏠 **Parc,** *ℰ* 04 92 58 60 01, Fax 04 92 58 67 84, 佘 – ☎ ❤ **P.** **AE** ⑩ **GB**
fermé 6 déc. au 6 janv., dim. soir et merc. – **Repas** 92/198 ₰, enf. 65 – ⚏ 40 – **22 ch** 180/290 – ½ P 255/280

ASTAFFORT *47220 L.-et-G.* 📒📒 ⑮ – *1 828 h alt. 65.*

Paris 730 – Agen 19 – Auvillar 30 – Condom 34 – Lectoure 20.

⊗⊗ **Square "Michel Latrille"** **M** avec ch, *ℰ* 05 53 47 20 40, Fax 05 53 47 10 38, 佘 – ▐⬛ ⬛ **AE** **GB**
fermé 9 au 30 janv. – **Repas** *(fermé dim. soir et lundi)* 130/190 – ⚏ 50 – **14 ch** 310/630

⊗ **Une Auberge en Gascogne** avec ch, 9 fg Corné (face Poste) *ℰ* 05 53 67 10 27,
Fax 05 53 67 10 22, 佘 – **▥.** **GB** – *fermé 1ᵉʳ au 20 nov. –* Repas *(fermé jeudi midi et merc.)* 78 bc (déj.), 98/238 ₰, enf. 48 – ⚏ 35 – **8 ch** 200/220 – ½ P 220

ATHIS-MONS *91 Essonne* 📒📒 ①., 📕📕 ㊱ – *voir à Paris, Environs.*

ATTENSCHWILLER *68220 H.-Rhin* 📒📒 ⑩ – *693 h alt. 360.*

Paris 478 – Mulhouse 31 – Altkirch 22 – Basel 16 – Colmar 67.

⊗ **A la Couronne,** *ℰ* 03 89 68 76 96, Fax 03 89 68 73 77, 佘 – **AE** **GB**
fermé mi-août à mi-sept., lundi et mardi – **Repas** 55 (déj.), 135/270 ₰, enf. 60

ATTICHY *60350 Oise* 📒📒 ③ – *1 651 h alt. 73.*

Paris 101 – Compiègne 19 – Laon 59 – Noyon 25 – Soissons 24.

⊗⊗ **Croix d'Or** avec ch, 13 r. Tondu de Metz *ℰ* 03 44 42 15 37, Fax 03 44 42 15 37 – **▥.** **AE** **GB**
⊗ *fermé lundi soir et mardi –* **Repas** 85/240 ₰, enf. 40 – **5 ch** ⚏ 210/250

ATTIGNAT *01340 Ain* 📒📒 ⑫ ⑬ – *1 776 h alt. 227.*

Paris 403 – Mâcon 34 – Bourg-en-Bresse 12 – Lons-le-Saunier 75 – Louhans 46 – Tournus 42.

⊗⊗⊗ **Dominique Marcepoil** **M** avec ch, D 975 *ℰ* 04 74 30 92 24, Fax 04 74 25 93 48, 佘, ⤬,
☞ – **▥** ☎ ❤ **P.** – ⚖ 25 à 50. **AE** **GB**, ❋ ch
fermé dim. soir et lundi – **Repas** 115/370 bc et carte 220 à 380 ₰, enf. 80 – ⚏ 37 – **10 ch** 230/380 – ½ P 280/330

ATTIGNAT-ONCIN *73 Savoie* 📒📒 ⑮ – *rattaché à Aiguebelette-le-Lac.*

ATTIN *62 P.-de-C.* 📒📒 ⑫ – *rattaché à Montreuil.*

AUBAGNE *13400 B.-du-R.* 📒📒 ⑬, 📕📕📕 ㉙ *G. Provence –* 41 100 h alt. 102.

Voir *Musée de la Légion Étrangère*★.

🅱 *Office de Tourisme av. A.-Boyer ℰ 04 42 03 49 98, Fax 04 42 03 83 62.*
Paris 793 – Marseille 18 – Toulon 48 – Aix-en-Provence 38 – Brignoles 50.

à St-Pierre-lès-Aubagne *Nord : 5 km par N 96 ou D 43 –* ⊠ *13400 :*

🏰 **Hostellerie de la Source** ⍩, *ℰ* 04 42 04 09 19, Fax 04 42 04 58 72, ≤, 佘, « Parc fleuri », ⤬, ❋ – **▥** ☎ ❤ **P.** – ⚖ 40. **AE** ⑩ **GB** **JCB**
Repas *(fermé vacances de Toussaint, de fév., dim. soir et lundi)* 150 (déj.), 190/290 ₰ – ⚏ 70 – **25 ch** 450/1000 – ½ P 480/730

AUBAZINE *19190 Corrèze* 📒📒 ⑨ *G. Périgord Quercy –* 788 h alt. 345.

Voir *Abbatiale*★, *clocher*★, *mobilier*★ : *tombeau de St-Étienne*★★ *au monastère d'hommes – Puy de Pauliac* ≤★ *NE : 3,5 km puis 15 mn.* 🅱 *Office de Tourisme ℰ 05 55 25 79 93.*
Paris 496 – Brive-la-Gaillarde 14 – Aurillac 86 – St-Céré 54 – Tulle 18.

🏛 **Tour,** ℰ 05 55 25 71 17, Fax 05 55 84 61 83 – 📺 🕻 – 🏗 30. ⊖
fermé janv., dim. soir et lundi midi – **Repas** 90/150 ♀, enf. 50 – 😞 35 – **21 ch** 170/290 –
1/2 P 220/290

✕ **Saut de la Bergère** 👁 avec ch, à l'Est : 2 km par D 48 ℰ 05 55 25 74 09,
Fax 05 55 84 63 05, 🏠, 🐎 – 📺 ☎ 🕻 🦽, ⊖⊟
fermé 1er janv. au 28 fév. – **Repas** 80/190 ♀, enf. 48 – 😞 38 – **8 ch** 130/290 – 1/2 P 175/235

AUBE 61270 Orne 60 ④ G. Normandie Vallée de la Seine – 1 681 h alt. 230.
Paris 146 – Alençon 55 – L'Aigle 7 – Argentan 47 – Mortagne-au-Perche 32.

✕ **Auberge St-James,** 62 rte Paris ℰ 02 33 24 01 40, Fax 02 33 24 01 40 – ⊖⊟
fermé 1er au 20 août, dim. soir et lundi – **Repas** 68/160 🍴

AUBENAS 07200 Ardèche 76 ⑲ G. Vallée du Rhône – 11 105 h alt. 330.
Voir Site★.
🛈 Office de Tourisme 4 bd Gambetta ℰ 04 75 89 02 05, Fax 04 75 89 02 04.
Paris 632 ② – Le Puy-en-Velay 91 ① – Alès 76 ④ – Montélimar 41 ③ – Privas 31 ②.

AUBENAS

Bouchet (R. Auguste) ... **Y** 2	Grenette (Pl. de la)	**Y** 9	Parmentier (Pl.)	**Y** 24
Champ-de-Mars (Pl.) ... **Y** 3	Hoche (R.)	**Z** 12	Radal (R.)	**Z** 26
Couderc (R. G.) .... **Z** 5	Hôtel-de-Ville (Pl.) .. **Y** 13	République
Delichères (R.) .... **Y** 6	Jaurès (R. Jean) ...... **Y** 15	(R. de la)	**Y** 26
Gambetta (Bd) .... **Z**	Jourdan (R.) .... **Y** 16	Réservoirs (R. des) ... **Y** 27
Gaulle (Pl. Gén.-de) ... **Z** 7	Laprade (Bd C.) .... **Z** 18	Roure (Pl. Jacques) ... **Y** 29
Grand' Ruc .... **Y** 8	Lésins-Lacoste (R.) ... **Y** 19	St-Benoît (Rampe) .... **Y** 30
	Montlaur (R.) .... **Y** 21	Silhol (R. Henri) ..... **Y** 32
	Nationale (R.) .... **Y** 22	Vernon (Bd de) .... **Z** 33
	Paix (Pl. de la) ...... **Z** 23	4-Septembre (R.) ..... **Y** 35

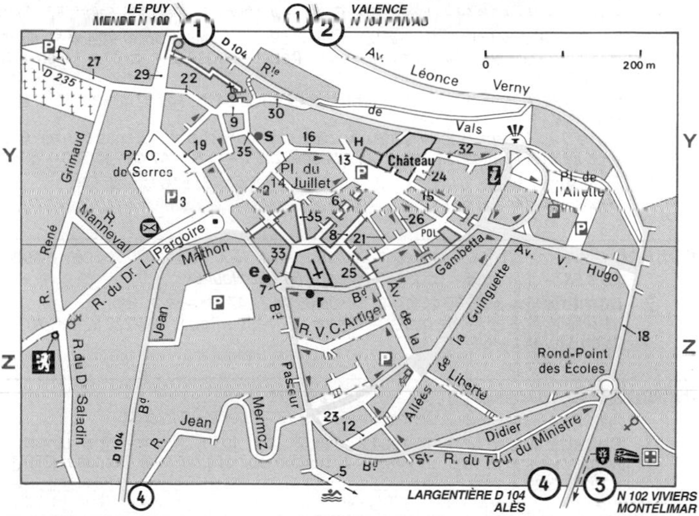

🏨 **Cévenol** sans rest, 77 bd Gambetta ℰ 04 75 35 00 10, Fax 04 75 35 03 29 – 📳 📺 ☎ 🕻 🅿.
⊖⊟ 🕉 – 😞 40 – **45 ch** 250/300   **Z r**

🏨 **Ibis** Ⓜ, rte Montélimar ℰ 04 75 35 44 45, Fax 04 75 93 01 01, 🏠, 🏊 – 🛏 🗐 📺 ☎ 🕻 🦽 🅿
– 🏗 50. 🖭 ⓪ ⊖⊟ – **Repas** (85) - 105 🍴, enf. 39 – 😞 37 – **43 ch** 310/350

🏨 **Provence** sans rest, 5 bd Vernon ℰ 04 75 35 28 43 – ☎. ⊖⊟   **Z c**
😞 29 – **21 ch** 140/240

✕✕ **Fournil,** 34 r. 4-Septembre ℰ 04 75 93 58 68, Fax 04 75 93 58 68, 🏠 – 🖭 ⊖⊟
fermé 12 au 29 juin, vacances de Toussaint, de Noël, de fév., dim. soir et lundi – **Repas**
100/260 ♀, enf. 45   **Y s**

au Pont d'Aubenas par ② : 2 km – ✉ 07200 Aubenas :

✕✕ **Au Régal,** N 104 ℰ 04 75 93 75 72, 🏠 – 🗐. ⊖⊟
fermé juil., 25 au 31 déc., dim. et lundi – **Repas** 150/250 ♀

à Lavilledieu *par* ③ : *6 km – 1 264 h. alt. 226* – ⊠ *07170* :

🏠 **Les Persèdes**, ℰ 04 75 94 88 08, *Fax 04 75 94 29 02*, ≤, 佘, ⌁, 🏊, ⋘ – 🗐 ch, 📺 ☎ ✆ 🅿.
GB, ⅏ rest – *1er avril-15 oct. et fermé dim. soir et lundi midi sauf juil.-août et fériés* –
Repas *(80)* - 95/220, enf. 65 – ☲ 50 – **24 ch** 290/420 – ½ P 300/380

à Lachapelle-sous-Aubenas – *1 107 h. alt. 240* – ⊠ *07200* :

✕ **Pastourelle**, rte Alès ℰ 04 75 93 11 72, *Fax 04 75 93 16 59*, 佘 – 🅿. GB
fermé 26 au 29 juin, 28 août au 4 sept., vacances de Toussaint et 2 au 13 janv. – **Repas**
(fermé lundi soir, jeudi soir et merc. sauf juil.-août et mardi) 68 *(déj.)*, 95/205 ♚, enf. 45

à Vinezac *par* ④ : *13 km par D 104 et D 423 – 856 h. alt. 260* – ⊠ *07110* :

✕✕ **Bastide du Soleil** ⌂ *avec ch*, ℰ 04 75 36 91 66, *Fax 04 75 36 91 59*, 佘, « Agréable
décor provençal dans une demeure du 17e siècle » – ⫿, 🗐 rest, 📺 ☎. 🄰🄴 ⓞ GB
fermé fév., mardi et merc. sauf juil.-août – **Repas** *(98)* - 140/265 ♚, enf. 65 – ☲ 60 – **6 ch**
440/550 – ½ P 420

AUBERIVE *52160 H.-Marne* 🖥🖥 ② – *233 h alt. 365*.
Paris 296 – *Chaumont 57* – *Dijon 77* – *Gray 65* – *Langres 27*.

✕ **Auberge du Palais Abbatial**, ℰ 03 25 84 33 66, *Fax 03 25 84 20 94*, « Décor Renaissance » – 🄰🄴 ⓞ GB 🄹🄲🄱
fermé lundi – **Repas** 130 bc *(déj.)*/160 bc

AUBIGNY-SUR-NÈRE *18700 Cher* 🖥🖥 ⑪ *G. Châteaux de la Loire* – *5 803 h alt. 180*.
Voir *Maisons anciennes*★.
🄑 *Office de Tourisme 1 r. de l'Église* ℰ 02 48 58 40 20.
Paris 182 – *Bourges 49* – *Orléans 67* – *Cosne-sur-Loire 41* – *Gien 30* – *Salbris 32* – *Vierzon 44*.

🏠 **Fontaine**, 2 av. Gén. Leclerc ℰ 02 48 58 02 59, *Fax 02 48 58 36 80* – 📺 ☎ ✆, 🄰🄴 ⓞ GB
fermé 20 déc. au 2 janv. et dim. soir – **Repas** 100/220 ♚ – ☲ 37 – **16 ch** 270/350 –
½ P 270/370

✕✕ **Chaumière** *avec ch*, 2 r. Paul Lasnier ℰ 02 48 58 04 01, *Fax 02 48 58 10 31* – 🗐 rest, 📺
☎ 🅿. GB
fermé 3 au 17 sept., vacances de fév., dim. soir sauf juil.-août – Repas *(fermé dim. soir de
sept. à juin et lundi sauf le soir en juil.-août)* 95/225 ♚ – ☲ 35 – **12 ch** 220/320 – ½ P 252/290

✕ **Bien Aller**, 3 r. des Dames ℰ 02 48 58 03 92, *Fax 02 48 58 00 82* – 🄰🄴 GB
Repas *(65)* - 100/200 ♚

AUBRAC *12 Aveyron* 🖥🖥 ⑭ *G. Languedoc Roussillon* – *alt. 1300* – ⊠ *12470 St-Chély-d'Aubrac*.
Paris 587 – *Aurillac 95* – *Rodez 56* – *Mende 66* – *St-Flour 64*.

🏠 **Dômerie** ⌂, ℰ 05 65 44 28 42, *Fax 05 65 44 21 47*, ⋘ – ☎ 🅿. GB
1er mai-1er nov. et fermé merc. midi sauf juil.-août – **Repas** 100/220 ♚, enf. 70 – ☲ 50 –
23 ch 310/430 – ½ P 270/345

AUBRIVES *08320 Ardennes* 🖥🖥 ⑧ ⑨ – *1 139 h alt. 108*.
Paris 258 – *Charleville-Mézières 50* – *Fumay 17* – *Givet 8* – *Rocroi 34*.

✕ **Debette** *avec ch*, ℰ 03 24 41 64 72, *Fax 03 24 41 10 31*, 佘, ⋘ – 📺 ☎. 🄰🄴 GB
ⓢ *fermé vacances de Noël, 29 janv. au 4 fév., dim. soir et lundi midi* – **Repas** 75/250 ♙ – ☲ 38
– **16 ch** 220/250 – ½ P 175

AUBUSSON ◁🛑▷ *23200 Creuse* 🖥🖥 ① *G. Berry Limousin* – *5 097 h alt. 440*.
An 2000 avril-déc. : *La tenture de l'an 2000 (Création)*.
Voir *Musée départemental de la Tapisserie*★ *(Centre Culturel Jean-Lurçat)*.
🄑 *Office de Tourisme r. Vieille* ℰ 05 55 66 32 12, *Fax 05 55 83 84 51*.
Paris 392 ① – *Clermont-Ferrand 91* ③ – *Guéret 43* ① – *Limoges 88* ④ – *Montluçon 65* ①.

🏠🏠 **France**, 6 r. Déportés **(a)** ℰ 05 55 66 10 22, *Fax 05 55 66 88 64*, 佘, « Demeure du
18e siècle » – ⫿ 📺 ☎ ✆ ⟺. GB
Repas *(78)* - 98/220 – ☲ 42 – **24 ch** 300/600

🏠 **Lion d'Or**, pl. Gén. Espagne **(e)** ℰ 05 55 66 13 88, *Fax 05 55 66 84 73*, 佘 – 📺 ☎ ✆. 🄰🄴
ⓞ GB – *fermé dim. soir et lundi midi* – **Repas** *(58)* - 85/145 ♚, enf. 50 – ☲ 35 – **11 ch**
270/300 – ½ P 290

🏠 **Chapître** *sans rest*, 53 Gde Rue **(n)** ℰ 05 55 66 18 54, *Fax 05 55 67 79 63* – ☎. GB
☲ 25 – **12 ch** 170/250

AUBUSSON

*Pour un bon usage
des plans de villes,
voir les signes
conventionnels
dans l'introduction.*

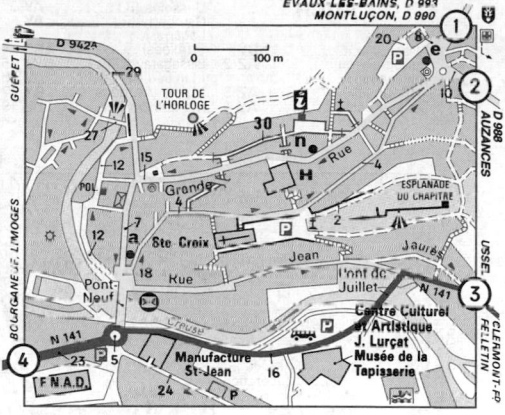

AUBUSSON D'AUVERGNE 63120 P.-de-D. ▨▨ ⑯ – 191 h alt. 418.
Paris 413 – Clermont-Ferrand 57 – Ambert 43 – Thiers 22.

Au Bon Coin, ℘ 04 73 53 55 78, Fax 04 73 53 56 29 – ⊖⊟
ferme 20 déc. au 20 janv., dim. soir et lundi hors saison **Repas** 00/350 ⌾, enf. 70

AUCH ℗ 32000 Gers ▨▨ ⑤ G. Midi-Pyrénées – 23 136 h alt. 169.
Voir Cathédrale Ste-Marie★★ : stalles★★★ , vitraux★★.
🛈 Office de Tourisme 1 r. Dessoles ℘ 05 62 05 22 89, Fax 05 62 05 92 04.
Paris 732 ① – Agen 74 ① – Bordeaux 206 ① – Tarbes 74 ③ – Toulouse 77 ③.

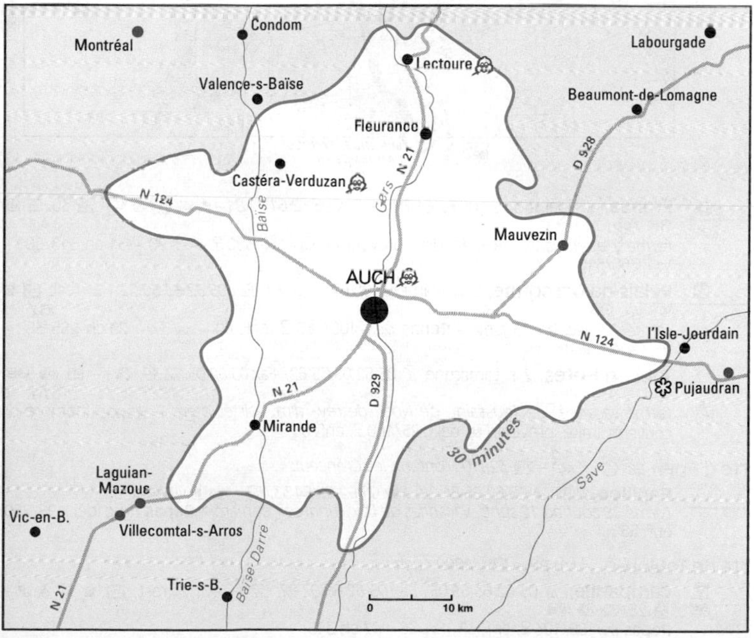

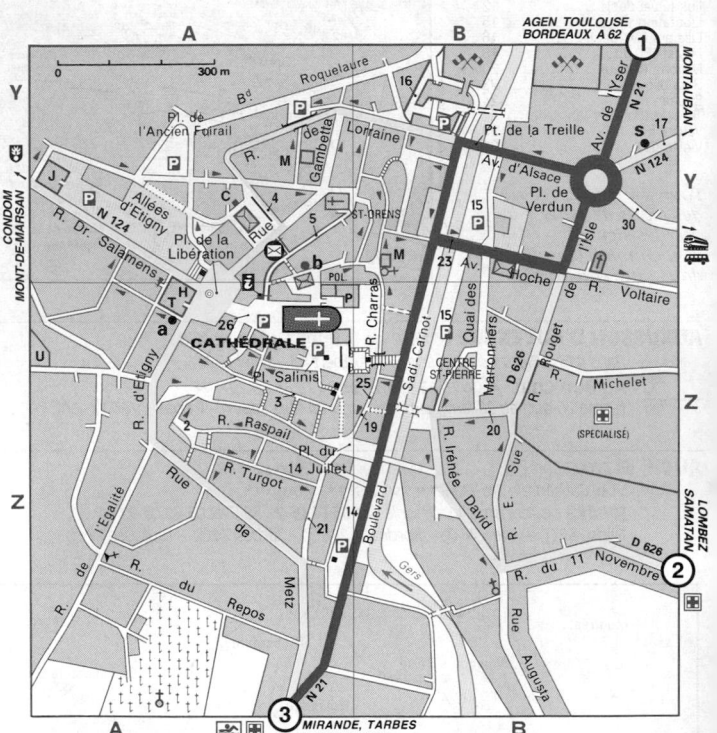

France, pl. Libération ℰ 05 62 61 71 71, Fax 05 62 61 71 81 – 📶 🔲 📺 ☎ ✆ – 🏊 30. 🆎 ⓞ
GB JCB
AZ **a**
fermé 2 au 14 janv. – **Repas** (dim. prévenir) (110) - 130/380 ♀ – ☑ 80 – **31 ch** 315/900 –
½ P 360/510

Relais de Gascogne, 5 av. Marne ℰ 05 62 05 26 81, Fax 05 62 63 30 22 – 🔲 rest, 📺 ☎
✆ 🛆, GB
BY **s**
fermé 22 déc. au 13 janv. – **Repas** (70) - 100/165 ♀, enf. 60 – ☑ 37 – **29 ch** 285/388 –
½ P 294/336

Table d'Hôtes, 7 r. Lamartine ℰ 05 62 05 55 62, Fax 05 62 05 52 39, 😊 – 🆎 ⓞ GB.
🛸
AY **b**
fermé vacances de Toussaint, de Noël, de fév., dim. soir et merc. – **Repas** (nombre de
couverts limité, prévenir) 69 (déj.), 95/160 ♀, enf. 50

rte d'Agen par ① : 7 km – ⊠ 32810 Montaux-les-Créneaux :

Papillon, N 21 ℰ 05 62 65 51 29, Fax 05 62 65 54 33, 😊 – 🔲 🅿, ⓞ GB
fermé 28 août au 12 sept., vacances de fév., lundi soir et mardi – **Repas** 76 bc (déj.), 98/250,
enf. 58

rte de Toulouse : 4 km **BY** – ⊠ 32000 Auch :

Campanile, ℰ 05 62 63 63 05, Fax 05 62 60 02 92, 😊 – ˟, 🔲 rest, 📺 ☎ ✆ 🅿 –
🏊 25. 🆎 ⓞ GB
Repas (72) - 80/103 ♀, enf. 39 – ☑ 36 – **47 ch** 315

AUDIERNE 29770 Finistère 58 ⑬ G. Bretagne – 2 746 h alt. 5.

Voir Site★ – Chapelle de St-Tugen★ O . 4,5 km.

🛈 Office de Tourisme 8 r. V.-Hugo ♭ 02 98 70 12 20, Fax 02 98 75 01 11.

Paris 601 – Quimper 37 – Douarnenez 21 – Pointe du Raz 15 – Pont-l'Abbé 33.

🏨 **Goyen,** sur le port ♭ 02 98 70 08 88. Fax 02 98 70 18 77. ≼, 🏞 – 📶 📺 ☎ – 🛁 30, 🖭 ⊕🅱
Pâques-mi-nov. et 26 déc.-5 janv. – **Repas** (fermé lundi hors saison sauf fériés) 165/450 –
🖃 70 – **24 ch** 350/830, 3 appart – ½ P 595/775

🏨 **Plage** Ⓜ, à la plage ♭ 02 98 70 01 07, Fax 02 98 75 04 69, ≼ – 📶 📺 ☎ 🕭. ⊕🅱
Pâques-30 sept. – **Repas** (15 juin-début sept.) (dîner seul.) (résidents seul.) 165/240 – 🖃 40
– **26 ch** 260/390 – ½ P 350/395

AUDINCOURT 25400 Doubs 66 ⑧ ⑱ G. Jura – 16 361 h alt. 323.

Voir Église du Sacré-Coeur : baptistère★ AY B.

Paris 477 – Besançon 75 – Mulhouse 58 – Basel 70 – Belfort 22 – Montbéliard 6.

voir plan de Montbéliard agglomération.

🏨 **Les Tilleuls** Ⓜ ⅏ sans rest, 51 r. Foch ♭ 03 81 30 77 00, Fax 03 81 30 57 20, ⏍, 🚳 – 📺
☎ ⅏ 🄿. 🖭 ⊕🅱   AY s
🖃 38 – **49 ch** 230/390

✗ **Les Bouchons,** 47 Gd'Rue ♭ 03 81 30 44 96 – 🖭 ⊕🅱   AY r
fermé 1er au 20 août, 1er au 10 janv., sam. midi et dim. – **Repas** 135/160 bc ♀

à Taillecourt Nord : 1,5 km rte de Sochaux – 659 h. alt. 330 – ☒ 25400 :

✗✗✗ **Auberge La Gogoline,** ♭ 03 81 94 54 82, Fax 03 81 95 20 42, 🏞, 🚳 – 🄿. 🖭 ⊕ 🅱
fermé 4 au 25 sept., vacances de fév., sam. midi, dim. soir et lundi – **Repas** 105/320 et carte
245 à 310   AY k

à Seloncourt Sud-Est : 4 km – 5 613 h. alt. 365 – ☒ 25230 :

✗✗ **Monarque,** 23 r. Berne (sur D34, rte Porrentruy) ♭ 03 81 37 12 39, Fax 03 81 35 45 85 –
▤ 🄿. 🅱
🕭 fermé 29 juil. au 21 août, sam. midi, dim., lundi et fériés – **Repas** 98/185 ⅏, enf. 52

AUDRESSEIN 09 Ariège 86 ② – rattaché à Castillon-en-Couserans.

AUDRIEU 14 Calvados 55 ⑪ – rattaché à Bayeux.

AULLÈNE 2A Corse-du-Sud 90 ⑦ – voir à Corse.

AULNAY-SOUS-BOIS 93 Seine-St-Denis 56 ⑪,, 101 ⑱ – voir à Paris, Environs.

AULT 80460 Somme 52 ⑤ – 2 054 h alt. 30.

🛈 Office de Tourisme 4 pl. de l'Église, face à l'Hôtel-de-Ville ♭ 03 22 60 57 15, Fax 03 22 60
49 03.

Paris 185 – Amiens 86 – Abbeville 32 – Dieppe 39.

🏨 **Victor Hugo,** 25 r. Pêche ☒ 00460 ♭ 03 22 60 40 40, Fax 03 22 60 40 00 – 📺 ⅏ 🄿. 🅱.
⅍ rest
Repas 190 – 🖃 45 – **24 ch** 230/280

AULUS-LES-BAINS 09140 Ariège 86 ③ ④ G. Midi-Pyrénées – 210 h alt. 750 – Stat. therm.
(1er avril-1er oct.).

Voir Vallée du Garbet★ N.

🛈 Office de Tourisme (fermé de nov. à janvier) résidence de l'Ars ♭ 05 61 96 01 79, Fax 05
61 96 01 79.

Paris 829 – Foix 62 – Oust 16 – St-Girons 33.

🏨 **Hostellerie de la Terrasse,** ♭ 05 61 96 00 98, Fax 05 61 96 01 42, ≼, 🏞 – ☎. 🅱.
🕭 ⅍ rest
hôtel : 15 mai-30 sept. ; rest. : 1er juin-30 sept. – **Repas** (nombre de couverts limité,
prévenir) 100 (déj.), 115/200 ♀ – 🖃 45 – **16 ch** 300/400 – ½ P 300/350

🏨 **Les Oussaillès,** ♭ 05 61 96 03 68, Fax 05 61 96 03 70, 🏞, 🚳 – 📺 ☎ 🚗. 🅱. ⅍ rest
🕭 **Repas** 70/130, enf. 40 – 🖃 35 – **12 ch** 235/295 – ½ P 230/248

AUMALE 76390 S.-Mar. 52 ⑯ G. Normandie Vallée de la Seine – 2 690 h alt. 130.

🛈 Office de Tourisme r. Centrale ♭ 02 35 93 41 68, Fax 02 35 93 41 68.

Paris 137 ③ – Amiens 47 ② – Beauvais 50 ③ – Dieppe 69 ⑤ – Rouen 75 ⑤.

AUMALE

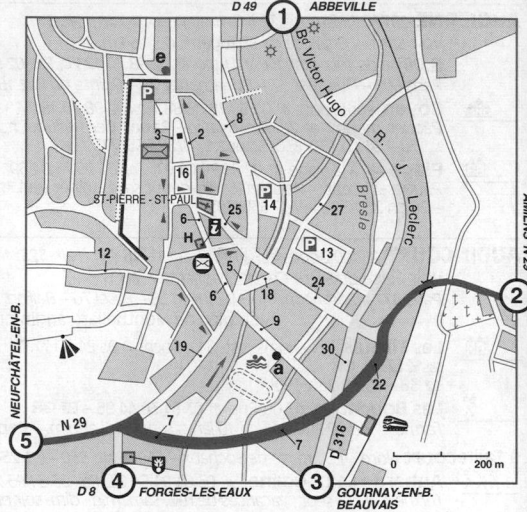

🏛 **Villa des Houx,** av. Gén. de Gaulle **(a)** ✆ 02 35 93 93 30, Fax 02 35 93 03 94, ☂, 🐾 – 📺 🕿 & 🅿 – 🔥 15. 🖭 ⊙ 🆖
fermé 7 au 27 janv. et dim. soir du 15 oct. au 15 mars – Repas 100/300 🍴, enf. 65 – ☑ 40 – **14 ch** 310/420 – ½ P 360/380

✕ **Mouton Gras** avec ch, 2 r. Verdun **(e)** ✆ 02 35 93 41 32, Fax 02 35 94 52 91, « Maison normande fin 17ᵉ siècle, bel intérieur », 🐾 – 📺 🅿. 🖭 ⊙ 🆖
fermé 10 au 25 sept., lundi soir et mardi – Repas 100/220, enf. 50 – ☑ 35 – **6 ch** 200/350 – ½ P 350

AUMONT-AUBRAC 48130 Lozère 🔟🔟 ⑮ – 1 050 h alt. 1040.
Paris 556 – Aurillac 118 – Mende 40 – Le Puy-en-Velay 90 – Espalion 57 – Marvejols 24.

🏛 **Grand Hôtel Prouhèze,** ✆ 04 66 42 80 07, Fax 04 66 42 87 78, ☂ – 📺 🕿 ✆ 🅿 – 🔥 25. 🖭 ⊙ 🆖
25 mars-1ᵉʳ nov. – Repas *(fermé dim. soir et lundi sauf juil.-août)* 180 (déj.), 210/560, enf. 85
- Compostelle - bistrot - Repas 85/125 🍴, enf. 60 – ☑ 85 – **27 ch** 330/600 – ½ P 500/600
Spéc. Compression de canard au foie gras. Filet de boeuf à la réduction de Saint-Chinian. Crémeux au thé d'Aubrac.

🏛 **Chez Camillou,** N9 ✆ 04 66 42 80 22, Fax 04 66 42 93 70, ⅃❄, ⬥, – 🛁 📺 🕿 🅿. 🆖
hôtel : ouvert 1ᵉʳ avril-1ᵉʳ nov. – Repas *(fermé 3 janv. au 1ᵉʳ avril)* 98/395 – ☑ 46 – **42 ch** 290/530 – ½ P 290/390

AUNAY-SUR-ODON 14260 Calvados 🔟🔟 ⑮ G. Normandie Cotentin – 2 878 h alt. 188.
Paris 265 – Caen 35 – Falaise 42 – Flers 37 – St-Lô 52 – Vire 31.

✕✕ **St-Michel** avec ch, r. Caen ✆ 02 31 77 63 16, Fax 02 31 77 05 83 – 📺 🕿 ✆. 🖭 🆖
fermé 15 janv. au 15 fév., dim. soir et lundi sauf juil.-août et fériés – Repas 75/260 🍴 – ☑ 35 – **7 ch** 195/240 – ½ P 185/250

AURAY 56400 Morbihan 🔟🔟 ② G. Bretagne – 10 323 h alt. 35.
Voir Quartier St-Goustan★ – Promenade du Loch★ – Église St-Gildas★ – Ste-Avoye : Jubé★ et charpente★ de l'église 4 km par ①.
🐾 ✆ 08 36 35 35 35.
🛈 *Office de Tourisme 20 r. du Lait* ✆ 02 97 24 09 75, Fax 02 97 50 80 75.
Paris 477 ① – Vannes 19 ① – Lorient 41 ④ – Pontivy 52 ④ – Quimper 100 ④.

Plan page ci-contre

🏛 **Loch** 🅼 ❄, La Forêt **(e)** ✆ 02 97 56 48 33, Fax 02 97 56 63 55, ☂, 🐾 – 🛁 📺 🕿 ✆ & 🅿. 🔥 30. 🖭 🆖, ❄
Sterne *(fermé dim. soir d'oct. à Pâques)* Repas 99/260 🍴, enf. 68 – ☑ 40 – **30 ch** 330/420 – ½ P 350

🏛 **Branhoc** 🅼 sans rest, rte du Bono : 1,5 km ✆ 02 97 56 41 55, Fax 02 97 56 41 35, 🐾 – 📺 🕿 ✆. 🖭 ⊙ 🆖, ❄
fermé 15 déc au 15 janv. et week-ends du 1ᵉʳ nov. au 1ᵉʳ avril – ☑ 35 – **28 ch** 350

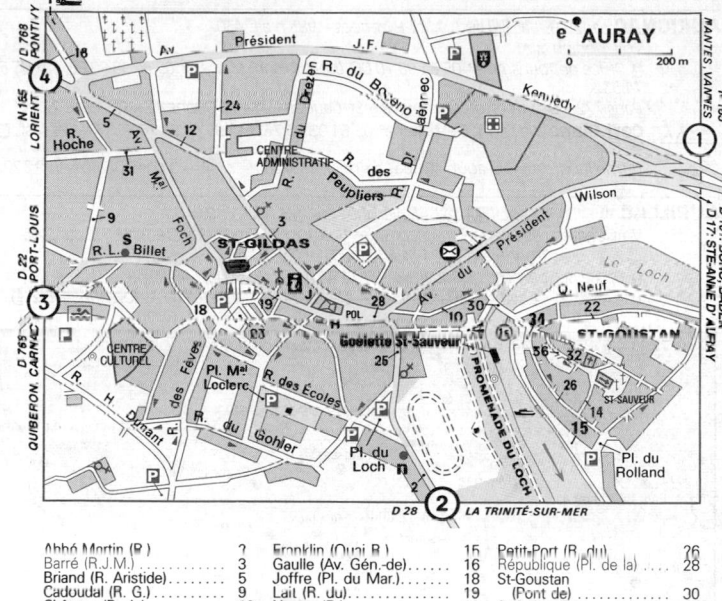

AURAY

XXX **Closerie de Kerdrain**, 20 r. L. Billet (s) ℘ 02 97 56 61 27, Fax 02 97 24 15 79, 斎,
« Maison de maître dans un jardin », 斎 – ℙ. ㏐ ⓪ ㏿
fermé 13 au 30 nov., 28 fév. au 20 mars et lundi – **Repas** 120 (déj.), 180/380 et carte 340 à
470 ♀

XX **Chebaudière**, 6 r. Abbé J. Martin (n) ℘ 02 97 24 09 84, Fax 02 97 24 09 84 – ㏿
fermé 1er au 6 sept., 1er au 15 janv., dim. soir et mardi soir sauf juil.-août et merc. – **Repas**
75/185 ♀, enf. 50

au golf de St-Laurent par ③, D 22 et rte secondaire : 10 km – ⊠ 56400 Auray :

🏨 **Bleu Marine** Ⓜ ⌂, ℘ 02 97 56 88 88, Fax 02 97 56 88 28, 斎, 🖂, 🏊, 斎 – 🖵 ☎ 💉 ఉ ℙ
– 🛁 15 à 60. ㏐ ⓪ ㏿. ❀ rest
fermé 15 déc. au 15 janv. – **Repas** (95) - 130, enf. 49 – 🖂 55 – **42 ch** 555/655 – ½ P 485

AUREC-SUR-LOIRE 43110 H.-Loire 🗆🗆 ⑧ – 4 510 h alt. 435.

🛈 Office de Tourisme 2 av. du Pont ℘ 04 77 35 42 65, Fax 04 77 35 29 58.
Paris 541 – St-Étienne 22 – Firminy 15 – Le Puy-en-Velay 58 – Yssingeaux 32.

🏠 **Les Cèdres Bleus**, rte Bas-en-Basset ℘ 04 77 35 48 48, Fax 04 77 35 37 04, 斎 – 🖵 ☎
ఉ ℙ – 🛁 20. ㏿. ❀ rest
fermé 1er au 20 janv., dim. soir et lundi midi du 15 janv. au 30 mars – **Repas** 98/330 – 🖂 40 –
15 ch 250/320 – ½ P 290

à Semène Nord-Est : 3 km par D 46 – ⊠ 43110 Aurec-sur-Loire :

X **Coste** avec ch., ℘ 04 77 35 40 15, Fax 04 77 35 39 05, 斎 – 🖵 ☎. ㏿
fermé 6 au 27 août, vacances de fév., vend. soir et sam. – **Repas** 98/236 ♂, enf. 65 – 🖂 45
7 ch 220/270 – ½ P 230/250

AURIBEAU-SUR-SIAGNE 06810 Alpes-Mar. 🗆🗆 ⑧, 🗆🗆🗆 ㉖, 🗆🗆🗆 ㉔ G. Côte d'Azur – 2 072 h
alt. 85 – Paris 905 – Cannes 14 – Draguignan 63 – Grasse 9 – Nice 43 – St-Raphaël 42.

🏨 **Auberge de la Vignette Haute**, rte village ℘ 04 93 42 20 01, Fax 04 93 42 31 16, <,
斎, « Ambiance médiévale, pièces d'antiquité », 🏊, 斎 – 🖵 ☎ ఉ ℙ ㏐ ㏿ ⅉⅽⅉ
Repas (fermé 15 nov. au 15 déc., mardi midi, merc. midi et lundi du 15 déc. au 31 mars)
190 bc (déj.), 390 bc/520 bc, enf. 80 – 🖂 90 – **15 ch** 1300/1830 – ½ P 1010/1375

AURIGNAC *31420 H.-Gar.* 🖩 ⑯ *G. Midi-Pyrénées – 983 h alt. 430.*

Voir *Donjon* ✻★.

🛈 *Office de Tourisme* ℰ *05 61 98 70 06, (hors saison) Mairie* ℰ *05 61 98 90 08, Fax 05 61 98 71 33.*

Paris 772 – Bagnères-de-Luchon 68 – St-Gaudens 24 – St-Girons 42 – Toulouse 77.

✕✕ **Cerf Blanc** *avec ch, r. St-Michel* ℰ *05 61 98 95 76, Fax 05 61 98 76 80,* 🌳 – ▤ rest, 📺 ☎ 🅿. 🇬🇧

fermé lundi sauf juil.-août – **Repas** 90 (déj.), 130/280 – ⬚ 45 – **9 ch** 150/260 – ½ P 320/360

AURILLAC 🅿 *15000 Cantal* 🖩 ⑫ *G. Auvergne – 30 773 h alt. 610.*

Voir *Château St-Étienne : muséum des Volcans*★ *– Route des Crêtes*★★ *NE par D 35.*

✈ *Aurillac Tronquière* ℰ *04 71 64 50 00 par* ③ *: 2 km.*

🛈 *Office de Tourisme pl. Square* ℰ *04 71 48 46 58, Fax 04 71 48 99 39.*

Paris 560 ② *– Brive-la-Gaillarde 98* ④ *– Clermont-Ferrand 161* ② *– Montauban 172* ③.

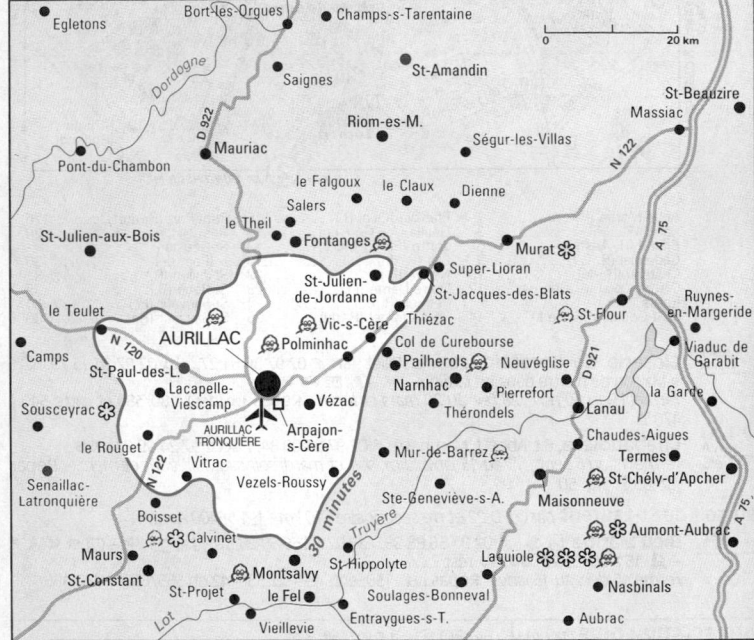

🏰🏰 **Grand Hôtel St-Pierre,** 16 cours Monthyon ℰ 04 71 48 00 24, Fax 04 71 64 81 83 – 📳
🖩 ✻ 📺 ☎ 📞 ♿ 🚗 – 🔏 15 à 40. 🇦🇪 ⓞ 🇬🇧 🇯🇨🇧   BZ a
Pommier d'Amour ℰ04 71 48 37 60 **Repas** (88)-125/280 ♀, enf. 45 – ⬚ 42 – **35 ch** 300/680 – ½ P 335

🏰🏰 **Grand Hôtel de Bordeaux** *sans rest,* 2 av. République ℰ 04 71 48 01 84,
Fax 04 71 48 49 93 – 📳 ✻ 📺 ☎ 📞 🚗 – 🔏 35. 🇦🇪 ⓞ 🇬🇧 🇯🇨🇧   BY r
fermé 22 déc. au 7 janv. – ⬚ 49 – **33 ch** 340/560

🏠 **Delcher,** 20 r. Carmes ℰ 04 71 48 01 69, Fax 04 71 48 86 66 – 📺 ☎ 📞 🚗 🅿. 🇦🇪 ⓞ 🇬🇧
fermé 16 au 30 juil., vacances de Noël et dim. soir sauf juil.-août – **Repas** 82/140 ♀, enf. 50 –
⬚ 34 – **16 ch** 250/290 – ½ P 240/250   BZ q

🏠 **Square,** 15 pl. Square ℰ 04 71 48 24 72, Fax 04 71 48 47 57 – 📳 📺 ☎ 📞. 🇬🇧. ✂ ch
fermé dim. soir hors saison – **Repas** 68/250 ♀, enf. 45 – ⬚ 35 – **20 ch** 220/300   BZ s

🏠 **Les Arcades,** rte de Clermont-Ferrand par ③ ℰ 04 71 64 15 11, Fax 04 71 64 28 54, 🌳,
🏊 – 📺 ☎ 📞 ♿ 🅿. – 🔏 25. 🇦🇪 🇬🇧
Repas *(fermé sam. midi et dim.)* 70 (déj.), 80/160 ♂, enf. 40 – ⬚ 36 – **50 ch** 270/290

🏠 **Campanile,** rte de Clermont-Ferrand par ③ ℰ 04 71 64 64 84, Fax 04 71 64 55 90, 🌳 –
📺 ☎ 📞 ♿ 🅿. – 🔏 25. 🇦🇪 ⓞ 🇬🇧
Repas (75) - 88/103 ♀, enf. 39 – ⬚ 36 – **48 ch** 315

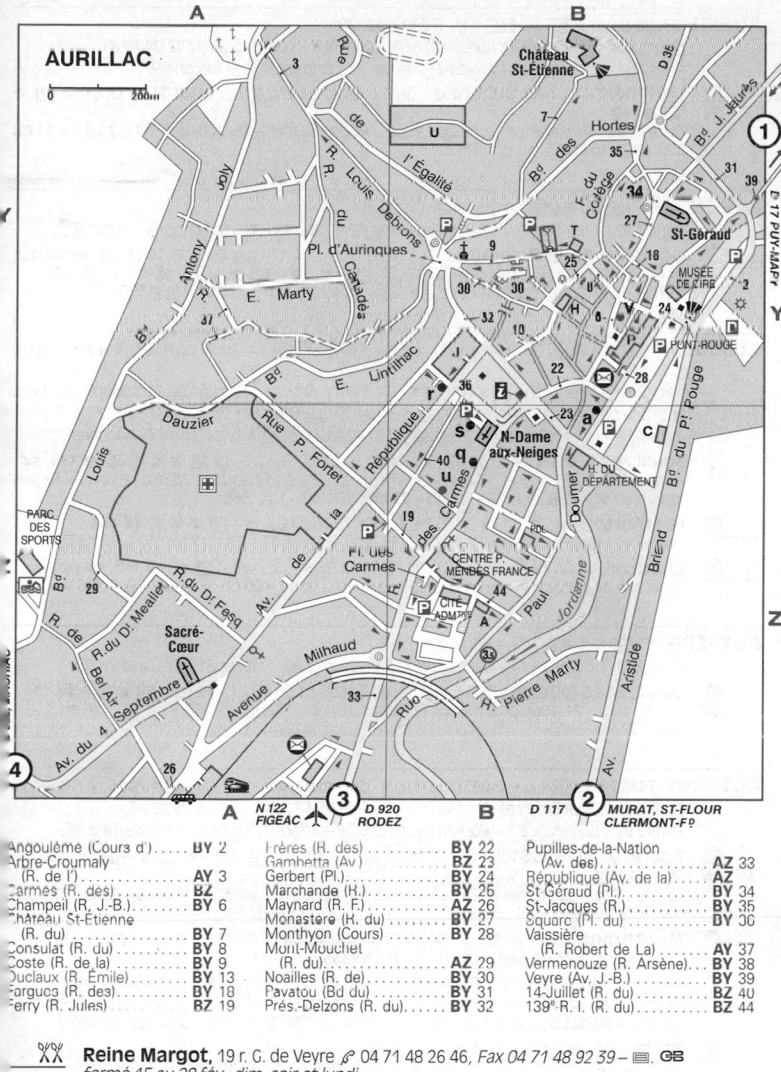

AURILLAC

Château St-Étienne

Hortes

St-Géraud

MUSÉE DE CIRE

PONT-ROUGE

N-Dame aux-Neiges

H. DU DÉPARTEMENT

PARC DES SPORTS

CENTRE P. MENDES FRANCE

CITÉ ADMVE

Sacré-Cœur

Milhaud

| A | N 122 FIGEAC | ③ D 920 RODEZ | B | D 117 | ② MURAT, ST-FLOUR CLERMONT-F? |

Angoulême (Cours d') ..... **BY** 2
Arbre-Croumaly
(R. de l') ..... **AY** 3
Carmès (R. des) ..... **BZ**
Champeil (R. J.-B.) ..... **BY** 6
Château St-Étienne
(R. du) ..... **BY** 7
Consulat (R. du) ..... **BY** 8
Coste (R. de la) ..... **BY** 9
Duclaux (R. Émile) ..... **BY** 13
Fargues (R. du) ..... **BY** 18
Ferry (R. Jules) ..... **BZ** 19

Frères (R. des) ..... **BY** 22
Gambetta (Av.) ..... **BZ** 23
Gerbert (Pl.) ..... **BY** 24
Marchande (R.) ..... **BY** 26
Maynard (R. F.) ..... **AZ** 26
Monastère (R. du) ..... **BY** 27
Monthyon (Cours) ..... **BY** 28
Mont-Mouchet
(R. du) ..... **AZ** 29
Noailles (R. de) ..... **BY** 30
Pavatou (Bd du) ..... **BY** 31
Prés-Delzons (R. du) ..... **BY** 32

Pupilles-de-la-Nation
(Av. des) ..... **AZ** 33
République (Av. de la) ..... **AZ**
St-Géraud (Pl.) ..... **BY** 34
St-Jacques (R.) ..... **BY** 35
Square (Pl. du) ..... **DY** 36
Vaissière
(R. Robert de La) ..... **AY** 37
Vermenouze (R. Arsène) ..... **BY** 38
Veyre (Av. J.-B.) ..... **BY** 39
14-Juillet (R. du) ..... **BZ** 40
139ᵉ R. I. (R. du) ..... **BZ** 44

XX **Reine Margot**, 19 r. G. de Veyre ℰ 04 71 48 26 46, Fax 04 71 48 92 39 – 🗐. ⒼⒷ
 fermé 15 au 28 fév., dim. soir et lundi
 Repas 115/220 ⚏, enf. 50   **BZ** **u**

XX **Quatre Saisons**, 10 r. Champeil ℰ 04 71 64 85 38 – 🗐. ⒼⒷ   **BY** **v**
 fermé dim. soir et lundi – Repas 80/205

à **Arpajon-sur-Cère** par ③ rte de Rodez (D 920) : 2 km – 5 296 h. alt. 613 – ⊠ 15130 :

🏠 **Les Provinciales** sans rest, pl. Foirail ℰ 04 71 64 29 50, Fax 04 71 64 67 87, ⅃ – 🖵 ☎ &
 & ⚗ 🎖️ ⒶⒺ ⓪ ⒼⒷ 🄹🄲🄱
 ⊊ 35 – **20 ch** 250/290

à **Vézac** par ③, D 920 et D 990 : 10 km – 955 h. alt. 650 – ⊠ 15130 :

🏠🏠 **Hostellerie du Château de Salles** ⑤, ℰ 04 71 62 41 41, Fax 04 71 62 44 14, ≼, �,
 « Demeure du 15ᵉ siècle dans un parc », ⅃₅, ⅃, ℀ – 🛎️ 🖵 ☎ & & 🄿 – 🔏 30. ⒶⒺ ⓪
 ⒼⒷ – *fermé 16 au 23 avril* – Repas 160/340, enf. 70 – ⊊ 50 – **18 ch** 500/1100 – ½ P 420/
 720

4   217

AURIOL 13390 B.-du-R. **84** ⑭, **114** ㉚ – 6 788 h alt. 200.

  🛈 Syndicat d'Initiative (Pentecôte à sept.) quai de l'Huveaune   ℰ 04 42 04 70 61.
  Paris 784 – Marseille 30 – Aix-en-Provence 29 – Brignoles 39 – Toulon 59.

  🏠 **Commerce "Chez Suzanne"** ⌚, ℰ 04 42 04 70 25, Fax 04 42 04 32 55, 🌇 – 📺 ☎
  🅿 ⓞ 🄶🄱
  fermé fév., dim. soir et lundi sauf août – **Repas** 58 (déj.), 85/200, enf. 50 – ⊆ 35 – **11 ch**
  220/290 – ½ P 235

AURONS 13121 B.-du-R. **84** ② – 355 h alt. 243.

  Paris 726 – Marseille 59 – Aix-en-Provence 33 – Cavaillon 30 – Salon-de-Provence 9.

  🏨 **Domaine de la Reynaude** ⌚, Nord-Ouest : 6 km par D 68, D 16 et rte secondaire
  ℰ 04 90 59 30 24, Fax 04 90 59 36 06, 🌇, 🏊, 🎿, 🛵 – 📺 ☎ & 🅿 – 🔬 40. 🄰🄴 ⓞ 🄶🄱
  Repas *(fermé dim. soir)* 115/210, enf. 65 – ⊆ 45 – **32 ch** 320/690 – ½ P 370/475

AUSSOIS 73500 Savoie **77** ⑧ *G. Alpes du Nord* – 530 h alt. 1489 – Sports d'hiver : 1 500/2 750 m
  🎿 11 🎿.

  Voir *Site★ – Monolithe de Sardières★ NE : 3 km – Ensemble fortifié de l'Esseillon★ , S : 4 km.*
  🛈 Office de Tourisme rte des Barrages ℰ 04 79 20 30 80, Fax 04 79 20 37 00.
  Paris 672 – Albertville 100 – Chambéry 110 – Lanslebourg-Mont-Cenis 17 – Modane 7.

  🏨 **Soleil** 🅼 ⌚, ℰ 04 79 20 32 42, Fax 04 79 20 37 78, ≼, 🌇 – 📶 📺 ☎ ❤ 🅿. 🄰🄴 ⓞ 🄶🄱. 🛇
  hôtel : 15 juin-1ᵉʳ oct. et 17 déc.-15 avril ; rest. : 3 juil.-31 août et 23 déc.-1ᵉʳ avril – **Repas**
  (prévenir) 112/258, enf. 78 – ⊆ 48 – **22 ch** 310/440 – ½ P 365

  🏠 **Les Mottets** 🅼, ℰ 04 79 20 30 86, Fax 04 79 20 34 22, ≼ – 📺 ☎ ❤ 🅿. ⓞ 🄶🄱
  fermé 1ᵉʳ nov. au 15 déc. – **Repas** 96/185, enf. 55 – ⊆ 42 – **25 ch** 210/360 – ½ P 335

  🏠 **Choucas,** ℰ 04 79 20 32 77, Fax 04 79 20 39 87, ≼, 🌇, 🛵 – 📺 ☎. ⓞ 🄶🄱, 🛇 rest
  juin-sept. et déc.-avril – **Repas** 90/160, enf. 50 – ⊆ 42 – **28 ch** 230/350 – ½ P 305

AUTERIVE 31190 H.-Gar. **82** ⑱ – 5 814 h alt. 185.

  Paris 728 – Toulouse 34 – Carcassonne 87 – Castres 82 – Muret 21 – St-Gaudens 79.

  🏠 **Delta,** 61 rte Toulouse ℰ 05 61 50 52 16, Fax 05 61 50 00 21 – ▤ rest, 📺 ☎ ❤ & 🅿. 🄶🄱
  fermé 15 au 21 août et dim. soir – **Repas** *(49)* - 61/182 🍷, enf. 36 – ⊆ 30 – **16 ch** 210 –
  ½ P 200

AUTRANS 38880 Isère **77** ④ – 1 406 h alt. 1050 – Sports d'hiver : 1 050/1 650 m 🎿 16 🎿.

  🛈 Office de Tourisme rte de Méaudre ℰ 04 76 95 30 70, Fax 04 76 95 38 63.
  Paris 591 – Grenoble 37 – Romans-sur-Isère 58 – St-Marcellin 46 – Villard-de-Lans 16.

  🏠 **Poste,** ℰ 04 76 95 31 03, Fax 04 76 95 30 17, 🌇, 🎱, 🏊, 🛵 – 📶 📺 ☎ – 🔬 15 à 60. 🄰🄴
  🄶🄱. 🛇 rest
  fermé 25 avril au 10 mai et 25 oct. au 5 déc. – **Repas** *(70)* - 80/240 🍷 – ⊆ 45 – **29 ch** 300/380
  – ½ P 390/420

  🏠 **Montbrand** ⌚ sans rest, ℰ 04 76 95 34 58, Fax 04 76 95 72 71, ≼, 🛵 – 📺 ☎. 🄶🄱
  juil.-août et Noël-Pâques – ⊆ 40 – **8 ch** 310/335

  🏠 **Buffe,** ℰ 04 76 94 70 70, Fax 04 76 95 72 48, ≼, 🌇, 🎱, 🏊, 🛵 – 📺 ☎ 🅿. 🄰🄴 🄶🄱
  fermé 15 au 30 avril, 11 nov. au 5 déc., mardi et merc. du 15 avril au 25 juin et du 15 sept. au
  15 déc. – **Repas** 85 (déj.), 125/245 🍷, enf. 60 – ⊆ 57 – **23 ch** 405/530 – ½ P 405/450

  🏠 **Tapia** sans rest, ℰ 04 76 95 33 00 – ☎
  fermé 20 au 28 avril, 15 au 25 juin et 15 au 30 nov. – ⊆ 40 – **10 ch** 290/320

  ✕ **Au Feu de Bois** avec ch, ℰ 04 76 95 33 32, Fax 04 76 94 76 93, ≼, 🌇, 🛵 – 📺 ☎ 🅿. 🄰🄴
  🄶🄱
  fermé 15 nov. au 5 déc. – **Repas** 85/145 🍷 – ⊆ 36 – **10 ch** 295 – ½ P 281

  à **Méaudre** Sud : 5,5 km par D 106ᶜ – 840 h. alt. 1012 – Sports d'hiver 1000/1600 m 🎿 10 🎿 –
  ✉ 38112 .
  🛈 Office de Tourisme ℰ 04 76 95 20 68, Fax 04 76 95 25 93.

  ✕✕ **Pertuzon** avec ch, ℰ 04 76 95 21 17, Fax 04 76 95 26 00, 🌇, 🛵 – 📺 ☎ 🅿. 🄰🄴 🄶🄱
  fermé 1ᵉʳ au 15 juin, 15 oct. au 1ᵉʳ nov., mardi soir et merc. – **Repas** 95/255 🍷, enf. 55 –
  ⊆ 45 – **8 ch** 270/300 – ½ P 325

  ✕ **Auberge du Furon** ⌚ avec ch, ℰ 04 76 95 21 47, Fax 04 76 95 24 71, ≼, 🌇 – 📺 ☎ 🅿.
  🄰🄴 ⓞ 🄶🄱
  fermé 15 nov. au 15 déc., lundi hors saison et dim. soir – **Repas** 80/170, enf. 45 – ⊆ 42 –
  9 ch 255 – ½ P 290

88300 Vosges 62 ④ – 108 h alt. 310.

Paris 306 – Nancy 41 – Neufchâteau 19 – Toul 24.

🏠 **Relais Rose**, 24 r. Neufchâteau ✆ 03 83 52 04 98, Fax 03 83 52 06 03, 佘, 屛 – ⇔ TV ☎
⟺ P. AE ⓞ GB

Repas 70 (déj.), 115/285 ⴵ, enf. 45 – ⴱ 38 – **16 ch** 220/380 – ½ P 250/280

XX **Les Tilleuls** avec ch, 6 rte Neufchâteau ✆ 03 83 52 84 50, Fax 03 83 52 06 42, 屛 – TV
⟺. GB – fermé 2 au 22 oct., 25 au 31 déc., dim. soir et merc. soir – **Repas** (fermé le soir
sauf vend. et sam.) 70 bc/210 ⴵ – ⴱ 35 – **4 ch** 220

🖘 71400 S.-et-L. 69 ⑦ G. Bourgogne – 17 906 h alt. 326.

Voir *Cathédrale St-Lazare*★★ (tympan★★★, chapiteau★★) – *Musée Rolin*★ (la Tentation
d'Eve★★, Nativité au cardinal Rolin★★, vierge d'Autun★★) BZ M⁶ – Porte St-André★ –
Grilles★ du lycée Bonaparte AZ B – Manuscrits★ (bibliothèque de l'Hôtel de Ville) BZ H.

Env. *Croix de la Libération* ⩽★ SO : 6 km par D 256 – *Château de Sully*★ NE : 15 km.

🛈 Office de Tourisme 2 av Ch. de Gaulle ✆ 03 85 86 80 38, Fax 03 85 86 80 49 et (juin- sept.)
5 pl. du Terreau ✆ 03 85 52 56 03.

Paris 287 ① – Chalon-sur-Saône 53 ③ – Avallon 78 ① – Dijon 85 ② – Mâcon 112 ③

AUTUN

🏛 **Ursulines** M ⌂, 14 r. Rivault ℰ 03 85 86 58 58, Fax 03 85 86 23 07, ≤, 佘, 🦌 – 🛗 📺 ☎
ۻ ੯ 🚗 – 🅜 150. ⚿ Ⓞ 🇬🇧 🇯🇨🇧   AZ e
Repas 95 (déj.), 160/395 ⚈, enf. 85 – ⚌ 60 – **40 ch** 350/820, 3 appart – ½ P 485/660

🏛 **St-Louis et Poste**, 6 r. Arbalète ℰ 03 85 52 01 01, Fax 03 85 86 32 54, 佘 – ⇥ 📺 ☎
💯 ☜ – 🅜 15. ⚿ 🇬🇧   BZ x
Repas (fermé sam. midi) (90) - 120 (déj.), 165/260 ⚈ – ⚌ 65 – **33 ch** 450/690, 6 appart –
½ P 460/560

🏛 **Tête Noire**, 3 r. Arquebuse ℰ 03 85 86 59 99, Fax 03 85 86 33 90 – 🛗 📺 ☎ ۻ 🚗
☜ 🅜 25. 🇬🇧   BZ n
fermé 18 déc. au 20 janv. – **Repas** (70) - 85/250 ⚈, enf. 50 – ⚌ 40 – **27 ch** 265/330 –
½ P 275/285

🏛 **Commerce et Touring**, 20 av. République ℰ 03 85 52 17 90, Fax 03 85 52 37 63 – 📺 ☎
☜ 🅿. 🇬🇧   AY u
fermé 11 déc. au 9 janv. – **Repas** (fermé lundi) 68/150 ⚈, enf. 40 – ⚌ 30 – **20 ch** 150/250 –
½ P 200/220

🍴🍴 **Hostellerie du Vieux Moulin** ⌂, avec ch, porte d'Arroux D 980 ℰ 03 85 52 10 90,
Fax 03 85 86 32 15, 佘, « Jardin ombragé », 🦌 – 📺 ☎ 🚗 🅿. ⚿ 🇬🇧   AY a
1er mars-1er déc. et fermé dim. soir et lundi hors saison – **Repas** 90 (déj.), 150/250 – ⚌ 45 –
16 ch 240/370

🍴🍴 **Chalet Bleu**, 3 r. Jeannin ℰ 03 85 86 27 30, Fax 03 85 52 74 56 – ⚿ 🇬🇧   BYZ s
🏮 fermé dim. soir de déc. à mars, lundi soir et mardi – Repas 90/260 ⚈, enf. 60

au plan d'eau du Vallon par ③ : 2 km – ⊠ 71400 Autun :

🏛 **Golf Hôtel**, N 80 ℰ 03 85 52 00 00, Fax 03 85 52 20 20, 佘 – ⇥ 📺 ☎ ۻ ੯ 🅿 – 🅜 60. ⚿
☜ Ⓞ 🇬🇧 🇯🇨🇧
Repas (fermé dim. soir de nov. à mars) 59/195 ⚈, enf. 45 – ⚌ 38 – **43 ch** 258/278 –
½ P 264

AUVERS 77 S.-et-M. 🔲🔲 ⑪ – rattaché à Milly-la-Forêt (Essonne).

AUVERS-SUR-OISE 95 Val-d'Oise 🔲🔲 ⑳,, 🔲🔲🔲 ⑥,, 🔲🔲🔲 ③ – voir à Paris, Environs.

AUVILLAR 82340 T.-et-G. 🔲🔲 ⑯ – 921 h alt. 141.
🅱 Office de Tourisme Tour de l'Horloge ℰ 05 63 39 89 82, Fax 05 63 39 89 82.
Paris 660 – Agen 29 – Montauban 42 – Auch 64 – Castelsarrasin 21.

🍴🍴 **L'Horloge** avec ch, ℰ 05 63 39 91 61, Fax 05 63 39 75 20 – 📺 ☎ ۻ ੯ – 🅜 20. ⚿ 🇬🇧
fermé 18 janv. au 6 fév. – **Repas** (fermé merc. du 16 oct. au 14 avril) 155/320 ⚈ – ⚌ 50 –
10 ch 190/290 – ½ P 300

AUVILLARS-SUR-SAÔNE 21250 Côte-d'Or 🔲🔲 ② – 215 h alt. 212.
Paris 335 – Beaune 29 – Chalon-sur-Saône 55 – Dijon 29 – Dole 36.

🍴 **Auberge de l'Abbaye**, au Sud : 1 km sur D 996 ℰ 03 80 26 97 37, Fax 03 80 26 92 25,
佘, 🦌 – 🅿. 🇬🇧 ☜
fermé 23 au 30 août, 17 au 24 janv., dim. soir, mardi soir et merc. – **Repas** (prévenir)
118/245 ⚈, enf. 62

AUXELLES-BAS 90 Terr.-de-Belf. 🔲🔲 ⑧ – rattaché à Giromagny.

AUXERRE 🅿 89000 Yonne 🔲🔲 ⑤ G. Bourgogne – 38 819 h alt. 130.
Voir Cathédrale St-Étienne★★ (vitraux★★, cripte★, trésor★) – Ancienne abbaye St-Germain★ (cripte★★).
Env. Gy-l'Évêque : Christ aux Orties★ de la chapelle 9,5 km par ③.
🅱 Office de Tourisme 1 et 2 q. République ℰ 03 86 52 06 19, Fax 03 86 51 23 27.
Paris 166 ⑤ – Bourges 144 ④ – Chalon-sur-Saône 176 ② – Dijon 152 ② – Sens 60 ⑤.

Plan page suivante

🏛 **Parc des Maréchaux** sans rest, 6 av. Foch ℰ 03 86 51 43 77, Fax 03 86 51 31 72, parc –
🛗 📺 ☎ ੯ 🅿. ⚿ Ⓞ 🇬🇧   AZ u
⚌ 59 – **25 ch** 410/590

🏛 **Normandie** sans rest, 41 bd Vauban ℰ 03 86 52 57 80, Fax 03 86 51 54 33, ⻌ – 🛗 ⇥ 📺
☎ ੯ 🚗 – 🅜 25. ⚿ Ⓞ 🇬🇧   AY b
⚌ 38 – **47 ch** 295/420

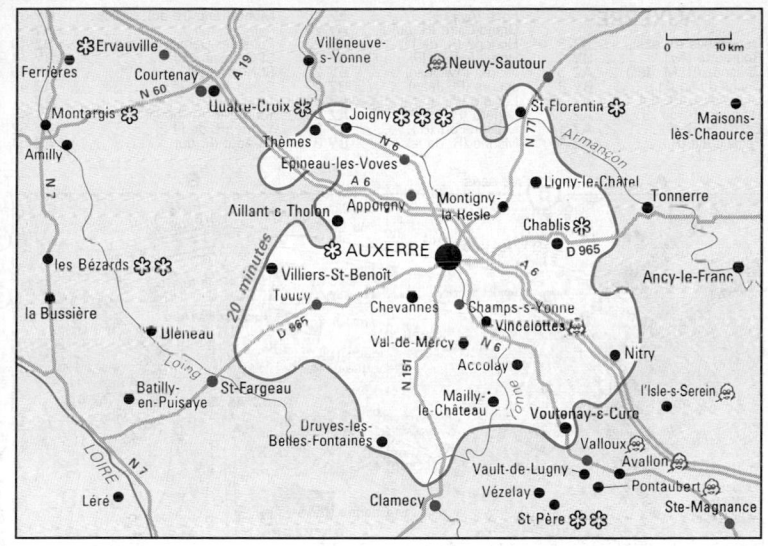

🏨 **Les Clairions**, par ⑤, N 6 : 2 km ℰ 03 86 94 94 94, Fax 03 86 48 16 58, 🌴, ⬛, ✖ – 📶, ▤ rest, 📺 ☎ 📞 ⅙ ⇔ 📮 – 🏛 30 à 150. 🅰🅴 ⓪ 🇬🇧
Pyramide : Repas 120/180 ⵚ, enf. 60 – ☷ 32 – **64 ch** 315/345 – ½ P 285/390

🏠 **Cygne** sans rest, 14 r. du 24-Août ℰ 03 86 52 26 51, Fax 03 86 51 68 33 – 📺 ☎ 📮 🅰🅴 ⓪ 🇬🇧 🇯🇨🇧   AZ r
☷ 40 – **30 ch** 270/420

🍴🍴🍴🍴 **Barnabet**, 14 quai République ℰ 03 86 51 68 88, Fax 03 86 52 96 85, 🌴, « Élégante ins-
🖇️ tallation » – 🅰🅴 🇬🇧   BYZ s
fermé 23 déc. au 5 janv., dim. soir et lundi – Repas 235/305 et carte 290 à 530 ⵚ, enf. 95
Spéc. Baluchon de foie gras de canard poêlé à la rhubarbe. Filet de sandre au ratafia
d'Irancy. Ris de veau en camisole de cœur d'artichaut. **Vins** Sauvignon de Saint-Bris, Côtes
d'Auxerre.

🍴🍴🍴 **Jardin Gourmand**, 56 bd Vauban ℰ 03 86 51 53 52, Fax 03 86 52 33 82, 🌴, 🌿 🅰🅴
🇬🇧   AY d
fermé 21 mars au 5 avril, 29 août au 5 sept., mardi et merc. – Repas 150/280 et carte 250 à
380 ⵚ, enf. 80

🍴🍴🍴 **Rest. Le Maxime**, 5 quai Marine ℰ 03 86 52 04 41, Fax 03 86 51 34 85 – ▤. 🅰🅴 ⓪
🇬🇧   BY e
fermé 17 déc. au 2 janv. et dim. hors saison – Repas 180/270 et carte 290 à 380 ⵚ, enf. 75

🍴🍴 **Salamandre**, 84 r. Paris ℰ 03 86 52 87 87, Fax 03 86 52 05 85 – ▤. 🅰🅴 🇬🇧   AY a
fermé sam. midi et dim. – Repas - produits de la mer - 118/298 ⵚ, enf. 68

rte de Chablis *par ② : 8 km près échangeur A 6 Auxerre-Sud* – ✉ 89290 Venoy :

🍴🍴 **Moulin** 🦢 avec ch, ℰ 03 86 40 23 79, Fax 03 86 40 23 55, 🌴, 🌿 – 📺 ☎ 📮 – 🏛 40.
🇬🇧
fermé janv., dim. soir et lundi hors saison – Repas 105/320 ⵚ, enf. 60 – ☷ 50 – **7 ch** 330/480
– ½ P 350

à Champs-sur-Yonne *par ② et N 6 : 11 km – 1 525 h. alt. 110* – ✉ 89290 :

🍴🍴 **Les Rosiers**, ℰ 03 86 53 31 11, Fax 03 86 53 31 11, 🌴 – 🇬🇧
fermé 5 déc. au 5 janv., merc. et le soir sauf vend. et sam. – Repas 100/130 ⵚ

à Vincelottes *par ② N 6 et D 38 : 16 km – 286 h. alt. 110* – ✉ 89290 :

🍴🍴 **Auberge Les Tilleuls** avec ch, ℰ 03 86 42 22 13, Fax 03 86 42 23 51, 🌴 – 📺 ☎.
🦢 *fermé 20 déc. au 20 fév., merc. soir et jeudi hors saison* – Repas 140/350 ⵚ – ☷ 58 – **5 ch**
295/420 – ½ P 380/450

AUXERRE

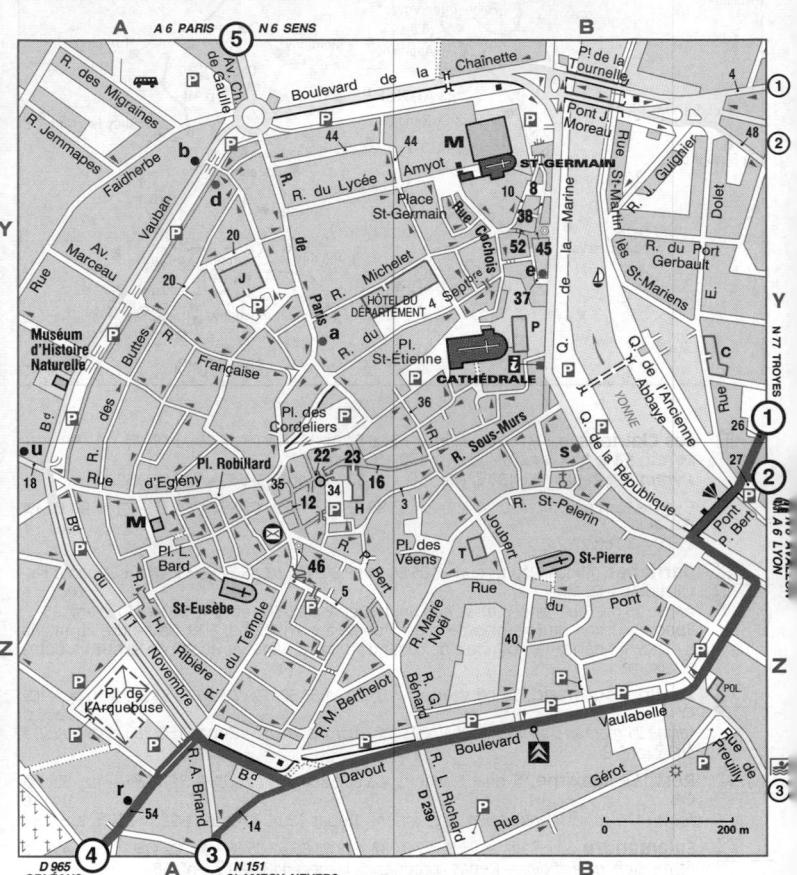

à Chevannes *par ③ et D1 : 8 km – 1 901 h. alt. 170 – ⊠ 89240 :*

XXX **Chamaille** ⤳ avec ch., ℘ 03 86 41 24 80, Fax 03 86 41 34 80, 佘, parc, 屛 – 🅿, 🆎 ⴳ,
⅏ ch – *fermé 2 au 28 janv.* – **Repas** *(fermé lundi sauf le midi d'avril à sept. et mardi)*
(nombre de couverts limité, prévenir) (160) - 180/345 et carte 290 à 370 ⵟ, enf. 100 – ⵤ 40 –
3 ch 250/300 – ½ P 400/450

près échangeur Auxerre-Nord *par ⑤ : 7 km :*

🏨 **Mercure** ⤳, N 6 ⊠ 89380 Appoigny ℘ 03 86 53 25 00, Fax 03 86 53 07 47, 佘, ⴳ, 屛 –
ⴰ, 🗏 ch, 📺 ☎ ⶃ ⴳ, 🅿 – 🔏 25 à 120. 🆎 ⴲ ⴳ
Repas (99) - 119/178 ⵟ, enf. 55 – ⵤ 62 – **77 ch** 425/490

🏨 **Campanile**, r. Athènes ⊠ 89470 Monéteau ℘ 03 86 40 71 11, Fax 03 86 40 50 74, 佘 –
ⴰ 📺 ☎ ⶃ ⴳ, 🅿 – 🔏 25. 🆎 ⴲ ⴳ
Repas 80/180 ⵟ, enf. 39 – ⵤ 36 – **84 ch** 315

AUXEY-DURESSES *21 Côte-d'Or ⓺⓽ ⑨ – rattaché à Beaune.*

AUXONNE *21130 Côte-d'Or* 66 ⑬ *G. Bourgogne – 6 781 h alt. 184.*

    🛈 *Office de Tourisme pl. d' Armes* ℰ *03 80 37 34 46, Fax 03 80 31 02 34.*

    Paris 344 – Dijon 32 – Dole 17 – Gray 38 – Vesoul 79.

à Villers-les-Pots *Nord-Ouest : 5 km par N 5 et D 976 – 855 h. alt. 193 – ⊠ 21130 :*

    🏠 **Auberge du Cheval Rouge,** ℰ 03 80 27 07 07, Fax 03 80 31 17 01, 佘, 🔟 – 📺 ☎ ℂ
    🅿 ⒜ 🅶🅱

    fermé vacances de Toussaint, 26 déc. au 2 janv. et dim. soir sauf juil.-août – **Repas** (95) –
    130/260 bc ⒴, enf. 65 – ⇋ 40 – **10 ch** 200/250 – ½ P 270/280

à Lamarche-sur-Saône *Nord-Ouest : 11,5 km par N 5 et D 976 – 1 223 h. alt. 190 – ⊠ 21760 :*

    XX **Hostellerie St-Antoine** avec ch, ℰ 03 80 47 11 33, Fax 03 80 47 13 56, 佘, 🗚, 🔟, 🐎
    – 📺 ☎ ℂ ᕫ 🅿 ⒜ 🅶🅱

    fermé 31 janv. au 20 fév., dim. soir et lundi du 15 oct. au 15 avril – **Repas** 70/180, enf. 50 –
    ⇋ 52 – **12 ch** 300/330

aux Maillys *Sud : 8 km par D 20 – 730 h. alt. 102 – ⊠ 21130 .*

    XX **Virion,** ℰ 03 80 39 13 40, Fax 03 80 39 17 22 – 🗐. 🅶🅱

    Repas 85/210 ⒴

AVALLON ◁◢ *89200 Yonne* 65 ⑯ *G. Bourgogne – 8 617 h alt. 250.*

    *Voir Site★ – Ville fortifiée★ : Portails★ de l'église St-Lazare – Miserere★ du musée de
l'Avallonnais M¹ – Vallée du Cousin★ S par D 427.*

    Env. Château de Montjalin 7 km à l'Est (musée des Voitures de Chefs d'Etat★).

    🛈 *Office de Tourisme 6 r. Bocquillot* ℰ *03 86 34 14 19, Fax 03 86 34 28 29.*

    Paris 214 ② – Auxerre 53 ④ – Beaune 107 ② – Chaumont 134 ① – Nevers 97 ④.

AVALLON

Pour visiter
la Bourgogne,
utilisez
le **guide vert**
Michelin.
**Bourgogne
Morvan**

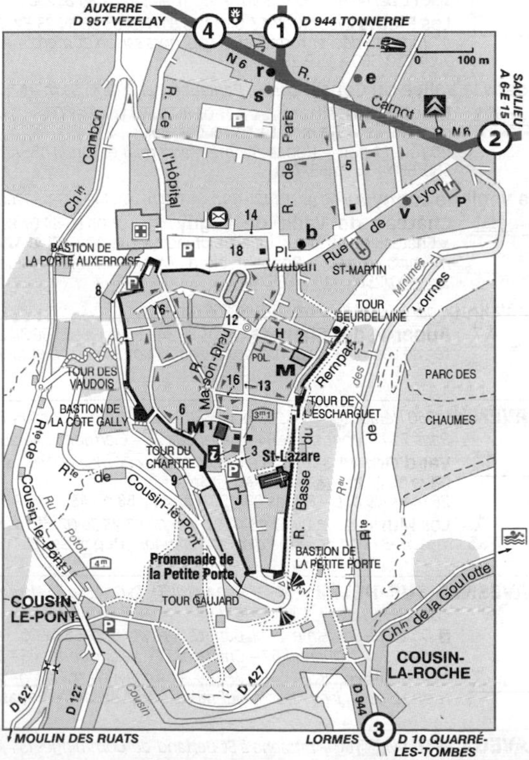

(plan de la ville d'Avallon)

AUXERRE
D 957 VEZELAY
D 944 TONNERRE
④ ① ②
SAULIEU
A 6-E 15
0   100 m
N 6
r
R.
e
s
R. Paris
Carnot
N 6
②
de
R. de l'Hôpital
Chⁱⁿ Cambon
de Lyon
V Lyon
P
14
18 Pl.
Vauban b
ST-MARTIN
BASTION DE
LA PORTE AUXERROISE
TOUR
BEURDELAINE
8
TOUR DES
VAUDOIS
16 12
13
H
POL.
M
Rempart
des
Minimes
Lormes
PARC DES
CHAUMES
BASTION DE
LA CÔTE GALLY
6
M¹
TOUR DU
CHAPITRE
9 J
P
St-Lazare
TOUR DE
L'ESCHARGUET
Basse
R.
BASTION DE
LA PETITE PORTE
Rⁱᵉ de Cousin-le-Pont
Ru Potot
Promenade de
la Petite Porte
TOUR GAUJARD
COUSIN-
LE-PONT
P
D 427 D 12⁷
Cousin
Ch⁻ⁱⁿ de la Goulotte
COUSIN-
LA-ROCHE
MOULIN DES RUATS
LORMES ③ D 10 QUARRÉ-
LES-TOMBES
D 944

Hostellerie de la Poste, 13 pl. Vauban (b) ℘ 03 86 34 16 16, Fax 03 86 34 19 19, 斎, « Ancien relais de poste du 18ᵉ siècle » – ‡ TV ☎ ℀ P – 🔏 15. 壐 ⓞ ⅁⅁ ℐⅭⅈ
fermé fév., mars, dim. soir et lundi hors saison – **Repas** 155/430 bc – ☖ 70 – **27 ch** 550/950, 3 duplex – ½ P 540/665

Avallon Vauban sans rest, 53 r. Paris (r) ℘ 03 86 34 36 99, Fax 03 86 31 66 31, parc – ‡ cuisinette TV ☎ ℀ P – 🔏 15. ⅁⅁
☖ 36 – **21 ch** 280/320, 4 studios

Dak'Hôtel M sans rest, rte Saulieu par ② ℘ 03 86 31 63 20, Fax 03 86 34 25 28, 🧋, 🌳 –
TV ☎ & P – 🔏 60. 壐 ⅁⅁
☖ 38 – **26 ch** 280/310

Les Capucins avec ch, 6 av. P. Doumer (e) ℘ 03 86 34 06 52, Fax 03 86 34 58 47, 斎, 🌳
– TV ☎ P. 壐 ⅁⅁
fermé 10 déc. au 31 janv., mardi hors saison et merc. – **Repas** 90/260 ⛨, enf. 60 – ☖ 35 –
8 ch 300/370 – ½ P 280

Relais des Gourmets, 47 r. Paris (s) ℘ 03 86 34 18 90, Fax 03 86 31 60 21, 斎 – 壐 ⅁⅁
fermé 4 au 20 janv., dim. soir et lundi de nov. à juin.
Repas 85/350 bc ⛨, enf. 55

Gourmillon, 8 r. Lyon (v) ℘ 03 86 31 62 01, Fax 03 86 31 62 01 – 🍽. 壐 ⅁⅁
fermé 3 au 20 janv, dim. soir et lundi d'oct. à mai – **Repas** 82/172 ⛨, enf. 50

rte de Saulieu *par ② : 6 km* – ✉ 89200 Avallon :

Relais Fleuri M 🌜, ℘ 03 86 34 02 85, Fax 03 86 34 09 98, 🧋, 🌳, 🎾 – TV ☎ ℀ & P –
🔏 30. 壐 ⓞ ⅁⅁
Repas 105/295 bc ⛨ – ☖ 55 – **48 ch** 450/490 – ½ P 400

près échangeur Autoroute A 6 *par ② et D 50 : 7 km* – ✉ 89200 Magny :

Ibis M, ℘ 03 86 33 01 33, Fax 03 86 33 00 66 – ✲ TV ☎ ℀ & P – 🔏 30. 壐 ⓞ ⅁⅁
Repas *(75)* - 95 ⛨, enf. 39 – ☖ 35 – **42 ch** 290/320

à Pontaubert *par ④ et D 957 : 5 km* – *336 h. alt. 160* – ✉ 89200 :

Les Fleurs avec ch, ℘ 03 86 34 13 81, Fax 03 86 34 23 32, 斎, 🌳 – TV ☎ P. 壐 ⅁⅁
1ᵉʳ mars-10 déc. et fermé jeudi midi hors saison et merc. – **Repas** 90/240, enf. 60 – ☖ 36 –
7 ch 260/360 – ½ P 280

dans la Vallée du Cousin *par ④, Pontaubert et D 427 : 6 km* – ✉ 89200 Avallon :

Moulin des Ruats 🌜, ℘ 03 86 34 97 00, Fax 03 86 31 65 47, 斎, « En bordure de
rivière », 🌳 – TV ☎ ℀ P 壐 ⓞ ⅁⅁ ℐⅭⅈ
20 fév.-11 nov. – **Repas** *(fermé mardi midi et lundi)* 155/235 ⛨, enf. 70 – ☖ 60 – **25 ch**
380/680 – ½ P 465/700

à Vault de Lugny *par ④ et D 142 : 6 km* – *320 h. alt. 148* – ✉ 89200 :

Château de Vault de Lugny 🌜, ℘ 03 86 34 07 86, Fax 03 86 34 16 36, ≤, 斎,
« Château du 16ᵉ siècle dans un grand parc », 🎾 – TV ☎ ℀ ⟅ P. 壐 ⓞ ⅁⅁ ℐⅭⅈ
mi-mars-mi-nov. – **Repas** (table d'hôtes)(dîner seul.)(résidents seul.) 290/480 ⛨ – **12 ch**
☖ 1100/2500 – ½ P 685/1460

à Valloux *par ④ et N 6 : 6 km* – ✉ 89200 Avallon :

Auberge des Chenêts, ℘ 03 86 34 23 34, Fax 03 86 34 21 24 – ⅁⅁
fermé vacances de printemps, 14 au 25 nov., dim. soir et lundi – **Repas** 85/300, enf. 45

AVÈNE *34260 Hérault* 🄳🄳 ④ – *269 h alt. 350 – Stat. therm. (27 mars-fin oct.).*
Paris 710 – Montpellier 84 – Bédarieux 25 – Clermont-l'Hérault 47.

Val d'Orb M 🌜, ℘ 04 67 23 44 45, Fax 04 67 23 39 07, ≤, 斎, 🧋, 🌳, 🎾 – ‡, 🍽 rest,
TV ☎ ℀ & P – 🔏 50. 壐 ⅁⅁. 🧹 rest
26 mars-29 oct. – **Repas** 98/150 – ☖ 49 – **58 ch** 435 – ½ P 355

Les Muriers, ℘ 04 67 23 40 97, Fax 04 67 23 39 07, 斎 – P. ⅁⅁
1ᵉʳ avril-31 oct. et fermé dim. soir et lundi – **Repas** *(55)* - 85/150 🕭, enf. 50

AVESNES-SUR-HELPE ◈ *59440 Nord* 🄵🄵 ⑥ *G. Picardie Flandres Artois* – *5 108 h alt. 151.*
Voir L'Avesnois★★ E par D 133.
🅱 *Office de Tourisme 41 pl. Gén.-Leclerc ℘ 03 27 56 57 20, Fax 03 27 56 57 20.*
Paris 208 – St-Quentin 67 – Charleroi 55 – Valenciennes 46 – Vervins 33.

Crémaillère, 26 pl. Gén. Leclerc ℘ 03 27 61 02 30, Fax 03 27 59 10 44 – ⅁⅁
fermé 2 au 14 janv., le soir sauf merc., vend. et sam. – **Repas** *(85 bc)* - 110 bc/250 bc

---

AVEUX *65 H.-Pyr.* 🄸🄵 ⑳ – *rattaché à St-Bertand-de-Comminges (31 - H.-Gar.).*

AVIGNON P 84000 Vaucluse 81 ⑪ ⑫ G. Provence – 86 939 h Agglo. 181 136 h alt. 21.

An 2000 *29 avril-17 sept. : Palais des Papes : la Poursuite de la Beauté; Clos des Trams : la Maison des Métamorphoses; Jardin des Doms : les Merveilles de la nature (Expositions) - avril-août · Un jeu d'enfant : urbanisme des jardins d'enfants (Exposition) - oct. : Restaurateurs sans frontières (Exposition).*

Voir *Palais des Papes*★★★ : ⩽★★ *de la terrasse des Dignitaires* – *Rocher des Doms* ⩽★★ – *Pont St-Bénézet*★★ – *Remparts*★ – *Vieux hôtels*★ *(rue Roi-René)* EZ K – *Coupole*★ *de la cathédrale Notre-Dame-des-Doms* – *Façade*★ *de l'hôtel des Monnaies* EY K – *Vantaux*★ *de l'église St-Pierre* EY – *Retable*★ *et fresques*★ *de l'église St-Didier* EZ – *Cour*★ *de l'Hospice St-Louis* EZ – *Musées : Petit Palais*★★ EY, *Calvet*★ EZ M², *Lapidaire*★ EZ M¹, *Louis Vouland (faïences*★) DY M⁵, – *Fondation Angladon-Dubrugeaud*★★ EZ M¹.

🛬 *d'Avignon-Caumont :* ℰ *04 90 81 51 15, par* ③ *et N 7 : 8 km.*

🚗 ℰ *08 36 35 35 35.*

🛈 *Office de Tourisme 41 Crs J.-Jaurès* ℰ *04 90 82 65 11, Fax 04 90 82 95 03 Annexe au Pont d'Avignon* ℰ *04 90 85 60 16.*

Paris 685 ② – *Aix-en-Provence 84* ③ – *Arles 36* ④ – *Marseille 100* ③ – *Nîmes 47* ⑤.

LES ANGLES

Pinède (Ch. de la)... **AV**

AVIGNON

Amandier (Av. de l') .... **CX**
Aulnes (Av. des) .... **CX**
Avignon (Av. d')..... **CX**
Croix-Rouge (Av. de la)........ **BX**
Docteur Pons (Rte Touristique).. **BV**
Eisenhover (Av.)...... **AX**
Europe (Pont de l') . **AX** 26
Ferry (Bd J.) .... **AX**
Folie (Av. de la) ... **BCX** 29
Foncouverte (Av. de) .... **BCX** 31
Gaulle (Rocade Ch. de). **ABX**
Lyon (Rte de) ...... **BV**
Marseille (Rte de) . **BCX** 51
Monclar (Av.)....... **AX**
Monod (Bd J.)...... **AX** 58
Montfavet (Rte de)........ **BCX** 60
Morières (Rte de) . **BCV**
Moulin-Notre-Dame (Av. du).... **BX** 61
Réalpanier (Carr.) ... **CV**
Reine-Jeanne (Av. de la)........ **BX** 81
Royaume (Pont du) . **AV** 92
St-Chamand (Av.) ... **BX** 95
St-Ruf (Av.) .... **AX**
Semard (Av. P.) ..... **BX**
Sixte-Isnard (Bd).... **BX** 112
Souspirous (Av. de) . **CX**
Tarascon (Av. de) ... **AX**
Ire-D.-B. (Bd de la)... **BX** 125

LE PONTET

Avignon (Av. d')..... **CV**
Carpentras (Av. de).......... **CV**
Delorme (Av. Th.) ... **CV**
Goutarel (Av. G.).... **CV** 38
Pasteur (Av. L.)..... **CV**

VILLENEUVE-LÈS-AVIGNON

Camp de Bataille (R.) .... **AV** 15
Chartreux (Ch. des) . **AV** 16
Fort St-André (Montée du)...... **AV** 32
Gaulle (Av. Ch.-de) .. **AV** 33
Hôpital (R. de l') .... **AV** 43
Joffre (Rte) .... **AV**
Leclerc (Av. Gén.) ... **AV**
Monnaie (R. de la) .. **AV** 57
Pasteur (Av.) .... **AV**
Péri (Av. G.) .... **AV**
République (R. de la) .... **AV** 87
Tour (Montée de la). **AV** 115
Verdun (Av. de) ..... **AV** 117

Mirande ⟡, 4 pl. Amirande ✆ 04 90 85 93 93, *Fax 04 90 86 26 85*, ≤, ⟡, « Ancien palais cardinalice » – |♦| ▤ TV ☎ ✆ ♿ ⟡ – 🔺 30. AE ⊕ GB EY g

Repas *(fermé 4 janv. au 2 fév., mardi et merc. de nov. à mars)* (155) - 240/480 et carte 340 à 570 ♀ – ☕ 115 – **20 ch** 1850/2600

Spéc. Beignet de foie gras laqué au rasteau. Côte de veau de lait rôtie, sauté de légumes de saison. Soupe de fraises des bois safrannée aux herbes et épices. **Vins** Châteauneuf-du-Pape, Côtes du Ventoux.

Europe ⟡, 12 pl. Crillon ✆ 04 90 14 76 76, *Fax 04 90 14 76 71*, ⟡, « Demeure du 16e siècle, beau mobilier » – |♦| ▤ TV ☎ ✆ ⟡ – 🔺 40. AE ⊕ GB JCB EY d

Repas *(fermé 15 au 30 août, 17 au 30 janv., dim. et lundi)* 180 bc (déj.), 285/400 et carte 310 à 390 – ☕ 98 – **44 ch** 690/2200, 3 appart

Spéc. Crème glacée de poireaux aux truffes de la Saint-Jean (juin à sept.). Filet de bar rôti, tarte à la tomate. Filet et cuisse de pigeon au miel de lavande (oct. à mai). **Vins** Côtes du Rhône, Côtes du Rhône-Villages.

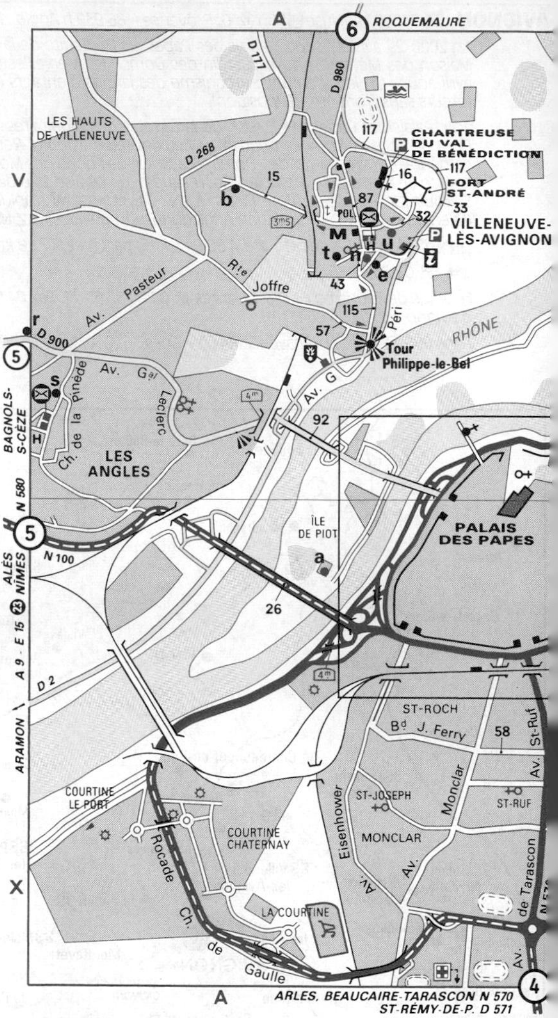

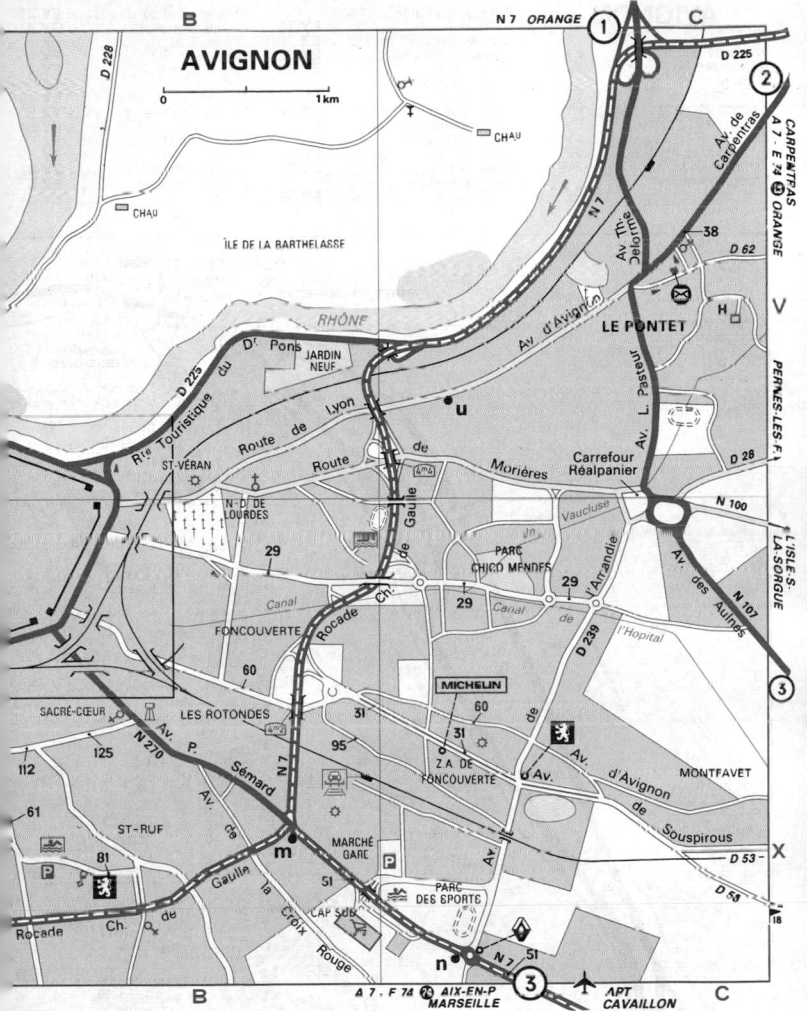

AVIGNON

ÎLE DE LA BARTHELASSE

RHÔNE

LE PONTET

Carrefour Réalpanier

PARC CHICO MENDES

PARC DES SPORTS

🏨 **Cloître St-Louis** Ⓜ ⚶, 20 r. Portail Boquier, ℰ 04 90 27 55 55, *Fax 04 90 82 24 01*, « Décor contemporain dans un cloître du 16ᵉ siècle », ⚗ – 📶 ⚶ 📺 ☎ ⚿ 🅿. 🆎 ⓪ 🅶🅱 ☒ EZ s

Repas *(fermé fév., sam. et dim. sauf le soir d'avril à oct.)* (100) · 130 (déj.), 155/210 ⚘ – ⚌ 75 – **77 ch** 850/1100, 3 duplex

🏨 **Mercure Palais des Papes** Ⓜ ⚶ sans rest, quartier Balance ℰ 04 90 85 91 23, *Fax 04 90 85 32 40* – 📶 ⚶ 📼 📺 ☎ ⚿ ⇔ – 🔬 80, 🆎 ⓪ 🅶🅱 EY r
⚌ 60 – **87 ch** 605

🏨 **Mercure Cité des Papes** Ⓜ sans rest, 1 r. J. Vilar ℰ 04 90 86 22 45, *Fax 04 90 27 39 21* – 📶 ⚶ 📺 ☎. 🆎 ⓪ 🅶🅱 EY b
⚌ 60 – **75 ch** 600

🏨 **Bristol** Ⓜ sans rest, 44 cours J. Jaurès ℰ 04 90 16 48 48, *Fax 04 90 86 22 72* – 📶 📼 📺 ☎ ⚿ ⚿ ⇔. 🆎 ⓪ 🅶🅱 EZ m
fermé 10 fév. au 4 mars – ⚌ 55 – **67 ch** 426/542

AVIGNON

🏨 **Primotel Horloge** sans rest, 1 r. F. David (pl. Horloge) ✆ 04 90 16 42 00, Fax 04 90 82 17 32 – 📶 🗐 📺 ☎ ✇ – 🔬 15. 🖭 ⑩ 😝 🏧
☲ 55 – **67 ch** 475/625   EY   **t**

🏨 **Blauvac** sans rest, 11 r. de la Bancasse ✆ 04 90 86 34 11, Fax 04 90 86 27 41 – 📺 ☎. 🖭 ⑩ 😝 ❀
☲ 45 – **16 ch** 320/460   EY   **m**

🏨 **Danieli** sans rest, 17 r. République ✆ 04 90 86 46 82, Fax 04 90 27 09 24 – 📺 ☎. 🖭 😝 fermé 19 déc. au 3 janv. – ☲ 42 – **29 ch** 410/470   EY   **s**

🏠 **Angleterre** sans rest, 29 bd Raspail ✆ 04 90 86 34 31, Fax 04 90 86 86 74 – 📶 📺 ☎ 😝 ❀
fermé 23 déc. au 23 janv. – ☲ 39 – **40 ch** 250/450   DZ   **a**

🏠 **Ibis Centre Gare,** 42 bd St-Roch ✆ 04 90 85 38 38, Fax 04 90 86 44 81 – 📶 ✂ 🗐 📺 ☎ 🔬 15. 🖭 ⑩ 😝 🏧
Repas (75) · 95 🍷, enf. 39 – ☲ 35 – **98 ch** 350/390   EZ   **r**

🏠 **Ibis Pont de l'Europe** sans rest, 12 bd St-Dominique ✆ 04 90 82 00 00, Fax 04 90 85 67 16 – 📶 ✂ 🗐 📺 ☎ 🔬 30. 🖭 ⑩ 😝
☲ 35 – **74 ch** 320/370   DZ   **q**

🏠 **Garlande** sans rest, 20 r. Galante ✆ 04 90 80 08 85, Fax 04 90 27 16 58 – 📺 ☎. 🖭 ⑩ 😝
☲ 40 – **12 ch** 380/450   EY   **f**

🏠 **Médiéval** sans rest, 15 r. Petite Saunerie ✆ 04 90 86 11 06, Fax 04 90 82 08 64 – cuisinette 📺 ☎. 😝
☲ 40 – **34 ch** 240/350   FY   **v**

🏠 **Magnan** sans rest, 63 r. Portail Magnanen ✆ 04 90 86 36 51, Fax 04 90 85 48 90 – ✂ 📺 ☎ ✇. 🖭 😝 🏧
☲ 32 – **32 ch** 235/345   FZ   **n**

XXX **Christian Étienne,** 10 r. Mons ✆ 04 90 86 16 50, Fax 04 90 86 67 09, 🌴, « Anciennes
❀ demeures des 13e et 14e siècles accolées au Palais des Papes » – 🗐. 🖭 ⑩ 😝   EY   **h**
fermé lundi du 15 sept. au 15 juin et dim. sauf en juil. – **Repas** 180/500 et carte 350 à 540 🍷, enf. 120
Spéc. Raviole de brandade de morue. Rouget poêlé, barigoule d'artichaut au pistou. Sorbet au fenouil, sauce safran. **Vins** Côtes du Rhône, Viognier.

XX **Hiély-Lucullus,** 5 r. République (1er étage) ✆ 04 90 86 17 07, Fax 04 90 86 32 38 – 🗐. 🖭 😝 🏧
fermé 19 au 26 juin, 15 au 23 janv., et mardi d'oct. à juin – **Repas** 130 bc/160 🍷   EY   **n**

XX **Brunel,** 46 r. Balance ✆ 04 90 85 24 83, Fax 04 90 86 26 67 – 🗐. 😝
fermé dim. et lundi – **Repas** 170 bc/330 🍷   EY   **e**

XX **Fourchette,** 17 r. Racine ✆ 04 90 85 20 93, Fax 04 90 85 57 60 – 🗐. 😝   EY   **u**
fermé 5 au 21 août, vacances de fév., sam. et dim. – **Repas** (nombre de couverts limité, prévenir) 100 (déj.)/150

XX **Jardin de la Tour,** 9 r. Tour ✆ 04 90 85 66 50, Fax 04 90 27 90 72, 🌴, « Ancienne usine
aménagée » – 🖭 ⑩ 😝 🏧   GY   **a**
fermé 15 au 31 août, dim. et lundi – **Repas** (95) · 135 (déj.), 175/275 🍷, enf. 85

X **L'Isle Sonnante** (Gradassi), 7 r. Racine ✆ 04 90 82 56 01 – 🗐. 😝. ❀   EY   **k**
❀ fermé août, 24 déc. au 3 janv., dim. et lundi – **Repas** (nombre de couverts limité, prévenir) (rest. exclusivement non-fumeur) (165 bc) · 285
Spéc. Filet de lapin farci à la purée d'olives de Nyons. Gibier et champignons (saison). Macaron praliné-chocolat. **Vins** Côtes du Rhône, Châteauneuf-du-Pape.

X **Cuisine de Reine,** Le Cloître des Arts - 83 r. J. Vernet ✆ 04 90 85 99 04, Fax 04 90 85 78 03, 🌴, « Dans un cloître du 15e siècle » – 🖭 ⑩ 😝   EZ   **b**
fermé lundi soir et dim. – **Repas** 120 (déj.), 185/250 🍷

X **Moutardier,** 15 pl. Palais des Papes ✆ 04 90 85 34 76, Fax 04 90 86 42 18, 🌴, « Fresques évoquant le moutardier du pape » – 🗐. 😝
Repas 95 (déj.)/150 🍷   EY   **z**

dans l'île de la Barthelasse Nord : 5 km par D 228 et rte secondaire – ✉ 84000 Avignon :

🏨 **Ferme** 🍃, chemin des Bois ✆ 04 90 82 57 53, Fax 04 90 27 15 47, 🌴, 🏊 – 📺 ☎ 🅿. 😝 🏧. ❀ ch
7 mars-30 oct. – **Repas** (fermé merc. sauf juil.-août et lundi midi) 115/230 🍷, enf. 60 – ☲ 20 **ch** 370/460 – ½ P 340/370

vers ② par N 7 : 3,5 km – ✉ 84130 Le Pontet :

🏨 **Les Agassins** Ⓜ 🍃, 52 av. Ch. de Gaulle ✆ 04 90 32 42 91, Fax 04 90 32 08 29, 🌴, « Jardin fleuri », 🏊, 🌿 – 📶 🗐 📺 ☎ 🅿 – 🔬 30. 🖭 ⑩ 😝 🏧   CV   **v**
fermé 1er janv. au 1er mars – **Repas** (fermé sam. midi de nov. à mars) 145 (déj.), 220/440, enf. 90 – ☲ 98 – **30 ch** 1200/1900 – ½ P 790/1148

au Pontet *vers ② par N 7 et D 62 : 6 km – 15 688 h. alt. 40 –* ⌧ *84130 :*

🏨 **Auberge de Cassagne** ⚘, 450 allée de Cassagne ✆ 04 90 31 04 18,
Fax 04 90 32 25 09, 佘, « Élégante installation », ₤₄, ⩗, 🛏, ℁ – 🗏 🖵 ☎ & 🅿 🕮 ⓞ ☒
ᴊᴄʙ
fermé 10 janv. au 1ᵉʳ fév. – **Repas** 195 (déj.), 290/480 et carte 370 à 510, enf. 110 – ⌸ 105 –
30 ch 630/1730, 5 appart – 1/2 P 810/1360
Spéc. Filets de rouget au citron vert. Escalope de foie gras poêlée au suc de porto. Emincé
d'agneau et côtelettes de lapereau aux petits farcis. **Vins** Côtes-du-Rhône-Villages.

à l'Échangeur A 7 *Avignon-Nord par ② : 9 km –* ⌧ *84700 Sorgues :*

🏨 **Novotel Avignon Nord** Ⓜ, ✆ 04 90 03 85 00, Fax 04 90 03 85 10, 佘, ⩗, ℳ, ℁ – 🕴
↳✱ 🗏 🖵 ☎ & 🅿 – 🖾 150. 🕮 ⓞ ☒ ᴊᴄʙ
Repas carte environ 180 ℤ, enf. 50 – ⌸ 60 – **100 ch** 500/580

à Montfavet *Est : 7 km par av. Vertes Rives –* **CX** *–* ⌧ *84140 :*

🏨 **Hostellerie Les Frênes** Ⓜ ⚘, av. Vertes Rives ✆ 04 90 31 17 93, Fax 04 90 23 05 03,
佘, « Demeure bourgeoise dans un parc », ⩗ – 🕴 🗏 🖵 ☎ ☒ 🅿 – 🖾 25. 🕮 ⓞ ☒ ᴊᴄʙ
1ᵉʳ avril-31 oct. – **Repas** 200 (déj.), 350/520 ℤ – ⌸ 100 – **15 ch** 880/1790, 4 appart

rte de Marseille *par N 7 –* ⌧ *84000 Avignon :*

🏨 **Mercure Avignon Sud** Ⓜ, 3 km ✆ 04 90 89 26 26, Fax 04 90 89 26 27, 佘, ⩗ – 🕴 ↳✱
🗏 🖵 ☎ & 🅿 – 🖾 130. 🕮 ⓞ ☒ ᴊᴄʙ   **BX** m
Repas (90) 115 ℤ, enf. 60 – ⌸ 60 – **105 ch** 490/580

🏨 **Novotel Avignon Sud** Ⓜ, 4 km ✆ 04 90 87 62 36, Fax 04 90 87 86 60, 佘, ⩗, ℳ – ↳✱
🗏 🖵 ☎ ☒ 🅿 – 🖾 150. 🕮 ⓞ ☒ ᴊᴄʙ   **CX** n
Repas (85) 105 ℤ, enf. 50 – ⌸ 60 – **79 ch** 470/560

à l'aéroport d'Avignon-Caumont *par ① : 8 km –* ⌧ *84140 Montfavet :*

🏨 **Paradou-Avignon**, ✆ 04 90 84 18 30, Fax 04 90 84 19 16, 佘, ⩗, ℳ, ℁ – ↳✱ 🗏 🖵
☎ ☒ & 🅿 – 🖾 50. 🕮 ⓞ ☒ ᴊᴄʙ
Repas 100/200 ℤ, enf. 60 – ⌸ 55 – **42 ch** 500/550 – 1/2 P 350/380

dans l'île de Piot *Ouest par pont Éd. Daladier –* ⌧ *84000 Avignon :*

🍴 **Auberge de la Treille** ⚘ avec ch, chemin de l'île Piot ✆ 04 90 85 31 22,
Fax 04 90 82 94 58, 佘, ℳ – 🕴 🖵 ☎ 🅿 – 🖾 60. 🕮 ☒   **AX** a
Repas (95) 120/300 ℤ – ⌸ 50 – **8 ch** 450/650

Voir aussi ressources hôtelières de *Villeneuve-lès-Avignon* et *Les Angles*

AVIGNON-CAUMONT (Aéroport d') 84 Vaucluse 🔲🔲 ⑪ ⑫ – *rattaché à Avignon.*

AVOINE 37420 I.-et-L. 🔲🔲 ⑬ – 1 664 h alt. 35.
Paris 294 – Tours 55 – Azay-le-Rideau 27 – Chinon 7 – Langeais 27 – Saumur 22.

🍴 **L'Atlantide**, 17 r. Nationale ✆ 02 47 58 81 85, Fax 02 47 58 49 97, 佘 – 🅿. ☒
fermé 1ᵉʳ au 15 juil., dim. soir et lundi – **Repas** 98/209 ℤ, enf. 55 - **Casse-Croûte du
Vigneron :** Repas 74 ℤ, enf. 55

AVRANCHES ◁⦿▷ 50300 Manche 🔲🔲 ⑧ G. Normandie Cotentin – 8 638 h alt. 108.
Voir Manuscrits★★ du Mont-St-Michel (musée) – Jardin des Plantes : ✳★ – La "plate-
forme" ✳★.
🅱 Office de Tourisme 2 r. Gén.-de-Gaulle ✆ 02 33 58 00 22, Fax 02 33 68 13 29 et (juil.-août)
pl. Carnot ✆ 02 33 58 59 11.
Paris 332 ① – St-Lô 58 ① – St-Malo 67 ③ – Caen 102 ① – Rennes 82 ③.

Plan page suivante

🏨 **Croix d'Or** ⚘, 83 r. Constitution ✆ 02 33 58 04 88, Fax 02 33 58 06 95, « Décor rustique
normand », ℳ – 🖵 ☎ 🅿. ☒ ⓞ   **BZ** s
fermé janv.et dim. soir du 15 oct. au 25 mars – **Repas** 78 (déj.), 118/320 ℤ, enf. 58 – ⌸ 40 –
27 ch 230/395 – 1/2 P 330/380

🏨 **Abrincates** sans rest, 37 bd Luxembourg par ③ : 0,5 km ✆ 02 33 58 66 64,
Fax 02 33 58 40 11 – 🕴 🖵 ☎ ☒ & 🅿. ☒ ᴊᴄʙ
fermé 20 déc. au 7 janv. et dim. d'oct. à juin – ⌸ 39 – **29 ch** 320/370

🏨 **Jardin des Plantes**, 10 pl. Carnot ✆ 02 33 58 03 68, Fax 02 33 60 01 72 – 🖵 ☎ &. 🕮
⊜ ☒ ᴊᴄʙ   **AZ** u
fermé 23 déc. au 3 janv. – **Repas** (fermé vend. soir, dim. soir et sam. de fin sept. à Pâques)
75/185 bc ♨, enf. 55 – ⌸ 45 – **26 ch** 160/490 – 1/2 P 220/285

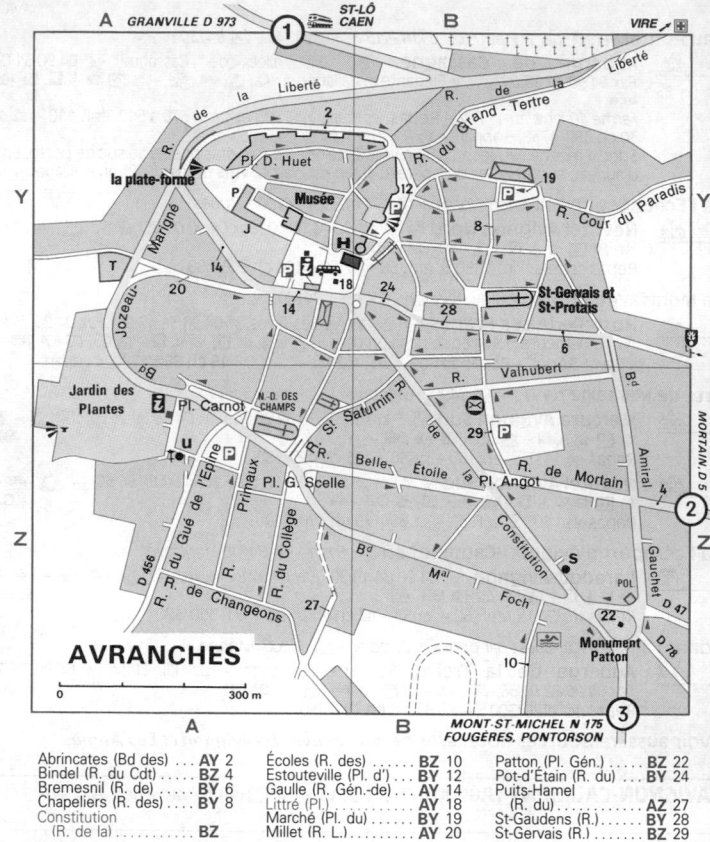

AVRANCHES

```
0        300 m
```

Abrincates (Bd des) ...	**AY** 2	Écoles (R. des)	**BZ** 10	Patton (Pl. Gén.)	**BZ** 22
Bindel (R. du Cdt)	**BZ** 4	Estouteville (Pl. d') ..	**BY** 12	Pot-d'Étain (R. du) ...	**BZ** 24
Bremesnil (R. de)	**BY** 6	Gaulle (R. Gén.-de) ...	**AY** 14	Puits-Hamel	
Chapeliers (R. des)	**BY** 8	Littré (Pl.)	**AY** 18	(R. du)	**AZ** 27
Constitution		Marché (Pl. du)	**BY** 19	St-Gaudens (R.)	**BY** 28
(R. de la)	**BZ**	Millet (R. L.)	**AY** 20	St-Gervais (R.)	**BZ** 29

à St-Quentin-sur-le-Homme *Sud-Est : 5 km par D 78* BZ – *1 007 h. alt. 55 –* ⊠ *50220 :*

XXX **Gué du Holme** Ⓜ ⤷ avec ch., ℰ 02 33 60 63 76, Fax 02 33 60 06 77, ㈝, ☞ – ℡ ☎ ✆
   ᕒ **P.** Æ ⓞ ⅁Ⓑ
fermé 2 au 24 janv. et dim. d'oct. à Pâques – **Repas** *(fermé sam. midi et vend. d'oct. à Pâques)* 150/395 et carte 210 à 360 ₉, enf. 80 – � 55 – **10 ch** 400/500 – ½ P 500/600

AVRILLÉ *85440 Vendée*Ⓖⓩ ⑬ *G. Poitou Vendée Charentes – 1 004 h alt. 45.*

   Voir *St-Hilaire-la-Forêt : C.A.I.R.N. (centre archéologique et de recherche sur le néolithique) SO : 3 km.*

   Paris 444 – La Rochelle 67 – La Roche-sur-Yon 27 – Luçon 27 – Les Sables-d'Olonne 25.

X **Menhir,** av. Gén. de Gaulle ℰ 02 51 22 32 18, Fax 02 51 22 34 13 – ▤. Æ ⓞ ⅁Ⓑ
ⓔ *fermé 15 janv. au 15 fév., dim. soir et lundi de sept. à juin –* **Repas** *(65)* - 85/215, enf. 55

Besonders angenehme Hotels oder Restaurants
sind im Führer rot gekennzeichnet.
Sie können uns helfen,
wenn Sie uns die Häuser angeben,
in denen Sie sich besonders wohl gefühlt haben.
Jährlich erscheint eine komplett überarbeitete Ausgabe
aller Roten **Michelin-Führer**.

Ô⥾Ô⥾Ô ... ⑂
XXXXX ... X

AX-LES-THERMES 09110 Ariège 🔠 ⑮ G. Midi-Pyrénées – 1 489 h alt. 720 – Stat. therm. (27 mars/11 nov.) – Sports d'hiver au Saquet par route du plateau de Bonascre▲ (8 km) et télécabine : 720/2 400 m –ξ 1 ≴ 16 – Casino.

Voir Vallée d'Orlu★ au SE.

Tunnel de Puymorens : Péage en 1999, aller simple : autos 33 F, auto et caravane 66 F, P.L. 00 à 135 F deux-roues 20 F. Tarifs spéciaux A.R.

🖪 Office de Tourisme pl. du Breilh ℘ 05 61 64 60 60, Fax 05 61 64 41 08.

Paris 821 – Foix 43 – Andorra-la-Vella 61 – Carcassonne 107 – Prades 100 – Quillan 55.

🏠 **L'Auzeraie** Ⓜ, ℘ 05 61 64 20 70, Fax 05 61 64 38 50, 🏤 – |⋕| 🆃🆅 ☎ ✔ – 🔬 25. 🖭 ⑩ ⒼⒷ
ⓢ fermé 15 nov. au 20 déc. – **Repas** (52) 80/250 ⒵, enf. 50 – � 35 – **33 ch** 380/480 – ½ P 310

au Castelet Nord-Ouest : 4 km – ⊠ 09110 Ax-les-Thermes :

🏠 **Castelet** ⏆, ℘ 05 61 64 24 52, Fax 05 61 64 05 93, ≼, 🚗 – 🆃🆅 ☎ 🅿. 🖭 ⒼⒷ, ⅏ rest
ⓢ juin-sept. et fermé mardi et merc. sauf juil.-août – **Repas** 70/170 – ⊑ 32 **27 ch** 290/341 – ½ P 330

AY-SUR-MOSELLE 57300 Moselle 🔠 ④ – 1 344 h alt. 160.

Paris 328 – Metz 18 – Briey 23 – Saarlouis 54 – Thionville 15.

XX **Au Martin Pêcheur**, 1 rte d'Hagondange ℘ 03 87 71 42 31, Fax 03 87 71 42 31 – ⒼⒷ
fermé 16 août au 6 sept., 15 au 28 fév., sam. midi, dim. soir et lundi – **Repas** (98) - 115 (déj.), 100/400 bc ⒵, enf. 90

AYTRÉ 17 Char.-Mar. 🔟 ⑫ – rattaché à La Rochelle.

Towns **underlined in red** *on the* **Michelin maps**
at a scale of 1 : 200 000 are included in this Guide.

Use the latest map to take full advantage of this information.

AZAY-LE-RIDEAU 37190 I.-et-L. 🔠 ⑭ G. Châteaux de la Loire – 3 053 h alt. 51.

Voir Château★★★ – Façade★ de l'église St-Symphorien.

Env. Marnay : musée Maurice-Dufresne★ O : 6 km.

🖪 Office de Tourisme 5 pl. de l'Europe ℘ 02 47 45 44 40, Fax 02 47 45 31 46.

Paris 267 – Tours 27 – Châtellerault 61 – Chinon 21 – Loches 54 – Saumur 49.

🏠 **Grand Monarque**, pl. République ℘ 02 47 45 40 08, Fax 02 47 45 46 25, 🏤 – 🆃🆅 ☎ ✔
⅏100 🅿. 🖭 ⒼⒷ
fermé 15 déc. au 1er fév., vend. midi, dim. soir et lundi d'oct. à mars – **Repas** 99 (déj.), 155/275 ⒵, enf. 69 – ⊑ 55 – **24 ch** 360/890 – ½ P 440/550

🏠 **des Châteaux**, 2 rte Villandry ℘ 02 47 45 68 00, Fax 02 47 45 68 29, 🏤, 🔲, 🚗 – 🆃🆅 ☎
✔ 🅿. ⑩ ⒼⒷ
1er mars-30 nov. – **Repas** 68 (déj.), 95/195 ⒵, enf. 39 – ⊑ 35 – **21 ch** 215/285 – ½ P 290

🆃🆅 **Val de Loire** sans rest, 50 r. Nationale ℘ 02 47 45 28 29, Fax 02 47 45 91 19 – 🆃🆅 ☎ ✔ 🅿.
🖭 ⑩ ⒼⒷ 🆒🅱
15 mars-15 nov. – ⊑ 42 – **27 ch** 395/425

🏠 **de Biencourt** sans rest, r. Balzac ℘ 02 47 45 20 75, Fax 02 47 45 91 73 – ☎. ⒼⒷ. ⅏
1er mars-15 nov. – ⊑ 38 – **17 ch** 210/380

XX **L'Aigle d'Or**, 10 av., A. Riché ℘ 02 47 45 24 58, Fax 02 47 45 90 18, 🏤 – ▤. ⒼⒷ
fermé 20 nov. au 1er déc., fév., mardi soir hors saison, dim. soir et merc. – **Repas** (prévenir) 105 (déj.), 155/355 bc ⒵, enf. 55

XX **Les Grottes**, ℘ 02 47 45 21 04, Fax 02 47 45 92 51, 🏤, « Salle troglodytique » – ⒼⒷ
fermé 4 janv. au 6 fév., merc. soir et jeudi hors saison – **Repas** 99/199 ⒵, enf. 47

à Saché Est : 6,5 km par D 17 – 868 h. alt. 78 – ⊠ 37190 :

XX **Auberge du XIIe Siècle** (Jimenez-Aubrun), ℘ 02 47 26 88 77, Fax 02 47 26 88 21, 🏤,
❀ « Décor rustique », 🚗 – ⒼⒷ
fermé 13 au 20 juin, 28 août au 4 sept., 10 au 31 janv., dim. soir, mardi midi et lundi – **Repas** (110) - 160/340 et carte 220 à 370
Spéc. Salade de pigeonneau et escalope de foie gras chaud. Sandre rôti à la rhubarbe (saison). Pomme de ris de veau braisée aux truffes. **Vins** Touraine, Azay-le-rideau.

AZAY-SUR-INDRE 37310 I.-et-L. 🔠 ⑯ G. Châteaux de la Loire – 309 h alt. 89.

Paris 251 – Tours 33 – Amboise 28 – Blois 64 – Loches 11 – Vierzon 95.

X **Auberge des Deux Rivières**, ℘ 02 47 92 58 11, Fax 02 47 92 58 11, 🏤 – ⒼⒷ
fermé 3 au 19 avril, 15 au 29 oct., mardi soir et merc. – **Repas** 61 bc (déj.), 95/188, enf. 50

BACCARAT *54120 M.-et-M.* 62 ⑦ *G. Alsace Lorraine – 5 022 h alt. 260.*

Voir *Vitraux★ de l'église St-Rémy – Musée du cristal.*

Office de Tourisme pl. du Gén. Leclerc ☏ 03 83 75 13 37, Fax 03 83 75 36 76.

Paris 363 – Nancy 58 – Épinal 43 – Lunéville 26 – St-Dié 29 – Sarrebourg 44.

Renaissance, 31 r. Cristalleries ☏ 03 83 75 11 31, *Fax 03 83 75 21 09* – TV ☎. AE GB
fermé vend. soir et dim. soir sauf juil.-août – **Repas** 87/150 ♀, enf. 50 – ▭ 35 – **16 ch** 270/320 – ½ P 250/280

BADEN *56870 Morbihan* 63 ③ – *2 844 h alt. 28.*

Paris 476 – Vannes 16 – Auray 10 – Lorient 53 – Quiberon 40.

Gavrinis, à Toulbroch : 2 km par rte Vannes ☏ 02 97 57 00 82, *Fax 02 97 57 09 47*, – TV ☎ P – 30. AE GB JCB
fermé 15 nov. au 31 janv. et hôtel : lundi du 1er oct. au 30 avril – **Repas** *(fermé lundi sauf le soir du 15 juin au 16 sept.)* (95) - 117/375 ♀, enf. 71 – ▭ 47 – **19 ch** 304/467 – ½ P 396/425

BAERENTHAL *57230 Moselle* 57 ⑱ – *723 h alt. 220.*

Paris 446 – Strasbourg 64 – Bitche 15 – Haguenau 33 – Wissembourg 50.

Kirchberg M sans rest, ☏ 03 87 98 97 70, *Fax 03 87 98 97 91*, – cuisinette TV ☎ P. GB
fermé 3 au 24 janv. – ▭ 45 – **12 ch** 250/410, 8 studios

à Untermuhlthal *Sud-Est : 4 km par D 87 – ✉ 57230 Baerenthal :*

XXXX **L'Arnsbourg** (Klein), ☏ 03 87 06 50 85, *Fax 03 87 06 57 67*, – P. AE GB
✿✿ *fermé 27 août au 14 sept., janv., mardi et merc.* – **Repas** (week-ends prévenir) 215 (déj.), 365/475 et carte 380 à 480
Spéc. Langoustines et foie gras marinés. Grillade de foie de canard au citron confit. Carré de porcelet au foin. **Vins** Gewürztraminer, Muscat.

BÂGÉ-LE-CHÂTEL *01380 Ain* 70 ⑫ – *751 h alt. 209.*

Syndicat d'Initiative Maison de Pays r. Marsale ☏ 03 85 30 56 66, Fax 03 85 30 59 66.

Paris 397 – Mâcon 8 – Bourg-en-Bresse 34 – Pont-de-Veyle 6 – St-Amour 40 – Tournus 40.

X **Table Bâgesienne,** Gde Rue ☏ 03 85 30 54 22, *Fax 03 85 30 58 33*, – AE GB
fermé 15 fév. au 5 mars, mardi soir et merc. – **Repas** 85/210, enf. 55

BAGES *11 Aude* 86 ⑩ – *rattaché à Narbonne.*

BAGNÈRES-DE-BIGORRE *65200 H.-Pyr.* 85 ⑱ *G. Midi Pyrénées – 8 424 h alt. 551 – Stat. therm. (1er mars-30 nov.) – Casino* **AZ.**

Voir *Parc thermal de Salut★ par Av. Pierre-Noguès – Grotte de Médous★★ SE : 2,5 km par D 935.*

Office de Tourisme 3 allée Tournefort ☏ 05 62 95 50 71, Fax 05 62 95 33 13.

Paris 817 – Pau 63 – Lourdes 24 – St-Gaudens 64 – Tarbes 22.

Résidence , Parc Thermal de Salut ☏ 05 62 91 19 19, *Fax 05 62 95 29 88*, ≤, , , , – TV ☎ P – 15. GB. rest
2 mai-10 oct. – **Repas** (résidents seul.) 130 – ▭ 50 – **31 ch** 450 – ½ P 380/400

Hostellerie d'Asté, rte de Campan (D 935) : 3,5 km ☏ 05 62 91 74 27, *Fax 05 62 91 76 74*, ≤, , , – TV ☎ P – 25. AE GB.
fermé 14 nov. au 15 déc. – **Repas** 81/201, enf. 41 – ▭ 37 – **22 ch** 251/302 – ½ P 234/297

à Beaudéan *Sud : 4,5 km rte de Campan (D 935) – 410 h. alt. 625 – ✉ 65710 Campan :*

Voir *Vallée de Lesponne★ SO.*

Catala M , ☏ 05 62 91 75 20, *Fax 05 62 91 79 72*, – TV ☎ P – 20. GB.
fermé dim. soir sauf vacances scolaires – **Repas** 80/200, enf. 48 – ▭ 36 – **23 ch** 265/350, 3 appart – ½ P 260/350

X **Petite Auberge,** ☏ 05 62 91 72 16, *Fax 05 62 91 60 87*, – AE GB
fermé 15 au 30 juin, 15 au 30 déc. et mardi – **Repas** 75/155 ♀, enf. 30

BAGNÈRES-DE-LUCHON *31110 H.-Gar.* 85 ⑳ *G. Midi-Pyrénées – 3 094 h alt. 630 – Stat. therm. (1er avril/fin oct.) – Sports d'hiver à Superbagnères : 630/2 260 m 1 15 – Casino* **Y.**

Env. *Route de Peyresourde★ O – Vallée du Lys★ SO : 5,5 km par D 125 et D 4 – Vallée d'Oueil★ NO : 15 km – Kiosque de Mayrègne★ NO : 10 km..*

Office de Tourisme 18 allée d'Etigny ☏ 05 61 79 21 21, Fax 05 61 79 11 23.

Paris 834 ① – St-Gaudens 46 ① – Tarbes 94 ① – Toulouse 139 ①.

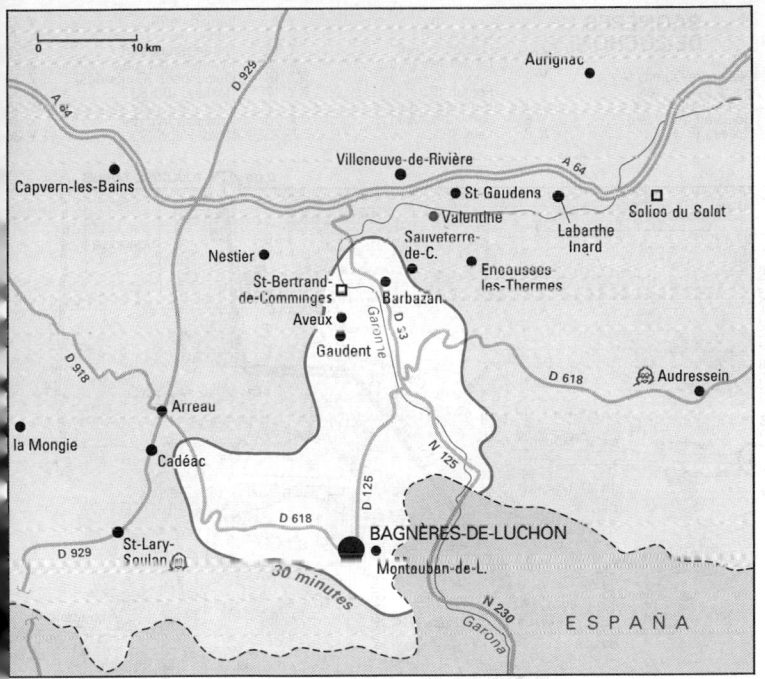

🏨 **Corneille**, 5 av. A. Dumas 🅿 05 61 79 36 22, Fax 05 61 79 81 11, ≼, 😋, parc 🔲 📺 ☎ ✆
🅿 – 🏨 30 🕮 🕮 GB ✻ rest Y u
fermé 30 oct. au 21 déc. – **Repas** (110) - 120/198 ♀, enf. 75 – ☲ 50 – **53 ch** 420/800 –
½ P 465/570

🏨 **d'Étigny**, face établ. thermal 🅿 05 61 79 01 42, Fax 05 61 79 80 64, ☞ – 🔲, ▤ rest, 📺 ☎
✆ ☞, GB. ✻ rest Z k
1er avril-21 oct. – **Repas** 99/220, enf. 55 – ☲ 48 – **58 ch** 400/750, 5 appart – ½ P 370/495

🏨 **Royal Hôtel**, 1 cours Quinconces 🅿 05 61 79 00 62, Fax 05 61 79 38 35 – 🔲 ☎. GB.
✻ rest Z v
25 mai-8 oct. – **Repas** 95 – ☲ 32 – **48 ch** 150/250 – ½ P 240

🏨 **Rencluse**, à St Mamet ☒ 31110 Bagnères-de-Luchon 🅿 05 61 79 02 81,
Fax 05 61 79 82 99, ☞ – 📺 ☎ GB. ✻ rest Z y
1er mai-10 oct. et vacances scolaires – **Repas** 72/150 – ☲ 38 – **23 ch** 200/300 – ½ P 220/250

🏨 **Concorde**, 12 allées Étigny 🅿 05 61 79 00 69, Fax 05 61 79 86 11 – 🔲 📺 ☎. ☎ ⓞ GB.
✻ rest Y a
fermé 3 nov. au 15 déc. – **Repas** 68/125 ♀, enf. 50 – ☲ 35 – **18 ch** 280 – ½ P 290/300

🏨 **Deux Nations**, 5 r. Victor-Hugo 🅿 05 61 79 01 71, Fax 05 61 79 27 89 – 🔲 📺 ☎. ⓞ GB
Repas 59/150 ♨ – ☲ 30 – **28 ch** 140/250 – ½ P 180/250 Y g

🏨 **Panoramic** sans rest, 6 av. Carnot 🅿 05 61 79 30 90, Fax 05 61 79 32 84 – 🔲 📺 ☎ 🅿. GB
☲ 40 – **30 ch** 210/360 X v

à **Montauban-de-Luchon** *Est par D 27c : 2 km* – 454 h. alt. 632 – ☒ 31110 ;

✗ **Jardin des Cascades** ⧖ avec ch, 🅿 05 61 79 83 09, Fax 05 61 79 79 16, ≼ Luchon et
montagnes, 😋, parc – ⓞ GB
1er avril-15 oct. – **Repas** 100/170 (midi seul.)et carte 180 à 310, enf. 50 – ☲ 35 – **11 ch** 220 –
½ P 250

au **Sud** *par D 125 : 4 km* – ☒ 31110 Bagnères-de-Luchon :

✗ **Auberge de Castel Vielh** ⧖ avec ch, 🅿 05 61 79 36 79, Fax 05 61 79 36 79, 😋, parc –
📺 🅿. ⓞ GB
mars-oct., vacances de Noël, de fév., week-ends en hiver et fermé merc. sauf juil.-août –
Repas 125/215, enf. 50 – ☲ 38 – **3 ch** 250/300 – ½ P 260/275

BAGNÈRES-DE-LUCHON

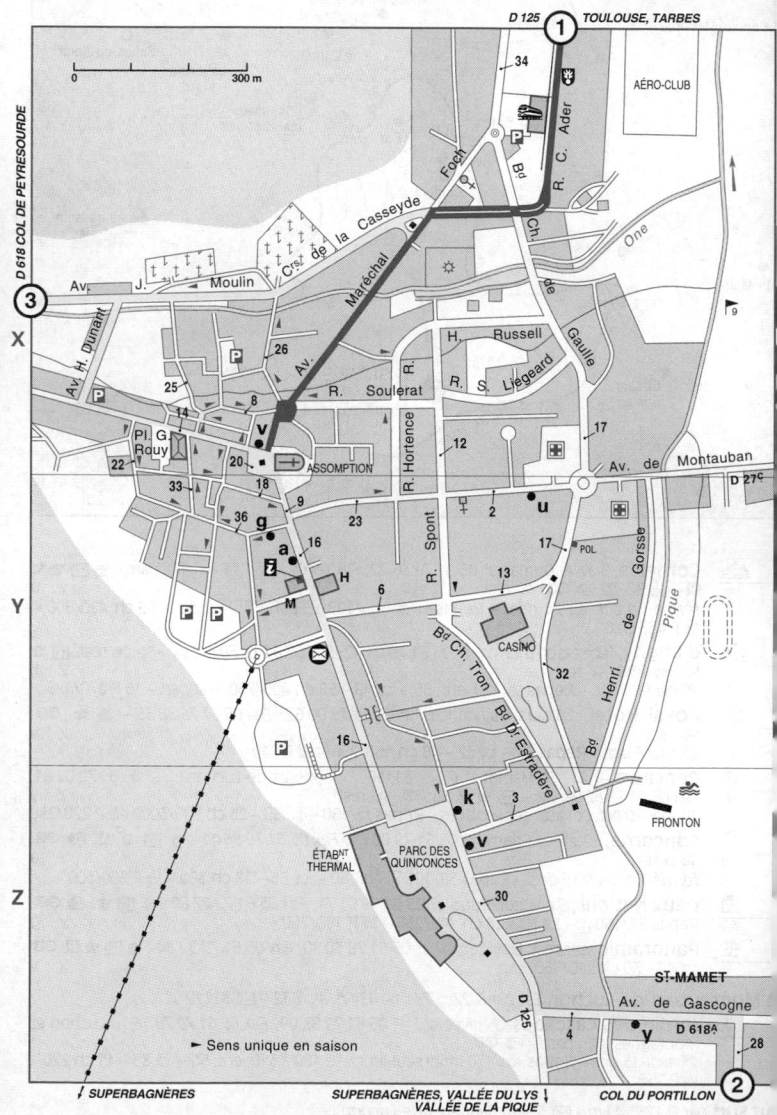

Ne prenez pas la route au hasard !

3615 - 3617 MICHELIN vous apportent sur votre **Minitel** ou sur **fax**
ses conseils routiers, hôteliers et touristiques.

BAGNOLES-DE-L'ORNE 61140 Orne 🔟 ① G. Normandie Cotentin – 875 h alt. 140 – Casino A.

Voir Site★ – Lac★ – Parc★.

🛈 Office de Tourisme pl. du Marché 🖉 02 33 37 85 66, Fax 02 33 30 06 75.

Paris 237 ① – Alençon 49 ② – Argentan 39 ① – Domfront 19 ③ – Falaise 49 ① – Flers 28 ④.

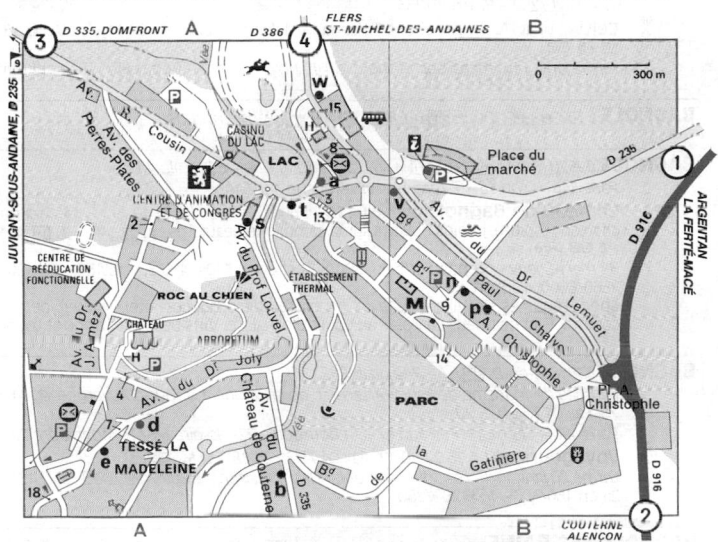

BAGNOLES-DE-L'ORNE	Château (Av. du) .... **A** 4	Hartog (Bd. G.) .... **A** 13
	Christophle (R. A.)	Lemeunier de la
	TESSE .... **A** 7	Raillère (Bd.) .... **B** 14
Bois-Motté (Bd. du) ..... **A** 2	Dr-Poulain (Av. du) ..... **A** 8	Rozier (Av. Ph. du) ..... **A** 15
Casinos (R. des) .... **A** 3	Gaulle (Pl. Général-de) **B** 9	Sergenterie-de-Javains (R.) .... **A** 18

🏯🏯 ✸ **Manoir du Lys** (Quinton) ⑳, rte Juvigny-sous-Andaine par ③ : 2 km 🖉 02 33 37 80 69, Fax 02 33 30 05 80, 🍴, « Parc fleuri », 🏊, 🏊, ✕ – 🛏 📺 ☎ ⅆ 🅿 – 🔬 40. 🖭 ⓸ ☜ 🔂
fermé 5 janv. au 14 fév., dim. soir et lundi de nov. à Pâques – **Repas** 150/360 et carte 270 à 420 ⵖ, enf. 00 – ⴱ 65 **25 ch** 350/1000 – ½ P 430/755
Spéc. Tarte friande d'andouille de Vire. Dos de sandre fumé au hêtre. ''Cèpe glacé'' de la forêt d'Andaines.

🏯🏯 **Nouvel Hôtel**, av. A. Christophle ✉ 61140 Tessé-la-Madeleine 🖉 02 33 30 75 00, Fax 02 33 30 75 13, 🌿 – 🛏 🍽 rest, 📺 ☎ 🅿. ☜ ✕ rest   **A e**
avril-oct. – **Repas** 90/170 ⵖ, enf. 50 – ⴱ 38 – **30 ch** 245/362 – ½ P 255/295

🏯🏯 **Lutetia-Reine Astrid** ⑳, bd Paul Chalvet 🖉 02 33 37 94 77, Fax 02 33 30 09 87, 🍴, 🌿 – 🛏 📺 ☎ 🅿 – 🔬 25. 🖭 ⓸ ☜ ✕ rest
début avril-mi-oct. – **Repas** (100) - 135/350 ⵖ, enf. 80 – ⴱ 50 – **30 ch** 400/750 – P 425/675
B n

🏯🏯 **Bois Joli** ⑳, av. Ph. du Rozier 🖉 02 33 37 92 77, Fax 02 33 37 07 56, parc – 🛏 📺 ☎ 🅿. 🖭 ⓸ ☜
A w
fermé 2 janv. au 8 fév. – **Repas** 95/245 ⵖ – ⴱ 45 – **20 ch** 345/585 – P 415/540

🏯🏯 **Cetlos**, r. des Casinos 🖉 02 33 38 44 44, Fax 02 33 38 46 23, ≼, 🍴, 🏊, 🏊 – 🛏 📺 ☎ ⅆ 🅿 – 🔬 150. 🖭 ☜
A t
Repas 95/200, enf. 50 – ⴱ 70 – **75 ch** 295/650 – ½ P 310/690

🏯 **Camélias**, av. Château de Couterne 🖉 02 33 37 93 11, Fax 02 33 37 48 32, 🌿 – 🛏 ✕ 📺 ☎ 🅿. 🖭 ☜
A b
1er avril-30 oct. – **Repas** 99/199 ⵖ – ⴱ 36 – **26 ch** 220/350 – P 345/410

🏯 **Ermitage** ⑳ sans rest, 24 bd Paul Chalvet 🖉 02 33 37 96 22, Fax 02 33 38 59 22, 🌿 – 🛏 📺 ☎ ⬄ 🅿. ☜
B p
8 avril-31 oct. – ⴱ 50 – **38 ch** 250/390

237

🏥 **Roc au Chien,** r. Prof. Lourel ℘ 02 33 37 97 33, Fax 02 33 30 46 98, 🚗 – &. ᴁ ⓘ ᴳᴮ.
🍴 rest   A s
1er avril-1er nov. – **Repas** *(80)* - 109/170 ♀, enf. 59 – ☲ 38 – **43 ch** 290/320 – P 350/450

🍴🍴 **Normandie** avec ch, 2 av. Dr Lemuet ℘ 02 33 30 80 16, Fax 02 33 37 06 19, 🌿, 🚗 – ▯🏩
🍴 ▥ ☎ 🅿. ᴁ ⓘ ᴳᴮ. 🍴 rest   B v
18 mars-5 nov. – **Repas** *(25 mars-5 nov.)* 80/190, enf. 50 – ☲ 37 – **25 ch** 275/300 –
½ P 228/250

🍴 **Potinière du Lac** avec ch, 2 r. Casinos ℘ 02 33 30 65 00, Fax 02 33 38 49 04, ≤ – ▥ ☎.
🍴 ᴁ ᴳᴮ   A a
15 mars-15 nov. et fermé lundi et mardi en mars et nov. – **Repas** 84/175, enf. 45 – ☲ 30 –
17 ch 120/260 – ½ P 175/253

🍴 **Celtic,** 14 av. A. Christophe, à Tessé-la-Madeleine ℘ 02 33 37 92 11, Fax 02 33 38 90 27 –
🍴 ᴁ ⓘ ᴳᴮ   A d
fermé janv., fév., mardi soir et merc. du 1er nov. au 5 avril – **Repas** 85/158 ♀, enf. 48

BAGNOLET *93 Seine-St-Denis* 🔢 ⑪., 🔟 ⑰ – *voir à Paris, Environs.*

BAGNOLS *69620 Rhône* 🔢 ⑨., 🔟 ① *G. Vallée du Rhône* – *636 h alt. 400.*
Paris 446 – *Lyon 36* – *Tarare 19* – *Villefranche-sur-Saône 15.*

🏰 **Château de Bagnols** 🌿, ℘ 04 74 71 40 00, Fax 04 74 71 40 49, ≤, 🌿, parc, « Vieux
❀ château restauré, jardins ouverts sur la campagne beaujolaise », 🏊, 🚗 – ▯🏩 ▥ ☎ 🅿. ᴁ
ⓘ ᴳᴮ ᴶᶜᴮ. 🍴 rest
31 mars-2 janv. – **Repas** 210 (déj.), 300/510 et carte 340 à 480 ♀, enf. 150 – ☲ 120 – **16 ch**
2600/6000, 4 appart
Spéc. Légumes de Villefranche et écrevisses décortiquées (été). Rouget de roches en
cocotte. Filet de boeuf charolais au coulis d'échalote. **Vins** Beaujolais blanc et rouge.

BAGNOLS *63810 P.-de-D.* 🔢 ⑫ – *712 h alt. 862.*
🛈 *Office de Tourisme de Sancy-Artense r. de la Pavade à la Tour-d'Auvergne ℘ 04 73 21 79*
78, Fax 04 73 21 79 70.
Paris 490 – *Clermont-Ferrand 67* – *La Bourboule 22* – *Issoire 64* – *Le Mont-Dore 26.*

🏥 **Voyageurs,** ℘ 04 73 22 20 12, Fax 04 73 22 21 18 – ☎ &. ᴳᴮ
🍴 *fermé 20 janv.au 1er fév., dim. soir et lundi hors saison* – **Repas** 108/260 ♀, enf. 45 – ☲ 45 –
21 ch 160/300 – ½ P 200/250

BAGNOLS-LES-BAINS *48190 Lozère* 🔢 ⑥ *G. Languedoc Roussillon* – *200 h alt. 913* – *Stat.*
therm. (30 01/04 11).
Paris 604 – *Mende 20* – *Langogne 42* – *Villefort 37.*

🏥 **Bridge Hôtel-Résidence du Pont,** ℘ 04 66 47 60 03, Fax 04 66 47 62 78, 🏊, 🚗 – ▯🏩
🍴 ▥ ☎. ☲
30 mars-10 oct. – **Repas** 80/150 ♀, enf. 49 – ☲ 40 – **26 ch** 280/360 – ½ P 280/300

BAGNOLS-SUR-CÈZE *30200 Gard* 🔢 ⑩ *G. Provence* – *17 872 h alt. 51.*
Voir Musée d'Art moderne★*.*
Env. Belvédère★ *du Centre d'Énergie Atomique de Marcoule SE : 9,5 km.*
🛈 *Office de Tourisme espace St-Gilles, av. Léon-Blum ℘ 04 66 89 54 61, Fax 04 66 89 83 38.*
Paris 656 – *Avignon 34* – *Alès 53* – *Nîmes 54* – *Orange 30* – *Pont-St-Esprit 11.*

🏨 **Château du Val de Cèze** Ⓜ 🌿 sans rest, 69 rte d'Avignon ℘ 04 66 89 61 26.
Fax 04 66 89 97 37, parc, 🏊, 🍴 – ▥ ☎ &. 🅿 &. ᴁ – 🚗 15 à 90. ᴁ ⓘ ᴳᴮ
fermé Noël au Jour de l'An et week-ends de nov. à fév. – ☲ 60 – **22 ch** 620/670

rte d'Alès *Ouest : 5 km par D 6 et D 143* – ✉ *30200 Bagnols-sur-Cèze :*

🏰 **Château de Montcaud** Ⓜ 🌿, ℘ 04 66 89 60 60, Fax 04 66 89 45 04, 🌿, « Parc arboré », 🛁, 🏊, 🌿 – ▯🏩 ▥ ☎ 🅿. 🚗 30. ᴁ ⓘ ᴳᴮ ᴶᶜᴮ
hôtel : 14 avril-2 janv. ; rest. : 14 avril-29 oct. et 1er déc.-2 janv. – **Les Jardins de Montcaud**
fermé lundi sauf le soir en été, mardi midi, le dim. soir hors saison et sam. midi – **Repas**
(145)-175 (déj.), 295/375 ♀, enf. 110 – ☲ 110 – **31 ch** 1220/2100 – ½ P 965/1460

rte de Pont-St-Esprit *Nord : 5,5 km par N 86* – ✉ *30200 Bagnols-sur-Cèze :*

🏨 **Valaurie** sans rest, ℘ 04 66 89 66 22, Fax 04 66 89 55 80, ≤, 🚗 – ▥ ☎ 🚗 🅿. ᴁ ⓘ ᴳᴮ
☲ 40 – **22 ch** 270/330

à Connaux *Sud : 8,5 km sur N 86* – *1 450 h. alt. 86* – ✉ *30330 :*

🍴 **Paul Itier,** ℘ 04 66 82 00 24, 🌿 – ▤ 🅿. ᴳᴮ
fermé vacances de fév. – **Repas** 70 (déj.), 98/280 ♀

BAILLARGUES *34670 Hérault* 🟦🟦 ⑦ – *4 375 h alt. 23.*

Paris 748 – Montpellier 18 – Lunel 11 – Nîmes 41.

🏨 **Golf Hôtel de Massane** Ⓜ ⌖, au golf de Massane Sud : 1,5 km par D 26ᴱ
𝒫 04 67 87 87 87, Fax 04 67 87 87 90, ↔, 🏋, 🏊, 🎾 – ▯ ▭ 🔲 ☎ ✆ ⅋ 🅿 – 🔼 160. 🆎 ⑩
🇬🇧
Repas 123/150 ⅃, enf. 60 – ☲ 48 – **32 ch** 440/560 – ½ P 439/464

BAILLEUL *59270 Nord* 🟦🟥 ⑤ *G. Picardie Flandres Artois* – *13 847 h alt. 44.*

Voir ☀* *du beffroi.*

🚹 *Office de Tourisme 3 Gd Place 𝒫 03 28 43 81 00, Fax 03 28 43 81 01.*

Paris 244 – Lille 30 – Armentières 13 – Béthune 31 – Dunkerque 44 – Ieper 20 – St-Omer 37.

🏨 **Belle Hôtel** sans rest, 19 r. Lille 𝒫 03 28 49 19 00, Fax 03 28 49 22 11 – ⅂⊷ 🔲 ☎ ✆ ⅋ 🅿.
🆎 ⑩ 🇬🇧 🥁
☲ 55 **33 ch** 370/420

✗ **Pomme d'Or** avec ch, 27 r. Ypres 𝒫 03 28 49 11 01, Fax 03 28 49 22 11 – 🔲 – 🔼 30. 🆎
⬅ ⑩ 🇬🇧
fermé dim. soir – **Repas** 69/145 ⅃, enf. 39 – ☲ 35 – **4 ch** 270 – ½ P 240

BAIN-DE-BRETAGNE *35470 I.-et-V.* 🟦🟥 ⑦ – *5 257 h alt. 100.*

🚹 *Syndicat d'Initiative 6 r. Joseph-Bertrand 𝒫 02 99 43 98 69 et (hors saison) Mairie 𝒫 02 99 43 70 24.*

Paris 356 – Rennes 32 – Châteaubriant 30 – Nozay 35 – Redon 45 – Vitré 51.

✗ **Gentilys**, 78 av. Gén. Patton 𝒫 02 99 43 83 83, Fax 02 99 43 83 30 – 🅿. 🆎 🇬🇧
⬅ *fermé dim. soir, lundi soir et mardi* – **Repas** 58 bc (déj.), 84/142 ⅃, enf. 51

Les localités dont les noms sont soulignés de rouge
*sur les **cartes Michelin** à 1/200 000 sont citées dans ce guide.*

Utilisez une carte récente pour profiter de ce renseignement.

BAINS-LES-BAINS *88240 Vosges* 🟦🟥 ⑮ *G. Alsace Lorraine* – *1 466 h alt. 315 – Stat. therm. (3 avril-30 oct.).*

🚹 *Office de Tourisme pl. Bain Romain 𝒫 03 29 36 31 75, Fax 03 29 36 23 24.*

Paris 366 ④ – Épinal 27 ① – Luxeuil-les-Bains 28 ② – Vesoul 53 ② – Vittel 42 ④.

BAINS-LES-BAINS

Chavane (Av. du
  Lieutenant-Colonel) 2
Demazure (Av.) 3
Docteur-Bailly (Av. du) . . 4
Docteur-Leroy (R. du) . . . 5
Docteur-Mathiou (Av. du) . 6
Leclerc
  (R. du Général) 7
Poirot (R. Marie) 10
Verdun (R. de) 12
2ᵉ-D.-B. (Pl. de la) 14

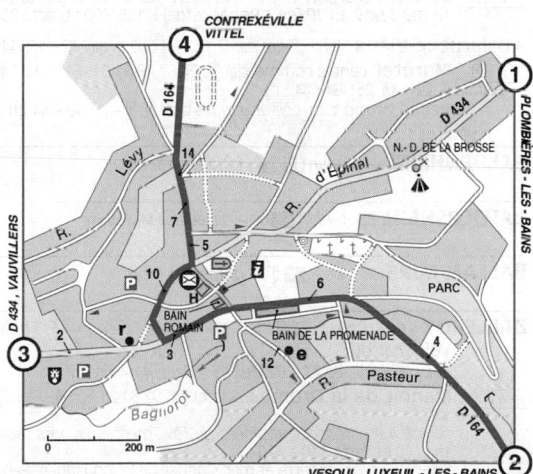

Les plans de villes
sont orientés
le Nord en haut.

🏨 **Poste**, (e) 𝒫 03 29 36 31 01, Fax 03 29 30 44 22 – 🔲 ☎ ⇔. 🇬🇧. ⌖
⬅ *hôtel : 3 avril-mi-oct.* – **Repas** (fermé 15 oct. au 1ᵉʳ nov., 15 déc. au 15 janv. et le soir du
15 janv. au 31 mars) (70) - 82/195 ⅃ – ☲ 32 – **14 ch** 175/250 – ½ P 232/245

🏨 **Promenade**, (r) 𝒫 03 29 36 30 06, Fax 03 29 30 44 28, ⌖ – ☎ 🅿. 🇬🇧. ⌖ ch
⬅ *20 mars-29 oct.* – **Repas** (58) - 78/220 ⅃ – ☲ 32 – **26 ch** 170/250 – P 285

239

BAIX _07210 Ardèche_ 🖫 ⑪ – _748 h alt. 80._

Paris 592 – Valence 32 – Crest 30 – Montélimar 23 – Privas 17.

🏰 **Cardinale et sa Résidence** ≫, _℘ 04 75 85 80 40, Fax 04 75 85 82 07,_ 🛱, « Ancienne demeure seigneuriale » – 🗏 ch, 🔟 ☎ ✆ 🅿 – 🛦 30. 🖭 ⑩ 🖼 🗺
10 mars-25 oct. – **Repas** _(fermé mardi midi et lundi de sept. à début mai)_ 195/450 ⚍ – ⚌ 100 – **5 ch** 900/2000 – ½ P 800/1350
Résidence ≫ sans rest, à 3 km, parc, 🔟 – 🔟 ☎ ✆ 🅿. 🖭 ⑩ 🖼 🗺
10 mars-15 oct. – ⚌ 100 – **10 ch** 950/2000

🏠 **Auberge des Quatre Vents,** rte Chomérac, Nord-Ouest : 2 km _℘ 04 75 85 84 49,_
🖾 _Fax 04 75 85 84 49,_ 🛱, 🍴 – 🗏 rest, 🔟 ☎ 🅿. 🖼
Repas _(fermé vacances de fév. et sam. midi d'oct. à fév.)_ 80/210 – ⚌ 40 – **16 ch** 175/260

BALAN _01360 Ain_ 🖫 ⑫ – _1 668 h alt. 194._

Paris 477 – Lyon 29 – Bourg-en-Bresse 59 – Bourgoin-Jallieu 42 – Villefranche-sur-Saône 51.

🍴 **Les Alizés,** à la Valbonne, Nord-Est : 3 km, N 84 _℘ 04 72 25 95 95, Fax 04 78 06 17 82_ – 🅿.
🖼
fermé dim. – **Repas** _(fermé 31 juil. au 22 août, sam. midi, dim. soir et lundi)_ 80 bc (déj.), 120/250, enf. 50

BALARUC-LES-BAINS _34540 Hérault_ 🖫 ⑯ _G. Languedoc Roussillon_ – _5 013 h alt. 3_ – _Stat._
therm. (21 fév.-27 nov.).

🛈 _Office de Tourisme (fermé dim. en janv. et fév.) Pavillon Sévigné ℘ 04 67 46 81 46,_
Fax 04 67 48 40 40 et (fermé week-ends de déc. à fév.) 37 av. du Port ℘ 04 67 48 50 07,
Fax 04 67 43 47 52.

Paris 784 – Montpellier 32 – Agde 30 – Béziers 51 – Frontignan 8 – Lodève 55 – Sète 9.

🏨 **Mercure** Ⓜ, av. Hespérides _℘ 04 67 51 79 79, Fax 04 67 48 02 87,_ 🔟 – 🛗 ✦ 🗏 🔟 ☎ 🕭
⟚ 🅿 – 🛦 55. 🖭 ⑩ 🖼. 🛠 rest
Repas _(fermé 1er déc. au 1er mars)_ (79) · 95/160, enf. 52 – ⚌ 75 – **86 ch** 425/610

🏠 **Ibis** ≫, quartier Pech Meja _℘ 04 67 80 28 00, Fax 04 67 48 55 52,_ 🛱, centre de balnéothérapie, 🔟, 🍴 – 🛗 ✦ 🗏 🔟 ☎ 🕭 🅿 – 🛦 60. 🖭 ⑩ 🖼
Repas (75) · 95 ⚍, enf. 39 – ⚌ 39 – **57 ch** 340/370

🏠 **Martinez,** 2 r. M. Clavel _℘ 04 67 48 50 22, Fax 04 67 43 18 13,_ 🛱, 🍴 – ✦, 🗏 rest, 🔟 ☎
🅿. 🖼. 🛠
fermé 15 janv. au 15 mars – **Repas** 110/230, enf. 60 – ⚌ 45 – **20 ch** 230/460

🍴🍴🍴 **St-Clair,** quai Port _℘ 04 67 48 48 91, Fax 04 67 18 86 96,_ 🛱 – 🖼
fermé 3 janv. au 10 fév. – **Repas** 95 (déj.), 155/300 et carte 250 à 370

à Balaruc-le-Vieux _Nord : 3 km par D 129 – 1 065 h. alt. 12_ – ✉ 34540 :

🏠 **Marotel,** centre commercial _℘ 04 67 48 61 01, Fax 04 67 43 14 89,_ 🛱 – 🗏 rest, 🔟 ☎ 🕭
🖾 🕭 🅿 – 🛦 25. ⑩ 🖼
Repas _(fermé sam. soir et dim.)_ 69 bc/120 ⚍ – ⚌ 40 – **44 ch** 295 – P 315/460

BALDENHEIM _67 B.-Rhin_ 🖫 ⑲ – _rattaché à Sélestat._

BALDERSHEIM _68 H.-Rhin_ 🖫 ⑩ – _rattaché à Mulhouse._

BALLAN-MIRÉ _37 I.-et-L._ 🖫 ⑭ – _rattaché à Tours._

BALLEROY _14490 Calvados_ 🖫 ⑭ _G. Normandie Cotentin_ – _613 h alt. 70._

Voir _Château★._

Paris 275 – St-Lô 23 – Bayeux 15 – Caen 44 – Vire 47.

🍴🍴🍴 **Manoir de la Drôme** (Leclerc), _℘ 02 31 21 60 94, Fax 02 31 21 88 67,_ 🍴 – 🅿. 🖭 🖼.
❀ 🛠
fermé 4 au 10 sept., vacances de fév., merc. soir hors saison, dim. soir et lundi – **Repas**
170/240 et carte 330 à 420
Spéc. Les saveurs terre et mer. Queues de langoustines "Fernand Cortès". Fricassée de sole
au foie gras et pâtes fraîches.

Vous aimez le camping ?
Utilisez le guide Michelin **Camping Caravaning France.**

La BALME-DE-SILLINGY 74330 H.-Savoie **74** ⑥ – 3 075 h alt. 480.

Paris 528 – Annecy 13 – Bellegarde-sur-Valserine 31 – Belley 61 – Frangy 14 – Genève 43.

🏨 **Les Rochers**, N 508 ℰ 04 50 68 70 07, Fax 04 50 68 82 74, 🐎 – 🔟 ☎ 🅿, – 🕭 40. 🖭 ☺
Fermé 1er au 11 nov., 2 au 31 janv., dim. soir et lundi du 16 sept. au 14 juin – **Repas** 90/325 ♀,
enf. 55 – 🖙 38 – **26 ch** 260/290 – ½ P 230/290

Annexe La Chrissandière 🏨 sans rest, à 400 m., « Parc », 🏊, – 🔟 ☎ 🅿, 🖭 ☺
fermé 1er au 11 nov., 2 au 31 janv., dim. et lundi du 16 sept. au 14 juin – 🖙 38 – **10 ch**
330/350

BALOT 21330 Côte-d'Or **66** ⑧ – 93 h alt. 272.

Paris 236 – Auxerre 75 – Chaumont 74 – Dijon 82 – Montbard 28 – Troyes 72.

🏨 **Auberge de la Baume**, ℰ 03 80 81 40 15, Fax 03 80 81 62 87 – 🔟 ☎ ✆, 🖭 ☺
☺ fermé 24 déc. au 3 janv. et vend. soir hors saison – **Repas** ⒨/165 ⒥, enf. 60 – 🖙 35 – **10 ch**
190/250 – ½ P 230

BANASSAC 48500 Lozère **80** ④ – 747 h alt. 525.

Paris 594 – Mende 46 – Florac 55 – Millau 53.

🏨 **Calice du Gévaudan** M, ℰ 04 66 32 94 18, Fax 04 66 32 98 62, 🏡 – 🔟 ♿ 🅿 – 🕭 20.
☺ 🖭 ☺
fermé 27 août au 10 sept. et dim. soir sauf juil.-août – **Repas** (60) - 85/160 ♀, enf. 49 – 🖙 42
– **21 ch** 250/320 – ½ P 310/330

*Les pages explicatives de l'introduction
vous aideront à mieux profiter de votre **guide Michelin***

BAN-DE-LAVELINE 88520 Vosges **62** ⑱ – 1 240 h alt. 427.

Paris 405 – Colmar 50 – Épinal 63 – St-Dié 13 – Ste-Marie-aux-Mines 15 – Sélestat 39.

✖✖ **Auberge Lorraine** M avec ch, ℰ 03 29 51 78 17, Fax 03 29 51 71 72, 🏡, 🐎 – 🔟 ☎ 🅿.
☺ 🖭
🐾 fermé 14 au 30 mars, 16 au 25 oct., dim. soir et lundi sauf août – **Repas** 95/195 ♀, enf. 62 –
🖙 37 – **7 ch** 165/280 – ½ P 225/295

BANDOL 83150 Var **84** ⑲, **114** ⑭ G. Côte d'Azur – 7 431 h alt. 1 – Casino Y.

Voir Allées Jean-Moulin★.
Accès à l'île de Bendor par vedette 7 mn ℰ 04 94 29 44 34 (Bandol).
🛈 Office de Tourisme allées Vivien ℰ 04 94 29 41 35, Fax 04 94 32 50 39.
Paris 825 ② – Marseille 51 ② – Toulon 18 ② – Aix-en-Provence 71 ②.

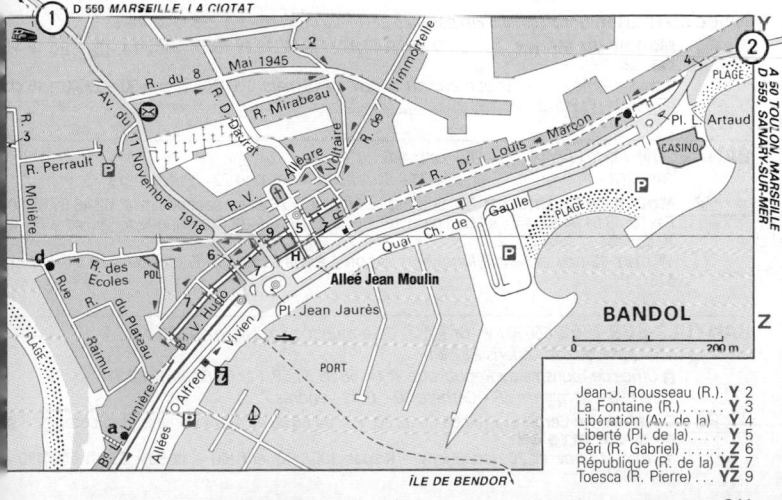

Jean-J. Rousseau (R.). **Y** 2
La Fontaine (R.) . . . . . . **Y** 3
Libération (Av. de la) **Y** 4
Liberté (Pl. de la) . . . . **Y** 5
Péri (R. Gabriel) . . . . . **Z** 6
République (R. de la) **YZ** 7
Toesca (R. Pierre) . . . **YZ** 9

🏨 **L'Île Rousse,** bd L. Lumière ℰ 04 94 29 33 00, Fax 04 94 29 49 49, ≤, 斎, ℔, ⅃, ⋙ –
🛗, ≡ ch, 🆛 ☎ ⇔ – ⅍ 20 à 200. 🆎 ⓪ 🆖 🅁ɒ   Z a
Les Oliviers : Repas 185/295 ⅄, enf. 100 – **La Goëlette** ℰ 04 94 32 39 55 (15 mars-30 sept.)
Repas carte 150 à 250 ⅄, enf. 60 – **Petit Navire** ℰ 04 94 29 51 75 (15 mars-30 sept.)
Repas carte 150 à 270 ⅄, enf. 60 – ☲ 90 – **54 ch** 1020/1700 – ½ P 825/1140

🏨 **Provençal** sans rest, r. Écoles ℰ 04 94 29 52 11, Fax 04 94 29 67 57 – 🆛 ☎ ⚑, 🆎 🆖. ﹪
fermé 15 nov. au 15 déc. et dim. du 15 déc. à fév. – ☲ 40 – **20 ch** 340/440   Z d

🏠 **Golf Hôtel,** sur plage Rénecros par bd L. Lumière - Z - ℰ 04 94 29 45 83,
Fax 04 94 32 42 47, ≤, 斎, ⋙ – ≡ ch, 🆛 ☎ 🅿. 🆎 🆖. ﹪
hôtel : 8 avril-28 oct. ; rest. : Pâques-30 sept. – **Repas** (uniquement en terrasse)(déj. seul.
sauf en août) 95 (déj.)/140 ⅄, enf. 50 – ☲ 40 – **24 ch** 420/650 – ½ P 420

🏠 **Baie** sans rest, 62 r. Dr L. Marçon ℰ 04 94 29 40 82, Fax 04 94 29 95 24 – ≡ 🆛 ☎. 🆖. ﹪
☲ 35 – **14 ch** 400/460   Y r

🏠 **Bel Ombra** ﹪, r. La Fontaine - Y - ℰ 04 94 29 40 90, Fax 04 94 25 01 11 – 🆛 ☎ ⚑. 🆖.
hôtel : 1er avril-15 oct. ; rest. : 20 juin-22 sept. – **Repas** (dîner seul.)(résidents seul.) 110 –
☲ 39 – **20 ch** 240/350 – ½ P 324

🏠 **Les Galets,** par ② : 0,5 km ℰ 04 94 29 43 46, Fax 04 94 32 44 36, ≤, 斎 – ☎ 🅿. ⓪ 🆖.
﹪
hôtel : 1er mars-10 nov. ; rest. : 1er mai-30 sept. – **Repas** (70) - 140/200 – ☲ 35 – **20 ch**
200/325 – ½ P 275/337

XX **Réserve** avec ch, rte de Sanary par ② ℰ 04 94 29 30 00, Fax 04 94 29 30 13, ≤, 斎 – 🆛
☎ 🅿. 🆎 ⓪ 🆖
fermé 5 nov. au 8 déc. – **Repas** (fermé dim. soir et lundi d'oct. à Pâques) 140 (déj.),
200/390 ⅄, enf. 70 – ☲ 45 – **13 ch** 340/630 – ½ P 400/610

Île de Bendor – en bateau – ☒ 83150 Bandol :

🏨 **Delos** ﹪, ℰ 04 94 32 22 23, Fax 04 94 32 41 44, ≤ port et mer, 斎, ⅃, ﹪ – 🆛 ☎ ⚑ –
⅍ 25 à 100. 🆎 ⓪ 🆖 🅁ɒ
fermé janv. et fév. – **Repas** (avril-oct.) 170/350, enf. 100 – ☲ 70 – **55 ch** 550/1300 –
½ P 505/880

par ② et rte de Sanary : 1,5 km – ☒ 83110 Sanary-sur-Mer :

XX **Castel** ﹪ avec ch, ℰ 04 94 29 82 98, Fax 04 94 32 53 32, 斎 – 🆛 ☎ 🅿. 🆎 ⓪ 🆖
fermé 15 au 30 nov., 15 au 30 janv. et dim. soir hors saison – **Repas** (prévenir) 150/230,
enf. 55 – ☲ 36 – **9 ch** 300/380 – ½ P 335/350

BANGOR 56 Morbihan 🔢 ⑪ – voir à Belle-Île-en-Mer.

BANNALEC 29380 Finistère 🔢 ⑯ – 4 840 h alt. 98.
Paris 535 – Quimper 33 – Carhaix-Plouguer 51 – Châteaulin 57 – Concarneau 24.

rte de St-Thurien Nord-Est : 4,5 km par D 23 et rte secondaire – ☒ 29380 Bannalec :

🏨 **Manoir du Ménec** ﹪, ℰ 02 98 39 47 47, Fax 02 98 39 46 17, parc, ℔, ⅃ – 🆛 ☎ 🅿.
🆖. ﹪
Repas (fermé jeudi midi et merc. du 15 nov. au 15 mars) 100/300 ⅄, enf. 50 – ☲ 40 – **16 ch**
450/550 – ½ P 375

BANNEGON 18210 Cher 🔢 ② – 260 h alt. 180.
Paris 288 – Bourges 42 – Moulins 71 – St-Amand-Montrond 22 – Sancoins 19.

🏨 **Moulin de Chaméron** ﹪, Sud-Est : 3 km par D 76 et rte secondaire ℰ 02 48 61 83 80,
Fax 02 48 61 84 92, 斎, « Moulin du 18e siècle et musée de la meunerie », ⅃, ﹪ – 🆛 ☎
🅿. 🆎 🆖
1er mars-15 nov. et fermé lundi hors saison – **Repas** 130/195 ⅄, enf. 60 – ☲ 51 – **12 ch**
375/515

BANYULS-SUR-MER 66650 Pyr.-Or. 🔢 ⑳ G. Languedoc Roussillon – 4 662 h alt. 1.
Voir ⁂★★ du cap Réderis E : 2 km.
🅱 Office de Tourisme av. République ℰ 04 68 88 31 58, Fax 04 68 88 36 84.
Paris 898 – Perpignan 38 – Cerbère 10 – Port-Vendres 7.

🏨 **Catalan,** rte Cerbère ℰ 04 68 88 02 80, Fax 04 68 88 16 14, ≤ Banyuls et la côte, ⅃ – 🛗
🆛 ☎ ⚑ 🅿. 🆎 ⓪ 🆖
15 mars-15 nov. et 20 déc.-5 janv. – **Repas** 105/290, enf. 60 – ☲ 50 – **35 ch** 440/490 –
½ P 480/520

Les Elmes, plage des Elmes ✆ 04 68 88 03 12, *Fax 04 68 88 53 03,* ←, – rest, TV ☎
P. AE GB
Littorine (fermé 5 au 26 nov. et 4 au 25 janv.) **Repas** 125/490bc, ♀, enf. 60 – ☕ 42 – **31 ch** 300/540 – ½ P 290/430

Villa Miramar sans rest, r. Lacaze Duthiers ✆ 04 68 88 33 85, *Fax 04 68 66 90 08,* ←, – TV ☎ P. GB
1er avril-15 oct. – ☕ 25 – **16 ch** 260/350

Solhôtel M sans rest, Cap d'Osne ✆ 04 68 98 34 34, *Fax 04 68 88 55 45,* ← mer – TV ☎ P. GB
☕ 36 – **23 ch** 380/400

Eden M sans rest, av. E. Chatton ✆ 04 68 88 33 07, ← – TV ☎. GB.
Pâques-15 oct. – ☕ 30 – **10 ch** 350/400

XX **Al Fanal et H. El Llagut** avec ch, av. Fontaulé ✆ 04 68 88 00 81, *Fax 04 68 88 13 37,* – TV ☎ GB rest
fermé 3 janv. au 20 fév. – **Repas** *(fermé mardi soir et merc. sauf vacances scolaires)* (75) - 98/260 ♀, enf. 55 – ☕ 40 – **13 ch** 250/400 – ½ P 255/330

BAPAUME *62450 P.-de-C.* 53 ⑫ – *3 509 h alt. 123.*
Paris 155 – Amiens 51 – St-Quentin 50 – Arras 27 – Cambrai 29 – Douai 43 – Doullens 44.

XX **Paix** M avec ch, av. A. Guidet ✆ 03 21 07 11 03, *Fax 03 21 07 43 66* – TV ☎ P. AE GB
fermé dim. – **Repas** 78/225 ♀, enf. 58 – ☕ 42 – **11 ch** 315/350 – ½ P 430/540

BAPEAUME-LÈS-ROUEN *76 S.-Mar.* 52 ⑭ – *rattaché à Rouen.*

BARAQUEVILLE *12160 Aveyron* 80 ② – *2 458 h alt. 792.*
Paris 650 – Rodez 21 – Albi 61 – Millau 75 – Villefranche-de-Rouergue 43.

Segala Plein Ciel, rte Albi ✆ 05 65 69 03 45, *Fax 05 65 70 14 54,* ← vallée, parc, , – , rest, TV ☎ P – 120. GB
fermé vend. soir et dim. soir de sept. à juin – **Repas** 100/260 ♀ – ☕ 35 – **45 ch** 230/400 – ½ P 250/275

La BARBATRE *85 Vendée* 67 ① – *voir à Noirmoutier (Ile de).*

BARBAZAN *31510 H.-Gar.* 86 ① – *351 h alt. 464 – Stat. therm. (mi-avril-fin oct.).*
Paris 801 – Bagnères-de-Luchon 31 – Lannemezan 26 – St-Gaudens 14 – Tarbes 65.

XX **Hostellerie de l'Aristou** avec ch, rte Sauveterre ✆ 05 61 88 30 67, *Fax 05 61 95 55 66,* ←, , – TV ☎ P. AE GB.
fermé 17 déc. au 12 fév., dim. soir et lundi du 10 sept. au 1er mai – **Repas** 110/210, enf. 50 – ☕ 45 – **7 ch** 240/330 – ½ P 310

La BARBEN *13 B.-du-R.* 84 ② – *rattaché à Salon-de-Provence.*

BARBENTANE *13570 B.-du-R.* 83 ⑩ *G. Provence* – *3 273 h alt. 40.*
Voir *Décoration intérieure★★ du château – Abbaye St-Michel-de-Frigolet : boiseries★ de la chapelle N.-D.-du-Bon-Remède S : 5 km.*
Syndicat d'Initiative à la Mairie ✆ 04 90 95 50 39, Fax 04 90 95 50 18.
Paris 695 – Avignon 10 – Arles 33 – Marseille 105 – Nîmes 38 – Tarascon 15.

Castel Mouisson sans rest, quartier Castel-Mouisson, par rte Rognonas : 1,5 km ✆ 04 90 95 51 17, *Fax 04 90 95 67 63,* , , – ☎ P. AE GB.
1er mars-31 oct. – ☕ 46 – **17 ch** 320/360

BARBEREY-ST-SULPICE *10 Aube* 61 ⑯ – *rattaché à Troyes.*

BARBEZIEUX *16 Charente* 72 ⑫ *G. Poitou Vendée Charentes* – *4 774 h alt. 100* – ✉ *16300 Barbezieux-St-Hilaire*
Office de Tourisme 23 r. Victor-Hugo ✆ 05 45 78 02 54.
Paris 483 – Angoulême 36 – Bordeaux 85 – Cognac 37 – Jonzac 24 – Libourne 69.

Boule d'Or M, 9 bd Gambetta ✆ 05 45 78 64 13, *Fax 05 45 78 63 83,* , – TV ☎ . AE GB. ch
100 *fermé 22 déc. au 4 janv.* – **Repas** 75/200 ♀ – ☕ 30 – **20 ch** 250 – ½ P 260

🏠 **Bon Repos,** rte Angoulême : 1,5 km ℘ 05 45 78 01 92, *Fax 05 45 78 89 81,* 🐎 – 🍽 rest
⚙️ 📺 ☎ 📞 & 🚗 📴 – 🛎 40. 🖭 🇬🇧
   fermé vacances de fév., dim. soir du 1ᵉʳ oct. au 15 avril et sam. midi – **Repas** 75/190 ⬚,
   enf. 45 – ⬚ 30 – **16 ch** 230/270 – ½ P 260/300

à Bois-Vert *au Sud : 12 km sur N 10 –* ✉ *16360 Baignes-Ste-Radegonde :*

🏛 **Venta,** ℘ 05 45 78 40 95, *Fax 05 45 78 63 42,* parc, ⬚, ⬚ – 📺 ☎ 📴 🇬🇧
⚙️ *fermé 2 au 18 janv., vend. soir et sam. midi de nov. à mars –* **Repas** 80/180 ⬚, enf. 45 –
   ⬚ 34 – **23 ch** 150/230 – ½ P 222/248

BARBIZON 77630 S.-et-M. 🇬🇧 ① ②, 🔳 ㊺ *G. Île de France – 1 407 h alt. 80.*
   Voir Auberge du Père Ganne★ – Gorges d'Apremont★ : Grand Belvédère★.
   🅱 *Office de Tourisme 55 Grande Rue ℘ 01 60 66 41 87, Fax 01 60 66 22 38.*
   Paris 57 – Fontainebleau 11 – Étampes 40 – Melun 13 – Pithiviers 48.

🏰 **Bas-Bréau** ⬚, ℘ 01 60 66 40 05, *Fax 01 60 69 22 89,* ⬚, parc, « Jardin fleuri », ⬚, ⬚
   ⬚ – 🍽 ch, 📺 ☎ 📞 & 🚗 📴 – 🛎 20. 🖭 🇬🇧
   Repas 365 bc (déj.)/400 – ⬚ 100 – **12 ch** 950/1600, 8 appart

🏛 **Auberge Les Alouettes** ⬚, ℘ 01 60 66 41 98, *Fax 01 60 66 20 69,* ⬚, 🐎, ⬚ – 📺 ☎
   📴 🖭 ⓪ 🇬🇧
   Repas *(fermé dim. soir)* 170/200 – ⬚ 40 – **22 ch** 280/390 – ½ P 320/370

🍴🍴🍴 **L'Angélus,** ℘ 01 60 66 40 30, *Fax 01 60 66 42 12,* ⬚ – 📴 🖭 ⓪ 🇬🇧
   fermé 13 nov. au 1ᵉʳ déc. et mardi – **Repas** 180/245 et carte 210 à 390 ⬚

🍴 **Relais de Barbizon,** ℘ 01 60 66 40 28, ⬚ – 🇬🇧
   fermé 16 au 25 août, 11 au 27 déc., mardi soir et merc. – **Repas** 105/205

BARBOTAN-LES-THERMES 32 Gers 🇬🇧 ⑫ *G. Midi-Pyrénées – alt. 136 – Stat.*
   therm. (21 fév.-25 nov.) – ✉ *32150 Cazaubon*
   🅱 *Office de Tourisme pl. Armagnac ℘ 05 62 69 52 13, Fax 05 62 69 57 71.*
   Paris 714 – Mont-de-Marsan 42 – Aire-sur-l'Adour 36 – Auch 74 – Condom 39.

🏛 **Paix,** 24 av. Thermes ℘ 05 62 69 52 06, *Fax 05 62 09 55 73,* ⬚, 🐎 – ☎ 📴 🇬🇧 ⬚ rest
   16 mars-11 nov. – **Repas** (dîner seul.) 100/150 ⬚, enf. 42 – ⬚ 40 – **32 ch** 270/370 –
   ½ P 255/305

🏛 **Cante Grit,** ℘ 05 62 69 52 12, *Fax 05 62 69 53 98 –* 📺 ☎ 📴 🖭 🇬🇧. ⬚ rest
   avril-oct. – **Repas** 90/110 – ⬚ 40 – **21 ch** 260/310 – P 265/305

🏠 **Beauséjour,** 6 av. des Thermes ℘ 05 62 08 30 30, *Fax 05 62 09 50 78,* ⬚, 🐎 – ☎ 📴 🇬🇧
   mars-fin nov. – **Repas** 90 (dîner). 100/200, enf. 60 – ⬚ 45 – **30 ch** 170/380

🏠 **Aubergade,** ℘ 05 62 69 55 43, *Fax 05 62 69 52 09 –* 🍽 rest, 📺 ☎ 🖭 ⓪ 🇬🇧
⚙️ *mars-30 nov. –* **Repas** 80/148 ⬚, enf. 40 – ⬚ 38 – **19 ch** 180/350 – P 300

BARCAGGIO 2B H.-Corse 🄳 ① – *voir à Corse.*

BARCELONNETTE ⬚ 04400 Alpes-de-H.-P. 🇬🇧 ⑧ *G. Alpes du Sud – 2 976 h alt. 1135 – Sport*
   d'hiver : Le Sauze/Super Sauze 1 400/2440 m 🚡 24 ⬚ et Pra-Loup 1 500/2 500 m 🚡 6 🚡 47
   Voir Portail Sud★ de l'église de St-Pons NO : 2 km.
   🅱 *Office de Tourisme pl. F.-Mistral ℘ 04 92 81 04 71, Fax 04 92 81 22 67.*
   Paris 740 – Gap 69 – Briançon 89 – Cannes 162 – Cuneo 97 – Digne-les-Bains 84 – Nice 146

🏰 **Azteca** ⬚ sans rest, 3 r. F. Arnaud ℘ 04 92 81 46 36, *Fax 04 92 81 43 92,* « Mobilier e
   objets de l'artisanat mexicain » – ⬚ 📺 ☎ 📞 & 📴 – 🛎 70. 🖭 ⓪ 🇬🇧
   fermé 5 au 30 nov. – ⬚ 50 – **27 ch** 360/500

🍴🍴 **Mangeoire Gourmande,** pl. 4-Vents (près Église) ℘ 04 92 81 01 6
   Fax 04 92 81 56 13, ⬚, « Salle voûtée » – 🇬🇧
   fermé 15 nov. au 28 déc., mardi et merc. sauf juil.-août et fév.-mars – **Repas** 98 (déj.)
   160/320, enf. 60

au Sauze *Sud-Est : 4 km par D 900 et D 209 – Sports d'hiver : 1 400/2 440 m 🚡 24 –* ✉ *0440*
   Barcelonnette :
   🅱 *Office de Tourisme ℘ 04 92 81 05 61, Fax 04 92 81 21 60.*

🏛 **Alp'Hôtel** ⬚, ℘ 04 92 81 05 04, *Fax 04 92 81 45 84,* ≤, ⬚, ⬚, ⬚, 🐎 – 🛗 cuisinette 📺
   ☎ 📞 🚗 📴 ⓪ 🇬🇧
   21 mai-1ᵉʳ oct. et 20 déc.-15 avril – **Repas** *(fermé mardi midi sauf juil.-août, déc. et fév*
   95/195, enf. 65 – ⬚ 50 – **24 ch** 460/500, 5 appart – ½ P 400/460

🏠 **L'Équipe,** ℘ 04 92 81 05 12, *Fax 04 92 81 45 33,* ≤, ⬚ – ☎ 📴 🖭 🇬🇧, ⬚ rest
   19 juin-15 sept. et 19 déc.-10 avril – **Repas** (75) - 95/125 ⬚, enf. 50 – ⬚ 40 – **24 ch** 270/310
   ½ P 300/320

au Super-Sauze Sud-Est : 10 km par D 900 et D 209   Sports d'hiver . voir au Sauze – ⊠ 04400 Barcellonette :

🏠 **Pyjama** ⤷ sans rest, ℰ 04 92 81 12 00, Fax 04 92 81 03 16, ≼ – cuisinette 📺 ☎ ✆ ₺ ℙ. ℗ ① ☞
25 juin 5 sept. et 15 déc.-mars – ☲ 50   **10 ch** 520/460, 4 studios

à Pra-Loup Sud-Ouest : 8,5 km par D 902, D 908 et D 109 – Sports d'hiver : 1 500/2 500 m ⛷ 6 ⚡ 47 – ⊠ 04400 Barcelonnette :

🛈 Office de Tourisme ℰ 04 92 84 10 04, Fax 04 92 84 02 93.

🏠 **Prieuré de Molanès,** à Molanès ℰ 04 92 84 11 43, Fax 04 92 84 01 88, 佘, ⤷, 㐬 – 📺 ☎ ℙ. ① ☞ ☞
1er juin-15 sept. et 15 déc.-15 avril – **Repas** 98/115 ℤ, enf. 45 – ☲ 42 – **14 ch** 280/480 – 1/2 P 395

✕ **Tisane,** Pra-Loup 1600 - Chenonceau 1 ℰ 04 92 84 10 55, Fax 04 92 84 10 55 – ☞
juil.-août et mi-déc.-fin avril – **Repas** (60) - 85/245, enf. 55

BARCUS 64130 Pyr. Atl. ⑱ ③ – 788 h alt. 230.
Paris 816 – Pau 53 – Mauléon-Licharre 15 – Oloron-Ste-Marie 18 – St-Jean-Pied-de-Port 55.

✕✕✕ **Chilo** ⤷ avec ch, ℰ 05 59 28 90 79, Fax 05 59 28 93 10, 佘, ⤷, 㐬 – 📺 ☎ ₺ ℙ, ℗ ① ☞
fermé janv., dim. soir, mardi midi et lundi hors saison – **Repas** (80) - 120 (déj.), 170/380 et carte 260 à 400 ℤ, enf. 60 – ☲ 50 – **11 ch** 400/650 – 1/2 P 370/450

BAREMBACH 67 B.-Rhin ⑫ ⑧ – rattaché à Schirmeck.

BARENTIN 76360 S.-Mar. ⑮ ⑥ G. Normandie Vallée de la Seine – 12 721 h alt. 72.
Paris 140 – Rouen 18 – Dieppe 51 – Duclair 10 – Yerville 15 – Yvetot 20.

✕ **Auberge de Grand St-Pierre,** 19 av. V. Hugo ℰ 02 35 91 03 37 – ℙ. ☞
fermé 30 juil. au 21 août, vacances de fév., dim. soir et lundi – **Repas** 95/180 ℤ

BARFLEUR 50760 Manche ⑭ ③ G. Normandie Cotentin – 599 h alt. 5.
Voir Phare de la Pointe de Barfleur : ✳** N : 4 km.
🛈 Syndicat d'Initiative 2 Rd-Pt. G.-le-Conquérant ℰ 02 33 54 02 48.
Paris 352 – Cherbourg 29 – Carentan 49 – St-Lô 77 – Valognes 26.

🏠 **Conquérant** sans rest, ℰ 02 33 54 00 82, Fax 02 33 54 65 25, « Jardin à la française », 㐬 – 📺 ☎. ☞ ✄
15 mars-15 nov. – ☲ 50 – **13 ch** 200/400

✕✕ **Moderne,** ℰ 02 33 23 12 44, Fax 02 33 23 91 58 – ☞
fermé 3 janv. au 17 mars, mardi et merc. du 10 sept. au 14 juil. – **Repas** 90/245 ℤ, enf. 75

BARJAC 30430 Gard ⑳ ⑨ – 1 361 h alt. 171
Paris 669 – Alès 34 – Aubenas 48 – Mende 114.

🏠🏠 **Mas du Terme** ⤷, Sud-Est : 4 km par D 901 et rte secondaire ℰ 04 66 24 56 31, Fax 04 66 24 58 54, 佘, ⤷, 㐬 – cuisinette 📺 ☎ ₺ ℙ. ☞
mars-nov. – **Repas** 98 (déj.), 169/215 ℤ, enf. 67 – ☲ 49 – **23 ch** 390/510 – 1/2 P 413/473

✕ **Hostellerie de Landes** ⤷ avec ch, Sud-Est : 5 km par D 901 ℰ 04 66 24 56 14, Fax 04 66 60 22 39, 佘, 㐬 – ℙ. ℗ ① ☞ ✄
fermé 3 déc. au 17 janv., dim. soir et lundi du 1er oct. au 15 mars – **Repas** 110 (déj.), 150/245, enf. 75 – ☲ 50 – **4 ch** 280/400 – 1/2 P 293/345

✕ **Chaise Longue,** Grand'rue ℰ 04 66 24 57 01, Fax 04 66 24 57 01, 佘 – ☞
fermé 26 nov. au 5 mars, jeudi midi et merc. sauf juil.-août – **Repas** 80 (déj.), 100/190

Write us...

If you have any comments on the contents of this Guide.

Your praise as well as your criticisms will receive careful consideration and, with your assistance, we will be able to add to our stock of information and, where necessary, amend our judgments.

Thank you in advance!

BARJOLS *83670 Var* 🄫🄫 ⑤, 🄝🄝🄝 ⑲ *G. Côte d'Azur – 2 166 h alt. 300.*

Paris 820 – Aix-en-Provence 65 – Brignoles 21 – Draguignan 46 – Manosque 51.

🏠 **Pont d'Or,** rte St-Maximin *℘ 04 94 77 05 23, Fax 04 94 77 09 95 –* 🍽 rest, 📺 ☎ 🚗. 🄐
🄖🄑

fermé 27 nov. au 12 janv. – **Repas** *(fermé dim. soir de nov. à Pâques et lundi de mi-sept.
mi-juil.)* 110/200, enf. 50 – 🍴 38 – **16 ch** 160/300 – ½ P 273/298

BAR-LE-DUC 🄿 *55000 Meuse* 🄫🄫 ① *G. Alsace Lorraine – 17 545 h alt. 188.*

Voir *Ville haute★ : "le Transi" (statue)★★ dans l'église St-Étienne* AZ.

🄑 *Office de Tourisme 5 r. Jeanne-d'Arc ℘ 03 29 79 11 13, Fax 03 29 79 21 95.*

Paris 253 ④ – Metz 96 ① – Nancy 85 ② – Reims 110 ④ – St-Dizier 25 ③ – Verdun 54 ①.

🍴 **Bistro St-Jean,** 132 av. La Rochelle *℘ 03 29 45 40 40, Fax 03 29 45 40 45 –* 🍽. 🄖🄑
fermé 17 juil. au 13 août – **Repas** *(89)* - carte 170 à 240 🍷   BZ

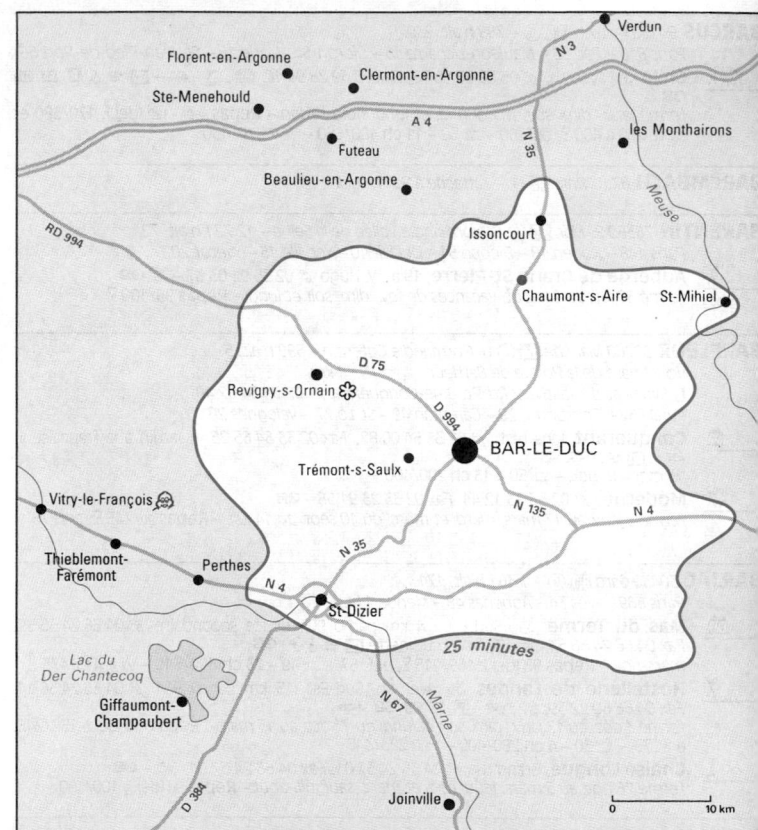

à **Trémont-sur-Saulx** *par* ③ *et D 3 : 9,5 km – 608 h. alt. 166 –* ✉ *55000 :*

🏠🏠 **Source** 🐟, *℘ 03 29 75 45 22, Fax 03 29 75 48 55,* 🏡, 🌳 – 🍽 rest, 📺 ☎ 🏌 🛗 🄿 – 🛗 25
🄐🄖🄑. 🍴 rest
fermé 1ᵉʳ au 21 août, 2 au 15 janv., dim. soir et lundi midi – **Repas** 115/340 🍴, enf. 75
🍴 45 – **26 ch** 330/510 – ½ P 350/410

Une réservation confirmée par écrit ou par fax est toujours plus sûre.

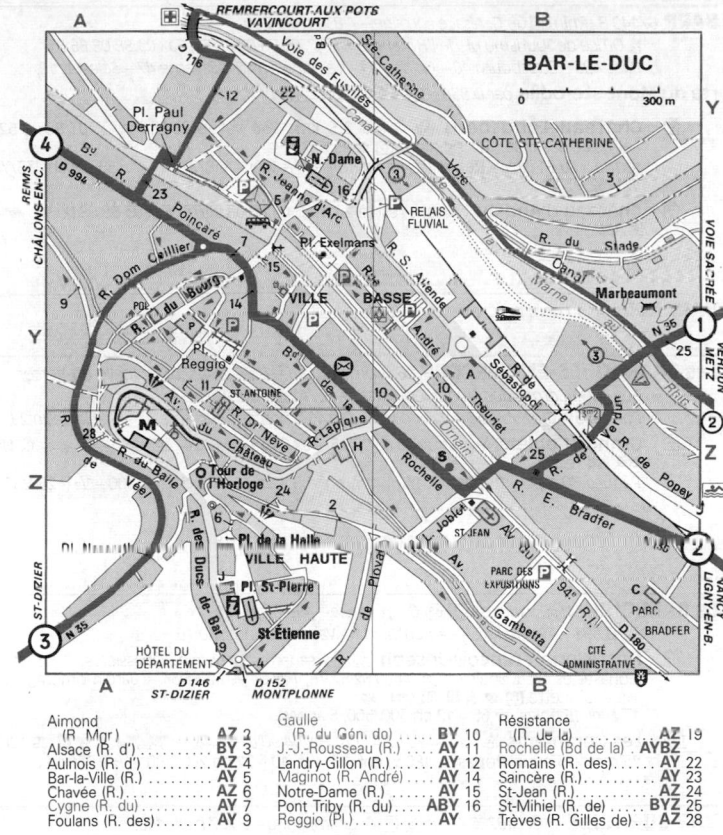

BAR-LE-DUC

Le Guide change, changez de guide tous les ans.

BARNEVILLE-CARTERET 50270 Manche 54 ① G. Normandie Cotentin – 2 222 h alt. 47.
  🛈 Office de Tourisme 10 r. des Écoles ℰ 02 33 04 90 58, Fax 02 33 04 90 58.
  Paris 350 – Cherbourg 39 – St-Lô 63 – Carentan 43 – Coutances 48.

à Carteret :

  Voir *Table d'orientation* ⩽★.

  🛈 Office de Tourisme (Pâques-sept.) pl. des Flandres-Dunkerque ℰ 02 33 04 94 54.

🏨 **Marine** (Cesne) ⅗, ℰ 02 33 53 83 31, Fax 02 33 53 39 60, ⩽, 🏖 – 📺 ☎ ✆ 💳 🚗.
❀   ⅙ rest
  mi-fév.-oct. et fermé dim. soir en oct., fév., mars et lundi sauf le soir d'avril à juin et en sept.
  – **Repas** 150/400 et carte 270 à 440 – ⌸ 52 – **33 ch** 435/620 – ½ P 450/550
  Spéc. Huîtres creuses en nage glacée de cornichons. Carrelet laqué, crème de camembert
  (mai à oct.). Croustillant de tripes, chutney aux pommes.

🏨 **des Ormes** Ⓜ ⅗ sans rest, quai Barbey d'Aurevilly ℰ 02 33 52 23 50, Fax 02 33 52 91 65,
  ⩽, « Jardin fleuri », 🌫 – 📺 ☎ ✆ 🚗 📶. 🚗
  fermé 4 janv. au 10 fév. – ⌸ 55 – **10 ch** 460/580

BARNEVILLE-LA-BERTRAN 14 Calvados 55 ③ – rattaché à Honfleur.

BARR 67140 B.-Rhin 🔢 ⑨ *G. Alsace Lorraine* – *4 839 h alt. 200*.

🛈 *Office de Tourisme pl. de l'Hôtel-de-Ville* ℘ *03 88 08 66 65, Fax 03 88 08 66 51*.
Paris 495 – *Strasbourg 40* – *Colmar 41* – *Le Hohwald 12* – *Saverne 47* – *Sélestat 19*.

rte du Mont Ste-Odile *par D 854* – ⊠ *67140 Barr :*

🏛 **Château Landsberg** Ⓜ 🍃, à 2,5 km, 133 vallée St-Ulrich ℘ 03 88 08 52 22, *Fax 03 88 08 40 50*, 斎, 🏊, 🎠 – 📺 ☎ 🅿, GB
fermé 5 au 31 janv. – **Repas** *(fermé mardi)* (88) - 98 (déj.), 118/278 ♀ – � 55 – **9 ch** 435/738 – ½ P 327/370

🏛 **Château d'Andlau** 🍃 *sans rest,* à 2 km ℘ 03 88 08 96 78, *Fax 03 88 08 00 93*, 🎠 – ☎ 🅿, GB. 🛇
� 40 – **23 ch** 260/400

BARRAGE *voir au nom propre du barrage.*

Les BARRAQUES-EN-VERCORS 26 Drôme 🔢 ③ ④ – ⊠ *26420 La Chapelle-en-Vercors*.
Env. *NO : Gorges des Grands-Goulets★★★, G. Alpes du Nord.*
Paris 605 – *Grenoble 56* – *Valence 59* – *Die 46* – *Romans-sur-Isère 41* – *St-Marcellin 29*.

🏛 **Grands Goulets** 🍃, ℘ 04 75 48 22 45, *Fax 04 75 48 10 24*, 斎, 🎠 – ☎ 🚗 🅿, AE ①
GB. 🛇 rest
Pâques-30 sept. – **Repas** (70) - 95/170 ♀, enf. 55 – � 36 – **30 ch** 220/300 – ½ P 250/300

Le Guide change, changez de guide tous les ans.

Le BARROUX 84330 Vaucluse 🔢 ⑬ *G. Provence* – *499 h alt. 325*.
Paris 681 – *Avignon 37* – *Carpentras 11* – *Vaison-la-Romaine 16*.

🏛 **Hostellerie François-Joseph** Ⓜ 🍃 *sans rest,* chemin Rabassières, 2 km rte des Monastères Ste-Madeleine ℘ 04 90 62 52 78, *Fax 04 90 62 33 54*, « Jardin ombragé », 🏊, 🎠 – cuisinette 📺 ☎ & 🅿, AE GB, 🛇
1ᵉʳ avril-15 nov. – � 65 – **12 ch** 300/500, 6 appart

🏛 **Les Géraniums** 🍃, ℘ 04 90 62 41 08, *Fax 04 90 62 56 48*, ≤, 斎, 🎠 – ☎ 🅿, AE ① GB
15 mars-15 nov. – **Repas** 90/180 ♀, enf. 45 – � 40 – **22 ch** 260/290 – ½ P 250/290

BAR-SUR-AUBE ◀️ 10200 Aube 🔢 ⑲ *G. Champagne* – *6 707 h alt. 190*.
🛈 *Office de Tourisme pl. de l'Hôtel-de-Ville* ℘ *03 25 27 24 25, Fax 03 25 27 40 02*.
Paris 228 – *Chaumont 41* – *Châtillon-sur-Seine 60* – *Troyes 53* – *Vitry-le-François 66*.

✕✕ **Toque Baralbine**, 18 r. Nationale ℘ 03 25 27 20 34, *Fax 03 25 27 20 34* – GB
fermé 15 au 31 janv., dim. soir et lundi – **Repas** 99/280, enf. 65

✕✕ **Cellier aux Moines**, r. Gén. Vouillemont ℘ 03 25 27 08 01, *Fax 03 25 01 56 22* – GB
fermé dim. soir, lundi soir et mardi soir – **Repas** (70) - 96/165 🍷

à Arsonval *Nord-Ouest : 6 km sur N 19* – *365 h. alt. 159* – ⊠ *10200 :*

✕✕ **Hostellerie de la Chaumière** *avec ch*, ℘ 03 25 27 91 02, *Fax 03 25 27 90 26*, 斎, « Jardin fleuri », 🎠 – 📺 ☎ ✆ 🅿, AE GB, 🛇 ch
fermé mi-fév. à mi-mars, dim. soir et lundi hors saison – **Repas** 100/300 ♀, enf. 60 – � 40 – **11 ch** 320/395 – ½ P 320/370

à Dolancourt *Nord-Ouest : 9 km par rte Troyes* – *169 h. alt. 112* – ⊠ *10200 :*

🏛 **Moulin du Landion** 🍃, ℘ 03 25 27 92 17, *Fax 03 25 27 94 44*, 斎, « Parc », 🏊 – 📺 ☎ ✆ 🅿 – 🔔 25. AE ① GB. 🛇 rest
fermé 1ᵉʳ déc. au 15 fév. – **Repas** 110/326 – � 50 – **16 ch** 390/460 – ½ P 405/445

Le BAR -SUR-LOUP 06620 Alpes-Mar. 🔢 ⑨ *G. Côte d'Azur* – *2 465 h alt. 320*.
Voir *Site★* – *Danse macabre★ (peinture sur bois) dans l'église St-Jacques* ≤ ★.
Paris 922 – *Grasse 10* – *Nice 35* – *Vence 17*.

✕✕ **Jarrerie**, ℘ 04 93 42 92 92, *Fax 04 93 42 91 22*, 斎, « Ancien monastère du 19ᵉ siècle » – 🅿, AE ① GB JCB
fermé 2 au 31 janv., lundi soir et mardi du 15 sept. au 15 juin – **Repas** 110 (déj.), 145/250 ♀

248

BAR-SUR-SEINE 10110 Aube 🔢 ⑰ ⑱ G. Champagne – 3 630 h alt. 157.

Voir *Intérieur* ★ de l'église St-Étienne.

🅱 Office de Tourisme 33 r. Gambetta 🖋 03 25 29 94 43, Fax (Mairie) 03 25 29 70 21.

Paris 196 – Troyes 33 – Bar-sur-Aube 39 – Châtillon-sur-Seine 36 – St-Florentin 57.

🍴🍴🍴 **Parc de Villeneuve** (Caironi), 1 km par rte de Dijon 🖋 03 25 29 16 80,
Fax 03 25 29 16 79, parc – 🅿. 🆎 ⓪ 🆖
𝄪 fermé 23 oct. au 15 nov., vacances de fév., dim. soir, lundi et mardi sauf fériés – **Repas**
185/520 et carte 400 à 530
Spéc. Ravioli au foie gras (15 juin au 15 sept.). Saint-Jacques aux légumes en cocotte
(15 nov. au 15 avril). Tartelette "mirliton" aux agrumes (20 sept. au 15 mars). **Vins** Rosé des
Riceys, Champagne.

🍴 **Commerce** avec ch, r. République 🖋 03 25 29 86 36, Fax 03 25 29 64 87 – 🍽 rest, 📺 ☎
𝄪 ✆ – 🔏 40. 🆖. 🕸 ch
fermé dim. soir sauf juil.-août – **Repas** (55) 65/200 ⌷, enf. 35 – 🛏 30 – **12 ch** 195/205 –
½ P 200

près échangeur autoroute A5, Nord-Est : 9 km par D 443 – ✉ 10110 Magnant :

🏨 **Val Moret**, 🖋 03 25 29 85 12, Fax 03 25 29 70 81, ☂ – 📺 ☎ ✆ 🔍 🅿 – 🔏 30. 🆎 ⓪ 🆖
Repas (75) - 89/230 ⌷, enf. 42 – 🛏 35 – **30 ch** 210/360 – ½ P 295/370

BAS-MAUCO 40 Landes 🔢 ⑥ – rattaché à St-Sever.

BAS-RUPTS 88 Vosges 🔢 ⑰ – rattaché à Gérardmer.

BASSAC 16 Charente 🔢 ⑫ – rattaché à Jarnac.

BASSE-GOULAINE 44 Loire-Atl. 🔢 ③ – rattaché à Nantes.

BASTELICA 2A Corse-du-Sud 🔢 ⑥ – voir à Corse.

BASTIA 2B H.-Corse 🔢 ③ – voir à Corse.

La BASTIDE 83840 Var 🔢 ⑦, 🔢 ⑳ – 136 h alt. 1000.
Paris 828 – Digne-les-Bains 78 – Castellane 24 – Draguignan 43 – Grasse 50.

🏨 **Lachens** 🕸, 🖋 04 94 76 80 01, Fax 04 94 84 21 88, ☂, 🌭 – ☎. 🆖. 🕸 ch
𝄪 15 avril-15 nov. et fermé mardi soir et merc. de sept. à juin – **Repas** 80/170, enf. 45 🛏 34
– **13 ch** 250/340 – ½ P 245/270

La BASTIDE-DES-JOURDANS 84240 Vaucluse 🔢 ④ – 814 h alt. 412.
Paris 766 – Digne-les-Bains 76 – Aix-en-Provence 39 – Apt 40 – Manosque 17.

🏨🏨 **Mirvy** 🕸, rte Manosque : 3 km 🖋 04 90 77 83 23, Fax 04 90 77 81 92, ≤, ⊒, 🌭 – 📺 ☎ 🔍
🅿 🆖
fermé 1er fév. au 1er mars – **Repas** (dîner seul.) 150, enf. 65 – 🛏 60 – **15 ch** 400/720 –
½ P 425/490

🍴🍴 **Auberge du Cheval Blanc** avec ch, 🖋 04 90 77 81 08, Fax 04 90 77 86 51, ☂ – 📺 ☎
🅿 🆎 🆖
fermé 20 janv. au 27 fév., merc. soir en hiver (sauf hôtel) et jeudi sauf le soir en été – **Repas**
160/220 ⌷ – 🛏 60 – **4 ch** 380/500 – ½ P 410

BATILLY-EN-PUISAYE 45420 Loiret 🔢 ② ③ – 95 h alt. 190.
Paris 174 – Auxerre 61 – Gien 30 – Montargis 61 – Orléans 99.

🍴 **Auberge de Batilly** 🕸 avec ch, 🖋 02 38 31 96 12, 🌭
𝄪 fermé août – **Repas** 85/120 ⅃ – 🛏 18 – **8 ch** 135/170 – ½ P 220/239

BATZ-SUR-MER 44740 Loire-Atl. 🔢 ⑭ G. Bretagne – 2 734 h alt. 12.
Voir ☀★★ de l'église ★ – Chapelle N.-D. du Mûrier ★ – Rochers ★ du sentier des douaniers –
La Côte Sauvage ★.
Paris 462 – Nantes 86 – La Baule 7 – Redon 62 – Vannes 76.

🏨🏨 **Lichen** 🕸 sans rest, Le Manérick, Sud-Est : 2 km par D 45 🖋 02 40 23 91 92,
Fax 02 40 23 84 88, ≤, 🌭 – 📺 ☎ ✆ 🅿 🆎 ⓪ 🆖
🛏 50 – **14 ch** 350/990

BAUGÉ 49150 M.-et-L. **64** ⑫ G. Châteaux de la Loire – 3 748 h alt. 55.

Voir Croix d'Anjou★★ dans la chapelle des Filles du Coeur de Marie – Le Vieil-Baugé : choeur★ de l'église SO : 2 km par D 61 – Forêt de Chandelais★ SE : 3 km – Pontigné : peintures murales★ dans l'église E : 5 km par D 141.

🅱 Office de Tourisme Au Château 𝒫 02 41 89 18 07, Fax 02 41 89 04 43.

Paris 261 – Angers 42 – La Flèche 19 – Le Mans 63 – Saumur 40 – Tours 67.

🏠 **Boule d'Or**, 4 r. Cygne 𝒫 02 41 89 82 12 – 📺 ☎ ⛅ 🚗, **GB**. ❄ ch
🍴 fermé 18 déc. au 10 janv., dim. soir sauf juil.-août et lundi – **Repas** 80/240 ♨, enf. 50 – ⬜ 40 – **10 ch** 280/410 – ½ P 280/370

BAULE 45 Loiret **64** ⑧ – rattaché à Beaugency.

La BAULE 44500 Loire-Atl. **63** ⑭ G. Bretagne – 14 845 h alt. 31 – Casino Grand Casino **BZ**.

Voir Front de mer★★ – Parc des Dryades★ **DZ**.

🅱 Office de Tourisme et Accueil de France 8 pl. Victoire 𝒫 02 40 24 34 44, Fax 02 40 11 08 10.

Paris 453 ② – Nantes 77 ② – Rennes 123 ② – St-Nazaire 18 ③ – Vannes 72 ①.

Plan page ci-contre

🏰 **Hermitage** ⑤, espl. Lucien Barrière 𝒫 02 40 11 46 46, Fax 02 40 11 46 45, ≤, 🌴, 🅻♨, 🔟, 🐾, 🌊, ❄ – 🛗 🍴 📺 ☎ & 🅿 – 🚗 200. 🆎 ⓞ **GB**. ❄ rest   BZ h
23 mars-31 oct. – • **Les Ambassadeurs** (juil.-août) Repas 240, enf. 95 – **Eden Beach** 𝒫 02 40 11 46 16 - produits de la mer (fermé 15 nov. au 25 déc., mardi en nov. et du 3 janv. au 15 mars) **Repas** 165 ♨, enf.95 – ⬜ 110 – **205 ch** 1370/2200, 4 appart – ½ P 1695

🏰 **Royal-Thalasso** ⑤, 6 av. P. Loti 𝒫 02 40 11 48 48, Fax 02 40 11 48 45, ≤, 🌴, centre de thalassothérapie, parc, 🅻♨, 🔟, 🐾, ❄ – 🛗 🍴 📺 ☎ & 🚗 🅿 – 🚗 60. 🆎 ⓞ **GB**. ❄ rest
fermé 3 au 27 janv. – **Rotonde :** Repas 235 ♨, enf. 120 – **Royal-Diet :** Repas 235 ♨, enf.120 – **Ponton** 𝒫 02 40 60 52 05 fermé 4 janv. au 4 fév. et le soir d'oct. à avril sauf sam. **Repas** carte environ 200 ♨, enf. 65 – ⬜ 105 – **94 ch** 1370/2200, 6 appart – ½ P 1005/1420   BZ t

🏰 **Castel Marie-Louise** ⑤, 1 av. Andrieu 𝒫 02 40 11 48 38, Fax 02 40 11 48 35, ≤, 🌴
✿ parc, ❄ – 🛗 📺 ☎ & 🅿 – 🚗 30. 🆎 ⓞ **GB**. ❄ rest   BZ g
fermé début janv. à mi-fév. – **Repas** (fermé le midi en semaine et mardi du 15 sept. à mai (en saison : prévenir) 260/460 et carte 360 à 550 ♨, enf. 98 – ⬜ 110 – **31 ch** 1450/2500 – ½ P 1085/1860
Spéc. Carpaccio de tomates confites aux grosses langoustines. "Coucou de Rennes" en gelée et foie gras à la fleur de sel. Marbré au chocolat coulant. **Vins** Muscadet, Anjou blanc.

🏨 **Bellevue Plage** M, 27 bd Océan 𝒫 02 40 60 28 55, Fax 02 40 60 10 18, ≤, 🅻♨ – 🛗
🍴 rest, 📺 ☎ 🅿. 🆎 ⓞ **GB**. ❄   DZ x
hôtel : vacances de fév.-15 nov. – **Véranda** 𝒫 02 40 60 57 77 (fermé déc., janv. et merc. sauf juil.-août) **Repas** 135(déj.),180/355 ♨, enf. 90 – ⬜ 60 – **35 ch** 550/890 – ½ P 500/670

🏨 **Majestic**, espl. Lucien Barrière 𝒫 02 40 60 24 86, Fax 02 40 42 03 13, ≤ – 🛗, 🍴 rest, 📺 ☎
🅿 – 🚗 40. 🆎 ⓞ **GB**   BZ e
fermé 8 janv. au 10 mars – **Ruban Bleu** (fermé dim. soir et lundi sauf juil.-août) Repas 95/245 ♨, enf. 75 – ⬜ 65 – **66 ch** 720/980 – ½ P 620/710

🏨 **Concorde** sans rest, 1 bis av. Concorde 𝒫 02 40 60 23 09, Fax 02 40 42 72 14 – 🛗 📺 ☎
⛅. 🆎 ⓞ **GB** **JCB**. ❄   BZ f
6 avril-8 oct. – ⬜ 46 – **47 ch** 380/600

🏨 **St-Christophe** ⑤, pl. Notre-Dame 𝒫 02 40 60 35 35, Fax 02 40 60 11 74, 🌴, 🌳 – 📺
🍴 rest, 🅿. 🆎 ⓞ **GB** 🎫. ❄   BZ u
Repas (100) - 145/195 ♨, enf. 70 – ⬜ 50 – **32 ch** (½ pens. seul.) – ½ P 445/545

🏨 **Mascotte** M ⑤, 26 av. Marie Louise 𝒫 02 40 60 26 55, Fax 02 40 60 15 67, 🌴, 🌳 –
🍴 rest, 📺 ☎ 🚗. 🆎 ⓞ **GB**. ❄ rest   BZ v
1er mars-5 nov. – **Repas** (fermé merc. midi) 100/250 ♨ – ⬜ 50 – **23 ch** 400/560 – ½ P 400/480

🏨 **Manoir du Parc** ⑤ sans rest, 3 allée Albatros 𝒫 02 40 60 24 52, Fax 02 40 60 55 96, 🌴
– 📺 ☎ 🅿. 🆎 ⓞ **GB**. ❄   BZ a
1er avril-30 oct. – ⬜ 55 – **15 ch** 420/650

🏨 **Alcyon** sans rest, 19 av. Pétrels 𝒫 02 40 60 19 37, Fax 02 40 42 71 33 – 🛗 📺 ☎ ⛅ 🅿. 🆎
ⓞ **GB**   BY s
1er mars-10 nov. – ⬜ 45 – **32 ch** 420/510

🏨 **Palmeraie** ⑤, 7 allée Cormorans 𝒫 02 40 60 24 41, Fax 02 40 42 73 71, « Cour fleurie »
– 📺 ☎. 🆎 ⓞ **GB** 🎫. ❄   BZ r
début avril-1er oct. – **Repas** (100) - 130/180 – ⬜ 45 – **23 ch** 480 – ½ P 385/400

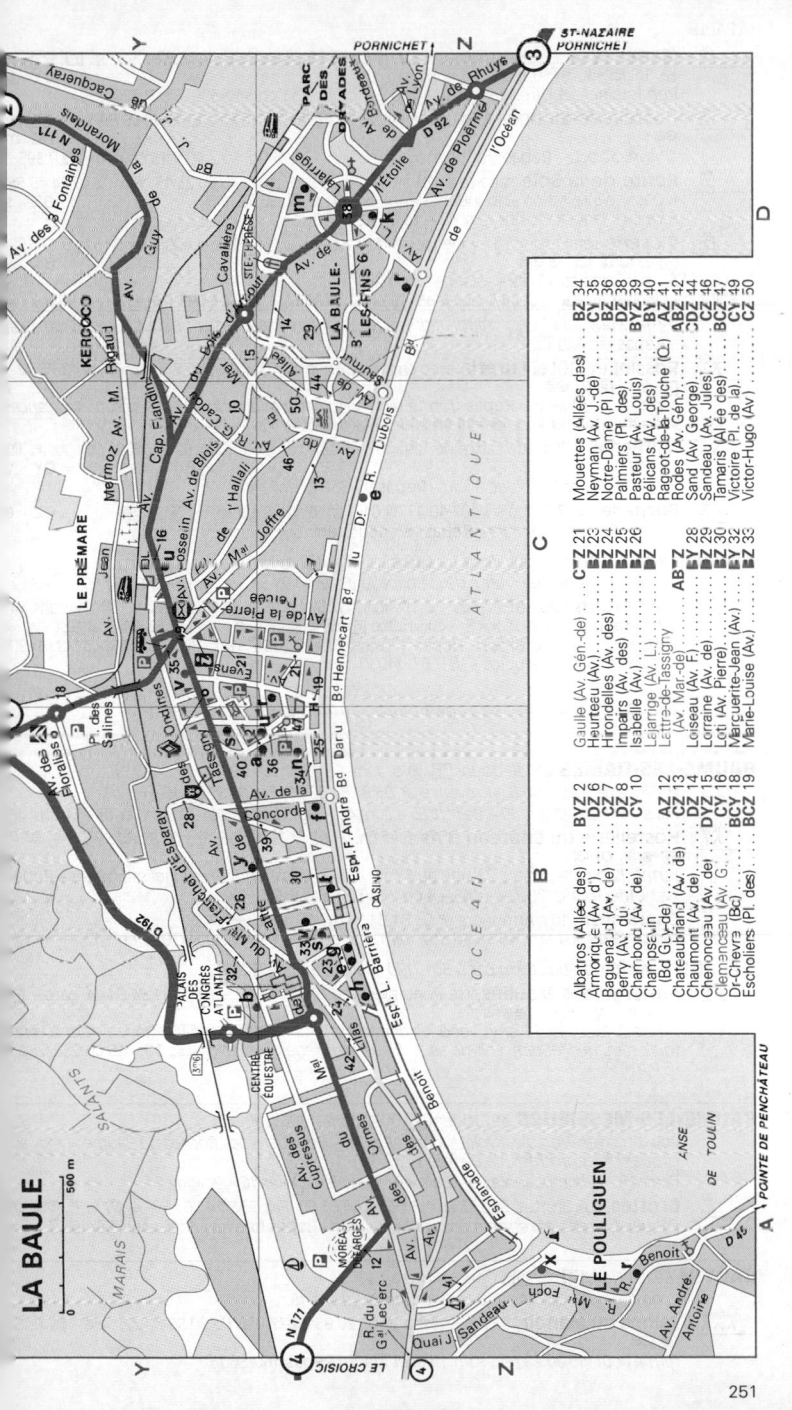

LA BAULE

PORNICHET · ST-NAZAIRE · PORNICHET

LE CROISIC · LE POULIGUEN · POINTE DE PENCHATEAU

🏠 **Marini**, 22 av. G. Clemenceau ℰ 02 40 60 23 29, *Fax 02 40 11 16 98*, 🔽 – 🔄 📺 ☎ ✦ –
⚱ 15. 🖭 ⓞ ⅁ℬ ᴊᴄ🄱   CY u
Repas (dîner seul.)(résidents seul.) 110 ⓨ – ⇋ 43 – **33 ch** 340/398 – ½ P 320/350

🏠 **Hostellerie du Bois**, 65 av. Lajarrige ℰ 02 40 60 24 78, *Fax 02 40 42 05 88*, 🚗 – 📺 ☎.
⅁ℬ   DZ m
1er avril-30 oct. – **Repas** *(fermé merc. midi)* (95) – 135/195 ⓨ – ⇋ 40 – **15 ch** 420 – ½ P 395

🏠 **Route de la Soie** sans rest, 19 av. Marie-Louise ℰ 02 40 60 23 17, *Fax 02 40 24 48 88*,
« Décor d'inspiration sino-indonésienne » – 📺 ☎ 🅿. 🖭 ⓞ ⅁ℬ   BZ s
fermé 1er janv. au 15 fév. – ⇋ 45 – **13 ch** 420/560

🏠 **Closerie** sans rest, 173 av. de Lattre-de-Tassigny ℰ 02 51 75 17 00, *Fax 02 51 75 17 19* –
🅿. 🅿. 🖭 ⓞ ⅁ℬ   BY y
fermé 6 janv. au 15 fév. – ⇋ 45 – **15 ch** 280/420

✕✕✕ **Marcanderie**, 5 av. d'Agen ℰ 02 40 24 03 12, *Fax 02 40 11 08 21* – 🖭 ⅁ℬ   BZ b
fermé 7 nov. au 1er déc., mardi midi en juil.-août, lundi sauf le soir de sept. à juin et dim. soir
– **Repas** 150/340 ⓨ

✕✕ **Rossini et Hôtel Lutétia** avec ch, 13 av. Evens ℰ 02 40 60 25 81, *Fax 02 40 42 73 52* –
📺 ☎ 🅿. 🖭 ⅁ℬ   CZ r
fermé 5 au 31 janv. – **Repas** *(fermé dim. soir, mardi midi et lundi hors saison et vacances*
scolaires) 120/250 – ⇋ 40 – **14 ch** 280/500 – ½ P 370/400

✕✕ **Maréchal**, 277 av. de Lattre de Tassigny ℰ 02 40 24 51 14, *Fax 02 51 75 02 06* – ☰ 🅿. 🖭
ⓞ ⅁ℬ   CY v
fermé fév. et merc. d'oct. à juin – **Repas** 99/350 ⓨ, enf. 44

✕ **Barbade**, bd R. Dubois ℰ 02 40 42 01 01, *Fax 02 40 42 09 83*, ≼, 🏤 – ⅁ℬ   CZ e
fermé 15 nov. au 15 mars – **Repas** (85) · 160 ⓨ, enf. 50

à St-André-des-Eaux *par* ② : *7 km – 2 919 h. alt. 20* – ⊠ 44117 :
🄱 *Office de Tourisme 1 ter r. de la Chapelle* ℰ 02 40 91 53 53, *Fax 02 40 91 54 65.*

🏨 **Golf International** Ⓜ 🔲, ℰ 02 40 17 57 57, *Fax 02 40 17 57 58*, ≼, 🏤, « Dans un
parc, entouré d'un golf », 🔽 – cuisinette 📺 ☎ ✦ 🔥 ⇦ 🅿. ⚱ 80. 🖭 ⅁ℬ, ⋇ rest
4 mars-12 nov. – **Le Green :** Repas 170 carte 190 à 260 ⓨ, enf. 80 – ⇋ 100 – **31 ch** 1190
78 appart 1500, 36 studios – ½ P 875/1030

The Guide changes, so renew your Guide every year.

BAUME-LES-DAMES 25110 Doubs 🖽🖽 ⑯ *G. Jura – 5 237 h alt. 280.*
🄱 *Office de Tourisme 6 r. Provence* ℰ 03 81 84 27 98, *Fax 03 81 84 15 61.*
Paris 441 – Besançon 30 – Belfort 65 – Lure 49 – Montbéliard 49 – Pontarlier 63 – Vesoul 48

✕✕ **Hostellerie du Château d'As** avec ch, ℰ 03 81 84 00 66, *Fax 03 81 84 39 67*, ≼, 🏤 –
📺 ☎ 🅿. 🖭 ⅁ℬ
fermé 12 nov. au 3 déc., 22 janv. au 5 fév., dim. soir (sauf hôtel) et lundi sauf fériés – **Repas**
135 bc (déj.), 149/320 ⓨ – ⇋ 45 – **8 ch** 270/390 – ½ P 320/380

✕ **Charleston**, 10 r. Armuriers ℰ 03 81 84 24 07, 🏤 – 🖭 ⅁ℬ
fermé 15 au 30 mars, 15 au 30 nov., dim. soir et lundi – **Repas** 96/130 🍴, enf. 42

à Pont-les-Moulins *Sud : 6 km par D 50 – 170 h. alt. 275* – ⊠ 25110 :

🏨 **Auberge des Moulins**, rte Pontarlier ℰ 03 81 84 09 97, *Fax 03 81 84 04 44*, parc – 📺
☎ ✦ 🅿 – ⚱ 25. 🖭 ⓞ ⅁ℬ
fermé 21 déc. au 30 janv., vend. et dim. de sept. à avril sauf fériés – **Repas** *(fermé vend.*
midi, sam. midi et dim. soir de sept. à avril sauf fériés) 98/190 🍴 – ⇋ 30 – **15 ch** 230/290 ·
½ P 270

BAUME-LES-MESSIEURS 39210 Jura 🔟 ④ *G. Jura – 196 h alt. 333.*
Voir *Abbaye*★ *(retable à volet*★ *dans l'église)* – *Belvédère des Roches de Baume* ≼★★★ su
cirque★★★ *et grottes*★ *de Baume S : 3,5 km.*
Paris 410 – Champagnole 29 – Dole 49 – Lons-le-Saunier 16 – Poligny 21.

✕ **Grottes**, aux Grottes, Sud : 3 km ℰ 03 84 44 61 59, *Fax 03 84 44 61 59*, ≼, 🏤 – 🅿. ⅁ℬ, ≼.
Pâques-fin sept. et fermé merc. sauf juil.-août – **Repas** (prévenir)(déj. seul.) 88/155 ⓨ

BAUVIN 59221 Nord 🖽🖽 ⑮, 🎯🎯🎯 ㉙ – *5 444 h alt. 25.*
Paris 209 – Lille 23 – Arras 34 – Béthune 22 – Lens 15.

✕✕✕ **Salons du Manoir**, 53 r. J. Guesde ℰ 03 20 85 64 77, *Fax 03 20 86 72 22*, parc – ☰ 🅿.
ⓞ ⅁ℬ
fermé août, 15 au 28 fév., sam. midi et lundi – **Repas** 160/360 ⓨ

Les BAUX-DE-PROVENCE 13520 B.-du-R. **[84]** ① G. Provence – 457 h alt. 185.

Voir Site★★★ – Château ❉★★ – Monument Charloun Rieu ≤★★ – Place★ et Église St Vincent★ Rue du Trencat★ Tour Paravelle ≤★ Musée Yves Brayer★ (dans l'hôtel des Porcelet) – Fête des Bergers (Noël, messe de minuit)★★ – Cathédrale d'Images★ N : 1 km par D 27 – ❉★★★ sur le village N : 2,5 km par D 27.

🛈 Office de Tourisme Îlot "Post Tenebras Lux" ℘ 04 90 54 34 39, Fax 04 90 54 51 15.
Paris 714 – Avignon 29 – Arles 18 – Marseille 87 – Nîmes 52 – St-Rémy-de-Provence 10.

dans le Vallon :

XXXXX **Oustaù de Baumanière** (Charial) ⊚ avec ch, ℘ 04 90 54 33 07, Fax 04 90 54 40 46, ≤,
🕸🕸 🏖, « Demeure du 16ᵉ siècle aménagée avec élégance », ⊿, ☞ – 🔲 ☎ 🅿 ﹢ 🈯 ⓞ ⬛ 🔲
ⒿⒸⒷ
fermé début janv. à début mars, jeudi midi et merc. de nov. à mars – **Repas** 490/750 et
carte 500 à 750 ♈ – ⌂ 120 – **8 ch** 1500, 5 appart – ½ P 1550/1850
Spéc. Ravioli de truffes aux poireaux. Filets de rouget au basilic. Gigot d'agneau en croûte,
gratin dauphinois **Vins** Coteaux d'Aix-en-Provence-les Baux, Châteauneuf du Pape blanc

Manoir 🏚 ⊚, ≤, ☞ – 🔲 ch, 🔲 ☎ 🅿 🈯 ⓞ ⬛ ⒿⒸⒷ
fermé début janv. à début mars et merc. de nov. à mars   **Repas** voir **Oustaù de
Baumanière** – ⌂ 120 – **5 ch** 1500, 4 appart 2300 – ½ P 1550/1850

XXX **Riboto de Taven** (Novi et Theme) 🅼 ⊚ avec ch, ℘ 04 90 54 34 23, Fax 04 90 54 38 88,
🕸 ≤, 🏖, « Jardin fleuri au pied des rochers », ☞ – 🔲 ☎ 🅿 🈯 ⓞ ⬛ ⒿⒸⒷ
fermé 4 janv. au 10 mars, mardi hors saison et merc. – **Repas** 250 bc (déj.)/330 et carte
340 à 470 ♈ – ⌂ 90 – **3 ch** 1500 – ½ P 900
Spéc. Tian d'artichauts et morue à l'aïoli léger. Gigoton d'agneau en croûte d'olives noires.
Tarte au fenouil caramélisé. **Vins** Coteaux d'Aix-en-Provence-les Baux, Châteauneuf-du-
Pape.

rte d'Arles Sud-Ouest par D 27 :

🏨 **Cabro d'Or** ⊚, à 1 km ᴊ 04 90 54 33 21, Fax 04 90 54 45 90, ≤, 🏖, centre d'équitation,
🕸 « Jardins fleuris », ⊿, ☞, ✾ – 🔲 ch, 🔲 ☎ 🅲 🅿 – 🈯 60. 🈯 ⓞ ⬛ ⒿⒸⒷ
fermé 10 nov. au 22 déc., lundi de janv. à mars et mardi midi – **Repas** 195 bc (déj.), 280/440 et
carte 350 à 530 ♈ – ⌂ 85 – **23 ch** 845/1235, 8 appart – ½ P 823/1018
Spéc. Petits farcis de cèpes (sept. à déc.). Risotto de langoustines aux girolles et artichauts.
Carré d'agneau cuit à la broche. **Vins** Coteaux d'Aix-en-Provence-les Baux.

🏨 **Auberge de la Benvengudo** ⊚, à 2 km ℘ 04 90 54 32 54, Fax 04 90 54 42 58, ≤, 🏖,
« Jardin fleuri », ⊿, ☞, ✾ – 🔲 ch, 🔲 ☎ 🅿 🈯 ⬛ ✾ rest
15 mars-31 oct. – **Repas** (fermé dim. et lundi) (dîner seul.) 260 – ⌂ 70 – **20 ch** 630/980,
5 appart – ½ P 625/800

🏨 **Mas de l'Oulivié** 🅼 ⊚ sans rest, à 2,5 km ℘ 04 90 54 35 78, Fax 04 90 54 44 31, ≤,
« Piscine dans un jardin fleuri », ⊿, ☞, ✾ – 🔲 🔲 ☎ 🈯 🅿 🈯 ⓞ ⬛ ⒿⒸⒷ
17 mars-12 nov. – ⌂ 60 – **23 ch** 780/1400

🏨 **Mas d'Aigret** ⊚ sans rest, à 500 m. ℘ 04 90 54 20 00, Fax 04 90 54 44 00, ⊿, ☞ – 🔲
🔲 ☎ 🅿, ⬛ ⒿⒸⒷ, ✾
⌂ 70 – **16 ch** 550/950

BAVAY 59570 Nord **[53]** ⑤ G. Picardie Flandres Artois – 3 751 h alt. 148.
Paris 227 – Avesnes-sur-Helpe 23 – Lille 78 – Maubeuge 14 – Mons 25.

XXX **Bagacum**, r. Audignies ℘ 03 27 66 87 00, Fax 03 27 66 86 44, 🏖 – 🅿, 🈯 ⬛
fermé dim. soir et lundi sauf fériés **Repas** 95/260 bc et carte 230 à 390

XXX **Bourgogne**, porte Gommeries ℘ 03 27 63 12 58, Fax 03 27 66 99 74 – 🅿, 🈯 ⬛
fermé 31 juil. au 21 août, merc. soir, dim. soir et lundi – **Repas** 110 (déj.), 180/320 et carte
230 à 390 ♈

BAVELLA (col de) 2A Corse-du-Sud **[90]** ⑦ – voir à Corse.

BAYARD (Col) 05 H.-Alpes **[77]** ⑯ G. Alpes du Nord – ✉ 05500 St-Bonnet-en-Champsaur.
Paris 664 – Gap 8 – La Mure 57 – Sisteron 59.

à Laye Nord : 2,5 km par N 85 – 192 h. alt. 1170 – ✉ 05500 St-Bonnet-en-Champsaur :

X **Laiterie du Col Bayard**, ℘ 04 92 50 50 06, Fax 04 92 50 19 91, 🏖 – 🅿, ⬛
🈯 fermé 15 nov. au 24 déc., lundi et le soir sauf vend., sam. dim. vacances scolaires et fériés –
Repas - préparations à base de fromages - 85/198 bc 🈯, enf. 55

Voir Tapisserie dite "de la reine Mathilde" ★★★ – *Cathédrale Notre-Dame*★★ – *Musée mémorial de la bataille de Normandie*★ Y M⁴ – *Maison à colombage*★ *(rue St-Martin)* ZD.

Env. Brécy : portail★ *et jardins*★ *du château SE : 10 km par* D 126 Y – *Port*★ *de Port-en-Bessin 9 km par* ⑤.

🛈 *Office de Tourisme Pont St-Jean* ℘ *02 31 51 28 28, Fax 02 31 51 28 29.*

Paris 260 ① – *Caen 29* ① – *Cherbourg 95* ④ – *Flers 71* ② – *St-Lô 36* ③ – *Vire 61* ②.

BAYEUX

Les pastilles numérotées des plans de villes ①, ②, ③ *sont répétées sur les* **cartes** *Michelin à 1/200 000. Elles facilitent ainsi le passage entre les* **cartes** *et les* **guides** *Michelin.*

🏨🏨 **Lion d'Or,** 71 r. St Jean ℘ 02 31 92 06 90, *Fax 02 31 22 15 64,* « Ancien relais de poste », –
📺 ☎ 🅿 🇦🇪 ⓞ 🇬🇧   Z   e
fermé 20 déc. au 20 janv. – **Repas** 105 (déj.), 150/230 ♀ – ⊇ 65 – **24 ch** 450/630 –
½ P 435/525

🏨🏨 **Grand Hôtel du Luxembourg,** 25 r. Bouchers ℘ 02 31 92 00 04, *Fax 02 31 92 54 26,*
🍴 – 📳, 🍽 rest, 📺 ☎ 🅿 – 🔬 25. 🇦🇪 🇬🇧   Z   a
Repas 118 (déj.), 158/295 ♀ – ⊇ 55 – **24 ch** 595 – ½ P 410

🏨🏨🏨 **Novotel,** 117 r. St Patrice ℘ 02 31 92 16 11, *Fax 02 31 21 88 76,* 🍴, 🏊, 🌳 – 📳 🕸 📺 ☎
📞 & 🅿 – 🔬 15 à 150. 🇦🇪 ⓞ 🇬🇧   Y   x
Repas 110 ♀, enf. 50 – ⊇ 55 – **77 ch** 430/480

🏠🏠 **Château de Bellefontaine** 🌲 sans rest, 49 rue Bellefontaine 𝄐 02 31 22 00 10, *Fax 02 31 22 19 09*, « Château du 18ᵉ siècle dans un parc », 🛎 – 📳 📺 ☎ 📞 🔥 📶 – 🏨 15 à 40. 🖭 ⊞🖪
　 ⊡ 55 – **15 ch** 500/700　　　　　　　　　　　　　　　　　　　　　　　　　Y　v

🏠🏠 **Churchill-Clarine** sans rest, 14 r. St Jean 𝄐 02 31 21 31 80, *Fax 02 31 21 41 66* – 📺 ☎ 📞 🔥 🖭 ⓞ ⊞🖪 🎴 🛎
　 1ᵉʳ mars-30 nov. – ⊡ 40 – **32 ch** 360/460　　　　　　　　　　　　　　　　　　Z　h

🏠🏠 **d'Argouges** 🌲 sans rest, 21 r. St-Patrice 𝄐 02 31 92 88 86, *Fax 02 31 92 69 16* – 📺 ☎ 🚗 📶 🖭 ⓞ ⊞🖪
　 fermé 11 au 26 déc. et 5 au 20 janv. – ⊡ 45 – **26 ch** 300/550　　　　　　　　Z　n

🏠🏠 **Brunville**, 9 r. G. Duhomme 𝄐 02 31 21 18 00, *Fax 02 31 51 70 89* – 📳 📺 ☎ 📞 📶 🖭 ⊞🖪
⊞🖪　 Repas 85/150 ♀, enf. 59 – ⊡ 39 – **33 ch** 350/390 – ½ P 295　　　　　　Z　u

🏠 **Reine Mathilde** sans rest, 23 r. Larcher 𝄐 02 31 92 08 13, *Fax 02 31 92 00 93* 📺 ☎
⊞🖪. 🛎　 fermé 20 déc. au 1ᵉʳ fév. et dim. du 15 nov. au 15 mars – ⊡ 35 – **16 ch** 245/295　Z　r

🏠 **Mogador** sans rest, 20 r. A. Chartier 𝄐 02 31 92 24 58, *Fax 02 31 92 24 85* 📺 ☎. ⊞🖪
　 fermé fév. – ⊡ 32 – **14 ch** 230/295　　　　　　　　　　　　　　　　　　　　Z　k

✕ **Bistrot de Paris**, pl. St-Patrice 𝄐 02 31 92 00 82 – ▤. ⊞🖪　　　　　　　　Z　t
🍴　 fermé dim. soir et lundi.
　 Repas (69) 89/179 ♂

✕ **L'Amaryllis**, 32 r. St-Patrice 𝄐 02 31 22 47 94 – ⊞🖪　　　　　　　　　　　Y　b
　 fermé 20 déc. au 20 janv., dim. soir hors saison et lundi – **Repas** 95/180 ♀

✕ **Pommier**, 40 r. Cuisiniers 𝄐 02 31 21 52 10, *Fax 02 31 21 52 10* – ⊞🖪
⊞🖪　 fermé 5 au 28 fév., dim. soir et merc. sauf juil.-août – **Repas** (62 bc) 76/145 ♂, enf. 35　　　　　　　　　　　　　　　　　　　　　　　　　　　　　　　　　　　　　Z　s

▶ **Audrieu** par ① et D 158 : 13 km – ⊠ 14250 :

🏰🏰 **Château d'Audrieu** 🌲, 𝄐 02 31 80 21 52, *Fax 02 31 80 24 73*, ≤, « Château du
⊞　 18ᵉ siècle, parc », 🏊 – 📺 ☎ 📶 🖭 ⊞🖪. 🛎 rest
　 fermé 1ᵉʳ déc. au 14 fév. – **Repas** (fermé mardi midi et lundi) 180 (déj.), 240/490 et carte 300 à 440 – ⊡ 135 – **23 ch** 790/2150, 6 appart – ½ P 854/1470
　 Spéc. Andouille de Vire chaude. Homard aux tagliatelles. Ris de veau rôti aux carottes.

▶ **te de Port-en-Bessin** par ⑤ : 3 km – ⊠ 14400 Bayeux :

🏰🏰 **Château de Sully** 🅼 🌲, 𝄐 02 31 22 29 48, *Fax 02 31 22 64 77*, « Château du 18ᵉ siècle
⊞　 dans un parc », 🏋, 🏊, 🛎 – 📺 ☎ 📞 🔥 📶 – 🏨 35. 🖭 ⓞ ⊞🖪 🎴. 🛎 rest
　 10 mars 25 nov. **Repas** (fermé lundi midi et sam. midi) (nombre de couverts limité, prévenir) (120) 150/350 et carte 300 à 450 ♀, enf. 85 – ⊡ 75 – **23 ch** 570/690 – ½ P 525/585
　 Spéc. Saint-Pierre à la vinaigrette. Pigeon rôti, citron confit et thym, poudre "noisette et sel". Cappuccino de café glacé.

BAYONNE ◁▷ 64100 Pyr.-Atl. 🔢 ⑱ G. Aquitaine – 40 051 h Agglo. 164 378 h alt. 3.

　 Voir Cathédrale Ste-Marie★ et cloître★ B – Musée Bonnat★★ BY M² – Grandes fêtes★ (fin juil.-début août).
　 Env. Route Impériale des Cimes★ au Sud-Est par D 936 – Croix de Mouguerre ❊★ SE : 5,5 km par D 312.
　 🛬 de Biarritz-Anglet-Bayonne : 𝄐 05 59 43 83 83, SO : 5 km par N 10 AZ.
　 🏢 Office de Tourisme pl. des Basques 𝄐 05 59 46 01 46, Fax 05 59 59 37 55 et (saison) gare SNCF 𝄐 05 59 55 20 45.
　 Paris 770 ③ – Biarritz 9 – Bordeaux 192 ③ – Pamplona 111 ⑥ – San Sebastián 57 ⑥.
　　　　　　　　Accès et sorties : voir à Biarritz..

🏠🏠 **Grand Hôtel**, 21 r. Thiers 𝄐 05 59 59 62 00, *Fax 05 59 59 62 01* – 📳 ❄ ☎. 🖭 ⓞ ⊞🖪
❄100❄　 **Repas** (fermé sam. et dim. sauf juil.-août) 95/140 ♀, enf. 55 – ⊡ 50 – **54 ch** 500/680 – ½ P 450/480　　　　　　　　　　　　　　　　　　　　　　　　　　　AY　n

🏠 **Ibis** 🅼, 44 bd Alsace-Lorraine 𝄐 05 59 50 38 38, *Fax 05 59 50 38 00*, 🌿 – 📳 ❄ ▤ 📺 ☎
　 📞 🔥 📶 – 🏨 25. 🖭 ⓞ ⊞🖪　　　　　　　　　　　　　　　　　　　　　　BY　a
　 Repas (75) 95/155 ♂, enf. 39 – ⊡ 35 – **87 ch** 340/395

✕✕✕ **Auberge du Cheval Blanc** (Tellechea), 68 r. Bourgneuf 𝄐 05 59 59 01 33,
⊞　 Fax 05 59 59 52 20 – ▤. 🖭 ⓞ ⊞🖪　　　　　　　　　　　　　　　　　　　DZ　b
　 fermé 2 au 7 août, fév., dim. soir et lundi sauf mi-juil. à fin août – **Repas** 128/290 et carte 250 à 450 ♀
　 Spéc. Merlu rôti aux oignons et jus de volaille. Saint-Jacques poêlées (oct. à mars). "Xamango" façon parmentier au jus de veau truffé. **Vins** Irouléguy, Madiran.

✕✕ **François Miura**, 24 r. Marengo 𝄐 05 59 59 49 89 – ▤. 🖭 ⓞ ⊞🖪　　　　BZ　r
🍴　 fermé dim. soir de mars à juil. et de sept. à janv. – **Repas** 115/190

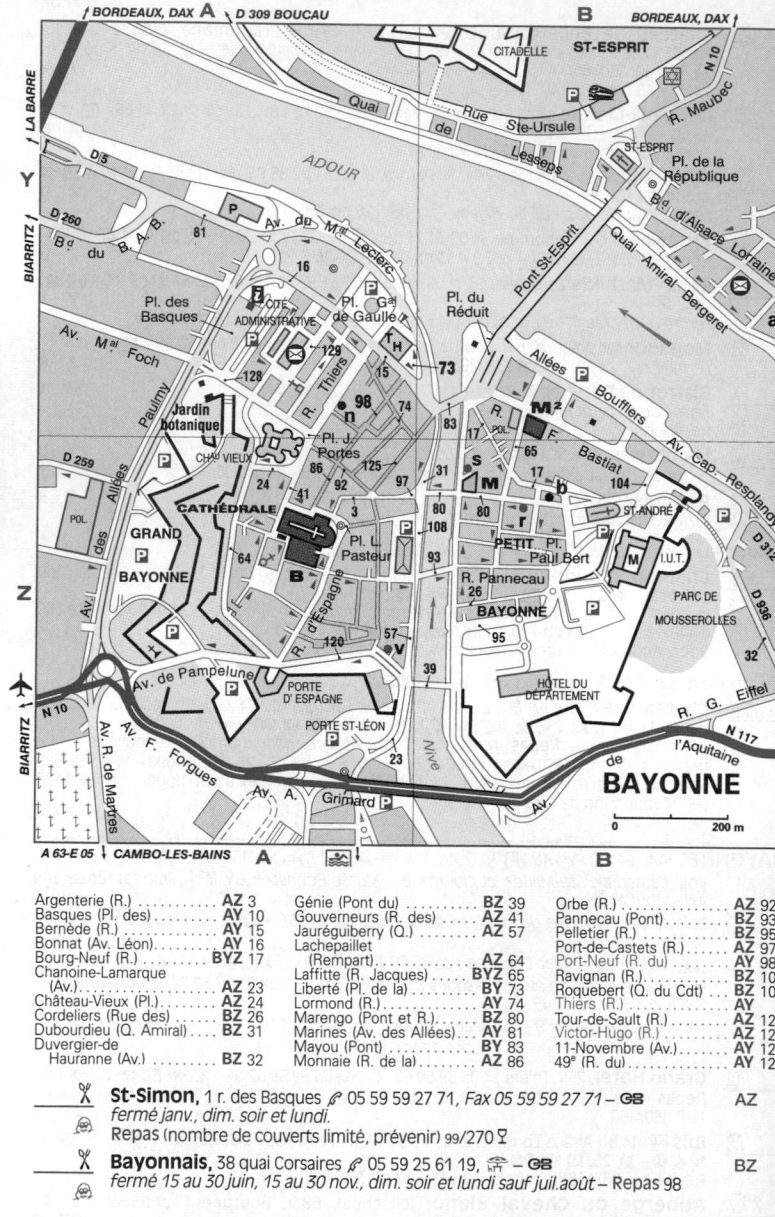

BAYONNE

✕ **St-Simon,** 1 r. des Basques ℰ 05 59 59 27 71, Fax 05 59 59 27 71 – **GB**   **AZ**
🍴 fermé janv., dim. soir et lundi.
Repas (nombre de couverts limité, prévenir) 99/270 ♀

✕ **Bayonnais,** 38 quai Corsaires ℰ 05 59 25 61 19, 🍽 – **GB**   **BZ**
🍴 fermé 15 au 30 juin, 15 au 30 nov., dim. soir et lundi sauf juil.août – Repas 98

BAZAS 33430 Gironde **79** ② G. Aquitaine – 4 379 h alt. 70.

Voir Cathédrale St-Jean★ – Château de Cazeneuve★★ SO : 11 km par D 9.

🛈 Office de Tourisme (fermé le dim. en hiver) 1 pl de la Cathédrale ℰ 05 56 25 25 84, Fax 0
56 25 25 84.

Paris 641 – Bordeaux 62 – Agen 83 – Bergerac 97 – Langon 17 – Mont-de-Marsan 70.

Domaine de Fompeyre ⑤, rte Mont-de-Marsan, *ℰ* 05 56 25 98 00, Fax 05 56 25 16 25, ⅋, « Parc, installations de loisirs », ⑤, ⊠, ⅍ – ⋕, ■ rest, ⅏ ☎ ✔ &, P – 🔥 60. ⅏ ⅁⅁

Repas *(fermé dim. soir d'oct. à avril)* 185/250 ⅞ – ⬡ 55 – **47 ch** 370/700, 3 appart – ½ P 470/580

AZEILLES *08 Ardennes* 🖸🖸 ⑲ – *rattaché à Sedan.*

AZINCOURT-SUR-EPTE *27 Eure* 🖸🖸 ⑧ ⑨ – *rattaché à Gisors.*

BEAUCAIRE *30300 Gard* 🖸🖸 ⑪ *G. Provence* – *13 400 h alt. 18.*

Voir *Château★ : ☀★★ – Abbaye de St-Roman ≤★ 4,5 km par* ⑥.

🇧 *Office de Tourisme 24 Crs Gambetta* *ℰ* 04 66 59 26 57, Fax 04 66 59 68 51.

Paris 706 ⑦ – *Avignon 25* ④ – *Arles 18* ④ – *Nîmes 25* ⑥.

BEAUCAIRE

...rbès (R.)	**Z** 2
...outiers (R. des)	**YZ** 3
...allier (R.)	**Y** 4
...âteau (R. du)	**Y** 5
...emenceau (Pl. Georges)	**Z** 6
...nton (R.)	**Y** 7
...nfert (R.)	**Z** 8
...luse (R. de l')	**Z** 9
...ch (Bd Maréchal)	**YZ** 12
...mbetta (Cours)	**Z** 13
...tel-de-Ville (R. de l')	**Z** 14
...ures (Pl. Jean)	**Y** 15
...an-Jacques-Rousseau (R.)	**Y** 16
...dru-Rollin (R.)	**Z** 17
...tionale (R.)	**Z** 21
...scal (R. Roger)	**Z** 21
...publique (Pl. de la)	**Y** 22
...publique (R. de la)	**Y** 23
...tor-Hugo (R.)	**Y** 25

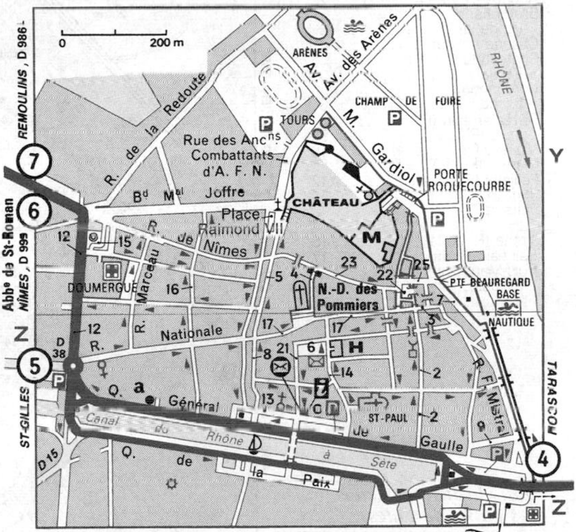

...ne réservation
...nfirmée par écrit
...t toujours plus sûre.

🏛 **Les Doctrinaires,** quai Gén. de Gaulle *ℰ* 04 66 59 23 70, *Fax* 04 66 59 22 26, ⅋ – ⋕ ⅏ ☎ P – 🔥 40. ⅁⅁

Repas *(fermé sam. midi)* 98/240, enf. 60 – ⬡ 50 – **34 ch** 330/450 – ½ P 335/395

---

e BEAUCET *84 Vaucluse* 🖸🖸 ⑬ – *rattaché à Carpentras.*

EAUDÉAN *65 H.-Pyr.* 🖸🖸 ⑱ – *rattaché à Bagnères-de-Bigorre.*

EAUFORT *73270 Savoie* 🖸🖸 ⑰ ⑱ *G. Alpes du Nord* – *1 996 h alt. 750.*

Env. *N.-D.de Bellecombe* ☀★★.

🇧 *Office de Tourisme pl. Mairie* *ℰ* 04 79 38 37 57, Fax 04 79 38 16 70.

Paris 597 – *Albertville 20* – *Chambéry 71* – *Megève 41.*

🏛 **Grand Mont,** *ℰ* 04 79 38 55 56, *Fax* 04 79 38 39 07 – ⅏ ☎. ⅁⅁
fermé 25 avril au 8 mai et oct. – Repas 100/120 ⅞, enf. 58 – ⬡ 48 – **13 ch** 250/310 – ½ P 300/315

🏛 **Roche,** *ℰ* 04 79 38 33 31. Fax 04 79 38 38 60, ⅋, ⅏ – ☎ ✔ P. ⅁⅁
fermé vacances de printemps et nov. – Repas *(fermé dim. soir sauf juil.-août)* 75/140 ⅞, enf. 45 – ⬡ 38 – **17 ch** 160/230 – ½ P 220/240

A good moderately priced meal : ⅍ **Repas** 100/130

Paris 246 – St-Quentin 80 – Avesnes-sur-Helpe 14 – Lille 97 – Maubeuge 8.

XX **Relais de Beaufort**, N 2 ☎ 03 27 63 50 36, Fax 03 27 67 85 11, 🍽 – 🅿, GB
fermé 16 août au 5 sept., vacances de fév., sam. midi, dim. soir et lundi – **Repas** 118/225
enf. 60

Voir Église Notre-Dame★ – Donjon★ – Tentures★ dans l'hôtel de ville H – Musée
l'Orléanais★ dans le château – Cléry-St-André : basilique★ NO : 11 km.
🅱 Office de Tourisme pl. de l'Hôtel-de-Ville ☎ 02 38 44 54 42, Fax 02 38 46 45 31.
Paris 154 ① – Orléans 31 ① – Blois 36 ④ – Châteaudun 42 ⑥ – Vendôme 49 ⑤.

BEAUGENCY

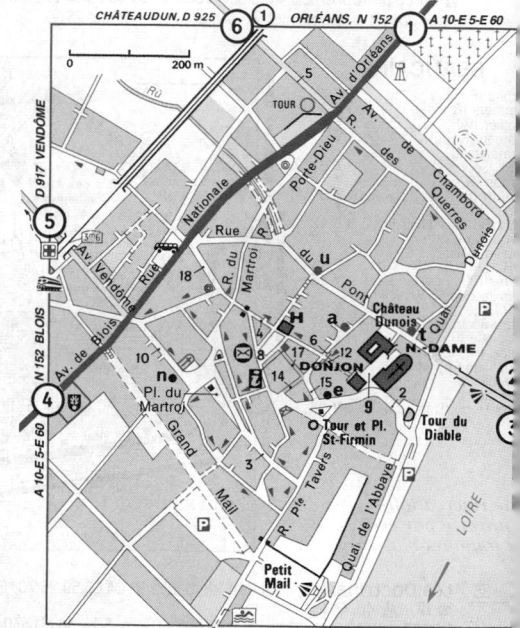

*Dans la liste des rues
des plans de villes,
les noms en rouge
indiquent
les principales voies
commerçantes.*

🏛 **Écu de Bretagne**, pl. Martroi (n) ☎ 02 38 44 67 60, Fax 02 38 44 68 07, 🍽 – 📺 ☎ ✆
– 🔬 30. AE ① GB
Repas 95/220 ♀, enf. 45 – ♀ 40 – **27 ch** 200/490 – ½ P 248/322

🏛 **Sologne** sans rest, pl. St Firmin (e) ☎ 02 38 44 50 27, Fax 02 38 44 90 19 – 📺 ☎ ✆. GB
fermé 18 déc. au 6 janv. et week-ends de janv. – ♀ 40 – **16 ch** 250/330

XX **P'tit Bateau**, 54 r. Pont (u) ☎ 02 38 44 56 38, Fax 02 38 46 44 37, 🍽 – GB
fermé 21 août au 4 sept., dim. soir et lundi – **Repas** 95 (déj.), 125/220 ♀

X **Au Vieux Fourneau**, 12 r. Cordonnerie (a) ☎ 02 38 46 40 56, Fax 02 38 46 40 56 –
GB
fermé 7 au 27 nov., dim. soir et lundi – **Repas** 80 bc/190

X **Relais du Château**, 8 r. Pont (t) ☎ 02 38 44 55 10, Fax 02 38 44 55 10 – AE GB
GB
fermé vacances de fév., mardi soir et merc. sauf juil.-août – **Repas** 80/175 ♀

à Baule par ① : 5 km – 1 457 h. alt. 103 – ⊠ 45130 .
Voir Meung-sur-Loire : église St-Liphard★ NE : 2 km.

XX **Auberge Gourmande**, ☎ 02 38 45 01 02, Fax 02 38 45 03 08, 🍽 – AE GB
fermé 26 août au 5 sept, dim. soir et merc. – **Repas** 89/225

à Tavers par ④ : 3 km – 1 105 h. alt. 100 – ⊠ 45190 :

🏠 **Tonnellerie** ⑤, près Église 🅿 02 38 44 68 15, Fax 02 38 44 10 01, 🏤, « Jardin fleuri », 🏊, 🐎, 🎾 – 📺 ☎ 🅲. 🆎 🇬🇧
fermé janv., fév., dim. soir et lundi sauf de mai à sept. – **Repas** 145/260 ♀, enf. 65 – ☑ 75 – 15 **ch** 475/990, 5 appart – ½ P 620/970

BEAUJEU 69430 Rhône 🔢 ⑨ G. Vallée du Rhône – 1 874 h alt. 293.
🚹 Office de Tourisme Sq. de Grandhan 🅿 04 74 69 22 88, Fax 04 74 69 22 88.
Paris 432 – Mâcon 35 – Roanne 62 – Bourg-en-Bresse 57 – Lyon 64.

XX **Anne de Beaujeu** avec ch, 🅿 04 74 04 87 58, Fax 04 74 69 22 13, parc – 📺 ☎. 🇬🇧
fermé 31 juil. au 10 août, 19 déc. au 19 janv., dim. soir et lundi – **Repas** 115/282 ♀ – ☑ 40 – 7 **ch** 350/380 – ½ P 330/380

BEAULIEU 07460 Ardèche 🔢 ⑧ – 373 h alt. 130.
Paris 670 – Alès 42 – Aubenas 39 – l'argentière 28 – Pont-St-Esprit 53 – Privas 69.

🏠 **Santoline** ⑤, Sud-Est : 1 km 🅿 04 75 39 01 91, Fax 04 75 39 58 79, ≤, 🏤, « Bâtisse du 16ᵉ siècle dans la garrigue », 🏊, 🐎 – ☎. 🇬🇧. 🎾 rest
1ᵉʳ mai-30 sept. – **Repas** (dîner seul.)(résidents seul.) 170 ♀ – ☑ 50 – 8 **ch** 370/590 – ½ P 365/475

BEAULIEU-EN-ARGONNE 55250 Meuse 🔢 ⑳ G. Champagne – 42 h alt. 275.
Voir Pressoir★ dans l'ancienne abbaye.
Paris 241 – Bar-le-Duc 37 – Futeau 10 – Ste-Menehould 23 – Verdun 38.

🏨 **Hostellerie de l'Abbaye** ⑤, 🅿 03 29 70 72 81, Fax 03 29 70 71 19, ≤, 🏤, 🎾 – ☎ 🅲. 🇬🇧, 🎾 ch
fermé 15 déc. au 1ᵉʳ fév. et dim. soir d'oct. à mars – **Repas** 95/190 ♣, enf. 48 – ☑ 30 – 8 **ch** 270/320 – ½ P 250/270

BEAULIEU-SUR-DORDOGNE 19120 Corrèze 🔢 ⑲ G. Berry Limousin – 1 265 h alt. 142.
Voir Église St-Pierre★★ – Vieille Ville★.
🚹 Office de Tourisme (Pâques-sept.) pl. Marbot 🅿 05 55 91 09 94, Fax 05 55 91 10 97.
Paris 522 – Brive-la-Gaillarde 45 – Aurillac 70 – Figeac 61 – Sarlat-la-Canéda 69 – Tulle 44.

🏠 **Central Hôtel Fournié**, 🅿 05 55 91 01 34, Fax 05 55 91 23 57, 🏤 – ☎ 🅿. 🇬🇧
1ᵉʳ avril-11 nov.
Repas 100/250 ♀ – ☑ 40 – 27 **ch** 200/320 – ½ P 250/320

🏠 **Turenne**, 🅿 05 55 91 10 16, Fax 05 55 91 22 42, 🏤 – 📺 ☎. 🆎 ⓞ 🇬🇧
début mars-mi-nov. – **Repas** (fermé dim. soir et lundi hors saison et lundi midi en juil.-août sauf fériés) (prévenir) (80) - 95/370 bc ♀, enf. 70 – ☑ 45 – 15 **ch** 245/300 – ½ P 270/290

XX **Les Charmilles** avec ch, 20 bd St Rodolphe de Turenne 🅿 05 55 91 29 29, Fax 05 55 91 29 30, 🏤 📺 ☎ 🅲. 🇬🇧
fermé 8 au 28 oct. – **Repas** (fermé 14 au 22 mars, 8 au 29 oct., mardi et merc.) 68 (déj.), 105/250 ♣, enf. 55 – ☑ 38 – 8 **ch** 310 – ½ P 280

BEAULIEU-SUR-MER 06310 Alpes-Mar. 🔢 ⑩, 🔢 ⑳ G. Côte d'Azur – 4 013 h alt. 10 – Casino.
Voir Site★ de la Villa Kerylos★ – Baie des Fourmis★.
🚹 Office de Tourisme pl. G.-Clemenceau 🅿 04 93 01 02 21, Fax 04 93 01 44 04.
Paris 941 ④ – Nice 10 ④ – Menton 25 ③.

Plan page suivante

🏨 **Réserve de Beaulieu** ⑤, bd Mar. Leclerc 🅿 04 93 01 00 01, Fax 04 93 01 28 99, ≤, 🏤, Z w
🌸🌸 « En bordure de mer », 🏊 – 🛗, 🍴 ch, 📺 ☎ 🚗. 🆎 ⓞ 🇬🇧
3 mars-29 oct. et 22 déc.-21 janv. – **Repas** (dîner seul. en juil.-août) 300 (déj.), 580/850 et carte 570 à 830 – ☑ 125 – 33 **ch** 2700/4500 – ½ P 2505/2830
Spéc. Pistes à l'encre et petit farci de pomme de caviar. Mousseuse de sardines fraîches et asperges au citron confit (mars à juin). Loup au Bellet rouge et poire épicée. **Vins** Gassin, Côtes de Provence.

🏠 **Métropole** ⑤, bd Mar. Leclerc 🅿 04 93 01 00 08, Fax 04 93 01 18 51, ≤, 🏤, « Vaste Y g
🌸100🌸 terrasse sur mer, parc », 🏊, ☞ – 📺 ☎ 🅿. 🆎 ⓞ 🇬🇧
fermé 20 oct. au 20 déc. – **Repas** 300 bc (déj.), 450/550 – ☑ 130 – 35 **ch** 1400/3200, 5 appart – ½ P 1400/2100

🏠 **Frisia** Ⓜ sans rest, bd E. Gauthier 🅿 04 93 01 01 04, Fax 04 93 01 31 92, ≤ – 🛗 📺 ☎ 🅲. Y r
🆎 🇬🇧
fermé 12 nov. au 10 déc. – ☑ 50 – 32 **ch** 580/710

259

BEAULIEU-SUR-MER

Le feu
est le plus terrible
ennemi de la forêt.
Soyez prudent !

🏨 **Comté de Nice** Ⓜ sans rest, bd Marinoni ℘ 04 93 01 19 70, Fax 04 93 01 23 09, ⌂ – ▮
📺 ☎ 🅰🅴 ⓞ 🆖 🅹🅲🅱
⌑ 48 – **32 ch** 530/580
Y a

🏨 **Artémis** sans rest, 3 bd Mar. Joffre ℘ 04 93 01 12 15, Fax 04 93 01 27 46 – ▤ 📺 ☎ 🅿 ⓞ
🆖
fermé 5 nov. au 25 déc. et 6 janv. au 11 fév. – ⌑ 50 – **69 ch** 490/690
Z s

🏠 **Havre Bleu** sans rest, bd Mar. Joffre ℘ 04 93 01 01 40, Fax 04 93 01 29 92 – 📺 ☎ 🅿 🅰🅴
ⓞ 🆖 ⌀
fermé 5 au 28 janv. – ⌑ 32 – **22 ch** 320/380
Z d

✕ **Les Agaves,** 4 av. Mar. Foch ℘ 04 93 01 13 12, Fax 04 93 01 13 12 – ▤ 🅰🅴 🆖
fermé 15 nov. au 5 déc., mardi midi et lundi – **Repas** 175 ♀
Y n

Autres ressources hôtelières : voir à **St-Jean-Cap-Ferrat**

BEAUMESNIL 27410 Eure 🗺 ⑲ G. Normandie Vallée de la Seine – 527 h alt. 169.
Voir Château★.
Paris 135 – Rouen 61 – Bernay 13 – Dreux 72 – Évreux 39.

✕✕ **L'Étape Louis XIII** (Ravinel), ℘ 02 32 44 44 72, Fax 02 32 45 53 84, 🦐, « Maison nor-
❀ mande du 17ᵉ siècle », 🍴 – 🅿 🅰🅴 🆖
fermé 26 au 30 juin, vacances de fév., merc. sauf juil.-août et mardi – **Repas** (nombre de
couverts limité, prévenir) 130/320 ♀, enf. 80
Spéc. Galette de pied de cochon et homard. Marbré de filet de boeuf à l'andouille de Vire.
Macaron glacé aux fruits frais.

Les BEAUMETTES 84 Vaucluse 🗺 ⑬ – rattaché à Gordes.

Pas de publicité payée dans ce guide.

BEAUMONT-DE-LOMAGNE 82500 T.-et-G. 82 ⑥ G. Midi Pyrénées – 3 488 h alt. 400.

Paris 683 – Auch 50 – Toulouse 64 – Agen 60 – Condom 61 – Montauban 36.

XX **Commerce** avec ch, r. Mar. Foch ℘ 05 63 02 31 02, Fax 05 63 65 26 22, 🌧 – 🍽 rest, 📺 🕿 ✆ 🚗 AE ⓞ GB ✗ ch
fermé 30 mai au 4 juin, 1ᵉʳ au 8 oct., 2 au 7 janv., vacances de fév., dim. soir et lundi – **Repas** 78/198 – ⊇ 35 – **12 ch** 190/265 – ½ P 195/215

BEAUMONT-EN-AUGE 14950 Calvados 55 ③ G. Normandie Vallée de la Seine – 472 h alt. 90.

Paris 197 – Caen 41 – Le Havre 45 – Deauville 11 – Lisieux 22 – Pont l'Évêque 10.

XX **Auberge de l'Abbaye,** ℘ 02 31 64 82 31, Fax 02 31 64 81 63, « Cadre rustique normand » – AE GB
fermé 2 au 12 oct., 1ᵉʳ au 15 fév., mardi et merc. sauf juil.-août – **Repas** 160/290 ♀, enf. 80

BEAUMONT-EN-VERON 37 I.-et-L. 67 ⑨ – rattaché à Chinon.

BEAUMONT-SUR-SARTHE 72170 Sarthe 60 ⑬ – 1 874 h alt. 76.

🛈 Syndicat d'Initiative Mairie ℘ 02 43 97 00 21, Fax 02 43 97 02 21 et (saison) Chalet Point I.
Paris 223 – Alençon 24 – Le Mans 26 – La Ferté-Bernard 49 – Mamers 25 – Mayenne 62.

XX **Chemin de Fer** avec ch, à la Gare Est : 1,5 km par D 26 ℘ 02 43 97 00 05, Fax 02 43 33 52 17, 🌧 – 📺 🕿 ✆ 🚗 AE ⓞ GB
fermé 15 oct. au 8 nov., 19 fév. au 6 mars, vend. soir et lundi d'oct. à mai – **Repas** (69) - 89/250 ♀, enf. 62 – ⊇ 33 – **15 ch** 240/390 – ½ P 220/305

BEAUMONT-SUR-VESLE 51360 Marne 56 ⑰ – 686 h alt. 100.

Voir Faux de Verzy▲ S : 3,5 km, G. Champagne.
Paris 159 – Reims 17 – Châlons-en-Champagne 33 – Épernay 28 – Ste-Menehould 65.

XX **Maison du Champagne** avec ch, ℘ 03 26 03 92 45, Fax 03 26 03 97 59, 🌧, 🌱 – 📺 🕿 P. AE ⓞ GB ✗ ch
fermé 1ᵉʳ au 15 déc., vacances de fév., dim. soir, mardi midi et lundi – Repas 85/230 ♀, enf. 40 – ⊇ 40 – **12 ch** 230/300 – ½ P 265/275

BEAUNE 👁 21200 Côte-d'Or 69 ⑨ G. Bourgogne – 21 289 h alt. 220.

Voir Hôtel-Dieu★★★ : polyptyque du Jugement dernier★★★ – Collégiale N.-D.★ : tapisseries★★ – Hôtel de la Rochepot★ AY B – Remparts★ – Musée du vin de Bourgogne★ AYZ M¹.
Env. Château de Savigny-lès-Beaune★ (collection avions de chasse et motos) – Archéodrome de Bourgogne★ S : 7 km.
🛈 Office de Tourisme r. de l'Hôtel-Dieu ℘ 03 80 26 21 30, Fax 03 80 26 21 39.
Paris 312 ③ – Autun 49 ④ – Chalon-sur-Saône 30 ③ – Dijon 45 ③ – Dole 65 ③.

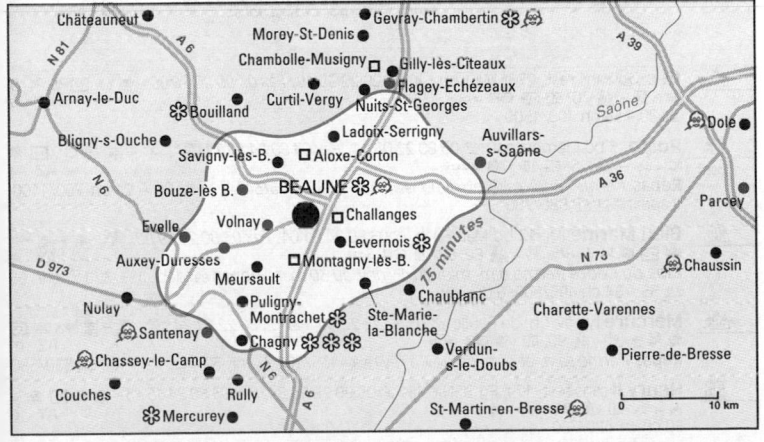

BEAUNE

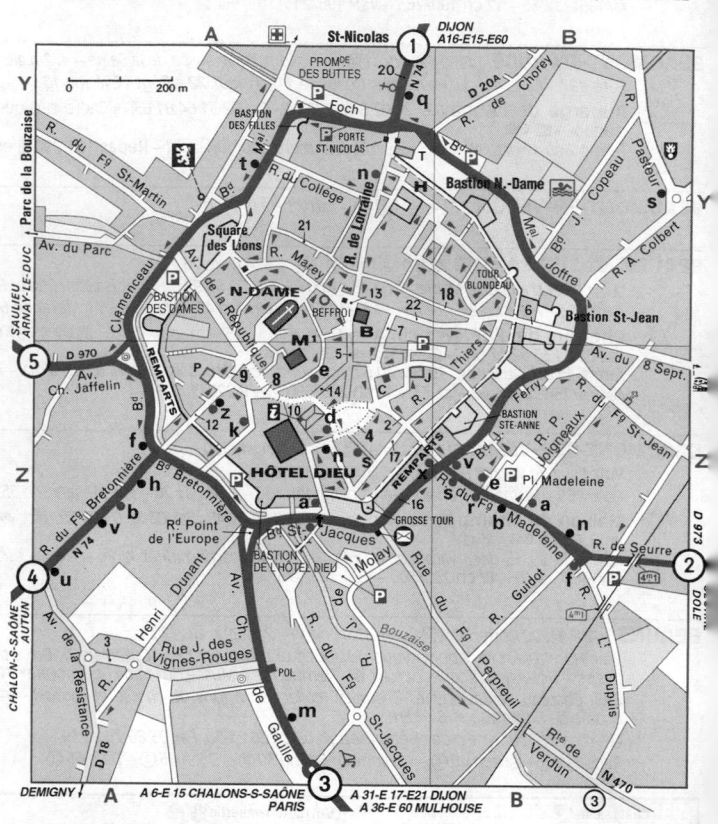

🏨🏨 **Cep** 🕭 sans rest, 27 r. Maufoux ℘ 03 80 22 35 48, Fax 03 80 22 76 80 – 🛗 🗏 📺 ☎ ✆ 🕭
🚗 🅿 – 🔬 70. 🆀 ⓞ 🆖 🇯🇨🇧
 ☑ 80 – **56 ch** 700/1500
AZ z

🏨🏨 **Poste**, 5 bd Clemenceau ℘ 03 80 22 08 11, Fax 03 80 24 19 71, 🍴, 🌳 – 🛗 🗏 ch, 📺 ☎
🧾100 ✆ – 🔬 25. 🆀 ⓞ 🆖 🇯🇨🇧
 Repas (fermé lundi midi et dim.) (99) - 130 (déj.), 145/349 ♀ – ☑ 80 – **21 ch** 700/1100,
 9 appart – ½ P 580/780
AZ f

🏨🏨 **Bleu Marine** Ⓜ, 12 bd Mar. Foch ℘ 03 80 24 01 01, Fax 03 80 24 09 90, 🍴, 🌳 – 🛗 🛬
🗏 📺 ☎ ✆ 🕭 🚗 🅿 – 🔬 80. 🆀 ⓞ 🆖
 Clos du Cèdre (fermé dim. midi du 1er nov. au 30 mars) **Repas** 99 (déj.), 155/320 ♀, enf. 65
 ☑ 55 – **34 ch** 495/800, 6 duplex
AY t

🏨🏨 **Mercure** Ⓜ, av. Ch. de Gaulle ℘ 03 80 22 22 00, Fax 03 80 22 91 74, 🍴, 🔁 – 🛗 🛬 🗏 📺
☎ ✆ 🕭 🅿 – 🔬 90. 🆀 ⓞ 🆖 🇯🇨🇧
 Repas (fermé sam. et dim. de nov. à fév.) (98) - 135/160 ♀, enf. 52 – ☑ 62 – **100 ch** 530/590
AZ m

🏨 **Henry II** sans rest, 12 r. Fg St-Nicolas ℘ 03 80 22 83 84, Fax 03 80 24 15 13 – 🛗 🗏 📺 ☎ ✆
🕭 🚗 . 🆀 ⓞ 🆖 🇯🇨🇧
 50 ch ☑ 420/750
AY q

🏨🏨 **Comfort Hôtel La Closerie** ⌖ sans rest, par ④ rte Autun N 74 *ℰ 03 80 22 15 07,*
Fax 03 80 24 16 22, 🗻, 🐎 – ⇄ 📺 🕿 ❦ ₺ **P**. 🔤 ⓞ **GB** **JCB**
fermé 24 déc. au 15 janv. – ⥮ 58 – **47 ch** 550/600

🏨🏨 **Belle Époque** sans rest, 15 r. Fg Bretonnière *ℰ 03 80 24 66 15, Fax 03 80 24 17 49,* 🐎 –
📺 🕿 🛏, 🔤 **GB**   AZ **h**
⥮ 46 – **16 ch** 345/495

🏨🏨🏨 **Hostellerie de Bretonnière** sans rest, 43 r. Fg Bretonnière *ℰ 03 80 22 15 77,*
Fax 03 80 22 72 54 – ⇄ 📺 🕿 ❦ **P**. 🔤 ⓞ **GB**   AZ **v**
⥮ 42 – **24 ch** 310/440

🏨🏨 **Central,** 2 r. V Millot *ℰ 03 80 24 77 24, Fax 03 80 22 30 40 –* 📺 🕿 ❦, 🔤 **GB**   AZ **n**
fermé 22 nov. au 10 déc. – **Cheval Blanc** *ℰ 03 80 24 69 70 (fermé merc. de nov. à mars)*
Repas 98 (déj.), 135/220 ♀ – ⥮ 55 – **21 ch** 465/825

🏨 **Grillon** ⌖ sans rest, 21 rte Seurre par ② : 1 km *ℰ 03 80 22 44 25, Fax 03 80 24 94 89,* 🐎
– ⇄ 📺 🕿 **P**. 🔤 ⓞ **GB**
fermé 1ᵉʳ fév au 1ᵉʳ mars – ⥮ 36 – **10 ch** 280/380

🏨 **Cloche,** 42 r. Fg Madeleine *ℰ 03 80 24 66 33, Fax 03 80 24 04 24,* 🐎 – ▦ rest, 📺 🕿 ❦ **P**.
🔤 ⓞ **GB** **JCB**   BZ **b**
fermé 5 au 25 janv. – **Repas** 79/198 ♀, enf. 55 – ⥮ 45 – **22 ch** 300/460

🏨 **Paix** sans rest, 45 r. Fg Madeleine *ℰ 03 80 24 78 08, Fax 03 80 24 10 18 –* 📺 🕿. 🔤 **GB**
JCB   BZ **n**
⥮ 40 – **10 ch** 310/350

🏨 **Villa Fleurie** sans rest, 19 pl. Colbert *ℰ 03 80 22 66 00, Fax 03 80 22 45 46,* 🐎 – 📺 🕿 ❦
P. **GB**   BY **s**
mars-nov. – ⥮ 50 – **10 ch** 395/420

🏨 **Alésia** sans rest, 4 av. Sablières, rte Dijon par ① : 1 km *ℰ 03 80 22 63 27,*
Fax 03 80 24 95 28 – 📺 🕿 **P**. **GB**
fermé 15 déc. au 20 janv. – ⥮ 35 – **15 ch** 195/335

🏨 **Beaun Hôtel** sans rest, 55 bis r. Fg Bretonnière *ℰ 03 80 22 11 01, Fax 03 80 22 46 66 –*
📺 🕿 ❦ ₺ **P**. 🔤 **GB**   AZ **u**
1ᵉʳ mars-30 nov. – ⥮ 39 – **21 ch** 290/360

✕✕✕ **Bernard Morillon,** 31 r. Maufoux *ℰ 03 80 24 12 06, Fax 03 80 22 66 22,* ⌗ – 🔤 ⓞ **GB**
JCB   AZ **z**
fermé 1ᵉʳ janv. au 7 fév., mardi midi et lundi – **Repas** 180/480 et carte 430 à 620 ♀

✕✕✕ **Jardin des Remparts** (Chanliaud), 10 r. Hôtel-Dieu *ℰ 03 80 24 79 41, Fax 03 80*
⌘   *24 92 79,* ⌗ – **P**. **GB**   AZ **a**
fermé 1ᵉʳ au 7 août, fév., dim. et lundi sauf fériés – **Repas** 160/430 et carte 280 à 350 ♀
Spéc. Foie gras de canard poché dans une gelée à l'hydromel. Tartare de boeuf aux huîtres.
Poire pochée au caramel de morilles, glace vermouth (automne-hiver). **Vins** Bourgogne
Aligoté, Pernand-Vergelesses.

✕✕ **L'Écusson,** pl. Malmédy *ℰ 03 80 24 03 82, Fax 03 80 24 74 02,* ⌗ – 🔤 ⓞ **GB**
JCB   BZ **f**
fermé 1ᵉʳ au 25 mars, 1ᵉʳ au 8 juil., dim. sauf fériés et merc. – **Repas** 144/282, enf. 75

✕✕ **Relais de Saulx,** 6 r. L. Véry *ℰ 03 80 22 01 35, Fax 03 80 22 41 01 –* **GB**   AZ **k**
fermé 1ᵉʳ au 16 oct., 1ᵉʳ au 15 fév., lundi midi et dim. – **Repas** 120/320

✕✕ **Bénaton,** 25 r. Fg Bretonnière *ℰ 03 80 22 00 26, Fax 03 80 22 51 95,* ⌗ – **GB** **JCB**
⌘   AZ **b**
fermé 1ᵉʳ au 7 juil., vacances de fév., merc. et jeudi.
Repas 120/250 ♀

✕✕ **Verger,** 21 rte Seurre par ② : 1 km *ℰ 03 80 24 28 05, Fax 03 80 24 28 05*
⌘   *fermé fév., merc. midi et mardi.*
Repas 90 (déj.), 120/250 ♀, enf. 50

✕✕ **Auberge Bourguignonne** avec ch, 4 pl. Madeleine *ℰ 03 80 22 23 53,*
⌘   *Fax 03 80 22 51 64 –* ▦ rest, 📺 🕿. **GB**   BZ **a**
fermé 15 déc. au 15 janv., dim. soir de fin nov. à mars et lundi sauf fériés – **Repas** 80/215 –
⥮ 35 – **8 ch** 310/360

✕✕ **Caveau des Arches,** 10 bd Perpreuil *ℰ 03 80 22 10 37, Fax 03 80 22 76 44,* « Salles
voûtées » – ▦. 🔤 ⓞ **GB** **JCB**   ABZ **x**
fermé 15 juil. au 10 août, 23 déc. au 20 janv., dim. et lundi – **Repas** 98/225

✕✕ **Auberge de la Toison d'Or,** 4 bd J. Ferry *ℰ 03 80 22 29 62, Fax 03 80 24 07 11 –* ▦. 🔤
⌘   **GB**   BZ **v**
fermé mardi soir et merc. – **Repas** 85/255 ♀, enf. 50

✕✕ **Auberge du Cheval Noir,** 17 bd St-Jacques *ℰ 03 80 22 07 37, Fax 03 80 24 06 92,* ⌗
– **GB**   AZ **t**
fermé 1ᵉʳ au 12 mars, mardi soir et merc. – **Repas** 95/200 bc ♀

✕ **Ciboulette,** 69 r. Lorraine *ℰ 03 80 24 70 72, Fax 03 80 22 79 71 –* ▦. 🔤 **GB**   AY **n**
⌘   *fermé 7 au 22 août, 7 au 28 fév., lundi et mardi* – **Repas** 99/134

X | **Maxime,** 3 pl. Madeleine ✆ 03 80 22 17 82, Fax 03 80 24 90 81, 🌫 – 🆎 ⒼⒷ | BZ e
🍷 | *fermé vacances de fév., dim. soir et lundi sauf fériés* – **Repas** 76/150 ⓨ, enf. 46

X | **Gourmandin,** 8 pl. Carnot ✆ 03 80 24 07 88, Fax 03 80 22 27 42 – ▤. ⒼⒷ | AZ d
| *fermé vacances de fév., merc. soir et jeudi* – **Repas** 115 ⓨ

X | **Ma Cuisine,** passage Ste-Hélène ✆ 03 80 22 30 22, Fax 03 80 24 99 79 – ▤. ⒼⒷ. ⅍
| *fermé vacances scolaires, août, sam. et dim.* – **Repas** (nombre de couverts limité, prévenir)
| 90 | AZ s

X | **Paradoxe,** 6 r. Fg Madeleine ✆ 03 80 22 63 94, Fax 03 80 24 20 42 – ⒼⒷ | BZ s
| *fermé merc. et dim.* – **Repas** 90/165 ⓨ

X | **P'tit Paradis,** 25 r. Paradis ✆ 03 80 24 91 00 – ⒼⒷ | AZ e
🍷 | *fermé 15 au 23 août, 21 nov. au 5 déc., 22 fév. au 7 mars, lundi soir et mardi* – **Repas**
| (prévenir) 75/165 ⓨ

X | **Les Tontons,** 22 r. Fg Madeleine ✆ 03 80 24 19 64, Fax 03 80 22 34 07 – ⒼⒷ | BZ r
| *fermé 25 juil. au 10 août, 20 déc. au 10 janv., jeudi et dim.* – **Repas** 98 (déj.)/165 ⓨ

à Savigny-lès-Beaune *par* ①, *D 18 et D 2 : 7 km* – *1 392 h. alt. 237* – ✉ *21420* :

Voir *Château*★.

🅑 *Syndicat d'Initiative* (saison) r. Vauchey-Véry ✆ *03 80 26 12 56*, Mairie ✆ *03 80 21 51 21*
Fax *03 80 21 56 63*.

🏠 | **Hameau de Barboron** 🦢 sans rest, ✆ 03 80 21 58 35, Fax 03 80 26 10 59, parc – 📺
| ☎ 📞 🅿 – 🔬 25. 🆎 ⒼⒷ
| ☞ 65 – **9 ch** 450/900, 3 duplex

🏠 | **L'Ouvrée,** rte Bouilland ✆ 03 80 21 51 52, Fax 03 80 26 10 04, 🌫 – 📺 ☎ 📞 🅿. ⒼⒷ
| *fermé fév.* – **Repas** 100/250 ⓨ, enf. 55 – ☞ 37 – **22 ch** 300/350 – ½ P 287/305

🏠 | **Lud Hôtel** 🦢, 31 r. Cîteaux ✆ 03 80 21 53 24, Fax 03 80 21 59 26, 🌫, 🏊 – 📺 ☎ 📞 🅿 –
| 🔬 15. ⒼⒷ. ⅍ ch
| *fermé 18 déc. au 4 janv. et 1er au 15 fév.* – **Repas** (fermé lundi) 100/228 ⓨ, enf. 80 – ☞ 38 –
| **25 ch** 340/390

XX | **Cuverie,** 5 r. Chanoine Donin ✆ 03 80 21 50 03, Fax 03 80 21 50 03 – ⒼⒷ
| *fermé 20 déc. au 20 janv., mardi soir et merc. d'oct. à juin* – **Repas** 88/210

rte de Dijon *par* ① *: 4 km* – ✉ *21200 Beaune* :

XXXX | **Ermitage de Corton** Ⓜ avec ch, ✆ 03 80 22 05 28, Fax 03 80 24 64 51, ≤, 🌫, 🦟 – 📺
| 🅿. 🆎 ⓪ ⒼⒷ ⒿⒸⒷ
| *fermé 1er au 10 août et 1er au 28 fév.* – **Repas** (fermé mardi midi, dim. soir et lundi)
| 235/760 et carte 440 à 610 ⓨ – ☞ 110 – **1 ch** 950, 9 appart 1950

à Aloxe-Corton *par* ① *: 6 km* – *187 h. alt. 255* – ✉ *21420* :

🏰 | **Villa Louise** 🦢 sans rest, ✆ 03 80 26 46 70, Fax 03 80 26 47 16, 🦟 – 📺 ☎ 📞 🅿. 🆎 ⒼⒷ
| ⒿⒸⒷ
| ☞ 75 – **10 ch** 500/800

à Ladoix-Serrigny *par* ① *et N 74 : 7 km* – *1 549 h. alt. 200* – ✉ *21550* :

🏠 | **Gremelle,** N 74 ✆ 03 80 26 40 56, Fax 03 80 26 48 23, 🌫, 🏊, 🦟 – 📺 ☎ 📞 🅿. 🆎 ⓪ ⒼⒷ
| *1er mars-30 nov.* – **Repas** 140/350 ⓨ, enf. 65 – ☞ 55 – **21 ch** 250/350 – ½ P 350

XX | **Les Coquines,** à Buisson ✆ 03 80 26 43 58, Fax 03 80 26 49 59, 🌫, 🦟 – 🅿. 🆎 ⓪ ⒼⒷ
| ⒿⒸⒷ
| *fermé 23 déc. au 2 janv., 7 au 20 fév., merc. et jeudi* – **Repas** 165/245 ⓨ

X | **Les Terrasses de Corton** avec ch, ✆ 03 80 26 42 37, Fax 03 80 26 42 13, 🌫 – 📺 ☎ 🅿
| ⒼⒷ
| *fermé 25 janv. au 2 mars* – **Repas** (fermé merc.) 95/230 ⓨ, enf. 60 – ☞ 35 – **10 ch** 210/275 –
| ½ P 235

à Challanges *par* ② *puis D 111 : 4 km* – ✉ *21200 Beaune* :

🏰 | **Château de Challanges** Ⓜ 🦢 sans rest, r. Templiers ✆ 03 80 26 32 62,
| Fax 03 80 26 32 52, « Belle demeure dans un parc » – 📺 ☎ 📞 🅿 – 🔬 15. 🆎 ⓪ ⒼⒷ ⒿⒸⒷ
| *10 mars-10 déc.* – ☞ 60 – **9 ch** 530, 5 appart

au Sud-Est près de l'échangeur A 6 *par* ③ *: 2 km* – ✉ *21200 Beaune* :

🏨 | **Novotel** Ⓜ, av. Ch. de Gaulle ✆ 03 80 24 59 00, Fax 03 80 24 59 29, 🌫, 🏊 – 📶 ⅍ ▤ 📺
| ☎ 📞 ♿ 🅿 – 🔬 150. 🆎 ⓪ ⒼⒷ
| **Repas** (95) - 115/130 ⓨ, enf. 50 – ☞ 60 – **127 ch** 510/610

🏠 | **Relais Motel 21,** rte Verdun ✆ 03 80 24 15 30, Fax 03 80 24 16 10, 🌫, 🏊, 🦟 – 📺 ☎ 📞
| ♿ 🅿 – 🔬 30. 🆎 ⓪ ⒼⒷ
| **Repas** (69) - 87/145 ⓨ, enf. 46 – ☞ 38 – **42 ch** 290

à **Levernois** Sud-Est : 5 km par rte de Verdun sur-le-Doubs, D 970 et D 111ᴸ - **BZ** – 285 h. alt. 198 – ⊠ 21200 :

🏛 **Colvert Golf Hôtel** Ⓜ ⚜ sans rest, ℘ 03 80 24 78 20, Fax 03 80 24 77 70, ≼ – ⌷♯⌷ 📺 ☎
  ⚑ ⅍, ⏪, 🝙 ⓞ 🄶🄱
  fermé 15 déc. au 15 janv. – ⇋ 50 – **24 ch** 300/380

🏛 **Parc** ⚜ sans rest, ℘ 03 80 24 63 00, Fax 03 80 24 21 19, « Parc et cour-terrasse fleuris »
  – 📺 ☎ 🄿, 🄶🄱, ⚜
  fermé 1ᵉʳ déc. au 15 janv. – ⇋ 37 – **24 ch** 270/510

🕌🕌🕌🕌 **Hostellerie de Levernois** (Crotet) Ⓜ ⚜ avec ch, rte Combertault ℘ 03 80 24 73 58,
✿   Fax 03 80 22 78 00, ㄇ, « Jardin fleuri et parc », ⚑, ⚟ – 🗐 📺 ☎ ⚑ 🄿, 🄰🄴 ⓞ 🄶🄱
  fermé 1ᵉʳ au 15 mars, 21 au 28 déc., dim. soir et mardi de nov. à mars – **Repas** (dîner seul.
  d'avril à oct. sauf dim.) 150 (déj.), 390/680 et carte 400 à 550 ⅀ – ⇋ 110 – **16 ch** 1100 –
  ½ P 1150
  Spéc. Petits escargots de Bourgogne en cocotte. Canon d'agneau au foie gras et truffe.
  Poulet de Bresse rôti, pomme purée. **Vins** Bourgogne-Aligoté, Savigny-lès-Beaune.

🍴 **Garaudière**, ℘ 03 80 22 47 70, Fax 03 80 22 64 01, ㄇ, ⚑ – 🄶🄱
  fermé 1ᵉʳ déc. au 15 janv., dim. de janv. à mars et lundi – **Repas** grill 90

à **Ste-Marie-La-Blanche** Sud-Est : 7 km par rte de Verdun sur-le-Doubs – 693 h. alt. 197 – ⊠ 21200 :

🏠 **Relais Ste-Marie**, ℘ 03 80 26 60 51, Fax 03 80 26 54 04 – 📺 ☎. 🄰🄴 🄶🄱
🍴   fermé merc. hors saison – **Repas** 75/160 ⅋, enf. 48 – ⇋ 35 – **12 ch** 220/250 – ½ P 280

à **Montagny-lès-Beaune** par ③ et D 113 : 3 km – 763 h. alt. 206 – ⊠ 21200 :

🏠 **Les Genièvres** ⚜ sans rest, ℘ 03 80 22 37 74, Fax 03 80 24 23 18, ⚑ – 📺 ☎ ⚑ 🄿, 🄰🄴
  🄶🄱
  fermé 20 déc. au 10 janv. et dim. de nov. à fév. – ⇋ 32 – **19 ch** 250/280

à **Meursault** par ④ : 8 km – 1530 h. alt. 243 – ⊠ 21190 :
  🄳 Office de Tourisme (saison) pl. Hôtel-de-Ville ℘ 03 80 21 25 90.

🏛 **Magnolias** ⚜ sans rest, 8 r. P. Joigneaux ℘ 03 80 21 23 23, Fax 03 80 21 29 10, « Belle
  décoration intérieure » – ⚑ ☎ ⚑ 🄿, 🄰🄴 🄶🄱, ⚜
  15 mars-30 nov. – ⇋ 48 – **12 ch** 450/680

🏛 **Les Charmes** ⚜ sans rest, pl. Murger ℘ 03 80 21 63 53, Fax 03 80 21 62 89, ⅃, ⚑ – 📺
  ☎ ⚑ 🄿, ⚜
  10 mars-3 déc. – ⇋ 50 – **14 ch** 450/590

🏠 **Motel Au Soleil Levant**, rte Beaune ℘ 03 80 21 23 47, Fax 03 80 21 65 67, ㄇ – 📺 ☎
🍴   ⚑ 🄿, ⚑
  Repas (fermé vacances de Noël, de fév., jeudi midi et merc. d'oct. à mai) 80/148 ⅀, enf. 49 –
  ⇋ 33 – **43 ch** 220/398

🍴🍴 **Relais de la Diligence**, à la gare Sud-Est : 2,5 km par D 23 ℘ 03 80 21 21 32,
⚑   Fax 03 80 21 64 69, ≼, ㄇ – 🄿, 🄰🄴 ⓞ 🄶🄱
  fermé 7 déc. au 15 janv., mardi soir et merc. de nov. à mai – **Repas** 80/190 ⅀, enf. 50

🍴 **Bouchon**, pl. Hôtel-de-Ville ℘ 03 80 21 29 56, Fax 03 80 21 29 56 – 🄰🄴 ⓞ 🄶🄱
⚑   fermé 22 nov. au 29 déc., dim. soir et lundi – **Repas** (55) 76/155 ⅀, enf. 49

à **Puligny-Montrachet** par ④ et N 74 : 12 km – 466 h. alt. 227 – ⊠ 21190 :

🏛 **Montrachet** ⚜, ℘ 03 80 21 30 06, Fax 03 80 21 39 06 – 📺 ☎ ⅍ ⚑, 🄰🄴 ⓞ 🄶🄱, ⚜ rest
✿   fermé 30 nov. au 10 janv. – **Repas** (fermé merc. midi) 215/435 ⅀ – ⇋ 70 – **32 ch** 535/550 –
  ½ P 645
  Spéc. Escargots de Bourgogne. Œufs en meurette. Blanc de volaille de Bresse au foie gras.
  Vins Puligny-Montrachet, Chassagne-Montrachet.

à **Auxey-Duresses** par ④ et D 973 : 8 km – 351 h. alt. 260 – ⊠ 21190 :

🍴🍴 **Crémaillère**, ℘ 03 80 21 22 60, Fax 03 80 21 62 65 – 🄶🄱
⚑   fermé 1ᵉʳ au 9 juil., vacances de fév., lundi soir et mardi – **Repas** 80/240 ⅋, enf. 48

à **Volnay** par ④ et N 74 – 355 h. alt. 290 – ⊠ 21190 :

🍴 **Auberge des Vignes**, N 74 ℘ 03 80 22 24 48, Fax 03 80 21 68 39 – 🄿, 🄶🄱
  fermé 20 au 26 nov., vacances de fév., mardi soir d'oct. à mars, dim. soir et merc..
  Repas 72 (déj.), 92/198

à **Bouze-lès-Beaune** par ⑤ et D 970 : 6,5 km – 247 h. alt. 400 – ⊠ 21200 :

🍴 **Bouzerotte**, ℘ 03 80 26 01 37, Fax 03 80 26 09 37, ㄇ – 🄶🄱
  fermé 4 au 10 sept., Noël au Jour de l'An, 14 au 27 fév., lundi sauf le midi de Pâques à nov.
  et mardi – **Repas** (dim. prévenir) 89/260

voir aussi ressource hôtelière de **Bouilland**

BEAUPRÉAU 49600 M.-et-L. 🔢 ⑤ G. Châteaux de la Loire – 5 937 h alt. 73.

🛈 Office de Tourisme 𝒫 02 41 75 38 31, Fax 02 41 75 38 28, Mairie 𝒫 02 41 71 76 60.
Paris 346 – Angers 53 – Ancenis 29 – Châteaubriant 74 – Cholet 19 – Nantes 53 – Saumur 87.

à la Chapelle-du-Genêt Sud-Ouest : 3 km – 924 h. alt. 95 – ☒ 49600 :

XX **Auberge de la Source**, 𝒫 02 41 63 03 89, Fax 02 41 63 35 34 – ⅁ℬ
fermé 31 juil. au 21 août, dim. soir et lundi – Repas 106/265 ⌾

BEAURECUEIL 13 B.-du-R. 🔢 ③ – rattaché à Aix-en-Provence.

BEAUREPAIRE 38270 Isère 🔢 ② – 3 735 h alt. 259.

Paris 522 – Annonay 42 – Grenoble 66 – Romans-sur-Isère 39 – St-Étienne 81 – Vienne 32.

XXX **Fiard** avec ch., av. Terreaux 𝒫 04 74 84 62 02, Fax 04 74 84 71 13 – 📺 ☎ ⌾ – 🛆 15. ⅍ ⑩ ⅁ℬ
fermé lundi midi sauf fériés – Repas (90) - 150/395 et carte 260 à 360 ⌾ – ☲ 40 – **15 ch** 250/400

aux Roches de Pajay Est : 3 km par D 519 – 736 h. alt. 358 – ☒ 38260 Pajay :

X **Chandelier,** 𝒫 04 74 84 66 67, 🌰 – 🄿. ⅁ℬ
Repas (dîner sur réservation) 60 (déj.), 98/198 ⌾, enf. 50

BEAUREPAIRE-EN-BRESSE 71 S.-et-L. 🔢 ⑬ – rattaché à Louhans.

BEAUSOLEIL 06 Alpes-Mar. 🔢 ⑩,, 🔢 ㉗ – rattaché à Monaco.

Le BEAUSSET 83330 Var 🔢 ⑭, 🔢 ㊹ – 7 114 h alt. 167.

Voir ⩽★ de la chapelle N.-D. du Beausset-Vieux S : 4 km, G. Côte d'Azur.
🛈 Office de Tourisme pl. Ch.-de-Gaulle 𝒫 04 94 90 55 10, Fax 04 94 98 51 83.
Paris 820 – Toulon 19 – Aix-en-Provence 66 – Marseille 46.

🏛 **Mas Lei Bancau** ⌂, Sud : 2 km par N 8 et rte secondaire 𝒫 04 94 90 27 78, Fax 04 94 90 29 00, 🌰, parc, ⛲ – 📺 ☎ 🄿. ⅁ℬ. 🕸
fermé 5 janv. au 5 fév. – Repas (fermé jeudi midi et merc.) (120) - 150/220 – ☲ 45 – **8 ch** 460/585 – ½ P 425/485

🏛 **Cigalière** ⌂, Nord : 1,5 km par N 8 et rte secondaire 𝒫 04 94 98 64 63, Fax 04 94 98 66 04, 🌰, parc, ⛲, 🕸 – cuisinette ☎ 🄿 – 🛆 25. ⅁ℬ, 🕸
fermé 5 au 15 oct. – Repas (ouvert mai-oct.) (dîner seul.) (95) - 118/135 – ☲ 40 – **14 ch** 355/400, 5 studios – ½ P 325/355

X **Fontaine des Saveurs**, 17 bd Chanzy 𝒫 04 94 98 50 01 – ⅍ ⅁ℬ 𝖩𝖢𝖡
fermé 1er au 9 juil., 16 au 31 oct., 5 au 11 fév., dim. soir d'oct. à avril et merc. – Repas 99 bc (déj.), 140/380 ⌾, enf. 60

BEAUVAIS 🄿 60000 Oise 🔢 ⑨ ⑩ G. Picardie Flandres Artois – 54 190 h alt. 67.

Voir Cathédrale St-Pierre★★★ : horloge astronomique★ – Église St-Étienne★ : vitraux★★ et arbre de Jessé★★★ – Musée départemental de l'Oise★ dans l'ancien palais épiscopal M².
🛈 Office de Tourisme r. Beauregard 𝒫 03 44 15 30 30, Fax 03 44 15 30 31.
Paris 88 ④ – Compiègne 61 ③ – Amiens 61 ② – Boulogne-sur-Mer 182 ① – Rouen 83 ⑤.

Plan page ci-contre

🏨 **Hostellerie St-Vincent** Ⓜ, (zone St-Germain) 𝒫 03 44 05 49 99, Fax 03 44 05 52 94, 🌰 – 📺 ☎ ⌾ ⅃ 🄿 – 🛆 70. ⅍ ⑩ ⅁ℬ 𝖩𝖢𝖡
Repas (fermé sam. midi) 79/180 ⌾, enf. 48 – ☲ 38 – **84 ch** 315 – ½ P 260

🏛 **Cygne** sans rest, 24 r. Carnot (u) 𝒫 03 44 48 68 40, Fax 03 44 45 16 76 – 📺 ☎. ⅁ℬ
fermé 25 déc. au 2 janv. – ☲ 38 – **21 ch** 200/300

🏛 **Résidence** ⌂ sans rest, 24 r. L. Borel par ② et r. D. Maillart 𝒫 03 44 48 30 98, Fax 03 44 45 09 42 – 📺 ☎ ⌾.
fermé dim. d'oct. à avril – ☲ 30 – **22 ch** 190/270

par ④ et N 1 : 5 km – ☒ 60000 Beauvais :

🏨 **Relais Mercure** Ⓜ sans rest, quartier St-Lazare 𝒫 03 44 02 80 80, Fax 03 44 02 12 50, ⅃ – 🌸📺 ☎ ⌾ ⅃ 🄿 – 🛆 40. ⅍ ⑩ ⅁ℬ
☲ 52 – **60 ch** 400/430

XX **Bellevue,** 𝒫 03 44 02 17 11, Fax 03 44 02 54 44 – ▤ 🄿. ⅍ ⅁ℬ
fermé 7 au 22 août, sam. et dim. – Repas carte 170 à 300

BEAUVAIS

Beauregard (R.) 2
Brière (Bd J.) 3
Carnot (R.)
Clemenceau (Pl.) 4
Dr-Gérard (R.) 5
Dr-Lamotte (Bd du) 6
Dreux (R. Ph. de) 7
Gambetta (R.)
Grenier-à-Sel (R.) 8
Guéhengnies (R. de) 9
Hachette (Pl. J.) 10
Halles (Pl. des) 12
Leclerc (R. Mar.) 13
Lignières (R. J. de) 15
Loisel (Bd A.) 16
Malherbe (R. de) 18
Nully-d'Hécourt (R.) 19
République (Av. de la) 20
St-André (Bd) 22
St-Laurent (R.) 23
St Pierre (R.) 24
St-Vincent-de-Beauvais (R.) 26
Scellier (Cours) 27
Taillerie (R. de la) 29
Tapisserie (R. de la) ... 30
Villiers-de-l'Isle-Adam (R.) 35
Watrin (R. du Gén.) 36
27-Juin (R. du) 38

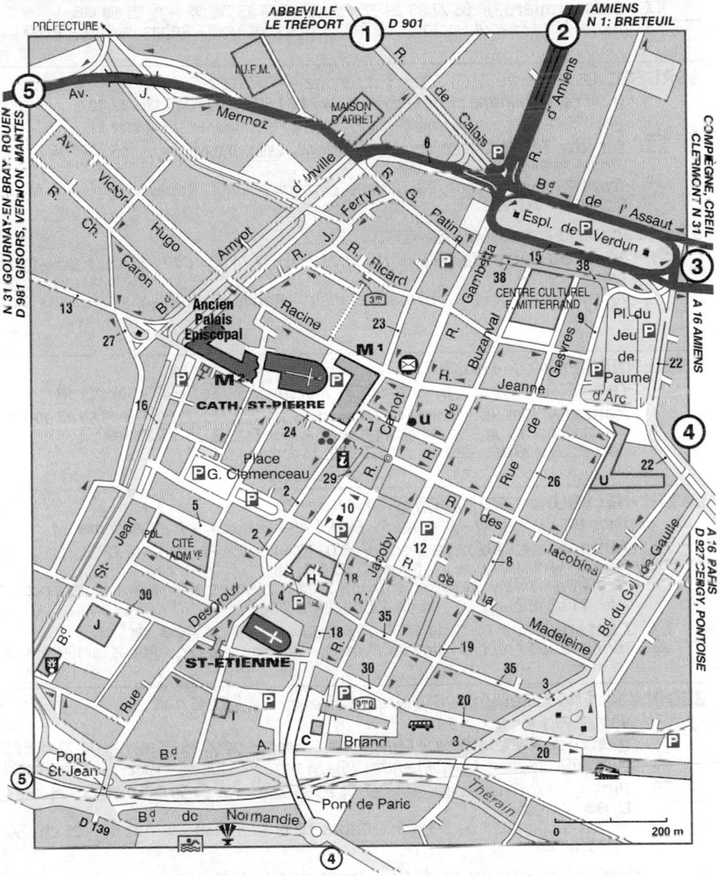

Campers... Use the current **Michelin Guide Camping Caravaning France.**

BEAUVOIR *50 Manche* 59 ⑦ – *rattaché au Mont-St-Michel.*

BEAUVOIR-SUR-MER *85230 Vendée* 67 ① ② – *3 277 h alt. 8*

Office de Tourisme r. Ch.-Gallet ☎ 02 51 68 71 13, Fax 02 51 49 05 04.

Paris 447 – Nantes 59 – La Roche-sur-Yon 58 – Challans 15 – Noirmoutier-en-l'Ile 29.

Relais des Touristes (annexe M), rte Gois ☎ 02 51 68 70 19, Fax 02 51 49 33 45, – TV ☎ P – 25. AE GB JCB
Repas (58) - 70/240, enf. 55 – 37 – **41 ch** 310/400 – 1/2 P 300/320

BEAUVOIR-SUR-NIORT 79360 Deux-Sèvres 72 ① – 1 242 h alt. 66.

Paris 420 – La Rochelle 59 – Niort 16 – St-Jean-d'Angély 28.

XX **Auberge des Voyageurs,** ☎ 05 49 09 70 16, Fax 05 49 09 65 78 – AE GB
fermé 15 au 31 janv., merc. sauf le midi en été et dim. soir – **Repas** (98) - 138/245 ♀, enf. 50

BEAUVOIS-EN-CAMBRÉSIS 59157 Nord 53 ④ – 2 099 h alt. 89.

Paris 190 – St-Quentin 40 – Arras 48 – Cambrai 12 – Valenciennes 36.

XX **Buissonnière,** ☎ 03 27 85 29 97, Fax 03 27 76 25 74, 佘 – P. AE ⓞ GB
fermé 17 au 31 août, vacances de fév., dim. soir et lundi – **Repas** 125/210, enf. 60

BEAUZAC 43590 H.-Loire 76 ⑧ G. Vallée du Rhône – 1 955 h alt. 565.

🚹 Office de Tourisme pl. de l'Église ☎ 04 71 61 50 74, Fax 04 71 61 47 49.
Paris 559 – Le Puy-en-Velay 46 – St-Étienne 43 – Craponne-sur-Arzon 31.

XX **Air du Temps** avec ch, à Confolent, Est : 4 km par D 461 ☎ 04 71 61 49 05,
Fax 04 71 61 50 91 – 📺 ☎. GB
⊕ fermé 28 août au 4 sept., 2 au 22 janv., dim. soir et lundi – Repas 98/320 ♀, enf. 65 – � 45 –
8 ch 260 – ½ P 250

à Bransac Sud : 3 km par D 42 – ⊠ 43590 :

XX **Table du Barret** M ⅖ avec ch, ☎ 04 71 61 47 74, Fax 04 71 61 52 73, 佘 – 📺 ☎ ✆ P.
GB
fermé 15 au 30 nov., fév., dim. soir et merc. – **Repas** 85/290 ♀, enf. 60 – � 30 – **9 ch** 250 –
½ P 220

BEBLENHEIM 68980 H.-Rhin 87 ⑰ G. Alsace Lorraine – 918 h alt. 212.

Paris 437 – Colmar 10 – Gérardmer 57 – Ribeauvillé 5 – St-Dié 46 – Sélestat 18.

🏰 **Kanzel** M sans rest, chemin des Amandiers ☎ 03 89 49 08 00, Fax 03 89 47 99 10, ≤ Vosges et vignobles, 🐎 – cuisinette 📺 ☎ ✆ ₺ ⊕ P – 🅰 25. AE ⓞ GB
fermé 20 au 28 déc. – **10 ch** ⊠ 760/950, 14 appart 1350

Le BEC-HELLOUIN 27800 Eure 55 ⑮ – 434 h alt. 101.

Paris 151 – Rouen 41 – Bernay 23 – Évreux 48 – Lisieux 47 – Pont-Audemer 24.

XX **Auberge de l'Abbaye** avec ch, ☎ 02 32 44 86 02, Fax 02 32 46 32 23, 佘, « Demeure
normande du 18ᵉ siècle » – 📺 ☎ ✆. AE GB
fermé 8 au 20 janv., lundi soir et mardi de nov. à Pâques et lundi de Pâques à oct. – **Repas**
(150) - 210/310 ♀ – ⊠ 50 – **11 ch** 450/480 – ½ P 500

XX **Canterbury,** ☎ 02 32 44 14 59, Fax 02 32 44 14 59, 佘 – GB. ⚹
⊕ fermé 19 au 27 sept., 31 janv. au 1ᵉʳ mars, mardi soir et merc. – **Repas** 85/190, enf. 55

BÉDOIN 84410 Vaucluse 81 ⑬ G. Provence et Alpes du Sud – 2 215 h alt. 295.

Voir Le Paty ≤★ NO : 4,5 km.
🚹 Office de Tourisme Espace Marie-Louis-Gravier ☎ 04 90 65 63 95, Fax 04 90 12 81 05.
Paris 695 – Avignon 42 – Carpentras 16 – Nyons 37 – Sault 36 – Vaison-la-Romaine 21.

🏰 **Pins** ⅖, 1 km chemin des Crans ☎ 04 90 65 92 92, Fax 04 90 65 60 66, 佘, ⅃, 🐎 – 📺 ☎
P. 🅰. ⚹ rest
1ᵉʳ avril-5 nov. et 23 déc.-3 janv. – **Repas** (dîner seul.) 130/250 – ⊠ 60 – **25 ch** 350/370 –
½ P 330/360

à Ste-Colombe Est : 4 km par rte du Mont-Ventoux – ⊠ 84410 :

🏠 **Garance** M sans rest, ☎ 04 90 12 81 00, Fax 04 90 65 93 05, ≤, ⅃ – 📺 ☎ ₺ P. GB
⊠ 39 – **14 ch** 250/295

XX **Colombe,** ☎ 04 90 65 61 20, Fax 04 90 65 61 20, ≤, 佘 – P. GB. ⚹
fermé 15 nov. au 31 mars sauf week-ends, dim. soir d'oct. à mai, mardi midi de juin à sept.
et lundi – **Repas** 90/260, enf. 50

rte du Mont-Ventoux Est : 6 km – ⊠ 84410 Bédoin :

XX **Mas des Vignes,** au virage de St-Estève ☎ 04 90 65 63 91, Fax 04 90 65 63 91, ≤ Dentelles de Montmirail et le Comtat, 佘 – P.
1ᵉʳ avril-1ᵉʳ nov. et fermé dim. soir, mardi midi et lundi sauf juil.-août – **Repas** 160/215 ♀

BEG-MEIL 29 Finistère 58 ⑮ G. Bretagne – ⊠ 29170 Fouesnant

🚹 Office de Tourisme (mi juin-mi sept.) ☎ 02 98 94 97 47, Fax 02 98 56 64 02.
Paris 561 – Quimper 20 – Concarneau 16 – Pont-l'Abbé 23 – Quimperlé 44.

Bretagne 🅂, 14 r. Glénan ✆ 02 98 94 98 04, *Fax 02 98 94 90 58*, 🏖, 🏊, 🌳 – 📺 ☎ 📞 ♿ 🅿 – 🏢 40. GB. ✂ rest
30 mars-1er oct. et fermé mardi hors saison – **Repas** 80 (déj.), 100/199 🍷, enf. 55 – ☕ 38 – **28 ch** 360/430 – ½ P 350/390

Thalamot 🅂, ✆ 02 98 94 97 38, *Fax 02 98 94 49 92*, 🏖, 🌳 – 📺 ☎ 📞 – 🏢 30. AE GB. ✂ rest
Pâques-1er oct. – **Repas** 85/260 🍷, enf. 60 – ☕ 41 – **32 ch** 390/445 – ½ P 325/395

La BÉGUDE-DE-MAZENC *26160 Drôme* **81** ② *G. Vallée du Rhône – 1 053 h alt. 215.*
Voir *Vieux village perché★.*
Paris 615 – Valence 55 – Crest 29 – Montélimar 16 – Nyons 35 – Orange 70.

Hostellerie du Château de Mazenc 🅂, ✆ 04 75 46 97 00, *Fax 04 75 46 97 01*, 🏖, « Château du 17e siècle dans un parc », 🏊 – 📺 ☎ 🅿 – 🏢 30. GB
17 avril-20 oct. – **Repas** (dîner seul.)(résidents seul.) – ☕ 45 – **19 ch** 350/650 – ½ P 650/950

BEINHEIM *67930 B.-Rhin* **87** ③ *– 1 556 h alt. 115.*
Paris 515 – Strasbourg 43 – Haguenau 25 – Karlsruhe 37 – Wissembourg 27.

François sans rest, 58 r. Principale ✆ 03 88 86 41 26, *Fax 03 88 86 27 00*, 🌳 – 📺 ☎ 🚗 🅿. AE GB. ✂
fermé 1er au 15 août et Noël au Jour de l'An – ☕ 35 – **13 ch** 225/320

BELCAIRE *11340 Aude* **86** ⑥ *– 360 h alt. 1002.*
Voir *Forêts★★ de la Plaine et Comus NO.*
Env. *Belvédère du Pas de l'Ours★★ E : 13 km puis 15 mn.* **G. Pyrénées Roussillon.**
Paris 822 – Foix 53 – Ax-les-Thermes 26 – Carcassonne 81 – Quillan 29.

Bayle avec ch, ✆ 04 68 20 31 05, *Fax 04 68 20 35 24*, 🏖, 🌳 – ☎ 📞. GB
fermé merc. hors saison – **Repas** 72 bc (déj.), 90/170 🍷, enf. 45 – ☕ 35 – **12 ch** 175/270 – ½ P 200/270

BELCASTEL *12390 Aveyron* **80** ① *G. Midi-Pyrénées – 245 h alt. 406.*
Voir *Commune de la "Méridienne verte".*
Paris 619 – Rodez 27 – Decazeville 31 – Villefranche-de-Rouergue 37.

Vieux Pont (Mme Fagegaltier) Ⓜ 🅂 avec ch, ✆ 05 65 64 52 29, *Fax 05 65 64 44 32*, < – ▤ rest, 📺 ☎ 📞 🅿. GB
✿ *fermé 1er janv. au 10 mars, dim. soir, mardi midi de sept. à juin et lundi* – **Repas** (nombre de couverts limité, prévenir) 145/370 et carte 245 à 360, enf. 80 – ☕ 60 – **7 ch** 460/500 – ½ P 470/510
Spéc. Tête de cèpe aux pieds de porc (automne-hiver). Pigeon fermier rissolé au thym et à l'orange. Viandes de l'Aveyron. **Vins** Marcillac, Vins d'Entraygues et du Fel

BELFORT Ⓟ *90000 Ter.-de-Belf.* **66** ⑧ *G. Jura – 50 125 h alt. 360.*
Voir *Le Lion★★ – Camp retranché★★ : ✱★★ de la terrasse du fort – Vieille ville★ : porte de Brisach★ – Orgues★ de la cathédrale St-Christophe* **Y B** *– Fresque★ (parking rue de l'As-de-Carreau* **Z** *6).*
ℹ *Office de Tourisme 2 bis r. G.-Clemenceau ✆ 03 84 55 90 90, Fax 03 84 50 90 99.*
Paris 421 ③ – Besançon 94 ③ – Mulhouse 40 ② – Basel 77 ② – Épinal 95 ⑤.

Plan page suivante

Novotel Atria Ⓜ, av. Espérance (au centre des congrès) ✆ 03 84 58 85 00, *Fax 03 84 58 85 01* – 🛗 ✂ ▤ 📺 ☎ 📞 ♿ 🚗 – 🏢 400. AE ⓓ GB — **Y u**
Repas *(95)* - 135 🍷, enf. 50 – ☕ 60 – **79 ch** 485/505

Grand Hôtel du Tonneau d'Or Ⓜ, 1 r. Reiset ✆ 03 84 58 57 56, *Fax 03 84 58 57 50* – 🛗 ✂ 📺 ☎ 📞 ♿ 🅿 – 🏢 60. AE ⓓ GB — **Y e**
Repas *(fermé janv., août, lundi midi et dim.)* 135/230, enf. 59 – ☕ 56 – **52 ch** 390/740

Boréal Ⓜ sans rest, 2 r. Comte de la Suze ✆ 03 84 22 32 32, *Fax 03 84 28 15 01* – 🛗 ✂ ▤ 📺 ☎ 📞 ♿ 🚗 – 🏢 30. AE ⓓ GB — **Z r**
fermé 22 déc. au 2 janv. – ☕ 48 – **54 ch** 390/500

Modern Hôtel sans rest, 9 av. Wilson ✆ 03 84 21 59 45, *Fax 03 84 22 72 40* – 🛗 📺 ☎ 📞 🚗. AE GB. ✂ — **VX a**
fermé 22 déc. au 9 janv. et dim. de nov. à avril – ☕ 38 – **39 ch** 270/325

Capucins, 20 fg Montbéliard ✆ 03 84 28 04 60, *Fax 03 84 55 00 92* – 🛗 📺 ☎. AE ⓓ GB
fermé 29 juil. au 13 août et 23 déc. au 3 janv. – **Repas** *(fermé sam. sauf le soir du 2 mai au 31 oct. et dim.)* 92/195 🍷 – ☕ 37 – **35 ch** 265/330 – ½ P 260/290 — **Z n**

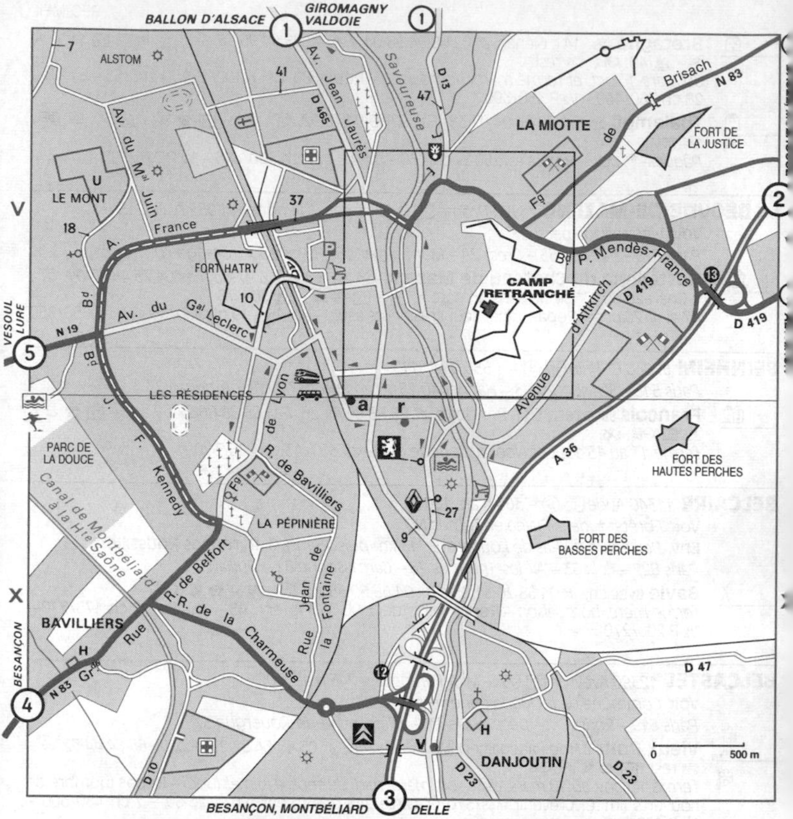

BALLON D'ALSACE
GIROMAGNY
VALDOIE
ALSTOM
LE MONT
LA MIOTTE
FORT DE LA JUSTICE
Brisach
N 83
Av. du Mal Juin
France
FORT HATRY
CAMP RETRANCHÉ
Bd P. Mendès-France
Av. du Gal Leclerc
VESOUL
LURE
N 19
LES RÉSIDENCES
PARC DE LA DOUCE
Canal de Montbéliard à la Hte Saône
R. de Lyon
R. de Bavilliers
LA PÉPINIÈRE
FORT DES HAUTES PERCHES
FORT DES BASSES PERCHES
Avenue d'Altkirch
D 419
A 36
Bd J. F. Kennedy
R. de Belfort
R. de la Charmeuse
Rue Jean de la Fontaine
BAVILLIERS
BESANÇON
Grde Rue
DANJOUTIN
D 47
D 23
D 10
D 13
Savoureuse
Av. Jean Jaurès
D 465
0
500 m
BESANÇON, MONTBÉLIARD
DELLE

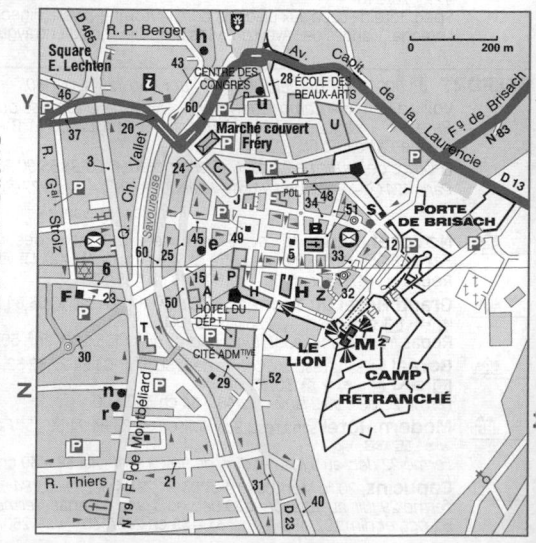

BELFORT

Ancêtres (Fg des) . . . . Y 3
Armes (Pl. d') . . . . Y 5
As-de-Carreau (R. de l') . . . . Z 6
Auxelles (via d') . . . . V 7
Besançon (R. de) . . . . X 9
Boulloche (Pt A.) . . . . V 10
Bourgeois (Pl. des) . . . . Y 12
Carnot (Bd) . . . . Z 15
Château-d'Eau (Av. du) . . . . V 18
Clemenceau (R. G.) . . . . . . Y 20
Denfert-Rochereau (R.) . . . . . Z 21
Dr-Corbis (Pl. du) . . . . Z 23
Dr-Fréry (R. du) . . . . Y 24
Dreyfus-Schmidt (R.) . . . . Y 25
Dunant (Bd H.) . . . . X 27
Espérance (Av. de l') . . . . Y 28
Foch (Av. Mar.) . . . . Z 29
France (Fg de) . . . . Z 30
Gaulard (R. du Gén.) . . . . Z 31
Grande-Fontaine (R.) . . . . Y 33
Grand'Rue . . . . Y 34
Joffre (Bd du Mar.) . . . . VY 37
Lebleu (R. F.) . . . . Z 40
Lille (R. de) . . . . V 41
Magasin (Q. du) . . . . Y 43
Metz-Juteau (R.) . . . . Y 45
Moulin (Av. J.) . . . . V 47
Pompidou (R. G.) . . . . Y 48
République (Pl. de la) . . . . Y 49
République (R. de la) . . . . Z 50
Roussel (R. du Gén.) . . . . Y 51
Sarrail (Av. du Gén.) . . . . Z 52
Vauban (Q.) . . . . Y 60

D 465
R. P. Berger
Square E. Lechten
CENTRE DES CONGRÈS
ÉCOLE DES BEAUX-ARTS
Av. Capit. de la Laurencie
Fg de Brisach
N 83
D 13
Marché couvert Fréry
R. Gal Strolz
Q. Ch. Vallet
Savoureuse
PORTE DE BRISACH
HÔTEL DU DÉPT
CITÉ ADMTIVE
LE LION
CAMP RETRANCHÉ
N 19
Fg de Montbéliard
R. Thiers
D 23
0
200 m

🏛 **Vauban** sans rest, 4 r. Magasin ℰ 03 84 21 59 37, Fax 03 84 21 41 67, 🎐 – 📺 ☎. 🖭 ⑩
GB JCB. ⁓   Y   h
☲ 38 – **14 ch** 260/350

XXX **Sabot d'Annie** (Barbier), rte d'Offemont, Nord : 1,5 km par D 13 ⊠ 90300 Offemont
⁂   ℰ 03 84 26 01 71, Fax 03 84 26 03 79 – 🖳 🖭. 🖭 GB
fermé 1er au 28 août, vacances de fév., sam. midi, dim. soir et lundi – **Repas** 140/350 et
carte 240 à 360
Spéc. Soufflé de Saint-Pierre à l'oseille. Éventail de langoustines sur lit de courgettes.
Feuilleté de ris de veau au Noilly. **Vins** Tokay-Pinot gris, Côtes du Jura blanc

XXX **Hostellerie du Château Servin** ⑤ avec ch, 9 r. Gén. Négrier ℰ 03 84 21 41 85,
Fax 03 84 57 05 57, ⦿, 🎐 – ⧉ 📺 ☎ 🖭. 🖭 ⑩ GB. ⁓ ch   X   r
fermé 3 au 25 août, dim. soir, lundi midi et vend. – **Repas** 120/450 et carte 280 à 420 ♀ –
☲ 40 – **8 ch** 320/450

XX **Molière**, 6 r. Étuve ℰ 03 84 21 86 38, Fax 03 84 58 01 22, ⦿ – 🖳, 🖭 ⑩ GB   Z   z
fermé 21 août au 17 sept., 26 fév. au 11 mars, mardi soir et merc. – **Repas** 100/215 ♀

XX **Pot au Feu**, 27 bis Grand'rue ℰ 03 84 28 57 84, Fax 03 84 58 17 65 – 🖭 GB   Y   s
fermé 1er au 18 août, 1er au 12 janv., sam. midi, lundi midi et dim. – **Repas** 105 (déj.),
160/230 ♀, enf. 60

▪ **Danjoutin** Sud : 3 km – 3 103 h. alt. 354 – ⊠ 90400 :

XXX **Pot d'Étain** (Roy), ℰ 03 84 28 31 95, Fax 03 84 21 70 15 – 🖭. 🖭 ⑩ GB   X   v
⁂   fermé 15 au 31 août, sam. midi, dim. soir et lundi sauf fériés – **Repas** 125 (déj.), 230/450 et
carte 320 à 430 ♀
Spéc. Andouille du Val d'Ajol en terrine. Raviole d'escargots en nage de persil plat et
ponsec. Gâteau au chocolat coulant sauce au lait d'amande. **Vins** Vins de Franche-Comté
blanc et rouge.

▪ **Les Errues** par ② : 12 km sur N 83 – ⊠ 90150 Menoncourt :

X **Pomme d'Argent**, 1 r. Noye ℰ 03 84 27 63 69, Fax 03 84 27 63 69, ⦿ – 🖭. GB. ⁓
fermé 14 au 30 nov. et merc. – **Repas** 98/325

A good moderately priced meal : 🏵 **Repas** 100/130

BELGODÈRE 2B H.-Corse 90 ⑬ – voir à Corse.

BELLAC ◀◉▶ 87300 H.-Vienne 72 ⑦ G. Berry Limousin – 4 924 h alt. 236.
Voir Châsse★ dans l'église.
🛈 Office de Tourisme 1 bis r. L.-Jouvet ℰ 05 55 68 12 79, Fax (Mairie) 05 55 68 78 74.
Paris 378 – Limoges 40 – Angoulême 99 – Châteauroux 109 – Guéret 74 – Poitiers 81.

🏠 **Châtaigniers**, rte Poitiers : 2 km ℰ 05 55 68 14 82, Fax 05 55 68 77 56, ﹏, 🎐 – 🖳 rest,
📺 ☎ ⎞ 🖭 – 🕍 25. 🖭 GB
fermé 15 déc. au 31 janv., dim. soir et lundi hors saison – **Repas** 112/150 ♀, enf. 68 – ☲ 42
– **26 ch** 180/590 – ½ P 340

XX **Central**, / av. Denfert-Rochereau ℰ 05 55 68 00 34, Fax 05 55 60 24 73 – GB
fermé 15 au 30 nov., dim. soir et lundi – **Repas** 88/195 ♀

BELLE-ÉGLISE 60540 Oise 55 ⑳ – 503 h alt. 69.
Paris 51 – Compiègne 60 – Beauvais 32 – Pontoise 28.

XXX **Grange de Belle-Eglise** (Duval), 28 bd Belle-Église ℰ 03 44 08 49 00,
⁂   Fax 03 44 08 45 97, 🎐 – 🖳 🖭. GB
fermé dim. soir et lundi – **Repas** 150 (déj.), 220/345 et carte 380 à 490, enf. 90
Spéc. Fraîcheur de homard en salade au safran (avril à sept.). Galette de Saint-Jacques aux
truffes (déc. à fév.). Craquelin de fruits rouges, glace vanille (avril à sept.).

BELLEGARDE 45270 Loiret 65 ① G. Châteaux de la Loire – 1 442 h alt. 113.
Voir Château★.
🛈 Office de Tourisme pl. Charles-Desvergnes ℰ 02 38 90 25 37, Fax 02 38 90 28 32 à la Mairie
ℰ 02 38 90 10 03, Fax 02 38 90 24 95.
Paris 110 – Orléans 50 – Gien 41 – Montargis 23 – Nemours 40 – Pithiviers 30.

X **Agriculture** avec ch, ℰ 02 38 90 10 48, Fax 02 38 90 18 13 – ☎ 🖭. GB
⁂ fermé 9 au 26 oct., 8 janv. au 1er fév. et mardi – **Repas** (58) - 68/172 ♀, enf. 47 – ☲ 32 – **18 ch**
110/230 – ½ P 180/225

BELLEGARDE-SUR-VALSERINE
01200 Ain **74** ⑤ *G. Jura* – *11 153 h alt. 350.*

Voir *Berges de la Valserine★ par* ①.
Env. *Défilé de l'Écluse★★ 10 km par* ②.
🛈 Office de Tourisme 24 pl. V.-Bérard *𝒫 04 50 48 48 68, Fax 04 50 48 65 08.*
Paris 500 ① – *Annecy 43* ③ – *Bourg-en-Bresse 73* ① – *Genève 43* ③ – *Lyon 113* ①.

BELLEGARDE-
SUR-VALSERINE

Beauséjour (R. de)	**YZ**
Bérard (Pl. Victor)	**Z** 2
Bertola (R. Joseph)	**YZ** 4
Brazza (R.)	**Z** 5
Carnot (Pl.)	**Y**
Dumont (R. Louis)	**Y** 6
Ferry (R. Jules)	**Y** 7
Gambetta (Pl.)	**Y** 8
Gare (Av. de la)	**Y** 10
Lafayette (R.)	**Z**
Lamartine (R.)	**YZ** 12
Lilas (R. des)	**Y**
Musinens (R. de)	**Y** 14
Painlevé (R. Paul)	**Y** 15
République (R. de la)	**Z**

> Avec votre guide Rouge
> Utilisez la carte
> et le guide Vert.
>
> Ils sont inséparables.

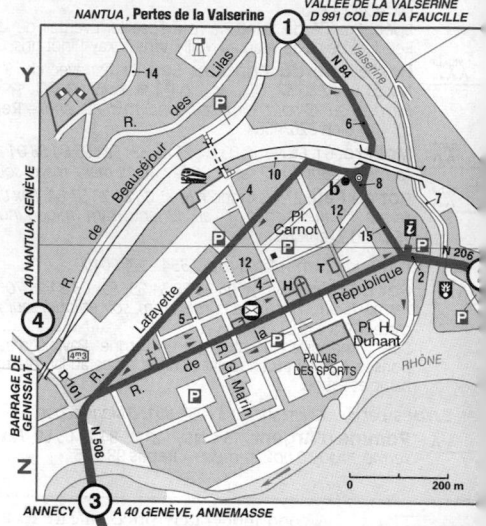

🏢 **Belle Époque,** 10 pl. Gambetta *𝒫 04 50 48 14 46, Fax 04 50 56 01 71* – ▤ rest, 📺 ☎ 📞
📠, ⊂ℬ
fermé 2 au 18 juil., 17 déc. au 9 janv., lundi midi et dim. hors saison – **Repas** 130/270, enf. 7
– 🖵 50 – **20 ch** 300/400 – ½ P 350/400

à Lancrans *par* ① : *3 km* – *815 h. alt. 500* – ✉ *01200* :

🏠 **Sorgia,** *𝒫 04 50 48 15 81, Fax 04 50 48 44 72,* 🍽, 🌸 – 📺 ☎ 📮 ⊂ℬ
fermé 25 août au 12 sept., 22 au 31 déc., dim. soir et lundi – **Repas** 75/200 ⅋, enf. 45
– 🖵 38 – **17 ch** 210/230 – ½ P 210/230

à Éloise *(74 H.-Savoie) par* ③ : *5 km* – *656 h. alt. 511* – ✉ *01200 (Ain)* :

🏢 **Fartoret** 🌊, *𝒫 04 50 48 07 18, Fax 04 50 48 23 85,* ≤, 🍽, parc, ⛲, ⛷ – 📶 📺 ☎ 📮
🅰 50. ⚿ ⑩ ⊂ℬ
Repas 125/290 ⅋, enf. 66 – 🖵 50 – **40 ch** 300/480 – ½ P 340/428

à Ochiaz *par* ④ *et D 101 : 5 km* – ✉ *01200 Châtillon-en-Michaille* :

🍴🍴 **Auberge de la Fontaine** avec ch, *𝒫 04 50 56 57 23, Fax 04 50 56 56 55,* 🍽, 🌸 – ☎
📮 ⚿ ⑩ ⊂ℬ
fermé 20 au 28 juin, 8 au 30 janv., mardi soir sauf juil.-août, dim. soir et lundi – **Repa**
98/300 ⅋ – 🖵 35 – **7 ch** 180/240 – ½ P 240/280

rte du Plateau de Retord *par* ④, *Vouvray et D 101 : 12 km* – ✉ *01200 Bellegarde-sur-Valserine*

🔼 **Auberge Le Catray** 🌊, *𝒫 04 50 56 56 25,* ≤ Mt-Blanc et les Alpes, 🍽, cadre mor
tagnard, 🌸 – ☎ 📮 ⊂ℬ
fermé 19 au 23 juin, 11 au 22 sept., 13 au 24 nov., lundi et mardi – **Repas** 95/150, enf. 45
🖵 30 – **7 ch** 180/280 – ½ P 220/245

> ### In this Guide,
>
> a symbol or a character,
> printed in **black** or another colour, in light or **bold** type,
> does not have the same meaning.
>
> Please read the explanatory pages carefully.

BELLE-ILE-EN-MER 56 Morbihan **63** ⑪ ⑫ G. Bretagne.

Accès par transports maritimes, pour **Le Palais** (en été réservation **indispensable** pour le passage des véhicules).

🚢 depuis **Quiberon** (Port-Maria). Traversée 45 mn – Renseignements et tarifs : Cie Morbihannaise et Nantaise de Navigation ℘ 02 97 31 80 01 (Le Palais), Fax 02 97 31 56 81.

🚢 depuis **Port-Navalo** - (avril-oct.) - Traversée 1 h - Renseignements et tarifs ; Navix S.A. à Port-Navalo ℘ 02 97 53 74 12.

depuis **Vannes** - (avril-oct.) - Traversée 2 h - Renseignements et tarifs : Navix S.A., Gare Maritime ℘ 02 97 46 60 00, Fax 02 97 46 60 29.

🚢 Pour **Sauzon** : depuis **Quiberon** - Service saisonnier - Traversée 25 mn - Renseignements et tarifs : C.M.N.N. ℘ 02 97 50 06 90 (Quiberon) – depuis **Lorient** - Service saisonnier - Traversée 1h30 mn - Renseignements et tarifs : C.M.N.N. ℘ 02 97 64 77 64 (Lorient).

depuis **Locmariaquer-Auray-Le Bono-La Trinité-sur-Mer** (juil.-août)-Renseignements et tarifs : Navix S.A. ℘ 02 97 46 60 00, Fax 02 97 46 60 29.

🚹 Office de Tourisme quai Donnelle - Le Palais ℘ 02 97 31 81 93, Fax 02 97 31 56 17.

L'Apothicairerie – ⊠ 56360 :

🏨 **Apothicairerie** 🅼 ⊗, ℘ 02 97 31 62 62, Fax 02 97 31 63 63, ≤ – 🆃🆅 ☎ &. 🅿. 🆎 ⓞ 🆖, ❀ rest
Repas (fermé le midi d'oct. à mars) 98/180 ♀ – ⏛ 55   **30 ch** 380/660 – ½ P 450/535

Bangor – 735 h alt. 45 – ⊠ 56360 Le Palais :
Voir Le Palais : citadelle Vauban★ NE : 3,5 km.

🏨 **Désirade** 🅼 ⊗, rte Port Goulphar : 2 km ℘ 02 97 31 70 70, Fax 02 97 31 89 63, ᾗ, ◻, ☞ – 🆃🆅 ☎ &. 🅿. 🆎 ⓞ 🆖
mars-nov. – **Repas** (avril-oct.) (dîner seul.)(menu unique) 220 ♀ – ⏛ 70 – **24 ch** 600/700 – ½ P 600

Le Palais – 2 345 h alt. 7 – ⊠ 56360 :
Voir Citadelle Vauban★.

🏨 **Vauban** ⊗, 1 r. Remparts ℘ 02 97 31 45 42, Fax 02 97 31 42 82, ≤, ᾗ – 🆃🆅 ☎ &. 🆎 🆖 🅹🅲🅱. ❀ rest
1er avril-5 nov. – **Repas** (1er avril-30 sept. et fermé dim.) (dîner seul.)(résidents seul.) 150 – ⏛ 50 – **16 ch** 400/450 – ½ P 410/435

Port-Goulphar – ⊠ 56360 Le Palais :
Voir Site★, 15 mn – Aiguilles de Port-Coton★★ NO : 1 km – Grand Phare : ❅★★ N : 2,5 km.

🏨 **Castel Clara** 🅼 ⊗, ℘ 02 97 31 84 21, Fax 02 97 31 51 69, ≤ crique et falaises, ᾗ, institut de thalassothérapie, ᴦ₆, ◻, ☞, ❀ – ▌⋕▐ 🆃🆅 ☎ ᶜ 🅿. – ⚐ 25. 🆎 ⓞ 🆖. ❀ rest
mi-fév.-mi-nov. – **Repas** 185 (déj.), 260/390 ♀ – ⏛ 150 – **36 ch** 1290/3490, 7 duplex – ½ P 895/1080

Sauzon – 701 h alt. 35 – ⊠ 56360 :
Voir Site★ - Pointe des Poulains★★ : ❅★ NO : 3 km puis 30 mn – Port-Donnant : site★★ S : 6 km puis 30 mn.

✕ **Roz Avel**, derrière l'Église ℘ 02 97 31 61 48, ᾗ – ⓞ 🆖
fermé 1er janv. à mi-mars et merc. – **Repas** (nombre de couverts limité, prévenir) 120 ♀

✕ **Contre Quai**, r. St-Nicolas ℘ 02 97 31 60 60 – 🆖
1er avril-25 sept., 1er-12 nov., 26-31 déc. et fermé mardi midi et lundi sauf vacances scolaires – **Repas** 100 (déj.) et carte 220 à 340 ♀

✕ **Café de la Cale**, ℘ 02 97 31 65 74, Fax 02 97 31 65 67, ᾗ – 🆖
fermé mars, 1er au 25 oct., 15 nov. au 25 déc. et 5 janv. au 15 fév. – **Repas** - produits de la mer - (prévenir) 95 (sauf dim.) et carte 150 à 200 ♀, enf. 60

BELLÊME 61130 Orne **60** ⑭ ⑮ G. Normandie Vallée de la Seine – 1 788 h alt. 241.
Voir Forêt★.
🚹 Office de Tourisme bd Bansard-des-Bois ℘ 02 33 73 09 69, Fax 02 33 83 95 17.
Paris 176 – Alençon 41 – Le Mans 56 – La Ferté-Bernard 23 – Mortagne-au-Perche 18.

🏨 **Golf** ⊗, rte Le Mans par D 938 : 2 km ℘ 02 33 85 13 13, Fax 02 33 73 00 17, ≤, ᾗ, « Au bord du golf », ☞ – 🆃🆅 ☎ &. 🅿. – ⚐ 80. 🆎 🆖
Repas (80) - 102/258 ♀, enf. 55 – ⏛ 65 – **31 ch** 590, 11 appart – ½ P 460

à Nocé *Est : 8 km par D 203 –* ⊠ *61340 :*

XXX   **Auberge des 3 J.,** ℰ 02 33 73 41 03, Fax 02 33 83 33 66 – 🅰🅴 GB
fermé 5 au 10 janv., dim. soir et lundi – **Repas** 148/268 ⌾

BELLENAVES *03330 Allier* 🔢 ④ *G. Auvergne – 1 006 h alt. 340.*
Paris 374 – Clermont-Ferrand 59 – Moulins 54 – Gannat 19 – Montluçon 52 – Vichy 39.

✗   **Hostellerie du Château** *avec ch,* ℰ 04 70 58 37 19, Fax 04 70 58 37 23, 🏠 – 🍽 rest,
📺 ☎. GB. ✗ ch
fermé 23 oct. au 12 nov., 1ᵉʳ au 15 fév., dim. soir et lundi – **Repas** 60 bc (déj.), 135/195 ⌾,
enf. 45 – ⌷ 30 – **8 ch** 200/230 – ½ P 220

BELLERIVE-SUR-ALLIER *03 Allier* 🔢 ⑤ *– rattaché à Vichy.*

BELLEVAUX *74470 H.-Savoie* 🔢 ⑰ *G. Alpes du Nord – 1 113 h alt. 913 – Sports d'hiver : 1 100/*
1 800 m ⚡23 ⚡.
Voir Site★.
🅱 *Office de Tourisme* ℰ 04 50 73 71 53, Fax 04 50 73 78 60.
Paris 578 – Thonon-les-Bains 23 – Annecy 72 – Bonneville 36 – Genève 48.

🏨   **Cascade** 🅼, ℰ 04 50 73 70 22, Fax 04 50 73 77 46, ≤, 🏠 – 📺 ☎ ૐ 🅿. GB
⊛   *15 mai-30 sept. et 20 déc.-15 avril –* **Repas** 65/130 ⌾, enf. 50 – ⌷ 32 – **11 ch** 250/280 –
½ P 260/270

🏨   **Les Moineaux** 🔖, ℰ 04 50 73 71 11, Fax 04 50 73 75 79, ≤, 🔺, 🌳, ✗ – cuisinette 📺
⊛   ☎ 🅿. 🅰🅴 ⓪ GB
15 juin-15 sept. et 15 déc. -15 avril – **Repas** 85/170 ⌾, enf. 60 – ⌷ 38 – **14 ch** 240/310 –
½ P 260/280

au lac de Vallon *Sud-Est : 6 km par D 26 et D 236 –* ⊠ *74470 Bellevaux :*

🌳   **Lac de Vallon** 🔖, ℰ 04 50 73 74 55, Fax 04 50 73 77 95, ≤, 🏠 – ☎ 🅿. GB. ✗ rest
⊛   *fermé 15 nov. au 20 déc. –* **Repas** 85/170 ⌾ – ⌷ 35 – **16 ch** 210/260 – ½ P 250

au Sud-Ouest *: 5 km par D 26, D 32 et rte secondaire –* ⊠ *74470 Bellevaux :*

🏨   **Auberge Gai Soleil** 🔖, ℰ 04 50 73 71 52, Fax 04 50 73 78 87, ≤, 🌳 – ☎ 🅿. GB.
⊛   ✗ rest
20 mai-20 sept., 20 déc.-30 mars, week-ends et fériés en avril-mai – **Repas** 65/100 ૐ –
⌷ 35 – **20 ch** 210/230 – ½ P 240

à Hirmentaz *Sud-Ouest : 7 km par D 26 et D 32 –* ⊠ *74470 Bellevaux :*

🏨   **Christania** 🔖, ℰ 04 50 73 70 77, Fax 04 50 73 76 08, ≤, 🔺, – 🛗 📺 ☎ 🅿. GB. ✗ rest
20 mai-16 sept. et 17 déc.-5 avril – **Repas** (70) - 95/155 ⌾, enf. 58 – ⌷ 42 – **35 ch** 290/320 –
½ P 305/320

🏨   **Excelsa** 🔖, ℰ 04 50 73 73 22, Fax 04 50 73 72 73, ≤, 🏠, 🔺, – 🛗 📺 ☎ 🅿. GB. ✗ rest
15 juin-10 sept. et 24 déc.-31 mars – **Repas** 90/120, enf. 60 – ⌷ 40 – **20 ch** 310

🏨   **Panoramic** 🔖, ℰ 04 50 73 70 34, Fax 04 50 73 74 82, ≤, 🏠, 🔺 – 📺 ☎ 🅿. 🅰🅴 GB.
✗ rest
15 juin-15 sept. et 20 déc.-3 avril – **Repas** 95 ૐ, enf. 45 – ⌷ 35 – **31 ch** 250/280 – ½ P 340

BELLEVILLE *54940 M.-et-M.* 🔢 ⑬ *– 1 276 h alt. 190.*
Paris 358 – Nancy 18 – Metz 41 – Pont-à-Mousson 13 – Toul 28.

XXX   **Bistroquet** (Mme Ponsard), ℰ 03 83 24 90 12, Fax 03 83 24 04 01, 🏠 – 🍽 🅿. ⓪ GB
🌸   *fermé 24 août au 3 sept., 5 au 15 janv., sam. midi, dim. soir et lundi –* **Repas** (nombre de
couverts limité, prévenir) 180/280 et carte 290 à 470 ⌾
Spéc. Quiche lorraine. Sandre en croûte de pommes de terre, beurre blanc. Soufflé à la
liqueur de mirabelle. **Vins** Côtes de Toul.

XX   **Moselle**, *face gare* ℰ 03 83 24 91 44, Fax 03 83 24 99 38, 🏠, 🌳 – 🍽 🅿. 🅰🅴 ⓪ GB 🅹🅲🅱
fermé 18 août au 1ᵉʳ sept., 5 au 21 fév., lundi soir et merc. soir – **Repas** 135/290 ⌾, enf. 85

Dans la liste des rues des plans de villes,
les noms en rouge indiquent les principales voies commerçantes.

BELLEVILLE *69220 Rhône* 74 ① *G. Vallée du Rhône – 5 935 h alt. 192.*

🛈 *Syndicat d'Initiative 68 r. de la République* 🕿 *04 74 66 44 67, Fax 04 74 06 43 56.*
Paris 417 – Mâcon 24 – Bourg-en-Bresse 43 – Lyon 50 – Villefranche-sur-Saône 16.

🏠 **L'Ange Couronné**, 18 r. République 🕿 *04 74 66 42 00, Fax 04 74 66 49 20* – 🕿 ⟨⟩, 😝
    fermé 5 au 9 juin, 2 au 10 oct., 2 au 16 janv., dim. soir et lundi – **Repas** 89/178 ⅃, enf. 55 –
    � 35 – **17 ch** 200/250

🏠 **Charme**, péage A 6 🕿 *04 74 69 61 69, Fax 04 74 66 58 04*, 🍴 – 📺 🕿 ⅋ 🅿. 😝
😋 **Repas** 78/105 ⅃, enf. 45 – � 35 – **40 ch** 220/250

✕✕ **Beaujolais**, 40 r. Mar. Foch (près gare) 🕿 *04 74 66 05 31* – ▨. 🖭 ⓞ 😝
😋 *fermé 3 au 23 août, 20 au 27 déc., mardi soir et merc.* – **Repas** 85/245 ⅃, enf. 50

à Pizay *Nord-Ouest : 5 km par D18 et D69 –* ✉ *69220 St-Jean-d'Ardières :*

🏰 **Château de Pizay** Ⓜ ⍀, 🕿 *04 74 66 51 41, Fax 04 74 69 65 65*, 🍴, parc, « Au milieu
    du vignoble, jardin à la française », 🏊, 🎾, ⅋ – 🗐 ch, 📺 🕿 ⅋ 🅿 – 🔬 60. 🖭 ⓞ 🗾
    fermé 24 déc. au 4 janv. – **Repas** 200/395, enf. 120 – � 75 – **62 ch** 585/1275 – ½ P 570/
    835

BELLEY ◁▷ *01300 Ain* 74 ⑭ *G. Jura – 7 807 h alt. 279.*

Voir *Chœur★ de la cathédrale St-Jean – Musée-Mémorial d'Izieu★.*
🛈 *Office de Tourisme 34 Gde Rue* 🕿 *04 79 81 29 06, Fax 04 79 81 08 80.*
Paris 506 – Aix-les-Bains 33 – Bourg-en-Bresse 76 – Chambéry 38 – Lyon 98.

🏠 **Ibis** sans rest, bd Mail 🕿 *04 79 81 01 20, Fax 04 79 81 53 83* – 🗐 ✦ 📺 🕿 ⅋. 🖭 ⓞ 😝
🗾
    ⊠ 34 – **35 ch** 260/280

✕✕✕ **Pavillon Bellevue** avec ch, 1 av. Hoff 🕿 *04 79 81 46 62, Fax 04 79 81 54 26*, 🍴 – 📺 🕿
    ⅋ – 🔬 30. 🖭 ⓞ 😝
    fermé dim. soir et lundi du 1er nov. au 15 avril. – **Repas** 160/320 – ⊠ 35 – **3 ch** 400/550 –
    ½ P 550

✕ **Manicle**, 2 bd Mail 🕿 *04 79 81 42 40, Fax 04 79 81 07 88* – 🖭 😝
    fermé 16 août au 6 sept., dim. soir, merc. soir et lundi – **Repas** 65 (déj.), 93/145 ⅃

au Sud-Est *: 3 km sur rte Chambéry –* ✉ *01300 Belley :*

✕✕✕ **Auberge La Fine Fourchette**, N 504 🕿 *04 79 81 59 33, Fax 04 79 81 55 43*, ≤, 🍴
    🅿. 😝
    fermé 23 déc. au 15 janv., dim. soir et lundi – **Repas** 125/300 et carte 220 à 330

à Contrevoz *Nord-Ouest : 9 km sur D 32 – 416 h. alt. 320 –* ✉ *01300 :*

✕✕ **Auberge La Plumardière**, 🕿 *04 79 81 82 54, Fax 04 79 81 80 17*, 🍴, ⅋ – 🅿. 😝
    fermé 15 janv. au 15 fév. et lundi – **Repas** 95/250 ⅃, enf. 50

BELLIGNAT *01 Ain* 70 ⑭ *– rattaché à Oyonnax.*

BELVÈS *24170 Dordogne* 75 ⑯ *G. Périgord Quercy – 1 553 h alt. 175.*
Paris 561 – Périgueux 66 – Sarlat-la-Canéda 34 – Bergerac 51 – Cahors 63.

🏠 **Belvédère**, 🕿 *05 55 31 51 41, Fax 05 53 31 51 42*, 🍴 – 📺 🕿 ⅋. 🖭 ⓞ 😝
😋 *fermé 4 janv. au 4 mars* – **Repas** *(fermé sam. midi hors saison et lundi)* 60 (déj.), 78/230 ⅃,
    enf. 40 – ⊠ 35 – **20 ch** 240/365 – ½ P 240/280

BENDOR (Ile de) *83 Var* 84 ⑭, 114 ⑭ *– rattaché à Bandol.*

BÉNÉVENT-L'ABBAYE *23210 Creuse* 72 ⑨ *G. Berry Limousin – 837 h alt. 480.*
Voir *Puy de Goth ⇐★ 30 mn.*
Paris 381 – Limoges 59 – Bellac 56 – Châteauroux 112 – Guéret 25.

🏰 **Cèdre** Ⓜ ⍀, r. de l'Oiseau 🕿 *05 55 81 59 99, Fax 05 55 81 59 98*, 🍴, « Belle demeure
😋 creusoise », 🏊, ⅋ – 📺 🕿 ⅋ 🅿 – 🔬 30. 😝
    fermé fév. et lundi d'oct. à mai – **Repas** 72/180 ⅃ – ⊠ 45 – **16 ch** 265/550 – ½ P 279

BENFELD *67230 B.-Rhin* 87 ⑩ *G. Alsace Lorraine – 4 330 h alt. 160.*
Paris 502 – Strasbourg 34 – Colmar 41 – Obernai 16 – Sélestat 19.

✕✕ **Au Petit Rempart**, 1 r. Petit Rempart 🕿 *03 88 74 42 26, Fax 03 88 74 18 58* – 🖭 😝
    fermé 16 juil. au 14 août, 20 fév. au 10 mars, dim. soir, lundi soir, mardi soir, jeudi soir et
    merc. – **Repas** 140/340 ⅃, enf. 55 **· Au Canon** 🕿 03 88 74 12 79 *(fermé mardi soir et merc.)*
    Repas 50 (déj.), 95/135 ⅃, enf. 55

BÉNODET _29950 Finistère_ 58 ⑮ _G. Bretagne – 2 436 h alt. 20 – Casino._
Voir _Pont de Cornouaille_ ⩽★ – _L'Odet_★★ _en bateau : 1h30._
🛈 _Office de Tourisme 29 av. de la Mer_ 𝒫 _02 98 57 00 14, Fax 02 98 57 23 00._
Paris 565 – Quimper 18 – Concarneau 20 – Fouesnant 9 – Pont-l'Abbé 12 – Quimperlé 49.

🏯 **Ker Moor** ⊗, corniche de la Plage 𝒫 02 98 57 04 48, Fax 02 98 57 17 96, « Parc », ⊐, ⚒
– 🛗 📺 ☎ 🅿 – ⚿ 25 à 70. 🆎 ⒼⒷ. ⚒ rest
fermé 16 déc. au 2 janv. – **Repas** 120/320 ⌧, enf. 50 – ⊑ 45 – **61 ch** 400/650 – ½ P 550/570

🏠 **Gwell Kaër,** av. Plage 𝒫 02 98 57 04 38, Fax 02 98 66 22 85, ⩽, 🏠 – 🛗 📺 ☎ 🅿. ⒼⒷ
fermé mi-déc. à début janv. – **Repas** 98/325 ⌧ – ⊑ 45 – **23 ch** 400/545 – ½ P 315/480

🏠 **Kastel Moor** sans rest, av. Plage 𝒫 02 98 57 05 01, ⩽ – 🛗 ☎ ⚒ 🅿 – 🛎 60. 🆎 ⒼⒷ. ⚒
fermé 10 au 17 déc. – ⊑ 45 – **24 ch** 525/700

🏠 **Domaine de Kereven** ⊗ sans rest, rte Quimper : 2 km 𝒫 02 98 57 02 46,
Fax 02 98 66 22 61, parc – ☎ ⚒ 🅿. ⒼⒷ. ⚒
Pâques-30 sept. – ⊑ 39 – **12 ch** 350/420, 4 studios

🏠 **Minaret** ⊗, corniche de l'Estuaire 𝒫 02 98 57 03 13, Fax 02 98 66 23 72, ⩽, 🏠, « Jardin
dominant l'estuaire », ⇴ – 🛗 📺 ☎ 🅿. ⒼⒷ. ⚒ rest
1ᵉʳ avril-15 oct. – **Repas** _(fermé mardi midi sauf juil.-août.)_ 90/235 ⌧, enf. 50 – ⊑ 45 – **20 ch**
430/550 – ½ P 330/435

🏠 **Bains de Mer,** r. Kerguelen 𝒫 02 98 57 03 41, Fax 02 98 57 11 07, ⊐ – 🛗, 🍴 rest, 📺 ☎
🖤 🅿. 🆎 ⒼⒷ. ⚒ ch
11 mars-15 nov. – **Repas** 75/155, enf. 40 - **Domino** grill-pizzeria _(11 mars-19 déc.)_ **Repas**
(65)-carte environ 140⌧, enf.40 – ⊑ 38 – **32 ch** 290/350 – ½ P 330

✗✗ **Ferme du Letty** (Guilbault), au Letty Sud-Est : 2 km par D 44 et rte secondaire
❀ 𝒫 02 98 57 01 27, Fax 02 98 57 25 29, 🏠 – 🆎 ⓪ ⒼⒷ ⒿⒸⒷ
fermé 15 nov. au 25 janv., mardi de sept. à juin, jeudi midi en juil.-août et merc. – **Repas**
195/410 et carte 260 à 480 ⌧, enf. 75
Spéc. Ormeaux (sept. à juin). Langouste (mai à sept.). Homard.

à Clohars-Fouesnant _Nord-Est : 3 km par D 34 et rte secondaire – 1 279 h. alt. 30 –_ ⊠ _29950 :_

✗✗ **Forge d'Antan,** 𝒫 02 98 54 84 00, Fax 02 98 54 89 11, 🏠, ⇴ – 🅿. ⒼⒷ
fermé 22 au 29 sept., vacances de fév., dim. soir sauf juil.-août et lundi – **Repas** 120 (déj.),
170/350, enf. 75

à Ste-Marine _Ouest : 5 km par pont de Cornouaille –_ ⊠ _29120 Pont-l'Abbé :_

✗✗ **L'Agape** (Le Guen), rte plage 𝒫 02 98 56 32 70, Fax 02 98 51 91 94 – 🅿. 🆎 ⒼⒷ
❀ _1ᵉʳ mars-15 nov._ – **Repas** _(fermé dim. soir sauf juil.-août, mardi midi et lundi)_ 170 (déj.),
230/390 et carte 280 à 430, enf. 80
Spéc. Kouign Aman de pomme de terre et andouille. Agapes de poissons marinés. Jardi-
nière de homard.

BÉNOUVILLE _14 Calvados_ 55 ② – _rattaché à Caen._

LE BÉNY-BOCAGE _14350 Calvados_ 59 ⑩ – _846 h alt. 180._
🛈 _Office de Tourisme Mairie de la Graverie_ 𝒫 02 31 67 89 17.
Paris 281 – St-Lô 32 – Caen 51 – Falaise 59 – Flers 33 – Vire 13.

✗✗ **Castel Normand** avec ch, 𝒫 02 31 68 76 03, Fax 02 31 68 63 58, 🏠, ⇴ – 📺 ☎ 🖤. ⒼⒷ
fermé 1ᵉʳ au 7 août, 23 au 30 août, dim. soir et lundi – **Repas** 90/275 ⌧ – ⊑ 38 – **7 ch**
265/320 – ½ P 370/450

BERCK-SUR-MER _62600 P.-de-C._ 51 ⑪ _G. Picardie Flandres Artois – 14 167 h alt. 5._
Voir _Phare_ ⚒★ **B** – _Parc d'attractions de Bagatelle_★ _5 km par_ ①.
🛈 _Office de Tourisme 5 av. Tattegrain_ 𝒫 03 21 09 50 00, Fax 03 21 09 15 60.
Paris 232 – Calais 76 – Abbeville 48 – Arras 93 – Boulogne-sur-Mer 39 – Montreuil 15.

à Berck-Plage :

✗✗ **Verrière,** pl. 18 Juin 𝒫 03 21 84 27 25, Fax 03 21 84 14 65, 🏠 – ▤. ⒼⒷ. ⚒
fermé mardi du 15 sept. au 15 juin – **Repas** 110 (déj.), 150/235 ⌧

✗ **Auberge du Bois,** 149 av. Dr Quettier 𝒫 03 21 09 03 43, Fax 03 21 09 03 43, 🏠 – 🆎 ⓪
ⒼⒷ ⒿⒸⒷ
fermé 4 janv. au 4 fév., dim. soir et lundi sauf juil.-août – **Repas** 90/200 ⌧

Repas soignés à prix modérés : 🍴 **Repas** 100/130

276

BERGERAC SP 24100 *Dordogne* 75 ⑭ ⑮ *G. Périgord Quercy – 26 899 h alt. 37.*

Voir *Le Vieux Bergerac★ : musée du Tabac★★ (maison Peyrarède★) – Musée du Vin, de la Batellerie et de la Tonnellerie★* **M3** *– Château de Monbazillac★ S : 7 km par D 13.*

✈ *Bergerac-Roumanière : ☎ 05 53 22 25 25, par ③ : 5 km.*

i *Office de Tourisme 97 r. Neuve-d'Argenson ☎ 05 53 57 03 11, Fax 05 53 61 11 04.*

Paris 538 ① – Périgueux 48 ① – Agen 91 ③ – Angoulême 111 ⑥ – Bordeaux 94 ⑤.

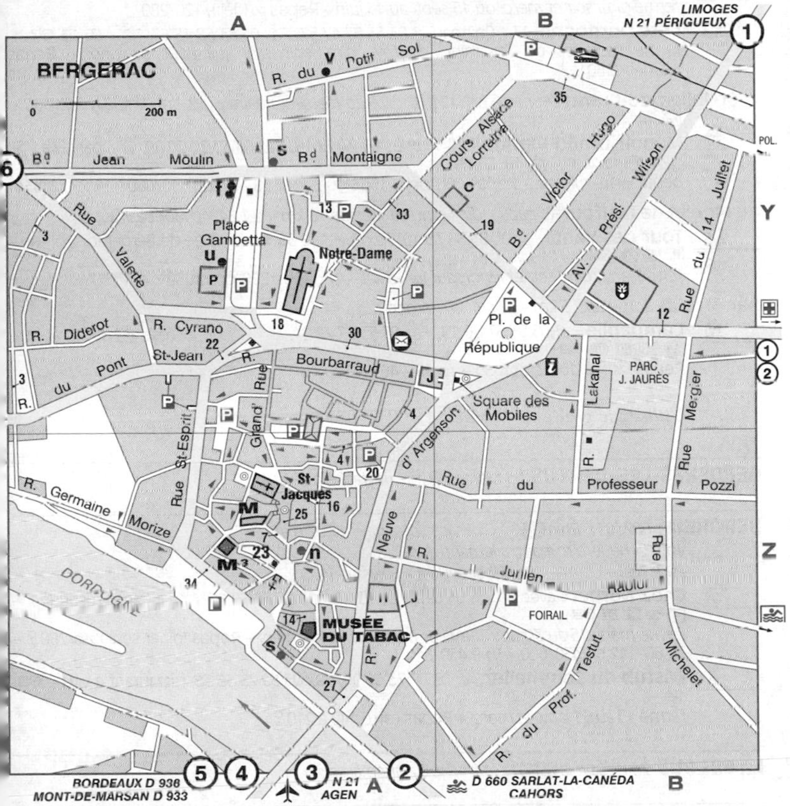

Beausoleil (Bd.)	AY	3	Feu (Pl. du)	AZ	14	Myrpo (Pl. de la)	AZ	23
Brèche (R. de la)	AZ	4	Fontaines (R. des)	AZ	16	Pelissière (Pl.)	AZ	25
Candillac (R.)	AZ	5	Grand'Rue	AYZ		Pont (Pl. du)	AZ	27
Conférences (R. des)	AZ	7	Lattre-de-T. (Pl. de)	AY	18	Résistance (R. de la)	AY	30
Dr-Simounet (R.)	BY	12	Maine-de-Biran (Bd)	BY	19	Ste-Catherine (R.)	AY	33
Ferry (Pl. J.)	AY	13	Mounet-Sully (R.)	AY	22	Salvette (Quai)	AZ	34
						108e-R.-I. (Av. du)	BY	35

Flambée, rte Périgueux par ① : *3 km* ☎ 05 53 57 52 33, *Fax 05 53 61 07 57,* « Parc fleuri », ✕ – TV ☎ P – 50. AE ⓓ GB
fermé janv. – **Repas** *(fermé dim. soir et lundi)* 98/300 ♀ – ☕ 48 – **20 ch** 280/470 – ½ P 380

Bordeaux, 38 pl. Gambetta ☎ 05 53 57 12 83, *Fax 05 53 57 72 14,* – rest, TV ☎ – 30. AE ⓓ GB JCB — AY f
Repas 110/260 ♀, enf. 60 – ☕ 48 – **40 ch** 410/420 – ½ P 360/410

France sans rest, 18 pl. Gambetta ☎ 05 53 57 11 61, *Fax 05 53 61 25 70,* – TV ☎. AE ⓓ GB JCB — AY u
☕ 50 – **20 ch** 295/355

Europ Hôtel sans rest, 20 r. Petit Sol ☎ 05 53 57 06 54, *Fax 05 53 58 67 60,* – TV ☎ P. AE GB — AY v
☕ 33 – **22 ch** 230/273

🏠 **Commerce,** 36 pl. Gambetta ℰ 05 53 27 30 50, *Fax 05 53 58 23 82* – |⃞|, ■ rest, 📺 🕿 📞 – ⚗ 35. ☒ ⑩ ☒
Repas 98/160 ♀, enf. 48 – ⌷ 40 – **35 ch** 300/380 – ½ P 290

AY f

🍽 **L'Imparfait,** 8 r. Fontaines ℰ 05 53 57 47 92, *Fax 05 53 58 92 11,* 🌣 – ☒ ⑩ ☒
fermé 15 nov. au 15 déc., dim. et lundi en hiver – **Repas** 90 (déj.), 140/190 ♀

AZ n

🍽 **Cyrano,** 2 bd Montaigne ℰ 05 53 57 02 76, *Fax 05 53 57 78 15* – ▤. ☒
fermé dim. soir et merc. du 15 sept. au 15 juin – **Repas** 90 (déj.), 120/280

AY s

🍽 **Côté Dordogne,** 17 r. Château ℰ 05 53 57 17 57, *Fax 05 53 58 15 67,* 🌣 – ☒ ⑩ ☒
fermé vacances de Toussaint, de fév., dim. soir sauf juil.-août et lundi – **Repas** 100 (déj.)/160 ♀

AZ s

à St-Julien-de-Crempse par ①, N 21, D 107 et rte secondaire : 12 km – 158 h. alt. 150 – ✉ 24140 :

🏛 **Manoir Grand Vignoble** ⤢, ℰ 05 53 24 23 18, *Fax 05 53 24 20 89,* 🌣 , parc, 🎾, ⤢, 🍽 – 📺 🕿 📞 – ⚗ 40. ☒ ☒
début mars-mi-nov. – **Repas** 100 (déj.), 150/290 ♀ – ⌷ 58 – **44 ch** 540/680 – ½ P 471/534

au Moulin de Malfourat par ④, dir. Mont-de-Marsan : 8 km – ✉ 24240 Monbazillac :

🍽 **Tour des Vents,** ℰ 05 53 58 30 10, *Fax 05 53 58 89 55,* ⟨ vallée de Bergerac, 🌣 , 🚁 –
🖳. ☒ ⑩ ☒
fermé janv., dim. soir et lundi sauf juil.-août – **Repas** 95/290 ♀, enf. 58

par ⑤ rte de Bordeaux : 5 km – ✉ 24100 Bergerac :

🏠 **Campanile,** ℰ 05 53 57 86 10, *Fax 05 53 57 72 21,* 🌣 – ⤢, ■ rest, 📺 🕿 📞 ⓺ 🖳 –
⚗ 25. ☒ ⑩ ☒
Repas (75) - 88/103 ♀, enf. 39 – ⌷ 36 – **46 ch** 315

Utilisez le guide de l'année.

BERGÈRES-LÈS-VERTUS 51 Marne ⑤⑥ ⑯ – *rattaché à Vertus.*

BERGHEIM 68750 H.-Rhin ⑥② ⑲ G. Alsace Lorraine – 1 802 h alt. 235.
Voir *Cimetière militaire allemand* ⁕⋆.
Paris 438 – Colmar 18 – Ribeauvillé 4 – Sélestat 11.

🍽 **Chez Norbert** avec ch, ℰ 03 89 73 31 15, *Fax 03 89 73 60 65,* 🌣 , « Cadre rustique » –
📺 🕿 🖳. ☒ ☒
fermé mars, 15 au 30 nov., lundi et mardi de nov. à mars – **Repas** (dîner seul.) 250/280 ♀ –
⌷ 60 – **12 ch** 350/600 – ½ P 450/610

🍽 **Wistub du Sommelier,** ℰ 03 89 73 69 99, *Fax 03 89 73 36 58,* restaurant à vins – ☒.
⊱
fermé 15 au 31 janv. et merc. – **Repas** carte 140 à 210 ♀

La BERGUE 74 H.-Savoie ⑦④ ⑥ – *rattaché à Annemasse.*

BERGUES 59380 Nord ⑤① ④ G. Picardie Flandres Artois – 4 163 h alt. 4.
Voir *Couronne d'Hondschoote⋆.*
🛈 *Office de Tourisme Au Beffroi pl. de la République* ℰ 03 28 68 71 06, *Fax 03 28 68 71 06.*
Paris 283 – Calais 51 – Bourbourg 19 – Dunkerque 9 – Hazebrouck 33 – Lille 64 – St-Omer 30.

🏠 **Au Tonnelier,** près église ℰ 03 28 68 70 05, *Fax 03 28 68 21 87* – 📺 🕿. ☒. ⊱ ch
fermé 10 au 30 août et 21 déc. au 10 janv. – **Repas** (fermé dim. soir et vend.) 130/160 ♀ –
⌷ 36 – **11 ch** 200/350 – ½ P 245/300

🍽 **Commerce** sans rest, près église ℰ 03 28 68 60 37, *Fax 03 28 68 70 76* – 🕿. ☒ ⑩ ☒
⌷ 32 – **13 ch** 150/350

🍽 **Cornet d'Or** (Tasserit), 26 r. Espagnole ℰ 03 28 68 66 27, *Fax 03 28 68 66 27* – ☒
⊛ *fermé dim. soir et lundi sauf fériés* – **Repas** 168/335 et carte 290 à 460
Spéc. Sole rôtie et langoustines au coulis de crustacés. Brandade de crabe et langoustines au safran. Ris de veau, homard et blanquette de veau aux champignons (sept. à nov.).

BERNAY ⬢ 27300 Eure ⑤⑤ ⑮ G. Normandie Vallée de la Seine – 10 582 h alt. 105.
Voir *Boulevard des Monts⋆.*
🛈 *Office de Tourisme 29 r. Thiers* ℰ 02 32 43 32 08, *Fax 02 32 45 82 68.*
Paris 152 – Rouen 58 – Argentan 70 – Évreux 50 – Le Havre 70 – Louviers 52.

🏛️ **Acropole Hôtel** 🅼 sans rest, Sud Ouest : 3 km sur rte de Broglie (N 138) ✆ 02 32 46 06 06, *Fax 02 32 44 01 04* – 📺 ☎ ✆ &. 🅿 – ⚑ 30 à 70. 🆎 ⓞ 🇬🇧
⚏ 37 **51 ch** 260/310

🏛️🏛️🏛️ **Hostellerie du Moulin Fouret** 🦢 avec ch, Sud : 3,5 km par rte St-Quentin-des-Isles ✆ 02 32 43 19 95, *Fax 02 52 45 55 50*, 🈺, parc, « Jardin fleuri en bordure de rivière », 🐎 – ☎ ✆ 🅿. 🆎 🇬🇧
fermé vacances de fév, dim. soir et lundi de sept. à avril sauf fériés – **Repas** 100/330 et carte 280 à 430 ♀ – ⚏ 45 – **8 ch** 260

à St-Quentin-des-Isles *Sud-Ouest : 5 km par rte de Broglie* – 255 h. alt. 115 – ✉ 27270 :

🏛️🏛️ **Pommeraie**, sur N 138 ✆ 02 32 45 28 88, *Fax 02 32 44 69 00*, 🈺, 🐎 – 🅿. 🆎 ⓞ 🇬🇧
🍴 *fermé dim. soir et lundi* **Repas** 85/290 ♀

La BERNERIE-EN-RETZ 44760 Loire-Atl. 🗺️ ① – 1 828 h alt. 24.
Paris 434 – Nantes 47 – Challans 39 – St-Nazaire 36.

🏛️ **Château de la Gressière** 🦢, r. Noue Fleurie ✆ 02 51 74 60 06, *Fax 02 51 74 60 02*, 🐎, 🈺 – 📺 ☎ ✆ 🅿. 🆎 🇬🇧
Repas 98 (déj.), 128/270 ♀ – ⚏ 50 – **15 ch** 430/720 – ½ P 350/540

BERNEX 74500 H.-Savoie 🗺️ ⑱ G. Alpes du Nord – 737 h alt. 955 – Sports d'hiver : 1 000/2 000 m ✆ 15 ✦.
🅱️ Office de Tourisme ✆ 04 50 73 60 72, Fax 04 50 73 16 17.
Paris 589 – Thonon-les-Bains 19 – Annecy 93 – Évian-les-Bains 16 – Morzine 35.

🏛️ **Chez Tante Marie** 🦢, ✆ 04 50 73 60 35, Fax 04 50 73 61 73, ≤, 🈺, « Jardin fleuri », 🐎 – 📺 ☎ 🅿. ⓞ 🇬🇧, ✖ ch
fermé 15 oct. au 15 déc. – **Repas** *(fermé dim. soir hors saison)* 105/250 ♀, enf. 55 – ⚏ 44 – **27 ch** 380/415 – ½ P 350/380

🍴 **L'Échelle et H. Grand Chenay** 🦢 avec ch, ✆ 04 50 73 60 42, Fax 04 50 73 69 21, 🐎 – cuisinette 🅿. 🇬🇧
fermé 1er au 18 déc. – **Repas** *(fermé lundi et mardi hors saison)* 100 (déj.), 145/195 ♀ – ⚏ 40 – **6 ch** 320/380, 7 studios 450 – ½ P 270/320

à La Beunaz *Nord-Ouest : 1,5 km par D 52* – alt. 1000 – ✉ 74500 Évian-les-Bains :

🏛️ **Bois Joli** 🦢, ✆ 04 50 73 60 11, Fax 04 50 73 65 28, ≤, 🈺, 🏊, 🐎, ✖ – 📺 ☎ 🅿. 🆎 ⓞ 🇬🇧 ✖ rest
fermé 18 oct. au 20 déc. et début mars à début avril. – **Repas** *(fermé merc. sauf juil.-août)* 98/230, enf. 60 – ⚏ 42 – **26 ch** 380 – ½ P 340

BERRWILLER 68500 H.-Rhin 🗺️ ⑱ – 912 h alt. 260.
Paris 466 – Mulhouse 20 – Belfort 43 – Colmar 30 – Épinal 100 – Guebwiller 10.

🏛️🏛️ **Arbre Vert**, 96 r. Principale ✆ 03 89 76 73 19, Fax 03 89 76 73 68 ▦. 🇬🇧
fermé 31 juil. au 21 août, 23 fév. au 4 mars, dim. soir et lundi – **Repas** 110/250 ♀

BERRY-AU-BAC 02190 Aisne 🗺️ ⑥ – 509 h alt. 62.
Paris 161 – Reims 21 – Laon 30 – Rethel 47 – Soissons 48 – Vouziers 66.

🏛️🏛️🏛️ **Côte 108** (Courville), ✆ 03 23 79 95 04, Fax 03 23 79 83 50, 🈺, 🐎 – ▦ 🅿. 🆎 🇬🇧
🐾 *fermé 10 au 25 juil., 25 déc. au 15 janv., dim. soir et lundi* – **Repas** (dim. prévenir) 149/345 et carte 330 à 440
Spéc. Médaillons de foie gras chaud en croque au sel. Coquilles Saint-Jacques (15 oct. au 15 avril). Saint-Pierre au jus de volaille. **Vins** Coteaux champenois rouges.

BESANÇON 🅿 25000 Doubs 🗺️ ⑮ G. Jura – 113 828 h Agglo. 122 623 h alt. 250 – Casino BY.
Voir Site★★★ – Citadelle★★ : musée d'Histoire naturelle★ M³, musée comtois★ M², musée de la Résistance et de la Déportation★ M⁴ – Vieille ville★★ ABYZ : Palais Granvelle★, cathédrale★ (Vierges aux Saints★), horloge astronomique★, façades des maisons du 17ᵉ s.★ – Préfecture★ AZ P – Bibliothèque municipale★ BZ B – Grille★ de l'Hôpital St-Jacques AZ – Musée des Beaux-Arts et d'Archéologie★★.
Env. Notre-Dame-de-la-Libération ≤★ SE : 5,5 km – Belvédère de Montfaucon ≤★ 8 km par D 111 – Musée de plein air des maisons comtoises★ à Montfaucon.
🅱️ Office de Tourisme 2 pl. 1ère Armée Française ✆ 03 81 80 92 55, Fax 03 81 80 58 30.
Paris 408 ④ – Basel 168 ⑤ – Bern 156 ② – Dijon 95 ④ – Lyon 226 ④ – Nancy 207 ⑤.

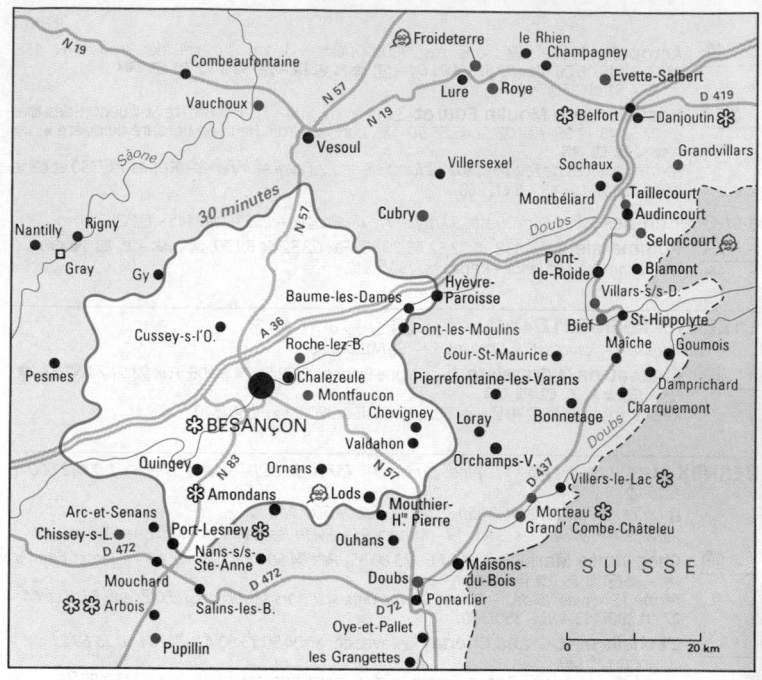

🏨 **Castan** 🦢 sans rest, 6 square Castan ✆ 03 81 65 02 00, *Fax 03 81 83 01 02*, « Hôtel particulier du 17ᵉ », 🌾 – 📺 ☎ 🌿, 🖭 ⦿ ☸
fermé 29 juil. au 28 août et 23 déc. au 2 janv. – ⥀ 60 – **10 ch** 580/980
BZ t

🏨 **Novotel** 🦢, 22 bis r. Trey ✆ 03 81 50 14 66, *Fax 03 81 53 51 57*, 🌿, 🏊, 🌾 – 📳 ✥ 🔲 📺 ☎ 🌿 ⅆ 📴 – 🕍 200. 🖭 ⦿ ☸
Repas *(89)* - carte 140 à 230 ⸙, enf. 50 – ⥀ 60 – **107 ch** 450/510
BX e

🏨 **Nord** sans rest, 8 r. Moncey ✆ 03 81 81 34 56, *Fax 03 81 81 85 96* – 📳 📺 ☎ 🌿 ⟷ 📴 🖭
⦿ ☸ ⱼⲥᴮ
⥀ 34 – **44 ch** 195/330
BY r

🏨 **Relais Mercure Hôtel des Bains** sans rest, 4 av. Carnot ✆ 03 81 80 33 11,
⟂₁₀₀ *Fax 03 81 88 11 14* – 📳 ✥ 📺 ☎ ⅆ 📴 – 🕍 60. 🖭 ⦿ ☸
⥀ 48 – **67 ch** 325/460
BY a

🏠 **Siatel Châteaufarine** Ⓜ, 6 r. L. Aragon, zone commerciale de Châteaufarine
✆ 03 81 41 12 22, *Fax 03 81 41 12 22* – 📳, 🍽 rest, 📺 ☎ 🌿 ⅆ 📴 – 🕍 80. ☸
Repas *(68)* - 118 ⸙, enf. 39 – ⥀ 35 – **30 ch** 275 – ½ P 200
AX a

🏠 **Ibis Centre** Ⓜ sans rest, 21 r. Gambetta ✆ 03 81 81 02 02, *Fax 03 81 81 89 65* – 📳 ✥ ▤
📺 ☎ 🌿 ⅆ 📴 – 🕍 25. 🖭 ⦿ ☸
⥀ 37 – **49 ch** 355
BY k

🏠 **Siatel**, 3 chemin des Founottes par N 57 : 3 km ✆ 03 81 80 41 41, *Fax 03 81 80 41 41* –
⟊ ✥, 🍽 rest, 📺 ☎ 🌿 ⅆ 📴 – 🕍 40. ☸
Repas 69/118 ⸙, enf. 39 – ⥀ 35 – **36 ch** 275 – ½ P 200
AX q

🏠 **Relais des Vallières**, 3 r. P. Rubens par bd de l'Ouest : 4 km ✆ 03 81 52 02 02,
Fax 03 81 51 18 26 – ✥ 📺 ☎ ⅆ 📴 – 🕍 15. 🖭 ⦿ ☸
Repas *(fermé dim. soir de nov. à avril)* *(69)* - 89/159 ⸙, enf. 45 – ⥀ 37 – **49 ch** 280/350 –
½ P 235/265
AX n

🏠 **Régina** sans rest, 91 Grande Rue ✆ 03 81 81 50 22, *Fax 03 81 81 60 20* – 📺 ☎. 🖭 ⦿
☸
fermé 24 déc. au 3 janv. – ⥀ 90 – **21 ch** 205/235
BY e

BESANÇON

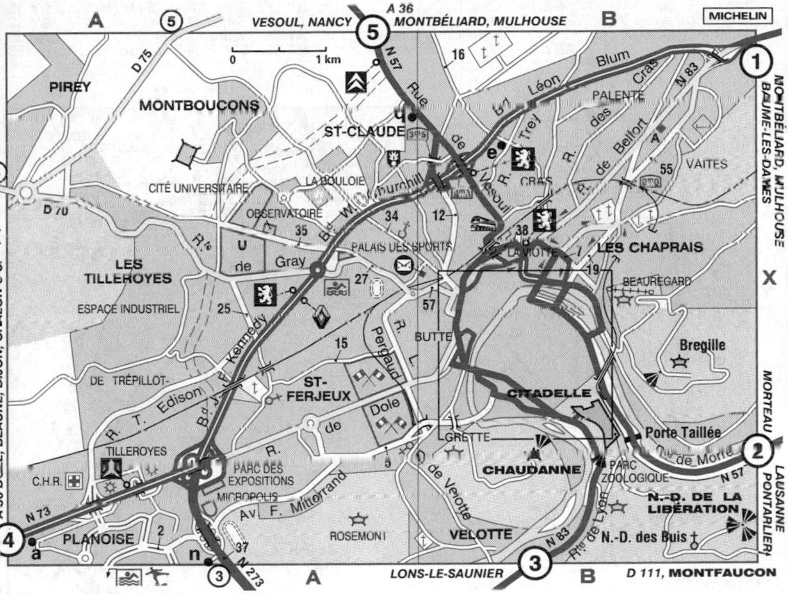

XXX **Mungo Park** (Mme Choquart), 11 r. Jean Petit, ℰ 03 81 81 20 01, Fax 03 81 83 56 97, 佘 — AE ⑩ GB   AY e
ⓒ   fermé 1er au 15 août, 1er au 7 nov., vacances de fév., lundi midi et dim. – **Repas** (150) - 195
(déj.), 240/490 et carte 290 à 470 ♀
Spéc. Millefeuille de pommes de terre au foie gras et saucisse de Morteau. Suprême de
volaille aux morilles et Vin Jaune. Moelleux au pain d'épice et vieux pontarlier. **Vins** Arbois
blanc et rouge.

XX **Chaland**, promenade Micaud, près Pont Brégille ℰ 03 81 80 61 61, Fax 03 81 88 67 42, ≼,
« Bateau restaurant » – 圖. AE GB   BY s
fermé sam. midi – **Repas** 95/395 bc ♀

XX **Poker d'As**, 14 square St-Amour ℰ 03 81 01 42 49, Fax 03 81 81 05 59 – 圖. AE ⑩
GB   BY u
fermé 16 juil. au 7 août, Noël au Jour de l'An, dim. soir et lundi – **Repas** 98/230 ♣

XX **Vauban**, à la Citadelle ℰ 03 81 83 02 77, Fax 03 81 83 17 25, 佘, « A l'entrée de la
Citadelle » – AE GB. ✸   BZ h
fermé 20 déc. au 20 fév., lundi sauf le midi en juil.-août et dim. soir – **Repas** (85) - 108/180 ♀

X **Au Petit Polonais**, 81 r. Granges ℰ 03 81 81 23 67, Fax 03 81 81 88 21 – GB   BY v
GB   fermé 14 juil. au 15 août, sam. soir et dim. – **Repas** 60/130 ♀, enf. 40 .

à Chalezeule par ① et D 217 : 5,5 km – 944 h. alt. 252 – ⊠ 25220 :

🏠 **Trois Iles** ⌾, ℰ 03 81 61 00 66, Fax 03 81 61 73 09 – TV ☎ 📶 🅿 – ▲ 15. AE GB. ✸ rest
fermé 15 déc. au 5 janv. – **Repas** (dîner seul.) 90 ♀ – ☲ 45 – **16 ch** 260/350

à Roche-lez-Beaupré par ① : 8 km – 1 663 h. alt. 242 – ⊠ 25220 :

X **Auberge des Rosiers**, ℰ 03 81 57 05 85, Fax 03 81 60 51 54, 佘 – 🅿. ⑩ GB
GB   fermé 12 au 25 fév., dim. soir en hiver, lundi soir et mardi – **Repas** 68/205 ♀, enf. 60

à Montfaucon par ②, D 464 et D 146 : 9 km – 1 262 h. alt. 491 – ⊠ 25660 :

XX **Cheminée**, rte Belvédère ℰ 03 81 81 17 48, Fax 03 81 82 86 45, ≼, 佘 – 🅿. AE GB
fermé 21 août au 6 sept., 10 fév. au 4 mars, dim. soir et merc. sauf fériés – **Repas** 125/260

281

BESANÇON

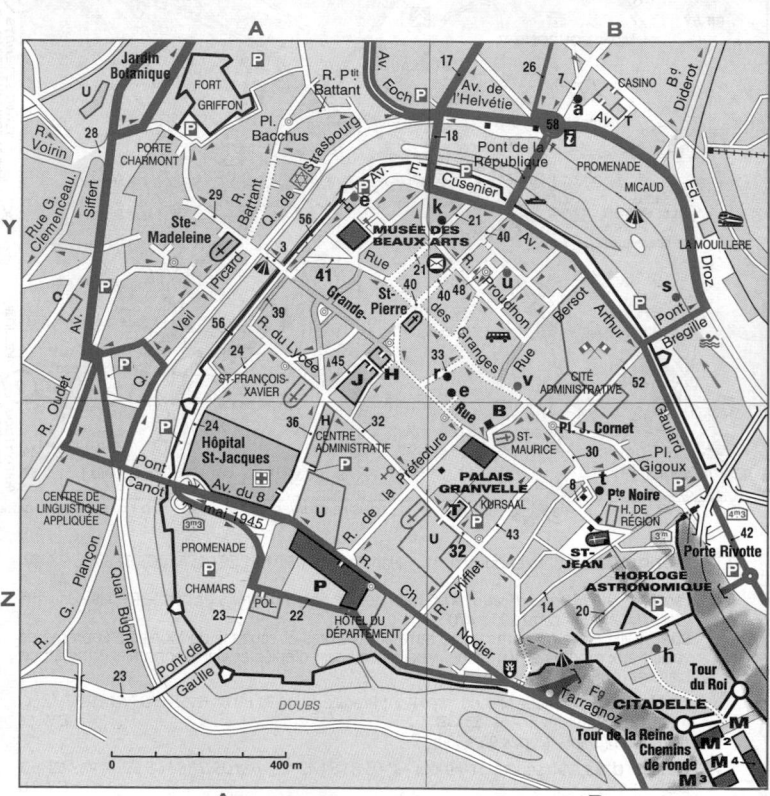

à l'Espace Valentin Vert-Bois-Vallon *par ⑤ et D 75 : 5 km –* ⊠ *25480 École-Valentin :*

XXX **Valentin** (Maire), ℰ 03 81 80 03 90, Fax 03 81 53 45 49, 斧, 舞 – 🅿. AE GB
✿   *fermé 31 juil. au 21 août, vacances de fév., dim. soir et lundi –* **Repas** 148/378 *et carte 350 à 420 ♀*
    Spéc. Flanc de sandre sauce civet de homard. Millefeuille de foie gras aux fruits secs et caramel de macvin. Gibier (saison). **Vins** Arbois, Charcenne.

BESSANS *73480 Savoie* **77** ⑨ *G. Alpes du Nord – 303 h alt. 1730 – Sports d'hiver : 1 740/2 200 m* ⭤4 ⅍.
    Voir Peintures★ de la chapelle St-Antoine.
    🛈 *Office de Tourisme* ℰ 04 79 05 96 52, Fax 04 79 05 83 11.
    Paris 700 – Albertville 128 – Chambéry 138 – Lanslebourg-Mont-Cenis 12 – Val-d'Isère 37.

🏠 **Mont-Iseran,** ℰ 04 79 05 95 97, Fax 04 79 05 84 67 – 🆃🆅 ☎ ⇔. AE ① GB, ⅗ rest
⇔   *25 juin-1er oct. et 20 déc.-25 avril –* **Repas** 75/160 ⅄ – ⵀ 45 – **19 ch** 280/350 – ½ P 335

🏠 **Vanoise** ॐ, ℰ 04 79 05 96 79, Fax 04 79 05 84 34, ≤, 斧 – ⵀ rest, ☎ 🅿. GB
⇔   *29 juin-15 sept. et 15 déc.-6 avril –* **Repas** 80/100, enf. 50 – ⵀ 45 – **30 ch** 360

Le BESSAT 42660 Loire 🔟🔟 ⑨ – 250 h alt. 1170 – *Sports d'hiver : 1 170/1 427 m* ≰.
Paris 527 – St-Étienne 20 – Annonay 30 – St-Chamond 19 – Yssingeaux 64.

🏠 **France**, ℰ 04 77 20 40 99, Fax 04 77 20 46 66, 🍴 – ☎ – 🅰 30, 🝵 🆚
ⒼⓈ fermé 1ᵉʳ au 15 sept., janv., dim. soir et lundi – **Repas** 75/180 ⅃, – 🖵 28 – **30 ch** 160/230 –
½ P 205/215

🍴🍴 **La Fondue "Chez l'Père Charles"** avec ch, ℰ 04 77 20 40 00, Fax 04 77 20 45 20, 🍴
– 😾, 🝵 🆚, 🍴
🏵 1ᵉʳ mars-30 nov. et fermé dim. soir hors vacances scolaires – **Repas** 80/285 ♀ – 🖵 38 – **9 ch**
320

BESSE-EN-CHANDESSE 63610 P.-de-D. 🔟🔟 ⑬ ⑭ G. Auvergne – 1 799 h alt. 1050 – *Sports
d'hiver à Super Besse.*
Voir Église St-André⋆ – Rue de la Boucherie⋆ – Porte de ville⋆ – Lac Pavin⋆⋆ et Puy de
Montchal⋆⋆ SO : 4 km par D 978 – Vallée de Chaudefour⋆⋆ NO : 11 km.
🛈 Office de Tourisme pl. Dr-Pipet ℰ 04 73 79 52 84.
Paris 467 – Clermont-Ferrand 47 – Condat 28 – Issoire 31 – Le Mont-Dore 25.

🏠🏠 **Les Mouflons**, ℰ 04 73 79 56 93, Fax 04 73 79 51 18, 🚡 – 🖵 ☎ 🅿 – 🅰 25, 🆚 🄺🄱
fermé 1ᵉʳ au 15 avril et 15 oct. au 15 déc. – **Repas** (fermé dim. soir sauf de juin à août et
fév.-mars) 95/240 ♀ – 🖵 55 – **50 ch** 305/365 – ½ P 295/315

🏠 **Clos** 🐾, rte Mont Dore : 0,5 km ℰ 04 73 79 52 77, Fax 04 73 79 56 67, 🚡, 🏊, 🌳 – 🖵 ☎
🅿, 🆚, 🍴 rest
4-26 avril, 27 mai-24 sept. et 16 déc.-26 mars – **Repas** (fermé mardi sauf vacances scolaires)
90/160 ⅃, enf. 45 – 🖵 45 – **27 ch** 260/330 – ½ P 322

🏠 **Gazelle** 🐾, rte Compains ℰ 04 73 79 50 26, Fax 04 73 79 50 26, ≼, 🚡, 🏊, 🌳 – 🖵 ☎ 🅿,
🆚
1ᵉʳ avril-24 sept. et 24 déc.-12 mars – **Repas** (dîner seul.) 100, enf. 45 – 🖵 45 – **35 ch**
340/350 – ½ P 320

🏠 **Charmilles** sans rest, rte Super-Besse ℰ 04 73 79 50 79, ≼ – ☎ 🅿, 🆚
15 juin-20 sept., vacances scolaires, week-ends en hiver et en mai – 🖵 38 – **20 ch** 260/300

🍴🍴 **Hostellerie du Beffroy** avec ch, ℰ 04 73 79 50 08, Fax 04 73 79 57 87 – 🖵 ☎ 🚗, 🝵
🆚, 🍴 rest
🏵 fermé 3 au 25 déc., dim. soir et lundi hors vacances scolaires – **Repas** (dim. prévenir)
110/300 ♀ – 🖵 50 – **10 ch** 280/380 – ½ P 380

au Lac Pavin Sud-Ouest : 4 km – ✉ 63610 Besse-en-Chandesse :

🍴 **Lac Pavin** 🐾 avec ch, ℰ 04 73 79 62 79, Fax 04 73 79 61 22, ≼ – 🆚, 🍴 rest
mars-15 sept. et fermé lundi, mardi sauf juill.-août et dim. soir – **Repas** 95/185 ♀, enf. 55 –
🖵 38 – **5 ch** 250 – ½ P 250

Super-Besse Ouest : 7 km – *Sports d'hiver : 1 050/1 850 m* ≰ 1 ≰ 21 ≰ – ✉ 63610 Besse-en-
Chandesse.
🛈 Office de Tourisme (20 juin-10 sept./20 déc.-20 avril) Rd-Pt des Pistes ℰ 04 73 79 60 29,
Fax 04 73 79 52 08.

🏠🏠 **Gergovia** 🐾, ℰ 04 73 79 60 15, Fax 04 73 79 61 43, ≼, 🍴, 🚡 – 🖵 ☎ 🅿 – 🅰 25, 🝵 🆚,
ⒼⓈ 🍴
1ᵉʳ mai-15 oct. et 23 déc.-30 mars – **Repas** 85/165, enf. 58 – 🖵 50 – **51 ch** 270/400 –
½ P 295/360

ESSENAY 69690 Rhône 🔟🔟 ⑩ – 1 611 h alt. 400.
Paris 467 – Roanne 70 – Lyon 33 – Montbrison 53 – St-Étienne 66.

🏠🏠 **Auberge de la Brevenne**, N 89 ℰ 04 74 70 80 01, Fax 04 74 70 82 31, 🍴 – ▮, 🍽 rest,
🖵 ☎ ♿ 🅿 – 🅰 20, 🝵 🆚
Repas (fermé dim. soir) (68) – 95/260 ⅃, enf. 60 – 🖵 50 – **24 ch** 330/360 – ½ P 300

BESSINES-SUR-GARTEMPE 87250 H.-Vienne 🔟🔟 ⑧ – 2 988 h alt. 335.
Paris 359 – Limoges 38 – Argenton-sur-Creuse 63 – Bellac 30 – Guéret 54.

🍴🍴 **Bellevue** avec ch, N 20 ℰ 05 55 76 01 99, Fax 05 55 76 68 81 – 🖵 ☎ 😾 🅿, 🆚
ⒼⓈ fermé vacances de fév. – **Repas** (fermé lundi soir sauf juil.-août) 65/205 ♀, enf. 49 – 🖵 30 –
12 ch 220/260 – ½ P 220/250

La Croix-du-Breuil Nord : 3 km sur N 20 – ✉ 87250 Bessines-sur-Gartempe :

🍴🍴 **Manoir Henri IV** avec ch, ℰ 05 55 76 00 56, Fax 05 55 76 14 14, 🌳 – 🍽 rest, 🖵 ☎ 😾 🅿,
⑩ 🆚
fermé dim. soir et lundi d'oct. à avril – **Repas** 115/265, enf. 60 – 🖵 35 – **11 ch** 260/320

BÉTHUNE ◁⊗▷ 62400 P.-de-C. 🗺 ⑭ *G. Picardie Flandres Artois* – 24 556 h alt. 34.

🛈 *Office de Tourisme Le Beffroi-Grand Place* ℰ 03 21 57 25 47, Fax 03 21 57 01 60.

Paris 214 ④ – *Calais 83* ④ – *Lille 39* ② – *Amiens 93* ④ – *Arras 35* ④ – *Boulogne-sur Mer 90* ②.

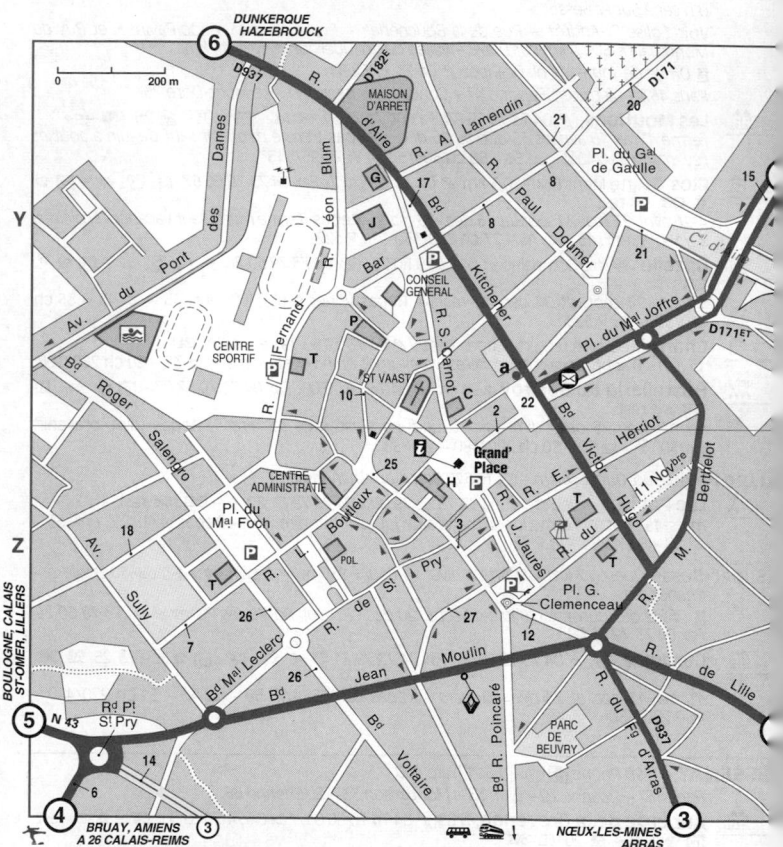

XXX **Meurin et Résidence Kitchener** M avec ch, 15 pl. République ℰ 03 21 68 88 8⬛
❀❀ *Fax 03 21 68 88 89* – cuisinette, 🍽 rest, 📺 ☎ 📞, 🅰🅴 ⓪ 🆖 🕾 **Y**
fermé 1er au 20 août, 2 au 7 janv., dim. soir et lundi – **Repas** 200 (déj.), 280/500 et carte 400
540 – 🍵 70 – **7 ch** 550/850 – ½ P 700
Spéc. Filet d'anguille aux poireaux. Noisettes de lapereau au chou rouge. Beignet d⬛
maroilles, salade de chicons.

rte de Bruay-la-Bussière *par* ④ *(sortie 6 par A 26) : 3 km* – ✉ 62232 Fouquières-lès-Béthune .

🏨 **Campanile,** ℰ 03 21 57 76 76, *Fax 03 21 56 98 50,* 🏡 – 🛏 📺 ☎ 📞 🔥 🅿 – 🔬 25. 🅰🅴 ⓒ
🆖
Repas *(72)* - 88/103 🍷, enf. 39 – 🍵 36 – **53 ch** 315

284

à Gosnay par ④, N 41 et D 181 : 5 km – 1 226 h. alt. 29 – ⊠ 62199 ·

🏨 **Chartreuse du Val St-Esprit** ⑤, ℘ 03 21 62 80 00, Fax 03 21 62 42 50, 🍴, parc,
« Demeure du 18ᵉ siècle sur le site d'une ancienne chartreuse », ✗ – 📺 📞 ✔ 👥 🅿 –
🏛 25 à 100. ◐ 🆖
Repas 185/365 ♀ – ⊊ 65 – **65 ch** 430/900 – ½ P 470/555

Le BETTEX 74 H.-Savoie 🢇🢇 ⑧ – rattaché à St-Gervais-les-Bains.

BEUIL 06470 Alpes-Mar. 🢇🢇 ⑨, 🢇🢇🢇 ④ G. Alpes du Sud – 330 h alt. 1450 – Sports d'hiver : 1 400/
2 000 m ⬟ 26 🏂.
Voir Site★.
🛈 Office de Tourisme pl. du Pissaire ℘ 04 93 02 32 58, Fax 04 93 02 35 72.
Paris 821 – Barcelonnette 81 – Digne-les-Bains 118 – Nice 78 – Puget-Théniers 30.

🏠 **L'Escapade**, ℘ 04 93 02 31 27, ≼, 🍴 – 📺 📞
fermé 1ᵉʳ oct. au 24 déc. – **Repas** 105/150, enf. 65 – ⊊ 50 – **11 ch** 220/395 – ½ P 330

La BEUNAZ 74 H.-Savoie 🢇🢇 ⑩ – rattaché à Bernex.

When looking for a hotel or restaurant use the most efficient method.
Look for the names of towns underlined in red
on the Michelin maps scale: 1:200 000.
But make sure you have an up-to-date map!

BEUVRON-EN-AUGE 14430 Calvados 🢇🢇 ⑰ G. Normandie Vallée de la Seine – 274 h alt. 11.
Voir Village★ – ✳★ de l'église de Clermont-en-Auge NE : 3 km.
Paris 217 – Caen 30 – Cabourg 15 – Lisieux 27 – Pont-l'Évêque 32.

✗✗✗ **Pavé d'Auge** (Bansard), ℘ 02 31 79 26 71, Fax 02 31 39 04 45, « Halles anciennes » – 🆖
⑧ fermé 28 nov. au 28 déc., vacances de fév., mardi de sept. à avril et lundi – **Repas** 145/245 et
carte 270 à 300 ♀
Spéc. Petit homard breton au beurre d'herbes (juin à sept.). Parmentier de rognon de veau
à l'andouille. Assiette aux cinq chocolats.

✗ **Auberge de la Boule d'Or** avec ch, ℘ 02 31 79 78 78, Fax 02 31 39 61 50 – 🆖 ✗✗ ch
fermé janv. – **Repas** (fermé merc. sauf juil.-août) 99/185 ♀ – ⊊ 35 – **3 ch** 280

BEUZEVILLE 27210 Eure 🢇🢇 ④ G. Normandie Vallée de la Seine – 2 702 h alt. 129.
🛈 Office de Tourisme (avril-sept.) 52 r. C.-Fouché ℘ 02 32 57 72 10, Fax 02 32 57 72 10.
Paris 177 – Le Havre 52 – Bernay 38 – Deauville 31 – Évreux 77 – Honfleur 15.

🏨 **Petit Castel** sans rest, ℘ 02 32 57 76 08, Fax 02 32 42 25 70, 🌳 – 📺 📞 🅿. 🆖. ✗✗
fermé 15 déc. au 15 janv. – ⊊ 38 – **16 ch** 260/340

🏠 **Poste**, ℘ 02 32 57 71 04, Fax 02 32 42 11 01, 🍴, 🌳 – 📺 📞 ✔ 🅿. 🆀 ◐ 🆖 🆓. ✗✗ ch
1ᵉʳ avril-11 nov. – **Repas** (fermé dim. soir d'oct. à mai et jeudi) 99/195 ♀ – ⊊ 40 – **14 ch**
250/360 – ½ P 290/350

✗✗✗ **Auberge du Cochon d'Or** avec ch, ℘ 02 32 57 70 46, Fax 02 32 42 25 70 – 📞 ✔. 🆖.
🆘 ✗✗ ch
fermé 15 déc. au 15 janv., dim. soir d'oct. à mars et lundi – **Repas** 82/245 et carte 180 à 290 ♀
– ⊊ 38 – **4 ch** 205/245

BEYNAC ET CAZENAC 24220 Dordogne 🢇🢇 ⑰ G. Périgord Quercy – 498 h alt. 75.
Voir Château★★ : site★★, ✳★★ – Calvaire ✳★★ – Village★ – Château de Castelnaud★ :
site★★, ✳★★★ S : 4 km.
Paris 541 – Brive-la-Gaillarde 62 – Périgueux 66 – Sarlat-la-Canéda 11 – Gourdon 28.

◀ **Vézac** Sud-Est : 2 km rte de Sarlat – 620 h. alt. 90 – ⊠ 24220 :

✗✗ **Relais des Cinq Châteaux** avec ch, ℘ 05 53 30 30 72, Fax 05 53 31 19 39, ≼, 🍴, 🗻 –
▦ rest, 📺 📞 ✔ 🅿 – 🏛 25. 🆖
fermé fév. et merc. en hiver – **Repas** 95/290 ♀, enf. 60 – ⊊ 40 – **10 ch** 265/295 – ½ P 330

Les BÉZARDS 45 Loiret 🔟🔟 ② – ⊠ 45290 Boismorand

Paris 139 – Auxerre 79 – Gien 18 – Joigny 57 – Montargis 23 – Orléans 74.

🏨🏨🏨 **Auberge des Templiers** 🅼 ॐ, Autoroute A 77, sortie 19 : 3 km ☏ 02 38 31 80 01,
❄❄ Fax 02 38 31 84 51, ☎, « Bel ensemble hôtelier dans un parc fleuri », 🏊, ॐ – 🔲 ch, 📺 ☎
♨ ♿ 🚗 🅿 – 🔏 30. 🎫 ⑩ 🆚 🇯🇨🇧
fermé en fév. – **Repas** 320 (déj.), 420/720 et carte 540 à 780 ♀ – ☷ 95 – **22 ch** 600/1380,
8 appart – ½ P 960/1160
Spéc. Ris de veau braisé au miel du Gâtinais. Gibier de Sologne (saison). Entremets de
l'auberge. **Vins** Reuilly, Pouilly-fumé.

BÈZE 21 Côte-d'Or 🔟🔟 ⑬ – rattaché à Mirebeau-sur-Bèze.

BÉZIERS 🚐 34500 Hérault 🔠🔠 ⑮ G. Languedoc Roussillon – 70 996 h alt. 17.

Voir Anc. cathédrale St-Nazaire★ : terrasse ≤★ – Musée du Biterois★ BZ **M³** – Jardin
St Jacques ≤★.

✈ de Béziers-Vias : ☏ 04 67 90 99 10, par ③ : 12 km.
🅱 Office de Tourisme 29 av. Saint-Saëns ☏ 04 67 76 47 00, Fax 04 67 76 50 80.
Paris 767 ③ – Montpellier 70 ③ – Marseille 234 ③ – Perpignan 92 ⑤.

Clemenceau (Av. G.) . . . . **AX** 9	Injalbert (Bd A.) . . . . **AX** 30	Perréal (Bd E.) . . . . **AX** 50
Corneilhan (Rte de) . . . . **AX** 10	Jussieu (R. A.) . . . . **AX** 33	Pont-Vieux (Av. du) . . . . . . **AX** 52
Deveze (Av. de la) . . . . **AX** 12	Kennedy (Bd Prés.) . . . . **AX** 35	Port-Notre-Dame (Av. du) . . . **AX** 53
Dr-Mourrut (Bd) . . . . **AX** 15	Lattre-de-T. (Bd Mar.-de). . . **AX** 37	Sérignan (Rte de) . . . . **AX** 62
Espagne (Rte d') . . . . **AX** 20	Lazare (Av. J.) . . . . **AX** 39	Treille (Carref. de la) . . . . . . **AX** 66
Four-à-Chaux (Bd de) . . . . . **AX** 25	Malbosc (R. L.) . . . . **AX** 42	Verdier (Av. P.) . . . . **AX** 67
Genève (Bd de) . . . . **AX** 27	Nat (Bd Y.) . . . . **AX** 45	Voie Domitienne
Hort-Monseigneur (R. de l') . . **AX** 29	Pasquet (R. du Lt) . . . . **AX** 48	(Av. de la) . . . . **AX** 70

🏛 **Champ de Mars** sans rest, 17 r. Metz ☏ 04 67 28 35 53, Fax 04 67 28 61 42 – 📺 ☎ 🚗
🎫 ⑩ 🆚 ॐ   CY **v**
☷ 30 – **10 ch** 180/250

🍴🍴 **Framboisier,** 12 r. Boïeldieu ☏ 04 67 49 90 00, Fax 04 67 28 06 73 – 🔳 🎫 ⑩ 🆚
fermé 15 au 28 août, vacances de fév., dim. et lundi – **Repas** 170/380   CY **u**

🍴🍴 **Potinière,** 15 r. A. de Musset ☏ 04 67 76 35 30, Fax 04 67 76 38 45 – 🔳 🎫 🆚   CZ **s**
🕊 *fermé 19 au 30 juin, 15 au 25 fév., sam. midi, dim. soir et lundi sauf du 1ᵉʳ au 15 août* –
Repas 140/380 ♀, enf. 80

🍴🍴 **L'Ambassade,** 22 bd Verdun (face gare) ☏ 04 67 76 06 24, Fax 04 67 76 74 05 – 🔳 🎫
⑩ 🆚   CZ **r**
fermé lundi soir et dim. – **Repas** 145/340

🍴 **Cep d'Or,** 7 r. Viennet ☏ 04 67 49 28 09, ☎ – 🆚   BZ **d**
🕊 *fermé 15 au 29 nov., lundi sauf le soir en juil.-août et dim. soir* – **Repas** 78/155 ♨

BÉZIERS

Abreuvoir (R. de l') .... BZ 2
Albert-Ier (Av.) .... CY 3
Bonsi (R. de) .... BZ 5
Canterelles (R.) .... BZ 6
Capus (R. du) .... BZ 7
Citadelle (R. de la) .... BZ 9
Drs-Bourguet (R. des) .... BZ 13
Estienne-d'Orves (Av.) .... BZ 22
Flourens (R.) .... BY 23
Garibaldi (Pl.) .... CZ 26
Joffre (Av. Mar.) .... CZ 32
Massol (R.) .... DZ 43
Moulins (Rampe des) .... BY 44
Orb (R. de l') .... BZ 47
Péri (Pl. G.) .... BYZ 49
Puits-des-Arènes (R. du) .... BZ 54
République (R. de la) .... BY 55
Révolution (Pl. de la) .... BZ 57
Riquet (R. P.) .... BY 58
St-Jacques (R.) .... BZ 60
Strasbourg (Bd de) .... CY 64
Tourventouse (Bd) .... BZ 65
Victoire (Pl. de la) .... BCY 68
Viennet (R.) .... BZ 69
4-Septembre (R. du) .... BY 72
11-Novembre (Pl. du) .... CY 74

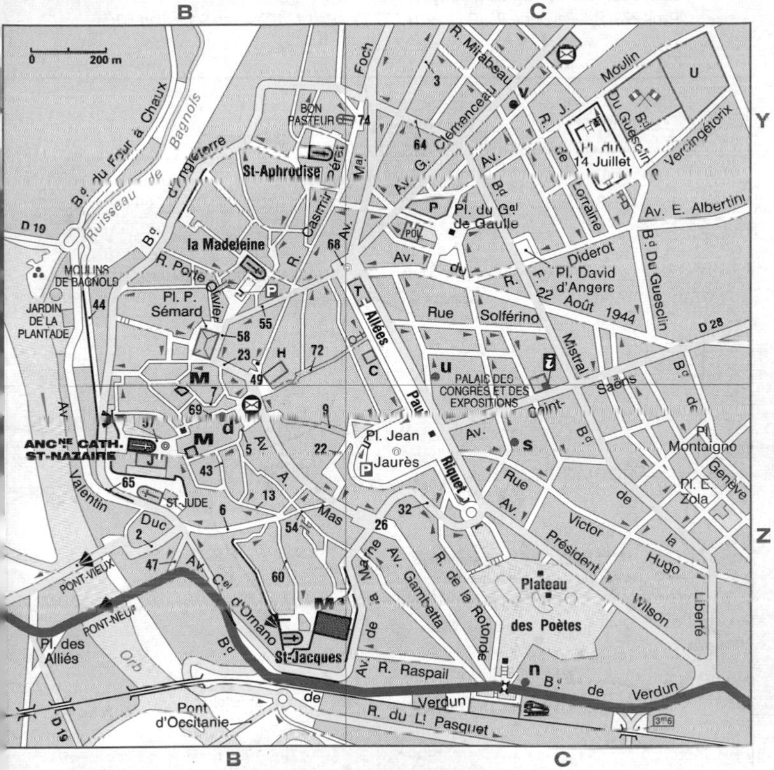

par ③ : *6 km à l'échangeur A9-Béziers-Est –* ✉ *34420 Villeneuve-lès-Béziers :*

Ibis, ☎ 04 67 62 55 14, *Fax 04 67 76 50 78,* – 50. AE GB JCB
Repas *(75)* - 95, enf. 39 – 35 – **108 ch** 335/370

Clim'Oc, 1 km, rte Valras ☎ 04 67 39 40 00, *Fax 04 67 39 39 61,* – 50. AE GB
Repas 74/188, enf. 48 – 36 – **78 ch** 298/358 – 1/2 P 260/310

à Maraussan *Ouest : 6 km par D 14 – 2 336 h. alt. 38 –* ✉ *34370 :*

Parfums de Garrigues, 33 r. Poste ☎ 04 67 90 33 76, *Fax 04 67 90 33 76,* – AE GB
fermé vacances de Toussaint , de fév. , mardi soir et merc. – **Repas** 90/350, enf. 50

Vieux Puits, ☎ 04 67 90 05 59, *Fax 04 67 90 05 59,* – AE GB
fermé dim. soir et lundi – **Repas** 89 (déj.), 135/190

à Lignan-sur-Orb *Nord-Ouest par D 19 (rte de Murviel) : 7 km – 2 543 h. alt. 28 –* ✉ *34490 :*

Château de Lignan, ☎ 04 67 37 91 47, *Fax 04 67 37 99 25,* parc, – 60. AE GB JCB
Repas 185/425 et carte 370 à 500 – 70 **49 ch** 700/800 – 1/2 P 800
Spéc. Lasagne de gambas et tomates aux moules. Pigeon rôti en cocotte sauce salmis. Moelleux au chocolat et poire safranée. **Vins** Coteaux du Languedoc, Saint-Chinian.

BIARRITZ *64200 Pyr.-Atl.* **78** ⑪ ⑱, **85** ② *G. Aquitaine – 28 742 h alt. 19 – Casino.*

Voir ≤★★ *de la Perspective* – ≤★ *du phare et de la Pointe St-Martin* **AX** – *Rocher de la Vierge★* – *Musée de la mer★* – *Arcangues :* ⁂★ *du cimetière S : 7 km.*

✈ *de Biarritz-Anglet-Bayonne :* ✆ *05 59 43 83 83, 2 km* **ABX.**

🚂 ✆ *08 36 35 35 35.*

🛈 *Office de Tourisme sq. d'Ixelles* ✆ *05 59 22 37 00, Fax 05 59 24 14 19, Antenne sortie autoroute A 63 et gare de Biarritz.*

Paris 778 ③ – *Bayonne 9* – *Bordeaux 199* ③ – *Pau 124* ② – *San Sebastián 50* ⑥.

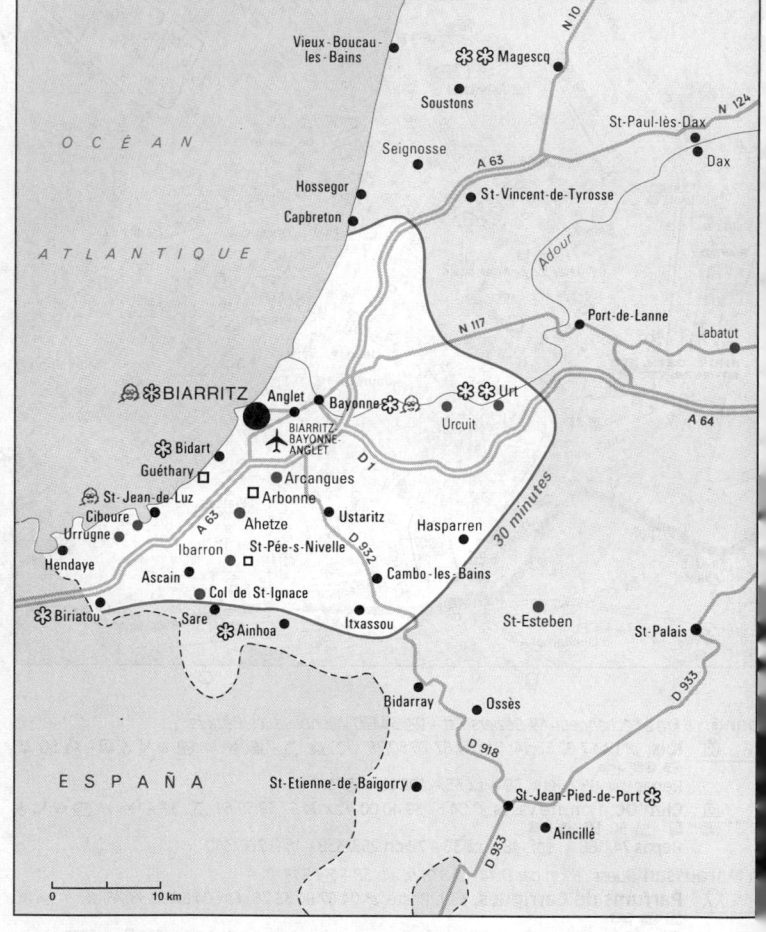

Palais ⌂, 1 av. Impératrice ✆ 05 59 41 64 00, *Fax 05 59 41 67 99*, ≤, 斎, « Belle piscine face à la mer », 🛀, 🍽 – 🛗 🖧 📺 ☎ 📞 🅿 – 🔔 25 à 150. 🅰🅴 ① 🆖 🅹🅲🅱. ❄ rest　　**EY　k**
fermé fév – *Villa Eugénie :* Repas 395 et carte 460 à 600 ♀ – *La Rotonde :* Repas 290 ♀ –
L'Hippocampe (rest. piscine) *(avril-oct. et fermé le soir d'avril au 9 juil. et du 11 sept. à fin oct.)* Repas carte 320 à 420 ♀ – � 150 – **134 ch** 1550/2950, 22 appart – ½ P 1425/1875
Spéc. Fraîcheur de légumes à l'araignée de mer (15 juin au 15 sept.). Filets de rouget poêlés, chipirons et sauce à l'encre. Poêlée de framboises (saison). **Vins** Irouléguy blanc et rouge.

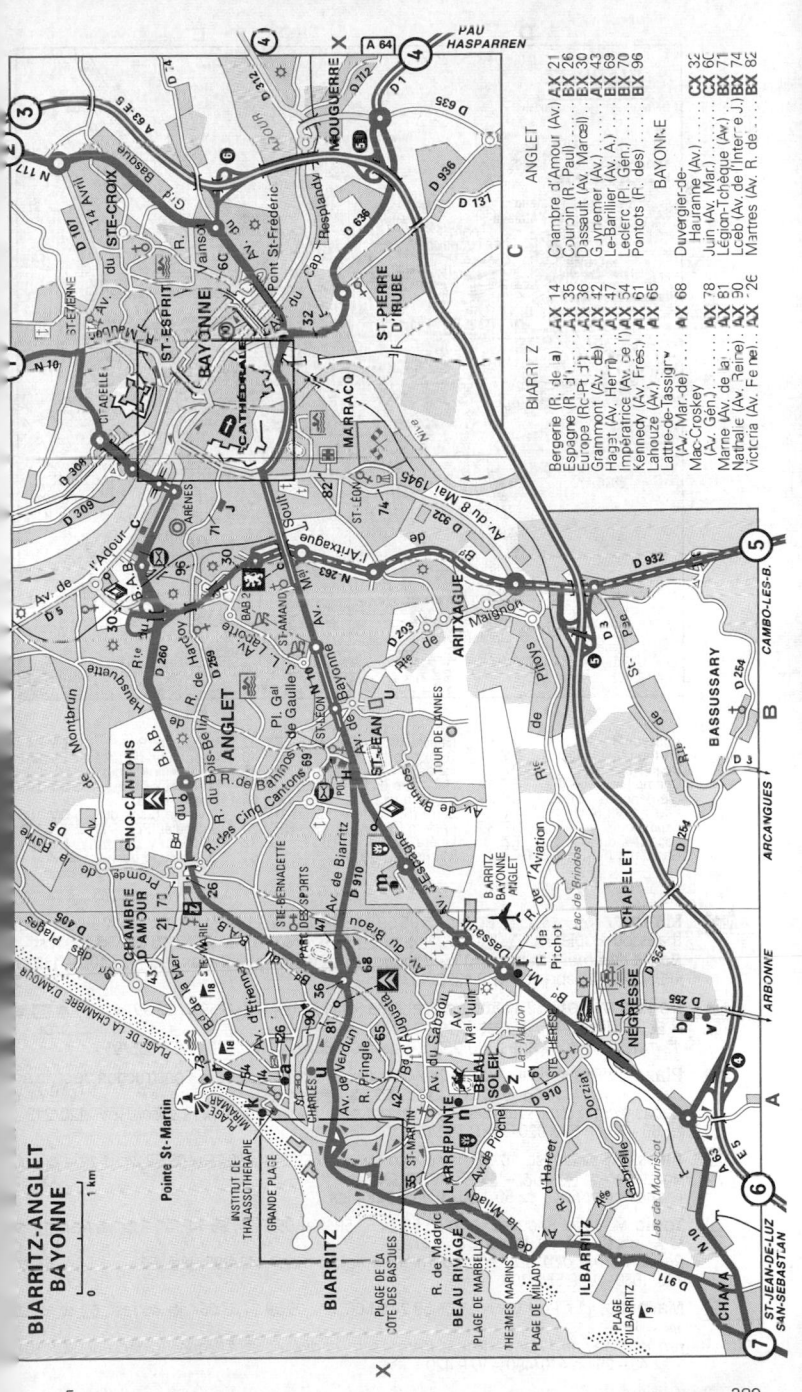

BIARRITZ-ANGLET BAYONNE

0 — 1 km

Pointe St-Martin

PLAGE DE LA CHAMBRE D'AMOUR

INSTITUT DE THALASSOTHÉRAPIE

GRANDE PLAGE

BIARRITZ

PLAGE DES BASQUES
PLAGE DE LA CÔTE DES BASQUES

BEAU RIVAGE

PLAGE DE MARBELLA
PLAGE DE MILADY

THERMES MARINS

R. de Madrid

ILBARRITZ

PLAGE D'ILBARRITZ

CHAKA

ST-JEAN-DE-LUZ
S.AN-SEBASTIAN

CHAMBRE D'AMOUR

ANGLET

CINQ-CANTONS

STE-CROIX
ST-ESPRIT
BAYONNE
CATHÉDRALE
ST-PIERRE D'IRUBE
MARRACQ

PAU
HASPARREN
A 64
MOUGUERRE

ARITXAGUE

BASSUSSARY

CAMBO-LES-B.

CHAFELET

LA NÉGRESSE

BEAU SOLEIL

LARREPUNTE

ARCANGUES

ARBONNE

5

289

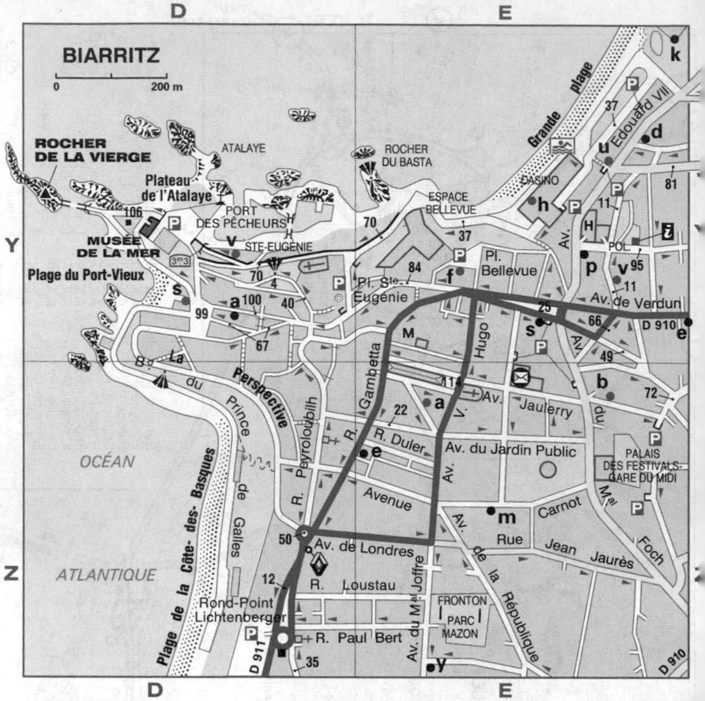
BIARRITZ
0
200 m
D
E
Y
Z
ROCHER DE LA VIERGE
ATALAYE
ROCHER DU BASTA
Plateau de l'Atalaye
MUSÉE DE LA MER
Plage du Port-Vieux
PORT DES PÊCHEURS
STE-EUGÉNIE
ESPACE BELLEVUE
CASINO
Grande plage
Av. Édouard VII
Pl. Ste-Eugénie
Pl. Bellevue
POL.
Av. de Verdun
D 910
Av. V. Hugo
R. Gambetta
Bd du Prince de Galles
Perspective
OCÉAN
ATLANTIQUE
Plage de la Côte-des-Basques
R. Peyroloubilh
R. Duler
Av. du Jardin Public
Av. Jaulerry
Avenue Carnot
Rue Jean Jaurès
Av. du Mal Foch
PALAIS DES FESTIVALS-GARE DU MIDI
Av. de Londres
R. Loustau
Rond-Point Lichtenberger
R. Paul Bert
Av. du Mal Joffre
FRONTON
PARC MAZON
Av. de la République
D 911
D 910

Atalaye (Pl.) .... **DY** 4	Gaulle (Bd du Gén.-de) .. **EY** 37	Mazagran (R.) .... **EY** 84
Barthou (Av. Louis) .... **EY** 11	Goélands (R. des) ...... **DY** 40	Osuna (Av. d') .... **EY** 95
Beaurivage (Av.) .... **DZ** 12	Helder (R. du) .... **EY** 49	Port-Vieux (Pl. du) .... **DY** 99
Champ-Lacombe (R.) .. **EZ** 22	Hélianthe (Rd-Pt) .... **DZ** 50	Port-Vieux (R. du) .... **DY** 100
Clemenceau (Pl.) ...... **EY** 25	Larralde (R.) .... **EY** 66	Rocher de la Vierge (Espl. du) ... **DY** 106
Edouard-VII (Av.) ...... **EY**	Larre (R. Gaston) .... **DY** 67	Sobradiel (Pl.) .... **EZ** 114
Espagne (R. d') .... **DZ** 35	Leclerc (Bd Mar.) ..... **DEY** 70	Verdun (Av. de) ...... **EY**
Foch (Av. du Mar.) ..... **EZ**	Libération (Pl. de la) .... **EZ** 72	Victor-Hugo (Av.) .... **EYZ**
Gambetta (R.) .... **DEZ**	Marne (Av. de la) .... **EY** 81	

Miramar , 13 r. L. Bobet ✆ 05 59 41 30 00, *Fax 05 59 24 77 20*, <, , centre de thalassothérapie, , , , – |‡| ▤ TV ☎ ✆ – 20 à 170. AE ⓓ GB. ✱ rest
Relais Miramar : Repas 290 ♀ – ***Piballes*** (rest. diététique) **Repas** 290 – ☕ 100 – **110 ch** 1695/2740, 16 appart – ½ P 1290/1675 AX

Régina et Golf, 52 av. Impératrice ✆ 05 59 41 33 00, *Fax 05 59 41 33 99*, <, – |‡| TV ☎ – 20. AE ⓓ GB. ✱ rest AX
1er mars-27 nov. – **Repas** 200/250 ♀ – ☕ 100 – **66 ch** 1110/1390 – ½ P 835/935

Plaza, av. Édouard VII ✆ 05 59 24 74 00, *Fax 05 59 22 22 01*, <, « Construction de style Art Déco » – |‡|, ▤ ch, TV ☎ ✆ P – 25. AE ⓓ GB. ✱ rest EY
Repas *(fermé dim. sauf le soir en saison, sam. midi et lundi hors saison) (67)* - 120/215 – ☕ 66 – **56 ch** 580/920 – ½ P 590/670

Altess Ⓜ sans rest, 19 av. Reine Victoria ✆ 05 59 22 04 80, *Fax 05 59 24 91 19* – |‡| cuisinette ▤ TV ☎ ♿ – 15. AE ⓓ GB JCB AX
fermé nov. et fév. – ☕ 50 – **40 ch** 860, 3 duplex

Tonic Ⓜ, 58 av. Édouard VII ✆ 05 59 24 58 58, *Fax 05 59 24 86 14*, – |‡|, ▤ rest, TV ☎ ✆ ♿ P – 70. AE ⓓ GB. ✱ rest EY
Repas *(fermé dim. soir et lundi midi de nov. à mars)* 149/295, enf. 65 – ☕ 50 – **63 ch** 730/1030 – ½ P 535/705

Marbella, 11 r. Port Vieux ✆ 05 59 24 04 06, *Fax 05 59 24 63 26* – |‡|, ▤ rest, TV ☎ ✆. AE ⓓ GB DY
fermé 15 déc. au 15 janv. – **Repas** *(fermé sam. et dim. d'oct. à Pâques)* (dîner seul.) 90/150 – ☕ 48 – **29 ch** 420/480 – ½ P 420

🏠 **Maïtagaria** sans rest, 34 av. Carnot ℘ 05 59 24 26 65, Fax 05 59 24 27 37, 🌿 – 📺 ☎.
🎘 GB   EZ m
🚗 35 – **17 ch** 340/360

🏠 **Président** sans rest, pl. Clemenceau ℘ 05 59 24 66 40, Fax 05 59 24 00 46 – 📶 🗗 📺 ☎ 📞
– 🏛 40, 🔲 ① GB   EY s
🚗 50 – **64 ch** 380/690

🏠 **Maison Garnier** sans rest, 29 r. Gambetta ℘ 05 59 01 60 70, Fax 05 59 01 60 80 – 📺 ☎.
🔲 ① GB   FZ e
🚗 40 – **7 ch** 450/580

🏠 **Fronton**, 35 av. Mar. Joffre ℘ 05 59 23 09 49, Fax 05 59 23 22 07 – 📶 📺 ☎ 🅿. 🔲 ① GB
🚗🚗 JCB. ⚘   EZ y
20 mars-31 oct. – **Repas** 85/135 ♀ – 🚗 40 – **42 ch** 315/350 – ½ P 300

🏠 **Romance**, 6 allée des Acacias ℘ 05 59 41 25 65, Fax 05 59 41 25 65 – ☎. 🔲 GB
fermé 15 janv. au 1ᵉʳ mars – 🚗 35 – **10 ch** 350/480   AX n

🏠 **Christina** sans rest, 38 av. Verdun ℘ 05 59 24 26 17, Fax 05 59 24 66 00 – 📺 ☎ 📞 🚗
fermé 20 déc. au 20 janv. – 🚗 46 – **14 ch** 300/420   EY e

XXXX **Café de Paris** (Duhr et Oudill) 🕮 avec ch, 5 pl. Bellevue ℘ 05 59 24 19 53,
❀   Fax 05 59 24 18 20, ≤, « Bel aménagement intérieur » – 📶, 🍽 rest, 📺 ☎ 📞 ♿ – 🏛 30. 🔲
     ① GB JCB   EY f
20 mars-11 nov. – **Repas** (dîner seul. sauf dim. et fériés) 215/450 et carte 310 à 430 ♀ -
Bistrot Bellevue : Repas 160/240 ♀ – 🚗 85 – **19 ch** 660/1260 – ½ P 725/850
Spéc. Délice de tomates et piquillos (saison). Croustillant de langoustines grillées. Chaud-
froid aux fruits en croûte briochée. **Vins** Jurançon sec, Madiran.

XX **Boucalot**, pl. Port Vieux ℘ 05 59 24 36 50, Fax 05 59 24 88 98, ≤ plage et mer, 🍴 – 🍽.
🔲 ① GB   DY s
fermé 15 nov. au 15 déc. – **Repas** 190

XX **Les Platanes** (Daguin), 32 av. Beausoleil ℘ 05 59 23 13 68, Fax 05 59 23 13 68 – 🔲 ①
❀ GB   AX z
fermé lundi et mardi de sept. à juin – **Repas** (nombre de couverts limité, prévenir) 160 (déj.),
260/300 et carte 270 à 340 ♀
Spéc. Foies gras. Pigeonneau à l'ancienne. Chocolat aux chocolats. **Vins** Côtes de Saint-
Mont, Irouléguy.

XX **Café de la Grande Plage**, 1 av. Edouard VII (casino) ℘ 05 59 22 77 88,
Fax 05 59 22 77 83, ≤ océan, 🍴 – 🍽. 🔲 ① GB   EY h
Repas brasserie carte 150 à 230 ♀, enf. 55

XX **L'Operne**, 17 av. Edouard VII ℘ 05 59 24 30 30, Fax 05 59 24 37 89, ≤ océan, 🍴 – 🔲 ①
GB JCB   EY u
fermé 22 au 29 janv. et lundi hors saison – **Repas** 148/188 ♀

XX **Plaisir des Mets**, 5 r. Centre ℘ 05 59 24 34 66 – 🍽. GB   EZ a
fermé 25 au 30 juin, 23 au 30 nov., lundi midi et mardi midi en juil.-août, mardi soir et merc.
de sept. à juin – **Repas** carte 170 à 260 ♀

XX **Auberge du Relais**, 44 av. Marne ℘ 05 59 24 85 90, Fax 05 59 22 13 94 – 🍽. 🔲
GB   AX u
fermé 1ᵉʳ au 15 déc., 16 janv. au 6 fév. et mardi d'oct. à avril – **Repas** 99/155 ♀

X **Goulue**, 3 r. F. Ardouin ℘ 05 59 24 90 90, Fax 05 59 24 65 40 – 🍽. ① GB   EZ b
fermé 3 au 11 mars, 3 au 13 janv., dim. soir hors saison et lundi – **Repas** (80) - 140 ♀

X **Chez Albert**, au Port des Pêcheurs ℘ 05 59 24 20 13, ≤, 🍴 – GB
fermé 1ᵉʳ au 15 déc., 8 janv. au 12 fév. et merc. sauf juil.-août – **Repas** - produits de la mer -
175 ♀, enf. 70   DY v

X **Clos Basque**, 12 r. L. Barthou ℘ 05 59 24 24 96, 🍴 – GB   EY V
fermé 26 juin au 3 juil., 16 au 31 oct., 19 fév. au 5 mars, lundi sauf le soir en juil.août et dim.
soir – **Repas** (nombre de couverts limité, prévenir) 140 ♀

près aéroport sur N 10 Sud-Est : 4 km – ☒ 64200 Biarritz :

🏠 **Campanile**, bd. M. Dassault ℘ 05 59 41 19 19, Fax 05 59 41 28 78, 🍴 – ⬷ 🍽 rest, 📺
🞔🞔 ☎ 📞 ♿ 🅿 – 🏛 25. 🔲 ① GB   AX t
Repas 80/135 ♀, enf. 39 – 🚗 36 – **77 ch** 315

à Arcangues Sud : 8 km par La Négresse, D 254 et D 3 – 2 506 h. alt. 80 – ☒ 64200 :

X **Auberge d'Achtal**, pl. Fronton (accès piétonnier) ℘ 05 59 43 05 56, Fax 05 59 43 16 98,
🍴, « Auberge rustique » – GB
fermé 6 janv. à fin mars, mardi soir du 15 sept. au 6 janv. et merc. sauf juil.-août – **Repas** -
cuisine régionale - 165 ♀

291

rte d'Arbonne *Sud : 4 km par La Négresse et D 255 –* ⊠ *64200 Biarritz :*

🏛 **Château du Clair de Lune** ⌂ sans rest, 48 av. Alan-Seeger 🕿 05 59 41 53 20,
Fax 05 59 41 53 29, ≤, « Parc » – 📺 🕿 🅿. 🖭 ⓪ 🖼   AX   b
☎ 60 – **17 ch** 450/750

✕✕ **Campagne et Gourmandise** (Gaüzère), 52 av. Alan-Seeger 🕿 05 59 41 10 11,
☼ Fax 05 59 43 96 16, ≤, « Villa basque dans un jardin », 🛋 – 🅿. 🖼   AX   v
fermé vacances de Toussaint, de fév., dim. soir sauf du 14 juil. au 31 août, lundi midi et
merc. – **Repas** 200/290
Spéc. Foie gras de canard en trois façons. Quatre filets de poissons ''à la plancha''. Assiette
de desserts ''Grand-Mère''. **Vins** Jurançon, Irouléguy.

à Arbonne *Sud : 7 km par La Négresse et D 255 – 1 366 h. alt. 37 –* ⊠ *64210 :*

🏛 **Laminak** Ⓜ ⌂ sans rest, rte de St Pée 🕿 05 59 41 95 40, Fax 05 59 41 87 65, ≤, 🛋 – 📺
🕿 ℃ ⅙ 🅿. 🖭 🖼
fermé 15 nov. au 15 déc. – ☎ 55 – **12 ch** 370/590

au Sud *: 8 km par La Négresse, D 255, Arbonne et rte secondaire –* ⊠ *64200 Arcangues :*

✕✕ **Moulin d'Alotz,** 🕿 05 59 43 04 54, Fax 05 59 43 04 54, 🏡, « Maison du 18ᵉ siècle », 🛋
– 🅿. 🖼
fermé 20 nov. au 15 déc., 15 au 28 fév., merc. sauf le soir du 1ᵉʳ juil. au 30 sept. et mardi –
Repas (nombre de couverts limité, prévenir) 195/250

voir aussi ressources *à Anglet*

BIDARRAY *64780 Pyr.-Atl.* 🟦🟦 ③ *G. Aquitaine – 585 h alt. 110.*
Paris 804 – Biarritz 36 – Cambo-les-Bains 17 – Pau 132 – St-Jean-Pied-de-Port 21.

🏠 **Erramundeya** sans rest, rte St-Jean-Pied-de-Port (D 918) 🕿 05 59 37 71 21,
Fax 05 59 37 71 21, ≤ – 🕿 🅿. 🖼
fermé 15 nov. au 15 mars et mardi sauf juil.-août – ☎ 32 – **10 ch** 180/270

🏠 **Barberaenea** ⌂, pl. Église 🕿 05 59 37 74 86, Fax 05 59 37 77 55, ≤, 🏡, 🛋 – 📺 🕿 ℃
☜ ⅙ 🅿. 🖼. ✂ rest
fermé mardi, merc. et jeudi de nov. à mars sauf vacances scolaires – **Repas** (60) - 80/95 ⅙,
enf. 40 – ☎ 35 – **9 ch** 180/320 – ½ P 205/275

🏡 **Pont d'Enfer,** 🕿 05 59 37 70 88, Fax 05 59 37 76 60, ≤, 🏡 – 📺 🕿 🅿. 🖭 ⓪ 🖼
☜ 1ᵉʳ mars-31 oct. – **Repas** (fermé merc. midi sauf juil.-août) 75/168 ⅞, enf. 48 – ☎ 35 – **17 ch**
135/340 – ½ P 215/280

BIDART *64210 Pyr.-Atl.* 🟦🟦 ⑪ ⑱ *G. Aquitaine – 4 123 h alt. 40.*
Voir *Chapelle Ste-Madeleine* ⁕ ★.
🛈 *Office de Tourisme r. d'Erretegia* 🕿 *05 59 54 93 85, Fax 05 59 54 70 51.*
Paris 783 – Biarritz 7 – Bayonne 16 – Pau 123 – St-Jean-de-Luz 9.

🏛 **Villa L'Arche** Ⓜ ⌂ sans rest, chemin Camboénéa 🕿 05 59 51 65 95, Fax 05 59 51 65 99,
≤ Océan, 🛋 – cuisinette 📺 🕿 ☜. 🖼
12 fév.-12 nov. – ☎ 60 – **8 ch** 730/830

🏛 **Gochoki** sans rest, r. Caricartenea 🕿 05 59 26 59 55, Fax 05 59 54 71 00, 🛋 – cuisinette
📺 🕿 ℃ 🅿. 🖼. ✂
5 fév-15 nov. – ☎ 33 – **10 ch** 320, 10 studios 300/550

✕✕✕ **Table des Frères Ibarboure,** Sud par N 10, rte Ahetze et rte secondaire : 4 km
☼ 🕿 05 59 54 81 64, Fax 05 59 54 75 65, 🏡, parc – 🍽 🅿. 🖭 ⓪ 🖼
fermé 15 nov. au 3 déc., 5 au 20 janv., dim. soir et merc. sauf du 1ᵉʳ juil. au 15 sept. – **Repas**
200 (déj.), 260/480 et carte 320 à 440 ⅞
Spéc. Craquelon d'araignée de mer façon ''txangurro''. Pêle-mêle de chipirons de Saint-
Jean-de-Luz. Pigeonneau fermier aux petits légumes. **Vins** Jurançon, Irouléguy.

BIEF *25 Doubs* 🟦🟦 ⑱ *– rattaché à Villars-sous-Dampjoux.*

BIELLE *64260 Pyr.-Atl.* 🟦🟦 ⑯ *G. Aquitaine – 470 h alt. 448.*
Paris 807 – Pau 31 – Laruns 8 – Lourdes 44 – Oloron-Ste-Marie 26.

🏠 **L'Ayguelade,** rte Pau : 1 km 🕿 05 59 82 60 06, Fax 05 59 82 61 17, 🏡, 🛋 – 🍽 rest, 🕿
☜ ☜ 🅿. 🖼
fermé 9 au 31 janv., mardi soir et merc. hors saison – **Repas** 78/175 ⅞, enf. 40 – ☎ 30 – ½
12 ch 180/260 – ½ P 200/240

BIERT 09320 Ariège 𝟴𝟲 ③ – 286 h alt. 590.

Paris 822 – Foix 47 – Ax-les-Thermes 59 – Auch 140 – St-Girons 25 – Toulouse 127.

  ✗ **Auberge du Gypaete Barbu**, ℘ 05 61 04 89 92, Fax 05 61 04 89 92 – **GB**
  🛏 fermé 24 au 30/6, 24 au 30/9, 2/1 au 1/2, dim. soir et lundi sauf juil.-août et vacances
  scolaires – **Repas** 75/160 ⵏ, enf. 50

BIESHEIM 68 H.-Rhin 𝟲𝟮 ⑲ – rattaché à Neuf-Brisach.

BIÈVRES 08370 Ardennes 𝟱𝟲 ⑩ – 75 h alt. 241.

Paris 256 – Charleville-Mézières 60 – Longuyon 39 – Sedan 37 – Verdun 61.

  ✗ **Relais de St-Walfroy**, ℘ 03 24 22 61 62, Fax 03 24 27 53 04 – ▤ **P.** **GB**
  fermé 4 au 13 sept et merc. – **Repas** 75 (déj.), 90/150 ⵏ

BIGNAN 56 Morbihan 𝟲𝟯 ③ – rattaché à Locminé.

BILLIERS 56190 Morbihan 𝟲𝟯 ⑭ – 760 h alt. 20.

Paris 464 – Nantes 88 – Vannes 28 – La Baule 44 – Redon 39 – La Roche-Bernard 17.

  🏛 **Domaine de Rochevilaine** ⥤, à la Pointe de Pen Lan-Sud : 2 km par D 5
  ✿ ℘ 02 97 41 61 61, Fax 02 97 41 44 85, ≼ littoral, centre de balnéothérapie, « Demeures
  regroupées en hameau à l'extrémité d'une pointe rocheuse face à l'océan », 🏊, 🆇, ✿ –
  🛗 📺 🕿 ❤ ⑬ 🄿 – 🅜 30. 🝙 ⑩ **GB** 𝐉𝐂𝐁
  Repas 210 (déj.), 270/500 et carte 310 à 420 – ⵦ 90 – **33 ch** 900/1500, 6 appart – ½ P 820/
  1180
  Spéc. Grosses langoustines dorées au safran d'agrumes. Turbot rôti à la cervoise. Brioche
  en pain perdu, glace au lait.

Si vous cherchez un hôtel tranquille,
consultez d'abord les cartes de l'introduction
ou repérez dans le texte les établissements indiqués avec le signe ⥤.

BINIC 22520 C.-d'Armor 𝟱𝟵 ③ G. Bretagne – 2 798 h alt. 35.

  🛈 Office de Tourisme av. du Gén.-de-Gaulle ℘ 02 96 73 60 12, Fax 02 96 73 35 23.
  Paris 462 – St-Brieuc 15 – Guingamp 36 – Lannion 67 – Paimpol 33 – St-Quay-Portrieux 8.

  🏠 **Benhuyc** 🄼, 1 quai J. Bart ℘ 02 96 73 39 00, Fax 02 96 73 77 04, 🍴 – 🛗 cuisinette,
  ▤ rest, 📺 🕿 ❤ ⑬ **GB**, ❀ ch
  fermé janv. – **Repas** (fermé dim. soir et lundi midi de nov. à mars) (78) – 95/220 ⵏ, enf. 65 –
  ⵦ 38 – **23 ch** 360/430 – ½ P 298/365

BIOT 06410 Alpes-Mar. 𝟴𝟰 ⑨, **𝟏𝟏𝟓** ㉘ G. Côte d'Azur – 5 575 h alt. 80.

Voir Musée Fernand Léger★★ – Retable du Rosaire★ dans l'église.

  🛈 Office de Tourisme pl. de la Chapelle ℘ 04 93 65 05 85, Fax 04 93 65 70 96.
  Paris 917 – Cannes 19 – Nice 23 – Antibes 6 – Cagnes-sur-Mer 11 – Grasse 21 – Vence 20.

  🏠 **Domaine du Jas** 🄼 sans rest, 625 rte Mer (D 4) ℘ 04 93 65 50 50, Fax 04 93 65 02 01, ≼,
  🏊, ✿ – 📺 🕿 ❤ ⑬ 🚗 🄿 **GB**
  mars-nov. – ⵦ 60 – **15 ch** 1000/1400, 3 duplex

  ✗✗✗ **Les Terraillers** (Jacques), 11 rte Chemin Neuf (D 4), au pied du village ℘ 04 93 65 01 59,
  ✿ Fax 04 93 65 13 78, 🍴, « Ancienne poterie du 16e siècle » – ▤ 🄿. 🝙 **GB**
  fermé nov., jeudi midi en juil.-août et merc. – **Repas** 180 (déj.), 250/380 et carte 360 à 490 ⵏ,
  enf. 110
  Spéc. Croustillant de langoustines. Agneau de lait dans son jus au thym. Gratin de citron
  aux framboises. **Vins** Côtes de Provence.

  ✗✗✗ **Auberge du Jarrier**, au village ℘ 04 93 65 11 68, Fax 04 93 65 50 03, 🍴 – ▤. 🝙 **GB**
  𝐉𝐂𝐁
  fermé 15 janv. au 31 mars, merc. midi en juil.-août, lundi soir et mardi – **Repas** 220 bc (déj.),
  250/350 et carte 310 à 480 ⵏ, enf. 90

  ✗ **Chez Odile**, au village ℘ 04 93 65 15 63, 🍴
  fermé 1er déc. au 1er fév., merc. midi et jeudi midi en juil.-août, merc. soir et jeudi de sept. à
  juin – **Repas** (95) - 160

BIRIATOU 64 Pyr.-Atl. 𝟴𝟱 ① – rattaché à Hendaye.

BIRKENWALD *67440 B.-Rhin* 🆚 ⑭ *– 228 h alt. 295.*
Paris 460 – Strasbourg 34 – Molsheim 23 – Saverne 11.

🏨 **Au Chasseur** ⤷, ℘ 03 88 70 61 32, Fax 03 88 70 66 02, ≼, 🖾, 🐎 – ▤ rest, 🖵 ☎ 🅿 –
⌂ 🔏 25. 🆀 ⪭ ☞ ch
fermé 26 juin au 3 juil. et janv. – **Repas** *(fermé mardi midi et lundi)* (105) - 130/400 ♈, enf. 60 –
⫞ 60 – **24 ch** 330/500 – ½ P 400/450

BISCARROSSE *40600 Landes* 🆗 ⑬ *G. Aquitaine – 9 054 h alt. 22 – Casino.*
🔟 *Office de Tourisme 55 pl. de la Fontaine ℘ 05 58 78 20 96, Fax 05 58 78 23 65.*
Paris 659 – Bordeaux 80 – Arcachon 40 – Bayonne 130 – Dax 91 – Mont-de-Marsan 85.

à Biscarrosse-Bourg :

🏨 **Atlantide** sans rest, pl. Marsan ℘ 05 58 78 08 86, Fax 05 58 78 75 98 – 🛗 🖵 ☎ ℃ & 🅿. 🆀
⓪ ⪭
⫞ 39 – **33 ch** 370/450

🏩 **St-Hubert** ⤷ sans rest, 588 av. G. Latécoère ℘ 05 58 78 09 99, Fax 05 58 78 79 37, 🐎 –
🖵 ☎ ℃ & 🅿. 🆀 ⪭
⫞ 38 – **16 ch** 355/375

✕✕ **Fontaine Marsan**, pl. Marsan ℘ 05 58 82 81 29, 🎪 – 🆀 ⪭
fermé oct., dim. soir de sept. à juin et lundi – **Repas** 120/200 ♈

à Navarosse *Nord : 3,5 km par D 652 et D 305 – ⊠ 40600 Biscarrosse :*

🏩 **Transaquitain** ⤷ sans rest, ℘ 05 58 09 83 13, Fax 05 58 09 84 37, ⏌ – 🖵 ☎ 🅿
1ᵉʳ avril-15 sept. – ⫞ 32 – **12 ch** 290/390

à Ispe *Nord : 6 km par D 652 et D 305 – ⊠ 40600 Biscarrosse :*

🏩 **Caravelle** ⤷, ℘ 05 58 09 82 67, Fax 05 58 09 82 18, ≼, 🎪 – 🖵 ☎ ℃ 🅿. ⪭. ☞ ch
14 fév.-1ᵉʳ nov. – **Repas** *(fermé lundi midi hors saison)* 90/250, enf. 40 – ⫞ 40 – **11 ch** 400 –
½ P 330/350

BISCHWIHR *68 H.-Rhin* 🆖 ⑲,, 🆚 ⑦ *– rattaché à Colmar.*

BITCHE *57230 Moselle* 🆗 ⑱ *G. Alsace Lorraine – 5 517 h alt. 300.*
Voir Citadelle★ – Fort du Simserhof★ O : 4 km.
🔟 *Office de Tourisme à la Mairie ℘ 03 87 06 16 16, Fax 03 87 06 16 17.*
Paris 436 – Strasbourg 74 – Haguenau 43 – Sarrebourg 60 – Sarreguemines 34 – Saverne 51.

🏨 **Relais des Châteaux Forts** 🅼, 6 quai E. Branly (près gare) ℘ 03 87 96 14 14,
Fax 03 87 96 07 36, 🎪 – ⪰ 🖵 ☎ ℃ & 🅿. 🆀
fermé janv. – **Repas** *(fermé jeudi d'oct. à mai)* 80 (déj.), 100/210 ♈, enf. 55 – ⫞ 45 – **30 ch**
265/365 – ½ P 310

✕✕ **Auberge de Strasbourg** avec ch, 24 r. Col Teyssier ℘ 03 87 96 00 44,
Fax 03 87 06 10 60 – 🖵 ☎ ⟺ – ⌂ 🔏 15. 🆀 ⓪ ⪭
fermé 4 au 18 sept., 15 au 28 janv., dim. soir et lundi – **Repas** 125/380 ♈, enf. 60 – ⫞ 40 –
8 ch 220/300

✕✕ **Auberge de la Tour**, 3 r. Gare ℘ 03 87 96 29 25, Fax 03 87 96 02 61 – 🅿. ⪭
⪭ *fermé 1ᵉʳ au 15 juil., lundi soir et mardi –* **Repas** 75/260 ♈, enf. 45

à l'Étang de Hasselfurt *Sud-Est : 2 km – ⊠ 57230 Bitche :*

✕✕ **Auberge du Lac**, ℘ 03 87 96 27 27, Fax 03 87 96 05 34 – 🅿. ⪭
fermé fév., mardi sauf le midi en juil.-août et merc. – **Repas** (70) - 115/295 ♈, enf. 65

BLAESHEIM *67 B.-Rhin* 🆖 ⑩ *– rattaché à Strasbourg.*

BLAGNAC *31 H.-Gar.* 🆙 ⑧ *– rattaché à Toulouse.*

BLAMONT *25310 Doubs* 🆒 ⑱ *– 1 026 h alt. 576.*
Paris 484 – Besançon 82 – Baume-les-Dames 53 – Montbéliard 18 – Morteau 57.

🏖 **Vieille Grange**, ℘ 03 81 35 19 00, Fax 03 81 35 19 00 – 🖵 ☎ & ⟺. ⪭
fermé 23 déc. au 4 janv. – **Repas** *(fermé dim.)* carte 140 à 200 ♈ – ⫞ 35 – **10 ch** 260

BLÂMONT 54450 M.-et-M. **02** ⑦ – 1 518 h alt. 264.

Paris 371 – Nancy 66 – Lunéville 34 – St-Dié 47 – Sarrebourg 25.

🏠 **Hostellerie du Château,** 2 r. F. Schmitt 🕾 03 83 76 30 30, Fax 03 83 76 30 31 – 📺 ☎
🚗 🅿 – 🛗 25. 🆖

Repas (65) - 98/200 ♀, enf. 50 – �);} 28 – **7 ch** 300/340 – ½ P 480

Le BLANC ◁► 36300 Indre **68** ⑯ G. Berry Limousin – 7 361 h alt. 85.

🖪 Office de Tourisme pl. de la Libération 🕾 02 54 37 05 13, Fax 02 54 37 31 93.

Paris 330 – Poitiers 63 – Bellac 62 – Châteauroux 61 – Châtellerault 51.

🏠 **Théâtre** sans rest, 2 bis av. Gambetta 🕾 02 54 37 68 69, Fax 02 54 28 03 95 – 📺 ☎ ✆. 🅰🅴
🇬🇧
☲ 30 – **18 ch** 200/300

XX **Cygne,** 8 av. Gambetta 🕾 02 54 28 71 63, Fax 02 54 28 72 13 – ▤ 🆖
fermé 16 au 31 août, 2 au 20 janv., lundi et mardi sauf en juil. – **Repas** 95/220 ♀, enf. 45

par rte de Belâbre , D 10 et rte secondaire : 6 km – ⊠ 36500 Le Blanc :

🏠 **Domaine de l'Étape** ⌂, 🕾 02 54 37 18 02, Fax 02 54 37 75 59, 佘, parc 📺 ☎ 🅿 –
🛗 60. 🅰🅴 ⑪ 🆖 🇯🇨🇧
Repas 130/300 ♀ – ☲ 52 – **35 ch** 230/550

Le BLANC-MESNIL 93 Seine-St-Denis **56** ⑪ ⑩, **101** ⑰ – voir à Paris, Environs.

BLANGY-SUR-BRESLE 76340 S.-Mar. **52** ⑥ – 3 447 h alt. 70.

Paris 157 – Amiens 54 – Abbeville 28 – Dieppe 55 – Neufchâtel-en-Bray 33 – Le Tréport 26.

X **Pieds dans le Plat,** 27 r. St-Denis 🕾 02 35 93 38 36 – ▤ 🆖
fermé vacances de fév., jeudi soir (nov.) a mai et lundi – **Repas** 90/180 ♀, enf. 45

BLANQUEFORT 33 Gironde **71** ⑨ – rattaché à Bordeaux.

BLAYE 33390 Gironde **71** ⑧ – 4 286 h alt. 7.

🖪 Office de Tourisme Allées Marines 🕾 05 57 42 12 09, Fax 05 57 42 91 94.

Paris 545 – Bordeaux 50 – Jonzac 48 – Libourne 45.

🏠 **Citadelle** ⌂, 🕾 05 57 42 17 10, Fax 05 57 42 10 34, ≤, 佘, ♨, ⊶ – 📺 ☎ 🅿. 🆖
Repas 150/230 ♀, enf. 60 – ☲ 50 – **21 ch** 350/450 – ½ P 410

BLÉNEAU 89220 Yonne **65** ③ – 1 585 h alt. 200.

Env. Château de St Fargeau★★.

Paris 159 – Auxerre 56 – Clamecy 61 – Gien 29 – Montargis 40.

🏠 **Blanche de Castille,** 17 r. d'Orléans 🕾 03 86 74 92 63, Fax 03 86 74 94 43, 佘 – 📺 ☎
🆖 🅿. 🅰🅴 🆖
Repas (fermé janv., dim. soir et jeudi) (40) - 85/175 ♀ – ☲ 50 – **14 ch** 295/400 – ½ P 320/350

XXX **Auberge du Point du Jour,** pl. Mairie 🕾 03 86 74 94 38, Fax 03 86 74 85 92 – ▤. 🅰🅴
🆖
fermé vacances de fév., dim. soir et lundi sauf fériés, mardi soir et merc. soir – **Repas** (95) -
130/280 et carte 270 à 360 ♀

BLÉNOD-LÈS-PONT-A-MOUSSON 54 M.-et-M. **57** ⑬ – rattaché à Pont-à-Mousson.

BLÉRÉ 37150 I.-et-L. **64** ⑯ G. Châteaux de la Loire – 4 388 h alt. 59.

🖪 Office de Tourisme 8 r. Jean-Jacques Rousseau 🕾 02 47 57 93 00, Fax 02 47 30 81 88.

Paris 233 – Tours 27 – Blois 46 – Château-Renault 34 – Loches 24 – Montrichard 17.

🏠 **Cheval Blanc** (Blériot), pl. Église 🕾 02 47 30 30 14, Fax 02 47 23 52 80, 佘, ♨, ⊶ –
▤ rest, 📺 ☎. 🅰🅴 ⑪ 🆖
fermé 2 janv. au 15 fév. – **Repas** (fermé dim. soir sauf juil.-août et lundi) (prévenir) 98/300 et
carte 250 à 320 ♀ – ☲ 44 – **12 ch** 330/450 – ½ P 800/850
Spéc. Sandre beurre blanc. Ris de veau braisé aux pleurotes. Crêpe soufflée au Grand
Marnier. **Vins** Touraine, Saint-Nicolas de Bourgueil.

🏠 **Cher,** r. Pont 🕾 02 47 57 95 15, Fax 02 47 30 26 35, 佘 – 📺 ☎ 🅿. 🆖. ✎
fermé dim. soir d'oct. à mars – **Repas** 90/240 ♀, enf. 45 – ☲ 34 – **18 ch** 200/285

BLESLE *43450 H.-Loire* **76** ④ *G. Auvergne – 703 h alt. 520.*

Voir *Église St-Pierre★.*

🛈 *Office de Tourisme pl. de l'Église ℘ 04 71 76 26 90.*

Paris 491 – Aurillac 95 – Brioude 24 – Issoire 38 – Murat 44 – St-Flour 37.

XX **Bougnate** Ⓜ avec ch., pl. Vallat ℘ 04 71 76 29 30, Fax 04 71 76 29 39, 佘, « Vieille maison blesloise, décor contemporain et élégant » – 🆃🆅 ☎. GB
fermé janv., mardi et merc. de nov. à mars – **Repas** 90/150 ⌃, enf. 68 – ⌷ 30 – **8 ch** 350/380

BLIENSCHWILLER *67650 B.-Rhin* **87** ⑯ *– 292 h alt. 230.*

Paris 504 – Strasbourg 49 – Barr 39 – Erstein 26 – Obernai 18 – Sélestat 12.

🏛 **Winzenberg** Ⓜ sans rest, 58 rte des Vins ℘ 03 88 92 62 77, Fax 03 88 92 45 22 – 🆃🆅 ☎ ✆ 🅿. GB. ⚘
fermé 5 janv. au 20 fév. – ⌷ 38 – **13 ch** 245/300

BLIGNY-SUR-OUCHE *21360 Côte-d'Or* **69** ⑨ *G. Bourgogne – 745 h alt. 360.*

Paris 290 – Beaune 19 – Autun 42 – Dijon 49 – Pouilly-en-Auxois 22 – Saulieu 44.

X **Trois Faisans** avec ch., ℘ 03 80 20 10 14, Fax 03 80 20 17 63, 佘, 🞊 – 🆃🆅 🅿. 🅰🅴 ⓞ GB.
⚘ rest
fermé 27 nov. au 3 déc. et 2 janv. au 2 mars – **Repas** (fermé mardi soir et merc. sauf juil.-août) (70) - 130/190 ⌃, enf. 50 – ⌷ 40 – **7 ch** 180/300 – ½ P 200/285

BLOIS 🅿 *41000 L.-et-Ch.* **64** ⑦ *G. Châteaux de la Loire – 49 318 h alt. 73.*

An 2000 *19 mai-15 juil. : Le village des enfants musiciens (Spectacles et concerts) – 2 mai-22 déc. : La cité des enfants (Exposition) – à partir du 29 sept. : Le pavillon des enfants (Architecture à destination des enfants).*

Voir *Château★★★ : musée des Beaux-Arts★ – Le Vieux Blois★ : Église St-Nicolas★ – Cour avec galeries★ de l'hôtel d'Alluye* **YZ** E *– Jardins de l'Evêché ⩽★ – Jardin du Roi ⩽★ – Maison de la Magie Robert-Houdin★.*

🛈 *Office de Tourisme 3 av. J.-Laigret ℘ 02 54 90 41 41, Fax 02 54 90 41 49.*

Paris 184 ① *– Orléans 61* ① *– Tours 65* ① *– Le Mans 111* ⑧.

Plan page ci-contre

🏨 **Mercure Centre** Ⓜ, 28 quai St-Jean ℘ 02 54 56 66 66, Fax 02 54 56 67 00, 𝐈𝐬, ▨ – 🛗
🌱 🖃 🆃🆅 ☎ ✆ & ⇦ – 🔬 30 à 300. 🅰🅴 ⓞ GB   **Z f**
Repas 115/125 bc 🗟, enf. 50 – ⌷ 58 – **84 ch** 490/615, 12 duplex

🏨 **Holiday Inn Garden Court** Ⓜ, 26 av. Maunoury ℘ 02 54 55 44 88, Fax 02 54 74 57 97, 佘 – 🛗 ✷, 🖃 rest, 🆃🆅 ☎ ✆ 🅿 – 🔬 25 à 40. 🅰🅴 ⓞ GB 🗾. ⚘ rest
Repas (fermé sam. midi et dim. midi) 95/140 ⌃, enf. 70 – ⌷ 55 – **78 ch** 560   **Y t**

🏨 **Médicis** Ⓜ, 2 allée François 1ᵉʳ ℘ 02 54 43 94 04, Fax 02 54 42 04 05 – 🖃 🆃🆅 ☎ ✆. 🅰🅴 ⓞ
GB 🗾   **X p**
fermé 2 janv. au 1ᵉʳ fév. et dim. soir du 1ᵉʳ oct. au 15 mars – **Repas** 120/420 ⌃, enf. 80 –
⌷ 60 – **12 ch** 480/600 – ½ P 450/550

🏛 **Anne de Bretagne** sans rest, 31 av. J. Laigret ℘ 02 54 78 05 38, Fax 02 54 74 37 79 – 🆃🆅
☎. GB   **Z k**
fermé 9 janv. au 6 fév. – ⌷ 38 – **28 ch** 295/380

XXX **L'Orangerie du Château** (Molveaux), 1 av. J. Laigret ℘ 02 54 78 05 36,
🕸 Fax 02 54 78 22 78, ⩽, 佘, « Élégante installation » – GB   **Z e**
fermé 21 au 27 août, 15 fév. au 15 mars, mardi soir du 1ᵉʳ nov. à Pâques, dim. soir et merc. –
Repas 155/365 ⌃, enf. 80
Spéc. Tronçon d'anguille sur croustillant de pommes de terre et lard. Poitrine de pigeonneau du Vendômois en cocotte. Vacherin "minute" aux fruits rouges.

XX **Au Rendez-vous des Pêcheurs,** 27 r. Foix ℘ 02 54 74 67 48, Fax 02 54 74 47 67 –
GB   **X r**
fermé 31 juil. au 21 août, 17 au 24 fév., lundi midi et dim. – **Repas** 150 et carte 260 à 340 ⌃, enf. 90

X **Au Bouchon Lyonnais,** 25 r. Violettes ℘ 02 54 74 12 87, 佘 – GB   **Z a**
fermé janv., dim. sauf du 14 juil. au 31 août et lundi sauf fériés – **Repas** (prévenir) 118/165 ⌃

Z.A. Vallée Maillard *Nord : 3 km –* ✉ *41000 Blois :*

🏛 **Ibis** Ⓜ, ℘ 02 54 74 60 60, Fax 02 54 74 85 71, 佘 – ✷ 🆃🆅 ☎ ✆ & 🅿 – 🔬 40. 🅰🅴 ⓞ GB
Repas (75) - 95 🗟, enf. 39 – ⌷ 35 – **61 ch** 295/340   **V d**

🏛 **Préma Hôtel,** ℘ 02 54 78 89 90, Fax 02 54 56 02 27, 佘 – 🆃🆅 ☎ ✆ & 🅿 – 🔬 50. 🅰🅴 ⓞ
GB   **V u**
Repas (fermé sam. midi et dim. midi) (70) - 90 bc/115 bc, enf. 45 – ⌷ 34 – **42 ch** 270/340 –
½ P 240

BLOIS

Abbé-Grégoire (Quai de l') .... Z 2
Anne-de-Bretagne (R.) .... Z 3
Balzac (R. H.) .... V 5
Beauvoir (R.) .... Y 6
Bourg-St-Jean (R. du) .... Y 10
Cartier (R. R.) .... V 13
Chemonton (R.) .... Y 16
Clouseau (Mail) .... Y 17
Commerce (R. du) .... Z
Cordeliers (R. des) .... Y 18
Curie (R. Pierre et Marie) .... X 19
Dion (R. R.) .... V 20
Dupuis (Bd) .... X 21
Fontaine-des-Élus (R.) .... Z 22
Fossés-du-Château (R. des) .... Z 23
Gambetta (Av.) .... X 25
Gaulle (Pont Ch.-de) .... X 26
Gentils (Bd R.) .... X 27
Industrie (Bd de l') .... V 29
Jeanne-d'Arc (R.) .... Z 30
Laigret (Av. J.) .... Z 32
Leclerc (Av. du Mar.) .... X 33
Lion-Ferré (R. du) .... Z 35
Louis-XII (Pl.) .... Z 38
Maunoury (Av. du Mar.) .... Y 39

Monsabre (R. du Père) .... Z 41
Orfèvres (R. des) .... Z 43
Papegaults (R. des) .... Y 44
Papin (Escaliers D.) .... Y 45
Papin (R. Denis) .... Z
Pierre-de-Blois (R.) .... Z 46
Poids-du-Roi (R. du) .... Z 47
Porte-Côté (R.) .... Z 48
Prés.-Wilson (Av.) .... Z 51
Puits-Châtel (R. du) .... Y 52
Remparts (R. des) .... Y 53
Résistance (Rd-Pt-de la) .... Z 55
Ronsard (R. P.) .... X 58
St-Honoré (R.) .... YZ 59
St-Jean (Q.) .... Y 60
St-Louis (Pl.) .... Y 62
St-Martin (R.) .... Z 63
Schuman (Av. R.) .... V 64
Signeuix (R. de) .... V 66
Trois-Marchands (R. des) .... Z 67
Trouessard (R.) .... Y 69
Vauvert (R.) .... Z 70
Verdun (Av. de) .... X 72
Vezin (R. A.) .... V 74
Villebois-Mareuil (Q.) .... X. Z 75

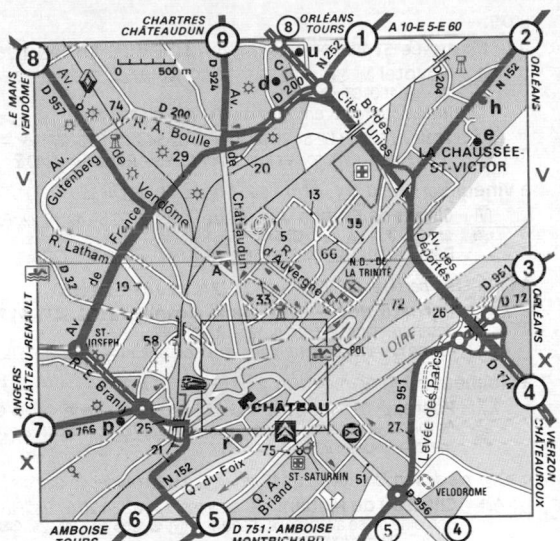

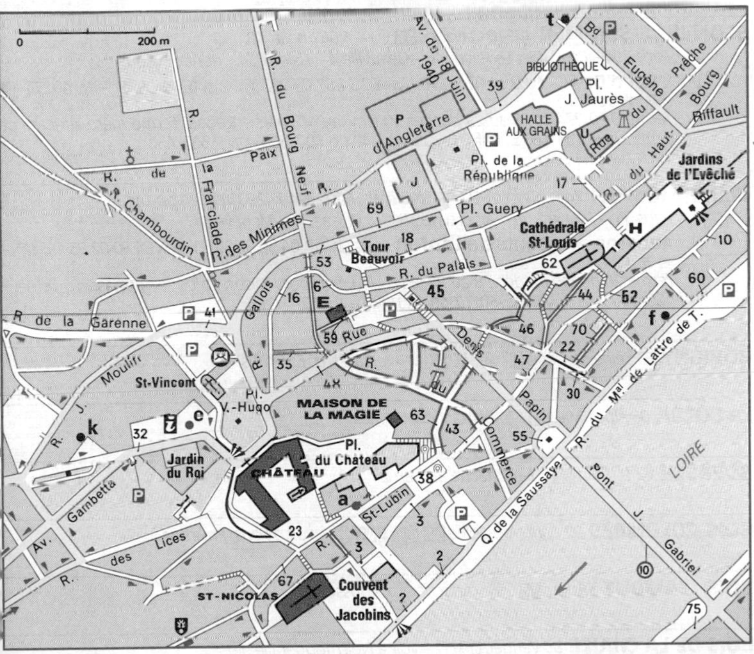

à La Chaussée-St-Victor par ② : 4 km – 4 036 h. alt. 105 – ⊠ 41260 :

🏨 **Novotel** Ⓜ ⅏, ✆ 02 54 57 50 50, Fax 02 54 57 50 40, ㍿, ⅃, ㍻ – ⬧ ⬧ ⬛ 🆃🆅 ☎ ⅋ ⅃,
🅿 – 🛎 100. ㏂ ⓪ ☒
V e
Repas 115/140 ℧, enf. 50 – ⊡ 60 – **116 ch** 495/600

✕✕ **Tour,** N 152 ✆ 02 54 78 98 91, Fax 02 54 74 74 52, ㍿, ㍻ – 🅿. ☒
V h
fermé août, dim. soir et lundi sauf fériés – **Repas** 140/240 ℧

à Vineuil par ④ et D 174 : 4 km – 6 253 h. alt. 73 – ⊠ 41350 :

🏢 **Climat de France,** 48 r. Quatre Vents ✆ 02 54 42 70 22, Fax 02 54 42 43 81 – ⬛ rest, 🆃🆅
☒ ☎ ⅋ ⅃, 🅿 – 🛎 120. ㏂ ☒
Repas 80/180 ⅃ – ⊡ 35 – **58 ch** 305/380 – ½ P 265

à Cellettes par ④ et D 956 : 8 km – 1 922 h. alt. 78 – ⊠ 41120 :

✕✕✕ **Bernard Noël - Rest. de la Roselle,** ✆ 02 54 70 31 27, Fax 02 54 70 35 48, « Belle
demeure dans un parc », ⅍ – ⅃ 🅿. ☒
fermé fin janv. à début mars, dim. soir et lundi – **Repas** 140 bc/230 et carte 250 à 340 ℧

à Molineuf par ⑦ : 9 km – 810 h. alt. 115 – ⊠ 41190 :

✕✕ **Poste,** ✆ 02 54 70 03 25, Fax 02 54 70 12 46 – ⬛ 🅿. ㏂ ⓪ ☒
🍴 fermé 13 au 24 nov., vacances de fév., mardi soir d'oct. à avril, dim. soir de sept. à juin et
merc. – **Repas** 98/240 ℧, enf. 55

par ⑧, rte de Vendôme et D 26 : 15 km – ⊠ 41190 Landes-le-Gaulois :

🏰 **Château de Moulins** ⅏ sans rest, ✆ 02 54 20 17 93, Fax 02 54 20 17 99, ⩽, « Dans un
domaine boisé avec pièce d'eau » – 🆃🆅 ☎ ⅋ 🅿 – 🛎 25. ☒ ☒
⊡ 70 – **22 ch** 700/1000

BLONVILLE-SUR-MER 14910 Calvados 🗺 ⑰ – 1 062 h alt. 10.
Paris 204 – Caen 43 – Le Havre 46 – Deauville 4 – Lisieux 34 – Pont-l'Évêque 16.

🏨 **L'Épi d'Or** Ⓜ, ✆ 02 31 87 90 48, Fax 02 31 87 08 98, ㍿ – ⬧ 🆃🆅 ☎ ⅋ 🅿 – 🛎 40. ㏂ ⓪
☒. ⅍ rest
fermé 8 au 27 oct., 8 au 29 déc. et 30 janv. au 1ᵉʳ mars – **Repas** (fermé merc. et jeudi de
sept. à juin) 100/360 ℧, enf. 70 – ⊡ 40 – **40 ch** 400/600 – ½ P 390/450

BLUFFY (Col de) 74 H.-Savoie 🗺 ⑧ – 203 h alt. 640 – ⊠ 74290 Veyrier-du-Lac
Paris 551 – Annecy 11 – Albertville 38 – La Clusaz 24 – Megève 51.

✕ **Auberge des Dents de Lanfon** avec ch, ✆ 04 50 02 82 51, Fax 04 50 02 85 19, ㍿ –
🍴 ☎ 🅿. ☒
fermé 20 nov.au 11 déc., 8 au 22 janv., dim. soir hors saison et lundi – **Repas** (72) - 84 (déj.),
100/206 ℧, enf. 48 – ⊡ 30 – **7 ch** 240/280 – ½ P 245/265

BOBIGNY 93 Seine-St-Denis 🗺 ⑪,, 🔢 ⑰ – voir à Paris, Environs.

La BOCCA 06 Alpes-Mar. 🗺 ⑨ – rattaché à Cannes.

BOERSCH 67 B.-Rhin 🗺 ⑨ – rattaché à Obernai.

BOIS-COLOMBES 92 Hauts-de-Seine 🗺 ⑳,, 🔢 ⑮ – voir à Paris, Environs.

BOIS-D'AMONT 39 Jura 🗺 ⑯ – rattaché aux Rousses.

BOIS DE LA CHAIZE 85 Vendée 🗺 ① – voir à Noirmoutier (Ile de).

BOIS-DU-FOUR 12 Aveyron 🗺 ④ – ⊠ 12780 Vézins-de-Lévézou
Paris 629 – Rodez 44 – Aguessac 16 – Millau 22 – Pont-de-Salars 25 – Sévérac-le-Château 17.

🏢 **Relais du Bois du Four** ⅏, ✆ 05 65 61 86 17, Fax 05 65 58 81 37, parc – ☎ ⊸ 🅿. ☒
🍴 15 mars-30 nov. et fermé mardi soir et merc. – **Repas** 78/180 ℧, enf. 50 – ⊡ 38 – **27 ch**
175/315 – ½ P 270/330

BOIS-LE-ROI 77590 S.-et-M. 🗺 ② – 4 744 h alt. 80.

Paris 59 – Fontainebleau 10 – Melun 10 – Montereau-Fault-Yonne 25.

🏨 **Pavillon Royal** 🅼 sans rest, 40 av. Gallieni ℘ 01 64 10 41 00, Fax 01 64 10 41 10, 🎳, 🏖
– 📺 ☎ ₺ 🅿 – 🕿 40. ⓪ ◑ 🚗
☷ 40 – **26 ch** 350

✕✕ **Marine,** 52 quai O. Metra (à l'Écluse) ℘ 01 60 69 61 38, Fax 01 60 66 38 59, 🍴 – 🚗
fermé oct., fév., lundi et mardi – **Repas** 135/220, enf. 70

BOIS-PLAGE-EN-RÉ 17 Char.-Mar 🗺 ⑫ – voir à Ré (île de).

BOISSERON 34160 Hérault 🗺 ⑧ – 981 h alt. 32.

Paris 743 – Montpellier 32 – Aigues-Mortes 27 – Alès 46 – Nîmes 37 – Sommières 3.

✕ **Auberge Lou Caléou,** ℘ 04 67 86 60 76, Fax 04 67 86 60 76, 🍴, « Cadre médiéval » –
🍴. 🅰 ◑ 🚗 🚗
fermé vacances de Toussaint, de fév., le soir sauf sam. de nov. à mars, mardi hors saison,
dim. soir et lundi – **Repas** 98/159, enf. 70

BOISSET 15600 Cantal 🗺 ⑪ – 653 h alt. 426.

Paris 562 – Aurillac 30 – Calvinet 10 – Entraygues-sur-Truyère 47 – Figeac 36 – Maurs 14.

🏨 **Auberge de Concasty** 🅼 🍴, Nord-Est : 3 km par D 64 ℘ 04 71 62 21 16,
Fax 04 71 62 22 22, 🍴, parc, 🏖, 🎳 – 📺 ☎ 📞 ₺ 🅿. 🅰 ◑ 🚗
fermé 15 nov. au 29 déc. et merc. de mai à sept. – **Repas** (sur réservation seul.) (dîner seul.)
sauf dim.) 150 (déj.), 160/200 – ☷ 54 – **15 ch** 350/530 – ½ P 380/470

BOISSEUIL 87220 H.-Vienne 🗺 ⑰ ⑱ – 1 558 h alt. 350.

Paris 402 – Limoges 10 – Bourganeuf 47 – Nontron 70 – Périgueux 97 – Uzerche 46.

✕✕ **Gril de l'Anneau** avec ch, ℘ 05 55 06 90 06, Fax 05 55 06 32 88, 🍴 – ☎. 🚗. 🍴
fermé 2 au 9 mai, 31 juil. au 15 août, 20 déc. au 3 janv., dim. sauf fériés et lundi – **Repas**
spécialité de viande limousine - 135 🍷 – ☷ 35 – **7 ch** 130/270

BOIS-VERT 16 Charente 🗺 ② – rattaché à Barbezieux.

BOLLENBERG 68 H.-Rhin 🗺 ⑱ ⑧ – rattaché à Rouffach.

BOLLÈNE 84500 Vaucluse 🗺 ① G. Provence – 13 907 h alt. 40.

🛈 Office de Tourisme pl. Reynaud-de-la-Gardette ℘ 04 90 40 51 45, Fax 04 90 40 51 44.
Paris 637 – Avignon 53 – Montélimar 35 – Nyons 35 – Orange 25 – Pont-St-Esprit 10.

🏨 **Château de Rocher,** 156 av. E. Lachaux (rte Nyons) ℘ 04 90 40 09 09,
Fax 04 90 40 09 30, 🍴, parc – 📺 ☎ 🅿. 🅰 🚗
Repas 100/250 – ☷ 60 – **19 ch** 290/450 – ½ P 250/300

🏨 **De Chabrières,** 7 bd Gambetta ℘ 04 90 40 08 08, Fax 04 90 40 52 88, 🍴 – 📺 ☎. 🅰 🚗
🚗 Repas snack 76/220 🍷 – ☷ 50 – **10 ch** 300/360 – ½ P 305

✕✕✕ **Lou Bergamoutié,** r. Abbé Prompsault ℘ 04 90 40 10 33, Fax 04 90 40 10 39, 🍴 – 🍴.
fermé dim. soir et lundi – **Repas** 200 bc/320 et carte 240 à 380 🍷, enf. 70

La BOLLÈNE-VÉSUBIE 06 Alpes-Mar. 🗺 ⑲, 🗺 ⑰ G. Côte d'Azur – 308 h alt. 700 – ✉ 06450
Lantosque

Voir Chapelle St-Honorat ⩓★ S : 1 km.

Paris 897 – Nice 57 – Puget-Théniers 59 – St-Martin-Vésubie 17 – Sospel 32.

🏨 **Grand Hôtel du Parc** 🍴, D 70 ℘ 04 93 03 01 01, Fax 04 93 03 01 20, 🍴, parc – 🛗 ☎
🅿. 🅰 ◑ 🚗, 🍴 rest
Pâques-30 sept. – **Repas** 115/160 – ☷ 35 – **42 ch** 143/362 – ½ P 312/355

BOLLEZEELE 59470 Nord 🗺 ③ – 1 476 h alt. 40.

Voir Commune de la "Méridienne Verte".

Paris 279 – Calais 44 – Dunkerque 24 – Lille 68 – St-Omer 19.

🏨 **Hostellerie St-Louis** 🍴, ℘ 03 28 68 81 83, Fax 03 28 68 01 17, 🏖 – 🛗 ☎ 🅿 –
🕿 15 à 40. 🅰 🚗
fermé janv. et dim. – **Repas** (fermé le midi sauf dim.) 140/315 bc – ☷ 40 – **27 ch** 250/450 –
½ P 330/395

BOLLWILLER 68540 H.-Rhin **87** ⑱ – 3 194 h alt. 232.

Paris 469 – Mulhouse 16 – Belfort 46 – Colmar 28 – Épinal 103 – Guebwiller 8 – Strasbourg 106.

🏨🏠 **Elsass** Ⓜ, 36 rte Guebwiller ℰ 03 89 83 33 33, Fax 03 89 83 33 44, 佘, ⅃ᵦ, 🖵, 🛲 – 🛗
cuisinette ✎, 🍽 rest, 🆃🆅 ☎ ✆ ᕱ 🛲 🄿 – 🕭 80. 🄰🄴 ⓞ 🇬🇧
Repas (99) - 129 (déj.)/149 🏻, enf. 49 – 🖙 48 – **49 ch** 430/500, 58 appart 733/966 – ½ P 418

BONDUES 59 Nord **51** ⑯., **111** ⑬ – rattaché à Lille.

Le BONHOMME 68650 H.-Rhin **62** ⑱ G. Alsace Lorraine – 607 h alt. 735 – Sports d'hiver : 830/
1 235 m ⫪11 ⵖ.

Paris 423 – Colmar 25 – Gérardmer 37 – St-Dié 31 – Ste-Marie-aux-Mines 16 – Sélestat 40.

🏠 **Poste**, au village ℰ 03 89 47 51 10, Fax 03 89 47 23 85, 🖵, 🛲 – 🛗 🆃🆅 ☎ ᕱ 🄿. 🄰🄴 🇬🇧
🕮 fermé janv. et mars – **Repas** (fermé merc. sauf le soir en saison et mardi hors saison)
65/220 🏻, enf. 50 – 🖙 35 – **30 ch** 320/400 – ½ P 400

BONIFACIO 2A Corse-du-Sud **90** ⑨ – voir à Corse.

BONLIEU 39130 Jura **70** ⑮ G. Jura – 206 h alt. 785.

Voir Belvédère de la Dame Blanche ⪪★ NO : 2 km puis 30 mn.

Paris 444 – Champagnole 23 – Lons-le-Saunier 33 – Morez 24 – St-Claude 42.

XX **Poutre** (Moureaux) avec ch, ℰ 03 84 25 57 77, Fax 03 84 25 51 61 – 🆃🆅 ☎ 🄿. 🇬🇧
⸙ 12 fév.-10 nov. et fermé dim. soir, merc. soir et lundi – Repas 120/320 et carte 250 à 420,
🐾 enf. 60 – 🖙 45 – **10 ch** 195/350 – ½ P 300/350
Spéc. Gratin d'écrevisses aux morilles (juil. à oct.). Filet de sandre aux poireaux confits.
Crêpes pralinées au sirop de marc d'Arbois. **Vins** L'Etoile, Côtes du Jura.

BONNATRAIT 74 H.-Savoie **70** ⑰ – rattaché à Thonon-les-Bains.

BONNE 74380 H.-Savoie **74** ⑥ ⑦ – 1 815 h alt. 457.

Paris 548 – Annecy 45 – Thonon-les-Bains 31 – Bonneville 15 – Genève 17 – Morzine 44.

XX **Baud** avec ch, ℰ 04 50 39 20 15, Fax 04 50 36 28 96, 佘, 🛲 – 🆃🆅 ☎ 🄿. 🄰🄴 🇬🇧
Repas (fermé dim. soir) 129 (déj.), 159/260 🏻 – 🖙 45 – **11 ch** 260/600 – ½ P 350/450

au Pont-de-Fillinges Est : 2,5 km – ✉ 74250 Fillinges :

XX **Pré d'Antoine**, rte Boëge ℰ 04 50 36 45 06, Fax 04 50 31 12 28, 佘 – 🄿. 🇬🇧
fermé mardi soir et merc. – **Repas** 95 (déj.), 158/240

BONNE-FONTAINE 57 Moselle **57** ⑰ – rattaché à Phalsbourg.

BONNETAGE 25210 Doubs **66** ⑱ – 657 h alt. 960.

Paris 473 – Besançon 68 – Belfort 73 – Biel/Bienne 74 – La Chaux-de-Fonds 30.

XX **Etang du Moulin** ⪦ avec ch, 1,5 km par D 236 et chemin privé ℰ 03 81 68 92 78,
Fax 03 81 68 94 42, ⪪, 佘 – 🆃🆅 ☎ 🄿. 🇬🇧
fermé 5 janv. au 5 fév., merc. midi et mardi sauf juil.-août – **Repas** 135/310 🏻, enf. 65 –
🖙 40 – **19 ch** 180/310 – ½ P 240/260

X **Perce-Neige** avec ch, D 437 ℰ 03 81 68 91 51, Fax 03 81 68 95 25 – 🍽 rest, 🆃🆅 ☎ 🄿. 🇬🇧
🕮 fermé 15 au 30 janv. – **Repas** 75/250 🏻, enf. 50 – **12 ch** 250 – ½ P 255

BONNEUIL-MATOURS 86210 Vienne **68** ⑭ – 1 642 h alt. 60.

🄱 Office de Tourisme carrefour Maurice-Fombeure ℰ 05 49 85 08 62.

XX **Pavillon Bleu**, sur D 749 (face pont) ℰ 05 49 85 28 05, Fax 05 49 21 61 94 – 🇬🇧
🐾 fermé 16 au 29 oct., lundi du 15 sept. au 15 juin et dim. soir – **Repas** 75 (déj.), 95/160

Donnez-nous votre avis sur les tables que nous recommandons,
sur leurs spécialités et leurs vins de pays.

300

BONNEVAL 28800 E.-et-L. 🛈 ⑰ G. Châteaux de la Loire – 4 420 h alt. 128.

Voir Porte fortifiée★ de l'ancienne abbaye.

🛈 Office de Tourisme (fermé le mardi) pl. de la Mairie ✆ 02 37 47 55 89, Fax 02 37 96 28 62, Mairie ✆ 02 37 47 21 93.

Paris 118 – Chartres 31 – Orléans 58 – Ablis 62 – Châteaudun 14 – Étampes 90.

XXX **Hostellerie Bois Guibert** avec ch, rte Châteaudun : 2 km sur N 10 ✆ 02 37 47 22 33, Fax 02 37 47 50 69, « Ancienne gentilhommière du 18ᵉ siècle », 🌿 – 📺 ☎ ✆ 🅿 – 🛆 15. 🖭 ① 🖸🖹
fermé 30 oct. au 10 nov. et 15 au 25 fév. – Repas 155 (déj.), 210/350 et carte 325 à 475 ⬦, enf. 75 – ⬡ 60 – 14 ch 370/650 – ½ P 400/570

BONNEVAL-SUR-ARC 73480 Savoie 🛃 ⑲ G. Alpes du Nord – 216 h alt. 1800 – Sports d'hiver : 1 800/3 000 m ⚠ 10.

Voir Vieux village★★.

🛈 Office de Tourisme ✆ 04 79 05 95 95, Fax 04 79 05 86 87.

Paris 708 – Albertville 136 – Chambéry 146 – Lanslebourg 20 – Val-d'Isère 30.

🏠 **A la Pastourelle** ⬙, ✆ 04 79 05 81 56, Fax 04 79 05 85 44, ⬗ – ☎ ✆, 🖭 🖸🖹, 🌺
🖼 fermé 11 au 18 juin et 30 oct. au 5 nov. – Repas (ouvert : 23 juin-4 sept. et 23 déc.-28 avril) 65/85 – ⬡ 35 – 12 ch 290/330 – ½ P 280/290

🏠 **Bergerie** ⬙, ✆ 04 79 05 94 97, Fax 04 79 05 93 24, ⬗ – ☎ 🅿, 🖭 ① 🖸🖹, 🌺
🖼 10 juin-1ᵉʳ oct. et 16 déc.-30 avril – Repas 72/138 ⬦, enf. 46 – ⬡ 46 – 22 ch 250/320 – ½ P 315/340

X **Auberge Le Pré Catin,** ✆ 04 79 05 95 07, Fax 04 79 05 88 07, 🍴 – 🖸🖹
🖼 24 juin-24 sept. et 23 déc.-2 mai – Repas (fermé dim. soir et mardi en janv. et lundi) (115) - 140/160 ⬦, enf. 55

BONNEVILLE ⬤ 74130 H. Savoie 🛃 ⑦ G. Alpes du Nord – 9 998 h alt. 450.

🛈 Office de Tourisme 63 bd des Allobroges ✆ 04 50 97 38 37, Fax 04 50 97 19 33.

Paris 559 – Annecy 41 – Chamonix-Mont-Blanc 55 – Thonon-les-Bains 45 – Nantua 86.

🏠 **Bellevue** ⬙, à Ayse, Est . 2,5 km par D 6 ✆ 04 50 97 20 83, Fax 04 50 25 28 58, ⬗, 🍴, 🌿 – 📺 ☎ 🅿, 🖸🖹
20 mai-30 sept., vacances de fév. et fermé dim. sauf juil.-août – Repas (15 juin-10 sept. et fermé dim. soir et lundi sauf juil.-août) 90/160 – ⬡ 35 – 21 ch 215/300 – ½ P 225/235

XXX **L'Eau Sauvage et H. Sapeur** (Guénon) avec ch, pl. Hôtel de Ville ✆ 04 50 97 20 68,
🖼 Fax 04 50 25 73 48, 🍴 ☎ – 🛆 25. 🖭 🖸🖹 🖸🖹
fermé dim. soir et lundi – Repas 100/400 et carte 400 à 510 – ⬡ 40 – 14 ch 280/400 – ½ P 340
Spéc. Fondue de "Berthoud" à la fleur de cumin (15 oct. au 15 mars). Brizolée de truite au beurre d'ache. Gâteau de Savoie à la mandarine. Vins Chignin-Bergeron, Mondeuse d'Arbin.

à Vougy Est : 5 km par N 205 – 667 h. alt. 471 – ⬓ 74130 :

XXX **Capucin Gourmand,** rte Bonneville ✆ 04 50 34 03 50, Fax 04 50 34 57 57, 🍴 – 🅿, 🖭 ① 🖸🖹
fermé 6 au 28 août, 1ᵉʳ au 8 janv., sam. midi, dim. soir et lundi – Repas 190/290 et carte 250 à 410 ⬦ - **Bistro du Capucin .** Repas (noubel)-150 ⬦

BONNIEUX 84480 Vaucluse 🛃 ⑬, 🔢 ① G. Provence – 1 422 h alt. 400.

Voir Tableaux★ dans l'église neuve – Terrasse ⬗★.

Paris 724 – Aix-en-Provence 44 – Apt 11 – Carpentras 44 – Cavaillon 26.

🏠🏠 **Bastide de Capelongue** M ⬙, rte de Lourmarin, puis D 232 et voie secondaire : 1,5 km ✆ 04 90 75 89 78, Fax 04 90 75 93 03, ⬗, 🍴, 🌊, 🌿 – 🗐 📺 ☎ ✆ 🅿, 🖭 ① 🖸🖹
mi-mars-mi-nov. – Repas 220 (déj.), 280/350 – ⬡ 90 – 17 ch 1000/1800 – ½ P 1300

🏠🏠 **Hostellerie du Prieuré** ⬙, ✆ 04 90 75 80 78, Fax 04 90 75 96 00, 🍴, « Demeure du 18ᵉ siècle » – ☎ ✆, 🖸🖹
mars-oct. – Repas (fermé merc. sauf le soir de juil. à sept, vend. midi de juil. à sept., mardi midi et jeudi midi) (98) - 220 ⬦ – ⬡ 55 – 10 ch 560/700 – ½ P 485/555

X **Fournil,** pl. Carnot ✆ 04 90 75 83 62, Fax 04 90 75 96 19, 🍴, salle troglodytique – 🖸🖹
🖼 Repas (prévenir) 98 (déj.), 130/188 ⬦, enf. 65

au Sud-Est : 6 km par D 36 et D 943 – ⬓ 84480 Bonnieux :

XX **Auberge de l'Aiguebrun** ⬙ avec ch, ✆ 04 90 04 47 00, Fax 04 90 04 47 01, ⬗, 🍴, « Isolé dans le vallon », 🌊, 🌿 – 📺 ☎ ✆ 🅿, 🖸🖹, 🌺 ch
1ᵉʳ mars-15 nov. – Repas (fermé merc. midi et mardi) 180 (déj.)/250 ⬦, enf. 140 – ⬡ 90 – 10 ch 750/1200 – ½ P 640/890

Le BONO 56400 Morbihan 🔢 ② – 1 747 h alt. 10.

Paris 478 – Vannes 18 – Auray 6 – Lorient 49 – Quiberon 36.

🏨 **Hostelleries Abbatiales** ⌕, par rte Baden et rte secondaire : 1,5 km
𝒫 02 97 57 84 00, Fax 02 97 57 83 00, 🍴, parc, 🏊, 🏌 – 📺 ☎ 📞 ৬ ⚠ – 🏛 100. 🆎 ⑩ 🇬🇧
Repas 95/240 ⑨, enf. 60 – 🛏 55 – **71 ch** 350/500 – ½ P 440/550

BONSECOURS 76 S.-Mar. 🔢 ⑥ – rattaché à Rouen.

BONS-EN-CHABLAIS 74890 H.-Savoie 🔢 ⑰ – 3 275 h alt. 565.

Paris 555 – Thonon-les-Bains 16 – Annecy 59 – Bonneville 30 – Genève 25.

🏨 **Progrès** Ⓜ, 𝒫 04 50 36 11 09, Fax 04 50 39 44 16 – 🛗 📺 ☎ 📞 ৬ ⚠ 🆎 🇬🇧
🕭 fermé 29 juin au 22 juil., 1ᵉʳ au 20 janv., dim. soir et lundi sauf du 22 juil. au 15 août – Repas
95/280, enf. 60 – 🛏 40 – **10 ch** 250/320 – ½ P 280/325

BONSON 42160 Loire 🔢 ⑱ – 3 880 h alt. 380.

Voir Sury-le-Comtal : décoration★ du château NO : 3 km – St-Rambert-sur-Loire : église★,
bronzes★ du musée SE : 3,5 km, G. Vallée du Rhône.

Paris 471 – St-Étienne 22 – Feurs 29 – Montbrison 15.

✂ **Voyageurs** avec ch, à la Gare 𝒫 04 77 55 16 15, Fax 04 77 55 58 50 – 📺 ☎ 📞 ⚠ 🆎 ⑩
🇬🇧

fermé mi-juil. à mi-août – Repas (fermé sam. midi et dim.) 60/135 ⑨, enf. 35 – 🛏 35 – **7 ch**
270/290 – ½ P 185

BORDEAUX

P *33000 Gironde* **7** ⑧ *G. Aquitaine - 210 336 h. - Agglo. 696 364 h - alt. 4,*
Paris 582 ① *– Lyon 552* ② *– Nantes 325* ① *– Strasbourg 1065* ① *– Toulouse 248* ⑤

OFFICES DE TOURISME

12 cours du 30 juillet ℰ 05 56 00 66 00, Fax 05 56 00 66 01 à la gare St-Jean ℰ 05 56 91 64 70

Maison du vin de Bordeaux (Informations, dégustations) (fermé week ends de mi-oct. à mi-mai) 1 cours 30 Juillet ℰ 05 56 00 22 66, Fax 05 56 00 22 77 **DX**

RENSEIGNEMENTS PRATIQUES

TRANSPORTS
Auto-train ℰ 08 36 35 35 35.

AÉROPORT
Bordeaux-Mérignac ℰ 05 56 34 50 50, **AU** *: 11 km.*

DÉCOUVRIR

AN 2000
Juin-sept. : "Les paysages de la vigne" (exposition) - 25 mai-10 sept. : "Présumés Innocents", l'Art contemporain et l'enfance (exposition) - 10-12 juin : le Train Littérature Europe 2000, "Amour du vin, Passion des livres" (rencontres/débats avec des écrivains européens) - nov.-mars : "Mutations", Manifestation internationale sur la ville (exposition, animations).

LE SITE
≼★ *du croiseur Colbert*★★ *sur le port de la Lune* **BU** *-* ≼★★ *du sommet de la tour Pey Berland* **DY Q**.

BORDEAUX DU 18e S.
Grand Théâtre ★★ *- Place de la Comédie - Allées de Tourny - Place Gambetta - Cours de l'Intendance - Église Notre-Dame*★ **DX** *- Place de la Bourse*★★ *- Place du Parlement*★ *- Basilique St-Michel*★ *- La Grosse Cloche*★ **EY N**.

QUARTIER DES CHARTRONS
Entrepôts de vins - Balcons★ du cours Xavier-Arnozan - Entrepôt Laîné★★ : musée d'Art contemporain★ BU M² - *Musée des Chartrons* BU M⁵.

QUARTIER PEY BERLAND
Cathédrale St-André★ - Hôtel de ville DY H.

Musées : Beaux-Arts★ DY M⁴, *Aquitaine★★* DY M¹ *Arts décoratifs★* DY M³.

BORDEAUX CONTEMPORAIN
Quartier Mériadeck CY : *espaces verts, immeubles en verre et béton (Caisse d'Épargne, Bibliothèque, Hôtel de Région, Hôtel des impôts).*

Quartier du Lac BT : *équipements sportifs, parc des expositions, Palais des congrès.*

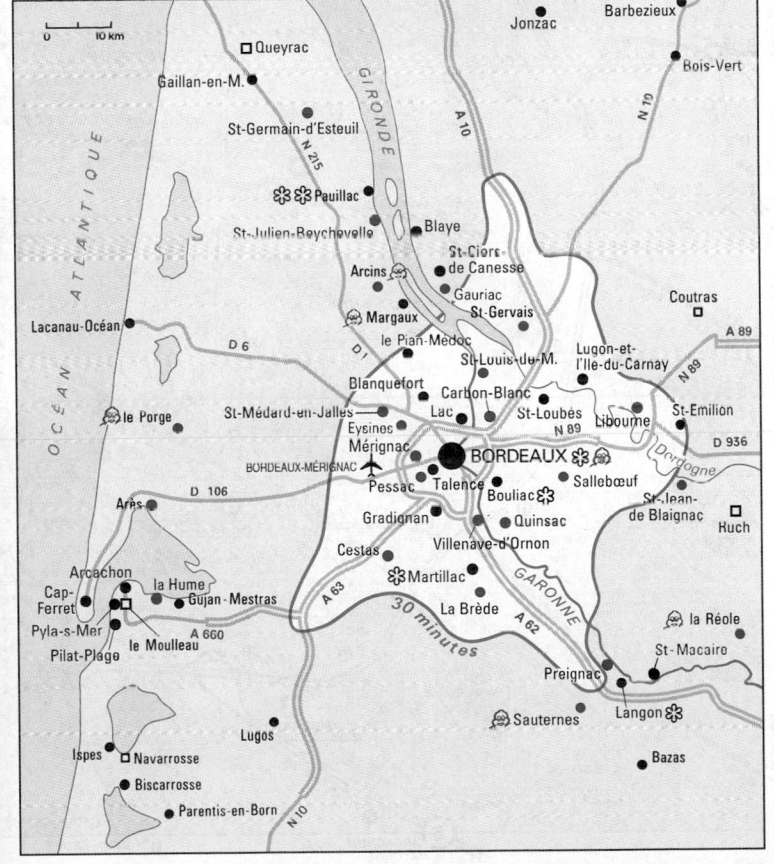

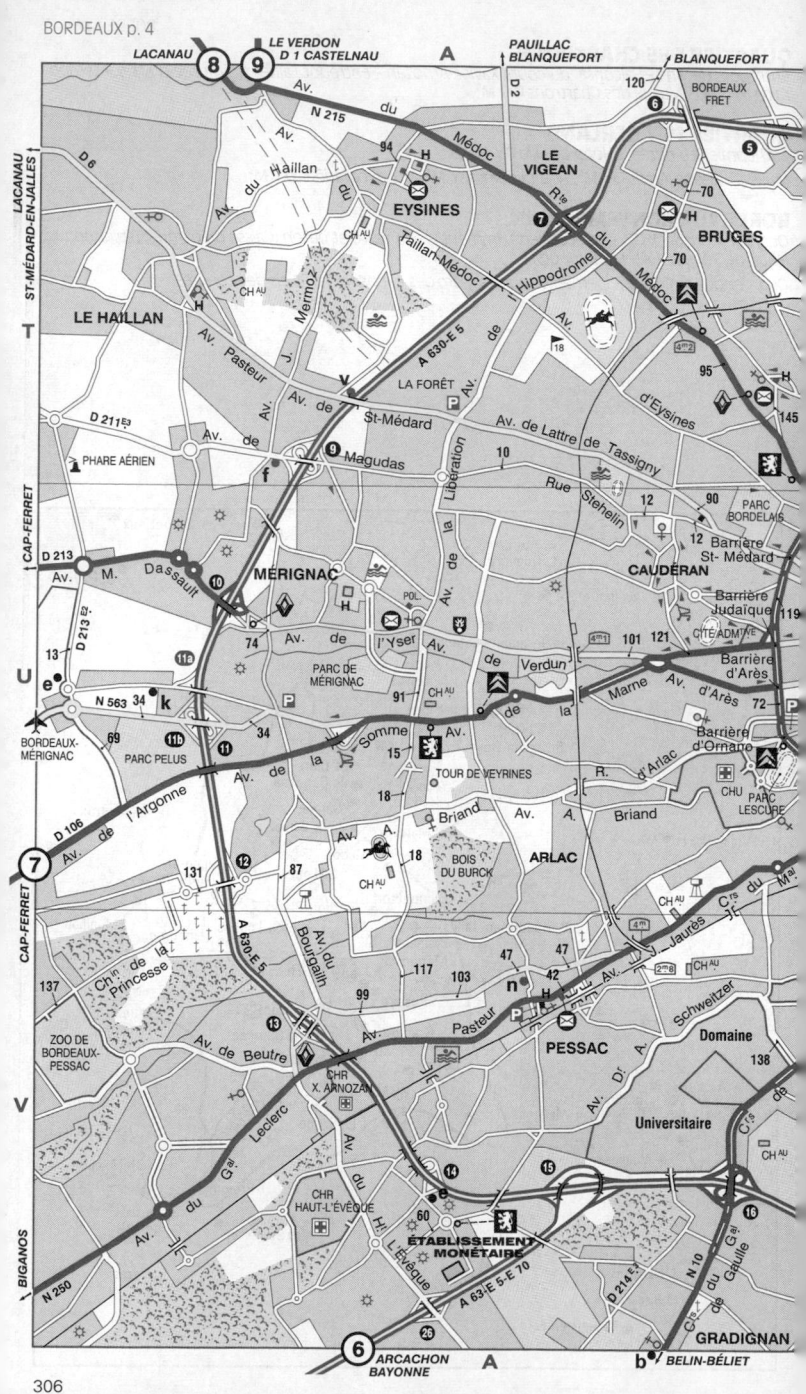

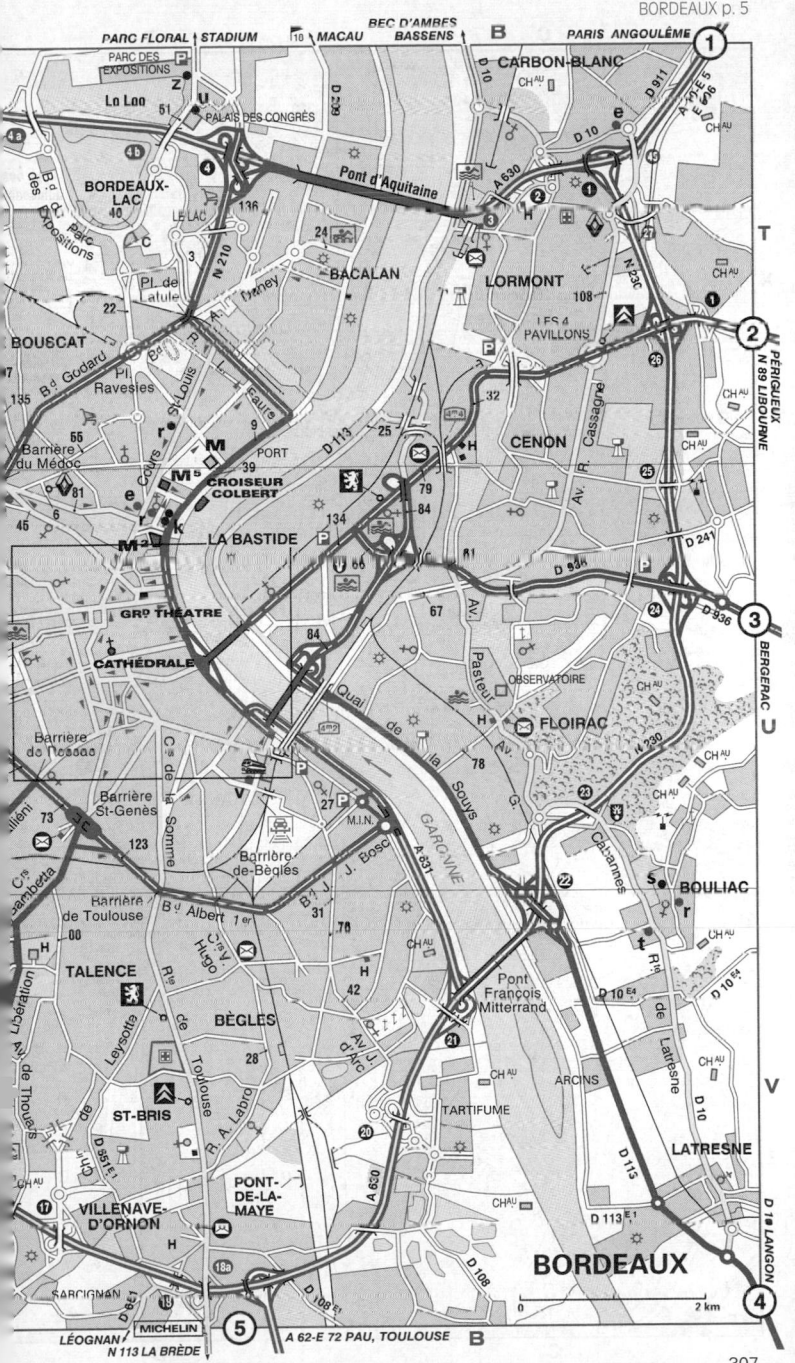

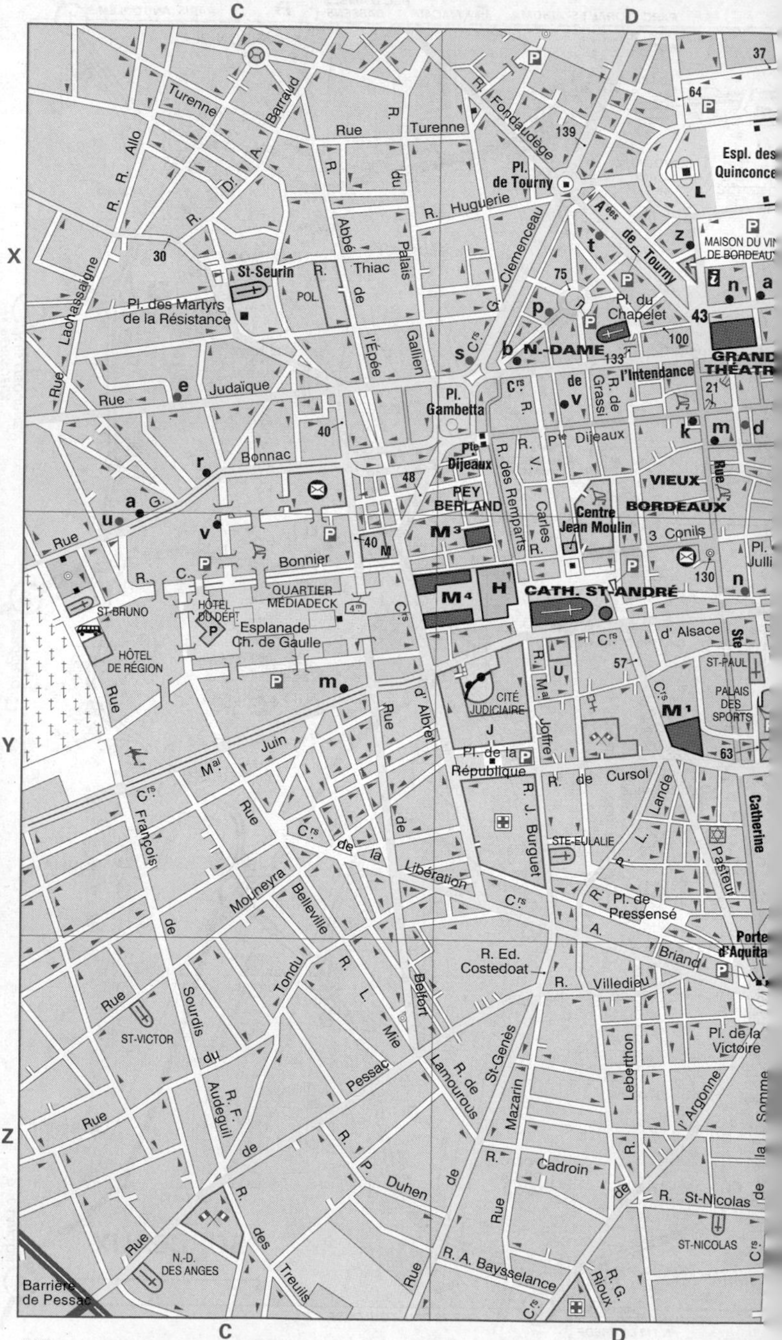

C

D

37

P

64

P

Turenne

Rue Turenne

R. Fondaudège

139

Pl. de Tourny

Espl. des Quinconce

MAISON DU VIN DE BORDEAUX

R. Huguerie

A des de Tourny

X

30

R. R. Allo

R. Lachassaigne

Barraud

D.

A.

R. du

Rue

Abbé Thiac

R. de l'Épée

Palais Gallien

Clemenceau

St-Seurin

Pl. des Martyrs de la Résistance

POL

75

t

z

n

a

p

Pl. du Chapelet

100

43

GRAND THÉÂTRE

s

b

N.-DAME

133

l'Intendance

Rue Judaïque

e

Pl. Gambetta

de Grassi

V

de

21

k

m

d

40

Bonnac

r

Pte Dijeaux

R. des Remparts

P Dijeaux

VIEUX BORDEAUX

Rue

48

Pl. Dijeaux

PEY BERLAND

R. V.

3 Conils

Pl. Julli

a

G.

u

v

P

40

M³

Centre Jean Moulin

130

n

Rue

Bonnier

QUARTIER MÉDIADECK

4th

M⁴

H

CATH. ST-ANDRÉ

ST-BRUNO

HÔTEL DU DÉPT

P

d'Alsace

Ste

ST-PAUL

HÔTEL DE RÉGION

Esplanade Ch. de Gaulle

C rs

57

R. J. Mal

U

PALAIS DES SPORTS

Rue

m

CITÉ JUDICIAIRE

Joffre

M¹

63

Y

Mal Juin

Rue d'Albret

J

Pl. de la République

R. de Cursol

Lande

Catherine

C rs François

Rue

C rs de la Libération

R. J. Burguet

STE-EULALIE

R. de Pressensé

pasteur

Moulneyra

Belleville

Tondu

Belfort

Mie

St-Genès

Porte d'Aquita

P

ST-VICTOR

Rue

Sourdis du

R. F. Audeguil

Pessac

L

R. de Lamourous

Mazarin

R. Ed. Costedoat

R. Villedieu

Lebethon

Briand

Pl. de la Victoire

Argonne

Z

Rue

de

R. Duhen

Cadroin

de

R. St-Nicolas

Somme

la

Barrière de Pessac

N.-D. DES ANGES

des Treuils

Rue

R. A. Baysselance

C rs

R. G. Rioux

ST-NICOLAS

C

D

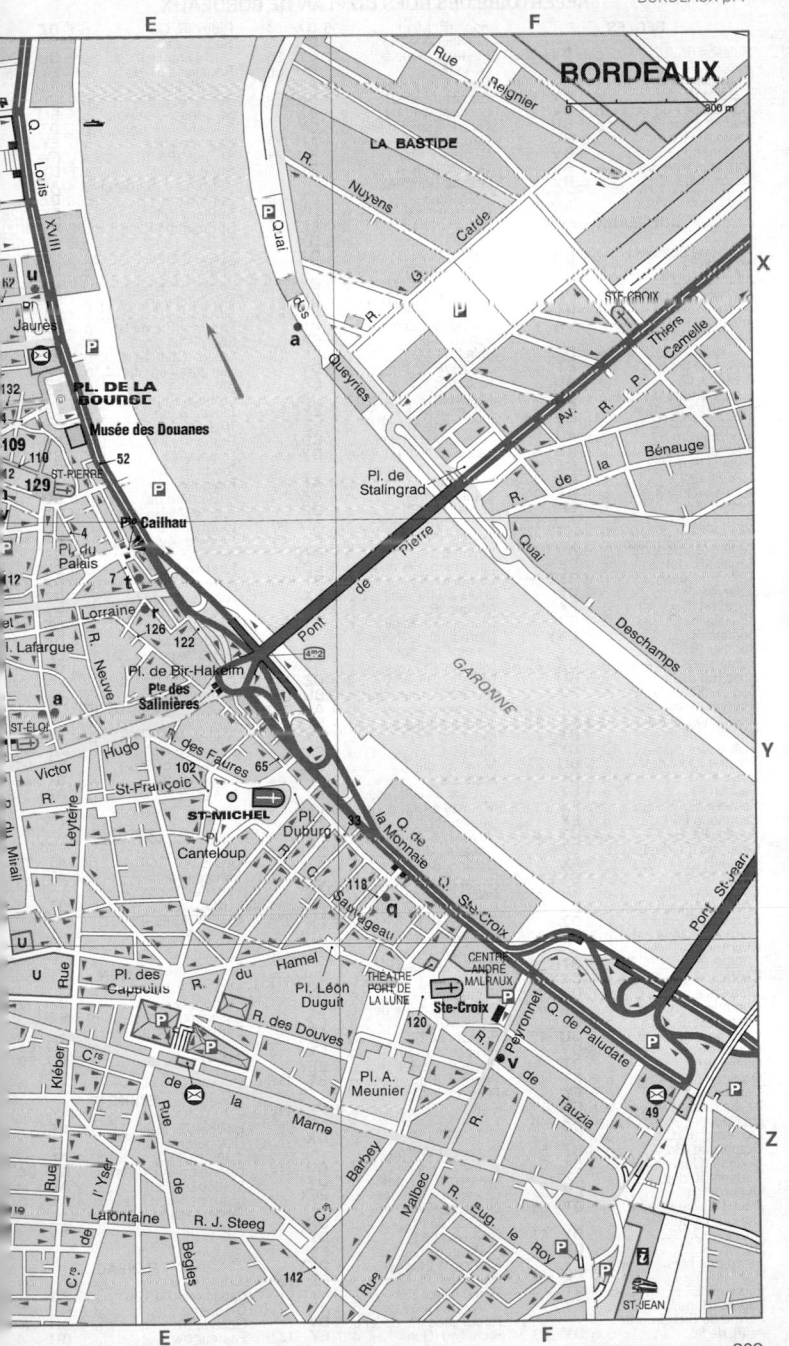

RÉPERTOIRE DES RUES DU PLAN DE BORDEAUX

🏨🏨🏨🏨 **Burdigala** Ⓜ, 115 r. G. Bonnac ℘ 05 56 90 16 16, *Fax 05 56 93 15 06*, « Bel aménagement intérieur » – 🛗 🍴 📺 ☎ 🅕 & ⇦ – 🔬 25 à 100. ᴁ ⓞ ☷ ᴊᴄʙ p. 6 **CX** r
-*Le Jardin* : Repas *(160)*-200/300 – 🖵 90 – **68 ch** 960/1500, 8 appart, 7 duplex

🏨🏨🏨 **Mercure Château Chartrons** Ⓜ, 81 cours St-Louis ✉ 33300 ℘ 05 56 43 15 00, *Fax 05 56 69 15 21*, 🍴, 🌇 – 🛗 ⇞ 🍴 📺 ☎ & ⇦ – 🔬 150. ᴁ ⓞ ☷
Repas *(85)* -115 🎑, enf. 50 – 🖵 60 – **144 ch** 555/760 p. 5 **BT** r

🏨🏨🏨 **Claret** Ⓜ 🦢, Cité Mondiale du Vin, 18 parvis des Chartrons ℘ 05 56 01 79 79, *Fax 05 56 01 79 00*, 🍴 – 🛗 ⇞ 🍴 📺 ☎ 🅕 – 🔬 800. ᴁ ⓞ ☷ ᴊᴄʙ
Le 20 restaurant-bar à vins *(fermé 15 juil. au 15 août, sam. et dim.)* Repas 108/144 🎑 – 🖵 70 – **92 ch** 670, 4 appart p. 5 **BU** k

🏨🏨🏨 **Mercure Mériadeck** Ⓜ, 5 r.-Lateulade ℘ 05 56 56 43 43, *Fax 05 56 96 50 59* – 🛗 ⇞ 🍴 📺 ☎ 🅕 🅟 – 🔬 15 à 150. ᴁ ⓞ ☷ ᴊᴄʙ p. 6 **CY** v
Festival (fermé sam. et dim.) Repas *(85)*-105, enf. 50 – 🖵 60 – **194 ch** 580/680

🏨🏨🏨 **Holiday Inn** Ⓜ, 30 r. de Tauzia ✉ 33800 ℘ 05 56 92 21 21, *Fax 05 56 91 08 06*, 🍴 – 🛗 ⇞ 🍴 📺 ☎ 🅕 ⇦ – 🔬 65. ᴁ ⓞ ☷ p. 7 **FZ** v
Repas *(fermé sam. midi et dim. midi)* *(75)* - 89/110 – 🖵 60 – **89 ch** 570/670

🏨🏨🏨 **Ste-Catherine** Ⓜ sans rest, 27 r. Parlement Ste-Catherine ℘ 05 56 81 95 12, *Fax 05 56 44 50 51* – 🛗 ⇞ 🍴 📺 ☎ – 🔬 40. ᴁ ⓞ ☷ ᴊᴄʙ p. 6 **DX** m
🖵 70 – **84 ch** 550/1200

🏨🏨🏨 **Novotel Bordeaux-Centre** Ⓜ, 45 cours Mar. Juin ℘ 05 56 51 46 46, *Fax 05 56 98 25 56*, 🍴 – 🛗 ⇞ 🍴 📺 ☎ 🅕 & – 🔬 80. ᴁ ⓞ ☷ ᴊᴄʙ
Repas *(78)* -105 🎑, enf. 50 – 🖵 60 – **138 ch** 520/800 p. 6 **CY** m

🏨🏨🏨 **Normandie** sans rest, 7 cours 30-Juillet ℘ 05 56 52 16 80, *Fax 05 56 51 68 91* – 🛗 📺 ☎ – 🔬 30. ᴁ ⓞ ☷ ᴊᴄʙ p. 6 **DX** z
🖵 65 – **100 ch** 330/760

🏨🏨 **Bayonne Etche-Ona** Ⓜ sans rest, 4 r. Martignac ℘ 05 56 48 00 88, *Fax 05 56 48 41 60* – 🛗 🍴 📺 ☎ 🅕 – 🔬 35. ᴁ ⓞ ☷ ᴊᴄʙ, ⌕ p. 6 **DX** f
🖵 60 – **63 ch** 400/900

🏨🏨 **Majestic** sans rest, 2 r. Condé ℘ 05 56 52 60 44, *Fax 05 56 79 26 70* – 🛗 📺 ☎. ᴁ ⓞ ☷ ᴊᴄʙ p. 6 **DX** a
🖵 50 – **50 ch** 390/600

🏨🏨 **Grand Hôtel Français** sans rest, 12 r. Temple ℘ 05 56 48 10 35, *Fax 05 56 81 76 18* – 🛗 🍴 📺 ☎ 🅕 &. ᴁ ⓞ ☷ ᴊᴄʙ p. 6 **DX** v
🖵 60 – **35 ch** 400/680

🏨🏨 **Méridienne** sans rest, 151 r. G. Bonnac ℘ 05 56 24 08 88, *Fax 05 56 98 91 72* – 🛗 ⇞ 📺 ☎ 🅕 & 🅟 – 🔬 50. ᴁ ⓞ ☷ p. 6 **CXY** a
🖵 35 – **40 ch** 285/405

🏨 **Presse** sans rest, 6 r. Porte Dijeaux ℘ 05 56 48 53 88, *Fax 05 56 01 05 82* – 🛗 🍴 📺 ☎ 🅕. ᴁ ⓞ ☷ ᴊᴄʙ p. 6 **DX** k
fermé 24 déc. au 3 janv. – 🖵 45 – **27 ch** 290/480

Continental sans rest, 10 r. Montesquieu ℰ 05 56 52 66 00, *Fax 05 56 52 77 97* – 🛗 📺
🕿. 🖭 ⓪ 🅶🅱 🄹🄲🄱
p. 6 **DX** **b**
🖵 40 – **50 ch** 320/570

Opéra sans rest, 35 r. Esprit des Lois ℰ 05 56 81 41 27, *Fax 05 56 51 78 80* – 🛗 📺 🕿 📞
🅶🅱
p. 6 **DX** **n**
fermé 24 déc. au 2 janv. – 🖵 35 – **27 ch** 200/310

Notre-Dame sans rest, 36 r. Notre-Dame ℰ 05 56 52 88 24, *Fax 05 56 79 12 67* – 📺 🕿
📞. 🖭 ⓪ 🅶🅱 🄹🄲🄱, 🛇
p. 5 **BU** **k**
🖵 30 – **21 ch** 248/290

Chapon Fin (Garcia), 5 r. Montesquieu ℰ 05 56 79 10 10, *Fax 05 56 79 09 10*, « Original
décor de rocaille 1900 » – 🍽. 🖭 ⓪ 🅶🅱 🄹🄲🄱
p. 6 **DX** **p**
fermé dim. et lundi – **Repas** 170 (déj.), 275/440 et carte 400 à 500 ♀, enf. 75
Spéc. Marbré de ris de veau et foie gras. Lamproie à la bordelaise (mars à déc.). Suprêmes
de pigeonneau au caramel d'épices, pithiviers aux cèpes. **Vins** Côtes de Blaye.

Plaisirs d'Ausone (Gauffre), 10 r. Ausone ℰ 05 56 79 30 30, *Fax 05 56 51 38 16*,
« Élégante installation dans des salles voûtées » – 🖭 ⓪ 🅶🅱
p. 7 **EY** **t**
fermé 15 au 30 août, 2 au 10 janv., lundi midi, sam. midi et dim. – **Repas** 145 (déj.),
280/420 et carte 310 à 430
Spéc. Fine tarte feuilletée aux cèpes (sept.-oct.). Gourmandise de foies de canard. Gibier
(saison). **Vins** Fronsac.

Pavillon des Boulevards (Franc), 120 r. Croix de Seguey ℰ 05 56 81 51 02,
Fax 05 56 51 14 58, 😀, « Décor élégant » – 🍽. 🖭 ⓪ 🅶🅱
p. 5 **BU** **a**
fermé 12 au 28 août, 2 au 9 janv., sam. midi et dim. – **Repas** 220 (déj.), 290/450 et carte 360
à 490 ♀
Spéc. Dégustation de foies gras. Morue fraîche au plat, jus au chorizo. Côte de veau de
Bazas. **Vins** Côtes de Blaye, Médoc.

Jean Ramet, 7 pl. J. Jaurès ℰ 05 56 44 12 51, *Fax 05 56 52 19 80* – 🍽. 🖭 🅶🅱
fermé 7 au 20 août, dim. et lundi – **Repas** 170 (déj.), 270/350 et carte 290 à 470 ♀
Spéc. Escalope de foie gras aux figues (saison). Panaché de poissons aux épices. Souris
d'agneau de 7 heures au jus de truffe (saison). **Vins** Graves, Pessac-Léognan. p. 7 **EX** **u**

Vieux Bordeaux, 27 r. Buhan ℰ 05 56 52 94 36, *Fax 05 56 44 25 11*, 😀 – 🍽. 🖭 ⓪ 🅶🅱
fermé 23 août, 1ᵉʳ au 16 fév., sam. midi, dim. et fériés – **Repas** 100 (déj.),
165/300 et carte 250 à 500, enf. 70
p. 7 **EY** **a**

L'Alhambra, 111 bis r. Judaïque ℰ 05 56 96 06 91, *Fax 05 56 98 00 52* –
🅶🅱
p. 6 **CX** **e**
fermé 25 juil. au 15 août, sam. midi et dim. – **Repas** 110 (déj.), 160/220 et carte 250 à 360

Didier Gélineau, 26 r. Pas St-Georges ℰ 05 56 52 84 25, *Fax 05 56 51 93 25* – 🍽. 🖭 ⓪
🅶🅱 🄹🄲🄱
p. 7 **EX** **n**
fermé 7 au 21 août, sam. midi et dim. – **Repas** (prévenir) 130/300 ♀
Spéc. Millefeuille de lomo à la compotée de cagouilles. Bourine en deux façons. Tulipe
croustillante ivoire aux fruits rouges.

Dubern, 44 allées de Tourny ℰ 05 56 79 07 70, *Fax 05 56 51 60 38* – 🍽. 🖭 🅶🅱
fermé dim. – **Repas** 100/180 ♀
p. 6 **DX** **t**

Chamade, 20 r. Piliers de Tutelle ℰ 05 56 48 13 74, *Fax 05 56 79 29 67* – 🍽. 🖭 ⓪ 🅶🅱
🄹🄲🄱
p. 6 **DX** **d**
Repas 100/350 ♀

Tupina, 6 r. Porte de la Monnaie ℰ 05 56 91 56 37, *Fax 05 56 31 92 11*, « Ambiance et
décor de la campagne » – 🖭 ⓪ 🅶🅱
p. 7 **FY** **q**
Repas - cuisine typique du Sud-Ouest - *(100)* - 280 ♀

Buhan, 28 r. Buhan ℰ 05 56 52 80 86, *Fax 05 56 52 80 86* – 🖭 ⓪ 🅶🅱
p. 7 **EY** **a**
fermé 30 juil. au 15 août, vacances de fév., dim. sauf le midi de sept. à juin et lundi – **Repas**
150/250 ♀

Rose des Vents, 23 r. Ausonne ℰ 05 56 48 55 85, *Fax 05 56 48 55 85*, « Belle salle voûtée dans des chais du 16ᵉ siècle » – 🍽. 🖭 ⓪ 🅶🅱
p. 7 **EY** **r**
fermé 1ᵉʳ au 24 août, lundi midi, sam. midi et dim. – **Repas** 100/250 ♀

Oiseau Bleu, 65 cours Verdun ℰ 05 56 81 09 39, *Fax 05 56 81 09 39* – 🍽. 🖭 🅶🅱
fermé sam. midi et dim. – **Repas** 109 (déj.), 150/215 ♀
p. 5 **BU** **e**

Gravelier, 114 cours Verdun ℰ 05 56 48 17 15, *Fax 05 56 51 96 07* – 🍽. 🖭 ⓪ 🅶🅱
fermé 30 juil. au 21 août, sam. midi et dim.
Repas 110 (déj.), 145/195 ♀
p. 5 **BU** **r**

Café Régent, 46 pl. Gambetta ℰ 05 56 44 16 20, *Fax 05 56 51 36 81*, 😀 – 🍽. 🖭 ⓪ 🅶🅱
Repas brasserie 135 ♀, enf. 45
p. 6 **DX** **s**

XX **Chez Philippe,** 1 pl. Parlement ✉ 05 56 81 83 15, *Fax 05 56 79 19 36,* ☆ – AE ⓞ GB
JCB
p. 7 EX x

fermé août, dim. et lundi – **Repas** - produits de la mer - *(100)* - 180 ♀

X **Bistro du Sommelier,** 163 r. G. Bonnac ✉ 05 56 96 71 78, *Fax 05 56 24 52 36,* ☆ – GB
fermé sam. midi et dim. – **Repas** *(100)* - 150 ♀
p. 6 CY u

X **l'Estaquade,** quai Queyries ✉ 05 57 54 02 50, *Fax 05 57 54 02 51,* ≤ vieux Bordeaux,
« Construction sur la Garonne » – GB
p. 7 EX a
Repas 89 (déj.)/200 ♀

X **Croc-Loup,** 35 r. Loup ✉ 05 56 44 21 19 – GB
p. 6 DY n
fermé août, dim. et lundi – **Repas** 79 (déj.)/135 ⑪

X **Vivier,** 30 r. Pas-St-Georges ✉ 05 57 85 90 13, *Fax 05 57 85 90 13* - AE GB
EXY v
fermé 6 au 28 août, 2 au 17 janv., dim. et lundi – **Repas** - produits de la mer - *(59)* - 99/210 ♀

X **L'Olivier du Clavel,** 44 r. C. Domercq (face gare St-Jean) ✉ 05 57 95 09 50,
Fax 05 56 92 15 28 – ▤. AE ⓞ GB
p. 5 BU v
fermé 31 juil. au 3 sept., lundi midi, sam. midi et dim. – **Repas** *(100 bc)* - 150 ♀

à Bordeaux-Lac *(près parc des expositions)* – ✉ *33300 Bordeaux :*

🏨 **Sofitel Aquitania** M, ✉ 05 56 69 66 66, *Fax 05 56 69 66 00,* ☆, ⚊, – ▤ ᗕ ▤ TV ☎ ❤
P – ⑩ 400. AE ⓞ GB JCB
p. 5 BT u
Le Flore : **Repas** *(140)* 180, ♀ – ⚌ 90 – **183 ch** 850/900

🏨 **Novotel-Bordeaux Lac** M, ✉ 05 56 43 65 00, *Fax 05 56 43 65 01,* ☆, ⚊, ✿ – ▤ ᗕ
▤ TV ☎ ❤ ⑪ P – ⑩ 120. AE ⓞ GB
p. 5 BT z
Repas carte 130 à 230 ♀, enf. 50 – ⚌ 60 – **176 ch** 505/560

par la rocade A 630 :

à Blanquefort *Nord, sortie n° 3 : 3 km – 12 843 h. alt. 17* – ✉ *33290 :*

🏨 **Les Criquets,** 130 av. 11-Novembre (D 210) ✉ 05 56 35 09 24, *Fax 05 56 57 13 83,* ☆,
⚊, – TV ☎ ❤ ⑪ P – ⑩ 30. AE ⓞ GB
p. 5
Repas *(fermé dim. soir et lundi)* 100 bc (déj.), 195/350 ♀ – ⚌ 55 – **21 ch** 350/450 – ½ P 370

à Carbon-Blanc *Nord-Est sortie n° 2 en venant de l'Ouest, sortie n° 27 en venant du Sud – 5 842 h.
alt. 21* – ✉ *33560 :*

XX **Marc Demund,** 5 av. Gardette ✉ 05 56 74 72 28, *Fax 05 56 06 55 40,* ☆, ✿ – P. AE ⓞ
GB
p. 5 BT e
fermé dim. soir et lundi – **Repas** 145/350

à Bouliac : *Sud-Est, sortie n° 23 – 2 841 h. alt. 74* – ✉ *33270 :*

🏨 **St-James** (Amat) M ᗕ, pl. C. Hostein, près église ✉ 05 57 97 06 00, *Fax 05 56 20 92 58,*
⚘ ≤ Bordeaux, ☆, « Original décor contemporain », ⚊, ✿ – ▤, ▤ ch, TV ☎ ❤ ⑪ P –
⑩ 25 à 40. AE ⓞ GB JCB. ✿
p. 5 BU s
fermé janv. et le midi sauf dim. d'oct. à avril – **Repas** 400 et carte 280 à 490 ♀, enf. 75 - *Le
Bistroy* ✉ 05 57 97 06 06 *(fermé janv.)* **Repas** carte 140 à 220 ♀ – ⚌ 100 – **18 ch** 900/1650
Spéc. Fleurs de courgettes farcies au basilic (été). Homard rôti aux pommes de terre.
Pigeon grillé aux épices. **Vins** Côtes de Gascogne, Côtes de Castillon.

XX **Auberge du Marais,** 22 rte de Latresne ✉ 05 56 20 52 17, *Fax 05 56 20 98 06,* ☆ – P.
AE ⓞ GB
p. 5 BV t
fermé 15 août au 9 sept., 15 fév. au 1er mars et merc. soir – **Repas** 80 (déj.), 135/265 ♀,
enf. 70

X **Café de l'Espérance,** derrière l'église ✉ 05 56 20 52 16, *Fax 05 56 20 92 58,* ☆ – AE
GB
p. 5 BV r
fermé 1er fév. au 13 mars, dim. et lundi – **Repas** carte 150 à 240 ⑪

à Martillac *Sud, sortie n° 18, N 113 et rte secondaire : 9 km – 1 652 h. alt. 40* – ✉ *33650 :*

🏨 **Sources de Caudalie** M ᗕ, chemin de Smith Haut-Lafitte ✉ 05 57 83 83 83,
Fax 05 57 83 83 84, institut de vinothérapie, « Demeure de caractère au milieu des
vignes », ⚘, ⚊, ✿ – ▤, ▤ ch, TV ☎ ❤ P – ⑩ 40. AE GB. ✿
fermé 1er janv. au 4 fév. – *Grand'Vigne* *(fermé lundi et mardi)* **Repas** 500/
600 et carte 390 à 540 ♀ – *Table du Lavoir :* **Repas** 170♀ – ⚌ 95 – **23 ch** 1100/2090,
6 appart
Spéc. Cannelloni de homard aux épices. Croustillant de pied et oreille de porc au jus de
truffes. Savarin au chocolat.

à Villenave-d'Ornon *Sud, sortie n° 18 et N 113 : 3 km – 25 609 h. alt. 8* – ✉ *33140 :*

X **Maison de Cuisine,** 215 av. Pyrénées (N 113) ✉ 05 56 87 07 59, *Fax 05 56 87 55 24,* ☆,
✿ – AE ⓞ GB
fermé dim. – **Repas** 75 (déj.), 125/200

à Talence : *Sud, sortie n° 16 – 34 485 h. alt. 17 – ⊠ 33400 :*

🏨 **Guyenne** (Lycée Hôtelier), av. F. Rabelais, domaine universitaire 𝄋 05 56 84 48 60, Fax 05 56 84 48 61 – 📶 📺 ☎ 🅿 – 🔬 40. 🆎 ⬤ ⚏ GB. ⋇ ch
p. 5 **BV a**
fermé vacances scolaires – **Repas** *(fermé sam. et dim.)* 90/145 – � 40 – **30 ch** 260/290

à Gradignan : *Sud, sortie n° 16 – 21 727 h. alt. 26 – ⊠ 33170 :*

🏨 **Châlet Lyrique,** 169 cours Gén. de Gaulle 𝄋 05 56 89 11 59, Fax 05 56 89 53 37, 🔲 – 📺 ☎ ✆ 🔬 🅿 – 🔬 25. 🆎 GB
p. 4 **AV b**
Repas *(fermé août et dim.)* carte 170 à 250 ⅃ – ⊑ 55 – **44 ch** 335/480

à Cestas *Sud-Ouest, sortie n° 15 et A 63 : 6,5 km – 16 768 h. alt. 77 – ⊠ 33610 :*

✗ **Chais d'Haussmann,** 61 av. Baron Haussmann 𝄋 05 56 21 58 74, Fax 05 56 21 58 48, 🔲 – 🅿. GB
fermé 16 août au 4 sept., vacances de fév., dim. soir et lundi – **Repas** 135/310 ⅃

au Sud-Ouest *sortie n°14, Z.I. Pessac – ⊠ 33600 Pessac :*

🏨 **Ibis Bordeaux-Pessac** M, 8 r. A. Becquerel 𝄋 05 56 07 27 84, Fax 05 56 36 86 81, 🔲, 🔲 – 📶 ⋇ 🔲 📺 ☎ ✆ 🔬 🅿. 🆎 ⬤ GB
p. 4 **AV e**
Repas *(75)* - carte environ 130, enf. 39 – ⊑ 39 – **87 ch** 320/340

à Pessac : *Sud-Ouest, sortie n° 13 – 51 055 h. alt. 35 – ⊠ 33600 :*

✗✗ **Cohé,** 8 av. R. Cohé 𝄋 05 56 45 73 72, Fax 05 56 45 96 39 – 🔲. GB. ⋇
p. 4 **AV n**
fermé 25 juil. au 30 août, dim. soir et lundi – **Repas** 118/310 ⅃, enf. 50

à l'aéroport de Mérignac : *Ouest, sortie n° 11 en venant du Sud, sortie n° 11ᵇ en venant du Nord – ⊠ 33700 Mérignac :*

🏨 **Mercure Aéroport** M, 1 av. Ch. Lindbergh 𝄋 05 56 34 74 74, Fax 05 56 34 30 84, 🔲, 🔲 – 📶 🔲 📺 ☎ ✆ 🔬 🅿 – 🔬 110. 🆎 ⬤ GB
p. 4 **AU e**
Repas 120 ⅃, enf. 55 – ⊑ 60 – **148 ch** 550/580

🏨 **Novotel Aéroport** M, av. J. F. Kennedy 𝄋 05 56 34 10 25, Fax 05 56 55 99 64, 🔲, 🔲 – 📶 ⋇ 🔲 📺 ☎ ✆ 🔬 🅿 – 🔬 70. 🆎 ⬤ GB
p. 4 **AU k**
Repas carte 120 à 230 ⅃, enf. 50 – ⊑ 60 – **137 ch** 520/550

à Mérignac : *Ouest, sortie n° 9 – 57 273 h. alt. 35 – ⊠ 33700 :*

✗✗✗ **Iguane,** 127 av. Magudas 𝄋 05 56 34 07 39, Fax 05 56 34 41 37 – 🔲 🅿. 🆎 ⬤ GB 🇯🇨🇧
fermé sam. midi et dim. soir – **Repas** 135/200 et carte 260 à 340 ⅃
p. 4 **AT f**

à Eysines : *Ouest, sortie n° 9 – 16 391 h. alt. 15 – ⊠ 33320 :*

✗✗ **Tilleuls,** 205 av. St-Médard à La Forêt 𝄋 05 56 28 04 56, Fax 05 56 28 93 22, 🔲 – 🔲 🅿. 🆎
p. 4 **AT v**
fermé dim. soir – **Repas** 120 (déj.), 155/250 ⅃

Les BORDES 45 Loiret 🎲🎲 ① – *rattaché à Sully-sur-Loire.*

BORMES-LES-MIMOSAS 83230 Var 🎲🎲 ⑯, 🎲🎲🎲 ㊽ G. Côte d'Azur – 5 083 h alt. 180.
Voir *Site★ – ≼★ du château – Forêt domaniale du Dom★ N : 4 km.*
🅱 *Office de Tourisme 1 pl. Gambetta 𝄋 04 94 71 15 17, Fax 04 94 64 79 57 et bd de la Plage La Favière 𝄋 04 94 64 82 57, Fax 04 94 64 79 61.*
Paris 877 – Fréjus 58 – Hyères 22 – Le Lavandou 4 – St-Tropez 35 – Toulon 42.

🏨 **Mirage** ⬎, 38 r. Vue des Îles 𝄋 04 94 05 32 60, Fax 04 94 64 93 03, ≼ baie et les Îles, 🔲, 🔲, 🔲, ⋇ – 📶 📺 ☎ 🅿 – 🔬 25 à 100. 🆎 ⬤ GB. ⋇ rest
23 mars-31 oct. – **Repas** 160 (dîner), carte le midi ⅃ – ⊑ 69 – **36 ch** 630/900 – ½ P 540/670

🏨 **Palma** sans rest, rte Lavandou 𝄋 04 94 71 17 86, Fax 04 94 71 83 52, 🔲, 🔲 – 🔲 📺 ☎ 🅿. GB
⊑ 50 – **20 ch** 390/600

✗ **Lou Portaou,** r. Cubert des Poètes 𝄋 04 94 64 86 37, Fax 04 94 64 81 43, 🔲, « Cadre médiéval » – 🔲. GB
fermé 15 nov. au 20 déc., le midi en juil.-août et mardi hors saison – **Repas** 185

✗ **Cassole,** ruelle du Moulin 𝄋 04 94 71 14 86, Fax 04 94 05 99 48, 🔲 – 🔲
Pâques-oct. et fermé mardi midi et lundi de sept. à juin – **Repas** (dîner seul. en juil.-août)
(120) - 170/350, enf. 85

✗ **Tonnelle,** pl. Gambetta 𝄋 04 94 71 34 84, Fax 04 94 01 09 37 – GB
fermé 13 nov. au 10 déc., le midi en juil.-août, jeudi midi de sept. à juin et merc. – **Repas** *(98.*
- 158/205 ⅃, enf. 70

à Cabasson *Sud : 8 km –* ⊠ *83230 Bormes-les-Mimosas :*

🏠 **Palmiers** ◈, chemin du Petit Fort *β* 04 94 64 81 94, Fax 04 94 64 93 61, ☆, ☞ – ♨ TV
☎ P, AE ◑ GB
fermé 15 nov. au 30 janv. – **Repas** *(fermé dim. soir et lundi midi de nov. à mars)* 155/250 ♀ –
⊆ 60 – **21 ch** 500/700 – ½ P 600/090

BORNY *57 Moselle* 57 ⑭ *– rattaché à Metz.*

BORT-LES-ORGUES *19110 Corrèze* 76 ② *0. Auvergne – 4 208 h alt. 430.*
Voir *Barrage** N : 1 km – Orgues de Bort* : ☀** SO : 3 km puis 15 mn.*
Env. *Musée de la radio et du phonographe* à Lanobre N : 8 km – Site** du château de*
Val N : 9 km.*
🏛 *Office de Tourisme pl. Marmontel β* 05 55 96 02 19, Fax 05 55 96 90 79.
Paris 480 – Aurillac 82 – Clermont-Ferrand 84 – Mauriac 30 – Tulle 81 – Ussel 31.

🏠 **Rider,** av. Gare *β* 05 55 96 00 47, Fax 05 55 96 73 07, ☆, ▣ rest, TV ☎ ℰ ⇌, AE ◑
GB
fermé 10 au 20 nov., 24 déc. au 20 janv., vend. soir et sam. midi – **Repas** 78/250 ⅃, enf. 50 –
⊆ 32 – **24 ch** 250/280 – ½ P 240

BORT-L'ÉTANG *63 P.-de-D.* 73 ⑮ *– rattaché à Lezoux.*

BOSDARROS *64290 Pyr.-Atl.* 85 ⑥ *– 872 h alt. 370.*
Paris 790 – Pau 14 – Lourdes 112 – Oloron-Ste-Marie 29 – Tarbes 50.

XX **Auberge Labarthe,** derrière l'église *β* 05 59 21 50 13, Fax 05 59 21 68 55 – GB
⊛ *fermé dim. soir, mardi midi et lundi* – **Repas** *(week-end prévenir)* 60 bc *(déj.)*, 98/300 ♀,
enf. 45

BOSSEY *74 H.-Savoie* 74 ⑥ *– rattaché à St-Julien-en-Genevois.*

Les BOSSONS *74 H.-Savoie* 74 ⑧ *– rattaché à Chamonix.*

BOUAYE *44 Loire-Atl.* 67 ③ *– rattaché à Nantes.*

BOUC-BEL-AIR *13320 B.-du-R.* 84 ③ ⑬, 114 ⑮ *– 11 512 h alt. 259.*
Paris 766 – Marseille 23 – Aix-en-Provence 12 – Aubagne 35 – Salon-de-Provence 45.

🏠 **L'Étape Lani,** au Sud sur D 6 rte Marseille *β* 04 42 22 61 90, Fax 04 42 22 68 67, ⌼, ☞ –
▣ rest, TV ☎ P – ⚠ 30. AE ◑ GB JCB
fermé dim. – **Repas** *(fermé 2 au 23/8, 23 au 31/12, dim. sauf le midi de sept. à juin, lundi*
sauf le soir en juil.-août et sam. midi) 148/275, enf. 90 – ⊆ 50 – **30 ch** 250/400 – ½ P 225/
395

BOUCÉ *03 Allier* 69 ⑮ *– 532 h alt. 310 –* ⊠ *03150 Varennes-sur-Allier.*
Paris 341 – Moulins 38 – Digoin 53 – Lapalisse 19 – St-Pourçain-sur-Sioule 19 – Vichy 29.

X **Auberge de Boucé,** *β* 04 70 43 70 59, Fax 04 70 43 75 18, ☆ – GB
fermé 14 au 28 août ,vacances de fév., mardi soir et merc. soir de nov. à mars, dim. soir et
lundi – **Repas** 65 *(déj.)*, 95/190 ⅃

BOUDES *63340 P.-de-D.* 73 ⑭ *– 243 h alt. 466.*
Paris 468 – Clermont-Fd 53 – Brioude 29 – Issoire 15 – St-Flour 62.

XX **Boudes La Vigne** M avec ch, *β* 04 73 96 55 66, Fax 04 73 96 55 55, ☆ – TV ☎ ℰ. AE
GB
fermé 1er au 21 janv., dim. soir et lundi – **Repas** 80/240 – ⊆ 30 – **8 ch** 190 – ½ P 200

BOUESSE *36 Indre* 68 ⑱ *– rattaché à Argenton-sur-Creuse.*

BOUGIVAL *78 Yvelines* 55 ⑳., 101 ⑬ *– voir à Paris, Environs.*

La BOUILLADISSE 13720 B.-du-R 🗺️ ⑭, 🗺️ ㉙ – 4 115 h alt. 220.

Paris 781 – Marseille 31 – Aix-en-Provence 26 – Brignoles 44 – Toulon 60.

🏠 **Fenière,** 🅿️ 04 42 72 56 32, Fax 04 42 62 30 54, 🌳, 🏊, 📺 rest, 📺 ☎ ⚅ 🅿️, 🅰🅴 ⓞ 🇬🇧
🐎 **Repas** (fermé sam. midi et dim.) 85/120, enf. 50 – 🍽️ 35 – **10 ch** 250/320 – ½ P 250/350

BOUILLAND 21420 Côte-d'Or 🗺️ ⑪ G. Bourgogne – 145 h alt. 400.

Paris 296 – Beaune 17 – Dijon 42 – Autun 55 – Bligny-sur-Ouche 13 – Saulieu 57.

🏯 **Hostellerie du Vieux Moulin** (Silva) 🅜 ⅌, 🅿️ 03 80 21 51 16, Fax 03 80 21 59 90, 🌳,
❀ 🇫🇲, 🏊, 🌺 📺 rest, 📺 ☎ ⚅ 🅿️ ⅄ 25. 🇬🇧
fermé 4 au 19 janv., merc. sauf le soir de mai à oct. et jeudi midi sauf fériés – **Repas** (160)
210/490 et carte 300 à 580 ⅄ – 🍽️ **26 ch** 410/880 – ½ P 550/775
Spéc. Pâtes farcies de coq au vin. Agneau de lait, jus au thym et à l'ail (avril et sept.). Côte de
veau de lait aux champignons des bois. **Vins** Saint-Romain, Monthélie.

La BOUILLE 76530 S.-Mar. 🗺️ ⑥ G. Normandie Vallée de la Seine – 862 h alt. 5.

Voir Château de Robert le Diable★ : ≼★ SE : 3 km – Moulineaux : vitrail★ de l'église E : 3 km
Paris 131 – Rouen 21 – Bernay 43 – Elbeuf 16 – Louviers 32 – Pont-Audemer 36.

🏠 **Bellevue,** 🅿️ 02 35 18 05 05, Fax 02 35 18 00 92, ≼, 🌳 – 🗐 📺 ☎ ⚅ – ⅄ 20. 🅰🅴 🇬🇧
fermé 20 déc. au 4 janv., vacances de fév. et dim. soir d'oct. à avril – **Repas** 110/250 ⅄ –
🍽️ 40 – **19 ch** 200/370 – ½ P 295/335

%%% **St-Pierre** avec ch, 🅿️ 02 35 18 01 01, Fax 02 35 18 12 76, ≼, 🌳 – 📺 ☎ – ⅄ 25. 🅰🅴 ⓞ
XXX 🇬🇧, ⌘ ch
fermé dim. soir et lundi – **Repas** 160/260 et carte 250 à 360 ⅄, enf. 90 – 🍽️ 40 – **7 ch**
300/350 – ½ P 900

XX **Poste,** 🅿️ 02 35 18 03 90, Fax 02 35 18 18 91, ≼, 🌳 – 🇬🇧
fermé 20 déc. au 12 janv., lundi soir et mardi – **Repas** 105/230

XX **Les Gastronomes,** 🅿️ 02 35 18 02 07 – 🇬🇧
fermé 14 sept. au 12 oct., merc. soir et jeudi – **Repas** 140/180

XX **Maison Blanche,** 🅿️ 02 35 18 01 90, Fax 02 35 18 08 65, ≼ – 🅰🅴 🇬🇧
fermé 17 juil. au 7 août, dim. soir et lundi – **Repas** 110/280 ⅄

BOUIN 85230 Vendée 🗺️ ② – 2 268 h alt. 5.

Paris 438 – Nantes 51 – La Roche-sur-Yon 65 – Challans 22 – Noirmoutier-en-l'Île 37.

🏯 **Martinet** ⅌, 🅿️ 02 51 49 08 94, Fax 02 51 49 83 08, 🏊, 🌺 – 📺 ☎ 🅿️ 🅰🅴 ⓞ 🇬🇧
Repas (1er avril-31 déc.) 100/160, enf. 60 – 🍽️ 39 – **21 ch** 290/370 – ½ P 290/330

BOULAY-LES-BARRES 45 Loiret 🗺️ ⑨ – rattaché à Orléans.

BOULIAC 33 Gironde 🗺️ ⑨ – rattaché à Bordeaux.

BOULIGNEUX 01 Ain 🗺️ ② – rattaché à Villars-les-Dombes.

BOULOGNE-BILLANCOURT 92 Hauts-de-Seine 🗺️ ⑳,, 🗺️ ㉔ – voir à Paris, Environs.

BOULOGNE (Bois de) 75 Seine 🗺️ ,, 🗺️ ,, 🗺️ – voir à Paris (Paris 16e).

BOULOGNE-SUR-MER ◁▷ 62200 P.-de-C. 🗺️ ① G. Picardie Flandres Artois – 43 678 h alt. 58 –
Casino (privé) Z.

Voir Nausicaa★★★ – Ville haute★★ : coupole★, crypte et trésor★ de la basilique, ≼★ du
Beffroi Y H – Perspectives★ des remparts – Calvaire des marins ≼★ Y – Château-Musée★ :
vases grecs★★, masques eskimos et aléoutes★★ – Colonne de la Grande Armée★ : ≾★★
5 km par ① – Côte d'Opale★ par ①.
Env. St-Étienne-au-Mont ≼★ du cimetière 7 km par ④.
🅱 Office de Tourisme q. de la Poste 🅿️ 03 21 31 68 38, Fax 03 21 33 81 09 annexe (saison)
Parvis de Nausicaa 🅿️ 03 21 33 92 51.
Paris 263 ③ – Calais 38 ② – Amiens 128 ④ – Arras 117 ③ – Lille 118 ③ – Rouen 183 ④.

BOULOGNE-SUR-MER

Rue		
Adam (R. A.)	X	2
Aumont (R. d')	Z	7
Beaucerf (Bd)	Z	8
Beaurepaire (R.)	X	9
Bras-d'Or (R. du)	Z	13
Colonne (R. de la)	X	17
Diderot (Bd)	X	18
Duflos (R. Louis)	X	19
Dutertre (R.)	Y	20
Égalité (R. de l')	X	22
Entente-Cordiale (Pont de l')	Z	23
Faidherbe (R.)	Y	
Grande-Rue	Z	
Huguet (R. A.)	X	29
Jaurès (Bd et Viaduc J.)	X	30
J.-J.-Rousseau (Viaduc)	X	31
Lampe (R. de la)	Z	32
Lattre-de-Tassigny (Av. de)	Y	33
Lavocat (R. Albert)	X	34
Liberté (Bd de la)	X	35
Lille (R. de)	Y	37
Marguet (Pont)	Z	38
Michelet (R. J.)	X	39
Mitterrand (Bd F.)	Z	40
Montesquieu (Bd)	X	42
Mont-Neuf (R. du)	X	44
Orme (R. de l')	X	46
Perrochel (R. de)	Z	48
Porte-Neuve (R.)	Y	49
Puits-d'Amour (R.)	Z	53
Résistance (Pl.)	Y	55
St-Louis (R.)	Y	56
Ste-Beuve (Bd)	XY	59
Thiers (R. A.)	YZ	60
Tour-N.-Dame (R.)	Y	61
Victoires (R. des)	Y	63
Victor-Hugo (R.)	YZ	
Wicardenne (R. de)	X	64

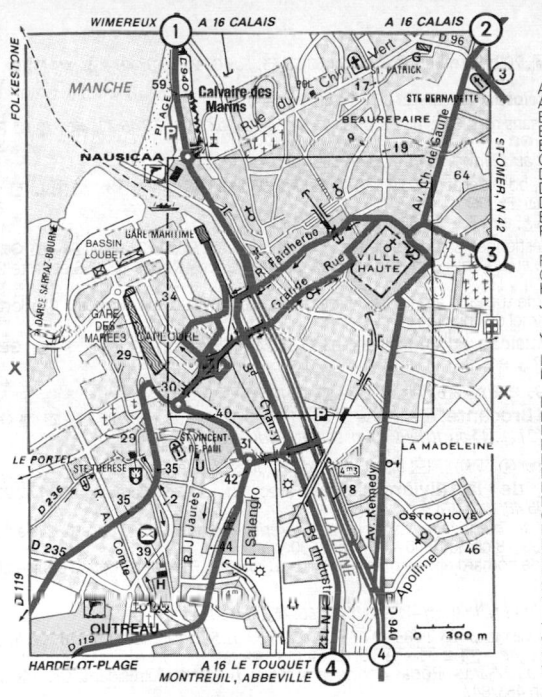

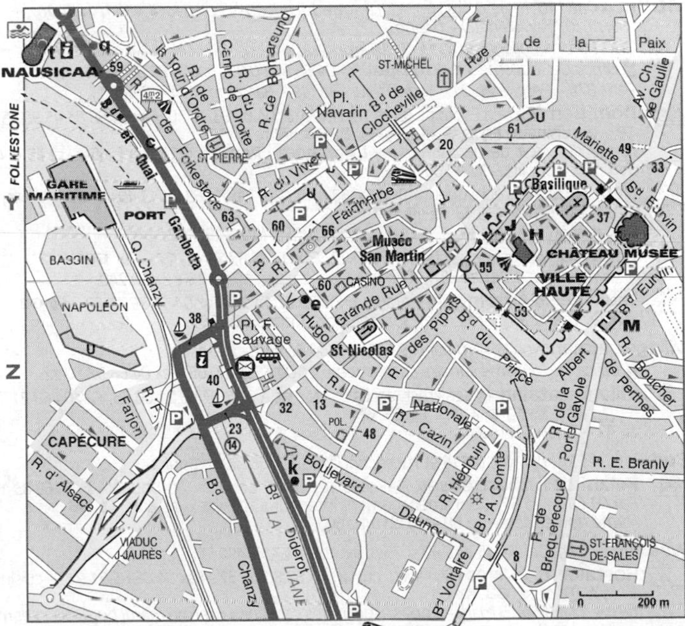

Matelote M, 70 bd Ste-Beuve ☎ 03 21 30 33 33, *Fax 03 21 30 87 40* – |♯|, ▤ TV ☎ ✆ ♿ P. AE GB Y c
voir rest. ***Matelote*** ci-après – ☕ 60 – **20 ch** 560/660

Métropole sans rest, 51 r. Thiers ☎ 03 21 31 54 30, *Fax 03 21 30 45 72*, – |♯| ▤ TV ☎ ✆ . AE ① GB Z e
fermé 22 déc. au 2 janv. – ☕ 46 – **25 ch** 360/480

Ibis-Centre, bd Diderot ☎ 03 21 30 12 40, *Fax 03 21 87 48 98* – |♯| , ▤ rest, TV ☎ ✆ – 30. AE ① GB Z k
Repas *(75)* - 95 , enf. 39 – ☕ 35 – **79 ch** 300/350

Matelote (Lestienne), 80 bd Ste Beuve ☎ 03 21 30 17 97, *Fax 03 21 83 29 24* – AE GB
fermé 24 déc. au 20 janv., dim. soir sauf juil.-août et fériés – **Repas** 150/255 et carte 290 à 390 Y c
Spéc. Terrine de turbotin aux fruits de mer. Blanc de cabillaud cuit sur peau. Charlotte au genièvre, caramel de chicorée

Rest. de Nausicaa, bd Ste-Beuve ☎ 03 21 33 24 24, *Fax 03 21 30 15 63*, ≤ – ▤. GB
Repas 105/172 , enf. 45 Y

à Wimille *par ② et D 96 : 5 km – 4 681 h. alt. 28 – ✉ 62126 :*

Relais de la Brocante, près église ☎ 03 21 83 19 31, *Fax 03 21 87 29 71* – AE ① GB
fermé 1er au 10 juil., 1er au 10 janv., dim. soir et lundi – **Repas** 150/310 ♀

à Pont-de-Briques *par ④ : 5 km – ✉ 62360 Pont-de-Briques St-Étienne*

Hostellerie de la Rivière (Martin) avec ch, 17 r. Gare ☎ 03 21 32 22 81, *Fax 03 21 87 45 48*, – TV ☎ ✆. AE GB. ch
fermé 16 août au 5 sept., dim. soir et lundi sauf fériés – **Repas** 160/310 et carte 240 à 400 ♀, enf. 110 – ☕ 55 – **8 ch** 300/340 – ½ P 550/600
Spéc. Poêlée de homard et foie gras aux fruits du marché. Filet de turbot au beurre blanc. Millefeuille.

à Hesdin-l'Abbé *par ④ et N 1 : 9 km – 1 880 h. alt. 50 – ✉ 62360 :*

Cléry , au village ☎ 03 21 83 19 83, *Fax 03 21 87 52 59*, « Demeure du 18e siècle dans un parc fleuri », – TV ☎ P – 20. AE ① GB.
fermé 15 déc. au 27 janv. – **Repas** *(fermé sam. et dim.)* (dîner seul.)(résidents seul.) 145/210 – ☕ 60 – **22 ch** 453/847

Le BOULOU *66160 Pyr.-Or.* 86 ⑲ *G. Languedoc Roussillon – 4 436 h alt. 90 – Stat. therm. (07 fév.-09 déc.) – Casino.*
Env. *Fort de Bellegarde ✻★★ S : 10 km.*
Office de Tourisme 1 r. du Château ☎ 04 68 87 50 95, Fax 04 68 87 50 96.
Paris 878 – Perpignan 21 – Argelès-sur-Mer 19 – Barcelona 171 – Céret 11.

Domitien M, rte d'Espagne (près Thermes) ☎ 04 68 83 49 50, *Fax 04 68 83 45 90*, , , – |♯| cuisinette TV ☎ ♿ P – 40. AE GB. rest
fermé dim. soir de déc. à fév. – - ***L'Amphore :*** **Repas** 110/250, enf. 65 – ☕ 45 – **44 ch** 360/380, 8 appart – ½ P 300

Néoulous, près échangeur A9 ☎ 04 68 87 52 20, *Fax 04 68 83 13 40*, ≤, , , , – |♯|, ▤ rest, TV ☎ ✆ ♿ P. AE ① GB
Repas 98/180 ♀, enf. 60 – ☕ 42 – **47 ch** 270/330 – ½ P 260/290

Canigou, r. Bousquet ☎ 04 68 83 15 29, *Fax 04 68 87 75 41*, – ☎. GB
1er avril-31 oct. – **Repas** 85/110 ♀, enf. 40 – ☕ 35 – **15 ch** 250 – ½ P 240

Table de St-Antoine, 10 r. Arago ☎ 04 68 87 14 94, *Fax 04 68 39 43 62* – ① GB
fermé 15 janv. au 10 fév., dim. soir et lundi – **Repas** 115/260

au village catalan *Nord : 7 km par N 9 – ✉ 66300 Banyuls-dels-Aspres :*
Office de Tourisme sur aire autoroutière ☎ 04 68 21 60 05, Fax 04 68 37 50 12.

Village Catalan M sans rest, accès par N 9 et A 9 ☎ 04 68 21 66 66, *Fax 04 68 21 70 95*, ≤, , – ▤ TV ☎ ♿ P – 50. GB
☕ 42 – **77 ch** 310/400

au Sud-Est *: 4,5 km par N 9, D 618 et rte secondaire – ✉ 66160 Le Boulou :*

Relais des Chartreuses sans rest, 106 av. d'En Corbouner ☎ 04 68 83 15 88, *Fax 04 68 83 26 62*, « Bel aménagement intérieur », , – ☎ ♿ P. ① GB
fermé nov. et déc. – ☕ 58 – **10 ch** 345/600

à Vivès *Ouest : 5 km par D 115 et D 73 – 75 h. alt. 228 – ✉ 66490 :*

Hostalet de Vivès avec ch, ☎ 04 68 83 05 52, *Fax 04 68 83 51 91* – cuisinette, ▤ rest, TV ☎ ✆. GB. ch
fermé 12 janv. au 5 mars – **Repas** - spécialités catalanes - *(fermé mardi hors saison et merc.)* 95 (déj.)/134 ♀ – ☕ 40 – **3 ch** 300/400

BOULOURIS *83 Var* 84 ⑧., 114 ㉕., 115 ㉝ *– rattaché à St-Raphaël.*

BOURBACH-LE-BAS *68290 H.-Rhin* 87 ⑲ *– 508 h alt. 340.*

Paris 443 – Mulhouse 25 – Altkirch 26 – Belfort 27 – Thann 10.

Couronne d'Or avec ch, 9 r. Principale ☎ 03 89 82 51 77, *Fax 03 89 82 58 03* – GB
fermé lundi – **Repas** (55) - 85/215 ♀, enf. 45 – 35 – **7 ch** 215/290 – ½ P 240

BOURBON-LANCY *71140 S.-et-L.* 69 ⑯ *G. Bourgogne – 6 178 h alt. 240 – Stat. therm. (6 mars-11 nov.).*

Voir Maison de bois et tour de l'horloge★ **B.**

Office de Tourisme pl. Aligre ☎ 03 85 89 18 27, Fax 03 85 89 28 38.

Paris 313 ④ – Moulins 36 ④ – Autun 63 ① – Mâcon 110 ③ – Montceau-les-Mines 55 ②.

BOURBON-LANCY

Aligre (Pl. d') 2
Autun (R. d') 3
Châtaigneraie (R. de la) 4
Commerce (R. du) 5
Dr-Gabriel-Pain (R. du) 6
Dr-Robert (R. du) 7
Gaulle (Av. du Gén.-de)
Gueugnon (R. de) 12
Horloge (R. de l') 13
Libération (Av. de la) 15
Musée (R. du) 16
Prébendes (R. des) 18
République (Pl. de la) 22
St-Nazaire (R.) 23

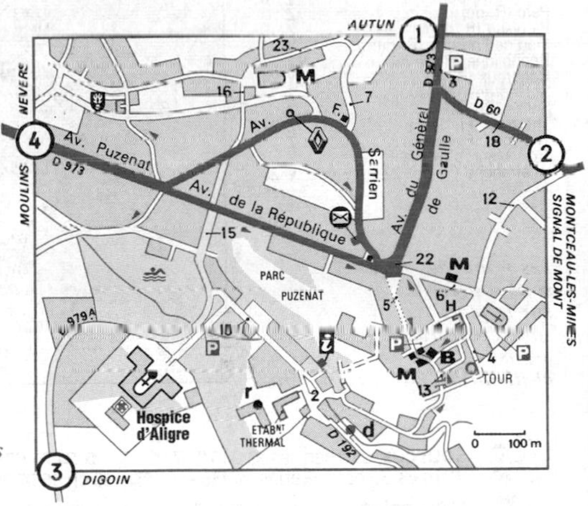

Pour un bon usage des plans de villes, voir les signes conventionnels dans l'introduction.

Manoir de Sornat (Raymond) , allée Platanes, rte Moulins par ① : 2 km ☎ 03 85 89 17 39, *Fax 03 85 89 29 47*, « Manoir normand dans un parc » – P. AE GB. rest
fermé 7 janv. au 12 fév., dim. soir de sept. à juin et lundi midi – **Repas** 175/450 et carte 350 à 470 ♀, enf. 90 – 65 – **13 ch** 375/750 – ½ P 475/650
Spéc. Grosses langoustines en beignets. Foie gras d'oie poêlé et queue de bœuf au jus de poire. Terrine de chocolat aux fruits confits. **Vins** Mâcon rouge, Givry.

Grand Hôtel , (r) ☎ 03 85 89 08 87, *Fax 03 85 89 32 23*, , parc – cuisinette P. GB
31 mars-22 oct. – **Repas** (55) - 69/148 ♀ – 35 – **30 ch** 237/438 – ½ P 245/329

Villa du Vieux Puits avec ch, 7 r. Bel Air (d) ☎ 03 85 89 04 04, *Fax 03 85 89 13 87*, – P. GB
fermé fév., dim. soir et lundi de sept. à mai – **Repas** 98/300 ♀, enf. 65 – 48 – **7 ch** 230/310 – ½ P 250/300

BOURBON-L'ARCHAMBAULT *03160 Allier* 69 ⑬ *G. Auvergne – 2 630 h alt. 367 – Stat. therm. (1er mars-13 nov.).*

Voir Nouveau parc ★ – Château ★ – St-Menoux : choeur★★ de l'église★ 9 km par ②.

Office de Tourisme (Saison) 1 pl. Thermes ☎ et Fax 04 70 67 09 79.

Paris 297 ① – Moulins 24 ② – Montluçon 50 ③ – Nevers 53 ①.

Plan page suivante

Grand Hôtel Montespan-Talleyrand, pl. Thermes ☎ 04 70 67 00 24, *Fax 04 70 67 12 00*, , – . AE GB. rest — YZ e
1er avril-22 oct. – **Repas** 95/200, enf. 65 – 55 – **52 ch** 200/480 – ½ P 260/310

Thermes, av. Ch.-Louis-Philippe ☎ 04 70 67 00 15, *Fax 04 70 67 09 43*, , – . AE GB — Z a
10 mars-30 oct. – **Repas** 110/360 – 49 – **21 ch** 175/390 – P 430

Grand Hôtel Parc et Établissement, r. Parc ☎ 04 70 67 02 55, *Fax 04 70 67 13 95*, – P. AE GB. rest — Z b
5 avril-20 oct. – **Repas** 75 (dîner), 85/170 – 35 – **51 ch** 260/270 – P 320/330

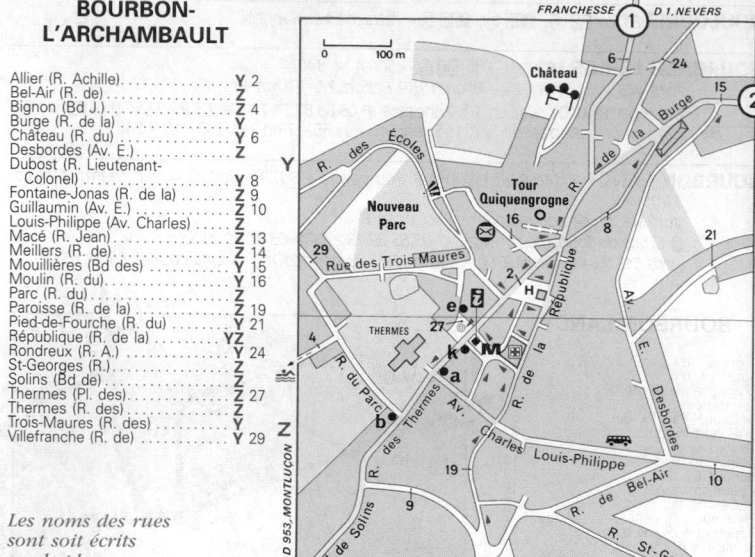

BOURBON-L'ARCHAMBAULT

*Les noms des rues
sont soit écrits
sur le plan
soit répertoriés
en liste
et identifiés par un numéro.*

Sources, av. Thermes 𝄞 04 70 67 00 15, Fax 04 70 67 09 43, 🌫 – 🖭 ⓸ 🖼   Z **k**
10 mars-30 oct. – **Repas** 85/135 – ☑ 33 – **20 ch** 165/265 – P 265/285

L'Oustalet avec ch, av. E. Guillaumin Z 𝄞 04 70 67 01 48 – ▤ rest, 🅿, 🖭 ⓸ 🖼 🅹🅲🅱, ⍋ ch
fermé 5 au 21 mars, 8 au 14 oct., vend. soir, dim. soir et soirs fériés – **Repas** 95/285 – ☑ 30 – **4 ch** 135/215 – P 225

BOURBONNE-LES-BAINS 52400 H.-Marne 🖻🖻 ⑬ ⑭ G. Champagne – 2 764 h alt. 290 – Stat. therm. (1er mars- 30 nov.).

🖪 Office de Tourisme Centre Borvo 34 pl. des Bains 𝄞 03 25 90 01 71, Fax 03 25 90 14 12.
Paris 314 ④ – Chaumont 57 ④ – Dijon 125 ④ – Langres 40 ④ – Neufchâteau 53 ①.

Plan page ci-contre

Jeanne d'Arc, r. Amiral Pierre (s) 𝄞 03 25 90 46 00, Fax 03 25 88 78 71, 🌫, 🛋 – 🛗 📺 ☎ ⍦ ⴤ, ⇔ 🅿, 🖭 ⓸ 🖼 🅹🅲🅱, ⍋ rest
15 mars-31 oct. – **Repas** (fermé dim. soir) 98/190 ♀, enf. 65 – ☑ 45 – **29 ch** 300/350 – ½ P 240/280

des Sources, pl. Bains (u) 𝄞 03 25 87 86 00, Fax 03 25 87 86 33, 🌫 – 🛗 cuisinette 📺 ☎ ⍦ ⴤ, 🖼, ⍋ rest
2 avril-30 nov. – **Repas** (fermé merc. soir) 75/200, enf. 55 – ☑ 35 – **23 ch** 250/300 – P 265/286

Orfeuil, r. Orfeuil (a) 𝄞 03 25 90 05 71, Fax 03 25 84 46 25, 🛋 – 🛗 cuisinette 📺 ☎ ⍦ ⴤ 🅿, 🖭 ⓸ 🖼, ⍋ rest
hôtel : 1er mars-30 nov. ; rest. : 1er avril-21 oct. – **Repas** (60) - 85/150, enf. 43 – ☑ 33 – **47 ch** 176/300 – ½ P 210/245

Lauriers Roses, pl. Bains (d) 𝄞 03 25 90 00 97, Fax 03 25 88 78 02, 🌫 – 🛗 📺 ☎ ⍦ ⴤ 🅿, 🖼
2 avril-21 oct. – **Repas** 78/132 ⌟, enf. 65 – ☑ 27 – **69 ch** 180/260 – P 238/256

A l'Étoile d'Or, Gde Rue (r) 𝄞 03 25 90 06 05 – 🛗, ▤ rest, 📺 ☎ ⍦ ⴤ ⇔, 🖼
1er avril-25 oct. – **Repas** (65) - 75/95 – ☑ 26 – **24 ch** 145/240 – P 252/260

DOURDONNE-LES-BAINS

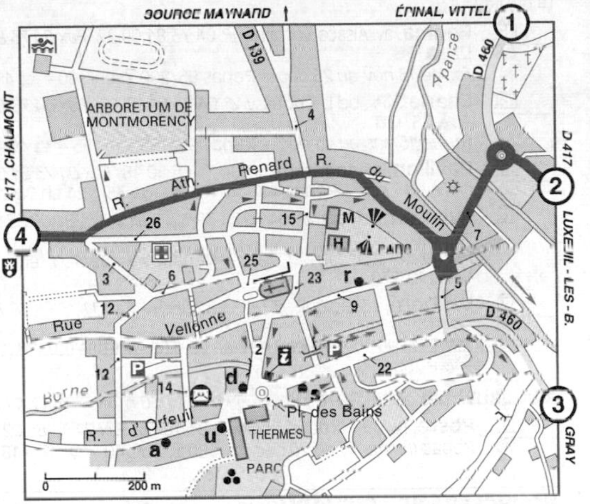

En juin et en septembre,
les hôtels sont moins chers qu'en pleine saison, le service est plus soigné.

La BOURBOULE 63150 P.-de-D. **73** ⑬ G. Auvergne – 2 113 h alt. 880 – Stat. therm. (fév.-oct.) – Casino **AZ**.

voir Parc Fenêstre★ – Roche Vendeix ⁂★ 4 km par ② puis 30 mn – Murat-le-Quaire : musée de la Toinette★ N : 2 km.

🛈 Office de Tourisme 15 pl. de la République ℘ 04 73 65 57 71, Fax 04 73 65 50 21.
Paris 474 ③ – Clermont-Ferrand 51 ③ – Aubusson 85 ③ – Mauriac 71 ③ – Ussel 61 ③.

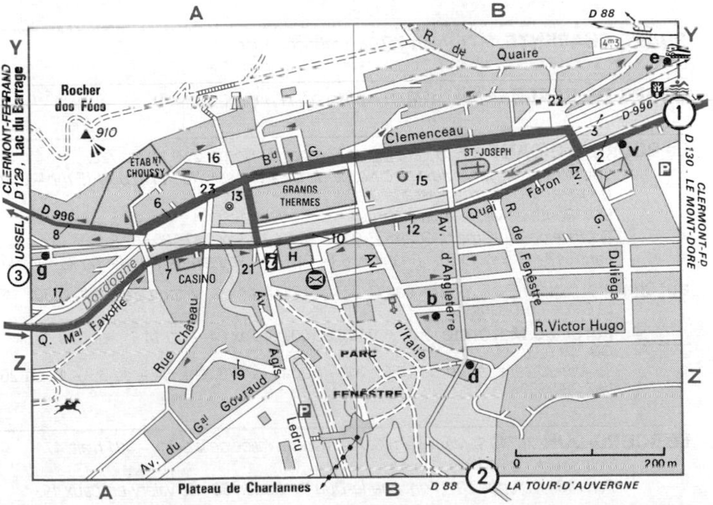

🏨 🍽 **Régina**, av. Alsace-Lorraine ℰ 04 73 81 09 22, Fax 04 73 81 08 55, 🏤, 🎴, 🖼 – 📶 📺 ☎ 🅿
🔲 ⓪ 🇬🇧
                                                      BY
fermé 15 nov. au 25 déc. – **Repas** 85/200 🍷, enf. 60 – 🍽 48 – **25 ch** 400/545 – ½ P 380/420

🏨 🍽 **Charlet** 📍, bd L. Choussy ℰ 04 73 81 33 00, Fax 04 73 65 50 82, 🏤, 🎴, 🖼 – 📶 📺 ☎ 🅳
– 🛁 15. 🇬🇧
                                                     AZ
fermé 15 oct. au 15 déc. – **Repas** 99/169, enf. 55 – 🍽 40 – **38 ch** 220/340 – ½ P 255/300

🏨 🍽 **Pavillon**, av. Angleterre ℰ 04 73 65 50 18, Fax 04 73 81 00 93, 🌿 – 📶 📺 ☎. 🆎 🇬🇧. 📍
    1ᵉʳ fév.-1ᵉʳ nov. – **Repas** (60) - 80/100 🥃 – 🍽 35 – **24 ch** 200/310 – ½ P 220/240   BZ

🏨 🍽 **Aviation**, r. Metz ℰ 04 73 81 32 32, Fax 04 73 81 02 85, 🎴, 🖼 – 📶 📺 ☎ 📍 ⟺. 🇬🇧
    📍 rest   BZ
fermé 30 sept. au 20 déc. – **Repas** (79) - 89/100, enf. 50 – 🍽 36 – **50 ch** 200/360 –
½ P 210/270

🏨 🍽 **Val Doré**, r. Belgique ℰ 04 73 81 06 14, Fax 04 73 65 58 79 – 📶 ⟺, 🍴 rest, 📺 ☎ 📍. 🇬🇧
                                                        BY
fermé 15 au 31 mars et 2 nov. au 20 déc. – **Repas** 68/120 🥃, enf. 47 – 🍽 35 – **31 ch** 240/300
– ½ P 250/290

à St-Sauves-d'Auvergne *par* ③ : 5 km – 1 030 h. alt. 791 – ⊠ 63950 :

🏨 🍽 **Poste**, pl. du Portique ℰ 04 73 81 10 33, Fax 04 73 81 02 27 – 📺 ☎ 🅿. 🇬🇧
    Repas *(fermé 1ᵉʳ au 20 déc.)* 75/180 🍷, enf. 40 – 🍽 32 – **18 ch** 220/240 – ½ P 195/230

BOURCEFRANC-LE-CHAPUS 17 Char.-Mar. 🗺 ⑭ – *rattaché à Marennes.*

BOURDEAU 73 Savoie 🗺 ⑮ – *rattaché au Bourget-du-Lac.*

BOURDEAUX 26460 Drôme 🗺 ⑬ – 562 h alt. 426.
Paris 614 – Valence 53 – Crest 24 – Montélimar 41 – Nyons 39 – Pont-St-Esprit 71.

🍽 🍽 **Aux Trois Châteaux**, rte Nyons sur D 70 ℰ 04 75 53 33 92, 🏤 – 🇬🇧
15 mars-31 oct. et fermé dim. soir et lundi sauf juil.-août – **Repas** 78/150 🍷, enf. 40 – **15 ch**
🍽 135/290 – ½ P 200/230

BOURDEILLES 24 Dordogne 🗺 ⑤ – *rattaché à Brantôme.*

BOURG-ACHARD 27310 Eure 🗺 ⑤ G. Normandie Vallée de la Seine – 2 255 h alt. 124.
Paris 138 – Rouen 28 – Bernay 43 – Évreux 62 – Le Havre 62.

🍴 **Amandier**, 581 rte Rouen ℰ 02 32 57 11 49, Fax 02 32 57 28 03, 🏤 – 🆎 ⓪ 🇬🇧
fermé le soir sauf jeudi, vend. et sam. – **Repas** 105/185 🍷

BOURG-CHARENTE 16 Charente 🗺 ⑫ – *rattaché à Jarnac.*

BOURG-DE-PÉAGE 26 Drôme 🗺 ② – *rattaché à Romans-sur-Isère.*

Le BOURG-D'OISANS 38520 Isère 🗺 ⑥ G. Alpes du Nord – 2 911 h alt. 720.
Voir Musée des Minéraux★ – Cascade de la Sarennes★ NE : 1 km puis 15 mn – Gorges de l'
Lignarre★ NO : 3 km – Cascade de Confolens★.
Env. Route de Villard-Notre-Dame★★.
🄱 *Office de Tourisme q. Girard* ℰ 04 76 80 03 25, Fax 04 76 80 10 38.
Paris 617 – Grenoble 50 – Briançon 68 – Gap 98 – St-Jean-de-Maurienne 73 – Vizille 32.

au Châtelard *Nord-Est : 12 km par D 211, D 211A et rte secondaire – alt. 1450 – ⊠ 3852*
La Garde-en-Oisans:

🍽 **Forêt de Maronne** 📍, ℰ 04 76 80 00 06, Fax 04 76 79 14 61, ≼, 🏤, 🍽, 🌿 – ☎ 🅿
    🇬🇧. 📍 rest
15 juin-20 sept. et 20 déc.-20 avril – **Repas** 95/178, enf. 54 – 🍽 35 – **12 ch** 260/340 –
½ P 280/330

Le BOURG-DUN 76740 S.-Mar. 🗺 ③ G. Normandie Vallée de la Seine – 481 h alt. 17.
Voir Tour★ de l'église.
Paris 186 – Dieppe 20 – Fontaine-le-Dun 7 – Rouen 56 – St-Valery-en-Caux 15.

XX **Auberge du Dun** (Chrétien), face Église ☎ 02 35 83 05 84, Fax 02 35 83 05 84 – **P.**, **GB**,
✿
✿
*fermé 1ᵉʳ au 20 sept., 2 au 15 janv., merc. soir du 1ᵉʳ oct. au 15 mars (sauf fériés), dim. soir et
lundi* – **Repas** (week-ends, prévenir) 160/350 et carte 230 à 420 Ω
Spéc. Foie gras caramélisé aux poires et pignons grillés. Rosace de Saint-Jacques à la
vinaigrette d'andouille (15 oct. au 15 mars). Crêpes soufflées au calvados.

BOURG-EN-BRESSE 🄿 *01000 Ain* **74** ③ *G. Bourgogne* – *40 972 h alt. 251.*
Voir *Église de Brou*★★ (jubé★★, stalles★★, tombeaux★★★, vitraux★★ et ora-
toires★★★, portail★) – *Stalles★ de l'église Notre-Dame* Y – *Musée du monastère★*.
🄪 *Office de Tourisme 6 av. Alsace-Lorraine ☎ 04 74 22 49 40, Fax 04 74 23 06 28, Saison bd
de Brou ☎ 04 74 22 27 76.*
Paris 426 ⑦ – Mâcon 37 ⑦ – Annecy 113 ④ – Genève 112 ④ – Lyon 66 ⑤.

Plan page suivante

🏨 **Mercure** M, 10 av. Bad-Kreuznach ☎ 04 74 22 44 88, Fax 04 74 23 43 57, ♨, ✇ – 📶 ⇄, X e
■ ch, 📺 ☎ ✓ 心 **P** – ② 100. 🄺 🄪 **GB** **JCB**, ✿ rest
Repas *(fermé sam. midi)* 130 (déj.), 140/210, enf. 57 – ⊒ 54 – **60 ch** 450/510

🏨 **Prieuré** ♨ sans rest, 49 bd Brou ☎ 04 74 22 44 60, Fax 04 74 22 71 07, ✇ – 📶 📺 ☎ **P.** X a
🄺 🄪 **GB**
⊒ 50 – **14 ch** 350/560

🏨 **Ariane** M, bd Kennedy ☎ 04 74 22 50 88, Fax 04 74 22 51 57, ♨, ↡, ✇ – 📶 📺 ☎ ✓ X s
心 ⚖ **P** – ② 25 à 50. 🄺 🄪 **GB**
Repas *(fermé dim. et fériés)* 120/240 – ⊒ 48 – **40 ch** 360/420

🏨 **Terminus** sans rest, 19 av. A. Baudin ☎ 04 74 21 01 21, Fax 04 74 21 36 47, « Parc » – 📶 X t
📺 ☎ ✓ ⇽ 🄺 🄪 **GB**
⊒ 48 – **50 ch** 350/440

🏨 **Logis de Brou** sans rest, 132 bd Brou ☎ 04 74 22 11 55, Fax 04 74 22 37 30, ✇ – 📶 📺 Z k
☎ ✓ ⇽ **P** – ② 25. 🄺 🄪 **JCB**
fermé 27 déc. au 15 janv. – ⊒ 45 – **30 ch** 290/400

🏨 **Ibis**, bd Ch. de Gaulle ☎ 04 74 22 52 66, Fax 04 74 23 09 58, ♨ – ⇄ 📺 ☎ ✓ 心 **P** – X d
② 20 à 50. 🄺 🄪 **GB**
Repas *(75)* - 95 ♪, enf. 39 – ⊒ 35 – **62 ch** 310/330

XXX **Auberge Bressane**, face église de Brou ☎ 04 74 22 22 68, Fax 04 74 23 03 15, ♨ – **P.** X f
🄺 🄪 **GB**
Repas *(98)* - 148/395 et carte 210 à 500 Ω

XXX **Mail** avec ch, 46 av. Mail ☎ 04 74 21 00 26, Fax 04 74 21 29 55 – ■ rest, 📺 ☎ ✓ ⇽ **P** – X v
② 20. 🄺 🄪 **GB**
fermé 16 juil. au 3 août, 24 déc. au 10 janv., dim. soir et lundi – **Repas** 110/320 et carte 220 à
330 Ω, enf. 80 – ⊒ 35 – **9 ch** 220/300 – ½ P 250/320

XX **Chez Blanc**, 19 pl. Bernard ☎ 04 74 45 29 11, Fax 04 74 24 73 69, ♨ – 🄺 🄪 **GB** Y g
Repas *(fermé nov.)* 98 (déj.), 150/250 et carte 120 à 170 Ω

XX **Reyssouze**, 20 r. Ch. Robin ☎ 04 74 23 11 50, Fax 04 74 23 94 32 – ■. 🄺 **GB** Y n
fermé 23 au 31 juil., vacances de fév., dim. soir et lundi (sauf fériés) – **Repas** 115/330 Ω,
enf. 80

XX **Français**, 7 av. Alsace-Lorraine ☎ 04 74 22 55 14, Fax 04 74 22 47 02, brasserie 1900 – 🄺 Z r
GB
fermé 7 au 29 août, 24 déc. au 2 janv., sam. soir et dim. – **Repas** 135/295 Ω, enf. 75

XX **Galerie**, 4 r. Th. Riboud ☎ 04 74 45 16 43, Fax 04 74 45 16 43 – 🄪 **GB** Z f
fermé 7 au 20 août, 21 au 27 fév., merc. soir, sam. midi et dim. – **Repas** (prévenir) 85 bc
(déj.), 120/190

XX **Chalet de Brou**, face église de Brou ☎ 04 74 22 26 28, Fax 04 74 24 72 42, ♨ – **GB** X f
fermé 1ᵉʳ au 15 juin, 23 déc. au 23 janv., jeudi soir et vend. – **Repas** 85/210 Ω

X **L'Ermitage**, 142 bd de Brou ☎ 04 74 22 19 00, Fax 04 74 24 64 91 – 🄺 **GB** X b
fermé 14 au 24 juil., sam. midi et dim. soir – **Repas** 98/210 Ω

X **Fred et Martine**, 11 r. République ☎ 04 74 45 20 78, Fax 04 74 22 77 82 – **GB** Z b
fermé dim. soir et lundi – **Repas** 95/250

X **L'Authentique**, face église de Brou ☎ 04 74 22 15 28, Fax 04 74 22 15 28 – **GB** X f
fermé 28 juin au 12 juil., 2 au 23 janv., mardi soir et merc. – **Repas** *(68)* - 78 (déj.), 95/195 Ω

X **Quatre Saisons**, 6 r. République ☎ 04 74 22 01 86 – **GB** Z y
fermé 7 au 14 mai, 20 au 27 août, 29 oct. au 13 nov., sam. midi et dim. – **Repas** 105/250 Ω,
enf. 55

te de Lons-le-Saunier par ② : 6,5 km N 83 – ✉ 01370 St-Étienne-du-Bois :
X **Les Mangettes**, ☎ 04 74 22 70 66, ♨ – **P.** 🄺 **GB**
fermé 18 au 25 sept., 8 au 31 janv., dim. soir, lundi soir et mardi – **Repas** 98/190

BOURG-EN-BRESSE

Anciens Combattants (Av. des) . . . . Z 3
Arsonval (Av. A. d') . . . . X 4
Bad-Kreuznach (Av. de) . . . . X 5
Basch (R. Victor) . . . . Z 6
Baudin (Av. A.) . . . . Z 7
Belges (Av. des) . . . . Y 10
Bernard (Pl.) . . . . Y 12
Bouveret (R.) . . . . Y 13
Champ-de-Foire (Av. du) . . . . Y 14
Citadelle (R. de la) . . . . X 15
Crêts (R. des) . . . . X 16
Debeney (R. Général) . . . . . Y 17
Europe (Car. de l') . . . . X 19
Foch (R. Maréchal) . . . . Y 20
Gambetta (R.) . . . . Z 21
Jaurès (Av. Jean) . . . . XZ 22
Joliot-Curie (Bd Irène) . . . . X 23
Joubert (Pl.) . . . . Z 24
Juin (Av. Maréchal) . . . . X 26
Lévrier (Bd A.) . . . . X 27
Lyon (Pont de) . . . . X 28
Mail (Av. du) . . . . X 30
Migonney (R. J.) . . . . Z 31
Morgon (R. J.) . . . . X 32
Muscat (Av. A.) . . . . Z 33
Neuve (Pl.) . . . . Y 34
Notre-Dame (R.) . . . . Y 35
Palais (R. du) . . . . Y 36
St-Nicolas (Bd) . . . . X 37
Samaritaine (R.) . . . . Z 38
Semard (Av. P.) . . . . X 40
Teynière (R.) . . . . Z 42
Valéry (Bd P.) . . . . X 43
Verdun (Cours de) . . . . Y 44
Victoire (Av. de la) . . . . Z 45
4-Septembre (R. du) . . . . Y 48
23e-R.I. (R. du) . . . . X 50

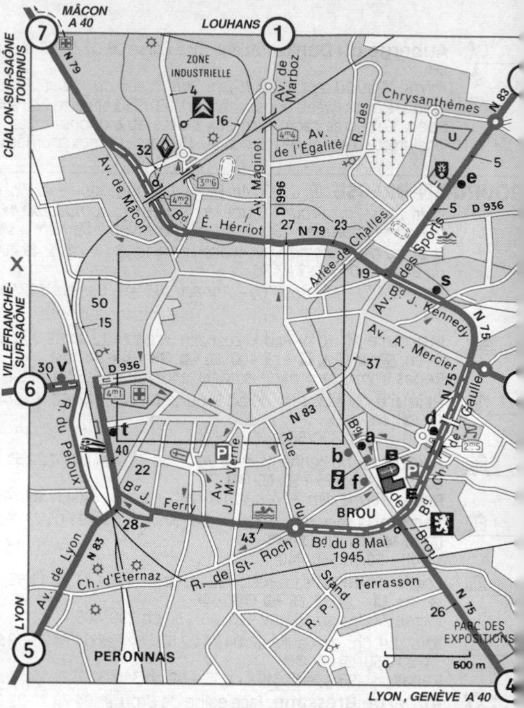

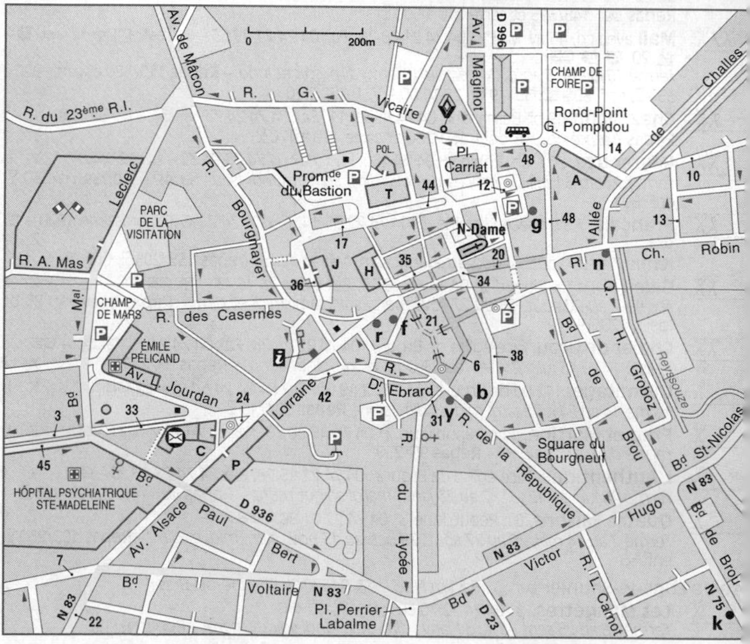

BOURGES ▣ 18000 Cher ⬚⬚ ① *G. Berry Limousin* – 75 609 h alt. 153.

Voir *Cathédrale St-Étienne★★★ : tour Nord ✦★★ – Jardins de l'Archevêché★ Palais
Jacques-Coeur★★ – Jardins des Prés-Fichaux★ – Maisons anciennes★ – Hôtel des Éche-
vins★ . musée Estève★★ Y M² – Hôtel Lallemant★ : collection de meubles miniatures★ Y M⁴
– Musée du Berry dans l'hôtel Cujas★ : collections gallo-romaines★, prophètes★, pleurants
du tombeau du duc de Berry★ Y M¹ – Musée d'histoire naturelle★ Z M Les marais★ V
Commune de la Méridienne Verte.*

🛈 *Office de Tourisme 21 r. V.-Hugo ℰ 02 48 23 02 60, Fax 02 48 23 02 69.*
Paris 247 ⑦ – Châteauroux 66 ⑥ – Dijon 254 ② – Nevers 69 ③ – Orléans 122 ⑦.

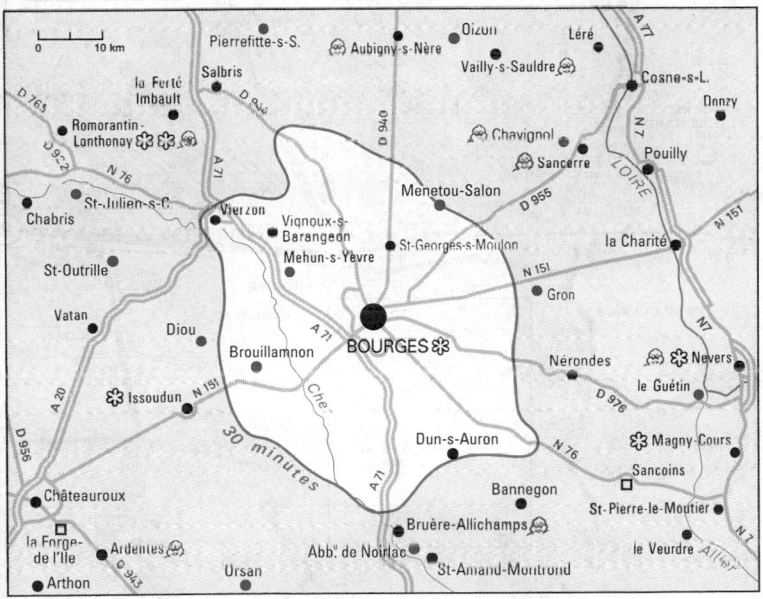

| 🏛🏛 | **Bourbon** Ⓜ, bd République ℰ 02 48 70 70 00, Fax 02 48 70 21 22 – ⧉ �📺 ☎ ✆ ⅙ ▣ – 🛆 60. ⅍ ⓪ ⊖ | Y b |

voir rest. **Abbaye St-Ambroix** ci-après – ⊐ 70 – **57 ch** 450/750 – ½ P 540

| 🏛🏛 | **Tilleuls** sans rest, 7 pl. Pyrotechnie ℰ 02 48 20 49 04, Fax 02 48 50 61 73, ⅙, ⒵, ☞ – ⒯ ☎ ⅙ ▣ – 🛆 40. ⅍ ⓪ ⊖ ⱼⅽⱨ | X s |

fermé 25 déc. au 2 janv. – ⊐ 57 – **36 ch** 305/325

| 🏛🏛 | **Christina** sans rest, 5 r. Halle ℰ 02 48 70 56 50, Fax 02 48 70 58 13 – ⧉ ⒯ ☎ ✆ – 🛆 25. ⅍ ⓪ ⊖ | Z m |

⊐ 40 – **71 ch** 249/340

| 🏛 | **Ibis**, quartier Prado ℰ 02 48 65 89 99, Fax 02 48 65 18 47, 😄 – ⧉ ⅙✦ ⒯ ☎ ✆ ⅙ – 🛆 35. ⅍ ⓪ ⊖ | Z v |

Repas (75)-95 ⅃, enf. 39 – ⊐ 35 – **86 ch** 320/350

| XXX ⧉ | **Abbaye St-Ambroix** - Hôtel de Bourbon, 60 av. J. Jaurès ℰ 02 48 70 80 00, Fax 02 48 70 21 22, « Salle à manger dans les vestiges d'une abbaye du 17ᵉ siècle » – ▤ ▣. ⅍ ⓪ ⊖ | |

Repas 150/390 et carte 390 à 480 ⱬ
Spéc. Grillade de foie gras de canard. Pigeon au risotto d'épeautre et vieux parmesan.
Biscuit au chocolat coulant, sorbet orange. Vins Quincy, Menetou-Salon.

| XXX | **Philippe Larmat**, 62 bis bd Gambetta ℰ 02 48 70 79 00, Fax 02 48 69 88 87, 😄 – ▤. ⅍ ⓪ ⊖ ⱼⅽⱨ | Y f |

fermé 15 août au 2 sept., sam. midi, dim. soir et lundi – **Repas** 140/250 et carte 130 à 250 ⱬ,
enf. 60

| XXX | **Jardin Gourmand**, 15 bis av. E. Renan ℰ 02 48 21 35 91, Fax 02 48 20 59 75, 😄 – ⅍ ⊖ | X r |

fermé 10 au 27 juil., 20 déc. au 20 janv., dim. soir et lundi – **Repas** 95/230 et carte 200 à 300

BOURGES

Baffier (R. J.) . . . . X 3
Bérégovoy (Av. P.) . . . . X 6
Deux-Ponts (R. des) . . . . V 16
Dormoy (Av. M.) . . . . V 19
Farman (Rd-Pt H.) . . . . X 21
Foch (Bd du Mar.) . . . . X 23
Frères-Voisin (Av. des) . . . . . X 25
Industrie (Bd de l') . . . . X 30
J.-J.-Rousseau (R.) . . . . X 33
Joffre (Bd du Mar.) . . . . X 34
Laudier (Av. H.) . . . . V 38
Liberté (Bd de la) . . . . X 42
Mitterrand (Av. F.) . . . . X 47
Orléans (Av. d') . . . . V 48
Pignoux (R. de) . . . . X 51
Prés-le-Roi (Av. des) . . . . . . V 53
Prospective (Av. de la) . . . . . V 56
Pyrotechnie (Pl. de la) . . . . . X 57
Santos-Dumont (Bd) . . . . X 65
Sellier (R. H.) . . . . X 66
Semard (Av. P.) . . . . V 68

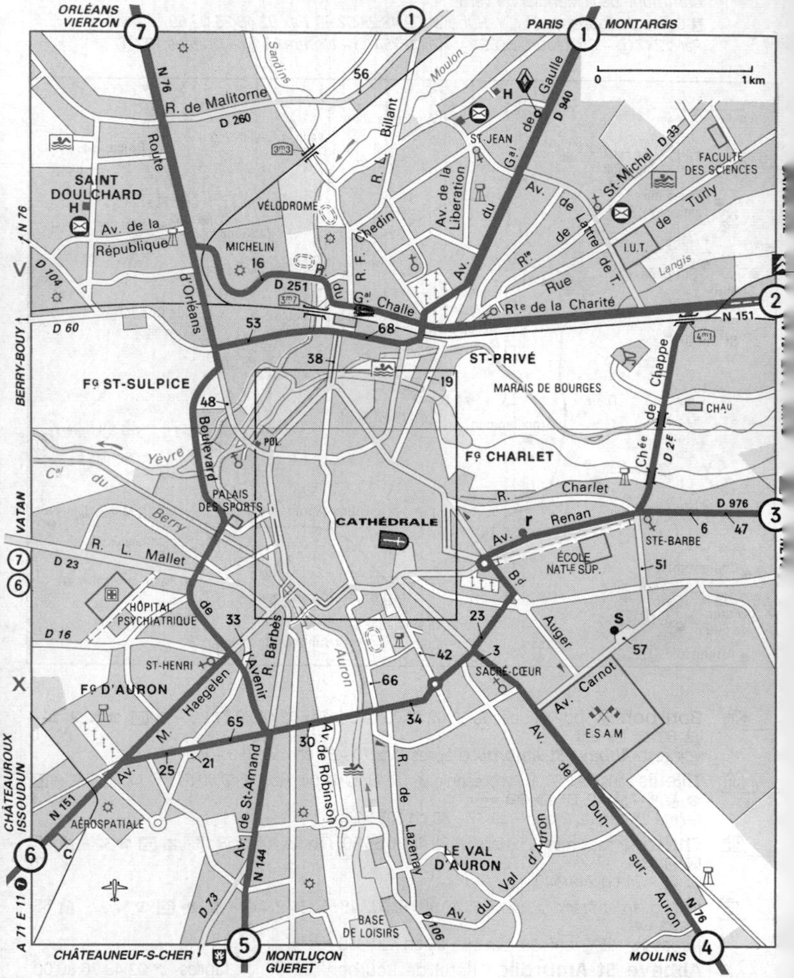

XXX **Jacques Coeur,** 3 pl. J. Coeur ☎ 02 48 70 12 72, *Fax 02 48 65 25 72* – AE ◑ GB JCB Y r
fermé 24 juil. au 23 août, 24 déc. au 3 janv., dim. soir et sam. – **Repas** 145/180 ♀

XX **Beauvoir,** 1 av. Marx Dormoy ☎ 02 48 65 42 44, *Fax 02 48 24 80 84* – ▤. GB Y e
fermé 25 juil. au 9 août et dim. soir – **Repas** 95/235 ♀

rte de Châteauroux *par ⑥* :

Novotel Ⓜ, Le Bois de Chagnières, à l'échangeur A 71 : 7 km ✉ 18570 Le Subdray ☎ 02 48 26 53 33, *Fax 02 48 26 52 22*, ☼, ⛱ – |♦| ⇹ ▤ TV ☎ ♿ P – 🏛 150. AE ◑ GB JCB
Repas *(95)* - 110 ♀, enf. 52 – ☕ 60 – **93 ch** 495/630

BOURGES

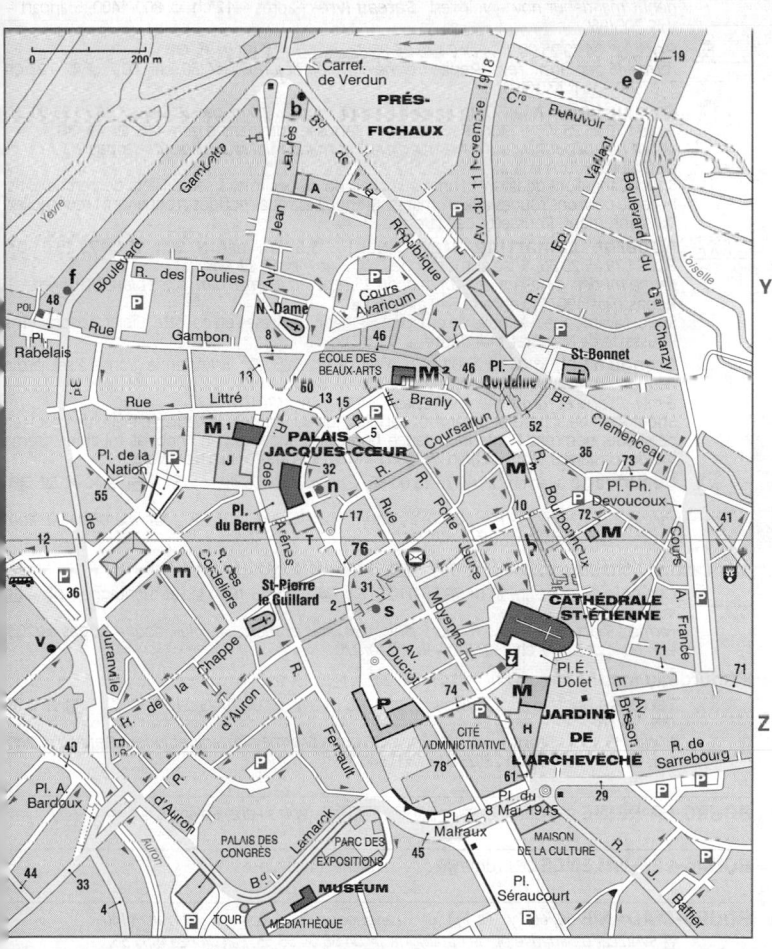

Participez à notre effort permanent
de mise à jour

Adressez-nous vos remarques
et vos suggestions.

Cartes et guides Michelin
46 avenue de Breteuil · 75324 Paris Cedex 07

Le BOURGET *93 Seine-St-Denis* 56 ⑪,, 101 ⑰ – *voir à Paris, Environs.*

Le BOURGET-DU-LAC *73370 Savoie* 74 ⑮ *G. Alpes du Nord – 2 886 h alt. 240.*

Voir *Église : frise sculptée★ du choeur – Lac★★ – N.D. de l'Étoile ⋞★★ N : 9 km puis 15 mn.*
🛈 *Office de Tourisme pl. Gén.-Sevez ℰ 04 79 25 01 99, Fax 04 79 25 01 99.*
Paris 533 – Annecy 44 – Aix-les-Bains 10 – Belley 25 – Chambéry 13 – La Tour-du-Pin 51.

🏨🏨🏨 **Ombremont** ⤬, Nord : 2 km par N 504 ℰ 04 79 25 00 23, *Fax 04 79 25 25 77,* ⋞ lac et montagnes, « *Dans un parc ombragé et fleuri* », ⤬ – ⫯ 🖵 ☎ 🅿 – 🛄 50. 🖭 ⑩ 🆚
début mai-début nov. – voir rest. ***Bateau Ivre** ci-après* – **12 ch** ⟺ 800/1400, 5 appart –
½ P 700/960

🏨 **Port,** ℰ 04 79 25 00 21, Fax 04 79 25 26 82, ⋞, 😤 – ⫯ 🖵 ☎ 🅿. 🆚
fermé 15 déc. au 1er fév – Repas *(fermé dim. soir et lundi)* 115/230, enf. 60 – ⟺ 42 – **23 ch**
310/360 – ½ P 330/360

🏵🏵🏵 **Bateau Ivre** - Hôtel Ombremont (Jacob), Nord : 2 km par N 504 ℰ 04 79 25 00 23,
🏵🏵 *Fax 04 79 25 25 77,* ⋞ Mont Revard, 😤, « *Terrasse dominant le lac* » – 🅿. 🖭 ⑩ 🆚
début mai-début nov. et fermé mardi midi et merc. midi sauf juil.août – Repas 260/590 et
carte 480 à 600, enf. 100
Spéc. Cannelloni de lavaret fumé à la chair de crabes (mai à sept.).Filets de perche rôtis,
huile de poivrons rouges aux aromates. Grenouilles rôties et fidés croquants à l'œuf mollet.
Vins Apremont, Roussette de Marestel.

🏵🏵🏵 **Auberge Lamartine** (Marin), Nord : 3,5 km par N 504 ℰ 04 79 25 01 03,
🏵 *Fax 04 79 25 20 66,* ⋞ lac et montagnes, 😤, 🌳 – 🅿. 🖭 ⑩ 🆚
fermé mi-déc. à mi-janv., mardi midi du 15 sept. au 1er mai, dim. soir et lundi sauf fériés –
Repas *(140)* - 190/390 et carte 310 à 400 ♀
Spéc. Lavaret poêlé à l'huile de crustacés. Pigeon de Bresse en cocotte. Gibier (saison). **Vins**
Roussette de Marestel, Mondeuse.

🏵🏵 **Grange à Sel,** ℰ 04 79 25 02 66, Fax 04 79 25 25 03, 😤, « *Ancienne grange à sel, jardin*
🏵 *fleuri* », 🌳 – 🅿. 🖭 ⑩ 🆚
6 mai-1er nov. et fermé merc. – Repas 140 (déj.), 185/370 ♀
Spéc. Pavé de sandre et escargots persillés, jus de viande à la badiane. Pièce de bœuf en
persillade, pommes Pont-Neuf, sauce bordelaise. Moelleux au chocolat mi-amer, crème
glacée à la vanille. **Vins** Chignin-Bergeron "vieilles vignes",Pinot de Savoie.

🏵🏵 **Beaurivage** avec ch, ℰ 04 79 25 00 38, Fax 04 79 25 06 49, ⋞, 😤 – 🖵 ☎ ☇ 🅿. 🖭 🆚
🌳
fermé 2 au 22 nov., 19 fév. au 6 mars, merc. soir et lundi sauf juil.-août, mardi en juil.-août
et dim. soir – Repas 120 (déj.), 175/350 ♀ – ⟺ 42 – **5 ch** 300

aux Catons *Nord-Ouest : 2,5 km par D 42 –* ⊠ *73370 Le Bourget-du-Lac :*

🏵 **Cerisaie** ⤬ avec ch, ℰ 04 79 25 01 29, Fax 04 79 25 26 19, ⋞ lac et montagnes, 😤 – 🖵
☎ 🅿. 🖭 ⑩ 🆚
fermé 25 oct. au 25 nov, 1er au 5 janv., dim. soir et merc. sauf juil.-août – Repas 98/225,
enf. 60 – ⟺ 32 – **7 ch** 230/280 – ½ P 230/270

à Bourdeau *Nord : 4 km par D 14 – 434 h. alt. 315 –* ⊠ *73370 :*

🏵🏵 **Terrasse** ⤬ avec ch, au village ℰ 04 79 25 01 01, Fax 04 79 25 09 97, ⋞, 😤 – 🖵 ☎ ☇ 🅿.
🆚. 🌳 ch
hôtel : 15 juin-15 sept. ; rest. : 1er mars-15 oct. et fermé dim. soir et lundi – Repas 110/240,
enf. 60 – ⟺ 45 – **12 ch** 280/380 – ½ P 340

BOURG-LA-REINE *92 Hauts-de-Seine* 60 ⑩,, 101 ㉕ – *voir à Paris, Environs.*

BOURG-LÈS-VALENCE *26 Drôme* 77 ⑫ – *rattaché à Valence.*

BOURG-MADAME *66760 Pyr.-Or.* 86 ⑯ *G. Languedoc Roussillon – 1 238 h alt. 1140.*
🛈 *Syndicat d'Initiative pl. de Catalogne ℰ 04 68 04 55 35, Fax 04 68 04 55 35.*
Paris 866 – Font-Romeu-Odeillo-Via 19 – Andorra-la-Vella 68 – Foix 88 – Perpignan 101.

🏨 **Celisol** sans rest, ℰ 04 68 04 53 70, 🌳 – 🖵 ☎ ☇ 🅿. 🆚
⟺ 36 – **14 ch** 270/290

In this Guide,

a symbol or a character, printed in **black** *or another colour*
in light or **bold** *type,*
does not have the same meaning.
Please read the explanatory pages carefully.

BOURGOIN-JALLIEU 38300 Isère **74** ⑬, **110** ㊴ *G. Vallée du Rhône* – *22 392 h alt. 235.*

🛈 *Office de Tourisme pl. Carnot ℘ 04 74 93 47 50, Fax 04 74 93 76 01.*

Paris 505 ④ – Lyon 43 ④ – Bourg-en-Bresse 84 ① – Grenoble 67 ② – La Tour-du-Pin 16 ②.

BOURGOIN-JALLIEU

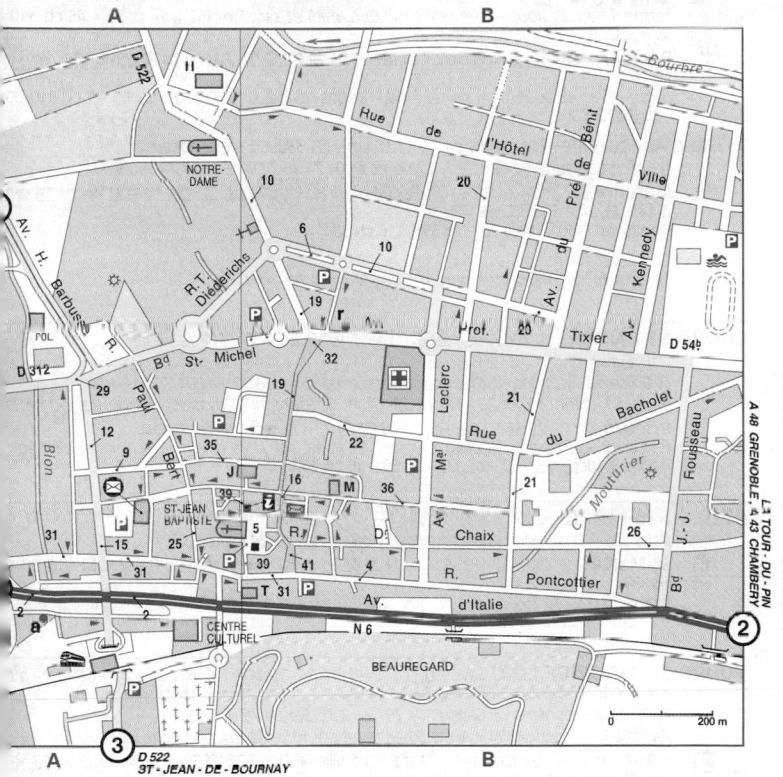

🏨 **Menestret**, par ④ : *1 km sur N 6 ℘ 04 74 93 13 01, Fax 04 74 28 46 70*, 🌳, 🐎 – ☎ 📞 🅿.
🖼 Æ GB. 🍽 *rest – fermé 23 déc. au 5 janv., dim. soir et lundi midi* – **Repas** (75) - 85/200 ♀,
enf. 50 – ☐ 35 – **9 ch** 209/281 – ½ P 198/251

XX **Belle Époque**, av. Alpes *℘ 04 74 28 15 00, Fax 04 74 93 12 14*, 🌳 – Æ ① GB A a
fermé 8 au 26 août, dim. soir et lundi – **Repas** 140 (déj.), 190/450

XX **Chavancy**, av. Tixier *℘ 04 74 93 63 88, Fax 04 74 28 42 44* – ▤. Æ GB B r
fermé 2 juil. au 9 août, dim. soir et lundi **Repas** (80) - 100/340 ♀

à ② : 2 km par N 6 et rte de Boussieu – ✉ 38300 Bourgoin-Jallieu :

XXXX **Laurent Thomas - les Séquoias** M ⅍ *avec ch, 54 Vie de Boussieu ℘ 04 74 93 78 00,*
Fax 04 74 28 60 90, 🌳, « *Demeure bourgeoise dans un parc* », ⎯, – 🍽 rest, 📺 ☎ 📞 🅿 –
🛎 15. Æ ① GB – *fermé 6 août au 1ᵉʳ sept., mardi midi, dim. soir, lundi et lundi soirs fériés* –
Repas 150 (déj.), 200/400 et carte 310 à 460 ♀ – ☐ 65 – **5 ch** 600/800
Spéc. Petites ravioles de chèvre au bouillon de poule. Gratin de queues d'écrevisses (juin à
oct.). Pigeonneau rôti en bécasse. **Vins** Saint-Joseph, Côte-Rôtie.

à la Combe-des-Éparres par ② : 7 km – ⊠ 38300 Bourgoin-Jallieu ;

L'Auberge, sur N 85 ℰ 04 74 92 01 17, Fax 04 74 92 01 17 – ⅀ ⓪ ☒
fermé 30 août au 15 sept. et lundi – **Repas** 66/165 ⅃, enf. 40 – ⌧ 25 – **9 ch** 120/210 –
½ P 160/200

à La Grive par ④ : 4,5 km – ⊠ 38080 l'Isle-d'Abeau :

✕✕ **Bernard Lantelme,** ℰ 04 74 28 19 12, Fax 04 74 93 78 88, ㈜ – ▤. ☒
fermé 5 au 26 août, sam. midi et dim. – **Repas** 115/240

à l'Isle-d'Abeau-Bourg par ④ : 7 km – 5 554 h. alt. 265 – ⊠ 38080 l'Isle-d'Abeau :

🏠 **L'Isle** M, r. Creuzat - Parc d'affaires St-Hubert ℰ 04 74 27 13 55, Fax 04 74 27 22 21, ㈜ –
☒ ▥ ☎ ₺ ☒ – ㉑ 30. ⅀ ⓪ ☒
fermé 1ᵉʳ au 21 août – **Repas** (fermé dim. midi et sam.) 82/152 ⅃ – ⌧ 38 – **45 ch** 310 –
½ P 250

✕✕ **Relais du Çatey** ⌦ avec ch, r. Didier ℰ 04 74 27 02 97, Fax 04 74 27 89 43, ㈜, ㎡ – ☒
⅀ ☒
fermé 1ᵉʳ au 15 août, dim. soir et lundi – **Repas** 109 (déj.), 151/235 ⅄ – ⌧ 35 – **7 ch** 310/35
– ½ P 275/295

à l'Isle-d'Abeau-Ville-Nouvelle par ④ : 10,5 km – ⊠ 38080 l'Isle-d'Abeau :

🛈 Office de Tourisme Centre S.-Signoret ℰ 04 74 96 78 90, Fax 04 74 96 78 91.

🏛 **Mercure** M, ℰ 04 74 96 80 00, Fax 04 74 96 80 99, ㈜, ₤₆, ⊠, ⊠, ✕ – ▤ ⅓ ⌦ ☒ ▥ ☎ ☎
₺ ☒ – ㉑ 20 à 150. ⅀ ⓪ ☒
Repas (95) - 130 ⅄, enf. 50 – ⌧ 55 – **116 ch** 550

Le Guide change, changez de guide tous les ans.

BOURG-ST-ANDÉOL 07700 Ardèche ⑧⓪ ⑨ ⑩ G. Vallée du Rhône – 7 795 h alt. 36.
Voir Église★.
🛈 Office de Tourisme pl. Champ-de-Mars ℰ 04 75 54 54 20, Fax 04 75 54 54 20.
Paris 631 – Montélimar 26 – Nyons 50 – Pont-St-Esprit 14 – Privas 56 – Vallon-Pont-d'Arc 3

🏠 **Prieuré,** ℰ 04 75 54 62 99, Fax 04 75 54 63 73 – ▤ rest. ▥ ☎. ⅀ ☒
fermé 18 au 24 sept., Noël au Jour de l'An, vend. soir hors saison, sam. midi et dim. soir –
Repas 68 (déj.), 98/260, enf. 50 – ⌧ 50 – **16 ch** 300/400 – ½ P 320/340

BOURG-STE-MARIE 52150 H.-Marne ⑥② ⑬ – 117 h alt. 329.
Paris 303 – Chaumont 40 – Langres 47 – Neufchâteau 24 – Vittel 38.

🏠 **St-Martin,** ℰ 03 25 01 10 15, Fax 03 25 03 91 68, ㈜, ㎡ – ▤ rest. ▥ ☎ ☒ ☒ – ㉑ 30. ☒
⓪ ☒
fermé 15 déc. au 15 janv. et dim. soir sauf hôtel d'avril à sept. – **Repas** (69) - 85/210 ⅃, enf. 5
– ⌧ 36 – **18 ch** 250/350 – ½ P 275/310

BOURG-ST-MAURICE 73700 Savoie ⑦④ ⑱ G. Alpes du Nord – 6 056 h alt. 850 – Sports d'h
ver aux Arcs : 1 600/3 226 m ⅘ 5 ⅙ 64 ⅊.
🛈 Office de Tourisme pl. Gare ℰ 04 79 07 12 57, Fax 04 79 07 45 96.
Paris 665 – Albertville 54 – Aosta 81 – Chambéry 103 – Chamonix-Mont-Blanc 82.

🏨 **L'Autantic** M ⌦ sans rest, 69 rte Hauteville ℰ 04 79 07 01 70, Fax 04 79 07 51 55, ⌦
⅓ ⌦ ▥ ☎ ☒ ₺ ☒ – ㉑ 30. ⅀ ⓪ ☒ ☒
⌧ 40 – **23 ch** 390/440

✕✕ **Montagnole,** 26 av. Stade ℰ 04 79 07 11 52, Fax 04 79 07 11 52 – ☒
fermé 19 juin au 5 juil., 29 nov. au 13 déc. et merc. – **Repas** (80) - 100/180 ⅄, enf. 50

✕ **L'Edelweiss,** face gare ℰ 04 79 07 05 55 – ☒
fermé juin, 1ᵉʳ au 15 nov. et merc. – **Repas** 70/140 ⅄

BOURGUEIL 37140 I.-et-L. ⑥④ ⑬ G. Châteaux de la Loire – 4 001 h alt. 42.
🛈 Office de Tourisme 16 pl.de l'Église ℰ 02 47 97 91 39, Fax 02 47 97 91 39.
Paris 284 – Tours 47 – Angers 80 – Chinon 17 – Saumur 24.

🍴 **Thouarsais** sans rest, pl. Hublin ℰ 02 47 97 72 05 – ☒. ⌦
fermé 1ᵉʳ au 15 oct. et dim. soir d'oct. à Pâques – ⌧ 28 – **23 ch** 150/300

✕ **Moulin Bleu,** au Nord : 1,5 km par D 35 et rte secondaire ℰ 02 47 97 73 ⅎ
Fax 02 47 97 79 66, ⌦, ㈜, ㎡ – ☒
fermé 15 déc. au 14 fév., mardi soir et merc. – **Repas** (75) - 95/187 ⅄, enf. 47

BOURRON-MARLOTTE 77780 S.-et-M. 🔢 ⑫ – 2 424 h alt. 71.

🏢 *Office de Tourisme Château de Bourron 14 bis r. du Mar. Foch* ℘ *01 64 45 88 86, Fax 01 64 03 88 09.*

Paris 73 – Fontainebleau 10 – Melun 27 – Montereau-Fault-Yonne 25 – Nemours 11.

XXX **Les Prémices,** ℘ 01 64 78 33 00, Fax 01 64 78 36 00, 🏠 – 🔲, 🕮 ⑩ 🔳
fermé 1ᵉʳ au 14 août, vacances de Noël, de fév., dim. soir et lundi – **Repas** 150 (déj.), 195/380 et carte 380 à 500

BOURTH 27580 Eure 🔢 ⑤ – 1 064 h alt. 182.

Paris 127 – Alençon 78 – L'Aigle 16 – Évreux 44 – Verneuil-sur-Avre 11.

XX **Auberge Chantecler,** face église ℘ 02 32 32 61 45, Fax 02 32 32 61 45, 🏠 – 🔳
fermé 31 juil. au 27 août, dim. soir et lundi sauf fériés – **Repas** 95 (déj.), 132/235 ⚄

BOUSSAC 23600 Creuse 🔢 ⑳ G. Berry Limousin – 1 652 h alt. 376.

Voir Site★ *du château* – *Toulx-Ste-Croix :* ☀ ★★ *de la tour S : 11 km.*

🏢 *Office de Tourisme pl. Hôtel-de-Ville* ℘ 05 55 65 05 95, Fax 05 55 65 00 93.

Paris 337 – Aubusson 49 – La Châtre 37 – Guéret 42 – Montluçon 38.

XX **Relais Creusois,** rte La Châtre ℘ 05 55 65 02 20, Fax 05 55 65 13 60 – 🔳
fermé 7 au 14 juin, janv., fév., mardi sauf le midi en mai, juin, sept., oct. et merc. de juin à sept. – **Repas** 120/370 ⚄

BOUT-DU-LAC 74 H.-Savoie 🔢 ⑯ – rattaché à Doussard.

BOUT-DU-PONT-DE-LARN 81 Tarn 🔢 ⑫ – rattaché à Mazamet.

BOUTIGNY-SUR-ESSONNE 91820 Essonne 🔢 ① – 2 556 h alt. 61.

Paris 58 – Fontainebleau 29 – Corbeil-Essonnes 28 – Étampes 19 – Melun 29.

🏰 **Domaine de Bélesbat** Ⓜ 🐾, ℘ 01 69 23 19 00, Fax 01 69 23 19 01, ≤, « Château des 15ᵉ et 18ᵉ siècles dans un parc avec golf », 𝄽, 🏊, 🔲, 🐎 – 📶 🍴 🔲 🔳 ☎ ✆ ⅙ 🅿 – 🔳 70.
🕮 ⑩ 🔳 🗂
fermé 10 janv. au 1ᵉʳ mars – **Pavillon** ℘ 01 69 25 19 40 (fermé 10 janv. au 1ᵉʳ mars) **Repas** 245/650bc ⚄, enf. 00 – **Douves** ℘ 01 69 25 19 50 (déj. seul.) (fermé 15 déc. au 1ᵉʳ mars)
Repas carte environ 160 ⚄, enf. 80 – 🛏 90 – **43 ch** 985/1750, 3 appart, 15 duplex – ½ P 750/1250

BOUXWILLER 67330 B.-Rhin 🔢 ⑱ G. Alsace Lorraine – 3 693 h alt. 220.

Env. *Tapisseries★★ dans l'église St-Pierre et St-Paul★ de Neuwiller-les-Saverne O : 7 km.*

🏢 *Office de Tourisme du Pays de Hanau 68 r. du Gén.-Goureau à Ingwiller* ℘ 03 88 89 23 45, Fax 03 88 89 23 45.

Paris 447 – Strasbourg 41 – Bitche 35 – Haguenau 27 – Sarrebourg 40 – Saverne 16.

🏠 **Heintz,** ℘ 03 88 70 72 57, Fax 03 88 70 95 74, 🏠, 🔲, 🐎 – 📺 ☎ 🅿, 🔳, 🐾 ch
Repas (fermé 7 au 30 nov., dim. soir, vend. soir et lundi) 85/162 🍷, enf. 42 – 🛏 38 – **16 ch** 240/300 – ½ P 250

BOUZEL 63910 P.-de-D. 🔢 ⑮ – 510 h alt. 320.

Paris 437 – Clermont-Ferrand 23 – Ambert 58 – Issoire 38 – Thiers 25 – Vichy 46.

X **Auberge du Ver Luisant,** ℘ 04 73 62 93 83, Fax 04 73 62 93 83 – ⑩ 🔳
fermé 15 août au 7 sept., 2 au 9 janv., dim. soir, lundi et soirs fériés – **Repas** 95/250 ⚄, enf. 50

BOUZE-LÈS-BEAUNE 21 Côte d'Or 🔢 ① – rattaché à Beaune.

BOUZIGUES 34 Hérault 🔢 ⑯ – rattaché à Mèze.

BOYARDVILLE 17 Char.-Mar. 🔢 ⑬ – voir à Oléron (Ile d').

BOZOULS *12340 Aveyron* 80 ③ *G. Gorges du Tarn – 2 060 h alt. 530.*

Voir *Trou de Bozouls★*.

Paris 611 – Rodez 23 – Espalion 11 – Mende 102 – Sévérac-le-Château 41.

🏠 **A la Route d'Argent** Ⓜ, sur D 988 ℰ 05 65 44 92 27, Fax 05 65 48 81 40, ⅃ – ▤ rest,
🖭 🕿 ⇔ 🅿 🖭 ☜ ᏦᏦ
fermé 15 janv. au 1ᵉʳ mars, dim. soir et lundi midi hors saison – **Repas** 85/250 ♀ – ☲ 32 –
15 ch 250/350 – ½ P 280/320

ᵡᵡ **Belvédère** ⏦ avec ch, rte St-Julien ℰ 05 65 44 92 66, Fax 05 65 48 87 33, ≼ Trou de
Bozouls, 🏠 – 🖭 🕿 ☜ ᏦᏦ
fermé 1ᵉʳ déc. au 3 janv., dim. soir et sam. – **Repas** 75/180 ♀ – ☲ 30 – **11 ch** 235/275 –
½ P 245

BRACIEUX *41250 L.-et-Ch.* 64 ⑱ *G. Châteaux de la Loire – 1 157 h alt. 70.*

Paris 185 – Orléans 63 – Blois 19 – Montrichard 38 – Romorantin-Lanthenay 30.

🏠 **Bonnheure** ⏦ sans rest, ℰ 02 54 46 41 57, Fax 02 54 46 05 90, ≈ – cuisinette 🕿 🅿 ᴁᴇ
ᏦᏦ
fermé mi-déc. à mi-fév. – ☲ 40 – **13 ch** 250/320

🏠 **Cygne,** ℰ 02 54 46 41 07, Fax 02 54 46 04 87 – 🖭 🕿 ☜ ☜ 🅿 ᏦᏦ
fermé 15 déc. au 1ᵉʳ fév., dim. soir et lundi hors saison – *Autebert :* Repas 84/
180 ♀, enf. 65 – ☲ 35 – **13 ch** 250/330 – ½ P 240/280

ᵡᵡᵡᵡ **Bernard Robin - Relais de Bracieux,** ℰ 02 54 46 41 22, Fax 02 54 46 03 69, 🏠, ≈
❀ – ᴁᴇ ⓪ ᏦᏦ ᴊᴄʙ
fermé janv., dim. soir et lundi en fév., mardi et merc. – **Repas** (nombre de couverts limité,
prévenir) 250/600 et carte 420 à 640 ♀
Spéc. Terrine de ris de veau parfumée aux truffes et pistache. Géline de Touraine truffée
sous la peau. Lièvre à la royale (saison). **Vins** Montlouis, Cheverny.

The Guide changes, so renew your Guide every year.

BRANCION *71 S.-et-L.* 70 ⑪ – *rattaché à Tournus.*

BRANSAC *43 H.-Loire* 76 ⑧ – *rattaché à Beauzac.*

BRANTÔME *24310 Dordogne* 75 ⑤ *G. Périgord Quercy – 2 080 h alt. 104.*

Voir *Site★ – Clocher★★ de l'église abbatiale – Bords de la Dronne★★.*

🮲 *Syndicat d'Initiative Pavillon Renaissance* ℰ 05 53 05 80 52, Fax 05 53 05 80 52.
Paris 478 – Angoulême 59 – Périgueux 27 – Limoges 86 – Nontron 23 – Thiviers 26.

🏠 **Moulin de l'Abbaye** Ⓜ, ℰ 05 53 05 80 22, Fax 05 53 05 75 27, ≼, 🏠, « Terrasse au
bord de l'eau », ≈ – 🖭 🕿 ☜ ⇔ ᴁᴇ ⓪ ᏦᏦ ᴊᴄʙ
1ᵉʳ mai-1ᵉʳ nov. – **Repas** *(fermé le midi sauf week-ends et fériés de sept. à juin et lundi midi
en juil.-août)* 240/340 ♀ – ☲ 90 – **16 ch** 900/1300, 3 appart – ½ P 860/1060
Spéc. Lobe de foie gras rôti au vin de noix. Tournedos de magret de canard au verjus.
Crème brûlée et sablé aux fraises. **Vins** Bergerac, Pécharmant

🏠 **Chabrol,** ℰ 05 53 05 70 15, Fax 05 53 05 71 85, 🏠, « Terrasse surplombant la rivière » –
🖭 🕿 ᴁᴇ ⓪ ᏦᏦ
fermé 15 nov. au 15 déc., fév., dim. soir et lundi d'oct. à juin sauf fériés – **Repas** 165/410 –
☲ 45 – **21 ch** 260/400 – ½ P 360/460

🏠 **Périgord Vert,** ℰ 05 53 05 70 58, Fax 05 53 46 71 18, 🏠 – 🖭 🕿 🅿 ᏦᏦ ✂ ch
fermé dim. soir et vend. de nov. à fév. – **Repas** *(fermé janv. et fév.)* 95/250 ♀ – ☲ 40 – **16 ch**
260/310 – ½ P 260/310

ᵡ **Au Fil de l'Eau,** ℰ 05 53 05 73 65, Fax 05 53 05 73 65, 🏠, « Terrasse au bord de l'eau »
– ᏦᏦ
fermé janv., fév., lundi soir et mardi sauf juil.-août – **Repas** 115/135

à Champagnac de Belair *Nord-Est : 6 km par D 78 et D 83 – 658 h. alt. 135 – ⊠ 24530 :*

🏠 **Moulin du Roc** (Gardillou) Ⓜ ⏦, ℰ 05 53 02 86 00, Fax 05 53 54 21 31, ≼, 🏠, « Ancien
moulin à huile, terrasse et jardin au bord de l'eau », ⅃, ≈, ✂ – 🖭 🕿 ☜ 🅿 ᴁᴇ ⓪ ᏦᏦ ᴊᴄʙ
fermé 1ᵉʳ janv. au 4 mars – **Repas** *(fermé merc. midi et mardi)* 170 bc (déj.), 245/430 et carte
310 à 530 – ☲ 75 – **12 ch** 620/800 – ½ P 670/785
Spéc. Bar grillé à la peau, sauce au vin de Bergerac. Émincé de poitrine de canette aux
huiles parfumées. Symphonie d'oranges en gelée. **Vins** Bergerac blanc, Pécharmant

à Bourdeilles Sud-Ouest : 10 km par D 78 – 811 h. alt. 103 – ⊠ 24310 :
Voir château★ : mobilier★★, cheminée★★ de la salle à manger.

🏨 **Les Griffons,** 🕽 05 53 45 45 35, Fax 05 53 45 45 20, ≤, 🏤 – ☎ 🕻, 盃 ⅭⒷ
Pâques-8 oct. et fermé lundi midi et mardi midi – **Repas** (99) - 129/189 ♀, enf. 70 – 💬 45 –
10 ch 450/520 – ½ P 410/420

BRASSAC-LES-MINES 63570 P.-de-D. 🗓🗓 ⑤ G. Auvergne – 3 446 h alt. 430.
Voir Galerie★ du musée de la mine, NO : 2,5 km.
Env. Auzon : site★, statue de N.-D.-du-Portail★★ dans l'église SE : 6,5 km.
Paris 474 – Clermont-Ferrand 59 – Brioude 16 – Issoire 22 – Murat 59 – St-Flour 53.

🍴🍴 **Limanais** avec ch, av. Ste-Florine 🕽 04 73 54 13 98, Fax 04 73 54 39 63, 🐎 – 🔟 ☎ 🕻 🛏
🅿, ⅭⒷ, 🛏 rest
fermé 23 au 28 sept., fév., sam. midi et vend. sauf juil.-août – **Repas** 90 (déj.), 120/250 🍷 –
💬 38 – **12 ch** 220/280 – ½ P 245/260

BRÉAUTÉ 76110 S.-Mar 🗓🗓 ⑫ – 1 052 h alt. 122.
Paris 191 – Le Havre 36 – Bolbec 10 – Étretat 19 – Fécamp 17 – Rouen 69.

à la gare de Bréauté Sud-Est : 3 km – ⊠ 76110 Bréauté :
🍴 **Relais de Maupassant,** D 910 🕽 02 35 38 92 81, Fax 02 35 38 92 81 – 🅿, ⅭⒷ
🍺 fermé 1ᵉʳ au 15 janv., sam. midi, dim. soir et lundi – Repas 68 (déj.), 90/175

BREBIÈRES 62 P.-de-C. 🗓🗓 ③ – rattaché à Douai.

BRÉDANNAZ 74 H.-Savoie 🗓🗓 ⑥ ⑯ – alt. 450 – ⊠ 74210 Faverges
Paris 554 – Annecy 15 – Albertville 31 – Megève 47.

🏨 **Port et Lac,** 🕽 04 50 68 67/20, Fax 04 50 68 92 01, ≤, 🏤, 🏖, 🐎 – 🔟 ☎ 🅿, 盃 ⅭⒷ
fév.-oct. – **Repas** 100/300, enf. 60 – 💬 47 – **18 ch** 260/400 – ½ P 300/360

à Chaparon Sud : 1,5 km par rte secondaire – ⊠ 74210 Lathuile :
🏨 **Châtaigneraie** 🛏, 🕽 04 50 44 30 67, Fax 04 50 44 83 71, ≤, 🏤, « Jardin ombragé »,
🍺 ⾷, 🍲, 🐎, 🍴 – 🔟 ☎ 🕻 🅿, 盃 ⓞ ⅭⒷ, 🛏 rest
fév.-oct. et fermé dim. soir et lundi sauf de mai à sept. – Repas (75) - 115/235 ♀ – 💬 50 –
25 ch 345/445 – ½ P 365/405

La BRÈDE 33650 Gironde 🗓🗓 ⑩ – 2 846 h alt. 18.
Paris 602 – Bordeaux 23 – Langon 31 – Libourne 50.

🍴🍴 **Maison des Graves,** av. Gén. de Gaulle 🕽 05 56 20 24 45, Fax 05 56 78 43 71 – ⅭⒷ
fermé dim. soir, mardi soir, merc. soir et lundi – **Repas** 78 bc (déj.), 108/165, enf. 58

La BRÉE-LES-BAINS 17 Char. Mar. 🗓🗓 ⑬ ⑭ – voir à Oléron (Île d').

BRÉHAL 50290 Manche 🗓🗓 ⑦ – 2 351 h alt. 69.
Paris 335 – St-Lô 47 – Coutances 19 – Granville 11 – Villedieu-les-Poêles 28.

🏨 **Gare,** 🕽 02 33 61 61 11, Fax 02 33 61 18 02, 🏤 – 🔟 ☎ 🕻 🅿, 盃 ⅭⒷ
🍺 fermé 15 déc. au 31 janv., dim. soir et lundi sauf juil.-août et fériés – **Repas** 76/195 ♀ – 💬 39
– **9 ch** 220/280 – ½ P 290

La BREILLE-LES-PINS 49390 M.-et-L. 🗓🗓 ⑬ – 345 h alt. 105.
Paris 284 – Angers 69 – Baugé 32 – Chinon 32 – Saumur 19.

🍴🍴 **L'Orée des Bois,** 🕽 02 41 38 85 45, Fax 02 41 38 86 07, 🏤 – 🍽 rest, 🔟 ☎. ⅭⒷ
fermé 19 au 27 juin, 2 au 18 oct., 2 au 18 janv., lundi et mardi – **Repas** 98/225, enf. 45 –
💬 35 – **7 ch** 230/270 – ½ P 225

In this Guide,

a symbol or a character,
printed in **black** or another colour, in light or **bold** type,
does not have the same meaning.

Please read the explanatory pages carefully.

BREIL-SUR-ROYA 06540 Alpes-Mar. 84 ⑳, 115 ⑱ G. Côte d'Azur – 2 058 h alt. 280.

Env. Saorge : site★★, vieux village★, couvent des Franciscains ≤★★ N : 9 km – Gorges de Saorge★★ N : 9 km.

🛈 Office de Tourisme pl. Biancheri ℘ 04 93 04 99 76, Fax 04 93 04 99 76.

Paris 915 – Menton 34 – Nice 61 – Tende 20 – Ventimiglia 24.

🏨 **Castel du Roy** ⌂, rte de Tende : 1 km ℘ 04 93 04 43 66, Fax 04 93 04 91 83, ≤, 🏤, « Parc en bordure de rivière », 🔄, – 🔟 ☎ 🅿. 🖭 🖼
1er mars-1er nov. – **Repas** (fermé mardi midi du 15 sept. au 15 juin) 125/225 ♀, enf. 75 – ☲ 40 – **19 ch** 400/440 – ½ P 375/395

BRELIDY 22140 C.-d'Armor 59 ② – 325 h alt. 100.

Voir Église de Runan★ NE : 4 km, G. Bretagne.

Paris 498 – St-Brieuc 46 – Carhaix-Plouguer 64 – Guingamp 15 – Lannion 26 – Morlaix 56.

🏰 **Château de Brelidy** ⌂, ℘ 02 96 95 69 38, Fax 02 96 95 18 03, « Demeure du 16e siècle dans un parc » – 🔟 ☎ 🅿. 🖭 🖼. ⚘ rest
23 avril-2 nov. – **Repas** (dîner seul.) 150/190 ♀ – ☲ 55 – **10 ch** 510/820 – ½ P 470/640

La BRESSE 88250 Vosges 62 ⑰ G. Alsace Lorraine – 5 191 h alt. 636 – Sports d'hiver : 900/1 350 m ⭨26 ⑆.

🛈 Office de Tourisme 2a r. des Proyes ℘ 03 29 25 41 29, Fax 03 29 25 64 61.

Paris 440 – Colmar 54 – Épinal 57 – Gérardmer 14 – Thann 39 – Le Thillot 20.

🏰 **Les Vallées** Ⓜ, 31 r. P. Claudel ℘ 03 29 25 41 39, Fax 03 29 25 64 38, 🏤, parc, 🔄, ⚒ – 🛗 🔟 ☎ ⇔ 🅿 – 🔏 150. 🖭 🖼
Repas 93/260 ♀, enf. 58 – ☲ 42 – **54 ch** 360/490, 60 studios – ½ P 375

✗ **Chevreuil Blanc** avec ch, 3 r. P. Claudel ℘ 03 29 25 41 08, Fax 03 29 25 65 34 – 🔟 ☎ 📞
🖼 – fermé 17 au 23 avril et vacances de Toussaint – **Repas** (fermé dim. soir) 79/230 🍴,
enf. 40 – ☲ 30 – **10 ch** 190/270 – ½ P 245

au Nord-Est rte du col de la Schlucht : 6,5 km par D 34 et D 34D – ✉ 88250 La Bresse :

✗ **Auberge du Pêcheur** avec ch, ℘ 03 29 25 43 86, Fax 03 29 25 52 59, ≤, 🏤, ⚘ –
🖼 cuisinette 🔟 🅿. 🖭 ⓞ 🖼 – fermé 15 au 30 juin, 1er au 15 déc., mardi soir hors saison et
merc. – **Repas** 75/150 🍴, enf. 46 – ☲ 30 – **4 ch** 190/250 – ½ P 245

BRESSON 38 Isère 77 ⑤ – rattaché à Grenoble.

BRESSUIRE ⬨ 79300 Deux-Sèvres 67 ⑰ G. Poitou Vendée Charentes – 17 827 h alt. 186.

🛈 Office de Tourisme pl. Hôtel-de-Ville ℘ 05 49 65 10 27, Fax 05 49 80 41 49.

Paris 359 – Angers 85 – Cholet 45 – Niort 64 – Poitiers 80 – La Roche-sur-Yon 85.

🏨 **Boule d'Or**, 15 pl. É. Zola ℘ 05 49 65 02 18, Fax 05 49 74 11 19 – 🔟 ☎ 📞 🅿 – 🔏 30. 🖭
🖼 – fermé août, 25 déc. au 15 janv., dim. soir et lundi midi – **Repas** 69/200 ♀ – ☲ 30 –
20 ch 230/290 – ½ P 240/300

✗ **Bouchon**, 9 r. E. Perochon ℘ 05 49 74 66 34, Fax 05 49 81 28 03, bistrot – 🖼
🖼 fermé 1er au 17 août, 24 au 31 déc., dim. soir et lundi – **Repas** (59 bc) - 85 ♀

BREST ⬨ 29200 Finistère 58 ④ G. Bretagne – 147 956 h Agglo. 201 480 h alt. 35.

An 2000 13-17 juil. : Fête internationale de la mer et des marins (Manifestation).

Voir Oceanopolis★★ – Cours Dajot ≤★★ – Traversée de la rade★ – Visite arsenal et base navale ★ DZ – Musée des Beaux-Arts★ EZ M¹ – Musée de la Marine★ DZ M² – Conservatoire botanique du vallon du Stang-Alar★ – Env. Pont Albert-Louppe ≤★ 7,5 km par ⑤.

✈ de Brest-Guipavas : ℘ 02 98 32 01 00, par ② : 10 km.

🛈 Office de Tourisme pl. de la Liberté ℘ 02 98 44 24 96, Fax 02 98 44 53 73.

Paris 596 ② – Lorient 134 ⑤ – Quimper 71 ⑤ – Rennes 245 ② – St-Brieuc 144 ②.

Plans pages suivantes

🏰 **Holiday Inn Garden Court** Ⓜ, 41 r. Branda ℘ 02 98 80 84 00, Fax 02 98 80 84 84 – 🛗
🖼 📺 🔟 ☎ 📞 ⇔ – 🔏 15 à 50. 🖭 ⓞ 🖼 🖼   BX
Repas (fermé sam. et dim.) (75) - 130/220 ♀, enf. 48 – ☲ 65 – **84 ch** 530/590

🏰 **Mercure Continental** Ⓜ sans rest, square La Tour d'Auvergne ℘ 02 98 80 50 40
▣100▣ Fax 02 98 43 17 47 – 🛗 🖼 🖃 🔟 ☎ 📞 ⚒ – 🔏 15 à 150. 🖭 ⓞ 🖼   EY
☲ 55 – **73 ch** 590/830

🏰 **Océania**, 82 r. Siam ℘ 02 98 80 66 66, Fax 02 98 80 65 50 – 🛗 🖼 🔟 ☎ 📞 ⚒ – 🔏 15 à 90.
🖭 ⓞ 🖼   EY
Repas (fermé sam. midi et dim. soir) (90) - 120/220 ♀ – ☲ 55 – **82 ch** 495/735

Algésiras (R. d')	**EY**	2	Frégate-la-Belle-Poule (R.)	**EZ**	17	Marine (Bd de la)	**DZ**	25
Clemenceau (Av. G.)	**EY**		Jaurès (R. Jean)	**EY**		Réveillère (R. Amiral)	**EY**	33
Colbert (R.)	**EY**	5	Kérabécam (R. de)	**EY**	22	Roosevelt (Av. F.)	**DZ**	34
Foch (Av. Mar.)	**EY**	14	Liberté (Pl. de la)	**EY**		Siam (R. de)	**EY**	
Français Libres (Bd des)	**DZ**	16	Lyon (R. de)	**DEY**		11-Martyrs (R. des)	**EY**	42

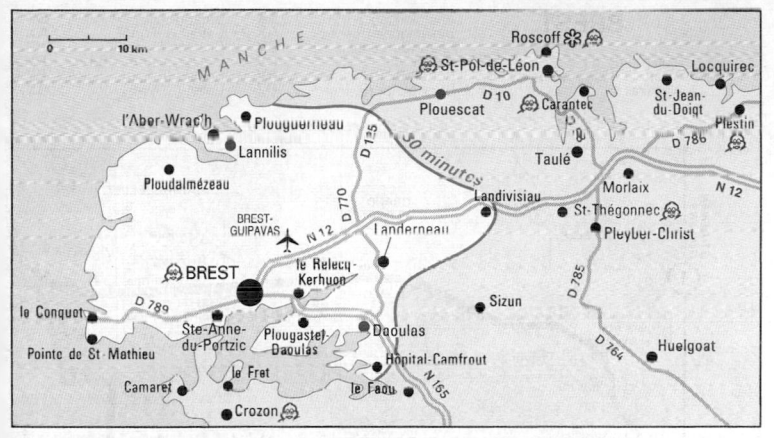

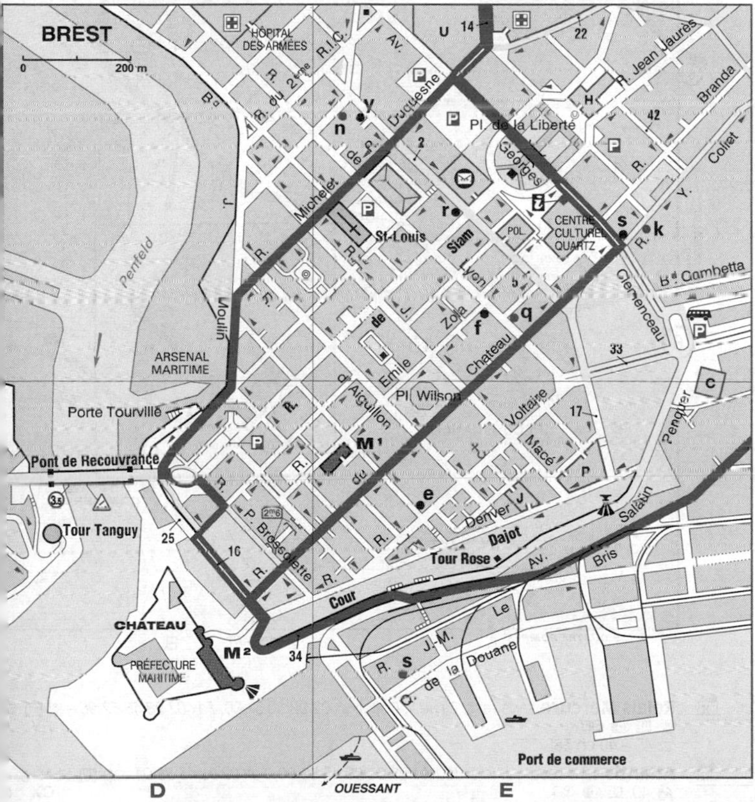

BREST

[Map of BREST with districts including PENFELD, LAMBÉZELLEC, GRAND SPERNOT, BELLEVUE, LA CAVALE BLANCHE, RECOUVRANCE, ARSENAL MARITIME, PORT DE COMMERCE, PORT DE LANINON, and various streets and points of interest. Directions labeled: ST-RENAN GUILERS, PLOUDALMÉZEAU BOHARS, LE CONQUET, LES QUATRE POMPES, OUESSANT]

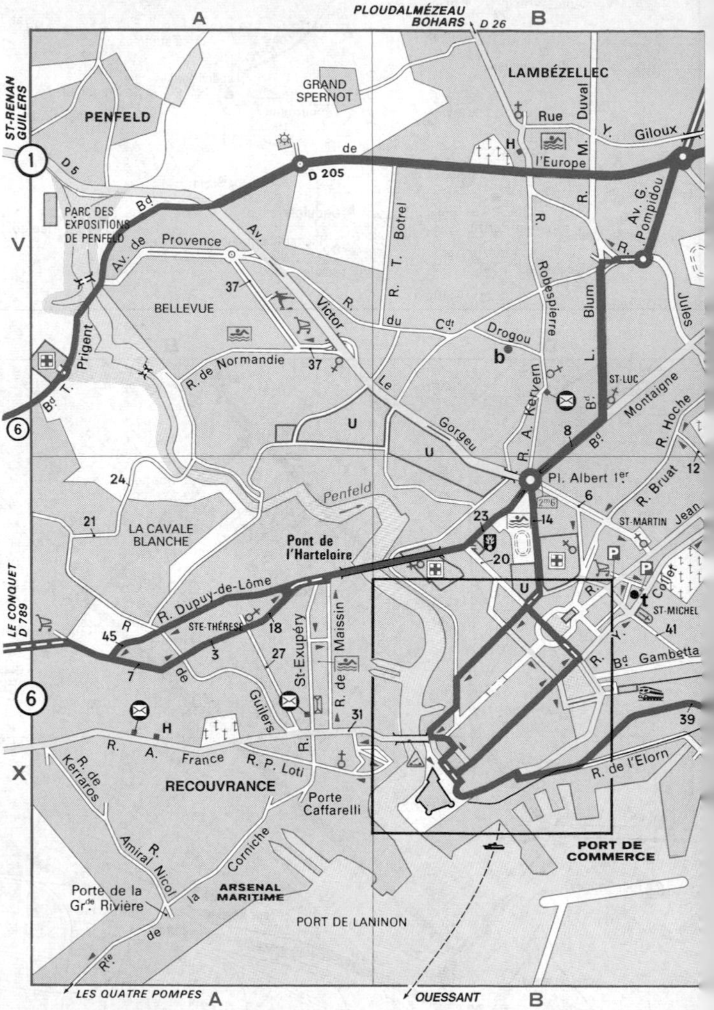

🏨 **Relais Mercure** sans rest, 2 rue Y. Collet ✆ 02 98 80 31 80, *Fax 02 98 46 52 98* – 📶 📺 ☎
✆, 🅰🅴 ⓪ 🇬🇧   EY
□ 45 – **40 ch** 385/555

🏨 **Atlantis** sans rest, 157 r. J. Jaurès ✆ 02 98 43 58 58, *Fax 02 98 43 58 01* – 📶 📺 ☎ ✆ 🕭
🛗 40. 🅰🅴 ⓪ 🇬🇧   CX
□ 38 – **50 ch** 295/330

🏨 **Paix** sans rest, 32 r. Algésiras ✆ 02 98 80 12 97, *Fax 02 98 43 30 95* – 📶 📺 ☎ ✆. 🅰🅴 ⓪ 🇬🇧
JCB   EY
fermé 23 déc. au 1er janv. – □ 35 – **25 ch** 260/320

Corniche (Rte de la) AX
Dajot (Cours) EZ
Denvers (R.) EZ
Desmoulins (Av. C.) BX 6
Dr-Kerrien (R. du) AX 7
Doumer (R. Paul) BV 8
Dourjacq (Rte du) CV
Drogou (R. Com.) BV
Dupuy-de-Lôme (R.) AX
Duquesne (R.) EY
Duval (R. Marcellin) BV
Eau-Blanche (R. de l') CV
Elorn (R. de l') BX
Europe (Bd de l') ACV
Ferry (R. J.) BCX 12
Foch (Av. Mar.) BX 14
Forestou (Pont du) CX 15
Français Libres (Bd des) DZ 16
Frégate-La-Belle-Poule (R. de la) EZ 17
Gallieni (R. du Mar.) AX 18
Gambetta (Bd) BX
Gouesnou (Rte de) CV
Grande-Rivière (Porte de la) AX
Guilers (R. de) AX
Harteloire (Pt de l') AX
Harteloire (R. de l') AX 20
Hoche (R.) BV
Jaurès (R. J.) EY
Kent (R. de) AX 21
Kérabécam (R. de) EY 22
Kerraros (R. de) AX
Kervern (R. Auguste) BV
Kiel (Av. de) CX
Lamotte-Picquet BX 23
Le Bris (R. J.-M.) EZ
Le Gorgeu (Av. Victor) AV
Lesven (R. Jules) BCV
Libération (Av. de la) AX 24
Liberté (Pl. de la) EY
Loti (R. Pierre) AX
Louppe (R. Albert) CV
Lyon (R. de) DEY
Macé (R. Jean) EZ
Maissin (R. de) AX
Marine (Bd de la) DZ 25
Michelet (R.) DY
Montaigne (Bd) BV
Mouchotte (Bd Cdt) AX 27
Moulin (Bd Jean) DY
Nicol (R. de l'Amiral) AX
Normandie (R. de) AV
Paris (R. de) CV
Pompidou (R. G.) BV
Porte (R. de la) AX 31
Prigent (Bd T.) AV
Provence (Av. de) AV
Quimper (Rte de) CV
Recouvrance (Pt de) DZ
Réveillère (Av. Amiral) EY 33
Richelieu (R.) CX
Robespierre (R.) BY
Roosevelt (Av. Fr.) DZ 34
St-Exupéry (R.) AX
St-Marc (R.) CX
Salaün-Penquer (Av.) EZ
Sébastopol (R.) CX 35
Semard (R. Pierre) CX
Siam (R. de) EY
Strasbourg (Pl. de) CV
Tarente (Av. de) AV 37
Tourville (Porte) DZ
Tourbihan (R. de) CV 38
Tritshler (R. du) CX
Troude (R. Amiral) BX 39
Valmy (R. de) CX 40
Verdun (R. de) CX
Victor-Hugo (R.) BX 41
Vieux-St-Marc (R. du) CX
Villeneuve (R. de la) CV
Voltaire (R.) EZ
Wilson (Pl.) EZ
Zédé (R. G.) CV
Zola (R. Émile) EY
2e-R.C.I. (R. du) DY
8-Mai-1945 (R. du) CV
11-Martyrs (R. des) EY 42
19-Mars-1962 (R. du) AX 45

C

Astoria sans rest, 9 r. Traverse ☎ 02 98 80 19 10, *Fax 02 98 80 52 41* – TV ☎. AE GB
fermé vacances de Noël – ☐ 35 – **26 ch** 145/290 EZ e

Nouveau Rossini, 22 r. Cdt Drogou ☎ 02 98 47 90 00, *Fax 02 98 47 90 00,* – P. AE GB BV b
fermé 1er au 7 mars, 21 au 27 août, dim. soir et lundi – **Repas** 140/360 et carte 320 à 380 ♀

Fleur de Sel, 15 bis r. Lyon ☎ 02 98 44 38 65, *Fax 02 98 43 38 53,* « Décoration d'inspiration Art-déco » – GB EY q
fermé 31 juil. au 23 août, 1er au 8 janv., sam. midi et dim. – **Repas** (120 bc) - 148 ♀, enf. 50

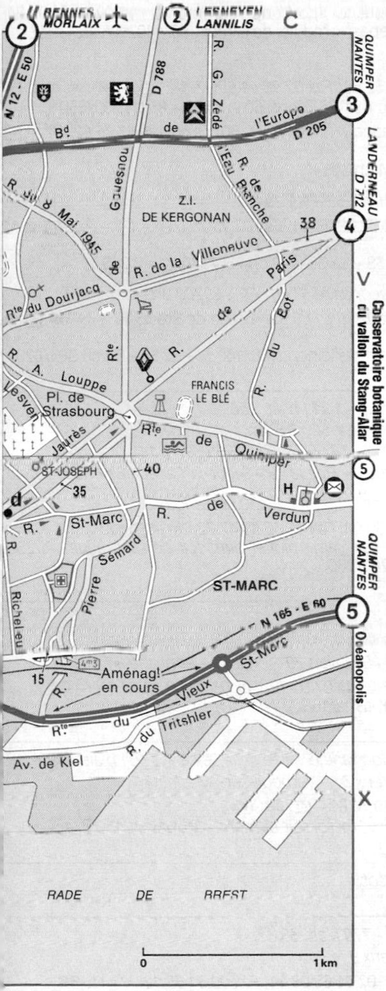

XX **Vatel,** 23 r. Fautras ✆ 02 98 44 51 02, *Fax 02 98 43 33 72* – AE GB — EY n
fermé dim. soir et lundi – **Repas** (70) - 89/299 ♀, enf. 39

XX **Ruffé,** 1 bis r. Y. Collet ✆ 02 98 46 07 70, *Fax 02 98 44 31 46* – AE GB — EY k
fermé dim. soir – **Repas** (69) - 89/169 ♀, enf. 39

X **Maison de l'Océan,** 2 quai Douane (port de Commerce) ✆ 02 98 80 44 84, *Fax 02 98 46 61 29*, ≤, 帝 – AE GB – **Repas** - produits de la mer - 89/149, enf. 42 — EZ s

au Nord *par D 788 CV : 5 km* – ✉ *29200 Brest :*

Novotel, Z.A. Kergaradec ✆ 02 98 02 32 83, *Fax 02 98 41 69 27*, 帝, ⛱ – ⇆, ▤ rest, TV ☎ ♿ P – 🏛 70. AE ⓓ GB – **Repas** (95) - 125/175 ♀, enf. 60 – ☕ 70 – **85 ch** 590/630

Climat de France, près Z.A. Kergaradec ✆ 02 98 47 50 50, *Fax 02 98 47 76 62*, 帝 – TV ☎ ✆ ♿ P – 🏛 15. AE ⓓ GB
Repas (59) - 85/99 ♀, enf. 39 – ☕ 37 – **54 ch** 305

au Relecq-Kerhuon *par ⑤ : 7,5 km – 10 569 h. alt. 52 –* ✉ *29480 :*

Relais Confort, Z.I. de Kerscao ✆ 02 98 28 28 44, *Fax 02 98 28 05 65*, 帝 – ⇆ TV ☎ ✆ ♿ P – 🏛 15 à 25. AE GB
Repas *(fermé dim. soir)* 61/130 🍷, enf. 38 – ☕ 35 – **42 ch** 250/280 – ½ P 240

à Ste-Anne-du-Portzic *par ⑥, D 789 et rte secondaire : 7 km* – ✉ *29200 Brest :*

Belvédère ⛰, ✆ 02 98 31 86 00, *Fax 02 98 31 86 39*, ≤ rade de Brest, 帝 – |‡| ⇆ TV ☎ ♿ P – 🏛 25. AE ⓓ GB
Repas *(fermé vend. soir, dim. midi et sam.)* 95 (dîner), 118/160 🍷 – ☕ 50 – **30 ch** 365/620

BRETENOUX *46130 Lot 75 ⑲ G. Périgord Quercy – 1 211 h alt. 136.*

Voir *Château de Castelnau-Bretenoux★★ : ≤★ SO : 3,5 km.*
ℹ *Office de Tourisme av. Libération ✆ 05 65 38 59 53, Fax 05 65 39 72 14.*
Paris 528 – Brive-la-Gaillarde 45 – Cahors 81 – Figeac 49 – Sarlat-la-Canéda 67 – Tulle 50.

au Port de Gagnac *Nord-Est : 6 km par D 940 et D 14* – ✉ *46130 Bretenoux :*

Hostellerie Belle Rive, ✆ 05 65 38 50 04, *Fax 05 65 38 47 72*, 帝 – TV ☎ ✆. GB. ✻ ch
Repas *(fermé 22 déc. au 4 janv., vend. soir, sam. midi et dim. soir de sept. à juin)* 78/250, enf. 45 – ☕ 35 – **12 ch** 250/350 – ½ P 260/280

BRETEUIL *50120 Oise 55 ⑩ – 3 879 h alt. 80.*

Voir *Commune de la «Méridienne Verte».*
Paris 116 – Amiens 31 – Compiègne 55 – Beauvais 29 – Creil 53 – Pontoise 84.

X **Globe,** 12 r. République (près poste) ✆ 03 44 07 01 78, *Fax 03 44 80 18 63*, 帝 – GB
fermé mardi soir, dim. soir et lundi – **Repas** 78/168 🍷

BRETEUIL-SUR-ITON *27160 Eure 55 ⑯ G. Normandie Vallée de la Seine – 3 351 h alt. 168.*

Paris 119 – L'Aigle 26 – Alençon 88 – Évreux 31 – Verneuil-sur-Avre 12.

X **Grain de Sel,** 76 pl. Laffitte ✆ 02 32 29 70 61 – AE GB JCB
fermé 20 août au 5 sept., 20 déc. au 5 fév., mardi soir et merc. – **Repas** 69/150 ♀, enf. 50

Le BREUIL *71 S.-et-L. 69 ⑧ – rattaché au Creusot.*

Le BREUIL-EN-AUGE *14130 Calvados 54 ⑰ – 779 h alt. 38.*

Paris 194 – Caen 54 – Deauville 21 – Lisieux 9.

XX **Auberge du Dauphin** (Lecomte), ✆ 02 31 65 08 11, *Fax 02 31 65 12 08* – AE GB
✿ *fermé 13 nov. au 8 déc., dim. soir (sauf août) et lundi* – **Repas** 195/245 et carte 310 à 420
Spéc. Pressé de langoustines et andouille. Homard entier façon Créances. Pithiviers au cacao coulant.

BREUILLET *17920 Char.-Mar. 71 ⑮ – 1 863 h alt. 28.*

Paris 505 – Royan 9 – La Rochelle 74.

XX **Le Râtelier,** Taupignac ✆ 05 46 22 62 42, 帝, 🌳 – GB. ✻
fermé 9 au 15 juin, 1er au 22 oct., vacances de Noël, mardi soir et merc. sauf juil.-août – **Repas** (nombre de couverts limité, prévenir) 98/260

BRÉVIANDES *10 Aube 61 ⑯ ⑰ – rattaché à Troyes.*

BRÉVONNES 10220 Aube **61** ⑰ ⑱ – 604 h alt. 120.

Paris 201 – Troyes 28 – Bar-sur-Aube 31 – St-Dizier 59 – Vitry-le-François 52.

XX **Vieux Logis** avec ch., ℰ 03 25 46 30 17, Fax 03 25 46 37 20, 斎, 氣 – ⓣⓥ ☎ ⪽ Ⓟ, ☷
🕾 fermé mars, dim. soir et lundi du 15 sept. au 30 avril – **Repas** 78/198 ♈, enf. 48 – ⇨ 33
5 ch 190/250 – ½ P 220/230

BREZOLLES 28270 E.-et-L. **60** ⑥ – 1 695 h alt. 170.

Paris 103 – Chartres 44 – Alençon 90 – Argentan 91 – Dreux 23.

🏠 **Relais de Brezolles**, ℰ 02 57 48 20 84, Fax 02 57 48 28 46 – ⓣⓥ ☎ ⪽ Ⓟ, ⓘ ☷ ꞁꞔꞐ
🕾 fermé 31 juil. au 25 août, 2 au 14 janv., vend. soir, dim. soir et lundi midi – **Repas** 75/220 ♈,
enf. 56 – ⇨ 40 – **25 ch** 200/250 – ½ P 240

BRIANÇON ❀ 05100 H.-Alpes **77** ⑱ G. Alpes du Sud – 11 041 h alt. 1321 –
Sports d'hiver 1 200/2 800 m ⪽ 2 ⪽ 7 逧.

Voir Ville haute★★ : Grande Gargouille★, Pont d'Astold★, Remparts ≼★, Statue "la France"★
R – Puy St-Pierre ✳★★ de l'église SO : 3 km par Rte de Puy St-Pierre Env. Croix de
Toulouse ≼★★ par Av. de Toulouse et D232ᵀ : 8.5 km – 🚗 ℰ 04 92 25 66 00.

🗓 Office de Tourisme pl. du Temple ℰ 04 92 21 08 50, Fax 04 92 20 56 45.

Paris 685 ④ – Digne-les-Bains 145 ③ – Gap 90 ③ – Grenoble 117 ④ – Torino 111 ①.

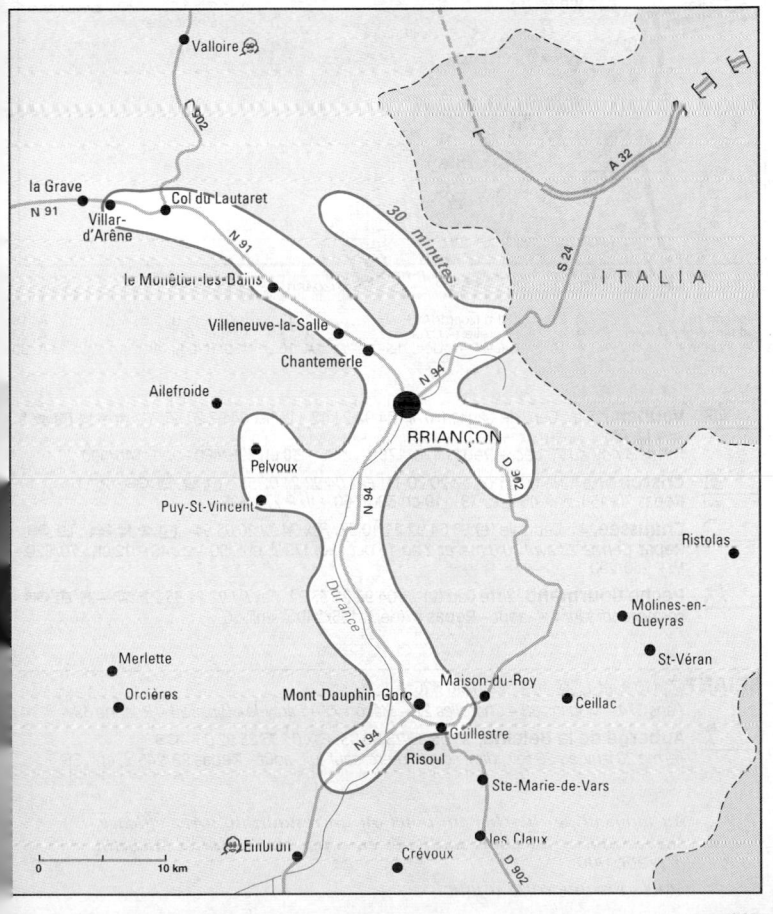

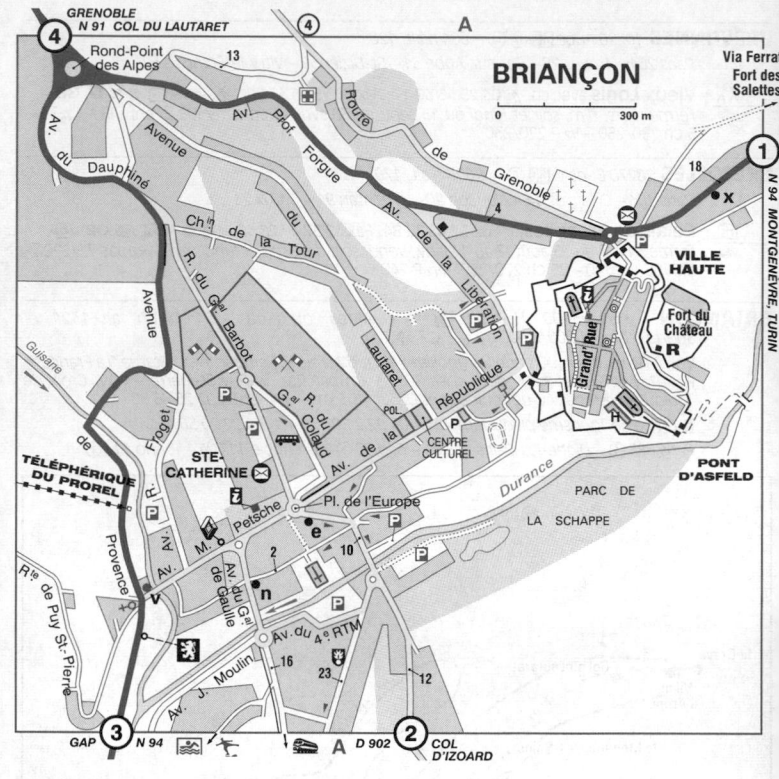

🏨 **Vauban**, 13 av. Gén. de Gaulle **(n)** 𝄢 04 92 21 12 11, Fax 04 92 20 58 20, ☎ – ❘⧏❘ 📺 ☎ ☝
🔄 **P**, **GB**
fermé 3 nov. au 20 déc. – **Repas** 120/175 – ⭥ 36 – **38 ch** 395/460 – ½ P 340/400

🏨 **Cristol**, 6 rte Italie **(x)** 𝄢 04 92 20 20 11, Fax 04 92 21 02 58 – 📺 ☎. ﹖⧏ **GB**. ﹪ ch
🔄 **Repas** 70/155, enf. 45 – ⭥ 38 – **19 ch** 300/360 – ½ P 275/305

🏛 **Chaussée**, 4 r. Centrale **(e)** 𝄢 04 92 21 10 37, Fax 04 92 20 03 94 – 📺 ☎ ☝ 🔄. ﹖⧏ **GB**
Repas *(fermé 25 avril au 8 mai et 2 au 16 oct.)* 90/175 ⿻, enf. 50 – ⭥ 40 – **12 ch** 270/320 –
½ P 260/290

✕✕ **Péché Gourmand**, 2 rte Gap **(v)** 𝄢 04 92 21 33 21, Fax 04 92 21 33 21, 🏠 – **P**. ﹖⧏ **GB**
fermé lundi sauf juil.-août – **Repas** 80 (déj.), 135/240 ⿻, enf. 50

BRIANT 71110 S.-et-L. 🔢 ⑰ – 225 h alt. 326.

Paris 374 – Moulins 88 – Charolles 27 – Mâcon 72 – Paray-le-Monial 23 – Roanne 38.

✕ **Auberge de la Beleine**, 𝄢 03 85 25 80 03, Fax 03 85 25 92 06 – **GB**
fermé 20 janv. au 20 fév., dim. soir et merc. sauf juil.-août – **Repas** 98/245 ⿻, enf. 55

Au moment de chercher un hôtel ou un restaurant, soyez efficace.
*Sachez utiliser les noms soulignés en rouge sur les **cartes Michelin***
à 1/200 000.
Mais ayez une carte à jour!

BRIDES-LES-BAINS 73570 Savoie 🎖74 ⑰ ⑱ G. Alpes du Nord – 611 h alt. 580 — Stat. therm. (janv.-oct.) – Casino.

🛈 Office de Tourisme ℘ 04 79 55 20 64, Fax 04 79 55 20 40.
Paris 643 – Albertville 33 – Annecy 78 – Chambéry 81 – Courchevel 19 – Moûtiers 6.

🏛️ **Grand Hôtel des Thermes**, ℘ 04 79 55 38 38, Fax 04 79 55 28 29, 🍴 – 🛗, 🍽️ rest, 📺 🕿 ✆ 👍 ⇔ 🅿 – 🔬 80, 🆎 🇬🇧, 🛇 rest
fermé 1er nov. au 25 déc. – **Repas** 140/220 ♀ – 🖵 55 – **98** ch 800/910, 4 appart – P 595/825

🏛️ **Amélie** Ⓜ, ℘ 04 79 55 30 15, Fax 04 79 55 28 08, 🍴, 🌳 – 🛗 📺 🕿 ✆ 👍 ⇔ 🅿 🆎 ⓞ 🇬🇧, 🛇 rest
fermé 1er nov. au 15 déc. – **Les Cerisiers :** Repas 115/125, enf. 60 – 🖵 45 – **59** ch 455/780 – ½ P 500/570

🏛️ **Golf**, ℘ 04 79 55 28 12, Fax 04 79 55 24 78, ≤, centre de masso-hydrothérapie – 🛗 📺 🕿 ✆ 🅿, 🇬🇧, 🛇 rest
fermé 20 oct. au 20 déc. – **Repas** 135 — 🖵 55 – **45** ch 530/700 – ½ P 330/490

🏛️ **Verseau** 🐕, ℘ 04 79 55 27 44, Fax 04 79 55 30 20, ≤, 🍴, 🍹, 🌳 – 🛗 📺 🕿 🅿, 🇬🇧, 🛇
15 avril-15 oct. et 23 déc.-10 avril – **Repas** 97/140 ♀ – 🖵 45 – **41** ch 350/500 — P 340/420

🏠 **Altis Val Vert**, ℘ 04 79 55 22 62, Fax 04 79 55 29 12, 🍴, 🛠️, 🌳 — 📺 🕿 ✆ 🅿, 🆎 ⓞ 🇬🇧, 🛇
fermé fin oct. à mi-déc. – **Repas** (dîner seul. en hiver) (85) - 110/150 ♀, enf. 65 – 🖵 45 – **28** ch 300/450 – ½ P 380

🏠 **Belvédère** sans rest, ℘ 04 79 55 23 41, Fax 04 79 55 24 96, ≤ – 🛗 📺 🕿 ✆ 🅿, 🇬🇧, 🛇
fermé 6 nov. au 20 déc.. – **25** ch 🖵 290/450

🏠 **Les Sources** 🐕, ℘ 04 79 55 29 22, Fax 04 79 55 27 06, ≤, 🍹 – 🛗 📺 🕿 ✆ – 🔬 35, 🇬🇧, 🛇 rest
fermé 31 oct. au 26 déc. – **Repas** 100 ♀ – 🖵 40 — **70** ch 235/460 – P 320/420

🏠 **Les Bains** 🐕, ℘ 04 79 55 22 05, Fax 04 79 55 27 81, ≤, 🍴 – 🛗 📺 🕿, 🇬🇧, 🛇 rest
🍽️ fermé 25 oct. au 15 déc. – **Repas** 80 ♀ – 🖵 25 – **34** ch 250/350 – ½ P 275

🍴 **Grillade**, résid. Le Royal ℘ 04 79 55 20 90, Fax 04 79 55 20 90, 🍴 – 🇬🇧
fermé 1er nov. au 20 déc. – **Repas** 92/130 ♀, enf. 65

BRIEC 29510 Finistère 🔢 ⑮ – 4 546 h alt. 158.
Paris 575 – Quimper 16 – Carhaix-Plouguer 45 – Châteaulin 16 – Morlaix 64 – Pleyben 17,

🏠 **Midi**, r. Gén. de Gaulle ℘ 02 98 57 90 10, Fax 02 98 57 74 82 – 📺 🕿 ✆ 🇬🇧, 🛇 ch
🍽️ fermé 24 déc. au 4 janv., dim. soir et sam. sauf juil.-août – **Repas** (65) - 80/160 ♀, enf. 52 – 🖵 40 – **14** ch 270/290 – ½ P 260

BRIE-COMTE-ROBERT 77 S.-et-M. 🔢 ②, 🔢 ③⑨ – voir à Paris, Environs.

BRIGNAIS 69530 Rhône 🔢 ⑳, 🔢 ③ G. Vallée du Rhône — 10 036 h alt. 200.
Paris 468 – Lyon 14 – Givors 10 – St-Étienne 46 – Vienne 23.

🏛️ **Restotel des Barolles**, rte Lyon (N 86) ℘ 04 78 05 24 57, Fax 04 78 05 37 57, 🍹, 🌳 – 🍽️ rest, 📺 🕿 👍 🅿 – 🔬 50, 🆎 ⓞ 🇬🇧
Repas (fermé août, sam. et dim.) 105/250 ♂, enf. 70 – 🖵 40 – **27** ch 290/330

La BRIGUE 06 Alpes-Mar. 🔢 ⑳, 🔢 ⑨ – rattaché à Tende.

BRINON-SUR-SAULDRE 18410 Cher 🔢 ⑳ – 1 107 h alt. 147.
Paris 192 – Orléans 54 – Bourges 65 – Cosne-sur-Loire 59 – Gien 37 – Salbris 25.

🏛️ **Solognote** (Girard) 🐕, ℘ 02 48 58 50 29, Fax 02 48 58 56 00, 🍴, « Cadre solognot », 🌳 – 📺 🅿, 🇬🇧, 🛇 ch
🍽️ fermé 10-24/5, 12-21/9, 15/2-20/3 ; hôtel : mardi d'oct. à juin et merc. d'oct. à mai – **Repas** (fermé mardi et merc. sauf le soir de juil. à sept.) (125) - 170/350 et carte 280 à 380 ♀, enf. 90 – 🖵 62 – **13** ch 365/470 – ½ P 450/525
Spéc. Escalopes de ris de veau aux lentilles du Berry. Pigeonneau de Sologne au bouillon épicé. Tarte retournée de Saint-Jacques aux cèpes (oct. à janv.). **Vins** Quincy, Menetou-Salon.

341

BRIOLLAY 49125 M.-et-L. 64 ① – 2 005 h alt. 20.

Env. *Plafond★★★ de la salle des Cardes du château de Plessis-Bourré NO : 10 km* G. Châteaux de la Loire.

Paris 288 – Angers 15 – Château-Gontier 41 – La Flèche 40.

par rte de Soucelles (D 109) : 3 km – ⊠ 49125 Briollay :

🏰   **Château de Noirieux** ⊗, 𝄞 02 41 42 50 05, Fax 02 41 37 91 00, ≤, ☎, « Demeures
⊛   des 15ᵉ et 17ᵉ siècles dans un parc dominant le Loir », ⅃, ※ – 📺 ☎ ᵭ ▯ – ⅍ 60. ஊ ⓞ
     ⒼⒷ ⱼ⒞⒝, ※ rest
     fermé nov., 8 fév. au 8 mars – **Repas** *(fermé dim. soir et lundi de mi-oct. à mi-avril sauf*
     fériés) 210 (déj.), 275/495 Ⓨ – ⌐ 100 – **19 ch** 880/1750 – ½ P 765/1150
     Spéc. ''Grande lasagne'' d'araignée de mer en soupe mousseuse d'écrevisses. Poitrine de
     pigeon rôtie en cocotte. Tuile croquante aux agrumes et amandes grillées.

BRION 01 Ain 74 ④ – rattaché à Nantua.

BRIONNE 27800 Eure 55 ⑮ G. Normandie Vallée de la Seine – 4 408 h alt. 56.

Voir *Abbaye du Bec-Hellouin★★ N : 6 km – Harcourt : château★ et arboretum★ SE : 7 km.*

Paris 139 – Rouen 43 – Bernay 16 – Évreux 41 – Lisieux 40 – Pont-Audemer 27.

✗✗✗   **Logis** avec ch, pl. St Denis 𝄞 02 32 44 81 73, Fax 02 32 45 10 92 – 📺 ☎ ᐸ ⇐ ▯. ஊ
     ⒼⒷ
     fermé 31 juil. au 10 août, vacances de fév., sam. midi, dim. soir et lundi – **Repas** 145 bc/295 –
     ⌐ 50 – **12 ch** 320/370 – ½ P 400/430

✗✗   **Auberge du Vieux Donjon** avec ch, r. Soie 𝄞 02 32 44 80 62, Fax 02 32 45 83 23, ☎,
⊛   « Maison normande du 18ᵉ siècle » – 📺 ☎ ᐸ ▯. ⒼⒷ
     fermé 15 oct. au 7 nov., 13 au 28 fév., dim. soir et lundi d'oct. à fin mai – **Repas** 80/220 Ⓨ,
     enf. 55 – ⌐ 35 – **8 ch** 240/320 – ½ P 290/320

If you are held up on the road - from 6pm onwards -
confirm your hotel booking by telephone.
It is safer and quite an accepted practice.

BRIOUDE ⊲⊳ 43100 H.-Loire 76 ⑤ G. Auvergne – 7 285 h alt. 427.

Voir *Basilique St-Julien★★*.

Env. *Lavaudieu : fresques★ de l'église et cloître★ de l'ancienne abbaye 9,5 km par ①.*

🄱 *Office de Tourisme Hôtel du Doyenné, pl. Lafayette 𝄞 04 71 74 97 49, Fax 04 71 74 97 87.*

Paris 486 ① – Le Puy-en-Velay 61 ① – Clermont-Ferrand 71 ① – Issoire 33 ① –
St-Flour 53 ②.

BRIOUDE

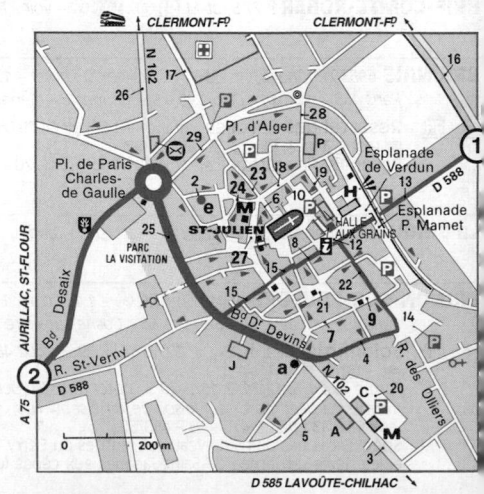

Poste et Champanne, 1 bd Dr Devins (a) *℘* 04 71 50 14 62, *Fax 04 71 50 10 55* – cuisinette 📺 ☎ 📞 🅿 – 🍴 30. GB
fermé janv. et dim. soir sauf juil.-août – **Repas** 85/220 ♀ – 🖙 38 – **23 ch** 160/280, 3 studios – ½ P 250

Pons, / r. d'Assas (e) *℘* 04 71 50 00 03 – GB
fermé 5 au 11 juin, 15 nov. au 6 déc., mardi soir et lundi – **Repas** 55 (déj.), 70/85 🍷

BRIOUZE 61220 Orne 🗆🗆 ① – 1 658 h alt. 210.
Paris 221 – Alençon 58 – Argentan 27 – La Ferté-Macé 13 – Flers 17.

Sophie avec ch, *℘* 02 33 62 82 82, *Fax 02 33 62 82 83* – 📺 ☎ 📞. GB. 🛏 ch
fermé 21 déc. au 4 janv. – **Repas** 65/185 – 🖙 32 – **9 ch** 150/250

BRISSAC-QUINCÉ 49320 M.-et-L. 🗆🗆 ⑪ G. Châteaux de la Loire – 2 275 h alt. 65.
Voir Château★★.
🅱 Office de Tourisme (mai-sept.) 8 pl. de la République *℘* 02 41 91 21 50, Fax 02 41 54 29 31.
Paris 308 – Angers 18 – Cholet 58 – Saumur 36.

Castel 🅼 sans rest, 1 r. L. Moron (face château) *℘* 02 41 91 24 74, *Fax 02 41 91 71 55* – 📺 ☎. 🅰🅴 GB
🖙 40 – **12 ch** 295/340

BRIVE-LA-GAILLARDE 🚘 19100 Corrèze 🗆🗆 ⑧ G. Périgord Quercy – 49 765 h alt. 142.
Voir Musée de Labenche★. 🚗 *℘* 08 36 35 35 35.
🅱 Office de Tourisme pl. 14-Juillet *℘* 05 55 24 08 80, *Fax 05 55 24 58 24.*
Paris 483 ③ – Albi 211 ⑦ – Clermont-Ferrand 168 ① – Limoges 91 ③ – Toulouse 221 ②.

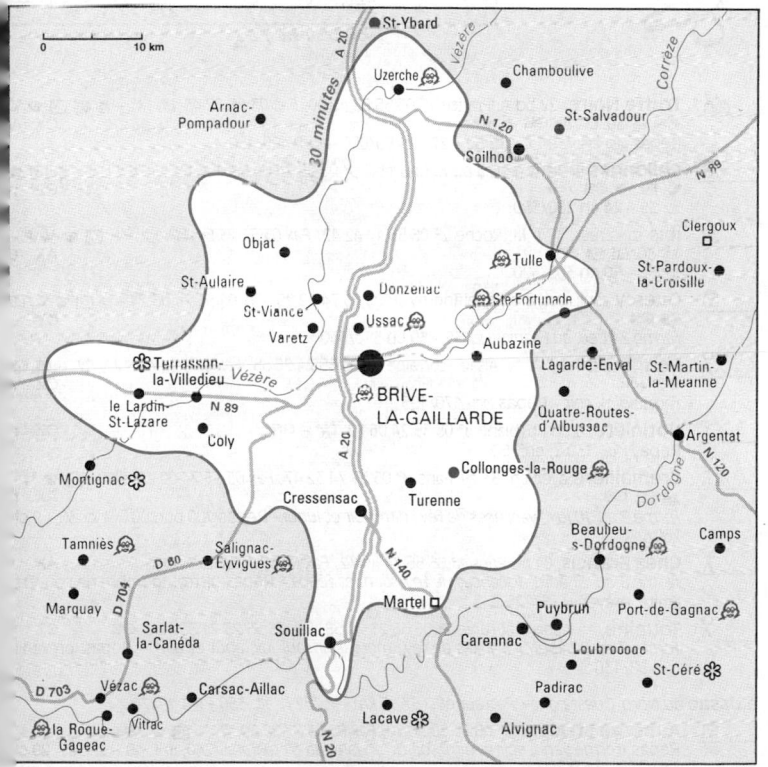

BRIVE-
LA-GAILLARDE

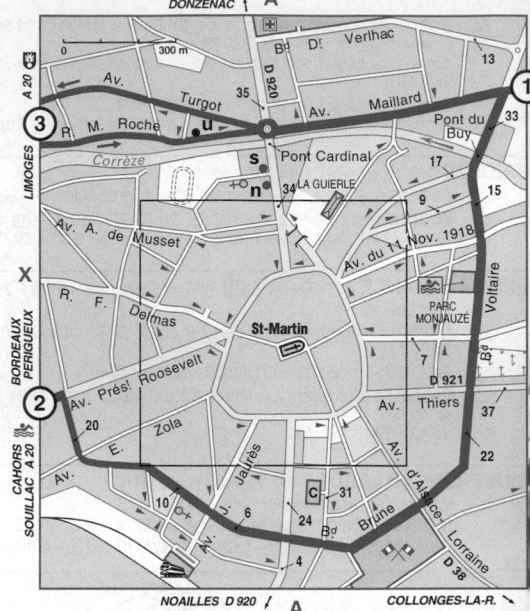

🏨 **Truffe Noire**, 22 bd A. France ℰ 05 55 92 45 00, *Fax 05 55 92 45 13*, 🍽 – 🛗 ▤ 🕿 ⌖
🄟 – 🛎 30. 🆎 ⓞ ⅁ 🅹🅲🄱   CY v
Repas (95) - 150/390 ⚲ – ⌷ 50 – **27 ch** 450/650 – ½ P 400/450

🏠 **Collonges** Ⓜ sans rest, 3 pl. W. Churchill ℰ 05 55 74 09 58, *Fax 05 55 74 11 25* – 🛗 ▥ 🕿
⌖. 🆎 ⓞ ⅁ 🅹🅲🄱   CZ n
⌷ 39 – **24 ch** 280/330

🏠 **Ibis** sans rest, 32 r. M. Roche ℰ 05 55 17 42 42, *Fax 05 55 23 54 41* – 🛗 ⅀ ▥ 🕿 ⌖ 🄟 –
🛎 30. 🆎 ⓞ ⅁   AX u
⌷ 35 – **50 ch** 305/320

🏠 **Quercy** sans rest, 8 bis quai Tourny ℰ 05 55 74 09 26, *Fax 05 55 74 06 24* – 🛗 ▥ 🕿 ⌖. 🆎
ⓞ ⅁   CY c
fermé 24 déc. au 6 janv. – ⌷ 35 – **60 ch** 310/350

✕✕ **Périgourdine**, 15 av. Alsace-Lorraine ℰ 05 55 24 26 55, *Fax 05 55 17 13 22*, 🍽 – 🆎 ⓞ
⅁ 🅹🅲🄱   CZ a
fermé dim. soir – **Repas** (90) - 170/195

✕✕ **Potinière**, 6 bd Puyblanc ℰ 05 55 24 06 22, 🍽 – ⅁   CZ n
Repas (70) - 130 ⚲, enf. 50

✕✕ **Crémaillère** avec ch, 53 av. Paris ℰ 05 55 74 32 47, *Fax 05 55 74 00 15*, 🍽 – ▥ 🕿 ⌖ -
🛎 20. ⅁   AX r
fermé 2 au 10 juil., vacances de fév., dim. soir et lundi – **Repas** 100 bc/200 ⚲ – ⌷ 35 – **9 ch**
250/260

✕ **Chez Francis**, 61 av. Paris ℰ 05 55 74 41 72, *Fax 05 55 17 20 54* – ⅁   AX s
🍴 *fermé 5 au 10 août, vacances de fév., dim. et fériés* – **Repas** bistrot (nombre de couverts
limité, prévenir) 85/125 ⚲

✕ **Toupine**, 11 r. Jean Labrunie ℰ 05 55 23 71 58, *Fax 05 55 23 71 58* – ▤. ⅁   CZ e
fermé 7 au 20 août, vacances de fév., merc. soir sauf juil.-août et dim. – **Repas** (prévenir)
(55) - 98/138 ⚲

à Ussac *au Nord-Ouest par av. Pasteur et D 57 : 5 km* – *2 762 h. alt. 350* – ✉ *19270 :*

🏠 **Auberge St-Jean**, ℰ 05 55 88 30 20, *Fax 05 55 87 28 50*, 🍽 – ▥ 🕿. ⅁
🍴 **Repas** *(fermé vend. soir et dim. soir du 1ᵉʳ janv. au 31 mars)* 69/240, enf. 40 – ⌷ 38 – **29 ch**
230/280 – ½ P 260

BRIVE-LA-GAILLARDE

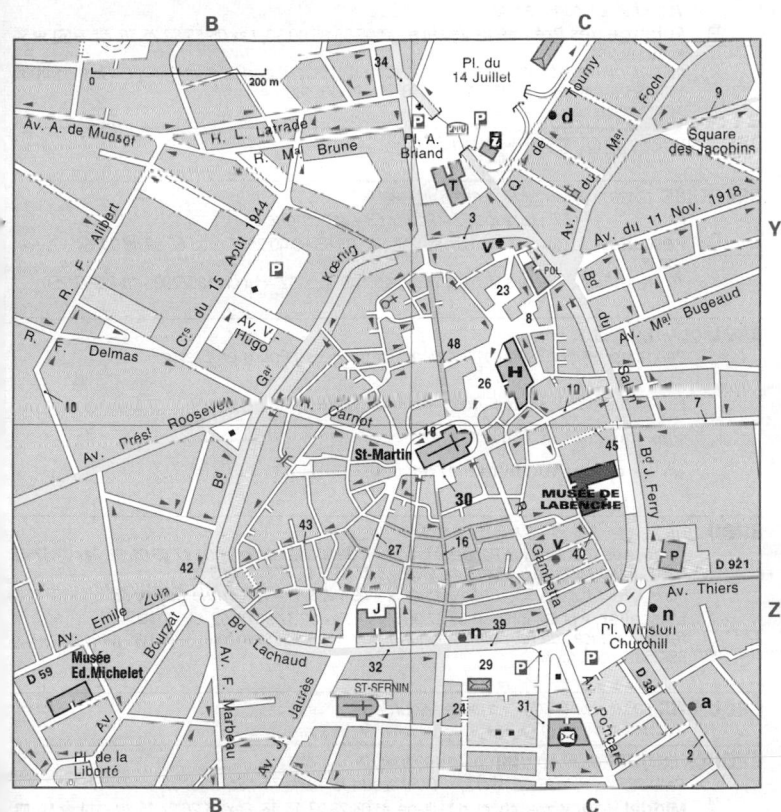

XX **Petit Clos** avec ch, au Pouret, ℰ 05 55 86 12 65, Fax 05 55 86 94 32, ☎, « Anciennes maisons corréziennes dans la campagne », ⅃, ☞ – ⏥ ☎ ⌕ ℙ – ⚿ 20. ⅁ℬ
fermé 1ᵉʳ au 15 oct., vacances de fév., dim. soir et lundi – Repas 100/240 ⅄ – ⌑ 45 – **7 ch** 380/500

à l'Est *par D 921 Z et rte d'Argentat* – ⊠ 19360 Malemort :

XX **Auberge des Vieux Chênes** avec ch, ℰ 05 55 24 13 55, Fax 05 55 24 56 82 – ⏥ ☎ ⌕ ⇦ ℙ. ⅀⅁ ⓞ ⅁ℬ
fermé dim. – Repas 72/195 ⅄ – ⌑ 40 – **12 ch** 215/280 – ½ P 235/300

par ② : *6 km* – ⊠ 19100 Brive-la-Gaillarde :

🏨 **Teinchurier**, av. du Teinchurier ℰ 05 55 86 45 00, Fax 05 55 86 45 45, ☞ – ▯, ▤ rest, ⏥ ☎ ⌕ ⅃ ℙ – ⚿ 50. ⓞ ⅁ℬ
Repas 89/180 ⅄ – ⌑ 35 – **40 ch** 290/315 – ½ P 280

rte d'Objat *par* ③, *D 901 et D 170 : 6 km* – ⊠ 19100 Brive-la-Gaillarde :

🏨 **Mercure** ⑊, ℰ 05 55 86 36 36, Fax 05 55 87 04 40, ☞, ⅃, ☞, ⹊ – ▯ ↝, ▤ ch, ⏥ ☎ ⌕ ℙ – ⚿ 25 à 50. ⅀⅀ ⓞ ⅁ℬ
Repas 150 ⅄, enf. 50 – ⌑ 52 – **57 ch** 410/470

à Varetz par ③, D 901 et D 152 : 10 km – 1 851 h. alt. 109 – ⊠ 19240 :

  Château de Castel Novel ⊗, ℘ 05 55 85 00 01, Fax 05 55 85 09 03, ≤, 佘, « Demeure du 13ᵉ siècle isolée dans un parc », ⊐, ✕ – ⛐ ☰ 🅣🅥 ☎ ✆ 🅟 – ⚒ 80. 🆎 ⑩ 🆎
début mai-fin oct. – **Repas** (fermé lundi midi et jeudi midi) 230/450, enf. 90 – ☑ 90 – **29 ch** 680/1360, 5 appart, 3 duplex – ½ P 830/1390

à St-Viance par ③, D 901 et D 148 : 12 km – 1 407 h. alt. 119 – ⊠ 19240 .
  Voir Châsse★ dans l'église.

  Auberge des Prés de la Vézère, ℘ 05 55 85 00 50, Fax 05 55 84 25 36, 佘 – 🅣🅥 ☎ ✆
🅟. 🆎 ⑩ 🆎
mi-avril-mi-oct. et fermé lundi sauf le soir en juil.-août et dim. soir de sept. à juin – **Repas** 105/185 ⊊, enf. 60 – ☑ 40 – **11 ch** 380 – ½ P 330/380

BRON 69 Rhône 🟦 ⑫,, 🟦🟦 ㉕ – rattaché à Lyon.

BROQUIÈS 12480 Aveyron 🟦 ⑬ – 652 h alt. 386.
  Paris 689 – Albi 62 – Lacaune 52 – Rodez 58 – St-Affrique 31.

  Pescadou ⊗, Sud : 2,5 km rte St-Izaire ℘ 05 65 99 40 21, Fax 05 65 99 48 04, 佘, ⊐, ☞
– ☎ 🅟
15 mars-15 oct. – **Repas** (65) - 86/135 ⊊, enf. 49 – ☑ 32 – **14 ch** 180/280 – ½ P 230/250

BROU 01 Ain 🟦 ③ G. Bourgogne.
  Curiosités★★★ et ressources hôtelières : rattachées à Bourg-en-Bresse.

Les noms des localités citées dans ce guide

sont soulignés de rouge

sur les **cartes Michelin** à 1/200 000.

BROU 28160 E.-et-L. 🟦 ⑯ – 3 803 h alt. 150.
  🅱 Office de Tourisme (de Pâques à fin oct.) r. de la Chevalerie ℘ 02 37 47 01 12, Fax 02 37 47 01 12, (hors saison) à la Mairie ℘ 02 37 47 07 85, Fax 02 37 47 03 90.
  Paris 128 – Chartres 38 – Châteaudun 22 – Le Mans 81 – Nogent-le-Rotrou 33.

  L'Ascalier, 9 pl. Dauphin ℘ 02 37 96 05 52, Fax 02 37 96 05 52, 佘 – 🆎
fermé vacances de fév., dim. soir, lundi soir et mardi sauf fêtes – **Repas** (prévenir) (75) -
98/250 🍷, enf. 45

BROUAINS 50 Manche 🟦 ⑨ – rattaché à Sourdeval.

BROUCKERQUE 59630 Nord 🟦 ③ – 1 168 h alt. 2.
  Paris 285 – Calais 35 – Cassel 27 – Dunkerque 15 – Lille 75 – St-Omer 32.

  Middel Houck avec ch, pl. du village ℘ 03 28 27 13 46, Fax 03 28 27 15 10 – 🅣🅥 ☎ ✆. 🆎
⑩ 🆎
fermé dim. soir – **Repas** 98/228 ⊊ – ☑ 30 – **4 ch** 220 – ½ P 215

BROUILLAMNON 18 Cher 🟦 ⑩ – rattaché à Charost.

BROUSSE-LE-CHÂTEAU 12480 Aveyron 🟦 ⑫ G. Gorges du Tarn – 203 h alt. 239.
  Voir Village perché★.
  Paris 702 – Albi 55 – Cassagnes-Bégonhès 35 – Lacaune 51 – Rodez 61 – St-Affrique 33.

  Relays du Chasteau ⊗, ℘ 05 65 99 40 15, Fax 05 65 99 40 15, ≤ – ☰ rest, ☎ ✆ 🅟.
🆎
fermé 20 déc. au 20 janv., vend. soir et sam. midi d'oct. à avril – **Repas** (50) - 85/165 bc 🍷,
enf. 45 – ☑ 35 – **12 ch** 215/275 – ½ P 220/240

BROU-SUR-CHANTEREINE 77 S.-et-M. 🟦 ⑫,, 🟦🟦 ⑲ – voir à Paris, Environs.

BRUÈRE-ALLICHAMPS 18 Cher 🟦 ① – rattaché à St-Amand-Montrond.

Le BRUGERON 63880 P.-de-D 🔟🔟 ⑯ – 359 h alt. 850.

Paris 426 – Clermont-Ferrand 71 – Ambert 28 – St-Étienne 111 – Thiers 35.

✕ 🔲 **Gaudon** avec ch., ℰ 04 73 72 60 46, Fax 04 73 72 63 83, ≤ – ☎ 🚗 🅿. GB
fermé 20 déc. au 1ᵉʳ fév., lundi soir et mardi d'oct. à mai – **Repas** (60) - 70/165 ♀ – 🚅 40
10 ch 230/300   ½ P 230

BRUMATH 67170 B.-Rhin🔟🔟 ⑲ – 8 182 h alt. 145.

Paris 473 – Strasbourg 19 – Haguenau 14 – Molsheim 30 – Saverne 29.

🏠 **Ville de Paris,** 13 r. Gén. Rampont ℰ 03 88 51 11 02, Fax 03 88 51 90 19 – 📺 ☎ 📞 🅿. GB
fermé 19 juin au 14 juil. et 27 au 31 déc. – **Repas** (fermé dim. soir et vend.) (50) - 110/240 ♀ –
🚅 38 – **14 ch** 140/270 – ½ P 165/220

✕✕✕ **A L'Écrevisse** avec ch, 4 av. Strasbourg ℰ 03 88 51 11 08, Fax 03 88 51 89 02, 😀, 🖧, 🌲
– 🛗, 🔲 rest, 📺 ☎ 🚗 🅿. 🅰 30. 🅰🅔 ① GB
fermé 24 juil. au 10 août, lundi soir et mardi – **Repas** 160/440 et carte 280 à 530 ♀, enf. 75 •
Krebs'Stuebel : **Repas** (55)-135/198 ♀, enf. 60 – 🚅 55 – **20 ch** 250/380

à Mommenheim Nord-Ouest : 6 km par D 421 – 1 702 h. alt. 155 – ⊠ 67670 :

✕✕ **Manoir St-Georges** avec ch, 165 rte Brumath ℰ 03 88 51 61 78, Fax 03 88 51 59 96, 😀
– 📺 ☎ 🅿. GB
fermé dim. soir et lundi – **Repas** (59) - 95/175 ♀ – 🚅 35 – **7 ch** 220/320

Le BRUSC 83 Var🔟🔟 ⑭., 🔟🔟🔟 ㊹ – rattaché à Six-Fours-les-Plages.

BRUSQUE 12360 Aveyron🔟🔟 ④ – 422 h alt. 465.

Paris 705 – Albi 90 – Béziers 75 – Lacaune 32 – Lodève 50 – Rodez 108 – St-Affrique 35.

🔲 **Dent de St-Jean** 🦢, ℰ 05 65 99 52 87, Fax 05 65 99 53 89, ≤ – ☎ 🅿. GB, ✂ ch
10 mars-1ᵉʳ nov. et fermé dim. soir et lundi d'oct. à juin – **Repas** 80/195 ♪ – 🚅 30 – **16 ch**
200/270 – ½ P 240

BRY-SUR-MARNE 94 Val-de-Marne🔟🔟 ⑪., 🔟🔟🔟 ⑱ – voir à Paris, Environs.

Le BUGUE 24260 Dordogne🔟🔟 ⑯ G. Périgord Quercy – 2 764 h alt. 62.

Voir Gouffre de Proumeyssac★ S : 3 km.

Paris 526 – Périgueux 43 – Sarlat-la-Canéda 32 – Bergerac 47 – Brive-la-Gaillarde 74.

🏛 **Domaine de la Barde** Ⓜ 🦢, rte Périgueux ℰ 05 53 07 16 54, Fax 05 53 54 76 19, 😀,
parc, « Belle demeure périgourdine et jardin à la française », ⫶, 🏊, 🌲, ✕ – 🛗 📺 ☎ 📞 ✤
🅿. GB. ✂ rest
15 avril-15 oct. – **Repas** (fermé merc.) (115) - 150 – 🚅 68 – **18 ch** 500/1090 – ½ P 495/745

🏠 **Cygne,** 2 le Cingle ℰ 05 53 07 17 77, Fax 05 53 03 93 74, 😀 – 📺 ☎ 🅿. GB
fermé 2 au 16 oct. et 20 déc. au 20 janv. – **Repas** (fermé dim. soir et lundi sauf juil.-août)
88/168 ♀, enf. 45 – 🚅 35 – **11 ch** 260/280 – ½ P 230/240

✕✕ **Les Trois As,** pl. Hôtel de Ville ℰ 05 53 08 41 57, Fax 05 53 07 16 56 – GB
fermé fév., mardi midi et merc. midi – **Repas** 105/290, enf. 55

à Campagne Sud-Est : 4 km par D 703 – 281 h. alt. 60 – ⊠ 24260 :

🏠 **du Château,** ℰ 05 53 07 23 50, Fax 05 53 03 93 69, 😀 – 📺 ☎ 📞 🅿. GB. ✂ ch
16 avril-15 oct. – **Repas** 105/230 ♀, enf. 60 – 🚅 35 – **16 ch** 255/300 – ½ P 245

BUIS-LES-BARONNIES 26170 Drôme🔟🔟 ③ G. Alpes du Sud – 2 030 h alt. 365.

Paris 689 – Carpentras 40 – Nyons 30 – Orange 49 – Sault 37 – Sisteron 72 – Valence 129.

🏛 **Sous l'Olivier** 🦢, ℰ 04 75 28 01 04, Fax 04 75 28 16 49, 😀, 🏊, 🌲, ✕ – ☎ 🅿. GB
15 mars-31 oct. – **Repas** 100/150 ♀ – 🚅 36 – **36 ch** 295/360 – ½ P 285/310

✕ **Fourchette,** pl. Arcades ℰ 04 75 28 03 31, 😀 – GB
fermé oct., dim. soir et lundi sauf le soir en juil.-août – **Repas** 85 (déj.), 130/190 ♪

Le BUISSON-CORBLIN 61 Orne🔟🔟 ① – rattaché à Flers.

Si vous cherchez un hôtel tranquille,
consultez d'abord les cartes de l'introduction
ou repérez dans le texte les établissements indiqués avec le signe 🦢.

Le BUISSON-CUSSAC 24480 Dordogne **75** ⑯ – 2 003 h alt. 63.

Env. *Cadouin : cloître*★★, *église*★ *SO : 6 km*, G.Périgord.

Paris 536 – *Périgueux 53 – Sarlat-la-Canéda 35 – Bergerac 38 – Villefranche-du-Périgord 35.*

🏠 **Manoir de Bellerive** ⬧, rte Siorac : 1,5 km *℘* 05 53 22 16 16, *Fax* 05 53 22 09 05, ≤,
❀ 🖻, « Élégant manoir dans un parc en bordure de la Dordogne », 🛋, 🦋 – 🆃🆅 🕭 ♿ 🅿 –
🛄 20. 🖭 ⓞ 🖼. 🦋 rest
fermé 3 janv. au 28 fév. – **Repas** *(fermé mardi midi et lundi)* 150 (déj.), 180/425 🍷, enf. 75 –
🖙 60 – **24 ch** 500/1100 – ½ P 540/840
Spéc. Fricassée de cèpes et grenouilles. Tournedos de canard ''façon Rossini''. Craquant de
chocolat noir.

BURNHAUPT-LE-HAUT 68520 H.-Rhin **87** ⑲ – 1 426 h alt. 300.

Paris 455 – *Mulhouse 18 – Altkirch 16 – Belfort 28 – Thann 12.*

🏠 **Aigle d'Or** Ⓜ, au Pont d'Aspach Nord : 1 km *℘* 03 89 83 10 10, *Fax* 03 89 83 10 33, 🖻,
🞕 – 🖦 rest, 🆃🆅 🕭 ♿ 🅿 – 🛄 30. 🖭 ⓞ 🖼
*Coquelicot ℘*03 89 83 10 00 *(fermé 16 au 30 août, 2 au 8 janv., sam. midi et dim. soir)*
Repas 83/295 🍷 – 🖙 50 – **26 ch** 310/410 – ½ P 295/325

BUSCHWILLER 68220 H.-Rhin **87** ⑩ – 767 h alt. 305.

Paris 482 – *Mulhouse 29 – Altkirch 26 – Basel 9 – Colmar 64.*

🍴🍴🍴 **Couronne**, *℘* 03 89 69 12 62, *Fax* 03 89 70 11 20, 🖻 – 🖼
fermé 24 juil. au 20 août, sam. midi, dim. soir et lundi – **Repas** 92 (déj.), 220/360 et carte 230
à 360 🍷

BUSSANG 88540 Vosges **66** ⑧ G. Alsace Lorraine – 1 809 h alt. 605.

Env. *Petit Drumont* ❅★★ *NE : 9 km puis 15 mn – Ballon d'Alsace* ❅★★★ *S : 14 km puis*
30 mn.

🛈 *Office de Tourisme 7 r. d'Alsace ℘* 03 29 61 50 37, *Fax* 03 29 61 58 20.

Paris 421 – *Épinal 60 – Mulhouse 47 – Belfort 44 – Gérardmer 40 – Thann 27.*

🏠 **Sources** ⬧, Nord-Est : 2,5 km par D 89 *℘* 03 29 61 51 94, *Fax* 03 29 61 60 61, rest.
non-fumeurs exclusivement, 🞕 – 🆃🆅 🕭 ♿ 🅿. 🖼. 🦋
Repas 105/290 bc 🍷, enf. 55 – 🖙 37 – **11 ch** 300/355 – ½ P 300/330

BUSSEAU-SUR-CREUSE 23 Creuse **72** ⑩ – ✉ 23150 Ahun

Env. *Moutier d'Ahun : boiseries*★★ *de l'église SE : 5,5 km – Ahun : boiseries*★ *de l'église SE :*
6 : km, G. Berry Limousin.

Paris 363 – *Aubusson 30 – Guéret 21.*

🍴🍴 **Viaduc** avec ch, *℘* 05 55 62 57 20, *Fax* 05 55 62 55 80, ≤ – 🕭 ♿ 🅿. 🖼
fermé janv., dim. soir et lundi – **Repas** 81/221 ♨, enf. 58 – 🖙 33 – **7 ch** 170/240 – ½ P 275

La BUSSIÈRE 45230 Loiret **65** ② G. Bourgogne – 715 h alt. 160.

Voir *Château des pêcheurs*★ *(musée de la pêche) – Rogny-les-7-écluses*★.

Paris 147 – *Auxerre 74 – Cosne-sur-Loire 47 – Gien 15 – Montargis 29 – Orléans 81.*

🏠 **Nuage** Ⓜ, r. Briare *℘* 02 38 35 90 73, *Fax* 02 38 35 90 62, 🖻, 🌡 – 🆃🆅 🕭 ♿ 🅿 – 🛄 25.
🖭 ⓞ 🖼. 🦋 rest
Repas *(fermé 25 au 31 déc.)* (48) - 80/150 ♨, enf. 38 – 🖙 35 – **16 ch** 240/260 – ½ P 225

BUSSIÈRES 71 S.-et-L. **70** ⑪ G. Bourgogne – 463 h alt. 265 – ✉ 71960 Pierreclos

Paris 407 – *Mâcon 13 – Charolles 49 – Cluny 15.*

🍴🍴 **Relais Lamartine** ⬧ avec ch, *℘* 03 85 36 64 71, *Fax* 03 85 37 75 69 – 🆃🆅 🕭 ♿. ⓞ 🖼.
🦋 ch
fermé 1er déc. au 15 janv., mardi midi de juil. à sept. dim. soir et lundi d'oct. à juin – **Repas**
110/220, enf. 70 – 🖙 45 – **8 ch** 390/420

BUSSY-ST-GEORGES 77 S.-et-M. **56** ⑫,, **101** ⑳ – *voir à Paris, Environs (Marne-la-Vallée).*

BUTHIERS 77 S.-et-M. **61** ⑪ – *rattaché à Malesherbes (Loiret).*

BUXERETTE 36140 Indre **68** ⑱ – 168 h alt. 340.

Paris 311 – *Bourges 89 – Châteauroux 42 – Guéret 45 – Montluçon 85.*

🍴 **Hulotte**, Le Courtioux *℘* 02 54 30 77 31, « Belle collection de chouettes » – 🖼
fermé 19 nov. au 5 déc., 3 au 17 janv., dim. soir, lundi et mardi – **Repas** (prévenir)
100 (déj.)/150, enf. 60

BUXY 71390 S.-et-L. 🔟 ① – 1 998 h alt. 263.

Paris 352 – Chalon-sur-Saône 16 – Chagny 24 – Montceau-les-Mines 33.

🏨 **Fontaine de Baranges** ≫ sans rest, r. Fontaine de Baranges ℘ 03 85 94 10 70, Fax 03 85 94 10 79, 🚗 – 📺 🕿 🚗 📵 🖭 ⑩ 🖭
🖙 45 – **15 ch** 260/650

🏠 **Relais du Montagny** Ⓜ, ℘ 03 85 94 94 94, Fax 03 85 92 07 19, 🛋, 🔟, 🚗 – 📺 🕿 ✆ 🔄 📵 – 🔏 15. 🖭 🖭
fermé 16 au 26 déc., 2 au 22 janv., vend. soir et dim. soir de nov. à mars – **Girardot :** Repas 76/220 ⓨ, enf. 52 – 🖙 40 – **30 ch** 335/385

BUZANÇAIS 36500 Indre 🔢 ⑦ – 4 749 h alt. 111.

Env. Château d'Argy▲ N : 6 km, G. Berry Limousin.

Paris 289 – Le Blanc 46 – Châteauroux 24 – Chatellerault 78 – Tours 91.

🏨 **Hermitage** ≫, rte d'Argy ℘ 02 54 84 03 90, Fax 02 54 02 13 19, 🚗 – 🔳 rest, 📺 🕿 ✆ ☎ 📵 🖭
fermé 10 au 19 sept., 1ᵉʳ au 15 janv., dim. soir et lundi sauf hôtel en juil.-août – Repas (dim. prévenir) 95/300 ⓨ, enf. 60 – 🖙 34 – **14 ch** 250/360 – ½ P 300/360

🏠 **Croissant**, 53 r. Grande ℘ 02 54 84 00 49, Fax 02 54 84 20 60, 🛋 – 📺 🕿 ✆ 🖭
fermé 10 fév. au 6 mars, vend. soir et sam. sauf juil.-août – **Repas** 90/240 ♨, enf. 60 – 🖙 32 – **14 ch** 230/270 – ½ P 250/260

Les pages explicatives de l'introduction
vous aideront à mieux profiter de votre **guide Michelin**

BUZET-SUR-BAÏSE 47160 L.-et-G. 🔢 ⑭ – 1 353 h alt. 40.

Paris 689 – Agen 34 – Mont-de-Marsan 84 – Nérac 19 – Villeneuve-sur-Lot 42.

🍴 **Auberge du Goujon qui Frétille,** face église ℘ 05 53 84 26 51, 🛋 – 🖭
fermé 25 déc. au 7 janv., merc. sauf le midi en hiver et mardi soir – **Repas** (prévenir) (85 bc) - 110/150 ⓨ, enf. 50

🍴 **Vigneron,** bd République ℘ 05 53 84 73 46, 🛋 – 🖭
fermé 1ᵉʳ au 7 mars, dim. soir et lundi – **Repas** (65) - 85/250 ⓨ

CABASSON 83 Var 🔢 ⑯, 🔢 ㊽ – rattaché à Bormes-les-Mimosas.

CABOURG 14390 Calvados 🔢 ② G. Normandie Vallée de la Seine – 3 355 h alt. 3 – Casino.
🛈 Office de Tourisme Jardins du Casino ℘ 02 31 91 01 09, Fax 02 31 24 14 49.
Paris 218 ③ – Caen 31 ④ – Deauville 19 ① – Lisieux 35 ② – Pont-l'Évêque 33 ②.

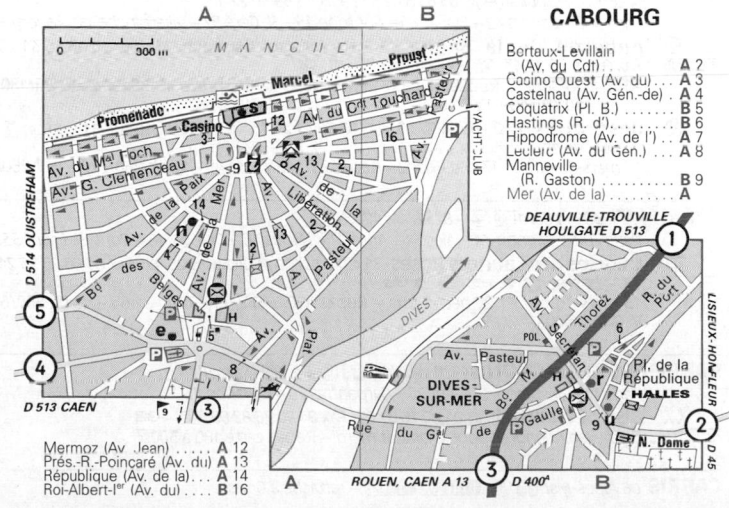

CABOURG

Bertaux-Levillain
(Av. du Cdt) . . . . . . **A** 2
Casino Ouest (Av. du) . . **A** 3
Castelnau (Av. Gén.-de) . **A** 4
Coquatrix (Pl. B.) . . . . . **B** 5
Hastings (R. d') . . . . **B** 6
Hippodrome (Av. de l') . . **A** 7
Leclerc (Av. du Gén.) . . . **A** 8
Manneville
(R. Gaston) . . . . **B** 9
Mer (Av. de la) . . . . **A**

Mermoz (Av. Jean) . . . . . **A** 12
Prés.-R.-Poincaré (Av. du) **A** 13
République (Av. de la) . . . **A** 14
Roi-Albert-Iᵉʳ (Av. du) . . . . **B** 16

🏨🏨 **Grand Hôtel** ⁂, prom. M. Proust ✆ 02 31 91 01 79, Fax 02 31 24 03 20, ≤, 斎 – 🛗 📺
🕯100 ☎ 📞 🅿 – 🔬 20 à 100. 🆔 ⑩ 🆖 🗒
                                                                   A S
    Repas (fermé janv., lundi et mardi de déc. à mars) 230/290 ♀, enf. 80 – ⊑ 90 – **70 ch**
    1030/1550

🏨🏨 **Mercure Hippodrome** Ⓜ ⁂, av. M. d'Ornano par av. Hippodrome A ✆ 02 31 24 04 04,
    Fax 02 31 91 03 99, 斎, 🏊, – 📺 ☎ 🅿 – 🔬 30 à 100. 🆔 🆖
    Repas (2 mars-12 nov.) 140/180 – ⊑ 55 – **79 ch** 620/670, 8 duplex

🏨🏨 **Golf** ⁂, av. M. d'Ornano par av. Hippodrome A ✆ 02 31 24 12 34, Fax 02 31 24 18 51, 斎,
    🏊, – 📺 ☎ 📞 🅿 – 🔬 30. 🆔 🆖
    Repas (78) – 120/198 ♀, enf. 50 – ⊑ 48 – **30 ch** 380/430, 10 duplex – ½ P 360

🏨 **Cabourg** sans rest, 5 av. République ✆ 02 31 24 42 55, Fax 02 31 24 48 93 – 📺 ☎ 📞 🆔
    🆖
                                                                        A n
    ⊑ 45 – **9 ch** 450/600

🏨 **Cottage** sans rest, 24 av. Gén. Leclerc ✆ 02 31 91 65 61, Fax 02 31 28 78 82, 🛴, 斎 – 📺
    ☎ 📞 🆖
                                                                         A e
    ⊑ 40 – **14 ch** 300/550

à Dives-sur-Mer : Sud du plan – 5 344 h. alt. 3 – ✉ 14160 :

    Voir Halles★.

    🛈 Syndicat d'Initiative (saison) Gén.-de-Gaulle ✆ 02 31 91 24 66, (hors saison) Mairie ✆ 02 31
    28 12 50, Fax 02 31 24 42 28.

XX **Guillaume le Conquérant**, 2 r. Hastings ✆ 02 31 91 07 26, 斎, « Ancien relais de
🕯100 poste du 16e siècle » – 🆔 🆖   B r
    fermé 22 nov. au 25 déc., dim. soir et lundi sauf juil.-août et fériés – **Repas** 98/320 ♀, enf. 65

X **Chez le Bougnat**, 27 r. G. Manneville ✆ 02 31 91 06 13, bistrot   B u
    fermé lundi soir et mardi en saison et le soir sauf vend. et sam. hors saison – **Repas** 82 ♀

par ④, D 513 et rte de Gonneville-en-Auge : 7 km – ✉ 14860 Ranville :

XXX **Hostellerie Moulin du Pré** ⁂ avec ch, ✆ 02 31 78 83 68, Fax 02 31 78 21 05, parc –
    ☎ 🅿, 🆔 ⑩ 🆖, 🛴 ch
    fermé 1er au 14 mars, 2 au 27 oct., dim. soir et lundi sauf fériés et juil.-août – **Repas**
    195/265 et carte 220 à 325 – ⊑ 40 – **10 ch** 235/360

au Hôme par ⑤ : 2 km – ✉ 14390 Cabourg :

XX **Au Pied de Cochon**, ✆ 02 31 91 27 55 – 🆖, 🛴
    fermé 1er au 18 déc., 13 au 28 janv., lundi et mardi de sept. à juin sauf fériés – **Repas** 120 bc
    (déj.), 125/290 🍷

CABRERETS 46330 Lot 79 ⑨ G. Périgord Quercy – 191 h alt. 130.

    Voir Château de Gontaut-Biron★ – ≤★ sur village de la rive gauche du Célé – Grotte du
    Pech Merle★★★ NO : 3 km – Cuzals : musée de plein air du Quercy★ NE : 5 km.

    🛈 Office de Tourisme ✆ 05 65 31 27 12, Fax 05 65 30 27 17.

    Paris 580 – Cahors 32 – Figeac 45 – Gourdon 43 – St-Céré 57 – Villefranche-de-Rouergue 44.

🏨 **Auberge de la Sagne** ⁂, rte grotte de Pech Merle ✆ 05 65 31 26 62,
⊛ Fax 05 65 30 27 43, 斎, 🏊, – ☎ 🅿. 🛴
    15 mai-15 sept. – **Repas** (nombre de couverts limité, prévenir) (dîner seul.) 85/130 ♀ –
    ⊑ 35 – **10 ch** 310 – ½ P 280

🏨 **des Grottes**, ✆ 05 65 31 27 02, Fax 05 65 31 20 15, 斎, « Terrasse sur la rivière », 🏊 – ☎
    🅿. 🆖, 🛴 ch
    1er mars-15 nov. et 17 déc.-5 janv. – **Repas** 89/145 ♀ – ⊑ 45 – **18 ch** 260/370 – ½ P 250/310

CABRIÈRES 30210 Gard 80 ⑲ – 875 h alt. 120.

    Paris 700 – Avignon 34 – Alès 54 – Arles 41 – Nîmes 16 – Orange 46 – Pont-St-Esprit 53.

🏨🏨 **L'Enclos des Lauriers Roses**, 71 r. 14-Juillet ✆ 04 66 75 25 42, Fax 04 66 75 25 21, 🏊,
    斎 – 🍽 rest, 📺 ☎ 📞. 🆔 ⑩ 🆖
    15 mars-10 nov. et 20 déc.-5 janv. – **Repas** 120/240 ♀, enf. 65 – ⊑ 65 – **13 ch** 550/650 –
    ½ P 450/620

CABRIÈRES-D'AVIGNON 84220 Vaucluse 81 ⑬ – 1 142 h alt. 167.

    Paris 711 – Avignon 34 – Apt 24 – Carpentras 26 – Cavaillon 13.

XX **Bistrot à Michel**, ✆ 04 90 76 82 08, Fax 04 90 76 82 08, 斎 – 🆖
    fermé janv., lundi de sept. à janv. et mardi – **Repas** carte 180 à 300 ♀

CABRIS 06 Alpes-Mar. 84 ⑧,, 114 ⑬,, 115 ㉔ – rattaché à Grasse.

CADÉAC 65240 H.-Pyr. 🔠 ⑲ G. Aquitaine – 161 h alt. 736.

Paris 843 – Bagnères-de-Luchon 34 – Auch 95 – Lourdes 80 – St-Gaudens 58 – Tarbes 61.

🏠 **Hostellerie du Val d'Aure** ⤳, rte de St-Lary-Soulan 🕿 05 62 98 60 63, Fax 05 62 98 68 99, ≼, 🐟, 🛋, ☞, 🛠 – 🔟 🕿 🅿. ⊞
31 mai-17 sept., 24 déc.-30 mars, week-ends et vacances scolaires – **Repas** 65 (déj.), 95/125 ♀, enf. 42 – ☲ 42 – **23 ch** 300/360 – ½ P 285/315

La CADIÈRE-D'AZUR 83740 Var 🔠 ⑭, 🔠 ⑭ G. Côte d'Azur – 3 139 h alt. 144.

Voir ≼* – Le Castelet : village* NE : 4 km.
🚹 Office de Tourisme (saison) Rd-Pt Roger-Salengro 🕿 04 94 90 12 56.
Paris 819 – Marseille 44 – Toulon 22 – Aix-en-Provence 64 – Brignoles 53.

🏰 **Hostellerie Bérard** ⤳, près Poste 🕿 04 94 90 11 43, Fax 04 94 90 01 94, ≼, 🍽, 🏋, 🛋, ☞ – 🗏 🔟 🕿 ⤳ – 🔏 30. ⊞ ⊞ ⊞ 🔃, 🛠 rest
fermé 4 janv. au 4 fév. – **Repas** (fermé lundi midi) 160/295 ♀ – ☲ 90 – **40 ch** 498/720 – ½ P 560/740

CADILLAC 33410 Gironde 🔠 ⑩ G. Aquitaine – 2 582 h alt. 16.

🚹 Office de Tourisme 8 pl.de la Libération 🕿 05 56 62 12 92, Fax 05 56 62 66 07.
Paris 610 – Bordeaux 34 – Langon 13 – Libourne 40.

🏰 **Château de la Tour**, D 10 🕿 05 56 76 92 00, Fax 05 56 62 11 59, 🍽, parc, 🛋 – 🗏 🗐 🔟 🕿 🕭 🅿 – 🔏 20 à 50. ⊞ ⊞
Repas (fermé vend. soir, dim. soir et sam. de nov. à avril) 95 (déj.), 145/320 – ☲ 59 – **32 ch** 590/690 – ½ P 495

Le Guide change, changez de guide tous les ans.

CAEN 🅿 14000 Calvados 🔠 ⑪ ⑫ G. Normandie Cotentin – 112 846 h Agglo. 191 490 h alt. 25.

Voir Abbaye aux Hommes** – Abbaye aux Dames* : église de la Trinité** – Chevet**, frise** et voûtes** de l'église St-Pierre* – Église et cimetière St-Nicolas* – Tour-lanterne* de l'église St-Jean EZ – Hôtel d'Escoville* DY B – Vieilles maisons* (n° 52 et 54 rue St-Pierre) DY K – Musée des Beaux-Arts** dans le château* DX M¹ – Mémorial** AV – Musée de Normandie* DX M².
Env. Ruines de l'abbaye d'Ardenne* 6 km par ⑨.
✈ de Caen-Carpiquet : 🕿 02 31 71 20 10, par D 9 : 7 km.
🚹 Office de Tourisme pl. St-Pierre 🕿 02 31 27 14 14, Fax 02 31 27 14 18.
Paris 233 ④ – Alençon 105 ⑥ – Cherbourg 124 ⑨ – Le Havre 86 ④ – Rennes 184 ⑧.

Plan page suivante

🏰 **Holiday Inn** 🅼, pl. Foch 🕿 02 31 27 57 57, Fax 02 31 27 57 58 – 🛗 ⥄ 🔟 🕿 📞 🕭 – 🔏 150. ⊞ ⊕ ⊞, 🛠 rest **DZ z**
Rabelais 🕿 02 31 27 57 56 (fermé le midi du 24 juil. au 27 août et sam. midi) **Repas** (110)-140/210, enf. 60 – ☲ 60 – **88 ch** 480/635

🏰 **Mercure** 🅼, 1 r. Courtonne 🕿 02 31 47 24 24, Fax 02 31 47 43 88 – 🛗 cuisinette ⥄, ☲ ch, 🔟 🕿 📞 🕭 ⥄ – 🔏 300. ⊞ ⊕ ⊞ **EY b**
Repas (80) - 125 ♀, enf. 55 – ☲ 55 – **114 ch** 490/550

🏰 **Moderne** 🅼 sans rest, 116 bd Mar. Leclerc 🕿 02 31 86 04 23, Fax 02 31 85 37 93 – 🛗 🔟 🕿 📞 🕭 ⥄. ⊞ ⊕ ⊞ 🔃 **DY d**
☲ 51 – **40 ch** 540/610

🏨 **France** sans rest, 10 r. Gare 🕿 02 31 52 16 99, Fax 02 31 83 23 16 – 🛗 🔟 🕿 🕭 🅿. ⊞ ⊕ ⊞ 🔃 **EZ h**
☲ 30 – **47 ch** 250/350

🏠 **Quatrans** sans rest, 17 r. Gemare 🕿 02 31 86 25 57, Fax 02 31 85 27 80 – 🛗 🔟 🕿 📞. ⊞ **DY p**
☲ 38 – **32 ch** 180/280

🏠 **Royal** sans rest, 1 pl. République 🕿 02 31 86 55 33, Fax 02 31 79 89 44 – 🛗 🔟 🕿. ⊞ ⊞ **DY e**
☲ 40 – **43 ch** 275/340

🏠 **Ibis Centre** 🅼, 6 pl. Courtonne 🕿 02 31 95 88 88, Fax 02 31 43 80 80 – 🛗 ⥄ 🔟 🕿 📞 🕭 ⥄ – 🔏 300. ⊞ ⊕ ⊞ **EY k**
Repas (80) - 125 ♀, enf. 55 – ☲ 37 – **101 ch** 315/350

🏠 **Central** sans rest, 23 pl. J. Letellier 🕿 02 31 86 18 52, Fax 02 31 86 88 11 – 🔟 🕿. ⊞ ⊕ ⊞ **DY u**
☲ 30 – **25 ch** 160/240

🏠 **Havre** sans rest, 11 r. Havre 🕿 02 31 86 19 80, Fax 02 31 38 87 67 – 🔟 🕿. ⊞ ⊞ **EZ v**
☲ 30 – **15 ch** 200/250

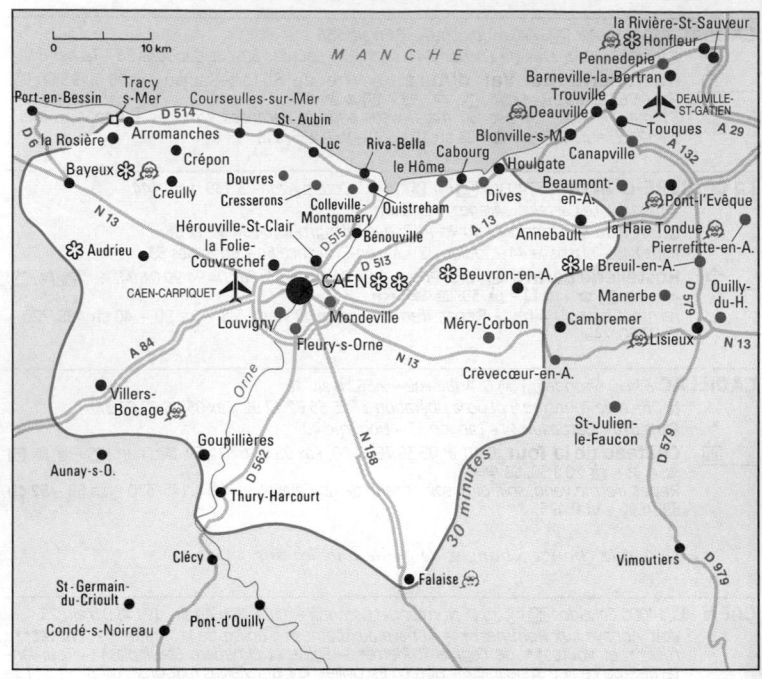

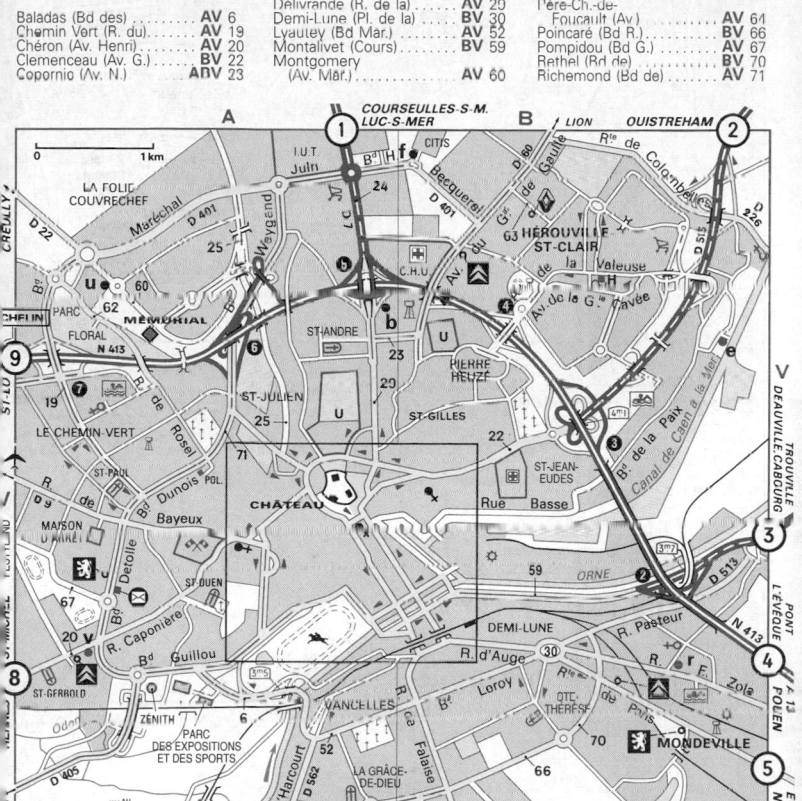

à Hérouville St-Clair *Nord-Est : 3 km – 24 795 h. alt. 20 –* ⊠ *14200 :*

🏨 **Quality Hôtel,** 2 pl. Boston Citis ℘ 02 31 44 05 05, Fax 02 31 44 95 94, ₤₄, ⬚ – ⇆ 📺 ☎
&. 🄿 – ⚬ 300. 🆀 ⓘ 🆖. ⅍ rest   BV f
Repas 130 bc (déj.), 135/170 ♀, enf. 65 – � 57 – **92 ch** 380/520

🍴 **L'Espérance** avec ch, r. Abbé Alix, bord du canal ℘ 02 31 44 97 10, Fax 02 31 94 89 23, ≤
⊷ – 📺 ☎ 🄿 – ⚬ 40. 🆖   BV e
fermé vacances de Toussaint, de fév., dim. soir sauf juil.-août et lundi sauf fériés – **Repas**
75/195 ♀, enf. 50 – ⊡ 25 – **8 ch** 140/220 – ½ P 210

à Bénouville *par* ② *: 10 km – 1 258 h. alt. 8 –* ⊠ *14970 .*

Voir *Château⋆ : escalier d'honneur⋆⋆.*

🏠 **Glycine** Ⓜ, 11 pl. Commando n° 4 ℘ 02 31 44 61 94, Fax 02 31 43 67 30 – 📺 ☎ 🗸 &. 🄿 –
⚬ 20. 🆖
fermé dim. soir du 1er oct. au 30 mai – **Repas** 95/230 – ⊡ 35 – **25 ch** 280/310 – ½ P 305

🍴🍴🍴 **Manoir d'Hastings et la Pommeraie** ⌘ avec ch, 18 av. Côte de Nacre
℘ 02 31 44 62 43, Fax 02 31 44 76 18, ⍟, « *Prieuré du 17e siècle* », ⍟ – 📺 ☎ 🗸 🄿. 🆀 ⓘ
🆖 🄼🄲🄱
fermé 12 nov. au 4 déc. – **Repas** *(fermé dim. soir et lundi)* 125 (déj.), 170/390 et carte 200 à
300 ♀ – ⊡ 50 – **16 ch** 600/800 – ½ P 625/675

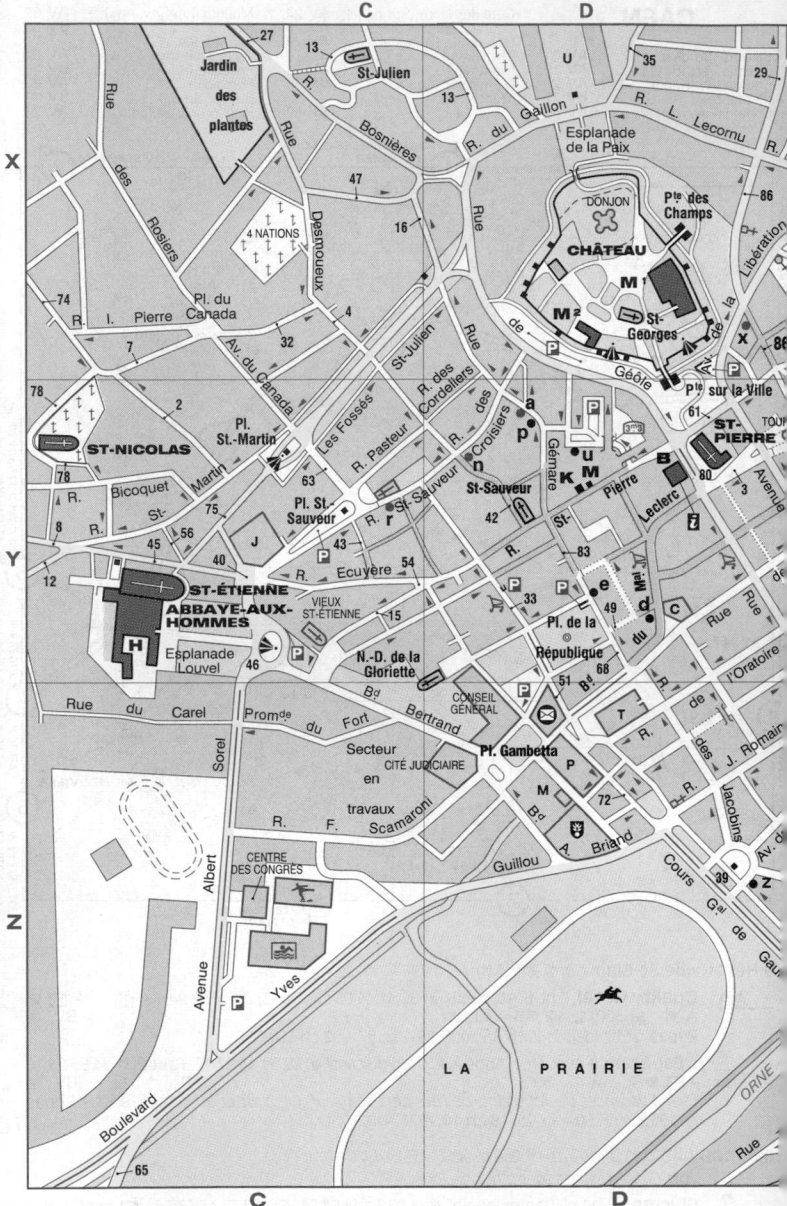

*L'**Atlas Routier FRANCE** de **Michelin**, c'est :*

- *toute la cartographie détaillée (1/200 000) en un seul volume,*
- *des dizaines de plans de villes,*
- *un index de repérage des localités.*

Le copilote indispensable dans votre véhicule.

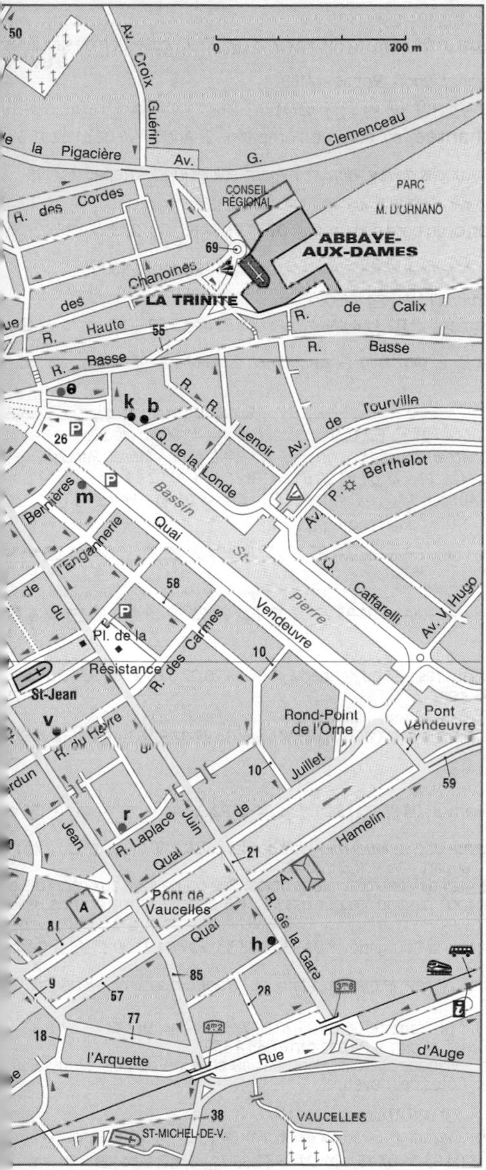

CAEN

Académie (R. de l') . . . . **CY** 2
Alliés (Bd des) . . . . **DY** 3
Bagatelle (Av. de). . . . . **CX** 4
Barbey-d'Aurevilly (R.). . . . . **CX** 7
Bayeux (R. de) . . . . **CY** 8
Bir-Hakeim
(Pont de). . . . . **EZ** 9
Brunet (R. H.) . . . . **EZ** 10
Caponière (R.). . . . . **CY** 12
Carrières-St-Julien (R. des). . . **CDX** 13
Caumont (R. A. de) . . . . **CY** 15
Chanoine X.
de St-Paul (R.) . . . . **CX** 16
Chaussée-Ferrée (R. de la). **EZ** 18
Churchill (Pont) . . . . **EZ** 21
Courtonne (Pl.) . . . . **EY** 26
Creully (Av. de). . . . . **CX** 27
Decaen (R. Gén.) . . . . **EZ** 28
Délivrande (R. de la) . . . . . . **DX** 29
Docteur-Rayer (R. du) . . . . . **CX** 32
Doumer (R. Paul) . . . . **DY** 33
Écuyère (R.) . . . . **CY**
Edimbourg (Av. d') . . . . **DX** 35
Falaise (R. de) . . . . **EZ** 38
Foch (Pl. du Mar.) . . . . **DZ** 39
Fontette (Pl.) . . . . **CY** 40
Froide (R.) . . . . **DY** 42
Fromages (R. aux) . . . . **CY** 43
Guillaume-le-
Conquérant (R.) . . . . **CY** 45
Guillouard (Pl. L.) . . . . **CYZ** 46
Juifs (R. aux). . . . . **CX** 47
Lair (R. P.-A.) . . . . **DY** 49
Lebisey (R. de). . . . . **EX** 50
Lebret (R. G.). . . . . **DYZ** 51
Leclerc (Bd Mar.) . . . . **DY**
Malherbe (Pl.) . . . . **CY** 54
Manissier (R.) . . . . **EX** 55
Marot (R. J.) . . . . **CY** 56
Meslin (Quai E.) . . . . **EZ** 57
Miséricorde (R. de la) . . . . . **EY** 58
Montalivet (Cours) . . . . **EZ** 59
Montoir-Poissonnerie (R.). . **DY** 61
Pemagnie (R.). . . . . **CY** 63
Petit-Vallerent (Bd du) . . . . . **CZ** 65
Pont St-Jacques (R. du) . . . **DY** 68
Reine Mathilde (Pl. de la). . **EX** 69
Sadi-Carnot (R.). . . . . **DZ** 72
St-Jean (R.) . . . . **DEYZ**
St-Gabriel (R.). . . . . **CX** 74
St-Manvieu (R.). . . . . **CY** 75
St-Michel (R.). . . . . **EZ** 77
St-Nicolas (R.) . . . . **CXY** 78
St-Pierre (Pl.). . . . . **DY** 80
St-Pierre (R.) . . . . **DY**
Sévigné (Prom. de) . . . . **EZ** 81
Strasbourg (R. de) . . . . **DY** 83
Vaucelles (R. de). . . . . **EZ** 85
Vaugueux (R. du) . . . . **DX** 86
6-Juin (Av. du). . . . . **DEYZ**
11-Novembre (R. du) . . . . . . **EZ** 90

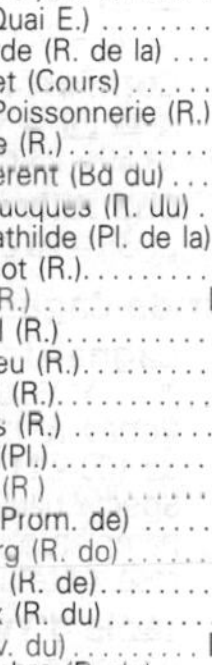

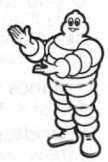

The ***Michelin Road Atlas FRANCE*** *offers:*
- all of France, covered at a scale of 1:200 000, in one volume
- plans of principal towns and cities
- comprehensive index

It makes the ideal navigator.

à Mondeville *Est : 3,5 km – 9 488 h. alt. 10 –* ⊠ *14120 :*

XX **Les Gourmets,** 41 r. E. Zola ℘ 02 31 82 37 59, *Fax 02 31 82 37 92*, collection de saucières
– GB   BV   r
fermé 7 au 23 août, dim. soir et lundi – **Repas** 86/168

à Fleury-sur-Orne *par* ⑦ *: 4 km – 3 861 h. alt. 33 –* ⊠ *14123 :*

XX **Auberge de l'Île Enchantée,** au bord de l'Orne (1 r. St-André) ℘ 02 31 52 15 52,
Fax 02 31 72 67 17, ≤ – GB
fermé 23 juil. au 11 août, vacances de fév., dim. soir, merc. soir et lundi – **Repas** 105/195

à Louvigny *Sud : 4,5 km par D 212ᴮ AV – 1 712 h. alt. 10 –* ⊠ *14111 :*

XX **Auberge de l'Hermitage,** au bord de l'Orne ℘ 02 31 73 38 66, *Fax 02 31 74 27 30,* 🏦
– GB
fermé 28 août au 11 sept., 24 janv. au 7 fév., dim. soir et lundi – **Repas** 89/160 ♀

à La Folie-Couvrechef *(près Mémorial) AV –* ⊠ *14000 Caen :*

🏨 **Otelinn,** av. Mar. Montgomery ℘ 02 31 44 34 20, *Fax 02 31 44 63 80 –* 📺 ☎ ✆ 🅿 –
🏦 60. ÆE ① GB   AV   u
Repas *(fermé 24 déc. au 3 janv., dim. midi et sam. d'oct. à mars)* (72) - 95/140 &, enf. 50 –
☲ 39 – **50 ch** 305

CAGNES-SUR-MER 06800 Alpes-Mar. 84 ⑨, 115 ㉕ G. Côte d'Azur – 40 902 h alt. 20.
Voir *Haut-de-Cagnes*★ – *Château-musée*★ *: patio*★★, ⁕★ *de la tour – Musée Renoir*★.
🅱 Office de Tourisme 6 bd. Mar.-Juin ℘ 04 93 20 61 64, Fax 04 93 20 52 63.
Paris 919 ⑤ – Nice 14 ② – Antibes 11 ④ – Cannes 21 ⑤ – Grasse 25 ⑥ – Vence 11 ①.
Plan page ci-contre

🏨 **Brasilia** sans rest, chemin Grands Plans ℘ 04 93 20 25 03, *Fax 04 93 22 44 09 –* 🛗 📺 ☎ ✆
🅿 – 🏦 15. ÆE ① GB JCB   Y   r
☲ 40 – **18 ch** 350/480

🏨 **Splendid** sans rest, 41 bd Mar. Juin ℘ 04 93 22 02 00, *Fax 04 93 20 12 44 –* 🗐 📺 ☎ 🅿
ÆE ① GB   Y   x
☲ 40 – **24 ch** 350/530

🏨 **Comfort Hôtel Tiercé** sans rest, 33 bd Kennedy ℘ 04 93 20 02 09, *Fax 04 93 20 31 55 –*
🛗 🗐 📺 ☎ ✆ 🅿 ÆE ① GB JCB   Y   v
☲ 50 – **23 ch** 380/750

🏨 **Chantilly** sans rest, 31 r. Minoterie ℘ 04 93 20 25 50, *Fax 04 92 02 82 63 –* 📺 ☎ 🅿 GB
☲ 35 – **20 ch** 260/350   Y   t

au Haut-de-Cagnes :

🏨 **Cagnard** ⑤, 45 r. Sous Barri ℘ 04 93 20 73 21, *Fax 04 93 22 06 39,* ≤, 🏦 – ☰ ch, 📺 ☎
🍃 🏦 25. ÆE ① GB   X   a
Repas *(fermé début nov. à mi- déc. et jeudi midi)* 300 bc (déj.), 330/540 et carte 490 à 700 –
☲ 100 – **21 ch** 950/1800, 4 appart. – ½ P 1350/2200
Spéc. Chaud-froid de foie gras de canard au vieux porto. Poêlon de loup aux cébettes e
pamplemousse. Macarons coco-passion "retour des îles" (15 déc. au 31 mars). **Vins** Belle
rosé, Côtes de Provence.

X **Table d'Yves,** 85 montée de la Bourgade ℘ 04 93 20 33 33, *Fax 04 93 20 33 33,* « Déco
provençal » – ☰. GB   X   ·
🍃 *fermé vacances de Toussaint, de fév., le midi du 11 juil. au 18 août, mardi midi, jeudi midi e
merc. –* **Repas** 120/290 bc

X **Josy-Jo** (Mme Bandecchi), 4 pl. Planastel ℘ 04 93 20 68 76, 🏦 – ☰. ÆE GB   X   ·
🍃 *fermé 1ᵉʳ au 15 août, sam. midi et dim. –* **Repas** carte 235 à 330
Spéc. Farcis "grand-mère". Viandes charolaises grillées au charbon de bois. Mousse au
citrons du pays. **Vins** Bellet, Côtes de Provence.

à Cros-de-Cagnes *Sud-Est : 2 km –* ⊠ *06800 Cagnes-sur-Mer :*
🅱 Office de Tourisme av. des Oliviers ℘ 04 93 07 67 08, Fax 04 93 07 61 59 (été) sur la Plage

XXX **Bourride,** port du Cros ℘ 04 93 31 07 75, *Fax 04 93 31 89 11,* ≤, 🏦 – ☰. ÆE GB   Y   ·
fermé vacances de fév. et merc. – **Repas** 198/345 et carte 250 à 440 ♀

XX **Réserve "Loulou"** (Campo), 91 bd Plage ℘ 04 93 31 00 17, *Fax 04 93 31 00 17 –* ☰.
🍃 ❀
fermé le midi du 14 juil. au 31 août, sam. midi, dim. et fériés – **Repas** 225 et carte 250 à 41
Spéc. Poissons grillés. Supions et calamars à l'huile d'olive. Homard du vivier. **Vins** Cassi
Côtes de Provence.

X **Villa du Cros,** port du Cros ℘ 04 93 07 57 83 – ÆE ① GB
fermé nov. et lundi soir sauf juil.-août – **Repas** (90) - 130/210 ♀

CAGNES-SUR-MER-VILLENEUVE-LOUBET

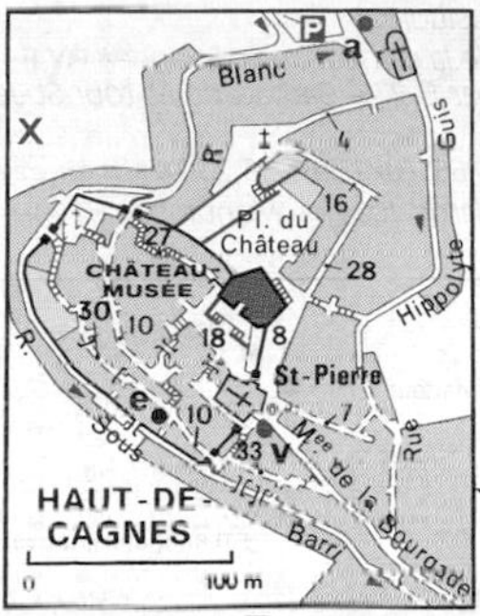

HAUT-DE-CAGNES

ST-PAUL, VENCE

VILLENEUVE-LOUBET
CHÂTEAU

CAGNES-VILLE

CROS-DE-CAGNES

ST-VÉRAN

LES PLANS

LOGIS DU LOUP

HIPPODROME
DE LA CÔTE
D'AZUR

BOUCHES
DU LOUP

LES
RIVES

VILLENEUVE
LOUBET
PLAGE

Marina
Baie des Anges

LES
MAURETTES

PARC DE
VAUGRENIER

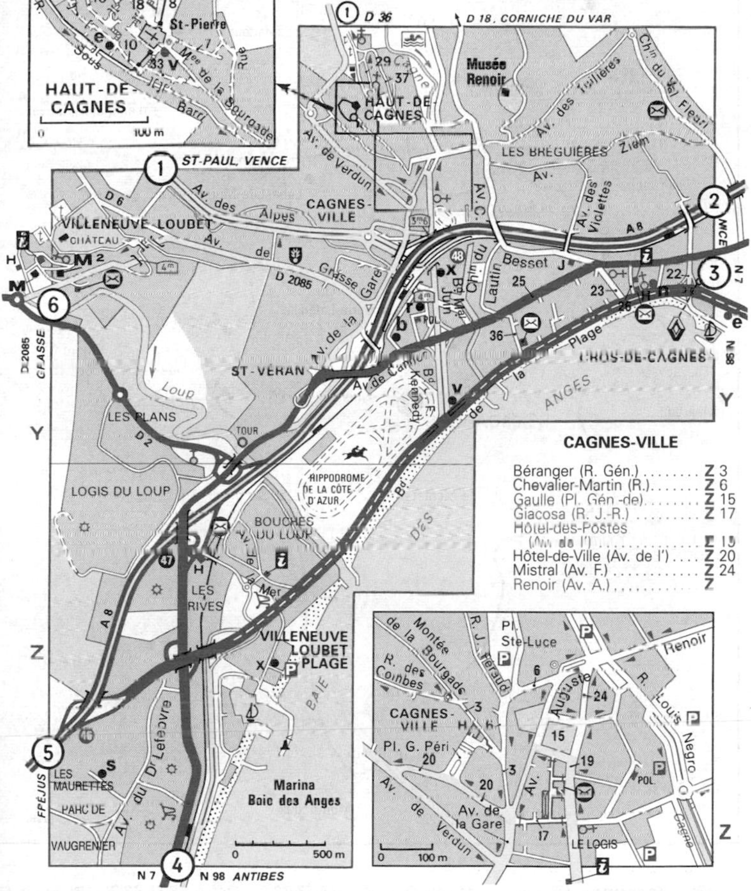

N 7   N 98 ANTIBES

CAGNES-VILLE

LE LOGIS

Write us...

If you have any comments on the contents of this Guide.

Your praise as well as your criticisms will receive careful consideration and, with your assistance, we will be able to add to our stock of information and, where necessary, amend our judgments.

Thank you in advance!

CAHORS ℗ *46000 Lot* **79** ⑧ *G. Périgord Quercy* – *19 735 h alt. 135.*

An 2000 *16 juin-2 juil. : Le printemps de Cahors (Exposition).*

Voir *Pont Valentré*★★ – *Portail Nord*★★ *et cloître*★ *de la cathédrale St-Etienne*★ BY E – ≼★ *du pont Cabessut* – *Croix de Magne* ≼★ *O : 5 km par D 27* – *Barbacane et tour St-Jean*★ ABY K – *Mont-St-Cyr* ≼★ *7 km par D 6.*

🛈 *Office de Tourisme pl. F.-Mitterrand* ℰ 05 65 53 20 65, Fax 05 65 53 20 74.

Paris 582 ① – *Agen 88* ① – *Albi 108* ④ – *Brive-la-Gaillarde 102* ① – *Montauban 61* ④.

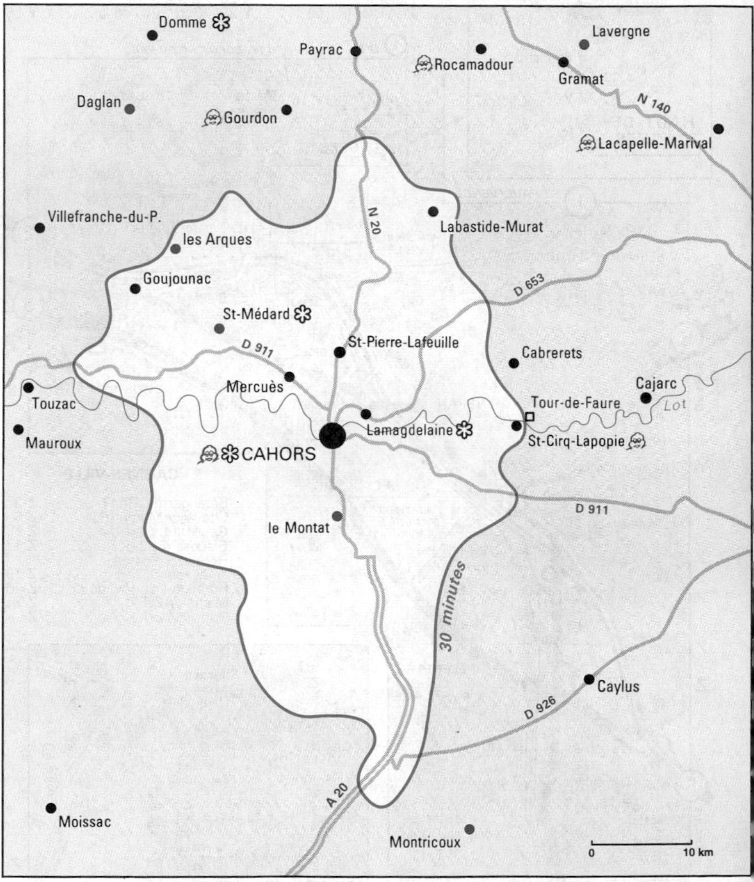

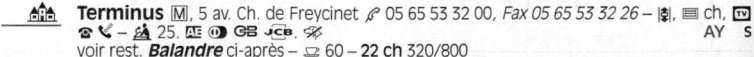

🏛	**Terminus** Ⓜ, 5 av. Ch. de Freycinet ℰ 05 65 53 32 00, *Fax 05 65 53 32 26* – |₿|, ≡ ch, 📺 ☎ ✆ – 🔏 25. ⁛ ⓪ ⓖⓑ ⌨ಃ. ⌾
	voir rest. **Balandre** ci-après – ⌸ 60 – **22 ch** 320/800 AY **s**
🏛	**Chartreuse**, fg St-Georges ℰ 05 65 35 17 37, *Fax 05 65 22 30 03*, ≼, 🔟 – |₿| ≡ rest, 📺 ☎ ✆ ℗ – 🔏 25. ⁛ ⓖⓑ
	fermé janv. – **Repas** 87/230, enf. 45 – ⌸ 40 – **50 ch** 250/360 – ½ P 285/315 BZ **u**
🏛	**France** sans rest, 252 av. J. Jaurès ℰ 05 65 35 16 76, *Fax 05 65 22 01 08* – |₿| ⹀⹀ 📺 ☎ ✆ ⛮ ℗ – 🔏 50. ⁛ ⓪ ⓖⓑ. ⌾
	fermé 18 déc. au 2 janv. – ⌸ 42 – **79 ch** 250/450 AY **n**
🏛	**A l'Escargot**, 5 bd Gambetta ℰ 05 65 35 07 66, *Fax 05 65 53 92 38* – 📺 ☎ ✆ ⓖⓑ. ⌾ ch
	fermé 23 mai au 6 juin, 19 déc. au 7 janv., dim. soir et lundi sauf juil.-août – **Repas** (62) - 75/168 🍷, enf. 50 – ⌸ 34 – **9 ch** 262/282 – ½ P 257 BY **v**

358

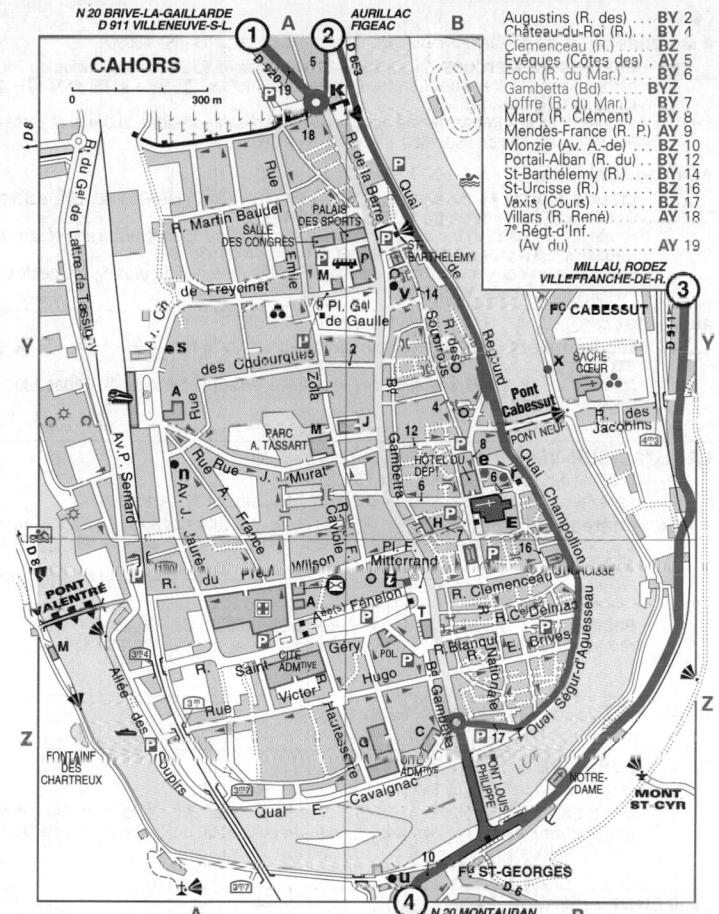

CAHORS

0   300 m

Augustins (R. des) . . .	**BY** 2
Château-du-Roi (R.) . . .	**BY** 4
Clemenceau (R.)	**BZ**
Evêques (Côtes des) .	**AY** 5
Foch (R. du Mar.)	**BY** 6
Gambetta (Bd)	**BYZ**
Joffre (R. du Mar.)	**BY** 7
Marot (R. Clément) . . .	**BY** 8
Mendès-France (R. P.)	**AY** 9
Monzie (Av. A.-de) . . .	**BZ** 10
Portail-Alban (R.)	**BY** 12
St-Barthélemy (R.) . . .	**BY** 14
St-Urcisse (R.)	**BZ** 16
Vaxis (Cours)	**BZ** 17
Villars (R. René)	**AY** 18
7e-Régt-d'Inf.	
(Av. du)	**AY** 19

Balandre - Hôtel Terminus (Marre), 5 av. Ch. de Freycinet ℘ 05 65 53 32 00, Fax 05 65 53 32 26 – 🖿. 🖭 ⓞ 🆚 🆓 ✵
fermé 13 au 27 nov., lundi sauf le soir du 14 juil. au 31 août et dim. soir de sept. à juin – Repas 175 (dîner), 200/450 et carte 300 à 430 ♀.   AY **s**
Spéc. Oeufs au foie gras poché sauce truffe. Filet d'agneau du Quercy, jus au genièvre. Millas au caramel-café. **Vins** Cahors.

Rendez-Vous, 49 r. C. Marot ℘ 05 65 22 65 10, Fax 05 65 35 11 05, 🍽 – 🆚   BY **e**
fermé lundi sauf le soir en juil.-août et dim.
Repas 130/150 ♀, enf. 45

Bistrot du Cahors, 46 r. Daurade ℘ 05 65 53 10 55, Fax 05 65 53 10 55, 🍽, « Bistrot à vins » – 🆚   BY **r**
avril-sept. et fermé lundi soir hors saison et mardi – Repas 90 ♀

Au Fil des Douceurs, 90 quai Verrerie ℘ 05 65 22 13 04, Fax 05 65 35 61 09, ≤, « "Ga-barre" aménagée » – 🖿 🆖   DY **x**
fermé dim. soir et lundi – Repas 75 (déj.), 105/270

rte de Brive par ① et N 20 : 7 km – ⊠ 46000 Cahors :

Garenne, ℘ 05 65 35 40 67, Fax 05 65 35 40 67, 🍽, « Joli cadre rustique », 🌳 – 🅿. 🆖
fermé 1er fév. au 10 mars, mardi soir et merc. sauf du 15 juil. au 31 août – Repas 95/250 ♀, enf. 55

359

à Mercuès par ①, rte de Villeneuve-sur-Lot : 10 km – 768 h. alt. 133 – ⊠ 46090 :

🏨 **Château de Mercuès** ⑤, 𝒫 05 65 20 00 01, Fax 05 65 20 05 72, ≤ vallée du Lot, 🏤, parc, « Ancien château des Comtes-Évêques de Cahors », 🦯, 🎾 – 🛗 📺 ☎ ✆ 🖪 – 🚿 60. 🖭 ⓞ ☎ JCB ⑥ rest

Pâques-1er nov. – **Repas** (fermé mardi midi et lundi sauf juil.-août) 280/450 et carte 420 à 510 ♀ – ☲ 90 – **24 ch** 950/1500, 6 appart – ½ P 780/1105

à Lamagdelaine par ② : 7 km – 731 h. alt. 122 – ⊠ 46090 :

XXX **Claude Marco** Ⓜ ⑤, avec ch, 𝒫 05 65 35 30 64, Fax C5 65 30 31 40, 🏤, « Belle salle voûtée », 🦯, 🛲 – ≡ ch, 📺 ☎ ✆ 🖪 🖭 ⓞ ☎

❀ fermé 15 au 23 oct., 5 janv. au 5 mars, dim. soir et lundi du 15 sept. au 15 juin et sam. midi – **Repas** 140/310 et carte 280 à 400, enf. 80 – ☲ 60 – **4 ch** 550/680

Spéc. Foie gras de canard cuit en escabèche. Petite tatin de foie gras. Suprême de colvert en habit de poireaux. **Vins** Cahors.

au Montat par ④ et D 47 : 8,5 km – 685 h. alt. 271 – ⊠ 46090 :

XXX **Les Templiers,** 𝒫 05 65 21 01 23, Fax 05 65 21 02 38, « Belle salle voûtée » – ▣. 🖭 ⓞ ☎

fermé 1er au 12 juil., 25 janv. au 20 fév., mardi sauf en août et dim. soir – **Repas** 100/255 et carte 200 à 250 🦯, enf. 50

CAHUZAC-SUR-VÈRE 81140 Tarn 🔢 ⑲ – 1 074 h alt. 240.

🖪 Office de Tourisme Mairie 𝒫 05 63 33 90 18.

Paris 668 – Toulouse 68 – Albi 28 – Gaillac 11 – Montauban 59 – Rodez 91.

🏰 **Château de Salettes** ⑤, 𝒫 05 63 33 60 60, Fax 05 63 33 60 61, ≤, 🏤, « Au milieu d'un vignoble, batisse de caractère au décor contemporain », 🛲 – ≡ rest, 📺 ☎ & 🖪 – 🚿 30. ☎

fermé 2 au 17 janv. – **Repas** (fermé jeudi midi et merc. d'oct. à mai) 130 (déj.), 180/490 bc ♀ – ☲ 80 – **17 ch** 500/950 – ½ P 555/755

X **Falaise,** rte Cordes 𝒫 05 63 33 96 31, Fax 05 63 33 96 31, 🏤 – 🖪. ⓞ ☎. 🖗

🕸 fermé 10 au 25 janv., dim. et lundi (sauf fériés) – **Repas** 90 (déj.), 120/250 bc ♀

CAILLOUET 27 Eure 🔢 ⑰ – rattaché à Pacy-sur-Eure.

CAILLY-SUR-EURE 27490 Eure 🔢 ⑰ – 191 h alt. 23.

Paris 100 – Rouen 43 – Évreux 12 – Louviers 12 – Vernon 27.

🏠 **Deux Sapins** ⑤, 𝒫 02 32 67 75 13, Fax 02 32 67 73 62, 🏤 – 📺 ☎ & 🖪. ☎. 🖗 ch

fermé 13 août au 4 sept., dim. soir et lundi – **Repas** 90/220 bc ♀ – ☲ 35 – **15 ch** 280/320 – ½ P 300/310

CAIRANNE 84290 Vaucluse 🔢 ② – 863 h alt. 136.

Paris 654 – Avignon 42 – Bollène 48 – Montélimar 51 – Nyons 25 – Orange 18.

🏠 **Auberge Castel Miréïo** Ⓜ, rte Carpentras par D 8 𝒫 04 90 30 82 20, Fax 04 90 30 78 39 – ≡ rest, 📺 ☎ & 🖪. ☎

fermé 26 au 31 août et 2 au 23 janv. – **Repas** (fermé dim. soir et merc. soir sauf juil.-août et lundi midi) 95 (déj.), 115/175 ♀ – ☲ 40 – **9 ch** 300/380 – ½ P 305/330

CAJARC 46160 Lot 🔢 ⑨ G. Périgord Quercy – 1 033 h alt. 160.

Paris 585 – Cahors 51 – Figeac 25 – Rocamadour 59 – Villefranche-de-Rouergue 28.

🏠 **Ségalière** ⑤, 380 av. F. Mitterrand 𝒫 05 65 40 65 35, Fax 05 65 40 74 92, 🏤, 🦯, 🛲 – 🕸 📺 ☎ 🖪. 🖭 ☎

1er avril-fin oct. – **Repas** 70 bc (déj.), 80/210 ♀, enf. 50 – ☲ 45 – **18 ch** 250/300 – ½ P 280

CALACUCCIA 2B H.-Corse 🔢 ⑮ – voir à Corse.

In this Guide,

*a symbol or a character, printed in **black** or another colour*
*in light or **bold** type,*
does not have the same meaning.

Please read the explanatory pages carefully.

CALAIS 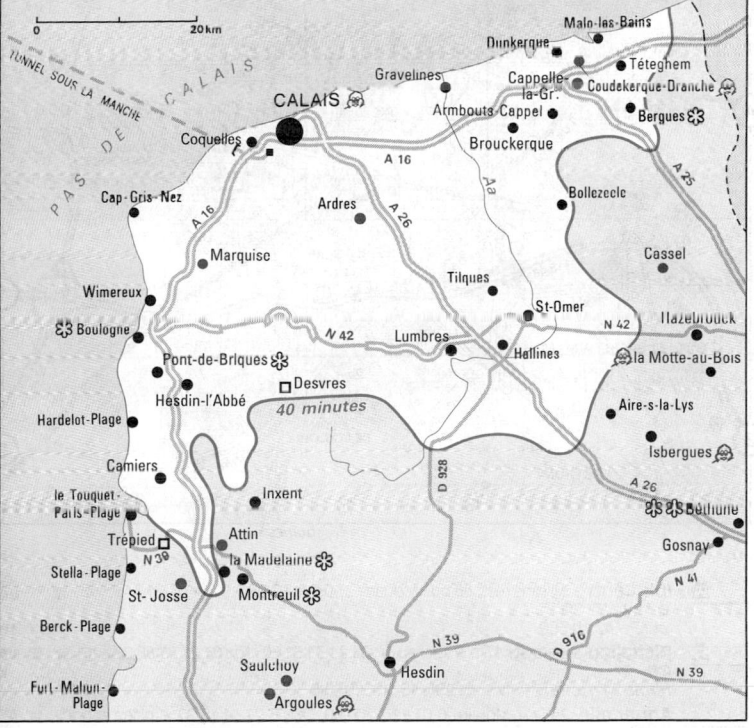 62100 P.-de-C. 51 ② G. Picardie Flandres Artois – 75 309 h Agglo. 101 768 h alt. 5 – Casino **CX.**

Voir *Monument des Bourgeois de Calais (Rodin)*★★ – *Phare* ☀★★ DX – *Musée des Beaux-Arts et de la Dentelle*★ CX M² – *Cap Blanc Nez*★★ : 13 km par ④.

Tunnel sous la Manche : Terminal de Coquelles **AU**, renseignements "**Le Shuttle**" 🖉 03 21 00 61 00.

🚗 🖉 08 36 35 35 35.

🚇 *Office de Tourisme 12 bd Clemenceau 🖉 03 21 96 62 40, Fax 03 21 96 01 92.*

Paris 290 ② – Boulogne-sur-Mer 38 ③ – Dunkerque 45 ① – Oostende 96 ① – St-Omer 41 ②.

🏨 **Holiday Inn Garden Court** 🅼, bd Alliés 🖉 03 21 34 69 69, *Fax 03 21 97 09 15*, ≼ – |‡| 💱 📺 ☎ ✆ 🕭 ⚑ – 🔏 20. 🕮 ① 🖭 🃏   CX **a**
Repas grill *(fermé sam. midi et dim. midi)* (45) - 130 ♀, enf. 55 – ☲ 70 – **65 ch** 650

🏨 **Meurice**, 5 r. E. Roche 🖉 03 21 34 57 03, *Fax 03 21 34 14 71* – |‡| 📺 ☎ ✆ 🕭. 🕮 ① 🖭
Diligence 🖉 03 21 34 57 03 *(fermé sam. midi)* **Repas** 80/350 ♀, enf. 50 – ☲ 60 – **39 ch**
400/510 – ½ P 340/390   CX **v**

🏨 **Métropol Hôtel** sans rest, 43 quai du Rhin 🖉 03 21 97 54 00, *Fax 03 21 96 69 70* |‡| 📺
☎ ✆ 🕭. 🕮 ① 🖭   CY **h**
fermé 16 déc. au 1er janv. – ☲ 49 – **40 ch** 250/380

🏨 **George V**, 36 r. Royale 🖉 03 21 97 68 00, *Fax 03 21 97 34 73* – |‡|, 🍽 rest, 📺 ☎ ✆ 🖭 –
🔏 25. 🕮 ① 🖭 🃏   CX **d**
Repas *(fermé 22 déc. au 14 janv., sam. midi et dim.)* (79) - 95/285 bc ♀ – ☲ 47 – **42 ch**
330/400 – ½ P 310

🏨 **Ibis**, ZUP Beau Marais, r. Creuze 🖉 03 21 96 69 69, *Fax 03 21 97 89 99*, 🌧 🍽 📺 ☎ ✆ 🕭.
🖭 – 🔏 20. 🕮 ① 🖭 🃏 🍽 rest   BT **n**
Repas *(dîner seul.)* (75) - 95 🕭, enf. 39 – ☲ 35 – **55 ch** 360

CALAIS

Bossuet (R.) .... **BT** 9
Cambronne (R.) .... **AU** 12
Chateaubriand (R.) .... **BT** 15
Égalité (Bd de l') .... **BT** 18
Einstein (Bd) .... **AU** 19
Fontinettes (R. des) ..... **ATU** 25

Four à Chaux (R. du) ..... **AU** 27
Gambetta (Bd Léon) ...... **AT** 28
Gaulle (Bd du Gén.-de) ... **AT** 30
Hoche (R.) .... **ATU** 33
Jacquard (Bd) .... **AT** 34
Lafayette (Bd) .... **AT** 39
Lattre-de-Tassigny
  (R. Mar.-de) .... **AT** 40

Lheureux (Quai L.) .... **BU** 41
Maubeuge (R. de) .... **BT** 43
Phalsbourg (R. de) ...... **BT** 51
Prairies (R. des) .... **AU** 52
Ragueneau (R. de) ...... **BTU** 57
Valenciennes
  (R. de) .... **AU** 69
Verdun (R. de) .... **AT** 73

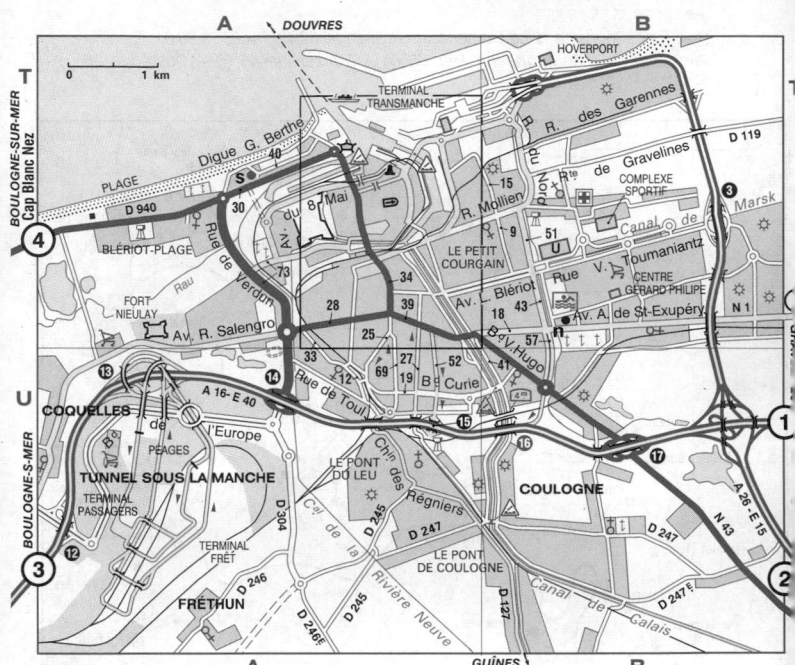

	Ibis Centre ⓜ sans rest, 35 bd Jacquard ℘ 03 21 97 98 98, *Fax 03 21 34 63 62* – ⃰ ⃰ ⃰ ⓣⓥ ☎ ❤ ❙. Ⅎ ⓖⒷ ⌁ 35 – **42 ch** 350	DY m
	Richelieu sans rest, 17 r. Richelieu ℘ 03 21 34 61 60, *Fax 03 21 85 89 28* – ⓣⓥ ☎. Ⅎ ⓞ ⓖⒷ. ⃰ *fermé 24 déc. au 2 janv.* – ⌁ 28 – **15 ch** 250/280	CX k
✕✕	**Aquar'aile**, 255 r. J. Moulin ℘ 03 21 34 00 00, *Fax 03 21 34 15 00*, ≤ plage et port – ▤. Ⅎ ⓞ ⓖⒷ ⒿⒸⒷ *fermé 16 au 31 août, 15 au 29 fév., dim. soir et lundi* – **Repas** 130/230 ⓨ	AT s
✕✕ ❀	**Au Côte d'Argent**, 1 digue G. Berthe ℘ 03 21 34 68 07, *Fax 03 21 96 42 10*, ≤ – Ⅎ ⓞ ⓖⒷ *fermé 4 au 18 sept., 24 déc. au 2 janv., vacances de fév., dim. soir et lundi* – **Repas** 98/220 ⓨ	CX f
✕✕	**Channel**, 3 bd Résistance ℘ 03 21 34 42 30, *Fax 03 21 97 42 43* – ▤. Ⅎ ⓞ ⓖⒷ *fermé 25 juil. au 8 août, 23 déc. au 13 janv., dim. soir et mardi* – **Repas** 98/160 ⓨ	CX e
✕✕	**Pléiade**, 32 r. J. Quehen ℘ 03 21 34 03 70, *Fax 03 21 34 03 13* – ▤. Ⅎ ⓞ ⓖⒷ ⒿⒸⒷ *fermé 7 au 28 août, 14 au 28 fév., sam. midi et lundi* – **Repas** (85) - 120/200 ⓨ	CX n
✕	**Grand Bleu**, 5 r. J.-P. Avron ℘ 03 21 97 97 98, *Fax 03 21 97 97 98*, 😃 – Ⅎ ⓞ ⓖⒷ *fermé 10 au 16 avril, sam. midi et dim. soir* – **Repas** - produits de la mer - 130/160	CX r
✕	**Histoire Ancienne**, 20 r. Royale ℘ 03 21 34 11 20, *Fax 03 21 96 19 58* – Ⅎ ⓞ ⓖⒷ *fermé 1er au 15 août, lundi soir et dim.* – **Repas** (61) - 98/158 ⓨ, enf. 45	CX x

à Coquelles *Ouest : 6 km par av. R. Salengro* **AT** – *2 133 h. alt. 5* – ⊠ *62231* :

| 🏛🏛 | **Copthorne** ⓜ ⚘, ℘ 03 21 46 60 60, *Fax 03 21 85 76 76*, Ⅰ6, ⃰, – ⃰ ⃰ ⃰ ⃰ ⃰, ▤ rest, ⓣⓥ ☎ ❤ ❙. ⃰ Ⅎ ⓞ ⓖⒷ **Repas** *(fermé sam. midi)* 140 bc, enf. 48 – ⌁ 70 – **118 ch** 610/1050 | |

CALAIS

CALALONGA 2A Corse-du-Sud 🟦🟦 ⑨ – voir à Corse (Bonifacio).

CALA-ROSSA 2A Corse-du-Sud 🟦🟦 ⑧ – voir à Corse (Porto-Vecchio).

CALAS 13 B.-du-R. 🟦🟦 ③ ⑬, 🟦🟦🟦 ⑮ – alt. 209 – ⊠ 13480 Cabriès
Paris 764 – Marseille 22 – Aix-en-Provence 12 – Marignane 17 – Salon-de-Provence 36.

※※　**Auberge Bourrelly** avec ch., 𝄐 04 42 69 13 13, Fax 04 42 69 13 40, 🏠 , ⟁ , 🌿 – 📺 ☎
　　　🅿 🆎 ⓪ 🆑
　　　fermé vacances de Toussaint, de fév., dim. soir et lundi – **Repas** 195/285 – ⊊ 50 – **12 ch**
　　　350/440 – ½ P 400/430

CALLAS 83830 Var 🟦🟦 ⑦, 🟦🟦🟦 ㉓ G. Côte d'Azur – 1 276 h alt. 398.
Paris 875 – Castellane 52 – Draguignan 16.

rte de Muy Sud-Est : 7 km par D 25 – ⊠ 83830 Callas :

🏯　**Hostellerie Les Gorges de Pennafort** Ⓜ ♨, D 25 𝄐 04 94 76 66 51,
❀　　Fax 04 94 76 67 23, ≼, 🏠 , « Isolé, face aux gorges de Pennafort », ⟁ , 🌿 , ※ – 🗏 📺 ☎
　　　ⓦ ♿ 🅿 – 🏊 20. 🆎 🆑
　　　fermé 15 janv. au 15 mars – **Repas** (fermé dim. soir et lundi du 15 sept. au 15 juin) 190 (déj.),
　　　265/550 ⅊, enf. 100 – ⊊ 85 – **17 ch** 850/1100 – ½ P 800/900
　　　Spéc. Fricassée de petits gris au pied de porc. Morue au four. Lièvre à la royale (oct. à janv.).
　　　Vins Côtes de Provence.

CALVI 2B H.-Corse 🟦🟦 ⑬ – voir à Corse.

CALVINET 15340 Cantal 🟦🟦 ⑪ – 404 h alt. 600.
Voir Commune de la "Méridienne verte".
Paris 592 – Aurillac 34 – Rodez 57 – Entraygues-sur-Truyère 31 – Figeac 40 – Maurs 18.

※※　**Beauséjour** (Puech) avec ch., 𝄐 04 71 49 91 68, Fax 04 71 49 98 63 – 📺 ☎ ⓦ 🅿 ⓪ 🆑
❀　　fermé 10 janv. au 15 fév., mardi et merc. hors saison, lundi sauf soir en juil.-août et dim. soir
🍎　　de sept. à juin – **Repas** (prévenir) 95/300 et carte 210 à 290, enf. 60 – ⊊ – **12 ch** 260/320
　　　– ½ P 350
　　　Spéc. Petit chou farci aux ris et rognons de veau. Sandre de Loire rôti, ragoût de pieds de
　　　porc. Sablé à la châtaigne. **Vins** Saint-Pourçain, Marcillac.

CAMARET-SUR-MER 29570 Finistère 🟦🟦 ③ G. Bretagne – 2 933 h alt. 4.
Env. Pointe de Penhir★★★ SO : 3,5 km – Pointe des Espagnols★★ NE : 13 km.
🅱 Office de Tourisme 15 q. Kléber 𝄐 02 98 27 93 60, Fax 02 98 27 87 22.
Paris 596 – Brest 4 – Châteaulin 43 – Crozon 9 – Morlaix 89 – Quimper 57.

🏨　**Thalassa,** 𝄐 02 98 27 86 44, Fax 02 98 27 88 14, ≼, 🛁, ⟁ – ฿ 📺 ☎ ⓦ ♿ 🅿 – 🏊 25. 🆎
　　　⓪ 🆑
　　　hôtel : 22 avril-30 sept. ; rest. : 6 mai-28 sept. – **Repas** (fermé le midi sauf sam. et dim.)
　　　100/295 ⅊, enf. 48 – ⊊ 50 – **47 ch** 350/600 – ½ P 350/470

🏠　**France,** 𝄐 02 98 27 93 06, Fax 02 98 27 88 14, ≼ – ฿, ▤ rest, 📺 ☎, 🆎 ⓪ 🆑, ❄ rest
　　　1er avril-30 oct. – **Repas** (15 avril-15 oct.) 88 (déj.), 100/290 ⅊, enf. 48 – ⊊ 37 – **20 ch**
　　　300/500 – ½ P 285/450

🏠　**Vauban** sans rest, 𝄐 02 98 27 91 36, Fax 02 98 27 96 34, ≼, 🌿 – ☎ 🅿. 🆑. ❄
　　　fermé déc. et janv. – ⊊ 35 – **16 ch** 160/250

Dans ce guide
un même symbole, un même caractère,
imprimé en couleur ou en **noir**, en maigre ou en **gras**
n'ont pas tout à fait la même signification.
Lisez attentivement les pages explicatives.

CAMBO-LES-BAINS 64250 Pyr.-Atl. 🆅🅴 ③ G. Aquitaine – 4 128 h alt. 67 – Stat. therm. (27 mars/16 déc.).

Voir Arnaga★ (villa d'Edmond Rostand) M – Vallée de la Nive★ au Sud par D 918.
🅱 Office de Tourisme parc St-Joseph ℘ 05 59 29 70 25, Fax 05 59 29 90 77.
Paris 788 ⑦ – Biarritz 20 ② – Pau 117 ① San Sebastián 64 ⑧

CAMBO-LES-BAINS

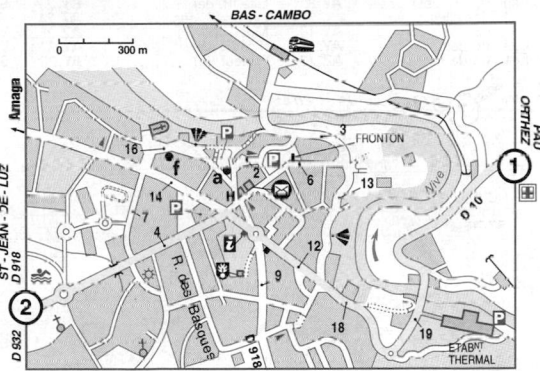

🏠 **Bellevue**, r. Terrasses (f) ℘ 05 59 93 75 75, Fax 05 59 93 75 85, ≤, 🏤, ⌁, 🐾 – 📺 ☎ 🅿. 🅰🅴 🆖, 🛏 rest
fermé 16 au 30 nov., 21 déc. au 4 janv., dim. soir et lundi sauf juil.-août – **Repas** 105/175 ℔ –
Bistrot (déj. seul. sauf dim. et jours fériés) (fermé lundi sauf juil.-août) **Repas** (55)-65 ℔ –
⌑ 35 – **26 ch** 240/380 – P 333/385

🏠 **Trinquet** sans rest, r. Trinquet (a) ℘ 05 59 29 73 38, Fax 05 59 29 25 61 – ☎ ♨
fermé 2 au 30 nov. et mardi d'oct. à juin – ⌑ 28 – **12 ch** 160/210

🏠 **Chez Tante Ursule** (annexe 🅼 10 ch), quartier Bas-Cambo, au Nord : 2 km
℘ 05 59 29 78 23, Fax 05 59 29 28 57, 🏤 – 📺 ☎ 🕭 🅿. 🅰🅴 ⓞ 🆖, 🛏 ch
fermé 15 fév. au 15 mars – **Repas** (fermé mardi sauf juil.-août) 90/200 ℔, enf. 55 – ⌑ 30 –
17 ch 175/300 P 248/308

Les noms des localités citées dans ce guide

sont soulignés de rouge

sur les **cartes Michelin** à 1/200 000.

CAMBRAI 🆂🅿 59400 Nord 🆅🅳 ③ ④ G. Picardie Flandres Artois – 33 092 h alt. 53.
Voir Mise au tombeau★★ de Rubens dans l'église St-Géry – Musée municipal : clôture du
chœur★, char de procession★ AZ M.
🅱 Office de Tourisme 48 r. de Noyon ℘ 03 27 78 36 15, Fax 03 27 74 82 82.
Paris 179 ⑥ – St-Quentin 40 ⑤ – Amiens 87 ⑥ – Arras 37 ⑥ – Lille 76 ⑦.

Plan page suivante

🏰 **Château de la Motte Fénelon** 🏤, square Château (par allée St Roch - Nord du plan)
BY ℘ 03 27 83 61 38, Fax 03 27 83 71 61, parc, 🛁 – 📺 ☎ 🅿 – 🔬 30 à 100. 🅰🅴 ⓞ 🆖.
🛏 ch
Les Douves (fermé sam. midi de nov. à mars, dim. soir et soirs fériés) **Repas** 145/
240, enf. 100 – ⌑ 55 – **40 ch** 320/1150 – ½ P 330/660

🏰 **Beatus** 🏤 sans rest, 718 av. Paris par ⑥ : 1,5 km ℘ 03 27 81 45 70, Fax 03 27 78 00 83,
🐾 – 📺 ☎ ♨ 🅿 – 🔬 30. 🅰🅴 ⓞ 🆖
⌑ 55 – **33 ch** 340/460

🏠 **Mouton Blanc**, 33 r. Alsace-Lorraine ℘ 03 27 81 30 16, Fax 03 27 81 83 54 – 🖥 🔌 📺 ☎
– 🔬 30. 🅰🅴 🆖   BY a
Repas (fermé 31 juil. au 7 août, dim. soir et lundi) 110/230 ℔ – ⌑ 40 – **32 ch** 260/450 –
½ P 230/300

🍴🍴 **Crabe Tambour**, 52 r. Cantimpré ℘ 03 27 83 10 18 – 🆖   AY r
fermé 1er au 22 août, 2 au 5 janv., dim. soir, lundi et soirs fériés – **Repas** 98/160

🍴🍴 **L'Escargot**, 10 r. Gén. de Gaulle ℘ 03 27 81 24 54, Fax 03 27 83 95 21 – 🅰🅴 ⓞ
🆖   BZ n
fermé 14 août au 4 sept., merc. soir et lundi – **Repas** (70)-120 bc/220 ℔, enf. 45

CAMBRAI

Albert-1er (Av.) . . . . BY 2
Alsace-Lorraine (R. d') . . . . BYZ 4
Berlaimont (Bd de) . . . . BZ 5
Briand (Pl. A.) . . . . AYZ 6
Cantimpré (R. de) . . . . AY 7
Capucins (R. des) . . . . AY 8
Chât.-de-Selles (R. du) . . . . AY 10
Clefs (R. des) . . . . AY 12
Épée (R. de l') . . . . AZ 13
Fénelon (Gde-Rue) . . . . AY 15
Fénelon (Pl.) . . . . AY 16
Feutriers (R. des) . . . . AY 17
Gaulle (R. Gén.-de) . . . . BZ 18
Grand-Séminaire (R. du) . . . . AZ 19
Lattre-de-Tassigny (R. du Mar.-de) . . . . BZ 21
Leclerc (Pl. du Mar.) . . . . . . BZ 22
Lille (R. de) . . . . BY 23
Liniers (R. des) . . . . AZ 24
Moulin (Pl. J.) . . . . AZ 25
Nice (R. de) . . . . AY 27
Pasteur (R.) . . . . AY 29
Porte-Notre-Dame (R.) . . . . BY 31
Porte de Paris (Pl. de la) . . . AZ 32
Râtelots (R. des) . . . . AZ 33
Sadi-Carnot (R.) . . . . AY 35
St-Aubert (R.) . . . . AY 36
St-Géry (R.) . . . . AY 37
St-Ladre (R.) . . . . BZ 39
St-Martin (Mail) . . . . AZ 40
St-Sépulcre (Pl.) . . . . AZ 41
Selles (R. de) . . . . AY 43
Vaucelette (R.) . . . . AZ 45
Victoire (Av. de la) . . . . AZ 46
Watteau (R.) . . . . BZ 47
9-Octobre (Pl. du) . . . . AY 48

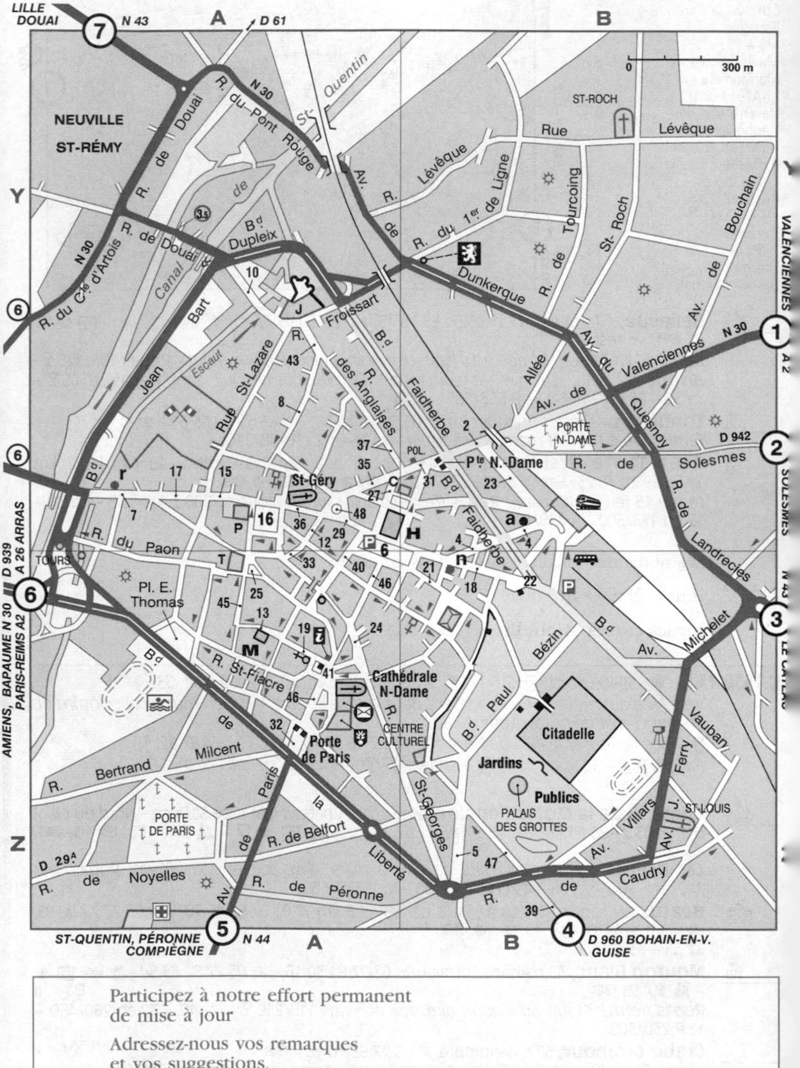

Participez à notre effort permanent de mise à jour

Adressez-nous vos remarques et vos suggestions.

Cartes et guides Michelin

46 avenue de Breteuil - 75324 Paris Cedex 07

CAMBREMER *14340 Calvados* 🗺️ ⑰ – *1 006 h alt. 100.*

🅱️ *Syndicat d'Initiative r. Pasteur* ℘ *02 31 63 08 87.*
Paris 190 – Caen 38 – Deauville 28 – Falaise 39 – Lisieux 15 – Saint-Lô 108.

🏨 **Château Les Bruyères** ⬗, rte Cadran (D 85) ℘ 02 31 32 22 45, Fax 02 31 32 22 58, 🍴,
« Parc », 🔳 – 📺 ☎ 🅿️, ⚑ 🅿️ 🆑
hôtel : 8 avril-31 déc. – **Repas** *(ouvert 14 juil.-31 août, sam. soir et dim. midi du 8 avril au 13 juil. et de sept. à déc.)* 135/170 – ☲ 65 – **13 ch** 430/960 – ½ P 525/680

CAMIERS *62176 P.-de-C.* 🗺️ ⑪ – *2 176 h alt. 23.*

Paris 244 – Calais 57 – Arras 96 – Boulogne-sur-Mer 20 – Le Touquet 10.

🏨 **Les Cèdres** ⬗, ℘ 03 21 84 94 54, Fax 03 21 09 23 29, 🍴, 🌳 – 📺 ☎ 🅿️ – 🈺 15, 🆎 ①
⬖ GB
Repas *(fermé 20 déc. au 20 janv.)* (58) - 80/148 ⅀ – ☲ 38 – **27 ch** 300/315 – ½ P 315

CAMOËL *56130 Morbihan* 🗺️ ⑭ – *598 h alt. 26.*

Paris 455 – Nantes 79 – Vannes 40 – La Baule 28 – La Roche-Bernard 12 – St-Nazaire 37.

🏨 **Vilaine** sans rest, ℘ 02 99 90 01 96, Fax 02 99 90 09 81 – ☎ ❤️ 🅿️, 🆎 ① GB
1ᵉʳ mars-30 nov. – ☲ 32 – **24 ch** 200/335

CAMORS *56330 Morbihan* 🗺️ ② – *2 375 h alt. 113.*

Paris 474 – Vannes 32 – Auray 25 – Lorient 37 – Pontivy 30.

🏨 **Bruyères** sans rest, ℘ 02 97 39 29 99, Fax 02 97 39 28 34 – 📺 ☎ ❤️ 🚘 🅿️, GB, 🍽️
fermé 8 au 30 janv. et dim. d'oct. à mars – ☲ 36 – **15 ch** 300

CAMPAGNE *24 Dordogne* 🗺️ ⑯ – *rattaché au Bugue*

CAMPBON *44750 Loire-Atl.* 🗺️ ⑮ – *2 918 h alt. 31.*

Paris 419 – Nantes 43 – Redon 33 – St-Nazaire 28 – Vannes 71.

🍴 **Jaguais**, rte Bouvron Est : 1,5 km ℘ 02 40 56 58 93, Fax 02 40 56 51 84, 🍴, 🌳 – 🅿️, GB
fermé 7 au 27 août, 1ᵉʳ au 10 janv., mardi soir, merc. soir, dim. soir et lundi – **Repas** 99/225 ⅀,
enf. 55 - **L'Auberge :** **Repas** 58/80 ⅀, enf. 45

CAMPIGNY *27 Eure* 🗺️ ④ – *rattaché à Pont-Audemer.*

Le CAMP-LAURENT *83 Var* 🗺️ ⑤ ⑮, 🗺️ ㊺ – *rattaché à Toulon.*

CAMPS *19 Corrèze* 🗺️ ⑳ – *293 h alt. 700* – ✉️ *19430 Mercoeur*

Voir *Rocher du Peintre* ⬗★ S : 1 km, G. Berry Limousin.
Paris 525 – Aurillac 45 – Brive-la-Gaillarde 62 – St-Céré 30 – Tulle 47.

🏨 **Lac** ⬗, ℘ 05 55 28 51 85, Fax 05 55 28 53 71 – 📺 ☎ 🅿️, GB
fermé fév. – **Repas** 70 *(déj.),* 100/220 ⅀, enf. 55 – ☲ 31 – **11 ch** 230/260 – ½ P 245

CANAPVILLE *14 Calvados* 🗺️ ③ – *rattaché à Deauville.*

CANCALE *35260 I.-et-V.* 🗺️ ⑥ *G. Bretagne* – *4 910 h alt. 50.*

Voir *Site★ du port★ – 🌄★ de la tour de l'église St-Méen – Pointe du Hock ⬗★.*
🅱️ *Office de Tourisme 44 r. du Port* ℘ *02 99 89 63 72, Fax 02 99 89 75 08 et la Criée (saison et vacances scolaires) Port de la Houle* ℘ *02 99 89 74 80.*
Paris 394 ① *– St-Malo 16* ② *– Avranches 63* ① *– Dinan 35* ① *– Fougères 81* ①.

Plan page suivante

🏨 **de Bricourt-Richeux** ⬗, rte Mont-St-Michel : 6,5 km par D 76, D 155 et voie secondaire ℘ 02 99 89 64 76, Fax 02 99 89 88 47, ⬗ baie du Mont-St-Michel, 🍴, parc,
« Élégante villa des années 20 dominant la baie du Mont-St-Michel » – 🛏️ 📺 ☎ ❤️ 🅿️, 🆎
① GB 🖋️
voir aussi rest. **Maison de Bricourt** ci-après - **Coquillage** ℘ 02 99 89 25 25 *(fermé jeudi sauf juil.-août, mardi midi et lundi)* **Repas** 115/225, enf. 100 – ☲ 90 – **15 ch** 750/1650

🏨 **Continental**, quai Thomas ℘ 02 99 89 60 16, Fax 02 99 89 69 58, ⬗, 🍴 – 🛏️ 📺 ☎ ❤️, 🆎
① GB, 🍽️ rest Z s
4 mars-12 nov. – **Repas** *(fermé lundi et mardi)* (90) - 128/320 ⅀, enf. 68 – ☲ 52 – **18 ch** 450/760 – ½ P 385/540

CANCALE

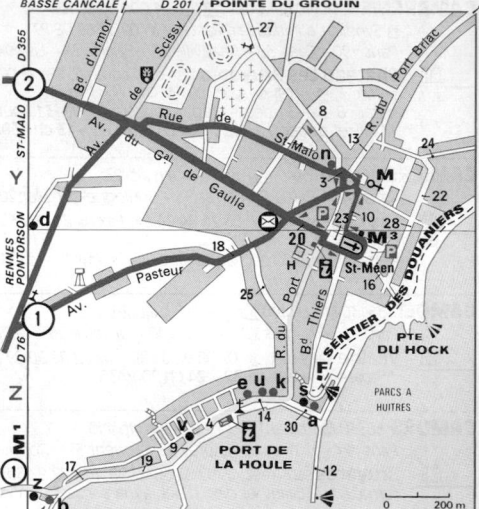

🏨🏨 **Querrien** Ⓜ, 7 quai Duguay-Trouin ✆ 02 99 89 64 56, *Fax 02 99 89 79 35*, ≤, 🌣 – ▤ rest, 📺 ☎ 📞. 🖭 ⒼⒷ   **Z v**
Repas 89/189 ♈, enf. 50 – ☲ 45 – **19 ch** 350/520 – ½ P 305/390

🏨 **Chatellier** sans rest, par ② : 1 km sur D 355 ✆ 02 99 89 81 84, *Fax 02 99 89 61 69*, 🌿 – 📺 ☎ 📞 ❖ 🅿. ⒼⒷ
☲ 35 – **13 ch** 300/330

🏨 **Nuit et Jour**, av. Scissy ✆ 02 99 89 75 59, *Fax 02 99 89 77 13*, 🌣, ⅃, 🌿 – cuisinette 📺 ☎ ❖ 🅿. ⒼⒷ   **YZ d**
fermé 15 nov. au 15 déc. et 7 au 25 janv. – **Repas** *(fermé dim. soir et lundi)* 89/150 ♨ – ☲ 40 – **30 ch** 260/290 – ½ P 260/275

🏨 **Voilerie** sans rest, Le Chemin Neuf ✆ 02 99 89 88 00, *Fax 02 99 89 74 00* – 📺 ☎ ❖ 🅿. ⒼⒷ   **Z z**
fermé 19 nov. au 15 déc., dim. et lundi du 12 nov. au 31 mars – ☲ 40 – **13 ch** 250/300

🍴🍴🍴 **Maison de Bricourt** (Roellinger), r. Duguesclin ✆ 02 99 89 64 76, *Fax 02 99 89 88 47*, ❀❀ « Malouinière du 18ᵉ siècle », 🌿 – 🖭 ⓞ ⒼⒷ   **Y n**
début mars-déc. – **Repas** *(mi-mars-mi-déc. et fermé merc. sauf le soir en juil.-août et mardi)* *(nombre de couverts limité, prévenir)* 270 (déj.), 490/690 et carte 450 à 620, enf. 120
Spéc. Chair d'araignée et oseille sauvage. Homard aux saveurs de l'île aux épices. Bar aux huiles parfumées.
Les Rimains 🏨 ≫ sans rest, r. Rimains ✆ 02 99 89 64 76, *Fax 02 99 89 88 47*, ≤ baie du Mont-St-Michel, « Jardin surplombant la mer », 🌿 – 📺 ☎ 🅿. 🖭 ⓞ ⒼⒷ 🃏
fermé janv. à début mars – ☲ 90 – **6 ch** 750/950

🍴🍴 **St-Cast**, rte Corniche ✆ 02 99 89 66 08, *Fax 02 99 89 89 20*, ≤, 🌣 – 🖭 ⒼⒷ   **Z b**
fermé 15 nov. au 20 déc., vacances de fév., dim. soir et mardi soir sauf juil.-août et merc. – **Repas** 120/220 ♈, enf. 65

🍴🍴 **Cancalais** Ⓜ avec ch, quai Gambetta ✆ 02 99 89 61 93, *Fax 02 99 89 89 24*, ≤ – ▤ rest, 📺 ☎ 📞. ⒼⒷ   **Z u**
fermé 1ᵉʳ déc. au 31 janv., dim. soir et lundi sauf vacances scolaires – **Repas** 90/225 – ☲ 40 – **10 ch** 325/475

🍴🍴 **Phare** avec ch, quai Thomas ✆ 02 99 89 60 24, *Fax 02 99 89 91 75*, ≤, 🌣 – 📺 ☎. ⒼⒷ   **Z a**
fermé 15 nov. au 10 fév., jeudi midi sauf vacances scolaires et merc. – **Repas** 100/250 ♈, enf. 60 – ☲ 42 – **11 ch** 270/460 – ½ P 300/400

🍴 **Surcouf**, 7 quai Gambetta ✆ 02 99 89 61 75, *Fax 02 99 89 76 41*, 🌣 – ⒼⒷ. 🚿   **Z k**
fermé 20 nov. au 11 déc., 2 janv. au 1ᵉʳ fév., jeudi sauf juil.-août et merc.
Repas 98/288

✗ **Troquet**, 19 quai Gambetta ℰ 02 99 89 99 42, ≼ – ⌷ ⎄ Z e
fermé 20 nov. au 19 déc., 15 janv. au 10 fév., dim. soir et lundi – **Repas** 98/198

à la Pointe du Grouin ★★ Nord : 4,5 km par D 201 – ⊠ 35260 Cancale :

🏛 **Pointe du Grouin** 🍃 (annexe à 6 km : 5 ch 🍃 🅼 ⌷ ✗ 🚗), ℰ 02 99 89 60 55,
Fax 02 99 89 92 22, ≼ îles et baie du Mt-St-Michel – ⌷ ☎ 🅿. ⌷
fin mars-début oct. – **Repas** *(fermé mardi)* 120/315 ⌴, enf. 75 – ⌴ 48 – **25 ch** 400/520 –
½ P 405/465

CANDES-ST-MARTIN 37500 I.-et-L. 64 ⑬ G. Châteaux de la Loire – 244 h alt. 35.
Voir Collégiale★
Paris 294 – Angers 76 – Chinon 17 – Saumur 13 – Tours 56.

✗ **Auberge de la Route d'Or**, 2 pl. Église ℰ 02 47 95 81 10, Fax 02 47 95 81 10, 🏠 – ⌷
⌷ ⌷
13 fév.-13 nov. et fermé mardi soir et merc. de sept. à mai – **Repas** 85/190 ⌴, enf. 60

CANDÉ-SUR-BEUVRON 41120 L.-et-Ch. 64 ⑰ – 1 134 h alt. 70.
Paris 199 – Orléans 77 – Tours 50 – Blois 15 – Chaumont-sur-Loire 7 – Montrichard 22.

🏛 **Caillère**, 36 rte Montils ℰ 02 54 44 03 08, Fax 02 54 44 00 95, 🏠, 🚗 – ⌷ ☎ ✓ ₯ 🅿. ⌷
⌷
fermé janv. et fév. – **Repas** *(fermé jeudi midi sauf juil.-août et merc.)* (98) – 168/288 ⌴ – ⌴ 60
– **14 ch** 360/390 – ½ P 408/428

🏠 **Lion d'Or**, ℰ 02 54 44 04 66, Fax 02 54 44 06 19, 🏠, 🚗 – ⌷ ☎ 🅿. ⌷ ⌷ ✗
⌷ *fermé 15 déc. au 1er fév. et mardi* – **Repas** 75/210 ⌴, enf. 50 – ⌴ 35 – **10 ch** 130/275 –
½ P 160/240

*Michelin n'accroche pas de panonceau aux hôtels et restaurants
qu'il signale.*

CANET-EN-ROUSSILLON 66140 Pyr.-Or. 86 ⑳ – 7 575 h alt. 11 – Casino BZ.
🚩 Office de Tourisme pl. Méditerranée ℰ 04 68 73 61 00, Fax 04 68 73 61 10.
Paris 858 ② – Perpignan 11 ② – Argelès-sur-Mer 22 ① – Narbonne 66 ②.

Plan page suivante

Canet-Plage 66140 G. Languedoc Roussillon.
Voir Musée du Jouet★.

🏛 **Clos des Pins**, 34 av. Roussillon ℰ 04 68 80 32 65, Fax 04 68 80 49 19, 🏠, « Maison
catalane », 🌳, ⌷, 🚗 – ▤ ch, ⌷ ☎ ✓ 🅿. – ⌴ 25. ⌷ AY a
Pâques-fin oct. – **Mas Fleuri** *(fermé le midi sauf week-ends et fériés)* **Repas** 175/
245, enf.75 – ⌴ 60 – **16 ch** 520/780 – ½ P 500/650

🏛 **Althéa**, 120 prom. Côte Vermeille ℰ 04 68 80 28 59, Fax 04 68 73 37 27, ≼ – ▤ ▤ ⌷ ☎
✓ ⌷ ① ⌷, ✗ rest BZ b
1er avril-20 oct. – **Repas** 90/195, enf. 55 – ⌴ 40 – **48 ch** 380/470 – ½ P 335/355

🏛 **Aquarius**, 40 av. Roussillon ℰ 04 68 73 30 00, Fax 04 68 80 24 34, 🏠, ⌷ – ▤ ⌷ ☎ 🅿. –
⌴ 20. ⌷ AY d
fermé 25 déc. au 1er janv. et week-ends en hiver – **Repas** *(dîner seul. de sept. à juin)*
90/130 ⌴, enf. 55 – ⌴ 40 – **50 ch** 360/380 – ½ P 305/315

🏛 **Port**, 21 bd Jetée ℰ 04 68 80 62 44, Fax 04 68 73 28 83 – ▤ ⌷ ☎ ✓ ₯ 🚗 🅿. ⌷
✗ rest BY e
hôtel : 15 mai-15 sept. ; rest. : juin-août – **Repas** *(dîner seul.)* 85/110 ⌴, enf. 45 – ⌴ 40 –
36 ch 350 – ½ P 300

🏠 **Frégate** sans rest, 12 r. Cerdagne ℰ 04 68 80 22 87, Fax 04 68 73 82 72 – ⌷ ☎ 🅿.
⌷ BY f
fermé 4 janv. au 20 mars – ⌴ 38 – **27 ch** 320/360

🏠 **Chalosse** sans rest, 41 av. Méditerranée ℰ 04 68 80 35 69, Fax 04 68 80 56 71 – ▤ ⌷ ☎
🅿. ⌷ ① ⌷, ✗ AY g
fermé 15 nov. au 1er déc. – ⌴ 35 – **15 ch** 285/360

✗✗ **Don Quichotte**, 22 av. de Catalogne ℰ 04 68 80 35 17, Fax 04 68 73 36 05 – ▤. ①
⌷ BY r
fermé 10 janv. au 20 fév., dim. soir et lundi du 15 sept. au 15 juin – **Repas** 120 (déj.)/220 ⌴

✗ **Rascasse**, 38 bd Tixador ℰ 04 68 80 20 79, Fax 04 68 80 57 90 – ▤. ⌷ BZ s
1er avril-30 sept. et fermé jeudi sauf juil.-août – **Repas** 105/175 ⌴, enf. 40

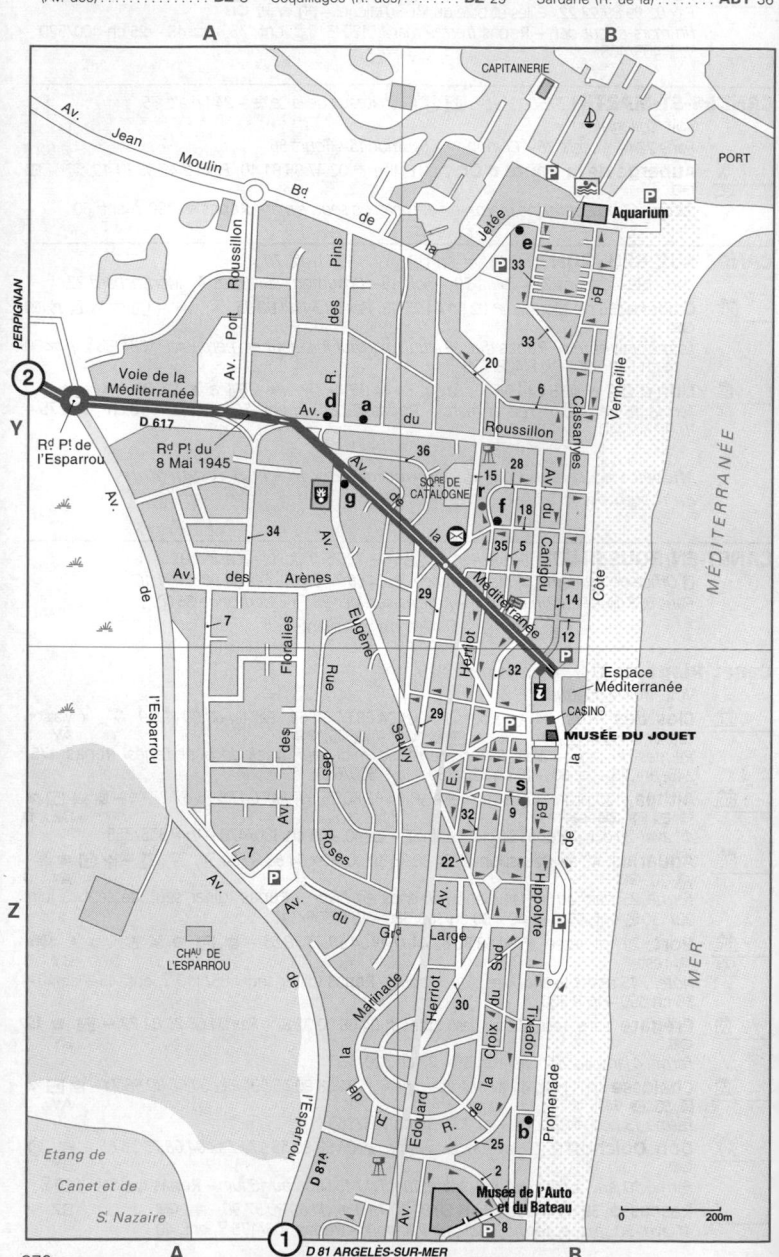

CANGEY 37530 I.-et-L. 🔢 ⑯ – 722 h alt. 85.

Paris 214 – Tours 55 – Amboise 12 – Blois 29 – Montrichard 26.

🏠 **Fleuray** ⬡, Nord : 7 km sur rte Dame Marie 𝒫 02 47 56 09 25, Fax 02 47 56 93 97, 🏕, 🍴 – ☎ ⇦ 🅿️, 🆖

fermé 21 oct. au 6 nov., 20 déc. au 5 janv. et 17 fév. au 5 mars – **Repas** (dîner seul.) (prévenir) 155/265 ⊈ ⊑ 69 – **11 ch** 160/550 – ½ P 435/545

CANILLO 🔢 ⑭ – voir à Andorre (Principauté d').

CANNES 06400 Alpes-Mar. 🔢 ⑨, 🔢 ㊱ ㊳ G. Côte d'Azur – 68 676 h alt. 2 – Casinos : Carlton Casino Club **BYZ**, Croisette **BZ**.

Voir Site★★ – Le front de Mer★★ : boulevard★★ et pointe★ de la croisette – ≼★ de la tour du Mont-Chevalier **AZ** – Musée de la Castre★ **AZ** – Chemin des Collines★ NE : 4 km V – La Croix des Gardes X ≼★ O : 5 km puis 15 mn.

🅱 Office de Tourisme"SEMEC" Palais des Festivals 𝒫 04 93 39 24 53, Fax 04 92 99 84 23, Gare SNCF (1er étage) 𝒫 04 93 99 19 77

Paris 905 ⑥ – Aix-en-Provence 150 ⑤ – Marseille 163 ⑤ – Nice 34 ⑤ – Toulon 125 ⑤.

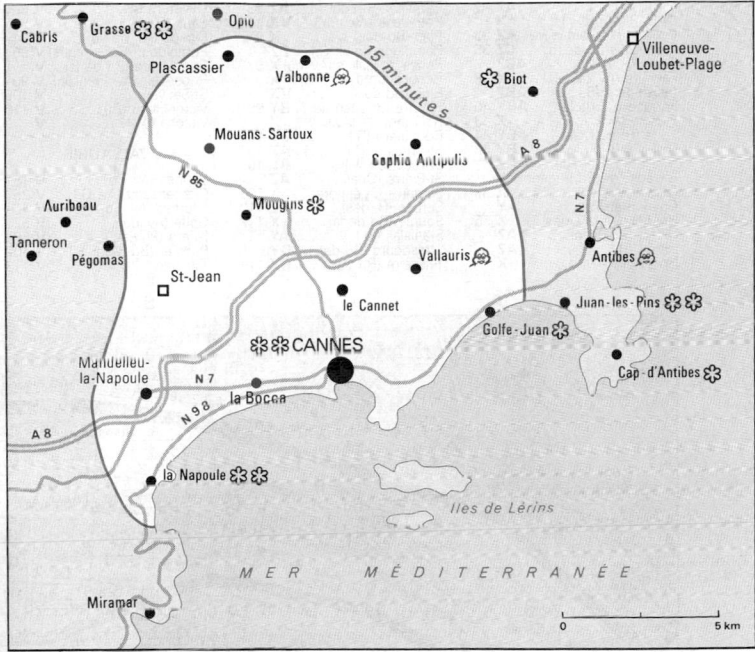

🏰 **Carlton Inter-Continental**, 58 bd Croisette 𝒫 04 93 06 40 06, Fax 04 93 06 40 25, ≼, 🏕, 🎱, 🏋 – 🛗 🙌 🔲 📺 ☎ ✆ & ⇦ 🅿️ – 🔺 25 à 250. 🆎 ⑩ 🆖 🆖 CZ e
voir rest. **Belle Otéro** ci-après - **La Côte** 𝒫 04 93 06 40 23 (15 juin-15 sept. et fermé dim. et lundi) **Repas** (dîner seul.) 495 – **Brasserie Carlton** 𝒫 04 93 06 40 21 **Repas** 275, enf. 95 – ⊑ 155 – **295 ch** 4090, 18 appart

🏰 **Majestic**, 14 bd Croisette 𝒫 04 92 98 77 00, Fax 04 93 38 97 90, ≼, 🏕, 🎱, 🏊, 🏋 – 🛗 🔲 📺 ☎ ✆ & ⇦ – 🔺 400. 🆎 ⑩ 🆖 🆖 BZ n
fermé 15 nov. au 26 déc. – voir rest. **Villa des Lys** ci-après ⊑ 130 – **305 ch** 2200/4900, 25 appart

🏰 **Martinez**, 73 bd Croisette 𝒫 04 92 98 73 00, Fax 04 93 39 67 82, ≼, 🏕, 🏊, 🏋 – 🛗 🔲 📺 ☎ ✆ & 🅿️ – 🔺 600. 🆎 ⑩ 🆖 🆖 DZ n
voir rest. **Palme d'Or** ci-après - **Relais Martinez** 𝒫 04 92 98 74 12 **Repas** (135)-195/250, enf. 75 – **Plage** (déj. seul.) (avril-oct.) **Repas** 135, enf. 75 – ⊑ 150 – **369 ch** 2800/4800, 24 appart

CANNES

Albert-Édouard (Jetée) . **BZ**
Alexandre-III (Bd) .... **X** 2
Alsace (Bd) .... **BDY**
Anc. Combattants d'Afrique
  du Nord (Av.) ..... **AYZ** 4
André (R. du Cdt) ...... **CZ**
Antibes (R. d') ...... **BCY**
Bachaga Saïd
  Boualam (Av.) ...... **AY** 5
Beauséjour (Av.) ...... **DYZ**
Beau-Soleil (Bd) ...... **X** 10
Belges (R. des) ...... **BZ** 12
Blanc (R. Louis) ...... **AYZ**
Broussailles (Av. des) .. **V** 16
Buttura (Bd) .... **BZ** 17
Canada (R. du) .... **DZ**
Carnot (Bd) .... **X**
Carnot (Square) ...... **V** 20
Castre (Pl. de la) ..... **AZ** 21
Chabaud (R.) .... **CY** 22
Clemenceau (R. G.) . **AZ**
Coteaux (Av. des) ...... **V**
Croisette (Bd de la) . **BDZ**
Croix-des-Gardes (Bd) . **VX** 29
Delaup (Bd) .... **AY** 30
Dr-Pierre Gazagnaire
  (R.) .... **AZ** 32
Dr-R. Picaud (Av.) ..... **X**
Dollfus (R. Jean) ...... **AZ** 33
Etats-Unis (R. des) ... **CZ** 35
Faure (R. Félix) ...... **ABZ**
Favorite (Av. de la) ..... **X** 38
Félix-Faure (R.) ..... **ABZ**
Ferrage (Bd de la) .... **ABY** 40
Fiesole (Av.) .... **X** 43
Foch (R. du Mar.) ..... **BY** 44
Gallieni (R. du Mar.) .. **BY** 48
Gaulle (Pl. Gén.-de) ... **BZ** 51
Gazagnaire (Bd Eugène) **X**
Grasse (Av. de) ...... **VX** 53
Guynemer (Bd) ...... **AY**
Hespérides (Av. des) .. **X** 55
Hibert (Bd Jean) ...... **AZ**
Hibert (R.) .... **AZ**
Isola-Bella (Av. d') ..... **X**

Jaurès (R. Jean) .... **BCY**
Joffre (R. du Mar.) ... **BY** 60
Juin (Av. Mar.) ...... **DZ**
Koenig (Av. Gén.) .... **DY**
Lacour (Bd Alexandre) . **X** 62
Latour-Maubourg (R.). **DZ**
Lattre-de-T. (Av. de) . **AY** 63
Laubeuf (Quai Max) .. **AZ**
Leader (Bd) .... **VX** 64
Lérins (Av. de) ...... **X** 65
Lorraine (Bd de) .... **CDY**
Macé (R.) .... **CZ** 66
Madrid (Av. de) ...... **DZ**
Meynadier (R.) ...... **ABY**
Midi (Bd du) .... **X**
Mimont (R. de) ...... **BY**
Mont-Chevalier (R. du) **AZ** 72
Montfleury (Bd) .... **CDY** 74
Monti (R. Marius) .... **AY** 75
Noailles (Av. J.-de). ... **X**
Observatoire (Bd de l'). **X** 84
Oxford (Bd d') ...... **V** 87
Pantiero (la) .... **ABZ**
Paradis-Terrestre
  (Corniches du) ...... **V** 88
Pasteur (R.) .... **DZ**
Pastour (R. Louis) ... **AY** 90
Perier (Bd du) ...... **V** 92
Perrissol (R. Louis) .. **AZ** 93
Petit-Juas (Av.) ...... **VX**
Pins (Bd des) ...... **X** 95
Pompidou (Espl. G.) . **BZ**
Prince-de-Galles (Av. du) **X** 97
République (Bd de la) .. **X**
Riou (Bd du) .... **VX**
Riouffe (R. Jean de) . **BY** 98
Roi-Albert Iᵉʳ (Av.). ... **X**
Rouguière (R.) ...... **BY** 100
St-Antoine (R.) ...... **AZ** 102
St-Nicolas (Av.) ...... **BY** 105
St-Pierre (Quai) ...... **AY**
Sardou (R. Léandre) ... **X** 108
Serbes (R. des) ...... **BY** 110
Source (Bd de la)..... **X** 112
Stanislas (Pl.) ...... **AY**
Strasbourg (Bd de) .. **CDY**
Teisseire (R.) .... **CY** 114

Tuby (Bd Victor) .... **AYZ** 115
Vallauris (Av. de) ..... **VX** 116
Vallombrosa (Bd) ..... **AY** 118
Vautrin (Bd Gén.).... **DZ**
Vidal (R. du Cdt) .... **CY** 120
Wemyss
  (Av. Amiral Wester).. **X** 122

LE CANNET

Aubarède (Ch. de l') ... **V** 8
Bellevue (Pl.) .... **V** 13
Bréguières (Ch. des).. **V** 14
Cannes (R. de) ...... **V** 19
Carnot (R. de) .... **V**
Cheval (Av. Maurice).. **V** 23
Collines (Ch. des) .... **V**
Doumer (Bd Paul) ..... **V**
Écoles (R. des)....... **V** 34
Four-à-Chaux (Bd du) . **V** 45
Gambetta (Bd) ...... **V** 50
Gaulle (Av. Gén.-de) ... **V**
Jeanpierre (Av. Maurice) **V** 58
Mermoz (Av. Jean) ... **V** 67
Monod (Bd Jacques) .. **V** 68
Mont-Joli (Av. du) .... **V** 73
N.-D.-des-Anges (Av.) .. **V** 79
Olivet (Ch. de l') ...... **V** 85
Olivetum (Av. d') ...... **V** 86
Paris (R. de) .... **V** 89
Pinède (Av. de la) .... **V** 94
Pompidou (Av. Georges) **V** 96
République (Bd de la) . **V**
Roosevelt (Av. Franklin) **V** 99
St-Sauveur (R.) ...... **V** 106
Victor-Hugo (R.) ...... **V** 119
Victoria (Av.) .... **V**

VALLAURIS

Cannes (Av. de) ...... **V** 18
Clemenceau (Av. G.).. **V** 25
Fournas (Av. du).... **V** 46
Golfe (Av. du) .... **V** 52
Isnard (Pl. Paul) ...... **V** 56
Rouvier (Bd Maurice) .. **V** 102
Tapis-Vert (Av. du) .... **V** 113

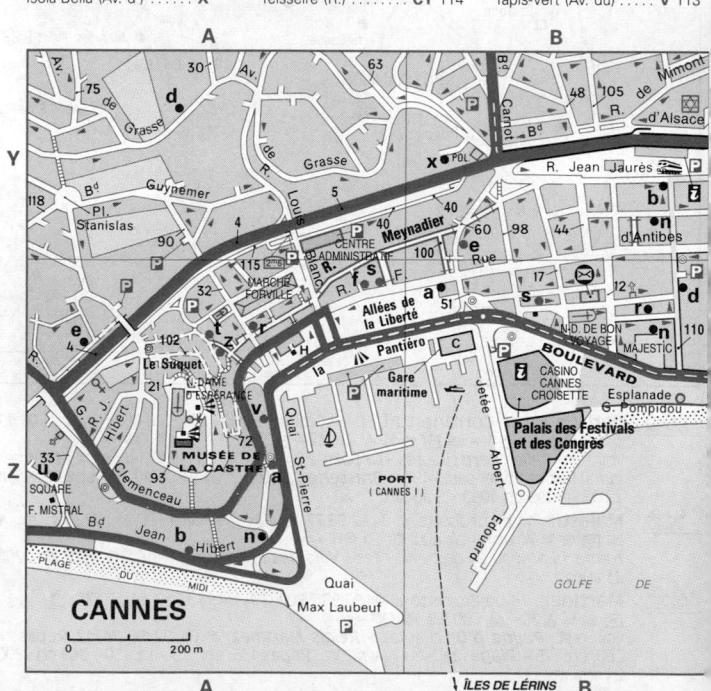

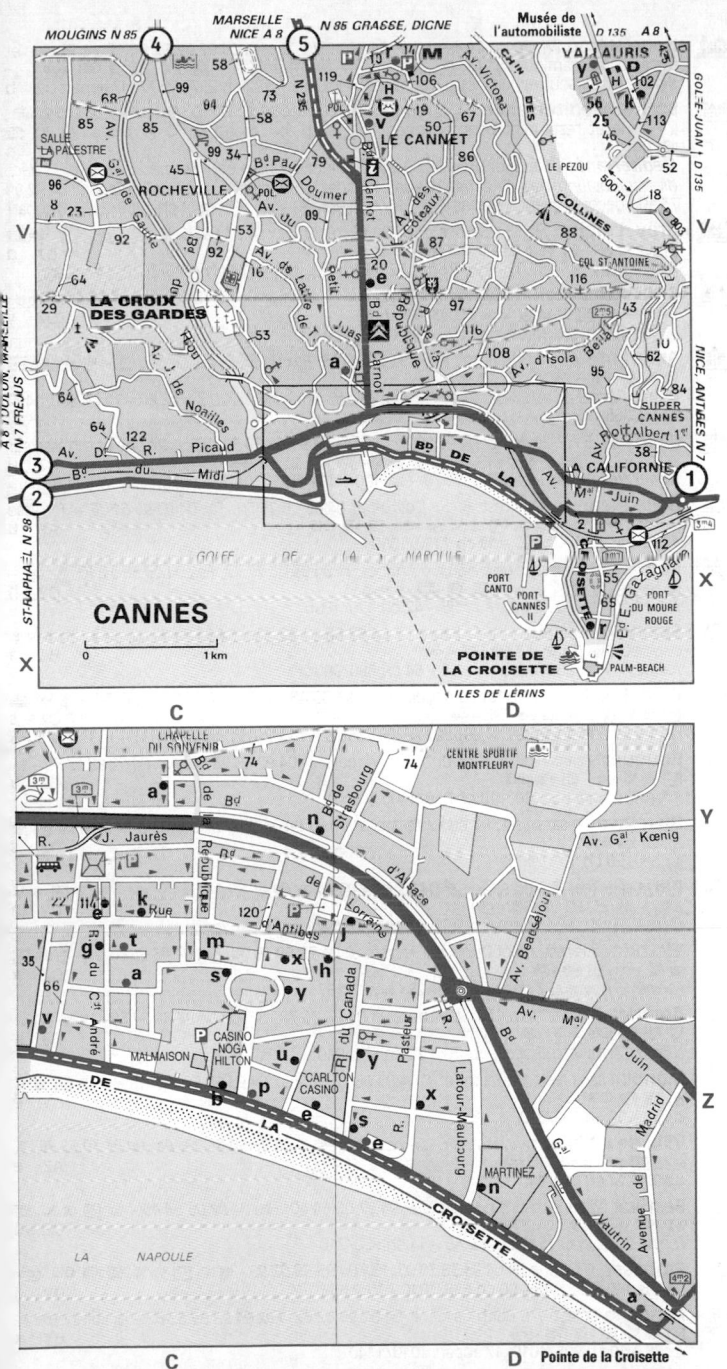

Noga Hilton Ⓜ, 50 bd Croisette ℰ 04 92 99 70 00, *Fax 04 92 99 70 11*, ⇱, « Piscine et terrasse panoramiques », 𝕝ᴃ, ⌕, ⊯ – |≉| ⇥ ▦ ⫌ ☎ ℰ Ⅎ – 🔏 500. ⅉ ⓞ ꠸ꕥ ᴊᴄʙ
Scala : (dîner seul. en juil.-août) **Repas** 220 – ⊡ 155 – **182 ch** 2977/3377, 47 appart CZ **b**

Sofitel Méditerranée Ⓜ, 2 bd J. Hibert ℰ 04 92 99 73 29, ⇱, « Piscine et restaurant panoramiques », ⌕ – |≉| ⇥ ▦ ⫌ ☎ ℰ Ⅎ ⇦ – 🔏 70. ⓞ ꠸ꕥ
AZ **n**
Méditerranée (7ᵉ étage) ℰ 04 92 99 73 02 (dîner seul. en été) *(fermé 20 nov. au 15 déc., dim. soir et lundi de janv. à mars)* **Repas** 190 (déj.)/250 (dîner) Ⅎ – *Chez Panisse* ℰ 04 92 99 73 10 - décor provençal **Repas** (120)-150/180, enf. 80 – ⊡ 115 – **149 ch** 1260/2190, 8 appart

Gray d'Albion Ⓜ, 38 r. Serbes ℰ 04 92 99 79 79, *Fax 04 93 99 26 10*, ⇱, ⊯ – |≉| ⇥ ▦ ⫌ ☎ ℰ Ⅎ – 🔏 150. ⅉ ⓞ ꠸ꕥ ᴊᴄʙ
BZ **d**
Royal Gray ℰ 04 92 99 79 60 **Repas** 225/350 – ⊡ 110 – **174 ch** 1820/2020, 14 appart

Croisette Beach Hôtel Ⓜ sans rest, 13 r. Canada ℰ 04 92 18 88 00, *Fax 04 93 68 35 38* – |≉| ⇥ ▦ ⫌ ☎ ℰ Ⅎ ⇦. ⅉ ⓞ ꠸ꕥ ᴊᴄʙ
DZ **y**
fermé 20 nov. au 25 déc. – ⊡ 98 – **94 ch** 1200/1300

Amarante Ⓜ, 78 bd Carnot ℰ 04 93 39 22 23, *Fax 04 93 39 40 22*, ⇱, ⌕ – |≉| ⇥ ▦ ⫌ ☎ ℰ Ⅎ ⇦ – 🔏 25. ⅉ ⓞ ꠸ꕥ ᴊᴄʙ
V **e**
Repas *(fermé 1ᵉʳ au 23 déc., sam. et dim. d'oct. à déc.)* 180/220 Ⅎ – ⊡ 80 – **70 ch** 890/1490 – ½ P 965

Savoy Ⓜ, 5 r. F. Einesy ℰ 04 92 99 72 00, *Fax 04 93 68 25 59*, ⇱, « Piscine et terrasse sur le toit », ⌕, ⊯ – |≉| ⇥ ▦ ⫌ ☎ ℰ Ⅎ ⇦ – 🔏 80. ⅉ ⓞ ꠸ꕥ
CZ **u**
Roseraie : **Repas** (115)-160, enf. 70 – ⊡ 100 – **101 ch** 1050/1530, 5 appart – ½ P 810/975

Belle Plage Ⓜ sans rest, 6 r. J. Dollfus ℰ 04 93 06 25 50, *Fax 04 93 99 61 06*, « Terrasse panoramique » – |≉| ▦ ⫌ ☎ ℰ ⇦. ⅉ ⓞ ꠸ꕥ ᴊᴄʙ
AZ **u**
1ᵉʳ fév.-1ᵉʳ nov. – ⊡ 85 – **48 ch** 1160/1860

Sun Riviera Ⓜ sans rest, 138 r. d'Antibes ℰ 04 93 06 77 77, *Fax 04 93 38 31 10*, ⌕, ⊯ – |≉| ⇥ ▦ ⫌ ☎ ℰ Ⅎ ⇦. ⅉ ⓞ ꠸ꕥ ᴊᴄʙ
CZ **h**
fermé 20 nov. au 28 déc. – ⊡ 85 – **42 ch** 920/1800

Splendid sans rest, 4 r. F. Faure ℰ 04 97 06 22 22, *Fax 04 93 99 55 02*, ≼ le Port – |≉| cuisinette ▦ ⫌ ☎. ⅉ ⓞ ꠸ꕥ ᴊᴄʙ
BZ **a**
fermé 1ᵉʳ nov. au 24 déc. – ⊡ 60 – **64 ch** 590/980

Cristal Ⓜ, 15 rd-pt Duboys d'Angers ℰ 04 93 39 45 45, *Fax 04 93 38 64 66*, ⇱ – |≉| ⇥ ▦ ⫌ ☎ ℰ Ⅎ ⇦. ⅉ ⓞ ꠸ꕥ ᴊᴄʙ
CZ **s**
fermé 21 nov. au 28 déc. – **Repas** (78) - 150/350 Ⅎ – ⊡ 82 – **51 ch** 955/2145 – ½ P 680/1075

Fouquet's sans rest, 2 rd-pt Duboys d'Angers ℰ 04 92 59 25 00, *Fax 04 92 98 03 39* – ▦ ⫌ ☎ ℰ ⇦. ⅉ ⓞ ꠸ꕥ
CZ **y**
1ᵉʳ avril-30 oct. – ⊡ 60 – **10 ch** 850/1400

Bleu Rivage sans rest, 61 bd Croisette ℰ 04 93 94 24 25, *Fax 04 93 43 74 92* – ▦ ⫌ ☎ Ⅎ. ⅉ ⓞ ꠸ꕥ
DZ **s**
⊡ 50 – **20 ch** 1000/1600

Paris sans rest, 34, bd Alsace ℰ 04 93 38 30 89, *Fax 04 93 39 04 61*, ⌕, ⊯ – |≉| ▦ ⫌ ☎ ℰ ⇦ – 🔏 25. ⅉ ⓞ ꠸ꕥ ᴊᴄʙ. ⊛
CY **a**
fermé 20 nov. au 25 déc. – ⊡ 65 – **47 ch** 750, 3 appart

Victoria sans rest, rd-pt Duboys d'Angers ℰ 04 92 59 40 00, *Fax 04 93 38 03 91* – |≉| ▦ ⫌ ☎ ℰ ⇦. ⅉ ⓞ ꠸ꕥ
CZ **x**
fermé 15 nov. au 27 déc. – ⊡ 75 – **25 ch** 790/1575

America Ⓜ sans rest, 13 r. St-Honoré ℰ 04 93 06 75 75, *Fax 04 93 68 04 58* – |≉| ▦ ⫌ ☎ ℰ. ⅉ ⓞ ꠸ꕥ ᴊᴄʙ. ⊛
BZ **r**
fermé 27 nov. au 26 déc. – ⊡ 70 – **28 ch** 630/840

Mondial sans rest, 1 r. Tesseire ℰ 04 93 68 70 00, *Fax 04 93 99 39 11* – |≉| ⇥ ▦ ⫌ ☎ ℰ Ⅎ. ⅉ ⓞ ꠸ꕥ
CY **e**
⊡ 70 – **58 ch** 690/820

Villa de l'Olivier sans rest, 5 r. Tambourinaires ℰ 04 93 39 53 28, *Fax 04 93 39 55 85*, ⌕ – ▦ ⫌ ☎. ⅉ ⓞ ꠸ꕥ. ⊛
AZ **e**
⊡ 52 – **24 ch** 550/740

Festival Ⓜ sans rest, 3 r. Molière ℰ 04 97 06 64 40, *Fax 04 97 06 64 45* – ▦ ⫌ ☎ ℰ. ⅉ ⓞ ꠸ꕥ ᴊᴄʙ. ⊛
CZ **m**
fermé 20 nov. au 15 déc. – ⊡ 48 – **14 ch** 600/710

Embassy, 6 r. Bône ℰ 04 93 38 79 02, *Fax 04 93 99 07 98* – |≉| ▦ ⫌ ☎ ℰ. ⅉ ⓞ ꠸ꕥ ᴊᴄʙ
Repas 130 Ⅎ – ⊡ 45 – **60 ch** 655/1010 – ½ P 555
DY **j**

Renoir sans rest, 7 r. Edith Cavell ℰ 04 92 99 62 62, *Fax 04 92 99 62 82* – |≉| cuisinette ▦ ⫌ ☎ ℰ. ⅉ ꠸ꕥ ᴊᴄʙ
BY **x**
⊡ 75 – **10 ch** 925/1010, 17 appart 1010/1440

Cézanne sans rest, 40 bd Alsace ℰ 04 93 38 50 70, Fax 04 92 99 20 99, 🌡 – 🛗 ▤ 📺 ☎ 📞 🔥 ⬁ – 🛗 40. 🖭 ⓪ 🏧 CY n ⬜ 75 – **29 ch** 790/890

Régina sans rest, 31 r. Pasteur ℰ 04 93 94 05 43, Fax 04 93 43 20 54 – 🛗 ▤ 📺 ☎ 📞 ▥ ⓪ 🏧 🌮 ⅍ DZ x fermé 1ᵉʳ nov. au 25 déc. – ⬜ 60 – **18 ch** 850

Albert 1ᵉʳ sans rest, 68 av. Grasse ℰ 04 93 39 24 04, Fax 04 93 38 83 75 – 📺 ☎ 📞 🏧 fermé 20 nov. au 20 déc. – ⬜ 35 – **11 ch** 320/360 AY d

France sans rest, 85 r. Antibes ℰ 04 93 06 54 54, Fax 04 93 68 53 43 – 🛗 ▤ 📺 ☎ 📞 ⓪ 🏧 🌮 CY k fermé 22 nov. au 26 déc. – ⬜ 50 – **33 ch** 600/750

Palm Beach sans rest, 6 pl. Étang ℰ 04 92 18 86 86, Fax 04 93 43 99 49 – 📺 ☎ 📞 🏧 🌮 X r ⬜ 45 – **10 ch** 675/700

Florian sans rest, 8 r. Cdt André ℰ 04 93 39 24 82, Fax 04 92 99 18 30 – 🛗 ▤ 📺 ☎ 📞 🖭 ⓪ 🏧 🌮 CZ g fermé 1ᵉʳ nov. au 14 janv. – ⬜ 28 – **20 ch** 350/400

Beverly sans rest, 14 r. Hoche ℰ 04 93 39 10 66, Fax 04 92 98 65 63 – 🛗 📺 ☎ 📞 🏧 🌮 BY n fermé 15 nov. au 28 déc. – ⬜ 40 – **19 ch** 230/360

Robert's Ⓜ sans rest, 16 r. J. Jaurès ℰ 04 93 38 05 07, Fax 04 93 38 06 07 – 🛗 📺 ☎ 📞 🖭 ⓪ 🏧 🌮 BY b fermé 20 nov. au 28 déc. – ⬜ 35 – **20 ch** 340/500

🍴🍴🍴🍴🍴 **Belle Otéro** - Hôtel Carlton Inter-Continental, 58 bd Croisette, au 7ᵉ étage ℰ 04 92 99 51 10, Fax 04 92 99 51 13 – ▤. 🖭 ⓪ 🏧 🌮 CZ e ❀❀ fermé 4 juin au 4 juil., 29 oct. au 14 nov., mardi midi, dim. et lundi sauf juil.-août – **Repas** (dîner seul. en juil.-août) 290 bc (déj.), 410/620 et carte 510 à 730 **Spéc.** Farci d'encornet "façon ratatouille". Agneau de lait de Sisteron rôti en parfum d'épices. "Belle Otéro" chocolatée à l'orange. **Vins** Côtes de Provence.

🍴🍴🍴🍴 **Palme d'Or** - Hôtel Martinez, 73 bd Croisette ℰ 04 92 98 74 14, Fax 04 93 39 67 82, ≤, 🌮 – 🛗 ▤ 🅿. 🖭 ⓪ 🏧 DZ n ❀❀ **Repas** (fermé 20 nov. au 20 déc., lundi et mardi) 295 bc (déj.), 390/820 et carte 510 à 730 **Spéc.** Pot de crème aux amandes et anchois marinés (printemps-été). Cassolette de haricots cocos, persillé de poulpe et supions (printemps-été). Loup au citron du pays (printemps à l'automne). **Vins** Côtes de Provence.

🍴🍴🍴🍴 **Villa des Lys** - Hôtel Majestic, 14 bd Croisette ℰ 04 92 98 77 00, Fax 04 93 38 97 90, 🌮 – ▤. 🖭 ⓪ 🏧 🌮 ❀ fermé 15 nov. au 15 déc. et le midi en juil.-août – **Repas** 260 (déj.), 370/580 et carte 500 à 600 🏆 **Spéc.** Tarte au pistou et rougets à la potagère. Carré d'agneau rôti à la tapenade, farcis de Provence. "Traou Mad" tiède, crème à la vanille, compotée de fraises. **Vins** Coteaux d'Aix-en-Provence, Côtes de Provence.

🍴🍴🍴 **Neat**, 11 square Mérimée ℰ 04 93 99 29 19, Fax 04 93 68 84 48, 🌮 – ▤. 🖭 🏧 BZ s ❀ fermé dim. sauf le soir en saison et fériés – **Repas** (140) - 180 (déj.), 220/590 et carte 330 à 450 🏆 **Spéc.** Foie gras poêlé en ruban de pommes de terre. Filet de loup à la soupe de moules. Soufflé aux fruits de la passion.

🍴🍴🍴 **Mesclun**, 16 r. St-Antoine ℰ 04 93 99 45 19, Fax 04 93 47 68 29 – ▤. 🖭 🏧 🌮 AZ t fermé 20 nov. au 20 déc. et merc. – **Repas** (dîner seul.) 190 🏆

🍴🍴🍴 **Félix**, 63 bd Croisette ℰ 04 93 94 00 61, Fax 04 93 94 10 71, 🌮 – ▤. 🖭 🏧 DZ e fermé mi-nov. à mi-déc. – **Repas** 220 et carte 280 à 370

🍴🍴 **Festival**, 52 bd Croisette ℰ 04 93 38 04 81, Fax 04 93 38 13 82, 🌮 – ▤. 🖭 ⓪ 🏧 🌮 CZ p fermé 16 nov. au 23 déc. – **Repas** 175 (déj.)/225 🏆 - **Grill :** **Repas** à la carte 210/280 🏆

🍴🍴 **Gaston et Gastounette**, 7 quai St-Pierre ℰ 04 93 39 47 92, Fax 04 93 99 45 34, 🌮 – ▤. 🖭 ⓪ 🏧 AZ v fermé 1ᵉʳ au 20 déc. – **Repas** 130 (déj.)/200 🏆

🍴🍴 **Côté Jardin**, 12 av. St-Louis ℰ 04 93 38 60 28, Fax 04 93 38 60 28, 🌮 – ▤. 🖭 🏧 X a fermé fév., lundi sauf le soir en juil.-août et dim. – **Repas** 120 (déj.)/215

🍴🍴 **Relais des Semailles**, 9 r. St-Antoine ℰ 04 93 39 22 32, Fax 04 93 39 84 73 – ▤. 🖭 🏧 AZ z fermé mi-nov. – **Repas** (dîner seul.) 190/280

🍴🍴 **Rest. Arménien**, 82 bd Croisette ℰ 04 93 94 00 58, Fax 04 93 94 56 12 – ⓪ 🏧 DZ a fermé lundi hors saison – **Repas** - cuisine arménienne - menu unique 250

XX **Poêle d'Or,** 23 r. États-Unis ✆ 04 93 39 77 65, *Fax 04 93 40 45 59* – ▤. AE GB
fermé vacances de Toussaint, de fév., dim. soir en hiver, mardi midi en juil.-août et lundi – **Repas** (week-ends prévenir) 135/245 CZ v

XX **Montagard,** 6 r. Mar. Joffre ✆ 04 93 39 98 38, *Fax 04 93 39 97 34* – ▤. GB
fermé dim. et lundi – **Repas** - cuisine végétarienne - 95 (déj.), 118/215 BY e

XX **Au Mal Assis,** 15 quai St-Pierre ✆ 04 93 99 19 09, *Fax 04 93 39 13 38,* ☂ – AE ⓓ GB
fermé 20 nov. au 20 déc. – **Repas** 120/170 ♀ AZ a

XX **Madeleine,** 13 bd Jean Hilbert ✆ 04 93 39 72 22, *Fax 04 93 94 61 57,* ← – ▤. AE ⓓ GB
fermé nov., dim. soir d'oct. à avril et mardi – **Repas** 118/190 ♀ AZ b

X **Caveau 30,** 45 r. F. Faure ✆ 04 93 39 06 33, *Fax 04 92 98 05 38,* ☂ – ▤. AE ⓓ GB
Repas brasserie *(99)* - 120/169 ♀ AZ f

X **Cigale,** 1 r. Florian ✆ 04 93 39 65 79, ☂ – ▤. AE ⓓ GB JCB CZ t
fermé 1er au 10 juin, dim. soir et lundi – **Repas** 138/178 ♀

X **Mère Besson,** 13 r. Frères Pradignac ✆ 04 93 39 59 24, *Fax 04 92 18 03 58,* ☂ – ▤. AE ⓓ GB CZ a
fermé sam. midi, lundi midi et dim. – **Repas** (dîner seul. de juin à sept.) 100 (déj.), 140/170

X **Radeau,** 53 r. F. Faure ✆ 04 93 39 20 88, *Fax 04 93 43 60 91,* ☂ – ▤. AE GB. ✂
fermé 25 nov. au 18 déc., 10 au 16 janv., dim. soir et lundi de janv. à mars – **Repas** 108/185 ♀, enf. 55 AZ s

X **Aux Bons Enfants,** 80 r. Meynadier (sans ✆), ☂ AZ r
fermé août, Noël au Jour de l'An, sam. soir d'oct. à mai et dim. – **Repas** 96

au Cannet *Nord : 3 km* - **V** – *41 842 h. alt. 80* – ✉ *06110 :*
ℹ *Office de Tourisme Central Buro, Bretelle Autoroute ✆ 04 93 45 34 27, Fax 04 93 45 28 06.*

X **Pézou,** 346 r. St-Sauveur ✆ 04 93 69 32 50, ☂ – GB V r
fermé 22 au 30 juin, 2 au 10 nov. et merc. – **Repas** *(70)* - 110/160 ♀

X **Magnanerie,** 6 r. Mûriers ✆ 04 93 46 44 22 – GB V v
fermé janv. et lundi – **Repas** 100/230 ♀

à La Bocca *par ③ : 3 km* – ✉ *06150 Cannes-La Bocca :*
ℹ *Office de Tourisme (saison) 1 r.P.-Sémard ✆ 04 93 47 04 12, Fax 04 93 90 99 85.*

X **Luna Caffe,** 8 r. Barthélémy ✆ 04 93 90 96 20, ☂ – ▤. GB
fermé 1er au 21 déc., lundi midi en saison, dim. sauf le soir en saison et sam. midi – **Repas** *(90)* - 105/145 ♀, enf. 55

Le CANNET *06 Alpes-Mar.* 84 ⑨., 115 ㉟ ㊳ – *rattaché à Cannes.*

Le CANNET-DES-MAURES *83340 Var* 84 ⑯, 114 ㉟ – *3 126 h alt. 124.*

Paris 838 – Fréjus 39 – Brignoles 29 – Cannes 71 – Draguignan 27 – Toulon 56.

🏨 **Mas de Causserène,** N 7 ✆ 04 94 60 74 87, *Fax 04 94 60 95 97,* ☂, 🏊 – TV ☎ 📞 ♿ P – 🧑‍💼 30 à 100. AE GB
L'Oustalet *(fermé dim. soir de sept. à avril)* **Repas** 90(déj.), 115/185 ♀ – ☕ 45 – **49 ch** 280/360 – ½ P 295/345

CAP *voir au nom propre du Cap.*

CAPBRETON *40130 Landes* 78 ⑰ *G. Aquitaine – 5 089 h alt. 6 – Casino.*

ℹ *Office de Tourisme av. G.-Pompidou ✆ 05 58 72 12 11, Fax 05 58 41 00 29.*
Paris 753 – Biarritz 26 – Mont-de-Marsan 88 – Bayonne 18 – St-Vincent-de-Tyrosse 12.

quartier de la plage :

🏨 **L'Océan,** av. G. Pompidou ✆ 05 58 72 10 22, *Fax 05 58 72 08 43,* ← – 🛗 TV ☎ P. GB. ✂ rest
avril-oct. – **Repas** *(fermé merc. sauf le soir en juil.-août et mardi soir)* 75/130 ♀, enf. 50 – ☕ 45 – **27 ch** 280/550 – ½ P 435

🏨 **Aliénor** sans rest, r. Madrid ✆ 05 58 41 00 18, *Fax 05 58 72 08 43* – 🛗 ☎ P. ⓓ GB
15 juin-15 sept. – ☕ 40 – **20 ch** 350

XX **Café Bellevue** avec ch, av. G. Pompidou ✆ 05 58 72 10 30, *Fax 05 58 72 11 12* – TV ☎ 📞 P. AE ⓓ GB
fermé 15 nov. au 15 janv. et lundi sauf vacances scolaires – **Repas** 99/154, enf. 54 – ☕ 35 – **11 ch** 250/290 – ½ P 305

quartier la Pêcherie :

XXX **Regalty,** port de plaisance ℰ 05 58 72 22 80, Fax 05 58 41 82 18, 佘 – AE ⓞ GB
   fermé 15 au 30 nov., 15 au 28 fév., dim. soir et lundi sauf fériés – **Repas** - produits de la mer
   - 160 et carte 250 à 310 ♈

X **Pavé du Port,** 2 quai Pêcherie ℰ 05 58 72 29 28, Fax 05 58 72 29 28, 佘 – ▤. ⓞ GB
   fermé 24 oct. au 9 nov., 19 déc. au 19 janv., mardi soir et merc. hors saison et lundi en
   juil.-août – **Repas** 100/148 ♈, enf. 52

CAP COZ 29 Finistère 58 ⑮ – rattaché à Fouesnant.

CAP D'AGDE 34 Hérault 83 ⑯ – rattaché à Agde.

CAP D'AIL 06 Alpes Mar. 84 ⑩ – voir à Monaco (Principauté de).

La CAPELLE 02260 Aisne 53 ⑯ G. Picardie Flandres Artois – 2 149 h alt. 220.
   Voir Pierre d'Haudroy (monument de l'Armistice 1918) NE : 3 km par D 285.
   Paris 193 – St-Quentin 51 – Avesnes-sur-Helpe 16 – Le Cateau-Cambrésis 31 – Laon 52.

XX **Grand Cerf,** ℰ 03 23 97 20 61 – GB
   fermé juil., dim. soir, lundi soir et mardi soir – **Repas** (100) - 120/200 ♈, enf. 60

When looking for a hotel or restaurant use the most efficient method.
Look for the names of towns underlined in red
*on the **Michelin maps** scale: 1:200 000.*
But make sure you have an up-to-date map!

CAPESTANG 34310 Hérault 83 ⑭ – 2 903 h alt. 22.
   Paris 788 – Montpellier 87 – Béziers 16 – Carcassonne 61 – Narbonne 19 – St-Pons 40.

à Poilhes Sud-Est par D 11 : 5 km – 517 h. alt. 33 – ✉ 34310 :

XX **Tour Sarrasine,** ℰ 04 67 93 41 31 – ▤. AE ⓞ GB
   fermé vacances de Toussaint, de fév., lundi sauf le soir en juil.-août et dim. soir – **Repas**
   130/235

CAP FERRET 33 Gironde 78 ⑰ G. Aquitaine – alt. 11 – ✉ 33950 Lège Cap Ferret
   Voir ※★ du phare.
   🛈 Office de Tourisme 1 av. du Gén.-de-Gaulle ℰ 05 56 03 94 49, Fax 05 57 70 31 70, Annexes
   (saison) 12 av. Océan ℰ 05 56 60 63 26 et pl. de l'Europe ℰ 05 56 60 86 43.
   Paris 654 – Bordeaux 71 – Arcachon 8 – Lacanau-Océan 60 – Lesparre-Médoc 88.

🏨 **Frégate** sans rest, av. Océan ℰ 05 56 60 41 62, Fax 05 56 03 76 18, ❑ – TV ☎ & 🅿. AE ⓞ
   GB
   fermé 5 nov. au 10 déc. – � 38 – **31 ch** 270/670

🏨 **Pins,** r. Fauvettes ℰ 05 56 60 60 11, Fax 05 56 60 67 41, 佘, 🌧 – ☎. GB. ※ rest
   1ᵉʳ avril-12 nov. – **Repas** (15 juin-15 sept.) 65 (déj.), 110/150 ♈ – ⍸ 40 – **14 ch** 370/450 –
   1/2 P 313/370

X **Pinasse Café,** 2 bis av. Océan ℰ 05 56 03 77 87, Fax 05 56 60 63 47, ≤, 佘 – GB
   1ᵉʳ avril-30 sept., vacances scolaires et week-ends en mars et d'oct. au 11 nov. – **Repas** 90
   (déj.), 125/337 bc, enf. 45

X **Chez Hortense,** à la pointe ℰ 05 56 60 62 56, ≤, 佘 – GB. ※
   juil-août et week-ends de Pâques à début sept. – **Repas** - produits de la mer - carte 160 à
   310

CAPINGHEM 59 Nord 51 ⑮,, 111 ㉑ – rattaché à Lille.

CAPPELLE-LA-GRANDE 59 Nord 51 ④ – rattaché à Dunkerque.

La CAPTE 83 Var 84 ⑮ ⑯,, 114 ㊻ ㊼ – rattaché à Hyères.

CAPVERN-LES-BAINS 65130 H.-Pyr. 🔲 ⑨ G. Midi-Pyrénées – alt. 450 – Stat. therm. (24 04/21 10) – Casino.

Voir Donjon du château de Mauvezin ✼✱ O : 4,5 km.

🅱 Office de Tourisme r. Thermes ☎ 05 62 39 00 46, Fax 05 62 39 08 14.

Paris 826 – Bagnères-de-Luchon 69 – Bagnères-de-Bigorre 18 – Lannemezan 9 – Tarbes 34.

🏠 **St-Paul**, rue de Provence ☎ 05 62 40 95 00, Fax 05 62 40 95 29, 💨 – ▣ ☎ 🅿. 🖭 ⓞ ⬛ ⬛. ✼ rest

23 avril-21 oct. – **Repas** (55) 80/120 ♈ – ☷ 45 – **31 ch** 170/220 – P 197/243

🏠 **Lemoine**, 846 rue de Provence ☎ 05 62 39 02 18, Fax 05 62 39 04 20, ≤, parc – ☎ ⇔ 🅿. 🖭 ⬛. ✼

30 avril-21 oct. – **Repas** 65/100 ♈, enf. 45 – ☷ 35 – **18 ch** 150/250 – P 190/245

🏠 **Bellevue** 🦢, rte Mauvezin, quartier le Laca ☎ 05 62 39 00 29, Fax 05 62 39 15 72, ≤, 💨 – ☎ 🅿. ⬛. ✼ rest

2 mai-2 oct. – **Repas** 93/150, enf. 50 – ☷ 29 – **29 ch** 96/218 – P 218/355

CARANTEC 29660 Finistère 🔲 ⑥ G. Bretagne – 2 609 h alt. 37.

Voir Croix de procession✱ dans l'église – ''Chaise du Curé'' (plate-forme) ≤✱ – Pointe de Pen-al-Lann ≤✱ E : 1,5 km puis 15 mn.

🅱 Office de Tourisme 4 r. Pasteur ☎ 02 98 67 00 43, Fax 02 98 67 07 44.

Paris 554 – Brest 68 – Lannion 54 – Morlaix 15 – Quimper 90 – St-Pol-de-Léon 10.

🏨 **L'Hôtel de Carantec-Patrick Jeffroy** 🦢, ☎ 02 98 67 00 47, Fax 02 98 67 08 25, ≤ Baie de Morlaix, 💨 – 🅿. 🖭 ✼ ch

fermé janv., dim. soir et lundi (sauf fériés) du 3 sept. au 5 juin – **Repas** 145 bc (déj.), 240/420 ♈ – ☷ 60 – **12 ch** 980/1350 – ½ P 877/949

🏠 **Pors Pol** 🦢 sans rest, r. Surcouf ☎ 02 98 67 00 52, Fax 02 98 67 02 17, ≤, 💨 – ☎ 🅿. ⬛

15 avril-24 sept. – ☷ 40 – **30 ch** 255/275

✕ **Chaise du Curé**, pl. République ☎ 02 98 78 33 27, Fax 02 98 78 33 28 – ⬛

fermé fév., jeudi d'oct. à mars et merc. – **Repas** 95/165 ♈

✕ **Cabestan**, au port ☎ 02 98 67 01 87, Fax 02 98 67 90 49, ≤ – ⬛

fermé 5 nov. au 15 déc., lundi sauf juil.-août et mardi – Repas 120/260

CARBON-BLANC 33 Gironde 🔲 ⑨ – rattaché à Bordeaux.

CARCASSONNE 🅿 11000 Aude 🔲 ⑩ G. Languedoc Roussillon – 43 470 h alt. 110.

An 2000 14 juil. : '' Le Passage'' (Spectacle musical) - juin-déc. : ''Changement de Temps'' (Exposition).

Voir La Cité✱✱✱ (embrasement 14 juil.) – Basilique St-Nazaire✱ : vitraux✱✱, statues✱✱ – Musée du château Comtal : calvaire✱ de Villanière – Commune de la ''Méridienne verte'' – Montolieu✱ (village du livre) – Châteaux de Latours✱.

✈ de Carcassonne-Salvaza : ☎ 04 68 71 96 46, par ④ : 3 km.

🅱 Office de Tourisme 15 bd Camille-Pelletan ☎ 04 68 10 24 30, Fax 04 68 10 24 38 et Tour Narbonnaise ☎ 04 68 10 24 36, Fax 04 68 10 24 37.

Paris 790 ④ – Perpignan 114 ② – Toulouse 92 ④ – Albi 110 ① – Narbonne 61 ②.

Plan page ci-contre

🏨 **Bristol**, 7 av. Foch ☎ 04 68 25 07 24, Fax 04 68 25 71 89 – ▣, ▤ rest, 🖭 ☎ ⇔ – 🔬 20. ⬛
BY **n**

1er mars-30 nov. – **Badiane** ☎04 68 25 08 66 (fermé sam. midi et dim. soir) Repas 95/250 – ☷ 40 – **58 ch** 350/400 – ½ P 250/285

🏠 **Pont Vieux** sans rest, 32 r. Trivalle ☎ 04 68 25 24 99, Fax 04 68 47 62 71 – 🖭 ☎ ⇔. 🖭 ⓞ ⬛ ⬛
☷ 35 – **19 ch** 250/325
BZ **s**

🏠 **Relais d'Aymeric**, 290 av. Gén. Leclerc par ② : 2 km ☎ 04 68 71 83 83, Fax 04 68 47 86 06, 💨 – ▤ rest, 🖭 ☎ 🅿. 🖭 ⓞ ⬛ ⬛
fermé 15 fév. au 15 mars, dim. soir et lundi sauf hôtel de juin à sept. – **Repas** 100 bc (déj.), 110/300 ♈ – ☷ 35 – **10 ch** 200/400 – ½ P 275/350

✕✕✕ **Languedoc**, 32 allée léna ☎ 04 68 25 22 17, Fax 04 68 47 13 22, 💨 – ▤. 🖭 ⓞ ⬛ ⬛
fermé 1er au 7 juil., 20 déc. au 20 janv., dim. soir hors saison et lundi sauf le soir en saison – Repas 135/250 ♈, enf. 75
AZ **z**

✕✕ **L'Écurie**, 43 bd Barbès ☎ 04 68 72 04 04, Fax 04 68 25 55 89, 💨, « Authentiques écuries du 18e siècle » – 🖭 ⬛ ⬛
fermé dim. – Repas 135/220 ♈
AZ **m**

✕ **Chez Fred**, 31 bd O. Sarraut ☎ 04 68 72 02 23, Fax 04 68 72 02 23, 💨 – ▤. 🖭 ⬛
fermé 2 au 17 janv. – **Repas** 75 (déj.), 105/172 ♈
AY **a**

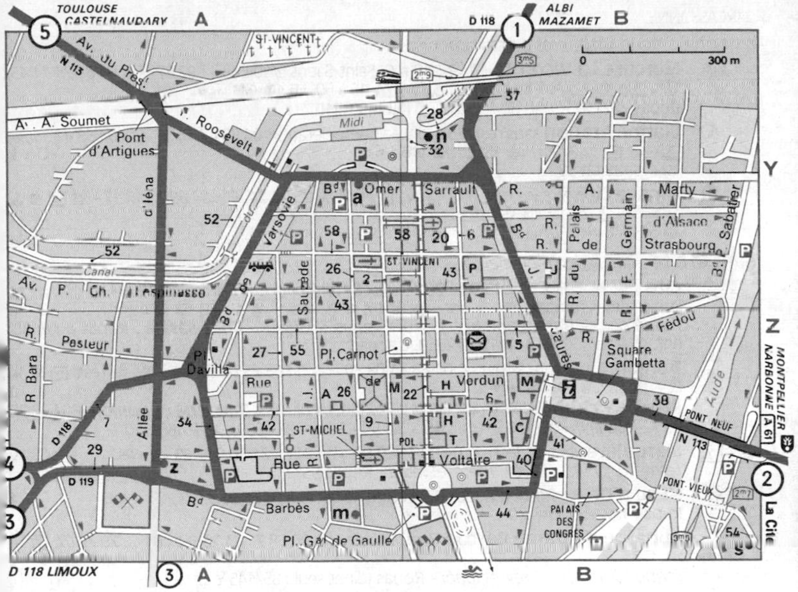

CARCASSONNE

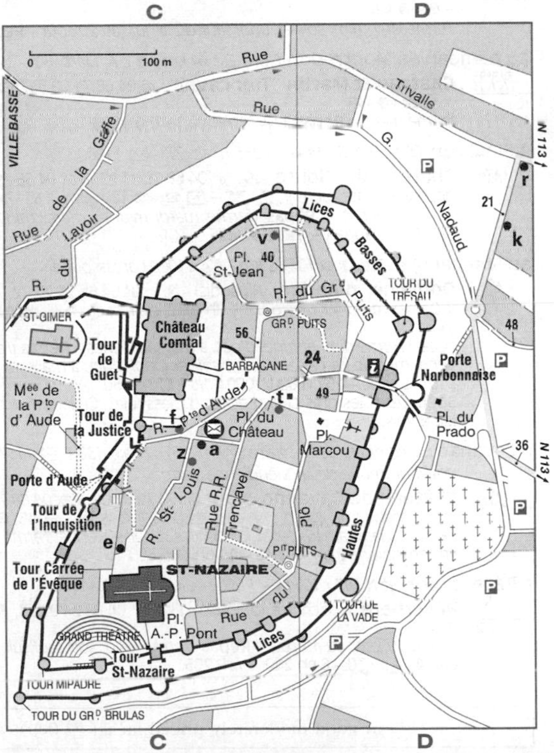

Les noms des rues
sont soit écrits
sur le plan
soit répertoriés
en liste
et identifiés
par un numéro.

379

à l'entrée de la Cité, *près porte Narbonnaise :*

🏨 **Mercure La Vicomté** Ⓜ 🐾, 18 r. C. Saint-Saens ✆ 04 68 11 92 82, Fax 04 68 71 11 45,
🌫, ⏋, 🏊 – 📶 ⚒ ▤ 📺 ☎ 📞 ⚫ 🏨 P – ⚿ 15 à 50. ᴀᴇ Ⓞ ᴀᴇ 🃏
Repas 78/130 ⁹, enf. 50 – 🖵 56 – **61 ch** 480/510

🏠 **Clarine Aragon** sans rest, 15 montée Combéléran ✆ 04 68 47 16 31, Fax 04 68 47 33 53,
⏋ – ▤ 📺 ☎ 📞 P – ⚿ 15. ᴀᴇ Ⓞ ᴀᴇ 🃏   D k
🖵 41 – **29 ch** 590

🏠 **Espace Cité** Ⓜ sans rest, 132 r. Trivalle ✆ 04 68 25 24 24, Fax 04 68 25 17 17 – ▤ 📺 ☎ 📞
P – ⚿ 25. ᴀᴇ Ⓞ ᴀᴇ 🃏   D r
🖵 35 – **48 ch** 310/410

dans la Cité - *Circulation réglementée en été :*

🏰 **Cité** 🐾, pl. Église ✆ 04 68 71 98 71, Fax 04 68 71 50 15, ≤, « Demeure néo-gothique et
jardin sur les remparts », ⏋, 🌫 – 📶 ▤ 📺 ☎ 📞 – ⚿ 15. ᴀᴇ Ⓞ ᴀᴇ 🃏   C e
fermé déc. – **Barbacane** (dîner seul.) **Repas** 350/490 – **Chez Saskia : Repas** 100/180,
enf. 45 – 🖵 130 – **55 ch** 1200/2050, 6 appart

🏰 **Donjon**, 2 r. Comte Roger ✆ 04 68 71 08 80, Fax 04 68 25 06 60, 🌫 – 📶, ▤ rest, 📺 ☎ 📞
P – ⚿ 50. ᴀᴇ Ⓞ ᴀᴇ 🃏   C a
Repas (fermé dim. soir de nov. à mars)76/130 ⁹, enf. 45 – **Brasserie Le Donjon** ✆04 68 25
95 72 **Repas** (76)-89/130 ⁹, enf. 45 – 🖵 55 – **56 ch** 400/600 – ½ P 460/550

✕✕ **Marquière**, 13 r. St Jean ✆ 04 68 71 52 00, Fax 04 68 71 30 81 – ᴀᴇ Ⓞ ᴀᴇ   C v
fermé 15 janv. au 15 fév., merc. et jeudi – **Repas** 95/280

✕✕ **L'Écu d'Or**, 7 r. Porte d'Aude ✆ 04 68 25 49 03, Fax 04 68 25 33 14, 🌫 – ᴀᴇ   C f
Repas 130/250, enf. 70

✕ **Auberge de Dame Carcas**, 3 pl. Château ✆ 04 68 71 23 23, Fax 04 68 79 79 67, 🌫 –
▤. ᴀᴇ   C t
fermé 15 janv. au 15 fév. et lundi – **Repas** (dîner seul.) 85/145 ⁹

✕ **Estaminet du Comte Roger**, 14 r. St-Louis ✆ 04 68 25 31 78, Fax 04 68 25 67 52, 🌫
– ᴀᴇ Ⓞ ᴀᴇ   C z
fermé janv., dim. soir et lundi sauf du 1ᵉʳ juil. au 20 août – **Repas** 100/210 ⁹, enf. 60

au hameau de Montredon *Nord-Est : 4 km par r. A. Marty* BY – ✉ *11090 Carcassonne :*

✕✕✕ **Château St Martin "Trencavel"**, ✆ 04 68 71 09 53, Fax 04 68 25 46 55, 🌫, « Parc »
– P. ᴀᴇ Ⓞ ᴀᴇ
fermé merc. – **Repas** 170/310 et carte 230 à 300

à Floure *par ② et N 113 : 11 km – 255 h. alt. 77 –* ✉ *11800 :*

🏨 **Château de Floure** 🐾, ✆ 04 68 79 11 29, Fax 04 68 79 04 61, ≤, 🌫, parc, « Belle
décoration intérieure », ⏋, ✕ – 📺 ☎ ⇆ P – ⚿ 60. ᴀᴇ Ⓞ ᴀᴇ 🖋 rest
1ᵉʳ avril-31 oct. – **Repas** (fermé mardi midi et merc. midi) 180/230 ⁹ – 🖵 65 – **10 ch**
590/690, 5 appart – ½ P 545/695

au Sud par ③ et Est par D 104 : 3 km – ✉ *11000 Carcassonne :*

🏨 **Domaine d'Auriac** (Rigaudis) 🐾, ✆ 04 68 25 72 22, Fax 04 68 47 35 54, ≤, 🌫,
❀ « Demeure du 19ᵉ siècle dans un parc, golf », ⏋, ✕ – 📶 ▤ 📺 ☎ 📞 P – ⚿ 50. ᴀᴇ Ⓞ ᴀᴇ
🃏
hôtel : fermé dim. et lundi d'oct. à mai sauf fériés – **Repas** (fermé lundi midi, merc. midi et
vend. midi de juin à sept., dim. soir et lundi d'oct. à mai sauf fériés) 250/400 et carte 350 à
510 – 🖵 100 – **26 ch** 800/2000 – ½ P 675/1350
Spéc. Les foies gras chaud et froid. Cassoulet. Gibier (1ᵉʳ oct. au 10 janv.) **Vins** Corbières,
Minervois.

à Cavanac *par ③ et rte de St-Hilaire : 7 km – 676 h. alt. 138 –* ✉ *11570 :*
Voir *Commune de la "Méridienne Verte".*

🏨 **Château de Cavanac** 🐾, ✆ 04 68 79 61 04, Fax 04 68 79 79 67, 🌫, « Bel aménagement intérieur », ⚒, ⏋, ✕ – 📶, ▤ ch, 📺 ☎ 📞 P – ⚿ 15. ᴀᴇ. 🖋 ch
fermé 15 janv. au 15 fév. et lundi hors saison – **Repas** (fermé dim. soir et lundi) (dîner seul.
en semaine) 198 bc – 🖵 45 – **14 ch** 380/560

à Pézens *par ⑤ et N 113 : 10 km – 1 090 h. alt. 117 –* ✉ *11170 :*

✕ **Réverbère** avec ch, rte Toulouse : 1 km ✆ 04 68 24 92 53, Fax 04 68 24 84 01, 🌫 – 📺 📞
❀ P. ᴀᴇ
fermé 10 janv. au 15 fév. – **Repas** (fermé lundi soir sauf juil.-août et mardi) 78 bc/200 ⚖,
enf. 45 – 🖵 30 – **6 ch** 240 – ½ P 205

A good moderately priced meal : 🐾 **Repas** 100/130

CARENNAC 46110 Lot **75** ⑲ G. Périgord Quercy – 370 h alt. 123.

Voir Portail★ de l'église – Mise au tombeau★ dans la salle capitulaire.

🛈 Office de Tourisme (ouvert du 15 02 au 15 11) ℘ 05 65 10 97 01, Fax 05 65 10 97 01.

Paris 523 – Brive-la-Gaillarde 40 – Cahors 77 – Martel 10 – St-Céré 16 – Tulle 52.

🏨 **Auberge du Vieux Quercy** Ⓜ ☻, ℘ 05 65 10 96 59, Fax 05 65 10 94 05, 🍴, ⌿, 🖈 – 📺 ☎ 🅿. ⓪ ⒼⒷ

15 mars-15 nov. et fermé dim. soir et lundi d'oct. à avril – **Repas** (dîner seul. sauf dim., fêtes et juil.-août) 90/200, enf. 60 – � 45 – **22 ch** 360 – ½ P 330/370

🏨 **Hostellerie Fénelon** ☻, ℘ 05 65 10 96 46, Fax 05 65 10 94 86, 🍴, ⌿, – 📺 ☎ 🖚 🅿.
ⒼⒷ

fermé 3 janv. au 15 mars, sam. midi et vend. hors saison – **Repas** 105/290 🍷, enf. 55 – ⊆ 45 – **15 ch** 280/350 – ½ P 310/360

CARENTAN 50500 Manche **54** ⑬ G. Normandie Cotentin – 6 300 h alt. 18.

🛈 Office de Tourisme bd Verdun ℘ 02 33 42 74 01, Fax 02 33 42 74 01.

Paris 304 – Cherbourg 52 – St-Lô 29 – Avranches 86 – Caen 72 – Coutances 36.

🏨 **Vauban** sans rest, 7 r. Sébline ℘ 02 33 71 00 20 – 📺 ☎ 🖚 🖚. ⒼⒷ. ⌿
⊆ 30 – **15 ch** 240/320

✗✗ **Auberge Normande,** bd Verdun ℘ 02 33 42 28 28, Fax 02 33 42 00 72 – 🅿. 🖚 ⒼⒷ
☺ fermé dim. soir sauf juil.-août et lundi – **Repas** 79/172 🍷, enf. 42

à St-Hilaire-Petitville Est : 2 km – 1 219 h. alt. 10 – ⊠ 50500 Carentan :

🏨 **Clarine,** N 13 ℘ 02 33 71 11 11, Fax 02 33 71 92 88, 🍴 – 📺 ☎ 🖚 🛇 🅿 – 🔼 60. 🖚 ⓪ ⒼⒷ
☺ **Repas** (fermé 24 au 31 déc., sam. midi et dim.) (63) - 78/165 🍷 – ⊆ 38 – **37 ch** 270/320

Pas de publicité payée dans ce guide.

CARGÈSE 2A Corse-du-Sud **90** ⑯ – voir à Corse.

CARHAIX-PLOUGUER 29270 Finistère **58** ⑰ G. Bretagne – 8 198 h alt. 138.

🛈 Office de Tourisme r. Brizeux ℘ 02 98 93 04 42, Fax 02 98 93 23 83.

Paris 506 – Quimper 61 – Brest 85 – Guingamp 48 – Lorient 74 – Morlaix 46 – Pontivy 50.

✿ **Ahès** sans rest, 1 r. F. Lancien ℘ 02 98 93 00 00, Fax 02 98 93 00 09 – 📺. ⒼⒷ ⒿⒸⒷ. ⌿
fermé 15 au 31 mai et 15 au 31 déc. – ⊆ 32 – **10 ch** 190/230

à Port de Carhaix Sud-Ouest : 6 km par rte de Lorient – ⊠ 29270 Motreff :

✗✗ **Auberge du Poher,** ℘ 02 98 99 51 18, Fax 02 98 99 55 98, 🖈 – 🅿. ⒼⒷ
☺ fermé 30 juin au 13 juil., 1er au 19 fév., merc. soir et mardi hors saison, dim. soir et lundi –
Repas 72/240 🍷

CARIGNAN 08110 Ardennes **56** ⑩ – 3 359 h alt. 174.

Paris 276 – Charleville-Mézières 44 – Mouzon 7 – Montmédy 23 – Sedan 22 – Verdun 72.

✗✗ **Gourmandière,** 19 av. Blagny ℘ 03 24 22 20 99, Fax 03 24 22 20 99, 🍴 , 🖈 – 🖚 ⒼⒷ
☺ fermé lundi sauf fériés – **Repas** 72/215, enf. 50

CARMAUX 81400 Tarn **80** ⑪ G. Midi-Pyrénées – 10 957 h alt. 241.

🛈 Office de Tourisme pl. Gambetta ℘ 05 63 76 76 67, Fax 05 63 36 84 51.

Paris 660 – Rodez 65 – Albi 16 – St-Affrique 91 – Villefranche-de-Rouergue 52.

à Mirandol-Bourgnounac Nord : 13 km par N 88 et D 905 – 1 110 h. alt. 393 – ⊠ 81190 :

✗ **Voyageurs** ☻ avec ch, ℘ 05 63 76 90 10, 🍴 – ☎. ⒼⒷ
☺ fermé vacances de printemps, 21 août au 6 sept. et le soir du 1er oct. au 15 avril – **Repas** 68 bc/170 ᵹ – ⊆ 40 – **7 ch** 200/320 – ½ P 230/240

CARNAC 56340 Morbihan **63** ⑫ G. Bretagne – 4 243 h alt. 16.

Voir Musée de préhistoire★★ M – Église St-Cornély★ E – Tumulus St-Michel★ : ≤★ –
Alignements du Ménec★★ par D 196 : 1,5 km – Alignements de Kermario★★ par ② : 2 km –
Alignements de Kerlescan★ par ② : 4,5 km – Tumulus de Kercado★ par ② : 4,5 km –
Dolmens de Mané-Kérioned★ 4 km par ①.

🛈 Office de Tourisme 74 av. des Druides (Carnac-Plage) ℘ 02 97 52 13 52, Fax 02 97 52 86 10
et pl. de l'Église.

Paris 490 ② – Vannes 31 ② – Auray 13 ② – Lorient 36 ① – Quiberon 18 ①.

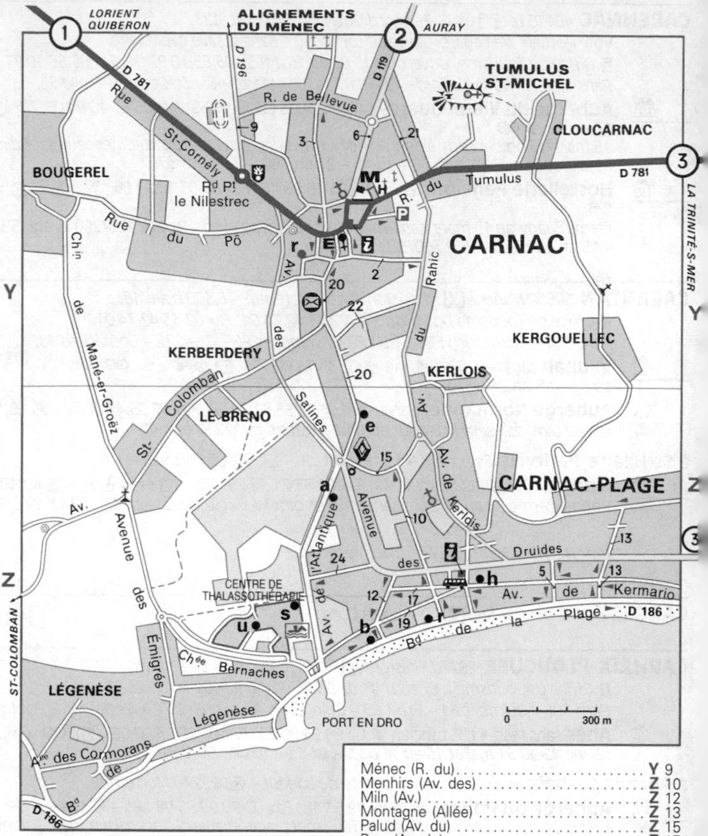

Colary (R.)	Y	2
Courdiec (R. de)	Y	3
Cromlech (Allée)	Z	5
Korrigans (R. des)	Y	6
Ménec (R. du)	Y	9
Menhirs (Av. des)	Z	10
Miln (Av.)	Z	12
Montagne (Allée)	Z	13
Palud (Av. du)	Z	15
Parc (Av. du)	Z	17
Port-en-Dro (Av. de)	Z	19
Poste (Av. de la)	Y	20
Poul-Person (R. de)	Y	21
Roer (Av. du)	Y	22
Talleyrand (R. de)	Z	24

Diana M, 21 bd Plage ✆ 02 97 52 05 38, *Fax 02 97 52 87 91*, ≤, ☂, Fб, ⛱ – |♦| TV ☎ ✆ P. AE ⓓ GB JCB — Z r
hôtel : 14 avril-15 oct. ; rest. : 21 avril-15 oct. – **Repas** 150 (déj.), 260/350 ♀ – ☕ 90 – **32 ch** 970/1230 – ½ P 815/945

Novotel M ⚘, av. Atlantique ✆ 02 97 52 53 00, *Fax 02 97 52 53 55*, ≤, centre de thalassothérapie, Fб, ▣, ⛱, ✂ – |♦| ⇸, ▤ rest, TV ☎ ✆ ♿ P – ⛭ 25. AE ⓓ GB JCB — Z s
fermé 1er au 14 janv. – ***Clipper :*** **Repas** *(120)*-170, enf. 65 – ***Diététique :*** **Repas** 170 – ☕ 67 – **109 ch** 755/970

Celtique M, 17 av. Kermario ✆ 02 97 52 14 15, *Fax 02 97 52 71 10*, ☂, Fб, ⛱ – |♦| ⇸ TV ☎ ✆ ♿ P – ⛭ 40. AE ⓓ GB — Z h
Repas *(fermé le midi sauf dim. du 1er oct. au 31 mars et lundi)* 110/255 ♀, enf. 56 – ☕ 60 – **48 ch** 730, 5 duplex – ½ P 530/570

Plancton, 12 bd Plage ✆ 02 97 52 13 65, *Fax 02 97 52 87 63*, ≤, ☂ – |♦| TV ☎ ✆ P – ⛭ 25. AE GB — Z b
1er avril-12 oct. – **Repas** 120/268 ♀, enf. 65 – ☕ 54 – **23 ch** 606/715 – ½ P 483/530

Ibis M ⚘, av. Atlantique ✆ 02 97 52 54 00, *Fax 02 97 52 53 66*, ≤, centre de thalassothérapie, Fб, ▣, ⛱, ✂ – |♦| ⇸ TV ☎ ♿ P – ⛭ 20 à 40. AE ⓓ GB — Z u
Repas *(85)* - 135 ♀, enf. 40 – ☕ 45 – **96 ch** 590/680, 23 duplex

🏨 **Licorne** Ⓜ sans rest, 5 av. Atlantique *℘ 02 97 52 10 59*, *Fax 02 97 52 80 30*, 🚗 – 📺 ☎ ◖
&. 🅿. ₳ ⑩ 🔳   Z a
1ᵉʳ fév.-2 nov. – ⌷ 40 – **26 ch** 360/550

🏨 **Armoric**, 53 av. Poste *℘ 02 97 52 13 47*, *Fax 02 97 52 08 66*, 🏠 , 🚗   📳 📺 ☎ 🅿. ₳ ⑩
🔳   Z e
fermé jeudi hors saison – **Repas** (70) - 95/190 ♈, enf. 52 – ⌷ 42 – **25 ch** 320/520 –
½ P 425/440

✕✕ **Côte,** aux Alignements de Kermario, par ② : *2 km ℘ 02 97 52 02 80*, *Fax 02 97 52 02 80*,
🚗 – 🅿. 🔳
fermé début janv. à début fév., dim. soir et lundi sauf juil.-août – Repas 120/250, enf. 50

✕✕ **Auberge le Râtelier** 🐾 avec ch, 4 chemin du Douet *℘ 02 97 52 05 04*,
Fax 02 97 52 76 11 – 📺 ☎ 🅿. – 🛁 15. 🔳   Y r
fermé 15 janv. au 7 fév. – **Repas** (fermé dim. soir et lundi d'oct. à mars) 95/218 ♈, enf. 50 –
⌷ 35 – **9 ch** 290/320 – ½ P 310/330

CARNON-PLAGE *34280 Hérault* 🟦🟦 ⑦.
Paris 763 – Montpellier 19 – Aigues-Mortes 19 – Nîmes 56 – Sète 35.

🏨🏨 **Neptune** Ⓜ, au port *℘ 04 67 50 88 00*, *Fax 04 67 50 90 72*, ≤, 🏠 , ⅃ – 📳 🌊 📺 ☎ ◖
⬅ 🅿 – 🛁 25. ₳ ⑩ 🔳 🇯🇨🇧, 🌊 rest
fermé 15 au 30 déc. – **Repas** (fermé sam. midi, dim. soir et lundi midi d'oct. à mai)
105/230 ♈, enf. 52 – ⌷ 45 – **52 ch** 300/600 – ½ P 305/430

CARNOULES *83660 Var* 🟦🟦 ⑯, 🟦🟦🟦 ㉞ – *2 292 h alt. 205.*
Paris 834 – Toulon 36 – Brignoles 23 – Draguignan 49 – Hyères 33.

✕ **Tuilière,** rte de Toulon : 2 km sur N 97 *℘ 04 94 48 32 39*, *Fax 04 94 48 36 06*, 🏠 , ⅃ , 🚗 –
🅿. 🔳
fermé vacances de Toussaint, de fév. et dim. soir – **Repas** (nombre de couverts limité,
prévenir) 130/160, enf. 60

CAROMB *84330 Vaucluse* 🟦🟦 ⑬ – *2 640 h alt. 95.*
🅱 *Office de Tourisme pl. du Cabaret ℘ 04 90 62 36 21.*
Paris 680 – Avignon 36 – Carpentras 10 – Nyons 35.

✕ **Four à Chaux,** rte Malaucène : 2 km *℘ 04 90 62 40 10*, *Fax 04 90 62 36 02*, 🏠 – 🅿. 🔳
fermé 20 au 30 nov., 1ᵉʳ au 25 janv., mardi (sauf le soir en juil.-août) et lundi – **Repas** 90 (déj.),
150/230 ♈

CARPENTRAS ◁▷ *84200 Vaucluse* 🟦🟦 ⑫ ⑬ *G. Provence – 24 212 h alt. 102.*
Voir *Ancienne cathédrale St-Siffrein*★ : *trésor*★ – *Synagogue*★.
🅱 *Office de Tourisme 170 av. J.-Jaurès ℘ 04 90 63 57 88*, *Fax 04 90 60 41 02.*
Paris 682 ④ – Avignon 28 ③ – Digne-les-Bains 142 ② – Gap 147 ① – Marseille 105 ②.

Plan page suivante

🏨🏨 **Fiacre** 🐾 sans rest, 153 r. Vigne *℘ 04 90 63 03 15*, *Fax 04 90 60 49 73* – 📺 ☎ ⬅. ₳ ⑩
🔳   Z a
⌷ 40 – **19 ch** 240/470

🏨🏨 **Forum** Ⓜ sans rest, 24 r. Forum *℘ 04 90 60 57 00*, *Fax 04 90 63 52 65* – 📳 ▤ 📺 ☎ &. 🅿.
🔳   Z t
⌷ 40 – **28 ch** 295/350

✕✕ **L'Atelier de Pierre,** 30 pl. de l'Horloge (début r. des Halles) *℘ 04 90 60 75 00*,
Fax 04 90 60 75 00, 🏠 – ▤. 🔳   Y s
fermé 11 au 20 nov., 2 au 16 janv., lundi (sauf le soir en été) et dim. – **Repas** 115 (déj.),
150/230

✕ **Rives d'Auzon,** 47 bd Nord (face Porte d'Orange) *℘ 04 90 60 62 62* – 🔳   Y n
fermé 10 au 31 déc., le midi du 1ᵉʳ au 14 août, sam. midi et merc. – **Repas** 110 bc (déj.),
140/190 ♈

✕ **Vert Galant,** 12 r. Clapiès *℘ 04 90 67 15 50*, *Fax 04 90 67 15 50* – ▤. 🔳   Y e
fermé dim. sauf le midi d'oct. à avril, lundi midi d'oct. à avril et sam. midi – **Repas** (nombre
de couverts limité, prévenir) 130 (déj.), 160/250 ♈

à Mazan *Est : 7 km par D 942 – 4 459 h. alt. 100* – ✉ *84380 .*
Voir *Cimetière* ≤★.

🏨 **Siècle** 🐾 sans rest, (derrière l'église) *℘ 04 90 69 75 70* – ☎. 🔳 🌊
fermé janv., fév. et dim. hors saison – ⌷ 35 – **12 ch** 160/290

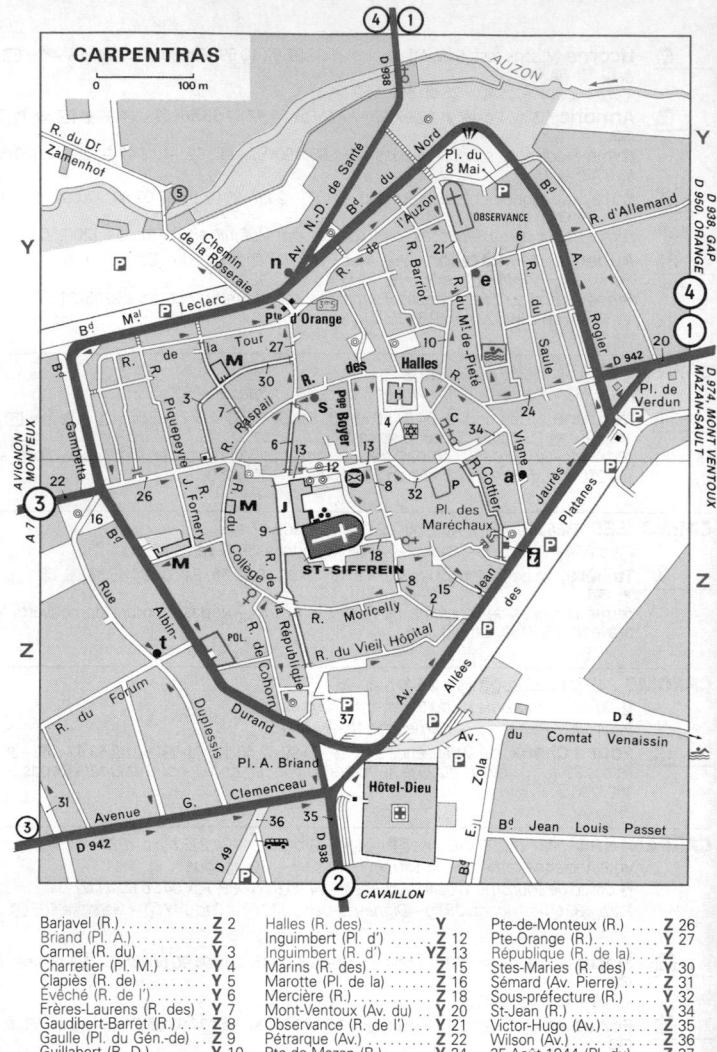

CARPENTRAS

0 — 100 m

à St-Didier *Sud-Est par D 4 et D 39 : 2 km – 1 657 h. alt. 98 –* ⊠ *84210 :*

🏨 **Trois Colombes** ॐ, 148 av. des Garrigues, ℰ 04 90 66 07 01, Fax 04 90 66 11 54, ㈜, ⅃, ㈜, ℅ – 📺 ☎ ℅ 🅟 🆎 🆔 🆎🆒🆓
fermé 3 janv. au 28 fév. – **Repas** *(fermé lundi midi du 1ᵉʳ oct. au 20 déc.)* 120/230 ♀ – ♀ 50 – **38 ch** 320/510 – ½ P 335/415

au Beaucet *Sud-Est par D 4 et D 39 : 11 km – 280 h. alt. 275 –* ⊠ *84210 :*

🍴 **Auberge du Beaucet,** ℰ 04 90 66 10 82, Fax 04 90 66 00 72 – 🆒🅱
fermé déc., janv., dim. soir et lundi – **Repas** *(nombre de couverts limité, prévenir)* 170

à Monteux *par ③ : 4,5 km – 8 157 h. alt. 42 –* ⊠ *84170 :*

🏨 **Blason de Provence** ॐ, ℰ 04 90 66 31 34, Fax 04 90 66 83 05, ㈜, ⅃, ㈜, ℅ – 📺 ☎ ℅ 🅟 🆎 ① 🆒🅱, ℅
fermé 20 déc. au 30 janv. – **Repas** *(fermé dim. soir hors saison et sam. midi)* 95/320 ♀, enf. 60 – ♀ 55 – **18 ch** 400/450 – ½ P 430

🖈 **Select**, ℰ 04 90 66 27 91, Fax 04 90 66 33 05, 🚗, 🛋 – 🔟 ☎ 🅿, 🖭 – ⅏ ⅏
fermé 18 déc. au 8 janv. et sam. du 15 oct. au 15 mars – **Repas** (*fermé sam. sauf le soir en saison et dim. soir*) 95/160 – ☲ 40 – **8 ch** 300/320 – ½ P 340

rte d'Avignon *par* ③ *D 942 : 10 km :* – ⊠ *84180 Monteux :*

XXX **Saule Pleureur**, ℰ 04 90 62 01 35, Fax 04 90 62 10 90, 🚗, 🌇 – 🗐 🅿, 🖭 ⅏
fermé 31 oct. au 14 nov., 28 fév. au 21 mars, mardi soir et merc. soir de sept. à avril, dim. soir et lundi – **Repas** 165/360 ♗, enf. 80

CARQUEIRANNE 83320 Var 🟦🟦 ⑮, 🟦🟦🟦 ㊻ – 7 118 h alt. 30.
🖪 *Syndicat d'Initiative pl. République* ℰ 04 94 01 40 40.
Paris 852 – Toulon 17 – Draguignan 81 – Hyères 9.

🖈 **Plein Sud** sans rest, av. Gén. de Gaulle par rte du port, ℰ 04 94 58 52 80, Fax 04 94 12 95 59 🔟 ☎ 🍴 🅿, 🖭 ⅏ ⅏
☲ 42 – **17 ch** 295/410

XXX **Les Pins Penchés**, av. Gén. de Gaulle par rte du port ℰ 04 94 58 60 25, Fax 04 94 58 69 04, 🚗 – 🗐, 🖭 ⅏ ⅏ ⅏
fermé dim. soir, mardi midi et lundi – **Repas** (145) 215

CARRIÈRES-SUR-SEINE 78 Yvelines 🟦🟦 ⑳,, 🟦🟦🟦 ⑭ – *voir à Paris, Environs.*

CARROS 06510 Alpes-Mar. 🟦🟦 ⑨ G. Côte d'Azur – 10 747 h alt. 400.
Voir *Carros Village : site★ , ⁂★★ du vieux moulin N : 3 km.*
🖪 *Syndicat d'Initiative Forum Jacques-Prévert* ℰ 04 93 08 76 07.
Paris 936 – Nice 21 – Antibes 27 – Cannes 37 – Grasse 45 – St-Martin-Vésubie 48.

🏨 **Promotel** Ⓜ, Z.A. La Grave ℰ 04 93 08 77 80, Fax 04 93 08 73 96, 🛋 – 📶, 🗐 rest, 🔟 ☎ 🍴 ⅙ 🅿 – 🔬 60. 🖭 ⅏ ⅏
Repas grill (*fermé sam. soir et dim.*) 98 ♗ – ☲ 39 – **84 ch** 325 – ½ P 280

Les CARROZ-D'ARÂCHES 74300 H.-Savoie 🟨🟨 ⑧ G. Alpes du Nord – alt. 1140 – Sports d'hiver : 1 140/2 480 m ⚠ 1 ⚡ 18 ⚡.
🖪 *Office de Tourisme* ℰ 04 50 90 00 04, Fax 04 50 90 07 00.
Paris 584 – Chamonix-Mont-Blanc 48 – Thonon-les-Bains 70 – Annecy 66 – Bonneville 26.

🏨 **Arbaron**, ℰ 04 50 90 02 67, Fax 04 50 90 37 60, ≤, 🚗, « Jardin fleuri », 🛋, 🌇 – 🔟 ☎ 🅿, ⅏ ⅏ rest
15 juin-1ᵉʳ oct. et 10 déc.-25 avril – **Repas** 95/250, enf. 48 – ☲ 50 – **30 ch** 200/490 – ½ P 496

♴ **Croix de Savoie** ⊛, 1 km rte Flaine ℰ 04 50 90 00 26, Fax 04 50 90 00 63, ≤ montagnes et vallée – ☎ 🅿, ⅏ ⅏ ⅏ ch
15 juin-15 sept. et 15 déc.-15 avril – **Repas** 70/130, enf. 48 – ☲ 35 – **19 ch** 300 – ½ P 295/305

CARRY-LE-ROUET 13620 B.-du-R. 🟦🟦 ⑫ G. Provence – 5 224 h alt. 5 – Casino.
🖪 *Office de Tourisme av. A.-Briand* ℰ 04 42 13 20 36, Fax 04 42 44 52 03.
Paris 770 – Marseille 34 – Aix-en-Provence 41 – Martigues 19 – Salon-de-Provence 45.

XXX **L'Escale** (Clor), prom. du Port ℰ 04 42 45 00 47, Fax 04 42 44 72 69, ≤, 🚗, « Terrasse ⁂ surplombant le port », 🌇 – 🖭 ⅏
1ᵉʳ fév.-29 oct. et fermé lundi sauf le soir en juil.-août et dim. soir de sept. à juin – **Repas** (dim. prévenir) 195 (déj.)/320 et carte 380 à 550
Spéc. Saint-Jacques rôties en feuille de chou (fév. à mai). Rougets en feuillantine et crème de foie. Rognon de veau poêlé au caramel d'échalotes. **Vins** Cassis, Coteaux d'Aix-en-Provence.

XX **Brise**, quai Vayssière (1ᵉʳ étage) ℰ 04 42 45 30 55, Fax 04 42 44 52 10, ≤, 🚗 – 🖭 ⅏ ⅏
fermé dim. soir et lundi de sept. à juin – **Repas** 150

Zelten Sie gern?
Haben Sie einen Wohnwagen?
Dann benutzen Sie den **Michelin-Führer**
Camping Caravaning France.

CARSAC AILLAC *24200 Dordogne* **75** ⑰ *G. Périgord Quercy – 1 219 h alt. 80.*
Paris 538 – Brive-la-Gaillarde 57 – Sarlat-la-Canéda 12 – Gourdon 20.

⌂ **Relais du Touron** 🪑, ✆ 05 53 28 16 70, *Fax 05 53 28 52 51*, ⛱, « Parc », ≋ – 📺 ☎ P. GB. ⊘ rest
1ᵉʳ avril-14 nov. – **Repas** *(fermé merc. midi en juil.-août, le midi de sept. à juin et mardi)* 85/115, enf. 48 – ☕ 43 – **12 ch** 380 – ½ P 334/346

CARTERET *50 Manche* **54** ① *– voir à Barneville-Carteret.*

CARVIN *62220 P.-de-C.* **51** ⑮, **111** ㉚ *– 17 059 h alt. 31.*
Paris 203 – Lille 26 – Arras 33 – Béthune 27 – Douai 22.

⌂ **Parc Hôtel,** N 17 - Z.I. du Château ✆ 03 21 79 65 65, *Fax 03 21 79 80 00*, ⛱ – 📺 ☎ ✆ ♿ P – 👥 25. AE ⓓ GB JCB
Repas *(fermé dim. soir)* 99/199 bc 🍷, enf. 50 – ☕ 45 – **46 ch** 295/350 – ½ P 270/320

CASAMOZZA *2B H.-Corse* **90** ③ *– voir à Corse.*

CASSEL *59670 Nord* **51** ④ *G. Flandres Artois Picardie – 2 177 h alt. 175.*
Voir *Site★ – Jardin public ☀★★.*
Paris 252 – Calais 55 – Dunkerque 29 – Hazebrouck 13 – Lille 52 – St-Omer 20.

✕✕ **Petit Bruxelles,** au Petit-Bruxelles, Sud-Est : 3,5 km sur D 916 ✆ 03 28 42 44 64, *Fax 03 28 40 58 13*, 🌳 – P. GB
fermé vacances de fév., dim. soir, mardi soir, merc. soir et lundi – **Repas** 139/312 🍷, enf. 80

CASSIS *13260 B.-du-R.* **84** ⑬, **114** ㉙ *G. Provence – 7 967 h alt. 10 – Casino.*
Voir *Site★ – Les Calanques★★ (1h en bateau) – Mt de la Saoupe ☀★★ : 2 km par D 41A.*
Env. *Cap Canaille, la plus haute falaise maritime d'Europe, <★★★ 9 km par D 41A – Corniche des Crêtes★★ de Cassis à la Ciotat 12 km par D 41A.*
ℹ *Office de Tourisme pl. Baragnon ✆ 04 42 01 71 17, Fax 04 42 01 28 31.*
Paris 804 ① – Marseille 30 ① – Aix-en-Provence 50 ② – La Ciotat 9 ② – Toulon 42 ②.

CASSIS

Abbé-Mouton (R.)	2
Arène (R. de l')	4
Autheman (R. V.)	5
Baragnon (Pl.)	6
Barthélemy (Bd)	7
Barthélemy (Quai Jean-Jacques)	8
Baux (Quai des)	9
Ciotat (R. de la)	10
Clemenceau (Pl.)	12
Ganteaume (Av. de l'Amiral)	14
Jaurès (Av. J.)	16
Leriche (Av. Professeur)	17
Mirabeau (Pl.)	22
Moulins (Q. des)	23
République (Pl.)	25
Revestel (Av. du)	26
St-Michel (Pl.)	27
Thiers (R. Adolphe)	29
Victor-Hugo (Av.)	32

Le Guide change, changez de guide tous les ans.

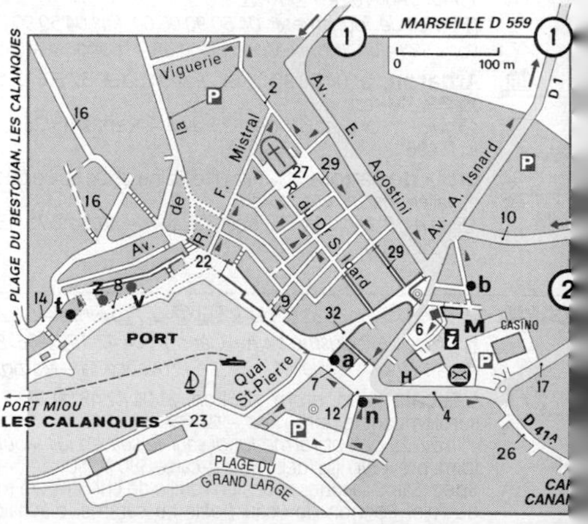

⌂ **Royal Cottage** M 🪑 sans rest, 6 av. 11 Novembre par ① ✆ 04 42 01 33 34, *Fax 04 42 01 06 90*, <, ≋, 🌳 – ⇕ ≡ 📺 ☎ ✆ ♿ 🚗 P. AE ⓓ GB. ⊘
☕ 65 – **22 ch** 680/1100, 3 duplex

⌂ **Les Roches Blanches** 🪑, rte Port-Miou Sud-Ouest : 1 km ✆ 04 42 01 09 30, *Fax 04 42 01 94 23*, < Cap Canaille », ⛱, « Jardin et piscine face à la mer », ≋, 🌳 – ⇕ 📺 ☎ P – 👥 25. AE GB. ⊘ rest
1ᵉʳ mars-mi-nov. – **Repas** *(fermé lundi de mars à mi-avril et d'oct. à mi-nov.)* 170 (déj.)/230 – ☕ 75 – **24 ch** 480/970 – ½ P 730/920

Les Jardins de Cassis sans rest, r. A. Favier par ① : *1 km* ✆ 04 42 01 84 85, *Fax 04 42 01 32 38*, – TV ☎ P. AE ⓓ GB.
avril-oct. – 58 – **36 ch** 700/750

Cassitel sans rest, pl. Clemenceau **(n)** ✆ 04 42 01 83 44, *Fax 04 42 01 96 31* – TV ☎. AE ⓓ GB JCB
35 – **25 ch** 390

Golfe sans rest, quai Barthélemy **(t)** ✆ 04 42 01 00 21, *Fax 04 42 01 92 08*, ≤ – TV ☎. AE GB
1er avril-11 nov. – 50 – **30 ch** 340/430

Grand Jardin sans rest, 2 r. P. Eydin **(b)** ✆ 04 42 01 70 10, *Fax 04 42 01 33 75* – TV ☎. AE ⓓ GB.
38 – **26 ch** 340/395

Liautaud sans rest, 2 r. V. Hugo **(a)** ✆ 04 42 01 75 37, *Fax 04 42 01 12 08*, ≤ – |≑| TV ☎. GB.
fermé 1er déc. au 1er fév. – 36 – **35 ch** 400/470

Presqu'île, par rte Port-Miou, Sud-Ouest : 2 km ✆ 04 42 01 03 77, *Fax 04 42 01 94 49*, ≤ mer et Cap Canaille, – P. AE GB
1er mars-11 nov. et fermé lundi sauf le soir en juil.-août et dim. soir hors saison – **Repas** 165/245 et carte 300 à 390

Jardin d'Émile avec ch, plage Bestouan par av. Amiral Ganteaume : 1 km ✆ 04 42 01 80 55, *Fax 04 42 01 80 70*, ≤, – ch, TV ☎ P. AE GB
fermé nov. et 4 au 20 janv. – **Repas** *(fermé dim.soir de déc. à fév.)* 150 bc (déj.), 195/295 ♀, enf. 70 – 58 – **7 ch** 550/650

Nino, quai Barthélémy **(v)** ✆ 04 42 01 74 32, *Fax 04 42 01 74 32*, ≤ – AE ⓓ GB JCB
fermé 15 déc. au 10 fév., dim. soir hors saison et lundi – **Repas** 110 bc (déj.), 150/190 ♀

Romano, port de Cassis **(z)** ✆ 04 42 01 08 16, *Fax 04 42 01 30 33*, – AE ⓓ GB JCB
fermé 30 nov. au 11 déc., dim. soir hors saison et jeudi midi en saison – **Repas** 129

Read the introduction with its explanatory pages to make the most of your ***Michelin Guide.***

CASTAGNEDE *64 Pyr.-Atl.* 86 ② – *rattaché à Salies-de-Béarn.*

CASTAGNIERS *06670 Alpes-Mar.* 84 ⑨, 115 ㉖ – *1 229 h alt. 350.*
Voir Aspremont : ☼★ de la terrasse de l'ancien château SE : 4 km, G. Côte d'Azur.
Paris 943 – Nice 18 – Antibes 34 – Cannes 44 – Contes 23 – Levens 15 – Vence 22.

Chez Michel , ✆ 04 93 08 05 15, *Fax 04 93 08 05 38*, – TV ☎. AE GB
fermé 2 nov. au 4 déc., dim. soir et lundi – **Repas** 98/185 ♀ – 35 – **20 ch** 265/285 – ½ P 295

à Castagniers-les-Moulins *Ouest : 5 km – ✉ 06670 :*

Servotel, N 202 ✆ 04 93 08 22 00, *Fax 04 93 29 03 66*, , , – |≑| cuisinette, rest, TV ☎ P – 25. AE GB
Servella ✆ 04 93 08 10 62 *(fermé 15 oct. au 15 nov., dim. soir et lundi midi du 15 nov. au 15 mai)* **Repas** 95/270 , enf. 50 – 45 – **42 ch** 310/450, 30 studios – ½ P 330/430

CASTEIL *66 Pyr.-Or.* 86 ⑰ – *rattaché à Vernet-les-Bains.*

Le CASTELET *09 Ariège* 86 ⑮ – *rattaché à Ax-les-Thermes.*

CASTELJALOUX *47700 L.-et-G.* 79 ⑬ *G. Aquitaine – 5 048 h alt. 52.*
Office de Tourisme Maison du Roy ✆ 05 53 93 00 00, Fax 05 53 20 74 32
Paris 678 – Agen 55 – Mont-de-Marsan 74 – Langon 46 – Marmande 23 – Nérac 30.

Cordeliers sans rest, r. Cordeliers ✆ 05 53 93 02 19, *Fax 05 53 93 55 48* – |≑| TV ☎ ♿ P. GB
fermé 15 oct. au 15 nov. et dim. soir de nov. à mars – 40 – **24 ch** 130/290

Vieille Auberge, 11 r. Posterne ✆ 05 53 93 01 36, *Fax 05 53 93 18 89* – P. GB
fermé 21 juin au 5 juil., 15 au 29 nov., 2 au 27 fév., dim soir et merc. hors saison – **Repas** 120/230 et carte 210 à 340, enf. 65

CASTELLANE 〈🚉〉 *04120 Alpes-de-H.-P.* � **81** ⑱, **114** ⑩ *G. Alpes du Sud* – *1 349 h alt. 730.*
Voir *Site* ★ – *Lac de Chaudanne* ★ *4 km par* ① – *Lac de Castillon* ★ *8 km par* ③.
🇧 *Office de Tourisme r. Nationale* ℰ *04 92 83 61 14, Fax 04 92 83 76 89.*
Paris 795 ③ – *Digne-les-Bains 55* ③ – *Draguignan 59* ② – *Grasse 64* ① – *Manosque 93* ②.

CASTELLANE

Blondeau (R. du Lt)	2
Église (Pl. de l')	3
Fontaine (R. de la)	4
Liberté (Pl. de la)	5
Mazeau (R. du)	6
Mitan (R. du)	7
Nationale (R.)	8
République (Bd de la)	9
Roc (Chemin du)	10
St-Michel (Bd)	12
St-Victor (R.)	13
Sauvaire (Pl. M.)	14
11-Novembre (R. du)	16

Michelin
n'accroche pas
de panonceau
aux hôtels et restaurants
qu'il signale.

🏨 **Nouvel Hôtel du Commerce,** (e) ℰ *04 92 83 61 00, Fax 04 92 83 72 82,* � – 🛗 🆃🆅 ☎
🅿 🅰�🅴 ⑩ 🇬🇧
1ᵉʳ mars-15 oct. – Repas *(fermé merc. midi et mardi du 15 sept. au 15 juin)* 95/260 🍷, enf. 50
– ☑ 45 – **40 ch** 280/365 – ½ P 385

à la Garde *par* ① *et N 85 : 6 km* – *88 h. alt. 928* – ✉ *04120 :*
🍴🍴 **Auberge du Teillon** *avec ch,* ℰ *04 92 83 60 88, Fax 04 92 83 74 08* – 🆃🆅 ☎ 🅿. 🇬🇧
fermé 15 déc. au 10 mars, dim. soir d'oct. à Pâques et lundi de sept. à août – Repas
115/240, enf. 45 – ☑ 40 – **9 ch** 230/290 – ½ P 275/300

Le CASTELLET *83330 Var* � **84** ⑭, **114** ㊹ *G. Côte d'Azur* – *3 084 h alt. 252.*
Circuit automobile permanent, *N : 11 km.*
Paris 822 – *Toulon 21* – *Brignoles 50* – *La Ciotat 23* – *Marseille 47.*
🍴🍴🍴 **Castel Lumière** 🏠 *avec ch,* 1 r. Portail ℰ *04 94 32 62 20, Fax 04 94 32 70 33,* ≼ *vignoble*
et pays varois, � – 🆃🆅 ☎ 🥂 🇬🇧
fermé 5 janv. au 10 fév., lundi midi, mardi midi et merc. midi en juil.-août, dim. et lundi de
sept. à juin – Repas 130 *(déj.),* 185/280 *et carte environ* 220 – ☑ 60 – **6 ch** 330/380 –
½ P 380

CASTELNAUDARY *11400 Aude* � **82** ⑳ *G. Languedoc Roussillon* – *10 970 h alt. 175.*
🇧 *Office de Tourisme pl. République* ℰ *04 68 23 05 73, Fax 04 68 23 61 40.*
Paris 758 ④ – *Toulouse 60* ④ – *Carcassonne 41* ④ – *Foix 70* ④ – *Pamiers 49* ⑤.

Plan page ci-contre

🏨 **Canal** 🏠 *sans rest,* 2 ter av. A. Vidal ℰ *04 68 94 05 05, Fax 04 68 94 05 06,* 🌳 – 🆃🆅 ☎ ♿ 🅿.
– 🛁 25. 🅰�🅴 ⑩ 🇬🇧 🎅ᴄ🅱 AZ **b**
☑ 39 – **38 ch** 230/300

🏨 **Clos St-Siméon** Ⓜ, rte Carcassonne par ③ ℰ *04 68 94 01 20, Fax 04 68 94 05 47,* �,
🏊, 🌳 – 🆃🆅 ☎ 🥂 ♿ 🅿. 🅰🅴 ⑩ 🇬🇧 🎅ᴄ🅱
fermé 16 déc. au 3 janv. et dim. sauf le soir d'avril à oct. – Repas 75/160, enf. 40 – ☑ 30 –
31 ch 250/270 – ½ P 250/260

🏨 **Centre et Lauragais,** 31 cours République ℰ *04 68 23 25 95, Fax 04 68 94 01 66,* � –
🆃🆅 ☎ 🥂. 🇬🇧 AZ **n**
fermé 9 janv. au 10 fév. – Repas 90/280 🍸, enf. 55 – ☑ 30 – **16 ch** 185/240 – ½ P 230

🍴🍴 **Tirou,** 90 av. Mgr de Langle ℰ *04 68 94 15 95, Fax 04 68 94 15 96,* �, 🌳 – ⬛ 🅿. 🇬🇧
fermé 30 juin au 8 juil., 8 janv. au 8 fév., merc. soir sauf juil.-août, dim. soir et lundi – Repas
90 *(déj.),* 125/260 BZ **e**

à Peyrens *par* ① *et rte de Revel : 5 km* – *301 h. alt. 180* – ✉ *11400 :*
🍴 **Auberge La Calèche,** ℰ *04 68 60 40 13* – ⑩ 🇬🇧
fermé mardi soir – Repas 60 bc *(déj.),* 90/190, enf. 45

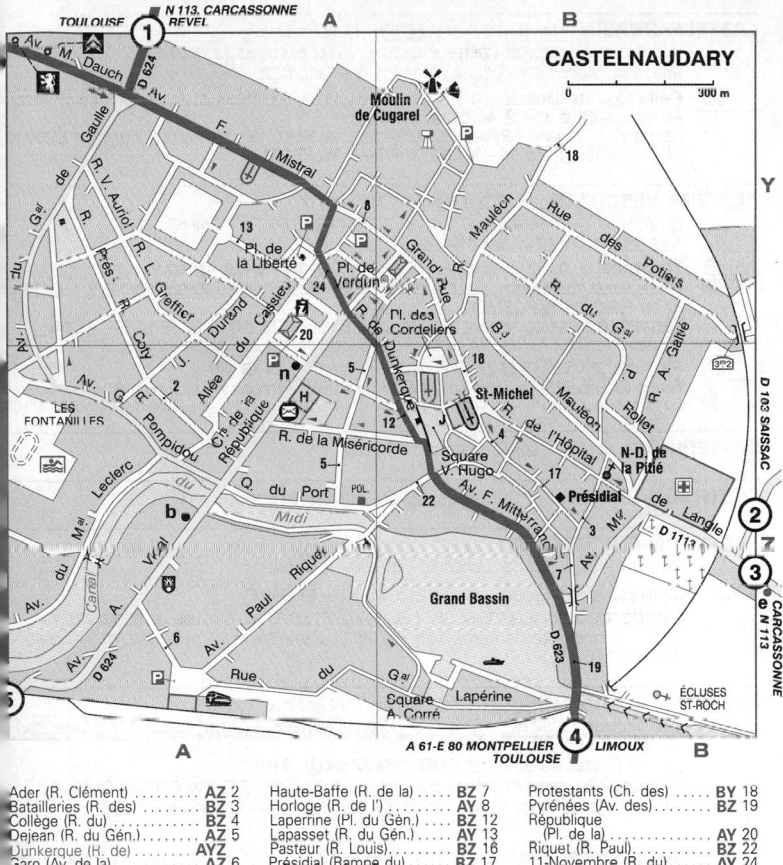

CASTELNAUDARY

Une réservation confirmée par écrit ou par fax est toujours plus sûre.

CASTELNAU-DE-LÉVIS 81 Tarn 82 ⑩ – *rattaché à Albi.*

CASTELNOU 66300 Pyr.-Or. 86 ⑲ G. *Pyrénées Roussillon* – *277 h alt. 300.*
Paris 876 – Perpignan 21 – Argelès-sur-Mer 39 – Céret 29 – Prades 30.

※ **L'Hostal**, (accès piétonnier) ℘ 04 68 53 45 42, Fax 04 68 53 45 42, ≤, 佘 – ⓪ GB
fermé 3 janv. au 15 fév., le soir de nov. à mars et lundi sauf juil.-août – **Repas** 115/240 bc ♀

CASTELPERS 12 Aveyron 80 ⑪ – ⊠ 12170 Ledergues
Paris 674 – Albi 48 – Millau 86 – Rodez 45 – St-Affrique 64 – Villefranche-de-Rouergue 62.

▥ **Château de Castelpers** ≫, ℘ 05 65 69 22 61, Fax 05 65 69 25 31, ≤, « Parc au bord
de l'eau » – ☎ ℗. ﮯ ⓪ GB. ﮧ rest
1er avril-1er oct. – **Repas** (résidents seul.) (85) - 150 ♀ – ☷ 48 – **9 ch** 290/500 – ½ P 280/370

CASTELS 24 Dordogne 75 ⑯ – *rattaché à St-Cyprien.*

389

CASTELSARRASIN ❄️ 82100 T.-et-G. 79 ⑰ – 11 317 h alt. 82.

🛈 Office de Tourisme pl. Liberté ℰ 05 63 32 75 00, Fax 05 63 32 75 01.
Paris 664 – Agen 54 – Toulouse 70 – Auch 76 – Cahors 82.

🏨 **Félix** ⑤, rte Moissac : 4 km ℰ 05 63 32 14 97, Fax 05 63 32 37 51, 🌳, parc, décor
Far-West – 📺 ☎ 🅿️, – 🏛️ 40. 🝙 ⓞ 🅶🅱 ✇ ch
fermé 1ᵉʳ au 11 janv. – **Repas** (fermé 26 sept. au 8 oct., dim. soir d'oct. à mars et lundi) 79
(déj.), 108/195 ⅟ – ⊠ 34 – **14 ch** 238/400 – ½ P 245/270

CASTÉRA-VERDUZAN 32410 Gers 82 ④ – 794 h alt. 114.

🛈 Office de Tourisme av. des Thermes ℰ 05 62 68 10 66, Fax 05 62 68 14 58.
Paris 752 – Auch 26 – Agen 61 – Condom 21.

🏨 **Thermes,** ℰ 05 62 68 13 07, Fax 05 62 68 10 49, 🌳 – ☎. 🝙 ⓞ 🅶🅱
⊜ fermé vend. soir et sam. d'oct. à avril et week-ends de janv. – **Repas** 70/195 ⅟ – ⊠ 34 –
37 ch 199/280 – ½ P 232/242
Ténarèze sans rest, Annexe à 500 m. ℰ 05 62 68 10 22, Fax 05 62 68 14 69 – ☎. 🅶🅱
1ᵉʳ avril-31 oct. et fermé dim. et lundi du 15 sept. au 15 juin – ⊠ 34 – **24 ch** 187/245

XX **Florida,** ℰ 05 62 68 13 22, Fax 05 62 68 10 44, 🌳 – 🝙 ⓞ 🅶🅱
🐌 fermé vacances de fév., dim. soir et lundi sauf fériés – **Repas** 75 (déj.), 160/230 ⅟

CASTERINO 06 Alpes-Mar. 84 ⑩ – rattaché à Tende.

CASTILLON-DU-GARD 30 Gard 80 ⑲,, 81 ⑪ – rattaché à Pont-du-Gard.

CASTILLON-EN-COUSERANS 09800 Ariège 86 ② G. Midi-Pyrénées – 403 h alt. 543.
Paris 810 – Bagnères-de-Luchon 63 – Foix 58 – St-Girons 14.

à Audressein par rte de Luchon : 1 km – 121 h. alt. 509 – ⊠ 09800 :

XX **L'Auberge** avec ch, ℰ 05 61 96 11 80, Fax 05 61 96 82 96 – ▤ rest, ☎. 🝙 ⓞ 🅶🅱
🐌 15 fév.-15 nov. – **Repas** (fermé dim. soir et lundi sauf de mai à oct.) 120/280 ⅟ – ⊠ 40 –
9 ch 180/280 – ½ P 260

CASTRES ❄️ 81100 Tarn 83 ① G. Midi-Pyrénées – 44 812 h alt. 170.

Voir Musée★ : œuvres de Goya★★ – Hôtel de Nayrac★ – Centre national et musée Jean-
Jaurès – Le Sidobre★ 9 km par ①.
✈ de Castres-Mazamet : ℰ 05 63 70 34 77 par ③ : 8 km.
🛈 Office de Tourisme 3 r. Milhau-Ducommun ℰ 05 63 62 63 62, Fax 05 63 62 63 60.
Paris 738 ⑦ – Toulouse 71 ④ – Albi 43 ⑦ – Béziers 107 ③ – Carcassonne 69 ③.

Plan page ci-contre

🏨 **Renaissance** ⑤, 17 r. V. Hugo ℰ 05 63 59 30 42, Fax 05 63 72 11 57, 🌳, « Maison du
17ᵉ siècle, belle décoration intérieure » – 📺 ☎ – 🏛️ 30. 🝙 ⓞ 🅶🅱   AZ d
Repas (fermé 1ᵉʳ au 21 août, 22 au 30 déc., lundi midi et dim.) (75) - 95 (déj.), 100/250 ⅟ –
⊠ 50 – **20 ch** 330/550 – ½ P 330/480

🏨 **Europe** ⑤, 5 r. V. Hugo ℰ 05 63 59 00 33, Fax 05 63 59 21 38, « Maison du 17ᵉ siècle » –
📺 ☎. 🝙 ⓞ 🅶🅱   AYZ v
Repas (fermé août, Noël au Jour de l'An, vend. soir, sam. soir et dim.) (90) - 49 (déj.)/110
(dîner) ⅟ – ⊠ 39 – **35 ch** 295/375

🏨 **Occitan** 🅼, 201 av. Ch. de Gaulle par ③ ℰ 05 63 35 34 20, Fax 05 63 35 70 32, 🌳 –
⊜ ▤ rest, 📺 ☎ ✆ ⇔ 🅿️, – 🏛️ 15. 🝙 ⓞ 🅶🅱
fermé 25 déc. au 5 janv. et sam. midi – **Repas** 80/220 ⅟, enf. 50 – ⊠ 45 – **40 ch** 310/420 –
½ P 300/350

XX **Victoria,** 24 pl. 8-Mai 1945 ℰ 05 63 59 14 68 – ▤. 🝙 ⓞ 🅶🅱   BZ s
fermé 13 au 27 août, sam. midi et dim. – **Repas** 70 (déj.), 98/250 ⅟

XX **Mandragore,** 1 r. Malpas ℰ 05 63 59 51 27, Fax 05 63 59 51 27 – ▤. 🝙 ⓞ 🅶🅱   BY e
⊜ fermé lundi midi et dim. – **Repas** 75/240 ⅟, enf. 45

X **Table de Neptune,** 1 r. Henri IV ℰ 05 63 72 57 97, Fax 05 63 72 42 72 – ▤. 🅶🅱 BY n
fermé 1ᵉʳ au 15 août, 1ᵉʳ au 7 janv., sam. midi et dim. – **Repas** - produits de la mer - 75 bc
(déj.), 98/150 ⅜, enf. 55

à Lagarrigue par ③ : 4 km – 1 695 h. alt. 200 – ⊠ 81090 :

🛈 Office de Tourisme 25 r. de la Fontaine à Cammazes ℰ 05 63 74 17 17.

🏨 **Relais de la Montagne Noire** 🅼, N 112 ℰ 05 63 35 52 00, Fax 05 63 35 25 59, 🌳 –
📳, ▤ ch, 📺 ☎ ✆ 🅿️ – 🏛️ 30. 🝙 ⓞ 🅶🅱
Repas (fermé 5 au 27 août, vend. soir, dim. midi et sam.) 120 ⅟, enf. 50 – ⊠ 50 – **32 ch**
360/490 – ½ P 305/325

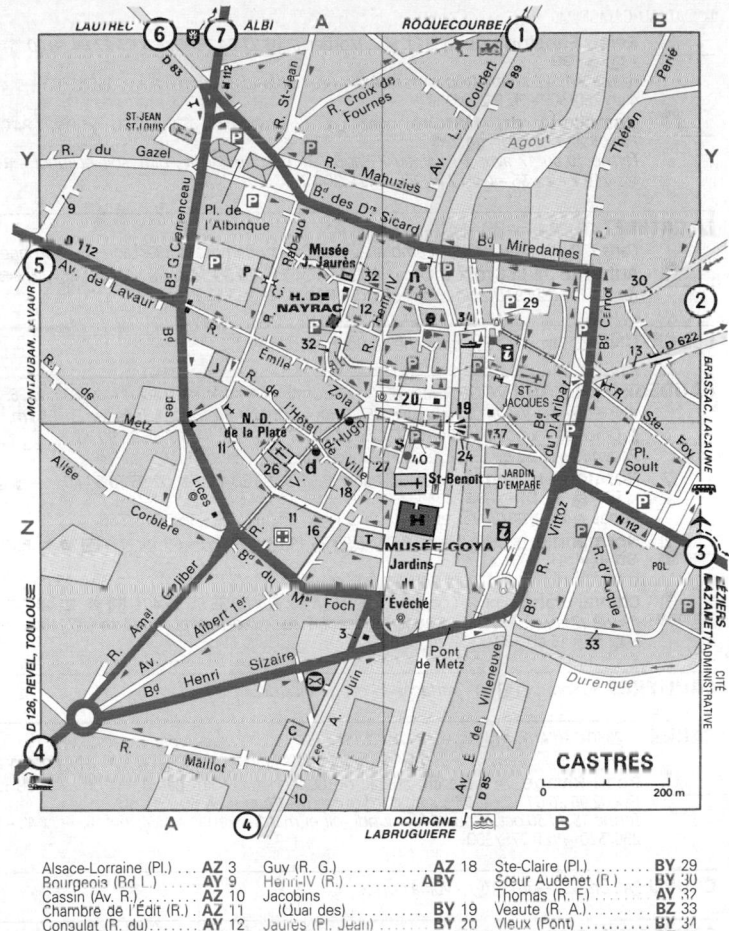

CASTRES

In this Guide,

a symbol or a character, printed in **black** *or another colour*

in light or **bold** *type,*

does not have the same meaning.

Please read the explanatory pages carefully.

CASTRES *34160 Hérault* 🔢 ⑦ *G. Languedoc Roussillon – 3 992 h alt. 70.*

Voir *Château★.*

Paris 750 – Montpellier 19 – Lunel 14 – Nîmes 44.

  L'Art du Feu, ℰ 04 67 70 05 97, Fax 04 67 70 05 97 – 🍴. AE ⓞ GB

  fermé vacances de fév., mardi soir et merc. – **Repas** *70/115 ♀, enf. 50*

Le CATEAU-CAMBRÉSIS *59360 Nord* 🔢 ⑭ ⑮ *G. Picardie Flandres Artois – 7 703 h alt. 123.*

Voir *Musée Matisse.*

  🅗 *Office de Tourisme Hôtel-de-Ville* ℰ 03 27 84 10 94, Fax 03 27 77 81 74.

  Paris 202 – St-Quentin 36 – Cambrai 24 – Hirson 46 – Lille 85 – Valenciennes 33.

391

XX **Relais Fénelon** avec ch, 21 r. Mar. Mortier ℰ 03 27 84 25 80, Fax 03 27 84 38 60, 🏡, 🛋 – 📺 ☎. **GB**
fermé 2 au 26 août – **Repas** *(fermé dim. soir et lundi sauf fériés)* (81) - 110/178 🍷 – ☲ 35 – **4 ch** 260/300 – ½ P 200/250

XX **Hostellerie du Marché** avec ch, r. Landrecies ✉ 59360 ℰ 03 27 84 09 32, Fax 03 27 77 01 00 – 📺. **GB**
fermé 10 au 17 avril, 31 juil. au 21 août, 26 déc. au 3 janv., dim. soir et lundi – **Repas** 135/215 🍷 – ☲ 35 – **4 ch** 210/250 – ½ P 200

Le CATELET 02420 Aisne 🗺 ⑬ ⑭ – 223 h alt. 90.
Paris 170 – St-Quentin 18 – Cambrai 22 – Le Cateau-Cambrésis 29 – Laon 65 – Péronne 28.

XX **Auberge de la Croix d'Or,** ℰ 03 23 66 21 71, Fax 03 23 66 28 32, 🏡, 🛋 – ▣. **GB**
fermé 1er au 21 août, dim. soir et lundi – **Repas** 118 bc/215 🍷, enf. 50

Les CATONS 73 Savoie 🗺 ⑮ – rattaché au Bourget-du-Lac.

CAUDEBEC-EN-CAUX 76490 S.-Mar. 🗺 ⑤ G. Normandie Vallée de la Seine – 2 265 h alt. 6.
Voir Église★ – Vallon de Rançon★ NE : 2 km – Pont de Brotonne★ (péage). E : 1,5 km.
🛈 Office de Tourisme pl. Ch.-de-Gaulle ℰ 02 32 96 28 32, Fax 02 35 95 90 20.
Paris 160 – Le Havre 55 – Rouen 36 – Lillebonne 16 – Yvetot 14.

🏠 **Normotel-La Marine,** quai Guilbaud ℰ 02 35 96 20 11, Fax 02 35 56 54 40, ≼ – 🗗 📺 ☎
🞄100🞄 📞 ▣ – 🛎 50. 🅐🅔 ⓞ **GB**
Repas 78 (déj.), 98/260 🍷, enf. 60 – ☲ 50 – **31 ch** 285/495 – ½ P 275/368

🏠 **Normandie,** quai Guilbaud ℰ 02 35 96 25 11, Fax 02 35 96 68 15, ≼ – 📺 ☎ ▣. 🅐🅔 ⓞ
GB 🅙🅒🅑
fermé 13 fév. au 6 mars et dim. sauf fêtes – **Repas** 59/220, enf. 45 – ☲ 35 – **15 ch** 230/380

🏠 **Cheval Blanc,** 4 pl. R. Coty ℰ 02 35 96 21 66, Fax 02 35 95 35 40 – 📺 ☎. 🅐🅔 ⓞ **GB**
fermé 17 janv. au 14 fév. – **Repas** *(fermé dim. soir, lundi midi et vend.)* (60) - 75/210 🍷, enf. 50 – ☲ 35 – **16 ch** 190/320 – ½ P 195/250

CAULIÈRES 80 Somme 🗺 ⑰ – rattaché à Poix-de-Picardie.

CAUREL 22530 C.-d'Armor 🗺 ⑫ – 384 h alt. 188.
Paris 462 – St-Brieuc 48 – Carhaix-Plouguer 44 – Guingamp 48 – Loudéac 24 – Pontivy 22.

XX **Beau Rivage** 🕭 avec ch, au Lac de Guerlédan : 2 km par D 111 ℰ 02 96 28 52 15, Fax 02 96 26 01 16, ≼, 🏡, « Au bord du lac » – 📺 ☎. 🛎 30. **GB**
fermé 15 au 30 oct., 5 au 25 fév., lundi soir et mardi – **Repas** 90/350, enf. 65 – ☲ 40 – **8 ch** 250/320 – ½ P 275/300

CAURO 2A Corse-du-Sud 🗺 ⑰ – voir à Corse.

CAUTERETS 65110 H.-Pyr. 🗺 ⑰ G. Midi-Pyrénées – 1 201 h alt. 932 – Stat. therm. – Sports d'hiver : 1 000/2 350 m ⟡ 3 ⟢ 18 ⟡ – Casino.
Voir La station★ – Route et site du Pont d'Espagne★★★ (chutes du Gave) au Sud par D 920 – Cascade★★ et vallée★ de Lutour S : 2,5 km par D 920.
Env. SO : Site★★ du lac de Gaube accès du pont d'Espagne par télésiège puis 1h.
🛈 Office de Tourisme pl. du Mar.-Foch ℰ 05 62 92 50 27, Fax 05 62 92 59 12.
Paris 844 ① – Pau 75 ① – Argelès-Gazost 17 ① – Lourdes 30 ① – Tarbes 48 ①.

Plan page ci-contre

🏨 **Sacca,** Ⓜ, bd Latapie-Flurin (a) ℰ 05 62 92 50 02, Fax 05 62 92 64 63, 🛴 – 🗗 📺 ☎. 🅐🅔 ⓞ
🅖🅑. 🞳 rest
fermé 2 oct. au 19 déc. – **Repas** 78/158, enf. 50 – ☲ 35 – **44 ch** 270/320 – ½ P 245/265

🏨 **Bordeaux,** r. Richelieu (f) ℰ 05 62 92 52 50, Fax 05 62 92 63 29 – 🗗 📺 ☎ ⟋. 🅐🅔 ⓞ 🅖🅑
🞳 rest
fermé 15 oct. au 30 nov. – **Repas** *(fermé merc.)* 130/160, enf. 35 – ☲ 45 – **24 ch** 320/420 – ½ P 370

🏨 **César,** r. César (r) ℰ 05 62 92 52 57, Fax 05 62 92 08 19 – 🗗 📺 ☎. 🅐🅔 ⓞ 🅖🅑. 🞳 rest
fermé 30 avril au 25 mai et 24 sept. au 20 oct. – **Repas** *(fermé merc. hors saison)* 75 (dîner), 80/140 – ☲ 30 – **17 ch** 230/300 – ½ P 260/280

🏨 **Astérides,** 9 bd Latapie-Flurin (s) ℰ 05 62 92 50 43, Fax 05 62 92 64 89 – 🗗 📺 ⓞ 🅖🅑
🞳 rest
fermé 16 oct. au 15 déc. – **Repas** 75/110 🍷 – ☲ 40 – **12 ch** 320/500 – ½ P 350

CAUTERETS

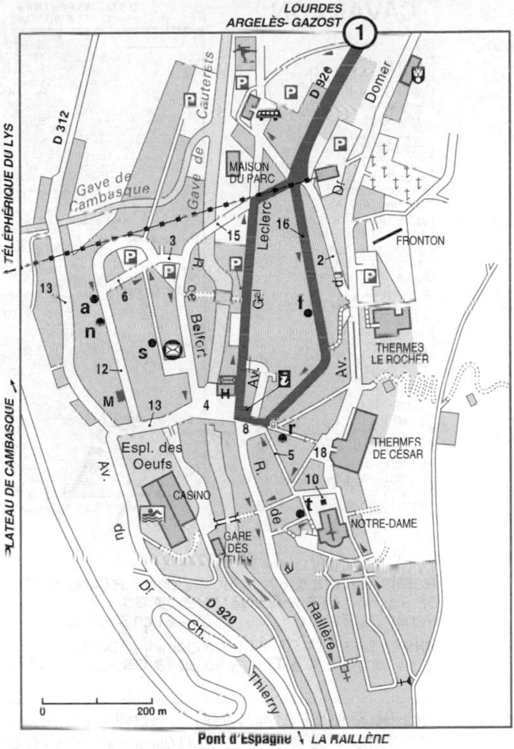

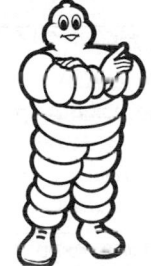

Edelweiss, bd Latapie-Flurin **(n)** ✆ 05 62 92 52 75, *Fax 05 62 92 62 73* – |♦| TV ☎. AE ⓓ GB. ✂ rest
fermé 3 oct. au 1er déc. – **Repas** 80/150, enf. 45 – ☕ 32 – **24 ch** 245/295 – ½ P 270

Welcome ♨, 3 r. V. Hugo **(t)** ✆ 05 62 92 50 22, *Fax 05 62 92 02 90* – |♦| TV ☎. GB
fermé 15 oct. au 1er déc. – **Repas** 75/115 ♨, enf. 58 – ☕ 30 – **28 ch** 250/300 – ½ P 250/270

CAVAILLON *84300 Vaucluse* **81** ⑫ *G. Provence* – *23 102 h alt. 75.*

Voir *Musée : collection archéologique*★ **M.**

ℹ *Office de Tourisme pl. François-Tourel* ✆ *04 90 71 32 01, Fax 04 90 71 42 99.*

Paris 705 ④ – *Avignon 26* ① – *Aix-en-Provence 61* ④ – *Arles 44* ④ – *Manosque 71* ②.

Plan page suivante

Parc sans rest, pl. F. Tourel **(e)** ✆ 04 90 71 57 78, *Fax 04 90 76 10 35* – ▤ TV ☎ 🚗. GB. ✂
☕ 40 – **40 ch** 190/340

XXX **Prévot,** 353 av. Verdun **(n)** ✆ 04 90 71 32 43, *Fax 04 90 71 97 05* – ▤. AE ⓓ GB JCB
fermé 7 au 20 août, dim. sauf le midi de sept. à juin et lundi – **Repas** 130/450 et carte 380 à 470 ♀

XX **Fin de Siècle,** 46 pl. Clos (1er étage) **(b)** ✆ 04 90 71 12 27 – ▤. AE ⓓ GB
fermé 8 août au 10 sept., mardi soir et merc. – **Repas** 89/220 ♀

X **Fleur de Thym,** 91 r. J.-J. Rousseau **(u)** ✆ 04 90 71 14 64, *Fax 04 90 71 14 64* – GB
fermé juil., dim. et lundi – **Repas** (nombre de couverts limité, prévenir) 130/185

Cheval-Blanc *par* ③ *: 5 km – 3 032 h. alt. 83 –* ✉ *84460 :*

XXX **Nicolet,** Nord-Est : 4 km par D 31 et rte secondaire ✆ 04 90 78 01 56, *Fax 04 90 71 91 28,* 🍽 – P. AE ⓓ GB
fermé dim. soir et lundi sauf juil.-août – **Repas** 150/360 et carte 360 à 450 ♀

CAVAILLON

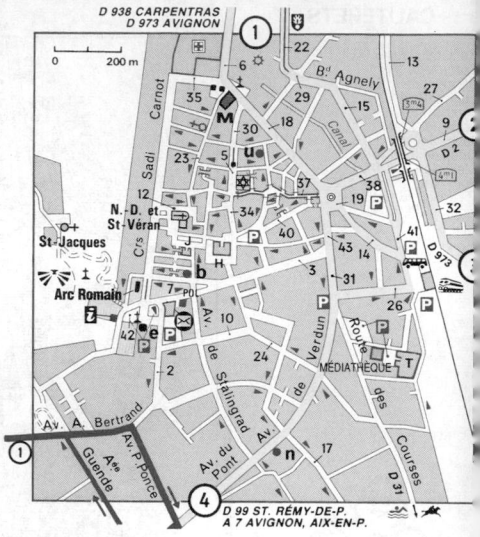

par ④ direction A 7 : 2 km – ⊠ 84300 Cavaillon :

🏨 **Relais Mercure**, 601 av. Boscodomini ℘ 04 90 71 07 79, Fax 04 90 78 27 94, 佘, ⊒, 屛
⌘ – ‖ ⇔ ▤ 📺 ☎ ➋ 🖭 – 🛦 30. 🖭 ⓿ ☯ – ☑ 55 – **61 ch** 365/460
Repas 95/130 🍴, enf. 50 –

🏨 **Ibis** 🅜 sans rest, 601 av. Boscodomini ℘ 04 90 06 18 88, Fax 04 90 71 03 50, ⊒, 屛, ⌘ –
‖ ⇔ ▤ 📺 ☎ ✆ 㧖 ㉟ – 🛦 30. 🖭 ⓿ ☯ – ☑ 36 – **47 ch** 305/380

CAVALAIRE-SUR-MER 83240 Var ⬛⬛ ⑰, ⬛⬛⬛ ㊾ G. Côte d'Azur – 4 188 h alt. 2 – Casino.
Env. Domaine du Rayol★★ 7 km à l'Ouest par D 559. – 🛈 Office de Tourisme à la Maison de l.
Mer sq. de Lattre-de-Tassigny ℘ 04 94 01 92 10, Fax 04 94 05 49 89.
Paris 882 – Fréjus 43 – Draguignan 56 – Le Lavandou 22 – St-Tropez 19 – Toulon 63.

🏨 **Calanque** ⧨, r. Calanque ℘ 04 94 64 04 27, Fax 04 94 64 66 20, ≤, 佘, « En bordure de
mer », ⊒, ⌘ – ▤ ch, 📺 ☎ ✆ 㧖 🖭 ⓿ ☯
fermé 3 janv. au 15 mars – **Repas** 165/280, enf. 70 – ☑ 75 – **28 ch** 960/1900 – ½ P 740/90(

🏨 **Golfe Bleu,** rte Croix-Valmer par D 559 : 1 km ℘ 04 94 64 07 56, Fax 04 94 05 48 79, 佘 –
📺 ☎ 🖭. 🖭 ☯
fermé 20 oct. au 20 déc. – **Repas** 130/180 – ☑ 39 – **11 ch** 480 – ½ P 355

✗✗ **Pergola** avec ch (annexe à 500 m. 🏨 sans rest., 屛), av. Port ℘ 04 94 00 42 22
Fax 04 94 64 60 08, 佘, 屛 – 📺 ☎. 🖭 ⓿ ☯
fermé 5 janv. au 5 fév. – **Repas** (85) - 98/195, enf. 75 – ☑ 40 – **25 ch** 395/565 – ½ P 445/485

La CAVALERIE 12230 Aveyron ⬛⬛ ⑭ – 701 h alt. 800.
Paris 662 – Montpellier 96 – Millau 19 – Rodez 86.

🏨 **Poste**, N 9 ℘ 05 65 62 70 66, Fax 05 65 62 78 24 – ‖ 📺 ☎ ✆ 㧖 🖭. ☯
🍴 **Repas** 79/180 🍴 – ☑ 48 – **29 ch** 280 – ½ P 280

CAVALIÈRE 83 Var ⬛⬛ ⑰, ⬛⬛⬛ ㊾ G. Côte d'Azur – alt. 4 – ⊠ 83980 Le Lavandou
Env. Col du Canadel ≤★★ NE : 9 km.
Paris 886 – Fréjus 55 – Draguignan 68 – Le Lavandou 9 – St-Tropez 31 – Toulon 51.

🏨 **Club** 🅜, ℘ 04 94 05 80 14, Fax 04 94 05 73 16, ≤, 佘, « Élégant ensemble au bord de ।
mer », ⊒, 🐾, ⌘ – ‖, ▤ ch, 📺 ☎ ✆ 㧖 🖭 – 🛦 30. 🖭 ⓿ ☯ 🇯🇨🇧
mai-oct. – **Repas** 270 bc/400 bc – ☑ 100 – **42 ch** 2600/3400 – ½ P 1500/2000

🏨 **Grand Hôtel Moriaz,** ℘ 04 94 05 80 01, Fax 04 94 05 70 88, ≤, « En bordure de mer »
🐾, – ▤ 📺 ☎. ☯
hôtel : 22 avril-6 oct. ; rest. : 27 mai-30 sept. – **Repas** 160 (dîner), 170/250 – ☑ 55 – **27 c**
500/800 – ½ P 550/740

à Pramousquier Est : 2 km sur D 559 – ⊠ 83980 Le Lavandou :

🏠 **Beau Site**, ℘ 04 94 05 80 08, Fax 04 94 05 76 76, ☆ – 🆃🆅 ☎ 🅿, 🕮 ⑩ 🕮, 🛠 rest
avril-sept. – **Repas** 95/135, enf. 50 – ⴱ 37 – **25 ch** 390 – ½ P 280/330

CAVANAC 11 Aude 🞈🞈 ⑦ – rattaché à Carcassonne.

CAYLUS 82160 T.-et-G. 🞏🞏 ⑲ G. Périgord Quercy – 1 308 h alt. 228.
Voir Christ en bois★ dans l'église.
Paris 633 – Cahors 61 – Albi 60 – Montauban 47 – Villefranche-de-Rouergue 30.

🏠 **Renaissance**, av. du Père Huc ℘ 05 63 67 07 26, Fax 05 63 24 03 57, ☆ – 🗏 rest, 🆃🆅 ☎
🆅, 🆖🅱, 🛠 ch – fermé 15 au 22 mars, 2 au 16 oct., dim. soir et lundi – **Repas** 65 (déj.),
100/200 ⅍, enf. 45 – ⴱ 45 – **9 ch** 180/280 – ½ P 250

CÉAUX 50 Manche 🞏🞏 ⑧ – rattaché à Pontaubault.

CEILLAC 05600 H.-Alpes 🞏🞏 ⑱ ⑲ G. Alpes du Sud – 289 h alt. 1640 – Sports d'hiver : 1 700/2 495 m
🛷 6 🎿 – Voir Vallon du Mélezet★.
🅱 Office de Tourisme à la Mairie ℘ 04 92 45 05 74, Fax 04 92 45 47 00.
Paris 733 – Briançon 51 – Gap 76 – Guillestre 14.

🏠 **Cascade** ⬩, au pied du Mélezet Sud-Est : 2 km ℘ 04 92 45 05 92, Fax 04 92 45 22 09, ≤,
🆖 ☆ – ☎ 🅿, 🆖🅱, 🛠 – 1ᵉʳ juin-10 sept. et 16 déc.-2 avril – **Repas** 73/120 ⵛ, enf. 50 – ⴱ 44 –
23 ch 290/387 – ½ P 270/364

La CELLE 83170 Var 🞏🞏 ⑮ – 911 h alt. 260.
Paris 811 – Aix-en-Provence 58 – Draguignan 58 – Marseille 66 – Toulon 52.

🏛 **Hostellerie de l'Abbaye de la Celle**, ⬩ ℘ 04 98 05 14 14, Fax 04 98 05 14 15, ☆
parc, « Demeure provençale du 18ᵉ siècle élégamment agencée », 🏊 🗏 ch, 🆃🆅 ☎ 🆅 🕭 🅿
🆎 ⑩ 🆖 🅹🆒�🅱 🛠
Repas 215/280 et carte 260 à 360 ⵛ – ⴱ 90 – **7 ch** 1300/1900, 3 appart.

CELLES-SUR-BELLE 79370 Deux-Sèvres 🞏🞏 ② G. Poitou Vendée Charentes – 3 425 h alt. 117.
Voir Portail★ de l'église Notre-Dame.
🅱 Office de Tourisme (15 avril-15 oct.) Les Halles ℘ 05 49 32 92 28.
Paris 410 – Poitiers 76 – Couhé 36 – Niort 22 – St-Jean-d'Angély 52.

🏠 **Hostellerie de l'Abbaye**, 1 pl. Epoux-Laurant ℘ 05 49 32 93 32, Fax 05 49 79 72 65,
🆖 ☆ – 🆃🆅 ☎ 🆅 🅿 – 🕭 25. ⑩ 🆖
fermé vacances de fév. – **Repas** (55) - 70/220 ⵛ, enf. 47 – ⴱ 35 – **20 ch** 240 – ½ P 200

CELLETTES 41 L.-et-Ch. 🞏🞏 ⑰ – rattaché à Blois.

CELONY 13 B.-du-R. 🞏🞏 ③., 🞏🞏🞏 ⑮ – rattaché à Aix-en-Provence.

CERBÈRE 66290 Pyr.-Or. 🞏🞏 ⑳ G. Languedoc Roussillon – 1 461 h alt. 1.
🅱 Office de Tourisme r. du Gén.-de-Gaulle ℘ 04 68 88 42 36, Fax 04 68 88 48 62.
Paris 908 – Perpignan 48 – Port-Vendres 17.

🏊 **Dorade**, ℘ 04 68 88 41 93, ☆ – ☎, 🆎 ⑩ 🆖
🆖 1ᵉʳ avril-5 oct. – **Repas** 84/150 ⵛ, enf. 40 – ⴱ 36 – **20 ch** 175/300 – ½ P 230/280

CERCY-LA-TOUR 58340 Nièvre 🞏🞏 ⑤ – 2 258 h alt. 260.
Paris 294 – Moulins 53 – Châtillon-en-Bazois 24 – Luzy 30 – Nevers 53.

🏠 **Val d'Aron**, r. Écoles ℘ 03 86 50 59 66, Fax 03 86 50 04 24, ☆, 🏊, 🌳 – 🆃🆅 ☎ 🅿, 🆖
Repas (fermé dim. de déc. à mars) 95/240 ⅍, enf. 60 – ⴱ 50 – **12 ch** 320/420 – ½ P 320/
350

CERDON 45620 Loiret 🞏🞏 ① G. Châteaux de la Loire – 929 h alt. 145.
Voir Etang du Puits★ SE : 5 km – Commune de la "Méridienne Verte".
Paris 154 – Orléans 50 – Aubigny-sur-Nère 21 – Gien 25 – Sully-sur-Loire 16.

✂✂ **Relais de Cerdon**, ℘ 02 38 36 02 15 – 🆖
fermé 1ᵉʳ au 13 juil., vacances de Noël, de fév., mardi et merc. – **Repas** 102/185 ⵛ, enf. 70

CÉRESTE 04280 Alpes-de-H.-P. **81** ⑭, **114** ③ G. Provence – 950 h alt. 356.

Paris 750 – Digne-les-Bains 74 – Aix-en-Provence 60 – Apt 19 – Forcalquier 24.

Aiguebelle, ℰ 04 92 79 00 91, Fax 04 92 79 07 29, ᐟᐟ – 🔟 ☎. 🖭 ⅁🅑
15 fév.-14 nov. et fermé lundi sauf juil.-août – **Repas** 89/230 ₤, enf. 60 – ☑ 38 – **17 ch**
190/330 – ½ P 300/350

CÉRET ◈ 66400 Pyr.-Or. **86** ⑲ G. Languedoc Roussillon – 7 285 h alt. 153.

Voir Vieux pont★ – Musée d'Art Moderne★★.

🖪 Office de Tourisme 1 av. G.-Clemenceau ℰ 04 68 87 00 53, Fax 04 68 87 00 56.

Paris 884 – Perpignan 32 – Gerona 80 – Port-Vendres 38 – Prades 55.

Terrasse au Soleil ⬩, Ouest : 1,5 km par rte Fontfrède ℰ 04 68 87 01 94,
Fax 04 68 87 39 24, ≤ le Canigou et plaine du Roussillon, 🍽, 🔟, 🌹, ❊ – ❄, 🖿 ch, 🔟 ☎
❦ ⅘ 🄿. 🖭 ⓪ ⅁🅑 🅹🅲🅱
Cerisaie (fermé le midi sauf sam. et dim. du 15 oct. au 15 mars) **Repas**
160(déj)/240 ₤, enf. 110 – ☑ 80 – **14 ch** 1265/1435, 7 appart – ½ P 918
Spéc. Soufflé de foie gras et artichauts violets. Rougets poêlés à l'unilatérale. Nougat glacé
au touron. **Vins** Côtes du Roussillon, Coteaux du languedoc.

Mas Trilles Ⓜ ⬩, au Pont de Reynès : 3 km par rte d'Amélie ℰ 04 68 87 38 37,
Fax 04 68 87 42 62, 🍽, « Mas catalan du 17ᵉ siècle », 🔟, 🌹 – 🔟 ☎ 🄿. ⅁🅑
Pâques-10 oct. – **Repas** (fermé mardi et vend.) (dîner seul.) (résidents seul.) 195/240 – ☑ 70
– **12 ch** 660/1100 – ½ P 545/815

Les Arcades sans rest, 1 pl. Picasso ℰ 04 68 87 12 30, Fax 04 68 87 49 44, « Collection de
lithographies » – 🛗 cuisinette 🔟 ☎ ⇦. ⅁🅑. ❊
☑ 35 – **31 ch** 250/320

Chat qui Rit, à la Cabanasse : 1,5 km par rte Amélie ℰ 04 68 87 02 22, Fax 04 68 87 43 40,
🍽 – 🖿 🄿. ⅁🅑
fermé 20 au 26 nov., 8 au 28 janv., dim. soir sauf juil.-août et lundi – **Repas** (75) - 140/180 ₤,
enf. 55

Le CERGNE 42460 Loire **73** ⑧ – 650 h alt. 640.

Paris 404 – Mâcon 73 – Roanne 31 – Charlieu 16 – Chauffailles 17 – Lyon 83 – St-Étienne 103.

Bel'Vue avec ch, ℰ 04 74 89 87 73, Fax 04 74 89 78 61, ≤, 🍽 – 🔟 ☎. 🖭 ⅁🅑
fermé 11 au 21 août, dim. soir et lundi – **Repas** 70 (déj.), 99 bc/280 ₤, enf. 50 – ☑ 40 – **8 ch**
260/320 – ½ P 370/460

CERGY 95 Val-d'Oise **55** ⑳, **106** ⑤, **101** ② – voir à Paris, Environs (Cergy-Pontoise Ville Nouvelle).

CÉRILLY 03350 Allier **69** ⑫ G. Auvergne – 1 591 h alt. 340.

Paris 321 – Moulins 34 – Bourges 66 – Montluçon 40 – St-Amand-Montrond 34.

Chez Chaumat, pl. Péron ℰ 04 70 67 52 21, Fax 04 70 67 35 28 – 🔟 ☎ ❦. ⅁🅑
fermé 29 août au 14 sept., 24 déc. au 9 janv., dim. soir de sept. à Pâques et lundi – **Repas** 68
(déj.), 83/220 🍷 – ☑ 33 – **8 ch** 230/400 – ½ P 200/220

CERIZAY 79140 Deux-Sèvres **67** ⑯ – 4 787 h alt. 173.

Paris 378 – Bressuire 15 – Cholet 37 – Niort 67 – La Roche-sur-Yon 70.

Cheval Blanc, 33 av. 25-Août ℰ 05 49 80 05 77, Fax 05 49 80 08 74, 🌹 – 🔟 ☎ ❦ ⅘ 🄿.
⅁🅑
fermé 16 déc. au 7 janv., sam. et dim. de sept. à mai – **Repas** 65/120 ₤ – ☑ 34 – **20 ch**
198/310 – ½ P 240/275

CERNAY 68700 H.-Rhin **66** ⑨ G. Alsace Lorraine – 10 313 h alt. 275.

Env. Monument national du Vieil Armand près D431, ❊★★ (1 h) N : 12 km.

🖪 Office de Tourisme 1 r. Latouche ℰ 03 89 75 50 35, Fax 03 89 75 49 24.

Paris 461 – Mulhouse 18 – Altkirch 26 – Belfort 37 – Colmar 36 – Guebwiller 16 – Thann 6.

Hostellerie d'Alsace avec ch, 61 r. Poincaré ℰ 03 89 75 59 81, Fax 03 89 75 70 22 – 🔟
☎ ❦ 🄿. ⅁🅑
fermé 24 juil. au 14 août, 23 déc. au 4 janv., sam. midi, dim. soir et lundi – **Repas** 98/340 ₤
enf. 60 – ☑ 38 – **10 ch** 215/300 – ½ P 220/250

CERNAY-LA-VILLE 78 Yvelines **60** ⑨, **106** ㉙, **101** ㉛ – voir à Paris, Environs.

CESSIEU 38 Isère **74** ⑬ – rattaché à la Tour-du-Pin.

CESSON 22 C. d'Armor 59 ③ – rattaché à St-Brieuc.

CESSON-SÉVIGNÉ 35 I.-et-V. 59 ⑰ – rattaché à Rennes.

CESTAS 33 Gironde 71 ⑨ rattaché à Bordeaux.

CEYSSAT (col de) 63 P.-de-D. 73 ⑭ – rattaché à Clermont-Ferrand.

CHABEUIL 26120 Drôme 77 ⑫ – 4 790 h alt. 212.
🚹 Office de Tourisme pl. Genissieu ℘ 04 75 59 28 67, Fax 04 75 59 28 60.
Paris 577 – Valence 12 – Crest 22 – Privas 51 – Romans-sur-Isère 17.

🏨 **Relais du Soleil**, rte Romans ℘ 04 75 59 01 81, Fax 04 75 59 11 82, 🍽, 🛋, 🐎 – 📺 ☎ 🅿
🏄 60. 🆎 ⓞ ⒢🅱
fermé vacances de Noël et dim. soir de nov. à fév. – **Repas** 100/200 ♀ – ☲ 50 – **16 ch**
320/380 – ½ P 310/350

CHABLIS 89800 Yonne 65 ⑥ G. Bourgogne – 2 569 h alt. 135.
🚹 Office de Tourisme 1 q. du Biez ℘ 03 86 42 80 80, Fax 03 86 42 41 79.
Paris 183 – Auxerre 21 – Avallon 39 – Tonnerre 19 – Troyes 75.

🏨 **Ibis**, rte Auxerre ℘ 03 86 42 49 20, Fax 03 86 42 80 04 – ⁕⁕ 📺 ☎ & 🅿 🆎 ⓞ ⒢🅱 🇯🇨🇧
Repas (75) - 95 ♀, enf. 39 – ☲ 35 – **38 ch** 260/290

🟨🟨🟨 **Hostellerie des Clos** (Vignaud) 🍽 avec ch, ℘ 03 86 42 10 63, Fax 03 86 42 17 11, 🐎 –
🏳, 🍴 rest, 📺 ☎ ✆ 🅿 – 🏄 20 à 40. 🆎 ⒢🅱
fermé 22 déc. au 18 janv. – **Repas** 200/450 et carte 300 à 520 ♀, enf. 100 – ☲ 60 – **26 ch**
285/550 – ½ P 490/670
Spéc. Fricassée d'escargots de Bourgogne. Dos de sandre rôti au chablis. Rognon de veau
poêlé, jus au chablis. **Vins** Chablis, Irancy.

🍴 **Vieux Moulin**, ℘ 03 86 42 47 30, Fax 03 86 42 84 44 – 🅿. ⒢🅱
Repas 99/240 ♀

CHABRIS 36210 Indre 64 ⑱ G. Châteaux de la Loire – 2 672 h alt. 100.
Paris 221 – Bourges 76 – Blois 50 – Châteauroux 56 – Loches 61 – Vierzon 37.

🟨🟨 **Plage** avec ch, 42 r. du Pont ℘ 02 54 40 02 24, Fax 02 54 40 08 59, 🍽 – ☎. ⒢🅱
fermé 20 déc. au 10 fév., dim. soir et lundi sauf du 14 juil. au 20 août – **Repas** (fermé lundi
sauf le soir du 14 juil. au 20 août et dim. soir) - 95/150 – ☲ 38 – **8 ch** 234/255 – ½ P 245/255

CHAGNY 71150 S.-et-L. 69 ⑨ – 5 346 h alt. 215.
Env. Mont de Sène ⁕⁕★★ O : 10 km, G. Bourgogne.
🚹 Office de Tourisme 2 r. Halles ℘ 03 85 87 25 95, Fax 03 85 87 14 44.
Paris 328 ① – Beaune 16 ① – Chalon-sur-Saône 19 ② – Autun 45 ① – Mâcon 77 ②.

Plan page suivante

🏨🏨🏨 **Lameloise** Ⓜ, pl. d'Armes ℘ 03 85 87 65 65, Fax 03 85 87 03 57, « Ancienne maison
bourguignonne aménagée avec élégance » – 🛗 🍴 📺 ☎ ✆ 🛎, 🆎 ⓞ ⒢🅱 🇯🇨🇧 **Z e**
♦♦♦ fermé 20 déc. au 25 janv., jeudi midi et merc. – **Repas** (prévenir) 410/630 et carte 420 à 650
– ☲ 100 – **16 ch** 700/1600
Spéc. Ravioli d'escargots dans leur bouillon d'ail doux. Pigeonneau rôti à l'émincé de
truffes. Griottines au chocolat noir sur une marmelade d'orange. **Vins** Rully blanc, Chassagne-Montrachet rouge.

🏨 **Ferté** sans rest, bd Liberté ℘ 03 85 87 07 47, Fax 03 85 87 37 64, 🐎 – 📺 ☎ 🅿. ⒢🅱
☲ 32 – **13 ch** 180/300 **Z u**

rte de Chalon par ②, N 6 et rte secondaire : 2 km – ✉ 71150 Chagny :

🏨🏨 **Hostellerie du Château de Bellecroix** 🍽, ℘ 03 85 87 13 86, Fax 03 85 91 28 62,
🍽, ⁕⁕ – 🛋 – 📺 ☎ 🅿. 🆎 ⓞ ⒢🅱 🇯🇨🇧
fermé 21 déc. au 13 fév., jeudi midi et merc. sauf hôtel de juin à sept. – **Repas** 150 (déj.),
270/360 – ☲ 72 – **21 ch** 550/1100 – ½ P 610/850

à Chassey-le-Camp par ④, D 974 et D 109 : 6 km – 257 h. alt. 300 – ✉ 71150 :

🏨🏨 **Auberge du Camp Romain** 🍽, ℘ 03 85 87 09 91, Fax 03 85 87 11 51, ≤, 🍽, 🛁, 🛋,
🍴, ⁕⁕ – 🛗 📺 ☎ ✆ & 🅿 – 🏄 40. ⒢🅱
fermé 1er janv. au 10 fév. – **Repas** (85) - 135/240 ♀, enf. 45 – ☲ 48 – **36 ch** 325/400, 5 duplex
– ½ P 320/365

CHAGNY

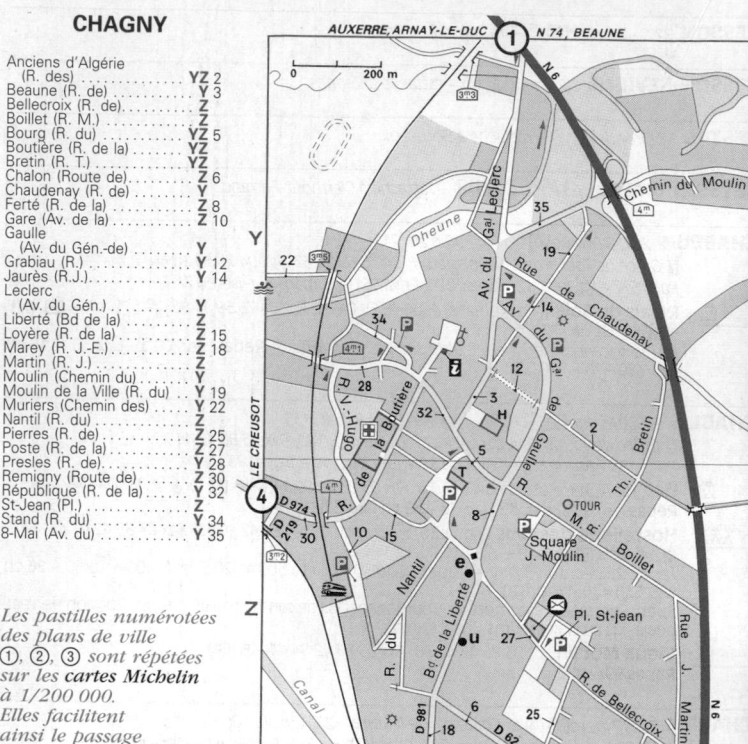

*Les pastilles numérotées
des plans de ville
①, ②, ③ sont répétées
sur les cartes Michelin
à 1/200 000.
Elles facilitent
ainsi le passage
entre les cartes
et les guides Michelin.*

*Restaurants serving a good but moderately priced meal
are distinguished in the Guide by the symbol ⊛*

CHAILLES 73 Savoie **74** ⑮ – rattaché aux Échelles.

CHAILLOL 05 H.-Alpes **77** ⑯ – alt. 1450 – ⊠ 05260 St-Michel-de-Chaillol
Paris 667 – Gap 25 – Orcières 23 – St-Bonnet-en-Champsaur 10.

🏠 **L'Étable** ⊛, ℘ 04 92 50 48 35, ≤ – ☎ 🅿
⊛ 25 juin-15 sept. et 20 déc.-30 mars – **Repas** (résidents seul.) 85/110 – ⊇ 32 – **14 ch**
210/230 – ½ P 215/227

CHAILLY-SUR-ARMANÇON 21 Côte-d'or **65** ⑱ – rattaché à Pouilly-en-Auxois.

CHAINTRÉ 71570 S.-et-L. **74** ① – 503 h alt. 284.
Paris 401 – Mâcon 10 – Bourg-en-Bresse 47 – Lyon 68.

XX **Table de Chaintré**, ℘ 03 85 32 90 95, Fax 03 85 32 91 04 – ▤. ◖◗
fermé 1er au 21 août, dim. soir, lundi et mardi – **Repas** 200 (déj.)/280

La CHAISE-DIEU 43160 H.-Loire **76** ⑥ G. Auvergne – 778 h alt. 1080.
Voir Église abbatiale★★ : tapisseries★★★.
🛈 Office de Tourisme pl. Mairie ℘ 04 71 00 01 16, Fax 04 71 00 03 45.
Paris 510 – Le Puy-en-Velay 42 – Ambert 30 – Brioude 35 – Issoire 58 – St-Étienne 80.

Écho et Abbaye ⟨⟩, pl. Écho ✆ 04 71 00 00 45, Fax 04 71 00 00 22, 🏠 – 📺 ☎. ⒶⒺ ⓪
GB, 🍽
3 avril-12 nov. – **Repas** 110/380 ♀, enf. 78 – ⊑ 52 – **10 ch** 260/380 – ½ P 340/380

Casadeï, pl. Abbaye ✆ 04 71 00 00 58, Fax 04 71 00 01 67 – 📺 ☎. GB
2 mai-5 nov. et fermé dim. soir et lundi sauf juil.-août – **Repas** 75/110 ♀, enf. 45 ⊑ 50
9 ch 210/280 – ½ P 240/250

Monastère et Terminus, ✆ 04 71 00 00 73, Fax 04 71 00 09 18 – 📺 ☎ – 🅰 20.
GB
fermé 15 déc. au 1ᵉʳ mars, dim. soir et lundi sauf juil.-août – **Repas** (47) - 67/197 ♀, enf. 40 –
⊑ 42 – **12 ch** 255 – ½ P 186/205

au plan d'eau de la Tour *Nord : 2 km par D 906* – ⊠ 43160 La Chaise-Dieu :

Vénéré, ✆ 04 71 00 01 08, Fax 04 71 00 08 36, parc, 🍴 – cuisinette ☎ 🚗 🅿.
GB
1ᵉʳ juin-30 sept. – **Repas** (dîner seul.) 75/130 ♂ – ⊑ 35 **14 ch** 215/320 – ½ P 225/260

CHALAIS *16210 Charente* 🗷🗷 ③ *G. Poitou Vendée Charentes* – *2 172 h alt. 70.*
Paris 498 – Angoulême 47 – Bordeaux 80 – Périgueux 67.

XX **Relais du Château,** au château ✆ 05 45 98 23 58, Fax 05 45 98 23 58, 🏠 – 🅿. ⒶⒺ
GB
fermé 10 au 31 oct., mardi soir sauf juil.-août et merc. – **Repas** 95/210 ♀

CHALAMONT *01320 Ain* 🗷🗷 ② ③, 🗷🗷🗷 ⑧ *G. Vallée du Rhône* – *1 476 h alt. 325.*
Paris 449 – Lyon 47 – Bourg-en-Bresse 26 – Nantua 48 – Villefranche-sur-Saône 40.

XX **Clerc,** Grande rue ✆ 04 74 61 70 30, Fax 04 74 61 75 00, 🏠 – 🅿. GB
fermé 3 au 12 juil., 13 au 30 nov., 2 au 12 janv., lundi et mardi – **Repas** 135/330 ♀, enf. 85

CHALEZEULE *25 Doubs* 🗷🗷 ⑮ – *rattaché à Besançon.*

CHALLANGES *21 Côte-d'Or* 🗷🗷 ⑨ – *rattaché à Beaune.*

CHALLANS *85300 Vendée* 🗷🗷 ⑫ *G. Poitou Vendée Charentes* – *14 203 h alt. 8.*
🯄 *Office de Tourisme pl. de l'Europe* ✆ 02 51 93 19 75, Fax 02 51 49 76 04.
Paris 440 ② – La Roche-sur-Yon 43 ③ – Cholet 83 ② – Nantes 58 ①.

CHALLANS

Baudry (R. P.) .... **A**
Bazin (Bd R.) .... **A**
Biochaud (Av.) .... **B**
Bois-de-Cené
(R. de) .... **A** 2
Bonne-Fontaine (R.) ...... **A**
Briand (Pl. A.) .... **A** 3
Calmette (R.) .... **A**
Carnot (Rue) .... **A**
Champ de Foire
(Pl. du) .... **B** 4
Cholet (R. de) .... **B** 5
Clemenceau (Bd) .... **A**
Dodin (Bd I.) .... **B**
F.F.I. (Bd des) .... **A** 6
Gambetta (R.) .... **A**
Gare (Bd de la) .... **A**
Gaulle (Pl. du Gén. de) ... **A** 7
Guérin (Bd) .... **B**
Leclerc
(R. du Général) ...... **A** 8
Lézardière (H. P. de) ..... **A** 10
Lorraine (R. de) .... **A** 12
Marzelles (R. des) ...... **B** 13
Monnier (R. P.) .... **A** 15
Nantes (R. de) .... **AB**
Roche-sur-Yon
(R. de la) .... **B** 16
Sables (R. des) .... **B** 17
Strasbourg (Bd de) ...... **A**
Viaud
Grand-Marais (Bd) .... **B**
Yole (Bd J.) .... **AB**

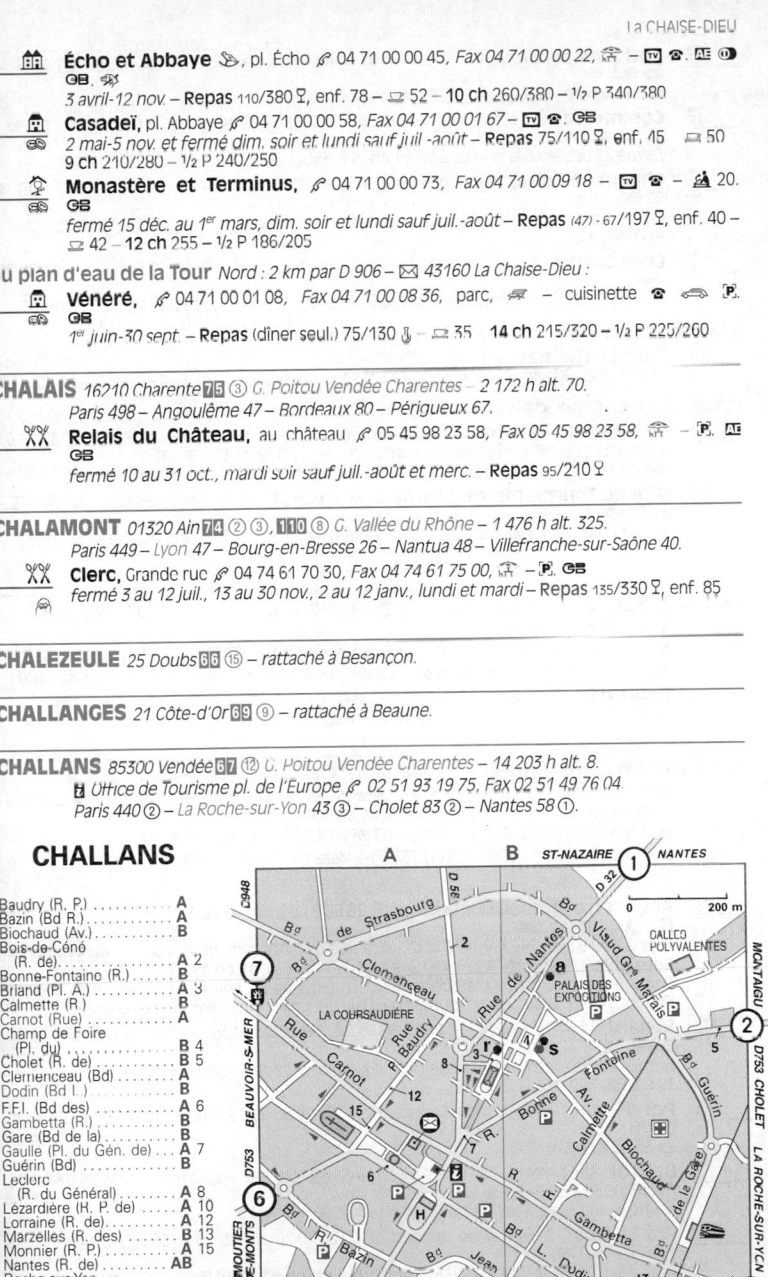

🏠 **Antiquité** sans rest, 14 r. Gallieni ✆ 02 51 68 02 84, Fax 02 51 35 55 74, ⬛ – 📺 ☎ 🅿 ﷼
⬤ 🅶🅱 ⋙
fermé 20 déc. au 3 janv. – ☇ 35 – **16 ch** 260/400
B a

🏠 **Commerce** sans rest, 17 pl. A. Briand ✆ 02 51 68 06 24, Fax 02 51 49 44 97 – 📺 ☎ –
🏋 25. ﷼ 🅶🅱
fermé 23 déc. au 8 janv. – ☇ 34 – **21 ch** 270/350
A r

🏠 **Champ de Foire**, 10 pl. Champ de Foire ✆ 02 51 68 17 54, Fax 02 51 35 06 53 – 📺 ☎.
﷼ 🅶🅱. ⋙ ch
fermé vend. soir sauf juil.-août – **Repas** 69/245 ♈, enf. 45 – ☇ 30 – **12 ch** 220/280 –
½ P 215/240
B s

✕ **Chez Charles,** 8 pl. Champ de Foire ✆ 02 51 93 36 65, Fax 02 51 49 31 88 – ▤. ﷼ ⬤ 🅶🅱
🅹🅲🅱
fermé 20 déc. au 25 janv., lundi sauf juil.-août et dim. soir – **Repas** (90) - 100/200, enf. 55
B s

à la Garnache par ① : 6,5 km – 3 379 h. alt. 28 – ✉ 85710 :

✕✕ **Petit St-Thomas,** ✆ 02 51 49 05 99 – 🅶🅱
fermé 15 au 30 juin, 1ᵉʳ au 15 janv., mardi soir hors saison et lundi – **Repas** 68 (déj.), 105/195

rte de St-Gilles-Croix-de-Vie par ⑤ – ✉ 85300 Challans :

🏠 **Château de la Vérie** ⋙, 2,5 km sur D 69 ✆ 02 51 35 33 44, Fax 02 51 35 14 84,
« Demeure du 16ᵉ siècle dans un parc », ⬛, ⋙ – 📺 ☎ 🅿 ﷼ ⬤ 🅶🅱
Repas 100 (déj.), 160/245 ♈, enf. 95 – ☇ 60 – **23 ch** 600/880 – ½ P 490/630

✕✕ **Gîte du Tourne-Pierre,** 3 km sur D 69 ✆ 02 51 68 14 78, Fax 02 51 68 14 78, 🌇, ⬛ –
🅿. ﷼ 🅶🅱 🅹🅲🅱
fermé vend. sauf juil.-août, sam. midi et dim. soir sauf fériés – **Repas** (prévenir) 195/370,
enf. 60

CHALONNES-SUR-LOIRE 49290 M.-et-L. 🔢 ⑲ G. Châteaux de la Loire – 5 354 h alt. 25.
Voir Corniche angevine★ E.
🅱 Office de Tourisme (mai-sept.) pl. de l'Hôtel-de-Ville ✆ 02 41 78 26 21, Fax 02 41 74 91 54.
Paris 319 – Angers 26 – Ancenis 38 – Châteaubriant 63 – Château-Gontier 62 – Cholet 40.

✕ **Boule d'Or**, 4 r. Las-Cases (près poste) ✆ 02 41 78 02 46, Fax 02 41 74 94 38 – 🅶🅱
fermé 19 juin au 3 juil., dim. soir et lundi – **Repas** 90/250 ♈, enf. 48

CHÂLONS-EN-CHAMPAGNE 🅿 51000 Marne 🔢 ⑰ G. Champagne – 48 423 h alt. 83.
Voir Cathédrale St-Étienne★★ – Église N.-D.-en-Vaux★ : intérieur★★ F – Statues-
colonnes★★ du musée du cloître de N.-D.-en-Vaux★ AY M¹.
🅱 Office de Tourisme 3 q. des Arts ✆ 03 26 65 17 89, Fax 03 26 65 35 65.
Paris 165 ⑥ – Reims 48 ① – Dijon 257 ④ – Metz 160 ② – Nancy 163 ④ – Troyes 84 ⑤.

Plan page ci-contre

🏠 **Angleterre** Ⓜ, 19 pl. Mgr Tissier ✆ 03 26 68 21 51, Fax 03 26 70 51 67, 🌇 – ▤ 📺 ☎ 🆅
❀ 🅿 – 🏋 20. ﷼ ⬤ 🅶🅱
BY g
fermé 2 au 9 mars, 16 juil. au 8 août, vacances de Noël, sam. midi et dim. – **Jacky Michel :**
Repas 180/470 et carte 350 à 490 ♈, enf.100 – ☇ 80 – **18 ch** 450/750
Spéc. Escargots, fonds d'artichaut et champignons au beurre mousseux (juin à sept.).
Rognons de veau au bouzy. Soufflé chaud au chocolat. **Vins** Champagne, Bouzy.

🏠 **Renard,** 24 pl. République ✆ 03 26 68 03 78, Fax 03 26 64 50 07 – ⋗ 📺 ☎ 🆅 🅿 – 🏋 30.
﷼ 🅶🅱
AZ r
fermé vacances de Noël – **Repas** (fermé sam. midi et dim. soir) 98/350 ♈, enf. 55 – ☇ 58 –
35 ch 335/520 – ½ P 335/650

🏠 **Pot d'Étain** sans rest, 18 pl. République ✆ 03 26 68 09 09, Fax 03 26 68 58 18 – 📺 ☎ 🆅.
﷼ 🅶🅱
AZ u
☇ 50 – **27 ch** 300/350

🏠 **Bristol** sans rest, 77 av. P. Sémard ✉ 51510 Fagnières ✆ 03 26 68 24 63,
Fax 03 26 68 22 16 – 📺 ☎ 🆅 🅿. 🅶🅱. ⋙
X a
fermé vacances de Noël – ☇ 35 – **24 ch** 240/290

✕✕ **Pré St-Alpin,** 2 bis r. Abbé Lambert ✆ 03 26 70 20 26, Fax 03 26 68 52 20, 🌇, « Cadre
1900 » – ▤. 🅶🅱
AZ v
fermé dim. soir – Repas 130/235 ♈, enf. 70 **- Cuisine d'à Côté** (fermé dim. soir) Repas 99 ♈

✕✕ **Les Ardennes,** 34 pl. République ✆ 03 26 68 21 42, Fax 03 26 21 34 55, 🌇 – ﷼ 🅶🅱
AZ s
fermé dim. soir et lundi soir – **Repas** (85) - 150/205 ♈, enf. 60

✕ **Carillon Gourmand,** 15 pl. Mgr Tissier ✆ 03 26 64 45 07 – ▤. 🅶🅱
BY e
fermé 1ᵉʳ au 21 août, 19 au 26 fév., dim. soir et lundi – **Repas** (90) - 130 ♈

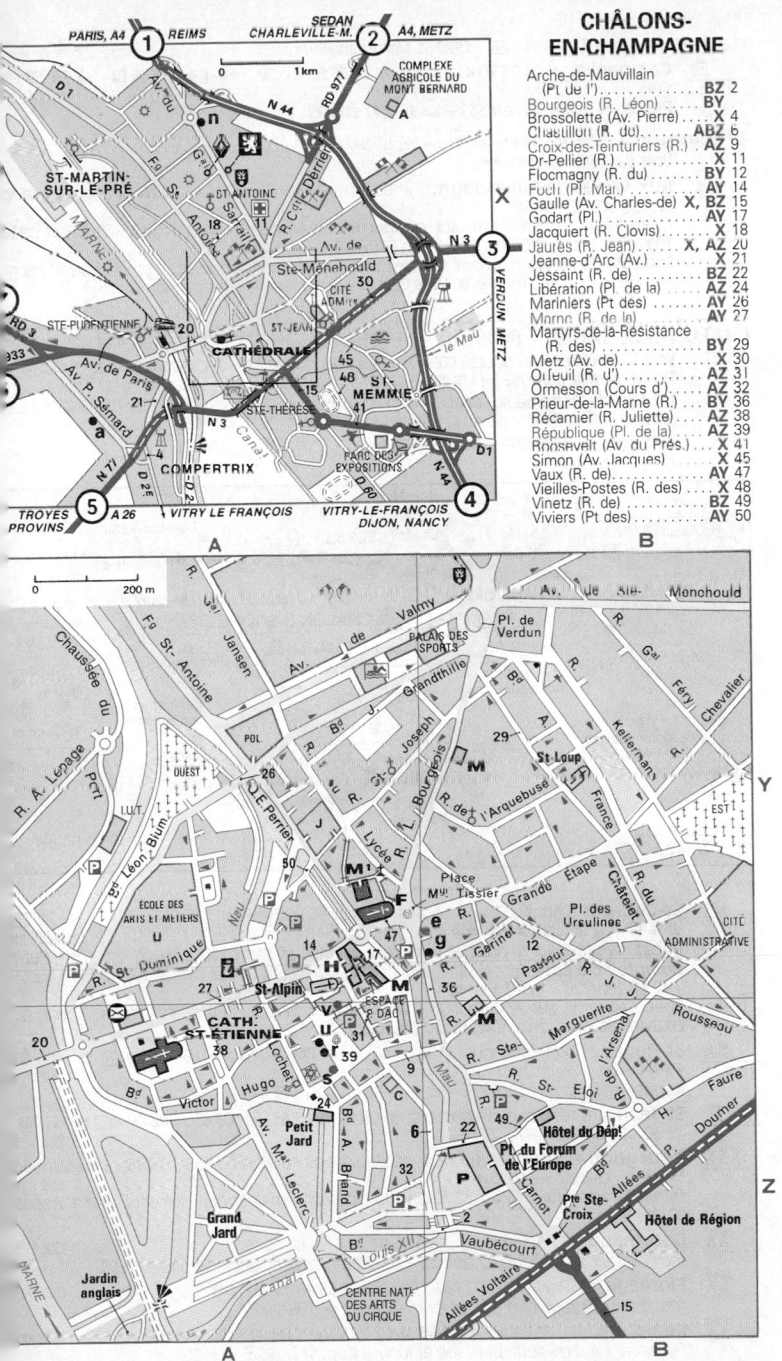

CHÂLONS-EN-CHAMPAGNE

rte de Reims *vers* ① *: 3 km –* ✉ *51520 St-Martin-sur-le-Pré :*

Campanile, ℰ 03 26 70 41 02, Fax 03 26 66 87 85, 🌇 – ⚡ 📺 ☎ ℅ ₺ 🅿 – 🏛 25. ☒ ⓞ
GB
X r

Repas *(75)* - 88/103 ♈, enf. 39 – ⊆ 36 – **47 ch** 295

à l'Épine *par* ③ *: 8,5 km – 631 h. alt. 153 –* ✉ *51460 :*
Voir *Basilique N.-Dame*★★.

Aux Armes de Champagne, ℰ 03 26 69 30 30, Fax 03 26 69 30 26, 🌫, ℁ – 📺 ⓞ ℅
🅿 – 🏛 100. ☒ ⓞ GB
fermé 5 janv. au 13 fév., dim. soir et lundi de nov. à mars – **Repas** 135 (déj.), 240/525 et carte
300 à 500 ♈, enf. 110 – ⊆ 70 – **37 ch** 530/850
Spéc. Ris de veau croustillant aux amandes. Petits épineux braisés au brebis frais. Pigeonneau rôti aux cocos moelleux. **Vins** Coteaux champenois, Champagne.

CHALON-SUR-SAÔNE ◁▷ 71100 S.-et-L. 🗺 ⑨ G. Bourgogne – 54 575 h alt. 180.

Voir *Réfectoire*★ *de l'hôpital* CZ – Musées : *Denon*★ BZ M¹, *Nicéphore Niepce*★★ BZ M² –
Roseraie St-Nicolas★ SE : 4 km X.

🅱 Office de Tourisme sq. Chabas, bd République ℰ 03 85 48 37 97, Fax 03 85 48 63 55
Annexe (juil.-août) Galerie du Châtelet 1 r. du Pont ℰ 03 85 48 79 56.
Paris 336 ⑦ – Besançon 129 ① – Dijon 69 ⑦ – Lyon 128 ④ – Mâcon 59 ④.

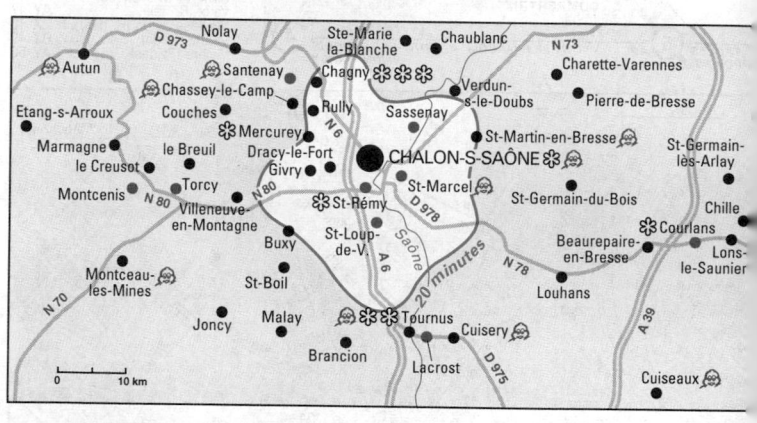

St-Georges (Choux), 32 av. J. Jaurès ℰ 03 85 90 80 50, Fax 03 85 90 80 55 – 📳 ⚡ 🚭 📺
☎ ℅ 🅿 – 🏛 25. ☒ ⓞ GB JCB
AZ s
Repas *(fermé 2 au 10 août et sam. midi)* 115/400 et carte 260 à 380 ♈, enf. 75 - *Petit
Comptoir d'à Côté (fermé sam. midi et dim. sauf fêtes)* **Repas** 85/120 ♈, enf. 50 – ⊆ 55
– **48 ch** 290/620 – ½ P 340/440
Spéc. Salade de queue de bœuf. Langoustines grillées au beurre d'estragon. Pigeon du
Louhannais en bécasse. **Vins** Montagny, Givry.

St-Régis, 22 bd République ℰ 03 85 48 07 28, Fax 03 85 48 90 88 – 📳 🚭 📺 ☎ ⇦. ☒
ⓞ GB JCB
BZ v
Repas *(fermé dim.)* 130/330 ♈ – ⊆ 56 – **36 ch** 305/545 – ½ P 370/410

St-Jean sans rest, 24 quai Gambetta ℰ 03 85 48 45 65, Fax 03 85 93 62 69 – 📺 ☎ ℅. GB
⊆ 30 – **25 ch** 210/280
BZ s

Bourgogne, 28 r. Strasbourg ℰ 03 85 48 89 18, Fax 03 85 93 39 10, « Maison du
17e siècle, caveau » – ☒ GB
CZ r
fermé 1ᵉʳ au 21 juil., 15 au 22 fév., vend. soir, sam. midi et dim. soir sauf août – **Repas**
90/220 ♈

Gourmand, 13 r. Strasbourg ℰ 03 85 93 64 61 – 🚭. ☒ GB
CZ f
fermé 24 juil. au 15 août, 22 janv. au 7 fév., mardi midi et lundi – **Repas** 96/195 ♈

Florilège, 1 r. Pont ℰ 03 85 48 81 01, Fax 03 85 48 15 71 – GB
CZ r
fermé 5 au 20 août, dim. soir et lundi – **Repas** *(80)* - 98/295 ♈

Réale, 8 pl. Gén. de Gaulle ℰ 03 85 48 07 21, Fax 03 85 48 57 77 – 🚭. GB
BZ m
fermé mi-juil. à mi-août, dim. soir et lundi – **Repas** 95/185 ♈, enf. 50

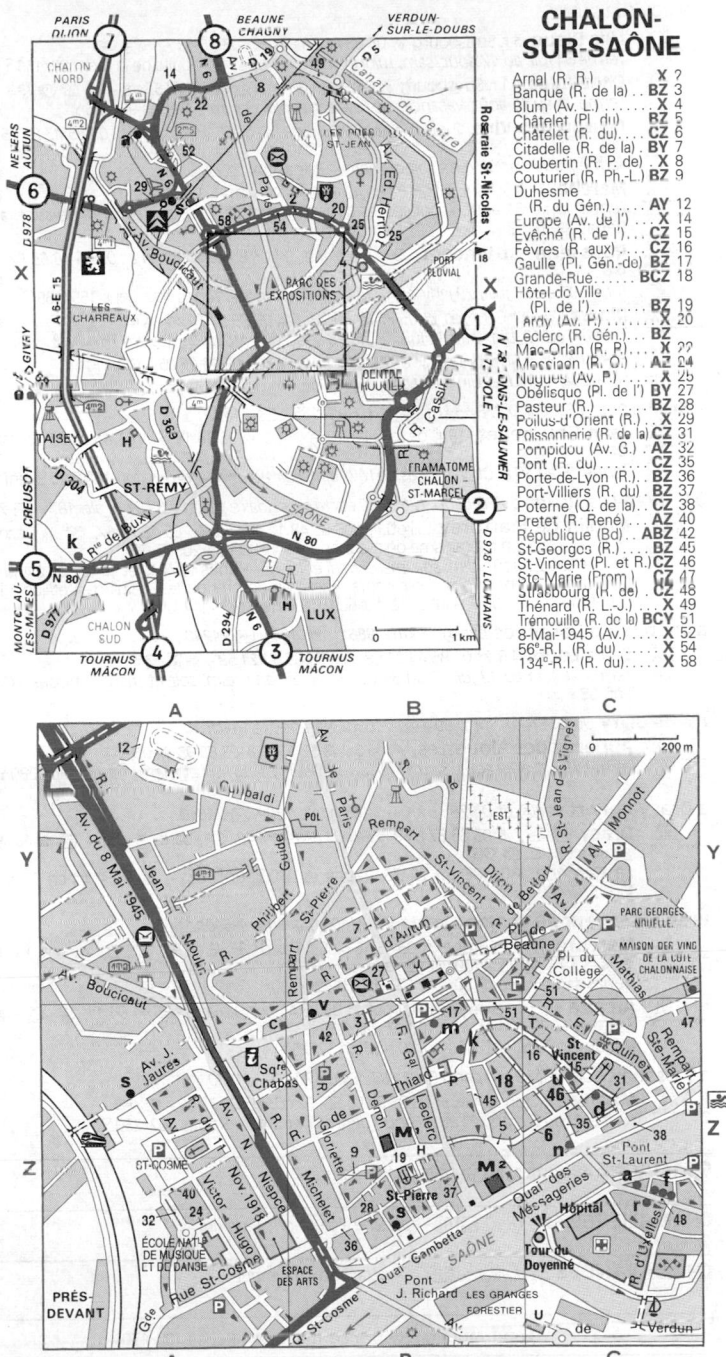

CHALON-SUR-SAÔNE

XX **L'Ile Bleue**, 3 r. Strasbourg ℘ 03 85 48 39 83, Fax 03 85 48 72 58 – ⊞ CZ a
fermé 31 juil. au 17 août, sam. midi et merc. – **Repas** - produits de la mer - 89/155 ⊻

X **Chez Jules**, 11 r. Strasbourg ℘ 03 85 48 08 34, Fax 03 85 48 55 48 – ▣, ◭ ⓞ ⊞
fermé 1ᵉʳ au 15 août, vacances de fév., sam. midi et merc. – **Repas** 90/185 ⊻ CZ f

X **Maison des Vins**, 2 promenade Ste-Marie ℘ 03 85 41 66 66, Fax 03 85 43 82 25, ⌂ –
⊞ ⊞ CY
fermé 7 au 20 août, dim. soir et merc. – **Repas** (70) - 85/215 ⊻

X **Marché**, 7 pl. St-Vincent ℘ 03 85 48 62 00, ⌂ – ⊞ CZ d
fermé 15 au 31 août, lundi soir et dim. en juil.-août, dim. soir et lundi de sept. à juin –
Repas 88/164 ⊻

X **Rôtisserie St-Vincent**, 9 r. du Blé ℘ 03 85 48 83 52, Fax 03 85 48 83 52 – ▣.
⊛ CZ u
fermé 1ᵉʳ au 16 juil., 29 janv. au 12 fév., dim. et lundi – **Repas** 100 (déj.), 155/165 ⊻, enf. 60

X **Ripert**, 31 r. St Georges ℘ 03 85 48 89 20, Fax 03 85 94 74 64 – ⊞ BZ k
⊛ *fermé 4 au 12 juin, 2 au 12 juil., 20 au 28 août, dim. et lundi* – **Repas** 75/170 ⊻

X **Bistrot**, 31 r. Strasbourg ℘ 03 85 93 22 01, Fax 03 85 93 27 05 – ⊞ CZ f
⊛ *fermé sam. midi et dim.* – **Repas** 79/130 ⊻

à St-Marcel *à l'Est par D 978 : 3 km – 4 118 h. alt. 185 –* ⊠ *71380 :*

XX **Jean Bouthenet**, 19 r. de la Villeneuve ℘ 03 85 96 56 16, Fax 03 85 96 75 81, ⌂ – ℗.
⊛ ⊞
fermé 16 au 30 août, vacances de fév., dim. soir et lundi – **Repas** (82) - 110/390 ⊻, enf. 70

à St-Rémy *vers* ⑤ *(rte du Creusot), N 6, N 80 et rte secondaire : 4 km – 5 627 h. alt. 187 –* ⊠ *71100 :*

XXX **Moulin de Martorey** (Gillot), ℘ 03 85 48 12 98, Fax 03 85 48 73 67, ⌂, « Décor rus-
❀ tique avec ancien mécanisme de meunerie » – ▣ ℗ – ⓐ 20. ◭ ⓞ ⊞ X k
fermé 7 au 23 août, dim. soir, mardi midi et lundi – **Repas** 140/440 et carte 330 à 440 ⊻
Spéc. Trois préparations d'escargots. Fricassée de grenouilles, chips d'ail et jus à l'ortie.
Sanguine de pigeon à la julienne d'artichaut. **Vins** Montagny, Givry.

à St-Loup-de-Varennes *par* ③ *: 7 km – 986 h. alt. 186 –* ⊠ *71240 :*

XX **Saint Loup**, N 6 ℘ 03 85 44 21 58, Fax 03 85 44 21 58 – ▣ ℗. ⊞
⊛ *fermé 26 juin au 12 juil., 2 au 8 oct., 13 au 21 janv., dim. soir et merc.* – **Repas** 68/170 ⊻,
enf. 68

rte de Givry *Ouest : 4 km sur D 69 –* ⊠ *71880 Châtenoy-le-Royal :*

XX **Auberge des Alouettes**, ℘ 03 85 48 32 15, Fax 03 85 93 12 96, ⌂ – ⊞ X e
⊛ *fermé 19 juil. au 9 août, 3 au 17 janv., lundi soir, mardi soir et merc.* – **Repas** 100/280 ⊻

à Dracy-le-Fort *par* ⑥ *et D 978 : 6 km – 1 103 h. alt. 180 –* ⊠ *71640 :*

🏨 **Dracy** M ⌖, ℘ 03 85 87 81 81, Fax 03 85 87 77 49, ⌂, parc, ⊼, ⚇ – ⊡ ☎ ⚿ ⅋ ℗ –
ⓐ 30 à 80. ◭ ⓞ ⊞
La Garenne ℘ 03 85 87 72 73 **Repas** 95/230 ⊻, enf. 65 – ⊇ 45 – **41 ch** 370/480 –
½ P 370/400

près échangeur A6 Chalon-Nord – ⊠ *71100 Chalon-sur-Saône :*

🏨 **Mercure** M, av. Europe ℘ 03 85 46 51 89, Fax 03 85 46 06 96, ⌂, ⊼, ⚇ – 📳 ⅋⇆ ▣ ⊡
☎ ⚿ ⅋ ℗ – ⓐ 15 à 100. ◭ ⓞ ⊞ X a
Repas 98/135 ⅋, enf. 50 – ⊇ 63 – **85 ch** 490/590

🏨 **Arcade** M, carrefour des Moirots ℘ 03 85 41 04 10, Fax 03 85 41 04 11, ⌂, ⊼ – 📳 ⅋⇆
▣ ⊡ ☎ ⚿ ⅋ ℗ – ⓐ 30 à 100. ◭ ⓞ ⊞ X s
Repas 90/135 ⊻, enf. 40 – ⊇ 40 – **86 ch** 325/370

à Sassenay *Nord-Est : 9 km par D 5 – 1 263 h. alt. 178 –* ⊠ *71530 :*

XX **Magny**, 29 Grande rue ℘ 03 85 91 61 58, Fax 03 85 91 77 28 – ◭ ⊞
fermé 1ᵉʳ au 7 mars, 1ᵉʳ au 21 août, dim. soir et lundi – **Repas** 102/230 ⊻

CHAMAGNE 88 Vosges ⓬ ⑤ – rattaché à Charmes.

CHAMALIÈRES 63 P.-de-D. ⓻⓷ ⑭ – rattaché à Clermont-Ferrand.

CHAMARANDES 52 H.-Marne ⓺⓵ ⑳ – rattaché à Chaumont.

A good moderately priced meal : ⊛ **Repas** 100/130

CHAMBERET 19370 Corrèze 🗷 ⑲ – 1 576 h alt. 450.

Env. Mont Gargan ❄ ✶✶ NO : 9 km. G. Berry Limousin.

🖪 Syndicat d'Initiative à la Mairie ℘ 05 55 98 30 12, Fax 05 55 97 90 66.

Paris 449 – Limoges 57 – Guéret 84 – Tulle 45 – Ussel 64.

🏛 **France**, ℘ 05 55 98 30 14, Fax 05 55 73 47 15 – 🍴 rest, 📺 ☎ ⅋ 🅿. 🔳
fermé vend. soir et dim. soir de sept. à juin – **Repas** (78)-98/165 ♀ – ⴾ 35 – **12 ch** 210/280 –
½ P 230/280

CHAMBÉRY 🅿 73000 Savoie 🗷 ⑮ G. Alpes du Nord – 54 120 h Agglo. 102 283 h alt. 270.

An 2000 5-12 juin : "Forum mondial de la montagne".

Voir Vieille ville✶✶ : Ste-Chapelle✶ du château✶, place St-Léger✶, grilles de l'hôtel de
Châteauneuf (rue de la Croix d'Or) – Cathédrale métropolitaine – Crypte✶ de l'église
St-Pierre de Lémenc – Musée des Beaux-Arts – Cathédrale métropolitaine St-François-de-
Sales✶ – Rue basse du château✶. Musée savoisien✶ M¹.

✈ de Chambéry-Aix-les-Bains : ℘ 04 79 54 49 66, au Bourget-du-Lac par ① : 8 km.

🖪 Office de Tourisme 24 bd de la Colonne ℘ 04 79 33 42 47, Fax 04 79 85 71 39.

Paris 564 ④ – Grenoble 56 ② – Annecy 51 ④ – Lyon 102 ④ – Torino 206 ②.

CHAMBÉRY

Allobroges (Q. des)	A 2	Colonne (Bd de la)	B 12	Libération (Pl. de la)
Banque (R. de la)	A 3	Ducis (R.)	B 13	Maché (Pl.)
Basse-du-Château (R.)	A 4	Ducs-de-Savoie		Maché (R. du Fg)
Bernardines		(Av. des)	B 14	Martin (R. Cl.)
(Av. des)	A 6	Europe		Métropole (Pl.)
Boigne (R. de)	B	(Espl. de l')	B 16	Michaud (R.)
Borrel		Freizier (R.)	AB 17	Mitterrand (Pl. F.)
(Q. du Sénateur A.)	B 7	Gaulle		Musée (Bd du)
Charvet (R. F.)	B 9	(Av. Gén.-de)	B 18	Ravet (Q. Ch.)
Château		Italie (R. d')	B 20	St-Antoine (R.)
(Pl. du)	A 10	Lamrée (Av. J.)	A 21	St-François (R.)
		Jeu-de-Paume (Q. du)	A 23	St-Léger (Pl.)
		Juiverie (R.)	A	Théâtre (Bd du)
		Lans (R. de)	A 24	Vert (Av. du Comte)

Libération (Pl. de la) ... **B** 25
Maché (Pl.) ... **A** 27
Maché (R. du Fg) ... **B** 28
Martin (R. Cl.) ... **B** 30
Métropole (Pl.) ... **B** 31
Michaud (R.) ... **B** 32
Mitterrand (Pl. F.) ... **B** 33
Musée (Bd du) ... **AB** 34
Ravet (Q. Ch.) ... **B** 35
St-Antoine (R.) ... **A** 36
St-François (R.) ... **B** 38
St-Léger (Pl.) ... **B**
Théâtre (Bd du) ... **B** 39
Vert (Av. du Comte) ... **A** 40

Mercure Ⓜ sans rest, 183 pl. Gare ✆ 04 79 62 10 11, *Fax 04 79 62 10 23* – ⊜ ⚹ ▤ TV ☎ ✆ ♿ ⇐. AE ⓓ GB – ☕ 65 – **81 ch** 700 A s

France sans rest, 22 fg Reclus ✆ 04 79 33 51 18, *Fax 04 79 85 06 30* – ⊜ ⚹ TV ☎ ✆ ⇐ – 🏛 50. AE ⓓ GB B z
☕ 50 – **48 ch** 350/490

Princes sans rest, 4 r. Boigne ✆ 04 79 33 45 36, *Fax 04 79 70 31 47* – ⊜ ⚹ TV ☎ ✆. AE ⓓ GB – ☕ 40 – **45 ch** 340/390 B r

City Hôtel sans rest, 9 r. Denfert-Rochereau ✆ 04 79 85 76 79, *Fax 04 79 85 86 11* – ⊜ TV ☎ ✆ ♿. GB – ☕ 33 – **40 ch** 245/310 B n

L'Essentiel, 183 pl. Gare ✆ 04 79 96 97 27, *Fax 04 79 96 17 78,* 🏛 – ▤. AE ⓓ GB
fermé 30 juil. au 15 août, dim. sauf le midi de sept. à juin et sam. midi – **Repas** 128 (déj.), 190/370 ♀ A v

St-Réal, 86 r. St-Réal ✆ 04 79 70 09 33, *Fax 04 79 33 49 65* – AE ⓓ GB B x
Repas *(fermé dim. sauf fêtes)* 190/490 et carte 330 à 425

Tonneau, 2 r. St-Antoine ✆ 04 79 33 78 26, *Fax 04 79 85 49 69,* 🏛 – AE ⓓ GB AB a
fermé dim. soir et lundi.
Repas 120/250 ♀

L'Hypothénuse, 141 Carré Curial ✆ 04 79 85 80 15, *Fax 04 79 85 80 18* – AE ⓓ GB JCB B v
fermé vacances de printemps, 15 juil. au 15 août, sam. midi et dim. – **Repas** *(88)* - 98/250 ♀

à Sonnaz *par ① : 8 km sur D 991 – 977 h. alt. 370 – ✉ 73000 :*

Auberge Le Régent, ✆ 04 79 72 27 70, *Fax 04 79 72 27 70,* 🏛, 🌳 – P. GB
fermé 15 août au 10 sept., dim. soir et merc. – **Repas** *(105)* - 140/260

au Sud-Est *: 2 km par D 912 et D 4 -* **B** *– ✉ 73000 Chambéry :*

Mont Carmel, à Barberaz (près église) ✆ 04 79 85 77 17, *Fax 04 79 85 16 65,* 🏛, 🌳 – AE GB. ⚹ – *fermé dim. soir et lundi* – **Repas** 95 (déj.), 140/290 et carte 190 à 290 ♀

Aux Pervenches 🏡 avec ch, aux Charmettes ✆ 04 79 33 34 26, *Fax 04 79 60 02 52,* ≤, 🏛, 🌳 – TV ☎ ✆ P. AE ⓓ GB
Repas *(70 bc)* - 95/195 – ☕ 29 – **13 ch** 170/210 – ½ P 200/220

par ④ *: 3 km sur D 201 (sortie La Motte-Servolex) – ✉ 73000 Chambéry :*

Novotel, ✆ 04 79 68 60 00, *Fax 04 79 68 60 01,* 🏛, 🏊, 🌳 – ⊜ ⚹ ▤ TV ☎ ✆ ♿ P – 🏛 20 à 120. AE ⓓ GB – **Repas** *(95)* - carte 130 à 210 ♀, enf. 50 – ☕ 60 – **103 ch** 490/590

à Chambéry-le-Vieux *par ④ : 5 km par N 201 et rte secondaire (sortie Chambéry-le-Haut) – ✉ 73000 :*

Château de Candie Ⓜ 🏡, ✆ 04 79 96 63 00, *Fax 04 79 96 63 10,* ≤, 🏛, parc, « Demeure du 14e siècle rénovée avec élégance » – ⊜ TV ☎ ✆ ♿ P – 🏛 30 à 90. AE GB JCB – **Repas** *(fermé dim. soir)* 160/380 et carte 310 à 410 ♀ – ☕ 70 – **15 ch** 600/1200, 3 duplex – ½ P 500/770
Spéc. Fricassée de champignons et écrevisses. Omble chevalier meunière (15 juin au 15 sept.). Filet de boeuf au poivre de Séchuan. **Vins** Chignin-Bergeron, Mondeuse.

CHAMBOLLE-MUSIGNY *21220 Côte-d'Or* 65 ⑳ *– 355 h alt. 280.*

Paris 327 – Beaune 28 – Dijon 18.

Château André Ziltener 🏡 sans rest, ✆ 03 80 62 41 62, *Fax 03 80 62 83 75,* « Belle demeure du 18e siècle, petit musée du vin », 🌳 – TV ☎ ✆ ♿ ⇐ P – 🏛 25. AE ⓓ GB
15 mars-30 nov. – ☕ 80 – **10 ch** 990/1980

CHAMBON (Lac) ★★ *63 P.-de-D.* 73 ⑬ *G. Auvergne – alt. 877 – Sports d'hiver : 1 150/1 760 m* ⛷ 9 ⛷ *– ✉ 63790 Chambon-sur-Lac*

Paris 463 – Clermont-Ferrand 37 – Condat 39 – Issoire 32 – Le Mont-Dore 19.

Grillon, ✆ 04 73 88 60 66, *Fax 04 73 88 65 55,* 🏛, 🌳 – TV ☎ ⇐ P. AE ⓓ GB
5 fév.-5 nov. – **Repas** *(fermé mardi midi en mars, avril, et oct. sauf vacances scolaires)* 68/185 ♀, enf. 45 – ☕ 38 – **22 ch** 230/270 – ½ P 245/270

Beau Site, ✆ 04 73 88 61 29, *Fax 04 73 88 66 73,* ≤, 🏛 – TV ☎ P. GB
vacances de fév.-15 oct. – **Repas** 80/150, enf. 50 – ☕ 40 – **17 ch** 220/260 – ½ P 230/260

CHAMBON-LA-FORÊT *45340 Loiret* 60 ⑳ *– 589 h alt. 117.*

Paris 97 – Orléans 44 – Châteauneuf-sur-Loire 26 – Montargis 39 – Pithiviers 15.

Auberge de la Rive du Bois, Nord : 1 km par rte Pithiviers ✆ 02 38 32 28 44, *Fax 02 38 32 02 61,* 🏛, 🌳 – P. GB
fermé 3 au 22 août, 26 déc. au 9 janv., lundi soir, mardi soir et merc. – **Repas** 85/250 ♀, enf. 50

Le CHAMBON-SUR-LIGNON 43400 H.-Loire 👸 ⑧ G. Vallée du Rhône– 2 854 h alt. 967.
🛈 Office de Tourisme r. des Quatre Saisons ℘ 04 71 59 71 56, Fax 04 71 65 88 78.
Paris 579 – Le Puy-en-Velay 46 – Annonay 48 – Lamastre 33 – Privas 82 – St-Étienne 63.

🏨 **Bel Horizon** ⬙, chemin de Molle ℘ 04 71 59 74 39, Fax 04 71 59 79 81, ≤, 😚, ⬛, 🎝,
🍴 – 📺 ☎ 🗲 ₺, – 🏊 40. **GB** – fermé janv., dim. soir et lundi d'oct à mars – **Repas**
75/198 ♂, enf. 64 – 🖙 42 – **20 ch** 500/450 – 1/2 P 300/420

au Sud : 3 km par D 151, rte de la Suchère et rte secondaire – ⊠ 43400 Chambon-sur-Lignon

🏨 **Bois Vialotte** ⬙, ℘ 04 71 59 74 03, Fax 04 71 65 86 32, ≤, 🎝 – ☎ 🗲 🖭. **GB**. 🍴 rest
1er juin-30 sept. – **Repas** 75/120 ♂ – 🖙 35 – **17 ch** 310/340 – 1/2 P 292/306

à l'Est : 3,5 km par D 157 et D 185 ⊠ 43400 Chambon-sur-Lignon :

🏨 **Clair Matin** ⬙, ℘ 04 71 59 73 03, Fax 04 71 65 87 66, ≤, 😚, parc, 🎝, ⬛, 🍴 – 📺 ☎ 🗲
₺, 🍽 🖭 – 🏊 30. 🅰🗷 ⓞ **GB** 🃏 – fermé début nov. à mi-déc., janv. et merc. d'oct. à mars
– **Repas** 100/220, enf. 60 – 🖙 47 – **29 ch** 300/520 – 1/2 P 370/410

CHAMBORD 41250 L.-et-Ch. 👸 ⑦ ⑨ – 200 h alt. 71 • An 2000 juin oct. : "Changement de Temps"
(exposition) - Voir Château★★★, G. Châteaux de la Loire.
Paris 177 – Orléans 54 – Blois 18 – Châteauroux 101 – Romorantin-Lanthenay 38 – Salbris 56.

🏨 **Grand St-Michel** ⬙, ℘ 02 54 20 31 31, Fax 02 54 20 36 40, 😚, « Face au château »,
🍴 – 📺 ☎ 🖭. **GB** 🃏. 🍴 ch – fermé 15 nov. au 15 déc. – **Repas** (dim. et fêtes prévenir)
98/210 ♂, enf. 65 – 🖙 40 – **38 ch** 290/450

CHAMBORIGAUD 30530 Gard 👸 ⑦ – 716 h alt. 297.
Paris 648 – Alès 31 – Florac 52 – La Grand-Combe 19 – Villefort 24.

🍴 **Les Cévennes**, ℘ 04 66 61 47 27, Fax 04 66 61 51 01, 😚 – ☎ 🖭. **GB**
fermé 25 au 28 sept., 1er janv. au 15 fév. et mardi du 15 sept. au 15 juin – **Repas** 70/170 ♂,
enf. 45 – 🖙 36 **11 ch** 230/290 – 1/2 P 225/255

CHAMBOULIVE 19450 Corrèze 👸 ⑨ G. Berry Limousin– 1 190 h alt. 429.
Paris 463 – Brive-la-Gaillarde 43 – Bourganeuf 73 – Seilhac 10 – Tulle 23 – Uzerche 16.

🏨 **Deshors Foujanet**, rte Treignac ℘ 05 55 21 62 05, Fax 05 55 21 68 80, 😚, 🎝, ⬛, 🍴 –
☎ 🖭. 🅰🗷 ⓞ **GB** – fermé oct. et dim. soir sauf juil.-août – **Repas** (55) · 89/230 bc ♂, enf. 55 –
🖙 35 – **27 ch** 180/320 – 1/2 P 230/300

CHAMBRAY-LÈS-TOURS 37 I. et L. 👸 ⑮ – rattaché à Tours.

CHAMBRETAUD 85500 Vendée 👸 ⑤ – 1 310 h alt. 214.
Paris 371 – La Roche-sur-Yon 51 – Angers 82 – Bressuire 45 – Cholet 21 – Nantes 74.

🏨 **Château du Boisniard** ⬙, ℘ 02 51 67 50 01, Fax 02 51 67 53 81, 😚, parc, 🍴 – 📺 ☎
🗲 🖭 – 🏊 25. **GB**. 🍴
Repas (fermé dim. soir et lundi) (90) · 135/315 ♂ – 🖙 55 – **10 ch** 520/820 – 1/2 P 600/900

CHAMONIX-MONT-BLANC 74400 H.-Savoie 👸 ⑧ ⑨ G. Alpes du Nord – 9 701 h alt. 1040 –
Sports d'hiver : 1 035/3 840 m ≼ 13 ≼ 36 ≯ – Casino AY.
Env. E : Mer de glace★★★ et le Montenvers★★★ par chemin de fer à crémaillère –
SE : Aiguille du midi ⬕★★★ par téléphérique (station intermédiaire : plan de l'Aiguille★★) –
NO : Le Brévent★★★ par téléphérique (station intermédiaire : Planpraz★★).
Tunnel du Mont-Blanc : fermé pour travaux-réouverture : oct. 2000.
🛈 Office de Tourisme 85 pl. Triangle-de-l'Amitié ℘ 04 50 53 00 24, Fax 04 50 53 58 90.
Paris 613 ② – Albertville 68 ② – Annecy 97 ② – Aosta 60 ② – Genève 82 ②.

Plans pages suivantes

🏨 **Hameau Albert 1er** (Carrier) 🅼, 119 impasse Montenvers ℘ 04 50 53 05 09,
Fax 04 50 55 95 48, ≤, « Bel ensemble de chalets dans un jardin fleuri » – 📳 📺 ☎ 🗲 ⬅ 🖭
– 🏊 15. 🅰🗷 ⓞ **GB** 🃏 AX f
fermé 8 au 18 mai et 5 nov. au 5 déc. – **Repas** (fermé jeudi midi et merc.) 220/650 et carte
390 à 510 ♂, enf. 130 – 🖙 95 – **27 ch** 790/1700, 3 chalets – 1/2 P 665/1090
Spéc. Menu "La Maison de Savoie". Truffes blanches d'Alba (sept. à Noël). Filet d'omble
chevalier au miel de bourgeons de sapin. **Vins** Roussette de Montermlnod, Mondeuse
d'Arbin.
La Ferme 🅼,, ≤ massif du Mont-Blanc, 😚, « Bel aménagement rustique », 🎝, ⬛, ⬛,
🍴 – 📳 📺 ☎ 🗲 ₺, ⬅ – **Repas** voir **Hameau Albert 1er** et rest. **Maison Carrier** – 🖙 95 –
12 ch 1500/4500 – 1/2 P 1015/2515 AX f

407

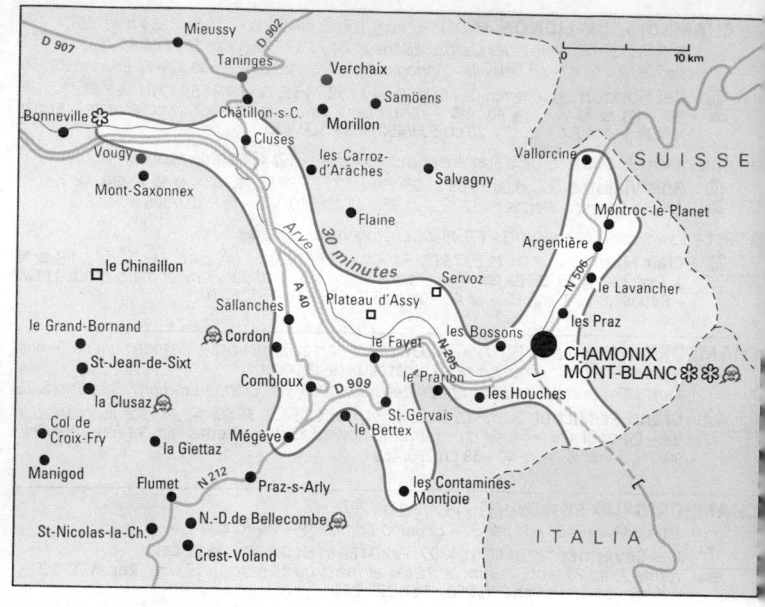

Mont-Blanc, 62 allée Majestic ℘ 04 50 53 05 64, Fax 04 50 55 89 44, ≤, 斎, ⤳, ☞, ⚬ –
🛗 ⤢ TV ☎ ☟ ⇔ P. AE ⓪ GB JCB
AY g
fermé 20 oct. au 15 déc. – **Matafan : Repas** (150) - 270/400, enf. 85 – ⴱ 80 – **34 ch**
750/1300, 8 appart – ½ P 710/940

Auberge du Bois Prin Ⓜ ⑤, aux Moussoux ℘ 04 50 53 33 51, Fax 04 50 53 48 75,
≤ massif du Mont-Blanc, 斎, « Chalet fleuri », ☞ – 🛗 TV ☎ ⇔ P. AE ⓪ GB JCB
fermé 25 avril au 11 mai, nov. et merc. midi – **Repas** (130 bc) - 180/430 ♀, enf. 80 – 85 –
AZ a
11 ch 720/1220 – ½ P 630/860

Morgane Ⓜ, 145 av. Aiguille du Midi ℘ 04 50 53 57 15, Fax 04 50 53 28 07, ≤, 🎥 – 🛗 TV
☎ ℃ & ⇔ P. AE ⓪ GB JCB
AY u
fermé nov. – **Repas** (dîner seul.) 90 ♀ - **Bistrot Savoyard** ℘ 04 50 53 57 64 Repas
56/150 ♀, enf. 43 – ⴱ 50 – **59 ch** 370/1690 – ½ P 395/825

Les Aiglons Ⓜ, av. Courmayeur ℘ 04 50 55 90 93, Fax 04 50 53 51 08, ≤, 斎, ᚵ – 🛗 TV
☎ & ⇔ P. – ❄ 35. AE ⓪ GB JCB
AY m
fermé 15 mai au 6 juin et 31 oct. au 8 déc. – **Repas** (dîner seul.) (90) - 120 ♀, enf. 45 – ⴱ 50 –
56 ch 510/1150 – ½ P 395/690

Alpina, 79 av. Mt-Blanc ℘ 04 50 53 47 77, Fax 04 50 55 98 99, ≤, ᚵ – 🛗 ⤢, ☰ rest, TV ☎
& ⇔ – ❄ 100. AE ⓪ GB JCB
AX t
10 juin-30 sept. et 16 déc.-25 avril – **Repas** (110) - 160 (déj.), 180/285 ♀ – ⴱ 60 – **127 ch**
580/960, 9 appart – ½ P 540/690

Hermitage-Paccard ⑤, r. Cristalliers ℘ 04 50 53 13 87, Fax 04 50 55 98 14, ≤, 斎, ᚵ,
☞ – 🛗 TV ☎ P. AE GB
AX e
17 juin-24 sept. et 18 déc.-24 avril – **Repas** (fermé le midi en hiver sauf sam. et dim.)
140/160 ♀, enf. 60 – ⴱ 55 – **34 ch** 565/720 – ½ P 475/520

Sapinière Montana ⑤, 102 r. Mummery ℘ 04 50 53 07 63, Fax 04 50 53 10 14, ≤, 斎,
☞ – 🛗 TV ☎ P. AE ⓪ GB JCB
AX k
17 juin-24 sept. et 20 déc.-24 avril – **Repas** (dîner seul. en hiver) 150/170 ♀, enf. 45 – ⴱ 50 –
30 ch 640 – ½ P 490

Prieuré, allée Recteur Payot ℘ 04 50 53 20 72, Fax 04 50 55 87 41, ≤ – 🛗 cuisinette ⤢
TV ☎ ⇔ P. GB
AY v
fermé 11 au 20 avril et 1er oct. au 17 déc. – **Repas** 130/140 ♀, enf. 70 – ⴱ 60 – **89 ch**
526/762 – ½ P 526/576

Savoyarde ⑤, 28 rte Moussoux ℘ 04 50 53 00 77, Fax 04 50 55 86 82, ≤, 斎, ☞ – TV
☎ ℃ ⇔ P. GB
AZ s
fermé 15 au 31 mai et 27 nov. au 21 déc. – **Repas** (fermé mardi midi) (65) - 88/185 ♀, enf. 38
– ⴱ 48 – **14 ch** 600/854 – ½ P 390/555

CHAMONIX-MONT BLANC

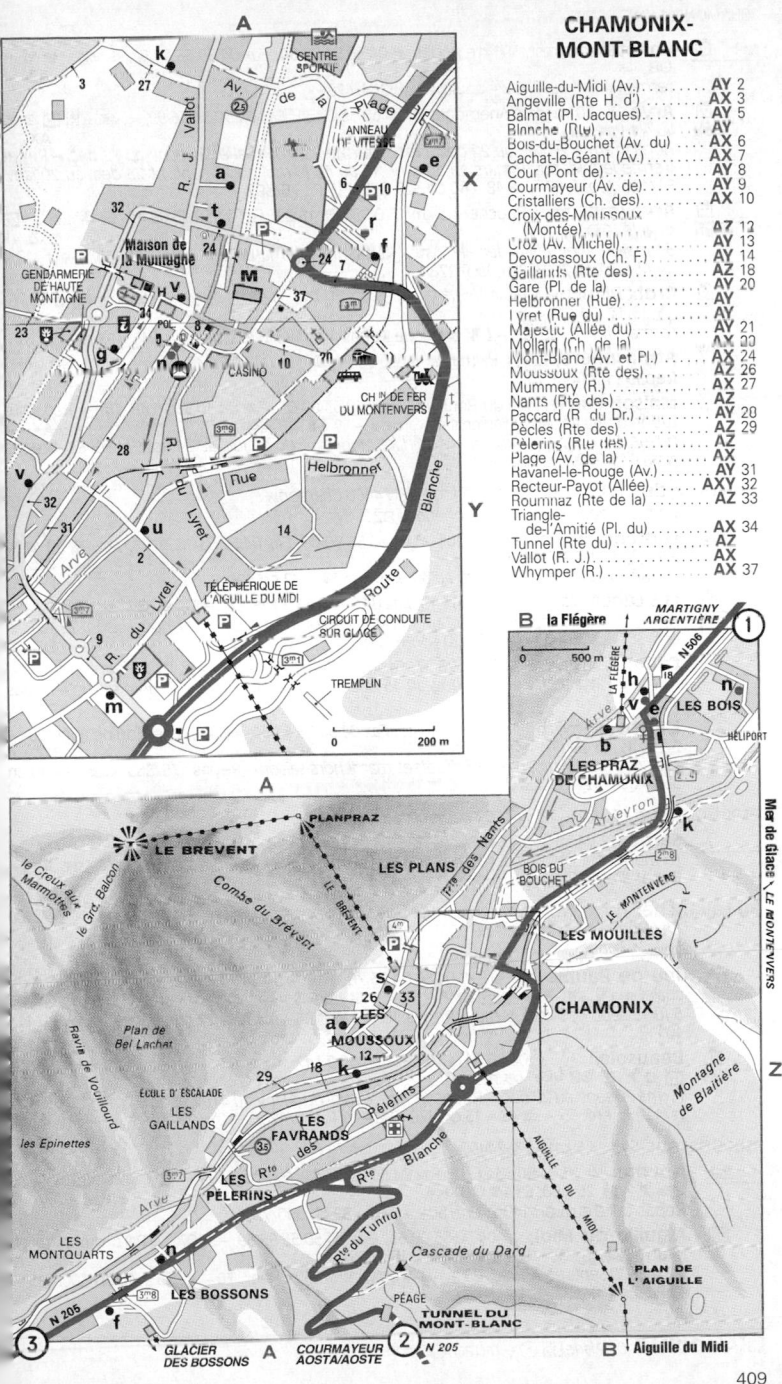

🏠 **Chantel** sans rest, 391 rte Pècles 𝒫 04 50 53 02 54, Fax 04 50 53 54 52, ≤, 🏡 – 🕿 📞 ℙ.
GB. 🛠
AZ   k
fermé 24 oct. au 4 nov. – ☲ 30 – **7 ch** 264/428

🏠 **Arve** ⑤, 60 impasse Anémones 𝒫 04 50 53 02 31, Fax 04 50 53 56 92, ≤, 🏡 – 🛗 📺 🕿 ℙ.
ⒶⒺ ◑ GB. 🛠 rest
AX   a
hôtel : fermé 29 oct. au 22 déc. ; rest. : fermé 2 au 31 mai et 24 sept. au 22 déc. – **Repas**
(fermé le midi du 19 mars au 30 avril, 1ᵉʳ au 10 juin, 3 au 23 sept. et 23 déc. au 20 janv.)
81/120 ⅃, enf. 50 – ☲ 48 – **40 ch** 322/572 – ½ P 276/392

🏠 **Arveyron**, rte du Bouchet : 2 km 𝒫 04 50 53 18 29, Fax 04 50 53 06 43, ≤, 🏤, 🏡 – 📺
🕿 📞 ℙ. GB. 🛠 rest
BZ   k
31 mai-22 sept. et 22 déc.-17 avril – **Repas** *(fermé mardi sauf fériés)* 80/115 ⅃, enf. 40 –
☲ 43 – **31 ch** 200/320 – ½ P 278

🏠 **Croix Blanche**, 87 r. Vallot 𝒫 04 50 53 00 11, Fax 04 50 53 48 83, ≤, 🏤 – 🛗 📺 🕿 📞 ℙ.
🔔 20. ⒶⒺ ◑ GB. 🛠
AX   v
fermé 3 mai au 30 juin – **L'M** brasserie **Repas** 110/125 ⅃, enf. 37 – ☲ 40 – **35 ch** 408/676

XX **Atmosphère**, 123 pl. Balmat 𝒫 04 50 55 97 97, Fax 04 50 53 38 96 – 🔲. ⒶⒺ ◑ GB ⒿⒸⒷ
Repas 119/149 ⅃
AY   n

X **Maison Carrier**, rte du Bouchet 𝒫 04 50 53 00 03, Fax 04 50 55 95 48, 🏤, « Reconstitution d'une ancienne ferme savoyarde » – ⒶⒺ ◑ GB ⒿⒸⒷ
AX   r
fermé 13 nov. au 13 déc., mardi midi et lundi sauf du 10 juil. au 31 août et fériés – **Repas**
(125) - 145/240

aux Praz-de-Chamonix *Nord : 2,5 km –* ✉ 74400 *Chamonix :*
Voir *La Flégère* ≤★★ *par téléphérique* BZ.

🏛 **Labrador** Ⓜ sans rest, au golf 𝒫 04 50 55 90 09, Fax 04 50 53 15 85, ≤, 🛁 – 🛗 🕿 📞
ℙ – 🔔 25. ⒶⒺ ◑ GB ⒿⒸⒷ
BZ   h
fermé 25 au 29 avril et 30 oct. au 30 nov. – ☲ 50 – **32 ch** 490/820

🏠 **Les Lanchers**, 𝒫 04 50 53 47 19, Fax 04 50 53 66 14, ≤, 🏤 – 📺 🕿. GB. 🛠 ch
fermé 14 au 28 mai et 22 oct. au 5 nov. – **Repas** *(fermé dim. soir hors saison)* 75/120 ⅃,
enf. 36 – ☲ 35 – **11 ch** 380/420 – ½ P 320
BZ   b

XX **Cabane**, au golf 𝒫 04 50 53 23 27, Fax 04 50 53 15 85, ≤, 🏤 – ℙ. ⒶⒺ ◑ GB
fermé 20 avril au 1ᵉʳ mai, 1ᵉʳ nov. au 15 déc., lundi soir et mardi soir hors saison – **Repas**
159/269 ⅃
BZ   v

XX **L'Eden** Ⓜ avec ch, 𝒫 04 50 53 18 43, Fax 04 50 53 51 50, ≤, 🏤, collection de minéraux –
📺 🕿 ℙ. ⒶⒺ ◑ GB ⒿⒸⒷ. 🛠 ch
BZ   e
fermé 1ᵉʳ au 15 juin, nov., lundi soir et mardi hors saison – **Repas** 135/360 – ☲ 45 – **10 ch**
350/450 – ½ P 350/370

aux Bois *Nord : 3,5 km –* ✉ 74400 *Chamonix-Mt-Blanc :*

X **Sarpé**, 𝒫 04 50 53 29 31, Fax 04 50 55 81 94, 🏤 – GB
BZ   n
fermé 29 mai au 15 juin, 11 nov. au 7 déc., mardi midi et lundi sauf vacances scolaires –
Repas 115/245

au Lavancher *par* ①*, N 506 et rte secondaire : 6 km – Sports d'hiver : voir à Chamonix –* ✉ 74400
Chamonix :
Voir ≤★★.

🏛 **Jeu de Paume** Ⓜ ⑤, 𝒫 04 50 54 03 76, Fax 04 50 54 10 75, ≤, 🏤, « Joli décor de
chalet », 🔲, 🌳, 🛠 – 🛗 📺 🕿 ℙ – 🔔 40. ⒶⒺ ◑ GB ⒿⒸⒷ. 🛠 rest
5 juil-5 sept. et 5 déc.-5 mai – **Repas** 185 ⅃, enf. 85 – ☲ 70 – **22 ch** 960/1500 – ½ P 741/
1011

🏠 **Beausoleil** ⑤, 𝒫 04 50 54 00 78, Fax 04 50 54 17 34, ≤, 🏤, « Jardin fleuri », 🌳, 🛠 –
📺 🕿 ℙ. ⒶⒺ GB ⒿⒸⒷ. 🛠 rest
fermé 20 sept. au 20 déc. – **Repas** *(fermé le midi du 3 janv. au 4 fév. et du 27 mars au 31 mai)*
78/150 ⅃, enf. 55 – ☲ 48 – **15 ch** 470/580 – ½ P 370/420

aux Bossons *Sud : 3,5 km –* ✉ 74400 *:*

🏛 **Novotel** Ⓜ, 𝒫 04 50 53 26 22, Fax 04 50 53 31 31, ≤, 🏤, 🔲, 🌳 – 🛗, 🔲 rest, 📺 🕿 📞 ♿
🚗 ℙ – 🔔 25 à 60. ⒶⒺ ◑ GB ⒿⒸⒷ
AZ   f
Repas carte environ 140 ⅃, enf. 50 – ☲ 60 – **89 ch** 590/780

🏛 **Aiguille du Midi**, 𝒫 04 50 53 00 65, Fax 04 50 55 93 69, ≤, 🏤, « Parc ombragé et
fleuri », 🛁, 🔲, 🛠 – 🛗 📺 🕿 ℙ – 🔔 18. GB. 🛠 rest
AZ   n
12 mai-20 sept. et 20 déc.-25 avril – **Repas** 120/230 ⅃, enf. 70 – ☲ 55 – **40 ch** 300/465 –
½ P 395/440

CHAMOUILLE 02 Aisne 🄋🄑 ⑤ – *rattaché à Laon.*

CHAMOUSSET 73390 Savoie 📖 ⑯ – 3/3 h alt. 215.

Paris 593 – Albertville 28 – Allevard 25 – Chambéry 31 – Grenoble 61.

⛲ **Christin,** ℰ 04 79 36 42 06, Fax 04 79 36 45 43, 佘, 🐾 – 🗏 rest, 📺 ☎ 📞 🅿, ⒼⒷ, ⁒ ch
fermé 15 sept. au 5 oct., 1ᵉʳ au 8 janv., dim. soir et lundi – **Repas** 68 (déj.), 87/170 ⏣ – ☲ 30 –
18 ch 190/250 – ½ P 250

CHAMPAGNAC-DE-BELAIR 24 Dordogne 📖 ⑤ – rattaché à Brantôme.

CHAMPAGNEUX 73 Savoie 📖 ⑭ – rattaché à St-Génix-sur-Guiers.

CHAMPAGNEY 70 H.-Saône 📖 ⑦ – rattaché à Ronchamp.

When looking for a hotel or restaurant use the most efficient method.
*Look for the names of towns **underlined in red***
*on the **Michelin maps** scale: 1:200 000.*
But make sure you have an up-to-date map!

CHAMPAGNOLE 39300 Jura 📖 ⑤ G. Jura – 9 250 h alt. 541.

Voir Musée archéologique : plaques-boucles★ M.

🛈 Office de Tourisme Annexe Hôtel-de-Ville ℰ 03 84 52 43 67, Fax 03 84 52 54 57.

Paris 421 ④ – Besançon 67 ④ – Dole 61 ④ – Genève 83 ② – Lons-le-Saunier 37 ③.

CHAMPAGNOLE

Bozinet (R. L. et G.) . . 2
Clemenceau (R.) . . . .
Delort (R. Baronne) . .
Égalité (R. de l') 3
Foch (R. Mar.) 5
Gaulle
(Pl. du Gén.-de) . . . 6
Herriot (Av. É.) 8
Lattre-de-Tassigny
(Av. de) 9
Progin (R.) 12
République
(Av. de la) . . . .

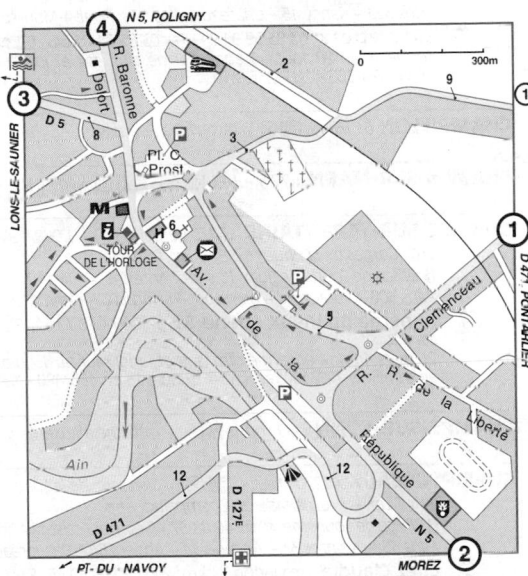

🏨 **Bois Dormant** ⟋, rte Pontarlier par ① : 1,5 km ℰ 03 84 52 66 66, Fax 03 84 52 66 67,
佘, « Parc en forêt », ⁒ – 📺 ☎ 📞 ⅙, 🅿 – 🔬 50. ⒼⒷ
Repas 90/240 ⅋, enf. 65 – ☲ 45 – **40 ch** 285/315 – ½ P 300

rte de Genève par ② : 8 km – ✉ 39300 Champagnole :

✗✗ **Auberge des Gourmets** avec ch, sur N 5 ℰ 03 84 51 60 60, Fax 03 84 51 62 83, 佘, 🐾
– 📺 ☎ 🅿, ⒶⒺ ⓞ ⒼⒷ
⚙ fermé 19 déc. au 15 janv., dim. soir et lundi du 15 oct. au 15 mars sauf vacances scolaires –
Repas 95/280 ⏣, enf. 60 – ☲ 45 – **7 ch** 320/340 – ½ P 380

CHAMPAGNY-EN-VANOISE 73350 Savoie 🗗🗗 ⑱ G. Alpes du Nord – 502 h alt. 1240.

Voir Retable★ dans l'église.

🛈 Office de Tourisme 𝄞 04 79 55 06 55, Fax 04 79 55 04 66.

Paris 656 – Albertville 45 – Chambéry 94 – Moûtiers 18.

🏨 **L'Ancolie** Ⓜ 🍃, 𝄞 04 79 55 05 00, Fax 04 79 55 04 42, ≼, 🛱, 🏋, 🔁 – 📳 📺 ☎ 🕭. 🇬🇧. ✠ rest

11 juin-4 sept. et 20 déc.-20 avril – **Repas** 100/120 ♀, enf. 48 – ☑ 55 – **31 ch** 520/680 – ½ P 490

🏠 **Les Glières** 🍃, 𝄞 04 79 55 05 52, Fax 04 79 55 04 84, ≼, 🛱 – ☎. 🖭 🇬🇧

hôtel : 15 juin-10 sept. et 18 déc.-15 avril ; rest. : 18 déc.-15 avril – **Repas** 95/150 🍸, enf. 45 – ☑ 45 – **20 ch** 480 – ½ P 337/440

CHAMPEAUX 50530 Manche 🗗🗗 ⑦ – 330 h alt. 80.

Paris 340 – St-Lô 62 – St-Malo 85 – Avranches 18 – Granville 17.

XX **Marquis de Tombelaine et H. les Hermelles** 🍃 avec ch, sur D 911 𝄞 02 33 61 85 94, Fax 02 33 61 21 52, ≼, 🛱 – 📺 ☎ 🕑. 🇬🇧

fermé 15 au 20 nov., 4 au 29 janv., mardi soir et merc. – **Repas** 99/350 🍸, enf. 50 – ☑ 35 – **6 ch** 280/320 – ½ P 290/390

CHAMPEIX 63320 P.-de-D. 🗗🗗 ⑭ G. Auvergne – 1 087 h alt. 456.

Env. Église de St-Saturnin★★ N : 10 km.

Paris 446 – Clermont-Ferrand 31 – Condat 48 – Issoire 14 – Le Mont-Dore 37 – Thiers 65.

X **Promenade**, 𝄞 04 73 96 70 24, Fax 04 73 96 70 24 – 🖭 🇬🇧

fermé en oct., mardi soir et jeudi soir de sept. à juin et merc. – **Repas** 78/170, enf. 45

CHAMPENOUX 54280 M.-et-M. 🗗🗗 ⑤ – 1 041 h alt. 234.

Paris 323 – Nancy 15 – Château-Salins 17 – Pont-à-Mousson 44 – St-Avold 59.

🏠 **La Lorette**, 𝄞 03 83 39 91 91, Fax 03 83 31 71 04 – 📺 ☎ ✓ 🕭 🕑. 🖭 ⓞ 🇬🇧

fermé 1ᵉʳ au 20 août – **Repas** (fermé dim. soir et lundi) (65) - 90/215 ♀, enf. 55 – ☑ 30 – **10 ch** 220/265 – ½ P 235/270

CHAMPILLON 51 Marne 🗗🗗 ⑯ – rattaché à Épernay.

CHAMPS-SUR-MARNE 77 S.-et-M. 🗗🗗 ⑫,, 🔟🔟 ⑲ – voir à Paris, Environs (Marne-la-Vallée).

CHAMPS-SUR-TARENTAINE 15270 Cantal 🗗🗗 ② – 1 088 h alt. 450.

Env. Gorges de la Rhue★★ SE : 9 km, G. Auvergne.

🛈 Office de Tourisme (juin-15 sept.) Antenne 𝄞 04 71 78 76 33.

Paris 506 – Aurillac 88 – Clermont-Ferrand 83 – Condat 24 – Mauriac 36 – Ussel 38.

🏨 **Auberge du Vieux Chêne** 🍃, 𝄞 04 71 78 71 64, Fax 04 71 78 70 88, 🛱, 🛱 – ☎ 🕑. ⓞ 🇬🇧

20 mars-11 nov. et fermé dim. soir et lundi sauf du 15 juin au 15 sept. – **Repas** (dîner seul. en semaine) 140/190, enf. 60 – ☑ 50 – **15 ch** 360/480 – ½ P 340/400

CHAMPS-SUR-YONNE 89 Yonne 🗗🗗 ⑤ – rattaché à Auxerre.

CHAMPTOCEAUX 49270 M.-et-L. 🗗🗗 ⑱ G. Châteaux de la Loire – 1 524 h alt. 68.

Voir Site★ – Promenade de Champalud ≼★★.

🛈 Office de Tourisme 𝄞 02 40 83 57 49 et (hors saison) à la Mairie 𝄞 02 40 83 52 31.

Paris 358 – Nantes 33 – Ancenis 11 – Angers 64 – Beaupréau 30 – Cholet 50 – Clisson 35.

🌱 **Chez Claudie**, rte Oudon : 1 km 𝄞 02 40 83 50 43, Fax 02 40 83 59 72 – 📺 ☎ 🕑. 🖭 🇬🇧
𝖩𝖢𝖡

fermé vacances de fév. – **Repas** (fermé mardi soir et merc.) 65/220, enf. 60 – ☑ 40 – **11 ch** 190/220 – ½ P 170

XXX **Les Jardins de la Forge** (Pauvert) Ⓜ avec ch, pl. Piliers 𝄞 02 40 83 56 23, Fax 02 40 83 59 80, 🔁 – 🗐 ch, 📺 ☎ ✓ 🕭. 🖭 ⓞ 🇬🇧
❀

fermé 29 fév. au 15 mars et 3 au 18 oct. – **Repas** (fermé lundi soir d'oct. à mars, dim. soir, mardi et merc.) 170/450 et carte 350 à 450 – **7 ch** ☑ 480/890

Spéc. Médaillons de homard à l'huile de noisette (mai à sept.). Rougets barbet au beurre de fenouil (mai à sept.). Dos de sandre rôti au beurre blanc. **Vins** Muscadet sur lie, Anjou villages.

CHAMPTOCÉ-SUR-LOIRE 49123 M.-et-L. 63 ⑲ *G. Châteaux de la Loire – 1 335 h alt. 17.*
🛈 *Syndicat d'Initiative Mairie ✆ 02 41 39 91 80.*
Paris 319 – Angers 26 – Châteaubriant 59 – Cholet 49 – Nantes 75.

🛇 **Cheval Blanc,** ✆ 02 41 39 91 81, Fax 02 41 39 98 67 – 📺 ☎ 🅿. 🇬🇧
🛏 *fermé 4 au 12 mars, 16 au 30 sept., dim. soir et sam. sauf juil.-août* – **Repas** 75/100 ⵀ –
ⵗ 32 – **12 ch** 165/265 – ½ P 220/250

CHAMROUSSE 38 Isère 77 ⑤ *G. Alpes du Nord – 544 h alt. 1650 – Sports d'hiver : 1 650/2 255 m*
⛷ 1 ⛷ 25 ⛷ – ✉ 38410 Uriage.
Env. E : Croix de Chamrousse ✳ ★★ *par téléphérique.*
🛈 *Office de Tourisme 24 pl. de Belledonne ✆ 04 76 89 92 65, Fax 04 76 89 98 06*
Paris 598 – Grenoble 29 – Allevard 64 – Chambéry 79 – Uriage-les-Bains 19 – Vizille 28.

🏨 **Hermitage,** le Recoin ✆ 04 76 89 93 21, Fax 04 76 89 95 30, ≤, 🍴 – 📺 ☎ 🚗 🅿. 🇬🇧
1ᵉʳ juil.-31 août et 1ᵉʳ déc.-1ᵉʳ mai – **Repas** (80) 125/240 – ⵗ 55 – **48 ch** 390/640 –
½ P 340/465

🍴 **L'Écureuil,** ✆ 04 76 89 90 15, Fax 04 76 89 90 13, 🍴 – 🇬🇧
🛏 *fermé 1ᵉʳ mai au 1ᵉʳ juil.* – **Repas** 75 (déj.), 80/130 ⵀ

CHANAS 38150 Isère 76 ⑩, 77 ① *1 727 h alt. 150.*
Paris 515 – Grenoble 88 – Lyon 56 – St-Étienne 74 – Valence 51.

🏨 **Halte OK** 🅼, à l'échangeur A 7 ✆ 04 74 84 27 50, Fax 04 74 84 36 61, 🍴, 🐾, ⵗ – 🛗 ▤
🛏 📺 ☎ 📞 🅿 – 🏛 25 à 100. 🇬🇧
Repas *(fermé sam. midi et dim.)* 71/156 ⵀ, enf. 45 – ⵗ 39 – **41 ch** 266/315 – ½ P 265

CHANCELADE 24 Dordogne 75 ⑤ – *rattaché à Périgueux.*

CHANDAI 61300 Orne 60 ⑤ – *583 h alt. 200.*
Paris 131 – Alençon 70 – L'Aigle 9 – Chartres 72 – Dreux 52 – Évreux 56 – Lisieux 65.

🍴🍴 **L'Écuyer Normand,** N 26 ✆ 02 33 24 08 54, Fax 02 33 24 08 54 – 🆎 ⓪ 🇬🇧
fermé dim. soir et lundi d'oct. à Pâques sauf vacances scolaires – **Repas** 138/258 ⵀ, enf. 68

CHANDOLAS 07230 Ardèche 80 ⑩ – 300 h alt. 115.
Paris 665 – Alès 44 – Privas 64 – Aubenas 34.

🏠 **Auberge Les Murets** 🐾, ✆ 04 75 39 08 32, Fax 04 75 39 39 90, 🍴, parc, ⵀ – ☎ 🅿.
🇬🇧 🐾 ch
fermé 3 janv. au 12 fév., lundi et mardi d'oct. à mars – **Repas** 90/140 ⵀ – ⵗ 35 – **7 ch** 290 –
½ P 265

CHANGÉ 53 Mayenne 63 ⑩ – *rattaché à Laval.*

CHANTELLE 03140 Allier 73 ④ *G. Auvergne – 1 043 h alt. 324.*
🛈 *Office de Tourisme pl. de la Mairie ✆ 04 70 56 62 37, Fax 04 70 56 65 04.*
Paris 372 – Moulins 46 – Gannat 17 – Montluçon 59 – St-Pourçain-sur-Sioule 15.

🛇 **Poste,** ✆ 04 70 56 62 12, 🍴 – ☎ 🅿. 🆎 🇬🇧
fermé 23 sept. au 15 oct., vacances de fév. et merc. hors saison – **Repas** (50) - 90/160 ⵀ,
enf. 45 – ⵗ 28 – **12 ch** 170/240 – ½ P 180/200

CHANTEMERLE 05 H.-Alpes 77 ⑱ – *rattaché à Serre-Chevalier.*

CHANTEPIE 35 I.-et-V. 59 ⑰ – *rattaché à Rennes.*

CHANTILLY 60500 Oise 56 ⑪, 106 ⑧ *G. Île de France – 11 341 h alt. 59.*
Voir Château★★★ : musée★★, parc★★, jardin anglais★ – Grandes Écuries★★ : musée vivant
du Cheval★★ – L'Aérophile★ (vol en ballon captif) : ≤★★.
Env. Site★ du château de la Reine-Blanche S : 5,5 km.
🛈 *Office de Tourisme 60 av. Mar.-Joffre ✆ 03 44 57 08 58, Fax 03 44 57 74 64.*
Paris 51 ② – Compiègne 44 ① – Beauvais 43 ⑤ – Meaux 50 ② – Pontoise 38 ④.

CHANTILLY

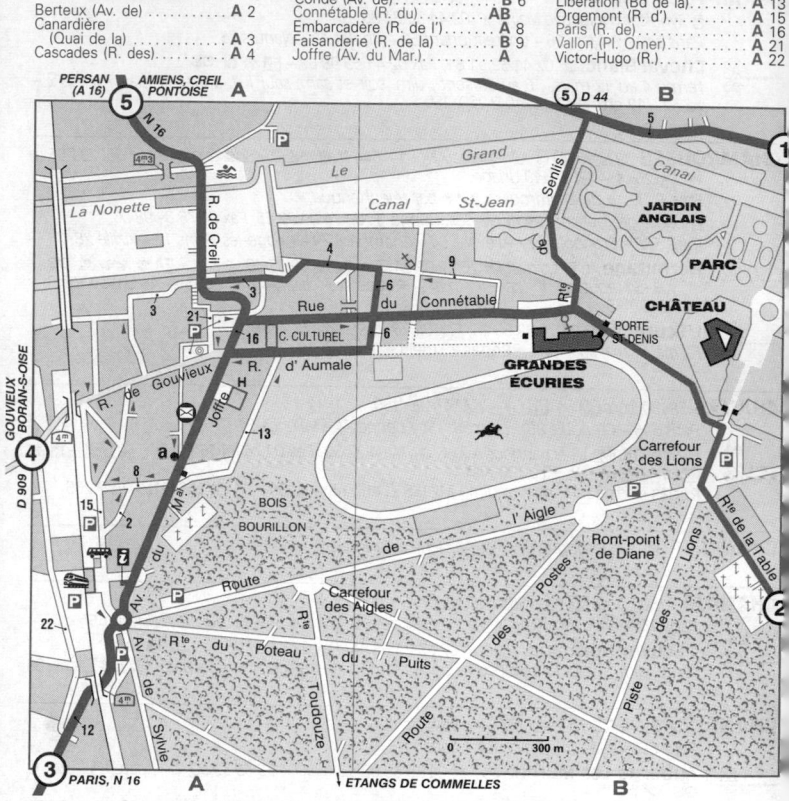

🏛 **Parc** sans rest, 36 av. Mar. Joffre ℘ 03 44 58 20 00, Fax 03 44 57 31 10, 🛲 – 📳 📺 ☎ –
🔬 50. 🖭 ⓞ ⅁⅁ ⱼ⅗⅗
☲ 80 – **57 ch** 435/595
A a

rte d'Apremont par ① et D 606 :

🏛🏛 **Domaine de Chantilly** Ⓜ ⌖, à 2,5 km ☒ 60500 Vineuil-St-Firmin ℘ 03 44 58 47 77,
Fax 03 44 58 50 11, ≼, 🏤, parc, « Dans un golf », ⌁ – 📳 ⅄⅞, ▤ ch, 📺 ☎ ✔ ⅍ 🅿 –
🔬 25 à 150. 🖭 ⓞ ⅁⅁
Carmontelle : Repas 225, enf. 85 – *Étoile :* Repas 195, enf. 85 – ☲ 100 – **102 ch** 1130/
1220, 4 appart

🍴🍴🍴 **Tour d'Apremont**, au golf d'Apremont, 7 km ☒ 60300 Apremont ℘ 03 44 25 61 11,
Fax 03 44 25 11 72, ≼ – 🅿. 🖭 ⅁⅁ ⱼ⅗⅗. ⅗⅗
fermé lundi et le soir sauf vend. et sam. – Repas 160/310 ⴷ, enf. 80 *Bistrot de la Tour* (déj.
seul.) Repas 55/120ⴷ

🍴🍴 **Auberge La Grange aux Loups** ⌖ avec ch, à Apremont, 6 km ☒ 60300 Apremont
℘ 03 44 25 33 79, Fax 03 44 24 22 22, 🏤 – 📺 ☎. 🖭 ⅁⅁
Repas *(fermé dim. soir et lundi)* 150/320 ⴷ – ☲ 48 – **4 ch** 450 – ½ P 390

à Montgrésin par ② : 5 km – ☒ 60560 Orry-la-Ville :

🏛🏛 **Relais d'Aumale** ⌖, ℘ 03 44 54 61 31, Fax 03 44 54 69 15, 🏤, 🛲, ⅗⅗ – 📳 📺 ☎ ✔ ⅍
🅿 – 🔬 30. 🖭 ⓞ ⅁⅁
Repas *(fermé 20 déc. au 2 janv. et dim. soir en hiver)* 220/240 – ☲ 60 – **24 ch** 680/780 –
½ P 560/620

à Gouvieux par ④ : 3,5 km – 9 756 h. alt. 26 – ☒ 60270 :

🏛🏛 **Château de la Tour** ⌖, ℘ 03 44 62 38 38, Fax 03 44 57 31 97, ≼, 🏤, « Parc boisé »,
⌁, ⅗⅗ – 📺 ☎ ⅍ 🅿 – 🔬 80. 🖭 ⓞ ⅁⅁ ⱼ⅗⅗
Repas 210/340 ⴷ, enf. 85 – ☲ 70 – **41 ch** 590/980 – ½ P 555

🏨 **Château de Montvillargenne** 🦢, ℰ 03 44 62 37 37, Fax 03 44 57 28 97, ≤, 佘, parc, ⅙, 🔲 – 📺 ☎ ✆ & 🅿 – 🍴 25 à 150. 🆔 ⓪ 🆖
Repas (148) - 198/348 ♀, enf. 98 – 🍽 138 – **145 ch** 695/1995, 3 duplex – ½ P 590/1250

🏨 **Pavillon St-Hubert** 🦢, à Toutevoie, bord de l'Oise ℰ 03 44 57 07 04, Fax 03 44 57 75 42, ≤, 佘, « Terrasse au bord de l'Oise », 🌳 – 📺 ☎ ✆ 🅿 – 🍴 30. 🆖
Repas (fermé 3 au 24 janv., dim. soir et lundi d'oct. à mars) 150/165 ♀ – 🍽 40 – **19 ch** 295/350 – ½ P 360

🍴🍴 **Renardière**, 2 r. Frères Segard (La Chaussée) ℰ 03 44 57 08 23, 佘 – ⓪ 🆖
fermé 1er au 15 août, dim. soir et lundi – **Repas** 89/360 bc ♀, enf. 49

rte de Creil par ⑤ : 5,5 km – ⌧ 60740 St-Maximin :

🍴🍴🍴 **Verbois**, N 16, rd-pt Verbois ℰ 03 44 24 06 22, Fax 03 44 25 76 63, 佘, « Ancien relais de chasse à l'orée de la forêt », 🌳 – 🅿. 🆖
fermé 16 au 31 août, 15 au 30 janv., dim. soir et lundi – **Repas** 150/295 et carte 280 à 400, enf. 90

CHANTONNAY 85110 Vendée ⑥⑦ ⑮ – 7 458 h alt. 58.
Paris 401 – La Roche-sur-Yon 34 – La Rochelle 67 – Cholet 51 – Nantes 76.

🏨 **Mouton**, 31 r. Nationale ℰ 02 51 94 30 22, Fax 02 51 46 88 65 – 📺 ☎ ⇐. 🆖
⩽100 fermé 1er au 15 janv., dim. soir et lundi – **Repas** 74/229 ♀ – 🍽 39 – **11 ch** 240/365 – ½ P 295/320

CHAOURCE 10210 Aube ⑥① ⑰ G. Champagne – 1 031 h alt. 150.
Voir Église St-Jean-Baptiste : sépulcre★★.
🛈 Syndicat d'Initiative 20 r. du Pont de Pierre ℰ 03 25 40 97 22, Fax 03 25 40 10 22.
Paris 196 – Auxerre 66 – Troyes 32 – Bar-sur-Aube 60 – Châtillon-sur-Seine 48.

à Maisons-lès-Chaource Sud-Est : 6 km par D 34 – 171 h. alt. 235 – ⌧ 10210 :

🏨 **Aux Maisons**, ℰ 03 25 70 07 19, Fax 03 25 70 07 75, 佘, 🏊 – 🍽 rest, 📺 ☎ 🅿. 🆔 🆖
Repas (fermé dim. soir de nov. à mars) 110/180 ♀, enf. 55 – 🍽 45 – **15 ch** 295 – ½ P 330

CHAPARON 74 H.-Savoie ⑦④ ⑥ ⑯ – rattaché à Bredannaz.

La CHAPELAUDE 03380 Allier ⑥⑨ ⑪ – 982 h alt. 230.
Paris 328 – La Châtre 52 – Montluçon 12 – Moulins 87 – St-Amand-Montrond 50.

🍴 **Grain d'Sel**, ℰ 04 70 06 47 78, Fax 04 70 06 44 32 – 🍽 🅿. 🆖
🆖 fermé 4 au 21 sept., mardi soir et merc. – **Repas** 75/220 ♀, enf. 50

La CHAPELLE 19 Corrèze ⑦③ ⑪ – rattaché à Meymac.

La CHAPELLE-CARO 56460 Morbihan ⑥③ ④ – 1 143 h alt. 73.
Paris 422 – Vannes 40 – Dinan 80 – Lorient 95 – Rennes 74 – St-Brieuc 95.

🍴 **Petit Kériquel** avec ch, ℰ 02 97 74 82 44, Fax 02 97 74 82 44 – 📺 ☎. 🆖
🆖 fermé 20 sept. au 12 oct., vacances de fév., dim. soir et lundi – **Repas** (50) - 64/185 ♀, enf. 48 – 🍽 52 – **7 ch** 145/240 – ½ P 160/190

La CHAPELLE-D'ABONDANCE 74360 H.-Savoie ⑦⓪ ⑱ G. Alpes du Nord – 727 h alt. 1020 –
Sports d'hiver : 1 000/1 800 m ✦ 1 ✦ 11 ✦.
🛈 Office de Tourisme ℰ 04 50 73 51 41, Fax 04 50 73 56 04.
Paris 603 – Thonon-les-Bains 34 – Annecy 108 – Châtel 6 – Évian-les-Bains 36 – Morzine 32.

🏨 **Cornettes**, ℰ 04 50 73 50 24, Fax 04 50 73 54 16, 佘, « Petit musée savoyard », ⅙, 🔲, 🌳 – 🛗 cuisinette, 🍽 rest, 📺 ☎ ⇐ 🅿 – 🍴 40. 🆖
fermé 20 au 30 avril et 21 oct. au 19 déc. – **Repas** 110/350 ⅙, enf. 90 – 🍽 55 – **43 ch** 430/520 – ½ P 490

🏨 **Les Gentianettes** Ⓜ 🦢, ℰ 04 50 73 56 46, Fax 04 50 73 56 39, 佘, 🔲 – 🛗 📺 ☎ ✆ & 🅿. 🆖
fermé 5 nov. au 16 déc. – **Repas** 105/285, enf. 65 – 🍽 45 – **32 ch** 450 – ½ P 390

🏨 **Chabi** 🦢, ℰ 04 50 73 50 14, Fax 04 50 73 55 84, ≤, 佘, ⅙, 🏊 – 📺 ☎ 🅿. 🆖
fermé 9 au 26 mai et 25 nov. au 16 déc. – **Repas** (75) - 110/150 ♀, enf. 50 – 🍽 50 – **21 ch** 340/390 – ½ P 330/380

L'Ensoleillé, *ℰ* 04 50 73 50 42, *Fax* 04 50 73 52 96, 🔲, 🍽 – 📶 📺 ☎ 🅿. GB
fin mai-fin sept. et 20 déc.-Pâques – **Repas** *(fermé mardi du 20 mai au 20 juin)* 108/280 🍷,
enf. 60 – 🍽 45 – **35 ch** 320/350 – ½ P 350

Vieux Moulin ⟫, *rte Chevenne* *ℰ* 04 50 73 52 52, *Fax* 04 50 73 55 62, 🍽 – 📺 ☎ 🅿. AE
GB. ⚘
15 mai-15 oct. et 20 déc.-15 avril et fermé lundi – **Repas** 98/300, enf. 60 – 🍽 40 – **16 ch**
220/290 – ½ P 340/360

L'Alpage, *rte Châtel* *ℰ* 04 50 73 50 25, *Fax* 04 50 73 52 43, 🦴, 🍽 – 📶 📺 ☎ 🅿 – 🛅 30.
GB
fermé nov. – **Repas** 95 *(déj.)*/115 🍷, enf. 60 – 🍽 40 – **32 ch** 450 – ½ P 350

CHAPELLE-DES-BOIS 25240 Doubs 70 ⑯ *G. Jura* – 202 h alt. 1087 – *Sports d'hiver : 1 050/1 300 m* 🎿.
Paris 464 – Genève 64 – Lons-le-Saunier 67 – Pontarlier 47.

Les Mélèzes, *ℰ* 03 81 69 21 82, *Fax* 03 81 69 12 75, ≤, 🍽 – ☎ 📞. GB
20 juin-10 sept., 20 déc.-20 mars et week-ends du 15 mai au 20 juin et du 10 sept. au 15 oct.
– **Repas** *(dîner seul. en été)* 90/160 🍷, enf. 55 – 🍽 44 – **9 ch** 250/320 – ½ P 265/375

La CHAPELLE-DU-GENÊT 49 M.-et-L. 67 ⑤ – *rattaché à Beaupréau.*

La CHAPELLE-EN-SERVAL 60520 Oise 56 ⑪ – 2 185 h alt. 104.
Paris 41 – Compiègne 43 – Beauvais 53 – Chantilly 10 – Meaux 38 – Senlis 10.

Mont-Royal Ⓜ ⟫, *Est : 2 km par D 118* *ℰ* 03 44 54 50 50, *Fax* 03 44 54 50 21, ≤, 🍽,
« *Pavillon de chasse dans un parc* », 🦴, 🔲, ⚘ – 📶 ⛲ 📺 ☎ 📞 🅿 – 🛅 180. AE ⓞ GB
JCB
Repas *(158)* - 195/260, enf. 95 – 🍽 95 – **100 ch** 1250/3500 – ½ P 915/1040

La CHAPELLE-EN-VALGAUDEMAR 05800 H.-Alpes 77 ⑯ *G. Alpes du Nord* – 135 h alt. 1083.
Voir Les Portes ⇚★ *sur le pic d'Olan* – *Les* « *Oulles du Diable* » *(marmites de géant)* ★ –
Cascade du Casset★ *NE : 3,5 km.*
Env. Chalet-hôtel du Gioberney : cirque★★, *cascade "voile de la mariée"*★ *E : 9 km.*
🄱 *Office de Tourisme La Fare-en-Champsaur* *ℰ* 04 92 50 58 58, *Fax* 04 92 50 58 59.
Paris 659 – Gap 49 – Grenoble 91 – La Mure 52.

Mont-Olan, *ℰ* 04 92 55 23 03, *Fax* 04 92 55 34 58, ≤, 🍽, 🍽 – ☎ 📞 🅿. GB. ⚘ ch
début avril-15 sept. – **Repas** 68/125 🍷 – 🍽 30 – **30 ch** 180/270 – ½ P 230/250

La CHAPELLE-EN-VERCORS 26420 Drôme 77 ⑭ *G. Alpes du Nord* – 628 h alt. 945 – *Sports d'hiver au Col de Rousset : 1 255/1 700 m* 🎿 8 🎿.
Voir Grotte de la Draye blanche★, *5 km au S par D 178.*
🄱 *Office de Tourisme pl. Pietri* *ℰ* 04 75 48 22 54, *Fax* 04 75 48 13 81.
Paris 610 – Grenoble 61 – Valence 64 – Die 41 – Romans-sur-Isère 46 – St-Marcellin 34.

Bellier ⟫, *ℰ* 04 75 48 20 03, *Fax* 04 75 48 25 31, 🍽, 🔲, 🍽 – 📺 ☎ 📞 🅿. AE ⓞ GB
fermé vacances de Toussaint, de Noël, mardi soir et merc. hors saison – **Repas** 95/220 🍷,
enf. 70 – 🍽 40 – **13 ch** 380/420 – ½ P 350/400

Sports, *ℰ* 04 75 48 20 39, *Fax* 04 75 48 10 52, 🍽 – ☎ 📞 ⟸. GB
fermé déc., janv., dim. soir et lundi hors saison sauf vacances scolaires – **Repas** 98/145,
enf. 45 – 🍽 35 – **14 ch** 150/250 – ½ P 202/252

La CHAPELLE-ST-LAURENT 79430 Deux-Sèvres 67 ⑰ – 1 749 h alt. 180.
Paris 370 – Niort 52 – Bressuire 12 – Cholet 56 – La Roche-sur-Yon 89.

Petite Auberge, *Basilique Pitié* *ℰ* 05 49 72 02 15, 🍽 – GB
fermé lundi soir – **Repas** 82/225 🍷

La CHAPELLE-ST-MESMIN 45 Loiret 64 ⑨ – *rattaché à Orléans.*

La CHAPELLE-SUR-ERDRE 44 Loire-Atl. 67 ③ – *rattaché à Nantes.*

Donnez-nous votre avis sur les tables que nous recommandons,
sur leurs spécialités et leurs vins de pays.

CHARAVINES 38850 Isère 🗗🗗 ⑭ G. Vallée du Rhône – 1 251 h alt. 500.

Voir *Lac de Paladru★ N : 1 km.*

🖪 *Office de Tourisme & 04 76 06 60 31, Fax 04 76 06 60 50.*

Paris 537 – Grenoble 40 – Belley 48 – Chambéry 54 – La Tour-du-Pin 22 – Voiron 13.

🏨 **Beau Rivage,** Nord : 1 km par D 50 & 04 76 06 61 08, Fax 04 76 06 66 58, ≤, 🏡, 🕭ₛ, 🌧 – ⏍ 🖂 ⛾ ⛌ & 🎤 – 🔬 25. 🖸. ⅙ ch
fermé 20 déc. au 1ᵉʳ fév., dim. soir et lundi sauf juil.-août – **Repas** *(fermé lundi sauf le midi en juil.-août et dim. de juin à sept.)* 88/260, enf. 60 – ☑ 44 – **29 ch** 270/300 – ½ P 230/268

🏨 **Poste,** & 04 76 06 60 41, Fax 04 76 55 62 42, 🏡 – 🖂 🕿 ⛌ – 🔬 30. 🖭 🖸
fermé vacances de Toussaint, de fév., dim. soir et lundi – **Repas** 108/280 🍷, enf. 70 – ☑ 40 – **15 ch** 230/310 – ½ P 280

CHARBONNIÈRES-LES-BAINS 69 Rhône 🗗🗗 ⑪., 🗗🗗🗗 ⑬ – *rattaché à Lyon.*

CHARENTON-LE-PONT 94 Val-de-Marne 🗗🗗 ①., 🗗🗗🗗 ㉗ – *voir à Paris, Environs.*

CHARETTE-VARENNES 71 S.-et-L. 🗗🗗 ②., 🗗🗗🗗 ⑳ – *rattaché à Pierre-de-Bresse.*

CHARGÉ 37 I.-et-L. 🗗🗗 ⑯ – *rattaché à Amboise.*

Dans ce guide

un même symbole, un même caractère,
*imprimé en couleur ou en **noir**, en maigre ou en **gras**,*
n'ont pas tout à fait la même signification.
Lisez attentivement les pages explicatives.

La CHARITÉ-SUR-LOIRE 58400 Nièvre 🗗🗗 ⑬ G. Bourgogne – 5 686 h alt. 170.

Voir *Église N. Dame★★ , ≤★★ sur le chevet.*

🖪 *Office de Tourisme pl. Ste-Croix & 03 86 70 15 06, Fax 03 86 70 21 55.*

Paris 217 ① – Bourges 51 ④.

🏨 **Grand Monarque,** 33 quai Clemenceau & 03 86 70 21 73, Fax 03 86 69 62 32, 🏡, 🌧 – ⏍ 🖂 🕿 ⛌ & 🚗 – 🔬 25. 🖭 🖸 🖸 ᴊᴄʙ (e)
fermé 15 fév. au 18 mars – **Repas** *(fermé dim. soir du 15 nov. au 31 mars)* (98) - 138/238, enf. 70 – ☑ 50 – **14 ch** 290/620 – ½ P 330/380

🏠 **Bon Laboureur** sans rest, quai Romain Mollot (Île de la Loire), par ④ : 0,5 km & 03 86 70 22 85, Fax 03 86 70 23 64, 🌧 – 🖂 🕿 ⛌, 🖭 🖸. ⅙ ☑ 35 – **13 ch** 240/290

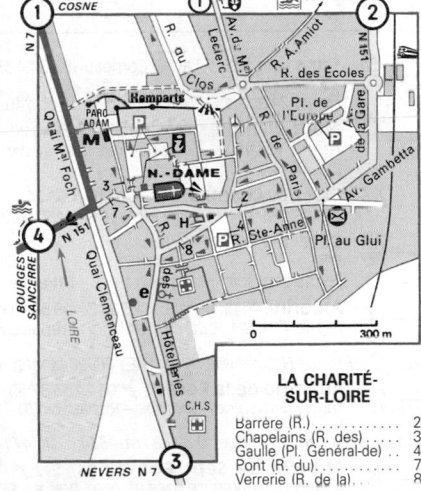

LA CHARITÉ-SUR-LOIRE

CHARLEVAL 13350 B.-du-R. 🗗🗗 ②, 🗗🗗🗗 ① – 1 877 h alt. 136.

Paris 725 – Aix-en-Provence 33 – Cavaillon 28 – Marseille 63 – Salon-de-Provence 21.

✕ **Cherche-Midi,** (derrière l'église) & 04 42 28 52 50, Fax 04 42 28 49 38, 🏡 – 🖭 🖸
fermé dim. soir et lundi – **Repas** 80 (déj.), 95/150

CHARLEVILLE-MÉZIÈRES P *08000 Ardennes* 53 ⑱ *G. Champagne – 57 008 h alt. 145.*

An 2000 18-24 sept. : Marionnettes Universelles 2000 (Festival).

Voir Place Ducale★★ – Musée de l'Ardenne★ **BX M**[1] *– Musée Rimbaud* **BX M**[2] *– Basilique N.-D.-d'Espérance : vitraux★* **BZ.**

Office de Tourisme 4 pl. Ducale ✆ 03 24 32 44 80, Fax 03 24 32 41 79.

Paris 241 ① – Liège 168 ② – Luxembourg 129 ① – Reims 89 ① – Sedan 24 ①.

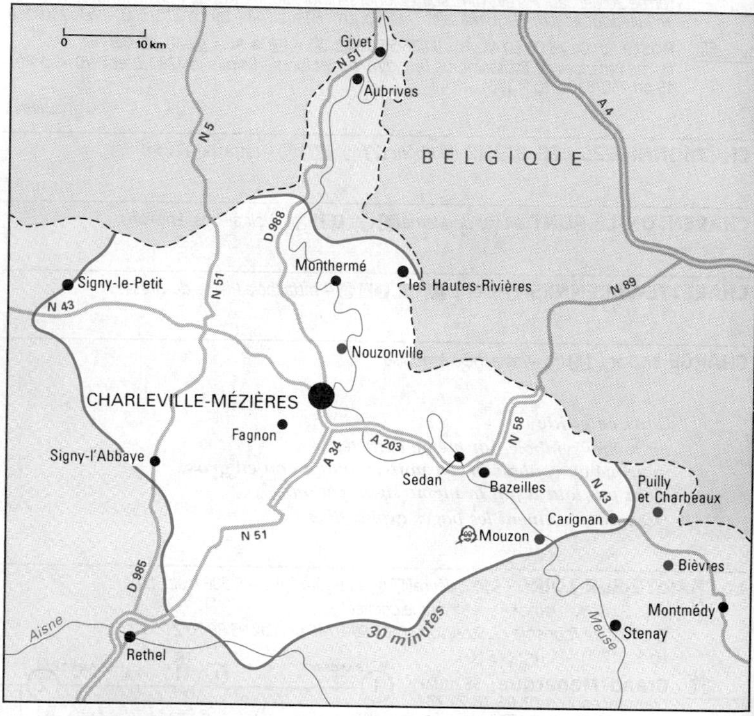

Paris sans rest, 24 av. G. Corneau ✆ 03 24 33 34 38, *Fax 03 24 59 11 21* – AE ◑ GB. — BY n
fermé 24 déc. au 1er janv. – 37 – **28 ch** 240/420

Mont Olympe, r. Pâquis ✆ 03 24 33 43 20, *Fax 03 24 59 93 38,* – AE GB
fermé vacances de Toussaint, de fév. et lundi sauf juil.-août – **Repas** 110/250 ♀, enf. 60 — BX v

Clef des Champs, 33 r. Moulin ✆ 03 24 56 17 50, *Fax 03 24 59 94 07* – . GB
fermé dim. soir et lundi – **Repas** *(95)* - 130/260 ♀ — BX e

Côte à l'Os, 11 cours A. Briand ✆ 03 24 59 20 16, *Fax 03 24 59 48 30,* – . AE GB — BY e
fermé dim. soir – **Repas** 82/195 ♀ - ***Taverne*** (1er étage) *(fermé dim. soir)* **Repas** 80 ♀

Amorini, 46 pl. Ducale ✆ 03 24 37 48 80 – GB — BX a
fermé 1er au 21 août, dim. et lundi – **Repas** carte 110 à 180 ♀

par ② *et rte de Nouzonville : 4 km – ✉ 08090 Montcy-Notre-Dame :*

Auberge de la Forest, ✆ 03 24 33 37 55 – P. GB.
fermé dim. soir et lundi soir – **Repas** *70*/170

à Fagnon *par ⑥, D 139 et D 39 : 8 km – 334 h. alt. 171 – ✉ 08090 :*

Abbaye de Sept Fontaines , ✆ 03 24 37 38 24, *Fax 03 24 37 58 75,* ←, ,
« Ancienne demeure dans un parc, golf » – P – 25. AE ◑ GB
fermé 8 au 14 janv. – **Repas** *145*/350 ♀, enf. 50 – 65 – **23 ch** 460/850 – ½ P 420/460

CHARLEVILLE-MÉZIÈRES

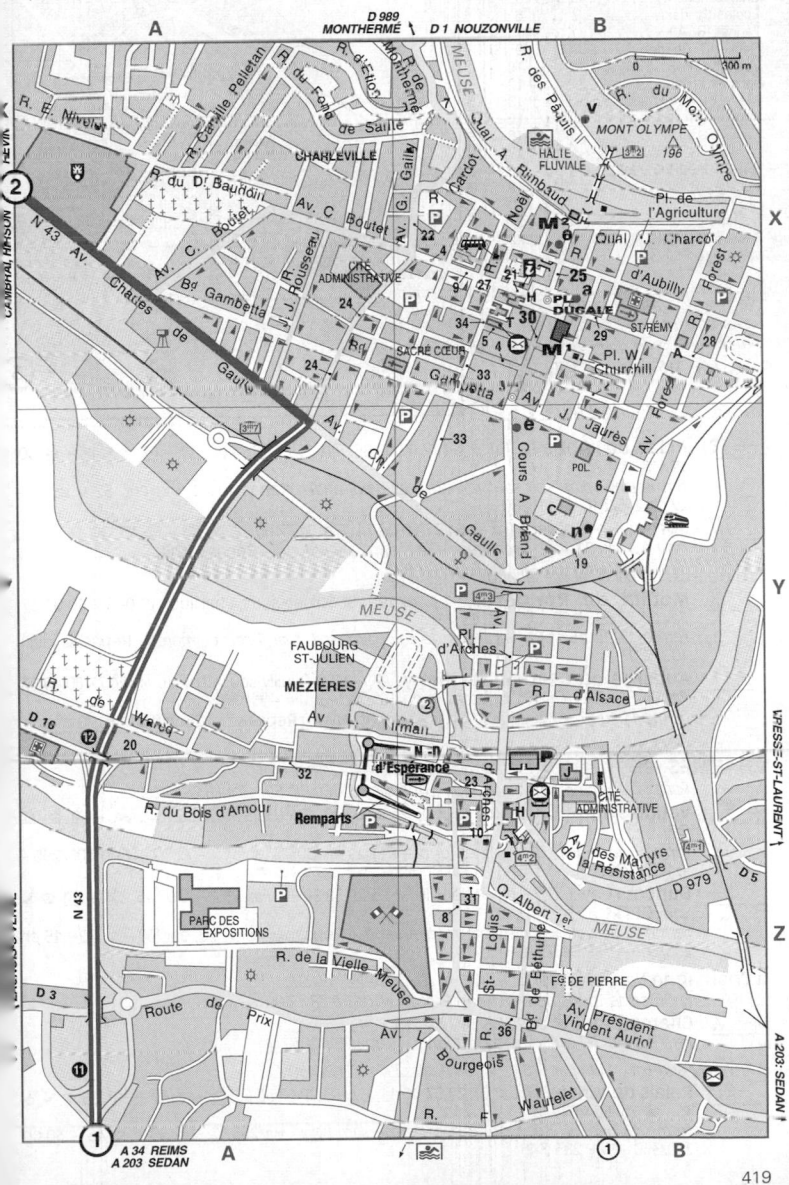

CHARLIEU *42190 Loire* **73** ⑧ *G. Bourgogne– 3 727 h alt. 265.*

Voir *Ancienne abbaye★ : façade★★ – Couvent des Cordeliers★*.

🅱 *Office de Tourisme pl. St-Philibert ℰ 04 77 60 12 42, Fax 04 77 60 16 91.*

Paris 389 ④ *– Roanne 20* ④ *– Mâcon 78* ② *– St-Étienne 105* ④*.*

CHARLIEU

Abbaye (Pl. de l')	2
Chanteloup (R.)	4
Chantemerle (R.)	5
Écoles (R. des)	6
Farinet (R. A.)	7
Gaulle (R. Ch.-de)	9
Grenette (R.)	10
Jacquard (Bd)	12
Merle (R. du)	13
Michon (R.)	15
Morel (R. J.)	16
Moulins (R. des)	17
République (Bd de la)	18
Rouillier (R. C.)	19
St-Philibert (Pl.)	20
Solitude (R. de la)	21
Treuil-Buisson (R. du)	22
Valorge (Bd L.)	23

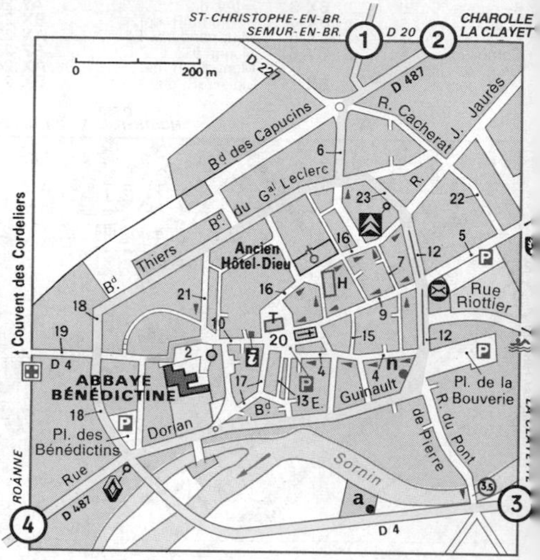

*Ne prenez pas la route
sans connaître
votre temps de parcours.
La carte Michelin n° 911
c'est
"la carte du temps gagné".*

🏨 **Relais de l'Abbaye,** (a) ℰ 04 77 60 00 88, Fax 04 77 60 14 60, 🏤 – 📺 ☎ ❤ 🅿 – 🔬 50.
ᴁᴇ ᴳᴮ
fermé janv., dim. soir sauf juil.-août et lundi midi – **Repas** 106/215 ♉, enf. 52 – 🖵 42 –
27 ch 245/310 – ½ P 280

XX **Sornin,** 6 pl. Bouverie (n) ℰ 04 77 60 03 74, Fax 04 77 60 32 51, 🏤 – 🍽. ᴁᴇ ᴳᴮ
🐌 *fermé 21 au 28 août, vacances de fév., dim. soir et lundi –* **Repas** 78/260 ♉

rte de Pouilly *par* ④ *et rte secondaire : 2,5 km :*

XX **Moulin de Rongefer,** ✉ 42190 St-Nizier-sous-Charlieu ℰ 04 77 60 01 57,
Fax 04 77 60 33 28, 🏤 – 🅿. ᴁᴇ ᴳᴮ
fermé 1ᵉʳ au 15 août, vacances de fév., dim. soir, mardi soir et merc. – **Repas** 85 (déj.),
105/320

X **Auberge du Château de Tigny,** ✉ 42720 Pouilly-sous-Charlieu ℰ 04 77 60 09 55,
Fax 04 77 69 03 93, 🏤, « Demeure du 16ᵉ siècle », 🌳 – 🅿. ᴳᴮ
fermé 11 au 27 sept., 1ᵉʳ au 20 janv., lundi et mardi – **Repas** (73) - 125/210 ♉, enf. 70

CHARMES *88130 Vosges* **62** ⑤ *G. Alsace Lorraine– 4 721 h alt. 282.*

Paris 379 – Épinal 31 – Nancy 43 – Lunéville 35 – St-Dié 59 – Toul 63 – Vittel 41.

XX **Vaudois** avec ch, r. Capucins ℰ 03 29 38 02 40, Fax 03 29 38 01 58, 🏤, 🌳 – 📺 ☎. ᴁᴇ
ᴳᴮ
🐌 *fermé 3 au 16 juil., dim. soir et lundi –* **Repas** 115/305 ♉, enf. 65 – 🖵 42 – **7 ch** 200/295 –
½ P 230/300

XX **Dancourt** avec ch, 6 pl. H. de Ville ℰ 03 29 38 80 80, Fax 03 29 38 09 15, 🏤 – 📺 ☎ ❤
🐌 ᴁᴇ ᴳᴮ
fermé 18 déc. au 17 janv., sam. midi et vend. – **Repas** (80) - 95/315 ♉, enf. 68 – 🖵 40 – **15 ch**
205/305 – ½ P 230/270

à Chamagne *Nord : 4 km par D 9 – 441 h. alt. 265 –* ✉ *88130 :*

🅱 *Office de Tourisme 2 pl. Henri Breton ℰ 03 29 38 17 09.*

X **Chamagnon,** ℰ 03 29 38 14 74 – ᴳᴮ
fermé 15 au 30 juin, dim. soir et lundi – **Repas** 98/225

à Vincey *Sud-Est : 4 km par N 57 – 2 198 h. alt. 297 –* ✉ *88450 :*

🏨 **Relais de Vincey** Ⓜ, ℰ 03 29 67 40 11, Fax 03 29 67 36 66, 🏊, 🌳, ❤✕ 📺 ☎ ❤ ♿
🅿 – 🔬 25. ᴁᴇ ᴳᴮ
fermé 18 déc. au 3 janv. – **Repas** (fermé sam.) (90) - 118/265 ♉, enf. 60 – 🖵 45 – **30 ch**
280/360 – ½ P 285/345

CHARMES-SUR-RHÔNE 07000 Ardèche **77** ⑪ ⑫ – 1 826 h alt. 112.
Paris 572 – Valence 10 – Crest 25 – Montélimar 42 – Privas 30 – St-Péray 11.

XX **Autour d'une Fontaine** M avec ch, ℰ 04 75 60 80 10, Fax 04 75 60 87 47, 佘 – 🗐 TV
🕿 ℰ ♿ 🚗 – 🕍 40. 🕮 ⓞ GB
fermé dim. soir et lundi sauf juil.-août – **Repas** 100/400 ⚏, enf. 60 – 🛏 45 – **16 ch** 220/450

CHARNAY-LÈS-MÂCON 71 S.-et-L. **69** ⑲ – rattaché à Mâcon.

CHAROLLES ◁▷ 71120 S.-et-L. **69** ⑰ ⑱ G. Bourgogne – 3 048 h alt. 279.
🖪 Office de Tourisme Couvent des Clarisses, r. Baudinot ℰ 03 85 24 05 95, Fax 03 85 24 05 95.
Paris 367 – Mâcon 54 – Autun 75 – Chalon-sur-Saône 65 – Moulins 81 – Roanne 61.

🏠 **Moderne,** av. J. Furtin ℰ 03 85 24 07 02, Fax 03 85 24 05 21, 🍴, 🛲 – TV 🕿 🚗, 🕮 GB
fermé 26 déc. au 1er fév., mardi midi, dim. soir et lundi sauf du 14 juil. au 15 août – **Repas** 110/300 ⚏ – 🛏 50 – **17 ch** 350/550 – ½ P 360/460

XXX **Poste** avec ch, av. Libération (près église) ℰ 03 85 24 11 32, Fax 03 85 24 05 74, 佘,
« Terrasse fleurie » – TV 🕿 ℰ 🚗, 🕮 GB
fermé 15 nov. au 1er déc., dim. soir et lundi – **Repas** 130/400 et carte 220 à 380 ⚏, enf. 80 –
🛏 45 – **11 ch** 360/500

au Sud-Ouest par D 985 et D 270 : 11 km – ✉ 71120 Changy :

X **Chidhouarn,** ℰ 03 85 88 32 07, Fax 03 85 24 06 21, 🍴, 🛲 – 🅿. 🕮 ⓞ GB
fermé 1er au 15 sept., 20 janv. au 12 fév., mardi de nov. à mars et lundi – **Repas** 80/260,
enf. 50

CHAROST 18290 Cher **68** ⑩ G. Berry Limousin – 1 134 h alt. 137.
Paris 246 – Bourges 27 – Châteauroux 40 – Dun-sur-Auron 43 – Issoudun 11 – Vierzon 30.

à Brouillamnon Nord-Est : 3 km par N 151 et D 16E – ✉ 18290 Plou :

XX **L'Orée du Bois,** ℰ 02 48 26 21 40, Fax 02 48 26 27 81, 佘, 🛲 – 🅿. GB. 🛠
fermé 30 juil. au 13 août, 28 janv. au 11 fév., dim. soir et lundi – **Repas** 80/190 ⚏, enf. 75

CHARQUEMONT 25140 Doubs **66** ⑲ – 2 205 h alt. 864.
Paris 480 – Besançon 75 – Basel 100 – Belfort 68 – Montbéliard 48 – Pontarlier 61.

🏠 **Haut Doubs Hôtel,** ℰ 03 81 44 00 20, Fax 03 81 44 09 18, 🍴, 🛲 – TV 🕿 🅿. GB
fermé 1er au 15 nov., dim. soir et lundi sauf vacances scolaires – **Repas** 65 (déj.), 100/200 ⚏,
enf. 48 – 🛏 30 – **30 ch** 200/250 – ½ P 260

XX **Au Bois de la Biche** 🌲 avec ch, Sud-Est : 4,5 km par D 10E et rte secondaire
ℰ 03 81 44 01 82, Fax 03 81 68 65 09, ≤, 佘, 🛲 – TV 🕿 🅿. GB
fermé 2 janv. au 1er fév. et lundi sauf juil.-août – **Repas** 95/210 ⚏, enf. 48 – 🛏 36 – **3 ch**
210/220 – ½ P 250

CHARROUX 03140 Allier **73** ④ G. Auvergne – 324 h alt. 420.
Paris 379 – Clermont-Ferrand 60 – Moulins 51 – Montluçon 66 – Vichy 33.

XX **Ferme St-Sébastien,** ℰ 04 70 56 88 83, Fax 04 70 56 86 66 – 🅿. GB
fermé 19 au 27 juin, 25 sept. au 3 oct., 10 janv. au 10 fév., lundi soir et mardi sauf juil.-août –
Repas (prévenir) (95) - 130/280 ⚏, enf. 60

Write us...

If you have any comments on the contents of this Guide.

Your praise as well as your criticisms will receive careful consideration and, with your assistance, we will be able to add to our stock of information and, where necessary, amend our judgments.

Thank you in advance!

CHARTRES P 28000 E.-et-L. 60 ⑦ ⑧, 106 ㊲ G. Ile de France – 39 595 h alt. 142
Grand pèlerinage des étudiants (fin avril-début mai).

Voir *Cathédrale Notre-Dame★★★ – Vieux Chartres★ – ≼★ sur l'église
St-André, des bords de l'Eure – ≼★ du Monument des Aviateurs militaires K – Musée des
Beaux-Arts : émaux★ Y M² – C.O.M.P.A.★ (Conservatoire du Machinisme agricole et des
Pratiques Agricoles) 2 km par D24.*

🏢 *Office de Tourisme pl. Cathédrale ☎ 02 37 21 50 00, Fax 02 37 21 51 91.*
Paris 89 ② – Évreux 78 ① – Le Mans 115 ④ – Orléans 77 ③ – Tours 142 ④.

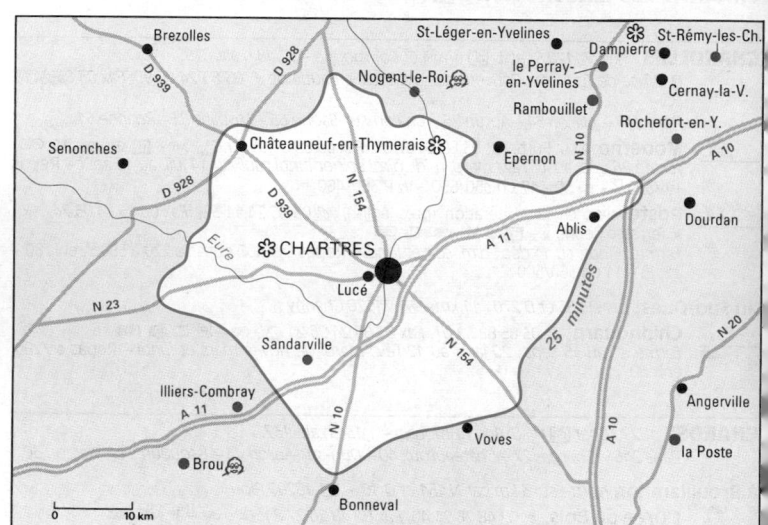

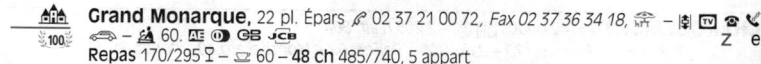

🏛️ ⬜100	**Grand Monarque**, 22 pl. Épars ☎ 02 37 21 00 72, Fax 02 37 36 34 18, 🍽 – 🛗 📺 ☎ ✆ ⚑ – 🅰 60. 🅰🅴 ⓪ 🆖 🅹🅲🅱 **Z e** **Repas** 170/295 ⵏ – ⵏ 60 – **48 ch** 485/740, 5 appart	
🏠	**Ibis Centre** Ⓜ, 14 pl. Drouaise ☎ 02 37 36 06 36, Fax 02 37 36 17 20, 🍽 – 🛗 ✑ ▤ 📺 ☎ ✆ & ⚑ Ⓟ – 🅰 30. 🅰🅴 ⓪ 🆖 **X b** **Repas** (75) - 95 ⵏ, enf. 39 – ⵏ 35 – **79 ch** 330/360	
🍴🍴🍴 ✿	**Truie qui File** (Choukroun), pl. Poissonnerie ☎ 02 37 21 53 90, Fax 02 37 36 62 65, « Maison du 15ᵉ siècle » – ▤. 🅰🅴 ⓪ 🆖 **Y r** *fermé août, dim. soir et lundi* – **Repas** 200/420 et carte 380 à 450 ⵏ, enf. 90 **Spéc.** Foie gras poêlé aux épices. Queue de boeuf confite au vin de Loire. Grand dessert "autour du chocolat".	
🍴🍴🍴	**Vieille Maison**, 5 r. au Lait ☎ 02 37 34 10 67, Fax 02 37 91 12 41 – 🅰🅴 🆖 **Y s** *fermé dim. soir et lundi* – **Repas** 168/380	
🍴🍴	**Moulin de Ponceau**, 21 r. Tannerie ☎ 02 37 35 30 05, Fax 02 37 35 30 12, 🍽 – 🆖 **Y a** *fermé sam. midi et dim. soir* – **Repas** (98) - 128 bc (déj.), 145/250 ⵏ	
🍴🍴	**St-Hilaire**, 11 r. Pont-St-Hilaire ☎ 02 37 30 97 57, Fax 02 37 30 97 57 – 🆖 **YZ t** *fermé 31 juil. au 13 août, 24 déc. au 1ᵉʳ janv., sam. midi et dim.* – **Repas** (nombre de couverts limité, prévenir) 98/245 ⵏ, enf. 50	
🍴	**Dix de Pythagore**, 2 r. Porte Cendreuse ☎ 02 37 36 02 38, Fax 02 37 36 65 55 – ▤. 🅰🅴 🆖 **Y d** *fermé 15 juil. au 1ᵉʳ août, lundi et mardi* – **Repas** (80) - 92/300 ⵏ	

par ② *et N 10 : 4 km –* ⊠ *28000 Chartres :*

🏛️	**Novotel** Ⓜ, av. Marcel Proust ☎ 02 37 88 13 50, Fax 02 37 30 29 56, 🍽 , 🌊 , 🎾 – 🛗 ✑ ▤ rest, 📺 ☎ ✆ & Ⓟ – 🅰 100. 🅰🅴 ⓪ 🆖 **Repas** (90) - carte 140 à 220 ⵏ, enf. 55 – ⵏ 59 – **78 ch** 455/530	
🏠	**Campanile**, parc des Propylées ☎ 02 37 90 76 00, Fax 02 37 90 84 40, 🍽 – ✑ 📺 ☎ ✆ & Ⓟ – 🅰 25. 🅰🅴 🆖 **Repas** (75) - 88/165 ⵏ, enf. 39 – ⵏ 36 – **48 ch** 325	

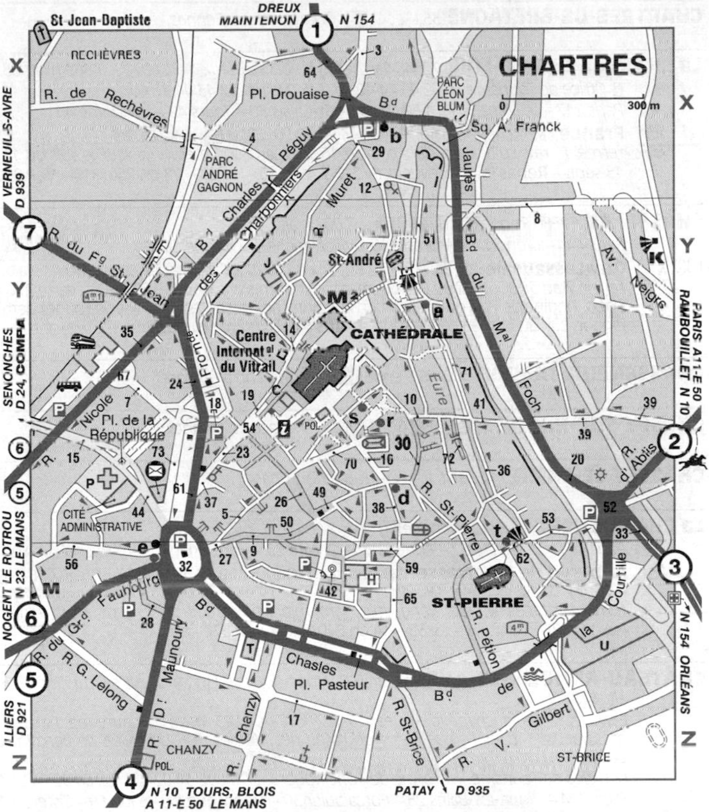

Aligre (Av. d') .... X 3
Alsace-Lorraine (Av. d').. X 4
Ballay (R. Noël).......... Y 5
Beauce (Av. Jehan-de) .. Y 7
Bethouart (Av.)........... Y 8
Bois-Merrain (R. du) ..... Y 9
Bourg (R. du) .... Y 10
Brèche (R. de la) .... X 12
Cardinal-Pie (R. du) ..... Y 14
Casanova
(R. Danièle) .... Y 15
Changes (R. des) .... Y 16
Châteaudun (R. de) ...... Z 17
Châtelet (Pl.) .... Y 18
Cheval-Blanc (R. du) .... Y 19
Clemenceau (Bd) .... Y 20
Collin-d'Harleville (R.) ... Y 23
Couronne (R. de la)...... Y 24
Cygne (Pl. du)........... Y 26
Delacroix (R. Jacques)... Z 27
Dr-Gibert (R. du)......... Z 28
Drouaise (R. Porte) ...... X 29
Écuyers (R. des)......... Y 30
Épars (Pl. des)........... Z 32
Faubourg La Grappe
(R. du) .... Y 33
Félibien (R.)............. Y 35
Foulerie (R. de la) .... Y 36
Gaulle (Pl. Gén.-de) ..... Y 37
Grenets (R. des)......... Y 38
Guillaume (R. du Fg) .... Y 39
Guillaume (R. Porte) ..... Y 41
Halles (Pl. des) .... Z 42
Koenig (R. du Gén.)...... Y 44
Marceau (Pl.)............ Y 49
Marceau (R.) .... Y 50
Massacre (R. du) .... Y 51
Morard (Pl.) .... Y 52
Morard (R. de la Porte).. Y 53
Moulin (Pl. Jean) .... Y 54
Péri (R. Gabriel) .... Z 56
Poêle-Percée (R. de la).. Z 59
Résistance (Bd de la) ... Y 61
St-Hilaire (R. du Pont) ... Z 62
St-Maurice (R.) .... X 64
St-Michel (R.) .... Z 65
Semard (Pl. Pierre)...... Y 67
Soleil-d'Or (R. du)....... Y 70
Tannerie (R. de la) ...... Y 71
Teinturiers (Q. des) ..... Y 72
Viollette (Bd Maurice) ... Y 73

Z.A. de Barjouville *par ④ : 4 km – ✉ 28630 Barjouville :*

Climat de France, ✆ 02 37 35 35 55, *Fax 02 37 34 72 12,* – ⇹ TV ☎ ✆ ♿ P – 40. AE ⓓ GB
Repas *(fermé dim. soir du 15 oct. au 15 mars) (98)* - 138/150 ♀, enf. 39 – ☕ 39 – **52 ch** 305/360 – ½ P 291/331

à Lucé *par ⑥ et N 23 : 4 km – 18 796 h. alt. 158 – ✉ 28110 :*

Ibis, impasse Périgord ✆ 02 37 35 76 00, *Fax 02 37 30 01 49* – ⇹ TV ☎ ♿ P – 60. AE ⓓ GB
Repas *(75)* - 95 ♀, enf. 39 – ☕ 35 – **74 ch** 295/320

CHARTRES-DE-BRETAGNE 35 I.-et-V. **63** ⑥ – rattaché à Rennes.

La CHARTRE-SUR-LE-LOIR 72340 Sarthe **64** ④ G. Châteaux de la Loire – 1 669 h alt. 55.

🛈 Office de Tourisme ℘ 02 43 44 40 04, Fax (Mairie) 02 43 44 27 40.
Paris 217 – Le Mans 50 – La Flèche 57 – St-Calais 30 – Tours 42 – Vendôme 44.

🏨 **France**, ℘ 02 43 44 40 16, Fax 02 43 79 62 20, 🍽 – 🔟 🕿 📞 🅿 ⬛⬛
fermé 1ᵉʳ fév. au 5 mars, dim. soir du 15 sept. au 30 juin et lundi sauf le soir du 1ᵉʳ juil. au 15 sept. – **Repas** (dim. prévenir) 75/210 ⚏, enf. 50 – ⊠ 37 – **28 ch** 250/310 – ½ P 230/260

CHASSELAY 69380 Rhône **73** ⑩, **110** ⑬ – 2 002 h alt. 220.

Paris 444 – Lyon 21 – L'Arbresle 15 – Villefranche-sur-Saône 16.

XXXX **Guy Lassausaie**, ℘ 04 78 47 62 59, Fax 04 78 47 06 19 – ⬛ 🅿. ⬛⬛ ⓪ ⬛⬛
🏵 fermé 7 au 31 août, 12 au 22 fév., mardi soir et merc. – **Repas** 190/390 et carte 270 à 360
Spéc. Dodine de foie gras de canard aux pommes et sauternes. Filet de rouget demi-deuil. Pigeon cuit au foin en cocotte lutée. **Vins** Saint-Véran, Fleurie.

CHASSENEUIL-DU-POITOU 86 Vienne **68** ⑭ – rattaché à Poitiers.

CHASSE-SUR-RHÔNE 38 Isère **74** ⑪, **110** ㉞ – rattaché à Vienne.

CHASSEY-LE-CAMP 71 S.-et-L. **69** ⑨ – rattaché à Chagny.

La CHATAIGNERAIE 85120 Vendée **67** ⑯ – 2 904 h alt. 155.

Paris 401 – Bressuire 32 – Fontenay-le-Comte 23 – Parthenay 42 – La Roche-sur-Yon 59.

🏨 **Auberge de la Terrasse**, r. Beauregard ℘ 02 51 69 68 68, Fax 02 51 52 67 96 – 🔟 🕿 📞
– 🍴 40. ⬛⬛ ⓪ ⬛⬛ 🄹🄲🄱, 🍽 rest
fermé vacances de Noël, vend. soir , sam. midi et dim. soir du 15 sept. au 1ᵉʳ juin – **Repas**
(60) - 98/178 ⚏, enf. 45 – ⊠ 35 – **14 ch** 240/340 – ½ P 270

CHÂTEAU-ARNOUX-ST-AUBAN 04160 Alpes-de-H.-P. **81** ⑯ G. Alpes du Sud – 5 109 h
alt. 440.

Env. 🌤★ de la chapelle St-Jean S : 2 km puis 15 mn – Prieuré de Ganagobie★ : mosaïques★★ dans l'église, ≤★★ de l'allée des Moines, ≤★ de l'allée de Forcalquier SO : 20 km.

🛈 Office de Tourisme "La Ferme de Font-Robert" ℘ 04 92 64 02 64, Fax 04 92 64 54 55.
Paris 724 – Digne-les-Bains 25 – Forcalquier 30 – Manosque 41 – Sault 69 – Sisteron 14.

🏰 **Bonne Étape** (Gleize) 🐚, Chemin du lac ℘ 04 92 64 00 09, Fax 04 92 64 37 36, « Bel
🏵 aménagement intérieur », 🏊, 🌳 – ⬛ 🔟 🕿 🅿 – 🍴 25 à 50. ⬛⬛ ⓪ ⬛⬛ 🄹🄲🄱
fermé 27 nov. au 12 déc., 3 janv. au 12 fév. et lundi du 1ᵉʳ nov. au 31 mars – **Repas** (fermé
mardi du 1ᵉʳ nov. au 31 mars) 225/595 bc ⚏, enf. 125 – **Au Goût du Jour** ℘ 04 92 64 48 48
(fermé mardi midi du 1ᵉʳ nov. au 31 mars) **Repas** (85)-130 🍸, enf. 65 – ⊠ 90 – **11 ch**
600/1300, 7 appart – ½ P 1020/1320
Spéc. Thon habillé d'anchois frais marinés (avril à oct.). Filet d'agneau poêlé au parfum des
collines. Crème glacée au miel de lavande. **Vins** Palette, Vacqueyras.

XXX **L'Oustaou de la Foun,** Nord : 1,5 km sur N 85 ℘ 04 92 62 65 30, Fax 04 92 62 65 32 –
🅿. ⬛⬛ ⓪ ⬛⬛
fermé 2 au 8 janv., dim. soir et lundi – **Repas** (95) - 120/288 ⚏, enf. 68

XX **Magnanerie** avec ch, sur rte Sisteron, N 85 : 2 km ℘ 04 92 62 60 11, Fax 04 92 62 60 11,
🌇 – 🔟 🕿 🅿. ⬛⬛
fermé 20 déc. au 20 janv. – **Repas** (fermé dim. soir sauf juil.-août et lundi) 100/250, enf. 50 –
⊠ 60 – **9 ch** 250/500

à St-Auban Sud-Ouest : 3,5 km par N 96 – ⊠ 04600 :
Voir Site★ de Montfort S : 2 km.

🏨 **Villiard** sans rest, ℘ 04 92 64 17 42, Fax 04 92 64 23 29, 🌳 – 🔟 🕿 🅿 – 🍴 25. ⬛⬛
fermé 20 déc. au 7 janv. et sam. d'oct. à mars – ⊠ 45 – **20 ch** 260/395

Ne confondez pas :

Confort des hôtels	: 🏨🏨🏨 ... 🏠, 🏠
Confort des restaurants	: XXXXX ... X
Qualité de la table	: 🏵🏵🏵, 🏵🏵, 🏵, 🏵

CHÂTEAU-BERNARD *38650 Isère* 📗 ⑭ – *134 h alt. 850.*
  Paris 602 – Grenoble 35 – Monestier-de-Clermont 12.

au col de l'Arzelier *Nord : 4 km – ⊠ 38650 Monestier-de-Clermont :*
  Voir Site★ de Prélenfrey N : 4 km, G. Alpes du Nord.

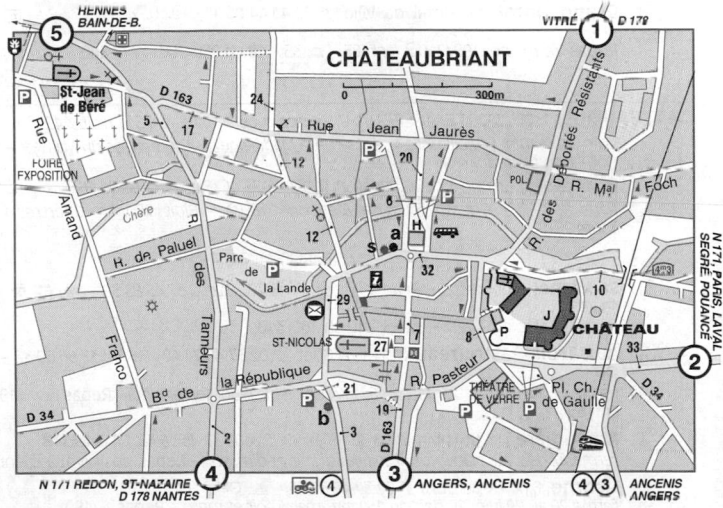
  Deux Soeurs 🦢, ☎ 04 76 72 37 68, Fax 04 76 72 20 25, ≼, 🌴, ⊥ – 🛎 🔲 ☎ ⌇ 🄿 –
  🏊 25. 🄶🄱
  fermé 18 sept. au 14 oct., lundi soir et mardi sauf vacances scolaires – **Repas** 75/185,
  enf. 50 – ⊡ 32 – **24 ch** 185/220 – ½ P 260

CHÂTEAUBOURG *35220 I.-et-V.* 📙 ⑰ ⑱ – *4 056 h alt. 50.*
  Paris 328 – Rennes 23 – Angers 113 – Châteaubriant 52 – Fougères 43 – Laval 57.

  Ar Milin' 🦢, ☎ 02 99 00 30 91, Fax 02 99 00 37 56, 🌴, « Ancien moulin dans un parc au
  bord de la Vilaine », 🎾 – 🛎 🔲 ☎ ≼ 🄿 – 🏊 50. 🄰🄴 ① 🄶🄱
  fermé 22 déc. au 3 janv. – **Repas** *(fermé dim. de nov. à fév.)* 120/210 🕎, enf. 66 – ⊡ 50 –
  31 ch 400/600 – ½ P 375/450

à St-Didier *Est : 6 km par D 33 – 1 055 h. alt. 49 – ⊠ 35220 Chateaubourg :*

  Pen'Roc 🦢, à La Peinière par D 105 ☎ 02 99 00 33 02, Fax 02 99 62 30 89, 🌴, ㇔, ⊥, 🌿
  – 🛋, 🍽 rest, 🔲 ☎ ≼ ⅙ 🄿 – 🏊 50. 🄰🄴 ① 🄶🄱
  fermé 25 déc. au 5 janv. et vacances de fév. – **Repas** *(fermé vend. soir, dim. soir et lundi
  hors saison)* 110/350 🕎 – ⊡ 50 – **31 ch** 410/560 – ½ P 410/455

Dans ce guide

un même symbole, un même caractère,
*imprimé en couleur ou en **noir**, en maigre ou en **gras**,*
n'ont pas tout à fait la même signification.
Lisez attentivement les pages explicatives.

CHÂTEAUBRIANT ⬅️ *44110 Loire-Atl.* 📗 ⑦ ⑧ *G. Bretagne* – *12 783 h alt. 70.*
  Voir *Château★.*
  🄸 *Office de Tourisme 22 r. de Couéré ☎ 02 40 28 20 90, Fax 02 40 28 06 02.*
  Paris 355 ① – Angers 74 ③ – Laval 66 ② – Nantes 62 ④ – Rennes 62 ⑤.

🏨 **Châteaubriant** sans rest, 30 r. 11-Novembre **(a)** ☎ 02 40 28 14 14, *Fax 02 40 28 26 49* – 🛗 📺 ☎ 📞 🅿 – 🏄 30. 🖭 ⓞ 🍽
☑ 35 – **37 ch** 200/500

🍴🍴🍴 **Auberge Bretonne** avec ch, 23 pl. Motte **(b)** ☎ 02 40 81 03 05, *Fax 02 40 28 37 51* – 📺
☎. ⓞ 🍽
fermé dim. soir d'oct. à mars – **Repas** 78 bc/285 – ☑ 38 – **8 ch** 180/380 – ½ P 200

🍴🍴🍴 **Poêlon d'Or,** 30 bis r. 11-Novembre **(s)** ☎ 02 40 81 43 33, *Fax 02 40 81 43 33* –
fermé 1er au 21 août, vacances de fév., dim. soir et lundi – **Repas** 100/265 et carte 290 à 390

CHÂTEAU D'OLÉRON 17 Char.-Mar. 🗗 ⑬ ⑭ – *voir à Oléron (Ile d').*

CHÂTEAUDOUBLE 83300 Var 🗗 ⑦ G. Côte d'Azur – *322 h alt. 540.*
Voir ≤★ *de la tour "sarrasine" – Gorges de Châteaudouble★.*
Paris 879 – Castellane 49 – Draguignan 13 – Fréjus 43 – Toulon 100.

🍴🍴 **Château,** ☎ 04 94 70 90 05, *Fax 04 94 70 90 05*, 😃 – 🖭 🍽
fermé 5 au 11 juin, 23 au 29 oct., 15 au 28 janv., le midi sauf dim., merc. sauf juil.-août et mardi – **Repas** 160/250, enf. 85

When looking for a hotel or restaurant use the most efficient method.
*Look for the names of towns **underlined in red***
*on the **Michelin maps** scale: 1:200 000.*
But make sure you have an up-to-date map!

CHÂTEAU-DU-LOIR 72500 Sarthe 🗗 ④ – *5 473 h alt. 50.*
🛈 *Office de Tourisme Parc H. Goude 2 av. Jean-Jaurès* ☎ 02 43 44 56 68, *Fax 02 43 44 56 68.*
Paris 235 – Le Mans 42 – La Flèche 42 – Langeais 47 – Tours 41 – Vendôme 60.

🏨 **Grand Hôtel,** pl. Hôtel de Ville ☎ 02 43 44 00 17, *Fax 02 43 44 37 58* – 📺 ☎. 🖭
💯 🍽
Repas *(fermé nov.)* 99/210 ♀, enf. 65 – ☑ 35 – **18 ch** 250/280 – ½ P 300

CHÂTEAUDUN ◁▷ 28200 E.-et-L. 🗗 ⑰ G. Châteaux de la Loire – *14 511 h alt. 140.*
Voir *Château★★ – Vieille ville★ : église de la Madeleine★ – Promenade du Mail ≤★ – Musée : Collection d'oiseaux★* M.
🛈 *Office de Tourisme 1 r. de Luynes* ☎ 02 37 45 22 46, *Fax 02 37 66 00 16.*
Paris 132 ① – Orléans 51 ② – Alençon 118 ⑤ – Blois 58 ③ – Chartres 45 ① – Tours 98 ③.

Plan page ci-contre

🏨 **St-Michel** sans rest, 5 r. Péan ☎ 02 37 45 15 70, *Fax 02 37 45 83 39* – ⅙✲ 📺 ☎ ⟷. 🖭
ⓞ 🍽   A   a
fermé 22 déc. au 7 janv. – ☑ 35 – **19 ch** 160/310

🍴🍴 **Aux Trois Pastoureaux,** 31 r. A Gillet ☎ 02 37 45 74 40, *Fax 02 37 66 00 32* – 🖭 ⓞ
🍽   A   s
fermé 1er au 12 août, 23 déc. au 6 janv., dim. soir, jeudi soir et lundi – **Repas** *(90)* - 119/335 ♀,
enf. 65

🍴 **Arnaudière,** 4 r. St-Lubin ☎ 03 37 45 98 98, *Fax 02 37 45 96 48*, 😃 – 🖭 🍽   A   r
fermé 22 déc. au 2 janv., lundi soir, jeudi soir et dim. soir – **Repas** *(85)* - 109/159 ♀, enf. 60

🍴 **Licorne,** 6 pl. 18-Octobre ☎ 02 37 45 32 32 – ▤. 🍽   A   e
fermé 20 au 29 juin, 20 déc. au 15 janv., mardi soir et merc. – **Repas** 70/180

à Marboué *par① sur N 10 : 5 km* – *1 052 h. alt. 113* – ✉ 28200 :

🍴 **Toque Blanche,** ☎ 02 37 45 12 14, *Fax 02 37 45 12 14* – ▤. 🖭 🍽
fermé fév., mardi soir et merc. – **Repas** 105/220 ♀

CHÂTEAUDUN

Cap-de-la-Madeleine (Pl.) .... A 3
Château (R. du) .... A 4
Cuirasserie (Rue de la) .... A 5
Dunois (Pl. J.-de) .... A 6
Gambetta (R.) .... AB
Guichet (R.du) .... A 7
Huileries (R. des) .... A 8
Luynes (R. de) .... A 10
Lyautey (R. Mar.) .... A 12
Porte d'Abas (R. de la) .... A 14
République (R.) .... AB
St-Lubin (R.) .... A 18
St-Médard (R.) .... A 19
10 Octobre (Pl. du) .... A 21

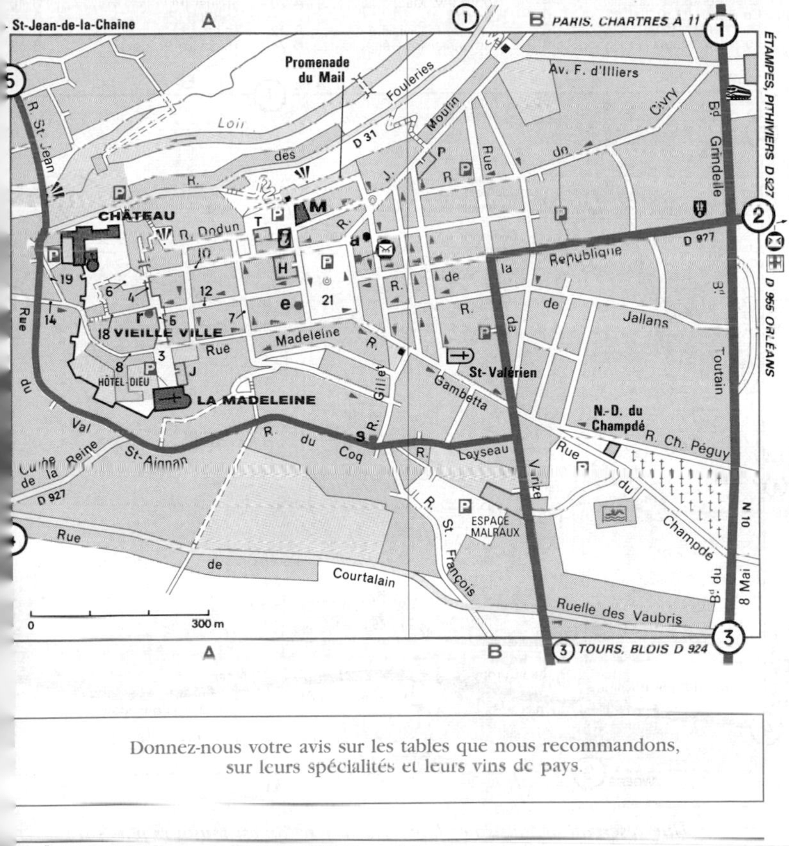

Donnez-nous votre avis sur les tables que nous recommandons, sur leurs spécialités et leurs vins de pays.

CHÂTEAUFORT *78 Yvelines* 60 ⑩, 101 ㉒ – *voir à Paris, Environs.*

CHÂTEAU-GONTIER SP *53200 Mayenne* 63 ⑩ *G. Châteaux de la Loire – 11 085 h alt. 33.*

Voir *Intérieur*★ *de l'église St-Jean-Baptiste.*

🅸 *Office de Tourisme Péniche L'Elan q. Alsace ☎ 02 43 70 42 74, Fax 02 43 70 95 52.*

Paris 279 ② – Angers 49 ③ – Châteaubriant 56 ⑤ – Laval 30 ① – Le Mans 85 ②.

Plan page suivante

Jardin des Arts ⑤, 5 r. A. Cahour ☎ 02 43 70 12 12, *Fax 02 43 70 12 07*, ≤, 🏞, « Jardin dominant la Mayenne », 🛋 – TV ☎ 📞 P – 🏛 30. GB — A e

fermé 28 juil. au 13 août et 24 au 31 déc. – **Repas** *(fermé dim.)* (dîner seul.) 125/330 🍷 – ☕ 60 – **20 ch** 330/470 – ½ P 323/405

Auberge du Prieuré, à Azé, Sud-Est : 2 km par D 22, près Église ☎ 02 43 70 31 16, *Fax 02 43 70 31 16*, ≤, 🏞, 🛋 – GB

fermé fév. et lundi – **Repas** 82 (déj.), 112/212

L'Aquarelle, Sud (rte de Ménil) par D 267 : 1 km ☎ 02 43 70 15 44, *Fax 02 43 07 88 67*, ≤, 🏞 – ▤ P. GB

fermé 22 au 29 sept., 16 au 31 janv., dim. soir et lundi – **Repas** 85/205 🍷, enf. 52

CHÂTEAU-GONTIER

Alsace-Lorraine (Quai et R. d') . . . B 2
Anjou (R. René d') . . . A
Bourg-Roussel (R. du) . . . A 5
Chevreul (R.) . . . A
Coubertin (Q. P. de) . . . B 7
Doumer (Pl. Paul) . . . A
Foch (Av. Mar.) . . . B 9
Fouassier (R.) . . . A 10
Français-Libres (Rond-Point des) . . . A 12
Gambetta (R.) . . . A 14
Garnier (R.) . . . A
Gaulle (Quai Ch. de) . . . B 15
Homo (R. René) . . . A 18
Joffre (Av. Mar.) . . . A 20
Leclerc (R. de la Division) . . . A 22
Lemonnier (R. Gén.) . . . B 24
Lierru (R. de) . . . B 25
Olivet (R. d') . . . A 29
Pasteur (Quai) . . . B 31
Pilori (Pl. du) . . . A 33
Razilly (Av. de) . . . A
République (Pl. de la) . . . A 36
St-Jean (Pl.) . . . A 39
St-Just (Pl.) . . . B 40
St-Rémi (Pl.) . . . A
Thiers (R.) . . . B
Thionville (R. de) . . . B 45

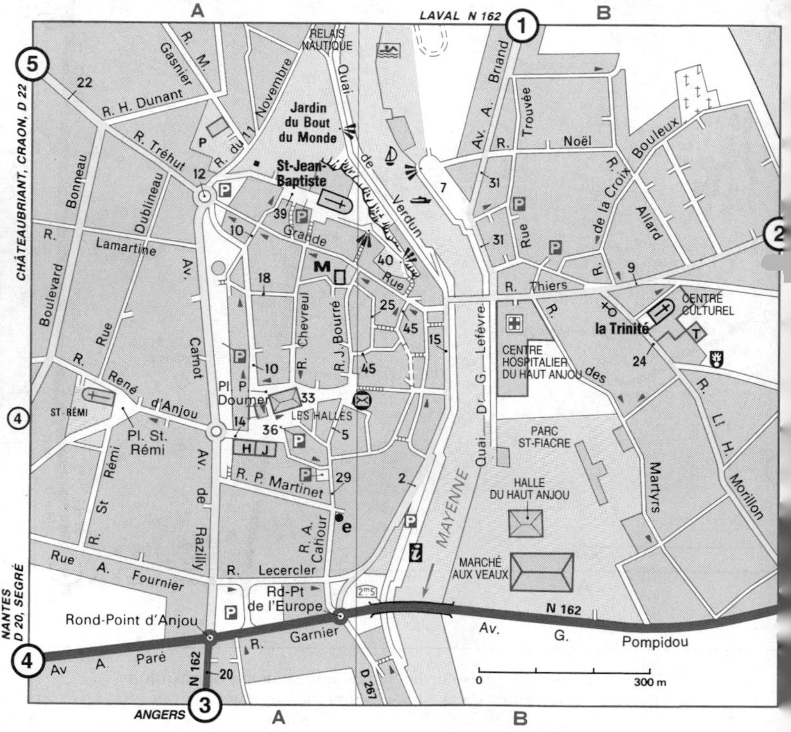

Une réservation confirmée par écrit ou par fax est toujours plus sûre.

CHÂTEAUMEILLANT *18370 Cher* 68 ⑳ *G. Berry Limousin – 2 081 h alt. 247.*
Voir *Choeur★ de l'église St-Genès.*
Office de Tourisme r. de la Victoire ✆ 02 48 61 39 89, Fax 02 48 61 39 89.
Paris 305 – Argenton-sur-Creuse 58 – Châteauroux 54 – La Châtre 19 – Guéret 60.

Piet à Terre (Finet) avec ch, ✆ 02 48 61 41 74, *Fax 02 48 61 41 88,* « Intérieur soigné » – TV ☎. GB.
fermé 2 au 5 sept., 24 janv. au 5 mars, mardi midi, dim. soir et lundi – **Repas** (nombre de couverts limité, prévenir) 98/340 et carte 280 à 420 ♀, enf. 60 – ☕ 40 – **7 ch** 280/390 – ½ P 650/760
Spéc. Foie gras chaud et grillons de tête de veau. Pigeon cuit sur le foin sur salmis à la truffe. Moelleux au chocolat. **Vins** Châteaumeillant, Reuilly.

CHÂTEAUNEUF *21320 Côte-d'Or* 65 ⑲ *G. Bourgogne – 63 h alt. 475.*
Voir *Site★ du village★ – Château★.*
Paris 278 – Beaune 35 – Dijon 43 – Avallon 73 – Montbard 67.

Hostellerie du Château , ✆ *03 80 49 22 00, Fax 03 80 49 21 27,* ←, – ☎ ♿. AE GB
fermé 22 nov. au 10 fév., lundi et mardi sauf juil.-août – **Repas** 140/220 ♀, enf. 50 – ☕ 50 – **17 ch** 270/430 – ½ P 310/390

CHÂTEAUNEUF 71 S.-et-L. 🔲 ⑧ – rattaché à Chauffailles.

CHÂTEAUNEUF-DE-GALAURE 26330 Drôme 🔲 ② 1 246 h alt. 253.

Paris 536 – Valence 41 – Beaurepaire 19 – Romans-sur-Isère 27 – Tournon-sur-Rhône 30.

XX **Yves Leydier**, 🕽 04 75 68 68 02, Fax 04 75 68 66 19, ☞, « Jardin fleuri et terrasse ombragée », 🚗 – **GB**

fermé 1ᵉʳ au 8 janv., 6 fév. au 7 mars, mardi soir et merc. – **Repas** 120/280 ♀, enf. 70

CHÂTEAUNEUF-DU-FAOU 29520 Finistère 🔲 ⑯ G. Bretagne – 3 777 h alt. 130.

Voir Domaine de Trévarez★ S : 6 km.

🅱 Office de Tourisme pl. Arsegal 🕽 02 98 81 83 90.

Paris 528 – Quimper 37 – Brest 64 – Carhaix-Plouguer 23 – Châteaulin 23 – Morlaix 50.

🏠 **Relais de Cornouaille**, rte Carhaix 🕽 02 98 81 75 36, Fax 02 98 81 81 32 – 🚿 📺 ☎ ❦ ♨
🍴 🅿, 🔥 30. **GB**. ❀ ch

fermé oct., dim. soir et sam. (sauf hôtel de Pâques à oct.) – **Repas** (50) -75/200 ♀, enf. 50 –
☎ 38 – **30 ch** 230/300 – ½ P 255/275

CHÂTEAUNEUF-DU-PAPE 84230 Vaucluse 🔲 ⑫ G. Provence – 2 062 h alt. 87.

Voir ≤★★ du château des Papes.

🅱 Office de Tourisme pl. Portail 🕽 04 90 83 71 08, Fax 04 90 83 50 34.

Paris 671 – Avignon 18 – Alès 81 – Carpentras 24 – Orange 13 – Roquemaure 10.

XXX **Hostellerie Château des Fines Roches** ⤢ avec ch, rte Sorgues et voie privée : 3 km
🕽 04 90 83 70 23, Fax 04 90 83 78 42, ≤ les vignes, ☞, « Dans un domaine viticole » – 🔲
📺 ☎ ❦ 🅿, 🅰🅴 **GB**. ❀

fermé 14 au 30 nov., dim. soir d'oct. à avril et lundi – **Repas** 175 (déj.) 270/340 et carte 320 à
430 ♀, enf. 110 – ☎ 80 – **6 ch** 850/1100 – ½ P 760/885

X **Mère Germaine** avec ch, 3 r. Cdt Lemaitre 🕽 04 90 83 54 37, Fax 04 90 83 50 27, ≤, ☞ –
🚗 **GB**. ❀

fermé fév. – **Repas** (fermé mardi soir et merc.) 155 (déj.), 195/395 bc – ☎ 45 – **8 ch** 310/350
– ½ P 355/375

X **Pistou**, 🕽 04 90 83 71 75 – **GB**
🍴 fermé 23 déc. au 2 janv., dim. soir et lundi – **Repas** 85/135 ♀, enf. 50

à l'Ouest 4 km par D 17 – ✉ 84230 Châteauneuf-du-Pape :

🏠 **Sommellerie**, 🕽 04 90 83 50 00, Fax 04 90 83 51 85, ☞, 🏊 – 🔲 rest, 📺 ☎ 🅿, 🅰🅴 **GB**.
❀ rest

fermé 1ᵉʳ au 13 mars, dim. soir et lundi du 1ᵉʳ nov. au 3 avril – **Repas** 170 (déj.), 240/420 –
☎ 60 – **14 ch** 480/800 – ½ P 540/575

CHÂTEAUNEUF-EN-THYMERAIS 28170 E.-et-L. 🔲 ⑦ – 2 459 h alt. 204.

Paris 100 – Chartres 26 – Dreux 20 – Nogent-le-Rotrou 46 – Verneuil-sur-Avre 32.

XX **L'Écritoire** (Pasquier) avec ch, 43 r. É. Vivier 🕽 02 37 51 85 80, Fax 02 37 51 86 87, ☞ – ☎
🅿. **GB**

✿ fermé vacances de Toussaint, de fév., dim. soir et lundi – **Repas** (nombre de couverts
limité, prévenir) 150 (déj.), 175/365 et carte 260 à 340 – ☎ 44 – **5 ch** 285
100
Spéc. Lapin du Thymerais et homard breton aux piments doux (été). Poêlée de foie gras et
Saint-Jacques (hiver). Feuilleté aux pommes (automne).

CHÂTEAUNEUF-LE-ROUGE 13790 B.-du-R. 🔲 ③, 🔲 ⑯ – 1 283 h alt. 230.

Paris 768 – Marseille 36 – Aix-en-Provence 13 – Aubagne 33 – Brignoles 45 – Rians 31.

🏠 **Galinière**, N 7 : rte St-Maximin : 2 km 🕽 04 42 53 32 55, Fax 04 42 53 33 80, ☞, 🏊, 🚗 –
📺 ☎ 🅿 – 🔥 15. 🅰🅴 ⓪ **GB**
fermé dim. soir d'oct. à mai – **Repas** 120/250 – ☎ 50 – **17 ch** 300/430 – ½ P 400/460

CHÂTEAUNEUF-SUR-SARTHE 49330 M.-et-L. 🔲 ① – 2 370 h alt. 20.

🅱 Office de Tourisme q. de la Sarthe 🕽 02 41 69 82 89, Fax 02 41 69 82 89.

Paris 278 – Angers 31 – Château-Gontier 25 – La Flèche 33.

XX **Sarthe** avec ch, 🕽 02 41 69 85 29, Fax 02 41 69 85 29, ≤, ☞ – ☎. **GB**. ❀ ch
fermé 3 au 23 oct., dim. soir et lundi sauf juil.-août – **Repas** (75) -95/215 ♀, enf. 55 – ☎ 30 –
7 ch 205/280 – ½ P 270/350

CHÂTEAURENARD *13160 B.-du-R.* **81** ⑫ *G. Provence* – *11 790 h alt. 37.*

Voir *Château féodal : ⚜★ de la tour du Griffon.*

🛈 *Office de Tourisme 1 r. R.-Salengro* ℰ 04 90 94 23 27, Fax 04 90 94 14 97.

Paris 695 – Avignon 11 – Carpentras 31 – Cavaillon 21 – Marseille 96 – Nîmes 45 – Orange 39.

✕ **Les Glycines** avec ch, 14 av. V. Hugo ℰ 04 90 94 10 66, Fax 04 90 94 78 10 – ▤ rest, 🗍 ☎ 🅿 🖭

fermé dim. soir et lundi du 15 sept. au 1ᵉʳ mars – **Repas** *(78)* - 92/135 – ⌧ 30 – **10 ch** 245 – ½ P 250

CHÂTEAU-RENAULT *37110 I.-et-L.* **64** ⑤ ⑥ *G. Châteaux de la Loire* – *5 787 h alt. 92.*

Voir *< ★ des terrasses du château.*

🛈 *Office de Tourisme 32 pl. J.-Jaurès* ℰ 02 47 56 22 22.

Paris 217 – Tours 32 – Angers 122 – Blois 33 – Loches 60 – Le Mans 89 – Vendôme 27.

🏠 **Lurton** sans rest, 37 pl. J. Jaurès ℰ 02 47 56 80 26, Fax 02 47 56 86 89 – 🗍 ☎ 🕻 🅿 🖭 🖼 🛇
⌧ 35 – **10 ch** 210/330

au Nord-Est : *7 km sur N 10 –* ✉ *41310 St-Amand-Longpré (L.-et-Ch.) :*

✕ **Gastinais,** ℰ 02 54 80 33 30, Fax 02 54 80 33 30, ㈙, ㈗ – 🅿 🖼 🖼
🍴 **Repas** (déj. seul.)(dim. et fêtes prévenir) 58/159 🕈

CHÂTEAUROUX 🅿 *36000 Indre* **68** ⑧ *G. Berry Limousin* – *50 969 h alt. 155.*

Voir *Musée Bertrand★ M – Déols : clocher★ de l'ancienne abbaye, sarcophage★ dans l'église St-Etienne.*

🛈 *Office de Tourisme pl. de la Gare* ℰ 02 54 34 10 74, Fax 02 54 27 57 97.

Paris 268 ① – Bourges 66 ② – Blois 100 ⑨ – Limoges 125 ⑥ – Tours 115 ⑧.

Plan page ci-contre

🏨 **Mercure,** r. V. Hugo ℰ 02 54 34 61 61, Fax 02 54 27 69 51 – 🗍 ⧈ ▤ 🗍 ☎ 🕭 – 🔏 50. 🖭
🖼 🖼 🖼 BY v
Repas *(fermé sam. et dim. sauf juil.-août)* 85/125 🖫, enf. 52 – ⌧ 53 – **60 ch** 380/430

🏨 **Elysée Hôtel** sans rest, 2 r. République ℰ 02 54 22 33 66, Fax 02 54 07 34 34 – 🗍 🗍 ☎.
🖭 🖼 🖼 🖼 AY s
fermé 24 déc. au 2 janv. – ⌧ 50 – **18 ch** 260/330

🏨 **Boischaut** sans rest, 135 av. La Châtre par ④ ℰ 02 54 22 22 34, Fax 02 54 22 64 89 – 🗍 🗍
☎ 🅿 🖼
fermé 27 déc. au 6 janv. – ⌧ 24 – **27 ch** 198/280

🏨 **Comfort Inn Primevère,** 384 av. Verdun par ⑤ ℰ 02 54 07 87 87, Fax 02 54 07 04 47 –
⧈, ▤ rest, 🗍 ☎ 🕭 🅿 – 🔏 30. 🖭 🖼
Repas 61/114 🕈, enf. 40 – ⌧ 35 – **49 ch** 295

🏨 **Voltaire** sans rest, 42 pl. Voltaire ℰ 02 54 34 17 44, Fax 02 54 07 01 90 – 🗍 🗍 ☎ 🕻 🖼.
🛇 BY a
fermé Noël au 1ᵉʳ janv. et sam. – ⌧ 31 – **32 ch** 140/240

✕✕ **Ciboulette,** 42 r. Grande ℰ 02 54 27 66 28, Fax 02 54 27 66 28 – 🖼 BY e
fermé 23 juil. au 22 août, 31 déc. au 11 janv., dim., lundi et fériés – **Repas** 98/198 🕈

✕ **Relais d'Alsace,** 5 pl. Gare ℰ 02 54 22 77 80, Fax 02 54 22 83 72, ㈙, brasserie – ▤ 🅿.
🖭 🖼 🖼 BY b
Repas *(59)* - 98 🕈, enf. 39

rte de Paris *près Céré par ① : 6 km –* ✉ *36130 Déols :*

🏨 **Relais St-Jacques,** ℰ 02 54 60 44 44, Fax 02 54 60 44 00, ㈗ – ▤ rest, 🗍 ☎ 🕻 🅿 –
🔏 80. 🖭 🖼 🖼
Repas *(fermé dim. soir)* 110/280 🖫 – ⌧ 48 – **46 ch** 325/355 – ½ P 280

à la Forge de l'Ile *par ④ : 6 km –* ✉ *36330 Le Poinçonnet :*

🏨 **Auberge de l'Arc en Ciel** sans rest, ℰ 02 54 34 09 83, Fax 02 54 34 46 74 – 🗍 ☎ 🅿 –
🔏 50. 🖼
fermé 25 déc. au 15 janv. – ⌧ 26 – **25 ch** 150/236

rte de Limoges *par ⑥ : 6 km –* ✉ *36250 St-Maur :*

🏨 **Campanile,** ℰ 02 54 08 24 00, Fax 02 54 07 17 09, ㈗ – ⧈ 🗍 ☎ 🕻 🖢 🅿 – 🔏 25. 🖭 🖼
🖼
Repas 80/103 🖫, enf. 39 – ⌧ 36 – **43 ch** 315

CHATEAUROUX

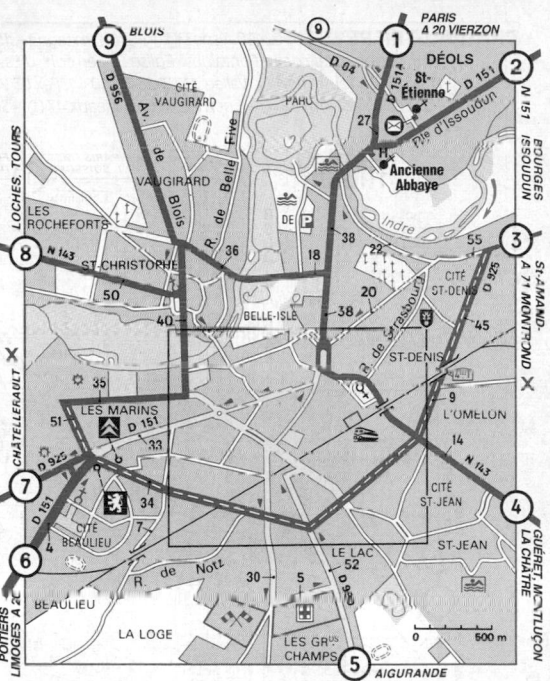

431

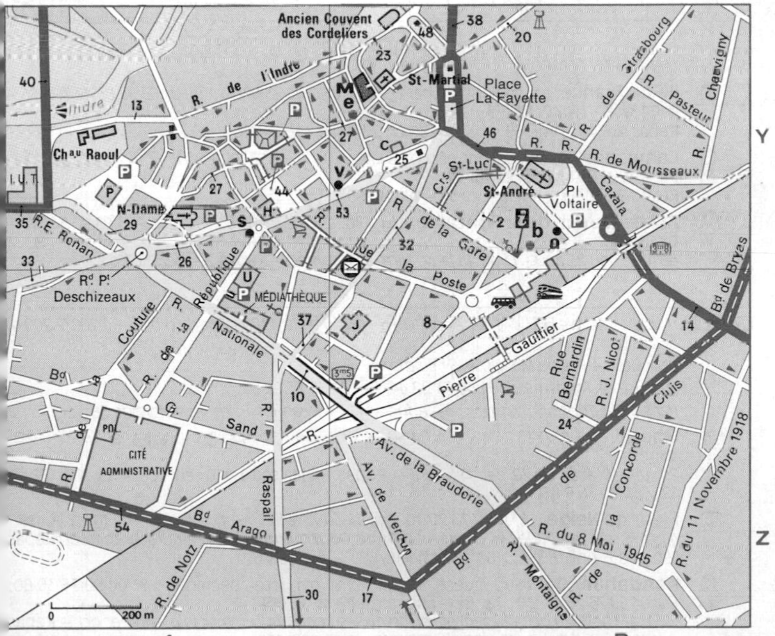

CHÂTEAU-THIERRY ⍈ *02400 Aisne* 56 ⑭ *G. Champagne* – *15 312 h alt. 63.*

Voir *Maison natale de La Fontaine* – *Église St-Ferréol★ d'Essômes 2,5 km par* ④.

🛈 *Office de Tourisme 11 r. Vallée* 🖀 *03 23 83 10 14, Fax 03 23 83 14 74.*

Paris 95 ① – *Reims 58* ① – *Épernay 48* ② – *Meaux 47* ⑤ – *Soissons 41* ① – *Troyes 113* ④.

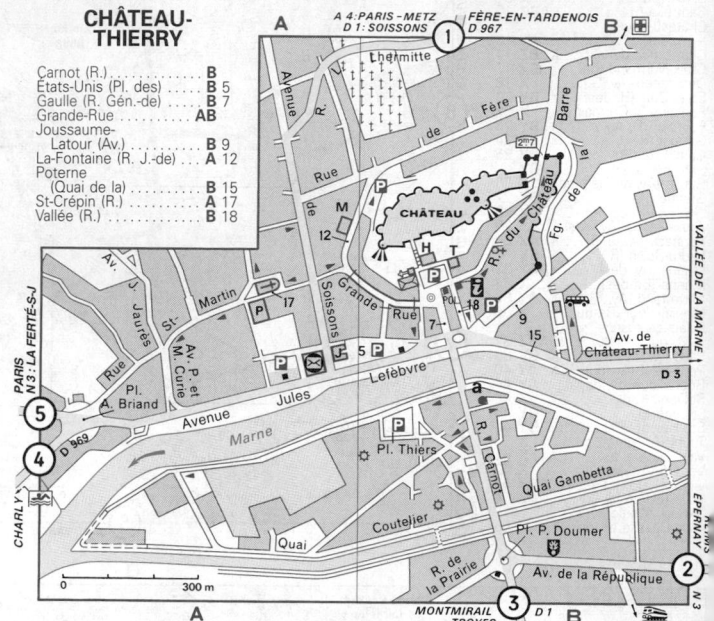

CHÂTEAU-THIERRY

Carnot (R.)	**B**
États-Unis (Pl. des)	**B** 5
Gaulle (R. Gén.-de)	**B** 7
Grande-Rue	**AB**
Joussaume-	
Latour (Av.)	**B** 9
La-Fontaine (R. J.-de)	**A** 12
Poterne	
(Quai de la)	**B** 15
St-Crépin (R.)	**A** 17
Vallée (R.)	**B** 18

🏠 **Ile de France**, rte de Soissons par ① : 2 km 🖀 03 23 69 10 12, Fax 03 23 83 49 70, 🍽 –
🛗 📺 🖀 🅿 – 🔬 40. 🆔 🅶🅱
Repas 98/248 🗗, enf. 69 – 🖵 38 – **50 ch** 270/350 – ½ P 310

🏠 **Campanile**, rte de Soissons par ① : 3 km 🖀 03 23 69 23 23, Fax 03 23 69 91 11, 🍽 – 🌂
📺 🖀 ✆ ♿ 🅿 – 🔬 25. 🆔 🅾 🅶🅱
Repas 80/103 🗗, enf. 39 – 🖵 36 – **46 ch** 295

✕✕ **Auberge Jean de la Fontaine**, 10 r. Filoirs 🖀 03 23 83 63 89, Fax 03 23 83 20 54, 🍽 –
🆔 🅾 🅶🅱
B a
fermé 1er au 21 août, 1er au 15 janv., dim. soir et lundi – **Repas** 200 bc/350 bc

---

CHÂTEL 74390 H.-Savoie 70 ⑱ *G. Alpes du Nord* – 1 255 h alt. 1180 – Sports d'hiver : 1 200/2 200 m
✇ 2 ⚡ 36 ⚡.

Voir *Site★* – *Pas de Morgins★ S : 3 km.*

🛈 *Office de Tourisme* 🖀 04 50 73 22 44, Fax 04 50 73 22 87.

Paris 578 – *Thonon-les-Bains 39* – *Annecy 113* – *Évian-les-Bains 42* – *Morzine 38.*

🏨 **Macchi**, 🖀 04 50 73 24 12, Fax 04 50 73 27 25, ≤, 🍽, 🔥, 🔲 – 🛗 📺 🖀 ♿ 🅿, 🅶🅱,
❀ rest
20 juin-30 août et 20 déc.-1er avril – **Repas** (dîner seul.) 110, enf. 60 – 🖵 70 – **32 ch**
495/1020 – ½ P 650

🏨 **Fleur de Neige**, 🖀 04 50 73 20 10, Fax 04 50 73 24 55, ≤, 🍽, 🔥, 🌺 – 🛗 📺 🖀 🅿, 🅶🅱
4 juin-3 sept. et 23 déc.-31 mars – **La Grive Gourmande** (fermé lundi soir en hiver) **Repas**
190/400 🗗, enf. 85 – 🖵 60 – **37 ch** 410/680 – ½ P 480/630

🏠 **Kandahar** ⌂, Sud-Ouest : 1,5 km par rte Béchigne 🖀 04 50 73 30 60,
Fax 04 50 73 25 17, 🍽, 🔥, 🌺 – cuisinette 📺 🖀 🅿, 🅶🅱
27 mai-2 nov., 20 déc.-20 avril et fermé dim. soir et lundi en mai, juin, sept. et oct. – **Repas**
85/170 🗗, enf. 50 – 🖵 45 – **22 ch** 180/340 – ½ P 280/340

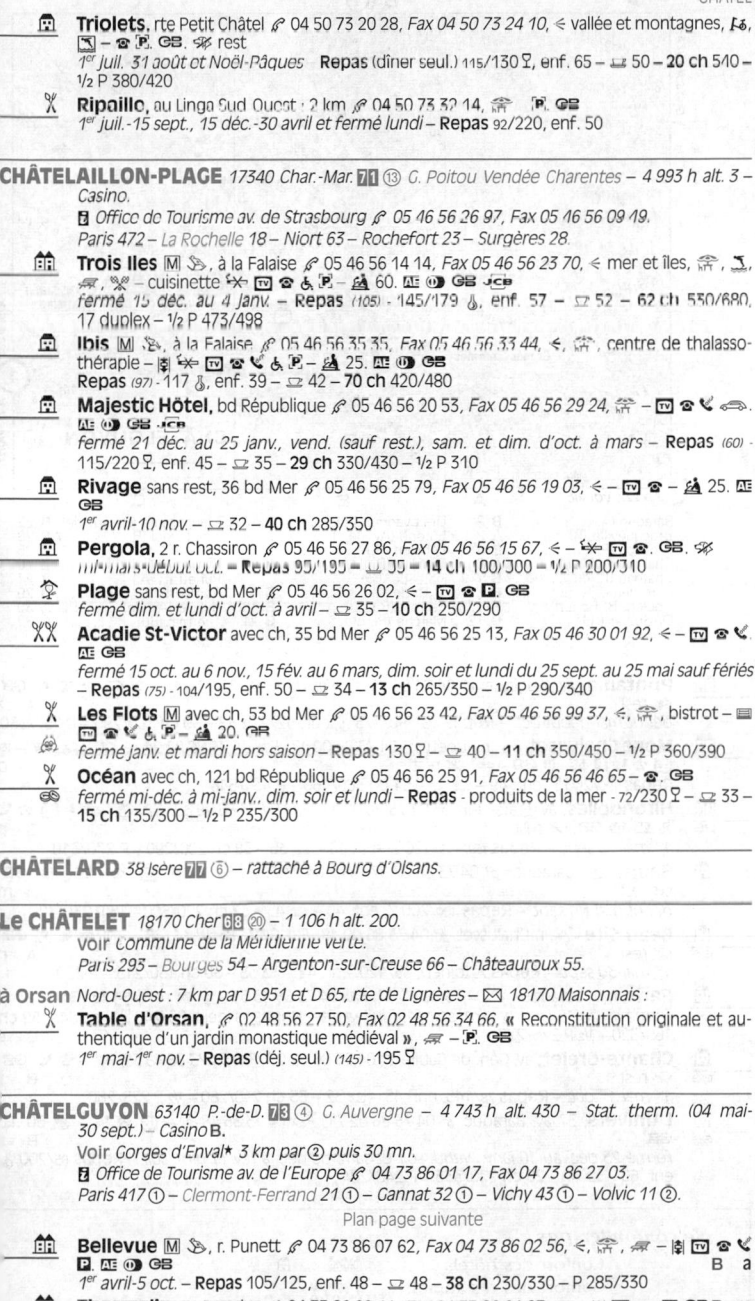

Triolets, rte Petit Châtel ℘ 04 50 73 20 28, Fax 04 50 73 24 10, ≤ vallée et montagnes, ♨,
🏊 – ☎ 🅿. ⏪ 🄶🄱. ⅋ rest
1er juil. 31 août et Noël-Pâques – **Repas** (dîner seul.) 115/130 ♈, enf. 65 – 🛏 50 – **20 ch** 540 –
½ P 380/420

Ripaillе, au Linga Sud-Ouest : 2 km ℘ 04 50 73 32 14, 🍽 🅿. 🄶🄱
1er juil.-15 sept., 15 déc.-30 avril et fermé lundi – **Repas** 92/220, enf. 50

CHÂTELAILLON-PLAGE 17340 Char.-Mar. 🗖🗗 ⑬ G. Poitou Vendée Charentes – 4 993 h alt. 3 –
Casino.
🛈 *Office de Tourisme av. de Strasbourg ℘ 05 46 56 26 97, Fax 05 46 56 09 49.*
Paris 472 – La Rochelle 18 – Niort 63 – Rochefort 23 – Surgères 28.

Trois Îles Ⓜ ♫, à la Falaise ℘ 05 46 56 14 14, Fax 05 46 56 23 70, ≤ mer et îles, 🍽, 🏊,
🐎, ℀ – cuisinette ⅍✖ 📺 ☎ ⅋ 🅿. – 🕍 60. ⏪ 🄶🄱 🄼🄲🄱
fermé 15 déc. au 4 janv. – **Repas** (105) - 145/179 ⅄, enf. 57 – ☑ 52 – **62 ch** 550/680,
17 duplex – ½ P 473/498

Ibis Ⓜ ♫, à la Falaise ℘ 05 46 56 35 35, Fax 05 46 56 33 44, ≤, 🍽, centre de thalassothérapie – 🛄 ⅍✖ 📺 ☎ ℃ ⅋ 🅿. – 🕍 25. ⏪ ⓪ 🄶🄱
Repas (97) - 117 ⅄, enf. 39 – ☑ 42 – **70 ch** 420/480

Majestic Hôtel, bd République ℘ 05 46 56 20 53, Fax 05 46 56 29 24, 🍽 – 📺 ☎ ℃ 🚗.
⏪ ⓪ 🄶🄱 🄹🄲🄱
fermé 21 déc. au 25 janv., vend. (sauf rest.), sam. et dim. d'oct. à mars – **Repas** (60) -
115/220 ♈, enf. 45 – ☑ 35 – **29 ch** 330/430 – ½ P 310

Rivage sans rest, 36 bd Mer ℘ 05 46 56 25 79, Fax 05 46 56 19 03, ≤ – 📺 ☎ – 🕍 25. ⏪
🄶🄱
1er avril-10 nov. – ☑ 32 – **40 ch** 285/350

Pergola, 2 r. Chassiron ℘ 05 46 56 27 86, Fax 05 46 56 15 67, ≤ – ⅍✖ 📺 ☎. 🄶🄱. ⅋
mi-mars-début oct. – **Repas** 95/195 – 🛏 35 – **14 ch** 100/300 – ½ P 200/310

Plage sans rest, bd Mer ℘ 05 46 56 26 02, ≤ – 📺 ☎ 🅿. 🄶🄱
fermé dim. et lundi d'oct. à avril – ☑ 35 – **10 ch** 250/290

Acadie St-Victor avec ch, 35 bd Mer ℘ 05 46 56 25 13, Fax 05 46 30 01 92, ≤ – 📺 ☎ ℃.
⏪ 🄶🄱
fermé 15 oct. au 6 nov., 15 fév. au 6 mars, dim. soir et lundi du 25 sept. au 25 mai sauf fériés
– **Repas** (75) - 104/195, enf. 50 – ☑ 34 – **13 ch** 265/350 – ½ P 290/340

Les Flots Ⓜ avec ch, 53 bd Mer ℘ 05 46 56 23 42, Fax 05 46 56 99 37, ≤, 🍽, bistrot – 🛏
📺 ☎ ℃ ⅋ 🅿. – 🕍 20. 🄶🄱
fermé janv. et mardi hors saison – **Repas** 130 ♈ – ☑ 40 – **11 ch** 350/450 – ½ P 360/390

Océan avec ch, 121 bd République ℘ 05 46 56 25 91, Fax 05 46 56 46 65 – ☎. 🄶🄱
fermé mi-déc. à mi-janv., dim. soir et lundi – **Repas** - produits de la mer - 72/230 ♈ – ☑ 33 –
15 ch 135/300 – ½ P 235/300

CHÂTELARD 38 Isère 🗖🗗 ⑥ – rattaché à Bourg d'Oisans.

Le CHÂTELET 18170 Cher 🗖🗗 ⑳ – 1 106 h alt. 200.
Voir Commune de la Méridienne verte.
Paris 293 – Bourges 54 – Argenton-sur-Creuse 66 – Châteauroux 55.

à Orsan *Nord-Ouest : 7 km par D 951 et D 65, rte de Lignères – ✉ 18170 Maisonnais :*

Table d'Orsan, ℘ 02 48 56 27 50, Fax 02 48 56 34 66, « Reconstitution originale et authentique d'un jardin monastique médiéval », 🌳 – 🅿. 🄶🄱
1er mai-1er nov. – **Repas** (déj. seul.) (145) - 195 ♈

CHÂTELGUYON 63140 P.-de-D. 🗖🗗 ④ G. Auvergne – 4 743 h alt. 430 – Stat. therm. (04 mai-
30 sept.) – Casino B.
Voir Gorges d'Enval★ 3 km par ② puis 30 mn.
🛈 *Office de Tourisme av. de l'Europe ℘ 04 73 86 01 17, Fax 04 73 86 27 03.*
Paris 417 ① – Clermont-Ferrand 21 ① – Gannat 32 ① – Vichy 43 ① – Volvic 11 ②.

Plan page suivante

Bellevue Ⓜ ♫, r. Punett ℘ 04 73 86 07 62, Fax 04 73 86 02 56, ≤, 🍽, 🌳 – 🛄 📺 ☎ ℃
🅿. ⏪ ⓪ 🄶🄱   B a
1er avril-5 oct. – **Repas** 105/125, enf. 48 – ☑ 48 – **38 ch** 230/330 – P 285/330

Thermalia, av. Baraduc ℘ 04 73 86 00 11, Fax 04 73 86 21 97, 🌳 – 🛄 📺 ☎. ⏪ 🄶🄱 B m
2 mai-30 sept. – **Repas** 100 (dîner), 110/150 ♈ – ☑ 40 – **46 ch** 228/319 – P 314/384

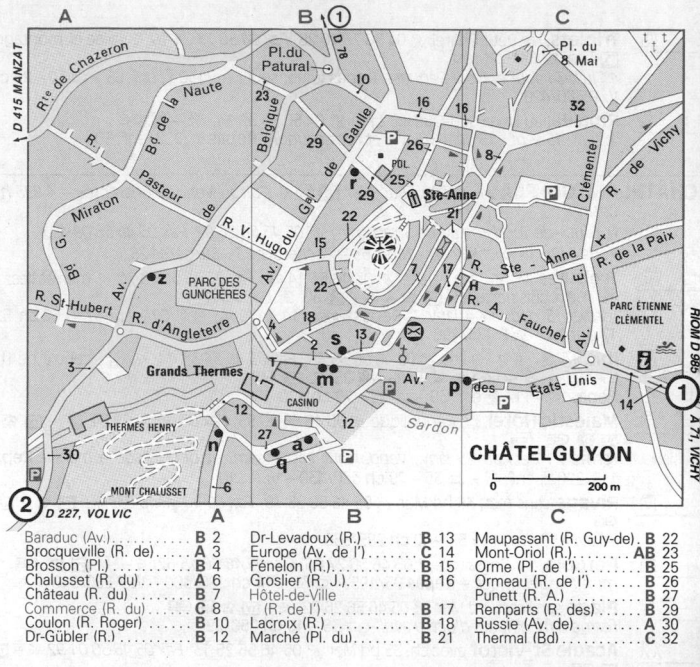

CHÂTELGUYON

<table>
<tr><td>A</td><td>B</td><td>C</td></tr>
</table>

Printania, av. Belgique ✆ 04 73 86 15 09, *Fax 04 73 86 22 87*, 🌳 – 🛗 📺 ☎ ❤ 🅿. GB. ❄ rest
A z
début mai-début oct. – **Repas** *(73)* - 98/175 🍷, enf. 52 – 🖃 42 – **39 ch** 160/290 – P 252/330

Mont Chalusset 🦢, r. Punett ✆ 04 73 86 00 17, *Fax 04 73 86 22 94*, ≤, 🌤, **I**🔯, 🌳 – 🛗 📺 ☎ 🅿 🖭 🅰🅴 ⓪ GB 🃏 ❄ rest
B q
Repas 100/260 🍷, enf. 49 – 🖃 49 – **51 ch** 360/460 – P 434/546

Hirondelles, av. États-Unis ✆ 04 73 86 09 11, *Fax 04 73 86 48 38*, 🌤, 🏊, 🌳 – 📺 ☎ ❤ 🅿. 🅰🅴 ⓪ GB. ❄ rest
B p
1ᵉʳ mai-30 sept. – **Repas** *(59)* - 69/120 🍷, enf. 46 – 🖃 36 – **38 ch** 200/290 – P 270/310

Bains, av. Baraduc ✆ 04 73 86 07 97, *Fax 04 73 86 11 56* – 🛗 📺 ☎. 🅰🅴 ⓪ GB. ❄ rest
B m
début mai-fin sept. – **Repas** 100/200 🍷, enf. 45 – 🖃 45 – **37 ch** 220/300 – ½ P 250/320

Beau Site 🦢, r. Chalusset ✆ 04 73 86 00 49, *Fax 04 73 86 14 33*, 🌳 – 📺 ☎ ❤ 🅿. GB. ❄ rest
A r
1ᵉʳ mai-30 sept. – **Repas** 75 (dîner), 85/120, enf. 42 – 🖃 35 – **30 ch** 130/215 – P 250

Paris, r. Dr Levadoux ✆ 04 73 86 00 12, *Fax 04 73 86 43 55* – 🛗, 🍽 rest, 📺 ☎. GB
B s
fermé 1ᵉʳ au 15 janv. et dim. soir sauf juil.-août – **Repas** 75 (déj.), 85/240 🍷 – 🖃 34 – **59 ch** 165/320 – ½ P 225/279

Chante-Grelet, av. Gén. de Gaulle ✆ 04 73 86 02 05, *Fax 04 73 86 48 58*, 🌳 – ☎ ❤. GB
B t
1ᵉʳ mai-1ᵉʳ oct. – **Repas** 78/145, enf. 45 – 🖃 32 – **35 ch** 210/260 – ½ P 225/260

L'Univers, 37 av. Baraduc ✆ 04 73 86 02 71, *Fax 04 73 86 18 80* – 📺 ☎ ❤ – ⚒ 50. 🅰🅴 GB
B x
fermé 25 déc. au 10 janv., vend. soir et sam. de déc. à fév. et dim. soir – **Repas** 85/200 🍷, enf. 60 – 🖃 40 – **28 ch** 220/335 – P 248/284

Ne confondez pas :

Confort des hôtels	: 🏨🏨🏨 ... 🏠, 🏡
Confort des restaurants	: XXXXX ... X
Qualité de la table	: ❀❀❀, ❀❀, ❀, 🍴

CHÂTELLERAULT 86100 Vienne 68 (4) G. Poitou Vendée Charentes – 34 678 h alt. 52.
🛈 Office de Tourisme 2 av. Treuille ℘ 05 49 21 05 47, Fax 05 49 02 03 26.
Paris 307 ① – Poitiers 37 ③ – Châteauroux 99 ② – Cholet 131 ④ – Tours 72 ①.

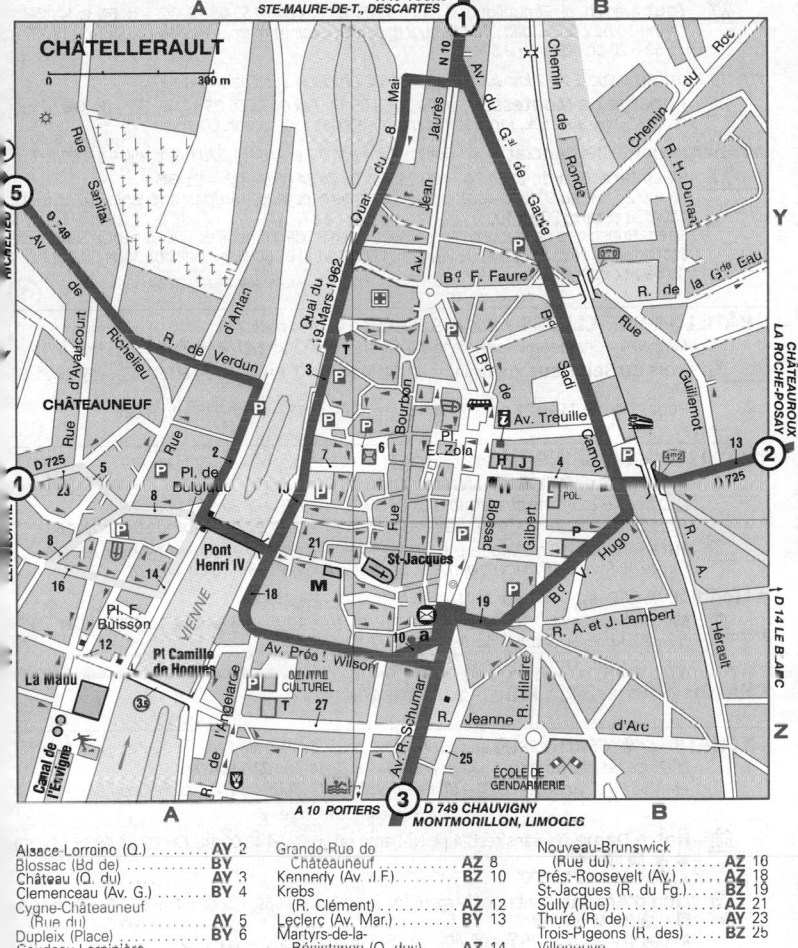

🏠🏠 **Grand Hôtel Moderne**, 74 bd Blossac ℘ 05 49 93 33 00, Fax 05 49 93 25 19 – 📲, ☰ rest, 📺 ☎ 🚗, 🆎 ⓞ ☒ — BY **n**
Charmille (fermé 15 au 30 nov., dim. soir sauf juil. août et lundi) **Repas** 140(déj.)/220 ⌀ –
Grill (fermé dim. soir en hiver) **Repas** 63/115, enf. 48 – ⊇ 52 – **24 ch** 380/580

🏠 **Ibis** Ⓜ, av. C. Page, carrefour D 1-N 10 par ③ : 3 km ℘ 05 49 02 18 18, Fax 05 49 02 01 79 –
📲 ⇄ ☰ 📺 ☎ ✆ – 🔬 30 à 80. 🆎 ⓞ ☒
Brasserie : **Repas** (68)-162 ⌀, enf. 45 – ⊇ 37 – **72 ch** 330

XX **Croissant**, 15 av. J.-F. Kennedy ℘ 05 49 21 01 77, Fax 05 49 21 57 92 – ☒ — BZ **a**
fermé 1er au 20 août, Noël au Jour de l'An et dim. soir – **Repas** (60) -75 (déj.), 89/190 ⌀

à Naintré par ③ : 9 km sur N 10 – 4 718 h. alt. 73 – ⊠ 86530 :
XX **Grilliade**, ℘ 05 49 90 03 42, Fax 05 49 90 06 75, 🌳 – 📭. ☒
fermé dim. soir – **Repas** 92/198 ⌀

CHÂTILLON-SUR-CHALARONNE *01400 Ain* 🔢 ② *G. Vallée du Rhône – 3 786 h alt. 177.*

Voir *Triptyque★ dans l'Hôtel de Ville.*

🅱 *Office de Tourisme pl. Champ-de-Foire 🕿 04 74 55 02 27, Fax 04 74 55 34 78.*

Paris 418 – Mâcon 27 – Bourg-en-Bresse 28 – Lyon 53 – Villefranche-sur-Saône 29.

 ✕✕ **Tour** avec ch, pl. République *🕿 04 74 55 05 12, Fax 04 74 55 09 19,* ☰ – 🛦 📺 🕿 ✆ GB
   fermé 30 nov. au 15 déc., 15 fév. au 8 mars, dim. soir et merc. – **Repas** 115/350 ☘, enf. 75 –
   ☲ 39 – **20 ch** 400 – ½ P 304/354

rte de Marlieux *Sud-Est : 2 km sur D 7 –* ✉ *01400 Châtillon-sur-Chalaronne :*

 ✕✕ **Auberge de Montessuy,** *🕿 04 74 55 05 14, Fax 04 74 55 05 14,* ≼, ☆ – 🅿. GB
   fermé 2 janv. au 2 fév., lundi soir et mardi – **Repas** 90/230, enf. 60

à l'Abergement-Clémenciat *Nord-Ouest : 5 km par D 7 et D 64^c – 579 h. alt. 250 –* ✉ *01400 :*

 ✕✕ **St-Lazare** (Bidard), *🕿 04 74 24 00 23, Fax 04 74 24 00 62,* ☆ – 🅰 GB
 ❀ *fermé 25 juil. au 9 août, vacances de fév., merc. et jeudi* – Repas (prévenir) 100 bc (déj.),
   130/350 et carte 200 à 300 ☘
   Spéc. Briochines de queues d'écrevisses et chair de grenouilles (juil. à sept.). Sandre de
   Saône (oct. à fév.). Pudding de lièvre au chou rouge et genièvre (saison). **Vins** Chardonnay
   du Bugey, Chiroubles.

CHÂTILLON-SUR-CLUSES *74300 H.-Savoie* 🔢 ⑦ – *1 014 h alt. 730.*

Paris 575 – Chamonix-Mont-Blanc 48 – Thonon-les-Bains 52 – Annecy 57.

 🏠 **Bois du Seigneur,** rte Taninges *🕿 04 50 34 27 40, Fax 04 50 34 80 20,* ☆ – 📺 🕿 🅿. 🅰
   GB
   Repas *(fermé 13 au 21 nov.)* 89/250 ☘, enf. 58 – ☲ 35 – **10 ch** 275 – ½ P 225

CHÂTILLON-SUR-SEINE *21400 Côte-d'Or* 🔢 ⑧ *G. Bourgogne – 6 862 h alt. 219.*

Voir *Source de la Douix★ – Musée★ : trésor de Vix★★.*

🅱 *Office de Tourisme pl. Marmont 🕿 03 80 91 13 19, Fax 03 80 91 21 46.*

Paris 232 – Chaumont 59 – Auxerre 85 – Dijon 84 – Langres 73 – Saulieu 80 – Troyes 68.

 🌳 **Jura** sans rest, 19 r. Dr Robert *🕿 03 80 91 26 96, Fax 03 80 91 10 52 –* 📺 🕿 ✆, 🅰 GB
   fermé 15 fév. au 15 mars et dim. soir de sept. à juin – ☲ 35 – **10 ch** 170/320

à Montliot *Nord-Ouest : 4 km par N 71 – 288 h. alt. 224 –* ✉ *21400 :*

 🏠 **Magiot** sans rest, *🕿 03 80 91 20 51, Fax 03 80 91 30 20 –* 📺 🕿 ✆ 🕭 🚗 🅿. 🅰 GB, 🔏
   fermé 23 déc. au 3 janv. – ☲ 38 – **22 ch** 220/260

CHATOU *78 Yvelines* 🔢 ⑳,, 🔟🔟 ⑬ – *voir à Paris, Environs.*

La CHÂTRE ◉ *36400 Indre* 🔢 ⑲ *G. Berry Limousin – 4 623 h alt. 210.*

🅱 *Office de Tourisme sq. G.-Sand 🕿 02 54 48 22 64, Fax 02 54 06 09 15.*

Paris 301 ① – Bourges 68 ② – Châteauroux 36 ① – Guéret 54 ④ – Montluçon 64 ③.

Plan page ci-contre

 🏨 **Notre Dame** ⏂ sans rest, 4 pl. N.-Dame (a) *🕿 02 54 48 01 14, Fax 02 54 48 31 14 –* 📺
   🕿 🕭. 🅰 ⓞ GB
   ☲ 38 – **19 ch** 235/300

 🏠 **Lion d'Argent,** Pont Lion d'Argent (e) *🕿 02 54 48 11 69, Fax 02 54 06 02 24 –* 📺 🕿 ✆ 🕭
 ⬇ 🅿 – 🔏 25. 🅰 ⓞ GB
   Repas 57 (déj.), 75/135 ☘, enf. 40 – ☲ 35 – **34 ch** 250/350 – ½ P 270

 ✕✕ **A l'Escargot,** pl. Marché (s) *🕿 02 54 48 03 85 –* 🅰 ⓞ GB
   fermé 10 janv. au 2 fév., lundi soir et mardi – **Repas** 105/235 ☘

 ✕ **Jardin de la Poste,** 10 r. Basse-du-Mouhet (n) *🕿 02 54 48 05 62, Fax 02 54 48 05 62 –*
   🅰 ⓞ GB
   fermé 15 sept. au 15 oct. – **Repas** 105/250 ☘

 ✕ **Auberge du Moulin Bureau,** Sud : 1 km par pl. Abbaye *🕿 02 54 48 04 20,* ☆, 🌿 – 🅿.
 ⬇ *fermé 15 nov. au 15 déc., janv., dim. soir et lundi sauf juil.-août* – **Repas** (60) - 78/168 ☘

à St-Chartier *par ① et D 918 : 9 km – 548 h. alt. 195 –* ✉ *36400 :*

Voir *Vic : fresques★ de l'église SO : 2 km.*

 🏨 **Château Vallée Bleue** ⏂, rte Verneuil *🕿 02 54 31 01 91, Fax 02 54 31 04 48,* ☆
   « Ancienne maison de maître du 19e siècle dans un parc », ⊐, – 📺 🕿 ✆ 🅿. – 🔏 40. GB
   début mars-mi-nov. – **Repas** *(fermé dim. soir d'oct. à avril, lundi sauf le soir de mai à sept.*
   et mardi midi) 100 (déj.), 150/295 ☘, enf. 75 – ☲ 55 – **15 ch** 550/690 – ½ P 425/590

LA CHÂTRE

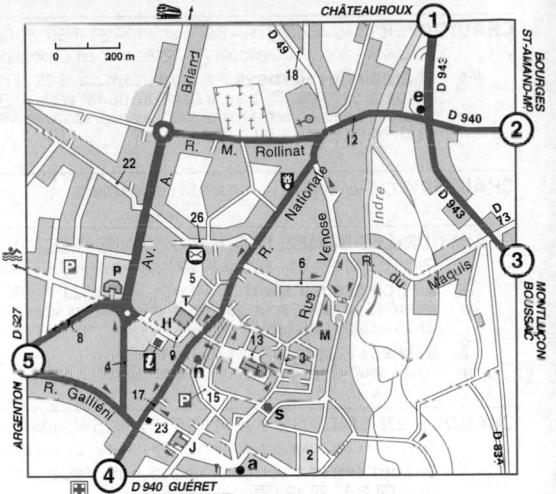

Pas de publicité
payée dans ce guide.

à Pouligny-Notre-Dame *par* ④ *et D 940 : 12 km –* ⊠ *36160 :*

🏨🏨🏨 **Les Dryades** 🏊, 🞉 02 54 06 60 60, Fax 02 54 30 10 24, ≤ Vallée Noire, balnéothérapie,
« Complexe de loisirs et de remise en forme, golf », ₁₆, ≋, ⬜, 🐴, ℀ – 🛗 🖥 📺 ☎ ✆ 🅿
– 🏦 200. 🖭 🕦 🖭 🥢

Repas 200/380 – 😐 60 – **85 ch** 550/650 – ½ P 565

CHAUBLANC *71 S.-et-L.* **70** ② – *rattaché à St-Gervais-en-Vallière.*

CHAUDES-AIGUES *15110 Cantal* **76** ⑭ *G. Auvergne –* *1 110 h alt. 750 –* *Stat. therm.*
(1ᵉʳ mai/21 oct.) – Casino.

🅱 *Office de Tourisme 1 av. G.-Pompidou* 🞉 *04 71 23 52 75, Fax 04 71 23 51 98.*
Paris 547 – Aurillac 100 – Espalion 54 – St-Chély-d'Apcher 30 – St-Flour 29.

🏨🏨 **Arev Hôtel** Ⓜ, 🞉 04 71 23 52 43, Fax 04 71 23 59 94, casino – 🛗 ↔, 🍽 rest, 📺 ☎ ✆.
🥢
Repas brasserie 88/170 ♈, enf. 39 – 😐 47 – **36 ch** 230/320, 4 duplex – P 360/380

🏨🏨 **Beauséjour**, 🞉 04 71 23 52 37, Fax 04 71 23 56 89, 㑇, ≋, ↔ 📺 ☎. 🥢
1ᵉʳ avril-26 nov. et fermé vend. soir et sam. hors saison sauf vacances scolaires – **Repas**
73/165 ♈, enf. 44 – 😐 38 – **40 ch** 260/540 – P 286/514

🏨 **Aux Bouillons d'Or**, 🞉 04 71 23 51 42 – 🛗 📺 ☎. 🥢
fermé lundi en mars, avril et nov. – **Repas** 72 ♈, enf. 42 – 😐 35 – **12 ch** 210/220 – ½ P 220

à Lanau *Nord : 4,5 km par D 921 –* ⊠ *15260 Neuvéglise :*

🍴🍴 **Auberge du Pont de Lanau** avec ch, 🞉 04 71 23 57 76, Fax 04 71 23 53 84, 㑇, ≋ –
📺 ☎ ✆ 🅿. 🥢. ❄ rest
fermé janv., fév., mardi soir et merc. sauf juil.-août – **Repas** 80/200 – 😐 37 – **8 ch** 270/370
½ P 360

à Maisonneuve *Sud-Ouest : 10 km par D 921 –* ⊠ *15110 Chaudes-Aigues :*

🍴 **Moulin des Templiers** avec ch, 🞉 04 71 73 81 80, Fax 04 71 73 81 80 – ☎ 🅿. 🥢
fermé 10 au 28 oct., sam. de nov. à avril, mardi en mai-juin et sept.-oct. et dim. soir sauf
juil.-août – **Repas** 65/165 ♨, enf. 40 – 😐 30 – **5 ch** 200 – ½ P 200

CHAUFFAILLES *71170 S.-et-L.* **73** ⑧ *G. Bourgogne –* *4 485 h alt. 405.*

🅱 *Office de Tourisme 1 r. Gambetta* 🞉 *03 85 26 07 06, Fax 03 85 26 92 94.*
Paris 394 – Mâcon 63 – Roanne 35 – Charolles 34 – Lyon 80.

à Châteauneuf *Ouest : 7 km par D 8 G. Bourgogne –* *110 h. alt. 370 –* ⊠ *71740 :*

🍴🍴 **Fontaine**, 🞉 03 85 26 26 87, Fax 03 85 26 26 87 – 🅿. 🖭 🥢
fermé 8 janv. au 8 fév., dim. soir d'oct. à avril, mardi soir et merc. – **Repas** 98 bc (déj.),
120/330 ♈

437

CHAUFFAYER 05 H.-Alpes 🎟 ⑯ – 363 h alt. 910 – ✉ 05800 St-Firmin-en-Valgaudemar.
Paris 645 – Gap 27 – Grenoble 77 – St-Bonnet-en-Champsaur 13.

🏰 **Château des Herbeys** ⬤, Nord : 2 km par N 85 et rte secondaire ☎ 04 92 55 26 83,
Fax 04 92 55 29 66, 🌳, parc, « Demeure du 13ᵉ siècle », ⨂, ✗ – 📺 ☎ ✆ 🅿, 🆔 🆖
1ᵉʳ avril-1ᵉʳ nov. et fermé mardi sauf vacances scolaires – **Repas** 125/250, enf. 75 – ⴱ 55 –
10 ch 400/700 – ½ P 380/550

CHAUFFRY 77 S.-et-M. 🗺 ③ – rattaché à Coulommiers.

CHAUFOUR-LÈS-BONNIÈRES 78270 Yvelines 🗺 ⑱, 🗺 ① – 376 h alt. 157.
Paris 71 – Rouen 64 – Évreux 27 – Mantes-la-Jolie 19 – Vernon 10 – Versailles 62.

✗✗ **Au Bon Accueil** avec ch, N 13 ☎ 01 34 76 11 29, Fax 01 34 76 00 36 – ▤ rest, 🅿. 🆖
fermé 12 juil. au 15 août, 23 déc. au 2 janv., vend. soir et sam. – **Repas** 80/220 ⓙ, enf. 50 –
ⴱ 25 – **16 ch** 140/220

✗ **Relais**, N 13 ☎ 01 34 76 11 33 – 🅿. 🆖
fermé août, dim. soir et lundi – **Repas** 80/160 ⓙ, enf. 50

CHAUMES-EN-BRIE 77390 S.-et-M. 🗺 ② – 2 500 h alt. 104.
Paris 56 – Coulommiers 26 – Meaux 36 – Melun 21 – Provins 44.

✗✗✗ **Chaum'Yerres** avec ch, 1 av. Libération (rte Melun) ☎ 01 64 06 03 42, Fax 01 64 06 36 15,
🌳 – 📺 ☎ ✆. 🆔 ⓞ 🆖
fermé 15 nov. au 6 déc., 15 au 22 janv., dim. soir et lundi de sept. à mai – **Repas** 170/280 ⓙ –
ⴱ 48 – **10 ch** 310/520 – ½ P 370/480

The Guide changes, so renew your Guide every year.

CHAUMONT 🅿 52000 H.-Marne 🗺 ⑪ G. Champagne – 27 041 h alt. 318.
Voir Viaduc★ – Basilique St-Jean-Baptiste★.
🛈 Office de Tourisme pl. Gén-de-Gaulle ☎ 03 25 03 80 80, Fax 03 25 32 00 99.
Paris 265 ⑤ – Épinal 127 ② – Langres 34 ③ – St-Dizier 74 ① – Troyes 101 ⑤.

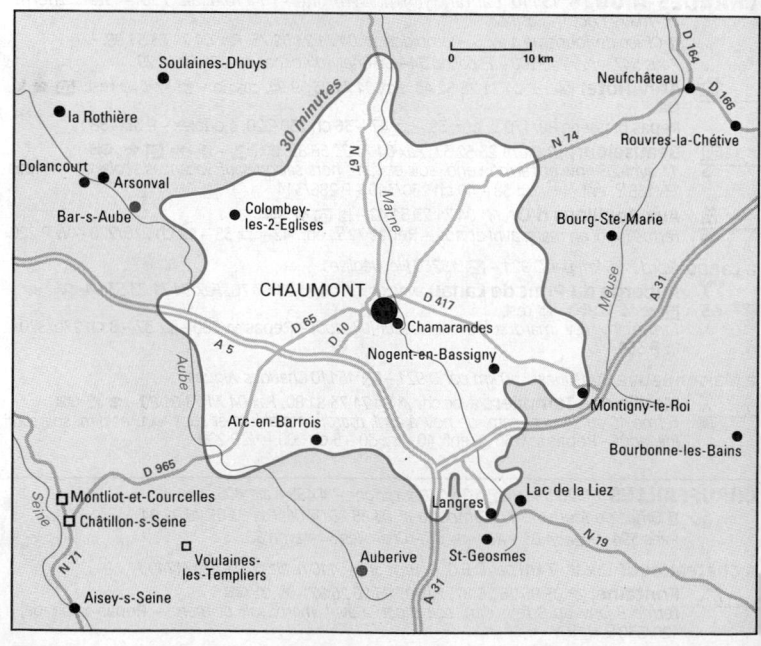

438

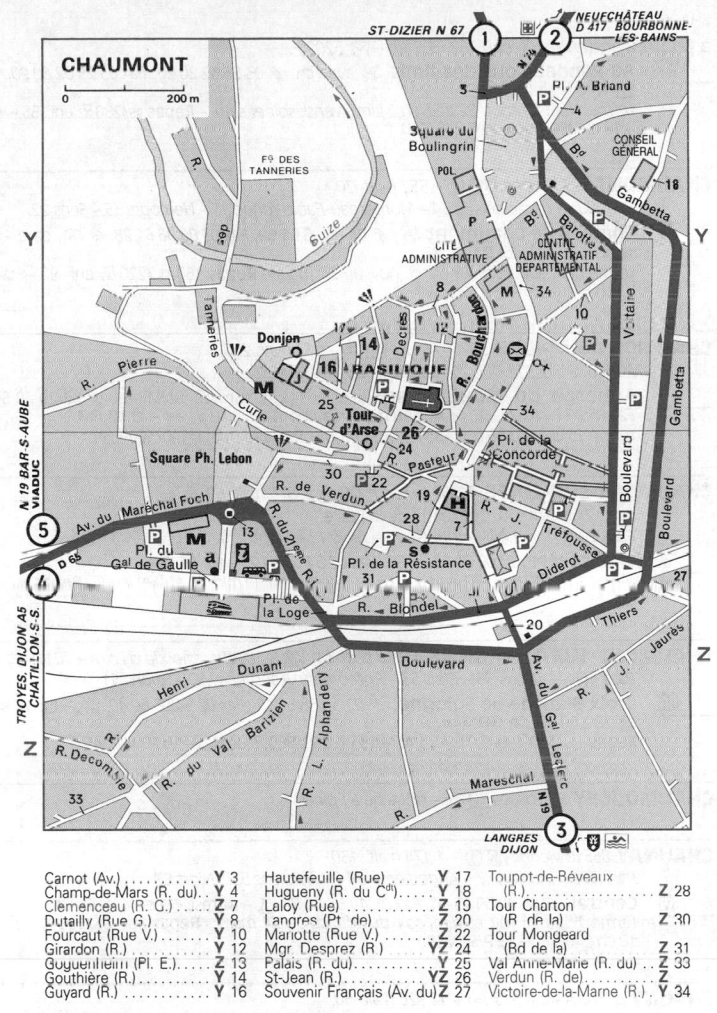

CHAUMONT

0   200 m

🏨🏨   **Grand Hôtel Terminus-Reine**, pl. Gén. de Gaulle ℘ 03 25 03 66 66, *Fax 03 25 03 28 95*
– ⬌ TV ☎ 🚗 – 🔬 60. GB
                                                                Z   a
      Repas *(fermé dim. soir du 1ᵉʳ nov. à Pâques)* 68 (dîner), 120/380 ♀ – 🖵 40 – **63 ch** 290/490 –
      ½ P 290/320

🏨🏨   **Grand Hôtel de France** M, 25 r. Toupot de Béveaux   ℘ 03 25 03 01 11,
🕸100   *Fax 03 25 32 35 80* – ⬌ cuisinette ⚡ TV ☎ ✆ & 🚗 AE ① GB JCB
                                                                 Z   s
      Repas *(fermé lundi midi et dim.)* 125/185 ♀ – 🖵 55 – **16 ch** 490/740, 4 appart

🏨   **Grand Val**, rte Langres par ③ : 2,5 km ℘ 03 25 32 11 80, *Fax 03 25 32 11 80* – ⬌ TV ☎
GB   🚗 🅿 AE ① GB
      fermé 23 au 31 déc. – **Repas** 60/170 ♀, enf. 47 – 🖵 28 – **52 ch** 175/300 – ½ P 230/
      265

🏨   **Étoile d'Or**, rte Langres par ③ : 2 km ℘ 03 25 03 02 23, *Fax 03 25 32 52 33* – TV ☎ ✆ 🅿 –
GB   🔬 25. GB
      fermé 15 au 30 nov. et dim. soir – **Repas** 80/200 ♀, enf. 60 – 🖵 35 – **16 ch** 240/400

à Chamarandes *par ③ et D 162 : 3,5 km –* ✉ *52000 :*

✕✕ **Au Rendez-vous des Amis** 🐾 *avec ch,* 𝒞 *03 25 32 20 20, Fax 03 25 02 60 90,* 🌳 –
📺 ☎ 📞 – 🏊 *25.* 🆎

fermé 1ᵉʳ au 22 août, 22 déc. au 2 janv., vend. soir et sam. – **Repas** *95/280* 🍷*, enf. 55 –* ✉ *40*
– **19 ch** *210/380 – ½ P 275/350*

CHAUMONT *89340 Yonne* 🔢 ⑬ *– 552 h alt. 70.*

Paris 98 – Fontainebleau 34 – Montereau-Fault-Yonne 15 – Nemours 35 – Sens 22.

🏨 **Château de Chaumont** 🐾*,* 𝒞 *03 86 96 61 69, Fax 03 86 96 61 28,* ◁*,* 🌳*, parc –* 🛗 📺
☎ 📞 📞 –. 🏊 *25.* 🆎 🅾️ 🆒

fermé dim. soir et lundi du 1ᵉʳ nov. au 31 mars – **Repas** *160 bc/220* 🍷*, enf. 90 –* ✉ *60 –*
37 ch *500/740 – ½ P 520/590*

CHAUMONT-SUR-AIRE *55260 Meuse* 🔢 ⑳ *– 151 h alt. 250.*

Paris 270 – Bar-le-Duc 21 – St-Mihiel 25 – Verdun 33.

✕ **Auberge du Moulin Haut,** *Est : 1 km sur rte St-Mihiel* 𝒞 *03 29 70 66 46,*
Fax 03 29 70 60 75, 🌳*, « Ancien moulin au bord de l'eau »,* 🌿 *–* 📞*.* 🆎 🆒

fermé 15 janv. au 15 fév., dim. soir et lundi – **Repas** *90 (déj.), 140/300* 🍷*, enf. 50*

CHAUMONT-SUR-LOIRE *41150 L.-et-Ch.* 🔢 ⑯ *– 876 h alt. 69.*

Voir Château★★, G. Châteaux de la Loire.

Paris 204 – Tours 44 – Amboise 21 – Blois 19 – Montrichard 19.

✕ **Chancelière,** 𝒞 *02 54 20 96 95, Fax 02 54 33 91 71 –* ▪*.* 🆎 🆒
🐟 *fermé 10 au 30 nov., 20 janv. au 10 fév., merc. (sauf le midi en été) et jeudi –* **Repas** *84/208* 🍷*,*
enf. 56

CHAUMONT-SUR-THARONNE *41600 L.-et-Ch.* 🔢 ⑨ *G. Châteaux de la Loire – 901 h alt. 122.*

Paris 168 – Orléans 36 – Blois 53 – Romorantin-Lanthenay 32 – Salbris 31.

🏨 **Croix Blanche de Sologne,** 𝒞 *02 54 88 55 12, Fax 02 54 88 60 40,* 🌳 *–* 📺 ☎ 📞 📞*.*
🏊 *25 à 60.* 🆎 🅾️ 🆒 🃏

Repas *145/350* 🍷*, enf. 70 –* ✉ *45 –* **15 ch** *290/580, 3 duplex – ½ P 445/545*

CHAUMOUSEY *88 Vosges* 🔢 ⑮ *– rattaché à Épinal.*

CHAUNAY *86510 Vienne* 🔢 ③ *– 1 174 h alt. 130.*

Paris 382 – Poitiers 47 – Angoulême 68 – Confolens 53 – Niort 57.

🏨 **Central,** 𝒞 *05 49 59 25 04, Fax 05 49 53 41 88,* 🏊 *–* ▪ *rest,* 📺 ☎ 📞 📞 📞*.* 🆒
fermé 1ᵉʳ au 16 fév. et dim. soir du 1ᵉʳ oct. au 31 mars – **Repas** *(75) - 95/148* 🍷 *–* ✉ *38 –*
16 ch *240/280 – ½ P 320/380*

CHAUNY *02300 Aisne* 🔢 ③ ④ *– 12 926 h alt. 50.*

🅱 *Office de Tourisme pl. du Marché Couvert* 𝒞 *03 23 52 10 79, Fax 03 23 39 38 77.*

Paris 123 – Compiègne 40 – St-Quentin 30 – Laon 36 – Noyon 17 – Soissons 32.

✕✕✕ **Toque Blanche** *(Lequeux) avec ch, 24 av. V. Hugo* 𝒞 *03 23 39 98 98, Fax 03 23 52 32 79,*
🌸 🌳*,* 🌿 *–* 🍴 📺 ☎ 📞 📞 *–* 🏊 *30.* 🆒*.* 🐾 🆒

fermé 30 juil. au 21 août, 1ᵉʳ au 8 janv., 19 au 28 fév., sam. midi, dim. soir et lundi – **Repas**
(prévenir) 170/390 et carte 350 à 470 🍷 *–* ✉ *60 –* **6 ch** *310/495*

Spéc. *Etuvée de homard au sauternes. Filet de bar sur lit de champignons. Soufflé chaud à*
la framboise.

à Ognes *Ouest : 2 km par rte de Noyon – 1 169 h. alt. 55 –* ✉ *02300 :*

✕ **Relais St-Sébastien,** 𝒞 *03 23 52 15 77, Fax 03 23 39 91 52 –* 🆒
fermé 21 au 28 août, 13 au 20 fév., dim. soir et lundi – **Repas** *140/185, enf. 60*

au Rond-d'Orléans *Sud-Est : 8 km par D 937 et D 1750 –* ✉ *02300 Sinceny :*

🏨 **Auberge du Rond d'Orléans** 🐾*,* 𝒞 *03 23 40 20 10, Fax 03 23 52 36 80 –* 📺 ☎ 📞 *–*
🏊 *40.* 🆒
fermé 20 déc. au 10 janv. et dim. soir – **Repas** *(98) - 135/295 –* ✉ *40 –* **21 ch** *290/580 –*
½ P 340/390

CHAUSEY (Iles) *50 Manche* 59 ⑦ *C. Normandie Cotentin.*

Voir *Grande Ile★*

Accès *par transports maritimes.*

⌖ *depuis* **Granville.** *Traversée 50 mn - Renseignements à : Vedette "Jolie France II" Gare Maritime ℘ 02 33 50 31 81 (Granville), Fax 02 33 50 39 90, ou en saison, à Emeraudes des Lines Gare Maritime ℘ 02 33 50 16 36 (Granville), Fax 02 33 50 87 80.*

⌖ *depuis* **St-Malo.** *Service saisonnier - Traversée 1 h 30 mn - Renseignements à Emeraude Lines, B.P. 16, 35401 St-Malo Cedex ℘ 02 23 18 01 80, Fax 02 23 18 15 00.*

☂ **Fort et des Iles** ॐ, *℘* 02 33 50 25 02, ≼ *archipel,* 斎 , 斎
15 avril-16 oct. – **Repas** *(fermé lundi)* (en saison, prévenir) 105/135, enf. 70 – **8 ch**
(½ pens. seul.) – ½ P 318

La-CHAUSSÉE-ST-VICTOR *41 L.-et-Ch.* 64 ⑦ *– rattaché à Blois.*

La CHAUSSÉE-SUR-MARNE *51240 Marne* 56 ⑱ *– 628 h alt. 100.*

Paris 206 – *Reims 64 – Châlons-en-Champagne 18 – Vitry-le-François 16.*

🏠 **CLos de Mutigny** ॐ, 17 av. Dr Jolly *℘* 03 26 72 94 20, Fax 03 26 72 65 76, 斎 , 斎 – 📺
☎ ✆ 🅿 – 🔒 50. 🖲. 🦌 ch
fermé 22 janv. au 7 fév. et dim. soir – **Repas** *(85)* - 98/230 🍷 – ☲ 40 – **18 ch** 310/480 –
½ P 260/320

CHAUSSIN *39120 Jura* 70 ③ *– 1 587 h alt. 191.*

Paris 354 – *Beaune 53 – Besançon 72 – Chalon-sur-Saône 56 – Dijon 62 – Dole 20.*

🏠 **Chez Bach** ॐ, pl. Ancienne Gare *℘* 03 84 81 80 38, Fax 03 84 81 83 80, 斎 – 📺 ☎ 🅿 –
🔒 25. 🖲 🖲
fermé 20 déc. au 7 janv., vend. soir sauf juil.-août et dim. soir – Repas (dim. prévenir)
95/320 🍷, enf. 45 – ☲ 40 – **22 ch** 210/290 – ½ P 270/330

☂ **Val d'Orain,** 34 r. S.-M. Lévy *℘* 03 84 81 82 15, Fax 03 84 81 75 24 – 📺 ☎. 🖲
fermé vacances de Toussaint, de fév., vend. soir de sept. à juin et dim. soir – **Repas** 70 bc
(déj.), 88/180, enf. 55 – ☲ 35 – **10 ch** 180/220 – ½ P 200

CHAUVIGNY *86300 Vienne* 68 ⑭ ⑮ *G. Poitou Vendée Charentes – 6 665 h alt. 65.*

Voir *Ville haute★ – Église St-Pierre : chapiteaux du chœur★★ – Donjon de Gouzon★.*

Env. *St-Savin : abbaye★★ (peintures murales★★★), Pont-Vieux★, E : 19 km.*

🅱 *Office de Tourisme (saison) 5 r. Saint-Pierre ℘ 05 49 46 39 01 et Mairie ℘ 05 49 45 99 10.*
Paris 339 – *Poitiers 25 – Bellac 65 – Le Blanc 37 – Châtellerault 30 – Montmorillon 27.*

🏠 **Lion d'Or,** 8 r. Marché *℘* 05 49 46 30 28, Fax 05 49 47 74 28 – 📺 ☎ ✆ 🔒 🅿. 🖲 🖲
fermé 25 déc. au 1er janv. – **Repas** 90/200 🍷, enf. 75 – ☲ 35 – **26 ch** 270 – ½ P 270

🏠 **Chalet Fleuri** ॐ, 31 av. A. Briand *℘* 05 49 46 31 12, Fax 05 49 56 48 31, ≼, 斎 – 🚪 📺 ☎
✆ 🔒 🅿. ⓪ 🖲
Repas *(fermé dim. soir hors saison et lundi midi)* 78/198, enf. 45 – ☲ 35 – **32 ch** 250/320, 6
duplex – ½ P 245

☂ **Beauséjour,** 18 r. Vassalour *℘* 05 49 46 31 30, Fax 05 49 56 00 34, 斎 – 📺 ☎ ✆ 🅿. 🖲
🖲
fermé 21 déc. au 10 janv., dim. soir, vend. soir et lundi – **Repas** 65/115 🍷 – ☲ 30 – **20 ch** 300

CHAUX-NEUVE *25240 Doubs* 70 ⑥ *– 191 h alt. 992.*

Paris 451 – *Besançon 95 – Genève 75 – Lons-le-Saunier 62 – Pontarlier 36 – St-Claude 53.*

🏠 **Auberge du Grand Gît** ॐ, *℘* 03 81 69 25 75, Fax 03 81 69 15 44, ≼, 斎 – ☎ 🅿. 🖲
fermé avril, 20 oct. au 15 déc., dim. soir et lundi sauf vacances scolaires – **Repas** 73/113 🍷,
enf. 35 – ☲ 38 – **8 ch** 200/270 – ½ P 285

CHAVANAY *42410 Loire* 77 ① *– 2 071 h alt. 200.*

Paris 507 – *Annonay 27 – St-Étienne 51 – Serrières 12 – Tournon-sur-Rhône 51 – Vienne 20.*

XXX **Alain Charles** avec ch, rte Nationale *℘* 04 74 87 23 02, Fax 04 74 87 01 42, 斎 – 🚪 📺 ☎
🅿. 🖲
fermé 16 août au 5 sept., 2 au 12 janv., dim. soir et lundi sauf fériés – **Repas** 95/320 et carte
190 à 330 🍷 – ☲ 40 – **4 ch** 230/280 – ½ P 300

CHAVIGNOL *18 Cher* 65 ⑫ *– rattaché à Sancerre.*

CHAVOIRES *74 H.-Savoie* 74 ⑥ *– rattaché à Annecy.*

CHAZELLES-SUR-LYON 42140 Loire 🔢 ⑲ G. Vallée du Rhône – 4 895 h alt. 630.
Paris 491 – St-Étienne 36 – Lyon 48 – Montbrison 28 – Roanne 62.

🏨 **Château Blanchard** Ⓜ ⌂, 36 rte St-Galmier ℘ 04 77 54 28 88, Fax 04 77 54 36 03, 🌳 – 📺 ☎ ✆ 🚗 – 🔬 50. 🝏 ⓪ ⍟
fermé dim. soir – **Repas** (fermé 1er au 7 janv., dim. soir et lundi) 120/270 – 🖃 38 – **12 ch** 310/410 – ½ P 270

CHAZEY-SUR-AIN 01150 Ain 🔢 ③, 🔢 ⑨ – 895 h alt. 235.
Paris 472 – Lyon 43 – Bourg-en-Bresse 45 – Chambéry 86 – Nantua 55.

au Sud par D 62 et rte secondaire : 3 km :
XX **Louizarde**, ℘ 04 74 61 53 23, Fax 04 74 61 58 47, 🌳 – 📮, 🝏 ⍟, 🌼
fermé 13 au 31 août, 2 au 17 janv., sam. midi, dim. soir et lundi – **Repas** 100 bc (déj.), 135/285 🝐

Le CHEIX 63 P.-de-D. 🔢 ⑭ – ✉ 63320 St-Diéry.
Voir Gorges de Courgoul★ SE : 5 km, G. Auvergne.
Paris 459 – Clermont-Ferrand 44 – Besse-en-Chandesse 8 – Issoire 23 – Le Mont-Dore 31.

X **Relais des Grottes** avec ch, ℘ 04 73 96 30 30, Fax 04 73 96 30 75, ≤, 🌳 – ☎ ✆ 📮, ⍟
fermé 1er au 8 sept., 18 déc. au 13 janv., dim. soir et merc. sauf juil.-août – **Repas** 89/185 🝐, enf. 55 – 🖃 35 – **10 ch** 155/265 – ½ P 195/230

CHELLES 60 Oise 🔢 ③ – rattaché à Pierrefonds.

CHÉNAS 69840 Rhône 🔢 ① – 372 h alt. 253.
Paris 409 – Mâcon 17 – Bourg-en-Bresse 45 – Lyon 61 – Villefranche-sur-Saône 27.

XX **Les Platanes de Chénas**, aux Deschamps, Nord : 2 km par D 68 ℘ 03 85 36 79 80, Fax 03 85 36 78 33, 🌳, « Terrasse ombragée » – ⍟
fermé 5 au 25 fév., jeudi midi et merc. de sept. à mars – **Repas** 85 (déj.), 115/265 🝐, enf. 65

CHÊNEHUTTE-LES-TUFFEAUX 49 M.-et-L. 🔢 ⑫ – rattaché à Saumur.

CHÉNÉRAILLES 23130 Creuse 🔢 ① G. Berry Limousin – 794 h alt. 537.
Voir Haut-relief★ dans l'église.
Paris 374 – Aubusson 19 – La Châtre 63 – Guéret 34 – Montluçon 46.

XX **Coq d'Or** avec ch, ℘ 05 55 62 30 83, Fax 05 55 62 95 18 – ☎ ✆, ⍟
⌂ fermé 19 au 29 juin, 24 sept. au 4 oct., 2 au 18 janv., dim. soir et lundi – **Repas** 65/210 🝐 – 🖃 27 – **7 ch** 160/250 – ½ P 220

CHENNEVIÈRES-SUR-MARNE 94 Val-de-Marne 🔢 ①,, 🔢 ㉘ – voir à Paris, Environs.

CHENONCEAUX 37150 I.-et-L. 🔢 ⑯ – 313 h alt. 62.
Voir Château de Chenonceau★★★, G. Châteaux de la Loire.
🛈 Office de Tourisme (mai-sept.) 1 r. du Dr Bretonneau ℘ 02 47 23 94 45.
Paris 235 – Tours 31 – Amboise 12 – Château-Renault 36 – Loches 33 – Montrichard 10.

🏨 **Bon Laboureur**, ℘ 02 47 23 90 02, Fax 02 47 23 82 01, 🌳, 🏊, 🌳 – 📺 ☎ ✆ 🕭 📮 🝏 ❀ ⓪ ⍟
fermé 12 nov. au 15 déc., 3 janv. au 5 fév., merc. soir et jeudi du 1er nov. à Pâques – **Repas** 115 (déj.), 170/330 🝐 – 🖃 50 – **22 ch** 400/700, 5 appart – ½ P 405/565
Spéc. Brochet au vin de Chinon. Coeur de filet de boeuf au bourgueil. Dacquoise praliné

🏨 **Roseraie**, ℘ 02 47 23 90 09, Fax 02 47 23 91 59, 🌳, 🏊, 🌳 – 📺 ☎ ✆ 📮 🝏 ⓪ ⍟
15 fév.-15 nov. – **Repas** (fermé merc. midi et mardi du 15 fév. au 31 mars) 98/170 🝐 – 🖃 38 – **17 ch** 325/550 – ½ P 325/385

🏠 **Hostellerie La Renaudière**, ℘ 02 47 23 90 04, Fax 02 47 23 90 51, 🌳, parc, 🏋, 🏊 – 📺 ☎ ✆ 📮 🝏 ⓪ ⍟
fermé 15 nov. au 15 fév. sauf week-ends et vacances scolaires – **Repas** (fermé merc.) (89) – 99/204 🝐, enf. 50 – 🖃 25 – **15 ch** 240/430, 4 appart – ½ P 240/340

🏠 **Relais Chenonceaux**, ℘ 02 47 23 98 11, Fax 02 47 23 84 07, 🌳 – 📺 ☎, 🝏 ⓪ ⍟
mi-fév.-mi-nov. et fermé merc. d'oct. à mars – **Repas** 67/120 🝐, enf. 58 – 🖃 35 – **24 ch** 250/400 – ½ P 500

CHENÔVE *21 Côte-d'Or* 66 ⑫ – *rattaché à Dijon.*

CHÉPY *80210 Somme* 52 ⑥ – *1 246 h alt. 96.*

Paris 176 – Amiens 71 – Abbeville 18 – Le Tréport 23.

Auberge Picarde M, à la Gare ☎ 03 22 26 20 78, *Fax 03 22 26 33 34* – ☎ & P – 🏔 30. AE GB
fermé 26 déc. au 5 janv. – Repas *(fermé sam. midi et dim. soir)* 90/205 ♀, enf. 65 – ☕ 35 – **25 ch** 240/385 – ½ P 217

CHERBOURG SP *50100 Manche* 54 ② *G. Normandie Cotentin* – *27 121 h alt. 10* – *Casino* BY.

Voir *Fort du Roule* ※★ – *Château de Tourlaville : parc*★ *5 km par* ①.

✈ *de Cherbourg-Maupertus :* ☎ *02 33 88 57 60, par* ① *: 13 km.*

🅘 *Office de Tourisme 2 q. Alexandre III* ☎ *02 33 93 52 02, Fax 02 33 53 66 97 et à la Gare Maritime* ☎ *02 33 44 39 92.*

Paris 355 ② *– Brest 399* ② *– Caen 124* ② *– Laval 220* ② *– Le Mans 278* ② *– Rennes 208* ②.

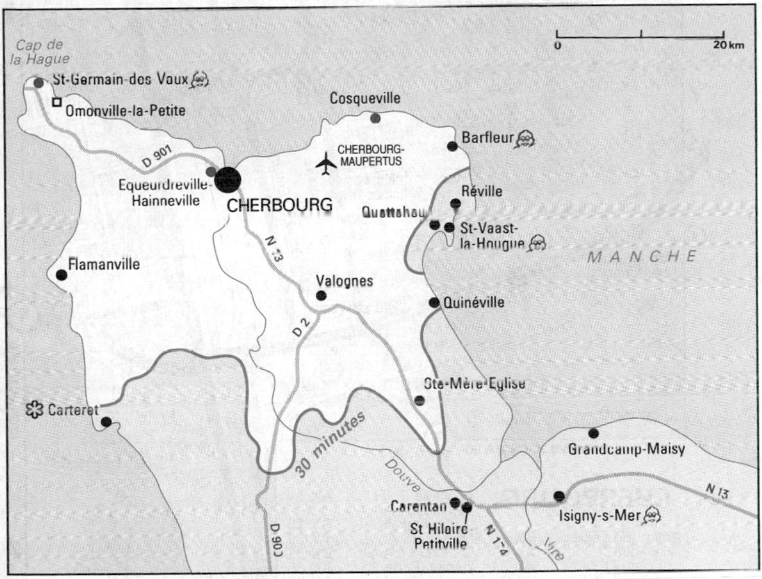

Mercure, gare maritime ☎ 02 33 44 01 11, *Fax 02 33 44 51 00*, ≤, – ⎮ ✈ TV ☎ – 🏔 80. AE ⓓ GB BX s
Repas *(80)* - 110/130 ♀, enf. 45 – ☕ 60 – **84 ch** 470/580

Quality Hôtel M, r. G. Sorel par ① ☎ 02 33 43 72 00, *Fax 02 33 43 72 06* – ⎮ ✈ TV ☎ & P – 🏔 70. AE ⓓ GB JCB. ✻ rest
Repas *(fermé sam. midi et dim.)* 85/140 ♀, enf. 46 – ☕ 49 – **72 ch** 380/420

Chantereyne sans rest, port de plaisance ☎ 02 33 93 02 20, *Fax 02 33 93 45 29* – TV ☎ &. AE ⓓ GB AX b
fermé 22 déc. au 7 janv. – ☕ 40 – **50 ch** 355/375

Louvre sans rest, 2 r. H. Dunant ☎ 02 33 53 02 28, *Fax 02 33 53 43 88* – ⎮ TV ☎. AE ⓓ GB JCB AX e
fermé 24 déc. au 1er janv. – ☕ 37 – **42 ch** 180/360

Ambassadeur sans rest, 22 quai de Caligny ☎ 02 33 43 10 00, *Fax 02 33 43 10 01* ⎮ TV ☎ &. AE GB JCB BX v
☕ 32 – **40 ch** 180/310

Angleterre sans rest, 8 r. P. Talluau ☎ 02 33 53 70 06, *Fax 02 33 53 74 36* – TV ☎. GB. ✻ AX k
☕ 35 – **23 ch** 185/285

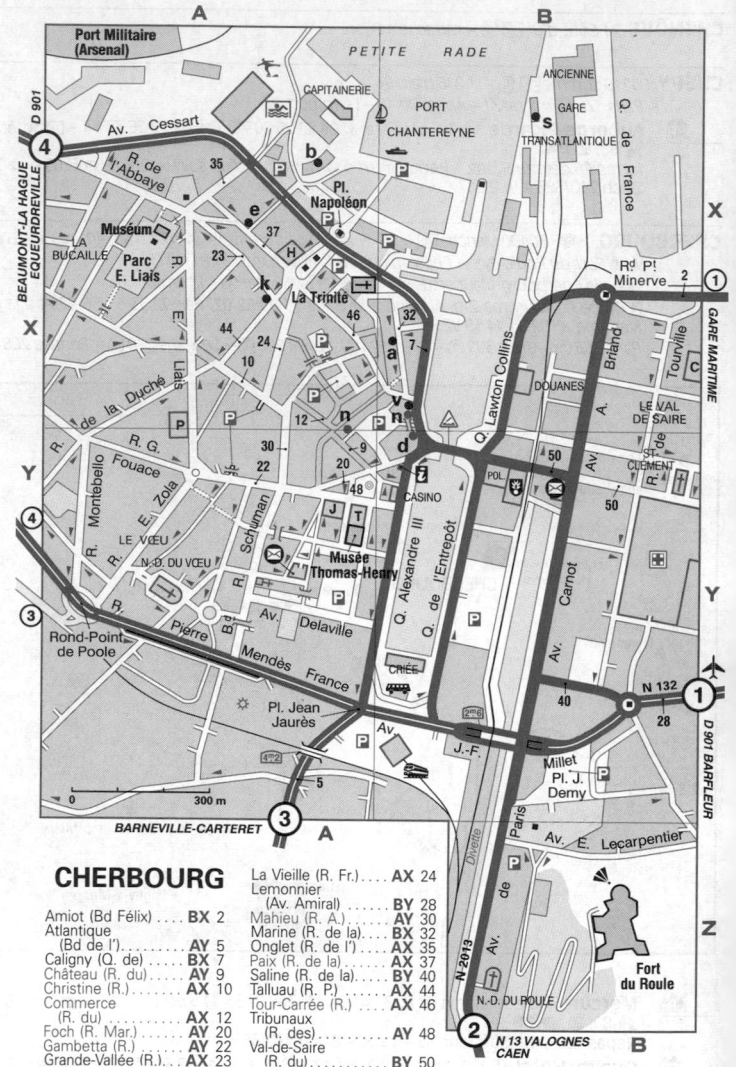

CHERBOURG

Moderna sans rest, 28 r. Marine *ℰ* 02 33 43 05 30, *Fax 02 33 43 97 37* – 📺 ☎ 📞 🖭
🇬🇧   BX   a
⌂ 30 – **25 ch** 170/300

Café de Paris, 40 quai Caligny *ℰ* 02 33 43 12 36, *Fax 02 33 43 98 49* – 🗐 🖭 🇬🇧
fermé 1ᵉʳ au 15 mars, 1ᵉʳ au 15 nov., dim. soir et lundi d'oct. à avril sauf fériés – **Repas**
105/210 ⅄   BXY d

Vauban, 22 quai Coligny *ℰ* 02 33 43 10 11, *Fax 02 33 43 15 18* – 🇬🇧   BX   n
fermé vacances de Toussaint, 21 fév. au 6 mars, dim. soir et lundi hors saison – **Repas** 79
(déj.), 96/180 ⅄, enf. 45

Pommier, 15 bis r. Notre-Dame *ℰ* 02 33 53 54 60, *Fax 02 33 53 40 86* – 🗐. 🇬🇧
💱   AXY n
fermé 5 au 18 sept., 22 fév. au 13 mars, dim. soir et lundi – **Repas** (100) - 145 ⅄, enf. 50

par ② Sud : 3 km par N 13 – ⊠ 50100 Cherbourg :

🏨 **Ibis** [M], rd-pt A. Malraux 𝒫 02 33 44 31 55, Fax 02 33 44 31 50, 🏠 ⸙✕ 📺 ☎ ✆ ⴲ ⴿ –
🛉 45. 🆎 ⴳ⋐
Repas (75) 95 ⎾, enf. 30 – ⟷ 35 – **43 ch** 290/350

à Equeurdreville-Hainneville par ④ : 4 km – 18 256 h. alt. 8 – ⊠ 50120 :

✕✕ **Gourmandine**, 24 r. Surcouf 𝒫 02 33 93 41 26, Fax 02 33 93 41 26, ≤ – ⊟. 🆎 ⓞ ⴳ⋐
fermé 16 juil. au 7 août, 23 déc. au 8 janv., dim. soir, mardi soir et lundi – **Repas** 95/105,
enf. 75

CHERENG 59152 Nord 🗗 ⑯, 🗗🗗🗗 ㉔ – 2 634 h. alt. 24.
Paris 224 – Lille 15 – Douai 43 – Tournai 14 – Valenciennes 51.

✕✕ **Verzenay**, 142 r. Nationale 𝒫 03 20 41 14 56, Fax 03 20 41 28 50, 🏠 – ⴲ. 🆎 ⴳ⋐
fermé 22 juil. au 16 août, 15 au 30 janv., dim. soir et lundi – **Repas** 100 bc/255 ⎾, enf. 65

Les CHÈRES 69380 Rhône 🗗🗗 ①, 🗗🗗🗗 ③ – 1 027 h. alt. 190.
Paris 441 – Lyon 22 – L'Arbresle 15 – Meximieux 51 – Trévoux 8 – Villefranche-sur-Saône 12.

✕✕ **Auberge du Pont de Morancé**, Ouest : 2 km par D 100 ⊠ 69480 Anse
𝒫 04 78 47 65 14, Fax 04 78 47 05 83, 🏠, parc, « Jardin fleuri », 🐎 – ⴲ. ⴳ⋐
fermé 15 au 28 fév., mardi soir et merc. – **Repas** 120/360 ⎾, enf. 80

CHERISY 28 E.-et-L. 🗗🗗 ⑦, 🗗🗗🗗 ㉕ – rattaché à Dreux.

CHÉROY 89690 Yonne 🗗🗗 ⑬ – 1 326 h. alt. 143.
Paris 101 – Fontainebleau 42 – Auxerre 70 – Montargis 34 – Nemours 25 – Sens 23.

✕✕ **Tour de Chéroy**, 𝒫 03 86 97 53 43, Fax 03 86 97 58 60 – ⴳ⋐
fermé 26 juin au 4 juil., 1er fév. au 1er mars, dim. soir (sauf fériés), lundi soir et mardi – **Repas**
(58) - 92/185 ⎾

Le CHESNAY 78 Yvelines 🗗🗗 ⑨, 🗗🗗🗗 ㉓ – voir à Paris, Environs (Versailles).

CHEVAL-BLANC 84 Vaucluse 🗗🗗 ⑫ – rattaché à Cavaillon.

CHEVANNES 89 Yonne 🗗🗗 ⑤ – rattaché à Auxerre.

CHEVERNY 41 L.-et-Ch. 🗗🗗 ⑰ ⑱ – rattaché à Cour-Cheverny.

CHEVIGNEY-LÈS-VERCEL 25 Doubs 🗗🗗 ⑱ – rattaché à Valdahon.

CHEVIGNY 21 Côte-d'Or 🗗🗗 ⑫ – rattaché à Dijon.

CHEVRY 01 Ain 🗗🗗 ⑮ – rattaché à Gex.

Le CHEYLARD 07160 Ardèche 🗗🗗 ⑲ – 3 833 h. alt. 450.
Paris 597 – Le Puy-en-Velay 62 – Valence 60 – Aubenas 50 – Lamastre 22 – Privas 47.

🏨 **Provençal**, av. Gare 𝒫 04 75 29 02 08, Fax 04 75 29 35 63 – ⊟ rest, 📺 ☎ ✆ 🐎. ⴳ⋐
🛉 ✕✕ ch
fermé 18 août au 6 sept., 26 déc. au 3 janv., 9 fév. au 3 mars, vend. soir, dim. soir et lundi –
Repas (85) - 100/310 bc ⎾, enf. 70 – ⟷ 44 – **10 ch** 230/330 – ½ P 280

CHÉZERY-FORENS 01410 Ain 🗗🗗 ⑤ – 357 h. alt. 585.
Paris 507 – Bellegarde-sur-Valserine 17 – Bourg-en-Bresse 80 – Gex 40 – Nantua 32.

🏠 **Commerce**, 𝒫 04 50 56 90 67, 🏠 – ⴳ⋐
🐎 fermé 19 juin au 1er juil., 18 sept. au 8 oct., 1er au 10 janv., mardi soir et merc. sauf vacances
scolaires – **Repas** (70) - 85/220 ⎾ – ⟷ 40 – **10 ch** 230 – ½ P 240/270

CHICHILIANNE 38930 Isère 🔢 ⑭ – 158 h alt. 1006.

    Paris 622 – Die 44 – Gap 79 – Grenoble 55 – La Mure 63.

🏠 **Château de Passières** ⌂, ☎ 04 76 34 45 48, Fax 04 76 34 46 25, ≼, 🏡, ⅃, 🌧, 🎾 – ☎ 🅿 – 🔬 45. ⯍ ☖
    fermé déc., dim. soir et lundi hors saison – **Repas** 120/200, enf. 70 – ☲ 45 – **23 ch** 300/420 – ½ P 330/420

CHILLE 39 Jura 🔢 ④ – rattaché à Lons-le-Saunier.

CHILLEURS-AUX-BOIS 45170 Loiret 🔢 ⑳ – 1 471 h alt. 125.

    Paris 97 – Orléans 30 – Chartres 70 – Étampes 47 – Pithiviers 14.

✕✕ **Lancelot**, 12 r. Déportés ☎ 02 38 32 91 15, Fax 02 38 32 92 11, 🏡 – 🅿. ☖
    fermé 2 au 19 nov., vacances de fév., dim. soir, merc. soir et lundi – **Repas** 95/330 ♀

CHINAILLON 74 H.-Savoie 🔢 ⑦ – rattaché au Grand-Bornand.

CHINDRIEUX 73310 Savoie 🔢 ⑮ – 1 059 h alt. 300.

    Env. Abbaye de Hautecombe★★ (chant grégorien) SO : 10 km, G. Alpes du Nord.

    Paris 521 – Annecy 37 – Aix-les-Bains 16 – Bellegarde-sur-Valserine 39 – Chambéry 34.

🏠 **Relais de Chautagne**, ☎ 04 79 54 20 27, Fax 04 79 54 51 63 – ▣ ☎ & 🅿 – 🔬 25. ☖
    fermé 27 déc. au 10 fév., dim. soir et lundi sauf juil.-août – **Repas** 95/200 ♀ – ☲ 35 – **32 ch** 240/260

En juin et en septembre,
les hôtels sont moins chers qu'en pleine saison, le service est plus soigné.

CHINON ◈ 37500 I.-et-L. 🔢 ⑨ G. Châteaux de la Loire – 8 627 h alt. 40.

    Voir Vieux Chinon★★ : Grand Carroi★★ A E – Château★★ : ≼★★ – Quai Danton ≼★★.

    Env. Château d'Ussé★★ 14 km par ①.

    🅱 Office de Tourisme pl. Hofheim ☎ 02 47 93 17 85, Fax 02 47 93 93 05 et (juil.-août) rte de Tours.

    Paris 287 ① – Tours 47 ① – Châtellerault 51 ③ – Poitiers 80 ③ – Saumur 30 ③.

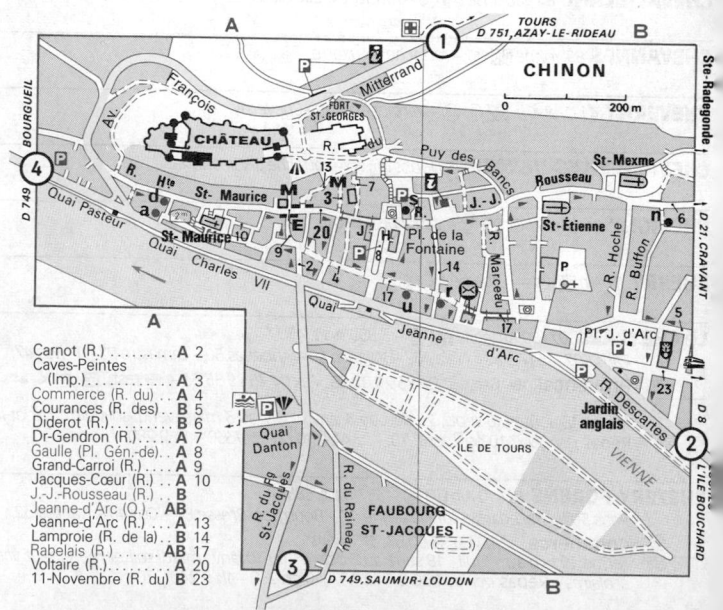

Carnot (R.) .... **A** 2
Caves-Peintes
  (Imp.). .... **A** 3
Commerce (R. du) .. **A** 4
Courances (R. des) .. **B** 5
Diderot (R.). .... **B** 6
Dr-Gendron (R.). .... **A** 7
Gaulle (Pl. Gén-de). . **A** 8
Grand-Carroi (R.). ... **A** 9
Jacques-Cœur (R.) .. **A** 10
J.-J.-Rousseau (R.) .. **B**
Jeanne-d'Arc (Q.). .. **AB**
Jeanne-d'Arc (R.) ... **B** 13
Lamproie (R. de la) .. **B** 14
Rabelais (R.) .... **AB** 17
Voltaire (R.). .... **A** 20
11-Novembre (R. du) **B** 23

France, 47 pl. Gén. de Gaulle 📞 02 47 93 33 91, Fax 02 47 98 37 03 – 🍽 rest, 📺 ☎ ✆ 🚗. A S
🏛 ⚑100⚑ 🖭 ⑩ 🅖🅑 🍴, ✦ ch
fermé 15 au 30 nov., 16 fév. au 6 mars et dim. de nov. à mars – Repas (fermé dim. soir et lundi sauf du 15 juil. au 31 août) 115/295 ♈, enf. 75 – ☲ 50 – **28 ch** 340/500 – ½ P 330/355

Chinon Ⓜ ॐ, centre St-Jacques (près piscine), par quai Danton - Λ 📞 02 47 98 46 46, 🏛🏛 Fax 02 47 98 35 44, 🏡, ☘ – 🛗 📺 ☎ ✆ ᵭ 🅟 – 🔬 30 à 80. 🖭 ⑩ 🅖🅑
fermé 20 déc. au 10 janv. – **Repas** (75) - 120/210 ᵭ, enf. 50 – ☲ 45 – **52 ch** 395/430 – ½ P 375

Diderot ॐ sans rest, 4 r. Buffon 📞 02 47 93 18 87, Fax 02 47 93 37 10 – ☎ ✆ ᵭ 🅟. 🖭 ⑩ 🏛 🅖🅑. ✦ B n
☲ 40 – **28 ch** 260/410

XXX **Au Plaisir Gourmand** (Rigollet), quai Charles VII 📞 02 47 93 20 48, Fax 02 47 93 05 66, ⭐ 🏡 – 🍽. 🖭 🅖🅑 A a
fermé 15 fév. au 10 mars, dim. soir et lundi – **Repas** (nombre de couverts limité, prévenir) 180/360 et carte 220 à 380
Spéc. Lapereau en gelée. Sandre au beurre blanc. Beuchelle à la tourangelle. **Vins** Chinon, Vouvray.

XX **L'Océanic**, 13 r. Rabelais 📞 02 47 93 44 55, Fax 02 47 93 38 08, 🏡 – 🍽. 🖭 🅖🅑 A u
fermé 10 au 31 janv., dim. soir et lundi – **Repas** - produits de la mer - 110/160 ♈, enf. 60

XX **Boule d'Or** avec ch, 21 r. Rabelais 📞 02 47 98 40 88, Fax 02 47 93 24 25, 🏡 – 📺 ☎. 🖭 ⑩ 🅖🅑 B r
fermé 20 déc. au 15 janv. et lundi midi – **Repas** 99/185 ♈ – ☲ 45 – **13 ch** 270/340 – ½ P 320/400

XX **L'Orangerie**, 79 bis r. Haute-St-Maurice 📞 02 47 98 42 00, Fax 02 47 93 92 50 – 🍽. ⑩ 🅖🅑 A d
fermé 15 au 28 fév., dim. soir d'oct. à mars et mardi – **Repas** 110/165 ♈, enf. 60

à Marçay par ③ et D 116 : 9 km – 416 h. alt. 65 – ⊠ 37500 :

🏛🏛🏛 **Château de Marçay** ॐ, 📞 02 47 93 03 47, Fax 02 47 93 45 33, ≤, 🏡, « Château du 15ᵉ siècle, parc », ☘, ✾ – 🛗 📺 ☎ ✆ 🅟 – 🔬 30 à 80. 🖭 ⑩ 🅖🅑
fermé fin janv. à mi-mars – **Repas** (fermé lundi midi et mardi de nov. à avril sauf fériés) (165) - 280/450 ♈ – ☲ 100 – **30 ch** 660/1380, 4 appart – ½ P 860/1220

à Beaumont-en-Véron par ④ : 5 km – 2 569 h. alt. 37 – ⊠ 37420 :

🏛🏛 **Château de Danzay** ॐ, 📞 02 47 58 46 86, Fax 02 47 58 84 35, ≤, parc, « Château du 15ᵉ siècle », ☘ – 📺 ☎ ✆ 🅟. 🖭 ⑩ 🅖🅑. ✦ rest
15 mars-1ᵉʳ nov. – **Repas** (avril-oct.) (dîner seul.) 290/390 – ☲ 90 – **10 ch** 800/1500 – ½ P 950/1230

🏛 **Giraudière** ॐ, 📞 02 47 58 40 36, Fax 02 47 58 46 06, 🏡, « Pigeonnier du 16ᵉ siècle », ✾ – cuisinette 📺 ☎ ✆ 🅟 – 🔬 25. 🖭 ⑩ 🅖🅑
Repas 120/230 ♈ – ☲ 40 – **25 ch** 250/390 – ½ P 235/410

CHISSAY-EN-TOURAINE 41 L.-et-Ch. 🔠 ⑯ – rattaché à Montrichard.

CHISSEAUX 37150 I.-et-L. 🔠 ⑯ – 522 h alt. 58.
🅱 Syndicat d'Initiative (fermé jeudi après-midi et sam.) Mairie, 📞 02 47 23 90 75.
Paris 226 – Tours 33 – Amboise 14 – Loches 32 – Romorantin-Lanthenay 59.

🏛 **Clair Cottage**, 27 r. Europe 📞 02 47 23 90 69, Fax 02 47 23 87 07, 🏡, ☘, ✾ – 🍽 rest, 🅖🅑 📺 ☎ 🅟. 🖭 🅖🅑
1ᵉʳ mars-30 nov. et fermé dim. soir et lundi d'oct. à mars – **Repas** (fermé lundi et mardi hors saison) 85/160 ♈, enf. 50 – ☲ 37 – **20 ch** 260/330 – ½ P 250/300

CHISSEY-SUR-LOUE 39380 Jura 🔟 ④ G. Jura – 336 h alt. 230.
Paris 390 – Besançon 40 – Arbois 18 – Dole 24 – Lons-le-Saunier 56 – Pontarlier 63.

X **Chaumière du Val d'Amour**, 📞 03 84 37 61 40, Fax 03 84 37 68 14, 🏡
fermé lundi, mardi, merc. et jeudi – **Repas** 135/160

CHITENAY 41120 L.-et-Ch. 🔠 ⑰ – 888 h alt. 90.
Voir Galerie des Illustres** du château de Beauregard* N : 5 km, G. Châteaux de la Loire.
Paris 194 – Orléans 72 – Tours 76 – Blois 13 – Châteauroux 87.

🏛🏛 **Auberge du Centre**, 📞 02 54 70 42 11, Fax 02 54 70 35 03, 🏡, ✾, ✾ – 🔆 📺 ☎ ᵭ 🅟. 🖭 🅖🅑
fermé 18 fév. au 5 mars, lundi sauf le soir en saison et dim. soir hors saison – **Repas** 98 (déj.), 115/360 bc ♈, enf. 50 – ☲ 42 – **25 ch** 355/395 – ½ P 315/345

CHOISY-AU-BAC *60 Oise* 56 ②, 106 ⑩ – *rattaché à Compiègne.*

CHOLET ⓈⓅ *49300 M.-et-L.* 67 ⑤ ⑥ *G. Châteaux de la Loire* – *55 132 h alt. 91.*

Voir *Musée d'Art et d'Histoire★* **Z M.**

🅱 *Office de Tourisme pl. Rougé* ✆ *02 41 49 80 00, Fax 02 41 49 80 09.*

Paris 350 ① – *Angers 61* ① – *La Roche-sur-Yon 67* ④ – *Ancenis 49* ⑥ – *Nantes 57* ⑤.

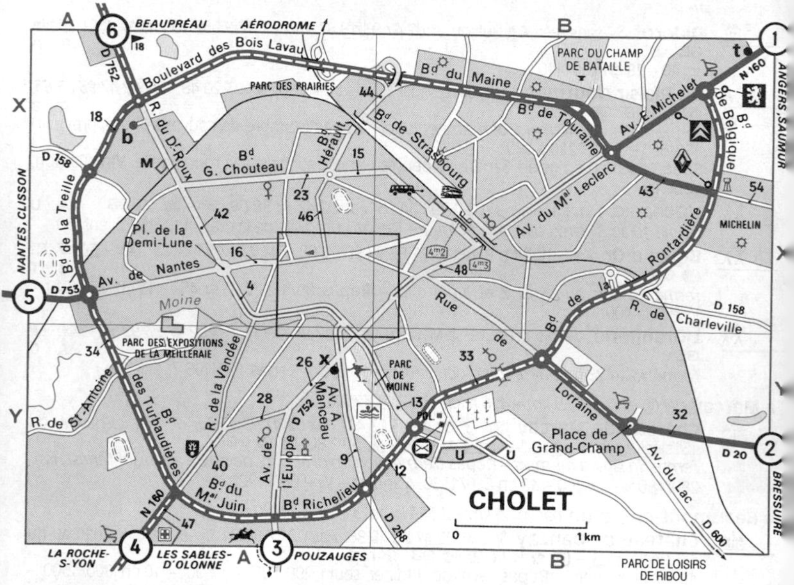

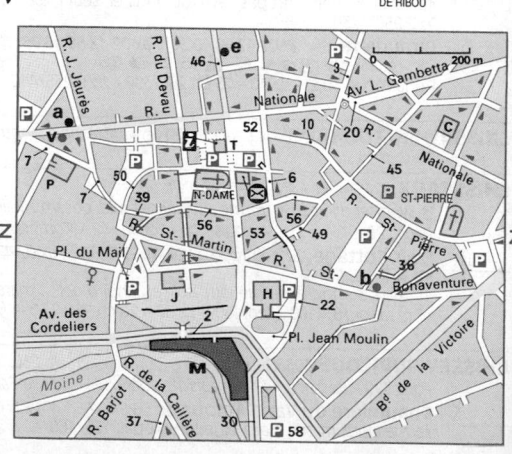

Abreuvoir (Av. de l') . . . . . . **Z** 2
Bons-Enfants (R. des) . . . . **Z** 3
Bouet (Av. F.) . . . . **AX** 4
Bourg-Baudry (R. du) . . . . . **Z** 6
Bretonnaise (R.) . . . . **Z** 7
Champagny (Av. du Cdt de) . . . . **AY** 9
Clemenceau (R. G.) . . . . . . **Z** 10
Coubertin (Bd P. de) . . . . **BY** 12
Delhumeau Plessis (Bd) . . . . **BY** 13
Faidherbe (Bd du Gén.) . **AY** 15
Foch (Av. du Mar.) . . . . . **AX** 16
Godinière (Bd de la) . . . . . **AX** 18
Guérineau (Pl. A.) . . . . **Z** 20
Hôtel-de-Ville (R. de l') . . . . **Z** 22
Joffre (Bd du Mar.) . . . . . **AX** 23
Libération (Av. de la) . . . . **AY** 26
Marne (Av. de la) . . . . **AY** 28
Maudet (Av.) . . . . **Z** 30
Maulévrier (R. de) . . . . . . **BY** 32
Minée (Bd de la) . . . . **BY** 33
Moinie (Bd de la) . . . . **AY** 34
Moine (R. de la) . . . . **Z** 36
Montfort (R. G. de) . . . . . . **Z** 37
Nantaise (R.) . . . . **Z** 39
Nationale (R.) . . . . **Z**
Napoléon Bonaparte (Av.) . . . . **AY** 40
Pasteur (R. L.) . . . . **AX** 42
Poitou (Bd du) . . . . **BX** 43
Pont-de-Pierre (Bd du) . . **AB** 44
Puits-de-l'Aire (R. du) . . . . . **Z** 45
Richard (Bd G.) . . . . **Z** 46
Sables (Av. des) . . . . **AY** 47

Sadi-Carnot (R.) . . . . **BX** 48
Salberie (R.) . . . . **Z** 49
Sardinerie (R. de la) . . . . **Z** 50
Toutlemonde (R. de) . . . . **BX** 54
Travot (Pl.) . . . . **Z** 52
Travot (R.) . . . . **Z** 53
Vieux-Greniers (R. des) . . . . . . **Z** 56
8-Mai-1945 (Pl. du) . . . . **Z** 58

Atlantel Ⓜ, rte Angers ✆ 02 41 71 08 08, *Fax 02 41 71 96 96*, – 📺 ☎ 📞 ♿ 🅿 – 🔬 50. AE ⓓ GB — BX t

Repas 100/245 🍷, enf. 60 – ☕ 48 – **57 ch** 315/350 – ½ P 353

🏨 **Grand Hôtel de la Poste**, 26 bd G.-Richard 🖉 02 41 62 07 20, Fax 02 41 58 54 10 – 🛗,
🍽 rest, 📺 ☎ 📞 🚗 – 🔏 50. 🅰 ① 🌐   Z e
fermé 22 déc. au 3 janv. – **Repas** *(fermé dim.)* (90) - 100/320 ♈ – ⚌ 48 – **48 ch** 320/520

🏠 **Parc** sans rest, 4 av. A. Manceau 🖉 02 41 62 65 45, Fax 02 41 58 64 08 – 🛗 📺 📞 🚗 –
🔏 35. 🅰 🌐 🌿   AY x
⚌ 35 – **46 ch** 200/290

🏞 **Commerce** sans rest, 194 r. Nationale 🖉 02 41 62 08 97, Fax 02 41 62 31 57 – 📺 ☎ 🌐
fermé 1er au 21 mai – ⚌ 35 – **14 ch** 160/280   Z a

✕✕ **Touchetière**, rd-pt St-Léger 🖉 02 41 62 55 03, Fax 02 41 58 82 10, 🏠 – 🅿 🅰 🌐
fermé 31 juil. au 20 août, sam. midi et dim. soir – **Repas** (95) - 119/190 ♈   AX b

✕ **Thermidor**, 40 r. St-Bonaventure 🖉 02 41 58 55 18, Fax 02 41 58 55 18 – ① 🌐
fermé 1er au 15 juil., 5 au 12 janv., mardi soir et merc. – **Repas** (69) - 95/220 ♈, enf. 40
                                                                                      Z b

✕ **Passé Simple**, 181 r. Nationale 🖉 02 41 75 90 06, Fax 02 41 75 90 06 – 🌐   Z v
🚲 *fermé 1er au 16 août, dim. sauf fériés et lundi* – **Repas** 80/180 ♈, enf. 55

à Nuaillé par ① et D 960 : 7,5 km – 1 261 h. alt. 133 – ✉ 49340 :

🏠 **Relais des Biches**, pl. Église 🖉 02 41 62 38 99, Fax 02 41 62 96 24, 🏠, 🏊, 🌿 – 📺 ☎ 📞
🚲 🚗 🅿 🅰 🌐
fermé sam. et dim. du 15 sept. au 15 mai – **Repas** 76/150 ♈ – ⚌ 50 – **12 ch** 330/400 –
½ P 355

par ④ rte de la Roche-sur-Yon – ✉ 49300 Cholet :

✕✕✕ **Château de la Tremblaye** 🦢 avec ch, à 5,5 km par N 160 et C 15 🖉 02 41 58 40 17,
Fax 02 41 58 20 67, « Château du 19e siècle », 🏊, 🌿 – 📺 ☎ 📞 🅿 – 🔏 50. 🅰 🌐
Repas *(fermé dim. soir et lundi)* 120/218 et carte 240 à 350, enf. 79 – ⚌ 55 – **11 ch** 430/600

Repas 70/185	**Repas à prix fixes :** des menus à prix intermédiaires à ceux indiqués sont généralement proposés.

CHOMELIX 43500 H.-Loire 76 ⑦ – 376 h alt. 910.
Paris 527 – Le Puy-en-Velay 30 – Ambert 44 – Brioude 60 – St-Étienne 68.

✕✕ **Auberge de l'Arzon** avec ch, 🖉 04 71 03 62 35, Fax 04 71 03 61 62 – 📺 ☎ 🕭. 🌐
1er avril-1er nov. et fermé mardi sauf le soir en juil.-août et lundi de sept. à juin Repas
98/245 – ⚌ 38 – **9 ch** 255/370 – ½ P 275/520

CHONAS-L'AMBALLAN 38 Isère 74 ⑪ – rattaché à Vienne.

CIBOURE 64 Pyr.-Atl. 85 ② – voir à St-Jean-de-Luz.

CIEUX 87520 H.-Vienne 72 ⑦ – 943 h alt. 320.
🛈 Syndicat d'Initiative (Mairie) 🖉 05 55 03 30 28.
Paris 392 – Limoges 31 – Bellac 17 – Confolens 35 – St-Junien 18.

🏠 **Auberge La Source**, 1 av. Lac 🖉 05 55 03 33 23, Fax 05 55 03 26 88, 🏠, 🌿 – 📺 ☎ 📞
🕭 – 🔏 60. 🌐
fermé 15 janv. au 15 fév. – **Repas** *(fermé dim. soir hors saison et lundi)* 80 (déj.), 120/195 ♈,
enf. 40 – ⚌ 34 – **8 ch** 250/450 – ½ P 275/325

CINQ CHEMINS 74 H.-Savoie 70 ⑰ – rattaché à Thonon-les-Bains.

La CIOTAT 13600 B.-du-R. 84 ⑭, 114 ㊸ G. Provence – 30 620 h alt. 3 – Casino AZ.
Voir Calanque de Figuerolles★ SO : 1,5 km puis 15 mn AZ – Chapelle N.-D. de la Garde ≤★★
O : 2,5 km puis 15 mn – Sémaphore ≤★★★ O : 5,5 km.
Excurs. l'Île Verte ≤★ en bateau 30 mn.
🛈 Office de Tourisme bd A.-France 🖉 04 42 08 61 32, Fax 04 42 08 17 00.
Paris 805 ⑤ – Marseille 31 ⑤ – Toulon 40 ③ – Aix-en-Provence 51 ⑤ – Brignoles 63 ⑤.

Plan page suivante

✕ **Fresque**, 18 r. Combattants 🖉 04 42 08 00 60, Fax 04 42 71 40 34, 🏠 – 🌐. 🌿
fermé mi-déc. à mi-janv., sam. midi et dim. – **Repas** 120/295 ♈   BZ r

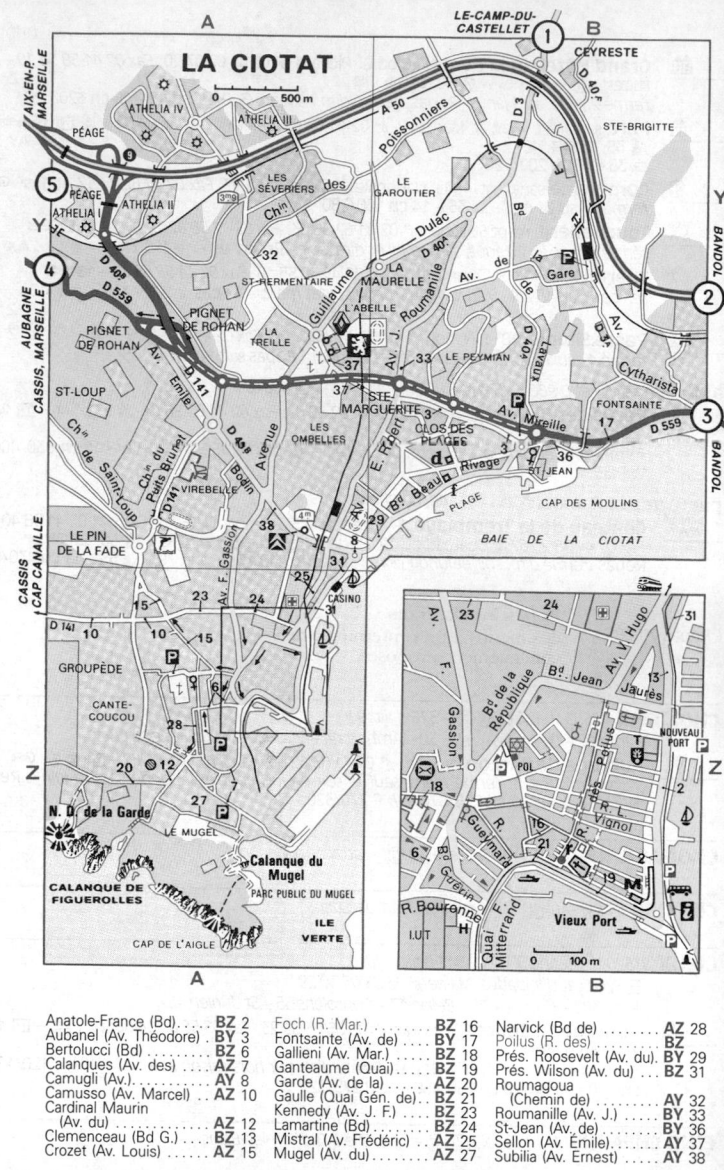

LA CIOTAT

au Clos des Plages *Nord-Est : 1,5 km par D 559* - ABY – ⊠ *13600 La Ciotat :*

▦▦ **Miramar,** 3 bd Beaurivage ✆ 04 42 83 33 79, Fax 04 42 83 33 79, ≤, 斎 – 🗏 📺 ☎ 🅿 –
🛆 25. 🆎 ⑩ 🅶🅱 🅹🅲🅱, ✵
BY **f**
Repas *(fermé sam. midi et dim. soir de sept. à mai)* (95) - 125/295 ⬛ – ⬅ 55 – **24 ch** 580/780 –
1/2 P 480/530

▦ **Provence Plage,** 3 av. Provence ✆ 04 42 83 09 61, Fax 04 42 08 16 28, 斎 – 📺 ☎ 🅿 🆎
🅶🅱
BY **d**
Repas *(fermé dim. soir d'oct. à mai)* 65 (déj.), 90/155 ⬛, enf. 50 – ⬅ 40 – **20 ch** 270/370 –
1/2 P 260/310

au Liouquet par ③ et D 559 . 6 km – ⊠ 13600 La Ciotat :

🏨🏨 **Ciotel Le Cap** ⟩⟩, 𝒫 04 42 83 90 30, Fax 04 42 83 04 17, ≤, 🏠, « Jardin fleuri », ⤢, 🐴 – 📺 🐾 ❤️ 🅿️ – 🔄 80. 🗚 ⓞ 🖼
début mars-fin nov. – **Repas** *(fermé dim. soir hors saison)* 165/260 – ⇨ 65 – **43 ch** 810/880 – 1/2 P 650

🏨 **Corniche** ⟩⟩, 𝒫 04 42 08 12 20, Fax 04 42 71 68 34, ≤, 🏠 – 📺 🐾 🅿️. 🖼
Repas *(juin-sept.)* (dîner seul.) 90/110 – ⇨ 40 – **12 ch** 370/450 – 1/2 P 305/345

🍴🍴 **Auberge Le Revestel** ⟩⟩ avec ch, 𝒫 04 42 83 11 06, Fax 04 42 83 29 50, ≤, 🏠 – 🐾. 🖼 🐾 ch
fermé 3 janv. au 10 fév. – **Repas** *(fermé merc. sauf le soir du 1er juil. au 15 sept. et dim. soir)* (110) - 170/250 , enf. 95 – ⇨ 45 – **6 ch** 320

CIRES-LÈS-MELLO 60660 Oise 5️⃣6️⃣ ① – 3 458 h alt. 39.
Voir Commune de la "Méridienne Verte".
Paris 63 – Compiègne 46 – Beauvais 32 – Chantilly 17 – Clermont 16 – Creil 11.

🏨🏨 **Relais du Jeu d'Arc** ⟩⟩, pl. Jeu d'Arc à Mello, Est : 1 km 𝒫 03 44 56 85 00, Fax 03 44 56 85 19, 🏠, « Ancien relais de poste du 17e siècle » – 🌞 📺 🐾 🔄 – 🔄 40. 🗚 🖼 🐾
fermé 30 juil. au 24 août et 24 déc. au 1er janv. – **Repas** *(fermé dim. soir et lundi)* 98/165 – ⇨ 42 – **10 ch** 360/460 – 1/2 P 295

CIRQUE Voir au nom propre du Cirque.

CLAIRA 66530 Pyr.-Or. 8️⃣6️⃣ ⑲ – 2 117 h alt. 10.
Paris 852 – Perpignan 17 – Millas 34 – Narbonne 60 – Rivesaltes 10.

🍴🍴 **Baroque**, 41 bis av. Agly 𝒫 04 68 59 69 33, Fax 04 68 28 60 11, 🏠 – 🗚 ⓞ 🖼
fermé 2 au 25 janv., mardi soir et merc. du 15 sept. au 30 mars – **Repas** 128/295 bc , enf. 65

CLAIRAC 47320 L.-et-G. 7️⃣9️⃣ ⑭ – 2 338 h alt. 52.
🛈 Syndicat d'Initiative Mairie 𝒫 05 53 84 22 21.
Paris 605 – Agen 40 – Marmande 24 – Nérac 36.

🍴🍴 **L'Écuelle d'Or**, 22 r. Porte Peinte 𝒫 05 53 88 19 78, Fax 05 53 88 90 77 – 🗚 ⓞ 🖼
fermé 6 au 13 mars, 1er au 9 oct., 1er au 8 janv., dim. soir et lundi – **Repas** (65) - 95 bc/265 ⟩, enf. 50

CLAIX 38 Isère 7️⃣7️⃣ ④ – rattaché à Grenoble.

CLAM 17 Char.-Mar. 7️⃣1️⃣ ⑥ – rattaché à Jonzac.

CLAMART 92 Hauts-de-Seine 6️⃣0️⃣ ⑩,, 1️⃣0️⃣1️⃣ ㉕ – voir à Paris, Environs.

CLAMECY ⟨⟨S⟩⟩ 58500 Nièvre 6️⃣5️⃣ ⑮ G. Bourgogne – 5 284 h alt. 144.
Voir Église St-Martin★.
🛈 Office de Tourisme r. Grand Marché 𝒫 03 86 27 02 51, Fax 03 86 27 20 65.
Paris 208 – Auxerre 42 – Avallon 38 – Cosne-sur-Loire 52 – Dijon 144 – Nevers 69.

🍴 **Au Bon Accueil**, 3 rte Auxerre 𝒫 03 86 27 91 67 – ▦. 🖼
fermé 1er au 15 juil., 1er au 10 déc. et vacances de fév. – **Repas** *(fermé le soir d'oct. à avril, merc. soir et dim. soir d'avril à oct.)* 90/250

CLAPIERS 34 Hérault 8️⃣3️⃣ ⑦ – rattaché à Montpellier.

Le CLAUX 15400 Cantal 7️⃣6️⃣ ③ – 293 h alt. 1080.
Voir Cascade du Sartre★ N : 4 km – Cheylade : voûte★ de l'église N : 6 km, G. Auvergne.
Paris 519 – Aurillac 51 – Mauriac 51 – Murat 24.

🏨 **Peyre-Arse**, 𝒫 04 71 78 93 32, Fax 04 71 78 90 37, ≤, 🔲, 🐴 – 🐾 🅿️ – 🔄 50. 🖼
Repas 110/195 , enf. 50 – ⇨ 40 – **29 ch** 300 – 1/2 P 300

Les CLAUX 05 H.-Alpes 7️⃣7️⃣ ⑱ – rattaché à Vars.

La CLAYETTE 71800 S.-et-L. ⬛⬛ ⑰ ⑱ G. Bourgogne – 2 307 h alt. 369.

    Voir *Château de Drée* ★ N : 4 km.

    🏢 *Office de Tourisme 3 rte de Charolles* ℘ *03 85 28 16 35, Fax 03 85 26 87 25.*

    Paris 380 – Mâcon 56 – Charolles 20 – Lapalisse 63 – Lyon 89 – Roanne 41.

    Gare avec ch, ℘ 03 85 28 01 65, *Fax 03 85 28 03 13,* 🌦, 🏊, 🌳 – 📺 ☎ 🍴 ⇦ 🅿. GB
    fermé 2 janv. au 2 fév., dim. soir, mardi midi et lundi – **Repas** 115/170 ♀, enf. 60 – ⇱ 42 –
    8 ch 270/410 – ½ P 270/330

CLÉCY 14570 Calvados ⬛⬛ ⑪ G. Normandie Cotentin – 1 182 h alt. 100.

    Paris 266 – Caen 40 – Condé-sur-Noireau 11 – Falaise 29 – Flers 23 – Vire 36.

    Moulin du Vey 🦢 (Annexes Manoir du Placy à 400 m et, Relais de Surosne à 3 km) - Est :
    2 km par D 133 ℘ 02 31 69 71 08, *Fax 02 31 69 14 14,* ≤, 🌦, « *Parc au bord de l'Orne* » –
    📺 ☎ 🍴 🅿 – 🔏 80. 🆔 ⓪ GB JCB
    fermé 30 nov. au 28 déc. et 3 au 31 janv. – **Repas** *(fermé dim. soir du 15 nov. à mars)*
    138/390 ♀, enf. 92 – ⇱ 56 – **25 ch** 420/585 – ½ P 500/530

    Auberge du Chalet de Cantepie, à Cantepie, Nord : 1 km ℘ 02 31 69 88 88,
    Fax 02 31 69 66 72, 🌦, 🌳 – 🅿. 🆔 ⓪ GB
    fermé 10 au 30 janv., dim. soir et lundi hors saison – **Repas** 98/185 bc ♀, enf. 65

CLÉDEN-CAP-SIZUN 29770 Finistère ⬛⬛ ⑬ – 1 181 h alt. 30.

    Voir *Pointe de Brézellec* ≤★ N : 2 km, G. Bretagne.

    Paris 613 – Quimper 47 – Audierne 10 – Douarnenez 28.

    L'Étrave, rte Pointe du Van sur D 7 : 2 km ℘ 02 98 70 66 87, ≤, 🌳 – 🅿. GB
    2 avril-1ᵉʳ oct. et fermé merc. – **Repas** 95/280, enf. 40

CLELLES 38930 Isère ⬛⬛ ⑭ – 345 h alt. 746.

    Paris 619 – Gap 75 – Die 48 – Grenoble 52 – La Mure 29 – Serres 59.

    Ferrat, ℘ 04 76 34 42 70, *Fax 04 76 34 47 47,* ≤, 🌦, 🏊, 🌳 – ☎ ⇦ 🅿. GB
    1ᵉʳ mars-30 nov. et fermé mardi hors saison – **Repas** 120/200 ♀, enf. 60 – ⇱ 35 – **23 ch**
    210/320 – ½ P 300/320

CLÈRES 76690 S.-Mar. ⬛⬛ ⑭ G. Normandie Vallée de la Seine – 1 254 h alt. 113.

    Voir *Parc zoologique* ★.

    🏢 *Office de Tourisme (saison) 59 av. du Parc* ℘ 02 35 33 38 64.

    Paris 159 – Rouen 29 – Dieppe 45 – Forges-les-Eaux 35 – Neufchâtel-en-Bray 35 – Yvetot 37.

à Frichemesnil Nord-Est : 4 km par D 6 et D 100 – 406 h. alt. 150 – ✉ 76690 :

    Au Souper Fin 🦢 avec ch, ℘ 02 35 33 33 88, *Fax 02 35 33 50 42* – 📺 ⇦. GB. 🦢 ch
    fermé 16 au 31 août, dim. soir d'oct. à mars, merc. soir et jeudi – **Repas** 98 (déj.), 165/230 ♀
    – ⇱ 40 – **3 ch** 280/320 – ½ P 300

CLERGOUX 19320 Corrèze ⬛⬛ ⑩ – 367 h alt. 520.

    Paris 499 – Brive-la-Gaillarde 47 – Mauriac 46 – St-Céré 71 – Tulle 21 – Ussel 46.

    Chammard sans rest, ℘ 05 55 27 76 04, 🌳 – 🅿. 🦢
    ⇱ 23 – **15 ch** 150/160

CLERMONT ⬅️ 60600 Oise ⬛⬛ ① G. Picardie Flandres Artois – 8 934 h alt. 125.

    Voir *Église* ★ *d'Agnetz* O : 2 km par N 31.

    🏢 *Office de Tourisme (fermé lundi et mardi) pl. de l'Hôtel-de-Ville* ℘ 03 44 50 40 25, *Fax 03 44 50 40 25.*

    Paris 78 – Compiègne 34 – Amiens 64 – Beauvais 27 – Mantes-la-Jolie 96 – Pontoise 56.

à Gicourt-Agnetz Ouest : 2 km par ancienne rte de Beauvais – ✉ 60600 Agnetz :

    Auberge de Gicourt, 466 av. Forêt de Hez ℘ 03 44 50 00 31, *Fax 03 44 50 42 29,* 🌦 –
    🆔 GB
    fermé dim. soir, lundi et mardi – Repas 110/205 bc, enf. 60

à Étouy Nord-Ouest : 7 km par D 151 – 814 h. alt. 85 – ✉ 60600 :

    L'Orée de la Forêt (Leclercq), 255 r. Forêt ℘ 03 44 51 65 18, *Fax 03 44 78 92 11,* parc –
    🅿. 🆔 GB. 🦢
    fermé 16 août au 16 sept., vacances de fév., dim. soir, soirs fériés et vend. – **Repas**
    130/370 et carte 330 à 450
    Spéc. Escalopes de foie gras de canard au jus de betterave. Pigeonneau rôti à la badiane.
    Millefeuille vanillé.

CLERMONT-DESSOUS _47130 T.-et-G._ **79** ⑭ – _643 h alt. 40._

Paris 700 – Agen 21 – Marmande 47 – Nérac 22 – Villeneuve-sur-Lot 36.

✗ **Marmite**, le bourg ℰ 05 53 67 40 72, Fax 05 53 67 40 72, ≼, 😊 ☞
fermé 13 au 26 nov., 2 au 14 janv., mardi soir sauf juil.-août et merc. – **Repas** 110/260 bc ♀,
ent. 60

CLERMONT-EN-ARGONNE _55120 Meuse_ **56** ⑳ _G. Champagne_ – _1 794 h alt. 229._

Paris 236 – Bar-le-Duc 47 – Dun-sur-Meuse 40 – Ste-Menehould 15 – Verdun 29.

✗✗ **Bellevue** avec ch, r. Libération ℰ 03 29 07 41 02, Fax 03 29 88 46 01, 😊, 🌿 – 📺 ☎ 🅿.
🚗 🆔 ⓞ ☞, ❦ ch
fermé 23 déc. au 5 janv. – **Repas** 85/240 ♀, enf. 50 – ☲ 38 – **7 ch** 235/300 – ½ P 270

CLERMONT-FERRAND 🅳 _63000 P. de D_ **73** ⑭ _G. Auvergne_ – _136 181 h Agglo. 254 416 h
alt. 401._

Voir _Le Vieux Clermont_★★ EFVX ; _Basilique de N.-D.-du-Port_★★ _(chœur★★★), Cathédrale
N.-D.-de-l'Assomption_★★ _(vitraux★★), fontaine d'Amboise★, cour★ de la maison de Sava-
ron – Escalier intérieur★ aux nᵒ 4-6 rue des Petits-Gras – Cour★ Musée du Ranquet_ EV **M¹** –
_Musée Dargoin★ – Le Vieux Montferrand★★ ; Hôtel de Lignat★, Hôtel de Fontenilhes★,
Maison de l'Éléphant★, cour★ de l'hôtel Regin, porte★ de l'hôtel d'Albiat, – Bas-relief★ de la
Maison d'Adam et d'Ève – Musée des Beaux-Arts★★ – Belvédère de la D 941^A_ ≼★★ AY.
Env. _Puy de Dôme_ ✳✳✳ _15 km par_ ⑥ – _Vulcania (Centre Européen de Vulcanisme)._
Circuit automobile de Clermont-Ferrand-Charade AZ.

✈ _de Clermont-Ferrand-Aulnat :_ ℰ 04 73 62 71 00 _par D 766_ CY : 6 km.
🛈 _Office de Tourisme pl. de la Victoire_ ℰ 04 73 98 65 00, Fax 04 73 90 04 11, _à la Gare SNCF
ℰ 04 73 91 87 89 et (saison) pl. de Jaude._
Paris 425 ② – _Lyon 171_ ③ – _Moulins 105_ ① – _St-Étienne 148_ ③.

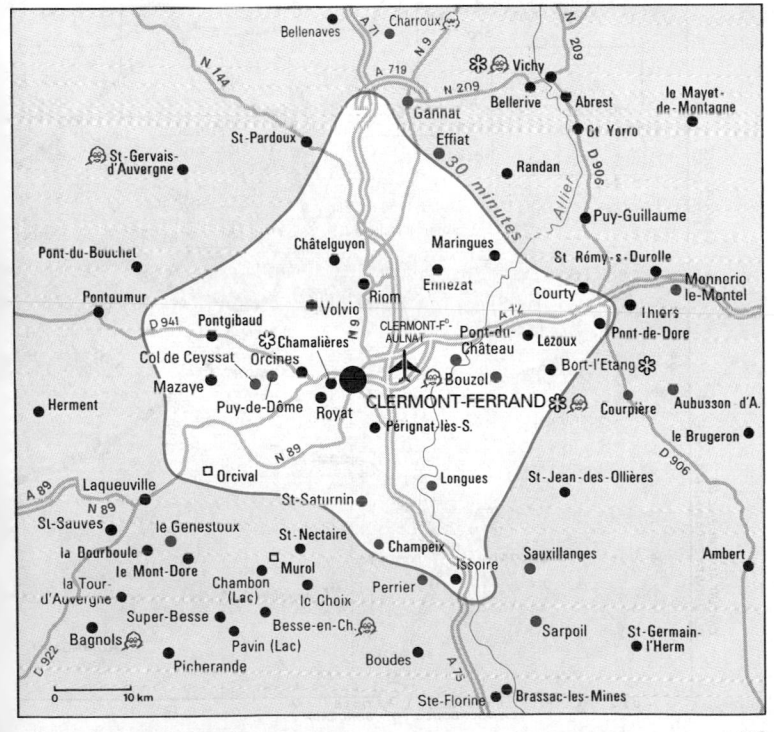

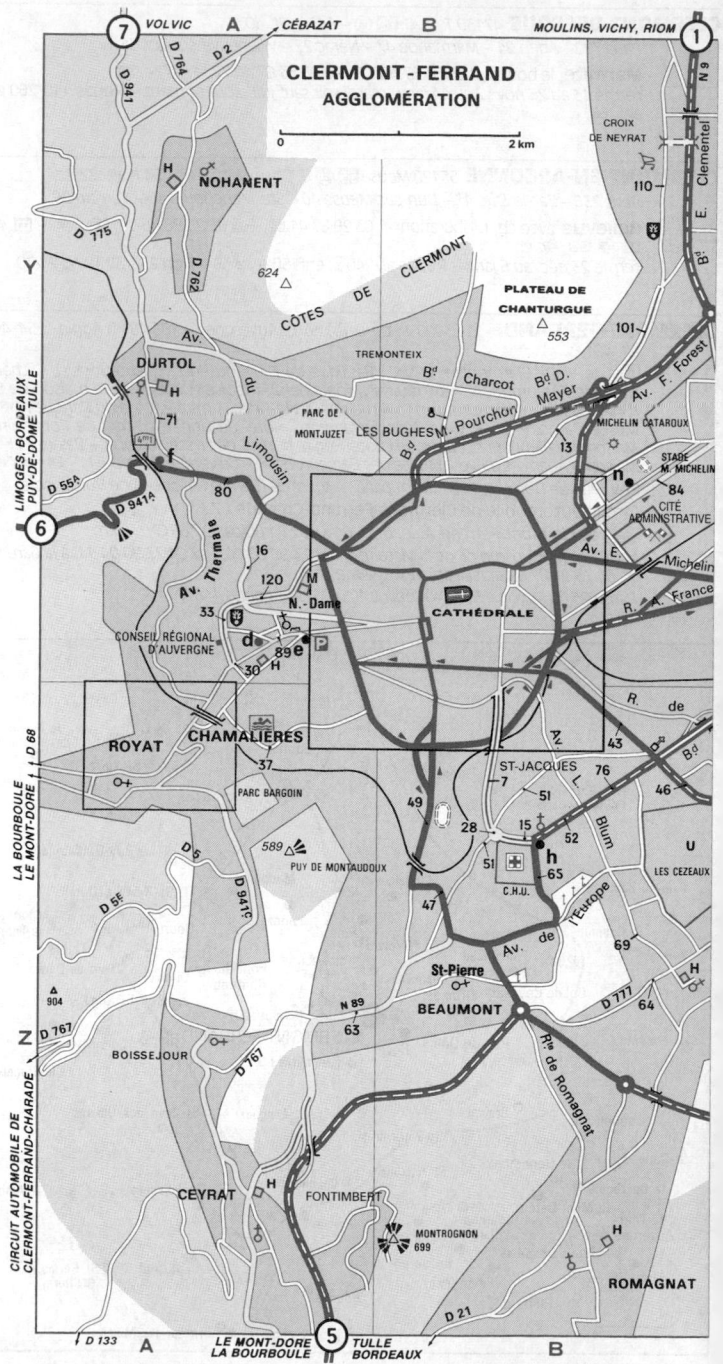

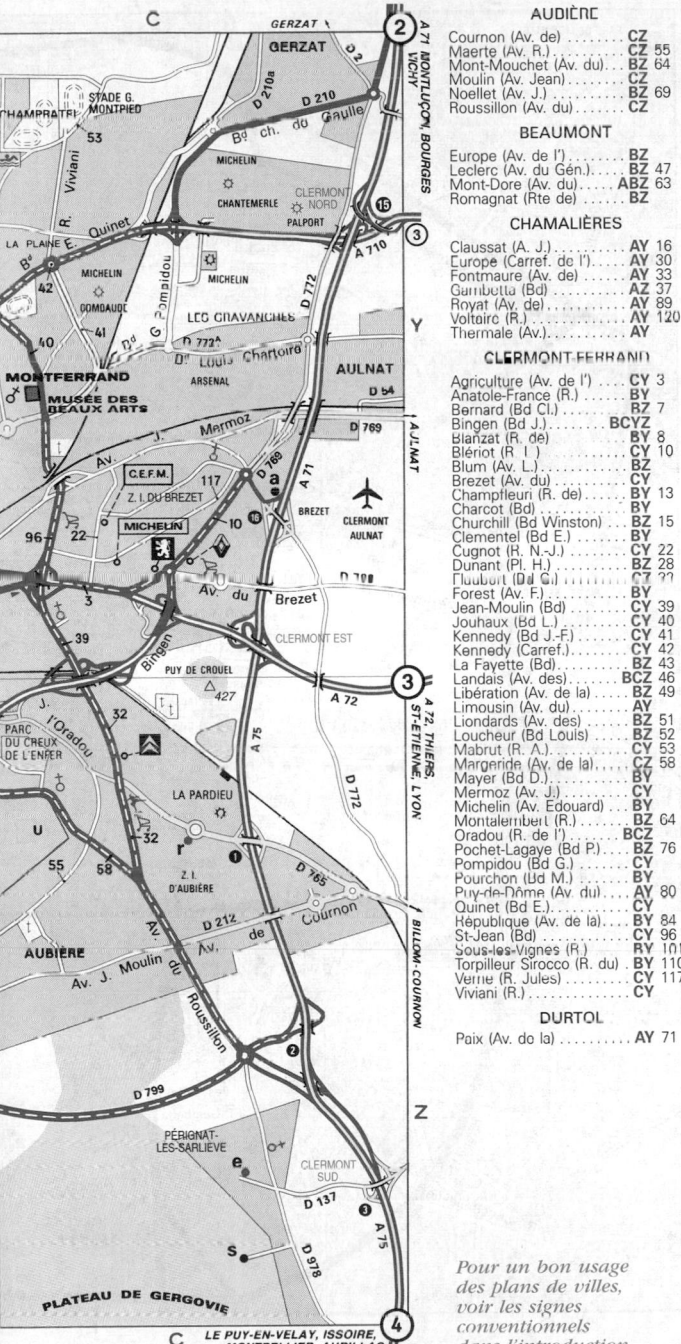

AUBIÈRE

Cournon (Av. de) . . . . **CZ**
Maerte (Av. R.) . . . . **CZ** 55
Mont-Mouchet (Av. du) . . **BZ** 64
Moulin (Av. Jean) . . . . **CZ**
Noellet (Av. J.) . . . . **BZ** 69
Roussillon (Av. du) . . . . . . **CZ**

BEAUMONT

Europe (Av. de l') . . . . **BZ**
Leclerc (Av. du Gén.) . . . . . **BZ** 47
Mont-Dore (Av. du) . . . . . **ABZ** 63
Romagnat (Rte de) . . . . . . **BZ**

CHAMALIÈRES

Claussat (A. J.) . . . . **AY** 16
Europe (Carref. de l') . . . . . **AY** 30
Fontmaure (Av. de) . . . . . . **AY** 33
Gambetta (Bd) . . . . **AZ** 37
Royat (Av. de) . . . . **AY** 89
Voltaire (R.) . . . . **AY** 120
Thermale (Av.) . . . . **AY**

CLERMONT-FERRAND

Agriculture (Av. de l') . . . . **CY** 3
Anatole-France (R.) . . . . . . **BY**
Bernard (Bd Cl.) . . . . **BZ** 7
Bingen (Bd J.) . . . . **BCYZ**
Blanzat (Av. de) . . . . **BY** 8
Blériot (R. L.) . . . . **CY** 10
Blum (Av. L.) . . . . **BZ**
Brezet (Av. du) . . . . **CY**
Champfleuri (R. de) . . . . . . **BY** 13
Charcot (Bd) . . . . **BY**
Churchill (Bd Winston) . . . **BZ** 15
Clementel (Bd E.) . . . . **BY**
Cugnot (R. N.-J.) . . . . **BZ** 22
Dunant (Pl. H.) . . . . **BZ** 28
Flaubert (Bd G.) . . . . **CZ** 32
Forest (Av. F.) . . . . **BY**
Jean-Moulin (Bd) . . . . **CY** 39
Jouhaux (Bd L.) . . . . **CY** 40
Kennedy (Bd J.-F.) . . . . . . **CY** 41
Kennedy (Carref.) . . . . **CY** 42
La Fayette (Bd) . . . . **CY** 43
Landais (Av. des) . . . . **BCZ** 46
Libération (Av. de la) . . . . **BZ** 49
Limousin (Av. du) . . . . **CY**
Liondards (Av. des) . . . . . . **BZ** 51
Loucheur (Bd Louis) . . . . . **BZ** 52
Mabrut (R. A.) . . . . **CY** 53
Margeride (Av. de la) . . . . **CZ** 58
Mayer (Bd D.) . . . . **BY**
Mermoz (Av. J.) . . . . **CY**
Michelin (Av. Edouard) . . . **BY**
Montalembert (R.) . . . . . . **BZ** 64
Oradou (R. de l') . . . . **BCZ**
Pochet-Lagaye (Bd P.) . . . **BZ** 76
Pompidou (Bd G.) . . . . . . **CY**
Pourchon (Bd M.) . . . . **BY**
Puy-de-Dôme (Av. du) . . . . **AY** 80
Quinet (Bd E.) . . . . **CY**
République (Av. de la) . . . . **BY** 84
St-Jean (Bd) . . . . **CY** 96
Sous-les-Vignes (R.) . . . . . **BY** 101
Torpilleur Sirocco (R. du) . **BY** 110
Verne (R. Jules) . . . . **CY** 117
Viviani (R.) . . . . **CY**

DURTOL

Paix (Av. de la) . . . . **AY** 71

Pour un bon usage
des plans de villes,
voir les signes
conventionnels
dans l'introduction

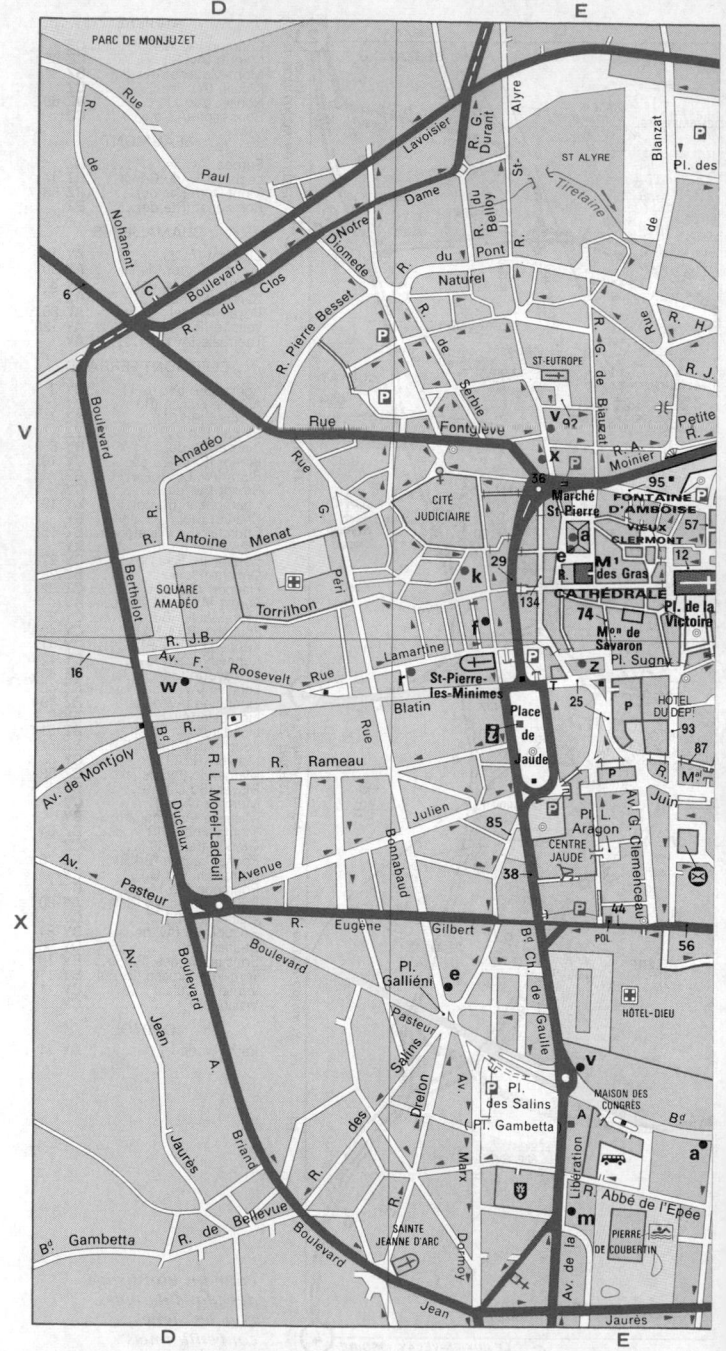

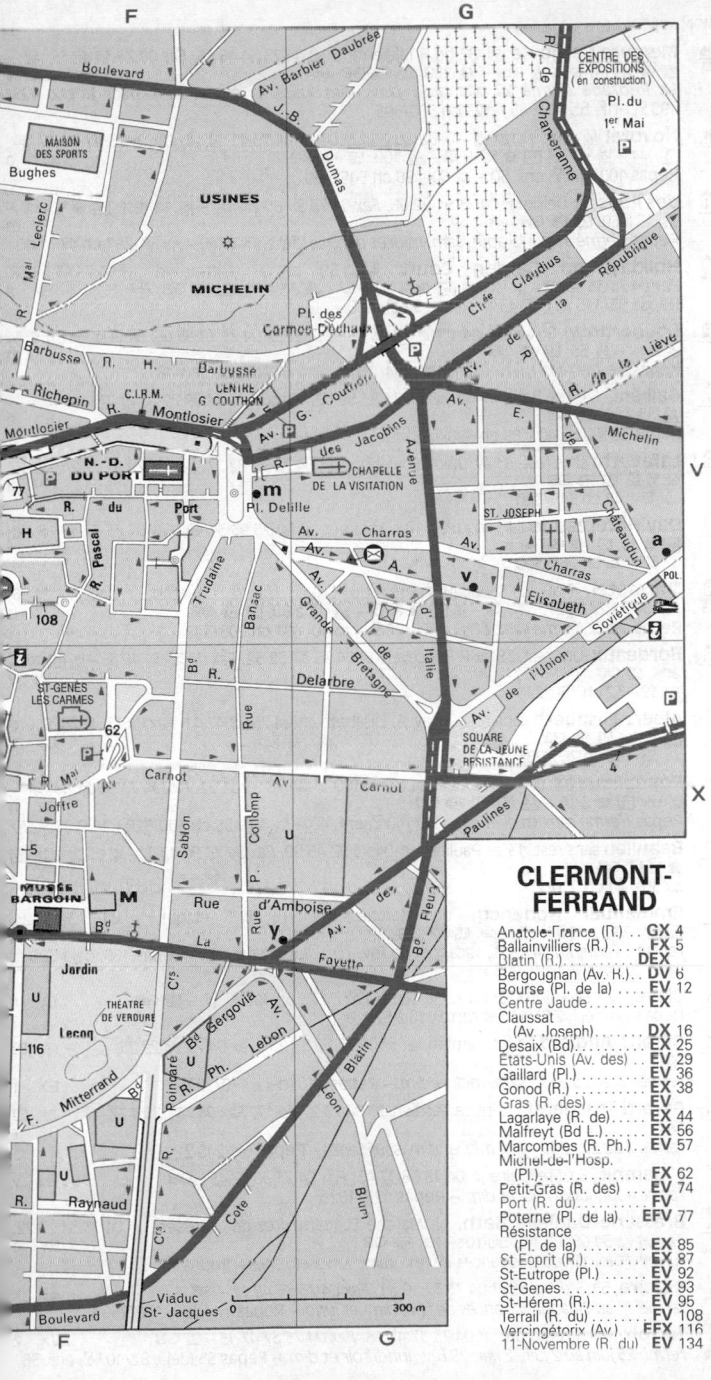

CLERMONT-FERRAND

Mercure Gergovie M, 82 bd F. Mitterrand *℘* 04 73 34 46 46, *Fax 04 73 34 46 36*, 🚗 –
🛗 ❄ ☰ TV ☎ ☢ ☜ 🚗 – 🈴 100. AE ① GB JCB EX **v**
La Retirade *(fermé 22 déc. au 3 janv., dim. midi en été et sam. midi)* **Repas** 125/
195 ♀, enf. 55 – ☲ 65 – **123 ch** 560/605

Novotel M, Z.I. du Brézet, r. G. Besse ⊠ 63100 *℘* 04 73 41 14 14, *Fax 04 73 41 14 00*, 🚗,
☒, 🍃 – 🛗 ❄ ☰ TV ☎ ☢ ☜ 🅿 – 🈴 100. AE ① GB CY **a**
Repas 100/140 ♀, enf. 50 – ☲ 60 – **96 ch** 545/590

des Puys, pl. Delille *℘* 04 73 91 92 06, *Fax 04 73 91 60 25*, 🚗 – 🛗, ☰ rest, TV ☎ ☢ 🚗 –
🈴 15 à 60. AE ① GB JCB FV **m**
Repas *(fermé 1ᵉʳ au 15 août, sam. midi et dim.)* 98 (déj.), 130/260 – ☲ 58 – **57 ch** 475/540

Holiday Inn Garden Court M, 59 bd F. Mitterrand *℘* 04 73 93 58 58,
Fax 04 73 35 58 47 – 🛗 ❄ ☰ TV ☎ ☢ ☜ – 🈴 15 à 50. AE ① GB JCB EX **a**
Repas 95/115 ♨, enf. 45 – ☲ 55 – **94 ch** 480

Coubertin M, 25 av. Libération *℘* 04 73 93 22 22, *Fax 04 73 34 88 66*, 🚗 – 🛗 ☰ TV ☎ ☢
☜ 🚗 – 🈴 35. AE ① GB EX **m**
Repas *(fermé dim. midi et sam.)* (72) - 94/130 ♨ – ☲ 55 – **81 ch** 440/485

Galliéni, 51 bd Bonnabaud *℘* 04 73 93 59 69, *Fax 04 73 34 89 29* – 🛗 TV ☎ 🚗 –
🈴 15 à 50. AE GB EX **e**
Repas 99 ♀ – ☲ 40 – **00 ch** 320/365

Lafayette sans rest, 53 av. Union Soviétique *℘* 04 73 91 82 27, *Fax 04 73 91 17 26* – 🛗 TV
☎ ☢ 🅿. AE ① GB GV **a**
☲ 47 – **48 ch** 315/380

Dav'Hôtel Jaude M sans rest, 10 r. Minimes *℘* 04 73 93 31 49, *Fax 04 73 34 38 16* – 🛗
TV ☎ ☢ 🅿. AE ① GB JCB EV **f**
☲ 35 – **28 ch** 260/300

Marmotel, Plateau St-Jacques près du CHRU, bd W. Churchill *℘* 04 73 26 24 55,
Fax 04 73 27 99 57, 🚗, ♨ – 🛗 TV ☎ ☢ 🅿 – 🈴 15 à 80. AE ① GB BZ **h**
Repas snack *(fermé sam. et dim.)* 75/98 ♀ – ☲ 40 – **87 ch** 295/340

Bordeaux sans rest, 39 av. F. Roosevelt *℘* 04 73 37 32 32, *Fax 04 73 31 40 56* – 🛗 TV ☎ ☢
🚗. AE GB DX **w**
☲ 39 – **32 ch** 150/290

Albert-Élisabeth sans rest, 37 av. A. Élisabeth *℘* 04 73 92 47 41, *Fax 04 73 90 78 32* – 🛗
TV ☎ ☢. AE ① GB GV **v**
☲ 38 – **38 ch** 265/285

République M, 97, av. République ⊠ 63100 *℘* 04 73 91 92 92, *Fax 04 73 90 21 88*, 🚗 –
🛗 ❄ TV ☎ ☢ 🅿 – 🈴 60. AE ① GB BY **n**
Repas *(fermé sam. midi et dim.)* 95/140 ♀, enf. 40 – ☲ 40 – **55 ch** 300/320 – ½ P 250/270

Beaulieu sans rest, 13 av. Paulines *℘* 04 73 92 46 99, *Fax 04 73 90 47 02* – 🛗 cuisinette TV
☎ ☢ 🅿. GB FX **y**
☲ 30 – **21 ch** 210/250

XXX **Emmanuel Hodencq**, pl. Marché St-Pierre (1ᵉʳ étage) *℘* 04 73 31 23 23,
Fax 04 73 31 36 00, 🚗 – ☰. AE ① GB EV **a**
fermé 23 août au 14 sept., vacances de fév., dim., lundi et fériés. – **Repas** 160 (déj.)/320 et
carte 300 à 470

XXX **Clavé**, 12 r. St-Adjutor *℘* 04 73 36 46 30, *Fax 04 73 31 30 74*, 🚗 – ☰ GB EV **k**
Repas 160 (déj.), 210/430 et carte 410 à 520, enf. 90

XX **Gérard Anglard**, 17 r. Lamartine *℘* 04 73 93 52 25, *Fax 04 73 93 29 25*, 🚗 – ☰. AE
EX **r**
fermé 13 au 20 août, sam. midi et dim. – **Repas** 110 (déj.), 170/290 ♀

XX **Gérard Truchetet**, rd-pt La Pardieu *℘* 04 73 27 74 17, *Fax 04 73 27 74 17*, 🚗 – ☰. AE
GB CZ **r**
fermé 2 au 22 août, sam. midi et dim. sauf fériés – **Repas** 105/240 ♀

XX **L'Alambic**, 6 r. Ste-Claire *℘* 04 73 36 17 45, *Fax 04 73 36 17 45* – GB EV **v**
fermé août, lundi midi et dim. – **Repas** 128/162 ♀

X **Brasserie Danielle Bath**, pl. Marché St-Pierre (rez-de-chaussée) *℘* 04 73 31 23 22,
Fax 04 73 31 08 33, 🚗, bistrot – ☰. ① GB EV **e**
fermé 1ᵉʳ au 15 sept., vacances de fév., dim., lundi et fériés – Repas 130 ♀

X **5 Claire**, 5 r. Ste-Claire *℘* 04 73 37 10 31, *Fax 04 73 36 49 12* – GB EV **x**
fermé 1ᵉʳ au 20 août, vacances de fév., dim. et lundi – **Repas** 110 (déj.), 170/250 ♀

X **Terroir**, 16 r. Préfecture *℘* 04 73 37 47 13, *Fax 04 73 37 47 13* – AE GB EVX **z**
fermé 25 juin au 2 juil., 21 au 28 fév., lundi soir et dim. – **Repas** 55 (déj.), 82/107 ♀, enf. 36

à Chamalières – 17 301 h. alt. 450 – ⊠ 63400 :

An 2000 7 oct.-26 nov · Triennale Mondiale d'Estampes de Petit Format (Exposition).

🏨🏨 **Radio** ⍟, 43 av. P.-Curie ℰ 04 73 30 87 83, Fax 04 73 36 42 44, ⩽, « Cadre "Art Déco" »,
☞ ⏃, rest, 📺 ☎ ⛏ 🅿 – 🔏 40 🕮 ⑩ ☒ Plan de Royat **B w**
fermé 2 janv. au 3 fév. – **Repas** (fermé sam. midi, lundi midi et dim. sauf fériés le midi)
160/460 et carte 240 à 500 🎍 – ⊡ 60 – **26 ch** 250/750 – 1/2 P 445/595
Spéc. Queue de homard bleu à la plancha. Bar de ligne grillé et panisse croustillante.
Gaufrette de pommes dorées au miel d'Auvergne. Vins Saint-Pourçain blanc.

🏨🏨 **Europe Hôtel** sans rest, 29 av. Royat ℰ 04 73 37 61 35, Fax 04 73 31 16 59 – 🛗 📺 ☎ ⛏
🚗, ⑩ ☒ **AY e**
fermé 5 au 25 août – ⊡ 43 – **34 ch** 255/365

✗ **Gravière**, 22 r. Pont Gravière ℰ 04 73 36 99 35, Fax 04 73 36 99 35 – ☒ **AY d**
fermé 18 juil. au 23 août, dim. soir et lundi – **Repas** 98 (déj.), 128/295

à l'aéroport d'Aulnat par D 769 CY – ⊠ 63510 Aulnat :

🏨 **Climat de France**, ℰ 04 73 60 42 80, Fax 04 73 90 12 33, 📺 ☎ ⛚ 🅿 – 🔏 25 🕮 ⑩
☒
Repas 87/120 ⅃, enf. 39 – ⊡ 35 **42 ch** 290

à Pérignat-lès-Sarliève : 8 km – 1 716 h. alt. 364 – ⊠ 63170 :

Voir Plateau de Gergovie★ : ※★★ S : 8 km.

🏨🏨 **Hostellerie St-Martin** ⍟, ℰ 04 73 79 81 00, Fax 04 73 79 81 01, ⩽, 🌫, « Parc », 🎋,
※ – 🛗 📺 ☎ ⛏ 🅿 – 🔏 16 à 80. 🕮 ⑩ ☒ **CZ s**
Repas (fermé dim. soir de nov. à mars) 125/285 🎍 – ⊡ 55 – **34 ch** 420/850 – 1/2 P 390/605

✗ **Pescalune** avec ch, r. J. Jaurès ℰ 04 73 79 11 22, Fax 04 73 79 09 30 – ☎. 🕮 ☒
fermé 1er au 21 août, vacances de fév., sam. midi, dim. soir et lundi – **Repas** 110/260 – ⊡ 30
– **3 ch** 180 – 1/2 P 200 **CZ e**

rte de La Baraque vers ⑥ – ⊠ 63830 Durtol :

※※※※ **Bernard Andrieux**, ℰ 04 73 19 25 00, Fax 04 73 19 25 04 – 🗏 🅿 🕮 ☒ 🅹🅲🅱, ※
fermé 1er au 7 mai, 30 juil. au 20 août, vacances de fév., dim. sauf le midi d'oct. à juin et sam.
midi – **Repas** 180/450 et carte 330 à 510 **AY f**
Spéc. Filet de rouget à la tête de veau. Côte de veau de lait fondante. Galettes aux mûres.

à Orcines par ⑥ : 8 km – 2 873 h. alt. 810 – ⊠ 63870 :

🏨 **Hostellerie les Hirondelles**, ℰ 04 73 62 22 43, Fax 04 73 62 19 12, 🌫 – 📺 ☎ ⛏ ⛚ 🅿
– 🔏 25. ☒
fermé fév., dim. soir et lundi midi d'oct. à avril – **Repas** (69) 89/175 🎍, enf. 47 – ⊡ 58 –
18 ch 225/280 – 1/2 P 225/250

au sommet du Puy-de-Dôme par ⑥ : 13 km – ⊠ 63870 Orcines :

※※ **Mont Fraternité**, ℰ 04 73 62 23 00, Fax 04 73 62 10 30, ⩽ volcans et Sancy – ☒
10 avril-2 nov. – **Repas** (déj. seul. en avril et oct.) 128/195 - **Brasserie** (1er mai-30 sept.)
Repas (66) 89/110 🎍, enf. 45

au col de Ceyssat par ⑥ et rte du Puy-de-Dôme : 12 km – 424 h. alt. 800 – ⊠ 63810 Orcines :

✗ **Auberge des Muletiers**, ℰ 04 73 62 25 95, Fax 04 73 62 28 03, 🌫 – 🅿. 🕮 ☒
fermé 1er au 12 déc. et 5 au 15 janv. – **Repas** (fermé lundi soir et mardi sauf juil.-août)
98/200, enf. 40

CLERMONT-L'HÉRAULT 34800 Hérault ⑧⑧ ⑤ G. Languedoc Roussillon – 6 041 h. alt. 92.

Voir Église St-Paul★.

🄴 Office de Tourisme (fermé dim. et jours fériés) 9 r. R. Gosse ℰ 04 67 96 23 86, Fax 04 67
96 98 58.
Paris 720 – Montpellier 42 – Béziers 47 – Lodève 19 – Pézenas 22 – Sète 44.

🏨 **Sarac** sans rest, rte Béziers ℰ 04 67 96 06 81, Fax 04 67 88 07 30 – ↝ 📺 ☎ ⛏ 🅿. 🕮 ☒
1er mars-15 nov. et fermé dim. en mars et nov. – ⊡ 43 – **22 ch** 300

à St-Guiraud Nord : 7,5 km par N 9, N 109 et D 130E – 171 h. alt. 120 – ⊠ 34725 :

※※ **Mimosa**, ℰ 04 67 96 67 96, Fax 04 67 96 61 15, 🌫 – 🅿. ⑩ ☒, ※
24 mars-29 oct. et fermé dim. soir sauf juil.-août et lundi – **Repas** 190 (déj.)/290

à St-Saturnin-de-Lucian Nord : 10 km par N 9, N 109 et D 130E – 199 h. alt. 150 – ⊠ 34725 :

Env. Grotte de Clamouse★★ NE : 12 km – St-Guilhem-le-Désert : site★★, église abbatiale★
NE : 17 km.

🏨 **Ostalaria Cardabela** sans rest, 10 pl. Fontaine ℰ 04 67 88 62 62, Fax 04 67 88 62 82 –
⑩ ☒, ※
24 mars-29 oct. – ⊡ 60 – **7 ch** 350/480

CLICHY *92 Hauts-de-Seine* 55 ⑳, 101 ⑮ *– voir à Paris, Environs.*

CLIMBACH *67510 B.-Rhin* 57 ⑲ *– 480 h alt. 347.*

Paris 474 – Strasbourg 63 – Bitche 38 – Haguenau 30 – Wissembourg 9.

XX **Cheval Blanc** avec ch, ✆ 03 88 94 41 95, *Fax 03 88 94 21 96* – TV ☎ P. GB
fermé 1er au 10 juil., 15 janv. au 15 fév., mardi soir et merc. – **Repas** 95/165 et dim. carte seul., enf. 55 – ☕ 37 – **12 ch** 265/315 – ½ P 290/310

CLIOUSCLAT *26270 Drôme* 77 ⑫ *– 558 h alt. 235.*

Paris 591 – Valence 31 – Montélimar 24.

Treille Muscate , ✆ 04 75 63 13 10, *Fax 04 75 63 10 79*, ≤, , « Terrasse ombragée », – TV ☎ P. GB. rest
mars-15 déc. – **Repas** *(fermé merc.)* 140/165 ♀ – ☕ 48 – **12 ch** 350/650

CLISSON *44190 Loire-Atl.* 67 ④ *G. Poitou Vendée Charentes – 5 495 h alt. 34.*

Voir *Site*★.

Office de Tourisme r. et plage du Minage ✆ *02 40 54 02 95, Fax 02 40 54 07 77.*

Paris 384 ① – Nantes 29 ① – Niort 129 ③ – Poitiers 150 ② – La Roche-sur-Yon 54 ③.

CLISSON

Bertin (R.) 2
Cacault (R.) 3
Clisson (R. O. de) 4
Dr-Boutin (R.) 6
Dimerie (R. de la) 7
Grand-Logis (R. du) 8
Halles (R. des) 12
Leclerc (Av. Gén.) 13
Nid-d'Oie (Pont de) 14
Nid-d'Oie (Rte de) 16
St-Jacques (R.) 18
Trinité (Gde-R. de la) 22
Vallée (R. de la) 23

Ne cherchez pas au hasard un hôtel agréable et tranquille mais consultez les cartes de l'introduction.

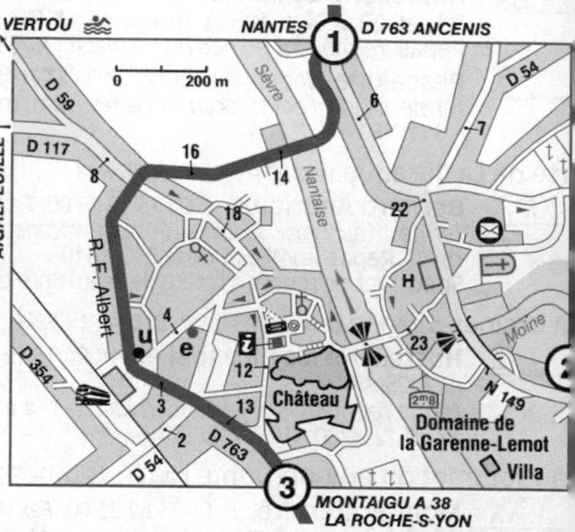

Gare, pl. Gare **(u)** ✆ 02 40 36 16 55, *Fax 02 40 54 40 85* – rest, TV ☎. GB. rest
Repas *(fermé vend. soir en hiver, dim. soir et fériés)* (52) - 66 bc/169 ♀, enf. 45 – ☕ 40 – **35 ch** 190/320 – ½ P 210/270

XXX **Bonne Auberge** (Poiron), 1 r. O. de Clisson **(e)** ✆ 02 40 54 01 90, *Fax 02 40 54 08 48*, – AE GB
10 au 31 août, 15 au 28 fév., dim. soir, mardi midi et lundi – **Repas** 110 (déj.), 180/450 et carte 370 à 470 ♀
Spéc. Croustillant de tourteau. Filet de sandre, sauce au Saint-Emilion. Gâteau mi-cuit au chocolat. **Vins** Muscadet.

à Gétigné *par ② : 3 km – 2 912 h. alt. 26 – ✉ 44190 :*

XX **Gétignière,** 3 r. Navette ✆ 02 40 36 05 37, *Fax 02 40 54 24 76* – AE GB
fermé 16 août au 5 sept., Noël au Jour de l'An, dim. soir, mardi soir et merc. – **Repas** 75 (déj.), 115/330 ♀

CLOHARS-FOUESNANT *29 Finistère* 58 ⑮ *– rattaché à Bénodet.*

CLOYES-SUR-LE-LOIR *28220 E.-et-L.* 60 ⑯ ⑰ *G. Châteaux de la Loire – 2 593 h alt. 97.*

Voir *Montigny-le-Gannelon : château*★ *N : 2 km.*

Office de Tourisme (fermé tous les lundi) 11 pl. Gambetta ✆ 02 37 98 55 27, Fax 02 37 98 55 27.

Paris 143 – Orléans 63 – Blois 55 – Chartres 56 – Châteaudun 12 – Le Mans 93.

Hostellerie St-Jacques ⟨⟩, pl. Marché aux Oeufs, ℰ 02 37 98 40 08, Fax 02 37 98 32 63, 佘, « Jardin au bord du Loir », 禁 – ▯ 📺 ☎ ✆ ▣ – 🔏 20. ☒ fin mars-début nov. et fermé dim. et lundi en mars et oct. – **P'tit Bistrot** ℰ 02 37 98 57 03 (début mars-fin nov. et fermé dim. soir et lundi en mars, oct. et nov.) **Repas** (130)- 175 ⌇, enf. 69 – ⌂ 55 – **22 ch** 450/600 – ½ P 455/550

CLUNY 71250 S.-et-L. 🔠 ⑲ G. Bourgogne – 4 430 h alt. 248.

An 2000 "Changement de Temps" (Exposition).

Voir Anc. abbaye★★ : clocher de l'Eau Bénite★★ – Musée Ochier▲ M – Clocher★ de l'église St-Marcel.

Env. Château de Cormatin★★ (cabinet de St-Cécile★★★) – Prieuré★ de Blanot NE : 10 km – Communauté de Taizé N : 10 km.

🚩 Office de Tourisme (fermé dim. de nov. à mars) 6 r. Mercière ℰ 03 85 59 05 34, Fax 03 85 59 06 95.

Paris 584 ① – Mâcon 26 ③.

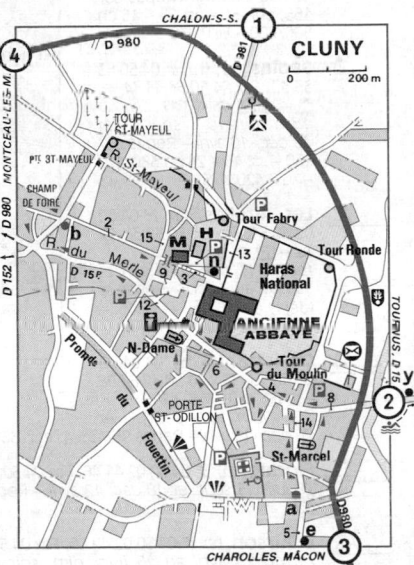

Avril (R. d') 2
Conant
  (Espace K. J.) 3
Filaterie (R.) 4
Gaulle (Av. Ch. do) . . . 5
Lamartine (R.) 6
Levée (R. de la) 8
Marché (Pl. du) 9
Mercière (R.) 12
Pte-des-Prés (R.) 13
Prud'hon (R.) 14
République (R.) 15

🏨 **Bourgogne**, pl. Abbaye (n) ℰ 03 85 59 00 58, Fax 03 85 59 03 73, « Face à l'abbaye » – ❤️ 📺 ☎ ✆ ⟨⟩, 🅰🅴 ☒ mars-nov. – **Repas** (fermé merc. midi et mardi) 130/220 ⌇ – ⌂ 60 – **12 ch** 470/570, 3 appart – ½ P 425/475

🏠 **St-Odilon** M sans rest, rte Azé (y) ℰ 03 85 59 25 00, Fax 03 85 59 06 18, 禁 – ❤️ 📺 ☎ ✆ ᕕ ▣. 🅰🅴 ⓞ ☒ fermé 17 déc. au 15 janv. – ⌂ 37 – **36 ch** 290

🏠 **Abbaye**, av. Ch. de Gaulle (e) ℰ 03 85 59 11 14, Fax 03 85 59 09 76, 佘 – 📺 ☎ ▣, 🅰🅴 ⓞ ☒ hôtel : fermé 23 janv. au 13 fév. et dim. – **Repas** (fermé 30 oct. au 6 nov., 23 janv. au 13 fév., dim. soir et lundi) as (déj.), 105/225 ⌇ – ⌂ 45 – **14 ch** 190/330 – ½ P 245/315

XX **Hermitage**, rte Cormatin par ① : 1km ℰ 03 85 59 27 20, Fax 03 85 59 08 06, 佘, parc – ▣. 🅰🅴 ☒ fermé 2 au 19 nov., vacances de fév., lundi sauf le soir du 15 juin au 15 sept. et dim. soir hors saison – **Repas** (100) 140/270 ⌇, enf. 70

X **Auberge du Cheval Blanc**, 1 r. Porte de Mâcon (a) ℰ 03 85 59 01 13, Fax 03 85 59 13 32 – ☒ fermé 1ᵉʳ au 9 juil., déc. à fév., vend. soir et sam. – **Repas** (déj. seul. en mars et nov.) 85/205 ⟨⟩, enf. 60

X **Hostellerie le Potin** avec ch, pl. Champ de Foire (b) ℰ 03 85 59 02 06, Fax 03 85 59 22 58, 佘 – 🅰🅴 ☒ fermé 5 janv. au 5 fév., dim. soir et lundi sauf juil.-août – **Repas** 78/180 ⟨⟩, enf. 60 – ⌂ 35 – **3 ch** 300/350

La CLUSAZ 74220 H.-Savoie 74 ⑦ G. Alpes du Nord – 1 845 h alt. 1040 – Sports d'hiver : 1 100/2 600 m ⤶ 5 ⤒ 51 ⤓.

Voir Vallon des Confins★ E – Col des Aravis ⩽★★ par ② : 7,5 km.

🛈 Office de Tourisme ℘ 04 50 32 65 00, Fax 04 50 32 65 01.

Paris 568 ① – Annecy 33 ① – Chamonix-Mont-Blanc 63 ② – Albertville 38 ②.

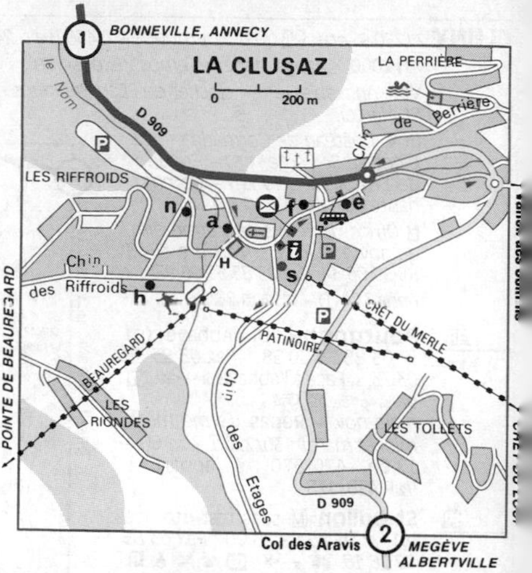

🏨 **Alp'Hôtel** Ⓜ, (e) ℘ 04 50 02 40 06, Fax 04 50 02 60 16, ⌨, ▭ – ≣ ⅣⅤ ☎ ☏. ⅍ ⅁ 20 juin-20 sept. et 15 déc.-20 avril – Repas 95/165, enf. 50 – ☲ 55 – **15 ch** 500/600 – ½ P 630

🏨 **Sapins** ⌘, (h) ℘ 04 50 63 33 33, Fax 04 50 63 33 34, ⩽, ⅃ – ≣ ⅣⅤ ☎ ⅌. ⅁ 15 juin-10 sept. et 18 déc.-10 avril – Repas 95/130 – ☲ 45 – **24 ch** 380/420 – ½ P 420/475

🏨 **Les Airelles**, (a) ℘ 04 50 02 40 51, Fax 04 50 32 35 33, ⌨ – ⅣⅤ ☎ ⅍ ⅁ fermé 1ᵉʳ mai au 3 juin et 13 nov. au 7 déc. – Repas 80 (déj.), 99/160 ⅄ – ☲ 45 – **14 ch** 450 – ½ P 410/450

🏨 **Christiania**, (f) ℘ 04 50 02 60 60, Fax 04 50 32 66 98 – ≣ ⅣⅤ ☎ ⅌. ⅁. ⅍ 30 juin-15 sept. et 20 déc.-15 avril – Repas 95/135 ⅋, enf. 58 – ☲ 42 – **29 ch** 350/430 – ½ P 320/455

🏨 **Floralp**, (n) ℘ 04 50 02 41 46, Fax 04 50 02 63 94 – ≣ ⅣⅤ ☎. ⅁. ⅍ rest ⅁ⅅ 28 juin-15 sept. et 18 déc.-12 avril – Repas 85/140 – ☲ 40 – **22 ch** 270/360 – ½ P 360/420

✕✕ **L'Ourson**, (s) ℘ 04 50 02 49 80, Fax 04 50 32 33 95 – ⅍ ⅅ ⅁ ⅍ fermé 25 avril au 15 juin, dim. soir et lundi hors saison – Repas 99 (déj.), 125 /280 ⅄, enf. 70

à Crêt-du-Merle par ② et rte secondaire : 5 km – ✉ 74220 La Clusaz :

✕ **Bercail**, ℘ 04 50 02 43 75, Fax 04 50 02 43 75, ⩽, 🍴, « Chalet d'altitude dans une ancienne bergerie » – ⅁ juil.-août, 20 déc.-18 avril et week-ends du 1ᵉʳ sept au 20 déc. – Repas (nombre de couverts limité, prévenir) (62) - 98 (déj. seul.), dîner à la carte ⅄, enf. 70

rte du Col des Aravis par ② : 4 km – ✉ 74220 La Clusaz :

🏨 **Chalets de la Serraz** ⌘, ℘ 04 50 02 48 29, Fax 04 50 02 64 12, ⩽, 🍴, ⅃, ⅌ – ⅣⅤ ☎ ⅌ – ⌨ 20. ⅍ ⅅ ⅁ fermé mai et oct. – Repas 125/175 ⅄ – ☲ 65 – **10 ch** 850, 3 duplex – ½ P 650

CLUSES 74300 H.-Savoie 🔢 ⑦ G. Alpes du Nord – 16 358 h alt. 486.

🔢 Office de Tourisme Espace Carpano et Pons pl. du 11-novembre ℘ 04 50 98 31 79, Fax 04 50 96 46 99.

Paris 572 ④ – Chamonix-Mont-Blanc 42 ② – Thonon-les-Bains 59 ④ – Annecy 55 ④.

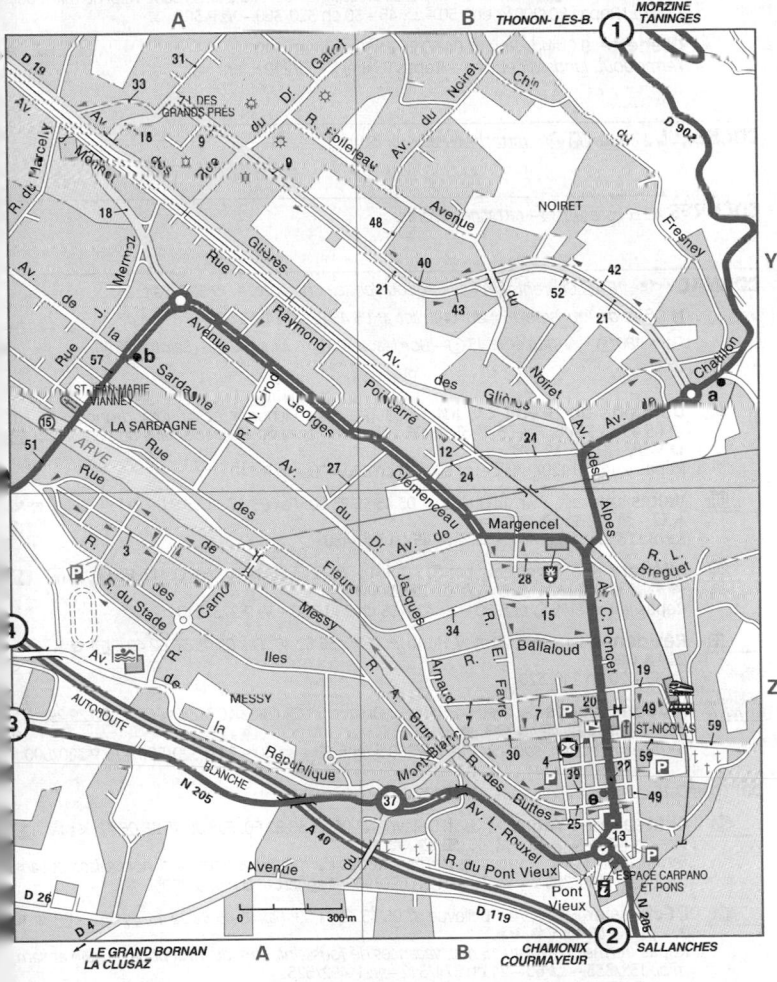

CLUSES

4 C M, 301 bd Chevran ℰ 04 50 98 01 00, Fax 04 50 98 32 20, 斎 – 墫 ⇆ TV ☎ ᴿ P – ⚿ 25. ⵏⴱ ⓞ ⴳⴱ
BY a
Repas (fermé 1ᵉʳ au 8 mai, 8 au 31 août, sam. midi et dim.) 78 bc (déj.), 125/315 ♣, enf. 50 – ⊊ 50 – **39 ch** 395/485 – ½ P 290/340

Bargy M, 28 av. Sardagne ℰ 04 50 98 01 96, Fax 04 50 98 23 24, 斎 – 墫 TV ☎ ᴿ ᴿ P. ⵏⴱ ⴳⴱ ᴶ⶜ⴱ
AY b
Cercle des Songes (fermé 1ᵉʳ au 8 mai, en août, 23 déc. au 2 janv., sam. midi de mai à déc. et dim.) **Repas** 80/200 ♣, enf. 50 – ⊊ 45 – **30 ch** 320/360 – ½ P 305

Grenette, 9 Grande Rue ℰ 04 50 96 31 50, 斎 – ⬛. ⴳⴱ
BZ e
fermé août, lundi soir et dim. – **Repas** 85 (déj.), 132/210 ♣, enf. 40

COCHEREL 27 Eure 55 ⑰ – rattaché à Pacy-sur-Eure.

COCURÈS 48 Lozère 80 ⑥ – rattaché à Florac.

COGNAC ⬡ 16100 Charente 72 ⑫ G. Poitou Vendée Charentes – 19 528 h alt. 25.
🅱 Office de Tourisme 16 r. du 14-juillet ℰ 05 45 82 10 71, Fax 05 45 82 34 47.
Paris 480 ⑤ – Angoulême 43 ① – Bordeaux 120 ③ – Niort 82 ⑤ – Saintes 26 ④.

Plan page ci-contre

Domaine du Breuil 多, 104 av. Daugas par r. Fichon Y et dir. Chaudronne : 1,5 km ℰ 05 45 35 32 06, Fax 05 45 35 48 06, 斎, « Demeure du 19ᵉ siècle dans un parc » – 墫 TV ☎ ᴿ P. – ⚿ 15. ⵏⴱ ⴳⴱ
Repas 90 (déj.), 120/170 ♣ – ⊊ 50 – **24 ch** 320/400 – ½ P 310

Valois sans rest, 35 r. 14-Juillet ℰ 05 45 36 83 00, Fax 05 45 36 83 01 – 墫 ⇆ TV ☎ ᴿ ᴿ P. – ⚿ 20. ⵏⴱ ⓞ ⴳⴱ ᴶ⶜ⴱ
Z a
fermé 23 déc. au 2 janv. – ⊊ 38 – **45 ch** 380/430

Aliénor, rte d'Angoulême par ① : 1,5 km ℰ 05 45 35 42 00, Fax 05 45 35 45 02, 斎, ⛱, ⎯ – 墫 ⇆ TV ☎ ᴿ ᴿ P. – ⚿ 40. ⵏⴱ ⓞ ⴳⴱ ᴶ⶜ⴱ
Repas (50) - 80/145 ♣, enf. 50 – ⊊ 42 – **55 ch** 290/350 – ½ P 275/310

Résidence sans rest, 25 av. V. Hugo ℰ 05 45 36 62 40, Fax 05 45 36 62 49 – TV ☎ ᴿ ⬡. ⵏⴱ ⓞ ⴳⴱ
Z e
⊊ 35 – **20 ch** 240/320

Pigeons Blancs 多 avec ch, 110 r. J.-Brisson ℰ 05 45 82 16 36, Fax 05 45 82 29 29, 斎, ⎯ – TV ☎ ᴿ P. ⵏⴱ ⓞ ⴳⴱ. ⚝ ch
Y d
fermé janv. et dim. soir – **Repas** 138/280 ♣, enf. 85 – ⊊ 50 – **7 ch** 320/500 – ½ P 380/500

par ① et D 15 quartier L'Échassier – ✉ 16100 Châteaubernard :

Château de l'Yeuse M 多, r. Bellevue ℰ 05 45 36 82 60, Fax 05 45 35 06 32, ≼, 斎, ⎯, ⎯ – 墫 TV ☎ ᴿ ᴿ P. – ⚿ 30. ⵏⴱ ⓞ ⴳⴱ
fermé 1ᵉʳ au 7 janv. et vacances de fév. – **Repas** (fermé dim. soir et lundi hors saison et sam. midi) (130) - 180/295 ♣ – ⊊ 75 – **21 ch** 690/900, 3 appart – ½ P 575/750

L'Échassier M 多, 72 r. Bellevue ℰ 05 45 35 01 09, Fax 05 45 32 22 43, ⎯, ⎯ – TV ☎ ᴿ P. – ⚿ 20. ⵏⴱ ⓞ ⴳⴱ ᴶ⶜ⴱ
Repas (fermé 30 avril au 15 mai, vacances de Toussaint, dim. du 15 sept. au 15 juin et sam. midi) 132/335 – ⊊ 60 – **21 ch** 374/512 – ½ P 492/525

Participez à notre effort permanent
de mise à jour

Adressez-nous vos remarques
et vos suggestions.

Cartes et guides Michelin
46 avenue de Breteuil - 75324 Paris Cedex 07

COGNAC

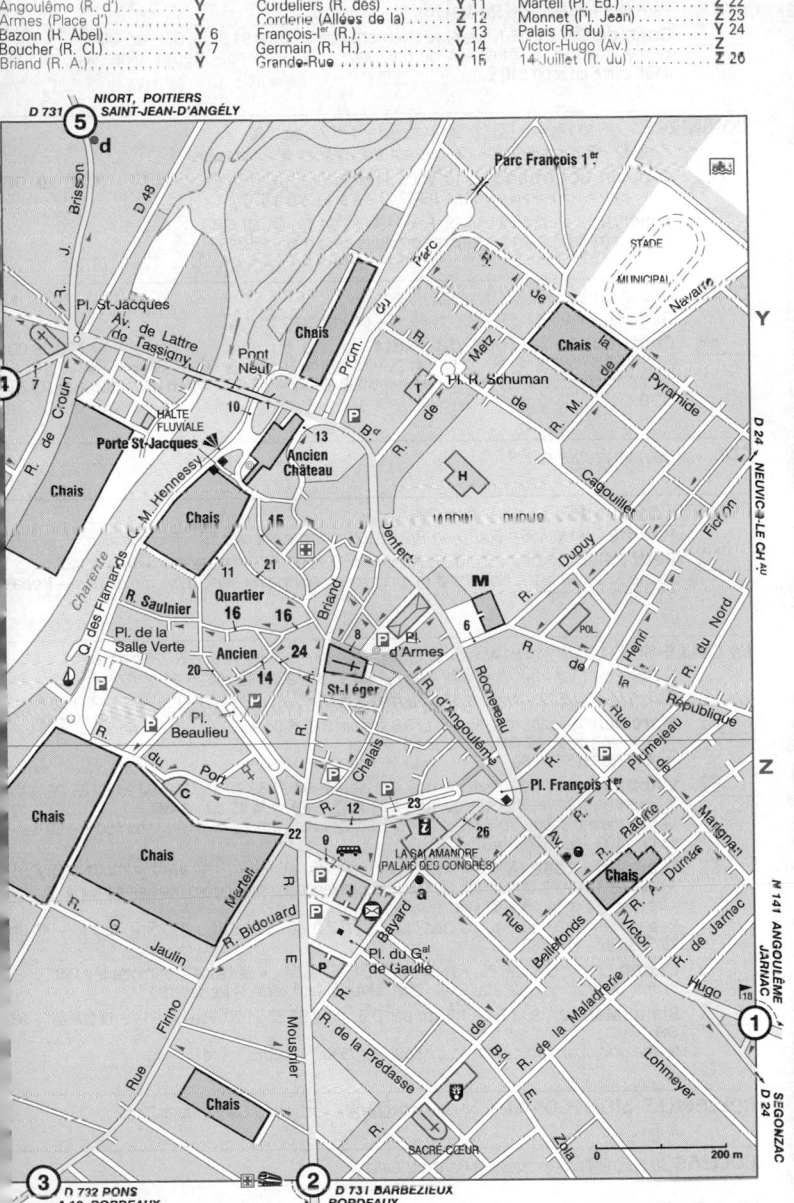

Plans de villes : Les rues sont sélectionnées en fonction de leur importance
pour la circulation et le repérage des établissements cités.

Les rues secondaires ne sont qu'amorcées.

COGOLIN 83310 Var ⟨84⟩ ⑰ – 7 976 h alt. 20.

🛈 Office de Tourisme pl. de la République ℰ 04 94 55 01 10, Fax 04 94 55 01 11.
Paris 868 – *Fréjus* 33 – Ste-Maxime 12 – Toulon 62.

✕ **Grain de Sel**, 6 r. 11-Novembre (derrière Mairie) ℰ 04 94 54 46 86 – ▤. 🇬🇧
fermé vacances de Toussaint, de fév., sam. midi et merc. – **Repas** (dîner seul. en juil.-août) carte environ 210 ⟨

COIGNIÈRES 78310 Yvelines ⟨60⟩ ⑨, ⟨106⟩ ㉘, ⟨25⟩ – 4 157 h alt. 160.
Paris 42 – Rambouillet 15 – St-Quentin-en-Yvelines 10 – Versailles 22.

✕✕✕ **Capucin Gourmand**, N 10 ℰ 01 34 61 46 06, Fax 01 34 61 73 46, �, – ⚟. 🇦🇪 ⓞ 🇬🇧
🇯🇨🇧 – fermé dim. soir – **Repas** 168/240 et carte 240 à 370

✕✕ **Vivier**, N 10 ℰ 01 34 61 64 39, Fax 01 34 61 94 30 – ⚟. 🇦🇪 🇬🇧
fermé dim. soir et lundi – **Repas** - produits de la mer - 158/198

COISE 73800 Savoie ⟨74⟩ ⑯ – 828 h alt. 292.
Paris 587 – *Grenoble* 55 – Albertville 35 – Chambéry 25.

🏯 **Château de la Tour du Puits** 🤸, rte du Puits : 1 km ℰ 04 79 28 88 00,
Fax 04 79 28 88 01, ≤, 🌞, parc, 🗗, 🏊 – 🔆 📺 ☎ ℭ 🇵. – 🖳 50. 🇦🇪 ⓞ 🇬🇧 🇯🇨🇧
fermé 1ᵉʳ mars au 15 avril – **Repas** (185) - 250/550 ⟨ – ⟅ 95 – **11 ch** 850/1550 – ½ P 770/1470

COL voir au nom propre du col.

COLIGNY 01270 Ain ⟨70⟩ ⑬ – 1 117 h alt. 298.
Paris 410 – *Mâcon* 56 – Bourg-en-Bresse 22 – Lons-le-Saunier 39 – Tournus 49.

✕ **Petit Relais**, ℰ 04 74 30 10 07, Fax 04 74 30 10 07, 🌞 – 🇦🇪 ⓞ 🇬🇧 🇯🇨🇧
fermé 22 au 30 mars, fin sept. à mi-oct., merc. soir de mi-sept. à mi-juin et jeudi – **Repas** 98/320 ⟨, enf. 58

La COLLE-SUR-LOUP 06480 Alpes-Mar. ⟨84⟩ ⑨, ⟨115⟩ ㉟ *G. Côte d'Azur* – 6 025 h alt. 90.

🛈 Office de Tourisme 28 av. Mar.-Foch ℰ 04 93 32 68 36, Fax 04 93 32 05 07.
Paris 924 – *Nice* 19 – Antibes 15 – Cagnes-sur-Mer 6 – Cannes 25 – Grasse 19 – Vence 8.

🏨 **Marc Hély** 🤸 sans rest, Sud-Est : 0,8 km par D 6 ℰ 04 93 22 64 10, Fax 04 93 22 93 84, ≤,
🗗, 🌿 – 📺 ☎ 🇵. 🇦🇪 🇬🇧
⟅ 44 – **13 ch** 350/480

🏨 **L'Abbaye**, 541 bd Teisseire (rte Grasse) ℰ 04 93 32 68 34, Fax 04 93 32 85 06, 🌞,
« Ancienne abbaye, chapelle du 10ᵉ siècle », 🗗 – 📺 ☎ ℭ 🇵. 🇦🇪 ⓞ 🇬🇧
Repas (fermé 5 janv. au 10 fév., mardi midi et lundi hors saison) (150) - 190/450 ⟨ – ⟅ 65 –
13 ch 1100 – ½ P 475/740

✕✕✕ **Diamant Rose** Ⓜ 🤸 avec ch, rte de St-Paul : 1 km ℰ 04 93 32 82 20,
Fax 04 93 32 69 98, ≤ St-Paul, 🌞, « Villas provençales aménagées avec élégance », 🗗, 🌿
– ▤ rest, 📺 ☎ ℭ 🚗, 🇦🇪 🇬🇧
Repas (fermé 20 nov. au 20 déc.) 240 (déj.)/450 et carte 320 à 450 ⟨ – ⟅ 110 – **10 ch**
2375/3625 – ½ P 1687

✕ **L'Eden**, ℰ 04 93 32 50 25, Fax 04 93 32 04 78, ≤, 🌞, « Terrasse ombragée » – 🇬🇧
fermé 12 au 27 nov., 18 au 25 fév., dim. et lundi sauf fériés – **Repas** 150

✕ **Blanc-Manger**, Sud-Est : 1,5 km par D 6 ℰ 04 93 22 51 20, Fax 04 93 22 51 20, 🌞 – 🇵.
🇬🇧
fermé nov., mardi soir et merc. de sept. au 15 juil. – **Repas** 105 (déj.)/149

COLLEVILLE-MONTGOMERY 14 Calvados ⟨54⟩ ⑯ – rattaché à Ouistreham.

COLLIAS 30 Gard ⟨80⟩ ⑲ – rattaché à Pont-du-Gard.

COLLIOURE 66190 Pyr.-Or. ⟨86⟩ ⑳ *G. Languedoc Roussillon* – 2 726 h alt. 2.
Voir Site★★ – Retables★ dans l'église Notre-Dame-des-Anges.
🛈 Office de Tourisme pl. 18-Juin ℰ 04 68 82 15 47, Fax 04 68 82 46 29.
Paris 890 ② – *Perpignan* 30 ② – Argelès-sur-Mer 7 ② – Céret 35 ② – Port-Vendres 2 ①.

COLLIOURE

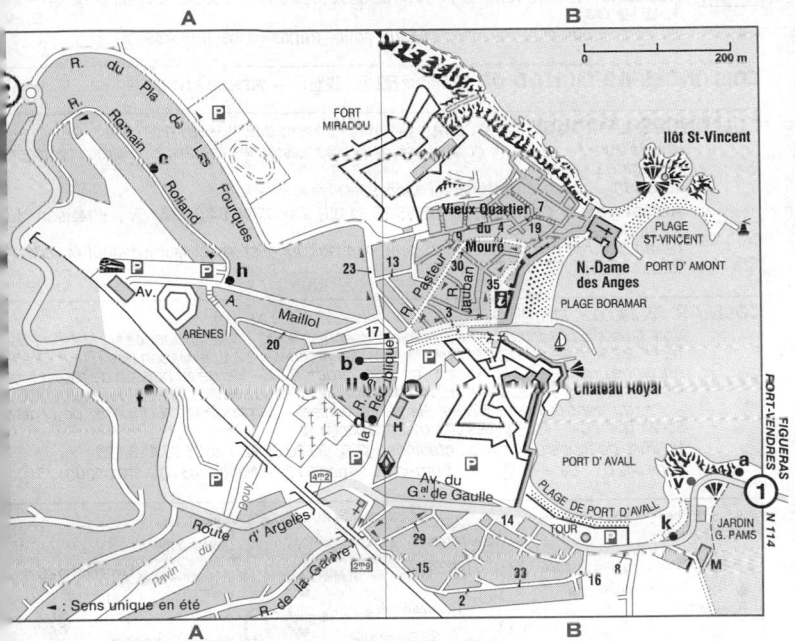

A   **B**

→ : Sens unique en été

🏨 **Relais des Trois Mas** ⍏, rte Port-Vendres ℘ 04 68 82 05 07, Fax 04 68 82 38 08,
≤ port, 斧, 丞 – ▤ 🆃🆅 ☎. 🅶🅱   **B a**
termé 13 nov. au 21 déc. – **Balette : Repas** 195/395 et carte 260 à 420 – ☎ 90 – **19 ch**
790/1360, 4 appart – ½ P 790/1075
Spéc. Anchois frais de Collioure marinés. Cannelloni de la mer à l'embeurrée de muscat
(juin à sept.). Saint-Jacques rôties (20 déc. à fin mars). **Vins** Côtes du Roussillon-Villages,
Banyuls.

🏨 **Casa Païral** sans rest, impasse Palmiers ℘ 04 68 82 05 81, Fax 04 68 82 52 10, « Bel aménagement intérieur et jardin fleuri », 丞, 斧 – ▤ 🆃🆅 ☎ 👌 🅿. 🆎 ⓞ 🅶🅱   **A b**
1er avril-2 nov. – ☎ 60 – **28 ch** 390/990

🏨 **Princes de Catalogne** Ⓜ sans rest, r. Palmiers ℘ 04 68 98 30 00, Fax 04 68 98 30 31 –
📶 ▤ 🆃🆅 ☎ ✆ 👌. 🆎 🅶🅱   **A u**
☎ 40 – **29 ch** 440

🏨 **L'Arapède** Ⓜ, rte Port-Vendres ℘ 04 68 98 09 59, Fax 04 68 98 30 90, ≤, 斧, 丞 – 📶 ▤
🆃🆅 ☎ ✆ 👌 🅿. ⓞ 🅶🅱. ❄ rest
1er mars-30 nov. – **Repas** (fermé mardi midi et merc. midi) 95/260, enf. 65 – ☎ 50 – **20 ch**
400/800 – ½ P 360/560

🏨 **Mas des Citronniers**, 22 r. République ℘ 04 68 82 04 82, Fax 04 68 82 52 10 – ▤ 🆃🆅 ☎
🅿. 🆎 ⓞ 🅶🅱   **A d**
1er avril-11 nov. – **Repas** (dîner seul.) 130/150, enf. 65 – ☎ 45 – **30 ch** 320/480 – ½ P 310/
375

🏨 **Méditerranée** sans rest, av. A. Maillol ℘ 04 68 82 08 60, Fax 04 68 82 28 07, 斧 – ▤ 🆃🆅
☎ ⟵⟶. 🅶🅱   **A h**
1er avril-31 oct. – ☎ 40 – **23 ch** 350/450

🏠 **Madeloc** ⚜ sans rest, r. R.-Rolland *✆ 04 68 82 07 56, Fax 04 68 82 55 09*, ≤, 🏊, 🎴 – 📺
☎ 🅿. AE ⓪ GB
A e
15 fév.-15 nov. – ⌧ 41 – **22 ch** 340/460

🏠 **Ambeille** sans rest, rte d'Argelès *✆ 04 68 82 08 74*, ≤ – ☎ 🅿. GB. ⅍
A f
fin mars-début oct. – ⌧ 35 – **21 ch** 275/350

🏠 **Triton** sans rest, r. Jean Bart *✆ 04 68 98 39 39, Fax 04 68 82 11 32*, ≤ – 📺 ☎ ⌑. ⓪ GB
B K
⌧ 35 – **20 ch** 190/320

XX **Neptune**, rte Port-Vendres *✆ 04 68 82 02 27, Fax 04 68 82 50 33*, ≤ vieux port, 🏤 – 🔳
🅿. AE ⓪ GB
B v
30 mars-1ᵉʳ nov. et fermé merc. sauf juil.-août – **Repas** 145 (déj.), 185/330 ♀

COLLONGES-AU-MONT-D'OR 69 Rhône 🔢 ⑪., 🔢 ⑭ – *rattaché à Lyon.*

COLLONGES-LA-ROUGE 19500 Corrèze 🔢 ⑨ G. Périgord Quercy – *381 h alt. 230.*

Voir *Village*★★ : *tympan*★ *et clocher*★ *de l'église, castel de Vassinhac*★ – *Saillac : tympan*★
de l'église S : 4 km.
Paris 510 – *Brive-la-Gaillarde 23* – *Cahors 98* – *Figeac 81* – *Tulle 37.*

X **Auberge Le Cantou**, *✆ 05 55 25 41 05, Fax 05 55 84 06 77*, 🏤, « Maison du
🏠 15ᵉ siècle » – ⊟ ⓪ GB
fermé 24 au 30 juin, 11 déc. au 25 janv., dim. soir, lundi et mardi sauf juil.-août et fériés –
Repas 88 (déj.), 115/195 ♀, enf. 40

COLMAR 🅿 68000 H.-Rhin 🔢 ⑲ G. Alsace Lorraine – *63 498 h alt. 194.*

Voir *Musée d'Unterlinden*★★★ (*retable d'Issenheim*★★★) – *Ville ancienne*★★ : *Maison Pfister*★★ BZ K, *collégiale St-Martin*★, *Maison des Arcades*★ CZ E, – *Maison des Têtes*★ BY Y,
Ancienne Douane★ BZ N, *Ancien Corps de Garde*★ BZ L – *Vierge au buisson de roses*★★ *et*
vitraux★ *de l'église des Dominicains* BY – *Quartier de la Krutenau*★ BZ : *Tribunal civil*★ BZ J
– ≤★ *du pont St-Pierre* BZ *sur "la petite Venise"* – *Vitrail de la crucifixion*★ *de l'église*
St-Matthieu CY – *Maison des vins d'Alsace par* ①.
🅱 *Office de Tourisme 4 r. des Unterlinden ✆ 03 89 20 68 92, Fax 03 89 41 34 13.*
Paris 447 ① – *Basel 67* ③ – *Freiburg-im-Breisgau 51* ② – *Nancy 143* ① – *Strasbourg 73* ①.

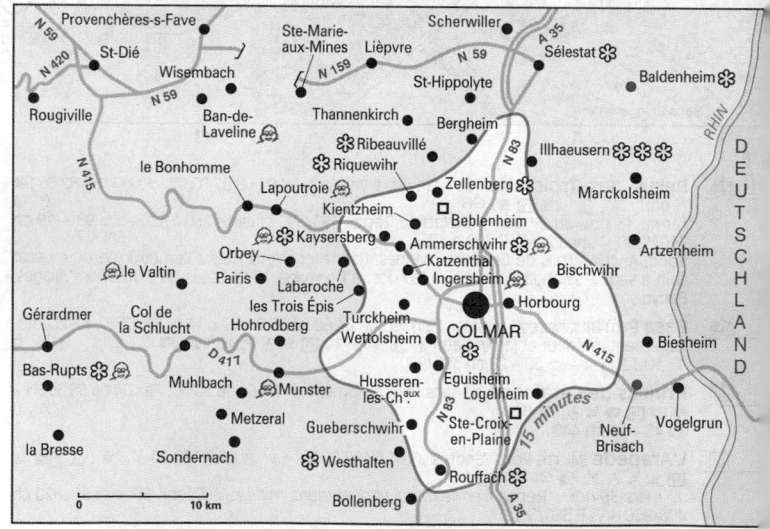

🏠 **Les Têtes** M ⚜, 19 r. Têtes *✆ 03 89 24 43 43, Fax 03 89 24 58 34*, « Belle cour intérieure » – 🛗 📺 ☎ ⌑ 🅿. – 🔺 30. AE ⓪ GB
BY ⬩
fermé vacances de fév. voir rest. **Maison des Têtes** *ci-après* – ⌧ 70 – **18 ch** 595/1300

🏠 **Colombier** M sans rest, 7 r. Turenne *✆ 03 89 23 96 00, Fax 03 89 23 97 27*, « Déco
contemporain dans un cadre Renaissance » – 🛗 🔳 📺 ☎ ⌑. AE ⓪ GB
BZ ⬩
fermé vacances de Noël – ⌧ 65 – **24 ch** 450/1200

Mercure Champ de Mars Ⓜ sans rest, 2 av. Marne ℘ 03 89 21 59 59, Fax 03 89 21 59 00 – 劇 ⇔ ▤ ⊡ ☎ ᖳ ⇔ – 益 200. 표 ◑ ⒼⒷ ⒿⒸⒷ   BZ r
☲ 62 – **75 ch** 540/640

Grand Hôtel Bristol, 7 pl. Gare ℘ 03 89 23 59 59, Fax 03 89 23 92 26 – 劇 ⇔ ⊡ ☎ ᖳ ᕽ – 益 25. 표 ◑ ⒼⒷ   AZ g
voir rest. **Rendez-vous de Chasse** ci-après - **L'Auberge** brasserie **Repas** (75)·carte environ 150 – ☲ 59 – **70 ch** 460/560 – ½ P 550/730

Hostellerie Le Maréchal, 4 pl. Six Montagnes Noires ℘ 03 89 41 60 32, Fax 03 89 24 59 40, 斎, « Maisons du 16ᵉ siècle dans la Petite Venise » – 劇 ⇔ ▤ ⊡ ☎. 표 ⒼⒷ   DZ b
A l'**Échevin** : Repas 140(déj)200/420 ♀, enf. 70 – ☲ 85 – **30 ch** 550/1200 – ½ P 950/1050

Amiral-Bleu Marine Ⓜ sans rest, 11A bd Champ-de-Mars ℘ 03 89 23 26 25, Fax 03 89 23 83 64, 𝕃ₔ – ⇔ ⊡ ☎ ᖳ ᕽ ⇔ – 益 30. 표 ◑ ⒼⒷ   BZ d
☲ 60 – **41 ch** 390/510, 3 duplex

Mercure Unterlinden Ⓜ, 15 r. Golbery ℘ 03 89 41 71 71, Fax 03 89 23 82 71, 斎 – 劇 ⇔ ⊡ ☎ ᖳ ᕽ ⇔ – 益 80. 표 ◑ ⒼⒷ ⒿⒸⒷ   DY v
Repas (fermé dim.) (dîner seul.) 98/118 ♂, enf. 40 – ☲ 62 – **76 ch** 525/570

Turenne sans rest, 10 rte Bâle ℘ 03 89 41 12 26, Fax 03 89 41 27 64 – 劇 ⇔ ⊡ ☎ ᖳ ⇔ – 益 15. 표 ◑ ⒼⒷ   CZ x
☲ 48 – **83 ch** 320/400

St-Martin sans rest, 38 Grand'Rue ℘ 03 89 24 11 51, Fax 03 89 23 47 78 – 劇 ⊡ ☎ ᖳ. 표 ◑ ⒼⒷ ⒿⒸⒷ
fermé janv. et fév. – ☲ 50 – **24 ch** 400/750   CZ e

Beauséjour Ⓜ, 25 r. Ladhof ℘ 08 03 80 30 68, Fax 08 03 80 38 68, 斎, 𝕃ₔ, 🐎 – 劇 cuisinette ⇔ ⊡ ☎ ᖳ ᕽ ▣ – 益 40. 표 ◑ ⒼⒷ ⒿⒸⒷ   CY k
Repas ⅄ **Keller** (fermé sam. midi et dim. soir hors saison) **Repas** 100/300 ♀, enf. 50 – ☲ 45 – 44 ch 300/620 – ½ P 300/420

Rapp, 1 r. Weinemer ℘ 03 89 41 62 10, Fax 03 89 24 13 58, 斎, 𝕃ₔ, 🏊 – 劇 ⊡ ☎ ᖳ ᕽ – 益 30. 표 ◑ ⒼⒷ ⒿⒸⒷ   BZ f
Repas (fermé 20 juin au 10 juil., 2 au 17 janv., sam. midi et vend.) 58 (déj.), 100/300 ♀, enf. 50 – ☲ 46 – **42 ch** 310/450 – ½ P 345/385

ⓍⓍⓍ **Rendez-vous de Chasse** - Grand Hôtel Bristol, 7 pl. Gare ℘ 03 89 41 10 10, Fax 03 89 23 92 26 – 표 ◑ ⒼⒷ   AZ g
🕸 **Repas** 195/450 et carte 300 à 470 ♀
Spéc. Grenouilles poêlées et purée de pommes de terre. Poularde farcie au foie gras d'oie. Noisettes de chevreuil (15 juil. au 15 janv.). **Vins** Pinot blanc, Tokay-Pinot gris.

ⓍⓍⓍ **Maison des Têtes** - Hôtel Les Têtes, 19 r. Têtes ℘ 03 89 24 43 43, Fax 03 89 24 58 34, 斎, « Belle maison Renaissance » – ▤. 표 ◑ ⒼⒷ   BY v
fermé vacances de fév., dim. soir et lundi – **Repas** 170/360 et carte 260 à 360 ♀, enf. 80

ⓍⓍⓍ **Fer Rouge** (Fulgraff), 52 Grand'Rue ℘ 03 89 41 37 24, Fax 03 89 23 82 24, 斎, « Maison alsacienne du 17ᵉ siècle » – 표 ◑ ⒼⒷ ⒿⒸⒷ   BZ s
🕸 fermé 29 juil. au 8 août, 6 au 24 janv., dim. et lundi – **Repas** 295/510 et carte 420 à 620
Spéc. Terrine de cochon de lait. Saint-Jacques au lard et baeckeoffa de pommes de terre (automne-hiver). Crêpe fourrée aux quetsches (automne). **Vins** Riesling, Pinot noir.

ⓍⓍ **Bartholdi**, 2 r. Boulangers ℘ 03 89 41 07 74, Fax 03 89 41 14 65, 斎, « Décor alsacien » – ⒼⒷ   BY e
fermé 5 au 18 juin, dim. soir et lundi – **Repas** 118/210 ♀, enf. 45

ⓍⓍ **Arpège**, 24 r. Marchands ℘ 03 89 23 37 89, Fax 03 89 23 39 22, 斎 – 표 ⒼⒷ   BZ a
fermé mardi soir, sam. midi et merc. – **Repas** (nombre de couverts limité, prévenir) 135/280 ♀, enf. 60

ⓍⓍ **Aux Trois Poissons**, 15 quai Poissonnerie ℘ 03 89 41 25 21, Fax 03 89 41 25 21 – 표 ◑ ⒼⒷ   CZ t
fermé 21 au 30 déc., dim. soir, mardi soir et merc. – **Repas** 130/225 ♀

ⓍⓍ **Meistermann**, 2A av. République ℘ 03 89 41 65 64, Fax 03 89 41 37 50 – ▤. 표 ◑ ⒼⒷ   BY h
fermé 17 au 30 juil., vacances de fév., dim. soir et lundi – **Repas** 88/187 ♀, enf. 49

Ⓧ **Chez Hansi**, 23 r. Marchands ℘ 03 89 41 37 84, Fax 03 89 41 37 84, 斎, « Ambiance alsacienne » – ⒼⒷ   BZ e
fermé janv., merc. soir et jeudi – **Repas** 98/260 ♀

Ⓧ **Garbo**, 15 r. Berthe Molly ℘ 03 89 24 48 55, Fax 03 89 24 57 68 – ▤. 표 ⒼⒷ   BZ g
fermé 1ᵉʳ au 15 août, sam. midi, dim. et fériés – **Repas** 188/400 bc ♀

Ⓧ **Wistub Brenner**, 1 r. Turenne ℘ 03 89 41 42 33, Fax 03 89 41 37 99, 斎 – ⒼⒷ   BZ a
fermé 19 au 29 juin, 15 au 29 nov., 13 au 20 fév., mardi et merc. – **Repas** carte 135 à 250 ♀, enf. 45

COLMAR

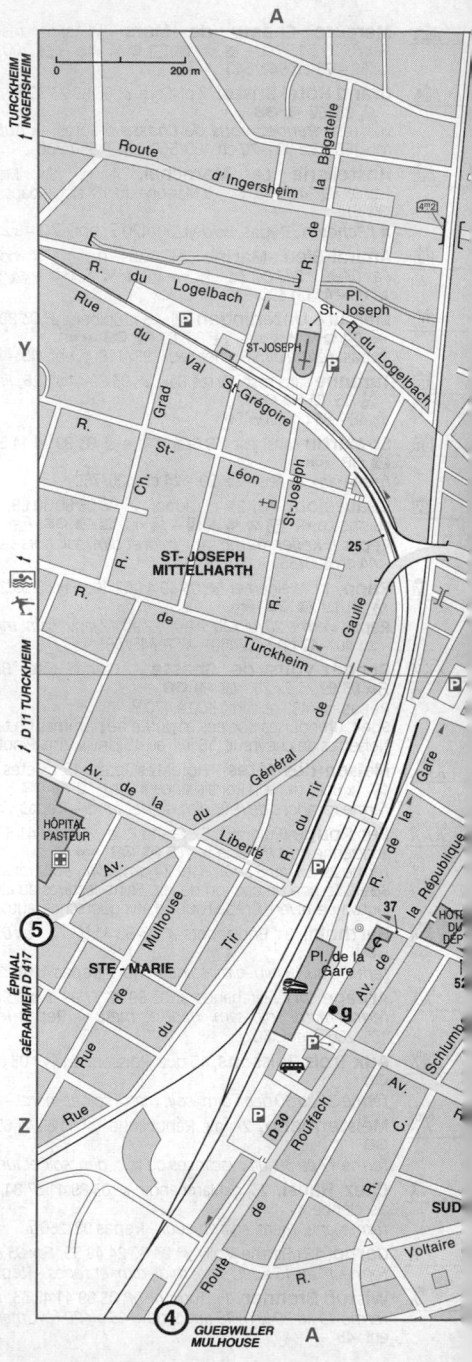

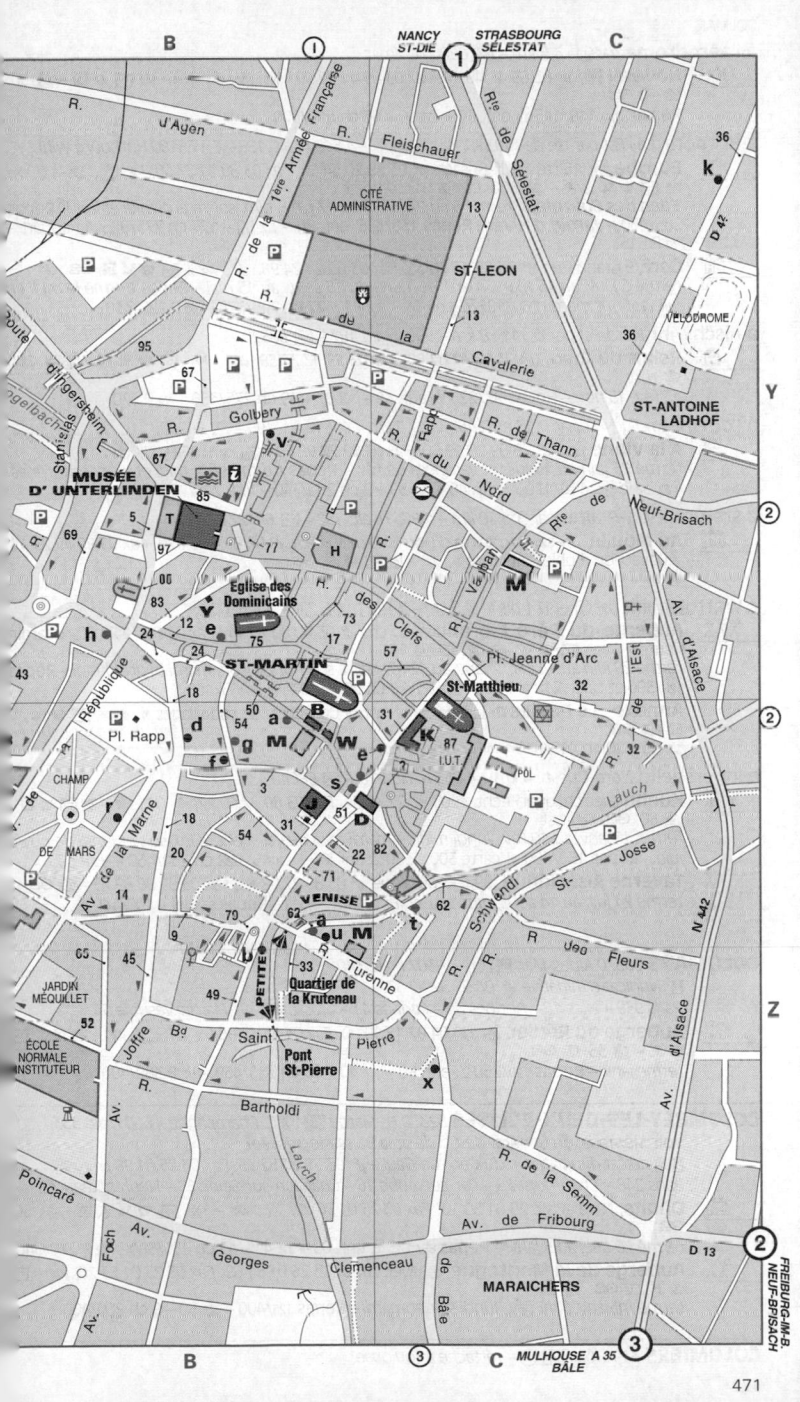

à l'aérodrome *par* ① : *3,5 km –* ⊠ *68000 Colmar :*

🏨 **Novotel** Ⓜ, ℰ 03 89 41 49 14, Fax 03 89 41 22 56, 佘, ⌨, 痒 – ⇆ 🍴 🔲 ☎ 🅿 – 🔏 50.
🖭 ① ㏄
Repas *(70)* - 119/145 ⅋, enf. 50 – ㏄ 60 – **66 ch** 510/600

à Horbourg *à l'Est par rte de Neuf-Brisach : 4 km – 4 518 h. alt. 188 –* ⊠ *68180 Horbourg Wihr :*

🏨 **Europe** Ⓜ, 15 rte Neuf-Brisach ℰ 03 89 20 54 00, Fax 03 89 41 27 50, 𝟔, ⌨, ⸰ – 🛗 ⇆
🔲 🔲 ☎ ⚲ & 🅿 – 🔏 500. 🖭 ① ㏄. 𝒮 rest
Eden des Gourmets *(fermé 3 au 27 juil., 3 au 17 janv., dim. soir, mardi midi et lundi)* **Repas**
285/450 – **Jardin d'Hiver :** **Repas** 135/385, enf. 80 – ㏄ 80 – **127 ch** 775/985, 11 appart –
½ P 615

🏨 **Cerf,** 9 Grand'Rue ℰ 03 89 41 20 35, Fax 03 89 24 24 98, 佘, 痒 – 🔲 ☎ ⚲ 🅿. ㏄. 𝒮
fermé 5 janv. au 15 mars, mardi et merc. du 15 sept. au 15 mai – **Repas** *(fermé le midi en*
juil.-août et merc.) 100/195 ⅋, enf. 55 – ㏄ 43 – **27 ch** 295/575 – ½ P 295/330

à Bischwihr *Nord-Est par D 111 : 8 km – 598 h. alt. 187 –* ⊠ *68320 :*

🏨 **Relais du Ried,** ℰ 03 89 47 47 06, Fax 03 89 47 72 58, 痒 – ⇆ 🔲 ☎ ⚲ 🅿. 🖭 ① ㏄.
𝒮 rest
15 fév.-15 nov. – **Repas** 97/225 ⅋, enf. 49 – ㏄ 37 – **59 ch** 275/350 – ½ P 270

à Logelheim *Sud-Est par D 13 et D 45 - CZ - 9 km – 406 h. alt. 195 –* ⊠ *68280 :*

🏨 **A la Vigne** 𝒮, ℰ 03 89 20 99 60, Fax 03 89 20 99 69 – 🔲 ☎ ⚲. ㏄. 𝒮 ch
fermé 25 juin au 15 juil. et vacances de fév. – **Repas** *(fermé sam. midi et lundi sauf fériés*
(48) - 58 *(déj.),* 110/120 ⅋, enf. 48 – ㏄ 35 – **9 ch** 200/340 – ½ P 245/275

à Ste-Croix-en-Plaine *par* ③ : *10 km – 1 895 h. alt. 192 –* ⊠ *68127 :*

🏨 **Au Moulin** 𝒮 sans rest, rte d'Herrlisheim sur D 1 ℰ 03 89 49 31 20, Fax 03 89 49 23 11,
« Collection d'objets anciens », 痒 – 🛗 ☎ 🅿. ㏄
1ᵉʳ avril-4 nov. – ㏄ 45 – **17 ch** 240/510

à Wettolsheim *par* ⑤ *et D 1 bis II : 4,5 km – 1 616 h. alt. 220 –* ⊠ *68000 :*

🏦 **Auberge du Père Floranc** avec ch, ℰ 03 89 80 79 14, Fax 03 89 79 77 00, « Jardin
fleuri », 痒 – 🔲 ☎ ⚲ ⇔ 🅿. 🖭 ① ㏄
fermé 29 juin au 14 juil., 7 janv. au 12 fév., dim. soir hors saison, mardi midi et lundi – **Repas**
120/390 et carte 210 à 440 ⅋ – ㏄ 65 – **9 ch** 250/370 – ½ P 405/465
Annexe : Le Pavillon 🏨 𝒮 sans rest, « Collection de coquillages », 痒 – 🔲 ☎ ⚲ 🅿.
🖭 ① ㏄
㏄ 65 – **20 ch** 410/610

à Ingersheim *Nord-Ouest : 4 km – 4 063 h. alt. 220 –* ⊠ *68040 :*

🏦 **Kuehn** avec ch, quai Fecht ℰ 03 89 27 38 38, Fax 03 89 27 00 77, ≤, 佘, 痒 – 🛗 🔲 ☎ 🅿 –
🔏 30. ㏄. 𝒮 rest
fermé 10 janv. au 10 fév., lundi midi et mardi midi de juil. à oct., dim. soir et lundi de nov. à
juin – **Repas** 160/400 et carte 300 à 380 ⅋, enf. 65 – ㏄ 45 – **28 ch** 250/450 – ½ P 395

🏦 **Taverne Alsacienne,** 99 r. République ℰ 03 89 27 08 41, Fax 03 89 80 89 75 – 🖭 ㏄
🐾 *fermé 24 juil. au 14 août, dim. soir et lundi sauf fériés –* **Repas** 85 *(déj.),* 100/140 ⅋

COLOMARS *06670 Alpes-Mar.* ⑧④ ⑨ *– 2 307 h alt. 340.*
🏢 *Syndicat d'Initiative* ℰ *04 93 37 92 33.*
Paris 939 – Nice 16 – Antibes 31 – Cannes 41 – Grasse 49 – St-Martin-Vésubie 54.

🏨 **Auberge du Rédier** 𝒮, ℰ 04 92 15 19 00, Fax 04 93 37 95 55, 佘, ⌨, 痒 – 🔲 rest, 🔲
☎ 🅿 – 🔏 35. 🖭 ㏄
fermé janv. – **Repas** 120/250 ⅋, enf. 60 – ㏄ 40 – **23 ch** 350/450 – ½ P 380/400

COLOMBEY-LES-DEUX-ÉGLISES *52330 H.-Marne* ⑥① ⑲ *G. Champagne – 660 h alt. 353.*
Voir *Mémorial du Général-de-Gaulle et la Boiserie (musée).*
🏢 *Syndicat d'Initiative r. du Gén.-de-Gaulle* ℰ *03 25 01 52 33, Fax 03 25 01 98 61.*
Paris 248 – Chaumont 25 – Bar-sur-Aube 16 – Châtillon-sur-Seine 63 – Neufchâteau 72.

🏨 **Dhuits,** N 19 ℰ 03 25 01 50 10, Fax 03 25 01 56 22, 佘, 痒 – ⇆ 🔲 ☎ ⚲ & 🅿 – 🔏 50.
㏄ ㏄
fermé 20 déc. au 5 janv. – **Repas** 85/175 ⅋, enf. 65 – ㏄ 41 – **42 ch** 250/380 – ½ P 270/340

🏦 **Auberge de la Montagne** 𝒮 avec ch, ℰ 03 25 01 51 69, Fax 03 25 01 53 20, 痒 – 🔲
☎ 🅿. ㏄. 𝒮
fermé mi-janv. à mi-fév., lundi soir et mardi – **Repas** 125/400 – ㏄ 50 – **8 ch** 260/400

COLOMIERS *31 H.-Gar.* ⑧② ⑦ *– rattaché à Toulouse.*

COLROY-LA-ROCHE 67420 B.-Rhin 62 ⑧ – 435 h alt. 475.

Paris 407 – Strasbourg 67 – Lunéville 70 – St-Dié 30 – Sélestat 31.

🏠🏠 **Hostellerie La Cheneaudière** Ⓜ ⤴, ✆ 03 88 97 61 64, Fax 03 88 47 21 73, ≤, 🏠,
✽ « Élégante hostellerie dans un jardin », ₰, 🗌, ☞, ✗ – ▭ rest, 📺 ☎ ✓ 🄿 – 🏄 25, 🄰🄴 ⓞ
GB

Princes de Salm : Repas 585 et carte 450 à 580, enf. 60 – **Pastoureaux** (déj. seul. en
semaine) **Repas** 290 bc, enf. 60 – ⥥ 125 – **32 ch** 800/1700 – ½ P 775/1300
Spéc. Tartare de saumon frais d'Écosse. Foie gras de canard pané à la coriandre. Gibier
(saison). **Vins** Gewürztraminer, Pinot noir.

COLY 24 Dordogne 75 ⑦ – rattaché au Lardin-St-Lazare.

La COMBE 73 Savoie 74 ⑮ – rattaché à Aiguebelette-le-Lac.

COMBEAUFONTAINE 70120 H.-Saône 66 ⑤ – 446 h alt. 259.

Paris 334 – Besançon 76 – Épinal 83 – Gray 41 – Langres 53 – Vesoul 26.

🏠🏠 **Balcon,** ✆ 03 84 92 11 13, Fax 03 84 92 15 89 – 📺 ☎ ⇔ 🏄 25, 🄰🄴 ⓞ GB, ✗ ch
fermé 26 juin au 5 juil., 26 déc. au 15 janv., dim. soir et lundi – **Repas** 145/340 – ⥥ 40 –
17 ch 230/380 – ½ P 280

La COMBE-DES-ÉPARRES 38 Isère 74 ⑬ – rattaché à Bourgoin-Jallieu.

COMBLOUX 74920 H.-Savoie 74 ⑧ G. Alpes du Nord – 1 716 h alt. 980 – Sports d'hiver : 900/1 850 m
⤓ 1 ⑭ 24.

Voir Racly ✳ ✱✱✱ O : 3 km.

🅱 Office de Tourisme ✆ 04 50 58 60 49, Fax 04 50 93 33 55.
Paris 596 – Chamonix-Mont-Blanc 31 – Annecy 78 – Bonneville 38 – Megève 6 – Morzine 53.

🏠🏠🏠 **Aux Ducs de Savoie** ⤴, au Bouchet ✆ 04 50 58 61 43, Fax 04 50 58 67 43, ≤ Mt-Blanc,
🏠, ₰, 🖳, ☞ – ▐ 📺 ☎ ✓ ⇔ 🄿 – 🏄 35, 🄰🄴 ⓞ GB, ✗ rest
1er juin-10 oct. et 15 déc.-25 avril – **Repas** 170/250 – ⥥ 65 – **50 ch** 800 – ½ P 610

🏠🏠 **Au Coeur des Prés** ⤴, ✆ 04 50 93 36 55, Fax 04 50 58 69 14, ≤ Aravis et Mt-Blanc, ₰,
🖳, ☞, ✗ – ▐ 📺 ☎ ⇔ 🄿 GB
1er juin-25 sept. et 20 déc.-Pâques – **Repas** 150/220 – ⥥ 50 – **34 ch** 600 – ½ P 450/500

🏠🏠 **Idéal-Mont-Blanc** ⤴, ✆ 04 50 58 60 54, Fax 04 50 58 64 50, ≤ Mt-Blanc, ₰, 🗌, ☞, ✗
– ▐ 📺 ☎ 🄿, 🄰🄴 ⓞ GB
10 juin-20 sept. et 20 déc.-Pâques – **Repas** 149/275 ⓨ, enf. 64 – ⥥ 63 – **28 ch** 422/663 –
½ P 519/580

🏠🏠 **Feug** Ⓜ, ✆ 04 50 93 00 50, Fax 04 50 21 21 44, ≤, 🏠, ₰, ☞ – ▐ 📺 ☎ ఉ ⇔ 🄿, 🄰🄴 ⓞ GB
1er juin-30 sept. et 18 déc.-30 mars – **Repas** (85)-115/170 ⓨ – ⥥ 45 – **28 ch** 435/650 – ½ P 435/
465

au Haut-Combloux *Ouest : 3,5 km* – ⊠ 74920 Combloux :

🏠 **Rond-Point des Pistes** ⤴, ✆ 04 50 58 68 55, Fax 04 50 93 30 54, ≤ Mt-Blanc, 🏠 – ▐
📺 ☎ 🄿, 🄰🄴 GB, ✗ rest
10 juin-15 sept. et 20 déc.-10 avril – **Repas** 150/200 ⓨ – ⥥ 50 – **29 ch** 600/680 – ½ P 468/489

COMBOURG 35270 I.-et-V. 59 ⑯ G. Bretagne – 4 843 h alt. 45.

Voir Château★.

🅱 Office de Tourisme pl. A.-Parent ✆ 02 99 73 13 93, Fax 02 99 73 52 39.
Paris 387 – St-Malo 37 – Avranches 51 – Dinan 25 – Fougères 49 – Rennes 41 – Vitré 57.

🏠🏠 **Château,** pl. Châteaubriand ✆ 02 99 73 00 38, Fax 02 99 73 25 79, 🏠, ☞ – 📺 ☎ ✓ 🄿 –
🏄 50, 🄰🄴 ⓞ GB
*fermé 15 déc. au 15 janv., lundi sauf le soir du 15 mai au 30 sept. et dim. soir du 1er oct. au
15 mai* – **Repas** (78)-98/330 ⓨ – ⥥ 48 – **35 ch** 340/540 – ½ P 310/420

🏠 **Lac,** pl. Chateaubriand ✆ 02 99 73 05 65, Fax 02 99 73 23 34, ≤, 🏠, ☞ – 📺 ☎ ✓ 🄿 –
🏄 50, 🄰🄴 ⓞ GB
fermé fév., dim. soir et vend. d'oct. à mars – **Repas** 70/190 ⓨ, enf. 50 – ⥥ 40 – **28 ch**
220/400 – ½ P 245/320

✗ **L'Écrivain,** pl. St-Gilduin (face église) ✆ 02 99 73 01 61, Fax 02 99 73 01 61, 🏠 – 🄿, GB
fermé 1er au 15 oct., vacances de fév., dim. soir hors saison, merc. soir et jeudi – **Repas**
82/160 ⓨ, enf. 55

COMBREUX *45530 Loiret* 64 ⑩ *G. Châteaux de la Loire* – *142 h alt. 130.*
  Voir *Étang de la Vallée*★ *NO : 2 km.*
  Paris 122 – *Orléans 38* – *Châteauneuf-sur-Loire 14* – *Gien 51* – *Montargis 35* – *Pithiviers 30.*

XX **Croix Blanche** ⟟ avec ch, ☎ 02 38 59 47 62, *Fax 02 38 59 41 35*, 🍽, 🌳 – 📺 ☎ ✔ 🅿,
  AE GB
  fermé 22 août au 6 sept. et 15 janv. au 6 fév. – **Repas** *145/300* ⍩ – ☲ *40* – **7 ch** *270/300* –
  ½ P 310

COMMENTRY *03600 Allier* 73 ③ *G. Auvergne* – *8 021 h alt. 407.*
  Paris 340 – *Moulins 66* – *Aubusson 79* – *Gannat 49* – *Montluçon 16* – *Riom 67.*

XXX **Michel Rubod**, *47 r. J.-J. Rousseau* ☎ 04 70 64 45 31, *Fax 04 70 64 33 17* – GB
  fermé 1ᵉʳ au 20 août, vacances de Noël, merc. midi, dim. soir et lundi – **Repas** *130/350* ⍩

COMMERCY *55200 Meuse* 62 ③ – *6 404 h alt. 240.*
  🛈 *Office de Tourisme pl. Charles-de-Gaulle* ☎ 03 29 91 33 16.
  Paris 264 – *Nancy 53* – *Bar-le-Duc 40* – *Metz 74* – *Toul 30* – *Verdun 55.*

XX **Côté Jardin** avec ch, *40 r. St-Mihiel* ☎ 03 29 92 09 09, *Fax 03 29 92 09 10*, 🍽, 🌳 –
  🍽 rest, 📺 ☎, ⓪ GB
  fermé 5 au 19 fév. – **Repas** *(fermé 5 au 26 fév., dim. soir et lundi)* 85 *(déj.)*, *140/280* ⍩, *enf.* 66
  – ☲ *45* – **10 ch** *260/480* – ½ P *245/355*

  Les établissements signalés par un 🅐
  proposent des repas soignés à prix modérés.

COMPIÈGNE ⟨⟩ *60200 Oise* 56 ②, 106 ⑩ *G. Picardie Flandres Artois* – *41 896 h alt. 41.*
  Voir *Palais*★★★ : *musée de la voiture*★★ – *Hôtel de ville*★ *BZ* **H** – *Musée de la Figurine*
  historique★ *BZ* **M** – *Musée Vivenel : vases grecs*★★ *AZ* **M¹.**
  Env. *Forêt*★★ – *Rethondes : Clairière de l'Armistice*★★ *(statue du Maréchal Foch, dalle*
  commémorative, wagon du Maréchal Foch) – *Château de Pierrefonds*★★ *14 km par* ③.
  🛈 *Office de Tourisme pl. Hôtel-de-Ville,* ☎ 03 44 40 01 00, *Fax 03 44 40 23 28.*
  Paris 81 ⑥ – *Amiens 82* ⑦ – *Beauvais 61* ⑥ – *St-Quentin 70* ① – *Soissons 39* ②.

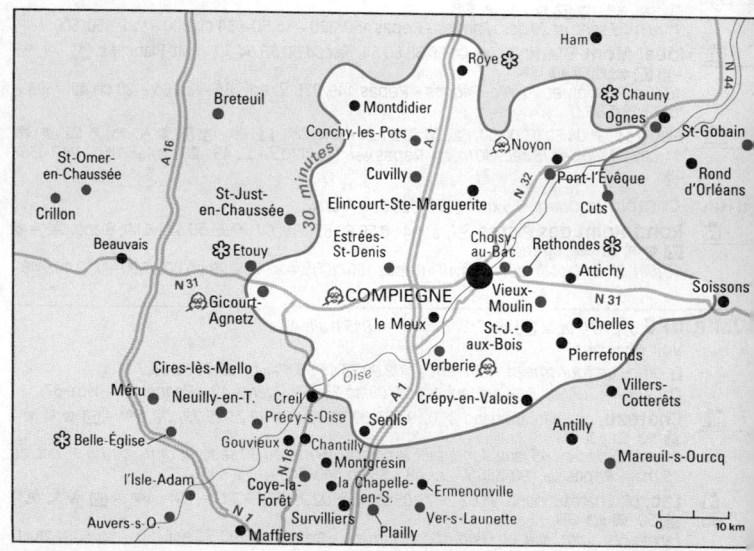

🏨 **Beaux Arts** Ⓜ sans rest, *33 cours Guynemer* ☎ 03 44 92 26 26, *Fax 03 44 92 26 00* –
  📺 ☎ ✔ 🕭 🚗 – 🔬 *35 à 50.* AE ⓪ GB JCB
  ☲ *55* – **37 ch** *350/460, 13 appart*   AY

COMPIÈGNE

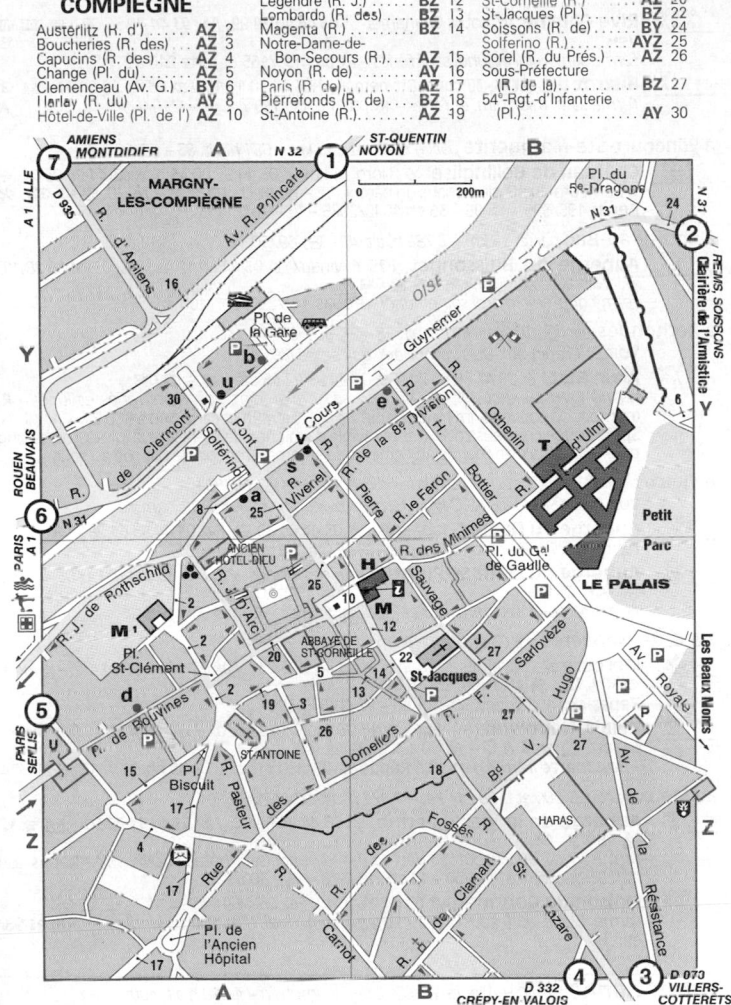

475

XXX **Rive Gauche,** 13 cours Guynemer ☎ 03 44 40 29 99, Fax 03 44 40 38 00 – ■, ℤ Ⓢ GB
JCB
BY e

fermé sam. midi et lundi sauf fériés – **Repas** 135/165 et carte 210 à 270 🍴

X **Bistrot des Arts,** 35 cours Guynemer ☎ 03 44 20 10 10, Fax 03 44 20 61 01 – ■. GB
🐌 *fermé sam. midi, dim. et fériés* – **Repas** 115 bc/130 🍴
AY s

à Élincourt-Ste-Marguerite *par* ① *et D 142 : 15 km – 681 h. alt. 83 –* ✉ *60157 :*

🏰 **Château de Bellinglise** ↘, Nord : 1 km ☎ 03 44 96 00 33, Fax 03 44 96 03 00, ≤, 🏡
« Demeure du 16e siècle dans un parc », ☄ – 🛁, ■ ch, 📺 ☎ 📶. – 🏌 70. ℤ Ⓢ GB, ⛳ rest
Repas 195/395 – 🍴 95 – **35 ch** 1045/2085 – ½ P 755/1115

à Choisy-au-Bac *par* ② *: 5 km – 3 786 h. alt. 40 –* ✉ *60750 :*

XX **Auberge du Buissonnet,** 825 r. Vineux ☎ 03 44 40 17 41, Fax 03 44 85 28 18, 🏡
« Jardin avec étang », ☄ – 📶. ℤ GB
fermé dim. soir, mardi soir et lundi – **Repas** 149/220, enf. 100

à Rethondes *par* ② *: 10 km – 591 h. alt. 38 –* ✉ *60153 :*

Voir *St-Crépin-aux-Bois : mobilier⋆ de l'église NE : 4 km.*

XXX **Alain Blot,** ☎ 03 44 85 60 24, Fax 03 44 85 92 35, 🏡, ☄ – ℤ GB
🐊 *fermé 4 au 18 sept., 1er au 15 janv., sam. midi, dim. soir, soirs fériés et lundi* – **Repas**
(nombre de couverts limité, prévenir) (150 bc) - 210/490 et carte 340 à 530 🍴
Spéc. Soupe crémeuse d'étrilles et raviole d'araignée de mer (sept. à juin). Grosses langoustines rôties, galette friande aux graines de sésame. Tronçon de bar rôti au four.

à Vieux-Moulin *par* ③ *et D 14 : 9,5 km – 495 h. alt. 49 –* ✉ *60350 :*

Voir *Mont St-Marc⋆ N : 2 km – Les Beaux-Monts⋆⋆ : ⋖⋆ NO : 7 km.*

XXX **Auberge du Daguet,** face église ☎ 03 44 85 60 72, Fax 03 44 85 61 28 – GB
fermé lundi soir et mardi – **Repas** 135/250 et carte 220 à 400 🍴

XX **Auberge du Mont St-Pierre,** 28 rte des Étangs ☎ 03 44 85 60 00, Fax 03 44 85 23 03
🏡 – 📶. ℤ GB
fermé 1er au 12 fév., dim. soir et lundi sauf fériés – **Repas** 98/138 🍴

Z.A.C. de Mercières *par* ⑤ *et D 200 : 6 km –* ✉ *60200 :*

🏨 **Mercure** Ⓜ, carrefour J. Monnet ☎ 03 44 30 30 30, Fax 03 44 30 30 44, 🏡 – 🛁 ✉ ■ 📺
☎ ☜ ♿ 📶. – 🏌 40 à 150. ℤ Ⓢ GB
Repas (80) - 115 🍴, enf. 50 – 🍴 60 – **92 ch** 545/590

🏨 **Relais Napoléon,** av. Europe ☎ 03 44 20 11 11, Fax 03 44 20 41 60, 🏡, ☄ – ♿
■ rest, 📺 ☎ ✉ ♿ 📶. – 🏌 50 à 200. ℤ Ⓢ GB
- **Bonaparte** *(fermé dim. soir)* **Repas** (75)-98/280 🍴 – 🍴 65 – **49 ch** 380/415 – ½ P 374

au Meux *par* ⑤, *D 200 et D 98 : 11 km – 1 471 h. alt. 50 –* ✉ *60880 :*

🏨 **Auberge de la Vieille Ferme,** ☎ 03 44 41 58 54, Fax 03 44 41 23 50 – 📺 ☎ ✉ 📶
🏌 15 à 30. GB
fermé 30 juil. au 21 août, 24 déc. au 9 janv., lundi (sauf hôtel) et dim. soir – **Repas** (85) - 11
bc/285 bc, enf. 65 – 🍴 50 – **14 ch** 285/370 – ½ P 300/330

XX **Maison du Gourmet,** ☎ 03 44 91 10 10, Fax 03 44 91 13 94, 🏡 – 📶. ℤ GB
fermé 17 juil. au 6 août, 1er au 15 janv., sam. midi, dim. soir et lundi soir – **Repas** 98/150
enf. 60

COMPREIGNAC 87140 H.-Vienne 🟒 ⑦ G. Berry Limousin – 1 280 h alt. 400.
🗓 Office de Tourisme (mi-juin-mi-sept.) ☎ 05 55 71 09 14.
Paris 377 – Limoges 28 – Bellac 29 – Guéret 73 – St-Junien 42.

X **Auberge du Moulin,** à Margnac, Est : 3 km par D 5 ☎ 05 55 71 30 70, Fax 05 55 71 31 9
– 📶. GB
fermé 1er au 15 oct., lundi du 1er oct. au 15 avril et dim. soir – **Repas** 65 bc (déj.), 99/185 🍴
enf. 46

COMPS-SUR-ARTUBY 83840 Var 🟔 ⑦, 🟯 ⑩ G. Alpes du Sud – 272 h alt. 898.
Env. *Balcons de la Mescla⋆⋆⋆ NO : 14,5 km – Tunnels de Fayet ⋖⋆⋆⋆ O : 20 km.*
Paris 833 – Digne-les-Bains 83 – Castellane 28 – Draguignan 31 – Grasse 61 – Manosque 9?

🏨 **Grand Hôtel Bain,** ☎ 04 94 76 90 06, Fax 04 94 76 92 24, ☄ – 📺 ☎ ✉ 🚗. ℤ Ⓢ G&
🐌 *fermé merc. soir et jeudi de nov. à avril* – **Repas** 78/195, enf. 55 – 🍴 38 – **17 ch** 265/360
½ P 290

CONCA 2A Corse-du-Sud 🟐 ⑦ – *voir à Corse.*

CONCARNEAU 29900 Finistère 🔢 ⑪ ⑮ *G. Bretagne* – 18 630 h alt. 4.

Voir *Ville Close*★★ C – *Musée de la Pêche*★ C **M¹** – *Pont du Moros* ≤★ B – *Fête des Filets bleus*★ *(fin août)*.

⛴ pour **Beg Meil** *Traversée 25 min- Renseignements et tarifs : Vedettes Glenn, face au Port de Plaisance à Concarneau* ℘ 02 98 97 10 31, Fax 02 98 60 49 70.

pour **Iles Glénan** *Traversée 1h10- Renseignements et tarifs : voir ci-dessus.*

⛴ pour **La Rivière de l'Odet** *Traversée 4h - Renseignements et tarifs : voir ci-dessus.*

🯅 Office de Tourisme q. d'Aiguillon ℘ 02 98 97 01 44, Fax 02 98 50 88 81.

Paris 548 ① – *Quimper 22* ① – *Brest 93* ① – *Lorient 51* ① – *Vannes 103* ①.

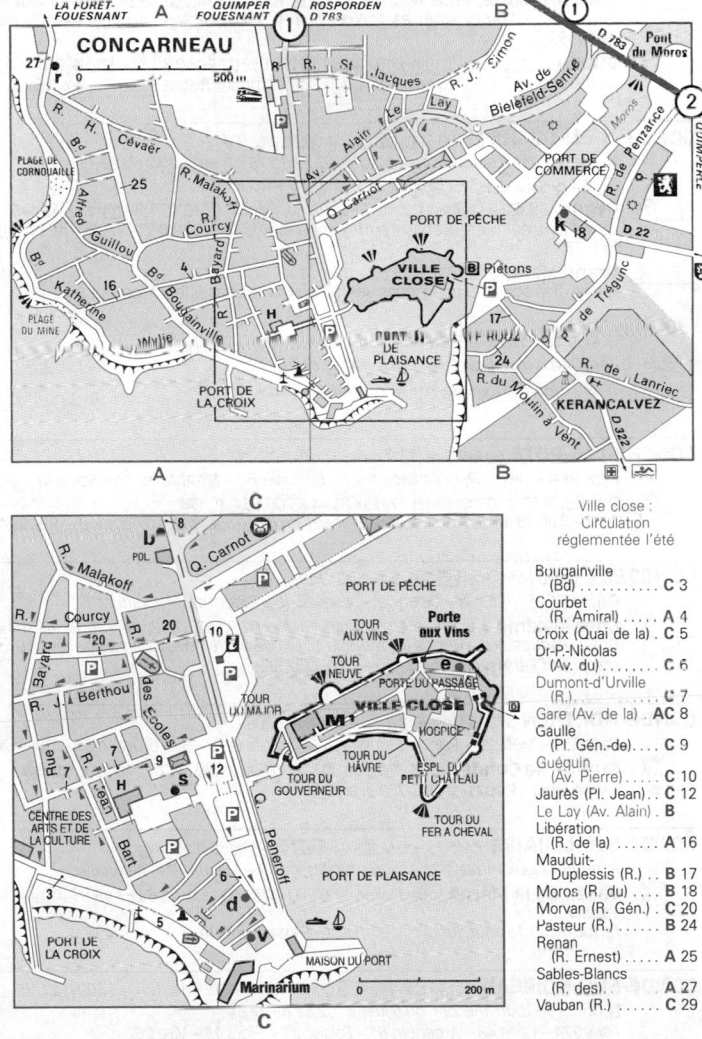

Ville close :
Circulation
réglementée l'été

Bougainville
  (Bd) . . . . **C** 3
Courbet
  (R. Amiral) . . . . . **A** 4
Croix (Quai de la) . **C** 5
Dr-P.-Nicolas
  (Av. du) . . . . **C** 6
Dumont-d'Urville
  (R.) . . . . **C** 7
Gare (Av. de la) . **AC** 8
Gaulle
  (Pl. Gén.-de) . . . . **C** 9
Guéquin
  (Av. Pierre) . . . . . **C** 10
Jaurès (Pl. Jean) . . **C** 12
Le Lay (Av. Alain) . **B**
Libération
  (R. de la) . . . . . . **A** 16
Mauduit-
  Duplessis (R.) . . **B** 17
Moros (R. du) . . . . **B** 18
Morvan (R. Gén.) . **C** 20
Pasteur (R.) . . . . . **B** 24
Renan
  (R. Ernest) . . . . . **A** 25
Sables-Blancs
  (R. des) . . . . **A** 27
Vauban (R.) . . . . . . **C** 29

🏨 **Océan** Ⓜ, plage Sables Blancs ℘ 02 98 50 53 50, *Fax 02 98 50 84 16*, ≤, 🍴, 🔅 – 📶 📺 ☎
  ✆ ♿ 🅿 – 🔬 20 à 40 ⒶⒺ 🅖🅑, 🛏 rest   **A** **r**
  Repas *(fermé 10 janv. au 15 fév.)* 120/260 ♀, enf. 55 – ☒ 52 – **53 ch** 550/630, 17 duplex –
  ½ P 400/450

477

🏨 **Les Halles** sans rest, pl. Hôtel de Ville 🤳 02 98 97 11 41, *Fax 02 98 50 58 54* – 📺 ☎ 📞 🖭
 ⑩ 🈯   C   s
 fermé dim. hors saison – 🍽 35 – **23 ch** 295/350

🏨 **France et Europe** sans rest, 9 av. Gare 🤳 02 98 97 00 64, *Fax 02 98 50 76 66* – 📺 ☎ 📞
≈100 🅿 🖭 🈯 🆓   C   b
 fermé 22 déc. au 2 janv. et sam. du 15 nov. au 15 mars – 🍽 35 – **26 ch** 290/360

🍴🍴 **Coquille**, quai Moros 🤳 02 98 97 08 52, *Fax 02 98 50 69 13*, 🌳, « Collection de tableaux » – 🖭 ⑩ 🆓   B   k
 fermé 1er au 15 mai, 5 au 20 janv., dim. soir et lundi – **Repas** 160/380 ♀

🍴🍴 **Chez Armande**, 15 bis av. Dr Nicolas 🤳 02 98 97 00 76, *Fax 02 98 97 00 76* – 🖭 🆓
 🕊 *fermé 1er au 7 sept., vacances de Noël, de fév., mardi de sept. à juin et merc.* – **Repas** 102
 (déj.)/192 ♀   C   d

🍴 **Buccin**, 1 r. Duguay-Trouin 🤳 02 98 50 54 22, *Fax 02 98 50 70 37* – 🖭 ⑩ 🆓   C   v
 fermé 1er au 18 mars, 10 au 15 oct., dim. soir et lundi – **Repas** 95/210 ♀, enf. 65

CONCHES-EN-OUCHE 27190 Eure 🖽 ⑯ – *4 009 h alt. 123*.
 🛈 Syndicat d'Initiative pl. A.- Briand 🤳 02 32 30 76 42, Fax 02 32 60 22 35.
 Paris 114 – Bernay 34 – Dreux 51 – Évreux 18 – Rouen 60.

🏨 **Cygne**, 2 R. Paul Guilbaud 🤳 02 32 30 20 60, *Fax 02 32 30 45 73* – 📺 ☎ 🕭 🅿 🆓
 fermé dim. en hiver – **Repas** (fermé dim. soir et lundi) 95/160 ♀ – 🍽 35 – **15 ch** 145/320 –
 ½ P 270

🍴 **Grand'Mare**, 🤳 02 32 30 23 30 – 🆓 ❄
 fermé dim. soir et lundi – **Repas** 98/160 ***Bistro* : Repas** 59bc/71bc, enf.59

If you are held up on the road - from 6pm onwards -
confirm your hotel booking by telephone.
It is safer and quite an accepted practice.

CONCHY-LES-POTS 60490 Oise 🖾 ② – *462 h alt. 106*.
 Paris 99 – Amiens 57 – Compiègne 27 – Beauvais 68 – Montdidier 14 – Roye 14.

🍴🍴 **Relais**, N 17 🤳 03 44 85 01 17, *Fax 03 44 85 00 58* – 🅿, 🆓
 fermé 4 au 13 juil., 27 nov. au 4 déc., mardi en juil.-août, dim. soir et lundi – **Repas** 140/350

CONCORET 56430 Morbihan 🖾 ⑮ – *626 h alt. 100*.
 Paris 397 – Rennes 49 – Dinan 55 – Loudéac 46 – Ploërmel 24 – Vannes 71.

🍴 **Chez Maxime** avec ch, 🤳 02 97 22 63 04, *Fax 02 97 22 67 12*, ≈ – 🅿 🖭 ⑩ 🆓
 hôtel : Pâques-oct. – **Repas** (fermé 3 au 10 juil.,13 au 26 nov., vacances de fév., mardi soir et
 merc. sauf l'été) 89/193 ♀ – 🍽 30 – **7 ch** 125/192

CONDÉ-NORTHEN 57220 Moselle 🖾 ⑭ – *507 h alt. 208*.
 Paris 351 – Metz 20 – Pont-à-Mousson 52 – Saarlouis 36 – Saarbrücken 53 – Thionville 48.

🍴🍴 **Grange de Condé**, 🤳 03 87 79 30 50, *Fax 03 87 79 30 51*, 🌳, ≈ – 🅿 🖭 🆓
 🆓 *fermé lundi* – **Repas** (55) - 75/250 ♀, enf. 45

CONDÉ-STE-LIBIAIRE 77450 S.-et-M. 🖾 ⑫, 🔟🔟🔟 ㉒ – *1 365 h alt. 47*.
 Paris 45 – Coulommiers 23 – Lagny-sur-Marne 12 – Meaux 10 – Melun 49.

🍴🍴 **Vallée de la Marne**, quai Marne 🤳 01 60 04 31 01, *Fax 01 64 63 15 83*, 🌳, ≈ – 🅿 🖭
 ⑩ 🆓
 fermé 1er au 15 août, lundi soir et mardi – **Repas** 155/300

CONDÉ-SUR-NOIREAU 14110 Calvados 🖽 ⑪ G. Normandie Cotentin – *6 309 h alt. 85*.
 🛈 Office de Tourisme 29 r. du 6 juin 🤳 02 31 69 27 64.
 Paris 274 – Caen 48 – Argentan 53 – Falaise 33 – Flers 13 – Vire 26.

🍴 **Cerf** avec ch, 18 r. Chêne (rte Aunay-sur-Odon) 🤳 02 31 69 40 55, *Fax 02 31 69 78 29* – 📺
 🆓 ☎ 📞 🅿 🖭 🆓
 🆓 *fermé dim. soir* – **Repas** (fermé vacances de Toussaint, de fév., dim. soir et lundi) 69/185 ♀
 enf. 47 – 🍽 32 – **9 ch** 214/264 – ½ P 240/360

à St-Germain-du-Crioult *Ouest : 4,5 km sur rte Vire – 819 h. alt. 184 – ⊠ 14110 :*

✗ **Auberge St-Germain** avec ch., ℘ 02 31 69 08 10, Fax 02 31 69 14 67 – 📺 ☎ ✆, 🖭 ⊞.
❀ rest
fermé 20 déc. au 10 janv., 30 juil. au 8 août, vend. et dim. d'oct. à avril – **Repas** *(fermé vend. soir et sam. midi du 15 sept. au 15 juin et dim. soir) 72/155 ⌿,* enf. 45 – ⌿ 26 – **9 ch** 200/230 – ½ P 190/200

CONDOM ◁◇▷ *32100 Gers* 🔟🔟 ⑭ *G. Midi-Pyrénées –* *7 717 h alt. 81.*

Voir *Cathédrale St-Pierre★ · Cloître★,*

🛈 *Office de Tourisme pl. Bossuet* ℘ 05 62 28 00 80, Fax 05 62 28 45 46.

Paris 732 ① – Agen 42 ① – Auch 46 ② – Mont-de-Marsan 80 ③ – Toulouse 120 ②.

CONDOM

Aquitaine (Av. d')	**Y** 2	Cazaubon (R. H.)	**Z** 16	Monnaie
Armuriers (R. des)	**Y** 5	Charron (R.)	**Y** 19	(R. de la)	**YZ** 38
Barlet (Pont)	**Y** 7	Cordeliers (R. des)	**Z** 21	Paix (R. de la)	**Z** 40
Bonnamy (R.)	**YZ** 8	Foch (R. Mar.)	**Y** 22	Roquepine
Duzon (R. et Quai)	**Z** 12	Gaichies (R.)	**Y** 24	(R. de)	**Z** 44
Carmes (Pont des)	**Z** 14	Gambetta (R. L.)	**Y** 26	Roques (R.)	**Y** 47
		Jaurès (R. J.)	**Z** 28	Saint-Exupéry (R.)	**Z** 50
		Lannelongue (Pl.)	**Y** 31	St-Pierre (Pl.)	**Y** 53
		Lion d'Or (Pl. du)	**Y** 35	Voltaire (Pl.)	**YZ** 57

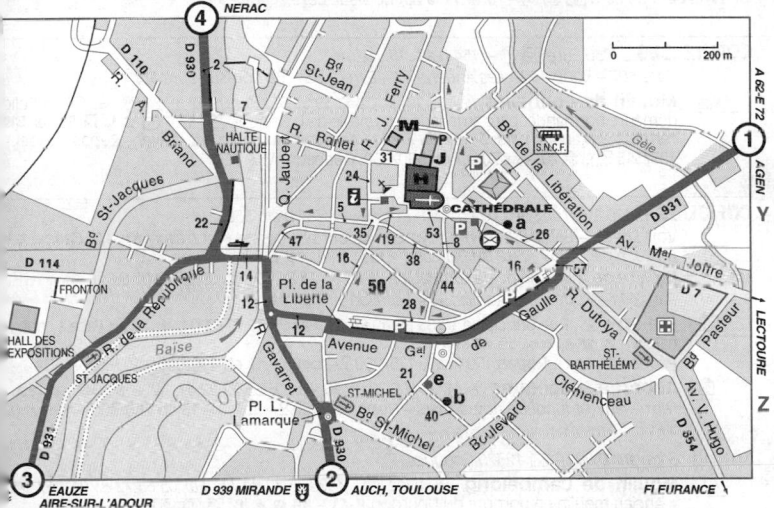

🏨 **Trois Lys** ⑤, 38 r. Gambetta ℘ 05 62 28 33 33, Fax 05 62 28 41 85, « Hôtel particulier du 18ᵉ siècle », ⌿ – 🗏 ch, 📺 ☎ ✆ 🅿. 🖭 ⓪ ⊞ **Y** a
fermé 1ᵉʳ au 7 nov. et fév. – **Dauphin** ℘ 05 62 28 44 67 *(fermé dim. soir sauf juil.-août)*
Repas 100/250 ⌿, enf. 45 – ⌿ 45 – **10 ch** 380/580

🏨 **Logis des Cordeliers** ⑤ sans rest, r. de la Paix ℘ 05 62 28 03 68, Fax 05 62 68 29 03, ⌿ – 📺 ☎ 🅿. ⓪ ⊞ **Z** b
⌿ 38 – **21 ch** 270/420

✗✗ **Table des Cordeliers**, r. Cordeliers ℘ 05 62 68 28 36, Fax 05 62 28 44 87, 🍽 – 🗏 🅿. ⊞ **Z** e
fermé 1ᵉʳ au 15 janv. et jeudi de sept. à juin – **Repas** 140/345

CONDRIEU 69420 Rhône 🔟 ⑪ G. Vallée du Rhône – 3 093 h alt. 150.

Voir Calvaire ≤★.

🛈 Office de Tourisme (ouv. de Pâques à fin sept.) pl. du Séquoïa N 86 ℰ 04 74 56 62 83, Fax 04 74 56 62 83.

Paris 500 – Lyon 41 – Annonay 34 – Rive-de-Gier 22 – Tournon-sur-Rhône 54 – Vienne 13.

🏨 **Hôtellerie Beau Rivage**, ℰ 04 74 56 82 82, Fax 04 74 59 59 36, 😁, « Terrasse avec vue agréable sur le Rhône », 🐎 – ⇆, 🍴 rest, 🕎 ☎ 📞 🅿, ⚠ ⑩ 🅶🅱 🅹🅲🅱
Repas 180 bc (déj.), 310/620 et carte 340 à 480 – 🖵 80 – **25 ch** 680/850
Spéc. Quenelle de brochet et salpicon de homard. Fleur de courgette farcie beurre d'herbes (15 mai au 15 oct.). Côte de boeuf aux échalotes confites. **Vins** Condrieu, Côte Rôtie.

✕ **Reclusière** (transfert prévu au printemps 14 rte Nationale), 39 Grande Rue ℰ 04 74 56 67 27, Fax 04 74 56 67 27 – 🍴, ⚠ 🅶🅱
fermé fév., lundi soir et mardi – **Repas** (prévenir) 98/250

CONFLANS-STE-HONORINE 78 Yvelines 🗺 ⑳., 📕 ③ – voir à Paris, Environs.

CONLEAU 56 Morbihan 🗺 ③ – rattaché à Vannes.

CONNAUX 30 Gard 🗺 ⑲ ⑳ – rattaché à Bagnols-sur-Cèze.

CONNELLES 27430 Eure 🗺 ⑦ – 154 h alt. 15.

Paris 107 – Rouen 38 – Les Andelys 13 – Évreux 33 – Vernon-sur-Eure 35.

🏨 **Moulin de Connelles** ♨, D 19 ℰ 02 32 59 53 33, Fax 02 32 59 21 83, ≤, 😁, « Belle demeure normande, parc aménagé sur une île de la Seine », 🔟, ✕ – 🕎 ☎ 📞 🅿, ⚠ ⑩ 🅶🅱
fermé 2 janv. au 30 mars, 5 nov. au 3 déc., dim. soir et lundi d'oct. à avril – **Repas** 140 (déj.), 195/315 ♀, enf. 70 – 🖵 70 – **7 ch** 550/850, 6 appart – ½ P 560/725

CONQUES 12320 Aveyron 🗺 ① ② G. Midi-Pyrénées – 362 h alt. 350.

Voir Site★★ – Église Ste-Foy★★ : tympan du portail Ouest★★★ et trésor★★★ – Le Cendié ≤★ O : 2 km par D 232 – Site du Bancarel ≤★ S : 3 km par D 901.

🛈 Office de Tourisme pl. de L'Abbatiale ℰ 05 65 72 85 00, Fax 05 65 72 87 03.

Paris 611 – Rodez 37 – Aurillac 53 – Espalion 51 – Figeac 45.

🏨 **Ste-Foy** ♨, Rue principale ℰ 05 65 69 84 03, Fax 05 65 72 81 04, ≤, 😁, « Face à l'abbatiale » – 🛗 ☎ 🐎, ⚠ ⑩ 🅶🅱
Pâques-1er nov. – **Repas** 100 (déj.), 165/290 ♀ – 🖵 65 – **17 ch** 490/990 – ½ P 525/630

🏠 **Auberge St-Jacques** ♨, ℰ 05 65 72 86 36, Fax 05 65 72 82 47, 😁 – ☎. 🅶🅱. ✖ rest
fermé janv. et lundi de nov. à mars – **Repas** 90/180 ♀ – 🖵 40 – **13 ch** 250/300 – ½ P 260/300

au Sud : 3 km sur D 901 – ✉ 12320 Conques :

✕✕ **Moulin de Cambelong** ♨ avec ch, ℰ 05 65 72 84 77, Fax 05 65 72 83 91, ≤, 😁 « Ancien moulin en bordure du Dourdou », 🔟 – 🕎 ☎ 🐎 📞, ⚠ ⑩ 🅶🅱
Repas (fermé dim. soir et lundi sauf juil.-août) 145/300 ♀ – 🖵 70 – **10 ch** 450/660 – ½ P 490/590

Le CONQUET 29217 Finistère 🗺 ③ G. Bretagne – 2 149 h alt. 30.

Voir Site★. Excurs. Île d'Ouessant★★ : rochers★★★.

🛈 Office de Tourisme parc de Beauséjour ℰ 02 98 89 11 31, Fax 02 98 89 08 20.

Paris 617 – Brest 24 – Brignogan-Plages 56 – St-Pol-de-Léon 83.

🏨 **Pointe Ste-Barbe** ♨, ℰ 02 98 89 00 26, Fax 02 98 89 14 81, ≤ mer et les îles – 🛗 🕎 ☎ 📞 🐎 🅿 – 🔬 40. ⚠ ⑩ 🅶🅱, ✖ rest
fermé 8 nov. au 15 déc. – **Repas** (fermé lundi du 15 sept. au 1er juil.) 102/474 ♀ – 🖵 40 – **49 ch** 201/658 – ½ P 325/553

à la Pointe de St-Mathieu Sud : 4 km – ✉ 29217 Plougonvelin :

Voir Phare ✳★★ – Ruines de l'église abbatiale★.

🏨 **Hostellerie de la Pointe St-Mathieu** 🅼 ♨, ℰ 02 98 89 00 19, Fax 02 98 89 15 68, ≤ – 🛗 🕎 ☎ 📞 🐎, 🔬 25. ⚠ 🅶🅱
fermé mi-janv. à mi-fév. – **Repas** (fermé dim. soir sauf juil.-août) 98/420 – 🖵 40 – **21 ch** 280/650 – ½ P 330/500

Les CONTAMINES-MONTJOIE *74170 H. Savoie* **74** ⑩ *G. Alpes du Nord* – *994 h alt. 1164* – Sports d'hiver : 1 165/2 500 m ≰ 3 ≰ 23 ≰.
Voir ≤★ sur gorges de la Gruvaz NE : 5 km.

🛈 *Office de Tourisme 18 rte de N.-D. de la Gorge ℰ 04 50 47 01 58, Fax 04 50 47 09 54.*
Paris 608 – Chamonix-Mont-Blanc 33 – Annecy 91 – Bonneville 50 – Megève 20.

🏨 **Chemenaz**, près de la télécabine du Lay ℰ 04 50 47 02 44, Fax 04 50 47 12 73, 舒, *14*, ⴰ, ♨ – ⴰ cuisinette 📺 ☎ 🖫, ⬤ ⇔
hôtel : 15 juin-15 sept. et 23 déc.-15 avril – **Trabla** (*1er juil.-3 sept. et 23 déc.-1er avril*) **Repas** 98/195 bc, enf. 60 – ⴰ 50 – **38 ch** 400/560, 3 studios – ½ P 355/505

🏨 **Gai Soleil** ⴰ, ℰ 04 50 47 02 94, Fax 04 50 47 10 43, ≤, 舒 – ☎ ⴰ. ⊖. 𝒮 rest
15 juin-14 sept. et 20 déc.-15 avril – **Repas** 99/148 – ⴰ 42 – **19 ch** 300/440 – ½ P 350/380

🏠 **Christiania**, ℰ 04 50 47 02 72, Fax 04 50 47 06 90, ≤, 舒, *14*, ⴰ, ♨ – 📺 ☎ 🖫, ⅅⅇ ⇔
hôtel : 20 juin-10 sept. et 20 déc.-15 avril ; rest. : 1er juil.-31 août et 20 déc.-10 avril – **Repas** snack (dîner seul. en été) 68 (déj.)/108 ⅌, enf. 42 – ⴰ 59 – **14 ch** 210/450 – ½ P 360/380

CONTAMINE-SUR-ARVE *74130 H.-Savoie* **74** ⑦ – *1 125 h alt. 450.*
Paris 551 – Annecy 45 – Thonon-les-Bains 37 – Chamonix-Mont-Blanc 63 – Genève 20.

🍴 **Tourne Bride** avec ch, ℰ 04 50 03 62 18, Fax 04 50 03 91 99 ▦ rest, 📺. ⇔
fermé 17 au 30 juil., 2 au 15 janv., dim. soir et lundi – **Repas** 70 (déj.), 102/180 ⅌ – ⴰ 32 – **8 ch** 190/250 – ½ P 190/210

CONTEVILLE *27210 Eure* **55** ④ – *701 h alt. 33.*
Paris 179 – Le Havre 31 – Évreux 81 – Honfleur 14 – Pont-Audemer 13 – Pont-l'Évêque 29.

❀❀❀ **Auberge du Vieux Logis** (Louot), ℰ 02 32 57 60 16, Fax 02 32 57 45 84, 舒 – ⅅⅇ ⑩
❀ ⇔
fermé 10 au 23 juin, 13 au 23 nov., 10 au 24 fév., lundi d'oct. à mars et dim. soir – **Repas** 145 (déj.), 198/350 et carte 360 à 530
Spéc. Foie gras poêlé sur lit de pommes, sauce cidre. Tronçon de turbot côtier, risotto aux champignons et truffes. Pomme de ris de veau aux appétits.

CONTIS-PLAGE *40 Landes* **78** ⑮ – ⊠ *40170 St-Julien-en-Born.*
Paris 715 – Mont-de-Marsan 75 – Bayonne 89 – Castets 32 – Mimizan 24.

🏠 **Neptune** sans rest, ℰ 05 58 42 85 28, Fax 05 58 42 44 47 – ☎ 🖫. ⅅⅇ ⑩ ⇔
1er mars-25 oct. – ⴰ 35 – **16 ch** 240/400

CONTRES *41700 L.-et-Ch.* **64** ⑰ – *2 979 h alt. 98.*
Paris 204 – Tours 66 – Blois 22 – Châteauroux 77 – Montrichard 22.

🏨 **France**, ℰ 02 54 79 50 14, Fax 02 54 79 02 95, 舒, *14*, ⴰ, -🐾, ▦ rest, 📺 ☎ ✆ ⅇ, ⬤ 🖫
– ⅍ 30. ⇔, 𝒮 rest
fermé 1er fév. au 10 mars (sauf hôtel), dim. soir et lundi du 1er nov. au 16 avril – **Repas** 98/270 ⅌ – ⴰ 50 – **30 ch** 320/480 – ½ P 385/435

❀❀ **Botte d'Asperges**, ℰ 02 54 79 50 49, Fax 02 54 79 08 74 – ⇔
fermé lundi – **Repas** (70)-90/205 ⅌, enf. 50

CONTREVOZ *01 Ain* **74** ⑭ – *rattaché à Belley.*

CONTREXÉVILLE *88140 Vosges* **62** ⑭ *G. Alsace Lorraine* – *3 945 h alt. 342* – Stat. therm. (avril-mi-oct.) – Casino **Y**.
🛈 *Office de Tourisme r. du Shah de Perse ℰ 03 29 08 08 68, Fax 03 29 08 25 40.*
Paris 337 ③ – Épinal 48 ① – Langres 68 ② – Nancy 81 ① – Neufchâteau 28 ③.

Plan page suivante

🏨🏨 **Cosmos**, rue de Metz ℰ 03 29 07 61 61, Fax 03 29 08 68 67, 舒, *14*, ⴰ, ♨ – ⴰ ⇔ 📺 ☎
✆ 🖫 – ⅍ 40. ⅅⅇ ⑩ ⇔. 𝒮 rest   **Y u**
mi-avril-mi-oct. – **Repas** 210 – ⴰ 48 – **75 ch** 466/514, 6 appart – ½ P 480

🏨 **L'Établissement**, Parc Thermal ℰ 03 29 08 17 30, Fax 03 29 08 92 38, 舒 – ⴰ 📺 ✆ 🖫.
ⅅⅇ ⑩ ⇔, 𝒮 rest   **Y a**
Repas 210 – ⴰ 44 – **35 ch** 333/380 – ½ P 453

🏨 **Souveraine** sans rest, Parc Thermal ℰ 03 29 08 09 59, Fax 03 29 08 16 39 – 📺 ☎ ✆ 🖫.
ⅅⅇ ⑩ ⇔   **Z e**
25 mars-1er oct. – ⴰ 44 – **31 ch** 333/380

🏨 **Sources**, r. Ziwer-Pacha ℰ 03 29 08 04 48, Fax 03 29 08 63 01 – 📺 ☎. ⅅⅇ ⑩ ⇔. 𝒮 rest
1er avril-2 oct. – **Repas** 95/180 ⅌, enf. 55 – ⴰ 40 – **36 ch** 255/340 – ½ P 243/300   **Z x**

CONTREXEVILLE

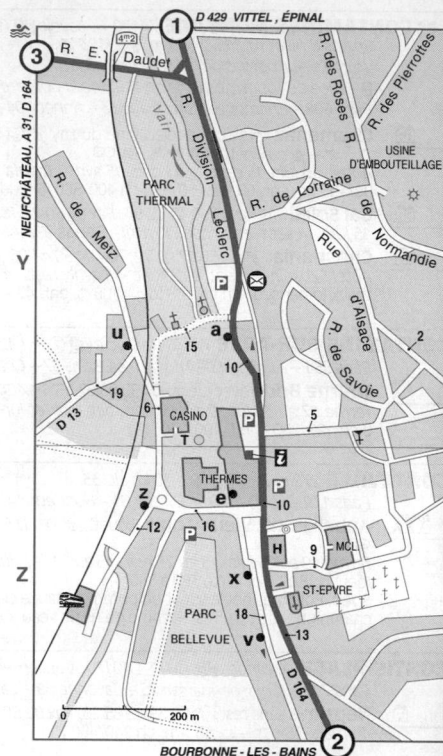

🏠 **Villa Beauséjour**, r. Ziwer-Pacha ℰ 03 29 08 04 89, Fax 03 29 08 62 28 – 📺 ☎ 📞 ⛶.
※ rest   Z V
26 mars-15 oct. – **Repas** 100/218, enf. 50 – ⌒ 38 – **30 ch** 250/300

🏠 **France**, av. Roi Stanislas ℰ 03 29 05 05 05, Fax 03 29 08 69 96 – 📺 ☎ 🅿. 🖭 ⛶
fermé 15 déc. au 15 janv. et dim. soir du 15 janv. à fév. – **Repas** 90/195 ⅋, enf. 55 – ⌒ 40 –
33 ch 260/350 – ½ P 250/300   Z Z

COQUELLES 62 P.-de-C. 🗒 ② – rattaché à Calais.

La COQUILLE 24450 Dordogne 🗒 ⑯ – 1 515 h alt. 337.
　　Paris 437 – Limoges 45 – Brive-la-Gaillarde 86 – Périgueux 49.

※※ **Voyageurs** avec ch, N 21 ℰ 05 53 52 80 13, Fax 05 53 62 18 29, 🏛, 🔟, 🚗 – 📺 ☎ 🚗
🅿. ⛶
fermé dim. soir hors saison – **Repas** 75 bc (déj.), 105/210 ⅋, enf. 58 – ⌒ 38 – **9 ch** 248/284 –
½ P 260

CORBEHEM 62 P.-de-C. 🗒 ③ – rattaché à Douai.

CORBEIL-ESSONNES 91 Essonne 🗒 ①, , 🗒 ㊲ – voir à Paris, Environs.

Les plans de villes
sont orientés le Nord en haut.

482

CORBIGNY *58800 Nièvre* 65 ⑯ *G. Bourgogne – 1 802 h alt. 203.*

Paris 235 – Autun 78 – Avallon 39 – Clamecy 28 – Nevers 59.

🏛 **Buissonnière,** pl. St-Jean 𝒫 03 86 20 02 13, Fax 03 86 20 13 85, 🏤 – ✳ 📺 ☎ 🌣. 🕮 ⓞ GB

Marode 𝒫 03 86 20 13 55 *(fermé fév., dim. soir et lundi)* **Repas** 85/345 ♀ – ☳ 35 – **23 ch** 250/290 – ½ P 230

XX **Cépage et H. Europe** avec ch, 7 Grande Rue 𝒫 03 86 20 09 87, Fax 03 86 20 06 40, 🏤 – 📺 ☎. GB

fermé 14 fév. au 16 mars, merc. soir et jeudi sauf juil.-août – **Repas** 98/290 bc ♀ – ☳ 35 – **9 ch** 180/380 – ½ P 165/220

CORDES-SUR-CIEL *81170 Tarn* 79 ⑳ *G. Midi-Pyrénées – 932 h alt. 279.*

Voir Site★★ – la ville haute★★ : maisons gothiques★★, musée d'Art et d'Histoire★ – Musée de l'Outil★ à Vindrac-Alayrac O : 5 km.

🛈 Office de Tourisme Maison Fonpeyrouse 𝒫 05 63 56 00 52, Fax 05 63 56 19 52 et pl. Bouteillerie 𝒫 05 63 56 14 11.

Paris 665 – Toulouse 82 – Albi 26 – Rodez 87 – Villefranche-de-Rouergue 48.

🏛🏛 **Grand Écuyer** (Thuriès) Ⓜ ⌂, 𝒫 05 63 53 79 50, Fax 05 63 53 79 51, ≤ vallée, « Demeure gothique, bel intérieur » – ▤ rest, 📺 ☎, 🕮 ⓞ GB
Pâques-10 oct. – **Repas** *(fermé le midi en semaine et lundi sauf du 15 juil. au 31 août)* 170/470 et carte 370 à 460 ♀ – ☳ 70 – **13 ch** 600/850 – ½ P 680
Spéc. Foie gras de canard au torchon. Pigeonneau confit au romarin. Gratin de fraises des bois et coulis d'abricots. **Vins** Gaillac.

🏛🏛 **Hostellerie du Vieux Cordes** ⌂, 𝒫 05 63 53 79 20, Fax 05 63 56 02 47, ≤, 🏤 – 📺 ☎ 🌣 – 🔬 50. 🕮 ⓞ GB
fermé 1er janv. au 25 fév. – **Repas** *(fermé lundi du 1er nov. au 1er avril)* 88 ♀, enf. 55 – ☳ 40 – 21 ch 280/590 – ½ P 630

Annexe La Cité 🏛 ⌂ sans rest, 𝒫 05 63 56 03 53, ≤ – 📺 ☎. 🕮 ⓞ GB
15 avril-15 oct. – ☳ 35 – **8 ch** 280/300

XXX **Chevance** ⌂ avec ch, Porte des Ormeaux 𝒫 05 63 56 14 65, Fax 05 63 56 28 72, « Maison du 17e siècle » – 📺. ⓞ GB
Repas *(fermé 15 au 30 nov., 1er au 20 fév., dim. soir et merc. de sept. à avril)* 99/195 et carte 240 à 330 ♀, enf. 50 – ☳ 45 – **6 ch** 290/360 – ½ P 295

CORDON *74 H.-Savoie* 74 ⑦ ⑧ – *rattaché à Sallanches.*

CORENC *38 Isère* 77 ⑤ – *rattaché à Grenoble.*

CORMEILLES-EN-VEXIN *95 Val-d'Oise* 55 ⑲,, 106 ⑤ – *voir à Paris, Environs (Cergy-Pontoise Ville Nouvelle).*

CORMERY *37320 I.-et-L.* 64 ⑮ *G. Châteaux de la Loire – 1 323 h alt. 59.*

Paris 255 – Tours 20 – Blois 61 – Château-Renault 49 – Loches 22 – Montrichard 33.

XX **Auberge du Mail,** pl. Mail 𝒫 02 47 43 40 32, Fax 02 47 43 08 72, 🏤 – 🕮 GB
fermé 1er au 7 juil., vacances de Noël, sam. midi et vend. de sept. à juin et jeudi soir – **Repas** 98/260 ♀, enf. 60

X **Auberge des 2 Cèdres,** av. Gare 𝒫 02 47 43 03 09, 🏤 – GB
fermé 3 au 16 juil., vacances de fév., dim. soir et lundi sauf fériés – **Repas** 60 (déj.), 85/135 ♀, enf. 45

CORNAS *07 Ardèche* 76 ⑳ – *rattaché à St-Péray.*

CORNILLON *30630 Gard* 80 ⑨ – *609 h alt. 168.*

Paris 669 – Alès 53 – Avignon 51 – Bagnols-sur-Cèze 17 – Pont-St-Esprit 25.

🏛🏛 **Vieille Fontaine** ⌂, 𝒫 04 66 82 20 56, Fax 04 66 82 33 64, ≤, patio, « Piscine et jardin en terrasses dominant la vallée », 🏊, 🌲 – 📺 ☎. 🕮 ⓞ GB
avril-nov. et fermé dim. soir et merc. hors saison – **Repas** 195/295 – ☳ 65 – **8 ch** 550/850 – ½ P 550/700

Repas soignés à prix modérés : 🍴 **Repas** 100/130

483

CORPS *38970 Isère* 77 ⑮ ⑯ *G. Alpes du Sud – 512 h alt. 939.*

Voir *Barrage★★, pont★ et lac★ du Sautet O : 4 km.*

Env. *Site★ de la basilique N.-D. de la Salette, ≤★ N : 15 km par D 212^c.*

Office de Tourisme ✆ 04 76 30 03 85, Fax 04 76 30 03 85.

Paris 632 – Gap 39 – Grenoble 65 – La Mure 25.

Tilleul, ✆ 04 76 30 00 43, *Fax 04 76 30 06 12,* – TV ☎ . AE GB
fermé 1er nov. au 31 déc. – **Repas** *(fermé dim. soir d'oct. à juin)* 75/175 ♀, enf. 48 – ☕ 35 – **17 ch** 235/280 – ½ P 245

Nouvel Hôtel, ✆ 04 76 30 00 35, *Fax 04 76 30 03 00,* ≤, – ☎ P. AE GB
fermé 1er déc. au 1er fév. – **Repas** 70/120, enf. 40 – ☕ 35 – **28 ch** 230/300 – ½ P 230/250

Napoléon sans rest, ✆ 04 76 30 00 42, *Fax 04 76 30 06 83* – ☎. GB
1er mai-31 oct. et 10 fév.-10 mars – ☕ 38 – **22 ch** 210/310

Poste avec ch, ✆ 04 76 30 00 03, *Fax 04 76 30 02 73,* , « Maison fleurie » – TV ☎ . AE GB
fermé 1er déc. au 15 janv. – **Repas** 110/265 ♀, enf. 70 – ☕ 40 – **20 ch** 230/450 – ½ P 250/360

au Nord-Est *: 4 km par rte La Salette et D 212c – alt. 1260 – ✉ 38970 Corps :*

Boustigue Hôtel , ✆ 04 76 30 07 07, *Fax 04 76 30 04 04,* ≤ Champsaur, Dévoluy, Trièves, , , , – ☎ P – 30. GB
15 avril-15 oct. – **Repas** 92/145 , enf. 55 – ☕ 38 – **27 ch** 242/352 – ½ P 300/342

CORRENÇON-EN-VERCORS *38 Isère* 77 ④ – *rattaché à Villard-de-Lans.*

Write us...

If you have any comments on the contents of this Guide.

Your praise as well as your criticisms will receive careful consideration and, with your assistance, we will be able to add to our stock of information and, where necessary, amend our judgments.

Thank you in advance!

CORSE

90 *O. Corse - 249 729 h.*

RENSEIGNEMENTS PRATIQUES

TRANSPORTS MARITIMES

Depuis la France continentale les relations avec la Corse s'effectuent à partir de Marseille, Nice et Toulon.

au départ de Marseille : SNCM-61 bd des Dames(2e) ℘ 04 91 56 30 10, Fax 04 91 56 95 86 CMN-4 quai d'Arenc(2e) ℘ 04 91 99 45 00, Fax 04 91 99 45 99.

au départ de Nice : SNCM-Ferryterranee quai du Commerce ℘ 04 93 13 66 99, Fax 04 93 13 66 81 CORSICA FERRIES-2 quai Pampacino ℘ 04 93 55 55 55, F ax 04 92 00 52 52.

au départ de Toulon : SNCM/CMT-49 av. Infanterie de Marine (1er avr./30 sept.) ℘ 04 94 16 66 66, Fax 04 94 16 66 68.

AÉROPORTS

La Corse dispose de quatre aéroports assurant des relations avec le continent, l'Italie et une partie de l'Europe :

Ajaccio ℘ 04 95 23 56 56, Calvi ℘ 04 95 65 88 88, Bastia ℘ 04 95 54 54 54 , et Figari-sud-Corse ℘ 04 95 71 10 10 (Bonifacio et Porto-Vecchio).

Voir aussi au texte de ces localités.

DÉCOUVRIR

AN 2000

Juil.-août : Rencontres Internationales Théâtrales de Haute-Corse : Mausoleo, Olmi-Capela, Pioggiola, Vallica.

Ajaccio 🄿 *2A Corse-du-Sud* 🖪🄾 ⑰ *– 58 315 h – Casino* Z *–* ⊠ *20000.*

Voir *Musée Fesch*★★ *– Maison Bonaparte*★ *– Place d'Austerlitz : monument de Napoléon 1ᵉʳ*★Y L *– Jetée de la Citadelle* ≤★ *– Place Gén.-de-Gaulle* ≤★.

Env. *Golfe d'Ajaccio*★★ *– Pointe de la Parata* ≤★★ *12 km par* ③ *puis 30 mn.*

Excurs. *Iles Sanguinaires*★★.

✈ *d'Ajaccio-Campo dell'Oro :* ℘ *04 95 23 56 56, par* ① *: 7 km.*

🖪 *Office de Tourisme bd du Roi Jérôme* ℘ *04 95 51 53 03, Fax 04 95 51 53 01.*

Bastia 146 ① *– Bonifacio 136* ① *– Calvi 164* ① *– Corte 77* ① *– L'Ile-Rousse 140* ①.

Plan page ci-contre

🏨 **Les Mouettes**, 9 bd Lucien Bonaparte ℘ 04 95 50 40 40, *Fax 04 95 21 71 80,* ≤, 畱, « Piscine face à la mer », 🌊 – ▤ rest, 🆃🆅 ☎ 🄿 – 🔬 20. 🆀🆁 ⑨ 🆖🅱. ⅋   Y r
hôtel : avril-oct. ; rest. : mai-sept. et fermé lundi sauf juil.-août – **Repas** 180 (déj.), 225/310 ⅄ – ⌻ 75 – **20 ch** 700/1410 – ½ P 630/935

🏨 **Costa** ⤴ sans rest, 2 r. Colomba ℘ 04 95 21 43 02, *Fax 04 95 21 59 82* – |👁| 🆃🆅 ☎ ⟨⟩. 🆀🆁   ⑨ 🆖🅱 🆓🅲🅱. ⅋   Y x
⌻ 38 – **50 ch** 348/533

🏨 **Napoléon** sans rest, 4 r. Lorenzo Vero ℘ 04 95 51 54 00, *Fax 04 95 21 80 40* – |👁| ▤ 🆃🆅 ☎ ✆. 🆀🆁 ⑨ 🆖🅱   Z s
⌻ 45 – **62 ch** 460/520

🏨 **San Carlu** sans rest, 8 bd Casanova ℘ 04 95 21 13 84, *Fax 04 95 21 09 99* – |👁| 🆃🆅 ☎ ✆ &. 🆀🆁 ⑨ 🆖🅱. ⅋   Z f
fermé 20 déc. au 20 janv. – ⌻ 40 – **40 ch** 450/570

🏨 **Fesch** sans rest, 7 r. Cardinal Fesch ℘ 04 95 51 62 62, *Fax 04 95 21 83 36* – |👁| ▤ 🆃🆅 ☎ ✆. 🆀🆁 ⑨ 🆖🅱 🆓🅲🅱   Z y
fermé 17 déc. au 6 janv. – ⌻ 40 – **77 ch** 380/460

🏨 **Impérial**, 6 bd Albert 1ᵉʳ ℘ 04 95 21 50 62, *Fax 04 95 21 15 20,* 畱, 🐚, 🌳 – |👁| ▤ 🆃🆅 ☎. 🆀🆁 ⑨ ⅋ rest   Y a
mars-nov. – **Repas** 110/125 – ⌻ 40 – **44 ch** 354/478 – ½ P 314/374

🏊 **Marengo** ⤴ sans rest, 2 r. Marengo ℘ 04 95 21 43 66, *Fax 04 95 21 51 26* – ▤ 🆃🆅 ☎. 🆖🅱. ⅋   Y n
15 mars-15 nov. – ⌻ 35 – **16 ch** 290/360

🍴🍴 **A La Funtana**, 9 r. Notre Dame ℘ 04 95 21 78 04, *Fax 04 95 51 40 56* – ▤. 🆀🆁 ⑨ 🆖🅱 🆓🅲🅱   Z a
fermé 20 juin au 20 juil., dim. et lundi – **Repas** (80) - 150/290

🍴🍴 **Floride**, au port Charles Ornano ℘ 04 95 22 67 48, *Fax 04 95 22 67 48,* ≤, 畱 – ▤. 🆀🆁 ⑨ 🆖🅱 🆓🅲🅱   Y b
fermé sam. midi et dim. midi de juin à août et dim. soir de sept. à mai – **Repas** - produits de la mer - 148/325 ⅄

🍴🍴 **Grand Café Napoléon**, 10 cours Napoléon ℘ 04 95 21 42 54, *Fax 04 95 21 53 32* – 🆖🅱 *fermé dim. et fériés* – **Repas** 95 (déj.)/200 ⅄   Z d

🍴 **Le 20123**, 2 r. Roi de Rome ℘ 04 95 21 50 05, *Fax 04 95 24 22 24,* 畱, « Évocation d'un village corse »   Z v
fermé 15 janv. au 15 fév., sam. midi , dim. et lundi – **Repas** (prévenir) 165

🍴 **Bec Fin**, 3 bis bd Roi Jérôme ℘ 04 95 21 30 52, *Fax 04 95 21 30 52,* 畱 – 🆀🆁 🆖🅱   Z k
fermé 20 déc. au 25 janv., dim. et fériés – **Repas** 76/150

🍴 **France**, 59 r. Cardinal Fesch ℘ 04 95 21 11 00 – 🆀🆁 ⑨ 🆖🅱   Z n
fermé nov. et dim. – **Repas** 99/130 ⚱

🍴 **Piano**, 13 bd Roi Jérôme ℘ 04 95 51 23 81, *Fax 04 95 20 95 98,* 畱 – ▤. 🆀🆁 ⑨ 🆖🅱   Z e
fermé 15 au 30 nov. et dim. – **Repas** 70/170

🍴 **U Scampi**, 11 r. Conventionnel Chiappe ℘ 04 95 21 38 09, *Fax 04 95 51 01 88,* 畱 – 🆖🅱   Z z
fermé vend. soir et sam. midi – **Repas** 75 (déj.), 85/195, enf. 45

à Afa *par* ① *: 15 km par route de Bastia et D 161 – 1 726 h. alt. 150 –* ⊠ *20167 Mezzavia :*

🍴🍴 **Auberge d'Afa**, ℘ 04 95 22 92 27, *Fax 04 95 22 92 27,* 畱 – 🄿. 🆀🆁 ⑨ 🆖🅱
fermé 1ᵉʳ au 15 nov., 15 au 28 fév. et lundi – **Repas** (nombre de couverts limité, prévenir) 120 (déj.)/150

Plaine de Cuttoli *par* ① *: 15 km par rte de Bastia, rte de Cuttoli (D 1) puis rte de Bastelicaccia –* ⊠ *20167 Mezzavia :*

🍴🍴 **U Licettu**, ℘ 04 95 25 61 57, *Fax 04 95 53 71 00,* ≤, 畱, « Jardin fleuri », 🌳 – 🄿. 🆖🅱 *fermé lundi sauf juil.-août*
⤴ **Repas** (prévenir) (menu unique) 220 ⚱

🍴🍴 **A Casetta**, ℘ 04 95 25 66 59, *Fax 04 95 25 87 67,* 畱 – 🄿. 🆀🆁 ⑨ 🆖🅱
fermé dim. soir hors saison et lundi – **Repas** 100 (déj.), 160/190 ⚱

AJACCIO

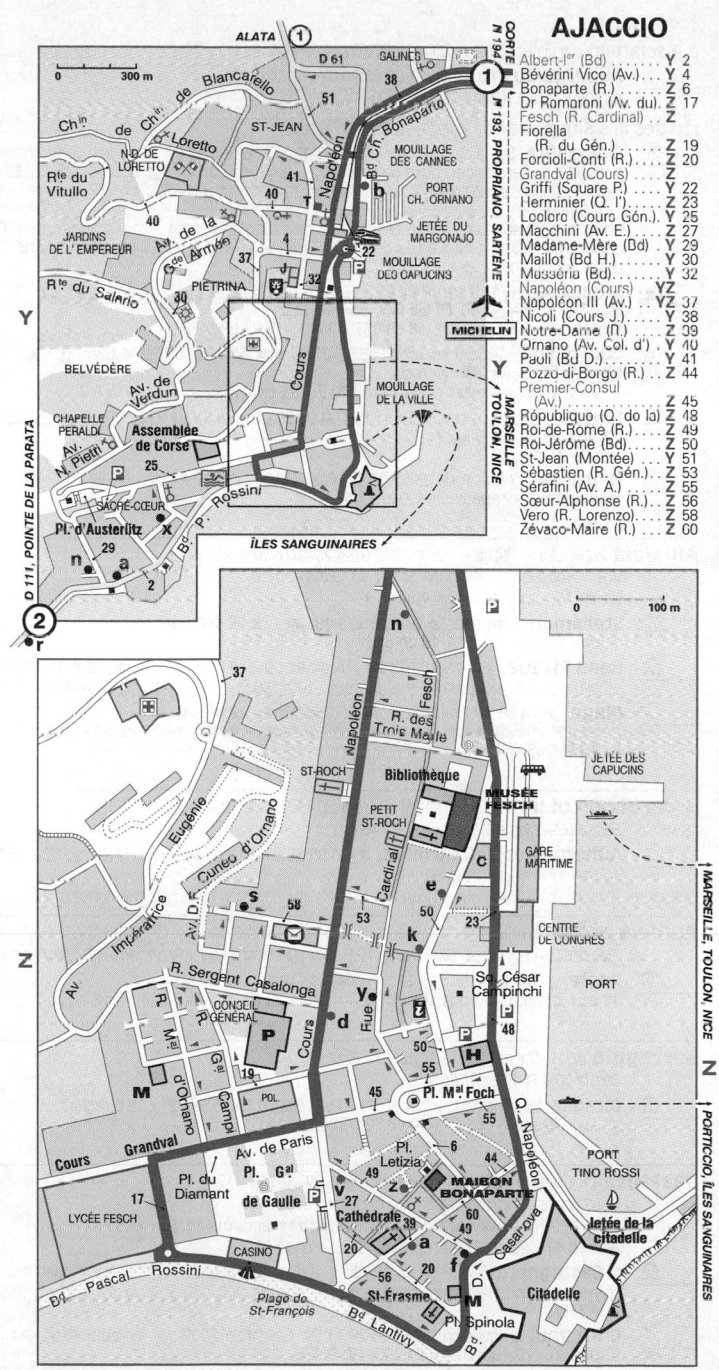

MICHELIN

à Pisciatello par ① et N 196 : 12 km – ✉ 20129 Bastelicaccia :

✗ **Auberge du Prunelli**, ℰ 04 95 20 02 75, ㏘ – ☎
fermé mardi – **Repas** 110 (déj.)/169 ♈, enf. 70

rte des îles Sanguinaires par ② – ✉ 20000 Ajaccio :

🏨🏨 **Dolce Vita** ⬧, à 9 km ℰ 04 95 52 42 42, Fax 04 95 52 07 15, ≤ Îles Sanguinaires et le
golfe, ㏘, « Terrasse en bord de mer », ⬧, ♒◉, ☛ – ▤ ch, ⒯⒱ ☎ ⒲ ▣ – 🅰 35. 🆎 ⓞ ☎
🎇 *fermé 20 janv. au 20 mars* – **Mer : Repas** 220/320 et carte 320 à 450 ♈ – ⬡ 90 – **32 ch** –
½ P 938/1105
Spéc. Langoustines rôties en croûte de cheveux d'ange, cannelloni d'aubergines. Pavé de
denti croustillant, émincé d'artichauts. Daurade royale farcie à l'ancienne. **Vins** Coteaux
d'Ajaccio, Nicrosi.

🏨🏨 **Eden Roc** ⬧, à 10 km ℰ 04 95 51 56 00, Fax 04 95 52 05 03, ≤ golfe, ㏘, ♓, ⬧, ☛ – 🛗
▤ ⒯⒱ ☎ ⒲ ▣ – 🅰 80. 🆎 ⓞ ☎ 🇯🇨🇧. 🎇 rest
Repas (150) - 200 – ⬡ 70 – **48 ch** 1350/2080 – ½ P 1880/2130

🏨🏨 **Cala di Sole** ⬧, à 6 km ℰ 04 95 52 01 36, Fax 04 95 52 00 20, ≤ mer, ⬧, ♒◉, ✗ – ▤
⒯⒱ ☎ ⒲ ▣. 🆎 ⓞ ☎. 🎇 rest
1er avril-15 oct. – **Repas** carte 200 à 300 ♈ – **31 ch** (½ pens. seul.) – ½ P 700

🏨🏨 **Pinède** Ⓜ ⬧, sans rest, à 3,5 km ℰ 04 95 52 00 44, Fax 04 95 52 09 48, ≤, ⬧, ✗ – 🛗 ▤
⒯⒱ ☎ ⓵ ▣. 🆎 ⓞ ☎.
⬡ 40 – **38 ch** 780/970

✗ **Nausicaa**, à 7 km ℰ 04 95 52 01 42, Fax 04 95 52 01 42, ≤, ㏘ – ▣. 🆎 ☎
fermé merc. – **Repas** (98) - 120 (déj.)/180

Algajola 2B H.-Corse 🟨🟨 ⑬ – 211 h alt. 2 – ✉ 20220 L'Île-Rousse.
Voir Citadelle★ – Descente de Croix★ dans l'église.
Bastia 76 – Calvi 16 – L'Île-Rousse 9.

🏨🏨 **Stellamare** sans rest, ℰ 04 95 60 71 18, ☛ – ☎ ▣. ☎. 🎇
1er mai-15 oct. – ⬡ 36 – **16 ch** 550

🏨 **Beau Rivage**, ℰ 04 95 60 73 99, Fax 04 95 60 79 51, ≤, ㏘ – ☎ ▣. 🆎 ☎. 🎇 rest
15 avril-15 oct. – **Repas** (1er mai-30 sept.) 100/130 ♈ – ⬡ 42 – **36 ch** 620 – ½ P 330/420

🏝 **Plage**, ℰ 04 95 60 72 12, Fax 04 95 60 64 89, ≤ – ☎ ▣. ☎. 🎇
hôtel : 1er mai-30 sept. ; rest. : 15 mai-25 sept. – **Repas** 100 – ⬡ 30 – **36 ch** 290/325 –
½ P 270/285

Arcarotta (col d') 2B H.-Corse 🟨🟨 ④ – ✉ 20234 Piobetta.
Bastia 62 – Corte 62 – Vescovato 43.

✗ **Auberge des Deux Vallées**, ℰ 04 95 35 91 20, Fax 04 95 35 91 20, ≤, ㏘ – ☎
🕊 *15 mai-15 nov.* – **Repas** 80/125 ♈

Aullène 2A Corse-du-Sud 🟨🟨 ⑦ – 149 h alt. 825 – ✉ 20116.
Ajaccio 72 – Bonifacio 87 – Corte 101 – Porto-Vecchio 59 – Propriano 37 – Sartène 35.

🏝 **Poste**, ℰ 04 95 78 61 21, ≤, ㏘ – ☎. 🎇 rest
1er mai-30 sept. – **Repas** 100/125 ♈ – ⬡ 35 – **20 ch** (½ pens. seul.) – ½ P 220/250

Barcaggio 2B H.-Corse 🟨🟨 ① – ✉ 20275 Ersa.
Bastia 50 – St-Florent 66.

🏨 **Giraglia** ⬧, sans rest, ℰ 04 95 35 60 54, Fax 04 95 35 65 92, ≤ La Giraglia
1er avril-30 sept. – ⬡ 37 – **14 ch** 323/386

Bastelica 2A Corse-du-Sud 🟨🟨 ⑥ – 436 h alt. 800 – ✉ 20119.
Voir Route panoramique★★ du plateau d'Ese.
Env. A 400 m du col de Mercujo : belvédère★★ et cirque★★ SO : 13,5 km.
Ajaccio 42 – Corte 61 – Propriano 70 – Sartène 82.

🏨 **U Castagnetu** ⬧, ℰ 04 95 28 70 71, Fax 04 95 28 74 02, ≤, ㏘ – ☎ ▣. ☎
fermé nov., déc. et mardi hors saison – **Repas** 100/150 ♈ – ⬡ 35 – **13 ch** 255/340 –
½ P 310

✗ **Chez Paul** ⬧, avec ch, ℰ 04 95 28 71 59, Fax 04 95 28 73 13, ≤ – cuisinette. ☎
🕊 **Repas** 80/125 – ⬡ 20 – **6 ch** 200 – ½ P 295

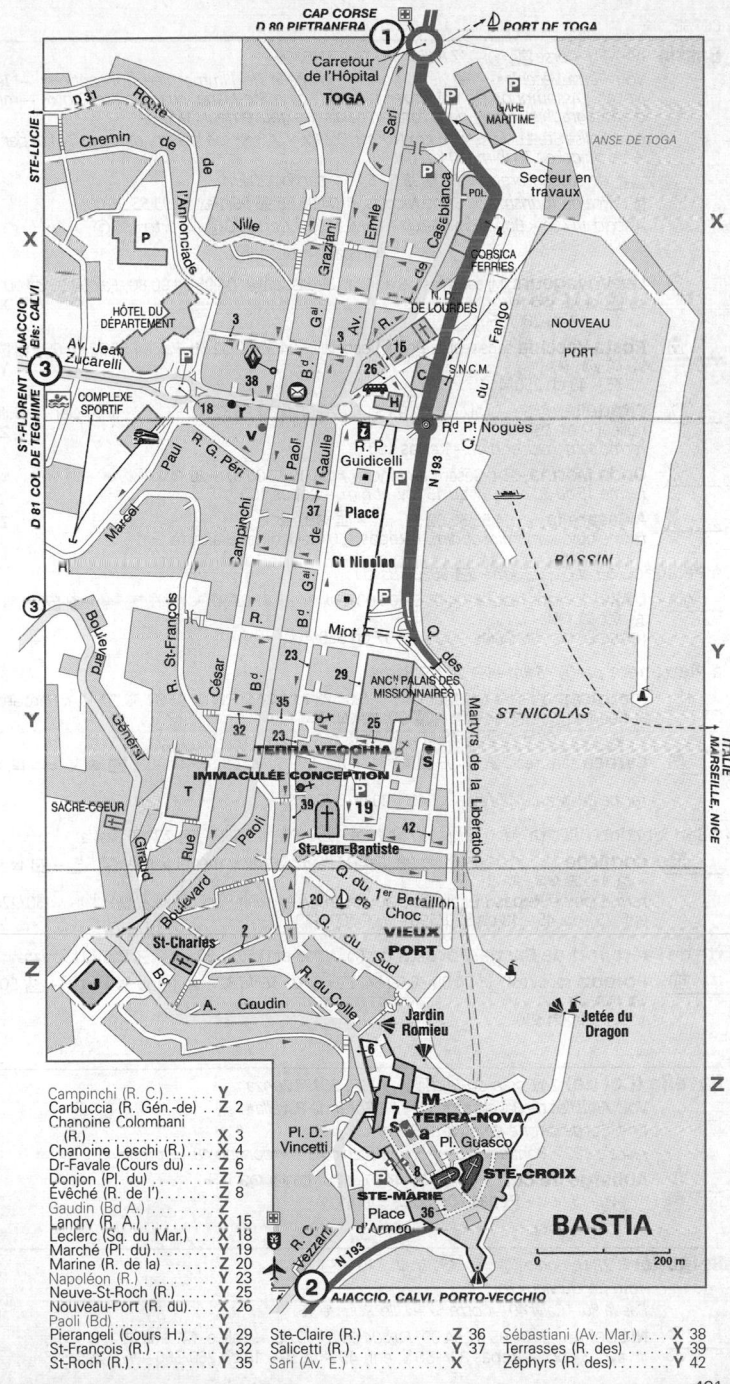

BASTIA

Bastia
ℙ *2B H.-Corse* 90 ③ – *37 845 h alt. 3 –* ✉ *20200.*

Voir *Terra-Vecchia★ : le vieux port★★, chapelle de l'Immaculée Conception★ – Terra-Nova★ : Assomption de la Vierge★★ dans l'église Ste-Marie, chapelle Ste-Croix★ – musée d'ethnographie corse★ dans l'ancien palais des gouverneurs* M1.

Env. *Église Ste-Lucie* ≤★★ *6 km NO par D 31* X – ☀★★★ *de la Serra di Pigno 14 km par* ③ – ≤★★ *du col de Teghime10 km par* ③.

✈ *de Bastia-Poretta : ℰ 04 95 54 54 54, par* ② *: 20 km.*

🛈 *Office de Tourisme pl. Saint-Nicolas ℰ 04 95 55 96 96, Fax 04 95 55 96 00.*

Ajaccio 147 ② *– Bonifacio 169* ② *– Calvi 91* ③ *– Corte 70* ② *– Porto 135* ②

Plan page précédente

🏠	**Les Voyageurs** Ⓜ sans rest, 9 av. Mar. Sébastien ℰ 04 95 34 90 80, Fax 04 95 34 00 65 – 🛗 ☎ ✆ 📶. 🆇 🖙. ✆ ⌑ 30 – **17 ch** 280/350	X r
🏠	**Posta Vecchia** sans rest, r. Posta Vecchia ℰ 04 95 32 32 38, Fax 04 95 32 14 05 – 🛗 📺 ☎ ✆. 🆀 ⑩ ☒ ⌑ 35 – **49 ch** 250/410	Y s
✕✕	**Citadelle,** r. Ste-Croix ℰ 04 95 31 44 70, Fax 04 95 32 77 53, �, « Ancien moulin à huile » – 🍽. 🆀 ☒ *fermé sam. midi et dim.* – **Repas** 180	Z a
✕	**Onda Marina,** 33 r. César Campinchi ℰ 04 95 32 09 37 – 🆀 ☒ *fermé 15 au 30 nov., 1ᵉʳ au 15 fév. et dim.* – **Repas** 100 ⅄	Y v
✕	**A Casarella,** ℰ 04 95 32 02 32, � – 🆀 ☒. ✆ *fermé nov., sam. midi et dim.* – **Repas** 130 (déj.), dîner à la carte	Z s

à Palagaccio *par* ① *: 2,5 km –* ✉ *20200 Bastia :*

🏨	**L'Alivi** ⌂ sans rest, ℰ 04 95 55 00 00, Fax 04 95 31 03 95, ≤ mer, ⌇, 🌫 – 🛗 📺 ☎ ✆ 🅿 – 🖽 50. 🆀 ☒ *fermé 20 déc. au 3 janv.* – ⌑ 45 – **37 ch** 550/780	

à Pietranera *par* ① *: 3 km –* ✉ *20200 Bastia :*

🏨	**Pietracap** ⌂ sans rest, sur D 131 ℰ 04 95 31 64 63, ≤, « Parc arboré et fleuri », ⌇ – 📺 ☎ ✆ 🅿 – 🖽 20. 🆀 ⑩ ☒ 🆁 *1ᵉʳ avril-30 nov.* – ⌑ 50 – **39 ch** 660/850	
🏠	**Cyrnea** sans rest, ℰ 04 95 31 41 71, Fax 04 95 31 72 65, ≤, 🌫 – 🍽 📺 ☎ ✆ 🚗 🅿. ☒. ✆ *fermé 20 déc. au 1ᵉʳ fév.* – ⌑ 40 – **20 ch** 370/470	

à San Martino di Lota *par* ① *et D 131 : 13 km – 2 466 h. alt. 350 –* ✉ *20200 Bastia :*

🏨	**Corniche** ⌂, ℰ 04 95 31 40 98, Fax 04 95 32 37 69, ≤ mer et vallée, 🌫, ⌇ – 📺 ☎ ✆ 🅿 – 🖽 15. 🆀 ☒. ✆ ch *fermé janv.* – **Repas** *(fermé dim. soir et lundi en mars, oct., nov. et déc.)* (95) · 130/220 ⅄, enf. 75 – ⌑ 45 – **18 ch** 320/490 – ½ P 380/420	

rte de l'aéroport de Bastia-Poretta *par* ②, *N 193 et D 507 : 20 km –* ✉ *20290 Lucciana :*

🏨	**Poretta** sans rest, ℰ 04 95 36 09 54, Fax 04 95 36 15 32 – 🍽 📺 ☎ ✆ 🚗 🅿 – 🖽 50. 🆀 ⑩ ☒. ✆ ⌑ 40 – **31 ch** 350	

Bavella (Col de)
2A Corse-du-Sud 90 ⑦ – ✉ *20124 Zonza*

Voir *Aiguilles de Bavella★★★* ☀★★★ *: Forêt de Bavella★★.*

Env. *Col de Larone* ≤★★ *NE : 13 km.*

Ajaccio 100 – Bonifacio 76 – Porto-Vecchio 49 – Propriano 48 – Sartène 46

✕ 🍃	**Auberge du Col,** ℰ 04 95 57 43 87, 🌫 – 🆀 ⑩ ☒ 🆁 *1ᵉʳ avril-15 nov.* – **Repas** 70/130 ⅄, enf. 51

Belgodère
2B H.-Corse 90 ⑬ – *331 h alt. 320 –* ✉ *20226*

Voir ≤★ *du vieux fort.*

Bastia 80 – Calvi 40 – Corte 57 – L'Ile-Rousse 16

🛖 🍃	**Niobel** ⌂, ℰ 04 95 61 34 00, Fax 04 95 61 35 85, ≤ vallée, 🌫 – ☎ 🅿 *1ᵉʳ avril-31 oct.* – **Repas** 80/130 ⅄, enf. 45 – ⌑ 30 – **10 ch** 260/366 – ½ P 295/313

Bonifacio *2A Corse-du-Sud*  ⑨ *G. Corse – 2 683 h alt. 55 –* ⊠ *20169*

Voir Site★★★ – *Ville haute*★★ : *église St-Dominique*★ – *La Marine*★ : *Col St-Roch* ≤★★ – *Capo Pertusato* ≤★ *et phare de Pertusato* ☀★ *SE : 5 km.*

Env. *Ermitage de la Trinité* ≤★★ *NO : 6,5 km – Grotte du Sdragonato*★ *et tour des falaises*★★ *45 mn en bateau.*

➤ *Figari-Sud-Corse :* ℰ *04 95 71 10 10, N : 21 km.*

🛈 *Office de Tourisme 2 r. Fred Scamaroni* ℰ *04 95 73 11 88, Fax 04 95 73 14 97.*

Ajaccio 137 – Corte 149 – Sartène 53

ⅢⅢⅢ **Genovese** Ⓜ ≫ *sans rest, ville haute* ℰ *04 95 73 12 34, Fax 04 95 73 09 03 –* 🖥 📺 ☎ 🅿
– 🏊 *25.* 🖭 ⑩ ᴳᴮ
mars-nov. – � *70 –* **14 ch** *1300/1500*

ⅢⅢ **A Trama** ≫, *rte Santa Manza Est : 2 km* ℰ *04 95 73 17 17, Fax 04 95 73 17 79,* 斎, ⌱, 🐎
– 🖭 ch, 📺 ☎ ⓥ ⅋ 🅿. 🖭 ⑩ ᴳᴮ, ☀★ *rest*
hôtel : fermé 4 au 31 janv. ; rest. : fermé déc. et janv. – **Repas** *135/175* ♀ *–* � *45 –* **25 ch** *1000*

ⅢⅢ **Caravelle** *sans rest, 37 quai Comparetti* ℰ *04 95 73 00 03, Fax 04 95 73 00 41 –* 🖥 🖥 📺
☎. 🖭 ⑩ ᴳᴮ ᴶᶜᴮ
16 avril-15 oct. – **28 ch** ⊘ *620/1700*

ⅢⅢ **Centre Nautique,** *quai Nord* ℰ *04 95 73 02 11, Fax 04 95 73 17 47,* 斎 🖥 ch, 📺 ☎ 🅿.
🖭 ⑩ ᴳᴮ, ☀★ *rest*
Repas *120/500 –* ⊘ *50 –* **10 ch** *850/1050 –* ½ P *1150/1350*

Ⅲ **Santa Teresa** ≫ *sans rest, quartier St-François (ville haute)* ℰ *04 95 73 11 32,*
Fax 04 95 73 15 99, ≤ – 🖥 📺 ☎ ⓥ ⅋ 🅿. ᴳᴮ. ☀★
avril-sept. – ⊘ *45 –* **48 ch** *586/716*

ⅩⅩ **Voilier,** *à la Marine* ℰ *04 95 73 07 06, Fax 04 95 73 14 27,* 斎 – 🖭 ⑩ ᴳᴮ
fermé janv., fév., dim. soir et lundi d'oct. à déc. – **Repas** *110/240, enf. 50*

à Gurgazu *Nord-Est : 6 km par rte de Santa-Manza –* ⊠ *20169 Bonifacio :*

Ⅲ **Golfe** ≫, ℰ *04 95 73 05 91, Fax 04 95 73 17 18,* ≤, 斎 – 🖥 ch, ☎ 🅿. 🖭 ᴳᴮ
15 mars-fin oct. – **Repas** *95/130 –* ⊘ *40 –* **12 ch** *(½ pens. seul.) –* ½ P *390*

à Calalonga *Est : 6 km pa D 258 et rte secondaire –* ⊠ *20169 Bonifacio :*

ⅩⅩ **Marina di Cavu** *avec ch,* ℰ *04 95 73 14 13, Fax 04 95 73 04 82,* ≤ *Îles Lavezzi et Cavallo,*
斎, 🐎 – 🖥 📺 ☎ ⓥ 🅿. 🖭 ⑩ ᴳᴮ. ☀★ *rest*
Repas *(26 mars-12 nov.) (nombre de couverts limité, prévenir)* *175* ♀ *–* ⊘ *70 –* **5 ch**
1200/1600 – ½ P *060/1000*

Calacuccia *2B H.-Corse*  ⑮ *– 331 h alt. 830 –* ⊠ *20224*

Voir Site★★ – *Tour du lac de barrage*★★ – *Défilé de la Scala di Santa Régina*★★ *NE : 5 km –*
Casamaccioli ≤★ *SO : 3 km – Chapelle St-Pancrace* ≤★ *NE : 4 km puis 15 mn.*

Bastia 77 – Calvi 95 – Corte 29 – Piana 68 – Porto 58

Ⅲ **Acqua Viva** *sans rest,* ℰ *04 95 48 06 90, Fax 04 95 48 08 82 –* 📺 ☎ 🅿. ᴳᴮ
⊘ *45 –* **12 ch** *400*

Ⅹ **Casa Balduina,** *lieu-dit Le Couvent* ℰ *04 95 48 08 57, Fax 04 95 48 00 57,* 斎, 🐎 – 🅿.
☀★
Pâques-sept. – **Repas** *85/120* ♀

Calvi ◁◉▷ *2B H.-Corse*  ⑬ *– 4 815 h alt. 29 –* ⊠ *20260*

Voir Citadelle★★ : *fortifications*★ – *La Marine*★.

Env. *Belvédère N.-D. de-la-Serra* ≤★★★ *6 km par* ② *–* ☀★★ *de la terrasse de l'église de Montemaggiore 11 km par* ①.

Excurs. *en bateau : Calvi-Girolata*★★★.

➤ *de Calvi-Ste-Catherine :* ℰ *04 95 65 88 88, par* ①.

🛈 *Office du Tourisme port de plaisance* ℰ *04 95 65 16 67, Fax 04 95 65 14 09 et (juin-sept.) à l'entrée de la Citadelle* ℰ *04 95 65 36 74.*

Bastia 91 ① *– Corte 88* ① *– L'Île-Rousse 24* ① *– Porto 71* ①

Plan page suivante

ⅢⅢⅢ **Villa** Ⓜ ≫, *chemin de Notre Dame de la Serra par* ① : *1 km* ℰ *04 95 65 10 10,*
Fax 04 95 65 10 50, ≤, 斎, *parc,* ⌱, ☀ – 🖥 ☀★ 🖥 📺 ☎ ⓥ ⅋ 🅿 – 🏊 *40.* 🖭 ⑩ ᴳᴮ. ☀★
fermé 3 janv. au 31 mars – **Repas** *carte 550 à 700 –* ⊘ *120 –* **32 ch** *2200/3200, 9 appart*

ⅢⅢ **Balanea** *sans rest, 6 r. Clemenceau (n)* ℰ *04 95 65 94 94, Fax 04 95 65 29 71,* ≤ – 🖥 📺 ☎
ⓥ. 🖭 ⑩ ᴳᴮ
⊘ *60 –* **37 ch** *530/1210*

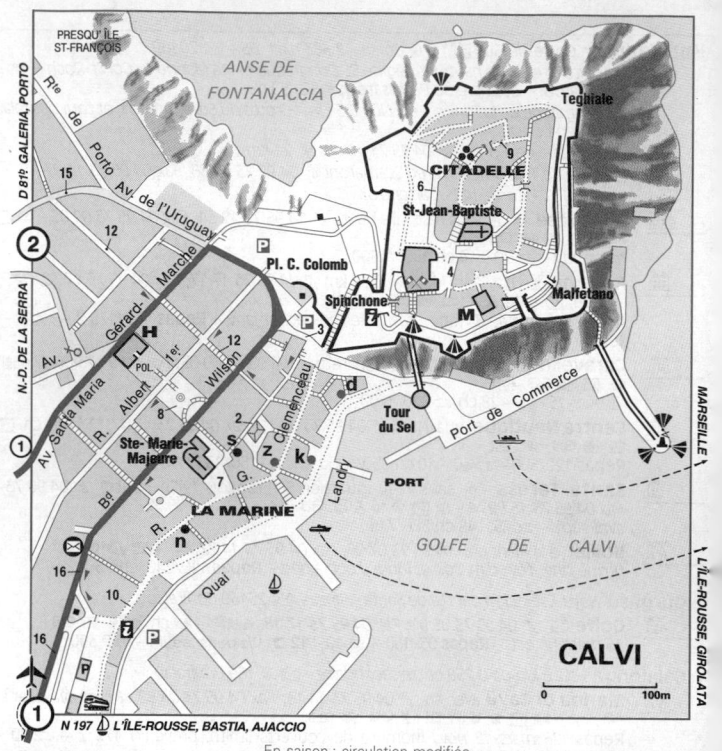

En saison : circulation modifiée

Magnolia, près pl. Marché **(s)** ℘ 04 95 65 19 16, *Fax 04 95 65 34 52*, 🏤 – 🗏 📺 ☎ ✆. 🖭 ⓪ ☷ℬ, ℅ ch
fermé 15 janv. au 15 mars – **Jardin** ℘ 04 95 65 08 02 *(fermé merc. sauf le soir du 15 mai au 15 oct.)* **Repas** 98(déj.), 135/220 – ☷ 60 – **11 ch** 400/750

Meridiana 🅜 sans rest, av. Santa Maria ℘ 04 95 65 31 38, *Fax 04 95 65 32 72*, ≤ – 🛗 🗏 📺 ☎ 🄿. 🖭 ⓪ ☷ℬ. ℅
☷ 90 – **36 ch** 680

L'Onda 🅜 sans rest, av. Christophe Colomb par ① : 1 km ℘ 04 95 65 35 00, *Fax 04 95 65 16 26*, ≤ – 🛗 🗏 📺 ☎ ♿ 🄿. 🖭 ☷ℬ. ℅
1ᵉʳ avril-15 nov. – ☷ 40 – **24 ch** 450/650

Caravelle ⑳, à la plage par ① : 0,5 km ℘ 04 95 65 95 50, *Fax 04 95 65 00 03*, 🏤, 🌴 –
🗏 📺 ☎ ✆. ☷ℬ. ℅
1ᵉʳ avril-25 oct. – **Repas** (dîner seul.) 125/180 – ☷ 40 – **34 ch** 580/600 – ½ P 480/620

St-Erasme sans rest, rte Ajaccio par ② : 0,8 km ℘ 04 95 65 04 50, *Fax 04 95 65 32 62*, ≤, 🏊, 🌴 – 🛗 📺 ☎ 🄿. ☷ℬ
1ᵉʳ mai-10 oct. – ☷ 50 – **29 ch** 500/690

Revellata sans rest, av. Napoléon, rte d'Ajaccio par ② : 0,5 km ℘ 04 95 65 01 89, *Fax 04 95 65 29 82*, ≤ – 🛗 ☎ 🄿. 🖭 ⓪ ☷ℬ 🄙🄲🄱. ℅
1ᵉʳ avril-30 oct. – ☷ 35 – **43 ch** 500/600

Emile's, quai Landry **(k)** ℘ 04 95 65 09 60, ≤, 🏤, « Terrasse panoramique surplombant le port » – 🗏. ☷ℬ
15 mars-30 sept. et fermé mardi hors saison – **Repas** 110/250 et carte 200 à 300 ♀

※ **Calellu**, quai Landry (d) ℘ 04 95 65 22 18, ≤, 余 – ⁂ ⊞
1ᵉʳ mars-1ᵉʳ nov. et fermé lundi hors saison – **Repas** 120/140 ♀

※ **Aux Bons Amis**, r. Clemenceau (z) ℘ 04 95 65 05 01, 余 – ▣. ⊞
15 mars-31 oct. et fermé dim. midi en saison et jeudi hors saison – **Repas** 95/250

par ① *rte de l'aéroport et chemin privé : 5 km –* ⊠ *20260 Calvi :*

 XXX **Signoria** ≫ avec ch, ℘ 04 95 65 93 00, *Fax 04 95 65 38 77*, 余, parc, « Demeure du 17ᵉ siècle dans une pinède », ♨, ※ – ⅋ ☎ ☎ 🅿. ⁂ ⊞. ⁓ ch
Pâques- oct. – **Repas** 240 et carte 340 à 450 ♀ – ⊆ 100 – **20 ch** 1000/1400

Cargèse *2A Corse-du-Sud* 📖 ⑩ – *915 h alt. 75 –* ⊠ *20130*
Voir *Église latine* ≤★ – *Site*★★ *depuis le belvédère de la pointe Molendino E : 3 km.*
Ajaccio 52 – Calvi 104 – Corte 117 – Piana 21 – Porto 33

🏠 **Thalassa** ≫, plage du Pero, Nord : 1,5 km ℘ 04 95 26 40 08, *Fax 04 95 26 41 66*, ≤, 余, ♠₅, ⁓ – ☎ & 🅿. ⁓ rest
20 mai-30 sept. – **Repas** (½ pens. seul.) – ⊆ 30 – **22 ch** 350/500 – ½ P 400

🏠 **Spelunca** sans rest, ℘ 04 95 26 40 12, *Fax 04 95 26 47 36*, ≤ – ☎. ⁓
1ᵉʳ avril-fin oct. – ⊆ 38 – **20 ch** 300/400

Casamozza *2B H.-Corse* 📖 ③ – ⊠ *20290 Borgo*
Bastia 19 – Corte 51 – Vescovato 6

🏠 **Chez Walter**, N 193 ℘ 04 95 36 00 09, *Fax 04 95 36 18 92*, 余, ♨, ⁓, ※ – ⁔✕, ▤ ch, ⅋ ☎ ☎ & 🅿 – ⅍ 30 à 80. ⁂ ⊙ ⊞ ⱼ꜀ᴮ
Repas *(fermé 10 au 31 déc. et dim. du 10 sept. au 1ᵉʳ juil.)* 110/180 ⊆ 45 – **54 ch** 370/480 – ½ P 420

Cauro *2A Corse-du-Sud* 📖 ⑰ – *849 h alt. 450 –* ⊠ *20117*
Ajaccio 22 – Sartène 63

※ **Napoléon**, ℘ 04 95 28 40 78 – ▤. ⁂ ⊙ ⊞
juil.-sept, week-ends d'oct. à juin et fermé merc. – **Repas** 128 ♀

Conca *2A Corse-du-Sud* 📖 ⑦ – *783 h alt. 360 –* ⊠ *20135*
Ajaccio 145 – Bonifacio 50.

🏠 **San Pasquale** ≫ sans rest, ℘ 04 95 71 56 13, *Fax 04 95 71 42 10*, ⁓ – 🅿. ⁓
1ᵉʳ avril-31 oct. – ⊆ 30 – **10 ch** 400

Corte ◁⊕▷ *2B H.-Corse* 📖 ⑤ *G. Corse* – *5 693 h alt. 396 –* ⊠ *20250*
Voir *Ville haute*★ : *chapelle Ste Croix*★, *citadelle* ≤★, *belvédère* ⁂★ – *Mosaïques*★ *dans l'hôtel de ville.*
Env. ⁂ ▲▲ *du Monte Cecu N . 7 km – SO : Vallée*★★ *et forêt*★ *de la Restonica – SE : Vallée du Tavignano*★ – *Col de Bellagranajo* ⁂★★ *S : 9,5 km.*
🛈 *Office de Tourisme quartier des 4 Fontaines* ℘ 04 95 46 26 70.
Bastia 70 – Bonifacio 149 – Calvi 88 – L'Ile-Rousse 64 – Porto 87 – Sartène 148

dans les Gorges de La Restonica *Sud-Ouest sur D 623 –* ⊠ *20250 Corte :*

🏠 **Dominique Colonna** ≫ sans rest, à 2 km ℘ 04 95 45 25 65, *Fax 04 95 61 03 91*, ♨, ⁓ – ⅋ ☎ ☎ & 🅿. ⁂ ⊙ ⊞
1ᵉʳ mars-5 nov. – ⊆ 60 – **28 ch** 495/620

🏠 **Les Jardins de la Glacière** ≫, à 1 km ℘ 04 95 45 27 00, *Fax 04 95 45 27 01* – ⅋ ☎ 🅿. ⁂ ⊙ ⊞
fermé vacances de Noël et de fév. – **Repas** *(fermé sam. du 15 oct. au 20 mars)* 80 bc (déj.), 100 bc/180 ⅃ – ⊆ 25 – **12 ch** 425/450 – ½ P 650

※ **Auberge de la Restonica**, à 2 km ℘ 04 95 46 09 58, *Fax 04 95 61 15 79* – ⊞
1ᵉʳ mars -1ᵉʳ nov. et fermé lundi – **Repas** 98/160 ♀

Coti-Chiavari *2A Corse-du-Sud* 📖 ⑰ – *399 h alt. 625 –* ⊠ *20138*
Ajaccio 42 – Propriano 38 – Sartène 50

🏠 **Belvédère** ≫, ℘ 04 95 27 10 32, *Fax 04 95 27 12 99*, ≤ golfe d'Ajaccio, 余, « Isolé dans le maquis », ⁓ – ☎ & 🅿. ⁓ rest
15 fév.-15 nov. – **Repas** *(fermé le midi du 15 juin au 1ᵉʳ oct. et le soir d'oct. à avril)* (prévenir) 140/170 ♀ – ⊆ 30 – **13 ch** 260 – ½ P 250

à Portigliolo *Nord-Ouest : 10 km* – ⊠ *20138 Coti-Chiavari :*

※ **Chez Mico**, ℘ 04 95 25 47 69, *Fax 04 95 25 47 69*, ≤, 佘 – 🅿. GB
Repas carte 150 à 300

Erbalunga *2B H.-Corse* 90 ② – ⊠ *20222*
Voir *Village★*.
Bastia 11 – Rogliano 28

🏠 **Castel Brando** sans rest, ℘ 04 95 30 10 30, *Fax 04 95 33 98 18*, ⅃, 🐎 – cuisinette 🔲 📺
☎ 📞 ᚕ 🅿. AE GB JCB
15 mars-15 oct. – ☲ 40 – **21 ch** 630

Évisa *2A Corse-du-Sud* 90 ⑮ – *257 h alt. 850* – ⊠ *20126*
Voir *Forêt d'Aïtone★★ – Cascades d'Aïtone★★ NE : 3 km puis 30 mn.*
Env. *Col de Vergio* ≤★★ *NE : 10 km.*
Ajaccio 72 – Calvi 94 – Corte 64 – Piana 33 – Porto 23

🏠 **Aïtone**, ℘ 04 95 26 20 04, *Fax 04 95 26 24 18*, ≤ vallée, 佘, ⅃, 🐎 – 📺 ☎ 🅿. GB.
❀ rest
début fév.-mi-nov. – **Repas** 95/160 – ☲ 45 – **32 ch** 320/600 – ½ P 280/480

🏠 **Scopa Rossa**, ℘ 04 95 26 20 22, *Fax 04 95 26 24 17*, ≤, 佘 – ☎ ᚕ 🅿. GB. ❀ rest
1er avril-30 oct. – **Repas** 130/150 ⅊, enf. 50 – ☲ 35 – **25 ch** 280/380 – ½ P 290/330

Favone *2A Corse-du-Sud* 90 ⑦ – ⊠ *20144 Ste Lucie-de-Porto-Vecchio*
Ajaccio 125 – Bonifacio 57

🏠 **U Dragulinu** ❀, ℘ 04 95 73 20 30, *Fax 04 95 73 22 06*, ≤, 佘, ᚕ, 🐎 – ☎ 🅿. AE GB.
❀ rest
hôtel : 1er avril-30 oct. ; rest. : 1er juin-20 sept. – **Repas** 150 – ☲ 60 – **32 ch** 960 – ½ P 700

Feliceto *2B H.-Corse* 90 ⑭ – *145 h alt. 350* – ⊠ *20225 Muro*
Bastia 96 – Calvi 26 – Corte 73 – L'Ile-Rousse 17

🏠 **Mare E Monti** ❀ sans rest, ℘ 04 95 63 02 00, *Fax 04 95 63 02 01*, ≤, parc, « ''Palais
américain'' du 19e siècle » – ☎ 🅿. GB
1er avril-30 oct. – ☲ 40 – **16 ch** 340/600

Galéria *2B H.-Corse* 90 ⑭ – *305 h alt. 30* – ⊠ *20245*
Voir *Golfe de Galéria★*.
🅱 *Syndicat d'Initiative carrefour "Cinque Arcate"* ℘ 04 95 62 02 27.
Bastia 117 – Calvi 33 – Porto 46

à Ferayola *Nord : 13 km par D 9351 et D 81B* – ⊠ *20260 Calvi :*

🏠 **Auberge de Ferayola** ❀, ℘ 04 95 65 25 25, *Fax 04 95 65 20 78*, 佘, ⅃, 🐎, ※ – ☎
📞 🅿. ① GB. ❀ ch
1er mai-30 sept. – **Repas** 98/120 ⅊ – ☲ 42 – **10 ch** 425/490 – ½ P 390/420

Guagno *2A Corse-du-Sud* 90 ⑮ – *145 h alt. 750* – ⊠ *20160*
Ajaccio 72 – Calvi 130 – Corte 102 – Vico 20

※ **Colonna**, ℘ 04 95 28 31 34
avril-déc. – **Repas** 90/130

Guagno-les-Bains *2A Corse-du-Sud* 90 ⑮ – ⊠ *20160 Poggiolo*
Ajaccio 63 – Calvi 122 – Corte 93 – Vico 12

🏠 **Thermes** Ⓜ ❀, ℘ 04 95 28 30 68, *Fax 04 95 28 34 02*, ≤, parc, ⅙, ⅃, ※ – 🛗 📺 ☎ ᚕ 🅿
– ᚕ 25. AE ① GB. ❀ rest
1er mai-30 oct. – **Repas** 135/149, enf. 75 – ☲ 35 – **40 ch** 400/520 – ½ P 385

L'Ile-Rousse *2B H.-Corse* 90 ⑬ – *2 288 h alt. 6* – ⊠ *20220*
Voir *Ile de la Pietra : phare* ≤★ *N : 2 km.*
🅱 *Office de Tourisme 7 pl. Paoli* ℘ 04 95 60 04 35, *Fax 04 95 60 24 74.*
Bastia 67 – Calvi 24 – Corte 64

🏠 **Santa Maria** Ⓜ sans rest, rte Port ℰ 04 95 63 05 05, Fax 04 95 60 32 48, ≤, ⌫ – ▤ 🖵 ☎ 🍴 � 🅿 – 🔼 15. 🆎 ⓞ ⅁🇧
⌑ 65 – **56 ch** 650/730

🏠 **Funtana Marina** ⑤ sans rest, 1 km par rte Monticello et rte secondaire
ℰ 04 95 60 16 12, Fax 04 95 60 35 44, ≤ mer, ⌫ – ☎ 🍴 🅿. 🆎 ⓞ ⅁🇧. ⅏
fermé fév. – ⌑ 45 – **29 ch** 450/480

🏠 **Amiral** ⑤ sans rest, bd Ch.-Marie Savelli ℰ 04 95 60 28 05, Fax 04 95 60 31 21, ≤ – ▤ 🖵
☎ 🅿. ⅁🇧. ⅏
1er avril-30 sept. – **20 ch** ⌑ 420/500

🏠 **Cala di l'Oru** ⑤ sans rest, bd Fogata ℰ 04 95 60 14 75, Fax 04 95 60 36 40, ≤, 🌳 – 🖵
☎ 🅿. 🆎 ⅁🇧. ⅏
1er mars-1er nov. – ⌑ 35 – **24 ch** 450/580

🍴 **Grillon**, av. P. Doumer ℰ 04 95 60 00 49, Fax 04 95 60 43 69 – ☎. ⅁🇧
1er mars-1er nov. – **Repas** 78/98 ₰ – ⌑ 32 – **16 ch** 290/320 – ½ P 280

à Monticello Sud-Est : 4,5 km par D 63 – 944 h. alt. 220 – ⊠ 20220 L'Ile-Rousse :

🍴🍴 **A Pasturella** avec ch, ℰ 04 95 60 05 65, Fax 04 95 60 21 78, ≤ – ▤ rest, 🖵 ☎. 🆎 ⅁🇧
fermé début nov. à mi-déc. – **Repas** (fermé dim. soir de mi-déc. à mars) 140/200 ⅀ – ⌑ 50 –
12 ch 270/360 – ½ P 365

à Pigna Sud-Ouest : 8 km par N 197 et D 151 – 92 h. alt. 400 – ⊠ 20220 :

🍴 **Casa Musicale** ⑤, ℰ 04 95 61 77 31, Fax 04 95 61 74 28, ≤, 🌲, « Ambiance musicale »
– ☎. ⅁🇧. ⅏ ch
fermé 3 janv. au 28 fév. et lundi de sept. au 15 juin – **Repas** carte 130 à 200 – ⌑ 35 – **7 ch**
300/420

Levie 2A Corse-du-Sud 🟨🟨 ⑧ – 781 h alt. 645 – ⊠ 20170
Voir Musée de l'Alta Rocca : Christ en ivoire★.
🚹 Office de Tourisme r. Sorba ℰ 04 95 78 41 95, Fax 04 95 78 41 95.
Ajaccio 101 – Bonifacio 58 – Porto-Vecchio 40 – Sartène 28

🍴 **Pergola**, ℰ 04 95 78 41 62, 🌲
avril-oct. – **Repas** (nombre de couverts limité, prévenir) 80/100 ₰

Lumio 2B H.-Corse 🟨🟨 ⑬ – 895 h alt. 150 – ⊠ 20260
Bastia 81 – Calvi 10 – L'Ile-Rousse 14

🏠 **Chez Charles**, ℰ 04 95 60 61 71, Fax 04 95 60 62 51, 🌲 – 🖵 ☎ 🍴 🅿. 🆎 ⅁🇧. ⅏ rest
fermé 1er janv. au 28 fév. – **Repas** (fermé lundi de nov. à mars) 145/240 ₰ – ⌑ 30 – **14 ch**
320/510 – ½ P 335

Luri 2B H.-Corse 🟨🟨 ② – 671 h alt. 107 – ⊠ 20228
Bastia 30

🍴 **A Luna**, à Santa Severa ℰ 04 95 35 03 17, Fax 04 95 35 03 17, ≤ – 🆎 ⓞ ⅁🇧
Repas 95 ⅀

Macinaggio 2B H.-Corse 🟨🟨 ① – ⊠ 20248 Macinaggio
Bastia 34

🏠 **U Libecciu** ⑤, ℰ 04 95 35 43 22, Fax 04 95 35 46 08, 🌳 – ▤ rest, ☎ 🍴 🅿. 🆎 ⓞ ⅁🇧
🍴🖵. ⅏
1er avril-30 sept. – **Repas** 100/138 – ⌑ 35 – **30 ch** 350/550 – ½ P 400

🏠 **U Ricordu**, ℰ 04 95 35 40 20, Fax 04 95 35 41 88, 🌲, ⌫ – 🏊 🍴 � 🅿. 🆎 ⅁🇧. ⅏ rest
hôtel : 1er avril-6 nov. ; rest. : 1er avril-15 oct. – **Repas** (dîner seul.) 100 ⅀ – ⌑ 40 – **53 ch**
660/740 – ½ P 450

Olmeto 2A Corse-du-Sud 🟨🟨 ⑱ – 1 019 h alt. 320 – ⊠ 20113
🚹 Syndicat d'Initiative Village Olmeto Plage ℰ 04 95 74 65 87, Fax 04 95 74 62 86.
Ajaccio 65 – Propriano 8 – Sartène 20

🏠 **Santa Maria** ⑤, ℰ 04 95 74 65 59, Fax 04 95 74 60 33 – 🖵 ☎ 🍴. ⅁🇧
fermé 1er nov. au 15 janv. – **Repas** 130/150 – ⌑ 35 – **12 ch** 300/450 – ½ P 325/400

L'Ospédale *2A Corse-du-Sud* 90 ⑧ – *alt. 320* – ✉ *20137 Porto-Vecchio*
Voir ≤★★ *sur les golfes de Porto-Vecchio et de Santa Manza.*
Ajaccio 112 – Bonifacio 46 – Porto-Vecchio 19 – Sartène 53

⊠ **Vieux Lavoir,** 𝒸 04 95 70 04 96, Fax 04 95 70 59 62, ≤, 🏠 – **GB**
avril-oct. – **Repas** 95/200 ⚱

Patrimonio *2B H.-Corse* 90 ③ – *546 h alt. 100* – ✉ *20253*
Bastia 16 – St-Florent 6 – San-Michele-di-Murato 23

⊠ **Osteria di San Martinu,** 𝒸 04 95 37 11 93, 🏠 – **P. GB.** ⅋
avril-sept. – **Repas** 90 ⚱

Peri *2A Corse-du-Sud* 90 ⑯ – *924 h alt. 450* – ✉ *20167*
Ajaccio 26 – Corte 68 – Propriano 83 – Sartène 95

⊠ **Chez Séraphin,** 𝒸 04 95 25 68 94, Fax 04 95 25 68 94, 🏠
🍽 *1er juil.-30 sept, weeks ends du 20 nov. au 30 juin et fermé lundi* – **Repas** (menu unique)
200 bc

Petreto-Bicchisano *2A Corse-du-Sud* 90 ⑰ – *585 h alt. 600* – ✉ *20140 Petreto-Bicchisano*
Ajaccio 51 – Sartène 34

⊠⊠ **France** avec ch, à Bicchisano 𝒸 04 95 24 30 55, 🏠 – ⅋ 🕾 ✓ 🖙 **P. GB.** ⅋
fermé 31 déc. au 31 janv. – **Repas** (prévenir) 180 (déj.)/350 ⚱, enf. 90 – ☲ 60 – **3 ch**
(½ pens. seul.) – ½ P 500

Piana *2A Corse-du-Sud* 90 ⑮ – *500 h alt. 420* – ✉ *20115*
Voir *Col de Lava* ≤★★ *S : 1 km – Route de Ficajola* ≤★★ *NO. Capo Rosso* ≤★★ *O : 9 km.*
Ajaccio 72 – Calvi 83 – Évisa 33 – Porto 12

🏨 **Capo Rosso** ⅋, 𝒸 04 95 27 82 40, Fax 04 95 27 80 00, « Agréable situation dominant le
golfe et les calanche, beau panorama », ⴢ, 🛋 – 🆗 🕾 **P. AE GB.** ⅋ ch
1er avril-15 oct. – **Repas** 120/380 – ☲ 55 – **57 ch** 650 – ½ P 595

🏨 **Scandola,** rte Cargèse 𝒸 04 95 27 80 07, Fax 04 95 27 83 88, ≤, 🏠 – 🆗 🕾 **P. AE GB**
🍽 *1er avril-15 oct.* – **Repas** 85/150 – ☲ 45 – **17 ch** 250/350

⚱ **Continental** sans rest, 𝒸 04 95 27 89 00, 🌱 – 🕾 **P.**
1er avril-30 sept. – ☲ 35 – **17 ch** 160/270

Piedicroce *2B H.-Corse* 90 ④ – *91 h alt. 636* – ✉ *20229*
Bastia 53 – Corte 53 – Vescovato 34

⚱ **Le Refuge,** 𝒸 04 95 35 82 65, Fax 04 95 35 84 42, ≤, 🏠 – 🕾. ⓞ **GB.** ⅋ rest
hôtel : avril-nov. – **Repas** *(fermé 30 oct. au 30 mars et le soir de déc. à avril)* (60) - 100/280 -
☲ 35 – **20 ch** 280/320

Pioggiola *2B H.-Corse* 90 ⑬ – *49 h alt. 880* – ✉ *20259 Pioggiola*
Bastia 83 – Calvi 43

⚱ **Auberge Aghjola** ⅋, 𝒸 04 95 61 90 48, Fax 04 95 61 92 99, 🏠, 🛋 – **AE ⓞ GB**
⅋ rest
1er avril-15 oct. – **Repas** (nombre de couverts limité, prévenir) 80 (déj.)/150 ⚱ – ☲ 40 – **9 ch**
(½ pens. seul.) – ½ P 375

Porticcio *2A Corse-du-Sud* 90 ⑰ – ✉ *20166*
Ajaccio 19 – Sartène 68

🏨 **Maquis** ⅋, 𝒸 04 95 25 05 55, Fax 04 95 25 11 70, ≤ Ajaccio et golfe, 🏠, « Agréable
situation en bord de mer », ⴢ, 🛋, 🛶, 🌱, ⅋ – 🛗, ▤ ch, 🆗 🕾 ✓ **P.** – 🔥 40. **AE ⓞ GB**
⅋ rest
fermé 3 janv. au 5 fév. – **L'Arbousier : Repas** 290 (dîner) et carte 350 à 470 ⚱, enf. 120 -
☲ 100 – **19 ch** 1800/2700, 6 appart – ½ P 1170/1620

🏨 **Sofitel** ⅋, 𝒸 04 95 29 40 40, Fax 04 95 25 00 63, ≤ golfe, 🏠, centre de thalassothérapie, ⴢ, 🛶, 🌱, ⅋ – 🛗 ⅋ 🆗 🕾 ✓ 🖙 **P.** – 🔥 80. **AE ⓞ GB.** ⅋ rest
fermé 2 janv. au 6 fév. – **Caroubier : Repas** 200/380, enf. 130 – ☲ 100 – **98 ch** 1520/2570

🏨 **Isolella,** Sud : 4,5 km 𝒸 04 95 25 41 36, Fax 04 95 25 58 31, ≤, 🏠 – ▤ ch, 🆗 🕾 **P. GB**
Repas *(avril-sept.)* 100 ⚱, enf. 35 – ☲ 35 – **32 ch** 530

Porto 2A Corse-du-Sud 90 ⑮ – ⊠ 20150 Ota

Voir *La Marine★ – Tour génoise★*.

Env. *Golfe de Porto★★★ . les Calanche★★★ – en vedette : SO : les Calanche★★, NO : réserve de Scandola★★★, site★ de Girolata*.

🛈 Office de Tourisme pl. de la Marine ✆ 04 95 26 10 55, Fax 04 95 26 14 25.

Ajaccio 84 – Calvi 71 – Corte 87 – Évisa 23

🏬 **Belvédère** Ⓜ ⌖ sans rest, à la Marine ✆ 04 95 26 12 01, Fax 04 95 26 11 97, ≼ – 🛗 🗏 📺
☎ &. 🖭 ⑩ ⊖B
� 40 – **21 ch** 500/600

🏬 **Subrini** sans rest, à la Marine ✆ 04 95 26 14 94, Fax 04 95 26 11 57, ≼ – 🛗 🗏 📺 ☎ 🅿. 🖭
⊖B. ✵
mi mars-fin oct. – ⊾ 45 – **24 ch** 600

🏬 **Capo d'Orto** sans rest, ✆ 04 95 26 11 14, Fax 04 95 26 13 19, ≼, 🏊 – 📺 ☎ 🅿. ⑩ ⊖R
1er avril-15 oct. – ⊾ 36 – **30 ch** 450

🏬 **Romantique** Ⓜ ⌖, à la Marine ✆ 04 95 26 10 85, Fax 04 95 26 14 04, ≼, 🏖 – 🗏 📺 ☎.
⑩ ⊖B
hôtel : 1er avril-10 oct. ; rest. : 1er mai-30 sept. – **Repas** 88/130 ♈ – ⊾ 35 – **8 ch** 500 –
½ P 375

🏬 **Bella Vista**, ✆ 04 95 26 11 08, Fax 04 95 26 15 18, ≼, 🏖, 🖛 – cuisinette, 🗏 rest, 📺 ☎
🅿. ⊖B. ✵ rest
avril-oct. – **Repas** 100 (déj.), 140/200 ♈ – ⊾ 45 – **18 ch** 400/450 – ½ P 350/450

✕ **Mer,** à la Marine ✆ 04 95 26 11 27, ≼, 🏖 – ⊖B
15 mars-30 nov. – **Repas** 99/138 ♈

à Ota *Est : 4 km par D 124 – 460 h. alt. 350 –* ⊠ *20150 :*

✕ **Chez Félix,** ✆ 04 95 26 12 92, Fax 04 95 26 12 92, ≼ vallée, 🏖 – ⊖B
Repas 110 ♈

Porto-Pollo 2A Corse-du-Sud 90 ⑱ – *alt. 140 –* ⊠ 20140 Petreto-Bicchisano

Ajaccio 52 – Sartène 31

🏬 **Les Eucalyptus** ⌖, ✆ 04 95 74 01 52, Fax 04 95 74 06 56, ≼, 🏖, 🖛, ✵ – ☎ 🅿. 🖭 ⑩
⊖B. ✵ ch
hôtel : 1er mai-2 oct. ; rest. : 8 mai-2 oct. – **Repas** (75) - 110, enf. 50 – ⊾ 37 – **27 ch** 350 –
½ P 330

🏬 **Kallisté,** ⊠ 20156 Serra di Ferro ✆ 04 95 74 02 38, Fax 04 95 74 06 26, 🏖 – 🗏 ☎ & 🅿.
⊖B
1er avril-15 oct. – **Repas** 125, enf. 45 – ⊾ 40 – **19 ch** 480 – ½ P 400

Porto-Vecchio 2A Corse-du-Sud 90 ⑧ – *9 307 h alt. 40 –* ⊠ 20137

Env. *Golfe de Porto-Vecchio★★ – Castello★ d'Arraggio ≼★★ N : 7,5 km*.

✈ *Figari-Sud-Corse : ✆ 04 95 71 10 10, SO : 23 km*.

🛈 Office de Tourisme r. du Dr Camille de Rocca Serra ✆ 04 95 70 09 58, Fax 04 95 70 03 72.

Ajaccio 130 – Bonifacio 27 – Corte 121 – Sartène 61

🏩 **Belvédère** Ⓜ ⌖, rte plage de Palombaggia : 5 km ✆ 04 95 70 54 13, Fax 04 95 70 42 63,
≼, 🏖, « Bel ensemble en bord de mer, piscine panoramique, jardin fleuri », 🏊, 🐎, 🖛 –
🗏 ch, 📺 ☎ & 🅿. 🖭 ⑩ ⊖B. ✵
fermé 15 janv. au 1er mars – **Repas** 300/450 – *Mari e Tarra* (terrasse) (dîner seul.) *(fin mai-mi-sept.)* Repas carte 230 à 320 – **16 ch** ⊿ 1880/2380, 3 appart – ½ P 1240/1440
Spéc. Crépinettes de cochon de lait aux herbes potagères. Dos de loup au concassé de poivre. Confit de lapereau à la polenta. **Vins** Coteaux du Cap Corse, Calvi.

🏬 **Syracuse** ⌖, rte plage de Palombaggia : 6 km ✆ 04 95 70 53 63, Fax 04 95 70 28 97, ≼,
🏊, 🐎, 🖛 – 📺 ☎ & 🅿. 🖭 ⑩ ⊖B. ✵ rest
1er avril-15 oct. – **Repas** 150/300 – ⊾ 50 – **18 ch** 1050/1180 – ½ P 1650

🏬 **Golfe Hôtel** Ⓜ, rte du Port ✆ 04 95 70 48 20, Fax 04 95 70 92 00, 🏊 – 🛗 🗏 📺 ☎ & & 🅿.
– 🏛 25. 🖭 ⑩ ⊖B. ✵ rest
Repas *(fermé dim. soir de nov. à mai)* (dîner seul.) 78/490 ♈ – ⊾ 50 – **43 ch** 500 –
½ P 750/050

🏬 **Alcyon** Ⓜ sans rest, 9 r. Mar. Leclerc (face Poste) ✆ 04 95 70 50 50, Fax 04 95 70 25 84 – 🛗
🗏 📺 ☎ & & 🅿. 🖭 ⑩ ⊖B. ✵
fermé 5 janv. au 5 fév. – ⊾ 45 – **40 ch** 700/750

🏠 **San Giovanni** ⬦, rte Arca Sud-Ouest : 3 km par D 659   ℰ 04 95 70 22 25, Fax 04 95 70 20 11, ≤, « Dans un grand parc arboré et fleuri, belle piscine », 🏊, ✗ – 🍴 rest, 📺 ☎ 📞 🅿. 🆎 �ⓞ GB

1ᵉʳ avril-31 oct. – **Repas** (résidents seul.) – ⇆ 50 – **29 ch** 385/510 – ½ P 420

🏔 **Goéland** sans rest, à la Marine   ℰ 04 95 70 14 15, Fax 04 95 72 05 18, ≤, 🐾, 🚗 – 📺 ☎ 🅿. 🆎 GB

Pâques-oct. – ⇆ 45 – **23 ch** 400/840

✗✗ **L'Orée du Maquis**, à la Trinité Nord : 5 km et chemin de la Lézardière   ℰ 04 95 70 22 21, Fax 04 95 70 22 21, ≤, 🍴, 🏊 – 🅿. GB

fermé nov., fév., mardi soir et lundi d'avril à juin et en sept. et lundi, mardi, merc. et jeudi d'oct. à avril – **Repas** (dîner seul. sauf dim.) 280/330

✗✗ **Troubadour**, 13 r. Gén. Leclerc   ℰ 04 95 70 08 62, Fax 04 95 70 55 95, ⬦ – 🅿. 🆎 ⓞ GB

fermé 15 nov. au 15 janv., sam. midi et dim. d'oct. à mai – **Repas** grill (dîner seul. de juin à sept.) 95/130 ⅞, enf. 50

au golfe de Santa Giulia *Sud : 8 km par N 198 et rte secondaire* – ✉ 20137 Porto-Vecchio :

🏨 **Moby Dick** M ⬦ (annexe pavillons 69 ch 🏠),   ℰ 04 95 70 70 00, Fax 04 95 70 70 01, ≤, 🍴, « Sur la lagune », 🐾, ✗ – 🍽 📺 ☎ & 🅿.– 🔏 40. 🆎 ⓞ GB. ✗

29 avril- 21 oct. – **Repas** carte 270 à 500 – ⇆ 70 – **114 ch** (½ pens. seul.) – ½ P 800/1160

🏨 **Castell'Verde** ⬦,   ℰ 04 95 70 71 00, Fax 04 95 70 46 66, ≤ golfe, 🍴, 🏊, 🚗, ✗ – 📺 ☎ 📞 🅿. 🆎 ⓞ GB. ✗

29 avril-10 oct. – **Repas** -voir rest. **Costa Rica** – **30 ch** (½ pens. seul.) – ½ P 780

✗✗ **Costa Rica**,   ℰ 04 95 70 71 06, Fax 04 95 70 55 95, ≤, 🍴 – 🆎 ⓞ GB

1ᵉʳ avril-5 oct. – **Repas** (dîner seul.) 200 ⅛

à Cala Rossa *Nord-Est : 10 km par N 198 et D 468* – ✉ 20137 Porto-Vecchio :

🏨 **Grand Hôtel Cala Rossa** ⬦,   ℰ 04 95 71 61 51, Fax 04 95 71 60 11, ≤, 🍴, « Dans les
✿   pins, jardin fleuri », 🐾, ✗ – 🍽 📺 ☎ 📞 🅿.– 🔏 15. 🆎 ⓞ GB JCB. ✗

14 avril-1ᵉʳ janv. – **Repas** (fermé dim. soir, mardi midi et lundi du 6 nov. au 17 déc.) 220 (déj.), 500/550 et carte 450 à 600 ⅞ – ⇆ 120 – **49 ch** (½ pens. seul.) – ½ P 1550/2100

Spéc. Cannelloni froid de seiches, langoustines poêlées et beignets de courgettes. Chapon de mer au jus de poissons de roches. Petit moelleux aux saveurs de la Castagniccia. **Vins** Patrimonio, Figari.

à la presqu'île du Benedettu *Nord-Est : 10 km par N 198 et D 468* – ✉ 20137 Porto-Vecchio :

🏨 **U Benedettu** ⬦,   ℰ 04 95 71 62 81, Fax 04 95 71 66 37, ≤, 🍴, 🚗 – 🍽 ch, 📺 ☎ 📞 🅿. 🆎 ⓞ GB

15 mars-15 nov. – **A Perla : Repas** 190, enf. 70 – ⇆ 75 – **11 ch** 730/1180 – ½ P 677/857

Propriano *2A Corse-du-Sud* 🔟 ⑱ – *3 217 h alt. 5* – *Stat. therm. (15 fév.-15 janv.) Bains de Baracc...* – ✉ 20110

Voir Port★.

🛈 *Office de Tourisme port de Plaisance   ℰ 04 95 76 01 49, Fax 04 95 76 00 65.*

Ajaccio 73 – Bonifacio 66 – Corte 136 – Sartène 13

🏨 **Grand Hôtel Miramar**, rte Corniche   ℰ 04 95 76 06 13, Fax 04 95 76 13 14, ≤ golfe de Valinco, 🍴, 🏊 – 🍽 ch, 📺 ☎ 🅿.– 🔏 25. 🆎 ⓞ GB. ✗

1ᵉʳ mai-30 sept. – **Repas** 180 (déj.), 250/400 – ⇆ 85 – **30 ch** 1035/1820 – ½ P 1085/1160

🏨 **Roc é Mare** ⬦ sans rest,   ℰ 04 95 76 04 85, Fax 04 95 76 17 55, ≤ golfe, 🐾 – 📶 📺 ☎ 🅿. 🆎 ⓞ GB. ✗

20 avril-15 oct. – ⇆ 55 – **60 ch** 535/1000

🏨 **Ibiscus** ⬦ sans rest,   ℰ 04 95 76 01 56, Fax 04 95 76 23 88, ≤ – 📶 📺 ☎ 📞 & 🅿. 🆎 ⓞ GB. ✗

⇆ 45 – **27 ch** 410

🏨 **Arcu di Sole** ⬦, rte Barraci Nord-Est : 2 km ✉ 20113 Olmeto   ℰ 04 95 76 05 10, Fax 04 95 76 13 36, 🍴, parc, 🏊, ✗ – ☎ 🅿. 🆎 ⓞ GB. ✗ rest

9 avril-21 oct. – **Repas** 110/120 ⅞ – ⇆ 35 – **51 ch** 565/600 – ½ P 430/445

🏠 **Loft Hôtel** sans rest, 3 r. Pandolfi   ℰ 04 95 76 17 48, Fax 04 95 76 22 04 – 📺 ☎ 📞 🅿. ✗

fermé fév. – ⇆ 35 – **25 ch** 350

✗✗ **Lido**,   ℰ 04 95 76 06 37, Fax 04 95 76 06 54, ≤, 🍴, « Au bord de l'eau » – 🅿. 🆎 ⓞ GB

avril-fin sept. – **Repas** 160

✗ **Cabanon**, av. Napoléon   ℰ 04 95 76 07 76, Fax 04 95 76 27 97, ≤, 🍴 – 🆎 ⓞ GB

15 mars-1ᵉʳ nov. – **Repas** 85/300 ⅞, enf. 50

✗ **A Manella**, 18 r. Gén. de Gaulle   ℰ 04 95 76 14 85, 🍴 – GB

fermé fév. et dim. d'oct. à mai – **Repas** 95/140

Quenza *2A Corse-du-Sud* 90 ⑦ *– 214 h alt. 840 – ⊠ 20122*
Ajaccio 85 – Bonifacio 75 – Porto-Vecchio 47 – Sartène 58

🏠 **Sole e Monti**, ✆ 04 95 78 62 53, Fax 04 95 78 63 88, ≤, 🏤, 🚗 – 📺 ☎ 🅿. 🆎 ⓪ 🆖. ⛥ rest
15 avril-15 oct. – **Repas** 150/250 ₹, enf. 65 – ⊆ 50 – **20 ch** 400/800 – ½ P 400/600

St-Florent *2B H.-Corse* 90 ③ *– 1 350 h alt. 10 – ⊠ 20217*
Voir *Église Santa Maria Assunta*★★ *– Vieille Ville*★.
🛈 *Office de Tourisme Centre Administratif* ✆ 04 95 37 06 04.
Bastia 22 – Calvi 70 – Corte 81 – L'Ile-Rousse 46

🏨 **Dolce Notte** ⤢ sans rest, ✆ 04 95 37 06 65, Fax 04 95 37 10 70, ≤ golfe, 🏖, 🚗 – 📺 ☎ ❤ 🅿. 🆎 ⓪ 🆖
mars-oct. – ⊆ 40 – **20 ch** 540/680

🏨 **Tettola** sans rest, Nord : 1 km sur D 81 ✆ 04 95 37 08 53, Fax 04 95 37 09 19, ≤, 🛆 – cuisinette ☎ ❤ 🅿. 🆖
25 mars-6 nov. – ⊆ 38 – **30 ch** 750

🏠 **Maxime** Ⓜ sans rest, ✆ 04 95 37 05 30, Fax 04 95 37 13 07 – 📺 ☎ 🕭 🅿. 🆖. ⛥ ⊆ 40 – **19 ch** 360

✕✕ **Rascasse**, promenade des Quais ✆ 04 95 37 06 99, Fax 04 95 37 06 99, ≤, 🏤 – 🍽. 🆎 🆖
avril-sept. et fermé lundi sauf du 15 juin au 15 sept. – **Repas** 120

Ste-Lucie-de-Tallano *2A Corse-du-Sud* 90 ⑧ *– 424 h alt. 450 – ⊠ 20112*
🛈 *Syndicat d'Initiative Mairie annexe* ✆ 04 95 71 48 99, Fax 04 95 71 48 99.
Ajaccio 93 – Bonifacio 67 – Porto-Vecchio 49 – Sartène 19

✕ **Santa Lucia**, ✆ 04 95 78 81 28, 🏤 – 🍽. 🆖. ⛥
⊛ *15 mai-30 sept. –* **Repas** 85/130 ₹, enf. 46

Ste-Marie-Sicché *2A Corse-du-Sud* 90 ⑰ *– 355 h alt. 420 – ⊠ 20190 Santa-Maria-Sicché*
Ajaccio 36 – Sartène 52

🏠 **Santa Maria**, ✆ 04 95 25 72 65, Fax 04 95 25 71 34, 🏤 – 📺 ☎ ❤ 🅿. 🆎 ⓪ 🆖. ⛥
Repas 90/140 ₹ – ⊆ 37 – **21 ch** 285/310 – ½ P 260/285

Sartène ◀🕭▶ *2A Corse-du-Sud* 90 ⑱ *G. Corse – 3 525 h alt. 310 – ⊠ 20100*
Voir *Vieille ville*★★ *– Procession de Catenacciu*★★ *(vend. Saint).*
🛈 *Syndicat d'Initiative 6 r. Borgo* ✆ 04 95 77 15 40, Fax 04 95 71 48 99.
Ajaccio 85 – Bonifacio 53 – Corte 148

🏨 **Villa Piana** ⤢ sans rest, rte Propriano ✆ 04 95 77 07 04, Fax 04 95 73 45 65, ≤, « Parc, piscine panoramique », 🛆, ✕, ❤ 🅿 – 🏌 70. 🆎 ⓪ 🆖. ⛥
10 avril-15 oct. – ⊆ 38 – **32 ch** 370/440

✕✕ **Auberge Santa Barbara**, rte de Propriano ✆ 04 95 77 09 06, Fax 04 95 77 09 09, 🏤, 🚗 🅿. 🆎 ⓪ 🆖
15 mars-10 oct. et fermé lundi du 15 mars au 30 mai – **Repas** 155

Soccia *2A Corse-du-Sud* 90 ⑮ *– 143 h alt. 670 – ⊠ 20125*
Ajaccio 69 – Calvi 127 – Corte 99 – Vico 17

🏠 **U Paese** ⤢ sans rest, ✆ 04 95 28 31 92, Fax 04 95 28 35 19, ≤ – 🛗 ☎ 🅿. 🆖. ⛥
⊆ 36 – **31 ch** 205/310

Solenzara *2A Corse-du-Sud* 90 ⑦ *– ⊠ 20145*
🛈 *Office de Tourisme r. Principale (hors saison-le matin)* ✆ 04 95 57 43 75, Fax 04 95 57 43 59.
Ajaccio 115 – Bonifacio 67 – Sartène 76

🏠 **Maquis et Mer** sans rest, ✆ 04 95 57 42 37, Fax 04 95 57 46 85 – 🛗 📺 ☎ 🅿 – 🏌 30. 🆎 ⓪ 🆓
1ᵉʳ avril-30 oct. – ⊆ 50 – **42 ch** 700/800

✕ **A Mandria**, Nord : 1 km ✆ 04 95 57 41 95, Fax 04 95 57 45 96, 🏤, 🚗 – 🅿. 🆎 ⓪ 🆖
⊛ *fermé nov. et lundi en hiver –* **Repas** (75) - 100/130 ₹

Tizzano 2A Corse-du-Sud 90 ⑲ – ⊠ 20100 Sartène

Ajaccio 102 – Bonifacio 65 – Porto-Vecchio 73 – Sartène 18

🏨 **Golfe** ⚶, ℘ 04 95 77 14 76, Fax 04 95 77 14 76, ≤, 🏤, – 📺 ☎ ⛷ 占, 🅿, GB, ✵ ch
avril-oct. – Repas 95/140 – 🖙 40 – **17 ch** 550/580 – ½ P 460

Vico 2A Corse-du-Sud 90 ⑮ – 921 h alt. 400 – ⊠ 20160

Voir Couvent St-François : christ en bois★ dans l'église conventuelle.
Ajaccio 52 – Calvi 110 – Corte 82

🏨 **U Paradisu** ⚶, ℘ 04 95 26 61 62, Fax 04 95 26 67 01, 🏤, 🏊, – 📺 ☎, ℡ ① GB
fermé fév. et mars – Repas (85) - 105/135 🍷, enf. 60 – 🖙 35 – **21 ch** 420 – ½ P 365

Vizzavona (Col de) 2B H.-Corse 90 ⑥ – alt. 1161 – ⊠ 20219 Vivario

Voir Forêt★★.
Bastia 99 – Bonifacio 133 – Corte 31

♨ **Monte d'Oro** ⚶, ℘ 04 95 47 21 06, Fax 04 95 47 22 05, 🏤, en forêt, 🚗 – 🅿, GB.
✵ rest
1er mai-30 oct. – Repas carte 140 à 240 🍷 – 🖙 35 – **40 ch** 240/440 – ½ P 310/400

Zicavo 2A Corse-du-Sud 90 ⑦ – 245 h alt. 700 – ⊠ 20132

Ajaccio 63 – Bonifacio 113 – Corte 75 – Porto-Vecchio 85 – Sartène 61

♨ **Tourisme,** ℘ 04 95 24 40 06, ≤, 🏤 –✵
GB Repas 70/120 🍷, enf. 40 – 🖙 20 – **15 ch** 170/200 – ½ P 225

Zonza 2A Corse-du-Sud 90 ⑦ – 1 600 h alt. 780 – ⊠ 20124

Voir Col et aiguilles de Bavella★★★ NE : 9 km.
Ajaccio 91 – Bonifacio 67 – Porto-Vecchio 40 – Sartène 37

🏨 **Tourisme,** ℘ 04 95 78 67 72, Fax 04 95 78 73 23, ≤, 🏤, 🚗 – 📺 ☎, ℡ ① GB JCB
25 mars-30 oct. – Repas (80) - 108/148 🍷, enf. 45 – 🖙 50 – **11 ch** 340/490 – ½ P 340/365

Les noms des localités citées dans ce guide

sont soulignés de rouge

sur les **cartes Michelin** à 1/200 000.

CORTE 2B H.-Corse 90 ⑤ – voir à Corse.

COSNES-ET-ROMAIN 54 M.-et-M. 57 ② – rattaché à Longwy.

COSNE-SUR-LOIRE ⬥ 58200 Nièvre 65 ⑬ G. Bourgogne – 12 123 h alt. 150.
🛈 Office de Tourisme pl. Hôtel-de-Ville ℘ 03 86 28 11 85, Fax 03 86 28 11 85.
Paris 190 ① – Bourges 61 ④ – Auxerre 83 ① – Montargis 77 ① – Nevers 53 ③.

Plan page ci-contre

🏨 **Vieux Relais,** 11 r. St-Agnan (r) ℘ 03 86 28 20 21, Fax 03 86 26 71 12 – 📺 ☎ ⬢, ℡ ①
GB
fermé vend. soir et sam. midi de sept. à avril – Repas (90) - 108/248 🍷, enf. 75 – 🖙 58 – **11 ch**
390/460

🏨 **Saint-Christophe,** pl. Gare (u) ℘ 03 86 28 02 01, Fax 03 86 26 94 28 – 📺 ☎ ⛷, GB
fermé 23 juil. au 20 août et dim. soir – Repas 75/210 🍷, enf. 55 – 🖙 32 – **8 ch** 205/260 –
½ P 245/265

❌❌ **Sévigné,** 16 r. du 14 Juillet (a) ℘ 03 86 28 27 50, Fax 03 86 26 93 60 – ▤, ℡ ① GB
fermé 4 au 10 mars, 26 juin au 4 juil., 13 nov. au 4 déc., dim. soir et lundi – Repas (nombre
de couverts limité, prévenir) 95 (déj.), 160/300 🍷

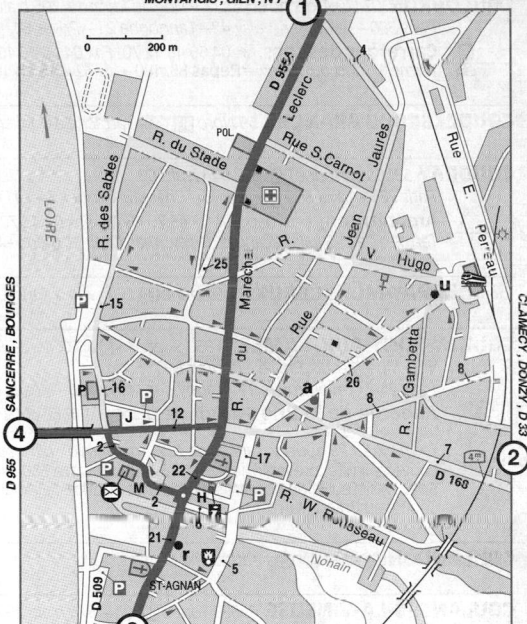

COSNE-SUR-LOIRE

MONTARGIS, GIEN, N 7

COSQUEVILLE *50330 Manche* 54 ② – *501 h alt. 22.*

Paris 353 – Cherbourg 21 – Caen 122 – Carentan 50 – St-Lô 78 – Valognes 26.

XX **Au Bouquet de Cosqueville,** ℘ 02 33 54 32 81, Fax 02 33 54 63 38 – GB
fermé 12 au 21 sept., 10 janv. au 10 fév., mardi soir et merc. de sept. à juin – **Repas**
110/350, enf. 60 **- Petit Gastro : Repas** 65/90 ♀, enf. 45

Le COTEAU *42 Loire* 73 ⑦ – *rattaché à Roanne.*

La CÔTE-ST-ANDRÉ *38260 Isère* 77 ③ *G. Vallée du Rhône* – *3 966 h alt. 370.*

Paris 530 – Grenoble 51 – Lyon 68 – La Tour-du-Pin 37 – Valence 82 – Vienne 40 – Voiron 30.

XX **France** avec ch, pl. Église ℘ 04 74 20 25 99, Fax 04 74 20 35 30 – 🛏 rest, 📺 ☎ ⇌ –
🔧 25. GB
Repas *(fermé dim. soir et lundi sauf fériés)* 160/450 et carte 230 à 350, enf. 95 – ♀ 50 –
14 ch 300/400 – ½ P 360/400
Spéc. Râble de lièvre à la crème (saison). Ris de veau aux truffes. Jambonnettes de
grenouilles sauce cressonnière. **Vins** Viognier de l'Ardèche.

COTI-CHIAVARI *2A Corse-du-Sud* 90 ⑰ – *voir à Corse.*

COTINIÈRE *17 Char.-Mar.* 71 ⑬ ⑭ – *rattaché à Oléron (Ile d').*

COUCHES *71490 S.-et-L.* 69 ⑧ *G. Bourgogne* – *1 457 h alt. 320.*

Paris 311 – Beaune 32 – Chalon-sur-Saône 28 – Autun 25 – Le Creusot 16.

🏠 **Les 3 Maures,** ℘ 03 85 49 63 93, Fax 03 85 49 50 29, 🌿 – 📺 ☎ ✔ 🅿. 🅰🅴 GB
fermé 15 fév. au 15 mars et lundi du 15 sept. au 15 juil. – **Repas** 85/200 ♀, enf. 50 – ♀ 35 –
16 ch 230/280 – ½ P 245/270

COUCOURON 07470 Ardèche 76 ⑰ G. Vallée du Rhône – 705 h alt. 1150.
Paris 580 – Le Puy-en-Velay 42 – Langogne 21 – Privas 84.

🏠 **Carrefour des Lacs,** ℰ 04 66 46 12 70, Fax 04 66 46 16 42 – ☎ 𝗣. GB
🕸 fermé 1ᵉʳ déc. au 15 fév. – **Repas** 85/180 – ☷ 32 – **16 ch** 180/310 – ½ P 210/245

COUDEKERQUE BRANCHE 59 Nord 51 ④ – rattaché à Dunkerque.

COUDRAY 53000 Mayenne 63 ⑩ – 546 h alt. 68.
Paris 283 – Laval 36 – Angers 43 – Château-Gontier 7 – La Flèche 49.

✕ **Amphitryon,** 2 rte Daon ℰ 02 43 70 46 46, Fax 02 43 70 42 93 – GB
fermé 1ᵉʳ au 15 juil., vacances de fév., mardi soir et merc. – **Repas** 75 (déj.), 95/138 ⚶, enf. 50

Le COUDRAY-MONTCEAUX 91 Essonne 61 ① – voir à Paris, Environs (Corbeil-Essonnes).

COUILLY-PONT-AUX-DAMES 77860 S.-et-M. 56 ⑫ G. Ile-de-France – 1 635 h alt. 50.
Voir Musée Louis-Braille à Coupvray O : 5 km.
Paris 45 – Coulommiers 21 – Lagny-sur-Marne 12 – Meaux 9 – Melun 47.

✕✕ **Auberge de la Brie** (Pavard), rte Quincy (D 436) ℰ 01 64 63 51 80, Fax 01 64 63 51 80,
🕸 🌳 – 🍽 𝗣. AE GB
fermé 7 au 29 août, vacances de fév., mardi midi, dim. soir et lundi – **Repas** (nombre de
couverts limité, prévenir) 165 (déj.), 230/395 et carte 330 à 450 ⚶, enf. 80
Spéc. Millefeuille de homard aux tomates confites. Filet de Saint-Pierre au foie gras poêlé.
Soufflé au Grand Marnier.

COULANDON 03 Allier 69 ⑭ – rattaché à Moulins.

COULANGES-LA-VINEUSE 89580 Yonne 65 ⑤ – 878 h alt. 193.
Paris 183 – Auxerre 17 – Avallon 43 – Clamecy 34 – Cosne-sur-Loire 68.

à Val-de-Mercy Sud : 4 km par D 165 et D 38 – 294 h. alt. 115 – ⊠ 89580 :

✕✕ **Auberge du Château** 🦢 avec ch, ℰ 03 86 41 60 00, Fax 03 86 41 73 28, 🌳 , 🕸 – 📺
☎ ✆ ⓘ GB
fermé 31 janv. au 5 mars, dim. soir et lundi – **Repas** (nombre de couverts limité, prévenir)
110 (déj.), 160/220 ⚶ – ☷ 60 – **5 ch** 420/550 – ½ P 470

COULOMBIERS 86600 Vienne 68 ⑬ – 962 h alt. 141.
Paris 354 – Poitiers 18 – Couhé 26 – Lusignan 8 – Parthenay 45 – Vivonne 11.

🏠 **Centre Poitou,** ℰ 05 49 60 90 15, Fax 05 49 50 05 84, 🌳 – 📺 ☎ ✆ 🚗. GB
fermé 23 oct. au 8 nov., vacances de fév., dim. soir et lundi d'oct. à juin – **Repas** 100/390 ⚶ –
☷ 40 – **10 ch** 300/320 – ½ P 280/300

COULOMMIERS 77120 S.-et-M. 61 ③, 106 ㉔ G. Ile de France – 13 087 h alt. 85.
🅱 Office de Tourisme 11 r. Gén.-de-Gaulle ℰ 01 64 03 88 09, Fax 01 64 75 80 23.
Paris 63 – Châlons-en-Champagne 105 – Meaux 25 – Melun 46 – Provins 40.

à Chauffry Est : 8 km par D 222 et D 66 – 762 h. alt. 112 – ⊠ 77169 :

✕✕ **Pot d'Étain,** ℰ 01 64 04 48 22, Fax 01 64 04 42 39, 🌳 – GB
fermé lundi et mardi sauf fériés – **Repas** 120/300

COULON 79510 Deux-Sèvres 71 ② G. Poitou Vendée Charentes – 1 870 h alt. 6.
Voir Marais poitevin★ (promenade en barque★★ : 1 h 30).
🅱 Office de Tourisme pl. Église ℰ 05 49 35 99 29, Fax 05 49 35 84 31.
Paris 420 – La Rochelle 63 – Fontenay-le-Comte 25 – Niort 11 – St-Jean-d'Angély 56.

🏠 **Au Marais** sans rest, quai L. Tardy ℰ 05 49 35 90 43, Fax 05 49 35 81 98, « Ancienne
maison de bateliers » – 📺 ☎ ✆ &. GB
fermé 25 déc. au 4 fév. – ☷ 42 – **18 ch** 330/360

✕✕ **Central,** pl. Église ℰ 05 49 35 90 20, Fax 05 49 35 81 07, 🌳 – AE GB
🕸 fermé 2 au 19 oct., 4 au 21 fév., dim. soir et lundi – **Repas** 99/205 ⚶, enf. 53

✕ **Loge du Picton,** 4 r. Couhé ℰ 05 49 35 85 85, Fax 05 49 35 86 69 – GB
fermé 2 au 10 oct., 15 déc. au 31 janv., lundi soir et mardi – **Repas** 95/135

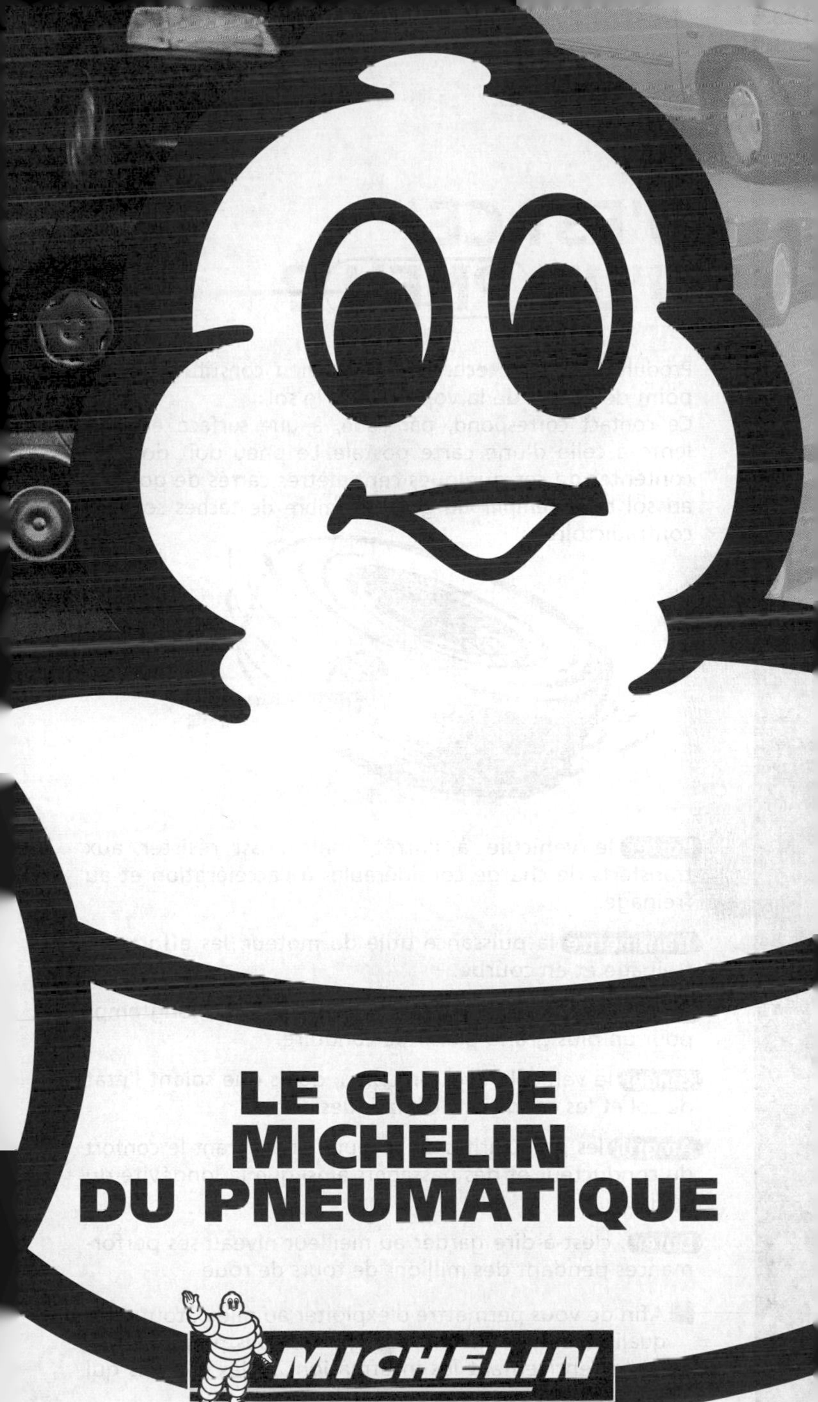

LE GUIDE
MICHELIN
DU PNEUMATIQUE

QU'EST-CE QU'UN PNEU ?

Produit de haute technologie, le pneu constitue le seul point de liaison de la voiture avec le sol.

Ce contact correspond, par roue, à une surface équivalente à celle d'une carte postale. Le pneu doit donc se contenter de ces quelques centimètres carrés de gomme au sol pour remplir un grand nombre de tâches souvent contradictoires :

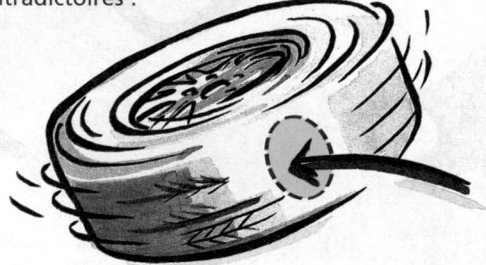

Porter le véhicule à l'arrêt, mais aussi résister aux transferts de charge considérables à l'accélération et au freinage.

Transmettre la puissance utile du moteur, les efforts au freinage et en courbe.

Rouler régulièrement, plus sûrement, plus longtemps pour un plus grand plaisir de conduire.

Guider le véhicule avec précision, quels que soient l'état du sol et les conditions climatiques.

Amortir les irrégularités de la route, en assurant le confort du conducteur et des passagers ainsi que la longévité du véhicule.

Durer, c'est-à-dire garder au meilleur niveau ses performances pendant des millions de tours de roue.

■ Afin de vous permettre d'exploiter au mieux toutes les qualités de vos pneumatiques, nous vous proposons de lire attentivement les informations et les conseils qui suivent.

LE PNEU
EST LE SEUL POINT DE LIAISON
DE LA VOITURE AVEC LE SOL

COMMENT
LIT-ON UN (PNEU) ?

ENERGY : nom de la gamme

Largeur du pneu : ≃ 195 mm

Série du pneu : rapport hauteur
sur largeur de section H/S 0,65

Structure : R (Radial)

Diamètre intérieur : 15 pouces

Indice de charge : 91 = 615 Kg

Code de vitesse : H = 210 Km/h

Pneu : XH1

Bib repérant l'emplacement
de l'indicateur d'usure

Marque enregistrée

Tubeless : pneu sans chambre

Marque enregistrée :
nom du fabricant

CODES DE VITESSE MAXIMUM :			
	S 180 km/h	V	240 km/h
	T 190 km/h	W	270 km/h
Q 160 km/h	H 210 km/h	Y	300 km/h
R 170 km/h	VR > 210 km/h	ZR	> 240 km/h
			(dans la dimension)

POURQUOI VERIFIER LA PRESSION DE VOS (PNEUS) ?

POUR EXPLOITER AU MIEUX
LEURS **PERFORMANCES** ET ASSURER
VOTRE **SECURITE**

Contrôlez la pression de vos pneus, sans oublier la roue de secours, dans de bonnes conditions.
Un pneu perd régulièrement de la pression.

> Les pneus doivent être contrôlés

> une fois toutes les 2 semaines

à froid, c'est-à-dire une heure au moins après l'arrêt de la voiture ou après avoir parcouru 2 à 3 kilomètres à faible allure.
En roulage, la pression augmente ; ne dégonflez donc jamais un pneu qui vient de rouler : considérez que, pour être correcte, sa pression doit être au moins supérieure de 0,3 bar à celle préconisée à froid.

VERIFIEZ LA PRESSION DE VOS PNEUS
REGULIEREMENT ET AVANT CHAQUE VOYAGE

LE SURGONFLAGE

Si vous devez effectuer un long trajet à vitesse soutenue, ou si la charge de votre voiture est particulièrement importante, il est généralement conseillé de majorer la pression de vos pneus. Attention : l'écart de pression avant-arrière nécessaire à l'équilibre du véhicule doit être impérativement respecté. Consultez les tableaux de gonflage Michelin chez tous les professionnels de l'automobile et chez les spécialistes du pneu. N'hésitez pas à leur demander conseil.

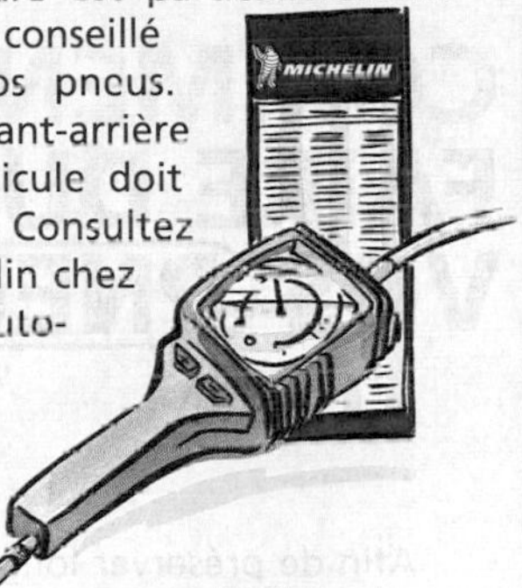

LE SOUS-GONFLAGE

Lorsque la pression de gonflage est insuffisante, les flancs du pneu travaillent anormalement. Il en résulte une fatigue excessive de la carcasse, une élévation de température et une usure anormale. Le pneu subit alors des dommages irréversibles qui peuvent entraîner sa destruction immédiate ou future.

En cas de perte de pression, il est impératif de consulter un spécialiste qui en recherchera la cause et jugera de la réparation éventuelle à effectuer.

LE BOUCHON DE VALVE

En apparence, il s'agit d'un détail ; c'est pourtant un élément essentiel de l'étanchéité. Aussi, n'oubliez pas de le remettre en place après vérification de la pression, en vous assurant de sa parfaite propreté.

VOITURE TRACTANT

CARAVANE, BATEAU...

Dans ce cas particulier, il ne faut jamais oublier que le poids de la remorque accroît la charge du véhicule. Il est donc nécessaire d'augmenter la pression des pneus arrière de votre voiture, en vous conformant aux indications des tableaux de gonflage Michelin.

Pour de plus amples renseignements, demandez conseil à votre revendeur de pneumatiques, c'est un véritable spécialiste.

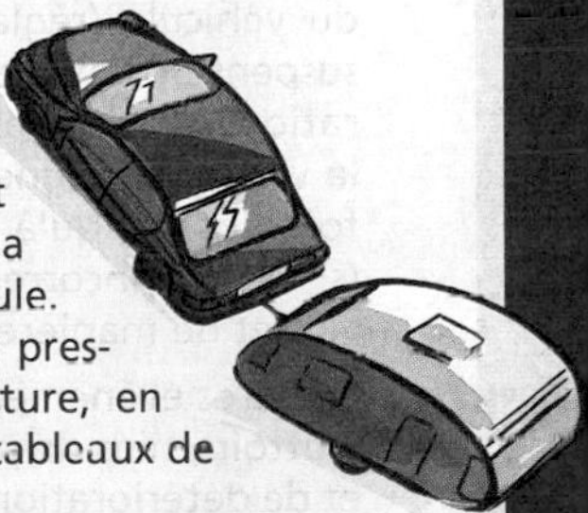

COMMENT FAIRE DURER VOS (PNEUS) ?

Afin de préserver longtemps les qualités de vos pneus, il est impératif de les faire contrôler régulièrement, et avant chaque grand voyage. Il faut savoir que la durée de vie d'un pneu peut varier dans un rapport de 1 à 4, et parfois plus, selon son entretien, l'état du véhicule, le style de conduite et l'état des routes !

L'ensemble roue-pneumatique doit être parfaitement équilibré pour éviter les vibrations qui peuvent apparaître à partir d'une certaine vitesse. Pour supprimer ces vibrations et leurs désagréments, vous confierez l'équilibrage à un professionnel du pneumatique, car cette opération nécessite un savoir-faire et un outillage très spécialisé.

● LES FACTEURS QUI INFLUENT SUR L'USURE ET LA DUREE DE VIE DE VOS PNEUMATIQUES :

Les caractéristiques du véhicule (poids, puissance...), le profil des routes (rectilignes, sinueuses), le revêtement (granulométrie : sol lisse ou rugueux), l'état mécanique du véhicule (réglage des trains avant, arrière, état des suspensions et des freins...), le style de conduite (accélérations, freinages, vitesse de passage en courbe...), la vitesse (en ligne droite à 120 km/h un pneu s'use deux fois plus vite qu'à 70 km/h), la pression des pneumatiques (si elle est incorrecte, les pneus s'useront beaucoup plus vite et de manière irrégulière).

D'autres événements de nature accidentelle (chocs contre trottoirs, nids de poule...), en plus du risque de déréglage et de détérioration de certains éléments du véhicule, peuvent provoquer des dommages internes au pneumatique dont les conséquences ne se manifesteront parfois que bien plus tard.

LES CHOCS
CONTRE LES TROTTOIRS,
LES NIDS DE POULE...
PEUVENT ENDOMMAGER
GRAVEMENT VOS PNEUS

Un contrôle régulier de vos pneus vous permettra donc de détecter puis de corriger rapidement les anomalies (usure anormale, perte de pression...). A la moindre alerte, adressez-vous immédiatement à un revendeur spécialiste qui interviendra pour préserver les qualités de vos pneus, votre confort et votre sécurité.

● SURVEILLEZ L'USURE DE VOS PNEUMATIQUES :

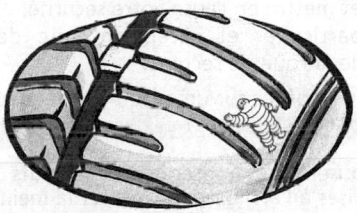

Comment ? Tout simplement en observant la profondeur de la sculpture. C'est un facteur de sécurité, en particulier sur sol mouillé. Tous les pneus possèdent des indicateurs d'usure de 1,6 mm d'épaisseur. Ces indicateurs sont repérés par un Bibendum situé aux "épaules" des pneus MICHELIN. Un examen visuel suffit pour connaître le niveau d'usure de vos pneumatiques.
Attention : même si vos pneus n'ont pas encore atteint la limite d'usure légale (en France, **la profondeur restante de la sculpture doit être supérieure à 1,6 mm** sur l'ensemble de la bande de roulement), leur capacité à évacuer l'eau aura naturellement diminué avec l'usure.

COMMENT
CHOISIR VOS (PNEUS) ?

Le type de pneumatique qui équipe d'origine votre véhicule a été déterminé pour optimiser ses performances. Il vous est cependant possible d'effectuer un autre choix en fonction de votre style de conduite, des conditions climatiques, de la nature des routes et des trajets effectués.

Dans tous les cas, il est indispensable de consulter un spécialiste du pneumatique, car lui seul pourra vous aider à trouver la solution la mieux adaptée à votre utilisation dans le respect de la législation.

**MONTAGE, DEMONTAGE,
EQUILIBRAGE DU PNEU ;
C'EST L'AFFAIRE D'UN PROFESSIONNEL.**

Un mauvais montage ou démontage du pneu peut le détériorer et mettre en cause votre sécurité.

Sauf cas particulier et exception faite de l'utilisation provisoire de la roue de secours,

▶ les pneus montés sur un essieu donné doivent être identiques.

▶ Il est conseillé de monter les pneus neufs ou les moins usés à l'arrière pour assurer la meilleure tenue de route en situation difficile

(freinage d'urgence ou courbe serrée) principalement sur chaussée glissante.

En cas de crevaison, seul un professionnel du pneu saura effectuer les examens nécessaires et décider d'une éventuelle réparation.

Il est recommandé de changer la valve ou la chambre à air à chaque intervention.

▶ IL EST DECONSEILLE DE MONTER UNE CHAMBRE A AIR DANS UN ENSEMBLE TUBELESS.

▶ L'utilisation de pneus cloutés est strictement réglementée ; il est important de s'informer avant de les faire monter.

Attention : la capacité de vitesse des pneumatiques Hiver "M+S" peut être inférieure à celle des pneus d'origine. Dans ce cas, la vitesse de roulage devra être adaptée à cette limite inférieure.

Une étiquette de rappel de cette vitesse sera apposée à l'intérieur du véhicule à un endroit aisément visible du conducteur.

LES CLEFS DU SUCCES DE MICHELIN :
SA PASSION POUR
LE PROGRES ET L'INNOVATION

"Battre aujourd'hui le pneu de demain", c'est ce qui permet à MICHELIN d'être toujours à la pointe de l'innovation pour être toujours plus proche de ses clients.

LE GROUPE MICHELIN EN BREF :

- Plus de 120 000 personnes à travers le monde.
- Une présence commerciale dans plus de 170 pays.
- Plus de 80 sites implantés dans 19 pays - Europe, Amérique du Nord/Sud, Afrique et Asie.
- Des centres de technologie en Europe, aux U.S.A. et au Japon.
- 6 plantations d'hévéas au Brésil et au Nigéria.

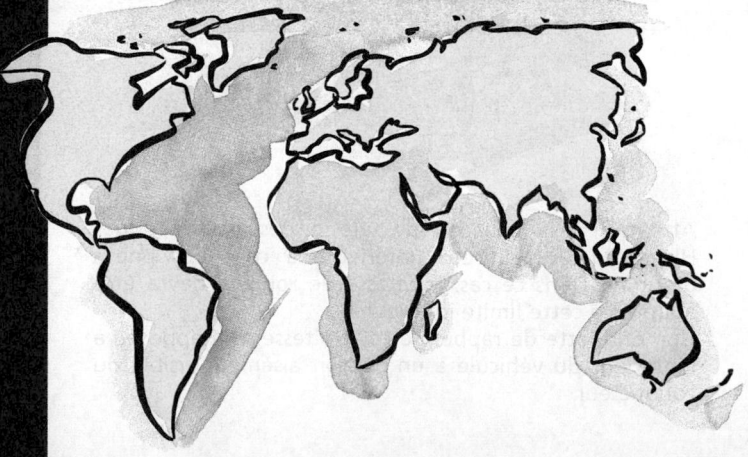

DERNIER FRUIT DES RECHERCHES DE MICHELIN : LE PNEU MICHELIN ENERGY.

Pour répondre à une des attentes principales de ses clients - **la Sécurité** - MICHELIN a notamment fait évoluer sa gamme de pneumatiques Energy.

Le pneu MICHELIN ENERGY est le pneu ETE qui peut être utilisé dans des conditions hivernales (sols gras, mouillés, enneigés en plaine) en conservant des qualités d'adhérence et de comportement exceptionnelles.

Grâce à une faible résistance au roulement, donc une moindre consommation d'énergie, le pneu MICHELIN ENERGY contribue également à un meilleur respect de l'environnement.

LE PNEUMATIQUE, LE SEUL LIEN ENTRE LE VÉHICULE ET LA SURFACE DU SOL, EST UN PRODUIT COMPOSITE DE HAUTE TECHNOLOGIE

MICHELIN
N°1 EN TECHNOLOGIE
EST EGALEMENT DEVENU
LE COMPAGNON
INDISPENSABLE POUR
LES VOYAGES

Pour vos itinéraires en France et en Europe, il suffit d'indiquer vos lieux de départ et d'arrivée, et votre route est toute tracée...

Un service télématique qui vous permet d'obtenir un itinéraire détaillé pour voyager en France et à travers l'Europe. Vous disposez de 5 types d'itinéraires différents pour répondre au mieux à vos critères : par autoroute avec le coût des péages ou évitant les péages, le plus court, le plus rapide ou tout simplement celui que vous conseille personnellement Michelin.

 3615 MICHELIN c'est facile (2,23 F/min)

 3617 MICHELIN c'est pratique (5,57 F/min)

 3623 MICHELIN c'est rapide (5,57 F/min)

Afin de faciliter votre déplacement, Michelin a développé un service Fax grâce auquel vous disposez immédiatement et par écrit de votre feuille de route détaillée.

 Pour tous renseignements : 01 45 66 12 11

RENSEIGNEMENTS TOURISTIQUES

● 70 000 références d'hôtels et de restaurants extraites de ses fameux **Guides Rouges.**

● Les curiosités touristiques décrites dans ses **Guides Verts.**

65 000 cartes et guides imprimés chaque jour.

CONSEILS DE SECURITE

- Sur l'équipement, la pression, le montage, l'utilisation de vos pneumatiques.

- Des indications sur l'enneigement des stations de montagne.

- Et enfin, vous pourrez connaître le temps qu'il fera le jour de votre départ.

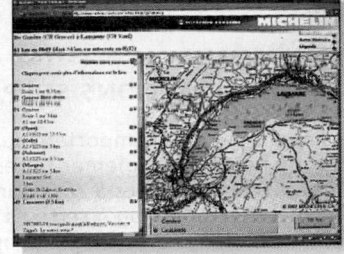

SUR INTERNET

Retrouvez également le calcul d'itinéraires Michelin avec, en plus d'une feuille de route complète et précise, la carte de votre trajet : **www.michelin-travel.com** ⬅

Service Consommateurs
Lundi - vendredi de 8 h à 20 h
Samedi de 9 h à 17 h

● Des informations sur MICHELIN
● Des conseils personnalisés au sujet des pneumatiques pour

- **voitures particulières**
- **véhicules utilitaires légers**
- **véhicules 4 x 4**

3 FAÇONS DE DIALOGUER AVEC MICHELIN ⬅

1
PRIX APPEL LOCAL
Numéro Azur
0 801 801 818

2
BP Consommateurs
63040 Clermont-Ferrand
Cedex 9

3
Internet :
www.michelin.fr
rubrique "Contactez-nous"

L'ETAT DES ROUTES

Centre National d'Informations Routières :

MINITEL : 3615 code Route	08 36 68 20 00

Centres Régionaux d'Information et de
Coordination Routière :

Bordeaux	05 56 96 33 33
Ile-de-France-Centre	01 48 99 33 33
Lille	03 20 47 33 33
Lyon	04 78 54 33 33
Marseille	04 91 78 78 78
Metz	03 87 63 33 33
Rennes	02 99 32 33 33

INFORMATIONS SUPPLEMENTAIRES

Les pneumatiques comportent sur leurs flancs, en dehors des inscriptions réglementaires, un certain nombre d'indications destinées à répondre à des usages internes aux manufacturiers ou à certains pays.

Tel le **"Safety Warning"** propre aux USA, dont la traduction est :

Avertissement de Sécurité

"D'importants dommages peuvent résulter d'une défaillance pneumatique provoquée par un sous-gonflage, une surcharge, une mauvaise association pneu/jante (ne jamais dépasser 275 KPa pour positionner les talons sur la jante).

Seules les personnes spécialement formées doivent démonter et monter les pneumatiques."

Ces consignes sont précisées dans nos documentations commerciales et techniques.

Consultez un professionnel du pneu.

CAMPING CARS

Ce type de véhicule offre une modularité et un volume de rangement qui peuvent le placer, ainsi que ses pneumatiques, dans des conditions d'utilisation anormalement pénalisantes.

Par la suite, des dégradations irréversibles pourront se manifester sur les pneumatiques même si, depuis, les conditions normales d'utilisation ont été parfaitement rétablies.

 Il convient, en conséquence, pour éviter tout risque de détériorations prématurées :

- De charger correctement le véhicule dans les limites maximales autorisées par la réglementation et les constructeurs.
- De répartir les charges afin d'équilibrer le chargement : avant/arrière et gauche/droite.
- De vérifier régulièrement la pression de gonflage (y compris la roue de secours).

 Par ailleurs, nous préconisons des équipements plus adaptés aux conditions réelles d'utilisation :
XC CAMPING

Consultez un professionnel du pneu pour :
- Le choix de la dimension de pneumatique
  (y compris code de vitesse et indice de charge)
- La pression de gonflage à adopter
- Le type de valve à utiliser en fonction de la roue.

Date	Chiffre compteur	Opérations

Pressions de gonflage des pneus MICHELIN

Ce tableau de gonflage ne prétend pas être exhaustif.
Pour plus d'informations, consultez votre Spécialiste Pneu.

Véhicules		Équipements Pneumatiques		Indice Code Pneu Origine	Pressions (bar)*			
Marques et Types					Utilisation Courante		Autres Utilisations	
					AV	AR	AV	AR
ALFA-ROMEO								
145								
1.6i Twin Spark	10/98->	185/60 R 14	ENERGY-CLASSIC	82H	2,2	2,0	2,5	2,5
		195/50 R 15	PILOT	82V	2,3	2,1	2,6	2,4
2.0 Ti	10/98->	195/55 R 15	PILOT	84V	2,3	2,1	2,5	2,5
1.9 TD	10/98->	175/65 R 14	ENERGY-CLASSIC	82T	2,3	2,1	2,5	2,5
		185/60 R 14	ENERGY-CLASSIC	82H				
146								
2.0 TI	10/98->	195/55 R 15	PILOT	84V	2,3	2,1	2,5	2,5
1.9 TD	10/98->	175/65 R 14	ENERGY-CLASSIC	82T	2,3	2,1	2,5	2,5
		185/60 R 14	ENERGY-CLASSIC	82H				
155								
1.8i 16V Twin Spark	07/96->	185/60 R 14	ENERGY-CLASSIC	82H	2,2	2,0	2,5	2,5
		195/60 R 14	PILOT	86V				
		195/55 R 15	PILOT	84V				
156								
2.0 Twin Spark	07/97->	185/65 R 15	ENERGY	88V	2,2	2,2	2,5	2,5
		205/60 R 15	PILOT	91V				
		205/55 R 16	PILOT	91W				
2.4 JTD	07/97->	185/65 R 15	ENERGY	88V	2,2	2,2	2,5	2,5
		205/55 R 16	PILOT	91W				
164								
3.0i V6 24V	07/96->	205/55 ZR 16	PILOT	91W	2,5	2,3	2,8	2,8
2.0i 16V Twin Spark	07/96->	195/65 R 15	PILOT	91V	2,2	2,0	2,5	2,5
2.5 TD (Turbo Diesel)		205/55 ZR 16	PILOT	91W	2,5	2,3	2,8	2,8
166								
2.0 Twin Spark	10/98->	205/55 R 16	PILOT	91W	2,3	2,3	2,3	2,3
		215/55 R 16	PILOT	93W				
		225/45 R 17	PILOT	91W				
2.4 VJTD	10/98->	205/55 R 16	PILOT	91W	2,3	2,3	2,3	2,3
		215/55 R 16	PILOT	93W				
		225/45 R 17	PILOT	91W				
AUDI								
A3								
1.8i 20V	10/96->	195/65 R 15	PILOT	91V	1,9	1,9	2,2	2,7
1.8i 20V Turbo		205/60 R 15	PILOT	91V				
		205/55 R 16	PILOT	91W				
1.9 TDi (110ch)	07/97->	195/65 R 15	PILOT	91V	1,9	1,9	2,2	2,7
		205/60 R 15	PILOT	91V				
		205/55 R 16	PILOT	91W				
A4 (Berline)								
1.8i Pack	01/99->	195/65 R 15	PILOT	91V	2,0	2,0	2,3	2,6
		205/55 R 16	PILOT	91W				
1.8i Turbo & Quattro	07/97->	195/65 R 15	PILOT	91V	2,2	2,2	2,8	2,9
2.4i & Quattro		205/60 R 15	PILOT	91V				
		205/55 R 16	PILOT	91W				
1.9 TDi (110ch) & Quattro	07/97->	195/65 R 15	PILOT	91V	2,0	2,0	2,3	2,6
1.9 TDi (110ch) Pack-Référence	01/99->	205/60 R 15	PILOT	91W				
et Automatique		205/55 R 16	PILOT	91W				

Véhicules — Marques et Types		Equipements Pneumatiques		Indice Code Pneu Origine	Pressions (bar)* Utilisation Courante		Autres Utilisations	
					AV	AR	AV	AR
AUDI (suite)								
A6 (Berline)								
1.8i Turbo & Quattro	07/97->	195/65 R 15	PILOT	91V	2,1	2,1	2,6	2,9
		205/60 R 15	PILOT	91V				
		205/55 R 16	PILOT	91W				
		215/55 R 16	PILOT	97W				
2.4i & Quattro	07/97->	195/65 R 15	PILOT	91V	2,3	2,3	2,8	3,1
		205/60 R 15	PILOT	91V				
		205/55 R 16	PILOT	91W				
		215/55 R 16	PILOT	97W				
2.5 TDi (Turbo diesel) & Quattro	07/97->	205/60 R 15	PILOT	91W	2,4	2,4	2,9	3,2
		205/55 R 16	PILOT	91W				
		215/55 R 16	PILOT	97W				
A8 (Berline)								
2.8i Référence	01/99->	225/60 ZR 16	PILOT	98W	2,0	2,0	2,5	2,5
		225/55 R 17	PILOT	97W				
2.8i & Quattro 2.5 TDi (Turbo Diesel)	07/97->	225/60 ZR 16	PILOT	98W	2,0	2,0	2,5	2,5
		225/55 R 17	PILOT	97W.				
2.5 TDi Référence (BM6)	01/99->	225/60 ZR 16	PILOT	98W	2,0	2,0	2,5	2,5
Roadster								
1.8i T (180ch)	10/98->	205/55 ZR 16	PILOT	91W	2,3	2,1	2,7	2,7
		225/45 ZR 17	PILOT	91Y				
S4 (Berline)								
2.7i	07/97->	225/45 R 17	PILOT	91W	2,5	2,3	2,8	2,8
		225/45 ZR 17	PILOT	91Y				
S8 PLUS (Berline)								
4.2i Turbo V8 Quattro (340ch)		245/45 ZR 18	PILOT	96Y	2,2	2,2	2,9	2,9
TT (Coupé)								
1.8i T (180ch) 1.8i T Quattro (180ch)	10/98->	205/55 ZR 16	PILOT	91W	2,3	2,1	2,7	2,7
		225/45 ZR 17	PILOT	91Y				
1.8i T Quattro (225ch)	10/98->	225/45 ZR 17	PILOT	91Y	2,2	2,2	2,6	2,6
		225/40 ZR 18	PILOT	88Y				
Coupé & Cabriolet								
2.6i-2.8i	07/97->	205/60 R 15	PILOT	91V	2,1	2,1	2,5	2,7
		205/55 R 16	PILOT	91W				
1.9 TDi (90ch) Turbo diesel	01/96->	195/65 R 15	PILOT	91V	1,8	1,8	2,2	2,5
		205/60 R 15	PILOT	91V				
B.M.W.								
Série 3 Berline-Coupé & Cabriolet								
3.18i-3.20d (E 46)	03/98->	195/65 R 15	ENERGY-CLASSIC	91H	1,8	2,2	2,2	2,7
		205/55 R 16	PILOT	91V				
		225/50 ZR 16	PILOT	92W				
		225/45 R 17	PILOT	91W				
		AV : 225/40 ZR 18	PILOT	88Y	1,8	-	2,2	-
		AR : 255/35 ZR 18	PILOT	90Y	-	2,2	-	2,7
3.20i (E46) 3.20i Pack Luxe (E46)	03/98->	195/65 R 15	PILOT *	91V	2,0	2,4	2,4	2,9
		205/55 R 16	PILOT	91V				
		225/50 ZR 16	PILOT	92W				
		225/45 R 17	PILOT	91W				
		AV : 225/40 ZR 18	PILOT	88Y	2,0	-	2,4	-
		AR : 255/35 ZR 18	PILOT	90Y	-	2,4	-	2,9
3.23i (E46) 3.23i Pack Luxe (E46)	03/98->	195/65 R 15	PILOT *	91V	2,2	2,6	2,6	3,1
		205/55 R 16	PILOT	91V				
		225/50 ZR 16	PILOT	92W				
		225/45 R 17	PILOT	91W				
		AV : 225/40 ZR 18	PILOT	88Y	2,0	-	2,4	-
		AR : 255/35 ZR 18	PILOT	90Y	-	2,4	-	2,9

Véhicules Marques et Types		Equipements Pneumatiques		Indice Code Pneu Origine	Utilisation Courante AV	AR	Autres Utilisations AV	AR
B.M.W. (suite)								
Série 3 Berline-Coupé & Cabriolet (suite)								
3.28i (E46)	03/98->	205/55 R 16	PILOT	91W				
		225/50 ZR 16	PILOT	92W	2,2	2,6	2,7	3,2
		225/45 R 17	PILOT	91W				
		AV : 225/40 ZR 18	PILOT	88Y	2,2	-	2,7	-
		AR : 255/35 ZR 18	PILOT	90Y	-	2,6	-	3,2
3.18 TDS	02/95->	185/65 R 15	ENERGY-CLASSIC	88T	2,0	2,3	2,3	2,8
		205/60 R 15	ENERGY	91H				
		225/55 R 15	PILOT	92V	1,8	2,0	2,0	2,5
		225/50 ZR 16	PILOT	92W				
3.25 TD	04/94->	185/65 R 15	ENERGY-CLASSIC	88H	2,0	2,4	2,5	3,0
		205/60 R 15	ENERGY	91H				
		225/55 R 15	PILOT	92V	1,8	2,1	2,1	2,6
		225/50 ZR 16	PILOT	92W				
3.25 TD	08/98->	185/65 R 15	ENERGY-CLASSIC	88H	2,0	2,3	2,3	2,8
		205/60 R 15	ENERGY	91H				
		225/50 ZR 16	PILOT	92W	1,8	2,0	2,0	2,5
Série 3 Compact								
3.23 Ti	08/98->	205/60 R 15	PILOT	91W	2,0	2,3	2,3	2,8
		225/50 ZR 16	PILOT	92W				
Série Z3 Roadster (Cabriolet)								
1.9i-iA	08/95->	205/60 R 15	PILOT	91V				
		225/50 ZR 16	PILOT	92W	2,0	2,0	2,0	2,0
		225/45 ZR 17	PILOT					
2.8i	07/97->	225/50 ZR 16	PILOT	92W	2,0	2,2	2,0	2,2
		AV : 225/45 ZR 17	PILOT		2,0	-	2,0	-
		AR : 245/40 ZR 17	PILOT		-	2,2	-	2,2
3.2i M Roadster	08/98->	AV : 225/45 ZR 17	PILOT		2,0	-	2,0	-
		AR : 245/40 ZR 17	PILOT		-	2,2	-	2,6
Série Z3 Roadster (Coupé)								
2.8i	08/98->	225/50 ZR 16	PILOT	92W	2,0	2,2	2,0	2,2
		AV : 225/45 ZR 17	PILOT		2,0	-	2,0	-
		AR : 245/40 ZR 17	PILOT		-	2,2	-	2,2
Série 5								
5.20i-5.23i- 5.25 TDS (Turbo diesel)	11/95->	205/65 R 15	PILOT	94V				
		225/60 R 15	PILOT	96V	1,9	2,3	2,3	2,8
		225/55 R 16	PILOT	95V				
5.28i 5.30d	08/98->	225/60 R 15	PILOT	96W	2,0	2,4	2,5	3,0
		225/55 R 16	PILOT	95W				
5.35i	03/96->	225/60 R 15	PILOT	96W	2,2	2,5	2,5	3,1
		225/55 R 16	PILOT	95W				
5.35i	08/98->	225/55 R 16	PILOT	95W	2,3	2,6	2,7	3,2
5.40i	03/96->	225/55 R 16	PILOT	95W	2,3	2,6	2,7	3,2
		235/45 ZR 17	PILOT		2,5	2,8	2,8	3,4
5.40i A	08/98->	225/55 R 16	PILOT	95W	2,3	2,6	2,7	3,2
5.25 TDS	02/95->	205/65 R 15	PILOT	94V	2,0	2,1	2,2	2,7
		225/55 R 16	PILOT	95V				
		AV : 235/45 ZR 17	PILOT	94Y	2,0	-	2,2	-
		AR : 255/40 ZR 17	PILOT	94Y	-	2,1	-	2,7
5.25 TD	08/98->	205/65 R 15	PILOT	94H				
		225/60 R 15	PILOT	96V	1,9	2,1	2,1	2,6
		225/55 R 16	PILOT	96V				
		AV : 235/45 ZR 17	PILOT	94Y	1,9	-	2,1	-
		AR : 255/40 ZR 17	PILOT	94Y	-	2,1	-	2,6

Véhicules Marques et Types		Equipements Pneumatiques		Indice Code Pneu Origine	Utilisation Courante AV	Utilisation Courante AR	Autres Utilisations AV	Autres Utilisations AR
B.M.W. (suite)								
Série 7								
7.25 TDS (Turbo Diesel)	03/96->	215/65 R 16	PILOT	98V				
7.28i	08/95->	235/60 R 16	PILOT	100W	2,0	2,3	2,3	2,8
7.28iAL		245/55 R 16	PILOT	100W				
7.30dA	08/98->	AV : 235/50 ZR 18	PILOT	97Y	2,0	-	2,3	-
		AR : 255/45 ZR 18	PILOT	99Y	-	2,3	-	2,8
7.35i V8-7.35i AL V8	03/96->	235/60 R 16	PILOT	100W	2,1	2,4	2,5	3,0
7.40i V8-7.40i AL V8		245/55 R 16	PILOT	100W				
		235/50 ZR 18	PILOT	97Y	2,3	2,6	2,7	3,2
		AV : 235/50 ZR 18	PILOT	97Y	2,3	-	2,7	-
		AR : 255/45 ZR 18	PILOT	99Y	-	2,4	-	3,0
7.40dA	04/99->	235/60 R 16	PILOT	100W	2,3	2,5	2,5	3,0
		245/55 R 16	PILOT	100W				
		AV : 235/50 ZR 18	PILOT	97Y	2,5	-	2,7	-
		AR : 255/45 ZR 18	PILOT	99Y	-	2,5	-	3,0
7.50i A-L7 (V12)	08/98->	235/60 R 16	PILOT	100W	2,4	2,8	2,6	3,1
		245/55 R 16	PILOT	100W				
		AV : 235/50 ZR 18	PILOT	97Y	2,6	-	2,8	-
		AR : 255/45 ZR 18	PILOT	99Y	-	2,8	-	3,1
CHRYSLER								
Stratus LX	1995->	185/65 R 15	PILOT	88V	2,2	2,2	2,2	2,2
Vision	07/93->	225/60 R 16	PILOT	97V	2,4	2,4	2,4	2,4
Grand Voyager tous modèles 4x2 & 4x4 Essence et Diesel	1996->	215/65 ZR 15	PILOT	96W	2,5	2,5	2,5	2,5
Voyager 3.3i V6 LX	1996->	215/65 R 16	PILOT	98V	2,5	2,5	2,5	2,5
CITROEN								
EVASION								
1.8i Harmony	07/97->	195/70 R 14	MXT	91T	2,5	2,5	2,9	3,0
2.0i Nouvelles Frontières (Phase2)	12/98->	195/65 R 15	ENERGY	91T	2,3	2,3	2,3	2,3
2.0i SX	07/96->	205/65 R 15	ENERGY	94T	2,3	2,3	2,4	2,5
2.0i Turbo CT SX-Exclusive (Phase 2)	10/98->	205/65 R 15	ENERGY	94H	2,3	2,3	2,4	2,5
1.9 Turbo Diesel N. Frontières (Phase2)	12/98->	205/65 R 15	ENERGY	94T	2,3	2,3	2,4	2,5
2.1 Turbo Diesel X-SX-VSX-Captain	07/96->	205/65 R 15	ENERGY	94H	2,3	2,3	2,4	2,5
SAXO								
1.4i VTS	05/99->	165/65 R 14	ENERGY	79H	2,2	2,0	2,2	2,0
1.6i VTS	05/99->	185/55 R 14	PILOT	79H	2,5	2,2	2,5	2,2
1.5 Diesel Exclusive	05/99->	165/70 R 13	ENERGY-CLASSIC	79T	2,2	2,0	2,2	2,0
XANTIA (Berline)								
1.8i SX	05/99->	185/65 R 15	ENERGY-CLASSIC	88T	2,4	2,1	2,4	2,1
1.8i 16V Athéna-Tentation	07/97->	185/65 R 15	ENERGY-CLASSIC	88H	2,3	2,1	2,3	2,1
1.8i 16V Clim (7 & 8 ch)	02/99->							
1.8i 16V Clim Automatique	02/99->	185/65 R 15	ENERGY-CLASSIC	88H	2,3	2,1	2,3	2,1
1.8i 16V SX-SX Pack Clim. et Auto	05/99->							
2.0i 16V SX Pack Clim-Exclusive et Automatique	05/99->	185/65 R 15	ENERGY-CLASSIC	88H	2,3	2,1	2,3	2,1
3.0i V6 Activa	07/96->	205/60 R 15	PILOT	91W	2,5	2,3	2,5	2,3
3.0i V6 Activa	05/99->				2,3	2,1	2,5	2,3
1.9 TD (90ch) Athéna-Tentation	07/97->	185/65 R 15	ENERGY-CLASSIC	88T	2,3	2,1	2,3	2,1
1.9 Turbo Diesel SX	05/99->				2,4	2,1	2,4	2,1
1.9 TD Clim- SX Pack Clim.	05/99->	185/65 R 15	ENERGY-CLASSIC	88T	2,4	2,1	2,4	2,1
2.0 HDi Séduction	04/99->							
2.0 HDi Clim	02/99->	205/60 R 15	ENERGY	91H	2,4	2,2	2,4	2,2
2.0 HDi SX-SX Pack Clim.-Exclusive.	05/99->							
2.1 Turbo Diesel Exclusive	07/97->	205/60 R 15	ENERGY	91H	2,4	2,2	2,4	2,2
2.1 TD Athéna-Tentation	07/97->				2,3	2,1	2,3	2,1

Véhicules Marques et Types		Equipements Pneumatiques		Indice Code Pneu Origine	Pressions (bar)* Utilisation Courante		Autres Utilisations	
					AV	AR	AV	AR
CITROEN (suite)								
XSARA (Berline)								
1.8i Séduction	05/99->	185/65 R 14	ENERGY-CLASSIC	86T	2,3	2,1	2,5	2,6
1.8i Clim	02/99->							
1.8i SX-Exclusive et Auto.	05/99->	185/65 R 14	ENERGY-CLASSIC	86T	2,4	2,3	2,4	2,7
1.8i 16V Exclusive	09/97->	185/65 R 14	ENERGY-CLASSIC	86H	2,3	2,1	2,5	2,6
1.9 Turbo Diesel X-SX-Exclusive	09/97->							
1.9 Turbo Diesel Séduction	05/99->	185/65 R 14	ENERGY-CLASSIC	86T	2,3	2,1	2,5	2,6
1.9 Turbo Diesel Clim	02/99->							
1.9 Turbo Diesel X-SX-Exclusive	05/99->				2,4	2,3	2,4	2,7
XSARA (Coupé)								
1.8i SX et Automatique	05/99->	185/65 R 14	ENERGY-CLASSIC	86T	2,4	2,3	2,4	2,7
1.8I 16V VTS	12/97->	195/55 R 15	PILOT	84V	2,4	2,3	2,5	2,6
2.0i 16V VTS	12/97->	195/55 R 15	PILOT	85V	2,4	2,3	2,5	2,6
1.9 Turbo Diesel X-SX	12/97->	185/65 R 14	ENERGY-CLASSIC	86T	2,3	2,1	2,5	2,6
1.9 Turbo Diesel X-SX	05/99->				2,4	2,3	2,4	2,7
XM								
2.0i SX-VSX (10CV)	07/94->	195/65 R 15	PILOT	91V	2,3	1,9	2,3	1,9
2.0i SX (7CV)								
2.0I 16V SX-VSX	07/95->	195/65 R 15	PILOT	91V	2,3	1,9	2,3	1,9
3.0i V6 VSX Exclusive-SX	07/94->	205/60 R 15	PILOT	91V	2,4	2,0	2,4	2,0
3.0i V6 24V Exclusive	07/94->				2,6	1,9	2,6	1,9
2.1 TD SX-VSX Exclusive	07/94->	195/65 R 15	ENERGY-CLASSIC	91H	2,3	1,9	2,3	1,9
2.1 Turbo Diesel Auto.SX	07/94->	205/65 R 15	PILOT	94V				
2.5 Turbo Diesel SX-Exclusive	07/94->	205/65 R 15	PILOT	94V				
ZX								
1.8i 16V Athéna	07/97->	175/65 R 14	ENERGY	82H	2,2	2,1	2,2	2,1
		185/60 R 14	ENERGY-CLASSIC	82H				
2.0i 16V (3 portes)	07/96->	195/55 R 15	PILOT	84V	2,4	2,3	2,4	2,3
1.9 TD Avantage-Aura-Exclusive	07/96->	175/65 R 14	ENERGY-CLASSIC	82T	2,4	2,2	2,4	2,2
1.9 Turbo Diesel Athéna-Tentation	07/97->							
DAEWOO								
Espéro								
2.0 Diesel	07/96->	185/65 R 14	ENERGY-CLASSIC	86H	2,0	1,8	2,2	2,4
Nexia								
1.5i 16V	07/96->	185/60 R 14	ENERGY-CLASSIC	82H	2,1	1,9	2,2	2,4
DAIHATSU								
Charade								
1.5i 16V	07/96->	175/65 R 14	ENERGY-CLASSIC	82T	2,0	2,0	2,0	2,0
FERRARI								
512 TR	01/92->	AV : 235/40 ZR 18	PILOT		2,4	-	2,4	-
F 512 M	10/94->	AR : 295/35 ZR 18	PILOT		-	2,3	-	2,3
F 355	05/94->	AV : 225/40 ZR 18	PILOT		1.9	-	1.9	-
		AR : 265/40 ZR 18	PILOT K1		-	2.1	-	2.1
456 M	06/98->	AV : 255/45 ZR 17	PILOT	98Y	2,2	-	2,2	-
		AR : 285/40 ZR 17	PILOT	100Y	-	2,2	-	2,2
550 Maranello	07/96->	AV : 235/45 ZR 18	PILOT		2,0	-	2,0	-
		AR : 295/35 ZR 18	PILOT		-	2,0	-	2,0
360 Modena	02/99->	AV : 215/45 ZR 18	PILOT K1		2,0	-	2,5	-
		AR : 275/40 ZR 18	PILOT K1		-	2,0	-	2,5
FIAT								
BARCHETTA								
1.8i 16 V	07/96->	195/55 R 15	PILOT	85V	2,4	2,0	2,4	2,0

Véhicules — Marques et Types		Equipements Pneumatiques		Indice Code Pneu Origine	Utilisation Courante AV	Utilisation Courante AR	Autres Utilisations AV	Autres Utilisations AR

FIAT (suite)

BRAVA

Véhicules		Equipements Pneumatiques		Indice	AV	AR	AV	AR
1.8i 16V ELX	09/95-> 07/96->	185/60 R 14	ENERGY-CLASSIC	82H	2,0 / 2,2	2,4 / 2,2	2,3 / 2,3	2,5 / 2,5
1.9 TD 100 (Turbo diesel)	10/98->	185/60 R 14	ENERGY-CLASSIC	82H	2,3	2,2	2,3	2,5
1.9 JTD 105 (Turbo diesel)	10/98->	185/60 R 14 / 185/55 R 15	ENERGY-CLASSIC / ENERGY	82H / 81H	2,3	2,3	2,3	2,5

BRAVO

Véhicules		Equipements Pneumatiques		Indice	AV	AR	AV	AR
1.6i 100 16V	10/98->	185/60 R 14 / 185/55 R 15	ENERGY-CLASSIC / ENERGY	82H / 81H	2,2	2,2	2,3	2,5
1.8i 115 16V	10/98->	185/60 R 14 / 195/50 R 15	ENERGY-CLASSIC / PILOT	82H / 82V	2,2	2,3	2,3	2,5
2.0i 155 20V	10/98->	195/55 R 15 / 205/50 R 15	PILOT / PILOT	84V / 86V	2,5	2,2	2,7	2,4
1.9 TD 100 (Turbo diesel)	07/97->	185/60 R 14	ENERGY-CLASSIC	82H	2,3	2,2	2,3	2,5
1.9 JTD 105 (Turbo diesel)	10/98->	185/60 R 14 / 185/55 R 15	ENERGY-CLASSIC / ENERGY	82H / 81H	2,3	2,3	2,3	2,5

COUPE

Véhicules		Equipements Pneumatiques		Indice	AV	AR	AV	AR
2.0i 20V	07/97->	205/50 R 15	PILOT	86W	2.5	2,2	2,5	2,4
2.0i Turbo 20V	07/97->	205/50 ZR 16	PILOT		2.7	2,2	2,7	2,4

MAREA (Berline)

Véhicules		Equipements Pneumatiques		Indice	AV	AR	AV	AR
1.6i 16V ELX / 1.8i 16V ELX	09/96->	185/65 R 14 / 195/55 R 15	ENERGY-CLASSIC / PILOT	86H / 84V	2,1	2,3	2,2	2,5
100 ELX (1.9 Turbo diesel)	09/96->	185/65 R 14 / 195/55 R 15	ENERGY-CLASSIC / PILOT	86H / 84V	2,1	2,3	2,2	2,5

PUNTO

Véhicules		Equipements Pneumatiques		Indice	AV	AR	AV	AR
85 ELX 16V	11/97->	165/65 R 14	ENERGY	79T	2,0	1,9	2,2	2,2
1.9 Turbo Diesel	09/99->	185/60 R 14 / 185/55 R 15	ENERGY-CLASSIC / PILOT	82H / 81V	2,2	2,1	2,4	2,3

ULYSSE

Véhicules		Equipements Pneumatiques		Indice	AV	AR	AV	AR
1.8i	07/97->	195/70 R 14	MXT	91T	2,3	2,3	2,6	2,6
2.0i Turbo	07/94->	205/65 R 15	ENERGY	94H	2,3	2,3	2,5	2,5
2.1 Turbo Diesel	07/96->	205/65 R 15	ENERGY	94H	2,3	2,3	2,6	2,6

FORD

COUGAR

Véhicules		Equipements Pneumatiques		Indice	AV	AR	AV	AR
2.0i et 2.0i Auto.	09/98->	215/50 R 16	PILOT	90V	2,3	2,0	2,4	2,8
2.5i et 2.5i Auto.	09/98->	215/50 R 16	PILOT	90V	2,3	2,0	2,4	2,8

ESCORT (Berline)

Véhicules		Equipements Pneumatiques		Indice	AV	AR	AV	AR
1.6i 16V Ghia / 1.8i 16V CL-CLX-GLX-Ghia	02/96->	185/60 R 14 / 195/50 R 15	ENERGY-CLASSIC / PILOT	82H / 82V	2,2 / 2,4	1,9 / 2,2	2,5 / 2,5	3,1 / 3,1
1.8 Diesel CL-CLX-GLX-GT / 1.8 Diesel Ghia	07/97->	185/60 R 14 / 195/50 R 15	ENERGY-CLASSIC / PILOT	82H / 82V	2,0 / 2,4	1,8 / 2,2	2,5 / 2,5	3,1 / 3,1
1.8 Turbo Diesel CLX-GLX-GT	07/97->	185/60 R 14 / 195/50 R 15	ENERGY-CLASSIC / PILOT	82H / 82V	2,2 / 2,4	2,0 / 2,2	2,4 / 2,5	2,8 / 3,1

FIESTA

Véhicules		Equipements Pneumatiques		Indice	AV	AR	AV	AR
1.4i Fun-Ghia / 1.4i 16V Ghia	02/97-> 02/96->	165/70 R 13	ENERGY-CLASSIC	79T	2,2	1,8	2,5	2,8
1.8 D Focus-Flair / 1.8 Diesel Studio-Ghia	02/97-> 02/96->	165/70 R 13	ENERGY-CLASSIC	79T	2,4	1,8	2,5	2,8

FOCUS

Véhicules		Equipements Pneumatiques		Indice	AV	AR	AV	AR
1.8i Trend	08/98->	185/65 R 14 / 195/60 R 15	ENERGY-CLASSIC / ENERGY-PILOT	86H / 88V	2,2	2,2	2,2	3,1
2.0i Trend-Ghia	08/98->	195/60 R 15 / 205/50 R 16	ENERGY-PILOT / PILOT	88V / 86V	2,2	2,2	2,2	3,1
1.8 (Diesel) Trend-Ambiente-Ghia	08/98->	185/65 R 14 / 195/60 R 15	ENERGY-CLASSIC / ENERGY-PILOT	86H / 88V	2,2	2,2	2,2	3,1

Véhicules Marques et Types		Equipements Pneumatiques	Indice Code Pneu Origine	Pressions (bar)* Utilisation Courante		Autres Utilisations	
				AV	AR	AV	AR
FORD (suite)							
GALAXY							
2.0i 16V CLX-GLX-Ghia	02/96->	195/65 R 15 Reinf. ENERGY	95T	2,6	2,4	2,7	3,0
2.0i 16V Auto. GLX-Ghia		205/60 R 15 Reinf. ENERGY	95H	2,7	2,5	2,9	3,2
2.8i V6 Auto. GLX	02/96->	195/65 R 15 Reinf. ENERGY	95T	2,6	2,4	2,7	3,0
		205/60 R 15 Reinf. ENERGY	95H	2,7	2,5	2,9	3,2
1.9 TDi CLX-GLX-Ghia	02/96 >	195/65 R 15 Reinf. ENERGY	95T	2,6	2,4	2,7	3,0
		205/60 R 15 Reinf. ENERGY	95H	2,7	2,5	2,9	3,2
MONDEO							
1.8i 16V CLX-GLX-GT-Ghia	07/97->	185/65 R 14 ENERGY-CLASSIC-PILOT	86H/V				
		195/60 R 15 ENERGY-CLASSIC PILOT	88H/V	2,1	2,1	2,4	2,8
		205/55 R 15 PILOT	87V				
		205/50 ZR 16 PILOT	87W				
2.0i 16V CLX-GLX-GT-Ghia	07/97->	185/65 R 14 PILOT	86V				
		195/60 R 15 PILOT	88V	2,1	2,1	2,4	2,8
		205/55 R 15 PILOT	87V				
		205/50 ZR 16 PILOT	87W				
1.8 Turbo Diesel CLX-GLX-Ghia	02/96->	195/60 R 14 ENERGY -CLASSIC	86H	2,1	2,1	2,4	2,8
		205/55 R 15 PILOT	87V				
PUMA (Coupé)							
1.7i 16V	08/97->	195/50 R 15 PILOT	82U	2,0	1,9	2,5	2,8
SCORPIO							
2.0i (115ch) CLX-GLX-Ghia	07/97->	195/65 R 15 ENERGY-CLASSIC	91H	2,0	2,0	2,3	3,1
		205/60 R 15 ENERGY	91H				
2.5 Turbo Diesel CLX-GLX-Ghia	02/96->	195/65 R 15 ENERGY-CLASSIC	91H	2,0	2,0	2,3	3,1
		205/60 R 15 ENERGY	91H				
HONDA							
ACCORD							
1.8i	12/96->	185/65 R 15 ENERGY-CLASSIC	88H	2,2	2,2	2,6	2,6
1.8i 16V		195/60 R 15 PILOT	88V				
2.0 TDi (Turbo Diesel)	03/96->	185/65 R 15 ENERGY-CLASSIC	88H	2,2	2,2	2,6	2,6
		195/60 R 15 PILOT	88V				
CIVIC							
1.5i-1.5i 16V (3P)	06/96->	175/65 R 14 ENERGY	82H	2,1	2,1	2,4	2,3
1.5-1.5i 16V VTEC-E (5P)	07/96->			2,2	2,2	2,2	2,4
1.6 VTi	11/98->	195/55 R 15 PILOT	84V	2,4	2,3	2,5	2,4
LEGEND							
3.5i V6 24V Auto.	07/96->	215/55 ZR 16 PILOT	93W	2,2	2,2	2,6	2,5
PRELUDE Coupé							
2.2i VTEC Auto.	06/96->	205/50 R 16 PILOT	87V	2,2	2,2	2,8	2,8
SHUTTLE							
2.2i-2.2i 16V Auto.	07/96->	205/65 R 15 ENERGY	94H	2,2	2,2	2,4	2,4
HYUNDAI							
SONATA							
2.0i	07/96->	195/70 R 14 ENERGY	91H	2,1	2,1	2,1	2,1
		205/60 R 15 ENERGY	91H				
2.0i 16V	07/96->	205/60 R 15 ENERGY	91H	2,1	2,1	2,1	2,1
JAGUAR							
DAIMLER							
4.0 Six	08/94->	225/60 ZR 16 PILOT	98W	1,7	1,9	2,2	2,3
6.0 V16 Double Six	08/94->	225/60 ZR 16 PILOT	98W	1,9	1,9	2,3	2,3

Véhicules — Marques et Types		Equipements Pneumatiques		Indice Code Pneu Origine	Utilisation Courante AV	Utilisation Courante AR	Autres Utilisations AV	Autres Utilisations AR
JAGUAR (suite)								
XJ 8								
3.2i V8 32V	09/97->	225/60 ZR 16	PILOT	98W	1,7	1,9	2,2	2,3
		225/55 ZR 16	PILOT	95Y				
XKR								
4.0i V8 Compresseur et Auto.	03/98->	245/45 ZR 18	PILOT	96Y	1,7	-	2,2	-
		255/45 ZR 18	PILOT	99Y	-	1,6	-	2,0
Type S								
3.0i V6 24 V	03/99->	225/55 ZR 16	PILOT		1,8	1,9	2,2	2,3
4.0i V8 32 V	03/99->	225/55 ZR 16	PILOT		1,8	1,9	2,2	2,3
LANCIA								
DEDRA								
1.6 16V	06/98->	185/65 R 14	ENERGY-CLASSIC	86H	2,0	2,0	2,2	2,2
		195/55 R 15	PILOT	84V	2,0	2,2	2,2	2,4
1.8 V.V.T	06/98->	185/65 R 14	ENERGY-CLASSIC	86V	2,2	2,1	2,3	2,2
		195/55 R 15	PILOT	84V	2,2	2,3	2,3	2,4
1.9 TDS	06/98->	185/65 R 14	ENERGY-CLASSIC	86H	2,3	2,1	2,4	2,2
		195/55 R 15	PILOT	84V	2,3	2,3	2,4	2,4
DELTA								
1.8i HPE	06/98->	205/50 R 15	PILOT	86V	2,4	2,4	2,4	2,4
2.0i Turbo	06/98->	215/45 ZR 16	PILOT		2,5	2,3	2,7	2,5
1.9 TD HPE (Turbo Diesel)	02/96->	185/65 R 14	ENERGY-CLASSIC	86T	2,2	2,1	2,2	2,1
KAPPA								
2.0i Turbo	06/98->	205/55 R 16	PILOT	91W	2,2	2,2	2,3	2,3
2.4i LS Pack	06/98->	205/60 R 15	PILOT	91V	2,2	2,2	2,3	2,3
3.0i-3.0i Auto. 3.0 LS Pack-3.0 LX Auto.	06/98->	205/55 R 16	PILOT	91W	2,2	2,2	2,3	2,3
2.4 TD	10/94->	195/65 R 15	PILOT	91V	2,2	2,2	2,3	2,3
		205/60 R 15	PILOT	91V				
KAPPA (Coupé)								
2.0i Turbo	07/97->	205/55 ZR 16	PILOT	91W	2,2	2,2	2,3	2,3
ZETA								
2.0i Turbo	10/94->	205/65 R 15	ENERGY	94H	2,3	2,3	2,4	2,5
MASERATI								
GHIBLI								
2.0i V6 24V	07/97->	AV : 215/45 ZR 17	PILOT	87Y	2,3	-	2,3	-
		AR : 245/40 ZR 17	PILOT		-	2,3	-	2,3
QUATTROPORTE								
2.0i V6	07/96->	AV : 205/55 ZR 16	PILOT	91Y	2,3	-	2,5	-
2.8i V6		AR : 225/50 ZR 16	PILOT	92Y	-	2,5	-	2,7
SHAMAL								
Shamal	07/94->	AV : 225/45 ZR 16	PILOT	89Y	2,3	-	2,6	-
		AR : 245/45 ZR 16	PILOT	94Y	-	2,6	-	2,8
MAZDA								
323 Astina								
1.5i GTX-LTX	09/98->	185/65 R 14	ENERGY-CLASSIC	86T	2,1	2,1	2,2	2,7
1.7 Turbo diesel	07/96->				2,1	2,1	2,1	2,1
323 Sportiva								
1.5i-1.5i 16V	07/96->	175/70 R 13	ENERGY	82H	2,1	2,1	2,4	2,7
626								
1.8i 16 V	07/96->	195/65 R 14	ENERGY	89H	2,2	2,2	2,5	2,9
2.5i V6 24V & 4 WS	07/96->	205/55 R 15	PILOT	87V	2,2	1,8	2,5	2,9
2.0 Diesel Comprex	07/96->	195/65 R 14	ENERGY	89H	2,2	2,2	2,5	2,9

Véhicules Marques et Types		Equipements Pneumatiques		Indice Code Pneu Origine	Pressions (bar)*			
					Utilisation Courante		Autres Utilisations	
					AV	AR	AV	AR
MAZDA (suite)								
XEDOS 6								
1.6i 16V	01/95->	185/65 R 14	ENERGY-CLASSIC	86H	2,0	2,0	2,4	2,8
XEDOS 9								
2.3i V6 24V	07/96->	205/65 R 15	PILOT	94V	2,2	2,0	2,4	2,8
MERCEDES								
Classe A-Type 168								
A 170 CDi	07/98->	195/50 R 15	ENERGY PILOT	82T 82V	2,0	2,2	2,2	2,0
A 160 TD Turbo Diesel	10/98->	155/70 R 15	ENERGY	78T	2,0	2,2	2,2	2,6
Classe C Type 202 & 202 T								
C 220	07/96->	195/65 R 15 195/65 R 15 205/60 R 15 225/45 ZR 17	ENERGY-CLASSIC PILOT ENERGY-PILOT PILOT	91H 91V 91H/V	2,1	2,3	2,3	2,8
C 220 CDI	06/98->	195/65 R 15	ENERGY-CLASSIC	91H	2,1	2,3	2,3	2,8
C 200 Kompressor C 230 Kompressor C 230-C 230 T	07/96->	195/65 R 15 205/60 R 15 225/45 ZR 17	PILOT PILOT PILOT	91V 91V	2,1	2,3	2,3	2,8
C 280-C 280 T	07/96->	195/65 R 15 205/60 R 15 225/45 ZR 17	PILOT PILOT PILOT	91V 91V	2,1	2,3	2,3	2,8
C 36 AMG C 43 AMG	07/97->	AV: 225/45 ZR 17 AR: 245/40 ZR 17	PILOT PILOT		2,1 -	- 2,3	2,3 -	- 2,8
C 250 Diesel C 250 Turbo Diesel C 250 Turbo Diesel T	09/95->	195/65 R 15 205/60 R 15 225/45 ZR 17	ENERGY-CLASSIC ENERGY-PILOT PILOT	91H 91H/V	2,1	2,3	2,3	2,8
Classe CLK-Type 208 (Coupé & Cabriolet)								
CLK 200 CLK 230 Kompressor	07/97->	205/55 R 16 AV: 205/55 R 16 AR: 225/50 R 16 AV: 225/45 ZR 17 AR: 245/40 ZR 17	PILOT G1 PILOT G1 PILOT PILOT PILOT	91V 91V 92V	2,1 2,1 - 2,1 -	2,3 - 2,3 - 2,3	2,3 2,3 - 2,3 -	2,8 - 2,8 - 2,8
CLK 200 Elégance-Sport	06/98->	205/55 R 16	PILOT G1	91V	2,1	2,3	2,3	2,8
Classe E-Type 210 (Berline)								
E 240	07/97->	195/65 R 15 215/55 R 16 235/45 ZR 17 235/40 ZR 18	PILOT PILOT PILOT PILOT	91V 91V 94Y	2,0	2,2	2,3	2,8
E 280 E 320	07/97->	215/55 R 16 235/45 ZR 17 235/40 ZR 18	PILOT PILOT PILOT	93W 94Y	2,2	2,4	2,4	3,1
E 55 AMG	07/97->	AV: 235/40 ZR 18 AR: 265/35 ZR 18	PILOT PILOT		2,5 -	- 2,5	2,8 -	- 3,3
E 290 Turbo Diesel E 300 Diesel E 320 Turbo Diesel	07/95-> 07/95-> 07/96->	195/65 R 15 205/65 R 15 215/55 R 16 235/45 ZR 17 235/40 ZR 18	ENERGY ENERGY ENERGY PILOT PILOT	91T 94H 93H 94Y	2,0	2,2	2,3	2,8
E 300 Turbo Diesel	07/97->	215/55 R 16 235/45 ZR 17 235/40 ZR 18	PILOT PILOT PILOT	93W 94Y	2,5	2,5	2,8	3,3
Classe S-Type 140 (Berline)								
S 280	09/95->	235/60 ZR 16	PILOT		2,0	2,2	2,1	2,6

Véhicules / Marques et Types		Equipements Pneumatiques		Indice Code Pneu Origine	Utilisation Courante AV	AR	Autres Utilisations AV	AR
MERCEDES (suite)								
Classe S-Type 140 (Berline)								
S 320	07/97->	235/60 R 16	PILOT	100W	2,0	2,2	2,1	2,6
S 300 Turbo Diesel	09/95->	235/60 R 16	PILOT	100W	2,4	2,5	2,5	3,0
Classe S-Type 220 (Berline)								
S 280	10/98->	225/60 R 16	PILOT	98V				
S 320 CDi		225/55 R 17	PILOT G1	97Y	2,0	2,2	2,2	2,7
		245/45 ZR 18	PILOT	96Y				
S 320	10/98->	225/60 R 16	PILOT	98W				
		225/55 R 17	PILOT G1	97Y	2,0	2,2	2,2	2,7
		245/45 ZR 18	PILOT	96Y				
Classe SLK-Type 170 (Roadster)								
SLK 200 Kompressor	09/96->	AV: 205/55 R 16	PILOT G1	91V	2,1	-	2,1	-
		AR: 225/50 R 16	PILOT	92V	-	2,3	-	2,3
SLK 230 Kompressor		AV: 225/45 ZR 17	PILOT	91Y	2,1	-	2,1	-
		AR: 245/40 ZR 17	PILOT		-	2,3	-	2,3
MITSUBISHI								
CARISMA								
1.8i 16V	10/96->	185/65 R 14	ENERGY-CLASSIC	86H	2,1	1,9	2,1	2,0
		195/60 R 14	PILOT	86V	2,5	2,3	2,5	2,4
1.9 Turbo diesel	10/96->	175/65 R 14	ENERGY-CLASSIC	82T	2,2	1,9	2,4	2,3
COLT								
1.6i 16V	07/96->	175/70 R 13	ENERGY	82H	2,1	2,1	2,4	2,4
GALANT								
1.8i 16V	07/96->	195/60 R 15	PILOT	88V	2,2	2,0	2,3	2,1
SPACE RUNNER								
1.8i 16V	07/96->	185/70 R 14	ENERGY	88H	2,2	1,9	2,4	2,1
SPACE WAGON								
2.0i 16V	07/96->	185/70 R 14	ENERGY	88H	2,2	2,0	2,3	2,4
NISSAN								
ALMERA								
1.6i-1.6i Couture (3 portes)	01/99->	185/65 R 14	ENERGY-CLASSIC	86H	2,3	2,1	2,3	2,3
1.6i SR (3 portes)	04/98->							
2.0 Diesel Eco Pack (3 portes)	04/98->	185/65 R 14	ENERGY-CLASSIC	86H	2,3	2,1	2,3	2,3
MAXIMA QX								
2.0i V6 24V	07/96->	205/65 R 15	PILOT	94V	2,4	2,2	2,5	2,5
PRIMERA								
1.6i 16V	10/96->	185/65 R 14	ENERGY-CLASSIC	86H	2,2	2,0	2,3	2,4
		195/60 R 15	PILOT	86V	2,2	2,0	2,2	2,3
2.0 GT (5 portes)	03/97->	195/60 R 15	ENERGY-PILOT	88V	2,2	2,2	2,2	2,2
2.0 Turbo diesel	10/96->	185/65 R 14	ENERGY-CLASSIC	86H	2,3	2,1	2,5	2,3
NX (Coupé)								
100 NX : 1.6i 16V	06/96->	175/65 R 14	ENERGY	82H	2,2	2,0	2,6	2,4
200 NX : 2.0i Turbo 16V	06/96->	205/55 R 16	PILOT	89V	2,2	2,2	2,2	2,7
OPEL								
ASTRA								
1.6i 16V	02/98->	185/65 R 14	ENERGY-CLASSIC	86H				
		195/60 R 15	ENERGY-CLASSIC	88H	2,2	1,9	2,4	2,8
		205/50 R 16	PILOT	87V				
1.7 TDL (Turbo diesel)	02/98->	175/70 R 14	ENERGY-CLASSIC	84T				
		185/65 R 14	ENERGY-CLASSIC	86T	2,2	1,9	2,4	2,8
		195/60 R 15	ENERGY-CLASSIC	88H				
		205/50 R 16	PILOT	87V				

Véhicules Marques et Types		Equipements Pneumatiques		Indice Code Pneu Origine	Pressions (bar)* Utilisation Courante AV	AR	Autres Utilisations AV	AR
OPEL (suite)								
ASTRA (suite)								
1.8i 16V	02/98->	185/65 R 14	ENERGY-CLASSIC	86H				
		195/60 R 15	ENERGY-CLASSIC	88H	2,2	1,9	2,4	2,8
		205/50 R 16	PILOT	87V				
2.0 TDL	02/98->	185/65 R 14	ENERGY-CLASSIC	86H				
		195/60 R 15	ENERGY-CLASSIC	88H	2,4	2,1	2,5	2,9
		205/50 R 16	PILOT	87V				
CALIBRA								
2.0i 16V	09/95->	195/60 R 15	PILOT	88V	2,4	2,2	2,5	2,7
		205/55 R 15	PILOT	87V				
2.5i V6 24V	07/97->	205/55 R 15	PILOT	87W	2,5	2,3	2,6	2,8
CORSA								
1.4i 16V (90ch)	07/97->	165/70 R 13	ENERGY-CLASSIC	79T				
		165/65 R 14	ENERGY	79T	2,4	2,2	2,5	2,9
		185/60 R 14	ENERGY-CLASSIC	82H				
		185/55 R 15	ENERGY	81H				
1.5 TD (Turbo diesel)		165/70 R 13	ENERGY -CLASSIC	79T				
1.7 D (Diesel)	07/97->	165/65 R 14	ENERGY	79T	2,2	2,0	2,3	2,9
		185/60 R 14	ENERGY-CLASSIC	82H				
OMEGA								
2.0i (115ch)	07/97->	195/65 R 15	ENERGY-CLASSIC	91H				
2.0i 16V (136ch)		195/65 R 15	PILOT	91V	2,0	2,0	2,5	2,9
		205/65 R 15	PILOT	94V				
		225/55 R 16	PILOT	95V				
2.5 DT (Turbo diesel)	07/97->	205/65 R 15	PILOT	94V	2,2	2,2	2,5	2,9
		225/55 R 16	PILOT	95V				
3.0i MV6	07/97->	205/65 R 15	PILOT	94V	2,2	2,2	2,7	3,1
		225/55 R 16	PILOT	95W				
SINTRA (Monospace)								
2.2i 16V GLS		205/65 R 15	ENERGY	94H				
3.0i V6 24V CD	07/97->				2,2	2,2	2,5	2,5
TIGRA								
1.4i 16V Clim et Automatique	02/99->	185/55 R 15	ENERGY	81H	2,2	2,0	2,3	2,9
1.6 16V Clim	02/99->	185/55 R 15	ENERGY	81H	2,3	2,1	2,3	2,9
VECTRA								
1.6i 16V (100ch)	02/98->	185/70 R 14	ENERGY	88H				
		195/65 R 15	ENERGY	91H	2,0	2,0	2,1	2,7
		205/55 R 16	PILOT	91V				
1.8i 16V GL-CD 100 (4 portes)	02/99->	195/65 R 15	PILOT	91V	2,1	2,1	2,2	2,8
1.8i 16V	07/97->	185/70 R 14	ENERGY	88H	2,2	2,2	2,3	2,9
2.0i 16V (111ch)		195/65 R 15	PILOT	91V				
1.8i 16V (115ch)	02/98->	185/70 R 14	ENERGY	88H				
		195/65 R 15	ENERGY	91H	2,2	2,2	2,3	2,9
		205/55 R 16	PILOT	91V				
2.0i	02/98->	185/70 R 14	ENERGY	88H				
		195/65 R 15	ENERGY	91H	2,2	2,2	2,3	2,9
		205/55 R 16	PILOT	91V				
2.0i 16V (136ch)	07/97->	195/65 R 15	PILOT	91V				
2.0i 16V CD 100 (4 portes)	02/99->	205/65 R 15	PILOT	91V	2,1	2,1	2,2	2,8
		205/55 R 16	PILOT	91V				
2.5i V6	07/97->	195/65 R 15	PILOT	91V				
		205/60 R 15	PILOT	91V	2,4	2,2	2,5	3,1
		205/55 R 16	PILOT	91V				
2.0 TDL (Turbo diesel)	02/98->	185/70 R 14	ENERGY	88T				
		195/65 R 15	ENERGY	91T	2,3	2,3	2,4	3,0
		205/55 R 16	PILOT	91V				

Véhicules Marques et Types		Equipements Pneumatiques		Indice Code Pneu Origine	Utilisation Courante AV	Utilisation Courante AR	Autres Utilisations AV	Autres Utilisations AR
OPEL (suite)								
VECTRA (suite)								
2.0 TDH (Turbo diesel)	02/98->	185/70 R 14	ENERGY	88H	2,4	2,4	2,5	3,1
		195/65 R 15	ENERGY	91H				
		205/55 R 16	PILOT	91V				
ZAFIRA								
1.8i 16 V	01/99->	195/65 R 15	ENERGY	91H	2,2	2,2	2,6	3,0
1.8i 16 V Comfort-Elégance		205/55 R 16	PILOT	91V	2,2	2,2	2,8	3,2
PEUGEOT								
106								
1.4i Sport (3 portes)	03/98->	165/65 R 14	MXV3A	79H	2,2	2,2	2,2	2,2
1.6i Rallye	04/96->	175/60 R 14	ENERGY	77H	2,2	2,2	2,2	2,2
1.5 Diesel Open (3 & 5 portes)	03/98->	165/70 R 13	ENERGY-CLASSIC	79T	2,2	2,2	2,2	2,2
206								
1.4i XT Premium Auto-XT Auto	01/99->	175/65 R 14	ENERGY-CLASSIC	82T	2,3	2,3	2,3	2,3
1.4i Roland Garros	04/99->							
1.6i XS-XT-XT Prémium	09/98->	175/65 R 14	ENERGY	82H	2,3	2,3	2,3	2,3
2.0i GT 16V-S16 16V	04/99->	185/55 R 15	PILOT	81V	2,4	2,4	2,4	2,4
1.9 Diesel XR-XR Présence-XT	09/98->	175/65 R 14	ENERGY-CLASSIC	82T	2,3	2,3	2,3	2,3
306								
1.6i XS (3 portes)	03/97->	185/65 R 14	ENERGY-CLASSIC	86T	2,4	2,4	2,4	2,4
1.6i XS-Cashmere (5 portes)								
1.6i Symbio	03/97->	175/70 R 13	ENERGY-CLASSIC	82T	2,3	2,3	2,3	2,3
		185/65 R 14	ENERGY-CLASSIC	86T	2,4	2,4	2,4	2,4
1.6i Cabriolet	03/97->	185/65 R 14	ENERGY-CLASSIC	86T	2,5	2,5	2,5	2,5
1.6i XS Pack clim (3 portes)	05/99->	185/65 R 14	ENERGY-CLASSIC	86H	2,5	2,5	2,5	2,5
1.8i Cabriolet	03/97->	185/65 R 14	ENERGY-CLASSIC	86H	2,4	2,4	2,4	2,4
1.8i XS (3 portes)	03/97->	185/65 R 14	ENERGY-CLASSIC	86H	2,3	2,3	2,3	2,3
1.8i XS-Cashmere (5 portes)	03/97->							
1.8i Cashmere (4 portes)	03/97->	185/65 R 14	ENERGY-CLASSIC	86H	2,5	2,5	2,5	2,5
1.8i Autom. Cashmere-Symbio	03/97->	185/65 R 14	ENERGY-CLASSIC	86H	2,4	2,4	2,4	2,4
1.8i 16V XS Pack Clim (3 portes)	05/99->							
2.0i S16 (167ch)	04/97->	195/55 R 15	PILOT	84V	2,5	2,5	2,5	2,5
2.0i 16V XS (3 portes)	05/99->							
2.0 HDi Cashmere (5p)-Symbio(5p)	04/99->	185/65 R 14	ENERGY-CLASSIC	86T	2,4	2,4	2,4	2,4
2.0 HDi Cashmere (4p)-Symbio(4p)	04/99->			86T	2,5	2,5	2,5	2,5
2.0 HDi Norwest	02/99->	185/65 R 14	ENERGY-CLASSIC	86T	2,4	2,4	2,4	2,4
2.0 HDi XS & 2.0HDi XS Pack Clim	05/99->							
2.0 HDi XT (5 portes)	05/99->	185/65 R 14	ENERGY-CLASSIC	86T	2,4	2,4	2,4	2,4
2.0 HDi XT (4 portes)	05/99->			86T	2,5	2,5	2,5	2,5
2.0 HDi-XS Premium	04/99->	195/55 R 15	PILOT	84V	2,5	2,5	2,5	2,5
406								
1.8i 16V SV	10/96->	195/65 R 15	ENERGY-CLASSIC	91H	2,1	2,1	2,1	2,1
2.0i 16V Griffe	07/96->	205/60 R 15	PILOT	91V	2,4	2,4	2,4	2,4
2.0i Turbo SV								
3.0i V6 SVE	07/96->	205/60 R 15	PILOT	91V	2,4	2,4	2,4	2,4
1.9 Turbo Diesel SL	07/96->	185/70 R 14	ENERGY	88T	2,3	2,3	2,3	2,3
		195/65 R 15	ENERGY-CLASSIC	91H				
406 Coupé								
2.0i 16V	03/97->	205/60 R 15	ENERGY-PILOT	91V	2,4	2,4	2,4	2,4
2.0i 16V Pack Automatique	05/99->	205/60 R 15	ENERGY-PILOT	91V	2,4	2,4	2,4	2,4
3.0i V6	03/97->	215/55 ZR 16	PILOT	93W	2,4	2,4	2,7	2,7
605								
3.0i SV 24	07/94->	225/55 ZR 16	PILOT		2,3	2,3	2,5	2,5
2.5 TD SRDT-SVDT-Exécutive	07/94->	205/65 R 15	PILOT	94V	2,3	2,3	2,3	2,3

Véhicules Marques et Types		Equipements Pneumatiques		Indice Code Pneu Origine	Pressions (bar)*			
					Utilisation Courante		Autres Utilisations	
					AV	AR	AV	AR
PEUGEOT (suite)								
806								
1.8 SL-SR	07/96->	195/70 R 14	MXT	91T	2,5	2,5	2,5	3,0
2.1 Turbo Diesel Eden Park (ph 2)	10/98->	205/65 R 15	ENERGY	94H	2,3	2,3	2,4	2,5
2.1 12V SRDT (phase 2)	07/98->							
PORSCHE								
928 GTS								
5.4i	02/95->	AV: 225/45 ZR 17	PILOT N Zéro		2,5	-	2,5	-
		AR: 255/40 ZR 17	PILOT N Zéro		-	2,5	-	2,5
Boxster (986)								
2.5i	10/96->	AV: 205/55 ZR 16	PILOT N 2		2,0	-	2,0	-
		AR: 225/50 ZR 16	PILOT N 2		-	2,5	-	2,5
		AV: 205/50 ZR 17	PILOT N 1		2,0	-	2,0	-
		AR: 255/40 ZR 17	PILOT N 1		-	2,5	-	2,5
911 Carrera 2 (996)								
3.4i	03/98->	AV: 205/50 ZR 17	PILOT N 1		2,5	-	2,5	-
		AR: 255/40 ZR 17	PILOT N 1		-	2,5	-	2,5
911 Carrera 4 (996)								
3.4i	03/98->	AV: 205/50 ZR 17	PILOT N 1		2,5	-	2,5	-
		AR: 255/40 ZR 17	PILOT N 1		-	2,5	-	2,5
911 Carrera S (993)								
3.6i	03/98->	AV: 205/50 ZR 17	PILOT N 1		2,5	-	2,5	-
		AR: 255/40 ZR 17	PILOT N 1		-	2,5	-	2,5
911 GT 3 (996)								
3.6i 24V	03/99->	AV: 225/40 ZR 18	PILOT N Zéro		2,2	-	2,2	-
		AR: 285/30 ZR 18	PILOT N Zéro		-	2,7	-	2,7
911 Targa (993)								
3.6i	03/98->	AV: 205/50 ZR 17	PILOT N 1		2,5	-	2,5	-
		AR: 255/40 ZR 17	PILOT N 1		-	2,5	-	2,5
RENAULT								
CLIO								
1.8i RT	07/97->	165/65 R 14	ENERGY	79T	2,3	2,3	2,4	2,3
1.8i Baccara	07/97->	175/60 R 14	ENERGY	79H	2,2	2,2	2,1	2,3
1.9 Diesel RL-RN-RT-Société	07/97->	165/65 R 13	ENERGY-CLASSIC	77T	2,3	2,3	2,5	2,5
CLIO II								
1.4i RTA-RTE	03/98->	165/70 R 13	ENERGY-CLASSIC	79T	2,2	2,0	2,3	2,1
		165/65 R 14	ENERGY	79T				
1.6i RXT	03/98->	165/65 R 14	ENERGY	79T	2,3	2,0	2,4	2,1
		175/60 R 14	ENERGY	79T	2,2	2,0	2,3	2,1
1.6i Proactive RXT-RTA-RTE	03/98->	175/65 R 14	ENERGY-CLASSIC	82T	2,3	2,0	2,4	2,1
1.6IS RTA-RTE-RXT	10/98->	175/60 R 14	ENERGY	79T	2,2	2,0	2,3	2,1
1.6i 16V	03/98->	185/60 R 14	ENERGY-CLASSIC	82H	2,2	2,0	2,3	2,1
1.9 D (Diesel) RTA-RTE-RXT	10/98->	165/70 R 13	ENERGY-CLASSIC	79T	2,2	2,0	2,3	2,1
		165/65 R 14	ENERGY	79T				
ESPACE								
2.0i RTE-RXE	11/96->	195/65 R 15	ENERGY	91T	2,4	2,1	2,5	2,4
		215/55 R 16	PILOT Extra Load	97W				
3.0i V6 RXT	07/97->	205/65 R 15	ENERGY	94H	2,4	2,2	2,6	2,4
		225/55 R 16	PILOT	99V	2,3	2,1	2,6	2,4
3.0i V6 RTE-RXE	05/98->	215/65 R 15 Reinf.	PILOT	100V	2,3	2,1	2,6	2,4
		225/55 R 16	PILOT	99V				
2.2 Turbo Diesel RTE-RXE-RXT	07/97->	205/65 R 15	ENERGY	94H	2,4	2,2	2,6	2,4
		225/55 R 16	PILOT	99V	2,3	2,1	2,6	2,4

Véhicules Marques et Types		Equipements Pneumatiques		Indice Code Pneu Origine	Pressions (bar)*			
					Utilisation Courante		Autres Utilisations	
					AV	AR	AV	AR
RENAULT (suite)								
GRAND ESPACE								
2.0i RTE-RXE	05/98->	195/65 R 15	ENERGY	91T	2,4	2,1	2,5	2,4
		215/55 R 16	PILOT Extra Load	97W				
3.0i V6 RTE-RXE	05/98->	215/65 R 15 Reinf.	PILOT	100V	2,3	2,1	2,6	2,4
		225/55 R 16	PILOT	99V				
2.2 DT Turbo Diesel RTE-RXE	05/98->	215/65 R 15 Reinf.	PILOT	100V	2,3	2,1	2,6	2,4
		225/55 R 16	PILOT	99V				
		215/65 R 15	ENERGY	96T	2,4	2,2	2,6	2,4
LAGUNA								
1.8i RNA-RNE-RTE	07/97->	185/65 R 14	ENERGY-CLASSIC	86T	2,2	2,1	2,3	2,3
2.0i RTE-RXT-Baccara	07/97->	195/65 R 15	ENERGY	91H	2,1	1,9	2,3	2,1
2.0i 16V RTE-RXT	07/97->	195/60 R 15	ENERGY-CLASSIC	88H	2,2	2,1	2,3	2,3
3.0i V6 RTE-RXT-Baccara	07/97->	205/60 R 15	PILOT	91V	2,3	2,1	2,5	2,7
2.2 Diesel RNA-RNE-RTE	07/96->	185/65 R 14	ENERGY-CLASSIC	86T	2,3	2,1	2,5	2,3
LAGUNA II								
1.8i 16S RXE-RXT	10/98->	195/65 R 15	ENERGY-CLASSIC	91H	2,0	2,0	2,2	2,2
2.0i 16S RXT Initiale	10/98->	195/65 R 15	ENERGY-CLASSIC	91H	2,3	2,1	2,4	2,2
3.0i V6 RXT Initiale et Auto.	10/98->	205/60 R 15	PILOT	91V	2,3	2,1	2,4	2,2
2.2 TD RXE-RXT Initiale	10/98->	195/65 R 15	ENERGY-CLASSIC	91H	2,3	2,1	2,4	2,2
MEGANE								
1.6i RXT	07/97->	175/70 R 13	ENERGY-CLASSIC	82T	2,1	2,0	2,3	2,2
		175/65 R 14	ENERGY-CLASSIC	82T				
1.6i RXT Auto.	10/98->	175/65 R 14	ENERGY-CLASSIC	82T	2,1	2,0	2,3	2,2
2.0i RTE-RXT	10/98->	185/60 R 14	ENERGY-CLASSIC	82H	2,2	2,0	2,4	2,2
2.0i RXT-Initiale	07/97->	185/60 R 14	ENERGY	82H	2,2	2,0	2,4	2,2
		185/60 R 14	ENERGY-CLASSIC	82H	2,1	2,0	2,3	2,2
1.9 Turbo Diesel RTA-RTE RXT-Initiale	07/97->	175/70 R 14	ENERGY-CLASSIC	84T	2,2	2,0	2,4	2,2
		185/65 R 14	ENERGY-CLASSIC	86T	2,2	2,0	2,4	2,2
1.9 DTi (Turbo Diesel) RTE-RXT	10/98->	185/65 R 14	ENERGY-CLASSIC	86T	2,2	2,0	2,4	2,2
MEGANE II								
1.6i 16V RXE-RXT 1.6i 16V RXE-RXT Proactive	03/99->	185/60 R 15	ENERGY	84H	2,2	2,0	2,4	2,2
1.9 DTi RXE-RXT 1.9 DTi RXE-RXT Proactive	03/99->	185/60 R 15	ENERGY	84H	2,2	2,0	2,4	2,2
MEGANE CLASSIC								
1.6i RTA-RTE	10/98->	175/65 R 14	ENERGY-CLASSIC	82T	2,1	2,0	2,3	2,2
2.0i RXT	07/97->	175/65 R 14	ENERGY	82H	2,2	2,0	2,4	2,2
		185/60 R 14	ENERGY-CLASSIC	82H	2,1	2,0	2,3	2,2
2.0i RTE-RXT	10/98->	185/60 R 14	ENERGY-CLASSIC	82H	2,1	2,0	2,3	2,2
1.9 Turbo Diesel RTE-RXT	07/97->	175/70 R 14	ENERGY-CLASSIC	84T	2,2	2,0	2,4	2,2
		185/65 R 14	ENERGY-CLASSIC	86T				
1.9 DTi (Turbo Diesel) RXT-RTE	10/98->	185/65 R 14	ENERGY-CLASSIC	86T	2,2	2,0	2,4	2,2
MEGANE II CLASSIC								
1.6i 16V RXE-RXT 1.6i 16V RXE-RXT Proactive	03/99->	185/60 R 15	ENERGY	84H	2,2	2,0	2,4	2,2
1.9 DTi RXE-RXT 1.9 DTi RXE-RXT Proactive	03/99->	185/60 R 15	ENERGY	84H	2,2	2,0	2,4	2,2
MEGANE CABRIOLET								
2.0i 16S	10/98->	195/50 R 16	PILOT	84V	2,2	2,2	2,4	2,3
MEGANE II CABRIOLET								
1.6i 16V RSI-RXI et Proactive	03/99->	185/60 R 15	ENERGY	84H	2,2	2,0	2,4	2,2
MEGANE COUPE								
1.6i	10/98->	175/65 R 14	ENERGY-CLASSIC	82T	2,2	2,0	2,4	2,2
		185/55 R 15	ENERGY	82H				
2.0i	10/98->	185/60 R 14	ENERGY- CLASSIC	82H	2,2	2,0	2,4	2,2
		185/55 R 15	ENERGY	82H				

Véhicules Marques et Types		Equipements Pneumatiques		Indice Code Pneu Origine	AV	AR	AV	AR

Véhicules		Equipements Pneumatiques		Indice Code Pneu Origine	Pressions (bar)*			
Marques et Types					Utilisation Courante		Autres Utilisations	
					AV	AR	AV	AR
RENAULT (suite)								
MEGANE II COUPE								
1.6i 16V RSi-RXi et Proactive	03/99->	185/60 R 15	ENERGY	84H	2,2	2,0	2,4	2,2
1.9 DTi RSi-RXi et Proactive	03/99->	185/60 R 15	ENERGY	84H	2,2	2,0	2,4	2,2
MEGANE SCENIC								
1.6i RTA-RTE-RXT et GPL	10/98->	185/65 R 15	ENERGY-CLASSIC	88T	2,2	2,0	2,3	2,3
2.0i RTA-RTE-RXT	10/98->	185/65 R 15	ENERGY-CLASSIC	88T	2,2	2,0	2,3	2,3
1.9 DTi (Turbo Diesel) RTE-RXT	10/98->	185/65 R 15	ENERGY-CLASSIC	88T	2,2	2,0	2,3	2,3
SAFRANE								
2.0i RTA RTE RXT	07/97->							
2.0i RXE et Auto	08/98->	195/65 R 15	ENERGY-CLASSIC	91H	2,3	2,1	2,5	2,3
2.0i Alizé et Auto.	02/99->							
2.0i Confort	07/99->							
2.2i RTA-RTE-RXT (7cv)	07/97->	195/60 R 15	ENERGY CLASSIC	08H	2,3	2,1	2,5	2,3
2.5i 20S RTE-RXT	07/97->	195/65 R 15	PILOT	91V	2,3	2,1	2,5	2,3
2.5i 20S Initiale	07/97->	205/55 ZR 16	PILOT	91W	2,4	2,1	2,6	2,3
2.5i Initiale et Auto.	08/98->	205/55 R 16	PILOT	91V	2,3	2,1	2,5	2,3
3.0i V6 Auto. RTE-RXT	07/96->	195/65 R 15	PILOT	91V	2,3	2,1	2,5	2,3
3.0i V6 Auto. Initiale	03/99->	205/55 R 16	PILOT	91V	2,3	2,1	2,5	2,3
3.0i V6 Auto. RXE-RXT	03/99->	205/60 R 15	ENERGY-PILOT	91V	2,3	2,1	2,5	2,3
3.0i V6 Auto. Pack-Pack Cuir	07/99->							
2.2 Turbo Diesel RTE-RXE-RXT	08/08->							
2.2 Turbo Diesel Fairway	12/98->	195/65 R 15	ENERGY-CLASSIC	91H	2,5	2,3	2,5	2,3
2.2 Turbo Diesel Alizé	02/99->							
ROVER								
Série 200								
216 SLi	01/95->	175/65 R 14	ENERGY	82H	2,1	2,1	2,5	2,5
		185/55 R 14	PILOT	81V	2,1	2,1	2,0	2,0
218 SDT-SLDT (Turbo Diesel)	01/95->	175/70 R 14	ENERGY-CLASSIC	84T	2,1	2,1	2,2	2,2
Diesel 220 SDi	12/95->	185/55 R 15	PILOT	81V	2,3	2,1	2,6	2,3
Série 400								
416 Si-SLi	10/95->	175/65 R 14	ENERGY	82H	2,1	2,1	2,5	2,5
		185/60 R 14	PILOT	82V	2,1	2,1	2,8	2,8
420 Si-SLi-GSi	03/96->	195/55 R 15	ENERGY	84H	2,2	2,1	2,8	2,6
420 D-Di-SDi-SLDi-GSDi	03/96->	185/65 R 14	ENERGY-CLASSIC	86T	2,1	2,1	2,5	2,4
(Turbo Diesel)		195/55 R 15	ENERGY	84H	2,2	2,1	2,7	2,5
Série 600								
623 SLi-GSi	01/95->	195/60 R 15	PILOT	88V	2,3	2,2	2,9	2,6
620 SDi-SLDi (Turbo Diesel)	01/95->	185/65 R 15	ENERGY-CLASSIC	88H	2,2	2,1	2,6	2,5
Série 800								
820 Si-SLi	01/95->	205/55 ZR 16	PILOT		2,2	2,2	2,5	2,5
820 Vitesse (Turbo)								
825 SD-SLD (Turbo Diesel)	01/95->	205/55 ZR 16	PILOT	91W	2,2	2,2	2,5	2,5
827i	01/95->	195/65 R 15	PILOT	91V	2,0	2,0	2,7	2,7
SAAB								
900								
2.0i 16V	07/97->	185/65 R 15	ENERGY-CLASSIC	88H	2,1	2,1	2,8	2,8
		195/65 R 15	PILOT	00V	2,2	2,2	2,5	2,5
2.0i Turbo	07/97->	195/60 R 15	PILOT	88V	2,3	2,3	2,7	2,7
		205/50 ZR 16	PILOT	87W	2,3	2,3	2,8	2,8
2.3i 16V	07/97->	195/60 R 15	PILOT	88V	2,2	2,2	2,5	2,5
9000								
2.0i CS	07/97->	195/65 R 15	PILOT	91V	2,2	2,2	2,6	2,6
2.0i LP Turbo CS	07/97->	195/65 R 15	PILOT	91V	2,2	2,2	2,6	2,6

Véhicules Marques et Types		Equipements Pneumatiques		Indice Code Pneu Origine	Pressions (bar)* Utilisation Courante		Autres Utilisations	
					AV	AR	AV	AR
SAAB (suite)								
9000 (suite)								
2.3i LP Turbo CS	07/97->	195/65 R 15	PILOT	91V	2,2	2,2	2,6	2,6
2.0i-2.3 Turbo CD Griffin	07/95->	195/65 R 15	PILOT	91V	2,1	2,1	2,6	2,6
2.3i Turbo CS	07/97->	205/60 R 15	PILOT	91W	2,2	2,2	2,6	2,6
9-3								
2.0i T-2.0i TS	11/98->	195/60 R 15	PILOT	88V	2,2	2,2	2,5	2,5
		205/50 ZR 16	PILOT	87W	2,3	2,3	2,8	2,8
2.2 TID	11/98->	195/60 R 15	PILOT	88V	2,2	2,2	2,5	2,5
		205/50 ZR 16	PILOT	87W	2,3	2,3	2,8	2,8
9-5								
2.0i T-TK	11/98->	205/65 R 15	PILOT	94V	2,1	2,1	2,4	2,4
2.0 T Celebrity	01/99->	215/55 R 16	PILOT	91V	2,2	2,2	2,7	2,7
2.3i LP Turbo	07/97->	205/65 R 15	PILOT	94V	2,1	2,1	2,4	2,4
2.3i T-T Pack		215/55 R 16	PILOT	91V	2,2	2,2	2,7	2,7
3.0i V6 LPTurbo	11/98->	205/65 R 15	PILOT	94V	2,1	2,1	2,4	2,4
		215/55 R 16	PILOT	91V	2,2	2,2	2,7	2,7
9-5 Estate								
2.0i T-TK	11/98->	205/65 R 15	PILOT	94V	2,1	2,1	2,4	2,4
		215/55 R 16	PILOT	91V	2,2	2,2	2,7	2,7
2.3i LPTurbo	11/98->	205/65 R 15	PILOT	94V	2,1	2,1	2,4	2,4
		215/55 R 16	PILOT	91V	2,2	2,2	2,7	2,7
SEAT								
ALHAMBRA								
2.0 i SE-SXE-Auto.	01/97->	195/65 R 15 Reinf.	ENERGY	95T	2,6	2,4	2,7	3,0
1.9 TDi (Turbo Diesel) SE-SXE	01/97->	195/65 R 15 Reinf.	ENERGY	95T	2,6	2,4	2,7	3,0
AROSA								
1.4i Stylo-Star	01/98->	155/70 R 13	ENERGY-CLASSIC	75T	2,2	2,0	2,5	2,8
1.4i Stylo Auto.		175/65 R 13	ENERGY	80T	1,9	1,9	2,2	2,6
CORDOBA								
1.6i SX-Marina	01/97->	185/60 R 14	ENERGY-CLASSIC	82H	2,2	1,9	2,3	2,4
		185/55 R 15	PILOT	81V	2,2	1,9	2,4	2,4
1.6i SXE	01/98->	185/60 R 14	ENERGY-CLASSIC	82H	2,2	1,9	2,3	2,4
		185/55 R 15	PILOT	81V	2,2	2,1	2,4	2,6
1.8i CLX-Auto.	01/97->	185/60 R 14	ENERGY-CLASSIC	82H	2,2	1,9	2,3	2,4
1.8i SX	01/97->	185/55 R 15	PILOT	81V	2,2	2,1	2,4	2,6
1.8i 16V GT-SX	01/97->	185/55 R 15	PILOT	81V	2,5	2,2	2,5	2,7
2.0i GT	01/97->	185/60 R 14	ENERGY-CLASSIC	82H	2,4	2,2	2,5	2,7
		185/55 R 15	PILOT	81V	2,3	2,2	2,5	2,6
1.9 Diesel SE	01/98->	175/70 R 13	ENERGY-CLASSIC	82T	2,2	1,9	2,3	2,4
		185/60 R 14	ENERGY-CLASSIC	82H				
IBIZA								
1.6i GT-GTi	01/98->	185/55 R 15	PILOT	81V	2,4	2,2	2,5	2,6
1.8i 16V	01/97->	185/55 R 15	PILOT	81V	2,5	2,1	2,5	2,6
2.0i GTi	01/97->	185/60 R 14	PILOT	82V	2,5	2,1	2,5	2,6
2.0i GT-GTi	01/98->	185/55 R 15	PILOT	81V	2,3	2,2	2,4	2,6
1.9 TDi SE (90ch) 1.9 TDi SXE (110ch)	01/98->	185/60 R 14	ENERGY-CLASSIC	82H	2,2	1,9	2,3	2,5
1.9 TDi GT-GTi	01/98->	185/55 R 15	PILOT	81V	2,4	2,2	2,5	2,6
1.9 TDi Fresh (90ch) 1.9 TDi Plein Sud (90ch)	03/99-> 05/98->	185/60 R 14	ENERGY-CLASSIC	82H	2,2	1,9	2,3	2,5
TOLEDO								
1.8i SL-SE-SX-Entry	01/97->	175/70 R 13	ENERGY-CLASSIC	82T	2,0	2,2	2,1	2,6
		185/60 R 14	ENERGY-CLASSIC	82H				
2.0i S-SXE-Marina-Sport-Auto.	01/97->	185/60 R 14	PILOT	82V	2,2	2,2	2,2	2,6
		195/50 R 15	PILOT	82V	2,4	2,4	2,5	2,8

Véhicules Marques et Types		Equipements Pneumatiques		Indice Code Pneu Origine	Pressions (bar)*			
					Utilisation Courante		Autres Utilisations	
					AV	AR	AV	AR
SEAT (suite)								
TOLEDO (suite)								
1.9 TDi (90ch) SE-SXE-Sport	01/97->	185/60 R 14	ENERGY-CLASSIC	82H	2,2	2,2	2,2	2,6
		195/50 R 15	PILOT	82V	2,4	2,2	2,4	2,6
1.9 TDi (110ch)	01/98->	195/50 R 15	PILOT	82V	2,4	2,2	2,6	2,6
SKODA								
OCTAVIA								
1.6i (101ch) LX-GLX	05/97->	175/80 R 14	ENERGY	88H	2,0	2,0	2,0	2,4
		195/65 R 15	PILOT	91V				
		205/60 R 15	PILOT	91V				
1.8i (125ch) SLX	05/97->	195/65 R 15	PILOT	91V	2,0	2,0	2,0	2,4
		205/60 R 15	PILOT	91V				
1.9 TDi (Turbo Diesel) GLX-SLX	05/97->	175/80 R 14	ENERGY	88T	2,0	2,0	2,2	2,6
		195/65 R 15	PILOT	91V				
		205/60 R 15	PILOT	91V				
SUBARU								
IMPREZA								
2.0i 16V	07/98->	185/70 R 14	ENERGY	88H	2,2	2,0	2,2	2,0
2.0i Turbo 16V GT	07/98->	205/50 R 16	PILOT	87V	2,3	1,9	2,3	2,2
LEGACY (Berline)								
2.5i 16V	07/98->	205/50 R 16	PILOT	87V	2,2	2,1	2,2	2,5
SUZUKI								
BALENO (Berline)								
1.9 Turbo Diesel	1998->	185/60 R 14	ENERGY-CLASSIC	82H	2,1	2,1	2,1	2,1
SWIFT								
1.3i	1996->	155/70 R 13	ENERGY-CLASSIC	75T	2,0	2,0	2,0	2,0
WAGON R WIDE								
1.2i	1998->	165/65 R 13	ENERGY-CLASSIC	77T	2,0	2,0	2,0	2,0
TOYOTA								
AVENSIS								
1.8i	10/98->	195/60 R 15	ENERGY-CLASSIC	88H	2,2	2,2	2,2	2,2
2.0 TD (Turbo Diesel)	10/98->	195/60 R 15	ENERGY-CLASSIC	88H	2,2	2,2	2,2	2,2
CARINA								
E 1.6i 16V	07/96->	175/70 R 14	ENERGY	84H	2,2	2,0	2,2	2,2
		185/65 R 14	ENERGY-CLASSIC	86H	2,2	2,2	2,5	2,7
E 2.0 Turbo diesel	07/96->	175/70 R 14	ENERGY	84H	2,1	2,2	2,7	2,8
		185/65 R 14	ENERGY-CLASSIC	86H	2,2	2,2	2,5	2,7
CELICA								
Coupé 1.8i 16V	07/96->	195/65 R 14	ENERGY	89H	2,1	2,1	2,4	2,4
		205/55 R 15	PILOT	87V	2,4	2,4	2,5	2,5
COROLLA								
2.0 Diesel	07/96->	165/70 R 14	ENERGY	81T	2,4	2,2	2,4	2,2
		175/65 R 14	ENERGY	82H	2,3	2,1	2,3	2,1
LEXUS								
GS 300 : 3.0i V6 24V	07/96->	225/55 R 16	PILOT	95V	2,2	2,2	2,4	2,5
LS 400 4.0i V8 32V	07/96->	225/60 ZR 16	PILOT		2,1	2,1	2,6	3,0
VOLKSWAGEN								
BORA								
1.8i-1.8i Auto. (125ch)	10/98->	195/65 R 15	PILOT	91V	1,9	1,9	2,1	2,8
		205/55 R 16	PILOT	91V				

Véhicules Marques et Types		Equipements Pneumatiques		Indice Code Pneu Origine	Pressions (bar)* Utilisation Courante AV	AR	Autres Utilisations AV	AR
VOLKSWAGEN (suite)								
BORA (suite)								
2.3i V5-2.3i V5 Auto.(150ch)	10/98->	195/65 R 15	PILOT	91V	2,1	1,9	2,3	2,8
		205/55 R 16	PILOT	91V				
1.9 TDi-1.9 TDi Auto.(110ch)	10/98->	195/65 R 15	PILOT	91V	1,9	1,9	2,1	2,8
		205/55 R 16	PILOT	91V				
GOLF "BON JOVI et JOKER" (Berline)								
1.6i (100ch)	12/97->	185/60 R 14	ENERGY-CLASSIC	82H	2,3	2,1	2,5	2,7
1.6i Break (100ch)		195/60 R 14	ENERGY-CLASSIC	86H	2,3	2,3	2,6	3,2
1.8i (90ch)	12/97->	185/60 R 14	ENERGY-CLASSIC	82H	2,1	1,9	2,4	2,6
1.8i Break (90ch)		195/60 R 14	ENERGY-CLASSIC	86H				
1.9 TDi (110ch)	12/97->	185/60 R 14	ENERGY-CLASSIC	82H	2,5	2,3	2,6	2,8
1.9 TDi Break (110ch)		195/60 R 14	ENERGY-CLASSIC	86H	2,2	2,0	2,3	2,9
GOLF (Berline Série 4)								
1.9 GTi (110ch)	12/97->	205/55 ZR 16	PILOT	91W	1,9	1,9	2,1	2,6
1.9 TDi (Turbo Diesel 90ch)	12/97->	195/65 R 15	ENERGY	91T	1,9	1,9	2,1	2,6
		205/55 ZR 16	PILOT	91W				
1.9 TDi (Turbo Diesel 110ch) et Automatique	10/97->	195/65 R 15	PILOT	91V	1,9	1,9	2,1	2,6
		205/55 ZR 16	PILOT	91W				
LUPO								
1.7 SDi (60ch)	10/98->	175/65 R 13	ENERGY	80T	2,0	1,9	2,2	2,6
		185/55 R 14	ENERGY	79H				
NEW BEETLE								
2.0i-2.0i Auto. (115ch)	10/98->	195/65 R 15	PILOT	91V	2,0	1,8	2,2	2,4
		205/55 R 16	PILOT	91V				
1.9 TDi-1.9 TDi Auto. (115ch)	10/98->	195/65 R 15	PILOT	91V	2,0	1,8	2,2	2,4
		205/55 R 16	PILOT	91V				
PASSAT								
1.8i 20V (125ch)	12/97->	195/65 R 15	PILOT	91V	2,1	2,1	2,3	2,7
		205/60 R 15	PILOT	91V				
		205/55 ZR 16	PILOT	91W				
1.8i 20V Turbo (150ch)	12/97->	195/65 R 15	PILOT	91V	2,3	2,3	2,5	2,9
		205/60 R 15	PILOT	91V				
		205/55 ZR 16	PILOT	91W				
1.8i Turbo-Confort-Trend-Sport	10/96->	195/65 R 15	PILOT	91V011	2,3	2,3	2,5	2,9
		205/60 R 15	PILOT	91V				
		205/55 ZR 16	PILOT	91W				
2.3i-Confort-Trend-Sport	10/96->	195/65 R 15	PILOT	91V	2,5	2,5	2,7	3,1
		205/60 R 15	PILOT	91V				
		205/55 ZR 16	PILOT	91W				
2.8i-Confort-Trend-Sport	10/96->	205/55 ZR 16	PILOT	91W	2,6	2,6	2,8	3,2
2.8i V6 Syncro	12/97->				2,6	2,6	2,8	3,4
1.9 TDi (110ch)-Confort-Trend-Sport	10/96->	195/65 R 15	PILOT	91V	2,1	2,1	2,3	2,7
		205/60 R 15	PILOT	91V				
		205/55 ZR 16	PILOT	91W				
1.9 TDi CL-GL (90ch)	01/96->	185/65 R 14	ENERGY-CLASSIC	86T	2,2	2,2	2,4	2,7
		195/60 R 14	ENERGY-CLASSIC	86H				
		205/50 R 15	PILOT	86V				
POLO								
1.4i (60)	07/97->	155/70 R 13	ENERGY	75T	2,2	2,2	2,5	3,0
		175/65 R 13	ENERGY	80T				
1.6i (75)		185/55 R 14	PILOT	79H	2,1	2,1	2,3	2,6
		195/45 R 15	PILOT	78V				
1.9 D Diesel Match II	01/99->	175/65 R 13	ENERGY	80T	2,1	2,1	2,6	2,6
		185/55 R 14	PILOT	79H				
		195/45 R 15	PILOT	78V				
1.9 SDi Match II	01/99->	175/65 R 13	ENERGY	80T	2,1	2,1	2,6	2,6

Véhicules Marques et Types		Equipements Pneumatiques		Indice Code Pneu Origine	Pressions (bar)* Utilisation Courante AV	AR	Autres Utilisations AV	AR
VOLKSWAGEN (suite)								
POLO Classic								
1.6i (100ch)	07/97->	185/60 R 14	ENERGY-CLASSIC	82H	2,2	2,2	2,3	2,6
1.9 TDi (Diesel 90ch)	07/97->	185/60 R 14	ENERGY	82T	2,3	2,2	2,4	2,6
SHARAN								
1.9 TDi CL-GL (Turbo Diesel 90ch)	12/97->	195/65 R 15 Reinf.	ENERGY	95T	2,6	2,4	2,7	3,0
1.9 TDi-GL-Auto. (Turbo Diesel 110ch)		205/60 R 15 Reinf.	ENERGY	95H				
1.9 TDi (110ch) Pack ABS	03/98->	195/65 R 15	ENERGY	91T	2,6	2,4	2,7	3,0
VENTO								
1.8i CL-CLX-GLX (75ch)	12/97->	185/60 R 14	ENERGY	82T	2,1	1,9	2,4	2,8
1.8I CL-CLX-GLX-GT (90ch)		205/50 R 15	PILOT	86V				
2.0i GLX	12/97->	185/60 R 14	ENERGY	82T	2,3	2,1	2,5	2,9
		205/50 R 15	PILOT	86V				
1.9 D (diesel 75ch)		185/60 R 14	ENERGY	82T				
1.9 TDi (Turbo diesel 90ch)	12/97->	205/50 R 15	PILOT	86V	2,3	2,1	2,5	2,9
1.9 TDi (Turbo diesel 110ch)		205/50 R 15	PILOT	86V				
VOLVO								
S 40								
1.6i 16V	07/97->	195/55 R 15	ENERGY	84H	2,2	2,0	2,4	2,4
1.6i 16V Optimum	09/98->	195/55 R 15	ENERGY	84H	2,2	2,0	2,4	2,4
1.8i 16V-2.0i 16V	07/97->	195/55 R 15	PILOT	85V	2,2	2,0	2,4	2,4
1.9 Turbo diesel		205/50 R 15	PILOT	86V				
		205/55 R 15	PILOT	87W				
S 70 (Berline)								
2.0i 10V (126ch) S	07/97->	195/60 R 15	PILOT	88V	2,2	2,0	2,6	2,8
	08/98->	205/55 R 15	PILOT	87W	2,2	2,1	2,6	3,1
2.0i 20V (143ch) GLT	07/97->	195/60 R 15	PILOT	88V	2,2	2,0	2,6	2,8
		205/55 R 15	PILOT	87W				
2.5i 10V (144ch) S	07/97->	195/60 R 15	PILOT	88V	2,2	2,0	2,6	2,8
	08/98->	205/55 R 15	PILOT	87W	2,2	2,1	2,6	3,1
2.5i Turbo 20V (193ch) LT	07/97->	205/55 R 15	PILOT	87W	2,2	2,0	2,6	2,8
		205/50 ZR 16	PILOT	87W				
2.5i Turbo 20V (193ch) LT	08/98->	205/55 R 15	PILOT	87W	2,3	2,1	2,9	2,9
		205/50 ZR 16	PILOT	87W				
2.5 TDi 10V (Turbo diesel)	07/97->	195/60R 15	PILOT	88V	2,2	2,0	2,6	2,8
		205/55 R 15	PILOT	87W				
2.5 TDi 10V (Turbo diesel)	08/98->	195/60R 15	PILOT	88V	2,5	2,1	2,9	2,8
S 80 (Berline)								
2.0i (225ch) T5	08/98->	205/65 R 15	PILOT	94W	2,0	2,0	2,7	2,7
		225/50 ZR 17	PILOT	94Y				
2.4i (170ch)	08/98->	215/55 R 16	PILOT	93W	2,0	2,0	2,7	2,7
		215/55 ZR 16	PILOT	93W				
		225/50 ZR 17	PILOT	94Y				
2.5 TDi (140ch) Turbo Diesel	08/98->	205/65 R 15	PILOT	94V	2,0	2,0	2,7	2,7
		225/50 ZR 17	PILOT	94Y				
S 90 (Berline)								
2.0i 8V	07/97->	195/65 R 15	ENERGY	91T	1,9	1,9	2,4	2,9
2.0i Turbo 8V		195/65 R 15	PILOT	91V				
2.3i 8V	07/97->	195/65 R 15	PILOT	91V	1,9	1,9	2,4	2,9
2.3i Turbo 8V		205/55 R 16	PILOT	91V				
2.5i 24V	07/97->	195/65 R 15	PILOT	91V	1,9	1,9	2,4	2,9
		205/55 R 16	PILOT	91V	2,0	2,0	2,4	2,9

* Consulter la page "conseils" qui précède le tableau.

Tous les renseignements figurant sur ces tableaux sont donnés par Michelin sous réserve des modifications pouvant survenir après édition.

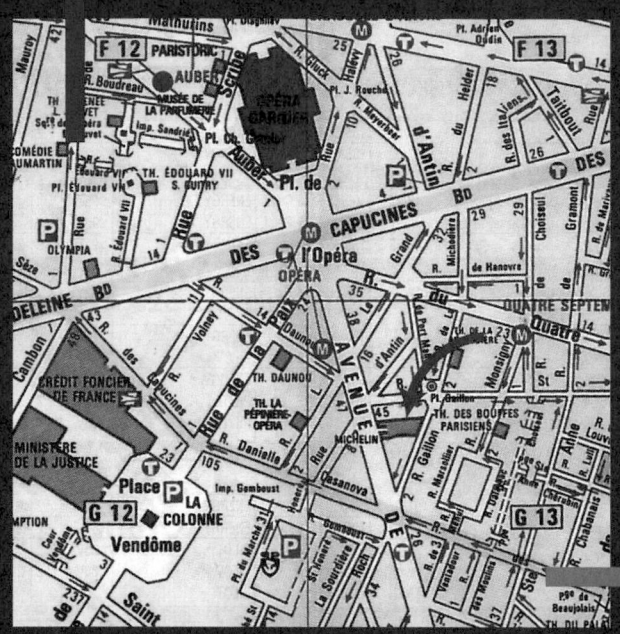

ESPACE MICHELIN
32, avenue de l'Opéra
75002 Paris

Ouvert
le lundi de 12 h à 19 h
et du mardi au samedi
de 10 h à 19 h

Tél. : 01 42 68 05 00
Fax : 01 47 42 10 50

Cartes et Guides
Tél. : 01 42 68 05 20

Métro Opéra

COULONGES-SUR-L'AUTIZE 79160 Deux-Sèvres 🔢 ① – 2 021 h alt. 80.

Paris 421 – La Rochelle 68 – Bressuire 48 – Fontenay-le-Comte 17 – Niort 23 – Parthenay 36.

✕ **Citronnelle**, 10 r. Commerce (derrière halles) 𝄐 05 49 06 17 67. 🍽 – **GB**
🕸 fermé dim. soir et lundi – **Repas** 57/205 ♨

COURBEVOIE 92 Hauts-de-Seine 🔢 ⑳,, 🔢 ⑮ – voir à Paris, Environs.

COURCELLES-DE-TOURAINE 37330 I.-et-L. 🔢 ⑬ – 298 h alt. 85.

Paris 268 – Tours 35 – Angers 76 – Chinon 46 – Saumur 46.

à l'Est : 7 km par D 3 et D 34 – ✉ 37330 Courcelles-de-Touraine :

🏰 **Château des Sept Tours** ⌕, au golf 𝄐 02 47 24 69 75, Fax 02 47 24 23 74, ≤, « Château du 18ᵉ siècle dans un parc, golf », ⬛, 🎿 – 📺 ☎ ✆ ≼ 🅿 – 🔬 60, **GB** 🛏 rest
Repas (fermé dim. soir et lundi du 15 nov. au 15 mars) 160 (déj.), 235/320 ♀ – 🖃 70 – **48 ch**
690/1090 ½ P 630/830

COURCELLES-SUR-VESLE 02220 Aisne 🔢 ⑤ – 270 h alt. 75.

Paris 122 – Reims 37 – Fère-en-Tardenois 19 – Laon 38 – Soissons 21.

🏰 **Château de Courcelles** ⌕, 𝄐 03 23 74 13 53, Fax 03 23 74 06 41, 🍽, « Parc », ⬛,
🎿 – 📺 ☎ ✆ ≼ 🅿 – 🔬 40. 🆎 ⓞ **GB** 🅹🅲🅱 🛏 rest
Repas 170 (déj.), 240/450 ♀, enf. 90 – 🖃 100 – **15 ch** 800/1650, 3 appart – ½ P 780/1255

COURCHEVEL 73120 Savoie 🔢 ⑱
G. Alpes du Nord – Sports
d'hiver : 1 100/2 700 m 🚠 11
🚡 56 🎿.
Altiport international 𝄐 04 79
03 31 14, S : 4 km.
Paris 660 ① – Albertville 52 ①
– Chambéry 99 ① – Moûtiers 25 ①.

à Courchevel 1850 :

Voir ✳︎★ – Belvédère la Saulire★★★ (télécabine).

🛈 Office de Tourisme La Croisette 𝄐 04 79 08 00 29, Fax 04
79 08 15 63.

🏨 **Byblos des Neiges** Ⓜ ⌕,
au jardin Alpin 𝄐 04 79 00
98 00, Fax 04 79 00 98 01, ≤,
🍽, 🏋, 🎿 – 🛗 📺 ☎ ✆ ≼
🚗 🅿 – 🔬 40. 🆎 ⓞ **GB**
🅹🅲🅱 Z y
18 déc.-mi-avril – **La Clairière : Repas** 360 (déj.)
/400, enf. 100 – **L'Écailler** (dîner seul.) **Repas** 450 – 🖃 140
– **66 ch** (½ pens. seul.) 12 appart – ½ P 1920/2690

🏨 **Les Airelles** Ⓜ ⌕, au Jardin Alpin 𝄐 04 79 09 38 38,
Fax 04 79 08 38 69, ≤, 🍽,
« Grand chalet décoré dans le
style tyrolien », 🏋, 🎿 – 🛗 ▤
📺 ☎ ✆ ≼ 🚗 – 🔬 80. 🆎
ⓞ **GB** 🛏
15 déc.-15 avril – **Table du
Jardin : Repas** (320)-390(déj.)
520/1000, enf.250 – **Coin
Savoyard :** spécialités savoyardes (dîner seul.) **Repas**
400 – 🖃 180 – **52 ch** 3500/
6400, 3 appart – ½ P 2050/
3500 Z h

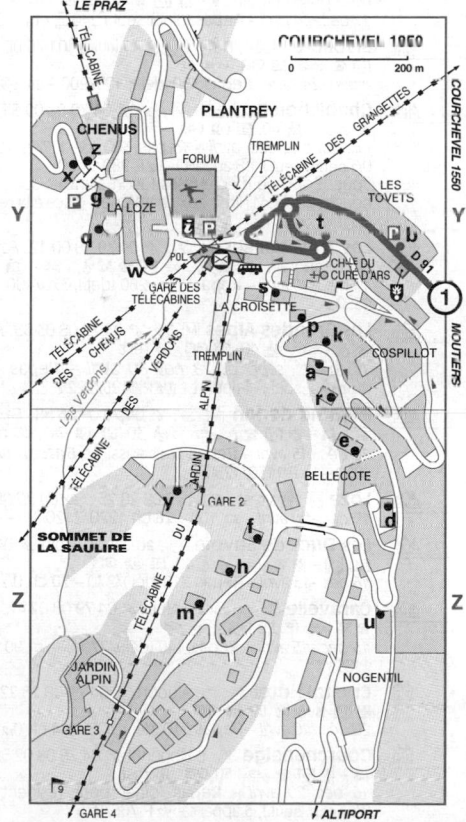

Carlina 🏨 M ⬧, 𝒞 04 79 08 00 30, *Fax 04 79 08 04 03*, ≤, 🍃, 🖼 – 🛗 📺 ☎ ⇔ 🅿 – 🏊 25 à 60. 🖭 ⓘ ☖   Y   a
16 déc.-16 avril – **Repas** 200 (déj.), 270/370 – **63 ch** (½ pens. seul.), 7 appart – ½ P 1590/2100

Annapurna 🏨 ⬧, rte Altiport 𝒞 04 79 08 04 60, *Fax 04 79 08 15 31*, ≤ pistes et la Saulire, 🍃, 🖫, 🔽 ❄ 📺 ☎ ⇔ 🅿 – 🏊 15 à 80. 🖭 ⓘ ☖ %% rest
16 déc.-22 avril – **Repas** 295 (déj.)/350 – ⊡ 90 – **66 ch** 2010/4000, 4 appart – ½ P 1500/1880

Bellecôte 🏨 ⬧, r. Bellecôte 𝒞 04 79 08 10 19, *Fax 04 79 08 17 16*, ≤ vallée, 🍃, 🖫, 🔽 – 🛗 📺 ☎ ✆ 🅿 – 🏊 40. 🖭 ⓘ ☖   Z   d
16 déc.-15 avril – **Repas** 280/370 – **52 ch** (½ pens. seul.) – ½ P 1450/1840

Lana 🏨 ⬧, 𝒞 04 79 08 01 10, *Fax 04 79 08 36 70*, ≤, 🍃, 🖫, 🔽 – 🛗 📺 ☎ ✆ ⇔ – 🏊 80. 🖭 ⓘ ☖ %% rest   Y   p
15 déc.-15 avril – **Repas** 260 (déj.), 400/500 – **70 ch** (½ pens. seul.), 6 appart – ½ P 1550/1990

des Neiges 🏨 ⬧, 𝒞 04 79 08 03 77, *Fax 04 79 08 18 70*, ≤, 🍃, 🖫 – 🛗 📺 ☎ ⇔ 🅿 🖭 ⓘ ☖ %%   Z   e
15 déc.-15 avril – **Repas** 200 (déj.)/355 – ⊡ 90 – **37 ch** (½ pens. seul.), 5 appart – ½ P 1320/1990

Alpes Hôtel du Pralong 🏨 M ⬧, rte Altiport 𝒞 04 79 08 24 82, *Fax 04 79 08 36 41*, ≤ montagnes, 🍃, 🖫 – 🛗 📺 ☎ ✆ 🅿 – 🏊 40. 🖭 ⓘ ☖
mi-déc.-mi-avril – **Repas** 410/600 (dîner), déj. : carte environ 350 – **57 ch** (½ pens. seul.), 8 appart – ½ P 1150/1900

Mélézin 🏨 M ⬧, r. Bellecôte 𝒞 04 79 08 01 33, *Fax 04 79 08 08 96*, ≤, 🍃, « Belle décoration contemporaine » – 🛗 📺 ☎ ✆ 🅿. 🖭 ☖. %%   Y   r
17 déc.-14 avril – **Repas** (dîner seul.) 240 🍷, enf. 150 – ⊡ 110 – **31 ch** 2800/4100, 3 appart

Sivolière 🏨 M ⬧, Nord-Ouest : 1 km 𝒞 04 79 08 08 33, *Fax 04 79 08 15 73*, ≤, 🍃, 🖫 – 🛗 📺 ☎ ⇔. 🖭 ☖ 🇯🇨🇧. %%
4 déc.-24 avril – **Repas** 150 (déj.), 180/280 – ⊡ 80 – **32 ch** 890/3000 – ½ P 725/1580

Chabichou 🏨 (Rochedy) M ⬧, 𝒞 04 79 08 00 55, *Fax 04 79 08 33 58*, ≤, 🍃 – 🛗 📺 ☎ ✆ 🖫 – 🏊 40. 🖭 ⓘ ☖ 🇯🇨🇧   Y   z
❀❀
juil.-août et déc.-avril – **Repas** 300 (déj.), 360/720 et carte 450 à 620 – ⊡ 120 – **25 ch** (½ pens. seul.), 18 appart – ½ P 980/2090
Spéc. Bouchée d'écrevisses façon Nantua. Joues et oreilles de porcelet caramélisées et boudin poêlé. Mirliton aux châtaignes, glace à la réglisse. **Vins** Chignin-Bergeron, Gamay du Bugey.

Les Trois Vallées 🏨 M ⬧, 𝒞 04 79 08 00 12, *Fax 04 79 08 17 98*, ≤, 🍃, « Élégant décor contemporain », 🖫 – 🛗 ❄ 📺 ☎ ✆ 🖫 – 🏊 60. 🖭 ☖. %%   Y   q
1ᵉʳ déc.-20 avril – **Repas** (160) - 260 (déj.), 370/400 – ⊡ 130 – **30 ch** 1520/2000 – ½ P 1300/1550

Les Grandes Alpes 🏨 M ⬧, 𝒞 04 79 08 03 35, *Fax 04 79 08 12 52*, ≤, 🍃, 🖫, 🔽 – 🛗 📺 ☎ 🖫 ⇔ – 🏊 40. 🖭 ☖. %% rest   Y   s
1ᵉʳ juil.-1ᵉʳ sept. et 28 nov.-30 avril – **Repas** 95 (déj.), 160/220 🍷 – ⊡ 75 – **45 ch** (½ pens. seul.), 4 appart – ½ P 1125/2225

Pomme de Pin 🏨 M ⬧, 𝒞 04 79 08 36 88, *Fax 04 79 08 38 72*, ≤ vallée et montagnes, 🍃, 🖫 – 🛗 📺 ☎ 🖫 ⇔ – 🏊 30. 🖭 ⓘ ☖. %% rest   Y   x
15 déc.-15 avril – **Repas** (voir aussi **Le Bateau Ivre** ci-après) - 200/250 🍷 – ⊡ 65 – **49 ch** 1850 – ½ P 1130/1250

Loze 🏨 M sans rest, 𝒞 04 79 08 28 25, *Fax 04 79 08 39 29* – 🛗 📺 ☎ ✆ 🖫. 🖭 ⓘ ☖. %%   Y   w
1ᵉʳ déc.-fin avril – ⊡ 100 – **26 ch** 1220/2120

Les Ducs de Savoie 🏨 ⬧, au Jardin Alpin 𝒞 04 79 08 03 00, *Fax 04 79 08 16 30*, ≤, 🍃, 🖫, 🔽 – 🛗 📺 ⇔ – 🏊 40. 🖭 ⓘ ☖   Z   f
16 déc.-15 avril – **Repas** 210 (déj.)/270 – **70 ch** (½ pens. seul.) – ½ P 990/1550

Caravelle 🏨 ⬧, au Jardin Alpin 𝒞 04 79 08 02 42, *Fax 04 79 08 33 55*, ≤, 🍃, 🖫, 🔽 – 🛗 📺 ☎ ✆ ⇔ 🅿. 🖭 ☖ 🇯🇨🇧. %%   Z   m
15 déc.-15 avril – **Repas** 140 (déj.)/270 🍷 – ⊡ 90 – **60 ch** 1010/2000, 5 appart – ½ P 865/1155

Crystal Hôtel 🏨 ⬧, rte Altiport 𝒞 04 79 08 28 22, *Fax 04 79 08 28 39*, ≤ montagnes, 🍃 – 🛗 📺 ☎ ✆ 🅿. 🖭 ⓘ ☖
20 déc.-10 avril – **Repas** 210 (déj.)/325 – **44 ch** (½ pens. seul.), 7 appart – ½ P 950/1800

Courcheneige 🏨 ⬧, r. Nogentil 𝒞 04 79 08 02 59, *Fax 04 79 08 11 79*, ≤ montagnes, 🍃 🖫 – 🛗 📺 ☎ ✆. %% rest
16 déc.-20 avril – **Repas** (dîner pour résidents seul.) (120) - 165 🍴, enf. 75 – **80 ch** (½ pens. seul.), 3 appart – ½ P 765/875

🏨 **Lodge Nogentll** ⟂ sans rest, r. Bellecôte ℰ 04 79 08 32 32, Fax 04 79 08 03 15, ≤ – 📳
📺 ☎ ᕲ, 🖨, GB. ✀   Z u
15 déc.-24 avril – ⌗ 60 – **10 ch** 925/2460

🏠 **L'Aiglon,** ℰ 04 79 08 02 66, Fax 04 79 08 37 94   📺 ☎ 🖭 ⊙ GB, ✀ rest   Y k
1ᵉʳ mars-29 avril – **Repas** 160 – ⌗ 59 – **32 ch** 800/1050 – ½ P 750/850

XXX
ॐॐ **Bateau Ivre** - Hôtel Pomme de Pin - (Jacob), ℰ 04 79 08 36 88, Fax 04 79 08 38 72,
≤ station et massif de la Vanoise, « Restaurant panoramique » – 📳. 🖭 ⊙ GB
mi-déc.-mi-avril – **Repas** 270 (déj.), 370/620 et carte 460 à 630   Y x
Spéc. Queues de langoustines dorées aux épices. Noix de Saint-Jacques rôties, jus à la
gentiane. Clémentines confites, sorbet à la liqueur de sapin (déc. à fév.) **Vins** Colombière,
Chignon-Bergeron.

XX **Saulire,** pl. Rocher ℰ 04 79 08 07 52, Fax 04 79 08 02 63, ⌗ – 🗐, 🖭 GB   Y t
fermé mai, juin et 10 sept. au 10 oct. – **Repas** (110) - 150 (déj.), 200/250

X **Genépi,** r. Park City ℰ 04 79 08 08 65, Fax 04 79 08 08 63 – 🖭 GB   Y g
fermé juil.-août, sam. soir et dim. sauf de déc. à avril – **Repas** 115 (déj.), 150/180, enf. 65

X **Fromagerie,** rue des Tovets ℰ 04 79 08 27 47, Fax 04 79 08 20 91 – GB   Y b
1ᵉʳ juil.-31 août et 1ᵉʳ déc.-1ᵉʳ mai – **Repas** - spécialités savoyardes - 110 (déj.), 140/195

à Courchevel 1550 par ① : 5,5 km – ⊠ 73120 Courchevel :
🚹 Office de Tourisme (saison) ℰ 04 79 08 04 10.

🏠 **Les Ancolies** ⟂, ℰ 04 79 08 27 66, Fax 04 79 08 05 64, ≤, 🖪 – 📳 📺 ☎ 🖻. 🖭 GB.
✀ rest
4 déc.-27 avril – **Repas** (90) - 105 (déj.), 150/175 – ⌗ 65 – **34 ch** 800/980 – ½ P 651

🏠 **Les Flocons** ⟂, ℰ 04 79 08 02 70, Fax 04 79 08 11 29, ≤ – 📳 📺 ☎ 🖻 – 🈴 25. GB. ✀
15 déc.-15 avril – **Repas** 110 (déj.), 180/220 – ⌗ 70 – **28 ch** 950 – ½ P 620/670

au Praz (Courchevel 1300) par ① : 8 km – ⊠ 73120 Courchevel :

🏠 **Les Peupliers,** ℰ 04 79 08 41 47, Fax 04 79 08 45 05, 🖪 – 📳 📺 ☎ 🖻 – 🈴 20. 🖭 ⊙ GB
mi-juin-oct. et mi-déc.-avril – **Repas** 105 (déj.), 165/215 ⅞ – ⌗ 50 – **33 ch** 670/880 –
½ P 480/650

COUR-CHEVERNY 41700 L.-et-Ch. 🔢 ⑰ ⑱ – 2 347 h alt. 86.

Env. Château de Cheverny★★★ S : 1 km – Porte★ de la chapelle du château de Troussay SO :
3,5 km – Château de Beauregard★, G. Châteaux de la Loire.
🚹 Office de Tourisme (avril-oct.) 4 av. de Cheverny ℰ 02 54 79 95 63.
Paris 196 – Orléans 73 – Blois 14 – Châteauroux 87 – Romorantin-Lanthenay 28.

🏨
⥁100⥁ **Trois Marchands,** ℰ 02 54 79 96 44, Fax 02 54 79 25 60 – 📺 ☎ 🖻 – 🈴 30. 🖭 ⊙ GB
fermé 5 fév. au 17 mars et lundi – **Repas** 130/265 ⅞, enf. 55 – ⌗ 40 – **36 ch** 180/360 –
½ P 210/320

🏨
⥁ **St-Hubert,** ℰ 02 54 79 96 60, Fax 02 54 79 21 17, ⌗ – 📺 ☎ 🖻. GB
fermé 5 janv. au 20 fév. – **Repas** (fermé merc.) 80/280 ⅃, enf. 60 – ⌗ 40 – **18 ch** 190/320 –
½ P 280/300

à Cheverny Sud : 1 km – 900 h. alt. 110 – ⊠ 41700 :

🏰 **Château du Breuil** ⟂ sans rest, Ouest : 3 km par D 52 et voie privée ℰ 02 54 44 20 20,
Fax 02 54 44 30 40, « Dans un parc » – 📺 ☎ 📞 🖻. 🖭 GB
mi-mars-mi-nov. et fermé dim. et lundi hors saison – ⌗ 65 – **18 ch** 535/895

X **Pousse Rapière,** ℰ 02 54 79 94 23, Fax 02 54 79 27 67 – 🖭 GB
fermé 1ᵉʳ déc. au 31 janv., dim. soir et lundi – **Repas** 100/280 bc ⅞, enf. 68

COURCOURONNES 91 Essonne 🔢 ①,, 🔢 ㊱ – voir à Paris, Environs (Évry).

COURLANS 39 Jura 🔢 ⑭ – rattaché à Lons-le-Saunier.

COURPIÈRE 63120 P.-de-D. 🔢 ⑯ G. Auvergne – 4 674 h alt. 320.

Voir Église★.
🚹 Office de Tourisme pl. de la Cité Administrative ℰ 04 73 51 20 27.
Paris 405 – Clermont-Ferrand 50 – Ambert 41 – Issoire 54 – Lezoux 18 – Thiers 15.

X **L'Air du Temps,** av. Gare ℰ 04 73 51 25 91 – GB
fermé mardi soir et lundi sauf le midi de nov. au 15 mars et dim. soir – **Repas** 69 bc (déj.),
92/159

COURRUERO 83 Var 84 ⑰., 114 ㊱ – *rattaché à Plan-de-la-Tour.*

COURS-LA-VILLE 69470 Rhône 73 ⑧ – *4 637 h alt. 543.*
Paris 406 – Mâcon 69 – Roanne 28 – Chauffailles 17 – Lyon 80 – Villefranche-sur-Saône 58.

🏠 **Nouvel Hôtel**, 5 r. G. Clemenceau ℰ 04 74 89 70 21, Fax 04 74 89 84 41 – 📺 🅰 ₳ GB
fermé 5 au 21 août, 26 déc. au 5 janv., dim. soir et sam. du 30 avril au 1ᵉʳ sept. – **Repas**
78/145 ♀ – ♒ 35 – **16 ch** 180/270 – ½ P 225/270

au col du Pavillon *Est : 4 km par D 64* – ✉ 69470 Cours-la-Ville :

🏠🏠 **Pavillon** ⊗., ℰ 04 74 89 83 55, Fax 04 74 64 70 26, 斎, 굯 – 📺 ☎ ✆ ₺ 🄿 – ₳ 30. GB
fermé vacances de fév., vend. soir et sam. d'oct. à mars – **Repas** 78 (déj.), 99/280 ₰, enf. 55
– ♒ 39 – **21 ch** 270/350 – ½ P 295/315

COUR-ST-MAURICE 25380 Doubs 66 ⑰ ⑱ – *155 h alt. 500.*
Paris 480 – Besançon 68 – Baume-les-Dames 44 – Montbéliard 42 – Maiche 12 – Morteau 36.

🏠 **Moulin** ⊗., à Moulin du Milieu, Est : 3 km sur D 39 ℰ 03 81 44 35 18, ≤, « Jardin ombragé
en bordure de rivière », 굯 – ☎ ✆ 🄿. GB. ⊗ rest
fermé 4 au 8 oct. et 15 janv. au 15 fév. – **Repas** (fermé merc. sauf le soir en saison) (nombre
de couverts limité, prévenir) 105/160 – ♒ 40 – **7 ch** 260/380 – ½ P 220/320

✗ **Truite du Moulin**, à Moulin du Bas, Est : 2 km sur D 39 ℰ 03 81 44 30 59,
Fax 03 81 44 30 59, 斎 – 🄿. GB
fermé 29 sept. au 8 oct., 1ᵉʳ au 28 déc., mardi soir sauf juil.-août et merc. – **Repas** 95/195 ₰

En juin et en septembre,
les hôtels sont moins chers qu'en pleine saison, le service est plus soigné.

COURSAN 11 Aude 83 ⑭ – *rattaché à Narbonne.*

COURSEGOULES 06140 Alpes-Mar. 84 ⑨ G. Côte d'Azur – *260 h alt. 1020.*
Paris 863 – Castellane 58 – Grasse 32 – Nice 41.

🏠 **Auberge de L'Escaou** M ⊗., ℰ 04 93 59 11 28, Fax 04 93 59 13 70, ≤, 斎 – 📳 📺 ☎
₺. ₳ GB
fermé dim. soir et lundi sauf vacances scolaires – **Repas** 75/175 ₰, enf. 45 – ♒ 40 – **12 ch**
245/390 – ½ P 265

COURSEULLES-SUR-MER 14470 Calvados 55 ① G. Normandie Cotentin – *3 182 h alt. 4.*
Voir Clocher★ de l'église de Bernières-sur-Mer E : 2,5 km – Tour★ de l'église de Ver-sur-Mer
O : 5 km par D 514. Château★★ de Fontaine-Henry S : 6,5 km.
🄱 Office de Tourisme 54 r. Mer ℰ 02 31 37 46 80, Fax 02 31 36 17 18.
Paris 250 – Caen 20 – Arromanches-les-Bains 14 – Bayeux 21 – Cabourg 33.

🏠 **Paris**, pl. 6-Juin ℰ 02 31 37 45 07, Fax 02 31 37 51 63, 斎 – 📺 ☎ 🄿 ₳ GB
fermé 15 nov. au 15 déc., dim. soir, mardi midi et lundi en oct.-nov. et de janv. à mars –
Repas 85 (déj.), 110/320 ♀, enf. 49 – ♒ 39 – **27 ch** 300/360 – ½ P 260/325

✗✗ **Pêcherie** avec ch, pl. 6-Juin ℰ 02 31 37 45 84, Fax 02 31 37 90 40, 斎 – 📺 ☎ 🄿. ₳ ⓞ
GB
fermé 5 au 31 janv. – **Repas** 75/255 ♀, enf. 45 – ♒ 40 – **6 ch** 350/435 – ½ P 395

✗✗ **Crémaillère**, bd Plage ℰ 02 31 37 46 73, Fax 02 31 37 19 31, ≤, 斎 – 🄿. ₳ ⓞ GB
Repas 95/345 ♀

Annexe Gytan 🏠 sans rest, ℰ 02 31 37 95 96, Fax 02 31 37 19 31, ₺., 굯 – 📺 ☎ ₺ 🄿 –
₳ 30. ₳ ⓞ GB
♒ 50 – **24 ch** 435, 11 duplex

COURTABOEUF 91 Essonne 60 ⑩., 101 ㉞ – *voir à Paris, Environs (Villejust).*

COURTENAY 45320 Loiret 61 ⑬ – *3 292 h alt. 146.*
🄱 Office de Tourisme (fermé dim. et lundi) pl. du Mail ℰ 02 38 97 00 60, Fax 02 38 97 39 12
Paris 119 – Auxerre 56 – Nemours 44 – Orléans 102 – Sens 26.

✗ **Raboliot**, pl. Marché ℰ 02 38 97 44 52, Fax 02 38 97 44 52 – 🖩. ₳ ⓞ GB
Repas (déj. seul.) 60/120 ♀

Les Quatre-Croix *Sud-Est : 1,5 km par D 32 – ✉ 45320 Courtenay :*

XXX ✿ **Auberge La Clé des Champs** (Delion) M avec ch, ✆ 02 38 97 42 68, *Fax 02 38 97 38 10*, ≤, – TV ☎ ♿ P. AE GB
fermé 16 au 31 oct., 8 au 31 janv., mardi et merc. – **Repas** (nombre de couverts limité, prévenir) 120/340 et carte 290 à 610 – 58 – **7 ch** 450/630
Spéc. Parfait de pigeon au foie gras. Pigeon rôti, désossé, jus à la réglisse. Noisettine meringuée du duc de Praslin (oct. à mai). **Vins** Chitry, Coulanges-la-Vineuse.

à Ervauville *Nord-Ouest : 9 km par N 60, D 32 et D 34 – 299 h. alt. 152 – ✉ 45320 :*

XXX ✿ **Gamin,** ✆ 02 38 87 22 02, *Fax 02 38 87 25 40*, « Décor élégant », – GB
fermé 19 juin au 4 juil., 25 déc. au 16 janv., dim. soir, lundi et mardi – **Repas** (nombre de couverts limité, prévenir) 220/320
Spéc. Eventail d'avocat et ris de veau. Homard breton à la vanille. Nougat aux pruneaux. **Vins** Chablis, Irancy.

COURTILS *50220 Manche* 59 ⑧ *– 271 h alt. 35.*

Paris 344 – St-Malo 58 – Avranches 12 – Dol-de-Bretagne 32 – Fougères 43 – Rennes 80 – St-Lô 70.

Manoir de la Roche Torin, Bas Courtils ✆ 02 33 70 96 55, *Fax 02 33 48 35 20*, ≤, parc – TV ☎ P. AE GB JCB
fermé 13 nov. au 13 déc. et 3 janv. au 12 fév. – **Repas** *(fermé lundi sauf le soir en juil.-août, mardi midi et sam. midi)* 130/320, enf. 65 – 65 – **13 ch** 480/850 – ½ P 480/700

La COURTINE *23100 Creuse* 73 ⑪ *– 1 057 h alt. 789.*

Paris 429 – Aubusson 38 – La Bourboule 56 – Guéret 82 – Ussel 21.

Au Petit Breuil, rte Felletin ✆ 05 55 66 76 67, *Fax 05 55 66 71 84*, – TV ☎ ♿ P GB
fermé 20 déc. au 10 janv. et dim. soir – **Repas** 70/200 – 30 – **10 ch** 190/220 – ½ P 220

COURTY *63 P.-de-D.* 73 ⑮ *– rattaché à Thiers.*

COUSSAC-BONNEVAL *87500 H.-Vienne* 72 ⑰ ⑱ *G. Berry Limousin – 1 447 h alt. 376.*

Voir *Château★ – Lanterne des morts★.*

Office de Tourisme (saison) Mairie ✆ 05 55 75 28 46, Fax 05 55 75 28 46.

Paris 435 – Limoges 43 – Brive-la-Gaillarde 70 – St-Yrieix-la-Perche 11 – Uzerche 30.

XX **Voyageurs** avec ch, ✆ 05 55 75 20 24, *Fax 05 55 75 28 90*, – rest, TV ☎. GB
fermé 2 au 30 janv., dim. soir et lundi d'oct. à mai – **Repas** 75/240 – 38 – **9 ch** 250/290 – ½ P 250/330

COUSTELLET *84660 Vaucluse* 81 ⑬ *G. Provence – alt. 243.*

Paris 708 – Avignon 31 – Apt 23 – Carpentras 27 – Cavaillon 10.

X **Maison Gouin,** N 100 ✆ 04 90 76 90 18, *Fax 04 90 76 91 78*, – . GB
fermé 14 nov. au 7 déc., 15 fév. au 8 mars, mardi soir de nov. à mars et merc. – **Repas** 65 bc (déj.)/160, enf. 80

COUTANCES SP *50200 Manche* 54 ⑫ *G. Normandie Cotentin – 9 715 h alt. 91.*

Voir *Cathédrale Notre-Dame★★★ – Jardin des Plantes★.*

Office de Tourisme pl. Georges-Leclerc ✆ 02 33 45 17 79, Fax 02 33 45 25 42.

Paris 335 ② – St-Lô 29 ② – Avranches 50 ③ – Cherbourg 77 ⑤ – Vire 56 ③.

Plan page suivante

Cositel, par ① : *1 km sur D44* ✆ 02 33 07 51 64, *Fax 02 33 07 06 23*, ≤ – TV ☎ ♿ P – 80. AE GB
Pommeau : **Repas** *(85)*-120/190, enf. 54 – ***Bistro Jazzy :*** **Repas** *(82)*-118, enf. 54 – 45 – **55 ch** 298/350 – ½ P 310

Pocatière sans rest, 25 bd Alsace-Lorraine ✆ 02 33 45 13 77, *Fax 02 33 45 77 18* – TV ☎ P. GB. Y a
fermé 15 déc. au 15 janv. – 36 – **18 ch** 140/345

à Gratot *par ④ et D 244 : 4 km – 581 h. alt. 83 – ✉ 50200 :*

X **Tourne-Bride,** ✆ 02 33 45 11 00, *Fax 02 33 45 11 00*, – . GB
fermé vacances de fév., dim. soir et lundi – **Repas** 98/235, enf. 55

COUTANCES

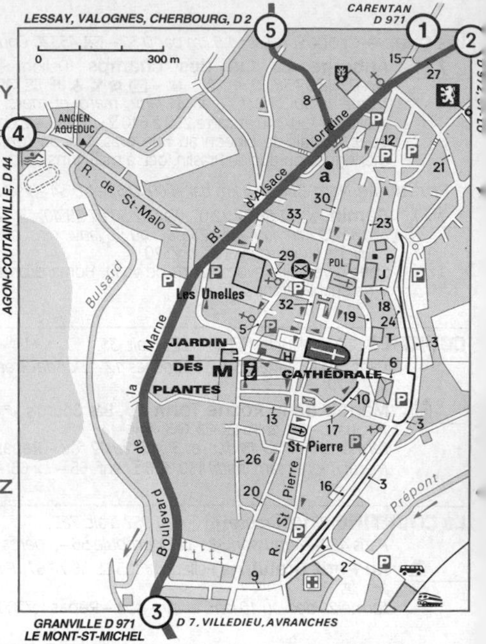

*Dans la liste
des rues
des plans de villes,
les noms en rouge
indiquent
les principales
voies commerçantes.*

Pas de publicité payée dans ce guide.

COUTRAS 33230 Gironde 🔟🔟 ② – 6 689 h alt. 15.
🔢 Office de Tourisme pl. du Château ℰ 05 57 69 36 53, Fax 05 57 49 07 09 et Mairie ℰ 05 57 56 09 09, Fax 05 57 56 09 04.
Paris 531 – Bordeaux 48 – Bergerac 61 – Blaye 51 – Jonzac 59 – Libourne 18 – Périgueux 79.

🏛 **Henri IV** sans rest, pl. 8 Mai 1945 (face gare) ℰ 05 57 49 34 34, Fax 05 57 49 20 72 – 📺 ☎
🅿. 🖭 ① 🖭
⊆ 39 – **14 ch** 240/340

COYE-LA-FORÊT 60580 Oise 🏵🏵 ⑪ – 3 199 h alt. 88.
Paris 47 – Compiègne 48 – Beauvais 48 – Chantilly 8 – Meaux 48 – Senlis 16.

🍴🍴 **Les Étangs**, 1 r. Clos des Vignes ℰ 03 44 58 60 15, Fax 03 44 58 75 95, 🍽 – 🖭 ① 🖭
🎴
fermé 4 au 26 janv., lundi et mardi – **Repas** 135/190 ♈

CRANSAC 12110 Aveyron 🔟🔟 ① G. Gorges du Tarn – 2 180 h alt. 300 – Stat. therm. (3 avril/28 oct.).
🔢 Office de Tourisme 1pl. J.-Jaurès ℰ 05 65 63 06 80.
Paris 604 – Rodez 37 – Aurillac 72 – Espalion 64 – Figeac 33 – Villefranche-de-Rouergue 39.

🏛 **Parc** ♨, r. Gén. Artous ℰ 05 65 63 01 78, Fax 05 65 63 36 98, 🍽, parc, 🛁 – 📺 ☎ 🅿. 🖭
🍴 fermé fév. – **Repas** 75/190 ♨, enf. 50 – ⊆ 35 – **25 ch** 145/270 – ½ P 175/250

🏛 **Hostellerie du Rouergue**, av. J. Jaurès ℰ 05 65 63 02 11, 🛁, 🐾 – ⅓ ☎ 🅿. 🖭 ① 🖭
🍴 🎴
15 mars-1er nov. – **Repas** 85/200 ♨, enf. 55 – ⊆ 40 – **16 ch** 200/300 – ½ P 240/270

CRAPONNE 69290 Rhône 🔟🔟 ⑪ – 7 048 h alt. 285.
Paris 462 – Lyon 11 – L'Arbresle 21 – Vienne 37 – Villefranche-sur-Saône 35.

🏨 **Longchamp**, 26 r. 11-Novembre-1918 ℰ 04 78 57 83 40, Fax 04 78 57 17 54, 🍽, 🛁 – 📳
▤ 📺 ☎ ✆ ♿ 🅿 – 🔏 30 à 60. 🖭 ① 🖭
Repas (fermé 7 au 19 août et sam. d'oct. à avril) (80) -135 ♨, enf. 55 – ⊆ 60 – **40 ch** 415/460
– ½ P 600

🍴 **Poste**, 107 av. E. Millaud ℰ 04 78 57 45 40, 🍽 – 🅿. 🖭 🖭
fermé janv., dim. soir et lundi – **Repas** (55) - 75 (déj.), 95/220 ♈

La CRAU 83260 Var ⓭ ⑮, ⓬⓭ ㊽ – 11 257 h alt. 36.

Env. Solliès-Ville : ≤★ de l'esplanade de la Montjoie NO · 7 km, G. Côte d'Azur.

🏢 Office de Tourisme r. Renaude ℘ 04 94 01 56 99, Fax 04 94 01 56 99 et (juin-sept.) Parking de-Lattre-Tassigny ℘ 04 94 66 14 48.

Paris 852 – Toulon 17 – Brignoles 41 – Draguignan 72 – Hyères 9 – Marseille 77.

🍴 **Auberge du Fenouillet**, 20 av. Gén. de Gaulle ℘ 04 94 66 76 74, Fax 04 94 57 81 09 – ▤. 🆔 ⓪ 🇬🇧
fermé mi-juil. à fin août, lundi soir et merc. – **Repas** (120) · 135/290 ⚓, enf. 70

CRÉCY-EN-PONTHIEU 80150 Somme ⓬ ⑦ G. Picardie Flandres Artois – 1 491 h alt. 30.

Paris 195 – Amiens 59 – Abbeville 19 – Montreuil 31 – St-Omer 74.

🏠 **Maye**, ℘ 03 22 23 54 35, Fax 03 22 23 53 32, 🌿 – 📺 ☎ 🅿. 🆔 ⓪ 🇬🇧
fermé vacances de fév., dim. soir et lundi sauf juil.-août – **Repas** (62) · 98/180 ⚓ – ⚓ 37 – 11 ch 280/350 – ½ P 250/310

CRÉCY-LA-CHAPELLE 77680 S.-et-M. ⓮ ⑬ G. Ile de France – 3 222 h alt. 50.

Voir Collégiale Notre-Dame★

🏢 Office de Tourisme ℘ 01 64 63 70 19, Fax 01 64 63 71 59.

Paris 47 – Coulommiers 16 – Lagny-sur-Marne 17 – Meaux 13 – Melun 42.

🍴 **Futaie**, 2 r. M. Henry ℘ 01 64 63 72 25, Fax 01 64 63 72 25 ⚓ 🆔 ⓪ 🇬🇧
fermé 16 au 31 août, 1er au 15 janv., lundi soir et mardi – **Repas** 97/148 ⚓

CREIL 60100 Oise ⓬ ① ⑪ G. Ile de France – 31 956 h alt. 30.

🏢 Office de Tourisme 41 pl. Gén.-de-Gaulle ℘ 03 44 55 16 07, Fax 03 44 55 05 27.

Paris 62 – Compiègne 37 – Beauvais 42 – Chantilly 9 – Clermont 17.

🏠 **Ferme de Vaux**, rte Vaux (sur D 120 direction Verneuil) ℘ 03 44 64 77 00, Fax 03 44 26 81 50 – 📺 ☎ 📞 🅿 – 🔒 15 à 30. 🆔 🇬🇧
Repas (fermé dim. soir) 115 (déj.), 150/200 ⚓ – ⚓ 45 – **20 ch** 315/365 – ½ P 340

🍴 **Petite Alsace**, 8 pl. Ch. Brobeil (près gare) ℘ 03 44 55 28 89, Fax 03 44 55 00 27 – 🆔 🇬🇧
fermé 31 juil. au 13 août, vacances de fév., sam. midi, dim. soir et lundi – **Repas** 85/185 ⚓, enf. 50

CRÉMIEU 38460 Isère ⓭ ⑬, ⓬⓪ ㉙ G. Vallée du Rhône – 2 855 h alt. 200.

Voir Halles★.

🏢 Office de Tourisme pl. Nation-Charles de Gaulle ℘ 04 74 90 45 13, Fax 04 74 90 02 25.

Paris 491 – Lyon 37 – Belley 50 – Bourg-en-Bresse 64 – Grenoble 86 – La Tour-du-Pin 29.

🍴 **Auberge de la Chaite** avec ch, ℘ 04 74 90 76 63, Fax 04 74 90 88 08, 🌿, 🌿 – 📺 ☎ 📞 🅿. 🆔 ⓪ 🇬🇧
fermé 2 au 9 mai, 2 janv. au 2 fév., dim. soir et lundi – **Repas** 78/185 ⚓, enf. 42 – ⚓ 35 – 11 ch 230/295

CREPON 14 Calvados ⓭ ⑮ G. Normandie Cotentin – 209 h alt. 52 – ✉ 14480 Creully.

Paris 254 – Caen 23 – Bayeux 11 – Deauville 68.

🏨 **Ferme de la Rançonnière** 🌿, rte Arromanches-les-Bains ℘ 02 31 22 21 73, Fax 02 31 22 98 39, « Ancienne demeure fortifiée », 🌿 – 📺 ☎ 📞 🅿 – 🔒 30. 🆔 🇬🇧
Repas 60 (déj.), 98/280 ⚓, enf. 55 – ⚓ 48 – **35 ch** 295/580 – ½ P 320/465

Annexe Ferme de Mathan 🌿 sans rest, à 800 m., 🌿 – 📺 ☎ 📞 🅿. 🆔 🇬🇧. 🎿
⚓ 48 – **10 ch** 375/580

CRÉPY-EN-VALOIS 60800 Oise ⓬ ⑬ – 13 222 h alt. 93.

🏢 Office de Tourisme 7 r. de Soissons ℘ 03 44 59 03 97, Fax 03 44 59 29 15.

Paris 66 – Compiègne 24 – Beauvais 74 – Château-Thierry 49 – Meaux 38 – Senlis 23 – Soissons 39.

🏨 **Château de Geresme** 🌿, 1 av. Europe ℘ 03 44 39 63 04, Fax 03 44 87 53 21, 🌿 – 📺 ☎ 📞 🅿. 🆔 🇬🇧
Repas (fermé août, sam., dim. et fériés) 180 – ⚓ 45 – **11 ch** 360/1200 – ½ P 580

CRESSENSAC 46600 Lot ⓰ ⑱ – 570 h alt. 300.

Paris 500 – Brive-la-Gaillarde 20 – Sarlat-la-Canéda 46 – Cahors 80 – Gourdon 45 – Larche 22.

🍴🍴 **Chez Gilles** avec ch, N 20 ℘ 05 65 37 70 06, Fax 05 65 37 77 15 – 📺 ☎ 📞 ⚓. 🆔 ⓪ 🇬🇧
Repas 110/270 ⚓ – ⚓ 40 – **8 ch** 290/320 – ½ P 335/365

CRESSERONS 14 Calvados 🔢 ⑯ – rattaché à Douvres-la-Délivrande.

CREST 26400 Drôme 🔢 ⑫ G. Vallée du Rhône – 7 583 h alt. 196.

Voir Donjon★ : ✳★.

🄯 Office de Tourisme pl. Dr M.-Rozier 𝒫 04 75 25 11 38, Fax 04 75 76 79 65.

Paris 590 ④ – Valence 29 ④ – Die 37 ① – Gap 130 ① – Grenoble 114 ④ – Montélimar 37 ②.

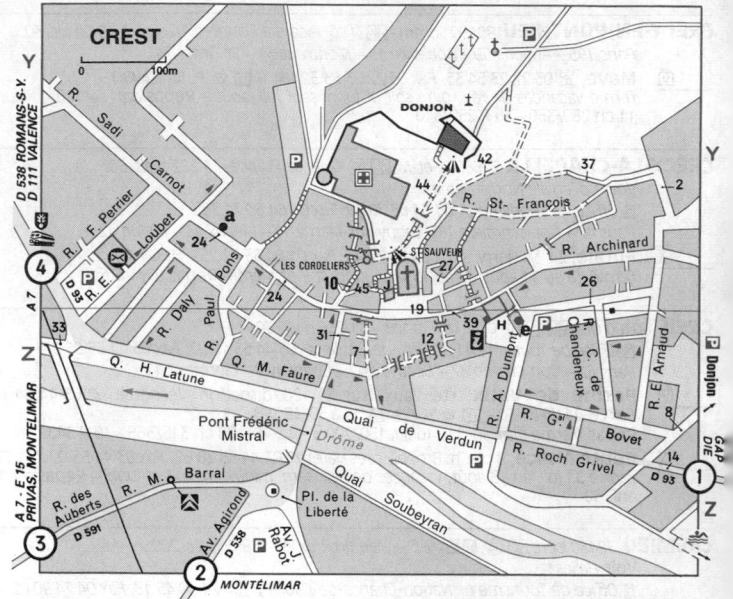

Barbèyère (Mtée de la) . . . **Y** 2	Gaulle (Pl. du Gén.-de) . . **YZ** 19	Remparts (Ch. des) . . . . . **Y** 37
Boucheries (R. des) . . . . . . **Z** 7	Hôtel-de-Ville (R. de) . . . . **Y** 24	République (R. de la) . . . **YZ** 39
Calade (R. de la) . . . . **Z** 8	Jourbernon (Cours de) . . . **Y** 26	Saboury (R. de) . . . . **Y** 42
Cordeliers (Esc. des) . . . . **Y** 10	Julien (Pl.) . . . . **Y** 27	Tour (R. de la) . . . . **Y** 44
Ciuretteries (R. des) . . . . **Z** 12	Long (R. M.) . . . . **Z** 31	Vieux-Gouvernement
Dr.-A. Ricateau (Av.) . . . . . **Z** 14	Pied Gai (Quai) . . . . **Z** 33	(R. du) . . . . **Y** 45

🏠 **Grand Hôtel,** 60 r. Hôtel de Ville 𝒫 04 75 25 08 17, Fax 04 75 25 46 42 – 📺 ☎. GB
fermé 24 déc. au 16 janv., 20 fév. au 3 mars, lundi sauf le soir d'avril à oct. et dim. soir de
sept. à juin – **Repas** 92/200 ⅀, enf. 48 – ⊑ 35 – **20 ch** 145/330 – ½ P 200/275   **Y a**

XX **Porte Montségur** avec ch, par ① : 0,5 km sur D 93 𝒫 04 75 25 41 48,
Fax 04 75 25 22 63, 🍽, 🐎 – 📺 ☎ 🅿 – 🔏 15. ᴀᴇ ⓞ GB
fermé vacances de Toussaint, de fév., lundi soir de sept. à juin et merc. – **Repas** 98/245 –
⊑ 42 – **9 ch** 300

XX **Kléber** avec ch, 6 r. A. Dumont 𝒫 04 75 25 11 69, Fax 04 75 76 82 82 – 🍴 rest, 📺 ☎ 📞.
GB   **Z e**
fermé 15 août au 1ᵉʳ sept., 1ᵉʳ au 15 janv., dim. soir , mardi midi et lundi – **Repas** 98/260 –
⊑ 35 – **7 ch** 190/280 – ½ P 260

Le CRESTET 84 Vaucluse 🔢 ② – rattaché à Vaison-la-Romaine.

Dans ce guide

un même symbole, un même caractère,
imprimé en couleur ou en **noir**, en maigre ou en **gras**
n'ont pas tout à fait la même signification.

Lisez attentivement les pages explicatives.

CREST-VOLAND 73590 Savoie 🞕🞕 ⑰ *G. Alpes du Nord* – *395 h alt. 1230* – *Sports d'hiver : 1 150/1 650 m ✮ 17 ✿*.
🛈 *Office de Tourisme 𝒫 04 79 31 62 57, Fax 04 79 31 85 36.*
Paris 592 – Chamonix-Mont-Blanc 51 – Albertville 23 – Annecy 53 – Megève 15.

Caprice des Neiges ఆ, rte Saisies : 1 km 𝒫 04 79 31 62 95, Fax 04 79 31 79 30, ≼, « Chalet fleuri », ☞, ⁒ – ☎ 🅿. 🕮 ⓪ GB. ⁒ rest
20 juin-15 sept. et 18 déc.-15 avril – **Repas** 75/130, enf. 45 – ⊆ 34 – **16 ch** 320/420 – ½ P 330

Mont Charvin, au Cernix Sud : 1,5 km par rte secondaire 𝒫 04 79 31 61 21, Fax 04 79 31 82 10, ≼, ☞ – ☎ 🅿. GB
1er juil.-31 août et 15 déc.-15 avril – **Repas** 90/130 ⅃, enf. 55 – ⊆ 33 – **20 ch** 200/295 – ½ P 290

CRÉTEIL 94 Val-de-Marne 🞕🞕 ①., 🞖🞖 ② – *voir à Paris, Environs.*

CREULLY 14480 Calvados 🞕🞕 ⑮ – *1 396 h alt. 27.*
Paris 251 – Caen 19 – Bayeux 14 – Deauville 64.

Hostellerie St-Martin avec ch, 𝒫 02 31 80 10 11, Fax 02 31 08 17 64 – 📺 ☎ ✆ 🅿. 🕮 GB
Repas 70/240 ⅃, enf. 40 – ⊆ 35 – **12 ch** 260 – ½ P 290

*Towns underlined in red on the **Michelin maps**
at a scale of 1 : 200 000 are included in this Guide.*

Use the latest map to take full advantage of this information.

Le CREUSOT 71200 S.-et-L. 🞕🞕 ⑧ *G. Bourgogne* – *28 909 h alt. 348.*
Voir *Château de la Verrerie★*.
🛈 *Office de Tourisme Château de la Verrerie 𝒫 03 85 55 02 46, Fax 03 85 80 11 03.*
Paris 315 – Chalon-sur-Saône 38 – Autun 29 – Beaune 46 – Mâcon 89.

Petite Verrerie, 4 r. J. Guesde 𝒫 03 85 55 31 44, Fax 03 85 80 89 01 – 📺 ☎ ✆ 🅿. 🕮 ⓪ GB. ⁒ rest
fermé août, 24 déc. au 5 janv., sam. et dim. – **Repas** (80) -128/178 ⅃, enf. 60 – ⊆ 55 – **40 ch** 320/390 – ½ P 350

au Breuil *Est : 3 km par D 290* – *3 741 h. alt. 337* – ✉ *71670 :*

Moulin Rouge ఆ, 𝒫 03 85 55 14 11, Fax 03 85 55 53 37, 佘, ⌁, ☞ – ↮ 📺 ☎ 🅿. 🕮 ⓪ GB ⎸ᴄᴮ
fermé 20 déc. au 10 janv., vend. soir, sam. midi et dim. soir – **Repas** 120/300 ⅃ – ⊆ 45 – **30 ch** 250/400 – ½ P 320

à Montcenis *Ouest . 3 km par D 784* – *2 559 h. alt. 400* – ✉ *71710 :*

Montcenis, 2 pl. Champ de Foire 𝒫 03 85 55 44 36, Fax 03 85 55 89 52 – 🕮 GB. ⁒
fermé mi-juil. à mi-août, dim. soir et lundi – **Repas** (85) -115/195 ⅃

à Torcy *Sud : 4 km par D 28* – *4 059 h. alt. 310* – ✉ *71210 :*

Vieux Saule, 𝒫 03 85 55 09 53, Fax 03 85 80 39 99, 佘 – 🅿. GB
fermé dim. soir et lundi – **Repas** 100/370 et carte 200 à 370 ⅃, enf. 65

CRÈVECOEUR-EN-AUGE 14340 Calvados 🞕🞕 ⑰ *G. Normandie Vallée de la Seine* – *554 h alt. 49.*
Voir *Château★*.
Paris 193 – Caen 35 – Falaise 34 – Lisieux 18.

Galetière, rte de Falaise 𝒫 02 31 63 04 28 – GB
fermé 15 au 22 mars, 15 au 25 oct., dim. soir de sept. à juin, lundi soir et mardi – **Repas** 65/178 ⅃, enf. 49

CREVOUX 05200 H.-Alpes 🞕🞕 ⑱ *G. Alpes du Sud* – *117 h alt. 1577* – *Sports d'hiver : 1 650/1 900 m ✮ 4 ✿*.
Paris 724 – Briançon 59 – Gap 54 – Embrun 15 – Guillestre 31.

Parpaillon ఆ, 𝒫 04 92 43 18 08, Fax 04 92 43 69 66, ≼ – ☎ 🅿. 🕮 ⓪ GB. ⁒ rest
fermé 20 au 30 avril et 10 au 30 nov. – **Repas** (65) -80/130 ⅃, enf. 55 – ⊆ 35 – **28 ch** 190/320 – ½ P 240/275

513

CRILLON 60112 Oise 🗗 ⑰ – 440 h alt. 110.

Paris 104 – Compiègne 77 – Aumale 33 – Beauvais 17 – Breteuil 35 – Gournay-en-Bray 18.

XX **Petite France**, 7 rte Gisors ℘ 03 44 81 01 13, Fax 03 44 81 01 13 – ▤. GB
fermé 13 août au 5 sept., dim. soir, lundi soir et mardi – **Repas** (68) - 135/170 ♨

CRILLON-LE-BRAVE 84410 Vaucluse 🗗 ⑬ – 370 h alt. 340.

Paris 694 – Avignon 40 – Carpentras 15 – Nyons 42 – Vaison-la-Romaine 26.

🏛 **Hostellerie de Crillon le Brave** ⑤, pl. Église ℘ 04 90 65 61 61, Fax 04 90 65 62 86, ≤ plaine et Mont Ventoux, 佘, « Terrasse panoramique », ⬧ – ▥ ☎ ₧. 狟 ⑩ GB
fermé 5 janv. au 10 mars – **Repas** (fermé le midi sauf week-ends) 250/400 ℤ – ⇆ 90 – **19 ch** 1000/1900, 4 appart – ½ P 765/1290

CRISENOY 77 S.-et-M. 🗗 ② – rattaché à Melun.

Évitez de fumer au cours du repas :
vous altérez votre goût et vous gênez vos voisins.

Plan page ci-contre

Le CROISIC 44490 Loire-Atl. 🗗 ⑭ G. Bretagne – 4 428 h alt. 6.

Voir Océarium★ – ≤★ du Mont-Lénigo.
🖪 Office de Tourisme pl. 18-Juin-1940 ℘ 02 40 23 00 70, Fax 02 40 62 96 60.
Paris 464 ① – Nantes 88 ① – La Baule 9 ① – Redon 64 ① – Vannes 78 ①.

🏛 **Fort de l'Océan** M ⑤, pointe du Croisic ℘ 02 40 15 77 77, Fax 02 40 15 77 80, ≤ Côte Sauvage, « Ancien fort du 17ᵉ siècle dominant la mer », ⬧, 禰 – ▤ ▥ ☎ ₧ & ☞. 狟 ⑩ GB
Repas (fermé 15 nov. au 12 déc., 4 janv. au 3 fév., lundi soir et mardi du 15 sept. au 15 juin) 130 (déj.), 265/420 – ⇆ 80 – **9 ch** 800/1200 – ½ P 730/1080

🏛 **Villa Maris Stella** M, à Port-Lin ℘ 02 40 23 21 45, Fax 02 40 23 22 63, ≤, 佘, ⬧, 禰 – ▥ ☎ &. GB. 粣 BZ g
fermé 15 nov. au 25 déc. et 2 au 31 janv. – **Repas** (fermé dim. soir et lundi sauf juil.-août) (130) - 195/320 – ⇆ 60 – **6 ch** 680/895, 3 duplex

🏛 **Vikings** sans rest, à Port-Lin ℘ 02 40 62 90 03, Fax 02 40 23 28 03, ≤ – 韝 ▥ ☎ & ☞. 狟 ⑩ GB AZ e
⇆ 55 – **24 ch** 420/660

🏛 **Nids** ⑤, 15 r. Pasteur à Port-Lin ℘ 02 40 23 00 63, Fax 02 40 23 09 79, 佘, ⬧, 禰 – ▥ ☎ ₧ &. ⑩ GB AZ f
1ᵉʳ avril-8 nov. – **Repas** (fermé merc. midi et mardi d'avril à sept.) 100/250 ℤ, enf. 65 – ⇆ 40 – **22 ch** 386/472 – ½ P 296/381

🏛 **Castel Moor**, av. Castouillet, Nord-Ouest : 1,5 km sur D 45 ℘ 02 40 23 24 18, Fax 02 40 62 98 90, ≤, 佘 – ▥ ☎ & ₧. ⑩ GB
fermé 5 janv. au 5 fév., dim. soir et lundi d'oct. à mars – **Repas** 95 (déj.), 125/200 ℤ, enf. 60 – ⇆ 40 – **19 ch** 320/430 – ½ P 315/370

🏛 **L'Estacade**, 4 quai Lénigo ℘ 02 40 23 03 77, Fax 02 40 23 24 32 – ▥ ☎. 狟 GB AY a
fermé 20 nov. au 10 déc. – **Repas** (fermé mardi soir et merc. du 10 oct. au 30 nov.) 89/230 ℤ, enf. 60 – ⇆ 40 – **17 ch** 296/361 – ½ P 286/319

XXX **L'Océan** avec ch, à Port-Lin ℘ 02 40 62 90 03, Fax 02 40 23 28 03, ≤ mer et côte, ✿ « Sur les rochers de la Côte Sauvage » – ▥ ☎ ₧. 狟 ⑩ GB AZ v
Repas - produits de la mer - carte 270 à 540 – ⇆ 55 – **14 ch** 490/850
Spéc. Bisque de homard. Saint-Jacques sauce aux petits légumes (oct. à avril). Bar en croûte de sel. **Vins** Muscadet.

XX **Bretagne**, sur le port ℘ 02 40 23 00 51, Fax 02 40 23 18 32 – 狟 ⑩ GB BY e
fermé 11 nov. au 20 déc., dim. soir et lundi sauf juil.-août – **Repas** - produits de la mer - 149/295 ℤ, enf. 66

XX **Lénigo**, 11 quai Lénigo ℘ 02 40 23 00 31, Fax 02 40 15 79 24, 佘 – 狟 ⑩ GB AY b
fermé vacances de fév., lundi soir et mardi sauf juil.-août – **Repas** - produits de la mer - 89/180 ℤ, enf. 58

XX **Bouillabaisse Bretonne**, sur le port ℘ 02 40 23 06 74, Fax 02 40 15 71 43 – GB AY s
fermé 2 janv. au 15 mars, dim. soir , lundi et mardi sauf juil.-août – **Repas** - produits de la mer - 100/220 ℤ

514

LE CROISIC

Une réservation confirmée par écrit ou par fax est toujours plus sûre.

CROISSY-BEAUBOURG 77 S.-et-M. **61** ②., **101** ③⓪ – *voir à Paris, Environs (Marne-la-Vallée).*

CROISSY-SUR-SEINE 78 Yvelines **55** ⓴., **101** ⑬ – *voir à Paris, Environs.*

La CROIX-BLANCHE 71 S.-et-L. 🔟 ⑲ – ⊠ 71960 Berzé-la-Ville.

Voir Berzé-la-Ville : peintures murales★★ de la chapelle aux Moines E : 2 km – Château★ de Berzé-le-Châtel N : 3 km, G. Bourgogne.

Paris 408 – Mâcon 14 – Charolles 42 – Cluny 11 – Roanne 84.

%% **Relais du Mâconnais** avec ch, D 17 (ancienne N 79) par la Roche-Vineux ℰ 03 85 36 60 72, Fax 03 85 36 65 47, 🏤 – 📺 ☎ 🅿. 🖭 ① 🖼
fermé 1er au 9 oct., janv., dim soir et lundi hors saison – Repas 140/290 ⵙ, enf. 70 – ⵣ 42 –
10 ch 350/480 – ½ P 350/420

La CROIX-DU-BREUIL 87 H.-Vienne 🔟 ⑧ – rattaché à Bessines-sur-Gartempe.

CROIX-FRY (Col de) 74 H.-Savoie 🔟 ⑦ – rattaché à Manigod.

CROIX-MARE 76 S.-Mar. 🔟 ⑬ – rattaché à Yvetot.

La CROIX-VALMER 83420 Var 🔟 ⑰, 🔟 ㊲ G. Côte d'Azur – 2 634 h alt. 120.

Paris 876 – Fréjus 37 – Draguignan 50 – Le Lavandou 28 – Ste-Maxime 16 – Toulon 69.

🏨 **Parc** 🦆 sans rest, rte Ramatuelle, Est : 1 km par D 93 ℰ 04 94 79 64 04,
Fax 04 94 54 38 91, ≼, 🏊, 🌳 – 🛗 ☎ 🅿. 🖭 ① 🖼
1er mai-1er oct. – ⵣ 46 – **33 ch** 480/560

au Sud-Ouest : 3,5 km par D 559 puis rte secondaire par rd-pt du Débarquement – ⊠ 83420
La Croix-Valmer :

% **Petite Auberge de Barbigoua**, quartier Barbigoua ℰ 04 94 54 21 82,
Fax 04 94 54 23 38, 🏤 – 🅿. 🖼
fermé 15 nov. au 15 janv., le midi en juil.-août sauf dim., lundi et mardi hors saison – **Repas**
150/210 ⵙ

à Gigaro Sud-Est : 5 km par rte secondaire – ⊠ 83420 La Croix-Valmer :

🏰 **Château de Valmer** Ⓜ 🦆, ℰ 04 94 79 60 10, Fax 04 94 54 22 68, ≼, 🏤, parc,
« Piscine bordée d'une palmeraie », 🏊 – 🛗 📺 ☎ ✆ 🅿 – 🛗 30. 🖭 ① 🖼
avril-oct. – **Repas** (dîner seul.) 290/350 ⵙ, enf. 110 – ⵣ 100 – **42 ch** 1010/1700

🏰 **Souleias** 🦆, ℰ 04 94 55 10 55, Fax 04 94 54 36 23, ≼ mer et îles, 🏤, « Au sommet
d'une colline dominant le littoral », 🏊, 🌳, ✗ – 🛗 ☎ ✆ 🅿 – 🛗 25. 🖭 🖼. ✗ rest
14 avril-15 oct. – **Repas** 190 (déj.), 260/370 ⵙ, enf. 90 – ⵣ 85 – **48 ch** 740/1530 – ½ P 685/
1135

🏰 **Les Moulins de Paillas et Résidence Gigaro**, ℰ 04 94 79 71 11,
Fax 04 94 54 37 05, 🏤, 🏊, 🐾, 🌳, ✗ – 📺 ☎ 🅿. 🖭 🖼
mi-mai-fin sept. – **Brigantine** ℰ 04 94 79 67 16 (dîner seul.) **Repas** 220/280, enf. 110 –
Pépé Le Pirate grill - (déj. seul.) **Repas** 120, enf. 100 – ⵣ 80 – **68 ch** 690/1150 – ½ P 820/
970

🏰 **Pinède-Plage** 🦆, ℰ 04 94 54 31 23, Fax 04 94 79 71 46, ≼, 🏤, « En bord de mer », 🏊,
🐾, 🌳, ✗ – 📺 ☎ 🅿. 🖭 ① 🖼
mai-oct. – **Repas** 275 (dîner), carte le midi 240 à 310 ⵙ, enf. 110 – ⵣ 100 – **40 ch** 1045/1705

CROS-DE-CAGNES 06 Alpes-Mar. 🔟 ⑨,, 🔟 ㉖ – rattaché à Cagnes-sur-Mer.

CROZANT 23160 Creuse 🔟 ⑱ G. Berry Limousin – 636 h alt. 263.

Voir Ruines★.

Paris 334 – Argenton-sur-Creuse 32 – La Châtre 50 – Guéret 39 – Montmorillon 76.

%% **Auberge de la Vallée**, ℰ 05 55 89 80 03, Fax 05 55 89 83 22 – 🖭 ① 🖼
fermé janv., lundi soir et mardi sauf du 30 juin au 15 sept.
Repas 78/130, enf. 45

% **Lac** 🦆 avec ch, au pont de Crozant, Est : 1 km par D 72 et D 30 ℰ 05 55 89 81 96, 🏤 – ☎
🅿. 🖭 🖼
fermé 4 au 18 fév. et lundi sauf juil.-août – **Repas** (85) - 95/210 ⵙ – ⵣ 30 – **10 ch** 130/300 –
½ P 175/240

CROZON 29160 Finistère 🔟 ④ G. Bretagne – 7 705 h alt. 85.

Voir Retable★ de l'église – Pointe de Dinan ✳ ★★ SO : 6 km.

🅱 Office de Tourisme bd Pralognan ℰ 02 98 27 07 92, Fax 02 98 27 24 89, Annexe (saison)
bd de la Plage à Morgat ℰ 02 98 27 29 49.

Paris 588 – Brest 58 – Quimper 49 – Châteaulin 35 – Douarnenez 41 – Morlaix 81.

🏨 **Presqu'île** M sans rest, pl. Église 🕿 02 98 27 29 29, Fax 02 98 26 11 97 – 📺 🕿 ❤ 🕹, 🖭
GB, 🛠
fermé 1er au 15 mars, nov., dim. et lundi hors saison – ☑ 47 – **13 ch** 270/420

🍴🍴 **Mutin Gourmand**, pl. Église 🕿 02 98 27 06 51, Fax 02 98 26 11 97 – 🗐, 🖭 GB
fermé 1er au 15 mars, nov., lundi sauf le soir en saison et dim. soir hors saison – Repas 88
(déj.), 100/350 ☑, enf. 60

🍴🍴 **Pergola**, 25 r. Poulpatré 🕿 02 98 27 04 01 – GB
fermé nov., lundi sauf le soir en juil.-août et dim. soir de sept. à juin – **Repas** 78/210

au Fret *Nord : 5,5 km par D 155 et D 55* – ⊠ 29160 Crozon :

🏠 **Hostellerie de la Mer,** 🕿 02 98 27 61 90, Fax 02 98 27 65 89, ≤ – 🕿 🖭 GB
fermé 2 janv. au 9 fév. – **Repas** 105/270 ☑, enf. 65 – ☑ 46 – **25 ch** 297/385 – 1/2 P 324/368

CRUIS *04230 Alpes-de-H.P.* 81 ⑮ – *408 h alt. 728.*
Paris 738 – *Digne-les-Bains* 41 – *Forcalquier* 18 – *Manosque* 43 – *Sisteron* 26.

🏠 **Auberge de l'Abbaye,** 🕿 04 92 77 01 93, Fax 04 92 77 01 92, � – 📺 🕿 ❤ – 🔏 25.
GB
fermé janv., fév., dim. soir et mardi d'oct. à mars et merc. sauf juil.-août – **Repas** 105/185,
enf. 65 – ☑ 45 – **8 ch** 250/298 – 1/2 P 275

CRUSEILLES *74350 H.-Savoie* 74 ⑥ *G. Alpes du Nord* – *2 716 h alt. 781.*
Voir Ponts de la Caille★ *S : 4 km.*
Paris 540 – *Annecy* 20 – *Bellegarde-sur-Valserine* 44 – *Bonneville* 35 – *Genève* 27.

🍴🍴🍴 **L'Ancolie** M 🖧 avec ch, au parc des Dronières, Nord-Est : 🕿 04 50 44 28 98,
Fax 04 50 44 09 73, ≤, �, « Au bord d'un lac, bel environnement », 🐎 – 📺 🕿 ▣ – 🔏 35,
🖭 🏧 GB 🛠 rest
fermé vacances de Toussaint, de fév. et dim. soir d'oct. à avril – **Repas** 130/375 et carte 260
à 340 ☑, enf. 80 – ☑ 55 – **10 ch** 385/535 – 1/2 P 450/490

aux Avenières *Nord : 6 km par D 41 et rte secondaire* – ⊠ 74350 Cruseilles :

🏨 **Château des Avenières** 🖧, 🕿 04 50 44 02 23, Fax 04 50 44 29 09, ≤ chaîne des
Aravis, �, « Parc », 🔏 – 🗐 📺 🕿 ▣ – 🔏 30. 🖭 GB. 🛠 ch
fermé 1er au 8 janv. – **Repas** *(fermé lundi sauf le soir du 15 juin au 15 sept. et dim. soir hors
saison)* 150 (déj.), 200/450, enf. 140 – ☑ 80 – **12 ch** 700/1500 – 1/2 P 560/960

CUBRY *25000 Doubs* 66 ⑮ – *705 h alt. 340.*
Paris 391 – *Besançon* 52 – *Belfort* 48 – *Lure* 28 – *Montbéliard* 39 – *Vesoul* 33.

🏨 **Château de Bournel** 🖧, 🕿 03 81 86 00 10, Fax 03 81 86 01 06, �, parc, « Enceintes
et dépendances du 18e siècle », 🛠 – 🗐 📺 🕿 ▣ – 🔏 50. 🖭 GB. 🛠 rest
1er avril-30 oct. – **Le Maugré :** Repas 150/320 🍷, enf. 70 – ☑ 60 – **14 ch** 750/1050

CUCHERON (Col du) *38 Isère* 77 ⑤ – *rattaché à St-Pierre-de-Chartreuse.*

CUCQ *62780 P.-de-C.* 51 ① – *4 299 h alt. 5.*
Paris 234 – *Calais* 67 – *Arras* 92 – *Abbeville* 50 – *Boulogne-sur-Mer* 30 – *Le Touquet-Paris-
Plage* 7.

à Trépied – ⊠ 62780 Cucq :

🏠 **Relais de l'Espérance** sans rest, 561 av. Étaples 🕿 03 21 94 62 99, Fax 03 21 94 53 10 –
📺 🕿 ❤ 🕹, GB
fermé 7 au 28 janv. et dim. soir – ☑ 40 – **10 ch** 300/400

CUCUGNAN *11350 Aude* 86 ⑧ *G. Pyrénées Roussillon* – *128 h alt. 310.*
Voir "Sermon du curé de Cucugnan", spectacle de théâtre virtuel – Col Grau de Maury ※★★
S : 2,5 km – Château de Quéribus★★ *SE : 3 km.* Château de Peyrepertuse★★★ *NO : 7 km.*
Paris 858 – *Perpignan* 42 – *Carcassonne* 76 – *Limoux* 74 – *Quillan* 50.

🍴 **Auberge du Vigneron** 🖧 avec ch, 🕿 04 68 45 03 00, Fax 04 68 45 03 08, � – 📺 🕿
❤, GB, 🛠
fermé 15 déc. au 15 fév., dim. soir et lundi du 15 sept. à juin – **Repas** 100/185 ☑, enf. 50 –
☑ 35 – **6 ch** 270 – 1/2 P 280

🍴 **Auberge de Cucugnan** avec ch, 🕿 04 68 45 40 84, Fax 04 68 45 01 52 – 🗐 ch, 📺 🕿 ❤
🖪. GB
fermé vacances de fév. et merc. de janv. à mars – **Repas** *(75)* - 95/250 ☑, enf. 45 – ☑ 30 –
6 ch 270/300 – 1/2 P 250/275

CUCURON 84160 Vaucluse 🟦 ⑭ G. Provence – 1 624 h alt. 350.

🅱 Office de Tourisme r. Léonce- Brieugne 𝄞 04 90 77 28 37, Fax 04 90 77 17 00.
Paris 745 – Digne-les-Bains 108 – Apt 25 – Cavaillon 40 – Manosque 36.

✗ **Horloge,** 𝄞 04 90 77 12 74, Fax 04 90 77 29 90 – ᴳᴮ
fermé 5 fév. au 10 mars, mardi soir d'oct. à Pâques et merc. – **Repas** (70) - 95/210 ⅄, enf. 45

CUERS 83390 Var 🟦 ⑮, 🟦🟦🟦 ㉝ – 7 027 h alt. 140.

Paris 837 – Toulon 24 – Brignoles 25 – Draguignan 60 – Marseille 84.

✗✗✗ **Lingousto,** Est : 2 km par rte Pierrefeu 𝄞 04 94 28 69 10, Fax 04 94 48 63 79, � – 🅿. ᴬᴱ
⓪ ᴳᴮ
fermé 2 janv. au 10 fév., lundi sauf le soir en juil-août et dim. soir – **Repas** 210/410 ⅄, enf. 90

✗✗ **Verger des Kouros,** rte de Solliès-Pont par N 97 : 2 km 𝄞 04 94 28 50 17,
Fax 04 94 48 69 77, � – 🅿. ᴬᴱ ᴳᴮ
Repas 90 (déj.)/150

CUISEAUX 71480 S.-et-L. 🟦 ⑬ – 1 779 h alt. 280.

Paris 400 – Chalon-sur-Saône 59 – Mâcon 72 – Lons-le-Saunier 26 – Tournus 48.

✗✗ **Vuillot** avec ch, 𝄞 03 85 72 71 79, Fax 03 85 72 54 22, �, ⅃, ▪ rest, 📺 ☎ ❤ 🚗 🅿. ᴬᴱ
🅖 ᴳᴮ
fermé janv. et dim. soir de nov. à mai – **Repas** (60) - 80/220 ⅄, enf. 45 – ⊑ 36 – **16 ch**
195/260 – ½ P 250

CUISERY 71290 S.-et-L. 🟦 ⑫ – 1 505 h alt. 211.

Paris 369 – Chalon-sur-Saône 32 – Lons-le-Saunier 50 – Mâcon 37 – Tournus 8.

✗✗✗ **Hostellerie Bressane** avec ch, 𝄞 03 85 40 11 63, Fax 03 85 40 14 96, �, 🚶 – 📺 ☎ ❤
🍴 🅿. ᴳᴮ
fermé 1ᵉʳ au 12 mars et janv. – **Repas** 98 (déj.), 120/280 et carte 210 à 360 ⅄, enf. 60 – ⊑ 48
– **14 ch** 270/430 – ½ P 350/420

CUQ-TOULZA 81470 Tarn 🟦 ⑨ – 546 h alt. 203.

Paris 735 – Toulouse 38 – Albi 63 – Castelnaudary 37 – Castres 33 – Gaillac 47.

🏠 **Cuq en Terrasses** ⌯, Sud-Est : 2,5 km par D 45 𝄞 05 63 82 54 00, Fax 05 63 82 54 11,
≤, �, « Maison du 18ᵉ siècle », ⅃, – 📺 ☎ ⓪ ᴳᴮ
fermé 6 janv. au 6 fév. – **Repas** (prévenir)(menu unique) 180 ⅄ – ⊑ 65 – **8 ch** 550/1000

La CURE 39 Jura 🟦 ⑯ – rattaché aux Rousses.

CUREBOURSE (Col de) 15 Cantal 🟦 ⑫ ⑬ – rattaché à Vic-sur-Cère.

Le CURTILLARD 38 Isère 🟦 ⑥ – rattaché à La Ferrière.

CURTIL-VERGY 21 Côte-d'Or 🟦 ⑫ – rattaché à Nuits-St-Georges.

CURZAY-SUR-VONNE 86600 Vienne 🟦 ⑫ – 460 h alt. 125.

Paris 371 – Poitiers 29 – Lusignan 13 – Niort 53 – Parthenay 36 – St-Maixent-l'École 27.

🏰 **Château de Curzay** Ⓜ ⌯, rte Jazeneuil 𝄞 05 49 36 17 00, Fax 05 49 53 57 69, ≤, �,
parc, ⅃ – 📺 ☎ ❤ 🅿 – 🔔 30. ᴬᴱ ⓪ ᴳᴮ ᴶᶜᴮ
La Cédraie (fermé le midi sauf dim. et lundi d'oct. à avril) **Repas** 190/380 ⅄, enf. 120 –
⊑ 80 – **22 ch** 750/1550 – ½ P 745/1145

CUSSAY 37 I.-et-L. 🟦 ⑤ – rattaché à Ligueil.

CUSSEY-SUR-L'OGNON 25870 Doubs 🟦 ⑮ G. Jura – 570 h alt. 227.

Env. Château de Moncley★.
Paris 413 – Besançon 15 – Gray 38 – Vesoul 41.

✗✗ **Vieille Auberge** avec ch, 𝄞 03 81 48 51 70, Fax 03 81 57 62 30, � – 📺 ☎ ❤. ᴳᴮ
fermé dim. soir et lundi – **Repas** 85 (déj.), 100/215 ⅄, enf. 55 – ⊑ 45 – **8 ch** 250/320

CUTS 60400 Oise 𝟝𝟞 ③ – 736 h alt. 79.

Paris 109 – Compiègne 25 – St-Quentin 46 – Chauny 16 – Noyon 11 – Soissons 30.

XX **Auberge le Bois Doré,** 5 r. Ramée - D 934 ℘ 03 44 09 77 66, Fax 03 44 09 79 27 – **GB**
fermé 28 août au 4 sept., 21 fév. au 10 mars, dim. soir et lundi – **Repas** 88 (déj.), 115/230 ♈

CUVES 50 Manche 𝟝𝟡 ⑨ – 297 h alt. 78 – ⊠ 50670 St-Pois.

Paris 316 – St-Lô 55 – Avranches 22 – Domfront 42 – Fougères 50 – Vire 25.

XX **Moulin de Jean,** Nord Est : 2 km sur D 40 ℘ 02 33 40 39 29, Fax 02 33 48 55 52, 🌞 – 🏨.
🖭 ⑩ **GB**
Repas (95) - 145 ♈

CUVILLY 60490 Oise 𝟝𝟞 ② – 462 h alt. 78.

Paris 85 – Amiens 56 – Compiègne 24 – Beauvais 62 – Montdidier 16 – Noyon 29 – Roye 20.

X **L'Auberge Fleurie,** 64 rte Flandres (N 17) ℘ 03 44 85 06 55, 🌞 – 🖭 **GB**
fermé dim. soir et lundi – **Repas** 78/215 ♓, enf. 50

DABISSE 04 Alpes-de-H.-P. 𝟠𝟙 ⑯ – ⊠ 04190 Les Mées.

Env. Rochers des Mées★ NE : 8 km G. Alpes du sud.
Paris 739 – Digne-les-Bains 33 – Forcalquier 19 – Manosque 26 – Sisteron 29.

XXX **Vieux Colombier,** rte d'Oraison, Sud : 2 km sur D 4 ℘ 04 92 34 32 32,
Fax 04 92 34 34 26, 🌞 – 🏨. 🖭 ⑩ **GB**
fermé 2 au 10 janv., dim. soir et merc. – **Repas** 130/310 ♈, enf. 80

DACHSTEIN 67120 B.-Rhin 𝟞𝟚 ⑨ – 957 h alt. 160.

Paris 476 – Strasbourg 23 – Molsheim 6 – Saverne 28 – Sélestat 41.

XX **Auberge de la Bruche,** ℘ 03 88 38 14 90, Fax 03 88 48 81 12, 🌞, « Décor élégant » –
▤. **GB**
fermé 21 août au 9 sept., 2 au 13 janv., sam. midi, dim. soir et mardi – **Repas** 150/250

DAGLAN 24250 Dordogne 𝟟𝟝 ⑰ – 477 h alt. 101.

Voir St-Pompon : porte fortifiée★ SO : 4,5 km, G. Périgord Quercy.
Paris 553 – Cahors 49 – Sarlat-la-Canéda 23 – Fumel 45 – Gourdon 18 – Périgueux 80.

X **Petit Paris,** ℘ 05 53 28 41 10, Fax 05 53 28 41 10, 🌞 – **GB**. 🛇
fermé 15 déc. au 14 fév., dim. soir et lundi sauf juil.-août – **Repas** 78 (déj.), 125/245 ♈,
enf. 60

La DAILLE 73 Savoie 𝟟𝟜 ⑱ – rattaché à Val d'Isère.

DAMBACH-LA-VILLE 67650 B.-Rhin 𝟞𝟚 ⑨ G. Alsace Lorraine – 1 800 h alt. 210.

🛈 Office de Tourisme pl. de la Mairie ℘ 03 88 92 61 00, Fax 03 88 92 60 09.
Paris 509 – Strasbourg 48 – Obernai 24 – Saverne 61 – Sélestat 9.

🏠 **Vignoble** sans rest, ℘ 03 88 92 43 75 – 🖵 ☎ ✆ ♿. **GB**. 🛇
fermé 25 juin au 2 juil., 19 nov. au 1er déc., 25 déc. au 16 mars et dim. soir hors saison –
⊐ 35 – **7 ch** 270/310

🏠 **Au Raisin d'Or,** ℘ 03 88 92 48 66, Fax 03 88 92 61 42 – ▤ rest, 🖵 ☎ 🅿. ⑩ **GB**. 🛇
fermé 25 déc. au 15 janv., mardi midi et lundi – **Repas** 95/130 ♈, enf. 25 – ⊐ 35 – **8 ch**
270/290 – ½ P 230

DAMGAN 56750 Morbihan 𝟞𝟛 ⑬ – 1 032 h.

Paris 472 – Vannes 27 – Muzillac 10 – Redon 46 – La Roche-Bernard 25.

🏨 **L'Albatros,** ℘ 02 97 41 16 85, Fax 02 97 41 21 34, ≤, 🌞 – ▤ rest, 🖵 ☎ ✆ ♿ 🅿. **GB**
1er avril-8 oct. – **Repas** 60 (déj.), 90/200 ♈, enf. 50 – ⊐ 35 – **28 ch** 210/380 – ½ P 230/310

🏠 **Plage** 🖾 sans rest, ℘ 02 97 41 10 07, Fax 02 97 41 12 82, ≤ – 🛗 🖵 ☎ ♿ 🅿. **GB**
fermé 13 nov. au 2 déc. et 3 janv. au 5 fév. – ⊐ 57 – **18 ch** 290/540

DAMPIERRE-EN-YVELINES 78 Yvelines 𝟞𝟘 ⑨,, 𝟙𝟘𝟙 ㉛ – voir à Paris, Environs.

DAMPRICHARD 25450 Doubs 🔢 ⑱ – 1 858 h alt. 825.

Paris 487 – Besançon 82 – Basel 93 – Belfort 67 – Montbéliard 47 – Pontarlier 67.

🏨 **Lion d'Or,** ☎ 03 81 44 22 84, Fax 03 81 44 23 10, �ございます – 📺 ☎ 🅿️. ⒼⒷ
fermé dim. soir et lundi sauf juil.-août – **Repas** 70 (déj.), 90/210 🍷, enf. 42 – ☲ 38 – **17 ch** 250/300 – ½ P 235/285

DANGÉ-ST-ROMAIN 86220 Vienne 🔢 ④ – 3 150 h alt. 50.

Paris 294 – Poitiers 50 – Le Blanc 54 – Châtellerault 15 – Chinon 45 – Loches 44 – Tours 59.

✕ **Crémaillère,** ☎ 05 49 86 40 24, Fax 05 49 19 17 70 – 🆎 ⓪ ⒼⒷ
fermé merc. – **Repas** 92/199 🍷, enf. 59

DANJOUTIN 90 Ter.-de-Belf. 🔢 ⑧ – rattaché à Belfort.

DANNEMARIE 68210 H.-Rhin 🔢 ⑨ – 1 820 h alt. 320.

Paris 447 – Mulhouse 25 – Basel 45 – Belfort 23 – Colmar 57 – Thann 24.

✕ **Wach,** près H. de Ville ☎ 03 89 25 00 01, Fax 03 89 25 00 01 – ⒼⒷ
🍴 *fermé 16 au 29 août, 23 déc. au 9 janv. et lundi* – **Repas** (déj. seul.) 60/180 🍷, enf. 50

✕ **Ritter,** face gare ☎ 03 89 25 04 30, Fax 03 89 08 02 34, 🌽, 🐎 – 🅿️. ⓪ ⒼⒷ
🍴 *fermé 20 au 31 déc., 20 fév. au 6 mars, jeudi soir d'oct. à avril, lundi soir et mardi* – **Repas** 59/190 🍷, enf. 60

---

*If you are held up on the road - from 6pm onwards -
confirm your hotel booking by telephone.
It is safer and quite an accepted practice.*

DAOULAS 29460 Finistère 🔢 ⑤ – 1 640 h alt. 30.

Paris 592 – Brest 20 – Quimper 54 – Carhaix-Plouguer 67 – Landerneau 12 – Morlaix 55.

✕✕ **Faïencerie,** 22 r. Valy ☎ 02 98 25 91 91, 🐎 – 🆎 ⓪ ⒼⒷ
fermé 1ᵉʳ au 15 oct., fév., lundi soir et mardi – **Repas** 95 (déj.), 140/240 🍷

DAVÉZIEUX 07 Ardèche 🔢 ⑩ – rattaché à Annonay.

DAX ◆ 40100 Landes 🔢 ⑥ ⑦ G. Aquitaine – 19 309 h alt. 12 – Stat. therm. – Casinos La Potinière et à St-Paul-lès-Dax.

🗓 Office de Tourisme pl. Thiers ☎ 05 58 56 86 86, Fax 05 58 56 86 80.

Paris 732 ① – Biarritz 60 – Mont-de-Marsan 54 ② – Bordeaux 153 ① – Pau 88 ③.

Plan page ci-contre

🏛 **Grand Hôtel Mercure Splendid,** cours Verdun ☎ 05 58 56 70 70, Fax 05 58 74 76 33, ≼, centre thermal, « Décor art-déco originel », 🔁, 🐎 – 🛗 ☎ 🅿️ – 🔔 80. 🆎 ⓪ ⒼⒷ. ⬜ rest
B a
fermé janv. – **Repas** 120/180 🍷, enf. 65 – ☲ 60 – **155 ch** 450/700, 6 appart – ½ P 400/750

🏨 **Richelieu,** 13 av. V. Hugo ☎ 05 58 90 49 49, Fax 05 58 90 80 86, 🌽 – 🛗 ☎ 🅿️ – 🔔 20. 🆎 ⒼⒷ
B n
Repas *(fermé 25 au 31 déc., sam. midi et dim. soir)* (70) - 90 bc (déj.), 120/200 🍷 – ☲ 30 – **40 ch** 220/270 – ½ P 230

🏨 **Vascon** sans rest, pl. Fontaine Chaude ☎ 05 58 56 64 60, Fax 05 58 90 85 47 – 🛗 📺 ☎ 📞. ⒼⒷ
B u
5 mars-2 déc. – ☲ 24 – **25 ch** 180/250

🏨 **Jean Le Bon,** 12 r. Jean Le Bon ☎ 05 58 74 29 14, Fax 05 58 90 03 04, 🔁 – cuisinette, ▤ rest, 📺 ☎ 📞 🅿️. 🆎 ⓪ ⒼⒷ 🇯🇵
A k
fermé janv. et fév. – **Repas** *(fermé dim. soir et lundi)* 65/200 🍷, enf. 50 – ☲ 35 – **27 ch** 230/270 – ½ P 230/260

✕ **L'Amphitryon,** 38 cours Galliéni ☎ 05 58 74 58 05 – ⒼⒷ
B e
fermé 18 août au 1ᵉʳ sept., 2 au 17 janv., dim. soir et lundi – **Repas** 110/220 🍷

✕ **Auberge des Pins** avec ch, 86 av. F. Planté ☎ 05 58 74 22 46, Fax 05 58 56 05 62, 🌽 –
📺 ☎ 🅿️. 🆎 ⒼⒷ
A w
fermé 15 déc. au 10 janv. – **Repas** *(fermé lundi soir, mardi soir hors saison et dim. soir)* 65 bc (déj.), 100/165 🍷 – ☲ 28 – **13 ch** 180/290

DAX

St-Paul-lès-Dax – *9 452 h. all. 21* – ⌧ *40990* :

🚩 *Office de Tourisme 68 av. de la Résistance 𝒫 05 58 91 60 01, Fax 05 58 91 97 44.*

🏛🏛🏛 **Calicéa** Ⓜ ⤴, au Lac de Christus 𝒫 05 58 90 66 00, *Fax 05 58 90 68 68*, 🛋, espace de remise en forme aquatique, *Ⅰ₄*, ⬛, ▨ – ▤ cuisinette ▦ 🆃🆅 ☎ ✔ ♿ 🚗 🅿 – 🕍 120. 🆎 ⓞ
GB, ⋘ rest   A n
Repas 90 ⅄, enf. 35 – ⊇ 50 – **48 ch** 440/890

🏛🏛🏛 **Les Jardins du Lac** Ⓜ ⤴, au lac de Christus 𝒫 05 58 91 43 43, *Fax 05 58 91 34 24*, ⬛,
🛋 – ▤ cuisinette 🆃🆅 ☎ ✔ 🅿 – 🕍 15. 🆎 ⓞ GB ⋘ rest   A v
Repas (65) - 85/145 ⅄ – ⊇ 45, 51 appart 435/605 – ½ P 370

🏛🏛 **Lac** ⤴, au lac de Christus 𝒫 05 58 90 60 00, *Fax 05 58 91 34 88*, 🛋, centre thermal – ▤
cuisinette 🗐 rest, 🆃🆅 ☎ ♿ 🅿 – 🕍 150. 🆎 ⓞ GB. ⋘ rest   A t
1ᵉʳ mars-26 nov. – **L'Arc-en-Ciel** : **Repas** 87/170, enf. 55 – ⊇ 35 – **250 ch** 340/360 –
½ P 324

🏛 **Campanile,** rte Bayonne - N 124 𝒫 05 58 91 35 34, *Fax 05 58 91 37 00*, 🛋 – ⋙ 🆃🆅 ☎ ✔
♿ 🅿 – 🕍 40. 🆎 ⓞ GB   A b
Repas 88/103 ⅄, enf. 39 – ⊇ 36 – **46 ch** 315

🏛 **Climat de France,** au lac de Christus 𝒫 05 58 91 70 70, *Fax 05 58 91 90 00*, 🛋 – 🆃🆅 ☎
✔ ♿ 🅿 – 🕍 25. 🆎 ⓞ GB   A f
Repas (69) - 95/135 ⅄, enf. 39 – ⊇ 37 – **42 ch** 305

%%% **Moulin de Poustagnacq,** 𝒫 05 58 91 31 03, *Fax 05 50 91 37 97*, 🛋, « Ancien moulin
XXX   au bord d'un étang » – 🅿. 🆎 ⓞ GB   A r
fermé dim. soir et lundi – **Repas** 135/300

%%% **Relais des Plages** avec ch, rte de Bayonne par ④ : *3 km* 𝒫 05 58 91 78 86,
XX   *Fax 05 58 91 85 13*, ⬛, 🏯 – 🗐 rest, 🆃🆅 ☎ ✔ 🅿. 🆎 ⓞ GB
⌖   **Repas** *(fermé dim. soir et lundi sauf juil.-août)* 65/200 ⅄ – ⊇ 35 – **10 ch** 220/300 – ½ P 350

14800 Calvados 55 ③ *G. Normandie Vallée de la Seine* – 4 261 h alt. 2 – *Casino* **AZ**.

Voir *Mont Canisy* ⇐ ★ *5 km par* ④ *puis 20 mn.*

⌖ *de Deauville-St-Gatien :* ℘ *02 31 65 65 65, S : 7 km* **BY**.

🛈 *Office de Tourisme pl. Mairie* ℘ *02 31 14 40 00, Fax 02 31 88 78 88.*

Paris 200 ③ – *Caen 47* ④ – *Le Havre 42* ③ – *Évreux 101* ③ – *Lisieux 30* ③ – *Rouen 90* ③.

DEAUVILLE		
	Fracasse (R. A.) . . . . **AZ**	Le-Hoc (R. D.) . . . . **BZ** 24
	Gambetta (R.) . . . . **BY** 9	Le Marois (R.) . . . . **AZ** 25
Blanc (R. E.) . . . . **AZ** 4	Gaulle (Av. Gén.-de) . . . **AZ** 10	Mirabeau (R.) . . . . **BY** 26
Colas (R. E.) . . . . **AZ** 5	Gontaut-Biron (R.) . . . . . **AYZ** 13	Morny (Pl. de) . . . . **BZ** 28
Fossorier (R. R.) . . . . . . **ABZ** 8	Hoche (R.) . . . . **AYZ** 20	République
	Laplace (R.) . . . . **AZ** 23	(Av. de la) . . . . **ABZ**

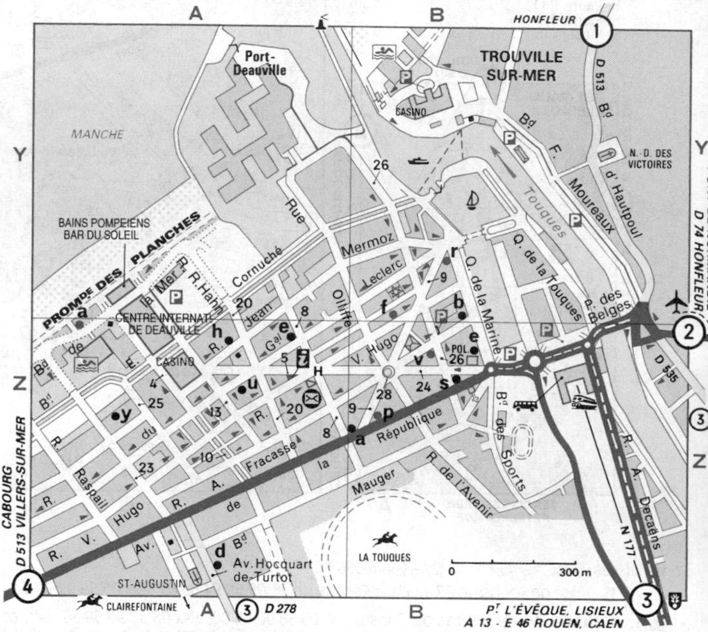

🏨🏨🏨 **Normandy,** 38 r. J. Mermoz ℘ 02 31 98 66 22, Fax 02 31 98 66 23, ≤, 佘, 𝑓ₐ, ⬜, ⚓ – ▯
📺 ☎ ✆ ♿ ⚗ 🅿 – 🔒 15 à 160. 🖭 ⓞ 😣 𝖩𝖢𝖡, ⚒ rest
AZ h
Belle Époque : Repas 285/325 ⓣ, enf. 130 – ⚏ 130 – **265 ch** 1590/2400, 26 appart –
½ P 1080/1485

🏨🏨🏨 **Royal,** bd E. Cornuché ℘ 02 31 98 66 33, Fax 02 31 98 66 34, ≤, 佘, 𝑓ₐ, ⬜, ⚓ – ▯ 📺 ☎
✆ ♿ – 🔒 20 à 200. 🖭 ⓞ 😣. ⚒ rest
AZ y
18 mars-5 nov. – **- L'Etrier** (dîner seul.) Repas 295/385 ⓣ, enf. 145 – ⚏ 130 – **223 ch**
1800/2200, 27 appart

🏨🏨 **L'Augeval** 🅼, 15 av. Hocquart de Turtot ℘ 02 31 81 13 18, Fax 02 31 81 00 40, 佘, ⚓ –
▯, ▤ rest, 📺 ☎ ✆ ♿ – 🔒 30 à 50. 🖭 ⓞ 😣 𝖩𝖢𝖡
AZ d
Repas 160/380 ⓣ – ⚏ 62 – **32 ch** 680/1400 – ½ P 540/900

🏨 **Yacht Club** 🅼 sans rest, 2 r. Breney ℘ 02 31 87 30 00, Fax 02 31 87 05 80 – ▯ ⇄ 📺 ☎
✆ ♿. 🖭 ⓞ 😣
BY b
fermé 2 janv. au 5 fév. – ⚏ 66 – **53 ch** 1017/1411, 6 duplex

🏨 **Trophée,** 81 r. Gén. Leclerc ℘ 02 31 88 45 86, Fax 02 31 88 07 94, 佘 – ▯ 📺 ☎ ✆. 🖭 ⓞ
😣 𝖩𝖢𝖡
AZ u
Flambée : Repas (85)-150/295 ⓣ, enf. 85 – ⚏ 50 – **24 ch** 680 – ½ P 440/510

🏨 **Hélios** sans rest, 10 r. Fossorier ℘ 02 31 14 46 46, Fax 02 31 88 53 87, ⚓ – ▯ 📺 ☎ ♿. 🖭
ⓞ 😣 𝖩𝖢𝖡. ⚒
AZ e
⚏ 49 – **37 ch** 480, 8 duplex

🏨 **Continental** sans rest. 1 r. Désiré Le Hoc $\mathscr{C}$ 02 31 88 21 06, Fax 02 31 98 93 67 – 🔌 📺 ☎
✆ – 🛗 30. 🇦🇪 ⓞ 🇬🇧
BZ **s**
fermé 12 nov. au 22 déc. – ☞ 42 – **42 ch** 420

🏨 **Ibis**, quai Marine $\mathscr{C}$ 02 31 14 50 00, Fax 02 31 14 50 05, 🏠 – 🔌 🍴 📺 ☎ 🛗 🚗 –
🛗 15 à 30. 🇦🇪 ⓞ 🇬🇧
BZ **e**
Repas (75) - 95/145 ♀, enf. 39 – ☞ 39 – **81 ch** 465/495, 14 duplex

🏨 **Chantilly** sans rest, 120 av. République $\mathscr{C}$ 02 31 88 79 75, Fax 02 31 88 41 29 – 📺 ☎ ✆
🇦🇪 ⓞ 🇯🇨🇧
BZ **a**
☞ 40 – **17 ch** 195/435

🍽 **L'Espérance**, 32 r. V. Hugo $\mathscr{C}$ 02 31 88 26 88, Fax 02 31 88 33 29, 🏠 – 📺 ☎. � ch
fermé 20 au 30 juin – **Repas** (fermé merc. et jeudi d'oct. à juin sauf vacances scolaires)
105/170 ♀ – ☞ 40 – **10 ch** 275/410 – ½ P 273/343
BY **f**

🍽🍽🍽🍽 **Ciro's**, prom. Planches $\mathscr{C}$ 02 31 14 31 31, Fax 02 31 98 66 71, ≤, 🏠 – 🇦🇪 ⓞ 🇬🇧 🇯🇨🇧
fermé 9 au 25 janv., mardi soir et merc. d'oct. à mars sauf fériés – **Repas** - produits de la
mer 195 et carte 230 à 160 ♀
AZ **a**

🍽🍽 **Spinnaker**, 52 r. Mirabeau $\mathscr{C}$ 02 31 88 24 40, Fax 02 31 88 43 58 – 🇦🇪 ⓞ 🇬🇧
BZ **v**
fermé 14 au 24 nov., lundi sauf juil.-août et mardi d'oct. à Pâques – **Repas** 170/250 ♀

🍽🍽 **Yearling**, 38 av. Hocquart de Turtot (Sud du plan AZ) D 278 $\mathscr{C}$ 02 31 88 33 37,
Fax 02 31 88 33 89 – 🇦🇪 🇬🇧
🐾
fermé 13 au 28 nov., 15 au 31 janv., 12 au 21 fév., mardi et merc. sauf août – Repas
135/360 bc ♀

🍽 **Garage**, 118 bis av. République $\mathscr{C}$ 02 31 87 25 25, Fax 02 31 87 38 37, brasserie – 🇦🇪 ⓞ
🇬🇧 🇯🇨🇧
BZ **p**
fermé 12 nov. au 6 déc., dim. soir et lundi d'oct. à mars – **Repas** 100/166 ♀

🍽 **Chez Marthe**, 1 quai de la Marine $\mathscr{C}$ 02 31 88 92 51, Fax 02 31 87 34 95 – 🇦🇪 🇬🇧
fermé janv. sauf week-ends, merc. sauf le soir en vacances scolaires et mardi soir hors
saison – **Repas** carte 110 à 290 ♀
BY **r**

à l'aéroport Deauville-St-Gatien Est : 7 km par D 74 – ⊠ 14130 Pont-l'Évêque :

🍽🍽 **Rest. Aéroport**, 1ᵉʳ étage $\mathscr{C}$ 02 31 64 81 81, Fax 02 31 64 83 83, 🏠 – 🇦🇪 ⓞ 🇬🇧
fermé 10 janv. au 20 fév., lundi et mardi sauf août – **Repas** 100/320 ♀

à Touques par ③ : 2,5 km – 3 070 h. alt. 10 – ⊠ 14800 :

🏨🏨 **L'Amirauté** Ⓜ, N 177 $\mathscr{C}$ 02 31 81 82 83, Fax 02 31 81 82 93, 🏠, Parc, 🗃, 🏊, 🏊, 🎾 – 🔌
📺 ☎ ✆ 🛗 📠 – 🛗 20 à 400. 🇦🇪 ⓞ 🇬🇧
Grill : Repas carte 220 à 300, enf.82 – **Pré St-Arnoult** (fermé lundi et mardi sauf juil.-août)
Repas 160, enf.82 – ☞ 65 – **224 ch** 690/1350, 6 appart – ½ P 550/850

🍽🍽 **Aux Landiers**, 90 r. Louvel et Brière $\mathscr{C}$ 02 31 88 00 39, Fax 02 31 88 00 39, 🏠, « Terrasse
fleurie » – 🇦🇪 ⓞ 🇬🇧
fermé mi-janv. à mi-fév., jeudi midi et merc. (sauf juil.-août) – **Repas** 100/320, enf. 60

🍽🍽 **Village** avec ch, 64 r. Louvel et Brière $\mathscr{C}$ 02 31 88 01 77, Fax 02 31 88 99 24, 🏠 – 📺 ☎. 🇦🇪
🇬🇧
fermé 2 au 29 janv., dim. soir et lundi sauf juil.-août et fériés – **Repas** 89/225 ♀, enf. 50 –
☞ 35 – **8 ch** 250/350 – ½ P 300/350

à Canapville par ③ : 6 km – 185 h. alt. 10 – ⊠ 14800 :

🍽🍽 **Auberge du Vieux Tour**, sur N 177 $\mathscr{C}$ 02 31 65 21 80, Fax 02 31 65 03 75, 🏠, 🚗 – 📠.
🇬🇧
fermé 3 au 26 janv., 17 au 24 fév., mardi soir et merc. sauf juil.-août **Repas** 100/200 ♀

au New Golf Sud : 3 km par D 278 - BAZ – ⊠ 14800 Deauville :

🏨🏨🏨 **Golf** 🐾, $\mathscr{C}$ 02 31 14 24 00, Fax 02 31 14 24 01, ≤ campagne deauvillaise », 🏠, parc,
« Au milieu du golf », 🗃, 🏊, 🎾 – 🔌 📺 ☎ 📠 – 🛗 30 à 150. 🇦🇪 ⓞ 🇬🇧 🇯🇨🇧
hôtel : 17 mars-31 oct. et 29 déc.-21 janv. – **Pommeraie** (dîner seul) (17 mars-31 oct. et
29 déc.-21 janv.) Repas 170/450 ♀, enf. 120 – **Club House** $\mathscr{C}$ 02 31 14 24 23 (déj. seul.)
(fermé mardi du 15 nov. au 15 déc. et du 1ᵉʳ fév. au 15 mars) Repas 140/175 ♀, enf. 60 –
☞ 100 – **178 ch** 1240/1895 – ½ P 910/1290

au Sud : 6 km par D 278 et chemin de l'Orgueil – ⊠ 14800 Deauville :

🏨🏨 **Hostellerie de Tourgéville** 🐾, $\mathscr{C}$ 02 31 14 40 60, Fax 02 31 14 40 69, ≤, 🏠, parc, 🗃,
🏊, 🎾 – 📺 ☎ 📠 – 🛗 20. 🇦🇪 🇬🇧 🇯🇨🇧
fermé 29 janv. au 19 fév. – **Repas** 190/295 – ☞ 75 – **6 ch** 900, 6 appart 1600, 13 duplex 1200
– ½ P 690/1040

au golf de l'Amirauté Sud : 7 km par D 278 – ⊠ 14800 Deauville :

🍽🍽 **Chaumes**, $\mathscr{C}$ 02 31 14 42 00, Fax 02 31 88 32 00, 🏠 – 📠. 🇬🇧
Repas (120) - 165/235 ♀

DECAZEVILLE 12300 Aveyron 80 ① G. Midi-Pyrénées – 7 754 h alt. 230.

🛈 Office de Tourisme sq. J.-Ségalat ℰ 05 65 43 18 36, Fax 05 65 43 19 89.
Paris 599 – Rodez 39 – Aurillac 65 – Figeac 27 – Villefranche-de-Rouergue 40.

Moderne, 16 av. A. Bos (derrière église) ℰ 05 65 43 04 33, Fax 05 65 43 17 17 – 📺 ☎ ✆ –
🔬 30. 🆎 ⚍
fermé dim. – **Repas** 85/280 ♀ – ☲ 30 – **24 ch** 230/350 – ½ P 250/300

Foulquier, 16 av. V. Hugo (rte Figeac) ℰ 05 65 63 27 42, Fax 05 65 43 37 33 – 📺 ☎ & 🅿.
⚍
Repas (fermé 2 au 16 juil., 24 déc. au 7 janv., sam. soir et dim.) 55/125 ♀ – ☲ 30 – **21 ch**
200/260 – ½ P 300

DECIZE 58300 Nièvre 69 ④ G. Bourgogne – 6 876 h alt. 197.

🛈 Office de Tourisme (saison) pl. du Champ-de-Foire, 28 r. de la République ℰ 03 86 25 27
23, Fax 03 86 77 16 58 et Mairie ℰ 03 86 25 03 23.
Paris 275 – Moulins 35 – Châtillon-en-Bazois 35 – Luzy 44 – Nevers 35.

Charolais, 33 bis rte Moulins ℰ 03 86 25 22 27, Fax 03 86 25 52 52, 😤 – ⚌. 🆎 ⚍
fermé dim. soir et lundi – **Repas** 97/260 ♀

La DÉFENSE 92 Hauts-de-Seine 55 ⑳,, 101 ⑭ – voir à Paris, Environs.

DELME 57590 Moselle 57 ⑭ – 681 h alt. 220.
Paris 365 – Metz 33 – Nancy 31 – Château-Salins 12 – Pont-à-Mousson 29 – St-Avold 47.

A la Douzième Borne Ⓜ, ℰ 03 87 01 30 18, Fax 03 87 01 38 39, 😤, 🐎 – 🛗, ⚌ rest,
📺 ☎ ✆. 🆎 ⓞ ⚍
Repas 58 (déj.), 98/250 ♂ – ☲ 30 – **16 ch** 240/360 – ½ P 390

Auberge de Delme, ℰ 03 87 01 33 33, Fax 03 87 01 38 12, 😤, 🐎 – 📺 ☎ ✆ 🅿. 🆎 ⚍
fermé 2 au 9 janv. – **Repas** 68/210 ♂ – ☲ 30 – **11 ch** 210/290 – ½ P 280

Les plans de villes
sont orientés le Nord en haut.

DENNEMONT 78 Yvelines 55 ⑱ – rattaché à Mantes-la-Jolie.

DESCARTES 37160 I.-et-L. 68 ⑤ G. Châteaux de la Loire – 4 120 h alt. 50.

🛈 Syndicat d'Initiative à la Mairie ℰ 02 47 92 42 20, Fax 02 47 59 72 20.
Paris 293 – Tours 58 – Châteauroux 93 – Châtellerault 24 – Chinon 50 – Loches 32.

Moderne, 15 r. Descartes ℰ 02 47 59 72 11, Fax 02 47 92 44 90, 😤 – 📺 ☎ 🅿. ⚍
fermé vacances de fév., vend. soir et sam. hors saison et dim. soir en saison – **Repas**
80/165 ♀, enf. 45 – ☲ 38 – **11 ch** 220/305 – ½ P 250

Auberge de l'Islette, à Lilette (86 Vienne) Ouest : 3 km par D 58 et D5 ✉ 37160
Descartes ℰ 02 47 59 72 22 – 🅿. ⚍
fermé 15 déc. au 15 janv. et sam. hors saison – **Repas** 62/170

DESVRES 62240 P.-de-C. 51 ⑫ – 5 318 h alt. 98.

🛈 Office de Tourisme r. Jean Macé ℰ 03 21 87 69 23, Fax 03 21 83 44 45.
Paris 256 – Calais 45 – Arras 102.

Ferme du Moulin aux Draps Ⓜ 🦢 sans rest, rte Crémarest (D 254ᴱ) : 1,5 km
ℰ 03 21 10 69 59, Fax 03 21 87 14 56, parc – ❄ 📺 ☎ ✆ & 🅿. 🆎 ⚍
☲ 65 – **20 ch** 430/510

Les DEUX-ALPES (Alpes de Mont-de-Lans et de Vénosc) 38860 Isère 77 ⑥
G. Alpes du Nord – Alpe de Vénosc, 1 660 m Alpe de Mont-de-Lans – Sports d'hiver : 1 644/
3 600 m ⭐ 8 ✆ 54 ⭐.
Voir Belvédère de la Croix★.

🛈 Office de Tourisme ℰ 04 76 79 22 00, Fax 04 76 79 01 38, Points Informations de
Mont-de-Lans ℰ 04 76 79 25 00 et de Vénosc ℰ 04 76 79 26 41.
Paris 643 ① – Grenoble 76 ① – Le Bourg-d'Oisans 26 ①.

🏨🏨 **Bérangère** ⊗, (a)
    ℘ 04 76 79 24 11,   Fax 04 76 79 55 08, ≤, 🍴, 🗖,
🌊, 🗖 – 🛗 📺 ☎ 👍 🅿 –
🛎 25. 🖭 GB. 🛠 rest
20 juin-31 août et début déc.-fin avril – **Repas** 190 (déj.), 220/490 – ☑ 70 –
59 ch 770/1200 –
½ P 600/840

🏨🏨 **Les Marmottes,** 23 av de la muzelle (d)
    ℘ 04 76 79 21 91,   Fax 04 76 79 25 79, ≤, 🍴, 🗖,
🛠 – 🛗 📺 ☎ 🅿 – 🛎 60.
🖭 GB. 🛠 rest
24 juin-2 sept. et 19 déc.-24 avril – **Repas** 150 (déj.), 180/250 – ☑ 60 –
40 ch 600/900 –
½ P 450/800

🏠 **Chalet Mounier,** (n)
    ℘ 04 76 80 56 90,   Fax 04 76 79 56 51, ≤, 🍴, 🍴,
🌊, 🗖, 🍴, 🛠 – 🛗 📺 ☎
🛠 – 🛎 15 à 25. GB. 🛠
25 juin-3 sept. et 16 déc.-24 avril – Repas 139/195 - **P'tit Polyte :**
Repas 195/320 ⍨ – ☑ 70 – **44 ch** 520/960, 3 duplex – ½ P 480/720
Spéc. Escalope de foie gras de canard. Omble chevalier aux crozets. Moelleux au chocolat en chaud-froid. **Vins** Roussette, Mondeuse.

🏠 **Farandole** ⊗, (b)
    ℘ 04 76 80 50 45,   Fax 04 76 79 56 12, ≤ massif de la Muzelle, 🍴, 🍴, 🗖,
🍴 – 🛗 📺 ☎ 👍 ⇔ 🅿 – 🛎 25 à 60. 🖭 GB. 🛠 rest
24 juin-27 août et 16 déc.-1er mai – **Repas** 175/375 ⍨ – ☑ 60 – **46 ch** 850/1400, 14 appart – ½ P 780/830

🏠 **Les Mélèzes,** 17 rue des vikings (s) ℘ 04 76 80 50 50, Fax 04 76 79 20 70, ≤, 🍴 – 📺 ☎ 🅿
  – 🛎 25. GB. 🛠 rest
20 déc.-25 avril – **Repas** (80) - 145/350 – ☑ 50 – **32 ch** 365/485   ½ P 410/465

🏠 **Souleil'Or** ⊗, (t) ℘ 04 76 79 24 69, Fax 04 76 79 20 64, ≤, 🍴, 🍴, 🌊 – 🛗, 🖭 rest, 📺 ☎
  👍 🅿 – 🛎 25. 🖭 GB. 🛠
20 juin-3 sept. et 19 déc.-1er mai – **Repas** 145 (déj.)/170 ⍨ – ☑ 60 – **42 ch** 760 – ½ P 620/670

🏠 **Serre-Palas** sans rest, (u) ℘ 04 76 80 56 33, Fax 04 76 79 04 36 – 📺 ☎ ⇔. GB
24 juin-6 sept. et 2 déc.-5 mai – ☑ 33 – **24 ch** 550/680

🏠 **Muzelle-Sylvana,** (r) ℘ 04 76 80 50 93, Fax 04 76 79 04 06, 🍴 – 🛗 📺 ☎ 👍 ⇔ 🅿 –
  🛎 30. GB. 🛠 rest
15 déc.-15 avril – **Repas** 150 (déj.), 160/170 – ☑ 60 – **30 ch** 300/450 – ½ P 430/490

🏠 **Mariande** ⊗, (f) ℘ 04 76 80 50 60, Fax 04 76 79 04 99, ≤ massif de la Muzelle, 🍴, 🌊,
  🍴, 🛠 – 📺 ☎ 🅿. GB. 🛠 rest
25 juin-30 août et 16 déc.-Pâques – **Repas** 100 (déj.), 150/170 – ☑ 50 – **24 ch** 580, 3 duplex
– ½ P 450/500

🍴 **Bel'Auberge,** (x) ℘ 04 76 79 57 90, Fax 04 76 80 56 89, 🍴 – 🅿. GB
26 juin-3 sept. et 5 déc.-1er mai – **Repas** 99/190, enf. 55

Ne confondez pas :

    Confort des hôtels   : 🏨🏨🏨 ... 🏠, ⍨
    Confort des restaurants : XXXXX ... X
    Qualité de la table   : 🏵🏵🏵, 🏵🏵, 🏵, ⊛

Pl. de Mont de Lans
Chemin de la Sea
Rte de Champame
LA BELLE ÉTOILE
Rue du Grand Plan
Rue de Vallée Blanche
L'ALPE-DE-MONT-DE-LANS
Pl. des Deux-Alpes
JANDRI-EXPRESS
Belvédère des Cimes
SUPER VENOSC
L'ALPE-DE-VENOSC
R. des Vikings
ST-BENOÎT
Pl. de l'Alpe-de-Venosc
LE DIABLE
BELVÉDÈRE DE LA CROIX
LES CIMES
Av. de la Muzelle
Sagnes
VENOSC
R. du Rouchas

DHUIZON 41220 L.-et-Ch. 🔢 ⑧ – 1 100 h alt. 93.

Paris 176 – *Orléans 44* – Beaugency 23 – Blois 29 – Romorantin-Lanthenay 26.

XX **Auberge du Grand Dauphin** avec ch., ☎ 02 54 98 31 12, 🏢, 🚗 – ☎ 🅿️, ☜
fermé 15 janv. au 15 fév., dim. soir et lundi – **Repas** 95/240 ♀, enf. 50 – ☑ 33 – **9 ch** 220/240
– ½ P 225/245

DIE ◈ 26150 Drôme 🔢 ⑬ ⑭ *G. Alpes du Sud* – 4 230 h alt. 415.

Voir *Mosaïque★ dans l'hôtel de ville.*

🏢 Office de Tourisme pl. St-Pierre ☎ 04 75 22 03 03, Fax 04 75 22 40 46.

Paris 628 – *Valence 67* – Gap 93 – Grenoble 97 – Montélimar 73 – Nyons 84 – Sisteron 101.

🏠 **Relais de Chamarges,** rte Valence : 1 km ☎ 04 75 22 00 95, Fax 04 75 22 19 34, 🏢, 🚗
– 📺 ☎ 🅿️ – 🏊 15. ☜
fermé 15 janv. au 1er mars – **Repas** 95/265 ♀, enf. 55 – ☑ 40 – **12 ch** 280

XX **Petite Auberge** avec ch., av. Sadi-Carnot (face gare) ☎ 04 75 22 05 91,
Fax 04 75 22 24 60, 🏢, 🚗 – 📺 ☎ 🅿️, ☜
fermé 15 déc. au 15 janv., dim. soir et merc. hors saison et lundi en juil.-août – **Repas** (70) -
99/220 ♀, enf. 50 – ☑ 40 – **11 ch** 160/260 – ½ P 210/280

DIEFFENTHAL 67650 B.-Rhin 🔢 ⑯ – 246 h alt. 185.

Paris 437 – *Strasbourg 50* – Lunéville 101 – St-Dié 46 – Sélestat 8.

🏠 **Les Châteaux** Ⓜ 🐾, ☎ 03 88 92 49 13, Fax 03 88 92 40 99, ≤, 🏢, 🚗 – 📶 📺 ☎ 📞 ♿ 🅿️
– 🏊 30. ☜ 🍴 rest
fermé 23 au 27 déc. – **Repas** (50) - carte 190 à 300 – ☑ 35 – **32 ch** 360/450 – ½ P 310/330

DIEFMATTEN 68780 H.-Rhin 🔢 ⑨ – 227 h alt. 300.

Paris 443 – *Mulhouse 21* – Belfort 23 – Colmar 47 – Thann 14.

XXX **Auberge du Cheval Blanc,** ☎ 03 89 26 91 08, Fax 03 89 26 92 28, 🏢, 🚗 – 🟰 🅿️, 🅰�🅴
⒪ ☜
fermé 17 juil. au 9 août, vacances de fév., lundi et mardi sauf fériés – **Repas** 125 (déj.),
165/390 et carte 260 à 420 ♀, enf. 60

DIENNE 15300 Cantal 🔢 ③ *G. Auvergne* – 359 h alt. 1053.

Paris 535 – *Aurillac 51* – Allanche 21 – Condat 30 – Mauriac 51 – Murat 11 – St-Flour 34.

♨ **Poste,** ☎ 04 71 20 80 40, Fax 04 71 20 82 75, ≤ – ☎ 🅿️, 🅰�🅴 ☜, 🍴
fermé 5 janv. au 5 fév. – **Repas** (dîner seul.) 90/120 🍷 – ☑ 35 – **10 ch** 250/350

DIEPPE ◈ 76200 S.-Mar. 🔢 ④ *G. Normandie Vallée de la Seine* – 35 894 h alt. 6 – Casino Municipal AY.

Voir *Église St-Jacques★ – Boulevard de la Mer ≤★ par D 75 – Chapelle N.-D.-de-
Bon-Secours ≤★ – Musée★ du château (ivoires dieppois★).*

Env. *Envermeu : chœur★ de l'église, 12 km par D 925* BY.

🏢 Office de Tourisme Pont Jehan-Ango Quai du Carenage ☎ 02 35 84 11 77, Fax 02 35 06 27
66.

Paris 195 ② – Abbeville 68 ① – Caen 172 ② – Le Havre 110 ② – Rouen 65 ②.

Plan page ci-contre

🏛 **Aguado** sans rest, 30 bd Verdun ☎ 02 35 84 27 00, Fax 02 35 06 17 61, ≤ – 📶 📺 ☎, ☜
🍴
BY s
☑ 50 – **56 ch** 350/485

🏠 **Europe** Ⓜ sans rest, 63 bd Verdun ☎ 02 32 90 19 19, Fax 02 32 90 19 00, ≤ – 📶 💺 📺 ☎
📞 ♿ – 🏊 25. ☜
BY t
☑ 42 – **60 ch** 350/450

🏠 **Plage** sans rest, 20 bd Verdun ☎ 02 35 84 18 28, Fax 02 35 82 36 82, ≤ – 📶 📺 ☎ 📞, 🅰�🅴 ⒪
☜ ⃣
AY n
☑ 39 – **40 ch** 280/360

🏠 **Ibis** Ⓜ 🐾, par ② le Val Druel ☎ 02 35 82 65 30, Fax 02 35 82 41 52 – 💺 📺 ☎ 📞 🅿️ –
🏊 25. 🅰�🅴 ⒪ ☜
Repas (75) - 95 🍷, enf. 39 – ☑ 37 – **45 ch** 305/360

XX **Mélie,** 2 Gde rue du Pollet ☎ 02 35 84 21 19, Fax 02 35 06 24 27 – 🅰�🅴 ⒪ ☜
BY d
fermé 1er au 20 oct., 20 déc. au 10 janv., dim. soir et lundi sauf fériés – **Repas** (week-ends,
prévenir) 180/230 bc et carte 240 à 340

XX **Marmite Dieppoise,** 8 r. St-Jean ☎ 02 35 84 24 26, Fax 02 35 84 31 12 – ☜
BY k
fermé 27 juin au 2 juil., 21 nov. au 10 déc., vacances de fév., dim. soir, jeudi soir et lundi –
Repas 100 (déj.), 150/220 ♀

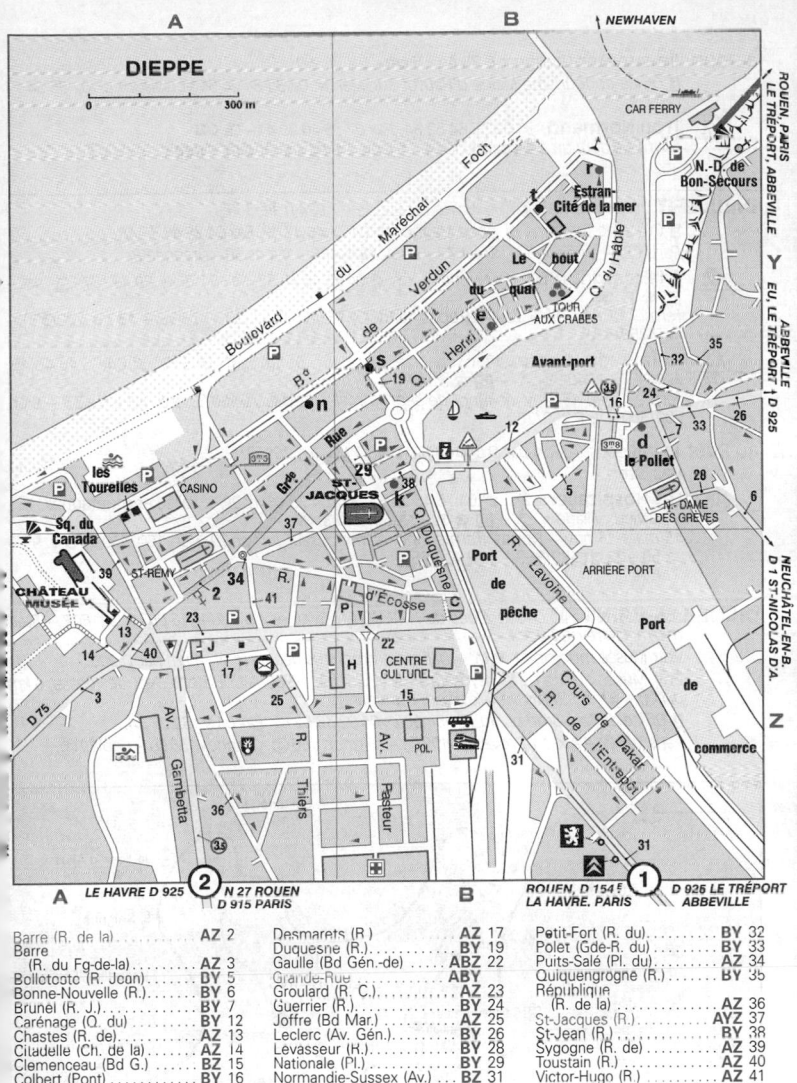

DIEPPE

✗ **Musardière**, 61 quai Henri IV ℰ 02 35 82 94 14 – ⊖⊟   BY **e**
ᗧ *fermé 13 déc. au 21 janv., dim. soir sauf juil.-août et lundi* – **Repas** 75/165 ‡, enf. 38

à Martin-Église *par D 1* BYZ *: 7 km – 1 167 h. alt. 11 –* ⊠ *76370 :*

✗✗ **Auberge du Clos Normand** ⤶ *avec ch,* ℰ 02 35 04 40 34, *Fax 02 35 04 48 49,* 斎, « *Auberge du 15ᵉ siècle en bordure de rivière* », 斎 – ᴛᴠ ☎ ᴘ. ᴀᴇ ⊖⊟
fermé 15 nov. au 15 déc., lundi soir et mardi – **Repas** 170/270 ‡ – ☳ 40 – **8 ch** 270/510 – ½ P 450

aux Vertus *par ② et N 27 : 3,5 km –* ⊠ *76550 Offranville :*

✗✗✗ **Bucherie**, ℰ 02 35 84 83 10, *Fax 02 35 84 18 19,* 斎 – ᴘ. ᴀᴇ ⊖⊟
fermé 25 juil. au 10 août, 21 nov. au 7 déc., 21 fév. au 9 mars, dim. soir et lundi – **Repas** 95 (déj.), 140/170 et carte 240 à 340 ‡

à Pourville-sur-Mer *Ouest par D 75* **AZ** *: 5 km –* ⊠ *76550 :*

🛈 *Office de Tourisme Mairie d'Hautot-sur-Mer* ℘ *02 35 84 24 55 et (saison)* ℘ *02 35 84 71 06.*

XX **Trou Normand,** ℘ 02 35 84 59 84, Fax 02 35 40 29 41 – ⴄ **GB**
fermé 10 août au 2 sept., 23 déc. au 5 janv., merc. soir et dim. – **Repas** 97/160 ⵧ

DIEULEFIT *26220 Drôme* 🖽 ② *G. Vallée du Rhône* – *2 924 h alt. 366.*

🛈 *Office de Tourisme pl. Abbé Magnet* ℘ *04 75 46 42 49, Fax 04 75 46 36 48.*
Paris 627 – *Valence 67* – *Crest 32* – *Montélimar 28* – *Nyons 30* – *Orange 58.*

🏛 **À l'Escargot d'Or,** rte Nyons : 1 km ℘ 04 75 46 40 52, Fax 04 75 46 89 49, 🌉, ⵃ, ⵥ –
🕿 ☎ ℗. **GB**
fermé 19 nov. au 6 fév. – **Repas** 78 (déj.), 95/165, enf. 50 – ⵥ 35 – **15 ch** 200/350 –
½ P 260/350

XX **Relais du Serre** avec ch, rte Nyons : 3 km sur D 538 ℘ 04 75 46 43 45,
⊜ Fax 04 75 46 40 98, 🌉 – 🕿 ☎ ℗. **GB**
fermé 1er au 15 janv. et lundi de sept. à mai – **Repas** 75/160 ⵧ, enf. 40 – ⵥ 35 – **8 ch**
200/300 – ½ P 260/280

au Poët-Laval *Ouest : 5 km par D 540* – *652 h. alt. 311* – ⊠ *26160 :*
Voir *Site★.*

🏰 **Les Hospitaliers** ⑤, ℘ 04 75 46 22 32, Fax 04 75 46 49 99, ⟨ vallée et montagnes, 🌉,
« Au vieux village », ⵃ – 🕿 ☎ ℗. – 🔏 30. ⴄ ⓞ **GB**
15 mars-15 nov. – **Repas** *(fermé lundi et mardi sauf juil.-août)* (118) - 160/340 ⵧ, enf. 95 –
ⵥ 50 – **22 ch** 380/880 – ½ P 400/650

DIGNE-LES-BAINS 🅿 *04000 Alpes-de-H.-P.* 🖽 ⑰ *G. Alpes du Sud* – *16 087 h alt. 608* – *Stat. therm. (14 fév.-02 déc.).*

Voir *Musée municipal★* B M² – *Dalles à ammonites géantes★* N : 1 km par D 900ᴬ.
Env. *Musée du site de l'ichtyosaure★* N : 7 km par D 900ᴬ – *Courbons :* ⟨★ *de l'église, 6 km par* ③ – ⟨★ *du Relais de Télévision, 8 km par* ③.
🛈 *Office de Tourisme pl. du Tampinet* ℘ *04 92 36 62 62, Fax 04 92 32 27 24.*
Paris 748 ③ – *Aix-en-Provence 109* ③ – *Avignon 166* ③ – *Cannes 136* ② – *Gap 89* ③.

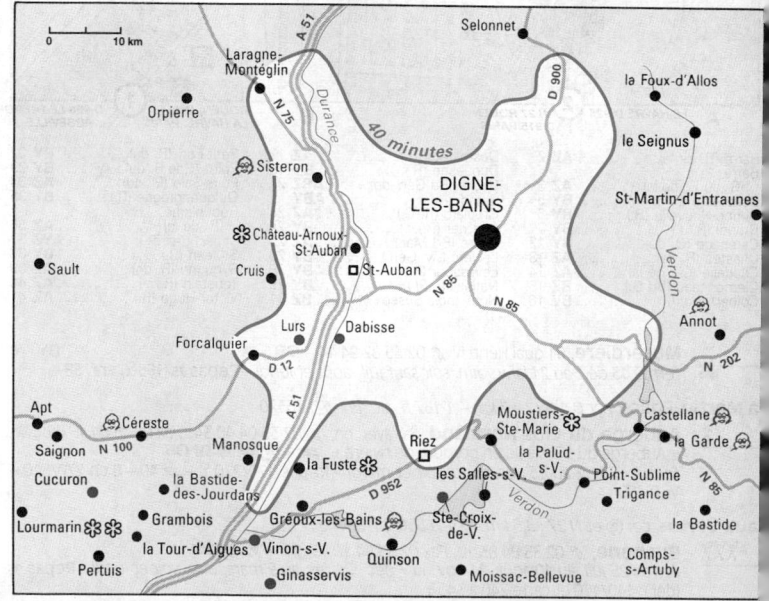

DIGNE-LES-BAINS

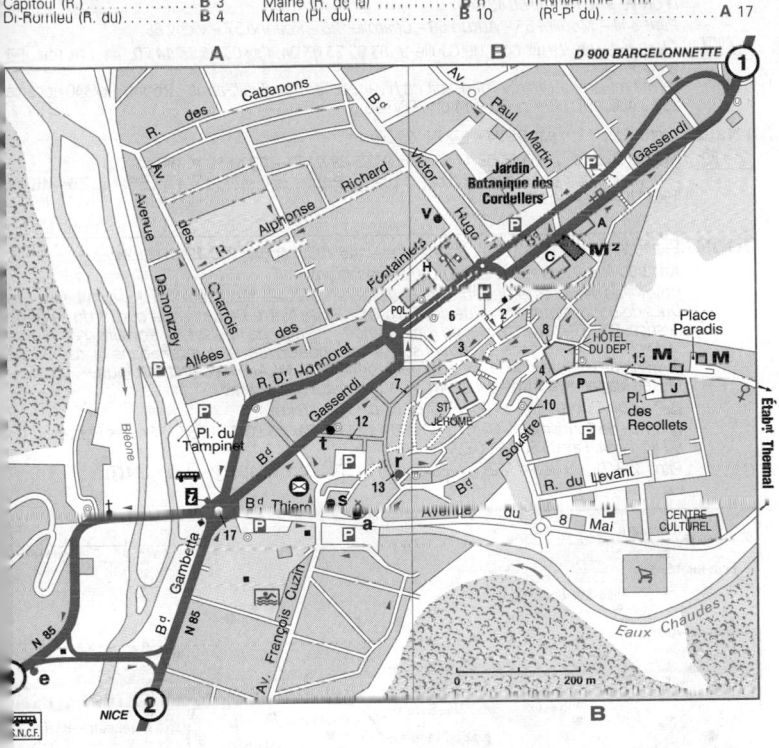

Grand Paris, 19 bd Thiers ℘ 04 92 31 11 15, Fax 04 92 32 32 82, 🍽 – 📺 ☎ ✦ 🚗 – 🏛 15. 🖭 ⓞ 🖪 🖾
fermé 20 déc. au 1er mars – **Repas** (fermé dim. soir et lundi du 15 oct. au 15 mai) 150 (déj.), 195/440 ♀, enf. 90 – 😑 65 – **21 ch** 450/850, 4 appart – P 590/650
A a

Tonic Hôtel 🖩 🐾, rte Thermes Est : 2 km par av. 8-Mai B ℘ 04 92 32 20 31, Fax 04 92 32 44 54, 🍽, 🏊 – 🛗 📺 ☎ &. – 🏛 80. 🖭 ⓞ 🖪. 🛠 rest
1er avril-31 oct. – **Repas** 90/190 – 😑 40 **60 ch** 300/440 – P 390

Coin Fleuri, 9 bd V. Hugo ℘ 04 92 31 04 51, Fax 04 92 32 55 75, 🍽 – 📺 ☎. 🖪 **B V**
fermé 7 au 29 nov., dim. soir et lundi – **Repas** (55) - 75 (déj.), 110/140 ♟, enf. 55 – 😑 35 – **14 ch** 210/280 – ½ P 280/300

Central sans rest, 26 bd Gassendi ℘ 04 92 31 31 91, Fax 04 92 31 49 78 – 📺 ☎. 🖭 🖪
😑 30 – **20 ch** 150/290
A t

Provence sans rest, 17 bd Thiers ℘ 04 92 31 32 19, Fax 04 92 31 48 39 – 📺 ☎ ✦. 🖭 🖪
😑 35 – **17 ch** 210/340
A s

Bourgogne avec ch, 3 av. Verdun ℘ 04 92 31 00 19, Fax 04 92 32 30 59 – 📺 ☎ ✦ 🅿. 🖪
fermé 17 déc. au 28 janv., dim. soir et lundi sauf vacances scolaires – **Repas** 90/250, enf. 50 – 😑 35 – **11 ch** 180/300 – P 360/380
A e

L'Origan avec ch, 6 r. Pied-de-Ville ℘ 04 92 31 62 13, Fax 04 92 31 62 13, 🍽 – 🖭 ⓞ 🖪 🖾
fermé vacances de Noël et dim. – **Repas** (en saison, prévenir) (85) - 105/215 ♟ – 😑 23 – **8 ch** 90/140 ½ P 135/170
A r

te de Nice par ② et N 85 : 2 km – ✉ 04000 Digne-les-Bains :

Villa Gaïa 🐾, Route de Nice ℘ 04 92 31 21 60, Fax 04 92 31 20 12, 🍽, parc, 🛠 – ☎ &. 🅿. 🖪. 🛠 rest
1er avril-27 oct. – **Repas** (fermé 1er au 9 juil. et mardi sauf juil.-août) (dîner seul.)(résidents seul.) 150/250 – 😑 55 – **12 ch** 350/550 – ½ P 350/425

DIGOIN 71160 S.-et-L. **69** ⑯ *G. Bourgogne* – 10 032 h alt. 232.

🏢 *Office de Tourisme 8 r. Guilleminot ℰ 03 85 53 00 81, Fax 03 85 53 27 54 et (saison) pl .de la Grève ℰ 03 85 88 56 12.*

Paris 341 – Moulins 55 – Autun 68 – Charolles 26 – Roanne 57 – Vichy 68.

XXX **Gare** avec ch, 79 av. Gén. de Gaulle ℰ 03 85 53 03 04, *Fax 03 85 53 14 70, ⇔ – 🗐 rest, 📺 ⇔ ✦ 🅿, ⚙*

fermé mi-janv. au 10 fév., dim. soir en hiver et merc. sauf juil.-août – **Repas** 100/340 et carte 250 à 400, enf. 60 – ⇱ 50 – **14 ch** 250/350

à Neuzy Nord-Est : 4 km par D 994 – ⊠ 71160 Digoin :

🏨 **Merle Blanc,** ℰ 03 85 53 17 13, *Fax 03 85 88 91 71* – 📺 ☎ ✦ 🅿, ⚙
⚙ *fermé dim. soir et lundi midi d'oct. à mars* – **Repas** (62) - 80/230 ♀, enf. 55 – ⇱ 36 – **16 ch** 190/270 – ½ P 205/225

DIJON 🅿 21000 Côte-d'Or **66** ⑫ *G. Bourgogne* – 146 703 h Agglo. 230 451 h alt. 245.

An 2000 10-20 mars : Florissimo 2000 (Exposition).

Voir *Palais des Ducs et des États de Bourgogne★ : Musée des Beaux-Arts★★ (tombeaux des Ducs de Bourgogne★★★) - Rue des Forges★ - Eglise Notre-Dame★ – Plafonds★ du Palais de Justice* DY J – *Chartreuse de Champmol★ : Puits de Moïse★★, Portail★ A – Église St-Michel★ – Jardin de l'Arquebuse★ – Rotonde★★ de la crypte★ dans la cathédrale St-Bénigne – Musée de la Vie bourguignonne★ DZ* M⁷ *– Musée Archéologique★ CY* M² *– Musée Magnin★ DY* M⁵ *– Muséum d'histoire naturelle★ CY* M⁸.

✈ *Dijon-Bourgogne ℰ 03 80 67 67 67 par ⑤ : 4,5 km.*

🏢 *Office de Tourisme pl. Darcy ℰ 03 80 44 11 44, Fax 03 80 42 18 83, 34 r. des Forges ℰ 03 80 44 11 44, Fax 03 80 30 90 02.*

Paris 312 ⑦ – Auxerre 152 ⑦ – Besançon 91 ③ – Genève 189 ③ – Lyon 194 ④.

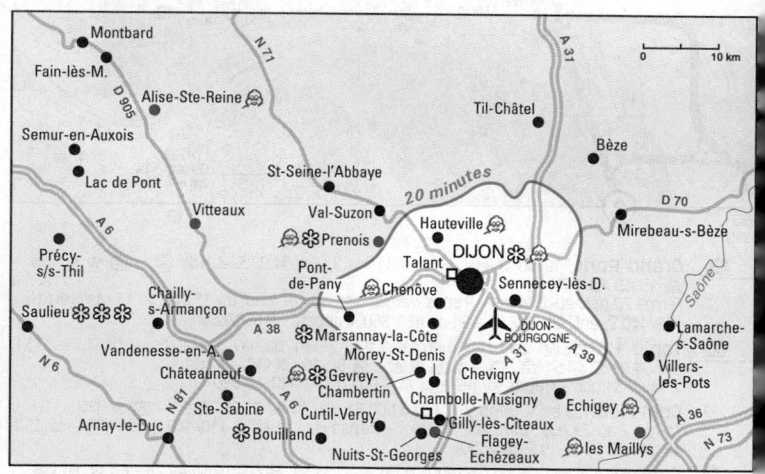

🏨 **Sofitel La Cloche** M, 14 pl. Darcy ℰ 03 80 30 12 32, *Fax 03 80 30 04 15, ⚘, ⛲, ⇔ –* ⚑
⚙₁₀₀ ⇔, 🗐 ch, 📺 ☎ ✦ 👪 – 🕿 80. ⚛ ⓞ ☎ 🌐
CY f
Rotonde (fermé dim. soir) **Repas** 180/210 ♀ – ⇱ 90 – **64 ch** 830/1250, 4 duplex

🏨 **Hostellerie du Chapeau Rouge,** 5 r. Michelet ℰ 03 80 30 28 10, *Fax 03 80 30 33 89* –
⚑ 🗐 📺 ☎ ✦ – 🕿 50. ⚛ ⓞ ☎ 🌐, ⚙ rest
CY a
Repas 250/400 – ⇱ 80 – **30 ch** 640/1040 – ½ P 595/655

🏨 **Mercure** M, 22 bd Marne ℰ 03 80 72 31 13, *Fax 03 80 73 61 45, ⛲, ⚟, ⇔ –* ⚑ ⇔ 🗐 📺
☎ ✦ ⇔ – 🕿 25 à 200. ⚛ ⓞ ☎ 🌐, ⚙
EX z
Château Bourgogne : **Repas** 155/260 ♀, enf. 60 – ⇱ 65 – **123 ch** 640/750

🏨 **Philippe Le Bon** M, 18 r. Ste-Anne ℰ 03 80 30 73 52, *Fax 03 80 30 95 51* – ⚑ ⇔, 🗐 ch,
📺 ☎ ✦ 🅿 – 🕿 25 à 50. ⚛ ⓞ ☎ 🌐
DY p
voir rest. *Toison d'Or* ci-après ♀ – ⇱ 55 – **29 ch** 394/480 – ½ P 388

🏨 **Nord** M, pl. Darcy ℰ 03 80 50 80 50, *Fax 03 80 30 61 26* – ⚑ 🗐 📺 ☎ ✦ – 🕿 30. ⚛ ⓞ
☎ – *fermé 22 déc. au 8 janv.* – **Porte Guillaume :** **Repas** 100/200 ♀, enf. 50 – ⇱ 52 –
27 ch 370/460 – ½ P 370
CY w

DIJON

DIJON

Si vous cherchez un hôtel tranquille,
consultez d'abord les cartes de l'introduction
ou repérez dans le texte les établissements indiqués avec le signe.

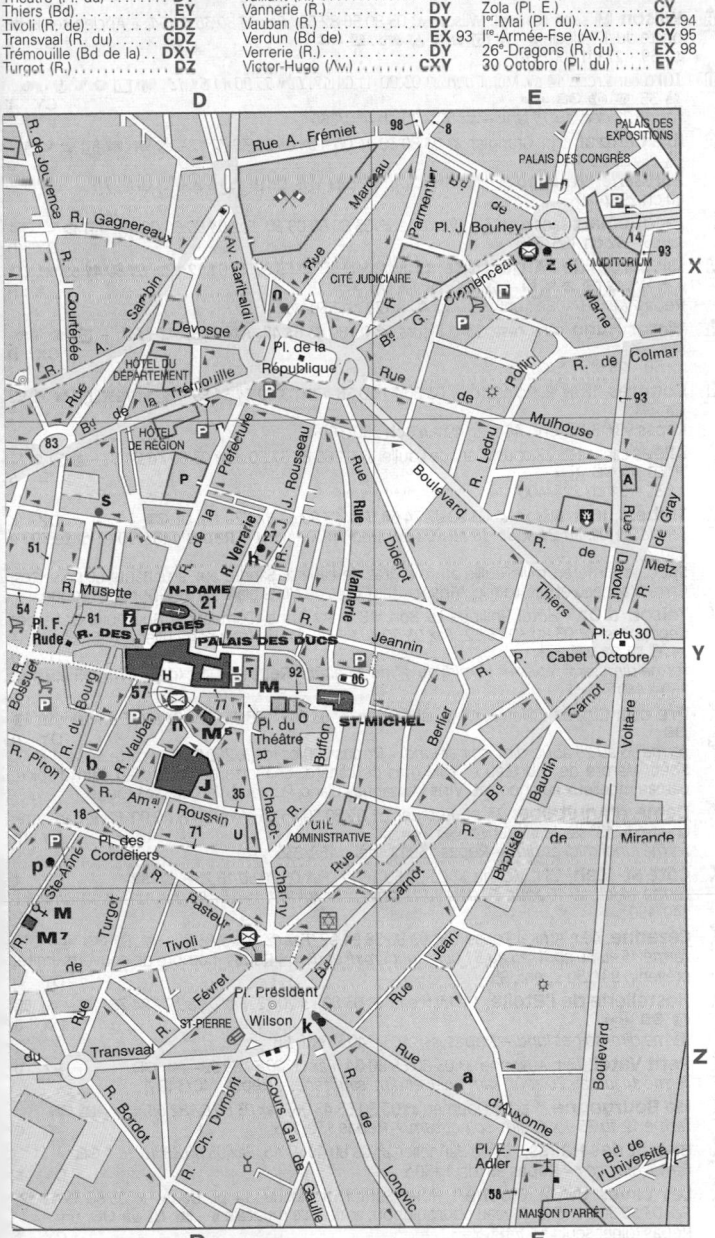

Wenn Sie ein ruhiges Hotel suchen,
benutzen Sie zuerst die Karten in der Einleitung
oder wählen Sie im Text ein Hotel mit dem Zeichen ⌘.

Wilson Ⓜ sans rest, pl. Wilson ℰ 03 80 66 82 50, *Fax 03 80 36 41 54*, « Ancien relais de poste du 17ᵉ siècle » – 📶 📺 ☎ ✆ ⅙ ⇔. 🅰🅴 🇬🇧
☑ 59 – **27 ch** 400/510
DZ k

Jura sans rest, 14 av. Mar. Foch ℰ 03 80 41 61 12, *Fax 03 80 41 51 13* – 📶 📺 ☎ ✆ ⅙ ⇔ – 🔺 35. 🅰🅴 ⓞ 🇬🇧 🇯🇨🇧
fermé 22 déc. au 15 janv. – ☑ 50 – **79 ch** 410/660
CY r

Ibis Central, 3 pl. Grangier ℰ 03 80 30 44 00, *Fax 03 80 30 77 12* – 📶 ✳ ☰ 📺 ☎ ✆ ⅙ – 🔺 25. 🅰🅴 ⓞ 🇬🇧 🇯🇨🇧
Rôtisserie "Le Central" (fermé dim.) **Repas** (115)-carte 165 à 250 ♈, enf. 75 – ☑ 43 – **90 ch** 295/420
CY e

Jacquemart sans rest, 32 r. Verrerie ℰ 03 80 60 09 60, *Fax 03 80 60 09 69* – 📺 ☎ ✆. 🇬🇧
☑ 35 – **32 ch** 165/340
DY h

Ibis Jardin de l'Arquebuse, 15 av. Albert 1ᵉʳ ℰ 03 80 43 01 12, *Fax 03 80 41 69 48*, 🌤 – 📶 ✳ ☰ 📺 ☎ ✆ 🅿 – 🔺 100. 🅰🅴 ⓞ 🇬🇧 🇯🇨🇧
Repas (68) - 88/108 ♈, enf. 45 – ☑ 40 – **128 ch** 350/400
A n

Victor Hugo sans rest, 23 r. Fleurs ℰ 03 80 43 63 45, *Fax 03 80 42 13 01* – 📺 ☎ ⇔. 🇬🇧, ✖
☑ 30 – **23 ch** 175/270
CX b

Congrès, 16 av. R. Poincaré ℰ 03 80 71 10 56, *Fax 03 80 74 34 89* – 📶, ☰ rest, 📺 ☎ 🅿. 🅰🅴 ⓞ 🇬🇧
Repas 98/138 ♈, enf. 46 – ☑ 40 – **47 ch** 250/360
B t

Allées sans rest, 27 cours Gén. de Gaulle ℰ 03 80 66 57 50, *Fax 03 80 36 24 81* – 📶 📺 ☎ ✆ 🅿. 🅰🅴 ⓞ 🇬🇧 🇯🇨🇧
☑ 35 – **31 ch** 225/400
B s

Thibert, 10 pl. Wilson ℰ 03 80 67 74 64, *Fax 03 80 63 87 72* – ☰. 🅰🅴 🇬🇧
DZ k
fermé 30 juil. au 21 août, 18 au 26 fév., lundi midi et dim. – **Repas** 140/450 et carte 380 à 480 ♈
Spéc. Pomme en millefeuille au foie gras de canard. Sandre aux artichauts et noisettes. Carré d'agneau et ratatouille. **Vins** Hautes Côtes de Nuits blanc, Auxey-Duresses rouge.

Toison d'Or - Hôtel Philippe Le Bon, 18 r. Ste-Anne (Compagnie Bourguignonne des Oenophiles) ℰ 03 80 30 73 52, *Fax 03 80 30 95 51*, 🌤, « Hôtel particulier du 15ᵉ siècle » – ☰ 🅿. 🅰🅴 ⓞ 🇬🇧 🇯🇨🇧
DY p
fermé dim. sauf fériés et le midi du 1ᵉʳ au 15 août – **Repas** 160 bc (déj.), 170/215 et carte 250 à 440 ♈

Pré aux Clercs (Billoux), 13 pl. Libération ℰ 03 80 38 05 05, *Fax 03 80 38 16 16* – 🅰🅴 ⓞ 🇬🇧
DY n
fermé 15 au 25 août, dim. soir et lundi – **Repas** 200 bc (déj.), 260/500 et carte 340 à 490
Spéc. Marbré de tourteau et foie gras de canard. Charlotte de canard au pain d'épice. Gâteau moelleux au chocolat. **Vins** Marsannay blanc, Pernand-Vergelesses rouge.

Dame d'Aquitaine, 23 pl. Bossuet ℰ 03 80 30 45 65, *Fax 03 80 49 90 41*, « Dans une crypte du 13ᵉ siècle » – 🅰🅴 ⓞ 🇬🇧
CY m
fermé lundi midi et dim. – **Repas** 138 bc (déj.), 168/235

Côte St-Jean, 13 r. Monge ℰ 03 80 50 11 77, *Fax 03 80 50 18 75* – 🅰🅴 🇬🇧
CY t
fermé 14 juil. au 10 août, 30 déc. au 12 janv., sam. midi et mardi – **Repas** (prévenir) 120 (déj.), 140/190

Cézanne, 40 r. Amiral Roussin ℰ 03 80 58 91 92, *Fax 03 80 49 86 80* – ☰. 🅰🅴 🇬🇧 🇯🇨🇧
fermé 15 au 30 août, 25 au 31 déc., lundi midi et dim. – **Repas** (nombre de couverts limité, prévenir) 99/250 ♈, enf. 85
DY b

Hostellerie de l'Étoile, 1 r. Marceau ℰ 03 80 73 20 72, *Fax 03 80 71 24 76*, 🌤 – ☰. 🅰🅴 ⓞ 🇬🇧 🇯🇨🇧
DX a
fermé dim. soir et lundi – **Repas** (65) - 103/240 ♈, enf. 66

Petit Vatel, 73 r. Auxonne ℰ 03 80 65 80 64, *Fax 03 80 31 69 92* – ☰. 🇬🇧
EZ a
fermé 14 juil. au 20 août, sam. midi et dim. sauf fériés – **Repas** 140/340 ♌

Ma Bourgogne, 1 bd P. Doumer ℰ 03 80 65 48 06, *Fax 03 80 67 82 65*, 🌤 – 🇬🇧
B e
fermé 12 au 25 août, dim. soir et sam. – **Repas** 130/185

Bistrot des Halles, 10 rue Bannelier ℰ 03 80 49 94 15, *Fax 03 80 38 16 16* – 🇬🇧
fermé dim. soir – **Repas** 98 (déj.) 150 ♈
DY s

Les Caves de la Cloche - Hôtel Sofitel La Cloche, 14 pl. Darcy ℰ 03 80 30 12 32, *Fax 03 80 30 04 15*, « Caveau bourguignon, ambiance musicale » – ☰. 🅰🅴 ⓞ 🇬🇧 🇯🇨🇧
Repas (dîner seul.) 130/185 ♈
CY f

au Parc de la Toison d'Or *Nord : 5 km par N 74* – ✉ 21000 Dijon :

Holiday Inn Garden Court Ⓜ, 1 pl. Marie de Bourgogne ℰ 03 80 60 46 00, *Fax 03 80 72 32 72* – 📶 ✳ ☰ 📺 ☎ ✆ ⅙ 🅿 – 🔺 70. 🅰🅴 ⓞ 🇬🇧 🇯🇨🇧 ✖ rest
B r
Repas (fermé fériés le midi, dim. midi et sam.) 100/200 ♈, enf. 35 – ☑ 60 – **100 ch** 520/640

à Sennecey-lès-Dijon *Sud-Est . 6 km sur D 905 – 1 535 h. alt. 224 –* ⊠ *21800 Quétigny :*

🏨 **Flambée**, ℘ 03 80 47 35 35, Fax 03 80 47 07 08, 佘, 丞, 霈 – 劇 ▤ ▥ ☎ ❤ 🅿 – 🔬 25. ஊ ⓞ ஊ
Repas grill 111/125 �, enf. 48 – 🖙 49 – **23 ch** 447/546 – ½ P 325

à Chevigny *par* ⑤ *et D 996 : 9 km –* ⊠ *21600 Longvic :*

🏨 **Relais de la Sans Fond**, 33 rte Dijon ℘ 03 80 36 61 35, Fax 03 80 36 94 89, 佘, 霈 – ▥ ☎ ❤ 🅿 – 🔬 60. ஊ ஊ
Repas *(fermé dim. soir)* 85/260 �, enf. 52 – 🖙 52 – **14 ch** 220/280 – ½ P 220/250

à Chenôve *par* ⑥ *: 6 km – 17 721 h. alt. 263 –* ⊠ *21300 :*

🏨 **Comfort Inn** Ⓜ, N 74 (rte Beaune) ℘ 03 80 54 04 04, Fax 03 80 51 44 70, 佘 – 劇 ⋟⋞ ▤ ▥ ☎ ❤ & 🅿 – 🔬 50. ஊ ⓞ ஊ
fermé 23 déc. au 2 janv. – **Véranda : Repas** *(76)*-112 bc/200 bc ⑫, enf. 88 – 🖙 38 – **41 ch** 275/370

✕✕ **Clos du Roy**, 35 av. 14-Juillet ℘ 03 80 51 33 66, Fax 03 80 51 36 66 – ▤ 🅿. ஊ
fermé 1er au 15 août, dim. soir et lundi – Repas 130/345 ⑫

à Marsannay-la-Côte *par* ⑥ *: 8 km – 5 216 h. alt. 275 –* ⊠ *21160 :*

🏨 **Novotel** Ⓜ, rte Beaune ℘ 03 80 51 59 00, Fax 03 80 51 59 01, 佘, 丞, 霈 – ⋟⋞ ▤ ▥ ☎ ❤ & 🅿 – 🔬 100. ஊ ⓞ ஊ ⽴
Repas carte environ 150 ⑫, enf. 50 – 🖙 62 – **122 ch** 520/620

✕✕✕ **Gourmets** (Perreaut), 8 r. Puits de Têt (près église) ℘ 03 80 52 16 32, Fax 03 80 52 03 01, 佘 – ஊ ⓞ ஊ ⽴
fermé 30 juil. au 8 août, 2 au 8 janv., 29 janv. au 13 fév., mardi midi, dim. soir et lundi – Repas 160/450 et carte 400 à 540
Spéc. Profiteroles d'escargots à la menthe fraîche. Pastilla de rouget au pistou. Travers de veau de "7 heures" aux saveurs d'orange et parmesan. **Vins** Marsannay blanc et rouge.

à Talant *: 4 km – 12 860 h. alt. 354 –* ⊠ *21240 :*
Voir *Table d'orientation* ⩽★.

🏨 **Bonbonnière** ⟡ sans rest, au vieux village (près église) ℘ 03 80 57 31 95, Fax 03 80 57 23 92, 霈 – 劇 ▥ ☎ 🅿. ஊ   A   S
🖙 40 – **20 ch** 295/390

à Prenois *par* ⑧ *: 12 km par N 71 et D 104 – 299 h. alt. 405 –* ⊠ *21370 :*

✕✕ **Auberge de la Charme** (Zuddas), ℘ 03 80 35 32 84, Fax 03 80 35 34 48 – ஊ ஊ
fermé 2 au 13 août, 2 au 5 janv., dim. soir, mardi midi et lundi – Repas *(prévenir)* 98 (déj.), 135/400 et carte 250 à 380 ⑫, enf. 60
Spéc. Escargots et galette de brebis au pain trempé. Rouelle de tête de veau, ragoût de topinambours aux truffes (nov. à fév.). Tarte sablée aux pêches de vigne (15 août au 15 sept.). **Vins** Hautes Côtes de Beaune, Bourgogne rouge.

rte de Troyes *par* ⑧ *: 4 km –* ⊠ *21121 Daix :*

🏨 **Castel Burgond** Ⓜ sans rest, 3 rte Troyes (N 71) ℘ 03 80 56 59 72, Fax 03 80 57 69 48 – 劇 ▥ ☎ ❤ & 🅿 – 🔬 20 à 30. ஊ ⓞ ஊ
fermé 25 déc. au 2 janv. – 🖙 35 – **38 ch** 290/315

✕✕ **Trois Ducs**, ℘ 03 80 56 59 75, Fax 03 80 56 00 16, 佘 – 🅿. ஊ ⓞ ஊ
fermé 1er au 21 août et dim. soir – Repas 129/315 ⑫

à Hauteville-lès-Dijon *par* ⑧ *et D 107ᴱ : 6 km – 963 h. alt. 402 –* ⊠ *21121 :*

✕✕ **Musarde** ⟡ avec ch, ℘ 03 80 56 22 82, Fax 03 80 56 64 40, 佘, 霈 – ▥ ☎ ❤. ஊ ⓞ ஊ ⽴
fermé 20 déc. au 11 janv., dim. soir et lundi – Repas 110/360 ⑫, enf. 45 – 🖙 48 – **12 ch** 240/320 – ½ P 490/540

DINAN ◉ 22100 C.-d'Armor 59 ⑮ *G. Bretagne* – 11 591 h. alt. 92.
Voir *Vieille ville*★★ : *Tour de l'Horloge* ⁂★★ E, *Jardin anglais* ⩽★★, *Place des Merciers*★ – *rue du Jerzual*★, *Promenade de la Duchesse Anne* ⩽★ – *Château*★ : ⁂★ – *Lanvallay* ⩽★ *2 km par* ②.
🛈 *Office de Tourisme 6 r. de l'Horloge* ℘ 02 96 39 75 40, Fax 02 96 39 01 64.
Paris 401 ② – *St-Malo 32* ① – *Rennes 55* ② – *St-Brieuc 59* ③ – *Vannes 119* ③.

Plan page suivante

🏨 **Challonge** Ⓜ, 29 pl. Duguesclin ℘ 02 96 87 16 30, Fax 02 96 87 16 31, 佘 – 劇 ▥ ☎ ❤ &. 🅿   AZ e
Repas *(59)* - 73/175 ⑫, enf. 43 – 🖙 40 – **18 ch** 290/420 – ½ P 280/305

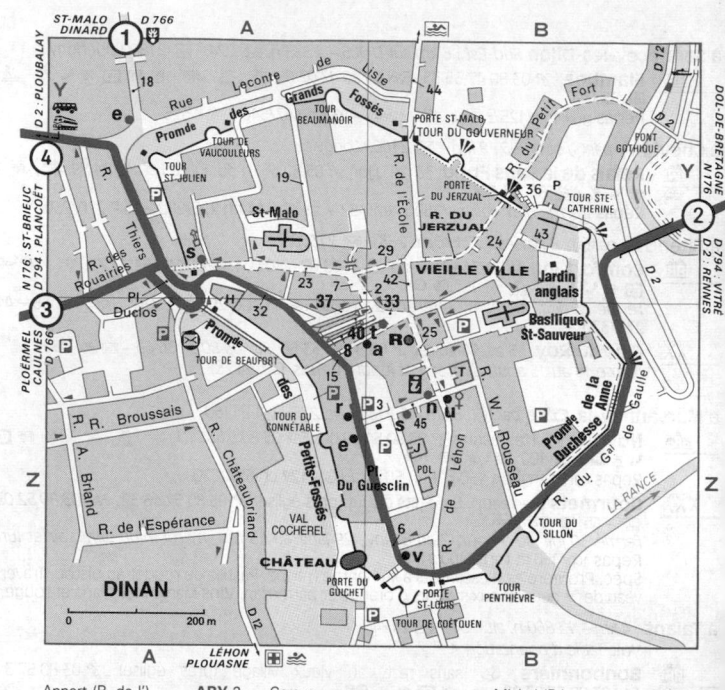

Apport (R. de l')	**ABY** 2	Garaye		Michel (R.)	**BY** 36
Champ (Pl. du)	**ABZ** 3	(R. Comte de la)	**AY** 19	Mittrie (R. de la)	**AZ** 37
Château (R. du)	**BZ** 6	Grande-Rue	**AY** 23	Petit-Pain (R. du)	**AZ** 40
Cordeliers (Pl. des)	**AY** 7	Haute-Voie (R.)	**BY** 24	Poissonnerie	
Cordonnerie		Horloge (R. de l')	**BZ** 25	(R. de la)	**BY** 42
(R. de la)	**AZ** 8	Lainerie (R. de la)	**BY** 29	Rempart (R. du)	**BY** 43
Ferronerie (R. de la)	**AZ** 15	Marchix (R. du)	**AYZ** 32	St-Malo (R.)	**BY** 44
Gambetta (R.)	**AY** 18	Merciers (R. des)	**BYZ** 33	Ste-Claire (R.)	**BZ** 45

Avaugour sans rest, 1 pl. Champ ✆ 02 96 39 07 49, Fax 02 96 85 43 04, ☞ – 🛗 📺 ☎ ✆.
🖭 ◑ ⌸
AZ **r**
fermé 15 nov. au 15 déc. et 10 janv. au 10 mars – ⌷ 52 – **24 ch** 650/820

Arvor 🅼 sans rest, 5 r. Pavie ✆ 02 96 39 21 22, Fax 02 96 39 83 09 – 🛗 📺 ☎ ✆ & 🅿.
⌸
BZ **u**
fermé 15 au 31 janv. – ⌷ 39 – **23 ch** 290/390

Grandes Tours sans rest, 6 r. Château ✆ 02 96 85 16 20, Fax 02 96 85 16 04 – 🛗 📺 ☎
🚗. 🖭 ⌸. ⌧
BZ **v**
⌷ 32 – **34 ch** 260/270

Tour de l'Horloge sans rest, 5 r. Chaux ✆ 02 96 39 96 92, Fax 02 96 85 06 99 – cuisinette 📺 ☎. 🖭 ◑ ⌸ – ⌷ 38 – **12 ch** 298/350
ABZ **a**

Les Grands Fossés, 2 pl. Gén. Leclerc ✆ 02 96 39 21 50, Fax 02 96 39 42 60 –
⌸
AY **e**
fermé 24 au 30 juin., 24 au 31 janv. et jeudi – **Repas** 102 (déj.), 178/308 et carte 230 à 300

Mère Pourcel, 3 pl. Merciers ✆ 02 96 39 03 80, Fax 02 96 39 49 91, ☞, « Maison bretonne du 15ᵉ siècle » – 🖭 ⌸
BZ **t**
fermé vacances de fév., dim. soir et lundi sauf juil.-août – **Repas** 97 (déj.), 168/395 et carte
280 à 450

Caravelle, 14 pl. Duclos ✆ 02 96 39 00 11 – 🖭 ◑ ⌸
AY **s**
fermé 6 au 13 mars, 12 nov. au 7 déc., dim. soir et merc. du 7 déc. au 10 juil. – **Repas**
135/280

Fleur de Sel, 7 r. Ste-Claire ✆ 02 96 85 15 14, Fax 02 96 85 16 66 – 🖭 ⌸
BZ **s**
⌧
fermé 21 au 29 juin, 1ᵉʳ au 16 nov., 16 au 31 janv., mardi et merc.
Repas 120/180 ⌸

Cantorbery, 6 r. Ste-Claire ✆ 02 96 39 02 52 – 🖭 ⌸
BZ **n**
⌧
fermé 15 au 30 nov., 25 fév. au 8 mars, dim. soir d'oct. à juin et lundi – **Repas** (68) - 78/190 ⌸,
enf. 50

DINARD *35800 I.-et-V.* 🔢 ⑤ *G. Bretagne* – *9 918 h alt. 25* – *Casino* BY.

Voir *Pointe du Moulinet* ⩽**★★** – *Grande Plage ou Plage de l'Écluse*★ – *Promenade du Clair de Lune*★ – *La Rance*★★ *en bateau* – *St-Lunaire : pointe du Décollé* ⩽**★★** *et grotte des Sirènes*★ *4,5 km par* ② – *Usine marémotrice de la Rance : digue* ⩽★ *SE : 4 km.*

Env. *Pointe de la Garde Guérin*★ · ✳⋆★★ *par* ② · 6 km puis 15 mn

🛬 de *Dinard-Pleurtuit-St-Malo* ☎ *02 99 46 70 28, par* ① *: 5 km.*

🛈 *Office de Tourisme 2 bd Féart* ☎ *02 99 46 94 12, Fax 02 99 88 21 07.*

Paris 421 ① – *St-Malo 12* ① – *Dinan 22* ① – *Dol-de-Bretagne 29* ① – *Rennes 75* ①.

DINARD

Abbé-Langevin (R.) .... **AY** 2	Corbinais (R. de la) ..... **AZ** 13
Albert-1er (Bd) .... **BY** 3	Croix-Guillaume
Anciens-Combattants	(R.) .... **AZ** 15
(R. des) .... **AZ** 5	Douet-Fourche (R. du) .. **AZ** 17
Barbine (R. de) .... **AZ** 7	Dunant (R. H.) .... **AY** 19
Boutin (Pl. J.) .... **BY** 9	Féart (Bd) .... **DYZ**
Clemenceau (R. G.) .... **BY** 10	Français-Libres (R.) .... **BZ** 22
Coppinger (R.) .... **BY** 12	Gaulle (Pl. du Gén.-de) .. **BZ** 25
	Giraud (Av. du Gén.) ... **BZ** 26
	Leclerc (R. Mar.) ...... **BYZ** 28
	Levasseur (R.) .... **BY** 29

Lhotelier (Bd) .... **AY** 31
Libération (Bd de la) .. **AZ** 32
Malouine (R. de la) .... **BY** 34
Mettrie (R. de la) .... **BZ** 35
Pionnière (R. de la) ... **ABY** 38
Prés.-Wilson (Bd) ..... **DY** 40
Renan (R. E.) .... **AY** 43
République (Pl. de la) . **BY** 44
St-Lunaire (R. de) ..... **AY** 48
Vallée (R. de la) ...... **BYZ** 50
Verney (R. Y.) .... **BY** 52

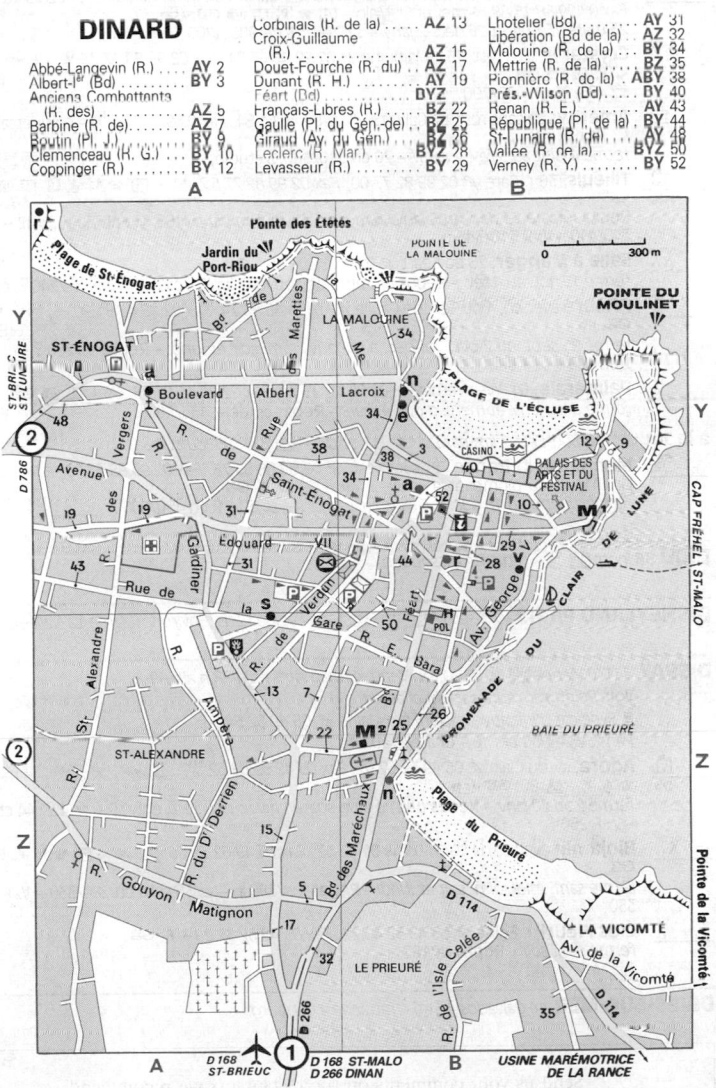

Une réservation confirmée par écrit ou par fax est toujours plus sûre.

🏨 **Grand Hôtel**, 46 av. George V ℘ 02 99 88 26 26, *Fax 02 99 88 26 27*, ≤, *Ⅰ₆*, ⬛ – 🛗 📺 📶
📞 & 🅿 – 🔬 80. 🆑 ⑩ 🅶🅱
BY v
1ᵉʳ mars-31 oct. et 28 déc.-3 janv. – **Repas** (dîner seul.) 190 – ☲ 90 – **90 ch** 1270/1680 –
½ P 780/1110

🏨 **Novotel Thalassa** Ⓜ ⬙, av. Château Hébert ℘ 02 99 82 78 10, *Fax 02 99 82 78 29*,
≤ mer, 🍽, centre de thalassothérapie, *Ⅰ₆*, ⬛, 🌳, 🎾 – 🛗 ↔ 📺 📞 & 🅿 – 🔬 55. 🆑 ⑩
🅶🅱 🅹🅲🅱 🌦 rest
AY r
fermé 2 au 20 déc. – **Repas** 165/180 ♀, enf. 75 – ☲ 67 – **106 ch** 890 – ½ P 665

🏨 **Reine Hortense et Castel Eugénie** ⬙ sans rest, 19 r. Malouine ℘ 02 99 46 54 31,
Fax 02 99 88 15 88, ≤ mer et St-Malo – 📺 📞 🅿. 🆑 ⑩ 🅶🅱 🅹🅲🅱
BY e
25 mars-15 nov. et 26 déc.-2 janv. – ☲ 70 – **13 ch** 980/1200

🏨 **Crystal** Ⓜ sans rest, 15 r. Malouine ℘ 02 99 46 66 71, *Fax 02 99 88 17 73*, ≤ – 🛗 ↔ 📺 📞
📞 🅿. 🆑 ⑩ 🅶🅱
BY n
☲ 49 – **26 ch** 490/790

🏨 **Améthyste** sans rest, pl. Calvaire ℘ 02 99 46 61 81, *Fax 02 99 46 96 91* – cuisinette 📺 📞
📞. 🆑 🅶🅱, 🌦
AY a
fermé 4 janv. au 3 fév. – ☲ 37 – **20 ch** 310/360, 5 studios

🏨 **Tilleuls**, 36 r. Gare ℘ 02 99 82 77 00, *Fax 02 99 82 77 55*, 🌳 – 📺 📞 & & 🅿. 🆑 ⑩ 🅶🅱.
🌦
AYZ s
Repas *(fermé 23 déc. au 3 janv., dim. soir d'oct. à mars)* 78/160 ♨, enf. 50 – ☲ 42 – **53 ch**
340/410 – ½ P 310/345

🍴🍴 **Salle à Manger**, 25 bd Féart ℘ 02 99 16 07 95 – 🅶🅱
BY r
fermé 15 nov. au 4 fév. – **Repas** (nombre de couverts limité, prévenir) *(78)* - 95/240 ♀, enf. 65

🍴 **Prieuré** avec ch, 1 pl. Gén. de Gaulle ℘ 02 99 46 13 74, *Fax 02 99 46 81 90*, ≤, 🍽 – 📺 📞.
🅶🅱, 🌦
BZ n
fermé 25 sept. au 2 oct., mi-déc. à mi-janv., dim. soir et lundi – **Repas** 98/200 ♀ – ☲ 41 –
7 ch 300 – ½ P 300

🍴 **Palmeraie**, 6 r. Yves Verney ℘ 02 99 46 95 74, *Fax 02 99 16 07 75*, 🍽 – 🆑 ⑩ 🅶🅱
BY a
fermé déc., janv. et merc. d'oct. à mars – **Repas** 95 (déj.), 135/380 ♀

à la Jouvente *Sud-Est : 7 km par D 114 - BZ et D 5 –* ✉ *35730 Pleurtuit :*

🏨 **Manoir de la Rance** ⬙ sans rest, ℘ 02 99 88 53 76, *Fax 02 99 88 63 03*, ≤, « Dans un
jardin fleuri surplombant la Rance », 🌳 – 📺 📞 🅿. 🅶🅱
fermé 15 nov. au 15 déc.et 3 janv. au 15 mars – ☲ 50 – **9 ch** 450/800

DIOU *36 Indre* 🄬🄬 ⑨ *– rattaché à Issoudun.*

DISNEYLAND PARIS *77 S.-et-M.* 🄵🄵 ⑫., 🄷🄷🄶 ⑫ *– voir à Paris, Environs (Marne-La-Vallée).*

DISSAY *86130 Vienne* 🄬🄬 ⑭ *G. Poitou Vendée Charentes – 2 498 h alt. 69.*
Voir *Peintures murales★ du château.*
🅱 *Syndicat d'Initiative (saison) à la Mairie* ℘ *05 49 52 34 56.*
Paris 323 – Poitiers 16 – Châtellerault 19.

🏨 **Agora**, av. du Clain ℘ 05 49 52 62 42, *Fax 05 49 52 62 62*, 🍽, ⬛, 🌳, 🎾 – ↔, 🍽 rest, 📺
📞 🅿 – 🔬 80. 🅶🅱 🅹🅲🅱
fermé 2 au 20 janv. – **Repas** *(fermé dim. soir en hiver)* (65) - 85 ♀, enf. 39 – ☲ 42 – **44 ch** 350
– ½ P 250

🍴🍴 **Binjamin** avec ch, N 10 ℘ 05 49 52 42 37, *Fax 05 49 62 59 06*, ⬛, 🌳 – 📺 📞 & 🅿. 🆑 ⑩
🅶🅱
fermé sam. midi, dim. soir et lundi – **Repas** 115/280 ♀ – ☲ 35 – **10 ch** 280/330 – ½ P 280/
350

🍴 **Clos Fleuri**, r. Église ℘ 05 49 52 40 27, *Fax 05 49 62 37 29* – 🅿. 🅶🅱
fermé dim. soir – **Repas** 89/162

DIVES-SUR-MER *14 Calvados* 🄵🄴 ⑰ *– rattaché à Cabourg.*

Send us your comments on the restaurants we recommend
and your opinion on the specialities and local wines they offer.

DIVONNE-LES-BAINS 01220 Ain 📖 ⑯ G. Jura – 5 580 h alt. 486 – Stat. therm. (mars-nov.) – Casino.

🛈 Office de Tourisme r. des Bains ☎ 04 50 20 01 22, Fax 04 50 20 32 12.

Paris 491 – Thonon-les-Bains 51 – Bourg-en-Bresse 129 – Genève 18 – Gex 10 – Nyon 13.

🏨🏨🏨 **Grand Hôtel** ⌂, ☎ 04 50 40 34 34, Fax 04 50 40 34 24, ≤, ㋤, « Parc ombragé », ♨, ⌂, ❄ – ▯ ▤ ▥ ☎ ✆ ᕦ P – ⚠ 200. ㏈ ◑ GB JCB
fermé fév. – voir rest. **La Terrasse** ci-après - **Brasserie du Léman** ☎ 04 50 40 34 18 **Repas** 134/180 ♈, enf.68 – ⌂ 110 – **123 ch** 1100/1800, 12 appart

🏨🏨 **Château de Divonne** ⌂, 115 r. Bains ☎ 04 50 20 00 32, Fax 04 50 20 03 73, ≤ lac
❄ Léman et Mt-Blanc, ㋤, « Dans un parc ombragé », ♨, ❄ – ▯, ▤ rest, ▥ ☎ ✆ P – ⚠ 30. ㏈ ◑ GB
fermé 3 janv. au 10 fév. – **Repas** 260 bc (déj.), 295/530 et carte 440 à 600 – ⌂ 100 – **22 ch** 650/1600, 5 appart – ½ P 1435
Spéc. Ravioles de morilles et pointes d'asperges au vin du Jura (printemps). Croustillant de cochon de lait. Assiette de desserts au chocolat. **Vins** Vin Jaune, Bugey.

🏨 **Jura** Ⓜ ⌂ sans rest, rte Arbère ☎ 04 50 20 05 95, Fax 04 50 20 21 21, ㋤ – ▥ ☎ ☞ P. ㏈ ◑ GB
⌂ 39 – **22 ch** 295/545

🏨 **Coccinelles** ⌂ sans rest, rte Lausanne ☎ 04 50 20 06 96, Fax 04 50 20 01 18, ㋤ – ▯ ▥ ☎ ✆ P. ㏈ ◑ GB
⌂ 37 – **24 ch** 180/315

XXXX **Terrasse** - Grand Hôtel, av. des Thermes ☎ 04 50 40 35 39, Fax 04 50 40 34 24, ㋤ – ▤ P.
❄ ㏈ ◑ GB
fermé fév., dim. soir et lundi – **Repas** 200 (déj.), 280/395 ♈
Spéc. Omble chevalier du Léman cuit à l'étouffée (fin janv. à mi-oct.). Rouget grillé au chou fleur et jus de volaille. Canon d'agneau à la moutarde violette. **Vins** Vins du Bugey.

XX **La Champagne**, 51 av. Salève ☎ 04 50 20 13 13, Fax 04 50 20 31 90, ㋤ – P. ㏈ GB
fermé jeudi midi et merc. – **Repas** grill carte 170 à 320

XX **Marée**, 93 av. Genève ☎ 04 50 20 01 87, Fax 04 50 20 35 35, ㋤ – ㏈ ◑ GB
fermé 24 avril au 1er mai, 25 juin au 3 juil., 4 au 19 sept., 1er au 9 janv., dim. soir, mardi midi et lundi – **Repas** - produits de la mer - 150/260 ♈

X **Auberge du Vieux Bois,** rte Gex : 1 km ☎ 04 50 20 01 43, Fax 04 50 20 17 74, ㋤ – P. ㏈ GB JCB
fermé 26 juin au 3 juil., 2 au 9 oct., 19 fév. au 5 mars, dim. soir et lundi – **Repas** 98/260 ♈, enf. 65

DOLANCOURT 10 Aube 🖾 ⑱ – rattaché à Bar-sur-Aube.

DOL-DE-BRETAGNE 35120 I.-et-V. 🖾 ⑥ G. Bretagne – 4 629 h alt. 20.
Voir Cathédrale St-Samson★★ – Promenade des Douves★ : ≤★ – Mont-Dol ⁎★ 4,5 km NO par D 155.

🛈 Office de Tourisme 3 Grande Rue des Stuarts ☎ 02 99 48 15 37, Fax 02 99 48 14 13, Fax (Mairie) 02 99 48 19 63.

Paris 372 – St-Malo 27 – Alençon 153 – Dinan 26 – Fougères 53 – Rennes 58.

🏨 **Bretagne**, pl. Châteaubriand ☎ 02 99 48 02 03, Fax 02 99 48 25 75, ㋤ – ▥ ☎. GB
☞ fermé sam. du 11 nov. au 16 avril – **Repas** 63/168 ♈, enf. 40 – ⌂ 33 – **27 ch** 210/314 – ½ P 158/241

XX **Bresche Arthur** avec ch, 36 bd Deminiac ☎ 02 99 48 01 44, Fax 02 99 48 16 32 – ▤ rest,
☞ ☎ P. GB
fermé vacances de Noël, de fév. et hôtel : mardi de nov. à mars, dim. et lundi de nov. à avril – Repas (fermé mardi de nov. à mars, dim. soir de sept. à juin et lundi sauf le soir en juil.-août) 78/195 ♈, enf. 60 – ⌂ 38 – **24 ch** 240/280 – ½ P 275

X **Grabotais,** 4 r. Ceinte ☎ 02 99 48 19 89, Fax 02 99 48 19 89 – ㏈ GB
fermé 20 nov. au 23 déc., lundi sauf le soir en saison et dim. soir hors saison – **Repas** (60) - 74 (déj.), 105/192 ♈, enf. 46

DOLE ◐ 39100 Jura 📖 ③ G. Jura – 26 577 h alt. 220.
Voir Le Vieux Dole★★ BZ : la collégiale Notre-Dame★ – Grille★ en fer forgé de l'église St-Jean-l'Evangéliste AZ – Le musée des Beaux-Arts★.
🛈 Office de Tourisme 6 pl. Grévy ☎ 03 84 72 11 22, Fax 03 84 72 31 12.
Paris 364 ① – Beaune 65 ① – Besançon 51 ① – Dijon 50 ⑤ – Lons-le-Saunier 52 ③.

DOLE

Arènes (R. des) . . . . **ABZ**
Besançon (R. de). . . . . **BYZ**
Béthouart (R. du Gén.) . . . . **BZ** 2
Boyvin (R.) . . . . **BZ** 4
Chifflot (R. L.) . . . . **AZ** 5
Duhamel (Av. J.). . . . . **AZ** 6
Gouvernement (R. du) . . . . **BY** 9
Grande-Rue . . . . **BZ** 10
Jean-Jaurès (Av.) . . . . **BY** 13
Juin (Av. du Mar.) . . . . **BZ** 14
Messageries (R. des) . . . . . **AY** 15
Nationale, Charles-de-Gaulle (Pl.) . . . . **BZ** 17
Parlement (R. du). . . . . **BZ** 18
Rockefeller (R. J.) . . . . **BY** 21
Sous-Préfecture (R. de la) . . . . **BY** 22

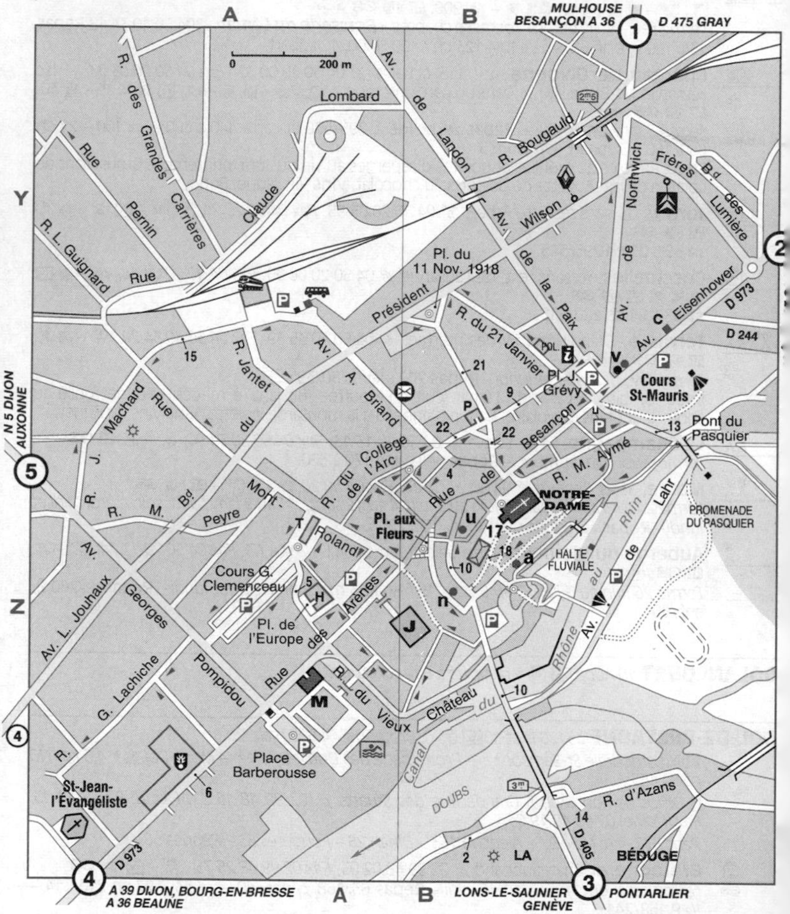

Chaumière , 346 av. Mar. Juin par ③ : *3 km* ☎ 03 84 70 72 40, *Fax 03 84 79 25 60*, , , – rest, . – 25. AE GB
fermé 25/06 au 2/07, 2/01 au 1/02, dim. sauf le soir du 1/07 au 15/09, lundi midi et sam. midi – **Repas** (100) - 122/350 ♀, enf. 72 – 60 – **18 ch** 385/600

Cloche sans rest, 2 pl. Grévy ☎ 03 84 82 06 06, *Fax 03 84 72 73 82* – . AE GB
45 – **29 ch** 300/390 BY v

Les Templiers, 35 Gde Rue ☎ 03 84 82 78 78, *Fax 03 84 72 12 52*, « Chapelle du 13e siècle » – . AE GB BZ u
fermé dim. soir et lundi – **Repas** 98/270 et carte 250 à 350 ♀

Bec Fin, 67 r. Pasteur ☎ 03 84 82 43 43, *Fax 03 84 79 28 07*, , « Salle voûtée » – AE GB BZ a
fermé 22 janv. au 6 fév., mardi sauf juil.-août et lundi – **Repas** 90/210 ♀, enf. 65

※ **Romanée**, 13 r. Vieilles Boucheries ℰ 03 84 79 19 05, *Fax 03 84 79 26 97*, 斎, « Salle
⊕ voûtée » – ﬆ ⊕ � BZ n
fermé merc. sauf juil.-août – **Repas** 78/300 ♈, enf. 60

※ **Grévy**, 2 av. Eisenhower ℰ 03 84 82 44 42, *Fax 03 84 82 44 42*, 斎 – ⒼⒷ BY v
⊕ *fermé 1er au 20 août, sam. soir et dim.* – **Repas** 85 (déj.)et carte 160 à 235 ♈, enf. 40

à Rochefort-sur-Nenon *par* ② : *7 km par N 73 – 599 h. alt. 210 –* ⊠ *39700* :

🏠 **Fernoux-Coutenet** ⤝, r. Barbière ℰ 03 84 70 60 45, *Fax 03 84 70 50 89*, 斎 – ⓣⓥ ☎ Ⓟ.
⊕ ⒼⒷ. ⚒ rest
fermé 24 déc. au 12 janv., dim. hors saison et sam. midi – **Repas** 75/170 ♈, enf. 50 – � 50 –
20 ch 255/315 – 1/2 P 270

à Parcey *par* ③ *rte de Lons-le-Saunier : 8 km – 818 h. alt. 197 –* ⊠ *39100* :

※※ **Les Jardins Fleuris**, ℰ 03 84 71 04 84, *Fax 03 84 71 09 43*, 斎 – ⒼⒷ
⊕ *fermé 27 nov. au 11 déc., sam. midi sauf vacances scolaires et dim. soir* – **Repas** (80) -
98/230 ♈

DOMFRONT *61700 Orne* 59 ⑩ *G. Normandie Cotentin – 4 410 h. alt. 185.*
Voir *Site* ★ – *Église N.-D-sur-l'Eau* ★ – *Jardin du donjon* ⚹★ – *Croix du Faubourg* ⚹★ –
Centre ancien ★.
🛈 *Office de Tourisme 12 pl. de la Voirie* ℰ *02 33 38 53 97, Fax 02 33 37 40 27.*
Paris 253 – Alençon 61 – Argentan 54 – Avranches 65 – Fougères 56 – Mayenne 34 – Vire 40.

※ **Auberge Grandgousier**, 1 pl. Liberté (près Poste) ℰ 02 33 38 97 17 – ⒼⒷ
⊕ *fermé sept., vacances de fév., merc. soir et jeudi* – **Repas** 80/140 ♈

DOMFRONT-EN-CHAMPAGNE *72240 Sarthe* 60 ⑬ *– 850 h. alt. 131.*
Paris 216 – Le Mans 20 – Alençon 44 – Laval 77 – Mayenne 54.

※※ **Midi**, D 304 ℰ 02 43 20 52 04, *Fax 02 43 20 56 03* – 🍽. ⒼⒷ
⊕ *fermé 16 au 24 août, fév., lundi et le soir sauf vend. et sam.* – **Repas** 80/240 ⚬, enf. 45

DOMME *24250 Dordogne* 75 ⑰ *G. Périgord Quercy – 1 030 h. alt. 250.*
Voir *Promenade des Falaises* ⚹★★★ – *La bastide* ★.
🛈 *Office de Tourisme pl. de la Halle* ℰ *05 53 31 71 00, Fax 05 53 31 71 09.*
Paris 542 – Cahors 52 – Sarlat-la-Canéda 12 – Fumel 57 – Gourdon 22 – Périgueux 76.

🏠 **Esplanade** (Gillard) ⤝, ℰ 05 53 28 31 41, *Fax 05 53 28 49 92*, ≤, 斎, 霖 – 🍽 rest, ⓣⓥ ☎
⚘ ⚒. ﬆ ⊕ ⒼⒷ
12 fév.-29 oct. – **Repas** *(fermé lundi sauf le soir en saison)* 200/400 et carte 230 à 440 –
� 60 – **25 ch** 350/700 – 1/2 P 445/620
Spéc. Saucisson chaud de canard. Filet d'agneau en croûte sauce Périgueux. Chaud-froid
de fraises. **Vins** Domme, Bergerac.

DOMPAIRE *88270 Vosges* 62 ⑮ *– 907 h. alt. 300.*
Paris 365 – Épinal 22 – Luxeuil-les-Bains 59 – Nancy 63 – Neufchâteau 55 – Vittel 24.

※※ **Commerce** avec ch, pl. Gén. Leclerc ℰ 03 29 36 50 28, *Fax 03 29 36 66 12* – ⓣⓥ ☎. ⒼⒷ
⊕ *fermé 20 déc. au 10 janv.* – **Repas** *(ferme lundi)* 73/175 ⚬ – � 27 – **8 ch** 160/280 –
1/2 P 170/250

DOMPIERRE-SUR-BESBRE *03290 Allier* 69 ⑮ *– 3 807 h. alt. 234.*
Voir *Vallée de la Besbre* ★, G. Auvergne.
Paris 329 – Moulins 30 – Bourbon-Lancy 18 – Decize 52 – Digoin 26 – Lapalisse 36.

※※ **Auberge de l'Olive** avec ch, av. Gare ℰ 04 70 34 51 87, *Fax 04 70 34 61 68* – ⓣⓥ ☎ ⚒.
⊕ ⒼⒷ
fermé 17 nov. au 3 déc., vacances de fév. et vend. sauf juil.-août – **Repas** 65/260 ⚬, enf. 40 –
� 30 – **18 ch** 200/260 – 1/2 P 195/225

DOMPIERRE-SUR-VEYLE *01240 Ain* 74 ③ *– 828 h. alt. 285.*
Paris 441 – Mâcon 53 – Belley 70 – Bourg-en-Bresse 18 – Lyon 57 – Nantua 46.

※ **Aubert**, ℰ 04 74 30 31 19, *Fax 04 74 30 36 98*, 霖 – ⒼⒷ
⊕ *fermé 19 au 28 juil., fév., dim. soir, merc. soir et jeudi* – **Repas** 110/255 ♈, enf. 52

DOMRÉMY-LA-PUCELLE 88630 Vosges 🔢 ③ G. Alsace Lorraine – 182 h alt. 280.

Voir Maison natale de Jeanne d'Arc★.

Paris 284 – Nancy 58 – Neufchâteau 10 – Toul 41.

🏛 **Jeanne d'Arc** sans rest, 𝄞 03 29 06 96 06 – ⇔. ❄

1ᵉʳ avril-15 nov. – ⊑ 25 – **7 ch** 150/190

DONGES 44480 Loire-Atl. 🔢 ⑮ G. Bretagne – 6 377 h alt. 11.

Voir Église★.

Paris 427 – Nantes 52 – La Baule 31 – Redon 45 – St-Nazaire 17.

rte de Pontchâteau Nord : 7 km par D 4, D 773 et rte secondaire – ⊠ 44480 Donges :

XX **Duchée,** 𝄞 02 40 45 28 41, Fax 02 40 45 36 72, 🌠 – 🗜. 🖭 🖼

fermé 15 au 30 mars, 15 août au 1ᵉʳ sept., dim. soir et lundi – **Repas** 90/260

DONON (Col du) 67 B.-Rhin 🔢 ⑧ G. Alsace Lorraine – ⊠ 67130 Schirmeck.

Paris 397 – Strasbourg 63 – Lunéville 61 – St-Dié 41 – Sarrebourg 38 – Sélestat 55.

🏛 **Donon** ⌂, 𝄞 03 88 97 20 69, Fax 03 88 97 20 17, ≤, 🌠, 🌳, ❅ – 🕮 🗜 – 🔬 50. 🖼

fermé 20 au 25 mars, 16 nov. au 10 déc. et jeudi hors saison – **Repas** 60 (déj.), 98/235 ⚘,

enf. 39 – ⊑ 39 – **21 ch** 275/320 – ½ P 285/370

DONZENAC 19270 Corrèze 🔢 ⑧ G. Périgord Quercy – 2 050 h alt. 204.

🄱 Syndicat d'Initiative à la Mairie 𝄞 05 55 85 65 35, Fax 05 55 85 69 03.

Paris 473 – Brive-la-Gaillarde 11 – Limoges 81 – Tulle 30 – Uzerche 26.

rte de Limoges sur N 20 :

🏨 **Relais Bas Limousin,** à 6 km 𝄞 05 55 84 52 06, Fax 05 55 84 51 41, 🌠, 🏊, ❅ – 🕮 ☎
❅ ❖ ⇔ 🗜 – 🔬 25. 🖼

fermé dim. du 20 sept. au 20 juin et lundi midi – **Repas** 82/250 ⚘, enf. 50 – ⊑ 36 – **22 ch**
210/370 – ½ P 240/320

🏛 **Maleyrie,** à 5 km 𝄞 05 55 84 50 67, Fax 05 55 84 20 63, 🌠, ❅ – ☎ ❖ ⇔ 🗜. 🖼
❅ 28 mars-10 oct. – **Repas** 75/170 ⚘, enf. 48 – ⊑ 30 – **15 ch** 130/230 – ½ P 190/230

DONZY 58220 Nièvre 🔢 ⑬ G. Bourgogne – 1 719 h alt. 188.

Paris 207 – Bourges 73 – Auxerre 65 – Clamecy 38 – Cosne-sur-Loire 18 – Nevers 49.

🏛 **Grand Monarque,** près église 𝄞 03 86 39 35 44, Fax 03 86 39 37 09, 🌠 – 🕮 ☎ 🗜. 🖼

fermé dim. soir et lundi sauf fériés – **Repas** 110/260 ⚘, enf. 60 – ⊑ 38 – **11 ch** 260/350

Le DORAT 87210 H.-Vienne 🔢 ⑦ G. Berry Limousin – 2 203 h alt. 209.

Voir Collégiale St-Pierre★★.

🄱 Office de Tourisme pl. Collégiale 𝄞 05 55 60 76 81.

Paris 372 – Limoges 53 – Poitiers 76 – Bellac 13 – Le Blanc 49 – Guéret 68.

✂ **Promenade** avec ch, 3 av. Verdun 𝄞 05 55 60 72 09, Fax 05 55 68 67 62 – 🕮 ☎ ❖ ⇔
❅ 🗜. 🖼

fermé 15 sept. au 7 oct., 1ᵉʳ au 15 janv., dim. soir et lundi – **Repas** 68/190 ⚘ – ⊑ 30 – **8 ch**
165/205 – ½ P 175/195

DORMANS 51700 Marne 🔢 ⑮ G. Champagne – 3 125 h alt. 70.

Paris 118 – Reims 41 – Château-Thierry 23 – Épernay 25 – Meaux 71 – Soissons 46.

XX **Table Sourdet,** 𝄞 03 26 58 20 57, Fax 03 26 58 88 82 – 🖭 🖼

fermé 26 au 30 déc., dim. soir et lundi soir – **Repas** 150/280 ⚘ - **Petite Table** (fermé le soir
et dim.) Repas 70/150 ⚘

DORNECY 58530 Nièvre 🔢 ⑮ – 554 h alt. 167.

Paris 215 – Auxerre 50 – Avallon 31 – Cosne-sur-Loire 59 – Nevers 75.

✂ **Manse** avec ch, rte Clamecy, 1 km 𝄞 03 86 24 23 24, Fax 03 86 24 04 80, 🌠 – 🕮 ☎ ❖.
❅

fermé 3 au 15 janv., dim. soir et lundi d'oct. à avril – **Repas** 80/170 ⚘ – ⊑ 35 – **13 ch** 240/260
– ½ P 195

DORRES 66760 Pyr.-Or. 🔢 ⑯ G. Languedoc Roussillon – 192 h alt. 1458.

Voir Angoustrine : Retables★ dans l'église O : 5 km.

Paris 868 – Font-Romeu-Odeillo-Via 16 – Ax-les-Thermes 47 – Perpignan 103.

🏛 **Marty** ⌂, 𝄞 04 68 30 07 52, ≤, 🌠 – 🕮 ☎ ❖ 🗜. 🖼
❅ fermé 25 oct. au 20 déc. – **Repas** 85 bc/180 ⚘, enf. 48 – ⊑ 35 – **21 ch** 260/280 – ½ P 230

Voir *Beffroi*★ **BY** D – *Musée de la Chartreuse*★.

Env. *Centre historique minier de Lewarde*★★ *SE : 8 km par* ②.

🛈 *Office de Tourisme 70 pl. d'Armes* ℘ 03 27 88 26 79, Fax 03 27 99 38 78.

Paris 195 ③ – Lille 42 ④ – Arras 26 ④ – Tournai 39 ① – Valenciennes 39 ②.

Armes (Pl. d') .... **BY** 2
Bellain (R. de) .... **BY** 3
Bellegambe (R. J.) .... **BY** 4
Boutique (R. A.) .... **BX** 7
Brebières (R. de) .... **AZ** 8
Canteleu (R. du) .... **BY** 9
Carnot (Pl.) .... **BY**
Chartreux (R. des) .... **AX** 10
Cloche (R. de la) .... **AY** 13
Clocher-St-Pierre (R. du) .. **BY** 14
Cloric (R. de la) .... **AY** 15
Comédie (R. de la) .... **AZ** 17
Dubois (R. P.) .... **BX** 18

Faidherbe (Bd) .... **BY** 19
Foulons (R. des) .... **AZ** 20
Gouvernement
  (R. du) .... **BY** 23
Leclerc (Av. Mar.) .... **BY** 24
Madeleine (R. de la) ..... **BY** 25
Mairie (R. de la) .... **BY** 26
Malvaux (R. des) .... **BX** 27
Marceline (R.) .... **BX** 28
Massue (R. de la) .... **AY** 29
Merlin-de-Douai (R.) ..... **BY** 30
Ocre (R. d') .... **AX** 33
Orchies (R. d') .... **BX** 34

Paris (R. de) .... **BZ**
Phalempin
  (Bd Paul) .... **BY** 35
Pont-St-Vaast (R. du) .... **BX** 36
Raches (R. de) .... **BX** 37
St-Christophe (R.) .... **BY** 39
St-Jacques (R.) .... **BY** 40
St-Michel (R.) .... **BX** 41
St-Samson (R.) .... **AY** 44
St-Sulpice (R.) .... **BX** 45
Université (R. de l') ..... **BZ** 46
Valenciennes (R. de) ..... **BZ** 49
Victor-Hugo (R.) .... **BY** 50

🏛 **Terrasse**, 36 terrasse St-Pierre ℘ 03 27 88 70 04, Fax 03 27 88 36 05 ■ rest, 📺 ☎ 🅿 –
🔬 30. 🆎 ⑩ 🅱
Repas 135 bc/395 – 🖙 45 – **26 ch** 295/600 – ½ P 340

BY **a**

XX **Au Turbotin,** 9 r. Massue ℘ 03 27 87 04 16 – 🖩. 🅰🅴 ⓞ 🇬🇧   AY **s**
fermé août, 20 au 27 fév., sam. midi, dim. soir et lundi – **Repas** 93/256 ♈

à Roost-Warendin *par ①, D 917 et D 8 : 10 km – 6 413 h. alt. 22* – ✉ 59286 :

XXX **Chat Botté,** Château de Bernicourt ℘ 03 27 80 24 44, Fax 03 27 80 35 81, 😂, parc – 🅿.
🇬🇧
fermé 1ᵉʳ au 15 août, dim. soir et lundi sauf fériés – **Repas** 105 (déj.), 160/390 et carte 250 à
380 ♈

à Corbehem *par ③ et D 45 : 6 km – 2 346 h. alt. 32* – ✉ 62112 (Pas-de-Calais) :

XXX **Manoir de Fourcy** ⌂ avec ch., 48 r. gare ℘ 03 27 95 91 00, Fax 03 27 95 91 09, 😂, 🚗
– 📺 ☎ ❤ 🅿 – 🔏 100. 🅰🅴 🇬🇧 🇯🇨🇧
fermé dim. soir et lundi – **Repas** 148/360 et carte 250 à 350 ♈, enf. 90 – ☲ 50 – **8 ch** 380

à Brebières *par ③ : 7 km – 4 324 h. alt. 48* – ✉ 62117 (Pas-de-Calais) :

XXX **Air Accueil,** N 50 ℘ 03 21 50 01 02, Fax 03 21 50 84 17, 😂, 🚗 – 🅿. 🇬🇧
fermé lundi en juil.-août, dim. soir et soirs fériés – **Repas** 145/230 et carte 200 à 360 ♈

rte de Hénin-Beaumont *par ④ et N 43 : 2,5 km* – ✉ 59553 Cuincy :

🏛 **Campanile,** ℘ 03 27 96 97 00, Fax 03 27 98 98 93, 😂 – ⚄ 📺 ☎ ❤ 🅿 – 🔏 25. 🅰🅴 ⓞ
🇬🇧
Repas 75/103 ♈, enf. 39 – ☲ 36 – **49 ch** 295

Si vous cherchez un hôtel tranquille,
consultez d'abord les cartes de l'introduction
ou repérez dans le texte les établissements indiqués avec le signe ⌂.

DOUAINS *27 Eure* 55 ⑰,, 106 ① – *rattaché à Vernon.*

DOUARNENEZ *29100 Finistère* 58 ⑭ *G. Bretagne* – *16 457 h alt. 25.*
Voir *Boulevard Jean-Richepin ≤★* Y – *Port du Rosmeur★* – *Port-Musée★★* M – *Ploaré :*
tour★ de l'église S : 1 km – Pointe de Leydé ≤★ NO : 5 km.
🅱 *Office de Tourisme 2 r. Dr-Mével* ℘ 02 98 92 13 35, Fax 02 98 92 70 47.
Paris 588 ① – *Quimper 24* ② – *Brest 76* ① – *Lorient 91* ② – *Vannes 143* ②.

DOUARNENEZ

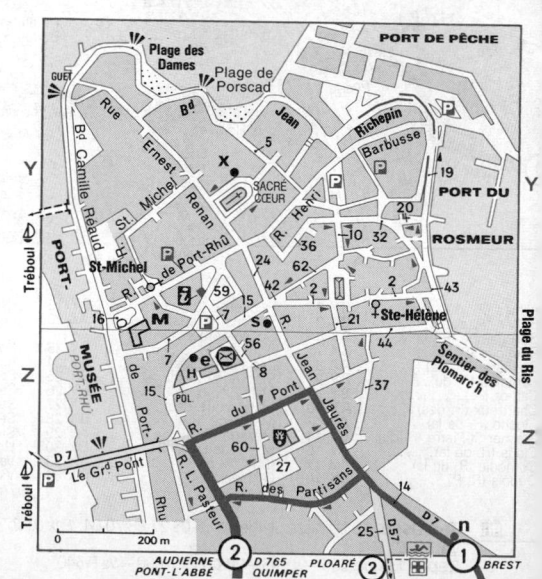

🏨 **Clos de Vallombreuse** 🦢, 7 r. d'Estienne-d'Orves 🕿 02 98 92 63 64, Fax 02 98 92 84 98, ≼, 🏡, 🔟, 🛲 – 🔟 🕿 🗶 ᕓ 🅿. 🝷 ᕫᕒ Y x
Repas (80) - 99/330 ᵎ, enf. 60 – ⊡ 48 – **20 ch** 450/495 – ½ P 390/108

🏨 **France**, 4 r. J. Jaurès 🕿 02 98 92 00 02, Fax 02 98 92 27 05 – 🔟 🕿. 🝷 ᕫᕒ, 🛵 rest
📖100 **Repas** (fermé 8 au 16 janv., dim. soir et lundi d'oct. à mai) 98/245 ᵎ, enf. 65 – ⊡ 38 – **26 ch** 280/305 – ½ P 290 Y s

🏨 **Bretagne** sans rest, 23 r. Duguay-Trouin 🕿 02 98 92 30 44, Fax 02 98 92 09 07 – |≢| 🔟 🕿. 🝷 ᕒᕒ 7 a
⊡ 35 – **27 ch** 200/300

🍴 **Kériolet** avec ch, 29 r. Croas Talud 🕿 02 98 92 16 89, Fax 02 98 92 62 94, 🛲 – 🔟 🕿 🗶. ᕫᕒ Z n
fermé vacances de fév. **Repas** (fermé merc. midi hors saison) 67/225, enf. 48 – ⊡ 30 – **8 ch** 195/225 – ½ P 245

à Tréboul Nord-Ouest : 3 km – 🖂 29100 :

🏨 **Thalasstonic** [M], r. des Professeurs Curie 🕿 02 98 74 45 45, Fax 02 98 74 36 07, 🏡 – |≢| 🔟 🕿 🗶 ᕓ 🅿. 🝷 ᕒᕒᕫ. 🛵 rest
Repas 115/200 ᵎ, enf. 60 – ⊡ 47 – **50 ch** 345/505 – ½ P 395/410

🏨 **Ty Mad** 🦢, près chapelle St-Jean 🕿 02 98 74 00 53, Fax 02 98 74 15 16, ≼, 🏡, 🛲 – 🕿 🅿. ᕫᕒ, 🛵 rest
1ᵉʳ avril-30 sept. – **Repas** (dîner seul.) 72/192 ᵎ, enf. 50 – ⊡ 40 – **23 ch** 250/340 – ½ P 310/340

DOUBS 25 Doubs 🔟 ⑥ – rattaché à Pontarlier.

DOUCIER 39130 Jura 🔟 ⑭ ⑮ G. Jura – 231 h alt. 526.
Voir Lac de Chalain★★ N : 4 km.
Paris 430 – Champagnole 20 – Lons-le-Saunier 25.

🍴 **Sarrazine**, 🕿 03 84 25 70 60, 🏡 – 🅿. ᕫᕒ
fermé mi-nov. à mi-janv. et jeudi hors saison – **Repas** - grillades - 90/240, enf. 64

🍴 **Comtois** avec ch, 🕿 03 84 25 71 21, Fax 03 84 25 71 21, 🏡 – ᕫᕒ
fermé 20 déc. au 31 janv., mardi soir et merc. du 16 sept. au 14 juin – **Repas** (79) - 119/169 ᵎ, enf. 56 – **10 ch** ⊡ 190/320

DOUÉ-LA-FONTAINE 49700 M.-et-L. 🔟 ⑧ G. Châteaux de la Loire – 7 260 h alt. 75.
Voir Parc zoologique des Minières★★ O : 2 km.
🆔 Office de Tourisme pl. du Champ-de-Foire 🕿 02 41 59 20 49, Fax 02 41 59 93 85.
Paris 322 – Angers 41 – Châtellerault 83 – Cholet 51 – Saumur 18 – Thouars 30.

🏨 **Saulale** sans rest, rte Montreuil-Bellay : 2 km 🕿 02 41 59 96 10, Fax 02 41 59 96 11, 🛲 – 🔟 🕿 🗶 ᕓ 🅿. 🝷 ᕒ ᕫᕒ
⊡ 40 – **32 ch** 220/520

🍴🍴 **Auberge Bienvenue**, rte Cholet (face Zoo) 🕿 02 41 59 22 44, Fax 02 41 59 93 49, 🏡 – 🅿. 🝷 ᕫᕒ
fermé vacances de fév., merc. soir d'oct. à mars, dim. soir et lundi – **Repas** (85) - 115/300 ᵎ, enf. 60

🍴🍴 **France** avec ch, 19 pl. Champ de Foire 🕿 02 41 59 12 27, Fax 02 41 59 76 00 – 🔟 🕿 🗶. ᕫᕒ
fermé 24 déc. au 24 janv., 27 juin au 5 juil., dim. soir et lundi sauf juil.-août – **Repas** (85) - 110/235 ᵎ, enf. 50 – ⊡ 35 – **18 ch** 220/300 – ½ P 240/300

DOURDAN 91410 Essonne 🔟 ⑨, 🔟 ㊶ G. Ile de France – 9 043 h alt. 100.
Voir Place du Marché aux grains★ – Vierge au Perroquet★ au musée.
🆔 Office de Tourisme pl. du Gén.-de-Gaulle 🕿 01 64 59 86 97, Fax 01 60 81 05 69.
Paris 55 – Chartres 47 – Étampes 18 – Évry 38 – Orléans 78 – Rambouillet 22 – Versailles 51.

🍴🍴 **Auberge de l'Angélus**, 4 pl. Chariot 🕿 01 64 59 83 72, 🏡 – ᕫᕒ ᕒ ᕫᕒ
fermé 13 août au 7 sept., vacances de fév., mardi soir et merc. – **Repas** 110/215 ᵎ

DOURGNE 81110 Tarn 🔟 ⑳ – 1 211 h alt. 250.
🆔 Syndicat d'Initiative Mairie 🕿 05 63 50 31 20, Fax 05 63 50 31 25.
Paris 764 – Toulouse 68 – Carcassonne 52 – Castelnaudary 34 – Castres 19 – Gaillac 61.

🍴 **Hostellerie de la Montagne Noire** (chambres prévues), pl. Promenades 🕿 05 63 50 31 12, Fax 05 63 50 13 55, 🏡 – ᕫᕒ
fermé dim. soir en hiver et lundi – **Repas** 69/190 ᵎ

DOURLERS 59228 Nord 53 ⑥ – 582 h alt. 171.

Paris 246 – St-Quentin 76 – Avesnes-sur-Helpe 10 – Lille 97 – Maubeuge 14 – Le Quesnoy 27.

XX **Auberge du Châtelet**, rte Avesnes-sur-Helpe sur N 2 : 1 km ✉ 59440 Avesnes-sur-
Helpe ℰ 03 27 61 06 70, Fax 03 27 61 20 02, ☞ – ℙ. Æ ⓪ ☞
fermé 16 au 26 août, 2 au 10 janv., dim. soir et soirs fériés – **Repas** 120/325 bc, enf. 80

DOURNAZAC 87230 H.-Vienne 72 ⑯ G. Berry Limousin – 810 h alt. 368.

Voir Site★ du château de Montbrun★.

Paris 431 – Limoges 39 – Périgueux 60 – Rochechouart 28 – St-Yrieix-la-Perche 33.

X **Taverne de Montbrun**, 3 rte Château, Nord-Ouest : 3 km par D 64 ℰ 05 55 78 69 59,
☞ ☞, « Auberge rustique » – ☞
Repas 60 bc/195 ♀

DOUSSARD 74210 H.-Savoie 74 ⑯ – 2 070 h alt. 456.

Paris 559 – Annecy 20 – Albertville 27 – Megève 43.

🏠 **Marceau** ⌁ sans rest, à Marceau-Dessus Ouest : 2 km par rte secondaire
ℰ 04 50 44 30 11, Fax 04 50 44 39 44, ≤, ☞, ﹪ – ☑ ☎ ⇦ ℙ. Æ ⓪ ☞
☞ 55 – **16 ch** 460/700

🏠 **Arcalod**, ℰ 04 50 44 30 22, Fax 04 50 44 85 03, ☞, ⬓, ☞ – ▮, ☰ rest, ☑ ☎ ℙ – ☄ 30.
Æ ⓪ ☞
16 avril-30 sept. – **Repas** (fermé dim. soir et lundi du 16 avril au 15 mai) (70) - 90/155, enf. 55
– ☞ 45 – **33 ch** 360/460 – ½ P 315/360

à Bout-du-Lac Nord-Ouest : 3 km par N 508 – ✉ 74210 :

Voir Combe d'Ire★ S : 3 km, G. Alpes du Nord.

XX **Chappet** avec ch, ℰ 04 50 44 30 19, Fax 04 50 44 83 26, « Terrasse au bord de l'eau »,
⚓, ☞ – ☑ ☎ ℙ. Æ ☞
10 fév.-30 sept. et fermé jeudi soir, dim. soir et lundi de début fév. à juin – **Repas** 130/300 ♀
– ☞ 48 – **10 ch** 280/380 – ½ P 380

*Towns underlined in red on the **Michelin maps**
at a scale of 1 : 200 000 are included in this Guide.*

Use the latest map to take full advantage of this information.

DOUVRES LA DÉLIVRANDE 14440 Calvados 54 ⑯ – 3 983 h alt. 19.

Paris 244 – Caen 14 – Bayeux 26 – Deauville 47.

XX **Jacques Quirié**, 1 pl. Ancienne Mairie ℰ 02 31 37 20 04, Fax 02 31 37 76 12 – ℙ. Æ ☞
fermé 6 au 25 juil., vacances de fév., dim. soir et lundi – **Repas** 78/188

à Cresserons Est : 2 km par D 35 – 953 h. alt. 9 – ✉ 14440 :

XXX **Valise Gourmande**, rte Lion sur Mer ℰ 02 31 37 39 10, Fax 02 31 37 59 13, ☞,
« Elégante demeure bourgeoise », ☞ – ℙ. Æ ☞. ﹪
fermé janv., mardi midi et lundi sauf fériés et dim. soir d'oct. à mars – **Repas** 128/330 et
carte 260 à 340 ♀

DRACY-LE-FORT 71 S.-et-L. 69 ⑨ – rattaché à Chalon-sur-Saône.

DRAGUIGNAN ✑ 83300 Var 84 ⑦, 114 ㉓ G. Côte d'Azur – 30 183 h alt. 178.

Voir Musée des Arts et Traditions populaires★ M².

🛈 Office de Tourisme 9 bd Clemenceau ℰ 04 94 68 63 30, Fax 04 94 47 10 76.

Paris 867 ② – Fréjus 31 ② – Marseille 126 ② – Nice 90 ② – Toulon 82 ②.

Plan page ci-contre

🏠 **Relais Mercure** sans rest, 11 bd G. Clemenceau ℰ 04 94 68 66 77, Fax 04 94 68 23 49 –
▮ ☰ ☑ ☎ ﹠ ℙ. Æ ⓪ ☞ ☒   Z n
☞ 45 – **38 ch** 365/515

🏠 **Parc** sans rest, 21 bd Liberté ℰ 04 94 68 53 84, Fax 04 94 47 11 92 – ☑ ☎ ℙ. Æ ☞
☞ 48 – **20 ch** 250/360   Y a

X **Lou Galoubet**, 23 bd J. Jaurès ℰ 04 94 68 08 50 – ☰. Æ ☞   Z e
fermé 16 août au 5 sept., dim. soir et lundi soir – **Repas** 110 ♀

rte de Flayosc par ③ et D 557 : 4 km – ✉ 83300 Draguignan :

🏠 **Les Oliviers** sans rest, ℰ 04 94 68 25 74, Fax 04 94 68 57 54, ☞ – ☑ ☎ ﹠ ℙ. Æ ☞
☞ 35 – **12 ch** 260/350

DRAGUIGNAN

Cisson (R.) . . . . YZ 3
Clemenceau (Bd) . . . . Z
Clément (R. P.) . . . . Z 5
Droits de l'Homme
(Parvis des) . . . . Z 6
Gay (Pl. C.) . . . . Y 7
Grasse (Av. de) . . . . Y 8
Joffre (Bd Mar.) . . . . Z 9
Juiverie
(R. de la) . . . . Y 12
Kennedy (Bd J.) . . . . Z 13
Leclerc (Bd Gén.) . . . . Z 14
Marchands (R. des) . . . . . . Y 15
Marché (Pl. du) . . . . Y 16
Martyrs-de-la-R.
(Bd des) . . . . Z 17
Marx-Dormoy (Bd) . . . . Z 18
Mireur (R. F.) . . . . Y 19
Observance (R. de l') . . . . . Y 20
République (R. de la) . . . . . Z 23
Rosso (Av. F.) . . . . Z 24

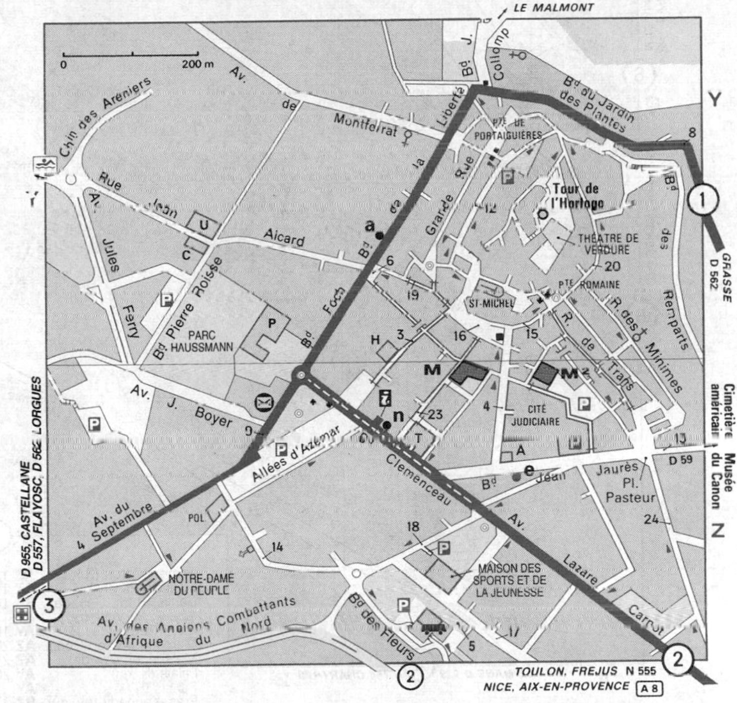

à Flayosc *par ③ et D 557 : 7 km – 3 233 h. alt. 310 – ✉ 83780 :*

🏠 **Vieille Bastide,** par rte Salernes et rte secondaire ☎ 04 94 70 40 57, *Fax 04 94 84 61 23,* 🏊, 🌳, – TV ☎ 📞 P. GB
Repas *(fermé 15 au 27 nov., 8 au 22 janv., dim. soir et lundi)* (95) - 125/285, enf. 70 – ☕ 50 – **7 ch** 360/480 – ½ P 320/370

🍴 **L'Oustaou,** au village ☎ 04 94 70 42 69, 🌳 – AE GB
fermé 8 au 15 mai, 13 nov. au 12 déc., dim. sauf le midi de sept. à juin, jeudi soir sauf juil.-août et lundi – **Repas** 125/280 🍷, enf. 70

Le DRAMONT *83 Var* 84 ⑧, 114 ㉖ *rattaché à St-Raphaël.*

DREUX SP *28100 E.-et-L.* 60 ⑦, 106 ㉕ *G. Normandie Vallée de la Seine – 35 230 h alt. 82.*
Voir *Beffroi★* AY B – *Vitraux★ de la chapelle royale.*
ℹ *Office de Tourisme 4 r. Porte-Chartraine ☎ 02 37 46 01 73, Fax 02 37 46 02 19.*
Paris 80 ② – Chartres 34 ④ – Évreux 44 ⑥ – Mantes-la-Jolie 44 ①.

Plan page suivante

🏠 **Beffroi** sans rest, 12 pl. Métézeau ☎ 02 37 50 02 03, *Fax 02 37 42 07 69* – TV ☎ 📞. AE ⓓ GB JCB — AZ e
fermé 1er au 10 août – ☕ 30 – **16 ch** 295/325

🍴 **St-Pierre,** 19 r. Sénarmont ☎ 02 37 46 47 00 – AE GB — BY r
fermé 15 au 28 juil., dim. soir et lundi – **Repas** 79/137 🌡

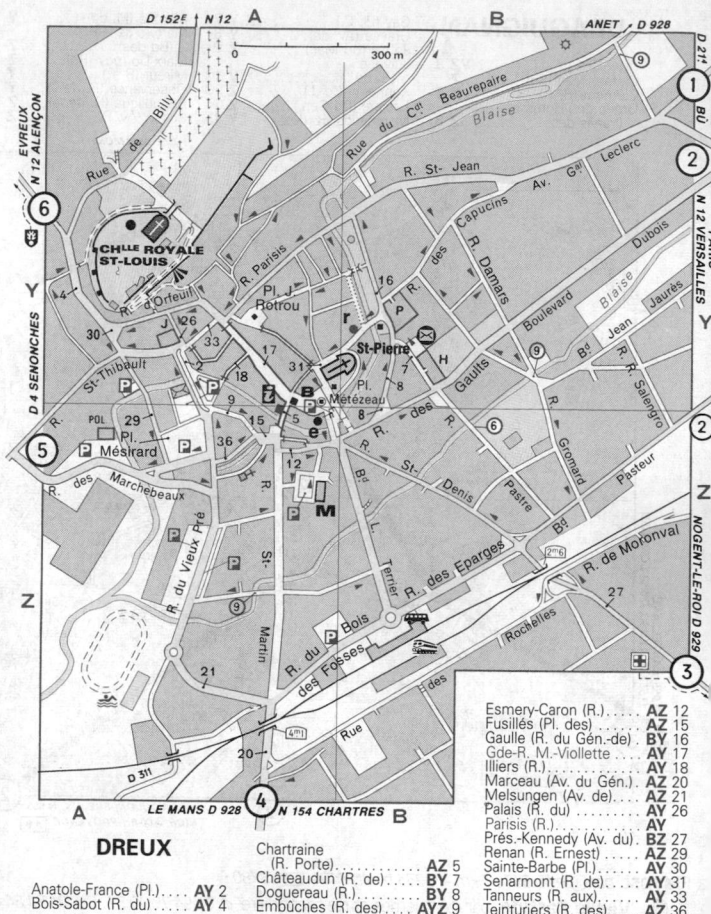

DREUX

à Cherisy par ② : 4,5 km – 1 741 h. alt. 88 – ⊠ 28500 :

XX **Vallon de Chérisy,** ℰ 02 37 43 70 08, Fax 02 37 43 86 00, ଛ, ଛ – ℙ. GB
fermé août, mardi soir et merc. – Repas 130/196 ⅃

à Ste-Gemme-Moronval par ②, N 12, D 912 et D 308¹ : 6 km – 613 h. alt. 79 – ⊠ 28500 :

XXX **L'Escapade,** ℰ 02 37 43 72 05, Fax 02 37 43 86 96, ଛ – ℙ. ΑΕ GB
fermé 16 août au 7 sept., 14 au 28 fév., dim. soir, lundi soir et mardi – Repas 160 (déj.),
180/350 et carte 270 à 400 ⅃

à Vernouillet-centre Sud par D 311 AZ : 2 km – 11 680 h. alt. 97 – ⊠ 28500 :

XX **Auberge de la Vallée Verte** avec ch, (près Église) ℰ 02 37 46 04 04,
Fax 02 37 42 91 17 – 📺 ☎ ⇔ ℙ. ΑΕ GB. ⅍ ch
fermé vend. soir, dim. soir et lundi – Repas (fermé 1ᵉʳ au 20 août) 145/250 ⅃ – ☲ 38 – 11 ch
260/350 – ½ P 250

DRUSENHEIM 67410 B.-Rhin 87 ④ – 4 363 h alt. 122.

Paris 500 – Strasbourg 29 – Haguenau 10 – Saverne 62 – Wissembourg 40.

XX **Auberge du Gourmet** M avec ch, rte Strasbourg, Sud-Ouest : 1 km ℘ 03 88 53 30 60, Fax 03 88 53 31 39, 畲, 濡 – 🆃🆅 🕿 📞 & ⅋ 🅴. 🆖🅱. 🛠 ch
fermé 24 juil. au 5 août et vacances de fév. – **Repas** *(fermé mardi soir et merc.)* 145/250 – ☲ 40 – **11 ch** 220/300 – 1/2 P 250

DRUYES-LES-BELLES-FONTAINES 89560 Yonne 65 ⑭ G. Bourgogne – 302 h alt. 168.

Paris 184 – Auxerre 33 – Clamecy 17 – Gien 73 – Montargis 85.

🏠 **Auberge des Sources** ≫, ℘ 03 86 41 55 14, Fax 03 86 41 90 31 – 🕿 📞 & 🅵. 🆖🅱
fermé 10 janv. au 15 mars, lundi et mardi – **Repas** 105/230, enf. 60 – ☲ 50 – **17 ch** 240/430 – 1/2 P 236/290

DUCEY 50220 Manche 59 ⑧ G. Normandie Cotentin – 2 069 h alt. 15.

Paris 343 – St-Lô 69 – Avranches 11 – Fougères 41 – Rennes 78 – St-Hilaire-du-Harcouët 16.

🏠🏠 **Moulin de Ducey** M ≫ sans rest, ℘ 02 33 60 25 25, Fax 02 33 60 26 76, ≼, « Ancien moulin sur la Sélune » – 🕼 🆃🆅 🕿 & 🅵. 🆎 ⓞ 🆖🅱 🆓🅱
☲ 55 – **28 ch** 295/520

🏠🏠 **Auberge de la Sélune,** ℘ 02 33 48 53 62, Fax 02 33 48 90 30, 畲, « Jardin en bordure de rivière », 濡 – 🕿. 🆎 ⓞ 🆖🅱
fermé 19 nov. au 14 déc., 21 janv. au 12 fév. et lundi d'oct. à mars – Repas 84/208 ♈, enf. 60 – ☲ 42 – **20 ch** 295/315 – 1/2 P 315/325

En juin et en septembre,
les hôtels sont moins chers qu'en pleine saison, le service est plus soigné.

DUCLAIR 76480 S.-Mar. 55 ⑥ G. Normandie Vallée de la Seine – 3 822 h alt. 8.

Bac: renseignements ℘ 02 35 37 53 11.

Paris 150 – Rouen 20 – Dieppe 61 – Lillebonne 33 – Yvetot 21.

🏠 **Poste,** quai Libération ℘ 02 35 05 92 50, Fax 02 35 37 39 19, ≼ – 🕼 🆃🆅 🕿. 🆎 ⓞ 🆖🅱, 🛠
fermé 17 au 31 juil., 12 au 28 fév., lundi (sauf hôtel et fériés) et dim. soir – **Repas** (1er étage) 80/250 ♉, enf. 45 - **Rôtisserie** (déj. seul.) Repas 70/170 ♉, enf. 45 – ☲ 32 – **14 ch** 210/350 – 1/2 P 270/300

DUILHAC-SOUS-PEYREPERTUSE 11350 Aude 86 ⑦ G. Languedoc Roussillon – 87 h alt. 336.

Paris 862 – Perpignan 46 – Carcassonne 80 – Millas 36 – Mouthoumet 28 – Narbonne 68.

⛲ **Auberge du Vieux Moulin** ≫, ℘ 04 68 45 02 17, Fax 04 68 45 02 18, 畲, ancien moulin à huile – 🆃🆅 🕿 &. 🆖🅱. 🛠
fermé 20 déc. au 10 fév. – Repas 60/145 ♈, enf. 48 – ☲ 30 – **14 ch** 220

DUINGT 74410 H.-Savoie 74 ⑥ G. Alpes du Nord – 635 h alt. 450.

Voir Site★.

Paris 552 – Annecy 12 – Albertville 33 – Megève 49 – St-Jorioz 3.

🏠🏠 **Lac,** ℘ 04 50 68 90 90, Fax 04 50 68 50 18, ≼, 畲, « Jardin au bord du lac », 🛥, 濡 – 🕼 🆃🆅 🕿 📞 🅵. 🆖🅱. 🛠 ch
hôtel : 4 fév.-15 oct. et fermé dim. et lundi hors saison ; rest. : 22 avril-1er oct. – **Repas** (98) - 135/230, enf. 60 – ☲ 44 – **23 ch** 390/455 – 1/2 P 385/410

🏠 **Clos Marcel,** ℘ 04 50 68 67 47, Fax 04 50 68 61 11, ≼, 畲, « Jardin au bord du lac », 🛥, 濡 – 🆃🆅 🕿 📞 🅵. 🆖🅱. 🛠 rest
15 avril-30 oct. – **Repas** *(fermé lundi soir et mardi hors saison)* 100/160 ♈, enf. 60 – ☲ 45 – **15 ch** 260/390 – 1/2 P 325/435

🏠 **Auberge du Roselet,** ℘ 04 50 68 67 19, Fax 04 50 68 64 80, 畲, « Terrasse au bord de l'eau », 🛥, 濡 – 🆃🆅 🕿 🅵. 🆖🅱
fermé 1er nov. au 1er janv. et mardi soir – **Repas** 100/280 ♈ – ☲ 40 – **14 ch** 400/520 – 1/2 P 400

DUNES 82340 T.-et-G. 79 ⑮ – 853 h alt. 120.

Paris 663 – Agen 21 – Auvillar 13 – Miradoux 12 – Moissac 32.

XX **Les Templiers,** ℘ 05 63 39 86 21. Fax 05 63 39 86 21. 畲 – 🆖🅱
fermé 1er au 15 oct., sam. midi et mardi soir de sept. à mai, dim. soir et lundi de juin à août – Repas 115/320 ♈, enf. 65

DUNIÈRES 43220 H.-Loire 76 ⑧ – 3 009 h alt. 760.

Paris 552 – Le Puy-en-Velay 52 – St-Étienne 36 – St-Agrève 34.

🏠 **Tour**, D 61 ℘ 04 71 66 86 66, Fax 04 71 66 82 32, 😭 – 📺 ☎ ✔ 🕭 🖭 🖭 🖭
⊛ fermé 1er au 6 mars, 28 août au 4 sept., week-ends en janv. et dim. – Repas (fermé vend.
soir de sept. à mai, dim. soir et lundi midi) 65 (déj.), 98/250 ♀ – ☑ 35 – **11 ch** 239/269 –
½ P 240

*Restaurants serving a good but moderately priced meal
are distinguished in the Guide by the symbol ⊛.*

DUNKERQUE ⊗ 59140 Nord 51 ③ ④ G. Picardie Flandres Artois – 70 331 h Agglo. 190 879 h
alt. 4 – Casino à Malo-les-Bains.

Voir Port★★ – Musée d'Art contemporain★ (fermé pour travaux) : jardin de sculptures CDY
– Musée des Beaux-Arts★ CDZ M² – Musée portuaire★ CZ M³ – Commune de la "Méridienne Verte".

🛈 Office de Tourisme Beffroi r. de l'Amiral Romarc'h ℘ 03 28 66 79 21, Fax 03 28 63 38 34 et
(saison) 48 bis Digue de Mer ℘ 03 28 26 28 88.

Paris 292 ② – Calais 46 ③ – Amiens 154 ② – Ieper 54 ② – Lille 73 ② – Oostende 53 ①.

DUNKERQUE

Banc Vert (R. du) . . . . **AX** 8	Darses (Chaussées des) . . . . **AX** 25		Mendès-France (Bd) . . . . **BX** 52
Berteaux (Av. M.) . . . . . . **AX** 10	Jaurès (R. Jean) . . . . **BX** 39		Pasteur (R.) . . . . **BX** 56
Cambon (Bd P.) . . . . **BX** 17	Lille (R. de) . . . . **BX** 45		République (R. de la) . . . . **AX** 61
	Malo (R. Célestin) . . . . **BX** 50		Waldeck-Rousseau (R.) . . . . **BX** 73

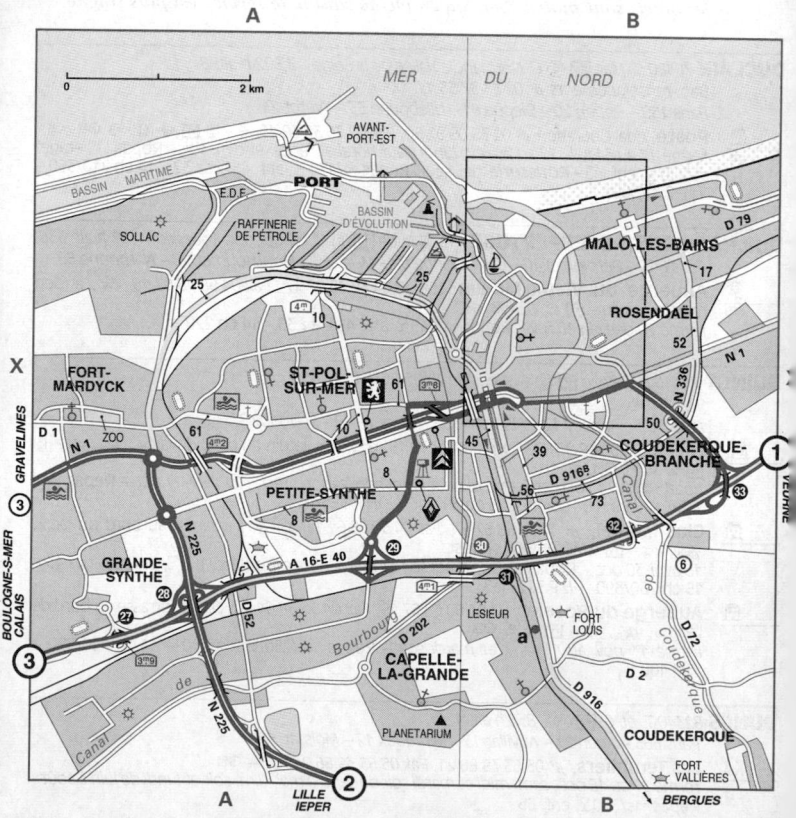

Europ'Hôtel Ⓜ, 13 r. Leughenaer ✆ 03 28 66 29 07, *Fax 03 28 63 67 87* – |♦|, ▤ rest, TV ☎ – 🏛 40 à 200. AE ⓞ GB JCB CY s
L'Embarcadère ✆ 03 28 65 08 07 *(fermé sam. midi, dim. et lundi)* **Repas** *(100)*/130 ♁, enf. 30 – *La Ferme* ✆ 03 28 65 08 05 *(fermé sam. midi et dim.)* **Repas** carte 110 à 190 ♁, enf. 30 – ☕ 49 – **116 ch** 370/420

Borel Ⓜ sans rest, 6 r. L'Hermite ✆ 03 28 66 51 80, *Fax 03 28 59 33 82* – |♦| ⇸ TV ☎ ✆. AE ⓞ GB CY u
☕ 57 – **48 ch** 380/440

Estouffade, 2 quai Citadelle ✆ 03 28 63 92 78, *Fax 03 28 63 92 78,* 🏠 – ⓞ GB
fermé 10 août au 10 sept., dim. soir et lundi – **Repas** 115/190 CZ s

Au Petit Pierre, 4 r. Dampierre ✆ 03 28 66 28 36, *Fax 03 28 66 28 49* – ⓞ GB CZ a
fermé sam. midi, dim. soir et lundi soir – **Repas** 108/149 ♀, enf. 45

à Malo-les-Bains – ✉ *59240 Dunkerque :*

Hirondelle, 46 av. Faidherbe ✆ 03 28 63 17 65, *Fax 03 28 66 15 43* – |♦|, ▤ rest, TV ☎ ✆ ♿ – 🏛 40. AE GB DY r
Repas *(fermé dim. soir et lundi midi) (67)* - 93/260 ♁, enf. 52 – ☕ 32 – **42 ch** 288/334 – ½ P 266

à Téteghem *Sud-Est par N 1* **BX** *et D 204 : 6 km – 5 839 h. alt. 1* – ✉ *59229 :*

Meunerie ⛰ avec ch, au Galghouck, Sud Est : 2 km par D 4 ✆ 03 28 26 14 30, *Fax 03 28 26 17 32,* « Décor élégant », 🌳 – TV ☎ 🚗 🅿 – 🏛 20. AE ⓞ GB
fermé 22 déc. au 10 janv. – **Repas** *(fermé dim. soir et lundi)* 150/380 et carte 350 à 430 ♀ – ☕ 80 – **9 ch** 550/850 – ½ P 600/850

à Coudekerque-Branche *Sud : 4 km sur D 916 – 23 644 h. alt. 1* – ✉ *59210 :*

Soubise, 49 rte Bergues ✆ 03 28 64 66 00, *Fax 03 28 25 12 19* – 🅿. AE ⓞ GB BX a
fermé 22 avril au 3 mai, 28 juil. au 23 août, sam. midi et dim. soir – **Repas** 95/218 ♀, enf. 45

à Cappelle-la-Grande *Sud : 5 km sur D 916 – 8 908 h.* – ✉ *59180 :*

Bois de Chêne, 48 rte Bergues ✆ 03 28 64 21 80, *Fax 03 28 61 22 00,* 🏠 – 🅿. AE GB
fermé 12 au 20 août, vacances de fév., dim. soir, lundi soir et sam. – **Repas** 110/335 bc ♀, enf. 60

au Lac d'Armbouts-Cappel *par ② et N 225 (sortie Bourbourg) : 9 km – 2 656 h.* – ✉ *59380 Armbouts-Cappel :*

Lac Ⓜ ⛰, ✆ 03 28 60 70 60, *Fax 03 28 61 06 39,* 🏠, 🌳 – ⇸ TV ☎ ✆ 🅿 – 🏛 30 à 120. AE ⓞ GB
Repas 145/221 ♀, enf. 60 – ☕ 58 – **66 ch** 314/484 – ½ P 350

Campanile, ✆ 03 28 64 64 70, *Fax 03 28 60 53 12* – ⇸ TV ☎ ✆ ♿ 🅿 – 🏛 25. AE ⓞ GB
Repas *(72)* - 88/103 ♀, enf. 39 – ☕ 36 – **40 ch** 330.

DUN-LE-PALESTEL *23800 Creuse* **68** ⑱ *– 1 203 h alt. 370.*

🛈 Office de Tourisme (saison) pl. de la Poste ✆ 05 55 89 24 61.
Paris 342 – Argenton-sur-Creuse 40 – Guéret 28 – La Souterraine 19.

Joly, ✆ 05 55 89 00 23, *Fax 05 55 89 15 89* – TV ☎ ✆ ♿. GB. ⛔ rest
fermé 1er au 21 mars, 5 au 25 oct., dim. soir et lundi midi – **Repas** 85/200 ♀, enf. 45 – ☕ 36 – **26 ch** 220 – ½ P 230

DUN-SUR-AURON *18130 Cher* **69** ① *G. Berry Limousin – 4 261 h alt. 182.*

🛈 Syndicat d'Initiative (nov. sur rendez-vous) Le Chatelet ✆ 02 48 59 85 26.
Paris 273 – Bourges 27 – Moulins 81 – Montluçon 73 – Nevers 58 – St-Amand-Montrond 20.

Beffroy, 13 pl. Jacques Chartier ✆ 02 48 59 50 72, *Fax 02 48 59 85 39,* 🏠 – TV ☎. GB
Repas *(fermé fév., dim. soir et lundi midi)* 68/158 ♁, enf. 40 – ☕ 30 – **9 ch** 245/310 – ½ P 228

Les Heures Gourmandes, 12 Grande Rue ✆ 02 48 59 88 94, *Fax 02 48 59 15 82* – ▤. GB
fermé 13 mars au 13 avril, 16 au 26 oct., dim. soir et lundi – **Repas** 95/170 ♀

DURAS *47120 L.-et-G.* **75** ⑬ *G. Aquitaine – 1 200 h alt. 122.*

Paris 580 – Périgueux 90 – Agen 89 – Marmande 22 – Ste-Foy-la-Grande 22.

Hostellerie des Ducs avec ch, ✆ 05 53 83 74 58, *Fax 05 53 83 75 03,* 🏠, 🏊, 🌳 – TV ☎ 🅿 – 🏛 20. AE ⓞ GB. ⛔ ch
Repas *(fermé dim. soir et lundi d'oct. à juin) (92)* - 135/310 ♀, enf. 63 – ☕ 40 – **15 ch** 288/480 – ½ P 325/390

DURFORT 30 Gard 80 ⑰ – rattaché à Anduze.

DURTAL 49430 M-et-L. 64 ② G. Châteaux de la Loire – 3 195 h alt. 39.

🏢 Syndicat d'Initiative"Les Marchés de l'Anjou" (fermé les lundi) ℘ 02 41 76 37 26, Fax 02 41 24 76 12.

Paris 261 – Angers 38 – Le Mans 63 – La Flèche 14 – Laval 67 – Saumur 65.

✂ **Boule d'Or** avec ch, 19 av. d'Angers ℘ 02 41 76 30 20, Fax 02 41 76 06 99 – 📺 🅿. ⅭⒷ
℘ fermé 6 au 24 août, vacances de fév., dim. soir, mardi soir et merc. – **Repas** 73/205 ⅃, enf. 38 – ⌑ 35 – **5 ch** 230/290

DURY 80 Somme 52 ⑱ – rattaché à Amiens.

EAUX-PUISEAUX 10130 Aube 61 ⑯ – 172 h alt. 220.

Paris 162 – Troyes 32 – Auxerre 54 – Sens 57.

✂✂ **Ferme du Clocher,** ℘ 03 25 42 02 21, Fax 03 25 42 03 30, 佘 , 庥 – 🅿. ⅭⒷ
fermé 4 au 11 sept., janv., dim. soir et lundi – **Repas** 90/165 ⅃

Les ÉCHELLES 73360 Savoie 74 ⑮ G. Alpes du Nord – 1 246 h alt. 386.

🏢 Syndicat d'Initiative de la Vallée de Chartreuse r. Stendhal ℘ 04 79 36 56 24, Fax 04 79 36 53 12.

Paris 540 – Grenoble 40 – Chambéry 23 – Lyon 94 – Valence 106.

✂ **Centre** avec ch, ℘ 04 79 36 60 14, Fax 04 79 36 61 72, 佘 – 📺 ☎ ⌑. ⅭⒷ
℘ 15 mars-15 déc. et fermé dim. soir et lundi sauf juil.-août – **Repas** 75 (déj.), 85/200 ⅃ – ⌑ 38 – **10 ch** 150/280 – ½ P 230/280

à Chailles Nord : 5 km – ✉ 73360 Les Échelles :

✂ **Auberge du Morge** avec ch, N 6 ℘ 04 79 36 62 76, Fax 04 79 36 71 05, 佘 , 庥 🔟 🅡.
AE ⅭⒷ. ✂ ch
fermé 1er déc. au 16 janv. et merc. sauf vacances scolaires – **Repas** 80 (déj.), 118/145 ⅃, enf. 45 – ⌑ 30 – **8 ch** 220 – ½ P 260

ECHENEVEX 01 Ain 70 ⑮ – rattaché à Gex.

Les ÉCHETS 01 Ain 74 ⑦ – alt. 276 – ✉ 01700 Miribel.

Paris 455 – Lyon 19 – L'Arbresle 29 – Bourg-en-Bresse 47 – Villefranche-sur-Saône 29.

✂✂✂ **Jacques et Christophe Marguin** avec ch, ℘ 04 78 91 80 04, Fax 04 78 91 06 83, 佘 , 庥 – 📺 ☎ ⌑ 🅿. AE ⅭⒷ
fermé 4 au 24 août, 23 déc. au 2 janv. et dim. soir – **Repas** 100/380 et carte 290 à 450, enf. 65 – ⌑ 45 – **8 ch** 240/310

✂✂✂ **Table des Dombes** avec ch, ℘ 04 78 91 80 05, Fax 04 78 91 00 69, 佘 – 📺 ☎ ⌑ 🅿. AE ⓞ ⅭⒷ
fermé 6 au 22 août, dim. soir et lundi – **Repas** 95/360, enf. 65 – ⌑ 40 – **5 ch** 270/295

ÉCHIGEY 21 Côte-d'Or 66 ⑫ – rattaché à Genlis.

ÉCHIROLLES 38 Isère 77 ⑤ – rattaché à Grenoble.

ECKBOLSHEIM 67 B.-Rhin 87 ⑤ – rattaché à Strasbourg.

EFFIAT 63260 P.-de-D. 73 ⑤ – 730 h alt. 350.

Paris 402 – Clermont-Ferrand 39 – Gannat 14 – Riom 22 – Thiers 38 – Vichy 17.

✂ **Cinq Mars,** r. Cinq Mars (D 984) ℘ 04 73 63 64 16, Fax 04 73 63 64 16 – ⅭⒷ
fermé 20 au 27 mars , 21 au 28 août et lundi – **Repas** 60 bc (déj.), 100/150 ⅃

ÉGLETONS 19300 Corrèze 75 ⑩ – 4 487 h alt. 650.

🏢 Office de Tourisme r. J.-Vialaneix ℘ 05 55 93 04 34, Fax 05 55 93 21 01.

Paris 503 – Aurillac 97 – Aubusson 78 – Limoges 112 – Mauriac 46 – Tulle 30 – Ussel 29.

🏠 **Ibis,** rte Ussel par N 89 : 1,5 km ℘ 05 55 93 25 16, Fax 05 55 93 37 54, 庥 , ✂ – ✂ 📺 ☎ ✆ & 🅿 – 🔔 50. AE ⓞ ⅭⒷ
Repas (75) - 95 ⅃, enf. 39 – ⌑ 35 – **41 ch** 280/300

EGUISHEIM *68420 H.-Rhin* 62 ⑱ ⑲ *G. Alsace Lorraine – 1 530 h alt. 210.*

Voir *Circuit des remparts★ – Route des Cinq Châteaux★ SO : 3 km.*

Paris 450 – Colmar 7 – Belfort 66 – Gérardmer 52 – Guebwiller 21 – Mulhouse 42.

🏨 **St-Hubert** Ⓜ ⯈ sans rest, r. Trois Pierres ✆ 03 89 41 40 50, Fax 03 89 41 46 88, ≼, 🔳 –
📺 📞 ⅙ 🅿 🄶🄱 ❄
fermé 13 au 19 nov. et fév. – ⯐ 60 – **12 ch** 450/600

🏨 **Hostellerie du Château** Ⓜ, 2 r. Château ✆ 03 89 23 72 00, Fax 03 89 23 79 99, « Décor
contemporain » – 📺 📞 ⅙ 🅿, 🄶🄱
fermé 3 janv. au 12 fév. – **Repas** *- voir rest.* **Le Caveau d'Eguisheim** – ⯐ 55 – **12 ch**
410/780 – ½ P 463/500

🏨 **Hostellerie du Pape** Ⓜ, 10 Grand Rue ✆ 03 89 41 41 21, Fax 03 89 41 41 31, 🌣 – 🛗
📺 📞 ⅙ 🅿 – 🕍 30. 🄰🄴 ⓪ 🄶🄱
fermé 4 janv. au 7 fév., mardi midi et lundi – **Repas** 98/320 ☿, enf. 60 – ⯐ 55 – **33 ch**
330/530 – ½ P 430

🏠 **Auberge des Comtes,** 1 pl. Ch. de Gaulle ✆ 03 89 41 16 99, Fax 03 89 24 97 10 – 📞 📞
⅙ 🅿. 🄶🄱
fermé merc. soir et jeudi – **Repas** 80/250 ☿, enf. 40 – ⯐ 50 – **14 ch** 280/320 – ½ P 320

XX **Caveau d'Eguisheim,** 3 pl. Château St-Léon ✆ 03 89 41 08 89, Fax 03 89 23 79 99 – 🄰🄴
⓪ 🄶🄱
fermé 3 janv. au 12 fév., jeudi midi et merc. – **Repas** (nombre de couverts limité, prévenir)
145 (déj.), 175/375 ☿

XX **Grangelière,** 59 r. Rempart Sud ✆ 03 89 23 00 30, Fax 03 89 23 61 62 – 🄶🄱
fermé fév. et jeudi – **Repas** 135 bc/390 bc

XX **Au Vieux Porche,** 16 r. Trois Châteaux ✆ 03 89 24 01 90, Fax 03 89 23 91 25, 🌣, « Maison de vignerons » – 🄶🄱
*fermé 19 au 25 juin, 13 au 20 nov., 28 fév. au 19 mars, merc. sauf le soir de Pâques à nov. et
mardi –* **Repas** 95/350 ☿, enf. 60

X **Pavillon Gourmand,** 101 r. Rempart-Sud ✆ 03 89 24 36 88, Fax 03 89 23 93 94 – 🄰🄴 🄶🄱
fermé 6 au 21 juil., vacances de fév., dim. soir de nov. à fév., mardi soir et merc. – **Repas**
88/370 bc ☿, enf. 57

ÉLINCOURT-STE-MARGUERITE *60 Oise* 56 ② – *rattaché à Compiègne.*

ELNE *66200 Pyr.-Or.* 86 ⑳ *G. Languedoc Roussillon – 6 262 h alt. 30.*

Voir *Cloître★★ de la Cathédrale Ste-Eulalie et Ste-Julie.*

🛈 Office de Tourisme 2 r. Dr-Bolte ✆ 04 68 22 05 07, Fax 04 68 37 95 05.

Paris 875 – Perpignan 14 – Argelès-sur-Mer 8 – Céret 30 – Port-Vendres 18 – Prades 59.

ÉLOISE *74 H.-Savoie* 74 ⑤ – *rattaché à Bellegarde-sur-Valserine.*

EMBRUN *05200 H.-Alpes* 77 ⑰ ⑱ *G. Alpes du Sud – 5 793 h alt. 871.*

Voir *Cathédrale N.-D.★ : trésor★ – Peintures murales★ dans la chapelle des Cordeliers.*

🛈 Office de Tourisme pl. Gén.-Dosse ✆ 04 92 43 72 72, Fax 04 92 43 54 06.

Paris 705 – Briançon 50 – Gap 40 – Barcelonnette 58 – Digne-les-Bains 95 – Guillestre 22.

🏠 **Mairie,** pl. Mairie ✆ 04 92 43 20 65, Fax 04 92 43 47 02, 🌣 – 🛗, 🍽 rest, 📺 📞 ⅙ – 🕍 20.
🄰🄴 🄶🄱
fermé 8 au 22 mai, oct. et nov. – Repas *(fermé dim. soir et lundi en hiver)* 95/120 ☿, enf. 50
– ⯐ 40 – **24 ch** 270/320 – ½ P 285

🏠 **Notre-Dame,** av. Gén. Nicolas ✆ 04 92 43 08 36, Fax 04 92 43 58 41, 🌣, 🌳 – 📺 📞 ⅙
fermé 20 déc. au 1er fév., dim. soir et lundi sauf vacances scolaires – **Repas** 109/149 ☿,
enf. 59 – ⯐ 39 – **15 ch** 250/330 – ½ P 290

rte de Gap *Sud-Ouest : 3 km par N 94 –* ✉ *05200 Embrun :*

🏨 **Les Bartavelles,** ✆ 04 92 43 20 69, Fax 04 92 43 11 92, 🌣, 🏊, 🌳, 🎾 – 🍽 rest, 📺 📞
🅿 – 🕍 80. 🄰🄴 ⓪ 🄶🄱
Repas *(fermé dim. soir de nov. à avril sauf vacances scolaires)* 98/215 ☿, enf. 70 – ⯐ 55 –
43 ch 385/520 – ½ P 410/450

ÉMERAINVILLE *77 S.-et-M.* 61 ②,, 101 ㉙ – *voir à Paris, Environs (Marne-la-Vallée).*

EMMERIN *59 Nord* 51 ⑯ – *rattaché à Lille.*

ENCAMP 86 ⑭ – voir à Andorre (Principauté d').

ENCAUSSE-LES-THERMES 31160 H.-Gar. 86 ① – 560 h alt. 362.
Paris 793 – Bagnères-de-Luchon 40 – St-Gaudens 12 – St-Girons 42 – Toulouse 98.

✗ **Aux Marronniers** ⏚ avec ch, ℘ 05 61 89 17 12, Fax 05 61 89 17 12, 🍽 – 🅿. GB
⏚ hôtel : avril-oct. et fermé dim. et lundi hors saison – **Repas** (fermé janv., dim. soir et lundi hors saison) 78/145 ⅄ – ☲ 34 – **7 ch** 165/185 – ½ P 190

ENGHIEN-LES-BAINS 95 Val d'Oise 55 ⑳,, 101 ⑤ – voir à Paris, Environs.

ENGINS 38 Isère 77 ④ – rattaché à Grenoble.

ENGLOS 59 Nord 51 ⑮,, 111 ㉑ – rattaché à Lille.

ENNEZAT 63720 P.-de-D. 73 ④ G. Auvergne – 1 915 h alt. 320.
Voir Église★.
Paris 417 – Clermont-Ferrand 20 – Lezoux 18 – Riom 10 – Thiers 33 – Vichy 34.

🏠 **Hure d'Argent**, 5 r. Horloge ℘ 04 73 63 80 39, Fax 04 73 63 96 47 – 🍽 rest, 📺 🕿 🕻. GB
⏚ fermé 15 au 31 août, dim. soir et sam. – **Repas** 70/160 ⅄, enf. 40 – ☲ 30 – **14 ch** 220/260 – ½ P 200

In this Guide,
*a symbol or a character, printed in **black** or another colour*
in light or bold type,
does not have the same meaning.
Please read the explanatory pages carefully.

ENSISHEIM 68190 H.-Rhin 66 ⑩ G. Alsace Lorraine – 6 164 h alt. 217.
Env. Écomusée d'Alsace★★ SO : 9 km.
Paris 476 – Mulhouse 17 – Colmar 27 – Guebwiller 14 – Thann 23.

✗✗✗ **Couronne** avec ch, 47 r. 1º Armée Française ℘ 03 89 81 09 72, Fax 03 89 26 40 05, 🍽, « Maison du 17ᵉ siècle » – 📺 🕿 🕻 🅿. GB
fermé 14 au 28 août – **Repas** (fermé sam. midi, dim. soir et lundi) 230/420 et carte 290 à 420 ⅄ • **Le Thaler** ℘ 03 89 26 43 26 (déj. seul.) (fermé sam. et dim.) **Repas** (58)- et carte 150 à 230 ⅄ – ☲ 45 – **10 ch** 290/650

ENTRAYGUES-SUR-TRUYÈRE 12140 Aveyron 76 ⑫ G. Midi-Pyrénées – 1 495 h alt. 236.
Voir Pont gothique★ – Rue Basse★.
Env. SE : Gorges du Lot★★ – Barrage de Couesque★ N : 8 km.
🅱 Office de Tourisme 30 Tour-de-Ville ℘ 05 65 44 56 10, Fax 05 65 44 50 85.
Paris 602 – Aurillac 44 – Rodez 46 – Figeac 59 – St-Flour 84.

🏠 **Truyère**, ℘ 05 65 44 51 10, Fax 05 65 44 57 78, ≤, 🍽 – 📳 🕿 🅿. GB. 🛇 rest
⏚ 1ᵉʳ avril-15 nov. – **Repas** (fermé lundi) 70/200 ⅄, enf. 50 – ☲ 43 **25 ch** 170/285 – ½ P 270/313

au Fel Ouest : 10 km par D 107 et D 573 – 186 h. alt. 530 – ⊠ 12140 Entraygues-sur-Truyère :

🏠 **Auberge du Fel** ⏚, ℘ 05 65 44 52 30, Fax 05 65 48 64 96, 🍽, 🍃 – 🕿 🅿. GB
⏚ 1ᵉʳ avril-15 nov. – **Repas** 70/205 ⅄ – ☲ 34 – **11 ch** 210/300 – ½ P 215/270

ENTRECHAUX 84 Vaucluse 81 ③ – rattaché à Vaison-la-Romaine.

ENTRE-LÈS-FOURG 25 Doubs 70 ⑦ – rattaché à Jougne.

ENTZHEIM 67 B.-Rhin 87 ⑤ – rattaché à Strasbourg.

ÉPAGNY 74 H.-Savoie 74 ⑥ – rattaché à Annecy.

555

ÉPERNAY <SP> 51200 Marne 56 ⑯ *G. Champagne – 26 682 h alt. 75.*

Voir *Caves de Champagne*★★ – *Côte des Blancs*★ *par* ③.

Office de Tourisme 7 av. de Champagne ✆ 03 26 53 33 00, Fax 03 26 51 95 22.

Paris 142 ④ – Reims 27 ① – Châlons-en-Champagne 34 ② – Château-Thierry 48 ④.

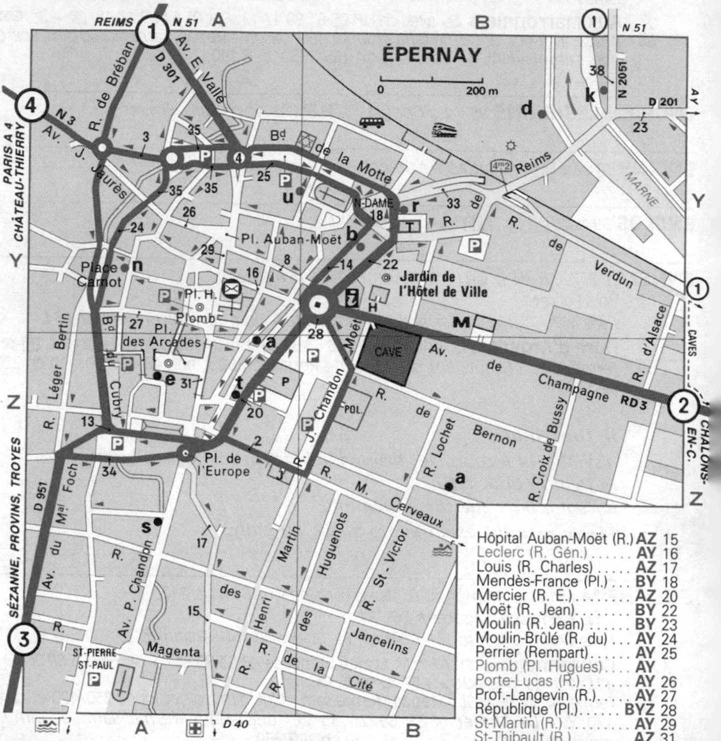

ÉPERNAY
0
200 m
REIMS
N 51
A
B
N 2051
D 201
D 301
N 3
Av. E. Vallé
R. de Bréban
Av. J. Jaurès
Bd de la Motte
PARIS A 4 CHÂTEAU-THIERRY
SÉZANNE, PROVINS, TROYES
CHALONS-EN-C.
Reims
MARNE
R. de Verdun
Pl. Auban-Moët
N-DAME
Jardin de l'Hôtel de Ville
Place Carnot
Pl. H. Plomb
Pl. des Arcades
Bd du Cubry
R. Léger Bertin
Av. de Champagne
RD 3
R. de Bernon
R. Lochet
R. Croix de Bussy
R. d'Alsace
CAVES
CAVE
Moët
R. J. Chandon
POL.
Pl. de l'Europe
R. M. Cerveaux
D 951
Av. du Mal Foch
Av. P. Chandon
R. des Huguenots
R. St. Victor
R. Henri Martin
R. des Jancelins
R. de la Cité
R. Magenta
ST-PIERRE ST-PAUL
D 40
CAVES

Hôpital Auban-Moët (R.) AZ 15
Leclerc (R. Gén.) AY 16
Louis (R. Charles) AZ 17
Mendès-France (Pl.) BY 18
Mercier (R. E.) AZ 20
Moët (R. Jean) BY 22
Moulin (R. Jean) BY 23
Moulin-Brûlé (R. du) AY 24
Perrier (Rempart) AY 25
Plomb (Pl. Hugues) AY
Porte-Lucas (R.) AY 26
Prof.-Langevin (R.) AY 27
République (Pl.) BYZ 28
St-Martin (R.) AY 29
St-Thibault (R.) AZ 31
Semard (R. Pierre) BY 33
Sézanne (R. de) AZ 34
Tanneurs (R. des) AY 35
Thévenet (Av.) BY 38

Archers (R. des) AZ 2
Basse St Laurent (R.) AY 3
Bourgeois (Pl. Léon) AY 4
Flodoard (R.) AY 8
Gallice (R.) AZ 13
Gambetta (R.) BY 14

Clos Raymi M sans rest, 3 r. Joseph de Venoge ✆ 03 26 51 00 58, *Fax 03 26 51 18 98*, – TV ☎ ✆. AE GB. BZ a
☐ 80 – **7 ch** 750/840

Les Berceaux (Michelon), 13 r. Berceaux ✆ 03 26 55 28 84, *Fax 03 26 55 10 36* – |♦|, rest, TV ☎. AE ⓓ GB. AZ a
✿ **Repas** *(fermé 15 au 31 août, mi-fév. à début mars, dim. soir et lundi)* 140/450 et carte 330 à 450 ♀, enf. 80 - ***Le Wine Bar*** *(fermé sam. midi)* **Repas** (90)-135 ♀, enf. 50 – ☐ 50 – **29 ch** 390/490 – ½ P 450
Spéc. Grosse asperge des bords de Marne rôtie (mai-juin). Galette de pied de porc en croûte de pommes de terre. Bouquet de homard, langoustines et poissons de roche. **Vins** Champagne, Côteaux Champenois.

Champagne M sans rest, 30 r. E. Mercier ✆ 03 26 53 10 60, *Fax 03 26 51 94 63* – |♦| TV ☎ ✆. AE ⓓ GB. AZ t
☐ 60 – **33 ch** 450/550

Ibis, 19 r. Chocatelle ✆ 03 26 51 14 51, *Fax 03 26 51 14 59* – |♦| TV ☎ ✆ ♿. AE ⓓ GB
Repas (75) - 95 ♀, enf. 39 – ☐ 35 – **64 ch** 320/340 AZ e

St-Pierre sans rest, 14 av. P. Chandon ✆ 03 26 54 40 80, *Fax 03 26 57 88 68* – TV ☎ ✆. GB AZ s
fermé fév. – ☐ 29 – **15 ch** 120/205

XX **Chez Pierrot,** 16 r. Fauvette ✆ 03 26 55 16 93, *Fax 03 26 54 51 30* – . GB AY n
fermé 1er au 22 août, sam. midi et dim. – **Repas** (110) - 130

XX **Théâtre,** 8 pl. P. Mendès-France ℰ 03 26 58 88 19, Fax 03 26 58 88 38 – ▤. ⓞ
GB   BY **r**
fermé 20 juil. au 8 août, 15 fév au 10 mars, mardi soir et merc. – **Repas** (95) - 130/250 ♀

X **Table de Kobus,** 3 r. Dr Rousseau ℰ 03 26 51 53 53, Fax 03 26 58 42 68 – ▤. GB
fermé 8 au 16 avril, 1er au 22 août, dim. soir et lundi – **Repas** 140/240   ABY **u**

X **Cave à Champagne,** 16 r. Gambetta ℰ 03 26 55 50 70, Fax 03 26 51 07 24 – ▤. GB
⊗ *fermé mardi et merc.* – **Repas** (nombre de couverts limité, prévenir) 79/149 ♀   BY **b**

X **Terrasse,** 7 quai Marne ℰ 03 26 55 26 05, Fax 03 26 55 33 79 – �T ⓞ GB   BY **d**
⊗ *fermé 18 au 25 déc., dim. soir et lundi sauf fériés* – **Repas** (60) - 75/250 ♂, enf. 50

X **Chez Max,** 13 av. A. Thévenet (à Magenta) ℰ 03 26 55 23 59, Fax 03 26 54 02 97 –
⊗ ▤, GB   BY **k**
fermé 8 au 27 août, 2 au 18 janv., dim. soir et lundi – **Repas** 70/210 ♀, enf. 45

à Champillon par ① : 6 km – 533 h. alt. 210 – ⊠ 51160 :

🏨 **Royal Champagne** M 🕭, N 2051 ℰ 03 26 52 87 11, Fax 03 26 52 89 69, ≤ Épernay,
vignoble et vallée de la Marne, 🌫 – �T ☎ ℅ & 🚗 🅿 – 🛎 15 à 25. Æ ⓞ GB ·CB
Repas (145) - 195 (déj.), 300/500 – � 95 – **26 ch** 880/1550, 3 appart – ½ P 855/1155

rte de Reims par ① : 8 km – ⊠ 51160 St-Imoges :

XX **Maison du Vigneron,** N 51 ℰ 03 26 52 88 00, Fax 03 26 52 86 03 – ▤ 🅿. Æ ⓞ GB JCB
fermé 2 au 14 janv., dim. soir et merc. – **Repas** 130/280 ♀

à Vinay par ③ : 6 km – 489 h. alt. 102 – ⊠ 51530 :

🏨 **Hostellerie La Briqueterie** M, rte de Sézanne ℰ 03 26 59 99 99, Fax 03 26 59 92 10,
💰, 🏊, 🌫 – �T ☎ ℅ 🚗 🅿 – 🛎 35. Æ GB
fermé 20 au 26 déc. – **Repas** 140 (déj.), 250/420 et carte 300 à 460 ♀, enf. 110 – � 80 –
42 ch 800/1250
Spéc. Foie gras de canard aux figues et ratafia. Pigeonneau au foie gras et truffe. Crêpes
soufflées au marc de Champagne (oct. à avril). **Vins** Coteaux Champenois, Cumières.

ÉPERNON 28230 E.-et-L. 🖲 ⑧ G. Ile de France – 5 097 h alt. 106.
Paris 81 – Chartres 27 – Dreux 32 – Étampes 50 – Rambouillet 14 – Versailles 47.

🕭 **Madeleine,** 24 r. Madeleine ℰ 02 37 83 42 06, Fax 02 37 83 57 34, 🌫 – �T ☎ 🅿. GB
fermé 4 août au 1er sept., 28 fév. au 7 mars, dim. soir et lundi – **Repas** 96/256 bc ♀, enf. 50 –
⊀ 55 – **7 ch** 220/360 – ½ P 240/300

ÉPINAL 🅿 88000 Vosges 🖳 ⑯ G. Alsace Lorraine – 36 732 h alt. 324.
Voir Vieille ville★ : Basilique★ – Parc du château★ – Musée départemental d'art ancien et
contemporain★ – Imagerie d'Épinal.
🅱 *Office de Tourisme 13 r. Comédie ℰ 03 29 82 53 32, Fax 03 29 35 26 16.*
Paris 384 ⑥ – Belfort 96 ④ – Colmar 92 ③ – Mulhouse 107 ③ – Nancy 71 ① – Vesoul 88 ③.

Plan page suivante

🏨 **Mercure,** 13 pl. E. Stein ℰ 03 29 29 12 91, Fax 03 29 29 12 92 – 🛗 ≒ ▤ ▼ ☎ ℅ 🅿 –
🛎 100. Æ ⓞ GB   AZ **e**
Repas (110) - 150/250 ♀, enf. 50 – ⊀ 60 – **46 ch** 495/525

🏨 **Clarine** M sans rest, 12 av. Gén. de Gaulle ℰ 03 29 82 81 07, Fax 03 29 35 35 14 – 🛗 ≒ ▼
☎ ℅ 🚗. Æ ⓞ GB   AY **b**
fermé 23 déc. au 2 janv. – ⊀ 39 – **48 ch** 320/480

🏨 **Ibis** M, quai Mar. de Contades ℰ 03 29 64 28 28, Fax 03 29 35 37 88, 🌫 – 🛗 ≒ ▤ ▼ ☎
℅ & 🚗 – 🛎 100. Æ ⓞ GB   BY **d**
Repas (75) - 95 ♀, enf. 39 – ⊀ 36 – **60 ch** 335/365

🏨 **Azur** sans rest, 54 quai Bons Enfants ℰ 03 29 64 05 25, Fax 03 29 64 00 40 – ≒ ▼ ☎ ℅.
Æ ⓞ GB   AZ **r**
fermé 23 déc. au 3 janv. – ⊀ 35 – **20 ch** 185/310

XXX **Relais des Ducs de Lorraine** (Obriot), 16 quai Col. Sérot ℰ 03 29 34 39 87,
Fax 03 29 34 27 61 – Æ ⓞ GB   BY **n**
fermé 1er au 6 mars, 10 au 26 août, dim. soir , lundi et fériés – **Repas** (160) - 185/440 et carte
300 à 520 ♀
Spéc. Frivolité de la mer. Queues de petits homards rôties. Soufflé à la mirabelle. **Vins** Gris
de Toul, Pinot noir d'Alsace.

XX **Petit Robinson,** 24 r. R. Poincaré ℰ 03 29 34 23 51, Fax 03 29 31 27 17 – Æ ⓞ
GB   BZ **a**
fermé 15 juil. au 15 août, 25 déc. au 2 janv., sam. midi et dim. – **Repas** 105/200 ♂, enf. 60

X **Toupine,** 18 r. Gén. Leclerc ℰ 03 29 34 60 11, Fax 03 29 31 28 89 – ▤. Æ ⓞ GB
fermé dim. – **Repas** carte 135 à 170 ♀, enf. 35   BZ **e**

ÉPINAL

Abbé-Friesenhauser (R.) **BZ** 2
Ambrail (R. d') .... **BZ** 4
Blaudez (R. F.) .... **BZ** 6
Boegner (R. du Pasteur) **BZ** 7
Bons-Enfants (Quai des) **AZ** 8
Boudiou (Pt et R. du) .. **AZ** 10
Boulay-de-la-
  Meurthe (R.) .. **AY** 12

Bourg (R. L.) .... **AY** 13
Carnot (Pont-Sadi) .... **AZ** 14
Chapitre (R. du) ...... **BZ** 15
Chipotte (R. de la) ... **ABY** 16
Clemenceau (Pl.) ..... **BZ** 17
Clemenceau (Pont) .... **BY** 18
Comédie (R. de la) .... **BZ** 20
Entre-les-Deux-Portes
  (R.) .... **BYZ** 24
États-Unis (R. des) ... **AY**
Foch (Pl.) .... **BZ** 26

Gaulle (Av. du Gén.-de) **AY** 27
Georgin (R.) .... **BZ** 29
Halles (R. des) .... **BZ** 30
Henri (Pl. E.) .... **BZ** 32
La Tour (R. G. de la) .. **AZ** 35
Lattre (Av. Mar.-de) ... **AZ** 36
Leclerc (R. Gén.) ..... **BZ** 38
Lormont (R.) .... **BZ** 40
Lyautey (R. Mar.) ..... **AY** 41
Maix (R. de la) .... **BZ** 43
Minimes (R. des) ..... **AZ** 45
Neufchâteau (R. F. de) **AY** 48
N.-D.-de-Lorette (R.) .. **AY** 49
Pinau (Pl.) .... **AZ** 50
Poincaré (R. Raymond) **BY** 52
St-Goéry (R.) .... **BZ** 54
Vosges (Pl. des) ..... **AY** 56
4-Nations (Pl. des) ... **AY** 57
170°-Régt-d'Inf. (R. du). **BZ** 58

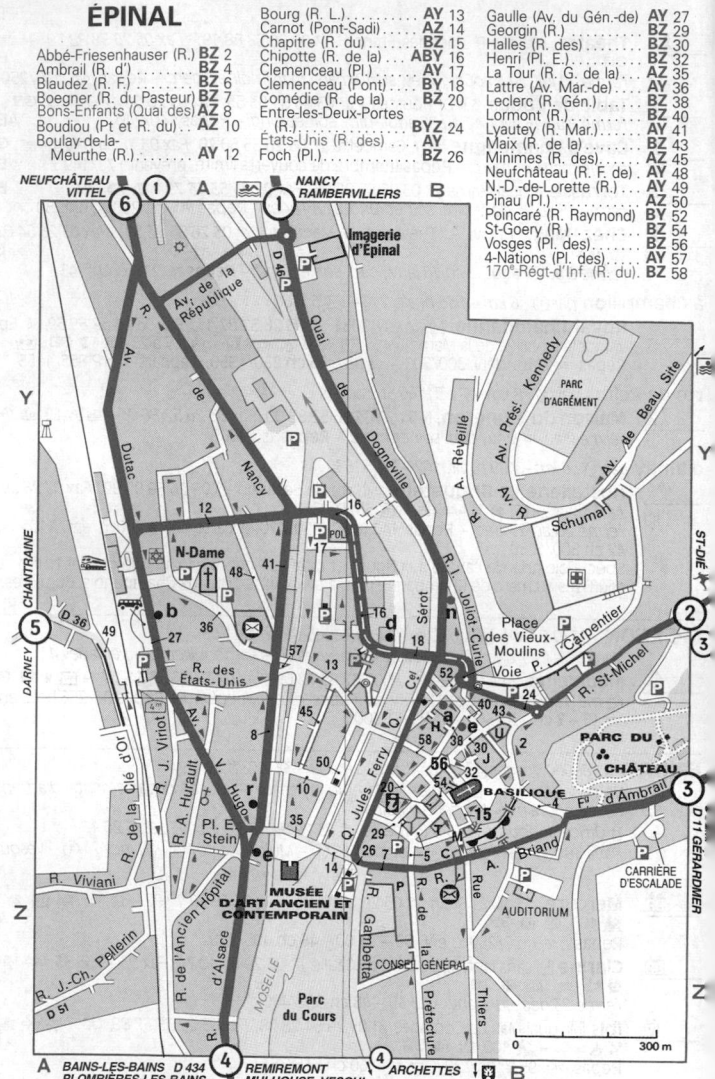

par ① : 3 km – ⊠ 88000 Épinal :

🏨 **La Fayette** Ⓜ, parc économique Le Saut Le Cerf ℘ 03 29 81 15 15, *Fax 03 29 31 07 08*,
🍴, ₤₆, ⚒ – ✹ ⬅ 🆃🆅 ☎ 📳 & 📶 🖃 – 🔏 50. 🆎 ⓪ 🔇🔅
Repas 110/250 ♈ – 🖵 55 – **48 ch** 470/600 – ½ P 360/400

🏨 **Campanile**, r. Merle Blanc, Bois Voivre ℘ 03 29 31 38 38, *Fax 03 29 34 71 65*, 🍴, 🌳 –
✹ 🆃🆅 ☎ 📳 & 📶 – 🔏 25. 🆎 ⓪ 🔇🔅
Repas 80/103 ♣, enf. 39 – 🖵 36 – **43 ch** 315

à Chaumousey *par ⑤ et D 460 : 10 km – 756 h. alt. 360 – ⊠ 88390 :*

🍴🍴 **Calmosien**, ℘ 03 29 66 80 77, *Fax 03 29 66 89 41*, 🍴 – 🆎 ⓪ 🔇🔅
fermé dim. soir – **Repas** 115/290 ♈, enf. 50

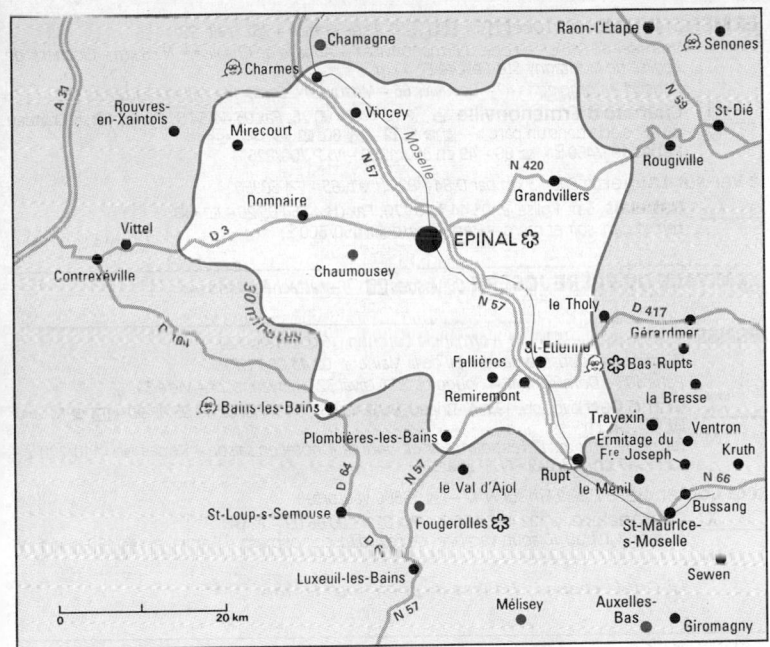

ÉPINAY-SUR-SEINE *93 Seine St Denis* 56 ⑪,, 101 ⑮ – *voir à Paris, Environs.*

L'ÉPINE *51 Marne* 56 ⑱ – *rattaché à Châlons-en-Champagne.*

L'ÉPINE *85 Vendée* 67 ① – *voir à Noirmoutier (Ile de).*

ÉPINEAU-LES-VOVES *89 Yonne* 65 ④ – *rattaché à Joigny.*

EPINOUZE *26210 Drôme* 77 ② – *968 h alt. 208.*
 Paris 526 – Grenoble 78 – Lyon 67 – St-Étienne 85 – Valence 62.
 Auberge de la Valloire ⌂, ℘ 04 75 31 72 98, Fax 04 75 31 62 30, 佘, 釒 – 📺 ☎ ✆ 👌
 🅿 GB. ⁕ rest
 Repas *(fermé vend. soir, sam. midi et dim. soir)* (déj. seul. sauf sam.) 60 bc/200 bc ⅃ – ⌕ 40
 – **15 ch** 260/330 – ½ P 220/390

EQUEURDREVILLE-HAINNEVILLE *50 Manche* 54 ① – *rattaché à Cherbourg.*

ERBALUNGA *2B H.-Corse* 90 ② – *voir à Corse.*

ERDEVEN *56410 Morbihan* 63 ① *2 352 h alt. 18.*
 Paris 495 – Vannes 37 – Auray 19 – Carnac 9 – Lorient 27 – Quiberon 20 – Quimperlé 48.
 Voyageurs, r. Océan ℘ 02 97 55 64 47, Fax 02 97 55 64 24 – 📺 ☎ 🅿. GB
 avril-oct. – **Repas** 59/150 ⁷, enf. 40 – ⌕ 33 – **20 ch** 250/295 – ½ P 235/295

ERGAL *78 Yvelines* 60 ⑨,, 106 ⑯ ㉘ – *rattaché à Pontchatrain.*

ERMENONVILLE 60950 Oise 🔢 ⑫, 🔢 ⑨ *G. Ile de France – 782 h alt. 92.*

Voir *Mer de Sable★ – Forêt d'Ermenonville★ – Abbaye de Chaalis★★ N : 3 km – Clocher★ de l'église de Montagny-Ste-Félicité E : 4 km.*

Paris 51 – Compiègne 42 – Beauvais 66 – Meaux 24 – Senlis 14 – Villers-Cotterêts 35.

🏨 **Château d'Ermenonville** ⬂, ℰ 03 44 54 00 26, *Fax* 03 44 54 01 00, ≼, 🌣, « Château du 18ᵉ siècle dans un parc » – ▯ ☎ ℰ 🅿 – ♨ 60. ஊ ◑ ☜ 🄼
Repas 195/450 ♀ – ☷ 80 – **49 ch** 390/1200 – ½ P 700/825

à Ver-sur-Launette *Sud : 3 km par D 84 – 825 h. alt. 85 –* ✉ 60950 :

XX **Rabelais,** 3 pl. Église ℰ 03 44 54 01 70, *Fax* 03 44 54 05 20 – ஊ ☜
fermé dim. soir et merc. – Repas 135 (déj.), 150/300 ♀

ERMITAGE DU FRÈRE JOSEPH 88 Vosges 🔢 ⑰ – *rattaché à Ventron.*

ERNÉE 53500 Mayenne 🔢 ⑲ *G. Normandie Cotentin – 6 052 h alt. 120.*

🅱 *Office de Tourisme (saison) pl. de la Mairie ℰ 02 43 08 71 10.*
Paris 305 – Domfront 46 – Fougères 22 – Laval 32 – Mayenne 25 – Vitré 31.

XX **Grand Cerf** avec ch, 19 r. A.-Briand ℰ 02 43 05 13 09, *Fax* 02 43 05 02 90 – 📺 ☎ ℰ ⬂.
ஊ ☜ ✾ ch
🐾 *fermé 17 janv. au 1ᵉʳ fév., dim. soir et lundi sauf hôtel en saison* – Repas (98) - 110/220 ♀ –
☷ 38 – **7 ch** 198/249 – ½ P 280/320

à La Coutancière *Est : 9 km sur N 12 –* ✉ 53500 Vautorte :

X **Coutancière,** ℰ 02 43 00 56 27, *Fax* 02 43 00 66 09 – 🅿, ☜
fermé 17 juil. au 10 août, vacances de fév., dim. soir et merc. – Repas (60) - 89/180 🌡, enf. 55

Le Guide change, changez de guide tous les ans.

ERQUY 22430 C.-d'Armor 🔢 ④ *G. Bretagne – 3 568 h alt. 12.*

Voir *Cap d'Erquy★ NO : 3,5 km puis 30 mn.*
🅱 *Office de Tourisme bd de la Mer ℰ 02 96 72 30 12, Fax 02 96 72 02 88.*
Paris 453 – St-Brieuc 34 – Dinan 48 – Dinard 41 – Lamballe 22 – Rennes 103.

🏨 **Beauséjour,** 21 r. Corniche ℰ 02 96 72 30 39, *Fax* 02 96 72 16 30 – 📺 ☎ 🅿. ☜
⬂ *fermé 15 au 30 nov., dim. soir (sauf hôtel) et lundi hors saison* – Repas 85/173 ♀, enf. 58 –
☷ 39 – **16 ch** 250/310 – ½ P 295/325

XXX **L'Escurial,** bd Mer ℰ 02 96 72 31 56, *Fax* 02 96 63 57 92, ≼ – ஊ ☜. ✾
fermé 12 au 18 juin, 15 nov. au 6 déc., dim. soir et lundi sauf en juil.-août – Repas 100/380 bc
et carte 260 à 330 ♀

X **Nelumbo,** 5 r. Église ℰ 02 96 72 31 31, *Fax* 02 96 72 08 54, 🌣 – ☜
⬂ *fermé 19 au 28 nov., 19 au 28 fév. et merc. hors saison* – Repas 80/190 ♀, enf. 45

à St-Aubin *Sud-Est : 2,5 km par rte secondaire –* ✉ 22430 Erquy :

X **St-Aubin,** ℰ 02 96 72 13 22, *Fax* 02 96 63 54 31, 🌣, ☀ – 🅿. ஊ ☜
fermé 25 au 30 sept., 19 au 26 déc., vacances de fév., mardi sauf juil.-août et lundi – Repas
80 bc (déj.), 115/190 ♀

ERSTEIN ◀▶ 67150 B.-Rhin 🔢 ⑩ – *8 600 h alt. 150.*

Paris 498 – Strasbourg 26 – Colmar 48 – Molsheim 23 – St-Dié 69 – Sélestat 26.

🏨 **Crystal** 🅼, 41 av. Gare ℰ 03 88 64 81 00, *Fax* 03 88 98 11 29, 🌣 – ▯ 📺 ☎ ℰ ⬂ 🅿.
♨ 25 à 50. ஊ ◑ ☜
Repas *(fermé 1ᵉʳ au 15 août, 24 déc. au 3 janv., vend. soir, sam. midi et dim.)* (44) - 95/145 ♀,
enf. 39 – ☷ 45 – **70 ch** 290/450

XXX **Jean-Victor Kalt,** 41 av. Gare ℰ 03 88 98 09 54, *Fax* 03 88 98 83 01 – ▤ 🅿. ஊ ◑ ☜
fermé 24 juil. au 7 août, dim. soir et lundi – Repas 110 (déj.), 140/280

ERVAUVILLE 45 Loiret 🔢 ⑬ – *rattaché à Courtenay.*

Les ESCALDES-ENGORDANY 🔢 ⑭ – *voir à Andorre (Principauté d').*

L'ESCRINET (Col de) 07 Ardèche 🔢 ⑲ – *rattaché à Privas.*

ESPALION 12500 Aveyron 80 ③ G. Midi-Pyrénées – 4 614 h alt. 342.

Voir Église de Perse★ SE : 1 km – Chapelle romane★ de St-Pierre-de-Bessuéjouls O : 4 km par D 556.

🛈 Office de Tourisme 2 r. Saint-Antoine ℰ 05 65 44 10 63, Fax 05 65 48 02 57.
Paris 601 – Rodez 31 – Aurillac 70 – Figeac 93 – Mende 108 – Millau 82 – St-Flour 82.

🏠 **France** M sans rest, bd J. Poulenc ℰ 05 65 44 06 13, Fax 05 65 44 76 26 – 🛗 📺 ☎ ⚡ &.
🖭 ⚑ ⓪ 😪
⛌ 35 – **9 ch** 230/260

🏠 **Moderne**, bd Guizard ℰ 05 65 44 05 11, Fax 05 65 48 06 94 – 🛗, ≡ rest, ☎ ⚡ &. 😪
fermé 11 nov. au 12 déc. et 3 au 13 janv. – **L'Eau Vive** (fermé dim. soir et lundi hors saison)
Repas (60)-80/250 ♀, enf. 50 – ⛌ 40 – **28 ch** 250/350 – ½ P 250/300

✗✗ **Méjane**, r. Méjane ℰ 05 65 48 22 37 – ⚊. ⚑ ⓪ 😪
⚛ fermé 26 au 30/06, vac. de fév., lundi en juil., lundi midi en août, merc. de sept. à juin et dim. soir sauf août – **Repas** (98) - 130/285 ♀, enf. 65

ESPALY-ST-MARCEL 12 Aveyron 76 ⑦ – rattaché au Puy-en-Velay.

ESQUIÈZE-SÈRE 65 H.-Pyr. 85 ⑱ – rattaché à Luz-St-Sauveur.

ESTAING 12190 Aveyron 80 ③ G. Midi-Pyrénées – 665 h alt. 313.

🛈 Syndicat d'Initiative à la Mairie ℰ 05 65 44 03 22, Fax 05 65 44 03 22.
Paris 610 – Rodez 40 – Aurillac 61 – Conques 42 – Espalion 10 – Figeac 74.

🏠 **St-Fleuret**, face mairie ℰ 05 65 44 01 44, Fax 05 65 44 72 19, 🐕 – ☎ ⚡ 🛋. 😪
🕤 fermé janv., fév., dim. soir et lundi hors saison – **Repas** 60/210 ♀, enf. 38 – ⛌ 30 – **14 ch** 200/260 – ½ P 215/235

🏠 **Aux Armes d'Estaing**, ℰ 05 65 44 70 02, Fax 05 65 44 74 54 – ☎ 🅿. 😪
⚛ 1er mars-15 nov. – **Repas** 68/170 ♀ – ⛌ 32 – **36 ch** 170/280 – ½ P 205/240

ESTAING 65400 H.-Pyr. 85 ⑰ G. Midi-Pyrénées – 86 h alt. 970.

Voir Lac d'Estaing★ S : 4 km.
Paris 838 – Pau 69 – Argelès-Gazost 12 – Arrens 7 – Laruns 44 – Lourdes 24 – Tarbes 42.

✗ **Lac d'Estaing** 🐾 avec ch. au Lac Sud ; 4 km ℰ 05 62 97 06 25, Fax 05 62 97 06 25, ≤, 🌳
– 🅿. 😪
1er mai-15 oct. – **Repas** 90/160 – ⛌ 32 – **8 ch** 190/210 – ½ P 240/260

ESTIVAREILLES 03190 Allier 69 ⑫ – 1 104 h alt. 90.

Paris 321 – Moulins 78 – Bourbon-l'Archambault 45 – Montluçon 11 – Montmarault 36.

✗✗ **Lion d'Or** avec ch., N 144 ℰ 04 70 06 00 35, Fax 04 70 06 09 78, 🌳 – 📺 ☎ 🅿. ⚑ ⓪ 😪
fermé dim. soir et lundi – **Repas** 98/270 – ⛌ 35 – **10 ch** 180/250 – ½ P 235/260

ESTRÉES-ST-DENIS 60190 Oise 57 ⑲ – 3 498 h alt. 70.

Paris 75 – Compiègne 17 – Beauvais 46 – Clermont 19 – Senlis 26.

✗✗ **Moulin Brûlé**, 70 r. Flandres ℰ 03 44 41 97 10, Fax 03 44 41 97 10, 🌳 – 😪
fermé 31 juil. au 20 août, vacances de Noël, lundi soir et dim – **Repas** 130/285

ÉTAIN 55400 Meuse 57 ⑫ G. Alsace Lorraine – 3 577 h alt. 210.

🛈 Office de Tourisme 31 r. R.-Poincaré ℰ 03 29 87 20 80, Fax 03 29 87 20 80.
Paris 287 – Metz 48 – Briey 25 – Longwy 43.

🏠 **Sirène**, r. Prud'homme-Havette (rte Metz) ℰ 03 29 87 10 32, Fax 03 29 87 17 65, ✗ – 📺
⚛ 100 ☎ 🅿. ⓪ 😪
fermé 23 déc. au 1er fév., dim. soir hors saison et lundi – **Repas** 67/250 ♧ – ⛌ 35 – **24 ch** 150/350 – ½ P 200/270

ÉTAMPES ‹🚇› 91150 Essonne 60 ⑩, 106 ㊷ G. Ile de France – 21 457 h alt. 80.

Voir Collégiale Notre-Dame★.
Paris 51 – Fontainebleau 46 – Chartres 60 – Évry 37 – Melun 46 – Orléans 68 – Versailles 58.

🏠 **Auberge de France**, allée Coquerive, rte Pithiviers (N 191) ℰ 01 60 80 04 72,
Fax 01 60 80 04 77, 🌳 – ↪, ≡ rest, 📺 ☎ ⚡ &, 🅿 – 🛎 25. ⚑ 😪
Repas (75) - 90/190 ♀, enf. 39 – ⛌ 38 – **50 ch** 320 – ½ P 284/384

XX **Auberge de la Tour St-Martin,** 97 r. St-Martin ✆ 01 69 78 26 19, *Fax 01 69 78 26 07* – GB
fermé 16 août au 1er sept., sam. midi, mardi soir, merc. soir, dim. soir et lundi – **Repas** *(150)* - 190

à Ormoy-la-Rivière *au Sud : 5 km par D 49 et rte secondaire – 874 h. alt. 81 – ✉ 91150 :*

X **Auberge du Vieux Chaudron,** ✆ 01 64 94 39 46, *Fax 01 64 94 39 46,* 🏞 – GB
fermé 1er au 21 août, dim. soir et lundi – **Repas** *(85)* - 120/220

Les ÉTANGS-DES-MOINES *59 Nord 53 ⑯ – rattaché à Fourmies.*

ÉTANG-SUR-ARROUX *71190 S.-et-L. 69 ⑦ – 1 835 h alt. 277.*

Voir *Mont Beuvray : ✲★★ (table d'orientation), musée Bibracte-Mont Beuvray★ SO : 21 km,* G. Bourgogne.
Paris 304 – Chalon-sur-Saône 60 – Moulins 85 – Autun 18 – Digoin 50 – Mâcon 112.

XX **Hostellerie du Gourmet** avec ch, rte Toulon ✆ 03 85 82 20 88, *Fax 03 85 82 36 13* – ☎. GB
fermé janv., dim. soir et lundi sauf juil.-août – **Repas** 82/195 – ☕ 35 – **12 ch** 155/210 – ½ P 195/225

ETEL *56410 Morbihan 63 ① G. Bretagne – 2 318 h alt. 20.*

Voir *Rivière d'Etel★ – Site★ de la chapelle St-Cado N : 5 km puis 15 mn.*
ℹ *Syndicat d'Initiative pl. des Thoniers ✆ 02 97 55 23 80, Fax 02 97 55 58 26.*
Paris 495 – Vannes 36 – Lorient 26 – Quiberon 24.

🏠 **Trianon,** ✆ 02 97 55 32 41, *Fax 02 97 55 44 71,* 🏞 – TV ☎ 📞 P. GB
Repas 90/190 – ☕ 50 – **24 ch** 350/450 – ½ P 350/450

ÉTOILE-SUR-RHÔNE *26800 Drôme 77 ⑫ – 3 504 h alt. 170.*

Paris 573 – Valence 12 – Crest 17 – Privas 35.

XX **Vieux Four,** pl. Centre ✆ 04 75 60 72 21, *Fax 04 75 60 72 21,* 🏞 – ▤. GB. ✗
fermé 8 au 28 août, 13 au 19 fév., dim. soir, lundi et soirs fériés – **Repas** 105/330

ÉTOUY *60 Oise 56 ① – rattaché à Clermont.*

L'ÉTRAT *42 Loire 73 ⑲ – rattaché à St-Étienne.*

ETRÉAUPONT *02580 Aisne 53 ⑯ – 966 h alt. 127.*

Paris 184 – St-Quentin 50 – Avesnes-sur-Helpe 25 – Hirson 15 – Laon 43.

🏠 **Clos du Montvinage,** 8 rue Albert Ledant ✆ 03 23 97 91 10, *Fax 03 23 97 48 92,* 🏞 – TV ☎ 📞 ♿ P – 🎪 30. AE ⓓ GB JCB. ✗ ch
fermé 21 au 27 août, en fév., dim. soir et lundi midi – ***Auberge du Val de l'Oise*** ✆ 03 23 94 18 40 **Repas** *(100)*-120/198 ♀, enf. 68 – ☕ 52 – **20 ch** 330/480 – ½ P 300/350

ÉTRETAT *76790 S.-Mar. 52 ⑪ G. Normandie Vallée de la Seine – 1 565 h alt. 8 – Casino* A.

Voir *Falaise d'Aval★★★ – Falaise d'Amont★★.*
ℹ *Office de Tourisme pl. M.-Guillard ✆ 02 35 27 05 21, Fax 02 35 29 39 79.*
Paris 205 ③ – Le Havre 29 ④ – Bolbec 28 ③ – Fécamp 17 ② – Rouen 87 ②.

Plan page ci-contre

🏠 **Dormy House** 🐎, rte Le Havre ✆ 02 35 27 07 88, *Fax 02 35 29 86 19,* ≤ falaise et mer, 🏞, parc – TV ☎ 📞 P – 🎪 50. AE GB. ✗ rest — A s
Repas 110 (déj.), 190/255, enf. 92 – ☕ 52 – **49 ch** 330/750 – ½ P 365/540

🏠 **Ambassadeur** sans rest, 10 av. Verdun ✆ 02 35 27 00 89, *Fax 02 35 28 63 69* – TV ☎ P. GB — B t
☕ 70 – **10 ch** 440/680

🏠 **Falaises** sans rest, bd R. Coty ✆ 02 35 27 02 77 – TV ☎. GB — B v
☕ 35 – **24 ch** 280/390

🏠 **Poste,** av. George V ✆ 02 35 27 01 34, *Fax 02 35 27 76 28* – TV ☎ 📞. GB — B a
fermé janv., dim. soir et lundi hors saison – **Repas** 90/140 🍷, enf. 50 – ☕ 30 – **16 ch** 200/250 – ½ P 300

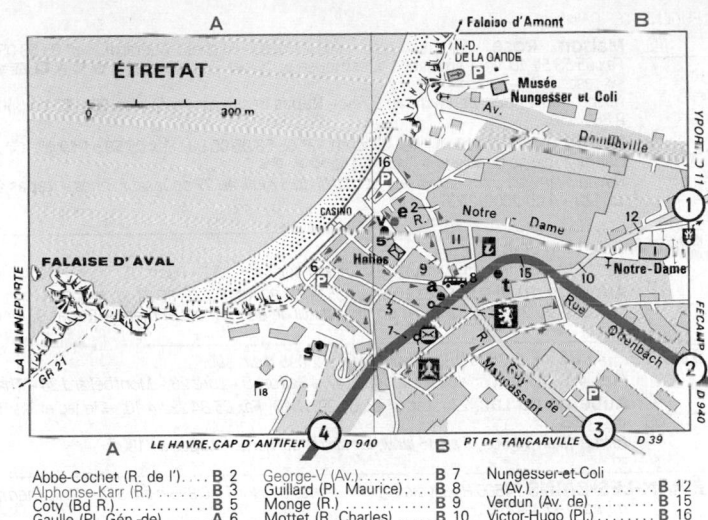

ÉTRETAT

FALAISE D'AVAL

LA MANNEPORTE

GR 21

Falaise d'Amont

N.-D.
DE LA GARDE

Musée
Nungesser et Coli

Notre-Dame

Notre-Dame

LE HAVRE, CAP D'ANTIFER — D 940 — PT DE TANCARVILLE — D 39

FÉCAMP — D 940

XX **Gallon,** bd R. Coty ✆ 02 35 30 48 74, Fax 02 35 29 74 48 – AE GB   **B** e
fermé 15 déc. au 15 janv., mardi soir et merc. sauf vacances scolaires – **Repas** 123/228 ⵌ

au Tilleul par ④ et D 940 : 3 km – 564 h. alt. 107 – ⊠ 76790 Étretat :

🏠 **St-Christophe** sans rest, ✆ 02 35 28 84 29, Fax 02 35 28 84 30 – TV ☎ ✆. AE ⓪ GB. ⨯
fermé janv. – ⊷ 35 – **21 ch** 290/330

EU 76260 S.-Mar. 52 ⑤ G. Normandie Vallée de la Seine – 8 344 h alt. 19.
voir *Église Notre-Dame et St-Laurent⋆ – Mausolées⋆* dans la chapelle du Collège.
🛈 Office de Tourisme (saison) 41 r. P.-Bignon ✆ 02 35 86 04 68, Fax 02 35 50 16 03.
Paris 178 – Amiens 87 – Abbeville 34 – Dieppe 33 – Rouen 102 – Le Tréport 4.

🏨🏨 **Domaine du Pavillon de Joinville** ⌂, Ouest : 1 km par D 1915 ✆ 02 35 50 52 52,
Fax 02 35 50 27 37, 🌿, parc, 🎣, 🏊, 🏊, ⚒ – TV ☎ P – 🔔 30 à 200. AE GB. ⨯ rest
Repas (fermé 15 nov. au 15 déc., janv., fév., lundi sauf le soir en juin, dim. soir et mardi midi
sauf juil.-août) (98) - 135 (déj.), 215/440 ⵌ – ⊷ 90 – **26 ch** 580/1090 – ½ P 553/995

🏠 **Cour Carrée** sans rest, Le Briquet, Sud-Ouest : 2 km par rte Dieppe ✆ 02 35 50 60 60,
Fax 02 35 50 60 61 – TV ☎ ✆ & P – 🔔 90. AE ⓪ GB
⊷ 59 – **28 ch** 360/380

🏠 **Maine,** 20 pl. Gare ✆ 02 35 86 16 64, Fax 02 35 50 86 25, 🌿 – TV ☎ ✆ P. LⒻ GB
Repas (fermé 16 août au 5 sept. et dim. soir) 95/215 ⵌ – ⊷ 40 – **20 ch** 270/350 –
½ P 310/335

EUGÉNIE-LES-BAINS 40320 Landes 82 ① – 467 h alt. 65 – Stat. therm. (9 fév.-nov.).
🛈 Office de Tourisme (fév.-nov.) 147 r. R. Vielle ✆ 05 58 51 13 16, Fax 05 58 51 12 02.
Paris 736 – Mont-de-Marsan 26 – Aire-sur-l'Adour 14 – Dax 78 – Orthez 48 – Pau 58.

🏨🏨🏨 **Les Prés d'Eugénie** (Guérard) Ⓜ ⌂,, ✆ 05 58 05 06 07, Fax 05 58 51 10 10, ≤, 🌿 –
❀❀❀   « Demeure du 19ᵉ siècle élégamment décorée - parc et ''ferme'' thermale », 🎣, 🏊, ⚒ –
|⇔| TV ☎ ✆ P – 🔔 80. AE ⓪ GB. ⨯ rest
fermé 4 au 21 déc. et 3 janv. au 23 fév. – (menus minceur pour résidents seul.) - **rest.**
Michel Guérard (nombre de couverts limité ,prévenir) (fermé merc. soir sauf du 17 juil. au
28 août et fériés) **Repas** 390(déj.)(menu unique), dîner et dim. : 600/820 et carte 590 à 680
– ⊷ 150 – **30 ch** 1300/1700, 10 appart
Spéc. Oreiller moelleux de mousserons et morilles aux asperges. Saint-Pierre au bouillon
fruité d'herbes. Les trois sorbets servis ''comme un jardin''. **Vins** Tursan blanc et rosé.

Couvent des Herbes Ⓜ ⌂,, ≤, parc, « Ancien couvent du 18ᵉ siècle » – TV ☎ ✆ P. AE
⓪ GB. ⨯ rest
Repas voir **Les Prés d'Eugénie** et rest. **Michel Guérard** – ⊷ 150 – **5 ch** 2000, 3 appart

563

🏠 **Maison Rose** Ⓜ ⚘ (voir aussi rest. Michel Guérard), ℰ 05 58 05 06 07, Fax 05 58 51 10 10, « Ambiance guesthouse », ⅃, 🐾 – cuisinette 🆃🆅 ☎ 📞 👌 🅿, 🆀🅴 ⓞ 🆖. 🦶 rest
fermé 4 au 21 déc. et 3 janv. au 9 fév. – **Repas** (résidents seul.) – 🖃 90 – **32 ch** 550/700 – P 860/950

✕ **Ferme aux Grives** Ⓜ ⚘ avec ch, ℰ 05 58 05 05 06, Fax 05 58 51 10 10, 🌧, « Ancienne auberge de village », 🐾 – 🆅 ☎ 👌 🅿. 🆖
fermé 3 janv. au 9 fév., lundi soir et mardi du 17 juil. au 27 août sauf fériés – **Repas** 195 ☿ – 🖃 120 – **4 ch** 2000/2300

ÉVELLE 21340 C.-d'Or 🔞 ①.
Paris 312 – *Beaune 15* – *Autun 36* – *Chalon-sur-Saône 32* – *Dijon 59*.

✕ **Auberge du Vieux Pressoir,** ℰ 03 80 21 82 16, Fax 03 80 21 82 16 – 🆖
fermé 1ᵉʳ au 21 janv., vacances de fév., mardi de déc. à mars et merc. – **Repas** 98/210

EVETTE-SALBERT 90350 Ter.-de-Belf. 🔟⑧ – 2 093 h alt. 390.
Paris 416 – *Besançon 102* – *Mulhouse 47* – *Belfort 8* – *Lure 28* – *Montbéliard 24* – *Thann 40*.

✕ **Auberge du Lac,** 27 r. Lac ℰ 03 84 29 14 10, Fax 03 84 29 14 10, ≤ le lac et les Ballons,
🌧 – 🆖
fermé 15 au 30 oct., 3 au 15 janv., lundi soir et mardi – **Repas** 80/180 ☿

ÉVIAN-LES-BAINS 74500 H.-Savoie 🔟⑰ G. Alpes du Nord – 6 895 h alt. 370 – Stat. therm. (fév.-mi-nov.) – Casino B.
Env. *Lac Léman*★★★ – *Site*★ de Meillerie E : 10 km.
🏌 ℰ 08 36 35 35 35.
🅱 Office de Tourisme pl. d'Allinges ℰ 04 50 75 04 26, Fax 04 50 75 61 08.
Paris 580 ③ – *Thonon-les-Bains 10* ③ – *Genève 44* ③ – *Montreux 37* ①.

Plan page ci-contre

🏰 **Royal** ⚘, ℰ 04 50 26 85 00, Fax 04 50 75 61 00, ≤ lac et montagnes, 🌧, « Parc », ⅃, ⅃, ✕ – 🔰 🆅 ☎ 👌 – 🔟 25 à 50. 🆀🅴 ⓞ 🆖 🆓🆑🅱. 🦶 rest C z
fermé 3 déc. au 2 fév. – **Café Royal** « Fresques "Belle Époque" » **Repas** 360/520 ☿ – **Véranda** (rôtisserie) **Repas** 300 – **Jardin des Lys** (rest. diététique) **Repas** 360 – 🖃 120 – **130 ch** 1860/3480, 24 appart – ½ P 1370/2040

🏰 **La Verniaz et ses Chalets** ⚘, rte Abondance ℰ 04 50 75 04 90, Fax 04 50 70 78 92, ≤, 🌧, parc, « Chalets isolés dans la verdure », ⅃, ✕ – 🔰 🆅 ☎ 👌 🅿 – 🔟 20. 🆀🅴 ⓞ 🆖 🆓🆑🅱 C q
mi-fév.-mi-nov. – **Repas** (fermé mardi sauf juil.-août) 220/380 ☿ – 🖃 85 – **33 ch** 850/1300, 5 chalets – ½ P 770/995

🏰 **Ermitage** ⚘, rte Abondance ℰ 04 50 26 85 00, Fax 04 50 75 61 00, ≤ lac et montagnes, 🌧, « Parc », 🄵, ⅃, ⅃, ✕ – 🔰 🆅 ☎ 👌 🅿 – 🔟 25 à 100. 🆀🅴 ⓞ 🆖 🆓🆑🅱. 🦶 rest C a
fermé 12 nov. à début fév. – **Gourmandin** ℰ 04 50 26 85 54 **Repas** 200/380 ☿, enf. 90 – 🖃 105 – **87 ch** 1210/3080, 4 appart – ½ P 1090/1770

🏠 **Bourgogne,** pl. Charles Cottet ℰ 04 50 75 01 05, Fax 04 50 75 04 05, 🄵 – 🔰 🆅 ☎. 🆀🅴 ⓞ 🆖 🆓🆑🅱 B d
fermé janv. – **Repas** (fermé dim. soir et lundi sauf juil.-août) 155/230 ☿ **- Brasserie : Repas** 98/145 ☿, enf. 50 – 🖃 40 – **31 ch** 480/550 – ½ P 390/450

🏠 **ALizé,** 2 av. J. Léger ℰ 04 50 75 49 49, Fax 04 50 75 50 40 – 🆅 👌. 🆖. 🦶 ch C n
fermé 28 nov. au 20 déc. et 3 janv. au 1ᵉʳ fév. – **Grand Café** ℰ 04 50 75 46 73 (fermé dim. soir et lundi) **Repas** 135/159 ♌, enf. 49 – 🖃 39 – **22 ch** 500/550 – ½ P 435

🏠 **Littoral** Ⓜ sans rest, av. de Narvik ℰ 04 50 75 64 00, Fax 04 50 75 30 04, ≤, 🄵 – 🔰 🆅 ☎ 👌 👌. 🆀🅴 ⓞ 🆖 B e
fermé 1ᵉʳ au 7 nov. et 25 janv. au 8 fév. – 🖃 39 – **30 ch** 420/535

🏠 **France** Ⓜ sans rest, 59 r. Nationale ℰ 04 50 75 00 36, Fax 04 50 75 32 47, 🐾 – 🔰 🆅 ☎ 👌 – 🔟 25. 🆀🅴 ⓞ 🆖 B a
fermé 15 nov. au 15 déc. – 🖃 35 – **45 ch** 360/440

🏠 **Continental** sans rest, 65 r. Nationale ℰ 04 50 75 37 54, Fax 04 50 75 31 11 – 🔰 🆅 ☎ 👌. 🆀🅴 🆖. 🦶
fermé 1ᵉʳ au 15 janv. – 🖃 30 – **34 ch** 270/340 B m

✕ **Liberté,** au Casino ℰ 04 50 26 87 50, Fax 04 50 75 48 40, ≤, 🌧, brasserie – 🆀🅴 ⓞ 🆖 🆓🆑🅱 B
Repas 110 ♌, enf. 48

à Grande-Rive par ① : 2 km – ✉ 74500 Évian-les-Bains :

🏠 **Panorama,** ℰ 04 50 75 14 50, Fax 04 50 75 59 12, ≤, 🌧, 🐾 – 🆅 ☎. 🆀🅴 🆖
fin avril-début oct. – **Repas** 75/180, enf. 50 – 🖃 35 – **29 ch** 280/350 – ½ P 275/300

ÉVIAN-LES-BAINS

Abondance (Av. d') . . . . C 2
Bennevy (Bd de) . . . . AB 5
Bosson (Quai Ch.) . . . . B 6
Blonay (Q. Baron de) . . . . B
Bocquies (Av. des) . . . . A
Clermont (R. de) . . . . B 10
Cordeliers (R. des) . . . . C 12
Cottet (Pl. Ch.) . . . . B 15
Détanche (Bd de la) . . . . A
Dupas (Av. Gén.) . . . . A
Fléry (Av. de) . . . . B
Folliet (R. Gaspard) . . . . B 19
Gare (Av. de la) . . . . A
Grottes (Av. des) . . . . C 22
Jean-Jaurès (Bd) . . . . ABC
Larringes (Av. de) . . . . A 25
Libération (Pl. de la) . . . . C 26
Mateirons (Av. des) . . . . B 27
Mölèzes (Av. des) . . . . BC
Mémises (Av. des) . . . . AB
Monnaie (R. de la) . . . . B 29
Nant-d'Enfer (Ch. du) . . . . BC
Narvik (Av. de) . . . . B 31
Nationale (Rue) . . . . B 33
Neuvecelle (Av. de) . . . . C 36
Port (Pl. du) . . . . C 37
Royal (Bd du) . . . . AB
Sources (Av. des) . . . . B 39
Vallées (Av. des) . . . . AB 40
Veniaz (Av. de la) . . . . BC

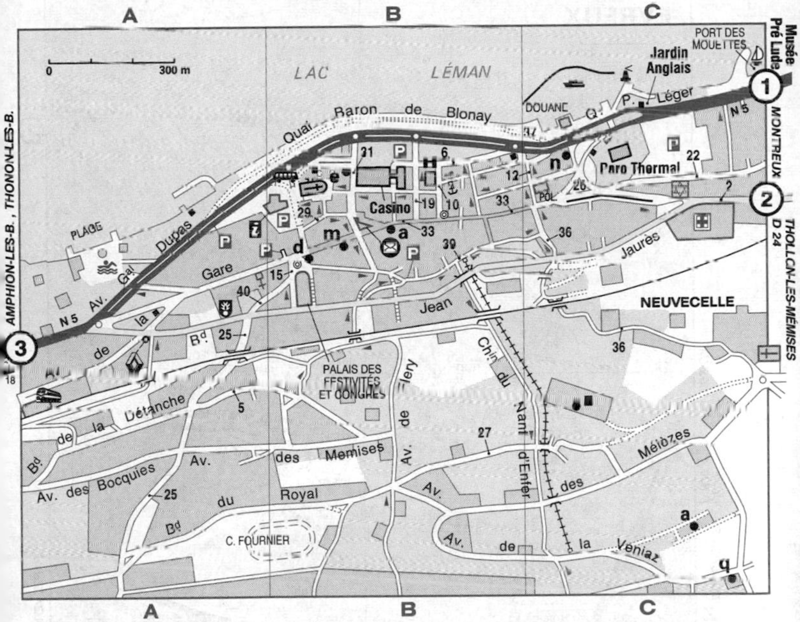

rte de Thollon *par ② : 7 km – alt. 825 – ✉ 74500 Évian-les-Bains :*

Les Prés Fleuris sur Evian (Frossard) ⛰, ☎ 04 50 75 29 14, *Fax 04 50 74 68 75*, ≤ lac et montagnes, 🌳, parc – TV ☎ P. AE GB. ✱ rest
début mai-début oct. – **Repas** (nombre de couverts limité, prévenir) 320/450 et carte 360 à 550 – ☕ 110 – **12 ch** 1000/1600 – ½ P 1300
Spéc. Fricassée de champignons des prés et des bois (saison). Omble chevalier du lac, beurre blanc. Côte de veau de lait et son jus de cuisson. **Vins** Marin, Crépy.

ÉVISA *2A Corse-du-Sud* 90 ⑮ – *voir à Corse*

ÉVOSGES *01230 Ain* 74 ④ – *101 h alt. 750.*
Paris 483 – Aix-les-Bains 70 – Belley 35 – Bourg-en-Bresse 53 – Lyon 78 – Nantua 31.

Auberge Campagnarde ⛰, ☎ 04 74 38 55 55, *Fax 04 74 38 55 62*, 🌳, ⛱, 🏞 – ☎ 📞 P – 🏠 2. AE GB
fermé mi-nov. à mi-déc., 2 janv. au 3 fév., mardi soir et merc. sauf du 1er mai au 15 sept. – **Repas** 100/280 🍷, enf. 60 – ☕ 38 – **15 ch** 180/390 – ½ P 300/350

Voir Cathédrale Notre-Dame★★ – Châsse★★ dans l'église St-Taurin – Musée★★ M.

🄱 Office de Tourisme (fermé dim.) 3 pl. Gén.-de-Gaulle 🕿 02 32 24 04 43, Fax 02 32 31 28 45.

Paris 97 ② – Rouen 55 ① – Alençon 119 ③ – Caen 134 ④ – Chartres 78 ③.

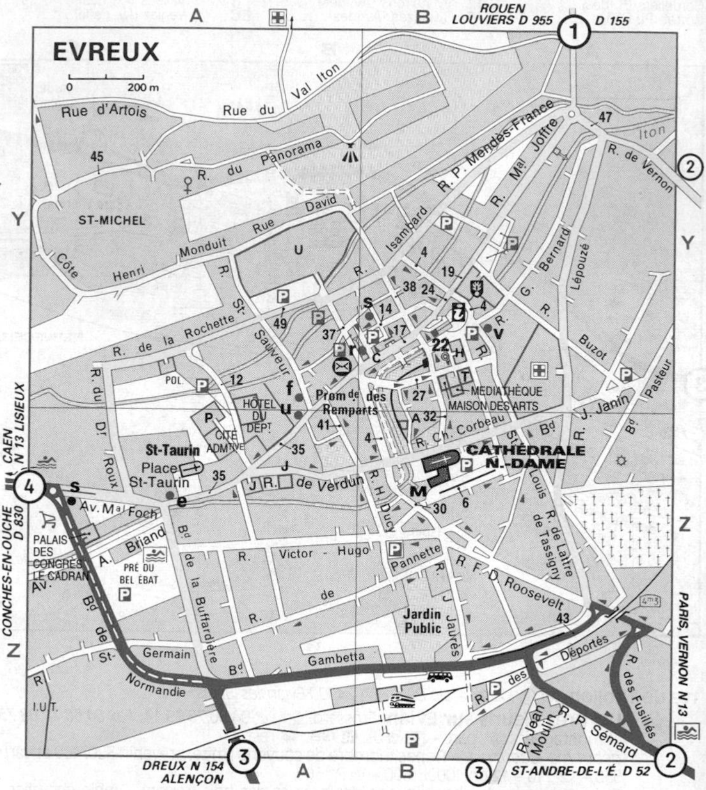

Borville-Dupuis (R.) .... **BY** 4	Gaulle (Pl. de) .... **BY** 22	Leclerc (R. Gén.) ...... **AY** 37
Chambaudoin (Bd) .... **BZ** 6	Grand Carrefour	Lombards (R. des) ...... **BY** 38
Chartraine (R.) .... **BZ** 8	(Pl. du) .... **BY** 24	Meilet (R. du) .... **AZ** 41
Chauvin (Bd G.) ...... **AY** 12	Grenoble (R. de) ...... **BY** 27	Résistance (R. de la) .... **BZ** 43
Clemenceau (Pl.) ...... **BY** 14	Harpe (R. de la) ...... **BZ** 30	St-Michel (R. de) ...... **AY** 45
Dr-Oursel (R.) .... **BY** 17	Horloge (R. de l') ...... **BZ** 32	Vigor (R.) .... **BY** 47
Feray (R. Édouard) .... **BY** 19	Joséphine (R.) .... **AZ** 35	7ᵉ-Chasseurs (R. du) ... **AY** 49

🏰 **Mercure** M, bd Normandie 🕿 02 32 38 77 77, Fax 02 32 39 04 53 – 🛗 ⚒ 🗐 📺 🕿 📞 🕭
⟐ 🄿 – 🔏 80. 🄰🄴 ⓸ 🄶🄱 🄹🄲🄱
Repas (85) - 110 ♈, enf. 39 – ♊ 55 – **60 ch** 460   AZ **s**

🍴🍴 **Français,** pl. Clemenceau (marché) 🕿 02 32 33 53 60, Fax 02 32 38 60 17, 🏠 – 🄰🄴 🄶🄱
♋ 🄹🄲🄱
Repas 69/159 ♈, enf. 39   ABY **r**

🍴🍴 **Michel Thomas,** 87 r. Joséphine 🕿 02 32 33 05 70, Fax 02 32 33 05 70 – 🄶🄱. ♒
fermé 6 au 20 août et dim. sauf fêtes – **Repas** 105/200 ♈   AZ **u**

🍴🍴 **Vieille Gabelle,** 3 r. Vieille Gabelle 🕿 02 32 39 77 13, Fax 02 32 39 77 13 – 🄰🄴 ⓸ 🄶🄱
♋ fermé 1ᵉʳ au 22 août, 25 déc. au 2 janv., dim. soir et lundi – **Repas** 75/250 ♌   BY **s**

🍴 **Gazette,** 7 r. St-Sauveur 🕿 02 32 33 43 40, Fax 02 32 33 43 40 – 🄰🄴 🄶🄱
fermé 31 juil. au 20 août, 8 au 15 janv., sam. midi et dim. – **Repas** (85) - 105/235 ♈   AY **f**

✕ **Bretagne**, 5 r. St-Louis ✆ 02 32 39 27 38, Fax 02 32 39 62 63 – AE ⓪ GB
🍽 *fermé 20 juil. au 10 août, merc. soir et lundi* – **Repas** 61 (déj.), 77/105 ♀, enf. 46

BY v

✕ **Croix d'Or**, 3 r. Joséphine ✆ 02 32 33 06 07, Fax 02 32 31 14 27, 🌿 – AE GB
Repas 62 (déj.), 112/190 ♀

AZ e

à Parville *par ④ : 4 km – 340 h. alt. 130* – ✉ 27180 :

✕✕ **Côté Jardin**, rte Lisieux ✆ 02 32 39 19 19, 🌿 – 🅿. GB
Repas (100) - 170 ♀

ÉVRON 53600 Mayenne 🔟 ⑪ G. Normandie Cotentin – 6 904 h alt. 114.
Voir Basilique★ : chapelle N.-D.-de l'Épine★★.
🛈 Office de Tourisme pl. de la Basilique ✆ 02 43 01 63 75, Fax 02 43 01 63 75.
Paris 261 – Le Mans 55 – Alençon 56 – La Ferté-Bernard 109 – Laval 35 – Mayenne 25.

rte de Mayenne *6 km par D 7* ✉ 53600 Mézangers :

🏠 **Relais du Gué de Selle** 🌿, ✆ 02 43 91 20 00, Fax 02 43 91 20 10, 🛠, ⬛, 🌳 – 📺 ☎ ✆
♣. 🅿. – ⚿ 50. GB
fermé 23 déc. au 8 janv., vacances de fév., dim. soir, vend. soir et lundi du 1er oct. au 15 juin
– **Repas** (80 bc) - 107/250 ♀, enf. 46 – ⬭ 48 – **25 ch** 350/600, 7 duplex – ½ P 295/415

En juin et en septembre,
les hôtels sont moins chers qu'en pleine saison, le service est plus soigné.

ÉVRY 91 Essonne 🔟 ① 🔟 ⑰,, 🔟 ⑫ – voir à Paris, Environs (Évry Agglomération d').

EYBENS 38 Isère 🔟 ⑤ – rattaché à Grenoble.

EYGALIÈRES 13810 B.-du-R. 🔟 ① G. Provence – 1 594 h alt. 134.
Paris 704 – Avignon 30 – Cavaillon 13 – Marseille 81 – St-Rémy-de-Provence 12.

🏠 **Mas de la Brune** 🌿 sans rest, rte St-Rémy par D 74A : 1,5 km ✆ 04 90 90 67 67,
Fax 04 90 95 99 21, « Belle demeure Renaissance dans un parc », ⬛ 📺 ☎ 🅿. GB
fermé 15 déc. au 15 janv. – ⬭ 75 – **10 ch** 1200/1400

🏠 **Bastide** Ⓜ 🌿 sans rest, rte Orgon (D 24B) et chemin privé : 1 km ✆ 04 90 95 90 06,
Fax 04 90 95 99 77, ≤, « Dans la garrigue, au pied des Alpilles », ⬛, 🌳 – 📺 ☎ ♣ 🅿. GB.
🌿
fermé janv. – ⬭ 55 – **12 ch** 400/480

🏠 **Auberge de la Pierre Blanche** 🌿, rte Orgon (D 24B) : 3 km ✆ 04 90 95 93 17,
Fax 04 90 90 60 62, ≤, 🌿, ⬛, 🌳, 🍽 – ☎ 🅿. GB
fermé 15 janv. au 15 mars – **Repas** (fermé mardi d'oct. à janv.) 160/250 – ⬭ 45 – **10 ch** 550
– ½ P 450

🏠 **Mas Du Pastre** 🌿 sans rest, rte Orgon (D 24B) : 1,5 km ✆ 04 90 95 92 61,
Fax 04 90 90 61 75, ⬛, 🌳 – 📺 ☎ 🅿. GB. 🌿
⬭ 55 – **12 ch** 560/750

✕✕ **Bistrot d'Eygalières** (Bru) r. République ✆ 04 90 90 60 34, Fax 04 90 90 60 37 – ▤. AE
GB
🍀 *fermé 6 au 9 août, 27 nov. au 16 déc. et début fév. au 15 mars* – **Repas** (fermé dim. soir
d'oct. à juin, mardi midi de juil. à sept. et lundi) (nombre de couverts limité, prévenir) 380 et
carte 280 à 430 ♀
Spéc. Pommes rattes au jambon de Bayonne et truffes (saison). Foie gras poêlé au pain
d'épice. Petit homard poché, jus de crustacés et beurre blanc. **Vins** Coteaux d'Aix-en-
Provence-les-Baux.

EYGUIÈRES 13430 B.-du-R. 🔟 ① G. Provence – 4 481 h alt. 75.
🛈 Office de Tourisme pl. Hôtel-de-Ville ✆ 04 90 59 82 44, Fax 04 90 59 89 07 et Mairie
✆ 04 90 59 88 00.
Paris 719 – Avignon 40 – Aix-en-Provence 50 – Arles 44 – Istres 24 – Marseille 66.

✕ **Relais du Coche**, pl. Monier ✆ 04 90 59 86 70, Fax 04 90 45 09 50, 🌿, « Anciennes
écuries » – AE ⓪ GB
fermé 2 au 25 janv., dim. soir d'oct. à juin, mardi de juil. à sept. et lundi – **Repas** 105 (déj.),
158/208

EYMET 24500 Dordogne **75** ⑭ G. Périgord Quercy – 2 769 h alt. 54.

🛈 Office de Tourisme pl. de la Bastide ℘ 05 53 23 74 95, Fax 05 53 23 74 95.

Paris 562 – Périgueux 71 – Arcachon 72 – Bayonne 239 – Bordeaux 101 – Dax 187.

✗ **Les Vieilles Pierres** ⟁ avec ch, rte de Marmande ℘ 05 53 23 75 99, Fax 05 53 27 87 14,
⟁, 🍴, ☞, ♨ & 🅿. ⟁ ch
fermé du 12 au 28 fév. et dim. soir – **Repas** 59 bc/220 ♈, enf. 50 – ☲ 30 – **9 ch** 180/270 –
½ P 210/225

EYSINES 33 Gironde **71** ⑨ – rattaché à Bordeaux.

Les **EYZIES-DE-TAYAC** 24620 Dordogne **75** ⑯ G. Périgord Quercy – 853 h alt. 70.

Voir Musée national de Préhistoire★★ – Grotte du Grand Roc★★ : ⩘★ – Grotte de Font-de-
Gaume★.

🛈 Office de Tourisme pl. Mairie ℘ 05 53 06 97 05, Fax 05 53 06 90 79.

Paris 517 – Périgueux 47 – Sarlat-la-Canéda 21 – Brive-la-Gaillarde 63 – Fumel 64.

🏛 **Centenaire** (Mazère) **M** (annexe ⟁, ⩽ site des Eyzies), ℘ 05 53 06 68 68,
❀❀ Fax 05 53 06 92 41, 🍽, « Bel aménagement intérieur », 🎗, 🍴, ☞ – 🗏 ch, 📺 ☎ ✔ 🅿 –
🔏 15. 🆎 ⓞ 🝙 🝚
début avril-début nov. – **Repas** (fermé mardi midi et merc. midi sauf fériés) 185 (déj.),
325/650 et carte 420 à 650 ♈ – ☲ 95 – **20 ch** 500/1050, 5 appart – ½ P 700/1000
Spéc. Terrine chaude de cèpes du pays. Steack d'oie "Rossini", gratin de macaroni au vieux
cantal. Gâteau coulant aux noix et au miel, sauce chocolat. **Vins** Montravel, Pécharmant.

🏛 **Cro-Magnon,** ℘ 05 53 06 97 06, Fax 05 53 06 95 45, 🍽, exposition d'objets archéo-
logiques, 🎗, ☞ – ☎ 🅿. 🆎 ⓞ 🝙 🝚
début mai-8 oct. et fermé merc. midi – **Repas** 140/280, enf. 60 – ☲ 50 – **22 ch** 400/550 –
½ P 395/505

🏛 **Moulin de la Beune,** ℘ 05 53 06 94 33, Fax 05 53 06 98 06, 🍽, « Ancien moulin », ☞
– ☎ 🅿. 🆎 ⓞ 🝙
avril-nov. – **Repas** (fermé merc. midi et mardi) 108/350 ♈ – ☲ 40 – **20 ch** 288/358 –
½ P 348

🏛 **des Roches** sans rest, rte Sarlat ℘ 05 53 06 96 59, Fax 05 53 06 95 54, « Jardin en bord
de rivière », 🍴, ☞ – 📺 ☎ & 🅿. 🝙
15 avril-1ᵉʳ nov. – ☲ 39 – **41 ch** 340/390

🏛 **Centre,** ℘ 05 53 06 97 13, Fax 05 53 06 91 63, 🍽 – 📺 ☎ 🅿. 🝙
fermé déc. et janv. – **Repas** (fermé mardi midi sauf du 1ᵉʳ juil. au 30 sept.) 100 bc (déj.),
120/225 ♈ – ☲ 39 – **19 ch** 290/420 – ½ P 335/400

🏛 **Les Glycines,** rte Périgueux ✉ 24260 ℘ 05 53 06 97 07, Fax 05 53 06 92 19, ⩽, 🍽,
« Parc fleuri », 🍴 – ☎ 🅿. 🆎 ⓞ 🝙
15 mars-15 nov. – **Repas** (fermé sam. midi et merc.) 138/280 ♈, enf. 78 – ☲ 55 – **23 ch**
420/620 – ½ P 440/530

à l'Est : 7 km par rte de Sarlat – ✉ 24620 Les-Eyzies-de-Tayac :

✗ **Métairie,** D 47 ℘ 05 53 29 65 32, Fax 05 53 31 13 21, 🍽 – 🅿. 🆎 ⓞ 🝙
fermé déc., janv., lundi sauf le soir de mai au 15 sept., mardi midi et dim. soir du 15 sept. à
avril – **Repas** 65/298, enf. 50

ÈZE 06360 Alpes-Mar. **84** ⑩, **115** ㉗ G. Côte d'Azur – 2 446 h alt. 390.

Voir Site★★ (village perché) – Jardin exotique ⁂★★★ – Le vieux village★ – "Belvédère" d'Èze
⩘★★ O : 4 km – La Turbie : Trophée des Alpes★ ⁂★★★, intérieur★ de l'église St-Michel-
Archange, place Neuve ⩘★, NE : 4,5 km.

🛈 Office de Tourisme pl. Gén.-de-Gaulle ℘ 04 93 41 26 00, Fax 04 93 41 04 80.

Paris 943 – Monaco 8 – Nice 12 – Cap d'Ail 6 – Menton 20 – Monte-Carlo 8.

🏛 **Château de la Chèvre d'Or** ⟁, r. Barri (accès piétonnier) ℘ 04 92 10 66 66,
❀❀ Fax 04 93 41 06 72, ⩽ côte et presqu'île, 🍽, « Site pittoresque dominant la mer », 🎗, ☞
– 🗏 📺 ☎ ✔ – 🔏 20. 🆎 ⓞ 🝙 🝚
mars-nov. – **Repas** (fermé merc. en mars et en nov.) (prévenir) 320 (déj.)/680 et carte 530 à
690 – ☲ 130 – **23 ch** 2200/3900, 9 appart
Spéc. Levée de rougets meunière, risotto de pistes (mai à sept.). Filet d'agneau farci,
tortellini de légumes. Soufflé au pain d'épice. **Vins** Côtes de Provence, Bandol.

🏛 **Les Terrasses d'Eze** **M** ⟁, rte La Turbie par N 7 et D 45 : 1,5 km ℘ 04 92 41 55 55,
Fax 04 92 41 55 10, ⩽ mer, 🍽, « Terrasse et piscine panoramiques », 🎗, 🍴, ☞, ✗ – 📶
🗏 📺 ☎ ✔ 🅿 – 🔏 100. 🆎 ⓞ 🝙. ⟁ rest
Repas 195, enf. 95 – ☲ 115 – **75 ch** 1200, 6 appart – ½ P 910/1260

🏠 **Auberge des Deux Corniches** **M** sans rest, rte Col d'Èze (D 46) : 1 km
℘ 04 93 41 19 54, Fax 04 92 10 86 26, ⩽ – 📺 ☎ 🅿. 🝙. ⟁
fermé 5 nov. au 1ᵉʳ fév. – ☲ 35 – **7 ch** 300/340

🏚🏚🏚🏚 **Château Eza** ⚜ avec ch, (accès piétonnier) ℘ 04 93 41 12 24, Fax 04 93 41 16 64, ≤ côte et presqu'île, ↔, « Terrasses dominant la baie » – ▤ ch, ⦿ ☎ ⓪ ☞ ☞ 🛇 rest hôtel : 1er avril-1er nov. ; rest. : fermé 2 nov. au 25 déc., mardi et merc. du 25 déc. au 1er avril – **Repas** 250 (déj.), 390/550 et carte 500 à 600 ♀ – **6 ch** ☲ 2000/3500, 4 appart

🏚🏚 **L'Oliveto,** pl. Gén. de Gaulle ℘ 04 92 41 50 40, Fax 04 92 41 50 41 – ▤, ☞ ☞ fermé 2 janv. au 15 fév., mardi midi et lundi – **Repas** -cuisine Italienne- 190 ♀

🏚🏚 **Troubadour,** r. du Brec (accès piétonnier) ℘ 04 93 41 19 03 – ☞ fermé 1er au 10 juil., 20 nov. au 20 déc., vacances de fév., lundi midi, vend. midi et dim. – **Repas** (prévenir) 125 (déj.), 170/245 ♀

🏚 **Bistrot Loumiri,** av. Jardin Exotique ℘ 04 93 41 16 42, Fax 04 93 41 16 42, ↔ – ☞ fermé 20 déc. au 3 janv, merc. soir et lundi – **Repas** (prévenir) 95 (déj.), 125/150 ♀

FAGNON 08 Ardennes 📖 ⑱ – rattaché à Charleville-Mézières.

FAIN-LÈS-MONTBARD 21 Côte-d'Or 📖 ⑦ – rattaché à Montbard.

FALAISE 14700 Calvados 📖 ⑫ G. Normandie Cotentin – 8 119 h alt. 132.

Voir Château★ – Église de la Trinité★.

🚏 Office de Tourisme bd de la Libération ℘ 02 31 90 17 26, Fax 02 31 40 13 00.

Paris 221 ③ – Caen 36 ① – Argentan 23 ③ – Flers 40 ⑤ – Lisieux 46 ① – St-Lô 105 ①.

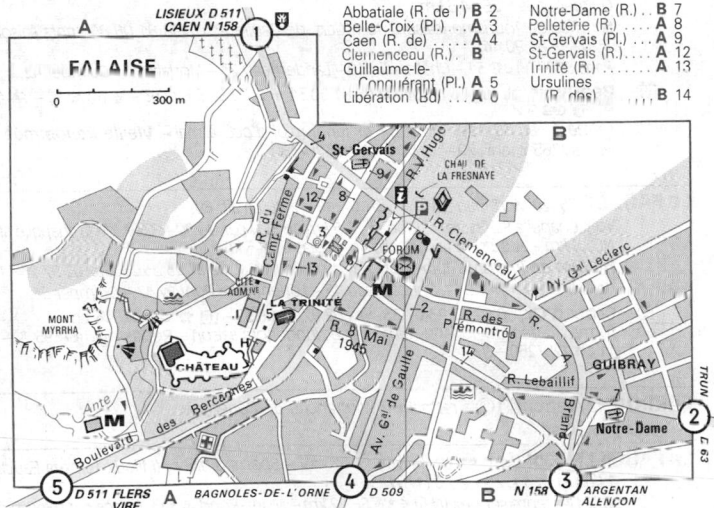

Abbatiale (R. de l')	**B** 2	Notre-Dame (R.)	**B** 7
Belle-Croix (Pl.)	**A** 3	Pelleterie (R.)	**A** 8
Caen (R. de)	**A** 4	St-Gervais (Pl.)	**A** 9
Clemenceau (R.)	**B**	St-Gervais (R.)	**A** 12
Guillaume-le-		Trinité (R.)	**A** 13
Conquérant (Pl.)	**A** 5	Ursulines	
Libération (Bd)	**A** 6	(R. des)	**B** 14

🏨 **Poste,** 38 r. G. Clemenceau ℘ 02 31 90 13 14, Fax 02 31 90 01 81 – ⦿ ☎ – 🔧 15. ☞ ☞ fermé 15 au 23 oct., 20 déc. au 18 janv., lundi (sauf hôtel) et dim. soir – **Repas** (70) - 88/260, enf. 58 – ☲ 38 – **20 ch** 200/390 – 1/2 P 250/315 **B v**

🏨 **Ibis** Ⓜ, rd-pt de l'Attache par ① : 1,5 km ℘ 02 31 90 11 00, Fax 02 31 90 08 00, ↔ – 🛇 ⦿ ☎ ☏ 🔧 ☞ – 🔧 15 à 50. ☞ ⓪ ☞ **Repas** (75) - 95 ♀, enf. 39 – ☲ 35 – **53 ch** 285/300

🏚🏚🏚 **Fine Fourchette,** 52 r. G. Clemenceau ℘ 02 31 90 08 59, Fax 02 31 90 00 83 – ☞ ☞ fermé 28 janv. au 11 fév. et mardi hors saison – **Repas** 88/299 et carte 210 à 330 ♀, enf. 56 **B r**

🏚🏚 **L'Attache,** rte Caen par ① : 1,5 km ℘ 02 31 90 05 38, Fax 02 31 90 57 19 – ☞ ☞ 🛇 fermé 20 au 30 avril, 1er au 15 sept. et merc. – **Repas** (nombre de couverts limité, prévenir) 95/325

au Sud-Ouest par ⑤ et D 44, rte de Fourneaux-le-Val : 5 km – ✉ 14700 St-Martin-de-Mieux :

🏨 **Château du Tertre** ⚜ sans rest, ℘ 02 31 90 01 04, Fax 02 31 90 33 16, ≤, « Château du 18e siècle dans un grand parc » – ☎ ☏ ☞ ☞ 🛇 mars-oct. et fermé dim. et lundi – ☲ 70 – **9 ch** 720/970

Le FALGOUX 15380 Cantal 76 ② – 226 h alt. 930 – Sports d'hiver : 1 050 m ⚡ 1 ⛷.

Voir *Vallée du Falgoux*★. Cirque du Falgoux★★ SE : 6 km – Puy Mary ❅★★★ : 1 h AR du Pas de Peyrol★★ SE : 12 km, G. Auvergne.

Paris 539 – *Aurillac 56* – Mauriac 29 – Murat 34 – Salers 13.

Eterlou ⮪, 𝒫 04 71 69 51 14, Fax 04 71 69 53 26, ≼, 🏤 – cuisinette 📺 ☎. ⅍ 🇬🇧
fermé déc. et janv. sauf de Noël au Jour de l'An – **Repas** 85/160 ♀ – 🍽 40 – **10 ch** 350 – ½ P 290

Voyageurs, 𝒫 04 71 69 51 59, ≼, 🏤 – 🇬🇧
fermé nov. – **Repas** (60) - 80/130, enf. 50 – 🍽 28 – **14 ch** 160/260 – ½ P 190/210

FALICON 06950 Alpes-Mar. 84 ⑩, 115 ㉖ G. Côte d'Azur – 1 498 h alt. 396.

Voir *Terrasse* ≼★. Mont Chauve d'Aspremont ❅★★ N : 8,5 km puis 30 mn.

Paris 941 – *Nice 11* – Aspremont 10 – Colomars 14 – Levens 17 – Sospel 41.

Bellevue, 𝒫 04 93 84 94 57, Fax 04 93 84 94 57, ≼, 🏤 – 🇬🇧 🇯🇨🇧
fermé 30 sept. au 1ᵉʳ nov., le soir de nov. à mai, dim. soir de juin à sept. et lundi – **Repas** 98/148

FALLIÈRES 88 Vosges 62 ⑯ – rattaché à Remiremont.

Le FAOU 29580 Finistère 58 ⑤ G. Bretagne – 1 522 h alt. 10.

Voir *Site*★ – Corniche de Térénez★ O – Retables★ dans l'église de Rumengol E : 2,5 km – Quimerc'h ≼★ SE : 4,5 km.

🅱 Office de Tourisme (saison) 10 r. Gén.-de-Gaulle 𝒫 02 98 81 06 85, (hors saison) Mairie 𝒫 02 98 81 90 44.

Paris 560 – *Brest 31* – Châteaulin 18 – Landerneau 23 – Morlaix 53 – Quimper 42.

Beauvoir, pl. aux Foires 𝒫 02 98 81 90 31, Fax 02 98 81 92 93 – 📶 📺 ☎ ✆ – 🛗 15 à 100.
⅍ 🇬🇧, 🇬🇧
fermé 11 au 30 nov., dim. soir et lundi midi d'oct. à mai – ***Vieille Renommée :* Repas** (80)-110/265 ♀, enf. 70 – 🍽 50 – **32 ch** 320/480

Le FAOUËT 56320 Morbihan 58 ⑰ G. Bretagne – 2 869 h alt. 68.

Voir *Chapelle St-Fiacre*★ : jubé★★, 2,5 km au Sud par D 790 – Site★ de la chapelle Ste-Barbe NE : 3 km – Jubé★ de la chapelle St-Nicolas E : 8,5 km.

🅱 Office de Tourisme (juin-sept.) 1 r. de Quimper 𝒫 02 97 23 23 23, Fax 02 97 23 11 66.

Paris 516 – *Vannes 83* – Concarneau 45 – Lorient 39 – Pontivy 47 – Quimper 51.

Croix d'Or, 𝒫 02 97 23 07 33, Fax 02 97 23 06 52 – 📺 ☎ ✆, 🇬🇧. ❄ ch
fermé 15 déc. au 15 janv., dim. soir et lundi hors saison – **Repas** (70) - 85/195 ♠ – 🍽 40 – **11 ch** 225/260 – ½ P 240

FARROU 12 Aveyron 79 ⑩ – rattaché à Villefranche-de-Rouergue.

La FAUCILLE (Col de) ★★ 01 Ain 70 ⑮ G. Jura – Sports d'hiver : (Mijoux-Lelex-la Faucille) 900/ 1 680 m ⚡ 3 ⚡ 25 – ✉ 01170 Gex.

Voir *Descente sur Gex (N 5)* ≼★★ SE : 2 km – Mont-Rond ❅★★★ (accès par télécabine - gare à 500 m au SO du col).

Paris 481 – Bourg-en-Bresse 108 – Genève 32 – Gex 12 – Morez 27 – Nantua 60.

Mainaz ⮪, Sud : 1 km par N5 𝒫 04 50 41 31 10, Fax 04 50 41 31 77, ≼ lac Léman et les Alpes, 🏤, ⚊ – 📶 📺 ☎ ✆ 🅿. ⅍ 🇬🇧
fermé 28 oct. au 8 déc., dim. soir et lundi sauf vacances scolaires – **Repas** 150/320 ♀ – 🍽 75 – **23 ch** 350/520 – ½ P 495

Couronne, 𝒫 04 50 41 32 65, Fax 04 50 41 32 47, ≼, 🏤, ⚊ – 📺 ☎ ✆ 🚗 🅿. 🇬🇧
15 mai-15 sept. et 15 déc.-15 avril – **Repas** 110/140 – 🍽 40 – **16 ch** 300 – ½ P 350

Petite Chaumière ⮪, 𝒫 04 50 41 30 22, Fax 04 50 41 33 22, ≼, 🏤 – 📶 📺 ☎ 🅿. 🇬🇧
22 avril-15 oct. et 23 déc.-31 mars – **Repas** 105/172, enf. 59 – 🍽 48 – **34 ch** 295/370 – ½ P 367

FAVERGES 74210 H.-Savoie 74 ⑯ ⑰ G. Alpes du Nord – 6 334 h alt. 507.

Env. Col de la Forclaz ⩽★★ NO : 15 km.

🖪 Office de Tourisme pl. M.-Piquand ℘ 04 50 44 60 24, Fax 04 50 44 45 96.

Paris 566 – Albertville 19 – Annecy 27 – Megève 35.

🏨 **Florimont**, rte Albertville : 2,5 km ℘ 04 50 44 50 05, Fax 04 50 44 43 20, 😤, ☞ – 🛗 📺
🕽 🔥 📶, 🛗 26, 📺 🗍 ❺ 🄶🄱, ✸ rest
Repas (fermé dim. soir d'oct. à juin) 110/500 ⅃, enf. 55   ⊐ 45 – **27 ch** 310/420 –
½ P 350/400

❌ **Carte d'Autrefois**, 25 r. Gambetta ℘ 04 50 32 49 98, Fax 04 50 32 53 89 – 🄶🄱
🄶🄱 fermé 22 au 28 mai, 4 au 10 sept., 1ᵉʳ au 7 janv., dim. soir et lundi – **Repas** 80/125 ⅃, enf. 45

au Tertenoz Sud-Est : 4 km par D 12 et rte secondaire – ✉ 74210 Faverges :

🏨 **Au Gay Séjour** ≫, ℘ 04 50 44 52 52, Fax 04 50 44 49 52, ⩽, 😤 – 📺 ☎ ❤ 🄿, 🄰🄴 ⓞ 🄶🄱
🄽🄱, ✸
fermé 15 nov. au 15 déc., dim. soir et lundi sauf juil.-août et fériés – **Repas** 150/420 ⅃ –
⊐ 60 – **11 ch** 280/500 – ½ P 400/500

FAVERGES-DE-LA-TOUR 38 Isère 74 ⑭ – rattaché à La Tour-du-Pin.

La FAVIÈRE 83 Var 84 ⑯, 114 ㊽ – rattaché au Lavandou.

FAVIÈRES 80120 Somme 52 ⑥ – 406 h alt. 1.

Voir Le Crotoy : Butte du Moulin ⩽★ SO : 5 km, G. Picardie Flandres Artois.

Paris 209 – Amiens 74 – Abbeville 21 – Berck-Plage 29 – Le Crotoy 5.

❌❌ **Clé des Champs**, ℘ 03 22 27 88 00, Fax 03 22 27 79 36 – 🗏 🄿, 🄰🄴 ⓞ 🄶🄱
⚘ fermé 28 août au 11 sept., vacances de fév., dim. soir et lundi sauf fériés – **Repas** 88/240 ⅃,
enf. 55

FAVONE 2A Corse-du-Sud 90 ⑦ – voir à Corse.

FAYENCE 83440 Var 84 ⑦, 114 ⑪ ㉔, 115 ㉒ G. Côte d'Azur – 3 502 h alt. 350.

Voir ⩽★ de la terrasse de l'église – Chapelle Notre-Dame de l'Ormeau : retable★★ O : 7 km.

Env. Mons : site★, ⩽★★ de la place St Sébastien N : 14 km par D 563.

🖪 Office de Tourisme pl. L.-Roux ℘ 04 94 76 20 08, Fax 04 94 84 71 86.

Paris 891 – Castellane 55 – Draguignan 33 – Fréjus 36 – Grasse 27 – St-Raphaël 37.

🏨 **Les Oliviers** sans rest, quartier Ferrage (rte Grasse) ℘ 04 94 76 13 12, Fax 04 94 76 08 05,
🕽 – 📺 ☎ 🄿, ⓞ 🄶🄱
fermé 15 nov. au 1ᵉʳ déc. – ⊐ 40 – **22 ch** 300/450

❌ **Farigoulette**, pl. Château ℘ 04 94 84 10 49, Fax 04 94 84 10 49, 😤 – 🄶🄱. ✸
1ᵉʳ avril-30 oct. et fermé le midi en juil.-août, mardi midi et lundi – **Repas** 125 (déj.)/175 ⅃

à l'Ouest par rte de Seillans (D 19) et rte secondaire – ✉ 83440 Fayence :

🏨 **Moulin de la Camandoule** ≫, à 2 km ℘ 04 94 76 00 84, Fax 04 94 76 10 40, ⩽, 😤,
parc, « Ancien moulin à huile », 🕽 – 📺 ☎ ❤ 🄿, 🄶🄱
Repas (fermé 3 au 25 janv., le midi en semaine de nov. à mars et merc. midi d'avril à sept.)
165/320 ⅃ – ⊐ 70 – **11 ch** 510/730 – ½ P 510/629

❌❌❌ **Castellaras** (Carro), à 4 km ℘ 04 94 76 13 80, Fax 04 94 84 17 50, ⩽, 😤, 🕽, ☞ – 🄿, 🄰🄴
🄶🄱
⚘ fermé 14 au 28 mars, 27 juin au 4 juil., 14 nov. au 5 déc., lundi soir hors saison et mardi –
Repas 235/295 et carte 320 à 430 ⅃
Spéc. Carpaccio de queues de langoustines (mars à juin). Soupière aux Saint-Jacques et
lamelles de truffe (nov. à fév.). Tartelette aux figues (juil. à sept.). Vins Côtes de Provence
blanc et rouge.

Le FAYET 74 H.-Savoie 74 ⑧ – voir à St-Gervais-les-Bains.

FÉCAMP 76400 S.-Mar. 52 ⑫ G. Normandie Vallée de la Seine – 20 808 h alt. 15 – Casino AZ.

Voir Église de la Trinité★★ – Palais Bénédictine★★ – Musée Centre des Arts★ M¹ – Musée
des Terre-Neuvas★ M³ – Chapelle N.-D.-du-Salut ✳★★ N : 2 km par D 79.

🖪 Office de Tourisme 113 r. Alexandre-le-Grand ℘ 02 35 28 51 01, Fax 02 35 27 07 77 et
(juil.-août) Front de Mer ℘ 02 35 29 16 34.

Paris 199 ③ – Le Havre 44 ③ – Amiens 162 ② – Caen 108 ③ – Dieppe 66 ① – Rouen 73 ②.

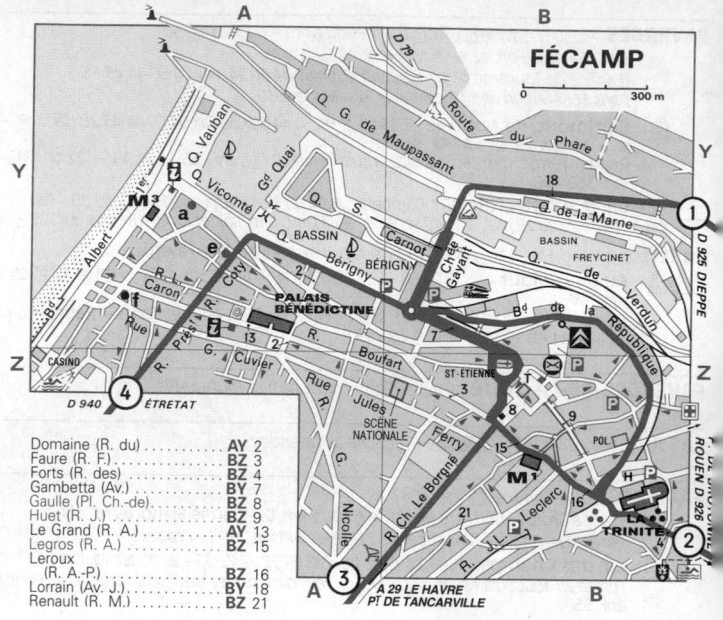

🏠 **Ferme de la Chapelle** ◇, côte de la Vierge par ①, rte du Phare et D 79 : 2 km 𝄐 02 35
10 12 12, Fax 02 35 10 12 13, ≤, 🏊, 🐎 – cuisinette 📺 ☎ 🅿 – 🔬 15. 🆎 GB
fermé mi-janv. à mi-fév. – **Repas** 95/210 🍴 – 🖙 45 – **17 ch** 370/530, 5 studios – ½ P 330

🏠 **Plage** sans rest, 87 r. Plage 𝄐 02 35 29 76 51, Fax 02 35 28 68 30 – 🛗 📺 ☎. 🆎 ⓞ GB
JCB
🖙 35 – **24 ch** 310/400   AY f

🏯🏯🏯 **Auberge de la Rouge** avec ch, par ③ : 2 km 𝄐 02 35 28 07 59, Fax 02 35 28 70 55, 🏡,
🍽 – 📺 ☎ 🐾 & 🅿 – 🔬 25. 🆎 ⓞ GB JCB
fermé 16 janv. au 5 fév. – **Repas** *(fermé dim. soir et lundi)* 105/300 et carte 220 à 290 🍴,
enf. 65 – 🖙 40 – **8 ch** 350

🏯🏯 **Plaisance,** 33 quai Vicomté 𝄐 02 35 29 38 14, Fax 02 35 28 95 76, 🏡 – 🆎 GB
⊜ *fermé vacances de fév., les soirs en semaine de déc. à avril, mardi soir et merc. de mai à nov.*
– **Repas** 85/205 🍴, enf. 55   AY a

🍴 **Le Vicomté,** 4 r. Prés. R. Coty 𝄐 02 35 28 47 63 – GB   AY e
fermé 21 août au 3 sept., 25 déc. au 7 janv., merc. soir et dim. – **Repas** 89 🍴, enf. 39

FEGERSHEIM *67 B.-Rhin* 🖻🖻 ⑩ – *rattaché à Strasbourg.*

FEISSONS-SUR-ISÈRE *73260 Savoie* 🖻🖻 ⑰ – *376 h alt. 407.*
  Paris 628 – *Albertville 17* – Bourg-St-Maurice 39 – Chambéry 66 – Moûtiers 11.

🏯🏯🏯 **Château de Feissons,** Sud : 2 km par rte secondaire 𝄐 04 79 22 59 59,
Fax 04 79 22 59 76, 🏡, « Château médiéval restauré », 🐎 – 🅿. 🆎 GB
fermé dim. et lundi – **Repas** 98 (déj.), 155/320 et carte 260 à 380, enf. 75

FEISSONS-SUR-SALINS *73350 Savoie* 🖻🖻 ⑱ – *130 h alt. 1272.*
  Paris 648 – *Albertville 37* – Annecy 82 – Bourg-St-Maurice 38 – Chambéry 86 – Moûtiers 10.

⌂ **Balcon des 3 Vallées** ◇, 𝄐 04 79 24 24 34, Fax 04 79 24 24 79, ≤, 🏡 – GB
⊜ *fermé 15 au 30 mai, vacances de Toussaint et merc. hors saison* – **Repas** 55/132 ⓐ – 🖙 35 –
11 ch 210/250 – ½ P 235

Le FEL *12 Aveyron* 🖻🖻 ⑫ – *rattaché à Entraygues-sur-Truyères.*

FELDBACH 68640 H.-Rhin 87 ⑳ G. Alsace Lorraine – 374 h alt. 410.

Paris 159 – Mulhouse 34 – Altkirch 14 – Basel 34 – Belfort 44 – Colmar 73 – Montbéliard 42.

XX **Cheval Blanc,** ℰ 03 89 25 81 86, Fax 03 89 07 72 88, 余 – P. GB
ⓒⓑ fermé 10 au 25 juil., 30 oct. au 7 nov. vacances de fév., lundi et mardi – **Repas** 58 (déj.),
78/210 ⅞, enf. 45

FELICETO 2B H.-Corse 90 ⑭ – voir à Corse.

FERAYOLA 2B H.-Corse 90 ⑭ – voir à Corse (Galéria).

FÈRE-EN-TARDENOIS 02130 Aisne 56 ⑭ ⑮ G. Champagne – 3 168 h alt. 180.

voir Château de Fère★ : Pont monumental★★ N : 3 km.

🛈 Office de Tourisme 18 r. E. Moreau-Nélaton ℰ 03 23 82 31 57, Fax 03 23 82 28 19.
Paris 109 – Reims 50 – Château-Thierry 23 – Laon 56 – Soissons 27.

🏯 **Château de Fère** ≫, au Nord, 3 km par D 967 ℰ 03 23 82 21 13, Fax 03 23 82 37 81, ≼,
余, « Belle demeure du 16ᵉ siècle, parc », ᴶ, ❨ – ᵗᵛ ☎ ❤ ᵭ P – 益 30. ᴀᴇ ⓸ GB
fermé 3 janv. au 10 fév. – **Repas** 180/480 – ☲ 95 – **19 ch** 950/1250, 6 appart – ½ P 860/1010

FERNEY-VOLTAIRE 01210 Ain 70 ⑯ G. Jura – 6 408 h alt. 430.

✈ de Genève-Cointrin ℰ (00 41 22) 717 71 11, S : 4 km.

🛈 Syndicat d'Initiative 26 Grand'rue ℰ 04 50 28 09 16, Fax 04 50 40 78.99.
Paris 502 – Thonon-les-Bains 44 – Bellegarde-sur-Valserine 37 – Genève 10 – Gex 11.

🏯 **Novotel** M, par D 35 rte de Meyrin ℰ 04 50 40 85 23, Fax 04 50 40 76 33, 余, ᴶ, 🎿, ❨
ᴵ❨ ▭ ◻ ☎ ❨ ᵭ, P – 益 100. ᴀᴇ ⓸ GB
Repas (85) - 105 ⅞, enf. 50 – ☲ 60 – **80 ch** 550/590

🏨 **Médian** M, chemin de Colovrex (près douane) ℰ 04 50 28 00 50, Fax 04 50 42 88 93 – ▯
�❨ ▭ ᵗᵛ ☎ ❤ ᵭ P – 益 25. ᴀᴇ ⓸ GB ᴊᴄʙ
Repas (69) - 88/130 ⅞, enf. 50 – ☲ 48 – **57 ch** 435/495 – ½ P 310

🏨 **Campanile**, par D 35 et chemin Planche Brûlée ℰ 04 50 40 74 79, Fax 04 50 42 97 29, 余
ⓒⓑ – ☨❨ ᵗᵛ ☎ ❤ ᵭ P – 益 30. ᴀᴇ ⓸ GB
Repas 80/103 ⅞, enf. 39 – ☲ 36 – **62 ch** 315

XXX **Pirate**, av. Genève ℰ 04 50 40 63 52, Fax 04 50 40 64 50 – P. ᴀᴇ ⓸ GB ᴊᴄʙ
fermé 2 au 24 juil., 24 déc. au 8 janv., dim. et lundi – **Repas** - produits de la mer - 220 bc
(déj.), 260/350 et carte 290 à 500

XX **France** avec ch, 1 r. Genève ℰ 04 50 40 63 87, Fax 04 50 40 47 27, 余 – ᵗᵛ ☎. GB.
❀ rest
fermé 25 déc. au 15 janv., lundi midi et dim. – **Repas** (110) - 129/255 ⅞, enf. 50 – ☲ 45 –
14 ch 350/430 – ½ P 345

FERRETTE 68480 H.-Rhin 66 ⑨ ⑩ G. Alsace Lorraine – 863 h alt. 470.

Voir Site★ – Ruines du Château ≼★.

🛈 Syndicat d'Initiative Hôtel-de-Ville ℰ 03 89 40 40 01.
Paris 465 – Mulhouse 40 – Altkirch 20 – Basel 30 – Belfort 50 – Colmar 81 – Montbéliard 48.

à Ligsdorf Sud : 4 km par D 432 – 313 h. alt. 520 – ✉ 68480 :

XX **Moulin Bas** ≫, avec ch, 1 r. Raedersdorf ℰ 03 89 40 31 25, Fax 03 89 40 37 15, 余,
« Ancien moulin au bord de l'Ill », ☞, ❀ – ᵗᵛ ☎ ❤ ᵭ P.
fermé 1ᵉʳ au 22 janv., lundi et mardi sauf fériés – **Repas** (70) - 180/360 ⅞ – ☲ 75 – **7 ch**
280/400 – ½ P 450/470

à Moernach Ouest : 5 km par D 473 – 454 h. alt. 470 – ✉ 68480 :

XX **Aux Deux Clefs** ≫ avec ch, ℰ 03 89 40 80 56, Fax 03 89 08 10 47, 余, ☞ – ᵗᵛ ☎. GB
❀ ch
fermé 26 oct. au 12 nov. et vacances de fév. – **Repas** (fermé jeudi) 56 (déj.), 95/305 ⅞, enf. 48
– ☲ 36 – **7 ch** 255/270 – ½ P 290

à Lutter Sud-Est : 8 km par D 23 – 283 h. alt. 428 – ✉ 68480 :

XX **Auberge Paysanne** avec ch, r. Principale ℰ 03 89 40 71 67, Fax 03 89 07 33 38, 余 –
ᵗᵛ ☎ ❤ P. GB
fermé 3 au 12 juil., vacances de fév. et lundi – **Repas** 65 (déj.), 135/330 ⅞, enf. 60 – ☲ 40 –
7 ch 230/290 – ½ P 280

Annexe Hostellerie Paysanne 🏠 ≫,, « Reconstitution d'une ancienne ferme
alsacienne du 17ᵉ siècle », ☞ – ᵗᵛ ☎ ❤ P. GB
Repas voir **Auberge Paysanne** – ☲ 40 – **9 ch** 290/440 – ½ P 310/330

La FERRIÈRE _38580 Isère_ 🗺 ⑥ – _191 h alt. 926._
Paris 608 – Grenoble 53 – Allevard 12.

au Curtillard _Sud : 2 km par D 525ᴬ_ – ⊠ _38580 La Ferrière :_

🏛 **Curtillard** ⤳, 𝒫 04 76 97 50 82, Fax 04 76 97 56 57, ≤ _massif de Belledonne_, 🏡, 𝕃ₛ, ⬛,
🌳, 🍴 – cuisinette 📺 ☎ 🅿. – 🔬 25. ⅍ ☲ ☲.
1ᵉʳ juin-17 sept. et 20 déc.-10 avril – **Repas** 100/230 ♈, enf. 68 – ☷ 49 – **14 ch** 370/548,
9 studios – ½ P 350/430

🏠 **Baroz** ⤳, 𝒫 04 76 97 50 81, Fax 04 76 45 84 75, ≤, 🏡, ⬛, 🌳, 🍴 – cuisinette 📺 ☎ 🅿.
☲.
hôtel : 20 juin-début sept. et 26 déc.-Pâques ; rest. : mai-sept. et 26 déc.-Pâques – **Repas**
(déj. seul. en mai et juin) 115 (dîner), 125/155 ♨ – ☷ 38 – **20 ch** 255/265, 3 chalets –
½ P 250/265

La FERRIÈRE-AUX-ÉTANGS _61 Orne_ 🗺 ① – _rattaché à Flers._

FERRIÈRES _45210 Loiret_ 🗺 ⑫ _G. Bourgogne_ – _2 896 h alt. 96._
Voir _Croisée du transept★ de l'église St-Pierre et St-Paul._
🛈 _Office de Tourisme (ouvert du 9 janv. au 15 déc.) pl. des Églises_ 𝒫 02 38 96 58 86.
Paris 102 – Auxerre 81 – Fontainebleau 42 – Montargis 12 – Nemours 26 – Orléans 84.

🏠 **Abbaye,** 𝒫 02 38 96 53 12, Fax 02 38 96 57 63, 🏡 – 📺 ☎ ✆ & 🅿. – 🔬 30. ☲
Repas (65) - 110/280 ♈, enf. 60 – ☷ 40 – **20 ch** 300/450 – ½ P 250/300

La FERTÉ-BERNARD _72400 Sarthe_ 🗺 ⑮ _G. Châteaux de la Loire_ – _9 355 h alt. 90._
Voir _Église N.-D.-des Marais★★._
🛈 _Office de Tourisme 15 pl. de la Lice_ 𝒫 02 43 71 21 21, Fax 02 43 93 25 85.
Paris 165 – Le Mans 49 – Alençon 57 – Chartres 78 – Châteaudun 66.

XXX **Perdrix** _avec ch,_ 2 r. Paris 𝒫 02 43 93 00 44, Fax 02 43 93 74 95 – ▤ rest, 📺 ☎ ✆ ⤳.
☲
fermé fév., lundi soir et mardi – **Repas** 110/250 et carte 230 à 370 – ☷ 35 – **7 ch** 240/330

XX **Dauphin,** 3 r. d'Huisne (secteur piétonnier) 𝒫 02 43 93 10 39, 🏡 – ☲
fermé mars, dim. soir et lundi – **Repas** 98/239, enf. 75

La FERTÉ-IMBAULT _41300 L.-et-Ch._ 🗺 ⑲ – _1 047 h alt. 99._
Paris 195 – Bourges 68 – Orléans 70 – Romorantin-Lanthenay 19 – Vierzon 24.

🏠 **Auberge À la Tête de Lard,** 𝒫 02 54 96 22 32, Fax 02 54 96 06 22, 🏡 – ▤ rest, 📺 ☎
✆ 🅿. ⓞ ☲. 🍴 ch
fermé 4 au 18 sept., janv., dim. soir et lundi sauf fériés – **Repas** 95/290 ♈ – ☷ 40 – **11 ch**
280/460 – ½ P 280/380

La FERTÉ-MACÉ _61600 Orne_ 🗺 ① ② _G. Normandie Cotentin_ – _6 913 h alt. 250._
🛈 _Office de Tourisme 11 r. Victoire_ 𝒫 02 33 37 10 97, Fax 02 33 37 13 37.
Paris 232 ① – Alençon 46 ③ – Argentan 32 ① – Domfront 23 ④ – Falaise 42 ⑤ – Flers 26 ⑤.

Plan page ci-contre

🏠 **Auberge d'Andaines,** rte Bagnoles-de-l'Orne par ③ : 2 km 𝒫 02 33 37 20 28,
Fax 02 33 37 25 05, 🏡, 🌳, 🍴 – ☎ 🅿. – 🔬 30. ☲
fermé 15 janv. au 15 fév. et vend. de nov. à mars – **Repas** (70) - 90/200 ♈ – ☷ 35 – **15 ch**
190/320 – ½ P 230/260

XX **Céleste** _avec ch,_ 6 r. Victoire 𝒫 02 33 37 22 33, Fax 02 33 38 12 25, 🏡 – 📺 ☎. ⅍ ☲
fermé 22 au 30 janv., dim. soir et lundi – **Repas** (68) - 90/290 ♈, enf. 48 – ☷ 30 – **13 ch** 90/300
– ½ P 150/220   B n

X **Auberge de Clouet** ⤳ _avec ch,_ Le Clouet 𝒫 02 33 37 18 22, 🏡, « _Terrasse fleurie_ » –
📺 ☎ 🅿. ☲. 🍴 ch   A a
fermé 13 au 27 nov., lundi d'oct. à Pâques et dim. soir sauf juil.-août et fériés – **Repas**
95/300 ♈, enf. 50 – ☷ 40 – **6 ch** 250/330 – ½ P 325

X **L'Espérance,** 13 r. Barre 𝒫 02 33 37 38 21 – ☲   B e
☒ _fermé 10 au 25 juil., 20 au 27 déc., 12 au 20 fév., dim. sauf le midi d'avril à oct. et merc. soir_ –
Repas 55/180 ♈, enf. 50

574

Armand-Macé (R.) . . . . **B** 2
Barro (R. de la) . . . . **B** 4
Chauvière (R.) . . . . **B** 7
Clouet (R. du) . . . . **A** 8
De Contades (Bd Gérard) . . . **A** 10
Fossés Nicole (R. des) . . . . . **B** 12
Hautvie (R. d') . . . . **B**
Le Meunier de la Raillère
(Av.) . . . . **B** 13
Leclerc (Pl. du Gén.) . . . . . . **B** 15
République
(Pl. de la) . . . . **B** 16
Teinture (R. de la) . . . . **B** 18
Val Vert (R. du) . . . . **A** 19
4 Roues (R. des) . . . . **B** 21

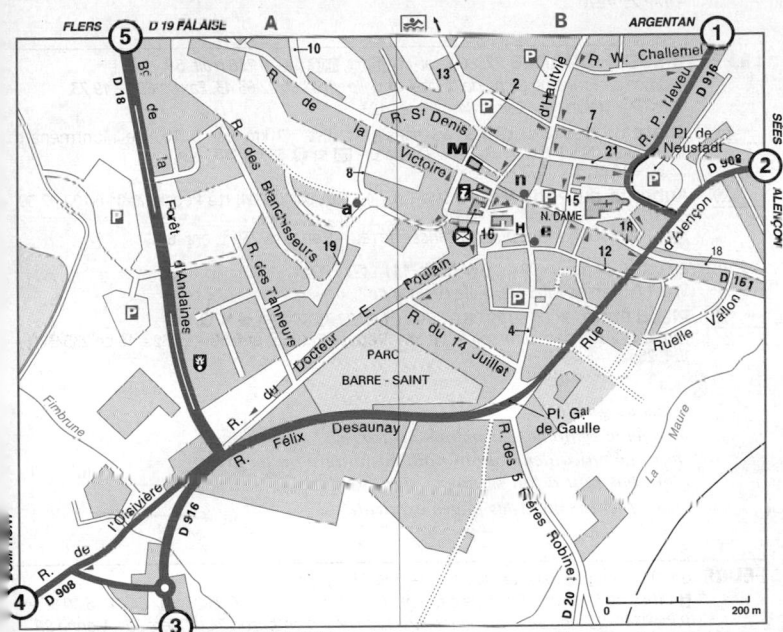

When looking for a hotel or restaurant use the most efficient method.
*Look for the names of towns **underlined in red***
*on the **Michelin maps** scale: 1:200 000.*
But make sure you have an up-to-date map!

La FERTÉ-ST-AUBIN 45240 Loiret 🖸🖪 ⑪ G. Châteaux de la Loire – 6 414 h alt. 114.

🖪 Office de Tourisme r. des Jardins ℘ 02 38 64 67 93, Fax 02 38 64 61 30.

Paris 156 – Orléans 23 – Blois 63 – Romorantin-Lanthenay 45 – Salbris 34.

Plan page suivante

🏨 **L'Orée des Chênes** Ⓜ ॐ, Nord-Est : 3 km par rte Marcilly ℘ 02 38 64 84 00,
Fax 02 38 64 84 20, ≤, 佘, « Parc avec étang » – 📺 ☎ ❤ ₺ 🄿 – 🛦 30. 🝊 ☲☲
fermé 29 janv. au 18 fév., dim. soir et lundi – **Repas** 200/250 – ☱ 45 – **23 ch** 450/600 –
1/2 P 350/475

🍴🍴🍴 **Ferme de la Lande,** Nord-Est : 3 km par rte Marcilly ℘ 02 38 76 64 37,
Fax 02 38 64 68 87, 佘, parc, « Ancienne ferme aménagée » – 🄿. 🝊 ☲☲
fermé 15 août au 4 sept., vacances de fév., dim. soir et lundi – **Repas** 157 bc/228 et carte
200 à 310 ⌾, enf. 87

🍴🍴 **Les Brémailles,** Nord : 3 km sur N 20 ℘ 02 38 76 56 60, Fax 02 38 64 68 04, 佘, parc –
🄿. 🝊 ☲☲
fermé lundi soir et mardi – **Repas** 99/300, enf. 60

🍴🍴 **Auberge de l'Écu de France,** 6 r. Gén. Leclerc ℘ 02 38 64 69 22 – ☲☲
fermé 26 août au 3 sept., 16 au 30 nov., vacances de fév., mardi soir et merc. – **Repas**
85/200 ⌾, enf. 50

La FERTÉ-ST-CYR 41220 L.-et-Ch. 🔢 ⑧ – 809 h alt. 82.

Paris 168 – Orléans 36 – Beaugency 15 – Blois 33 – Romorantin 34.

🏠 **St-Cyr,** 🕿 02 54 87 90 51, Fax 02 54 87 95 17, 🏤 – 📺 🕿 🅿. 🖴
🍴 *fermé 2 au 16 janv.* – **Repas** *(fermé dim. soir et lundi)* (70) - 85/220 ♀ – 🍴 35 – **19 ch** 210/270
– ½ P 250/270

La FERTÉ-SOUS-JOUARRE 77260 S.-et-M. 🔢 ⑬, 🔢 ⑳ – 8 236 h alt. 58.

🚩 *Office de Tourisme 26 pl. de l'Hôtel-de-Ville* 🕿 01 60 22 63 43, Fax 01 60 22 19 73.
Paris 67 – Melun 69 – Reims 84 – Troyes 123.

🏰 **Château des Bondons** ⧫ sans rest, Est : 2 km par D 70, rte Montménard
🕿 01 60 22 00 98, Fax 01 60 22 97 01, parc – 📺 🕿 🅿. 🖴 🏧 ⓪ 🖴 🎴
🖴 60 – **14 ch** 500/1000

🍴🍴 **Auberge du Petit Morin,** Sud-Est : 1,5 km par D 204, rte Rebais 🕿 01 60 22 02 39,
Fax 01 60 22 02 39, 🏤, 🖈 – 🖴
fermé 28 août au 19 sept. et vacances de fév. – **Repas** 98/230 ♀, enf. 60

à Jouarre *Sud : 3 km par D 402 – 3 274 h. alt. 141 – ✉ 77640 .*

Voir Crypte★ *de l'abbaye,* G. Ile de France.

🏠 **Plat d'Étain,** 🕿 01 60 22 06 07, Fax 01 60 22 35 63 – 📺 🕿 🖴 🅿.
fermé 15 au 31 déc., dim. soir et vend. – **Repas** 95/195 ♀, enf. 50 – 🖴 32 – **18 ch** 235/300 –
½ P 255

Dans ce guide
un même symbole, un même caractère,
imprimé en couleur ou en **noir,** *en maigre ou en* **gras,**
n'ont pas tout à fait la même signification.
Lisez attentivement les pages explicatives.

FEURS 42110 Loire 🔢 ⑱ G. Vallée du Rhône – 7 803 h alt. 343.

🚩 *Office de Tourisme (fermé le dim.) pl. du Forum* 🕿 04 77 26 05 27, Fax 04 77 26 00 55.
Paris 434 – Roanne 38 – St-Étienne 42 – Lyon 64 – Montbrison 26 – Thiers 69 – Vienne 89.

🏠 **Motel Etésia** Ⓜ sans rest, rte Roanne 🕿 04 77 27 07 77, Fax 04 77 27 03 33, 🖈 – 📺 🕿
🖴 🅿. 🏧 ⓪ 🖴. 🖎
fermé 22 déc. au 8 janv. – 🖴 33 – **15 ch** 230/280

🏖 **L'Astrée,** 2 chemin du Bout du Monde (près gare) 🕿 04 77 26 54 66, Fax 04 77 26 62 68 –
🍴 📺 🕿 🏧 ⓪ 🖴
Repas *(dîner seul.)* 55 ♀ – 🖴 35 – **17 ch** 120/230 – ½ P 300

🍴🍴 **Boule d'Or,** rte Lyon 🕿 04 77 26 20 68, Fax 04 77 26 56 84, 🏤 – 🖴
fermé 1er au 22 août, dim. soir et lundi sauf fériés – **Repas** 95/300

FEY 57 Moselle 🔢 ⑬ – rattaché à Metz.

FIGEAC ⊜ 46100 Lot 🔢 ⑩ G. Périgord Quercy – 9 549 h alt. 214.

Voir *Le vieux Figeac*★ : hôtel de la Monnaie★ M[1], musée Champollion★ M[2] près de la place
aux Écritures★ – Vallée du Célé★ par ⑤.
🚩 *Office de Tourisme pl. Vival* 🕿 05 65 34 06 25, Fax 05 65 50 04 58.
Paris 572 ⑥ – Rodez 66 ② – Aurillac 65 ① – Villefranche-de-Rouergue 36 ③.

Plan page ci-contre

🏰 **Château du Viguier du Roy** ⧫, r. É. Zola (e) 🕿 05 65 50 05 05, Fax 05 65 50 06 06,
« Demeure ancienne aménagée avec élégance », 🏊, 🖈 – 🛗 🖎, 🍽 ch, 📺 🕿 🖴 🅿. –
🖴 50. 🏧 ⓪ 🖴. 🖎
6 avril-28 oct. voir rest. **Dînée du Viguier** – 🖴 95 – **21 ch** 680/1250, 3 appart

🏠 **Champollion** Ⓜ sans rest, 3 pl. Champollion (v) 🕿 05 65 34 04 37, Fax 05 65 34 61 69 –
📺 🕿 🖴 🏧 ⓪ 🖴
🖴 33 – **10 ch** 230/260

🏠 **Bains** sans rest, 1 r. Griffoul (n) 🕿 05 65 34 10 89, Fax 05 65 14 00 45 – 📺 🕿 🖴. 🏧 ⓪ 🖴.
🖎
fermé 15 déc. au 15 janv., sam. et dim. de déc. à fév. – 🖴 38 – **21 ch** 170/380

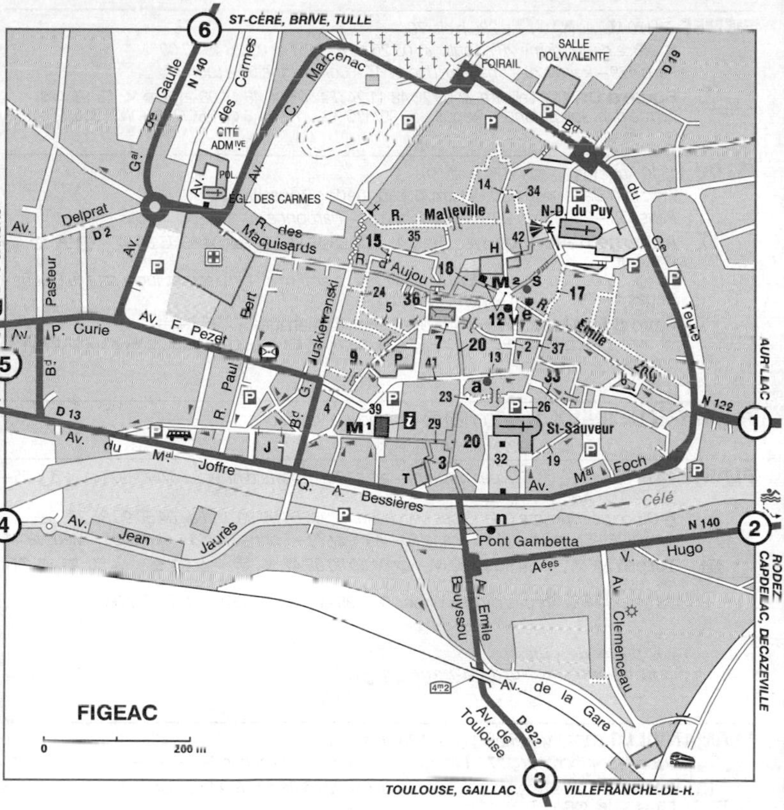

XX **Dînée du Viguier** - Hôtel Château du Viguier du Roy, r. Boutaric **(s)** ✆ 05 65 50 08 08, *Fax 05 65 50 09 09*, – ▤. AE ⓓ GB
fermé fin janv. à début fév., lundi midi de mai à sept., dim. soir et lundi d'oct. à avril – **Repas** 140/360 ♀

XX **Cuisine du Marché**, 15 r. Clermont **(a)** ✆ 05 65 50 18 55, *Fax 05 65 50 18 55* – AE ⓓ GB
fermé dim. – **Repas** *(70)* - 110 (déj.), 135/230 ♀, enf. 50

à St-Julien-d'Empare *par ② : 10 km – ✉ 12700 Capdenac-Gare (Aveyron) :*
Voir Capdenac : site★ et ≤★ d'une terrasse proche de l'église N : 4 km.

Auberge La Diège , ✆ 05 65 64 70 54, *Fax 05 65 80 81 58*, , , , – TV ☎ ✆ ♿ P – 30. AE ⓓ GB
fermé 18 déc. au 5 janv. – **Repas** *(fermé vend. soir et dim. soir d'oct. à avril et sam. sauf le soir d'avril à juin) (60)* - 84/210 ♀, enf. 45 – ☐ 48 – **24 ch** 300/339 – ½ P 285

FISMES 51170 Marne 56 ⑤ – 5 286 h alt. 70.

🛈 Office de Tourisme 28 r. Letilly ℘ 03 26 48 81 28, Fax 03 26 48 12 09.
Paris 129 – Reims 28 – Château-Thierry 43 – Compiègne 68 – Laon 37.

🏠 **Boule d'Or**, 11 r. Lefèvre ℘ 03 26 48 11 24, Fax 03 26 48 17 08 – �📺 ☎ ⛄ 🖭 ⓞ ☻
fermé dim. soir et lundi – Repas (68) - 90/170 ⑤ – 🍴 35 – **8 ch** 250/280 – ½ P 310/330

FITOU 11510 Aude 86 ⑨ ⑩ – 579 h alt. 38.
Env. Fort de Salses★★ SO : 11 km, G. Languedoc Roussillon.
Paris 832 – Perpignan 29 – Carcassonne 89 – Narbonne 40.

🍴🍴 **Auberge de la Tour** avec ch, N 9 ℘ 04 68 45 66 90, Fax 04 68 45 65 97 – 📺 🖭 🖾 ⓞ
☻ 🔳
fermé 25 oct. au 30 nov., 2 janv. au 11 fév., mardi midi, dim. soir et lundi sauf juil.-août –
Repas 148/390 – 🍴 44 – **5 ch** 320/420

🍴 **Cave d'Agnès**, ℘ 04 68 45 75 91, « Grange aménagée » – 🖭 ☻
🍽 1er avril-1er oct. et fermé merc. – Repas (nombre de couverts limité, prévenir) 118/154 ⑤,
enf. 59

FLAGEY-ÉCHEZEAUX 21 C.-d'Or 85 ⑳ – rattaché à Vougeot.

FLAINE 74 H.-Savoie 74 ⑧ G. Alpes du Nord – alt. 1600 – Sports d'hiver : 1 575/2 500 m ✕ 3 ✚ 25 –
✉ 74300 Cluses.
🛈 Office de Tourisme Galerie des Marchands ℘ 04 50 90 80 01, Fax 04 50 90 86 26.
Paris 596 – Chamonix-Mont-Blanc 60 – Annecy 78 – Bonneville 38 – Cluses 23 – Megève 44.

🏨 **Totem** Ⓜ 🦢, ℘ 04 50 90 80 64, Fax 04 50 90 88 47, ≤, 🌳 – 🛗 📺 ☎ – 🔬 50. 🖾 ⓞ ☻,
🍽 rest
18 déc.-8 avril – Repas carte environ 200 – **95 ch** 🍴 620/1520 – ½ P 620/760

Les plans de villes
sont orientés le Nord en haut.

FLAMANVILLE 50340 Manche 54 ① – 1 781 h alt. 74.
Paris 368 – Cherbourg 27 – Barneville-Carteret 24 – Valognes 36.

🏠 **Bel Air** 🦢 sans rest, ℘ 02 33 04 48 00, Fax 02 33 04 49 56, « Beau jardin fleuri », 🌳 – 🍴
📺 ☎ ⛄ 🖭 ☻
fermé 20 déc. au 15 janv. – 🍴 50 – **15 ch** 335/390

🍴 **Sémaphore**, ℘ 02 33 52 18 98, Fax 02 33 52 36 39, ≤, 🌣 – ☻
🍽 fermé 15 déc. au 1er fév., dim. soir sauf juil.-août et lundi – Repas 79/141 ⑤

FLAVIGNY-SUR-MOSELLE 54 M.-et-M. 62 ⑤ – rattaché à Nancy.

FLAYOSC 83 Var 84 ⑦., 114 ㉒ – rattaché à Draguignan.

La FLÈCHE ⓢ 72200 Sarthe 64 ② G. Châteaux de la Loire – 14 953 h alt. 33.
Voir Prytanée militaire★ – Boiseries★ de la chapelle N.-D.-des-Vertus – Parc zoologique du
Tertre Rouge★ 5 km par ② puis D 104.
Env. Bazouges-sur-le-Loir : pont ≤★, 7 km par ④.
🛈 Office de Tourisme bd de Montréal ℘ 02 43 94 02 53, Fax 02 43 94 43 15.
Paris 243 ① – Angers 52 ④ – Le Mans 44 ① – Laval 71 ⑤ – Tours 70 ②.

Plan page ci-contre

🏨 **Relais Cicero** 🦢 sans rest, 18 bd Alger ℘ 02 43 94 14 14, Fax 02 43 45 98 96,   Y a
« Demeure du 17e siècle, belle décoration intérieure », 🌳 – 📺 ☎. 🖾 ☻
fermé 20 déc. au 7 janv. et dim. soir – 🍴 50 – **21 ch** 435/675

🍴🍴 **Moulin des Quatre Saisons**, r. Galliéni ℘ 02 43 45 12 12, Fax 02 43 45 10 31, 🌣 – 🖭.   Z e
🖾 ☻
fermé janv., dim. soir d'oct. à avril et lundi sauf juil.-août – Repas 98/198 ⑨, enf. 59

🍴🍴 **Fesse d'Ange**, pl. 8 Mai 1945 ℘ 02 43 94 73 60, Fax 02 43 45 97 33 – 🍽. ☻   Y b
🍽 fermé 1er au 21 août, vacances de fév., dim. soir , mardi soir et lundi – Repas 108/220 ⑨

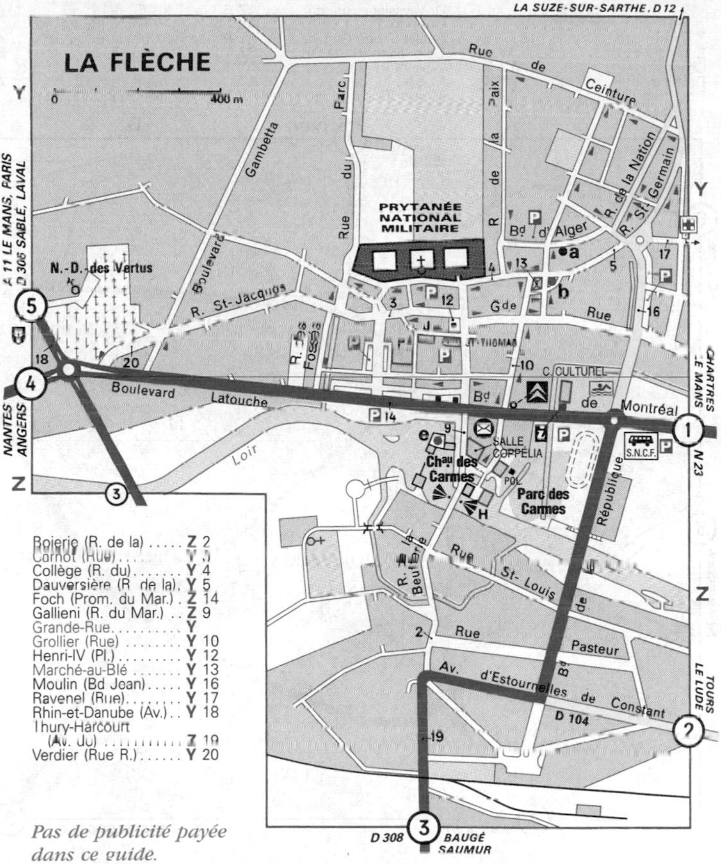

Pas de publicité payée dans ce guide.

FLÉRÉ-LA-RIVIÈRE *36700 Indre 68 ⑥ – 628 h alt. 95.*

Paris 276 – Tours 61 – Le Blanc 49 – Châtellerault 60 – Châtillon-sur-Indre 7 – Loches 17.

X **Relais du Berry,** 2 rte Tours ☏ 02 54 39 32 57 – GB
fermé mardi soir, dim. soir et lundi – **Repas** 80/220 ♂

FLERS *61100 Orne 60 ① G. Normandie Cotentin – 17 888 h alt. 270.*

Office de Tourisme pl. Gén.-de-Gaulle ☏ 02 33 65 06 75, Fax 02 33 65 09 84.

Paris 237 ② – Alençon 72 ③ – Argentan 43 ② – Caen 60 ① – Laval 85 ④ – Vire 31 ⑥.

Plan page suivante

Galion sans rest, 5 r. V. Hugo ☏ 02 33 64 47 47, *Fax 02 33 65 10 10* – TV ☎ & P. AE GB — AZ b
35 – **30 ch** 230/270

Lys d'Or sans rest, 22 r. Gare ☏ 02 33 65 28 28, *Fax 02 33 65 20 56* – TV ☎ P. AE ⓓ GB — AZ e
25 – **12 ch** 190/300

Beverl'inn, 9 r. Chaussée ☏ 02 33 96 79 79, *Fax 02 33 65 94 89* – TV ☎. GB. ch
fermé 12 juil. au 2 août – **Repas** grill *(fermé sam. midi et dim.)* 71/131 ♀, enf. 40 – 28 – **16 ch** 185/275 — AZ s

XX **Auberge Le Relais Fleuri,** 115 r. Schnetz, par ⑤ ☏ 02 33 65 23 89, *Fax 02 33 65 23 89,* – GB
fermé 31 juil. au 14 août, 7 au 17 janv., dim. soir et lundi – **Repas** 98/185

FLERS

Boule (R. de la) . . . . **AY**
Charleston (Pl.) . . . . **AYZ** 3
Delaunay (R.) . . . . **AY** 4
Domfront (R. de) . . . . **AZ**
Dr-Vayssières (Pl. du) . . . . . **AZ** 6
Duhalde (Pl. P.) . . . . **AZ**
Gaulle (Pl. du Gén.-de) . . . . **AY** 9
Géroudière (R. de la) . . . . . . **BZ** 10
Gévelot (R. J.) . . . . **AY** 12
Messei (R. de) . . . . **AZ**
Moulin (R. du) . . . . **ABY** 14
Paris (R. de) . . . . **BY**
Pont Feron (R. du) . . . . **BZ** 15
République (R. de la) . . . . **AYZ** 16
St-Gilles (R.) . . . . **BYZ** 18
Salles (R. J.-de) . . . . **AY** 19
Schnetz (R.) . . . . **AYZ**
6-Juin (R. du) . . . . **AY**

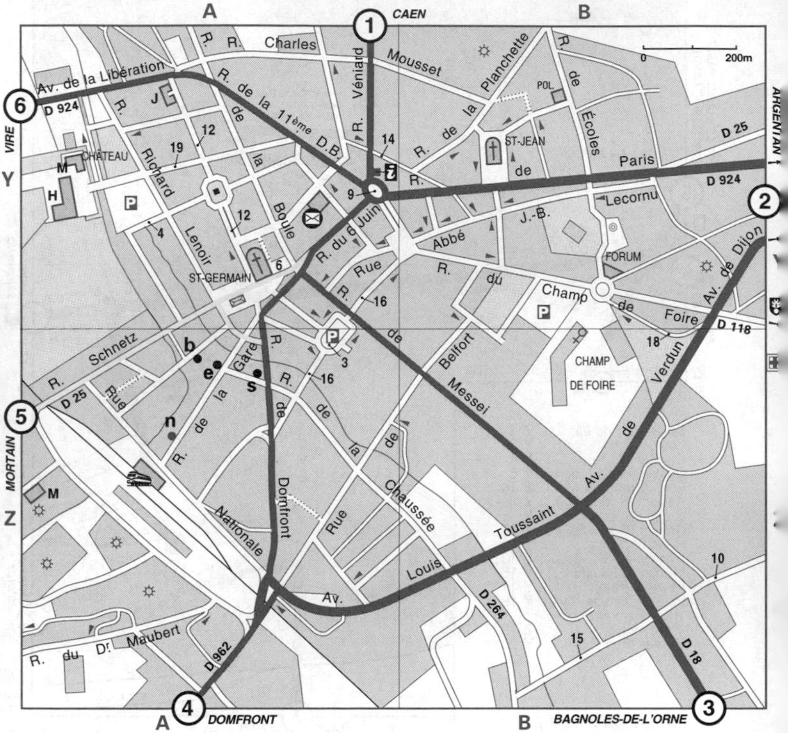

XX **Au Bout de la Rue,** 60 r. Gare ✆ 02 33 65 31 53, *Fax 02 33 65 46 81* – ▤. GB AZ n
fermé dim. et fériés – **Repas** *(80)* - 110/138 ♀, enf. 50

au Buisson-Corblin *par ② : 3 km – ✉ 61100 Flers :*

XX **Auberge des Vieilles Pierres,** ✆ 02 33 65 06 96, *Fax 02 33 65 80 72* – ▤ P. AE GB
fermé 6 au 27 août, vacances de fév., lundi et mardi – **Repas** 82/210, enf. 50

à La Ferrière-aux-Étangs *par ③ : 10 km – 1 727 h. alt. 304 – ✉ 61450 :*

XX **Auberge de la Mine,** le Gué-Plat par rte Dompierre : 2 km ✆ 02 33 66 91 10, *Fax 02 33 96 73 90* – P. AE ⓓ GB
fermé 16 au 31 août, 2 au 15 janv., mardi sauf le midi de mai à août et merc. – **Repas** 100/240 ♀, enf. 50

FLEURANCE *32500 Gers* 82 ⑤ *G. Midi-Pyrénées – 6 368 h alt. 97.*

Office de Tourisme 112 bis r. de la République ✆ 05 62 64 00 00, Fax 05 62 06 27 80.
Paris 694 – Auch 25 – Agen 49 – Condom 33 – Montauban 66 – Toulouse 85.

Hôtel Le Fleurance sans rest, rte Agen ✆ 05 62 06 14 85, *Fax 05 62 64 05 12,* – TV ☎ P – 30
38 – **23 ch** 240/420

Relais sans rest, rte Auch ✆ 05 62 06 05 08, *Fax 05 62 06 03 84* – TV ☎ P. AE ⓓ GB
fermé 24 au 30 déc. et vend. du 15 nov. au 31 mars – 35 – **24 ch** 190/275

X **Cybèle,** rte d'Auch ✆ 05 62 06 21 10, *Fax 05 62 06 64 04,* – P. GB
fermé 27 juin au 9 juil., nov., dim. soir et lundi – **Repas** *(75)* - 98/245 ♨, enf. 50

FLEURIE 69820 Rhône 🔢 ① G. Vallée du Rhône – 1 105 h alt. 320.

Paris 413 – Mâcon 22 – Bourg-en-Bresse 46 – Lyon 62 – Villefranche-sur-Saône 28.

🏠 **Grands Vins** 🐾 sans rest, Sud : 1 km par D 119ᴱ 𝒫 04 74 69 81 43, Fax 04 74 69 86 10, ≤, 🛴, 🐾 – 📺 ☎ 🅿 GB, 🕸
fermé 30 juil. au 2 août, déc. et janv. – 😋 55 – **20 ch** 370/430

XX **Auberge du Cep** (Mme Chagny), pl. Église 𝒫 04 74 04 10 77, Fax 04 74 04 10 28 – 🍽. 🖭
🕸 GB
🕸 fermé mi-déc. à mi-janv., vacances de fév., dim. et lundi – **Repas** (prévenir) 135/260 et carte
🍽 180 à 300 ♀
Spéc. Cuisses de grenouilles rôties aux fines herbes. Volaille fermière mijotée au vin de Fleurie. Cassis du Beaujolais en sorbet. **Vins** Beaujolais blanc, Fleurie.

FLEURVILLE 71260 S.-et-L. 🔢 ⑲ ⑳ – 485 h alt. 174.

Paris 376 – Mâcon 17 – Cluny 27 – Pont-de-Vaux 6 – St-Amour 42 – Tournus 15.

🏨 **Château de Fleurville**, 𝒫 03 85 33 12 17, Fax 03 85 33 95 34, 🌴, parc, 🛴, 🕸 – 📺 ☎ 🅿 ⓞ GB
1ᵉʳ mars-31 oct. – **Repas** (fermé lundi midi) 145/300 ♀, enf. 58 – 😋 50 – **15 ch** 460/600 – ½ P 430/525

XX **Fleurvil** avec ch, 𝒫 03 85 33 10 65, Fax 03 85 33 10 37, 🌴 – 📺 ☎ 🅿 🖭 GB
fermé 5 au 11 juin, 15 nov. au 15 déc., lundi soir et mardi hors saison – **Repas** 95/230 ♀, enf. 60 – 😋 38 – **9 ch** 190/300 – ½ P 285

à St-Oyen-Montbellet Nord : 3 km par N6 – ⊠ 71260 Lugny :

XX **Chaumière** avec ch, 𝒫 03 85 33 10 41, Fax 03 85 33 12 99, 🌴, « Jardin fleuri », 🕸 – 📺
🕸 🅿 ⓞ GB
fermé 21 au 27 août, jeudi midi et merc. – **Repas** 120/225 ♣ – 😋 45 – **9 ch** 250/390

FLEURY-SUR-ORNE 14 Calvados 🔢 ⑪ – rattaché à Caen.

FLORAC ◀◉▶ 48400 Lozère 🔢 ⑥ G. Languedoc Roussillon – 2 065 h alt. 542.

Voir S : Corniche des Cévennes★ – O : Gorges du Tarn★.
🅱 Office de Tourisme av. J.-Monestier 𝒫 04 66 45 01 14, Fax 04 66 45 25 80.
Paris 629 – Mende 38 – Alès 67 – Millau 78 – Rodez 122 – Le Vigan 65.

🏨 **Grand Hôtel du Parc**, 𝒫 04 66 45 03 05, Fax 04 66 45 11 81, 🌴, 🛴, 🕸 – 📳 📺 ☎ 📞 ♿ 🅿 – ▲ 40, 🖭 ⓞ GB 📖 🕸 ch
15 mars-1ᵉʳ déc. et fermé dim. soir (sauf hôtel) et lundi hors saison – **Repas** 95/190, enf. 50 – 😋 42 – **60 ch** 260/360 – ½ P 270/310

🏠 **Gorges du Tarn**, 𝒫 04 66 45 00 63, Fax 04 66 45 10 56 – cuisinette 📺 ☎ 🅿 GB, 🕸
🍽 15 mars-15 oct. et fermé dim. soir sauf juil.-août – **L'Adonis** : Repas 95/200 ♀, enf. 50 – 😋 38 – **31 ch** 260/270 – ½ P 225/245

X Source du Pêcher, 1 r. Remuret 𝒫 04 66 45 03 01, Fax 04 66 45 28 82, 🌴

à Cocurès Nord-Est : 5,5 km par N 106 et D 998 – 153 h. alt. 600 – ⊠ 48400 :

🏠 **Lozerette**, 𝒫 04 66 45 06 04, Fax 04 66 45 12 93, 🕸 – 📺 ☎ ♿ 🅿 🖭 ⓞ GB 📖
🕸 rest
Pâques-1ᵉʳ nov. – **Repas** (fermé merc. midi et mardi sauf juil.-août) 89 (déj.), 118/133 ♀, enf. 68 – 😋 42 – **21 ch** 295/410 – ½ P 300/365

FLORENT-EN-ARGONNE 51 Marne 🔢 ⑲ – rattaché à Ste-Menehould.

La FLOTTE 17 Char.-Mar. 🔢 ⑫ – voir à Ré (Ile de).

FLOURE 11 Aude 🔢 ⑧ – rattaché à Carcassonne.

Ne confondez pas :

Confort des hôtels	:	🏨🏨🏨 ... 🏠, 🎏
Confort des restaurants	:	XXXXX ... X
Qualité de la table	:	✿✿✿, ✿✿, ✿, 🍃

FLUMET 73590 Savoie **74** ⑦ G. Alpes du Nord – 760 h alt. 920 – Sports d'hiver : 1 000/2 030 m ⚡ 11 ⚡.

> 🛈 Office de Tourisme "Le Dodécagone" ℘ 04 79 31 61 08, Fax 04 79 31 84 67.
> Paris 585 – Chamonix-Mont-Blanc 46 – Albertville 21 – Annecy 51 – Megève 10.

🏛 **Hostellerie du Parc des Cèdres**, ℘ 04 79 31 72 37, Fax 04 79 31 61 66, ≤, 霏, « Parc » – ☎ ⇐ 🅿 🗚 ⓪ 🄶🄱 🄹🄲🄱
hôtel : 9 juin-25 sept., 20 déc.-7 janv. et 1ᵉʳ fév.-fin mars – **Repas** (24 juin-18 sept., 20 déc.-7 janv. et 1ᵉʳ fév.-fin mars) 88/175, enf. 52 – ☱ 42 – **20 ch** 250/360 – ½ P 290/360

à St-Nicolas-la-Chapelle Sud-Ouest : 1,2 km par N 212 – 416 h. alt. 950 – ✉ 73590 :

🏛 **Vivier**, sur N 212 ℘ 04 79 31 73 79, Fax 04 79 31 60 70, ≤, 霏 – 🄣 ☎ 🅿 🄶🄱 ⚡
fermé nov. – **Repas** (fermé dim. soir et lundi hors saison) 80/160 🄑, enf. 45 – ☱ 40 – **20 ch** 260/310 – ½ P 260/280

When looking for a quiet hotel
use the maps in the introduction
or look for establishments with the sign ॐ.

FOIX 🅿 09000 Ariège **86** ④ ⑤ G. Midi-Pyrénées – 9 964 h alt. 375.
An 2000 16 mai : La danse du temps (Chorégraphie).
Voir Site★ – ✳★ de la tour du château – Route Verte★★ O par D17 🅰.
Env. Rivière souterraine de Labouiche★ NO : 6,5 km par D1.
🛈 Office de Tourisme 45 cours G.-Fauré ℘ 05 61 65 12 12, Fax 05 61 65 64 63.
Paris 779 ① – Andorra la Vella 104 ② – Carcassonne 89 ① – St-Girons 44 ③.

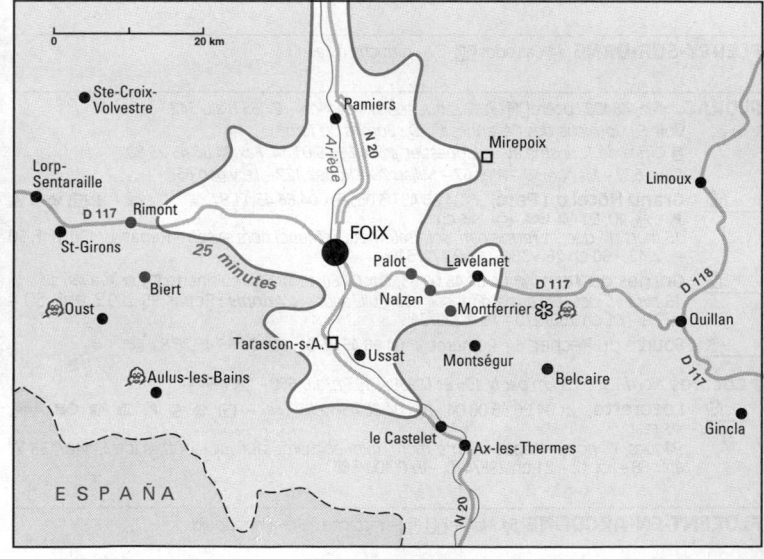

🏛 **Pyrène** sans rest, par ② : 2 km ℘ 05 61 65 48 66, Fax 05 61 65 46 69, ⽊, 綿, ✕ – 🄣 ☎ ✓ 🅿 🄶🄱
fermé 20 déc. au 20 janv. et dim. du 1ᵉʳ oct. au 10 mars – ☱ 35 – **20 ch** 280/340

🏛 **Lons**, 6 pl. G. Duthil ℘ 05 61 65 52 44, Fax 05 61 02 68 18 – 🛗, 🍽 rest, 🄣 ☎ – 🔬 25. 🄰🄴 ⓪ 🄶🄱
        B d
fermé 20 déc. au 20 janv. – **Repas** (fermé vend. soir et sam. midi hors saison) 76/150 ⚡ -
Brasserie du XIXᵉ siècle ℘ 05 61 65 12 10 (fermé sam. soir et dim.) **Repas** (55)-67/90 ⚡, enf. 40 – ☱ 38 – **40 ch** 270/360 – ½ P 240/320

✕✕ **Ste-Marthe**, 21 r. N. Peyrévidal ℘ 05 61 02 87 87, Fax 05 61 05 19 00, 霏 – 🄰🄴 ⓪ 🄶🄱 🄹🄲🄱
        A n
fermé fév., mardi soir et merc. sauf juil.-août et fériés – **Repas** 145/260, enf. 49

FOIX

Les plans de villes sont orientés le Nord en haut.

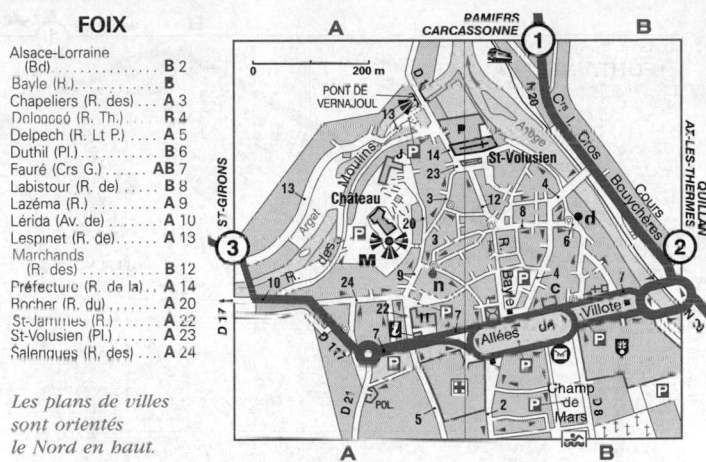

au Sud par ② : 7 km bifurcation N 20 et D 117 – ⊠ 09000 St-Paul-de-Jarrat :

✕ **Charmille** avec ch., ℘ 05 61 64 17 03, Fax 05 61 64 10 05 – ☎ ఈ 🅿 ⓪ 🄶🄱
fermé 1ᵉʳ au 9 juil., 2 au 23 oct., 15 janv. au 5 fév., dim. soir hors saison et lundi (sauf hôtel en saison) – **Repas** 95/220, enf. 55 – � 37 – **10 ch** 260/280 – ½ P 235

au Col des Marrous Ouest : 19 km par D 17 – ⊠ 09000 Foix :

⚐ **Auberge des Myrtilles** ⟨S⟩, ℘ 05 61 65 16 46, Fax 05 61 65 16 46, ≤, ⍟, 🔲, ⟀ – 🆅 ☎ ఈ 🅿. 🄶🄱
fermé 1ᵉʳ déc. au 11 janv., lundi et mardi du 15 oct. au 30 juin – **Repas** 90/135 ♀, enf. 40 – ⊃ 30 – **7 ch** 220/410 – ½ P 220/315

La FOLIE-COUVRECHEF 14 Calvados **55** ⑭ rattaché à Caen.

FONCINE-LE-HAUT 39460 Jura **70** ⑯ – 855 h alt. 790.
Paris 445 – Besançon 91 – Genève 75 – Lons-le-Saunier 56 – Pontarlier 42 – St-Claude 47.

🏠 **Grand Chalet**, au Sud : 2 km par rte secondaire ℘ 03 84 51 95 51, Fax 03 84 51 93 58, ≤, ⍟, 🔳, ⟀ – 🆅 🅿 ఈ 🄶🄱. ⍦ ch
fermé 1ᵉʳ au 28 avril et 30 sept. au 20 déc. – **Repas** (65) 85 bc (déj.)/125 ♀, enf. 38 – **31 ch** (½ pens. seul.), 26 duplex – ½ P 360/420

FONDAMENTE 12540 Aveyron **80** ⑭ – 316 h alt. 430.
Paris 684 – Montpellier 95 – Albi 110 – Millau 41 – Rodez 108 – St-Affrique 28.

✕ **Baldy** avec ch., ℘ 05 65 99 37 38, Fax 05 65 99 37 38 – 🆅 🄶🄱. ⍦ ch
fermé dim. soir et lundi sauf juil.-août – **Repas** (fermé 20 déc. au 20 janv.) (sur réservation hors saison) 78 bc (déj.), 108 bc/215 bc, enf. 50 – ⊃ 40 – **10 ch** 132/260 – ½ P 235/270

FONTAINE 38 Isère **77** ④ – rattaché à Grenoble.

FONTAINEBLEAU ⟨SP⟩ 77300 S.-et-M. **61** ② ⑫, **106** ㊺ ㊽ G. Ile de France – 15 714 h alt. 75.
Voir Palais★★★ – Jardins★ – Musée napoléonien d'Art et d'Histoire militaire : collection de sabres et d'épées★ M¹ – Forêt★★★ – Gorges de Franchard★★ 5 km par ⑥.
🛈 Office de Tourisme 4 r. Royale ℘ 01 60 74 99 99, Fax 01 60 74 80 22.
Paris 65 ⑦ – Melun 18 ① – Montargis 52 ④ – Orléans 89 ⑤ – Sens 55 ③.

Plan page suivante

🏨 **Aigle Noir** 🅼, 27 pl. Napoléon ℘ 01 60 74 60 00, Fax 01 60 74 60 01, ⍟, « Bel aménagement intérieur », 🌡, 🔳 – 🛗 ⇔ 🆅 ☎ ఈ ⟀ – 🔏 50. 🄰🄴 ⓪ 🄶🄱 🄹🄲🄱 AZ a
Beauharnais (fermé 24 au 30 déc.) **Repas** (145) 195/450 ♀, enf. 80 – ⊃ 110 – **49 ch** 990/1380, 7 appart – ½ P 685/735

583

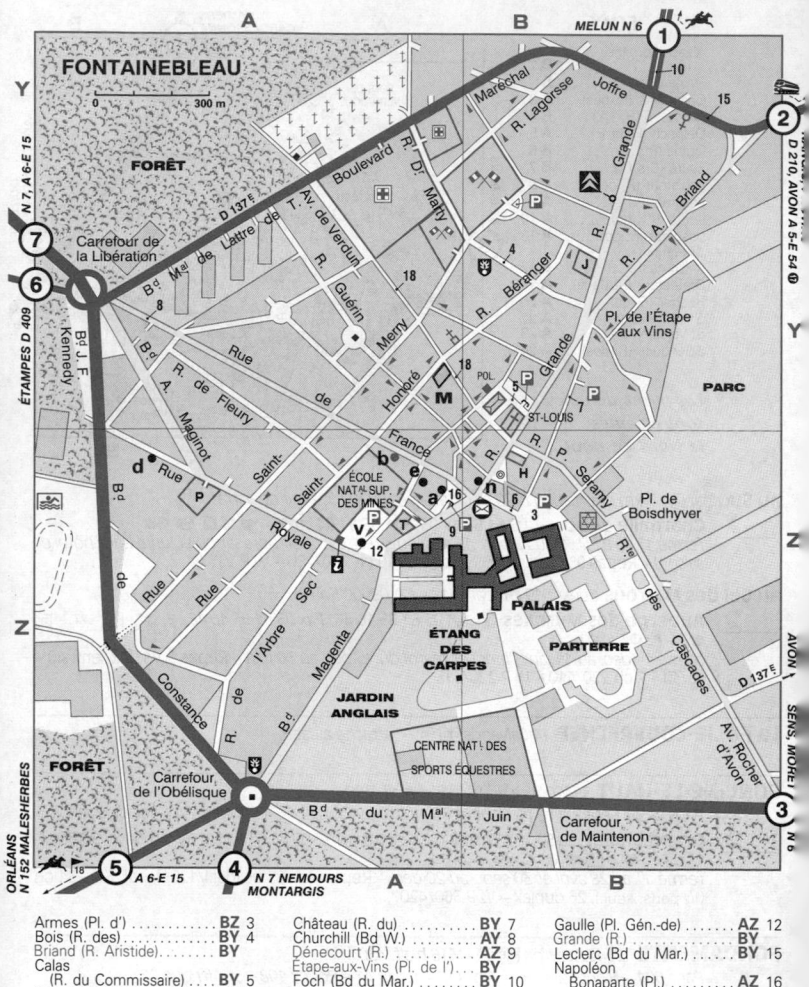

FONTAINEBLEAU

Armes (Pl. d') .... **BZ** 3	Château (R. du) .... **BY** 7	Gaulle (Pl. Gén.-de) ..... **AZ** 12
Bois (R. des) .... **BY** 4	Churchill (Bd W.) .... **AY** 8	Grande (R.) .... **BY**
Briand (R. Aristide) ...... **BY**	Dénecourt (R.) .... **AZ** 9	Leclerc (Bd du Mar.) ..... **BY** 15
Calas	Étape-aux-Vins (Pl. de l') .. **BY**	Napoléon
(R. du Commissaire) .... **BY** 5	Foch (Bd du Mar.) .... **BY** 10	Bonaparte (Pl.) .... **AZ** 16
Chancellerie (R. de la) .... **BZ** 6	France (R. de) .... **AYZ**	Paroisse (R. de la) ...... **AY** 18

🏨🏨🏨 **Grand Hôtel Mercure** M ⚘, 41 r. Royale ☎ 01 64 69 34 34, Fax 01 64 69 34 39, 斎, parc, Ⅰ₅, ※ – 📶 ❄️ 📺 ☎ ✆ ఉ 🅿 – 🔬 50. 🅰🅴 ⓪ 🅶🅱
AZ d
Repas *(115)* - 145/165 bc ⅃, enf. 50 – ☲ 68 – **91 ch** 820

🏨🏨 **Napoléon**, 9 r. Grande ☎ 01 60 39 50 50, Fax 01 64 22 20 87, 斎 – 📶 📺 ☎ ✆ – 🔬 80. 🅰🅴 ⓪ 🅶🅱 🅹🅲🅱
BZ n
Table des Maréchaux : **Repas** 150/320, enf. 80 – ☲ 80 – **58 ch** 680/860 – ½ P 490/600

🏨 **Londres** sans rest, 1 pl. Gén. de Gaulle ☎ 01 64 22 20 21, Fax 01 60 72 39 16, ≤ – ❄️ 📺 ☎ ✆ 🅿 🅰🅴 ⓪ 🅶🅱, ※
AZ v
fermé 13 au 18 août et 23 déc. au 8 janv. – ☲ 60 – **11 ch** 650/850

🏨 **Ibis** M, 18 r. Ferrare ☎ 01 64 23 45 25, Fax 01 64 23 42 22, 斎 – 📶 ❄️ 📺 ☎ ✆ ఉ 🚗 – 🔬 40. 🅰🅴 ⓪ 🅶🅱
AZ e
Repas *(75)* - 95 ⅃, enf. 39 – ☲ 39 – **81 ch** 385

❌❌ **Croquembouche**, 43 r. France ☎ 01 64 22 01 57, Fax 01 60 72 08 73 – 🗐. 🅰🅴 🅶🅱. ※
AZ b
fermé août, vacances de Noël, jeudi midi et merc. – **Repas** *(92)* - 130/210 ⅄

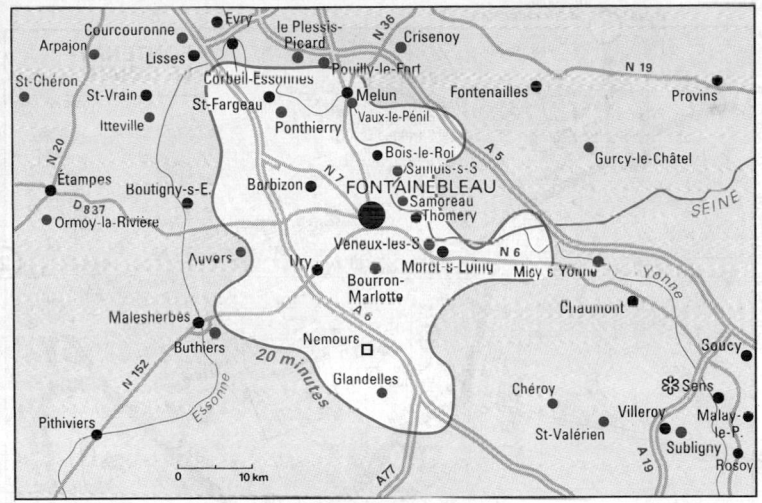

In this Guide,

a symbol or a character,
printed in **black** or another colour, in light or **bold** type,
does not have the same meaning.

Please read the explanatory pages carefully.

FONTAINE-DE-VAUCLUSE *84000 Vaucluse* **81** ⑩ *G. Provence* *580 h alt. 75.*

Voir *La Fontaine de Vaucluse*★★ *30 mn – Collection Casteret*★ *au Monde souterrain de Norbert Casteret – Musée d'Histoire 1939-1945*★.

🛈 *Office de Tourisme Chemin de la Fontaine* ℘ *04 90 20 32 22, Fax 04 90 20 21 37.*
Paris 704 – Avignon 30 – Apt 33 – Carpentras 21 – Cavaillon 18 – Orange 47.

%/% **Philip,** ℘ 04 90 20 31 81, Fax 04 90 20 28 63, ≤, 斎, « Au pied des cascades » – ⊖
XX *1ᵉʳ avril-30 sept. et fermé le soir sauf juil.-août –* **Repas** 120/180

FONTANGES *15 Cantal* **76** ② – *rattache à Salers.*

FONTENAILLES *77370 S.-et-M.* **61** ③ – *773 h alt. 102.*
Paris 66 – Fontainebleau 51 – Coulommiers 35 – Melun 21 – Provins 26.

🏠🏠 **Golf Hôtel de Fontenailles** M ⑤, Domaine du Bois Boudran Nord : 1 km
℘ 01 64 60 51 00, Fax 01 60 67 52 12, ≤, 斎, parc, « Château du 19ᵉ siècle au milieu d'un golf », 🎇, 🎾 – 🛗, 🍽 rest, 📺 ☎ ✆ ⌕ 🅿 – 🔏 35. 🖭 ⑩ ⊖
fermé 25 déc. au 2 janv. – **Repas** *(110)* - *195/260 –* ⊡ *60 –* **48 ch** *650/1150, 3 appart –* ½ P 680/880

🏠 **Forge,** rte Melun ℘ 01 64 08 44 11, Fax 01 60 67 56 26, 斎 – 📺 ☎ ✆ 🅿 ⊖ ✨ ch
fermé août – **Repas** *98/140, enf. 40 –* ⊡ *30 –* **16 ch** *160/270 –* ½ P 180/220

FONTENAI-SUR-ORNE *61 Orne* **60** ② – *rattaché à Argentan.*

FONTENAY-LE-COMTE ◆ *85200 Vendée* **71** ① *G. Poitou Vendée Charentes – 14 456 h alt. 21.*

Voir *Clocher*★ *de l'église N.-Dame* **B** – *Intérieur*★ *du château de Terre-Neuve.*

🛈 *Office de Tourisme q. Poey-d'Avant* ℘ *02 51 69 44 99, Fax 02 51 50 00 90.*
Paris 438 ① – La Rochelle 51 ④ – La Roche-sur-Yon 63 ⑤ – Cholet 77 ①.

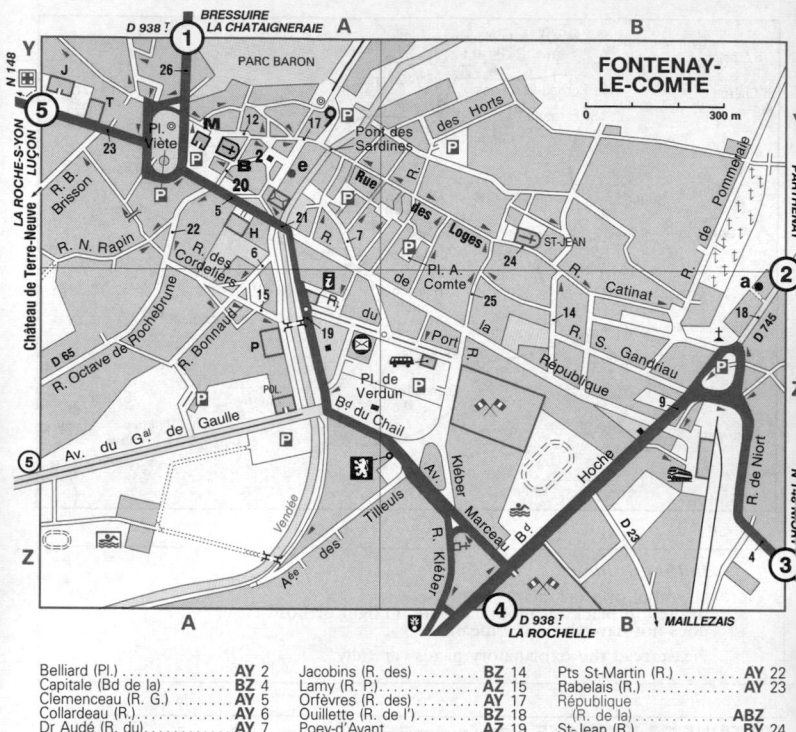

FONTENAY-LE-COMTE

Rabelais M ⑊, rte Parthenay ✆ 02 51 69 86 20, Fax 02 51 69 80 45, 佘, ⴺ, 禾 – 图 ⤒ 団 ☎ ⴺ ⵣ P – ⴲ 15 à 50. ⴀ ⴰ ⴳ, ⵢ rest   BZ a
Repas (65) - 80/160 ⵎ, enf. 45 – ⵔ 50 – **54 ch** 320/350 – ½ P 280

✗✗ **Aux Chouans Gourmets**, 6 r. Halles ✆ 02 51 69 55 92, Fax 02 28 13 02 08 – ⴳ
fermé 25 juin au 17 juil., 1er au 8 janv., dim. soir et lundi – **Repas** (59) - 85/225 ⵎ   AY e

à St-Martin-de-Fraigneau par ③ et N 148 : 5 km – 697 h. alt. 35 – ⵀ 85200 :

⛩ **Eleis**, ✆ 02 51 53 03 30, Fax 02 51 53 01 56, 佘, 禾 – 団 ☎ ⵣ ⴳ, P. ⴀ ⴳ
Repas snack (fermé sam. soir et dim. d'oct. à avril) (68) - 85/135 ⵢ, enf. 45 – ⵔ 33 – **30 ch** 220/280 – ½ P 240

à Velluire par ④, D 938 ter et D 68 : 11 km – 514 h. alt. 9 – ⵀ 85770 :

✗✗✗ **Auberge de la Rivière** M ⑊ avec ch, ✆ 02 51 52 32 15, Fax 02 51 52 37 42, « En bordure de la Vendée » – 団 ☎. ⴳ
fermé 3 janv. au 25 fév., dim. soir (sauf hôtel) d'oct. à juin et lundi sauf le soir de juil. à sept. – Repas 120/240 et carte 210 à 330 ⵢ – ⵔ 65 – **11 ch** 400/490 – ½ P 445/485

FONTENAY-SOUS-BOIS 94 Val-de-Marne 56 ⑪,, 101 ⑰ – voir à Paris, Environs.

Dans ce guide

un même symbole, un même caractère,
imprimé en couleur ou en **noir**, en maigre ou en **gras**
n'ont pas tout à fait la même signification.

Lisez attentivement les pages explicatives.

FONTENAY-TRÉSIGNY 77610 S.-et-M. 👷 ② , 👷 ㉞ ㉟ – 4 518 h alt. 102.

Paris 51 – Coulommiers 23 – Meaux 31 – Melun 26 – Provins 42 – Sézanne 66

🏯 **Manoir** 🦢, près aérodrome Est : 4 km par N 4 et D 402 🖉 01 64 25 91 17,
Fax 01 64 25 95 49, 🍴, « Ancien pavillon de chasse dans un parc avec étang », ⌛, ✗ – 📺
☎ ✆ ⅙ 🅿 – 🔏 60. 🆎 ⓞ 🅶🅱 🅹🅲🅱
15 avril-12 nov. – **Repas** (fermé mardi sauf fériés) 180 bc (dîner), 190 bc/390 ⛛ – ⛛ 70 –
17 ch 850/950, 3 appart – ½ P 850

FONTEVRAUD-L'ABBAYE 49590 M.-et-L. 👷 ⑨ G. Châteaux de la Loire – 1 108 h alt. 75.

Voir Abbaye★★ – Falise St-Michel★.

🚩 Office de Tourisme (15 mai-sept.) Chapelle Ste-Catherine 🖉 02 41 51 79 45, Fax 02 41 51
79 01.

Paris 308 – Angers 78 – Chinon 21 – Loudun 23 – Poitiers 77 – Saumur 15 – Thouars 37.

🏨 **Hôtellerie Prieuré St-Lazare** 🦢, r. St-Jean de l'habit 🖉 02 41 51 73 16,
Fax 02 41 51 75 50, « Dans l'ancien prieuré de l'abbaye », 🌳 – 📵 ⅙✗ 📺 ☎ ✆ 🅿 – 🔏 450.
🆎 ⓞ 🅶🅱
1ᵉʳ avril-15 nov – **Repas** (98) - 155/195 ⛛ – 🍽 65 – **52 ch** 290/490 – ½ P 490/780

🏨 **Croix Blanche**, pl. Plantagenets 🖉 02 41 51 71 11, Fax 02 41 38 15 38, 🍴 – 🍽 rest, 📺
☎ ✆ 🅿 – 🔏 50. 🆎 🅶🅱
fermé 13 au 24 nov., 8 janv. au 13 fév., dim. soir et lundi d'oct. à mars – **Repas** 104/235 ⛛,
enf. 57 – 🍽 49 – **21 ch** 319/485 – ½ P 329/430

👑👑👑 **Licorne**, allée Ste-Catherine 🖉 02 41 51 72 49, Fax 02 41 51 70 40, 🍴, 🌳 – 🆎 ⓞ 🅶🅱
❀ 🅹🅲🅱
fermé 8 au 16 oct., mi-déc. à fin janv., merc. soir d'oct. à avril, dim. soir et lundi sauf
juil.-août – **Repas** (nombre de couverts limité, prévenir) 155/380 et carte 260 à 380 ⛛
Spéc. Ravioli de langoustines, sauce aux morilles. Sandre rôti en peau à la coriandre
(saison). Tarte gratinée à la rhubarbe. **Vins** Saumur blanc, Saumur-Champigny.

👑 **Abbaye**, rte Montsoreau 🖉 02 41 51 71 04, Fax 02 41 51 43 10 – 🅶🅱
❀ fermé 23 au 27 oct., 31 janv. au 25 fév., mardi soir et merc. – **Repas** 70/165 ⛛, enf. 50

FONTFROIDE (Abbaye de) 11 Aude 👷 ⑬ , 👷 ② – rattaché à Narbonne.

FONTJONCOUSE 11360 Aude 👷 ⑨ – 102 h alt. 298.

Paris 826 – Perpignan 66 – Carcassonne 56 – Narbonne 32.

👑👑👑 **Auberge du Vieux Puits** (Goujon), 🖉 04 68 44 07 37, Fax 04 68 44 08 31 – 🍽 🅿. 🆎 🅶🅱
❀ fermé 5 janv. au 12 fév., dim. soir sauf juil.-août et lundi – **Repas** 180/360 et carte 330 à
430 ⛛, enf. 70
Spéc. Galette d'estofinade en crème de verjus. Foie gras aux arbouses (automne-hiver).
Queue de langouste puce en feuille croustillante. **Vins** Corbières.

FONT-ROMEU 66120 Pyr.-Or. 👷 ⑯ G. Languedoc Roussillon – 1 857 h alt. 1800 – Sports d'hiver .
1 550/2 200 m ⛷ 1 ⅙ 33 ⛸ – Casino.

Voir Ermitage★ (camaril★★) et calvaire ✲★★ de Font-Romeu par ① 2 km puis 15 mn.

🚩 Office de Tourisme av. E.-Brousse 🖉 04 68 30 68 30, Fax 04 68 30 29 70.

Paris 878 ② – Andorre-la-Vieille 77 ② – Ax-les-Thermes 57 ② – Bourg-Madame 19 ②.

Plan page suivante

🏨 **Carlit**, 🖉 04 68 30 80 30, Fax 04 68 30 80 68, ⌛, 🌳 – 📵 📺 ☎ – 🔏 40. 🆎 🅶🅱
2 mai-30 sept. et 15 déc.-15 avril – **Cerdagne** : Repas 130/160 ⛛ – **El Foc** : Repas 75/105 ⛛,
enf. 60 – 🍽 45 – **58 ch** 390/450, 12 duplex – ½ P 375/405   AX a

🏨 **Montagne**, 🖉 04 68 30 36 44, Fax 04 68 30 14 14, ≤, 🎿, 📵 – 📵 cuisinette 📺 ☎ ✆ 🅿 –
🔏 15 à 40. 🆎 ⓞ 🅶🅱   AX d
fermé nov. – **Chalet à Fondue** (fermé mardi en mai-juin et du 15 sept. au 15 déc.) **Repas**
80/125 ⅛, enf. 55 – 🍽 42 – **23 ch** 400/460 – ½ P 365/395

🏨 **Sun Valley**, 🖉 04 68 30 21 21, Fax 04 68 30 30 38 – 📵 📺 ☎ ⇦. ⓞ 🅶🅱, 🦿 rest
fermé 30 sept. au 30 nov. – **Repas** (résidents seul.) 100/120 – 🍽 50 – **41 ch** 330/500 –
½ P 395   AX f

🏨 **L'Orée du Bois** sans rest, 🖉 04 68 30 01 40, Fax 04 68 30 41 60, ≤ – 📵 📺 ☎ ✆ ⅙, ⇦.
🆎 ⓞ 🅶🅱   BX e
🍽 37 – **37 ch** 300/320

🏨 **Grand Tétras** sans rest, 🖉 04 68 30 01 20, Fax 04 68 30 35 67 – 📵 📺 ☎ ✆ ⇦ – 🔏 40.
🆎 ⓞ 🅶🅱   AX r
🍽 42 – **36 ch** 260/400

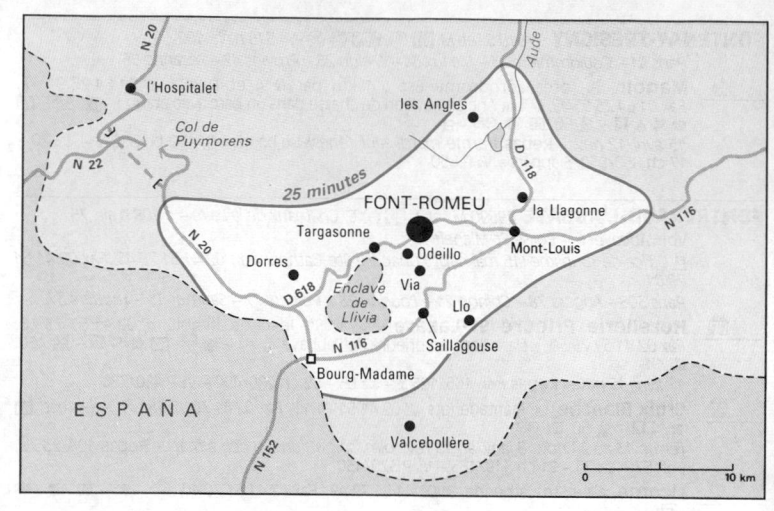

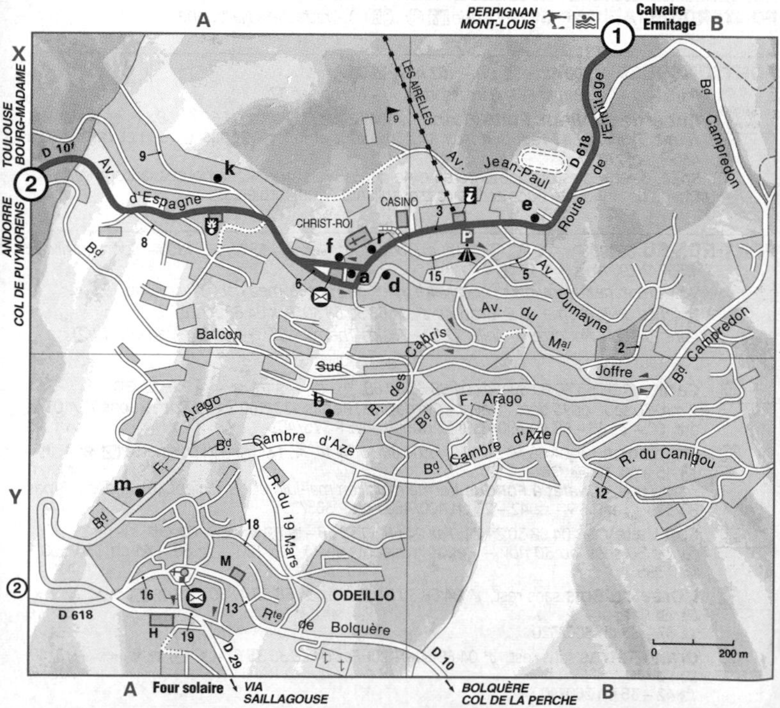

🏠 **Clair Soleil**, rte Odeillo : 1 km 𝒫 04 68 30 13 65, Fax 04 68 30 08 27, ≤ montagnes et four solaire, 🛋, – 🛏 📺 ☎ 🅿. 🕮 ⅁🅱. ✆ AY b
fermé 24 avril au 21 mai et 30 oct. au 20 déc. – Repas 100/195, enf. 45 – 🖙 40 – **29 ch** 270/340 – ½ P 275/335

🏠 **Y Sem Bé** ⤸, 𝒫 04 68 30 00 54, Fax 04 68 30 25 42, ≤ Cerdagne, ☞ – 📺 ☎. ⅁🅱
10 juin-24 sept. et 16 déc.-30 avril – Repas (60) - 90 (déj.), 110/120 – 🖙 40 – **24 ch** 180/450 – ½ P 250/375 AX k

à **Odeillo** Sud : 3 km par D 29 – alt. 1580 – ⊠ 66120 Font-Romeu-Odeillo-Via :

🍴 **Romarin**, 𝒫 04 68 30 09 66, Fax 04 68 30 18 52, ≤ Cerdagne – ☎ ✆ 🅿. 🕮 ⑩ ⅁🅱
fermé début oct. à mi-nov. – Repas 75/90 ♀, enf. 50 – 🖙 38 – **13 ch** 304/367 – ½ P 270/312 AY m

à **Targasonne** par ② : 4 km par D 10e et D 618 – 133 h. alt. 1600 – ⊠ 66120 :

🏠 **Tourane** ⤸, 𝒫 04 68 30 15 03, Fax 04 68 30 55 07, ≤ – ☎ 🅿. ⅁🅱
fermé 1er oct. au 20 déc. – Repas 75 bc/160 ♀ – 🖙 35 **28 ch** 175/230 – ½ P 195/230

à **Via** Sud : 5 km par D 29 AY – ⊠ 66120 Font-Romeu :

🏠 **L'Oustalet** ⤸, 𝒫 04 68 30 11 32, Fax 04 68 30 31 89, ≤, 🛋, – 🛏 📺 ☎ ✆ 🅿. ⅁🅱.
✆ rest
1er mai-20 sept. – Repas 78/150, enf. 45 – 🖙 38 – **27 ch** 260/320 – ½ P 250/300

FONTVIEILLE 13990 B.-du-R. 🎱 ⑩ G. Provence – 3 642 h alt. 20.
Voir Moulin de Daudet ≤★ – Chapelle St-Gabriel★ N : 5 km.
🅸 Office de Tourisme 5 r. Marcel-Honorat 𝒫 04 90 54 67 49, Fax 04 90 54 69 82.
Paris 715 – Avignon 30 – Arles 10 – Marseille 90 – St-Rémy-de-Provence 10.

🏯 **Regalido** (Michel) ⤸, r. F. Mistral 𝒫 04 90 54 60 22, Fax 04 90 54 64 29, �, « Jardin
✿ fleuri », ☞ – ▤ 📺 ☎ 🅿. 🕮 ⑩ ⅁🅱 🎏
fermé janv. à mi-fév. – Repas (fermé mardi midi et lundi) 180 bc (déj.), 260/410 et carte 290 à 440 ♀, enf. 135 – 🖙 90 – **15 ch** 1060/1690 – ½ P 1550/2500
Spéc. Papeton d'aubergine, tomates concassées et poivrons grillés (juin à mi-oct.). Gratin de moules de Bouzigues aux épinards. Tranche de gigot d'agneau des Alpilles aux gousses d'ail confites. Vins Coteaux d'Aix-en-Provence-les-Baux, Châteauneuf-du-Pape.

🏨 **Hostellerie St-Victor** ⤸ sans rest, chemin des Fourques par rte Arles
𝒫 04 90 54 66 00, Fax 04 90 54 67 00, 🛋, ☞ – ▤ 📺 ☎ 🕭 🅿 🕮 ⑩ ⅁🅱
🖙 70 – **11 ch** 500/650

🏨 **Val Majour**, rte Arles 𝒫 04 90 54 62 33, Fax 04 90 54 61 67, 🌿, parc, 🛋, 🎾 – 📺 ☎ 🅿 –
🕭 50. 🕮 ⅁🅱 🎏
1er avril-1er nov. – Repas (fermé 3 au 18 nov. et vacances de fév.) 135/280 ♣, enf. 65 – 🖙 55 – **32 ch** 350/430

🏠 **Daudet** ⤸ sans rest, rte Arles 𝒫 04 90 54 76 06, Fax 04 90 54 76 95, 🛋, ☞ – ☎ 🕭 🅿. ⅁🅱
1er avril-1er oct. – 🖙 50 – **14 ch** 310/370

🍴 **Hostellerie de la Tour**, rte Arles 𝒫 04 90 54 72 21, 🌿, 🛋 – ☎ 🅿. ⅁🅱
15 mars-1er nov. – Repas 65/95, enf. 50 – 🖙 45 – **10 ch** 220/555 – ½ P 252/292

🍴🍴 **Patio**, 117 rte du Nord 𝒫 04 90 54 73 10, Fax 04 90 54 63 52, 🌿, « Ancienne bergerie » –
🕮 ⅁🅱
fermé vacances de fév., merc. sauf le soir en juil.-août et mardi soir hors saison – Repas 100/190

🍴 **Cuisine au Planet**, 144 Grand'rue 𝒫 04 90 54 63 97, Fax 04 90 54 63 97, 🌿 – 🕮 ⅁🅱
fermé 4 au 12 juin, nov., fév., lundi sauf le soir en été et mardi midi – Repas (85) - 140/180 ♀, enf. 70

🍴 **Table du Meunier**, 42 cours Hyacinthe Bellon 𝒫 04 90 54 61 05, Fax 04 90 54 77 24, 🌿
– ▤ 🅿. ⅁🅱
🏮 fermé vac. de Toussaint, de fév., 17 au 27 déc., merc. sauf le soir en juil.-août et mardi soir de sept. à juin – Repas (nombre de couverts limité, prévenir) 115/180 ♀

rte des Baux Est : 3 km par D 17 – ⊠ 13990 Fontvieille :

🏠 **Ripaille**, 𝒫 04 90 54 73 15, Fax 04 90 54 60 69, 🌿, 🛋 – 📺 ☎ 🅿. ⅁🅱
16 mars-19 oct. et fermé merc. midi sauf juil.-août – Repas 95/140 ♀ – 🖙 50 – **20 ch** 300/400 – ½ P 360/395

rte de Tarascon Nord-Ouest : 5 km par D 33 – ⊠ 13150 Tarascon :

🏯 **Mazets des Roches** Ⓜ ⤸, 𝒫 04 90 91 34 89, Fax 04 90 43 53 29, 🌿, parc, 🛋, 🎾 – ▤
📺 ☎ ✆ 🅿 – 🕭 40. 🕮 ⑩ ⅁🅱
avril-oct. – Repas (fermé jeudi midi et sam. midi sauf juil.-août) 100/210 ♀, enf. 75 – 🖙 65 –
38 ch 350/850 – ½ P 365/575

FORBACH ⟨SP⟩ 57600 Moselle 57 ⑥ *G. Alsace Lorraine – 27 076 h alt. 222.*

An 2000 *juin-oct. : Les cultures du travail (Exposition).*

Office de Tourisme 174 r. Nationale ✆ 03 87 85 02 43, Fax 03 87 87 80 22.

Paris 385 ② – Metz 57 ② – St-Avold 20 ② – Sarreguemines 21 ② – Saarbrücken 14 ①.

FORBACH

Alliés (R. des) .... B 2
Arras (R. d') .... A 3
Briand (Pl A.) .... A 6
Chapelle (R. de la) .... A 7
Couturier (R.) .... B 9
Eglise (R. de l') .... B 10
Gare (R. de la) .... B 12
Jardins (R. des) .... A 13
Moulins (R. des) .... A 15
Nationale (R.) .... AB
Ney (R. P.) .... A 17
Parc (R. du) .... B 18
Remsing (R. de) .... A 20
République (Pl. de la) .... B 21
Schlossberg (R. du) .... A 23
Schuman (Pl. R.) .... B 24
St-Remy (Av.) .... AB
Tuilerie (R. de la) .... A 26
22-Novembre (R. du) .... B 27

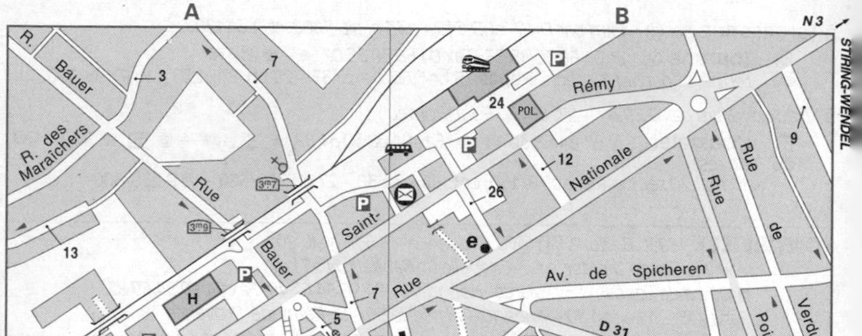

Poste sans rest, 57 r. Nationale ✆ 03 87 85 08 80, *Fax 03 87 85 91 91* – TV ☎ P. AE ⓓ GB
☕ 35 – **29 ch** 150/300 — B e

Relais Mercure, par ②, *près piscine et échangeur Forbach-Sud Centre de Loisirs* ✆ 03 87 87 06 06, *Fax 03 87 84 04 23,* – ⫼ ✂ TV ☎ ✆ P – 🏊 20. AE ⓓ GB
Repas 98/160 ₸, enf. 45 – ☕ 40 – **40 ch** 330/350

Schlossberg, 13 r. Parc ✆ 03 87 87 88 26, *Fax 03 87 87 83 86* – AE ⓓ GB. ✂ — B s
fermé vacances de fév., mardi soir et merc. – **Repas** 175/320 ₸, enf. 80

à Stiring-Wendel *Nord-Est : 3 km par N 3 – 13 743 h. alt. 240 – ✉ 57350 :*

Bonne Auberge (Mlle Egloff), 15 r. Nationale ✆ 03 87 87 52 78, *Fax 03 87 87 18 19,* –
▤ P. GB
✿
fermé 21 août au 6 sept., 27 déc. au 2 janv., sam. midi, dim. soir et lundi – **Repas** 240 (déj.), 285/450 ₸
Spéc. Grenouilles en brandade de chèvre frais. Meunière de ris de veau à la purée de chou-fleur. Sabayon "brûlé-glacé" aux épices.

à Rosbrück *par ③ : 6 km – 1 014 h. alt. 200 – ✉ 57800 :*

Auberge Albert Marie, 1 r. Nationale ✆ 03 87 04 70 76, *Fax 03 87 90 52 55* – P. GB
fermé sam. midi, dim. soir et lundi – **Repas** 150 bc/360 (déj. seul.)et carte 280 à 440 ₸

FORCALQUIER ⬡ 04300 Alpes-de-H.-P. 81 ⑮ G. Alpes du Sud – 3 993 h alt. 550.

Voir Site★ – Cimetière★ – ✳★ de la terrasse N.-D. de Provence – Prieuré de Salagon★
S : 4 km – Château de Sauvan★ S : 6 km.

🛈 Office de Tourisme 8 pl. du Bourguet ℘ 04 92 75 10 02, Fax 04 92 75 26 76.

Paris 753 – Digne-les-Bains 50 – Aix-en-Provence 80 – Apt 43 – Manosque 23 – Sisteron 43.

🏠 **Auberge Charembeau** ◈ sans rest, Est : 4 km par N 100 et rte secondaire
℘ 04 92 70 91 70, Fax 04 92 70 91 83, ≤, parc, « Ancienne ferme du 18ᵉ siècle », ⬓, ⚒ –
cuisinette 📺 ☎ ❅ 🅿. 🗚 🆖
15 fév.-15 nov. – ☲ 46 – **14 ch** 320/500

FORÊT voir au nom propre de la forêt.

La FORÊT-FOUESNANT 29940 Finistère 58 ⑮ G. Bretagne – 2 369 h alt. 19.
🛈 Office de Tourisme 2 r. du Vieux Port ℘ 02 98 51 42 07, Fax 02 98 51 42 07
Paris 553 – Quimper 17 – Concarneau 8 – Pont-l'Abbé 23 – Quimperlé 36.

🏠 **Beauséjour**, pl. Baie ℘ 02 98 56 97 18, Fax 02 98 51 40 77 – 📺 ☎ ᴦ 🅿. ⓞ 🆖
🆖 25 mars-15 oct. – **Repas** 75/250 🍷, enf. 50 – ☲ 37 – **24 ch** 200/320 – ½ P 275/315

🏠 **Espérance**, pl. Église ℘ 02 98 56 96 58, Fax 02 98 51 42 25, 🌿 – ☎ 🆖
3 avril-20 sept. – **Repas** (fermé mardi midi et merc. midi) (75) - 95/250 🍷, enf. 58 – ☲ 36 –
27 ch 176/360 – ½ P 240/310

XX **Auberge St-Laurent**, rte Concarneau par la côte : 2 km ℘ 02 98 56 98 07, 🌿 – 🅿. 🆖
fermé mardi soir de sept. à juin – **Repas** 74 (déj.), 98/195 🍷, enf. 49

FORÊT-SUR-SÈVRE 79380 Deux-Sèvres 67 ⑯ – 2 395 h alt. 153.
Paris 385 – Bressuire 16 – Nantes 101 – Niort 63 – La Roche-sur-Yon 72.

X **Auberge du Cheval Blanc** avec ch, ℘ 05 49 80 86 35, Fax 05 49 80 66 75 📺 ☎ ❅.
🆖 🗚 🆖
fermé 24 au 31 juil., 19 au 28 fév., dim. soir et lundi midi – **Repas** 75/200 🍷 – ☲ 30 – **4 ch**
220/280 – ½ P 215

La FORGE-DE-L'ILE 36 Indre 68 ⑧ – rattaché à Châteauroux.

FORGES-LES-EAUX 76440 S.-Mar. 55 ⑧ G. Normandie Vallée de la Seine – 3 376 h alt. 161
Casino.
🛈 Office de Tourisme r. Albert Bochet ℘ 02 35 90 52 10, Fax 02 35 90 34 80.
Paris 117 – Amiens 72 – Rouen 45 – Abbeville 75 – Beauvais 52 – Le Havre 123.

🏠🏠 **Folie du Bois des Fontaines** Ⓜ, rte Dieppe ℘ 02 32 89 50 68, Fax 02 32 89 50 67,
🌿, parc, 🎢 – 🛗 📺 ☎ ❅ 🅿. 🗚 ⓞ 🆖 ⚒
Repas 250/420, enf. 100 – ☲ 130 – **10 ch** 800/1500

🏠🏠 **Continental** sans rest, av. des Sources ℘ 02 32 89 50 50, Fax 02 35 90 26 14 – 🛗 📺 ☎ ❅
100 🅿 🗚 ⓞ 🆖
☲ 35 – **45 ch** 200/360

🏠 **Paix**, 15 r. Neufchâtel ℘ 02 35 90 51 22, Fax 02 35 09 83 62, 🌿 – 🛗 📺 ☎ ❅ 🖧 🅿 – 🛇 15.
🗚 ⓞ 🆖
fermé 20 déc. au 10 janv. – **Repas** (fermé dim. soir hors saison et lundi midi sauf fériés) (78)
88/192 🍷, enf. 60 – ☲ 41 – **18 ch** 260/376 – ½ P 246/301

XX **Auberge du Beau Lieu** avec ch, rte Gournay : 2 km (D 915) ℘ 02 35 90 50 36,
Fax 02 35 90 35 98, ☆, 🌿 – 📺 ☎ 🅿. 🗚 ⓞ 🆖 🖅
fermé 4 au 12 déc., 15 janv. au 6 fév., merc. midi de sept. à juin, mardi sauf le soir en
juil.-août et lundi soir – **Repas** 99/360 🍷 – ☲ 40 – **3 ch** 230/340

Write us...

If you have any comments on the contents of this Guide.

Your praise as well as your criticisms will receive careful
consideration and, with your assistance, we will be able to add
to our stock of information and, where necessary, amend
our judgments.

Thank you in advance!

FORT-MAHON-PLAGE 80790 Somme 🗺️ ⑪ G. Picardie Flandres Artois – 1 042 h alt. 2 – Casino.
Env. Parc ornithologique du Marquenterre★★ S : 15 km.
🛈 Office de Tourisme 1000 av. de la Plage ℰ 03 22 23 36 00, Fax 03 22 23 93 40.
Paris 226 – Calais 93 – Abbeville 42 – Amiens 90 – Berck-sur-Mer 19 – Étaples 34.

🏨 **Terrasse**, ℰ 03 22 23 37 77, Fax 03 22 23 36 74, ≤, 🌭 – 🖹, 🍴 rest, 📺 ☎ ✆ ₺ 🅿 –
🔔 25 à 80. ﷼ ⓞ ☒ 🛇 ch
Repas 75/295 bc, enf. 50 – 🖙 50 – **56 ch** 280/475 – ½ P 253/342

🍴🍴🍴 **Auberge Le Fiacre** 🐄 avec ch, à Routhiauville Sud-Est : 2 km par rte de Rue ✉ 80120
Quend ℰ 03 22 23 47 30, Fax 03 22 27 19 80, 🌭, « Ancienne ferme aménagée », 🌿 – 📺
☎ ✆ ₺ 🅿, ☒. 🛇 ch
fermé mi-janv. à mi-fév. – **Repas** 110/220 et carte 230 à 310 ♈ – 🖙 50 – **11 ch** 440, 3 appart
– ½ P 420/450

La FOSSETTE (Plage de) 83 Var 🗺️ ⑯., 🟦 ㊽ – rattaché au Lavandou.

FOS-SUR-MER 13270 B.-du-R. 🗺️ ⑪ G. Provence – 11 605 h alt. 11.
Voir Bassins de Fos★.
🛈 Office de Tourisme Hôtel-de-Ville ℰ 04 42 47 71 96, Fax 04 42 05 59 42 et (juil.-août)
av. du Sable ℰ 04 42 05 34 38.
Paris 753 – Marseille 51 – Aix-en-Provence 58 – Arles 42 – Martigues 12.

🏨 **Provence-Camargue** Ⓜ 🐄, rte d'Istres : 3 km ℰ 04 42 05 00 57, Fax 04 42 05 51 00,
🌭, 🔅, ✳ – 📺 📶 ☎ ✆ 🅿 – 🔔 100. ﷼ ☎ ☒
Repas (fermé sam. et dim.) 100/160 ₺, enf. 50 – 🖙 52 – **72 ch** 489/695

🏨 **Azur** sans rest, 20 av. J. Moulin ℰ 04 42 05 20 50, Fax 04 42 05 55 25 – 📺 ☎ ₺ 🅿. ﷼ ☒
🗾. 🛇
fermé 23 déc. au 3 janv. – 🖙 52 – **18 ch** 320/380

FOUDAY 67 B.-Rhin 🗺️ ⑧ G. Alsace Lorraine – ✉ 67130 Le Ban-de-la-Roche.
Paris 407 – Strasbourg 62 – St-Dié 30 – Saverne 56 – Sélestat 37.

🏨 **Julien**, N 420 ℰ 03 88 97 30 09, Fax 03 88 97 36 73, 🌭, 🌿 – 🖹 📺 ☎ ✆ ₺ 🅿 – 🔔 40. ﷼
☒
fermé 3 au 15 janv. – Repas (fermé mardi) (60) - 100/210 ♈ – 🖙 50 – **36 ch** 300/440, 8 duplex
– ½ P 300/460

FOUDON 49 M.-et-L. 🗺️ ⑳ – rattaché à Angers.

FOUESNANT 29170 Finistère 🗺️ ⑮ G. Bretagne – 6 524 h alt. 30.
🛈 Office de Tourisme (fermé le dim.) 49 r. de Kérourgué ℰ 02 98 56 00 93, Fax 02 98 56 64 02.
Paris 557 – Quimper 17 – Carhaix-Plouguer 70 – Concarneau 12 – Quimperlé 40.

🏨 **L'Orée du Bois** sans rest, 4 r. Kergoadig ℰ 02 98 56 00 06, Fax 02 98 56 14 17 – 📺 ☎ ✆.
﷼ ⓞ ☒
🖙 35 – **15 ch** 185/280

au Cap Coz Sud-Est : 2,5 km par rte secondaire – ✉ 29170 Fouesnant :

🏨 **Pointe du Cap Coz** 🐄, ℰ 02 98 56 01 63, Fax 02 98 56 53 20, ≤ mer et port, 🌭 – 📺
☎ ✆. ﷼ ⓞ ☒. 🛇
fermé 1er janv. au 10 fév. – Repas (fermé dim. soir du 15 sept. au 15 juin et merc.) 105/280 ♈,
enf. 65 – 🖙 43 – **18 ch** 355/420 – ½ P 343/373

🏨 **Belle-Vue**, ℰ 02 98 56 00 33, Fax 02 98 51 60 85, ≤, 🌿 – 📺 ☎ 🅿. ☒. 🛇
1er mars-5 nov. – Repas (fermé lundi) (73) - 89/200 ♈, enf. 59 – 🖙 39 – **20 ch** 216/400 –
½ P 285/345

à la Pointe de Mousterlin Sud-Ouest : 6 km par D 145 et D 134 – ✉ 29170 Fouesnant :

🏨 **Pointe de Mousterlin** 🐄, ℰ 02 98 56 04 12, Fax 02 98 56 61 02, ≤, 🖫, 🌿, ✳ – 🖹 📺
☎ ✆ ₺ 🅿 – 🔔 30. ﷼ ☒. 🛇
Pâques-fin sept. – Repas (50) - 85/200, enf. 60 – 🖙 45 – **47 ch** 375/490 – ½ P 395/495

FOUGÈRES ◉ 35300 I.-et-V. 🗺️ ⑱ G. Bretagne – 22 239 h alt. 115.
Voir Château★★ – Église St-Sulpice★ – Jardin public★ : ≤★ – Vitraux★ de l'église St-Léonard.
🛈 Office de Tourisme pl. A.-Briand ℰ 02 99 94 12 20, Fax 02 99 94 77 30 et (saison) au
Château pl. P.-Simon.
Paris 326 ③ – Avranches 44 ⑤ – Laval 53 ② – Le Mans 132 ② – Rennes 50 ④ – St-Malo 85 ⑤.

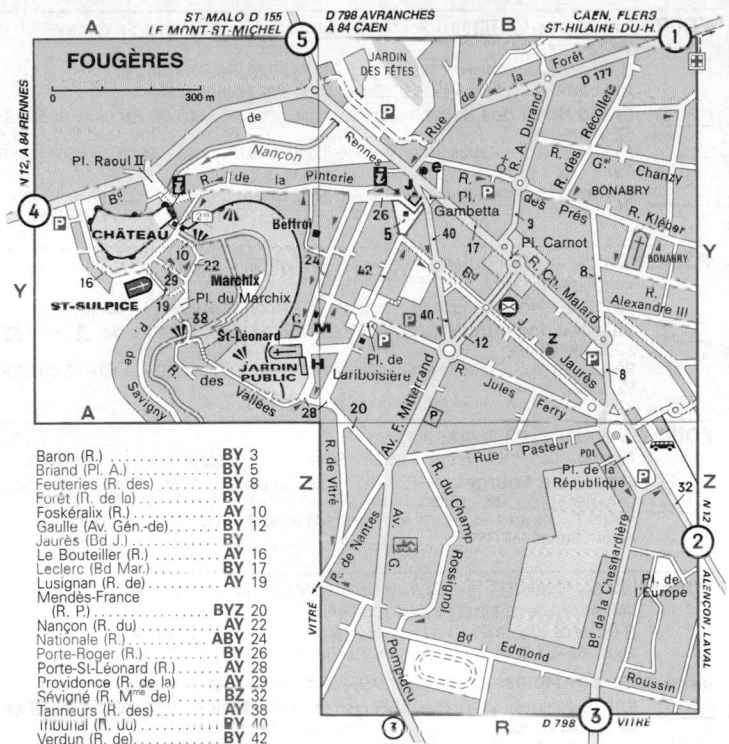

FOUGÈRES

H. Voyageurs sans rest, 10 pl. Gambetta ℰ 02 99 99 08 20, Fax 02 99 99 99 04 – 🛗 📺 ☎.
🖭 ⑪ 🖼
fermé 20 déc. au 4 janv. et sam. du 15 nov. au 1er mars – ☲ 32 – **37 ch** 185/360
BY **e**

Haute Sève, 37 bd J. Jaurès ℰ 02 99 94 23 39 – 🖭 🖼
fermé 20 juil. au 10 août, 1er au 18 janv., dim. soir et lundi
Repas 100 bc (déj.), 120/260
BY **z**

Rest. Voyageurs, 10 pl. Gambetta ℰ 02 99 99 14 17, Fax 02 99 99 28 89 – 🔲 🖭 🖼
fermé sam. midi et dim. soir – **Repas** 95/210 🍷
BY **e**

à Landéan par ① : 8 km – 1 199 h. alt. 142 – ⊠ 35133 :

Au Cellier, D 177 ℰ 02 99 97 20 50, Fax 02 99 97 20 50 – 🖭 ⑪ 🖼
fermé 2 au 22 janv., dim. soir et lundi – **Repas** 92/230 🍷, enf. 48

sur N 12 par ② rte de Laval : 11 km – ⊠ 35133 Fougères :

Petite Auberge, ℰ 02 99 95 27 03, Fax 02 99 95 27 03 – 🅿. 🖼
fermé en janv., dim. soir, lundi soir et mardi soir – **Repas** (nombre de couverts limité, prévenir) (75) - 98 bc/280 bc, enf. 60

FOUGEROLLES 70220 H. Saône 🔢 ⑥ *G. Jura* – 4 167 h alt. 311.
Voir *Musée du pays de la cerise et de la distillation*★.
Paris 375 – Épinal 48 – Luxeuil-les-Bains 10 – Remiremont 25 – Vesoul 42.

Au Père Rota (Kuentz), ℰ 03 84 49 12 11, Fax 03 84 49 14 51 – 🅿. 🖭 ⑪ 🖼
fermé 2 au 25 janv., dim. soir et lundi sauf fériés – **Repas** (103) - 175/340 et carte 300 à 360 🍷
Spéc. Terrine de canard aux griottines. Ecrevisses à la nage (été-automne). Filet de boeuf au vin rouge du Jura. **Vins** Champlitte, Côtes du Jura.

A good moderately priced meal : 🍽 **Repas** 100/130

FOURAS 17450 Char.-Mar. 🔢 ⑬ *G. Poitou Vendée Charentes – 3 238 h alt. 5 – Casino.*

Voir Donjon ✳★.

🛈 *Office de Tourisme Fort Vauban 𝒫 05 46 84 60 69, Fax 05 46 84 28 04.*

Paris 481 – La Rochelle 34 – Châtelaillon-Plage 18 – Rochefort 16.

🏨 **Grand Hôtel des Bains**, r. Gén.-Bruncher 𝒫 05 46 84 03 44, Fax 05 46 84 58 26, 🚗 – 📺 ☎ 🚗, 🅖🅑

░100░ *Pâques-1ᵉʳ nov.* – **Repas** *(dîner seul.)(résidents seul.)* – ☲ 40 – **34 ch** 250/360 – ½ P 270/350

🏊 **Commerce**, r. Gén. Bruncher 𝒫 05 46 84 22 62, Fax 05 46 84 14 50 – 📺 ☎ 🚫. 🅖🅑

15 mars-15 nov. – **Repas** *(résidents seul.)* – ☲ 29 – **12 ch** 260/300 – ½ P 239/259

FOURCÈS 32250 Gers 🔢 ⑬ *G. Midi-Pyrénées – 324 h alt. 76.*

Voir *Bastide★*.

Paris 720 – Agen 48 – Auch 58 – Condom 13 – Mont-de-Marsan 71 – Nérac 21.

🏰 **Château de Fourcès** 🦢, 𝒫 05 62 29 49 53, Fax 05 62 29 50 59, 🍴, 🏊, 🚗 – 📺 ☎ 🚫 🅿. 🅰🅴 ⓪ 🅖🅑 🅹🅲🅱

Repas *(fermé fév., dim. soir et lundi)* 135 *(déj.)*, 175/230 ♀, enf. 60 – ☲ 60 – **15 ch** 500/790 – ½ P 570

FOURGES 27630 Eure 🔢 ⑱ – *685 h alt. 14.*

Paris 74 – Rouen 63 – Les Andelys 26 – Évreux 47 – Mantes-la-Jolie 26 – Vernon 15.

XX **Moulin de Fourges**, 𝒫 02 32 52 12 12, Fax 02 32 52 92 56, 🍴, « Ancien moulin au bord de l'Epte », 🚗 – 🅰🅴 🅖🅑

fermé 1ᵉʳ janv. au 4 fév., mardi soir, merc. soir et jeudi soir du 1ᵉʳ nov. au 31 mars, dim. soir et lundi – **Repas** 160/355 ♀

FOURMIES 59610 Nord 🔢 ⑯ *G. Picardie Flandres Artois – 14 505 h alt. 200.*

Voir *Musée du textile et de la vie sociale★*.

🛈 *Office de Tourisme pl. Verte 𝒫 03 27 60 40 97, Fax 03 27 57 30 44.*

Paris 203 – St-Quentin 63 – Avesnes-sur-Helpe 16 – Charleroi 60 – Hirson 14 – Lille 114.

aux Étangs-des-Moines *Est : 2 km par D 964 et rte secondaire –* ✉ *59610 Fourmies :*

🏨 **Ibis** 🦢 sans rest, 𝒫 03 27 60 21 54, Fax 03 27 57 40 44 – ⩲📺 ☎ 🚫 – 🔬 25. 🅰🅴 ⓪ 🅖🅑 ☲ 37 – **31 ch** 300

XX **Auberge des Étangs des Moines**, 𝒫 03 27 60 02 62, Fax 03 27 60 10 25, ≼, 🍴 – 🅖🅑

fermé 15 août au 7 sept., 1ᵉʳ au 15 janv., dim. soir et lundi – **Repas** (75) - 110 bc/200 ♨, enf. 50

FOURQUES 30 Gard 🔢 ⑩ – *rattaché à Arles.*

La FOUX 83 Var 🔢 ⑰,, 🔢 ㉗ – *rattaché à Port-Grimaud.*

La FOUX D'ALLOS 04 Alpes-de H.-P. 🔢 ⑧ – *rattaché à Allos.*

FRANCESCAS 47600 L.-et-G. 🔢 ⑭ – *625 h alt. 109.*

Paris 720 – Agen 29 – Condom 18 – Nérac 14 – Toulouse 139.

XXX **Relais de la Hire**, 𝒫 05 53 65 41 59, Fax 05 53 65 86 42, 🍴, « Demeure du 18ᵉ siècle », 🚗 – 🅿. 🅰🅴 ⓪ 🅖🅑 🅹🅲🅱

fermé dim. soir et lundi sauf fériés – **Repas** *(prévenir)* 140/350 et carte 290 à 420 ♀

FRANCHEVILLE 69 Rhône 🔢 ⑪ – *rattaché à Lyon.*

FRANQUEVILLE-ST-PIERRE 76 S.-Mar. 🔢 ⑦ – *rattaché à Rouen.*

FRÉHEL 22240 C.-d'Armor 🔢 ④ – *1 995 h alt. 72 – Casino.*

🛈 *Office de Tourisme Le Bourg 𝒫 02 96 41 53 81 (en saison) Sables-d'Or-les-Pins 𝒫 02 96 41 51 97, Fax 02 96 41 59 46.*

Paris 440 – St-Malo 38 – Dinan 40 – Lamballe 28 – St-Brieuc 40 – St-Cast-le-Guildo 15.

XX **Victorine**, pl. Mairie 𝒫 02 96 41 55 55, 🍴 – 🅖🅑

fermé 5 au 27 janv., merc. sauf le midi en saison et mardi – **Repas** 70 *(déj.)*, 120/350 ♀, enf. 55

FRÉHEL (Cap) 22 C.-d'Armor 59 ⑤ G. Bretagne ✉ 22240 Fréhel.

Voir Site★★★ – ★★★ – Fort La Latte : site★★, ★★ SE : 5 km.

Paris 448 – St-Malo 46 – Dinan 48 – Dinard 41 – Lamballe 36 – Rennes 102 – St-Brieuc 40.

🏨 **Fanal** 🐾 sans rest, Sud . 2,5 km par D 16 ℘ 02 96 41 43 19, 🚗 – ☎ 🅿, GB. ✂
1ᵉʳ avril-30 sept. – 🍽 35 – **9 ch** 240/330

✗ **Fauconnière,** à la Pointe ℘ 02 96 41 54 20, ≼ mer et côte – GB
1ᵉʳ avril-30 sept. – **Repas** 105/175 ⅔, enf. 50

La FREISSINOUSE 05 H.-Alpes 81 ⑥ – rattaché à Gap.

FRÉJUS 83600 Var 84 ⑧, 114 🅖, 115 ㉝ G. Côte d'Azur – 41 486 h alt. 20.

Voir Quartier épiscopal★★ : baptistère★★, cloître★★, cathédrale★ – Ville romaine★ A :
arènes★ – Parc zoologique★ N : 5 km par ③.

🚗 ℘ 08 36 35 35 35.

🛈 Office de Tourisme 325 r. J.-Jaurès ℘ 04 94 51 83 83, Fax 04 94 51 00 26.

Paris 873 ③ – Cannes 39 ④ – Draguignan 31 ③ – Hyères 91 ② – Nice 66 ④.

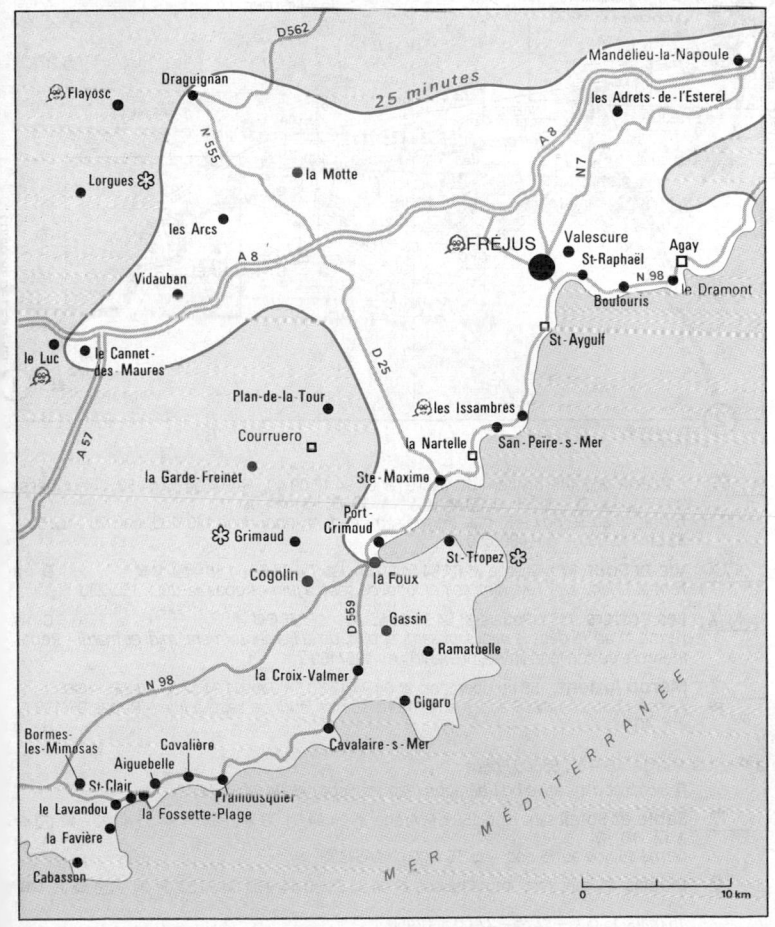

FRÉJUS-ST-RAPHAËL

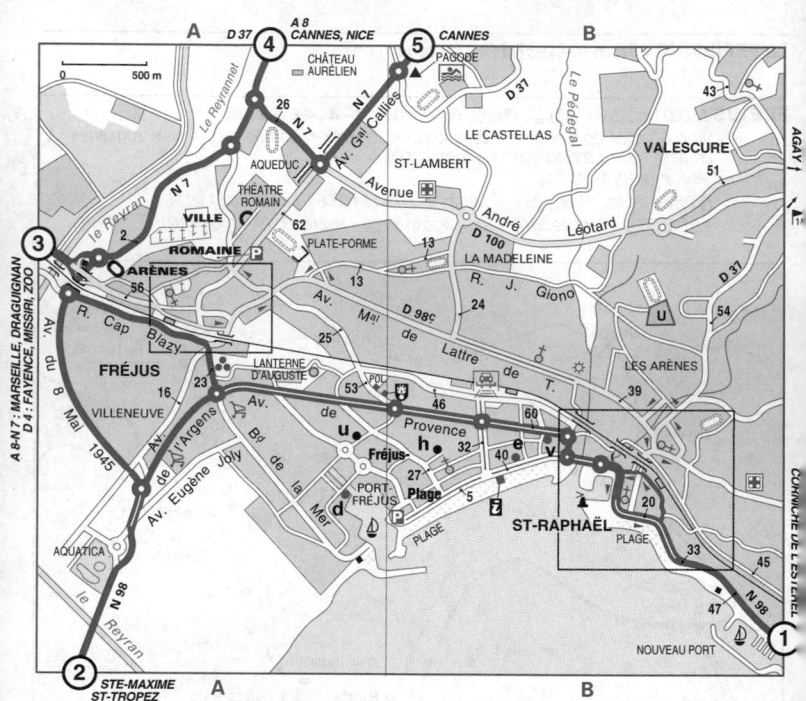

L'Aréna Ⓜ, 145 bd Gén. de Gaulle ℘ 04 94 17 09 40, Fax 04 94 52 01 52, ㊟, « Décor provençal », ⟂ – ⬒ ⟷ ▤ 📺 ❤ ✆ ♿ 🚗 **P** Æ ⓞ ☞ ⁂ ch — **C r**
fermé 10 au 30 nov. – Repas (fermé sam. midi et lundi midi) 140/185, enf. 75 – ⌓ 50 –
32 ch 490/680 – ½ P 480/650

Vieux Four, 57 r. Grisolle ℘ 04 94 51 56 38, Fax 04 94 53 64 50 – ▤. ☞ — **D a**
fermé 17 janv. au 7 fév., dim. soir et lundi de sept. à juin – **Repas** 98 (déj.), 130/290

Les Potiers, 135 r. Potiers ℘ 04 94 51 33 74 – ▤. Æ ☞ — **C s**
fermé 1ᵉʳ au 15 déc., le midi sauf sam. et dim. de juil. à sept., merc. midi et mardi – **Repas**
(nombre de couverts limité, prévenir) (95) - 125/169 ⟊

Mérou Ardent, 158 bd Libération ℘ 04 94 17 30 58, Fax 04 94 17 33 79, ㊟ – ☞
fermé 13 au 26 nov., 8 au 21 janv., merc. soir et jeudi de sept. à juin – **Repas** 85/135 ⏚,
enf. 40 — **B e**

à Fréjus-Plage AB – ⊠ 83600 Fréjus :

  ⒤ *Syndicat d'Initiative bd Libération (Pâques-Sept.)* ℘ 04 94 51 48 42.

Sable et Soleil sans rest, 158 r. P. Arène ℘ 04 94 51 08 70, Fax 04 94 53 49 12 – ▤ 📺 ☎
♿ **P**. ☞. ⁂ — **A u**
fermé 15 nov. au 15 déc. – ⌓ 35 – **20 ch** 245/390

L'Oasis ⏚ sans rest, imp. Charcot ℘ 04 94 51 50 44, Fax 04 94 53 01 04 – 📺 ☎ **P**. ☞.
⁂ — **B h**
15 mars-15 oct. – ⌓ 35 – **27 ch** 300/450

FRÉJUS

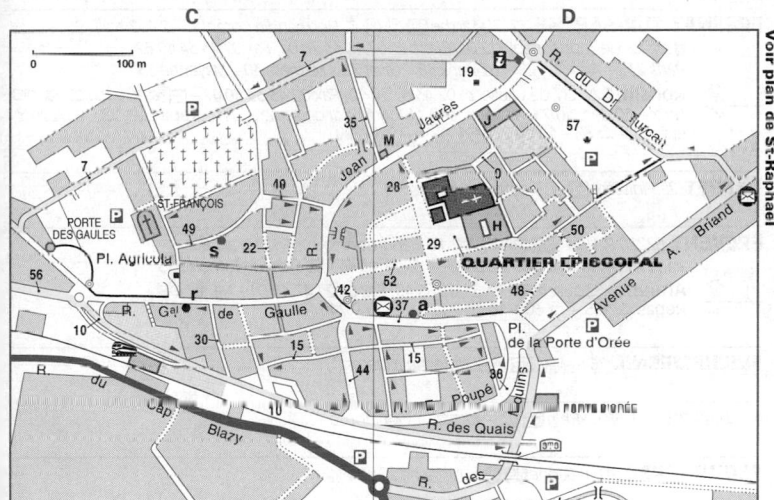

Voir plan de St-Raphaël

XXX **Toque Blanche,** 394 av. V. Hugo ℘ 04 94 52 06 14, Fax 04 94 52 06 14 – ⊟, Æ ⊖B
fermé 19 au 25 juin, 4 au 12 janv., dim. soir de juil. à sept. et lundi – **Repas** 95 bc (déj.),
130/310 et carte 250 à 400 ⊊   **B v**

XXX **Port-Royal,** pl. Tambourinaire à Port-Fréjus ℘ 04 94 53 09 11, Fax 04 94 53 75 24, ≤, 斎
– Æ ⓪ ⊖B   **A d**
fermé 5 janv. au 5 fév., mardi soir et merc. – **Repas** 198/285 et carte 290 à 400 ⊊

Le FRENEY-D'OISANS 38142 Isère **77** ⑥ – 177 h alt. 926.
Voir Barrage du Chambon★★ SE : 2 km – Gorges de l'Infernet★ SO : 2 km, G. Alpes du
Nord.
🛈 Syndicat d'Initiative ℘ 04 76 80 05 82.
Paris 629 – Bourg-d'Oisans 12 – La Grave 17 – Grenoble 62.

🏠 **Cassini,** ℘ 04 76 80 04 10, Fax 04 76 80 23 06, ≤, 斎, 🐾 – ⊡ ☎ ⇔. ⊖B
fermé 3 au 24 mai et 16 oct. au 14 déc. – **Repas** 90/170 ⊊, enf. 58 – ⊇ 42 – **12 ch** 250/350 –
½ P 280/370

à Mizoën Nord-Est : 4 km par N 91 et D 25 – 122 h. alt. 1100 – ⊠ 38142 :

🏠🏠 **Panoramique** Ⓜ ⌖, ℘ 04 76 80 06 25, Fax 04 76 80 25 12, ≤ montagne et vallée, 斎,
🐾 – ⊡ ☎ 🅟. ⊖B, ⋇ rest
1ᵉʳ juin-30 sept. et 20 déc.-1ᵉʳ mai – **Repas** (résidents seul.) 105/175 – ⊇ 40 – **10 ch**
280/335 – ½ P 260/285

FRESNAY-EN-RETZ 44580 Loire-Atl. **67** ② – 848 h alt. 15.
Paris 425 – Nantes 38 – La Roche-sur-Yon 60 – Challans 27 – St-Nazaire 50.

XX **Colvert,** ℘ 02 40 21 46 79, Fax 02 40 21 95 99 – Æ ⊖B
fermé 15 au 30 août, 22 déc. au 2 janv., dim. soir, merc. soir et lundi – **Repas** 95 (déj.),
120/250 ⊊, enf. 65

La FRESNAYE-SUR-CHÉDOUET *72600 Sarthe* 60 ③ – *839 h alt. 160.*
>
> *Paris 184 – Alençon 14 – L'Aigle 51 – Argentan 46 – Domfront 77 – Mortagne-au-Perche 29.*

au Nord-Ouest *: 3 km par D 17 –* ✉ *72600 La Fresnaye-sur-Chédouet :*

> ✗ **Auberge St-Paul,** ✆ *02 43 97 82 76, Fax 02 43 97 82 84,* 😎, 🌳 – 🅿. 🕮 **GB**
> *fermé lundi et mardi –* **Repas** *130/235*

FRESNAY-SUR-SARTHE *72130 Sarthe* 60 ⑫ ⑬ *G. Normandie Cotentin –* *2 452 h alt. 95.*
>
> 🛈 *Office de Tourisme pl. du Dr.-Riant* ✆ *02 43 33 28 04, Fax 02 43 34 19 62.*
> *Paris 235 – Alençon 22 – Le Mans 38 – Laval 73 – Mamers 30 – Mayenne 53.*

> 🏠 **Ronsin,** *5 av. Ch. de Gaulle* ✆ *02 43 97 20 10, Fax 02 43 33 50 47 –* 📺 ☎ 📞 ⬅, 🕮 ① **GB**
> 🕾 *fermé 20 déc. au 7 janv., dim. soir et lundi midi de sept. à juin –* **Repas** *55 (déj.), 82/220* 🍷,
> *enf. 48 –* ⊆ *35 –* **10 ch** *260/310 – ½ P 270/290*

Le FRET *29 Finistère* 58 ④ – *rattaché à Crozon.*

FRÉVENT *62270 P.-de-C.* 51 ⑬ *G. Picardie Flandres Artois –* *4 121 h alt. 86.*
>
> *Paris 195 – Amiens 48 – Abbeville 42 – Arras 45 – St-Pol-sur-Ternoise 13.*

> ⛲ **Amiens,** *r. Doullens* ✆ *03 21 03 65 43, Fax 03 21 47 15 01 –* 📺 ☎. **GB**
> 🕾 **Repas** *65/195 –* ⊆ *30 –* **10 ch** *200/240 – ½ P 240*

FRICHEMESNIL *76 S.-Mar.* 52 ⑭ – *rattaché à Clères.*

FROENINGEN *68 H.-Rhin* 66 ⑨ – *rattaché à Mulhouse.*

FROIDETERRE *70 H.-Saône* 66 ⑦ – *rattaché à Lure.*

FRONTIGNAN *34110 Hérault* 83 ⑯ ⑰ *G. Languedoc Roussillon –* *16 245 h alt. 2.*
>
> 🛈 *Office de Tourisme r. de la Raffinerie* ✆ *04 67 48 33 94, Fax 04 67 43 26 34.*
> *Paris 781 – Montpellier 26 – Lodève 60 – Sète 7.*

> ✗✗ **Jas d'Or,** *2 bd V. Hugo* ✆ *04 67 43 07 57, Fax 04 67 43 07 57 –* **GB**
> *fermé mardi soir et merc. hors saison, lundi midi et sam. midi en juil.-août –* **Repas** *90 (déj.),
> 155/195*

au Nord-Est *: 4 km sur N 112 –* ✉ *34110 Frontignan :*

> 🏠 **Hostellerie de Balajan,** ✆ *04 67 48 13 99, Fax 04 67 43 06 62,* 🎋 – 🍽 rest, 📺 ☎ 📞
> ⬅ 🅿. 🕮 ① **GB**. ✵ rest
> *fermé 24 déc. au 3 janv., fév., sam. midi et dim. soir du 15 oct. au 15 mars –* **Repas** *(88) -
> 105/260 –* ⊆ *46 –* **19 ch** *335/420 – ½ P 320/355*

FUISSÉ *71960 S.-et-L.* 69 ⑲ *G. Bourgogne –* *321 h alt. 290.*
>
> *Paris 402 – Mâcon 11 – Charolles 53 – Chauffailles 52 – Villefranche-sur-Saône 38.*

> ✗✗ **Pouilly Fuissé,** ✆ *03 85 35 60 68, Fax 03 85 35 60 68,* 😎 – 🕮 **GB**
> 🐌 *fermé 1ᵉʳ au 9 août, 2 au 22 janv., dim. soir, mardi soir et merc. –* **Repas** *(sam. et dim.
> prévenir) 90/225* 🍷, *enf. 50*

La FUSTE *04 Alpes-de-H.-P.* 81 ⑮, , 114 ⑤ – *rattaché à Manosque.*

FUTEAU *55 Meuse* 56 ⑲ – *rattaché à Ste-Menehould (51 Marne).*

FUTUROSCOPE *86 Vienne* 68 ⑬ ⑭ – *rattaché à Poitiers.*

GABRIAC *12340 Aveyron* 80 ③ – *403 h alt. 580.*
>
> *Paris 614 – Rodez 28 – Espalion 13 – Mende 95 – Sévérac-le-Château 34.*

> ✗ **Bouloc** *avec ch,* ✆ *05 65 44 92 89, Fax 05 65 48 86 74,* 🏊, 🌳 – 📺 ☎ ⬅ 🅿. **GB**
> 🕾 *fermé 15 au 30 mars, 26 juin au 2 juil., 11 au 26 oct. et merc. sauf juil.-août –* **Repas**
> *82/180* 🍷, *enf. 48 –* ⊆ *36 –* **11 ch** *275/295 – ½ P 270*

GACÉ 61230 Orne 60 ④ – 2 247 h alt. 210.

🛈 Office de Tourisme Mairie 🖉 02 33 35 50 24, Fax 02 33 36 92 82.
Paris 168 – Alençon 48 – Argentan 28 – Rouen 101.

🏨 **Hostellerie Les Champs**, rte Alençon 🖉 02 33 39 09 05, Fax 02 33 36 81 26, 🌳, ☑,
🌤, 🛠 – ☎ 🅿. GB
1er mars-15 nov. et fermé dim. soir et lundi – **Repas** 98 (déj.), 130/230, enf. 55 – ☑ 50 –
13 ch 190/380 – ½ P 325/387

La GACILLY 56200 Morbihan 83 ⑤ – 2 268 h alt. 22.
Paris 404 – Châteaubriant 67 – Dinan 90 – Ploërmel 30 – Redon 15 – Rennes 63 – Vannes 58.

🏨 **France**, 🖉 02 99 08 11 15, Fax 02 99 08 25 88 – ☑ ☎ 🅿 – 🕍 25. 🖭 GB
🚭 fermé 24 déc. au 4 janv. et dim. soir d'oct. à avril – **Repas** 72/190 ⅋, enf. 45 – ☑ 35 – **18 ch**
180/260 – ½ P 180/250

GAGNY 93 Seine-St-Denis 56 ⑪., 101 ⑩ – voir à Paris, Environs.

GAILLAC 81600 Tarn 82 ⑨ ⑩ G. Midi-Pyrénées – 10 378 h alt. 143.
Env. Plafond★ du château de Mauriac N : 8 km par D 3.
🛈 Office de Tourisme Abbaye de St-Michel 🖉 05 63 57 14 65, Fax 05 63 57 61 37.
Paris 671 – Toulouse 58 – Albi 26 – Cahors 89 – Castres 51 – Montauban 49.

🏨 **Verrerie** M, r. Égalité 🖉 05 63 57 32 77, Fax 05 63 57 32 27, 🌳, parc – ☑ ☎ 🖤 🅿 –
🕍 15. 🖭 ⓘ GB JCB, 🛠 rest
Repas (fermé dim. soir d'oct. à mai) 70 bc (déj.), 100/170 ⅋ – ☑ 40 – **14 ch** 260/360 –
½ P 230/330

🏨 **L'Occitan** sans rest, pl. Gare 🖉 05 63 57 11 52, Fax 05 63 57 56 18 – ☑ ☎ 🖪. 🖭 GB
fermé week-ends de nov. à mars – ☑ 32 – **13 ch** 130/270

🍴🍴 **Les Sarments**, 27 r. Cabrol (derrière abbaye St-Michel) 🖉 05 63 57 62 61,
Fax 05 63 57 62 61, « Décor rustique » – 🖭 ⓘ GB
fermé 23 déc. au 10 janv., 15 fév. au 13 mars, dim. soir et lundi – **Repas** 125/240, enf. 60

🍴 **Relais de la Portanelle**, 50 bd Gambetta 🖉 05 63 57 22 40, Fax 05 63 57 22 40 – 🖃. ⓘ
GB
🚭 fermé 23 au 31 déc., dim. soir et lundi – **Repas** 75 bc (déj.), 95/280, enf. 49

GAILLAN-EN-MÈDOC 33 Gironde 71 ⑰ – rattaché à Lesparre-Médoc.

GAILLON 27600 Eure 55 ⑰ G. Normandie Vallée de la Seine – 6 303 h alt. 15.
Paris 91 – Rouen 47 – Les Andelys 13 – Évreux 25 – Vernon 15.

🍴 **Grain de Sel**, 12 r. P. Brossolette 🖉 02 32 53 51 10, Fax 02 32 53 25 26, 🌳 – GB
fermé 31 juil. au 16 août, dim. soir, mardi soir et merc. soir – **Repas** 98/155

GALÉRIA 2B H.-Corse 90 ⑭ – voir à Corse.

GAMBAIS 78950 Yvelines 60 ⑧, 106 ㉗ – 1 730 h alt. 119.
Paris 57 – Dreux 26 – Mantes-la-Jolie 31 – Rambouillet 22 – Versailles 37.

🍴 **Auberge du Clos St-Pierre**, 2 bis r. Goupigny 🖉 01 34 87 10 55, Fax 01 34 87 03 88,
🌳 – GB
fermé 15 au 30 août, dim. soir, mardi soir et lundi – **Repas** (130) - 170 🍷, enf. 70

GANGES 34190 Hérault 83 ⑥ G. Languedoc Roussillon – 3 343 h alt. 175.
Voir Gorges de la Vis★★ SO – Aven des Lauriers★ SE : 3 km.
Env. Grotte des Demoiselles★★★ SE : 9 km.
Paris 730 – Montpellier 45 – Alès 47 – Nîmes 60 – Le Vigan 19.

🍴🍴 **Les Norias** 🐾 avec ch, à Cazilhac, Est sur D25 🖉 04 67 73 55 90, Fax 04 67 73 62 08, 🌳,
🌤 – ☑ ☎ 🖪. 🖭 ⓘ GB
fermé 13 au 28 nov., vacances de fév., lundi soir et mardi hors saison – **Repas** 120/300 ⅋,
enf. 65 – ☑ 45 – **11 ch** 270/320 – ½ P 295

GANNAT *03800 Allier* 🔢 ④ *G. Auvergne – 5 919 h alt. 345.*

Voir *Évangéliaire★ au musée municipal (château).*

Env. *Ébreuil : église St-Léger★ O : 10 km.*

Paris 389 – Clermont-Ferrand 50 – Montluçon 76 – Moulins 57 – Vichy 20.

XX **Frégénie,** 20 r. Frères Bruneau ℰ 04 70 90 04 65, *Fax 04 70 90 35 90 –* 🆖
fermé 25 avril au 4 mai, 21 août au 7 sept., 26 déc. au 4 janv., mardi soir, dim. soir et lundi –
Repas 80 *(déj.),* 115/220 ⅃

GAP ℙ *05000 H.-Alpes* 🔢 ⑯ *G. Alpes du Sud – 33 444 h alt. 735.*

Voir *Musée départemental★ – Table d'orientation du bassin de Gap ≤★, 1,5 km par ④.*

🖹 *Office de Tourisme 12 r. Faure du Serre* ℰ 04 92 52 56 56, *Fax 04 92 52 56 57.*

Paris 671 ① – Avignon 169 ④ – Grenoble 104 ① – Sisteron 52 ③ – Valence 161 ①.

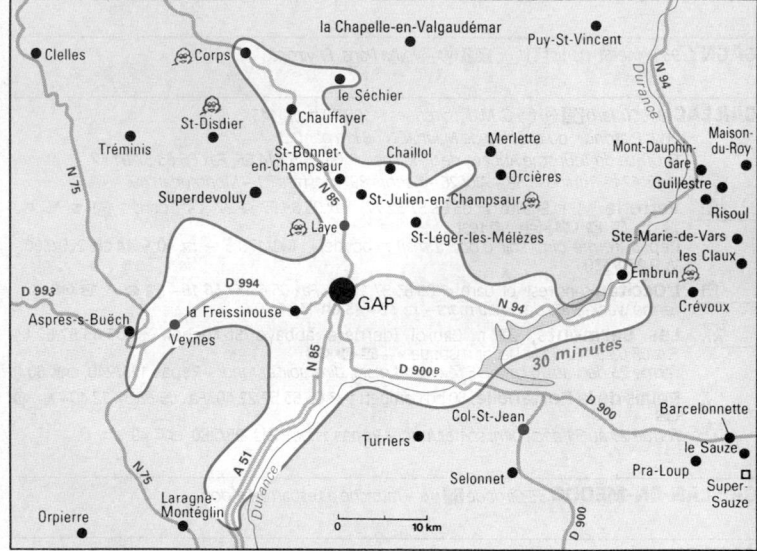

🏨 **Porte Colombe,** 4 pl. F. Euzières ℰ 04 92 51 04 13, *Fax 04 92 52 42 50 –* |$| ⁴⁼, 🔲 rest,
📺 ☎ ✆, 🆎 ⓪ 🆖, ✂
                  Z n
Repas *(fermé 28 avril au 20 mai, 5 au 20 janv., vend. et sam.)* *(dîner seul. sauf dim.)* 125/220,
enf. 60 – ⊊ 38 – **27 ch** 240/290 – ½ P 280

🏨 **Climat de France** sans rest, par ③ : *2,5 km (près piscine), rte Sisteron* ℰ 04 92 51 57 82,
Fax 04 92 51 56 52, ☘ – ⁴⁼ 📺 ☎ ✆ 🅿, 🆎 ⓪ 🆖
 ⊊ 38 – **27 ch** 290/335

🏨 **Clos** ⌂, par ① *rte Grenoble et chemin privé* ℰ 04 92 51 37 04, *Fax 04 92 52 41 06,* 🏡,
☘ – 📺 ☎ 🅿, – 🛁 15. 🆖
Repas *(fermé 1ᵉʳ au 15 nov., dim. soir et lundi sauf du 15 juil. au 15 août)* 105/185 ⅃, enf. 60
– ⊊ 35 – **31 ch** 270/350 – ½ P 280

🏨 **Ibis,** 5 bd G. Pompidou ℰ 04 92 53 57 57, *Fax 04 92 53 38 15 –* |$| ⁴⁼ 📺 ☎ ✆ ⅃ 🚗 –
🛁 30 à 50. 🆎 ⓪ 🆖
                  Y x
Repas *(75)*- 95 ⅃, enf. 39 – ⊊ 35 – **61 ch** 315/345

🏨 **Grille,** 2 pl. F. Euzières ℰ 04 92 53 84 84, *Fax 04 92 52 42 38 –* |$| cuisinette, 🔲 ch, 📺 ☎ ✆
🚗 🆎 ⓪ 🆖
                  Z r
Repas *(fermé dim. soir et lundi sauf août)* 90/205 ⅃, enf. 57 – ⊊ 36 – **28 ch** 260/360 –
½ P 280/320

🏨 **Ferme Blanche** ⌂, par ① *et rte secondaire : 2 km (vers Romette)* ℰ 04 92 51 03 41,
Fax 04 92 51 35 39, ≤, ☘ – 📺 ☎ 🅿, 🆎 ⓪ 🆖
Repas *(fermé dim. soir et lundi)* 215 – ⊊ 45 – **24 ch** 180/305

🏨 **Paix** sans rest, 1 pl. F. Euzières ℰ 04 92 51 03 29, *Fax 04 92 52 19 87 –* |$| 📺 ☎ ✆. 🆖
 ⊊ 33 – **23 ch** 140/260
                  Z v

GAP

Balmens (R.) . . . . Z 3
Carnot (R.) . . . . Z 4
Curie (Bd P. et M.) . . . . Y 5
Dumont (Av. du Cdt) . . . . Y 6
Euzières (Pl. Frédéric) . . . . Z 7
Eymar (R. Jean) . . . . Y 8
Faure-du-Serre (R.) . . . . Y 9
France (R. de) . . . . Y 10
Jaurès (Av. Jean) . . . . Z 12
Ladoucette (Cours) . . . . Y 13
Libération (Bd de) . . . . Y 14
Mazel (R. du) . . . . Z 15
Moreau (R. E.) . . . . Z 16
Révelly (Pl. du) . . . . Y 17
Roux (R. Colonel) . . . . Z 19
St-Arnoux (Pl.) . . . . Z 20
Valserres (R. de) . . . . Z 23

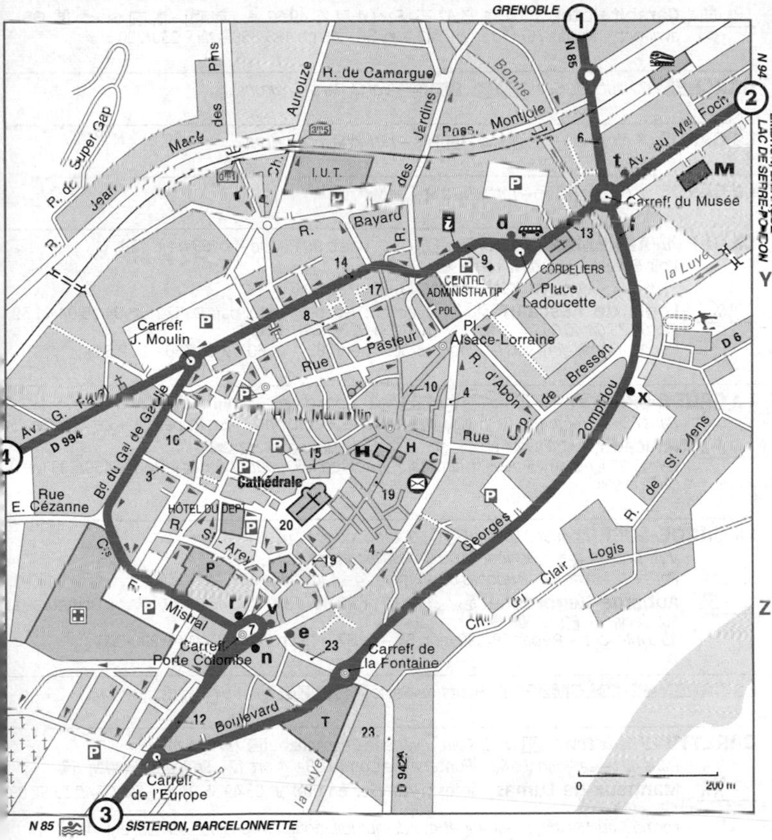

XXX **Patalain,** 2 pl. Ladoucette ✆ 04 92 52 30 83, *Fax 04 92 52 30 83*, – P. AE GB JCB — Y d
fermé 28 oct. au 6 nov., 18 fév. au 6 mars, lundi midi et dim. – **Repas** (75) - 92/205 ♀

X **Grangette,** 1 av. Foch ✆ 04 92 52 39 82 – GB — Y t
fermé 15 au 30 juin, 20 au 30 janv., dim. soir et lundi – **Repas** 105/175

X **Pique Feu,** par ③ : *2,5 km, (près piscine) rte Sisteron* ✆ 04 92 52 16 06, – P. GB
fermé 5 au 11 sept., dim. soir et lundi – **Repas** 109/150 ♀, enf. 55

X **Petite Marmite,** 79 r. Carnot ✆ 04 92 51 14 20, – GB — Z e
Repas 90/120 ♀, enf. 45

à la Freissinouse *par ④ : 9 km – 365 h. alt. 965 – ✉ 05000 :*

Azur, D 994 ✆ 04 92 57 81 30, *Fax 04 92 57 92 37*, parc, – TV ☎ P. GB
Repas 85/170 – ☕ 30 – **45 ch** 240/300 – ½ P 280/320

Repas soignés à prix modérés : Repas 100/130

GARABIT (Viaduc de) ★★ 15 Cantal 76 ⑭ G. Auvergne – ✉ 15320 Ruynes-en-Margeride.
Env. Maison du paysan★ à Loubaresse S : 7 km – Belvédère de Mallet ⩽★★ SO : 13 km puis
10 mn – Paris 527 – Aurillac 88 – Mende 67 – Le Puy-en-Velay 90 – St-Flour 14.

🏠 **Beau Site**, N 9 ℰ 04 71 23 41 46, Fax 04 71 23 46 34, ⩽ viaduc et lac, 🏊, 🐾, 🎾 –
cuisinette 📺 ☎ ⇦ 🅿. GB
15 avril-2 nov. – Repas (58) - 75/200 ♀, enf. 48 – ⊇ 38 – **20 ch** 270/320 – ½ P 320

🏠 **Garabit Hôtel**, ℰ 04 71 23 42 75, Fax 04 71 23 49 60, ⩽, 😤, 🏊 – 🛗 📺 ☎ ⇦ 🅿. GB
avril-oct. – Repas 76/170 ♀, enf. 42 – ⊇ 36 – **45 ch** 185/350 – ½ P 230/290

GARCHES 92 Hauts-de-Seine 55 ⑳,, 101 ⑭ – voir à Paris, Environs.

La GARDE 04 Alpes-de-H.-P. 81 ⑱,, 114 ⑩ – rattaché à Castellane.

La GARDE 48 Lozère 76 ⑮ – rattaché à St-Chély-d'Apcher.

La GARDE-ADHÉMAR 26700 Drôme 81 ① G. Vallée du Rhône – 1 108 h alt. 178.
Voir Église★ – ⩽★ de la terrasse.
Paris 626 – Montélimar 21 – Nyons 40 – Pierrelatte 6.

XX **Logis de l'Escalin** Ⓜ ⑳ avec ch, Nord : 1 km par D 572 ℰ 04 75 04 41 32,
Fax 04 75 04 40 05, 😤, 🐾 – ⬛ ch, 📺 ☎ ✆ 🅿. GB. ⑳ ch
Repas (fermé dim. soir et lundi) 120/305 ♀, enf. 85 – ⊇ 60 – **7 ch** 350 – ½ P 345

La GARDE-FREINET 83310 Var 84 ⑰, 114 ㊱ G. Côte d'Azur – 1 465 h alt. 380.
Paris 855 – Fréjus 43 – Brignoles 46 – Hyères 55 – Toulon 73 – St-Tropez 21 – Ste-Maxime 22.

X **Faücado**, ℰ 04 94 43 60 41, 😤, « Terrasse fleurie » – AE GB
fermé 20 janv. au 15 mars, mardi sauf le soir en juil.-août et fériés – Repas 150/298 (déj.),
carte le soir

La GARDE-GUÉRIN 48800 Lozère 80 ⑦ G. Languedoc Roussillon.
Voir Donjon ⚹★ – Belvédère du Chassezac site★★.
Paris 617 – Alès 62 – Aubenas 69 – Florac 74 – Langogne 36 – Mende 56.

🏠 **Auberge Régordane** ⑳, ℰ 04 66 46 82 88, Fax 04 66 46 90 29, 😤, « Demeure du
16ᵉ siècle » – 📺 ☎ ⓞ GB
15 avril-2 oct. – Repas 98/190, enf. 55 – ⊇ 37 – **15 ch** 280/350 – ½ P 290/320

La GARENNE-COLOMBES 92 Hauts-de-Seine 55 ⑳,, 101 ⑭ – voir à Paris, Environs.

GARETTE 79 Deux-Sèvres 71 ② G. Poitou Vendée Charentes – ✉ 79270 Sansais.
Paris 421 – La Rochelle 60 – Fontenay-le Comte 28 – Niort 12 – St-Jean-d'Angély 58.

XX **Mangeux de Lumas**, (accès piétonnier en été) ℰ 05 49 35 93 42, Fax 05 49 35 82 89,
😤 – GB
fermé 3 au 16 janv., lundi soir et mardi sauf juil.-août – Repas (70) - 95/280, enf. 45

GARNACHE 85 Vendée 67 ⑫ – rattaché à Challans.

GARONS 30 Gard 80 ⑲ – rattaché à Nîmes.

GASNY 27620 Eure 55 ⑱ – 2 957 h alt. 36.
Paris 74 – Rouen 73 – Évreux 43 – Mantes-la-Jolie 22 – Vernon 11 – Versailles 66.

XX **Auberge du Prieuré Normand**, 1 pl. République ℰ 02 32 52 10 01, 😤 – GB
fermé 1ᵉʳ au 21 août, vacances de fév., mardi soir et merc. – Repas 85/190 ♀

GASSIN 83580 Var 84 ⑰, 114 ㊲ G. Côte d'Azur – 2 622 h alt. 200.
Voir Boulevard circulaire ⩽★ – Moulins de Paillas ⚹★★ SE : 3,5 km.
Paris 875 – Fréjus 35 – Le Lavandou 34 – St-Tropez 11 – Ste-Maxime 14 – Toulon 70.

XX **Auberge la Verdoyante**, Nord : 2 km par rte St-Tropez et chemin privé
ℰ 04 94 56 16 23, Fax 04 94 56 43 10, ⩽, 😤 – 🅿. GB
1ᵉʳ avril-1ᵉʳ nov. et fermé merc. sauf le soir en juil.-août – Repas 145/190

GAUDENT 65 H.-Pyr. 85 ② – rattaché à St-Bertrand-de-Comminges.

GAURIAC 33710 Gironde 71 ⑧ – 809 h alt. 50.
Paris 554 – Bordeaux 43 – Blaye 10 – Jonzac 57 – Libourne 36.

✗ **Filadière**, Ouest : 2 km sur D 669^{E1} ℰ 05 57 64 94 05, Fax 05 57 64 94 06, ≤, ㎡,
« Au bord de l'estuaire » – P. GB
fermé 27 nov. au 15 déc. et merc. – Repas 90 (déj.), 120/170, enf. 50

GAVARNIE 65120 H.-Pyr. 85 ⑱ G. Midi-Pyrénées – 177 h alt. 1350 – Sports d'hiver : 1 350/2 400 m
✠ 11 ✠.
Voir Cirque de Gavarnie★★★ S : 3 h 30 – Pic de Tantes ✱★★ SO : 11 km.
🅗 Office de Tourisme ℰ 05 62 92 49 10, Fax 05 62 92 41 00.
Paris 865 – Pau 96 – Lourdes 51 – Luz-St-Sauveur 20 – Tarbes 69.

🏠 **Marboré**, ℰ 05 62 92 40 40, Fax 05 62 92 40 30, ≤, ㎡, 🎣 – 🆃🆅 ☎ P – 🕍 20. 🖭 ⓞ GB.
✎ ch
fermé 15 nov. au 20 déc. – Repas 90/140 🍴 – 🖵 35 – **24 ch** 295 – 1/2 P 280

✗ **Ruade**, ℰ 05 62 92 48 49, Fax 05 62 92 48 49 – GB
🍴 mi-juin-mi-sept. – Repas 60/110 ♀, enf. 40

GAVRINIS (Ile) 56 Morbihan 63 ⑫ G. Bretagne.
Voir Cairn★★ 15 mn en bateau de Larmor-Baden.

GÉMENOS 13420 B.-du-R. 84 ⑭, 114 ㉚ G. Provence – 5 025 h alt. 150.
Voir Parc de St-Pons★ E : 3 km – Aubagne : musée de la Légion Étrangère★ O : 5 km – Forêt
de la Ste-Baume★★ NE.
🅗 Office de Tourisme cours Pasteur ℰ 04 42 32 18 44, Fax 04 42 32 15 49.
Paris 793 – Marseille 24 – Toulon 51 – Aix-en-Provence 38 – Brignoles 50.

🏛 **Relais de la Magdeleine** ≫, rd-pt de la Madeleine, N 396 ℰ 04 42 32 20 16,
Fax 04 42 32 02 26, ㎡, « Élégante demeure avec mobilier ancien, parc », 🏊 – 🛗 🆅 ☎ P –
🕍 30. GB
15 mars-1er déc. – Repas 160 (déj.), 260/320 ♀ – 🖵 75 – **24 ch** 510/900 – 1/2 P 610/900

🏠 **Parc** ≫, Vallée St-Pons par D 2 : 1 km ℰ 04 42 32 20 38, Fax 04 42 32 10 26, ㎡, 🌳 – 🆅
☎ P – 🕍 20. 🖭 GB
Repas (65) - 90/240 – 🖵 38 – **11 ch** 300/500 – 1/2 P 295/375

✗✗ **Baron Brisse**, 48 chemin Juuques (D 42) ℰ 04 42 32 00 60, Fax 04 42 32 09 60, ㎡ – P.
🖭 ⓞ GB
fermé 15 au 31 août, vacances de fév., dim. soir et lundi – Repas 180

✗✗ **Fer à Cheval**, pl. Mairie ℰ 04 42 32 20 97, Fax 04 42 32 23 27, ㎡ – 🗏. 🖭 ⓞ GB
fermé 7 au 27 août, 1er au 7 janv., sam. midi, dim. soir et lundi soir – Repas (80) - 115
(déj.)/170 bc, enf. 70

GENAS 69740 Rhône 74 ⑫, 110 ㉖ 9 316 h alt. 218.
🅗 Syndicat d'Initiative de la Plaine du Lyonnais 55 r. de la République ℰ 04 72 79 05 31,
Fax 04 78 90 04 16.
Paris 473 – Lyon 14 – Meyzieu 9 – Pont-de-Chéruy 18 – St-Priest 8.

🏛 **Forum Hôtel**, 1 r. R. Salengro ℰ 04 78 40 60 50, Fax 04 78 40 17 85 – 🛗 🗏 🆅 ☎ ♿ P –
🕍 20 à 60. 🖭 ⓞ GB
Repas (80) - 95/142 ♀, enf. 59 – 🖵 49 – **76 ch** 330/360 – 1/2 P 305

GÉNÉRARGUES 30 Gard 80 ⑰ – rattaché à Anduze.

GENESTON 44140 Loire-Atl. 67 ③ – 1 958 h alt. 28.
Paris 402 – Nantes 20 – La Roche-sur-Yon 47 – Cholet 60.

✗✗ **Pélican**, 13 pl. G. Gaudet ℰ 02 40 04 77 88, Fax 02 40 26 10 48 – 🗏. GB. ✎
🍴 fermé 31 juil. au 21 août, vacances de fév., dim. soir, lundi soir et merc. – Repas 120/185 ♀,
enf. 40

Le GENESTOUX 63 P. de-D. 73 ⑬ – rattaché au Mont-Dore.

GENILLÉ 37460 I.-et-L. 64 ⑯ G. Châteaux de la Loire – 1 428 h alt. 88.
Paris 240 – Tours 47 – Amboise 33 – Blois 56 – Loches 12 – Montrichard 21.

✗✗ **Agnès Sorel** avec ch, ℰ 02 47 59 50 17, ㎡ – ☎. GB
fermé 15 janv. au 1er mars, dim. soir et lundi sauf juil.-août et fériés – Repas 100/250, enf. 50
– 🖵 38 – **3 ch** 195/260 – 1/2 P 260/295

GÉNIN (Lac de) *01 Ain* 74 ④ – *rattaché à Oyonnax.*

GENLIS *21110 Côte-d'Or* 66 ⑫ ⑬ – *5 241 h alt. 199.*
Paris 330 – Dijon 18 – Auxonne 15 – Dole 34 – Gray 45.

à Échigey *Sud : 8 km par D 25 et D 34 – 184 h. alt. 197 –* ⊠ *21110 :*

XX **Place-Rey** avec ch, ℘ 03 80 29 74 00, Fax 03 80 29 79 55, 綾 – ☎ 🅿 🄰🄴 ⓪ 🇬🇧
⌾ *fermé 25 juil. au 8 août, 2 au 30 janv., dim. soir et lundi sauf fériés –* **Repas** 75/220 ♀ – ⊑ 35
– **12 ch** 130/230 – ½ P 260

GENNES *49350 M.-et-L.* 64 ⑫ *G. Châteaux de la Loire – 1 867 h alt. 28.*
Voir Église★★ de Cunault SE : 2,5 km – Église★ de Trèves-Cunault SE : 3 km.
🄱 Office de Tourisme Sq. de l'Europe ℘ 02 41 51 84 14, Fax 02 41 51 83 48.
Paris 305 – Angers 35 – Bressuire 65 – Cholet 61 – La Flèche 46 – Saumur 17.

🏠 **Aux Naulets d'Anjou** ⏳, ℘ 02 41 51 81 88, Fax 02 41 38 00 78, ≤, 綮, 🏊, 乒, – 📺 ☎
🅿 – 🕭 20. 🇬🇧
fermé 1ᵉʳ fév. au 1ᵉʳ mars – **Repas** *(fermé merc. et le midi en semaine)* 99/165 ♀ – ⊑ 33 –
19 ch 240/290 – ½ P 270

X **L'Aubergade**, ℘ 02 41 51 81 07, Fax 02 41 38 07 85 – 🇬🇧
fermé 13 au 19 nov., vacances de fév., dim. soir hors saison, mardi soir et merc. – **Repas** *(95)*
- 138/240 ♀, enf. 60

GÉNOLHAC *30450 Gard* 80 ⑦ *G. Languedoc Roussillon – 827 h alt. 490.*
🄱 Office de Tourisme *(du 01/07 au 31/08 fermé dim. après-midi et lundi matin)* ℘ 04 66 61
18 32, Fax 04 66 61 15 29.
Paris 642 – Alès 38 – Florac 49 – La Grand-Combe 25 – Nîmes 80 – Villefort 17.

🏠 **Mont Lozère**, D 906 ℘ 04 66 61 10 72, Fax 04 66 61 23 91, 綮 – ☎ 🅿. 🇬🇧
🖘 *fermé 15 déc. au 15 fév. et merc. du 15 sept. au 15 juin –* **Repas** 85/170 👃, enf. 50 – ⊑ 35 –
14 ch 240/280 – ½ P 275

GENSAC *33890 Gironde* 75 ⑬ – *752 h alt. 78.*
Paris 569 – Bergerac 40 – Bordeaux 64 – Libourne 34 – La Réole 39.

XX **Remparts** Ⓜ ⏳ avec ch, 16 r. Château ℘ 05 57 47 43 46, Fax 05 57 47 46 76, ≤, 乒, – 📺
☎ 📞 & 🅿 – 🕭 🄰🄴 ⓪ 🇬🇧
fermé 12 nov. au 2 déc. et 15 fév. au 8 mars – **Repas** *(fermé dim. soir et lundi sauf juil.-août)*
145/245 ♀, enf. 50 – ⊑ 38 – **7 ch** 280/310 – ½ P 300

au Nord-Ouest *: 2 km –* ⊠ *33890 Juillac :*

XX **Belvédère**, ℘ 05 57 47 40 33, Fax 05 57 47 48 07, ≤, 綮 – 🅿. 🄰🄴 ⓪ 🇬🇧 🇯🇨🇧
fermé oct., mardi soir et merc. – **Repas** 99 bc (déj.), 145/330 ♀, enf. 50

GENTILLY *94 Val-de-Marne* 60 ⑩,, 101 ㉖ – *voir à Paris, Environs.*

GÉRARDMER *88400 Vosges* 62 ⑰ *G. Alsace Lorraine – 8 951 h alt. 669 – Sports d'hiver : 750/1 15(*
m ⚡20 🚠 – Casino AZ.
Voir Site★★ – Lac★ – Saut des Cuves★ E : 3 km par ①.
🄱 Office de Tourisme pl. des Déportés ℘ 03 29 27 27 27, Fax 03 29 27 23 25.
Paris 424 ③ – Colmar 52 ① – Épinal 41 ③ – Belfort 79 ② – St-Dié 28 ① – Thann 51 ②.

Plan page ci-contre

🏨 **Grand Hôtel**, pl. Tilleul ℘ 03 29 63 06 31, Fax 03 29 63 46 81, 綮, « Parc », 🏊, – 🕴 ⅍✂ 📺
⬚100 ☎ 📞 & 🅿 – 🕭 15 à 150. 🄰🄴 ⓪ 🇬🇧 AZ **z**
Grand Cerf (fermé dim. soir et lundi sauf vacances scolaires) **Repas** 130/380 ♀, enf. 70 –
L'Assiette du Coq à l'Âne (fermé mardi et merc. sauf vacances scolaires) **Repas** 98 ♀
enf. 50 – ⊑ 60 – **58 ch** 420/780, 4 appart – ½ P 460/550

🏨 **Manoir au Lac** ⏳ sans rest, par ③ : 1 km rte d'Épinal ℘ 03 29 27 10 20,
Fax 03 29 27 10 27, ≤ lac, « Chalet vosgien du 19ᵉ siècle dans un parc » – 📺 ☎ 🅿. 🄰🄴 ⓪
🇬🇧 🇯🇨🇧 ✂
⊑ 80 – **7 ch** 800/1300

🏨 **Beau Rivage** Ⓜ, esplanade du Lac ℘ 03 29 63 22 28, Fax 03 29 63 29 83, ≤ lac, 綮, 🏊,
🕴 📺 ☎ 🅿 🄰🄴 🇬🇧, ✂ ch AY **e**
fermé mi-oct. à mi-déc., dim. soir et lundi – **Repas** 125/380 ♀, enf. 65 – ⊑ 60 – **24 ch**
545/740, 12 studios – ½ P 455/565

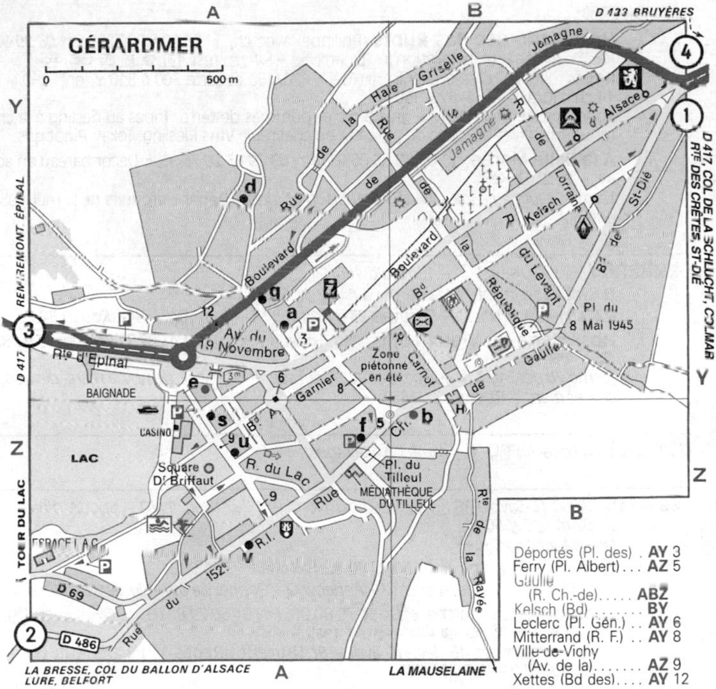
GÉRARDMER
0
500 m
A
B
Y
Z
D 423 BRUYÈRES
D 417, COL DE LA SCHLUCHT, COLMAR
RTE DES CRÊTES, ST-DIÉ
REMIREMONT, ÉPINAL
D 417
TOUR DU LAC
LA BRESSE, COL DU BALLON D'ALSACE
LURE, BELFORT
LA MAUSELAINE
Rue de la Haie Griselle
Jamagne
Bd de Jamagne
R. de Lorraine
Alsace
Rue de St-Dié
Boulevard
R. Kelsch
R. de la République
Bd du Levant
Pl. du 8 Mai 1945
Av. du 19 Novembre
Rte d'Epinal
BAIGNADE
CASINO
LAC
Square Dr Briffaut
Zone piétonne en été
Garnier
Carnot
R. du Lac
Ch. de Gaulle
Pl. du Tilleul
MÉDIATHÈQUE DU TILLEUL
Rue du 152e R.I.
Rte de la Rayée
D 69
D 486
TERRACE LAC
H

Déportés (Pl. des) . **AY** 3
Ferry (Pl. Albert) . . . **AZ** 5
Gaulle (R. Ch.-de) . . . . . **ABZ**
Kelsch (Bd) . . . . **BY**
Leclerc (Pl. Gén.) . . **AY** 6
Mitterrand (R. F.) . . **AY** 8
Ville-de-Vichy (Av. de la) . . . . **AZ** 9
Xettes (Bd des) . . . . **AY** 12

Jamagne, 2 bd Jamagne ☎ 03 29 63 36 86, *Fax 03 29 60 05 87*, 🏞, 🏋, 🏊 – 🛗 📺 ☎ 🅿 – 🏔 50. GB. ✗ rest — AY g
fermé 12 au 31 mars et 12 nov. au 23 déc. – **Repas** 80/210 ♀, enf. 50 – ☕ 40 – **48 ch** 340/460 – ½ P 360

Loges du Parc, 12 av. Ville de Vichy ☎ 03 29 63 32 43, *Fax 03 29 63 17 03*, 🏞, 🏊 – 📺 ☎ 🅿. AE GB. ✗ ch — AZ u
fermé 4 au 31 mars et mi-oct. au 18 déc. – **Repas** 120/260 ♀, enf. 65 – ☕ 45 – **30 ch** 360 – ½ P 350

Gérard d'Alsace sans rest, 14 r. 152e R. I. ☎ 03 29 63 02 38, *Fax 03 29 60 85 21*, 🏊, 🌳 – ☎ 🅿 ⓓ GB ✗ — AZ v
fermé 9 au 23 oct. – ☕ 35 – **18 ch** 230/310

Chalet du Lac, par ③ : *1 km rte Épinal* ☎ 03 29 63 38 76, *Fax 03 29 60 91 63*, ≤ lac, 🌳 – 📺 ☎ 🅿. GB
fermé oct. – **Repas** *(fermé vend. hors saison sauf vacances scolaires)* 100/330 ♀, enf. 65 – ☕ 45 – **11 ch** 320/410 – ½ P 310

Viry, pl. Déportés ☎ 03 29 63 02 41, *Fax 03 29 63 14 03*, 🏞 – 📺 ☎. AE ⓓ GB — AY a
L'Aubergade *(fermé vend. soir hors saison)* **Repas** 78/240 ♀, enf. 45 – ☕ 40 – **17 ch** 250/350 – ½ P 285/335

Paix, 6 av. Ville de Vichy ☎ 03 29 63 38 78, *Fax 03 29 63 18 53*, 🏞 – 🛗 📺 ☎ 📞 🅿. AE GB
Repas 100/190 ♀, enf. 60 – ☕ 45 – **26 ch** 280/420 – ½ P 305/375 — AZ s

L'Abri 🐌 sans rest, chemin Miselle ☎ 03 29 63 02 94, *Fax 03 29 60 93 29*, 🌳 – 📺 ☎ 🅿. AE GB. ✗ — AY d
fermé 20 sept. au 10 oct. et merc. sauf vacances scolaires – ☕ 30 – **14 ch** 170/290

Bistrot de la Perle, 32 r. Ch. de Gaulle ☎ 03 29 60 86 24, *Fax 03 29 60 86 24*, 🏞 – GB
fermé merc. sauf vacances scolaires – **Repas** (59) - 87/115 ♀, enf. 39 — BZ b

aux Bas Rupts *par ② : 4 km – ✉ 88400 Gérardmer :*

Chalet Fleuri Ⓜ, ☎ 03 29 63 09 25, *Fax 03 29 63 00 40*, ≤, « Beau décor rustique », 🏊, 🌳, ✗ – 📺 ☎ 🅿. AE GB JCB
voir rest. ***Host. Bas-Rupts*** ci-après – ☕ 90 – **13 ch** 800/950 – ½ P 850/1000

XXXX **Hostellerie des Bas-Rupts** (Philippe) avec ch., ☎ 03 29 63 09 25, Fax 03 29 63 00 40,
≤, �42, « Élégante installation », 🏊, ☞, ✗ – ⬚, 🗎 rest, 📺 ☎ 🅿, 🖭 🖸 🕞
Repas (dim. et fêtes prévenir) 160 (déj.), 220/450 et carte 300 à 510 ♀, enf. 150 – ☲ 90 –
14 ch 450/950 – ½ P 620/950
Spéc. Terrine tiède de foie gras d'oie et pommes de terre. Tripes au riesling à la crème et
moutarde. Civet de joues de porcelet en chevreuil. **Vins** Riesling, Tokay-Pinot gris.

XX **À la Belle Marée**, ☎ 03 29 63 06 83, Fax 03 29 63 20 76, ≤, « Décor bateau en acajou »,
☞ – 🅿, 🖭 ⓞ 🖸
fermé 26 juin au 8 juil., mardi hors saison et lundi – **Repas** - produits de la mer - 95/280 ♀,
enf. 60

GERBEROY 60380 Oise 55 ⑨ – 136 h alt. 180.

🖪 Syndicat d'Initiative Mairie ☎ 03 44 82 33 63.
Paris 110 – Aumale 31 – Beauvais 23 – Breteuil 38 – Compiègne 84 – Rouen 64.

XX **Hostellerie du Vieux Logis**, 25 r. Logis du Roy ☎ 03 44 82 71 66, Fax 03 44 82 71 66,
�42 – 🖸
*fermé 20 déc. au 3 janv., vac. de fév., lundi soir et jeudi soir de nov. à mars, dim. soir, mardi
soir et merc.* – **Repas** 122/255 ♀

GÉTIGNÉ 44 Loire-Atl. 67 ④ – rattaché à Clisson.

Les GETS 74260 H.-Savoie 74 ⑧ G. Alpes du Nord – 1 287 h alt. 1170 – Sports d'hiver : 1 170/
2 002 m ≤ 5 ≤ 50 ⚡.
Env. Mont Chéry ※ ★★.
🖪 Office de Tourisme ☎ 04 50 75 80 80, Fax 04 50 79 76 90.
Paris 585 – Thonon-les-Bains 37 – Annecy 72 – Bonneville 32 – Cluses 22 – Morzine 8.

🏠 **Labrador**, rte La Turche ☎ 04 50 75 80 00, Fax 04 50 79 87 03, ≤, �42, 🛵, 🏊, 🏊, ☞, ✗
– 🛗 📺 ☎ 🚗 🅿, 🖭 🖸 🖸 🕞, 🕬 rest
24 juin-10 sept. et 16 déc.-1ᵉʳ avril – **St-Laurent** : **Repas** 120/240 ♀, enf. 60 – ☲ 60 –
23 ch 500/950 – ½ P 700/900

🏠 **Marmotte** Ⓜ, ☎ 04 50 75 80 33, Fax 04 50 75 83 26, ≤, 🛵, 🏊 – 🛗 📺 ☎ 🚗 🅿 – 🎱 30.
🖭 ⓞ 🖸 🕞, 🕬 rest
1ᵉʳ juil.-3 sept. et 17 déc.-8 avril – **Repas** 100 (déj.), 135/170 ♀ – ☲ 50 – **43 ch**
(½ pens. seul.), 5 duplex – ½ P 820/890

🏠 **Nagano** Ⓜ, ☎ 04 50 79 71 46, Fax 04 50 79 71 48, ≤, �42 – 🛗 cuisinette 📺 ☎ ✅ 🚗
🅿, ⓞ 🖸
25 juin-20 sept. et 18 déc.-25 avril – **Repas** (88) - 115/130, enf. 45 – ☲ 48 – **25 ch** 520/830 –
½ P 640

🏠 **Mont Chéry**, ☎ 04 50 75 80 75, Fax 04 50 79 70 13, ≤, �42, 🏊, 🏊, ☞ – 🛗, 🗎 rest, 📺 ☎
🚗 🅿, 🖭 🖸, 🕬 rest
1ᵉʳ juil.-31 août et 15 déc.-15 avril – **Repas** 120/265 ♀ – **21 ch** 520/1200 – ½ P 450/1300

🏠 **Alpages**, rte La Turche ☎ 04 50 75 80 88, Fax 04 50 79 76 98, ≤, 🛵, 🏊 – 🛗 📺 ☎ ✅ 🚗
🅿, 🖸, 🕬 rest
1ᵉʳ juil.-31 août et 20 déc.-10 avril – **Repas** 80/190 – ☲ 85 – **22 ch** 400/900 – ½ P 400/800

🏠 **Alpina** 🕊, par rte La Turche ☎ 04 50 75 80 22, Fax 04 50 75 83 48, ≤, 🏊, ☞ – 🛗 ☎ 🛵
🚗 🅿, 🖸, 🕬 rest
1ᵉʳ juin-25 sept. et 20 déc.-20 avril – **Repas** 100/180, enf. 46 – ☲ 37 – **35 ch** 320/560 –
½ P 455

🏠 **Régina**, ☎ 04 50 75 80 44, Fax 04 50 79 87 29, ≤ – 📺 ☎ 🚗, 🖭 ⓞ 🖸, 🕬 rest
hôtel : juil.-août et 15 déc.-15 avril ; rest. : 15 déc.-15 avril – **Repas** 85/185 ♀ – ☲ 40 – **21 ch**
360/450 – ½ P 440

🏠 **Crychar** 🕊 sans rest, par rte La Turche ☎ 04 50 75 80 50, Fax 04 50 79 83 12, ≤, 🛵, 🏊,
☞ – 🛗 ☎ 🚗, 🖭 ⓞ 🖸
1ᵉʳ juil.-31 août et 20 déc.-15 avril – ☲ 55 – **12 ch** 615/680

🏠 **Bellevue**, ☎ 04 50 75 80 95, Fax 04 50 79 81 81, ≤, �42 – 📺 ☎ 🚗, 🖸, 🕬 ch
fermé 15 avril au 15 mai, 15 au 30 juin et 1ᵉʳ oct. au 15 déc. – **Repas** 85 (déj.)/95 ♀ – ☲ 35 –
16 ch 500/700 – ½ P 500

GEVREY-CHAMBERTIN 21220 Côte-d'Or 66 ⑫ G. Bourgogne – 2 825 h alt. 275.

🖪 Office de Tourisme pl. Mairie ☎ 03 80 34 38 40, Fax 03 80 34 17 27 et (hors saison) Mairie
☎ 03 80 34 30 35.
Paris 315 – Beaune 33 – Dijon 12 – Dole 61.

Grands Crus sans rest, 03 80 34 34 15, *Fax 03 80 51 89 07*, « Jardin fleuri », – [P]. GB
fermé 3 déc. au 1er mars – ☕ 50 – **24 ch** 380/470

Arts et Terroirs sans rest, N 74 03 80 34 30 76, *Fax 03 80 34 11 79*, – TV [P]. AE GB
☕ 45 – **16 ch** 280/580

Aux Vendanges de Bourgogne, N 74 03 80 34 30 24, *Fax 03 80 58 55 44*, – TV [P]. GB
Repas *(fermé 23 déc. au 3 janv. et dim.)* 78 (déj.), 115/145 – ☕ 36 – **14 ch** 229/299 – ½ P 300/330

XXX **Les Millésimes** (Sangoy), 25 r. Église 03 80 51 84 24, *Fax 03 80 34 12 73*, « Cave aménagée, décor élégant » – [P]. AE GB
fermé 12 déc. au 25 janv., merc. midi et mardi – **Repas** 250 bc (déj.), 355/655 et carte 460 à 750
Spéc. Confit d'échalotes aux escargots de Bourgogne. Poisson à la croûte de sel à la lie de gevrey-chambertin. Sellé d'agneau en croûte de pain. **Vins** Saint Romain, Gevrey-Chambertin.

XXX **Rôtisserie du Chambertin,** 03 80 34 33 20, *Fax 03 80 34 12 30*, « Caves anciennes aménagées, petit musée » – [P]. GB JCB
fermé 31 juil. au 14 août, 5 au 26 fév., dim. soir et lundi sauf fêtes – **Repas** *(140)* - 210/330 et carte 210 à 330, enf. 80 - ***Le Bonbistrot*** 03 80 34 30 02 **Repas** carte environ 120

XX **Sommellerie,** 7 r. Souvert 03 80 34 31 48, *Fax 03 80 58 52 20* – . GB
fermé 2 au 13 juil., 23 déc. au 15 janv., vacances de fév., lundi sauf le soir d'avril à déc. et dim. sauf fériés – **Repas** 97 (déj.), 130/385

X **Chez Guy,** 3 pl. Mairie 03 80 58 51 51, *Fax 03 80 58 50 39* – GB
Repas *(90)* - 118/145, enf. 48

GEX 01170 *Ain* **70** ⑮ ⑯ *G. Jura – 6 615 h alt. 626.*
Office de Tourisme sq. Jean-Clerc 04 50 41 53 85, Fax 04 50 41 81 00.
Paris 492 – Genève 21 – Lons-le-Saunier 95 – Pontarlier 93 – St-Claude 43.

Parc, av. Alpes 04 50 41 50 18, *Fax 04 50 42 37 29*, « Terrasse fleurie », – TV [P]. AE GB. ch
fermé 20 au 30 sept., 27 déc. au 1er fév., dim. soir et lundi – **Repas** 130 (déj.), 195/320 – ☕ 45 – **17 ch** 230/350

XX **Cravache,** 60 r. Genève 04 50 41 69 61 – GB.
fermé 18 juil. au 15 août, sam. midi et mardi – **Repas** 125/255

à Echenevex *Sud : 4 km par D 984c et rte secondaire – 997 h. alt. 580 – ✉ 01170 Gex :*

Auberge des Chasseurs , 04 50 41 54 07, *Fax 04 50 41 90 61*, Mt-Blanc, « Belle décoration intérieure, agréable terrasse fleurie », – TV [P] – 30. AE GB
1er mars-15 nov. et fermé dim. soir (sauf juil. août) et lundi – **Repas** (prévenir) 175/290, enf. 80 – ☕ 58 – **15 ch** 450/800 – ½ P 530/700

à Chevry *Sud : 7 km par D 984c – 733 h. alt. 500 – ✉ 01170 :*

XX **Auberge Gessienne,** 04 50 41 01 67, – [P]. GB
fermé 2 au 23 août, 1er au 15 fév., dim. soir et lundi – **Repas** 75 (déj.), 135/270

GICOURT 60 *Oise* **56** ① – *rattaché à Clermont.*

GIEN 45500 *Loiret* **65** ② *G. Châteaux de la Loire – 16 477 h alt. 162.*
*Voir Château★ : musée de la Chasse★★ **M** – Pont ★.*
Env. Pont-canal★★ de Briare : 10 km par ②.
Office de Tourisme Centre Anne-de-Beaujeu pl. J.-Jaurès 02 38 67 25 28, Fax 02 38 38 23 16.
Paris 153 ① – Orléans 70 ④ – Auxerre 84 ② – Bourges 78 ③ – Cosne-sur-Loire 47 ②.

Plan page suivante

Rivage, 1 quai Nice 02 38 37 79 00, *Fax 02 38 38 10 21*, – rest, TV [P]. AE GB JCB Z a
fermé 7 au 28 fév. – **Repas** *(fermé dim. soir de nov. à avril et lundi midi)* 145/325 et carte 310 à 400 – ☕ 48 – **19 ch** 298/540, 3 appart
Spéc. Sandre de Loire rôti (saison). Pied de Cochon farci au jarret (début sept. à début juin). Gâteau au chocolat, pailleté praliné. **Vins** Sancerre, Chinon.

Axotel M sans rest, r. Bosserie Nord : 3 km par ① 02 38 67 11 99, *Fax 02 38 38 16 61*, – TV [P] – 35. AE GB
☕ 40 – **48 ch** 300/345

GIEN

Anne-de-Beaujeu (R.)	Z 2
Bildstein (R.)	Y 3
Briqueteries (R. des)	Y
Château (Pl. du)	Z
Clemenceau (R. G.)	Z 5
Curie (Place)	Y
Gambetta (R.)	Z 6
Hôtel-de-Ville (R. de l')	Z 7
Jean-Jaurès (Pl.)	Z 9
Jeanne-d'Arc (R.)	YZ
Joffre (Q. du Mar.)	Z
Leclerc (Av. du Mar.)	Z 12
Lenoir (Quai)	Z
Louis-Blanc (R.)	Z 13
Marienne (R. de l'Adj.-Chef)	Z 15
Montbricon (R. de)	YZ
Noé (R. de)	Y
Paris (R. de)	YZ
Paul-Bert (R.)	Z 16
Président-Wilson (Av.)	Y 17
République (Av. de la)	Y 19
Thiers (R.)	Z 23
Verdun (R. de)	Y
Victor-Hugo (R.)	Z 24
Vieille-Boucherie (R.)	Z 25
Villejean (Av. J.)	Y

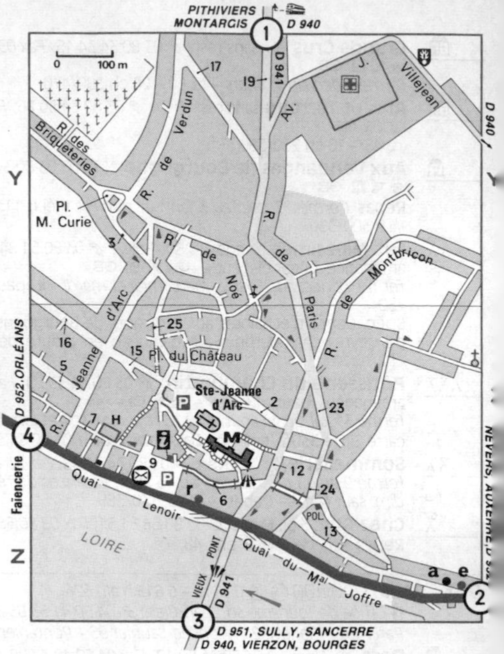

Pour un bon usage des plans de villes, voir les signes conventionnels dans l'introduction.

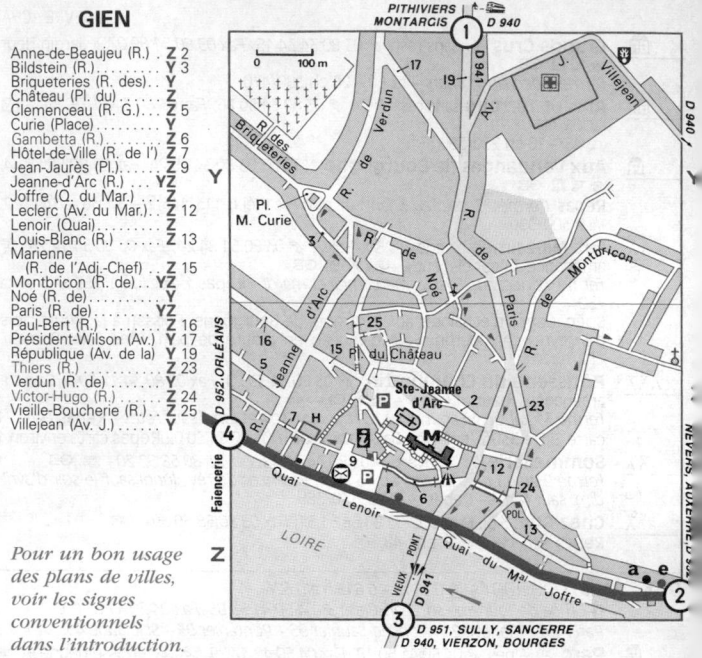

🏨 **Anne de Beaujeu** Ⓜ sans rest, 10 rte Bourges par ③ ✆ 02 38 29 39 39, *Fax 02 38 38 27 29* – 🛗 📺 ☎ ♿ 🅿. AE GB
☕ 35 – **30 ch** 320/420

🏨 **Sanotel,** 21 quai Sully par ③ ✆ 02 38 67 61 46, *Fax 02 38 67 13 01,* ←, – 🛗 📺 ☎ ♿ 🅿 – 🎤 60. GB
Repas (dîner seul.) 150 🍷 – ☕ 39 – **60 ch** 199

XX **Poularde** avec ch, 13 quai Nice ✆ 02 38 67 36 05, *Fax 02 38 38 18 78* – ▤ rest, 📺 ☎. AE ⊙ GB — Z e
fermé dim. soir – **Repas** 92/245 🍷, enf. 54 – ☕ 40 – **9 ch** 240/280 – ½ P 280

XX **Côté Jardin,** 14 rte Bourges par ③ ✆ 02 38 38 24 67 – ▤. GB
fermé 1er au 12 juil., vacances de fév., sam. midi sauf juil.-août et lundi – **Repas** (prévenir) 105/270 🍷

X **Loire,** 18 quai Lenoir ✆ 02 38 67 00 75 – GB — Z r
fermé 17 nov. au 2 déc., 20 janv. au 11 fév., mardi soir et merc. – **Repas** 85/170 🍷

à Poilly-lez-Gien *Sud : 3 km par D 940 et rte secondaire – 2 281 h. alt. 126 – ✉ 45500 :*

🏨 **Villa Hôtel** Ⓜ, ✆ 02 38 27 03 30, *Fax 02 38 27 03 43* – 📺 ☎ ♿ 🅿. GB
Repas *(fermé 20 déc. au 5 janv., le midi sauf dim. de sept. à juin, vend. soir sauf juil.-août et dim. soir)* 69/120 🍷 – ☕ 25 – **14 ch** 169 – ½ P 155

GIENS *83 Var* 84 ⑯, 114 ㊻ *G. Côte d'Azur* – ✉ *83400 Hyères.*

Voir *Ruines du château* ✱★★.

Paris 862 – Toulon 27 – Carqueiranne 10 – Draguignan 89 – Hyères 10.

Voir plan de Giens à Hyères..

🏨 **Provençal,** ✆ 04 94 58 20 09, *Fax 04 94 58 95 44,* ←, «Parc en terrasses ombragé et fleuri», 🏊, 🎾 – 🛗 📺 ☎ 🅿 – 🎤 50. AE ⊙ GB. ✗ rest — X s
8 avril-24 oct. – **Repas** 130/250, enf. 65 – ☕ 65 – **41 ch** 370/700 – ½ P 490/630

XX **Tire Bouchon,** ✆ 04 94 58 24 61, ←, – ▤. GB — X a
fermé 9 au 22 oct., 4 au 31 déc., mardi soir et merc. de sept. à juin, merc. midi et mardi en juil.-août – **Repas** 140/180, enf. 70

La GIETTAZ 73590 Savoie 📖 ⑦ – 506 h alt. 1120.

Paris 579 – Chamonix-Mont-Blanc 53 – Albertville 28 – Chambéry 79 – Megève 17.

🏨 **Arondine,** ℘ 04 79 32 90 60, Fax 04 79 32 91 78, 佘, ₤₆ – 🛗 🖵 🕿 🖲, 😝, 🐵 rest
17 juin-10 sept. et 16 déc.-10 avril – **Repas** 85/135 ♀, enf. 45 – ⥥ 35 – **20 ch** 230/340 – 1/2 P 230/285

🏨 **Flor'Alpes,** ℘ 04 79 32 90 88, ≼, 🚗 – 🕿. 😝
15 juin-15 sept. et 20 déc.-30 mars – **Repas** 75/105 ₤ – ⥥ 30 – **11 ch** 180/235 – 1/2 P 225

GIFFAUMONT-CHAMPAUBERT 51290 Marne 📖 ⑨ G. Champagne – 227 h alt. 130.

Voir Lac du Der-chantecoq★★.

🛈 Office de Tourisme Lac du Der Chante Coq, Maison du Lac ℘ 03 26 72 62 80, Fax 03 26 72 64 69.

Paris 200 – Bar-le-Duc 49 – Chaumont 72 – St-Dizier 24 – Vitry-le-François 29.

🏨 **Cheval Blanc** 🦢, ℘ 03 26 72 62 65, Fax 03 26 73 96 97, 佘 – 🖵 🕿 🖲 🖥 😝 🐵 ch
fermé 4 au 26 sept., 1ᵉʳ au 23 janv., dim. soir et lundi – **Repas** 130/350 ♀, enf. 55 – ⥥ 35 – **14 ch** 280/340 – 1/2 P 310/350

GIGARO 83 Var 📖 ⑰, 📖 ㊲ – rattaché à La Croix-Valmer.

GIGONDAS 84190 Vaucluse 📖 ② – 612 h alt. 313.

Paris 665 – Avignon 38 – Nyons 31 – Orange 19 – Vaison-la-Romaine 15.

🏨 **Les Florets** 🦢, Est : 2 km par rte secondaire ℘ 04 90 65 85 01, Fax 04 90 65 83 80, 佘, 🚗 – 🖵 🕿 🖲, 🖥 😝
fermé 1ᵉʳ janv. au 1ᵉʳ mars, mardi soir et merc. sauf hôtel d'avril à oct. – **Repas** (100) 140/190 ♀, enf. 75 – ⥥ 60 – **14 ch** 390/450 – 1/2 P 395/450

🍴 **L'Oustalet,** ℘ 04 90 65 85 30, Fax 04 90 65 85 30, 佘 – 🖭 😝
fermé 15 nov. au 28 déc., dim. sauf le midi du 1ᵉʳ juil. au 15 août et lundi – **Repas** (85) - 138 (déj.)/210 ♀, enf. 68

GILETTE 06830 Alpes-Mar. 📖 ⑳ G. Côte d'Azur – 1 024 h alt. 420.

Voir ≼★ des ruines du château.

Paris 952 – Antibes 43 – Nice 37 – St-Martin-Vésubie 44.

à Vescous par rte de Rosquesteron (D 17) : 9 km – ✉ 06830 Gilette :

🍴 **Capeline,** ℘ 04 93 08 58 06, 佘 – 🖲. 😝
fermé 19 fév. au 4 mars, mardi et merc. de nov. à fév. et lundi – **Repas** (prévenir) 108 (déj.), 128/210

GILLY-LÈS-CITEAUX 21 Côte-d'Or 📖 ⑳ – rattaché à Vougeot.

GIMBELHOF 67 B.-Rhin 📖 ⑩ – rattaché à Lembach.

GINASSERVIS 83560 Var 📖 ④ – 911 h alt. 407.

Paris 786 – Aix-en-Provence 54 – Avignon 112 – Manosque 24 – Marseille 84 – Toulon 93.

🍴 **Chez Marceau** avec ch, pl. G. Péri ℘ 04 94 80 11 21, Fax 04 94 80 16 82, 佘 – 😝.
🐵 rest
fermé fév. – **Repas** (fermé mardi soir et merc. sauf juil.-août) 75 bc (déj.), 98/240 ₤, enf. 40 – ⥥ 35 – **5 ch** 250 – 1/2 P 235/250

GINCLA 11140 Aude 📖 ⑰ – 49 h alt. 570.

Voir Commune de la "Méridienne Verte".

Paris 843 – Foix 87 – Perpignan 67 – Carcassonne 76 – Quillan 24.

🏨 **Hostellerie du Grand Duc** 🦢, ℘ 04 68 20 55 02, Fax 04 68 20 61 22, 佘, 🚗 – 🖵 🕿 🖲.
1ᵉʳ avril-11 nov. – **Repas** (fermé merc. midi sauf juil.-août) 130/270 ♀, enf. 68 – ⥥ 42 – **9 ch** 270/370 – 1/2 P 335/360

GIROMAGNY *90200 Ter.-de-Belf.* 🗺️ ⑧ *G. Jura – 3 226 h alt. 495.*

🟦 *Office de Tourisme Parc du Paradis des Loups ✆ 03 84 29 09 00, Fax 03 84 29 55 45.*
Paris 418 – Épinal 81 – Mulhouse 45 – Belfort 14 – Lure 30 – Thann 34 – Le Thillot 32.

à Auxelles-Bas *Ouest : 4 km par D 12 – 353 h. alt. 480 – ⊠ 90200 :*

XX   **Vieux Relais,** ✆ 03 84 29 31 80, Fax 03 84 29 56 13 – GB
fermé sam. midi d'oct. à avril , dim. soir et lundi – Repas 90/280 ℤ, *enf.* 65

rte du Ballon d'Alsace *Nord : 7 km par D 465 – alt. 701 – ⊠ 90200 Giromagny :*

X   **Saut de la Truite** avec ch, ✆ 03 84 29 32 64, Fax 03 84 29 57 42, ≤, 🌤️, « Frais jardin
dans le vallon », 🐎 – 📺 ☎ 🚲 📖, 🖭 ⓞ GB
fermé 15 déc. au 1er fév. et vend. – Repas 90/200 🍷, *enf.* 40 – ☲ 35 – **7 ch** 190/250 –
½ P 260

GIROUSSENS *81 Tarn* 🗺️ ⑨ – *rattaché à Lavaur.*

GISORS *27140 Eure* 🗺️ ⑧ ⑨ *G. Normandie Vallée de la Seine – 9 481 h alt. 60.*

Voir *Château fort★★ – Église St-Gervais et St-Protais★.*

🟦 *Office de Tourisme (fermé mardi) 4 r. du Gén.-de-Gaulle ✆ 02 32 27 60 63, Fax 02 32
27 60 75.*
Paris 73 – Rouen 58 – Beauvais 33 – Évreux 64 – Mantes-la-Jolie 40 – Pontoise 38.

XX   **Cappeville,** 17 r. Cappeville ✆ 02 32 55 11 08, Fax 02 32 55 93 92 – 🖭 GB JCB
fermé 30 août au 14 sept., 4 au 20 janv., merc. soir et jeudi – Repas (79) - 115/210, *enf.* 65

à Bazincourt-sur-Epte *Nord : 6 km par D 14 – 496 h. alt. 55 – ⊠ 27140 :*

🏨   **Château de la Rapée** ⮥, Ouest : 2 km par rte secondaire ✆ 02 32 55 11 61,
Fax 02 32 55 95 65, 🌤️, « Parc », 🏊, – 📺 ☎ 🚲 📖, – 🏌️ 30. 🖭 GB, 🚫
*fermé fév. – **Pommeraie** (fermé 16 au 30 août, fév. et merc.) Repas* 175/235 ℤ – ☲ 63 –
13 ch 485/585 – ½ P 420/470

à St-Denis-le-Ferment *Nord-Ouest : 7 km par rte secondaire et D 17 – 405 h. alt. 70 – ⊠ 27140 :*

XXX   **Auberge de l'Atelier,** ✆ 02 32 55 24 00, Fax 02 32 55 10 20, 🌤️ – 📖, GB
fermé 1er au 15 nov., mardi d'oct. à mars, dim. soir et lundi sauf fériés – Repas 140/280 et
carte 250 à 320 ℤ

GIVERNY *27620 Eure* 🗺️ ⑱ *G. Normandie Vallée de la Seine – 548 h alt. 17.*

Voir *Maison de Claude Monet★ – Musée américain★.*
Paris 73 – Rouen 67 – Beauvais 67 – Évreux 36 – Mantes-la-Jolie 21.

XXX   **Jardins de Giverny,** D 5 ✆ 02 32 21 60 80, Fax 02 32 51 93 77, 🌤️, parc – 📖, 🖭 GB
fermé 1 au 15 nov., fév. et lundi – Repas 130/230 ℤ

GIVET *08600 Ardennes* 🗺️ ⑨ *G. Champagne – 7 775 h alt. 103.*

An 2000 juil. : Mise en lumière de la Vallée de la Meuse.
Voir ≤★ du fort de Charlemont★ – Site nucléaire de Chooz★ *S : 6 km.*
🟦 *Office de Tourisme pl. de la Tour ✆ 03 24 42 03 54, Fax 03 24 40 10.70.*
Paris 264 – Charleville-Mézières 56 – Fumay 23 – Rocroi 40.

🏨   **Les Reflets Jaunes** Ⓜ sans rest, 2 r.Gén. de Gaulle ✆ 03 24 42 85 85, Fax 03 24 42 85 86
– 🛗 🖥️ 📺 ☎ 🚲 🛗 📖, GB
☲ 50 – **10 ch** 295/480

🏨   **Val St-Hilaire,** 7 quai des Fours ✆ 03 24 42 38 50, Fax 03 24 42 07 36 – 📺 ☎ 🚲 🛗 📖 –
🏌️ 25. 🖭 ⓞ GB, 🚫 ch
*fermé 20 déc. au 5 janv. – **Auberge de la Tour** (fermé lundi de sept. à mai sauf fériés)
Repas* 90/250 🍷 – ☲ 45 – **20 ch** 295/345 – ½ P 300

🏨   **Roosevelt** sans rest, 78 av. Roosevelt, face gare ✆ 03 24 42 14 14, Fax 03 24 42 15 15 –
🛗 📺 ☎ 🚲 📖, GB
☲ 55 – **12 ch** 250/335

🏨   **Rivhôtel-Roosevelt** sans rest, 14 quai Remparts ✆ 03 24 42 66 66, Fax 03 24 42 15 15
– 🛗 📺 📺 ☎ 🚲, GB
☲ 55 – **8 ch** 295/345

XXX   **Méhul Gourmand,** 10 r. Flayelle ✆ 03 24 42 78 37, Fax 03 24 42 78 37 – 🖭 GB JCB
fermé 4 au 26 sept., 18 fév. au 5 mars, dim. soir, mardi midi et lundi – Repas 140/280 et
carte 210 à 320 ℤ

GIVORS 69700 Rhône **74** ⑪, **110** ㉝ G. Vallée du Rhône – 19 777 h alt. 156.
Paris 484 – Lyon 25 – Rive-de-Gier 17 – Vienne 13.

à Loire-sur-Rhône : 5 km par N 86, rte de Condrieu – 1 927 h. alt. 140 – ⊠ 69700 :

XX **Camerano**, ℘ 04 78 07 06 36, Fax 04 72 49 90 94, 佘 – Œ GB
fermé 6 au 21 août, dim. soir et lundi soir – **Repas** (85) - 150/285

GIVRY 71640 S.-et-L. **69** ⑨ G. Bourgogne – 3 340 h alt. 247.
Paris 343 – Chalon-sur-Saône 9 – Autun 48 – Chagny 14 – Mâcon 68.

XX **Halle** avec ch, pl. Halle ℘ 03 85 44 32 45, Fax 03 85 44 49 45 – ☎, GB
fermé 2 au 18 juil., vacances de Noël, de fév., dim. soir et lundi – **Repas** 98/270 ♀ – ☲ 35 –
3 ch 230 – ½ P 230

GLANDELLES 77 S.-et-M. **61** ⑫ – rattaché à Nemours.

GLUIRAS 07190 Ardèche **76** ⑲ – 380 h alt. 800.
Paris 611 – Valence 47 – Le Cheylard 20 – Lamastre 42 – Privas 33.

X **Relais de Sully**, ℘ 04 75 66 63 41, Fax 04 75 64 69 88, 佘 – GB
fermé vacances de fév., dim. soir et merc. sauf juil.-août – **Repas** 90/220 ♀, enf. 50

Le GOLFE-JUAN 06 Alpes-Mar. **84** ⑨, **115** ㉝ ㉙ G. Côte d'Azur – ⊠ 06220 Vallauris.
🛈 Office de Tourisme 84 av. Liberté ℘ 04 93 63 73 12, Fax 04 93 63 95 01.
Paris 912 – Cannes 6 – Antibes 4 – Grasse 21 – Nice 30.

Plans pour Vallauris voir plan de Cannes.

🏨 **Beau Soleil** M ⑤, impasse Beau-Soleil par N 7 (direction Antibes) ℘ 04 93 63 63 63,
Fax 04 93 63 02 89, 佘, ⌇, – 📱 ▤ 📺 ☎ ⇔, GB, ⚙
31 mars-15 oct. – **Repas** (dîner seul.) 110 ♀ – ☲ 58 – **30 ch** 600/690 – ½ P 420/460

🏨 **Lauvert** ⑤ sans rest, impasse des Hameaux de Beau-Soleil par N 7 (direction Antibes)
℘ 04 93 63 46 06, Fax 04 93 63 28 57, ⌇, ☞, ⚙ – 📱 cuisinette 📺 ☎ 🅿. GB
1er fév.-15 oct. – ☲ 38 – **28 ch** 450

🏨 **Crijansy**, av. J. Adam, par N 7 (dir. Cannes) ℘ 04 93 63 84 44, Fax 04 93 63 42 04, 佘 –
▤ ch, 📺 ☎ ⇔ 🅿. Œ GB. ⚙ rest
5 fév.-30 sept. – **Repas** 90/135 – ☲ 35 – **20 ch** 400/450 – ½ P 390

XX **Tétou**, à la plage ℘ 04 93 63 71 16, Fax 04 93 63 16 77, ≤, ⛴ – ▤ 🅿.
❀ 10 mars-25 oct. et fermé merc. – **Repas** - produits de la mer - carte 520 à 700
Spéc. Bouillabaisse. Langouste grillée. Poissons au four. **Vins** Côtes de Provence, Coteaux
varois.

XX **Nounou**, à la plage ℘ 04 93 63 71 73, Fax 04 93 63 46 91, ≤, 佘, ⛴ – 🅿. Œ ⓸ GB
fermé 5 nov. au 25 déc., dim. soir et lundi sauf juil.-août – **Repas** - produits de la mer -
195/350 ♀

X **Relais Impérial** avec ch, 21 r. L. Chabrier ℘ 04 93 63 70 36, Fax 04 93 63 10 51, 佘 – 📺.
GB
fermé 25 oct. au 16 nov., 24 janv. au 8 fév., lundi sauf le soir en juil.-août et dim. soir de sept.
à juin – **Repas** 90/250 ♀, enf. 65 – ☲ 35 – **7 ch** 200/450 – ½ P 250/450

à Vallauris Nord-Ouest : 2,5 km par D 135 – 24 325 h. alt. 120 – ⊠ 06220 :
Voir Musée national "la Guerre et la Paix" (château) – Musée de l'Automobile★ NO : 4 km.
🛈 Office de Tourisme sq. du 8 Mai 45, Parking (Sud) ℘ 04 93 63 82 58, Fax 04 93 63 95 01.

🏨 **Val d'Auréa** sans rest et sans ☲, 11 bis bd M. Rouvier ℘ 04 93 64 64 29 – 📱 ☎. GB
avril-sept. – **28 ch** 250/330   V k

XX **Gousse d'Ail**, 11 av. Grasse ℘ 04 93 64 10 71 – ▤. Œ GB   V y
⊛ fermé 26 juin au 3 juil., 30 oct. au 21 nov., mardi soir de janv. à Pâques, dim. soir et lundi –
Repas 120/170 ♀, enf. 75

GOMETZ-LE-CHATEL 91 Essonne **60** ⑩,, **106** ㉚,, **101** ㉝ – voir à Paris, Environs.

GONCELIN 38570 Isère **77** ⑤ – 1 771 h alt. 282.
Paris 593 – Grenoble 29 – Allevard 12 – Le Bourg-d'Oisans 74 – Chambéry 31.

XX **Clos du Château**, ℘ 04 76 71 72 04, Fax 04 76 13 20 88, 佘, ☞ – ⓸ GB. ⚙
fermé 25 avril au 2 mai, 14 au 29 août, 26 au 29 déc., merc. et le soir sauf vend. et sam. –
Repas 125 (déj.), 175/250 ♀, enf. 80

GORDES 84220 Vaucluse 🎗🗅 ⑬ G. Provence – 2 031 h alt. 372.

Voir Site⋆ – Château : cheminée⋆, musée Vasarely⋆ – Village des Bories⋆⋆ SO : 2 km par D 15 puis 15 mn – Abbaye de Sénanque⋆⋆ NO : 4 km – Pressoir⋆ dans le musée des Moulins à huile S : 5 km.

🛈 Office de Tourisme pl. du Château ✆ 04 90 72 02 75, Fax (Mairie) 04 90 72 02 26.

Paris 715 – Apt 21 – Avignon 38 – Carpentras 26 – Cavaillon 17 – Sault 37.

🏨🏨 **Les Bories** Ⓜ ⌂, rte Vénasque : 2 km ✆ 04 90 72 00 51, Fax 04 90 72 01 22, ≼ le
ॐ Luberon, 🏠, parc, ⌧, ⌧, ⅍ – ⋈, ▤ rest, 📺 ☎ 🖭 🖭 🖭 ⑩ 🖼
15 mars-31 oct. – **Repas** (prévenir) 195 (déj.), 290/480 et carte 360 à 460 – ⌥ 105 – **36 ch**
860/1780 – ½ P 910/1370
Spéc. Grosses langoustines rôties au beurre demi-sel. Carré d'agneau cuit à l'étouffée dans un bouquet d'herbes de la garrigue. "Guet-apens" au chocolat coulant. **Vins** Côtes du Luberon, Côtes du Ventoux.

🏨🏨 **Bastide de Gordes** Ⓜ ⌂, ✆ 04 90 72 12 12, Fax 04 90 72 05 20, ≼ le Luberon, 🏠, 🖪,
⌧ – ⋈▤ 📺 ☎ 🖢 🖭 – 🔏 25. 🖭 🖼
fermé 27 nov. au 3 mars – **Les Terrasses** (fermé 26 nov. au 9 mars, lundi midi, merc. midi et
mardi) **Repas** 270/320 🖤 – ⌥ 105 – **31 ch** 840/1970

🏨🏨 **Gordos** ⌂ sans rest, rte Cavaillon : 1,5 km ✆ 04 90 72 00 75, Fax 04 90 72 07 00, 🖪, 🖤 –
📺 ☎ 🖭. 🖭 🖼
15 mars-4 nov. – ⌥ 69 – **19 ch** 620/930

🏨🏨 **Les Romarins** ⌂ sans rest, rte Sénanque ✆ 04 90 72 12 13, Fax 04 90 72 13 13, ≼ village, 🖪 – 📺 ☎ 🖢 🖭. 🖭 🖼. ⌧
fermé 15 déc. au 15 fév. – ⌥ 60 – **10 ch** 500/850

🏨🏨 **Gacholle** ⌂, rte Murs par D 15 : 1,5 km ✆ 04 90 72 01 36, Fax 04 90 72 01 81, ≼ vallée,
🏠, 🖪, 🖤, ⅍ – 📺 ☎ 🖭. 🖭 🖼
fermé 10 janv. au 15 mars – **Repas** 85 bc (déj.)/195 🖤 – ⌥ 65 – **11 ch** 700/750

✗ **L'Estellan,** rte Cavaillon : 1 km ✆ 04 90 72 04 90, Fax 04 90 72 04 90, ≼, 🏠 – 🖭. 🖭 🖼
fermé 1er au 15 déc., 3 au 30 janv., jeudi midi sauf juil.-août et merc. – **Repas** (95) ‑ 115/210 🖤,
enf. 65

rte d'Apt Est : par D 2 – ✉ 84220 Gordes :

🏨🏨 **Auberge de Carcarille** ⌂, à 4 km ✆ 04 90 72 02 63, Fax 04 90 72 05 74, 🏠, 🖪, 🖤 –
📺 ☎ 🖭. 🖼. ⌧ ch
fermé 15 nov. au 28 déc. et vend. sauf le soir d'avril à sept. – **Repas** 98/220 🖤, enf. 55 –
⌥ 48 – **11 ch** 350/400 – ½ P 365/390

🏨 **Ferme de la Huppe** ⌂, à 5 km, rte Goult ✆ 04 90 72 12 25, Fax 04 90 72 01 83, 🏠,
« Ferme provençale du 18e siècle », 🖪 – 📺 ☎ 🖭. 🖼. ⌧
avril-20 déc. – **Repas** (fermé jeudi et le midi sauf dim.) 150/200 🖤, enf. 110 – ⌥ 25 – **9 ch**
500/750 – ½ P 345/520

rte des Imberts Sud-Ouest : par D 2 – ✉ 84220 Gordes :

🏨🏨 **Mas de la Senancole** Ⓜ sans rest, à 4 km ✆ 04 90 76 76 55, Fax 04 90 76 70 44, 🖪, 🖤
– ▤ 📺 ☎ 🖢 🖭. 🖭 🖼
1er avril-31 oct. – ⌥ 80 – **21 ch** 690

✗✗ **Mas Tourteron,** ✆ 04 90 72 00 16, Fax 04 90 72 09 81, 🏠, « Cadre rustique élégant » –
🖭. 🖭 🖼
26 fév.-13 nov. et fermé lundi et mardi – **Repas** 170 (déj.), 200/310

aux Beaumettes Sud : 5,5 km par D 15 et D 103 – 219 h. alt. 127 – ✉ 84220 :

🏨🏨 **Bastide des 5 Lys,** N 100 ✆ 04 90 72 38 38, Fax 04 90 72 29 90, 🏠, 🖪, 🖤, ⅍ – 📺 ☎
🖢 🖭. 🖼
fermé 2 janv. au 1er fév. – **Repas** (fermé dim. soir, mardi midi et lundi d'oct. à mars)
180/290 🖤 – ⌥ 95 – **18 ch** 850/1450 – ½ P 700/1070

GORGES voir au nom propre des gorges.

GORZE 57680 Moselle 🎗🗅 ⑬ G. Alsace Lorraine – 1 389 h alt. 300.

Paris 313 – Metz 20 – Jarny 17 – Pont-à-Mousson 22 – St-Mihiel 42 – Verdun 53.

✗✗ **Hostellerie du Lion d'Or** avec ch, ✆ 03 87 52 00 90, Fax 03 87 52 09 62, 🏠, 🖤 – 📺
☎ – 🔏 25. 🖼
fermé dim. soir et lundi – **Repas** 100/360 🖤, enf. 60 – ⌥ 40 – **15 ch** 190/330 – ½ P 290/390

GOSNAY 62 P.-de-C. 🎗🗅 ⑭ – rattaché à Béthune.

GOUESNACH 29950 Finistère 🔟 ⑲ – 1 769 h alt. 33.
Paris 565 – Quimper 15 – Bénodet 6 – Concarneau 20 – Pont l'Abbé 16 – Rosporden 27.

♨ **Aux Rives de l'Odet**, ℰ 02 98 54 61 09, Fax 02 98 54 75 21, ☞ – 🆃🆅 ☎ ✔ 🅿 🆎 ⓪ 🆖
Repas 90/140 ♀, enf. 52 – ☲ 30 – **33 ch** 185/310 – ½ P 215/280

La GOUESNIÈRE 35350 I.-et-V. 🔟 ⑥ – 942 h alt. 22.
Paris 385 – St-Malo 14 – Dinan 25 – Dol-de-Bretagne 13 – Lamballe 57 – Rennes 65.

🏥 **Tirel-Guérin**, à la Gare (rte Cancale) : 1,5 km D 76 ℰ 02 99 89 10 46, Fax 02 99 89 12 62,
« Jardin fleuri », 🐾, 🌊, ☞, ℁ – ⊟ rest, 🆃🆅 ☎ ✔ 🅿 – 🔬 100. 🆎 ⓪ 🆖 🎴
Repas (fermé mi-janv., dim. soir et lundi du 1ᵉʳ oct. au 1ᵉʳ avril) (dim. et fêtes
prévenir) 130/450 et carte 260 à 410 ♀, enf. 88 – ☲ 60 – **55 ch** 320/750 – ½ P 370/560
Spéc. Salade de caille poêlée, lames de truffes et foie gras. Homard breton braisé en deux
services. Saint-Pierre rôti aux figues (15 mai au 15 oct.).

🏰 **Château de Bonaban** ⑤, r. Alfred de Folliny ℰ 02 99 58 24 50, Fax 02 99 58 28 41,
parc, ℁ – 📱 🆃🆅 ☎ ✔ 🕭 🅿 – 🔬 30. 🆎 🆖
Repas (fermé 1ᵉʳ au 15/11, 16/2 au 7/3, dim. soir et merc. de 10 à 06, lundi, mardi et merc.
le midi de juil. à sept.) 145/260 ♀, enf. 85 – ☲ 60 – **34 ch** 450/700 – ½ P 445/805

GOUJOUNAC 46250 Lot 🔟 ⑦ G. Périgord Quercy – 174 h alt. 250.
Paris 577 – Cahors 28 – Gourdon 31 – Villeneuve-sur-Lot 52.

✗ **Hostellerie de Goujounac** avec ch, ℰ 05 65 36 68 67, Fax 05 65 36 60 54, 🌤 – 🆃🆅 ☎
✔. 🅿
fermé 20 nov. au 11 déc., 23 janv. au 12 fév., dim. soir et lundi – **Repas** 75 bc/230 ♀ – ☲ 35
– **5 ch** 230/280 – ½ P 260/290

GOULT 84220 Vaucluse 🔟 ⑬ – 1 281 h alt. 258.
Paris 717 – Apt 13 – Avignon 41 – Bonnieux 7 – Carpentras 37 – Cavaillon 19 – Sault 41.

✗✗ **Bartavelle**, r. Cheval Blanc ℰ 04 90 72 33 72, Fax 04 90 72 33 72, « Salle voûtée » – 🆖
début mars-fin nov. et fermé mardi de sept. à juin, le midi sauf dim. et merc. – **Repas**
135/215

GOUMOIS 25470 Doubs 🔟 ⑩ – 136 h alt. 490.
Voir Corniche de Goumois★★, G. Jura.
Paris 510 – Besançon 94 – Biel 44 – Montbéliard 53 – Morteau 48.

🏨 **Taillard** ⑤, alt. 605 ℰ 03 81 44 20 75, Fax 03 81 44 26 15, ≼ vallée du Doubs, ☞, « Jardin fleuri », 🐾, 🌊, ☞ – 🆃🆅 ☎ ✔ 🅿 – 🔬 25. 🆎 ⓪ 🆖
6 mars-mi-nov. – Repas (fermé merc. midi sauf juil.-août et merc. soir en mars, oct. et nov.)
(115) 130/360 ♀ – ☲ 55 – **18 ch** 275/520, 4 duplex – ½ P 410/600

🏠 **Moulin du Plain** ⑤, Nord : 5 km par rte secondaire ℰ 03 81 44 41 99,
Fax 03 81 44 45 70, ≼, « Au bord du Doubs », ☞ – 🆃🆅 ☎ ✔ 🅿. 🆖
1ᵉʳ mars-31 oct. – **Repas** 95/200 ♀, enf. 58 – ☲ 42 – **22 ch** 225/340 – ½ P 260/300

GOUPILLIÈRES 14210 Calvados 🔟 ⑮ – 115 h alt. 162.
Paris 252 – Caen 23 – Condé-sur-Noireau 26 – Falaise 34 – Saint-Lô 53.

✗✗ **Auberge du Pont de Brie** ⑤ avec ch, Halte de Grimboscq, Est : 1,5 km
ℰ 02 31 79 37 84, Fax 02 31 79 87 22 – 🆃🆅 ☎ 🅿. 🆖
fermé 17 déc. au 5 fév., lundi de sept. à juin et mardi de sept. à avril – **Repas** 90/240 ♀,
enf. 50 – ☲ 35 – **6 ch** 270/360 – ½ P 275/310

GOURDON 🔟 46300 Lot 🔟 ⑱ G. Périgord Quercy – 4 851 h alt. 250.
Voir Rue du Majou★ – Cuve baptismale★ dans l'église des Cordeliers – Esplanade ⁂★ –
Grottes de Cougnac★ NO : 3 km.
🄱 Office de Tourisme r. du Majou ℰ 05 65 27 52 50, Fax 05 65 27 52 52.
Paris 546 – Cahors 45 – Sarlat-la-Canéda 26 – Bergerac 90 – Brive-la-Gaillarde 66 – Figeac 64.

🏨 **Domaine du Berthiol** ⑤, Est : 1 km par D 704 ℰ 05 65 41 33 33, Fax 05 65 41 14 52,
≼, parc, 🌊, ℁ – 📱, ⊟ rest, 🆃🆅 ☎ ✔ 🕭 🅿 – 🔬 80. 🆎 ⓪ 🆖, ℁ ch
1ᵉʳ avril-30 oct. – **Repas** (fermé jeudi midi) 100 (déj.), 135/275 – ☲ 58 – **27 ch** 400/450 –
½ P 430

🏨 **Hostellerie de la Bouriane** ⑤, pl. Foirail ℰ 05 65 41 16 37, Fax 05 65 41 04 92, ☞ –
📱, ⊟ rest, 🆃🆅 ☎ ✔ 🅿 🆎 ⓪ 🆖
fermé 15 janv. au 10 mars, dim. soir de nov. à Pâques, lundi sauf le soir de Pâques à oct. et
sam. midi – Repas 85/250 ♀, enf. 60 – ☲ 40 – **20 ch** 310/480 – ½ P 297/330

GOURDON 06620 Alpes-Mar. 84 ⑧ G. Côte d'Azur – 294 h alt. 800.

Voir Site★★ – ≼★★ du chevet de l'église – Château : musée de Peintures naïves★, ≼★★ des jardins.

Paris 926 – Cannes 27 – Castellane 58 – Grasse 14 – Nice 39 – Vence 26.

X **Au Vieux Four,** r. Basse (au village) ℰ 04 93 09 68 60

🐾 fermé 15 au 30 mai, 15 nov. au 3 janv. et sam. sauf mi-juil. à fin août – Repas (déj. seul.)(prévenir) 95/105 ৬, enf. 55

GOURETTE 64 Pyr.-Atl. 85 ⑰ G. Aquitaine – alt. 1400 – Sports d'hiver : 1 400/2 400 m ≼ 3 ≸ 23 – ⊠ 64440 Eaux Bonnes.

Voir Site★ – Col d'Aubisque ☀★★ N : 4 km.

🖪 Office de Tourisme pl. Sarrière ℰ 05 59 05 12 17, Fax 05 59 05 12 56 et à Eaux-Bonnes ℰ 05 59 05 33 08, Fax 05 59 05 32 58.

Paris 830 – Pau 52 – Argelès-Gazost 36 – Eaux-Bonnes 8 – Laruns 14 – Lourdes 48.

🏨 **Boule de Neige** ⋙, ℰ 05 59 05 10 05, Fax 05 59 05 11 81, ≼, 🖭, 🖪 – ⇝ 🖸 ☎. GB ⋙

1er juil.-9 sept. et 15 déc.-fin avril – Repas (55) - 85 (déj.), 105/180 ৢ, enf. 50 – � 42 – **20 ch** 390/440 – ½ P 370/380

🏨 **Pene Blanque,** ℰ 05 59 05 11 29, Fax 05 59 05 10 85, ≼, 🖈, 🖪, ⊒ – 🖸 ☎ 🄿. GB JCB 🐾 ⋙ rest

1er juil.-1er sept. et 20 déc.-9 avril – Repas (60) - 85/180, enf. 55 – ⊒ 50 – **24 ch** 350/460 – ½ P 375/385

GOURNAY-EN-BRAY 76220 S.-Mar. 55 ⑧ G. Normandie Vallée de la Seine – 6 147 h alt. 94.

🖪 Office de Tourisme sq. P.-Petit ℰ 02 35 90 28 34, Fax 02 35 09 62 07.

Paris 97 – Rouen 52 – Amiens 80 – Les Andelys 38 – Beauvais 31 – Dieppe 76 – Gisors 25.

🏨 **Cygne** sans rest, 20 r. Notre Dame ℰ 02 35 90 27 80, Fax 02 35 90 59 00 – 🛉 ⇝ 🖸 ☎ 🄿 AE ⓪ GB JCB

⊒ 37 – **29 ch** 285/340

GOUSSAINVILLE 95 Val-d'Oise 55 ①,, 101 ⑦ – voir à Paris, Environs.

GOUVIEUX 60 Oise 55 ⑪,, 106 ⑦ ⑧ – rattaché à Chantilly.

GOUZON 23230 Creuse 73 ① – 1 370 h alt. 378.

Paris 362 – Aubusson 30 – La Châtre 56 – Guéret 32 – Montluçon 35.

🏨 **Lion d'Or,** ℰ 05 55 62 28 54, Fax 05 55 62 21 63 – ⇝ 🖸 ☎ 🚙. GB

Repas (60) - 85/250 ৢ – ⊒ 35 – **11 ch** 170/280 – ½ P 280

GRADIGNAN 33 Gironde 71 ⑨ – rattaché à Bordeaux.

GRAMAT 46500 Lot 75 ⑲ G. Périgord Quercy – 3 526 h alt. 305.

🖪 Office de Tourisme pl. de la République ℰ 05 65 38 73 60, Fax 05 65 33 46 38.

Paris 537 – Cahors 56 – Brive-la-Gaillarde 57 – Figeac 35 – Gourdon 38 – St-Céré 22.

🏨 **Lion d'Or,** pl. République ℰ 05 65 38 73 18, Fax 05 65 38 84 50, 🖈, parc – 🛉 🗐 🖸 ☎ ⋓ 🚙 – 🛦 15. AE ⓪ GB JCB

fermé 15 déc. au 15 janv. et lundi midi de nov. à mars – Repas 110/320 – ⊒ 55 – **15 ch** 285/470 – ½ P 390

🏨 **Relais des Gourmands** Ⓜ, av. Gare ℰ 05 65 38 83 92, Fax 05 65 38 70 99, 🖈, ⊒, 🥭 – 🖸 ☎ ⋓. ⓪ GB

fermé vacances de fév., lundi midi et dim. soir de sept. à juin sauf fériés – Repas (75) 90/220 ৬, enf. 50 – ⊒ 45 – **16 ch** 320/460 – ½ P 350/420

🏨 **Centre,** pl. République ℰ 05 65 38 73 37, Fax 05 65 38 73 66, 🖈 – 🗐 rest, 🖸 ☎ ⋓ 🚙 AE ⓪ GB

fermé 11 au 30 nov., vend. soir et sam. de nov. à mars sauf vacances scolaires – Repas (65) 85/210 ৢ, enf. 40 – ⊒ 40 – **14 ch** 240/330 – ½ P 300/330

à Lavergne Nord-Est : 4 km par D 677 – 387 h. alt. 320 – ⊠ 46500 :

X **Limargue,** ℰ 05 65 38 76 02, Fax 05 65 33 68 13 – 🄿. GB

🐾 fermé 28 janv. au 1er fév., mardi soir et merc. du 15 sept. au 15 juin – Repas 70/135 ৢ enf. 40

614

rte de Brive *4,5 km par N 140 et rte secondaire* – ⊠ *46500 Gramat* :

🏚 **Château de Roumégouse** ﮚ, 𝄐 05 65 33 63 81, Fax 05 65 33 71 18, ≼ Causse de Gramat, 🍴, « Château du 19ᵉ siècle dans un parc », ⊒ – 🆃🆅 ✆ ℙ, ᴁ ⓞ ⑱ ☒ ᴊᴄʙ
1ᵉʳ avril-30 nov. et 20 au 31 déc. – **Repas** *(fermé mardi)* 105 (déj.), 185/360 bc ♀ – � 80 – **16 ch** 600/1150 – ½ P 810/1025

GRAMBOIS *84240 Vaucluse* 🔡 ⑭ – *903 h alt. 390.*
🛈 *Syndicat d'Initiative r. de la Mairie* 𝄐 04 90 77 96 29, Fax 04 90 77 94 68.
Paris 761 – Digne-les-Bains 81 – Aix-en-Provence 34 – Apt 39 – Manosque 22.

🏚 **Clos des Sources** 🅼 ﮚ, D 122 𝄐 04 90 77 93 55, Fax 04 90 77 92 96, ≼, 🍴, ⊒ – 🆃🆅 ☎ ✆ ᴅ ℙ, ᴁ ☒
Repas *(fermé 15 nov. au 15 mars, dim. soir et lundi sauf juil.-août)* 140 (déj.), 190/320, enf. 80 – ⊒ 60 – **12 ch** 700/800 – ½ P 640

Le GRAND-BORNAND *74450 H.-Savoie* 🔢 ⑦ *G. Alpes du Nord* – *1 925 h alt. 934 – Sports d'hiver : 1 000/2 100 m ⪜ 2 ⪙ 36 ⪛.*
🛈 *Office de Tourisme pl. Église* 𝄐 04 50 02 78 00, Fax 04 50 02 78 01 et (saison) annexe du Chinaillon 𝄐 04 50 02 78 02.
Paris 568 – Annecy 32 – Chamonix-Mont-Blanc 78 – Albertville 46 – Bonneville 23.

🏠 **Delta** 🅼 sans rest, L'Envers de Villeneuve 𝄐 04 50 02 26 25, Fax 04 50 02 32 71 – 🆃🆅 ☎ ᴅ ℙ,
17 juin-16 sept. et 15 déc.-30 avril – ⊒ 38 – **15 ch** 240/320

🏠 **Glaïeuls**, à la télécabine la Joyère 𝄐 04 50 02 20 23, Fax 04 50 02 25 00, ≼ – 🆃🆅 ☎ ᴅ ℙ, ☒.
⁕ rest
15 juin-15 sept. et 20 déc.-15 avril – **Repas** 90/250, enf. 55 – ⊒ 40 – **21 ch** 320 – ½ P 360

🏠 **Croix St-Maurice**, face église 𝄐 04 50 02 20 05, Fax 04 50 02 35 87 – 📶 🆃🆅 ☎ ᴅ ⓞ ☒
20 juin-15 sept. et 18 déc.-15 avril – **Repas** *(70)* - 90/160 ♀, enf. 50 – ⊒ 40 – **21 ch** 260/320 – ½ P 310/350

🏠 **Les Écureuils**, à la télécabine la Joyère 𝄐 04 50 02 20 11, Fax 04 50 02 39 47, ≼, 🍴, ᴋᴅ – 🆃🆅 ☎ ᴅ ℙ,
15 juin-15 sept. et 20 déc.-20 avril – **Repas** 72/112 ♫, enf. 40 – ⊒ 40 – **19 ch** 250/390 – ½ P 350

✗ **L'Hysope**, Pont de Sulze 𝄐 04 50 02 29 87, 🍴 – ☒
fermé 9 au 29 oct. et merc. en mai, juin, sept. et nov. – **Repas** 115/350, enf. 50

au Chinaillon *Nord : 5,5 km par D 4* – ⊠ *74450 Le Grand-Bornand* .

🏠 **Les Cîmes** 🅼 sans rest, 𝄐 04 50 27 00 38, Fax 04 50 27 08 46, ≼ – ⋞ 🆃🆅 ☎ ᴅ ℙ, ☒
15 juin-15 sept. et déc.-avril – **10 ch** ⊒ 540/750

GRANDCAMP-MAISY *14450 Calvados* 🔢 ③ – *1 881 h alt. 5.*
Paris 291 – Cherbourg 73 – St-Lô 42 – Caen 60.

🏠 **Duguesclin**, sur la plage 𝄐 02 31 22 64 22, Fax 02 31 22 34 79, ≼ – 🆃🆅 ☎ ᴅ ℙ, ᴁ ☒
fermé 15 au 22 oct. et 15 janv. au 15 fév. – **Repas** 65/200 ♀, enf. 50 – ⊒ 30 – **25 ch** 180/300 – ½ P 280/350

✗✗ **Marée**, sur le port 𝄐 02 31 21 41 00, Fax 02 31 21 44 55, ≼, 🍴 – ᴁ ⓞ ☒
fermé 1ᵉʳ déc. au 31 janv., dim. soir et merc. d'oct. à mars – **Repas** 98/198 ♀

La GRAND-COMBE *30110 Gard* 🔢 ⑦ ⑧ – *7 107 h alt. 185.*
Paris 684 – Alès 13 – Aubenas 78 – Florac 56 – Nîmes 59 – Villefort 42.

au Nord-Ouest : *6 km par rte de Florac* – ⊠ *30110 La Grand-Combe* :

🏠 **Lac**, 𝄐 04 66 34 12 85, Fax 04 66 34 38 35, 🍴 – ☎ ᴅ ℙ, ☒
fermé 12 au 19 nov., fév. et merc. – **Repas** 78/145 ♫, enf. 45 – ⊒ 30 – **12 ch** 135/250 – ½ P 170/225

GRAND'COMBE-CHÂTELEU *25 Doubs* 🔢 ⑦ – *rattaché à Morteau.*

La GRANDE-MOTTE *34280 Hérault* 🔢 ⑧ *G. Languedoc Roussillon* – *5 016 h alt. 1 – Casino.*
🛈 *Office de Tourisme av. J.-Bene* 𝄐 04 67 56 40 50, Fax 04 67 56 78 30, pl. du 1er Octobre 1974 𝄐 04 67 56 42 00, Fax 04 67 29 03 45 et Pavillon d' Accueil 𝄐 04 67 56 00 61 et (saison) Espace Levant et Roxim.
Paris 752 – Montpellier 27 – Aigues-Mortes 11 – Lunel 16 – Nîmes 45 – Sète 44.

🏨🏨🏨 **Grand M'Hôtel** ⬧, quartier Point Zéro ☎ 04 67 29 13 13, Fax 04 67 29 14 74, ≤ littoral, 🏤, institut de thalassothérapie, ⅃⬧, ⅃, ⅃ – ⬧ ■ 🅣 ☎ & ⇔ – 🕿 50. 🆎 ⒼⒷ, ⅏
  fermé 17 déc. au 14 janv. – **Repas** 120/180 – ⬲ 50 – **36 ch** 735/920, 3 appart – ½ P 685

🏨🏨🏨 **Frantour** Ⓜ ⬧, av. Golf ☎ 04 67 29 88 88, Fax 04 67 29 17 01, ≤, 🏤, ⅃⬧, ⅃ – ⬧|,
  ■ rest, 🅣 ☎ & 🅿 – 🕿 50. 🆎 ⓞ ⒼⒷ ⒿⒸⒷ
  Repas *(mai-sept.)* 130, enf. 60 – ⬲ 55 – **80 ch** 510/610 – ½ P 480

🏨🏨🏨 **Mercure**, r. du port ☎ 04 67 56 90 81, Fax 04 67 56 92 29, ≤ littoral, 🏤, ⅃ – ⬧ ■ 🅣 ☎
  🅿 – 🕿 90. 🆎 ⓞ ⒼⒷ ⒿⒸⒷ
  Repas *(1er juin-30 sept.)* carte environ 190, enf. 65 – ⬲ 60 – **135 ch** 350/750

🏨🏨 **Azur Bord de Mer** ⬧ sans rest, esplanade de la Capitainerie ☎ 04 67 56 56 00,
  Fax 04 67 29 81 26, ≤, ⅃ – ■ 🅣 ☎ ☎ 🅿. 🆎 ⓞ ⒼⒷ
  ⬲ 48 – **20 ch** 600/700

🏨🏨 **Europe** sans rest, près de la poste ☎ 04 67 56 62 60, Fax 04 67 56 93 07, ⅃ – 🅣 ☎ 🅿. 🆎
  ⓞ ⒼⒷ ⒿⒸⒷ
  avril-oct. – ⬲ 50 – **34 ch** 430/510

🏨🏨 **Plage**, allée du Levant par av. Grau-du-Roi ☎ 04 67 29 93 00, Fax 04 67 56 00 07, ≤, 🏤 –
  🅣 ☎ 🅿. 🆎 ⓞ ⒼⒷ
  hôtel : 15 avril-15 oct. ; rest : 30 avril-17 sept. – **Repas** 120 ⅄, enf. 60 – ⬲ 45 – **39 ch**
  610/650 – ½ P 470

✕✕✕ **Alexandre**, esplanade de la Capitainerie ☎ 04 67 56 63 63, Fax 04 67 29 74 69, ≤ – ■ 🅿.
  🆎 ⒼⒷ ⒿⒸⒷ. ⅏
  fermé 10 janv. au 11 fév., dim. soir sauf juil.-août et lundi – **Repas** *(130)* - 200/400 et carte 330
  à 460 ⅄, enf. 85

✕ **Cuisine du Marché**, 89 r. Casino ☎ 04 67 29 90 11, 🏤 – ■. ⒼⒷ
  fermé 12 nov. au 27 déc., le midi en juil.-août, lundi et mardi de sept. à juin – **Repas**
  139/199 ⅄

Le GRAND-PRESSIGNY 37350 I.-et-L. 🔢 ⑤ *G. Châteaux de la Loire* – 1 120 h alt. 63.
  Voir *Musée de Préhistoire★ dans le château.*
  🄱 Office de Tourisme ☎ 02 47 94 96 82, Fax 02 47 94 96 82.
  Paris 305 – Poitiers 68 – Le Blanc 44 – Châtellerault 30 – Loches 34 – Tours 70.

✕ **Auberge Savoie-Villars** avec ch, ☎ 02 47 94 96 86, Fax 02 47 91 07 81, 🏤 – ☎ ☎. ⒼⒷ
  fermé fév., lundi soir sauf juil.-août et mardi – **Repas** 100/150 ⅃ – ⬲ 30 – **9 ch** 200/250 –
  ½ P 195

Le GRAND-QUEVILLY 76 S.-Mar. 🔢 ⑥ – *rattaché à Rouen.*

GRANDVILLARS 90600 Ter.-de-Belf. 🔢 ⑧ – 2 874 h alt. 357.
  Paris 434 – Besançon 89 – Mulhouse 56 – Basel 59 – Belfort 19 – Montbéliard 19.

✕✕ **Choix de Sophie**, N 19 ☎ 03 84 27 76 03 – 🅿. ⒼⒷ. ⅏
  fermé 30 juil. au 20 août, 23 déc. au 2 janv., sam. et dim. – **Repas** 89/175 ⅄

GRANDVILLERS 88600 Vosges 🔢 ⑯ – 666 h alt. 365.
  Paris 403 – Épinal 21 – Lunéville 50 – Gérardmer 29 – Remiremont 37 – St-Dié 29.

🏨🏨 **Europe et Commerce** Ⓜ, ☎ 03 29 65 71 17, Fax 03 29 65 85 23, ☞, ⅏ – 🅣 ☎ ☎ &
  🅿 – 🕿 20. 🆎 ⒼⒷ
  fermé vend. soir et dim. soir – **Repas** 75/220 ⅃, enf. 65 – ⬲ 35 – **21 ch** 250/360 –
  ½ P 260/290

GRANE 26400 Drôme 🔢 ⑫ – 1 384 h alt. 175.
  Paris 594 – Valence 29 – Crest 9 – Montélimar 34 – Privas 31.

✕✕✕ **Patrick Giffon** ⬧ avec ch, ☎ 04 75 62 60 64, Fax 04 75 62 70 11, 🏤, ⅃, ☞ – ■ rest
  🅣 ☎ 🅿 – 🕿 30. 🆎 ⓞ ⒼⒷ
  fermé dim. soir et mardi midi d'oct. à avril et lundi – **Repas** 130 (déj.), 175/390 et carte 250
  410 – ⬲ 60 – **13 ch** 310/600 – ½ P 390/490

GRANGES-LÈS-BEAUMONT 26 Drôme 🔢 ② – *rattaché à Romans-sur-Isère.*

Les GRANGETTES 25160 Doubs 🔢 ⑥ – 169 h alt. 864.
  Paris 455 – Besançon 70 – Champagnole 41 – Morez 50 – Pontarlier 11.

🏞 **Bon Repos** ⬧, ☎ 03 81 69 62 95, Fax 03 81 69 66 61, ☞ – ☎ 🅿. 🆎 ⒼⒷ, ⅏
  fermé 20 au 30 mars, 17 oct. au 22 déc., mardi soir et merc. hors saison – **Repas** 71/175 ⅄
  enf. 43 – ⬲ 32 – **15 ch** 188/253 – ½ P 224/270

GRANVILLE *50400 Manche* 59 ⑦ *G. Normandie Cotentin – 12 413 h alt. 10 – Casino* **Z** *et à St.-Pair-sur-Mer.*

Voir Site★ – Le tour des remparts★ : place de l'Isthme ≤★ **Z** *– Pointe du Roc : site★.*

Office de Tourisme 4 cours Jonville ✆ *02 33 91 30 03, Fax 02 33 91 30 19.*

Paris 336 ② *– St-Lô 57* ① *– St-Malo 93* ③ *– Avranches 26* ② *– Cherbourg 105* ①

GRANVILLE

Briand (Av. A.) .... **Y** 2
Clemenceau (R. G.) .... **Z** 3
Corsaires (Pl. aux) .... **Z** 4
Corsaires (R. aux) .... **Z** 6
Couraye (R.) .... **Z**
Desmaisons (R. C.) .... **Z** 7
Granvillais (Bd des Amiraux) .... **Z** 8
Hautesorve (Bd d') .... **Z** 9
Juifs (R. des) .... **Z**
Lecampion (R.) .... **Z**
Leclerc (R. Gén.) .... **Y**
Parvis Notre-Dame (Montée du) .... **Z** 12
Poirier (R. Paul) .... **Z** 15
St-Sauveur (R.) .... **Z** 16
Ste-Geneviève (R.) .... **Z** 17
Saintonge (R.) .... **Z** 18
Terreneuviers (Bd) .... **Y** 21
Vaufleury (Bd) .... **Y** 22
2e et 202e de Ligne (Bd des) .... **Z** 25

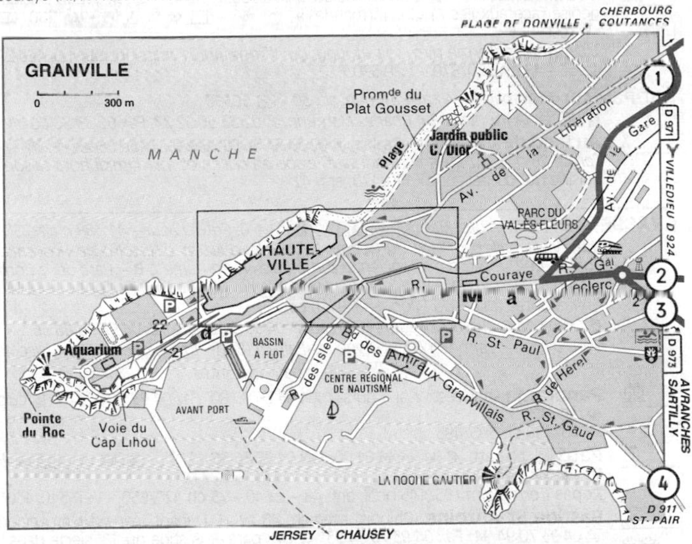

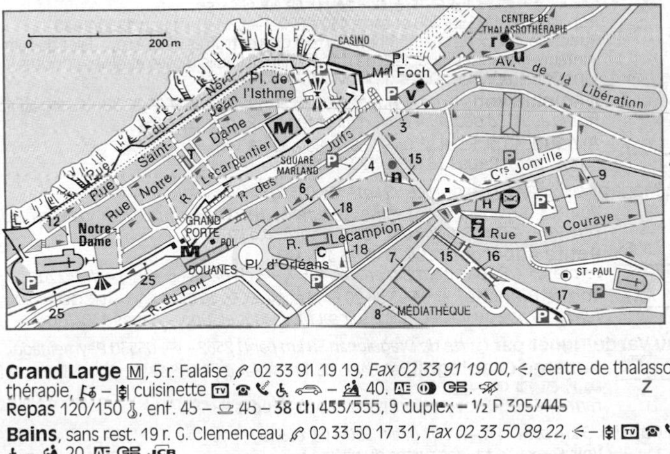

Grand Large M, 5 r. Falaise ✆ 02 33 91 19 19, *Fax 02 33 91 19 00*, ≤, centre de thalassothérapie, ♨ – |♦| cuisinette ☎ ✆ ♿ – 🅰 40. AE ⓓ GB. ✕ **Z r**
Repas 120/150 ♀, enf. 45 – ☐ 45 – **38 ch** 455/555, 9 duplex – ½ P 305/445

Bains, sans rest. 19 r. G. Clemenceau ✆ 02 33 50 17 31, *Fax 02 33 50 89 22*, ≤ – |♦| ☎ ✆ ♿ – 🅰 20. AE GB JCB
☐ 39 – **47 ch** 420/600 **Z v**

Michelet sans rest, 5 r. J. Michelet ✆ 02 33 50 06 55, *Fax 02 33 50 12 25* – ☎ P. AE ⓓ GB. ✕ – ☐ 34 – **20 ch** 140/300 **Z u**

XXX **Gentilhommière**, 152 r. Couraye ✆ 02 33 50 17 99, Fax 02 33 50 17 99 – GB JCB
    fermé 29 fév. au 16 mars, dim. soir et lundi sauf juil.-août – **Repas** (nombre de couverts
limité, prévenir) 98/220 et carte 230 à 330   Y a

XX **Normandy Chaumière** avec ch, 20 r. Paul Poirier ✆ 02 33 50 01 71, Fax 02 33 50 15 34
    – TV ☎. GB   Z n
fermé 10 janv. au 28 fév., mardi soir et merc. du 1er nov. au 30 juin – **Repas** 80 (déj.), 99/240 ♀
– ☲ 32 – **6 ch** 240/370 – ½ P 290

XX **Citadelle**, 34 r. Port ✆ 02 33 50 34 10, Fax 02 33 50 15 36, ≤, ♔ – ▤. ﷼ GB   Y d
fermé 15 fév. au 15 mars, mardi midi de nov. à mars, mardi soir et merc. de sept. à juin –
Repas 79/190 ♀, enf. 60

par ① rte de Coutances : 4,5 km – ✉ 50290 Bréville-sur-Mer :

▥ **Beaumonderie**, ✆ 02 33 50 36 36, Fax 02 33 50 36 45, ≤, ♔, parc, « Maison bou
geoise face aux îles Anglo-Normandes », ◪, ⚒ – TV ☎ ✆ ⚒ ▣ – 🖽 250. ﷼ GB JCB
⚒ rest
    L'Orangerie *(fermé dim. soir et lundi du 1er nov. au 31 mars)* **Repas** 129/420 ♀, enf. 95 -
☲ 55 – **13 ch** 350/870 – ½ P 370/630

à St-Pair-sur-Mer par ④ : 4 km – 3 114 h. alt. 30 – ✉ 50380 :
❸ Office de Tourisme 3 r. Charles Mathurin ✆ 02 33 50 52 77, Fax 02 33 50 00 04.

X **Au Pied de Cheval**, au Casino ✆ 02 33 91 34 01, Fax 02 33 50 26 27, ≤, ♔ – ▤. GB
fermé 26 déc. au 30 janv., lundi sauf le soir en saison et mardi midi hors saison – **Repas**
cuisine franco-italienne - 120/170, enf. 42

GRASSE ◈ 06130 Alpes-Mar. 84 ⑧, 114 ⑬, 115 ㉔ G. Côte d'Azur – 41 388 h alt. 250.
Voir *Vieille ville* : Place du Cours* Z, musée d'Art et d'Histoire de Provence* Z M¹ -
Toiles* de Rubens dans l'ancienne cathédrale Notre-Dame Z B – Parc de la Corniche ≤* ✱
30 mn Z – Jardin de la Princesse Pauline ≤* ✱ K – Musée de la Parfumerie* Z M³.
Env. Montée au col du Pilon ≤** 9 km par ④.
❸ Office de Tourisme 22 cours H. Cresp ✆ 04 93 36 66 66, Fax 04 93 36 86 36.
Paris 911 ② – Cannes 17 ② – Digne-les-Bains 118 ④ – Draguignan 57 ③ – Nice 41 ②.

Plan page ci-contre

▥ **Panorama** sans rest, 2 pl. Cours ✆ 04 93 36 80 80, Fax 04 93 36 92 04 – 🖭 cuisinette TV
☎. ﷼ GB   Z u
☲ 40 – **36 ch** 395/485

▣ **Patti** M, pl. Patti ✆ 04 93 36 01 00, Fax 04 93 36 36 40, ♔ – 🖭, ▤ rest, TV ☎ ⚒ – 🖽 50
﷼ ﻩ GB   Y a
Repas *(fermé dim.)* 95/145 bc ♀, enf. 48 – ☲ 40 – **73 ch** 420/650 – ½ P 310/430

XXXX **Bastide St-Antoine** (Chibois) avec ch, 48 av. H. Dunant (par bd Mar. Leclerc) 1,5 km
❀❀ ✆ 04 93 70 94 94, Fax 04 93 70 94 95, ≤, ♔, parc, « Bastide du 18e siècle dans une olive
raie », ◪ – 🖭 ▤ TV ☎ ✆ ⚒ ▣ – 🖽 60. ﷼ ﻩ GB
Repas 250 (déj.), 550/700 et carte 430 à 620 ♀ – ☲ 135 – **11 ch** 1260/1440
Spéc. Mousseux de champignons au foie gras et truffes (déc. à fév.). Filet de Saint-Pierre e
senteurs grassoises. Soupière de fraises, glace à l'huile d'olive et olives confites (avril à nov.
Vins Coteaux Varois, Côtes de Provence.

X **L'Amphitryon**, 16 bd V. Hugo ✆ 04 93 36 58 73, Fax 04 93 36 58 73 – ▤. ﷼ ﻩ GB JCB
fermé août, 23 déc. au 4 janv., dim. et fériés – **Repas** 122/255   Z

X **Arnaud**, 10 pl. Foux ✆ 04 93 36 44 88 – ﷼ ﻩ GB   Y
fermé dim. – **Repas** 78 (déj.), 120/160 ♬

à Magagnosc par ① rte de Nice : 5 km – ✉ 06520 :
Voir ≤* du cimetière de l'église St-Laurent – Le Bar-sur-Loup : site*, danse macabre* dar
l'église St-Jacques, place de l'Église ≤* NE : 3,5 km.

⌂ **Petite Auberge**, ✆ 04 93 42 75 32 – GB
fermé juil. – **Repas** *(fermé merc.)* 86/125 ♬ – **5 ch** (½ pens. seul.) – ½ P 220

XXX **Toque Blanche**, ✆ 04 93 36 20 64, Fax 04 93 36 16 67, ≤, ♔ – ﷼ GB
fermé 20 nov. au 10 déc., dim. soir sauf juil.-août et lundi – **Repas** 130/310 ♀

au Val de Tignet par ③ rte de Draguignan : 8 km par D 2562 – ✉ 06530 Peymeinade :

XX **Auberge Chantegrill**, ✆ 04 93 66 12 33, Fax 04 93 66 02 31, ♔, « Terrasse fleurie »
▤ ▣. ﷼ ﻩ GB JCB. ⚒
fermé 15 au 30 nov. et lundi d'oct. à avril – **Repas** 98/230

à Cabris : 5 km par D 4 X – 1 307 h. alt. 550 – ✉ 06530 :
Voir Site* – ≤** des ruines du château.

▥ **Horizon** ⚘ sans rest, ✆ 04 93 60 51 69, Fax 04 93 60 56 29, ≤ massif de l'Estere
« Terrasse panoramique », ◪ – 🖭 TV ☎ ✆ ⚒ ﷼ ﻩ GB. ⚒
1er avril-15 oct. – ☲ 55 – **22 ch** 360/660

GRASSE

Barri (Pl. du) . . . . Z 4
Bellevue (Bd) . . . . X 5
Charabot (Bd) . . . . Y 6
Conte (R. D.) . . . . Y 7
Cresp (Cours H.) . . . . Z 8
Crouët (Bd J.) . . . . . . X 10
Droite (R.) . . . . Y 12
Duval (Av. M.) . . . . . . X 14
Évêché (R. de l') . . . . Z 15
Fontette (R. de) . . . . . Y 16
Foux (Pl. de la) . . . . . Y 17
Fragonard (Bd) . . . . . . Z 18
Gaulle (Av. Gén.-de) . X 20
Gazan (R.) . . . . Z 22
Herbes (Pl. aux) . . . . . Y 23
Jeu-de-Ballon (Bd) . YZ
Journet (R. M.) . . . . . YZ 26
Juin (Av. Mar.) . . . . . Y 27
Lattre-de-Tassigny (Av. Mar. de) . . . . . . X 28
Leclerc (Bd Mar.) . . . X 30
Libération (Av.) . . . . . . X 32
Mougins-Roquefort (R.) . . . . Z 33
Oratoire (R. de l') . . . Y 35
Ossola (R. Jean) . . . . Z 38
Petit-Puy (Pl. du) . . . . Z 42
Poissonnerie (Pl. de la) . . . . Z 43
Prés.-Kennedy (Bd) . . X 45
Reine Jeanne (Bd) . . . X 48
Rothschild (Bd de) . . . X 49
St-Martin (Traverse) . . Z 50
Sémard (Av. P.) . . . . . X 53
Thiers (Av.) . . . . Y
Touts-Petits (Trav.) . . . Z 55
Tracastel (R.) . . . . Z 57
Victor-Hugo (Bd) . . . XZ 59
Victoria (Av.) . . . . X 60
11-Novembre (R. du) XY 63

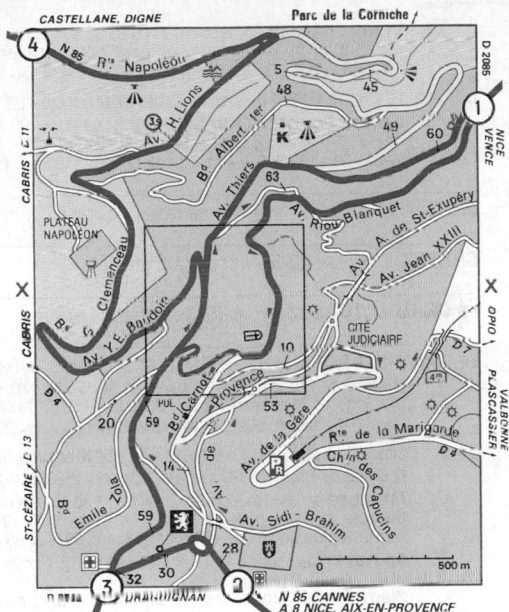

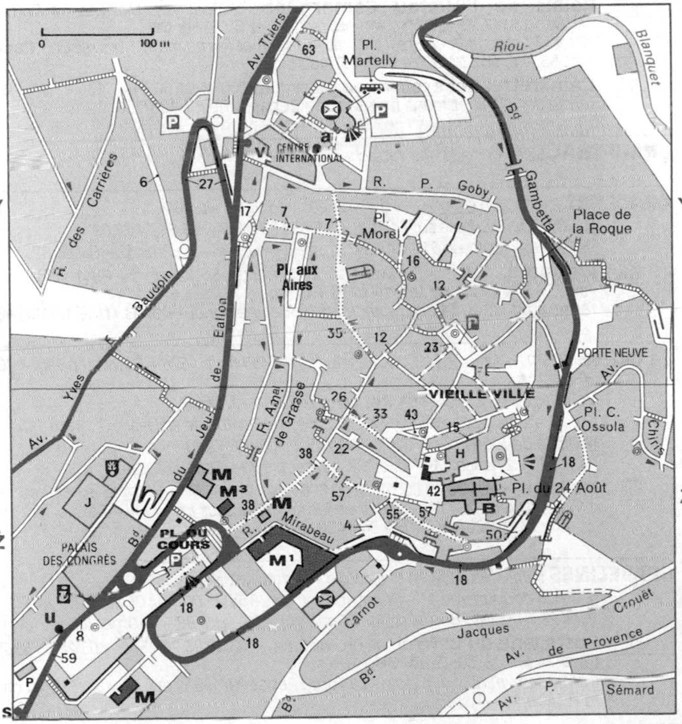

XX **Vieux Château** ⍥ avec ch, ℘ 04 93 60 50 12, Fax 04 93 60 50 12, 斎 – 📺 ☎. 🅖🅑
fermé 5 au 25 janv., mardi soir (sauf hôtel) et merc. d'oct. à mars – **Repas** 140 (déj.),
180/240 ♀, enf. 80 – 🖵 50 – **4 ch** 490/630 – ½ P 450/550

par rte de Digne (N 85) *puis rte de Cabris (D 11) : 6 km* – ⊠ 06130 Grasse :

🏨 **Grasse Country Club** Ⓜ ⍥, ℘ 04 93 60 55 44, Fax 04 93 60 55 19, ≤, 斎, « Parc et
golf », ℐ, – 🛗 📺 ☎ ✆ & 🄿 – 🔬 50. 🅰🅴 🅶🅱 🅹🅲🅱
Repas (98) - 150/210 ♀ – 🖵 70 – **15 ch** 850/1300 – ½ P 725/875

GRATENTOUR 31 H.-Gar. 🟦🟦 ⑧ – rattaché à Toulouse.

GRATOT 50 Manche 🟦🟦 ⑫ – rattaché à Coutances.

Le GRAU-D'AGDE 34 Hérault 🟦🟦 ⑮ – rattaché à Agde.

Le GRAU-DU-ROI 30240 Gard 🟦🟦 ⑧ G. Provence – 5 253 h alt. 2.
🛈 Office de Tourisme r. M.-Rédares ℘ 04 66 51 67 70, Fax 04 66 51 06 80 et (saison) Maison
des Services, Nouveau Port de Pêche ℘ 04 66 53 14 06.
Paris 754 – Montpellier 33 – Aigues-Mortes 6 – Arles 55 – Lunel 22 – Nîmes 48 – Sète 50.

à Port Camargue Sud : 3 km par D 62B – ⊠ 30240 Le Grau-du-Roi :
🛈 Office de Tourisme (Pâques-oct.) Carrefour 2000 ℘ 04 66 51 71 68.

🏨 **Mercure** Ⓜ ⍥, rte Marines ℘ 04 66 73 60 60, Fax 04 66 73 60 50, ≤, centre de thalassothérapie, ℐ, ❨ – 🛗 ✠ 📺 ☎ 🄿 – 🔬 100. 🅰🅴 ① 🅶🅱. � rest
fermé 26 nov. au 16 déc. – **Repas** 155, enf. 59 – 🖵 68 – **92 ch** 575/700

🏨 **Spinaker** ⍥, pointe Môle ℘ 04 66 53 36 37, Fax 04 66 53 17 47, ≤, 斎, ℐ, – 🗏 rest, 📺
☎ 🄿 – 🔬 40. 🅰🅴 ① 🅶🅱 🅹🅲🅱
7 avril-5 nov. – **Repas** (fermé dim. soir et lundi sauf juil.-août et le midi sauf dim. er
juil.-août) 155/395 ♀, enf. 85 – 🖵 62 – **21 ch** 540/640 – ½ P 500/650

🏨 **Relais de l'Oustau Camarguen** ⍥, 3 rte Marines ℘ 04 66 51 51 65,
Fax 04 66 53 06 65, 斎, ℐ, ☛ – 🗏 rest, 📺 ☎ 🄿. 🅰🅴 ① 🅶🅱
hôtel : 31 mars-15 oct. ; rest : 1er mai-30 sept. et fermé merc. hors saison – **Repas** 165/196
– 🖵 55 – **40 ch** 530/590 – ½ P 410/480

XX **L'Amarette**, centre commercial Camargue 2000 ℘ 04 66 51 47 63, ≤, 斎 – 🅶🅱
fermé déc., janv. et merc. hors saison – **Repas** 120 (déj.), 190/250

GRAUFTHAL 67 B.-Rhin 🟦🟦 ⑰ – rattaché à La Petite-Pierre.

GRAULHET 81300 Tarn 🟦🟦 ⑩ G. Midi-Pyrénées – 13 523 h alt. 166.
🛈 Office de Tourisme sq. Foch ℘ 05 63 34 75 09, Fax 05 63 34 75 09.
Paris 710 – Toulouse 61 – Albi 35 – Castelnaudary 63 – Castres 32 – Gaillac 22.

XX **Rigaudié**, Est : 1,5 km par D 26 (rte St-Julien-du-Puy) ℘ 05 63 34 50 07
Fax 05 63 34 29 27, 斎, parc – 🅿. 🅶🅱. �
fermé août, 25 au 31 déc., sam. midi, dim. soir et lundi – **Repas** 79 (déj.), 110/240

La GRAVE 05320 H.-Alpes 🟦🟦 ⑦ G. Alpes du Nord – 455 h alt. 1526 – Sports d'hiver : 1 400/3 550 m
⬳ 2 ⬳ 2 ⭧.
Voir Glacier de la Meije★★★ (par téléphérique) – ❅ ★★★.
Env. Oratoire du Chazelet ≤★★★ NO : 6 km – Combe de Malaval★ O : 6 km.
🛈 Office de Tourisme ℘ 04 76 79 90 05, Fax 04 76 79 91 65.
Paris 646 – Briançon 39 – Gap 127 – Grenoble 79 – Col du Lautaret 11.

🏨 **Meijette**, ℘ 04 76 79 90 34, Fax 04 76 79 94 76, ≤, 斎 – 🛗 📺 ☎ 🄿. 🅶🅱. � rest
1er juin-20 sept., 20 fév.-1er mai et fermé mardi sauf juil.-août – **Repas** (85) - 130/180 ♂ –
🖵 45 – **18 ch** 320/480 – ½ P 340/450

GRAVELINES 59820 Nord 🟦🟦 ③ G. Picardie Flandres Artois – 12 336 h.
🛈 Office de Tourisme 11 r. République ℘ 03 28 51 94 00, Fax 03 28 65 58 19.
Paris 289 – Calais 26 – Cassel 36 – Dunkerque 20 – Lille 88 – St-Omer 35.

🏨 **Hostellerie du Beffroi**, pl. Ch. Valentin ℘ 03 28 23 24 25, Fax 03 28 65 59 71, 斎 – 🛗
📺 ☎ ✆ & – 🔬 30. 🅰🅴 ① 🅶🅱. � rest
(fermé sam. midi et dim. soir) - **La Tour :** Repas 99/195 ♀, enf. 55 – 🖵 38 – **40 ch** 340/365 –
½ P 340/440

GRAVESON 15690 B.-du-R. 👁 ⑳ G. Provence – 2 752 h alt. 14.

Voir *Musée Auguste-Chabaud★*.

Paris 699 – Avignon 14 – Carpentras 39 – Cavaillon 27 – Marseille 102 – Nîmes 38.

🏠🏠 **Moulin d'Aure**, rte St-Rémy-de-Provence : 1 km par D 5 ℘ 04 90 95 84 05, Fax 04 90 95 73 84, 🏊, 🐎 – 📺 ☎ 🅿 – 🔏 20. ☒ 🇯🇨🇧 ⁂ rest
Repas (dîner seul.) 120/100 ⬧ – 🖭 40 – **14 ch** 360/400 – ½ P 320

🏠🏠 **Mas des Amandiers**, rte d'Avignon : 1,5 km ℘ 04 90 95 81 76, Fax 04 90 95 85 18, 🏕, 🏊, 🐎 – 🔳 rest, 📺 ☎ 🅿 – 🔏 30. ☒ ⓞ ☒ 🇯🇨🇧
15 mars-15 oct. – **Repas** (fermé merc.) 105/140 ⬧, enf. 68 – 🖭 45 – **25 ch** 320/340 – ½ P 305

🏠 **Cadran Solaire** ⬙ sans rest, r. Cabaret Neuf ℘ 04 90 95 71 79, Fax 04 90 90 55 04, 🐎 – ☎ 🅿. ☒
fermé 1ᵉʳ au 15 nov. – 🖭 38 – **12 ch** 180/320

❌❌ **Clos des Cyprès**, rte Châteaurenard ℘ 04 90 90 53 44, Fax 04 90 90 55 84, 🏕, 🐎 – 🅿. ☒
fermé 8 au 15 janv. et dim. soir – **Repas** 160 bc (déj.), 200/280 ⬧

GRAY 70100 H. Saône 👁👁 ⑭ G. Jura – 6 916 h alt. 220.

Voir *Hôtel de ville★ – Collection de dessins★ de Prud'hon au musée Baron-Martin* **M¹**.

🛈 *Office de Tourisme Ile Sauzay ℘ 03 84 65 14 24 et (saison) Chalet q. Mavia. Fax 03 84 65 46 26.*

Paris 335 ⑤ – Besançon 46 ③ – Dijon 48 ⑤ – Dole 45 ④ – Langres 56 ① – Vesoul 57 ②.

GRAY

Abreuvoir (R. de l')	**Y** 2
Boichut (Pl.)	**Y** 3
Capucins (Av.)	**Z** 5
Casernes (R. des)	**Z** 6
Couyba (Av. Ch.)	**Y** 7
Curie (Rue P.)	**Z** 9
Devosge (R. F.)	**Y** 10
Eglise (R. de l')	**Y** 12
Gambetta (R.)	**Y** 13
Gaulle (Av. Général-de)	**Z** 14
Gaulle (Pl. Charles-de)	**YZ** 15
Libération (Av. de la)	**Z** 17
Marché (R. du)	**Z** 18
Mavia (Quai)	**Y** 20
Neuf (Chemin)	**Z** 21
Nicolas-Mouchet (Rue A.)	**Z** 22
Paris (R. de)	**Y** 24
Perrières (R. des)	**Z** 25
Perrières (R. du Fg. des)	**Z** 26
Pigalle (Rue)	**Z** 28
Quatre-Septembre (Place du)	**Y** 29
Revon (Av.)	**Z** 30
Rossen (R.)	**Z** 31
Signard (Rue M.)	**Z** 32
Soupirs (R. des)	**Z** 34
Sous-Préfecture (Place de la)	**Y** 35
Thiers (R.)	**Y** 36
Vieille-Tuilerie (Rue de la)	**Z** 38

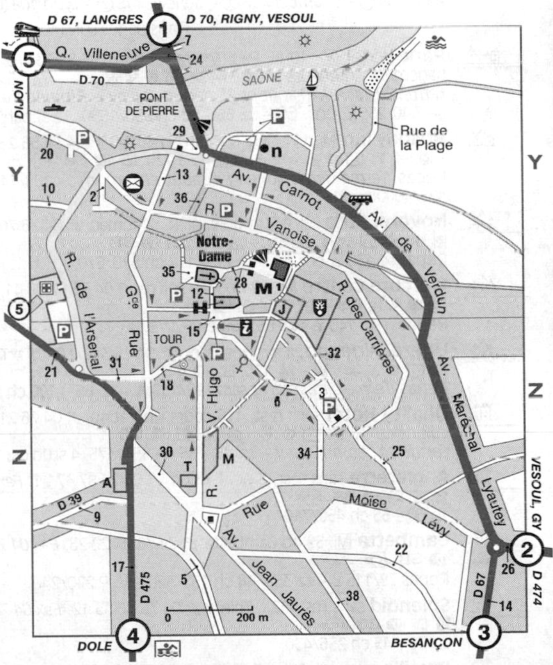

🏠 **Fer à Cheval** sans rest, 9 av. Carnot ℘ 03 84 65 32 55, Fax 03 84 65 42 63 – 📺 ☎ ✆ 🅿. ☒ ⓞ ☒ 🇯🇨🇧
fermé 22 déc. au 3 janv. – 🖭 38 – **46 ch** 205/280
Y n

à Rigny par ① D 70 et D 2 : 5 km – 529 h. alt. 196 – ⊠ 70100 :

🏠🏠 **Château de Rigny** ⬙, ℘ 03 84 65 25 01, Fax 03 84 65 44 45, ≤, 🏕, « Manoir du 18ᵉ siècle dans un parc au bord de la Saône », 🏊, ❌ – 📺 ☎ 🅿. ☒ ⓞ ☒ ⁂ rest
Repas 120 bc (déj.), 190/350 ⬧ – 🖭 60 – **29 ch** 340/1200 – ½ P 450/850

à Nantilly *par ① et D 2 : 5 km – 456 h. alt. 200 –* ⊠ *70100 :*

🏛 **Château de Nantilly** ⑤, ℰ 03 84 67 78 00, *Fax 03 84 67 78 01*, 佘, « Manoir fin 19ᵉ siècle dans un parc », ⑤, ⊥, ⅋ – 🔟 ☎ ⅀ ⅃ – ⚗ 25 à 60. ⅄ ⑨ ㏄
1ᵉʳ avril-30 oct. – **Repas** (dîner seul.) 250/460, enf. 100 – ⊇ 100 – **37 ch** 450/850, 4 appart, 7 duplex – ½ P 670/745

GRENADE-SUR-L'ADOUR *40270 Landes* 🟦② ① *– 2 187 h alt. 55.*

Paris 724 – Mont-de-Marsan 15 – Aire-sur-l'Adour 18 – Orthez 50 – St-Sever 14 – Tartas 41.

🏛🏛 **Pain Adour et Fantaisie** (Garret) 🔟, 14 pl. Tilleuls ℰ 05 58 45 18 80,
❀ *Fax 05 58 45 16 57*, 佘, « Terrasse au bord de l'eau » – 🔟 ☎ ⅀ – ⚗ 25. ⅄ ⑨ ㏄
fermé vacances de fév., dim. soir et lundi sauf du 15 juil. au 15 août et fériés – **Repas** 165 bc/360 et carte 270 à 400 ⅀ – ⊇ 75 – **10 ch** 420/800 – ½ P 440/865
Spéc. Foie gras de canard confit au jurançon. Merlu grillé aux ognoasses et cocos fondants aux truffes d'été. Millefeuille caramélisé à la banane. **Vins** Jurançon sec, Madiran.

GRENOBLE Ⓟ *38000 Isère* 🟦🟦 ⑤ *G. Alpes du Nord – 150 758 h Agglo. 404 733 h alt. 213.*

Voir Site★★★ – Église-musée St-Laurent★★ : crypte St-Oyand★ FY – Vieille ville★ EY – Fort de la Bastille ☀★★ par téléphérique, Palais de Justice★ J – Musées : de Grenoble★★★, de la Résistance et de la Déportation★, de l'Ancien Evêché-Patrimoine de l'Isère, Musée Dauphinois★ : chapelle★★ EY.

✈ de Grenoble-St-Geoirs ℰ 04 76 65 48 48, par ⑥ : 45 km.

🛈 Office de Tourisme 14 r. de la République ℰ 04 76 42 41 41, Fax 04 76 00 18 98.

Paris 569 ⑥ – Chambéry 56 ② – Genève 148 ② – Lyon 108 ⑥ – Torino 237 ②.

Plans pages suivantes

🏛🏛🏛 **Park Hôtel** 🔟, 10 pl. Paul Mistral ℰ 04 76 85 81 23, *Fax 04 76 46 49 88*, « Beaux aménagements intérieurs » – 🛗 ⅀⅀ 🖃 🔟 ☎ ⅀ ⅃ ⇦ – ⚗ 15 à 40. ⅄ ⑨ ㏄ ㎯ FZ w
fermé 29 juil. au 20 août et 23 déc. au 2 janv. – **Ripaille** *(fermé dim. midi et fériés)* **Repas** ⁽⁹⁵⁾·140/255 ⅀, enf. 60 – ⊇ 65 – **40 ch** 990/1550, 12 appart

🏛🏛 **Holiday Inn** 🔟, 11 r. Gén. Mangin ⊠ 38100 ℰ 04 76 56 26 56, *Fax 04 76 56 26 82*, 佘, ⅃ₛ – 🛗 ⅀⅀ 🖃 🔟 ☎ ⅃ ⇦ Ⓟ – ⚗ 15 à 120. ⅄ ⑨ ㏄ ㎯ AX y
Repas *(fermé dim. midi en juil.-août et sam. midi)* 108/145 ⅀, enf. 50 – ⊇ 60 – **105 ch** 495/1000

🏛🏛 **Novotel Atria** 🔟, à Europole, pl. R. Schuman ℰ 04 76 70 84 84, *Fax 04 76 70 24 93*, ⇐ – 🛗 ⅀⅀ 🖃 🔟 ☎ ⅀ ⅃ ⇦ – ⚗ 550. ⅄ ⑨ ㏄ AV r
Repas 98/130 ⅀, enf. 50 – ⊇ 60 – **118 ch** 570/670

🏛🏛 **Mercure Centre** 🔟, 12 bd Mar. Joffre ℰ 04 76 87 88 41, *Fax 04 76 47 58 52* – 🛗 ⅀⅀ 🖃 🔟 ☎ ⅃ ⅀ ⇦ – ⚗ 300. ⅄ ⑨ ㏄ EZ d
Repas ⁽¹¹⁰⁾·140 ⅀ – ⊇ 65 – **88 ch** 620/670

🏛🏛 **Ugerel Alpexpo**, 1 av. Innsbruck ℰ 04 76 33 02 02, *Fax 04 76 33 34 44*, 佘, ⊥ – 🛗 ⅀⅀ 🖃 🔟 ☎ ⅃ ⅀ – Ⓟ – ⚗ 120. ⅄ ⑨ ㏄ BX a
Repas *(fermé dim. midi et sam.)* 98/130 ⅃ – ⊇ 65 – **100 ch** 565/650

🏛 **Quality Hotel** sans rest, 116 cours Libération ℰ 04 76 21 26 63, *Fax 04 76 48 01 07* – 🛗 cuisinette ⅀⅀ 🖃 🔟 ☎ Ⓟ – ⚗ 60. ⅄ ⑨ ㏄ AX n
fermé 24 déc. au 2 janv. – ⊇ 45 – **55 ch** 350/375, 4 studios

🏛 **Angleterre** sans rest, 5 pl. V.-Hugo ℰ 04 76 87 37 21, *Fax 04 76 50 94 10* – 🛗 ⅀⅀ 🖃 🔟 ☎ ⅀ ⅄ ⑨ ㏄ ㎯ EZ z
⊇ 60 – **66 ch** 450/710

🏛 **Gambetta** 🔟, 59 bd Gambetta ℰ 04 76 87 22 25, *Fax 04 76 87 40 94* – 🛗 🖃 🔟 ☎ ⅀ ⅄ ⑨ ㏄ ㎯ EZ a
Repas 78/115 ⅀ – ⊇ 35 – **44 ch** 195/320 – ½ P 220/240

🏛 **Splendid** sans rest, 22 r. Thiers ℰ 04 76 46 33 12, *Fax 04 76 46 35 24* – 🛗 ⅀⅀ 🔟 ☎ ⅀ ⅃ Ⓟ ⅄ ⑨ ㏄ DZ q
⊇ 36 – **45 ch** 256/430

🏛 **Bastille** sans rest, 25 av. F. Viallet ℰ 04 76 43 10 27, *Fax 04 76 87 52 69* – 🛗 🔟 ☎ ⇦ ㏄ DY b
⊇ 32 – **54 ch** 250/300

🏛 **Patinoires** sans rest, 12 r. Marie Chamoux ⊠ 38100 ℰ 04 76 44 43 65, *Fax 04 76 44 44 77* – 🛗 🔟 ☎ ⅀ ⇦ Ⓟ ⅄ ⑨ ㏄ ㎯ GZ b
⊇ 34 – **35 ch** 240/330

🏛 **Alpes** sans rest, 45 av. F. Viallet ℰ 04 76 87 00 71, *Fax 04 76 56 95 45* – 🛗 🔟 ☎ ⇦ ⅄ ⑨ ㏄ ㎯ ⅋ DY z
⊇ 30 – **67 ch** 250/300

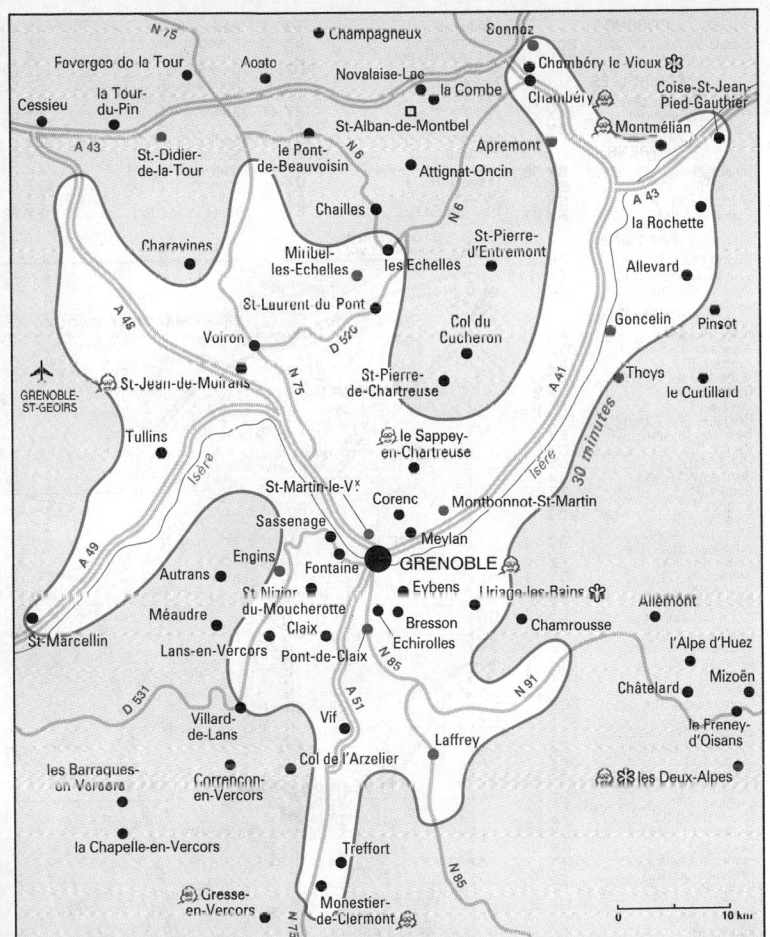

	Trianon sans rest, 3 r. P. Arthaud ℰ 04 76 46 21 62, Fax 04 76 46 37 56 – 🛗 📺 ☎ 📞, 🖭 ⓪ GB JCB – 😄 36 **38 ch** 219/425 DZ **m**

fermé 1er au 15 août – 😄 36 **38 ch** 219/425

	Ibis, 5 r. Miribel - centre commercial les Trois Dauphins ℰ 04 76 47 48 49, Fax 04 76 47 78 22 – 🛗 ⇆ 📺 ☎ ⟵ – 🔬 30. 🖭 ⓪ GB EY **f**

Repas (75) - 95 🍴, enf. 39 – 😄 35 – **71 ch** 360/370

	Porte de France sans rest, 27 quai C. Bernard ℰ 04 76 86 68 68, Fax 04 76 50 95 03 – 🛗 📺 ☎ 📞 ⟵, 🖭 ⓪ GB DY **k**

fermé 21 déc. au 2 janv. – 😄 50 – **36 ch** 390/440

	Paris-Nice sans rest, 61 bd J. Vallier ✉ 38100 ℰ 04 76 96 36 18, Fax 04 76 48 07 79 – 📺 ☎ 📞 ⟵, 🖭 ⓪ GB JCB AVX **t**

😄 35 – **29 ch** 240/260

	Tilleuls sans rest, 236 cours Libération ✉ 38100 ℰ 04 76 09 17 34, Fax 04 76 40 64 56 – 🛗 ☎ 📞 🅿 🖭 GB, ⟨ AX **s**

fermé 5 au 20 août et 23 déc. au 2 janv. – 😄 30 – **39 ch** 210/240

	Gallia sans rest, 7 bd Mar. Joffre ℰ 04 76 87 39 21, Fax 04 76 87 65 76 – 🛗 📺 ☎ 📞, 🖭 ⓪ GB EZ **s**

fermé 29 juil. au 20 août – 😄 30 – **35 ch** 160/280

GRENOBLE

GRENOBLE

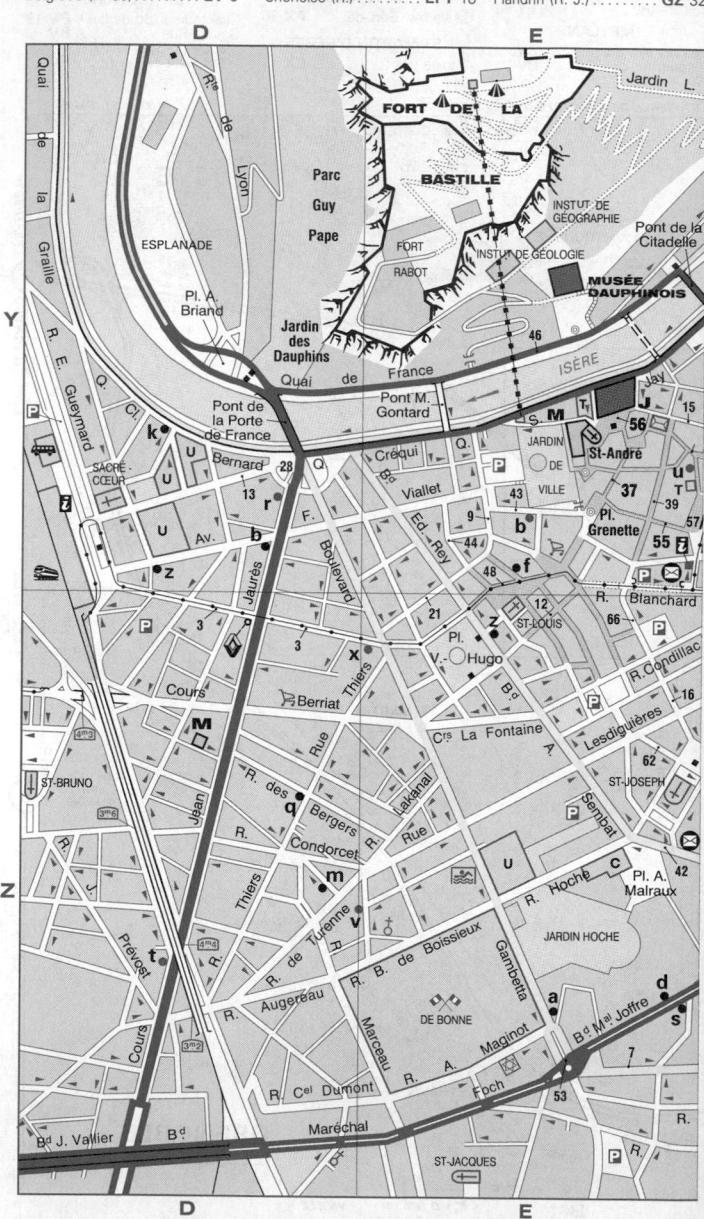

XXX **Auberge Napoléon**, 7 r. Montorge ℘ 04 76 87 53 64, *Fax 04 76 86 03 90* – ▤. 𝔸𝔼 ⓞ
GB   EY b
fermé 24 juil. au 13 août, dim. soir, lundi midi et merc. – **Repas** (nombre de couverts limité,
prévenir) 150/380 et carte 270 à 400 ♀, enf. 70

XX **Petit Paris**, 2 cours J. Jaurès ℘ 04 76 46 00 51, *Fax 04 76 46 80 67* – ▤. 𝔸𝔼 ⓞ GB 𝙅𝙲𝘽
Repas 88/270 ♀   DY r

XX **L'Escalier**, 6 pl. Lavalette ℘ 04 76 54 66 16, *Fax 04 76 63 01 58*, 斎 – 𝔸𝔼 ⓞ GB 𝙅𝙲𝘽
fermé sam. midi et dim. – **Repas** 150 (déj.), 300/450   FY p

XX **Brasserie Le Strasbourg**, 11 av. Alsace-Lorraine ℘ 04 76 46 18 03, *Fax 04 76 46 18 03*
– ▤. 𝔸𝔼 GB   DEZ x
fermé 1er au 25 août, lundi soir et dim. – **Repas** (89) - 99/168 ♀

XX **Table d'Ernest**, 2 r. Doudart de Lagrée ℘ 04 76 43 19 56 – GB   DEZ v
fermé 29 juil. au 21 août, lundi soir et dim. – **Repas** (rest. non-fumeurs)(nombre de
couverts limité, prévenir) 105 (déj.), 140/220

XX **A Ma Table**, 92 cours J. Jaurès ℘ 04 76 96 77 04, *Fax 04 76 96 77 04* – ▤. GB   DZ t
fermé août, sam. midi, dim. et lundi – **Repas** (nombre de couverts limité, prévenir) carte
200 à 270 ♀

X **L'Arche**, 4 r. P. Duclot ℘ 04 76 44 22 62, *Fax 04 76 44 70 04*, 斎 – 𝔸𝔼 ⓞ GB   EY u
Repas 105/205 ♀

X **Bistrot Lyonnais**, 168 cours Berriat ℘ 04 76 21 95 33, *Fax 04 76 21 95 33*, 斎 –
GB   AV n
fermé 27 mai au 4 juin, 5 au 20 août, 23 déc. au 7 janv., sam. et dim. – **Repas** 125/180 ♀

à St-Martin-le-Vinoux : *2 km par A 48 et N 75 – 5 139 h. alt. 250* – ✉ *38950* :

XXX **Pique-Pierre**, ℘ 04 76 46 12 88, *Fax 04 76 46 43 90*, 斎 – ▤ 𝙋. 𝔸𝔼 GB 𝙅𝙲𝘽
fermé 24 juil. au 20 août, dim. soir et lundi sauf fériés – **Repas** 148/260 et carte 180 à 300 ♀,
enf. 65   AV p

au Nord : *4 km par D 57 rte Clémencières* - **AV** – ✉ *38950 St-Martin-le-Vinoux* :

🏠 **Bellevue** ⬙ sans rest, ℘ 04 76 87 68 17, *Fax 04 76 46 18 37*, ≼ Vercors et Grenoble – 📺
☎ ◟ 𝙋. 𝔸𝔼 ⓞ GB 𝙅𝙲𝘽. ఘ
fermé 23 déc. au 2 janv. – ☲ 30 – **23 ch** 230/290

à Corenc : *3 km – 3 356 h. alt. 450* – ✉ *38700* :

🏡 **Trois Roses**, 32 av. Grésivaudan ℘ 04 76 90 35 09, *Fax 04 76 90 71 72*, 斎 – ▐▌ ᐧᐧ,
▤ rest, 📺 ☎ ◟ 𝙋 – ⚐ 15 à 45. 𝔸𝔼 ⓞ GB 𝙅𝙲𝘽. ఘ rest   CV s
Repas (fermé 1er au 15 août et sam.) (98) - 132/215 – ☲ 60 – **50 ch** 465/490 – ½ P 315

à Meylan : *3 km par N 90 – 17 863 h. alt. 331* – ✉ *38240* :

🏡 **Alpha**, 34 av. Verdun ℘ 04 76 90 63 09, *Fax 04 76 90 28 27*, 斎, ⚊ – ▐▌ cuisinette ᐧᐧ,
GB ▤ rest, 📺 ☎ ◟ 𝙋 – ⚐ 100. 𝔸𝔼 ⓞ GB 𝙅𝙲𝘽   BV e
Repas (fermé sam.) 80/200, enf. 48 – ☲ 55 – **60 ch** 450/550, 25 studios

🏠 **Belle Vallée** sans rest, 32 av. Verdun ℘ 04 76 90 42 65, *Fax 04 76 90 65 98* – ▐▌ ᐧᐧ ▤ 📺
☎ ◟ 𝙋. 𝔸𝔼 ⓞ GB   CV a
☲ 40 – **30 ch** 280/350

à Montbonnot-St-Martin *Nord-Est : 7 km par av. de Verdun et N 90 – 2 808 h. alt. 310* –
✉ *38330* :
Voir *Bec de Margain* ≼★★ *NE : 13 km puis 30 mn.*

XXX **Les Mésanges-Alain Pic**, ℘ 04 76 90 21 57, *Fax 04 76 90 94 48*, 斎, « Jardin et terrasse ombragés », ⚼ – 𝔸𝔼 GB 𝙅𝙲𝘽
fermé 1er au 21 août, dim. soir et lundi – **Repas** 160/450 et carte 320 à 420 ♀

à Eybens : *5 km – 8 013 h. alt. 230* – ✉ *38320* :

🏡 **Château de la Commanderie** ⬙, av. Échirolles ℘ 04 76 25 34 58, *Fax 04 76 24 07 31*,
斎, ⚊, ⚼ – 📺 ☎ ◟ 𝙋 – ⚐ 25. 𝔸𝔼 ⓞ GB. ఘ rest   BX d
Repas (fermé 23 déc. au 6 janv., sam. midi, dim. soir et lundi) 169 (déj.), 205/310 ♀ – ☲ 62 –
25 ch 440/720 – ½ P 470/555

XX **Rustique Auberge**, 134 av. J. Jaurès ℘ 04 76 25 24 70, *Fax 04 76 62 39 53* – ▤. 𝔸𝔼 ⓞ
GB   BX b
fermé 1er au 20 août, sam. midi et dim. – **Repas** 95/220 ♀

à Bresson *Sud par av. J. Jaurès : 8 km par D 269ᶜ – 753 h. alt. 300* – ✉ *38320* :

XXXX **Chavant** avec ch, ℘ 04 76 25 25 38, *Fax 04 76 62 06 55*, 斎, « Jardin ombragé », ⚊, ⚼
– ▤ rest, 📺 ☎ ◟ 𝙋. – ⚐ 15. 𝔸𝔼 ⓞ GB
fermé 25 au 31 déc. – **Repas** (fermé sam. midi et lundi) 198/260 et carte 290 à 410 ♀, enf. 80
– ☲ 70 – **7 ch** 750

à Échirolles : 4 km – 34 455 h. alt. 237 – ⌧ 38130.

🏨🏨 **Dauphitel** M, 16 av. Kimberley ℰ 04 76 33 60 60, Fax 04 76 33 60 00, 佘, 五, ※ – 劇 ⇔
☰ 🆃🆅 ☎ ❦ 🅿 – 🕿 120. ⚏ ⑩ ☖ 🆈 ※ rest   AX e
Repas (fermé 1er au 20 août, 23 déc. au 1er janv., sam. midi et dim.) (98) - 140 ♀, enf. 62 –
□ 47 – **68 ch** 370/410 – ½ P 340

par la sortie ④ :

à Pont-de-Claix 8 km par N 75 – 11 871 h. alt. 240 – ⌧ 38800 :

※ **Provençal**, 16 cours St-André ℰ 04 76 98 01 16, Fax 04 76 98 01 16 – ☰. ☖
fermé 22 juil. au 21 août, mardi soir, dim. soir et lundi – Repas (62) - 94/187 ♂, enf. 50

à Claix : 9 km par A 480, sortie 9 – 6 960 h. alt. 300 – ⌧ 38640 :

🏠 **Primevère** M, 2 r. Europe ℰ 04 76 98 84 54, Fax 04 76 98 66 22, 佘, 五, ⇔ ☰ 🆃🆅 ☎ ❦
& 🅿 – 🕿 15 à 35. ⚏ ⑩ ☖ ※ rest
Repas 89/190 ♂, enf. 48 – □ 38 – **45 ch** 310

par la sortie ⑤ :

à Fontaine Nord-Ouest par D 64 : 2,5 km – 22 853 h. alt. 214 – ⌧ 38600 :

🏠 **Cloche** M, 140 av. Vercors ℰ 04 76 26 22 26, Fax 04 76 53 56 51, 佘, 五, ※ – 劇 ☰ 🆃🆅 ☎
& 🅿 – 🕿 40. ☖   AV s
Repas (fermé août et dim. soir) 73 bc (déj.)/130 ♀, enf. 50 – □ 32 – **50 ch** 210/230 –
½ P 200

à Engins par Sassenage et rte de Villars-de-Lans : 15 km – 352 h. alt. 900 – ⌧ 38360 :

※ **Maison d'Harika**, ℰ 04 76 94 49 03, 佘, grill campagnard – 🅿. ⚏ ☖
fermé dim. soir et merc. – Repas carte 120 à 260 ♀

par la sortie ⑥ :

à Sassenage : 5 km par A 480 – 9 788 h. alt. 209 – ⌧ 38360 :

🇧 Office de Tourisme pl. Libération ℰ 04 76 53 17 17, Fax 04 76 53 52 17.

🏠 **Relais de Sassenage**, Z.I. l'Argentière ℰ 04 76 27 20 21, Fax 04 76 53 56 04, 佘, 五, ⇗
– ☰ rest, 🆃🆅 ☎ ❦ & 🅿 – 🕿 40. ⚏ ☖
Repas (fermé 1er au 15 août et sam. midi) 79 (dîner), 119/179 ♂, enf. 77 – □ 48 – **47 ch**
295/325

près échangeur A 48 : 9 km – ⌧ 38340 Voreppe :

🏨🏨 **Novotel** M, ℰ 04 76 50 55 55, Fax 04 76 56 76 26, 佘, 五, ⇗ – 劇 ⇔ ☰ 🆃🆅 ☎ ❦ & 🅿 –
🕿 130. ⚏ ⑩ ☖
Repas (95) - 115 ♀, enf. 50 – □ 60 – **114 ch** 495/540

GRÉOUX-LES-BAINS 04800 Alpes-de-H.-P. 84 ④ ⑤, 114 ⑤ G. Alpes du Sud – 1 718 h alt. 386 –
Stat. therm. (1er mars-21 déc.).

🇧 Office de Tourisme 5 av. Marronniers ℰ 04 92 78 01 08, Fax 04 92 78 13 00.
Paris 768 – Digne-les-Bains 66 – Aix-en-Provence 55 – Brignoles 56 – Manosque 14.

🏨🏨 **Crémaillère** ⚘, rte Riez ℰ 04 92 70 40 04, Fax 04 92 78 19 00, 五, ⇗ – 劇 ⇔, ☰ rest,
🆃🆅 ☎ ❦ & 🅿 – 🕿 40. ⚏ ⑩ ☖
5 mars-21 déc. – Repas (95) - 150/180 – □ 51 – **51 ch** 440 – P 500

🏨🏨 **Villa Borghèse** ⚘, av. Thermes ℰ 04 92 78 00 91, Fax 04 92 78 09 55, 佘, 五, ⇗, ※ –
劇, ☰ rest, 🆃🆅 ☎ ❦ ⇌ 🅿 – 🕿 30 à 80. ⚏ ⑩ ☖ 🆈 ※ rest
26 mars-19 nov. – Repas 160/220 – □ 60 – **66 ch** 410/690 – P 575/660

🏠 **Chêneraie** M ⚘, Les Hautes Plaines, par av. Thermes ℰ 04 92 78 03 23,
Fax 04 92 78 11 72, ≤, 佘, 五 – 🆃🆅 ☎ ❦ & ⇌ 🅿. ⚏ ☖
fermé fin nov. à mi-fév. – Repas 95/180 ♂, enf. 50 – □ 45 – **20 ch** 290/380 – P 360/390

🏠 **Alpes**, av. Alpes ℰ 04 92 74 24 24, Fax 04 92 74 24 26, 佘, 五 – 🆃🆅 ☎ 🅿 – 🕿 40. ⚏
☖
mars-nov. – Repas 90/175 ♀, enf. 50 – □ 45 – **32 ch** 210/355 – ½ P 263/305

🏠 **Colonnes**, av. des Marronniers ℰ 04 92 70 46 46, Fax 04 92 77 64 37, 佘 – 🆃🆅 ☎ 🅿.
☖
15 mars-5 nov. – Repas 75/140 ♀, enf. 38 – □ 38 – **34 ch** 260/290 – ½ P 255/296

🏠 **Grand Jardin** (annexe 7 ch. fermé 20 déc. au 20 janv.), av. Thermes ℰ 04 92 70 45 45,
Fax 04 92 74 24 79, 佘, 五, ⇗, ※ – 劇 🆃🆅 ☎ 🅿 – 🕿 30. ⚏ ⑩ ☖ 🆈 ※ rest
1er mars-30 nov. – Repas 85 (dîner), 95/220 ♂, enf. 55 – □ 40 – **92 ch** 240/370 – P 355/
480

GRESSE-EN-VERCORS 38650 Isère 📖 ⑭ G. Alpes du Nord – 265 h alt. 1205 – Sports d'hiver : 1 300/1 700 m ⚡16 🎿.

Voir Col de l'Allimas ⩽★ S : 2 km.

🖪 Office de Tourisme ℘ 04 76 34 33 40, Fax 04 76 34 31 26.

Paris 615 – Grenoble 48 – Clelles 21 – Monestier-de-Clermont 14 – Vizille 44.

🏠 **Chalet** Ⓜ 🦢, ℘ 04 76 34 32 08, Fax 04 76 34 31 06, ⩽, 🏡, 🔟, 💥 – 📺 🕿 🔾 🄿 –
🕸 🔄 25, 🕮. 💥
fermé 30 mars au 22 avril et 15 oct. au 22 déc. – Repas 98/300, enf. 58 – 😄 46 – **25 ch** 230/430 – ½ P 360/400

GRESSWILLER 67190 B.-Rhin 📖 ⑮ – 1 181 h alt. 200.

Paris 481 – Strasbourg 34 – Obernai 15 – Saverne 32 – Sélestat 41.

🏠 **Écu d'Or**, Z.A. : 1 km par D 217 ℘ 03 88 50 16 00, Fax 03 88 50 15 11 – 🍽 rest, 📺 🕿 🕊 🕭
🄿, 🕮
Repas 99/270 ⨾, enf. 55 – 😄 35 – **25 ch** 275/295

GRESSY 77 S.-et-M. 📖 ⑫, 📖 ⑩ – voir à Paris, Environs.

GRÉSY-SUR-AIX 73 Savoie 📖 ⑮ – rattaché à Aix-les-Bains.

GRÉSY-SUR-ISÈRE 73740 Savoie 📖 ⑯ – 890 h alt. 350.

Env. Site★★ et ⩽★★ du château de Miolans★ SO : 7 km, G. Alpes du Nord.

Paris 600 – Albertville 19 – Aiguebelle 12 – Chambéry 38 – St-Jean-de-Maurienne 47.

XX **Tour de Pacoret** 🦢 avec ch, Nord-Est : 1,5 km par D 201 ✉ 73460 Frontenex
℘ 04 79 37 91 59, Fax 04 79 37 93 84, ⩽ vallée et montagnes, 🏡, parc, 🔟 – 📺 🕿 🄿, 🕮.
💥 rest
1er mai-1er nov. – Repas (fermé mardi sauf le soir en juil.-août, merc. midi de mai à oct. et lundi en oct.) 90 (déj.), 125/280 ⨾ – 😄 55 – **9 ch** 300/450 – ½ P 370/400

GRÉZIEU-LA-VARENNE 69290 Rhône 📖 ⑪, 📖 ⑫ – 3 256 h alt. 332.

Paris 461 – Lyon 14 – L'Arbresle 18 – Villefranche-sur-Saône 31.

XXX **Hostellerie de la Varenne,** 9 r. É. Evellier ℘ 04 78 57 31 05, Fax 04 78 57 31 05, 🏡 –
🄰🄴 🕮
fermé merc. soir, dim. soir et lundi sauf juil.-août – Repas 148/295 et carte 170 à 280 ⨾, enf. 50

La GRIÈRE 85 Vendée 📖 ⑪ – rattaché à La Tranche-sur-Mer.

GRIGNAN 26230 Drôme 📖 ② G. Provence – 1 300 h alt. 198.

Voir Château★★ : ⋇★.

Paris 632 – Crest 48 – Montélimar 24 – Nyons 24 – Orange 49 – Pont-St-Esprit 34.

🏠 **Roseraie** 🦢, rte Valréas ℘ 04 75 46 58 15, Fax 04 75 46 91 55, 🏡, « Élégant manoir dans un parc », 🔟, 💥 – 🍽 rest, 📺 🕿 🕭 🄿, 🄰🄴 ⓪ 🕮
fermé 4 au 11 déc., 5 janv. au 14 fév. et lundi hors saison – Repas (prévenir) 195/255 ⨾ –
😄 90 – **17 ch** 865/1150 – ½ P 760/905

🏠 **Clair de la Plume** 🦢 sans rest, pl. Mail ℘ 04 75 91 81 30, Fax 04 75 91 81 31, 🌿 – 📺 🕿
🕊, 🄰🄴 ⓪ 🕮
fermé fév. – 😄 60 – **10 ch** 485/875

XX **Relais de Grignan,** rte Montélimar D 541 : 1 km ℘ 04 75 46 57 22, Fax 04 75 46 92 96,
🏡, 🌿 – 🍽 🄿, 🄰🄴 🕮
fermé 1er au 15 janv., merc. soir de sept. à juin, dim. soir et lundi – Repas 95 (déj.), 130/305

GRIMAUD 83310 Var 📖 ⑰, 📖 ㉗ G. Côte d'Azur – 3 322 h alt. 105.

🖪 Syndicat d'Initiative bd des Aliziers ℘ 04 94 43 26 98, Fax 04 94 43 32 40 annexe (saison)
Port-Grimaud.

Paris 865 – Fréjus 32 – Le Lavandou 33 – St-Tropez 11 – Ste-Maxime 11 – Toulon 65.

🏠 **Boulangerie** 🦢 sans rest, rte de Collabrières, Ouest : 2 km par D 14 ℘ 04 94 43 23 16,
Fax 04 94 43 38 27, ⩽, parc, 🔟, 💥 – 🕿 🕊 🄿, 🄰🄴 🕮
Pâques-10 oct. – 😄 65 – **11 ch** 760/820

🏨 **Athénopolis** Ⓜ ⌖, rte La Garde-Freinet, Nord-Ouest : 3,5 km par D 558
℘ 04 94 43 24 24, Fax 04 94 43 37 05, ⏃, ☞, ※ – 📺 ☎ 🅒 & 🅿 ⌶ ⑩ 🄶🄱, ※ rest
hôtel : 1ᵉʳ avril-1ᵉʳ nov. ; rest. : 15 mai-15 sept. – **Repas** grill (dîner seul.) 120 – ☑ 48 – **11 ch**
570/660 – 1/2 P 463/528

🏨 **Hostellerie du Coteau Fleuri**, pl. Pénitents ℘ 04 94 43 20 17, Fax 04 94 43 33 42, ‹
☎, ⌶ ⑩ 🄶🄱, ※ rest
fermé 10 nov. au 15 déc., 5 au 20 janv. et mardi sauf juil.-août – **Repas** 150 (déj.), 195/250 ♀
– ☑ 45 – **14 ch** 400/550 – 1/2 P 420/495

XXX **Les Santons** (Girard), ℘ 04 94 43 21 02, Fax 04 94 43 24 92, « Cadre provençal » – ▤. ⌶
🟢 🄶🄱 🄹🄲🄱
⌘ 15 avril-2 nov., vacances de Noël et de fév. – **Repas** (fermé merc. sauf le soir en juil.-août et
jeudi midi en juil.-août) 215 bc (déj.), 260/425 et carte 360 à 500, enf. 110
Spéc. Brandade de morue. Agneau de Sisteron au thym sauvage. Gibier (saison). **Vins**
Côtes-de-Provence, Bandol.

XX **Bretonnière**, pl. Pénitents ℘ 04 94 43 25 26, Fax 04 94 54 19 45 – ▤. 🄶🄱
fermé 20 au 27 mars, 20 nov. au 15 déc., dim. soir et lundi sauf juil.-août – **Repas** 155 (déj.),
190/380 ♀

XX **Jardin des Cabris**, Sud : 1 km, carrefour D 552 - D 14 ℘ 04 94 43 26 48,
Fax 04 94 43 39 41, ⌸ – 🅿. ⌶ 🄶🄱
1ᵉʳ fév.-31 oct. et fermé lundi – **Repas** 140 (déj.), 185/350 ♀

GRIS-NEZ (Cap) ★★ 62 P.-de-C. 🗟 ① G. Picardie Flandres Artois – ⊠ 62179 Audinghen.
Paris 283 – Calais 32 – Arras 128 – Boulogne-sur-Mer 21 – Marquise 13 – St-Omer 63.

🏨 **Les Mauves** ⌖, ℘ 03 21 32 96 06, ⌸, ☞ – ☎ 🅿. 🄶🄱 ※
1ᵉʳ avril-15 nov. – **Repas** 120/235 ♀ – ☑ 46 – **16 ch** 320/520 – 1/2 P 320/455

X **Sirène**, ℘ 03 21 32 95 97, Fax 03 21 32 74 75, ‹ mer. 🅿. 🅻 🄶🄱
fermé 21 déc. au 31 janv., le soir sauf sam. de sept. à Pâques, dim. soir et lundi – **Repas**
113/205, enf. 44

La GRIVE 38 Isère 🗗 ⑬ – rattaché à Bourgoin-Jallieu.

GROISY 74570 H.-Savoie 🗗 ⑩ – 2 190 h alt. 690.
Paris 537 – Annecy 18 – Bellegarde-sur-Valserine 40 – Bonneville 27 – Genève 39.

XX **Auberge de Groisy**, ℘ 04 50 68 09 54, Fax 04 50 68 09 54, ⌸ – 🄶🄱
fermé 17 juil. au 1ᵉʳ août, 21 au 28 fév., dim. soir et lundi – **Repas** 108/300, enf. 55

GROIX (Ile de) ★ 56590 Morbihan 🗟 ⑫ G. Bretagne – 2 472 h alt. 38.
Voir Site★ de Port-Lay – Trou de l'Enfer★.
Accès par transports maritimes pour **Port-Tudy** (en été réservation recommandée
pour le passage des véhicules).
⛴ depuis **Lorient**. Traversée 45 mn – Tarifs, se renseigner : Cie Morbihannaise et
Nantaise de Navigation, bd A.-Pierre ℘ 02 97 64 77 64 - Fax 02 97 64 77 69.
depuis **Doëlan** service saisonnier- Traversée 1h- Renseignements et tarifs: Vedettes Glenn
℘ 02 98 97 10 31.
🖪 Syndicat d'Initiative Mairie ℘ 02 97 86 53 08 et (saison) Port Tudy ℘ 02 97 86 54 96.

🏨 **Marine**, au Bourg ℘ 02 97 86 80 05, Fax 02 97 86 56 37, ⌸, ☞ – ☎. 🄶🄱
fermé janv., dim. soir et lundi hors saison sauf vacances scolaires – **Repas** 85/150 ♀, enf. 50
– ☑ 48 – **22 ch** 237/470 – 1/2 P 278/372

🏨 **Ty Mad**, au port ℘ 02 97 86 80 19, Fax 02 97 86 50 79, ⌸, ⏃ – 📺 ☎ ❅ 🅿. ⌶ ⑩ 🄶🄱
※
Repas (fermé mi-nov. à Pâques sauf vacances scolaires) 85/190, enf. 55 – ☑ 40 – **32 ch**
260/390 – 1/2 P 285/335

GRON 18800 Cher 🗟 ② – 341 h alt. 226.
Paris 234 – Bourges 30 – Montluçon 103 – Nevers 43 – St-Amand-Montrond 63.

XX **Auberge de la Butte**, pl. Église ℘ 02 48 68 50 04, Fax 02 48 68 52 71, « Jolie maison
villageoise » – 🄶🄱
fermé 2 au 10 oct., 2 au 25 janv., lundi et mardi sauf fériés – **Repas** 136/360 ♀, enf. 70

GROSLÉE 01680 Ain 📖 ⑭ – 286 h alt. 280.

Paris 498 – Belley 23 – Bourg-en-Bresse 71 – Lyon 75 – La Tour-du-Pin 26 – Voiron 45.

XX **Penelle,** à Port de Groslée Sud-Ouest : 2 km sur D 19 ✆ 04 74 39 71 01, Fax 04 74 39 70 93, ≤, 😤 – 🄿. 🄰🄴 ⑩ 🄶🄱
fermé 25 juin au 5 juil., janv., lundi et mardi – Repas 86/215, enf. 75

GROTTE voir au nom propre de la grotte.

GROUIN (Pointe du) 35 I.-et-V. 📖 ⑥ – rattaché à Cancale.

GRUISSAN 11430 Aude 📖 ⑩ G. Languedoc Roussillon – 2 170 h alt. 2 – Casino.

🄱 Office de Tourisme bd du Pech Maynaud ✆ 04 68 49 03 25, Fax 04 68 49 33 12.
Paris 806 – Perpignan 76 – Carcassonne 73 – Narbonne 15.

🏨 **Corail** Ⓜ, quai Ponant, au port ✆ 04 68 49 04 43, Fax 04 68 49 62 89, ≤, 😤 – 🛗 🗐 📺 ☎
📞 🄿 – 🛁 15. 🄰🄴 ⑩ 🄶🄱
2 fév.-2 nov. – Repas 98/198 🍷, enf. 45 – ☞ 45 – **32 ch** 350/420 – ½ P 335/350

🏨 **Plage** sans rest, à la plage ✆ 04 68 49 00 75 – ☎. 🄶🄱. ⚡
23 avril-15 sept. – **17 ch** ☞ 250/330

XX **L'Estagnol,** au village ✆ 04 68 49 01 27, Fax 04 68 49 96 66, ≤, 😤 – 🗐. 🄶🄱
mars-sept. et fermé lundi – Repas 88 (déj.), 130/170 🍷, enf. 46

X **Lamparo,** au village ✆ 04 68 49 93 65, Fax 04 68 49 93 65, 😤 – 🗐. 🄶🄱
fermé 1ᵉʳ au 9 oct., 2 au 30 janv., dim. soir sauf juil.-août et lundi – Repas (80 bc) - 100/180 🍷, enf. 45

Le GUA 17680 Char.-Mar. 📖 ⑭ – 1 689 h alt. 3.

Paris 494 – Royan 16 – La Rochelle 64 – Bordeaux 128 – Rochefort 26.

🏨 **Moulin de Châlons,** Châlons, Ouest : 1 km rte de Royan ✆ 05 46 22 82 72, Fax 05 46 22 91 07, 😤, parc, « Ancien moulin à marée du 18ᵉ siècle » – ☎ 🄿, 🄰🄴 ⑩ 🄶🄱
25 mai-20 sept. et fermé merc. midi et mardi sauf juil.-août – Repas 150 bc (déj.), 165/380, enf. 58 – ☞ 70 – **14 ch** 360/550 – ½ P 403/498

GUAGNO 2A Corse-du-Sud 📖 ⑮ – voir à Corse.

GUAGNO-LES-BAINS 2A Corse-du-Sud 📖 ⑮ – voir à Corse.

GUEBERSCHWIHR 68420 H.-Rhin 📖 ⑱ ⑲ G. Alsace Lorraine – 703 h alt. 260.

Paris 486 – Colmar 12 – Guebwiller 18 – Mulhouse 35 – Strasbourg 85.

🏨 **Relais du Vignoble** ⚡, ✆ 03 89 49 22 22, Fax 03 89 49 27 82, ≤, 😤 – 🛗 📺 ☎ 🄿 –
🛁 40. 🄶🄱
fermé 1ᵉʳ fév. au 5 mars – **Belle Vue** (fermé merc. soir de nov. à avril et jeudi) Repas
80/250 🍷, enf. 50 – ☞ 45 – **30 ch** 260/450 – ½ P 320/350

GUEBWILLER ◎ 68500 H.-Rhin 📖 ⑱ G. Alsace Lorraine – 10 942 h alt. 300.

Voir Église St-Léger★ : façade Ouest★★ – Intérieur★★ de l'église N.-Dame★ : Assomption★★
– Musée du Florival : oeuvre★ de Théodore Deck – Vallée de Guebwiller★★ NO – Buhl :
retable de Buhl★★ dans l'église N : 3 km par D 430.
Env. Église★ de Lautenbach SE : 7 km.

🄱 Office de Tourisme Hôtel-de-Ville 73 r. de la République ✆ 03 89 76 10 63, Fax 03 89 76 52 72.
Paris 475 – Mulhouse 23 – Belfort 51 – Colmar 26 – Épinal 101 – Strasbourg 104.

🏨 **Château de la Prairie** ⚡ sans rest, allée Marronniers ✆ 03 89 74 28 57, Fax 03 89 74 71 88, parc – 🕊 📺 ☎ 📞 🄿 – 🛁 30. 🄰🄴 ⑩ 🄶🄱 🄹🄲🄱
☞ 50 – **20 ch** 350/590

🏨 **Ange,** 4 r. Gare ✆ 03 89 76 22 11, Fax 03 89 76 50 08 – 📺 ☎ 🕹 🄿 – 🛁 30. 🄰🄴 🄶🄱
Repas (fermé lundi sauf le soir en saison et dim. soir) 60/300 🍷 – ☞ 40 – **36 ch** 225/285 –
½ P 300

à Murbach Nord-Ouest : 5 km par D 40ⁱⁱ – 116 h. alt. 420 – ✉ 68530 :
Voir Église★★.

🏨 **Hostellerie St-Barnabé** ⚡, ✆ 03 89 62 14 14, Fax 03 89 62 14 15, 😤, « Maison fleurie dans le vallon, jardin », 🛥, ✗ – 🗐 rest, 📺 ☎ 🄿 🄰🄴 ⑩ 🄶🄱 🄹🄲🄱
fermé 23 au 26 déc., 14 janv. au 15 mars, dim. soir de nov. à avril, lundi midi et merc. midi –
Repas 158/398 🍷 – ☞ 65 – **27 ch** 450/1100 – ½ P 535/860

632

à **Jungholtz** *Sud-Ouest : 6 km par D 51 – 677 h. alt. 332 –* ⊠ *68500 :*

🏛 **Les Violettes** 🔊, à Thierenbach, ℰ 03 89 76 91 19, Fax 03 89 74 29 12, ≼, 佘,
« En lisière de forêt », 綜 – 📺 ☎ 🅿 ⅍ ⊙ ⅏
Repas *(fermé lundi soir et mardi sauf fériés)* 170/420 ⌇ – ⌁ 70 – **25 ch** 480/750

XX **Biebler "La Roseraie"** avec ch, ℰ 03 89 76 85 75, Fax 03 89 74 91 45, 佘, « Jardin
⅏ fleuri », 綜 – 📺 ☎ 🅒 ⇦ 🅿 ⅍ ⊙ ⅏ ᴊᴄʙ
fermé merc. d'oct. à juin – **Repas** 80/280 ⌇ – ⌁ 55 – **7 ch** 250/350 – ½ P 290

à **Hartmannswiller** *Sud : 7 km par D 5 – 503 h. alt. 255 –* ⊠ *68500 :*

🏛 **Meyer,** sur D 5 ,ℰ 03 09 76 73 14, Fax 03 89 76 70 57, 佘, 綜 – ⅍ 📺 ☎ ⅍ 🅿 ⅍ ⊙ ⅏
⅏ ⅍ ch
fermé 1ᵉʳ au 15 nov., 15 au 28 fév., sam. midi et vend. – **Repas** 70/300 ⅍, enf. 40 – ⌁ 40 –
12 ch 240/350 – ½ P 200/255

à **Rimbach-près-Guebwiller** *Ouest : 11 km par D 51 – 223 h. alt. 550 –* ⊠ *68500 :*

⛱ **Aigle d'Or** 🔊, ℰ 03 89 76 89 90, Fax 03 89 74 32 41, 佘, 綜 – ☎ ⅍ ⇦ 🅿 ⅍ ⊙ ⅏
⅏ **Repas** *(fermé 10 fév. au 6 mars et lundi sauf de juil. à sept.)* 58 (déj.), 80/190 ⌇, enf. 40 –
⌁ 35 – **20 ch** 120/270 – ½ P 190/260

GUÉCELARD *72230 Sarthe* 🖳 ⑬ *– 2 261 h alt. 45.*
Paris 217 – Le Mans 18 – Château-du-Loir 39 – La Flèche 26 – Le Grand-Lucé 38.

XX **Botte d'Asperges,** ℰ 02 43 87 29 61, Fax 02 43 87 29 61 – ⊙ ⅏
fermé 2 au 8 mars, 19 juil. au 9 août, dim. soir et lundi sauf fériés – **Repas** *(74) -* 99/270,
enf. 48

The Guide changes, so renew your Guide every year.

GUÉMÉNÉ-SUR-SCORFF *56160 Morbihan* 🖳 ⑪ *– 1 332 h alt. 180.*
Paris 484 – Vannes 66 – Concarneau 71 – Lorient 45 – Pontivy 21 – Rennes 129.

🏛 **Bretagne,** r. J. Peres ℰ 02 97 51 20 08, Fax 02 97 39 30 49, 綜 – ⅍ 📺 ☎ ⅍ 🅿 – ⅍ 40.
⅏ ⅏
fermé 1ᵉʳ au 15 sept., 20 déc. au 10 janv. et sam. hors saison – **Repas** 59/195 ⌇, enf. 38 –
⌁ 33 – **19 ch** 186/278 – ½ P 200/231

GUENROUET *44530 Loire-Atl.* 🖳 ⑮ *– 2 383 h alt. 30.*
Paris 401 – Nantes 57 – Redon 23 – St-Nazaire 42 – Vannes 71.

XXX **Relais St-Clair,** rte Nozay ℰ 02 40 87 66 11, Fax 02 40 87 71 01 – ▤. ⅏
fermé vacances de fév., dim. soir et lundi sauf juil.-août – **Repas** 98 (déj.), 140/380 ⌇, enf. 72

XXX **Paradis des Pêcheurs,** au Cougou sur D 102 : 5 km ℰ 02 40 87 64 10, 綜 – 🅿. ⅏
fermé vacances de fév., merc. sauf juil.-août et dim. soir – **Repas** 55 (déj.), 90/168 ⌇, enf. 55

GUÉRANDE *44350 Loire-Atl.* 🖳 ⑭ *G. Bretagne – 11 665 h alt. 54.*
Voir Le tour des remparts★ – Collégiale St-Aubin★.
🅱 *Office de Tourisme 1 pl. Marché aux Bois* ℰ *02 40 24 96 71, Fax 02 40 62 04 24.*
Paris 456 – Nantes 80 – La Baule 7 – St-Nazaire 21 – Vannes 67.

🏛 **Les Voyageurs,** pl. du 8 Mai 1945 ℰ 02 40 24 90 13, Fax 02 40 62 06 64, 佘 – 📺 ☎ ⅍.
⅏ ⅏
fermé 20 déc. au 10 janv., dim. soir et lundi sauf juil.-août – **Repas** *(fermé le soir d'oct. à
mars)* 58/245 ⅍, enf. 40 – ⌁ 34 – **12 ch** 250/300 – ½ P 285/300

XX **Les Remparts** avec ch, bd Nord ℰ 02 40 24 90 69, Fax 02 40 62 17 99 – 📺 ☎. ⅏
⅏ *fermé 24 déc. au 10 fév., dim. soir et lundi sauf juil.-août –* Repas *(fermé le soir du 1ᵉʳ oct.
au 20 mars)* 105/250 ⌇, enf. 60 – ⌁ 35 – **8 ch** 250/280 – ½ P 290/300

X **L'Ostréa,** 5 r. St-Michel (intra-muros) ℰ 02 40 42 93 03, 佘 – ⅏
fermé 9 au 22 oct., 20 déc. au 6 fév., dim. soir et lundi du 15 sept. au 15 juin – **Repas**
-produits de la mer- 92/200, enf. 40

La GUERCHE-DE-BRETAGNE *35130 I.-et-V.* 🖳 ⑧ *G. Bretagne – 4 123 h alt. 77.*
Paris 326 – Châteaubriant 30 – Laval 54 – Redon 85 – Rennes 43 – Vitré 22.

XXX **Calèche** Ⓜ 🔊 avec ch, 16 av. Gén. Leclerc ℰ 02 99 96 21 63, Fax 02 99 96 49 52, 佘 – 📺
⅏ ☎ 🅿 ⅏
fermé 1ᵉʳ au 20 août, dim. soir et lundi – **Repas** 75/125 ⌇ – ⌁ 45 – **10 ch** 215/290 – ½ P 225

GUÉRET 🅿 23000 Creuse 🔢 ⑨ G. Berry Limousin – 14 706 h alt. 457.

Voir Salle du Trésor d'orfèvrerie★ du musée de la Sénatorerie **M¹**.

🅱 Office de Tourisme 1 av. Ch.-de-Gaulle ℘ 05 55 52 14 29, Fax 05 55 41 19 38.

Paris 355 ① – Limoges 90 ② – Châteauroux 90 ① – Montluçon 66 ③.

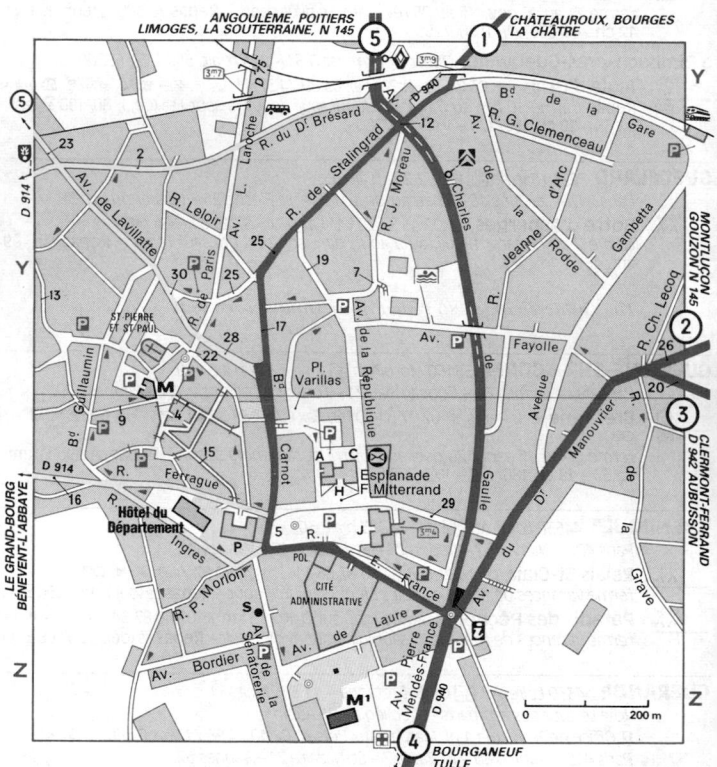

🏨 **Auclair,** 19 av. Sénatorerie ℘ 05 55 41 22 00, Fax 05 55 52 86 89, 佘, 舟 – 粂 🆃🆅 ☎. ⅁⅁

Repas 90/235 ♈, enf. 75 – ☲ 39 – **32 ch** 200/310 – ½ P 300   **Z s**

🏠 **Campanile,** av. R. Cassin par ⑤ ℘ 05 55 51 54 00, Fax 05 55 52 56 16, 佘 – 粂 🆃🆅 ☎ ✆
&. 🅿 – 🕮 35. 🅰🅴 ⑩ ⅁⅁

Repas (75) - 88/165 ♈, enf. 39 – ☲ 37 – **49 ch** 335

à Ste-Feyre par ③ : 7 km – 2 250 h. alt. 450 – ⊠ 23000 :

XX **Les Touristes,** ℘ 05 55 80 00 07, Fax 05 55 81 11 04 – 🍽. ⅁⅁. 舟

fermé 15 au 30 juin, mardi soir et merc. – **Repas** 90/220 ♠

GUÉTHARY 64210 Pyr.-Atl. 🔢 ⑪ ⑱ G. Aquitaine – 1 105 h alt. 15.

🅱 Office de Tourisme r. du Comte de Swiecinski ℘ 05 59 26 56 60, Fax 05 59 54 92 67.

Paris 785 – Biarritz 9 – Bayonne 18 – Pau 126 – St-Jean-de-Luz 6.

🏠 **Brikéténia** sans rest, r. Église ℘ 05 59 26 51 34, Fax 05 59 54 71 55, ⇐ – 🆃🆅 ☎ 🅿. ⅁⅁

1er avril-15 nov. – ☲ 45 – **20 ch** 420/550

Le GUÉTIN *18 Cher* 69 ③ – ✉ *18150 La Guerche-sur-l'Aubois :*
Paris 257 – Bourges 57 – La Guerche-sur-l'Aubois 10 – Nevers 12 – St-Pierre-le-Moutier 28.

🍴 **Auberge du Pont-Canal,** D 976 ℘ 02 48 80 40 76, *Fax 02 48 80 45 11,* ⛱ – GB
fermé 1er au 21 janv. et lundi sauf juil.-août – **Repas** (déj. seul. de nov. à mars sauf sam.) 75 (déj.), 120/180 🍶, enf. 52.

GUEUGNON *71130 S.-et-L.* 69 ⑰ – *9 697 h alt. 243.*
Paris 339 – Moulins 62 – Bourbon-Lancy 26 – Mâcon 86 – Montceau-les-Mines 29.

🏠 **Centre,** 34 r. Liberté ℘ 03 85 85 21 01, *Fax 03 85 85 02 67* – ❄ rest, 📺 ☎ ✆ 🅿. GB
☺ **Repas** *(fermé dim. soir)* 79/185 🍷, enf. 55 – ☕ 38 – **20 ch** 140/300

GUEWENHEIM *68116 H.-Rhin* 87 ⑲ – *1 140 h alt. 323.*
Paris 443 – Mulhouse 21 – Altkirch 22 – Belfort 25 – Thann 9.

🍴🍴 **Gare,** ℘ 03 89 82 51 29, *Fax 03 89 82 84 62,* ⛱, 🌳 – 🅿. GB
fermé 27 juil. au 13 août, 28 fév. au 12 mars, mardi soir et merc. – **Repas** (50) 125/330 🍷

GUIGNIÈRE *37 I.-et-L.* 64 ⑭ ⑮ – *rattaché à Tours.*

GUILHERAND-GRANGES *07 Ardèche* 77 ⑫ – *rattaché à Valence (26 Drôme).*

GUILLESTRE *05600 H.-Alpes* 77 ⑱ *G. Alpes du Sud – 2 000 h alt. 1000.*
Voir *Porche★ de l'église – Pied-la-Viste ⩽★ E : 2 km – Peyre-Haute ⩽★ S : 4 km puis 15 mn.*
Env. *Combe du Queyras★★ NE : 5,5 km.*
ℹ *Office de Tourisme pl. Salva ℘ 04 92 45 04 37, Fax 04 95 45 19 09.*
Paris 719 – Briançon 37 – Gap 62 – Barcelonnette 53 – Digne-les-Bains 117.

🏘 **Les Barnières** 🐸, ℘ 04 92 45 04 87, *Fax 04 92 45 28 74,* ⩽ vallée et montagnes, ⛱, 🏋, 🏊, 🌳, 🎾 – ⇕ ✈ 📺 ☎ 🅿. GB. 🚫🐕 rest
fermé 15 oct. au 20 déc. – **Repas** 100 (déj.), 120/200, enf. 65 – ☕ 48 – **75 ch** 420/460 – ½ P 430

🏠 **Catinat Fleuri,** ℘ 04 92 45 07 62, *Fax 04 92 45 28 88,* 🏊, 🌳, 🎾 – 📺 ☎ 🅿. ⓓ GB
Repas 88/180 🍷, enf. 41 – ☕ 37 – **31 ch** 390/450 – ½ P 350/370

🍴 **Epicurien,** ℘ 04 92 45 20 02, ⛱ – GB
fermé 1er au 15 juin, 15 au 30 nov., lundi soir et mardi sauf en été – **Repas** (85) - 130/220 🍷, enf. 50

à Mont-Dauphin gare *Nord-Ouest : 4 km par D 902A et N 94 – 73 h. alt. 1050 – ✉ 05600 :*
Voir *Charpente★ de la caserne Rochambeau.*

🏠 **Lacour et rest. Gare,** ℘ 04 92 45 03 08, *Fax 04 92 45 40 09,* 🌳 – 📺 ☎ ✆ 🅿. GB.
☺ 🚫🐕 rest
fermé sam. en mai-juin et du 1er sept. au 20 déc. – **Repas** 83/195 🍷, enf. 45 – ☕ 36 – **46 ch** 170/320 – ½ P 210/285

à La Maison du Roy *Nord-Est : 5,5 km par D 902 – ✉ 05600 Guillestre :*

🏠 **Maison du Roy,** ℘ 04 92 45 08 34, *Fax 04 92 45 44 45,* ⩽, ⛱, 🌳, 🎾 – ☎ 🅿. ⓓ GB.
☺ 🚫🐕 rest
fermé 1er au 8 mai, 27 oct. au 20 déc., dim. soir et lundi en mai-juin et sept.-oct. – **Repas** 75/152 🍷, enf. 57 – ☕ 42 – **30 ch** 225/370 – ½ P 290/340

GUILLIERS *56490 Morbihan* 63 ④ – *1 207 h alt. 86.*
Paris 418 – Vannes 60 – Dinan 64 – Lorient 91 – Ploërmel 13 – Rennes 68.

🏘 **Relais du Porhoët,** ℘ 02 97 74 40 17, *Fax 02 97 74 45 65,* 🌳 – 📺 ☎ ✆ 🅿 – 👥 20. AE GB
☺ *fermé 1er au 15 janv., dim. soir et lundi d'oct. à avril* – **Repas** 63/160 🍷, enf. 48 – ☕ 35 – **12 ch** 230/260 – ½ P 220/250

GUILVINEC *29730 Finistère* 58 ⑭ *G. Bretagne – 3 365 h alt. 5.*
Paris 588 – Quimper 32 – Douarnenez 40 – Pont-l'Abbé 12.

🏠 **Centre,** r. Gén. de Gaulle ℘ 02 98 58 10 44, *Fax 02 98 58 31 05,* ⛱, 🌳 – 📺 ☎ ✆ 🅿. GB
☺ *fermé janv., dim. soir et lundi d'oct. à mars* – **Repas** 75/240 🍶, enf. 43 – ☕ 38 – **9 ch** 240/320 – ½ P 280/320

🍴🍴 **Chandelier,** 16 r. Marine ℘ 02 98 58 91 00 – GB
fermé vacances de Toussaint, mardi soir et lundi – **Repas** 85 (déj.), 135/230 🍷

à Treffiagat *Nord-Est : 3 km – 2 333 h. alt. 20 – ✉ 29730 Guilvinec :*

🏠 **Gentilhommière** ⛰, Nord : 1 km sur D 153 ☎ 02 98 58 13 29, ⛱, 🏞 – ☎ 🅿. GB
Repas grill *(ouvert vend. soir, sam. soir et dim. soir)* carte 135 à 230, enf. 65 – ☕ 40 – **6 ch** 300/370 – ½ P 350/390

GUINGAMP ⟨SP⟩ *22200 C.-d'Armor* 59 ② *G. Bretagne – 7 905 h alt. 81.*
Voir *Basilique*★ B.
🅸 *Office de Tourisme pl. du Champ au Roy ☎ 02 96 43 73 89, Fax 02 96 40 01 95.*
Paris 483 ③ – St-Brieuc 32 ③ – Carhaix-Plouguer 48 ⑥ – Lannion 31 ⑦ – Morlaix 53 ⑦.

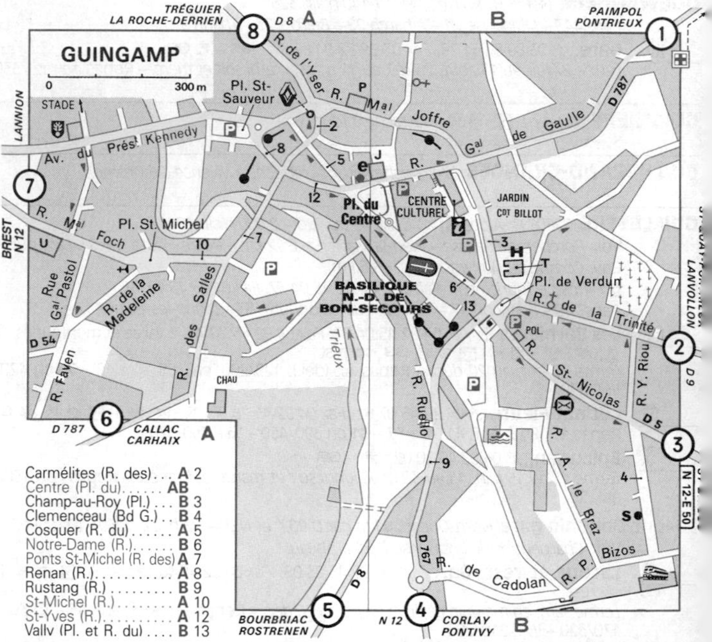

Carmélites (R. des) . . . A 2
Centre (Pl. du) . . . . . . AB
Champ-au-Roy (Pl.) . . . B 3
Clemenceau (Bd G.) . . B 4
Cosquer (R. du) . . . . . . A 5
Notre-Dame (R.) . . . . . B 6
Ponts St-Michel (R. des) A 7
Renan (R.) . . . . A 8
Rustang (R.) . . . . B 9
St-Michel (R.) . . . . A 10
St-Yves (R.) . . . . A 12
Vally (Pl. et R. du) . . . . B 13

🏠 **Armor** sans rest, 44 bd Clemenceau ☎ 02 96 43 76 16, *Fax 02 96 43 89 62* – 📺 ☎ 📞. AE ⓞ GB JCB. ✂ B s
☕ 42 – **23 ch** 295/320

XXX **Relais du Roy** ⛰ avec ch, pl. Centre ☎ 02 96 43 76 62, *Fax 02 96 44 08 01* – 📺 ☎ – 👥 20. AE ⓞ GB JCB A e
Repas 130/300 et carte 230 à 400 🍷, enf. 75 – ☕ 65 – **7 ch** 500/680 – ½ P 650

GUISE *02120 Aisne* 53 ⑮ *G. Picardie Flandres Artois – 5 976 h alt. 97.*
An 2000 6-8 oct. : Le Familistère Godin : modèle de cité idéale (Exposition).
Voir *Château*★.
🅸 *Office de Tourisme 2 r. Chantraine ☎ 03 23 60 45 71, Fax 03 23 05 60 15.*
Paris 177 – St-Quentin 28 – Avesnes-sur-Helpe 39 – Cambrai 50 – Hirson 38 – Laon 39.

🏠 **Champagne Picardie,** 41 r. A. Godin ☎ 03 23 60 43 44, *Fax 03 23 61 37 85,* 🏞 – 📺 ☎ 🅿. ⓞ GB. ✂ ch
fermé 31 juil. au 6 août, 23 déc. au 2 janv. et dim. – **Repas** grill *(fermé dim. soir et lundi)* 59 bc (déj.), 84/180 🍷, enf. 40 – ☕ 28 – **12 ch** 240/290 – ½ P 180/205

X **Guise** avec ch, 103 pl. Lesur ☎ 03 23 61 17 58 – 📺 ☎. GB
fermé 24 au 31 déc. – **Repas** *(fermé vend. soir, dim. soir et sam. en hiver)* 75/150 🍷 – ☕ 35 – **8 ch** 240

GUJAN-MESTRAS 33470 Gironde 🔢 ② G. Aquitaine – 11 433 h alt. 5.

Voir Parc ornithologique du Teich★ E : 5 km.

🅱 Office de Tourisme 19 av. de Lattre-de-Tassigny ℰ 05 56 66 12 65, Fax 05 56 66 94 44.

Paris 641 – Bordeaux 62 – Andernos-les-Bains 26 – Arcachon 16.

🏨 **Guérinière**, à Gujan ℰ 05 56 66 08 78, Fax 05 56 66 13 39, 🏠, 🏊 – 🔳 rest, 📺 🕿 🅿 – 🛗 20. 🖭 ⑨ 🅶🅱
   Repas (fermé dim. soir d'oct. à Pâques) 180 bc/350 ♀, enf. 75 – 🍽 50 – **27 ch** 490/650 – ½ P 500/600

à La Hume – ✉ 33470 :

🍽 **Les Deux Écluses**, 58 rte des lacs ℰ 05 56 66 77 12, Fax 05 56 66 73 73, 🏠 – 🖭 ⑨ 🅶🅱
   fermé dim. soir et lundi d'oct. à mai – **Repas** 95/130 ♀, enf. 50

GUNDERSHOFFEN 67110 B.-Rhin 🔢 ⑱ – 3 377 h alt. 180.

Paris 464 – Strasbourg 48 – Haguenau 16 – Sarreguemines 62 – Wissembourg 35.

🍲🍲🍲 **Au Cygne** (Paul), 35 Gd Rue ℰ 03 88 72 96 43, Fax 03 88 72 86 47 – 🍽. 🅶🅱
   ☸ fermé 16 août au 5 sept., vacances de fév., jeudi soir, dim. soir et lundi – **Repas** 195/410 et carte 300 à 380 ♀
   Spéc. Filet de chevreuil aux champignons des bois (saison). Escalopes de foie d'oie poêlées au vinaigre de Banyuls. Beignets de quetsches, glace à la cannelle (automne). **Vins** Edelzwicker, Muscat.

🍽🍽 **Chez Gérard**, à la Gare ℰ 03 88 72 91 20, Fax 03 88 72 89 25, 🏠 – 🅶🅱
   fermé 17 juil. au 6 août, 24 janv. au 6 fév., lundi soir, merc. soir et mardi – **Repas** 115/300 ♀ –
   Bahnstuebel : **Repas** carte 100 à 160 ♀, enf. 50

Towns underlined in red on the Michelin maps
at a scale of 1 : 200 000 are included in this Guide.

Use the latest map to take full advantage of this information.

GURCY-LE-CHÂTEL 77520 S.-et-M. 🔢 ③ – 352 h alt. 129.

Paris 83 – Fontainebleau 34 – Coulommiers 47 – Melun 38 – Provins 23.

🍽 **Loiseau**, 21 r. Ampère ℰ 01 60 67 34 00 – 🅶🅱
   ⇔ fermé 6 au 28 août, 30 déc. au 8 janv., dim. soir et lundi – **Repas** (prévenir) 58 (déj.), 69/140 ♣

GY 70700 H.-Saône 🔢 ⑭ G. Jura – 943 h alt. 237.

Paris 354 – Besançon 33 – Dijon 68 – Dôle 49 – Gray 20 – Langres 75 – Vesoul 37.

🏨 **Pinocchio** 📧 🦆, ℰ 03 84 32 95 95, Fax 03 84 32 95 75, 🏊, 🌳, 🍽 – cuisinette 📺 🕿 📞 🗮, 🛗 35. 🖭 🅶🅱
   Absolut ℰ 03 84 32 84 32 (fermé dim. soir et jeudi) **Repas** 65(déj.), 85/180♀, enf. 40 –
   🍽 30 – **14 ch** 280/480

HABÈRE-POCHE 74420 H.-Savoie 🔢 ⑰ – 662 h alt. 945 – Sports d'hiver : 930/1 600 m ✔9 🎿.

Voir Col de Cou★ NO : 4 km, G. Alpes du Nord.

🅱 Syndicat d'Initiative ℰ 04 50 39 54 46, Fax 04 50 39 56 62.

Paris 568 – Thonon-les-Bains 23 – Annecy 62 – Bonneville 32 – Genève 37.

🏠 **Chardet** 🦆, à Ramble, Nord : 2,5 km ℰ 04 50 39 51 46, Fax 04 50 39 57 18, ≤, 🏠, 🏊,
   🌳, 🌳, 🍽 – 🗮 📺 🕿 📞 🅿. 🅶🅱
   hôtel : juin-sept. et 20 déc.-mars ; rest. : week-ends de printemps, juin-sept. et 20 déc.-
   mars – **Repas** 110/190, enf. 45 – 🍽 45 – **32 ch** 295/395 – ½ P 295/350

🍽 **Tiennolet**, ℰ 04 50 39 51 01, Fax 04 50 39 58 15, 🏠 – 🅶🅱
   fermé 31 mai au 30 juin, 10 oct. au 10 nov., mardi soir et merc. sauf vacances scolaires –
   Repas 95 (déj.), 130/210, enf. 85

L'HABITARELLE 48 Lozère 🔢 ⑯ – ✉ 48170 Châteauneuf-de-Randon

Paris 598 – Mende 28 – Le Puy-en-Velay 62 – Langogne 19.

🏠 **Poste**, ℰ 04 66 47 90 05, Fax 04 66 47 91 41 – 📺 🕿 📞 ♣ 🚗 🅿. 🅶🅱
   ⇔ fermé vacances de Toussaint, 20 déc. au 31 janv., dim. soir (sauf hôtel) et vend. soir et sam.
   midi sauf juil.-août – **Repas** 85/170 ♀, enf. 28 – 🍽 40 – **16 ch** 260/300 – ½ P 270

HAGENTHAL-LE-HAUT *68220 H.-Rhin* 🗷🗷 ⑩ – *428 h alt. 400.*

Paris 481 – Mulhouse 35 – Altkirch 27 – Basel 14 – Colmar 71.

XX **Ancienne Forge,** *ℰ 03 89 68 56 10, Fax 03 89 68 17 38* – **GB**
🏵 *fermé 7 au 28 août, 23 déc. au 8 janv., dim. et lundi* – **Repas** 190 (déj.), 290/390 et carte 250
à 450
Spéc. Cuisses de grenouilles poêlées à la crème de cresson. Dos de sandre et sa garniture
de saison. Jarret de veau de lait en cocotte.

HAGETMAU *40700 Landes* 🗷🗷 ⑦ *G. Aquitaine – 4 449 h alt. 96.*

Paris 741 – Mont-de-Marsan 30 – Aire-sur-l'Adour 34 – Dax 47 – Orthez 25 – Pau 56.

XXX **Jambon** M ⚄ avec ch, r. Carnot *ℰ 05 58 79 32 02, Fax 05 58 79 34 78,* 🌫, 🏊 – 🍴 rest,
🆃🆅 ☎ 🅿 ⓘ **GB** 🃏 ⚄ ch
fermé 22 oct. au 6 nov., dim. soir et lundi midi – **Repas** 110/190 ⨅ – ⊐ 35 – **6 ch** 280/400 –
½ P 320

HAGONDANGE *57300 Moselle* 🗷🗷 ④ *G. Alsace Lorraine – 8 222 h alt. 160.*

🖪 *Office de Tourisme pl. Jean-Burger ℰ 03 87 70 35 27, Fax 03 87 71 31 27.*

Paris 327 – Metz 17 – Briey 23 – Saarlouis 55 – Thionville 15.

🏨 **Agena** M, r. 11 Novembre *ℰ 03 87 70 21 32, Fax 03 87 70 11 48,* 🌫 – 🆃🆅 ☎ 📞 🕹 ⚄
🅿 – 🕮 25. 🕮 **GB**
Repas *(fermé dim. soir et sam.)* 79 (déj.), 99/150 ⨅, enf. 47 – ⊐ 40 – **41 ch** 295/370 –
½ P 245/258

HAGUENAU 🔄 *67500 B.-Rhin* 🗷🗷 ⑲ *G. Alsace Lorraine – 27 675 h alt. 150.*

Voir *Musée historique*★ BZ M¹.

🖪 *Office de Tourisme pl. de la Gare ℰ 03 88 93 70 00, Fax 03 88 93 69 89 et Musée Alsacien
1 pl. J.-Thierry ℰ 03 88 73 30 41.*

Paris 480 ④ – Strasbourg 33 ④ – Baden-Baden 42 ② – Sarreguemines 77 ⑥.

Plan page ci-contre

🏨 **Europe,** 15 av. Prof. René Leriche par ④ *ℰ 03 88 93 58 11, Fax 03 88 06 05 43,* 🌫, 🏊, ⬜
⚄ – 🍴 ⇌, 🍴 rest, 🆃🆅 ☎ 📞 🅿 – 🕮 40. 🕮 **GB**. ⚄ rest
fermé sam. midi – **Repas** 55/150 ⨅, enf. 36 – ⊐ 40 – **81 ch** 310/340 – ½ P 228

🏨 **Kaiserhof,** 119 Gd Rue *ℰ 03 88 73 43 43, Fax 03 88 73 28 91,* 🌫 – 🍴 🆃🆅 ☎ 🕖. 🕮
GB
BY a
fermé 4 au 18 sept. et vacances de fév. – **Repas** *(fermé dim. soir et lundi)* 65 (déj.), 95/205 ⨅,
enf. 49 – ⊐ 42 – **15 ch** 275/350 – ½ P 270

🏨 **Pins,** 112 rte Strasbourg par ④ *ℰ 03 88 93 68 40, Fax 03 88 93 34 14,* 🌫 – 🆃🆅 ☎ 📞 🅿. 🕮
GB. ⚄ rest
Repas *(fermé 30 juil. au 16 août, 24 déc. au 8 janv., sam. midi, lundi midi et dim.)* (60) - 75
(déj.), 100/250 ⨅ – ⊐ 40 – **23 ch** 310 – ½ P 250

XX **Jardin,** 16 r. Redoute *ℰ 03 88 93 29 39, Fax 03 88 93 29 39* – 🍴 🅿. **GB**
BZ n
fermé 1ᵉʳ au 22 août, 10 au 16 oct., vacances de fév., mardi et merc. – **Repas** 85 (déj.),
165/265 ⨅

XX **Barberousse,** 8 pl. Barberousse *ℰ 03 88 73 31 09, Fax 03 88 73 45 14,* 🌫 – **GB**
🃏
AY k
fermé 20 juil. au 15 août, dim. soir, mardi soir et lundi – **Repas** 60/260 ⨅, enf. 40

à Schweighouse-sur-Moder *par* ⑤ *: 4 km – 4 354 h. alt. 150 –* 🖂 *67590 :*

XX **Auberge du Cheval Blanc** avec ch, 46 r. Gén. de Gaulle *ℰ 03 88 72 76 96,*
⚄ *Fax 03 88 72 07 32,* 🌫 – 🆃🆅 🅿. **GB**
fermé 1ᵉʳ au 20 août, 26 déc. au 4 janv., dim. soir et sam. – **Repas** 78/200 ⨅, enf. 55 – ⊐ 33 –
9 ch 130/220

X **Cassolette,** 27 r. Gén. de Gaulle *ℰ 03 88 72 61 12, Fax 03 88 72 04 95,* 🌫 – 🍴. **GB**
fermé 15 au 31 août, vacances de fév., mardi soir et merc. – **Repas** 135/285 ⨅, enf. 45

au Sud-Est *par D 329 et rte secondaire : 3 km –* 🖂 *67500 Haguenau :*

🏨 **Champ'Alsace,** 12 r. St-Exupéry *ℰ 03 88 93 30 13, Fax 03 88 73 90 04,* 🌫 – 🍴, 🍴 rest,
🆃🆅 ☎ 📞 🕹 🅿 – 🕮 40. 🕮 ⓘ **GB**
Repas *(58)* - 98/195 ⨅ – ⊐ 35 – **40 ch** 280/310 – ½ P 240

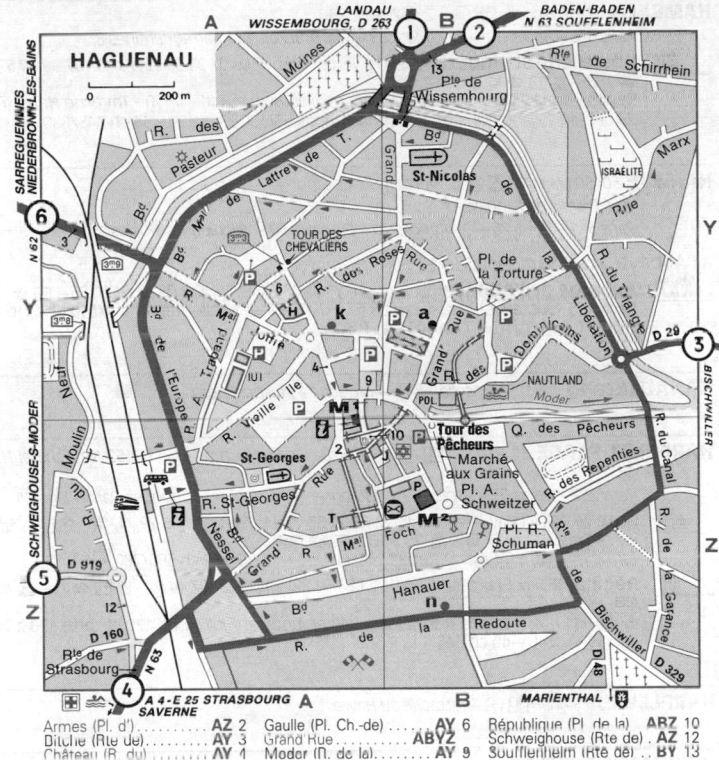

HAGUENAU

0 — 200 m

A 4 - E 25 STRASBOURG
SAVERNE

Armes (Pl. d') . . . . **AZ** 2
Ditche (Rte de) . . . . **AY** 3
Château (R. du) . . . . **AY** 4

Gaulle (Pl. Ch.-de) . . . . **AY** 6
Grand Rue . . . . **ABYZ**
Moder (R. de la) . . . . **AY** 9

République (Pl. de la) . . . **ABZ** 10
Schweighouse (Rte de) . **AZ** 12
Soufflenheim (Rte de) . . **BY** 13

*Towns underlined in red on the **Michelin** maps*
at a scale of 1 : 200 000 are included in this Guide.

Use the latest map to take full advantage of this information.

La HAIE FOUASSIÈRE *44 Loire Atl.* 67 ④ – *rattaché à Nantes.*

La HAIE-TONDUE *14130 Calvados* 55 ③.
Paris 195 – Caen 39 – Le Havre 49 – Deauville 13 – Lisieux 20 – Pont-l'Évêque 8.

XX **Haie Tondue,** ℰ 02 31 64 85 00, Fax 02 31 64 34 06, 😷 – ■ 🅿. ☁ GB
⊜ *fermé 26 juin au 4 juil., 2 au 10 oct., vacances de fév., lundi soir (sauf août) et mardi* – Repas
119/225

Les HALLES *69610 Rhône* 73 ⑲ – *259 h alt. 650.*
Paris 481 – St-Étienne 53 – Lyon 48 – Montbrison 41.

XX **Charreton** *avec ch,* ℰ 04 74 26 63 05, Fax 04 74 26 63 05 – 📺 ☎. GB. ⚘ ch
fermé dim. soir et lundi – **Repas** 125/220 – ⊇ 30 – **5 ch** 250/450

HALLINES *62 P.-de-C.* 51 ① – *rattaché à St-Omer.*

HAM *80400 Somme* 53 ⑬ *G. Picardie Flandres Artois* – *5 532 h alt. 65.*
Paris 137 – Compiègne 42 – St-Quentin 21 – Amiens 70 – Noyon 20 – Roye 27 – Soissons 57.

XX **France** *avec ch,* 5 pl. H. de Ville ℰ 03 23 81 00 22 – 📺 ☎ ☁. GB. ⚘ ch
100 *fermé dim. soir* – **Repas** (60) - 110/230 ♆ – ⊇ 30 – **6 ch** 230/260

HAMBACH *57910 Moselle 57 ⑯ – 2 152 h alt. 230.*
Paris 396 – Strasbourg 97 – Metz 69 – Saarbrücken 26 – Sarreguemines 8.

Hostellerie St-Hubert M, La Verte Forêt ☎ 03 87 98 39 55, *Fax 03 87 98 39 57*, –
Repas *(fermé 23 déc. au 15 janv., sam. midi et vend.)* 240 (déj.)/340 - ***Taverne Hansi*** *(fermé 23 déc. au 15 janv., sam. midi et vend.)* **Repas** 95/150 – 50 – **53 ch** 345/680

HAMBYE *50450 Manche 54 ⑬ G. Normandie Cotentin – 1 218 h alt. 111.*
Voir *Ruines de l'abbaye*★★ *S : 5 km.*
Paris 311 – St-Lô 26 – Coutances 20 – Granville 30 – Villedieu-les-Poêles 17.

à l'Abbaye *Sud : 3,5 km par D 51 – ✉ 50450 Hambye :*

Auberge de l'Abbaye avec ch, ☎ 02 33 61 42 19, *Fax 02 33 61 00 85* – . GB
fermé 25 sept. au 12 oct., 12 au 28 fév., dim. soir et lundi – **Repas** 110/310 et carte 170 à 280, enf. 60 – 45 – **7 ch** 300 – ½ P 300

HANAU (Étang-de) *57 Moselle 57 ⑱ – rattaché à Philippsbourg.*

HARDELOT-PLAGE *62 P.-de-C. 51 ⑪ G. Picardie Flandres Artois – ✉ 62152 Neufchâtel-Hardelot.*
Paris 257 – Calais 55 – Arras 111 – Boulogne-sur-Mer 15 – Le Touquet-Paris-Plage 24.

Parc M, 111 av. Francois 1er ☎ 03 21 33 22 11, *Fax 03 21 83 29 71*, , , , – , rest, – 25 à 100. AE GB
fermé mi-déc. à mi-janv. – **Repas** 140, enf. 50 – 59 – **82 ch** 580/780 – ½ P 512

Régina, 185 av. François 1er ☎ 03 21 83 81 88, *Fax 03 21 87 44 01* – – 40. GB
17 fév.-11 nov. – **Repas** *(fermé dim. soir et lundi sauf juil.-août)* 120 et carte 130 à 200, enf. 49 – 40 – **40 ch** 345 – ½ P 300

HARFLEUR *76 S.-Mar. 55 ③ – rattaché au Havre.*

HARTMANNSWILLER *68 H.-Rhin 66 ⑨ – rattaché à Guebwiller.*

HASPARREN *64240 Pyr.-Atl. 85 ③ G. Aquitaine – 5 399 h alt. 50.*
Env. *Grottes d'Oxocelhaya et d'Isturits*★★ *SE : 11 km.*
Office de Tourisme 2 pl. Saint-Jean ☎ 05 59 29 62 02, Fax 05 59 29 13 80.
Paris 789 – Biarritz 34 – Bayonne 23 – Cambo-les-Bains 9 – Pau 108.

Les Tilleuls (annexe Relais M- 30, 15 ch), pl. Verdun ☎ 05 59 29 62 20, *Fax 05 59 29 13 58* – . GB.
Repas *(fermé dim. soir et sam. du 7 oct. au 30 juin)* 80/150 – 35 – **25 ch** 240/350 – ½ P 240/260

HASPRES *59198 Nord 53 ④ – 2 715 h alt. 44.*
Paris 197 – Lille 67 – Avesnes-sur-Helpe 48 – Cambrai 18 – Valenciennes 16.

Auberge St-Hubert, rte Denain (D 955) ☎ 03 27 25 70 97, *Fax 03 27 25 76 21*, , – . AE GB
fermé août, 3 au 13 janv., mardi soir et lundi sauf fériés – **Repas** 125/270 bc

Besonders angenehme Hotels oder Restaurants
sind im Führer rot gekennzeichnet.
Sie können uns helfen,
wenn Sie uns die Häuser angeben,
in denen Sie sich besonders wohl gefühlt haben.
Jährlich erscheint eine komplett überarbeitete Ausgabe
aller Roten Michelin-Führer.

...

...

HAUTERIVES 26390 Drôme 🗺 ② G. Vallée du Rhône – 1 202 h alt. 299.

Voir Le Palais Idéal★.

🛈 Office de Tourisme pl. de la Galaure ℰ 04 75 68 86 82, Fax 04 75 68 92 96.

Paris 534 – Valence 47 – Grenoble 74 – Lyon 75 – Vienne 44.

🔟 🕿 **Relais**, ℰ 04 75 00 01 12, Fax 04 75 68 92 42, 🈂 – 🖭
fermé 15 janv. à fin fév., lundi (sauf hôtel en juil.-août) et dim. soir – **Repas** 85/160, enf. 45 –
⌻ 35 – **17 ch** 180/290 – ½ P 240/280

Les HAUTES-RIVIÈRES 08800 Ardennes 🗺 ⑲ G. Champagne – 2 077 h alt. 175.

Voir Croix d'Enfer ≤★ S : 1,5 km par D 13 puis 30 mn – Vallon de Linchamps★ N : 4 km.

Paris 263 – Charleville-Mézières 22 – Dinant 68 – Sedan 39.

🏠 🕿 **Auberge en Ardenne**, ℰ 03 24 53 41 93, Fax 03 24 53 60 10, 🈂 – 🔟 🕿 📞.
🖭
fermé 31 déc. au 15 janv. – **Repas** (fermé dim. soir sauf juil.-août) 68/150 ⅞, enf. 57 – ⌻ 36
– **14 ch** 260/300 – ½ P 255/275

✗✗ **Les Saisons**, ℰ 03 24 53 40 94, Fax 03 24 54 57 51 – 🍽. 🖭 ⓪ 🖭
fermé fév., dim. soir et lundi sauf fériés – **Repas** 90/250 ⓨ

HAUTEVILLE-LÈS-DIJON 21 Côte d'Or 🗺 ⑳ – rattaché à Dijon.

HAUTEVILLE-LOMPNES 01110 Ain 🗺 ④ – 3 895 h alt. 825 – Sports d'hiver : 920/1 200 m ⚡4
🔊.

Voir Chute et gorges de l'Albarine★, G. Jura.

🛈 Office de Tourisme 15 r. Nationale ℰ 04 74 35 39 73, Fax 04 74 35 24 68.

Paris 484 – Aix-les-Bains 56 – Belley 33 – Bourg-en-Bresse 54 – Lyon 89 – Nantua 32.

au col de la Lèbe Sud : 9 km – ✉ 01110 Hauteville-Lompnes :

✗ **Auberge du Col de la Lèbe** 🈂 avec ch, ℰ 04 79 87 64 54, Fax 04 79 87 54 26, ≤, 🈂,
🏊, 🍴 – 🔟 🖪. 🖭 🗫 ch
16 mars-14 nov. et fermé lundi et mardi sauf juil.-août – **Repas** (fermé lundi sauf le midi en
juil.-août et mardi) 98/218 ⓨ, enf. 65 – ⌻ 32 – **7 ch** 255/285 – ½ P 285

Le HAVRE ⚓ 76600 S.-Mar. 🗺 ③ G. Normandie Vallée de la Seine – 195 854 h Agglo. 253 627 h
alt. 4.

Voir Port★★ EZ – Quartier moderne★ EFYZ : intérieur★★ de l'église St-Joseph★, pl. de
l'Hôtel-de-Ville★, Av. Foch★ – Fort de Ste-Adresse ⚡★★ – Bd Président-Félix-Faure : table
d'Orientation ⚡★ à Ste-Adresse A F – Musée des Beaux-Arts★ A.-Malraux.

Env. Pont de Normandie★★ par ④ : 17 km (péage).

✈ du Havre Octeville : ℰ 02 35 54 65 00 A.

🛈 Office de Tourisme 186 bd Clemenceau ℰ 02 32 74 04 04, Fax 02 35 42 38 39.

Paris 198 ④ – Amiens 182 ③ – Caen 86 ④ – Lille 292 ③ – Nantes 374 ④ – Rouen 88 ③

Plan page suivante

🏨🏨 **Mercure** 🔟, chaussée d'Angoulême ℰ 02 35 19 50 50, Fax 02 35 19 50 99 – 🛗 🖙 🍽 🔟
🕿 📞 🔥 🚗 – 🔬 25 à 100. 🖭 ⓪ 🖭 📠   GZ b
Repas (99) - 150 bc (dîner), 180 bc/270 bc, enf. 49 – ⌻ 60   **96 ch** 560/660

🏨🏨 **Marly** sans rest, 121 r. Paris ℰ 02 35 41 72 48, Fax 02 35 21 50 45 – 🛗 🖙 🔟 🕿 📞. 🖭 ⓪
🖭 🖭   FZ n
⌻ 50 – **37 ch** 380/480

🏨 **Ibis Centre** 🔟, r. 129ᵉ Régt d'Infanterie ℰ 02 35 22 29 29, Fax 02 35 21 00 00 – 🛗 🖙 🔟
🕿 📞 🔥 🚗 – 🔬 15 à 30. 🖭 ⓪ 🖭   GZ a
Repas (75) - 95 ⓨ, enf. 39 – ⌻ 35 – **91 ch** 355/375

🏨 **Parisien** sans rest, 1 cours République ℰ 02 35 25 23 83, Fax 02 35 25 05 06 – 🛗 🔟 🕿 📞.
🖭 ⓪ 🖭   HZ e
⌻ 35 – **22 ch** 210/320

🏨 **Petit Vatel** sans rest, 86 r. L.-Brindeau ℰ 02 35 41 72 07, Fax 02 35 21 37 86 – 🔟 🕿 📞. 🖭
🖭   FZ t
⌻ 30 – **27 ch** 200/280

🏨 **Celtic** sans rest, 106 r. Voltaire ℰ 02 35 42 39 77, Fax 02 35 21 07 65 – 🔟 🕿 📞. 🖭
🖭   FZ k
fermé 15 déc. au 3 janv. – ⌻ 33 – **14 ch** 195/290

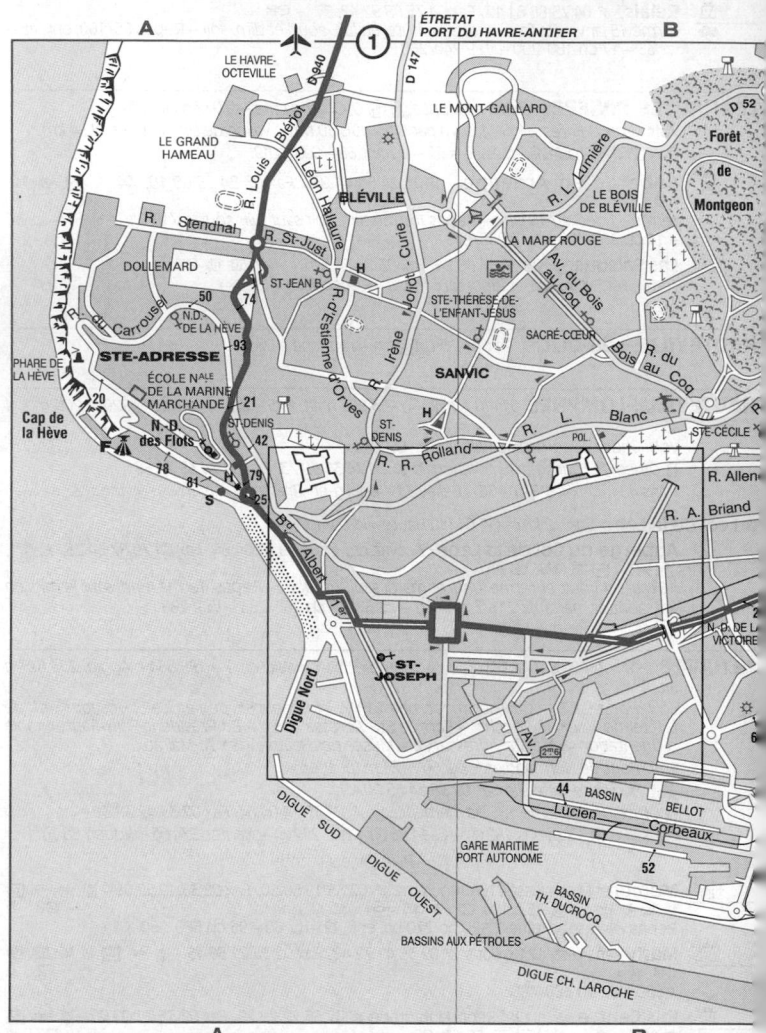

Participez à notre effort permanent
de mise à jour

Adressez-nous vos remarques
et vos suggestions.

Cartes et guides Michelin

46 avenue de Breteuil - 75324 Paris Cedex 07

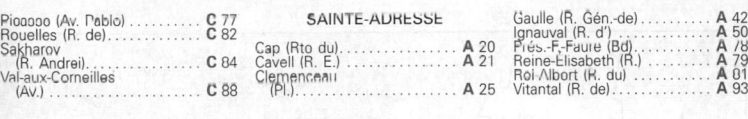

LE HAVRE

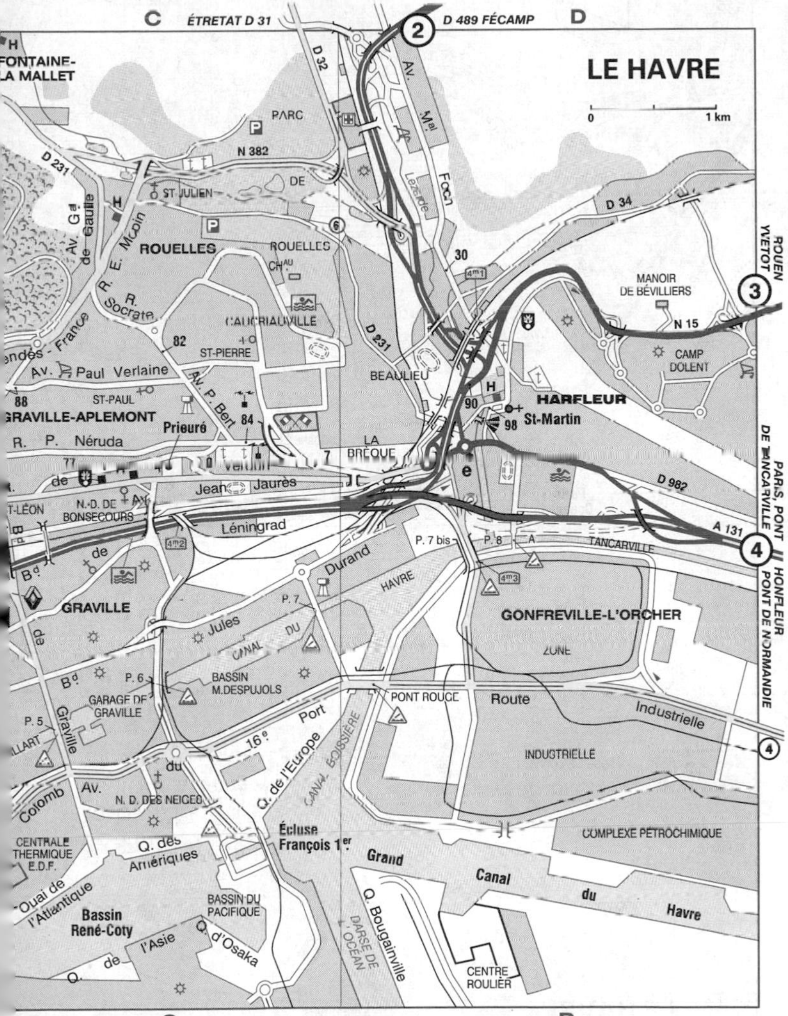

Participez à notre effort permanent
de mise à jour

Adressez-nous vos remarques
et vos suggestions.

Cartes et guides Michelin

46 avenue de Breteuil - 75324 Paris Cedex 07

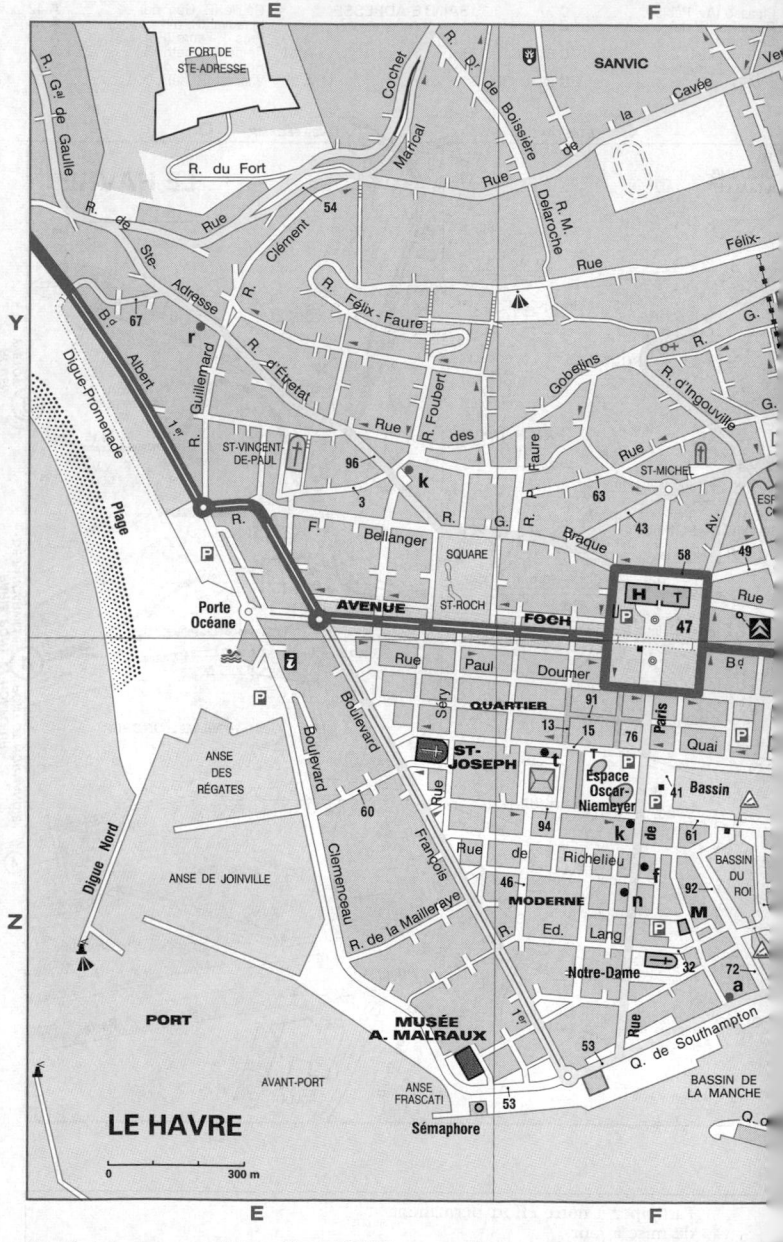

LE HAVRE

0 _____ 300 m

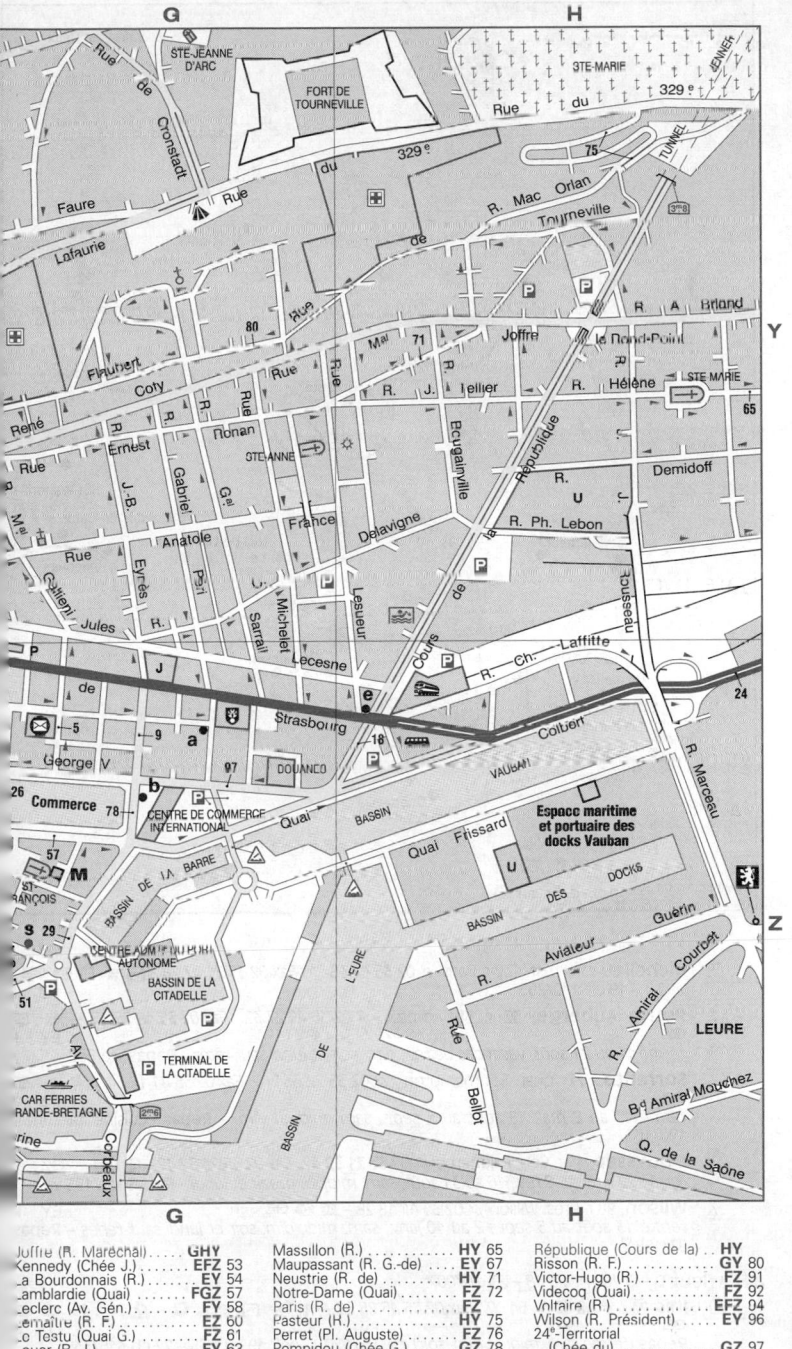

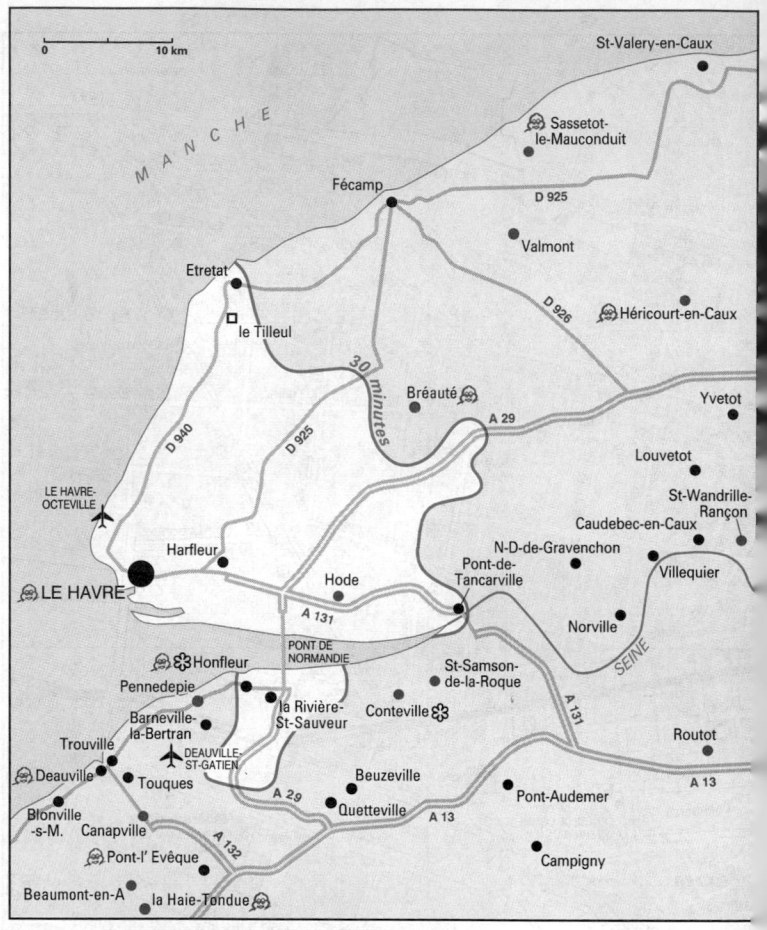

🏠 **Richelieu** sans rest., 132 r. Paris ℰ 02 35 42 38 71, *Fax 02 35 21 07 28* – 📺 ☎. 🆎 ⓪ 🅶🅱
☷ 30 – **19 ch** 170/295
FZ f

✗✗ **Petite Auberge,** 32 r. Ste-Adresse ℰ 02 35 46 27 32, *Fax 02 35 48 26 15* – 🍽. 🆎
🅶🅱
EY r
📷 *fermé 1ᵉʳ au 21 août, vacances de fév., dim. soir et lundi sauf fêtes* – **Repas** 120/230

✗✗ **Sorrento,** 77 quai Southampton ℰ 02 35 22 55 84, *Fax 02 35 41 12 34,* 📷 – 🆎
🅶🅱
FZ a
fermé 1ᵉʳ au 8 mai, 15 août au 5 sept., sam. midi et dim. – **Repas** · cuisine italienne
120/160

✗ **L'Odyssée,** 41 r. Gén. Faidherbe ℰ 02 35 21 32 42, *Fax 02 35 21 32 42* – 🆎 🅶🅱
GZ s
fermé 22 janv. au 8 fév., 16 au 31 août, sam. midi, dim. soir et lundi – **Repas** 125/195 ℤ

✗ **Wilson,** 98 r. Prés. Wilson ℰ 02 35 41 18 28 – 🆎 ⓪ 🅶🅱 🅹🅲🅱
EY k
fermé 13 août au 5 sept., 2 au 10 janv., sam. midi, dim. soir et lundi sauf fériés – **Repas**
97/158 ℤ

à Harfleur D – *9 180 h. alt. 18* – ⊠ *76700* :

🏠 **Ibis** 🅼, ℰ 02 35 45 54 00, *Fax 02 35 45 25 58* – 🛗 ⩲ 📺 ☎ & 🅿 – 🔬 20 à 40. 🆎 ⓪
🅶🅱
D 6
Repas *(fermé sam. midi et dim. soir)* (75) - 95/120 🍷, enf. 39 – ☷ 35 – **72 ch** 315/335

HAZEBROUCK 59190 Nord 🗺 ④ G. Picardie Flandres Artois – 20 567 h alt. 25.

Env. *Cassel : site★ et jardin public* 🌳★★ NO : 14 km,.

🛈 *Office de Tourisme Hôtel-de-Ville pl. du Gén.-de-Gaulle* 🖉 03 28 49 59 89, Fax 03 28 49 53 04.

Paris 240 – Calais 63 – Armentières 30 – Arras 60 – Dunkerque 42 – Ieper 36 – Lille 44.

🏨 **Gambrinus** sans rest, 2 r. Nationale (rue face gare) 🖉 03 28 41 98 79, Fax 03 28 43 11 06 – 📺 ☎ ℃. 🖭 . 🛠
🖵 35 – **15 ch** 310

XX **Auberge St-Éloi**, 60 r. Église 🖉 03 28 40 70 23, Fax 03 28 40 70 23 – 🖭
fermé 31 juil. au 16 août, dim. soir et lundi – **Repas** (80) - 110 bc (déj.), 148/225 ♀

à la Motte-au-Bois Sud-Est : 5,5 km par D 946 – ⊠ 59190 :

XXX **Auberge de la Forêt** avec ch, 🖉 03 28 48 08 78, Fax 03 28 40 77 76, 🌲, 🎋 – 📺 ☎ 🅿.
🍴 🖭
fermé 16 au 22 août, 26 déc. au 23 janv., sam. midi, dim. soir et lundi – **Repas** 140/285 et. carte 220 à 350 ♀ – 🖵 40 – **12 ch** 220/340 – ½ P 250/445

rte de Béthune Sud : 7 km par D 916 ⊠ 59189 Steenbecque :

XX **Auberge de la Belle Siska**, 🖉 03 28 43 61 77, Fax 03 28 42 10 84, « Jardin fleuri et arboré », 🎋 – 🅿. 🖭
fermé 1er au 13 août, vacances de fév., mardi soir, merc. soir, dim. soir et lundi – **Repas** 155/250 ♀

HÉDÉ 35630 I.-et-V. 🗺 ⑯ G. Bretagne – 1 500 h alt. 90.

Env. *Château de Montmuran★ et église des Iffs★ O : 8 km.*

Paris 375 – Rennes 27 – Avranches 65 – Dinan 32 – Dol-de-Bretagne 31 – Fougères 56.

XX **Vieille Auberge**, rte de Tinténiac 🖉 02 99 45 46 25, Fax 02 99 45 51 35, 🌲, « Terrasse au bord d'un étang » – 🅿. 🖭 ⓓ 🖭
fermé 28 août au 4 sept., 15 janv. au 12 fév., dim. soir et lundi – **Repas** 85 (déj.), 130/300

XX **Hostellerie du Vieux Moulin** avec ch, rte de Tinténiac 🖉 02 99 45 45 70, Fax 02 99 45 44 86, 🌲, 🎋 – 📺 ☎ 🅿. 🖭 ⓓ 🖭
fermé 2 au 8 oct., 3 au 31 janv., lundi sauf le soir en juil.-août et dim. soir de sept. à juin – **Repas** 79 (déj.), 120/240, enf. 65 – 🖵 42 – **13 ch** 250/280 – ½ P 250/280

HEILLECOURT 54 M.-et-M. 🗺 ⑤ – rattaché à Nancy.

HENDAYE 64700 Pyr.-Atl. 🗺 ① G. Aquitaine – 11 578 h alt. 30 – Casino AX.

Voir *Grand crucifix★ dans l'église St-Vincent* BY **B** – *Corniche basque★★ par* ① – *Château d'Antoine-Abbadie★★ 3 km par* ①.

🛈 *Office de Tourisme 12 r. Aubépines* 🖉 05 59 20 00 34, Fax 05 59 20 79 17.

Paris 804 ② – Biarritz 31 ② – Pau 145 ② – St-Jean-de-Luz 15 ② – San Sebastián 20 ③.

Plan page suivante

à Hendaye Plage :

🏨🏨 **Hôtel Serge Blanco** Ⓜ, bd Mer 🖉 05 59 51 35 35, Fax 05 59 51 36 00, ≤, 🌲, centre de thalassothérapie, 🌊, ⌇ – 📳 🍴 📺 ☎ ℃ ₺ 🖴 – 🛡 30 à 100. 🖭 ⓓ 🖭   AX **e**
fermé 9 au 24 déc. – **Repas** 190/250 – 🖵 55 – **90 ch** 595/1190 – ½ P 700/830

🏨🏨 **Ibaïa** Ⓜ, 76 av. Mimosas 🖉 05 59 48 88 88, Fax 05 59 48 88 89, ≤, 🌲, 🌊 – 📳 ⤢ 🍴 📺 ☎ ₺ 🖴 – 🛡 25. 🖭 ⓓ 🖭   AX **n**
fermé 17 au 31 déc. – **Enbata** (fermé 17 au 31 déc.) **Repas** 95/175, enf. 60 – **Taverne Boga Boga** 🖉 05 59 48 88 40 (1er juil.-30 sept.) **Repas** carte environ 150 – 🖵 55 – **61 ch** 780/1500 – ½ P 705/765

🏨 **Les Buissonnets** ⌂ sans rest, 29 r. Seringats 🖉 05 59 20 04 75, Fax 05 59 20 79 72, ≤, 🌊, 🎋 – 📺 ☎ 🅿. 🖭 🖭, 🛠   BX **k**
fermé janv. – 🖵 35 – **18 ch** 390

à Hendaye Ville :

🏨 **Chez Antoinette** sans rest, pl. Pellot 🖉 05 59 20 08 47, Fax 05 59 48 11 64   📺 ☎ 🅿.
🖭. 🛠   BY **h**
🖵 32 – **16 ch** 250/270

🏨 **Campanile**, 102 rte Béhobie par ② 🖉 05 59 48 06 48, Fax 05 59 48 05 83 – ⤢, 🍴 rest, 📺 ☎ ℃ ₺ 🖴 – 🛡 25. 🖭 ⓓ 🖭
Repas (75) - 88/103 ₺, enf. 39 – 🖵 36 – **47 ch** 315

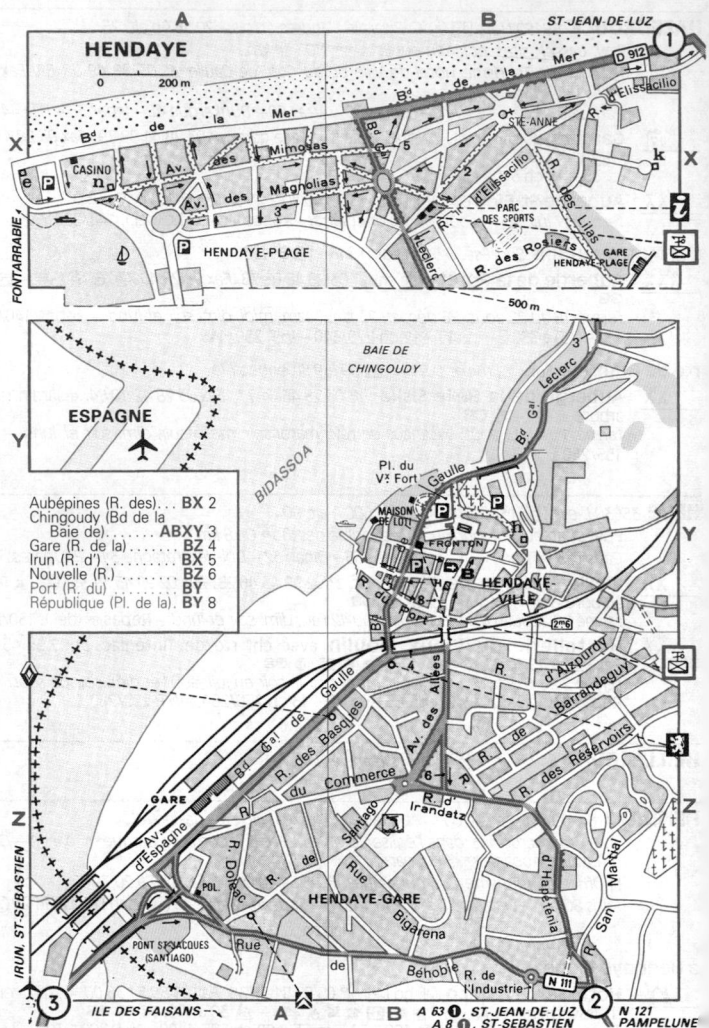

HENDAYE

ST-JEAN-DE-LUZ

FONTARRABIE

Aubépines (R. des)... **BX** 2
Chingoudy (Bd de la
  Baie de)...... **ABXY** 3
Gare (R. de la)....... **BZ** 4
Irun (R. d')......... **BX** 5
Nouvelle (R.)........ **BZ** 6
Port (R. du)....... **BY**
République (Pl. de la). **BY** 8

A 63 ❶, ST-JEAN-DE-LUZ
A 8 ❶, ST-SEBASTIEN
N 121
PAMPELUNE

à Biriatou *par* ② *et D 258 : 4 km* – *694 h. alt. 60* – ⊠ *64700 :*

    Bakéa (Duval) avec ch, ☎ 05 59 20 76 36, *Fax 05 59 20 58 21*, ≤, 斎, « Terrasse ombragée
    sur la vallée » – 📺 ☎ . 🆎 ⓪ . ☺ 🇬🇧 . ⅜ ch
    fermé 29 janv. au 6 mars, dim. soir et lundi du 15 nov. au 15 avril – **Repas** 150/215 et carte
    230 à 380 ♀ – ⊋ 50 – **7 ch** 260/410 – ½ P 395/425
    Spéc. Lasagne d'anchois frais marinés au basilic. Foie chaud des soeurs Tatin. Chipirons
    sautés aux tagliatelles. **Vins** Jurançon sec, Irouléguy.

HÉNIN-BEAUMONT *62110 P.-de-C.* 🗺️ ⑮, 🗺️ ㉚ – *26 257 h alt. 30.*
    Paris 194 – *Lille 33* – *Arras 20* – *Béthune 31* – *Douai 13* – *Lens 12.*

    Novotel Ⓜ, près échangeur Autoroute A1, par N 43 ⊠ 62950 Noyelles-Godault,
    ☎ 03 21 08 58 08, *Fax 03 21 08 58 00*, 斎, ⑁, ☞ – ⅜ 📺 ☎ ✆ 𝄞 🅿 – 🔬 30 à 80. 🆎 ⓪
    🇬🇧
    Repas (79) - 99/120 ♀, enf. 50 – ⊋ 55 – **81 ch** 470/510

HENNEBONT 56700 Morbihan 👥 ① *G. Bretagne* – 13 624 h alt. 15.

Voir *Tour-clocher★ de la basilique N.-D.-de-Paradis.*

Env. *Port-Louis : citadelle★★ (musée de la Compagnie des Indes★★, musée de l'Arsenal★)*
S : 13 km.

🛈 *Office de Tourisme 9 pl. Mar.-Foch* ℰ 02 97 36 24 52, Fax 02 97 36 21 91.

Paris 492 – Vannes 49 – Concarneau 57 – Lorient 12 – Pontivy 47 – Quimperlé 27.

rte de Port-Louis *Sud : 4 km par D 781* – ⊠ *56700 Hennebont :*

🏰 **Château de Locguénolé** ⟫, ℰ 02 97 76 76 76, Fax 02 97 76 82 35, ≼, 🌬, « Dans un
parc en bordure de rivière », 🏊, 🎾 – 📺 🕿 📞 🅿 – 🔬 50. 🇦🇪 ⑩ 🇬🇧 🇯🇨🇧, 🌬 rest
fermé 2 janv. au 11 fév. – **Repas** *(fermé lundi sauf le soir du 1ᵉʳ mai au 16 sept., mardi midi
et merc. midi sauf fériés)* 190/520 et carte 320 à 520 ♀ – ⊇ 90 – **18 ch** 820/1560, 4 appart. –
½ P 885/1255

Spéc. Millefeuille parmentier de lisette (printemps-été). Homard grillé, cannelloni à la feuille
de citron vert (printemps-été). Raviole de pomme de terre au cochon de lait.

Chaumières de Kerniaven 🏠 ⟫ sans rest, à 3 km ℰ 02 97 81 14 14,
Fax 02 97 76 82 35, « Ancienne ferme du 17ᵉ siècle », 🐎 – 📺 🕿 📞 🅿. 🇬🇧
21 avril-30 sept. – ⊇ 80 – **9 ch** 720, 4 duplex

HERBAULT 41190 L.-et-Ch. 👥 ⑥ – 926 h alt. 158.

Paris 198 – Tours 45 – Blois 16 – Château-Renault 18 – Montrichard 37 – Vendôme 27.

XX **Trois Marchands**, ℰ 02 54 46 12 18, Fax 02 54 46 12 18 – ⑩ 🇬🇧
fermé 2 au 30 janv., dim. soir , lundi soir et mardi – **Repas** *(75)* - 110/200

Les HERBIERS 85500 Vendée 👥 ⑮ *G. Poitou Vendée Charentes* – 13 413 h alt. 110.

Voir *Mont des Alouettes ≼★★ N : 2 km.*

Env. *Le Puy du Fou : Cinéscénie★★★, le Grand Parcours★★ (parc de loisirs), écomusée de la
Vendée★ O : 13 km.*

🛈 *Office de Tourisme 10 r. Nationale* ℰ 02 51 92 92 92, Fax 02 51 92 93 70 et (juil.-août)
Mont des Alouettes ℰ 02 51 67 18 18

Paris 376 – La Roche-sur-Yon 41 – Bressuire 47 – Chantonnay 24 – Cholet 26 – Clisson 35.

🏨 **Relais**, 18 r. Saumur ℰ 02 51 91 01 64, Fax 02 51 67 36 50 – 📺 🕿. 🇦🇪 ⑩ 🇬🇧
Brasserie *(fermé 23 juil. au 4 août et week-ends)* Repas 68/95 ⅓, enf. 45 – **Cotriade**
(fermé 23 juil. au 4 août, dim. soir et lundi) Repas 95/315 ♀, enf. 45 – ⊇ 40 – **26 ch** 240/270
– ½ P 240/310

🏨 **Chez Camille**, rte de Mouchamps Sud : 2 km ℰ 02 51 91 07 57, Fax 02 51 67 19 28 –
▤ rest, 📺 🕿 📞 ₺ 🅿. 🇦🇪 🇬🇧
Repas *(65)* - 85/180 ♀ – ⊇ 36 – **13 ch** 250/320 – ½ P 315/350

rte de Cholet *Nord : 3 km sur N 160* – ⊠ *85500 Les Herbiers :*

X **Mont des Alouettes**, ℰ 02 51 67 02 18, Fax 02 51 67 03 22, ≼ – 🅿. 🇬🇧
fermé 9 au 25 oct., vacances de fév. et lundi sauf le midi du 15 avril au 31 oct. – **Repas**
70/190 ♀

HERBIGNAC 44410 Loire-Atl. 👥 ⑭ – 4 175 h alt. 18.

Paris 453 – Nantes 77 – La Baule 22 – Redon 36 – St-Nazaire 29.

rte de Guérande *Sud : 7 km sur D 774* – ⊠ *44410 Herbignac :*

XX **Auberge L'Eau de Mer**, ℰ 02 40 91 32 36, 🌬, « Chaumière briéronne », 🐎 – 🅿.
🇬🇧
fermé 24 déc. au 14 janv., dim. soir et lundi – **Repas** *(nombre de couverts limité, prévenir)*
99 bc (déj.), 126/240

HÉRICOURT-EN-CAUX 76560 S.-Mar. 👥 ⑬ – 730 h alt. 65.

Paris 180 – Le Havre 60 – Rouen 46 – Bolbec 26 – Dieppe 49 – Fécamp 30 – Yvetot 11.

XX **Saint-Denis**, ℰ 02 35 96 55 23, Fax 02 35 96 55 23 – 🅿. 🇬🇧
fermé vacances de Noël, mardi soir et merc. – **Repas** *(70)* - 86/255 ♀

Les HERMAUX 48340 Lozère 👥 ④ – 111 h alt. 1045.

Paris 600 – Mende 51 – Espalion 59 – Florac 73 – Millau 72 – Rodez 79 – St-Flour 88.

🏨 **Vergnet** ⟫, ℰ 04 66 32 60 78, Fax 04 66 32 68 13, 🌬 – 📺 🕿. 🇬🇧
Repas 55/135 ⅓, enf. 55 – ⊇ 25 – **12 ch** 200/250 – ½ P 200

HERMENT 63470 P.-de-D. **73** ⑫ – 350 h alt. 824.

Paris 410 – Clermont-Ferrand 54 – Aubusson 53 – Le Mont-Dore 38 – Montluçon 80.

🏠 **Souchal,** ℰ 04 73 22 10 55, Fax 04 73 22 13 63 – **tv** ☎ **P.** **GB**
🚗 **Repas** *(50)* - 60/200 ⅓ – ⌓ 30 – **27 ch** 250 – ½ P 280

HÉROUVILLE 95300 Val-d'Oise **55** ⑳ – Voir à Paris, Environs (Cergy-Pontoise Ville Nouvelle).

HÉROUVILLE-ST-CLAIR 14 Calvados **55** ⑫ – rattaché à Caen.

HESDIN 62140 P.-de-C. **51** ⑫ ⑬ G. Picardie Flandres Artois – 2 713 h alt. 27.

Paris 213 – Calais 88 – Abbeville 37 – Arras 56 – Boulogne-sur-Mer 62 – Lille 90.

🏠 **Trois Fontaines** ⌂, 16 rte Abbeville à Marconne ℰ 03 21 86 81 65, Fax 03 21 86 33 34
🚗 – **tv** ☎ **P.** **AE** **GB**
Repas *(fermé lundi midi et sam. midi)* 75 (déj.), 95/180 ⅛ – ⌓ 40 – **10 ch** 300/350 – ½ P 270

🏠 **Flandres,** r. Arras ℰ 03 21 86 80 21, Fax 03 21 86 28 01 – **tv** ☎ **P.** – ⚖ 15. **GB**
fermé 26 juin au 10 juil. et 20 déc. au 10 janv. – **Repas** *(82)* - 94/200 ⅓, enf. 49 – ⌓ 43 – **14 ch**
260/350 – ½ P 310

HESDIN L'ABBÉ 62 P.-de-C. **51** ⑪ – rattaché à Boulogne-sur-Mer.

HÉSINGUE 68 H.-Rhin **66** ⑩ – rattaché à St-Louis.

HEUDICOURT-SOUS-LES-CÔTES 55 Meuse **57** ⑫ – rattaché à St-Mihiel.

HEUGUEVILLE-SUR-SIENNE 50200 Manche **54** ⑫ – 476 h alt. 15.

Paris 334 – St-Lô 39 – Avranches 50 – Coutances 9 – Cherbourg 82 – Vire 60.

🍴🍴 **Mascaret,** ℰ 02 33 45 86 09, Fax 02 33 07 90 01, ⌂, ⌂ – **P.** **GB**
fermé 3 au 31 janv., lundi du 15 juil. au 1ᵉʳ sept. et dim. soir hors saison – **Repas** 90 (déj.)
135/260 ⅓, enf. 50

HEYRIEUX 38540 Isère **74** ⑫, **110** ㉗ – 3 872 h alt. 220.

Paris 488 – Lyon 26 – Pont-de-Chéruy 20 – La Tour-du-Pin 36 – Vienne 23.

🍴🍴🍴 **L'Alouette,** rte St-Jean-de-Bournay : 3 km ℰ 04 78 40 06 08, Fax 04 78 40 54 74, ⌂ – ▤
P. **AE** **GB**
fermé 16 août au 4 sept., sam. midi, dim. soir et lundi – **Repas** 135 (déj.), 190/280 et carte
230 à 360, enf. 110

HINSINGEN 67260 B.-Rhin **57** ⑯ – 82 h alt. 220.

Paris 407 – St-Avold 35 – Sarrebourg 34 – Sarreguemines 22 – Strasbourg 93.

🍴 **Grange du Paysan,** ℰ 03 88 00 91 83, Fax 03 88 00 93 23 – ▤ **P.** **GB**
🚗 *fermé lundi* – **Repas** 65/265 ⅓

HIRMENTAZ 74 H.-Savoie **70** ⑰ – rattaché à Bellevaux.

HIRTZBACH 68 H.-Rhin **66** ⑨ – rattaché à Altkirch.

Le HODE 76 S.-Mar. **55** ④ – ✉ 76430 St-Vigor-d'Ymonville.

Paris 179 – Le Havre 20 – Bolbec 20 – Évreux 103 – Honfleur 20 – Pont-Audemer 31.

🍴🍴 **Auberge des Falaises,** sur D 982 ℰ 02 35 20 06 97, Fax 02 35 30 21 02 – **P.** **AE** **GB**
fermé 24 juil. au 7 août, dim. soir, lundi soir, mardi soir et sam. midi – **Repas** 115/205 ⅓

HOERDT 67720 B.-Rhin **87** ④ – 3 836 h alt. 135.

Paris 484 – Strasbourg 17 – Haguenau 16 – Molsheim 44 – Saverne 46.

🍴 **A la Charrue,** 30 r. République ℰ 03 88 51 31 11, Fax 03 88 51 32 55, ⌂ – **P.** **GB**
fermé août, Noël au Jour de l'An et lundi sauf d'avril à mi-juin – **Repas** (spéc. d'asperges en
avril et mai) 65 (déj.), 145/260 ⅓

HOHRODBERG 68 H.-Rhin 🔢 ⑱ G. Alsace Lorraine – alt. 750 – ⊠ 68140 Munster.

Voir ⩽ ★★.

Paris 461 – Colmar 27 – Gérardmer 37 – Guebwiller 36 – Munster 7 – Le Thillot 58.

🏨 **Panorama** 🕭, ℰ 03 89 77 36 53, Fax 03 89 77 03 93, ⩽ vallée et montagnes, 🔲 – 🛗 📺
🕿 🕭 🖪 🖭 ⅏
fermé 13 nov. au 21 déc. – **Repas** 95/220 ℤ, enf. 45 – � 40 – **30 ch** 275/375 – ½ P 265/325

🏠 **Roess** 🕭, ℰ 03 89 77 36 00, Fax 03 89 77 01 95, ⩽ les Hautes Vosges, 🏦, 🌳 – 🛗 📺 🕿
🕭 🖪 🖭 ⅏ ch
fermé 6 nov. au 16 déc. – **Repas** 110/187 ℤ – ⊆ 38 – **30 ch** 170/320 – ½ P 260/310

Le HOHWALD 67140 B.-Rhin 🔢 ⑨ G. Alsace Lorraine – 360 h alt. 570 – Sports d'hiver : 600/
1 100 m ⩘ 1 ⩙.

Env. Le Neuntelstein ⩽★★ N : 6 km puis 30 mn – Champ du Feu ⁂★★ SO : 14 km.

🅱 Office de Tourisme sq. Kuntz ℰ 03 88 08 33 92, Fax 03 88 08 32 05.

Paris 425 – Strasbourg 53 – Lunéville 89 – Molsheim 55 – St-Dié 44 – Sélestat 25.

🏨 **Clos Ermitage** 🅼 🕭 sans rest, à 1,5 km par rte secondaire ℰ 03 88 08 31 31,
Fax 03 88 08 34 99, parc, « En lisière de forêt », 🔲 – cuisinette 📺 🕿 ✆ 🖪, 🖭 ⅏
15 mars-31 oct., 15 déc.-2 janv., vacances de fév. et fermé mardi – ⊆ 55 – **5 ch** 400/470,
14 studios 500

🍴🍴 **Petite Auberge**, ℰ 03 88 08 33 05, Fax 03 88 08 34 62, 🏦 – 🖪. 🖭
fermé 26 juin au 7 sept., 1er janv. au 5 fév., mardi soir et merc. – **Repas** 85/155 ℤ, enf. 40

The Guide changes, so renew your Guide every year.

HOLNON 02 Aisne 🔢 ⑬ – rattaché à St-Quentin.

Le HÔME 14 Calvados 🔢 ② – rattaché à Cabourg.

HOMPS 11200 Aude 🔢 ⑬ – 611 h alt. 48.

Paris 816 – Carcassonne 33 – Lézignan-Corbières 10 – Narbonne 27 – Perpignan 87.

🍴🍴 **Auberge de l'Arbousier** 🕭 avec ch, av. Carcassonne ℰ 04 68 91 11 24,
Fax 04 68 91 12 61, ⩽, 🏦 – 🕿 ✆ 🖪. 🖭
fermé nov., mi-fév. à mi-mars, lundi en juil.-août, dim. soir et merc. de sept. à juin – **Repas**
85/210 ℤ, enf. 50 – ⊆ 35 – **7 ch** 250/320 – ½ P 220/260

HONFLEUR 14600 Calvados 🔢 ③ ④ G. Normandie Vallée de la Seine – 8 272 h alt. 5.

Voir le vieux Honfleur★★ . Vieux bassin★★, église Ste-Catherine★ et clocher★ AY **B** – Côte
de Grâce★★ AY : calvaire ⁂★★.

Env. Pont de Normandie★★ par ① : 4 km (péage).

🅱 Office de Tourisme pl. Arthur Boudin ℰ 02 31 89 23 30, Fax 02 31 89 31 82.

Paris 185 ① – Caen 64 ② – Le Havre 24 ① – Lisieux 34 ② – Rouen 75 ①.

Plan page suivante

🏨 **Ferme St-Siméon** 🕭, r. A. Marais par ③ ℰ 02 31 81 78 00, Fax 02 31 89 48 48, ⩽, 🏦,
❄ « Parc ombragé dominant l'estuaire », 🏋, 🔲 – 🛗 📺 🕿 🖪 – 🔬 50. 🖭 🖱 🅹🅲🅱 ⅏ ch
Repas 240 (déj.), 420/590 et carte 530 à 720 ℤ – ⊆ 95 – **31 ch** 1460/3510, 3 appart –
½ P 1430/3400
Spéc. Foie gras chaud au chutney de légumes. Tronçon de turbot poché et cromesquis
pomme-andouille. Pomme de ris de veau braisée au cidre.

🏨 **Manoir du Butin** 🕭, r. A. Marais par ③ ℰ 02 31 81 63 00, Fax 02 31 89 59 23, ⩽, 🏦,
parc – 📺 🕿 ✆ 🖪. 🖭 🅶🅱 🅹🅲🅱
Repas (fermé mardi midi et lundi) 128 (déj.), 185/285 ℤ – ⊆ 65 – **9 ch** 640/1970 –
½ P 570/1235

🏨 **L'Écrin** 🕭 sans rest, 19 r. E. Boudin ℰ 02 31 14 43 45, Fax 02 31 89 24 41, « Demeure du
18e siècle », 🌳 – 📺 🕿 ✆ 🖪. 🖭 🖱 🅶🅱. ⅏   AZ **k**
⊆ 55 – **26 ch** 450/900

🏨 **L'Absinthe** sans rest, 1 r. de la Ville ℰ 02 31 89 23 23, Fax 02 31 89 53 60, « Ancien presbytère du 16e siècle » – 📺 🕿 🕭 🚗. 🖱 🅶🅱 🅹🅲🅱   BZ **s**
fermé 15 nov. au 15 déc. – ⊆ 65 – **7 ch** 750

🏨 **Diligence** sans rest, 53 r. République ℰ 02 31 14 47 47, Fax 02 31 98 83 87 – 📺 🕿 🖪. 🖭
🖱 🅶🅱 🅹🅲🅱   AZ **m**
⊆ 50 – **21 ch** 475/750

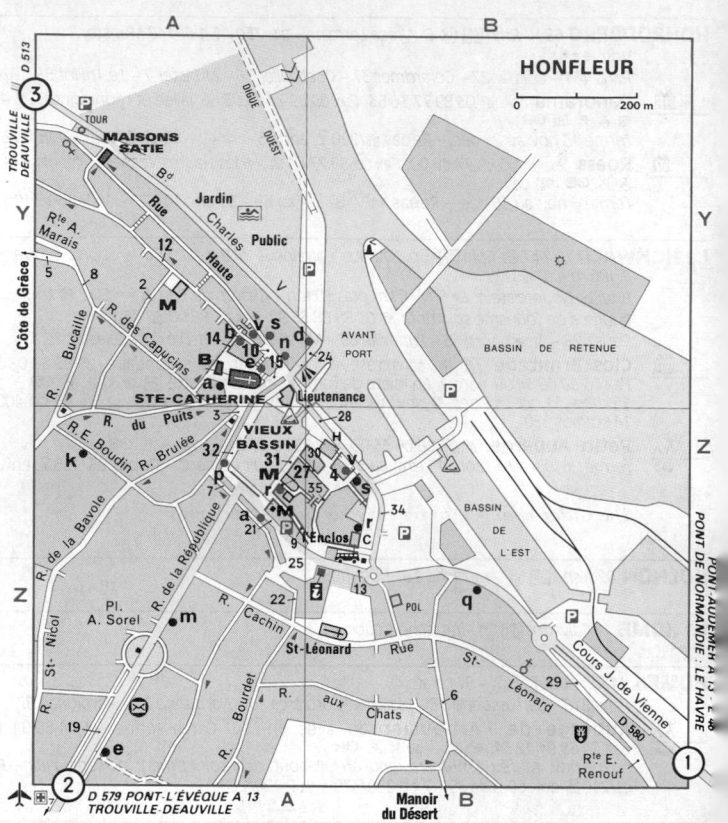

HONFLEUR

0   200 m

🏨 **Mercure** Ⓜ sans rest, r. Vases ℰ 02 31 89 50 50, Fax 02 31 89 58 77 – 🔟 ↹ 📺 ☎ ♿ 🅿
– 🏛 30. 🆎 ⓪ 🅶🅱   BZ **q**
� 55 – **56 ch** 585

🏨 **Tour** sans rest, 3 quai Tour ℰ 02 31 89 21 22, Fax 02 31 89 53 51 – 🔟 📺 ☎. 🆎 🅶🅱
🅹🅲🅱   BZ **r**
fermé mi-nov. à Noël – � 38 – **44 ch** 400/470, 4 duplex

🏨 **Hostellerie Lechat**, pl. Ste-Catherine ℰ 02 31 14 49 49, Fax 02 31 89 28 61, 🌿 – 📺 ☎.
🆎 ⓪ 🅶🅱 🅹🅲🅱. ♾ ch   AY **a**
fermé janv. et fév. sauf week-ends – **Repas** (fermé janv. à mi-fév.) 110/250, enf. 75 – �² 50 –
23 ch 450/550 – ½ P 380/605

🏨 **Castel Albertine** sans rest, 19 cours A. Manuel ℰ 02 31 98 85 56, Fax 02 31 98 83 18,
parc – 📺 ☎ ♿ 🅿. 🏛 25. 🆎 ⓪ 🅶🅱   AZ **e**
�² 50 – **26 ch** 400/600

🏠 **Otelinn**, 62 cours A. Manuel par ② ℰ 02 31 89 41 77, Fax 02 31 89 48 09, 🌿 – 📺 ☎ ♿ 🅿.
🆎 ⓪ 🅶🅱
Repas (68) - 89/125 bc ♒, enf. 45 – �² 38 – **50 ch** 315

XXX **L'Assiette Gourmande** (Bonnefoy), quai Passagers ✆ 02 31 89 24 88, *Fax 02 31 89 90 17* – ▤. AE ⓓ GB — ABY d
✿ *fermé 15 janv. au 15 fév., dim. soir et lundi* – **Repas** 170/450 et carte 370 à 470 ♀
Spéc. Saint-Jacques fumées en aigre-doux (oct. à avril). Poitrine de pigeon rôti, crépinette d'abats. Crémeuse à la réglisse sauce café.

XXX **L'Absinthe,** 10 quai Quarantaine ✆ 02 31 89 39 00, *Fax 02 31 89 53 60,* 斎, « Cadre 15e et 17e siècles » – ⓓ GB JCB — BZ v
fermé 15 nov. au 15 déc. – **Repas** 175/380 et carte 410 à 490 ♀

XX **Au Vieux Honfleur,** 13 quai St-Étienne ✆ 02 31 89 15 31, *Fax 02 31 89 92 04,* ←, 斎 – GB — AZ r
fermé janv. – **Repas** 170/295

XX **Auberge du Vieux Clocher,** 9 r. de l'Homme de Bois ✆ 02 31 89 12 06, *Fax 02 31 89 44 75* – AE GB — AY b
fermé janv., dim. soir et merc. sauf juil.-août – **Repas** 125/245

XX **Champlain,** 6 pl. Hamelin ✆ 02 31 89 14 91, *Fax 02 31 89 91 84* – AE GB — AY n
fermé 3 janv. au 15 fév., merc. soir et jeudi – **Repas** 128/198 ♀

XX **L'Ancrage,** 12 r. Montpensier ✆ 02 31 89 00 70, *Fax 02 31 89 92 78* – GB — AZ a
fermé 20 nov. au 7 déc., 17 janv. au 5 fév., mardi soir sauf juil.-août et merc. – **Repas** 105/185 ♀

X **Terrasse de l'Assiette,** 8 pl. Ste-Catherine ✆ 02 31 89 31 33, *Fax 02 31 89 90 17,* 斎 – GB — AY e
fermé 3 au 25 nov., 3 au 18 janv. merc. sauf juil.-août et mardi – **Repas** 139

X **Au P'tit Mareyeur,** 4 r. Haute ✆ 02 31 98 84 23, *Fax 02 31 89 99 32* – GB — AY s
fermé 4 au 31 janv., lundi soir et mardi – **Repas** 120

X **Fleur de Sel,** 17 r. Haute ✆ 02 31 89 01 92, *Fax 02 31 89 01 92* – GB — AY v
fermé 5 au 30 janv., mardi soir et merc. – **Repas** 125/185

X **Ascot,** 76 quai Ste-Catherine ✆ 02 31 98 87 91, 斎 – GB — AZ p
fermé mi-janv. à mi-fév., merc. soir et jeudi sauf juil.-août – **Repas** 124/169

à la Rivière-St-Sauveur *par ① : 2 km – 1 584 h. alt. 1 – ✉ 14600 :*

Antarès Ⓜ, ✆ 02 31 89 10 10, *Fax 02 31 89 58 57,* 🏋, ▣ – |ǂ| TV ☎ ✆ ♿ P – 🎤 60. AE ⓓ GB
hôtel : fermé 2 au 25 janv. ; rest. : ouvert 30 juin-1er oct. et fermé vend., sam. et dim. – **Repas** (dîner seul.) 110 ♀ – ☕ 50 – **38 ch** 550, 10 duplex – ½ P 405/440

à Barneville-la-Bertran *par ②, D 62 et D 279 : 5 km – 124 h. alt. 48 – ✉ 14600 :*

Auberge de la Source ⛰, ✆ 02 31 89 25 02, *Fax 02 31 89 44 40,* 斎, « Jardin fleuri », 🌳 – TV ☎ P. GB. ✂
15 fév.-1er nov. – **Repas** (dîner seul.)(résidents seul.) – **16 ch** (½ pens. seul.) – ½ P 320/430

par ③ *rte de Trouville : 3 km – ✉ 14600 Vasouy :*

Chaumière ⛰, rte du Littoral, Vasouy ✆ 02 31 81 63 20, *Fax 02 31 89 59 23,* ←, 斎, parc – TV ☎ ✆ P. AE GB JCB
Repas *(fermé merc. midi et mardi)* (nombre de couverts limité, prévenir) 190 (déj.), 260/380 – ☕ 85 – **9 ch** 990/1350 – ½ P 945/1125

à Pennedepie *par ③ : 5 km – 234 h. alt. 20 – ✉ 14600 :*

X **Moulin St-Georges,** ✆ 02 31 81 48 48, 斎 – GB
fermé mi-fév. à mi-mars, mardi soir et merc. – **Repas** 79/142 ♀, enf. 40

par ③ *rte de Trouville et rte secondaire : 8 km – ✉ 14600 Honfleur :*

Romantica ⛰, chemin Petit Paris ✆ 02 31 81 14 00, *Fax 02 31 81 54 78,* ←, 斎, 🏊, ▣, 🌳 – TV ☎ ♿ 🚗 P – 🎤 25. AE GB. ✂
fermé 3 au 22 déc. – **Repas** *(fermé jeudi midi et merc. sauf vacances scolaires)* 135/260 ♀, enf. 65 – ☕ 42 – **24 ch** 340/850, 8 appart – ½ P 315/590

L'HÔPITAL-CAMFROUT *29460 Finistère* 58 ⑤ – *1 505 h alt. 20.*
Voir *Daoulas : enclos paroissial★ et cloître★ de l'abbaye N : 4,5 km, G. Bretagne.*
Paris 567 – Brest 25 – Morlaix 57 – Quimper 49.

Auberge du Camfrout, ✆ 02 98 20 01 01, *Fax 02 98 20 06 91* – ☎. GB
Repas 59/205 🍷, enf. 38 – ☕ 35 – **14 ch** 140/260 – ½ P 160/210

Les noms des localités citées dans ce guide
sont soulignés de rouge
sur les **cartes Michelin** à 1/200 000.

L'HÔPITAL-ST-BLAISE 64130 Pyr.-Atl. 85 ⑤ G. Aquitaine – 76 h alt. 145.
Paris 813 – Pau 51 – Oloron-Ste-Marie 17 – Orthez 35 – St-Jean-Pied-de-Port 54.

✗ **Auberge du Lausset** 🐾 avec ch, 𝒫 05 59 66 53 03, Fax 05 59 66 21 78, 😚 – 📺 ☎. 🗚 ⑩ 🖼. ⚘ ch
fermé 20 oct. au 15 nov. et lundi de sept. à juin – **Repas** 55 (déj.), 90/170 👃, enf. 40 – ☲ 32 – **7 ch** 180/230 – ½ P 215/235

HORBOURG 68 H.-Rhin 62 ⑲ – rattaché à Colmar.

L'HORME 42 Loire 73 ⑲ – rattaché à St-Chamond.

L'HOSPITALET-PRÈS-L'ANDORRE 09390 Ariège 86 ⑮ – 146 h alt. 1446.
Paris 840 – Font-Romeu-Odeillo-Via 39 – Ax-les-Thermes 19 – Foix 62.

🏕 **Puymorens**, 𝒫 05 61 05 20 03 – ☎. 🖼
Repas 90/112 👃 – ☲ 27 – **12 ch** 140/205

HOSSEGOR 40150 Landes 78 ⑰ G. Aquitaine – alt. 4 – Casino.
Voir Le lac★.
🅱 Office de Tourisme pl. des Halles 𝒫 05 58 41 79 00, Fax 05 58 41 79 09.
Paris 756 – Biarritz 29 – Mont-de-Marsan 91 – Bayonne 21 – Bordeaux 177 – Dax 38.

🏨 **Beauséjour** 🐾, av. Tour du lac 𝒫 05 58 43 51 07, Fax 05 58 43 70 13, 😚, 🏊, 🚲 – 🛗 📺 ☎ 🅟. – 🗚 25. 🗚 ⑩ 🖼 🖼
10 avril-5 janv. – **Repas** (fermé mardi soir et merc. soir hors saison) (150) - 190 bc/400 ⵟ, enf. 80 – ☲ 65 – **45 ch** 550/715 – ½ P 590/760

🏨 **Les Hortensias du Lac** 🐾, av. Tour du Lac 𝒫 05 58 43 99 00, Fax 05 58 43 42 81, ≤, 😚, 🗠, 🚲 – 📺 ☎ 🕭 🅟. 🗚 ⑩ 🖼 🖼
15 mars-15 nov. – **Repas** (95) - 195 ⵟ – ☲ 65 – **11 ch** 470/770, 6 appart, 8 duplex – ½ P 595/695

🏨 **Lacotel**, av. Touring Club 𝒫 05 58 43 93 50, Fax 05 58 43 49 49, ≤, 😚, 🏊 – 🛗 📺 ☎ 🕭 🕭 🅟. – 🗚 30. ⑩ 🖼
fermé 12 déc. au 15 janv. – **Repas** (fermé dim. soir et lundi du 15 au 31 janv.) 65 (déj.), 90/140 👃, enf. 50 – ☲ 40 – **42 ch** 510 – ½ P 395

✗✗ **Les Huîtrières du Lac** avec ch, av. Touring Club 𝒫 05 58 43 51 48, Fax 05 58 41 73 11, ≤ – 📺 ☎ 🅟. 🖼
fermé 10 au 30 janv. et lundi hors saison – **Repas** 98/150 ⵟ – ☲ 45 – **8 ch** 340/400 – ½ P 450

La HOUBE 57 Moselle – ✉ 57850 Dabo.
Paris 453 – Strasbourg 44 – Lunéville 84 – Phalsbourg 19 – Sarrebourg 27 – Saverne 22.

🏕 **Vosges** 🐾, 𝒫 03 87 08 80 44, Fax 03 87 08 85 96, ≤, 🚲 – ☎ 🅟. 🖼. ⚘ ch
🍃 fermé 20 janv. au 1er mars, mardi soir et merc. hors saison – **Repas** 75/160 ⵟ, enf. 50 – ☲ 35 – **11 ch** 160/300 – ½ P 225/255

Les HOUCHES 74310 H.-Savoie 74 ⑧ G. Alpes du Nord – 1 947 h alt. 1004 – Sports d'hiver : 1 010/1 900 m ✔ 2 ✔ 15 ✔.
🅱 Office de Tourisme pl. Église 𝒫 04 50 55 50 62, Fax 04 50 55 53 16.
Paris 606 – Chamonix-Mont-Blanc 10 – Annecy 89 – Bonneville 48 – Megève 31.

🏨 **Mont Alba** 🅼, La Griaz 𝒫 04 50 54 54 35, Fax 04 50 55 50 87, ≤, 😚, 🗠 – 🛗 📺 ☎ 🕭 🕭 🅟 – 🗚 40. 🖼
Repas 98/380 ⵟ, enf. 48 – ☲ 55 – **43 ch** 435/600 – ½ P 475/720

🏨 **Auberge Beau Site**, près Église 𝒫 04 50 55 51 16, Fax 04 50 54 53 11, 😚, « Terrasse fleurie » – 🛗 📺 ☎. 🗚 ⑩ 🖼 🖼. ⚘ rest
25 mai-10 oct. et 20 déc.-20 avril – **Le Pèle** (fermé merc. en avril, juin, sept. et oct.) **Repas** 150/245, – ☲ 45 – **18 ch** 420 – ½ P 390

🏠 **Auberge Le Montagny** 🅼 🐾 sans rest, Le Pont 𝒫 04 50 54 57 37, Fax 04 50 54 52 97, ≤ – 📺 ☎. 🖼. ⚘
fermé 1er nov. au 15 déc. – ☲ 42 – **8 ch** 380

🏠 **Chris-Tal**, av des Alpages 𝒫 04 50 54 50 55, Fax 04 50 54 45 77, ≤, 🗠, ✖ – 🛗 cuisinette 📺 ☎ 🚗 🅟. 🗚 🖼
1er juin-1er oct. et 18 déc.-15 avril et fermé le midi en juin et sept. – **Repas** (95) - 110/195, enf. 50 – ☲ 48 – **19 ch** 470, 4 appart – ½ P 350/395

aux Chavants *Ouest : 4 km par D 213 et rte secondaire* – ⊠ *74310 Les Houches :*

   🏵 **Peter Pan** ⊗, *✆ 04 50 54 40 63,* ≼ chaîne du Mont-Blanc, 🏠, « Ferme savoyarde de la
   fin du XVIIIᵉ siècle », 🛋 – **P**. **GB**
   1ᵉʳ juin-30 sept. et 20 déc.-30 avril – **Repas** *(fermé lundi)* 100/180 et carte le soir – ⊋ 39
   13 ch 190/300 – ½ P 268/280

au Prarion *par télécabine* – ⊠ *74170 St-Gervais-les-Bains :*

   Voir ⁂ ★★ *30 mn.*

   🏠 **Prarion** ⊗, *alt. 1 860 ✆ 04 50 54 40 07, Fax 04 50 54 40 03,* ⁂ sommets, glaciers et
   vallées, 🏠 – 🛎. **GB**. ✀ ch
   24 juin-10 sept. et 23 déc.-fin avril – **Repas** (self au déj. en hiver) carte 140 à 220 ₰ – ⊋ 50 –
   15 ch 300/570 – ½ P 510

HOUDAN *78550 Yvelines* 🔟 ⑧, 🔟🔟 ⑭ *G. Ile de France* – *2 912 h alt. 104.*
   🇧 *Syndicat d'Initiative à la Mairie ✆ 01 30 59 60 19, Fax 01 30 88 10 01.*
   Paris 61 – Chartres 45 – Dreux 20 – Évreux 50 – Mantes-la-Jolie 28 – Versailles 41.

   XXX **Poularde**, 24 av. République (rte Maulette) *✆ 01 30 59 60 50, Fax 01 30 59 79 71,* 🏠, 🛋
   – **P**. **GB**. ✀
   fermé 14 au 20 août, vacances de fév., mardi soir et merc. – **Repas** 150/350 et carte 240 à
   370 ♀, enf. 75

   X **Donjon**, 14 r. Epernon (près église) *✆ 01 30 59 79 14, Fax 01 30 88 12 31* – 🍽. **GB**
   fermé 6 au 27 août, dim. soir et lundi – **Repas** *(130)* - 155 (déj.), 180/260

HOUDEMONT *54 M.-et-M.* 🔢 ⑤ – *rattaché à Nancy.*

HOULGATE *14510 Calvados* 🔢 ⑦ *G. Normandie Vallée de la Seine* – *1 654 h alt. 11* – *Casino.*
   Voir *Falaise des Vaches Noires★ au NE.*
   🇧 *Office de Tourisme bd Belges ✆ 02 31 24 34 79, Fax 02 31 24 42 27.*
   Paris 211 – Caen 33 – Deauville 14 – Lisieux 33 – Pont-l'Évêque 24.

   🏠 **1900**, 17 r. Bains *✆ 02 31 28 77 77, Fax 02 31 28 08 07* – 📺 ☎. **AE** ⓞ **GB**
   fermé 5 janv. au 5 fév. – **Repas** 99/280 ♀, enf. 47 – ⊋ 39 – **16 ch** 396/470 – ½ P 346/383

   X **Mon Castel** avec ch, 1 bd Belges *✆ 02 31 24 83 47, Fax 02 31 28 50 36* – ☎. **GB**. ✀ ch
  🍴 *fermé oct., vacances de fév., mardi soir et merc. sauf juil. août* **Repas** 60/260 ♀, enf. 48
   ⊋ 32 – **10 ch** 200/235 – ½ P 215/245

HUELGOAT *29690 Finistère* 🔢 ⑥ *G. Bretagne* – *1 742 h alt. 149.*
   Voir *Site★★ – Rochers★★ – Forêt★.*
   Env. *St-Herbot : clôture★★ de l'église★ SO : 7 km.*
   🇧 *Office de Tourisme pl. de la Mairie ✆ 02 98 99 72 32. Fax 02 98 99 75 72.*
   Paris 522 – Brest 66 – Carhaix-Plouguer 17 – Châteaulin 37 – Morlaix 29 – Quimper 56.

   🏠 **Lac**, *✆ 02 98 99 71 14, Fax 02 98 99 70 91,* ≼ – 📺 ☎. **GB**
   fermé nov. et déc. – **Repas** 75 (déj.), 100/150 ₰, enf. 50 – ⊋ 37 – **14 ch** 300/380 –
   ½ P 300/320

HUISMES *37420 I.-et-L.* 🔢 ⑬ – *1 397 h alt. 94.*
   Paris 287 – Tours 46 – Angers 89 – Chinon 9 – Saumur 29.

   X **Auberge de la Lanterne**, *✆ 02 47 95 43 46* – **GB**
  🍴 *fermé 15 au 30 nov., dim. soir et mardi de sept. à juin* – **Repas** 58 bc (déj.), 76/120 ♀, enf. 30

La HUME *33 Gironde* 🔢 ⑳ – *rattaché à Gujan-Mestras.*

HUNINGUE *68 H.-Rhin* 🔢 ⑩ – *rattaché à St-Louis.*

HUSSEREN-LES-CHÂTEAUX *68420 H.-Rhin* 🔢 ⑲ *G. Alsace Lorraine* – *377 h alt. 380.*
   Paris 453 – Colmar 10 – Belfort 67 – Gérardmer 55 – Guebwiller 22 – Mulhouse 39.

   🏰 **Husseren-les-Châteaux** 🅼 ⊗, r. Schlossberg *✆ 03 89 49 22 93, Fax 03 89 49 24 84,*
   ≼, 🏠, 🎣, 🏊, ✗ – 🛗 ↔, 🍽 rest, 📺 ☎ ✆ ₰ **P** – 🛡 120. **AE** ⓞ **GB**
   Repas 120/335 ♀ – ⊋ 75 – **38 ch** 575/960 – ½ P 595

HYÈRES
GIENS

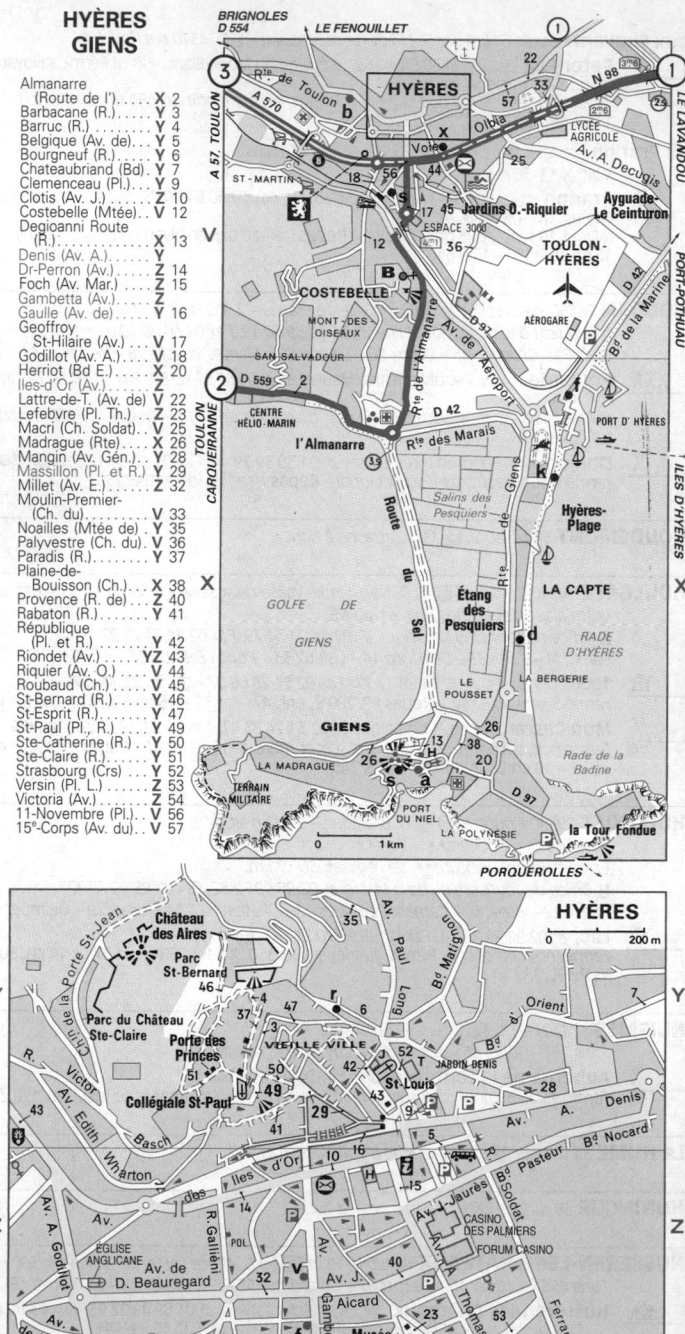

HYÈRES 83400 Var 84 ⑮ ⑱, 114 ④ ④⑦ G. Côte d'Azur – 48 043 h alt. 40 – Casino des Palmiers Z.

Voir ≤★ de la place St-Paul Y 49   ≤★ du parc St-Bernard Y – Verrières★ de la Chapelle
N.-D. de Consolation V B et ≤★ de l'esplanade S : 3 km.

✈ de Toulon-Hyères ; ℰ 04 94 00 83 83, SE : 4 km V.

🛈 Office de Tourisme Parck Hôtel ℰ 04 94 65 18 55, Fax 04 94 35 85 05 et annexes (été) :
Autoroute A570, Gare SNCF, Porquerolles, Aéroport.

Paris 855 ③ – Toulon 20 ③ – Aix-en-Provence 100 ③ – Cannes 122 ③ – Draguignan 79 ③.

Plan page ci-contre

🏨 **Mercure**, 19 av. A. Thomas ℰ 04 94 65 03 04, Fax 04 94 35 58 20, 🛋, ⤢, – 🔄 🍽 ▤ 📺 ☎
   📞 👤 🅿 – 🚗 20 à 100. 🖭 ⓞ 🅶🄱   V   X
   Repas grill (99) - 130/200 ₤, enf. 42 – ⚏ 54 – **84 ch** 425/610

🏨 **Centrotel** sans rest, 45 av. E. Cawell ℰ 04 94 01 36 36, Fax 04 94 01 34 56 – 📺 ☎ 👤 👤
   🚗 🖭 ⓞ 🅶🄱   V   s
   ⚏ 45 – **24 ch** 330/450

🏨 **Soleil** sans rest, r. Rempart ℰ 04 94 65 16 26, Fax 04 94 35 46 00 – ☎ 🖭 ⓞ 🅶🄱 🄹🄲🄱
   ⚏ 35 – **22 ch** 220/410   Y   r

🍴🍴 **Jardin de Bacchus**, 32 av. Gambetta ℰ 04 94 65 77 63, Fax 04 94 65 71 19, 🛋 – ▤. 🖭
   ⓞ 🅶🄱   Z   V
   fermé 5 au 11 janv., dim. soir, sam. midi en juil. -août et lundi – **Repas** (115) - 149/300, enf. 60

🍴 **Crèche Provençale**, 15 rte Toulon ℰ 04 94 65 30 28 – ▤. 🖭 🅶🄱   V   b
   fermé 1ᵉʳ au 15 juil., sam. midi et lundi – **Repas** 130 (déj.), 160/250

🍴 **Grand Large**, av. Gambetta ℰ 04 94 65 18 22, 🛋 – 🅶🄱   Z   f
   fermé 20 au 30 nov., 15 au 30 janv. et merc. – **Repas** (90 bc) - 135 ₤, enf. 55

à Hyères-Plage Sud-Est : 5 km - X - ⊠ 83400 Hyères :

🏨 **Les Pins d'Argent**, ℰ 04 94 57 63 60, Fax 04 94 38 33 65, 🛋, parc, ⤢ – 📺 ☎ 👤 🅿, 🖭
   🅶🄱   X   f
   hôtel : 1ᵉʳ avril-31 oct. ; rest. : 1ᵉʳ avril-30 sept. et fermé le midi sauf dim., juil. et août –
   Repas (95) - 145, enf. 65 – ⚏ 45 – **16 ch** 540 – ½ P 450/495

🏨 **Rose des Mers** sans rest, 3 allée E. Gérard ℰ 04 94 58 02 73, Fax 04 94 58 06 16, ≤, 🐾
   – 📺 ☎ 🅿. 🅶🄱. ❄   X   k
   30 mars-15 oct. – ⚏ 45 – **20 ch** 340/470

à La Capte Sud-Est : 8 km – ⊠ 83400 Hyères :

🏨 **Ibis Thalassa**, allée Mer ℰ 04 94 58 00 94, Fax 04 94 58 09 35, ≤, 🛋, centre de thalassothérapie, 🏊, 🐾, ☞ – 🍽 ▤ 📺 ☎ 👤 🅿 – 🚗 20. 🖭 ⓞ 🅶🄱. ❄ rest   X   d
   fermé 7 au 28 janv. – **Repas** (105) - 140 ₤, enf. 55 – ⚏ 46 – **95 ch** 580/625

à La Bayorre Ouest : 2,5 km par rte de Toulon – ⊠ 83400 :

🍴🍴 **Colombe**, ℰ 04 94 35 35 16, Fax 04 94 35 37 68, 🛋 – ▤. 🅶🄱
   fermé sam. midi et dim. soir de sept. à juin et lundi en juil. – **Repas** 140/195

HYÈVRE-PAROISSE 25110 Doubs 66 ⑰ – 183 h alt. 288.

Paris 446 – Besançon 36 – Belfort 64 – Lure 54 – Montbéliard 47 – Pontarlier 89 – Vesoul 53.

🏨 **Vallée** M, ℰ 03 81 84 46 46, Fax 03 81 84 37 52, 🛋 – 🔄 📺 ☎ 👤 🅿 – 🚗 20. ⓞ 🅶🄱
   fermé 24 déc. au 3 janv. – **Repas** (fermé sam. midi) 60/150 ₤, enf. 45 – ⚏ 40 – **21 ch**
   250/285 – ½ P 200

IBARRON 64 Pyr.-Atl. 85 ② – rattaché à St-Pée-sur-Nivelle.

IF (Ile du Château d') 13 B.-du-R. 84 ⑬, 114 ㉗ G. Provence.

🚢 au départ de **Marseille** pour le château d'If★★ (✳★★★) 1 h 30.

IGÉ 71960 S.-et-L. 70 ⑪ – 729 h alt. 265.

Paris 400 – Mâcon 15 – Cluny 13 – Tournus 31.

🏨 **Château d'Igé** ⤢, ℰ 03 85 33 33 99, Fax 03 85 33 41 41, 🛋, ☞ – 📺 ☎ 👤 🅿 – 🚗 60.
   🖭 ⓞ 🅶🄱
   1ᵉʳ mars-30 nov. – **Repas** (fermé mardi midi sauf fériés) 160 (déj.), 200/380 et carte 300 à
   430 ₤ – ⚏ 75 – **7 ch** 615/780, 6 appart – ½ P 553/695
   Spéc. Foie gras de canard mi-cuit, purée de figues sèches. Filet et cuisses de pigeon fumé,
   jus au cumin. Petites dentelles aux fruits rouges (juin à sept.). **Vins** Saint-Véran, Mâcon la
   Roche Vineuse.

ILAY *39 Jura* 70 ⑮ *G. Jura* – ✉ *39150 St-Laurent-en-Grandvaux.*

Voir *Cascades du Hérisson*★★★.

ℹ *Office de Tourisme à Saint-Laurent-en-Grandvaux, pl. Ch.-Thevenin* ☎ *03 84 60 15 25.*

Paris 440 – Champagnole 19 – Lons-le-Saunier 37 – Morez 22 – St-Claude 40.

Auberge du Hérisson, carrefour D 75-D 39 ☎ 03 84 25 58 18, *Fax 03 84 25 51 11,* – ☎ P. GB

fév.-oct. – **Repas** 62/225 ♀, enf. 40 – ☕ 40 – **16 ch** 190/300 – ½ P 200/270

ILE *voir nom propre de l'île (sauf si nom de commune).*

L'ILE BOUCHARD *37220 I.-et-L.* 68 ④ *G. Châteaux de la Loire* – *1 800 h alt. 41.*

Voir *Chapiteaux*★ *dans le prieuré St-Léonard* – *Cathèdre*★ *dans l'église St-Maurice* – *Tavant : fresques*★ *dans l'église O : 3 km.*

Env. *Champigny-sur-Veude : vitraux*★★ *de la Ste-Chapelle*★ *SO : 10,5 km.*

Paris 286 – Tours 51 – Châteauroux 119 – Chinon 18 – Châtellerault 49 – Saumur 43.

XXX **Auberge de l'Ile,** ☎ 02 47 58 51 07, *Fax 02 47 58 51 07,* – GB

fermé 2 janv. au 28 fév., dim. soir en hiver, mardi soir et merc. – **Repas** 100/320 et carte 200 à 290, enf. 50

ILE-D'AIX ★ *17123 Char.-Mar.* 71 ⑬ *G. Poitou Vendée Charentes* – *199 h.*

Accès *par transports maritimes.*

⛴ *depuis la* **Pointe de la Fumée** *(2,5 km NO de Fouras). Traversée 25 mn - Renseignements et tarifs à Société Fouras-Aix,* ☎ *05 46 41 76 24, Fax 05 46 84 69 88.*

⛴ *depuis* **La Rochelle.** *Services saisonniers - Traversée 1 h - Renseignements : Croisières Inter Iles,* ☎ *05 46 50 51 88 (La Rochelle).*

⛴ *depuis* **Boyardville** *(Ile d'Oléron). Services saisonniers - Traversée 30 mn - Renseignements Inter Iles* ☎ *05 46 47 01 45, Fax 05 46 75 05 55 (Boyardville).*

⛴ *depuis* **la Tranche-sur-Mer** *Services saisonniers-Traversée 2h30 mn-R enseignements et Tarifs : Inter Iles* ☎ *02 51 27 43 04.*

⛴ *depuis* **Sablanceaux** *Service saisonnier- Agences Inter Iles de Sablanceaux-Renseignements et tarifs* ☎ *05 46 09 87 27, Fax 05 46 09 35 28.*

ÎLE-D'ARZ *56840 Morbihan* 63 ⑬ *G. Bretagne* – *256 h alt. 25.*

Accès *par transports maritimes.*

⛴ *depuis* **Barrarach et Conleau.** *Traversée 20 mn - Renseignements Le Passeur de l'Ile d'Arz* ☎ *06 08 32 81 14, Fax 02 97 50 88 89.*

⛴ *depuis* **Vannes.** *Services quotidiens - Traversée 30 mn - Renseignements : Navix S.A. Gare Maritime (Vannes)* ☎ *02 97 46 60 00, Fax 02 97 46 60 29.*

ILE-DE-BATZ *29253 Finistère* 58 ⑥ *G. Bretagne* – *746 h.*

Accès *par transports maritimes.*

⛴ *depuis* **Roscoff.** *Traversée 15 mn - Renseignements et tarifs : Cie Finistérienne de transports maritimes, BP 10 - 29253 Ile de Batz* ☎ *02 98 61 78 87, Fax 02 98 61 75 94.*

ILE-DE-BRÉHAT ★ *22870 C.-d'Armor* 59 ② *G. Bretagne* – *461 h alt. 7.*

Voir *Tour de l'île*★★ *en vedette 1 h* – *Phare du Paon*★ – *Croix de Maudez* ⩤★ – *Chapelle St-Michel* ⩤★ – *Bois de la citadelle* ⩤★.

Accès *par transports maritimes, pour* **Port-Clos.**

⛴ *depuis la* **Pointe de l'Arcouest.** *Traversée 15 mn - Renseignements et tarifs : Vedettes de Bréhat* ☎ *02 96 20 00 11, Fax 02 96 55 73 96.*

⛴ *depuis* **St-Quay-Portieux.** *Service saisonnier - Traversée 1 h 15 mn - Renseignements et tarifs : Voir ci-dessus.*

⛴ *depuis* **Binic** *service saisonnier - Traversée 1h30 min- Renseignements et tarifs: voir Pointe de l'Arcouest.*

Bellevue , Port-Clos ☎ 02 96 20 00 05, *Fax 02 96 20 06 06,* ⩤, – TV ☎. GB

fermé 14 nov. au 1er déc., 1er janv. au 5 fév., lundi et mardi – **Repas** 130/195 ♀, enf. 75 – ☕ 57 – **17 ch** 470/570 – ½ P 445/495

Vieille Auberge , au bourg ☎ 02 96 20 00 24, *Fax 02 96 20 05 12* – ☎. GB

mi-avril-début nov. – **Repas** 90/230 ♀, enf. 55 – ☕ 45 – **14 ch** 400/550 – ½ P 400/450

ILE D'HOUAT 56 Morbihan **63** ⑫ G. Bretagne 390 h alt. 31.

Accès par transports maritimes.

🚢 depuis **Quiberon**. Traversée 40 mn - Renseignements et tarifs : Cie Morbihannaise et Nantaise de Navigation ℘ 02 97 50 06 90 (Quiberon), Fax 02 97 50 11 40 – ✉ 56170 Quiberon

🏠 **Sirène** ⬃, ℘ 02 97 30 66 73, Fax 02 97 30 66 94, 🏤 – 🖸 ☎ ❤, 🖭 🅶🅱 ✀ ch
avril-oct. – **Repas** 100/300, enf. 50 – ⊊ 50 – **13 ch** (½ pens. seul.) – ½ P 410/450

L'ILE-ROUSSE 2B H.-Corse **90** ⑬ – voir à Corse.

Las ILLAS 66 Pyr.-Or. **86** ⑲ – rattaché à Maureillas-las-Illas.

ILLHAEUSERN 68970 H.-Rhin **62** ⑲ 578 h alt. 173.
Paris 446 – Colmar 16 – Artzenheim 15 – St-Dié 55 – Sélestat 14 – Strasbourg 64.

🏠 **Clairière** ⬃, sans rest, rte Guémar ℘ 03 89 71 80 80, Fax 03 89 71 86 22, ⌁, 🎐, 🛋 ❅ – ▯
✀≈ 🖭 ☎ 🄿, 🅶🅱
fermé janv. et fév. – ⊊ 78 – **27 ch** 470/1180

🏠 **Hirondelles,** au village ℘ 03 89 71 83 76, Fax 03 89 71 86 40, ⌁ – 🗏 ch, 🖭 ☎ ❤ 🄿, 🅶🅱
✀ rest
hôtel : fermé 1er fév. au 5 mars ; rest. : 1er avril-30 sept. et fermé dim. soir – **Repas** (dîner seul.)(résidents seul.) – ⊊ 40 – **19 ch** 270/300 – ½ P 295

✕✕✕✕✕ **Auberge de l'Ill** (Haeberlin), ℘ 03 89 71 89 00, Fax 03 89 71 82 83, ≼ jardins fleuris,
❁❁❁❁ « Élégante installation au bord de l'Ill » – 🗏 🄿, 🖭 ⓞ 🅶🅱
fermé 1er fév. au 5 mars, lundi et mardi – **Repas** (prévenir) 550 (déj.)/760 et carte 530 à 720 ☿
Spéc. Mousseline de grenouilles "Paul Haeberlin". Filet d'esturgeon à la choucroute, mijotée à la crème de caviar. Ris de veau du jumelage. **Vins** Sylvaner, Pinot blanc.

🏠 **Hôtel des Berges** Ⓜ ⬃, ℘ 03 89 71 87 87, Fax 03 89 71 87 88, ≼, « Reconstitution d'un séchoir à tabac du Ried », ⌁ – 🗏 ch, 🖭 ☎ ❤ ዼ, ⛱, 🖭 ⓞ 🅶🅱
fermé fév. voir rest. **Aub. de l'Ill** – ⊊ 140 – **11 ch** 1550/1800

ILLIERS-COMBRAY 28120 E.-et-L. **60** ⑰ G. Châteaux de la Loire – 3 329 h alt. 160.
🅱 Office de Tourisme (1er avril-31 oct.) 5 r. Henri-Germond ℘ 02 37 24 24 00, Fax 02 37 24 21 79.
Paris 116 – Chartres 26 – Châteaudun 29 – Le Mans 94 – Nogent-le-Rotrou 37.

✕✕ **Florent**, pl. Église ℘ 02 37 24 10 43, Fax 02 37 24 11 78 – 🅶🅱
fermé mardi soir d'oct. à avril, dim. soir, merc. soir et lundi – **Repas** 100/315 ☿, enf. 52

ILLKIRCH-GRAFFENSTADEN 67 B.-Rhin **62** ⑩ – rattaché à Strasbourg.

IMSTHAL (Étang d') 67 B.-Rhin **57** ⑰ ⑱ – rattaché à La Petite-Pierre.

INGERSHEIM 68 H.-Rhin **87** ⑰ – rattaché à Colmar.

INGWILLER 67340 B.-Rhin **87** ⑬ – 3 753 h alt. 185.
🅱 Office de Tourisme Hôtel-de-Ville, r. du Gén.-Goureau ℘ 03 88 89 23 45, Fax 03 88 89 23 45.
Paris 445 – Strasbourg 45 – Haguenau 26 – Sarrebourg 43 – Sarreguemines 51 – Saverne 23.

✕✕ **Aux Comtes de Hanau** avec ch, 139 r. Gén. de Gaulle ℘ 03 88 89 42 27,
🅶🅱 Fax 03 88 89 51 18, 🏤 – ✀≈ 🖭 ☎ ❤ 🄿 – 🔬 25, 🖭 ⓞ 🅶🅱 🅹🅲🅱
fermé 17 au 31 juil., 5 au 25 fév., merc. soir et lundi – **Repas** 62/295 ☿, enf. 49 – ⊊ 32 –
12 ch 250/450 – ½ P 270

INNENHEIM 67880 B.-Rhin **62** ⑨ – 840 h alt. 150.
Paris 486 – Strasbourg 24 – Molsheim 12 – Obernai 10 – Sélestat 34.

🏠 **Au Cep de Vigne**, N 422 ℘ 03 88 95 75 45, Fax 03 88 95 79 73, ⌁ – ▯ 🖭 ☎ ❤ ዼ 🄿 –
🔬 40, 🅶🅱
fermé 12 au 26 fév. – **Repas** (fermé dim. soir et lundi) 95/260 ☖, enf. 60 – ⊊ 40 – **40 ch**
180/400 – ½ P 230/320

INXENT 62 P.-de-C. **51** ⑫ – rattaché à Montreuil.

ISBERGUES 62 P.-de-C. **51** ⑭ – rattaché à Aire-sur-la-Lys.

ISIGNY-SUR-MER 14230 Calvados ⑸⑷ ⑬ G. Normandie Cotentin – 3 018 h alt. 4.
Paris 294 – Cherbourg 62 – St-Lô 31 – Bayeux 34 – Caen 63 – Carentan 11.

🏠 **France**, 13 r. E. Demagny ℰ 02 31 22 00 33, Fax 02 31 22 79 19 – 📺 ☎ 🅿 – 🛋 25. 🆎
🕸 15 fév.-15 nov. et fermé vend. soir et sam. hors saison sauf fériés – Repas (55) - 69/175 ⦙,
🔟⓿⓿ enf. 40 – ☑ 32 – **19 ch** 160/300 – ½ P 220/380

L'ISLE-ADAM 95290 Val-d'Oise ⑸⑸ ⑳ G. Ile de France – 9 979 h alt. 28.
Voir Chaire★ de l'église St-Martin.
🛈 Office de Tourisme Maison des Joséphites 46 Grande Rue ℰ 01 34 69 41 99, Fax 01 34 08
09 79.
Paris 42 – Compiègne 66 – Beauvais 49 – Chantilly 24 – Pontoise 19 – Taverny 15.

✕✕ **Gai Rivage**, 11 r. Conti ℰ 01 34 69 01 09, Fax 01 34 69 30 37, 🌲 – 🆎 🇬🇧
fermé 28 août au 4 sept., vacances de Toussaint, de fév., dim. soir et lundi – Repas 350 bc

✕ **Relais Fleuri**, 61 bis r. St-Lazare ℰ 01 34 69 01 85, 🌲 – 🆎 🇬🇧
fermé 8 au 30 août, vacances de fév., lundi soir et mardi – Repas 155

L'ISLE-D'ABEAU 38 Isère ⑺⑷ ⑬., ⑾⓿ ㉙ – rattaché à Bourgoin-Jallieu.

L'ISLE-JOURDAIN 32600 Gers ⑻⑵ ⑥ ⑦ G. Midi-Pyrénées – 5 029 h alt. 116.
Voir Centre-musée d'art campanaire★.
Paris 702 – Auch 43 – Toulouse 37 – Montauban 57.

🏠 **Hostellerie du Lac**, Ouest : 1 km par rte d'Auch ℰ 05 62 07 03 91, Fax 05 62 07 04 37,
🕸 ≼, 🌲, 🞐, 🐎 – 📺 ☎ 🅿 – 🛋 30. 🇬🇧
fermé vacances de fév. – Repas 63 bc/235 ⦙ – ☑ 30 – **27 ch** 210/255 – ½ P 210/235

à **Pujaudran** Est : 8 km par N 124 – 816 h. alt. 302 – ✉ 32600 :

✕✕✕ **Puits St-Jacques** (Bach), ℰ 05 62 07 41 11, Fax 05 62 07 44 09, 🌲 – 🆎 ⓪ 🇬🇧
❀ fermé 28 août au 10 sept., vacances de fév., dim. soir et lundi sauf fêtes – Repas
(week-ends prévenir) 115 (déj.), 165/285 et carte 280 à 360 ⦙, enf. 85
Spéc. Foie gras de canard macéré au pacherenc. Pigeonneau rôti en deux cuissons. Biscuit
chaud de chocolat mi-amer. Vins Madiran, Côtes de Gascogne.

rte de Toulouse par N 124 : 11 km – ✉ 32600 L'Isle-Jourdain :

✕✕ **Frachengues**, ℰ 05 62 07 40 63, Fax 05 62 07 42 16, 🌲 – 🅿. 🆎 🇬🇧
fermé 15 au 31 août, 2 au 25 janv., dim. soir, mardi midi et lundi – Repas 98/250, enf. 50

L'ISLE-JOURDAIN 86150 Vienne ⑺⑵ ⑤ G. Poitou Vendée Charentes – 1 269 h alt. 142.
🛈 Office de Tourisme (saison) pl. de l'Ancienne Gare ℰ 05 49 48 80 36, Fax 05 49 48 80 36 et
à la Mairie ℰ 05 49 48 70 54.
Paris 389 – Poitiers 53 – Confolens 27 – Niort 101.

au **Port de Salles** Sud : 7 km par D 8 et rte secondaire – ✉ 86150 Le Vigeant :

🏠🏠 **Val de Vienne** Ⓜ 🕸 sans rest, ℰ 05 49 48 27 27, Fax 05 49 48 47 47, ≼, 🞐, 🐎 – 📺
☎ ⅙ 🅿 – 🛋 25. 🆎 🇬🇧
fermé 2 au 29 janv. – ☑ 55 – **21 ch** 440

✕✕ **Grimolée**, ℰ 05 49 48 75 22, Fax 05 49 48 47 47, 🌲, « Jardin au bord de la Vienne », 🐎
🕸 – 🆎 🇬🇧. 🞐
fermé 2 janv. au 5 fév., dim. soir et lundi – Repas 100/205 ⦙, enf. 65

L'ISLE-SUR-LA-SORGUE 84800 Vaucluse ⑻⑴ ⑫ ⑬ G. Provence – 15 564 h alt. 57.
Voir Décoration intérieure★ de l'église – Église★ du Thor O : 5 km.
🛈 Office de Tourisme pl. Église ℰ 04 90 38 04 78, Fax 04 90 38 35 43.
Paris 696 – Avignon 23 – Apt 34 – Carpentras 17 – Cavaillon 11 – Orange 40.

🏠🏠 **Araxe** Ⓜ 🕸, rte Apt : 1,5 km ℰ 04 90 38 40 00, Fax 04 90 20 84 74, 🌲, « Jardin en
bordure de la Sorgue », 🞐, 🐎, 🞐 – cuisinette 📺 ☎ ⅙ 🅿 – 🛋 50. 🆎 ⓪ 🇬🇧
Repas (fermé janv.) 130/149 ⦙, enf. 50 – ☑ 50 – **51 ch** 390/750, 5 duplex – ½ P 355/535

🏠 **Nevons** sans rest, chemin des Nevons (derrière Poste) ℰ 04 90 20 72 00,
Fax 04 90 20 56 20, 🞐 – 🞐 📺 ☎ 🅿. 🇬🇧
fermé mi-déc. à mi-janv. – ☑ 36 – **26 ch** 265/460

🏠 **Cantosorgue** Ⓜ 🕸 sans rest, cours Fernande Peyre (rte Carpentras) ℰ 04 90 20 81 81,
Fax 04 90 38 40 30 – 🞐 🞐 📺 ☎ 🅿 – 🛋 30. 🇬🇧 🇯🇨🇧
☑ 35 – **38 ch** 285

XX **Prévôté** (Mercier), 4 r. J.-J. Rousseau (derrière l'église) ✆ 04 90 38 57 29, *Fax 04 90 38 57 29*, 🏛 – GB
✿ *fermé nov., vacances de fév., dim. soir et lundi* – **Repas** 145 (déj.), 250/350
Spéc. Cannelloni de saumon au chèvre frais. Canette laquée au miel de lavande. Filet de loup à l'escabèche. **Vins** Côtes du Ventoux, Côtes du Rhône.

X **L'Oustau de l'Isle,** 21 av. 4 Otages ✆ 04 90 38 54 84, *Fax 04 90 38 54 84*, 🏛 – ▤. GB JCB
fermé début janv. à fin fév., jeudi sauf le soir de mai à sept. et merc. – **Repas** *(90)* - 130/190

au Nord *par D 938 et rte secondaire* – ✉ *84740 Velleron :*

Hostellerie La Grangette ⛰, à 6 km ✆ 04 90 20 00 77, *Fax 04 90 20 07 06*, 🏛, « Demeure provençale dans un parc », 🏊, 🎾 – ✈ TV ☎ P – 🏃 80. AE GB. ✂ rest
fermé 11 nov. au 27 déc. et 3 au 20 janv. – **Repas** *(fermé mardi soir et merc. d'oct. à juin)* 180/250 🍷 – ☕ 80 – **16 ch** 630/1360 – ½ P 575/900

X **Logis,** à 7 km, chemin des Arrayies ✆ 04 90 20 01 42, *Fax 04 90 20 11 25*, 🏛 – P. GB
fermé janv., mardi soir et merc. de nov. à mars et lundi – **Repas** 75 (déj.), 140/165 🍷

rte d'Apt *Sud-Est : 6 km par N 100* – ✉ *84800 L'Isle-sur-la-Sorgue :*

Mas des Grès, ✆ 04 90 20 32 85, *Fax 04 90 20 21 45*, 🏛, 🏊, 🛏 – ☎ 📞 P. GB. ✂
15 mars-15 nov. – **Repas** (dîner seul. sauf juil.-août) (prévenir) 160 – ☕ 60 – **16 ch** 500/850 – ½ P 540/640

à Petit-Palais *Sud-Est : 6 km par D 31 ou par N 100 et D 24* – ✉ *84800 L'Isle-sur-la-Sorgue :*

XXX **Bernard Auzet,** ✆ 04 90 38 09 74, *Fax 04 90 20 91 26*, 🏛, 🛏 – P. GB
fermé 22 nov. au 6 déc., jeudi midi en juil.-août, dim. soir et merc. – **Repas** 109 (déj.), 168/280 🍷, enf. 80

au Sud-Ouest *: 3 km par rte de Caumont sur D 25 et rte secondaire* – ✉ *84800 L'isle-sur-la-Sorgue :*

Mas de Cure Bourse ⛰, ✆ 04 90 38 16 58, *Fax 04 90 38 52 31*, 🏛, « Ancien mas au milieu des vergers », 🏊, 🛏 – TV ☎ P – 🏃 60. GB
Repas *(fermé 6 au 28 nov., 3 au 16 janv. mardi midi et lundi)* 165/260 🍷, enf. 98 – ☕ 50 – **13 ch** 450/650 – ½ P 455/555

Si vous cherchez un hôtel tranquille,
consultez d'abord les cartes de l'introduction
ou repérez dans le texte les établissements indiqués avec le signe ⛰.

L'ISLE-SUR-SEREIN *89440 Yonne* 65 ⑥ – *533 h alt. 190.*
Paris 210 – Auxerre 49 – Avallon 17 – Montbard 33 – Tonnerre 39.

XX **Auberge du Pot d'Étain** avec ch, ✆ 03 86 33 88 10, *Fax 03 86 33 90 93*, 🏛 – ▤ rest, TV ☎ 📞 🚗. GB
fermé 16 au 23 oct., fév., dim. soir et lundi d'oct. à mai – **Repas** 108/308 🍷, enf. 55 – ☕ 40 – **7 ch** 280/390 – ½ P 300/400

ISOLA 2000 *06420 Alpes-Mar.* 81 ⑩, 115 ⑤ *G. Alpes du Sud – alt. 2000 – Sports d'hiver : 1 800/2 610 m* 🚡 *2* ⛷ *22.*
Voir *Vallon de Chastillon★ O.*
ℹ *Office de Tourisme ✆ 04 93 23 15 15, Fax 04 93 23 14 25.*
Paris 823 – Barcelonnette 83 – Nice 91 – St-Martin-Vésubie 56.

Diva M ⛰, ✆ 04 93 23 17 71, *Fax 04 93 23 12 14*, ⩽ montagnes, 🏛 – 🛗 TV ☎ P – 🏃 25. AE ⓓ GB JCB
18 déc.-15 avril – **Repas** 150 (déj.)/190 🍷 – ☕ 85 – **28 ch** 1850 – ½ P 1155

Chastillon ⛰, ✆ 04 93 23 26 00, *Fax 04 93 23 26 12*, ⩽, 🏛 – 🛗 TV ☎ 🚗 P – 🏃 50. AE ⓓ GB JCB. ✂ rest
déc.-avril – **Repas** 130 (déj.)/180, enf. 65 – ☕ 30 – **51 ch** 1015/1370 – ½ P 1620

ISPE *40 Landes* 78 ⑬ – *rattaché à Biscarrosse.*

Les ISSAMBRES *83380 Var* 84 ⑱, 114 ㊳ *G. Côte d'Azur.*
Paris 882 – Fréjus 10 – Draguignan 37 – St-Raphaël 12 – Ste-Maxime 11 – Toulon 102.

à San-Peïre-sur-Mer – ✉ *83380 Les Issambres :*

Provençal, N 98 ✆ 04 94 96 90 49, *Fax 04 94 49 62 48*, ⩽, 🏛 – ▤ ch, TV ☎ P. AE GB
10 fév.-23 oct. et 20 déc.-5 janv. – **Repas** *(fermé le midi sauf dim. et fériés du 1er juil. au 20 août et lundi midi hors saison)* 146/210 🍷 – ☕ 60 – **27 ch** 480/587 – ½ P 450/500

au parc des Issambres – ✉ *83380 Les Issambres :*

Villa-St-Elme Ⓜ, N 98 ✆ 04 94 49 52 52, *Fax 04 94 49 63 18*, ≤, 🏗, « Terrasse en bordure de mer », 🏊, 🏖, 🍽 – 🛗 ▤ 📺 ☎ 📞 ♿ 🅿. AE ⓪ GB JCB
Repas 285 (déj.), 350/500 ♀, enf. 120 – ☕ 85 – **16 ch** 1950/3700 – 1/2 P 1275/1425

Quiétude, N 98 ✆ 04 94 96 94 34, *Fax 04 94 49 67 82*, ≤, 🏗, 🏊, 🍽 – ▤ ch, 📺 ☎ 📞 🅿. GB
23 fév.-9 oct. – **Repas** 94/177, enf. 54 – ☕ 38 – **19 ch** 345/378 – 1/2 P 349/378

Réserve, N 98 ✆ 04 94 96 90 41, *Fax 04 94 96 96 11*, ≤, 🏗 – 🅿. AE GB
fermé déc., janv., mardi soir et merc. de sept. à avril – **Repas** 140/190, enf. 70

à la calanque des Issambres – ✉ *83380 Les Issambres :*

Chante-Mer, au village ✆ 04 94 96 93 23, 🏗 – ▤. GB
fermé 15 déc. au 31 janv., dim. soir d'oct. à mars, mardi midi de Pâques à sept. et lundi – Repas 125/210

ISSENHEIM *68500 H.-Rhin* 87 ⑱ – *2 838 h alt. 245.*

Paris 473 – Mulhouse 22 – Belfort 49 – Guebwiller 3 – Strasbourg 101.

Auberge Jean-Luc Wahl, 58 rte Rouffach ✆ 03 89 76 86 68, *Fax 03 89 76 93 19*, 🏗 « Auberge alsacienne du 18e siècle » – ⓪ GB JCB
fermé 3 au 9 mars, 15 juil. au 8 août, sam. midi et lundi – **Repas** 120/410 bc ♀, enf. 85

Pas de publicité payée dans ce guide.

ISSOIRE ⟨SP⟩ *63500 P.-de-D.* 73 ⑭ ⑮ *G. Auvergne – 13 559 h alt. 400.*

Voir *Anc. abbatiale St-Austremoine★★ : chevet★★.*

Env. *Puy d'Yssou ✻★ SO : 10 km par D 32.*

ℹ *Office de Tourisme pl. Gén.-de-Gaulle ✆ 04 73 89 15 90 et (saison) Aire de Veyre et du Lembron.*

Paris 453 ① – Clermont-Ferrand 38 ① – Le Puy-en-Velay 93 ③ – Thiers 56 ①.

ISSOIRE

Altaroche (Pl.) . . . . . Z 2
Ambert (R. d') . . . . . Y
Ancienne-Caserne (R. de l') . . . . . Z 3
Berbiziale (R. de la) . . . . . Y
Buisson (Bd A.) . . . . . Y
Cerf-Volant (R. du) . . . . . Y 4
Châteaudun (R. de) . . . . . Z 5
Cibrand (Bd J.) . . . . . Y
Dr Sauvat (R.) . . . . . Z
Duprat (Pl. Ch.) . . . . . Y
Espagnon (R. d') . . . . . Z
Foirail (Pl. du) . . . . . Y
Fours (R. des) . . . . . Z
Gambetta (R.) . . . . . Z 6
Gare (Av. de la) . . . . . Z 9
Gaulle (Pl. du Gén.-de) . . . . . Y
Gauttier (R. E.) . . . . . Y
Haïnl (Bd G.) . . . . . Z
Hauterive (R. E. d') . . . . . Z
Libération (Av. de la) . . . . . Z 10
Manlière (Bd de la) . . . . . Z
Mas (R. du) . . . . . Y
Montagne (Pl. de la) . . . . . Y
Notre-Dame-des-Filles (R.) . . . . . Z 12
Palais (R. du) . . . . . Y
Pomel (Pl. N.) . . . . . Z 13
Pont (R. du) . . . . . Z 14
Ponteil (R. du) . . . . . Y 16
Postillon (R. du) . . . . . Z
République (Pl. de la) . . . . . Z
St-Avit (Pl.) . . . . . Y 22
Sous-Préfecture (Bd de la) . . . . . Z
Terraille (R. de la) . . . . . Z 24
Triozon-Bayle (Bd) . . . . . YZ 25
Verdun (Pl. de) . . . . . Z 26
8-Mai (Av. du) . . . . . Y 30

Une réservation confirmée par écrit est toujours plus sûre.

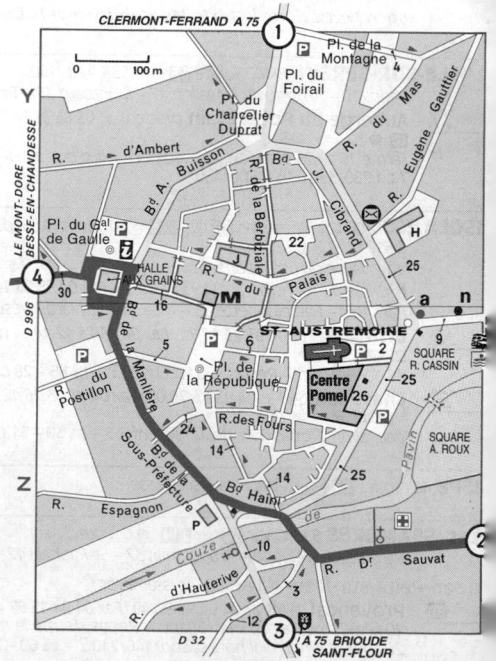

ISSOIRE

Pariou, 18 bd Kennedy par ① : 1 km ℘ 04 73 55 90 37, Fax 04 73 55 96 16 – |‡|, ≡ ch, 📺 ☎ ❤ ᵭ 🅿 – 🏠 25. ⒼⒷ
Les Jardins du Pariou ℘ 04 73 55 93 04 *(fermé dim. soir et lundi)* **Repas** 95(déj.), 120/180 – ☲ 37 – **33 ch** 320/350

Tourisme sans rest, 13 av. Gare ℘ 04 73 89 23 68, Fax 04 73 89 65 28 – 📺 ☎. ⒶⒺ ⓪ ⒼⒷ
YZ n
fermé 1ᵉʳ au 20 oct. – ☲ 35 – **13 ch** 230/280

Grilotel, ZAC des Prés (C. Comm. Continent) Nord-Est : 1,5 km par D 716 ou D 9 ℘ 04 73 89 60 76, Fax 04 73 89 41 83, ㈎ – ⛵ 📺 ☎ ❤ ᵭ. ⒶⒺ ⓪ ⒼⒷ
Repas *(fermé sam. et dim. du 1ᵉʳ nov. à Pâques)* (59) · 79/155 ᵭ, enf. 30 – ☲ 35 – **36 ch** 270 – ½ P 245

Relais, 1 av. Gare ℘ 04 73 89 16 61, Fax 04 73 89 55 62 – ⒼⒷ, ❄
YZ a
fermé 25 oct. au 5 nov., 15 au 28 fév., dim. soir et lundi hors saison – **Repas** 60/180 ᵧ

à Sarpoil par ② et D 999 : 10 km – ☒ 63490 St-Jean-en-Val :

Bergerie, ℘ 04 73 71 02 54, Fax 04 73 71 02 54 – 🅿. ⒶⒺ ⒼⒷ
fermé vacances de Toussaint, 2 au 15 janv., dim. soir et lundi sauf juil.-août – **Repas** *(nombre de couverts limité, prévenir)* 120/330 et carte 230 à 410 ᵧ

à Perrier par ④ et D 996 : 5 km – 727 h. alt. 415 – ☒ 63500 :

Cour Carrée, ℘ 04 73 55 15 55, Fax 04 73 55 15 55, ㈎ – 🅿. ⒼⒷ
fermé 25 juin au 3 juil., 27 août au 4 sept., vacances de fév., dim. et lundi de sept. à juin sauf fêtes – **Repas** (105) · 140/195 ᵧ, enf. 85

Au moment de chercher un hôtel ou un restaurant, soyez efficace.
*Sachez utiliser les noms soulignés en rouge sur les **cartes Michelin** à 1/200 000.*
Mais ayez une carte à jour!

ISSONCOURT 55 Meuse 🔟 ⑳ – 119 h alt. 260 – ☒ 55220 Souilly.
Paris 265 – Bar-le-Duc 26 – St-Mihiel 28 – Verdun 28.

Relais de la Voie Sacrée ❧ avec ch, ℘ 03 29 70 70 46, Fax 03 29 70 75 75, ㈎, ㈎ – ≡ rest, 📺 ☎ ❤ 🅿. ⒼⒷ
fermé 2 janv. au 28 fév., dim. soir d'oct. à avril et lundi – **Repas** 95/300 ᵧ, enf. 75 – ☲ 45 – **7 ch** 290 – ½ P 350

ISSOUDUN ◈ 36100 Indre 🔟 ⑨ G. Berry Limousin – 13 859 h alt. 130.
Voir Musée St-Roch : arbre de Jessé★ dans la chapelle et apothicairerie★.
🅱 Office de Tourisme pl. St-Cyr ℘ 02 54 21 74 02, Fax 02 54 03 03 36.
Paris 247 ① Bourges 37 ② – Châteauroux 29 ⑤ – Tours 131 ① – Vierzon 34 ①.
Plan page suivante

Hôtel La Cognette Ⓜ ❧, r. Minimes ℘ 02 54 21 21 83, Fax 02 54 03 13 03 – 📺 ☎ ❤ ᵭ, ㈎. ⒶⒺ ⓪ ⒼⒷ
A e
fermé 3 au 15 janv. voir rest. **La Cognette** *ci-après* – ☲ 60 – **11 ch** 420/650, 3 appart – ½ P 420/650

Campanile, par ② : N 151 ℘ 02 54 21 06 40, Fax 02 54 21 20 33, ㈎ – 📺 ☎ ❤ ᵭ 🅿 – 🏠 25. ⒶⒺ ⒼⒷ
Repas 80/103 ᵧ, enf. 39 – ☲ 36 – **42 ch** 315

Rest. La Cognette -Hôtel La Cognette- (Nonnet), bd Stalingrad ℘ 02 54 21 21 83, Fax 02 54 03 13 03 – ≡. ⒶⒺ ⓪ ⒼⒷ
A z
❀
fermé 3 au 31 janv., mardi midi, lundi sauf le soir en juil.-août et dim. soir de sept. à juin – **Repas** *(prévenir)* (140) · 175/450 et carte 250 à 490 ᵧ
Spéc. Crème de lentilles aux truffes. Sandre Dubarry, îlots flottants au caviar. Foie de veau au miel et citron. **Vins** Quincy, Reuilly.

Les Trois Rois et Hôtel de France avec ch, 3 r. P. Brossolette ℘ 02 54 21 00 65, Fax 02 54 21 50 61, ㈎ – 📺 ☎ 🅿. ⒶⒺ ⒼⒷ
A s
fermé 4 au 30 sept., 30 janv. au 8 fév., lundi sauf juil.-août et dim. soir – **Repas** 90 bc/280 ᵧ, enf. 55 – ☲ 40 – **19 ch** 190/290 – ½ P 250

à Diou par ① : 12 km sur D 918 – 212 h. alt. 150 – ☒ 36260 :

L'Aubergeade, rte Issoudun ℘ 02 54 49 22 28, Fax 02 54 49 22 28, ㈎, ㈎ – 🅿. ⒼⒷ
fermé merc. soir et dim. soir – **Repas** 100/215 bc

663

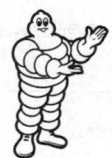

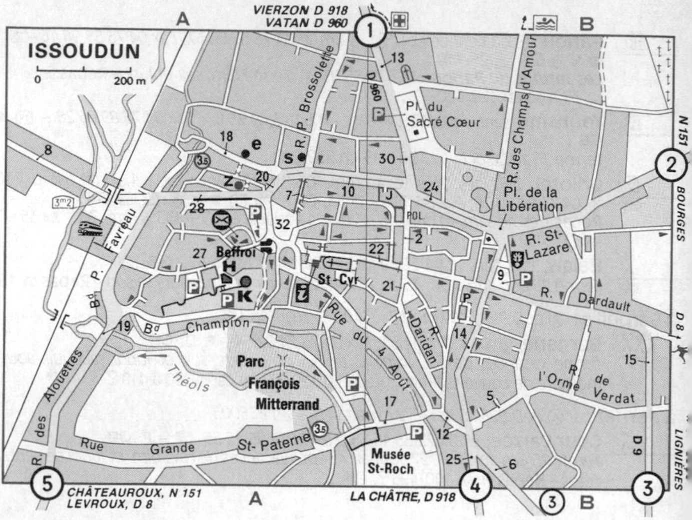
ISSOUDUN
0
200 m
VIERZON D 918
VATAN D 960
A
B
1
2
3
4
5
N 151
BOURGES
D 8
D 9
LIGNIÈRES
CHÂTEAUROUX, N 151
LEVROUX, D 8
LA CHÂTRE, D 918
Pl. du Sacré Cœur
R. des Champs d'Amour
Pl. de la Libération
R. St-Lazare
R. Dardault
R. P. Brossolette
D 960
Beffroi
St-Cyr
Bd P. Favreau
Bd Champion
Rue du 4 Août
R. Daridan
R. de l'Orme Verdat
Théols
Parc François Mitterrand
Rue Grande
St-Paterne
Musée St-Roch
R. des Alouettes
POL.
3.5
3m2

Avenir (R. de l') . . . . **B** 2
Bons-Enfants (R. des) . . . . **B** 5
Capucins (R. des) . . . . **B** 6
Casanova (R. D.) . . . . **A** 7
Chinault (Av. de) . . . . **A** 8
Croix-de-Pierre
(Pl. de la) . . . . **B** 9
Dormoy (Bd M.) . . . . **A** 10
Entrée-de-Villatte (R.) . . . . **B** 12
Estienne-d'Orves (R. d') . **B** 13
Fossés-de-Villatte
(R. des) . . . . **B** 14
Gaulle (Av. Ch. de) . . . . . . **B** 15
Hospices
St-Roch (R.) . . . . **B** 17
Minimes (R. des) . . . . **A** 18
Ponts (R. des) . . . . **A** 19
Poterie (R. de la) . . . . **A** 20
Quatre-Vents
(R. des) . . . . **B** 21
République (R. de la) . . . **AB** 22
Roosevelt (Bd Prés.) . . . . . **B** 24
St-Martin (R.) . . . . **B** 25
Semard (R. P.) . . . . **A** 27
Stalingrad (Bd de) . . . . **A** 28
Trois-Places (R. des) . . . . . **B** 30
10-Juin (Pl. du) . . . . **A** 32

Write us...

If you have any comments on the contents of this Guide.

Your praise as well as your criticisms will receive careful consideration and, with your assistance, we will be able to add to our stock of information and, where necessary, amend our judgments.

Thank you in advance!

ISSY-LES-MOULINEAUX *92 Hauts-de-Seine* **60** ⑩., **101** ㉕ *– voir à Paris, Environs.*

ISTRES ⟨SP⟩ *13800 B.-du-R.* **84** ① *G. Provence – 35 163 h alt. 32.*

Office de Tourisme 30 allées J.-Jaurès ☎ 04 42 55 51 15, Fax 04 42 56 59 50.

Paris 744 ③ – Marseille 55 ② – Arles 44 ③ – Martigues 14 ② – Salon-de-Provence 21 ②.

Plan page ci-contre

Castellan sans rest, pl. Ste-Catherine ☎ 04 42 55 13 09, *Fax 04 42 56 91 36*, – TV ☎ P. AE GB. ✗ — AX a
38 – **17 ch** 270/330

XX **St-Martin,** Port des Heures Claires, Sud-Est : 3 km ☎ 04 42 56 07 12, *Fax 04 42 56 04 59*, ←, – ▤. GB — BZ e
fermé mardi soir et merc. – **Repas** 100/165

XX **Les Deux Toques,** 7 av. H. Boucher ☎ 04 42 55 16 01, *Fax 04 42 55 95 02*, – ▤. GB. ✗ — AX n
fermé 4 au 12 sept., 1er au 15 janv., dim. soir et lundi sauf fériés – **Repas** 95 (déj.), 145/335

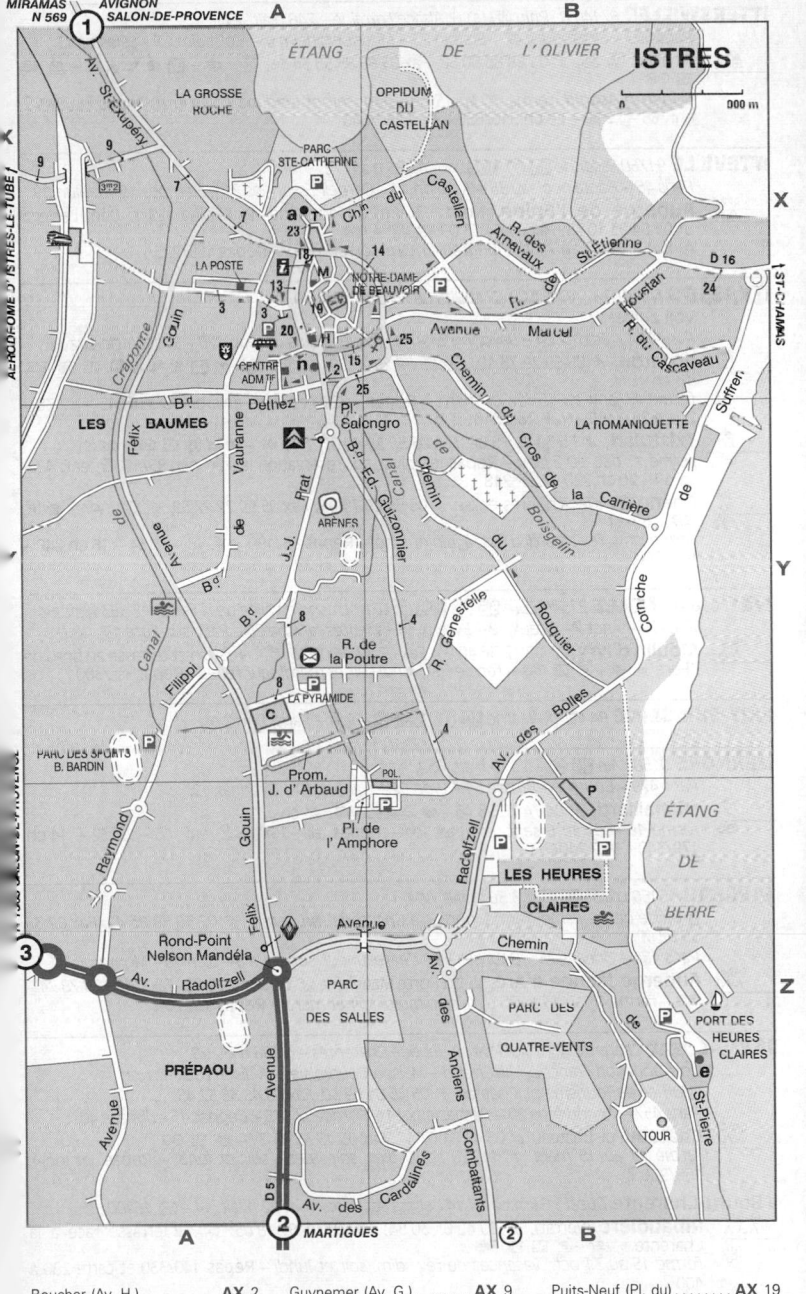

ISTRES

ITTERSWILLER 67140 B.-Rhin 🟦🟦 ⑨ G. Alsace Lorraine – 248 h alt. 235.
Paris 502 – Strasbourg 47 – Erstein 23 – Mittelbergheim 4 – Molsheim 27 – Sélestat 15.

🏨 **Arnold** Ⓜ ⍣, 𝒸 03 88 85 50 58, Fax 03 88 85 55 54, ≤, 🈺, 🈲 – 📺 ☎ ✆ ♿ 🅿 – 🔺 40.
🆎
Winstub Arnold (fermé 1ᵉʳ au 15 fév., dim. soir et lundi de nov. à mai) **Repas** 130/365 ♀,
enf. 65 – 🖙 50 – **29 ch** 510/650 – ½ P 460/540

ITTEVILLE 91760 Essonne 🟦🟦 ①, 🔟🔟 ㊸ – 4 685 h alt. 72.
Paris 45 – Fontainebleau 35 – Arpajon 14 – Corbeil-Essonnes 21 – Étampes 19 – Melun 29.

✕✕ **Auberge de l'Épine**, Nord : 3 km, au domaine de l'Épine (29 r. Gén.-Leclerc)
𝒸 01 64 93 10 75, Fax 01 64 93 09 89, 🈺 – 🇬🇧
fermé août, 1ᵉʳ au 7 janv., lundi soir, mardi soir et merc. – **Repas** 165/225

ITXASSOU 64250 Pyr.-Atl. 🟦🟦 ③ G. Aquitaine – 1 563 h alt. 39.
Voir Église★.
Paris 792 – Biarritz 24 – Bayonne 23 – Cambo-les-Bains 4 – Pau 120 – St-Jean-de-Luz 36.

🏨 **Fronton**, 𝒸 05 59 29 75 10, Fax 05 59 29 23 50, ≤, 🈺, 🔟, 🛏 – 📶 📺 ☎ ✆ ♿ 🅿 🆎 ⓪ 🇬🇧.
⍣⍣ ch
fermé 1ᵉʳ janv. au 15 fév. et merc. – **Repas** 87/220 et carte environ 35, enf. 45 – 🖙 38 –
25 ch 267/309 – ½ P 285/310

🏨 **Txistulari**, 𝒸 05 59 29 75 09, Fax 05 59 29 80 07, 🈺, 🈲 – ☎ ✆ 🅿, 🆎 🇬🇧, ⍣⍣ ch
fermé 11 déc. au 2 janv. – **Repas** (en hiver, sur réservation le soir) (50) - 85/160 ♀, enf. 42 –
🖙 30 – **20 ch** 220 – ½ P 218

✕ **Chêne** ⍣ avec ch, près église 𝒸 05 59 29 75 01, Fax 05 59 29 27 39, ≤, 🈺, 🈲 – ☎ 🅿.
🇬🇧, ⍣⍣ rest
fermé janv., fév., mardi d'oct. à juin et lundi – **Repas** 85/190, enf. 48 – 🖙 34 – **16 ch** 240 –
½ P 260

IVRY-LA-BATAILLE 27540 Eure 🟦🟦 ⑰, 🔟🔟 ⑬ G. Normandie Vallée de la Seine – 2 563 h alt. 54.
Paris 77 – Anet 7 – Dreux 22 – Évreux 33 – Mantes-la-Jolie 25 – Pacy-sur-Eure 18.

✕✕ **Moulin d'Ivry**, 𝒸 02 32 36 40 51, Fax 02 32 26 05 15, 🈺, « Jardin et terrasse au bord de
l'Eure », 🈲 – 🅿. 🆎 🇬🇧 – fermé fév., lundi soir et mardi sauf fériés – **Repas** 165/300

IVRY-SUR-SEINE 94 Val-de-Marne 🟦🟦 ①., 🔟🔟 ㉖ – voir à Paris, Environs.

IZERNORE 01580 Ain 🟦🟦 ④ – 1 170 h alt. 452.
Paris 479 – Bourg-en-Bresse 51 – Lyon 92 – Nantua 10 – Oyonnax 12.

🏕 **Michaillard**, 𝒸 04 74 76 96 46 – ☎ ⍣ 🅿. 🇬🇧. ⍣⍣ ch
fermé 16 août au 6 sept. et lundi soir – **Repas** (60) - 75/148 ♀, enf. 45 – 🖙 32 – **14 ch**
179/340 – ½ P 240/260

JARGEAU 45150 Loiret 🟦🟦 ⑩ – 3 561 h alt. 104.
🛈 Office de Tourisme (fermé lundi) "La Chanterie" bd Carnot 𝒸 02 38 59 83 42, Fax 02 38
59 92 62.
Paris 151 – Orléans 25 – Bourges 99 – Châteauneuf-sur-Loire 8 – Gien 48 – Montargis 54.

✕✕ **Auberge Jeanne d'Arc**, 15 bd Porte Madeleine 𝒸 02 38 59 99 09, Fax 02 38 59 78 71 –
🇬🇧 – fermé 1ᵉʳ au 13 août, dim. soir, mardi soir et merc. – **Repas** 99/270 ♀

JARNAC 16200 Charente 🟦🟦 ⑫ G. Poitou Vendée Charentes – 4 786 h alt. 26.
Voir Donation François-Mitterrand – Maison Courvoisier – Maison Louis-Royer.
🛈 Office de Tourisme pl. Château 𝒸 05 45 81 09 30, Fax 05 45 36 52 45.
Paris 457 – Angoulême 29 – Barbezieux 31 – Bordeaux 115 – Cognac 15 – Jonzac 40.

✕✕ **Château**, pl. Château 𝒸 05 45 81 07 17, Fax 05 45 35 35 71 – 🍽. 🆎 🇬🇧
fermé 1ᵉʳ au 15 mars, 1ᵉʳ au 20 août, dim. soir, merc. soir et lundi – **Repas** 100 (déj.),
155/236 ♀

à Bourg-Charente Ouest : 6 km par N 141 et rte secondaire – 722 h. alt. 14 – ✉ 16200 :

✕✕✕ **Ribaudière** (Verrat), 𝒸 05 45 81 30 54, Fax 05 45 81 28 05, 🈺, « Terrasse face à la
Charente », 🈲 – 🅿. 🆎 ⓪ 🇬🇧
❀ fermé 15 au 31 oct., vacances de fév., dim. soir et lundi – **Repas** 140/330 et carte 280 à
400 ♀
Spéc. Soupe de cèpes et foie gras de canard (sept. à fév.). Tarte fine aux tomates, langoustines rôties au lait de chèvre (juin à sept.). Biscuit tendre au chocolat. **Vins** Vins de Pays
Charentais blanc et rouge.

à Bassac *Sud-Est : / km par N 141 et D 22 – 464 h. alt. 20 –* ⊠ *16120* .

    Voir *Église★ de l'abbaye de Bassac.*

🏦 **L'Essille** ॐ *sans rest,* ✆ *05 45 81 94 13, Fax 05 45 81 97 26,* parc – 📺 ☎ 🅿
    ⊊ 38 – **10 ch** 270/360.

à Vibrac *Sud-Est : 11 km par N 141 et D 22 – 223 h. alt. 25 –* ⊠ *16120 :*

🏠 **Les Ombrages** ॐ, rte Angeac ✆ *05 45 97 32 33, Fax 05 45 97 32 05,* 🌤, 🏊, 🐎, 🎾 –
⬛ 📺 ☎ 📞 🅿. 🈁. 🈂
    fermé 15 déc. au 15 janv., dim. soir et lundi sauf juil.-août – **Repas** 75/200 ⅂ – ⊊ 40 – **10 ch**
    260/400 – ½ P 235/285

JARNAC-CHAMPAGNE *17520 Char.-Mar.* **71** ⑤ – *713 h alt. 55.*

    Paris 508 – Angoulême 58 – Bordeaux 101 – Cognac 20 – La Rochelle 113 – Royan 54.

✗ **Relais de Jarnac-Champagne** avec ch, Le Bourg ✆ *05 46 49 55 44* 📺 ☎ ♿ ⟵,
⊒ 🈁
    fermé 24 avril au 3 mai, 22 oct. au 6 nov., 28 janv. au 25 fév., dim. soir et lundi du 15 sept. au
    15 juin – **Repas** 70/120 ⅂ – ⊊ 50 – **7 ch** 200/240 – ½ P 220

JARVILLE-LA-MALGRANGE *54 M.-et-M.* **62** ⑤ – *rattaché à Nancy.*

JAVRON *53 Mayenne* **60** ① – *1 400 h alt. 176 –* ⊠ *53250 Javron-les-Chapelles.*

    Paris 226 – Alençon 35 – Bagnoles-de-l'Orne 21 – Le Mans 67 – Mayenne 26.

✗✗✗ **Terrasse,** 30 Grande Rue ✆ *02 43 03 41 91, Fax 02 43 03 41 91 –* 🈁
    fermé vacances de Toussaint, de fév., mardi soir et merc. sauf fériés – **Repas** 98/275 et
    carte 220 à 300, enf. 60

Au moment de chercher un hôtel ou un restaurant, soyez efficace.
*Sachez utiliser les noms soulignés en rouge sur les **cartes Michelin***
à 1/200 000.
Mais ayez une carte à jour!

JERSEY (Ile de) ★★ *Ile* **54** ⑤ *G. Normandie Cotentin.*

    Accès *par transports maritimes pour St-Hélier (réservation indispensable).*

    ⟶ *depuis* **St-Malo** *(réservation obligatoire) : par* **car-ferry** *- Traversée 70 mn. Renseigne-*
    ments et tarifs à Émeraude Lines, Terminal Ferry du Naye (St-Malo) ✆ *02 99 40 48 40,*
    Fax 02 99 40 04 43 - par **Catamaran Trident** *(traversée 75 mn). Renseignements et tarifs*
    à Émeraude Lines, gare maritime de la Bourse (St-Malo) ✆ *02 99 40 48 40, Fax 02 99*
    40 57 47 - par **Hydroglisseur** *(Condor Ferries) - Traversée 1 h. Renseignements*
    et tarifs à Morvan Fils Voyages, gare maritime de la Bourse (St-Malo) ✆ *02 99 20 03 00,*
    Fax 02 99 56 39 27.

    ⟶ *depuis* **Granville** *: Catamaran rapide (traversée 70 mn) par Emeraude Lines* ✆ *02 33 50*
    16 36, Fax 02 33 50 87 80 ; depuis **Carteret** *: Catamaran (traversée 35 mn - Gorey, 55 mn*
    St-Hélier) par Emeraude Lines ✆ *02 33 52 61 39, Fax 02 33 53 51 57.*

Ressources hôtelières *: voir Guide Rouge Michelin :* **Great Britain and Ireland**

JOIGNY *89300 Yonne* **65** ④ *G. Bourgogne – 9 697 h alt. 79.*

    Voir *Vierge au sourire★ dans l'église St-Thibault* A **E** – *Côte St-Jacques* ≼★ *1,5 km par*
    D 20 A.

    Env. *Laduz : musée rural des arts populaires★ S : 15 km.*

    🔁 *Office de Tourisme 4 q. H.-Ragobert* ✆ *03 86 62 11 05, Fax 03 86 91 76 38.*

    Paris 144 ⑤ – *Auxerre 28* ③ – *Gien 75* ⑤ – *Montargis 60* ⑤ – *Sens 33* ⑥ – *Troyes 76* ②.

Plan page suivante

🏨 **Côte St-Jacques** (Lorain) Ⓜ ॐ, 14 fg Paris ✆ *03 86 62 09 70, Fax 03 86 91 49 70,* ≼, 🔲,
⚙⚙⚙ 🌤 – 📳, 🍽 rest, 📺 ☎ ♿ ⟵ 🅿 – 🔏 30. 🆎 ① 🈁   A r
    fermé 3 au 25 janv. – **Repas** (dim. prévenir) 380 bc (déj.)/780 et carte 700 à 930, enf. 180 –
    ⊊ 125 – 21 ch 790/1890, 4 appart – ½ P 1180/1500
    Spéc. Huîtres creuses en petite terrine océane. Tronçon de turbot de ligne en croûte de
    sel, émulsion au lait d'amande. Côte de veau de lait et topinambours truffés, jus à l'arabica.
    Vins Chardonnay, Irancy.

🏦 **Rive Gauche** Ⓜ ॐ, r. Port au Bois ✆ *03 86 91 46 66, Fax 03 86 91 46 93,* ≼, 🌤, 🐎, 🎾
    – 📳, 🍽 rest, 📺 ☎ ♿ 📞 – 🔏 25 à 50. 🆎 🈁   A s
    Repas 102/220 ⅂, enf. 60 – ⊊ 50 – **42 ch** 260/660 – ½ P 320/420

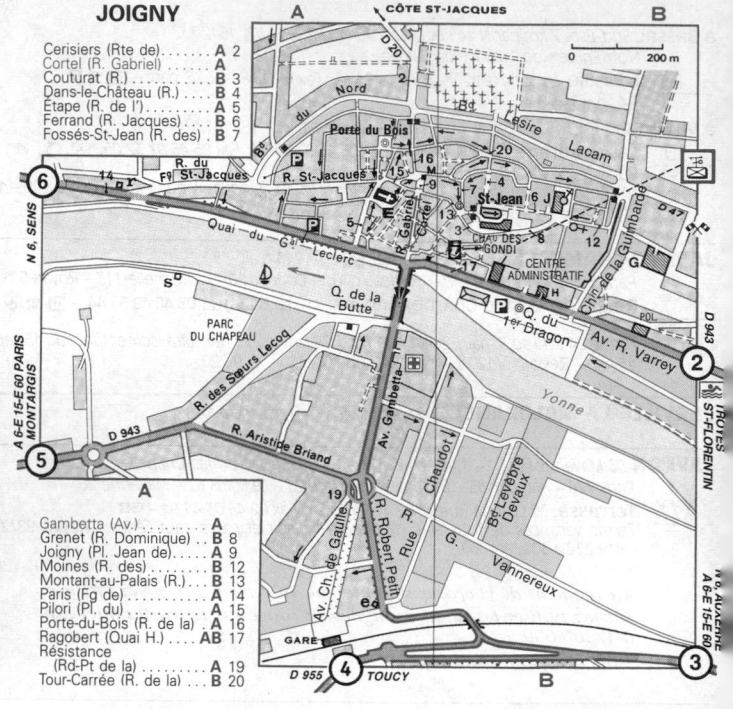

JOIGNY

Cerisiers (Rte de)...... **A** 2
Cortel (R. Gabriel)...... **A**
Couturat (R.)........... **B** 3
Dans-le-Château (R.)... **B** 4
Étape (R. de l')........ **A** 5
Ferrand (R. Jacques)... **B** 6
Fossés-St-Jean (R. des). **B** 7

Gambetta (Av.)......... **A**
Grenet (R. Dominique). **B** 8
Joigny (Pl. Jean de).... **A** 9
Moines (R. des)........ **B** 12
Montant-au-Palais (R.).. **B** 13
Paris (Fg de).......... **A** 14
Pilori (Pl. du)......... **A** 15
Porte-du-Bois (R. de la). **A** 16
Ragobert (Quai H.).... **AB** 17
Résistance
(Rd-Pt de la)....... **A** 19
Tour-Carrée (R. de la).. **B** 20

🏠 **Modern'Hôtel Godard**, 17 av. R. Petit ℰ 03 86 62 16 28, Fax 03 86 62 44 33, 佘, ⅃ –
📺 ☎ 🅿 – 🔼 15 à 30. 🅰🅴 ⓞ 🆖 🆓🆑🅱
A e
fermé dim. soir et lundi de sept. à juin sauf fériés – **Repas** 100/360 ⅀, enf. 50 – ⚌ 45 –
21 ch 195/500 – ½ P 475

à Épineau-les-Voves par ③ : 7,5 km – 659 h. alt. 92 – ⊠ 89400 :

XX **L'Orée des Champs**, N 6 ℰ 03 86 91 20 39, Fax 03 86 91 24 92, 佘, ☞ – 🅿. 🆖
fermé 4 au 21 sept., vacances de fév., lundi soir hors saison, mardi soir et merc. – **Repas** 72 (déj.), 114/175 ⅀, enf. 40

JOINVILLE 52300 H.-Marne 🖥🖥 ① G. Champagne – 4 755 h alt. 195.
Voir *Château du Grand Jardin*★.
🅱 *Office de Tourisme* pl. Saunoise ℰ 03 25 94 17 90.
Paris 238 – *Bar-le-Duc* 50 – Bar-sur-Aube 47 – Chaumont 42 – Neufchâteau 52 – St-Dizier 32.

🏠 **Soleil d'Or**, 9 r. Capucins ℰ 03 25 94 15 66, Fax 03 25 94 39 02 – 🍴 rest, 📺 ☎ 🗸 🖐 🚗.
🅰🅴 ⓞ 🆖
fermé 31 juil. au 6 août, 30 oct. au 5 nov., 19 au 25 fév., lundi (sauf hôtel) et dim. soir –
Repas 100 bc/320 ⅀ – ⚌ 55 – **17 ch** 230/440 – ½ P 260/330

XX **Poste** avec ch, pl. Grève ℰ 03 25 94 12 63, Fax 03 25 94 36 23, 佘 – 📺 ☎ 🗸 🚗. 🅰🅴 ⓞ
🆖
fermé 10 janv. au 1er fév. et dim. soir d'oct. à mars – **Repas** 80/220, enf. 45 – ⚌ 28 – **10 ch**
220/280 – ½ P 200/230

JOINVILLE-LE-PONT 94 Val-de-Marne 🖥🖥 ①,, 🔟🔟 ㉗ – *voir à Paris, Environs.*

Towns underlined in red on the **Michelin maps**
at a scale of 1 : 200 000 are included in this Guide.

Use the latest map to take full advantage of this information.

668

JONCY 71460 S.-et-L. **69** ⑱ – 424 h alt. 236.

Env. Mont St-Vincent ✳✳ O : 12 km, G. Bourgogne.

Paris 369 – Chalon-sur-Saône 34 – Mâcon 52 – Montceau-les-Mines 22 – Paray-le-Monial 44.

XX **Commerce** avec ch, ℰ 03 85 96 27 20, Fax 03 85 96 21 76, 壽 – 📺 🕿 🖰 🅿. 🖭 🗷
Fermé 10 au 18 fév. et merc. – **Repas** 65 bc (déj.), 95/195 ⅄, enf. 55 – ⊈ 35 – **9 ch** 230/300 –
½ P 225/260

JONS 69330 Rhône **74** ⑫, **110** ⑰ – 1 001 h alt. 205.

Paris 478 – Lyon 28 – Meyzieu 10 – Montluel 8 – Pont-de-Chéruy 14.

🏨 **Auberge de Jons** M, r. Pont, ℰ 04 78 31 29 85, Fax 04 72 02 40 24, 壽, 🏊, 🕸 – 🗏 rest,
📺 🕿 🖰 & 🖭 – 🕍 40. 🖭 ⑩ 🗷
Repas (fermé sam. midi et dim.) 95/250 – ⊈ 50 – **25 ch** 450/800

JONZAC ◈ 17500 Char.-Mar. **71** ⑥ G. Poitou Vendée Charentes – 3 998 h alt. 40 – Stat.
therm. (21 fév./9 déc.).

🛈 Office de Tourisme 25 pl. du Château ℰ 05 46 48 49 29, Fax 05 46 48 51 07.

Paris 515 – Angoulême 58 – Bordeaux 86 – Cognac 36 – Royan 59 – Saintes 44.

X **Auberge du Moulin**, par rte de Pons : 2 km sur D 142 ℰ 05 46 48 39 76, 壽, 🖛 – 🅿.
🗷
fermé mardi soir et merc. sauf juil.-août – **Repas** 64 bc/150 ⅄

X **Bistro 108**, face gare ℰ 05 46 48 02 95, 壽 – 🅿. 🗷
fermé dim. – **Repas** 65 bc (déj.), 90/140 ⅄

à Clam Nord : 6 km par D 142 – 237 h. alt. 67 – ⊠ 17500 :

🏨 **Vieux Logis** M, ℰ 05 46 70 20 13, Fax 05 46 70 20 64, 壽, 🏊, 🖛 – 📺 🕿 🖰 & 🅿 –
🕍 20. 🖭 ⑩ 🗷, 🕸 ch
fermé 8 janv. au 4 fév. – **Repas** 90/200 ⅄, enf. 50 – ⊈ 40 – **10 ch** 250/320 – ½ P 240/280

au Sud : 12 km par D 19 – ⊠ 17130 Tugéras-St-Maurice :

X **Au Sarment**, ℰ 05 46 49 06 05, Fax 05 46 49 05 98, 壽, 🖛 – 🅿. 🗷
fermé 1ᵉʳ au 15 mars et merc. – **Repas** 65/200 ⅄

JOSSELIN 56120 Morbihan **63** ④ G. Bretagne – 2 338 h alt. 58.

Voir Château✳✳ – Basilique N.-D.-du-Roncier✳.

🛈 Office de Tourisme pl. Congrégation ℰ 02 97 22 36 43, Fax 02 97 22 20 44.

Paris 428 – Vannes 44 – Dinan 84 – Lorient 74 – Rennes 80 – St-Brieuc 76.

🏨 **Château**, 1 r. Gén. de Gaulle ℰ 02 97 22 20 11, Fax 02 97 22 34 09, ≤, 壽 – 📺 🕿 🖰 🚗
🅿 – 🕍 40. 🗷
fermé 24 au 31 déc. et 1ᵉʳ au 28 fév. – **Repas** 89/170 ⅄, enf. 50 – ⊈ 38 – **36 ch** 245/340 –
½ P 238/265

🏨 **France**, pl. Notre-Dame ℰ 02 97 22 23 06, Fax 02 97 22 35 78 – 📺 🕿 🖰 🅿. 🖭 🗷
fermé janv., dim. soir et lundi du 15 sept. au 30 mars – **Repas** 83/207 ⅄, enf. 52 – ⊈ 36 –
20 ch 200/280 – ½ P 251

JOUARRE 77 S.-et-M. **56** ⑬ – rattaché à La Ferté-sous-Jouarre.

JOUCAS 84220 Vaucluse **81** ⑬ – 258 h alt. 263.

Paris 719 – Apt 14 – Avignon 43 – Carpentras 32 – Cavaillon 21.

🏨🏨 **Hostellerie Le Phébus** ⌕, rte Murs ℰ 04 90 05 78 83, Fax 04 90 05 73 61, ≤ le Luberon, 壽, 🏊, 🖛, 🕸 – 🗏 ch, 🖭 🗷
1ᵉʳ avril-1ᵉʳ nov. – **Repas** 180/330 ⅄ – ⊈ 85 – **16 ch** 735/1400, 5 appart – ½ P 780/1095

🏨🏨 **Mas des Herbes Blanches** ⌕, rte Murs : 2,5 km ℰ 04 90 05 79 79, Fax 04 90 05 71 96,
≤ le Luberon, 壽, 🏊, 🖛, 🕸 – 🗏 ch, 📺 🕿 🅿. 🖭 ⑩ 🗷 🗷
🕸 fermé début janv. à mi-mars – **Repas** 215/415 et carte 350 à 500 – ⊈ 95 – **16 ch** 900/1950,
3 appart – ½ P 955/1590
Spéc. Asperges de pays et fenouil en salade, cervelle d'agneau croustillante (printemps).
Foie gras de canard et chutney d'abricots vanillé (été). Lièvre à la royale (automne). **Vins**
Côtes du Luberon, Côtes du Ventoux.

🏨 **Mas du Loriot** ⌕, rte Murs : 4 km ℰ 04 90 72 62 62, Fax 04 90 72 62 54, ≤ le Luberon,
壽, « Dans la garrigue », 🏊 – 🅿. 🗷
fermé 18 déc. à début mars – **Repas** (prévenir)(dîner seul.) (fermé sam.) 185 ⅄ – ⊈ 70 –
8 ch 550/700 – ½ P 365/575

JOUÉ-LÈS-TOURS 37 I.-et-L. **64** ⑮ – rattaché à Tours.

JOUGNE 25370 Doubs 🔟 ⑦ *G. Jura* – *1 162 h alt. 1001* – *Sports d'hiver : voir Métabief.*
Paris 464 – Besançon 79 – Champagnole 50 – Lausanne 49 – Morez 51 – Pontarlier 20.

🏠 **Couronne**, ℘ 03 81 49 10 50, Fax 03 81 49 19 77, 佘, 余 – ☎ 📞. GB. ⪢ ch
fermé 28 oct. au 30 nov., dim. soir et lundi soir hors saison sauf fériés – **Repas** 98/240 ♀,
enf. 50 – � 36 – **12 ch** 170/320 – ½ P 260/310

à Entre-lès-Fourg *Sud-Est : 4,5 km par D 423* – ⊠ *25370 Les Hôpitaux-Neufs :*

🏠 **Petits Gris** ⑤, ℘ 03 81 49 12 93, Fax 03 81 49 13 93, ≤, 余 – ☎. ① GB
🏖 *fermé 24 sept. au 15 oct.* – **Repas** *(fermé merc.)* 85/170 ♂, enf. 53 – ☲ 50 – **13 ch** 230/270
– ½ P 290/320

La JOUVENTE 35 I.-et-V. 🗐 ⑤ – *rattaché à Dinard.*

JOYEUSE 07260 Ardèche 🟦 ⑧ *G. Vallée du Rhône* – *1 411 h alt. 180.*
Voir *Corniche du Vivarais Cévenol*★★ *O.*
🖪 *Office de Tourisme D 104 ℘ 04 75 39 56 76, Fax 04 75 39 58 87.*
Paris 654 – Alès 54 – Mende 95 – Privas 53.

🏛 **Cèdres**, ℘ 04 75 39 40 60, Fax 04 75 39 90 16, 🗎, 余 – ‖, ▤ rest, 📺 ☎ ✔ 🅿. 🖭 ① GB
🏖 *15 avril-15 oct.* – **Repas** 75/180 ♀, enf. 45 – ☲ 40 – **44 ch** 300/350 – ½ P 335

JUAN-LES-PINS 06160 Alpes-Mar. 🟦 ⑨, 💷 ㉟ ㊴ *G. Côte d'Azur* – *alt. 2 – Casino Eden Beach*
FZ.
🖪 *Office de Tourisme 51 bd Ch. Guillaumont ℘ 04 92 90 53 05.*
Paris 917 ③ – Cannes 9 ② – Aix-en-Provence 162 ③ – Nice 25 ①.

JUAN-LES-PINS

Accès et sorties : voir à Antibes

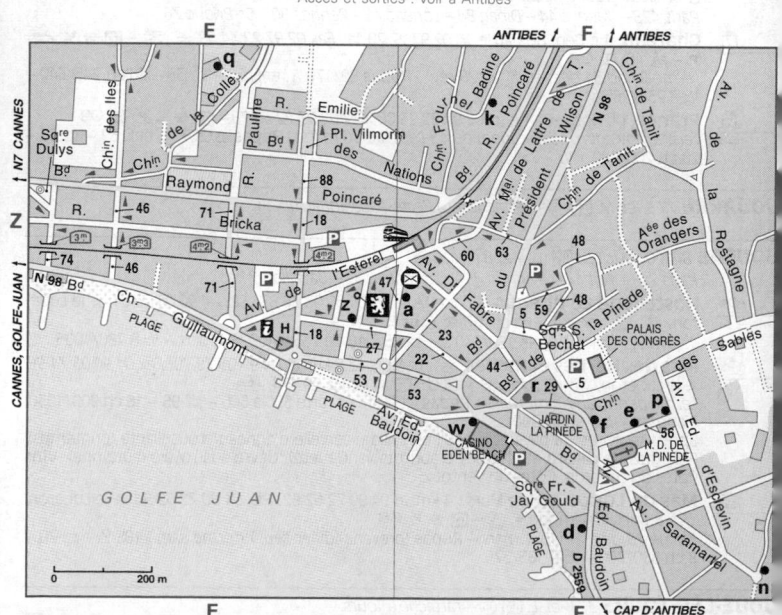

Juana ⚶, la Pinède, av. G. Gallice ℘ 04 93 61 08 70, Fax 04 93 61 76 60, ≤, 🍽, ⊤ – 🏢, 🔆🔆
≡ ch, 🎦 ☎ ✇ 🅿 – 🔥 25. 🝗 🖭 🝙 FZ f
Pâques-31 oct. – *Terrasse (fermé merc. sauf soir en juil.-août, lundi midi et jeudi midi hors saison)* Repas 290 (déj.), 490/660, et carte 550 à 720 ☿ – ⊑ 110 – **45 ch** 1150/2550, 5 appart – ½ P 1115/1795
Spéc. Cannelloni de supions et palourdes à l'encre de seiche. Selle d'agneau de Pauillac cuite en terre d'argile de Vallauris. Millefeuille de fraises des bois à la crème de mascarpone. **Vins** Bellet, Côtes de Provence.

Belles Rives, bd E. Baudoin ℘ 04 93 61 02 79, Fax 04 93 67 43 51, ≤ mer et massif de l'Estérel, 🍽, « Bel ensemble "Art Déco" en bord de mer », 🛥 – 🛗 ≡ 🎦 ☎. 🝗 🝙
🔆 rest FZ d
1ᵉʳ avril-29 oct. – Repas (dîner seul.) 350/490 ☿ - *Plage Belles Rives* (déj. seul.) Repas 220 ☿, enf. 95 – ⊑ 150 – **40 ch** 1350/3200, 5 appart

Méridien Garden Beach 🖹, 15 bd Baudoin ℘ 04 92 93 57 57, Fax 04 92 93 57 56, ≤, 🍽, 🛁, 🛥 – 🛗 ≡ 🎦 ☎ ᘏ ⟸ – 🔥 150. 🝗 🝙 🝙 🝙. 🔆 rest FZ w
Frégate (fermé dim. soir et lundi de nov. à mai) Repas 185(dîner) et carte 180 à 280 ☿ –
Plage (avril-oct.) Repas carte 170 à 260 ☿ – ⊑ 105 – **167 ch** 1550/2150, 4 appart –
½ P 1065/1365

Beauséjour ⚶ sans rest, av. Saramartel ℘ 04 93 61 07 82, Fax 04 93 61 86 78, 🛁, 🌳 –
🛗 ≡ 🎦 ☎ 🅿. 🝗 🝙 FZ n
1ᵉʳ avril-30 oct. – ⊑ 55 – **30 ch** 700/1100

Mimosas ⚶ sans rest, r. Pauline ℘ 04 93 61 04 16, Fax 04 92 93 06 46, « Parc fleuri », 🛁
– 🎦 ☎ 🅿. 🝗 🝙. 🔆 EZ q
1ᵉʳ mai-30 sept. – ⊑ 60 – **34 ch** 500/680

Ste-Valérie ⚶, r. Oratoire ℘ 04 93 61 07 15, Fax 04 93 61 47 52, 🍽, 🛁, 🌳 – 🛗, ≡ ch,
🎦 ☎ ᘏ 🅿. 🝗 🝙 🝙. 🔆 rest FZ p
16 avril-30 sept. – Repas (fermé jeudi) (dîner seul.) 135 – ⊑ 60 – **30 ch** 600/930 – ½ P 530/660

Annexe Villa Christie 🏠 ⚶ sans rest, ℘ 04 93 61 01 98 🎦 ☎ 🅿. 🔆
15 avril-15 oct. – ⊑ 45 – **10 ch** 350/450

Astoria 🖹, 15 av. Mar. Joffre ℘ 04 93 61 23 65, Fax 04 93 67 10 40 – 🛗 🔆 ≡ 🎦 ☎ 🅿. 🝗
🝙 🝙. 🔆 rest FZ a
Repas (fermé nov., dim. soir et lundi) 110 – ⊑ 70 – **49 ch** 630/790 – ½ P 575

Astor sans rest, 61 r. Ch. Fournel Badine ℘ 04 92 93 34 00, Fax 04 93 61 36 76 – cuisinette
≡ 🎦 ☎ ✇ 🝗 🝙 🝙 🝙 FZ k
⊑ 40 – 20 ch 350/500

Eden Hôtel sans rest, 16 av. L. Gallet ℘ 04 93 61 05 20, Fax 04 92 93 05 31 – 🎦 ☎.
🝙 EZ z
15 fév.-1ᵉʳ nov. – ⊑ 30 – **17 ch** 320/430

Juan Beach, r. Oratoire ℘ 04 93 61 02 89, Fax 04 93 61 16 63, 🍽 – 🎦 ☎ 🅿. 🝙. 🔆 rest
hôtel : 1ᵉʳ avril-1ᵉʳ nov. ; rest. : 1ᵉʳ avril-1ᵉʳ oct. – Repas 130/240 – ⊑ 40 – **26 ch** 380/580 –
½ P 345/410 FZ e

%% **Bijou Plage**, bd Guillaumont ℘ 04 93 61 39 07, Fax 04 93 67 81 78, ≤, 🍽 – ≡. 🝗
🝙 sur plan d'Antibes AU d
Repas 110 (déj.), 165/280 ☿

%% **Perroquet**, La Pinède, av. G. Gallice ℘ 04 93 61 02 20, 🍽 – ≡. 🝙 FZ r
fermé 3 nov. au 26 déc. – Repas 150/180 ☿

JULIÉNAS 69840 Rhône 🔢 ① G. Vallée du Rhône – 703 h alt. 276.
Paris 405 – Mâcon 14 – Bourg-en-Bresse 50 – Lyon 66 – Villefranche-sur-Saône 32.

Vignes ⚶ sans rest, rte St-Amour : 0,5 km ℘ 04 74 04 43 70, Fax 04 74 04 41 95 – 🎦 ☎
✇ 🅿. 🝗 🝙
⊑ 40 – **22 ch** 240/305

% **Coq au Vin**, pl. Marché ℘ 04 74 04 41 98, Fax 04 74 04 41 44, 🍽 – 🝗 🝙 🝙
fermé mi-déc. à mi-fév. et merc.
Repas 98/240 ☿

% **Chez la Rose** avec ch, pl. Marché ℘ 04 74 04 41 20, Fax 04 74 04 49 29, 🍽 – 🎦 ☎ ✇ 🅿.
🝗 🝙 🝙
fermé 8 au 20 déc., 15 au 28 fév. et hôtel : fermé lundi sauf juil.-août – Repas (fermé mardi sauf le soir en saison et lundi sauf fériés) 98/360 ☿, enf. 75 – ⊑ 50 – **10 ch** 240/420 –
½ P 320/530

The Guide changes, so renew your Guide every year.

JULLOUVILLE _50610 Manche_ 59 ⑦ _G. Normandie Cotentin_ – _2 046 h alt. 60._

🛈 _Office de Tourisme av. Mar.-Leclerc_ ☎ _02 33 61 82 48, Fax 02 33 61 52 99._
Paris 341 – _St-Lô 64_ – _St-Malo 90_ – _Avranches 23_ – _Granville 9._

🏛 **Equinoxe** sans rest, 28 av. Libération ☎ _02 33 50 60 82, Fax 02 33 50 87 71,_ « Beaux meubles anciens », 🚗 – 🔲 ☎ ⅙ 🄿 🄰🄴 🇬🇧
1er avril-1er nov. – ☲ 35 – **13 ch** 280/300

JUMIÈGES _76480 S.-Mar._ 55 ⑤ _G. Normandie Vallée de la Seine_ – _1 641 h alt. 25._

Voir _Ruines de l'abbaye★★★_.
Bac: _de Jumièges renseignements_ ☎ _02 35 37 24 23._
Paris 157 – _Rouen 27_ – _Caudebec-en-Caux 16._

🍴 **Auberge des Ruines,** ☎ _02 35 37 24 05, Fax 02 35 37 87 34,_ 🍽 – 🄰🄴 🇬🇧
fermé 16 au 31 août, 20 déc. au 10 janv., le soir du 1er nov. au 15 mars, dim. soir, mardi soir et merc. – **Repas** 88/250

JUNGHOLTZ _68 H.-Rhin_ 66 ⑨ – _rattaché à Guebwiller._

JURANÇON _64 Pyr.-Atl._ 85 ⑥ – _rattaché à Pau._

JUVIGNAC _34 Hérault_ 83 ⑦ – _rattaché à Montpellier._

JUVIGNY-SOUS-ANDAINE _61140 Orne_ 60 ① – _1 105 h alt. 200._

Paris 241 – _Alençon 50_ – _Argentan 48_ – _Domfront 12_ – _Mayenne 34._

🍴🍴 **Au Bon Accueil** avec ch, ☎ _02 33 38 10 04, Fax 02 33 37 44 92_ – ▤ rest, 🔲 ☎ 🚗. 🇬🇧
fermé 15 fév. au 10 mars, dim. soir et lundi – **Repas** 80 (déj.), 110/220 ♊, enf. 68 – ☲ 45 –
8 ch 250/320 – ½ P 300

🍴 **Forêt** avec ch, ☎ _02 33 38 11 77_ – ☎. 🇬🇧
🆑 _fermé 25 déc. au 15 janv._ – **Repas** 80/145 ♊, enf. 40 – ☲ 35 – **7 ch** 220/260 – ½ P 220/300

KATZENTHAL _68230 H.-Rhin_ 87 ⑰ – _505 h alt. 280._

Paris 443 – _Colmar 7_ – _Gérardmer 51_ – _Munster 18_ – _St-Dié 51._

🍴🍴 **A l'Agneau** avec ch, ☎ _03 89 80 90 25, Fax 03 89 27 59 58_ – ☎ 📞 🄿. 🇬🇧. 🌸 ch
fermé 26 juin au 5 juil. et 7 janv. au 14 fév. – **Repas** _(fermé mardi sauf le soir de juil. à sept. et lundi)_ (50) -75 (déj.), 95/380 ♊, enf. 50 – ☲ 40 – **12 ch** 275/350 – ½ P 280/320

KAYSERSBERG _68240 H.-Rhin_ 62 ⑱ _G. Alsace Lorraine_ – _2 755 h alt. 242._

Voir _Église★ : retable★★_ – _Hôtel de ville★_ – _Pont fortifié★_ – _Maison Brief★_.
🛈 _Office du Tourisme 39 r. du Gén.-de-Gaulle_ ☎ _03 89 78 22 78, Fax 03 89 78 27 44._
Paris 436 – _Colmar 12_ – _Gérardmer 50_ – _Guebwiller 35_ – _Munster 23_ – _St-Dié 45_ – _Sélestat 26._

🏛🏛 **Chambard et sa Résidence** (Irrmann) Ⓜ 🌿, r. Gén. de Gaulle ☎ 03 89 47 10 17;
🍃 _Fax 03 89 47 35 03_ – 📱 🔲 ☎ 📞 🄿. 🄰🄴 🇬🇧 🄹🄲🄱
fermé 1er au 22 mars – **Repas** _(fermé mardi midi et lundi)_ 250/450 et carte 350 à 500 ♊ -
Bistrot _(fermé mardi midi et lundi)_ **Repas** 120 ♊, enf. 60 – ☲ 60 – **20 ch** 450/750 –
½ P 690/760
Spéc. Foie gras en boudin. Nage de homard et lotte aux épices. Trois mousses au chocolat ''Chambard''. **Vins** Riesling, Tokay-Pinot gris.

🏛 **Remparts** 🌿 sans rest (annexe Les Terrasses 🏛🏛 Ⓜ 📱 15 ch), 4 r. Flich
☎ 03 89 47 12 12, _Fax 03 89 47 37 24_ – cuisinette 🔲 ☎ 📞 ⅙ 🚗 🄿 – 🛡 25. 🄰🄴 🇬🇧
☲ 42 – **42 ch** 320/460

🏛 **A l'Arbre Vert** (annexe Belle Promenade 14 ch), 1 r. Haute du Rempart ☎ 03 89 47 11 51,
Fax 03 89 78 13 40 – ☎. 🇬🇧
fermé 5 janv. au 2 fév. – **Repas** _(fermé lundi)_ 120 (déj.), 140/250 ♊, enf. 58 000 – ☲ 45 –
36 ch 290/400 – ½ P 390

🏛 **Constantin** Ⓜ 🌿 sans rest, 10 r. Père Kohlman ☎ 03 89 47 19 90, _Fax 03 89 47 37 82_ –
📱 🔲 ☎ 📞 🚗 – 🛡 25. 🇬🇧. 🌸
☲ 40 – **20 ch** 340/390

🍴🍴 **Au Lion d'Or,** 66 r. Gén. de Gaulle ☎ 03 89 47 11 16, _Fax 03 89 47 19 02,_ 🍽 – 🄰🄴 🇬🇧
🆑 _fermé janv., mardi de nov. à avril et merc._ – **Repas** 85/260 ♊

🍴🍴 **Vieille Forge,** 1 r. Écoles ☎ 03 89 47 17 51, _Fax 03 89 78 13 53_ – ▤. 🇬🇧
🆑 _fermé 2 au 26 juil., 18 fév. au 14 mars, mardi et merc._
Repas 119/290 ♊, enf. 57

🍴 **Couvent,** 1 r. Couvent ☎ 03 89 78 23 29, _Fax 03 89 47 31 62_ – 🇬🇧
fermé 2 au 30 janv. et mardi – **Repas** 125/285 ♊

à Kientzheim *Est : 3 km par D 28 – 933 h. alt. 225 –* ⊠ *68240 :*
Voir *Pierres tombales★ dans l'église.*

🏨 **Hostellerie de l'Abbaye d'Alspach** sans rest, ℰ 03 89 47 16 00, Fax 03 89 78 29 73, « Ancien couvent du 13ᵉ siècle » – 🔟 ☎ ❤ 🅿 🖭 ☎
fermé 7 janv. au 15 mars – ☲ 50 – **29 ch** 350/450

🏨 **Hostellerie Schwendi**, ℰ 03 89 47 30 50, Fax 03 89 49 04 49, 佘 – 🔟 ☎ ❤ 🅿 🖭 GB
fermé 2 janv. au 15 mars et mardi – **Repas** *(fermé 23 déc. au 15 mars, merc. midi et mardi)* 98/350 ⋎, enf. 50 – ☲ 42 – **17 ch** 320/380 – ½ P 348/378

KEMBS-LOÉCHLÉ *68680 H.-Rhin* 87 ⑨ *– alt. 245.*
Paris 492 – Mulhouse 25 – Altkirch 26 – Basel 16 – Belfort 68 – Colmar 57.

❌ **Les Écluses**, 8 r. Rosenau ℰ 03 89 48 37 77, Fax 03 89 48 49 31, 佘 – 🅿 GB
fermé vacances de fév., lundi soir de fin sept. à début mai, mardi soir et merc. – **Repas** *(60)* - 70 *(déj.)*, 90/250 ⋎, enf. 55

KIENTZHEIM *68 H.-Rhin* 62 ⑱ ⑲ *– rattaché à Kaysersberg.*

KILSTETT *67840 B.-Rhin* 87 ④ *– 1 406 h alt. 130.*
Paris 490 – Strasbourg 14 – Haguenau 24 – Saverne 51 – Wissembourg 60.

🏨 **Oberlé**, 11 rte Nationale ℰ 03 88 96 21 17, Fax 03 88 96 62 29, 佘 – 🔟 ☎ � 🅿 GB
fermé 15 août au 5 sept. et vacances de fév. – **Repas** *(fermé vend. midi et jeudi)* 60 *(déj.)*, 120/210 ⋎ – ☲ 28 – **23 ch** 170/330 – ½ P 205/235

Le KREMLIN-BICÊTRE *94 Val-de-Marne* 61 ①,, 101 ㉖ *– voir à Paris, Environs.*

KRUTH *68820 H.-Rhin* 62 ⑱ *– 976 h alt. 498.*
Voir *Cascade St-Nicolas★ SO : 3 km par D 13*⁰¹ *– Musée du textile et des costumes de Haute-Alsace à Husseren-Wesserling SE : 6 km,* G. Alsace Lorraine.
Paris 449 – Épinal 65 – Mulhouse 39 – Colmar 61 – Gérardmer 32 – Thann 19 – Le Thillot 26.

🏨 **Auberge de France**, rte Oderen ℰ 03 89 82 28 02, Fax 03 89 82 24 05, 🚗 – 🔟 ☎ 🅿 GB
fermé 15 au 29 juin, 2 janv. au 3 fév. et jeudi – **Repas** 90/220 ⋎ – ☲ 35 – **16 ch** 180/220 – ½ P 220

LABAROCHE *68910 H.-Rhin* 62 ⑱ *– 1 676 h alt. 750.*
Paris 440 – Colmar 17 – Gérardmer 54 – Munster 23 – St-Dié 49.

🏨 **Au Tilleul** ⦾, ℰ 03 89 49 84 46, Fax 03 89 78 91 88, ❌ – 🛗 🔟 ☎ 🅿 GB
fermé janv. – **Repas** 120 ⋎ – ☲ 35 – **32 ch** 280 – ½ P 250

LABARTHE-INARD *31800 H.-Gar.* 86 ② *– 762 h alt. 330.*
Paris 779 – Bagnères-de-Luchon 56 – St-Gaudens 11 – Toulouse 84

🏨 **Hostellerie du Parc**, N 117 ℰ 05 61 89 08 21, Fax 05 61 95 99 14, 佘 – 🔟 ☎ ❤ � 🅿 ① GB
fermé fév., dim. soir (sauf hôtel) et lundi d'oct. à juin sauf fériés – **Repas** 70/250 ⬧, enf. 50 – ☲ 35 – **16 ch** 220/280 – ½ P 220/250

LABARTHE-SUR-LEZE *31 H.-Gar.* 82 ⑱ *– rattaché à Muret.*

LABASTIDE-MURAT *46240 Lot* 79 ⑱ G. Périgord Quercy *– 610 h alt. 447.*
Paris 555 – Cahors 34 – Sarlat-la-Canéda 49 – Brive-la-Gaillarde 75 – Figeac 48 – Gourdon 24.

🏨 **Climat de France**, ℰ 05 65 21 18 80, Fax 05 65 21 10 97, 佘 – 🔟 ☎ ❤ 🖭 ① GB
fermé 15 déc. au 15 janv. – **Repas** 65 bc *(déj.)*, 89/140 ⬧, enf. 44 – ☲ 35 – **20 ch** 325/345 – ½ P 260

LABATUT *40300 Landes* 78 ⑦ *– 952 h alt. 45.*
Paris 756 – Biarritz 62 – Pau 69 – Auch 179 – Bayonne 51 – Dax 24.

❌❌ **Auberge du Bousquet**, N 117 ℰ 05 58 98 14 44, 佘, 🚗 – 🅿 GB
fermé merc. – **Repas** 100 *(déj.)*, 135/235, enf. 50

LABOURGADE 82100 T.-et-G. 🔠 ⑦ – 146 h alt. 96.

Paris 673 – Agen 67 – Auch 63 – Toulouse 62 – Castelsarrasin 13.

🏛️ **Domaine du Château des Vicomtes de Terrides** ⑤, Nord-Ouest : 1,5 km sur
D 14ᴱ 🕿 05 63 95 61 07, Fax 05 63 95 64 97, 🏖, « Forteresse du 14ᵉ siècle », ⌁, 🐎 – 🛗 🔟
🕿 🕭 🅿 – 🚣 100. 🖭 ⓞ 🞄 🞄 🞄 🞄
1ᵉʳ mars-30 nov. – **Repas** 95 (déj.), 130/270 ♀, enf. 70 – ⊊ 60 – **53 ch** 450/550 – ½ P 430

LAC voir au nom propre du lac.

LACABARÈDE 81240 Tarn 🔠 ⑫ – 304 h alt. 325.

Paris 758 – Béziers 70 – Carcassonne 67 – Castres 36 – Mazamet 18 – Narbonne 61.

🏛️ **Demeure de Flore** ⑤, 🕿 05 63 98 32 32, Fax 05 63 98 47 56, 🏖, parc, ⌁ – 🔟 🕿 🕭
🞄 🅿, 🞄 🞄
Repas 100/140 – ⊊ 58 – **11 ch** 390/500 – ½ P 423/448

LACANAU-OCÉAN 33680 Gironde 🔠 ⑱ G. Aquitaine.

Voir Lac de Lacanau★ E : 5 km.

Paris 639 – Bordeaux 61 – Andernos-les-Bains 44 – Arcachon 87 – Lesparre-Médoc 52.

🏛️ **Aplus** Ⓜ ⑤, rte Baganais 🕿 05 56 03 91 00, Fax 05 56 03 91 10, 🏖, parc, 🕭, ⌁, 🞄 – 🛗
🕿 🕭 🅿 – 🚣 70. 🖭 ⓞ 🞄
1ᵉʳ mars-30 nov. – **Repas** 145, enf. 70 – ⊊ 55 – **57 ch** 520/620 – ½ P 495

🏛️ **Golf** ⑤, au golf 🕿 05 56 03 92 92, Fax 05 56 26 30 57, ≤, 🏖, ⌁, 🐎 – 🔟 🕿 🕭 🅿 – 🚣 70.
🖭 ⓞ 🞄
Repas (fermé le soir du 1ᵉʳ oct. au 30 mars) (65) - 85 (déj.), 110/150 ♀ – ⊊ 50 – **50 ch** 600 –
½ P 460

LACAPELLE-MARIVAL 46120 Lot 🔠 ⑲ ⑳ G. Périgord Quercy – 1 201 h alt. 375.

🅱 Office de Tourisme (hors saison de 10h à 12h) pl. de la Halle 🕿 05 65 40 81 11, Fax 05 65
40 81 11.

Paris 557 – Cahors 63 – Aurillac 67 – Figeac 21 – Gramat 20 – Rocamadour 31 – Tulle 80.

✕✕ **Terrasse** avec ch, près château 🕿 05 65 40 80 07, Fax 05 65 40 84 15, 🐎 – 🔟 🕿. 🞄
🞄 fermé 2 janv. au 6 mars, dim. soir et lundi sauf de juil. à mi-sept. – **Repas** 75/200 ♣, enf. 55
– ⊊ 39 – **13 ch** 235/300 – ½ P 250/290

LACAPELLE-VIESCAMP 15150 Cantal 🔠 ⑪ – 438 h alt. 550.

Paris 551 – Aurillac 19 – Figeac 58 – Laroquebrou 11 – St-Céré 51.

🏛️ **Lac** ⑤, 🕿 04 71 46 31 57, Fax 04 71 46 31 64, ≤, ⌁, 🐎 – 🔟 🕿 🞄 🕭 🅿. 🞄
🞄 fermé janv., fév., vend. soir et dim. soir du 15 nov. à Pâques – **Repas** 85/195 ♀, enf. 50 –
⊊ 35 – **23 ch** 320/350 – ½ P 285/300

LACAUNE 81230 Tarn 🔠 ③ G. Midi-Pyrénées – 3 117 h alt. 793 – Casino.

🅱 Office de Tourisme pl. Gén.-de-Gaulle 🕿 05 63 37 04 98, Fax 05 63 37 03 01.

Paris 714 – Albi 69 – Béziers 85 – Castres 46 – Lodève 72 – Millau 71 – Montpellier 132.

🏛️ **Fusiès**, r. République 🕿 05 63 37 02 03, Fax 05 63 37 10 98, 🏖, ⌁ – 🛗 🔟 🕿. 🖭 ⓞ 🞄
🞄
fermé 3 au 21 janv., vend. soir et dim. soir du 15 nov. au 15 mars – **Repas** (63) - 84/350 ♀,
enf. 60 – ⊊ 46 – **48 ch** 280/360 – ½ P 340/370

✕ **Calas** avec ch, pl. Vierge 🕿 05 63 37 03 28, Fax 05 63 37 09 19, ⌁, 🐎 – 🔟 🕿. 🖭 ⓞ 🞄
🞄
fermé 23 déc. au 15 janv., vend. soir et sam. midi d'oct. à fév. – **Repas** 80/230 ♀, enf. 57 –
⊊ 32 – **16 ch** 240/300 – ½ P 300

LACAVE 46200 Lot 🔠 ⑱ – 241 h alt. 130.

Voir Grottes★ – Site★ du château de Belcastel O : 2,5 km, G. Périgord Quercy.

Paris 533 – Brive-La-Gaillarde 52 – Sarlat-La-Canéda 42 – Cahors 58 – Gourdon 26.

🏛️ **Château de la Treyne** ⑤, Ouest : 3 km par D 43 et voie privée 🕿 05 65 27 60 60
Fax 05 65 27 60 70, ≤, 🏖, parc, « Château du 17ᵉ siècle dominant la Dordogne, jardin à la
française », ⌁, 🞄 – 🔟 🕿. 🖭 ⓞ 🞄
fin mars-mi-nov. et 20 déc.-3 janv. – **Repas** (fermé mardi midi, merc. midi et jeudi midi)
220 bc (déj.), 320/450 ♀ – ⊊ 90 – **16 ch** 750/2250 – ½ P 775/1375

XXX **Pont de l'Ouysse** (Chambon) ☜ avec ch, ✆ 05 65 37 87 04, Fax 05 65 52 77 41, ≼, 🏡,
✿ « Promenade aménagée au bord de la rivière », ⌸, 🍽 – 🖵 ch. 📺 ☎ ✆ 📍. ⅋ ① GB
début mars-11 nov. et fermé lundi sauf le soir en saison et mardi midi – **Repas** 180/600 et
carte 400 à 500 ♀ – ☑ 75 – **14 ch** 750/800 – ½ P 800/850
Spéc. Foie de canard "Bonne Maman". Cassolette d'écrevisses aux parfums de l'Ouysse
(juin à déc.). Estouffade de légumes aux truffes et champignons. **Vins** Cahors

---

LACHAPELLE-SOUS-AUBENAS 07 Ardèche 80 ⑨ – rattaché à Aubenas.

LACHASSAGNE 69 Rhône 74 ①., 110 ② – rattaché à Anse.

LACROIX-FALGARDE 31 H. Gar 82 ⑱ – rattaché à Toulouse.

LACROST 71 S. et L. 69 ⑳ – rattaché à Tournus

LADOIX-SERRIGNY 21 Côte-d'Or 69 ⑨ – rattaché à Beaune.

LAFFREY 38220 Isère 77 ⑤ G. Alpes du Nord – 249 h alt. 910.
Voir Prairie de la Rencontre★.
Paris 593 – Grenoble 26 – Le Bourg-d'Oisans 37 – La Mure 14 – Villard-de-Lans 54.
✗ **Pacodière,** rte du Lac ✆ 04 76 73 16 22, Fax 04 76 73 16 22, ≼, 🏡, 🍽 – 📍. ⅋ GB
fermé janv., dim. soir, lundi, mardi, merc. et jeudi du 15 oct. au 1er mai – **Repas** 126/186,
enf. 65

LAGARDE-ENVAL 19150 Corrèze 75 ⑨ – 766 h alt. 480.
Paris 492 – Brive-la-Gaillarde 36 – Aurillac 74 – Mauriac 70 – St-Céré 50 – Tulle 14.
✗ **Central** avec ch, ✆ 05 55 27 16 12 – 📺 ☎ ✆. GB. ✼ ch
fermé sept. et lundi – **Repas** 70 (déj.), 100/150 ♀ – ☑ 28 – **7 ch** 220 – ½ P 280

LAGARRIGUE 81 Tarn 83 ① – rattaché à Castres.

LAGNY-SUR-MARNE 77 S.-et-M. 56 ⑫., 101 ⑳ – voir à Paris, Environs (Marne-la-Vallée).

LAGUÉPIE 82250 T.-et-G. 79 ⑳ – 787 h alt. 149.
🛈 Office de Tourisme pl. du Foirail ✆ 05 63 30 20 34.
Paris 642 – Rodez 75 – Albi 38 – Montauban 68 – Villefranche-de-Rouergue 54.
🏠 **Les Deux Rivières,** ✆ 05 63 31 41 41, Fax 05 63 30 20 91 – 🛗 📺 ☎ ✆ ⅄. GB
fermé vacances de fév., dim. soir et lundi soir du 15 sept. à Pâques – **Repas** 65 (déj.),
95/185 ⅃, enf. 45 – ☑ 40 – **8 ch** 190/260 – ½ P 210

LAGUIAN-MAZOUS 32170 Gers 85 ⑨ – 237 h alt. 254.
Voir Puntous de Laguian ✼★★ O : 2 km, G. Pyrénées Aquitaine.
Paris 788 – Auch 44 – Lannemezan 46 – Mirande 19 – St-Gaudens 81 – Tarbes 31.
✗ **Relais des Puntous,** rte de Rabastens : 1,5 km ✆ 05 62 67 52 51 – 📍. ⅋ ① GB
fermé 15 nov. au 15 déc. et lundi – **Repas** 100/150, enf. 50

LAGUIOLE 12210 Aveyron 76 ⑬ G. Midi-Pyrénées – 1 264 h alt. 1004 – Sports d'hiver : 1 100/1 400
♨ 12 ♨.
Voir Église ✼★.
🛈 Office de Tourisme pl. du Foirail, ✆ 05 65 44 35 94, Fax 05 65 54 10 29.
Paris 579 – Aurillac 78 – Rodez 53 – Espalion 22 – Mende 84 – St-Flour 61.
🏨 **Grand Hôtel Auguy,** ✆ 05 65 44 31 11, Fax 05 65 51 50 81, 🏡, 🍽 – 🛗 📺 ☎ ✆ 🚗.
✆ ⅋ ① GB
20 mars-21 nov. et fermé dim. soir et lundi midi sauf juil.-août – **Repas** 140/230 ♀, enf. 70 –
☑ 45 – **20 ch** 260/475 – ½ P 280/385
🏨 **Régis,** ✆ 05 65 44 30 05, Fax 05 65 48 46 44, ⌸ – 🛗 ✼ 📺 ☎ ✆ 📍. ⅋ ① GB
fermé 20 nov. au 25 déc. – **Repas** (65) - 95/143 ⅃, enf. 65 – ☑ 32 – **24 ch** 240/380 –
½ P 240/270

à l'Est : *6 km par rte d'Aubrac (D 15)* – ⊠ *12210 Laguiole* :

🏛️ **Michel Bras** Ⓜ ♨, ℰ 05 65 51 18 20, Fax 05 65 48 47 02, ※ paysages de l'Aubrac, « Au
❀❀❀ sommet d'une colline » – 📶, 🖥️ rest, 📺 ☎ 📞 ♿, 👜, 🅿️, ⅍ ⓪ 🖼️, ※
début avril-31 oct. et fermé lundi sauf juil.-août – **Repas** *(fermé merc. midi et jeudi midi
sauf juil.-août, lundi sauf le soir en juil.-août et mardi midi)* (nombre de couverts limité,
prévenir) 250/740 et carte 380 à 670, enf. 110 – ☐ 100 – **15 ch** 1050/1800
Spéc. "Gargouillou" de jeunes légumes. Viandes, volailles et gibier de pays. Biscuit de
chocolat "coulant". **Vins** Marcillac, Gaillac.

à Soulages-Bonneval *Ouest : 5 km par D 541 – 259 h. alt. 830* – ⊠ *12210* :

⛪ **Auberge du Moulin** ♨, ℰ 05 65 44 32 36, Fax 05 65 54 11 01, 🍴, 🌳 – 🚙 🅿️, 🖼️
🍴 *fermé vend. soir d'oct. à avril* – **Repas** 60/120 👶 – ☐ 25 – **12 ch** 120/160 – ½ P 180

La LAIGNE *17170 Char.-Mar.* 🟥 ② – *243 h alt. 12.*
Paris 440 – La Rochelle 34 – Fontenay-le-Comte 38 – Niort 31 – Rochefort 42.

à l'Ouest : *4 km par N 11* – ⊠ *17170 Courçon* :

🏛️ **Relais de Benon**, carrefour N 11 et D 116 ℰ 05 46 01 61 63, Fax 05 46 01 70 89, 🍴,
parc, 🏊, ※ – 📺 ☎ 🅿️ – 🚗 15 à 80. ⅍ ⓪ 🖼️ 🃏
Repas 90/250 ⓨ, enf. 58 – ☐ 51 – **30 ch** 370/450 – ½ P 410

LALACELLE *61320 Orne* 🟥 ② – *251 h alt. 300.*
Env. *Château de Carrouges★ N : 11 km*, G. Normandie Cotentin.
Paris 211 – Alençon 19 – Argentan 35 – Domfront 42 – Falaise 58 – Mayenne 41.

✕ **Lentillère**, rte d'Alençon : 1,5 km sur N 12 ℰ 02 33 27 38 48, Fax 02 33 27 38 30, 🍴, 🌳
🍴 – 🚗 🅿️, ⅍ ⓪ 🖼️
fermé 15 janv. au 15 fév., dim. soir et lundi – **Repas** (65) - 80/225 ⓨ, enf. 49

LALINDE *24150 Dordogne* 🟥 ⑮ *G. Périgord Quercy* – *3 029 h alt. 46.*
Voir ≼★ *de la chapelle St-Front-de-Colubri S : 1 km.*
Paris 543 – Périgueux 60 – Bergerac 22 – Brive-La-Gaillarde 99 – Villeneuve-sur-Lot 61.

🏛️ **Château** Ⓜ ♨, ℰ 05 53 61 01 82, Fax 05 53 24 74 60, ≼, 🍴, « En bordure de la
Dordogne » – 📺 ☎. ⅍ ⓪ 🖼️ 🃏
fermé 20 déc. au 10 fév. et dim. soir de nov. à mars – **Repas** *(fermé lundi sauf le soir en
juil.-août)* 125/300 – ☐ 68 – **7 ch** 440/900 – ½ P 340/660

🏛️ **Périgord**, pl. 14-Juillet ℰ 05 53 61 19 86, Fax 05 53 61 27 49, 🍴 – 📺 ☎. ⅍ ⓪ 🖼️
fermé 13 au 19 mars, 22 déc. au 10 janv., dim. soir et lundi sauf juil.-août – **Repas** 90 (déj.),
120/450 ⓨ, enf. 65 – ☐ 50 – **20 ch** 270/500 – ½ P 280/420

à St-Capraise-de-Lalinde *Ouest, rte de Bergerac : 7 km – 584 h. alt. 42* – ⊠ *24150* :

✕ **Relais St-Jacques** avec ch, ℰ 05 53 63 47 54, Fax 05 53 73 33 52 – 🖥️ rest, ☎. 🖼️
🍴 ch
fermé 15 au 25 nov., vacances de fév. et merc. – **Repas** 90/200 ⓨ, enf. 55 – ☐ 45 – **7 ch**
230/280 – ½ P 250/300

LALLEYRIAT *01130 Ain* 🟥 ④ – *191 h alt. 850.*
Paris 487 – Bourg-en-Bresse 60 – Genève 62 – Nantua 13 – Oyonnax 20.

✕✕ **Auberge des Gentianes**, ℰ 04 74 75 31 80, Fax 04 74 75 30 60, 🍴 – 🖼️
🍴 *fermé 7 au 28 janv., dim. soir et merc.* – **Repas** 105/195 ⓨ

Dans ce guide
un même symbole, un même caractère,
*imprimé en couleur ou en **noir**, en maigre ou en **gras**,*
n'ont pas tout à fait la même signification.
Lisez attentivement les pages explicatives.

LALOUVESC 07520 Ardèche **76** ⑨ G. Vallée du Rhône – 514 h alt. 1050.

Voir ❊ *.

Paris 557 – Valence 56 – Annonay 24 – Privas 81 – Yssingeaux 43.

Poste avec ch., ℰ 04 75 67 82 84, Fax 04 75 67 85 08 – ☎. **GB**. ❧ rest
hôtel : Pâques-oct. et fermé dim. soir et lundi – **Repas** 1er mars-30 nov. et fermé dim. soir
et lundi 75/165 ⅊, enf. 40 – ☲ 30 – **10 ch** 200/220 – ½ P 220

LAMAGDELAINE 46 Lot **79** ⑧ – rattaché à Cahors.

En juin et en septembre,
les hôtels sont moins chers qu'en pleine saison, le service est plus soigné.

LAMALOU-LES-BAINS 34240 Hérault **83** ④ G. Languedoc Roussillon – 2 194 h alt. 200 – Stat.
therm. (7 fév.-16 déc.) – Casino.

Voir Église de St-Pierre-de-Rhèdes★ SO : 1,5 km.

🛈 Office de Tourisme 2 r. Dr-Ménard ℰ 04 67 95 70 91, Fax 04 67 95 64 52.

Paris 738 – Montpellier 81 – Béziers 38 – Lodève 37 – St-Pons-de-Thomières 38.

L'Arbousier et Paix ❧, ℰ 04 67 95 65 11, Fax 04 67 95 67 78, 🏖 – 🛗 📺 ☎ ❖ **P**. **AE**
① **GB**
Repas (55) 90/250 ⅊, enf. 55 – ☲ 40 – **31 ch** 220/320 – P 330/350

Belleville, ℰ 04 67 95 57 00, Fax 04 67 95 64 18 – 🛗 📺 ☎ **P**. **GB**
Repas (69) - 83/198 ⅊, enf. 43 – ☲ 36 – **59 ch** 210/330 – P 240/340

Les Marronniers, 8 r. Capus ℰ 04 67 95 76 00, Fax 04 67 95 76 00, 🏖 – **GB**
fermé 2 janv. au 7 fév., dim. soir et lundi – **Repas** 115 (déj.) - 150/240 ⅊

LAMARCHE-SUR-SAÔNE 21 Côte-d'Or **66** ⑬ – rattaché à Auxonne.

LAMASTRE 07270 Ardèche **76** ⑲ G. Vallée du Rhône – 2 717 h alt. 375.

Env. Ruines du château de Rochebloine ≤★★ 12 km par D 236 puis 15 mn.

🛈 Office de Tourisme pl. Montgolfier ℰ 04 75 06 48 99, Fax 04 75 06 37 53.

Paris 575 – Valence 39 – Privas 56 – Le Puy-en-Velay 73 – St-Étienne 92 – Vienne 87.

Château d'Urbilhac ❧, Sud-Est : 2 km par rte Vernoux-en-Vivarais ℰ 04 75 06 42 11,
Fax 04 75 06 52 75, ≤ montagnes, 🏖, parc, « Élégante installation, mobilier ancien », ⅃,
❧ – ☎ 🚗 **P**. **AE** **①** **GB** **JCB**
1er mai-1er oct. – **Repas** (fermé le midi sauf sam. et dim.) 250 ⅊ – ☲ 65 – **12 ch** 550/750 –
½ P 650/675

Midi (Perrier), pl. Seignobos ℰ 04 75 06 41 50, Fax 04 75 06 49 75, 🏖 – 📺 ☎ 🚗 **AE** **①**
GB **JCB**
fermé fin déc. à mi fév., vend. soir, dim. soir et lundi – **Repas** 185/450 – ☲ 75 – **12 ch**
350/525 – ½ P 450/495
Spéc. Salade tiède de foie gras de canard. Pain d'écrevisses sauce Cardinal. Soufflé glacé
aux marrons de l'Ardèche. **Vins** Saint-Joseph, Saint-Péray.

LAMBALLE 22400 C.-d'Armor **59** ④ ⑭ G. Bretagne – 9 894 h alt. 55.

Voir Haras★.

🛈 Office de Tourisme pl. Martray ℰ 02 96 31 05 38, Fax 02 96 50 01 96.

Paris 432 ② – St-Brieuc 21 ④ – Dinan 40 ② – Rennes 81 ② – St-Malo 52 ① – Vannes 109 ③.

Plan page suivante

Alizés, Z.I., par ④ : 2 km ℰ 02 96 31 16 37, Fax 02 96 31 23 89, 🏖 – 📺 ☎ ❖ & **P** – 🔼 60.
AE **GB**
fermé 24 déc. au 10 janv. – **Repas** (fermé dim. sauf juil.-août) 68 (déj.), 87/170 ⅊, enf. 58 –
☲ 48 – **33 ch** 290/320 – ½ P 275

Angleterre, 29 bd Jobert (a) ℰ 02 96 31 00 16, Fax 02 96 31 91 54 – 🛗 📺 ☎ ❖ 🚗. **AE**
① **GB** **JCB**
fermé fév. et hôtel : fermé dim. de nov. à mars – **Repas** (fermé dim. soir et lundi sauf août)
(80) - 99/330 ⅊, enf. 55 – ☲ 40 – **19 ch** 405/425 – ½ P 350

Tour d'Argent, 2 r. Dr Lavergne (b) ℰ 02 96 31 01 37, Fax 02 96 31 37 59 – 🍽 rest, 📺 ☎
– 🔼 50. **AE** **①** **GB**
fermé sam. sauf juil.-août – **Repas** (58) - 90/210 ⅊, enf. 52 – ☲ 40 – **31 ch** 300/380 –
½ P 270/320

LAMBALLE

Augustins (R. des)	2	Dr-Lavergne (R. du)	16	Mouëxigné (R.)	31
Bario (R.)	3	Foch (R. Mar.)	19	Poincaré (R.)	34
Blois (R. Ch. de)	5	Gesle (Ch. de la)	23	Préville (R.)	35
Boucouets (R. des)	7	Grand Boulevard (R. du)	24	St-Jean (R.)	37
Cartel (R. Ch.)	8	Hurel (R. du Bg)	25	St-Lazare (R.)	38
Charpentier (R. Y.)	14	Jeu-de-Paume (R. du)	26	Tery (R. G.)	39
Dr-A.-Calmette (R. du)	15	Leclerc (R. Gén.)	29	Tour-aux-Chouettes (R.)	42
		Marché (Pl. du)	30	Val (R. du)	
		Martray (Pl. du)		Villedeneu (R.)	45

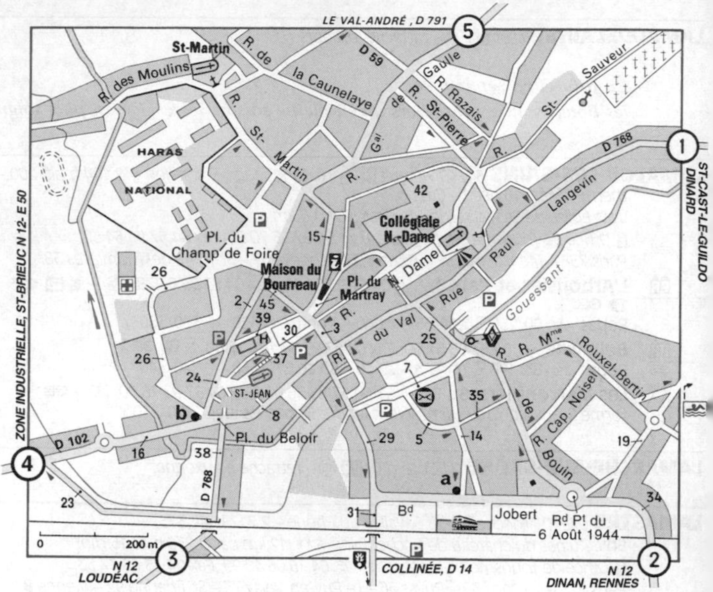

Un automobiliste averti utilise le **guide Michelin** *de l'année.*

LAMOTTE-BEUVRON *41600 L.-et-Ch.* 64 ⑨ *– 4 247 h alt. 114.*

Paris 173 – Orléans 37 – Blois 60 – Gien 58 – Romorantin-Lanthenay 39 – Salbris 21.

Tatin, face gare ✆ 02 54 88 00 03, *Fax 02 54 88 96 73,* – rest, TV ☎ P. AE GB
fermé 5 au 15 janv., 15 fév. au 6 mars, dim. soir et lundi – **Repas** (98) - 140/290 ♀, enf. 55 – 45 – **14 ch** 300/460

LAMOURA *39310 Jura* 70 ⑮ *– 388 h alt. 1156 – Sports d'hiver : voir aux Rousses.*

Paris 478 – Genève 52 – Gex 30 – Lons-le-Saunier 75 – St-Claude 16.

Spatule , ✆ 03 84 41 20 23, *Fax 03 84 41 24 16,* , – ☎ P. GB. ch
9 juin-8 oct., 16 déc.-16 avril et fermé dim. soir et lundi hors saison – **Repas** 75/160 ♀, enf. 50 – 40 – **25 ch** 230/300 – ½ P 265/280

LAMURE-SUR-AZERGUES *69870 Rhône* 73 ⑨ *– 782 h alt. 383.*

Paris 447 – Mâcon 52 – Roanne 51 – Lyon 54 – Tarare 36 – Villefranche-sur-Saône 29.

Ravel, ✆ 04 74 03 04 72, *Fax 04 74 03 05 26,* , – TV ☎. GB
fermé nov. et vend. d'oct. à mai – **Repas** 76/228 , enf. 45 – 30 – **8 ch** 150/270 – ½ P 248

LANARCE *07660 Ardèche* 76 ⑰ *– 248 h alt. 1180.*

Paris 586 – Le Puy-en-Velay 48 – Aubenas 43 – Langogne 18 – Privas 71.

Provence, ✆ 04 66 69 46 06, *Fax 04 66 69 41 56* – TV ☎ & P. GB
1er avril-15 nov. – **Repas** 70/155 , enf. 40 – 30 – **15 ch** 200/250 – ½ P 200/220

Sapins, ✆ 04 66 69 46 08, *Fax 04 66 69 42 87,* – TV ☎ & P. AE GB
fermé 20 nov. au 10 fév., mardi soir et merc. d'oct. à mars – **Repas** 90/180 ♀, enf. 39 – 34 – **17 ch** 160/300 – ½ P 240

LANAU *15 Cantal* 76 ⑭ *– rattaché à Chaudes-Aigues.*

LANCIEUX *22 C.-d'Armor* 59 ⑤ *– rattaché à St-Briac-sur-Mer.*

LANCRANS *01 Ain* 74 ⑤ *– rattaché à Bellegarde-sur-Valserine.*

LANDÉAN *35 I.-et-V.* 59 ⑱ *– rattaché à Fougères.*

LANDERNEAU *29800 Finistère* 58 ⑤ *G. Bretagne – 14 269 h alt. 10.*

Voir *Enclos paroissial* de Pencran S : 3,5 km – Enclos paroissial* de la Roche-Maurice : 5 km par ①.*

Office de Tourisme pt de Rohan ✆ 02 98 85 13 09, Fax 02 98 21 39 27.

Paris 576 ③ – Brest 22 ③ – Carhaix-Plouguer 60 ② – Morlaix 39 ③ – Quimper 64 ③.

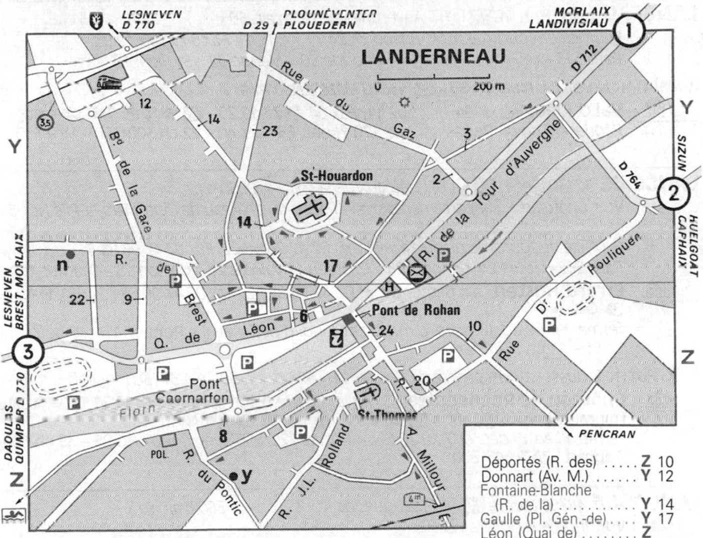

Audibert (R. Gén.) Y 2	Commerce (R. du) Z 6	Déportés (R. des) Z 10
Brest (R. de) YZ	Cornouaille (Quai de) Z 8	Donnart (Av. M.) Y 12
Cartier (R. Jacques) Y 3	Daniel (R. Alain) Z 9	Fontaine-Blanche (R. de la) Y 14
		Gaulle (Pl. Gén.-de) Y 17
		Léon (Quai de) Z
		Libération (R. de la) Z 20
		Paix (R. de la) Z 22
		Pengam (R. F.) Y 23
		Pont (R. du) Z 24

Clos du Pontic 🕭, r. Pontic ✆ 02 98 21 50 91, *Fax 02 98 21 34 33*, parc – 🚭 📺 ☎ 🅿 – 🎤 30. GB Z y

Repas *(fermé sam. midi, dim. soir et vend. hors saison) (80) -* 95/280 🍷, enf. 65 – ☕ 42 – **32 ch** 300/360 – ½ P 280/300

Ibis M 🕭, Nord : 1,5 km par ③ *et rte Lesneven* ✆ 02 98 21 85 00, *Fax 02 98 21 67 61* – 🚭 📺 ☎ 📞 ♿ 🅿. AE ⓓ GB

fermé 23 au 31 déc. – ***Trois Rouleaux*** ✆ 02 98 21 85 05 *(fermé sam. et dim.)* Repas *(76)*-98/154 🍷, enf. 75 – ☕ 35 – **42 ch** 340

L'Amandier avec ch, 55 r. Brest ✆ 02 98 85 10 89, *Fax 02 98 85 34 14*, 🌳 – 📺 ☎ 📞. GB. Y n
🚫 rest

Repas *(fermé dim. soir et lundi)* 105/200 🍷 – ☕ 38 – **8 ch** 260/310 – ½ P 290

LANDERSHEIM *67700 B.-Rhin* 87 ⑭ *– 151 h alt. 200.*

Paris 460 – Strasbourg 25 – Haguenau 34 – Molsheim 22 – Saverne 14.

Domaine du Kochersberg 🕭, ✆ 03 88 87 82 82, *Fax 03 88 87 82 89*, 🌳, « Belles salles à manger dans le style alsacien », 🌿 – ▤ rest, 📺 ☎ 📞 🚗 🅿 – 🎤 30 à 150. AE ⓓ GB

Repas *(fermé dim. soir, lundi et mardi)* 250/430, enf. 120 - ***D'Landerstueb*** : Repas *(52)*-88/140 🍷, enf. 60 – ☕ 70 – **18 ch** 400/700 – ½ P 450/550

LANDIVISIAU 29400 Finistère 58 ⑤ G. Bretagne – 8 254 h alt. 75.

Voir *Porche★ de l'église St-Thivisiau.*

Paris 559 – Brest 37 – Landerneau 17 – Morlaix 23 – Quimper 72 – St-Pol-de-Léon 23.

🏦 **Clarine**, Z.A. Le Vern par rte Roscoff : 2 km ℰ 02 98 24 42 42, Fax 02 98 24 42 00, ✵ – ⇆
🚗 ✵ ⚙ ♿ ♨ – 🔬 15 à 30. ℼ ⊙ ⒼⒷ
fermé 20 déc. au 5 janv. – **Repas** (63) - 83/145 ♀, enf. 40 – ☲ 45 – **52 ch** 310/350 – ½ P 300

LANDOUZY-LA-VILLE 02140 Aisne 53 ⑯ – 578 h alt. 200.

Paris 188 – St-Quentin 61 – Charleville-Mézières 54 – Hirson 10 – Laon 47 – Vervins 12.

🏦 **Domaine du Tilleul** ⑤, Nord : 2 km par D 36 ℰ 03 23 98 48 00, Fax 03 23 98 46 46, ⌂,
« Dans un grand parc, golf 18 trous », ✵ – 🆃🆅 ☎ ✵ ♨ – 🔬 25. ℼ ⒼⒷ
fermé 15 janv. au 29 fév. – **Repas** 95 (déj.), 165/215 – ☲ 60 – **26 ch** 450/650 – ½ P 475/575

LANDSER 68 H.-Rhin 87 ⑲ – rattaché à Mulhouse.

LANGEAC 43300 H.-Loire 76 ⑤ G. Auvergne – 4 195 h alt. 505.

🚩 Office de Tourisme pl. A.-Briand ℰ 04 71 77 05 41, Fax 04 71 77 19 93.

Paris 515 – Le Puy-en-Velay 44 – Brioude 30 – Mende 92 – St-Flour 53.

à Reilhac Nord : 3 km par D 585 – ⊠ 43300 Mazeyrat-d'Allier :

🏦 **Val d'Allier** Ⓜ, ℰ 04 71 77 02 11, Fax 04 71 77 19 20 – 🆃🆅 ☎ ✵ ♨ ⒼⒷ, ✵ rest
🚗 *Pâques-15 nov.* – **Repas** (95) - 130/270 ♀, enf. 65 – ☲ 40 – **22 ch** 300/350 – ½ P 310

LANGEAIS 37130 I.-et-L. 64 ⑭ G. Châteaux de la Loire – 3 960 h alt. 41.

Voir *Château★★ : appartements★★★ – Parc★ du château de Cinq-Mars-la-Pile NE : 5 km par N 152.*

🚩 Office de Tourisme pl. du 14 juillet ℰ 02 47 96 58 22, Fax 02 47 96 83 41.

Paris 262 – Tours 24 – Angers 96 – Château-la-Vallière 28 – Chinon 28 – Saumur 41.

🏦 **Errard Hosten**, 2 r. Gambetta ℰ 02 47 96 82 12, Fax 02 47 96 56 72 – 🆃🆅 ☎ ✵ 🚗. ℼ
⓪ ⒼⒷ ⒿⒸⒷ
fermé 19 fév. au 18 mars, dim. soir et lundi d'oct. à avril – **Repas** 145/245 bc ♀, enf. 85 –
☲ 56 – **11 ch** 360/550

à St-Patrice Ouest : 10 km par rte de Bourgueil – 593 h. alt. 39 – ⊠ 37130 Langeais :

🏰 **Château de Rochecotte** Ⓜ ⑤, ℰ 02 47 96 16 16, Fax 02 47 96 90 59, ≤, « Jardin à la
française, parc », 🏊, – 🆃🆅 ☎ ✵ ♨ – 🔬 40. ℼ ⓪ ⒼⒷ, ✵ rest
fermé 1er au 15 déc. et 7 au 28 fév. – **Repas** 225/350 ♀, enf. 100 – ☲ 85 – **35 ch** 600/1040,
3 appart – ½ P 645/800

LANGOGNE 48300 Lozère 76 ⑰ G. Languedoc Roussillon – 3 380 h alt. 913.

Voir *Intérieur★ de l'église.*

🚩 Office de Tourisme 15 bd Capucins ℰ 04 66 69 01 38, Fax 04 66 69 16 79.

Paris 581 – Mende 47 – Le Puy-en-Velay 43 – Alès 98 – Aubenas 61 – Villefort 44.

🏦 **Domaine de Barres** Ⓜ ⑤, rte Mende : 3 km par N 88 ℰ 04 66 69 71 00,
Fax 04 66 69 71 29, ⌂, « Décor contemporain, parc et golf », 🔲 – 🛗 🆃🆅 ☎ ✵ ♨ – 🔬 50.
⓪ ⒼⒷ – **Repas** 98/260 ♀, enf. 80 – ☲ 60 – **20 ch** 390/550 – ½ P 410/460

LANGON ◈ 33210 Gironde 79 ② G. Aquitaine – 5 842 h alt. 10.

Env. *Château de Roquetaillade★★ S : 7 km.*

🚩 Office de Tourisme 11 allées J.-Jaurès ℰ 05 56 62 34 00, Fax 05 56 63 42 46.

Paris 628 – Bordeaux 49 – Bergerac 82 – Libourne 55 – Marmande 47 – Mont-de-Marsan 86.

🏦 **Claude Darroze**, 95 cours Gén. Leclerc ℰ 05 56 63 00 48, Fax 05 56 63 41 15, ⌂ – 🆃🆅
✿ ☎ ✵ 🚗 ♨ – 🔬 40. ℼ ⓪ ⒼⒷ
fermé 15 oct. au 5 nov., 5 au 20 janv., dim. soir et lundi midi d'oct. à juin – **Repas** 220/480 et
carte 270 à 440 – ☲ 70 – **16 ch** 340/520 – ½ P 550/650
Spéc. Huîtres chaudes farcies. Foie gras chaud aux pommes caramélisées. Filet de boeuf au
foie gras grillé, sauce bordelaise. **Vins** Graves.

à St-Macaire Nord : 2 km – 1 459 h. alt. 15 – ⊠ 33490 :

Voir *Verdelais : calvaire ≤★ N : 3 km – Château de Malromé★ N : 6 km – Ste-Croix-du-Mont .
≤★, grottes★ NO : 5 km.*

✕✕ **Abricotier** avec ch, N 113 ℰ 05 56 76 83 63, Fax 05 56 76 28 51, ⌂, ⌖ – cuisinette 🅿.
ⒼⒷ
fermé 12 nov. au 12 déc., lundi soir du 15 sept. au 30 juin et mardi soir – **Repas** 120/250,
enf. 60 – ☲ 40 – **3 ch** 260/300

LANGRES 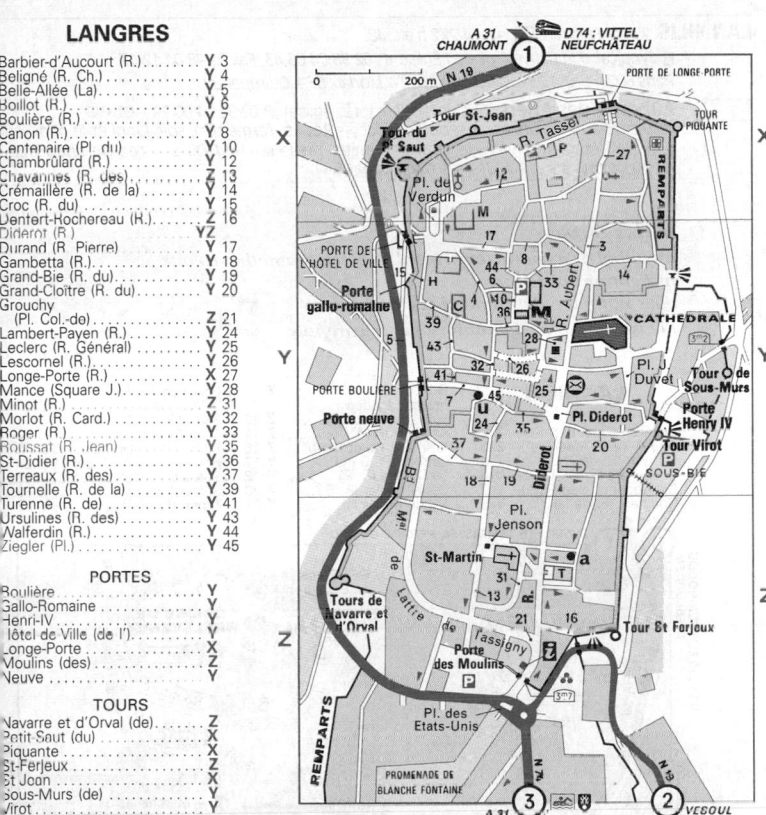 52200 H.-Marne 🔟 ③ G. Champagne – 9 987 h alt. 466.

voir Site★★ – Promenade des remparts★★ – Cathédrale St-Mammès★ – Section gallo-
romaine★ au musée d'art et d'histoire Y M¹.

🚺 Office de Tourisme sq. Olivier Lahalle ℘ 03 25 87 67 67, Fax 03 25 88 73 33.

Paris 284 ① – Chaumont 34 ① – Dijon 77 ③ – Nancy 133 ① – Vesoul 78 ⑦.

LANGRES

🏨 **Cheval Blanc**, 4 r. Estres ℘ 03 25 87 07 00, Fax 03 25 87 23 13 – 📺 ☎ ✆ 👍 🔥 �

. 🖭 🅖🅑
fermé 22 au 30 nov. – **Repas** (fermé mardi soir sauf juil.-août et merc. midi) (00) 140/180 ⅔,
enf. 85 – ⛐ 48 – **22 ch** 320/420 – ½ P 360/420   Z a

🏩 **Lion d'Or**, rte Vesoul ℘ 03 25 87 03 30, Fax 03 25 87 60 67, 🌿 – 📺 ☎ 🅿 – 🛥 15. 🅖🅑
🚾 **Repas** 75/190 ⅔, enf. 50 – ⛐ 40 – **14 ch** 260/340 – ½ P 320   Z n

🛎 **Poste** sans rest, 10 pl. Ziegler ℘ 03 25 87 10 51, Fax 03 25 88 46 18 – 📺 ☎ ✆ 🅿. 🅖🅑
⛐ 35 – **35 ch** 130/240   Y u

au Lac de la Liez par ②, N 19 et D 284 : 4 km – ⊠ 52200 Langres :

🍴🍴 **Auberge des Voiliers** 🦢 avec ch, au bord du Lac ℘ 03 25 87 05 74, Fax 03 25 87 24 22,
≤, 🏡 – 🍽 rest, 📺 ☎ ✆. 🅖🅑
fermé vacances de Toussaint, de fév., dim. soir sauf juil.-août et lundi – **Repas** 80 (déj.),
100/250 ⅔, enf. 40 – ⛐ 38 – **8 ch** 300/400 – ½ P 290/350

à Sts-Geosmes par ③ : 4 km – 872 h. alt. 440 – ⊠ 52200 Langres :

🍴🍴 **Auberge des Trois Jumeaux** avec ch, ℘ 03 25 87 03 36, Fax 03 25 87 58 68, 🏡 – 📺
🚾 ☎ ✆. 🖭 🅖🅑
fermé 13 nov. au 5 déc., dim. soir d'oct. à mai et lundi – **Repas** 85/300 ⅔, enf. 50 – ⛐ 40 –
10 ch 200/300

LANGUIMBERG *57810 Moselle* 62 ⑦ *– 189 h alt. 290.*

Paris 413 – Nancy 60 – Lunéville 43 – Metz 80 – Sarrebourg 19 – Saverne 48.

XX **Chez Michèle,** ✆ *03 87 03 92 25, Fax 03 87 03 93 47* – GB
fermé 22 déc. au 7 janv., mardi soir d'oct. à mai et merc. – **Repas** 120/350 ♀, enf. 50

LANNILIS *29870 Finistère* 58 ④ *– 4 272 h alt. 48.*

Syndicat d'Initiative 1 pl. de l'Église ✆ 02 98 04 05 43, Fax 02 98 04 12 47.

Paris 602 – Brest 23 – Landerneau 32 – Morlaix 65 – Quimper 88.

XX **Auberge des Abers,** pl. Gén. Leclerc (près église) ✆ 02 98 04 00 29 – AE GB
fermé 13 au 26 mars et 18 sept. au 8 oct., – **Repas** *(fermé dim. soir, lundi et le midi sauf dim.)* (1er étage)(nombre de couverts limité, prévenir) 185/390 ♀ - ***rez-de-chaussée :*** menu unique (déj. seul.) *(fermé dim.)* **Repas** 56 bc

In this Guide,
a symbol or a character, printed in* black *or another colour
in light or* bold *type,
does not have the same meaning.
Please read the explanatory pages carefully.

LANNION

Aiguillon (Quai d')	Z	2
Augustins (R. des)	Z	3
Buzulzo (R. de)	Z	4
Chapeliers (R. des)	Y	6
Cie-Roger-de-Barbé (R.)	Y	7
Coudraie (R. de la)	Y	8
Du Guesclin (R.)	Z	9
Frères-Lagadec (R. des)	Z	12
Keriavily (R. de)	Z	14
Kermaria (R. et Pont)	Z	16
Leclerc (Pl. Gén.)	Y	17
Le-Dantec (R. F.)	Y	18
Le-Taillandier (R. E.)	Z	20
Mairie (R. de la)	Y	21
Palais-de-Justice (Allée du)	Z	24
Pont-Blanc (R. Geoffroy-de)	Z	25
Pors an Prat (R. de)	Y	26
Roud Ar Roc'h (R. de)	Z	28
St-Malo (R. de)	Z	29
St-Nicolas (R.)	Z	30
Trinité (R. de la)	Y	32

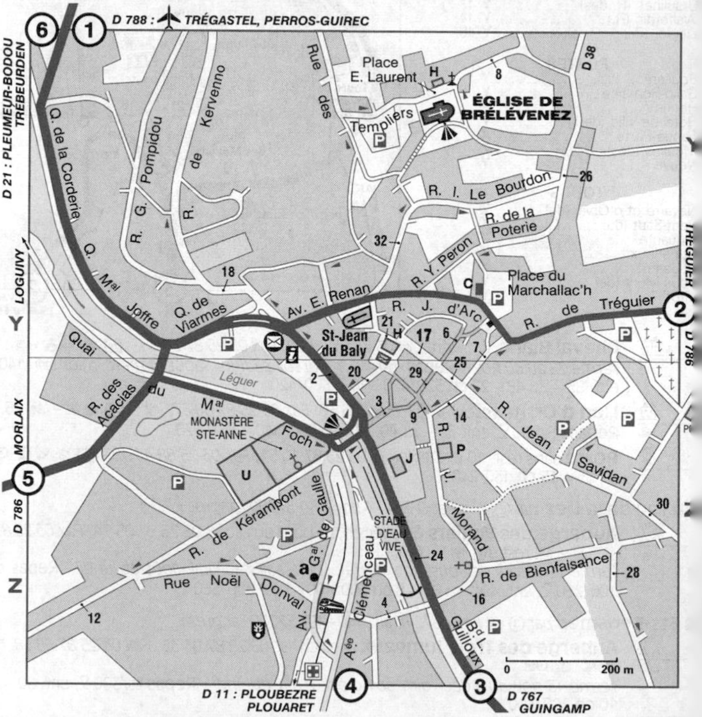

LANNION 〜 22300 C.-d'Armor **59** ① G. Bretagne – 16 958 h alt. 12.

Voir *Maisons anciennes*★ (pl.Général Leclerc) – *Église de Brélévenez*★ Y.

✈ de Lannion . Air Libertć. ℰ 02 96 05 82 24, N par ① : 2 km.

🛈 Office de Tourisme q. d'Aiguillon ℰ 02 96 46 41 00, Fax 02 96 37 19 64.

Paris 515 ③ – St-Brieuc 63 ③ – Brest 96 ⑥ – Morlaix 39 ⑥.

Plan page ci-contre

🏨 **Graal**, 30 av. Gén. de Gaulle ℰ 02 96 37 03 67, Fax 02 96 46 45 83, 😤 – 🛗 😝 📺 ☎ ⬅, 🖭 **GB**
Z a

Repas *(fermé 24 déc. au 7 janv. lundi midi et dim. sauf août)* (65) - 75/170 ☒ – 😫 38 – **42 ch** 310/380 – ½ P 270/305

rte de Perros-Guirec par① D 788 : 5 km – ✉ 22300 Lannion :

🏨 **Arcadia** 🅼, ℰ 02 96 48 45 65, Fax 02 96 48 15 68, 🔲, 🐟 – 📺 ☎ ⬅ �&, 🅿 – 🕭 25. 🖭 **GB**.
❀ rest
fermć 20 déc. au 4 janv., vend., sam. et dim. – Repas *(dîner seul.)(résidents seul.)* 90 ◊ – ☒ 38 – **14 ch** 350/400, 6 duplex

à La Ville-Blanche par②, rte de Tréguier : 5 km sur D 786 – ✉ 22300 Lannion :

❌❌❌ **Ville Blanche** (Jaguin), ℰ 02 96 37 04 28, Fax 02 96 46 57 82 – 🅿, 🖭 ⓞ **GB** 🎴
fermé 11 au 18 oct., 20 déc. au 2 fév., merc. soir et dim. soir sauf juil.-août et lundi – Repas *(week-end prévenir)* 130/380 et carte 250 à 320 ☒, enf. 80
spéc. Homard rôti au beurre salé, ses pinces en ragoût (avril à oct.). Barbue aux cocos de Paimpol. Millefeuille aux pommes caramélisées.

LANS-EN-VERCORS 38250 Isère **77** ④ – 1 451 h alt. 1120 – Sports d'hiver : 1 020/1 880 m ⚡16 ⚡.

🛈 Office de Tourisme pl. de la Mairie ℰ 04 76 95 42 62, Fax 04 76 95 49 70.

Paris 583 – Grenoble 25 – Villard-de-Lans 9 – Voiron 43.

🏨 **Au Bon Accueil**, D 531 ℰ 04 76 95 42 02, Fax 04 76 95 44 32, 😤, 🐟 – ☎ ⬅ 🅿. **GB**
fermé 19 au 24 juin, 11 au 23 déc., vend. soir et sam. hors saison – Repas (75) - 130/180 ◊ – ☒ 40 – **17 ch** 200/290 – ½ P 240/280

🏨 **Val Fleuri**, ℰ 04 76 95 41 09, Fax 04 76 94 34 69, ≤, 😤, 🐟 – ☎ ᴕ ⬅ 🅿. **GB**. ❀ rest
1er juin-10 sept. et 25 déc.-20 mars – Repas *(résidents seul.)* 108/180 – ☒ 38 – **16 ch** 175/320 – ½ P 230/305

à Bouilly Sud-Ouest : 3 km par rte de Villard-de-Lans et D 531 – ✉ 38250 Lans-en-Vercors :

🏨 **Source**, ℰ 04 76 95 42 52, Fax 04 76 95 41 29, 😤 – cuisinette ☎ 🅿. 🖭 **GB**
fermé 15 oct. au 1er déc., dim. soir et lundi sauf vacances scolaires – Repas 90/145 ◊, enf. 50 – ☒ 36 – **16 ch** 280/300 – ½ P 285/300

au col de la Croix Perrin Sud-Ouest : 4 km par D 106 et rte d'Autrans – ✉ 38250 Lans-en-Vercors :

❌ **Auberge de la Croix Perrin** 🕭 avec ch, ℰ 04 76 95 40 02, Fax 04 76 94 33 10, 😤, 🐟 – ☎ 🅿. **GB**
27 mai-30 sept. et 16 déc.-15 avril – Repas 99/180, enf. 50 – ☒ 35 – **8 ch** 270 – ½ P 285

LANSLEBOURG-MONT-CENIS 73480 Savoie **77** ⑨ G. Alpes du Nord – 647 h alt. 1399 – Sports d'hiver : 1 400/2 100 m ⚡1 ⚡22 ⚡.

🛈 Office de Tourisme de Val Cenis ℰ 04 79 05 23 66, Fax 04 79 05 82 17.

Paris 688 – Albertville 116 – Chambéry 126 – St-Jean-de-Maurienne 56 – Torino 92.

🏨 **Alpazur**, ℰ 04 79 05 93 69, Fax 04 79 05 86 55 – 📺 😝 ᴕ ⬅, 🖭 ⓞ **GB**
1er juin-20 sept. et 20 déc.-20 avril – Repas 105/270 – ☒ 45 – **24 ch** 360/450 – ½ P 380/450

🏨 **Vieille-Poste**, ℰ 04 79 05 93 47, Fax 04 79 05 86 85 – 📺 ☎ ᴕ. 🖭 **GB**
1er juin-1er nov. et 26 déc.-15 avril – Repas (50) - 75 bc/105 ☒, enf. 40 – ☒ 40 – **19 ch** 210/270 – ½ P 360

LANSLEVILLARD 73480 Savoie **77** ⑨ G. Alpes du Nord – 392 h alt. 1500 – Sports d'hiver (voir à Lanslebourg-Mont-Cenis).

Voir *Peintures murales*★ dans la chapelle St-Sébastien.

🛈 Office de Tourisme r. Sous-l'Église ℰ 04 79 05 23 66, Fax 04 79 05 82 17.

Paris 691 – Albertville 119 – Briançon 99 – Chambéry 129 – Val-d'Isère 47.

🏨 **Les Mélèzes**, ℰ 04 79 05 93 82, Fax 04 79 05 93 82, ≤, 🐟 – ☎ 🅿. **GB**. ❀
20 juin-10 sept. et 20 déc.-20 avril – Repas *(dîner seul.)* 95/150 ☒ – ☒ 35 – **16 ch** 295/360 – ½ P 290/368

🏨 **Grand Signal**, ℰ 04 79 05 91 24, Fax 04 79 05 82 47, ≤, 🐟 – 😝 ᴕ 🅿. **GB**
18 juin-10 sept. et 17 déc.-5 avril – Repas 97/170, enf. 45 – ☒ 39 – **18 ch** 300/310 – ½ P 360

LANVOLLON 22290 C.-d'Armor 📘📘 ② – *1 427 h alt. 90.*

Paris 475 – St-Brieuc 28 – Guingamp 16 – Lannion 43 – Paimpol 19.

🏠 **Lucotel** Ⓜ, rte de St-Quay-Portrieux (par D 9 : 1 km) 𝒫 02 96 70 01 17,
📠 Fax 02 96 70 08 84, ℀ – ▤ rest, 🔲 ☎ 📞 ⅁ 🅿 – 🔬 25. 🆎 ◑ 🆎
fermé 2 au 18 nov., 5 au 18 fév., dim. soir et lundi midi d'oct. à mars – **Repas** 75/230 ⅁,
enf. 46 – ⊇ 39 – **25 ch** 270/360 – ½ P 300/330

---

*Un automobiliste averti utilise le **guide Michelin** de l'année.*

LAON 🅿 02000 Aisne 📘📘 ⑤ *G. Picardie Flandres Artois* – *26 490 h alt. 181.*

Voir *Site★★ – Cathédrale Notre-Dame★★ : nef★★★ – Rempart du Midi et porte d'Ardon★*
CZ – *Abbaye St-Martin★ – Porte de Soissons★* **ABZ** – *Rue Thibesard* ⩽★ – *Musée et
chapelle des Templiers★* **CZ** – *Circuit du Laonnois★ par D 7* **AY.**

🅱 *Office de Tourisme pl. du Parvis de la Cathédrale 𝒫 03 23 20 28 62, Fax 03 23 20 68 11.*
Paris 141 ③ – Reims 62 ② – St-Quentin 48 ② – Soissons 37 ③.

LAON

Arquebuse (R. de l')		**CZ** 2
Aubry (Pl.)		**CZ** 3
Berthelot (R. Marcelin)		**AZ** 5
Bossus (R. del'Abbé)		**DY** 6
Bourg (R. du)		**BCZ** 8
Carnot (Av.)		**CY**
Change (R. au)		**CZ** 9
Charles de Gaulle (Av.)		**DY** 12
Châtelaine (R.)		**CZ** 13
Cloître (R. du)		**CZ** 15
Combattants d'Afrique du Nord (Pl. des)		**DZ** 16
Cordeliers (R. des)		**CZ** 18
Doumer (R. Paul)		**CZ** 19

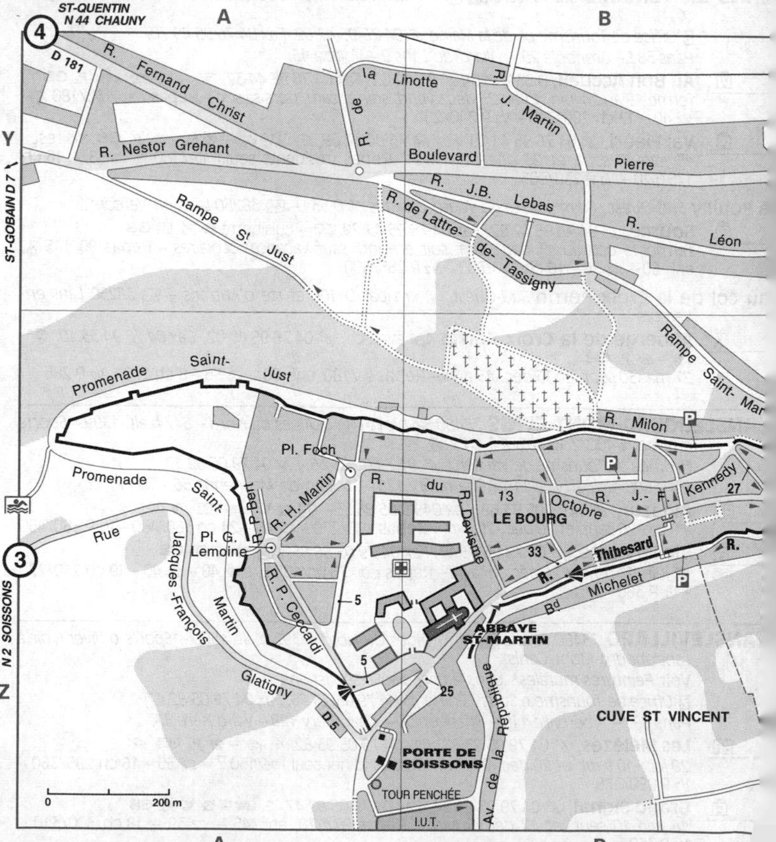

684

🏛 **Hostellerie St-Vincent**, av. Ch. de Gaulle *par ②* ✆ 03 23 23 42 43, Fax 03 23 79 22 55,
🛏 – ❤️ 📺 ☎ 📞 ⚅ 🅿 – 🔏 30. 🖭 ☜
Repas *(fermé sam. midi et dim. soir)* (71) - 95/110 ♀, enf. 39 – ☲ 37 – **47 ch** 298/355 –
½ P 260

🍴🍴🍴 **Petite Auberge**, 45 bd Brossolette ✆ 03 23 23 02 38, Fax 03 23 23 31 01 – 🖭
☜   CY **a**
fermé vacances de printemps, 1ᵉʳ au 15 août, vacances de fév., sam. midi et dim sauf fériés
– Repas *(129)* - 150/220 et carte 270 à 380 ♀ - **Bistrot St-Amour : Repas** *(65)*-80/95 ♀, enf. 60

🍴🍴 **Bannière de France** avec ch., 11 r. F. Roosevelt ✆ 03 23 23 21 44, Fax 03 23 23 31 56 –
📺 ☎ ❤️ 🚗 – 🔏 25 à 40. 🖭 ⓪ ☜ 🄹🄲🄱 ✄   BCZ **l**
fermé 22 déc. au 21 janv. – Repas 123/320 ♀, enf. 50 – ☲ 43 – **18 ch** 260/385 – ½ P 290/
340

à Samoussy *par ② et D 977, 13 km* – 410 h. alt. 84 – ✉ 02840 :

🍴🍴🍴 **Relais Charlemagne**, ✆ 03 23 22 21 50, Fax 03 23 22 18 75, 🏡, 🌳 – 🖭 ☜
fermé 1ᵉʳ au 14 août, 15 au 28 fév., dim. soir, merc. soir et lundi – Repas 150/300 et carte
330 à 460

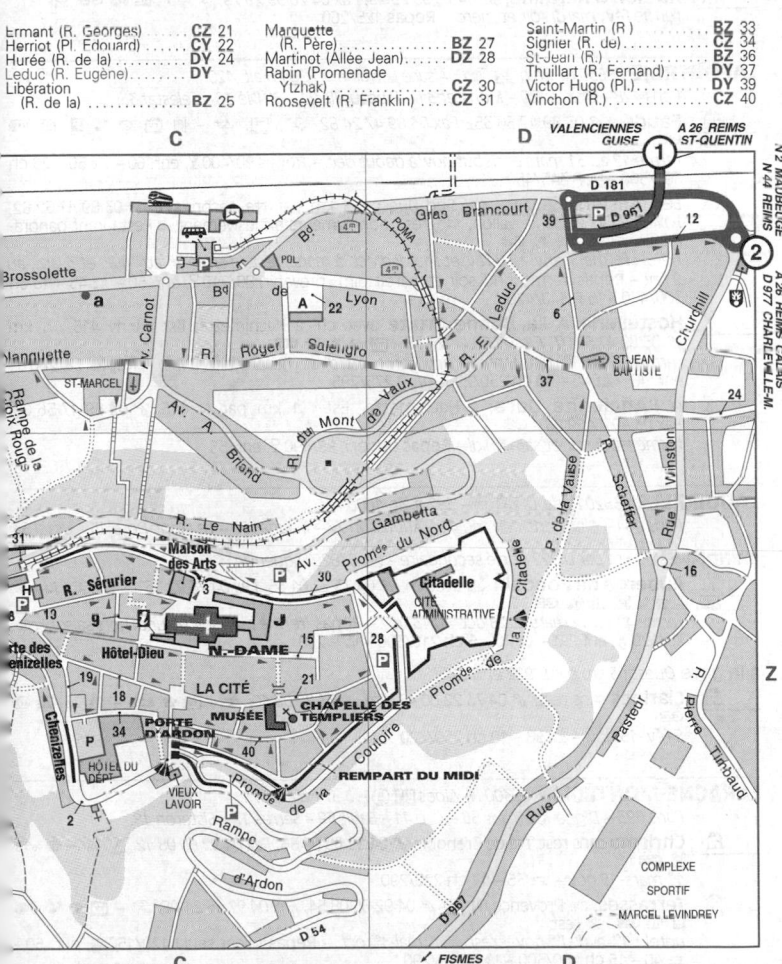

à Chamouille par D 967 DZ : 13 km – 147 h. alt. 112 – ⊠ 02860 :

🏨 **Mercure** M ⚶, parc nautique de l'Ailette, Sud 0,5 km par D 967 ℰ 03 23 24 84 85,
Fax 03 23 24 81 20, ≼, 🏫, ⊥ – 🕸 🍴, ▤ rest, 🔟 ☎ & 🕭 🅿 – 🔬 15 à 40. 🖭 ⓞ 😉
Repas (95) - 130/190 ⵨, enf. 60 – ⌐ 58 – **58 ch** 450/580

LAPALISSE 03120 Allier 🔢 ⑥ G. Auvergne – 3 603 h alt. 280.
Voir Château★★.
🔢 Office de Tourisme 3 r. du Prés.-Roosevelt ℰ 04 70 99 08 39, Fax 04 70 99 28 09.
Paris 352 – Moulins 49 – Digoin 45 – Mâcon 123 – Roanne 50 – St-Pourçain-sur-Sioule 30.

XXX **Galland** avec ch, pl. République ℰ 04 70 99 07 21, Fax 04 70 99 34 64 – 🔟 ☎ 🕭 🅿.
😉
fermé 19 nov. au 4 déc., 15 fév. au 6 mars, dim. soir hors saison et lundi – **Repas** (dim. et
fêtes, prévenir) 135/280 et carte 220 à 310 ⵨ – ⌐ 38 – **8 ch** 270/300

XX **Bourbonnais,** pl. 14-Juillet ℰ 04 70 99 29 23, Fax 04 70 99 19 79 – 😉
😋 fermé mardi du 15 sept. au 15 juin – **Repas** 85/198 ⵨

XX **Au Lion d'Hermine,** ℰ 04 70 99 29 79, Fax 04 70 99 29 79, 🏫 – 🅿. 🖭 ⓞ 😉. ⚶
fermé fév., mardi soir et merc. – **Repas** 125/260

LAPOUTROIE 68650 H.-Rhin 🔢 ⑱ G. Alsace Lorraine – 1 981 h alt. 420.
Paris 428 – Colmar 20 – Munster 31 – Ribeauvillé 21 – St-Dié 36 – Sélestat 35.

🏨 **Faudé,** ℰ 03 89 47 50 35, Fax 03 89 47 24 82, 🏫, 🔲, 🐎 – 🕸 🔟 ☎ 🕭 🅿. 🖭 ⓞ
😉
😋 fermé 12 au 31 mars et début nov. à début déc. – Repas 90/400 ⵨, enf. 60 – ⌐ 50 – **29 ch**
300/500 – ½ P 345/450

XX **Les Alisiers** ⚶ avec ch, Sud-Ouest : 3 km par rte secondaire ℰ 03 89 47 52 82,
😋 Fax 03 89 47 22 38, ≼ vallon, 🏫, rest. non-fumeurs exclusivement, « Restaurant panoramique », 🐎 – ☎ 🅿. 😉
hôtel : fermé 3 janv. au 2 fév. et mardi d'oct. à mars ; rest. : fermé 1er au 7 juil. et 3 janv. au
2 fév. – Repas (fermé lundi soir et mardi) (dim., prévenir) 89/210 ⵨, enf. 50 – ⌐ 45 – **13 ch**
300/470 – ½ P 340/420

X **Hostellerie A La Bonne Truite** avec ch, à Hachimette, Est par N 415 : 1 km
ℰ 03 89 47 50 07, Fax 03 89 47 25 35 – 🔟 ☎ 🅿. 🖭 😉
fermé 12 au 30 juin, 6 au 30 nov., janv., mardi et merc. d'oct. à juin – **Repas** 98/280 ⵨,
enf. 48 – ⌐ 45 – **10 ch** 250/290 – ½ P 275/295

X **A l'Ancienne Gare,** à Hachimette, Est : 1 km par N 415 ℰ 03 89 47 56 69,
Fax 03 89 47 59 28 – 😉
fermé jeudi soir et sam. midi – **Repas** 55 (déj.), 98/190 ⵨, enf. 55

LAQUEUILLE 63820 P.-de-D. 🔢 ⑬ – 382 h alt. 1000.
Paris 464 – Clermont-Ferrand 41 – Aubusson 77 – Mauriac 73 – Le Mont-Dore 15 – Ussel 53.

au Nord-Est 2 km par D 922 et rte secondaire – ⊠ 63820 Laqueuille :

X **Auberge de Fondain** ⚶ avec ch, ℰ 04 73 22 01 35, Fax 04 73 22 06 13, ≼, 🏫, 🛁, 🐎
😋 – ☎ 🕭 🅿. 🖭 ⓞ 😉
fermé 1er au 12 mars et 28 oct. au 13 nov. – **Repas** (fermé dim. soir et lundi hors saison) (55) -
75/125 ⵙ, enf. 50 – ⌐ 40 – **6 ch** 210/300 – ½ P 260

à la gare Ouest : 3 km par D 922 et D 82 :

🏨 **Clarines** sans rest, ℰ 04 73 22 00 43, Fax 04 73 22 06 10, 🐎 – 🔟 ☎ 🚗 – 🔬 25. 🖭 ⓞ
😉
5 fév.-15 nov. – ⌐ 38 – **10 ch** 250/320

LARAGNE-MONTÉGLIN 05300 H.-Alpes 🔢 ⑤ – 3 371 h alt. 571.
Paris 693 – Digne-les-Bains 56 – Gap 41 – Sault 59 – Serres 17 – Sisteron 18.

🏨 **Chrisma** sans rest, rte de Grenoble ℰ 04 92 65 09 36, Fax 04 92 65 08 12, 🛁, 🐎 – 🚗
🅿. 😉
1er mars-15 nov. – ⌐ 35 – **17 ch** 220/290

🏨 **Terrasses,** av. Provence (N 75) ℰ 04 92 65 08 54, Fax 04 92 65 21 08, 🏫 – 🔟 ☎ 🕭 🚗
🅿. 🖭 😉. ⚶ rest
hôtel : 1er avril-1er nov. ; rest. : 1er mai-1er oct. – **Repas** (dîner seul.) 120/150 ⵙ, enf. 60 –
⌐ 40 – **15 ch** 160/300 – ½ P 270/290

Le LARDIN-ST-LAZARE 24570 Dordogne 75 ⑦ – 2 047 h alt. 86.

Paris 487 – Brive-la-Gaillarde 27 – Lanouaille 38 – Périgueux 47　Sarlat-la-Canéda 31.

🏨　**Sautet,** ℰ 05 53 51 45 00, Fax 05 53 51 45 09, 斎, « Parc fleuri », ⌿, ⚒ – 🛗 �📺 ☎ ✆ 🅿 –
🏩 20. ⅏

fermé 28 oct. au 13 nov., 23 déc. au 17 janv., sam. et dim. d'oct. à avril　**Repas** (fermé
mardi midi, sam. midi et lundi de mai à sept.) 85 (déj.), 125/245 ♈, enf. 55 – ⌷ 44 – **27 ch**
295/440 – ½ P 390

au Sud : 4 km par D 704, D 62 et rte secondaire – ✉ 24570 Condat-sur-Vézère :

🏨　**Château de la Fleunie** ⏝, ℰ 05 53 51 32 74, Fax 05 53 50 58 98, ≼, 斎, « Château du
15ᵉ siècle dans un parc », ⌿, ⚒ – 📺 ☎ ✆ 🅿 – 🏩 80. ⅏ ⓪ ⅏
fermé 3 janv. au 28 fév. (fermé dim. soir et lundi du 1ᵉʳ oct. au 3 janv.) 135/280 ♈ –
⌷ 50 – **33 ch** 350/800 – ½ P 360/560

à Coly Sud-Est : 6 km par D 74 et D 62 – 193 h. alt. 113 – ✉ 24120 :
Voir Église★★ de St-Amand-de-Coly SO : 3 km, G. Périgord Quercy.

🏯　**Manoir d'Hautegente** ⏝, ℰ 05 53 51 68 03, Fax 05 53 50 38 52, 斎, « Ancien moulin
à draps du 14ᵉ siècle aménagé avec goût », ⌿, 斎 – ⌿ 📺 ☎ ✆ 🅿 – 🏩 25. ⅏ ⓪ ⅏
début avril-début nov. – **Repas** (fermé lundi midi, mardi midi et merc. midi) 150 (déj.),
250/380 ♈ – ⌷ 70 – **11 ch** 720/1100, 4 duplex – ½ P 550/850

LARGENTIÈRE ⬥ 07110 Ardèche 80 ⑧ G. Vallée du Rhône – 1 990 h alt. 240.

🛈 Office de Tourisme av. de la République ℰ 04 75 39 14 28, Fax 04 75 39 23 66.
Paris 648 – Alès 65 – Aubenas 18 – Privas 48.

à Rocher Nord : 4 km par D 5 – 260 h. alt. 353 – ✉ 07110 Largentière :

🏨　**Chêne Vert** ⏝, ℰ 04 75 88 34 02, Fax 04 75 88 55 95, ≼, ⛰, ⌿ – 📺 ☎ ♨ 🅿 ⅏
1ᵉʳ avril-1ᵉʳ nov. et fermé lundi en oct. – **Repas** 95/195, enf. 45 – ⌷ 42 – **25 ch** 360/390 –
½ P 290/330

LARMOR-PLAGE 56260 Morbihan 63 ① G. Bretagne – 8 078 h alt. 4.

Paris 509 – Vannes 64 – Lorient 6 – Quimper 71.

🏨　**Les Mouettes** Ⓜ ⏝, Anse de Kerguélen, Ouest : 1,5 km ℰ 02 97 65 50 30,
Fax 02 97 33 65 33, ≼ – ▤ rest, 📺 ☎ ✆ ⅊ 🅿 – 🏩 20. ⅏ ⅏ ⅏, ⅙ rest
Repas 110/260 ♈ – ⌷ 45 – **21 ch** 360/430 – ½ P 390

LARRAU 64560 Pyr.-Atl. 85 ⑭ – 241 h alt. 636.

Paris 835 – Pau 77 – Oloron-Ste-Marie 43 – St-Jean-Pied-de-Port 47.

🏨　**Etchemaïté** ⏝, ℰ 05 59 28 61 45, Fax 05 59 28 72 71, ≼, 斎, 斎 – 📺 ☎ ✆. ⅏. ⅙ ch
fermé 15 au 31 janv., dim. soir (sauf hôtel) et lundi hors saison – **Repas** 95/250 ♈, enf. 45 –
⌷ 40　**16 ch** 220/340 – ½ P 225/280

🏯　**Despouey** ⏝, ℰ 05 59 28 60 82, 斎 – ☎ 🅿. ⅏ ⅏. ⅙
15 fév.-15 nov. – **Repas** (résidents seul.) – ⌷ 30 – **10 ch** 150/200 – ½ P 180/200

LARUNS 64440 Pyr.-Atl. 85 ⑯ – 1 466 h alt. 523.

Paris 816 – Pau 38 – Argelès-Gazost 50 – Lourdes 51 – Oloron-Ste-Marie 33.

✗　**Auberge Bellevue,** ℰ 05 59 05 31 58, ≼, 斎 – 🅿. ⅏
⅏　fermé 5 janv. au 20 fév., mardi soir et merc. sauf juil.-août – **Repas** 79/180 ♈

LATTES 34 Hérault 83 ⑦ – rattaché à Montpellier.

LAUTARET (Col du) 05 H.-Alpes 77 ⑦ G. Alpes du Nord – ✉ 05220 Le Monetier-les-Bains.

Voir ✻★★ – Jardin alpin★. Col du Galibier ✻★★★ N : 7,5 km.
Paris 657 – Briançon 28 – Grenoble 90 – St-Jean-de-Maurienne 57.

🏯　**Glaciers** ⏝, ℰ 04 92 24 42 21, Fax 04 92 24 44 81, ≼, 斎 – ☎ ✆ 🅿. ⅏
1ᵉʳ mai-15 sept. – **Repas** 89/120, enf. 39 – ⌷ 39 – **29 ch** 230 – ½ P 180/315

The Guide changes, so renew your Guide every year.

LAUTERBOURG 67630 B.-Rhin 57 ② – 2 372 h alt. 115.

Paris 530 – Strasbourg 59 – Haguenau 40 – Karlsruhe 22 – Wissembourg 20.

XXX **Poêle d'Or**, 35 r. Gén. Mittelhauser ℘ 03 88 94 84 16, Fax 03 88 54 62 30, 😤 – ▤. 또 ◑
GB

fermé 24 juil. au 3 août, 2 au 30 janv., merc. et jeudi – **Repas** (90) - 130 (déj.), 250/460 et carte
230 à 450 ♀, enf. 80

LAUTREC 81440 Tarn 82 ⑩ G. Midi-Pyrénées – 1 527 h alt. 294.

🔒 Office de Tourisme r. du Mercadial ℘ 05 63 75 31 40, Fax 05 63 75 32 90.
Paris 723 – Toulouse 76 – Albi 31 – Castelnaudary 55 – Castres 17 – Gaillac 35.

XX **Champ d'Allium**, 4 rte Castres ℘ 05 63 70 52 41, Fax 05 63 75 34 36 – ▤ ◑ GB
  fermé dim. soir et lundi.
  Repas (prévenir) 135/280 ♀, enf. 50

X **Moulin Gourmand**, rte Castres ℘ 05 63 75 30 13, Fax 05 63 75 30 13 – ▤ 🅿. ◑ GB
  fermé 25 sept. au 8 oct., lundi soir et mardi soir – **Repas** 65 bc (déj.), 85/195, enf. 45

LAVAL 🅿 53000 Mayenne 63 ⑩ G. Normandie Cotentin – 50 473 h alt. 65.

Voir Vieux château★ : charpente★★ du donjon, musée d'Art naïf★ – Vieille ville★ YZ – Les
quais★ – Jardin de la Perrine★ – Chevet★ de la basilique N.-D. d'Avesnières X – Église N.-D.
des Cordeliers★ : retables★★ X.

🔒 Office de Tourisme r. du Vieux Saint-Louis ℘ 02 43 49 46 46, Fax 02 43 49 46 21 et Halte
Fluviale 100 r. Vieux St-Louis ℘ 02 43 53 31 01.
Paris 279 ① – Angers 78 ④ – Le Mans 85 ① – Rennes 74 ⑦ – St-Nazaire 153 ⑤.

Plan page ci-contre

🏨 **Grand Hôtel de Paris** M sans rest, 22 r. Paix ℘ 02 43 53 76 20, Fax 02 43 56 91 83 – 🛗
  ▯ ☎ ✇ ⟺, 또 ◑ GB JCB   Y a
  ☲ 40 – **39 ch** 260/460

🏨 **Ibis**, rte Mayenne par ① : 3 km ℘ 02 43 53 81 82, Fax 02 43 53 11 19, 😤 – 🖢 ▯ ☎ ৬ 🅿.
  🔊 60. 또 ◑ GB
  Repas (75) - 95 ♣, enf. 39 – ☲ 35 – **51 ch** 330/350

🏨 **Marin'Hôtel** sans rest, 102 av. R. Buron ℘ 02 43 53 09 68, Fax 02 43 56 95 35 – 🛗 ▯ ☎
  ✇ ৬. 또 ◑ GB. 🛇   X d
  ☲ 35 – **25 ch** 245/300

XXX **Bistro de Paris** (Lemercier), 67 r. Val de Mayenne ℘ 02 43 56 98 29, Fax 02 43 56 52 85,
  « Décor "Art Nouveau" » – ▤. GB. 🛇   Y k
  fermé 1er au 21 août, sam. midi, dim. soir et lundi – **Repas** 135 (sauf sam. soir)/250 et carte
  240 à 280 ♀, enf. 85
  Spéc. Petites entrées gourmandes. Blanc de turbot rôti aux épices douces. Bonbon de ris
  de veau aux morilles. **Vins** Savennières, Anjou rouge.

XXX **Capucin Gourmand**, 66 r. Vaufleury ℘ 02 43 66 02 02, Fax 02 43 26 25 05, 😤 – 또
  GB   X s
  fermé 1er au 20 août, dim. soir et lundi – **Repas** (98) - 110/250 et carte 210 à 270

XX **Gerbe de Blé** avec ch, 83 r. V.-Boissel ℘ 02 43 53 14 10, Fax 02 43 49 02 84 – ▯ ☎ ✇. 또
  GB   X n
  fermé 30 juil. au 21 août, 2 au 8 janv., lundi midi et dim. sauf fêtes le midi – **Repas** 95 (déj.),
  135/270 ♀ – ☲ 52 – **8 ch** 340/480 – ½ P 360/480

XX **Bonne Auberge** avec ch, 170 r. Bretagne par ⑥ ℘ 02 43 69 07 81, Fax 02 43 91 15 02 –
  ▯ ☎ ✇ ⟺ 🅿. GB
  fermé 28 juil. au 27 août, 23 au 31 déc., vacances de fév., vend. soir du 15 nov. au 28 fév.,
  dim. soir et sam. – **Repas** 90/260 ♀ – ☲ 42 – **11 ch** 280/450

XX **L'Antiquaire**, 5 r. Béliers ℘ 02 43 53 66 76, Fax 02 43 56 92 18 – ▤. GB   Y e
  fermé 5 au 27 juil., sam. midi et merc. – **Repas** 99/220 ♀, enf. 55

X **Edelweiss**, 99 av. R. Buron ℘ 02 43 53 11 00, Fax 02 43 53 36 51 – ◑ GB   X v
  fermé 15 août au 1er sept., vacances de fév., dim. soir et lundi – **Repas** 82/168 ♀, enf. 50

à Changé au Nord : 4 km – 4 323 h. alt. 55 – ✉ 53810 :

XX **Table Ronde**, pl. Mairie ℘ 02 43 53 43 33, Fax 02 43 49 05 60, 😤 – GB
  fermé dim. soir et lundi – **Repas** 125/232 ♀ - **Bistrot :** **Repas** (70)-80/105 ♀, enf. 60

XX **Domaine des Saveurs**, rte Louverné par D 561 : 2 km ℘ 02 43 67 16 66,
  Fax 02 43 67 19 39, 😤 – 또 GB
  fermé 8 au 26 août, sam. midi, dim. soir et lundi – **Repas** (74) - 98 (déj.), 135/165

PROMENADE GEO HAM
LA PILLERIE
HILARD
E.S.A.T
U
LES POMMERAIES
A 81-E 50
A 81-E 30
R. de Beauregard
Rue Magenta
HALTE FLUVIALE
CROSSARDIÈRE
ST-PIERRE
R. Crossardière
BEL-AIR
Av. Mal Leclerc
MAYENNE N 162
ST-MALO FOUGÈRES D 30
R. Bernard Le Pecq
ST-MARTIN
R. de Paris
LA SENELLE
R. de Bretagne
N.D. DES CORDELIERS
CHÂTEAU
R. Cardinal Suhard
FOURCHES
MAISON D'ARRET
R. de Nantes
R. du Mans
Av. Chanzy
LE MANS N 157
RENNES, VITRÉ N 157
R. Vaufleury
POL.
Quai
Mayenne
MONTMORENCY
R. Victor
Grat
Bd Montmorency-Laval
R. Boissel
TOURS LA FLÈCHE D 21
CITÉ ADMTIVE
R. Gué-d'Orger
R. du Ponceau
R. d'Avesnières
Q. d'Avesnières
Boudet
DACTERIE
N.-D. d'Avesnières
PONT D'AVESNIÈRES
Boulevard des Trappistines
D1
ANGERS CHÂU-GONTIER N 162
ST-NAZAIRE N 171
0
500 m

LAVAL

R. du Gal de Gaulle
CENTRE ADMTIF
VIEILLE
R. de la Paix
Q. Sadi Carnot
HÔTEL DU DÉPt
R. des Fossés
Cathédrale
CHÂTEAU
Pont Vieux
St-Vénérand
VILLE
R. Ste-Anne
Bateaux-lavoirs
R. du Lycée
R. de l'Ancien Évêché
R. Marmoreau
Quai P. Boudet
Q. A. Goupil
Mayenne
Pl. de Hercé
JARDIN DE LA PERRINE
Pl. du Gast
POL.
R. Vaufleury
0
200 m

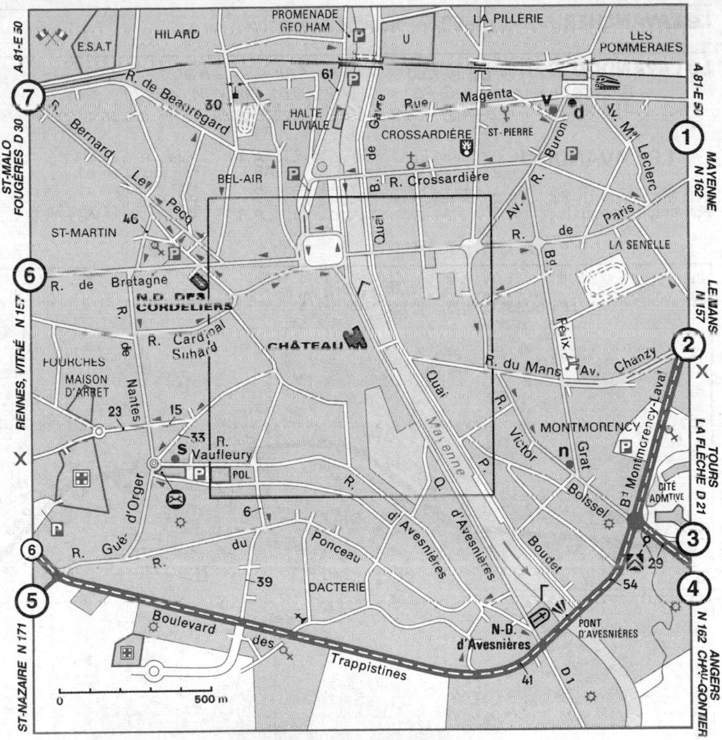

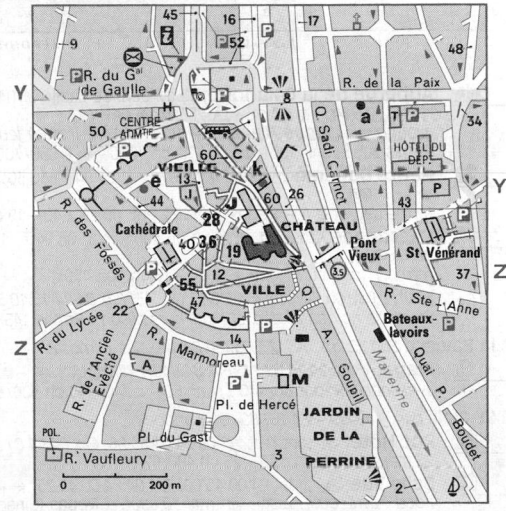

Le LAVANCHER *74 H.-Savoie* **74** ⑨ – *rattaché à Chamonix.*

Le LAVANDOU *83980 Var* **84** ⑯, **114** ㊽ *G. Côte d'Azur – 5 212 h alt. 1.*

Office de Tourisme q. G.-Péri ✆ 04 94 71 00 61, Fax 04 94 64 73 79.

Paris 877 ② – Fréjus 64 ① – Cannes 102 ① – Draguignan 77 ① – Toulon 42 ②.

LE LAVANDOU

Bois Notre-Dame (R. du) .... **A** 2
Bouvet (Bd. Gén. G.) .... **A** 3
Cazin (R. Charles) .... **A** 4
Gaulle (Av. Gén. de) .... **AB**
Lattre-de-Tassigny (Bd. de) ... **A** 7
Martyrs de-la-Résistance (Av. des) .... **A** 8
Patron Ravello (R.) .... **B** 10
Péri (Quai Gabriel) .... **B** 12
Port (R. du) .... **B** 13
Port Cros (R.) .... **A** 15
Vincent Auriol (Av. Prés.) ..... **A** 16

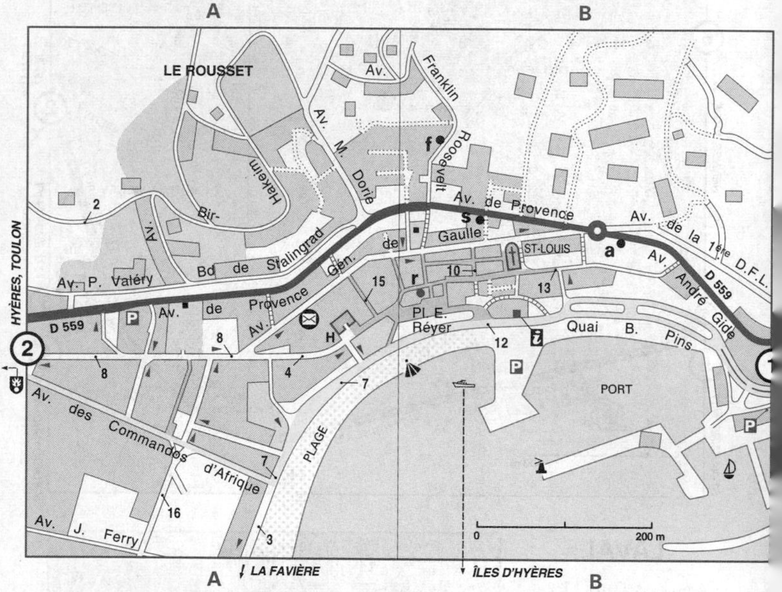

Auberge de la Calanque, 62 av. Gén. de Gaulle ✆ 04 94 71 05 96, *Fax 04 94 71 20 12*, ←, 🏖, 🏊, 🌳 – |♦| TV ☎ – 🏔 25. AE ◑ GB — B a
avril-nov. – ***L'Algue Bleue*** ✆ 04 94 71 01 95 *(fermé jeudi midi et merc. sauf juil.-août)* **Repas** 200 🍷, enf. 100 – ☕ 75 – **32 ch** 1200 – ½ P 550/700

Petite Bohème 🔇, av. F.-Roosevelt ✆ 04 94 71 10 30, *Fax 04 94 64 73 92*, 🏖, 🌳 – TV ☎ 🚗. GB — B
fermé déc. et janv. – **Repas** 120/165, enf. 45 – ☕ 40 – **19 ch** 350/470 – ½ P 375/400

L'Escapade sans rest, chemin du Vannier ✆ 04 94 71 11 52, *Fax 04 94 71 22 14* – ▤ TV ☎ 📞. GB — B
fermé 1ᵉʳ déc. au 31 janv. – ☕ 44 – **16 ch** 400/450

Krill, r. Patron Ravello ✆ 04 94 71 06 43, *Fax 04 94 15 10 56*, 🏖 – ▤. AE ◑ GB — B
fermé 1ᵉʳ nov. au 23 déc. et lundi hors saison – **Repas** 145/165 🍷

à la Favière *Sud : 2 km* - **A** – ✉ *83230 Bormes-les-Mimosas :*

Plage, ✆ 04 94 71 02 74, *Fax 04 94 71 77 22*, 🏖, 🌳 – ▤ rest, TV ☎ 🅿. AE GB. ✗ rest
avril-sept. – **Repas** 80/140 🍷, enf. 58 – ☕ 40 – **45 ch** 300/390 – ½ P 310/350

à St-Clair *par* ① *: 2 km* – ✉ *83980 Le Lavandou :*

Roc Hôtel 🔇 sans rest, ✆ 04 94 01 33 66, *Fax 04 94 01 33 67*, ← – ▤ TV ☎ 🅿. GB. ✗
25 mars-15 oct. – ☕ 40 – **25 ch** 480/620

Belle Vue 🔇, ✆ 04 94 00 45 00, *Fax 04 94 00 45 25*, ←, 🌳 – TV ☎ 🚗 🅿. AE ◑ GB. ✗
hôtel : avril.-oct. ; rest. : fin mai-30 sept. – **Repas** (dîner seul.) 180/200 – ☕ 60 – **19 ch** 350/900 – ½ P 400/750

Méditerranée 🔇, ✆ 04 94 01 47 70, *Fax 04 94 01 47 71*, ←, 🏖 – ▤ TV ☎ 🅿. GB ✗ rest
15 mars-20 oct. – **Repas** (résidents seul.) 🍷 – ☕ 41 – **21 ch** 442/620 – ½ P 380/468

🏠 **Bastide** Ⓜ, ℰ 04 94 01 57 00, Fax 04 94 01 57 13 – 🛏 ch, 📺 ☎ ❦ ♿ 🄿, ⑩ 🕼
15 mars 15 nov. – **Repas** *(1er mai-30 sept.)* (dîner seul.) 110 ♀ – ☲ 40 – **17 ch** 450/490 –
½ P 395

🏠 **Tamaris** 🕭 sans rest, ℰ 04 94 71 79 10, Fax 04 94 71 88 64, 🌿 – 📺 ☎ ♿ 🄿, 🄰🄵 ⑩ 🕼
1er avril-2 nov. – ☲ 40 – **41 ch** 450/500

🏠 **L'Orangeraie** sans rest, ℰ 04 94 71 04 25, Fax 04 94 15 24 42 – cuisinette 🛏 📺 ☎ 🄿, 🄰🄵
⑩ 🕼
1er avril-1er oct. – ☲ 40 – **20 ch** 350/490

à La Fossette-Plage par ① : 5 km – ✉ 83980 Le Lavandou :

🏩 **83 Hôtel** Ⓜ, ℰ 04 94 71 20 15, Fax 04 94 71 63 42, ≼ côte et mer, 🌤, 🦺, 🭽, 🌿, 🎾 – 🛗
🛏 📺 ☎ ♿ 🄿, ⑩ 🕼, 🎾 rest
Pâques-début oct. – **Jardin de la Fossette :** Repas 180/230 ♀, enf. 85 – **Grill** (déj. seul.)
Repas carte environ 170 ♀, enf. 85 – ☲ 75 – **30 ch** 650/1200 – ½ P 550/825

à Aiguebelle par ① : 4,5 km – ✉ 83980 Le Lavandou :

🏨 **Les Roches** Ⓜ 🕭, ℰ 04 94 71 05 07, Fax 04 94 71 08 40, ≼ mer et les îles, 🌤,
« Agréables terrasses en bordure de mer », 🭽, 🚠 – 🛏 📺 ☎ ❦ 🄿 – 🛝 20. 🄰🄵 ⑩ 🕼
7 avril-fin sept. – **Repas** (dîner seul.) 350/450 ♀ **- Beach** grill en terrasse – **Repas** (déj. seul.)
carte 300 à 500 – **35 ch** ☲ 2200/2700, 5 appart

🏠 **Les Alcyons** sans rest, ℰ 04 94 05 84 18, Fax 04 94 05 70 89 – 🛏 ☎ 🄿, 🄰🄵 ⑩ 🕼
mars-oct. – ☲ 38 – **24 ch** 500/550

🏠 **Hydra** sans rest, ℰ 04 94 71 65 46, Fax 04 94 15 08 07, 🭽, 🌿 – 📺 ☎ ♿ 🖐, 🄰🄵 ⑩ 🕼
🄹🄲🄱
☲ 50 – **26 ch** 470/595

🏠 **Beau Soleil**, ℰ 04 94 05 04 11, Fax 04 94 05 70 09, 🌤 – 🛏 📺 ☎ 🄿 – 🛝 30. 🄼🄵 ⑩ 🕼
Pâques-30 sept. – **Repas** *(15 mai-30 sept.)* (snack le midi) 98/258 ♀, enf. 48 – ☲ 35 – **17 ch**
460/500 – ½ P 383/405

✗ **Le Sud**, ℰ 04 94 05 76 98, 🌤 – 🛏, 🕼
*fermé 5 au 25/1, dim. soir et le midi sauf sam. et dim. du 15/6 au 15/9, lundi et mardi du
15/9 au 15/6* – **Repas** 245/295 ♀

LAVARDIN 41 L.-et-Ch. 🄰🄵 ⑨ – rattaché à Montoire sur le Loir.

LAVAUDIEU 43100 H.-Loire 🄵🄶 ⑤ G. Auvergne – 238 h alt. 465.
Voir *Fresques★ de l'église et cloître★ de l'ancienne abbaye.*
Paris 495 – Le Puy-en-Velay 58 – Brioude 10 – Clermont-Ferrand 80 – St-Flour 62.

✗ **Auberge de l'Abbaye**, ℰ 04 71 76 44 44 – 🕼
fermé lundi sauf le midi du 15 juil. au 31 août et dim. soir du 1er sept. au 15 juil. – **Repas** 80
(déj.), 100/180 ♀

✗ **Court La Vigne**, ℰ 04 71 76 45 79, Fax 04 71 76 45 79, 🌤 – 🄰🄵 ⑩ 🕼 🄹🄲🄱
🕼 *fermé janv., mardi soir et merc.* – **Repas** (nombre de couverts limité, prévenir) 77/150 ♀

Les LAVAULTS 89 Yonne 🄶🄵 ⑯ – rattaché à Quarré-les-Tombes.

LAVAUR 81500 Tarn 🄴🄿 ⑨ G. Midi-Pyrénées – 8 148 h alt. 140.
Voir *Cathédrale St-Alain★.*
🄱 Office de Tourisme Tour des Rondes ℰ 05 63 58 02 00.
Paris 701 – Toulouse 44 – Albi 51 – Castelnaudary 62 – Castres 40 – Montauban 58.

✗ **Jardin** avec ch, 8 allées Ferréol-Mazas ℰ 05 63 41 40 30, Fax 05 63 41 47 74 – 🛏 rest, 📺
☎ ❦, 🄰🄵 ⑩ 🕼 🄹🄲🄱
fermé 16 au 31 août, vacances de Noël, dim. soir et lundi (sauf hôtel) – **Repas** 85 (déj.),
115/225 ⅋ – ☲ 32 – **9 ch** 230/250 – ½ P 238/268

à Giroussens Nord-Ouest : 10 km par D 87 – 1 051 h. alt. 204 – ✉ 81500 :

✗✗ **L'Échauguette** 🕭 avec ch, ℰ 05 63 41 63 65, Fax 05 63 41 63 13, ≼, 🌤 – 🄰🄵 ⑩ 🕼
🕸 *fermé 15 au 30 sept., 1er au 21 fév., dim. soir et lundi sauf du 1er juil. au 15 sept.* – **Repas**
130/270 ♀, enf. 55 – ☲ 27 – **4 ch** 170/270

LAVELANET 09300 Ariège 🎱🎱 ⑤ – 7 740 h alt. 512.
- 🛈 Office de Tourisme Maison de Lavelanet ℘ 05 61 01 22 20, Fax 05 61 03 06 39.
- Paris 795 – Foix 27 – Carcassonne 71 – Castelnaudary 53 – Limoux 47 – Pamiers 42.

à Montferrier Sud-Ouest : 6 km par D 109 et D 9 – 748 h. alt. 680 – ⊠ 09300 :
- 🛈 Office de Tourisme Centre Administratif ℘ 05 61 01 14 14.

XX **Castrum** (Benet) (transfert prévu à Villeneuve-d'Olmes, chambres prévues),
℘ 05 61 01 35 24, Fax 05 61 01 22 85, 🏛 – 🅿. ⑤ ☜
fermé 4 au 20 janv., dim. soir et lundi d'oct. à mai – Repas 129/320 et carte 270 à 330 ⚑
Spéc. Nage d'écrevisses à l'embeurrée de girolles (juil. à déc.). Ris de veau braisé aux morilles. Croustillant de fruits rouges (mai à sept.). **Vins** Chardonnay de Limoux, Corbières.

à Naizen Ouest : 6 km sur D 117 – 148 h. alt. 632 – ⊠ 09300 :
X **Les Sapins**, ℘ 05 61 03 03 85 – 🅿. 🖭 ☜ ☜
fermé 12 au 26 nov., 4 au 18 janv., merc. soir et lundi – Repas 70 bc/290, enf. 50

à Palot Ouest : 10 km sur D 117 – ⊠ 09300 Roquefixade :
XX **Relais des Trois Châteaux** avec ch, ℘ 05 61 01 33 99, Fax 05 61 01 73 73, ≤, ↧, 🔲,
🍽 – ▯ 🖭 ☎ ✆ 🅿 – 🛦 15. ☜
fermé 12 au 30 nov., 21 janv. au 8 fév., dim. soir de sept. à avril et mardi – Repas 70/220 ⚑ –
☲ 45 – **7 ch** 300/360 – ½ P 240/270

à Montségur Sud : 12,5 km par D 117, D 109 et D 9 – 124 h. alt. 900 – ⊠ 09300 Lavelanet :
- 🛈 Office de Tourisme ℘ 05 63 01 03 03, Fax 05 63 03 03 03.

🏕 **Costes** ⚑, ℘ 05 61 01 10 24, Fax 05 61 03 06 28, 🏛 – ☜
1ᵉʳ mars-15 nov. – Repas 85/190 ⚑, enf. 42 – ☲ 40 – **9 ch** 190/220 – ½ P 215/245

LAVENTIE 62840 P.-de-C. 🎱🎱 ⑮ – 4 410 h alt. 18.
- Paris 229 – Lille 26 – Armentières 13 – Arras 46 – Béthune 20 – Dunkerque 64 – Ieper 36.

XX **Cerisier**, 3 r. Gare ℘ 03 21 27 60 59, Fax 03 21 65 35 85 – ☜. 🍽
fermé août, vacances de fév., sam. midi, dim. soir et lundi – Repas 165/330

LAVERGNE 46 Lot 🎱🎱 ⑲ – rattaché à Gramat.

LAVILLEDIEU 07 Ardèche 🎱🎱 ⑨ – rattaché à Aubenas.

LAVIOLLE 07530 Ardèche 🎱🎱 ⑱ – 119 h alt. 650.
- Env. Mézilhac : Piton de la Croix ≤★★ N : 9 km G. Vallée du Rhône.
- Paris 616 – Le Puy-en-Velay 70 – Aubenas 20 – Lamastre 51 – Mézilhac 8 – Privas 40.

🏛 **Plantades** ⚑, rte Antraigues Sud : 2 km sur D 578 ℘ 04 75 38 71 58, ≤, 🏛, 🍽 – ☜ 🅿
fermé 3 janv. au 1ᵉʳ fév., mardi soir et merc. de nov. à Pâques – Repas 65/150 ⚑, enf. 40 –
☲ 28 – **9 ch** 210/260 – ½ P 175/215

LAXOU 54 M.-et-M. 🎱🎱 ⑤ – rattaché à Nancy.

LAYE 05 H.-Alpes 🎱🎱 ⑯ – rattaché à Bayard (Col).

LÊBE (col de la) 01 Ain 🎱🎱 ④ – rattaché à Hauteville-Lompnes.

La LÉCHÈRE 73260 Savoie 🎱🎱 ⑰ G. Alpes du Nord – 1 936 h alt. 461 – Stat. therm. (fin mars/fin oct.).
- 🛈 Office de Tourisme (en saison) av. de l'Isère ℘ 04 79 22 51 60.
- Paris 633 – Albertville 22 – Celliers 16 – Chambéry 71 – Moûtiers 7.

🏛🏛 **Radiana** Ⓜ ⚑, ℘ 04 79 22 61 61, Fax 04 79 22 65 25, ≤, parc – ▯ ⤬, 🗏 rest, 🖭 ☎ ✆
🚷 🛦 30. 🖭 ☜. 🦆 rest
hôtel : avril-mi-oct., fin déc.-mi-mars ; rest. : avril-mi-oct. – Repas 105/155 ⚑ – ☲ 50 –
87 ch 370/760 – ½ P 410/440

Les LECQUES 83 Var 🎱🎱 ⑭,, 🎱🎱🎱 ㊳ – rattaché à St-Cyr-sur-Mer.

LECTOURE 32700 Gers 82 ⑤ G. Midi-Pyrénées – 4 034 h alt. 155.

Voir Site★ – Promenade du bastion ≤★ – Musée municipal★.

🛈 Office de Tourisme pl. de l'Hôtel-de-Ville ✆ 05 62 68 76 98, Fax 05 62 68 79 30.

Paris 689 – Agen 39 – Auch 35 – Condom 26 – Montauban 72 – Toulouse 96.

🏛 **Bastard** ⬦, r. Lagrange ✆ 05 62 68 82 44, Fax 05 62 68 76 81, 🍴, « Hôtel particulier du 18e siècle », ⬛ – 🔲 ☎ ✆ ⬛ – 🔏 40. ⬛ ⓘ ⬛

fermé 20 déc. au 3 fév. – Repas 88/300 ♀, enf. 48 – ☲ 50 – **29 ch** 270/395 – ½ P 350/420

LEIGNÉ-LES-BOIS 86450 Vienne 68 ⑤ – 500 h alt. 125.

Paris 322 – Poitiers 55 – Le Blanc 35 – Châtellerault 17 – Loches 61 – La Roche-Posay 10.

XX **Bernard Gautier,** ✆ 05 49 86 53 82, Fax 05 49 86 58 05 – ⬛

fermé fév. – Repas 125/300

LELEX 01410 Ain 70 ⑮ – 232 h alt. 900 – Sports d'hiver : voir au Col de la Faucille.

Paris 492 – Bourg-en-Bresse 92 – Gex 28 – Morez 39 – Nantua 44 – St-Claude 51.

🏠 **Crêt de la Neige,** ✆ 04 50 20 90 15, Fax 04 50 20 94 46, 🍴, ≉, XX – ☎ 🖭 ⬛ ⬛.
🍴 rest

18 juin-10 sept. et 17 déc.-17 avril – Repas 87/149 ♂, enf. 50 – ☲ 33 – **28 ch** 195/345 –
½ P 249/324

🏠 **Centre,** ✆ 04 50 20 90 81, Fax 04 50 20 93 97, 🍴 – ☎ 🖭 ⬛

10 juil.-30 sept. et 20 déc.-30 avril – Repas (fermé du lundi midi au vend. midi hors saison)
(75)-95/135 ♀, enf. 50 – ☲ 35 – **19 ch** 280/338 – ½ P 300/325

X **Mont Jura** avec ch, ✆ 04 50 20 90 53, Fax 04 50 20 95 20, 🍴 – ☎ 🖭 ⬛

fermé 7 au 14 avril, 7 au 14 nov. et mardi hors saison – Repas 98/155 ♂, enf. 40 – ☲ 30
14 ch 210/375 – ½ P 220/290

LEMBACH 67510 B.-Rhin 57 ⑲ G. Alsace Lorraine – 1 710 h alt. 190.

Env. Château de Fleckenstein★★ NO : 7 km.

🛈 Office de Tourisme 23 rte de Bitche ✆ 03 88 94 43 16, Fax 03 88 94 20 04.

Paris 468 – Strasbourg 57 – Bitche 32 – Haguenau 24 – Wissembourg 15.

🏛 **Heimbach** sans rest, 15 rte Wissembourg ✆ 03 88 94 43 46, Fax 03 88 94 20 05 – 📶 ☎ 🖭.
⬛

☲ 50 – **18 ch** 320/410

🏠 **Vosges du Nord** sans rest, 59 rte Bitche ✆ 03 88 94 43 41, Fax 03 88 94 23 08 – 🖭. ⬛

fermé fév. et lundi – ☲ 29 – **7 ch** 285/295

XXXX **Auberge du Cheval Blanc** (Mischler), 4 rte Wissembourg ✆ 03 88 94 41 86,
🌸🌸🌸 Fax 03 88 94 20 74, « Ancien relais de poste », ≉ – ☲ 🖭 ⬛ ⓘ ⬛
❀❀ fermé 3 au 21 juil., 29 janv. au 23 fév., lundi et mardi – Repas 195/470 et carte 310 à 480 ♀,
enf. 130

Spéc. Presskopf de poissons d'eau douce légèrement fumés. Farandole de quatre foies
d'oie chauds. Médaillons de chevreuil à la moutarde de fruits rouges (15 mai à fin fév.). **Vins**
Riesling, Pinot noir.

à Gimbelhof Nord : 10 km par D 3, D 925 et rte forestière – ✉ 67510 Lembach :

X **Gimbelhof** ⬦ avec ch, ✆ 03 88 94 43 58, Fax 03 88 94 23 30, ≤ – ☎ 🖭 ⬛

fermé 21 nov. au 26 déc. et vacances de fév. – Repas (fermé lundi et mardi) 70 (déj.),
120/160 ♀, enf. 74 – ☲ 25 – **7 ch** 150/230 – ½ P 220

LENCLOÎTRE 86140 Vienne 68 ③ G. Poitou Vendée Charentes – 2 222 h alt. 71.

Paris 321 – Poitiers 29 – Châtellerault 18 – Mirebeau 12 – Richelieu 24.

XX **Champ de Foire,** pl. Champ de foire ✆ 05 49 90 74 91, Fax 05 49 93 33 76 – ⬛. ⬛

fermé 10 au 17 sept., 18 déc. au 1er janv., 15 au 28 fév., dim. soir et lundi sauf fériés – Repas
90/210 ♀

LENS ⬛ 62300 P.-de-C. 51 ⑮, 111 ㉘ G. Picardie Flandres Artois – 35 017 h Agglo. 323 174 h
alt. 38.

Env. Mémorial canadien de Vimy★ 9 km par ④ N. D. de Lorette ✸★ SO : 11 km.

🛈 Office de Tourisme 26 r. de la Paix ✆ 03 21 67 66 66, Fax 03 21 67 65 66.

Paris 199 ③ – Lille 36 ① – Arras 19 ③ – Béthune 19 ④ – Douai 25 ② – St-Omer 69 ④.

LENS

Anatole-France........... **BXY**
Basly (Bd Emile) .... **ABY**
Berthelot (R. Marcelin) .... **BY** 3
Combes (R. Emile) ...... **CX** 4
Decrombecque
  (R. Guilsain) .... **BXY** 6
Diderot (R. Denis) ...... **CY** 7
Faidherbe (R. Louis) ..... **BY** 8
Flament (R. Etienne)...... **BX** 10

Freycinet (R. Louis de) ..... **CX** 12
Gare (R. de la) .... **BCY**
Gauthier (R. François) ...... **BY** 13
Havre (R. du)............ **CY** 14
Hospice (R. de l') .... **BY** 15
Huleux (R. François) ..... **BXY** 16
Jean Jaurès (Pl) .... **BY** 18
Jean Moulin (R.) .... **BX** 19
Lamendin (R. Arthur) .... **CXY** 20
Lanoy (R. René)......... **BXY** 21
Leclerc (R. du Mar.) ..... **BY** 22
Paix (R. de la) .... **BY** 23

Paris (R. de)............. **BY** 24
Pasteur (R. Louis) ...... **BX** 25
Pourquoi-Pas (R. du) ..... **ABX** 26
Pressense
  (R. Francis de) .... **CX** 27
République (Pl. de la) ..... **BY** 28
Reumaux (Av. Elie) ...... **ABX** 29
Sorriaux (R. Uriane)...... **BCX** 30
Varsovie (Av de) .... **CY** 31
Wetz (R. du) .... **BX** 32
8 Mai 1945 (R.)......... **CY** 33
11 Novembre (R. du) ..... **ABX** 36

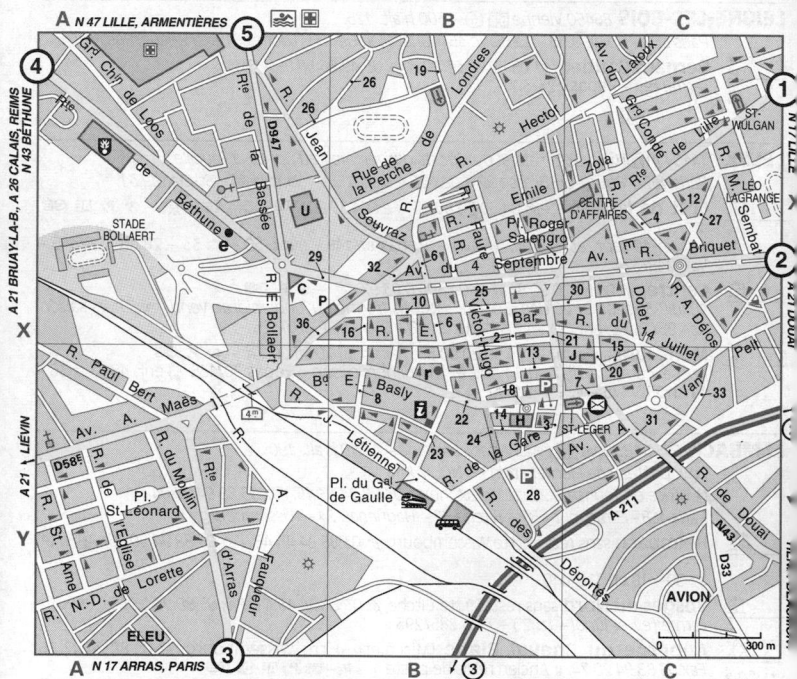

🏨 **Lensotel,** centre commercial Lens 2 par ⑤ : *3,5 km* ⊠ 62880 Vendin-le-Vieil
ℰ 03 21 79 36 36, *Fax 03 21 79 36 00*, 🏊, 🥊 – 📺 ☎ 📶 🅿 – 🔏 15 à 120. 🆎 ⑩ 🅶🅱
Repas 95/160 ♀ – 😋 42 – **70 ch** 330/380 – ½ P 280

🏨 **Espace Bollaert** Ⓜ, 13C rte Béthune ℰ 03 21 78 30 30, *Fax 03 21 78 24 83* – 📞 ✿,
▤ rest, 📺 ☎ 📶 🦽 🅿 – 🔏 50 à 150. 🆎 🅶🅱   AX e
Repas *(fermé août et dim. soir)* 120/410 ♀ – 😋 40 – **54 ch** 260/400 – ½ P 285

✕✕ **L'Arcadie,** 13 r. Decrombecque ℰ 03 21 70 32 22, *Fax 03 21 70 32 22* – ⑩ 🅶🅱
😋 *fermé août , dim. soir, mardi soir, merc. soir et lundi* – **Repas** 83/205 ♀   BY r

---

LÉON *40550 Landes* 🔢 ⑯ – *1 330 h alt. 9.*

Voir *Courant d'Huchet⋆ en barque NO : 1,5 km,* G. Aquitaine.

🅱 *Office de Tourisme pl. J.-B. Courtiau ℰ 05 58 48 76 03, Fax 05 58 48 76 03 et (hors saison)
Mairie ℰ 05 58 49 20 01.*

Paris 726 – Mont-de-Marsan 81 – Castets 14 – Dax 29.

🏨 **Lac** 🌊, 2 r. des Berges du Lac ℰ 05 58 48 73 11, ≼ – ☎. 🅶🅱. 🎾
😋 *1er avril-1er oct.* – **Repas** 75/165, enf. 40 – 😋 29 – **15 ch** 165/350 – ½ P 270/320

A good moderately priced meal : 🍴 **Repas** 100/130

694

LÉRÉ *18240 Cher* 🔡 ⑫ *G. Berry Limousin – 1 161 h alt. 145.*
Paris 180 – Auxerre 72 – Bourges 65 – Montargis 65 – Nevers 62 – Orléans 105.

  XX   **Lion d'Or** avec ch, ℰ 02 48 72 60 12, Fax 02 48 72 56 18 – 🍽 rest, 📺 ☎ ⓪ 🇬🇧
    fermé dim. soir du 15 sept. au 15 mars – **Repas** 105/305 ♈ – ☲ 35 – **8 ch** 245/355 –
    ½ P 255

LÉRINS (Iles de) *06 Alpes-Mar.* 🔢 ⑨ – *voir à Ste-Marguerite et St-Honorat.*

LESCAR *64 Pyr.-Atl.* 🔢 ⑥ – *rattaché à Pau.*

LESCUN *64490 Pyr.-Atl.* 🔢 ⑮ *G. Aquitaine – 198 h alt. 900.*
Voir ⚹ ★★ *30 mn.*
Paris 846 – Pau 70 – Lourdes 88 – Oloron-Ste-Marie 36.

  ⚓   **Pic d'Anie** ⏻, ℰ 05 59 34 71 51, Fax 05 59 31 53 22, ≤, 🏠 – ☎. 🇬🇧. 🛁 ch
    début avril-mi-sept. – **Repas** *(fermé le midi de sept. à juin sauf dim.)* 95/200 ♈, enf. 70 –
    ☲ 35 – **10 ch** 220/280 – ½ P 260/280

LÉSIGNY *77 S.-et-M.* 🔢 ②., 🔢 ㉙ – *voir à Paris, Environs.*

LESPARRE-MÉDOC ◁▣▷ *33340 Gironde* 🔢 ⑰ – *4 661 h alt. 12.*
Paris 543 – Bordeaux 66 – Soulac-sur-Mer 30.

à Gaillan-en-Médoc *Nord-Ouest : 5 km par N 215 – 1 773 h. alt. 9 – ⊠ 33340 :*

  XXX   **Château Layauga** avec ch, ℰ 05 56 41 26 83, Fax 05 56 41 19 52, 🏠, 🌳 – 🍴, 🍽 rest,
    📺 ☎ 📶 ♿ ⇦ 🅿. 🆎 🇬🇧 🇯🇨🇧
    fermé fév. – **Repas** 195/450 et carte 370 à 530 ♈ – ☲ 65 – **7 ch** 650 – ½ P 650

à St-Germain-d'Esteuil *Sud-Est : 7 km par D 204[E1] – 1 020 h. alt. 21 – ⊠ 33340 :*

  X   **Bouchon d'Esteuil**, près Église, ℰ 05 56 09 08 63, Fax 05 56 09 08 63, 🏠 – 🇬🇧
    fermé nov., dim. soir et lundi – **Repas** 135/175 ♈, enf. 60

à Queyrac *Nord-Ouest : 8 km par N 215 et D 102[E2] – 1 129 h. alt. 4 – ⊠ 33340 :*

  🏠   **Vieux Acacias** ⏻ sans rest, ℰ 05 56 59 80 63, Fax 05 56 59 85 93, 🌳 – 📺 ☎ 🅿. 🇬🇧
    fermé 5 au 15 déc. – ☲ 39 – **15 ch** 260/320

LESTELLE-BÉTHARRAM *64800 Pyr.-Atl.* 🔢 ⑦ *G. Aquitaine – 865 h alt. 299.*
Voir *Sanctuaire et Grottes de Bétharram★ S : 5 km.*
Paris 806 – Pau 28 – Laruns 35 – Lourdes 17 – Nay 10 – Oloron-Ste-Marie 43.

  🏨   **Vieux Logis** ⏻, rte des Grottes de Bétharram : 2 km ℰ 05 59 71 94 87,
    Fax 05 59 71 96 75, ≤, 🏠, « Parc », ⚊ – 🍴 📺 ☎ ♿ 🅿. ♨ 25. 🆎 🇬🇧
    fermé 25 oct. au 6 nov., 1er fév. au 5 mars, dim. soir et lundi hors saison – **Repas** 110/240,
    enf. 45 – ☲ 45 – **40 ch** 210/300, 5 chalets – ½ P 270/310

  ⚓   **Touristes-Chez Lartigue**, ℰ 05 59 71 93 05, Fax 05 59 71 90 09, 🏠 – ☎. 🇬🇧. 🛁 rest
    fermé 3 janv. au 12 fév. et lundi du 10 sept. au 30 juin – **Repas** 70/190 ♨, enf. 50 – ☲ 33 –
    14 ch 135/250 – ½ P 195/240

LEUCATE *11370 Aude* 🔢 ⑩ *G. Languedoc Roussillon – 2 177 h alt. 21.*
Voir ≤★ *du sémaphore du Cap E : 2 km.*
🅱 *Office de Tourisme Municipal Espace Culturel* ℰ 04 68 40 91 31, Fax 04 68 40 24 76.
Paris 830 – Perpignan 36 – Carcassonne 87 – Narbonne 38 – Port-la-Nouvelle 18.

  XX   **Jouve** avec ch, sur la plage ℰ 04 68 40 02 77, Fax 04 68 40 03 60, ≤, 🏠 – 📺 ☎. 🆎 ⓪
    🇬🇧. 🛁 ch
    1er avril-8 oct. – **Repas** *(fermé lundi sauf le soir en juil.-août et dim. soir)* 110/220 – ☲ 42 –
    7 ch 380/460 – ½ P 360/400

  X   **Village**, au village, 129 av. J. Jaurès ℰ 04 68 40 06 91 – 🍽. 🇬🇧
    Repas 80/160 ♨, enf. 45

à Port-Leucate *Sud : 7 km par D 627 – ⊠ 11370 :*

  🏠   **Deux Golfs** sans rest, sur le port ℰ 04 68 40 99 42, Fax 04 68 40 79 79 – 🍴 📺 ☎ ♿ 🅿. 🆎
    ⓪ 🇬🇧
    1er mars-31 oct. – ☲ 30 – **30 ch** 295/395

LEUTENHEIM 67480 B.-Rhin 87 ③ – 669 h alt. 119.

Paris 512 – *Strasbourg 41* – Haguenau 22 – Karlsruhe 48.

✗ **Auberge Au Vieux Couvent**, à Koenigsbruck, Nord-Ouest : 2 km par D 163
🕿 03 88 86 39 86, 😤 – 🅟, 😚
fermé 1er au 15 mars, 6 au 22 sept., lundi et mardi – **Repas** (50) - 155 ♀

LEVALLOIS-PERRET 92 Hauts-de-Seine 55 ⑳,, 101 ⑮ – *voir à Paris, Environs.*

LEVENS 06670 Alpes-Mar. 84 ⑲, 115 ⑯ *G. Côte d'Azur* – 2 686 h alt. 600.

Voir ⩽★ – *Saut des Français* ⩽★★ *N : 8 km.*

Paris 952 – Antibes 44 – Cannes 54 – Nice 24 – Puget-Théniers 49 – St-Martin-Vésubie 38.

🏛 **Vigneraie** ⑤, rte St-Blaise 1,5 km 🕿 04 93 79 70 46, Fax 04 93 79 84 35, 😤, 🛲 – 📺 🕿
🅟, 😚
1er fév.-8 oct. – **Repas** (dîner pour résidents seul.) 105/150 – ☲ 30 – **18 ch** 150/200 –
½ P 270

✗ **Les Santons**, au village 🕿 04 93 79 72 47, 😤 – 😚
😖 *fermé 26 juin au 5 juil., 25 sept. au 4 oct., 3 janv. au 8 fév., merc. et le soir sauf sam.* – **Repas**
(prévenir) 110/195

LEVERNOIS 21 Côte-d'Or 69 ⑨ – *rattaché à Beaune.*

LEVIE 2A Corse-du-Sud 90 ⑧ – *voir à Corse.*

LEVROUX 36110 Indre 68 ⑧ *G. Berry Limousin* – 3 045 h alt. 142.

Voir *Collégiale St-Sylvain★ : stalles★, buffet d'orgues★.*

Env. *Château de Bouges★★, parc★ NE : 9,5 km.*

🚩 *Office de Tourisme (ouvert juil.-août) r. Gambetta 🕿 02 54 35 63 39.*

Paris 265 – Blois 81 – Châteauroux 20 – Châtellerault 96 – Loches 55 – Vierzon 55.

🏛 **Cloche**, 3 r. Nationale 🕿 02 54 35 70 43, Fax 02 54 35 67 43 – 😚. 🛏 ch
😖 *fermé fév., lundi soir et mardi* – **Repas** 85/168 ♀ – ☲ 30 – **18 ch** 170/320

✗✗ **Relais St-Jean**, 34 r. Nationale 🕿 02 54 35 81 56, Fax 02 54 35 36 09, 😤 – 🆎 😚
😖 *fermé 26 fév. au 4 mars, merc. sauf le midi de juin à sept. et dim. soir* – **Repas** 85/215 ♀,
enf. 65

LÉZIGNAN-CORBIÈRES 11200 Aude 83 ⑬ – 7 881 h alt. 51.

🚩 *Office de Tourisme 9 Crs de la République 🕿 04 68 27 05 42, Fax 04 68 27 05 42.*

Paris 817 – *Perpignan 82* – Carcassonne 40 – Narbonne 22 – Prades 126.

✗ **Rest. Tournedos et H. Tassigny** avec ch, pl. de Lattre-de-Tassigny 🕿 04 68 27 11 51,
😖 Fax 04 68 27 67 31 – 🍽 rest, 📺 🕿 ⬤. 😚
fermé 1er au 9 oct., 7 au 14 fév., lundi (sauf hôtel) et dim. soir – **Repas** 76 bc/240 bc, enf. 40
– ☲ 35 – **19 ch** 200/290 – ½ P 220

LEZOUX 63190 P.-de-D. 73 ⑮ *G. Auvergne* – 4 819 h alt. 340.

Voir *Moissat-Bas : châsse de St-Lomer★★ dans l'église S : 5 km.*

🚩 *Syndicat d'Initiative à la Mairie 🕿 04 73 73 01 00 et Antenne d'été: Musée
(1er juin-30 sept.) r. Pasteur 🕿 04 73 73 03 13.*

Paris 436 – *Clermont-Ferrand 30* – Issoire 43 – Riom 28 – Thiers 16 – Vichy 41.

✗✗ **Voyageurs** avec ch, pl. de la Mairie 🕿 04 73 73 10 49, Fax 04 73 73 92 60 – 📺 🕿 ⬤,
fermé 8 août au 4 sept., 25 sept. au 10 oct., 1er au 8 janv., dim. soir et lundi – **Repas** (70) -
90/200 ♀, enf. 60 – ☲ 32 – **9 ch** 210/290 – ½ P 200/240

à Bort-l'Étang Sud-Est : 8 km par D 223 et D 309 – 409 h. alt. 420 – ⊠ 63190 :

Voir ⩹★ *de la terrasse du château★ à Ravel O : 5 km.*

🏰 **Château de Codignat** ⑤, Ouest : 1 km 🕿 04 73 68 43 03, Fax 04 73 68 93 54, ⩽, 😤,
❀ parc, « *Château du 15e siècle décoré avec raffinement* », 🛁, 🛲 – 📺 🕿 ⬤ 🅟 – 🔺 40. 🆎 ⓞ
😚
20 mars-1er nov. – **Repas** *(fermé le midi du lundi au vend.)* (nombre de couverts limité,
prévenir) 295/480 – ☲ 85 – **19 ch** 750/1350 – ½ P 850/1150
Spéc. Terrine de foie gras, salade de lentilles du Puy. Panaché d'agneau aux gnocchi de
ricotta. Délice aux deux chocolats.

🛈 *Office de Tourisme (fermé dim.) pl. A.-Surchamp* ℰ 05 57 51 15 04, Fax 05 57 25 00 58.
Paris 579 ⑥ – Bordeaux 31 ④ – Agen 131 ③ – Bergerac 63 ③ – Périgueux 93 ②

LIBOURNE

	Gambetta (R.)	**ABY**	Prép. Doumor (R. du) .... **ABY** 28
	Jaurès (R. J.)	**ABZ**	Prés.-Wilson (R. du) ...... **BY** 29
	J.-J.-Rousseau (R.)	**ABZ** 10	Princeteau (Pl.) .... **ABY** 30
Amade (Q. du Gén. d') .... **AZ** 4	Lattre-de-Tassigny		Salinières
Clemenceau (Av. G.) ...... **BY** 5	(Pl. du Mar.-de)	**AZ** 14	(Quai des) .... **AY** 35
Decazes (Pl.) .... **BY** 6	Montaigne (R. M.)	**BZ** 21	Surchamp (Pl. A.) .... **AZ**
Ferry (R. J.) .... **BY** 7	Montesquieu (R.)	**BY** 23	Thiers (R.) .... **AZ**
Foch (Av. du Mar.) .... **BY** 8	Prés.-Carnot (R. du)	**ABY**	Waldeck-Rousseau (R.) .... **AY** 45

XX **Chez Servais,** 14 pl. Decazes ℰ 05 57 51 83 97 – ⊟⊞
  fermé 14 au 31 août, vacances de fév., dim. soir et lundi – **Repas** 130/240   BY **n**
XX **Bord d'Eau,** par ⑤ : *1,5 km* ⊠ 33126 Fronsac ℰ 05 57 51 99 91, *Fax 05 57 25 11 56*, ≤,
  « Au bord de la Dordogne » – **P.** ⊟⊞
  fermé 11 au 26 fév., dim. soir et lundi – **Repas** 100/270 ♀, enf. 65
X **Bistrot Chanzy,** 16 r. Chanzy ℰ 05 57 51 84 26, *Fax 05 57 51 84 89*, 佘 – ▤. ⊟⊞
  fermé 14 au 20 août, lundi soir et dim. – **Repas** (85) - 95 ♀   BY **a**

When looking for a hotel or restaurant use the most efficient method.
*Look for the names of towns **underlined in red***
*on the **Michelin maps** scale: 1:200 000.*
But make sure you have an up-to-date map!

LIÈPVRE 68660 H.-Rhin **62** ⑱ – 1 558 h alt. 272.

Paris 422 – Colmar 34 – Ribeauvillé 20 – St-Dié 30 – Sélestat 15.

XX **Auberge Frankenbourg** ❀ avec ch., à La Vancelle Nord-Est : 2,5 km par rte secondaire ✉ 67730 ☎ 03 88 57 93 90, Fax 03 88 57 91 31, 🌳, 🍴 – 📺 ☎ ✆ 🅰️, **GB**
fermé 1ᵉʳ au 10 juil., 15 fév. au 12 mars, mardi soir et merc. – **Repas** (60) - 128/210 ♈ – 🖙 38 –
11 ch 230/270 – ½ P 250

XX **Vieille Forge**, à Bois-l'Abbesse, Est : 3 km par rte Sélestat ✆ 03 89 58 92 54,
Fax 03 89 58 43 58 – **P**, **AE** ⓪ **GB**
fermé 4 au 22 juil., 15 au 23 fév., dim. soir et lundi – **Repas** (80) - 130/280 ♈

LIESSIES 59740 Nord **53** ⑥ G. Picardie Flandres Artois – 531 h alt. 165.

Voir Lac du Val Joly★ E : 5 km.

Paris 216 – St-Quentin 74 – Avesnes-sur-Helpe 14 – Charleroi 47 – Hirson 24 – Maubeuge 24.

🏛 **Château de la Motte** ❀, Sud : 1 km par rte secondaire ✆ 03 27 61 81 94,
Fax 03 27 61 83 57, parc – 📺 ☎ **P** – 🔏 50. **GB**
fermé 15 déc. au 10 fév. et dim. soir hors saison – **Repas** 120/200 ♈, enf. 60 – 🖙 40 – **8 ch**
280/430 – ½ P 320/360

✂ **Carillon**, ✆ 03 27 61 80 21, Fax 03 27 61 82 34 – **AE** **GB**
🍴 fermé 15 au 29 nov., vacances de fév., dim. soir sauf juil.-août et merc. – **Repas** 85 bc/198 ♈

LIEUSAINT 77 S.-et-M. **56** ①., **101** ㉝ – voir à Paris, Environs.

LIEZ (Lac de la) 52 H.-Marne **66** ③ – rattaché à Langres.

LIGNAN-SUR-ORB 34 Hérault **83** ⑭ – rattaché à Béziers.

LIGNY-EN-CAMBRÉSIS 59191 Nord **53** ⑭ – 1 835 h alt. 127.

Paris 194 – St-Quentin 34 – Arras 52 – Cambrai 17 – Valenciennes 41.

🏰 **Château de Ligny** **M** ❀, ✆ 03 27 85 25 84, Fax 03 27 85 79 79, parc – 📳 ✳ 📺 ☎ ✆ **P**
❀ – 🔏 80 à 200. **AE** **GB**. ✳
fermé vacances de fév. – **Repas** (160) - 240/420 et carte 320 à 480 ♈ – 🖙 80 – **13 ch**
650/1500 – ½ P 565/990
Spéc. Ravioles de lapin aux saveurs de la Toscane. Tourte de volaille de Licques au foie gras.
Soufflé chaud à la chicorée.

LIGNY-LE-CHÂTEL 89144 Yonne **65** ⑤ G. Bourgogne – 1 122 h alt. 130.

Env. Abbaye de Pontigny★ 4 km au NE.

Paris 182 – Auxerre 22 – Sens 59 – Tonnerre 29 – Troyes 64.

🏛 **Relais St-Vincent** ❀, ✆ 03 86 47 53 38, Fax 03 86 47 54 16, 🌳 – 📺 ☎ ✆ **P** – 🔏 50.
🍴 **AE** ⓪ **GB**
Repas 78/160 ♈ – 🖙 45 – **15 ch** 245/400 – ½ P 240/320

LIGSDORF 68 H.-Rhin **87** ⑳ – rattaché à Ferrette.

LIGUEIL 37240 I.-et-L. **68** ⑤ G. Châteaux de la Loire – 2 201 h alt. 85.

Paris 273 – Tours 46 – Le Blanc 56 – Châteauroux 80 – Châtellerault 37 – Loches 19.

🏛 **Colombier**, pl. Gén. Leclerc ✆ 02 47 59 60 83, Fax 02 47 59 61 12 – ☎. **GB**
🍴 fermé 1ᵉʳ au 15 sept., 2 janv. au 15 fév. et vend. – **Repas** (55) - 68/195 ♈, enf. 45 – 🖙 30 –
11 ch 150/230 – ½ P 220/260

à Cussay Sud-Ouest : 3,5 km par D 31 – 551 h. alt. 105 – ✉ 37240 :

XX **Auberge du Pont Neuf** avec ch, ✆ 02 47 59 66 37, 🌳 – 📺 ☎ ✆ **P**, **AE** ⓪ **GB**
🏡 fermé vacances de Toussaint, de fév. et lundi – Repas 98/250 ♈ – 🖙 48 – **7 ch** 160/290 –
½ P 290

*Les plans de villes
sont orientés le Nord en haut.*

LILLE

P 59000 Nord **51** ⑯ **000** ㉒ G. Picardie Flandres Artois
- 172 142 h. - Agglo. 952 234 h - alt. 10.
Paris 223 ⑩ – Bruxelles 115 ⑧ – Gent 74 ② – Luxembourg 312 ⑧ – Strasbourg 523 ⑧

OFFICE DE TOURISME

Palais Rihour ℰ 03 20 21 94 21, Fax 03 20 21 94 20.

RENSEIGNEMENTS PRATIQUES

TRANSPORTS
Auto-train ℰ 08 36 35 35 35.

AÉROPORT
Lille-Lesquin ℰ 03 20 49 68 68 par A1 : 8 km **HT.**

DÉCOUVRIR

AN 2000
15-16 juin : le Train Littérature Europe 2000, "Passage des cultures du Nord et du Sud de l'Europe" (rencontres/débats avec des écrivains européens) – sept.-déc. . Afrique en créations (festivals, expositions...).

AUTOUR DU BEFFROI DE LA CHAMBRE DE COMMERCE
Le Vieux-Lille★★ EY : Vieille Bourse★★, rue de la Monnaie★, hospice Comtesse★ - Maison natale du Général de Gaulle - Église St-Maurice★
La Citadelle★ BV

AUTOUR DU BEFFROI DE L'HÔTEL DE VILLE
Quartier St-Sauveur FZ : porte de Paris★, ≼★ du beffroi - Palais des Beaux-Arts★★★ EZ

LES QUARTIERS QUI BOUGENT
Place du Général-de-Gaulle (Grand'Place)★ - Place Rihour - Rue de Béthune (cinémas) - Euralille (tour du Crédit Lyonnais★).
Et autour de la gare Lille-Flandres FY.

...ET AUX ENVIRONS
Villeneuve d'Ascq : musée d'Art moderne★★ HS **M**
Bondues : château du Vert-Bois★ HR
Bouvines : vitraux de l'église et évocation de la bataille JT

699

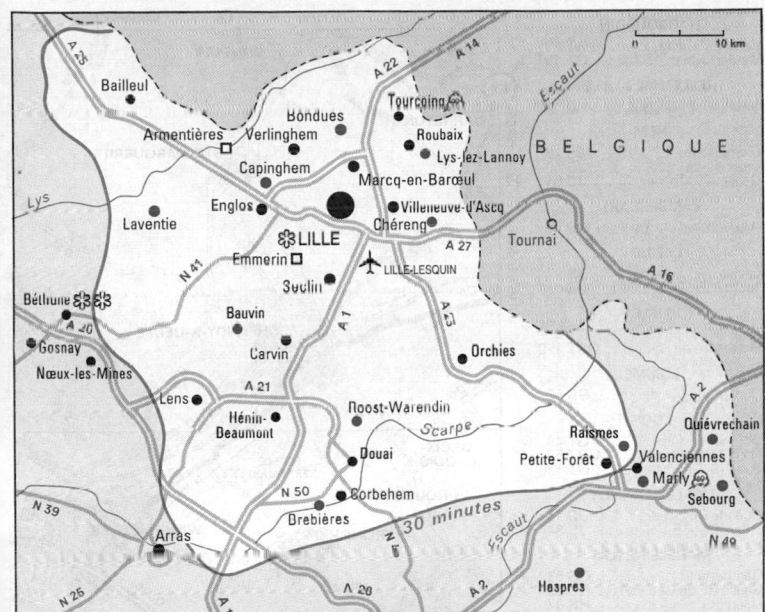

Alliance M ⤢, 17 quai du Wault ⊠ 59800 ℰ 03 20 30 62 62, *Fax 03 20 42 94 25*, « Ancien couvent du 17ᵉ siècle » – 📱 ✦ 📺 ☎ ✆ ᵬ 🅿 – 🔥 35 à 100. 🆎 ⓞ 🅶🅱 ᴊᴄᴮ
✦ rest   p. 6 BV **d**
Repas *(fermé lundi du 15 juil. au 30 août)* 95/165 bc 🍷, enf. 45 – 🍽 80 – **80 ch** 1050, 3 appart

Carlton sans rest, 3 r. Paris ⊠ 59800 ℰ 03 20 13 33 13, *Fax 03 20 51 48 17* – 📱 ✦ 📺 ☎
✆ ᵬ 🚗 – 🔥 35 à 100. 🆎 ⓞ 🅶🅱 ᴊᴄᴮ   p. 8 EY **u**
🍽 85 – **57 ch** 875/1250, 3 appart

Novotel Centre M, 116 r. Hôpital Militaire ⊠ 59800 ℰ 03 28 38 53 53,
Fax 03 28 38 53 54, 🍽 – 📱 ✦ ▤ 📺 ☎ ✆ ᵬ – 🔥 30. 🆎 ⓞ 🅶🅱   p. 8 EY **s**
Repas carte 120 à 210 🍷, enf. 50 – 🍽 62 – **102 ch** 590/640

Grand Hôtel Bellevue sans rest, 5 r. J. Roisin ℰ 03 20 57 45 64, *Fax 03 20 40 07 93* – 📱
✦ 📺 ☎ – 🔥 50. 🅰🅴 ⓞ 🅶🅱 ᴊᴄᴮ   p. 8 EY **a**
🍽 65 – **61 ch** 790/1000

Holiday Inn Express M, 75 bis r. Gambetta ℰ 03 20 42 90 90, *Fax 03 20 57 14 24* – 📱
✦ 📺 ☎ ✆ ᵬ 🚗 – 🔥 25 à 100. 🆎 ⓞ 🅶🅱 ᴊᴄᴮ   p. 8 EZ **e**
Repas *(fermé dim. midi et sam.)* (86) 110/130 🍷, enf. 40 – **97 ch** 🍽 510/630

Mercure Royal M sans rest, 2 bd Carnot ⊠ 59800 ℰ 03 20 14 71 47, *Fax 03 20 14 71 48*
– 📱 ✦ 📺 ☎ – 🔥 25. 🆎 ⓞ 🅶🅱 ᴊᴄᴮ   p. 8 EY **h**
🍽 62 – **102 ch** 500/620

Paix sans rest, 46 bis r. Paris ⊠ 59800 ℰ 03 20 54 63 93, *Fax 03 20 63 98 97* – 📱 📺 ☎ ✆.
🅰🅴 ⓞ 🅶🅱 – 🍽 50 – **35 ch** 360/480   p. 8 EY **r**

Ibis Centre, av. Ch. St-Venant ⊠ 59800 ℰ 03 28 36 30 40, *Fax 03 28 36 30 99*, 🍽 – 📱 ✦
📺 ☎ ✆ ᵬ 🚗 – 🔥 20 à 60. 🅰🅴 ⓞ 🅶🅱   p. 8 FYZ **a**
Repas (75) · carte environ 140 🍴, enf. 39 – 🍽 35 – **151 ch** 380/400

Lille Europe M sans rest, av. Le Corbusier ℰ 03 20 30 70 70, *Fax 03 20 21 41 59* – 📱 📺
☎ ✆ 🚗. 🆎 ⓞ 🅶🅱   p. 8 FY **m**
🍽 40 – **97 ch** 380

Treille sans rest, 7 pl. L. de Bettignies ⊠ 59800 ℰ 03 20 55 45 46, *Fax 03 20 51 51 69* – 📱
📺 ☎ ✆. 🅰🅴 ⓞ 🅶🅱   p. 8 EY **d**
🍽 50 – **42 ch** 450/490

HAUBOURDIN
Carnot (R. Sadi) . . . . **GT** 22
Vanderhaghen (R. A.) . . . . **GT** 157

HELLEMMES-LILLE
Salengro (R. Roger) . . . . . **HS** 142

HEM
Clemenceau . . . . **JS** 28
Croix (R. de) . . . . **JS** 40
Gaulle (Av. Ch. de) . . . . **JS** 64

LAMBERSART
Hippodrome (Av. de l') . . . **GS** 76

LANNOY
Leclerc (R. du Gén.) . . . . . **JS** 97
Tournai (R. de) . . . . **JS** 153

LILLE
Arras (R. du Fg-d') . . . . **GT** 4
Postes (R. du Fg-des) . . **GST** 129

LOMME
Dunkerque (Av. de) . . . . . **GS** 52

LOOS
Doumer (R. Paul) . . . . **GT** 49
Foch (R. du Mar.) . . . . . . **GST** 58
Potié (R. Georges) . . . . . . **GT** 130

LYS-LEZ-LANNOY
Guesde (R. Jules) . . . . **JS** 75
Lebas (R. J.-B.) . . . . **JS** 94

MADELEINE (LA)
Gambetta (R.) . . . . **GS** 63
Gaulle (R. du Gén.-de) . . . **HS** 69
Lalau (R.) . . . . **HS** 87

MARCQ-EN-BARŒUL
Clemenceau . . . . **HS** 30
Couture (R. de la) . . . . **HS** 39
Foch (Av. Mar.) . . . . **HS** 57
Nationale (Rue) . . . . **HS** 122

MARQUETTE-LEZ-LILLE
Lille (R. de) . . . . **GS** 103
Menin (R. de) . . . . **HS** 117

MONS-EN-BARŒUL
Gaulle (R. du Gén.-de) . . . **HS** 70

MOUVAUX
Carnot (Bd) . . . . **HR** 21

ST-ANDRE
Lattre-de-Tassigny
(Av. du Mar. de) . . . . . . **GS** 91
Leclerc (R. du Gén.) . . . . . **GS** 99

TOUFFLERS
Déportés (R. des) . . . . **JS** 48

TOURCOING
Yser (R. de l') . . . . **JR** 165
3 Pierres (R. des) . . . . **JR** 166

VILLENEUVE-D'ASCQ
Ouest (Bd de l') . . . . **HS** 124
Ronsse (R. Ch.) . . . . **JT** 136
Tournai (Bd de) . . . . **JT** 151

WAMBRECHIES
Marquette (R. de) . . . . **GS** 108

WATTIGNIES
Clemenceau (R.) . . . . **GT** 31
Gaulle
(R. du Gén.-de) . . . . . . **GT** 72
Victor-Hugo (R.) . . . . **GT** 160

WATTRELOS
Carnot (R.) . . . . **JRS** 24
Jaurès (R. J.) . . . . **JR** 82
Lebas (R. J.-B.) . . . . **JR** 96
Mont-à-Leux (R. du) . . . . . **JR** 121

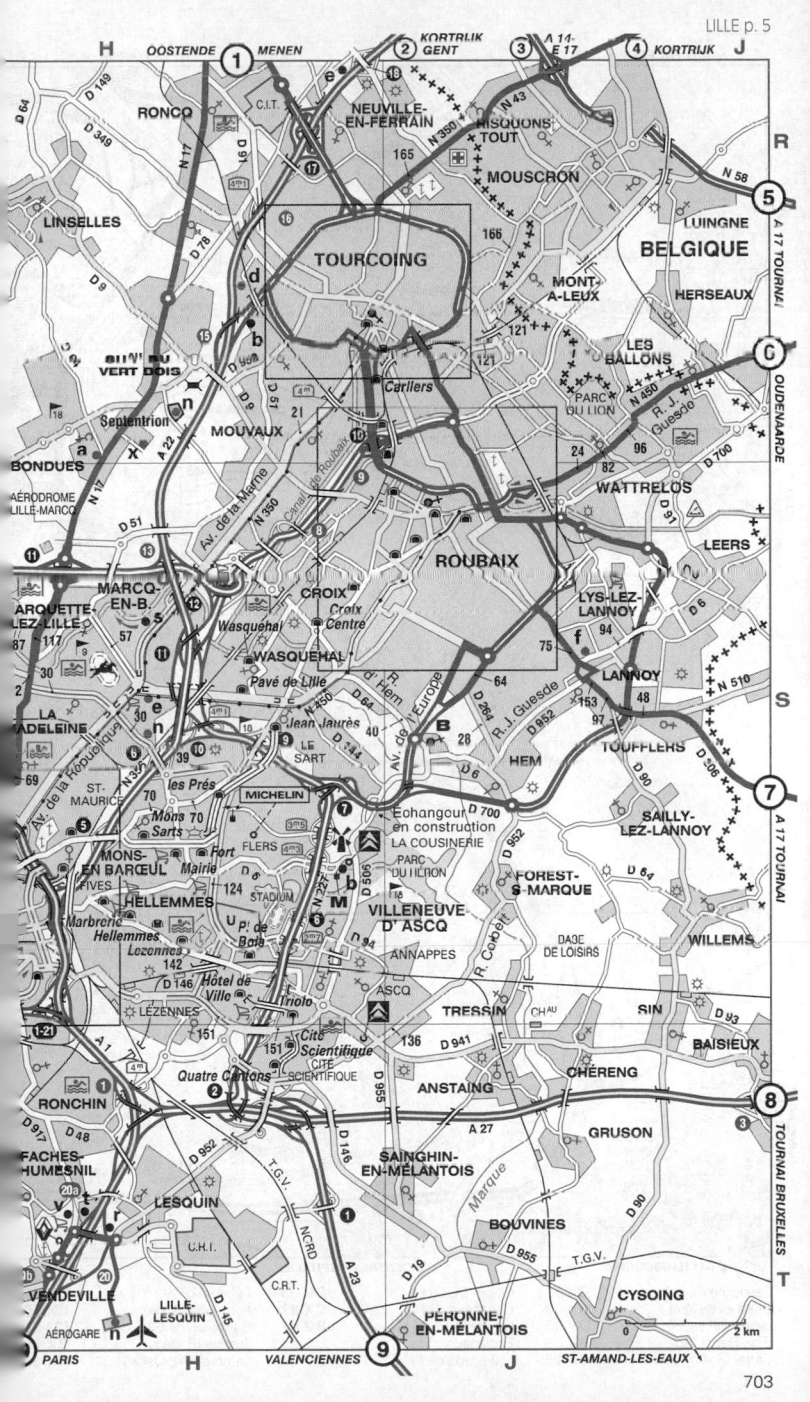

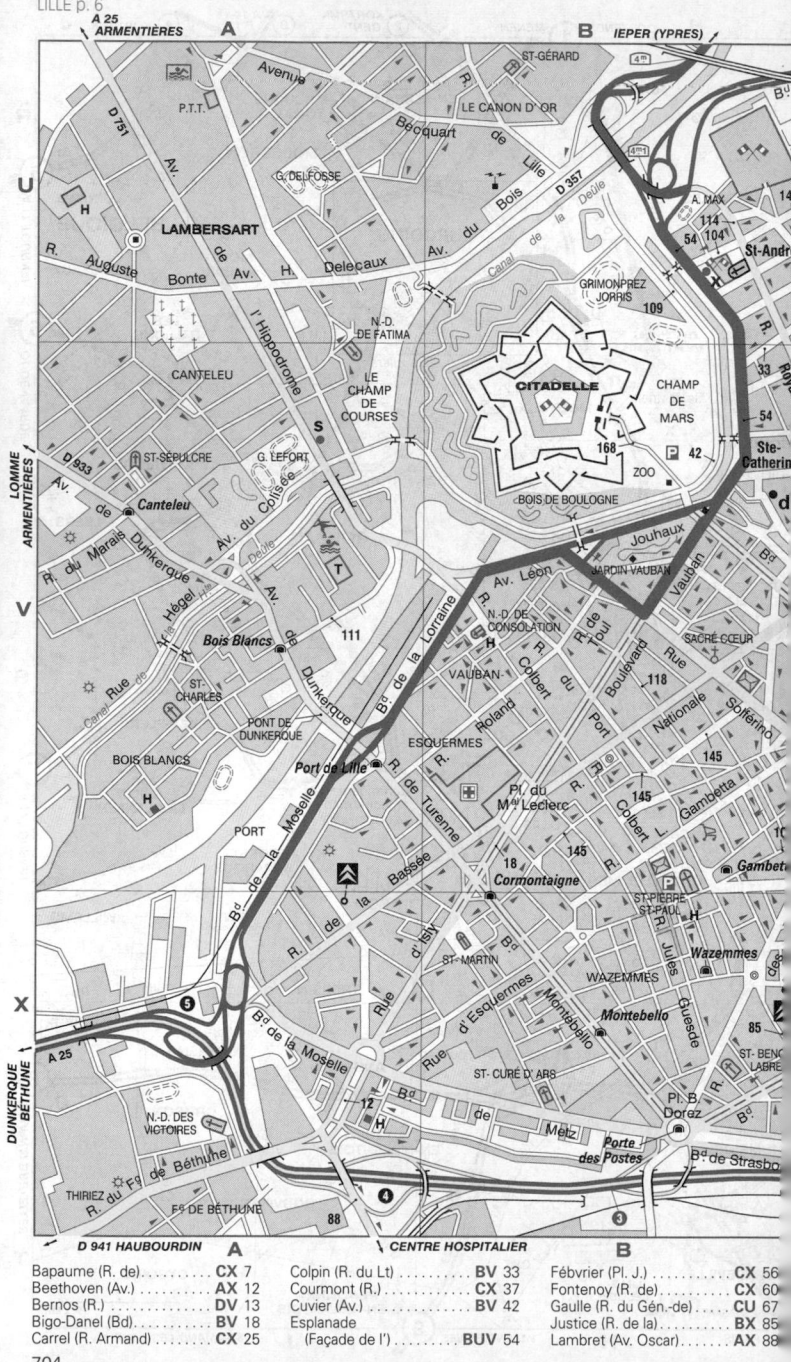

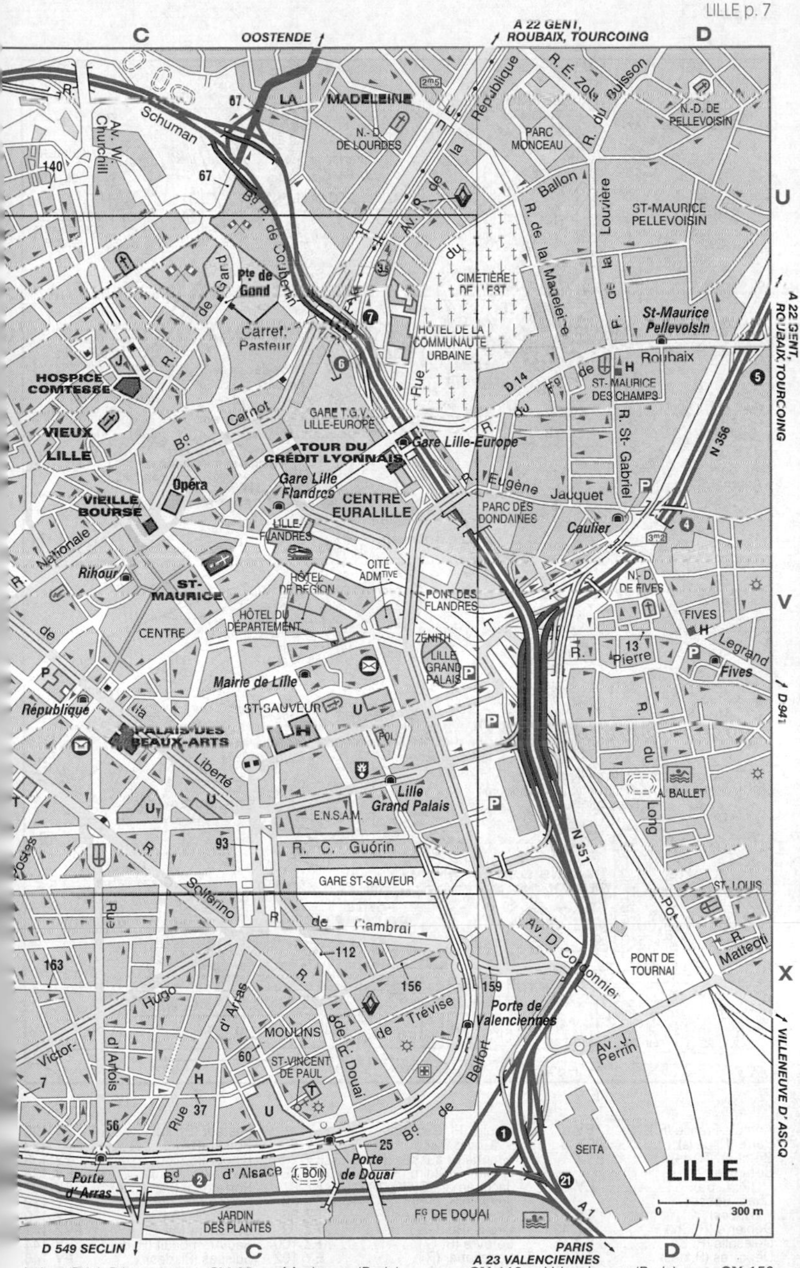

Map labels

OOSTENDE

A 22 GENT,
ROUBAIX, TOURCOING

Av. W. Churchill

Schuman

LA MADELEINE

N.-D.
DE LOURDES

PARC
MONCEAU

N.-D. DE
PELLEVOISIN

ST-MAURICE
PELLEVOISIN

Pte de Gand

Carref.
Pasteur

CIMETIÈRE
DE L'EST

HÔTEL DE LA
COMMUNAUTÉ
URBAINE

St-Maurice
Pellevoisin

Roubaix

ST-MAURICE
DES CHAMPS

A 22 GENT, ROUBAIX TOURCOING

HOSPICE
COMTESSE

VIEUX
LILLE

Cernot

GARE T.G.V.
LILLE-EUROPE

Gare Lille-Europe

Eugène

Jauquet

N 356

Opéra

TOUR DU
CRÉDIT LYONNAIS

Gare Lille
Flandres

CENTRE
EURALILLE

Câulier

N.-D.
DE FIVES

VIEILLE
BOURSE

LILLE-
FLANDRES

PARC DES
DONDAINES

Rihour

ST-
MAURICE

HÔTEL
DE RÉGION

CITÉ
ADMTIVE

PONT DES
FLANDRES

FIVES

Legrand

CENTRE

HÔTEL DU
DÉPARTEMENT

ZÉNITH

Pierre

13

Fives

République

Mairie de Lille

ST-SAUVEUR

LILLE
GRAND
PALAIS

PALAIS DES
BEAUX-ARTS

Liberté

Lille
Grand Palais

A BALLET

Solférino

E.N.S.A.M.

ST-LOUIS

R. C. Guérin

GARE ST-SAUVEUR

Matteoti

de Cambrai

Av. D. Cordonnier

PONT DE
TOURNAI

112

156

159

Porte de
Valenciennes

Av. J.
Perrin

VILLENEUVE D' ASCQ

D 941

MOULINS

de Trévise

Victor-

d' Artois

Hugo

60

ST-VINCENT
DE PAUL

37

25

SEITA

LILLE

Porte
d' Arras

d' Alsace

BOIN

Porte
de Douai

21

0   300 m

D 549 SECLIN

JARDIN
DES PLANTES

F^g DE DOUAI

PARIS
A 23 VALENCIENNES

A 1

Index

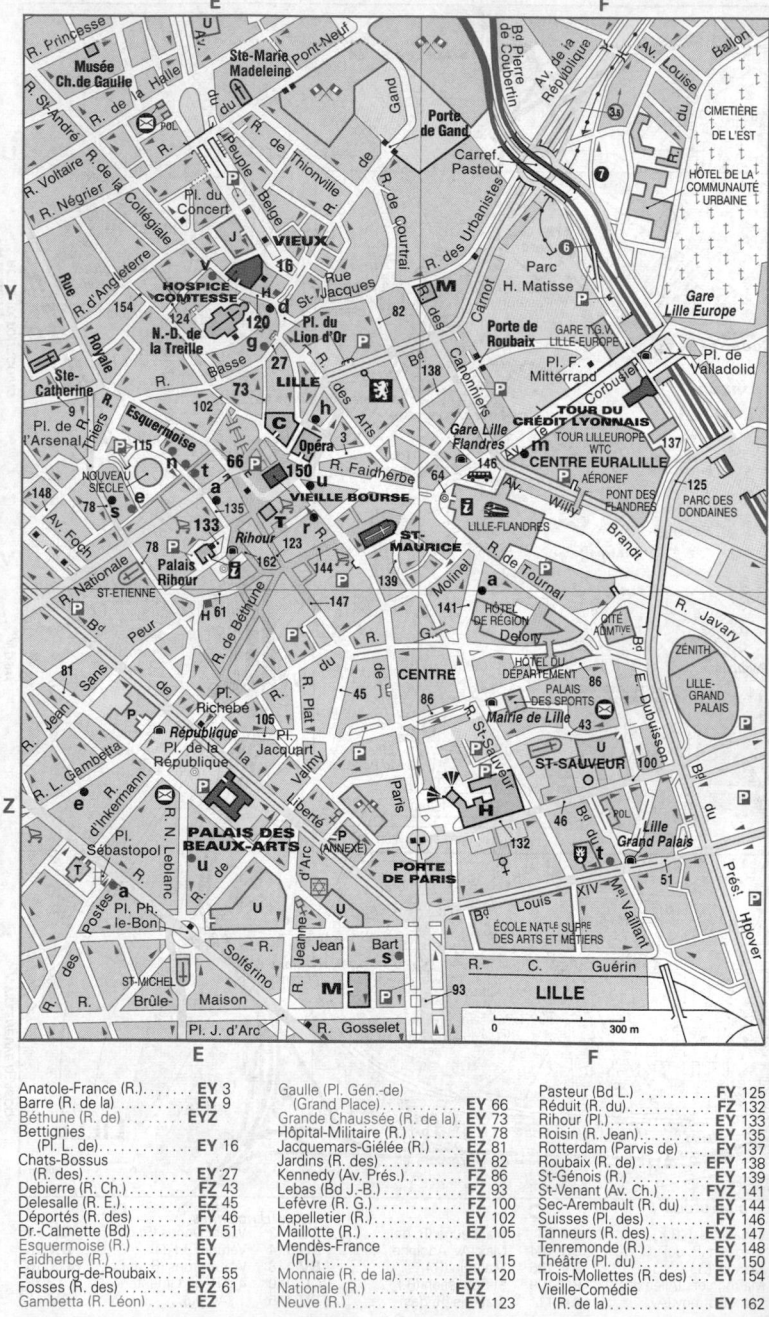

XXXX ✿ **A L'Huîtrière**, 3 r. Chats Bossus ⊠ 59800 ℰ 03 20 55 43 41, Fax 03 20 55 23 10, « Original décor de céramiques dans la poissonnerie » – 🍽. AE ① GB .₪B   p. 8 EY **g**
fermé 22 juil. au 25 août, dim. soir et soirs fériés – **Repas** 260 (déj.), 450/600 et carte 350 à 580 ♀
Spéc. Huîtres et produits de la mer. Filet de turbotin en croûte de pommes de terre. Filet de bar rôti aux épices.

XXX **Laiterie**, 138 av. Hippodrome à Lambersart Nord-Ouest : 2 km ⊠ 59130 Lambersart ℰ 03 20 92 79 73, Fax 03 20 22 16 19, 佘, 🌳 – 🍽. AE GB   p. 6 AV **s**
fermé dim. soir, merc. soir et lundi – **Repas** (180) - 230 bc (déj.), 240/340, enf. 99

XXX **Sébastopol**, 1 pl. Sébastopol ℰ 03 20 57 05 05, Fax 03 20 40 11 31 – AE GB p. 8 EZ **a**
fermé 13 au 24 août, dim. sauf le midi de sept. à juin et sam. midi – **Repas** 165/265, enf. 85

XXX **Cour des Grands**, 61 r. Monnaie ⊠ 59800 ℰ 03 20 06 83 61, Fax 03 20 14 03 75 – AE ①
GB   p. 8 EY **v**
fermé 29 juil. au 20 août, vacances de fév., sam. midi, lundi midi, dim. et fériés – **Repas**
(nombre de couverts limité, prévenir) 185/295 et carte 290 à 380

XX **Baan Thaï**, 22 bd J.-B. Lebas ℰ 03 20 86 06 01, Fax 03 20 86 03 23 – 🍽. AE GB, 🌿
fermé 23 juil. au 23 août, lundi midi, sam. midi et dim. soir – **Repas** - cuisine thaïlandaise - 150/220   p. 8 EZ **s**

XX **Varbet**, 2 r. Pas ⊠ 59800 ℰ 03 20 54 81 40, Fax 03 20 57 55 18 – AE ① GB
fermé 14 juil. au 15 août, Noël au Jour de l'An, dim., lundi et fériés – **Repas** 178 (déj.), 256/485   p. 8 EY **t**

XX **Clément Marot**, 16 r. Pas ⊠ 59800 ℰ 03 20 57 01 10, Fax 03 20 57 39 69 – 🍽. AE ① GB
JCB   p. 8 EY **n**
fermé dim. soir – **Repas** (98) - 138 (déj.), 185/235 ♀

XX **Champlain**, 13 r. N. Leblanc ℰ 03 20 54 01 38, Fax 03 20 40 07 28, 佘 – AE ① GB
🌿   p. 8 EZ **u**
fermé 1er au 21 août, sam. midi et dim. soir – **Repas** 150 bc (déj.), 170/360 bc ♀

XX **L'Écume des Mers**, 10 r. Pas ⊠ 59800 ℰ 03 20 54 95 40, Fax 03 20 54 96 66 – 🍽. AE ①
GB JCB   p. 8 EY **n**
fermé 30 juil. au 22 août et dim. soir – **Repas** - produits de la mer - (98) - 130 (dîner)et carte 190 à 300 ♀

XX **Bistrot Tourangeau**, 61 bd Louis XIV ⊠ 59800 ℰ 03 20 52 74 64, Fax 03 20 85 06 39 –
🍽. AE GB   p. 8 FZ **t**
fermé sam. midi et dim. – **Repas** (125) - 159 ♀

XX **Cardinal**, 84 façade Esplanade ⊠ 59800 ℰ 03 20 06 58 58, Fax 03 20 51 42 59 – AE GB
JCB   p. 6 BU **x**
fermé 15 au 23 août et dim. – **Repas** 145 bc (déj.), 165/195

X **Coquille**, 60 r. St-Étienne ⊠ 59800 ℰ 03 20 54 29 82, Fax 03 20 54 29 82 –
GB   p. 8 EY **e**
fermé 1er au 27 août, vacances de fév. et dim. – **Repas** (85) - 135 bc (déj.), 165/239

à Bondues Nord . 9 km par N 17 – 10 281 h. alt. 37 – ⊠ 59910 :

XX **Val d'Auge**, 805 av. Gén. de Gaulle ℰ 03 20 46 26 87, Fax 03 20 37 43 79 – 🍽. AE
GB   p. 5 HR **a**
fermé 23 au 31 mars, 17 juil. au 11 août, dim. soir, mardi soir et merc. – **Repas** 150 bc/199 ♀

à Marcq-en-Barœul au Nord-Est – 36 601 h. alt. 15 – ⊠ 59700 :

🏩 **Sofitel** Ⓜ, av. Marne, par N 350 : 5 km ℰ 03 28 33 12 12, Fax 03 28 33 12 24 – 🛗 ⬗ 🍽 📺
☎ ✆ 🐾 ⚡ – 🕰 15 à 150. AE ① GB   p. 5 HS **s**
Europe (fermé sam. midi) **Repas** (110)-140/270 ♀ – ⊑ 95 – **125 ch** 1000/1200

XXX **L'Épicurien**, 18 av. Flandre par N 350 : 4 km ℰ 03 20 45 82 15, Fax 03 20 72 21 45, 佘 –
🍽. AE GB JCB   p. 5 HS **e**
fermé dim. soir et lundi – **Repas** 150 et carte 200 à 300

XXX **L'Auberge**, 287 bd Clemenceau ℰ 03 20 45 90 00, Fax 03 20 65 25 65, 佘 – 🍽. AE ①
GB   p. 5 HS **n**
fermé sam., dim. et le soir en semaine sauf vend. – **Repas** 149/295 et carte 230 à 380

XX **Auberge de la Garenne**, 17 chemin de Ghesles ℰ 03 20 46 20 20, Fax 03 20 46 32 33,
佘, 🌳 – 🍽. AE GB   p. 5 HR **x**
fermé 1er au 25 août, merc. soir et mardi d'oct. à avril, dim. soir et lundi – **Repas** (98) - 180 bc/420 bc, enf. 98

XX **Septentrion**, parc du château Vert Bois, par N 17 : 9 km ℰ 03 20 46 26 90, Fax 03 20 46 38 33, 佘, « Dans un parc, pièce d'eau » – 🍽. AE GB   p. 5 HR **n**
fermé 1er au 19 août, dim. soir, mardi soir et lundi – **Repas** (120) - 145/250 ♀

à Villeneuve d'Ascq *Est : 7 km par N 356 et autoroute Roubaix (sortie Recueil-La Cousinerie)* – 65 320 h. alt. 26 – ⊠ 59650 :

🏨 **Campanile**, av. Canteleu, La Cousinerie 🖉 03 20 91 83 10, *Fax 03 20 67 21 18*, 🏠 – ⇔
📺 ☎ ✆ 🅰 🖭 ⏧ 🅿 – 🛗 36 – **46 ch** 340
p. 5 HS **b**
Repas 88/103 ⵙ, enf. 39 – 🛗 36 – **46 ch** 340

à l'aéroport de Lille-Lesquin *8 km par A 1* – ⊠ 59810 Lesquin :

🏨🏨 **Novotel Aéroport**, 🖉 03 20 62 53 53, *Fax 03 20 97 36 12*, 🏠, ⬛, 🌳 – ⇔ 🖭 📺 ☎ ✆
🅰 🅿 – 🛗 25 à 140. 🖭 ⏧ 🌐 🅱
p. 5 HT **t**
Repas 120/165 bc ⵙ, enf. 50 – 🛒 55 – **92 ch** 495/510

🏨🏨 **Mercure Aéroport**, 🖉 03 20 87 46 46, *Fax 03 20 87 46 47*, ✵ – 🛗 ⇔ 🖭 📺 ☎ ✆ 🅰 🅿 –
🛗 700. 🖭 ⏧ 🌐 🅱
p. 5 HT **r**
Grill La Flamme : Repas 130(déj)190bc/225bc, enf. 50 – *Poêlon (fermé le soir, sam. et dim.)* Repas 75/140 ⵚ, enf. 40 – 🛒 60 – **212 ch** 515/585

🏨 **Agena** sans rest, ⊠ 59155 Faches-Thumesnil 🖉 03 20 60 13 14, *Fax 03 20 97 31 79* – 📺
☎ ✆ 🅿 🖭 ⏧ 🌐 🅱
p. 5 HT **v**
🛒 60 – **40 ch** 370/400

✗✗ **Septième Ciel**, niveau supérieur de l'aérogare 🖉 03 20 49 67 77, *Fax 03 20 49 67 75*, ⬉ –
◨ 🖭 ⏧ 🌐
p. 5 HT **n**
fermé dim. soir – Repas 165 ⵙ - *Zingue :* brasserie Repas carte environ 170 ⵙ, enf. 45

à Emmerin *Sud-Ouest : 8 km par rte de Seclin, D 549, D 48 et D 341* – 2 997 h. alt. 24 – ⊠ 59320 :

🏨 **Howarderie** Ⓜ 🏠 sans rest, 1 r. Fusillés 🖉 03 20 10 31 00, *Fax 03 20 10 31 09* – ⇔ 📺
☎ ✆ 🅰 🖭 ⏧ 🌐 🅱 ✵
p. 4 GT **e**
fermé 24 déc. au 3 janv. – 🛒 80 – **8 ch** 800/1250

à Englos *Ouest : 10 km par A 25 (sortie Lomme)* – 510 h. alt. 46 – ⊠ 59320 :

🏨🏨 **Novotel Englos** Ⓜ, 🖉 03 20 10 58 58, *Fax 03 20 10 58 59*, 🏠, ⬛, 🌳 – ⇔ 📺 ☎ ✆ 🅰
🅿 – 🛗 120. 🖭 ⏧ 🌐 🅱
p. 4 GS **s**
Repas 120 bc/200 bc, enf. 50 – 🛒 58 – **124 ch** 450/510

à Capinghem *Ouest : 8 km par D 933* – 1 170 h. alt. 50 – ⊠ 59160 :

✗ **Marmite**, 93 r. Poincaré 🖉 03 20 92 12 41, *Fax 03 20 92 72 51*, « Cadre rustique » – 🅿. 🖭
🌐
p. 4 GS **v**
fermé 14 juil. au 15 août, dim. soir et lundi – Repas carte 120 à 220 ⵙ

à Verlinghem *Nord-Ouest : 12 km par D 57* – 2 182 h. alt. 27 – ⊠ 59237 :

✗✗✗ **Château Blanc** 🏠 avec ch, 20 rte Lambersart 🖉 03 20 21 81 41, *Fax 03 20 21 81 40*, 🏠,
🌳 – 📺 ☎ ✆ 🅿. 🖭 🌐
p. 4 GS **r**
fermé 6 au 28 août et dim. – Repas 170/270 bc et carte 250 à 360 ⵙ – 🛒 80 – **1 ch** 800,
3 appart 800

LIMEUIL *24510 Dordogne* 🟦🟦 ⑯ *G. Périgord Quercy* – 335 h alt. 65.
Voir *Site*★.
Paris 531 – *Périgueux 48* – *Sarlat-la-Canéda 40* – *Bergerac 42* – *Brive-la-Gaillarde 79.*

✗ **Les Terrasses de Beauregard** 🏠 avec ch, rte de Trémolat 1,5 km 🖉 05 53 63 30 85,
Fax 05 53 24 53 55, ⬉, 🏠, 🌳 – 🅿. 🖭 ⏧ 🌐
1ᵉʳ avril-10 nov. – Repas 90/280 ⵙ – 🛒 40 – **8 ch** 240/280 – ½ P 330

✗ **Au Bon Accueil**, au Haut-Limeuil 🖉 05 53 63 30 97, *Fax 05 53 73 33 85*, 🏠, 🌳 – 🌐
fermé 15 au 30 nov., vacances de Noël, de fév. et lundi – Repas 80/160, enf. 40

LIMOGES 🅿 *87000 H.-Vienne* 🟦🟦 ⑰ *G. Berry Limousin* – 133 464 h Agglo. 170 065 h alt. 300.
Voir *Cathédrale St-Étienne*★ – *Église St-Michel-des-Lions*★ – *Cour du temple*★ CZ 115 – *Jardins de l'évêché*★ – *Musée A. Dubouché*★★ *(porcelaines)* – *Musée municipal*★ DZ M¹ – *Village de la Boucherie*★.
Env. *Solignac : église abbatiale*★★ *S : 13 km.*
✈ *Limoges-Bellegarde :* 🖉 05 55 43 30 30, par ⑦ : 10 km.
🇮 *Office de Tourisme bd Fleurus* 🖉 05 55 34 46 87, *Fax 05 55 34 19 12.*
Paris 394 ① – *Angoulême 104* ⑦ – *Brive-la-Gaillarde 92* ④ – *Châteauroux 125* ①.

Plans pages suivantes

🏨🏨 **Royal Limousin** Ⓜ sans rest, 1 pl. République 🖉 05 55 34 65 30, *Fax 05 55 34 55 21* – 🛗
📺 ☎ ✆ – 🛗 170. 🖭 ⏧ 🌐
CY **u**
🛒 50 – **72 ch** 440/680, 5 appart

🏨 **Richelieu** Ⓜ sans rest, 40 av. Baudin 🖉 05 55 34 22 82, *Fax 05 55 34 35 36* – 🛗 📺 ☎ ✆ 🅿.
🖭 ⏧ 🌐 🅱
CZ **k**
🛒 48 – **32 ch** 330/530

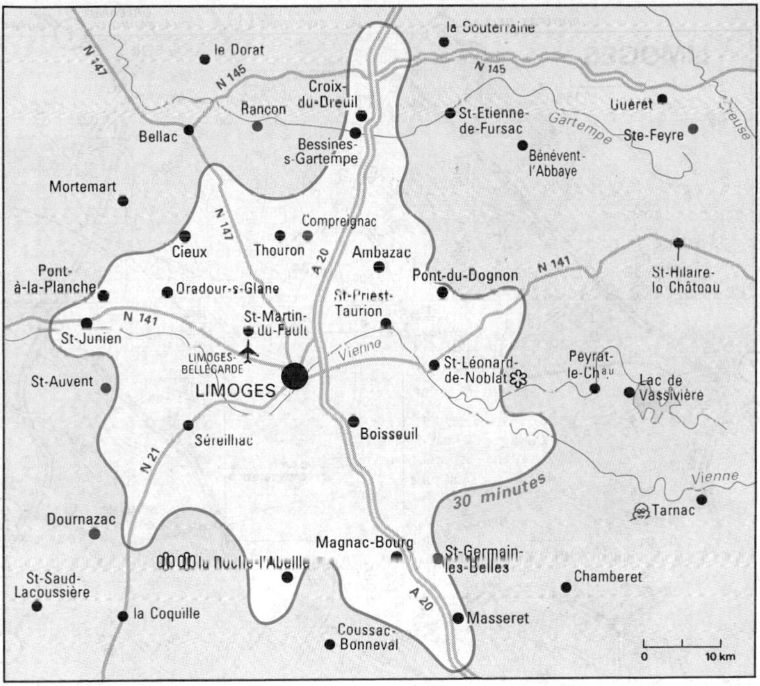

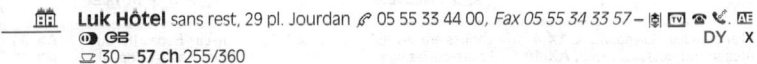

	Luk Hôtel sans rest, 29 pl. Jourdan ℰ 05 55 33 44 00, *Fax 05 55 34 33 57* – 📶 📺 ☎ ⚙️. ⁂ ⓪ ☖ ⛬ 30 – **57 ch** 255/360	DY **x**

🏨 **Luk Hôtel** sans rest, 29 pl. Jourdan ℰ 05 55 33 44 00, *Fax 05 55 34 33 57* – 📶 📺 ☎ ⚙️. ⁂
⓪ ☖
⛬ 30 – **57 ch** 255/360   DY **x**

🏨 **St-Martial** sans rest, 21 r. A. Barbès ℰ 05 55 77 75 29, *Fax 05 55 79 27 60* – 📶 📺 ☎ ⛌.
⁂ ☖
⛬ 45 – **30 ch** 340/370   AX **x**

🏨 **Jeanne-d'Arc** sans rest, 17 av. Gén. de Gaulle ℰ 05 55 77 67 77, *Fax 05 55 79 86 75* – 📶
📺 ☎ 🅿 – 🔔 30, ☖ ⓪ ☖   DY **s**
fermé 23 déc. au 1er janv. – ⛬ 42 – **50 ch** 280/450

🏠 **Petit Paris** sans rest, 48 bis av. Garibaldi ℰ 05 55 77 39 82, *Fax 05 55 77 23 99* – 📺 ☎ ⛌
⚙️. ☖   CY **n**
fermé 13 au 20 août, 24 déc. au 1er janv., vend., sam. et dim. hors saison – ⛬ 40 – **24 ch**
260/300

🏠 **Paix** sans rest, 25 pl. Jourdan ℰ 05 55 34 36 00, *Fax 05 55 32 37 06*, « Collection de pho-
nographes » – 📺 ☎. ☖   DY **r**
⛬ 30 – **31 ch** 210/350

XXX **Philippe Redon**, 3 r. d'Aguesseau ℰ 05 55 34 66 22, *Fax 05 55 34 18 05* – ⁂ ⓪
☖   BZ **t**
fermé 1er au 15 août, 1er au 15 Janv., sam. midi, lundi midi et dim. – **Repas** 190/260 ⅊

XX **Amphitryon**, 26 r. Boucherie ℰ 05 55 33 36 39, *Fax 05 55 32 98 50* – ⁂ ☖   CZ **u**
fermé 13 au 31 août, sam. midi, lundi midi et dim. – **Repas** (100) - 130 (déj.), 155/320 ⅊

X **Versailles**, 20 pl. Aine ℰ 05 55 34 13 39, *Fax 05 55 32 84 73*, brasserie – 🍽. ☖   BZ **a**
Repas (63) - 78/130 ⅊, enf. 35

X **Chez Alphonse**, 5 pl. Motte ℰ 05 55 34 34 14, *Fax 05 55 34 34 14*, bistrot – 🍽.
⊗   CZ **e**
fermé 1er au 15 août, 1er au 10 janv., dim. et fériés – **Repas** 79 bc et carte 140 à 270

X **Grillon**, 18 r. Charles Michels ℰ 05 55 34 64 36 – 🍽. ☖   CZ **n**
fermé 15 au 21 juin, mardi et merc. – **Repas** 99 ⅊

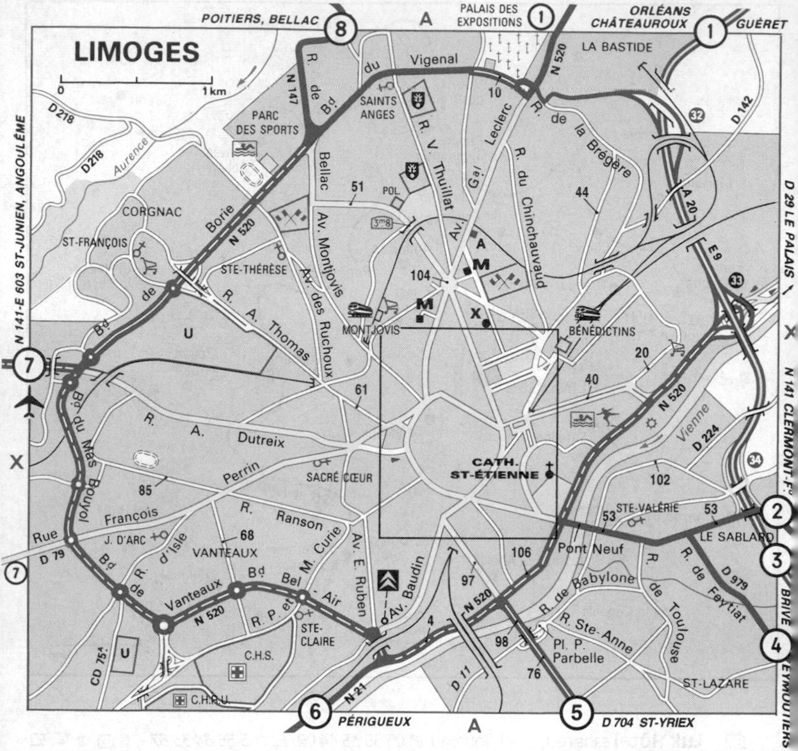

Allende (Quai Salvador) . . . **AX** 4
Arcade (Bd des) . . . . **AX** 10
Casseaux (Av. des) . . . . **AX** 20
Gagnant (Av. J.) . . . . **AX** 40
Grand-Treuil (R. du) . . . . **AX** 44
Labussière (Av. E.) . . . . **AX** 51
Lattre-de-Tassigny (Av. Mar. de) . . . . **AX** 53
Mauvendière (R. de la) . . . . **AX** 61
Naugeat (Av. de) . . . . **AX** 68
Pompidou (Av. G.) . . . . **AX** 76
Puy-Las-Rodas (R. du) . . . . **AX** 85
Révolution (Av. de la) . . . . . **AX** 97
Révolution (Pont de la) . . . **AX** 98
Sablard (Av. du) . . . . **AX** 102
Sadi-Carnot (Pl.) . . . . **AX** 104
St-Martial (Quai) . . . . **AX** 106

Z.I. Nord *par ① et A 20 (sortie Lac d'Uzurat) : 5 km – ✉ 87280 Limoges :*

Novotel Ⓜ, ✆ 05 55 37 20 98, *Fax 05 55 37 06 12*, 🍽, ⛱, 🏊, 🎾 – 🛗 ⚡ ▤ TV ☎ 📞 ♿ P – 🏢 25 à 80. AE ⓓ GB JCB
Repas carte environ 160 🍷, enf. 50 – ☕ 60 – **90 ch** 500/550

rte de Paris *par ① et A 20 (sortie Beaune-les-Mines) : 9 km – ✉ 87280 Beaune-les-Mines :*

Résidence, ✆ 05 55 39 90 47, *Fax 05 55 39 28 85*, 🍽, parc – TV ☎ 📞 🚗 P – 🏢 80. AE ⓓ GB
fermé dim. soir – **Repas** 105/210 🍷, enf. 50 – ☕ 40 – **20 ch** 230/270 – 1/2 P 230

rte de Toulouse *par ③ et A 20 (sortie Z.I. Magré-Romanet) : 6 km – ✉ 87220 Feytiat :*

Climat de France Ⓜ, ✆ 05 55 06 14 60, *Fax 05 55 06 38 93*, 🍽 – TV ☎ 📞 ♿ P – 🏢 25. AE GB
Repas *(69)* - 79/115 🍷, enf. 39 – ☕ 39 – **50 ch** 295

au golf municipal *par ⑤ et rte secondaire : 3 km – ✉ 87000 Limoges :*

Albatros Ⓜ 🏌, ✆ 05 55 06 00 00, *Fax 05 55 06 23 49*, ≤, 🍽, « A l'orée du golf » – TV ☎ 📞 ♿ P – 🏢 30 à 80. GB
fermé 25 déc. au 2 janv. – **Repas** *(fermé dim. soir)* 75/185 🍷, enf. 36 – ☕ 40 – **33 ch** 300/350 – 1/2 P 270

LIMOGES

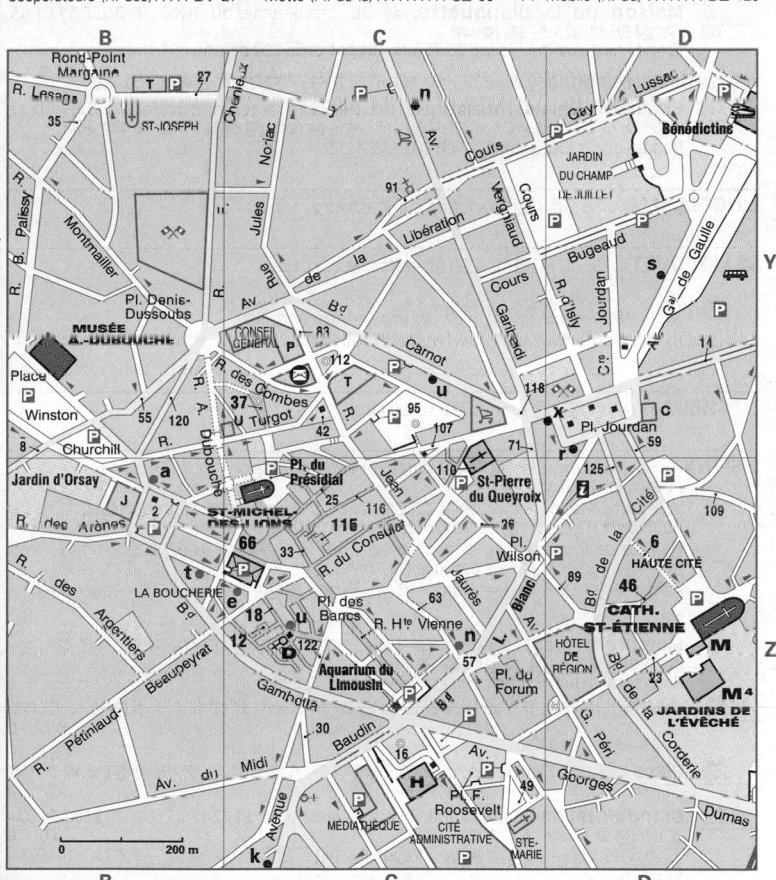

à St-Martin-du-Fault par ⑦, N 141 et D 20 : 13 km – ⊠ 87510 Nieul :

🏯 **Chapelle St-Martin** ॐ, ☏ 05 55 75 80 17, Fax 05 55 75 89 50, ≤, 帘, « Gentilhommière dans un parc », ⅀, ☜ – ⊡ ☎ ⇔ ₽ – 🔏 25. ஊ ௰ ⊞ ௹
fermé 1er janv. au 10 fév., lundi sauf le soir de juin à août et merc. midi – **Repas** (nombre de
couverts limité, prévenir) 170 (déj.), 290/320 ⅄ – ⇌ 79 – **10 ch** 650/980, 3 appart – ½ P 760/
860

rte de Bellac par ⑧ sur N 147 : 12 km – ⊠ 87150 Nieul :

ХХ **Les Justices** avec ch, ☏ 05 55 75 84 54, 帘 – 凰. ௹
fermé dim. soir et lundi sauf fériés le midi – **Repas** (nombre de couverts limité, prévenir)
157/197 – ⇌ 40 – **3 ch** 260

LIMONEST 69 Rhône 74 ⑪,, 110 ⑬ – rattaché à Lyon.

LIMOUX ◆ 11300 Aude 86 ⑦ G. Languedoc Roussillon – 9 665 h alt. 172.

🛈 Office de Tourisme promenade du Tivoli ℰ 04 68 31 11 82, Fax 04 68 31 87 14.
Paris 792 – Foix 70 – Carcassonne 25 – Perpignan 101 – Toulouse 94.

🏨 **Grand Hôtel Moderne et Pigeon**, 1 pl. Gén. Leclerc ℰ 04 68 31 00 25, Fax 04 68 31 12 43, 余 – 🆃🆅 ☎ 🅭 ♿, 🆀 ⑨ 🇬🇧
fermé 30 nov. au 15 janv. – **Repas** (fermé sam. midi et lundi) 160/250 ♈, enf. 75 – 😄 65 – **19 ch** 350/530 – ½ P 360/450

🍴 **Maison de la Blanquette**, 46 bis promenade du Tivoli ℰ 04 68 31 01 63, Fax 04 68 31 20 59 – ▤. ⑨ 🇬🇧
fermé mardi soir du 15 sept. au 15 juin – **Repas** 80 bc/200 bc, enf. 49

sur rte de Castelnaudary Nord-Ouest : 13 km par D 623 – ✉ 11240 Belvèze-du-Razès :

🍴🍴 **Fricassou-Relais Touristique de Belvèze** avec ch, carrefour D 623 - D 18 ℰ 04 68 69 08 78, Fax 04 68 69 07 65, 余, 舟 – ▤ rest, 🆃🆅 ☎ 🅭 🄿, 🆀 ⑨ 🇬🇧 🇯🇨🇧
Repas 80 bc/250 ♈ – 😄 30 – **7 ch** 200 – ½ P 245

LINGOLSHEIM 67 B.-Rhin 62 ⑩ – rattaché à Strasbourg.

Le LIOUQUET 13 B.-du-R. 84 ⑭,, 114 ㊸ – rattaché à La Ciotat.

---

*Read the introduction with its explanatory pages
to make the most of your* **Michelin Guide.**

LIPSHEIM 67 B.-Rhin 87 ⑤ – rattaché à Strasbourg.

LISIEUX ◆ 14100 Calvados 55 ⑬ G. Normandie Vallée de la Seine – 23 703 h alt. 51
Pèlerinage (fin sept.).

Voir Cathédrale St-Pierre★ BY – CERZA (Centre d'Élevage et de Reproduction Zoologique Augeron)★ 12 km par ② et D 510. Château★ de St-Germain-de-Livet 7 km par ④.
🛈 Office de Tourisme 11 r. Alençon ℰ 02 31 48 18 10, Fax 02 31 62 35 22, annexes (été): pl. Mitterrand et près de la Basilique Ste-Thérèse.
Paris 176 ② – Caen 63 ⑥ – Alençon 93 ④ – Évreux 73 ② – Le Havre 56 ① – Rouen 93 ②.

Plan page ci-contre

🏨 **Mercure** Ⓜ, par ② : 2,5 km (rte de Paris) ℰ 02 31 61 17 17, Fax 02 31 32 33 43, 余, 🛋 – 🛊🆃🆅 ♿ 🅿 – 🔏 15 à 80. 🆀 ⑨ 🇬🇧
Repas (98) - 118/148 🕭, enf. 58 – 😄 55 – **69 ch** 470/590

🏨 **Azur** Ⓜ sans rest, 15 r. au Char ℰ 02 31 62 09 14, Fax 02 31 62 16 06 – 🛊 🆃🆅 ☎ 🅭, 🆀 🇬🇧.
🎿
😄 45 – **15 ch** 380/460
BYZ **b**

🏨 **Place** sans rest, 67 r. H. Chéron ℰ 02 31 48 27 27, Fax 02 31 48 27 20 – 🛊 🆃🆅 ☎ 🅭. 🆀 🇬🇧
15 mars-31 oct. – 😄 38 – **35 ch** 280/480
ABY **a**

🏨 **Grand Hôtel de l'Espérance**, 16 bd Ste Anne ℰ 02 31 62 17 53, Fax 02 31 62 34 00 –
🛊 🎿 🆃🆅 ☎ 🅭 🚐. 🆀 ⑨ 🇬🇧
BZ **e**
15 avril-15 oct. – **Pays d'Auge :** **Repas** 89/149 ♈, enf. 50 – 😄 39 – **100 ch** 320/450 – ½ P 325/355

🏨 **Terrasse Hôtel**, 25 av. Ste Thérèse ℰ 02 31 62 17 65, Fax 02 31 62 20 25 – 🆃🆅 ☎. 🆀 🇬🇧
BZ **r**
fermé 3 janv. au 15 fév. – **Repas** (fermé dim. soir du 15 nov. à mars) 95/165, enf. 48 – 😄 37 – **17 ch** 200/300 – ½ P 272/282

🏨 **St-Louis** sans rest, 4 r. St-Jacques ℰ 02 31 62 06 50 – 🆃🆅 ☎. 🇬🇧
BZ **s**
fermé 16 au 23 janv. – 😄 35 – **17 ch** 190/290

🍴🍴🍴 **Parc**, 21 bd H. Fournet ℰ 02 31 62 08 11, Fax 02 31 62 79 55, « Salle à manger néo-gothique » – 🄿. 🇬🇧
BY **t**
fermé dim. soir – **Repas** 99/300 et carte 270 à 390, enf. 70

🍴🍴 **Ferme du Roy**, par ① : 2 km ℰ 02 31 31 33 98, 余, « Ancienne ferme, jardin », 舟 – 🄿.
🆀 🇬🇧
fermé dim. soir et lundi – **Repas** (prévenir) 110/320 ♈

712

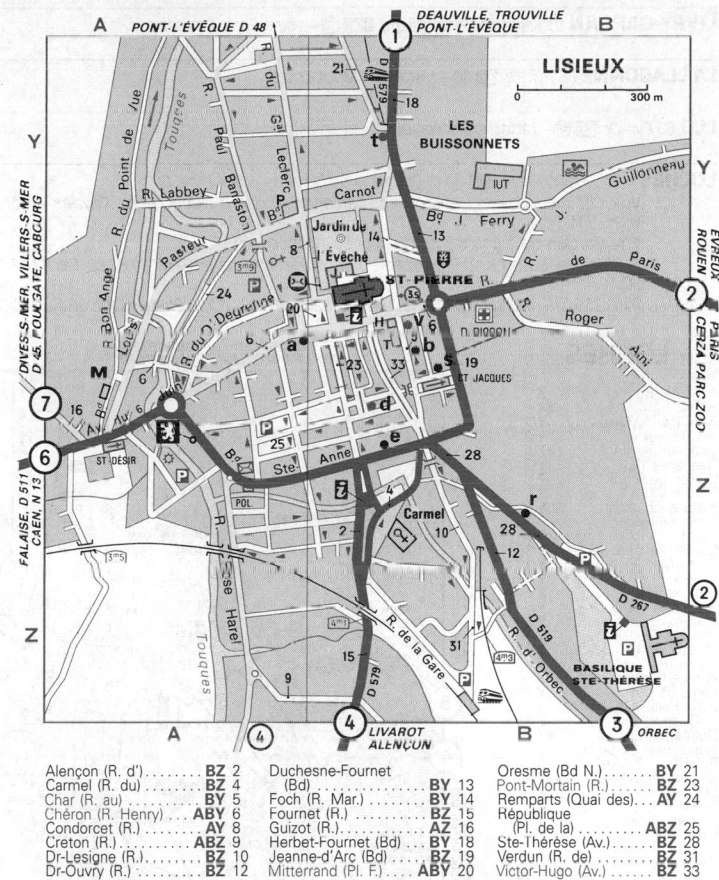

LISIEUX

DEAUVILLE, TROUVILLE
PONT-L'ÉVÊQUE

0   300 m

※※ **Aux Acacias**, 13 r. Résistance ℰ 02 31 62 10 95, Fax 02 31 32 91 36 – ▣. **GB**   BZ **d**
fermé dim. soir et lundi sauf fériés.
Repas 98/290 ♀, enf. 55

※※ **France**, 5 r. au Char ℰ 02 31 62 03 37, Fax 02 31 62 03 37 – **AE GB**   BY **v**
fermé 26 au 30 juin, 9 au 23 janv. et lundi – **Repas** 89/215 ♀, enf. 60

À Ouilly-du-Houley par ②, D 510 et D 262 : 10 km – 183 h. alt. 55 – ⊠ 14590 Moyaux :

※※ **Paquine**, rte Moyaux ℰ 02 31 63 63 80, Fax 02 31 63 63 80, 斎, « Auberge fleurie » – **P**.
GB
fermé 13 nov. au 2 déc., dim. soir de janv. à mars, mardi soir et merc. – **Repas** 172

à Manerbe par ⑦ : 7 km – 498 h. alt. 58 – ⊠ 14340 :

※※ **Pot d'Étain**, ℰ 02 31 61 00 94, 斎, « Jardin fleuri », 牀 – **P**. **AE GB**
fermé 14 nov. au 6 déc., mardi soir et merc. – **Repas** 80/195 ♀, enf. 55

LISLE-SUR-TARN 81310 Tarn 82 ⑨ – 3 588 h alt. 127.
🛈 Office de Tourisme pl. Paul-Saissac ℰ 05 63 40 31 85, Fax 05 63 33 36 18.
Paris 687 – Toulouse 45 – Albi 32 – Cahors 105 – Castres 58 – Montauban 46.

※ **Romuald**, 6 r. Port ℰ 05 63 33 38 85, 斎 – **GB**
fermé vacances de Toussaint, dim. soir et lundi – **Repas** (58) - 70 bc (déj.), 85/165. enf. 40

LISSES 91 Essonne 61 ①,, 106 ③ – voir à Paris, Environs (Évry Agglomération d').

LIVRY-GARGAN *93 Seine-St-Denis* 56 ⑪, 101 ⑱ – *voir à Paris, Environs.*

La LLAGONNE *66 Pyr.-Or.* 86 ⑯ – *rattaché à Mont-Louis.*

LLO *66 Pyr.-Or.* 86 ⑯ – *rattaché à Saillagouse.*

LOCHES *37600 I.-et-L.* 68 ⑥ *G. Châteaux de la Loire* – *6 544 h alt. 80.*

Voir *Cité médiévale*★★ : *château*★★, *donjon*★★, *église St-Ours*★, *Porte Royale*★ – *Hôtel de ville*★ **Y H**.

Env. *Portail*★ *de la Chartreuse du Liget E : 10 km par* ②.

Office de Tourisme du Pays (fermé dim.) pl. de la Marne ☏ *02 47 91 82 82, Fax 02 47 91 61 50.*

Paris 259 ① – *Tours 42* ① – *Blois 72* ① – *Châteauroux 72* ③ – *Châtellerault 56* ④.

LOCHES

Auguste (Bd Ph.) .... Z
Balzac (R.)............. YZ
Bas-Clos (Av. des) ...... Y 2
Blé (Pl. au)............ Y 3
Château (R. du) .... YZ 5
Descartes (R.).......... Y 7
Donjon (Mail du)......... Z
Droulin (Mail)........... Z
Filature (Q. de la)...... Y 8
Foulques-Nerra (R.)................ Z 9
Gaulle (Av. Gén.-de)..... Y 10
Grand Mail (Pl. du)...... Y 12
Grande-Rue............. Y 13
Lansyer (R.)........... Z 14
Marne (Pl. de la) .... Y
Mazerolles (Pl.)......... Y 15
Moulins (R. des)........ Y 16
Pactius (R. T.) .... Z 17
Picois (R.) .... Y
Poterie (Mail de la) ..... Z
Ponts (R. des).......... Y 18
Porte-Poitevine (R. de la) .... Z 19
Quintefol (R.)........... YZ
République (R. de la).... Y
Ruisseaux (R. des)...... Z 20
St-Antoine (R.) .... Y 21
St-Ours (R.) .... Z 22
Tours (R. de)........... Y
Verdun (Pl. de) .... Y
Victor-Hugo (R.) .... Y
Vigny (R. A.-de) .... Y
Wermelskirchen (Pl. de) .... Y 29

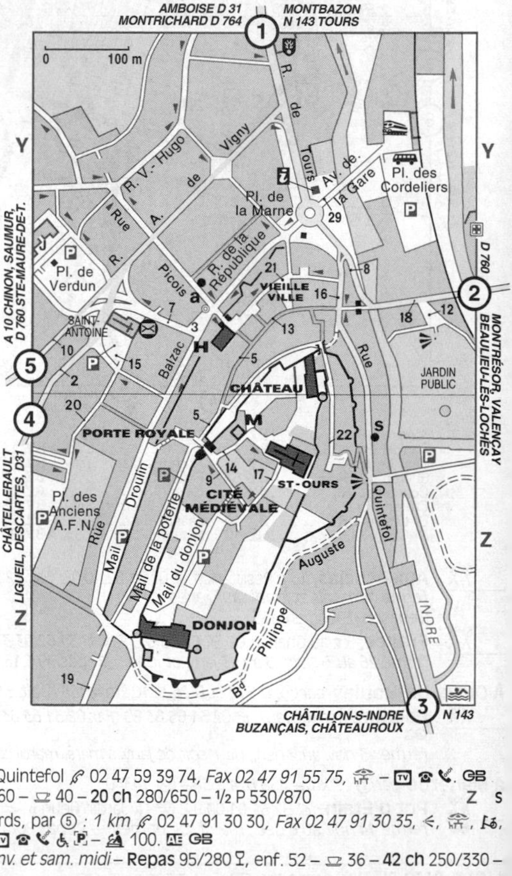

AMBOISE D 31
MONTRICHARD D 764
MONTBAZON
N 143 TOURS
0 100 m
R. de Tours
R. V.-Hugo
R. A. de Vigny
Av. de la Gare
Pl. des Cordeliers
Pl. de la Marne
R. de la République
Rue Picois
Pl. de Verdun
SAINT-ANTOINE
VIEILLE VILLE
Balzac
CHÂTEAU
PORTE ROYALE
JARDIN PUBLIC
Rue Quintefol
ST-OURS
CITÉ MÉDIÉVALE
Pl. des Anciens A.F.N.
Mail Droulin
Mail de la poterie
Mail du donjon
DONJON
Bd Philippe Auguste
INDRE
A 10 CHINON, SAUMUR, D 760 STE-MAURE-DE-T.
CHÂTELLERAULT LIGUEIL, DESCARTES, D31
D 760
MONTRÉSOR, VALENÇAY BEAULIEU-LÈS-LOCHES
CHÂTILLON-S-INDRE
BUZANÇAIS, CHÂTEAUROUX
N 143

Dans la liste des rues des plans de villes, les noms en rouge indiquent les principales voies commerçantes.

George Sand, 39 r. Quintefol ☏ 02 47 59 39 74, *Fax 02 47 91 55 75*, – ☎. GB
Repas 110/250 ♀, enf. 60 – ☕ 40 – **20 ch** 280/650 – ½ P 530/870 **Z s**

Luccotel, r. Lézards, par ⑤ : *1 km* ☏ 02 47 91 30 30, *Fax 02 47 91 30 35*, ←, – ▤ rest, ☎ ♿ – 🏛 100. AE GB
fermé 18 déc. au 10 janv. et sam. midi – **Repas** 95/280 ♀, enf. 52 – ☕ 36 – **42 ch** 250/330 – ½ P 280

France, 6 r. Picois ☏ 02 47 59 00 32, *Fax 02 47 59 28 66*, – ☎. GB
fermé 9 janv. au 15 fév., lundi sauf le soir en juil.-août et dim. soir de sept. à juin. – **Repas** 86/260 – ☕ 36 – **19 ch** 236/365, 4 duplex – ½ P 265/325 **Y a**

A good moderately priced meal : **Repas** 100/130

LOCMARIAQUER *56740 Morbihan* [63] ⑫ *G. Bretagne – 1 309 h alt. 5.*

Voir *Ensemble mégalithique*** – Dolmens de Mané Lud* et de Mané Rethual* – Tumulus de Mané er Hroech* S : 1 km – Dolmen des Pierres Plates* SO . 2 km – Pointe de Kerpenhir ≤* SE : 2 km.*

[i] *Office de Tourisme (avril-sept.) r. de la Victoire ☎ 02 97 57 33 05*

Paris 490 – Vannes 31 – Auray 13 – Quiberon 31 – La Trinité-sur-Mer 9.

🏨 **Trois Fontaines** [M] sans rest, rte Auray ☎ 02 97 57 42 70, *Fax 02 97 57 30 59*, 🌳 – [TV] ☎ 📞 ♿ [P]. GB
25 mars-début nov. et 23 déc.-3 janv. – ☕ 55 – **18 ch** 410/600

🏨 **Neptune** [M] 🌿, port du Guilvin ☎ 02 97 57 30 56, ≤ – [TV] ☎ 📞 ♿ [P]
avril-oct. – **Repas** crêperie *(avril-sept.)* (dîner seul.) carte environ 90 – ☕ 35 – **12 ch** 320/450

🏨 **Lautram,** près église ☎ 02 97 57 31 32, *Fax 02 97 57 37 87* – ☎. GB
hôtel : 15 mars-12 nov. ; rest. : 3 avril-12 nov. – **Repas** 80/210 🍷, enf. 45 – ☕ 35 – **24 ch** 250/350 – ½ P 250/325

LOCMINÉ *56500 Morbihan* [63] ③ *G. Bretagne – 3 346 h alt. 108.*

Paris 454 – Vannes 29 – Lorient 51 – Pontivy 26 – Quimper 112 – Rennes 106.

🍴🍴 **Auberge de la Ville au Vent,** r. O. de Clisson ☎ 02 97 60 08 40 – [P]. [AE] ⦿ GB
fermé 6 au 21 nov., dim. soir, merc. soir et lundi – **Repas** 90/350 🍷, enf. 70

à Bignan *Est : 5 km par D 1 – 2 567 h. alt. 148 – ✉ 56500 :*

🍴🍴🍴 **Auberge La Chouannière,** ☎ 02 97 60 00 96, *Fax 02 97 44 24 58* – GB
fermé 3 au 9 juil., 2 au 15 oct., 28 fév. au 12 mars, dim. soir et lundi – **Repas** 120/320 et carte 250 à 320 🍷

Le Guide change, changez de guide tous les ans.

LOCQUIREC *29241 Finistère* [58] ⑦ *G. Bretagne – 1 226 h alt. 15.*

Voir *Église* – Tour de la Pointe de Locquirec* 30 mn – Table d'orientation de Marc'h Sammet ≤* O : 3 km.*

[i] *Office de Tourisme pl. du Port ☎ 02 98 67 40 83, Fax 02 98 79 32 50.*

Paris 535 – Brest 80 – Guingamp 52 – Lannion 22 – Morlaix 23.

🏨 **Grand Hôtel des Bains** 🌿, ☎ 02 98 67 41 02, *Fax 02 98 67 44 60*, ≤ la baie, « Dans un jardin en bordure de mer », 🏋, 🏊, 🎾, 🌳 – 🛗 [TV] ☎ 📞 ♿ [P]. [AE] ⦿ GB
fermé fév. et le midi sauf dim. de sept. à juin – **Repas** 150/230 🍷 – ☕ 50 – **36 ch** 650/1050 ½ P 490/665

🍴 **St-Quirec,** rte Plestin : 1,5 km ☎ 02 98 67 41 07, *Fax 02 98 67 41 07* – [P]. GB
fermé 10 nov. au 15 déc., mardi soir et merc. sauf juil.-août – **Repas** 85/185, enf. 45

LOCRONAN *29180 Finistère* [58] ⑮ *G. Bretagne – 796 h alt. 105.*

Voir *Place** – Église et chapelle du Pénity** – Montagne de Locronan ※* E : 2 km – Kergoat : vitraux* de la chapelle NE : 3,5 km.*

Env. *Guengat : vitraux* de l'église S : 10 km par D 63 et D 56.*

[i] *Office de Tourisme pl. de la Mairie ☎ 02 98 91 70 14, Fax 02 98 51 83 64.*

Paris 579 – Quimper 17 – Brest 66 – Briec 20 – Châteaulin 18 – Crozon 32 – Douarnenez 11.

🏨 **Prieuré,** ☎ 02 98 91 70 89, *Fax 02 98 91 77 60*, 🏡, 🌳 – [TV] ☎ 📞 [P]. GB. ※ ch
hôtel : 20 mars-12 nov.; rest.: 20 mars-10 déc. – **Repas** 95/250 🍷, enf. 45 – ☕ 38 – **14 ch** 300/360 – ½ P 310/330

au Nord-Ouest *: 3 km par rte secondaire – ✉ 29550 Plonévez-Porzay :*

🏨 **Manoir de Moëllien** 🌿, ☎ 02 98 92 50 40, *Fax 02 98 92 55 21*, ≤, parc, 🌳 – [TV] ☎ 📞 ♿ [P]. [AE] ⦿ GB
24 mars-15 nov. – **Repas** *(fermé merc. soir en mars et de mi-sept. au 15 nov., merc. midi et jeudi midi sauf du 15 juin à mi-sept.)* 126/215 🍷, enf. 60 – ☕ 50 – **18 ch** 370/740, 5 duplex – ½ P 380/570

LODÈVE [SP] *34700 Hérault* [83] ⑤ *G. Languedoc Roussillon – 7 602 h alt. 165.*

Voir *Anc. cathédrale St-Fulcran* – Musée de Lodève*.*

[i] *Office de Tourisme 7 pl. République ☎ 04 67 88 86 44, Fax 04 67 44 07 56.*

Paris 702 ② – Montpellier 56 ② – Alès 97 ① – Béziers 65 ② – Millau 59 ① – Pézenas 40 ②.

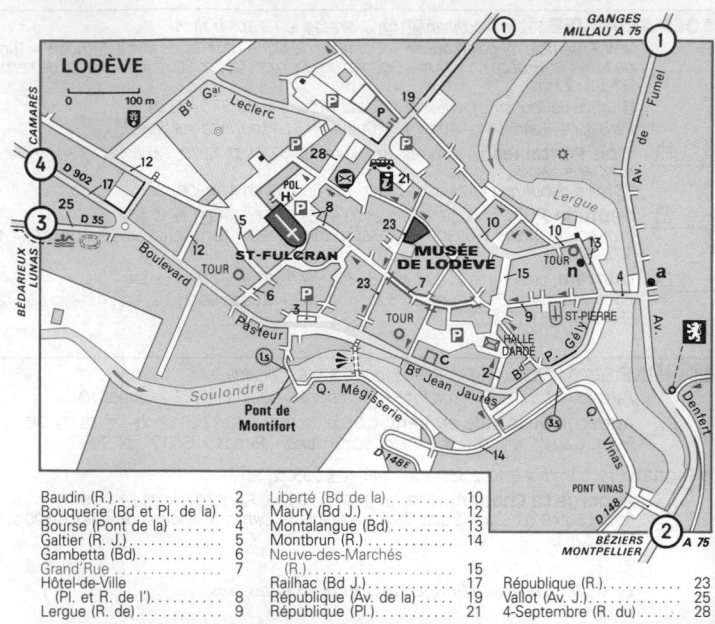

Baudin (R.) 2
Bouquerie (Bd et Pl. de la) . 3
Bourse (Pont de la) 4
Galtier (R. J.) 5
Gambetta (Bd) 6
Grand'Rue 7
Hôtel-de-Ville (Pl. et R. de l') 8
Lergue (R. de) 9
Liberté (Bd de la) 10
Maury (Bd J.) 12
Montalangue (Bd) 13
Montbrun (R.) 14
Neuve-des-Marchés (R.) 15
Railhac (Bd J.) 17
République (Av. de la) 19
République (Pl.) 21
République (R.) 23
Vallot (Av. J.) 25
4-Septembre (R. du) 28

Paix, 11 bd Montalangue (n) ✆ 04 67 44 07 46, *Fax 04 67 44 30 47*, – TV ☎ . GB
fermé fév. au 4 mars, dim. soir et lundi d'oct. à mars – **Repas** 85/180, enf. 50 – ☕ 40 – **23 ch** 250/350 – ½ P 320/350

Croix Blanche, 6 av. Fumel (a) ✆ 04 67 44 10 87, *Fax 04 67 44 38 33*, – ☎ P. GB
avril-nov. et fermé vend. midi – **Repas** 70/160, enf. 45 – ☕ 35 – **32 ch** 160/250 – ½ P 185/230

LODS *25930 Doubs* 70 ⑥ *G. Jura – 284 h alt. 361.*

Paris 441 – Besançon 37 – Baume-les-Dames 52 – Levier 23 – Pontarlier 23 – Vuillafans 5.

Truite d'Or, ✆ 03 81 60 95 48, *Fax 03 81 60 95 73*, , – TV ☎ P. AE GB
fermé 15 déc. au 25 janv., dim. soir et lundi d'oct. à avril – **Repas** 98/260 ♀, enf. 55 – ☕ 35 – **11 ch** 270 – ½ P 290

LOGELHEIM *68 H.-Rhin* 62 ⑲ *– rattaché à Colmar.*

Les LOGES-EN-JOSAS *78 Yvelines* 60 ⑩, 101 ㉓ *– voir à Paris, Environs.*

Le LOGIS-NEUF *01 Ain* 70 ⑫. *– ✉ 01310 Confrançon*

Paris 410 – Mâcon 20 – Bourg-en-Bresse 16 – Lyon 79 – Villefranche-sur-Saône 51

XX **Poulardière**, ✆ 04 74 30 27 13, *Fax 04 74 25 21 18*, , – P. GB.
fermé 2 au 24 janv., dim. soir et lundi – **Repas** 70 (déj.), 115/280 ♀, enf. 60

LOGNES *77 S.-et-M.* 56 ⑫, 101 ㉙ *– voir à Paris, Environs (Marne-la-Vallée).*

LOHÉAC *35550 I.-et-V.* 63 ⑥ *– 508 h alt. 50.*

Voir *Manoir de l'automobile*★★, G. Bretagne.

Paris 381 – Rennes 35 – Châteaubriant 50 – Ploërmel 46 – Redon 33.

Gibecière, ✆ 02 99 34 06 14, *Fax 02 99 34 10 37* – TV ☎ P. AE GB
Repas *(fermé dim. soir)* 68/235 ♀ – ☕ 35 – **18 ch** 210/260 – ½ P 155/205

LOIRÉ 49440 M.-et-L. 63 ⑲ – 747 h alt. 39.

Paris 321 – *Angers 46* – *Ancenis 34* – *Châteaubriant 34* – *Laval 66* – *Nantes 72* – *Rennes 85*.

※ **Auberge de la Diligence,** 𝒫 02 41 94 10 04, Fax 02 41 94 10 04 – 🚗
🚗 *fermé 12 août au 5 sept., 1ᵉʳ au 9 janv., sam. midi, dim. soir et lundi* – Repas (nombre de couverts limité, prévenir) 78 (déj.), 115/165 �

---

LOIRE-SUR-RHÔNE 69 Rhône 74 ⑪ – *rattaché à Givors*.

LOMENER 56 Morbihan 58 ⑫ – *rattaché à Ploemeur*.

LONDINIÈRES 76660 S.-Mar. 52 ⑮ – 1 119 h alt. 78.

Paris 148 – *Amiens 77* – *Dieppe 28* – *Neufchâtel-en-Bray 15* – *Le Tréport 32*.

※ **Auberge du Pont** avec ch, 𝒫 02 35 93 80 47, Fax 02 32 97 00 57, 🏡 – 📺 ☎ 🅿 – 🔒 25.
🚗 *fermé 1ᵉʳ au 13 fév.* – Repas 55/190 ♚, enf. 39 – 🍽 30 – **10 ch** 220 – ½ P 150/195

LONGCHAMP 73 Savoie 74 ⑰ – *rattaché à St-François-Longchamp*.

*If you are held up on the road - from 6pm onwards -
confirm your hotel booking by telephone.
It is safer and quite an accepted practice.*

LONGJUMEAU 91 Essonne 60 ⑩., 101 ㉟ – *voir à Paris, Environs*.

LONGUES 63 P.-de-D. 73 ⑭ – *rattaché à Vic-le-Comte*.

LONGUYON 54260 M.-et-M. 57 ② – 6 064 h alt. 213.

🚹 *Office de Tourisme* pl. Allende 𝒫 03 82 39 21 21, Fax 03 82 26 44 37.
Paris 315 – *Metz 80* – *Nancy 135* – *Sedan 71* – *Thionville 58* – *Verdun 44*.

※※※ **Mas et H. Lorraine** avec ch, face gare 𝒫 03 82 26 50 07, Fax 03 82 39 26 09, 🏡 – 📺 ☎
🚗 – 🔒 40. 🅰🅴 ① 🚗 🇯🇨🇧
fermé 8 janv. au 2 fév. – Repas (*fermé dim. soir du 15 nov. au 1ᵉʳ avril et lundi sauf le soir du 25 sept. au 30 juin*) 120/380 et carte 280 à 410 ♚ – 🍽 40 – **14 ch** 260/330 – ½ P 320

à Rouvrois-sur-Othain (Meuse) Sud : 7,5 km par N 18 – 201 h. alt. 223 – ⊠ 55230 :

※※ **Marmite,** 𝒫 03 29 85 90 79, Fax 03 29 85 99 23 – 🍴. 🚗 ⁂
fermé 21 au 28 août, 2 au 10 janv., dim. soir et lundi – Repas 120/350 ♚

LONGWY 54400 M.-et-M. 57 ② G. Alsace Lorraine – 15 439 h alt. 262.

Voir *Musée municipal* **M** : collection de fers à repasser – *Château de la faïencerie St-Jean l'Aigle* – *Émaux des Récollets* **B**.
🚹 *Office de Tourisme* Hôtel-de-Ville, Longwy Haut 𝒫 03 82 24 27 17 et 𝒫 03 82 24 94 54.
Paris 329 ③ – *Luxembourg 35* ① – *Metz 64* ② – *Thionville 42* ②.

Plan page suivante

à Longwy-Haut :

🏨 **Nord,** pl. Darche 𝒫 03 82 23 40 81, Fax 03 82 23 17 73 – 📺 ☎ ℃. 🅰🅴 🚗   A a
Repas (*fermé dim. et fériés*) 78 (déj.)/98 ♚ – 🍽 40 – **19 ch** 250/300

à Méxy Sud : 3 km par ② (N 52) – 1 959 h. alt. 369 – ⊠ 54400 :

🏨 **Relais Mercure** Ⓜ, 𝒫 03 82 23 14 19, Fax 03 82 25 61 06, 🏡 – 🔌 ⁑ 📺 ☎ ℃ & 🅿 –
🚗 🔒 25. 🅰🅴 ① 🚗 🇯🇨🇧
Repas 68/119 ♚, enf. 45 – 🍽 40 – **42 ch** 320/340

à Cosnes-et-Romain par r. A. Briand puis D 43 – 2 053 h. alt. 378 – ⊠ 54400 :

※※ **Auberge des Trois Canards,** 69 rue de Lorraine 𝒫 03 82 24 35 36, Fax 03 82 25 66 40
– 🅰🅴 ① 🚗
fermé 14 août au 4 sept., vacances de fév., dim. soir, jeudi soir et lundi – Repas 117/214 ♚

LONGWY

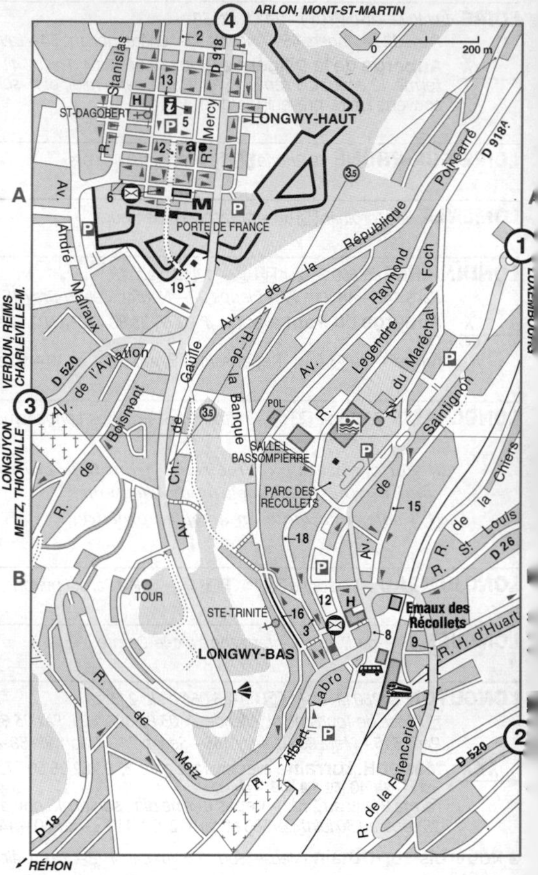

Si vous cherchez un hôtel tranquille, consultez d'abord les cartes de l'introduction ou repérez dans le texte les établissements indiqués avec le signe ⤣.

Une réservation confirmée par écrit ou par fax est toujours plus sûre.

LONS-LE-SAUNIER ℗ 39000 Jura 🔟 ④ ⑭ G. Jura – 19 144 h alt. 255 – Stat. therm. (avril-fin oct.) – Casino.
Voir Rue du Commerce★ – Théâtre★ – Pharmacie★ de l'Hôtel-Dieu.
Env. Château d'Arlay★ – Creux de Revigny★ 7,5 km par ②.
🛈 Office de Tourisme (fermé dim.) pl. du 11-Nov. ℰ 03 84 24 65 01, Fax 03 84 43 22 59.
Paris 412 ③ – Chalon-sur-Saône 63 ③ – Besançon 84 ① – Bourg-en-Bresse 71 ③.

Plan page ci-contre

🏨 **Parc** Ⓜ, 9 av. J. Moulin ℰ 03 84 86 10 20, Fax 03 84 24 97 28 – 📳 🗏 📺 ☎ ✆ ఓ. 🆎 ⑩ 🆚
⑤ Repas 83/165 ♀, enf. 39 – ☲ 36 – **16 ch** 310/340 – ½ P 258   Y s

🏨 **Nouvel Hôtel** sans rest, 50 r. Lecourbe ℰ 03 84 47 20 67, Fax 03 84 43 27 49 – 📺 ☎ ✆
🅿 🆎 ⑩ 🆚   Y r
fermé 20 déc. au 10 janv. – ☲ 38 – **26 ch** 198/295

✕✕ **Comédie**, 65 r. Agriculture ℰ 03 84 24 20 66, Fax 03 84 24 12 64, 🍴 – 🗏. 🆚
fermé 17 au 30 avril, 1ᵉʳ au 20 août, dim. et lundi – Repas 98/155 ♀   Y e

✕✕ **Relais d'Alsace**, 740 rte Besançon par ① ℰ 03 84 47 24 70, Fax 03 84 47 24 70, 🍴 – 🅿.
🆚
fermé 17 au 23 juil., vacances de fév., dim. soir et lundi – Repas (86) - 98/250 🍷, enf. 35

718

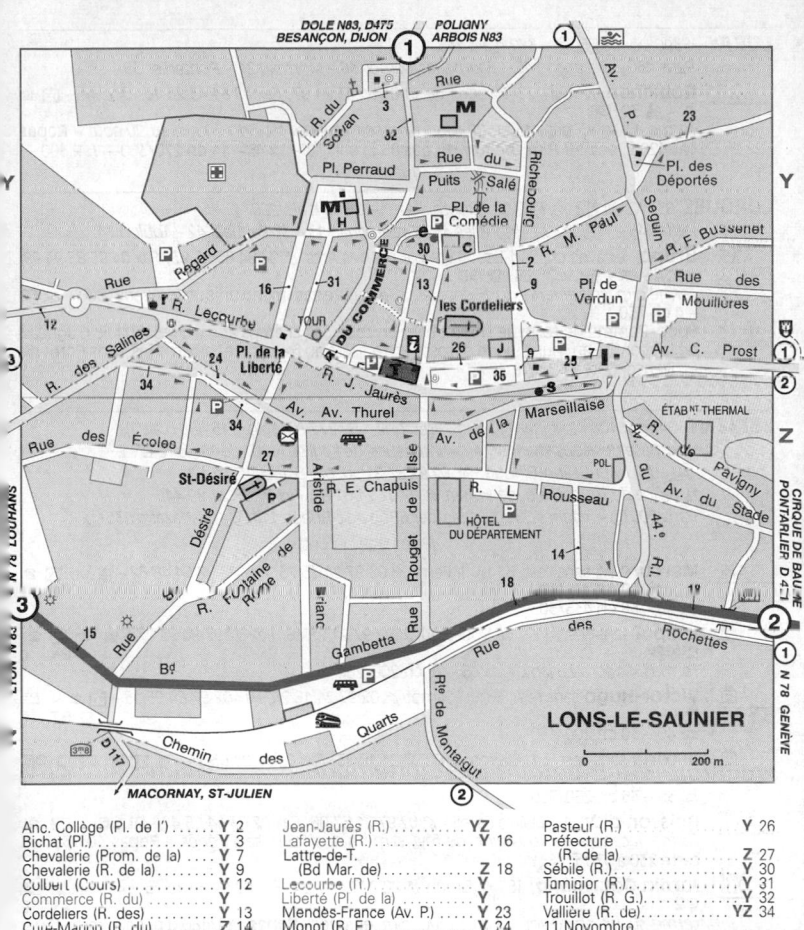

à Chille par ① *rte de Besançon et D 157 : 3 km – 217 h. alt. 330 –* ⊠ *39570 :*

  🏨   **Parenthèse et Thélème** M ⌂, 📞 03 84 47 55 44, Fax 03 84 24 92 13, 🍴, parc, ⓢ
   ⓣ 📺 ☎ ⌖ ⌖ 🅿 – ⛶ 30. 🆎 GB
   Repas *(fermé dim. soir et lundi midi)* 95/265 ⚜, enf. 50 – ⯑ 45 – **31 ch** 260/560 –
   ½ P 480/580

au Sud par D 117 et D 41 : 6 km – ⊠ 39570 Vernantois :

  🏨   **Golf** M ⌂, 📞 03 84 43 04 80, Fax 03 84 47 31 21, ≤, 🍴, « Sur le golf », ⯑, ⓢ, 🎾 – ⓣ,
   ▤ rest, 📺 ☎ ⌖ 🅿 – ⛶ 50. 🆎 ⓞ GB
   Repas *(fermé 20 déc. au 20 fév. et dim. soir d'oct. à mars)* (85) - 105/155 ⚜ – ⯑ 55 – **36 ch**
   550/580 – ½ P 450

à Courlans par ③ *rte de Chalon, N 78 : 6 km – 640 h. alt. 227 –* ⊠ *39570 :*

  XXX   **Auberge de Chavannes** (Carpentier), 📞 03 84 47 05 52, Fax 03 84 43 26 53, 🍴, 🌿 –
   ▤ 🅿 GB
  ⌘   *fermé 27 juin au 5 juil., janv., dim. soir, mardi midi et lundi –* **Repas** *(nombre de couverts*
   limité, prévenir) (105) - 175/285 et carte 320 à 410 ⚜
   Spéc. Nage d'escargots aux herbes. Suprême de poularde de Bresse en rouelles. Filets de
   pigeon rôti, cuisses en caillette. **Vins** L'Etoile, Arbois-Pupillin

LORAY 25390 Doubs 66 ⑰ – 372 h alt. 745.

Paris 450 – Besançon 45 – Baume-les-Dames 36 – Morteau 21 – Pontarlier 39.

XX **Robichon** avec ch, 22 Grande Rue ℘ 03 81 43 21 67, Fax 03 81 43 26 10, ☆, ☞ – ⊡ ☎
℗ – ፚ 30. ⊞
fermé 1er au 15 oct., 15 au 29 janv., dim. soir et lundi sauf du 20 juil. au 20 août – **Repas**
120/420 ⵙ, enf. 70 *P'tit Bichon :* Repas 85 ⵙ, enf. 38 – ⵧ 45 – **11 ch** 270/300 – ½ P 300

LORGUES 83510 Var 84 ⑥, 114 ㉒ G. Côte d'Azur – 6 340 h alt. 200.

Paris 845 – Fréjus 39 – Brignoles 33 – Draguignan 13 – St-Raphaël 42 – Toulon 74.

XXX **Bruno** ⏚ avec ch, Sud-Est : 3 km par rte des Arcs ℘ 04 94 85 93 93, Fax 04 95 85 93 99,
ლ ⭾, ☆, ☞ – ⊡ ☎ ℗, Ⓐ ⓞ ⊞
fermé dim. soir et lundi du 15 sept. au 15 juin – **Repas** (menu unique)(prévenir) 300 – ⵧ 60
– **4 ch** 750
Spéc. Pomme de terre de Noirmoutier en robe des champs aux truffes. Epaule d'agneau
de lait confite au four. Pigeon désossé en feuilleté au foie gras et aux truffes. **Vins** Côtes de
Provence, Coteaux Varois.

LORIENT ◁▷ 56100 Morbihan 63 ① G. Bretagne – 59 271 h Agglo. 115 488 h alt. 4.

Voir *Base des sous-marins*★ AZ – *Intérieur*★ *de l'église N.-D.-de-Victoire* BY E.

✈ de Lorient Lann-Bihoué : ℘ 02 97 87 21 50, par D 162 : 8 km AZ.

🄱 Office de Tourisme q. de Rohan ℘ 02 97 21 07 84, Fax 02 97 21 99 44.

Paris 503 ③ – Vannes 58 ③ – Quimper 68 ③ – St-Brieuc 114 ③ – St-Nazaire 135 ③.

Plan page ci-contre

🏨 **Mercure** Ⓜ sans rest, 31 pl. J. Ferry ℘ 02 97 21 35 73, Fax 02 97 64 48 62 – ▯ ⭾ ⊡ ☎
& – ፚ 30. Ⓐ ⓞ ⊞   BZ m
ⵧ 58 – **58 ch** 435/505

🏨 **Léopol** sans rest, 11 r. W. Rousseau ℘ 02 97 21 23 16, Fax 02 97 84 93 27 – ▯ ⭾ ⊡ ☎.
Ⓐ ⊞   BY r
fermé 24 déc. au 5 janv. – ⵧ 35 – **26 ch** 200/280

🏨 **Victor-Hugo** sans rest, 36 r. L. Carnot ℘ 02 97 21 16 24, Fax 02 97 84 95 13 – ⊡ ☎ ✆. Ⓐ
⊞   BZ f
ⵧ 40 – **30 ch** 200/350

🏨 **Astoria** sans rest, 3 r. Clisson ℘ 02 97 21 10 23, Fax 02 97 21 03 55 – ▯ ⊡ ☎. Ⓐ ⓞ ⊞
ᴊᴄʙ   BY q
ⵧ 35 – **35 ch** 250/320

XXX **Poisson d'Or**, 1 r. Maître Esvelin ℘ 02 97 21 57 06, Fax 02 97 64 65 42 – Ⓐ ⊞   BZ m
fermé vacances de Toussaint, de fév., sam. midi et dim. sauf fériés – **Repas** 105/380 et
carte 230 à 370 ⵙ.

XX **Jardin Gourmand**, 46 r. J. Simon ℘ 02 97 64 17 24, Fax 02 97 64 15 75, ☆ – ▤. Ⓐ ⓞ
⊞   AY t
fermé 30 juil. au 10 août, 3 au 18 fév., dim. et lundi – **Repas** 110/160 dîner à la carte 170 à
230 ⵙ

XX **Neptune** avec ch, 15 av. Perrière, au Sud par r. de Carnel AZ ℘ 02 97 37 04 56,
Fax 02 97 87 07 54 – ⊡ ☎ ✆. Ⓐ ⓞ ⊞
fermé 21 sept. au 4 oct. et dim. – **Repas** 75/200 ⵙ – ⵧ 30 – **23 ch** 180/280 – ½ P 250

XX **Saint-Louis**, 48 r. J. Le Grand ℘ 02 97 21 50 45, Fax 02 97 84 00 77 – ⊞   BZ a
fermé 29 août au 21 sept., vacances de fév., mardi soir et merc. – **Repas** 65/205

X **Pic**, 2 bd Mar. Franchet d'Esperey ℘ 02 97 21 18 29, Fax 02 97 21 92 64, ☆ – ⊞
fermé sam. midi et dim. – **Repas** (75) - 100/215 ⵙ, enf. 70   AY b

X **Pécharmant**, 5 r. Carnel ℘ 02 97 21 33 86 – ⊞   AZ a
fermé 7 au 15 mai, 16 juil. au 7 août, 1er au 9 janv., dim., lundi et fériés – **Repas** 98/208 ⵙ,
enf. 50

X **Rest. Victor-Hugo**, 36 r. L. Carnot ℘ 02 97 64 26 54, Fax 02 97 64 24 87 – Ⓐ ⊞ ᴊᴄʙ
fermé sam. midi et dim. – **Repas** 85/250 ⵙ, enf. 65   BZ f

Z.I. de Kerpont *par* ① : *6 km* – ⊠ 56850 Caudan :

🏨 **Novotel** Ⓜ, centre hôtelier de Bellevue ℘ 02 97 89 21 21, Fax 02 97 89 21 24, ☆, ⊥, ☞
– ▯ ⭾ ☎ & ℗ – ፚ 70. Ⓐ ⓞ ⊞ ᴊᴄʙ
Repas (88) - 108/115 ⵙ, enf. 55 – ⵧ 60 – **87 ch** 470/530

🏨 **Ibis** sans rest, centre hôtelier de Bellevue ℘ 02 97 76 40 22, Fax 02 97 81 28 56 – ⭾ ⊡ ☎
℗. Ⓐ ⓞ ⊞
ⵧ 35 – **41 ch** 325/350

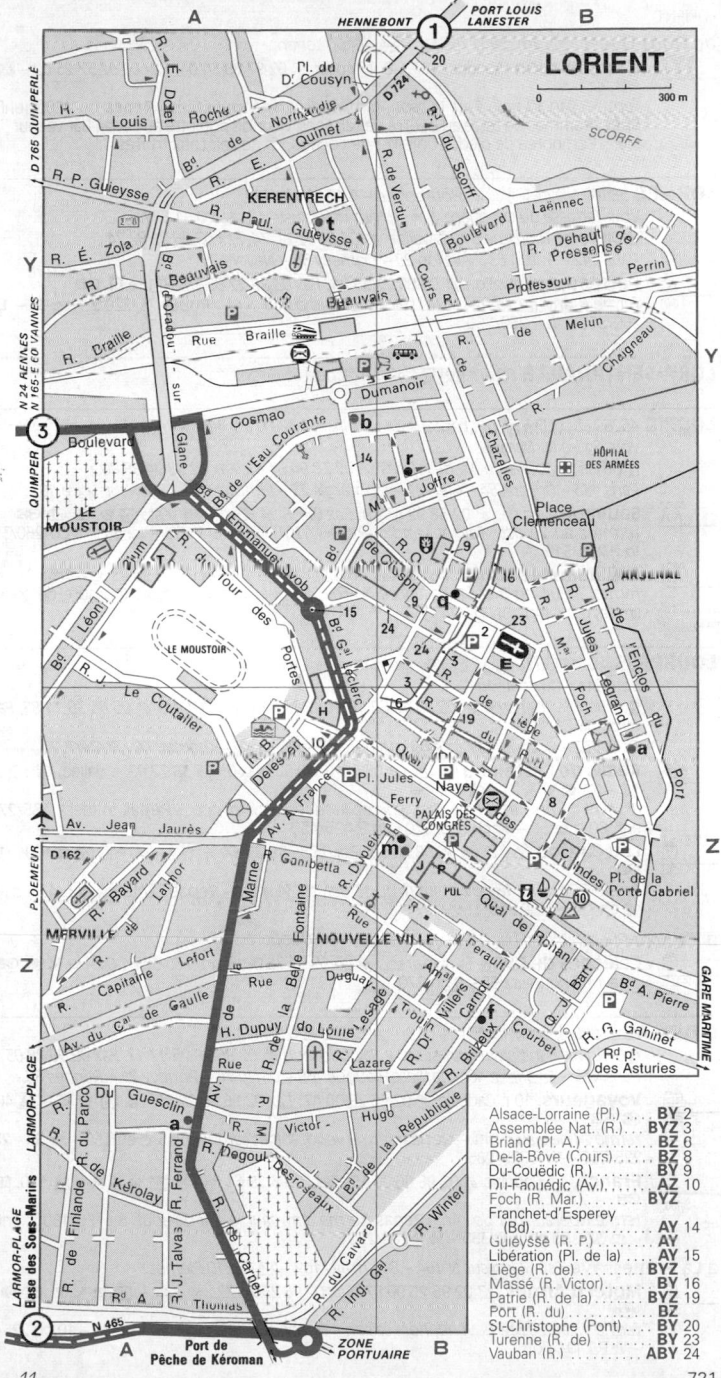

LORIENT

0 ____ 300 m

au Nord-Ouest : *3,5 km par D 765* AY – ⊠ *56100 Lorient* :

XXX **L'Amphitryon** (Abadie), 127 r. Col. Müller ℰ 02 97 83 34 04, Fax 02 97 37 25 02 – ▤. ◑
✿ GB. �

fermé 23 au 30 avril, 4 au 14 sept., sam. midi et dim. sauf fériés – **Repas** 170/420 ♀, enf. 80
Spéc. Pommes de terre au beurre de sardines, oeuf de poulette au caviar. Bar vapeur ''Bara
Mel''. Compotée de pieds et oreilles de cochon, ris de veau aux truffes.

LORMES *58140 Nièvre* 65 ⑯ *G. Bourgogne* – *1 464 h alt. 420.*

Voir *Terrasse du cimetière* ☀★ – *Mont de la Justice* ☀★ *NO : 1,5 km.*

🛈 *Office de Tourisme 5 r. d'Avallon* ℰ 03 86 22 82 74, Fax 03 86 22 82 74.

Paris 242 – Autun 63 – Avallon 29 – Clamecy 35 – Nevers 75.

🏠 **Perreau**, 8 rte Avallon ℰ 03 86 22 53 21, Fax 03 86 22 82 15 – 📺 ☎ 🅿. GB
⊗ *fermé 8 janv. au 15 fév., dim. soir et lundi d'oct. à avril* – **Repas** 73/220 ♀ – � 32 – **17 ch**
260/300 – ½ P 230/250

LORP-SENTARAILLE *09 Ariège* 86 ③ – *rattaché à St-Girons.*

LORRIS *45260 Loiret* 65 ① *G. Châteaux de la Loire* – *2 620 h alt. 126.*

Voir *Église N.-Dame*★.

🛈 *Office de Tourisme 2 r. des Halles* ℰ 02 38 94 81 42, Fax 02 38 94 88 00.

Paris 133 – Orléans 54 – Gien 27 – Montargis 23 – Pithiviers 44 – Sully-sur-Loire 18.

XX **Sauvage** avec ch., ℰ 02 38 92 43 79, Fax 02 38 94 82 46 – ▤ rest, 📺 ☎. AE ◑ GB
fermé 2 au 20 oct., fév. et vend. – **Repas** 120/290 ♂, enf. 52 – ⊡ 35 – **8 ch** 260/350 –
½ P 280/310

XX **Guillaume de Lorris**, 1 r. Pasteur ℰ 02 38 94 83 55, Fax 02 38 94 83 55 – GB
⊗ *fermé 24 juil. au 8 août, vacances de fév., lundi et mardi* – Repas (nombre de couverts
limité, prévenir) (98) - 125/245 ♀

LOUBRESSAC *46130 Lot* 75 ⑲ *G. Périgord Quercy* – *449 h alt. 320.*

Voir *Site*★ *du château.*

🛈 *Office de Tourisme* ℰ 05 65 10 82 18 et (hors saison) à St-Céré ℰ 05 65 38 11 85, Fax 05
65 38 38 71.

Paris 532 – Brive-la-Gaillarde 49 – Cahors 73 – Figeac 47 – Gramat 17 – St-Céré 9.

🏰 **Relais de Castelnau** Ⓜ ⊗, ℰ 05 65 10 80 90, Fax 05 65 38 22 02, ≤ vallée, 🍽, 🞈, 🞘,
🞀 – 📺 ☎ ✆ 🅿. – 🛎 60. GB
1er avril-1er nov. et fermé dim. soir et lundi en avril et oct. – **Repas** 89 (déj.), 135/270 ♀,
enf. 60 – ⊡ 50 – **40 ch** 390/600 – ½ P 425/450

🏠 **Lou Cantou** ⊗, ℰ 05 65 38 20 58, Fax 05 65 38 25 37, ≤, 🍽 – ▤ rest, 📺 ☎ ✆ 🅿. AE ◑
⊗ GB

fermé 25 oct. au 18 nov. et lundi du 15 oct. au 31 mars – **Repas** 72/189 ♀, enf. 42 – ⊡ 38 –
12 ch 295 – ½ P 295

à Py *Nord-Ouest : 3,5 km par D 118 et D 14* – ⊠ *46130 Loubressac :*

🏠 **Calèches de Py** Ⓜ ⊗ sans rest, ℰ 05 65 39 75 06, Fax 05 65 38 61 04 – ☎ ✆ 🅿. GB
⊗ *1er avril-2 nov.* – ⊡ 35 – **8 ch** 270

LOUDÉAC *22600 C.-d'Armor* 58 ⑲ *G. Bretagne* – *9 820 h alt. 155.*

🛈 *Syndicat d'Initiative (juin-sept.) r. Saint-Joseph* ℰ 02 96 28 25 17 17, Fax 02 96 28 05 13.

Paris 438 – St-Brieuc 40 – Carhaix-Plouguer 68 – Dinan 75 – Pontivy 21 – Rennes 87.

🏨 **Voyageurs**, 10 r. Cadélac ℰ 02 96 28 00 47, Fax 02 96 28 22 30 – 🛗 📺 ☎ ✆ – 🛎 40. AE
⊗ ◑ GB

fermé 24 déc. au 3 janv. – **Repas** (fermé vend. soir et sam.) 78/255 ♀, enf. 50 – ⊡ 38 – **28 ch**
225/300 – ½ P 225/285

🏠 **France**, 1 r. Cadélac ℰ 02 96 66 00 15, Fax 02 96 28 61 94 – 🛗 📺 ☎ ✆ 🅿. – 🛎 100. AE ◑
⊗ 100 GB

fermé Noël au Jour de l'An – **Repas** (fermé dim. sauf le soir en août) (59) - 76/180 ♀, enf. 45
– ⊡ 37 – **35 ch** 200/350 – ½ P 205/260

à La Prénessaye *Est : 7 km sur N 164 – 854 h. alt. 109* – ⊠ *22210 Plémet :*

🏠 **Motel d'Armor**, ℰ 02 96 25 90 87, Fax 02 96 25 76 72, 🍽, 🞀 – 📺 ☎ ✆ 🅿. AE ◑ GB
⊗ JCB

fermé 15 au 28 fév. et vend. hors saison – **Repas** 78/230 ♀, enf. 50 – ⊡ 38 – **10 ch** 225/280
– ½ P 240/260

LOUDUN 86200 Vienne 📖 ⑨ G. Poitou Vendée Charentes – 7 854 h alt. 120.

Voir *Tour carrée* ✷★.

🅱 *Office de Tourisme r. des Marchands* ✆ 05 49 98 15 96, Fax 05 49 98 12 88.

Paris 313 ① – Angers 78 ④ – Châtellerault 47 ① – Poitiers 55 ④ – Tours 73 ①.

LOUDUN

🏨 **Hostellerie de la Roue d'Or**, 1 av. Anjou ✆ 05 49 98 01 23, Fax 05 49 22 31 05 – 📺 ☎
📶 ✓ ዼ 🅿 🗚 ⑩ GB   DY c
fermé vacances de fév., dim. soir et sam. midi du 15 oct. au 15 avril – **Repas** 85/250 ⅀,
enf. 55 – ⌸ 35 – **14 ch** 250/330 – ½ P 260/290

🏨 **Renaudot** sans rest, 40 av. de Leuze ✆ 05 49 98 19 22, Fax 05 49 98 94 22 – ⎞ 📺 ☎. GB
⌸ 45 – **29 ch** 290/320   BY a

🗶🗶 **Ricordeau** avec ch, 6 pl. Boeuffeterie ✆ 05 49 98 51 42, Fax 05 49 98 62 24 – 📺 ☎. GB
📶 *fermé en fév., lundi sauf juil.-août et dim. soir* – **Repas** (68 bc) - 85/205 ⅀, enf. 55 – ⌸ 28 –
3 ch 180/210 – ½ P 190/205   BY s

LOUÉ 72540 Sarthe 📖 ⑫ – 1 929 h alt. 112.
Paris 250 – Le Mans 29 – Laval 58 – Rennes 126 – Sillé-le-Guillaume 26.

🏰 **Ricordeau** 🅼, 13 r. Libération ✆ 02 43 88 40 03, Fax 02 43 88 62 08, 帝, 🏊, 🌳 – ⎞ 📺
☎ 📶 ዼ 🅿 – 🕍 25. 🗚 GB. ✎ ch
Repas 98 (déj.), 128/348 ⅀, enf. 75 – ⌸ 58 – **15 ch** 340/650, 4 appart – ½ P 293/507

Le Guide change, changez de guide tous les ans.

LOUHANS 71500 S.-et-L. 70 ⑬ G. Bourgogne – 6 140 h alt. 179.

Voir *Grande-Rue*★.

🛈 *Office de Tourisme* 1 Arcade St-Jean ℰ 03 85 75 05 02, Fax 03 85 76 48 70.

Paris 378 – Chalon-sur-Saône 37 – Bourg-en-Bresse 58 – Dijon 85 – Dole 76 – Tournus 31.

🏨 **Moulin de Bourgchâteau** ⌂, r. Guidon (rte Chalon) ℰ 03 85 75 37 12,
Fax 03 85 75 45 11, parc, « Ancien moulin sur la Seille » – 📺 ☎ 🅿 – 🔏 20. 🆀 🅶🅱
fermé 20 déc. au 20 janv., dim. d'oct. à Pâques, mardi midi de Pâques à oct. et lundi midi –
Repas (nombre de couverts limités, prévenir) 100/230 ⌣ – ⌣ 48 – **18 ch** 230/550

🏠 **Hostellerie du Cheval Rouge**, 5 r. Alsace ℰ 03 85 75 21 42, Fax 03 85 75 44 48, ☆ –
📺 ☎ ⌂. 🅶🅱
fermé 25 juin au 3 juil., 24 déc. au 7 janv., mardi midi et lundi – **Repas** 85/240 ⌣, enf. 50
– ⌣ 40 – **9 ch** 200/300 – ½ P 265/300

Buge 🏨 Ⓜ ⌂ sans rest, – ↝ 📺 ☎ ⌡ ⅙ ⌂ – 🔏 20. 🅶🅱. ⌀
fermé 25 juin au 3 juil., 24 déc. au 7 janv. et lundi sauf juil.-août – ⌣ 40 – **14 ch** 260/360

✕✕ **Cotriade**, 4 r. Alsace ℰ 03 85 75 19 91, Fax 03 85 75 19 91 – 🅶🅱
fermé vacances de fév. et mardi soir sauf juil.-août – **Repas** 70/195 ⌣, enf. 50

à Beaurepaire-en-Bresse *Est : 14 km par N 78 – 502 h. alt. 147 – ✉ 71580 :*

🏠 **Auberge de la Croix Blanche,** ℰ 03 85 74 13 22, Fax 03 85 74 13 25, ☆, 🐎 – 📺 ☎
⌡ 🅿. 🅶🅱
fermé 3 au 10 oct., 3 au 20 nov., dim. soir et lundi hors saison – **Repas** 73/210 ⌣, enf. 60 –
⌣ 43 – **13 ch** 215/290 – ½ P 275/315

LOURDES 65100 H.-Pyr. 85 ⑱ G. Midi-Pyrénées – 16 300 h alt. 420 – Grand centre de pèlerinage.

Voir *Château fort*★ – *musée pyrénéen*★ – *Musée Grévin de Lourdes*★ DZ **M¹** – *Basilique
souterraine St-Pie X* – *Pic du Jer*★ 1,5 km par ③ et funiculaire puis 20 mn – *Le Béout* ⁂★
1 km (téléphérique) AY.

✈ de Tarbes-Ossun-Lourdes : ℰ 05 62 32 92 22, par ① : 11 km.

🛈 *Office de Tourisme* pl. Peyramale ℰ 05 62 42 77 40, Fax 05 62 94 60 95.

Paris 808 ① – *Pau 46* ④ – *Bayonne 148* ④ – *St-Gaudens 84* ② – *Tarbes 18* ①.

LOURDES

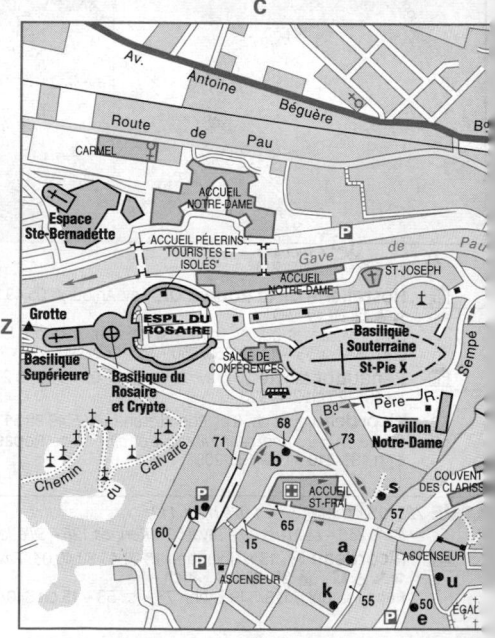

Grand Hôtel de la Grotte, 66 r. Grotte ℰ 05 62 94 58 87, *Fax 05 62 94 20 50*, ≤, 斎 – ⬧️, ▤ rest, ⅏ ☎ ⇔ 🅿️, 🆎 ⓪ ⒼⒷ
DZ v
15 avril-25 oct. – **Repas** 90 (déj.), 180/200 ♀ – ⇆ 65 – **76 ch** 525/620, 3 appart – ½ P 405/505

Alba Ⓜ, 27 av. Paradis ℰ 05 62 42 70 70, *Fax 05 62 94 54 52*, ≤, 斎 – ⬧️ ▤ ☎ ⅋ ⇔ 🅿️ – ⚑ 70. 🆎 ⒼⒷ
AY f
début avril-fin oct. – **Repas** 50/120 – ⇆ 38 – **237 ch** 350/475 – ½ P 295/355

Impérial Ⓜ, 3 av. Paradis ℰ 05 62 94 06 30, *Fax 05 62 94 48 04* – ⬧️ ▤ ⅏ ⅋ 🅿️. 🆎 ⓪ ⒼⒷ ⒿⒸⒷ
CZ u
1er avril-31 oct. – **Repas** 95 – ⇆ 60 – **93 ch** 385/510 – ½ P 410

Solitude Ⓜ, 3 passage St-Louis ℰ 05 62 42 71 71, *Fax 05 62 94 40 65*, ⅋ – ⬧️, ▤ rest, ☎ ⅋ ⇔ – ⚑ 100. 🆎 ⓪ ⒼⒷ ⒿⒸⒷ
CZ s
avril-nov. – **Repas** 100 ♀ – ⇆ 60 – **201 ch** 380/690, 4 appart, 8 duplex – ½ P 365/395

Paradis Ⓜ, 15 av. Paradis ℰ 05 62 42 14 14, *Fax 05 62 94 64 04*, ≤ – ⬧️, ▤ rest, ⅏ ☎ ⅋ ⇔ 🅿️ – ⚑ 150. 🆎 ⒼⒷ
AY n
15 avril-fin oct. – **Repas** 135 – ⇆ 65 – **300 ch** 560 – ½ P 430

Méditerranée Ⓜ, 23 av. Paradis ℰ 05 62 94 72 15, *Fax 05 62 94 10 54* – ⬧️ ▤ ☎ ⅋ 🅿️ – ⚑ 30 à 50. 🆎 ⒼⒷ
AY s
1er avril-15 nov. – **Repas** 88/120, enf. 40 – ⇆ 38 **171 ch** 350/475 – ½ P 355

Excelsior, 83 bd Grotte ℰ 05 62 94 02 05, *Fax 05 62 94 82 88* – ⬧️ ☎. 🆎 ⓪ ⒼⒷ ⒿⒸⒷ
DZ h
Pâques-fin oct. – **Repas** 110/125 – ⇆ 60 – **82 ch** 340/455 – ½ P 345

Espagne, 9 av. Paradis ℰ 05 62 94 50 02, *Fax 05 62 94 58 15*, ≤ – ⬧️, ▤ rest, ☎ ⅋ 🅿️. 🆎 ⓪ ⒼⒷ ⅋ rest
CZ e
1er avril-30 oct. – **Repas** 103/109 – ⇆ 39 – **129 ch** 479 – ½ P 316

Christ-Roi, 9 r. Mgr Rodhein ℰ 05 62 94 24 90, *Fax 05 62 94 17 65* – ⬧️, ▤ rest, ☎ ⇔ 🅿️ – ⚑ 30. 🆎 ⓪ ⒼⒷ. ⅋ rest
AY t
Pâques-15 oct. – **Repas** 95 – ⇆ 35 – **173 ch** 400, 7 duplex – ½ P 330

Roissy, 16 av. Mgr Schoepfer ℰ 05 62 94 13 04, *Fax 05 62 94 72 76* – ⬧️ ☎ 🅿️ – ⚑ 70. ⒼⒷ
CZ d
10 avril-18 oct. – **Repas** 95 – ⇆ 40 – **187 ch** 430 – ½ P 335

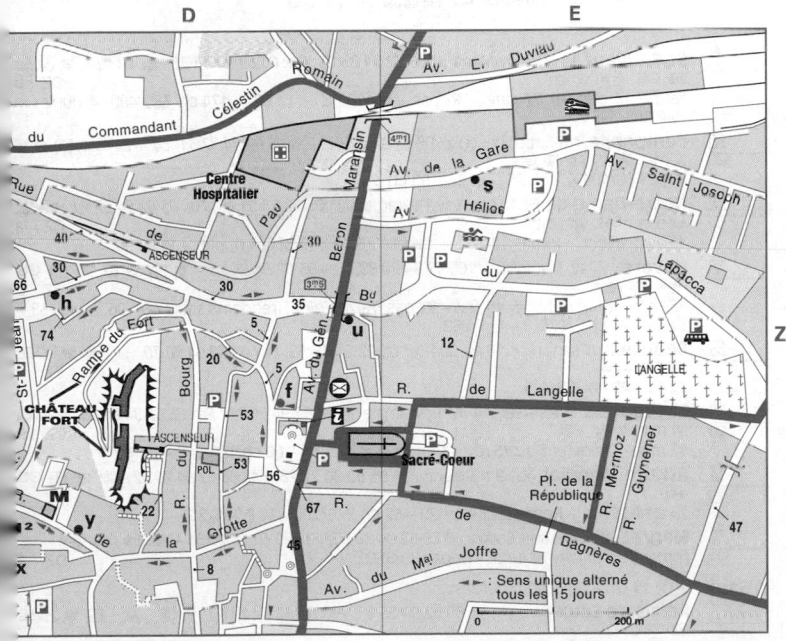

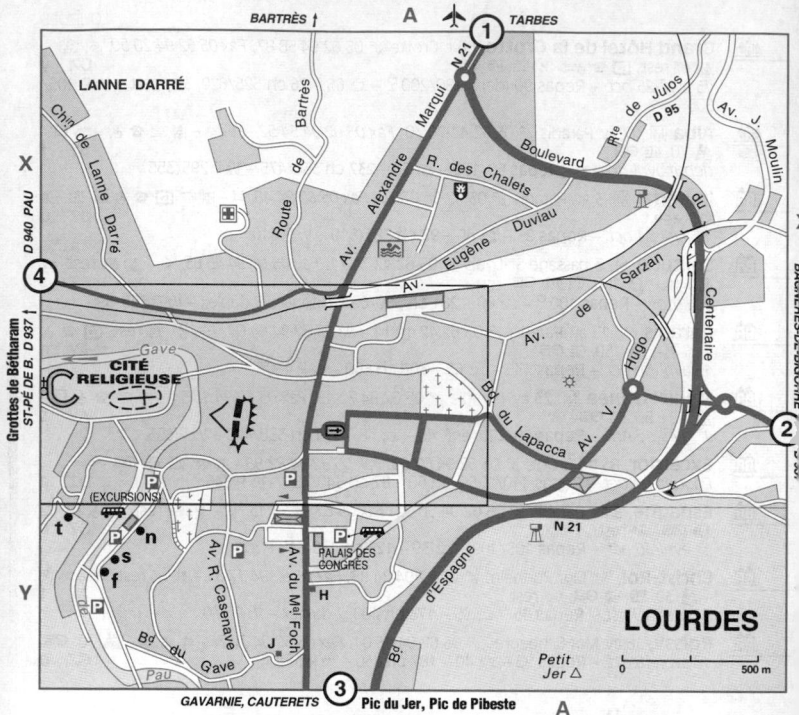

🏠 **St-Sauveur** Ⓜ, 9 R. Ste-Marie ✆ 05 62 94 25 03, Fax 05 62 94 36 52 – 🛗, 🍴 rest, ☎ 🚫. 🆎
ⓞ ⒼⒷ ⒿⒸⒷ. ⚙ ch   CZ **b**
fermé 16 déc. au 31 janv. – **Repas** *(59)* - 100 🍷 – ☷ 60 – **174 ch** 380/490, 4 duplex –
½ P 365/395

🏠 **Campanile**, rte Tarbes par ① ✆ 05 62 94 07 07, Fax 05 62 94 77 31, 🏡 – 🍴 rest, 📺 ☎ 🌙
🚫 🅿. – 🄰 25. 🆎 ⓞ ⒼⒷ
Repas 80/103 🍷, enf. 39 – ☷ 36 – **52 ch** 315

🏠 **Notre-Dame de France**, 8 av. Peyramale ✆ 05 62 94 91 45, Fax 05 62 94 57 21, ≤ – 🛗,
🍴 rest. ⒼⒷ. ⚙ rest   CZ **a**
15 avril-15 oct. – **Repas** 90/95 🍷 – ☷ 34 – **73 ch** 250/360, 3 duplex – ½ P 290

🏠 **Nevers**, 13 av. Maransin ✆ 05 62 94 90 88, Fax 05 62 94 84 23 – 🛗 📺 ☎ 🅿. 🆎 ⓞ ⒼⒷ
ⒿⒸⒷ. ⚙ rest   DZ **u**
15 mars-15 nov. et 5 au 15 fév. – **Repas** *(fermé dim.)* (résidents seul.) *(59)* - 95 🍷, enf. 35 –
☷ 39 – **38 ch** 220/320 – ½ P 268

🏠 **Beauséjour** sans rest, 16 av. Gare ✆ 05 62 94 38 18, Fax 05 62 94 96 20, ♨ – 🛗 ☎ 🅿. 🆎
ⓞ ⒼⒷ ⒿⒸⒷ   EZ **s**
☷ 41 – **42 ch** 258/495

🏠 **St-François d'Assise**, 14 av. Peyramale ✆ 05 62 94 20 79, Fax 05 62 94 61 59, ≤ – 🛗,
🍴 rest, ☎ 🚫. ⒼⒷ   CZ **k**
1ᵉʳ mars-30 nov. et 5 au 15 fév. – **Repas** 75 🍷 – ☷ 35 – **60 ch** 180/210 – ½ P 210

🏠 **Atrium Mondial** ♨, 9 r. Pélerins ✆ 05 62 94 27 28, Fax 05 62 94 70 92 – 🛗 ☎. 🆎 ⒼⒷ
ⒿⒸⒷ   DZ **x**
15 avril-15 oct. – **Repas** 65 🍷 – ☷ 28 – **52 ch** 220/260 – ½ P 215/235

✗ **Magret**, 10 r. 4 Frères Soulas ✆ 05 62 94 20 55, Fax 05 62 94 20 55 – 🍽. ⓞ ⒼⒷ ⒿⒸⒷ
fermé 3 au 17 janv. et lundi – **Repas** 80/350 🍷   DZ **f**

à Saux *par ① : 3 km –* ✉ *65100 Lourdes :*

✗✗✗ **Relais de Saux** avec ch, ✆ 05 62 94 29 61, Fax 05 62 42 12 64, ≤, 🏡, 🌳 – 📺 ☎ 🅿. 🆎
ⓞ ⒼⒷ. ⚙
Repas 140 (déj.), 180/310 – ☷ 45 – **7 ch** 480/580 – ½ P 425/475

à Adé par ① : 4,5 km – 637 h. alt. 428 – ⊠ 65100 :

🏛 **Virginia**, 3 av. Pyrénées ℰ 05 62 94 66 18, Fax 05 62 94 61 32, 佘, ☞ – ⧙, 🗐 rest, 📺 ☎
     🗘 ⇦ ℙ 🖭 ⑩ ☷
     Repas 95/160, enf. 50 – ⊂⊃ 34 – **43 ch** 260/350 – ½ P 240/280

🏠 **Dupouey-Lopez**, 42 av. Pyrénées ℰ 05 62 94 29 62, Fax 05 62 94 60 32, 佘 – ☎ ㅊ ℙ
     ☷ ⑤ ⟊
     fermé 15 au 30 nov., 26 déc. au 18 janv. et lundi du 15 oct. au 30 mars – **Repas** 79/169 🏆,
     enf. 38 – ⊂⊃ 30 – **38 ch** 145/265 – ½ P 175/245

LOURMARIN 84160 Vaucluse 84 ③, 114 ② G. Provence – 1 108 h alt. 224.
     Voir Château★ – Cadenet : fonts baptismaux★ dans l'église N : 5 km.
     🖪 Office de Tourisme 8 av. Ph.-de-Girard ℰ 04 90 68 10 77, Fax 04 90 68 10 77.
     Paris 738 – Digne-les-Bains 112 – Apt 19 – Aix-en-Provence 33 – Cavaillon 34.

🏛 **Moulin de Lourmarin** (Loubet) Ⓜ ⹀, r. Temple ℰ 04 90 68 06 69, Fax 04 90 68 31 76,
❀❀ 佘 – ⧙ 🗐 📺 🖭 ⇦ ☞, 🖭 ⑩ ☷
     fermé du 1er au 12 déc. et 7 janv. au 11 fév. – **Repas** (fermé merc. midi et mardi) 200 (déj.),
     380/550 et carte 500 à 660 🏆 – ⊂⊃ 90 – **20 ch** 1000/1600 – ½ P 1200/1500
     Spéc. "Complicité" de foies gras. Carré d'agneau de Sisteron au serpolet. Loup de ligne à
     l'unilatérale. **Vins** Côtes du Lubéron.

🏛 **de Guilles** ⹀ sans rest, rte Vaugines : 2 km ℰ 04 90 68 30 55, Fax 04 90 68 37 41, ≤,
     « Mas provençal au milieu des vignes et vergers », ⊐, ☞, ⹊ – 📺 ☎ ℙ – ⩒ 25. 🖭 ⑩ ☷
     1er mars-31 oct. – ⊂⊃ 70 – **28 ch** 440/680

❂❂❂ **Auberge La Fenière** (Mme Sammut) Ⓜ ⹀ avec ch, Sud, rte de Cadenet par D 943 :
❀ 2 km ℰ 04 90 68 11 79, Fax 04 90 68 18 60, ≤ plaine de la Durance, 佘, parc, ⊐ – 🗐 📺 ☎
     🗘 ⇦ ℙ 🖭 ⑩ ☷ ⊙⊙ᴮ
     fermé 13 au 30 nov. et 2 janv. au 12 fév. – **Repas** (fermé mardi midi d'oct. à mars et lundi
     sauf fériés) 200/550 et carte 400 à 540 🏆 – ⊂⊃ 80 – **7 ch** 650/1050 – ½ P 750/950
     Spéc. Gros macaroni à la brandade de fiélas et langoustines rôties. Épaule de lapin confite
     et son râble rôti. Fraises rôties au poivre vert, crème glacée au basilic. **Vins** Côtes du
     Lubéron, Côtes de Provence.

❂❂ **L'Antiquaire**, 9 r. Grand Pré ℰ 04 90 68 17 29, Fax 04 90 68 17 29 – 🗐 ☷
     fermé 13 nov. au 5 déc., 15 au 31 janv., dim. soir sauf juil.-août et lundi – **Repas** 95 (déj.),
     158/210 🏆

LOUVECIENNES 78 Yvelines 55 ⑳, 101 ⑬ – voir à Paris, Environs.

Restaurants, die sorgfältig zubereitete,
preisgünstige Mahlzeiten anbieten, sind
durch das Zeichen ❀ kenntlich gemacht.

LOUVETOT 76490 S.-Mar. 52 ⑬, 54 ⑨, 55 ⑤ – 562 h alt. 137.
     Paris 164 – Le Havre 55 – Rouen 44 – Bolbec 22 – Fécamp 35 – Yvetot 9.

🏠 **Louvhôtel-Au Grand Méchant Loup**, carr. D 131 - D 33 ℰ 02 35 95 46 56,
     Fax 02 35 95 33 73 – 📺 ☎ ㅊ ℙ – ⩒ 40 à 100. 🖭 ☷
     fermé dim. soir – **Repas** 58/169 🏆, enf. 43 – ⊂⊃ 32 – **24 ch** 240/255 – ½ P 226

LOUVIERS 27400 Eure 55 ⑯ ⑰ G. Normandie Vallée de la Seine – 18 658 h alt. 15.
     Voir Église N.-Dame★ : oeuvres d'art★.
     🖪 Office de Tourisme 10 r. Mar.-Foch ℰ 02 32 40 04 41.
     Paris 101 ③ – Rouen 32 ② – Les Andelys 22 ③ – Lisieux 75 ⑤ – Mantes-la-Jolie 49 ③.

Plan page suivante

🏛 **Pré-St-Germain** ⹀, 7 r. St-Germain ℰ 02 32 40 48 48, Fax 02 32 50 75 60, 佘 – ⧙ 📺 ☎
     ㅊ ℙ ⇦ ⹊ ℙ. 🖭 ☷   BY s
     Repas (fermé dim. sauf le midi de sept. à juin et sam. midi) 125/190 🏆, enf. 70 – ⊂⊃ 60 –
     30 ch 390/550 – ½ P 390/445

à St-Pierre-du-Vauvray par ② : 8 km – 1 113 h alt. 20 – ⊠ 27430 :

🏛 **Hostellerie St-Pierre** ⹀, bords de Seine ℰ 02 32 59 93 29, Fax 02 32 59 41 93, ≤, ☞
     – ⧙ 📺 ☎ ℙ. 🖭 ☷
     hôtel : 15 mars-15 nov. ; rest. : 1er avril-30 oct. et fermé merc. midi et mardi – **Repas** 125
     (déj.)/195 🏆, enf. 85 – ⊂⊃ 65 – **14 ch** 650/950 – ½ P 550/725

LOUVIERS

Anc.-Combattants-d'Afrique-du-N. (R.). **BY** 2
Beaulieu (R. de) ...... **AZ** 3
Coq (R. au) .... **ABY** 5
Dr-Postel (Bd du)....... **BZ** 6
Flavigny (R.) .... **AZ** 7
Foch (R. Mar.) .... **BZ** 8
Gaulle (R. Gén.-de) .... **AZ** 9
Halle-aux-Drapiers (Pl.). **AZ** 10
Huet (R. J.)............ **AZ** 12
Matrey (R. du) .... **AZ** 14
Mendès-France (R. P.) . **AY** 15
Pénitents (R. des)...... **BY** 16
Poste (R. de la) .... **BY** 18
Quai (R. du) .... **BY**
Quatre-Moulins (R. des) **BY** 21
Thorel (Pl. E.) .... **AY** 22
Vexin (Chaussée du).... **BY** 24

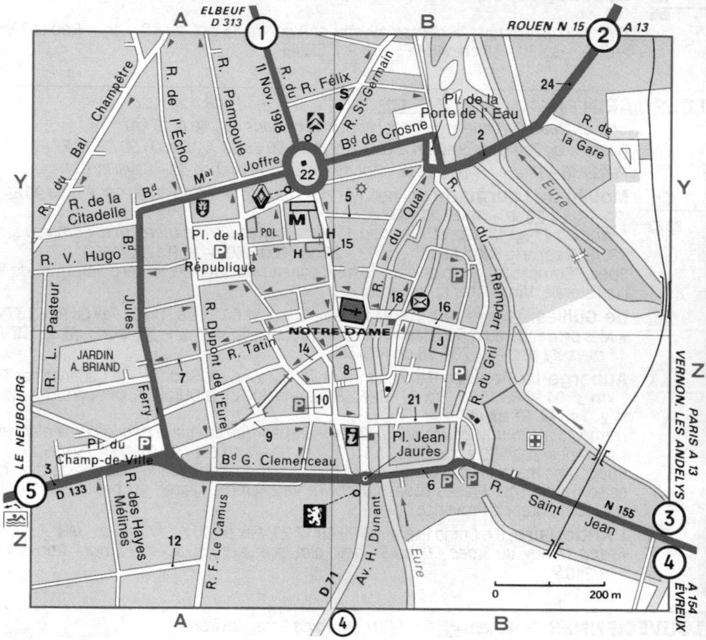

à Vironvay *par ③ : 5 km – 276 h. alt. 119 – ✉ 27400 :*
Voir *Église*★.

XXX **Les Saisons** (Portier) ⛰ avec ch, ☎ 02 32 40 02 56, *Fax 02 32 25 05 26,* 🏠, « Pavillons dans un jardin », 🎾, 🌳, 🏸 – 📺 ☎ ♿ 🅿 – 🏛 30. AE ⓓ GB JCB. ✖
✿ *fermé fév., dim. soir et lundi* – **Repas** 135/390 et carte 280 à 400 – ☕ 65 – **10 ch** 450/700, 4 appart
Spéc. Soupière de crustacés en croûte. Pomme de ris de veau braisée. Tarte fine aux pommes amandine.

LOUVIGNY *14 Calvados* 55 ⑪ *– rattaché à Caen.*

LUBBON *40240 Landes* 79 ⑫ ⑬ *– 99 h alt. 140.*
Paris 695 – Mont-de-Marsan 50 – Aire-sur-l'Adour 62 – Condom 42 – Nérac 36.

Le Bon Coin "Chez Jeanne", D 933 ☎ 05 58 93 60 43, *Fax 05 58 93 61 42,* 🎾, 🌳 – ☎ 🅿. AE GB
fermé 24 juin au 16 juil., 3 au 16 janv., vend. soir et sam. sauf juil.-août – **Repas** 70/220 🍷, enf. 40 – ☕ 28 – **7 ch** 180/220 – ½ P 200

Le LUC *83340 Var* 84 ⑯ *G. Côte d'Azur – 6 929 h alt. 160.*
ℹ *Office de Tourisme Le Château des Vintimille ☎ 04 94 60 74 51 et (hors saison) à la Mairie ☎ 04 94 60 70 03.*
Paris 840 – Fréjus 41 – Cannes 73 – Draguignan 29 – St-Raphaël 44 – Toulon 58.

XX **Gourmandin,** pl. L. Brunet ☎ 04 94 60 85 92, *Fax 04 94 47 91 10* – ▤. AE ⓓ GB JCB
fermé vacances de printemps, 18 août au 15 sept., dim. soir et lundi sauf fériés – **Repas** (week-end, prévenir) 120 (déj.), 140/235 🍷

à l'Ouest : 4 km par N 7 – ⊠ 83340 Le Luc :

🏨 **Grillade au Feu de Bois** ॐ, ℰ 04 94 69 71 20, Fax 04 94 59 66 11, 룕, parc, antiquités, ♨, – ⁙ 🖵 ☎ ❤️ 🅿️. 🆎 🇬🇧
Repas 180/250 ♈ – ☑ 50 – **15 ch** 400/550

LUCÉ 28 E.-et-L. 🔟 ⑦ – rataché à Chartres.

LUCELLE 68480 H.-Rhin 🔟 ⑲ – 71 h alt. 640.
Paris 469 – Altkirch 30 – Basel 44 – Belfort 54 – Colmar 94 – Delémont 19 – Montbéliard 49.

au Nord-Est : 4,5 km par D 41 et rte secondaire – ⊠ 68480 Lucelle :

🏨 **Petit Kohlberg** ॐ, ℰ 03 89 40 85 30, Fax 03 89 40 89 40, ≤, 룕, 🌳 – ⁙ 🖵 ☎ ♿ 🅿️ –
🅰️ 40. 🇬🇧
fermé 1er au 7 nov. et vacances de fév. – Repas (fermé lundi et mardi) 85/215 ♈, enf. 65 –
☑ 60 **35 ch** 250/305 – ½ P 310

LUCEY 54 M.-et-M. 🔟 ④ – rattaché à Toul.

LUCHÉ-PRINGÉ 72800 Sarthe 🔟 ③ G. Châteaux de la Loire – 1 486 h alt. 54.
Paris 238 – Angers 65 – Le Mans 39 – La Flèche 14 – Le Lude 10.

🏠 **Auberge du Port des Roches** ॐ, au Port des Roches Est : 2,5 km par D 13 et D 214
ℰ 02 43 45 44 48, Fax 02 43 45 39 61, 룕, « Terrasse au bord du Loir », 🌳 – ☎ 🅿️. 🇬🇧
fermé 30 janv. au 4 mars, dim. soir et lundi – Repas 115/195 ♈ – ☑ 35 – **12 ch** 240/310 –
½ P 260/290

LUCHON 31 H.-Gar. 🔟 ⑳ – voir Bagnères-de-Luchon.

LUÇON 85400 Vendée 🔟 ⑪ G. Poitou Vendée Charentes – 9 099 h alt. 8.
Voir Cathédrale N.-Dame★ – Jardin Dumaine★.
🛈 Office de Tourisme sq. E.-Herriot ℰ 02 51 56 36 52, Fax 02 51 56 03 56.
Paris 438 – La Rochelle 41 – La Roche-sur-Yon 33 – Cholet 88 – Fontenay-le-Comte 32.

🍴🍴🍴 **Mirabelle**, 89 bis r. de Gaulle, rte des Sables d'Olonne ℰ 02 51 56 93 02,
Fax 02 51 56 35 92, 룕 – 🍴. 🇬🇧
fermé sam. midi et mardi sauf du 20 juil. au 25 août – Repas 85/225 et carte 240 à 320 ♈,
enf. 50

🍴🍴 **Boeuf Couronné** avec ch, rte de la Roche-sur-Yon : 2 km ℰ 02 51 56 11 32,
Fax 02 51 56 98 25, 룕 – 🖵 ☎ ♿ 🅿️. 🆎 ① 🇬🇧
fermé dim. soir et lundi – Repas 73/166, enf. 47 – ☑ 39 – **4 ch** 240/280

LUC-SUR-MER 14530 Calvados 🔟 ⑯ G. Normandie Cotentin – 2 902 h – Casino.
Voir Parc municipal★.
🛈 Office de Tourisme r. Dr-Charcot ℰ 02 31 97 33 25, Fax 02 31 96 65 09.
Paris 247 – Caen 18 – Arromanches-les-Bains 25 – Bayeux 30 – Cabourg 30.

🏨 **Des Thermes et du Casino**, ℰ 02 31 97 32 37, Fax 02 31 96 72 57, ≤, 룕, 🛁, 🏊, 🌳
– ⁙ 🖵 ☎ ❤️ ♿ 🅿️ 🆎 ① 🇬🇧
début avril-mi-oct. – Repas 125/360 ♈, enf. 85 – ☑ 45 – **48 ch** 460/510 – ½ P 390/415

Le LUDE 72800 Sarthe 🔟 ③ G. Châteaux de la Loire – 4 424 h alt. 48.
Voir Château★★.
🛈 Office de Tourisme pl. F.-de-Nicolay ℰ 02 43 94 62 20, Fax 02 43 94 48 46.
Paris 247 – Le Mans 45 – Angers 73 – Chinon 62 – La Flèche 20 – Saumur 52 – Tours 50.

🍴🍴 **Renaissance**, 2 av. Libération ℰ 02 43 94 63 10, Fax 02 43 94 21 05 – 🆎 ① 🇬🇧
fermé dim. soir et lundi – Repas (60)-79/209 ♈, enf. 50

LUGON ET L'ILE-DU-CARNEY 33 Gironde 🔟 ⑧ – 1 026 h alt. 36 – ⊠ 33240 St-André-de-
Cubzac.
Paris 569 – Bordeaux 32 – Libourne 11 – St-André-de-Cubzac 10.

🍴🍴 **Auberge de la Vieille Chapelle**, Sud-Ouest : 3 km par D 670 et rte secondaire
ℰ 05 57 84 48 65, Fax 05 57 84 40 28, ≤, 룕 – 🍴 🅿️. 🇬🇧
fermé 16 janv. au 6 fév., dim. soir et mardi – Repas 85 (déj.), 148/250 ♈, enf. 80

LUGOS _33830 Gironde_ 📖 ③ – _476 h alt. 40._

Paris 643 – Bordeaux 64 – Arcachon 43 – Bayonne 140.

✕ **Bonne Auberge** 🔌 avec ch, ✆ 05 57 71 95 28, _Fax 05 57 71 94 32,_ 🏡, 🌱 – 📺 ☎ 🅿. ▣

fermé 15 oct. au 30 nov., dim. soir et lundi sauf juil.-août – **Repas** 65/230 🍷, enf. 50 – 🖵 25 – **14 ch** 180/220 – ½ P 240

LUMBRES _62380 P.-de-C._ 📖 ③ – _3 944 h alt. 45._

Paris 259 – Calais 44 – Arras 79 – Boulogne-sur-Mer 42 – Dunkerque 52 – St-Omer 11.

🏨 **Moulin de Mombreux** Ⓜ 🔌, Ouest : 2 km par rte Boulogne, D 225 et rte secondaire ✆ 03 21 39 13 13, _Fax 03 21 93 61 34,_ « Parc sur les rives du Bléquin » – 📺 ☎ 🅶 🅿 – 🔏 25. ▣ ⑩ ▣

fermé 20 au 29 déc. – **Repas** 220 bc/610 bc – 🖵 60 – **24 ch** 500/720

LUNEL _34400 Hérault_ 📖 ⑧ – _18 404 h alt. 6._

🚩 _Office de Tourisme pl. Martyrs-de-la-Résistance_ ✆ 04 67 71 01 37, _Fax 04 67 71 26 67._

Paris 738 – Montpellier 29 – Aigues-Mortes 16 – Alès 57 – Arles 57 – Nîmes 31.

✕✕ **Chodoreille,** 140 r. Lakanal ✆ 04 67 71 55 77, _Fax 04 67 83 19 97,_ 🏡 – ▤. ▣ ⑩ ▣ _fermé 15 au 30 août et dim. sauf fériés_ – **Repas** 125/320

LUNÉVILLE 🆚 _54300 M.-et-M._ 📖 ⑥ _G. Alsace Lorraine_ – _20 711 h alt. 224._

Voir _Château★ – Parc des Bosquets★ – Boiseries★ de l'église St-Jacques._

🚩 _Office de Tourisme au Château_ ✆ 03 83 74 06 55, _Fax 03 83 73 57 95._

Paris 341 ⑤ – Nancy 36 ⑤ – Épinal 64 ④ – Metz 95 ① – St-Dié 55 ③ – Strasbourg 131 ②.

LUNÉVILLE

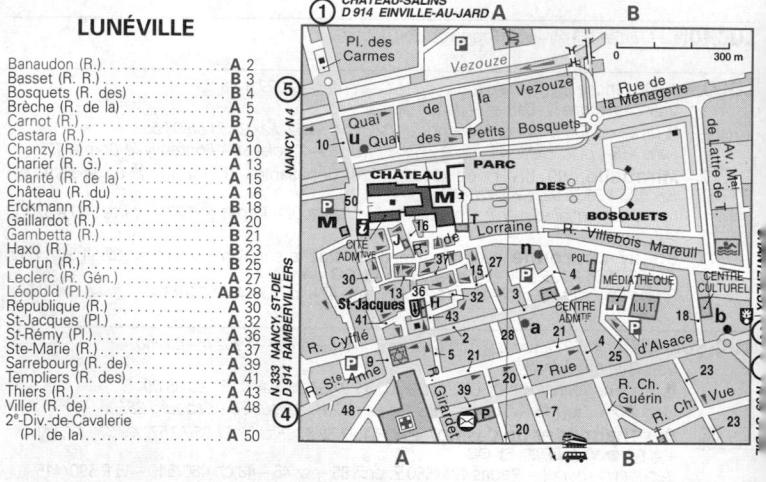

🏨 **des Pages,** 5 quai Petits Bosquets ✆ 03 83 74 11 42, _Fax 03 83 73 46 63,_ 🏡 – 🛗 ⇅ 📺 ☎ 📞 🅿. – 🔏 40. ▣ ▣   **A u**

Petit Comptoir ✆ 03 83 73 14 55 _(fermé dim. soir)_ **Repas** 98/130 🍷, enf. 70 – 🖵 36 – **30 ch** 250/320 – ½ P 265/280

🏨 **Oasis** Ⓜ sans rest, 3 av. Voltaire ✆ 03 83 73 52 85, _Fax 03 83 73 02 28_ – 🛗 ⇅ 📺 ☎ 🅿. ▣ ▣   **B b**

🖵 36 – **32 ch** 280/320

✕✕ **Floréal,** 1 pl. Léopold (1ᵉʳ étage) ✆ 03 83 73 39 80, _Fax 03 83 73 39 80_ – ▣ ▣   **B a** _fermé dim. soir et lundi_ – **Repas** 80/210 🍴, enf. 50

✕ **Les Bosquets,** 2 r. Bosquets ✆ 03 83 74 00 14, _Fax 03 83 74 16 93_ – ▣ ▣   **B n** _fermé 1ᵉʳ au 15 août, dim. soir, merc. soir et jeudi soir_ – **Repas** (75) – 89/199 🍷, enf. 45

à Moncel-lès-Lunéville _rte de St-Dié par_ ③ _: 3 km – 364 h. alt. 234 – ⊠ 54300 :_

🏨 **Acacia,** sur N 59, proche échangeur Lunéville-Z.I. ✆ 03 83 73 49 00, _Fax 03 83 73 46 51_ – 📺 ☎ 📞 🅶 🅿. ▣ ⑩ ▣

Repas _(fermé sam. midi)_ 80/140 🍷, enf. 35 – 🖵 33 – **42 ch** 230/290 – ½ P 240/285

XX **Relais St-Jean,** sur N 59 ℰ 03 83 74 08 65, Fax 03 83 73 34 15 – 🔲 **P.** 🖭 ⊖🖃
fermé 5 juil. au 10 août, dim. soir, merc. soir et lundi – **Repas** 89/260 ♀

au Sud par ④ *puis av. G. Pompidou et cités Ste-Anne : 5 km –* ⊠ *54300 Lunéville :*

🏰 **Château d'Adomenil** (Million) 🅼 🕭, ℰ 03 83 74 04 81, Fax 03 83 74 21 78, 斎, « Belle
❀ demeure dans un parc », 🏊 – 🗏 🔲 🕿 🗸 **P.** – 🔬 20. 🖭 ⊙ ⊖🖃
fermé 2 janv. au 10 fév., dim. et lundi de nov. à mi-avril – **Repas** *(fermé lundi sauf le soir du
16 avril au 31 oct., dim. soir et mardi midi)* (nombre de couverts limité, prévenir) 250/475 et
carte 380 à 500, enf. 100 – 😄 80 – **7 ch** 750/950, 4 duplex – ½ P 825/1025
Spéc. Sandre rôti sur peau à la fricassée de champignons sauvages. Tatin de foie gras
chaud, caramel aux truffes. Craquelin de blé soufflé aux mirabelles (saison). **Vins** Côtes de
Toul.

LURBE-ST-CHRISTAU 64660 Pyr.-Atl. 🟫🟫 ⑥ G. Aquitaine – *214 h alt. 260 – Stat. therm. à*
St-Christau (fin mars -oct.).
Paris 820 – Pau 44 – Laruns 31 – Lourdes 60 – Oloron-Ste-Marie 10 – Tardets-Sorholus 28.

🏛 **Au Bon Coin** 🅼, rte des Thermes ℰ 05 59 34 40 12, Fax 05 59 34 46 40, 🏊, 斎 – 🔲 🕿 🗸
⊖🖃 **P.** – 🔬 25. 🖭 ⊖🖃
fermé dim. soir et lundi de nov. à mars – **Repas** 90/290 ♀ – 😄 40 – **18 ch** 280/380 – ½ P 295

LURE 70200 H.-Saône 🟫🟫 ⑥ G. Jura – *8 843 h alt. 290.*
Paris 385 – Besançon 77 – Belfort 34 – Épinal 75 – Montbéliard 35 – Vesoul 30.

🏠 **Luron** 🅼, 92 av. République par rte Vesoul ℰ 03 84 30 03 03, Fax 03 84 62 76 62, 斎 – 🛗
⊖🖃 🔲 🕿 🗸 ⊖🖃 **P.** – 🔬 40. 🖭 ⊙ ⊖🖃
Repas 58/160 ♀ – 😄 30 – **40 ch** 210/240 – ½ P 170/200

à Roye *Est : 2 km par rte de Belfort – 1 176 h. alt. 301 –* ⊠ *70200 :*

XX **Saisonnier,** La Verrerie (sur N 19) ℰ 05 84 50 48 00, 斎 – ⊖🖃. ⊖🖃
⊖🖃 *fermé merc.* – **Repas** 85/270, enf. 45

à Froideterre *Nord-Est : 3 km par D 486 – 278 h. alt. 306 –* ⊠ *70200 :*

XX **Hostellerie des Sources,** 4 r. Grand Bois ℰ 03 84 30 13 91, Fax 03 84 30 29 87, 斎 – 🗏
☞ **P.** 🖭 ⊖🖃. ✿
fermé 10 au 31 janv., dim. soir et lundi – **Repas** (nombre de couverts limité, prévenir)
105/295 ♀, enf. 65

LURI 2b H. Corse 🟫🟫 ① – voir à Corse

LURS 04700 Alpes-de-H.P. 🟫🟫 ⑮ G. Alpes du Sud – *320 h alt. 600.*
Voir Site★.
🅱 Syndicat d'Initiative allée A.-Gouin ℰ 04 92 79 10 20 (hors saison) Mairie ℰ 04 92 79 95 24.
Paris 742 – Digne-les-Bains 39 – Forcalquier 12 – Manosque 27 – Sisteron 32.

X **Bello Visto,** ℰ 04 92 79 95 09, Fax 04 92 79 11 34, ≤ – ⊖🖃
⊖🖃 *fermé oct., le soir de nov. à mars, mardi soir et merc.* – **Repas** 85/200

LUSIGNAN 86600 Vienne 🟫🟫 ⑬ G. Poitou Vendée Charentes – *2 749 h alt. 134.*
Paris 362 – Poitiers 26 – Angoulême 95 – Confolens 74 – Niort 53.

🏠 **Chapeau Rouge,** r. Chypre ℰ 05 49 43 31 10, Fax 05 49 43 31 20 – 🔲 🕿 **P.** ⊖🖃
⊖🖃 *fermé 15 au 31 oct., vacances de fév., dim. soir et lundi* – **Repas** 80/170 ♀, enf. 45 – 😄 35 –
8 ch 220/270 – ½ P 220/250

LUSSAC-LES-CHÂTEAUX 86320 Vienne 🟫🟫 ⑮ G. Poitou Vendée Charentes – *2 297 h alt. 104.*
Env. Nécropole mérovingienne★ de Civaux NO : 6 km sur D 749.
🅱 Office de Tourisme pl. Champ de Foire ℰ 05 49 84 57 73, Fax 05 49 84 57 73.
Paris 374 – Poitiers 39 – Bellac 42 – Châtellerault 52 – Montmorillon 12 – Ruffec 52.

🏛 **Les Orangeries** sans rest, ℰ 05 49 84 07 07, Fax 05 49 84 98 82, « Décor rustique », 🏊,
斎 – 🔲 🕿 🗸 **P.** – 🔬 30. 🖭 ⊙ ⊖🖃
fermé 15 déc. au 30 janv. – 😄 55 – **10 ch** 450/550

🏠 **Montespan** sans rest, ℰ 05 49 48 41 42, Fax 05 49 84 96 10 – 🔲 🕿 🗸 ⊖🖃 **P.** 🖭 ⊖🖃
⊖🖃 😄 40 – **22 ch** 225/290

XX **Auberge du Connestable Chandos** avec ch, au pont de Lussac, Ouest : 2 km sur rte
⊖🖃 Poitiers (N 147) ℰ 05 49 48 40 24, Fax 05 49 84 07 89 – 🔲 🕿 **P.** ⊖🖃
fermé dim. soir et lundi – **Repas** (dim. prévenir) 80/240 ♂, enf. 55 – 😄 45 – **7 ch** 180/220 –
½ P 225

Les Bordes *Sud-Ouesr : 5 km par N 147 et D 25 –* ⊠ *86320 Gouëx :*

XX **Roche de Fonsalive,** ℰ 05 49 84 50 26, Fax 05 49 84 06 95, 佘, 屏 – ℙ. GB
fermé vacances de fév., dim. soir de sept. à juin et lundi – **Repas** 95/245 ♀, enf. 55

LUTTER *68 H.-Rhin* 66 ⑩ ⑳ – *rattaché à Ferrette.*

LUTZELBOURG *57820 Moselle* 62 ⑧ *G. Alsace Lorraine* – *705 h alt. 212.*

Voir *Plan-incliné⋆ de St-Louis-Arzviller SO : 3,5 km.*

Paris 438 – *Strasbourg 63* – *Metz 110* – *Obernai 50* – *Sarrebourg 19* – *Sarreguemines 53.*

✂ **Des Vosges** avec ch, ℰ 03 87 25 30 09, Fax 03 87 25 42 22, 佘 – TV ☎ ⇦ ℙ. GB
fermé 13 nov. au 9 déc., 15 janv. au 10 fév. et vend. de nov. à Pâques – **Repas** (50) – 80/200 ♀,
enf. 50 – ⊡ 40 – **14 ch** 180/300 – ½ P 190/280

LUXÉ *16 Charente* 72 ③ – *rattaché à Mansle.*

LUXEUIL-LES-BAINS *70300 H.-Saône*
66 ⑥ *G. Jura* – *8 790 h alt. 305* –
Stat. therm. (03-04/28-10) – *Casi-no.*

Voir *Hôtel Cardinal Jouffroy⋆ B* –
Hôtel des Échevins⋆ M – *Anc. Ab-baye St-Colomban⋆* – *Maison François1er⋆ K.*

🛈 *Office de Tourisme 1 av.
Thermes ℰ 03 84 40 06 41, Fax 03
84 93 74 47.*

Paris 374 ④ – *Épinal 57* ① – *Ve-soul 31* ③ – *Vittel 70* ④.

🏨 **Beau Site,** 18 r. G. Moulimard (u)
ℰ 03 84 40 14 67,
Fax 03 84 40 50 25, 佘, « Jardin
fleuri », ⌶, 屏 – 劇 ⇷ TV ☎ ℙ.
GB
*fermé sam. midi, dim. soir et
vend. de nov. à fév.* – **Repas** 85/
160 ⅃, enf. 40 – ⊡ 40 – **32 ch**
180/380 – ½ P 220/285

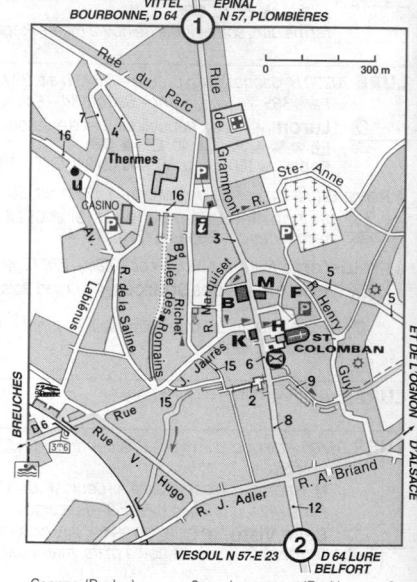

VITTEL
BOURBONNE, D 64 · ÉPINAL
N 57, PLOMBIÈRES

Thermes

Ste-Anne

CASINO

ST-COLOMBAN

BREUCHES

VESOUL N 57-E 23 ②   D 64 LURE
BELFORT

ET DE L'OGNON · D'ALSACE

Cannes (R. des)	2	Jeanneney (R. J.)	8
Carnot (R.)	3	Lavoirs (R. des)	9
Clemenceau (R. G.)	4	Maroselli	
Gambetta (R.)	5	(Allées A.)	12
Genoux (R. V.)	6	Morbief (R. du)	15
Hoche (R.)	7	Thermes (Av. des)	16

LUYNES *37230 I.-et-L.* 64 ⑭ *G. Châteaux
de la Loire* – *4 128 h alt. 60.*

Voir *Église⋆ au Vieux-Bourg de St-
Etienne de Chigny O : 3 km.*

🛈 *Office de Tourisme 9 r. Alfred-
Baugé ℰ 02 47 55 77 14, Fax (Mairie) 02 47 55 52 56.*

Paris 250 – *Tours 12* – *Angers 111
– Chinon 42* – *Langeais 14* – *Sau-mur 57.*

🏨 **Domaine de Beauvois** 🐾,
Nord-Ouest : 4 km par D 49
ℰ 02 47 55 50 11, Fax 02 47 55 59 62, ≤, 佘, parc, ⌶, ⚄ – 劇, ▤ rest, TV ☎ ℰ ⇦ ℙ –
🕍 40. AE ⓞ GB JCB. ⚘ rest
fermé 30 janv. au 15 mars – **Repas** 265/440 ♀, enf. 100 – ⊡ 90 – **35 ch** 1050/1600

LUZ-ST-SAUVEUR *65120 H.-Pyr.* 85 ⑱ *G. Midi-Pyrénées* – *1 173 h alt. 710* – *Stat. therm. (mai-oct.)* – *Sports d'hiver : 710/2 450 m* ⚡18.

Voir *Église fortifiée⋆* – *Vallée de Gavarnie⋆⋆ S.*

🛈 *Office de Tourisme pl. 8-Mai ℰ 05 62 92 81 60, Fax 05 62 92 87 19.*

Paris 846 – *Pau 77* – *Argelès-Gazost 19* – *Cauterets 23* – *Lourdes 32* – *Tarbes 50.*

à Esquièze-Sère : *au Nord* – *500 h. alt. 710* – ⊠ *65120 :*

🏨 **Montaigu** Ⓜ 🐾, rte Vizos ℰ 05 62 92 81 71, Fax 05 62 92 94 11, ≤, 屏 – 劇 TV ☎ ℙ –
🕍 20. AE ⓞ GB. ⚘ rest
2 mai-30 sept., 1er déc.-15 avril et fermé lundi de déc. à avril – **Repas** 75/150 ♀ – ⊡ 45 –
35 ch 320/450 – ½ P 340/360

LYON

Ⓟ 69000 Rhône 🔢 ⑪ ⑫ 🔢 ⑭ G. Vallée du Rhône - 415 487 h.
- Agglo. 1 262 223 h - alt. 175.
Paris 461 ⑩ – Genève 152 ② – Grenoble 110 ④ – Marseille 316 ⑥ – St-Étienne 61 ⑤

OFFICES DE TOURISME

pl. Bellecour ℰ 04 72 77 69 69, Fax 04 78 42 04 32
Bureau d' Accueil (lundi au sam.) Centre d'échanges de Perrache (Mall Piéton) Lyon 2ᵉ
et av. Adolphe-Max Lyon 5ᵉ (lundi au sam.)
5 av. A.-Briand Villeurbanne (lundi au sam.) ℰ 04 78 68 13 20, Fax 04 78 37 73 74.

RENSEIGNEMENTS PRATIQUES

TRANSPORTS
Auto-train ℰ 08 36 35 35 35

AÉROPORT
Lyon-Saint-Exupéry (à partir de juin 2000) : ℰ 04 72 22 72 21 par ④ : 27 km

DÉCOUVRIR

AN 2000
30 juin-24 sept. : Biennale d'Art contemporain (exposition internationale) – 8-30 sept. :
Biennale de la Danse (chorégraphie et défilé dans les rues) – sept. : "Tu parles ? !" le français
dans tous ses états (exposition)

LE SITE
≼★★★ de la basilique Notre-Dame de Fourvière **EX**

≼★ Montée du Garillan **EX**

≼★ sur la Saône et la presqu'île depuis la place Rouville **EV**

LYON ROMAIN ET GALLO-ROMAIN
Théâtres romains★ et l'Odéon **EY** - Aqueducs romains **EY** - Musée de la Civilisation gallo-
romaine★★ (table claudienne★★★) **EY M**¹⁰

LE VIEUX LYON
Quartiers St-Jean, St-Paul et St-Georges★★★ **EFXY** : Cour★★ au n° 28 rue St-Jean★, Maison
du Crible★ au n° 16 rue du Bœuf, Galerie★★ de l'hôtel Bullioud au n° 8 rue Juiverie,
Primitiale St-Jean★ (chœur★★)

Hôtel de Gadagne★ **FX M**⁴ : musée historique de Lyon★ et musée de la Marionnette★ -
Théâtre "le Guignol de Lyon" **FX T**

733

LA PRESQU'ILE

Place Bellecour - Fontaine★ de la place des Terreaux - Palais St-Pierre★ FX M⁹

Musée des Beaux-Arts★★★ FX M⁹ - Musée historique des tissus★★★ FY M¹⁷ - Musée de l'Imprimerie★★ FX M¹⁶ - Musées des Arts décoratifs★★ FY M⁷

LA CROIX ROUSSE

Aux origines de la soierie lyonnaise

Mur des Canuts FV R - Maison des Canuts FV M⁵ - Ateliers de Soierie vivante★ FV E

RIVE GAUCHE DU RHÔNE

Quartiers : les Brotteaux, la Guillotière, Gerland, la Part-Dieu

Parc de la Tête d'Or★ : Roseraie★ GHV - Musée d'Histoire naturelle★★ GV M²⁰ - Centre d'Histoire de la Résistance et de la Déportation★ FZ M¹

Musée d'Art contemporain★ GU - Musée urbain Tony-Garnier CQ - Halle Tony-Garnier BQH - Château Lumière CQ M²

ENVIRONS

Musée de l'automobile Henri-Malartre★★ à Rochetaillée-sur-Saône 12 km par⑫

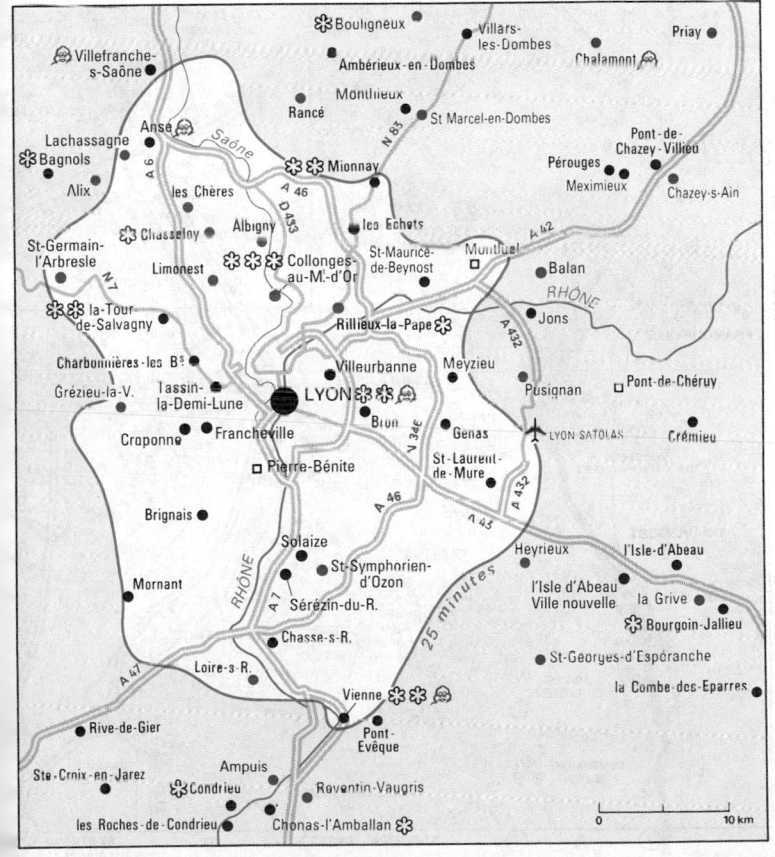

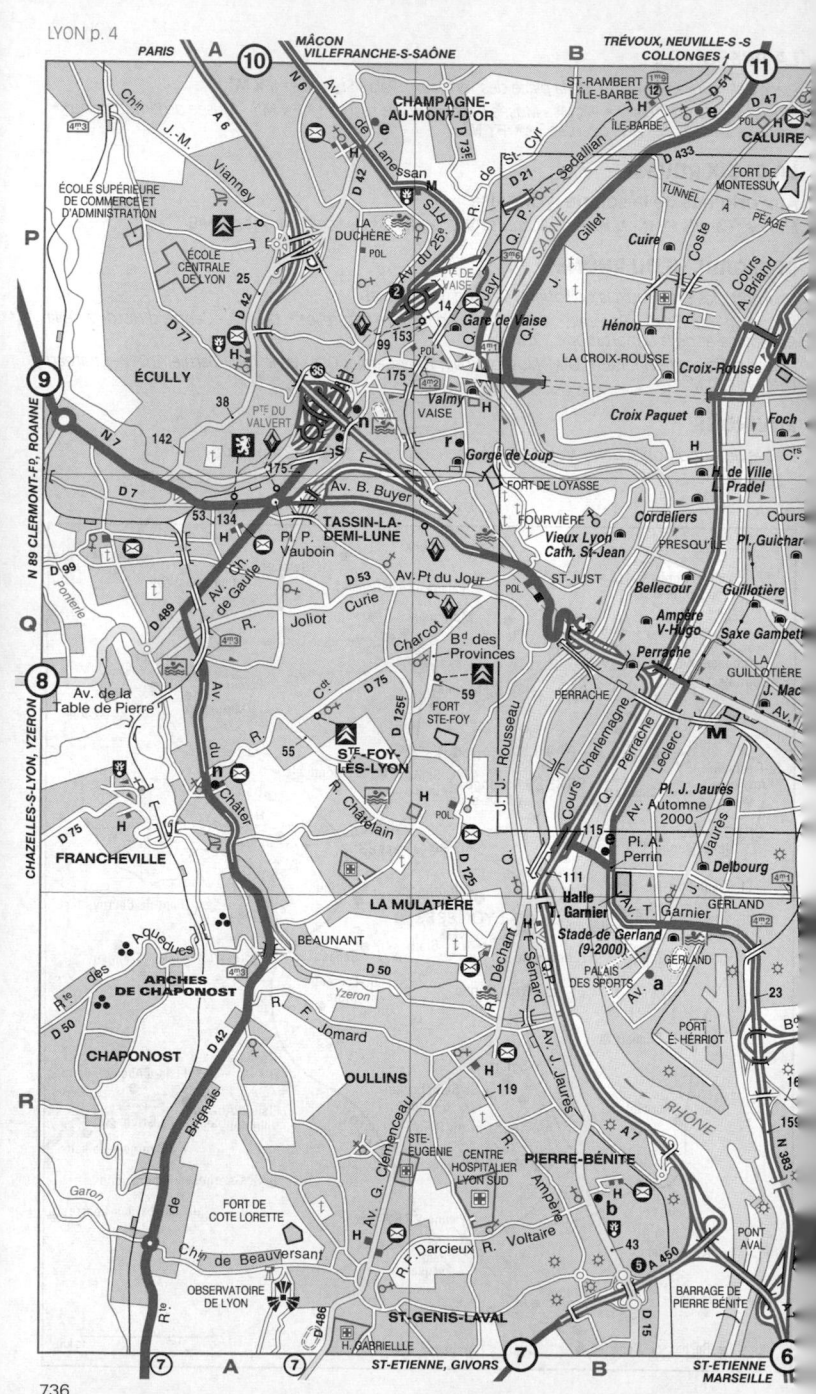

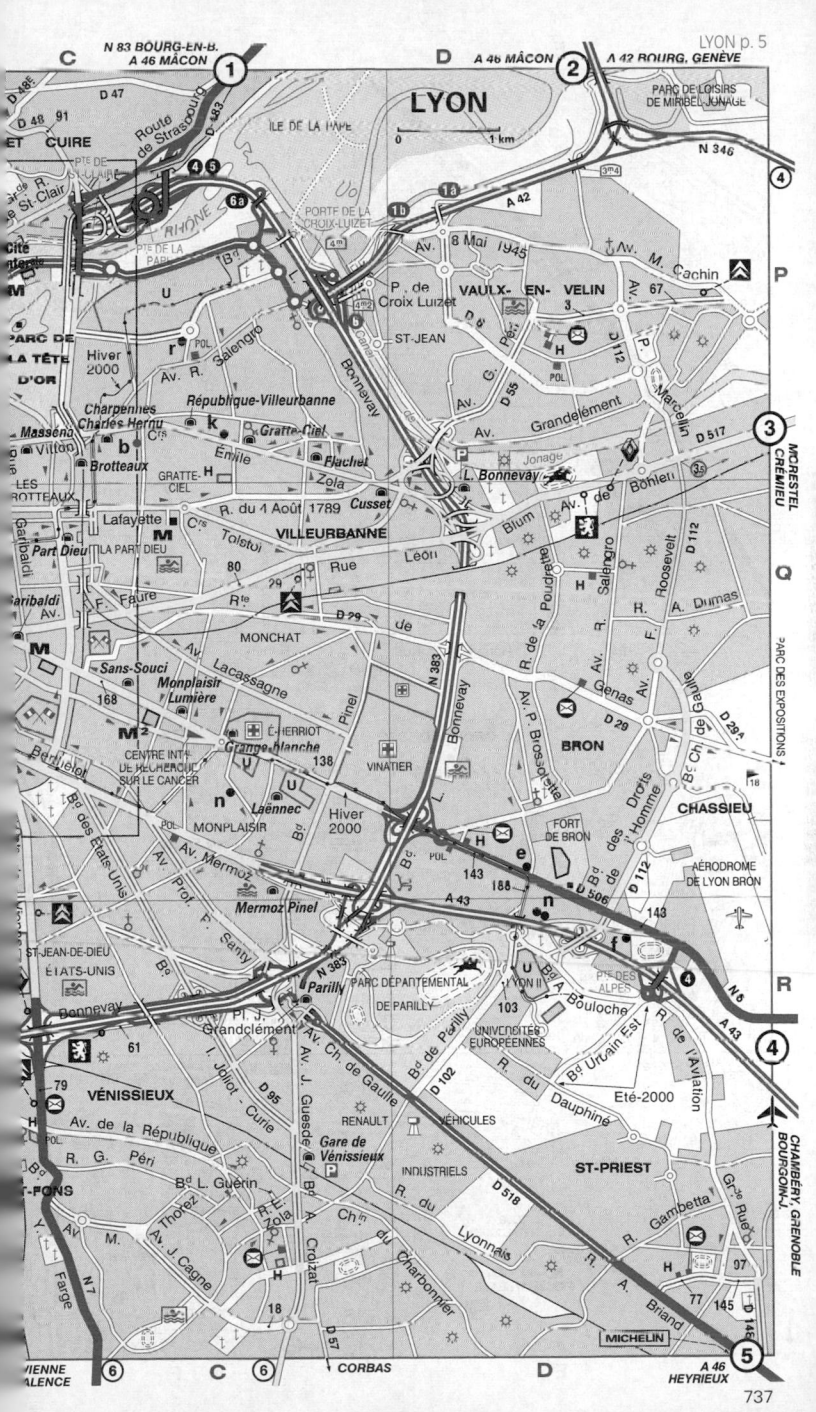

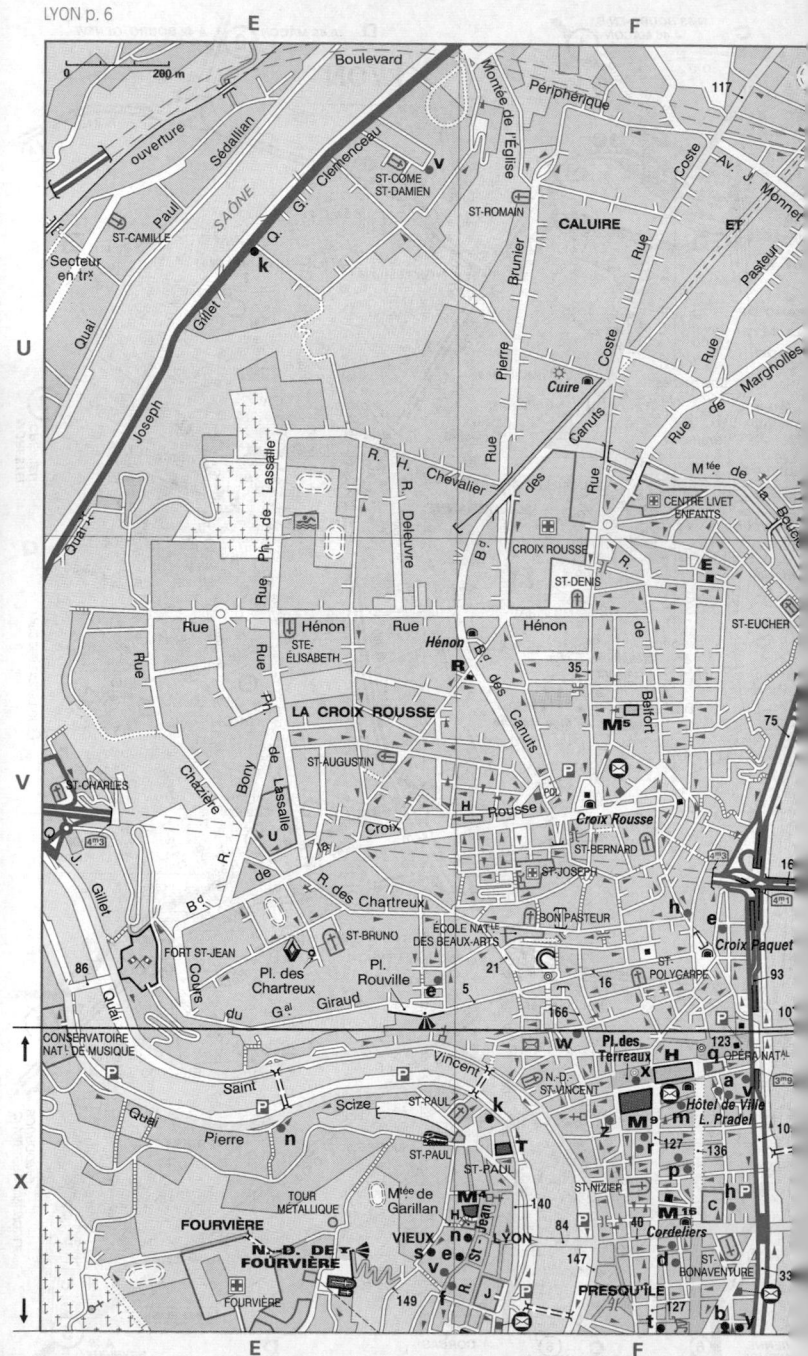

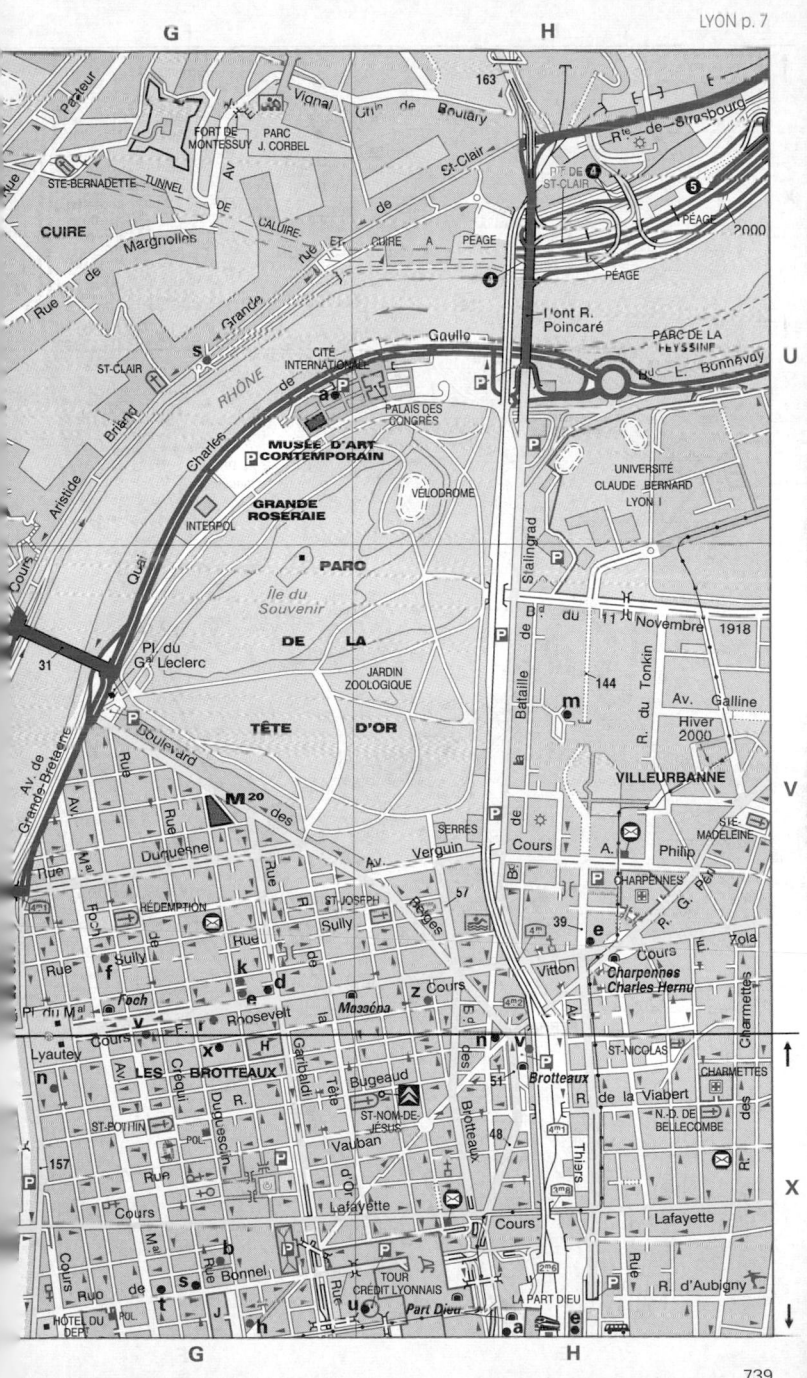

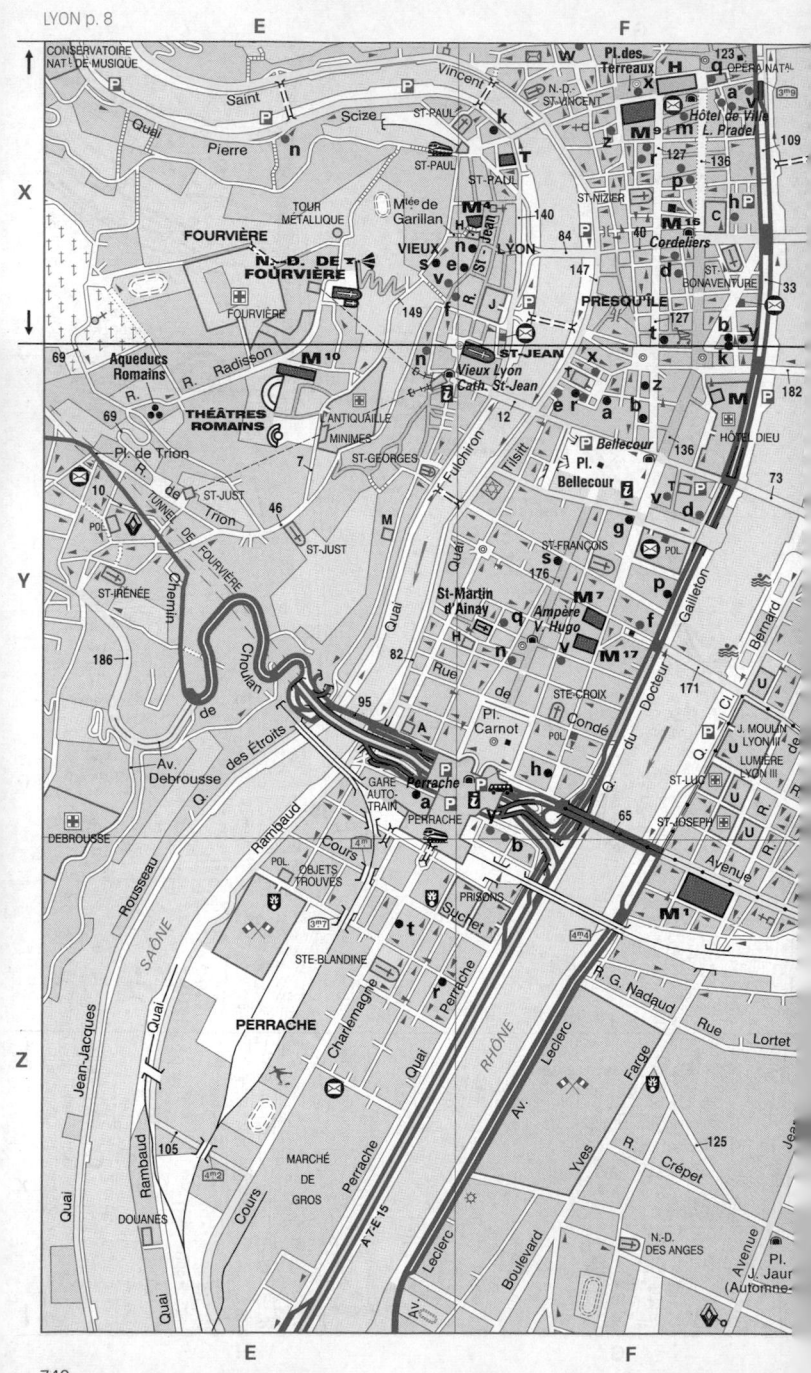

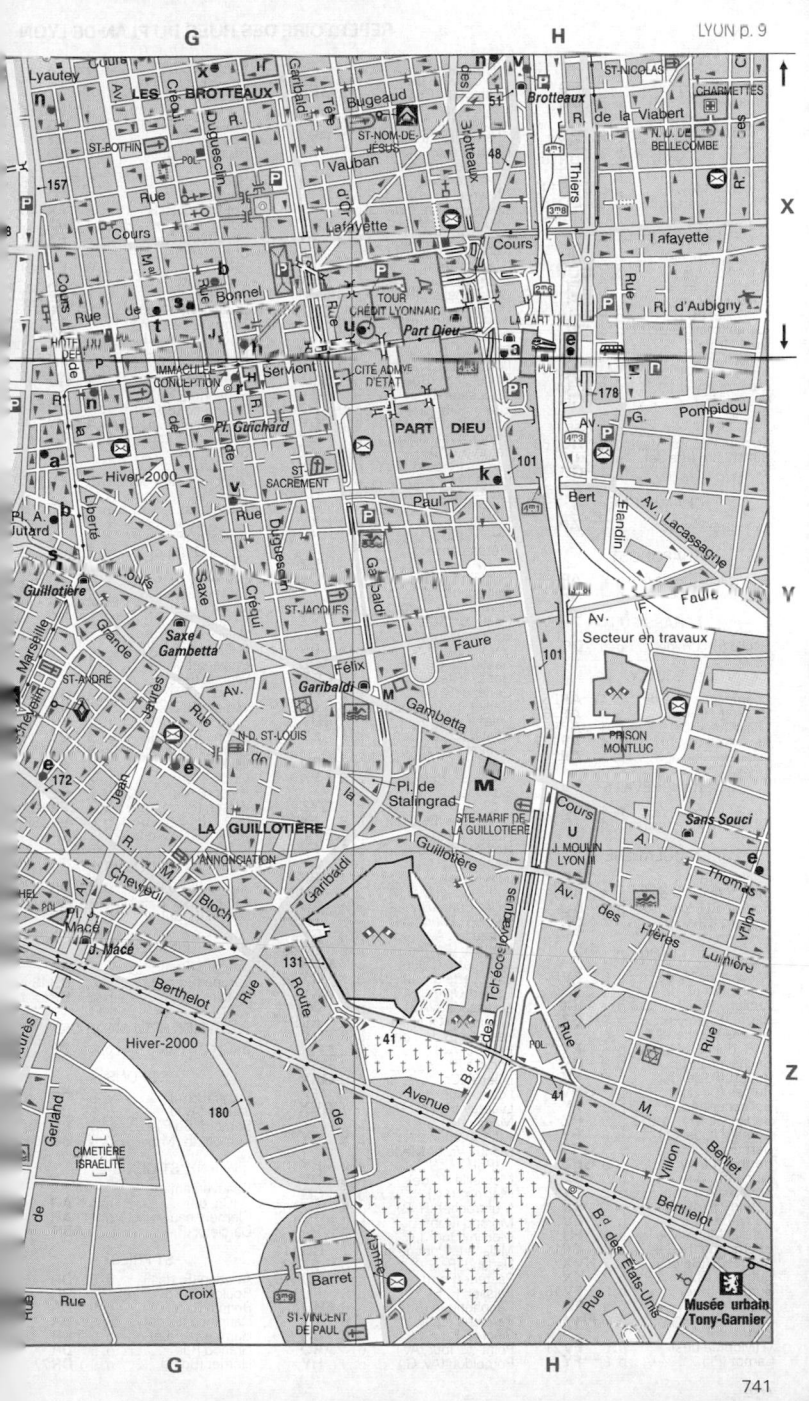

Liste alphabétique des hôtels et restaurants

Hôtels

Centre-ville (Bellecour-Terreaux) :

🏨🏨🏨🏨 **Sofitel** Ⓜ, 20 quai Gailleton ⊠ 69002 ℰ 04 72 41 20 20, Fax 04 72 40 05 50, ≤ – 🛗 ⇔ 🗐
📺 🕿 🕻 ♿ ⇔ – 🔬 200. ⚙ ⓪ 🖭 𝐉𝐂𝐁. ♯ p. 8 **FY p**
Les Trois Dômes (au 8ᵉ étage) ℰ 04 72 41 20 97 *(fermé août)* **Repas** 220/400 ♀ – *Sofi Shop*
(rez-de-chaussée) ℰ 04 72 41 20 80 **Repas** 110/145 ♀, enf. 50 – ⊡ 105 – **137 ch** 1345/2495,
29 appart

🏨🏨🏨 **Grand Hôtel Concorde**, 11 r. Grolée ⊠ 69002 ℰ 04 72 40 45 45, Fax 04 78 37 52 55 –
🛗 ⇔ 🗐 📺 🕿 – 🔬 60. ⚙ ⓪ 🖭 𝐉𝐂𝐁. ♯ rest p. 8 **FX y**
Fiorelle : ℰ 04 78 42 99 84 *(fermé 5 au 21 août, dim. midi et sam.)* **Repas** 98(déj.)/130 ♣ –
⊡ 85 – **140 ch** 780/1475, 3 appart

🏨🏨🏨 **Royal**, 20 pl. Bellecour ⊠ 69002 ℰ 04 78 37 57 31, Fax 04 78 37 01 36 – 🛗 ⇔ 🗐 🕿 🕻
– 🔬 15. ⚙ ⓪ 🖭 𝐉𝐂𝐁 p. 8 **FY g**
Repas *(fermé 31 juil. au 27 août et sam.)* (oc) 98(déj.), 138/260 ♀ – ⊡ 76 – **80 ch** 785/1760 –
½ P 595/1020

🏨🏨🏨 **Carlton** sans rest, 4 r. Jussieu ⊠ 69002 ℰ 04 78 42 56 51, Fax 04 78 42 10 71 – 🛗 ⇔ 🗐
📺 🕿 🕻. ⚙ ⓪ 🖭 𝐉𝐂𝐁 p. 8 **FX b**
⊡ 61 – **83 ch** 535/910

🏨🏨🏨 **Plaza République** Ⓜ sans rest, 5 r. Stella ⊠ 69002 ℰ 04 78 37 50 50,
Fax 04 78 42 33 34 – 🛗 ⇔ 🗐 🕿 🕻 ♿ – 🔬 40. ⚙ ⓪ 🖭 𝐉𝐂𝐁 p. 8 **FY k**
⊡ 61 – **78 ch** 535/800

🏨🏨🏨 **Beaux-Arts** sans rest, 75 r. Prés. E. Herriot ⊠ 69002 ℰ 04 78 38 09 50,
Fax 04 78 42 19 19 – 🛗 ⇔ 🗐 🕿 🕻 – 🔬 20. ⚙ ⓪ 🖭 𝐉𝐂𝐁 p. 8 **FX t**
⊡ 61 – **75 ch** 550/690

🏨🏨🏨 **Globe et Cécil** sans rest, 21 r. Gasparin ⊠ 69002 ℰ 04 78 42 58 95, Fax 04 72 41 99 06 –
🛗 📺 🕿 🕻 – 🔬 25. ⚙ ⓪ 🖭 𝐉𝐂𝐁 p. 8 **FY b**
60 ch ⊡ 750

🏨🏨 **Artistes** sans rest, 8 r. G. André ⊠ 69002 ℰ 04 78 42 04 88, Fax 04 78 42 93 76 – 🛗 📺 🕿
🕻. ⚙ ⓪ 🖭. ♯ p. 8 **FY r**
⊡ 50 – **45 ch** 390/510

🏨🏨 **Résidence** sans rest, 18 r. V. Hugo ⊠ 69002 ℰ 04 78 42 63 28, Fax 04 78 42 85 76 – 🛗 📺
🕿. ⚙ ⓪ 🖭 𝐉𝐂𝐁 p. 8 **FY s**
⊡ 36 – **66 ch** 550/560

🏨 **Élysée Hôtel** sans rest, 92 r. Prés. E. Herriot ⊠ 69002 ℰ 04 78 42 03 15,
Fax 04 78 37 76 49 – 🛗 📺 🕿. ⚙ ⓪ 🖭 𝐉𝐂𝐁 p. 8 **FY z**
⊡ 42 – **29 ch** 294/397

🏨 **Colbert** sans rest, 4 r. Archers ⊠ 69002 ℰ 04 72 56 08 98, Fax 04 72 56 08 65 – 🛗 📺 🕿.
⚙ 🖭. ♯ p. 8 **FY a**
⊡ 39 – **20 ch** 310/330

Perrache :

🏨🏨🏨🏨 **Château Perrache**, 12 cours Verdun ⊠ 69002 ℰ 04 72 77 15 00, Fax 04 78 37 06 56,
« Décor Art Nouveau » – 🛗 ⇔ 🗐 📺 🕿 🕻 ♿ ⇔ 🅿 – 🔬 200. ⚙ ⓪ 🖭 p. 8 **EY a**
Les Belles Saisons : **Repas** (125bc)-140/180 ♀, enf. 60 – ⊡ 75 – **119 ch** 580/940

🏨🏨🏨 **Charlemagne** Ⓜ, 23 cours Charlemagne ⊠ 69002 ℰ 04 72 77 70 00, Fax 04 78
42 94 84, ♯ – 🛗, 🗐 rest, 📺 🕿 🕻 – 🔬 120. ⚙ ⓪ 🖭 p. 8 **EZ t**
Repas 90/140 ♀ – ⊡ 55 – **116 ch** 415/575

🏨🏨 **Axotel** Ⓜ, 12 r. Marc-Antoine Petit ⊠ 69002 ℰ 04 72 77 70 70, Fax 04 72 40 00 65, ♯ –
🛗, 🗐 rest, 📺 🕿 🕻 – 🔬 100. ⚙ ⓪ 🖭 p. 8 **EZ r**
fermé 29 juil. au 21 août (sauf hôtel) et Noël au Jour de l'An – *Chalut (fermé sam. midi et
dim.)* **Repas** 145/280 ♀ – ⊡ 46 – **128 ch** 330/405 – ½ P 290/390

🏨 **Savoies** sans rest, 80 r. Charité ⊠ 69002 ℰ 04 78 37 66 94, Fax 04 72 40 27 84 – 🛗 📺 🕿
⇔. ⚙ ⓪ 🖭 p. 8 **FY h**
⊡ 28 – **46 ch** 240/280

à Vaise :

🏨🏨🏨 **Saphir** Ⓜ, 12 r. L. Loucheur ⊠ 69009 ℰ 04 78 83 48 75, Fax 04 78 83 30 81 – 🛗 ⇔ 🗐 📺
🕿 🕻 ♿ ⇔ – 🔬 50. ⚙ ⓪ 🖭. ♯ rest p. 4 **BP r**
Repas 70/136 ♀ – ⊡ 65 – **111 ch** 550/750

Vieux-Lyon :

Villa Florentine Ⓜ ⑤, 25 montée St-Barthélémy ⊠ 69005 ℰ 04 72 56 56 56, *Fax 04 72 40 90 56*, ⩽ Lyon, ⇋ ⌺ – 劇 ⌺ ✕ ⬩ ⤸ ⬩ Ⅎ 戊 ⚿ ⑤ ⊙ ⑤ 戊
✿ **Les Terrasses de Lyon :** Repas 170 (déj.), 320/650 et carte 450 à 630 – ⌂ 100 – **16 ch**
1300/2100, 3 appart   p. 6 EFX s
Spéc. Homard rôti, soupière de coquillages, ravioles à l'encre de seiche. Canette de
Challans en deux services. Galette aux pommes.

Cour des Loges Ⓜ ⑤, 6 r. Boeuf ⊠ 69005 ℰ 04 72 77 44 44, *Fax 04 72 40 93 61*,
« Décoration originale dans des maisons du Vieux Lyon », 戊 – 劇 ⌺ ✕ ⊒ ⚿ ☎ ⬩ ⤸ ⬩ ⊶ –
劏 60. 戊 ⊙ ⑤ 戊. ✕ rest   p. 6 FX n
Repas carte 220 à 360 ⚑ – ⌂ 120 – **52 ch** 1200/1900, 10 appart

Tour Rose (Chavent) Ⓜ ⑤, 22 r. Boeuf ⊠ 69005 ℰ 04 78 37 25 90, *Fax 04 78 42 26 02*,
✿ « Maison du 17ᵉ siècle, élégante décoration sur le thème de la soie » – 劇 ⊒ ⚿ ☎ ⬩ ⤸ ⬩ ⊶ –
劏 20 à 45. 戊 ⊙ ⑤ 戊   p. 6 EFX e
Repas (fermé dim.) 295/595 et carte 440 à 600 ⚑ – ⌂ 105 – **6 ch** 1200/1850, 6 appart
1850/3200, 4 duplex
Spéc. Saumon mi-cuit au fumoir, servi tiède. Pot au feu de pigeon. Côte de veau de lait
panée aux morilles. **Vins** Brouilly.

Phénix Hôtel sans rest, 7 quai Bondy ⊠ 69005 ℰ 04 78 28 24 24, *Fax 04 78 28 62 86* – 劇
⊒ ⚿ ☎ ⬩ ⤸ ⬩ ⊶ – 劏 20 à 30. 戊 ⊙ ⑤ 戊   p. 6 FX k
⌂ 60 – **36 ch** 760/1080

La Croix-Rousse (bord de Saône) :

Lyon Métropole Ⓜ, 85 quai J. Gillet ⊠ 69004 ℰ 04 72 10 44 44, *Fax 04 78 39 99 20*, 戊,
⇋, ✕, – 劇 ⊒ ⚿ ☎ ⬩ ⤸ ⬩ ⊶ ⦿ – 劏 350. 戊 ⊙ ⑤ 戊   p. 6 EU k
Brasserie Lyon Plage : Repas carte 220 à 380 ⚑ – ⌂ 80 – **118 ch** 750/920

Les Brotteaux :

Hilton Ⓜ, 70 quai Ch. de Gaulle ⊠ 69006 ℰ 04 78 17 50 50, *Fax 04 78 17 52 52* – 劇 ⌺ ⊒
⚿ ☎ ⬩ ⤸ ⬩ ⊶ – 劏 400. 戊 ⊙ ⑤ 戊   p. 7 GU a
Blue Elephant (fermé sam. midi et dim.) Repas 170 (déj.),260/285 戊 – **Brasserie Belge**
ℰ 04 78 17 51 00 **Repas** 151bc et carte 160 à 290 – ⌂ 105 – **196 ch** 1446/2012, 5 appart

Roosevelt Ⓜ sans rest, 48 r. Sèze ⊠ 69006 ℰ 04 78 52 35 67, *Fax 04 78 52 39 82* – 劇 ⌺
⊒ ⚿ ☎ ⬩ ⦿ – 劏 15 à 40. 戊 ⊙ ⑤   p. 7 GX x
⌂ 65 – **47 ch** 600/700

Holiday Inn Garden Court Ⓜ sans rest, 114 bd Belges ⊠ 69006 ℰ 04 78 24 44 68,
Fax 04 78 24 82 36 – 劇 ⌺ ⊒ ⚿ ☎ ⬩ ⤸. 戊 ⊙ ⑤   p. 7 HX n
⌂ 58 – **55 ch** 600

Olympique sans rest, 62 r. Garibaldi ⊠ 69006 ℰ 04 78 89 48 04, *Fax 04 78 89 49 97* – 劇
⌺ ⊒ ☎. 戊 ⊙ ⑤ 戊   p. 7 GV d
⌂ 40 – **23 ch** 250/296

La Part-Dieu :

Méridien Part-Dieu Ⓜ ⑤, 129 r. Servient (32ᵉ étage) ⊠ 69003 ℰ 04 78 63 55 00,
Fax 04 78 63 55 20, ⩽ Lyon et vallée du Rhône – 劇 ⌺ ⊒ ⚿ ☎ ⬩ ⤸ ⬩ ⊶ – 劏 110. 戊 ⊙ ⑤
戊   p. 7 GX u
L'Arc-en-Ciel (fermé 15 juil. au 27 août et sam. midi) Repas (155 bc)-180/215 ⚑, enf. 95 –
Bistrot de la Tour (rez-de-chaussée) (fermé vend. soir, sam. soir et dim.) Repas (92)-110 ⚑,
enf. 59 – ⌂ 90 – **245 ch** 1290/1390

Grand Hôtel Mercure Saxe-Lafayette, 29 r. Bonnel ⊠ 69003 ℰ 04 72 61 90 90,
Fax 04 72 61 17 54, 戊 – 劇 ⌺ ⊒ ⚿ ☎ ⬩ ⤸ ⬩ ⊶ – 劏 120. 戊 ⊙ ⑤ 戊   p. 7 GX t
Repas (95) - 128 ⚑, enf. 52 – ⌂ 78 – **155 ch** 740/840, 7 appart

Novotel La Part-Dieu Ⓜ, 47 bd Vivier-Merle ⊠ 69003 ℰ 04 72 13 51 51,
Fax 04 72 13 51 99 – 劇 ⌺ ⊒ ⚿ ☎ ⬩ ⤸ ⬩ ⊶ – 劏 70. 戊 ⊙ ⑤ 戊   p. 9 HX a
Repas (95) - 120 ⚑ – ⌂ 65 – **124 ch** 650/750

Créqui Ⓜ, 158 r. Créqui ⊠ 69003 ℰ 04 78 60 20 47, *Fax 04 78 62 21 12*, 戊 – 劇 ⌺
⊒ ch, ⚿ ☎. 戊 ⊙ ⑤   p. 7 GX s
Repas (fermé vacances de printemps, 28 juil. au 28 août, Noël au Jour de l'An, sam. et dim..
(90) - 120 ⚑ – ⌂ 42 – **28 ch** 355/375

Ibis La Part-Dieu Gare, pl. Renaudel ⊠ 69003 ℰ 04 78 95 42 11, *Fax 04 78 60 42 85*,
戊 – 劇 ⌺ ⊒ ⚿ ☎ ⬩ ⤸ ⬩ ⊶ – 劏 60. 戊 ⊙ ⑤   p. 9 HY k
Repas (75) - 95 戊, enf. 39 – ⌂ 35 – **144 ch** 395

Campanile Forum Part-Dieu, 31 r. Maurice Flandin ⊠ 69003 ℰ 04 72 36 31 00
Fax 04 72 34 02 80, 戊 – 劇 ⊒ ⚿ ☎ ⬩ ⤸ ⬩ ⊶ – 劏 20 à 50. 戊 ⊙ ⑤   p. 9 HX e
Repas (80) - 98/116 ⚑, enf. 39 – ⌂ 39 – **168 ch** 375

La Guillotière :

🏠 **Libertel Wilson** M sans rest, 6 r. Mazenod ⊠ 69003 ℰ 04 78 60 94 94, *Fax 04 78 62 72 01* – 🛗 ⇄ ▤ 🆀 🕿 📞 ⅙ ⇔. 🖭 ⓪ ㏈ 🇯🇨🇧 P. 9 GY d
� 66 – **54** ch 512/565

🏠 **Bleu Marine** M sans rest, 4 r. Mortier ⊠ 69003 ℰ 04 78 60 03 09, *Fax 04 78 60 01 95*, 🕼 – 🛗 ⇄ 🆀 🕿 📞 ⅙ ⇔ – 🏛 15 à 40. 🖭 ⓪ ㏈ 🇯🇨🇧 p. 9 GY b
� 65 – **126** ch 410/485

🏠 **Noailles** sans rest, 30 cours Gambetta ⊠ 69007 ℰ 04 78 72 40 72, *Fax 04 72 71 09 10* – 🆀 🕿 📞 ⇔. 🖭 ⓪ ㏈ 🇯🇨🇧 p. 9 GY s
fermé 6 au 24 août – � 45 – **24** ch 290/420

Gerland :

🏠 **Mercure Gerland** M, 70 av. Leclerc ⊠ 69007 ℰ 04 72 71 11 11, *Fax 04 72 71 11 00*, 🍸, ⌇ – 🛗 ⇄ ▤ 🆀 🕿 📞 ⅙ ⇔ – 🏛 200. 🖭 ⓪ ㏈ 🇯🇨🇧 p. 4 BQ e
Repas carte environ 150 ℉, enf. 60 – � 65 – **187** ch 610/900

Montchat-Monplaisir :

🏠 **Mercure Lumière** M, 69 cours A. Thomas ℰ 04 78 53 76 76, *Fax 04 72 36 97 65* – 🛗 ⇄ ▤ 🆀 🕿 📞 ⅙ ⇔ – 🏛 30. 🖭 ⓪ ㏈ 🇯🇨🇧 p. 9 HZ e
Repas *(fermé sam.)* (89) · 105/160 ℉, enf. 45 – � 60 – **78** ch 590/650

🏠 **Laënnec** sans rest, 36 r. Seignemartin ⊠ 69008 ℰ 04 78 74 55 22, *Fax 04 78 01 00 24* – 🆀 🕿 ⇔. 🖭 ㏈ p. 5 CQ n
fermé 6 au 20 août – � 40 – **14** ch 320/410

à Villeurbanne – 116 872 h. alt. 168 – ⊠ 69100 .

🏠 **Mercure Charpennes** M, 7 pl. Ch. Hernu ℰ 04 72 44 46 46, *Fax 04 78 89 10 14* – 🛗 ⇄ ▤ 🆀 🕿 📞 ⅙ ⇔ – 🏛 80. 🖭 ⓪ ㏈ p. 7 HV e
Repas *(fermé 1er au 13 août et sam. midi)* carte environ 160 ℉, enf. 50 – � 60 – **98** ch 600/900

🏠 **Congrès**, pl. Cdt Rivière ℰ 04 72 69 16 16, *Fax 04 78 94 64 86* – 🛗 ▤ 🆀 🕿 ⇔ – 🏛 65. 🖭 ⓪ ㏈ 🇯🇨🇧 p. 7 HV m
Repas *(fermé 24 déc. au 3 janv.)* 160/295 ℉ – � 60 – **136** ch 390/420

🏠 **Holiday Inn Garden Court** M, 130 bd 11 Nov. 1918 ℰ 04 78 89 95 95, *Fax 04 72 43 91 55* – 🛗 ⇄ ▤ 🆀 🕿 📞 ⅙ ⇔ – 🏛 100. 🖭 ⓪ ㏈ 🇯🇨🇧 p. 5 CP r
Repas (60) · 100/125 ℉, enf. 48 – � 55 – **79** ch 520/790

🏠 **Ariana** M sans rest, 163 cours É. Zola ℰ 04 78 85 32 33, *Fax 04 78 03 02 82* – 🛗 🆀 🕿 📞 ⇔. 🖭 ㏈ p. 5 CP k
� 48 – **102** ch 290/398

à Bron – 39 683 h. alt. 204 – ⊠ 69500 :

🏠 **Novotel Bron** M, 260 av. J. Monnet ℰ 04 72 15 65 65, *Fax 04 72 15 09 09*, 🍸, ⌇, 🌲 – 🛗 ⇄ ▤ 🆀 🕿 📞 ⅙ Ⓟ – 🏛 15 à 500. 🖭 ⓪ ㏈ p. 5 DR f
Repas (105) · 130 ℉, enf. 50 – � 62 – **190** ch 590/630

🏠 **Ibis Bron Eurexpo**, r. M. Bastié ℰ 04 72 37 01 46, *Fax 04 78 26 65 43*, 🍸 – 🛗 ⇄ ▤ 🆀 🕿 📞 ⅙ Ⓟ – 🏛 80. 🖭 ⓪ ㏈ p. 5 DR n
Repas (75) · 95 ⅃, enf. 39 – � 35 – **79** ch 370

🏠 **Dau Ly** ⅏ sans rest, 28 r. Prévieux ℰ 04 78 26 04 37, *Fax 04 78 26 62 47* – 🆀 🕿 ⇔ Ⓟ. 🖭 ⓪ ㏈ 🇯🇨🇧 p. 5 DQ e
� 35 – **22** ch 310/350

🏠 **Relais Porte des Alpes**, r. Col. Chambonnet ℰ 04 72 37 00 14, *Fax 04 78 26 95 05*, 🍸 – 🆀 🕿 📞 Ⓟ. 🖭 ㏈ p. 5 DR n
Repas *(fermé dim.)* 100/180 ℉ – � 45 – **44** ch 300/320 – ½ P 360

à Pierre-Bénite 9 574 h. alt. 167 – ⊠ 69310 :

🏠 **Europe** sans rest, 67 bd Europe ℰ 04 78 50 55 55, *Fax 04 78 50 16 01* – 🛗 🆀 🕿 Ⓟ. 🖭 ㏈ 🇯🇨🇧 p. 4 BR b
� 35 – **34** ch 260/280

à Francheville – 10 863 h. alt. 240 – ⊠ 69340 :

🏠 **Auberge de la Vallée**, 39 av. Chater ℰ 04 78 59 11 88, *Fax 04 78 59 47 16*, 🍸 – 🆀 🕿. ㏈ p. 4 AQ x
fermé 1er au 20 août – Repas *(fermé 1er au 20 août, vacances de fév, dim. soir et lundi)* 80 (déj.), 135/390 ℉ – � 30 – **12** ch 205/325 – ½ P 218/245

Restaurants

XXXXX **Paul Bocuse**, au pont de Collonges Nord : 12 km par bords Saône (D 433, D 51) ⊠ 69660
❀❀❀ Collonges-au-Mont-d'Or 𝒸 04 72 42 90 90, *Fax 04 72 27 85 87*, « Fresque "Rue des Grands
Chefs" » – ▤ **P**. **AE** ⓞ **GB** p. 4 **BP**
Repas 480 (déj.), 540/780 et carte 510 à 820, enf. 110
Spéc. Soupe aux truffes. Rouget barbet en écailles de pommes de terre. Volaille de Bresse.
Vins Saint-Véran, Brouilly.

XXXX **Léon de Lyon** (Lacombe), 1 r. Pleney ⊠ 69001 𝒸 04 72 10 11 12, *Fax 04 72 10 11 13* – ▤.
❀❀ **AE** **GB** **JCB** p. 8 **FX   r**
fermé 30 juil. au 21 août, dim. et lundi – **Repas** 290 (déj.), 590/750 et carte 450 à 590
Spéc. Cochon fermier, foie gras, oignons confits en "terrine rustique". Quenelles de brochet, queues d'écrevisses "pattes rouges", sauce Nantua. Six petits desserts sur le thème
de la praline de Saint-Genix. **Vins** Saint-Véran, Chiroubles.

XXXX **Pierre Orsi**, 3 pl. Kléber ⊠ 69006 𝒸 04 78 89 57 68, *Fax 04 72 44 93 34*, 🏵, « Décor
❀ élégant » – ▤. **AE** **GB** **JCB** p. 7 **GV   e**
fermé dim. sauf fêtes – **Repas** 240 (déj.), 320/600 et carte 420 à 680 ♀
Spéc. Ravioles de foie gras au jus de porto et truffes. Homard en carapace. Pigeonneau en
cocotte aux gousses d'ail confites. **Vins** Mâcon Clessé, Saint-Joseph.

XXX **Christian Têtedoie**, 54 quai Pierre Scize ⊠ 69005 𝒸 04 78 29 40 10, *Fax 04 72 07 05 65*
❀ – ▤ 🚗. **AE** **GB** p. 6 **EX   n**
fermé 1er au 24 août, sam. midi et dim. sauf fériés – **Repas** 170/360 et carte 300 à 370 ♀
Spéc. Rouelles de canard en piperade. Quenelle de brochet "comme à Lyon". Tête de veau
confite au cornas.

XXX **L'Auberge de Fond Rose**, 23 quai G. Clemenceau ⊠ 69300 Caluire-et-Cuire
𝒸 04 78 29 34 61, *Fax 04 72 00 28 67*, 🏵, « Jardin ombragé et fleuri, terrasse », 🚗 – ▤
P. **AE** ⓞ **GB** P. 6 **EU   v**
fermé 1er au 21 août, vacances de fév., dim. soir d'oct. à mai et lundi sauf le soir de juin à
sept. – **Repas** 120 (déj.), 180/400 et carte 330 à 440 ♀

XXX **Mère Brazier**, 12 r. Royale ⊠ 69001 𝒸 04 78 28 15 49, *Fax 04 78 28 63 63*, « Ambiance
❀ lyonnaise » – **AE** ⓞ **GB** **JCB** p. 6 **FV   e**
fermé 22 juil. au 22 août, sam. midi et fériés – **Repas** 185 (déj.), 270/325 et carte 230 à
430
Spéc. Fond d'artichaut au foie gras. Quenelle au gratin. Volaille de Bresse "demi-deuil".
Vins Chiroubles, Côtes du Rhône.

XXX **St-Alban**, 2 quai J. Moulin ⊠ 69001 𝒸 04 78 30 14 89, *Fax 04 72 00 88 82* – ▤. **AE** ⓞ **GB**
fermé 20 juil. au 20 août, vacances de fév., sam. midi, dim. et fériés – **Repas** 160/340 et
carte 240 à 360 ♀ p. 6 **FX   v**

XXX **Fernand Duthion**, 18 r. D. Vincent ⊠ 69410 Champagne-au-Mont-d'Or
𝒸 04 78 35 04 78, *Fax 04 78 35 59 58*, 🏵, 🚗 – **P**. **GB** p. 4 **AP   p**
fermé vacances de printemps, 1er au 29 août., vacances de fév., dim. soir, merc. soir et lundi
– **Repas** 155/298 et carte 260 à 390 ♀

XXX **Garioud**, 14 r. Palais Grillet ⊠ 69002 𝒸 04 78 37 04 71, *Fax 04 72 40 98 07*, « Décor original » – ▤. **AE** ⓞ **GB** p. 8 **FX   d**
fermé 7 au 20 août, sam. midi et dim. – **Repas** 140/298 et carte 280 à 350 ♀

XX **Soupière**, 14 r. Molière ⊠ 69006 𝒸 04 78 52 75 34, *Fax 04 78 65 03 92* – **AE** **GB**
fermé août, sam. et dim. – **Repas** 95 (déj.), 165/340 p. 9 **GX   a**

XX **Cazenove**, 75 r. Boileau ⊠ 69006 𝒸 04 78 89 82 92, *Fax 04 72 44 93 34*, « Évocation Belle
Époque » – ▤. **AE** **GB** p. 7 **GV   k**
fermé août, sam. et dim. – **Repas** 200/280 ♀

XX **L'Alexandrin** (Alexanian), 83 r. Moncey ⊠ 69003 𝒸 04 72 61 15 69, *Fax 04 78 62 75 57* –
❀ ▤. **AE** **GB** p. 7 **GX   h**
fermé 1er au 5 juin, 14 au 17 juil., 30 juil. au 21 août, 29 oct. au 1er nov. et 24 déc. au 8 janv. –
Repas (fermé dim. et lundi) (120) - 160/360 et carte environ 360
Spéc. Quenelle de brochet. Volaille de Bresse au vinaigre. Feuillantine et "sorbet pur cacao"
Vins Beaujolais Village, Côte du Rhône.

XX **Passage**, 8 r. Plâtre ⊠ 69001 𝒸 04 78 28 11 16, *Fax 04 72 00 84 34* – ▤. **AE** ⓞ **GB** **JCB**
fermé midi., lundi et fériés – **Repas** 95 (déj.), 195/260 ♀ p. 8 **FX   h**

XX **J.-C. Pequet**, 59 pl. Voltaire ⊠ 69003 𝒸 04 78 95 49 70, *Fax 04 78 62 85 26* – ▤. **AE** ⓞ
GB **JCB** p. 9 **GY   v**
fermé août, sam. et dim. – **Repas** 160/260

XX **Auberge de l'Ile** (Ansanay-Alex), sur l'Ile Barbe ⊠ 69009 𝒸 04 78 83 99 49
❀ *Fax 04 78 47 80 46*, « Maison du 17e siècle sur une île de la Saône » – **P**. **AE** **GB** **JCB**
fermé dim. sauf le midi d'oct. à avril et lundi sauf fériés – **Repas** 130 (déj.), 220/390 et carte
380 à 570 p. 4 **BP   a**
Spéc. Omble chevalier aux mousserons (15 mars au 15 juin). Truffe au chou (janv.-fév.).
Glace réglisse, lait d'amande et pain d'épice. **Vins** Saint-Véran, Morgon.

XX **Le Nord,** 18 r. Neuve ⊠ 69002 ℰ 04 72 10 69 69, Fax 04 72 10 69 68. 🏠 – 🗐. 🖭 ⓪ 🆎 🗨 p. 8 FX **p**
Repas brasserie 115/158 ♀, enf. 48

XX **Vivarais,** 1 pl. Gailleton ⊠ 69002 ℰ 04 78 37 85 15, Fax 04 78 37 59 49 – 🗐. 🖭 ⓪ 🆎 🗨 p. 8 FY **f**
fermé 23 juil. au 20 août, 24 déc. au 1er janv. et dim. – Repas 115 (déj.), 140/170 ♀

XX **Brunoise,** 4 r. A. Boutin ⊠ 69100 Villeurbanne ℰ 04 78 52 07 77, Fax 04 72 83 54 96 – 🗐. p. 5 CP **b**
fermé août, 29 déc. au 3 janv., sam., dim et le soir sauf jeudi – Repas 125/230 ♀

XX **Gourmet de Sèze,** 129 r. Sèze ⊠ 69006 ℰ 04 78 24 23 42, Fax 04 78 24 66 81 – 🗐. 🖭 🗨 p. 7 HV **z**
fermé 1er au 5 juin, août, dim. et lundi – Repas (nombre de couverts limité, prévenir) (130) 190/300 bc ♀

XX **Chez Jean-François,** 2 pl. Célestins ⊠ 69002 ℰ 04 78 42 08 26, Fax 04 72 40 04 51 – 🗐. 🖭 🗨 p. 8 FY **x**
fermé 22 juil. au 22 août., dim. et fériés – Repas (prévenir) (80) - 100/180 ♀

XX **Fleur de Sel,** 3 r. Remparts d'Ainay ⊠ 69002 ℰ 04 78 37 40 37, Fax 04 78 37 26 37 – 🗨 p. 8 FY **q**
fermé 27 juil. au 31 août, sam. sauf le soir d'oct. à avril et dim. – Repas (115) - 220 ♀

XX **Mère Vittet** ouvert jour et nuit, 26 cours de Verdun ⊠ 69002 ℰ 04 78 37 20 17, Fax 04 78 42 40 70 – 🗐. 🖭 ⓪ 🗨 P. 8 FY **y**
Repas (90) - 110/198 ♀, enf. 50

XX **Romanée,** 19 r. Rivet ⊠ 69001 ℰ 04 72 00 80 87, Fax 04 72 07 88 44 – 🗐. 🗨 p. 6 EV **e**
fermé août, 1er au 7 janv., sam. midi, dim. soir et lundi – Repas (prévenir) 110/210

XX **Tassée,** 20 r. Charité ⊠ 69002 ℰ 04 72 77 79 00, Fax 04 72 40 05 91 – 🗐. 🖭 ⓪ 🗨 🗨 p. 8 FY **u**
fermé dim. – Repas 135 (déj.), 160/290 ♀

XX **Alex Chevallier,** 40 r. Sergent Blandan ⊠ 69001 ℰ 04 78 28 19 83, Fax 04 78 29 42 52 – 🖭 🗨. 🕸 p. 6 FX **w**
fermé 20 juil. au 20 août, sam. midi de mai à sept., merc. midi d'oct. à avril, mardi midi et lundi – Repas (98 bc) - 110/210 ♀

XX **Brasserie Georges,** 30 cours Verdun ⊠ 69002 ℰ 04 72 56 54 54, Fax 04 78 42 51 65, « Brasserie 1925 » – 🖭 🖭 ⓪ 🗨 🗨 p. 8 FZ **b**
Repas (71) - 98/153 ♀, enf. 49

XX **Grenier des Lyres,** 21 r. Creuzet ⊠ 69007 ℰ 04 78 72 81 77, Fax 04 78 72 01 75 – 🗐. 🖭 🗨 🗨 p. 9 QY **c**
fermé 7 au 23 août , sam. midi et dim. – Repas 110 bc (déj.), 128/238

XX **Maison Argenson,** 40 allée P. de Coubertin à Gerland ⊠ 69007 ℰ 04 78 72 64 53, Fax 04 78 61 78 02, 🏠 – 🖭 🖭 ⓪ 🗨, 🕸 p. 4 BR **a**
fermé dim. soir – Repas 98 (déj.) et carte 180 à 310

XX **Les Oliviers - M. Viannay,** 20 r. Sully ⊠ 69006 ℰ 04 78 89 07 09, Fax 04 78 89 89 94 – 🗐. 🖭 🗨 p. 7 GV **f**
fermé 1er au 20 août, 1er au 8 janv., sam. midi et dim. – Repas (110 bc) - 130/180 ♀

XX **Boeuf d'Argent,** 29 r. Boeuf ⊠ 69005 ℰ 04 78 42 21 12, Fax 04 72 40 24 05, 🏠 – 🖭 ⓪ p. 8 EFX **f**
fermé 15 au 30 août, 1er au 20 fév., dim. et lundi – Repas (80) - 99/225 ♀, enf. 65

XX **La Voûte - Chez Léa,** 11 pl. A. Gourju ⊠ 69002 ℰ 04 78 42 01 33, Fax 04 78 37 36 41 – 🗐. 🖭 ⓪ 🗨 p. 8 FY **e**
fermé dim. – Repas (64) - 98 (déj.), 140/188 ♀

XX **Machonnerie,** 36 r. Tramassac ⊠ 69005 ℰ 04 78 42 24 62, Fax 04 72 40 23 32 – 🖭 ⓪ 🗨 p. 8 EY **n**
fermé le midi (sauf dim. de sept. à Pâques et sam.) et dim. soir – Repas (prévenir) 100/250 bc ♨

X **L'Est,** Gare des Brotteaux, 14 pl. J. Ferry ⊠ 69006 ℰ 04 37 24 25 26, Fax 04 37 24 25 25, 🏠, « Dans une ancienne gare, brasserie sur le thème des voyages » – 🗐. 🖭 ⓪ 🗨 🗨 p. 7 HX **v**
Repas brasserie 115/158 ♀, enf. 48

X **Assiette et Marée,** 49 r. Bourse ⊠ 69002 ℰ 04 78 37 36 58, Fax 04 78 37 98 52, 🏠 – 🗐. 🖭 🗨 p. 6 FX **h**
fermé dim. – Repas - produits de la mer - (98 bc) - 118 bc et carte 170 à 220

X **Le Sud,** 11 pl. Antonin Poncet ⊠ 69002 ℰ 04 72 77 80 00, Fax 04 72 77 80 01, 🏠 – 🗐 🖭 ⓪ 🗨 🗨 p. 8 FY **d**
Repas (prévenir) 115/158 ♀, enf. 48

X **Maison Villemanzy,** 25 montée St-Sébastien ⊠ 69001 ℰ 04 72 98 21 21, Fax 04 72 98 21 22, ≤ Lyon, 🏠 – 🖭 🗨 p. 6 FV **h**
fermé 2 au 18 janv., lundi midi et dim. – Repas (prévenir) 129 ♀, enf. 65

X **Francotte**, 8 pl. Célestins ⊠ 69002 ℰ 04 78 37 38 64, Fax 04 78 38 20 35 – ⊟. 班 ⅁ℬ
fermé dim. – **Repas** (98 bc) - carte 150 à 200 ♀   p. 8 **FY** r

X **Les Muses de l'Opéra**, pl. Comédie, au 7e étage de l'Opéra ⊠ 69001 ℰ 04 72 00 45 58,
Fax 04 78 29 34 01, ≤ Fourvière, 🐟, « Décor contemporain » – ⊟. 班 ⅁ℬ   p. 8 **FX** q
fermé dim. – **Repas** (105) - 139 (déj.)/169 ♀

X **Comptoir des Marronniers**, 8 r. Marronniers ⊠ 69002 ℰ 04 72 77 10 00,
Fax 04 72 77 10 01, 🐟 – ⊟. 班 ⅁ℬ   p. 8 **FY** v
fermé 7 au 22 août et dim. soir – **Repas** (120) - 140 ♀, enf. 65

X **Petit Léon**, 3 r. Pleney ⊠ 69001 ℰ 04 72 10 11 11, Fax 04 72 10 11 13 – 班 ⅁ℬ
fermé 30 juil. au 21 août, dim. et lundi – **Repas** (déj. seul.) 97, enf. 65   p. 8 **FX** r

X **Théodore**, 34 cours Franklin Roosevelt ⊠ 69006 ℰ 04 78 24 08 52, Fax 04 72 74 41 21,
🐟 – ⊟. 班 ⓞ ⅁ℬ   p. 9 **GVX** v
fermé dim. – **Repas** 95 (déj.), 135/250 ♀, enf. 60

X **Assiette et Marée**, 26 r. Servient ⊠ 69003 ℰ 04 78 62 89 94, Fax 04 78 60 39 27 – ⊟.
班 ⅁ℬ   p. 9 **GY** n
fermé dim. – **Repas** - produits de la mer - (98 bc) - 118 bc et carte 170 à 220

X **Grenadin**, 27 r. Franklin ⊠ 69002 ℰ 04 78 37 80 94, Fax 04 72 41 81 06 – ⊟. 班 ⓞ
⅁ℬ   p. 8 **FY** n
fermé août, lundi midi et dim. – **Repas** 98/188 ♀

X **Bernachon Passion**, 42 cours Franklin-Roosevelt ⊠ 69006 ℰ 04 78 52 23 65 – ⊟.
⅁ℬ   p. 7 **GV** r
fermé 30 juil. au 28 août, dim., lundi et fériés – **Repas** (nombre de couverts limité,
prévenir)(déj. seul.) carte 160 à 220 ♀

X **Bistrot du Palais**, 220 r. Duguesclin ⊠ 69003 ℰ 04 78 14 21 21, Fax 04 78 14 21 22 – 班
⅁ℬ   p. 9 **GY** r
fermé 7 au 22 août, sam. midi et dim. – **Repas** 122 ♀

X **Terrasse St-Clair**, 2 Grande r. St-Clair ⊠ 69300 Caluire-et-Cuire ℰ 04 72 27 37 37,
Fax 04 72 27 37 38, 🐟 – 班 ⅁ℬ   P. 7 **GU** s
fermé 2 au 18 janv., lundi soir et dim. – **Repas** 120 ♀

X **L'Étage**, 4 pl. Terreaux (2e étage) ⊠ 69001 ℰ 04 78 28 19 59 – ⅁ℬ. 🐟   p. 8 **FX** x
fermé 24 juil. au 23 août, vacances de fév., sam. midi en juil., dim. et lundi – **Repas**
(prévenir) 100/180 ♀

X **Daniel et Denise**, 156 r. Créqui ⊠ 69003 ℰ 04 78 60 66 53, Fax 04 78 60 66 53, bistrot –
⊛   ⊟. ⅁ℬ   p. 7 **GX** b
fermé août, sam., dim. et fériés – Repas carte 150 à 200 ⅃

X **Les Adrets**, 30 r. Boeuf ⊠ 69005 ℰ 04 78 38 24 30, Fax 04 78 42 79 52 –
⅁ℬ   p. 6 **EX** v
fermé août, vacances de Noël, sam. et dim. – **Repas** 80 bc (déj.), 115/235, enf. 55

X **En mets fait ce qu'il te plaît**, 43 r. Chevreul ⊠ 69007 ℰ 04 78 72 46 58 – ⅁ℬ.
🐟   p. 9 **GY** e
fermé août, lundi soir, mardi soir et week-ends – **Repas** (prévenir) carte 150 à 190 ♀

LES BOUCHONS : *dégustation de vins régionaux et cuisine locale dans une ambiance typiquement lyonnaise*

X **Chez Hugon**, 12 rue Pizay ⊠ 69001 ℰ 04 78 28 10 94 – ⅁ℬ   p. 6 **FX** m
fermé août, sam. et dim. – **Repas** (prévenir) carte 130 à 210 ♀

X **Au Petit Bouchon "Chez Georges"**, 8 r. Garet ⊠ 69001 ℰ 04 78 28 30 46 – ⅁ℬ
fermé août, sam. et dim. – **Repas** 89/120 (midi seul.), le soir 180   p. 6 **FX** d

X **Jura**, 25 r. Tupin ⊠ 69002 ℰ 04 78 42 20 57 – ⅁ℬ   p. 8 **FX** d
fermé 24 juil. au 22 août, lundi midi de sept. à avril, sam. de mai à août et dim. – **Repas**
(prévenir) 103 ♀

X **Café des Fédérations**, 8 r. Major Martin ⊠ 69001 ℰ 04 78 28 26 00, Fax 04 72 07 74 52
– ⅁ℬ ℐⅭℬ   p. 6 **FX** z
fermé août, sam. et dim. – **Repas** (prévenir) 118 (déj.)/148

X **Garet**, 7 r. Garet ⊠ 69001 ℰ 04 78 28 16 94, Fax 04 72 00 06 84 – ⊟. 班 ⅁ℬ   p. 6 **FX** a
fermé 23 juil. au 23 août, sam. et dim. – **Repas** (prévenir) 98 (déj.)/128 ♀

X **Meunière**, 11 r. Neuve ⊠ 69001 ℰ 04 78 28 62 91 – 班 ⓞ ⅁ℬ   p. 8 **FX** p
fermé 14 juil. au 15 août, dim. et lundi – **Repas** (prévenir) (72) - 99 (déj.), 112/151

Environs :

à Tassin-la-Demi-Lune : 5 km par D 407 – 15 460 h. alt. 220 – ⊠ 69160 :

🏨 **Novotel Tassin** M, 13 D av. V. Hugo ℰ 04 78 64 68 69, Fax 04 78 64 61 11, 佘, ∑, – 📳
📰 🗐 🔟 🕿 💋 🕭 , ⇔ 🅿 – 🔬 25 à 80. 🖭 ⓸ ⤸ 🄙🄲🄱   p. 4 AP n
Repas (92) - 115 ♈, enf. 50 – ☷ 60 – **104 ch** 525/595

🏩 **Campanile Tassin**, 12 r. Montribloud ℰ 04 78 36 69 69, Fax 04 78 36 02 68 – 📳 📰,
🗐 rest, 🔟 🕿 💋 🕭 🅿 – 🔬 15 à 35. 🖭 ⓸ 🄲🄱. 💥 ch   p. 4 AP s
Repas (80) - 98 ♈, enf. 39 – ☷ 39 – **99 ch** 340

à Collonges-au-Mont-d'Or Nord . 12 km par bords de Saône (D 433, D 51) – 3 105 h. alt. 176
⊠ 69660 :

voir ✕✕✕✕✕ ✿✿✿ **Paul Bocuse** à Lyon

par la sortie ① :

à Rillieux-la-Pape : 7 km par N 83 et N 84 – 30 791 h. alt. 269 – ⊠ 69140 :

✕✕✕ **Larivoire** (Constantin), chemin des Îles ℰ 04 78 88 50 92, Fax 04 78 88 35 22, 佘 – 🅿. 🖭
✿ 🄲🄱
fermé 16 au 26 août, lundi soir et mardi – **Repas** 180/440 et carte 340 à 450
Spéc. Salade d'écrevisses à l'œuf de caille. Canette laquée au poivre et miel. Carré
d'agneau rôti en croûte de pain d'épice. **Vins** Coteaux du lyonnais, Chardonnay du Bugey.

par la sortie ② :

à St-Maurice-de-Beynost par A 42 sortie n° 5 : 16 km – 3 468 h. alt. 200 – ⊠ 01700 :

🏨 **Lyon Est**, ℰ 04 78 55 90 90, Fax 04 78 55 90 05 – 📳 📰 🗐 🔟 🕿 💋 , ⇔ 🅿 . 🔬 200. 🖭
⓸ 🄲🄱
Repas (fermé sam. midi et dim. midi) (80) - 110/180 ♈, enf. 60 – ☷ 62 – **82 ch** 520/500,
3 appart

par la sortie ④ :

à l'aérogare de Satolas : 27 km par A 43 – ⊠ 69125 Lyon Satolas Aéroport :

🏨 **Sofitel Lyon Aéroport** M sans rest, 3e étage aérogare centrale ℰ 04 72 23 38 00,
Fax 04 72 23 98 00, < – 📳 📰 🗐 🔟 🕿 💋 . 🖭 ⓸ 🄲🄱 ⤸
☷ 110 – **120 ch** 980/1200

🏩 **Climat de France Satolas**, zone de fret ℰ 04 72 23 90 90, Fax 04 72 23 80 32 – 📳,
🗐 rest, 🔟 🕿 🅿 – 🔬 50. 🖭 ⓸ 🄲🄱
Repas (68) - 95/130 💧, enf. 39 – ☷ 38 – **84 ch** 360

✕✕✕ **Grande Corbeille**, 1er étage ℰ 04 72 22 71 76, Fax 04 72 22 71 72, < – 🗐. 🖭 🄲🄱
fermé août, 24 au 31 déc., sam., dim. et fériés – **Repas** (déj. seul.) (145) - 190 bc

✕ **Bouchon**, 1er étage ℰ 04 72 22 71 86, Fax 04 72 22 71 72 – 🗐. 🖭 ⓸ 🄲🄱
Repas brasserie (96) - 125 bc, enf. 57

par la sortie ⑨ :

à Charbonnières-les-Bains : 8 km par N 7 – 4 033 h. alt. 233 – ⊠ 69260 :
Voir *Parc Lacroix Laval* : château de la Poupée*.

🏩 **Mercure Charbonnières** M, N 7 ℰ 04 78 34 72 79, Fax 04 78 34 88 94, 佘 – 💥,
🗐 ch, 🔟 🕿 💋 🅿 . 🔬 100. 🖭 ⓸ 🄲🄱 ⤸
Repas (fermé sam. et dim.) (95) - 130/165 ♈ ☷ 60 – **60 ch** 495

🏩 **Beaulieu** sans rest, 19 av. Gén. de Gaulle ℰ 04 78 87 12 04, Fax 04 78 87 00 62 – 📳 🔟 🕿
💋 🅿 . 🖭 ⓸ 🄲🄱 ⤸
☷ 34 – **45 ch** 275/295

✕✕ **L'Orée du Parc**, 8 av. Victoire ℰ 04 78 87 14 51, Fax 04 78 87 63 62, 佘 – 🄲🄱
fermé août, dim. soir et lundi – **Repas** 98/195

à La Tour-de-Salvagny : 11 km par N 7 – 3 226 h. alt. 356 – ⊠ 69890 :

🏨 **Golf** M, allée du Levant ℰ 04 78 87 29 87, Fax 04 78 87 29 89, 佘, 😘, ∑, ⊞ – 📳 📰 🗐
🔟 🕿 💋 🅿 . 🔬 15 à 180. 🖭 ⓸ 🄲🄱 ⤸
Repas 100/160 💧, enf. 55 ☷ 60 – **72 ch** 520/580

✕✕✕✕ **Rotonde**, au Casino Le Lyon Vert ℰ 04 78 87 00 97, Fax 04 78 87 81 39, « Cadre art-
✿✿ déco » – 🗐. 🖭 ⓸ 🄲🄱
fermé août, dim. soir, mardi midi et lundi – **Repas** 180 (déj.), 230/540 et carte 390 à 510 ♈
Spéc. Les quatre foies pressés. Tajine de homard entier aux petits farcis. Cannelloni de
chocolat amer à la glace de crème brûlée. **Vins** Beaujolais blanc, Côtes du Rhône-Villages.

par la sortie ⑩ :

Porte de Lyon - *Échangeur A6 – N 6 sortie Limonest Nord : 10 km –* ✉ *69570 Dardilly :*

🏨 **Novotel Lyon Nord** Ⓜ, ℰ 04 72 17 29 29, Fax 04 78 35 08 45, ㎡, 🏊, ㎡ – 🛏 ⁖ ✉ 🅿 🔟
🛈 ✆ 🅿 – 🔏 80. 🆔 ⓞ ☷ 🗃
Repas *(95)* - carte environ 160 ♈, enf. 50 – ☷ 62 – **107 ch** 500/590

🏨 **Ibis Lyon Nord,** ℰ 04 78 66 02 20, Fax 04 78 47 47 93, ㎡, 🏊, ㎡ – ⁖ 🔟 ✆ ✆ ⅃ 🅿 –
🔏 50. 🆔 ⓞ ☷
Repas *(80)* - 95/135 ♈, enf. 39 – ☷ 39 – **68 ch** 380

à Limonest : *13 km par A 6 et D 42 – 2 459 h. alt. 390 –* ✉ *69760 :*

🍴🍴 **Puy d'Or,** carrefour N 6 et D 42 ℰ 04 78 35 12 20, Fax 04 78 64 55 15 – 🅿, 🆔 ☷
fermé 1er au 23 août, 3 au 9 janv., dim. soir et lundi – **Repas** 118 (déj.), 168/335 ♈

LYONS-LA-FORÊT 27480 Eure 🗗 ⑧ *G. Normandie Vallée de la Seine – 701 h alt. 88.*

Voir *Forêt★★ : hêtre de la Bunodière★ – N.-D.-de la Paix ⩽★ O : 1,5 km.*
🛈 *Office de Tourisme Mairie* ℰ 02 32 49 31 65, Fax 02 32 49 29 79.
Paris 105 – Rouen 35 – Les Andelys 20 – Gisors 30 – Gournay-en-Bray 25.

🏨 **Licorne** ⌯, ℰ 02 32 49 62 02, Fax 02 32 49 80 09, ㎡, « Jardin fleuri », ㎡ – 🔟 ✆ 🅿 –
🔏 25. 🆔 ⓞ ☷ 🗃, ⌀
fermé 20 déc. au 25 janv., dim. soir et lundi d'oct. à mars – **Repas** *(fermé dim. soir, mardi midi et lundi sauf fêtes)* 75/205 – ☷ 60 – **13 ch** 405/580, 6 appart – ½ P 420/600

LYS-LEZ-LANNOY 59 Nord 🗗 ⑯., 🖽 ⑮ *– rattaché à Roubaix.*

MACÉ 61 Orne 🗗 ③ *– rattaché à Sées.*

MACHILLY 74140 H.-Savoie 🗗 ⑯ *– 829 h alt. 525.*

Paris 552 – Thonon-les-Bains 19 – Annemasse 11 – Genève 21.

🍴🍴🍴 **Refuge des Gourmets,** ℰ 04 50 43 53 87, Fax 04 50 43 53 87, ㎡, cadre d'inspiration
Belle Époque – ▤ 🅿, 🆔 ☷
fermé 17 juil. au 11 août, 2 au 11 janv., dim. soir et lundi – **Repas** 180/280 et carte 220 à 285 ♈,
enf. 90

La MACHINE (Col de) 26 Drôme 🗗 ⑬ *– rattaché à St-Jean-en-Royans.*

MACINAGGIO 2B H.-Corse 🗗 ① *– voir à Corse.*

MÂCON 🅿 71000 S.-et-L. 🗗 ⑲ *G. Bourgogne – 37 275 h alt. 175.*

Voir *Musée municipal des Ursulines★ BY M¹ – Musée Lamartine BZ M² – Apothicairerie★ de
l'Hôtel-Dieu BY.*
Env. *Roche de Solutré★★ O : 9 km – Clocher★ de l'église de St-André-de-Bâgé E : 8,5 km.*
🛈 *Office de Tourisme 1 pl. St-Pierre* ℰ 03 85 21 07 07, Fax 03 85 40 96 00.
Paris 392 ① – Bourg-en-Bresse 37 ② – Chalon-sur-Saône 59 ① – Lyon 74 ③ – Roanne 97 ③.

Plan pages suivantes

🏨 **Mercure Bord de Saône** Ⓜ, 26 r. Coubertin par ① : 0,5 km ℰ 03 85 21 93 93,
Fax 03 85 39 11 45, ⩽, ㎡, 🏊, ㎡ – ⁖ ✖ ▤ 🔟 ✆ ✆ 🅿 – 🔏 20 à 80. 🆔 ⓞ ☷
St-Vincent : Repas *(105)*-125/160 ♈, enf. 50 – ☷ 60 – **64 ch** 500/580
BZ

🏨 **Bellevue,** 416 quai Lamartine ℰ 03 85 21 04 04, Fax 03 85 21 04 02 – ⁖ 🔟 ✆ ⇐ 🅿 –
🔏 30. 🆔 ⓞ ☷ 🗃
Repas *(fermé dim. sauf le soir en hiver et mardi midi)* 140/295 ♈, enf. 75 – ☷ 56 – **24 ch**
480/700
BZ

🏨 **Terminus,** 91 r. V. Hugo ℰ 03 85 39 17 11, Fax 03 85 38 02 75, ㎡, 🏊, ㎡ – ⁖, ▤ rest, 🔟
✆ ✆ ⇐ – 🔏 35. 🆔 ⓞ ☷
Repas 95/175, enf. 50 – ☷ 43 – **48 ch** 290/395 – ½ P 310/315
AZ

🏨 **Bourgogne,** 6 r. V. Hugo ℰ 03 85 38 36 57, Fax 03 85 38 65 92 – ⁖ ✖ 🔟 ✆ ⇐
🔏 25. 🆔 ⓞ ☷ 🗃
La Perdrix ℰ 03 85 39 07 05 *(fermé 22 nov. au 12 déc., sam. midi, lundi midi et dim.)* Repas
(60)-90/150 ♈, enf. 40 – ☷ 48 – **48 ch** 310/430 – ½ P 323/363
AYZ

🏨 **Nord** sans rest, 313 quai J. Jaurès ℰ 03 85 38 08 68, Fax 03 85 39 01 92 – ⁖ ✆. 🆔 ⓞ ☷
🗃, ⌀
☷ 30 – **21 ch** 130/210
BY

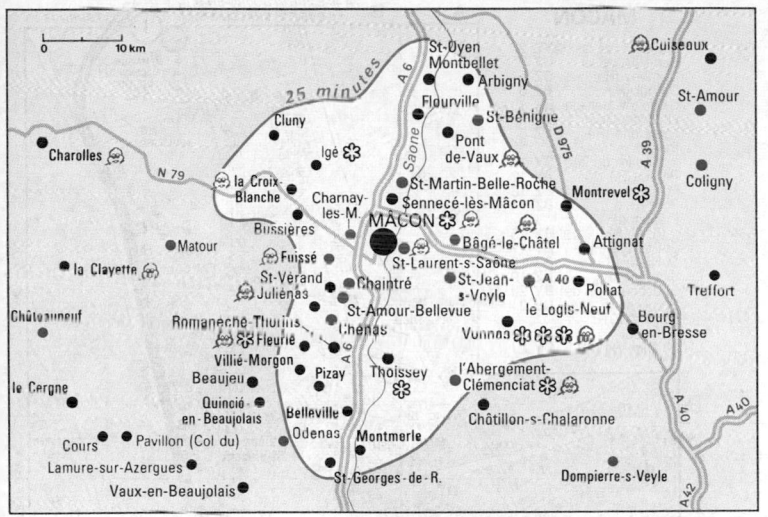

Concorde sans rest, 73 r. Lacretelle, ℘ 03 85 34 21 47, Fax 03 85 29 21 79 – 📺 ☎ 📞 ⇔.
GB AY d
fermé 1ᵉʳ au 7 janv. et dim. sauf vacances scolaires et fériés – 🖵 28 – **14 ch** 130/245

XX **Rocher de Cancale,** 393 quai J. Jaurès ℘ 03 85 38 07 50, Fax 03 85 38 70 17 – 🗐. 🖭
GB BZ r
fermé dim. soir et lundi sauf fériés – **Repas** 98/230 ♈, enf. 65

XX **Pierre** (Gaulin), 7 r. Dufour ℘ 03 85 38 14 23, Fax 03 85 39 84 04 – 🗐. 🖭 ⓞ GB BZ k
fermé 19 juin au 9 juil., vacances de fév., dim. soir et lundi – **Repas** 120/340 et carte 270 à 380 ♈, enf. 75
Spéc. Quenelle de brochet. Tournedos de charolais. Galette fine de pommes. **Vins** Mâcon Uchizy, Mâcon Prissé.

XX **L'Amandier,** 74 r. Dufour ℘ 03 85 39 82 00, Fax 03 85 38 92 21 – 🖭 ⓞ GB BZ s
fermé dim. soir et lundi – **Repas** 100/300 ♈

XX **Les Tuileries,** quai Marans BZ ℘ 03 85 38 43 30, Fax 03 85 39 35 10, 㕭 – 🄿. 🖭 GB
fermé sam. midi et dim. soir – **Repas** 110/250 ♈

XX **Poisson d'Or,** allée Parc par ① et bords de Saône : 1 km ℘ 03 85 38 00 88, Fax 03 85 38 02 55, ≤, 㕭, « Terrasse ombragée en bordure de Saône » – 🄿. GB
fermé 23 au 31 oct., 19 fév. au 5 mars, mardi soir et merc. – **Repas** 98/240 ♈, enf. 55

X **Charollais,** 71 r. Rambuteau ℘ 03 85 38 36 23 – GB AY v
fermé 10 au 30 juin, dim. soir et lundi – **Repas** 76/200 ♊

à St-Laurent-sur-Saône (Ain), rive gauche - Est du plan – 1 710 h. alt. 176 – ⊠ 01750 St-Laurent :

X **Saint-Laurent,** 1 quai Bouchacourt ℘ 03 85 39 29 19, Fax 03 85 38 29 77, ≤, 㕭, cadre
bistrot – 🖭 ⓞ GB BZ b
fermé 15 nov. au 8 déc. – **Repas** 98 (déj.), 110/240, enf. 80

à l'échangeur A6-N6 de Mâcon-Nord par ① : 7 km – ⊠ 71000 Mâcon :

🏨 **Novotel** Ⓜ, ℘ 03 85 20 40 00, Fax 03 85 20 40 33, 㕭, ⊾, 🐟 – 🈚 🗐 📺 ☎ 📞 🔥 🄿 –
🛗 25 à 120. 🖭 ⓞ GB
Repas (90) - 125 ♈, enf. 50 – 🖵 60 – **114 ch** 495/595

à Sennecé-lès-Mâcon par ① : 7,5 km – ⊠ 71000 Mâcon :

🏨 **Auberge de la Tour,** ℘ 03 85 36 02 70, Fax 03 85 36 03 47, 㕭 – 📺 ☎ 🄿 – 🛗 25. GB.
❄ rest
fermé fév., dim. soir et lundi soir – **Repas** (70) - 110/220 ♈, enf. 50 – 🖵 40 – **24 ch** 165/300 –
½ P 230/260

à St-Martin-Belle-Roche par ① : 10 km – 1 150 h. alt. 208 – ⊠ 71118 :

XX **Port St-Nicolas,** en bordure de Saône ℘ 03 85 36 00 86, Fax 03 85 37 53 20, ≤, 㕭,
« Terrasse en bord de Saône » – 🄿. GB
fermé 15 janv. au 15 fév., mardi soir et merc. – **Repas** 85/250 ♊, enf. 50

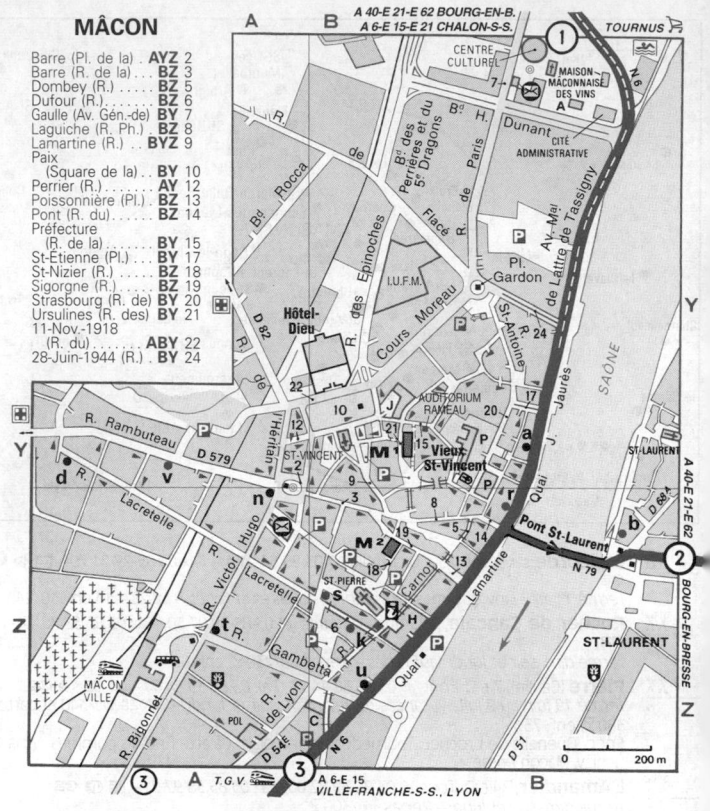

MÂCON

sur A 6 aire de St-Albain, La Salle *ou par* ① : *14 km* – ⊠ *71260 St-Albain* :

🏨 **Mercure St-Albain** Ⓜ, ℰ 03 85 33 19 00, Fax 03 85 33 13 13, 佘, ⣘, ⛲ – 🛗 ⁑✕ 🖳 📺
☎ ℰ ఉ 🅿 – 🕍 40. ⴀ ① ⴒ
Repas (dîner seul.) 100/150 ₰, enf. 50 – ⴒ 60 – **91 ch** 370/580

par ② rte de Bourg-en-Bresse – ⊠ 01750 Replonges :

🏨 **Huchette** Ⓜ, à 4,5 km sur N 79 ℰ 03 85 31 03 55, Fax 03 85 31 10 24, 佘, parc, « Déco
élégant », ⣘ – 📺 ☎ ℰ 🅿 – 🕍 20. ⴀ ① ⴒ. ✸ rest
fermé 24 oct. au 30 nov., mardi midi et lundi – **Repas** 160/280 ₰ – ⴒ 65 – **13 ch** 500/650 –
½ P 500

🏨 **Oréon**, à 5 km près accès sortie n°3 sur A40 ℰ 03 85 31 00 10, Fax 03 85 31 00 90, 佘, ⣘
⥟ – 🖳 📺 ☎ ℰ 🅿 – 🕍 20 à 70. ⴀ ⴒ
Repas *(fermé 17 déc. au 2 janv., sam. midi, dim. et fériés)* (65) · 80/160 ₰, enf. 60 – ⴒ 35 –
36 ch 280/320 – ½ P 265/345

à Charnay-lès-Mâcon Ouest : 2,5 km – 6 102 h. alt. 217 – ⊠ 71850 :

XXX **Moulin du Gastronome**, ℰ 03 85 34 16 68, Fax 03 85 34 37 25, 佘 – 🖳 🅿. ⴀ ⴒ
fermé 24 au 31 juil., 1er au 8 janv., dim. soir et lundi sauf fériés – **Repas** 110/320 et carte 23⁵
à 330 ₰

La MADELAINE-SOUS-MONTREUIL 62 P.-de-C. 🗺️ ⑫ – *rattaché à Montreuil*.

MADIÈRES *34 Hérault* 🔟 ⑯ – ✉ *34190 Ganges.*

Paris 711 – Montpellier 64 – Lodève 31 – Nîmes 79 – Le Vigan 20.

🏰 **Château de Madières** M ≫, 𝄢 04 67 73 84 03, Fax 04 67 73 55 71, ≤, 🍴, parc, « Ancienne place forte surplombant les gorges de la Vis », 𝐼𝑠, 🏊, – 🆅 ☎ 🅿, 🅰🅴 ⓞ 🇬🇧
8 avril-2 nov. – **Repas** 195/395 ⓣ – 🍴 85 – **10 ch** 750/1320 – ½ P 720/985

MADIRAN *65700 H.-Pyrénées* 🔟 ② – *553 h alt. 125.*

Paris 754 – Pau 48 – Aire-sur-l'Adour 28 – Auch 72 – Mirande 53 – Tarbes 41.

🏠 **Prieuré** ≫, pl. Église 𝄢 05 62 31 92 50, Fax 05 62 31 90 66, 🍴, 🌿 – 🆅 ☎ 🅿, 🅰🅴 ⓞ 🇬🇧
fermé dim. soir et lundi hors saison – **Repas** 100/160 ⓣ, enf. 65 – 🍴 35 – **7 ch** 240/300 – ½ P 355

MAFFLIERS *95560 Val-d'Oise* 🔢 ⑳, 🔢 ⑦ – *1 168 h alt. 145.*

Paris 30 – Compiègne 68 – Beaumont-sur-Oise 10 – Beauvais 55 – Senlis 35.

🏰 **Novotel Château de Maffliers** M ≫, 𝄢 01 34 08 35 35, Fax 01 34 69 97 19, 🍴, centre équestre, « Parc », 🏊, 🎾 – 🔌 🆅 ☎ 🅲 ❖ 🅿 – 🔏 60. 🅰🅴 ⓞ 🇬🇧
Repas (105) - 150/205 ⓣ, enf. 55 – 🍴 70 – **80 ch** 640/680

MAGAGNOSC *06 Alpes-Mar.* 🔟 ⑧., 🔢 ⑬ – rattaché à Grasse.

MAGESCQ *40140 Landes* 🔟 ⑯ – *1 218 h alt. 28.*

Paris 725 – Biarritz 54 – Mont-de-Marsan 67 – Bayonne 46 – Castets 15 – Dax 16.

🏰 **Relais de la Poste** (Coussau) M ≫, 𝄢 05 58 47 70 25, Fax 05 58 47 76 17, 🍴, parc, 🏊,
❀❀ 🎾 – 🍴 rest, 🆅 ☎ 🅲 ❖ 📶 🆙 🆕 ⓞ ❞
fermé 11 nov. au 20 déc., lundi soir et mardi sauf juil.-août – **Repas** (week-ends, prévenir) 320/440 et carte 320 à 510 ⓣ – 🍴 80 – **13 ch** 750/1150 – ½ P 770/980
Spéc. Foie gras de canard poêlé aux girolles. Saumon de l'Adour grillé (mars à juin). Gibier (saison). **Vins** Tursan, Madiran.

🍴🍴 **Cabanon**, Nord : 1 km sur ancienne N 10 𝄢 05 58 47 71 51, Fax 05 58 47 75 19, 🍴, « Demeure landaise rustique », 🌿 – 🅿. 🇬🇧
fermé 15 sept. au 15 oct., dim. soir sauf du 17 juil. au 20 août et lundi – **Repas** 140/210 🖤 -
Grange au Canard : Repas 260/325

MAGNAC-BOURG *87380 H.-Vienne* 🔟 ⑱ – *857 h alt. 444.*

Paris 422 – Limoges 30 – St-Yrieix-la-Perche 27 – Uzerche 28.

🏠 **Midi**, 𝄢 05 55 00 80 13, Fax 05 55 48 70 96, 🍴 – 🆅 ☎ 🅲 ❖. 🅰🅴 ⓞ 🇬🇧 🇯🇨🇧
🍴 *fermé 15 au 30 nov., 15 janv. au 15 fév. et lundi hors saison sauf fêtes* – **Repas** 85/250 ⓣ, enf. 55 – 🍴 38 – **13 ch** 230/300 – ½ P 260

🍴🍴 **Voyageurs** avec ch, 𝄢 05 55 00 80 36, Fax 05 55 00 56 37 – 🆅 ☎ 🅲 ❖. 🅰🅴 🇬🇧
fermé 8 au 24 juin, 10 au 25 sept., 2 au 24 janv., dim. soir sauf juil.-août, mardi soir et sam. –
Repas 98/250, enf. 49 – 🍴 45 – **7 ch** 230/320 – ½ P 240/280

MAGNY-COURS *58 Nièvre* 🔢 ③ ④ – rattaché à Nevers.

MAÎCHE *25120 Doubs* 🔢 ⑱ *G. Jura* – *4 168 h alt. 777.*

Paris 480 – Besançon 75 – Baume-les-Dames 55 – Morteau 29 – Pontarlier 60.

🏠 **Panorama**, 𝄢 03 81 64 04 78, Fax 03 81 64 08 95, 🍴, 🎾 – cuisinette 🆅 ☎ 🅿. 🇬🇧
fermé 25 oct. au 10 nov., 3 au 10 janv., dim. soir et vend. d'oct. à mars – **Repas** (dîner seul. d'oct. à mars) 120/260 🖤, enf. 60 – 🍴 40 – **32 ch** 230/335, 6 studios – ½ P 245/320

MAILLANE *13 B.-du-R.* 🔟 ⑪ ⑫ – rattaché à St-Rémy-de-Provence.

MAILLEZAIS *85420 Vendée* 🔟 ① *G. Poitou Vendée Charentes* – *930 h alt. 6.*

Voir Ancienne abbaye de Maillezais★.

🅱 Office de Tourisme r. du Dr Daroux 𝄢 02 51 87 23 01, Fax 02 51 00 72 51.

Paris 433 – La Rochelle 46 – Fontenay-le-Comte 15 – Niort 26 – La Roche-sur-Yon 71.

🏠 **St-Nicolas** sans rest, 𝄢 02 51 00 74 45, Fax 02 51 87 29 10 – ❖ 🆅 ☎ ❖. 🇬🇧
15 fév.-15 nov. – 🍴 41 – **16 ch** 260/340

MAILLY-LE-CHÂTEAU *89660 Yonne* 65 ⑤ *G. Bourgogne – 555 h alt. 180.*
Voir ≤★ *de la terrasse.*
Paris 196 – Auxerre 30 – Avallon 32 – Clamecy 21 – Cosne-sur-Loire 65.

XX **Castel** avec ch, près église ✆ 03 86 81 43 06, *Fax 03 86 81 49 26*, – ☎. GB JCB
15 mars-15 nov. et fermé merc. – **Repas** 75/175 ♀ – ☕ 38 – **12 ch** 240/350 – ½ P 340

Les MAILLYS *21 Côte-d'Or* 66 ⑬ *– rattaché à Auxonne.*

MAISON-DU-ROY *05 H.-Alpes* 77 ⑱ *– rattaché à Guillestre.*

MAISON NEUVE *16 Charente* 72 ⑭ *– rattaché à Angoulême.*

MAISONNEUVE *15 Cantal* 76 ⑭ *– rattaché à Chaudes-Aigues.*

MAISONS-ALFORT *94 Val-de-Marne* 61 ①, 101 ㉗ *– voir à Paris, Environs.*

MAISONS-DU-BOIS *25 Doubs* 70 ⑦ *– rattaché à Montbenoit.*

MAISONS-LAFFITTE *78 Yvelines* 55 ⑳, 101 ⑬ *– voir à Paris, Environs.*

MAISONS-LÈS-CHAOURCE *10 Aube* 61 ⑰ *– rattaché à Chaource.*

MALAUCÈNE *84340 Vaucluse* 81 ③ *G. Provence – 2 172 h alt. 333.*
Voir *Dentelles de Montmirail*★ *O.*
Env. *Mont Ventoux* ✻★★★ *E : 21 km.*
Office de Tourisme pl. Mairie ✆ 04 90 65 22 59, Fax 04 90 65 22 59.
Paris 676 – Avignon 44 – Carpentras 18 – Vaison-la-Romaine 9.

X **Hostellerie La Chevalerie** avec ch, ✆ 04 90 65 11 19, *Fax 04 90 12 69 22*, – ☎. AE GB
fermé 1er au 15 mars, 1er au 8 juil., 15 au 30 nov., mardi soir hors saison et merc. – **Repas** 90 (déj.), 150/220 ♀, enf. 50 – ☕ 38 – **6 ch** 200/350 – ½ P 280

MALAY *71460 S.-et-L.* 70 ⑪ *G. Bourgogne – 200 h alt. 242.*
Voir *Château de Cormatin*★★ *: cabinet de Ste-Cécile*★★★ *S : 3 km.*
Paris 367 – Chalon-sur-Saône 32 – Mâcon 39 – Montceau-les-Mines 43 – Paray-le-Monial 54

Place M, sur D 981 ✆ 03 85 50 15 08, *Fax 03 85 50 13 23*, – TV ☎ P – 30 à 80. GB
fermé 15 déc. au 15 fév., dim. soir et lundi de nov. à avril – **Repas** 82 (déj.)/198 ♀, enf. 50 – ☕ 45 – **30 ch** 267/290 – ½ P 268

MALAY-LE-PETIT *89 Yonne* 61 ⑭ *– rattaché à Sens.*

MALBUISSON *25160 Doubs* 70 ⑥ *G. Jura – 366 h alt. 900.*
Voir *Lac de St-Point*★.
Office de Tourisme Lac St-Point ✆ 03 81 69 31 21, Fax 03 81 69 71 94.
Paris 457 – Besançon 74 – Champagnole 42 – Pontarlier 16 – St-Claude 73.

Lac, ✆ 03 81 69 34 80, *Fax 03 81 69 35 44*, ≤, – TV ☎ P. GB
fermé 15 nov. au 17 déc. sauf week-ends – **Repas** 105/255 ♀, enf. 50 - ***Rest. du Fromag***(cuisine fromagère) **Repas** 105/120 ♀, enf. 46 – ☕ 55 – **53 ch** 230/400, 5 appart – ½ P 30

annexe Beau Site M sans rest, – cuisinette TV ☎ P. GB
fermé 15 nov. au 17 déc. sauf week-ends – ☕ 45 – **14 ch** 170/230, 3 duplex

XXX **Jean-Michel Tannières** avec ch, ✆ 03 81 69 30 89, *Fax 03 81 69 39 16*, – TV P. GB
✿ *fermé 1er au 15 avril, 3 janv. au 16 fév., lundi et mardi* – **Repas** 135/420 et carte 270 à 380 ♀ enf. 75 – ☕ 50 – **4 ch** 200/500 – ½ P 500
Spéc. Pressé de foie gras aux figues. Poulet fermier au vin jaune et morilles. Soufflé glac au pontarlier.

XX **Bon Accueil** (Faivre) avec ch, ℰ 03 81 69 30 58, Fax 03 81 69 37 60, 🐎 – 📺 ☎ ✆ 🚗 🅿.
🌼 GB. ✀
fermé 3 au 11 avril, 18 déc. au 18 janv., dim. soir d'oct. à avril, mardi midi et lundi – **Repas**
(135) 165/200 ♀, enf. 75 – ⏰ 48 – **12 ch** 260/400 – ½ P 290/360
Spéc. Tarte fine à la saucisse de Morteau. Truite au bleu de la Jougnena. Râble de lapin au
savagnin.

La MALÈNE 48210 Lozère 80 ⑤ G. Languedoc Roussillon – 188 h alt. 450.
Voir les Détroits** et cirque des Baumes** (en barque) O.
🔋 Syndicat d'Initiative (mi-juin-mi-sept.)ℰ 04 66 48 50 77 (et hors saison)ℰ 04 66 48 53 44,
Fax 04 66 48 58 51.
Paris 616 – Mende 41 – Florac 41 – Millau 45 – Sévérac-le-Château 33 – Le Vigan 74.

🏛 **Manoir de Montesquiou**, ℰ 04 66 48 51 12, Fax 04 66 48 50 47, 🐎, « Belle demeure
du 15ᵉ siècle », 🐎 – 📺 ☎ 🅿 ⓞ GB
1ᵉʳ avril-fin oct – **Repas** 135/255 ♀, enf. 70 – ⏰ 65 – **12 ch** 420/800 – ½ P 445/635

au Nord-Est 5,5 km sur D 907bis – 🖂 48210 Ste-Énimie :

🏛 **Château de la Caze** 🌭, ℰ 04 66 48 51 01, Fax 04 66 48 55 75, ≤, 🐎, « Château du
15ᵉ siècle au bord du Tarn, parc », 🟰, 🐎 – 📺 ☎ ✆ & 🅿. 🖭 ⓞ GB, ✀ rest
25 mars-15 nov. et fermé jeudi midi sauf juil.-août et merc. d'oct. à mai sauf fériés – **Repas**
(130) 175/320 ♀, enf. 80 – ⏰ 70 – **13 ch** 600/950, 6 appart – ½ P 520/695

MALESHERBES 45330 Loiret 61 ⑪ G. Ile de France – 5 778 h alt. 108.
🔋 Office de Tourisme 2 r. de la Pilonne ℰ 02 38 34 81 94, Fax 02 38 34 81 94.
Paris 81 – Fontainebleau 27 – Étampes 27 – Montargis 63 – Orléans 62 – Pithiviers 19.

🏠 **Écu de France**, pl. Martroi ℰ 02 38 34 87 25, Fax 02 38 34 68 99 – 📺 ☎ 🅿. 🖭 GB
Repas (fermé dim. soir de nov. à fév. et jeudi soir) 110/240 ♀, enf. 40 - **Brasserie de l'Écu**
(fermé dim. soir de nov. à fév. et jeudi soir) **Repas** carte environ 140 ♀, enf. 40 – ⏰ 38 –
16 ch 285/365 – ½ P 240/280

à Buthiers (77 S.-et-M.) Sud-Est : 2 km – 668 h. alt. 75 – 🖂 77760 :

XX **Les Roches Gourmandes**, ℰ 01 64 24 14 00 – GB
fermé 24 août au 14 sept., 26 janv. au 9 fév., lundi et mardi sauf fériés – **Repas** 90/180,
enf. 60

MALICORNE-SUR-SARTHE 72270 Sarthe 64 ② G. Châteaux de la Loire – 1 659 h alt. 39.
Paris 235 – Le Mans 33 – Château-Gontier 52 – La Flèche 16.

XX **Petite Auberge**, au pont ℰ 02 43 94 80 52, Fax 02 43 94 31 37, 🐎 – GB
🍴 fermé 20 déc. au 10 janv., 15 fév. au 15 mars, dim. soir, mardi soir et lundi du 16 août au
30 juin – **Repas** (déj. seul. d'oct. à mars sauf vend. et sam.) 84/268, enf. 60

MALO-LES-BAINS 59 Nord 51 ④ – rattaché à Dunkerque.

MALROY 57 Moselle 57 ⑭ – rattaché à Metz.

Le MALZIEU-VILLE 48140 Lozère 76 ⑮ – 947 h alt. 860.
Paris 549 – Le Puy-en-Velay 75 – Mende 51 – Millau 109 – Rodez 124 – St-Flour 37.

🏠 **Voyageurs**, rte Saugues ℰ 04 66 31 70 08, Fax 04 66 31 80 36 – 📳 ☎ ✆ & 🅿. GB. ✀
🍴 fermé 15 déc. au 28 fév. et dim. soir hors saison – **Repas** 80/160 ♀, enf. 42 – ⏰ 45 – **19 ch**
240/320 – ½ P 260/300

MAMERS ◁◼▷ 72600 Sarthe 60 ⑭ G. Normandie Vallée de la Seine – 6 071 h alt. 128.
🔋 Office de Tourisme 29 pl. Carnot ℰ 02 43 97 60 63, Fax 02 43 97 42 87.
Paris 194 – Alençon 25 – Le Mans 44 – Mortagne-au-Perche 24 – Nogent-le-Rotrou 39.

🏠 **Dauphin**, 54 r. Fort ℰ 02 43 34 24 24, Fax 02 43 34 44 05 – 📺 ☎ ✆ 🅿. 🖭 ⓞ GB
🍴 **Repas** (fermé dim. soir) 65/162 ♀ – ⏰ 35 – **14 ch** 170/250 – ½ P 290/360

au Pérou (61 Orne) Est : 7 km par rte de Bellême – 🖂 61360 Chemilly :

X **Petite Auberge**, ℰ 02 33 73 11 34, Fax 02 33 25 59 50, 🐎, 🐎 – 🅿. GB
🍴 fermé lundi soir et mardi – **Repas** 70/270 ⚘, enf. 50

MANCIET 32 Gers 82 ③ – rattaché à Nogaro.

MANDELIEU-LA NAPOULE

- Bon-Puits (Bd du) .... Y 6
- Cannes (Av. de) .... Y 8
- Ecureuils (Bd des) .... Y 13
- Esterel-Parc (Bd) .... Y 14
- Europe (Av. de l') .... Y 16
- Fontmichel (Av. G.) .... Y 17
- Frejus P. Ricard (Av. de) .... Y
- Gaulle (Av. Gén. de) .... Y 19
- Juin (Av. Mar.) .... Y
- Marine-Royale (Allée de la) .... Y 23
- Mer (Av. de la) .... Y
- Princes (Bd des) .... Y 25
- Siagne (R. de la) .... Y
- Tavernière (Bd de la) .... Y 26

LA NAPOULE

- Abaguiers (R. des) .... Z 2
- Argentière (R. de l') .... Z 3
- Balcons-d'Azur (Rd-Pt) .... Z 5
- Carle (R. J.H.) .... Z 10
- Chantiers-Naval (R. du) .... Z 12
- Clews (Av. H.) .... Z
- Fanfarigoule (Bd) .... Z
- Gaulle (Av. Gén. de) .... Z
- Hautes-Roches (R. des) .... Z 20
- Mancha (Av. de la) .... Z 22
- Petit-Port (R.) .... Z
- Plage (R. de la) .... Z
- Riou (Av. du) .... Z
- San-Peyré (Bd du) .... Z
- Soustelle (Bd J.) .... Z
- 23-Août (Av. du) .... Z

Y

Z

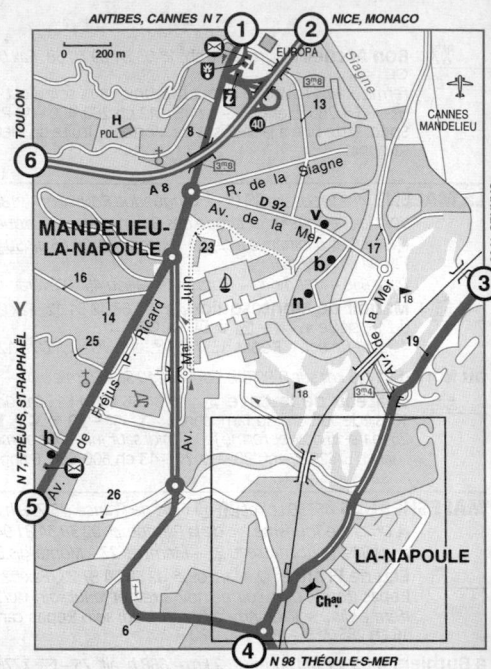

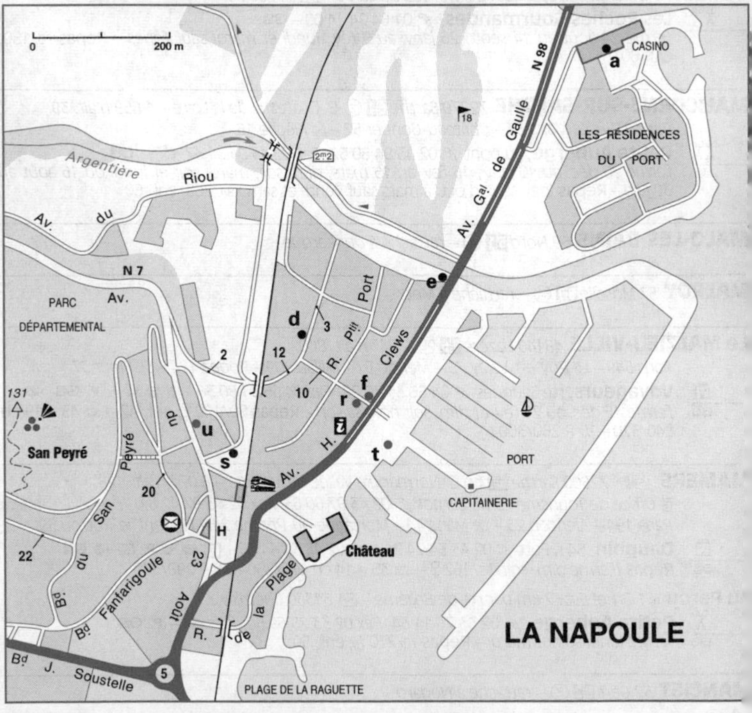

MANDELIEU-LA-NAPOULE 06210 Alpes-Mar. 🗺 ⑧, 🗺 ㉖, 🗺 ㉞ G. Côte d'Azur – 16 493 h
alt. 4 – Casino.

Voir *Route de Mandelieu* ≤★★ N – *Site★ du château.*

🛈 Office de Tourisme av. Cannes ℘ 04 92 97 86 46, Fax 04 92 97 67 79, bd H-Clews ℘ 04 93
49 95 31, sortie autoroute ℘ 04 92 97 99 27, r. J.-Monnet ℘ 04 93 49 14 39.

Paris 896 ⑥ – Cannes 9 ③ – Fréjus 30 ⑤ – Brignoles 87 ⑥ – Draguignan 54 ⑥ Nice 37 ③.

Plan page ci-contre

🏨 **Domaine d'Olival** ⚲ sans rest, 778 av. Mer ℘ 04 93 49 31 00, Fax 04 92 97 69 28, 🛴,
🌿, 🎾 – 🗏 🔟 ☎ 🅿 🖭 ① 🖼   Y b
fermé 1ᵉʳ nov. au 19 janv. – 🖭 59 – **7 ch** 950, 11 appart 1530/1800

🏨 **Les Bruyères** Ⓜ sans rest, 1400 av. Fréjus ℘ 04 93 49 92 01, Fax 04 93 49 21 55, 🛴 –
cuisinette 🗏 🔟 ☎ 🇻 ₺ 🅿 🖭 🖼   Y h
🖭 50 – **14 ch** 370/490

🏨 **Hostellerie du Golf** ⚲, 780 av. Mer ℘ 04 93 49 11 66, Fax 04 92 97 04 01, 🛋, 🛴, 🌿,
🎾 – 🗏 🔟 ☎ ₺ 🅿 – 🛗 15. 🖭 ① 🖼   Y n
Repas *(fermé nov.)* 105/145 ⏣ – 🖭 46 – **39 ch** 570/660, 16 appart – ½ P 400

🏠 **Acadia** sans rest, 681 av. Mer ℘ 04 93 49 28 23, Fax 04 92 97 55 54, 🛴, 🌿, 🎾 🛗 🔟 ☎
🇻 🅿 🖭 ① 🖼 🌿   Y v
fermé 10 nov. au 26 déc. – 🖭 40 – **29 ch** 440/490, 6 appart

La Napoule

Voir *Site★ du château-musée.*

Paris 899 – Cannes 9 – Mandelieu-la-Napoule 3 – Nice 40 – St-Raphaël 35.

🏨 **Royal Hôtel Casino** Ⓜ, 605 av. Gén. de Gaulle (N 98) ℘ 04 92 97 70 00,
Fax 04 93 49 51 50, ≤, 🍽, casino, 🖈, 🛴, 🛴, 🎾, 🌿 – 🛗 ⇆ 🗏 🔟 ☎ 🇻 ₺ 🅿 – 🛗 500. 🖭
① 🖼 🇯🇨🇧   Z a
Le Féréal : **Repas** 215/330 ⏣, enf. 130 – 🖭 110 – **204 ch** 1750/2250, 9 duplex

🏨 **Ermitage du Riou**, av. H.-Clews ℘ 04 93 49 95 56, Fax 04 92 97 69 05, ≤, 🛴, 🛴 – 🛗 🔟
☎ 🅿 – 🛗 60. 🖭 ① 🖼 🇯🇨🇧   Z e
Le Riou : **Repas** 240bc/450 ⏣, enf. 85 – 🖭 95 – **41 ch** 1150/1795 – ½ P 1550/2195

🏠 **Villa Parisiana** sans rest, r. Argentière ℘ 04 93 49 03 02, Fax 04 93 49 62 32 – 🔟 ☎. 🖭
① 🖼   Z d
fermé 20 nov. au 1ᵉʳ déc. – 🖭 35 – **13 ch** 270/390

🏖 **Corniche d'Or** sans rest, pl. Fontaine ℘ 04 93 49 92 51 –🌿   Z s
25 avril-25 oct. – 🖭 30 – **12 ch** 185/300

XXXX **L'Oasis** (Raimbault), r. J. H. Carle ℘ 04 93 49 95 52, Fax 04 93 49 64 13, 🍽, « Patio
❀❀ ombragé et fleuri » – 🗏. 🖭 ① 🖼   Z r
Repas 230 (déj.), 320/680 et carte 520 à 680 ⏣
Spéc. Huîtres spéciales marinées au raifort. Foie gras de canard chaud en verdure de
blettes. Poisson de pêche locale rôti en tian. **Vins** Côtes de Provence, Bandol.

XXX **L'Armorial**, bd H. Clews ℘ 04 93 49 91 80, Fax 04 93 93 28 50, ≤ – 🗏. 🖼   Z f
fermé merc. sauf juil.-août – **Repas** 140/185 et carte 250 à 340 ⏣

XX **Coelacanthe**, bd Henri Clews ℘ 04 93 49 95 15, Fax 04 93 49 95 15, 🍽 – 🖭 ① 🖼
fermé lundi midi et merc. midi – **Repas** 110 (déj.), 155/195 ⏣

X **Bistrot du Port**, au port ℘ 04 93 49 80 60, Fax 04 93 93 28 50, ≤, 🍽 – 🗏. 🖼 Z t
fermé merc. sauf juil.-août – **Repas** 130/168 ⏣

X **Pomme d'Amour**, 209 av. 23-Août ℘ 04 93 49 95 19, Fax 04 93 49 95 24, 🍽 – 🖼
fermé 15 nov. au 15 déc., mardi midi et sam. midi de juil. à sept., mardi d'oct. à juin et merc.
midi – **Repas** 138/205   Z u

MANDEREN 57 Moselle 🗺 ④ – rattaché à Sierck-les-Bains.

MANERBE 14 Calvados 🗺 ⑬ – rattaché à Lisieux.

MANIGOD 74230 H.-Savoie 🗺 ⑦ – 636 h alt. 950.

Voir *Vallée de Manigod★★*, G. Alpes du Nord.

🛈 Office de Tourisme (saison) Chef Lieu ℘ 04 50 44 92 44, Fax 04 50 44 94 68.

Paris 561 – Annecy 26 – Chamonix-Mont-Blanc 70 – Albertville 38 – Thônes 6.

te du col de la Croix-Fry : 5,5 km :

🏨 **Chalet Hôtel Croix-Fry** ⚲, ℘ 04 50 44 90 16, Fax 04 50 44 94 87, ≤ montagnes, 🍽,
🛴, 🌿, 🎾 –🗏 🔟 ☎ ₺, 🅿 🖭 🖼
mi-juin-mi-sept. et mi-déc.-mi-avril – **Repas** *(fermé mardi midi et lundi sauf juil.-août)*
150/450 – 🖭 100 – **7 ch** 950/2000, 4 duplex – ½ P 730/1000

au col de la Croix-Fry *Nord-Est : 7 km – ⊠ 74230 Thônes :*

X **Sapins** avec ch., ℘ 04 50 44 90 29, Fax 04 50 44 94 96, ≤, 龠 – ☎ 됴. ⓞ ⊖⊟
hôtel : ouvert 15 juin-15 sept. et 18 déc.-29 avril ; rest. : fermé 30 avril au 8 mai, nov. et dim.
soir hors saison – **Repas** 105/205 ♈, enf. 50 – ⊑ 40 – **10 ch** 200/300 – ½ P 250/300

MANOSQUE 04100 Alpes-de-H.-P. ⑧① ⑮, ①①④ ⑤ G. Alpes du Sud – 19 107 h alt. 387.

Voir *Porte Saunerie★ – Sarcophage★ dans l'église N.-D. de Romigier – Fondation Carzou★*
M – ≤★ du Mont d'Or NE : 1,5 km – ≤★ de la chapelle St-Pancrace 2 km par ③.
🛈 Office de Tourisme pl. Dr. P.-Joubert ℘ 04 92 72 16 00, Fax 04 92 72 58 98.
Paris 761 ③ – Digne-les-Bains 59 ① – Aix-en-Provence 57 ② – Avignon 92 ③.

MANOSQUE

Arthur-Robert (R.)	2
Aubette (R. d')	3
Bret (Bd M.)	5
Chacundier (R.)	6
Dauphine (R.)	8
Giono (Av. J.)	9
Grande (R.)	10
Guilhempierre (R.)	12
Hôtel-de-Ville (Pl. de l')	13
J.-J. Rousseau (R.)	14
Marchands (R. des)	15
Mirabeau (Bd)	16
Mont d'Or (R. du)	17
Observantins (Pl. des)	19
Ormeaux (Pl. des)	20
Pelloutier (Bd C.)	22
Plaine (Bd de la)	23
République (R. de la)	26
St-Lazare (Av.)	28
Saunerie (R. de la)	30
Soubeyran (R.)	32
Tanneurs (R. des)	33
Tourelles (R. des)	34
Voland (R.)	35
Vraies-Richesses (Montée des)	36

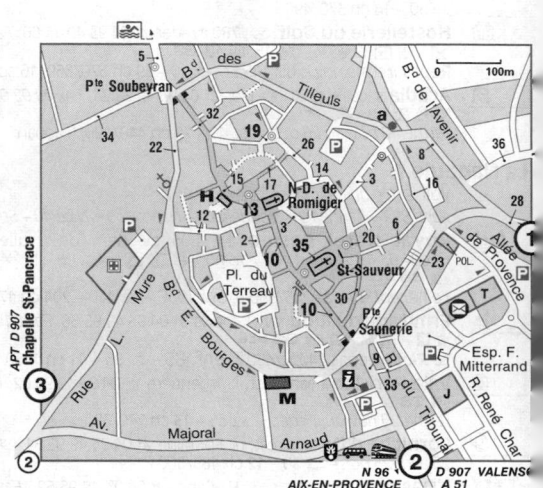

🏠 **Pré St-Michel** ⟋ sans rest, Nord : 1,5 km par bd M. Bret et rte Dauphin
℘ 04 92 72 14 27, Fax 04 92 72 53 04, ⊥, 龠 – ⏀ ☎ ✆ 됴. ℗ – 🕍 25. ⅍ ⊖⊟
⊑ 42 – **24 ch** 350/450

🏠 **Campanile**, par ① ℘ 04 92 71 73 50, Fax 04 92 71 73 89, 龠 – ⏀ ☎ ✆ 됴. – 🕍 15. ⅍ ⓞ
⊖⊟
Repas (75) - 88/165 ♈, enf. 39 – ⊑ 36 – **31 ch** 340

XX **Source**, Nord : 1,5 km par bd M. Bret et rte Dauphin ℘ 04 92 72 12 79, Fax 04 92 72 12 79
龠 – 됴. ⅍ ⊖⊟
fermé 1er au 15 oct., 24 au 31 déc., sam. midi et lundi – **Repas** 98/178 ♨, enf. 58

XX **Dominique Bucaille**, 43 bd Tilleuls (a) ℘ 04 92 72 32 28, Fax 04 92 72 32 28 – ⅍ ⓞ ⊖⊟
🈂
fermé mi-juil. à mi-août, vacances de fév., merc. soir et dim. sauf fériés – **Repas** 150 ♈,
enf. 50

à La Fuste *Sud-Est : 6,5 km par rte de Valensole – ⊠ 04210 Valensole :*

🏠 **Hostellerie de la Fuste** (Jourdan) ⟋, ℘ 04 92 72 05 95, Fax 04 92 72 92 93, ≤, 龠
❀ « Parc fleuri », ⊥, 🞵 – ⏀ ☎ 됴. 됴. ⅍ ⓞ ⊖⊟ 🈂
fermé 5 janv. au 10 fév., dim. soir et lundi d'oct. à juin sauf fériés – **Repas** (nombre de
couverts limité, prévenir) 260/460, enf. 130 – ⊑ 90 – **14 ch** 650/1100 – ½ P 700/900
Spéc. Légumes du jardin en petits farcis provençaux. Agneau des Alpes de Haute
Provence. Gibier (saison). **Vins** Palette, Côtes du Lubéron.

Dans ce guide

un même symbole, un même caractère,
imprimé en couleur ou en **noir**, en maigre ou en **gras**
n'ont pas tout à fait la même signification.

Lisez attentivement les pages explicatives.

Le MANS 🅿 72000 Sarthe 🔟 ⑬, 🔟 ③ G. Châteaux de la Loire – 145 502 h Agglo. 189 107 h all. 80.

Voir Cathédrale St-Julien★★ : chevet★★★ – Le Vieux Mans★★ : maison de la Reine Bérengère★ DV M² – Église de la Couture★ : Vierge★★ – Église Ste-Jeanne-d'Arc★ – Musée de Tessé★ – Abbaye de l'Épau★ BZ , 4 km par D 152 – Musée de l'Automobile★★ : 5 km par ④.
Circuit des 24 heures et circuit Bugatti : 5 km par ①.

🅱 Office de Tourisme Hôtel des Ursulines, r. Étoile ℘ 02 43 28 17 22, Fax 02 43 23 37 19.

Paris 202 ② – Angers 97 ④ – Le Havre 198 ⑥ – Nantes 186 ④ – Rennes 153 ⑤ – Tours 83 ③.

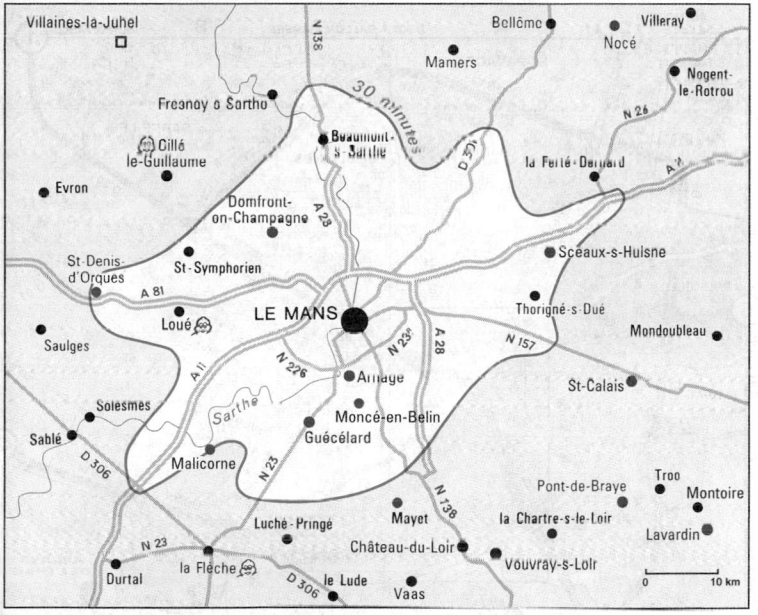

🏨 **Concorde**, 16 av. Gén. Leclerc ℘ 02 43 24 12 30, Fax 02 43 24 85 74, 🛋 – 📳 📺 ☎ 🚗 🅿
– 🔺 50. 🖭 ⑨ GB⟨⟩   CX b
Repas (95) - 135/275 ♈, enf. 70 – ☲ 60 – **55 ch** 500/800

🏨 **Novotel** 🖭, bd R. Schuman (Z.A.C. Sablons) ✉ 72100 ℘ 02 43 85 26 80,
Fax 02 43 75 31 76, 🛋, 🏊, 🍴 – 🖭 ✙ 📺 ☞ ✇ & 🅿 – 🔺 120. 🖭 ⑨ GB⟨⟩   DZ a
Repas carte 160 à 205 ♈, enf. 55 – ☲ 60 – **94 ch** 490/550

🏨 **Chantecler** sans rest, 50 r. Pelouse ℘ 02 43 14 40 00, Fax 02 43 77 16 28 – 📳 📺 ☎ ✇ 🅿.
🖭 GB⟨⟩   CY f
☲ 45 – **32 ch** 360/425, 3 appart

🏨 **Relais Mercure**, 17 r. Pointe ✉ 72100 ℘ 02 43 72 27 20, Fax 02 43 85 96 06, 🛋, 🌳 – 📳
✙ 📺 ☎ & 🅿 – 🔺 25. 🖭 ⑨ GB⟨⟩   AZ b
Repas (59) - 89/149 ♈, enf. 38 – ☲ 40 – **41 ch** 335/360

🏨 **Emeraude** sans rest, 18 r. Gastelier ℘ 02 43 24 87 46, Fax 02 43 24 60 64 – 📳 📺 ☎ ✇
🚗. GB⟨⟩. ⚓   CY z
fermé 24 déc. au 10 janv. – ☲ 50 – **33 ch** 260/310

🏨 **Commerce** sans rest, 41 bd Gare ℘ 02 43 83 20 20, Fax 02 43 83 20 21 – 📺 ☎ ✇. 🖭 ⑨
GB⟨⟩. ⚓   CY d
☲ 45 – **31 ch** 250/280

🏨 **L'Escale** sans rest, 72 r. Chanzy ℘ 02 43 50 40 00, Fax 02 43 04 76 82 – 📳 📺 ☎ ✇ 🅿. 🖭
⑨ GB⟨⟩ JCB   DY u
fermé 19 déc. au 5 janv. – ☲ 40 – **46 ch** 240/290

🍴🍴🍴 **Beaulieu**, 24 r. Ponts Neufs ℘ 02 43 87 78 37, Fax 02 43 87 78 27 – ☰. 🖭 GB⟨⟩   DX h
fermé 31 juil. au 27 août, 14 au 20 fév., sam. midi et dim. – **Repas** 115 bc (déj.), 161/370 et carte 280 à 380 ♈

LE MANS

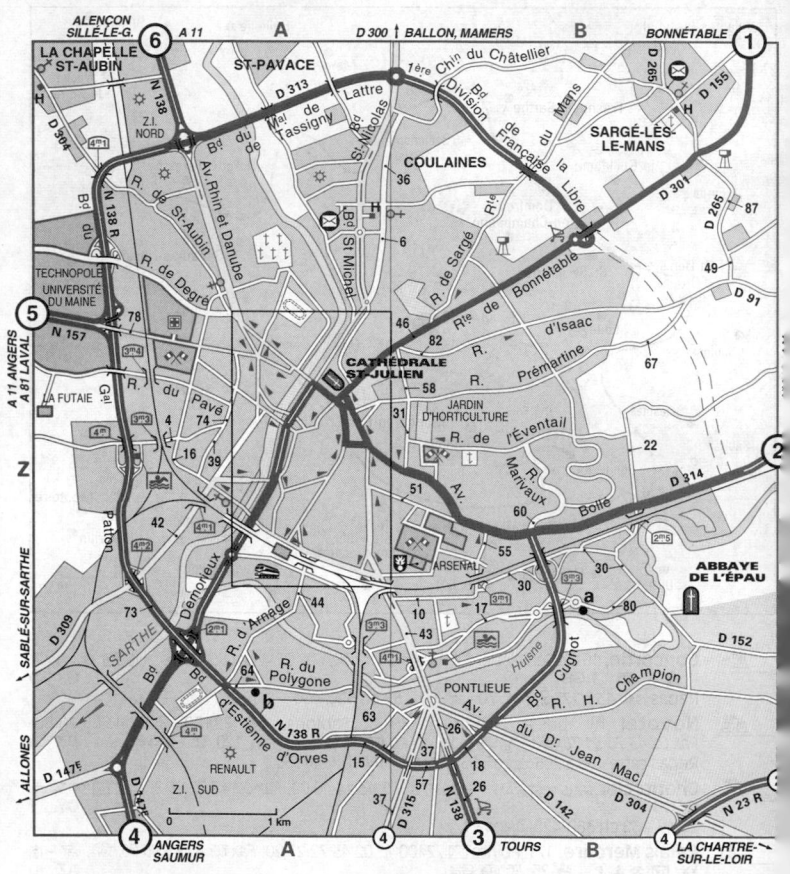

    ✗✗ **Moderne,** 14 r. Bourg Belé ✆ 02 43 23 75 00, *Fax 02 43 23 93 10 –* 🅿 AE ⓞ GB   DY
fermé 15 juil. au 15 août, sam. midi, dim. soir et lundi – **Repas** *(98)* - 135 bc/350 ♀, enf. 85

    ✗✗ **Chez Jean,** 9 r. Dorée ✆ 02 43 28 22 96, *Fax 02 43 28 22 96,* 🍴 – AE ⓞ GB
   JCB   CX
fermé 20 août au 13 sept., 2 au 16 janv., mardi midi de mars à oct., merc. soir d'oct. à fév.,
dim. soir et lundi – **Repas** *(98)* - 152/210, enf. 52

    ✗✗ **St-Lô,** 97 av. Gén. Leclerc ✆ 02 43 24 71 85, *Fax 02 43 23 32 52 –* ▤. GB   CY
   ⊘ *fermé 1ᵉʳ au 16 août, dim. soir et sam. –* **Repas** 75/155 ♀, enf. 55

    ✗   **Ciboulette,** 14 r. Vieille Porte ✆ 02 43 24 65 67, *Fax 02 43 87 51 18 –* ▤. AE GB
   JCB   CX
fermé 30 juil. au 21 août, sam. midi et dim. – **Repas** 115/170 ♀

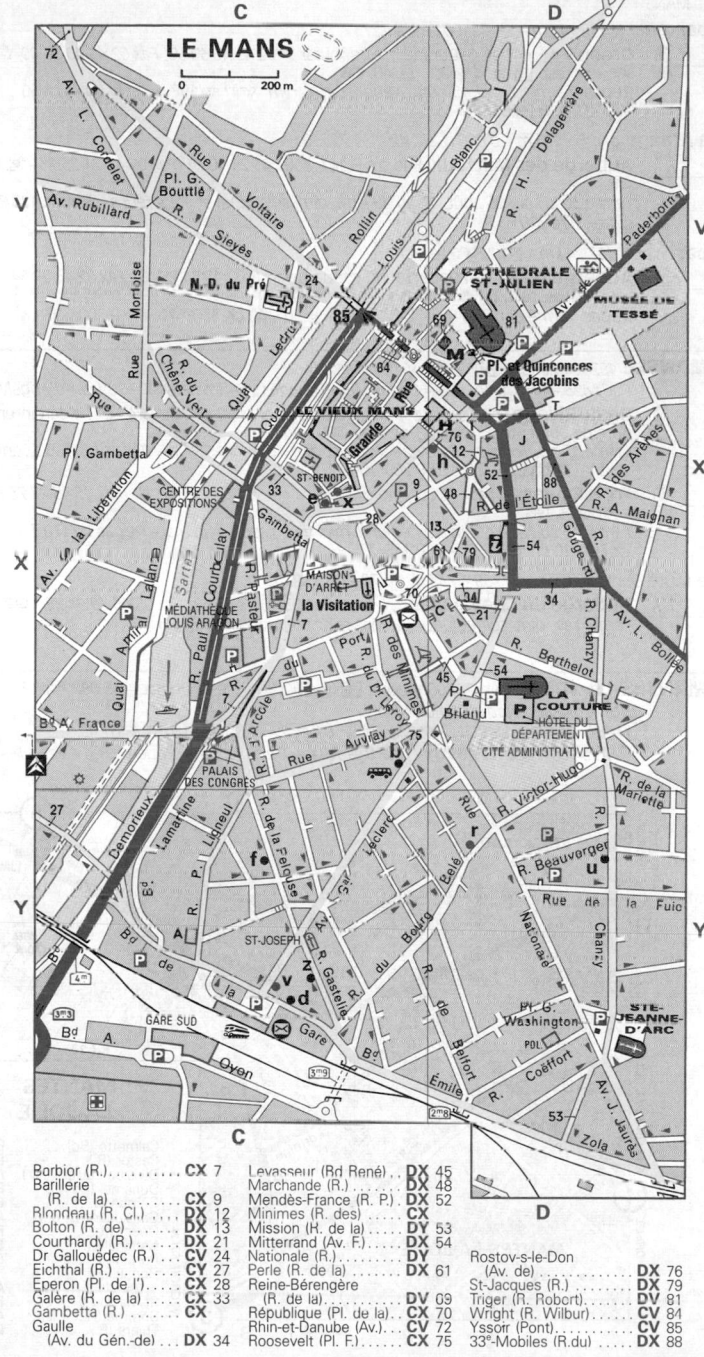

LE MANS

0   200 m

763

par ③ *sur N 138 : 4 km –* ⊠ *72100 Le Mans :*

  🏢 **Green 7** Ⓜ, 447 av. G. Durand (rte de Tours) ℘ 02 43 40 30 30, *Fax 02 43 40 30 00,* 🍽, 🏊,
  🍃 – ▤ rest, 📺 ☎ ✆ 🅟 – 🔏 40. ☒
  Repas *(fermé 1ᵉʳ au 15 août, vend. soir et dim. soir)* 83/198 ⅃, enf. 50 – ⊐ 50 – **70 ch**
  290/360 – ½ P 265/413

à Arnage *par* ④ *: 10 km – 5 600 h. alt. 42 –* ⊠ *72230 :*

  XXX **Auberge des Matfeux,** Sud sur D 147 ℘ 02 43 21 10 71, *Fax 02 43 21 25 23 –* 🅟, ☒ ⓞ
  ☒ ⱼⒸⒷ
  fermé 30 juil. au 25 août, 1ᵉʳ au 20 janv., dim. soir, lundi et soirs fériés – **Repas** 120/360 et
  carte 290 à 510 ⅄

par ⑤ *et N 157 : 4 km –* ⊠ *72000 Le Mans :*

  🏰 **Auberge de la Foresterie** Ⓜ, rte de Laval ℘ 02 43 51 25 12, *Fax 02 43 28 54 58,* 🥾,
  🍃 – ✂, ▤ rest, 📺 ☎ ✆ 🅟 – 🔏 60. ☒ ⓞ ☒
  Repas *(fermé dim. soir)* (89) - 145/200 ⅄ – ⊐ 50 – **40 ch** 330/670 – ½ P 300/395

MANSLE 16230 Charente 🔢 ③ ④ – 1 601 h alt. 65.
  Paris 423 – Angoulême 26 – Cognac 53 – Limoges 93 – Poitiers 87 – St-Jean-d'Angély 61.

  🏢 **Beau Rivage,** pl. Gardoire ℘ 05 45 20 31 26, *Fax 05 45 22 24 24,* 🍽, « Jardin en bor-
  🍃 dure de Charente », 🥾 – 📺 ☎ 🅟. ☒
  fermé 1ᵉʳ au 15 mars, 15 nov. au 5 déc. et dim. soir hors saison – **Repas** 68/165 ⅃, enf. 35 –
  ⊐ 34 – **32 ch** 220/260 – ½ P 200/250

  🏢 **Trois Saules** ⑤, à St-Groux, Nord Ouest : 3 km ℘ 05 45 20 31 40, *Fax 05 45 22 73 81,* 🥾
  🍃 – 📺 ☎ 🅟. ☒
  fermé 15 au 28 fév., dim. soir et lundi midi de fin sept. à fin mai – **Repas** 63/170 ⅄, enf. 35 –
  ⊐ 30 – **10 ch** 195/255 – ½ P 215/225

à Luxé *Ouest : 6 km par D 739 – 733 h. alt. 70 –* ⊠ *16230 :*

  XX **Auberge du Cheval Blanc,** à la gare ℘ 05 45 22 23 62, *Fax 05 45 39 94 75 –* ☒
  🖨 *fermé fév., dim. soir et lundi –* **Repas** 65 bc (déj.), 105/185 ⅄, enf. 45

MANTES-LA-JOLIE 🚇 78200 Yvelines 🔢 ⑱, 🔢 ⑮ *G. Ile de France – 45 087 h alt. 34.*
  Voir *Collégiale Notre-Dame*★★ BB.
  🖪 *Office de Tourisme 4 pl. St-Maclou* ℘ 01 34 77 10 30, Fax 01 30 98 61 49.
  Paris 54 ③ *– Beauvais 69* ① *– Chartres 78* ④ *– Évreux 45* ④ *– Rouen 79* ④ *– Versailles 46* ③

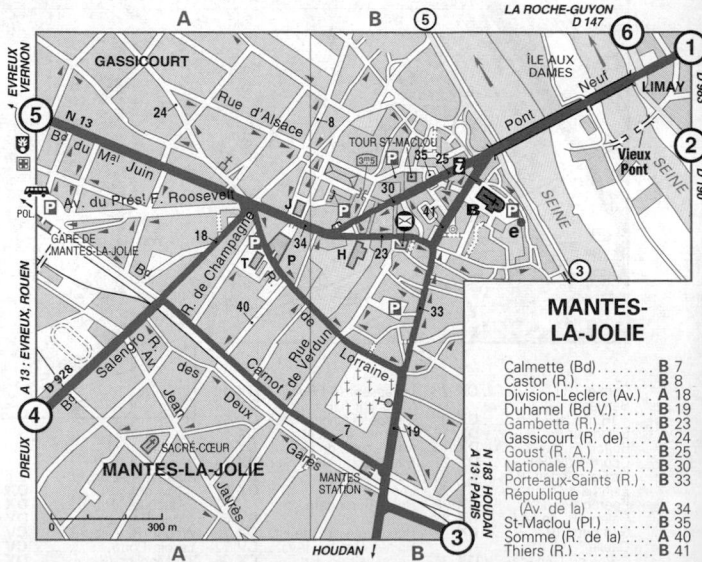

MANTES-LA-JOLIE

XX **Galiote,** 1 r. Fort (hauteur 18 quai Cordeliers) ℘ 01 34 77 03 02, *Fax 01 34 77 07 90* – 🏧
GB
B e
fermé lundi soir et dim. soir – **Repas** (nombre de couverts limité, prévenir) 175/295 ☨

à Mantes-la-Ville *par* ③ : 2 km – 19 081 h. alt. 36 – ⊠ 78200 :

XXX **Moulin de la Reillère,** 171 rte Houdan ℘ 01 30 92 22 00, 余, « Jardin fleuri », ☞ – 🅿.
🖭 GB
fermé dim. soir et lundi – **Repas** 145/265 et carte 240 à 440 ☨

à Rosay *par* ③ : 10 km – 348 h. alt. 98 – ⊠ 78790 :

XX **Auberge de la Truite,** ℘ 01 34 76 30 52, *Fax 01 34 76 30 65,* 余 – ⓪ GB
fermé dim. soir, mardi soir et lundi – **Repas** 145/340 ☨

à Dennemont *par* ⑥ . 3 km – ⊠ 78520 :

XX **Port Maria,** 35 r. J. Jaurès ℘ 01 34 77 18 22, *Fax 01 34 97 57 58,* 余, « Terrasse au bord
de la Seine » – 🅿. 🖭 GB
Repas 150 ☨

à St-Martin-la-Garenne *par* ⑤ *et D 147 : 7 km* – 654 h. alt. 125 – ⊠ 78520 Limay :

XX **Auberge St-Martin,** ℘ 01 34 77 58 45 – 🅿. GB
fermé 31 juil. au 30 août, 15 au 24 fév., lundi, mardi, merc. et jeudi – **Repas** 135/160

MANTES-LA-VILLE 78 Yvelines 55 ⑱ – *rattaché à Mantes-la-Jolie.*

MANZAC-SUR-VERN 24110 Dordogne 75 ⑤ – 488 h alt. 80.
Paris 504 – *Périgueux 18* – *Bergerac 34* – *Bordeaux 110.*

XX **Lion d'Or** avec ch, ℘ 05 53 54 28 09, *Fax 05 53 54 25 50,* 余, ☞ – 🖭 ☎ ✆ – 🔏 25. 🖭
🍴 OB
fermé fév., dim. soir sauf juil.-août et lundi – **Repas** 75 (déj.), 110/200, enf. 55 – �byд 35 – **7 ch**
130/230 – ½ P 260

MARANS 17230 Char.-Mar. 71 ⑫ *G. Poitou Vendée Charentes* – 4 170 h alt. 1.
Paris 462 – *La Rochelle 24* – *La Roche-sur-Yon 59* – *Fontenay-le-Comte 27* – *Niort 55.*

X **Porte Verte,** 20 quai Foch ℘ 05 46 01 09 45, 余 – GB
fermé vacances de Toussaint, de fév., dim. soir hors saison et merc. – **Repas** (nombre de
couverts limité, prévenir) 90/165 ⅄

MARAUSSAN 34 Hérault 83 ⑭ – *rattaché à Béziers.*

MARBOUÉ 28 E.-et-L. 60 ⑰ – *rattaché à Châteaudun.*

MARÇAY 37 I.-et-L. 67 ⑨ – *rattaché à Chinon.*

MARCENAY 21330 Côte-d'Or 65 ⑧ – 130 h alt. 220.
Paris 234 – *Auxerre 72* – *Chaumont 73* – *Dijon 98* – *Montbard 35* – *Troyes 67.*

🏨 **Santenoy** ⑤, au Lac : 1 km ℘ 03 80 81 40 08, *Fax 03 80 81 43 05,* ≤, 余, ☞ – 🖭 ☎ ✆
🚐 🅿 – 🔏 30. 🖭 GB
Repas (55) - 70 bc/200 ☨, enf. 56 – ⊥ 32 – **18 ch** 150/265 – ½ P 178/235

MARCILLAC-LA-CROISILLE 19320 Corrèze 75 ⑩ *G. Berry Limousin* – 787 h alt. 550.
Paris 504 – *Aurillac 80* – *Argentat 26* – *Égletons 17* – *Mauriac 41* – *Tulle 27.*

au Pont du Chambon *Sud-Est : 15 km, dir. Mauriac par D 60 et D 13* – ⊠ 19320 St-Merd-de-
Lapleau :

XX **Fabry** *(Au Rendez-vous des Pêcheurs)* ⑤ avec ch, ℘ 05 55 27 88 39, *Fax 05 55 27 83 19,*
☞ ≤, ☞ – 🖭 ☎ ✆ 🅿. ⓪ GB
fermé 12 nov. au 13 fév., sam. midi (sauf hôtel) et vend. soir d'oct. à mars – **Repas** 78/210 ⅄
– ⊥ 38 – **8 ch** 280 – ½ P 270

MARCILLY-EN-VILLETTE 45240 Loiret 64 ⑨ – 1 714 h alt. 124.
Paris 156 – *Orléans 19* – *Blois 82* – *Romorantin-Lanthenay 55* – *Salbris 42.*

X **Auberge de la Croix Blanche** avec ch, 118 pl. Église ℘ 02 38 76 10 14,
Fax 02 38 76 10 67 – ☎ ✆. GB
fermé 16 au 31 août, 1ᵉʳ au 22 fév. et vend. – **Repas** 96/190 ⅄, enf. 60 – ⊥ 35 – **7 ch**
154/250 – ½ P 230/260

MARCKOLSHEIM 67390 B.-Rhin 87 ⑦ – 3 306 h alt. 178.
   🏢 Office de Tourisme 13 r. du Mar. Foch ℘ 03 88 92 56 98, Fax 03 88 92 56 07, (hors saison)
   Mairie ℘ 03 88 58 62 20.
   Paris 451 – Colmar 21 – Gérardmer 77 – St-Dié 60 – Sélestat 15 – Strasbourg 69.

  XX **Restaurant** avec ch, 28 r. Mar. Foch ℘ 03 88 92 56 56, Fax 03 88 92 77 99, 🎪 – ☎. 🌐
     fermé 16 au 24 août, 25 déc. au 6 janv. et merc. – **Repas** 90 (déj.), 220/270 bc ⓨ – ⌂ 35 –
     12 ch 160/250 – ½ P 330

MARCOUSSIS 91 Essonne 60 ⑩,, 101 ㉞ – voir à Paris, Environs.

MARCQ-EN-BAROEUL 59 Nord 51 ⑯,, 111 ⑬ – rattaché à Lille.

MARENNES 17320 Char.-Mar. 71 ⑭ G. Poitou Vendée Charentes – 4 634 h alt. 10.
   Voir ⁂★ de la tour de l'église.
   Env. Remparts★★ de Brouage NE : 6,5 km – Pointe du Chapus : fort Louvois★ NE : 7 km par
   D 26.
   Pont de la Seudre : passage gratuit.
   🏢 Office de Tourisme pl. Chasseloup-Laubat ℘ 05 46 85 04 36, Fax 05 46 85 14 20.
   Paris 499 – La Rochelle 60 – Royan 32 – Rochefort 22 – Saintes 40.

à **Bourcefranc-le-Chapus** Nord-Ouest : 5 km – 2 851 h. alt. 5 – ✉ 17560 :
   Voir A la pointe du Chapus ≤★ sur le pont d'Oléron NO : 3 km.

  🏠 **Terminus,** au port du Chapus ℘ 05 46 85 02 42, Fax 05 46 85 32 39, ≤ – 📺 ☎. 🌐
     ※ ch
     fermé dim. soir et lundi en hiver – **Repas** 70 (déj.), 100/250 ⓨ, enf. 45 – ⌂ 35 – **10 ch**
     400/600 – ½ P 300/400

MAREUIL-CAUBERT 80 Somme 52 ⑦ – rattaché à Abbeville.

MAREUIL-SUR-OURCQ 60890 Oise 56 ⑬ – 1 411 h alt. 69.
   Paris 79 – Compiègne 41 – Beauvais 93 – Meaux 26 – Senlis 41 – Soissons 38.

  X **Auberge de l'Ourcq,** r. Thury ℘ 03 44 87 24 14, Fax 03 44 87 44 20 – 🌐
     fermé 25 juil. au 11 août, 22 janv. au 12 fév., lundi et le soir sauf vend. et sam. – **Repas** 78
     (déj.), 140/215, enf. 60

MARGAUX 33460 Gironde 71 ⑧ G. Aquitaine – 1 387 h alt. 16.
   Paris 604 – Bordeaux 31 – Lesparre-Médoc 42.

  🏨🏨 **Relais de Margaux** ⚘, chemin de l'Ile Vincent - au Nord-Est : 2,5 km ℘ 05 57 88 38 30,
     Fax 05 57 88 31 73, ≤, 🎪, parc, 🔟, ※ – 🛗 📺 ☎ ℃ ಓ 🅿 – 🔬 100. 🅰🎇 🌐
     Repas (fermé sam. midi, dim. soir et lundi de nov. à mars sauf fériés) 190/420 ⓨ, enf. 80 –
     ⌂ 90 – **84 ch** 950/1290, 3 appart

  🏨 **Pavillon de Margaux,** ℘ 05 57 88 77 54, Fax 05 57 88 77 73, 🎪 – 📺 ☎ ℃ 🅿. 🅰🎇
     🌐
     Repas (fermé 15 déc. au 15 janv., merc. midi et mardi) 89 (déj.), 140/180 ⓨ, enf. 60 – ⌂ 60 –
     14 ch 480/660 – ½ P 470/560

  XX **Savoie,** ℘ 05 57 88 31 76, Fax 05 57 88 31 76, 🎪 –※
  🍷 fermé 6 au 13 nov., vacances de fév., lundi soir hors saison, dim. et fériés – Repas 85/135

à **Arcins** Nord-Ouest : 6 km sur D 2 – 304 h. alt. 10 – ✉ 33460 :

  X **Lion d'Or,** ℘ 05 56 58 96 79 – ▤. 🅰🎇 🌐
  🍷 fermé juil., 23 déc. au 1er janv., dim. et lundi – Repas (nombre de couverts limité, prévenir)
     68 (sauf sam.)et carte 160 à 260 ⓨ, enf. 45

MARGON 34320 Hérault 83 ⑮ – 209 h alt. 90.
   Paris 745 – Montpellier 65 – Agde 30 – Béziers 20 – Lodève 43 – Sète 48.

  🏠 **Auberge du Château,** chemin des Serres ℘ 04 67 24 85 65, Fax 04 67 24 75 99, 🎪 –
     ▤ rest, 📺 ☎ ಓ 🅿. 🎇 🌐
     fermé 6 au 21 nov. – **Repas** (fermé lundi midi et mardi midi sauf juil.-août) 95/188 ⓨ, enf. 43
     – ⌂ 35 – **12 ch** 220/300 – ½ P 250/320

MARGUERITTES 30 Gard 80 ⑲ – rattaché à Nîmes.

MARIGNANE 13700 B.-du-R. 🗺️ ⑫, 🗺️ ㉗ G. Provence – 32 325 h alt. 10.

Voir Canal souterrain du Rove★ SE : 3 km.

🛬 de Marseille-Provence : ℰ 04 42 14 14 14.

🏢 Office de Tourisme 4 bd F.-Mistral ℰ 04 42 09 78 83, Fax 04 42 31 49 39.

Paris 759 – Marseille 27 – Aix-en-Provence 25 – Martigues 16 – Salon-de-Provence 33.

à l'aéroport au Nord – ✉️ 13700 :

🏨 **Sofitel** Ⓜ, ℰ 04 42 78 42 78, Fax 04 42 42 70, 🍽️, ᵢᵦ, ⅀, 🌳, ✵ – 🛗 ⅍ 📺 ☎️ ✆
🚫 🅿️ – 🎪 200. 🆎 ⓞ 🆖 🇯🇨🇧
Cenadou (fermé août, sam. et dim. de mai à oct.) Repas (145)-205 ⅀, enf. 50 – **Café de Provence** (fermé sam. et dim. de nov. à avril) Repas (120)-150 ⅀, enf. 50 – ⅏ 90 – **176 ch** 920/990, 3 appart

🏨 **Primotel** ✉️ 13127 Vitrolles ℰ 04 42 15 54 00, Fax 04 42 89 69 18, 🍽️, ⅀, ✵ – 🛗 📺
☎️ 🚫 🅿️ – 🎪 100. 🆎 ⓞ 🆖
Repas 130 ⅃, enf. 57 – ⅏ 55 – **120 ch** 590

🏨 **Ibis**, ℰ 04 42 79 61 61, Fax 04 42 89 93 13, 🍽️, ⅀ – 🛗 ⅍ 📺 ☎️ ✆ 🚫 🅿️ – 🎪 50. 🆎 ⓞ
🆖
Repas (62) - 81/99 ⅀, enf. 40 – ⅏ 35 – **85 ch** 380

Z.I. Les Estroublans Nord-Est : 4 km par D 9 (rte Vitrolles) – ✉️ 13127 Vitrolles :

🏨 **Novotel** Ⓜ, 5ᵉ Rue ℰ 04 42 89 90 44, Fax 04 42 79 07 04, 🍽️, ⅀, 🌳 – 🛗 ⅍ 📺 ☎️ ✆
🚫 🅿️ – 🎪 200. 🆎 ⓞ 🆖
Repas carte environ 160 ⅀, enf. 50 – ⅏ 60 – **128 ch** 515

En juin et en septembre,
les hôtels sont moins chers qu'en pleine saison, le service est plus soigné.

MARIGNY-ST-MARCEL 74150 H.-Savoie 🗺️ ⑤ – 581 h alt. 404.

Paris 540 – Annecy 18 – Aix-les-Bains 20 – Bellegarde-sur-Valserine 43 – Rumilly 6.

🍴 **Blanc** avec ch, ℰ 04 50 01 09 50, Fax 04 50 64 58 05 – 📺 ☎️ 🚫 🅿️. 🆎 ⓞ 🆖
Repas (fermé dim. soir et sam.) 90 (déj.), 110/320 – ⅏ 42 – **8 ch** 400/430

MARINGUES 63350 P.-de-D. 🗺️ ⑤ G. Auvergne – 2 345 h alt. 315.

Paris 416 – Clermont-Ferrand 30 – Lezoux 16 – Riom 21 – Thiers 24 – Vichy 27.

🍴 **Clos Fleuri** avec ch, rte Clermont ℰ 04 73 68 70 46, Fax 04 73 68 75 58, 🍽️, « Jardin ombragé », 🌳 – 📺 ☎️ ✆ 🚫 🅿️. 🆖, ✵ ch
fermé 15 fév. au 15 mars, dim. soir et lundi sauf du 15 juin au 15 sept. – **Repas** (55) - 75/210 ⅃ – ⅏ 35 – **14 ch** 200/290 – ½ P 220/250

MARLENHEIM 67520 B.-Rhin 🗺️ ⑨ – 2 956 h alt. 195.

Paris 467 – Strasbourg 21 – Haguenau 38 – Molsheim 12 – Saverne 18.

🏨 **Cerf** (Husser), ℰ 03 88 87 73 73, Fax 03 88 87 68 08, 🍽️, « Hostellerie fleurie » – 🍴 rest,
❀ ❀ 📺 ☎️ 🅿️. 🆎 ⓞ 🆖
fermé mardi et merc. – **Repas** 250 (déj.), 350/600 et carte 390 à 590 ⅀, enf. 95 – ⅏ 65 –
15 ch 550/1200
Spéc. Fricassée d'escargots, grenouilles et fleischschnecke de poissons du Rhin. Noisettes de chevreuil poêlées, poivrade au raifort (juin à déc.). Millefeuille aux fruits, glace au streussel. **Vins** Riesling, Pinot noir.

🏨 **Hostellerie Reeb**, ℰ 03 88 87 52 70, Fax 03 88 87 69 73, 🍽️ – 🍴 rest, 📺 ☎️ ✆ 🅿️ –
🎪 25. 🆎 ⓞ 🆖 🇯🇨🇧, ✵ ch
fermé dim. soir et lundi – **Repas** 170/320 ⅀ - **Crémaillère :** **Repas** 60 (déj.), 105/290 ⅀, enf. 60 – ⅏ 50 – **30 ch** 300 – ½ P 290

MARLY 59 Nord 🗺️ ⑤ – rattaché à Valenciennes.

MARLY-LE-ROI 78 Yvelines 🗺️ ⑲ ⑳,, 🗺️ ⑫ ⑬ – voir à Paris, Environs.

MARMAGNE 71710 S.-et-L. 🗺️ ⑧ – 1 339 h alt. 310.

Paris 306 – Chalon-sur-Saône 46 – Autun 21 – Le Creusot 9 – Mâcon 97.

🍴 **Vieux Jambon** avec ch, rte Creusot ℰ 03 85 78 20 32, Fax 03 85 78 29 91 – 📺 ☎️ 🅿️. 🆖
fermé 15 au 22 janv., dim. soir en hiver et lundi midi – **Repas** 75/200 ⅀ – ⅏ 35 – **13 ch** 215/250

MARMANDE  ⊕ 47200 L.-et-G. 🗝 ③ G. Aquitaine – 17 568 h alt. 30.

🖪 Office de Tourisme bd Gambetta ℘ 05 53 64 44 44, Fax 05 53 20 17 19.
Paris 594 – Agen 67 – Bergerac 57 – Bordeaux 91 – Libourne 67.

🏨 **Capricorne**, rte Agen (N 113) : 2 km ℘ 05 53 64 16 14, Fax 05 53 20 80 18, 🌣, 🏊, 🐎 –
🖃 📺 ☎ ✆ 🅿 🖭 ⦿ 🇬🇧
fermé 22 déc. au 7 janv. – **Trianon** ℘ 05 53 20 80 94 (fermé sam. midi et dim.) **Repas**
90/280 🍷 – ⊑ 40 – **34 ch** 290/310 – ½ P 260

à l'Est, rte de Périgueux par D 933, puis D 267 (rte de Birac-sur-Trec) : 7 km – ⊠ 47200 Virazeil :

XX **Auberge du Moulin d'Ané**, ℘ 05 53 20 18 25, Fax 05 53 89 67 99, 🌣 – 🅿 🖭 ⦿ 🇬🇧
fermé lundi soir et mardi sauf fériés – **Repas** 90 (déj.), 140/200, enf. 45

à l'échangeur A 62 Sud : 9 km par D 933 – ⊠ 47430 Sainte-Marthe :

🏨 **Les Rives de l'Avance** Ⓜ 🕊 sans rest, ℘ 05 53 20 60 22, Fax 05 53 20 98 76, parc – 📺
☎ ✆ 🅿 🇬🇧
⊑ 35 – **16 ch** 200/290

MARNE-LA-VALLÉE 77 S.-et-M. 🗝 ⑫., 🗝 ⑲ – voir à Paris, Environs.

MARQUAY 24620 Dordogne 🗝 ⑰ – 473 h alt. 175.
Paris 511 – Brive-la-Gaillarde 54 – Périgueux 60 – Sarlat-la-Canéda 12.

🏨 **Bories** 🕊 sans rest, ℘ 05 53 29 67 02, Fax 05 53 29 64 15, 🏊, 🐎 – ☎ 🖐 🅿 🇬🇧
1er avril-2 nov. – ⊑ 36 – **30 ch** 200/300

🏨 **Condamine** 🕊, rte Meyrals : 1 km ℘ 05 53 29 64 08, Fax 05 53 28 81 59, ≤, 🌣, 🏊, 🐎
⊜ – ☎ ✆ 🖐 🅿 🖭 ⦿ 🇬🇧
mi-avril-1er nov. – **Repas** (dîner seul.) 80/180 ♀, enf. 50 – ⊑ 35 – **22 ch** 230/270 – ½ P 260/
280

X **L'Esterel**, ℘ 05 53 29 67 10, Fax 05 53 30 43 46 – 🖃. 🖭 ⦿ 🇬🇧 🇯🇨🇧
⊜ 1er avril-31 oct. – **Repas** 85/195 ♀, enf. 50

MARQUISE 62250 P.-de-C. 🗝 ① – 4 453 h alt. 57.
Paris 274 – Calais 22 – Arras 116 – Boulogne-sur-Mer 17 – St-Omer 51.

XX **Grand Cerf**, 34 av. Ferber ℘ 03 21 87 55 05, Fax 03 21 33 61 09 – 🅿 🇬🇧
🍴100 fermé dim. soir et lundi – **Repas** 135 (déj.), 165/330 ♀

MARSANNAY-LA-CÔTE 21 Côte-d'Or 🗝 ⑫ – rattaché à Dijon.

MARSEILLAN 34340 Hérault 🗝 ⑯ G. Languedoc Roussillon – 4 950 h alt. 3.
Paris 760 – Montpellier 48 – Agde 7 – Béziers 31 – Pézenas 21 – Sète 24.

XX **Table d'Emilie**, 8 pl. Couverte ℘ 04 67 77 63 59, Fax 04 67 01 72 02 – 🇬🇧
fermé 15 nov. au 2 déc., 15 fév. au 6 mars, dim. soir, merc. hors saison et lundi midi – **Repas**
100 (déj.), 150/270 ♀

X **Chez Philippe**, 20 r. Suffren ℘ 04 67 01 70 62, Fax 04 67 01 70 62, 🌣 – 🖃. 🇬🇧
🐚 fermé 24 déc. au 28 fév., le midi en juil.-août, dim. soir, lundi et mardi de sept. à juin –
Repas 130

Write us...

If you have any comments on the contents of this Guide.

Your praise as well as your criticisms will receive careful consideration and, with your assistance, we will be able to add to our stock of information and, where necessary, amend our judgments.

Thank you in advance!

MARSEILLE

P *13000 B.-du-R.* 🔲84 ⑬ 🔲114 ㉘ *G. Provence - 800 550 h. - Agglo. 1 230 936 h.*
Paris 773 ④ – Lyon 314 ① – Nice 191 ⑦ – Torino 376 ② – Toulon 64 ⑦ – Toulouse 405 ④

OFFICES DE TOURISME

4 La Canebière (1ᵉʳ) 📞 *04 91 13 89 00, Fax 04 91 13 89 20, Gare St-Charles 1ᵉʳ* 📞 *04 91 50 59 18, Annexe (été) : Vieux Port (Quai des Belges) Le Panier 20 r. des Pistoles*

RENSEIGNEMENTS PRATIQUES

TRANSPORTS
Auto-train 📞 *08 36 35 35 35.*
Tunnel Prado-Carénage : Péage 1999, tarif normal : 13,50 F.

TRANSPORTS MARITIMES
Pour la Corse : SNCM-61 bd des Dames (2ᵉ) 📞 *04 91 56 30 10, Fax 04 91 56 95 86 CMN-4 quai d'Arenc (2ᵉ)* 📞 *04 91 99 45 00, Fax 04 91 99 45 99.*

AÉROPORT
Marseille-Provence 📞 *04 42 14 14 14 par ① : 28 km.*

DÉCOUVRIR

AN 2000

Toute l'année : "L'Arbre de l'Espérance", arbre géant réalisé sous forme de fontaine (création collective des marseillais en hommage à la diversité de la population) - 4 avril-30 août : "Arts des Papous Austronésiens et Papous de Nouvelle-Guinée" (exposition au MAAOA)

AUTOUR DU VIEUX PORT

Le vieux port★★ - Quai des Belges (marché aux poissons) ET 5 - Musée du Vieux Marseille DET M[7] - Musée des Docks romains★ DT M[3] - ≼★ depuis le belvédère St-Laurent DT

QUARTIER DU PANIER

Centre de la Vieille Charité★★ : Musée d'archéologie méditerranéenne★★, Musée d'Arts africains, océaniens, amerindiens (MAAOA)★★ DS E - Ancienne cathédrale de la Major★ DS B

NOTRE-DAME-DE-LA-GARDE

≼★★★ du parvis de la basilique de N.-D.-de-la-Garde EV - Basilique St victor★ (crypte★★) DU

AUTOUR DE LA CANEBIÈRE

De la rue Longue-des-Capucins au cours Julien : place du Marché-des-Capucins, rue du Musée, rue Rodolphe-Pollack, rue d'Aubagne, rue St-Ferréol - Musée Cantini★ FU M[2] - Musée d'Histoire de Marseille★ ET M[3]

QUARTIER LONGCHAMP

Musée Grobet-Labadié★★ GS M[8] - Palais Longchamp★ GS : musée des Beaux-Arts★ et musée d'Histoire naturelle★

QUARTIERS SUD

Corniche Président-J.-F.-Kennedy★★ AYZ - Parc du Pharo DU.

AUTOUR DE MARSEILLE

Visite du port★ - Château d'If★★ : ❋★★★ sur le site de Marseille - Massif des Calanques★★ - Musée de la faïence★

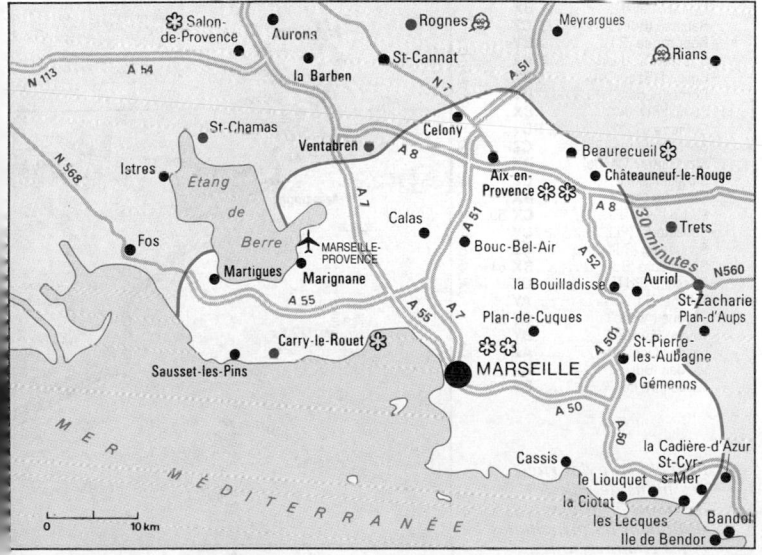

MARSEILLE

*Dans la liste des rues
des plans de villes,
les **noms en rouge**
indiquent les principales
voies commerciales.*

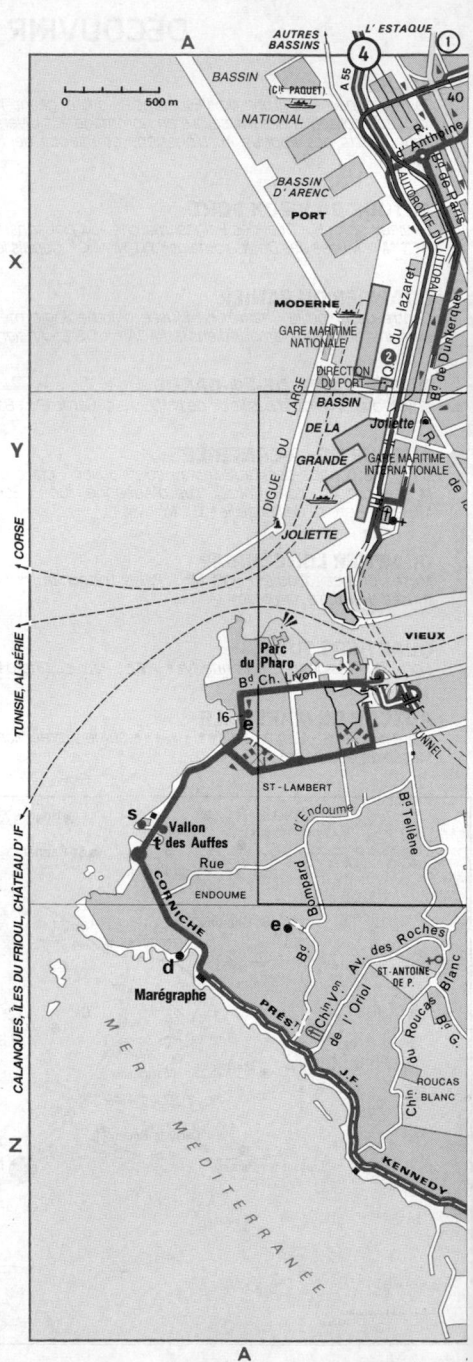

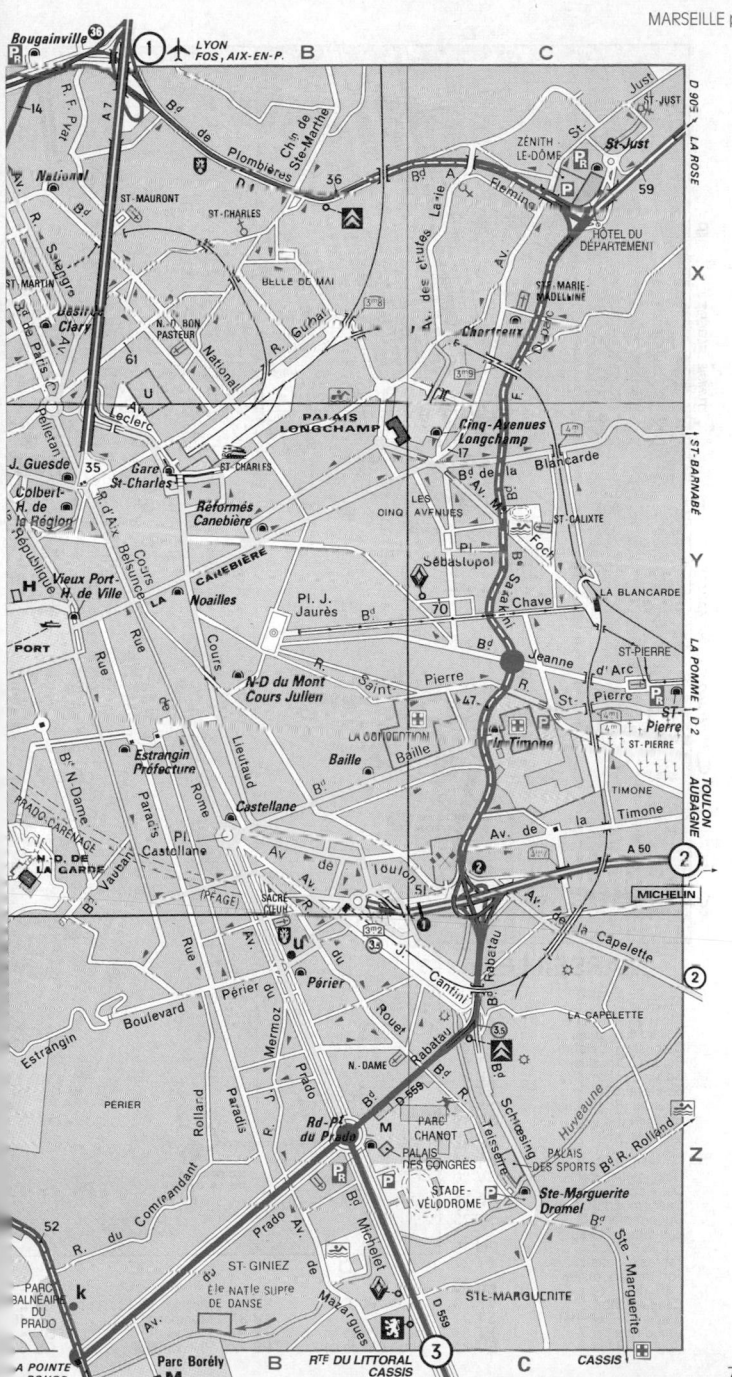

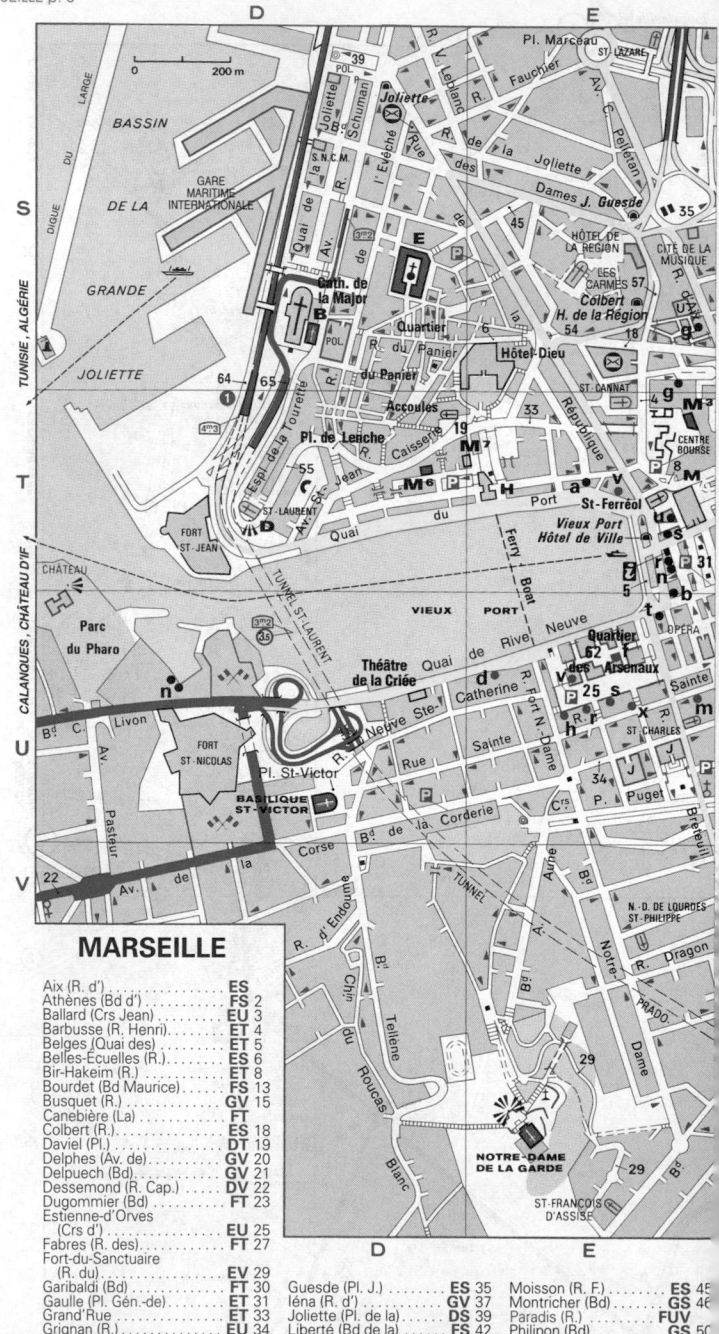

MARSEILLE

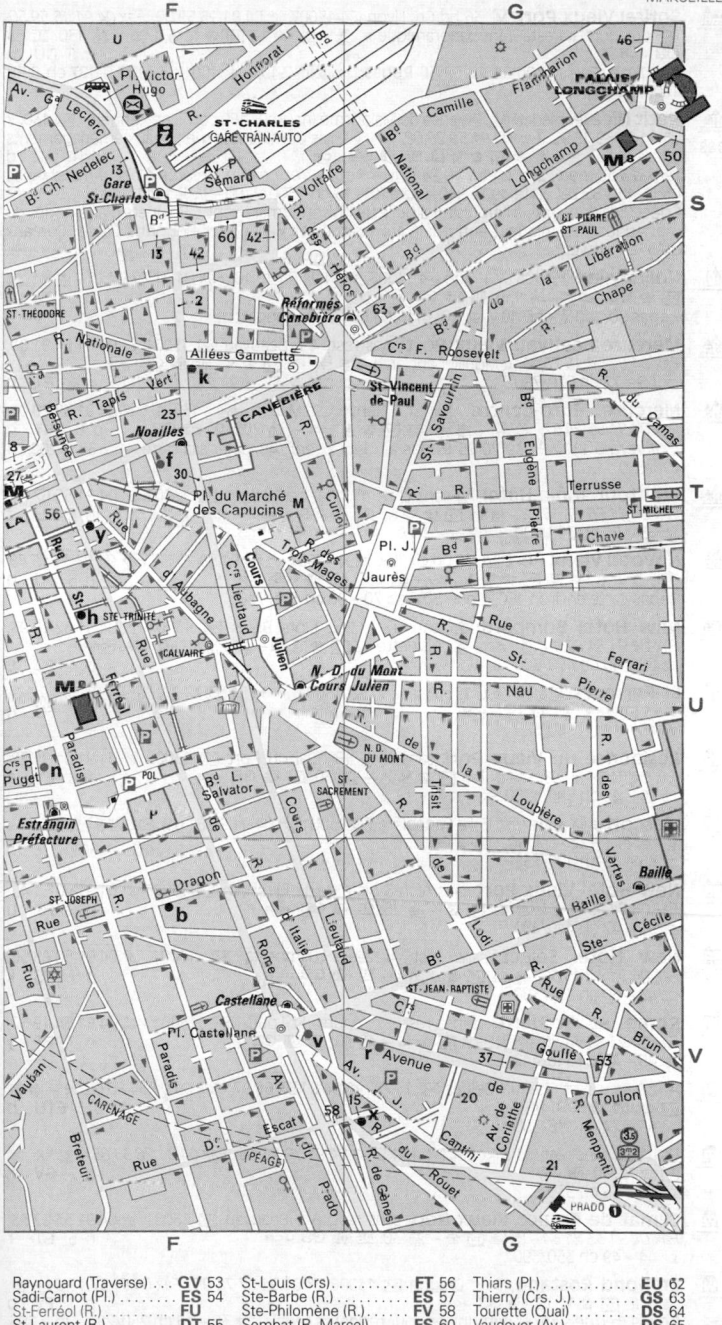

🏨 **Sofitel Vieux Port** Ⓜ, 36 bd Ch. Livon ✉ 13007 𝒫 04 91 15 59 00, *Fax 04 91 15 59 50*, ≤ vieux port, « Restaurant panoramique », ⚊, – |劇| ⇌ ☰ 🆃🆅 ☎ ⚡ & ⇐ – 🄰 130. 🄰🄴 ⓪ GB JCB　　　　　　　　　　　　　　　　　　　　　　　　　　　p. 6 **DU** n
Les Trois Forts 𝒫 04 91 15 59 56 **Repas** *(205)*-255/345, enf. 100 – ⌑ 100 – **127 ch** 990/1600, 3 appart

🏨 **Petit Nice** (Passédat) Ⓜ ⚘, anse de Maldormé (hauteur 160 corniche Kennedy) ✉ 13007
✿✿　𝒫 04 91 59 25 92, *Fax 04 91 59 28 08*, 🌣, « Villas dominant la mer, beaux aménagements intérieurs », ⚊ – |劇| ☰ 🆃🆅 ☎ ⚡ 🄿. 🄰🄴 ⓪ GB JCB　　　　　　　　　　p. 4 **AZ** d
fermé 31 oct.au 22 nov. et 9 au 24 janv. – **Repas** *(fermé dim. et lundi d'oct. à mars)* 350 bc (déj.), 480/850 et carte 490 à 940 – ⌑ 120 – **15 ch** 1500/2700 – ½ P 1340/3490
Spéc. Cigales de mer à l'émulsion d'huile de noisette (mai à sept.). Beignets d'anémones de mer au jus balsamique. Denti poêlé aux gratons et jus de porcelet. **Vins** Cassis, Coteaux d'Aix-en-Provence.

🏨 **Holiday Inn** Ⓜ, 103 av. Prado ✉ 13008 𝒫 04 91 83 10 10, *Fax 04 91 79 84 12* – |劇| ⇌ ☰ 🆃🆅 ☎ ⚡ & ⇐ – 🄰 150. 🄰🄴 ⓪　　　　　　　　　　　　　　　　　p. 5 **BZ** u
Repas 90/140 ♀, enf. 40 – ⌑ 60 – **115 ch** 690/790, 4 appart

🏨 **Mercure Beauvau Vieux Port** sans rest, 4 r. Beauvau ✉ 13001 𝒫 04 91 54 91 00, *Fax 04 91 54 15 76*, ≤, « Mobilier ancien » – |劇| ⇌ ☰ 🆃🆅 ☎ ⚡ 🄰🄴 ⓪ GB JCB
⌑ 65 – **72 ch** 570/780　　　　　　　　　　　　　　　　　　　　　　　　　p. 6 **ET** n

🏨 **Mercure Euro-Centre** Ⓜ, r. Neuve St-Martin ✉ 13001 𝒫 04 91 39 20 00, *Fax 04 91 56 24 57*, ≤, 🌣 – |劇| ⇌ ☰ 🆃🆅 ☎ & ⇐ – 🄰 200. 🄰🄴 ⓪ GB　　p. 6 **EST** g
L'Oliveraie 𝒫 04 91 39 20 25 **Repas** 88 (déj.) ♀, enf. 48, dîner à la carte – ⌑ 65 – **200 ch** 490/650

🏨 **Frantour Tonic Hôtel** Ⓜ sans rest, 43 quai des Belges ✉ 13001 𝒫 04 91 55 67 46, *Fax 04 91 55 67 56*, ≤ – |劇| ☰ 🆃🆅 ☎ ⚡ & 🄰🄴 ⓪ GB JCB　　　　　　　　　　　　　　　　　　　　　　　　　p. 6 **EU** t
⌑ 55 – **56 ch** 360/620

🏨 **Novotel Vieux Port** Ⓜ, 36 bd ch. Livon ✉ 13007 𝒫 04 91 59 22 22, *Fax 04 91 31 15 48*, 🌣, ⚊ – |劇| ⇌ ☰ 🆃🆅 ☎ ⚡ & ⇐ – 🄰 250. 🄰🄴 ⓪ GB JCB　　p. 6 **DU** n
Repas carte environ 160 ♀, enf. 50 – ⌑ 70 – **90 ch** 620/720

🏨 **New Hôtel Bompard** ⚘ sans rest, 2 r. Flots Bleus ✉ 13007 𝒫 04 91 52 10 93, *Fax 04 91 31 02 14*, ⚊, ≈ – |劇| cuisinette ☰ 🆃🆅 ☎ & 🄿 – 🄰 25. 🄰🄴 ⓪ GB JCB
⌑ 60 – **46 ch** 480/500　　　　　　　　　　　　　　　　　　　　　　　　　p. 4 **AZ** e

🏨 **St-Ferréol's** Ⓜ sans rest, 19 r. Pisançon ✉ 13001 𝒫 04 91 33 12 21, *Fax 04 91 54 29 97* –
|劇| ☰ 🆃🆅 ☎ ⚡ 🄰🄴 ⓪ GB JCB　　　　　　　　　　　　　　　　　　　p. 7 **FU** h
⌑ 45 – **19 ch** 340/580

🏨 **Résidence du Vieux Port** sans rest, 18 quai du Port ✉ 13002 𝒫 04 91 91 91 22, *Fax 04 91 56 60 88*, ≤ – |劇| ⇌ 🆃🆅 ☎ ⚡ & – 🄰 30. 🄰🄴 ⓪ GB JCB　　　P. 6 **ET** a
⌑ 60 – **42 ch** 580/1250

🏨 **Mascotte** Ⓜ sans rest, 5 La Canebière ✉ 13001 𝒫 04 91 90 61 61, *Fax 04 91 90 95 61* –
|劇| ⇌ ☰ 🆃🆅 ☎ – 🄰 30. 🄰🄴 ⓪ GB　　　　　　　　　　　　　　　　　p. 6 **ET** s
⌑ 45 – **45 ch** 405/535

🏨 **New Hôtel Vieux Port** sans rest, 3 bis r. Reine Élisabeth ✉ 13001 𝒫 04 91 90 51 42, *Fax 04 91 90 76 24* – |劇| ☰ 🆃🆅 ☎ – 🄰 25. 🄰🄴 ⓪ GB JCB　　　　　　p. 6 **ET** u
⌑ 55 – **47 ch** 440/480

🏨 **New Hôtel Sélect** sans rest, 4 allées Gambetta ✉ 13001 𝒫 04 91 50 65 50, *Fax 04 91 50 45 56* – |劇| ☰ 🆃🆅 ☎ – 🄰 40. 🄰🄴 ⓪ GB JCB　　　　　　　p. 7 **FS** k
⌑ 48 – **60 ch** 350/380

🏨 **Rome et St-Pierre** sans rest, 7 cours St-Louis ✉ 13001 𝒫 04 91 54 19 52, *Fax 04 91 54 34 56* – |劇| ⇌ ☰ 🆃🆅 ☎ ⚡ – 🄰 30. 🄰🄴 ⓪ GB JCB　　　p. 7 **FT** y
⌑ 45 – **49 ch** 346/442

🏨 **Alizé** sans rest, 35 quai Belges ✉ 13001 𝒫 04 91 33 66 97, *Fax 04 91 54 80 06*, ≤ – |劇| ☰ 🆃🆅 ☎. 🄰🄴 ⓪ GB JCB　　　　　　　　　　　　　　　　　　　p. 6 **ETU** b
⌑ 35 – **37 ch** 315/395

🏨 **Clarine** sans rest, 31 r. Rouet ✉ 13006 𝒫 04 91 79 56 66, *Fax 04 91 78 33 85* – |劇| ⇌ ☰ 🆃🆅 ☎ ⚡. 🄰🄴 ⓪ GB　　　　　　　　　　　　　　　　　　　　　p. 7 **GV** X
⌑ 38 – **53 ch** 330

🏨 **Climat de France Vieux Port** sans rest, 6 r. Beauvau ✉ 13001 𝒫 04 91 33 02 33, *Fax 04 91 33 21 34* – |劇| ☰ 🆃🆅 ☎ – 🄰 30. 🄰🄴 ⓪ GB JCB　　　　　p. 6 **ET** r
⌑ 44 – **49 ch** 350/390

🏨 **Edmond Rostand**, 31 r. Dragon ✉ 13006 𝒫 04 91 37 74 95, *Fax 04 91 57 19 04* – |劇|, ☰ rest, 🆃🆅 ☎ ⚡. 🄰🄴 ⓪ GB JCB　　　　　　　　　　　　　　　　　　p. 7 **FV** b
Repas *(fermé sam. et dim.)* (dîner pour résidents seul.) – ⌑ 36 – **16 ch** 250/290 – ½ P 205

XXX 🕸 **Miramar** (Minguella), 12 quai Port ⊠ 13002 ℰ 04 91 91 10 40, Fax 04 91 56 64 31, 斎 –
🔳, 🆎 ⓜ ⒼⒷ ⒿⒸⒷ   p. 6 ET v
fermé 31 juil. au 21 août, 3 au 18 janv., lundi midi sauf fériés et dim. – **Repas** - produits de la
mer - carte 300 à 480 ♀
Spéc. Bouillabaisse marseillaise. Loup du pays en duo de langoustines. Fricassée de homard
au muscat de Samos. **Vins** Cassis, Palette.

XXX **Ferme,** 23 r. Sainte ⊠ 13001 ℰ 04 91 33 21 12, Fax 04 91 33 81 21 – 🔳, 🆎 ⓜ ⒼⒷ ⒿⒸⒷ   p. 6 EU m
fermé août, sam. midi et dim. – **Repas** 230 et carte 220 à 260 ♀

XX **L'Épuisette,** Vallon des Auffes ⊠ 13007 ℰ 04 91 52 17 82, Fax 04 91 59 18 80, < îles du
Frioul et Château d'If – 🔳, 🆎 ⒼⒷ   p. 4 AY s
fermé 21 août au 4 sept., vacances de fév., dim. soir et lundi – **Repas** 195/350

XX **Au Pescadou,** 19 pl. Castellane ⊠ 13006 ℰ 04 91 78 36 01, Fax 04 91 79 81 57 – 🔳, 🆎
ⓜ ⒼⒷ ⒿⒸⒷ   p. 7 FV v
fermé juil.-août, dim. soir et lundi soir de janv. à juin – **Repas** - produits de la mer - (128) - 188

XX **Chez Fonfon,** 140 Vallon des Auffes ⊠ 13007 ℰ 04 91 52 14 38, Fax 04 91 52 14 16, < –
🆎 ⓜ ⒼⒷ ⒿⒸⒷ   p. 4 AY t
fermé 2 au 21 janv., dim. soir et lundi midi – **Repas** - produits de la mer - 190 ♀, enf. 70

XX 🕸 **Michel-Brasserie des Catalans,** 6 r. Catalans ⊠ 13007 ℰ 04 91 52 30 63,
Fax 04 91 59 23 05 – 🔳, 🆎 ⒼⒷ   p. 4 AY e
Repas - produits de la mer - carte 230 à 440
Spéc. Bouillabaisse marseillaise. Bourride provençale. Supions à l'ail et persil. **Vins** Cassis,
Bandol.

XX **Les Échevins,** 44 r. Sainte ⊠ 13001 ℰ 04 96 11 03 11, Fax 04 96 11 03 14 – 🔳, 🆎 ⓜ ⒼⒷ
ⒿⒸⒷ   p. 6 EU x
fermé 14 juil. au 7 août, sam. midi, dim. et fériés – **Repas** 130/200 ♀

XX **Les Arcenaulx,** 25 cours d'Estienne d'Orves ⊠ 13001 ℰ 04 91 59 80 30,
Fax 04 91 54 76 33, 斎, « Restaurant-librairie dans un décor ancien » – 🔳, 🆎 ⓜ ⒼⒷ ⒿⒸⒷ
fermé 13 au 20 août et dim. – **Repas** 145/295 ♀, enf. 65   p. 6 EU s

XX **Les Mets de Provence "Chez Maurice Brun",** 18 quai de Rive Neuve (2ᵉ étage)
⊠ 13007 ℰ 04 91 33 35 38, Fax 04 91 33 05 69, « Cadre rustique provençal » – 🔳, ⒼⒷ
fermé 1ᵉʳ au 15 août, lundi midi et dim. – **Repas** 200 bc (déj.)/295   p. 6 EU d

XX **L'Ambassade des Vignobles,** 42 pl. aux Huiles ⊠ 13001 ℰ 04 91 33 00 25,
Fax 04 91 54 25 60 – 🔳, 🆎 ⒼⒷ ⒿⒸⒷ   p. 6 EU h
fermé août, sam. midi et dim. – **Repas** (140) - 160 (déj.), 210/260 bc ♀

XX **René Alloin,** 9 pl. Amiral Muselier (par prom. G. Pompidou) ⊠ 13008 ℰ 04 91 77 88 25,
Fax 04 91 71 82 46, 斎 – 🔳, ⒼⒷ   p. 5 DZ k
fermé sam. midi et dim. soir – **Repas** 135 (déj.), 205/280

XX **Maris Caupona,** 11 r. Gustave Ricard ℰ 04 91 33 58 07, Fax 04 91 33 58 07 – 🔳, 🆎 ⒼⒷ
fermé 31 juil. au 31 août, sam. midi et dim. – **Repas** 250   p. 7 FU n

XX **L'Entracte,** 23 pl. Thiars ⊠ 13001 ℰ 04 91 33 50 20, 斎 – 🆎 ⒼⒷ ⒿⒸⒷ   P. 6 EU f
fermé lundi midi et dim. – **Repas** 150 (déj.), 160/290 ♀

XX **Cyprien,** 56 av. Toulon ⊠ 13006 ℰ 04 91 25 50 00, Fax 04 91 25 50 00 – 🔳, ⒼⒷ
fermé 22 juil. au 22 août, 23 déc. au 7 janv., sam. midi, dim. et fériés – **Repas** (99) - 135/
330   P. 7 GV r

X **Côte de Boeuf,** 35 cours d'Estienne d'Orves ⊠ 13001 ℰ 04 91 54 89 08,
Fax 04 91 54 25 60 – 🆎 ⒼⒷ ⒿⒸⒷ   p. 6 EU r
fermé 1ᵉʳ juil. au 7 août, 23 déc. au 6 janv., dim. et fériés – **Repas** 160/180 ♀

X 🕸 **Chez Soi,** 5 r. Papère ⊠ 13001 ℰ 04 91 54 25 41, bistrot – 🔳 🆎 ⓜ ⒼⒷ ⒿⒸⒷ
fermé lundi soir – **Repas** 60 (déj.) et dîner à la carte ♀   p. 7 FT f

X **César's Place,** 21 pl. aux Huiles ⊠ 13001 ℰ 04 91 33 25 22, Fax 04 91 33 06 17, 斎 – 🔳,
🆎 ⓜ ⒼⒷ   P. 6 EU v
fermé 25 déc. au 2 janv., 28 juil. au 4 août, sam. midi et dim. – **Repas** 96/154 bc 👌

à Plan-de-Cuques *Nord-Est : 10 km par La Rose et D 908* – 9 847 h. alt. 70 – ⊠ 13380 :

🏨 **Caesar** Ⓜ 🍴, av. G. Pompidou ℰ 04 91 07 25 25, Fax 04 91 05 37 16, 斎, ⅃₅, ⅃, ☞ – 🛗
🔳 📺 ☎ & 🅿 – 🔬 120. 🆎 ⓜ ⒼⒷ
Repas 129/195 ♀, enf. 60 – ⇌ 45 – **30 ch** 420/480 – ½ P 375

au centre commercial Bonneveine *par corniche Kennedy : 8 km AZ* – ⊠ 13008 Marseille :

🏨 **Mercure Bonneveine** Ⓜ, av. E. Triolet ℰ 04 91 22 96 00, Fax 04 91 25 20 02, 斎, ⅃,
🍴 – 🛗 ↤ 🔳 📺 ☎ ✆ & ⇌ – 🔬 50. 🆎 ⓜ ⒼⒷ
Repas *(fermé sam. midi)* 115/130 bc ♀, enf. 60 – ⇌ 60 – **69 ch** 480/750

🏨 **Ibis Bonneveine** Ⓜ, av. E. Triolet ℰ 04 91 72 34 34, Fax 04 91 25 32 78, 斎, ⅃, 🍴 – 🛗
↤ 🔳 📺 ☎ & ⇌ – 🔬 30. 🆎 ⓜ ⒼⒷ
Repas (75) - 95 👌, enf. 39 – ⇌ 35 – **88 ch** 380

MARTEL 46600 Lot **75** ⑱ G. Périgord Quercy – 1 462 h alt. 225.

Voir *Place des Consuls*★ – *Belvédère de Copeyre* ≤★ *sur cirque de Montvalent*★ *SE : 4 km* –
Site★ *de Gluges S : 5 km par N 140.*

🅱 *Office de Tourisme Palais de la Raymondie ℰ 05 65 37 43 44, Fax 05 65 37 37 27.*
Paris 513 – *Brive-la-Gaillarde 33* – *Cahors 78* – *Figeac 59* – *St-Céré 32.*

🏠 **Relais Ste-Anne** Ⓜ ⌖ sans rest, ℰ 05 65 37 40 56, Fax 05 65 37 42 82, « Jardin fleuri »,
🔄, 🌳 – 📺 ☎ ✆ & 🅿. 🅰🅴 ⓪ 🆖 🆓
25 mars-15 nov. – ☷ 55 – **13 ch** 240/780

MARTIGUES 13500 B.-du-R. **84** ⑫ G. Provence – 42 678 h alt. 1.

Voir *Pont St-Sébastien* ≤★ **Z** R – *Étang de Berre*★ – *Chapelle N.-D.-des-Marins* ☀★ *3,5 km
par* ④ – *Miroir aux oiseaux*★.

🅱 *Office de Tourisme 2 q. P.-Doumer ℰ 04 42 42 31 10, Fax 04 42 42 31 11, Annexe Galerie
Marchande Auchan, Annexes (été): La Couronne Village Maison de Carro.*
Paris 757 ② – *Marseille 41* ② – *Aix-en-Provence 49* ② – *Arles 53* ④.

MARTIGUES

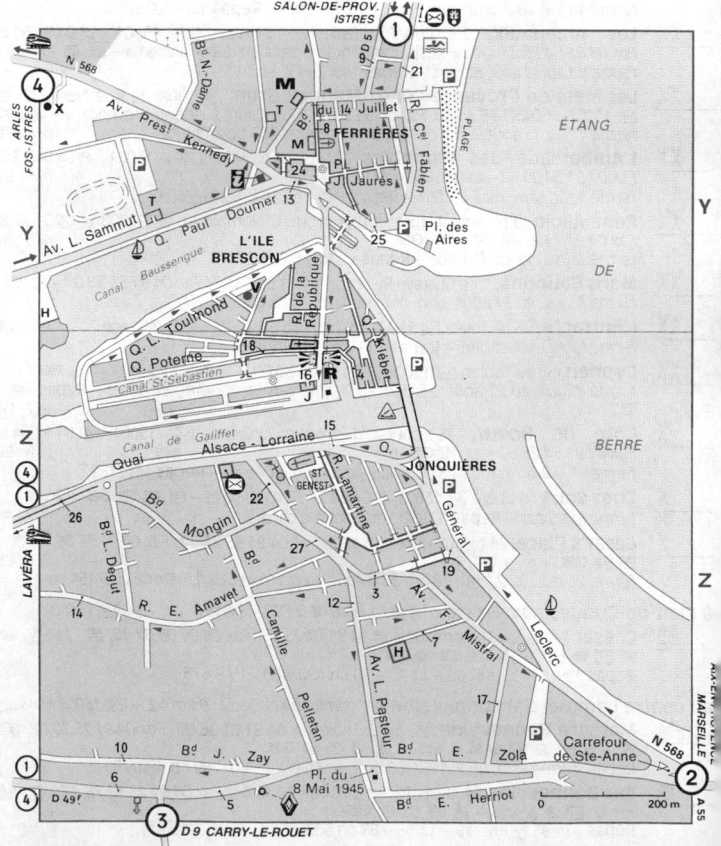

🏨 **St-Roch** ⑤, av. G. Braque ☎ 04 42 42 36 36, Fax 04 42 80 01 80, 斎, 🖫, 🚗 – 🗐 rest, 📺
☎ 🅿 – 🔬 40. 🖭 ⑩ 🖼
　　Repas 120/160 ♀ – � 50 – **63 ch** 430/560 – ½ P 340/405
　　　　　　　　　　　　　　　　　　　　　　　　　　　　　　　　　　　Y　x

✗✗ **Bouchon à la Mer,** 19 quai L. Toulmond ☎ 04 42 49 41 11, Fax 04 42 80 80 10, 斎 – 🗐,
🖭 ⑩ 🖼 🖼
　　fermé 1ᵉʳ au 25 janv., dim. soir de sept. à juin, sam. midi en juil.-août et lundi – **Repas**　Y　v
　　120 bc/170 ⑧

MARTILLAC 33 Gironde 🗓 ⑩ – rattaché à Bordeaux.

MARTIN-ÉGLISE 76 S.-Mar. 🗓 ④ – rattaché à Dieppe.

MARVEJOLS 48100 Lozère 🗓 ⑤ G. Languedoc Roussillon – 5 476 h alt. 650.
　　Voir Porte de Soubeyran★ – Parc à loups du Gévaudan★ : N.
　　🖪 Office de Tourisme pl. du Soubeyran ☎ 04 66 32 00 43, Fax (Mairie) 04 66 32 33 50.
　　Paris 579 – Mende 28 – Espalion 63 – Florac 50 – Millau 70 – Rodez 85

🏨 **Gare et Rochers**, pl. Gare ☎ 04 66 32 10 58, Fax 04 66 32 30 63, ≤ – 🖗 📺 ☎ ⇦, 🖼
🖼　15 fév.-15 nov. – **Repas** (fermé dim. soir et sam. hors saison) 78/190 ♀, enf. 58 – ⊐ 36 –
　　30 ch 240/315 – ½ P 260/290

MASEVAUX 68290 H.-Rhin 🗓 ⑧ G. Alsace Lorraine – 3 267 h alt. 425.
　　Env. Descente du col du Hundsrück ≤★★ NE : 13 km.
　　🖪 Office de Tourisme 36 Fossé Flagellants ☎ 03 89 82 41 99, Fax 03 89 82 41 99.
　　Paris 439 – Mulhouse 30 – Altkirch 31 – Belfort 23 – Colmar 56 – Thann 16 – Le Thillot 39.

✗ **Hostellerie Alsacienne** avec ch, r. Mar. Foch ☎ 03 89 82 45 25, Fax 03 89 82 45 25, 斎,
🖼　« Décor alsacien » – ☎ ❤. 🖼
　　fermé 15 oct. au 1ᵉʳ nov., 15 au 28 fév. et lundi de sept. à avril – **Repas** 60/170 ♀, enf. 47
　　⊐ 37 – **9 ch** 220/250 – ½ P 220

MASLACQ 64 Pyr.-Atl. 🗓 ⑧ – rattaché à Orthez.

La MASSANA 🗓 ⑭ – voir à Andorre (Principauté d').

MASSERET 19510 Corrèze 🗓 ⑱ – 669 h alt. 380.
　　Paris 434 – Limoges 42 – Guéret 129 – Tulle 48 – Ussel 84.

🏨 **Tour** ⑤, pl. M. Champeix ☎ 05 55 73 40 12, Fax 05 55 73 49 41, 斎 – 🗐 rest, 📺 ☎ ❤ –
🖼　🔬 30. 🖼
　　Repas 80/220 ♀ – ⊐ 32 – **15 ch** 250 – ½ P 220/250

MASSIAC 15500 Cantal 🗓 ④ G. Auvergne – 1 881 h alt. 534.
　　Voir Gorges de l'Alagnon★ N – Site★ de la chapelle Ste-Madeleine N : 2 km.
　　🖪 Office de Tourisme 24 r. du Dr Mallet ☎ 04 71 23 07 76, Fax 04 71 23 08 50.
　　Paris 489 – Aurillac 87 – Brioude 23 – Issoire 37 – Murat 36 – St-Flour 29.

🏨 **Grand Hôtel de la Poste**, 26 av. Ch. de Gaulle ☎ 04 71 23 02 01, Fax 04 71 23 09 23, 🖦,
🖼　🖫, 🗋 – 🖗, 🗐 rest, 📺 ☎ ❤ 🅿 – 🔬 20. 🖭 ⑩ 🖼 🖼
　　Repas 75/200 ♀, enf. 45 – ⊐ 40 – **32 ch** 250/340 – ½ P 280/320

MASSIGNAC 16310 Charente 🗓 ⑮ – 451 h alt. 240.
　　Paris 448 – Angoulême 44 – Nontron 38 – Rochechouart 17 – La Rochefoucauld 24.

✗✗ **Domaine des Étangs,** ☎ 05 45 61 85 00, Fax 05 45 61 85 01, 斎, parc – 🅿. 🖼
　　1ᵉʳ avril-15 nov. et fermé dim. soir, lundi et mardi sauf fériés – **Repas** 185/235 bc

---

MASSY 91 Essonne 🗓 ⑩,, 🗓 ㉕ – voir à Paris, Environs.

MATOUR 71520 S.-et-L. 🗓 ⑱ G. Bourgogne – 1 003 h alt. 500.
　　🖪 Office de Tourisme (saison) Maison du Patrimoine ☎ 03 85 59 72 24, Fax 03 85 59 74 54.
　　Paris 407 – Mâcon 37 – Charolles 28 – Cluny 25 – Lapalisse 81 – Lyon 93 – Roanne 59.

✗ **Christophe Clément**, rte St-Pierre-le-Vieux ☎ 03 85 59 74 80, Fax 03 85 59 75 77 – 🗐.
🖼
　　fermé 1ᵉʳ au 17 oct., 17 déc. au 3 janv., dim. soir et lundi – **Repas** 70 (déj.), 100/235, enf. 60

MAUBEUGE *59600 Nord* 53 ⑥ *G. Picardie Flandres Artois – 34 989 h Agglo. 102 772 h alt. 134.*
Office de Tourisme porte de Mons pl. Vauban ✆ 03 27 62 11 93, Fax 03 27 64 10 23.
Paris 242 ⑤ – Mons 22 ① – St-Quentin 77 ④ – Valenciennes 39 ⑤.

MAUBEUGE

Albert-Ier (R.) . . . . B 2
Concorde (Pl. de la) . . . . . B 4
Coutelle (R.) . . . . A 5
France (Av. de) . . . . B
Gare (Av. de la) . . . . A
Intendance (R. de l') . . . . B 10
Mabuse (Av. J.) . . . . B 12
Mail A. Lurcat . . . . AB 14
Musée Henri Bœz (R. du) B 18
Nations (Pl. des) . . . . B 19
Paillot (R. G.) . . . . B 21
Pasteur (Bd) . . . . A 23
Pont-Rouge (Av. du) . . . . . . A 24
Porte-de-Bavay (Av.) . . . . . A 25
Provinces-Françaises (Av.) B 26
Roosevelt (Av. Franklin) . . . . AB 28
Vauban (Pl.) . . . . B 29
145e-Régt-d'Inf. (R. du) . . . B 31

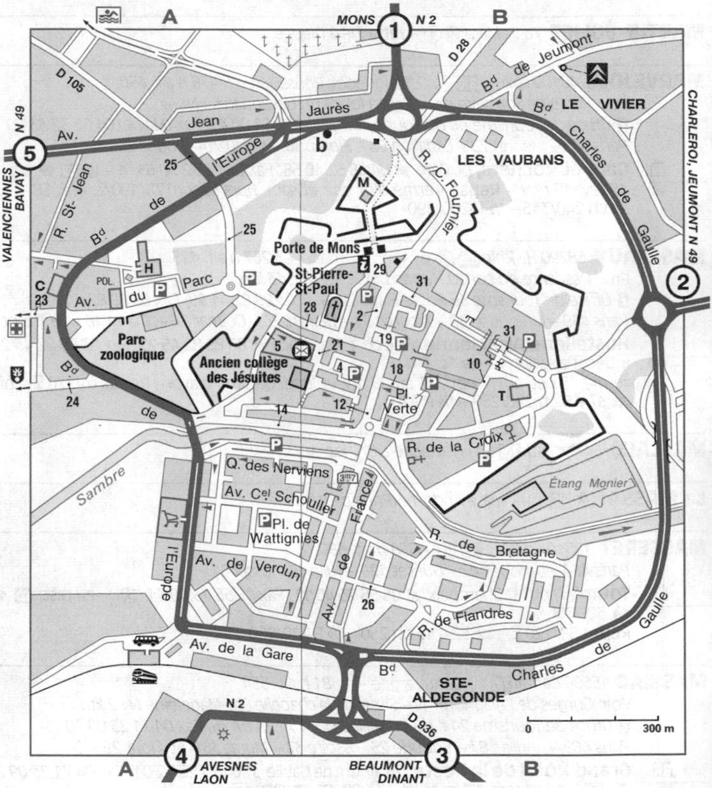

Campanile, av. J. Jaurès ✆ 03 27 64 00 91, *Fax 03 27 65 34 47*, – 25. AE GB B b
Repas 80/103 ♀, enf. 39 – ☕ 36 – **39 ch** 295

Primevère, av. J. Jaurès par ⑤ ✆ 03 27 62 15 00, *Fax 03 27 65 64 70* – 30. AE GB JCB
Repas *(75)* - 85/109 ♀, enf. 45 – ☕ 35 – **42 ch** 295

rte d'Avesnes-sur-Helpe *par ④ et N 2 : 6 km – ✉ 59330 Beaufort :*

Auberge de l'Hermitage, ✆ 03 27 67 89 59, *Fax 03 27 67 89 59* – AE GB
fermé 24 juil. au 13 août, 26 au 30 déc., dim. soir, mardi soir et lundi – **Repas** *(100)* - 145/340

Donnez-nous votre avis sur les tables que nous recommandons, sur leurs spécialités et leurs vins de pays.

MAULÉON 79700 Deux-Sèvres 🗺 ⑥ ⑯ G. Poitou Vendée Charentes – 8 779 h alt. 180.

🔹 Office de Tourisme 27 Grand'Rue 🖉 05 49 81 95 22.

Paris 364 – Cholet 23 – Nantes 80 – Niort 82 – Parthenay 55 – La Roche-sur-Yon 66.

🏠 **Terrasse** 🍴, 7 pl. Terrasse 🖉 05 49 81 47 24, Fax 05 49 81 65 04, 🏤, 🏤 – 📺 ☎ 🚲 🖫 🖪
🚗 **GB**
fermé 15 au 24/04, 23/07 au 9/08, 28/10 au 5/11, 23/12 au 1er/01, sam. de sept. à mai et
dim. – **Repas** 85/185 🥄, enf. 60 – ☑ 35 – **14 ch** 240/310 – ½ P 245/275

MAUREILLAS-LAS-ILLAS 66400 Pyr. Or. 🗺 ⑲ G. Languedoc Roussillon – 2 037 h alt. 130.

Paris 881 – Perpignan 28 – Gerona 71 – Port-Vendres 31 – Prades 55.

à Las Illas Sud-Ouest : 11 km par D 13 – 🖂 66480 :

🍴 **Hostal dels Trabucayres** 🍴 avec ch, 🖉 04 68 83 07 56, ≼, 🏤 – 🖪, **GB**, 🛏 ch
🚗 hôtel : ouvert 20 avril-1er oct. et fermé mardi et merc. sauf juil.-août **Repas** (fermé 25 au
30 oct., 1er fév. au 10 mars, mardi et merc. sauf juil.-août) 68 bc/225 bc – ☑ 27 – **5 ch**
165/195 – ½ P 195

MAUREPAS 78 Yvelines 🗺 ⑨,, 🗺 ㉑ – voir à Paris, Environs.

MAURIAC ⟨🚉⟩ 15200 Cantal 🗺 ① G. Auvergne – 4 224 h alt. 722.

Voir Basilique★ – Le Vigean : châsse★ dans l'église NE : 2 km – Commune de la "Méridienne
Verte".

Env. Barrage de l'Aigle★★ : 11 km par D 678 et D105, G. Berry Limousin.

🔹 Office de Tourisme r. Chappe d'Haute-Roche 🖉 04 71 67 30 26, Fax 04 71 68 25 08.

Paris 496 – Aurillac 54 – Le Mont-Dore 78 – Clermont-Ferrand 115 – Tulle 67.

🏠 **Voyageurs**, 🖉 04 71 68 01 01, Fax 04 71 68 01 56 – 📺 ☎. 🅰🅴 **GB**
fermé 24 déc. au 6 janv., dim. soir et sam. du 3 nov. au 30 avril – **Bonne Auberge :** Repas
70/175 🥄, enf. 35 – ☑ 35 – **19 ch** 180/250 – ½ P 150/190

🏠 **Serre** sans rest, r. du 11 Novembre 🖉 04 71 68 19 10, Fax 04 71 68 17 77 – 🛗 📺 ☎ 🚲 🚗
🖪, **GB**, 🛏
fermé 25 déc. au 15 janv. – ☑ 28 – **11 ch** 250/370

MAUROUX 46 Lot 🗺 ⑥ – rattaché à Puy-l'Évêque.

MAURS 15600 Cantal 🗺 ⑪ G. Auvergne – 2 350 h alt. 290.

Voir Buste-reliquaire★ et statues★ dans l'église.

🔹 Office de Tourisme pl. Champ-de-Foire 🖉 04 71 46 73 72, Fax 04 71 46 74 81.

Paris 572 – Aurillac 43 – Rodez 61 – Entraygues-sur-Truyère 48 – Figeac 22 – Tulle 94.

🏠🏠 **Châtelleraie** Ⓜ 🍴, à St-Étienne, Nord-Est : 1,5 km par rte Aurillac 🖉 04 71 49 09 09,
Fax 04 71 49 07 07, 🏤, « Demeure du 16e siècle dans un parc », 🏊, 🔲 – 📺 ☎ 🔥 🖪. **GB**,
🛏 rest
1er avril-12 nov. – **Repas** (dîner seul.)(résidents seul.) 125 🍷 – ☑ 40 – **33 ch** 480 – ½ P 400

MAUSSAC 19 Corrèze 🗺 ⑪ – rattaché à Meymac.

MAUSSANE-LES-ALPILLES 13520 B.-du-R. 🗺 ① – 1 886 h alt. 32.

Paris 714 – Avignon 29 – Arles 19 – Marseille 82 – Martigues 44 – St-Rémy-de-Provence 10.

🏠🏠 **Val Baussenc** Ⓜ 🍴, av. Vallée des Baux 🖉 04 90 54 38 90, Fax 04 90 54 33 36, 🏤, 🏊,
🏤 – 📺 ☎ 🔥 🖪. 🅰🅴 ⓞ **GB**, 🛏 rest
hôtel : fermé janv. au 1er mars – **Repas** (ouvert 1er mars-31 oct. et fermé merc.) (dîner
seul.) 190/230, enf. 70 – ☑ 65 – **21 ch** 570/680 – ½ P 480/520

🏠🏠 **Pré des Baux** Ⓜ 🍴 sans rest, r. Vieux Moulin 🖉 04 90 54 40 40, Fax 04 90 54 53 07, 🏊 –
🔲 📺 ☎ 🅰🅴 **GB** 🅹🅲🅱
17 mars 6 nov. – ☑ 60 – **10 ch** 600/700

🏠 **Les Magnanarelles**, av. Vallée des Baux 🖉 04 90 54 30 25, Fax 04 90 54 50 04, 🏤, 🏊 –
🚗 ☎. **GB**, 🛏 rest
fermé 3 janv. au 3 mars – **Repas** (fermé lundi midi, jeudi midi et merc.) 85/200 🍷 – ☑ 50 –
12 ch 260/350 – ½ P 320

au Paradou Ouest : 2 km par D 17, rte d'Arles – 926 h. alt. 21 – 🖂 13520 :

🏠🏠 **Du Côté des Olivades** Ⓜ 🍴, 🖉 04 90 54 56 78, Fax 04 90 54 56 79, ≼, 🏤,
« Bel aménagement intérieur », 🏊 – 🖪. 🅰🅴 ⓞ **GB**, 🛏
fermé 1er au 15 nov., 10 au 30 janv., dim. soir et lundi midi – **Repas** (résidents seul.) carte
190 à 400 🍷 – **10 ch** ☑ 790/1050

XX **Petite France** (Maffre-Bogé), av. Vallée des Baux ✆ 04 90 54 41 91, *Fax 04 90 54 52 50* – P. GB
fermé 13 au 30 nov., 2 janv. au 1er fév., jeudi midi et merc. – **Repas** 175/390 et carte 240 à 360 ♀, enf. 80
Spéc. Ravioles d'olives vertes à la ricotte et à la sauge. Crépinette de pieds de cochon aux morilles. Fondant chaud au chocolat, crème vanille. **Vins** Coteaux d'Aix-en-Provence-les Baux

X **Bistrot du Paradou,** ✆ 04 90 54 32 70, *Fax 04 90 54 32 70* – P. GB
fermé nov., le soir d'oct. à juin et dim. – **Repas** (prévenir)(menu unique) 190 bc/220 bc

---

MAUVEZIN *32120 Gers* 82 ⑥ – *1 671 h alt. 153.*
Paris 703 – Auch 30 – Agen 74 – Montauban 55 – Toulouse 61.

X **Rapière,** r. Justices (face à Marché U) ✆ 05 62 06 80 08, *Fax 05 62 06 76 90,* – AE GB.
fermé 15 juin au 3 juil., 1er au 15 oct., mardi et merc. – **Repas** 70 (déj.), 110/260, enf. 50

MAUZAC *24 Dordogne* 75 ⑮ ⑯ – *958 h alt. 49* – ✉ *24150 Mauzac-et-Grand-Castang.*
Paris 539 – Périgueux 51 – Bergerac 28 – Brive-la-Gaillarde 95 – Sarlat-la-Canéda 57.

Métairie ⑤, rte de Trémolat, 3 km ✆ 05 53 22 50 47, *Fax 05 53 22 52 93,* ←, « Dans un parc surplombant la Dordogne », – TV ☎ P. GB JCB. rest
1er avril-31 oct. – **Repas** 120 (déj.), 180/260 – ☐ 60 – **10 ch** 550/750 – ½ P 550/650

Poste, ✆ 05 53 22 50 52, *Fax 05 53 23 36 81,* ←, – ☎ P. AE GB
15 mars-1er nov. et fermé lundi sauf de juin à août – **Repas** 65/180 ♀ – ☐ 35 – **18 ch** 140/280 – ½ P 250/300

MAUZÉ-SUR-LE-MIGNON *79210 Deux-Sèvres* 71 ② – *2 378 h alt. 30.*
Paris 431 – La Rochelle 43 – Niort 23 – Rochefort 40.

X **France** avec ch, 54 Grande Rue (rte Niort) ✆ 05 49 26 30 15, *Fax 05 49 26 72 80* – TV ☎ P. GB
fermé dim. d'oct à mai – **Repas** 70 (déj.), 90/185 ♀, enf. 45 – ☐ 32 – **7 ch** 220/240 – ½ P 240/260

MAYENNE <SP> *53100 Mayenne* 59 ⑳ *G. Normandie Cotentin* – *13 549 h alt. 124.*
Voir *Ancien château* ←★.
Office de Tourisme q. de Waiblingen ✆ 02 43 04 19 37, Fax 02 43 00 01 99.
Paris 283 – Alençon 60 – Flers 56 – Fougères 47 – Laval 30 – Le Mans 88.

XX **Croix Couverte** avec ch, rte Alençon : 2 km sur N 12 ✆ 02 43 04 32 48, *Fax 02 43 04 43 69,* – TV ☎ P. GB
fermé 2 au 10 janv. – **Repas** *(fermé vend. soir et dim. de sept. à juin)* 74/175 ♀, enf. 48 – ☐ 35 – **11 ch** 240/320 – ½ P 260/310

rte de Laval *N 162* – ✉ *53100 Mayenne :*

XXX **Marjolaine** M ⑤ avec ch, à 6,5 km, au domaine du Bas-Mont ✆ 02 43 00 48 42, *Fax 02 43 08 10 58,* – TV ☎ P – 30. GB
fermé 1er au 8 août, 1er au 8 janv., vacances de fév. et dim. soir – **Repas** 88/300 et carte 230 à 310 ♀, enf. 75 – ☐ 35 – **12 ch** 270/340 – ½ P 320/380

XX **Beau Rivage** ⑤ avec ch, à 4 km ✆ 02 43 00 49 13, *Fax 02 43 04 43 69,* ←, « Terrasse au bord de l'eau », – TV ☎ P. GB
fermé vacances de fév., dim. soir de sept. à juin et lundi – **Repas** - grillades - 70/175 ♀, enf. 48 – ☐ 32 – **3 ch** 220/260 – ½ P 230/280

MAYET *72360 Sarthe* 64 ③ – *2 877 h alt. 74.*
Env. *Forêt de Bercé★ E : 6 km,* G. Châteaux de la Loire.
Paris 227 – Le Mans 31 – Château-la-Vallière 27 – La Flèche 32 – Tours 58 – Vendôme 75.

X **Auberge des Tilleuls,** pl. H. de Ville ✆ 02 43 46 60 12 – GB
fermé 5 au 19 fév., dim. soir, lundi soir, mardi soir et merc. – **Repas** 55/150 ♀

Le MAYET-DE-MONTAGNE *03250 Allier* 73 ⑥ *G. Auvergne* – *1 609 h alt. 535.*
Office de Tourisme Chalet Cantonal pl. aux Foires ✆ 04 70 59 38 40.
Paris 375 – Clermont-Ferrand 79 – Lapalisse 23 – Moulins 72 – Thiers 42 – Vichy 27.

X **Relais du Lac** avec ch, Sud : 0,5 km sur D 7 ✆ 04 70 59 70 23, *Fax 04 70 59 79 00* – TV ☎ P. GB
Repas 75/210 ♀, enf. 45 – ☐ 33 – **7 ch** 250/280 – ½ P 260

MAZAGRAN 57 Moselle 🔠 ⑭ – rattaché à Metz.

MAZAMET 81200 Tarn 🔠 ⑪ ⑫ G. Midi-Pyrénées – 11 481 h alt. 241.

Voir Commune de la "Méridienne Verte".

✈ de Castres-Mazamet : ℘ 05 63 70 54 77, par ⑪ : 14 km.

🛈 Office de Tourisme r. des Casernes ℘ 05 63 61 27 07, Fax 05 63 98 24 16 et (juil.-août) Le Plô de La Bise ℘ 05 63 61 25 54.

Paris 757 ④ – Toulouse 83 ③ – Albi 62 ④ – Carcassonne 49 ② – Castres 20 ④.

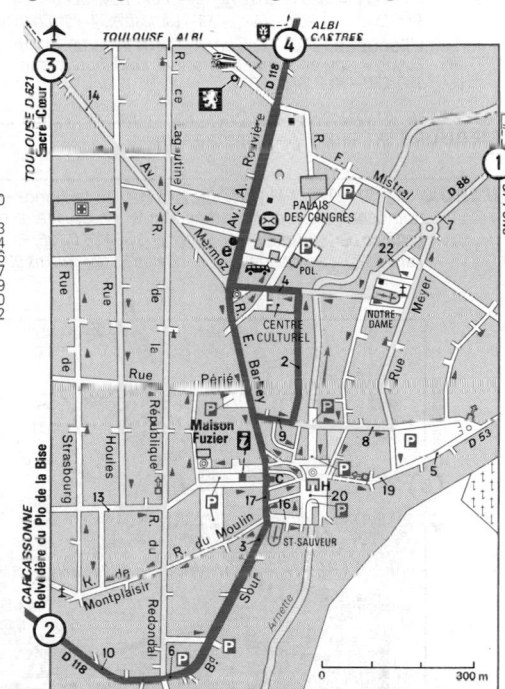

Les plans de villes sont orientés le Nord en haut.

Pour un bon usage des plans de villes, voir les signes conventionnels dans l'introduction

🏛 **H. Jourdon**, 7 av. A. Rouvière **(e)** ℘ 05 63 61 56 93, Fax 05 63 61 83 38 – 🍽 rest, 📺 ☎ ✎ ⑩ ☺ 🐾
Repas (fermé dim. soir) 90/175, enf. 45 – 🖵 40 – **11 ch** 230/360 – ½ P 280

à Bout-du-Pont-de-Larn par① et D 54 : 2 km – 1 053 h. alt. 280 – ⊠ 81660 :

🏛🏛 **Métairie Neuve** ⌂, ℘ 05 63 97 73 50, Fax 05 63 61 94 75, 😙, ⌇, 🌳 – 📺 ☎ 🅿 – ▦ 25. ⑩ ☺
fermé 15 déc. au 1er fév. – **Repas** (fermé sam. et dim. d'oct. à mai) (dîner seul.)(sur réservation) (100) · 130 ♈ – 🖵 50 – **14 ch** 370/490 – ½ P 350/400

à St-Amans-Soult par① : 9 km – 1 677 h. alt. 283 – ⊠ 81240 :

🍴🍴 **Hostellerie des Cèdres** avec ch, N 112 ℘ 05 63 98 36 73, Fax 05 63 98 26 18, 😙, parc – ☎. 🆎 ⑩ ☺
fermé dim. soir et lundi – **Repas** 87/240 ♈ – 🖵 45 – **10 ch** 180/380 – ½ P 290/340

MAZAN 84 Vaucluse 🔠 ⑬ – rattaché à Carpentras.

Les plans de villes sont orientés le Nord en haut.

MAZAYE 63230 P.-de-D. 🔢 ⑬ – 537 h alt. 760.

Paris 444 – *Clermont-Ferrand 24* – *Le Mont-Dore 33* – *Pontaumur 26* – *Pontgibaud 7.*

🏠 **Auberge de Mazaye** ⮞, à Mazayes-Basses 🕾 04 73 88 93 30, *Fax 04 73 88 93 80*, 🍽 –
📺 ☎ ✆ 🅿. 🌐
fermé 7 janv. au 2 fév., jeudi de sept. à mai et vend. midi – **Repas** 80/170 🍴, enf. 50 – ⊡ 39 –
8 ch 240/300

MAZET-ST-VOY 43520 H.-Loire 🔢 ⑧ – 1 077 h alt. 1060.

Paris 582 – *Le Puy-en-Velay 39* – *Lamastre 37* – *St-Étienne 66* – *Yssingeaux 18.*

🏠 **L'Escuelle,** 🕾 04 71 65 00 51, *Fax 04 71 65 09 29* – ☎
fermé 2 janv. au 5 fév., dim. soir et lundi hors saison – **Repas** 85/150 🍴 – ⊡ 40 – **12 ch**
190/250 – ½ P 240/280

MÉAUDRE 38 Isère 🔢 ④ – rattaché à Autrans.

MEAUX 📟 77100 S.-et-M. 🔢 ⑫ ⑬, 🔢 ㉒ *G. Ile de France* – 48 305 h alt. 51.

Voir *Centre épiscopal★ : cathédrale★ B, ⩽★ de la terrasse des remparts.*
🛈 *Office de Tourisme 2 r. St-Rémy* 🕾 01 64 33 02 26, *Fax 01 64 33 24 86.*
Paris 53 ③ – *Compiègne 66 ⑤* – *Melun 55 ③* – *Reims 97 ②.*

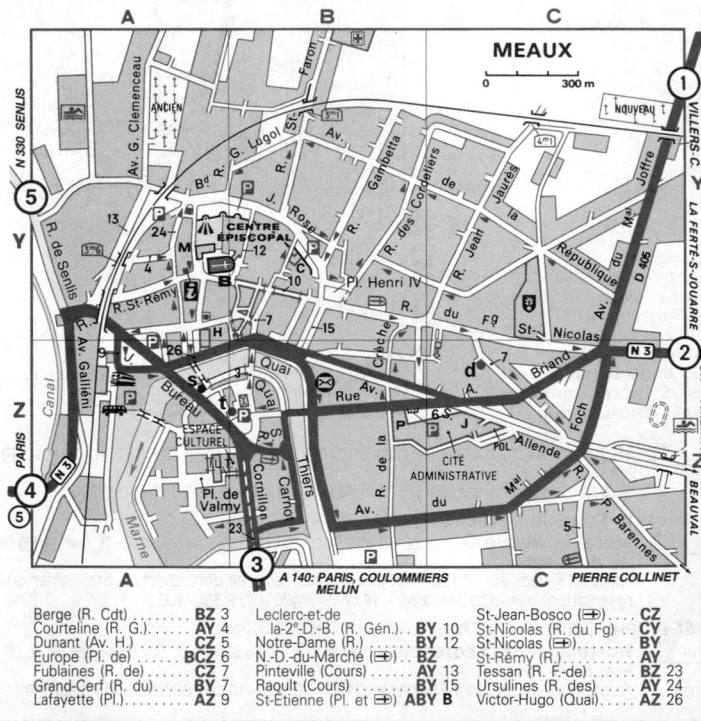

Berge (R. Cdt) ...... **BZ** 3	Leclerc-et-de	St-Jean-Bosco (⮌) .... **CZ**
Courteline (R. G.) ..... **AY** 4	la-2ᵉ-D.-B. (R. Gén.) .. **BY** 10	St-Nicolas (R. du Fg) ... **CY**
Dunant (Av. H.) ...... **CZ** 5	Notre-Dame (R.) ...... **BY** 12	St-Nicolas (⮌) ...... **BY**
Europe (Pl. de) ...... **BCZ** 6	N.-D.-du-Marché (⮌) .. **BZ**	St-Rémy (R.) ...... **AY**
Fublaines (R. de) ..... **CZ** 7	Pinteville (Cours) ..... **AY** 13	Tessan (R. F.-de) ..... **BZ** 23
Grand-Cerf (R. du) .... **BY** 7	Raoult (Cours) ...... **BY** 15	Ursulines (R. des) ..... **AY** 24
Lafayette (Pl.) ...... **AZ** 9	St-Étienne (Pl. et ⮌) **ABY B**	Victor-Hugo (Quai) ..... **AZ** 26

🏠 **Richemont** sans rest, quai Grande Ile 🕾 01 60 25 12 10, *Fax 01 60 25 18 27* – 🛗 📺 ☎ 🕭
🅿. 🆎 🌐   **AZ** s
⊡ 45 – **42 ch** 270/290

🍽🍽 **Marinone,** 30 pl. Marché 🕾 01 64 33 57 37, *Fax 01 64 33 57 37* – 🆎 🌐   **ABZ** t
fermé 1ᵉʳ au 27 août, dim. soir et lundi – **Repas** 95 (déj.), 135/280, enf. 50

🍽 **Grignotière,** 36 r. Sablonnière 🕾 01 64 34 21 48, *Fax 01 64 33 93 93* – 🍽. 🆎 🌐
fermé août, sam. midi, mardi soir et merc. – **Repas** 99 (déj.), 130/189 🍷   **CZ** d

à Varreddes par ① : 6 km – 1 520 h. alt. 53 – ⊠ 77910 :

XXX **Auberge du Cheval Blanc** avec ch, 55 rue V. Clairet ℰ 01 64 33 18 03, Fax 01 60 23 29 68, 龠, 龠 – 亟 ☎ ❤ ▣ 亟 ⑩ ☲
fermé 1ᵉʳ au 24 août, vacances de fév., dim. soir et lundi – Repas 198/380 et carte 270 à 460, enf. 98 – ⊂ 49 – **8 ch** 480/598

XX **Auberge du Petit Nain**, 7 r. Orsoy ℰ 01 64 33 18 12, Fax 01 64 34 39 60, 龠, 龠 – 亟 ☲
fermé 17 juil. au 4 août, 18 janv. au 4 fév., mardi et merc. – Repas 130/275 ♀, enf. 65

à Poincy par ② et D 17ᴬ : 5 km – 591 h. alt. 53 – ⊠ 77470 :

XXX **Moulin de Poincy**, ℰ 01 60 23 06 80, Fax 01 60 23 12 56, 龠, « Jardin en bord de Marne », 龠 ▣, 亟 ☲ ☒
fermé 7 au 27 sept., 4 au 24 janv., mardi et merc. – Repas 170/345 et carte 220 à 420 ♀

à Nanteuil-lès-Meaux par ③ et D 228 : 4 km – 4 339 h. alt. 95 – ⊠ 77100 :

X **Montier**, 30 r. Pasteur ℰ 01 64 33 01 74, Fax 01 64 33 01 74, 龠 – ☲
fermé 31 août au 12 sept., 31 déc. au 17 janv., dim. soir et lundi – Repas 100 (déj.)/175

MEGÈVE 74120 H.-Savoie ⁷⁴ ⑦ ⑧ G. Alpes du Nord – 4 750 h alt. 1113 – Sports d'hiver : 1 040/ 2 350 m ⁻⁵ 4 ⁵⁄₃₃ ⅀ – Casino AY.
Voir Mont d'Arbois au terminus de la télécabine ※ ★★★ BZ.
Altiport de Megève-Mont-d'Arbois ℰ 04 50 21 33 67, SE : 7 km BZ.
🛈 Office de Tourisme (saison) Maison des Frères ℰ 04 50 21 27 28, Fax 04 50 93 03 09.
Paris 602 ① – Chamonix-Mont-Blanc 36 ① – Albertville 31 ② – Annecy 61 ②.

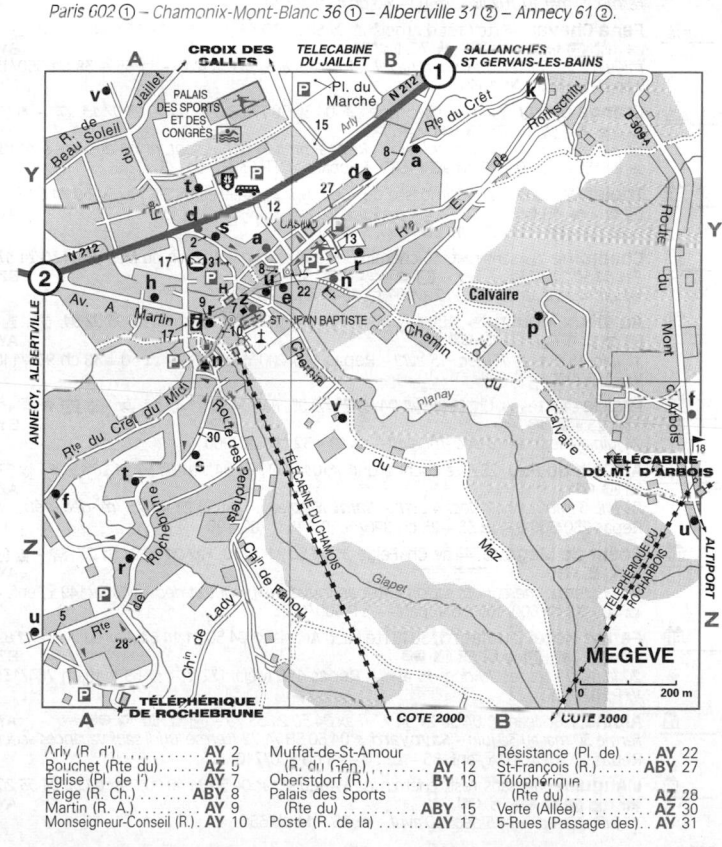

Arly (R. d') .... **AY** 2	Muffat-de-St-Amour	Résistance (Pl. de) .... **AY** 22
Bouchet (Rte du)...... **AZ** 5	(R. du Gén.)........ **AY** 12	St-François (R.)...... **ABY** 27
Église (Pl. de l')....... **AY** 7	Oberstdorf (R.)........ **BY** 13	Téléphérique
Feige (R. Ch.)....... **ABY** 8	Palais des Sports	(Rte du)........... **AZ** 28
Martin (R. A.)......... **AY** 9	(Rte du) .... **ABY** 15	Verte (Allée) .... **AZ** 30
Monseigneur-Conseil (R.) **AY** 10	Poste (R. de la) .... **AY** 17	5-Rues (Passage des).. **AY** 31

785

Les Fermes de Marie ⑤, chemin de Riante Colline par ② 𝒫 04 50 93 03 10, *Fax 04 50 93 09 84*, ≼, 🍴, centre de remise en forme, « Anciennes fermes savoyardes reconstituées en hameau », 🛏, ◪, 🎿 – ⚃ ☎ ✆ ⟷ 🅿 – 🅰 15 à 100. 🅰 ⓞ ⌷
19 juin-10 sept. et 18 déc.-10 avril - **Rôtisserie** (dîner seul.) Repas 260 ₽ – **Restaurant à Fromages** (dîner seul) Repas 250 ₽ – ⟳ 80 – **63 ch** (½ pens. seul.), 6 appart, 3 duplex – ½ P 1190/2290

Lodge Park Ⓜ, 100 r. Arly 𝒫 04 50 93 05 03, *Fax 04 50 93 09 52*, ⊒ – ▯ ⚃ ☎ ⟷ – 🅰 50. 🅰 ⓞ ⌷ ⌷⌷ AY s
20 juin-15 sept. et 15 déc.-5 avril – Repas *(fermé le midi sauf sam. et dim.)* carte 220 à 370 – ⟳ 80 – **39 ch** 1330/1870, 11 appart – ½ P 940/1170

Chalet du Mont d'Arbois ⑤, 447 chemin de la Rocaille (par rte Mt-d'Arbois) 𝒫 04 50 21 25 03, *Fax 04 50 21 24 79*, ≼, 🍴, 🛏, ◪, 🎿, ✥ – ▯ ⚃ ☎ ✆ 🅿. 🅰 ⓞ ⌷
16 juin-fin sept. et 15 déc.-fin mars – Repas *(fermé le midi en juin, sept. et janv.)* 280 (déj.), 350/700, enf. 120 – ⟳ 120 – **23 ch** 1950/5250, 6 appart – ½ P 1575/2540 BY p

Chalet St-Georges Ⓜ, 159 r. Mgr Conseil 𝒫 04 50 93 07 15, *Fax 04 50 21 51 18*, 🍴, 🛏 – ▯ ⚃ ☎ ✆ ⟷ – 🅰 20. 🅰 ⓞ ⌷⌷ ✥ rest AY n
25 juin-20 sept. et 15 déc.-23 avril – **Table du Pêcheur** (juil.-août et 15 déc.-31 mars) Repas *(120)*- carte 180 à 240 ₽, enf. 75 – **Table du Trappeur** *(25/6-30/9, 30/10-15/4 et fermé lundi, mardi et merc. de nov. au 15 déc.)* Repas *(120)*- carte 190 à 280 ₽, enf. 75 – ⟳ 85 – **19 ch** 800/1550, 4 appart – ½ P 800/1100

Mont-Blanc sans rest, pl. Église 𝒫 04 50 21 20 02, *Fax 04 50 21 45 28*, ◪ – ▯ ⚃ ☎. 🅰 ⓞ ⌷⌷ ⌷⌷ AY r
fermé 1ᵉʳ mai au 10 juin – ⟳ 80 – **40 ch** 1330/3320

Fer à Cheval ⑤, 36 rte Crêt d'Arbois 𝒫 04 50 21 30 39, *Fax 04 50 93 07 60*, 🍴, 🛏, ◪ – ▯, ☰ rest, ⚃ ☎ ✆ ⟷ 🅿 – 🅰 70. 🅰 ⌷⌷. ✥ rest BY a
mi-juin-mi-sept. et mi-déc.-mi-avril – Repas carte 320 à 420 – ⟳ 55 – **38 ch** 950/1560, 9 appart – ½ P 800/1030

Grange d'Arly ⑤, 10 r. Allobroges 𝒫 04 50 58 77 88, *Fax 04 50 93 07 13*, 🍴 – ▯ ⚃ ☎ ✆ ⟷ 🅿 – 🅰 15. 🅰 ⓞ ⌷⌷ ⌷⌷. ✥ AY t
fin juin-fin oct. et mi-déc.-mi-avril – Repas *(fin juin-début sept. et mi-déc.-mi-avril)* (dîner seul.) 150 – ⟳ 50 – **22 ch** 950/1580, 3 appart – ½ P 630/715

Triolet ⑤ sans rest, 73 impasse des Cerisiers 𝒫 04 50 21 08 96, *Fax 04 50 74 68 75*, ≼ – ⚃ ☎ ⟷. 🅰 ⌷⌷ AZ u
Noël-Pâques – ⟳ 110 – **10 ch** 1050, 3 appart

Chaumine ⑤ sans rest, 36 chemin des Bouleaux par chemin du Maz 𝒫 04 50 21 37 05, *Fax 04 50 21 37 21*, ≼, 🎿 – ⚃ ☎ ⟷. ✥ BZ v
30 juin-4 sept. et 15 déc.-15 avril – ⟳ 40 – **13 ch** 480/550

Au Vieux Moulin ⑤, 188 r. A. Martin 𝒫 04 50 21 22 29, *Fax 04 50 93 07 91*, 🍴, ◪ – ▯ ⚃ ☎ ✆ 🅿 – 🅰 20. 🅰 ⌷⌷. ✥ AY h
1ᵉʳ juin-15 oct. et 15 déc.-15 avril – Repas 160/200 ₽, enf. 60 – ⟳ 50 – **38 ch** 980/1480 – ½ P 765/900

Prairie sans rest, r. Ch. Feige 𝒫 04 50 21 48 55, *Fax 04 50 21 42 13*, 🎿 – ▯ ⚃ ☎ ✆ ⟷ 🅿 – 🅰 25. ⓞ ⌷⌷ ⌷⌷ BY d
24 juin-17 sept. et 16 déc.-mi-avril – ⟳ 49 – **32 ch** 630/900

Au Coin du Feu, 252 rte Rochebrune 𝒫 04 50 21 04 94, *Fax 04 50 21 20 15*, ≼ – ▯ ⚃ ☎. 🅰 ⓞ ⌷⌷ AZ t
22 juil.-31 août et 17 déc.-4 avril – **Saint Nicolas** 𝒫 04 50 21 41 75 *(mi-déc.-début avril)* Repas 230/300 ₽ – ⟳ 23 – **23 ch** 990/1620 – ½ P 760/790

Coeur de Megève, 44 av. Ch. Feige 𝒫 04 50 21 25 30, *Fax 04 50 91 91 27*, 🍴 – ▯ ⚃ ☎ ✆ 🛏. 🅰 ⌷⌷ AY u
hôtel : fermé merc. hors saison – Repas *(ouvert juil.-août et déc.-avril)* 98/149 ₽, enf. 45 – ⟳ 50 – **38 ch** 600/1650, 5 appart – ½ P 500/1025

Ferme Hôtel Duvillard, 3048 rte Mt-d'Arbois 𝒫 04 50 21 14 62, *Fax 04 50 21 42 82*, ≼, 🍴, ◪, 🎿 – ⚃ ☎ 🅿. 🅰 ⓞ ⌷⌷ BZ u
20 juin-20 sept. et 20 déc.-15 avril – Repas 155 (déj.)/172 ₽ – ⟳ 65 – **19 ch** 764/1341 – ½ P 687/845

Alpina, r. St-Jean 𝒫 04 50 21 54 77, *Fax 04 50 21 53 79* – ⚃ ☎. 🅰 ⓞ ⌷⌷ AY e
fermé 30 mai au 30 juin – **Savoyard** 𝒫 04 50 58 71 72 *(fermé lundi sauf vacances scolaires)* Repas 100(déj)/200 ₽, enf. 65 – ⟳ 30 – **14 ch** 520/710

L'Auguille ⑤ sans rest, chemin de l'Auguille 𝒫 04 50 21 40 00, *Fax 04 50 21 53 20*, ≼, 🎿 – ▯ ⚃ ☎ ⟷ 🅿. ⌷⌷. ✥ AY v
1ᵉʳ juin-30 sept. et 15 déc.-20 avril – ⟳ 35 – **11 ch** 350

🏠 **Gai Soleil**, rte Crêt du Midi ℰ 04 50 21 00 70, Fax 04 50 58 74 50, ≤, ☒ – ⊡ ☎ 🅿, 🆎 ⑩ ⅁ⅉⅎ, ⅏ rest
AZ f
15 juin-15 sept. et 15 déc.-15 avril – **Repas** 90/300 – ☲ 45 – **20 ch** 500 – ½ P 400

🏠 **Alp'Hôtel**, 434 rte Rochebrune ℰ 04 50 21 07 58, Fax 04 50 21 13 82 – ⊡ ☎ 🅿, ⅁⅊.
AZ r
⅏ rest
1ᵉʳ juil.-15 sept. et 20 déc.-15 avril – **Repas** (65) - 100/115 – ☲ 38 – **20 ch** 300/500 –
½ P 355/395

🐾 **Rond-Point d'Arbois**, 111 rte Mt-d'Arbois ℰ 04 50 21 17 50, Fax 04 50 58 90 24, 🌿 –
ⅆ ⊡ ☎, 🆎 ⅁⅊ BY r
Repas (dîner seul.) 85 – ☲ 35 – **13 ch** 400/530 – ½ P 360

🍴🍴🍴🍴 **Ferme de mon Père**, 367 rte du Crêt ℰ 04 50 21 01 01, Fax 04 50 21 43 43, « Reconstitution d'une vieille ferme savoyarde-évocation de la vie paysanne d'antan » – 🅿, 🆎 ⑩
⅁⅊ BY k
15 déc.-20 mars et fermé lundi midi, mardi midi et merc. midi – **Repas** 795/995 et carte 950
et 1200

🍴🍴 **Flocons de Sel**, 75 r. St-François ℰ 04 50 21 49 99, Fax 04 50 21 68 22 – ⅁⅊ AY a
fermé 1ᵉʳ au 21 mai, 6 nov. au 3 déc., lundi midi en saison, mardi et merc. hors saison –
Repas 110 (déj.), 190/310 ⅉ, enf. 80

🍴🍴 **Taverne du Mont d'Arbois**, 2811 rte Mt-d'Arbois ℰ 04 50 21 03 53, 🍽, « Chalet
savoyard » – 🆎 ⅁⅊ BZ f
fermé mai, 15 nov. au 15 déc., lundi, mardi et merc. d'avril à mi-juin et en oct.-nov. – **Repas**
110 (déj.), 150/350

🍴🍴 **Michel Gaudin**, carrefour d'Arly (N 212) ℰ 04 50 21 02 18, Fax 04 50 21 02 18 – ⅁⅊
fermé lundi et mardi hors saison – **Repas** 118/395 ⅉ AY d

🍴 **Prieuré**, pl. Église ℰ 04 50 21 01 79, Fax 04 50 21 01 79 🍽 – 🆎 ⑩ ⅁⅊ AY z
fermé 20 mai au 15 juin, 5 nov. au 15 déc., dim. soir et lundi du 15 sept. au 5 nov. – **Repas**
119/250 ⅉ

🍴 **Vieux Megève**, 58 pl. Résistance ℰ 04 50 21 16 44, Fax 04 50 93 06 69 – ⅁⅊ BY n
10 juil.-10 sept. et 15 déc.-10 avril – **Repas** carte 160 à 300 ⅉ, enf. 75

🍴 **Jacques Mégean**, 489 rte Nationale ℰ 04 50 21 26 82, Fax 04 50 21 26 82, 🍽 – ⅁⅊
fermé 1ᵉʳ au 20 mai, 15 au 30 nov., dim. soir et lundi hors saison – **Repas** (prévenir) 120 (déj.),
220/600

au sommet du Mont d'Arbois par télécabine du Mt d'Arbois ou télécabine de la Princesse –
✉ 74170 St-Gervais :

🏠🏠 **Igloo** Ⓜ ≤, ℰ 04 50 93 05 84, Fax 04 50 21 02 74, ✳ chaîne du Mont Blanc, 🍽, ☒ – ⊡
☎ ⅏ – 🍴 25. 🆎 ⅁⅊ ⅉⅉⅇ
20 juin-15 sept. et 18 déc.-20 avril – **Repas** 130/220 ⅉ – ☲ 70 – **12 ch** (½ pens. seul.) –
½ P 630/1050

🍴 **Idéal**, ℰ 04 50 21 31 26, ✳ de la chaîne des Aravis au Mont-Blanc, 🍽 – 🆎 ⅁⅊
15 déc.-15 avril – **Repas** (déj. seul.) 160

voir aussi à St-Gervais-les-Bains : **Chez la Tante** 🏠

à la Côte 2000 Sud-Est : 8 km par rte Mont d'Arbois - BZ - alt. 1450 - ✉ 74120 Megève :

🍴 **Côte 2000**, ℰ 04 50 21 31 84, Fax 04 50 21 59 30, ≤, 🍽, « Authentique chalet
savoyard » – 🆎 ⅁⅊
juil.-août et 22 déc.-mi-avril – **Repas** 160/250 ⅉ

à Leutaz Sud-Ouest : 4 km par rte du Bouchet AZ - ✉ 74120 Megève :

🍴🍴 **La Sauvageonne-Chez Nano**, ℰ 04 50 91 90 81, Fax 04 50 58 75 44, ≤, 🍽,
« Ancienne ferme aménagée » – ⅁⅊
1ᵉʳ juil.-15 sept., 20 oct.-4 nov. et 15 déc.-1ᵉʳ mai – **Repas** 170 (déj.) et carte 250 à 330 ⅉ

MEHUN-SUR-YÈVRE 18500 Cher 🔢 ⑳ G. Berry Limousin – 7 227 h alt. 130.
🅱 Office de Tourisme pl. 14-Juillet ℰ 02 48 57 35 51, Fax 02 48 57 13 40.
Paris 226 – Bourges 18 – Cosne-sur-Loire 68 – Gien 77 – Issoudun 32 – Vierzon 16.

🍴🍴🍴 **Les Abiès**, rte Vierzon ℰ 02 48 57 39 31, Fax 02 48 57 00 70, 🍽 – 🅿, 🆎 ⅁⅊
fermé 31 juil. au 7 août, 28 oct. au 6 nov., 17 fév. au 12 mars, dim. soir, merc. soir et lundi –
Repas 98/220 ⅉ

MEISENTHAL 57960 Moselle **57** ⑰ – 793 h alt. 380.

Paris 428 – Strasbourg 64 – Haguenau 44 – Sarreguemines 38 – Saverne 39.

🏠 **Auberge des Mésanges** ⬿, ℰ 03 87 96 92 28, Fax 03 87 96 99 14, 霜 – 📺 ☎ 🅿. 🅖🅑
  fermé fév. – **Repas** (fermé dim. soir et lundi sauf juil.-août) 50 (déj.), 78/120 ⅂, enf. 35 –
  ☑ 40 – **20 ch** 240/290 – ½ P 280

MÉJANNES-LÈS-ALÈS 30 Gard **80** ⑱ – rattaché à Alès.

MÉLISEY 70270 H.-Saône **66** ⑦ G. Jura – 1 805 h alt. 330.

🅱 Office de Tourisme du Canton de Melisey pl. de la Gare ℰ 03 84 63 22 80.

Paris 397 – Épinal 63 – Belfort 33 – Besançon 91 – Lure 13 – Luxeuil-les-Bains 21.

✗ **Bergeraine**, ℰ 03 84 20 82 52, Fax 03 84 20 04 47, 霜 – ☰ 🅿. 🅐🅔 🅖🅑 🅹🅲🅱
  fermé 30 juin au 12 juil., mardi soir et merc. sauf du 12 juil. au 15 août – **Repas** 65 (déj.),
  80/280 ⅂, enf. 45

MELLE 79500 Deux-Sèvres **72** ② – 4 003 h alt. 138.

🅱 Office de Tourisme 3 r .Emilien Traver ℰ 05 49 29 15 10, Fax 05 49 29 19 83.

Paris 397 – Poitiers 61 – Niort 29 – St-Jean-d'Angély 45.

✗✗ **Les Glycines** avec ch, 5 pl. R. Boussard ℰ 05 49 27 01 11, Fax 05 49 27 93 45 – 📺 ☎. 🅐🅔
  🅖🅑 – fermé 8 au 14 janv., dim. soir et lundi de nov. à mars – **Repas** 80/240 ⅂, enf. 60 – ☑ 38
  – **7 ch** 215/300 – ½ P 230/260

MELUN 🅿 77000 S.-et-M. **61** ②, **106** ㊺ G. Ile de France – 35 319 h Agglo. 107 705 h alt. 43.

Env. Vaux-le-Vicomte : château★★ et jardins★★★ 6 km par②.

🅱 Office de Tourisme 2 av. Gallieni ℰ 01 64 37 11 31, Fax 01 64 10 03 25.

Paris 48 ⑧ – Fontainebleau 17 ⑤ – Orléans 104 ⑥ – Troyes 128 ③.

Plan page ci-contre

🏨 **Bleu Marine**, par ⑤ : 2,5 km rte Fontainebleau ℰ 01 64 39 04 40, Fax 01 64 39 94 10,
  霜 , parc, 🏋, ⅄, ✼ – 🛗 ✼ 📺 ☎ 🅿 – 🅰 150. 🅐🅔 🅞 🅖🅑
  Repas (95) -145 ⅂, enf. 49 – ☑ 59 – **49 ch** 390/580

🏨 **Clarine** 🅼, par ① : 2 km, Z.A. St-Nicolas ℰ 01 64 52 41 41, Fax 01 64 52 26 00, 霜 – 🛗 ✼   X n
  ☰ 📺 ☎ ✆ 🕭 🅿 – 🅰 60. 🅐🅔 🅞 🅖🅑
  Repas (fermé sam. et dim.) (63) -83/129 🍴, enf. 39 – ☑ 38 – **54 ch** 295/350

✗✗ **Melunoise**, 5 r. Gâtinais ℰ 01 64 39 68 27, Fax 01 64 39 81 81 – 🅞 🅖🅑   X b
  fermé 1ᵉʳ au 20 août, vacances de fév., sam. et le soir sauf jeudi et vend. – **Repas** (98) -
  149/250, enf. 70

✗✗ **Mariette**, 31 r. St-Ambroise ℰ 01 64 37 06 06, Fax 01 64 37 00 47 – ☰. 🅖🅑   AZ a
  fermé 1ᵉʳ au 21 août, merc. soir et dim. – **Repas** (98) -145/195

✗✗ **Marotte**, 9 bd Gambetta ℰ 01 64 52 79 79, Fax 01 64 52 63 37, « Ancien caveau médié-
  val » – 🅖🅑   BZ e
  Repas (79) -145 ⅂ – **Fablier** ℰ 01 64 52 78 78 (fermé 1ᵉʳ au 31 août, dim. soir, lundi et mardi)
  Repas 190bc/230

à Crisenoy par② : 10 km – 580 h. alt. 89 – ⊠ 77390 :

✗✗✗ **Auberge de Crisenoy**, r. Grande ℰ 01 64 38 83 06, Fax 01 64 38 83 06, 霜 – 🅐🅔 🅖🅑
  fermé 31 juil. au 21 août, vacances de fév., dim. soir , merc. soir et lundi – **Repas** 115 (déj.),
  165/225 et carte 230 à 330, enf. 65

à Vaux-le-Pénil Sud-Est : 3 km – 8 143 h. alt. 60 – ⊠ 77000 :

✗✗✗ **Table St-Just**, r. Libération (près Château) ℰ 01 64 52 09 09, Fax 01 64 52 09 09 – 🅿. 🅐🅔
  🅖🅑 – fermé 1ᵉʳ au 8 mai, 7 au 28 août, 25 déc. au 31 janv., sam. midi et dim. – **Repas**
  145/280 et carte 275 à 390   X s

au Plessis-Picard par⑧ : 8 km – ⊠ 77550 :

✗✗✗ **Mare au Diable**, ℰ 01 64 10 20 90, Fax 01 64 10 20 91, 霜 , ⅄, ✼ – 🅿. 🅐🅔 🅞 🅖🅑
  fermé dim. soir et lundi – **Repas** (100) -155/350 et carte 290 à 420 ⅂, enf. 55

à Pouilly-le-Fort par⑨ : 6 km – ⊠ 77240 :

✗✗✗ **Pouilly**, r. Fontaine ℰ 01 64 09 56 64, Fax 01 64 09 56 64, 霜 , « Ancienne ferme
  briarde », 🛋 – 🅿. 🅐🅔 🅞 🅖🅑
  fermé 13 août au 4 sept., 23 au 27 déc., dim. soir et lundi – **Repas** 165/420 et carte 360 à
  440

MELUN

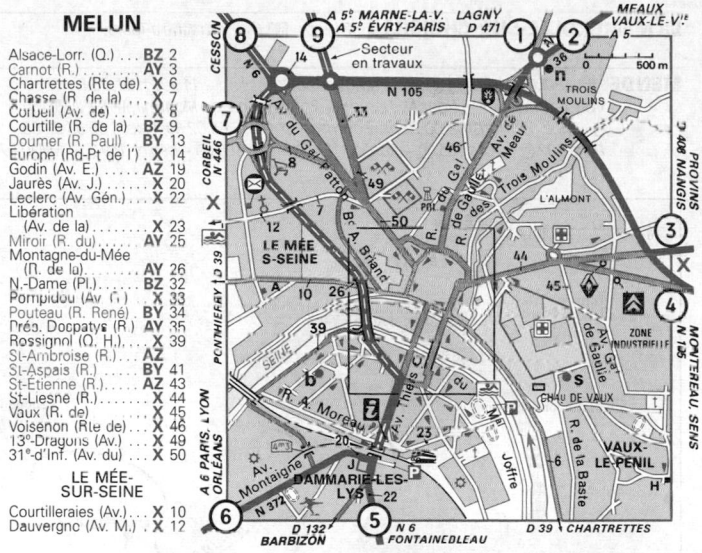

789

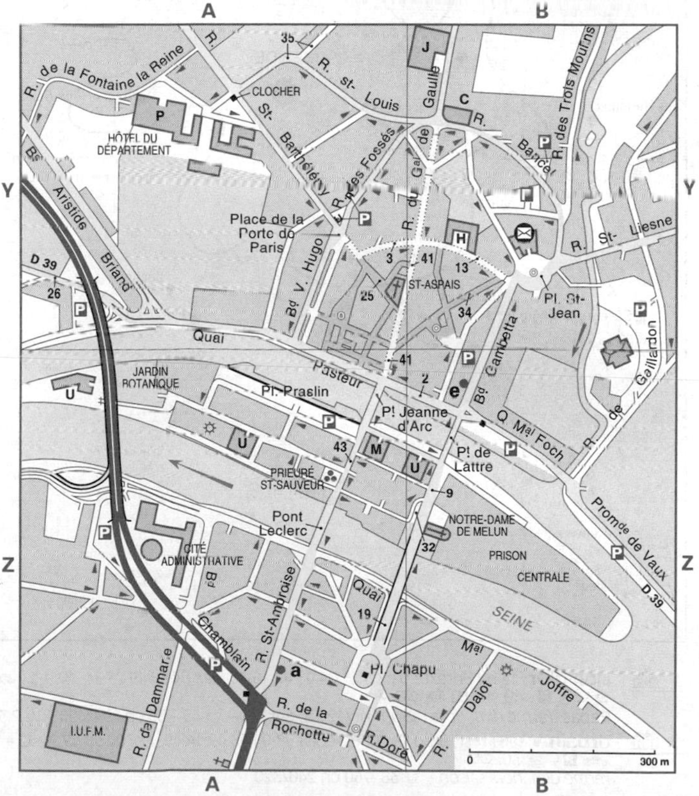

La **MEMBROLLE-SUR-CHOISILLE** *37 I.-et-L.* **64** ⑮ *– rattaché à Tours.*

MENDE Ⓟ *48000 Lozère* **80** ⑤ ⑥ *G. Languedoc Roussillon – 11 286 h alt. 731.*

Voir *Cathédrale★ – Pont N.-Dame★ – Route du col de Montmirat★★ par* ③.

ℹ *Office de Tourisme bd Henri-Bourrillon ☏ 04 66 65 02 69, Fax 04 66 65 02 69.*

Paris 592 ① *– Alès 103* ③ *– Aurillac 154* ① *– Gap 308* ② *– Issoire 139* ① *– Millau 97* ③.

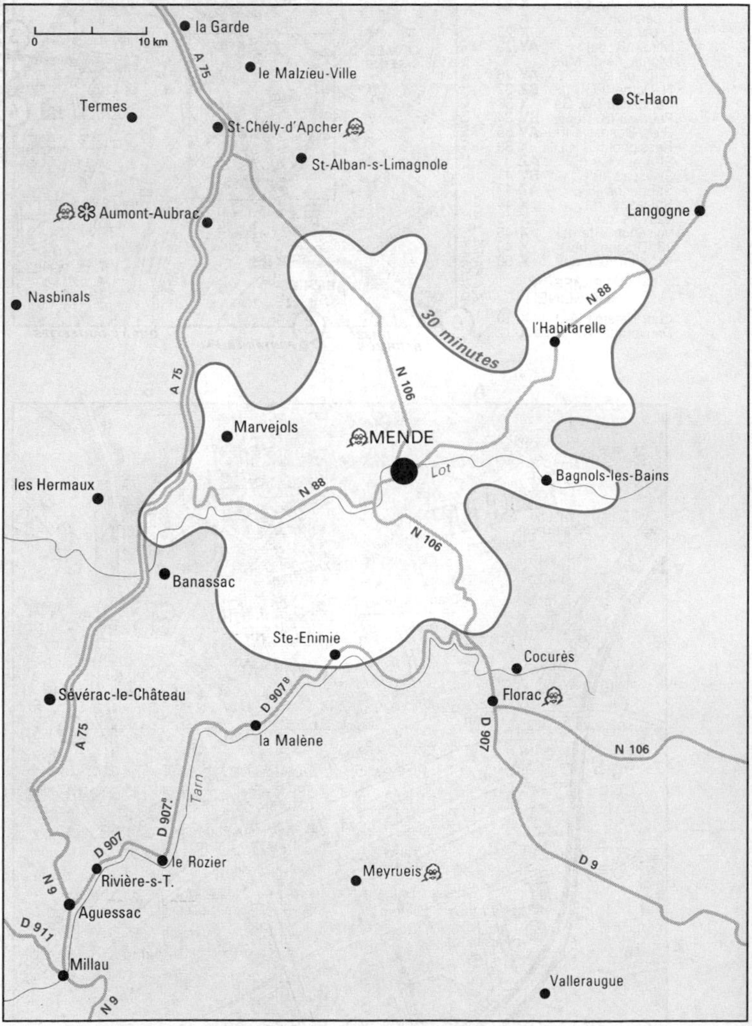

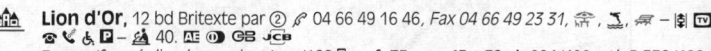

0
10 km
la Garde
A 75
le Malzieu-Ville
Termes
St-Chély-d'Apcher
St-Haon
St-Alban-s-Limagnole
Aumont-Aubrac
Langogne
Nasbinals
N 88
l'Habitarelle
30 minutes
N 106
A 75
Marvejols
MENDE
Lot
Bagnols-les-Bains
les Hermaux
N 88
N 106
Banassac
Ste-Enimie
Cocurès
Florac
Sévérac-le-Château
D 907B
D 907
la Malène
A 75
N 106
Tarn
D 907B
D 907
le Rozier
D 9
Meyrueis
Rivière-s-T.
N 9
Aguessac
D 911
Millau
Valleraugue
N 9

Lion d'Or, 12 bd Britexte par ② ☏ 04 66 49 16 46, *Fax 04 66 49 23 31*, ⛱, 🏊, 🌳 – |♦| 📺 ☎ ☏ ♿ 🅿 – 🏛 40. AE ⓓ GB JCB
Repas *(fermé dim. hors saison)* 110/190 ♀, enf. 75 – ☕ 45 – **39 ch** 294/490 – 1/2 P 330/400

Urbain V sans rest, 9 bd Th. Roussel (s) ☏ 04 66 49 14 49, *Fax 04 66 49 20 42* – |♦| 📺 ☎ 🚗 🅿 – 🏛 30. GB
fermé dim. hors saison – ☕ 38 – **60 ch** 240/320

MENDE

*Pour un bon usage
des plans de villes,
voir les signes
conventionnels
dans l'introduction.*

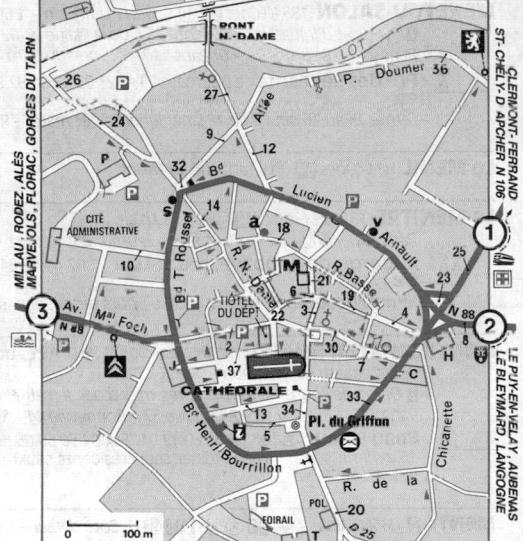

🏨 **Pont Roupt**, av. 11-Novembre par ③ 𝓟 04 66 65 01 43, Fax 04 66 65 22 96, ☘, ▦ – 🛗 🔟 🕿 ✆ 🅿, 🆎 ⑩ 🆖 🥐
fermé mars, sam. midi et dim. hors saison – **Repas** (49) - 148/260 🍷 – 🖙 48 – **26 ch** 280/420 – ½ P 390

🏨 **France**, 9 bd L. Arnault (v) 𝓟 04 66 65 00 04, Fax 04 66 49 30 47, 🍴 – 🔟 🕿 ✆ 🚗, 🆖
fermé 15 déc. au 1er mars – **Repas** (fermé dim. soir et lundi hors saison) (70) - 95/140 🍷, enf. 40 – 🖙 36 – **28 ch** 220/400 – ½ P 265/305

🍽 **Mazel**, 25 r. Collège (a) 𝓟 04 66 65 05 33, Fax 04 66 65 05 33 – 🆖
fermé 21 au 30 nov., 23 fév. au 13 mars, lundi soir et mardi – **Repas** (60) - 80/140 🍷

à Chabrits *Nord-Ouest par ③ et D 42 · 5 km* – ⊠ 48000 Mende :

🍽🍽 **Safranière**, 𝓟 04 66 49 31 54, « Cadre moderne » – ⑩ 🆖
fermé 28 fév. au 25 mars, 11 au 18 sept., dim. soir et lundi – Repas (prévenir) 110/270 🍷

MÉNERBES 84560 Vaucluse 🎱🎱 ⑬ G. Provence – 1 118 h alt. 224.
Voir ≤★ du chevet de l'église.
Paris 717 – Avignon 40 – Aix-en-Provence 55 – Apt 23 – Carpentras 36 – Cavaillon 16.

🏨 **Hostellerie Le Roy Soleil** ⑤, Nord : 2 km par D 103 𝓟 04 90 72 25 61, Fax 04 90 72 36 55, ≤, 🍴, ▤, 🌳, 🍽 – 🔟 🕿 🅿, 🆎 🆖, 🦢 rest
hôtel : 15 mars-30 nov. ; rest. : 15 mars-30 oct. – **Repas** 160 (déj.), 195/520 🍷 – 🖙 80 – **19 ch** 680/1200 – ½ P 690/950

MÉNESQUEVILLE 27850 Eure 🎱🎱 ⑦ G. Normandie Vallée de la Seine – 358 h alt. 65.
Paris 101 – Rouen 28 – Les Andelys 15 – Évreux 59 – Gournay-en-Bray 33 – Lyons-la-Forêt 8.

🏨 **Relais de la Lieure** ⑤, 𝓟 02 32 49 06 21, Fax 02 32 49 53 87, 🍴, 🌳 – 🔟 🕿 ✆ 🅿, ⑩ 🆖
fermé 20 déc. au 10 janv. – **Repas** (fermé dim. soir et lundi d'oct. à avril) 85/270 🍷, enf. 65 – 🖙 45 – **16 ch** 290/350 – ½ P 300/340

MÉNESTEROL 24 Dordogne 🎱🎱 ③ ⑬ – rattaché à Montpon-Ménesterol.

*Si vous cherchez un hôtel tranquille,
consultez d'abord les cartes de l'introduction
ou repérez dans le texte les établissements indiqués avec le signe* ⑤.

MENETOU-SALON *18510 Cher* 🔢 ⑪ *G. Berry Limousin – 1 600 h alt. 256.*

🛈 *Syndicat d'Initiative (avril-sept.) 23 r. de la Mairie 𝒫 02 48 64 87 57, Fax 02 48 64 87 57.*
Paris 214 – Bourges 21 – Orléans 110 – Cosne-sur-Loire 47 – Gien 61 – Vierzon 38.

✕   **Pré des Sèves,** rte de Bourges : 2 km 𝒫 02 48 64 82 98, Fax 02 48 64 18 78, 🍴, 🐂 – 🅿.
GB

fermé 15 au 26 oct., 3 au 18 janv., lundi soir et mardi – Repas 95/200 ♀

Le MÉNIL *88 Vosges* 🔢 ⑧ *– rattaché au Thillot.*

La MÉNITRÉ *49250 M.-et-L.* 🔢 ⑪ *– 1 780 h alt. 21.*
Paris 300 – Angers 27 – Baugé 23 – Saumur 25.

✕✕   **Auberge de l'Abbaye,** port St-Maur 𝒫 02 41 45 64 67, Fax 02 41 45 64 67 – 🅿. AE ➊
GB

fermé 26 août au 11 sept., mardi soir hors saison, dim. soir et lundi – Repas 103/200 ♀

MENTHON-ST-BERNARD *74290 H.-Savoie* 🔢 ⑥ *G. Alpes du Nord – 1 517 h alt. 482.*
Voir *Château de Menthon★ : ⩽★ E : 2 km.*
🛈 *Office de Tourisme (fermé après-midi d'oct. à mai) 𝒫 04 50 60 14 30, Fax 04 50 60 22 19.*
Paris 549 – Annecy 10 – Albertville 37 – Bonneville 44 – Megève 52 – Talloires 3 – Thônes 13.

🏠   **Beau Séjour** 🦢, 𝒫 04 50 60 12 04, Fax 04 50 60 05 56, 🍴, parc – 🕿 🅿. ⅀ rest
*15 avril-fin sept. – Repas (dîner seul.)(résidents seul.) 160/200 – � 45 – **18 ch** 390/450 –
½ P 435/450*

MENTON *06500 Alpes-Mar.* 🔢 ⑩ ⑳, 🔢 ㉘ *G. Côte d'Azur – 29 141 h – Casino du Soleil* **AZ.**
Voir *Site★★ – Vieille ville★★ : Parvis St-Michel★★, Façade★ de la Chapelle de la Conception*
BYB *– ⩽★ du cimetière Anglais* **BXD** *– Promenade du Soleil★★, ⩽★ de la jetée Impératrice-
Eugénie* **BV** *– Jardin botanique exotique★* **BVE** *– Salle des mariages★ de l'Hôtel de Ville*
BYH, Musée des beaux arts★ (Palais Carnolès) **AXM1.**
Env. *Site★ de Gorbio★ : 9 km.*
🛈 *Office de Tourisme 8 av. Boyer 𝒫 04 92 41 76 76, Fax 04 92 41 76 78 et Port Public
𝒫 04 93 28 26 27.*
Paris 961 ③ – Monaco 12 ③ – Cannes 63 ① – Cuneo 100 ① – Nice 30 ①.

Plan page ci-contre

🏨   **Ambassadeurs** Ⓜ, 3 rue Partouneaux 𝒫 04 93 28 75 75, Fax 04 93 35 62 32, 🍴, « Élégante installation » – 🛗 ▥ 📺 🕿 ♿, 🚗 – 🚲 80. AE ➊ GB JCB. ⅀ rest   **AY k**
*Café Fiori (fermé 3 janv. au 10 fév., sam. midi et dim) Repas (100)-145/210 ♂, enf. 100 –
� 90 – 47 ch 800/1650*

🏨   **Royal Westminster** Ⓜ, 1510 prom. du Soleil 𝒫 04 93 28 69 69, Fax 04 93 28 09 11 12 30, ⩽,
🐂 – 🛗 ▥ 📺 🕿 ♿ – 🚲 40. AE ➊ GB JCB. ⅀   **BY t**
fermé nov. – Repas 120 ♂ – � 45 – 92 ch 500/770 – ½ P 440/550

🏨   **Riva** Ⓜ sans rest, 600 prom. du Soleil 𝒫 04 92 10 92 10, Fax 04 93 28 87 87, ⩽ – 🛗 ♿ ▥
📺 ♿. AE ➊ GB. ⅀   **AZ n**
� 48 – **40 ch** 590/670

🏨   **Princess et Richmond** sans rest, 617 prom. du Soleil 𝒫 04 93 35 80 20,
Fax 04 93 57 40 20, ⩽, ♿ – 🛗 ▥ 📺 🕿 🅿. AE ➊ GB JCB   **AZ s**
fermé 5 nov. au 19 déc. – � 40 – 46 ch 495/600

🏨   **Aiglon,** 7 av. Madone 𝒫 04 93 57 55 55, Fax 04 93 35 92 39, 🍴, 🏊, 🐂 – 🛗, ▥ ch, 📺 🕿
🅿 AE ➊ GB JCB   **AZ b**
*fermé 5 nov. au 17 déc. – Riaumont : Repas (100)-190/300 ♀, enf. 80 – � 40 – 27 ch
430/720, 3 appart – ½ P 495/580*

🏨   **Prince de Galles,** 4 av. Gén. de Gaulle 𝒫 04 93 28 21 21, Fax 04 93 35 92 91, ⩽, 🍴 – 🛗
📺 ▥ 🅿 – 🚲 25. AE ➊ GB JCB. ⅀ ch   **AX e**
*Petit Prince 𝒫 04 93 41 66 05 Repas 100/400 ♂, enf. 50 – � 45 – 66 ch 420/580 –
½ P 360/440*

🏨   **Chambord** sans rest, 6 av. Boyer 𝒫 04 93 35 94 19, Fax 04 93 41 30 55 – 🛗 ▥ 📺 🕿 🚗.
AE ➊ GB JCB   **AYZ a**
� 35 – **40 ch** 485/550

🏨   **Méditerranée,** 5 r. République 𝒫 04 93 28 25 25, Fax 04 93 57 88 38 – 🛗 ▥ 📺 🕿 ♿, 🚗
– 🚲 30. AE ➊ GB JCB   **BY m**
fermé 9 nov. au 5 déc. – Repas (75)-110 ♂, enf. 45 – � 50 – 90 ch 440/555 – ½ P 350/365

🏨   **Dauphin,** 28 av. Gén. de Gaulle 𝒫 04 93 35 76 37, Fax 04 93 35 31 74, ⩽, 🍴 – 🛗, ▥ ch,
GB 📺 ▥ 🅿. AE ➊ GB JCB   **AZ y**
*fermé 20 oct. au 20 déc. – Repas snack (fermé dim.) 80/160 ♀ – � 40 – 28 ch 365/500 –
½ P 295/360*

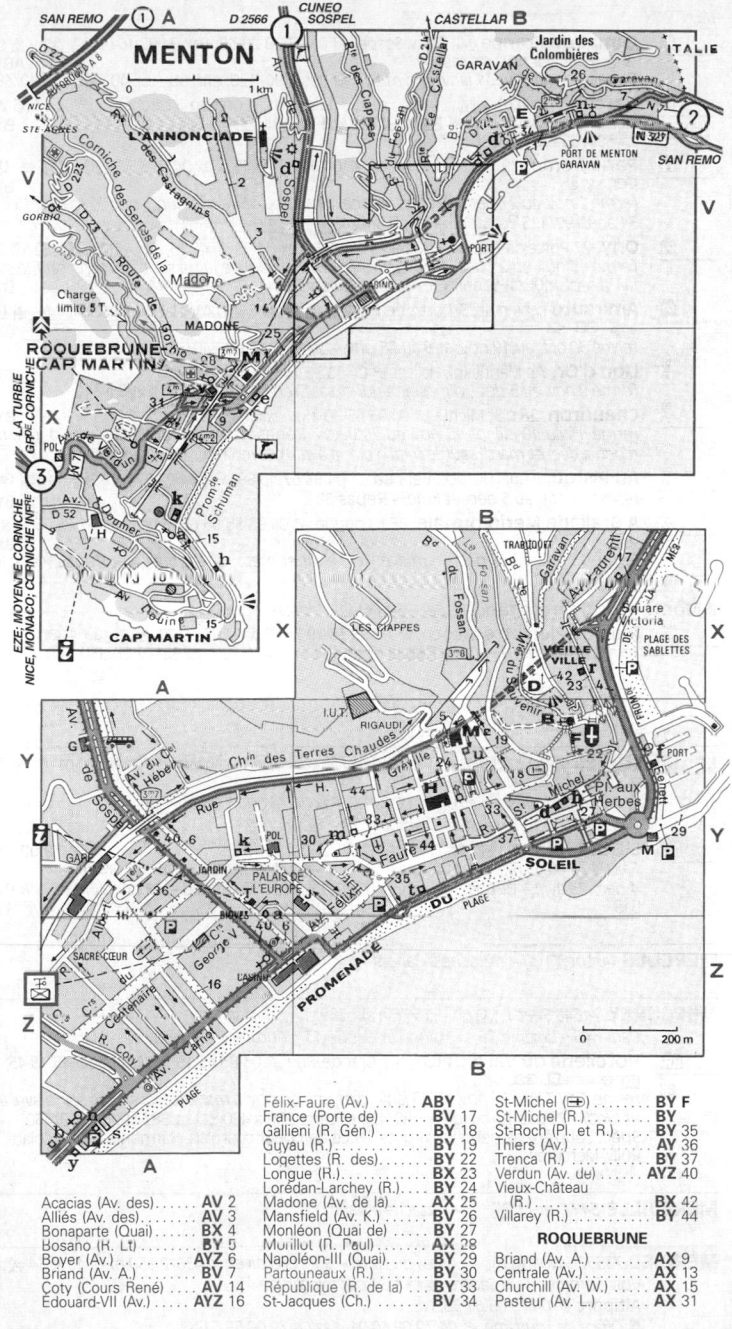

MENTON

Les plans de villes sont orientés le Nord en haut.

🏠 **Climat de France** M, 57 av. Sospel ℰ 04 93 28 28 38, Fax 04 92 10 00 92, 🍽 – ⬛ ☰ 📺 👙 & 🅿. AE ⓞ GB. 🛠 rest
Repas (fermé 7 au 31 janv. et dim.) (dîner seul.) 90/120, enf. 50 – ⬄ 40 – **40 ch** 340/380
ABV d

🏠 **Narev's Hôtel** M sans rest, 12bis r. Lorédan Larchey ℰ 04 93 35 21 31, Fax 04 93 35 21 20 – ⬛ ☰ 📺 👙 & ⬅. AE ⓞ GB JCB
⬄ 39 – **35 ch** 375/550
BY u

🏠 **Paris Rome**, 79 Porte de France ℰ 04 93 35 73 45, Fax 04 93 35 29 30 – 📺 ☎. AE ⓞ GB. 🛠 ch
fermé 2 nov. au 27 déc. – **Repas** (fermé 15 nov. au 15 déc. et lundi sauf le soir du 15 juil. au 31 août) 90/125 ℀ – ⬄ 44 – **22 ch** 340/480
BV n

🏠 **Orly**, 27 Porte de France ℰ 04 93 35 60 81, Fax 04 93 35 49 13, 🍽 – 📺 ☎ 🅿. AE ⓞ GB
fermé 15 nov. au 27 déc. – **Repas** (fermé mardi midi de juil. à sept. et merc. sauf le soir de juil. à sept.) 105/165, enf. 65 – ⬄ 35 – **29 ch** 365/610 – ½ P 330/440
BV d

🏠 **Amirauté** sans rest, 3 Porte de France ℰ 04 93 35 59 41, Fax 04 93 57 74 44 – ⬛ 📺 ☎ ⬅. GB. 🛠
fermé 30 oct. au 19 nov. et 8 au 28 janv. – ⬄ 42 – **18 ch** 540/590
BX s

✕ **Lion d'Or**, 7 r. Marins (pl. Halles) ℰ 04 93 35 74 67, 🍽 – ▤. GB
fermé 9 nov. au 3 déc., dim. soir et lundi sauf fériés – **Repas** carte 220 à 310
BY d

✕ **Chaudron**, 28 r. St Michel ℰ 04 93 35 90 25, Fax 04 93 41 55 48 – GB
fermé 1er au 10 juil. et 15 nov. au 25 déc. – **Repas** (fermé lundi soir de janv. à juin, merc. d'oct. à déc. et mardi sauf le midi d'oct. à avril) (prévenir) 90/170 ℀, enf. 65
BY h

✕ **Au Pistou**, 9 quai Gordon Bennett ℰ 04 93 57 45 89, Fax 04 93 57 45 89, 🍽 – ▤. GB
fermé 15 nov. au 5 déc. et lundi – **Repas** 88 ℀
BY f

✕ **A Braijade Méridiounale**, 66 r. Longue ℰ 04 93 35 65 65, Fax 06 61 61 65 65 – ▤. GB JCB
fermé 15 nov. au 15 déc., le midi en juil.-août et merc. de sept. à juin – **Repas** 108 bc (déj.), 125 bc/245 bc
BX r

à Monti Nord : 5 km par rte de Sospel – ⬚ 06500 Menton :

✕ **Pierrot-Pierrette** avec ch, ℰ 04 93 35 79 76, Fax 04 93 35 79 76, 🏊, 🌳 – GB
fermé 1er déc. au 15 janv. – **Repas** (fermé lundi) 148/198 – ⬄ 35 – **7 ch** 350/400 – ½ P 390

Le Guide change, changez de guide tous les ans.

Les MENUIRES 73 Savoie 77 ⑦ ⑧ G. Alpes du Nord – Sports d'hiver : 1 800/3 200 m ⚡ 9 🎿 36 🎿 – ⬚ 73440 St-Martin-de-Belleville.
🛈 Office de Tourisme ℰ 04 79 00 73 00, Fax 04 79 00 75 06.
Paris 661 – Albertville 50 – Chambéry 99 – Moûtiers 23.

🏨 **L'Ours Blanc** M 🛎, à Reberty 2000, Sud-Est : 1,5 km ℰ 04 79 00 61 66, Fax 04 79 00 63 67, ≤ montagnes, 🍽, 🎣 – ⬛ 📺 ☎ & 🅿 – 🏋 40. AE GB. 🛠
4 déc.-23 avril – **Repas** 100 (déj.), 180/280 ℀, enf. 80 – ⬄ 60 – **49 ch** 720/730 – ½ P 495/515

MERCUÈS 46 Lot 79 ⑧ – rattaché à Cahors.

MERCUREY 71640 S.-et-L. 69 ⑨ – 1 276 h alt. 269.
Paris 345 – Beaune 28 – Chalon-sur-Saône 13 – Autun 40 – Chagny 12 – Mâcon 73.

🏨 **Hôtellerie du Val d'Or** (Cogny), Grande-Rue ℰ 03 85 45 13 70, Fax 03 85 45 18 45, 🌳 – 📺 ☎ ⬅ 🅿. GB. 🛠
❀
fermé 3 au 7 juil., 26 nov. au 15 janv., dim. soir de nov. à mars, mardi sauf le soir d'avril à nov. et lundi – **Repas** 130 bc (déj.), 180/420 et carte 250 à 420 ℀ – ⬄ 58 – **13 ch** 350/450
Spéc. Soupière de petits escargots. Pièce de boeuf charolais. Harmonie de chocolats. **Vins** Rully, Mercurey.

MÉRÉVILLE 54 M.-et-M. 62 ⑤ – rattaché à Nancy.

MÉRIBEL 73550 Savoie 74 ⑱ G. Alpes du Nord – Sports d'hiver : 1 450/2 950 m ⚡ 16 🎿 34 🎿.
Voir Sommet de la Saulire ✳✳✳ SE par télécabine.
Altiport ℰ 04 79 08 61 33, NE.
🛈 Office de Tourisme ℰ 04 79 08 60 01, Fax 04 79 00 59 61.
Paris 653 ① – Albertville 43 ① – Annecy 87 ① – Chambéry 91 ① – Moûtiers 16 ①.

🏨🏨 **Grand Coeur** ⑤, (a)
ℰ 04 79 08 60 03, Fax 04 79 08 58 38, ≤, 余, ₺, ⌁ –
🛗 📺 ☎ ↻ P. 🅰🅴 ⓞ 🆖
JCB
15 déc.-15 avril – **Repas** 250 (déj.), 320/400 – **37 ch** ☷ 1300/3000, 4 appart – ½ P 1225/1600

🏨 **Allodis** M ⑤, au Belvédère (d) ℰ 04 79 00 56 00, Fax 04 79 00 59 28, ≤ montagnes, 余, ₺, ⌁ – 🛗 📺 ☎ & ↻ P – 🔬 100 🆖
※ rest
1ᵉʳ juil.-31 août et 15 déc.-24 avril – **Repas** 180 (déj.), 220/380 ☷ – ☷ 70 – **37 ch** 1420/2050, 3 duplex – ½ P 1290/1540

🏨🏨 **Yeti** M ⑤, rd-pt des Pistes (p) ℰ 04 79 00 51 15, Fax 04 79 00 51 73, ≤, 余, ⌁ – 🛗 📺 ☎ & ↻ – 🔬 25. 🅰🅴 ⓞ 🆖. ※
1ᵉʳ juil.-28 août et 15 déc.-26 avril – **Repas** 125 (déj.), 175/260, enf. 120 – ☷ 60 – **25 ch** 990/1200, 5 appart, 3 duplex – ½ P 1050

🏨 **Alba** M ⑤, rd-pt des Pistes (f) ℰ 04 79 08 55 55, Fax 04 79 00 55 63, ≤, 余 – 🛗 📺 ☎ & ↻ – 🔬 30. 🆖. ※ rest
15 déc.-15 avril – **Repas** (98) 140 (déj.), 180/310 ☷ – ☷ 75 – **20 ch** 800/1400 – ½ P 850/950

🏨 **Marie-Blanche** M ⑤, rte Renarde (h) ℰ 04 79 08 65 55, Fax 04 79 08 57 07, ≤, 余 – 🛗 📺 ☎ & P. 🅰🅴 🆖. ※ rest
1ᵉʳ juil.-10 sept. et 15 déc.-25 avril – **Repas** 180 (dîner) et carte 180 à 290 – ☷ 60 – **20 ch** 900/1440 – ½ P 820/920

🏨 **Orée du Bois** ⑤, rd-pt des Pistes (k) ℰ 04 79 00 50 30, Fax 04 79 08 57 52, ≤, 余, ⌁ – 🛗 📺 ☎. 🅰🅴 ⓞ 🆖. ※
juil.-août et Noël-Pâques – **Repas** 150 (déj.), 210/240, enf. 80 – ☷ 80 – **35 ch** 750/950 – ½ P 690/790

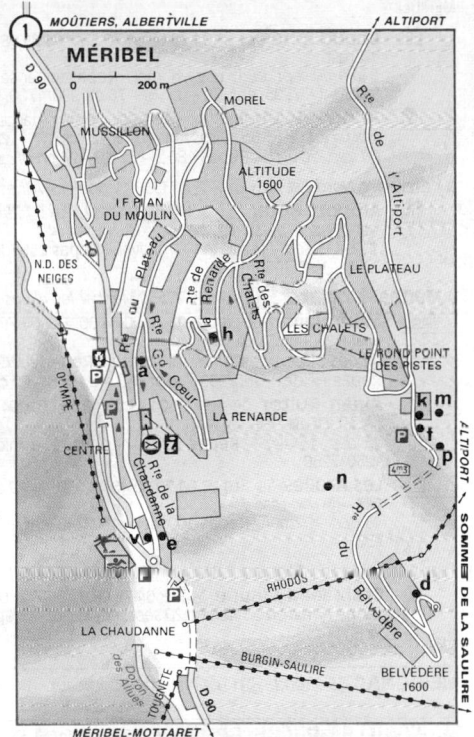

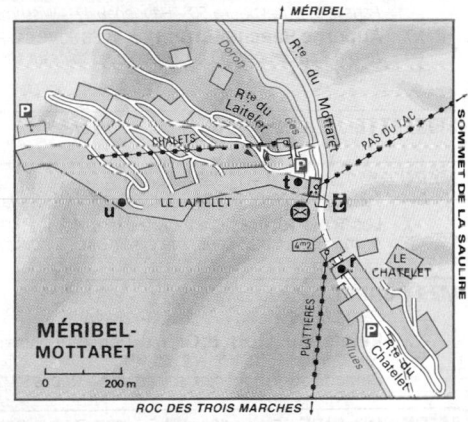

🏨 **Mérilys** ⑤ sans rest, rd-pt des Pistes (m) ℰ 04 79 08 69 00, Fax 04 79 08 68 99, ≤ – 🛗 📺 ☎ & ↻. 🆖
1ᵉʳ juil.-31 août et 18 déc.-22 avril – ☷ 60 – **28 ch** 721/1190

🏨 **Tremplin** M sans rest, (v) ℰ 04 79 00 38 50, Fax 04 79 08 57 75, ≤, ₺, ⌁ – 🛗 📺 ☎ ↻ ↻. 🔬 30. 🆖
15 juin-30 sept. et 1ᵉʳ déc.-1ᵉʳ mai – ☷ 75 – **41 ch** 900/1380

795

🏠 **Chaudanne, (e)** 𝒫 04 79 08 61 76, Fax 04 79 08 57 75, ⅃₅ – ᕤ 📺 ☎ ⟷ – ᴁ 30. ☜
🛇 rest
5 juin-30 sept. et 1ᵉʳ déc.-1ᵉʳ mai – **Repas** (dîner seul.) 160/250 – *L'Épicuriade* (dîner seul.)
Repas 175/295, enf. 70 – ⌓ 75 – **76 ch** 990/1700, 6 appart – ½ P 815/1015

🏠 **Adray Télébar** ⚲, sur les pistes (accès piétonnier) **(n)** 𝒫 04 79 08 60 26,
Fax 04 79 08 53 85, ≼ montagnes et pistes, 🌤 – ☎. ☜
20 déc.-20 avril – **Repas** 180 � – ⌓ 55 – **24 ch** (½ pens. seul.) – ½ P 680/800

à l'altiport *Nord-Est : 4,5 km* – ✉ 73550 Méribel-les-Allues :

🏠 **Altiport Hôtel** ⚲, 𝒫 04 79 00 52 32, Fax 04 79 08 57 54, ≼ montagnes, 🌤, ⅃₅, ⅃, ❨
– ᕤ 📺 ☎ – ᴁ 30. ᴁ ☜. 🛇 rest
1ᵉʳ juil.-3 sept. et mi-déc. à mi-avril – **Repas** 250 (déj.), 280/300, enf. 120 – **41 ch** ⌓ 1110/
2230 – ½ P 1050/1375

à Méribel-Mottaret *: 6 km* – ✉ 73550 Méribel-les-Allues :

🏘 **Mont Vallon** ⚲, **(r)** 𝒫 04 79 00 44 00, Fax 04 79 00 46 93, ≼, 🌤, ⅃₅, ⅃ – ᕤ 📺 ☎ ⸠ ⅄
⟷ – ᴁ 80. ᴁ ⓪ ☜
15 déc.-15 avril – *Chalet* (dîner seul.) **Repas** 200/280 �, enf. 80 – *Brasserie Le Schuss :*
Repas 149(déj.), 180/308 �, enf. 68 – ⌓ 100 – **92 ch** – ½ P 1650/1950

🏠 **Alpen Ruitor** ⚲, **(t)** 𝒫 04 79 00 48 48, Fax 04 79 00 48 31, ≼, 🌤 – ᕤ 📺 ☎ ⟷ –
ᴁ 30. ᴁ ⓪ ☜. 🛇 rest
15 déc.-15 avril – **Repas** 230 (dîner), carte le midi 125/205 �, enf. 65 – ⌓ 70 – **44 ch**
1230/2230

🏠 **Les Arolles** ⚲, **(u)** 𝒫 04 79 00 40 40, Fax 04 79 00 45 50, ≼, 🌤, ⅃₅, ⅃ – ᕤ 📺 ☎ ⸠ ⅄.
☜ ᴊᴄʙ. 🛇 rest
15 déc.-1ᵉʳ mai – **Repas** 100 (déj.), 150/240, enf. 65 – ⌓ 56 – **60 ch** 1000/1400 – ½ P 850/
950

aux Allues *Nord : 7 km par D 915[A] – 1 570 h. alt. 1125* – ✉ 73550 :

🏠 **Croix Jean-Claude** ⚲, 𝒫 04 79 08 61 05, Fax 04 79 00 32 72, 🌤 – 📺 ☎. ☜
fermé 5 mai au 25 juin et 20 sept. au 28 oct. – **Repas** 130/250 – ⌓ 45 – **16 ch** 350/550 –
½ P 400/550

MÉRIGNAC *33 Gironde* ⁷¹ ⑨ – *rattaché à Bordeaux.*

MERKWILLER-PECHELBRONN *67250 B.-Rhin* ⁵⁷ ⑲ G. Alsace Lorraine – *825 h alt. 160.*
Paris 479 – Strasbourg 50 – Haguenau 17 – Wissembourg 18.

✕✕ **Auberge Baechel-Brunn,** 𝒫 03 88 80 78 61, Fax 03 88 80 75 20, 🌤 – ℗. ☜. 🛇
🍴 *fermé 8 au 29 août, 13 au 27 fév., dim. soir sauf fêtes, lundi soir et mardi* – **Repas** 80/350 �,
enf. 60

MERLETTE *05 H.-Alpes* ⁷⁷ ⑰ – *rattaché à Orcières.*

MÉRU *60110 Oise* ⁵⁵ ⑳ – *11 928 h alt. 110.*
Paris 59 – Compiègne 74 – Beauvais 27 – Mantes-la-Jolie 51 – Pontoise 24.

✕ **Les Trois Toques,** 5 r. P. Curie (Méru-Nord) 𝒫 03 44 52 01 15, Fax 03 44 52 01 15 – ☜
fermé 10 août au 5 sept., merc. soir, dim., lundi et mardi – **Repas** 128/185

MERY-CORBON *14370 Calvados* ⁵⁴ ⑰ – *873 h alt. 10.*
Paris 217 – Caen 27 – Falaise 38 – Lisieux 29.

✕✕ **Relais du Lion d'Or,** au Lion d'Or Sud : 3 km sur N 13 𝒫 02 31 23 65 30,
Fax 02 31 23 65 30, 🌤 – ℗. ᴁ ☜
fermé 13 au 30 nov., dim. soir et lundi – **Repas** 99/229 �

MÉRY-SUR-OISE *95 Val-d'Oise* ⁵⁵ ⑳,, **106** ③ – *voir à Paris, Environs (Cergy-Pontoise Ville
Nouvelle).*

> *Ne confondez pas :*
>
> | Confort des hôtels | : | 🏘 ... 🏠, 🛇 |
> | Confort des restaurants | : | ✕✕✕✕✕ ... ✕ |
> | Qualité de la table | : | ✿✿✿, ✿✿, ✿, ⓐ |

MESCHERS-SUR-GIRONDE 17132 *Char.-Mar.* **71** ⑮ *G. Poitou Vendée Charentes* – *1 862 h alt. 5.*

🛈 *Office de Tourisme pl. de Verdun* ℘ 05 46 02 70 39, Fax 05 46 02 51 65.
Paris 510 – Royan 12 – Blaye 74 – La Rochelle 90 – Saintes 42.

※ **Forêt**, 1 bd Marais ℘ 05 46 02 79 87, Fax 05 46 02 61 45 – 🅃. ⓪ ⅁⅋
fermé 2 au 12 oct., 2 au 12 fév., lundi et mardi sauf juil.-août – **Repas** - produits de la mer -
98/195 ♈, enf. 38

MESNIÈRES-EN-BRAY 76 *S.-Mar.* **52** (15) – *rattaché à Neufchâtel-en-Bray.*

Le MESNIL-AMELOT 77 *S.-et-M.* **56** ⑪,, **101** ⑨ – *voir à Paris, Environs.*

MESNIL-ST-PÈRE 10140 *Aube* **61** ⑰ *G. Champagne* – *287 h alt. 131.*
Voir *Parc naturel régional de la forêt d'Orient*★★
Paris 195 – Troyes 22 – Bar-sur-Aube 33 – Châtillon-sur-Seine 55 – St-Dizier 73.

※※※ **Auberge du Lac Au Vieux Pressoir** avec ch, ℘ 03 25 41 27 16, Fax 03 25 41 57 59,
🏡 – 🗏 rest, 🆃 ☎ ✆ 🕭 🄿 – 🍴 40. ⅁⅋
fermé 13 nov. au 1ᵉʳ déc., dim. soir hors saison et lundi midi – **Repas** 120 (déj.), 170/305 et
carte 270 a 440 – 😐 55 – **20 ch** 325/690 – ½ P 380/550

In this Guide,
*a symbol or a character, printed in **black** or another colour*
*in light or **bold** type,*
does not have the same meaning.
Please read the explanatory pages carefully.

MESNIL-SELLIÈRES 10 *Aube* **61** ⑰ – *rattaché à Troyes.*

Le MESNIL-SUR-OGER 51190 *Marne* **56** ⑯ *G. Champagne* – *1 118 h alt. 119.*
Voir *Musée de la vigne et du vin (maison Launois).*
Paris 144 – Reims 40 – Châlons-en-Champagne 31 – Épernay 14 – Vertus 6.

※※※ **Mesnil**, ℘ 03 26 57 95 57, Fax 03 26 57 78 57 – 🗏 🄿. ⅁⅋
fermé 15 août au 8 sept., 23 janv. au 8 fév., lundi soir, mardi soir et merc. – **Repas** 105/360 et
carte 220 à 360 ♈, enf. 70

MESNIL-VAL 76 *S.-Mar.* **52** ⑤ – ✉ 76910 *Criel-sur-Mer.*
Paris 186 – Amiens 95 – Dieppe 26 – Le Tréport 6.

🏠 **Royal Albion** ॐ sans rest, ℘ 02 35 86 21 42, Fax 02 35 86 78 51, parc, « Bel aménagement intérieur » – ✱ 🆃 ☎ ✆ 🕭 🄿 – 🍴 20. 🄰🄴 ⓪ ⅁⅋. ✻
fermé 2 au 30 janv. – 😐 44 – **20 ch** 397/689

🏠 **Hostellerie de la Vieille Ferme** ॐ, ℘ 02 35 86 72 18, Fax 02 35 86 12 67, 🏡, 🌲 –
🆃 ☎ 🄿 – 🍴 15. 🄰🄴 ⓪ ⅁⅋ 🄹🄲🄱
fermé janv., dim. soir et lundi de mi-oct. à mi-mars – **Repas** 109/239 ♈, enf. 45 – 😐 45 –
30 ch 300/510 – ½ P 320/410

Les MESNULS 78490 *Yvelines* **60** ⑨, **106** ㉘ – *793 h alt. 120.*
Paris 47 – Dreux 39 – Mantes-la-Jolie 36 – Rambouillet 16 – Versailles 27.

※※※ **Toque Blanche**, 12 Gde Rue ℘ 01 34 86 05 55, Fax 01 34 86 82 18, 🏡 – 🄿. 🄰🄴 ⅁⅋
fermé 1ᵉʳ au 21 août, dim. soir et lundi – **Repas** 390 ♈

MESQUER 44420 *Loire-Atl.* **63** ⑭ – *1 572 h alt. 6.*
🛈 *Office de Tourisme pl. du Marché* ℘ 02 40 42 64 37, Fax 02 40 42 64 37.
Paris 463 – Nantes 88 – La Baule 15 – St-Nazaire 28 – Vannes 57.

※※ **Vieille Forge**, ℘ 02 40 42 62 68, Fax 02 51 73 91 52, 🏡 – 🗏. ⓪⅁⅋
fermé 3 au 27 janv., mardi sauf le midi de sept. à juin et merc. sauf juil.-août – **Repas**
125/175 ♈, enf. 50

Voir *Cathédrale St-Etienne*** CDV – *Porte des Allemands* DV – *Esplanade* CV : *église St-Pierre-aux-Nonnains* CX V – *Place St-Louis* DVX – *Église St-Maximin* DVX – *Narthex* de l'église St-Martin DX – ≷* du Moyen Pont CV – La Cour d'Or, musées** : *section archéologique*** DV M¹.*

Env. *Walibi Schtroumf* N : 15 km par ①.*

⛵ de Metz-Nancy-Lorraine : ℰ 03 87 56 70 00, par ③ : 23 km.

🚗🚃 ℰ 08 36 35 35 35.

🄱 *Office de Tourisme pl. d'Armes* ℰ 03 87 55 53 76, *Fax 03 87 36 59 43 et Bureau Autoroutier de l'Est de la France, aire autoroute A4 à Longeville-lès-St-Avold.*

Paris 333 ① – Luxembourg 62 ① – Nancy 57 ④ – Saarbrücken 69 ③ – Strasbourg 163 ②.

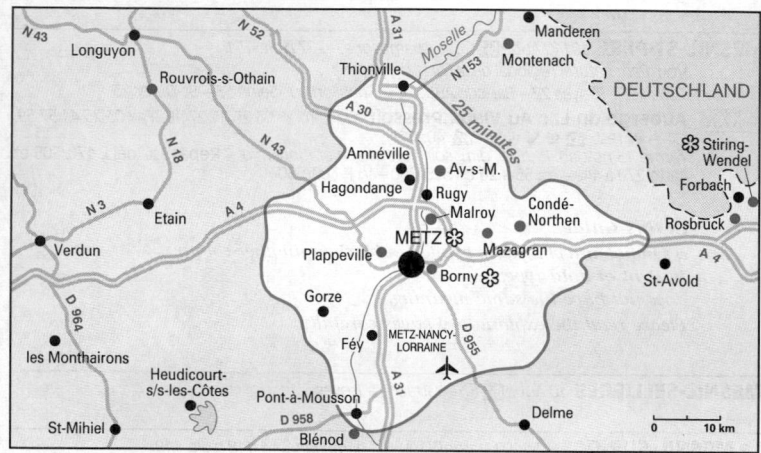

🏨 **Royal Bleu Marine**, 23 av. Foch ℰ 03 87 66 81 11, *Fax 03 87 56 13 16*, 🕭 – 🛗 📺 ☎ 🖖 – 🛗 50. 🖭 ⑩ ☰
DX s
Repas *(95)* - 145 ♈, enf. 49 **-** *Caveau (fermé juil.-août, vend. soir, sam. et dim.)* Repas *(70)*-90 ♈ – ☷ 65 – **62 ch** 395/900

🏨 **Novotel Centre** Ⓜ, pl. Paraiges ℰ 03 87 37 38 39, *Fax 03 87 36 10 00*, 🍽, ⌇ – 🛗 ⇷ ▤ 📺 ☎ 🖖 🕭 🚙 – 🛗 15 à 90. 🖭 ⑩ ☰
DV t
Repas *(79)* - carte 160 à 210 ♈, enf. 50 – ☷ 65 – **120 ch** 560/595

🏨 **Mercure Centre St-Thiébault** Ⓜ, 29 pl. St-Thiébault ℰ 03 87 38 50 50, *Fax 03 87 75 48 18* – 🛗 ⇷ ▤ 📺 ☎ 🖖 ☐ – 🛗 25 à 120. 🖭 ⑩ ☰ 🄑
DX d
Repas *(105)* - 130/210 ♈, enf. 50 – ☷ 62 – **112 ch** 550/610

🏨 **Cathédrale** sans rest, 25 pl. Chambre ℰ 03 87 75 00 02, *Fax 03 87 75 40 75*, ≷, « *Maison du 17e siècle* » – 📺 ☎ 🖖. 🖭 ⑩ ☰ 🄑
CV v
☷ 55 – **20 ch** 360/490

🏨 **Cécil** sans rest, 14 r. Pasteur ℰ 03 87 66 66 13, *Fax 03 87 56 96 02* – 🛗 ⇷ 📺 ☎ 🖖 🕭. 🖭 ⑩ ☰ 🄑 ⌣
CX x
fermé 26 déc. au 3 janv. – ☷ 38 – **39 ch** 280/330

🏨 **Grand Hôtel de Metz** sans rest, 3 r. Clercs ℰ 03 87 36 16 33, *Fax 03 87 74 17 04* – 🛗 📺 ☎ 🖖 – 🛗 25. 🖭 ⑩ ☰ 🄑
CV e
☷ 35 – **62 ch** 350/480

🏨 **Métropole** sans rest, 5 pl. Gén. de Gaulle ℰ 03 87 66 26 22, *Fax 03 87 66 29 91* – 🛗 📺 ☎ 🖖. 🖭 ☰
DX q
☷ 30 – **80 ch** 175/310

🏨 **Ibis Cathédrale,** 47 r. Chambière, quartier Pontiffroy ℰ 03 87 31 01 73, *Fax 03 87 31 25 46*, 🍽 – 🛗 ⇷ 📺 ☎ 🖖 ᕃ – 🛗 25. 🖭 ⑩ ☰ 🄑
DV e
Repas *(75)* - 95 ♈, enf. 39 – ☷ 35 – **79 ch** 330/350

🏨 **Moderne** sans rest, 1 r. La Fayette ℰ 03 87 66 57 33, *Fax 03 87 55 98 59* – 🛗 📺 ☎. 🖭 ⑩ ☰
CX m
☷ 32 – **43 ch** 160/310

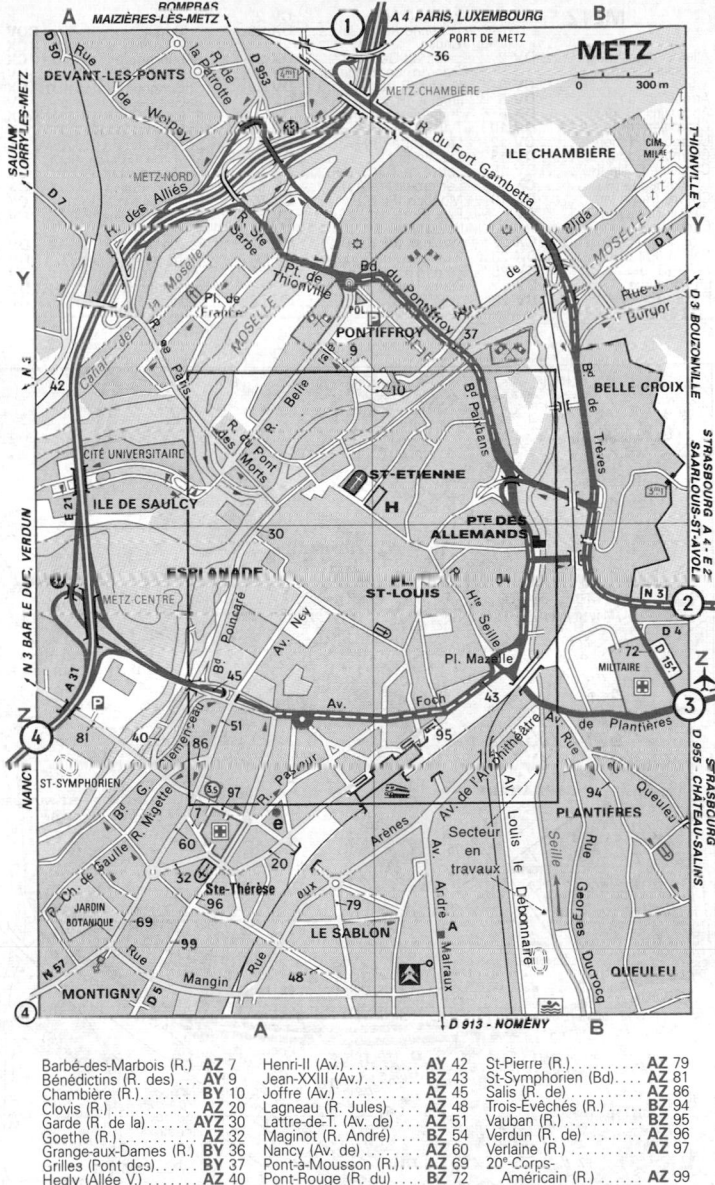

MÉTZ

METZ

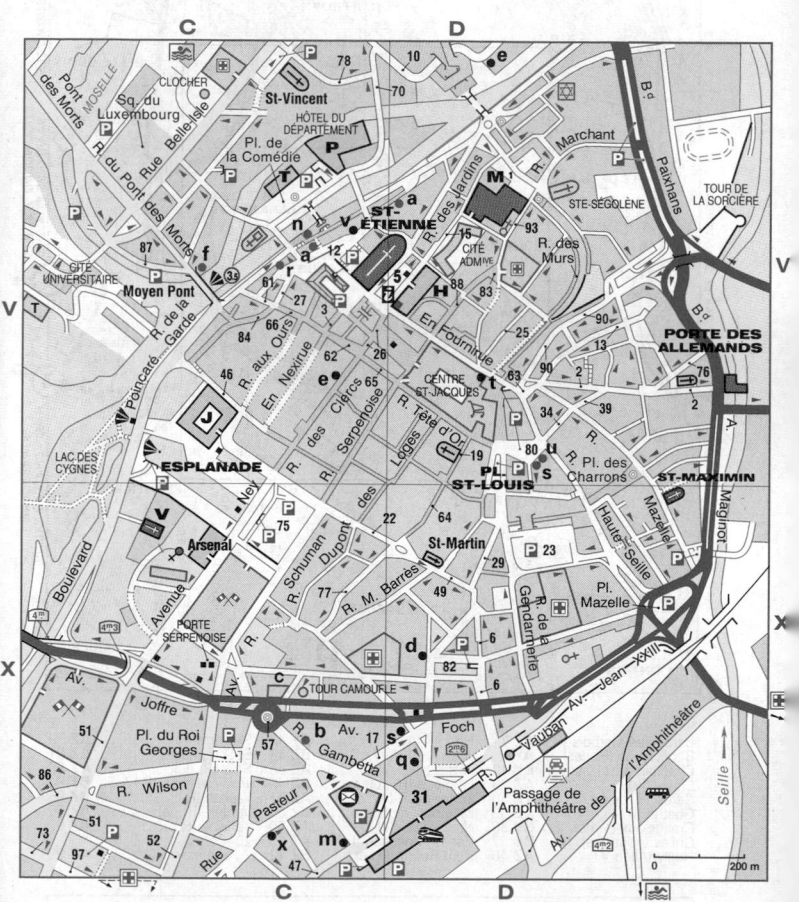

In this Guide,
*a symbol or a character, printed in **black** or another colour*
*in light or **bold** type,*
does not have the same meaning.
Please read the explanatory pages carefully.

XXX **Au Pampre d'Or** (Lamaze), 31 pl. Chambre ✆ 03 87 74 12 46, *Fax 03 87 36 96 92* – AE ⓓ GB CV a
✿ *fermé 20 juil. au 10 août, vacances de fév., dim. soir, jeudi midi et merc.* – **Repas** 195/470 et carte 330 à 400 ♀
Spéc. Millefeuille d'escargots au coulis de persil. Feuilleté de sandre et jambonnettes de grenouilles. Pigeonneau rôti au foie gras chaud. **Vins** Côtes de Toul.

XXX **Maire,** 1 r. Pont des Morts ✆ 03 87 32 43 12, *Fax 03 87 31 16 75,* ☂, « Salle à manger surplombant la Moselle » – ▤. AE ⓓ GB CV f
fermé merc. midi et mardi – **Repas** 150/380 et carte 270 à 400 ♀

XXX **Arcadia,** 22 pl. St-Simplice ✆ 03 87 37 32 81, *Fax 03 87 36 70 89,* ☂ – AE ⓓ GB
fermé 20 août au 5 sept., 14 au 28 fév., dim. soir et lundi – **Repas** *(130)* - 188/280 et carte 260 à 300 ♀ DV u

XX **Ville de Lyon,** 7 r. Piques ✆ 03 87 36 07 01, *Fax 03 87 74 47 17* – P. AE ⓓ GB DV a
fermé 26 juil. au 25 août, dim. soir et lundi – **Repas** 120/300 ♀, enf. 45

XX **L'Écluse,** 45 pl. Chambre ✆ 03 87 75 42 38, *Fax 03 87 37 30 11* – AE GB CV r
fermé 6 au 14 mars, 8 au 25 août, dim. soir et lundi – **Repas** 100 (déj.), 165/300 ♀

XX **Roches,** 29 r. Roches ✆ 03 87 74 06 51, *Fax 03 87 75 40 04,* ☂, « Terrasse au bord de la Moselle » – AE ⓓ GB CV n
fermé dim. soir et lundi soir – **Repas** 160/350

XX **Goulue,** 24 pl. St-Simplice ✆ 03 87 75 10 69, *Fax 03 87 36 94 05,* ☂ – ▤. AE GB
fermé dim. et lundi – **Repas** 190/260 ♀ DV s

XX **Flo,** 2 bis r. Gambetta ✆ 03 87 55 94 95, *Fax 03 87 38 09 26,* ☂ – AE ⓓ GB CX b
Repas brasserie *(98 bc)* - 169 bc

XX **Chat Noir,** 30 r. Pasteur ✆ 03 87 56 99 19, *Fax 03 87 66 67 64,* ☂ – AE ⓓ GB. ✂
fermé 24 juil. au 7 août et dim. – **Repas** *(100)* - 118/250 ♀ AZ e

par ① *et A 31 sortie Maizières lès Metz : 10 km – ✉ 57280 Maizières-lès-Metz :*

Novotel-Hauconcourt M, ✆ 03 87 80 18 18, *Fax 03 87 80 36 00,* ☂, ⛱, ⚘ – |♦| ⇄, ▤ ch, TV ☎ ✆ ♿ P – 🔬 25 à 120. AE ⓓ GB
Repas *(98)* - 118 ♀, enf. 50 – ☕ 60 – **132 ch** 495/560

à Malroy *Nord : 8 km par D 1 – 304 h. alt. 180 – ✉ 57640 :*

XX **Aux 3 Capitaines,** ✆ 03 87 77 77 07, *Fax 03 87 77 89 78,* ☂ – AE GB
fermé 1er au 15 août et lundi – **Repas** 85/165 ♀

à Rugy *Nord : 12 km par D 1 – ✉ 57640 Argancy :*

Bergerie ⛰, ✆ 03 87 77 82 27, *Fax 03 87 77 87 07,* ☂, « Décor rustique », ⚘ – ▤ rest, TV ☎ P – 🔬 80 à 100. GB
Repas 125/280 ♨ – ☕ 60 – **48 ch** 390/450 – 1/2 P 420/570

à Mazagran *par ② et D 954 : 13 km – ✉ 57530 Courcelles-Chaussy :*

XX **Auberge de Mazagran,** ✆ 03 87 76 62 47, *Fax 03 87 76 79 50* – P. AE GB
fermé mardi soir et merc. – **Repas** *(75)* - 125/380

à Borny *par ③ et rte Strasbourg : 3 km – ✉ 57070 Metz :*

XXX **Jardin de Bellevue** (Krompholtz), 58 r. Claude Bernard (près Technopole Metz 2000) ✆ 03 87 37 10 27, *Fax 03 87 37 15 45* – P. GB
✿ *fermé 1er au 6 mars, 1er au 17 août, dim. soir, mardi soir et lundi* – **Repas** 155/235 et carte 230 à 380 ♀
Spéc. Poêlée de Saint-Jacques, choucroute croquante au lard (oct. à avril). Bouchée à la Reine "comme autrefois" (sept. à mai). Gratin de pommes confites au miel. **Vins** Vins de Moselle.

à Technopole 2000 *par ③ et rte de Strasbourg : 5 km – ✉ 57070 Metz :*

Holiday Inn M ⛰, 1 r. F. Savart ✆ 03 87 39 94 50, *Fax 03 87 39 94 55,* ☂, ⛱ – |♦| ⇄ ▤ TV ☎ ✆ ♿ P – 🔬 25 à 100. AE ⓓ GB JCB
Les Alizés : Repas *(110)*-(dîner), 149 ♀, enf. 60 – ***Cos'Club*** ✆ 03 87 20 33 15 *(fermé le soir, sam. et dim.)* Repas *(82)*-110 ♀ – ☕ 60 – **90 ch** 530/690

à Fey *par ④, A 31 sortie Fey : 11 km – 487 h. alt. 227 – ✉ 57420 :*

Tuileries M ⛰, ✆ 03 87 52 03 03, *Fax 03 87 52 84 24,* ☂, ⚘ – ⇄, ▤ rest, TV ☎ ✆ ♿ P – 🔬 25 à 90. AE ⓓ GB
Repas *(fermé dim. soir)* 120 bc/400 ♀, enf. 70 – ☕ 54 – **41 ch** 330/350 – 1/2 P 300/328

à Plappeville *par av. Henri II -* **AY** *: 7 km – 2 130 h. alt. 280 – ✉ 57050 :*

XX **Grignotière,** 50 r. Gén. de Gaulle ✆ 03 87 30 36 68, *Fax 03 87 30 79 01* – AE GB
fermé sam. midi et merc. – **Repas** 150 (déj.), 225/320 ♀, enf. 65

METZERAL 68380 H.-Rhin 62 ⑱ – 1 041 h alt. 480.

Paris 462 – Colmar 25 – Gérardmer 39 – Guebwiller 30 – Thann 44.

🏠 **Pont,** ℰ 03 89 77 60 84, Fax 03 89 77 63 88, 🍴 – cuisinette 📺 ☎ & 🅿. ⅏
fermé 13 nov. au 20 déc. et lundi d'oct. à mai – **Repas** (80) - 90/360 ♀, enf. 50 – ☑ 40 – **8 ch**
200/300, 8 studios 400 – ½ P 300

🍴🍴 **Deux Clefs** ≫ avec ch, ℰ 03 89 77 61 48, Fax 03 89 77 63 88, ≼ – 📺 🅿 – 🏛 15. ⅏
fermé janv. – **Repas** (*fermé mardi de nov. à avril*) 70/350 ♀, enf. 50 – ☑ 40 – **15 ch** 200/300
– ½ P 280

MEUDON 92 Hauts-de-Seine 60 ⑩,, 101 ㉔ – voir à Paris, Environs.

MEULAN 78250 Yvelines 55 ⑲, 106 ④ ⑯ – 8 101 h alt. 25.

Paris 43 – Beauvais 62 – Mantes-la-Jolie 20 – Pontoise 21 – Rambouillet 51 – Versailles 34.

🏰 **Mercure** M ≫, l'Ile Belle (dir. Mureaux) ℰ 01 34 74 63 63, Fax 01 34 74 00 98, ≼, 🍴,
parc – 🛗 ⇟ 📺 ☎ & 🅿 – 🏛 20 à 70. ⅁ ⑩ ⅏
Repas 160/210 ♀, enf. 55 – ☑ 67 – **56 ch** 575/625, 13 appart

---

MEURSAULT 21 Côte-d'Or 69 ⑨ – rattaché à Beaune.

Le MEUX 60 Oise 56 ② – rattaché à Compiègne.

MEXIMIEUX 01800 Ain 74 ③, 110 ⑧ – 6 230 h alt. 245.

Paris 460 – Lyon 36 – Bourg-en-Bresse 37 – Chambéry 92 – Genève 119 – Grenoble 127.

🍴🍴🍴 **Claude Lutz** avec ch, 17 r. Lyon ℰ 04 74 61 06 78, Fax 04 74 34 75 23 – 📺 ☎ 🅿 – 🏛 80.
⅁ ⅏ ⌸
fermé 17 au 24 juil., 16 oct. au 8 nov., 31 janv. au 15 fév., dim. soir et lundi – **Repas** (prévenir)
140/350 et carte 220 à 320 ♀, enf. 70 – ☑ 43 – **13 ch** 200/370

au Pont de Chazey-Villieu Est : 3 km sur N 84 – ⊠ 01800 Meximieux :

🍴🍴🍴 **Mère Jacquet** avec ch, ℰ 04 74 61 94 80, Fax 04 74 61 92 07, 🍴, « Jardin fleuri », 🍴,
🍴 – 📺 ☎ & 🅿. ⅏
fermé 24 déc. au 16 janv. – **Repas** (*fermé dim. soir et lundi*) 135/390 et carte 240 à 370 ♀ –
☑ 50 – **19 ch** 300/440 – ½ P 375

MÉXY 54 M.-et-M. 57 ② – rattaché à Longwy.

MEYLAN 38 Isère 77 ⑤ – rattaché à Grenoble.

MEYMAC 19250 Corrèze 78 ⑪ G. Berry Limousin – 2 796 h alt. 702.

Voir Vierge noire★ dans l'église abbatiale.

🅸 Office de Tourisme pl. Hôtel-de-Ville ℰ 05 55 95 18 43, Fax 05 55 46 19 99.

Paris 448 – Aubusson 57 – Limoges 97 – Neuvic 30 – Tulle 50 – Ussel 17.

🍴 **Chez Françoise** avec ch, 24 r. Fontaine du Rat ℰ 05 55 95 10 63, 🍴 – 📺 ☎ 📞. ⅁ ⑩
⅏
fermé 15 nov. au 15 déc. – **Repas** (*fermé lundi*) 85 (déj.), 200/380, enf. 40 – ☑ 50 – **4 ch**
350/450 – ½ P 400

à Maussac Sud : 9 km par D 36 et N 89 – 397 h. alt. 615 – ⊠ 19250 :

🏠 **Europa,** sur N 89 ℰ 05 55 94 25 21, Fax 05 55 94 26 08, 🍴 – 🍽 rest, 📺 ☎ 📞 & 🅿 –
🏛 25. ⅁ ⑩ ⅏
fermé 20 déc. au 5 janv. – **Repas** (60) - 70/110 ♀, enf. 50 – ☑ 30 – **23 ch** 250/300 – ½ P 200

à La Chapelle Sud : 12 km par D 36 et N 89 – ⊠ 19250 Combressol :

🏠 **Chatel,** sur N 89 ℰ 05 55 94 22 64, Fax 05 55 94 24 62, 🍴 – 📺 ☎ 📞 🅿 – 🏛 25. ⅁ ⅏
(*fermé dim. soir du 1er oct. au 28 fév.*) – **Repas** 95/180 🍴 – ☑ 55 – **30 ch** 280/350 – ½ P 290

MEYRALS 24220 Dordogne 75 ⑯ – 417 h alt. 150.

Paris 543 – Périgueux 55 – Sarlat-la-Canéda 16 – Bergerac 60 – Cahors 74 – Fumel 60.

au Nord-Est : 4 km par rte de Sarlat et rte de Marquay – ⊠ 24220 Meyrals :

🏠 **Ferme Lamy** M ≫ sans rest, ℰ 05 53 29 62 46, Fax 05 53 59 61 41, ≼, 🍴, 🍴 – 📺 ☎ 📞
& 🅿. ⅁ ⑩ ⅏
☑ 50 – **12 ch** 420/890

MEYRARGUES 13650 B.-du-R. 🎱 ③, 🎱 ⑯ G. Provence – 2 814 h alt. 247.

Paris 752 – Marseille 48 – Aix-en-Provence 19 – Avignon 77 – Manosque 36.

🏯 **Château de Meyrargues** 🌊, ℰ 04 42 63 49 90, Fax 04 42 63 49 92, ≤, 🏺, parc,
« Château fortifié dominant la vallée », 🛏 – 🛏, 🍴 ch, 📺 ☎ 🅿. 🅰🅴 ⬛ ⅏ rest
Repas (1er avril-1er nov. et 15 déc.-10 janv.) 250/420 – ⊃ 65 – **11 ch** 700/1300 – ½ P 600/
900

MEYRUEIS 48150 Lozère🎱 ⑤ ⑮ G. Languedoc Roussillon – 907 h alt. 698.

Voir NO : Gorges de la Jonte★★.

Env. Aven Armand★★★ NO : 11 km – Grotte de Dargilan★★ NO : 8,5 km.

🅱 Office de Tourisme Tour de l'Horloge ℰ 04 66 45 60 33, Fax 04 66 45 64 27.
Paris 641 – Mende 57 – Florac 35 – Millau 43 – Rodez 93 – Le Vigan 49.

🏯 **Château d'Ayres** 🌊, Est : 1,5 km par D 57 ℰ 04 66 45 60 10, Fax 04 66 45 62 26, ≤, 🏺,
« Demeure du 12e siècle, parc », 🛏, ⅏ – 📺 ☎ 🅿. 🅰🅴 ⬛ ⬛ ⅏ rest
27 mars-15 nov. – **Repas** 110 (déj.), 160/270 ⅄, enf. 87 – ⊃ 67 – **21 ch** 670/875, 6 appart –
½ P 452/622

🏨 **Mont Aigoual**, r. Barrière ℰ 04 66 45 65 61, Fax 04 66 45 64 25, 🛏, 🌿 – 🛗 ☎ 🍴 🅿. 🅰🅴
⬛ ⅏ rest
fin mars-début nov. – **Repas** 98/200 ⅄, enf. 55 – ⊃ 42 – **30 ch** 300/460 – ½ P 300/350

🏨 **Europe**, ℰ 04 66 45 60 05, Fax 04 66 45 65 31 – ☎ 🅿. ⬛
21 avril-1er nov. – **Repas** (70) 80/99 🍴, enf. 45 – ⊃ 35 – **29 ch** 230/260 – ½ P 250

🏨 **Family Hôtel**, ℰ 04 66 45 60 02, Fax 04 66 45 66 54, 🛏, 🌿 – 🛗 📺 ☎ 🅿 – 🛁 30. ⬛
1er avril-1er nov. – **Repas** 80/200 🍴, enf. 47 – ⊃ 38 – **48 ch** 205/260 – ½ P 260

🏨 **Grand Hôtel de France**, ℰ 04 66 45 60 07, Fax 04 66 45 67 62, 🛏, 🌿, ⅏ – 🛗 📺 ☎
🅿. ⬛
hôtel : 20 avril-30 sept. ; rest. : 15 mai-30 sept. – **Repas** (dîner seul.) 98/135, enf. 38 – ⊃ 38
– **45 ch** 235/300 – ½ P 265

🏨 **St-Sauveur**, ℰ 04 66 45 62 12, Fax 04 66 45 65 94, 🏺 – 📺 ☎. 🅿. 🅰🅴 ⬛ ⬛
1er avril-11 nov. – **Repas** 95/175 ⅄, enf. 35 – ⊃ 30 – **10 ch** 215/245 – ½ P 230/250

MÉYZIEU 69330 Rhône🎱 ⑫, 🎱 ⑯ – 28 077 h alt. 201.

Paris 469 – Lyon 18 – Pont-de-Chéruy 14 – St-Priest 13 – Vienne 35.

🏨 **Mont Joyeux** 🌊, r. V. Hugo (près lac du Gd Large) ℰ 04 78 04 21 32, Fax 04 72 02 85 72,
🏺, 🌿 – 📺 ☎ 🛁 🅿. 🅰🅴 ⬛ ⬛
Repas 130 (déj.), 160/275 – ⊃ 58 – **20 ch** 450/520 – ½ P 500

✕ **Petite Auberge du Pont d'Herbens**, 32 r. V. Hugo ℰ 04 78 31 41 09,
Fax 04 78 04 34 93, 🏺 – 🅿. 🅰🅴 ⬛ ⬛
fermé mars, dim. et lundi – **Repas** 80 (déj.), 140/250 ⅄

MÈZE 34140 Hérault🎱 ⑯ G. Languedoc Roussillon – 6 502 h alt. 20.

🅱 Office de Tourisme r. A.-Massaloup ℰ 04 67 43 93 08.
Paris 752 – Montpellier 35 – Agde 20 – Béziers 40 – Lodève 51 – Pézenas 19 – Sète 18.

à Bouzigues Nord-Est : 4 km par N 113 et rte secondaire – 907 h. alt. 3 – ✉ 34140 :

🏯 **Côte Bleue** 🌊, ℰ 04 67 78 31 42, Fax 04 67 78 35 49, ≤, 🏺, 🛏, 🌿 – 📺 ☎ 🅿 – 🛁 40.
🅰🅴 ⬛
Repas ℰ 04 67 78 30 87-produits de la mer- (fermé mardi soir et merc. sauf juil.-août) 108
(déj.), 180/250 – ⊃ 45 – **32 ch** 320/500

La MÉZIÈRE 35 I.-et-V. 🎱 ⑯ – rattaché à Rennes.

MÉZIÈRES-EN-BRENNE 36290 Indre🎱 ⑥ G. Berry Limousin – 1 194 h alt. 88.

🅱 Office de Tourisme "Le Moulin" 1 r. du Nord ℰ 02 54 38 12 24, Fax 02 54 38 13 76.
Paris 306 – Le Blanc 27 – Châteauroux 40 – Châtellerault 59 – Poitiers 90 – Tours 88.

✕ **Boeuf Couronné** avec ch, ℰ 02 54 38 04 39, Fax 02 54 38 02 84 – ☎ 🛁. 🅰🅴 ⬛ ⅏ ch
fermé 26 juin au 3 juil., 2 au 18 oct., 1er au 19 janv., dim. soir et lundi sauf fériés – **Repas** (80)
110/250 ⅄, enf. 40 – ⊃ 35 – **8 ch** 145/245 – ½ P 213

If you are held up on the road - from 6pm onwards -
confirm your hotel booking by telephone.
It is safer and quite an accepted practice.

MIEUSSY 74440 H.-Savoie **74** ⑦ G. Alpes du Nord – 1 346 h alt. 636.

🛆 Office de Tourisme (saison) ✆ 04 50 43 02 72, Fax 04 50 43 01 87, Mairie ✆ 04 50 43 01 67.
Paris 568 – Chamonix-Mont-Blanc 58 – Thonon-les-Bains 49 – Annecy 62 – Bonneville 21.

🏠 **Accueil Savoyard,** ✆ 04 50 43 01 90, Fax 04 50 43 09 59, 😋, ⤬, – ☎ 🅿. 🇬🇧
🍽 fermé 1ᵉʳ au 15 avril et 15 oct. au 15 nov. – **Repas** 68/160, enf. 45 – ☑ 35 – **19 ch** 260/310 –
½ P 300

MILLAU ◑ 12100 Aveyron **80** ⑭ G. Languedoc Roussillon – 21 788 h alt. 372.

Voir Site★ (belvédère) – Musée de Millau : poteries★, maison de la Peau et du Gant ★ (1ᵉʳ
étage) M.
Env. Gorges du Tarn★★★ 21 km par ① – Canyon de la Dourbie★★ 8 km par ②.
🛆 Office de Tourisme 1 av. A.-Merle ✆ 05 65 60 02 42, Fax 05 65 61 36 08.
Paris 644 ① – Mende 97 ① – Rodez 66 ⑤ – Albi 108 ④ – Montpellier 115 ③.

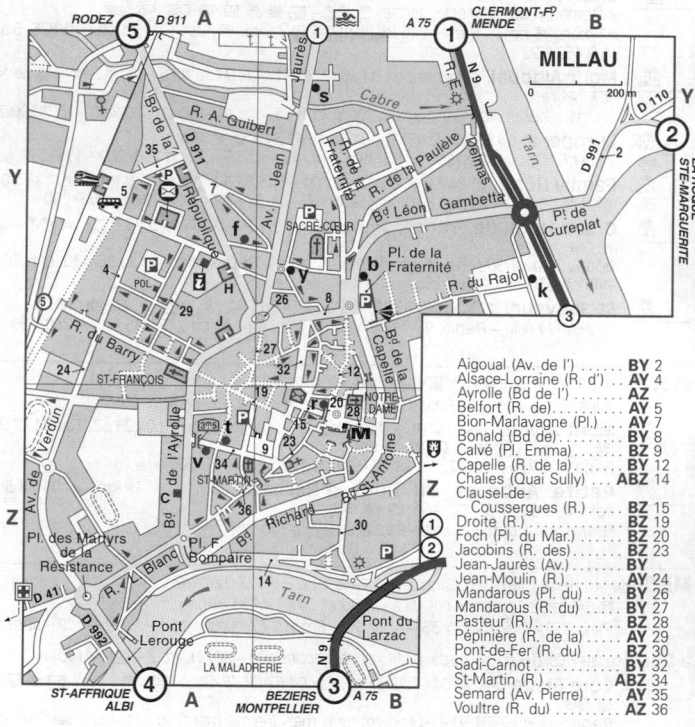

Aigoual (Av. de l')	**BY** 2
Alsace-Lorraine (R. d')	**AY** 4
Ayrolle (Bd de l')	**AZ**
Belfort (R. de)	**AY** 5
Bion-Marlavagne (Pl.)	**AY** 7
Bonald (Bd de)	**BY** 8
Calvé (Pl. Emma)	**BZ** 9
Capelle (R. de la)	**BY** 12
Chalies (Quai Sully)	**ABZ** 14
Clausel-de-Coussergues (R.)	**BZ** 15
Droite (R.)	**BZ** 19
Foch (Pl. du Mar.)	**BZ** 20
Jacobins (R. des)	**BZ** 23
Jean-Jaurès (Av.)	**BY**
Jean-Moulin (R.)	**AY** 24
Mandarous (Pl. du)	**BY** 26
Mandarous (R. du)	**BY** 27
Pasteur (R.)	**BZ** 28
Pépinière (R. de la)	**BY** 29
Pont-de-Fer (R. du)	**BZ** 30
Sadi-Carnot	**BY** 32
St-Martin (R.)	**ABZ** 34
Semard (Av. Pierre)	**AY** 35
Voultre (R. du)	**AZ** 36

🏨 **International,** 1 pl. Tine ✆ 05 65 59 29 00, Fax 05 65 59 29 01, ≤, ⤬, salon panoramique au 8ᵉ étage, 🎫 – 🛗 ▤ rest, 📺 ☎ & 🅿 – 🔬 30 à 120. 🅰🅴 ⓸ 🇬🇧   **BY** y
Repas (fermé sam. midi, dim. soir et lundi midi) 145/345, enf. 50 – ☑ 48 – **100 ch** 420/470
– ½ P 428

🏨 **Cévenol Hôtel,** 115 r. Rajol ✆ 05 65 60 74 44, Fax 05 65 60 85 99, ⤬ – 🛗 📺 ☎ ℃ & 🅿.
⓸ 🇬🇧   **BY** k
6 mars-23 nov. – **Pot d'Étain** (fermé vend. midi de juil. à mi-sept., lundi midi, merc. midi et
dim.) **Repas** 103/148 ♨ – ☑ 40 – **42 ch** 299/340 – ½ P 308/330

🏨 **Millau Hôtel Club** M, par ④ et rte Montpellier ✆ 05 65 59 71 33, Fax 05 65 59 71 67,
😋, ⤬ – 🛗 📺 ☎ ℃ & 🅿 🅰🅴 ⓸ 🇬🇧
avril-oct. – **Repas** grill 90 ☼, enf. 40 – ☑ 35 – **36 ch** 270

🏨 **Campanile,** par ⑤ : 1,5 km (au centre commercial) ✆ 05 65 59 17 60, Fax 05 65 59 17 66
– ⤬, ▤ rest, 📺 ☎ ℃ & 🅿 – 🔬 25. 🅰🅴 ⓸ 🇬🇧
Repas (72) - 103 ☼, enf. 39 – ☑ 34 – **47 ch** 317

🏨 **Capelle** ⧉ sans rest, 7 pl. Fraternité ✆ 05 65 60 14 72 – ☎. ⓸ 🇬🇧. ⤬   **BY** b
Pâques-1ᵉʳ oct. – ☑ 36 – **46 ch** 158/270

804

🏠 **Causses**, 56 av. J. Jaurès ✆ 05 65 60 05 19, Fax 05 65 60 86 90 – 📺 ☎ ⚒ 🔌 ⅢⅢ ⑩ 🆎
🍴 Repas *(fermé 23 déc. au 3 janv., dim. soir de sept. à juin et sam.)* 65/175 ⅃ – ☲ 35 – **20 ch**
245/280 – ½ P 250/270
BY s

🍴🍴 **Torrasse**, 15 r. St-Martin ✆ 05 65 60 74 89, 🍴 – ⑩ 🆎
fermé 1er au 16 oct., dim. soir et lundi – **Repas** 78 (déj.), 100/200, enf. 50
AZ v

🍴 **Braconne**, 7 pl. Mar. Foch ✆ 05 65 60 30 93, 🍴 – 🆎
fermé dim. soir et lundi – **Repas** 98/195
BZ r

🍴 **Square**, 10 r. St-Martin ✆ 05 65 61 26 00, 🍴 – ⅢⅢ ⑩ 🆎
fermé 13 au 29 mars, 12 au 28 juin et merc. sauf juil.-août – **Repas** 92/188, enf. 50
AZ t

🍴 **Capion**, 3 r. J.-F. Alméras ✆ 05 65 60 00 91, Fax 05 65 60 42 13 – ⑩ 🆎
fermé merc. sauf juil.-août – **Repas** 68 bc (déj.), 92/185 ⅃, enf. 40
AY f

par ④ rte St-Affrique : 2 km :

🏠🏠 **Château de Creissels** ⌂, ✆ 05 65 60 16 59, Fax 05 65 61 24 03, ≤, 🍴, 🐴 📺 ☎ ⚒
⚒ ℗ ⅢⅢ ⑩ 🆎 JCB
fermé 26 déc. au 14 fév. et dim. du 15 nov. au 30 mars – **Repas** *(fermé dim. soir et lundi
midi du 5 oct. au 30 avril)* 121/225 ⅌, enf. 60 – ☲ 45 – **30 ch** 295/430 – ½ P 295/390

au Nord : 4 km par ⑤ – ⊠ 12100 Millau :

🍴 **Auberge de la Borie Blanque**, ✆ 05 65 60 85 88, ≤, 🍴 – ℗ 🆎
🍴 fermé vacances de fév., dim. soir et merc. sauf été – **Repas** 64/136 ⅃

MILLY-LA-FORÊT 91490 Essonne 𝟨𝟭 ⑪, 𝟭𝟬𝟲 ㉔ G. Ile de France – 4 307 h alt. 68.
Voir Parc de Courances★★ N : 5 km.
🅱 Office de Tourisme 60 r. Jean-Cocteau ✆ 01 64 98 83 17, Fax 01 64 98 94 80.
Paris 61 – Fontainebleau 19 – Étampes 26 – Évry 32 – Melun 26 – Nemours 27.

à Auvers (S.-et-M.) Sud : 4 km par D 948 – ⊠ 77123 Noisy-sur-École :

🍴🍴 **Auberge d'Auvers Galant**, ✆ 01 64 24 51 02, Fax 01 64 24 56 40, 🍴 – ⅢⅢ 🆎
fermé 15 fév. au 10 mars et 21 août au 1er sept. – **Repas** 130/280 ⅌

Les noms des localités citées dans ce guide

sont soulignés de rouge

sur les **cartes Michelin** à 1/200 000.

MIMIZAN 40200 Landes 𝟩𝟴 ⑩ G. Aquitaine – 6 710 h alt. 13 – Casino.
Paris 685 – Mont-de-Marsan 77 – Arcachon 66 – Bayonne 109 – Bordeaux 107 – Dax 71.

à Mimizan-Bourg :

🍴🍴🍴 **Au Bon Coin du Lac** (Caule) ⌂ avec ch, au lac : Nord 1,5 km ✆ 05 58 09 01 55,
🕄 Fax 05 58 09 40 84, ≤, 🍴, 🐴 – ▤ rest, 📺 ☎ ⚒ 🔌 ⅢⅢ ⑩ 🆎, ⚒ ch
fermé fév., dim. soir et lundi – **Repas** 160 (déj.), 280/350 et carte 360 à 440 – ☲ 65 – **4 ch**
495/650, 4 appart 650 – ½ P 590/650
Spéc. Sole soufflée aux langoustines. Épaule d'agneau confite de sept heures. Grand
dessert. **Vins** Jurançon, Madiran.

🍴 **Vauclin**, 2 av. Bayonne ✆ 05 58 09 15 09, Fax 05 58 09 15 09 – ⅢⅢ 🆎
fermé 10 au 31 mars, 10 au 25 oct., dim. soir et lundi – **Repas** 70 (déj.), 90/135 ⅌, enf. 58

Plage Sud :

🏠 **Émeraude des Bois**, 68 av. Courant ✆ 05 58 09 05 28, Fax 05 58 09 35 73, 🍴 – 📺 ☎
℗ 🆎, ⚒ rest
hôtel : 15 avril-30 sept. ; rest. : 27 mai-17 sept. – **Repas** (dîner seul.) 99/170, enf. 55 – ☲ 37
– **15 ch** 320/380 – ½ P 290/320

🏠 **Airial** sans rest, 6 r. Papeterie ✆ 05 58 09 46 54, Fax 05 58 09 32 10, 🐴 – ☎ ℗ 🆎
mai-oct. – ☲ 35 – **16 ch** 280/300

MINERVE 34210 Hérault 𝟴𝟯 ⑬ G. Languedoc Roussillon – 104 h alt. 227.
Voir Site★★ – Village★.
🅱 Syndicat d'Initiative Mairie ✆ 04 68 91 81 43.
Paris 817 – Béziers 45 – Carcassonne 45 – Narbonne 32 – St-Pons 30.

🍴 **Relais Chantovent** ⌂ avec ch, ✆ 04 68 91 14 18, Fax 04 68 91 81 99, ≤, 🍴 – 🆎
hôtel : 15 mars-15 nov. et fermé dim. et lundi d'oct. à juin – **Repas** (15 mars-15 déc. et
fermé dim. soir sauf juil.-août et lundi) 98/225, enf. 48 – ☲ 38 – **10 ch** 250/280 – ½ P 320

MIONNAY _01390 Ain_ 74 ② , 110 ⑤ – _1 103 h alt. 276._

Paris 458 – Lyon 22 – Bourg-en-Bresse 44 – Meximieux 25 – Villefranche-sur-Saône 32.

Alain Chapel avec ch., ℰ 04 78 91 82 02, _Fax 04 78 91 82 37,_ 斉, « Jardin fleuri », –

📺 ☎ ⇔ 🅿 , 쟤 ◑ 으 그 –

fermé janv., mardi midi et lundi – **Repas** 320 (déj.), 595/800 et carte 520 à 660 ♀ – 그 92 –
13 ch 650/850

Spéc. Écrevisses "pattes rouges" en nage tiède à l'orange (été). Turbot cuit sur l'arête au
safran (été). Poulette de Bresse en vessie. **Vins** Roussette du Bugey, Morgon.

MIRABEL-AUX-BARONNIES _26 Drôme_ 81 ③ – _rattaché à Nyons._

MIRAMAR _06 Alpes-Mar._ 84 ⑧ – _rattaché à Théoule-sur-Mer._

MIRANDE ⬯ _32300 Gers_ 82 ⑭ _G. Midi-Pyrénées_ – _3 565 h alt. 173._

Voir _Musée des Beaux-Arts★._

🄴 _Office de Tourisme (fermé dim. et fériés) r. de l'Évêché_ ℰ 05 62 66 68 10, _Fax 05 62 66 78
89._

Paris 757 – Auch 25 – Mont-de-Marsan 99 – Tarbes 50 – Toulouse 102.

Pyrénées, av. d'Etigny ℰ 05 62 66 51 16, _Fax 05 62 66 79 96,_ 🌊, – 📺 ☎ 🅿 – 🍴 30.
으

fermé 15 au 30 nov. – **Repas** _(fermé dim. soir hors saison et lundi)_ 100/250, enf. 55 – 그 40 –
28 ch 230/500 – ½ P 270/290

Le Guide change, changez de guide tous les ans.

MIRANDOL-BOURGNOUNAC _81 Tarn_ 80 ⑪ – _rattaché à Carmaux._

MIREBEAU-SUR-BÈZE _21310 Côte-d'Or_ 66 ⑬ – _1 464 h alt. 202._

Paris 335 – Dijon 25 – Châtillon-sur-Seine 106 – Dole 45 – Gray 24 – Langres 67.

Auberge des Marronniers avec ch., ℰ 03 80 36 71 05, _Fax 03 80 36 75 92,_ 斉 – 📺 ☎.
쟤 으. ✄

fermé vacances de Noël, vend. d'oct. à avril et dim. soir – **Repas** 63 (déj.), 95/180 ♀, enf. 42 –
그 28 – **16 ch** 180/260 – ½ P 250

à Bèze _Nord : 9 km par D 959 G. Bourgogne_ – _569 h. alt. 217_ – ✉ 21310 :

Bourguignon, ℰ 03 80 75 34 51, _Fax 03 80 75 37 06,_ 斉 – 📺 ☎ 📞 ⅙ ⇔ 🅿 쟤 ◑
으

Repas 92/200 ♀, enf. 55 – 그 40 – **25 ch** 210/300 – ½ P 270

MIRECOURT _88500 Vosges_ 62 ⑮ _G. Alsace Lorraine_ – _6 900 h alt. 285._

Paris 362 – Épinal 35 – Luxeuil-les-Bains 73 – Nancy 48 – Neufchâteau 40 – Vittel 24.

Luth ⇔, rte Neufchâteau ℰ 03 29 37 12 12, _Fax 03 29 37 23 44,_ – 📺 ☎ 📞 🅿 – 🍴 25.
쟤 으

hôtel : fermé vend. et sam. hors saison – **Repas** _(fermé 23 juil. au 14 août, vend. soir et
sam.)_ 85/185 ♀ – 그 50 – **30 ch** 240/315 – ½ P 260

MIREPOIX _09500 Ariège_ 86 ⑤ _G. Midi-Pyrénées_ – _2 993 h alt. 308._

Voir _Place principale★★._

🄴 _Office de Tourisme pl. Mar.-Leclerc_ ℰ 05 61 68 83 76, _Fax 05 61 68 89 48._

Paris 776 – Foix 37 – Carcassonne 52 – Castelnaudary 34 – Limoux 33 – Pamiers 25.

Maison des Consuls sans rest, 6 pl. Mar. Leclerc ℰ 05 61 68 81 81, _Fax 05 61 68 81 15,_
« Maison du 14ᵉ siècle » – cuisinette 📺 ☎. 쟤 으
그 40 – **8 ch** 480/680

MIRIBEL-LES-ECHELLES _38380 Isère_ 74 ⑭ – _1 607 h alt. 600._

Paris 540 – Grenoble 40 – Chambéry 29 – Le Pont-de-Beauvoisin 16.

Les Trois Biches, ℰ 04 76 55 28 02, _Fax 04 76 55 49 37_ – ◑ 으
fermé 20 au 30 juin, 5 au 15 sept. et merc. sauf juil.-août – **Repas** 65/175 ♨, enf. 55

MIRMANDE _26 Drôme_ 77 ⑫ – _rattaché à Saulce-sur-Rhône._

806

MISSILLAC 44780 Loire-Atl. 🔢 ⑮ G. Bretagne – 3 915 h alt. 44.
Voir Retable★ dans l'église – Site★ du château de la Bretesche O : 1 km.
Paris 438 – Nantes 63 – Redon 25 – St-Nazaire 37 – Vannes 54.

🏨 **Bretesche** ⑤, rte La Baule : 1 km 🕿 02 51 76 86 96, Fax 02 40 66 99 47, ≤, 🍴, parc,
« Demeure des 14e et 19e siècles bordée par un golf », 🏊, 🎾 – 🛏 📺 📶 🕿 💪 🛗 🔲 🚗 30 🖭
🝿 ⬜ 🏦 💳 . 🍴 rest
fermé 5 au 16 nov. et 14 janv. au 8 mars – **Repas** (fermé dim. soir et lundi du 15 oct. au
15 mars) 160 (déj.), 220/420 ℤ – ⬚ 80 – **29 ch** 580/1500 – ½ P 545/825

MISY-SUR-YONNE 77130 S.-et-M. 🔢 ⑬, 🔢 ㊽ – 515 h alt. 72.
Paris 89 – Fontainebleau 34 – Auxerre 99 – Montereau-Fault-Yonne 12 – Sens 27.

🍴🍴 **Gaule**, chemin de Halage 🕿 01 64 31 31 11, Fax 01 64 31 31 11, 🍴 – 🏦
fermé 5 au 10 sept., 24 déc. au 6 janv., vacances de fév., mardi soir d'oct. à mars, dim. soir et
merc. – **Repas** 98/250 ℤ

MITTELBERGHEIM 67140 B.-Rhin 🔢 ⑨ G. Alsace Lorraine – 628 h alt. 220.
Paris 498 – Strasbourg 43 – Barr 2 – Erstein 21 – Molsheim 23 – Sélestat 20.

🍴🍴 **Winstub Gilg** avec ch, 🕿 03 88 08 91 37, Fax 03 88 08 45 17 – 📺 🕿 💪 🅿 🖭 🝿 🏦
fermé 26 juin au 12 juil., 8 au 31 janv., mardi soir et merc. – **Repas** 105/380 ℤ – ⬚ 40 – **15 ch**
240/420

🍴🍴 **Am Lindeplatzel**, 🕿 03 88 08 10 69, Fax 03 88 08 45 08, 🍴 – ▤. 🖭 🝿 🏦
🍴 fermé 21 au 31 août, vacances de fév., merc. soir et jeudi – **Repas** 135 bc/280

MITTELHAUSBERGEN 67 B.-Rhin 🔢 ④ – rattaché à Strasbourg.

MITTELHAUSEN 67170 B.-Rhin 🔢 ⑨, 🔢 ④ – 490 h alt. 185.
Paris 473 – Strasbourg 24 – Haguenau 22 – Saverne 28.

🏨 **A l'Étoile**, 12 r. La Hey 🕿 03 88 51 28 44, Fax 03 88 51 24 79, 💪 – 🛗, ▤ rest, 📺 🕿 💪 🅿.
🝿 🖭 🏦
Repas (fermé 11 juil. au 4 août, 1er au 12 janv., dim. soir et lundi sauf fériés) 60/230 ℤ – ⬚ 30
– **24 ch** 220/290 – ½ P 250/260

MITTERSHEIM 57930 Moselle 🔢 ⑯ – 627 h alt. 230.
Paris 409 – Nancy 62 – Metz 82 – Sarrebourg 22 – Sarre-Union 17 – Saverne 39.

🍴🍴 **L'Escale** avec ch, rte Dieuze 🕿 03 87 07 67 01, Fax 03 87 07 54 57, ≤, 🍴, 🚲 – 📺 🕿 🅿.
🖭 🝿 🏦
fermé fév. et merc. – **Repas** 65 (déj.), 140/185 ℤ – ⬚ 37 – **12 ch** 200/280 – ½ P 250/280

MIZOËN 38 Isère 🔢 ⑥ – rattaché au Freney-d'Oisans.

MODANE 73500 Savoie 🔢 ⑧ G. Alpes du Nord – 4 250 h alt. 1057 – Sports d'hiver La Norma :
1 350/2 750 m 🚠 2 🚡 16 🎿.
Tunnel du Fréjus : Péage en 1999 aller simple : autos 100, 152 ou 198 F, P.L. 477, 726 ou
961 F - Tarifs spéciaux AR (Validité limitée).
🅸 Office de Tourisme "Les Mélezets" à Valfréjus 🕿 04 79 05 33 83, Fax 04 79 05 13 67.
Paris 665 - Albertville 93 – Chambéry 103 – St-Jean-de-Maurienne 33.

🏨 **Perce Neige**, cours J. Jaurès 🕿 04 79 05 00 50, Fax 04 79 05 12 92 – 🛗 📺 🕿. 🝿 🏦. 🍴
🍴 fermé 1er au 19 mai, 21 oct. au 5 nov. et dim. du 25/04 au 25/06 et du 10/09 au 10/12 –
Repas 82/113 ⑂, enf. 50 – ⬚ 30 – **18 ch** 245/332 – ½ P 234/376

MOËLAN-SUR-MER 29350 Finistère 🔢 ⑪ ⑫ G. Bretagne – 6 596 h alt. 58.
🅸 Office de Tourisme r. des Moulins 🕿 02 98 39 67 28, Fax 02 98 96 50 11.
Paris 523 – Quimper 46 – Carhaix-Plouguer 66 - Concarneau 28 – Lorient 24 – Quimperlé 10.

🏨 **Les Moulins du Duc** ⑤, Nord-Ouest : 2 km 🕿 02 98 96 52 52, Fax 02 98 96 52 53, ≤,
🍴, « Moulins dans un cadre de verdure, parc », 💪, 🏊 – 📺 🕿 🅿. 🚗 25. 🖭 🝿 🏦
fermé janv. – **Repas** 135 (déj.), 185/360 ℤ, enf. 60 – ⬚ 50 – **21 ch** 480/770, 5 appart –
½ P 335/480

🏨 **Manoir de Kertalg** ⑤ sans rest, rte Riec-sur-Belon, Ouest : 3 km par D 24 et chemin
privé 🕿 02 98 39 77 77, Fax 02 98 39 72 07, « Exposition de peintures, parc forestier » – 📺
🕿 💪 🅿. 🏦. 🍴
23 avril-5 nov. – ⬚ 60 – **9 ch** 550/1100

MOERNACH 68 H.-Rhin 🔢 ⑨ – rattaché à Ferrette.

MOISSAC 82200 T.-et-G. 79 16 17 G. Midi-Pyrénées – 11 971 h alt. 76.

Voir *Église St-Pierre*★ *: portail méridional*★★★, *cloître*★★.

Env. *Boudou* ※★ *7 km par* ③.

🛈 *Office de Tourisme 6 pl. Durand-de-Bredon* ℘ 05 63 04 01 85, Fax 05 63 04 27 10.

Paris 645 ① *– Agen 42* ③ *– Cahors 63* ① *– Auch 86* ② *– Montauban 31* ① *– Toulouse 74* ②.

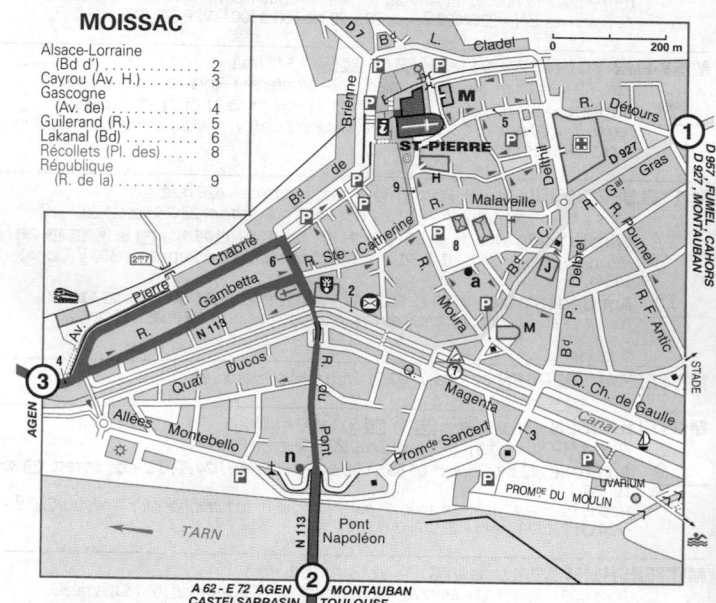

MOISSAC

Alsace-Lorraine (Bd d')	2
Cayrou (Av. H.)	3
Gascogne (Av. de)	4
Guilerand (R.)	5
Lakanal (Bd)	6
Récollets (Pl. des)	8
République (R. de la)	9

🏨 **Chapon Fin,** pl. Récollets (a) ℘ 05 63 04 04 22, Fax 05 63 04 58 44, 佘 – 🍽 rest, 📺 ☎ ✆, 😐 GB

fermé 15 au 30 nov. – **Repas** 105/180 ♈ – ☲ 38 – **28 ch** 260/320 – ½ P 215/295

XXX **Pont Napoléon** avec ch, 2 allées Montebello (n) ℘ 05 63 04 01 55, Fax 05 63 04 34 44 – 🔲 📺 ☎ ✆ ⟺, 🕮 ⑩ GB, ⅌ rest

fermé 2 au 17 janv. – **Repas** *(fermé merc.)* 139/350 et carte 260 à 350 **- 34 Bis'trot** (déj. seul.) *(fermé merc., dim. et fériés)* **Repas** *(69)*-79/89 ᓬ – ☲ 45 – **12 ch** 180/350 – ½ P 295/370

MOISSAC-BELLEVUE 83630 Var 84 ⑥, 114 ⑧ – 148 h alt. 599.

Paris 819 – Digne-les-Bains 70 – Aix-en-Provence 86 – Draguignan 36 – Manosque 56.

🏨 **Bastide du Calalou** ॐ, rte d'Aups ℘ 04 94 70 17 91, Fax 04 94 70 50 11, ≤, 佘, 🔟, ⋇, ⅌ – 📺 ☎ 🅿 😐 GB

1er mars-15 nov. et 15 déc.-15 janv. – **Repas** 150/250 ♈ – ☲ 65 – **34 ch** 650/850 – ½ P 570/670

MOLINES-EN-QUEYRAS 05350 H.-Alpes 77 ⑲ G. Alpes du Sud – 336 h alt. 1750 – Sports d'hiver : 1 750/2 580 m ≰ 15 ⊀.

Env. *Château-Queyras : site*★, *fort Queyras*★, *espace géologique*★ *NO : 8 km.*

🛈 *Office de Tourisme* ℘ 04 92 45 83 22, Fax 04 92 45 80 79.

Paris 726 – Briançon 44 – Gap 88 – Guillestre 26 – St-Véran 6.

🏠 **Cognarel** ॐ, au Coin, Est : 3 km par D 205 et rte secondaire ℘ 04 92 45 81 03, Fax 04 92 45 81 17, ≤, 佘, ⅌ – ☎, 🕮 ⑩ GB JCB

1er juin-20 sept. et 18 déc.-2 mai – **Repas** *(fermé lundi)* 100/198 ♈, enf. 55 – ☲ 42 – **25 ch** 330/423 – ½ P 397

L'Équipe ⑤, rte St-Véran ✆ 04 92 45 83 20, Fax 04 92 45 81 85, ≤, 斧, 🍴 – ☎ P. AE ⓞ GB
26 mai-5 nov., 22 déc.-31 mars et fermé dim. soir et lundi soir en sept. et oct. – **Repas** 80/158 ♀, enf. 45 – ☕ 40 – **21 ch** 315/344 – ½ P 324

Chamois, ✆ 04 92 45 83 71, Fax 04 92 45 80 58, ≤, 斧 – TV ☎ P. AE ⓞ GB
1er mai-30 sept. et 18 déc.-31 mars – **Repas** (fermé sam. midi sauf vacances scolaires et lundi) 100/163, enf. 55 – ☕ 44 – **17 ch** 310 – ½ P 315

MOLINEUF 41 L.-et-Ch. 64 ⑦ – *rattaché à Blois.*

MOLITG-LES-BAINS 66500 Pyr.-Or. 86 ⑰ *G. Languedoc Roussillon – 185 h alt. 607 – Stat. therm. (3-04/18-11).*
🅱 *Syndicat d'Initiative Mairie ✆ 04 68 05 03 28, Fax 04 68 05 02 12.*
Paris 907 – Perpignan 51 – Prades 8 – Quillan 55.

Château de Riell ⑤, ✆ 04 68 05 04 40, Fax 04 68 05 04 37, ≤, 斧, parc, 🏊, 🎾 – |‡| TV ☎ 📞 🚗 P – 🏛 15 à 120. AE ⓞ GB. ✂ rest
1er avril-1er nov. – **Repas** 200 bc/450 ♀ – ☕ 95 – **19 ch** 995/1400 – P 1230/1525

Grand Hôtel Thermal ⑤, ✆ 04 68 05 00 50, Fax 04 68 05 02 91, ≤, 斧, « Parc », Fö, 🏊, 🎾 – |‡| ☎ 📞 🚗 P – 🏛 15 à 120. AE GB. ✂ rest
30 mars-25 nov. – **Repas** 145/220 ♀, enf. 73 – ☕ 48 – **58 ch** 315/625, 8 appart – P 355/670

MOLLANS-SUR-OUVÈZE 26170 Drôme 81 ③ *G. Alpes du Sud – 782 h alt. 280.*
Paris 680 – Carpentras 31 – Nyons 20 – Vaison-la-Romaine 12.

St-Marc ⑤, av. de l'Ancienne Gare ✆ 04 75 28 70 01, Fax 04 75 28 78 63, 斧, 🏊, 🍴, 🎾 – |‡| ☎. GB. ✂ rest
fermé 2 janv. au 1er mars et mardi midi – **Repas** 80 (déj.), 135/190, enf. 55 – ☕ 45 – **32 ch** 250/360 – ½ P 310/340

MOLLKIRCH 67190 B.-Rhin 62 ⑨ – *552 h alt. 320.*
Paris 483 – Strasbourg 41 – Molsheim 12 – Saverne 35.

Fischhutte ⑤, rte Grendelbruch : 3,5 km ✆ 03 88 97 42 03, Fax 03 88 97 51 85, ≤, 斧, 🍴 – TV ☎ 📞 P – 🏛 30. AE GB. ✂
fermé 28 juin au 7 juil. et 5 fév. au 7 mars – **Repas** (fermé lundi et mardi sauf juil.-août) 72 (déj.), 200/280 ♀, enf. 55 – ☕ 40 – **17 ch** 220/350 – ½ P 275/350

MOLSHEIM 67120 B.-Rhin 62 ⑨ *G. Alsace Lorraine – 7 973 h alt. 180.*
Voir *La Metzig*★.
🅱 *Office de Tourisme 19 pl. Hôtel-de-Ville ✆ 03 88 38 11 61, Fax 03 88 49 80 40.*
Paris 476 – Strasbourg 31 – Lunéville 94 – St Dié 63 – Saverne 27 – Sélestat 37.

Diana M, pont de la Bruche ✆ 03 88 38 51 59, Fax 03 88 38 87 11, 斧, Fö, 🏊, 🍴 – |‡|, ⊟ ch, TV ☎ 📞 ♿ P – 🏛 25 à 150. AE ⓞ GB JCB
Repas 170/325 ♀ - *Taverne :* **Repas** 80/155 🌡 – ☕ 50 – **60 ch** 420/460 – ½ P 400

Bugatti M sans rest, r. Commanderie ✆ 03 88 49 89 00, Fax 03 88 38 36 00 – |‡| TV ☎ 📞 ♿ P – 🏛 40. AE ⓞ GB JCB
☕ 36 – **45 ch** 265/295

Les MOLUNES 39310 Jura 70 ⑮ – *93 h alt. 1274.*
Paris 487 – Genève 52 – Gex 32 – Lons-le-Saunier 74 – St-Claude 15.

Pré Fillet ⑤, rte Moussières ✆ 03 84 41 62 89, Fax 03 84 41 64 75, ≤ – ☎ 🚗 P – 🏛 25. GB
fermé 15 oct. au 1er déc. – **Repas** (fermé dim. soir hors saison) 67 bc/165 ♀, enf. 30 – ☕ 30 – **18 ch** 220/250 – ½ P 200/215

MOMMENHEIM 67 B.-Rhin 87 ④ – *rattaché à Brumath.*

Les plans de villes sont orientés le Nord en haut.

MONACO (Principauté de) 84 ⑩, 115 ㉗ ㉘ G. Côte d'Azur – 29 972 h alt. 65 – Casino.

Beausoleil 06240 Alpes-Mar. – 12 326 h alt. 89.

Voir *Mont des Mules* ☀ ★ N : 1 km puis 30 mn.

Paris 952 ⑤ – *Monaco 4* ③ – *Menton 14* ② – *Nice 20* ③ – *San Remo 39* ①.

🏨 **Olympia** sans rest, 17 bis bd Gén. Leclerc ℘ 04 93 78 12 70, *Fax 04 93 41 85 04* – |🛗 📶 📺
☎ 📞, GB
DX **f**
🍽 36 – **32 ch** 270/380

🏨 **Villa Boeri** sans rest, 29 bd Gén. Leclerc ℘ 04 93 78 38 10, *Fax 04 93 41 90 95* – 📶 📺 ☎
📞, AE ⓞ GB
DX **x**
🍽 35 – **30 ch** 235/395

Cap d'Ail 06320 Alpes-Mar. – 4 859 h alt. 51.

🏛 *Office de Tourisme 104 av. du 3-septembre, Centre G.-Apollinaire* ℘ 04 93 78 02 33, *Fax 04 92 10 74 36.*

🏰 **Marriott** 🅼, au port ℘ 04 92 10 67 67, *Fax 04 92 10 67 00*, ≤, ㈜, ⅃ – |🛗 ⅙ 📶 ☎ 📞
⅚ ⟵ – 🏛 200. AE ⓞ GB JCB
AV **n**
Repas 175 bc (déj.)/215 ⅛, enf. 95 – 🍽 130 – **174 ch** 990/1250, 12 appart

Monaco Capitale de la Principauté – ⊠ 98000.

Voir *Jardin exotique*★★ CZ : ≤★ – *Grotte de l'Observatoire*★ CZ D – *Jardins St-Martin*★ DZ – *Ensemble de primitifs niçois*★★ *dans la cathédrale* DZ – *Christ gisant*★ *dans la chapelle de la Miséricorde* D D – *Place du Palais*★ CZ – *Palais du Prince*★ : *musée napoléonien et des archives monégasques*★ CZ – *Musées : océanographique*★★★ DZ *(aquarium*★★, ≤★★ *de la terrasse), d'anthropologie préhistorique*★ CZ M³, – *Collection princière de voitures anciennes*★ CZ M¹.

Circuit automobile urbain-A.C.M. 23 bd Albert-1er ℘ (00-377) 93 15 26 00, Fax (00-377) 93 25 80 08.

Paris 954 ⑤ – *Menton 11* ② – *Nice 22* ③ – *San Remo 42* ①.

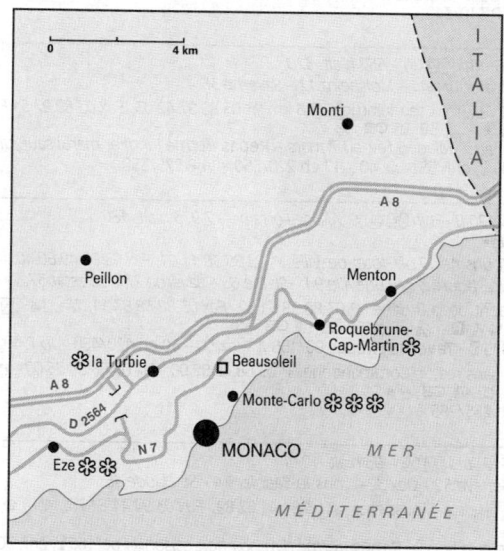

à Monaco Ville, sur le Rocher :

XX **Castelroc,** pl. Palais ℘ (00-377) 93 30 36 68, *Fax (00-377) 93 30 59 88*, ≤, ㈜ – AE GB
JCB
CZ **p**
fermé déc., janv. et sam. – **Repas** (déj. seul. d'oct. à avril) 245 ♀

à Fontvieille :

🏰 **Abela** 🅼, 23 av. Papalins ℘ (00-377) 92 05 90 00, *Fax (00-377) 92 05 91 67*, ≤, ㈜, ⅃ – |🛗
⅙ 📶 ☎ ⅚ ⟵ – 🏛 150. AE ⓞ GB JCB
AV **s**
Repas - cuisine française et libanaise - *(120)* - 165/330 ♀ – 🍽 110 – **192 ch** 910/1160 –
½ P 770/840

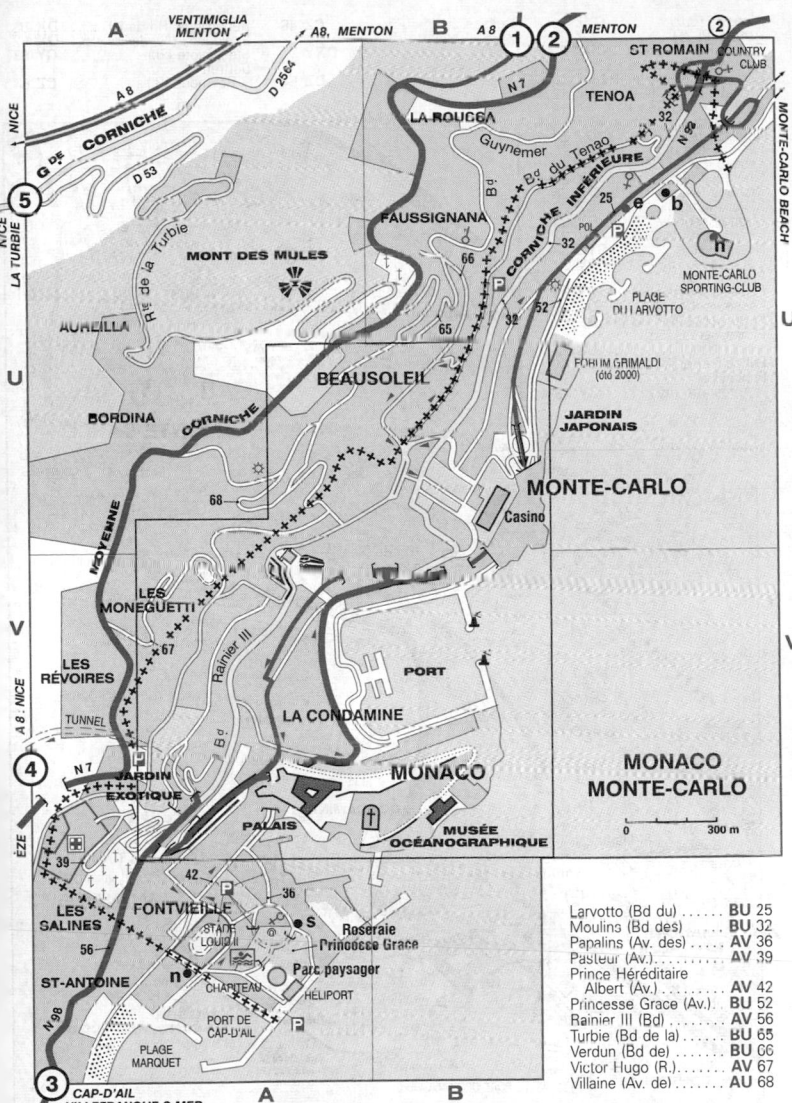

Larvotto (Bd du)	**BU** 25
Moulins (Bd des)	**BU** 32
Papalins (Av. des)	**AV** 36
Pasteur (Av.)	**AV** 39
Prince Héréditaire Albert (Av.)	**AV** 42
Princesse Grace (Av.)	**BU** 52
Rainier III (Bd)	**AV** 56
Turbie (Bd de la)	**BU** 65
Verdun (Bd de)	**BU** 66
Victor Hugo (R.)	**AV** 67
Villaine (Av. de)	**AU** 68

Monte-Carlo Centre mondain de la Principauté.

Voir *Terrasse*★★ *du Grand casino* **DXY** – *Musée de poupées et automates*★ **DX M⁵** – *Jardin japonais*★ **U**.

🛈 Office de Tourisme 2 A bd des Moulins ℘ (00-377) 92 16 61 16, Fax (00-377) 92 16 60 00.
Paris 951 ⑤ – Monaco 2 ② – Menton 10 ② – Nice 19 ③ – San Remo 41 ① – Casinos : Grand Casino **DY**, Monte-Carlo Sporting Club **BU**, Sun Casino **DX** – ✉ 98000

Paris, pl. Casino ℘ (00-377) 92 16 30 00, Fax (00-377) 92 16 38 50, ≤, 🏤, centre de thalassothérapie, ⒑, ⊠ – 🕸 ⋈ 🗐 📺 ☎ ⇔ – 🔏 70. 🖭 ⓸ 🖭 🖭. 🛠 rest **DY y**
voir rest. **Louis XV** et **Grill** ci-après - **Côté Jardin** ℘ (00-377) 92 16 68 44 (déj. seul.) *(fermé juil.-août)* Repas carte 320 à 450 ♀ – **Salle Empire** ℘ (00-377) 92 16 29 52 *(ouvert 3 juil.-6 sept.)* Repas carte 300 à 520 ♀ – ☑ 200 – **154 ch** 3710, 43 appart

811

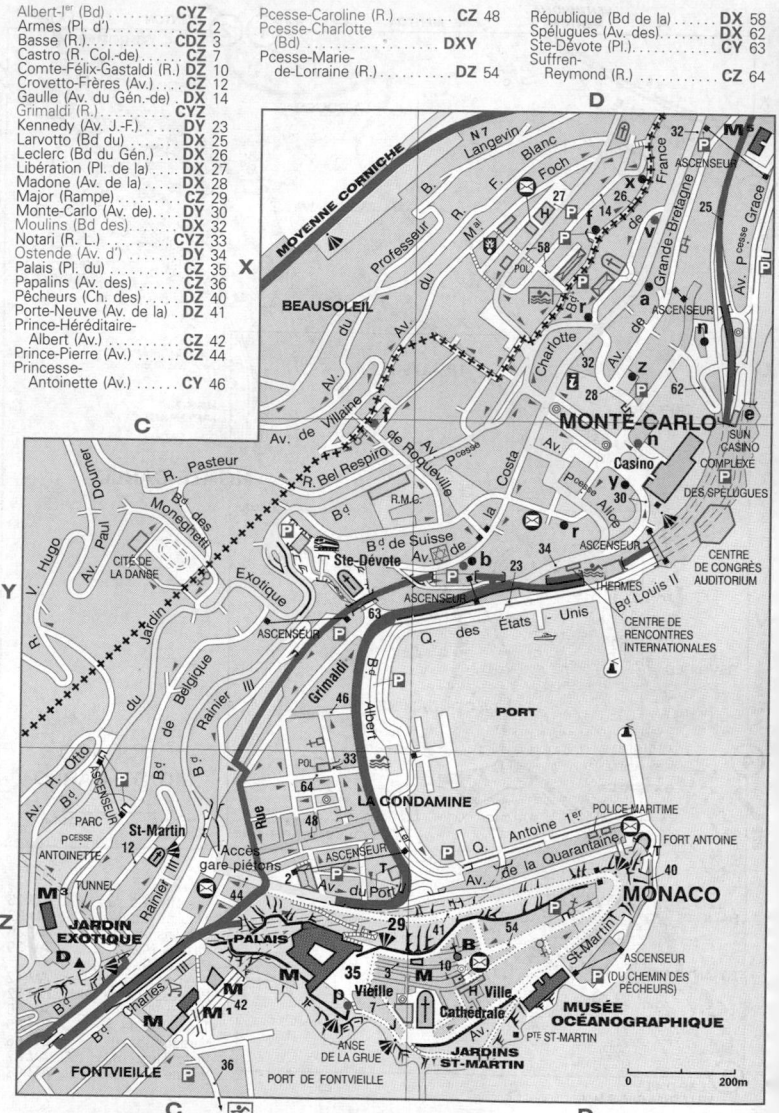

🏨 **Hermitage,** square Beaumarchais ✆ (00-377) 92 16 40 00, Fax (00-377) 92 16 38 52, ≤, 🍽, centre de thalassothérapie, 🛁, 🔽 – 📶 🗄 📺 ☎ 🥂 🚗 – 🔬 80. 🖭 ⑩ 🕮 🃏. 🛠 rest
  voir rest. *Vistamar* ci-après – 🖵 150 – **209 ch** 2730/3120, 18 appart
  DY r

🏨 **Monte-Carlo Grand Hôtel** Ⓜ, 12 av. Spélugues ✆ (00-377) 93 50 65 00, Fax (00-377) 93 30 01 57, ≤, 🍽, casino et cabaret, 🛁, 🔽 – 📶 🗄 📺 ☎ 🕭 🚗 – 🔬 450. 🖭 ⑩ 🕮 🃏. 🛠 rest
  Truffe (dîner seul.) (fermé lundi et mardi) **Repas** carte 320 à 420 – **L'Argentin** (fermé 15 juin au 15 sept., mardi et merc.) **Repas** 380 – **Pistou** (ouvert 15 juin-15 sept.) **Repas** carte 250 à 520 – **Café de la Mer** (déj. seul.) (fermé 15 juin au 15 sept.) **Repas** carte 250 à 470 – 🖵 130 – **580 ch** 2050/2550, 20 appart
  DX e

812

Méridien Beach Plaza M, av. Princesse Grace, à la plage du Larvotto ℘ (00-377) 93 30 98 80, Fax (00-377) 93 50 23 14, ≤, 佘, « Bel ensemble balnéaire et luxueux centre de conférences », ↳, ☲, ☒, ☎, – 闈 ⇔ ▤ ☎ ☎ ☜ & ⇦ – 益 340. ﾒ ① ☒ ☒

BU b

Les Pergolas : Repas *(170)/220* ☒, enf. 110 – ☲ 160 – **301 ch** 2500/3700, 7 appart

Métropole Palace M, 4 av. Madone ℘ (00-377) 93 15 15 15, Fax (00-377) 93 25 24 44, 佘, ☲ – 闈 ▤ ☒ ☎ ☜ & ⇦ – 益 220. ﾒ ① ☒ ☒ ☒. ⫣ rest

DX z

Jardin : Repas 225 (déj), 325/375 ☒, enf. 150 – ☲ 160 – **146 ch** 1550/2050, 12 appart – ½ P 1350/1425

Mirabeau M, 1 av. Princesse Grace ℘ (00-377) 92 16 65 65, Fax (00-377) 93 50 84 85, ≤, 佘, ☲ – 闈 ⇔ ▤ ☒ ☎ ⇦ – 益 80. ﾒ ① ☒ ☒ ☒. ⫣ rest

DX n

voir rest *La Coupole* ci-après - *Café Mirabeau* bord de piscine (déj. seul.) *(juin-sept.)*
Repas carte 280 à 330 – ☲ 150 – **85 ch** 2010/2500, 10 appart – ½ P 1565/1860

Alexandra sans rest, 55 bd Princesse Charlotte ℘ (00-377) 93 50 63 13, Fax (00-377) 92 16 06 48 – 闈 ▤ ☒ ☎. ﾒ ① ☒ ☒. ⫣

DX r

☲ 75 – **56 ch** 560/890

Louvre sans rest, 16 bd des Moulins ℘ (00-377) 93 50 65 25, Fax (00-377) 93 30 23 68 – 闈 ☒ ☎ ☜ – 益 15. ﾒ ① ☒ ☒. ⫣

DX a

☲ 70 – **33 ch** 790/980

Balmoral, 12 av. Costa ℘ (00-377) 93 50 62 37, Fax (00-377) 93 15 08 69, ≤ – 闈 ☒ ☎. ﾒ ① ☒ ☒. ⫣

DY b

Repas snack *(fermé nov., dim. soir et lundi)* 130 – ☲ 90 – **59 ch** 950/1100, 6 appart

Louis XV - Hôtel de Paris, pl. Casino ℘ (00-377) 92 16 30 01, Fax (00-377) 92 16 69 21 – ▤ ☒, ☲, ☒ ⫣

DY y

fermé 28 nov. au 27 déc., 20 fév. au 7 mars, mer. sauf le soir du 21 juin au 31 août et mardi – Repas 500 bc (déj.), 860/980 et carte 670 à 1070

Spéc. Légumes des jardins de Provence mijotés à la truffe noire râpée. Poitrine de pigeonneau, foie gras de canard et pommes de terre au jus d'abats. Le "Louis XV" au croustillant de pralin. Vins Bandol, Côtes de Provence.

Grill de l'Hôtel de Paris, pl. Casino ℘ (00-377) 92 16 29 66, Fax (00-377) 92 16 38 40, ≤ la Principauté, « Au 8e étage, toit ouvrant » – 闈 ☒. ﾒ ① ☒ ☒. ⫣

DY y

fermé 10 au 25 janv. et le midi en juil. en août – Repas carte 550 à 650 ☒

Spéc. Filet de chapon de Méditerranée aux copeaux de fenouil. Carré d'agneau de Sisteron rôti à la sarriette. Soufflé à la framboise. Vins Bellet blanc, Bandol.

Vistamar - Hôtel Hermitage, pl. Beaumarchais ℘ (00-377) 92 16 11 00, ≤ port et Principauté, 佘 – ▤

DY r

fermé 30 déc. au 2 janv. – Repas 380 et carte 360 à 500

Spéc. Ravioli "Hermitage". Saint-Pierre en croûte de sel au romarin. Soufflé aux pruneaux.

La Coupole - Hôtel Mirabeau, 1 av. Princesse Grace ℘ (00-377) 92 16 65 65, Fax (00-377) 93 50 84 85 – 闈 ⇦. ﾒ ① ☒ ☒. ⫣

DX n

fermé le midi en juil.-août – Repas 320/470 et carte 430 à 700

Spéc. Risotto "végétarien" au coulis d'artichaut. Croquant de farine de pois chiche, rougets cuits sur le gril. Amandine tiède au cacao. Vins Côtes de Provence, Bandol.

Bar et Bœuf, av. Princesse Grace, au Sporting d'Été ℘ (00-377) 92 16 60 60, Fax (00-377) 92 16 60 61, ≤, 佘, « Décoration originale » – ▤. ﾒ ① ☒

BU n

26 mai-1er oct. et fermé lundi sauf juil.-août – Repas (dîner seul.) carte 420 à 600

Spéc. Bar. Bœuf. Coupe glacée.

Saint Benoit, 10 ter av. Costa ℘ (00-377) 93 25 02 34, Fax (00-377) 93 30 52 64, ≤ port et le Rocher, 佘 – ▤. ﾒ ① ☒ ☒

DY b

fermé 7 au 21 janv., lundi sauf le soir en juil.-août – Repas 170/240 et carte 260 à 400

Café de Paris, pl. Casino ℘ (00-377) 92 16 20 20, Fax (00-377) 92 16 38 58, 佘, « Evocation d'une brasserie 1900 » – ▤. ﾒ ① ☒ ☒

DY n

Repas 180 (déj.), 200/450

Chez Gianni, 39 av. Princesse Grace ℘ (00-377) 93 30 46 33, Fax (00-377) 93 30 46 33, 佘 – ﾒ ① ☒

BU e

fermé sam. midi – Repas - cuisine italienne - 250/300

Loga Café, 25 bd des Moulins ℘ (00-377) 93 30 87 72, Fax (00-377) 93 30 87 72 – ▤. ﾒ ☒

DX v

fermé 30 oct. au 12 nov. et dim. sauf déc. – Repas 140 (déj.), 220/350 ↧

Polpetta, 2 r. Paradis ℘ (00-377) 93 50 67 84 – ▤. ﾒ ☒

CY f

fermé sam. midi et mardi – Repas - cuisine italienne - 150

à Monte-Carlo-Beach *(06 Alpes-Mar.) Nord-Est* **BU** *: 2,5 km –* ⊠ *06190 Roquebrune-Cap-Martin :*

🏨🏨🏨 **Monte-Carlo Beach Hôtel** Ⓜ ⊰, av. Princesse Grace ℰ 04 93 28 66 66, Fax 04 93 78 14 18, ≤ mer et Monaco, 佘, « Beau complexe de loisirs balnéaires », ⊼, ♨ – ⧠, ☰ ch, ⊡ ☎ ✆ ⅙ 🄿 – ⚒ 40. ⚑ ⓪ ☲ ⒿⒸⒷ. ℀ rest
fermé 1ᵉʳ janv. au 28 fév. – **Salle à Manger** *(dîner seul.) (residents seul.)* **Repas** carte 350 à 480 – **Potinière** ℰ 04 93 28 66 43 *(déj. seul.) (27 mai-17 sept.)* **Repas** carte 280 à 450 ⅄ – **Rivage** ℰ 04 93 28 66 42 *(déj. seul.) (1ᵉʳ avril-30 sept.)* **Repas** carte 200 à 350 – **Vigie** ℰ 04 93 28 66 44 -buffet- *(24 juin-3 sept.)* **Repas** 300 ⅄, enf. 145 – ⊡ 150 – **46 ch** 2530/4200

MONCÉ-EN-BELIN *72230 Sarthe* 🅖🅘 ③ *– 2 257 h alt. 60.*
Paris 214 – Le Mans 15 – La Flèche 35 – Le Grand-Lucé 23.

※※ **Belinois,** bd Avocats ℰ 02 43 42 01 18, Fax 02 43 42 22 16 – 🄿. ☲
fermé 15 juil. au 14 août, vacances de fév., lundi et le soir sauf vend. et sam. – **Repas** 85 (déj.), 120/160

MONCEL-LÈS-LUNÉVILLE *54 M.-et-M.* 🅖🅑 ⑥ *– rattaché à Lunéville.*

Restaurants, die sorgfältig zubereitete,
preisgünstige Mahlzeiten anbieten, sind
durch das Zeichen ⚘ kenntlich gemacht.

MONCOUTANT *79320 Deux-Sèvres* 🅖🅗 ⑯ *– 3 102 h alt. 180.*
🄱 *Syndicat d'Initiative* ℰ 05 49 72 78 83 et Mairie ℰ 05 49 72 60 44.
Paris 375 – Bressuire 16 – Cholet 50 – Niort 55 – La Roche-sur-Yon 78.

※※ **St-Pierre** avec ch, rte Niort ℰ 05 49 72 88 88, Fax 05 49 72 88 89, 佘 – ⊡ ☎ ✆ ⅙ 🄿. ⓪ ☲ ⒿⒸⒷ
Repas *(fermé dim. soir et lundi midi)* 70 (déj.), 130/380 ⅄ – ⊡ 32 – **7 ch** 195/225 – ½ P 190/210

MONCRABEAU *47600 L.-et-G.* 🅗🅙 ⑭ *– 789 h alt. 150.*
Paris 720 – Agen 37 – Condom 11 – Mont-de-Marsan 86 – Nérac 13.

※※ **Phare** ⊰ avec ch, ℰ 05 53 65 42 08, Fax 05 53 97 04 87, 佘, ☞ – ⊡ ☎ 🄿 ⓪ ☲
fermé 8 au 31 oct., 15 janv. au 31 mars, dim. soir et lundi – **Repas** *(98)* - 128/168, enf. 48 – ⊡ 32 – **8 ch** 235/385 – ½ P 260/340

MONDEVILLE *14 Calvados* 🅖🅖 ⑫ *– rattaché à Caen.*

MONDOUBLEAU *41170 L.-et-Ch.* 🅖🅞 ⑮⑯ 🄖 *. Châteaux de la Loire – 1 557 h alt. 170.*
Paris 169 – Le Mans 64 – Blois 62 – Chartres 82 – Châteaudun 40 – Orléans 89.

🏨 **Grand Monarque,** pl. Marché ℰ 02 54 80 92 10, Fax 02 54 80 77 40, 佘, ☞ – ⊡ ☎ ✆ ⊰ 🄿. ☲
fermé 1ᵉʳ au 15 fév., dim. soir et lundi sauf juil.-août – **Repas** 85 bc/195 ⅄, enf. 50 – ⊡ 32 – **13 ch** 240/270 – ½ P 260

MONDRAGON *84430 Vaucluse* 🅗🅛 ① *– 3 118 h alt. 40.*
Paris 644 – Avignon 45 – Montélimar 42 – Nyons 41 – Orange 17.

※※ **Beaugravière** avec ch, N 7 ℰ 04 90 40 82 54, Fax 04 90 40 91 01, 佘 – ☰ rest, ⊡ ☎ 🄿. ☲
fermé 15 au 30 sept., dim. soir et lundi soir – **Repas** 98 (déj.), 135/395 bc ⅄ – ⊡ 40 – **3 ch** 295/395

MONESTIER *24240 Dordogne* 🅗🅖 ⑭ *– 325 h alt. 100.*
Paris 557 – Périgueux 67 – Bergerac 19 – Duras 19 – Ste-Foy-la-Grande 18.

au Nord-Ouest *7 km par D 4 et D 18 –* ⊠ *24240 Monestier :*

🏨🏨🏨 **Château des Vigiers** ⊰, au golf des Vigiers ℰ 05 53 61 50 00, Fax 05 53 61 50 20, ≤, 佘, parc, « Château du 16ᵉ siècle, golf », ⊼, ⅄, ℀ – ⧠ ⊡ ☎ ✆ ⅙ 🄿 – ⚒ 50. ⚑ ⓪ ☲. ℀
fermé 3 au 20 déc. et 9 janv. au 29 fév. – **Les Fresques** (dîner seul.) *(fermé dim. soir)* **Repas** 230/425 ⅄ – **Brasserie Le Chai** ℰ 05 53 61 50 39 *(fermé 3 au 20 déc., lundi et le soir du 9 janv. au 29 fév.)* **Repas** 110(déj.), 150/230 ⅄, enf. 55 – ⊡ 95 – **36 ch** 890/1780, 11 appart

MONTCENIS *71 S.-et-L.* **69** ⓪ *– rattaché au Creusot.*

MONTCHAUVET *78790 Yvelines* **55** ⑱ *– 236 h alt. 100.*

Paris 65 – Dreux 33 – Évreux 47 – Mantes-la-Jolie 16 – Rambouillet 39 – Versailles 44.

✕ **Jument Verte,** pl.Église ☎ 01 30 93 43 60, *Fax 01 30 93 49 20* – AE GB
fermé 4 au 18 sept. et 7 au 28 fév. – **Repas** 140/210

MONTCHAUVROT *39 Jura* **70** ④ *– rattaché à Poligny.*

MONTCHENOT *51 Marne* **56** ⑯ *– rattaché à Reims.*

MONT-DAUPHIN GARE *05 H.-Alpes* **77** ⑱ *– rattaché à Guillestre.*

MONT-DE-MARSAN P *40000 Landes* **82** ① *G. Aquitaine – 28 328 h alt. 43.*

Voir *Musée Despiau-Wlérick★.*

i *Office de Tourisme (fermé dim.) 6 pl. Gén.-Leclerc* ☎ *05 58 05 87 37, Fax 05 58 05 87 36.*

Paris 710 ① – Agen 108 ① – Bayonne 106 ⑥ – Bordeaux 131 ① – Pau 85 ③ – Tarbes 102 ③

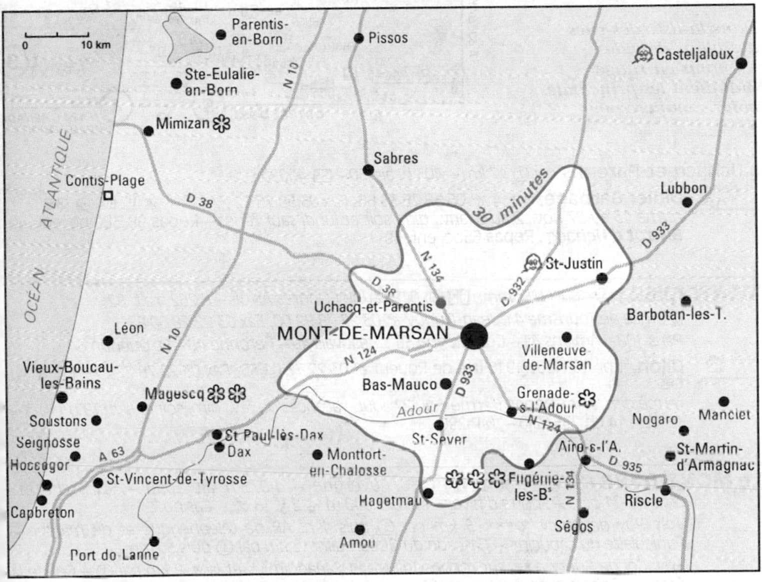

Renaissance ⛰, rte Villeneuve par ② : *2 km* ☎ 05 58 51 51 51, *Fax 05 58 75 29 07*, ⛱, 🏊, 🌳 – 📺 ☎ 📞 ♿ 🅿 – 🎤 50. AE ⓓ GB
Repas *(fermé 23 déc. au 8 janv., vend. soir, sam. midi et dim. sauf fêtes)* 145/245 🍷 – ☕ 60 – **29 ch** 300/600 – ½ P 355/420

Abor Ⓜ, rte Grenade par ④ : *3 km* ✉ 40280 St-Pierre-du-Mont ☎ 05 58 51 58 00, *Fax 05 58 75 78 78*, ⛱, 🏊 – 🛗 ✈ ▤ 📺 ☎ 📞 ♿ 🅿 – 🎤 80. AE GB
Repas *(fermé sam. midi)* 88 (déj.), 95/130 🍷, enf. 50 – ☕ 48 – **68 ch** 278/341 – ½ P 260/295

Siesta, 8 pl. J. Jaurès ☎ 05 58 06 44 44, *Fax 05 58 06 09 30* – ✈ 📺 ☎ 📞. GB
Repas *(fermé dim. soir du 1er nov. au 15 avril)* 69/150 🍷, enf. 40 – ☕ 43 – **16 ch** 220/280 – ½ P 230/250 **BZ e**

✕ **Zanchettin** avec ch, rte Villeneuve par ② : *3 km* ☎ 05 58 75 19 52, *Fax 05 58 85 92 04*, ⛱, 🌳 – 📺 ☎ 🅿. GB. ✂ ch
fermé 13 août au 4 sept. – **Repas** *(fermé dim. soir et lundi)* 72/165 🍷, enf. 50 – ☕ 26 – **9 ch** 150/250 – ½ P 180/205

MONT-DE-MARSAN

Dans la liste des rues
des plans de villes,
les noms en rouge
indiquent les principales
voies commerciales.

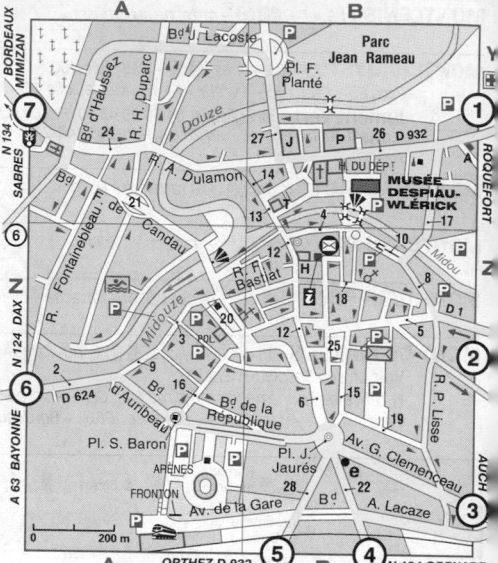

à Uchacq-et-Parentis *par* ⑦ *: 7 km – 403 h. alt. 50 –* ⊠ *40090 :*

XX **Didier Garbage,** N 134 *ℰ* 05 58 75 33 66, Fax 05 58 75 22 77, 佘 – ▤ **P.** AE ⓪ GB
fermé 13 au 27 nov., 2 au 8 janv., dim. soir et lundi sauf fériés – **Repas** 98/380 bc, enf. 80
***Bistrot d'Uchacq :* Repas** 65bc, enf. 50

MONTDIDIER ◈ *80500 Somme* 52 ⑲ *G. Picardie Flandres Artois – 6 262 h alt. 82.*

🛈 *Office de Tourisme* 4 r. Jean-Dupuy *ℰ* 03 22 78 92 00, Fax 03 22 78 00 88.
Paris 108 – Amiens 41 – Compiègne 36 – Beauvais 49 – Péronne 48 – St-Quentin 64.

🏠 **Dijon,** 1 pl. 10-Août-1918 (rte de Rouen) *ℰ* 03 22 78 01 35, Fax 03 22 78 27 24 – TV ☎ ✆.
GB
fermé dim. soir – **Repas** (fermé 6 au 27 août, vacances de fév., dim. soir et sam.) 92/160 ⅄ –
⊊ 42 – **14 ch** 235/350 – ½ P 290

Le MONT-DORE *63240 P.-de-D.* 73 ⑬ *G. Auvergne – 1 975 h alt. 1050 – Stat. therm.*
(24 avril-21 oct.) – Sports d'hiver : 1 070/1 840 m ⭐ 2 ⭐ 18 ⭐ *– Casino* Z.
Voir *Puy de Sancy* ✳✳✳ *5 km par* ② *puis 1 h. AR de téléphérique et de marche –*
Funiculaire du capucin ⭐ *– Cascade du Queureuilh* ⭐ *2 km par* ① *puis 30 mn.*
Env. *Col de Guéry* ≼✳✳ *sur roches Tuilière et Sanadoire* ⭐⭐ *et lac* ⭐ *9 km par* ① *– Col de la*
Croix-St-Robert ✳✳ *6,5 km par* ②.

🛈 *Office de Tourisme av. Libération ℰ* 04 73 65 20 21, Fax 04 73 65 05 71.
Paris 468 ① *– Clermont-Ferrand 44* ① *– Aubusson 90* ⑤ *– Issoire 50* ① *– Ussel 66* ④.

Plan page ci-contre

🏨 **Panorama** ঌ, av. Libération *ℰ* 04 73 65 11 12, Fax 04 73 65 20 80, ≼, ⅃₆, ▨, 爲 – ⇋ TV
☎ ✆ **P.** GB. ✳ rest   Z u
8 mai-10 oct. et 25 déc.-15 mars – **Repas** 110/190, enf. 70 – ⊊ 65 – **39 ch** 380/460 –
½ P 406/429

🏨 **Castelet,** av. M. Bertrand *ℰ* 04 73 65 05 29, Fax 04 73 65 27 95, 佘, ▨, 爲 – ⇋ TV ☎ ✆
P. ⓪ GB. ✳ rest   Y t
13 mai-30 sept., 20 déc.-3 janv. et 23 janv.-30 mars – **Repas** (69) - 98/195, enf. 48 – ⊊ 36 –
34 ch 274/380 – ½ P 305/329

Annexe Wilson Ⓜ sans rest, *ℰ* 04 73 65 00 06, Fax 04 73 65 27 95, 爲 – ⇋ cuisinette TV
☎ ✆ ⅃ **P.** GB   Y r
13 mai-30 sept. et 20 déc.-30 mars – ⊊ 36 – **4 ch** 374, 12 studios 396/510

LE MONT-DORE

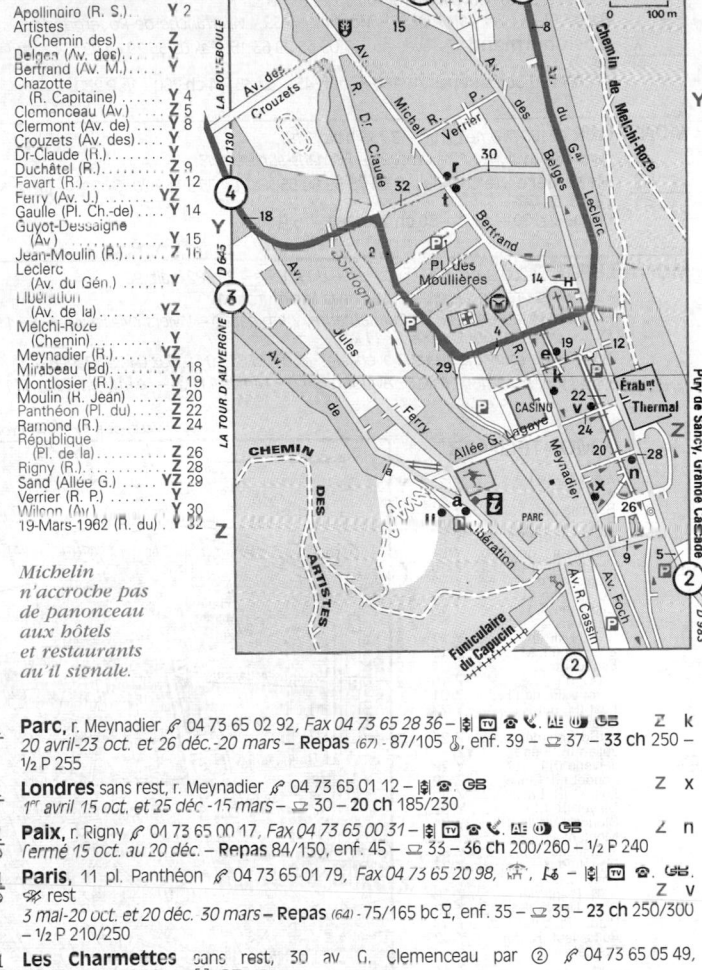

*Michelin
n'accroche pas
de panonceau
aux hôtels
et restaurants
qu'il signale.*

🏨 **Parc**, r. Meynadier ☎ 04 73 65 02 92, Fax 04 73 65 28 36 – 🛗 📺 ☎ 📞 ⚠ ⓤ 🅖🅑　　Z k
20 avril-23 oct. et 26 déc.-20 mars – **Repas** (67) - 87/105 🔸, enf. 39 – 🍴 37 – **33 ch** 250 –
½ P 255

🏠 **Londres** sans rest, r. Meynadier ☎ 04 73 65 01 12 – 🛗 ☎. 🅖🅑　　　　　　　　　Z x
1ᵉʳ avril 15 oct. et 25 déc.-15 mars – 🍴 30 – **20 ch** 185/230

🏠 **Paix**, r. Rigny ☎ 04 73 65 00 17, Fax 04 73 65 00 31 – 🛗 📺 ☎ 📞. ⚠ ⓤ 🅖🅑　　Z n
fermé 15 oct. au 20 déc. – **Repas** 84/150, enf. 45 – 🍴 35 – **36 ch** 200/260 – ½ P 240

🏠 **Paris**, 11 pl. Panthéon ☎ 04 73 65 01 79, Fax 04 73 65 20 98, 🏤, 𝄖 – 🛗 📺 ☎. 🅖🅑.
🌿 rest　　　　　　　　　　　　　　　　　　　　　　　　　　　　　　　　　　Z v
3 mai-20 oct. et 20 déc. 30 mars – **Repas** (64) -75/165 bc 🌙, enf. 35 – 🍴 35 – **23 ch** 250/300
– ½ P 210/250

🏠 **Les Charmettes** sans rest, 30 av G. Clemenceau par ② ☎ 04 73 65 05 49,
Fax 04 73 65 20 28 – ☎ 🄿. 🅖🅑, 🌿
15 mai-30 oct., vacances de Toussaint, de Noël, de fév. et week-ends en hiver – 🍴 30 –
21 ch 265

🏠 **Madalet** sans rest, av. Libération ☎ 04 73 65 03 13, Fax 04 73 65 00 93 – ☎ 📞. 🅖🅑　Z a
14 mai-30 sept. et Noël-Pâques – 🍴 26 – **17 ch** 160/235

🏠 **Mon Clocher**, r. M. Sauvagnat ☎ 04 73 65 05 41, Fax 04 73 65 20 80 – 📺 ☎. 🅖🅑　Y e
15 mai 30 sept. et 1ᵉʳ fév.-15 mars – **Repas** 75/100 🔸 – 🍴 35 – **30 ch** 175/265 – ½ P 220/
256

au Genestoux par ⑤ : 3,5 km sur D 996 – ⊠ 63240 Le Mont-Dore :

🍴 **Pitsounet**, ☎ 04 73 65 00 67, Fax 04 73 65 06 22, 🏤 – 🄿. 🅖🅑
fermé mi-oct. à mi-déc. – **Repas** (fermé lundi sauf juil.-août et fév.) 75/170 🌙, enf. 45

MONTE-CARLO Principauté de Monaco 🟨 ⑩.., 🝗🝗🝕 ㉗ ㉘ – voir à Monaco.

Le Guide change, changez de guide tous les ans.

MONTEILS 12200 Aveyron **79** ⑳ – 490 h alt. 240.

🛈 Syndicat d'Initiative Mairie ℰ 05 65 29 63 48.

Paris 619 – Rodez 68 – Albi 56 – Montauban 69 – Villefranche-de-Rouergue 11.

✗ **Clos Gourmand** ⏉ avec ch, ℰ 05 65 29 63 15, Fax 05 65 29 64 98, 😤, 🖼 – 🅰 ⅽⅾ ⅽⅾ,
🕸 ch
1ᵉʳ mars-31 oct. – **Repas** 70/180 ⅃, enf. 45 – ⊊ 35 – **4 ch** 280 – ½ P 280

MONTÉLIER 26120 Drôme **77** ⑫ – 2 738 h alt. 219.

Paris 569 – Valence 12 – Crest 26 – Romans-sur-Isère 13.

🏨 **Martinière,** rte Chabeuil ℰ 04 75 59 60 65, Fax 04 75 59 69 20, 😤, ⅃ – 📺 ☎ ✆ & 🅿 –
🔬 30. 🅰 ⅽⅾ
Repas 85/280 – ⊊ 33 – **30 ch** 220/280 – ½ P 240

MONTÉLIMAR 26200 Drôme **81** ① G. Vallée du Rhône – 29 982 h alt. 90.

Voir Allées provençales★ – Musée de la Miniature★ M.

Env. Site★★ du Château de Rochemaure, 7 km par ④ – Viviers : vieille ville★, S : 11 km par
D 73 – Défilé de Donzère★★ S : 11 km.

🛈 Office de Tourisme allées Provençales ℰ 04 75 01 00 20, Fax 04 75 52 33 69.

Paris 605 ① – Valence 46 ① – Avignon 85 ② – Nîmes 111 ② – Le Puy-en-Velay 131 ③.

MONTÉLIMAR

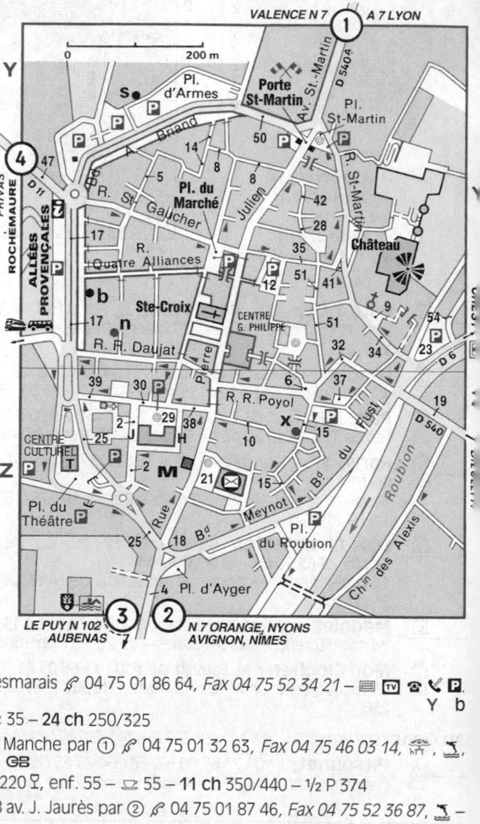

🏨 **Sphinx** sans rest, 19 bd Desmarais ℰ 04 75 01 86 64, Fax 04 75 52 34 21 – 🗏 📺 ☎ ✆ 🅿.
ⅽⅾ
Y b
fermé 23 déc. au 5 janv. – ⊊ 35 – **24 ch** 250/325

🏨 **Printemps** ⏉, 8 chemin Manche par ① ℰ 04 75 01 32 63, Fax 04 75 46 03 14, 😤, ⅃,
🖼 – 🗏 rest, 📺 ☎ 🅿 🅰 ⓞ ⅽⅾ
15 fév.-31 oct. – **Repas** 105/220 ⅎ, enf. 55 – ⊊ 55 – **11 ch** 350/440 – ½ P 374

🏨 **Crémaillère** sans rest, 138 av. J. Jaurès par ② ℰ 04 75 01 87 46, Fax 04 75 52 36 87, ⅃ –
📺 📺 🅿 🅰 ⅽⅾ
fermé 22 déc. au 7 janv. et dim. – ⊊ 35 – **20 ch** 240/310

🏨 **Beausoleil** sans rest, 14 bd Pêcher ℰ 04 75 01 19 80, Fax 04 75 01 08 17 – 📺 ☎ 🅿. ⅽⅾ
⊊ 32 – **16 ch** 180/280
Y s

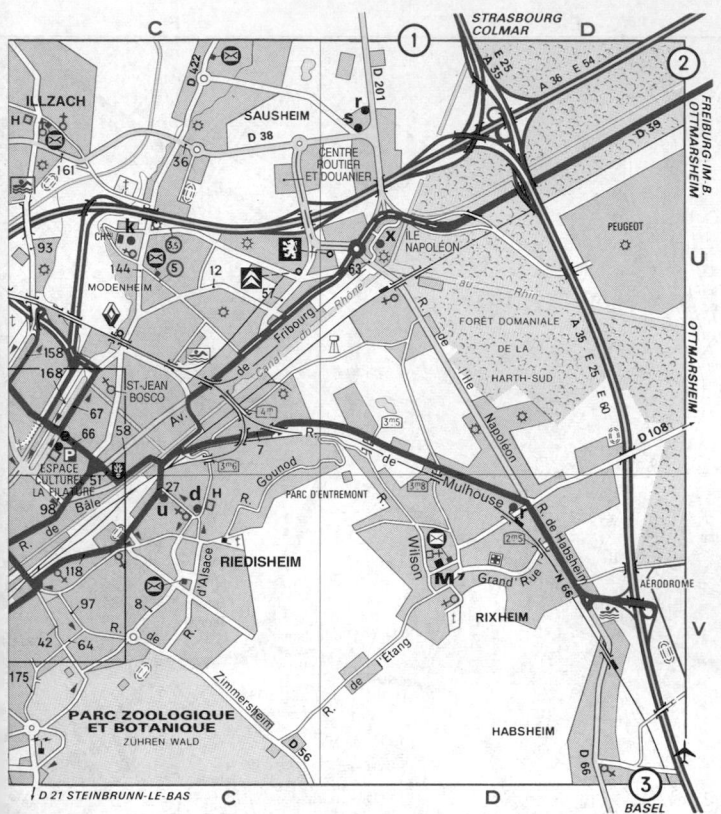

XXX 🍃🍃🍃 ☆ **Poste** (Kieny), 7 r. Gén. de Gaulle à Riedisheim ⊠ 68400 Riedisheim ℊ 03 89 44 07 71, *Fax 03 89 64 32 79* – 🅿. ⒜⒠ ⒢⒝ **CV d**
fermé 31 juil. au 22 août, vacances de fév., dim. soir, mardi midi et lundi – **Repas** 135/420 et carte 270 à 440 ♈
Spéc. Pavé de lentilles au foie gras de canard. Saumon mariné et fumé, crêpe de sarrasin. Cochon de lait rôti aux baies de genièvre, gratin au munster. **Vins** Riesling, Tokay-Pinot gris.

XXX **Parc**, 8 r. V. Hugo à Illzach-Modenheim ⊠ 68110 Illzach ℊ 03 89 56 61 67, *Fax 03 89 56 13 85*, 🍃, 🌿 – 🅿. ⒢⒝ **CU k**
fermé 21 août au 10 sept., sam. midi, dim. soir et lundi – **Repas** 245/395 et carte 290 à 480 ♈

XXX ☆ **Auberge de la Tonnelle** (Hirtzlin), 61 r. Mar.-Joffre à Riedisheim ⊠ 68400 Riedisheim ℊ 03 89 54 25 77, *Fax 03 89 64 29 85* – 🅿. ⒢⒝ **CV u**
fermé mardi soir et merc. – **Repas** 130 (déj.), 185/235 bc ♈
Spéc. Friture de filets de carpe du Sundgau. Sandre rôti au vin rouge. Délice au kirsch. **Vins** Klevner, Pinot noir.

X **Aux Caves du Vieux Couvent**, 23 r. Couvent ℊ 03 89 46 28 79, *Fax 03 89 66 47 87*, 🍃, Taverne – ▤. ⒜⒠ ⒪ ⒢⒝ **EY n**
fermé dim. soir et lundi – **Repas** 57/150 bc ♈

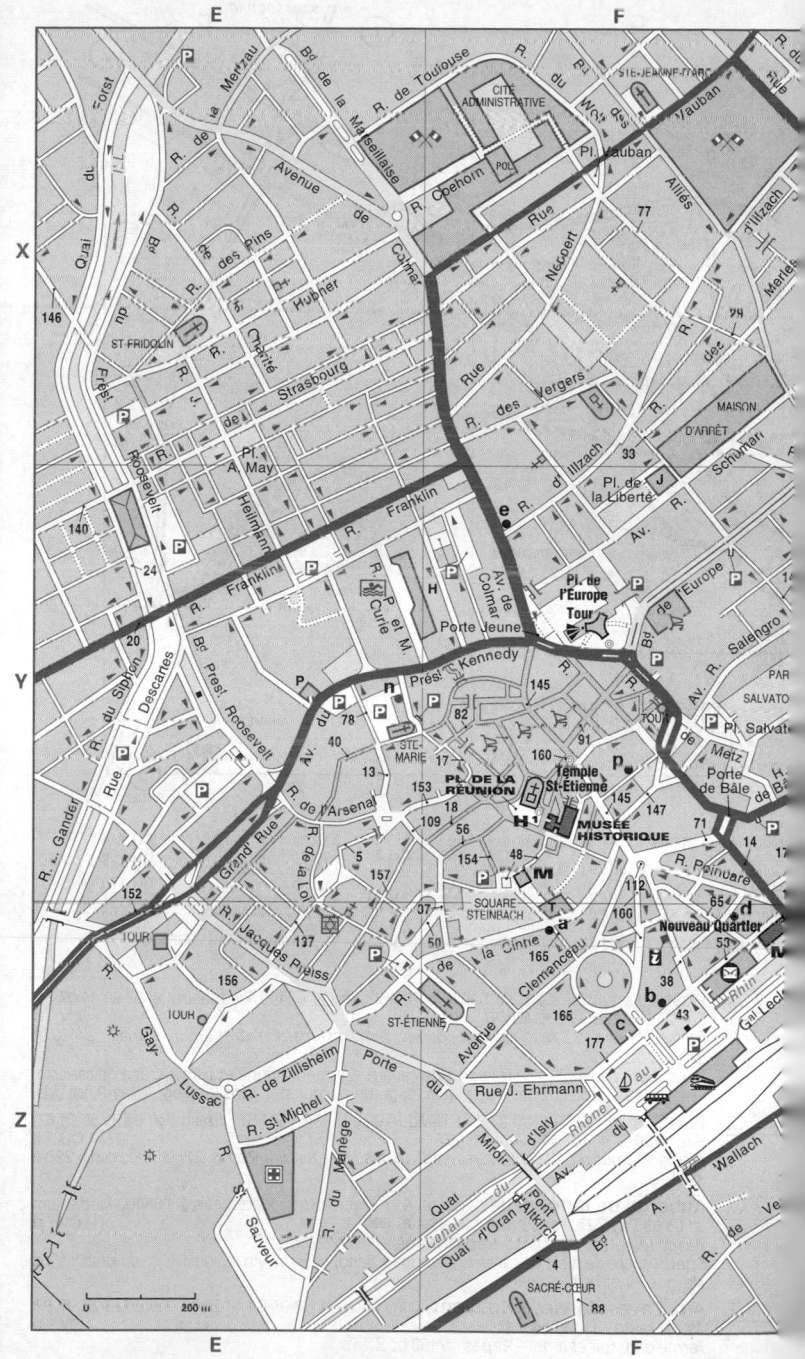

854

MULHOUSE

au Nord-Est : Ile Napoléon – ⊠ *68110 Illzach :*

 XXX **Closerie**, 6 r H. de Crousaz ℘ 03 89 61 88 00, Fax 03 89 61 95 49 – ■ 🅿. GB
fermé 13 juil. au 2 août, 24 déc. au 4 janv., sam. midi, lundi soir et dim. – **Repas** 235/335 et
carte 280 à 360 ♀
DU x

au Nord-Est par D 201 – ⊠ *68390 Sausheim :*

🏨 **Mercure** Ⓜ, N 422 ℘ 03 89 61 87 87, Fax 03 89 61 88 40, 😃, �🛋, 🐎, ✕ – 🛗 ❄ ■ 📺
🕿 ✆ & 🅿 – 🔬 60. ⅋ ⓪ GB JCB
DU r
Repas (119) - 150 ♀, enf. 58 – ⊆ 60 – **100 ch** 495/595

🏨 **Novotel** Ⓜ, r. Ile Napoléon ℘ 03 89 61 84 84, Fax 03 89 61 77 99, 😃, �🛋, 🐎 – ❄ ■ 📺
🕿 ✆ 🅿 – 🔬 80. ⅋ ⓪ GB
DU s
Repas 105 ♀, enf. 50 – ⊆ 60 – **77 ch** 460/530

à Baldersheim *par ① : 8 km – 2 238 h. alt. 226 – ⊠ 68390 :*

🏨 **Cheval Blanc**, ℘ 03 89 45 45 44, Fax 03 89 56 28 93, ⬛ – 🛗 ❄, ■ rest, 📺 🕿 ✆ & 🅿 –
🔬 30. GB
fermé 22 déc. au 4 janv. et dim. soir – **Repas** (51) - 88/240 ♀, enf. 50 – ⊆ 43 – **83 ch** 250/375
– ½ P 260/285

à Rixheim *Sud-Est par N 66 – 11 669 h. alt. 240 – ⊠ 68170 :*

XXX **Manoir** (Runser), 65 av. Gén. de Gaulle ℘ 03 89 31 88 88, Fax 03 89 31 88 89, parc – ■ 🅿.
ⅅ GB
DV r
❀ fermé 23 juil. au 15 août, 13 au 29 fév., dim. et lundi – **Repas** 200 (déj.), 290/510 et carte 380
à 525 ♀
Spéc. Pressé de pintadeau au foie gras de canard (printemps). Fricassée de homard breton
en raviole ouverte (été). Médaillons de chevreuil gratinés au beurre de betterave
(automne). **Vins** Sylvaner, Riesling.

à Landser *Sud-Est : 11 km par rte parc zoologique, Bruebach, D 21 et D 6⁹ – 1 941 h. alt. 230 –
⊠ 68440 :*

XXX **Hostellerie Paulus**, 4 pl. Paix ℘ 03 89 81 33 30, Fax 03 89 26 81 85 – 🅿. GB
fermé 30 juil. au 14 août, 24 déc. au 8 janv., sam. midi, dim. soir et lundi – **Repas** (nombre
❀ de couverts limité, prévenir) 200 bc (déj.), 235/365 et carte 330 à 420 ♀
Spéc. Escalopes de foie d'oie grillées à l'unilatérale (hiver). Dos de sandre à la fleur de sel de
Guérande (printemps). Pigeon rôti au gratin de blettes (été). **Vins** Sylvaner, Tokay-Pinot gris.

à Froeningen *Sud-Ouest : 9 km par D 8⁸¹¹¹ – BV – 467 h. alt. 256 – ⊠ 68720 :*

XX **Auberge de Froeningen** avec ch, ℘ 03 89 25 48 48, Fax 03 89 25 57 33, 😃, « Maison
fleurie », 🐎 – ❄ 🕿 ✆ 🅿. GB
fermé 14 au 28 août, 7 au 29 janv., dim. soir et lundi – **Repas** 80 (déj.), 140/360 ♀, enf. 65 –
⊆ 45 – **7 ch** 375/400 – ½ P 420/460

MUNSTER 68140 H.-Rhin 🟨🟨 ⑱ G. Alsace Lorraine – 4 657 h alt. 400.
Env. Soultzbach-les-Bains : autels★★ dans l'église E : 7 km.
🚩 Office de Tourisme 1 r. du Couvent ℘ 03 89 77 31 80, Fax 03 89 77 07 17.
Paris 457 – Colmar 20 – Guebwiller 29 – Mulhouse 61 – St-Dié 53 – Strasbourg 91.

🏨 **Verte Vallée** Ⓜ ⌇, 10 r. A. Hartmann, parc de la Fecht ℘ 03 89 77 15 15,
Fax 03 89 77 17 40, 😃, ƙ₄, ⬛, 🐎 – 🛗, ■ rest, 📺 🕿 ✆ & 🅿. ⅅ ⓪ GB
fermé 5 au 25 janv. – **Repas** 95/270 ♀, enf. 70 – ⊆ 63 – **107 ch** 460/630 – ½ P 395

🏠 **Deybach** sans rest, rte Colmar, D 417 : 1 km ℘ 03 89 77 32 71, Fax 03 89 77 52 41, 😃 –
🐘 ■ rest, 📺 🕿 & 🅿. ⓪ GB
fermé lundi – ⊆ 32 – **16 ch** 235/270 – ½ P 250

🏠 **Deux Sapins**, 49 r. 9ᵉ Zouaves par rte Gérardmer ℘ 03 89 77 33 96, Fax 03 89 77 03 90 –
🐘 🛗 📺 🕿 🅿. ⅅ ⓪ GB JCB
fermé 15 nov. au 15 déc., dim. soir et lundi – **Repas** 75/200 ♀, enf. 42 – ⊆ 33 – **19 ch**
230/300 – ½ P 230/270

XX **Nouvelle Auberge**, rte Colmar, sur D 417, Est : 6 km ℘ 03 89 71 07 70,
Fax 03 89 71 08 97 – 🅿. GB
fermé vacances de Toussaint, de fév., lundi et mardi – **Repas** 50 (déj.), 98/265 ♀, enf. 38

MURAT 15300 Cantal 🟨🟨 ③ G. Auvergne – 2 409 h alt. 930.
Voir Site★★ – Église★ de Bredons S : 2,5 km.
🚩 Office de Tourisme 2 r. du Fg Notre-Dame ℘ 04 71 20 09 47, Fax 04 71 20 21 94.
Paris 525 – Aurillac 52 – Brioude 59 – Issoire 73 – Le Puy-en-Velay 119 – St-Flour 24.

🏠 **Hostellerie Les Breuils** sans rest, ℰ 04 71 20 01 25, Fax 04 71 20 33 20, 🏊, 🐴 – 📺 ☎ ❤, ☒ 🐃, 🛬
Pâques-1ᵉʳ nov., vacances de Noël et de fév. – 🍽 40 – **10 ch** 350/480

🏠 **Les Messageries,** ℰ 04 71 20 04 04, Fax 04 71 20 02 81, 🏋, 🏊 – 📺 ☎ ❤, 🛬
🦺100 *fermé 3 nov. au 25 déc.* – **Repas** (60) -78/150 ⅋, enf. 35 – 🍽 40 – **36 ch** 260 – ½ P 250

à l'Est *par N 122, rte de Clermont-Ferrand : 4 km –* ⊠ 15300 Murat :

XXX **Jarrousset,** ℰ 04 71 20 10 69, Fax 04 71 20 15 26, 🌤, 🐴 – 🅿. 🛬
🌼 *fermé janv., merc. sauf juil.-août et lundi soir* – **Repas** (95 bc) - 135 (déj.)/360 et carte 210 à 310 ⅋
Spéc. Fricassée d'écrevisses, tomates et basilic (juin à sept.). Croustillant de pieds de porc aux lentilles vertes. Lièvre à la royale (sept. et oct.).

MURBACH 68 H.-Rhin 62 ⑱ – *rattaché à Guebwiller.*

MUR-DE-BARREZ 12600 Aveyron 76 ⑫ G. Midi-Pyrénées – 1 109 h alt. 790.
Paris 575 – Aurillac 39 – Rodez 76 – St-Flour 57.

🏠🏠 **Auberge du Barrez** Ⓜ 🦺, ℰ 05 65 66 00 76, Fax 05 65 66 07 98, 🌤, 🐴 – 📺 ☎ ❤ 🕭
🚗 🅿. 🅰🅴 🛬
fermé janv. – **Repas** (*fermé lundi du 15 sept. à juin sauf fériés et dim. de nov. à Pâques*) 67/198 ⅋, enf. 50 – 🍽 39 – **18 ch** 200/490 – ½ P 265/345

MUR-DE-BRETAGNE 22530 C.-d'Armor 58 ⑲ G. Bretagne – 2 049 h alt. 225.
Voir Rond-Point du lac ≤⋆ – Lac de Guerlédan⋆⋆ O : 2 km.
🅱 *Office de Tourisme (Pâques-sept.) pl. de l'Église* ℰ 02 96 28 51 41, Fax 02 96 26 09 12.
Paris 458 – St-Brieuc 43 – Carhaix-Plouguer 49 – Guingamp 46 – Loudéac 20 – Pontivy 17.

XXX **Auberge Grand'Maison** (Guillo) avec ch, ℰ 02 96 28 51 10, Fax 02 96 28 52 30 – 📺 ☎.
🌼 🅰🅴 🛬 ᴊᴄʙ
fermé 1ᵉʳ au 15 mars, 1ᵉʳ au 23 oct., dim. soir et lundi – **Repas** (nombre de couverts limité, prévenir) 170 (déj.), 210/450 et carte 300 à 500 ⅋ – 🍽 90 – **9 ch** 360/650 – ½ P 490/650
Spéc. Profiteroles de foie gras. Tournedos de pied de porc. Croustillant "chapeau breton".

Les MUREAUX 78130 Yvelines 55 ⑲ – 33 089 h alt. 28.
Paris 42 – Mantes-la-Jolie 20 – Pontoise 22 – Rambouillet 50 – Versailles 33.

🏠 **Climat de France,** quartier Grand Ouest (près échangeur A 13 par rte Bouafle)
ℰ 01 34 74 72 50, Fax 01 30 99 39 04, 🌤 – 📺 ☎ ❤ 🕭 🅿. 🅰🅴 ⓞ 🛬
Repas (74) -91/109 ⅋, enf. 39 – 🍽 36 – **42 ch** 310/380

MURET ⬮ 31600 H.-Gar. 82 ⑰ G. Midi-Pyrénées – 18 134 h alt. 169.
Paris 717 – Toulouse 22 – Auch 73 – St-Gaudens 74 – Pamiers 51.

à Labarthe-sur-Lèze *Est : 6 km par D 19 – 3 772 h. alt. 162 –* ⊠ 31860 :

XX **Rose des Vents,** carrefour D 19-D 4 ℰ 05 61 08 67 01, Fax 05 61 08 85 84, 🌤, 🐴 – 🅿.
🅰🅴 ⓞ 🛬
fermé 13 août au 5 sept., vacances de fév., dim. soir et lundi – **Repas** 90/205

XX **Poêlon,** ℰ 05 61 08 68 49, Fax 05 61 08 78 48, 🌤 – ⓞ 🛬
fermé vacances de printemps, 1ᵉʳ au 15 août, vacances de Noël, dim. et lundi – **Repas** 125/220

MUROL 63790 P.-de-D. 73 ⑬ ⑭ G. Auvergne – 606 h alt. 830.
Voir Château⋆⋆.
🅱 *Office de Tourisme r. Jassaguet* ℰ 04 73 88 62 62, Fax 04 73 88 60 23.
Paris 462 – Clermont-Ferrand 37 – Condat 37 – Issoire 30 – Le Mont-Dore 21.

🏠 **Volcans** sans rest, r. George Sand ℰ 04 73 88 60 77, 🐴 – 📺 ☎ 🅿.
vacances de printemps, 15 juin-30 sept. et vacances d'hiver – 🍽 35 – **10 ch** 240/280

MUSSIDAN 24400 Dordogne 75 ④ G. Périgord Quercy – 2 985 h alt. 50.
🅱 *Syndicat d'Initiative (fermé dim.) pl. de la République* ℰ 05 53 81 73 87.
Paris 529 – Périgueux 38 – Angoulême 86 – Bergerac 26 – Libourne 56.

🏠 **Midi** 🦺, à la gare ℰ 05 53 81 01 77, Fax 05 53 82 90 14, 🌤, 🏊, 🐴 – 📺 ☎ ❤ 🅿. 🛬
🚗 🦺 ch
fermé 28 avril au 15 mai, 14 au 29 oct., week-ends de nov. à avril, vend. soir et sam. sauf juil.-août – **Repas** (dîner seul.) 73/138 ⅋ – 🍽 36 – **10 ch** 275/300 – ½ P 262/275

XX **Relais de Gabillou,** rte de Périgueux : 1,5 km ℰ 05 53 81 01 42, 🌤, 🏊 – 🅿. 🛬
fermé janv. et lundi – **Repas** 90/300 ⅋, enf. 50

à Sourzac *Est : 4 km par N 89 – 1 011 h. alt. 50 – ⊠ 24400 :*

🏠 **Chaufourg en Périgord,** ✆ 05 53 81 01 56, *Fax 05.53.82.94.87,* 🌣, « Ambiance guesthouse », 🏊, 🚗 – 📺 ☎ ✟ 🅿, 🆑 ⓪ 🇬🇧
1er avril-2 nov. – **Repas** (dîner seul.) (résidents seul.) carte 320 à 420 ♀ – ☷ 85 – **10 ch** 774/1300

MUTZIG *67190 B.-Rhin* 🟦🟦 ⑨ *G. Alsace Lorraine – 4 552 h alt. 190.*
Paris 478 – Strasbourg 32 – Obernai 12 – Saverne 30 – Sélestat 38.

🏠 **Hostellerie de la Poste,** pl. Fontaine ✆ 03 88 38 38 38, *Fax 03 88 49 82 05,* 🌣 –
▦ rest, 📺 ☎ ✟ ⌫. 🇬🇧
Repas *(fermé lundi)* (50) 140/290 ♀ – ☷ 40 – **19 ch** 210/320 – ½ P 280/330

🍴 **Auberge Alsacienne "au Nid de Cigogne",** r. 18-Novembre ✆ 03 88 38 11 97 –
🇬🇧
fermé mardi soir et merc. – **Repas** 135/235 ♀, enf. 55

NAINTRÉ *86 Vienne* 🟦🟦 ④ *rattaché à Châtellerault.*

NAJAC *12270 Aveyron* 🟦🟦 ㉑ *G. Midi-Pyrénées – 766 h alt. 315.*
Voir Site★★ – Ruines du château★ : ≤★.
🅱 *Office de Tourisme pl. Faubourg* ✆ 05 65 29 72 05, *Fax 05 65 29 72 29.*
Paris 627 – Rodez 76 – Albi 50 – Cahors 86 – Gaillac 49 – Villefranche-de-Rouergue 19.

🏠 **Belle Rive** ≤, Nord-Ouest : 3 km par D 39 ✆ 05 65 29 73 90, *Fax 05 65 29 76 88,* ≤, 🌣,
« Dans les gorges de l'Aveyron », 🏊, 🚗, 🍴 – 📺 ☎ 🅿, ⓪ 🇬🇧
1er avril-31 oct. et fermé dim. soir en avril et oct. – **Repas** (60) 90/140 ♀, enf. 55 – ☷ 46
31 ch 270/300 – ½ P 300

🍴🍴🍴 **Oustal del Barry** avec ch, ✆ 05 65 29 74 32, *Fax 05 65 29 75 52,* ≤, 🌣, 🚗 – 📳 📺 ☎.
🆑 🇬🇧
mi-mars-mi-nov. – **Repas** *(fermé mardi midi et lundi d'avril à juin et en oct.)* 100/260 et
carte 230 à 350 ♀, enf. 70 – ☷ 50 – **20 ch** 280/400 – ½ P 360/385

au Nord-Est *: 8 km par D 39, D 339 et D 638 – ⊠ 12270 Najac :*

🏠🏠🏠 **Longcol** ≤, ✆ 05 65 29 63 36, *Fax 05 65 29 64 28,* ≤, 🌣, parc, « Ancienne ferme du
17e siècle aménagée avec élégance », 🏊, 🍴 – 📺 ☎ ✟ 🅿 – 🔬 40. 🆑 ⓪ 🇬🇧 🇯🇨🇧, ✂ rest
14 fév.-15 nov. – **Repas** *(fermé mardi midi et lundi du 15 sept. au 15 juin)* (nombre de
couverts limité, prévenir) 210/295 et carte 260 à 400 ♀ – ☷ 75 – **19 ch** 700/900
Spéc. Bouchons de cèpes en paupiettes de soles (juil. à oct.). Carré de veau rôti à la broche.
Flaune à la recuite de brebis. **Vins** Gaillac, Marcillac.

NALZEN *09 Ariège* 🟦🟦 ⑤ *– rattaché à Lavelanet.*

NANCY 🅿 *54000 M.-et-M.* 🟦🟦 ⑤ *G. Alsace Lorraine – 99 351 h Agglo. 329 447 h alt. 206.*
*Voir Ensemble 18e s. : Place Stanislas★★★, Arc de Triomphe★ BY B – Place de la Carrière★ et
Palais du Gouvernement★ BX R – Palais ducal★★ : musée historique lorrain★★★ – Église et
Couvent des Cordeliers★ : gisant de Philippe de Gueldre★★ – Porte de la Craffe★★ – Église
N. D. de Bon Secours★ EX – Façade★ de l'église St-Sébastien – Musées : Beaux-Arts★ BY
M³, École de Nancy★★ DX M⁴, Zoologie (aquarium tropical★) CY M⁸ – Jardin botanique du
Montet★ DY.*
Env. Basilique★★ de St-Nicolas-de-Port par ② : 12 km.
✈ *de Metz-Nancy-Lorraine :* ✆ *03 87 56 70 00, par ⑥ : 43 km.*
🚊 ✆ *08 36 35 35 35.*
🅱 *Office de Tourisme 14 pl. Stanislas* ✆ *03 83 35 22 41, Fax 03 83 35 90 10.*
Paris 308 ⑤ – *Dijon 213* ⑤ – *Metz 57* ⑥ – *Reims 194* ⑤ – *Strasbourg 151* ①.

Plan page ci-contre

🏠🏠🏠 **Grand Hôtel de la Reine,** 2 pl. Stanislas ✆ 03 83 35 03 01, *Fax 03 83 32 86 04,* 🌣,
🌼100 « Palais du 18e siècle sur la place Stanislas » – 📳 📺 ☎ ✟ ⌫. 🔬 40. 🆑 ⓪ 🇬🇧 🇯🇨🇵
Stanislas (fermé dim.) **Repas** 180/370 ♀, enf. 90 ♀ – ☷ 80 – **48 ch** 830/1600   BY **d**

🏠🏠 **Mercure Centre Thiers,** 11 r. R. Poincaré ✆ 03 83 39 75 75, *Fax 03 83 32 78 17 –* 📳 ✶
▦ 📺 ☎ – 🔬 30 à 150. 🆑 ⓪ 🇬🇧 🇯🇨🇧   AY **r**
Toison d'Or (fermé 14 juil. au 28 août, sam. midi et dim. soir) **Repas** 160 ♀ – **Rendez-
Vous :** **Repas** (92) 127 ♀, enf. 60 – ☷ 62 – **192 ch** 535/655

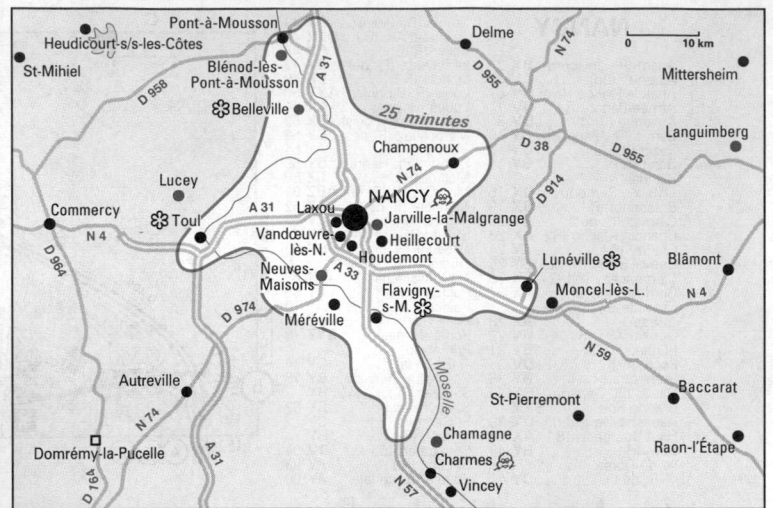

🏨 **Mercure Centre Stanislas** sans rest, 5 r. Carmes ℘ 03 83 30 92 60, Fax 03 83 30 92 92 – 🛗 ⚒ 🔳 🔟 ☎ ✆ 🖘 – 🔬 18. 🖭 ⓞ 🖼   BY m
🖂 60 – **80 ch** 480/510

🏨 **Crystal** sans rest, 5 r. Chanzy ℘ 03 83 17 54 00, Fax 03 83 17 54 30 – 🛗 🔟 ☎. 🖭 ⓞ 🖼
🎴   AY a
fermé 29 déc. au 2 janv. – 🖂 48 – **58 ch** 400/530

🏨 **Ibis Centre Ste-Catherine** Ⓜ, 42 av. 20ᵉ Corps ℘ 03 83 37 10 10, Fax 03 83 37 66 33 –
🖘 🛗 ⚒ 🔟 ☎ ✆ ⅃ 🖘 – 🔬 30 à 80. 🖭 ⓞ 🖼   CY v
Repas (69)- 82/145 ⅃, enf. 40 – 🖂 35 – **66 ch** 360/380

🏨 **Portes d'Or** sans rest, 21 r. Stanislas ℘ 03 83 35 42 34, Fax 03 83 32 51 41 – 🛗 🔟 ☎ ✆.
🖼   BY b
🖂 40 – **20 ch** 260/320

🏨 **St-Georges** sans rest, 7 ter r. Tapis Vert ℘ 03 83 35 16 72, Fax 03 83 37 99 25 – cuisinette
🔟 ☎ ✆ 🅿. 🖭 🖼   CY s
fermé 23 déc. au 2 janv. – 🖂 30 – **27 ch** 260

XXX **Capucin Gourmand**, 31 r. Gambetta ℘ 03 83 35 26 98, Fax 03 83 85 99 29, « Élégant
décor contemporain » – 🔳. 🖭 🖼   BY m
fermé 1ᵉʳ au 22 août, vacances de fév., dim. sauf le midi de sept. à juin et lundi – **Repas**
220/320 et carte 260 à 370 ⅀

XXX **Mirabelle**, 24 r. Héré ℘ 03 83 30 49 69, Fax 03 83 32 78 93 – 🖼   BY f
fermé 31 juil. au 21 août, 3 au 9 janv., sam. midi, dim. soir et lundi – **Repas** 105 (déj.),
145/330 et carte 210 à 380 ⅀

XXX **Cap Marine**, 60 r. Stanislas ℘ 03 83 37 05 03, Fax 03 83 37 01 32 – 🔳. 🖭 🖼   BY t
fermé 30 juil. au 20 août, sam. midi, dim. et fériés – **Repas** - produits de la mer - 140/225 bc
et carte 260 à 380 ⅀

XX **Excelsior Flo**, 50 r. H. Poincaré ℘ 03 83 35 24 57, Fax 03 83 35 18 48, brasserie, « Décor
"École de Nancy" » – 🖭 ⓞ 🖼   AY v
Repas 159 bc, enf. 48

XX **Grenier à Sel**, 28 r. Gustave Simon ℘ 03 83 32 31 98, Fax 03 83 35 32 88 – 🖼   BY x
fermé 24 juil. au 15 août, dim. et lundi – **Repas** 96 (déj.), 150/280 ⅀

XX **Les Agaves**, 2 r. Carmes ℘ 03 83 32 14 14, Fax 03 83 37 13 31 – 🖭 🖼   BY u
fermé 14 au 20 août, vacances de fév., lundi soir et dim. – **Repas** carte 170 à 280 ⅃

XX **Toque Blanche**, 1 r. Mgr Trouillet ℘ 03 83 30 17 20, Fax 03 83 32 60 24 – 🖭 🖼
fermé 31 juil. au 9 août, 2 au 7 janv., vacances de fév., dim. soir et lundi – **Repas** (100) -
130/320 ⅀   ABY z

XX **L'Amandier**, 24 pl. Arsenal ℘ 03 83 32 11 01, Fax 03 83 32 11 01 – 🔳. 🖭 🖼 🎴
fermé 1ᵉʳ au 18 août, 24 déc. au 3 janv., sam. midi et dim. – **Repas** 149/189 ⅀   AX s

NANCY

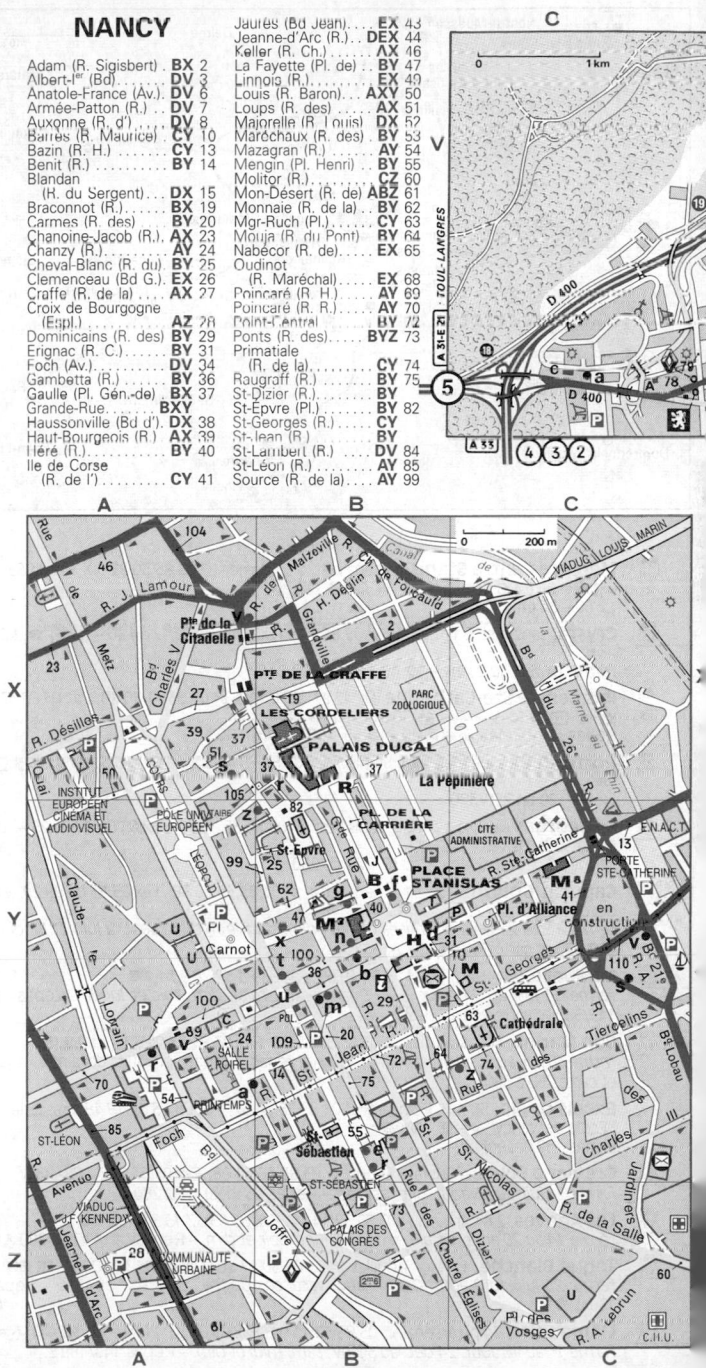

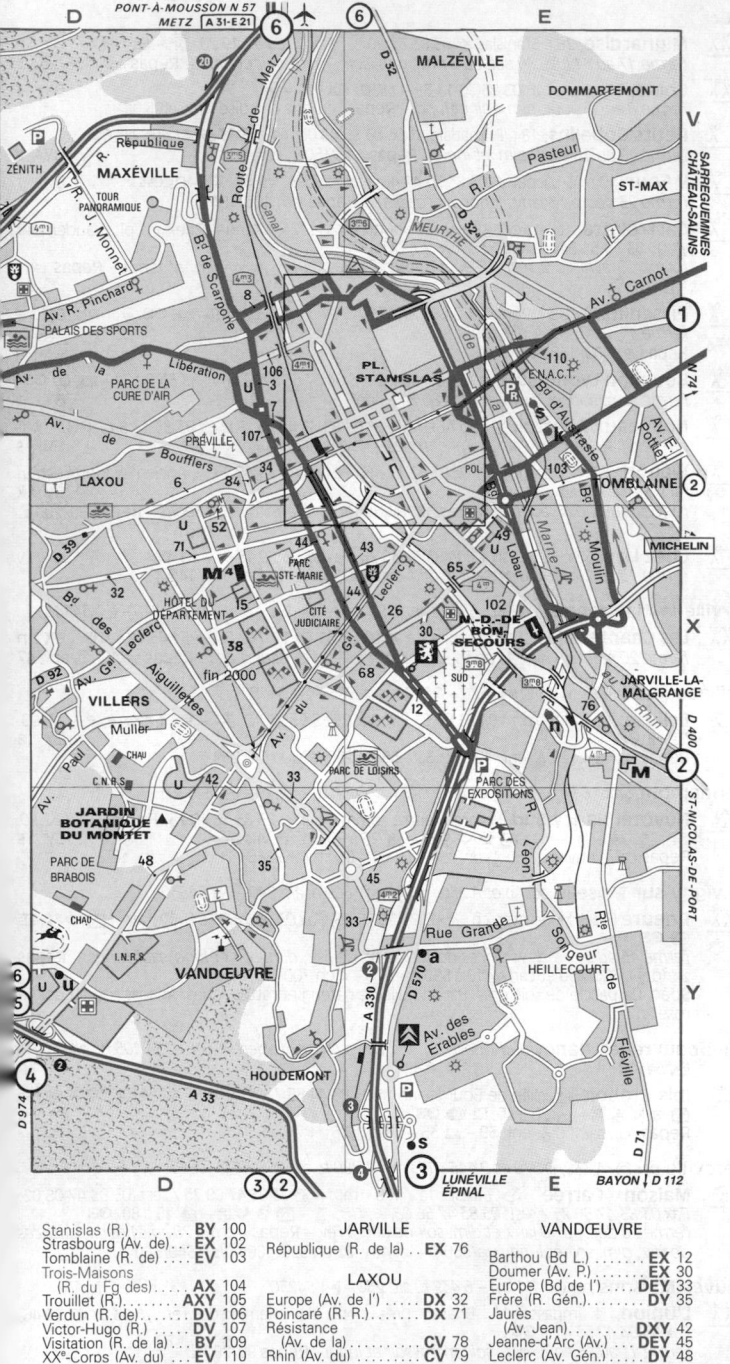

XX **Mignardise**, 28 r. Stanislas ℰ 03 83 32 20 22, Fax 03 83 32 19 20, ㄢ – ﾒﾃ ㎽   BY   n
fermé 17 au 31 juil., 30 oct. au 5 nov., dim. soir , merc. soir et lundi – **Repas** (85) - 135/255 ♀

XX **Chine**, 51 r. Ponts ℰ 03 83 30 13 89 – ㅌ. ﾒﾃ ⓞ ㎽ ﾕﾒﾮ   BY   r
fermé 8 au 28 août, dim. soir et lundi – **Repas** - cuisine chinoise - 145/185

X **Petits Gobelins**, 18 r. Primatiale ℰ 03 83 35 49 03, Fax 03 83 37 41 49 – ﾒﾃ ㎽
fermé 1er au 15 août, dim. et lundi – **Repas** 108/350 ♀, enf. 60   CY   z

X **V Four**, 10 r. St-Michel ℰ 03 83 32 49 48, Fax 03 83 32 49 48, ㄢ – ﾒﾃ ㎽   BX   r
fermé 23 déc. au 3 janv., lundi midi et dim. – **Repas** (82) - 103/154 ♀

X **Gastrolâtre** (transfert prévu au printemps : 23 Grande Rue), 1 pl. Vaudémont
ℰ 03 83 35 51 94, Fax 03 83 32 92 79, ㄢ – ㎽
fermé 23 avril au 2 mai, 13 au 31 août, 24 déc. au 1er janv., dim. et lundi – **Repas** (96) -
185/220 ♀

X **Pissenlits**, 25 bis r. Ponts ℰ 03 03 37 43 97, Fax 03 83 35 72 49   ㅌ. ㎽   BY   e
ꗞ *fermé 1er au 15 août, dim. et lundi*
Repas (82) - 99/148 bc ♀

X **Bouchon Lyonnais**, 15 r. Maréchaux ℰ 03 83 37 55 77, Fax 03 83 35 28 71 – ㅌ. ﾒﾃ ㎽
ㄷﾮ *fermé sam. midi et dim.* – **Repas** 80/97 ♀, enf. 50   BY   g

X **Nouveaux Abattoirs**, 4 bd Austrasie ℰ 03 83 35 46 25, Fax 03 83 35 13 64 – ㎽
fermé 1er au 22 août, sam., dim. et fériés – **Repas** 96/270 ♨   EV   s

X **Wagon**, 57 r. Chaligny ℰ 03 83 32 32 16, Fax 03 83 35 68 36, « Ancien wagon-restau-
ㄷﾮ rant » – ㅌ. ﾒﾃ ⓞ ㎽   EV   k
fermé 7 juil. au 1er août, vacances de fév., lundi soir, sam., dim. et fériés – **Repas** 85/200 ♀,
enf. 50

X **Chez Lize**, 52 r. H. Déglin ℰ 03 83 30 36 26, Fax 03 83 30 18 93 – ㅌ. ㎽   AX   v
fermé 13 au 20 août, dim. sauf le midi de sept. à juin – **Repas** 100/145 ♨

à **Jarville-la-Malgrange** Sud-Est : 3 km par av. Strasbourg - **EX** – 9 992 h. alt. 210 – ✉ 54140 :

XX **Les Chanterelles**, 27 av. Malgrange ℰ 03 83 51 43 17, Fax 03 83 51 43 17 – ㎽   EX   n
fermé 20 mai au 5 juin, 15 au 31 juil., sam. midi et dim. sauf fériés – **Repas** 98/160 ♀, enf. 47

à **Heillecourt** Sud-Est : 4 km sur D 570 – 6 393 h. alt. 265 – ✉ 54180 :

🏠 **Éclipse**, 1 r. Épinette ℰ 03 83 56 63 63, Fax 03 83 57 90 10, ㄢ – ﾑﾇ ⷮ ☎ ⵚ ₱ – 🅰 20.
ﾒﾃ ⓞ ㎽   EY   a
Repas (79) - 09/129 ♨, enf. 42 – ⯊ 35 – **58 ch** 280/500 – 1/2 P 259

à **Houdemont** Sud : 6 km vers ③ par A 330 - **EY** – 1 836 h. alt. 270 – ✉ 54180 :

🏰 **Novotel Nancy Sud** M, près centre commercial ℰ 03 83 56 10 25, Fax 03 83 57 62 20,
ㄢ, ⺙, 🐀 – 🛏 ﾑﾇ ⷮ ☎ ⵚ & ₱ – 🅰 25 à 80. ﾒﾃ ⓞ ㎽ ﾕﾒﾮ   EY   s
Repas carte environ 160 ♨, enf. 50 – ⯊ 60 – **86 ch** 495/565

à **Flavigny-sur-Moselle** par ③ et A 330 : 16 km – 1 609 h. alt. 240 – ✉ 54630 :

XXX **Prieuré** (Roy) M ➿ avec ch, ℰ 03 83 26 70 45, Fax 03 03 26 75 51, ㄢ, 🐀 – ⷮ ☎ ⵚ ﾒﾃ
ꗞ ⓞ ﾕﾒﾮ
fermé 16 au 31 août, vacances de Toussaint, de fév., dim. soir et lundi sauf fériés. – **Repas**
200 (déj.), 300/450 et carte 410 à 590 – ⯊ 70 – **4 ch** 700
Spéc. Carpaccio de foie gras. Bar à l'huile de hareng et rattes rôties. Ananas rôti au poivre
rose.

à **Vandoeuvre-lès-Nancy** Sud-Ouest : 4 km par av. Gén. Leclerc - **DY** – 34 105 h. alt. 300 –
✉ 54500 :

🏠 **Ibis Brabois** M, allée de Bourgogne ℰ 03 83 44 55 77, Fax 03 83 44 21 44, ㄢ – 🛏 ﾑﾇ
ⷮ ☎ ⵚ & ₱ – 🅰 25 à 40. ﾒﾃ ⓞ ㎽   DY   u
Repas (75) - 95/100 ♨, enf. 39 – ⯊ 35 – **68 ch** 325

à **Méréville** par ③, A 330, D 570 et D 115 : 16 km – 1 289 h. alt. 250 – ✉ 54850 :

🏠 **Maison Carrée** ➿ (rest. à 100 m.), ℰ 03 83 47 09 23 / rest. 03 83 47 08 02,
Fax 03 83 47 50 75 / rest. 03 83 47 66 08, <, ㄢ, ⺙ – ⷮ ☎ ⵚ ₱ – 🅰 25 à 80. ㎽
fermé 20 déc. au 10 janv. et dim. soir de déc. à fév. – **Repas** (fermé 20 au 31 déc., vacances
de fév., dim. soir et lundi) 145/350 ♀ – ⯊ 46 – **22 ch** 320/480 – 1/2 P 340/360

à **Neuves-Maisons** par ④ : 14 km – 6 432 h. alt. 230 – ✉ 54230 :

XX **L'Union**, 1 impasse A. Briand, près pont de chemin de fer ℰ 03 83 47 30 46,
Fax 03 83 47 33 42 – ㎽
fermé 1er au 15 août, dim. soir, mardi soir et lundi – **Repas** 90/280 ♀

à Laxou *Ouest : 4 km par av. Libération -* DV *– 15 490 h. alt. 258 –* ✉ *54520 :*

🏨 **Novotel Nancy Ouest** Ⓜ, ✆ 03 83 93 45 45, Fax 03 83 98 57 07, 🍴 , 𝄢 , ⊆ , ☞ – 🛗
✗ ☰ 📺 ☎ ✆ 🛗 🅿 – 🔔 25 à 200. 🆎 ⓪ 🆖 🍱 CV a
Repas 110/140 ♈, enf. 50 – ☷ 60 – **119 ch** 500/575

NANS-SOUS-STE-ANNE *25330 Doubs* 𝟟𝟘 ⑤ *G. Jura – 142 h alt. 367.*

Voir *Source du Lison* ★★ *15 mn, Grotte Sarrazine* ★★ *30 mn, Creux Billard* ★★ *30 mn, SE : 3 km.*

Paris 417 – Besançon 42 – Pontarlier 36 – Salins-les-Bains 14.

☂ **Poste**, ✆ 03 81 86 62 57, Fax 03 81 86 55 32, 🍴 – ☎. 🆖. ✀ ch
🕳 *fermé 15 déc. au 31 janv., mardi soir et merc. hors saison –* **Repas** 85/170, enf. 45 – ☷ 32 –
8 ch 230 – ½ P 245

NANTERRE *92 Hauts-de-Seine* 𝟧𝟧 ⑳ , 𝟏𝟎𝟏 ⑭ *– voir Paris, Environs.*

Participez à notre effort permanent
de mise à jour

Adressez-nous vos remarques
et vos suggestions.

Cartes et guides Michelin

46 avenue de Breteuil - 75324 Paris Cedex 07

NANTES

🅿 44000 Loire-Atl. 67 ③ G. Bretagne - 244 995 h. - Agglo. 496 078 h - alt. 8.
Paris 384 ② – Angers 91 ② – Bordeaux 326 ④ – Quimper 231 ⑥ – Rennes 110 ⑦

OFFICES DE TOURISME

*Pl. du Commerce 🕾 02 40 20 60 00, Fax 02 40 89 11 99
et Château des Ducs de Bretagnes (dim.).*

RENSEIGNEMENTS PRATIQUES

TRANSPORTS
Auto-train 🕾 08 36 35 35 35.
Allo Tan 🕾 08 01 44 44 44

AÉROPORT
International Nantes-Atlantique 🕾 02 40 84 80 00 par D 85 : 8,5 km BX

DÉCOUVRIR

AN 2000
Toute l'année : "Les Mondes Inventés" : de Jules Verne au 3ᵉ millénaire (spectacles, exposi-tions, colloques) - 12 mai-10 sept. : Vision machine (exposition) - mai-juin : Les chemins de l'Atlantique (animations, concerts,...) - 12 mai-sept. : Classifiction (exposition) - 12 mai-7 janv. : le roman de la science (exposition) - 12 mai-7 janv. : Voyages extraordinaires (exposition) - juin : Nantes projet d'artiste (film) - 16 sept.-27 nov. : Jules Verne écrivain (exposition) - déc. : Les chemins oubliés ou le temps d'un songe (chorégraphie)

SOUVENIRS DES DUCS DE BRETAGNE
Château★★ : tour de la Couronne d'Or★★, puits★★ - Intérieur★★ de la cathédrale St-Pierre-et-St-Paul : tombeau de Francois II★★, cénotaphe de Lamoricière★

NANTES DU 18ᵉ S.
Ancienne île Feydeau★ GZ

LA VILLE DU 19ᵉ S.
Passage Pommeraye★ GZ - Quartier Graslin★ FZ - Cours Cambronne★ FZ - Jardin des Plantes★ HY

MUSÉES
Musée des Beaux-Arts★★ HY - Muséum d'histoire naturelle★★ FZM⁴ - Musée Dobrée★ FZ - Musée archéologique★ M¹ - Musée Jules Verne★ BX M⁵

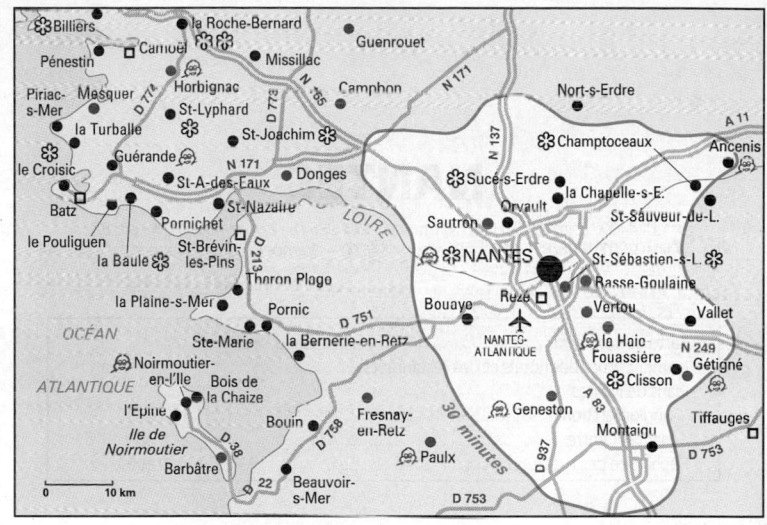

Grand Hôtel Mercure M, 4 r. Couëdic 𝒫 02 51 82 10 00, *Fax 02 51 82 10 10* – cuisinette ⚒ ⊟ TV ☎ 🕭 ⇔ – 🕍 180. AE ⓞ GB JCB
p. 7 GZ m
Repas 105/135, enf. 40 – 🖵 70 – **134 ch** 650/720, 4 appart, 24 studios

Holiday Inn Garden Court M, 1 bd Martyrs Nantais ⊠ 44200 𝒫 02 40 47 77 77, *Fax 02 40 47 36 52*, 🌐 – 🕍 ⚒ ⊟ rest, TV ☎ 🕭 ⇔ – 🕍 35. AE ⓞ GB JCB
Repas (85) - 105/198 ♀, enf. 50 – 🖵 65 – **108 ch** 540/780
p. 7 HZ v

Novotel Cité des Congrès M, 3 r. Valmy 𝒫 02 51 82 00 00, *Fax 02 51 82 07 40*, 🌐 – 🕍 ⚒ ⊟ TV ☎ 🕭 – 🕍 30 AE ⓞ GB JCB
Repas (déj. seul.) (92) - 105 ♀, enf. 50 – 🖵 60 – **105 ch** 525/575
p. 7 HZ t

Mercure Beaulieu, Ile Beaulieu ⊠ 44200 𝒫 02 40 95 95 95, *Fax 02 40 48 23 83*, ≤, 🌐, ↗, ⚒ – 🕍 ⚒ ⊟ TV ☎ 🕭 P – 🕍 80. AE ⓞ GB JCB
Repas (89) - 118/223 ♀, enf. 49 – 🖵 60 – **100 ch** 575/625
p. 5 CX a

La Pérouse M sans rest, 3 allée Duquesne 𝒫 02 40 89 75 00, *Fax 02 40 89 76 00*, « Décor contemporain » – 🕍 ⊟ TV ☎ 🕭. AE ⓞ GB JCB
🖵 50 – **47 ch** 440/580
p. 7 GY k

Jules Verne M sans rest, 3 r. Couëdic 𝒫 02 40 35 74 50, *Fax 02 40 20 09 35* – 🕍 ⊟ TV ☎ 🕭. AE ⓞ GB JCB
🖵 50 – **65 ch** 420/550
p. 7 GZ h

Amiral sans rest, 26 bis r. Scribe 𝒫 02 40 69 20 21, *Fax 02 40 73 98 13* – 🕍 TV ☎ 🕭. AE ⓞ GB JCB
🖵 39 – **49 ch** 319/339
p. 6 FZ a

Grand Hôtel sans rest, 2 bis r. Santeuil 𝒫 02 40 73 46 68, *Fax 02 40 69 65 98* – 🕍 TV ☎. AE ⓞ GB JCB
fermé 18 déc. au 2 janv. – 🖵 35 – **41 ch** 270/480
p. 7 GZ p

Graslin sans rest, 1 r. Piron 𝒫 02 40 69 72 91, *Fax 02 40 69 04 44* – 🕍 TV ☎ 🕭. AE ⓞ GB JCB
🖵 40 – **47 ch** 350/400
p. 6 FZ v

Vendée sans rest, 8 allée Cdt Charcot 𝒫 02 40 74 14 54, *Fax 02 40 74 11 68* – 🕍 TV ☎ 🕭 – 🕍 15. AE ⓞ GB JCB
🖵 40 – **93 ch** 240/320
p. 7 HY n

Paris sans rest, 2 r. Boileau 𝒫 02 40 48 78 79, *Fax 02 40 47 63 75* – 🕍 TV ☎ 🕭. AE ⓞ GB JCB
🖵 35 – **50 ch** 290/320
p. 7 GZ x

Ibis Gare Sud, 3 allée Baco 𝒫 02 40 20 21 20, *Fax 02 40 48 24 64* – 🕍 ⚒ ⊟ TV ☎ 🕭 ⇔ – 🕍 35. AE ⓞ GB
Repas (75) - 120, enf. 39 – 🖵 36 – **104 ch** 340/350
p. 7 HZ q

Gare sans rest, 5 allée Cdt Charcot ℰ 02 40 74 37 25, *Fax 02 40 93 33 71* – 劇 TV ☎ ❤. 瓲 ⑩ GB JCB　　　　　　　　　　　　　　　　　　　　　　　　p. 7 HY z
⊡ 26 – **28 ch** 200/240

Ibis Tour Bretagne, 19 r. Jean Jaurès ℰ 02 40 35 39 00, *Fax 02 40 89 07 74* – 劇 ✗ TV
☎ ❤ & ⇔ – 益 35. 瓲 ⑩ GB　　　　　　　　　　　　　　　p. 7 GY e
Repas *(75)* - 95 🍷, enf. 39 – ⊡ 35 – **140 ch** 310

Martray, 10 pl. Viarme ℰ 02 40 89 62 62, *Fax 02 40 89 43 78* – 劇 TV ☎ & ⇔ – 益 20. 瓲
GB　　　　　　　　　　　　　　　　　　　　　　　　　　　p. 6 FY a
Repas *(fermé dim. soir)* 65/90 🍷 – ⊡ 45 – **56 ch** 300/350

Cholet sans rest, 10 r. Gresset ℰ 02 40 73 31 04, *Fax 02 40 73 78 82* – 劇 TV ☎. 瓲 GB
⊡ 30 – **38 ch** 225/248　　　　　　　　　　　　　　　　　p. 6 FZ n

Fourcroy sans rest, 11 r. Fourcroy ℰ 02 40 44 68 00 – TV ☎. ✗　　p. 6 FZ k
fermé 23 déc. au 7 janv. – ⊡ 27 – **19 ch** 150/180

L'Atlantide (Guého), quai E. Renaud (4ᵉ étage) ⊠ 44100 ℰ 02 40 73 23 23,
Fax 02 40 73 76 46, ≤, « Cadre contemporain » – 劇 ▤. 瓲 GB　　p. 6 EZ a
fermé 29 juil. au 21 août, sam. midi et dim. – **Repas** 144 (déj.), 200/350 et carte 280 à 375 ⵚ
Spéc. Grosses langoustines grillées au beurre épicé. Saint-Jacques aux truffes (nov. à mars).
Lièvre à la royale (nov.-déc.). **Vins** Coteaux d'Ancenis, Muscadet.

San Francisco, 3 chemin Bateliers ⊠ 44300 ℰ 02 40 49 59 42, *Fax 02 40 68 99 16*, 斎 –
🅿. 瓲 GB　　　　　　　　　　　　　　　　　　　　　　　p. 5 CX s
fermé août, dim. soir et lundi – **Repas** 158/290 et carte 290 à 340 ⵚ

Gavroche, 139 r. Hauts Pavés ℰ 02 40 76 22 49, *Fax 02 40 76 37 80*, 斎 – ▤ 🅿. 瓲
GB　　　　　　　　　　　　　　　　　　　　　　　　　　　p. 6 EY u
fermé 24 juil. au 24 août, dim. soir et lundi – **Repas** 120/280 et carte 225 à 320

Poissonnerie, 8 r. Léon Maître ℰ 02 40 47 79 50, *Fax 02 51 80 57 77* – ▤. 瓲 ⑩ GB
fermé 20 au 26 avril, 11 août au 2 sept., 23 déc. au 3 janv., sam. midi, dim. et lundi – **Repas** -
produits de la mer - *(70)* - carte 160 à 300 ⵚ　　　　　　　　p. 7 GZ e

Auberge du Château, 5 pl. Duchesse Anne ℰ 02 40 74 31 85, *Fax 02 40 37 97 57* – GB
fermé 30 juil. au 21 août, 24 déc. au 2 janv., dim. et lundi – **Repas** (nombre de couverts
limité, prévenir) 135/232 ⵚ　　　　　　　　　　　　　　　p. 7 HY f

L'Océanide, 2 r. P. Bellamy ℰ 02 40 20 32 28, *Fax 02 40 48 08 55* – 瓲 ⑩ GB JCB
fermé 12 au 20 août et dim. – **Repas** - produits de la mer - *(90)* - 115/320 ⵚ　p. 7 GY n

Cigale, 4 pl. Graslin ℰ 02 51 84 94 94, *Fax 02 51 84 94 95*, « Brasserie 1900 » – GB
Repas *(75)* - 100 (dîner), 135 bc/150 ⵚ, enf. 39　　　　　　　p. 6 FZ d

Esquinade, 7 r. St-Denis ℰ 02 40 48 17 22, *Fax 02 40 48 49 36* – 瓲 ⑩ GB JCB
fermé 20 juil. au 20 août, dim. et lundi – **Repas** 85 (déj.), 98/210 ⵚ, enf. 65　p. 7 GY t

Coin du Champ de Mars, 11 r. Fouré ℰ 02 40 47 01 18 – GB　　p. 7 HZ s
fermé 1ᵉʳ au 19 août, 23 déc. au 7 janv., sam. et dim.
Repas (déj. seul.) 142 ⵚ

Paludier, 2 r. Santeuil ℰ 02 40 69 44 06, *Fax 02 40 71 76 69* – 瓲 GB. ✗　p. 7 GZ u
fermé 24 juil. au 21 août, 3 au 9 janv., merc. soir et dim. – **Repas** *(72 bc)* - 98/200 ⵚ, enf. 45

Palombière, 13 bd Stalingrad ℰ 02 40 74 05 15, *Fax 02 40 74 05 15* – 瓲
GB　　　　　　　　　　　　　　　　　　　　　　　　　　　p. 5 CX x
fermé 30 juil. au 20 août, dim. sauf midi d'oct. à mai et sam. midi – **Repas** *(69)* - 99/157

Pressoir, 11 allée Turenne ℰ 02 40 35 31 10 – 瓲 GB　　　　p. 7 GZ s
fermé 20 juil. au 20 août, sam. midi, lundi soir et dim. – **Repas** (nombre de couverts limité,
prévenir) carte 150 à 210

Christophe Bonnet, 6 r. Mazagran ℰ 02 40 69 03 39, *Fax 02 40 69 04 10* – GB
fermé août, 2 au 9 janv., dim. et lundi sauf fériés – **Repas** 125 ⵚ　　p. 6 FZ x

Bouchon, 7 r. Bossuet ℰ 02 40 20 08 44, *Fax 02 40 35 41 21*, 斎 – 瓲 GB　p. 7 GY v
fermé sam. midi et dim. – **Repas** 80 (déj.), 138/158 ⵚ

Capucines, 11 bis r. Bastille ℰ 02 40 20 41 58, *Fax 02 51 72 02 96* – 瓲 GB　p. 6 FY b
fermé août, vacances de fév., sam. midi et dim. – **Repas** 67 (déj.), 90/185 ⵚ

Environs

au Nord

à la Chapelle-sur-Erdre *9 km par D 39* - CV - *14 830 h. alt. 29* - ⊠ 44240 :

Westotel Ⓜ, ℰ 02 51 81 36 36, *Fax 02 51 12 35 99*, 斎, 𝑓&, ⴰ, 𝆃 – 劇 cuisinette ✗,
▤ rest, TV ☎ ❤ & ⇔ 🅿 – 益 200. 瓲 ⑩ GB. ✗ rest
Repas 145/195 ⵚ – ⊡ 60 – **317 ch** 690/1365, 12 appart, 67 duplex

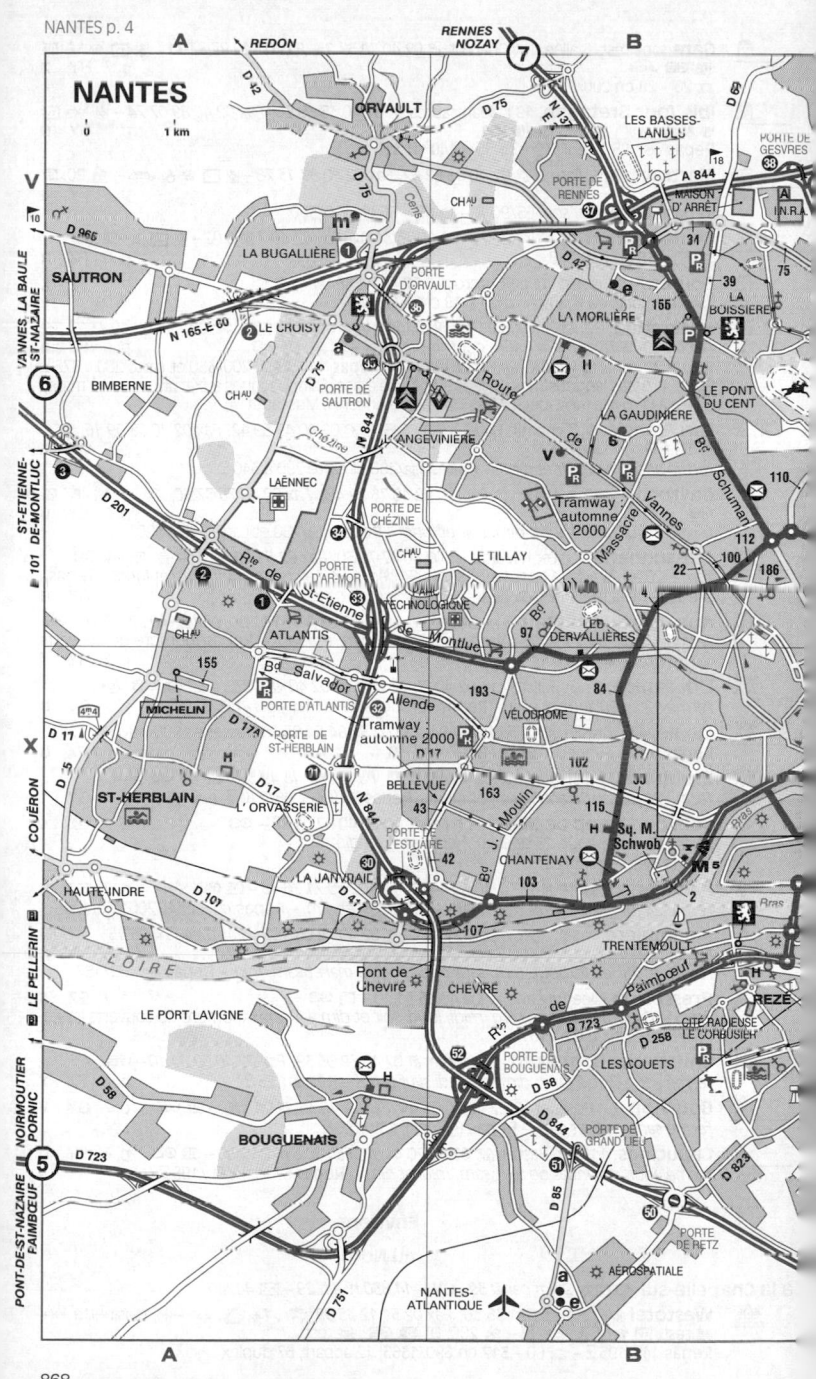

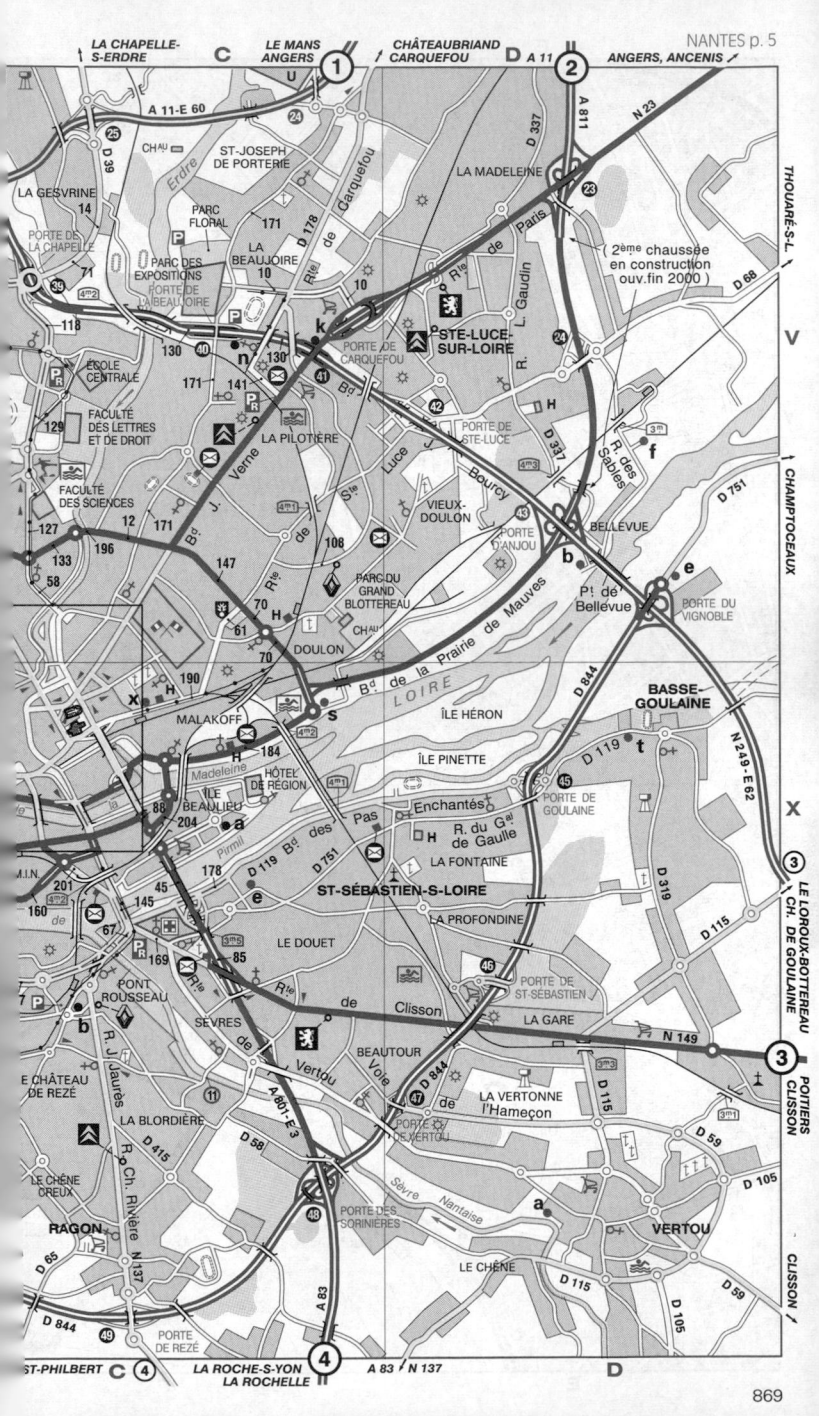

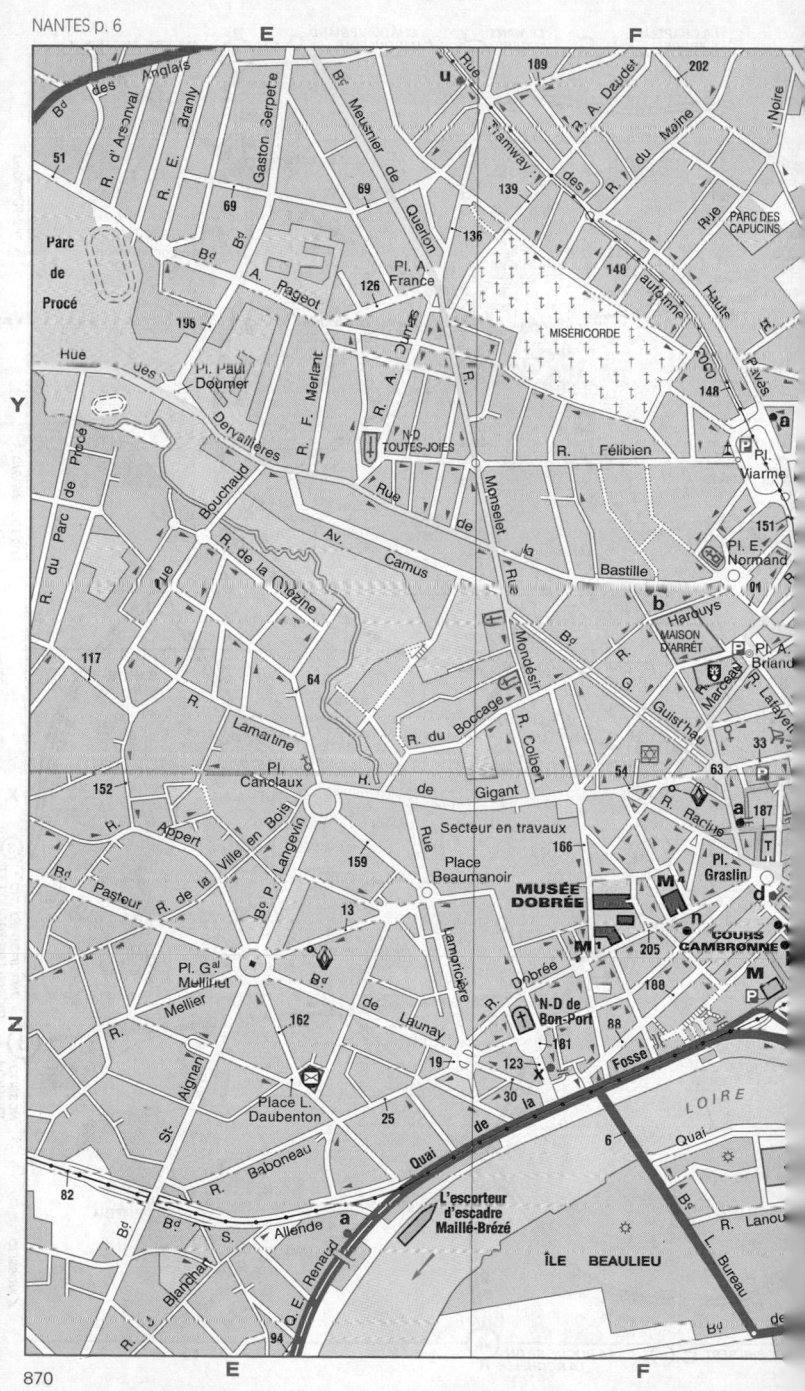

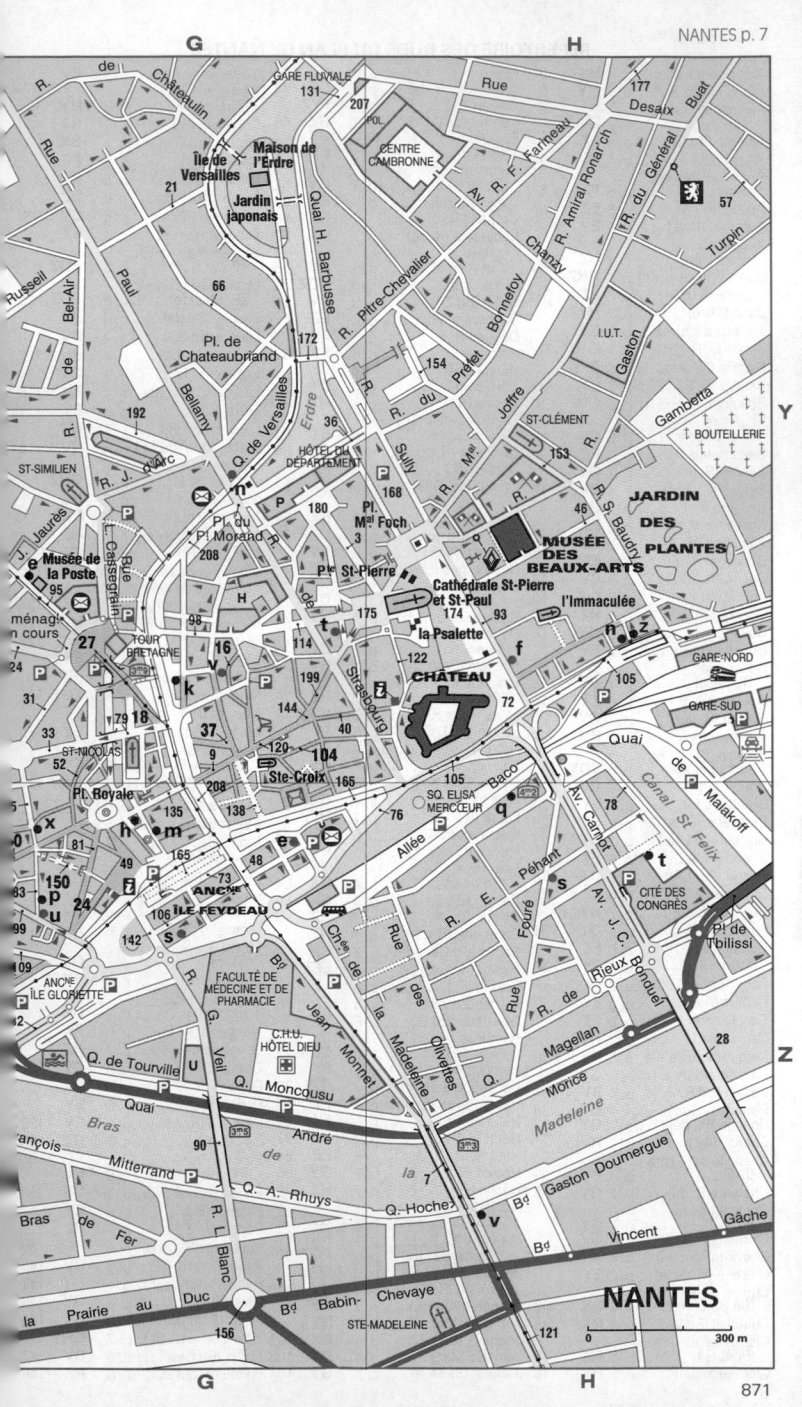

NANTES

RÉPERTOIRE DES RUES DU PLAN DE NANTES

à Sucé-sur-Erdre : 16 km par D 69 – 4 806 h. alt. 14 – ⊠ 44240 :

🖪 Office de Tourisme q. de Criklade ℘ 02 40 77 70 66, Fax 02 40 77 70 66.

❄ XXX **Chataigneraie** (Delphin), 156 rte Carquefou ℘ 02 40 77 90 95, Fax 02 40 77 90 08, ≤, 余, « Manoir du 19ᵉ siècle dans un parc au bord de l'Erdre » – 🄿. ᴀᴇ ⓞ ᴳᴮ ᴶᴄᴮ
fermé 24 juil. au 2 août, 3 au 23 janv., dim. soir, mardi midi et lundi – **Repas** 175/440 et carte 340 à 410 ♀, enf. 105
Spéc. Sandre au beurre blanc nantais. Filet de pigeon en croûte. Crumble tiède aux framboises (saison). **Vins** Muscadet Sèvre et Maine sur lie

au Nord-Est

à La Beaujoire : 7 km – ⊠ 44300 Nantes :

🏠 **Otelinn**, 45 bd Batignolles ℘ 02 40 50 07 07, Fax 02 40 49 41 40, 余 – ⧉, 🗏 rest, 🄣 ☎ ✆ ⬩ 🄿 – 🔬 150. ᴀᴇ ⓞ ᴳᴮ ᴶᴄᴮ
p. 5 **CV** n
Repas (59) - 75/150 ♀, enf. 55 – ⊇ 50 – **60 ch** 300

rte de Paris vers ② : 7 km – ⊠ 44300 Nantes :

🏠 **Ibis Beaujoire**, allée Champ de Tir ℘ 02 40 93 22 22, Fax 02 40 52 17 73 – ⧉ ⬩ 🄣 ☎ ✆ ⬩ 🄿 – 🔬 30. ᴀᴇ ⓞ ᴳᴮ
p. 5 **CV** k
Repas (75) - 150 ♀, enf. 39 – ⊇ 35 – **64 ch** 315

par D 178 et rte de la Chanterie : 11 km - **CV.**

XXX **Manoir de la Régate**, 155 rte Gachet ⊠ 44300 Nantes ℘ 02 40 18 02 97, Fax 02 40 25 23 36, 余, 雨 – 🄿. ᴀᴇ ⓞ ᴳᴮ
fermé vacances de fév., dim. soir et lundi – **Repas** 99/385 ♀, enf. 85

XX **Auberge du Vieux Gachet**, rte Gachet ⊠ 44470 Carquefou ℘ 02 40 25 10 92, Fax 02 40 18 03 92, ≤, 余, « Terrasse en bordure de l'Erdre » – 🄿. ᴀᴇ ᴳᴮ
fermé 7 au 31 août, dim. soir et lundi – **Repas** 90 (déj.), 140/250

rte d'Angers *par N 23* - DV – ✉ *44470 Carquefou* :

🏨🏨🏨 **Novotel Carquefou** ⏸, Z.I. Belle Étoile-Antarès : 12 km 🕿 02 40 52 64 64,
I ax 02 40 93 70 70, 😚, 🏊, 🌳 – 😝 📺 📺 🕿 👍 🅿 – 🔬 110. 🅰🅴 ⓞ 🆖 🃏
Repas *(83)* - 105 ♀, enf. 50 – ☲ 58 – **79 ch** 470/540

🏨 **Belle Étoile**, à la Belle Étoile : 11,5 km 🕿 02 40 68 01 69, *Fax 02 40 68 07 27*, 🌳 – 🍽 rest,
📺 🕿 👍 🅿 – 🔬 20. 🆖
Repas *(fermé août, 25 déc. au 2 janv., sam. et dim.)* 80/160 ♀ – ☲ 35 – **37 ch** 280/300 –
½ P 260

par A 11 *sortie Bellevue puis r. des Sables . 11 km* – ✉ *44900 Ste-Luce-sur-Loire* .

🍴🍴 **Bénureau**, Le Grand Plessis 🕿 02 40 25 95 25, *Fax 02 40 25 84 17*, 😚, « Demeure du
19ᵉ siècle dans un parc » – 🅿. 🆖   p. 5 **DV f**
fermé dim. soir et lundi – **Repas** 160/275

au pont de Bellevue : *9 km par A 11* ✉ *44980* :

🍴🍴🍴 **Beauséjour**, 🕿 02 40 25 60 39, *Fax 02 40 25 60 30*, ≤, 🅰🅴 ⓞ 🆖 🃏
fermé 15 au 30 juil., vacances de fév., dim. soir et lundi – **Repas** *(80)* - 105 (déj.), 140/200 et
carte 220 à 280 ♀, enf. 85   p. 5 **DV b**

à l'Est

par A 11 *N 249 et D 751 (rte des Bords de Loire)* DV – ✉ *44450 St-Julien-de-Concelles* :

🍴🍴 **Auberge Nantaise**, à 13 km, au Bout des Ponts 🕿 02 40 54 10 73, *Fax 02 40 36 83 28*, ≤
– 🍽. 🅰🅴 🆖
fermé 12 au 28 juil., sam. midi, dim. soir et lundi – **Repas** *(88)* - 117/260, enf. 65

🍴🍴 **Divate**, à 11 km, à Boire-Courant 🕿 02 40 54 19 66, *Fax 02 40 36 58 39*, 😚 – 🍽 🅿. 🅰🅴 🆖
fermé 4 au 20 sept., vacances de fév., dim. soir, mardi soir et merc. – **Repas** 75/168 ♀,
enf. 50

🍴🍴 **Pierre Percée**, à 17 km, à la Pierre Percée ✉ 44450 La Chapelle-Basse-Mer
🕿 02 40 06 33 09, *Fax 02 40 33 32 29*, ≤, 😚 – 🅰🅴 ⓞ 🆖
fermé janv., dim. soir et lundi – **Repas** 138/310, enf. 68

à Basse-Goulaine : *10 km – 5 910 h. alt. 22* – ✉ *44115* :

🍴🍴 **Pont**, 147 r. Grignon (D 119) 🕿 02 40 03 58 62, *Fax 02 40 06 20 80* – 🅰🅴 🆖   p. 5 **DX t**
fermé 1ᵉʳ au 21 août, vacances de fév., dim. soir, lundi soir et merc. – **Repas** 85 (déj.),
130/230 ♀

au Sud-Est

à St-Sébastien-sur-Loire : *4 km – 22 202 h. alt. 24* – ✉ *44230* :

🍴🍴🍴 **Manoir de la Comète** (Thomas-Trophime), 21 av. Libération 🕿 02 40 34 15 93,
Fax 02 40 34 46 23, « Élégant cadre contemporain » – 🍽 🅿. 🅰🅴 🆖   p. 5 **CX e**
ⓔ *fermé 1ᵉʳ au 10 mars, 30 juil. au 21 août, sam. midi et dim.* – **Repas** 170/330 et carte 280 à
400 ♀
Spéc. Aumônière de homard et girolles (mai à sept.). Civet de lamproie à l'anjou rouge
(10 janv. au 15 mars). Canard sauvage rôti aux épices douces (sept. à nov.). **Vins** Savennières,
Bourgueil.

à La Haie-Fouassière *par ③, N 149 et D 74 : 15 km – 2 911 h. alt. 25* – ✉ *44690* :

🍴🍴 **Cep de Vigne**, à la Gare Nord : 1 km par D 74 🕿 02 40 36 93 90, *Fax 02 51 71 60 69*, 😚 –
🆖
ⓐ *fermé 15 au 31 juil., vacances de fév., dim. soir, mardi soir et merc.* Repas 105 bc/305 ♀

à Vertou : *10 km par D 59 – 18 235 h. alt. 32* – ✉ *44120* :

🅱 Office de Tourisme pl. du Beau Verger 🕿 02 40 34 12 22, *Fax 02 40 34 06 86*.

🍴🍴 **Monte-Cristo**, Chaussée des Moines 🕿 02 40 34 40 36, *Fax 02 40 03 26 20*, 😚 – 🅰🅴 🆖
fermé dim. soir et lundi sauf fériés – **Repas** 88/230 bc   p. 5 **DX a**

au Sud

rte de La Roche-sur-Yon *par ④ et D 178 : 12 km* – ✉ *44840 Les Sorinières* :

🏨🏨🏨 **Abbaye de Villeneuve** ⏸, 🕿 02 40 04 40 25, *Fax 02 40 31 28 45*, ≤, 😚, « Demeure
du 18ᵉ siècle dans un parc », 🏊 – 🍽 ch, 📺 🕿 🅿 – 🔬 100. 🅰🅴 ⓞ 🆖 🃏
Repas 140/300 bc, enf. 85   ☲ 70   **17 ch** 450/800, 3 appart – ½ P 410/925

à Rézé : *6 km – 33 262 h. alt. 8* – ✉ *44400* :

🏨 **Cheval Blanc** sans rest, 50 r. Commune de 1871 🕿 02 40 75 65 07, *Fax 02 40 75 92 48* –
😝 📺 🕿 🅿. 🅰🅴 ⓞ 🆖   p. 5 **CX b**
fermé 30 juil. au 22 août – ☲ 33 – **20 ch** 242/305

au Sud-Ouest

à l'aéroport Nantes-Atlantique : *10 km par rte de Pornic* – ✉ *44340 Bouguenais* :

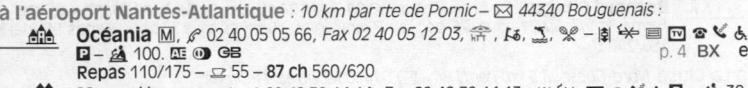

Océania Ⓜ, ℰ 02 40 05 05 66, *Fax 02 40 05 12 03*, 🌸, Ⅰ₆, ⫽, ⅋ – ▯ ⅋⅋ ▭ ☎ ✆ ⅋
▯ – 🏛 100. 🝐 ⓞ 🝐
Repas 110/175 – ☲ 55 – **87 ch** 560/620
p. 4 BX **e**

Mascotte sans rest, ℰ 02 40 32 14 14, *Fax 02 40 32 14 13* – ▯ ⅋⅋ ▭ ☎ ✆ ⅋ ▯ – 🏛 30.
🝐 ⓞ 🝐
☲ 40 – **73 ch** 360/410
p. 4 BX **a**

à Bouaye *par D 751* : *13 km* - AX – *4 815 h. alt. 16* – ✉ *44830* :

Clarine, sur D 751ᴬ ℰ 02 40 65 43 50, *Fax 02 40 32 64 83*, 🌸, Ⅰ, ⅋, ⅋ – ▭ rest, ▭ ☎
✆ ⅋ ▯ – 🏛 50. 🝐 🝐
Les Champs d'Avaux (*fermé dim. soir*) Repas 95/275🝐, enf.68 – ☲ 48 – **42 ch** 310/440 –
½ P 320

au Nord-Ouest

rte de Vannes *vers* ⑥ -BV :

Phénicien 🦢 sans rest, à 4 km, av. R. Chasteland ✉ 44700 Orvault ℰ 02 40 40 25 06,
Fax 02 51 83 80 67 – ⅋⅋ ▭ ☎ ▯. 🝐
☲ 35 – **27 ch** 320/400
P. 4 BV **s**

Pavillon, à 7 km sur N 165 ✉ 44800 St-Herblain ℰ 02 40 94 99 99, *Fax 02 40 94 96 07* –
▯. 🝐 🝐
fermé 1ᵉʳ au 20 août, sam. midi et dim. – Repas 140/280 et carte 250 à 340 🝐, enf. 85
p. 4 AV **a**

Caudalies, N 165 ✉ 44800 St-Herblain ℰ 02 40 94 35 35, *Fax 02 40 40 89 90* – 🝐
🝐
fermé 23 juil. au 15 août, 14 au 24 janv., dim. soir et lundi – Repas 90/200 🝐, enf. 45
p. 4 BV **v**

rte de Vannes *par* ⑥ *et N 165* : *17 km* – ✉ *44360 Vigneux-de-Bretagne* :

Mercure Atlantel Ⓜ, ℰ 02 40 57 10 80, *Fax 02 40 57 13 30*, 🌸, Ⅰ₆, Ⅰ, ⅋, ⅋ – ⅋⅋,
▭ rest, ▭ ☎ ✆ ⅋ ▯ – 🏛 150. 🝐 ⓞ 🝐 🝐
Repas (98) - 125/165 ⅋, enf. 50 – ☲ 54 – **86 ch** 435/450

à Sautron : *11 km* - AV – *6 026 h. alt. 64* – ✉ *44880* :

Romarin, 79 r. Bretagne (D 965) ℰ 02 40 63 15 87, *Fax 02 40 63 39 24* – 🝐
fermé 6 au 30 août, dim. soir, mardi soir et merc. – Repas 110 bc/280 🝐

à Orvault ABV – *23 115 h. alt. 45* – ✉ *44700* :

Bleu Marine 🦢, par N 137 et voie pavillonnaire : 6 km ℰ 02 40 76 84 02,
Fax 02 40 76 04 21, 🌸, parc, Ⅰ₆ – ▯, ▭ rest, ▭ ☎ ▯ – 🏛 30. 🝐 ⓞ 🝐 🝐
Domaine d'Orvault (*fermé sam. midi*) Repas (100) -130(déj), 165/300 🝐 – ☲ 65 – **30 ch**
430/680 – ½ P 390/760
p. 4 BV **e**

Orée du Bois, rte Garenne : 9 km ℰ 02 40 63 63 54, *Fax 02 40 63 91 79*, 🌸, « Terrasse
avec pièce d'eau », ⅋ – ▯. 🝐
fermé dim. soir et lundi – Repas 130/390 et carte 190 à 290 🝐
p. 4 AV **m**

par ⑦, *rte de Rennes sortie Ragon-Tourneuve* – ✉ *44119 Treillères* :

Relais Mercure, Parc d'Activité Treillères ℰ 02 40 72 87 88, *Fax 02 40 72 85 07*, 🌸, Ⅰ –
⅋⅋ ▭ ☎ ✆ ⅋ ▯. – 🏛 50. 🝐 ⓞ 🝐
Repas (*fermé sam., dim. et fériés*) (78) - 98 🝐, enf. 45 – ☲ 40 – **48 ch** 320 – ½ P 250

NANTEUIL-LÈS-MEAUX *77 S.-et-M.* 🝐🝐 ⑬ – *rattaché à Meaux.*

NANTILLY *70 H.-Saône* 🝐🝐 ⑬ – *rattaché à Gray.*

NANTUA 🝐 *01130 Ain* 🝐🝐 ④ *G. Jura* – *3 602 h alt. 479.*
Voir *Église St-Michel* : *Martyre de St-Sébastien*★★ *par E.Delacroix* – *Lac*★.
Env. *Cluse*≤★★ – *La cuivrerie*★ *de Cerdon.*
🝐 *Office de Tourisme pl. de la Déportation* ℰ 04 74 75 00 05, *Fax 04 74 75 06 83.*
Paris 478 – Aix-les-Bains 79 – Annecy 67 – Bourg-en-Bresse 51 – Genève 66 – Lyon 91.

L'Embarcadère 🦢, av. Lac ℰ 04 74 75 22 88, *Fax 04 74 75 22 25*, ≤ – ▭ ☎ ✆ ▯ –
🏛 30. 🝐 🝐 rest
fermé 30 avril au 9 mai et 20 déc. au 20 janv. – Repas (*fermé mardi midi et lundi*) 105/295 🝐,
enf. 65 – ☲ 34 – **50 ch** 180/325 – ½ P 290/325

France, 44 r. Dr Mercier ℰ 04 74 75 00 55, *Fax 04 74 75 26 22* – ▭ ☎ 🝐 ▯. 🝐
🝐
fermé 1ᵉʳ nov. au 22 déc., mardi et merc. midi – Repas 135/198 🝐 – ☲ 35 – **17 ch** 260/
405

à Brion *Nord-Ouest : 5 km par N 84 et D 979 – 587 h. alt. 475 –* ⊠ *01460 :*

XX **Bernard Charpy,** 1 r. Croix Chalon ℘ 04 74 76 24 15, Fax 04 74 76 22 36, 🍽 – **℉**. **GB**
   fermé 31 juil. au 21 août, 26 déc. au 8 janv., dim., lundi et soirs fériés – **Repas** 98 (déj.),
   150/240 ♀

à La Cluse *Nord-Ouest : 3,5 km par N 84 –* ⊠ *01460 Montréal-la-Cluse :*

🏠 **Lac Hôtel** sans rest, 22 av. Bresse ℘ 04 74 76 29 68, Fax 04 74 76 13 70 – **TV** ☎ ⛄ ♿ **℉**.
   GB. ⚘
   ☲ 27 – **28 ch** 179/220

La NAPOULE *06 Alpes-Mar.* **84** ⑧., **114** ㉖ *– voir à Mandelieu-la-Napoule.*

NARBONNE ⬭ 11100 Aude **83** ⑭ G. Languedoc Roussillon – 45 849 h alt. 13.
   Voir *Cathédrale St-Just★★ (Trésor : tapisserie représentant la Création★★)* B – *Donjon Gilles
   Aycelin▲ (※▲)* H – *Chœur▲ de la basilique St-Paul – Palais des Archevêques▲* BY : *musée
   d'Art★ – Musée lapidaire★* BZ – *Pont des marchands★.*
   🏌 ℘ 04 68 65 61 31.
   🛈 *Office de Tourisme pl. R.-Salengro* ℘ 04 68 65 15 60, Fax 04 68 65 59 12.
   Paris 796 ② *– Perpignan 65* ③ *Béziers 28* ① *Carcassonne 61* ③ *Montpellier 95* ②.

                    Plan page ci-contre

🏨 **Motel d'Occitanie** M, av. Mer par ② : *2 km* ℘ 04 68 65 47 60, Fax 04 68 65 09 17, 🍽,
   ⟂, ⚘, ※ – ∣⧉∣, ▤ rest, ☎ ♿ **℉** – ⚛ 15 à 100. **AE** ⓞ **GB** **JCB**
   Silène (fermé dim. soir et lundi d'oct. à mai) **Repas** 80(déj.), 112/210 ♀, enf.50 – ☲ 55 –
   70 ch 250/435 – ½ P 255/360

🏨 **Résidence** sans rest, 6 r. 1ᵉʳ-Mai ℘ 04 68 32 19 41, Fax 04 68 65 51 82 – ∣⧉∣ **TV** ☎ ♿. **AE** ⓞ
   GB   AY i
   ☲ 45 – **25 ch** 359/457

🏨 **Languedoc,** 22 bd Gambetta ℘ 04 68 65 14 74, Fax 04 68 65 81 48 – ∣⧉∣, ▤ rest, **TV** ☎ ♿
   ⟵ – ⚛ 25. **AE** ⓞ **GB**   BZ b
   Petite Cour ℘ 04 68 90 48 03 *(fermé dim.)* **Repas** 75(déj.),125/360 ♀, enf. 55 – ☲ 45 –
   40 ch 220/450 – ½ P 225/270

🏠 **France** sans rest, 6 r. Rossini ℘ 04 68 32 09 75, Fax 04 68 65 50 30 – **TV** ☎ ♿. **GB**
   ☲ 32 – **11 ch** 130/270   BZ s

XXX **Table St-Crescent** (Giraud), au Palais du Vin par ③ ℘ 04 68 41 37 37, Fax 04 68 41 01 22,
   🍽 – **℉**. **AE** ⓞ **GB** **JCB**
   fermé dim. soir et lundi – **Repas** 100 bc/258 ♀
   Spéc. Longue galette à l'effeuillé de morue. Poêlée de grosses langoustines. Croque-
   monsieur de foie gras au pain d'épice. **Vins** Corbières blanc et rouge.

XX **L'Alsace,** 2 av. P. Sémard ℘ 04 68 65 10 24, Fax 04 68 90 79 45 – ▤. **AE** **GB**   BY a
   fermé mardi – **Repas** - produits de la mer - 98/178 ♀

X **L'Estagnol,** 5 bis cours Mirabeau ℘ 04 68 65 09 27, Fax 04 68 32 23 58, 🍽, brasserie –
   ▤, **GB**   BZ t
   fermé 19 au 27 nov., 4 au 12 fév., lundi soir de sept. à juin et dim. – **Repas** (60) 100/130 ♀,
   enf. 40

à Coursan *par* ① : *7 km – 5 137 h. alt. 6 –* ⊠ *11110 :*
   🛈 *Office de Tourisme 10 av. J.Jaurès* ℘ 04 68 33 60 86.

XX **L'Os à Moelle,** rte Salles d'Aude ℘ 04 68 33 55 72, Fax 04 68 33 35 39, 🍽, 🚗 – **℉**. **AE**
   fermé 11 au 24 sept., vacances de fév., dim. soir sauf juil.-août et lundi – Repas 118/248 ♀

sur aire A 9 de Narbonne-Vinassan Nord *Est : 6 km par D 68 –* ⊠ *11110 Salles d'Aude :*
🏨 **Aude Hôtel** M, ℘ 04 68 45 25 00, Fax 04 68 45 25 20 – ∣⧉∣ ▤ **TV** ☎ ♿ **℉**. **AE** ⓞ **GB**
   Repas (dîner seul.) 75/130 ♀, enf. 45 – ☲ 35 – **59 ch** 290/360 – ½ P 270/285

à l'Hospitalet *par* ② *et rte de Narbonne-Plage (D 168) : 10 km –* ⊠ *11100 Narbonne :*
🏨 **Domaine de l'Hospitalet - Auberge des Vignes** ⚘, ℘ 04 68 45 28 50,
   Fax 04 68 45 28 78, ≤, 🍽, « *Dans un domaine vinicole* », ⟂, 🚗 – cuisinette, ▤ rest, **TV** ☎
   ♿ **℉** – ⚛ 25. **GB**. ⚘ ch
   1ᵉʳ avril-29 oct. et fermé lundi sauf le soir en juil.-août et dim. soir de sept. à juin – Repas 89
   bc (déj.), 135 bc/180 bc – ☲ 50 – **15 ch** 405/720, 7 appart – ½ P 425/530

à Bages *par* ③ *et D 105 : 8 km – 694 h. alt. 30 –* ⊠ *11100 :*
XX **Portanel,** ℘ 04 68 42 81 66, Fax 04 68 41 75 93, ≤ – ▤. **AE** ⓞ **GB**
   fermé 15 au 31 oct., lundi sauf le midi en été et dim. soir – **Repas** (90) - 130/285, enf. 65

NARBONNE

à l'Abbaye de Fontfroide par ④, 14 km par N 113, D 613 et rte secondaire – ⊠ 11100 Narbonne :
Voir *Abbaye*★★.

XXX **David Moreno,** ℰ 04 68 41 86 00, *Fax* 04 68 41 86 05, ╦, « Ancienne bergerie, belle
       terrasse bordée d'oliviers » – **℗. GB**
ॐ   15 avril-15 oct. et fermé lundi – **Repas** (dîner seul.) 190/380 et carte 290 à 480, enf. 55 - **Les
       Cuisiniers Vignerons** (déj. seul.) (mars-nov.) **Repas** 84/148 ♀, enf. 45
       Spéc. Millefeuille de foie gras. "Steack-frites" de thon et oeuf à cheval. Râble de lapereau
       "comme une escabèche". **Vins** Corbières.

à Ornaisons *par ④ et D 24 : 14 km – 943 h. alt. 34 – ✉ 11200 :*

Relais du Val d'Orbieu ⛬, ☎ 04 68 27 10 27, *Fax 04 68 27 52 44*, ☂, ⛱, 🪑, ✂ – TV ☎ P – 🏛 15. AE ⓓ GB JCB
fermé 1er déc. au 4 janv., le midi et dim. soir en janv. et fév. – **Repas** 145/295 ♀, enf. 95 – ☕ 75 – **20 ch** 490/690 – ½ P 695/795

NARNHAC *15230 Cantal* 76 ⑬ *– 118 h alt. 1000.*

Paris 563 – Aurillac 44 – Espalion 74 – St-Flour 44.

Auberge de Pont La Vieille, par D 990 : 2 km ☎ 04 71 73 42 60, *Fax 04 71 73 42 60*, 🪑 – ☎ P. AE ⓓ GB
fermé 15 oct. au 25 déc. – **Repas** *(fermé lundi)* 59/130 ♀, enf. 45 – ☕ 30 – **8 ch** 230/250 – ½ P 210/230

La NARTELLE *83 Var* 84 ⑰, 114 ㊲ *– rattaché à Ste-Maxime.*

NASBINALS *48260 Lozère* 76 ⑭ *G. Languedoc Roussillon – 503 h alt. 1180 – Sports d'hiver : 1 240/1 320 m ⛷1 ⛷.*

Paris 579 – Aurillac 104 – Mende 58 – Rodez 65 – Aumont-Aubrac 23 – St-Flour 56.

Relais de l'Aubrac ⛬, au Pont de Gournier (carrefour D 12 - D 112), Nord : 4 km par D 12 ☎ 04 66 32 52 06, *Fax 04 66 32 56 58*, ☂ – TV ☎ ♿ P. GB
fermé 11 nov. au 10 fév. – **Repas** *(65)* - 100 (déj.), 125/190 ♁, enf. 45 – ☕ 45 – **27 ch** 230/270 – ½ P 230/270

NATZWILLER *67130 B.-Rhin* 62 ⑧ *– 634 h alt. 500.*

Paris 417 – Strasbourg 60 – Barr 33 – Molsheim 32 – St-Dié 40.

Auberge Metzger, ☎ 03 88 97 02 42, *Fax 03 88 97 93 59*, ☂, 🪑 – TV ☎ ✆ P. GB
fermé 26 juin au 2 juil., 18 au 25 déc., 4 au 25 janv., dim. soir et lundi sauf juil.-août – **Repas** 100/300 ♀, enf. 45 – ☕ 42 – **13 ch** 280/360 – ½ P 305/380

NAUZAN *17 Char.-Mar.* 71 ⑮ *– voir St-Palais-sur-Mer et Royan.*

NAVAROSSE *40 Landes* 78 ⑬ *– rattaché à Biscarrosse.*

NAY *64800 Pyr.-Atl.* 85 ⑦ *– 3 591 h alt. 300.*

Paris 799 – Pau 21 – Laruns 34 – Lourdes 25 – Oloron-Ste-Marie 37 – Tarbes 31.

Auberge Chez Lazare ⛬, Les Labassères Sud-Ouest : 3 km par D 36 et D 287 ☎ 05 59 61 05 26, *Fax 05 59 61 25 11*, ☂, 🪑 – TV ☎ P. GB
fermé dim. et lundi en hiver – **Repas** *(fermé lundi sauf le soir en été et dim. sauf le midi en hiver)* 75/140 ♁, enf. 40 – ☕ 32 – **7 ch** 220 – ½ P 230

NÉANT-SUR-YVEL *56430 Morbihan* 63 ④ *– 882 h alt. 54.*

Paris 415 – Rennes 65 – Dinan 61 – Loudéac 41 – Ploërmel 11 – Vannes 58.

Auberge de la Table Ronde avec ch, ☎ 02 97 93 03 96, *Fax 02 97 93 05 26* – ☎. GB
fermé 11 au 21 sept., 8 janv. au 7 fév., dim. soir et lundi sauf juil.-août – **Repas** 48 (déj.), 58/175 ♀, enf. 36 – ☕ 30 – **9 ch** 130/210 – ½ P 130/175

NEAUPHLE-LE-CHÂTEAU *78640 Yvelines* 60 ⑨, 106 ⑯ *G. Ile de France – 2 499 h alt. 185.*

Paris 39 – Dreux 43 – Mantes-la-Jolie 29 – Rambouillet 25 – Versailles 19.

Domaine du Verbois ⛬, 38 av. République ☎ 01 34 89 11 78, *Fax 01 34 89 57 33*, ≤, ☂, « Demeure bourgeoise fin 19e siècle dans un parc », ✂ – TV ☎ ✆ P – 🏛 15 à 60. AE ⓓ GB JCB
fermé 13 au 25 août – **Repas** *(fermé dim. soir)* 165 ♀, enf. 95 – ☕ 68 – **22 ch** 590/690 – ½ P 578

Griotte, 58 av. République ☎ 01 34 89 19 98, *Fax 01 34 89 68 86*, ☂, « Jardin fleuri », 🪑 – AE GB
fermé dim. soir et lundi – **Repas** 160/300

NÉGRON 37 I.-et-L. 🔢 ⑯ – rattaché à Amboise.

NEMOURS 77140 S.-et-M. 🔢 ⑫ G. Ile de France – 12 072 h alt. 60.

Voir Musée de Préhistoire de l'Ile de France★ à l'Est.

🅱 Office de Tourisme 41 q. V.-Hugo ℘ 01 64 28 03 95, Fax 01 64 45 09 67.

Paris 79 – Fontainebleau 17 – Melun 34 – Montargis 36 – Orléans 90 – Sens 48.

Autoroute A 6 sur l'aire de service, Sud-Est 2 km accès par A 6 ou par ② D 225 – ⊠ 77140 Nemours :

🏨 **Relais Mercure** sans rest, ℘ 01 64 28 10 32, Fax 01 64 28 60 59, 🍴 – cuisinette ❄ 📺 ☎ 🅿. 🖭 ⓞ 🆖 🎫
⌘ 48 – **102 ch** 345/395

à Glandelles au Sud : 7 km par N 7 – ⊠ 77167 Bagneaux-sur-Loing :

XX **Glandelière,** Sud : 1 km sur N 7 ℘ 01 64 28 10 20, Fax 01 64 28 10 20, 🍴 – 🅿. 🆖
fermé 15 au 21 mars, 13 sept. au 5 oct., jeudi soir, lundi soir et mardi – **Repas** (85) - 120/210 ♈,
enf. 50

XX **Les Marronniers,** N 7 ℘ 01 64 28 07 04, Fax 01 64 29 29 91, 🍴 – 🖭 🆖
fermé 16 au 31 août, lundi soir, mardi soir et merc. – **Repas** (86) - 105/210 ♨, enf. 50

NÉRAC ◀🆎▶ 47600 L.-et-G. 🔢 ⑭ G. Aquitaine – 7 015 h alt. 65.

🅱 Office de Tourisme 7 av. Mondenard ℘ 05 53 65 27 75, Fax 05 53 65 97 48.

Paris 707 – Agen 28 – Bordeaux 129 – Condom 22 – Marmande 53.

🏨 **Château,** 7 av. Mondenard ℘ 05 53 65 09 05, Fax 05 53 65 89 78 – 📺 ☎ ℘. ⓞ 🆖. ❄ ch
🍴 fermé 2 au 17 janv. – **Repas** (fermé vend. soir, sam. midi et dim. soir d'oct. à mai) 68/240 ♨ –
⌘ 30 – **16 ch** 200/250 – ½ P 225

X **Délices du Roy,** 7 r. Château ℘ 05 53 65 81 12, Fax 05 53 65 81 12 – 🆖
fermé vacances de Toussaint, de fév. et merc. – **Repas** 98/250 ♈, enf. 50

Les localités dont les noms sont soulignés de rouge
*sur les **cartes Michelin** à 1/200 000 sont citées dans ce guide.*

Utilisez une carte récente pour profiter de ce renseignement.

NÉRIS-LES-BAINS 03310 Allier 🔢 ② G. Auvergne – 2 831 h alt. 364 – Stat. therm. (avril-mi-oct.)
– Casino.

🅱 Office de Tourisme carrefour des Arènes ℘ 04 70 03 11 03, Fax 04 70 03 11 03.

Paris 341 ③ – Moulins 73 ① – Clermont-Ferrand 83 ② – Montluçon 9 ③.

NÉRIS-LES-BAINS

Arènes (Bd des)	2
Boisrot-Desserviers (R.)	3
Constans (R.)	5
Cuvier (R.)	7
Dormoy (Av. Marx)	8
Gaulle (R. du Gén.-de)	9
Kars (R. des)	10
Marceau (R.)	12
Migat (R. du Capitaine)	14
Molière (R.)	15
Parmentier (R.)	18
Reignier (Av.)	19
République (Pl. de la)	21
Rieckötter (R.)	23
St-Joseph (R.)	25
Thermes (Pl. des)	27
Voltaire (R.)	29

Ne voyagez pas
aujourd'hui avec
une carte d'hier.

🏨🛏 **Garden,** 12 av. Marx Dormoy (d) 📞 04 70 03 21 16, Fax 04 70 03 10 67, 🌿, « Jardin fleuri », 🌊 – 📺 ☎ ❤ 🅿 – 🔬 25, 🆎 ⓾ 🅶🅱, ⚡ ch
 fermé 29 janv. au 2 mars – **Repas** 78/230 🎗, enf. 45 – 🖃 32 – **19 ch** 245/345 – P 310/348

🏨🛏 **Parc des Rivalles** 🌊, r. Parmentier (k) 📞 04 70 03 10 50, Fax 04 70 03 11 05, parc – 🛗
 📺 ☎ 🅿, 🅶🅱, ⚡ rest
 12 avril-1er oct. – **Repas** (75)•85/250 🖟, enf. 55 – 🖃 35 – **26 ch** 200/270 – P 290/295

🏨 **Promenade,** 38 r. Boisrot-Desserviers (e) 📞 04 70 03 26 26, Fax 04 70 03 25 62 – 🛗 📺 ☎
 🅿 🆎 ⓾ 🅶🅱, ⚡
 3 avril-21 oct. – **Repas** 90/250, enf. 50 – 🖃 40 – **26 ch** 240/320 – P 300/330

🏨 **Terrasse,** 52 r. Boisrot-Desserviers (a) 📞 04 70 03 10 42, Fax 04 70 03 15 41 – 🛗 📺 ☎,
 🅶🅱, ⚡ rest
 15 avril-15 oct. – **Repas** (65)•85/110 – 🖃 35 – **22 ch** 230/270 – P 280/300

NÉRONDES 18550 Cher 🖷🖸 ② – 1 521 h alt. 200.
 Paris 245 – Bourges 56 – Montluçon 84 – Nevers 33 – St-Amand-Montrond 45.

🍴🍴 **Lion d'Or** avec ch, pl. Mairie 📞 02 48 74 87 81, Fax 02 48 74 92 63 🖃 rest, ☎, 🅶🅱
 fermé vacances de Toussaint, fév., dim. soir d'oct. à avril et merc. – **Repas** 90/210 🎗, enf. 55
 – 🖃 35 – **11 ch** 160/300 – ½ P 237/260

NESTIER 65150 H.-Pyr. 🖴🖵 ⑳ – 196 h alt. 500.
 Paris 810 – Bagnères-de-Luchon 48 – Auch 76 – Lannemezan 14 – St-Gaudens 24.

🍴🍴 **Relais du Castéra** avec ch, 📞 05 62 39 77 37, Fax 05 62 39 77 29, 🌿 – ☎, 🆎 ⓾ 🅶🅱,
 ⚡
 fermé 2 au 8 juin, 3 au 22 janv., dim. soir et lundi – **Repas** 100 (déj.), 138/260, enf. 55 – 🖃 45
 – **7 ch** 240/280 – ½ P 250/280

NEUF-BRISACH 68600 H.-Rhin 🖲🖸 ⑲ G. Alsace Lorraine – 2 092 h alt. 197.
 🄱 Office de Tourisme 6 pl. d'Armes 📞 03 89 72 56 66, Fax 03 89 72 91 73.
 Paris 464 – Colmar 16 – Basel 62 – Belfort 77 – Freiburg-im-Breisgau 35 – Mulhouse 39.

🍴🍴 **Petite Palette,** 📞 03 89 72 73 50, Fax 03 89 72 61 93 – 🖃.
 fermé 1er au 12 août, dim. soir, mardi soir et lundi – **Repas** 68 (déj.), 155/490 bc 🎗

à Blesheim Nord : 3 km par D 468 – 2 125 h. alt. 189 – ✉ 68600 :

🏨🛏 **Aux Deux Clefs,** 📞 03 89 72 51 20, Fax 03 89 72 92 94, 🌿, 🌳 🛏 ☎ ❤ 🅿 – 🔬 25, 🆎
 ⓾ 🅶🅱
 Repas (fermé 1er au 15 janv.) 60 (déj.), 85/275 🎗, enf. 60 – 🖃 42 – **28 ch** 340/470 –
 ½ P 340/420

à Vogelgrün Est : 5 km par N 415 – 415 h. alt. 192 – ✉ 68600 :
 Voir Bief hydro-électrique★ – ≤★ du pont-frontière.

🏨🏨 **L'Européen** Ⓜ 🌊, à la frontière, sur l'île du Rhin 📞 03 89 72 51 57, Fax 03 89 72 74 54,
 🌿, 🎣, 🌊, 🌳 – 🛗 ❤ 📺 ☎ ❤ 🅿 – 🔬 60. 🆎 ⓾ 🅶🅱 🅹🅲🅱
 fermé mi-janv. à mi-fév. – **Repas** 130/480 bc – 🖃 65 – **45 ch** 370/670 – ½ P 500/710

NEUFCHÂTEAU ✺ 88300 Vosges 🖲🖸 ⑬ G. Alsace Lorraine – 7 803 h alt. 300.
 Voir Escalier★ de l'hôtel de ville H – Groupe en pierre★ dans l'église St-Nicolas K.
 🄱 Office de Tourisme 3 parking des Grandes Écuries 📞 03 29 94 10 95, Fax 03 29 94 10 89.
 Paris 321 – Chaumont 58 – Belfort 153 – Épinal 75 – Langres 82 – Verdun 105.

🏨🛏 **Eden** Ⓜ, r. 1ere Armée Française 📞 03 29 95 61 30, Fax 03 29 94 03 42 – 🛗 🖃 📺 ☎ ❤ ⚡
 ⇔ 🅿 – 🔬 25. 🆎 🅶🅱, ⚡
 Repas (fermé lundi midi) 120/250 🎗, enf. 60 – 🖃 45 – **25 ch** 265/490 – ½ P 267/365

🏨🛏 **St-Christophe,** 1 av. Grande-Fontaine 📞 03 29 94 38 71, Fax 03 29 06 02 09 – 🛗, 🖃 rest,
 📺 ☎ 🅿 – 🔬 25. 🅶🅱
 Repas (50)•70/200 🎗, enf. 50 – 🖃 40 – **34 ch** 265/350 – ½ P 260/310

🍴🍴 **Romain,** rte de Chaumont 📞 03 29 06 18 80, Fax 03 29 06 18 80, 🌿 – 🅿. 🆎 🅶🅱
 fermé 4 au 17 sept., 15 au 28 fév., dim. soir et lundi – **Repas** 80 (déj.), 120/195 🎗, enf. 45

à Rouvres-la-Chétive Sud-Est : 10 km par D 166 – 378 h. alt. 390 – ✉ 88170 :

🏨🛏 **Frezelle** 🌊, 📞 03 29 94 51 51, Fax 03 29 94 69 10 – 📺 ☎ ❤ ⇔, 🆎 ⓾ 🅶🅱 🅹🅲🅱, ⚡ ch
 fermé 23 déc. au 5 janv. – **Repas** (fermé sam.) 79/270 🎗 🖃 55 – **7 ch** 230/350 –
 ½ P 216/300

NEUFCHÂTEL-EN-BRAY 76270 S.-Mar. 52 ⑮ G. Normandie Vallée de la Seine – 5 322 h alt. 99.

Env. Forêt d'Eawy★★ 10 km au SO.

🅱 Office de Tourisme 6 pl. Notre-Dame 🌮 02 35 93 22 96, Fax 02 35 97 00 62.

Paris 133 – Amiens 73 – Rouen 50 – Abbeville 58 – Dieppe 40 – Gournay-en-Bray 37.

❌❌ **Les Airelles** avec ch, 2 passage Michu 🌮 02 35 93 14 60, Fax 02 35 93 89 03, 🛋 – 📺 ☎
🍴 – 🛁 20. 🆎 🖼️
fermé Noël au Jour de l'An, dim. soir et lundi sauf du 15 sept. au 15 juin – **Repas** 89/208 🕎,
enf. 58 – 🍽 36 – **14 ch** 250/320 – ½ P 280/300

à Mesnières-en-Bray Nord-Ouest : 5,5 km par D 1 – 609 h. alt. 65 – ✉ 76270 :

Voir Château★.

❌❌ **Auberge du Bec Fin**, 🌮 02 35 94 15 15, Fax 02 35 94 42 14, 🛋 – 🖼️
fermé oct. et lundi sauf fériés – **Repas** 118/280 🕎, enf. 80

NEUFCHATEL-SUR-AISNE 02190 Aisne 56 ⑥ – 483 h alt. 59.

Env. Asfeld : Église St-Didier★ NE : 10 km, G. Champagne.

Paris 164 – Reims 21 – Laon 46 – Rethel 32 – Soissons 60.

❌❌ **Jardin**, 22 r. Principale 🌮 03 23 23 82 00, Fax 03 23 23 84 05, 🛋, « Jardin fleuri », 🌳 –
🍴 ⬛. 🆎 🅾 🖼️
🍽 fermé 15 au 31 janv., dim. soir, mardi soir et lundi – **Repas** (80) - 96/320 🐸, enf. 65

NEUF-MARCHÉ 76220 S.-Mar. 55 ⑧ – 568 h alt. 86.

Paris 90 – Rouen 53 – Les Andelys 35 – Beauvais 32 – Gisors 18 – Gournay-en-Bray 7.

❌❌ **Auberge du Puits de Corval**, 🌮 02 35 09 12 25, Fax 02 35 09 24 17 – 🖼️
fermé 23 déc. au 3 janv., merc. soir et mardi – **Repas** 125/275

❌ **André de Lyon**, D 915 🌮 02 35 90 10 01 – 🖼️
fermé 26 juil. au 12 août, 8 au 26 fév., merc. et le soir sauf vend. et sam. – **Repas** (79) - 105 🕎

NEUILLÉ-LE-LIERRE 37380 I.-et-L. 64 ⑮ ⑯ – 514 h alt. 92.

Paris 219 – Tours 26 – Amboise 14 – Château-Renault 10 – Montrichard 33 – Reugny 5.

❌❌ **Auberge de la Brenne**, 🌮 02 47 52 95 05, Fax 02 47 52 29 43, 🛋 – 🅿️. 🆎 🖼️
fermé 31 janv. au 7 fév., dim. soir sauf de juin à sept., mardi soir et merc. – **Repas** (dim.
prévenir) 98/220 🕎, enf. 60

NEUILLY-EN-THELLE 60530 Oise 55 ⑳ – 2 683 h alt. 130.

Paris 56 – Compiègne 54 – Beaumont-sur-Oise 10 – Beauvais 32 – Pontoise 33 – Senlis 25.

❌ **Auberge du Centre**, 🌮 03 44 26 70 01 – 🖼️
🍽 fermé 3 au 24 août et lundi – **Repas** 62/120 🐸

NEUILLY-LE-RÉAL 03340 Allier 69 ⑭ – 1 287 h alt. 260.

Paris 318 – Moulins 16 – Mâcon 128 – Roanne 83 – Vichy 48.

❌❌ **Logis Henri IV**, 🌮 04 70 43 87 64, « Ancien relais de chasse du 16ᵉ siècle » – 🖼️
fermé 1ᵉʳ au 7 sept., vacances de fév., dim. soir et lundi sauf fériés – **Repas** 103 (déj.),
150/255

NEUILLY-SUR-SEINE 92 Hauts-de-Seine 55 ⑳, 101 ⑮ – voir à Paris, Environs.

NEUNG-SUR-BEUVRON 41210 L.-et-Ch. 64 ⑲ – 1 152 h alt. 102.

Paris 185 – Orléans 49 – Blois 40 – Bracieux 21 – Romorantin-Lanthenay 21 – Salbris 26.

♨ **Les Tilleuls**, 5 pl. A. Prudhomme 🌮 02 54 83 63 30, Fax 02 54 83 74 91, 🛋 – ☎ 🍴. 🆎
🍽 🖼️. ❀ ch
fermé 10 fév. au 10 mars, mardi soir et merc. sauf juil.-août – **Repas** 80/180 🐸, enf. 65 –
🍽 40 – **7 ch** 200/210 – ½ P 235/250

---

*Restaurants, die sorgfältig zubereitete,
preisgünstige Mahlzeiten anbieten, sind
durch das Zeichen 🐸 kenntlich gemacht.*

NEUVÉGLISE 15260 Cantal 76 ⑭ – 1 078 h alt. 938.

Env. Château d'Alleuze★★ : site★★ NE · 14 km, G. Auvergne.
🛈 Office de Tourisme Le Bourg ℘ 04 71 23 85 43, Fax 04 71 23 86 40.
Paris 536 – Aurillac // – Espalion 68 – St-Chély-d'Apcher 44 – St-Flour 18.

à Cordesse Est : 1.5 km sur D 921 – ⊠ 15260 Neuvéglise :

🏡 **Relais de la Poste,** ℘ 04 71 23 82 32, Fax 04 71 23 86 23, 🐎 – 📺 ☎ 📞 ⇔ ⚗ AE ⓪
⊜ ⊜
15 mars-15 nov – **Repas** 72/210 ⅃, enf. 45 – ⊇ 35 – **8 ch** 260/350 – ½ P 240/310

NEUVES-MAISONS 54 M.-et-M. 62 ⑤ – rattaché à Nancy.

NEUVILLE-AUX-BOIS 45170 Loiret 60 ⑲ – 3 870 h alt. 127.

Env. Château de Chamerolles★ E : 9 km, G. Châteaux de la Loire.
Paris 94 – Orléans 27 – Chartres 64 – Étampes 44 – Pithiviers 21.

🏛 **L'Hostellerie** M, 48 pl. Gén. Leclerc ℘ 02 38 75 50 00, Fax 02 38 91 86 81, � – 🛗 📺 ☎
⊜ 📞 ᷘ 🖪 – ⚗ 25 à 80. AE ⊜
Repas (70) - 85/185 bc ⅃, enf. 18 – ⊇ 40 – **32 ch** 340/390 – ½ P 495

NEUVILLE-DE-POITOU 86170 Vienne 68 ⑬ – 3 840 h alt. 116.

Paris 334 – Poitiers 16 – Châtellerault 33 – Parthenay 40 – Saumur 78 – Thouars 51.

XX **St-Fortunat,** 4 r. Bangoura-Moridé ℘ 05 49 54 56 74 – AE ⓪ ⊜
⊜ fermé 15 au 31 août, 5 au 26 janv., dim. soir et lundi – **Repas** 98/220

NEUVILLE-ST-AMAND 02 Aisne 53 ⑭ – rattaché à St-Quentin.

NEUVILLE-SUR-SAÔNE 69250 Rhône 74 ①, 110 ⑭ G. Vallée du Rhône – 6 762 h alt. 177.

Paris 446 – Lyon 15 – Bourg-en-Bresse 52 – Villefranche-sur-Saône 20.

à Albigny-sur-Saône par rive droite : 2,5 km – 2 836 h. alt. 190 – ⊠ 69250 :

XXX **Cellier,** 14 av. H.Barbusse ℘ 04 78 98 26 16, Fax 04 72 08 90 10, � – 🖪 AE ⊜
⊜ fermé 16 au 22 août, 2 au 15 janv., dim. soir et lundi – **Repas** 140/350 et carte 230 à 340 ⚌

NEUVY-SAUTOUR 89 Yonne 61 ⑮ – rattaché à St-Florentin.

NEUZY 71 S.-et-L. 69 ⑯ – rattaché à Digoin.

NEVERS 🅿 58000 Nièvre 69 ③ ④ G. Bourgogne – 41 968 h alt. 194.

Pèlerinage de Ste-Bernadette d'avril à octobre : couvent St-Gildard.
Voir Cathédrale St-Cyr-et-Ste-Julitte★★ – Palais ducal★ – Église St-Étienne★ – Porte du
Croux★ – Faïences de Nevers★ du musée municipal Frédéric Blandin M¹.
Env. Circuit de Nevers-Magny-Cours : musée Ligier F1★ .
Circuit Automobile permanent à Magny-Cours par ④ : 12 km.
🛈 Office de Tourisme Palais Ducal, r. Sabatier ℘ 03 86 68 46 00, Fax 03 86 68 45 98 et (saison)
Parc R.-Salengro (face au couvent St-Gildard).
Paris 241 ① – Bourges 69 ④ – Clermont-Ferrand 158 ④ – Orléans 167 ①.

Plan page ci-contre

🏛 **Loire,** quai Médine ℘ 03 86 61 50 92, Fax 03 86 59 43 29 🛗 ᷘ✕ ᷘ 🟰 rest, 📺 ☎ 🖪 – ⚗ 80.
AE ⓪ ⊜
Z a
Repas (fermé 14 déc. au 15 janv. et sam.) (90) - 105/185 ⚌ – ⊇ 50 – **58 ch** 365/480 –
½ P 395/450

🏡 **Climat de France** M, 35 bd V. Hugo ℘ 03 86 71 95 95, Fax 03 86 36 08 16 – 🛗 🟰 📺 ☎
⊜ 📞 ᷘ 🖪 – ⚗ 30. AE ⓪ ⊜ ⬚
V f
Repas (69) - 79/125 ⅃, enf. 39 – ⊇ 36 – **54 ch** 310/335

🏡 **Ibis,** rte de Moulins par ④ ℘ 03 86 37 56 00, Fax 03 86 37 64 48, � – ᷘ✕ 📺 ☎ 📞 ᷘ 🖪 –
⚗ 15 à 30. AE ⊜
Repas (65) - 105 ⅃, enf. 39 – ⊇ 38 – **56 ch** 390/420

🏡 **Clos Ste-Marie,** 25 r. Petit Mouësse ℘ 03 86 71 94 50, Fax 03 86 71 94 69, � – 📺 ☎ 🖪.
AE ⓪
X n
fermé 1er au 18 août, sam. midi et dim. – **Repas** 120/195 ⚌, enf. 55 – ⊇ 40 – **14 ch** 380/410

🏡 **Molière** ⬚ sans rest, 25 r. Molière ℘ 03 86 57 29 96, Fax 03 86 36 00 13 – ᷘ✕ 📺 ☎ 📞 🖪.
⓪ ⊜ ⬚
V k
fermé 1er au 15 août et 21 déc. au 6 janv. – ⊇ 34 – **18 ch** 265/295

NEVERS

Ardilliers (R. des) . . **Y** 2
Banlay (R. du) . . . . . **V** 3
Barre (R. de la) . . . . **Y** 4
Bourgeois (R. Mlle) . . . . **V** 5
Champ-de-Foire (R. du) . . . . **Z** 6
Charnier (R. du) . . . . **Y** 7
Chauvelles (R. des) **V** 8
Cloître-St-Cyr (R. du) . . . . **Z** 9
Colbert (Av.) . . . . **Y** 10
Coquille (Pl. G.) . . . . **Y** 12
Docks (R. des) . . . . **V** 13
Francs-Bourgeois (R.) . . . . **Y** 14
Gaulle (Av. Gén.-de) . . . **YZ**
Gautron-du-Coudray (Bd) . **Y** 15
Jacobins (R. des) . . **Z** 16
Lattre-de-Tassigny (Bd Mar. de) . . . . **V** 17
Mantoue (Quai de) . **Z** 18
Marceau (Av.) . . . . . . **Y** 19
Midi (R. du) . . . . **Z** 20
Mitterrand (R. F.) . **YZ**
Nièvre (R. de) . . . . . **Y** 21
Ouches (R. des) . . **YZ** 22
Pelleterie (R. de la) . **Y** 24
Petit-Mouësse (R. du) . . . . **X** 26
Préfecture (R. de la) . . . . **Y** 27
Remigny (R. de) . . . **Y** 28
Renardats (R. des) . **V** 30
République (Bd de la) . . . . **X** 32
République (Pl. de la) . . . . **Z** 34
Roy (R.C.) . . . . **Y** 36
St-Martin (R.) . . . . **Y** 38
Tillier (R.C.) . . . . **Z** 40
Vaillant-Couturier (R. Paul) . . . . **V** 42
14-Juillet (R. du) . . . **Z** 45

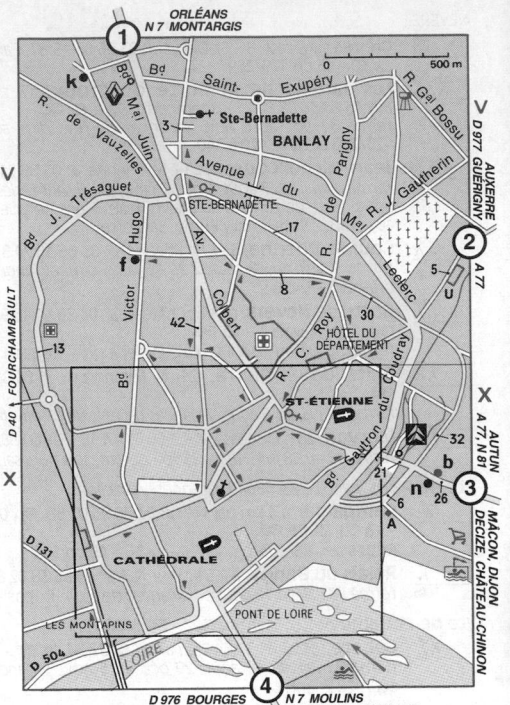

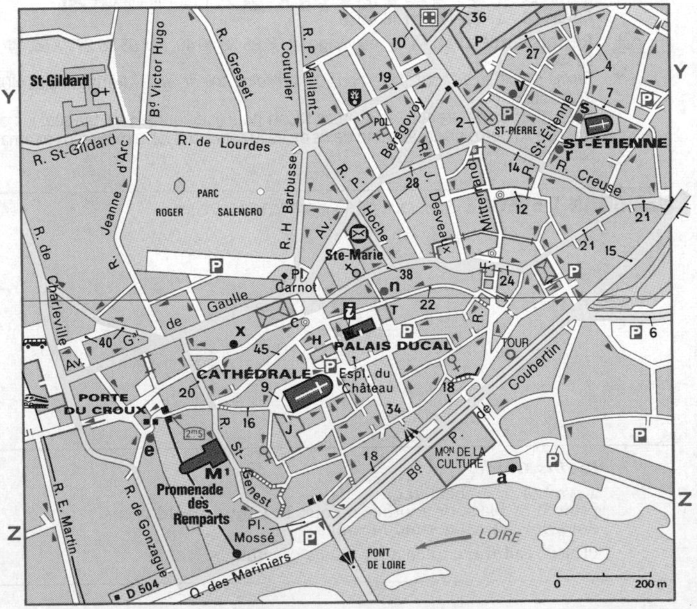

🏠 **Clèves** sans rest, 8 r. St-Didier ✆ 03 86 61 15 87, Fax 03 86 57 13 80 – 📺 ☎. 🅰🅴 ⓪ 🆎
🛏 30 – **15 ch** 179/269
Z x

XXX **Les Jardins de la Porte du Croux,** 17 r. Porte du Croux ✆ 03 86 57 12 71,
Fax 03 86 36 08 80, < les remparts, 🍽 – 🅰🅴 🆎
Z e
fermé 31 oct. au 6 nov., vacances de fév., dim. soir et lundi de sept. à mai – **Repas**
125/260 et carte 170 à 340

XX **Jean-Michel Couron**, 21 r. St-Etienne ✆ 03 86 61 19 28, Fax 03 86 36 02 96 – 🆎 Y r
𝄐 fermé 17 juil. au 7 août, 2 au 15 janv., lundi sauf fériés et dim. soir – **Repas** 115/240 🍷
Spéc. Tarte de tomate au chèvre frais. Pièce de boeuf charolais. Soupe tiède de chocolat
aux épices. **Vins** Pouilly Fumé, Sancerre.

XX **Cour St-Étienne**, 33 r. St-Étienne ✆ 03 86 36 74 57, Fax 03 86 61 14 925 – 🆎   Y s
🍽 fermé 30 juil. au 22 août, 2 au 16 janv., dim. et lundi – **Repas** (nombre de couverts limité,
prévenir) 85/150 🍷

XX **Botte de Nevers**, r. Petit Château ✆ 03 86 61 16 93, Fax 03 86 36 42 22, « Cadre d'inspiration médiévale » – 🅰🅴 🆎
Y n
fermé 30 juil. au 28 août, dim. soir et lundi – **Repas** 90/250 🍷

XX **Puits de St-Pierre**, 21 r. Mirangron ✆ 03 86 59 28 88, Fax 03 86 61 29 81 – 🅰🅴
🆎
Y v
fermé 17 juil. au 6 août, vacances de fév., dim. soir et lundi – **Repas** 98/210 🍷, enf. 50

XX **Morvan**, 28 r. Mouësse ✆ 03 86 61 14 16, Fax 03 86 21 47 75, 🍽 – 📺 🅿. 🅰🅴 🆎   X b
fermé 12 au 28 juil., 18 au 28 fév. et dim. et lundi soir hors saison. – **Repas** (78) - 105/240 🍷, enf. 55

rte de Paris par ① – ⊠ 58640 Varennes-Vauzelles :

🏠 **Campanile**, à 3 km par N 7 ✆ 03 86 93 02 58, Fax 03 86 57 73 33, 🍽 – ☲ 📺 ☎ 🗸 & 🅿.
– 🔬 30. 🅰🅴 ⓪ 🆎
Repas (75) - 88/103 🍷, enf. 39 – 🛏 36 – **46 ch** 315

X **Relais du Bengy**, à 4,5 km sur N 7 ✆ 03 86 38 02 84, Fax 03 86 38 29 00, 🍽 – 🆎
fermé 27 juil. au 12 août et vacances de fév. **Repas** 65/105 🍷

rte de Moulins par ④ : 3 km sur N 7 – ⊠ 58000 Challuy :

XX **Gabare**, ✆ 03 86 37 54 23, Fax 03 86 37 64 49, 🍽 – 🅿. 🆎
fermé 23 juil. au 16 août, 29 oct. au 5 nov., vacances de fév., dim. sauf fériés – **Repas**
100/220 🍷, enf. 60

à Magny-Cours par ④ rte Moulins : 12 km – 1 483 h. alt. 205 – ⊠ 58470 :

🏨 **Holiday Inn** Ⓜ, ✆ 03 86 21 22 33, Fax 03 86 21 22 03, 🍽, « A côté du circuit et du
golf », 🔬, 🏊, 🎾 – 😣 ☲ 📺 ☎ 🗸 & 🅿. – 🔬 25 à 140 🅰🅴 ⓪ 🆎 🔳
Repas 98 – 🛏 60 – **70 ch** 480/980

🏨 **Renaissance** (Dray) Ⓜ 🦐, au village ✆ 03 86 58 10 40, Fax 03 86 21 22 60, 🍽 – 📺 ☎ 🅿.
𝄐 🅰🅴 🆎
fermé 31 juil. au 14 août, 12 fév. au 20 mars, dim. soir et lundi – **Repas** 250 bc/400 – 🛏 80 –
9 ch 450/900
Spéc. Cuisses de grenouilles sautées façon bourguignonne. Sole braisée, jus de pamplemousse au porto blanc. Pomme de ris de veau rôtie au beurre mousseux et amandes. **Vins**
Sancerre

NÉZIGNAN-L'ÉVÊQUE 34 Hérault 🎃 ⑮ – rattaché à Pézenas.

In this Guide,

a symbol or a character,
printed in **black** or another colour, in light or **bold** type,
does not have the same meaning.

Please read the explanatory pages carefully.

NICE

P 06000 Alpes-Mar. 🎱🖥 ⑨ ⑩ 🎱🖥 **2627** G. Côte d'Azur
342 439 h. - Agglo. 516 740 h - alt. 6.
Paris 932 ⑥ – Cannes 33 ⑥ – Genova 198 ① – Lyon 473 ⑥ – Marseille 190 ⑥ – Torino 208 ①

OFFICES DE TOURISME

5 prom. des Anglais 📞 04 92 14 48 00, Gare SNCF 📞 04 93 87 07 07, Fax 04 93 16 85 16, Aéroport de Nice (T.1) 📞 04 93 21 44 11, Fax 04 93 21 44 50
Nice Ferber (près aéroport) prom. des Anglais 📞 04 93 83 32 64, Fax 04 93 72 08 27.

RENSEIGNEMENTS PRATIQUES

TRANSPORTS
Auto-train 📞 08 36 35 35 35.

TRANSPORTS MARITIMES
Pour la Corse : SNCM-Ferryterranée quai du Commerce 📞 04 93 13 66 99, Fax 04 93 13 66 81 - CORSICA FERRIES 2 quai Papacino 📞 04 93 55 55 55, Fax 04 92 00 52 52

AÉROPORT
Nice-Côte-d'Azur 📞 04 93 21 30 12, 7 km AU.

DÉCOUVRIR

AN 2000
4-7 mars : Le Grand Charivari - 22-26 mai : "L'avenir est-il sur les rivages ?", Forum international (colloques)

LE FRONT DE MER ET LE VIEUX NICE
Site★★ - Promenade des Anglais★★ - ≼★★ du château - Intérieur★ de l'église St-Martin-St-Augustin HY - Église St Jacques★ HZ - Escalier monumental★ du palais Lascaris HZ V - Intérieur★ de la cathédrale Ste-Réparate HZ - Décors★ de la chapelle de l'Annonciation HZ B - Retables★ de la chapelle de la Miséricorde★ HZ D

CIMIEZ
Musée Marc-Chagall★★ GX - Musée Matisse★★ HV M⁴ - Monastère franciscain★ : primitifs niçois★★ dans l'église HV K - Site archéologique gallo-romain★

LES QUARTIERS OUEST
Musée des Beaux-Arts (Jules Chéret)★★ DZ - Musée d'Art naïf A. Jakovsky★ AU M¹⁰ - Serre géante★ du Parc Phoenix★ AU - Musée des Arts asiatiques★★

PROMENADE DU PAILLON
Musée d'Art moderne et d'Art contemporain★★ HY M² - Palais des Arts, du Tourisme et des Congrès (Acropolis)★ HJX.

AUTRES CURIOSITÉS
Cathédrale orthodoxe russe St-Nicolas★ EXY - Mosaïque★ de Chagall dans la faculté de Droit DZ U - Musée Masséna★ FZ M³.

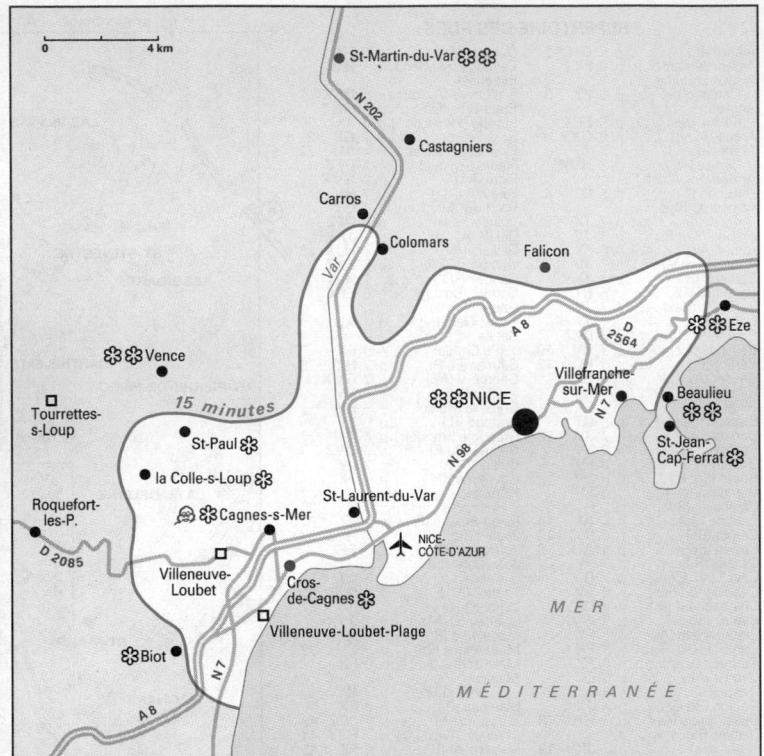

Négresco, 37 promenade des Anglais ℰ 04 93 16 64 00, *Fax 04 93 88 35 68*, ≤, 斎, « Mobilier d'époque : 17ᵉ et 18ᵉ siècle, Empire, Napoléon III », ₤₅ – ⊜ ▤ ⊡ ☎ ✆ ⇔ – ⚫ 20 à 200. ᴀᴇ ⊙ ᴳᴮ ᴶᶜᴮ   p. 6 FZ **k**
voir rest. *Chantecler* ci-après - *Rotonde :* Repas *(135)*-180, carte le dim. ♀ – ⊑ 140 – **134 ch** 1750/2750, 18 appart

Palais Maeterlinck Ⓜ ⊛, 30 bd Maeterlinck (Basse Corniche) ⊠ 06300 ℰ 04 92 00 72 00, *Fax 04 92 04 18 10*, ≤ littoral, 斎, « Piscine, jardin et terrasses dominant la mer », ₤₅, ⊥, 魚₆, 霏 – ⊜ cuisinette ▤ ⊡ ☎ ✆ ⇔ ᴾ – ⚫ 80. ᴀᴇ ⊙ ᴳᴮ
fermé 4 janv. au 5 mars Mélisande ℰ 04 92 00 72 01 **Repas** 200 bc (déj), 240/550 ♀, enf. 150 – ⊑ 160 – **17 ch** 2500/3600, 11 appart, 11 duplex   p. 5 CU **t**

Radisson SAS Ⓜ, 223 promenade des Anglais ⊠ 06200 ℰ 04 93 37 17 17, *Fax 04 93 71 21 71*, 斎, « Piscine panoramique sur le toit », ₤₅, ⊥, – ⊜ ⊁ ▤ ⊡ ☎ ✆ – ⚫ 30 à 200. ᴀᴇ ⊙ ᴳᴮ ᴶᶜᴮ   p. 4 AU **n**
Bleu Citron (fermé juin et sept.) **Repas** 175/205, enf. 95 – *Les Terrasses* grill *(juil.-août)* **Repas** 195, enf. 95 – ⊑ 110 – **328 ch** 1225/3200 – ½ P 2930

Méridien Ⓜ, 1 promenade des Anglais ℰ 04 93 82 25 25, *Fax 04 93 16 08 90*, 斎, « Piscine panoramique sur le toit », ₤₅, ⊥ – ⊜ ▤ ⊡ ☎ ✆ ৬ – ⚫ 20 à 300. ᴀᴇ ⊙ ᴳᴮ
Colonial Café ℰ 04 93 82 69 17 *(fermé dim. et lundi de juin à sept.)* **Repas** carte 200 à 280 ♀, enf.110 – *Terrasse du Colonial* ℰ 04 93 82 69 18 *(ouvert 1ᵉʳ mai-31 oct.)* **Repas** carte 210/300, ♀ – ⊑ 105 – **305 ch** 1300, 9 appart   p. 6 FZ **d**

Élysée Palace Ⓜ, 2, r. Sauvan ℰ 04 93 86 06 06, *Fax 04 93 44 50 40*, 斎, « Piscine panoramique sur le toit », ⊥ – ⊜ ▤ ⊡ ☎ ৬ ⇔ – ⚫ 70. ᴀᴇ ⊙ ᴳᴮ ᴶᶜᴮ
Repas 130/200 ♀ – ⊑ 110 – **143 ch** 900/1350 – ½ P 700/800   p. 6 EZ **d**

RÉPERTOIRE DES RUES

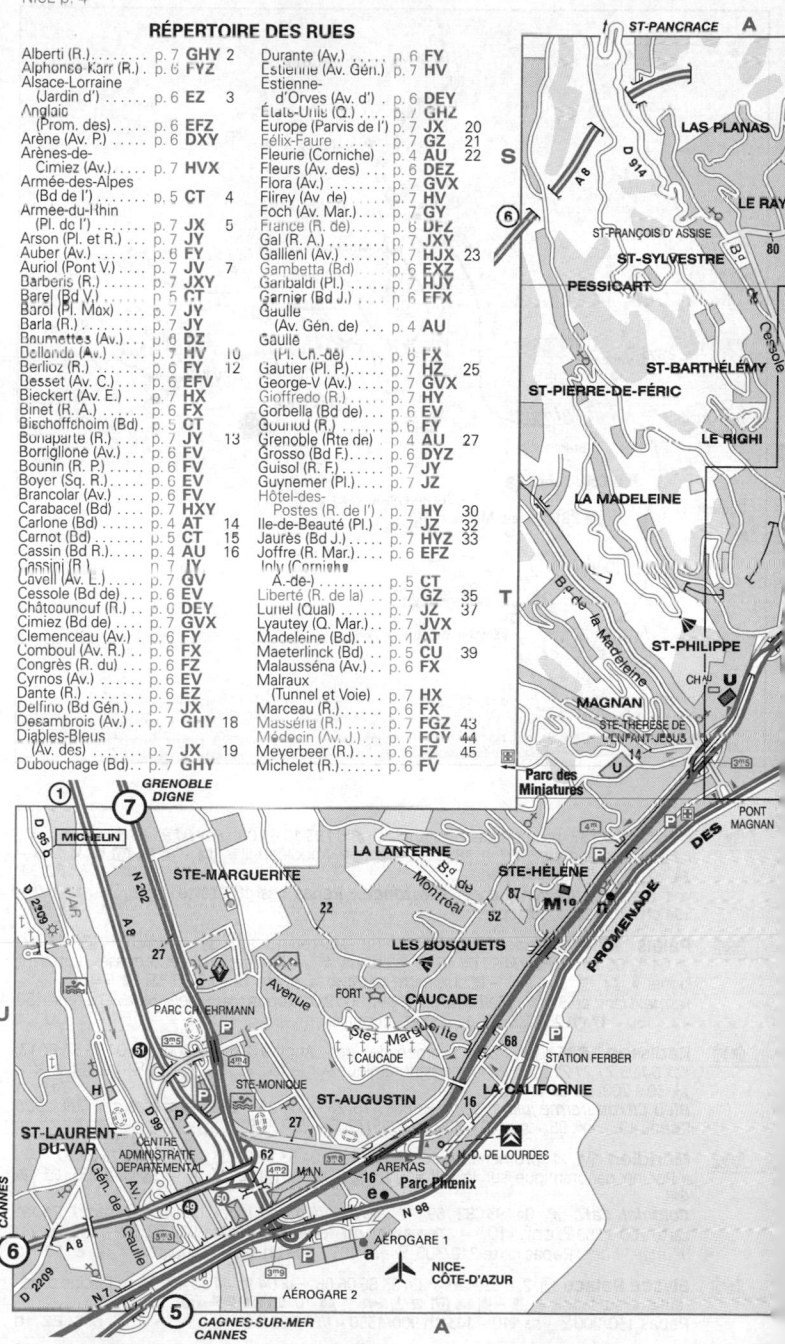

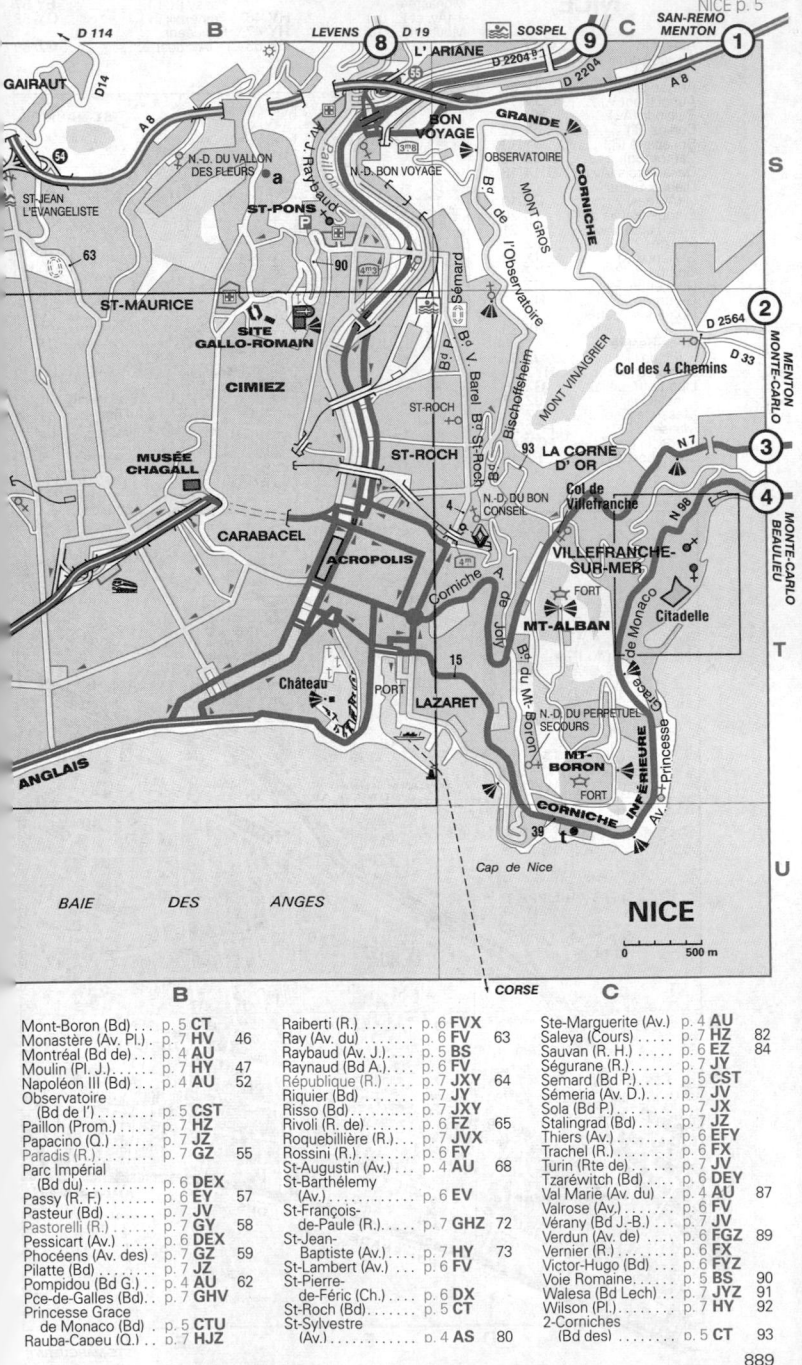

NICE

890

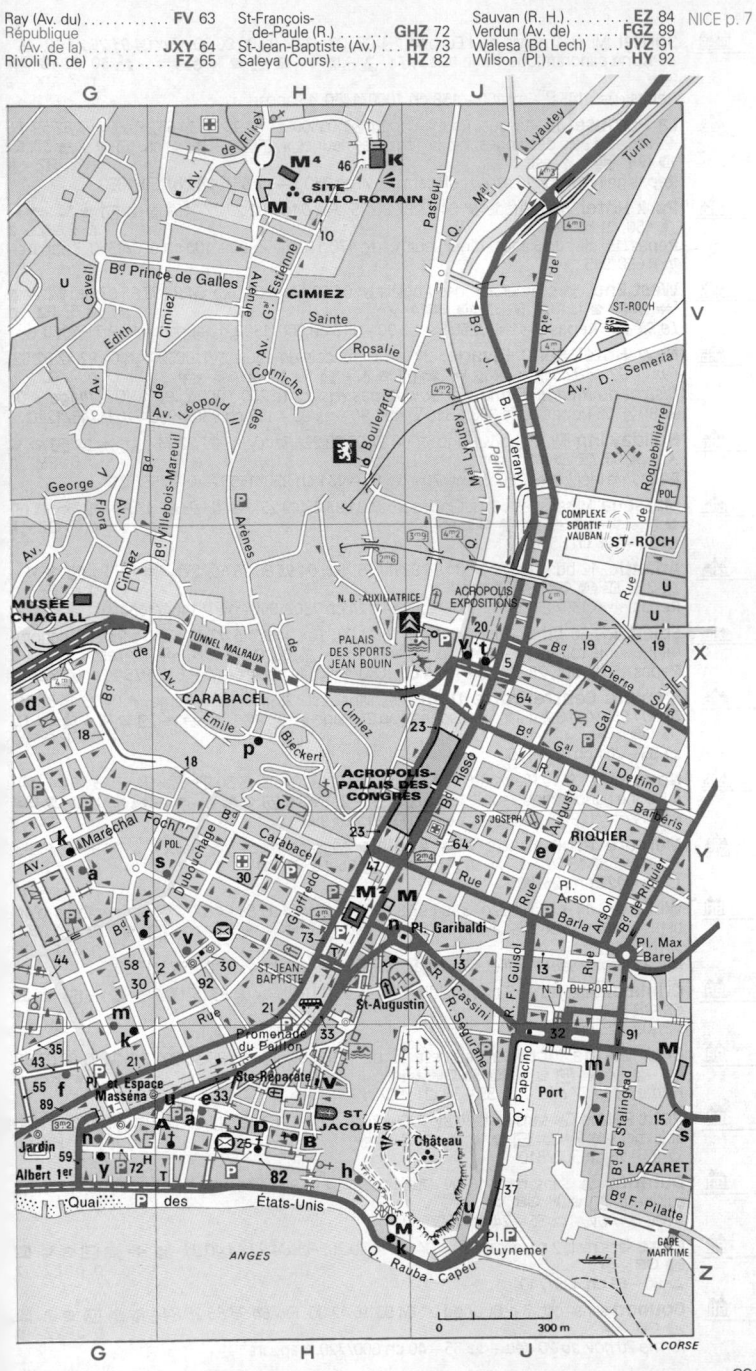

Sofitel M, 2-4 parvis de l'Europe ⊠ 06300 ℰ 04 92 00 80 00, Fax 04 93 26 27 00, 佘, « Piscine panoramique sur le toit », ℔, ⤓ – 劇 ⇆ 亖 ⊡ ☎ ❤ 戋 ⇐ – 🔏 30. 🖭 ⑩ 🖭 JCB
p. 7 JX **t**
Repas (115)- 145 ♈ – ⌸ 100 – **138 ch** 1000/1450, 15 appart

La Pérouse ⑊, 11 quai Rauba-Capéu ⊠ 06300 ℰ 04 93 62 34 63, Fax 04 93 62 59 41, ⩽ Nice et la Baie des Anges, 佘, « Terrasses fleuries », ⤓, ⩥ – 劇, 亖 ch, ⊡ ☎ – 🔏 30. 🖭 ⑩ 🖭 JCB. ⅏ rest
p. 7 HZ **k**
Repas grill (15 mai-16 sept.) (95) - carte environ 250 ♈ – ⌸ 95 – **64 ch** 750/1850

Park Hôtel, 6 av. Suède ℰ 04 93 87 80 25, Fax 04 93 82 29 27, ⩽ – 劇 亖 ⊡ ☎ ❤ ⇐ – 🔏 150. 🖭 ⑩ 🖭 JCB
p. 6 FZ **a**
Repas (15 juil. au 15 août . dîner seul.) carte 170 à 270 – ⌸ 90 – **100 ch** 900/1350, 3 appart – ½ P 690/915

West End, 31 promenade des Anglais ℰ 04 92 14 44 00, Fax 04 93 88 85 07, ⩽, 佘 – 劇 ⇆ 亖 ⊡ ☎ ❤ – 🔏 60. 🖭 ⑩ 🖭 JCB
p. 6 FZ **p**
Le Siècle : **Repas** (125) 140/250 ♈ – ⌸ 90 – **116 ch** 900/1500, 10 appart – ½ P 715/960

New Hotel Beau Rivage, 24 r. St François-de-Paule ⊠ 06300 ℰ 04 92 47 82 82, Fax 04 92 47 02 03, ℔, ⇆ 亖 ⊡ ☎ 戋 – 🔏 50. 🖭 ⑩ 🖭 JCB
p. 7 GZ **y**
Bistrot du Rivage (fermé dim. soir) **Repas** (115)- carte 200 à 260 ♈, enf. 90 – **Plage** ℰ 04 93 80 75 06 **Repas** carte 230 à 310 ♈, enf. 90 – ⌸ 95 – **118 ch** 950/1950 – ½ P 745/1220

Holiday Inn M, 20 bd V. Hugo ℰ 04 97 03 22 22, Fax 04 97 03 22 23 – 劇 ⇆ 亖 ⊡ ☎ ❤ 戋 – 🔏 90. 🖭 ⑩ 🖭 JCB
p. 6 FY **a**
Repas 148 (déj.), 198/280 ♈, enf. 70 – ⌸ 85 – **131 ch** 850/1350 – ½ P 755/930

Masséna M sans rest, 58 r. Gioffredo ℰ 04 93 85 49 25, Fax 04 93 62 43 27 – 劇 ⇆ 亖 ⊡ ☎ 戋 ⇐ – 🔏 20. 🖭 ⑩ 🖭 JCB
p. 7 GZ **k**
⌸ 80 – **106 ch** 650/950

Atlantic, 12 bd V. Hugo ℰ 04 93 88 40 15, Fax 04 93 88 68 60, 佘 – 劇 ⇆ 亖 ⊡ ☎ ❤ – 🔏 200. 🖭 ⑩ 🖭 JCB. ⅏ rest
p. 6 FY **d**
Repas (100) - 130/150 ♈, enf. 50 – ⌸ 90 – **124 ch** 750/1050 – ½ P 1464/1664

Splendid, 50 bd V. Hugo ℰ 04 93 16 41 00, Fax 04 93 16 42 70, 佘, « Piscine panoramique sur le toit », ⤓ – 劇 ⇆ 亖 ⊡ ☎ ❤ ⇐ – 🔏 60. 🖭 ⑩ 🖭 JCB. ⅏ rest
Repas 150 ♈, enf. 75 – ⌸ 95 – **114 ch** 1050/1450, 14 appart – ½ P 675/875   p. 6 FYZ **g**

Mercure Centre Notre Dame M sans rest, 28 av. Notre-Dame ℰ 04 93 13 36 36, Fax 04 93 62 61 69, « Jardin suspendu au 2ᵉ étage », ⤓, ⩥ – 劇 ⇆ 亖 ⊡ ☎ ❤ – 🔏 80. 🖭 ⑩ 🖭 JCB
p. 6 FXY **q**
⌸ 85 – **201 ch** 750/1350

Novotel M, 8-10 Parvis de l'Europe ⊠ 06300 ℰ 04 93 13 30 93, Fax 04 93 13 09 04, 佘, « Piscine panoramique sur le toit », ℔, ⤓ – 劇 ⇆ 亖 ⊡ ☎ ❤ 戋 ⇐ – 🔏 100. 🖭 ⑩ 🖭 JCB
Repas (72) - 118 ♈, enf. 50 – ⌸ 65 – **173 ch** 710/950   p. 7 JX **v**

Mercure Promenade des Anglais M sans rest, 2 r. Halévy ℰ 04 93 82 30 88, Fax 04 93 82 18 20 – 劇 ⇆ 亖 ⊡ ☎ ❤ – 🔏 25. 🖭 ⑩ 🖭
⌸ 85 – **122 ch** 725/985   p. 6 FZ **v**

Windsor, 11 r. Dalpozzo ℰ 04 93 88 59 35, Fax 04 93 88 94 57, 佘, « Chambres d'artistes, jardin exotique avec piscine », ℔, ⤓, ⩥ – 劇, 亖 ch, ⊡ ☎. 🖭 ⑩ 🖭, ⅏ rest
p. 6 FZ **f**
Repas (fermé sam. midi et dim.) snack carte environ 200 – ⌸ 40 – **57 ch** 750

Grimaldi sans rest, 15 r. Grimaldi ℰ 04 93 16 00 24, Fax 04 93 87 00 24 – 劇 亖 ⊡ ☎. 🖭 ⑩ 🖭
p. 6 FY **s**
⌸ 100 – **23 ch** 630/1400

Bleu Marine Victoria sans rest, 33 bd V. Hugo ℰ 04 93 88 39 60, Fax 04 93 88 07 98, ⩥ – 劇 ⇆ 亖 ⊡ ☎ ❤. 🖭 ⑩ 🖭 JCB
p. 6 FZ **s**
fermé 22 au 27 déc. – ⌸ 55 – **38 ch** 500/850

Petit Palais ⑊ sans rest, 10 av. E. Bieckert ℰ 04 93 62 19 11, Fax 04 93 62 53 60, ⩽ Nice et la mer – 劇 ⇆ 亖 ⊡ ☎ ❤. 🖭 ⑩ 🖭 JCB
p. 7 HX **p**
⌸ 55 – **25 ch** 560/810

Durante ⑊ sans rest, 16 av. Durante ℰ 04 93 88 84 40, Fax 04 93 87 77 76, ⩥ – 劇 cuisinette ⊡ ☎ ℙ. 🖭. ⅏
p. 6 FY **b**
8 fév.-1ᵉʳ nov. – ⌸ 55 – **24 ch** 450/550

Flore sans rest, 2 r. Maccarani ℰ 04 92 14 40 20, Fax 04 92 14 40 21 – 劇 ⇆ 亖 ⊡ ☎ ❤. ⑩ 🖭 JCB
p. 6 FZ **z**
⌸ 60 – **63 ch** 495/740

Gounod sans rest, 3 r. Gounod ℰ 04 93 16 42 00, Fax 04 93 88 23 84 – 劇 亖 ⊡ ☎ ℙ. 🖭 ⑩ 🖭 JCB
p. 6 FYZ **y**
fermé 20 nov. au 20 déc. – ⌸ 65 – **40 ch** 600/720, 6 appart

🏨 **Busby** sans rest, 38 r. Mar. Joffre ℰ 04 93 88 19 41, Fax 04 93 87 73 53 – 📶 🖿 📺 ☎ 📞 🖾
⓪ 🖾 🖾 p. 6 FZ u
fermé 15 nov. au 20 déc. – ⊆ 40 – **76 ch** 500/750

🏨 **Vendôme** sans rest, 26 r. Pastorelli ℰ 04 93 62 00 77, Fax 04 93 13 40 78 – 📶 🖿 📺 ☎ 🅿.
🖾 ⓪ 🖾 🖾 p. 7 GY f
⊆ 55 – **51 ch** 670, 5 duplex

🏨 **Brice**, 44 r. mar. Joffre ℰ 04 93 88 14 44, Fax 04 93 87 38 54, 🏤, ₣ō, 🖘 – 📶, 🖿 ch, 📺 ☎.
🖾 ⓪ 🖾 🖾 ❀ rest p. 6 FZ x
Repas *(fermé 1er nov. au 10 déc.)* 125 – ⊆ 40 – **58 ch** 560/670 – ½ P 460

🏨 **Apogia** 🅜 sans rest, 26 r. Smolett ⊠ 06300 ℰ 04 93 89 18 88, Fax 04 93 89 16 06 – 📶 ⇄
🖿 📺 ☎ 📞 ₲ 🖘. 🖾 ⓪ 🖾 🖾 p. 7 JY e
⊆ 65 – **101 ch** 660/770

🏠 **Clarine Le Lausanne** sans rest, 36 r. Rossini ℰ 04 93 88 85 94, Fax 04 93 88 15 88 – 📶
❀ 🖿 📺 ☎ 🖘. 🖾 ⓪ 🖾 p. 6 FY n
fermé 20 au 28 déc. – ⊆ 40 – **35 ch** 390/650

🏠 **Fontaine** 🅜 sans rest, 49 r. France ℰ 04 93 88 30 38, Fax 04 93 88 98 11 – 📶 🖿 📺 ☎ 📞.
🖾 ⓪ 🖾 🖾 p. 6 FZ t
⊆ 50 – **28 ch** 490/600

🏠 **Nouvel Hôtel** sans rest, 19 bis bd V. Hugo ℰ 04 93 87 15 00, Fax 04 93 16 00 67 – 📶 🖿
📺 ☎. 🖾 ⓪ 🖾. ❀ p. 6 FY v
fermé 2 janv. au 10 fév. – ⊆ 15 – **58 ch** 392/513

🏠 **Gourmet Lorrain**, 7 av. Santa Fior ⊠ 06100 ℰ 04 93 84 90 78, Fax 04 92 09 11 25, 🏤 –
🖿 rest, 📺 ☎. 🖾 ⓪ 🖾 🖾 p. 6 FV n
Repas *(fermé 17 juil. au 21 août, 2 au 9 janv., dim. soir et lundi)* 95/190 ⅋ – ⊆ 40 – **11 ch**
290/340 – ½ P 290

🏠 **Villa St-Hubert** sans rest, 26 r. Michel-Ange ℰ 04 93 84 66 51, Fax 04 93 84 70 96 –
cuisinette 📺 ☎ 📞. 🖾. ❀ p. 6 FV s
fermé 15 nov. au 15 déc. – ⊆ 30 – **13 ch** 310/370

🏠 **Buffa** sans rest, 56 r. Buffa ℰ 04 93 88 77 35, Fax 04 93 88 83 39 – 🖿 📺 ☎. 🖾 ⓪ 🖾
🖾 p. 6 EZ r
⊆ 35 – **13 ch** 280/400

🏠 **Agata** sans rest, 46 bd. Carnot ⊠ 06300 ℰ 04 93 55 97 13, Fax 04 93 55 67 38 – 📶 🖿 📺
☎ 🅿. 🖾 ⓪ 🖾 p. 7 JZ s
⊆ 40 – **45 ch** 435/525

🏠 **St-Gothard** sans rest, 20 r. Paganini ℰ 04 93 88 13 41, Fax 04 93 82 27 55 – 📶 🖿 📺 ☎.
🖾 ⓪ 🖾 p. 6 FX s
⊆ 40 – **64 ch** 310/370

🏠 **Star Hôtel** sans rest, 14 r. Biscarra ℰ 04 93 85 19 03, Fax 04 93 13 04 23 – 🖿 📺 ☎. 🖾 ⓪
🖾 p. 7 GY k
fermé 1er nov. au 1er déc. – ⊆ 30 – **19 ch** 250/350

🏠 **Armenonville** 🍃 sans rest, 20 av. Fleurs ℰ 04 93 96 86 00, Fax 04 93 96 86 00, 🖘 – 📺
☎ 📞 🅿. ❀ p. 6 EZ b
⊆ 36 – **13 ch** 250/570

🏠 **Trianon** sans rest, 15 av. Auber ℰ 04 93 88 30 69, Fax 04 93 88 11 35 – 📶 📺 ☎. 🖾 ⓪ 🖾
⊆ 35 – **32 ch** 260/360 p. 6 FY u

XXXX **Chantecler** Hôtel Négresco, 37 promenade des Anglais ℰ 04 93 16 64 00,
🕸🕸 Fax 04 93 88 35 68 – 🖿. 🖾 ⓪ 🖾 🖾 p. 6 FZ k
fermé 13 nov. au 19 déc. – **Repas** 300 bc (déj.), 430/620 et carte 490 à 840
Spéc. Pommes de terre nouvelles poêlées, anchois marinés et brochette de supions.
Rougets de roche cuisinés comme un nem. Epigrammes d'agneau de lait. **Vins** Côtes-de-
Provence, Bandol.

XXX **Les Viviers**, 22 r. A. Karr ℰ 04 93 16 00 48, Fax 04 93 16 04 06 – 🖿. 🖾 🖾
fermé 1er au 28 août et dim. – **Repas** 230/390 et carte 310 à 440 **Bistrot des Viviers :**
Repas *(100)*-150bc(déj.) et carte 180 à 320 ⅋ p. 6 FY k

XXX **Don Camillo**, 5 r. Ponchettes ⊠ 06300 ℰ 04 93 85 67 95, Fax 04 93 13 97 43 – 🖿. 🖾
🖾 p. 7 HZ h
fermé lundi midi et dim. – **Repas** - cuisine niçoise et italienne - *(125)* - 185 et carte 265 à 335

XXX **L'Ane Rouge**, 7 quai Deux-Emmanuel ⊠ 06300 ℰ 04 93 89 49 63, Fax 04 93 89 49 63,
🏤 – 🖿. 🖾 ⓪ 🖾 p. 7 JZ m
fermé 10 au 26 juil., vacances de fév. et merc. – **Repas** 158 (déj.), 208/340 et carte 270 à
440 ⅋

XX **L'Univers-Christian Plumail**, 54 bd J. Jaurès ⊠ 06300 ℰ 04 93 62 32 22,
🕸 Fax 04 93 62 55 69 – 🖿. 🖾 ⓪ 🖾 p. 7 HZ u
fermé sam. midi et dim. – **Repas** (prévenir) *(110)* - 190/350 et carte 240 à 440 ⅋
Spéc. Bouillon de petits gris et pistes à l'ail nouveau (printemps-été). Morue fraîche aux
artichauts. ''Tarte sans fond'' aux fraises des bois. **Vins** Bellet, Côtes de Provence.

XX **Boccaccio**, 7 r. Masséna ℰ 04 93 87 71 76, Fax 04 93 82 09 06, 🌴, « Décor de caravelle » – 🗐. 🗚 ⑨ 🗚 🗚 p. 7 GZ f
Repas - produits de la mer - 200 ♀

XX **Flo**, 4 r. S. Guitry ℰ 04 93 13 38 38, Fax 04 93 13 38 39, brasserie, « Ancien théatre » – 🗐.
🗚 ⑨ 🗚 p 7 GYZ m
Repas 169 bc, enf. 48

XX **Dominique Nicol**, 26 bd V. Hugo ℰ 04 93 82 48 63, Fax 04 93 88 35 64, 🌴 – 🗐. 🗚 🗚.
🌿 P. 6 FY f
fermé dim. soir – **Repas** 140/280 ♀

XX **Fleur de Sel**, 10 bd Dubouchage ℰ 04 93 13 45 45, Fax 04 93 13 45 45, 🌴 – 🗐. 🗚 🗚
fermé sam. et dim. – **Repas** 89/160 ♀ p. 7 HY s

XX **L'Allegro**, 6 pl. Guynemer ✉ 06300 ℰ 04 93 56 62 06, Fax 04 93 56 38 28, « Fresques
représentant les personnages de la "Comedia Dell'Arte" » – 🗐. 🗚 🗚 p. 7 JZ u
fermé sam. midi et dim. – **Repas** - cuisine italienne - 120/200 bc et carte 210 à 300

XX **Les Epicuriens**, 6 pl. Wilson ℰ 04 93 80 05 00, Fax 04 93 85 66 00, 🌴 – 🗐 🗚
fermé 10 au 20 août, sam. midi et dim. – **Repas** (94) carte 190 à 260 ♀ p. 7 HY v

XX **Toque Blanche**, 40 r. Buffa ℰ 04 93 88 38 18, Fax 04 93 88 38 18 🗐. 🗚 🗚
fermé 10 au 30 juil., dim. soir et lundi – **Repas** (nombre de couverts limités, prévenir)
145/160 ♀ p. 6 FZ n

X **Les Pêcheurs**, 18 quai des Docks ℰ 04 93 89 59 61, Fax 04 93 55 47 50, 🌴 – 🗐. 🗚 🗚
fermé nov. à mi-déc., merc. et jeudi midi de mai à oct., mardi soir et merc. de mi-déc. à avril
– **Repas** - produits de la mer - 160 p. 7 JZ v

X **Chez Rolando**, 3 r. Desboutins ✉ 06300 ℰ 04 93 85 76 79 – 🗐. 🗚 🗚
fermé 30 juil. au 4 sept., dim. et fériés – **Repas** - cuisine italienne - carte 170 à 280 ♀ p. 7 GZ n

X **Bông-Laï**, 14 r. Alsace-Lorraine ℰ 04 93 88 75 36 – 🗐. 🗚 ⑨ 🗚 🗚 p. 6 FX n
Repas - cuisine vietnamienne - 160 (déj.), 200/350

X **Casbah**, 3 r. Dr Balestre ℰ 04 93 85 58 81 – 🗐. 🗚
fermé 1er juil. au 1er sept., dim. soir et lundi midi – **Repas** - couscous - carte environ 150 🌿 p. 7 GY a

X **Mireille**, 19 bd Raimbaldi ℰ 04 93 85 27 23 – 🗐. 🗚 p. 7 GX d
fermé 12 juin au 4 juil., 25 sept. au 2 oct., lundi et mardi – **Repas** - plat unique : paella - 160

X **L'Olivier**, 2 pl. Garibaldi ℰ 04 93 26 89 09, Fax 04 93 26 89 09 – 🗚 p. 7 HY n
fermé août, 1er au 7 janv., merc. soir, dim. et fériés – **Repas** 125/180 ♀

X **Merenda**, 4 r. Terrasse ✉ 06300 (sans ℰ) – 🗚 p. 7 HZ a
fermé vacances de Pâques, 31 juil. au 20 août, vacances de Toussaint, de Noël, sam., dim. et
fériés – **Repas** - cuisine niçoise - (nombre de couverts limité, prévenir) carte environ 160 ♀

X **Lou Pistou**, 4 r. Terrasse ✉ 06300 ℰ 04 93 62 21 82 – 🗐. 🗚 p. 7 HZ a
fermé sam. et dim. – **Repas** - cuisine niçoise - carte 150 à 210 ♀

X **Gaité-Nallino**, 72 av. Cap de Croix à Cimiez ✉ 06100 ℰ 04 93 81 91 86 – 🗐. 🗚
fermé août et dim. – **Repas** - cuisine niçoise - (déj. seul.) carte environ 160 🌿 p. 5 DS a

à l'aéroport : 7 km – ✉ 06200 Nice :

🏛 **Novotel Arenas** 🅼, 455 promenade des Anglais ℰ 04 93 21 22 50, Fax 04 93 21 03 50
📶 ✳ 🗐 📺 ☎ ✆ ♿ 🅿 – 🔬 15 à 150. 🗚 ⑨ 🗚 🗚 p. 4 AV e
Repas 97 ♀ – ☲ 65 – **131 ch** 690

XXX **Ciel d'Azur**, aérogare 1, 2e étage ℰ 04 93 21 36 36, Fax 04 93 21 35 31 – 🗐. 🗚 ⑨ 🗚
🗚 p. 4 AU a
Repas (déj. seul.) (200) - 240/300 ♀

NIEDERBRONN-LES-BAINS 67110 B.-Rhin 🏅🏅 ⑱ ⑲ G. Alsace Lorraine – 4 372 h alt. 190 – Stat.
therm. – Casino.

🛈 Office de Tourisme 2 pl. Hôtel-de-Ville ℰ 03 88 80 89 70, Fax 03 88 80 37 01.
Paris 460 – Strasbourg 54 – Haguenau 22 – Sarreguemines 56 – Saverne 39.

🏛 **Muller** 🅼, av. Libération ℰ 03 88 63 38 38, Fax 03 88 63 38 39, 🌴, 🛁, 🏊, 🎾 – 📶,
🗐 rest, 📺 ☎ ✆ ♿ 🚗 🅿 – 🔬 25 à 50. 🗚 ⑨ 🗚
Repas (fermé janv. et lundi) (dim. prévenir) 66/240 ♀ – ☲ 42 – **43 ch** 280/440 – ½ P 294/
355

🏛 **Grand Hôtel** 🦢 sans rest, av. Foch ℰ 03 88 80 84 48, Fax 03 88 80 84 40, 🎾 – 📶 ✳ 📺
☎ ✆ 🅿 🗚 ⑨ 🗚
☲ 73 – **59 ch** 315/610

🏠 **Cully**, r. République 🕿 03 88 09 01 42, *Fax 03 88 09 05 80*, 🌧 – |⋕| 📺 🕿 📮 ﬞAE ⓞ GB
fermé fév., mardi soir et merc. – **Repas** (80) - 120/250 ⌂ – 🗔 49 – **40 ch** 250/340 –
½ P 260/310

🏠 **Bristol**, pl. H. de Ville 🕿 03 88 09 61 44, *Fax 03 88 09 01 20* – |⋕|, 🍴 rest, 📺 🕿 📮 ﬞAE ⓞ
⊜ GB JCB
fermé janv. – **Repas** *(fermé merc.)* 55/360 ⌂ – 🗔 35 – **27 ch** 250/310 – ½ P 310/350

XXX **Parc**, pl. Thermes 🕿 03 88 80 84 88, *Fax 03 88 80 84 80*, 🌧 – ﬞAE ⓞ GB
fermé fév. et jeudi sauf juil.-août – **Repas** 60 (déj.), 140/330 et carte 240 à 320 ⌂ -
Bierstubel *(fermé jeudi)* **Repas** 60/190 ⌂, enf. 40

XX **Les Acacias**, 35 r. Acacias 🕿 03 88 09 00 47, *Fax 03 88 80 83 33*, 🌧 – 📮 ﬞAE GB
*fermé 28 août au 30 sept., 27 déc. au 5 janv., 22 janv. au 11 fév., dim. soir de sept. à mars,
vend. et sam.* – **Repas** 68 (déj.), 98/280 ⌂, enf. 55

NIEDERHASLACH 67280 B.-Rhin 62 ⑨ G. Alsace Lorraine – 1 088 h alt. 255.
　　Voir *Église★*.
　　Paris 481 – Strasbourg 44 – Molsheim 15 – St-Dié 53 – Saverne 33.

🏠 **Pomme d'Or**, face église 🕿 03 88 50 90 21, *Fax 03 88 50 95 17* – 📺 🕿 GB, ✀ ch
fermé 20 juin au 1ᵉʳ juil., fév., dim. soir et lundi – **Repas** 61 (déj.), 100/160 ⌂ – 🗔 35 – **20 ch**
180/250 – ½ P 250

NIEDERSCHAEFFOLSHEIM 67500 B.-Rhin 57 ⑲ – 1 267 h alt. 185.
　　Paris 474 – Strasbourg 24 – Haguenau 7 – Saverne 35.

XXX **Au Boeuf Rouge** avec ch, 🕿 03 88 73 81 00, *Fax 03 88 73 89 71*, ✿ – 🍴 rest, 📺 🕿 📞
📮 – 🏋 30. ﬞAE GB
fermé 18 juil. au 7 août et vacances de fév. – **Repas** *(fermé dim. soir et lundi sauf fériés)*
135/340 et carte 300 à 390 ⌂, enf. 55 – 🗔 42 – **13 ch** 320/365 – ½ P 295

NIEDERSTEINBACH 67510 B.-Rhin 57 ⑲ G. Alsace Lorraine – 161 h alt. 225.
　　Paris 460 – Strasbourg 65 – Bitche 24 – Haguenau 32 – Lembach 8 – Wissembourg 23.

🏠🏠 **Cheval Blanc** ⑤, 🕿 03 88 09 55 31, *Fax 03 88 09 50 24*, 🌧, ♨, ✿, ✀ – 📺 🕿 📞 GB,
✀ rest
fermé 20 au 30 juin, 1ᵉʳ au 10 déc. et 1ᵉʳ fév. au 7 mars – **Repas** *(fermé jeudi)* 98/300 ⌂,
enf. 65 – 🗔 47 – **26 ch** 280/350 – ½ P 280/320

à Wengelsbach *Nord-Ouest : 5 km par D 190* – ⊠ 67510 :

X **Au Wasigenstein**, 🕿 03 88 09 50 54, *Fax 03 88 09 50 54*, 🌧 – GB
fermé janv. à mi-fév., lundi et mardi – **Repas** 73/179 ⌂

NIEUIL 16270 Charente 72 ⑤ – 954 h alt. 150.
　　Paris 440 – Angoulême 40 – Confolens 26 – Limoges 65 – Nontron 51 – Ruffec 36.

🏰 **Château de Nieuil** (Mme Bodinaud) ⑤, à l'Est par D 739 et rte secondaire ; 2 km
🕿 05 45 71 36 38, *Fax 05 45 71 46 45*, ≤, 🌧, « Belle demeure Renaissance dans un parc »,
♨, ✿, 📞 ⟷ 📮 – 🏋 20 à 30. ﬞAE ⓞ GB JCB
21 avril-1ᵉʳ nov. – **Repas** *(fermé dim. soir et lundi sauf juil.-août)* 200 bc (déj.), 260/350 et
carte 300 à 390 - **Grange aux Oies** *(ouvert 15 déc.-15 avril et fermé mardi soir, dim. soir et
lundi)* **Repas** 190bc, enf. 85 – 🗔 80 – **11 ch** 675/1600, 3 appart – ½ P 790/1125
Spéc. "Oeuf-écume" au crabe. Maigre à la vapeur d'algues. Emincé de filet de veau à la
ventrèche fumée.

NIEUL-SUR-MER 17137 Char.-Mar. 71 ⑫ – 4 957 h alt. 10.
　　Paris 478 – La Rochelle 6 – Fontenay-le-Comte 48 – Niort 70 – La Roche-sur-Yon 72.

XX **Nalbret**, 31 r. Lauzières 🕿 05 46 37 81 56, *Fax 05 46 37 81 56*, 🌧 – 📮 ﬞAE ⓞ GB
fermé lundi de sept. à mai – **Repas** 94/155 ⌂, enf. 45

NÎMES ℗ 30000 Gard 80 ⑲ G. Provence – 128 471 h Agglo. 138 527 h alt. 39.
　　Voir *Arènes★★★ – Maison Carrée★★★ : musée des Antiques★ – Jardin de la Fontaine★★ :
　　Tour Magne★, ≤★ – Intérieur★ de la chapelle des Jésuites DU B – Carré d'Art★ – Musées :
　　Archéologie★ M¹, Beaux-Arts★ M², Vieux Nîmes★ M⁴, Taurin CV.
　　✈ de Nîmes-Arles-Camargue : 🕿 04 66 70 06 88, par ⑤ : 8 km.
　　🛈 Office de Tourisme 6 r. Auguste 🕿 04 66 67 29 11, Fax 04 66 21 81 04, à la Gare SNCF
　　🕿 04 66 84 18 13 et 3 r. C.-Brousson 🕿 04 66 67 38 43.
　　Paris 711 ② – Montpellier 56 ⑤ – Lyon 253 ② – Marseille 124 ④.

NÎMES

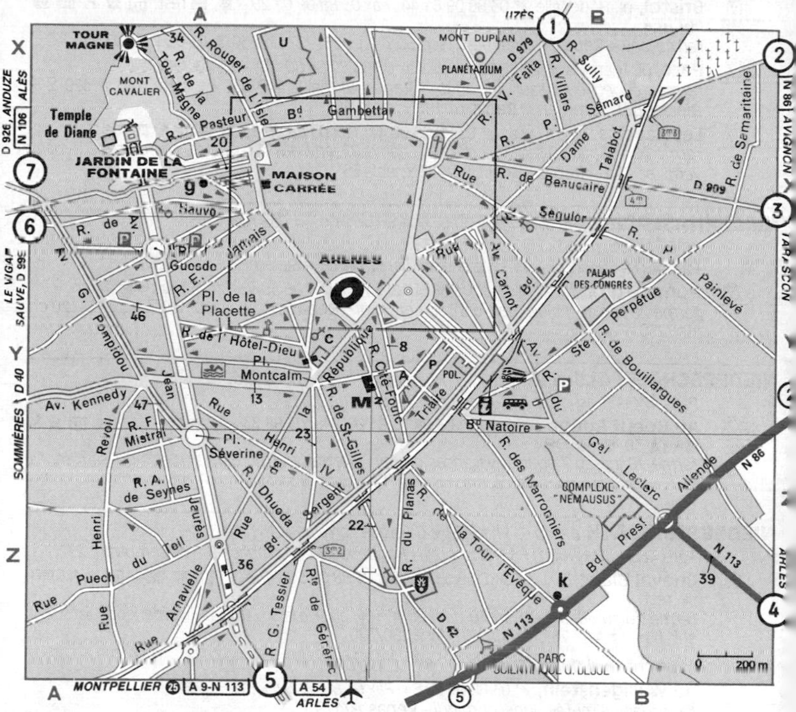

🏨🏨🏨 **Imperator Concorde,** quai de la Fontaine ✉ 30900 ☎ 04 66 21 90 30, *Fax 04 66 67 70 25*, 🌣, « Jardin fleuri », 🌫 – 🛗 🍴 ☰ 📺 ☎ 🗱 🚗 – 🛗 40. 🖭 ⓪ 🖼 🖸
AX g
Repas (155) - 180/360 – ☷ 80 – **63 ch** 650/1000 – ½ P 550

🏨🏨 **Vatel** Ⓜ (École hôtelière), 140 r. Vatel par av. Kennedy AY ☎ 04 66 62 57 57, *Fax 04 66 62 57 50*, ⬍, 🌣, ⅃₆, ▣ – 🛗 🍴 🔟 🔊 🗱 📗 – 🛗 150. 🖭 ⓪ 🖼
Les Palmiers (6ᵉ étage) *(fermé août, dim. soir et lundi)* **Repas** 130(déj.), 150/210 ⅀ –
Provençal : **Repas** 100/115 ⅂, enf. 48 – ☷ 48 – **42 ch** 500/600

🏨🏨 **Novotel Atria Nîmes Centre** Ⓜ, 5 bd Prague ☎ 04 66 76 56 56, *Fax 04 66 76 26 36* –
🛗 🍴 ☰ 📺 ☎ 🗱 🚃 – 🛗 25 à 480. 🖭 ⓪ 🖼 🖸
DV f
Repas (80) - 105/170 ⅀, enf. 50 – ☷ 58 – **112 ch** 530/580, 7 appart

🏨🏨 **L'Orangerie** Ⓜ, 755 r. Tour de l'Évêque ☎ 04 66 84 50 57, *Fax 04 66 29 44 55*, 🌣, ⅃, –
☰ 📺 🗱 ⅂₆.🅿 – 🛗 30. 🖭 ⓪ 🖼 🖸
BZ k
Repas 110 (déj.), 155/195 bc ⅀, enf. 50 – ☷ 50 – **32 ch** 390/570 – ½ P 375

🏨🏨 **New Hôtel la Baume** Ⓜ, 21 r. Nationale ☎ 04 66 76 28 42, *Fax 04 66 76 28 45*, « Hôtel particulier du Vieux Nîmes » – 🛗 ☰ 📺 ☎ 🗱 ⅂₆. 🖭 ⓪ 🖼 🖸
DU b
Repas 90/110 – ☷ 55 – **34 ch** 450/510 – ½ P 622

🏨 **Les Tuileries** sans rest, 22 r. Roussy ☎ 04 66 21 31 15, *Fax 04 66 67 48 72* – 🛗 ☰ 📺 🔟
🚗. 🖭 ⓪ 🖼 🖸
DV n
☷ 40 – **10 ch** 280/350

🏨 **Amphithéâtre** sans rest, 4 r. Arènes ☎ 04 66 67 28 51, *Fax 04 66 67 07 79* – 📺 ☎. 🖭
🖼
CV h
fermé 20 déc. au 1ᵉʳ fév. – ☷ 35 – **17 ch** 185/270

🍴🍴 **Magister,** 5 r. Nationale ☎ 04 66 76 11 00, *Fax 04 66 67 21 05* – ☰. 🖭 🖼
DU q
fermé août, sam. midi et dim. – **Repas** 130 (déj.), 185/220 ⅀, enf. 70

NÎMES

Arènes (Bd des) . . . . CV 2
Aspic (R. de l') . . . . CUV
Auguste (R.) . . . . CU 4
Bernis (R. de) . . . . CV 6
Chapitre (R. du) . . . . CU 12
Courbet (Bd Amiral) . . . . . DUV 14
Crémieux (Rue) . . . . DU 16
Curaterie (R.) . . . . DU 17
Daudet (Bd A.) . . . . CU 18
Fontaine (Q. de la) . . . . CU 20
Gambetta (Bd) . . . . CDU
Grand'Rue . . . . DU 24
Guizot (R.) . . . . CU 26
Halles (R. des) . . . . CU 27
Horloge (R. de l') . . . . CU 28
Libération (Bd de la) . . . . . . DV 30
Madeleine (R. de la) . . . . . . CU 32
Maison Carrée (Pl. de la) . . CU 33
Marchands (R. des) . . . . CU 35
Nationale (R.) . . . . CDU
Perrier (R. Gén.) . . . . CU
Prague (Bd de) . . . . DV 42
République (R. de la) . . . . CV 43
Saintenac (Bd E.) . . . . DU 45
Victor-Hugo (Bd) . . . . CUV
Violettes (R.) . . . . CV 49

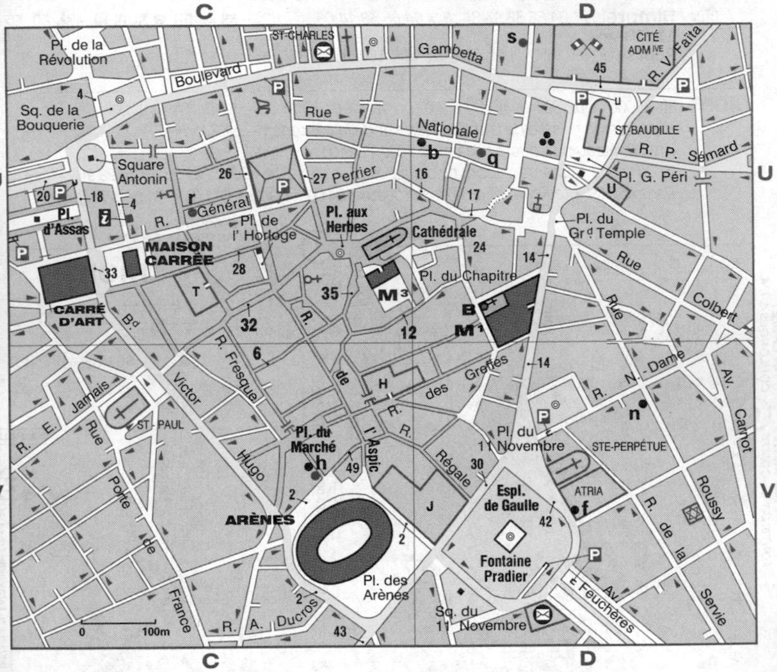

XX **Jardin d'Hadrien,** 11 r. Enclos Rey ☎ 04 66 21 86 65, *Fax 04 66 21 54 42,* – AE GB — DU s
fermé 20 au 31 août, vacances de Toussaint et de fév. – **Repas** *(fermé merc. sauf le soir en juil.-août et dim. sauf le midi de sept. à juin)* 95/150 ♀, enf. 65

X **Lisita,** 2 bd Arènes ☎ 04 66 67 29 15, *Fax 04 66 67 25 32* – GB — CV h
Repas 105 (déj.), 145/245 ♀, enf. 75

X **Aux Plaisirs des Halles,** 4 r. Littré ☎ 04 66 36 01 02, *Fax 04 66 36 08 00,* – ▤. GB — CU r
fermé 14 au 20 août, 8 au 14 janv., dim. soir et lundi – **Repas** 88 (déj.), 140/250 ♀, enf. 70

à Marguerittes *par ② et N 86 : 8 km – 7 548 h. alt. 60 – ✉ 30320 :*

L'Hacienda , Le Mas de Brignon, Sud-Est : 2 km par rte secondaire ☎ 04 66 75 02 25, *Fax 04 66 75 45 58,* , – ☎ P. GB. rest
1er mars-31 oct. – **Repas** (dîner seul.) 195/265, enf. 85 – ☕ 80 – **12 ch** 590 – ½ P 540/580

à Garons *par ⑤, D 42 et D 442 : 9 km – 3 648 h. alt. 90 – ✉ 30128 :*

XXX ✿ **Alexandre** (Kayser), ☎ 04 66 70 08 99, *Fax 04 66 70 01 75,* , « Jardin arboré », – ▤ P. AE ⓓ GB JCB
fermé vacances de fév., merc. soir de sept. à juin, dim. (sauf le midi de sept. à juin) et lundi – **Repas** *(195 bc)* - 285/450 et carte 410 à 530
Spéc. Iles flottantes aux truffes de Provence (sept. à mai). Brandade de morue "version originale". Calisson de pieds, langues et ris d'agneau. **Vins** Costières de Nîmes.

près échangeur A9 - A54 *parc hôtelier Ville Active par* ⑤ : *3 km –* ⊠ *30900 Nîmes :*

🏨 **Mercure Nîmes-Ouest,** ℘ 04 66 70 48 00, Fax 04 66 70 48 01, 🏡, 🏊, 🌲, 💥 – 🛄 🐦
   ▤ 🆃🆅 ☎ 📞 🛜 🖪 – 🔏 25 à 80. 🆑 ⑩ ☖ 🅹🅲🅱, 💥 rest
   Repas (95) - 120/130 🍴, enf. 50 – ⊇ 58 – **100 ch** 490/560

🏨 **Holiday Inn Garden Court,** ℘ 04 66 29 86 87, Fax 04 66 84 72 70, 🏡 – 🖪 🌲 ▤ 🆃🆅
   ☎ 📞 🛜 🖪 – 🔏 400. 🆑 ⑩ ☖ 🅹🅲🅱
   Repas (69) - 87/195, enf. 45 – ⊇ 55 – **54 ch** 500 – ½ P 320

🏨 **Nimotel,** ℘ 04 66 38 13 84, Fax 04 66 38 14 06, 🏡, 🏊 – 🖪 ▤ 🆃🆅 ☎ 📞 🛜 🖪 – 🔏 80. 🆑
   ⑩ ☖ 🅹🅲🅱
   Repas (78) - 89/185 🍴, enf. 50 – ⊇ 42 – **180 ch** 270/315

NIORT 🅿 *79000 Deux-Sèvres* **71** ② *G. Poitou Vendée Charentes – 57 012 h alt. 24.*
   Voir *Donjon* ★ : *salle de la chamoiserie et de la ganterie* ★ – *Le Pilori* ★.
   Env. *Château du Coudray-Salbart* ★ *10 km par* ①.
   🎏 *Office de Tourisme (saison) pl. de la Poste* ℘ *05 49 24 18 79, Fax 05 49 24 98 90.*
   Paris 410 ② – *La Rochelle 66* ⑤ – *Bordeaux 184* ④ – *Nantes 141* ⑥ – *Poitiers 76* ②

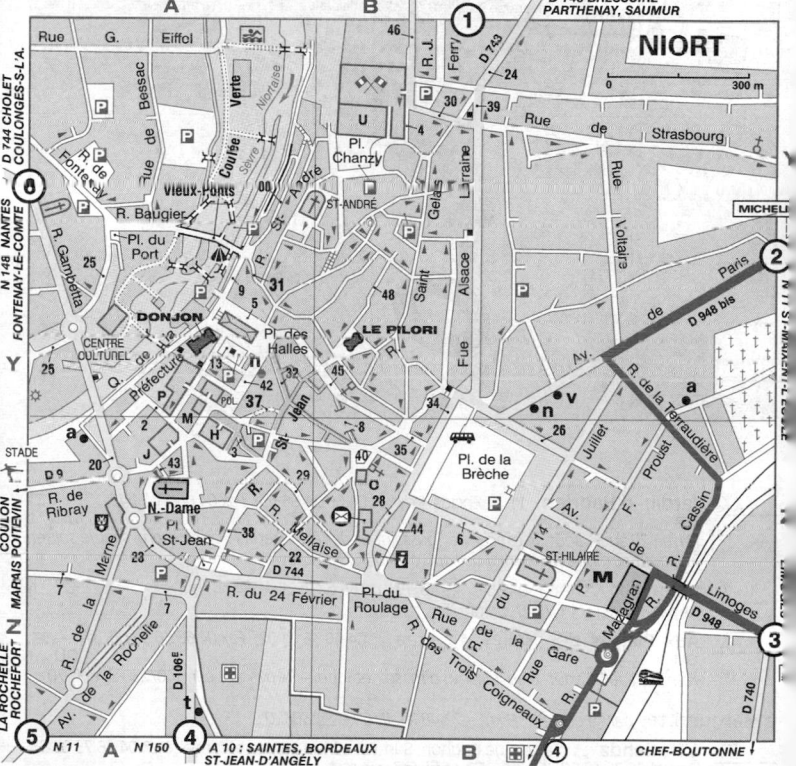

Mercure Ⓜ ⅏, 17 r. Bellune ℘ 05 49 24 29 29, Fax 05 49 28 00 90, 🌁, 🏊, 🚗 – 🛗 ⅏,
▤ ch, 📺 ☎ ✆ 🔥 🅿 – 🔥 60. 🆎 ⓞ 🅶🅱
BY a
Repas 110/160, enf. 55 – ⴾ 58 – **60 ch** 495/790

Grand Hôtel sans rest, 32 av. Paris ℘ 05 49 24 22 21, Fax 05 49 24 42 41, 🚗 – 🛗 ⅏ 📺
☎ ✆ 🚗 – 🔥 25. 🆎 ⓞ 🅶🅱
BY v
ⴾ 45 – **38 ch** 335/435

Moulin Ⓜ sans rest, 27 r. Espingole ℘ 05 49 09 07 07, Fax 05 49 09 19 40 – 🛗 📺 ☎ ✆ 🔥
🅿 🆎 🅶🅱. ⅏
AZ a
ⴾ 30 – **34 ch** 260/290

Paris sans rest, 12 av. Paris ℘ 05 49 24 93 78, Fax 05 49 28 27 57 – cuisinette 📺 ☎ ✆ 🚗.
🅶🅱
BY n
fermé 24 déc. au 2 janv. – ⴾ 35 – **44 ch** 205/305

Avenue sans rest, 43 av. St-Jean-d'Angély ℘ 05 49 79 28 42, Fax 05 49 73 10 85 – 📺 ☎
✆ 🆎 🅶🅱
AZ t
ⴾ 31 – **20 ch** 130/260

XXX **Belle Étoile**, 115 quai M. Métayer (près périph. ouest) -AY- Ouest : 2,5 km
℘ 05 49 73 31 29, Fax 05 49 09 05 59, 🌁, 🚗 – 🅿. 🆎 🅶🅱
fermé 7 au 21 août, dim. soir et lundi – **Repas** (100 bc) - 155/430 bc et carte 250 à 380 ⴾ,
enf. 75

X **Table des Saveurs**, 9 r. Thiers ℘ 05 49 77 44 35, Fax 05 49 77 44 36 – 🅶🅱   AY n
🍴 fermé dim. – **Repas** 75/205 ⴾ

par ② : 5 km sur N 11 – ✉ 79180 Chauray :

Solana Ⓜ sans rest, ℘ 05 49 33 33 33, Fax 05 49 33 33 33 – 📺 ☎ 🔥 🅿 – 🔥 20. 🆎 ⓞ
🅶🅱. ⅏
ⴾ 40 – **50 ch** 310/350

sur autoroute A 10 aire Les Ruralies ou accès de Niort par ③ et rte secondaire : 9 km – ✉ 79230
Prahecq :

Les Ruralies Ⓜ, ℘ 05 49 75 67 66, Fax 05 49 75 80 29 – 🛗, ▤ ch, 📺 ☎ ✆ 🔥 🅿 – 🔥 25.
🆎 ⓞ 🅶🅱
Mijotière (rest. d'autoroute) **Repas** 95/120 ⅃, enf. 48 – ⴾ 38 – **51 ch** 310/370 – ½ P 313

rte de Saintes par ④ : 12 km – ✉ 79360 Granzay-Gript :

Domaine du Griffier ⅏, ℘ 05 49 32 62 62, Fax 05 49 32 62 63, 🌁, parc, 🎱 – 📺 ☎ 🔥
🅿 – 🔥 15 à 100. 🆎 ⓞ 🅶🅱
fermé Noël au Jour de l'An – **Repas** (fermé sam. midi en hiver) 99 (déj.), 160/190, enf. 70 –
ⴾ 60 – **40 ch** 450/750 – ½ P 370/570

rte de La Rochelle par ⑤ : 4,5 km sur N 11 – ✉ 79000 Niort :

Reix sans rest, ℘ 05 49 09 15 15, Fax 05 49 09 14 13, 🏊 – 📺 ☎ ✆ 🔥 🅿 🆎 ⓞ 🅶🅱
fermé 25 déc. au 1ᵉʳ janv. – ⴾ 35 – **34 ch** 300/350

Comfort Hôtel sans rest, ℘ 05 49 09 08 07, Fax 05 49 09 16 07 – 📺 ☎ 🔥 🅿 – 🔥 25. 🆎
🅶🅱
ⴾ 35 – **31 ch** 310/320

X **Palais Gourmand**, ℘ 05 49 77 59 47, Fax 05 49 09 12 53 – ▤ 🅿. 🅶🅱
🍴 fermé 15 au 31 août, 24 déc. au 2 janv., sam. midi et dim. – **Repas** 80/145 ⴾ, enf. 52

X **Tuilerie (Coq'corico)**, ℘ 05 49 09 12 45, Fax 05 49 09 16 22, 🌁, 🏊, 🚗, ✀ – ▤ 🅿. 🆎
🍴 🅶🅱
fermé dim. soir et lundi – **Repas** (68) - 78/140 ⴾ, enf. 36

NISSAN-LEZ-ENSÉRUNE 34440 Hérault 🔢 ⑭ G. Languedoc Roussillon – 2 835 h alt. 21.
Voir Oppidum d'Ensérune★ : musée★, ≼★ NO : 5 km.
🅱 Office de Tourisme 17 sq. René-Dez ℘ 04 67 37 14 12, Fax 04 67 37 14 12, Fax (Mairie) 04
67 37 63 00.
Paris 783 – Montpellier 81 – Béziers 12 – Capestang 9 – Narbonne 17.

Résidence, ℘ 04 67 37 00 63, Fax 04 67 37 68 63, 🌁 – ☎ 🚗. 🅶🅱. ⅏
fermé nov. et déc. – **Repas** (dîner seul.) (résidents seul.) 98/120 ⅃, enf. 50 – ⴾ 38 – **18 ch**
260/300 – ½ P 280

Pleasant hotels and restaurants
are shown in the Guide by a red sign.
Please send us the names
of any where you have enjoyed your stay.
Your **Michelin Guide** will be even better.

🏨🏨🏨 ... 🏡

XXXXX ... X

NITRY 89310 Yonne 65 ⑥ – 336 h alt. 240.

    Paris 194 – Auxerre 33 – Avallon 22 – Vézelay 31.

  🏠 **Axis** sans rest., échangeur A 6 ℰ 03 86 33 60 92, Fax 03 86 33 64 14 – 📺 ☎ ⛟ ♿ 🅿 –
    🔥 15. 🆎 GB
    ☲ 30 – **40 ch** 180/220

  ✗ **Auberge la Beursaudière** (chambres prévues), ℰ 03 86 33 69 69, Fax 03 86 33 69 60,
    🌹, « Cadre rustique » – 🅿. 🆎 ⑩ GB
    Repas (70) - 165/260 ⬧, enf. 52

NOAILHAC 81490 Tarn 83 ① – 650 h alt. 222.

    Voir Commune de la "Méridienne Verte".

    Paris 755 – Toulouse 85 – Albi 54 – Béziers 100 – Carcassonne 63 – Castres 12.

  ✗ **Hostellerie d'Oc,** ℰ 05 63 50 50 57, 🌹 – GB
  GB fermé 22 janv. au 11 fév. et lundi – **Repas** 65 bc/175 ♀, enf. 45

NOCÉ 61 Orne 60 ⑮ – rattaché à Bellême.

NOÉ 31410 H.-Gar. 82 ⑰ – 1 975 h alt. 198.

    Paris 730 – Toulouse 35 – Auch 86 – Auterive 22 – Foix 61 – St-Gaudens 60 – St-Girons 69.

  🏠 **L'Arche de Noé,** ℰ 05 61 87 40 12, Fax 05 61 87 06 67, 🌹, 🐎 – 📺 ☎ 🅿. GB
    Repas (fermé dim. soir et vend.) (68) - 95/155 ⬧, enf. 45 – ☲ 37 – **19 ch** 175/275 –
    ½ P 210/225

Dans la liste des rues des plans de villes,
les noms en rouge indiquent les principales voies commerçantes.

NOEUX-LES-MINES 62290 P.-de-C. 51 ⑭ G. Picardie Flandres Artois – 12 351 h alt. 29.

    Paris 208 – Lille 38 – Arras 25 – Béthune 5 – Bully-les-Mines 8 – Doullens 49 – Lens 16.

  ✗✗ **Tourterelles** avec ch, 374 r. Nationale ℰ 03 21 61 65 65, Fax 03 21 61 65 75, 🌹, 🐎 – 📺
    ☎ 🅿. 🆎 GB. ✦
    Repas (fermé sam. midi, dim. et soirs fériés) 110 (dîner), 175/250 ♀ – ☲ 40 – **21 ch** 220/400
    – ½ P 250/350

  ✗ **Paix,** 116 r. Nationale ℰ 03 21 26 87 66. 🆎 GB
    fermé 26 juil. au 26 août et sam. – **Repas** (déj. seul.) (70) - 95/190 ⬧

NOGARO 32110 Gers 82 ② – 2 008 h alt. 98.

    Paris 733 – Mont-de-Marsan 45 – Agen 89 – Auch 63 – Pau 74 – Tarbes 67.

  🏠 **Solenca** Ⓜ, rte d'Auch : 1 km ℰ 05 62 09 09 08, Fax 05 62 09 09 07, 🌹, 🛁, ⏚, 🐎, ✦ –
  GB 📺 ☎ ⛟ ♿ 🅿 – 🔥 50. 🆎 ⑩ GB
    Repas 85/105 ⬧, enf. 45 – ☲ 35 **48 ch** 280/295 – ½ P 255

à **Manciet** Nord-Est : 9 km par N 124 – 784 h. alt. 131 – ✉ 32370 :

  ✗✗ **Bonne Auberge** avec ch, ℰ 05 62 08 50 04, Fax 05 62 08 58 84, 🌹 – 📺 ☎ – 🔥 25. 🆎
    ⑩ GB. ✦
    fermé dim. soir sauf fériés – **Repas** 90 bc/270 – ☲ 40 – **14 ch** 250/320 – ½ P 210/300

à **St-Martin-d'Armagnac** Sud-Ouest : 8 km par D 25 et rte secondaire – 205 h. alt. 115 –
✉ 32110 :

  🏠 **Auberge du Bergerayre** ⬙, ℰ 05 62 09 08 72, Fax 05 62 09 09 74, 🌹, « Auberge au
    coeur de la campagne viticole », ⏚ – 📺 ☎ ♿ 🅿. 🆎 GB
    fermé 2 au 31 janv. – **Repas** (fermé mardi soir et merc.) (de nov. à mars dîner sur
    réservation) 100 bc/200 ♀, enf. 50 – ☲ 35 – **13 ch** 300/440 – ½ P 255/335

NOGENT 52800 H.-Marne 62 ⑫ G. Champagne – 4 754 h alt. 410.

    Voir Musée de la coutellerie de l'espace Pelletier – Musée du patrimoine coutelier.

    🎫 Syndicat d'Initiative ℰ 03 25 03 69 10, Fax 03 25 31 44 70.

    Paris 286 – Chaumont 22 – Bourbonne-les-Bains 38 – Langres 23 – Neufchâteau 56.

  🏠 **Commerce,** pl. Gén. de Gaulle (face Mairie) ℰ 03 25 31 81 14, Fax 03 25 31 74 00 – 📺 ☎
  ⬧100⬧ ⛟ ⬅. GB JCB
    fermé Noël au Jour de l'An et dim. d'oct. à mai – **Repas** (84) - 100/250 ⬧, enf. 60 – ☲ 38 –
    19 ch 180/280 – ½ P 230/250

NOGENT-LE-ROI 28210 E.-et-L. **60** ⑧, **106** ㉖ G. Ile de France – 3 832 h alt. 93.

Paris 77 – Chartres 27 – Ablis 35 – Dreux 19 – Maintenon 10 – Rambouillet 26.

XX   **Relais des Remparts,** 2 pl. Marché aux Légumes ℘ 02 37 51 40 47, Fax 02 37 51 40 47,
⌂ – ⓞ ⲅⲃ
⊜   fermé 7 au 28 août, vacances de fév., dim. soir, mardi soir et merc. – Repas 92/230 ⲯ

NOGENT-LE-ROTROU ◆ 28400 E.-et-L. **60** ⑮ G. Normandie Vallée de la Seine – 11 591 h
alt. 116.

🅱 Office de Tourisme 44 r. Villette-Gaté ℘ 02 37 29 68 86, Fax 02 37 29 68 69.

Paris 155 ① – Alençon 64 ⑤ – Le Mans 71 ④ – Chartres 55 ① – Châteaudun 55 ③.

NOGENT-LE-ROTROU

Bouchers (R. des)	Z 2
Bourg-le-Comte (R.)	Z 3
Bretonnerie (R.)	Z
Château-St-Jean (R.)	Z
Croix-la-Comtesse (R.)	Y
Deschanel (R.)	YZ
Dr-Desplantes (R.)	Z 8
Foch (Av. Mar.)	Y 9
Fuye (R. de la)	YZ 10
Giroust (R.)	Z 12
Gouverneur (R.)	YZ 13
Marches-St-Jean (R. des)	Z 14
Paty (R. du)	Z 15
Poupardières (R. des)	Z 16
Prés (Av. des)	Y
République (Pl. de la)	Z 17
Rhone (R. de)	Z 18
St-Hilaire (R.)	Y
St-Laurent (R.)	Y 20
St-Martin (R.)	Y
Sully (R. de)	YZ 23
Villette-Gaté (R.)	Y 25

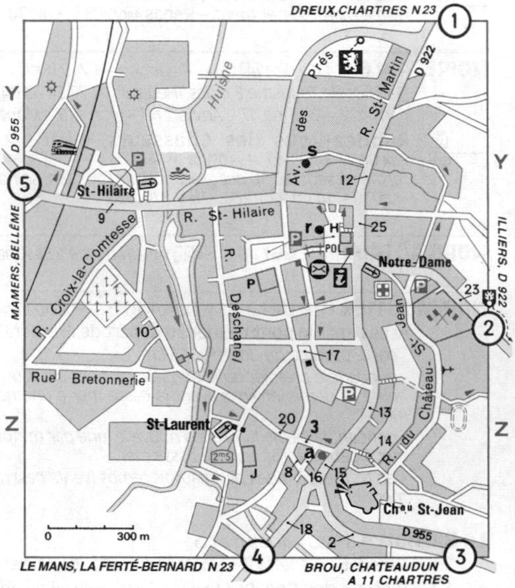

*Si vous êtes retardé
sur la route, dès 18 h,
confirmez votre réservation
par téléphone,
c'est plus sûr...
et c'est l'usage.*

🏠   **Sully** Ⓜ sans rest, 51 rue Viennes ℘ 02 37 52 15 14, Fax 02 37 52 15 20 – 🛗 📺 ☎ ❤ 🕭 🅿 –
🔬 30. ⓞ ⲅⲃ. ⌁   Y s
fermé 15 déc. au 1er janv., vend. et sam. de nov. à mars – ⊇ 39 – **42 ch** 299/349

🏠   **Lion d'Or,** 28 pl. St-Pol ℘ 02 37 52 01 60, Fax 02 37 52 23 82 – 📺 ☎ ❤ 🅿. ⲅⲃ. ⌁ ch
fermé 3 au 24 août, 22 déc. au 3 janv., lundi (sauf hôtel) et dim. soir – **Repas** 110/250 ⲯ –
⊇ 40 – **14 ch** 260/360 – ½ P 300/350   Y r

XX   **Hostellerie de la Papotière,** 3 r. Bourg le Comte ℘ 02 37 52 18 41,
Fax 02 37 52 94 71, « Maison du 16e siècle » – ⲅⲃ   Z a
fermé dim. soir et lundi – **Repas** 150/210 ⅍ **- Bistrot :** Repas 75 ⅍

◣ **Villeray** (61 Orne) par ① D 918 et D 10 : 11 km – ⊠ 61110 Condeau :

🏯   **Moulin de Villeray** ⌁, ℘ 02 33 73 30 22, Fax 02 33 73 38 28, ≼, ⌂, « Ancien moulin
au bord de l'Huisne, parc », 🏊 – 📺 ☎ ❤ 🅿. ᴀᴇ ⓞ ⲅⲃ
Repas 145/490 ⲯ – ⊇ 75 – **25 ch** 750/1250 – ½ P 590/1110

NOGENT-SUR-AUBE 10240 Aube **61** ⑦ – 311 h alt. 99.

Paris 174 – Troyes 34 – Châlons-en-Champagne 65 – Romilly-sur-Seine 47.

XX   **Assiette Champenoise,** D 441 ℘ 03 25 37 66 74, Fax 03 25 37 51 08, « Jardin fleuri
ouvert sur la campagne », �─ – 🅿. ⲅⲃ
fermé dim. soir – **Repas** (dîner sur réservation) 95 (déj.), 165/224

NOGENT-SUR-MARNE 94 Val-de-Marne **56** ⑪., **101** ㉗ – voir Paris, Environs.

Le Guide change, changez de guide tous les ans.

NOGENT-SUR-SEINE ◈ *10400 Aube* **61** ④ ⑤ *G. Champagne – 5 505 h alt. 67.*

Paris 106 – Troyes 50 – Épernay 83 – Fontainebleau 66 – Provins 18 – Sens 13.

XX **Beau Rivage** ⑤ avec ch, r. Villiers-aux-Choux, près piscine *℘ 03 25 39 84 22,* Fax 03 25 39 18 32, 斎 – 🔟 ☎. **GB**. ⋘ ch
fermé vacances de fév. – **Repas** *(fermé dim. soir et lundi sauf fériés)* 100/205 – ⊇ 38 – **7 ch** 250/290 – ½ P 245

XX **Auberge du Cygne de la Croix,** 22 r. Ponts *℘ 03 25 39 91 26,* Fax 03 25 39 81 79, 斎
𝄕100 – **GB**
fermé dim. soir, lundi soir, mardi soir et jeudi soir d'oct. à mars – **Repas** 82/230 ♀

à la Chapelle-Godefroy Est : 3 km par N 19 – ⊠ 10400 Nogent-sur-Seine :

XX **Hostellerie du Moulin,** *℘ 03 25 39 88 32,* Fax 03 25 39 06 02, 斎, parc – **P. AE GB**
fermé mardi soir et merc. – **Repas** 140/288 ♀, enf. 70

NOIRETABLE *42440 Loire* **73** ⑯ *G. Auvergne – 1 719 h alt. 720.*

🚩 Office de Tourisme 8 r. des Tilleuls *℘ 04 77 24 93 04*
Paris 422 – Roanne 47 – Ambert 48 – Lyon 115 – Montbrison 44 – St-Étienne 91 – Thiers 24.

🏠 **Rendez-vous des Chasseurs,** Ouest : 2 km par D 53 *℘ 04 77 24 72 51,*
𝄕 Fax 04 77 24 93 40, ⋖ – 🔟 ☎ **P. GB**
fermé 16 sept. au 10 oct., vacances de fév., dim. soir et lundi d'oct. à juin – **Repas** 62/200 ⅃
– ⊇ 30 – **14 ch** 220/260 – ½ P 170/220

NOIRLAC (Abbaye de) *18 Cher* **69** ⑪ *– rattaché à St-Amand-Montrond.*

NOIRMOUTIER (Ile de) ★ *85 Vendée* **67** ① *G. Poitou Vendée Charentes – alt. 8.*

Accès : par le pont routier au départ de Fromentine : Passage gratuit
- par le passage du Gois★★ : 4,5 km.
- pendant le premier ou le dernier quartier de la lune par beau temps (vents hauts) : d'une heure et demie environ avant la basse mer à une heure et demie environ après la basse mer.
- pendant la pleine lune ou la nouvelle lune par temps normal : deux heures avant la basse mer à deux heures après la basse mer.
- en toutes périodes par mauvais temps (vents bas) ne pas s'écarter de l'heure de la basse mer.

La Barbatre *85630 – 1 269 h alt. 5.*

Paris 466 – Nantes 77 – La Roche-sur-Yon 76 – Cholet 116.

XX **Bistrot des Iles,** Pointe de la Fosse, au pied du pont de Noirmoutier *℘ 02 51 39 68 95*
Fax 02 51 35 80 64, ⋖, 斎 – 🖃 **P. GB**
15 fév.-15 nov. et fermé lundi soir et mardi sauf juil.-août – **Repas** 115/205 ♀

L'Épine *– 1 653 h alt. 2.*

Paris 475 – Nantes 87 – La Roche-sur-Yon 86 – Cholet 125 – Noirmoutier-en-l'Ile 4 –
⊠ 85740.

🏠 **Punta Lara** ⑤, Sud : 2 km par D 95 et rte secondaire ⊠ 85680 la Guérinière
℘ 02 51 39 11 58, Fax 02 51 39 69 12, ⋖ l'Océan, 斎, « Dans une pinède en bordure de mer », ⅃, ⋙ – ☎ ⋖ **P. – 🏊 100. AE ⓞ GB JCB**
1er avril-mi-oct. – **Repas** 95 (déj.), 180/250 ♀ – ⊇ 75 – **65 ch** 510/1025 – ½ P 680/805

Noirmoutier-en-l'Ile *– 4 846 h alt. 8 – ⊠ 85330.*

Voir Collection de faïences anglaises★ au château.
🚩 Office de Tourisme Annexe q. J.-Bart *℘ 02 51 39 80 71,* Fax 02 51 39 53 16.
Paris 476 – Nantes 88 – La Roche-sur-Yon 87 – Cholet 126.

🏠 **Fleur de Sel** 🅼 ⑤, *℘ 02 51 39 21 59,* Fax 02 51 39 75 66, 斎, « Jardin fleuri », ⅃, ⋙ – 🔟 ☎ ⅋ **P. – 🏊 25. AE GB**
12 fév.-5 nov. et fermé dim. soir et lundi midi en mars et oct. sauf vacances scolaires
Repas (100) -138 (déj.), 185/285 ♀, enf. 100 – ⊇ 55 – **35 ch** 550/720 – ½ P 500/595

🏠 **Général d'Elbée** sans rest, pl. Château *℘ 02 51 39 10 29,* Fax 02 51 39 08 23, ⅃, 斎 –
⅋, **AE ⓞ GB JCB**
1er avril-1er oct. – ⊇ 65 – **28 ch** 390/670

🏠 **Les Douves,** 11 r. Douves (face au Château) *℘ 02 51 39 02 72,* Fax 02 51 39 73 09, ⅃ –
☎ ⋖ – 🏊 25. **AE ⓞ GB**
fermé janv. – **Repas** *(fermé dim. soir)* 99/180, enf. 55 – ⊇ 40 – **22 ch** 470 – ½ P 385/415

XX **Grand Four,** 1 r. Cure (derrière le château) ☎ 02 51 39 61 97, *Fax 02 51 39 61 97* – AE GB
fermé 26 janv. au 1er fév., dim. soir et lundi sauf du 1er juil. au 15 sept. et vacances scolaires – Repas 99 bc/295 ♀, enf. 80

XX **L'Étier,** rte L'Épine, Sud-Ouest : 1 km ☎ 02 51 39 10 28, *Fax 02 51 39 23 00* – P. AE GB
fév.-oct. et fermé lundi de fév. à juil. – **Repas** 75 (déj.), 98/200 ♀, enf. 50

XX **Côté Jardin,** 1 bis r. Grand Four (derrière le château) ☎ 02 51 39 03 02, *Fax 02 51 39 24 46* – AE GB
fermé 1er janv. au 18 fév., 1er au 15 oct., jeudi soir, dim. soir et lundi hors saison – **Repas** (75) - 95/198 ♀, enf. 48

au Bois de la Chaize *Est : 2 km* – ✉ *85330 Noirmoutier.*

Voir *Bois*★.

Les Prateaux ⟡, ☎ 02 51 39 12 52, *Fax 02 51 39 46 28*, « Jardin fleuri », – TV ☎ & P. AE ⓓ GB. ✱ ch
12 fév.-15 nov. – **Repas** 135/300 – ☕ 65 – **22 ch** 450/820 – ½ P 443/650

St-Paul ⟡, ☎ 02 51 39 05 63, *Fax 02 51 39 73 98*, « Jardin fleuri », – TV ☎ – 20 à 25. AE GB. ✱ rest
hôtel : 15 fév.-3 nov. ; rest : 15 mars-3 nov. – **Repas** 128/390 – ☕ 50 – **37 ch** 490/890 – ½ P 690/890

Les Capucines (annexe -11 ch), ☎ 02 51 39 06 82, *Fax 02 51 39 33 10*, – TV ☎ & P. GB
12 fév.-2 nov. et fermé jeudi midi et merc. sauf d'avril à sept. – **Repas** 69 bc (déj.), 79/195, enf. 50 – ☕ 40 – **21 ch** 370/460 – ½ P 330/400

NOISY-LE-GRAND *93 Seine-St-Denis* 56 ⑪., 101 ⑱ – *voir à Paris, Environs.*

NOIZAY *37 I.-et-L.* 64 ⑮ – *rattaché à Vouvray.*

NOLAY *21340 Côte-d'Or* 69 ⑨ *G. Bourgogne* – *1 551 h alt. 299.*

Voir site★ *du Château de la Rochepot E : 5 km – Site*★ *du Cirque du Bout-du-Monde NE : 5 km.*

Office de Tourisme (avril-sept.) pl. des Halles ☎ *03 80 21 80 73, Fax 03 80 21 80 73.*

Paris 316 – Beaune 20 – Chalon-sur-Saône 33 – Autun 29 – Dijon 65.

Parc, 3 pl. Hôtel-de-Ville ☎ 03 80 21 78 88, *Fax 03 80 21 86 39*, – TV ☎ P. GB. ✱ rest
15 mars-30 nov. – **Repas** *(1er avril-30 nov.)* 79/310 ♀, enf. 50 – ☕ 53 – **14 ch** 268/478 – ½ P 290/376

Halle sans rest, ☎ 03 80 21 76 37, *Fax 03 80 21 76 37*
☕ 35 – **12 ch** 230/280

XX **Burgonde,** 35 r. République ☎ 03 80 21 71 25, *Fax 03 80 21 88 06* – GB. ✱
fermé fév., mardi midi du 1er juil. au 30 sept., dim. soir du 1er oct. au 30 juin et lundi – **Repas** (79) - 108/258 ♀, enf. 50

NONTRON *24300 Dordogne* 72 ⑮ *G. Berry Limousin* – *3 558 h alt. 260.*

Office de Tourisme 5 r. de Verdun ☎ *05 53 56 25 50, Fax 05 53 56 25 50.*

Paris 457 – Angoulême 44 – Libourne 115 – Limoges 65 – Périgueux 50 – Rochechouart 42.

Grand Hôtel, 3 pl. A. Agard (ville haute) ☎ 05 53 56 11 22, *Fax 05 53 56 59 94*, – ☎ P. GB
100
Repas 88/260 ♀ – ☕ 35 – **25 ch** 260/320 – ½ P 240/300

NORT-SUR-ERDRE *44390 Loire-Atl.* 63 ⑰ – *5 362 h alt. 13.*

Paris 372 – Nantes 31 – Ancenis 26 – Châteaubriant 37 – Rennes 82 – St-Nazaire 63.

XX **Bretagne** avec ch, 41 r. A. Briand ☎ 02 40 72 21 95, *Fax 02 40 72 25 07*, – TV ☎ P. GB. ✱ ch
fermé 1er au 15 mars, dim. soir et lundi – **Repas** 80/210 ♀, enf. 50 – ☕ 35 – **7 ch** 205/280 – ½ P 250

NORVILLE *76330 S.-Mar.* 55 ⑤ – *827 h alt. 50.*

Voir Château d'Etelan★ *S : 1 km, G. Normandie Vallée de la Seine.*

Paris 170 – Le Havre 46 – Rouen 46 – Bolbec 19 – Honfleur 45 – Lisieux 72.

X **Auberge de Norville** avec ch, ☎ 02 35 39 91 14, *Fax 02 35 38 47 08* – TV ☎. GB
Repas *(fermé dim. soir et lundi)* 65/145, enf. 50 – ☕ 28 – **10 ch** 200/250

NOTRE-DAME-DE-BELLECOMBE 73590 Savoie **74** ⑦ G. Alpes du Nord – 459 h alt. 1150 –
Sports d'hiver : 1 150/2 070 ⚡ 18 ⚡.
🛈 Office de Tourisme ℘ 04 79 31 61 40, Fax 04 79 31 67 09.
Paris 588 – Chamonix-Mont-Blanc 47 – Albertville 24 – Annecy 54 – Chambéry 76.

🏔 **Bellevue,** ℘ 04 79 31 60 56, Fax 04 79 31 69 84, ≤, 🏤 – 🔟 🕿, GB, ⅍ rest
20 juin-10 sept. et 18 déc.-20 avril – **Repas** 110/170, enf. 52 – ☲ 40 – **18 ch** 290/350 –
½ P 330/350

🍴 **Ferme de Victorine,** Le Planay, Est : 3 km par rte des Saisies ℘ 04 79 31 63 46,
Fax 04 79 31 79 91, 🏤, « Ancienne ferme aménagée » – **P.** ⓞ GB
🍴 fermé 27 avril au 5 mai, 15 nov. au 15 déc., dim. soir et lundi d'avril à juin et de sept. au
15 nov. – **Repas** 119 (déj.), 175/210 🗸, enf. 59

NOTRE-DAME-DE-BONDEVILLE 76 S. Mar. **55** ⑥   rattaché à Rouen.

NOTRE-DAME-DE-GRAVENCHON 76330 S.-Mar. **55** ⑤ G. Normandie Vallée de la Seine –
8 901 h alt. 55.
Paris 174 – Le Havre 41 – Rouen 50 – Bolbec 15 – Yvetot 25.

🏨 **Pascal Saunier,** 1 r. Amiral Grasset ℘ 02 35 38 60 67, Fax 02 35 38 30 64, 🖼 – 🛗 🔟 🕿
📞 **P.** – 🔥 20. 亜 GB
fermé 29 juil. au 21 août et 22 au 29 déc. – **Repas** (fermé sam. midi et dim. soir) 170/230 🗸
– ☲ 45 – **30 ch** 320/360

The Guide changes, so renew your Guide every year.

NOTRE-DAME-DE-MONTS 85690 Vendée **67** ⑪ – 1 333 h alt. 6.
Voir La Barre-de-Monts : Centre de découverte du Marais breton-vendéen N : 6 km
G. Poitou Vendée Charentes.
Paris 461 – La Roche-sur-Yon 64 – Challans 22 – Nantes 72 – Noirmoutier-en-l'Île 26.

🏨 **Plage,** 145 av. Mer ℘ 02 51 58 83 09, Fax 02 51 58 97 12, ≤, 🏤 – 🛗 🔟 🕿 **P.** 亜 ⓞ GB
1er avril-1er oct. – **Repas** (80) -120/390 🗜, enf. 55 – ☲ 50 – **49 ch** 290/485 – ½ P 366/445

🏨 **Centre,** pl. Église ℘ 02 51 58 83 05, Fax 02 51 59 16 62, 🏤 – 🔟 🕿 📞 🔥 **P.** GB
fermé janv. – **Repas** 70/210 🗜, enf. 50 – ☲ 38 – **19 ch** 298 – ½ P 254/309

🏨 **L'Orée du Bois** 🦮, 14 r. Frisot ℘ 02 51 58 84 04, Fax 02 51 58 81 78, 🟫, 🔟 🕿 📞 🔥 **P.**
亜 ⓞ GB JCB
avril-sept. – **Repas** 70/163, enf. 47 – ☲ 35 – **30 ch** 280/350 – ½ P 320/340

NOTRE-DAME-DU-HAMEL 27390 Eure **55** ⑭ – 186 h alt. 200.
Paris 151 – L'Aigle 21 – Argentan 52 – Bernay 30 – Évreux 55 – Lisieux 41 – Vimoutiers 29.

🏯 **Marigotière,** ℘ 02 32 44 58 11, Fax 02 32 44 78 62, 🏤, « Parc en bordure de rivière » –
P. GB
fermé 2 au 11 oct., 15 au 24 fév., dim. soir, mardi soir et merc. – **Repas** 150/380 et carte 310
à 430 🗜

NOUAN-LE-FUZELIER 41600 L.-et-Ch. **64** ⑲ – 2 274 h alt. 113.
🛈 Office de Tourisme pl. de la Gare ℘ 02 54 88 76 75, Fax 02 54 88 19 91.
Paris 179 – Orléans 55 – Blois 59 – Cosne-sur-Loire 73 – Gien 56 – Lamotte-Beuvron 8.

🏨 **Les Charmilles** 🦮 sans rest, D 122-rte Pierrefitte-sur-Sauldre ℘ 02 54 88 73 55,
Fax 02 54 88 74 55, « Parc » – 🔟 🕿 **P.** GB. ⅍
fermé fév. – ☲ 35 – **13 ch** 240/320

🍴 **Dahu,** 14 r. H. Chapron ℘ 02 54 88 72 88, Fax 02 54 88 21 28, 🏤, 🖼 – **P.** GB
fermé 15 fév. au 18 mars, mardi soir sauf juil.-août et merc. – **Repas** (100) -130/255 🗜

🍴 **Rabollot,** av. Mairie ℘ 02 54 94 40 00, Fax 02 54 94 40 04 – 亜 GB
fermé 15 janv. au 21 fév., lundi soir sauf en été, mardi soir de déc. à mars et merc. sauf
fériés – **Repas** 95/235 🗜, enf. 60

Le NOUVION-EN-THIÉRACHE 02170 Aisne **53** ⑮ – 2 905 h alt. 185.
Paris 197 – St-Quentin 49 – Avesnes-sur-Helpe 20 – Guise 21 – Hirson 27 – Vervins 28.

🏨 **Paix,** r. J. Vimont-Vicary ℘ 03 23 97 04 55, Fax 03 23 98 98 39, 🖼 – 🔟 🕿 📞 **P.** GB
fermé 15 au 31 août, vacances de fév., lundi (sauf hôtel) et dim. soir – **Repas** (74) - 92/185 🗜,
enf. 55 – ☲ 35 – **16 ch** 280/320 – ½ P 185/265

NOUZONVILLE 08700 Ardennes 🖸🖸 ⑱ G. Champagne – 6 970 h alt. 120.
Paris 248 – Charleville-Mézières 8 – Givet 52 – Rocroi 26.

XX **Potinière**, Nord : 1 km rte Joigny-sur-Meuse ℘ 03 24 53 13 88, Fax 03 24 53 36 19, ✿, « Jardin fleuri », ☞ – 🖪. GB
fermé 16 août au 4 sept., vacances de fév., dim. soir et lundi – **Repas** 100 (déj.), 160/260

NOVALAISE 73 Savoie 🖸🖸 ⑮ – rattaché à Aiguebelette-le-Lac.

NOVES 13550 B.-du-R. 🖸🖸 ⑫ G. Provence – 4 021 h alt. 97.
Paris 690 – Avignon 13 – Arles 36 – Carpentras 26 – Cavaillon 16 – Marseille 91 – Orange 34.

🏠🏠🏠 **Auberge de Noves** (Lalleman) ⊗, rte Châteaurenard, 2 km par D 28 ℘ 04 90 24 28 28,
❀ Fax 04 90 24 28 00, ≼, ✿, « Belle demeure dans un parc », 🔄, ℀ – 🛗 🗐 🖸 📺 ✆ 🖪 –
🏖 30. 🖭 ⓪ GB JCB
fermé mi-nov. à mi-déc., lundi midi et mardi midi d'oct. à mai – **Repas** 230 (déj.), 285/535 et
carte 400 à 520 🏵, enf. 140 – ☑ 110 – **19 ch** 1195/1695, 4 appart
Spéc. Soufflé d'ail doux et pignons de pin sur "petits gris" (saison). Poulet rôti à l'ail et au
cumin. Gratin de fraises. **Vins** Châteauneuf-du-Pape blanc, Vacqueyras.

NOYAL-MUZILLAC 56190 Morbihan 🖸🖸 ⑭ – 1 864 h alt. 52.
🖪 Office de Tourisme ℘ 02 97 41 53 04, Fax 02 97 41 65 42.
Paris 457 – Vannes 30 – La Baule 47 – St-Nazaire 56.

🏠 **Manoir de Bodrevan** ⊗, au Nord-Est : 2 km par D 153 et rte secondaire
℘ 02 97 45 62 26, Fax 02 97 45 61 40, ☞ – 📺 ✆ ✆ 🖪. GB. ℀ rest
Repas (dîner seul.)(résidents seul.)(menu unique) 125 🏵 – ☑ 60 – **6 ch** 460/620 – ½ P 390/
470

NOYAL-SUR-VILAINE 35 I.-et-V. 🖸🖸 ⑰ – rattaché à Rennes.

NOYANT-DE-TOURAINE 37 I.-et-L. 🖸🖸 ④ – rattaché à Ste-Maure-de-Touraine.

NOYON 60400 Oise 🖸🖸 ③ G. Picardie Flandres Artois – 14 426 h alt. 52.
Voir Cathédrale Notre-Dame** – Abbaye d'Ourscamps* 5 km par N 32.
Env. Blérancourt : musée national de la coopération franco-américaine SE : 14 km.
🖪 Office de Tourisme pl. Hôtel-de-Ville ℘ 03 44 44 21 88, Fax 03 44 93 36 39.
Paris 107 – Compiègne 24 – St-Quentin 40 – Amiens 69 – Laon 52 – Soissons 40.

🏠🏠 **Cèdre** 🖹, 8 r. Évêché ℘ 03 44 44 23 24, Fax 03 44 09 53 79, ✿ – 📺 ✆ ✆ 🖪 –
🍽 🏖 15 à 60. 🖭 ⓪ GB
Repas 80/159 🏵 – ☑ 38 – **34 ch** 290/350 – ½ P 250

XXX **Saint-Eloi** avec ch, 81 bd Carnot ℘ 03 44 44 01 49, Fax 03 44 09 20 90 – 📺 ✆ ✆ 🖪 –
🏖 60. 🖭 ⓪ GB JCB
fermé 17 juil. au 10 août, 26 au 30 déc. et dim. soir – **Repas** 120/230 🏵 – ☑ 45 – **20 ch**
250/320 – ½ P 310/360

XX **Dame Journe**, 2 bd Mony ℘ 03 44 44 01 33, Fax 03 44 09 59 68 – 🖭 GB
❀ fermé 16 au 31 août, 2 au 7 janv., dim. soir, lundi soir, mardi soir et merc. soir – Repas
115/290 🏵

à Pont l'Évêque Sud : 3 km par N 32 et D 165 – 659 h. alt. 35 – ✉ 60400 :

XX **L'Auberge**, ℘ 03 44 44 05 17, Fax 03 44 44 39 50, ✿ – 🖪. GB. ℀
fermé 16 au 31 août, vacances de fév., dim. soir, mardi soir et lundi – **Repas** 110/240 🏵

NUAILLÉ 49 M.-et-L. 🖸🖸 ⑥ – rattaché à Cholet.

NUITS-ST-GEORGES 21700 Côte-d'Or 🖸🖸 ⑫ G. Bourgogne – 5 569 h alt. 243.
🖪 Office de Tourisme r. Sonoys ℘ 03 80 61 22 47, Fax 03 80 61 30 98.
Paris 321 – Beaune 22 – Dijon 22 – Chalon-sur-Saône 46 – Dole 67.

🏠🏠 **Gentilhommière** ⊗, rte Meuilley, Ouest : 1,5 km ℘ 03 80 61 12 06, Fax 03 80 61 30 33,
✿, « Parc avec rivière », 🔄, ℀ – 📺 ✆ ✆ 🖪 – 🏖 30. 🖭 GB JCB
fermé mi-déc. à mi-janv. – **Chef Coq** (fermé merc. midi, sam. midi et mardi) **Repas**
145(déj.), 200/295 🏵 – ☑ 50 – **20 ch** 450

🏠🏠 **Hostellerie St-Vincent** 🖹, r. Gén. de Gaulle ℘ 03 80 61 14 91, Fax 03 80 61 24 65 – 🛗
📺 ✆ ✆ 🖪 – 🏖 25 à 40. 🖭 ⓪ GB
L'Alambic ℘ 03 80 61 35 00 **Repas** (85)-105/255 🏵, enf. 49 – ☑ 45 – **23 ch** 365/450

à l'échangeur *Autoroute A 31 - carrefour de l'Europe* – ⊠ *21700 Nuits-St-Georges :*

🏨 **St-Georges** (annexe 🏨 🅼 17 ch.), *℘ 03 80 62 00 62, Fax 03 80 61 23 80,* 🚗, 🔟 – 📺 ☎ 📞 ♿ 🚗 🅿 – 🛏 30, 🆎 ⓪ GB
Repas (95) - 125/245 ⬚, enf. 50 – ⬚ 49 – **47 ch** 290/368 – ½ P 348/368

à Curtil-Vergy *Nord-Ouest : 7 km par D 25, D 35 et rte secondaire* – *78 h. alt. 350* – ⊠ *21220 :*

🏨🏨 **Manassès** 🅼 ⬚ sans rest, *℘ 03 80 61 43 81, Fax 03 80 61 42 79,* « Musée de la vigne et du vin », 🚗 – 📺 ☎ ♿ 🅿 🆎 ⓪ GB, ⛟
mars- nov. – ⬚ 50 – **12 ch** 430/580

NYONS ⬚ *26110 Drôme* 81 ⑨ *G. Provence* – *6 353 h. alt. 271.*

Voir *Rue des Grands Forts★ – Pont Roman★.*

🛈 *Office de Tourisme pl. Libération ℘ 04 75 26 10 35, Fax 04 75 26 01 57.*

Paris 656 ④ – Alès 108 ③ – Gap 105 ① – Orange 42 ③ – Sisteron 99 ① – Valence 96 ④.

NYONS

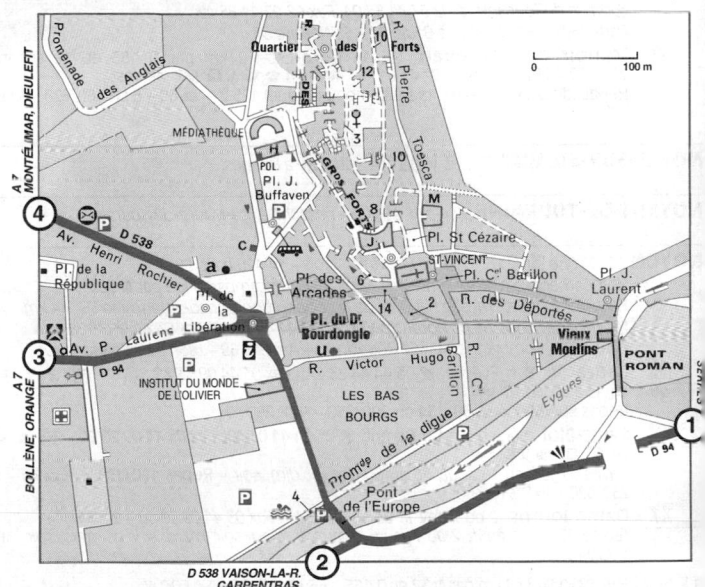

🏨🏨 **Colombet**, pl. Libération (a) *℘ 04 75 26 03 66, Fax 04 75 26 42 37,* 🚗 – 🛗, 🍴 rest, 📺 ☎ ♿ 🚗, GB – *fermé 20 nov. au 12 janv.* – **Repas** (80) - 95/210 ⬚, enf. 68 – ⬚ 45 – **25 ch** 340/550 – ½ P 300/400

🏨🏨 **Caravelle** ⬚ sans rest, r. Antignans par prom. Digue *℘ 04 75 26 07 44, Fax 04 75 26 23 79,* 🚗 – 📺 ☎ 🅿. GB – *fermé 2 nov. au 2 janv.* – ⬚ 50 – **11 ch** 350/480

🏨 **Picholine** ⬚, prom. Perrière par prom. des Anglais, Nord : 1 km *℘ 04 75 26 06 21, Fax 04 75 26 40 72,* ≤, 🚗, 🔟, 🚗 – 📺 ☎ 🅿. GB
fermé 16 oct. au 3 nov. ct fév. **Repas** (*fermé lundi d'oct. à avril et mardi*) 135/230, enf. 6... – ⬚ 45 – **16 ch** 325/410 – ½ P 345/390

✕✕ **Petit Caveau**, 9 r. V. Hugo (u) *℘ 04 75 26 20 21, Fax 04 75 26 07 28* – 🍴. GB
fermé mi-nov à mi-déc., dim. soir et lundi sauf fériés – **Repas** (120) - 170/250 ⬚

rte de Gap *par ① : 7 km sur D 94* – ⊠ *26110 Nyons :*

✕✕ **Charrette Bleue**, *℘ 04 75 27 72 33, Fax 04 75 27 76 14,* 🚗 – 🅿. GB
fermé 30 oct. au 8 nov., 2 au 31 janv., mardi soir de sept. à juin, dim. soir de nov. à mars et merc. – **Repas** 98/182 ⬚, enf. 48

à Mirabel-aux-Baronnies par ② et D 538 : 7 km – 1 276 h. alt. 263 – ⊠ 26110 :

Voir *Office de Tourisme* ✆ 04 75 27 13 93, Fax 04 75 27 13 93.

✗ **Coloquinte**, av. Résistance ✆ 04 75 27 19 89, Fax 04 75 27 19 99, 斎 – ⊖B
fermé 1ᵉʳ au 15 nov., vacances de fév., jeudi midi et merc. – Repas 118/210 ♀, enf. 73

rte d'Orange par ③ : 6 km sur D 94 – ⊠ 26110 Nyons :

✗✗ **Croisée des Chemins,** ✆ 04 75 27 61 19, Fax 04 75 27 68 55, 斎 – 🅿. ⊖B
fermé 26 juin au 1ᵉʳ juil., 25 au 30 sept., 12 nov. au 3 déc., jeudi soir et vend. – Repas 110/175 ♀, enf. 50

OBERHASLACH 67280 B.-Rhin 👁️ ⑨ *G. Alsace Lorraine* – *1 333 h alt. 270.*
Paris 480 – Strasbourg 37 – Molsheim 16 – Saverne 32 – St-Dié 54.

🏠 **Hostellerie St-Florent** Ⓜ, ✆ 03 88 50 94 10, Fax 03 88 50 99 61 – 🛗, 🍽 rest, 📺 ☎ ✆
🚿 🅿 – 🛗 35. 延 ⊖B. 🛏 ch
fermé 1ᵉʳ au 31 janv., dim. soir et lundi – Repas 100/290 ♀ – ☑ 45 – **24 ch** 250/350 – ½ P 280

OBERNAI 67210 B.-Rhin 👁️ ⑨ *G. Alsace Lorraine* – *9 610 h alt. 185.*
Voir *Place du Marché★★ – Hôtel de ville★* H – *Tour de la Chapelle★* L – *Ancienne halle aux blés★* D – *Maisons anciennes★ – Place★ de Boersch NO : 4 km.*

🅱 Office de Tourisme Chapelle du Beffroi ✆ 03 88 95 64 13, Fax 03 88 49 90 84 et *(Pâques-oct.)* annexe.pl. du Pferchel ✆ 03 88 95 05 24.

Paris 486 ① – Strasbourg 35 ① – Colmar 49 ② – Molsheim 12 ① – Sélestat 27 ②.

OBERNAI

Acacias (R. des) .... **AB**	Étoile (Pl. de l') .... **A** 5	Marché (R. du) .... **B** 12
Altav (R. de l') .... **A**	Fines Herbes (Pl. des) .... **AB** 6	Montagne
Caspar (Rempart Mgr.) ..... **A**	Foch (Rempart Mar.) ...... **B**	(R. de la) .... **B**
Chamoine Gyss (R. du) ..... **A** 2	Freppel (Rempart Mgr.) ... **AB**	Paix (R. de la) .... **A**
Chapelle (R. de la) .... **A** 3	Gouraud (R. du Gén.) ..... **AB**	Pèlerins
Dietrich (R.) .... **A** 4	Joffre (Rempart Mar.) ..... **A**	(Rue des) .... **A**
	Juifs (Ruelle des) .... **A** 8	Sainte-Odile (Rue) .... **A** 16
	Leclerc (Rue du Mar.) ..... **B**	Sélestat (R. de) .... **B**
	Marché (Place du) .... **AB**	Victoire (R. de la) .... **B**

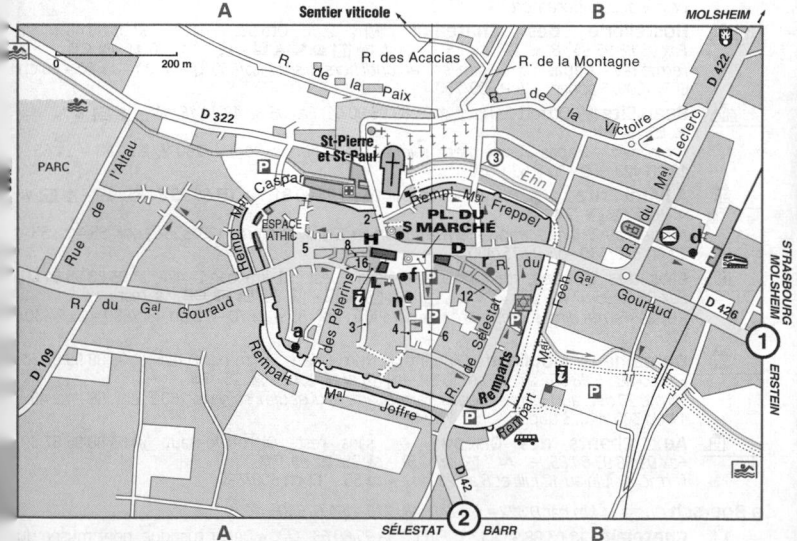

🏠🏠 **Parc** Ⓜ 🛏, 169 r. Gén. Gouraud, à l'Ouest par D 426 ✆ 03 88 95 50 08, Fax 03 88 95 37 29,
🛁, 🏊, 🎾, 🌳 – 🛗, 🍽 rest, 📺 ☎ ✆ 🚿 🅿 – 🛗 60 à 120. 延 ⊖B. 🛏 rest
fermé 3 au 10 juil. et 5 déc. au 15 janv. – Repas *(fermé le midi sauf dim., dim. soir et lundi)*
220/400 ♀, enf. 90 - **Stub** *(déj. seul.)* *(fermé dim. et lundi)* Repas carte 160 à 260 ♀, enf. 90 –
☑ 80 – **44 ch** 690/1200, 6 appart, 3 studios – ½ P 600/900

À la Cour d'Alsace Ⓜ ⬧, 3 r. Gail ℘ 03 88 95 07 00, *Fax 03 88 95 19 21*, 🌴, 🌳 – 📶 📺
🕿 & 🄿 – 🔥 60. ⅢⒺ ⑩ ⒼⒷ, ✂
A a
fermé 23 déc. au 22 janv. – **Jardin des Remparts** *(fermé 31 juil. au 17 août, lundi, mardi,
merc. et le midi sauf dim.)* **Repas** 228/450 ♈, enf. 85 – **Caveau de Gail** *(fermé jeudi soir et
dim. soir)* **Repas** 190/350 ♈, enf. 85 – ⚏ 60 – **44 ch** 780/830 – ½ P 645/695

Colombier sans rest, 6 r. Dietrich ℘ 03 88 47 63 33, *Fax 03 88 47 63 39* – 📶 ▤ 📺 🛉 🕻 &
⬧, ⅢⒺ ⑩ ⒼⒷ
A n
⚏ 50 – **40 ch** 420/475, 4 appart

Les Jardins d'Adalric Ⓜ ⬧ sans rest, 19 r. Mar. Koenig par ① ℘ 03 88 47 64 47,
Fax 03 88 49 91 80, ⅃, 🌳, ✂ – 📶 🗱 📺 🕿 🕻 & 🄿 – 🔥 25. ⅢⒺ ⑩ ⒼⒷ
⚏ 48 – **46 ch** 515/575

Diligence sans rest, 23 pl. Mairie ℘ 03 88 95 55 69, *Fax 03 88 95 42 46* – 📶 📺 🕿 🕻 🄿. ⅢⒺ
ⒼⒷ ⒿⒸⒷ
A f
⚏ 52 – **40 ch** 265/430

Annexe Résidence Bel Air 🏠 ⬧ sans rest, à 1 km, 22 r. Haute Corniche
℘ 03 88 95 60 05, *Fax 03 88 95 42 46*, 🌳 📺 🕿 🕾 🄿, ⅢⒺ ⒼⒷ ·🏠
⚏ 52 – **15 ch** 285/335

Hostellerie Duc d'Alsace sans rest, 6 r. Gare ℘ 03 88 95 55 34, *Fax 03 88 95 00 92* – 📺
🕿 🕻 – 🔥 25. ⅢⒺ ⒼⒷ
B e
fermé 10 janv. au 15 fév. – ⚏ 55 – **19 ch** 340/500

Vosges, 5 pl. Gare ℘ 03 88 95 53 78, *Fax 03 88 49 92 65*, 🌴 – 📶 📺 🕿 &. ⅢⒺ ⒼⒷ
B d
Repas *(fermé 26 juin au 10 juil., 8 au 29 janv., dim. soir hors saison et lundi)* 89/145 ♈, enf. 50
– ⚏ 52 – **22 ch** 280/330 – ½ P 330

Cloche, 90 r. Gén. Gouraud ℘ 03 88 95 52 89, *Fax 03 88 95 07 63* – ▤ rest, 📺 🕿 🕻. ⒼⒷ.
✂ rest
A s
fermé 2 au 15 janv. – **Repas** *(fermé dim. soir de nov. à mars)* 75/150 ♈ – ⚏ 35 – **20 ch**
230/310 – ½ P 260/285

Cour des Tanneurs, ruelle du canal de l'Ehn ℘ 03 88 95 15 70, *Fax 03 88 95 43 84* – ▤.
ⅢⒺ ⒼⒷ
B r
fermé 22 déc. au 3 janv., mardi soir et merc. – **Repas** 65 (déj.), 125/185 ♈

à Ottrott *Ouest : 4 km par D 426 – 1 501 h. alt. 268 –* ✉ *67530* .

Voir *Couvent de Ste-Odile –* 🌸✶✶ *de la terrasse, chapelle de la Croix*✶ *SO : 11 km -
pèlerinage 13 décembre.*

Hostellerie des Châteaux Ⓜ ⬧, Ottrott-le-Haut ℘ 03 88 48 14 14,
Fax 03 88 95 95 18, ≤, 🌴, Ⅰ♨, ⅃, 🌳 – 📶 ▤ 📺 🕿 🕻 & 🄿 – 🔥 30 à 100. ⅢⒺ ⑩ ⒼⒷ
fermé fév. – **Repas** *(fermé dim. soir et lundi hors saison)* 160/450 ♈, enf. 90 – ⚏ 80 – **60 ch**
680/1000, 6 appart – ½ P 600/750

Beau Site Ⓜ, Ottrott-le-Haut ℘ 03 88 95 80 61, *Fax 03 88 48 14 18*, 🌴 – 📶 📺 🕿 🕻 🚗
🄿. ⅢⒺ ⑩ ⒼⒷ
fermé fév. – **Repas** *(fermé merc. midi et mardi hors saison)* 90/250 ♈, enf. 60 – ⚏ 65 –
18 ch 420/900 – ½ P 520/650

À l'Ami Fritz Ⓜ ⬧, Ottrott-le-Haut ℘ 03 88 95 80 81, *Fax 03 88 95 84 85*, 🌴 – 📶 📺 🕿
🕻 🄿. ⅢⒻ ⑩ ⒼⒷ ⒿⒸⒷ
fermé 8 au 22 janv. – **Repas** *(fermé 28 juin au 12 juil. et merc.)* 125/355 ♈, enf. 55 – ⚏ –
22 ch 370/530 – ½ P 375/450

Clos des Délices, rte Klingenthal, Nord-Ouest : 1 km par D 426 ℘ 03 88 95 81 00,
Fax 03 88 95 97 71, « Parc », ⃞ – 📶 📺 🕿 🄿 – 🔥 80. ⅢⒺ ⑩ ⒼⒷ, ✂ rest
Repas *(fermé dim. soir et merc.)* 160 bc/380 ♈, enf. 85 – ⚏ 70 – **22 ch** 480/680 – ½ P 430/
520

Domaine Le Moulin, rte Klingenthal, Nord-Ouest : 1 km par D 426 ℘ 03 88 95 87 33,
Fax 03 88 95 98 03, 🌴, « Parc », ✂ – 📶 📺 🕿 🕻 & 🄿 – 🔥 25. ⒼⒷ
fermé 20 déc. au 15 janv. – **Repas** *(fermé sam. midi et dim. soir)* 145/260 ♈, enf. 55 – ⚏ 45 –
17 ch 300/440, 3 duplex – ½ P 400/420

Aux Chants des Oiseaux ⬧ sans rest, Ottrott-le-Haut ℘ 03 88 95 87 39,
Fax 03 88 95 84 85, ≤, 🌳 – 📺 🕿 🕻 🄿 – 🔥 25. ⅢⒺ ⑩ ⒼⒷ
fermé 28 juin au 12 juil. et 8 au 22 janv. – ⚏ 55 – **17 ch** 300/385

à Boersch *Ouest : 4 km par D 322 – 1 892 h. alt. 225 –* ✉ *67530 :*

Chatelain, ℘ 03 88 95 83 33, *Fax 03 88 95 80 63*, 🌴, « Décor rustique, petit musée du
tonnelier » – 🄿. ⅢⒺ ⒼⒷ
fermé 15 janv. au 9 fév., mardi midi et lundi – **Repas** 150 bc (déj.), 195/360 ♈, enf. 60 –
Winstub : Repas 120/150 (bc) et carte environ 160 le dim. ♈, enf. 60

Pas de publicité payée dans ce guide.

OBERSTEIGEN 67 B.-Rhin 62 ⑧ G. Alsace Lorraine – ✉ 67710 Wangenbourg.

Voir *Vallée de la Mossig★ E : 2 km.*

Paris 459 – Strasbourg 38 – Molsheim 27 – Sarrebourg 32 – Saverne 16 – Wasselonne 13.

🏯 **Hostellerie Belle Vue** ⌖, 🕾 03 88 87 32 39, Fax 03 88 87 37 77, ≤, 🏡, ℉, 🏊, 🐎 –
♿, 🍽 rest, 📺 🕾 🕿 🅿 – 🏊 40. 🖭 🖭 🖭 💴, 🛠 rest
Pâques-5 janv. – **Repas** *(fermé lundi hors saison)* 85/240 ♀, enf. 60 – 🖙 50 – **32 ch** 300/450,
6 appart – ½ P 300/400

OBERSTEINBACH 67510 B.-Rhin 57 ⑱ ⑲ G. Alsace Lorraine – 199 h alt. 239.

Paris 458 – Strasbourg 69 – Bitche 22 – Haguenau 34 – Wissembourg 25.

XXX **Anthon** ⌖ avec ch, 🕾 03 88 09 55 01, Fax 03 88 09 50 52, 🏡, 🐎 – 🕾 🅿, 🖭
fermé janv., mardi et merc. – **Repas** 155/380 et carte 280 à 380 ♀, enf. 80 – 🖙 60 – **9 ch**
350 – ½ P 470

OBJAT 19130 Corrèze 75 ⑧ – 3 163 h alt. 131.

🛈 *Office de Tourisme Mairie* 🕾 05 55 25 96 73, Fax 05 55 25 97 45.

Paris 473 – Brive-la-Gaillarde 21 – Limoges 81 – Tulle 46 – Uzerche 31.

🏨 **France**, av. G. Clemenceau (vers la gare) 🕾 05 55 25 80 38, Fax 05 55 25 91 87 – 🍽 rest,
📺 🕾 🕿 🅿, 🖭
Repas *(fermé 15 sept. au 5 oct., sam. soir et dim. soir hors saison)* 70/185 ♀, enf. 45 – 🖙 35
– **30 ch** 130/220 – ½ P 200/220

à St-Aulaire *par rte des 4 Chemins : 3 km* – 707 h. alt. 251 – ✉ 19130 :

XX **Bellevue** ⌖ avec ch, 🕾 05 55 25 81 39, Fax 05 55 84 12 01, ≤, 🏡, 🐎 – 🕾 🕿 🅿, 🖭 🖭
🖭, 🛠 ch
fermé 15 janv. au 20 fév., dim. soir et lundi hors saison – **Repas** *(49)* - 68 bc/180, enf. 40 –
🖙 35 – **9 ch** 180/270 – ½ P 270

OCHIAZ 01 Ain 74 ⑤ – rattaché à Bellegarde-sur-Valserine.

OCTON 34800 Hérault 83 ⑤ – 350 h alt. 185.

Paris 716 – Montpellier 57 – Béziers 57 – Lodève 14.

🏨 **Mas de Clergues** ⌖, 🕾 04 67 96 08 84, Fax 04 67 96 08 84, ≤, 🏊 – 🅿
1ᵉʳ avril-15 oct. – **Repas** 170 bc/230 bc, enf. 80 – 🖙 35 – **8 ch** 290/320 – ½ P 310

ODEILLO 66 Pyr.-Or. 86 ⑯ – rattaché à Font-Romeu.

ODENAS 69460 Rhône 74 ① – 750 h alt. 300.

Paris 428 – Mâcon 32 – Bourg-en-Bresse 54 – Lyon 49 – Villefranche-sur-Saône 15.

X **Christian Mabeau,** 🕾 04 74 03 41 79, Fax 04 74 03 49 40, 🏡, « Terrasse en bordure
des vignes » – 🖭
fermé 1ᵉʳ au 15 sept., 3 au 17 janv., dim. soir et lundi – **Repas** 120/350 ♀, enf. 77

OGNES 02 Aisne 56 ③ – rattaché à Chauny.

L'OIE 85140 Vendée 67 ⑮ – 852 h alt. 102.

Paris 390 – La Roche-sur-Yon 30 – Cholet 40 – Nantes 62 – Niort 92.

🏨 **Grand Turc** 🅼, 🕾 02 51 66 08 74, Fax 02 51 66 14 13, 🏊 – ♿ 📺 🕾 🕿 🅿, 🖭 🖭 🖭
fermé dim. sauf le midi d'avril à oct. – **Repas** 98/170 ♨, enf. 45 – 🖙 38 – **19 ch** 260/330 –
½ P 305

OINGT 69620 Rhône 73 ⑨ – 445 h alt. 550.

Paris 447 – Roanne 61 – Lyon 38 – Tarare 20 – Villefranche-sur-Saône 15.

XX **Donjon**, 🕾 04 74 71 20 24, Fax 04 74 71 10 91, ≤, 🏡 – 🖭
fermé vacances de fév., mardi soir et merc. – **Repas** 98/260, enf. 75

OIRON 79100 Deux-Sèvres 68 ② G. Poitou Vendée Charentes – 1 009 h alt. 95.

Voir *Château★ : galerie★★ – Collégiale★.*

Paris 329 – Poitiers 56 – Loudun 15 – Parthenay 41 – Thouars 13.

XX **Relais du Château** avec ch, 🕾 05 49 96 54 96, Fax 05 49 96 54 45, 🏡 – 📺 🕾 🕿 ♿, 🖭
fermé dim. soir et lundi midi – **Repas** 80/235 ♀ – 🖙 30 – **14 ch** 150/230 – ½ P 175/210

OISLY *41700 L.-et-Ch.* 🎲🎲 ⑬ – *319 h alt. 120.*

Paris 210 – Tours 61 – Blois 28 – Châteauroux 78 – Romorantin-Lanthenay 52.

🍴🍴 **St-Vincent,** *ℰ 02 54 79 50 04, Fax 02 54 79 50 04* – 🅖🅑
fermé début janv. à mi-fév., mardi et merc. – **Repas** *(85)* - 120/230 ⛫

OIZON *18700 Cher* 🎲🎲 ⑪ – *776 h alt. 230.*

Paris 182 – Bourges 51 – Orléans 72 – Cosne-sur-Loire 35 – Gien 29 – Salbris 38 – Vierzon 50.

🍴 **Les Rives de l'Oizenotte,** Étang de Nohant *ℰ 02 48 58 06 20,* 🌤 – 🅖🅑
fermé 23 au 30 juin, vacances de Toussaint, de Noël, mardi soir et merc. – **Repas** 65 (déj.),
100/140 🍶, enf. 48

OLEMPS *12 Aveyron* 🔟 ② – *rattaché à Rodez.*

OLÉRON (Ile d') ★ *17 Char.-Mar.* 🎲🎲 ⑬ ⑭ *G. Poitou Vendée Charentes.*

Accès *par le pont viaduc :* **Passage gratuit.**

Boyardville – ✉ *17190 St-Georges-d'Oléron.*

Paris 522 – La Rochelle 83 – Marennes 21 – Rochefort 16 – Saintes 61.

🍴🍴 **Bains** avec ch, au port *ℰ 05 46 47 01 02, Fax 05 46 47 16 90,* 🌤 – 📺 ☎ 🅰🅔 ⓞ 🅖🅑 🅹🅒🅑
1ᵉʳ juin-24 sept. – **Repas** *(fermé merc. en juin)* 89/325 ⛫, enf. 55 – ☲ 35 – **11 ch** 178/278 –
½ P 245/295

La Brée-les-Bains *17840 – 644 h alt. 5.*

Paris 535 – La Rochelle 96 – Marennes 37 – Rochefort 59 – Royan 80.

🏠 **Chaudrée,** *ℰ 05 46 47 81 85, Fax 05 46 75 73 99,* 🌤, 🛥, 🌳 – 📺 ☎ 🅖🅑
1ᵉʳ avril-30 sept. – **Repas** 95/145, enf. 50 – ☲ 40 – **17 ch** 350/470 – ½ P 310/370

Château d'Oléron – *3 544 h alt. 9* – ✉ *17480.*

🏢 *Office de Tourisme pl. République ℰ 05 46 47 60 51, Fax 05 46 47 73 65.*

Paris 510 – La Rochelle 72 – Royan 40 – Marennes 12 – Rochefort 34.

🏠 **France,** 11 r. Mar. Foch *ℰ 05 46 47 60 07, Fax 05 46 75 21 55,* 🌤 – 📺 ☎ 🅰🅔 ⓞ 🅖🅑
🔟🔟 *fermé déc.* – **Repas** *(fermé dim. soir et lundi sauf juil.-août)* 70/200 ⛫ – ☲ 30 – **11 ch**
280/330

La Cotinière – ✉ *17310 St-Pierre-d'Oléron.*

Paris 515 – La Rochelle 83 – Royan 51 – Marennes 23 – Rochefort 45 – Saintes 64.

🏨🏨 **Motel Ile de Lumière** 🛝 sans rest, av. Pins *ℰ 05 46 47 10 80, Fax 05 46 47 30 87,* ≤,
« Dans les dunes », 🛁, 🛥, 🌳, 🍴 – cuisinette 📺 ☎ 🅵. 🅖🅑
1ᵉʳ avril-30 sept. – **45 ch** ☲ 670

🏠 **Face aux Flots,** *ℰ 05 46 47 10 05, Fax 05 46 47 45 95,* ≤, 🌤, 🛥 📺 ☎ 🅶 🅰🅔 🅖🅑
fermé 6 nov. au 21 déc. et 4 janv. au 16 fév. – **Repas** 98/185 ⛫ – ☲ 42 – **21 ch** 365/460 –
½ P 360/420

La Remigeasse – ✉ *17550 Dolus-d'Oléron.*

Paris 517 – La Rochelle 79 – Royan 47 – Marennes 19 – Rochefort 41 – Saintes 60.

🏰 **Grand Large** 🛝, à la plage *ℰ 05 46 75 37 89, Fax 05 46 75 49 15,* ≤, parc, « Dans les
dunes, face à la mer », 🔲, 🍴 – 📺 ☎ 🅵. 🅰🅔 ⓞ 🅖🅑
fin avril-fin sept. – **L'Amiral** *(fermé le midi sauf week-ends et fériés)* **Repas** 190/390 ⛫ –
☲ 95 – **21 ch** 1870, 5 appart – ½ P 1445

St-Georges-d'Oléron *17190 – 3 144 h alt. 10.*

🏢 *Office de Tourisme pl. de l'Église ℰ 05 46 76 63 75 17719 St-Georges-d'Oléron.*

Paris 525 – La Rochelle 86 – Marennes 27 – Rochefort 49 – Saintes 67.

aux Sables Vignier *Sud-Ouest : 6 km par rte de Chéray et rte secondaire* – ✉ *17719 St-Georges-
d'Oléron.*

🏠 **Hermitage** 🛝, *ℰ 05 46 76 52 56, Fax 05 46 76 67 76,* 🛥, 🌳 – 📺 rest, 📺 ☎ 🅵. 🅖🅑
hôtel : 1ᵉʳ avril-10 oct. ; rest. : 1ᵉʳ avril-31 juil. – **Repas** 89/262 ⛫, enf. 40 – ☲ 39 – **26 ch**
320/420 – ½ P 365

St-Pierre-d'Oléron – *5 365 h alt. 8* – ⊠ *17310*.

Voir *Église* ✽★.

🛈 *Office de Tourisme pl. Gambetta* ☎ *05 46 47 11 39, Fax 05 46 47 10 41 et (Pâques-août) à la Cotinière* ☎ *05 46 47 09 08.*

Paris 520 – La Rochelle 81 – Royan 50 – Marennes 22 – Rochefort 43 – Saintes 62.

XXX **Campagne,** D 734 ☎ 05 46 47 25 42, *Fax 05 46 75 16 04,* 佘, 罓 – **P.** Æ **GB.** ✀
fermé 1ᵉʳ janv. au 15 mars, dim. soir hors saison et lundi – **Repas** 155/285 ♈, enf. 85

XX **Moulin du Coivre,** D 734 ☎ 05 46 47 44 23, *Fax 05 46 47 33 57,* 佘 – **P.** **GB**
fermé dim. soir, dim. et mardi soir de sept. à juin et lundi sauf le soir en juil.-août – **Repas** 130 (déj.), 165/198 ♈, enf. 50

X **Alizés,** 4 r. Dubois-Aubry ☎ 05 46 47 20 20 – **GB**
⊜ *fermé mi-nov. à mi-déc., 5 janv. au 13 fév., mardi soir et merc. de mi-sept. à juin sauf fériés* – **Repas** 85/172 ♈, enf. 48

St-Trojan-les-Bains – *1 490 h alt. 5* – ⊠ *17370*.

🛈 *Office de Tourisme carrefour du Port* ☎ *05 46 76 00 86, Fax 05 46 76 17 64.*

Paris 515 – La Rochelle 77 – Royan 45 – Marennes 17 – Rochefort 39 – Saintes 58.

🏨 **Novotel** M ♨, plage de Gatseau, Sud : 2,5 km ☎ 05 46 76 02 46, *Fax 05 46 76 09 33,* ≤, 佘, *centre de thalassothérapie, « En forêt près de la mer »,* Ⅰ₆, ☒, 罓, ✗ – ❙ ✝, ☰ ch, ⊡ ☎ ✆ ₺ **P** – 🔏 25. Æ ⓞ **GB**
fermé 26 nov. au 16 déc. – **Repas** (115) - 155 ♈, enf. 69 – ☲ 69 – **80 ch** 820/890 – ½ P 615/645

🏨 **Forêt** M ♨, bd P. Wiehn ☎ 05 46 76 00 15, *Fax 05 46 76 14 67,* ≤, ☒, 罓 – ❙, ☰ rest, ⊡ ☎ ✆ **P.** **GB**
20 avril-30 sept. – **Repas** 95/250 ♈, enf. 55 – ☲ 42 – **43 ch** 330/600 – ½ P 350/460

🏨 **L'Albatros** ♨, 11 bd Dr Pineau ☎ 05 46 76 00 08, *Fax 05 46 76 03 58,* ≤, 佘 – ☰ rest, ⊡ ☎ ✆ **P.** **GB**
7 fév.-7 nov. – **Repas** (105) -159 – ☲ 46 – **13 ch** 336/399 – ½ P 339/365

🏨 **Homard Bleu,** 10 bd Félix Faure ☎ 04 46 76 00 22, *Fax 05 46 76 14 95,* ≤ – ⊡ ☎ ✆. Æ ⓞ **GB**
fermé 11 nov. au 24 déc., 1ᵉʳ janv. au 15 fév., mardi soir et merc. du 1ᵉʳ oct. à Pâques – **Repas** 95/310 ♈, enf. 65 – ☲ 20 – **20 ch** 360 – ½ P 345/365

X **Belle Cordière,** 76 r. République ☎ 05 46 76 12 87, 佘 – Æ ⓞ **GB**
fermé 20 nov. au 25 déc., mardi soir et merc. sauf vacances scolaires – **Repas** 98/148 ♈, enf. 60

OLIVET *45 Loiret* 🞖🞔 ⑨ – *rattaché à Orléans.*

Les OLLIÈRES-SUR-EYRIEUX *07360 Ardèche* 🞗🞕 ⑲ ⑳ – *769 h alt. 200.*

Paris 597 – Valence 33 – Le Cheylard 28 – Lamastre 33 – Montélimar 53 – Privas 19.

XX **Auberge de la Vallée** avec ch, ☎ 04 75 66 20 32, *Fax 04 75 66 20 63* – ☰ rest, ⊡ ☎ **P.** **GB.** ✀ ch
fermé 26 sept. au 3 oct., 1ᵉʳ fév. au 15 mars, dim. soir et lundi de mi-sept. à mi-juin sauf fériés – **Repas** 98/320 ♈, enf. 65 – ☲ 42 – **7 ch** 255/360 – ½ P 260/310

OLLIOULES *83190 Var* 🞗🞐 ⑭, 🞒🞒🞑 ⑭ *G. Côte d'Azur* – *10 398 h alt. 52.*

Voir *Gorges d'Ollioules*★.

🛈 *Office de Tourisme (juil.-août) 16 r. Nationale* ☎ *04 94 63 11 74, Fax 04 94 63 11 74.*

Paris 830 – Toulon 11 – Aix-en-Provence 75 – Marseille 56.

X **L'Assiette Gourmande,** pl. H. Duprat (parvis de l'église) ☎ 04 94 63 04 61, 佘 – **GB**
fermé 3 au 15 mai, mardi midi et sam. midi en juil.-août, mardi soir et merc. hors saison – **Repas** (nombre de couverts limité, prévenir) 135/180, enf. 55

OLMETO *2A Corse-du-Sud* 🞕🞐 ⑱ – *voir à Corse.*

OLONNE-SUR-MER *85340 Vendée* 🞖🞒 ⑫ – *8 546 h alt. 40.*

Paris 453 – La Roche-sur-Yon 34 – Les Sables-d'Olonne 6 – St-Gilles-Croix-de-Vie 26.

au Nord-Ouest *sur D 80 : 7 km* – ⊠ *85340 Olonne-sur-Mer :*

XX **Auberge de la Forêt,** ☎ 02 51 90 52 29, *Fax 02 51 20 11 89,* 佘 – **P.** Æ ⓞ **GB**
fermé mi-janv. à mi-mars., lundi et mardi de sept. à juin – **Repas** 125/295 ♈, enf. 56

OLORON-STE-MARIE 64400 Pyr.-Atl. 85 ⑤ ⑥ *G. Aquitaine – 11 067 h alt. 224.*

Voir Portail** de l'église Ste-Marie.

Office de Tourisme pl. Résistance ✆ 05 59 39 98 00, Fax 05 59 39 43 97.

Paris 820 ⑤ – Pau 35 ② – Bayonne 95 ⑤ – Mont-de-Marsan 99 ①.

OLORON-STE-MARIE

Barthou (R. Louis) . . . . . . B
Bellevue (Promenade) . . . . B 2
Biscondau . . . . B 3
Bordelongue (R. A.) . . . . . B 4
Camou (R.) . . . . B
Casamayor-Dufaur (R.) . . A 5
Cathédrale (R.) . . . . A 6
Dalmais (R.) . . . . B 7
Derème (Av. Tristan) . . . . A 8
Despourrins (R.) . . . . A 9
Gabe (Pl. Amédée) . . . . . B 10
Gambetta (Pl.) . . . . B 12
Jaca (Pl. de) . . . . A 13
Jeliotte (R.) . . . . B 14
Mendiondou (Pl.) . . . . B 15
Moureu (Av. Charles et Henri) . A 16
Oustalots (Pl. des) . . . . . . A 18
Pyrénées (Bd. des) . . . . . A 19
Résistance (Pl. de la) . . . . B 20
St-Grat (Rue) . . . . A 22
Tassigny (Av. de Lattre de) . . . . . A 23
Toulet (R. Paul-Jean) . . . . A 24
Vigny (Av. Alfred de) . . . . . A 26
4-Septembre (Av. du) . . . . A 28
14-Juillet (Av. du) . . . . A 30

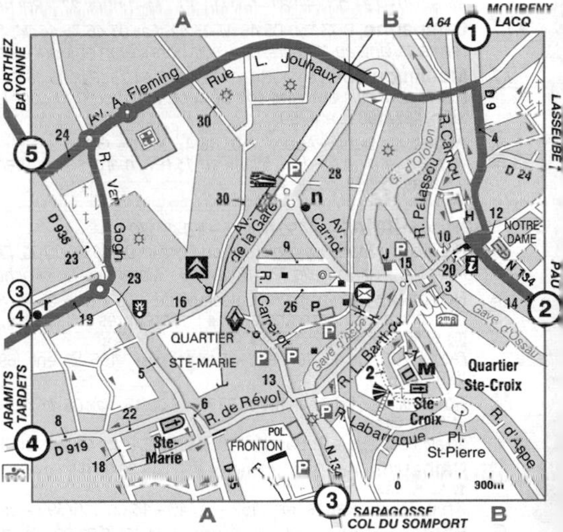

Alysson Ⓜ, bd Pyrénées ✆ 05 59 39 70 70, *Fax 05 59 39 24 47*, ≤, 🏊, ⛱ – |‡|, ⊟ rest, 📺 ☎ ✆ ♿ 🅿 – 🏛 35. AE ⊙ GB. ✻ A r

hôtel : fermé 4 au 17 déc. – **Repas** *(fermé 27 nov. au 20 déc., sam. sauf le soir en saison, dim. soir hors saison et lundi midi en saison)* 98 (déj.), 130/250 ♀, enf. 65 – ☕ 55 – **34 ch** 380/480 – ½ P 380/420

Paix sans rest, 24 av. Sadi-Carnot ✆ 05 59 39 02 63, *Fax 05 59 39 98 20* – 📺 ☎ 🅿. GB. ✻ A n

fermé nov. et dim. du 15 sept. au 1er juin – ☕ 30 – **24 ch** 150/260

OMONVILLE-LA-PETITE *50440 Manche* 54 ① – *137 h alt. 33.*

Paris 378 – Cherbourg 26 – Barneville-Carteret 45 – Nez de Jobourg 7 – St-Lô 102.

Fossardière 🐴 sans rest, au hameau de la Fosse ✆ 02 33 52 19 83, *Fax 02 33 52 73 49* – ☎ 🅿. GB

15 mars-15 nov. – ☕ 40 – **10 ch** 260/370

ONZAIN *41150 L.-et-Ch.* 64 ⑯ – *3 080 h alt. 69.*

Paris 203 – Tours 45 – Amboise 22 – Blois 18 – Château-Renault 23 – Montrichard 22.

Domaine des Hauts de Loire Ⓜ 🐴, Nord-Ouest : 3 km par D 1 et voie privée ✆ 02 54 20 72 57, *Fax 02 54 20 77 32*, 🏊, « Élégant relais de chasse dans un grand parc », ⛱, 🎾 – 📺 ☎ ✆ ♿ 🅿 – 🏛 70. AE ⊙ GB JCB. ✻

fermé 1er déc. au 20 fév. – **Repas** *(fermé mardi midi et lundi en mars et nov.)* (nombre de couverts limité, prévenir) 320 (déj.), 450/700 et carte 430 à 590 ♀ – ☕ 100 – **25 ch** 700/1500, 10 appart – ½ P 1300

Spéc. Salade d'anguille à la vinaigrette d'échalotes. Saumon fumé tiède à la crème d'oseille. Pigeonneau du Vendômois au jus de presse. **Vins** Sauvignon de Touraine, Touraine Mesland.

Château des Tertres 🐴 sans rest, Ouest : 1,5 km par D 58 ✆ 02 54 20 83 88, *Fax 02 54 20 89 21*, « Gentilhommière dans un parc » – ☎ ✆ 🅿. AE ⊙ GB. ✻

15 avril-2 nov. – ☕ 45 – **18 ch** 400/600

Hostellerie Les Couronnes 🐴, au golf de la Carte, Sud-Est : 4,5 km sur N 152 ✆ 02 54 20 49 00, *Fax 02 54 20 43 78*, 🏊, ⛱, 🎾 – 📺 ☎ ✆ ♿ 🅿 – 🏛 30. AE GB

fermé 1er janv. au 20 mars – **Repas** *(fermé dim. soir et lundi sauf de mai à oct.)* 95/190 ♀, enf. 55 – ☕ 50 – **10 ch** 450/650, 10 duplex – ½ P 400/500

*Un automobiliste averti utilise le **guide Michelin** de l'année.*

OPIO 06650 Alpes-Mar. **81** ⑳, **115** ㉔ – 1 792 h alt. 300.
> 🅗 Syndicat d'Initiative Mairie ℘ 04 93 77 70 11, Fax 04 93 77 70 11.
> Paris 916 – Cannes 17 – Digne-les-Bains 125 – Draguignan 74 – Grasse 8 – Nice 30.

ᕽᕽ **Mas des Géraniums**, à San Peyre, Est : 1 km sur D 7 ℘ 04 93 77 23 23,
Fax 04 93 77 76 05, « Terrasse ombragée et fleurie », 🌣 – **P.** **GB**
fermé 20 nov. au 10 janv., mardi et merc. sauf juil.-août – **Repas** 150/220 ♀, enf. 70

ORADOUR-SUR-GLANE 87520 H.-Vienne **72** ⑥ ⑦ G. Berry Limousin – 1 998 h alt. 275.
> Voir "Village martyr" dont la population a été massacrée en juin 1944.
> Paris 412 – Limoges 23 – Angoulême 82 – Bellac 26 – Confolens 33 – Nontron 65.

🏠 **Glane**, 8 pl. Gén. de Gaulle ℘ 05 55 03 10 43, Fax 05 55 03 15 42 – **TV** ☎ ✆ **P.** **GB**
Repas (fermé 15 déc. au 31 janv. et lundi de sept. à juin) (52) - 70/110 ♀, enf. 38 – � 34 –
10 ch 220/280 – ½ P 225

ᕽ **Milord**, 10 av. du 10-Juin ℘ 05 55 03 10 35, Fax 05 55 03 21 76 – **GB**
fermé 15 au 30 nov., dim. soir et merc. soir – **Repas** 65/210 ♪, enf. 40

ORANGE 84100 Vaucluse **81** ⑪ ⑫ G. Provence – 26 964 h alt. 97.
> Voir Théâtre antique★★★ – Arc de Triomphe★★ – Colline St-Eutrope ⩽★.
> 🅗 Office de Tourisme cours A.-Briand ℘ 04 90 34 70 88, Fax 04 90 34 99 62 et (avril-sept.)
> pl. Frères Mounet.
> Paris 658 ⑤ – Avignon 31 ⑤ – Alès 84 ⑤ – Carpentras 24 ③ – Nîmes 57 ⑤.

ORANGE

Arc-de-Triomphe
(Av. de l') . . . . **AY**
Artaud (Av. A.) . . . . **ABY**
Blanc (R. A.) . . . . **BZ**
Briand (Crs A.) . . . . **AYZ**
Caristie (R.) . . . . **BY** 2
Châteauneuf (R. de) . . . . . **BY** 3
Clemenceau (Pl. G.) . . . . . **BY** 4
Concorde (R. de la) . . . . . **BY**
Contrescarpe
(R. de la) . . . . **BY**
Daladier (Bd E.) . . . . **ABY**
Fabre (Av. H.) . . . . **BY**
Frères-Mounet
(Pl. des) . . . . **BY** 5
Guillaume-le
Taciturne (Av.) . . . . **BY**
Lacour (R.) . . . . **AY**
Leclerc (Av. Gén.) . . . . . . **BZ**
Levade (R. de la) . . . . **BY**
Mistral (Av. F.) . . . . **BY** 6
Noble (R. du) . . . . **ABY**
Pourtoules (Cours) . . . . . . **BZ**
Pourtoules (R.) . . . . **BZ** 7
Princes d'Orange-
Nassau (Mtée des) . . . . **AZ**
République (Pl. de la) . . . . **BY** 8
République (R. de la) . . . . **BY** 9
Roch (R. Madeleine) . . . . . **BZ** 10
St-Clement (Rue) . . . . **AZ**
St-Florent (R.) . . . . **BY** 12
St-Jean (Rue) . . . . **BY**
St-Martin (R.) . . . . **AY** 13
Tanneurs (R. des) . . . . **AY** 16
Thermes (Av. des) . . . . . . **AZ**
Tourre (R. de) . . . . **AZ** 20
Victor-Hugo (Rue) . . . . . . **AY**

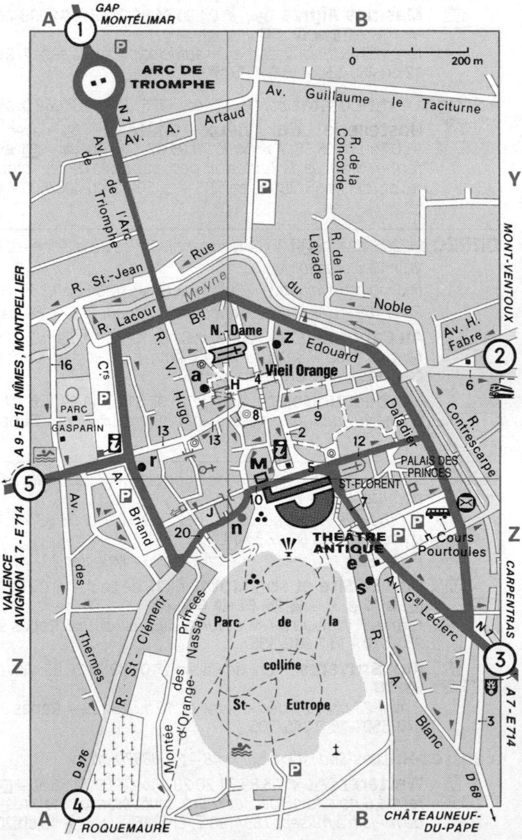

*Promeneurs,
campeurs,
fumeurs,
Soyez prudents!
Le feu
est le plus terrible ennemi
de la forêt.*

Mercure Ⓜ, rte Caderousse par ⑤ ℰ 04 90 34 24 10, *Fax 04 90 34 85 48*, 佳 – 盈 – 〓 ⦿
☎ ℅ ⅋ ₧ – 🅰 100. ㏈ ⓪ ㏇ ㎖
Repas 120/160, enf. 55 – ㎅ 60 – **99 ch** 495/630

Arène ⚶ sans rest, pl. Langes ℰ 04 90 11 40 40, *Fax 04 90 11 40 45* – 〓 ⦿ ☎ ⚌. ㏈
⓪ ㏇ ㎖   AY a
fermé 8 au 30 nov. – ㎅ 47 – **30 ch** 350/600

Glacier sans rest, 46 cours A. Briand ℰ 04 90 34 02 01, *Fax 04 90 51 13 80* – ▯ ⦿ ☎. ㏈
⓪ ㏇   AY r
fermé 23 déc. au 8 janv., dim. du 11 nov. au 12 mars et sam. en janv.-fév. – ㎅ 36 – **28 ch**
285/400

Ibis, rte Caderousse par ⑤ ℰ 04 90 34 35 35, *Fax 04 90 34 96 47*, 盈 – ⚌, 〓 ch, ⦿ ☎ ℅
⅋ ₧ – 🅰 20. ㏈ ⓪ ㏇
Repas (75) - 95 ℀, enf. 39 – ㎅ 35 – **72 ch** 300/360

St-Jean sans rest, 7 cours Pourtoules ℰ 04 90 51 15 16, *Fax 04 90 11 05 45* – ⦿ ☎ ₧. ㏇
㎅ 35 – **22 ch** 260/350   BZ s

Clarine sans rest, 4 r. Caristié ℰ 04 90 54 10 07, *Fax 04 90 54 89 76* – ⦿ ⚌ ₧. ㏈ ⓪ ㏇
㎖
㎅ 40 – **26 ch** 350/450   BY z

Parvis, 3 cours Pourtoules ℰ 04 90 34 82 00, *Fax 04 90 51 18 19*, 佳 – 〓. ㏈ ㏇ BZ e
fermé 5 nov. au 5 déc., 17 au 24 janv., dim. et lundi sauf fériés **Repas** 105/265 ℀

Yaca, 24 pl. Silvain ℰ 04 90 34 70 03, 佳 – ㏇ ㎖   BZ n
fermé 1er au 21 nov., mardi soir sauf juil.-août et merc. – **Repas** (55) - 65/125 ℀

par ① *N 7 et rte secondaire : 4 km* – ✉ *84100 Orange :*

Mas des Aigras ⚶, ℰ 04 90 34 81 01, *Fax 04 90 34 05 66*, « Joli mas provençal », 盈,
佳, ⅋ – ⦿ ☎ ₧. ㏇
fermé 5 au 15 janv. et merc. sauf le soir d'avril à sept. – **Repas** 90 (déj.) 145/220 ℀ – ㎅ 60 –
12 ch 460/530 – ½ P 415/470

à Sérignan-du-Comtat *par ①, N 7 et D 976 : 8 km* – *2 069 h. alt. 80* – ✉ *84830 :*

Hostellerie du Vieux Château ⚶ avec ch, rte Ste-Cécile-les-Vignes
ℰ 04 90 70 05 58, *Fax 04 90 70 05 62*, 佳, 盈, ⅋ – ⦿ ☎ ℅ ₧. ㏈ ⓪ ㏇ ㎖. ⚘
fermé vacances de Toussaint, déc., vacances de fév., dim. soir et lundi hors saison – **Repas**
105 bc (déj.), 155/280 ℀, enf. 65 – ㎅ 50 – **7 ch** 400/800 – ½ P 365/545

ORBEC *14290 Calvados* ㌅ ⑭ *G. Normandie Vallée de la Seine* – *2 642 h alt. 110.*
Voir *Vieux manoir★.*
🅸 *Syndicat d'Initiative r. Guillonnière, ℰ 02 31 61 12 35, Fax 02 31 61 12 35.*
Paris 169 – L'Aigle 39 – Alençon 80 – Argentan 52 – Bernay 17 – Caen 84 – Lisieux 22.

Au Caneton, 32 r. Grande ℰ 02 31 32 73 32, *Fax 02 31 62 48 91* – ㏈ ㏇ ㎖
fermé 1er au 8 sept., 3 au 18 janv., dim. soir et lundi sauf fériés – **Repas** (nombre de
couverts limité, prévenir) 102/360

L'Orbecquoise, 60 r. Grande ℰ 02 31 62 44 99, *Fax 04 31 62 44 99* – ㏇
fermé 19 au 30 juin, merc. soir et jeudi sauf fériés – **Repas** (68) - 78/198

ORBEY *68370 H.-Rhin* ㌹ ⑱ *G. Alsace Lorraine* – *3 282 h alt. 550* – *Sports d'hiver Voir "Le Bonhomme".*
🅸 *Office de Tourisme ℰ 03 89 71 30 11, Fax 03 89 71 34 11 et (mi-juin-mi-sept.) Wagon
d'Accueil ℰ 03 89 47 53 11.*
Paris 432 – Colmar 22 – Gérardmer 46 – Munster 20 – St-Dié 40 – Sélestat 37.

Bois Le Sire et son Motel, r. Ch. de Gaulle ℰ 03 89 71 25 25, *Fax 03 89 71 30 75*, 🅽 –
⦿ ☎ ℅ ⅋ ₧ – 🅰 25. ㏈ ⓪ ㏇ ㎖
fermé 1er janv. au 3 fév. et lundi sauf juil.-août – **Repas** 95/300 ℀, enf. 50 – ㎅ 50 – **34 ch**
250/370 – ½ P 310/355

Aux Bruyères, r. Ch. de Gaulle ℰ 03 89 71 20 36, *Fax 03 89 71 35 30* – ▯ ⦿ ☎ ℅ ₧. ㏈
⓪ ㏇
8 avril-23 oct., 20 déc.-2 janv. et 10 au 25 fév. – **Repas** 78/180 ℀, enf. 48 – ㎅ 38 – **29 ch**
270/350   ½ P 245/305

à Basses-Huttes *Sud : 4 km par D 48* – ✉ *68370 Orbey :*

Wetterer ⚶, ℰ 03 89 71 20 28, *Fax 03 89 71 36 50* – ⦿ ☎ ₧. ㏇. ⚘
fermé 8 nov. au 18 déc. et merc. sauf vacances scolaires – **Repas** (fermé merc. sauf le soir
de mi-juin à mi-sept.) 85/190 ℀, enf. 45 – ㎅ 40 – **16 ch** 200/295 – ½ P 250/265

à Pairis *Sud-Ouest : 3 km sur D 48ᴵᴵ – ✉ 68370 Orbey :*

Voir *Lac Noir★ : ≤★ 30 mn O : 5 km.*

Bon Repos 🐎, ☎ 03 89 71 21 92, *Fax 03 89 71 24 51,* – TV ☎ P. GB
fermé 10/01 au 31/03 sauf week-ends et vacances scolaires, 28/10 au 6/11, 13/11 au 16/12 et merc. sauf. juil.-août – **Repas** *(fermé merc.)* 80/160 ♀, enf. 48 – ☐ 38 – **18 ch** 171/255 – ½ P 260/270

ORCHAMPS-VENNES *25390 Doubs 66 ⑰ G. Jura – 1 497 h alt. 795.*

Voir *Grandfontaine-Fournets : tuyé★ de la ferme du Montagnon E : 4 km.*
Env. *La Roche du Prêtre ≤★★★ sur le Cirque de Consolation★★ NE : 13 km.*
Paris 454 – Besançon 49 – Baume-les-Dames 42 – Montbéliard 70 – Morteau 18.

Barrey, pl. Église ☎ 03 81 43 50 97, *Fax 03 81 43 62 68,* – TV ☎ . GB
fermé dim. soir et lundi – **Repas** 70 (déj.), 98/290 ♀, enf. 45 – ☐ 40 – **11 ch** 230/390 – ½ P 240

ORCHIES *59310 Nord 51 ⑯, 111 ㉝ – 6 945 h alt. 40.*

Paris 217 – Lille 29 – Denain 28 – Douai 20 – Tournai 19 – Valenciennes 30.

Manoir M, Ouest par rte Seclin ☎ 03 20 64 68 68, *Fax 03 20 64 68 69,* – TV ☎ ♿ P – 15 à 30. AE ⓓ GB
Repas *(fermé sam. midi, dim. soir et soirs fériés)* (98) - 130/300 ♀, enf. 55 – ☐ 39 – **34 ch** 330/460 – ½ P 300/350

Chaumière, Sud : 3 km D 957, rte Marchiennes ☎ 03 20 71 86 38, *Fax 03 20 61 65 91,* – P. AE ⓓ GB
fermé fév., dim. soir et lundi – **Repas** 80/350 bc

ORCIÈRES *05170 H.-Alpes 77 ⑰ G. Alpes du Sud – 841 h alt. 1446 – Sports d'hiver à Orcières-Merlette : 1 450/2 650 m 2 25 .*

Env. *Vallée du Drac Blanc★★ NO : 14 km.*
ℹ *Office de Tourisme Maison du Tourisme ☎ 04 92 55 89 89, Fax 04 92 55 89 75.*
Paris 683 – Briançon 112 – Gap 33 – Grenoble 115 – La Mure 76.

Poste, ☎ 04 92 55 70 04, *Fax 04 92 55 73 38,* ≤, – ☎. GB
fermé mai, dim. soir et lundi en juin et de sept. à nov. – **Repas** 70 (déj.), 90/160 , enf. 45 – ☐ 40 – **21 ch** 280/315 – ½ P 270/295

à Merlette *Nord : 5 km par D 76 – ✉ 05170 Orcières :*

Les Gardettes 🐎, ☎ 04 92 55 71 11, *Fax 04 92 55 77 26,* ≤ – TV ☎ P. AE ⓓ GB JCB. ch
15 juin-15 sept. et 1ᵉʳ déc.-1ᵉʳ mai – **Repas** 105/158 , enf. 46 – ☐ 39 – **15 ch** 325/425 – ½ P 330/370

ORCINES *63 P.-de-D. 73 ⑭ – rattaché à Clermont-Ferrand.*

ORCIVAL *63210 P.-de-D. 73 ⑬ G. Auvergne – 283 h alt. 840.*

Voir *Basilique Notre-Dame★★.*
ℹ *Syndicat d'Initiative ☎ 04 73 65 92 25.*
Paris 450 – Clermont-Ferrand 27 – Aubusson 85 – Le Mont-Dore 18 – Ussel 65.

Roche 🐎 sans rest, ☎ 04 73 65 82 31, – ☎. GB.
fermé 12 nov. au 15 déc. et vend. hors saison – ☐ 30 – **9 ch** 170/250

Les Bourelles 🐎 sans rest, ☎ 04 73 65 82 28, ≤, –
Pâques-1ᵉʳ oct. – ☐ 28 – **7 ch** 140/180

ORDINO 86 ⑭ – *voir à Andorre (Principauté d').*

ORGEVAL *78 Yvelines 55 ⑲, 101 ⑪ – voir à Paris, Environs.*

ORGNAC-L'AVEN *07150 Ardèche 80 ⑨ – 327 h alt. 190.*

Voir *Aven d'Orgnac★★★ NO : 2 km,* G. Vallée du Rhône.
Paris 658 – Alès 44 – Aubenas 52 – Pont-St-Esprit 23.

Stalagmites, ☎ 04 75 38 60 67, *Fax 04 75 38 66 02,* – ☎ P. GB
avril-oct. – **Repas** 65/140 ♀ – ☐ 28 – **24 ch** 165/255 – ½ P 190/225

ORLÉANS 🄿 *45000 Loiret* 🅖🅘 ⑨ *G. Châteaux de la Loire – 105 111 h Agglo. 245 153 h alt. 100.*

An 2000 29 avril-25 juin : Archilab 2000, 2ᵉ Rencontres Internationales d'Architecture (exposition, colloques) - Automne : Autour de Kantor (exposition).

Voir Cathédrale Ste-Croix★ : boiseries★★ – Maison de Jeanne d'Arc★ **V** – Quai Fort-des-Tourelles ≤★ **EZ60** – Musée des Beaux-Arts★★ **M¹** – Musée Historique★ **M²** – Muséum d'histoire naturelle★ **M³**

Env. Olivet . parc floral de la Source★★ SE . 0 km OZ.

🄱 Office de Tourisme et Accueil de France pl. Albert-1er ℰ 02 38 24 05 05, Fax 02 38 54 49 84.

Paris 132 ⑪ – Caen 273 ⑪ – Clermont-Ferrand 299 ⑥ – Le Mans 142 ⑩ – Tours 116 ⑨.

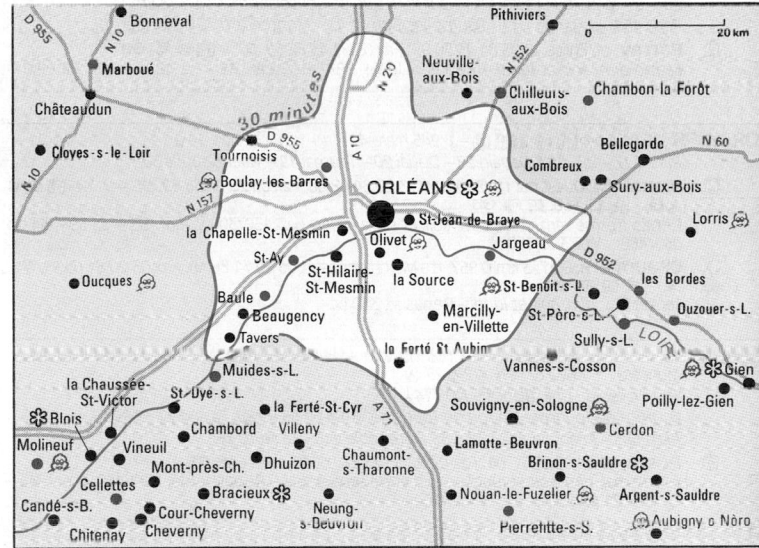

🏨 **Mercure** Ⓜ, 44 quai Barentin ℰ 02 38 62 17 39, Fax 02 38 53 95 34, ≤, 🏤, ⊥ – 🛗 ✨ 🗐
📺 ☎ 📶 ♿ 🄿 – 🔬 100. 🄰🄴 ⓞ ☞ 🄹🄲🄱
DZ t
Le Gourmandin : Repas (100)-125/140, enf. 50 – ⊊ 60 – **109 ch** 560/640

🏨 **Terminus** sans rest, 40 r. République ℰ 02 38 53 24 64, Fax 02 38 53 24 18 – 🛗 📺 ☎ 📶 –
🔬 25. 🄰🄴 ⓞ ☞
EY z
fermé 24 déc. au 2 janv. – ⊊ 40 – **47 ch** 360/420

🏨 **d'Arc** sans rest, 37 r. République ℰ 02 38 53 10 94, Fax 02 38 81 77 47 – 🛗 📺 ☎ 📶 🄰🄴 ⓞ
☞
EY g
⊊ 50 – **35 ch** 330/360

🏨 **Sanotel** sans rest, 16 quai St-Laurent ℰ 02 38 54 47 65, Fax 02 38 62 05 91 – 🛗 🗐 📺 ☎
📶 🄿 – 🔬 100. 🄰🄴 ⓞ ☞ 🄹🄲🄱
DZ q
⊊ 40 – **50 ch** 319/370

🏨 **Cèdres** sans rest, 17 r. Mar. Foch ℰ 02 38 62 22 92, Fax 02 38 81 76 46, 🌿 – 🛗 ✨ 📺 ☎
📶 🄰🄴 ⓞ ☞ 🄹🄲🄱
DY b
fermé 24 déc. au 2 janv. – ⊊ 35 – **34 ch** 310/390

🏨 **d'Orléans** sans rest, 6 r. A. Crespin ℰ 02 38 53 35 34, Fax 02 38 53 68 20 – 🛗 ✨ 📺 ☎ 📶
🚗, 🄰🄴 ⓞ ☞
EY t
⊊ 40 – **18 ch** 270/390

🏨 **St-Martin** sans rest, 52 bd A. Martin ℰ 02 38 62 47 47, Fax 02 38 81 13 28 – 📺 ☎. ☞.
✨
EY r
⊊ 30 – **22 ch** 150/310

🍴🍴🍴 **Les Antiquaires** (Bardau), 2 r. au Lin ℰ 02 38 53 52 35, Fax 02 38 62 06 95 – 🗐. 🄰🄴
✿
EZ d
fermé dim. sauf le midi de sept. à juin et lundi – Repas 200 bc/320 et carte 290 à 380
Spéc. Petit chou de langoustines à la moelle. Turbot "grillé-poché", fricassée d'asperges à l'andouille. Selle de chevreuil en croûte de fruits secs. Vins Reuilly blanc, Sancerre.

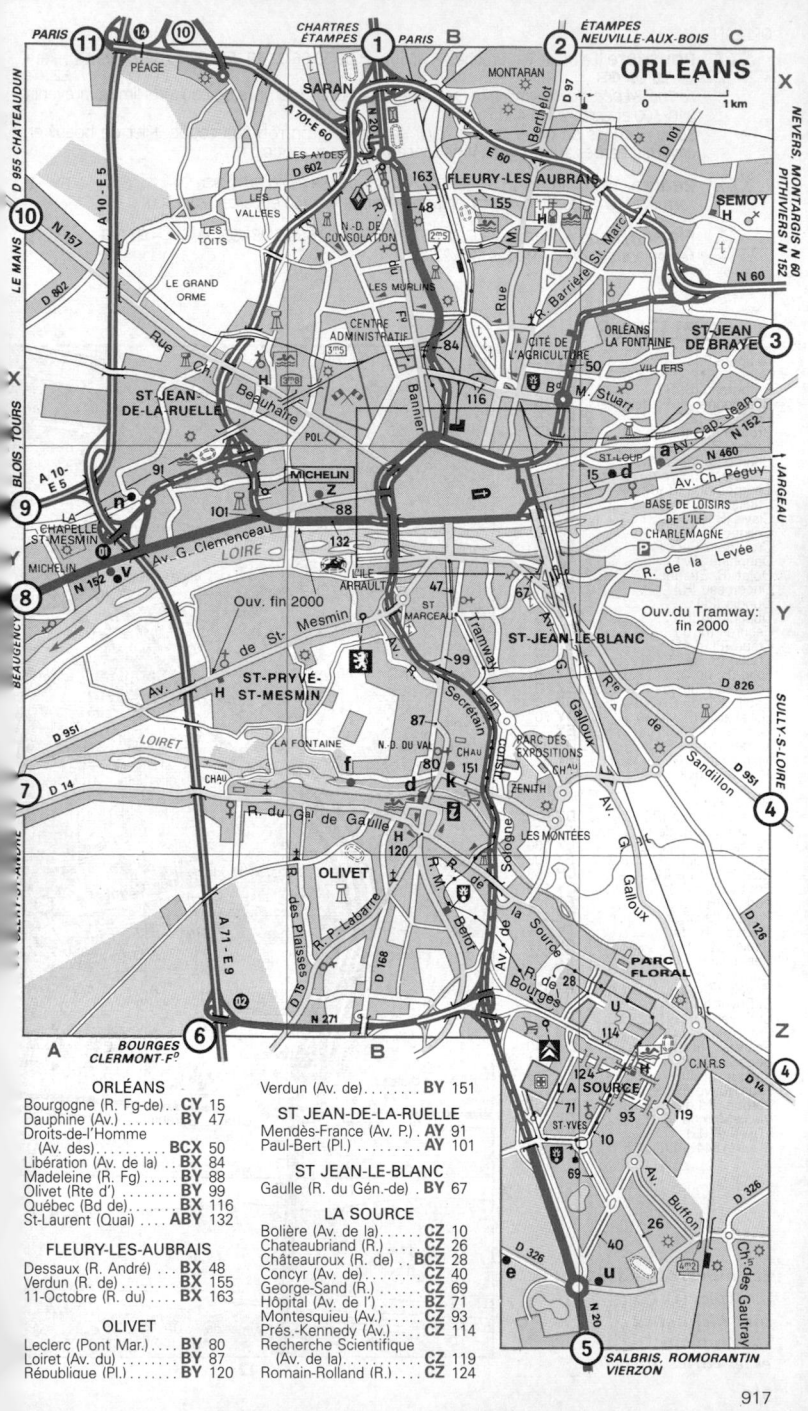

ORLÉANS

XXXX **Poutrière** (Le Bras), 8 r. Brèche ⊠ 45100 ℘ 02 38 66 02 30, *Fax 02 38 51 19 38*, ㊧, 絮 –
🍴, ⅈ ⓪ ☑   **EZ** **s**
✾ *fermé 24 déc. au 15 janv., dim. soir et lundi* – **Repas** (nombre de couverts limité, prévenir)
210/300 et carte 290 à 460 ⅊
Spéc. Terrines de gibier (oct. à fév.). Homard breton rôti à la coque. Filet de boeuf en
croûte d'herbes au foie gras. **Vins** Sancerre blanc et rouge.

XXX **Redina**, 1 av. Jean Zay ℘ 02 38 77 72 51, *Fax 02 38 81 01 14* – ☑   **FY** **b**
fermé 1er au 15 sept., dim. soir et lundi – **Repas** 140/230 et carte 170 à 300

XX **Florian**, 70 bd A. Martin ℘ 02 38 53 08 15, *Fax 02 38 53 08 49*, ㊧, 絮 – ⅈ ☑   **EY** **p**
fermé août et dim. – **Repas** 125/220 ⅊

ORLEANS

*Les numéros de sorties
des villes ①, ②...
sont identiques
sur les **plans**
et les **cartes** Michelin.*

ORLÉANS

XX **Auberge du Quai,** 6 r. au Lin ℘ 02 38 62 40 00, *Fax 02 38 53 41 00* – AE GB   EZ **n**
fermé 1er au 21 août, vacances de fév., dim. soir et lundi – **Repas** (70) - 90/225 ♀

XX **Eugène,** 24 r. Ste-Anne ℘ 02 38 53 82 64, *Fax 02 38 54 31 89* – ▣. AE ⑥ GB   EY **u**
fermé 30 juil. au 21 août, 24 déc. au 2 janv., sam. midi, lundi midi et dim. – **Repas** 125/190 bc, enf. 85

XX **L'Archange,** 66 r. fg Madeleine ℘ 02 38 88 64 20, *Fax 02 38 43 08 81*, 斎 – GB   BY **z**
☜ *fermé 24/4 au 3/5, 31/7 au 23/8, 25/12 au 1er/1, mardi soir, merc. soir et dim. sauf le midi de sept. à juin* – **Repas** 85/215

XX **L'Épicurien,** 54 r. Turcies ℘ 02 38 68 01 10, *Fax 02 38 68 19 02* – ▣. AE GB   DZ **r**
fermé 31 juil. au 20 août, dim. et lundi – **Repas** 130 (sauf sam.)/280 ♀

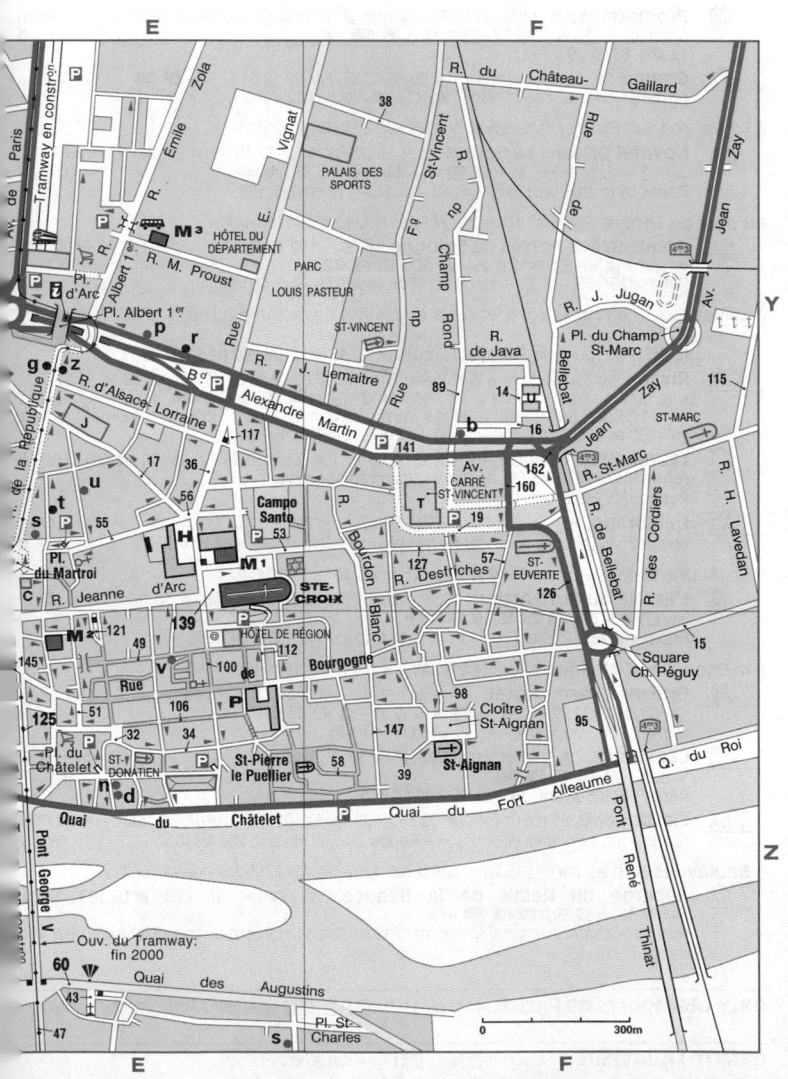

919

XXX **Chancellerie,** pl. Martroi ✆ 02 38 53 57 54, *Fax 02 38 77 09 92*, – GB JCB EY a
fermé dim. – **Repas** 150/175 ♀, enf. 48 - ***Brasserie :*** **Repas** (60)-et carte 120 à 220 ♀, enf. 48

XX **Promenade,** 1 r. A. Crespin (1er étage) ✆ 02 38 81 12 12, *Fax 02 38 81 11 22* AE GB EY s
Repas *(fermé 8 au 22 août, dim. et lundi)* (90) - 120/160 bc ♀, enf. 60 - ***Martroi*** brasserie - ✆ 02 38 42 15 00 *(fermé dim. et lundi)* **Repas** (90bc)- et carte environ 140 🍷, enf. 50

X **Dariole,** 25 r. Etienne Dolet ✆ 02 38 77 26 67, *Fax 02 38 77 26 67* – GB EZ v
fermé 2 au 9 avril, 6 au 28 août, sam. midi et dim. – **Repas** 110/150 ♀

à St-Jean-de-Braye *Est : 4 km - CXY – 16 387 h. alt. 108 – ✉ 45800 :*

Novotel Orléans Charbonnière, N 152 ✆ 02 38 84 65 65, *Fax 02 38 84 66 61*, , , – | | TV ☎ & P – 150. AE GB
Repas 120 ♀, enf. 60 – ☕ 60 – **107 ch** 510/585

Promotel M sans rest, 117 fg Bourgogne ✆ 02 38 53 64 09, *Fax 02 38 62 70 62*, « Jardin ombragé », , – | TV ☎ & P. GB. CY d
☕ 46 – **83 ch** 280/390

XX **Grange,** 205 fg Bourgogne ✆ 02 38 86 43 36, *Fax 02 38 61 52 15* AE GB CY a
fermé 31 juil. au 31 août, dim. soir et lundi – **Repas** 125/260 🍷

à La Source *Sud-Est : 11 km carrefour N 20-D 326 – ✉ 45100 Orléans :*

Novotel Orléans La Source M, r. H. de Balzac ✆ 02 38 63 04 28, *Fax 02 38 69 24 04*, , , , – , rest, TV ☎ & P – 200. AE GB CZ u
Repas carte environ 170 ♀, enf. 50 – ☕ 60 – **119 ch** 495/585

au parc de Limère *Sud-Est : 13 km par N 20 et D 326 – ✉ 45160 Ardon :*

Domaine des Portes de Sologne M , ✆ 02 38 49 99 99, *Fax 02 38 49 99 00*, , , – | TV ☎ & P – 300. AE GB BZ e
Repas 125/175 ♀, enf. 60 – ☕ 60 – **117 ch** 490/700 – ½ P 460/535

à Olivet *Sud : 5 km par av. Loiret et bords du Loiret G. Châteaux de la Loire – 17 572 h. alt. 100 – ✉ 45160 :*

Office de Tourisme 236 r. Paul Genain ✆ 02 38 63 49 68, Fax 02 38 64 06 14.

XXX **Rivage** M avec ch, 635 r. Reine Blanche ✆ 02 38 66 02 93, *Fax 02 38 56 31 11*, , « Terrasse au bord de l'eau », , – ch, TV ☎ P. AE GB JCB. rest BY f
fermé 26 déc. au 22 janv. – **Repas** *(fermé sam. midi et dim. soir du 1er nov. au 16 avril)* 155/330 et carte 230 à 400 – ☕ 60 – **17 ch** 390/480 – ½ P 600

XX **Laurendière,** 68 av. Loiret ✆ 02 38 51 06 78, *Fax 02 38 56 36 20* – . AE GB BY k
fermé 8 au 25 juil., 15 fév. au 2 mars, mardi soir et merc.
Repas 120/255 ♀, enf. 60

XX **L'Eldorado,** 10 r. M. Belot ✆ 02 38 64 29 74, *Fax 02 38 69 14 33*, , – P. AE GB
fermé 1er au 22 août, vacances de fév. et lundi – **Repas** (déj. seul.) 100/230 ♀ BY d

à St-Hilaire-St-Mesmin *par ⑦ : 7 km – 2 025 h. alt. 101 – ✉ 45160 :*

L'Escale du Port-Arthur, 205 r. Église ✆ 02 38 76 30 36, *Fax 02 38 76 37 67*, ←, – TV ☎ P – 25. AE GB JCB
Repas 118/265 bc ♀, enf. 80 – ☕ 42 – **18 ch** 285/340 – ½ P 340/360

à la Chapelle-St-Mesmin *Ouest : 4 km - AY – 8 207 h. alt. 101 – ✉ 45380 :*

Orléans Parc Hôtel M sans rest, 55 rte Orléans ✆ 02 38 43 26 26, *Fax 02 38 72 00 99*, ←, parc – TV ☎ & P – 40. AE GB AY v
fermé 22 déc. au 3 janv. – ☕ 45 – **33 ch** 340/440

Campanile, Z.A. Les Portes de Micy ✆ 02 38 72 23 23, *Fax 02 38 88 21 81*, – TV ☎ & P – 30. AE GB AY n
Repas 88/103 ♀, enf. 39 – ☕ 36 – **48 ch** 315

XXX **Ciel de Loire,** 55 rte Orléans ✆ 02 38 72 29 51, *Fax 02 38 72 29 67*, , parc – P. AE GB
fermé août, sam. midi et dim. soir – **Repas** 125/255 et carte 260 à 340 ♀ AY v

à Boulay-les-Barres *par ⑩ : 12 km – 466 h. alt. 126 – ✉ 45140 St-Jean-de-la-Ruelle :*

XX **Auberge du Relais de la Beauce,** Les Barres (D 955) ✆ 02 38 75 36 04, *Fax 02 38 75 33 39* – AE GB JCB
fermé août, dim. soir, lundi soir et mardi soir – **Repas** (nombre de couverts limité, prévenir) 99/300 ♀, enf. 65

ORLY (Aéroports de Paris) *94 Val-de-Marne* 61 ①, 101 ㉖ – *voir à Paris, Proche banlieue.*

ORMOY-LA-RIVIÈRE *91 Essonne* 60 ⑳, 106 ㊷ – *rattaché à Étampes.*

ORNAISONS *11 Aude* 83 ⑬ – *rattaché à Narbonne.*

ORNANS *25290 Doubs* 66 ⑯ *G. Jura* – *4 016 h alt. 355.*

Voir *Grand Pont* ≤★ – *Vallée de la Loue*★★ *O* – *Le Château* ≤★ *N : 2,5 km* – *Dino-Zoo*★ *N : 12 km.*

🛈 *Office de Tourisme r. P.-Vernier* ℘ *03 81 62 21 50, Fax 03 81 62 21 50.*
Paris 429 – *Besançon 25* – *Baume-les-Dames 43* – *Morteau 53* – *Pontarlier 35.*

🏨 **France,** r. P. Vernier ℘ 03 81 62 24 44, Fax 03 81 62 12 03, 🐎 – 📺 ☎ ✆ 🅿 – 🏊 40. ⓪
≋100 GB. 🍴
fermé 1ᵉʳ déc. au 15 fév., dim. soir et lundi – **Repas** 110/310 ⌿ – ☲ 45 – **31 ch** 160/450 – ½ P 400/450

rte de Bonnevaux-le-Prieuré *Nord-Ouest : 8 km par D 67 et D 280* – ⊠ *25620 Bonnevaux :*

XXX **Moulin du Prieuré** ⊰ *avec ch,* ℘ 03 81 59 21 47, Fax 03 81 59 28 79, 🍴, 🐎 – 📺 ☎ ✆
🅿 – 🏊 20. ⅍ ⓪ GB
fermé 10 janv. au 10 fév. – **Repas** *(fermé merc. midi et mardi de sept. à mars)* 195/365 –
☲ 55 – **12 ch** 420/750 – ½ P 420/520

OROUET *85 Vendée* 67 ⑫ – *rattaché à St-Jean-de-Monts.*

ORPIERRE *05700 H.-Alpes* 81 ⑤ *G. Alpes du Sud* – *335 h alt. 682.*
Paris 695 – *Digne-les-Bains 71* – *Gap 56* – *Château-Arnoux 46* – *Serres 20* – *Sisteron 32.*

aux Bégües *Sud-Ouest : 4,5 km* – ⊠ *05700 Orpierre :*

🏠 **Céans** ⊰, ℘ 04 92 66 24 22, Fax 04 92 66 28 29, ≤, 🍴, parc, 🏊, 🎾 – 📺 ☎ 🅿. ⅍ GB
⊛ *15 mars-1ᵉʳ nov.* – **Repas** 85/200 ⌿, enf. 50 – ☲ 38 – **22 ch** 260/340 – ½ P 253

ORSAN *18 Cher* 68 ⑳ – *rattaché au Châtelet.*

ORTHEZ *64300 Pyr.-Atl.* 78 ⑧ *G. Aquitaine* – *10 159 h alt. 55.*

Voir *Pont Vieux*★.

🛈 *Office de Tourisme Maison Jeanne-d'Albret* ℘ 05 59 69 02 75, Fax 05 59 69 12 00.
Paris 766 ⑤ – *Pau 48* ② – *Bayonne 74* ④ – *Dax 39* ⑤ – *Mont-de-Marsan 54* ①.

ORTHEZ

Albret (R. Jeanne-d') . . . . **BZ** 2
Aquitaine (Av. d') . . . . **AY** 3
Argote (R. Daniel) . . . . **AZ** 4
Armes (Pl. d') . . . . **BZ** 5
Baillères (R. Paul) . . . . **BZ** 6
Bourg-Vieux (R.) . . . . **AZ** 7
Briand (R. Aristide) . . . . **BY** 8
Brossers (Pl.) . . . . **BZ** 9
Corps-Franc-Pommiès
(Av. du) . . . . **AY** 12
Darget (R. Xavier) . . . . **BZ** 13
Foy (R. du Gén.) . . . . **BY** 14
Frères-Reclus
(R. des) . . . . **AZ** 16
Horloge (R. de l') . . . . **BY** 21
Jacobins (R. des) . . . . **BZ** 22
Jammes
(Av. Francis) . . . . **BZ** 23
Lasserre (R. Pierre) . . . . **ABZ** 26
Moncade (R.) . . . . **BY** 28
Moulin (R. du) . . . . **BZ** 29
Moutète (Pl. de la) . . . . **AZ** 30
Pont-Neuf (Av. du) . . . . **ABZ** 32
Poustelle (Pl. de la) . . . . **BY** 33
St-Gilles (R.) . . . . **BZ**
St-Pierre (Pl. et ⊟) . . . . **AY** 35
St-Pierre (R.) . . . . **AY** 36
Tilleuls (Av. des) . . . . **BY** 38
Viaduc (R. du) . . . . **AY** 40

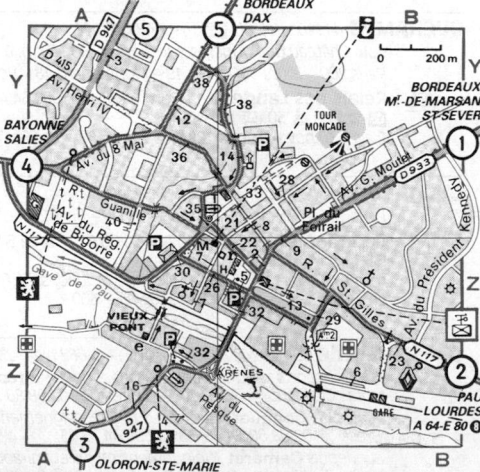

🏠 **Au Temps de la Reine Jeanne** ⊰, 44 r. Bourg-Vieux ℘ 05 59 67 00 76,
⊛ Fax 05 59 69 09 63 – 📺 ☎ ✆ &. ⅍ GB   BZ **r**
fermé 1ᵉʳ au 15 mars – **Repas** 85/180 ⌿, enf. 40 – ☲ 30 – **20 ch** 250/320 – ½ P 270/290

XX **Auberge St-Loup,** 20 r. Pont Vieux ℘ 05 59 69 15 40, Fax 05 59 67 13 19, 🍴 – ⅍ GB
fermé vacances de printemps, dim. soir et lundi – **Repas** 98/160, enf. 50   AZ **e**

à Maslacq *par* ②. *9 km – 738 h. alt. 71 –* ⊠ *64300 Orthez :*

🏠 **Maugouber** ♠, ℰ 05 59 38 78 00, Fax 05 59 38 78 29, ⽮, 🎄 – 🍽 rest, 📺 ☎ ⌕ ⌖.
ⓖⓑ
Repas *(fermé 23 déc. au 2 janv., vend. soir, sam. et fériés d'oct. à avril)* 65/180 ♀ – ⌑ 35 –
22 ch 250/350   ½ P 230/250

ORVAULT *44 Loire-Atl.* 🔢 ③ *– rattaché à Nantes.*

OSNY *95 Val-d'Oise* 🔢 ⑲,, 🔢 ⑤,, 🔢 ② *– voir à Paris, Environs (Cergy-Pontoise Ville Nouvelle).*

L'OSPÉDALE *2A Corse-du-Sud* 🔢 ⑧ *– voir à Corse.*

OSSÈS *64780 Pyr.-Atl.* 🔢 ③ *– 692 h alt. 102.*
Paris 810 – *Biarritz 42* – Cambo-les-Bains 22 – Pau 131 – St-Jean-Pied-de-Port 15.

🏠 **Mendi Alde**, pl. Église ℰ 05 59 37 71 78, Fax 05 59 37 77 22, 🎄, 🎄 – 📺 ☎ 🅿. ⓖⓑ
ⓖⓑ *fermé 1ᵉʳ nov. au 1ᵉʳ déc., dim. soir et lundi d'oct. à mai* – **Repas** 80/190 ♀, enf. 50 – ⌑ 45 –
21 ch 210/320 – ½ P 230/290

OSTHOUSE *67150 B.-Rhin* 🔢 ⑤ *– 884 h alt. 155.*
Paris 501 – *Strasbourg 29* – Obernai 18 – Offenburg 41 – Sélestat 23.

🍽🍽 **Aigle d'Or,** ℰ 03 88 98 06 82, Fax 03 88 98 81 75 – 🍽 🅿. ⒶⒺ ⓖⓑ
fermé 6 au 30 août, vacances de fév., lundi soir et mardi – **Repas** 170/360 ♀ - **Winstub** :
Repas *(45)* et carte environ 190 ♀

OSTWALD *67 B.-Rhin* 🔢 ⑩ *– rattaché à Strasbourg.*

OTA *2A Corse-du-Sud* 🔢 ⑮ *– voir à Corse (Porto).*

OTTROTT *67 B.-Rhin* 🔢 ⑨ *– rattaché à Obernai.*

OUCHAMPS *41120 L.-et-Ch.* 🔢 ⑰ *– 648 h alt. 92.*
Voir *Château de Fougères-sur-Bièvre★ NO : 5 km*, G. Châteaux de la Loire.
Paris 200 – *Tours 56* – Blois 19 – Montrichard 18 – Romorantin-Lanthenay 39.

🏠🏠🏠 **Relais des Landes** ♠, Nord : 1,5 km ℰ 02 54 44 40 40, Fax 02 54 44 03 89, parc, ⽮ –
📺 ☎ 🅿 – 🏛 30. ⒶⒺ ⓖⓑ
2 avril-30 nov. – **Repas** 180/295 ♀, enf. 65 – ⌑ 65 – **28 ch** 495/785 – ½ P 548/692

OUCQUES *41290 L.-et-Ch.* 🔢 ⑦ *– 1 473 h alt. 127.*
Paris 161 – *Orléans 58* – Beaugency 29 – Blois 28 – Châteaudun 30 – Vendôme 20.

🍽🍽 **Commerce** avec ch, ℰ 02 54 23 20 41, Fax 02 54 23 02 88 – 🍽 rest, 📺 ☎ ⌕ ⌖. ⒶⒺ
ⓖⓑ
fermé 20 déc. au 15 janv., dim. soir et lundi sauf fêtes – Repas *(dim. prévenir)* 97/280 ♀,
enf. 60 – ⌑ 41 – **12 ch** 280/310 – ½ P 300

OUESSANT (Île d') *29242 Finistère* 🔢 ② *– 1 062 h alt. 23.*
⛴ *Transports uniquement piétons - depuis* **Brest** *traversée 2h15-Renseignements et
tarifs : Cie Maritime Penn Ar Bed (Brest)* ℰ *02 98 80 24 68, Fax 02 98 44 75 43.*
depuis **Le Conquet** *traversée 1 h - Renseignements et tarifs : Cie Maritime Penn Ar Bed
(Brest)* ℰ *02 98 80 24 68, Fax 02 98 44 75 43.*
⛴ *depuis* **Camaret** *(uniquement mi-juillet/mi-août) traversée 1h15-Renseignements et
tarifs : Cie Maritime Penn Ar Bed (Brest)* ℰ *02 98 80 24 68, Fax 02 98 44 75 43.*
🅱 *Office de Tourisme pl. de l'Église* ℰ *02 98 48 85 83, Fax 02 98 48 87 09.*

🏠 **Roc'h-Ar-Mor** Ⓜ ♠, au bourg de Lampaul ℰ 02 98 48 80 19, Fax 02 98 48 87 51, ≤, 🎄
– 🍽 📺 ☎ ⌕ ⌖, ⓖⓑ ⌁ rest
fermé 15 nov. au 1ᵉʳ déc. et 15 janv. au 1ᵉʳ fév. – **Repas** *(fermé lundi de sept. à avril)* 98/270 ♀
– ⌑ 45 – **15 ch** 300/420 – ½ P 280/350

OUHANS 25520 Doubs **70** ⑥ – 287 h alt. 600.

Voir *Source de la Loue*★★★ N : 2,5 km puis 30 mn – *Belvédère du Moine de la Vallée* ☀★★
NO : 5 km – *Belvédère de Renédale* ⩽★ NO : 4 km puis 15 mn, G. Jura.
Paris 451 – Besançon 47 – Pontarlier 16 – Salins-les-Bains 40.

🏠 **Sources de la Loue**, au village ✆ 03 81 69 90 06, Fax 03 81 69 93 17, 🌲 – 🕎 ☎ 💶, GB
fermé 25 oct. au 6 nov., 22 déc. au 1er fév. et mardi soir hors saison – **Repas** 72 bc
(déj.)/200 ♀, enf. 45 – 🖙 38 – **13 ch** 240 – ½ P 260

OUILLY-DU-HOULEY 14 Calvados **55** ⑭ – *rattaché à Lisieux.*

OUISTREHAM 14150 Calvados **55** ② G. *Normandie Cotentin – 6 709 h – Casino (Riva Bella).*
Voir *Église St-Samson*★.
🛈 *Office de Tourisme Jardin du Casino ✆ 02 31 97 18 63, Fax 02 31 96 87 33.*
Paris 232 – Caen 15 – Arromanches-les-Bains 32 – Bayeux 42 – Cabourg 19.

au Port d'Ouistreham :

❌❌❌ **Normandie** avec ch, 71 av. M. Cabieu ✆ 02 31 97 19 57, Fax 02 31 97 20 07 – 🕎 ☎ 💶 🅿.
🆎 ⓪ GB 🇯🇨🇧
fermé 20 déc. au 20 janv., dim. soir et lundi de nov. à mars – **Repas** 98/340 et carte 240 à
350 ♀ – 🖙 45 – **22 ch** 320/350 – ½ P 340/370

à Riva-Bella :

🏨 **Thermes Riva-Bella Normandie**, av. Cdt Kieffer ✆ 02 31 96 40 40,
Fax 02 31 96 45 45, ⩽, centre de thalassothérapie, 🛁, 🔲 – 🛗 🙌 🕎 ☎ 💶 ⅙ 🅿 – 🏊 50. 🆎
⓪ GB. � rest
fermé 1er au 15 déc. – **Repas** 110/235 ♀, enf. 60 – 🖙 55 – **46 ch** 450/750, 4 appart –
½ P 530

🏠 **Plage** sans rest, 39 av. Pasteur ✆ 02 31 96 85 16, Fax 02 31 97 37 46, 🌴 – 🕎 ☎ 🅿. 🆎 ⓪
GB
1er mars-1er nov. – 🖙 36 – **16 ch** 300/380

❌ **Métropolitain**, 1 rte Lion ✆ 02 31 97 18 61, « Évocation d'un wagon de métropolitain
🇬🇧 1900 » – 🆎 GB
fermé 19 au 27 nov., lundi soir et mardi d'oct. à mai – **Repas** 75/148

à Colleville-Montgomery bourg *Ouest : 3,5 km par D 35A – 1 926 h. alt. 10 – ✉ 14880 :*

❌❌ **Ferme St-Hubert**, ✆ 02 31 96 35 41, Fax 02 31 97 45 79, 🌲, 🌴 – 🅿. 🆎 ⓪ GB
fermé 24 déc. au 15 janv., dim. soir et lundi sauf juil.-août et fériés – **Repas** 90/255 ♀

Les OURSINIÈRES 83 Var **84** ⑮, **114** ㊻ – *rattaché au Pradet.*

OUST 09140 Ariège **86** ③ – 449 h alt. 500.
Paris 814 – Foix 60 – Tarascon-sur-Ariège 50 – St-Girons 17.

❌❌ **Hostellerie de la Poste** avec ch, ✆ 05 61 66 86 33, Fax 05 61 66 86 33, 🌲, 🏓, 🌴 – ☎
🖘 🅿. GB
Pâques-1er nov. et fermé mardi midi et lundi – **Repas** 115/210, enf. 50 – 🖙 40 – **25 ch**
165/340 – ½ P 260/350

OUZOUER-SUR-LOIRE 45570 Loiret **65** ① – 2 310 h alt. 140.
Paris 152 – Orléans 53 – Gien 17 – Montargis 44 – Pithiviers 55 – Sully-sur-Loire 9.

❌❌ **L'Abricotier**, 106 r. Gien ✆ 02 38 35 07 11, Fax 02 38 35 63 63 – GB
fermé 16 août au 1er sept., 24 au 31 déc., dim. soir, merc. soir et lundi sauf fériés – **Repas**
135/300 bc, enf. 50

OYE-ET-PALLET 25160 Doubs **70** ⑥ – 467 h alt. 853.
Paris 458 – Besançon 65 – Champagnole 44 – Morez 55 – Pontarlier 7.

🏨 **Parnet**, ✆ 03 81 89 42 03, Fax 03 81 89 41 47, ⩽, parc, 🏊, 🎾 – 🕎 ☎ 💶 🖘 🅿. 🆎 GB.
�
fermé 20 déc. à début fév., dim. soir et lundi sauf vacances scolaires – **Repas** (*fermé dim.
soir et lundi*) 100/260 – 🖙 45 – **16 ch** 295/360 – ½ P 330/370

OYONNAX *01100 Ain* 70 ⑭ *G. Jura – 23 869 h alt. 540.*

🛈 *Office de Tourisme 1 r. Bichat* ℘ *04 74 77 94 46, Fax 04 74 77 68 27.*
Paris 490 ③ *– Bellegarde-sur-Valserine 32* ② *– Bourg-en-Bresse 63* ④ *– Nantua 21* ③.

OYONNAX

Anatole-France (R.)	**YZ**	Jean-Jaurès (Av.)	**Z** 10	Sonthonnax (R. J.)	**Y** 18
Bichat (R.)	**YZ** 2	Michelet (R.)	**Y**	Vaillant-Couturier (Pl.)	**Y** 20
Brunet (R.)	**Y** 3	Murat (R. du)	**Z** 12	Vandel (R.)	**Y** 22
Château (R. du)	**Z** 4	Paix (R. de la)	**Z** 14	Victoire (R. de la)	**Z** 23
		Renan (R.)	**Z** 15	Voltaire (R.)	**Z**
		Roosevolt		Zola (Pl. Émile)	**Z** 25
		(Av. Prés.)	**Y** 16	8-Mai-1945 (R. du)	**Z** 26

🏨 **Grandes Roches**, par ④, sortie autoroute n° 11 : 1,5 km ℘ 04 74 77 27 60, *Fax 04 74 73 89 87*, ≤, 🚡 – 🛗 📺 ☎ ✆ 🅿 – 🔬 50. 🖭 ⓪ ☾

Les Feuillantines ℘ 04 74 81 88 83 *(fermé sam. midi et dim. soir)* **Repas** 95/195 ⌾, enf. 50 – ⌷ 49 – **38 ch** 355/440 – ½ P 320/345

%% **Toque Blanche**, 11 pl. Église St-Léger ℘ 04 74 73 42 63, *Fax 04 74 73 76 48* – 🗔. 🖭 ⓪
☾
⊛ *fermé 1er au 20 août, 1er au 7 janv., sam. midi et dim. soir* – **Repas** (90) - 130 bc/340 ⌾, enf. 65
Z a

au Lac Génin *par* ② *et D 13 : 10 km –* ✉ *01130 Charix :*
Voir *Site* du lac.

%% **Auberge du Lac Genin** ⌂ avec ch, ℘ 04 74 75 52 50, *Fax 04 74 75 51 15*, ≤, 🚡 – 📺
⊛ ☎ 🅿. 🖭 ☾. ✗
fermé 15 oct. au 1er déc., dim. soir et lundi – **Repas** 69/115 ⌾, enf. 35 – ⌷ 28 – **5 ch**
130/250

à Bellignat *par* ③ *: 2,5 km – 3 233 h. alt. 530 –* ✉ *01100* ·

🏨 **Mélodie**, av. V. Hugo ℘ 04 74 73 45 26, *Fax 04 74 73 04 56*, 🚡 – 📺 ☎ ♿ 🅿 – 🔬 15. ⓪
⊛ ☾
Repas *(fermé sam. et dim.)* 85/150 ♨ – ⌷ 35 – **35 ch** 230/278 – ½ P 240/269

OZOIR-LA-FERRIÈRE *77 S.-et-M.* 61 ②., 106 ㉝., 101 ㉚ *– voir à Paris, Environs.*

PACY-SUR-EURE 27120 Eure 55 ⑰, 106 ① *G. Normandie Vallée de la Seine – 4 295 h alt. 40.*
Paris 79 – Rouen 62 – Dreux 39 – Évreux 19 – Louviers 32 – Mantes-la-Jolie 27 – Vernon 15.

Altina M, rte Paris ✆ 02 32 36 13 18, *Fax 02 32 26 05 11,* – TV ☎ P – 30. AE GB
Repas *(fermé 5 au 27 août, 24 au 31 déc. et dim. soir)* 65/139 ♀, enf. 56 – ☐ 36 – **29 ch** 290/300 – ½ P 245

à Caillouet *Ouest : 6 km par N 13 et rte secondaire – 336 h. alt. 122 – ✉ 27120 :*

Deux Tilleuls, ✆ 02 32 36 90 48, *Fax 02 32 36 90 48,* – P. GB
fermé 6 au 17 mars, 22 août au 9 sept., lundi soir et merc. – **Repas** 80/255

à Cocherel *Nord-Ouest : 6,5 km par D 836 – ✉ 27120 Pacy-sur-Eure :*

Ferme de Cocherel avec ch, ✆ 02 32 36 68 27, *Fax 02 32 26 28 18,* – TV ☎ P. AE ⓓ GB JCB
fermé 28 août au 14 sept, 1er au 25 janv., mardi et merc. – **Repas** 220 et carte 310 à 460 ♀ – ☐ 60 – **3 ch** 600/800 – ½ P 580/680

PADIRAC *46500 Lot 75 ⑲ – 160 h alt. 360.*
Voir *Gouffre de Padirac*★★ *N : 2,5 km,* G. Périgord Quercy.
Paris 534 – Brive-la-Gaillarde 54 – Cahors 67 – Figeac 40 – Gramat 11 – St-Céré 16.

Montbertrand, au village ✆ 05 65 33 64 47, – ☎ P. GB
8 avril-15 oct. – **Repas** (76) - 96/175 ♀, enf. 68 – ☐ 36 – **7 ch** 230/290 – ½ P 229/255

Auberge de Mathieu, rte gouffre : 2 km ✆ 05 65 33 64 68, *Fax 05 65 33 69 29,* – TV ☎ P. GB
15 mars-12 nov. et fermé sam. en mars, oct. et nov. – **Repas** *(1er mars-15 nov. et fermé sam. en mars, oct., et nov.)* 88 (dîner), 98/245 ♀, enf. 52 – ☐ 35 – **7 ch** 280 – ½ P 260/280

Padirac Hôtel, au Gouffre : 2,5 km ✆ 05 65 33 64 23, *Fax 05 65 33 72 03,* – ☎ P. GB
1er avril-9 oct. – **Repas** 65/200 ♀, enf. 40 – ☐ 38 – **22 ch** 125/235 – ½ P 180/235

PAILHEROLS *15800 Cantal 76 ⑬ – 171 h alt. 1000.*
Paris 569 – Aurillac 34 – Entraygues-sur-Truyère 50 – Murat 44 – Vic-sur-Cère 13.

Auberge des Montagnes, ✆ 04 71 47 57 01, *Fax 04 71 49 63 83,* – TV ☎ P. GB
fermé 12 oct. au 20 déc. – **Repas** 78/128 – ☐ 35 – **22 ch** 220/290 – ½ P 230/280

PAIMPOL *22500 C.-d'Armor 59 ② G. Bretagne – 7 856 h alt. 15.*
Voir *Abbaye de Beauport*★ *2 km par ② – Tour de Kerroc'h* ≤★ *3 km par ① puis 15 mn.*
Env. *Pointe de Minard*★★ *11 km par ②.*
ℹ *Office de Tourisme pl. de la République ✆ 02 96 20 83 16, Fax 02 96 55 11 12.*
Paris 494 ② – St-Brieuc 47 ② – Guingamp 29 ④ – Lannion 33 ⑤.

PAIMPOL
Circulation réglementée l'été

Bertho (R. Sylvain)	2
Botrel (Sq. T.)	3
Église (R. de l')	4
Fromal (R. H.)	5
Gaulle (Av. Gén.-de)	7
Islandais (R. des)	8
Labenne (R. de)	9
Leclerc (R. Gén.)	10
Marne (R. de la)	12
Martray (Pl. du)	13
Morand (Quai)	14
Pasteur (R.)	15
République (Pl. de la)	16
St-Vincent (R.)	17
Verdun (Pl. de)	19
18-Juin (R. du)	22

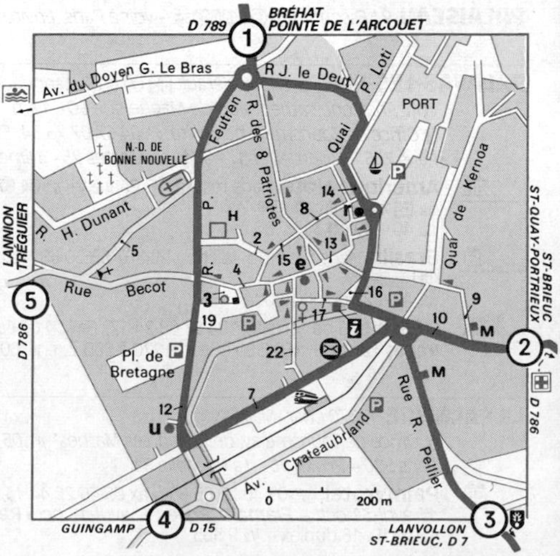

Les plans de villes sont orientés le Nord en haut.

🏠 **K'Loys** sans rest, 21 qual Morand **(r)** ℘ 02 96 20 40 01, *Fax 02 96 20 72 68*, ≼, « Beau
mobilier » – 🛗 📺 ☎ ✆. 📧
☐ 50 – **11 ch** 495/695

🏠 **Paimpol-Eurotel**, par ③ : *1 km* ℘ 02 96 20 81 85, *Fax 02 96 20 48 24* – 📺 ☎ 🅰 🅿 –
🅰 25. 📧 📧
15 mars-31 oct. – **Repas** *(fermé sam. soir et dim.)* (75) - 90/160 🐸, enf. 45 – ☐ 45 – **30 ch**
245/310 – ½ P 265/280

🏠 **Motel Nuit et Jour** sans rest, rte Ile-de-Bréhat par ① : *2 km* ⊠ 22620 Ploubazlanec
℘ 02 96 20 97 97, ☞ – cuisinette 📺 ☎ 🅰 🅿. 📧
☐ 37 – **20 ch** 285/335

XX **Marne** avec ch, 30 r. Marne **(u)** ℘ 02 96 20 82 16, *Fax 02 96 20 92 07* – ☰ rest, 📺 ☎ 🅿. 📧
📧 📧 🅹🅲🅱
🏵 *fermé vacances de fév., 1er au 15 oct., dim. soir et lundi sauf juil. août et fériés* – **Repas**
105/450 bc 🐸, enf. 70 – ☐ 45 – **12 ch** 330/350 – ½ P 300/320

XX **Vieille Tour**, 13 r. Église **(e)** ℘ 02 96 20 83 18, *Fax 02 96 20 90 41* – 📧
fermé dim. soir et merc. en hiver et lundi midi en juil.-août **Repas** 118/350 🐸, enf. 75

à la Pointe de l'Arcouest *par ① : 6 km* – ⊠ 22620 Ploubazlanec :

Voir ≼★★.

🏠 **Barbu** 🦢, ℘ 02 96 55 86 98, *Fax 02 96 55 73 87*, ≼ Ile de Bréhat, 🏊, ☞ – 📺 ☎ 🅰 🅿. 📧
📧 🅹🅲🅱
fermé 3 janv. au 15 fév. et lundi du 2 nov. au 25 mars – **Repas** 100 (déj.), 150/200 🐸 – ☐ 60 –
19 ch 500/700 – ½ P 600/650

près du pont de Lézardrieux *par ⑤ : 5 km* – ⊠ 22500 Paimpol :

🏠 **Relais Brenner** 🦢 sans rest, r. St-Julien ℘ 02 96 22 29 95, *Fax 02 96 22 22 72*, ≼, « Parc
fleuri sur le Trieux » – 🛗 📺 ☎ 🅰 🅿. 📧 📧 📧 🅹🅲🅱
30 mars-1er nov. – ☐ 50 – **18 ch** 380/650, 3 duplex

PAIRIS 68 H.-Rhin 🔢 ⑱ – *rattaché à Orbey.*

PAJAY (Roches de) 38 Isère 🔢 ② – *rattaché à Beaurepaire.*

PALAGACCIO 2B H.-Corse 🔢 ③ – *voir à Corse (Bastia).*

LE PALAIS 56 Morbihan 🔢 ⑪ – *voir à Belle-Ile-en-Mer.*

PALAISEAU 91 Essonne 🔢 ⑩, 🔢 ㉞ – *voir à Paris, Environs.*

PALAVAS-LES-FLOTS 34250 Hérault 🔢 ⑦ ⑰ G. Languedoc Roussillon – 4 748 h alt. 1 – Casino.
Voir Ancienne cathédrale★ de Maguelone SO : 4 km.
🅱 Office de Tourisme 1 bd Joffre ℘ 04 67 07 73 34, Fax 04 67 07 73 58.
Paris 765 – Montpellier 17 – Aigues-Mortes 25 – Nîmes 59 – Sète 30.

🏠 **Amerique Hôtel** sans rest, av. F. Fabrège ℘ 04 67 68 04 39, *Fax 04 67 68 07 83*, 🏊 – 🛗
☰ 📺 🅰 🅰. 📧 📧 📧
☐ 40 – **49 ch** 310/380

🏠 **Brasilia** sans rest, bd Joffre ℘ 04 67 68 00 68, *Fax 04 67 68 40 41* – ☰ 📺 ☎ ✆. 📧 📧
📧
☐ 40 – **22 ch** 400/600

XXX **L'Escale**, 5 bd Sarrail ℘ 04 67 68 24 17, *Fax 04 67 68 24 17* – 📧 📧 📧
Repas 120 (déj.), 160/380 et carte 270 à 500 🐸, enf. 60

La PALMYRE 17570 Char.-Mar. 🔢 ⑮.
🅱 Office de Tourisme av. de Royan"Les Mathes" ℘ 05 46 22 41 07, Fax 05 46 22 52 69.
Paris 520 – Royan 16 – La Rochelle 81.

🏠 **Palmyrotel**, ℘ 05 46 23 65 65, *Fax 05 46 22 44 13*, ☆ – 🛗 📺 ☎ ✆ 🅰 🅿. 📧
1er avril-31 oct. – **Flamant Rose** *(1er avril-15 oct.)* **Repas** 115/225, enf. 40 – ☐ 40 – **30 ch**
450/510, 16 duplex – ½ P 385

La PALUD-SUR-VERDON *04120 Alpes-de-H.-P.* **81** ⑰ *G. Alpes du Sud – 243 h alt. 930.*

Env. *Belvédères : Trescaïre*★★ *(5 km), l'Escalès*★★★ *(7 km) par D952 puis D 23 – Point Sublime*★★★ *(< sur le Grand Canyon du Verdon) NE : 7,5 km puis 15 mn.*

Paris 802 – Digne-les-Bains 66 – Castellane 25 – Draguignan 60 – Manosque 68.

Gorges du Verdon, Sud : 1 km ✆ 04 92 77 38 26, *Fax 04 92 77 35 00*, <, – 📺 ☎ ♿ P – 25. GB
1er avril-1er nov. – **Repas** 120/160 ♀, enf. 60 – **28 ch** (1/2 pens. seul.) – 1/2 P 460/540

Auberge des Crêtes, Est : 1 km sur D 952 ✆ 04 92 77 38 47, *Fax 04 92 77 30 40*, – ☎ P. GB
avril-sept. – **Repas** *(fermé jeudi sauf juil.-août et vacances scolaires)* 88/120 ♀, enf. 52 – 37 – **12 ch** 266/310 – 1/2 P 268/280

PAMIERS *09100 Ariège* **86** ④ ⑤ *G. Midi-Pyrénées – 12 965 h alt. 280.*

Office de Tourisme bd Delcassé ✆ 05 61 67 52 52, Fax 05 61 67 22 40.

Paris 758 – Foix 20 – Auch 132 – Carcassonne 77 – Castres 98 – Toulouse 64.

France, 5 cours Rambaud ✆ 05 61 60 20 88, *Fax 05 61 67 29 48* – rest, 📺 ☎ P – 30. AE ⓓ GB
fermé 24 déc. au 2 janv. – **Repas** *(fermé vend. soir et dim. d'oct. à mai)* 68 (déj.), 95/230, enf. 55 – 98 – **29 ch** 285/360 – 1/2 P 280

PANTIN *93 Seine-St-Denis* **56** ⑪, **101** ⑯ *– voir à Paris, Environs.*

Le PARADOU *13 B.-du-R.* **83** ⑩ *– rattaché à Maussane-les-Alpilles.*

PARAMÉ *35 I.-et-V.* **59** ⑥ *– voir à St-Malo.*

PARAY-LE-MONIAL *71600 S.-et-L.* **69** ⑰ *G. Bourgogne – 9 859 h alt. 245.*

Voir *Basilique du Sacré-Coeur*★★ *– Hôtel de ville*★ **H** *– Tympan*★ *du musée du Hiéron* **M.**

Office de Tourisme 25 av. Jean-Paul-II ✆ 03 85 81 10 92, Fax 03 85 81 36 61.

Paris 353 ⑤ – Moulins 67 ⑤ – Mâcon 67 ② – Montceau-les-Mines 36 ① – Roanne 55 ④.

PARAY-LE-MONIAL

Alsace-Lorraine (Pl.) 2
Billet (R.) 3
Chapelains (Allée des) 5
Charolles (av. de) 6
Commerce (Quai du) 7
Dauphin-Louis (Bd) 8
Desrichard (R. Louis) 9
Deux-Ponts (R.) 12
Dr. Griveaud (R.) 13
Four (R. du) 14
Gaulle (Av. Ch.-de) 15
Guignault (Pl.) 17
Industrie (Quai de l') 18
Jaurès (Cours Jean) 20
Lamartine (Pl.) 21
Paix (R. de la) 23
Regnier (Bd H. de) 26
République (R.) 27
St-Vincent (R.) 28
Victor-Hugo (R.) 29
Visitation (R.) 30

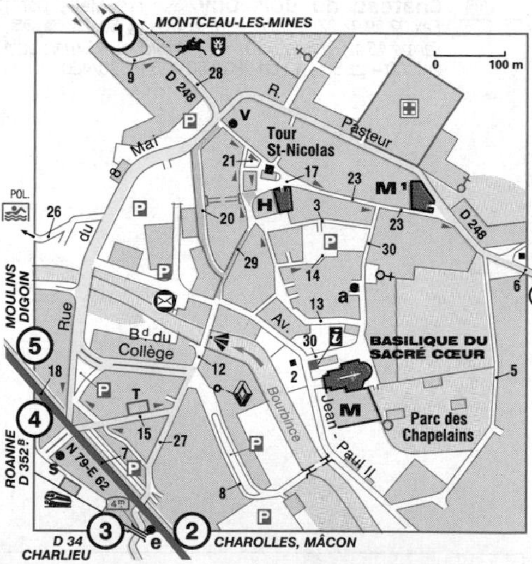

Trois Pigeons, 2 r. Dargaud (v) ✆ 03 85 81 03 77, *Fax 03 85 81 58 59*, – 📺 ☎ ♿ . AE ⓓ GB
1er mars-1er déc. – **Repas** 85/230 – 38 – **44 ch** 240/330 – 1/2 P 255/285

Terminus, 27 av. Gare (s) ✆ 03 85 81 59 31, *Fax 03 85 81 38 31*, – 📺 ☎ P. GB. ch
fermé sam. et dim. sauf hôtel en saison – **Repas** (dîner seul.) 79/120 – 56 – **16 ch** 240/400 – 1/2 P 315/400

🏛 **Basilique,** 18 r. Visitation (a) ℘ 03 85 81 11 13, Fax 03 85 88 83 70 – 🛏 ☎. ﷼ ⓞ 🇬🇧
🍴 15 mars-31 oct. – **Repas** 75/230 ⅀, enf. 45 – ⌷ 35 – **58 ch** 200/310 – ½ P 230/270

🏛 **Vendanges de Bourgogne,** 5 r. D. Papin (e) ℘ 03 85 81 13 43, Fax 05 85 88 87 59, ⌂
🍴 – 🔟 ☎ 📺 ✔ 🕭 📮. ﷼ ⓞ 🇬🇧
fermé 4 janv. au 10 fév., dim. soir et lundi midi d'oct. à juin – **Repas** 75/195 ⅀, enf. 58 ⌷ **36**
– **17 ch** 175/250 – ½ P 250/290

à Poisson par ③ : 8 km sur D 34 – 578 h. alt. 300 – ⊠ 71600 :

XX **Poste et Hôtel La Reconce** Ⓜ avec ch, ℘ 03 85 81 10 72, Fax 03 85 81 64 34, ⌂, ⌀
— 🔳 rest, 🔟 ☎ ✔ 🕭. ﷼ ⓞ 🇬🇧 JCB
🍴 fermé 1 au 21/10, 29/01 au 26/02, mardi sauf le soir en saison, lundi de mars à mai et lundi
soir de sept. à fév. – **Repas** (85) - 130/500 bc ⅀, enf. 60 – ⌷ 55 – **7 ch** 330/480

par ⑤ : 4 km sur N 79 – ⊠ 71600 Paray-le-Monial :

🏛 **Motel Grill Le Charollais** Ⓜ, ℘ 03 85 81 03 35, Fax 03 85 81 50 31, ⌂, 🏊, ⌀ – 📺 ☎
📮 – 🛡 15 ﷼ ⓞ 🇬🇧
🍴 fermé 25 au 31 déc. – **Repas** grill (64) - 92/105 🍷, enf. 30 – ⌷ 44 – **20 ch** 298/520 –
½ P 230/250

PARCEY 39 Jura 🔟 ③ – rattaché à Dole.

PARENTIS-EN-BORN 40160 Landes 🔟 ③ G. Aquitaine – 4 056 h. alt. 32.
🅱 Office de Tourisme pl. Gén.-de-Gaulle ℘ 05 58 78 43 60, Fax 05 58 78 43 60.
Paris 661 – Bordeaux 82 – Mont-de-Marsan 76 – Arcachon 42 – Mimizan 25.

X **Poste,** av. 8-Mai-1945 ℘ 05 58 78 40 23 – 🇬🇧
🍴 fermé dim. soir et lundi sauf 10 juil. au 25 août – **Repas** 55 bc/130

X **Cousseau** avec ch, r. St-Barthélémy ℘ 05 58 78 42 40, Fax 05 58 78 42 46 – 📺 📮 🇬🇧
🍴 fermé 16 oct. au 5 nov., vend. soir et dim. soir – **Repas** 68/210 – ⌷ 32 – **10 ch** 165/265

PARIGNÉ 35133 I.-et-V. 🗐 ⑱ – 1 068 h alt. 162.
Paris 338 – Avranches 39 – Fougères 13 – Rennes 60 – St-Malo 80.

🏛🏛 **Château du Bois Guy** ⌂, rte Mellé par D 108 : 2 km ℘ 02 99 97 25 76,
Fax 02 99 97 27 27, parc – 📺 ☎ 📮 – 🛡 60. ﷼ ⓞ 🇬🇧
fermé 15 au 31 janv., dim. sauf le midi du 15 mars au 15 nov. et lundi – **Repas** 120 bc/280 ⅀,
enf. 60 – ⌷ 50 – **12 ch** 280/550 – ½ P 320/400

Participez à notre effort permanent
de mise à jour

Adressez-nous vos remarques
et vos suggestions.

Cartes et guides Michelin

46 avenue de Breteuil - 75324 Paris Cedex 07

🏠 **Provence** sans rest, 118 av. J. Jaurès par ② 𝒫 04 75 01 11 67, Fax 04 75 00 92 88 – ☎
🚗 **P**. **GB**
fermé 15 janv. au 15 fév. et sam. de nov. à fév. – � 33 – **16 ch** 165/270

XX **Francis**, rte Marseille par ② : 2,5 km 𝒫 04 75 01 43 82 – ▤ **P**. **GB**
fermé 26 juil. au 23 août, mardi soir, dim. soir et merc. sauf fériés
Repas 98/158 ♈, enf. 63

X **Petite France**, 34 impasse Raymond Daujat 𝒫 04 75 46 07 94 – **GB**   Y n
fermé 16 juil. au 21 août, 24 au 28 déc., sam. midi et dim. – **Repas** 85/165 ⚖

X **Grillon**, 40 r. Cuiraterie 𝒫 04 75 01 79 02, Fax 04 75 01 79 02, 🍽 – **AE** **GB**   Z x
fermé 3 au 24 juil., dim. soir et lundi – **Repas** (60) - 75 (déj.), 88/180 ♈

à Montboucher-sur-Jabron *Sud-Est par D 940 : 4 km – 1 278 h. alt. 124 –* ✉ 26740 :

🏯 **Château du Monard** M 🦢, au golf de la Valdaine, sortie Montélimar-Sud
𝒫 04 75 00 71 30, Fax 04 75 00 71 31, ≤, 🍽, parc, ♨, 🏊, ✵ – ▯ ▦ ☎ & **P** – 🔏 30. **AE**
⑩ **GB**
Repas *(fermé dim. soir de nov. à mars)* 158/430 ♈, enf. 60 - **Brasserie du Monard** *(fermé
dim. soir de nov. à mars)* Repas (85)-120 ♈, enf. 60 – ♈ 40 – **34 ch** 770/1285 – ½ P 640/978

sur N 7 par ② : *7,5 km –* ✉ 26780 Chateauneuf-du-Rhône :

XX **Pavillon de l'Étang**, 𝒫 04 75 90 76 82, Fax 04 75 90 72 39, 🍽, 🌳 – **P**. **AE** **GB**
fermé 28 août au 7 sept., 2 au 15 janv., dim. soir et lundi – **Repas** 98/295 ♈, enf. 65

par ② : *9 km par N 7 et D 844, rte Donzère –* ✉ 26780 Malataverne :

🏯 **Domaine du Colombier** 🦢, 𝒫 04 75 90 86 86, Fax 04 75 90 79 40, ≤, 🍽, « Jardin
fleuri », 🏊, 🌳 – ▦ ☎ ✆ 🚗 **P** – 🔏 25. **AE** ⑩ **GB**
Repas 150 bc (déj.), 190/230 ♈ – ♈ 70 – **22 ch** 480/880, 3 appart – ½ P 500/910

MONTENACH *57 Moselle* 🔢 ④ – *rattaché à Sierck-les-Bains.*

MONTEUX *84 Vaucluse* 🔢 ⑫ – *rattaché à Carpentras.*

MONTFAUCON *25 Doubs* 🔢 ⑮ – *rattaché à Besançon.*

MONTFAVET *84 Vaucluse* 🔢 ⑫ – *rattaché à Avignon.*

MONTFERRAT *83131 Var* 🔢 ⑦ – *629 h alt. 466.*
Voir S : *Gorges de Châteaudouble*★, *G. Côte d'Azur.*
Paris 881 – Castellane 44 – Draguignan 15 – Toulon 102.

X **Ferme du Baudron**, rte Draguignan : 1 km par D 955 𝒫 04 94 70 91 03, 🍽, « Cadre
rustique », 🏊, ✵ – **P**
fermé 15 janv. au 28 fév., merc. et le soir sauf sam. – **Repas** - grillades au feu de bois -
(nombre de couverts limité, prévenir) 110 ♈

MONTFERRIER *09 Ariège* 🔢 ⑤ – *rattaché à Lavelanet.*

MONTFORT-EN-CHALOSSE *40380 Landes* 🔢 ⑦ *G. Aquitaine – 1 116 h alt. 110.*
Voir *Musée de la Chalosse*★.
Paris 742 – Mont-de-Marsan 42 – Aire-sur-l'Adour 59 – Dax 19 – Hagetmau 28 – Orthez 29.

🏠 **Aux Tauzins** 🦢, Est : 1,5 km par D 32 et D 2 𝒫 05 58 98 60 22, Fax 05 58 98 45 79, 🍽,
🏊, 🌳 – ▦ ☎ ✆ **P** – 🔏 25. **GB**
fermé 2 au 17 oct., janv., dim. soir et lundi sauf juil.-août – **Repas** 100/200, enf. 55 – ♈ 40 –
16 ch 240/295 – ½ P 258/270

MONTFORT-L'AMAURY *78490 Yvelines* 🔢 ⑨, 🔢 ㉗ *G. Ile de France – 2 651 h alt. 185.*
Voir *Église*★ – *Ancien cimetière*★ – *Ruines du château* ≤★.
🛈 *Office de Tourisme 6 r. Amaury* 𝒫 01 34 86 87 96.
Paris 47 – Dreux 35 – Houdan 16 – Mantes-la-Jolie 30 – Rambouillet 20 – Versailles 27.

XXX **Auberge de l'Arrivée** (Habans), D 76 (à Méré) 𝒫 01 34 86 00 28, Fax 01 34 86 84 94,
❀ 🍽 – **AE** **GB** **JCB**
fermé 14 août au 15 sept., 20 fév. au 10 mars, lundi et mardi – **Repas** 250/390 et carte 300 à
500
Spéc. *Foie gras de canard. Cassolette de homard breton. Ris de veau braisé en cocotte.*

XX **Chez Nous**, 22 r. Paris 𝒫 01 34 86 01 62, Fax 01 34 86 84 87 – **GB**
fermé vacances de Toussaint, dim. soir et lundi sauf fériés – **Repas** 140/180 ♈

MONTGRÉSIN 60 Oise 🗺🖪 ⑪ ., 🖽🖽 ⑧ – rattaché à Chantilly.

Les MONTHAIRONS 55 Meuse 🗺🖪 ⑪ – rattaché à Verdun.

MONTHERMÉ 08800 Ardennes 🗺🖪 ⑩ G. Champagne – 2 866 h alt. 180.

Voir Roche aux Sept Villages ⩽★★ S : 3 km – Roc de la Tour ⩽★★ E : 3,5 km puis 20 mn – Longue Roche ⩽★★ NO : 2,5 km puis 30 mn – Roche à Sept Heures ⩽★ N : 2 km – Roche de Roma ⩽★ S : 4 km – Les Dames de Meuse★ NO : 5 km – Rocher des Quatre Fils Aymon★ SE : 5 km – E : Vallée de la Semoy★.

Env. Roches de Laifour★ NO : 6 km.

🛈 Office de Tourisme 38 r. Pasteur ℰ 03 24 53 02 11 Bureau d'accueil (juil.-sept.) pl. J.-Baptiste-Clément.

Paris 258 – Charleville-Mézières 18 – Fumay 28.

🏠 **Franco-Belge**, 2 r. Pasteur ℰ 03 24 53 01 20, Fax 03 24 53 54 49 – 🖃 rest., 📺 ☎. 🖎
🍴 ch
fermé 25 au 30 sept., 24 déc. au 7 janv., vend. soir, sam. midi et dim. soir de sept. à juin –
Repas 98/268 – ☑ 36 – **17 ch** 258/323 – ½ P 263/295

MONTHIEUX 01390 Ain 🗺🖪 ②, 🖽🖽 ⑤ – 344 h alt. 295.

Paris 440 – Lyon 30 – Bourg-en-Bresse 39 – Meximieux 25 – Villefranche-sur-Saône 24.

🏨 **Gouverneur** 🅜 🐾, au golf, rte Ambérieux-en-Dombes : 1,5 km par D 82 et D 6
ℰ 04 72 26 42 00, Fax 04 72 26 42 20, ⩽, 🌴, parc, « Sur le golf », 🏊, 🎾 – 📶 🖃 📺 ☎ 📞 🖎
🅿 – 🔏 70. 🖎 🖎 🖎
fermé 20 déc. au 1er janv. – **Repas** 195/350 🗜 – ☑ 65 – **45 ch** 540/590, 8 appart –
½ P 470/625

The Guide changes, so renew your Guide every year.

MONTI 06 Alpes-Mar. 🗺🖪 ⑳ – rattaché à Menton.

MONTICELLO 2B H.-Corse 🗺🖪 ⑬ – voir à Corse.

MONTIGNAC 24290 Dordogne 🗺🖪 ⑦ G. Périgord Quercy – 2 938 h alt. 77.

Voir Lascaux II★★ SE : 2,5 km.

Env. Le Thot, espace cro-magnon★ S : 7 km – Église★★ de St-Amand de Coly E : 7 km.

🛈 Office de Tourisme (fermé janv.) pl. Bertrand-de-Born ℰ 05 53 51 82 60, Fax 05 53 50 49 72.

Paris 494 – Brive-la-Gaillarde 38 – Périgueux 48 – Sarlat-la-Canéda 25 – Limoges 102.

🏨 **Château de Puy Robert** 🐾, Sud-Ouest : 1,5 km par D 65 ℰ 05 53 51 92 13,
Fax 05 53 51 80 11, ⩽, parc, « Élégante décoration intérieure », 🏊 – 📶, 🖃 rest, 📺 ☎ 🅿 –
🔏 30. 🖎 🖎 🖎
1er mai-15 oct. – **Repas** 215/445 et carte 370 à 680, enf. 95 – ☑ 95 – **36 ch** 710/1440,
4 duplex – ½ P 820/1390
Spéc. Carré de lapin rôti aux pleurottes. Fricassée de jambonnettes de grenouilles, artichaut braisé aux cèpes (août à oct.). Pigeon de grain rôti aux petits pois. **Vins** Bergerac
blanc et rouge.

🏨 **Roseraie** 🐾, pl. d'Armes ℰ 05 53 50 53 92, Fax 05 53 51 02 23, 🌴, « Demeure
ancienne aménagée avec soin », 🏊, 🌿 – 📺 ☎. 🖎
1er avril-2 nov. – **Repas** (1er mai-10 oct. et fermé le midi sauf sam. et dim.) 145/215 🗜, enf. 90
– ☑ 60 – **14 ch** 450 – ½ P 420/490

🏨 **Relais du Soleil d'Or**, r. 4-Septembre ℰ 05 53 51 80 22, Fax 05 53 50 27 54, 🌴,
« Parc », 🏊, – 📺 🖃 🅿 – 🔏 40. 🖎 🖎 🖎
fermé 15 janv. au 12 fév – **Repas** (fermé lundi midi et dim. soir de nov. à mars) 110/275 🗜 –
☑ 55 – **28 ch** 320/500, 4 appart – ½ P 350/445

MONTIGNY 76 S.-Mar. 🗺🖪 ⑥ – rattaché à Rouen.

MONTIGNY-AUX-AMOGNES 58130 Nièvre 🗺🖪 ④ – 498 h alt. 218.

Paris 249 – Château-Chinon 56 – Decize 36 – Nevers 13 – Prémery 19.

🍽 **Auberge des Amognes**, ℰ 03 86 58 61 97, 🌴 – 🅿. 🖎
🐾 fermé lundi – **Repas** (55) - 84/184 🗜, enf. 62

MONTIGNY-LA-RESLE *89230 Yonne* 65 ⑤ *– 548 h alt. 155.*
Paris 174 – Auxerre 14 – St-Florentin 18 – Tonnerre 33.

Soleil d'Or M ✆ 03 86 41 81 21, *Fax 03 86 41 86 88* – TV ☎ ♿ P – 🚶 20. AE ⦿ GB JCB
Repas 79 bc (déj.), 98/330 ♀, enf. 58 – ☕ 50 – **16 ch** 300/380 – ½ P 310

MONTIGNY-LE-BRETONNEUX *78 Yvelines* 60 ⑨, 101 ㉒ *– voir à Paris, Environs (St-Quentin-en-Yvelines).*

MONTIGNY-LE-ROI *52140 H.-Marne* 62 ⑬ *– 2 167 h alt. 404.*
Paris 296 – Chaumont 36 – Bourbonne-les-Bains 22 – Langres 24 – Neufchâteau 59.

Moderne, carrefour D74 et D417 ✆ 03 25 90 30 18, *Fax 03 25 90 71 80* – ▤ rest, TV ☎ ✆ ♿ 🚗 P – 🚶 25. AE ⦿ GB
Repas 98/250 ♀, enf. 45 – ☕ 48 – **26 ch** 300/380 – ½ P 320

MONTIGNY-SUR-AVRE *28270 E.-et-L.* 60 ⑥ *– 276 h alt. 140.*
Paris 112 – Alençon 85 – Argentan 87 – Chartres 50 – Dreux 33 – Verneuil-sur-Avre 9.

Moulin des Planches 🌿, Nord-Est : 1,5 km par D 102 ✆ 02 37 48 25 97, *Fax 02 37 48 35 63,* ≤, 🌳, parc, « Ancien moulin sur l'Avre » – TV ☎ P – 🚶 80. GB. ✗
fermé 1er janv. au 1er fév., dim. soir et lundi – **Repas** 98/196, enf. 75 – ☕ 48 – **18 ch** 240/625 – ½ P 348/453

MONTLIOT *21 Côte-d'Or* 65 ⑧ *– rattaché à Châtillon-sur-Seine.*

MONT-LOUIS *66210 Pyr.-Or.* 86 ⑯ *G. Languedoc Roussillon – 200 h alt. 1565.*
Voir *Remparts★ – Lac des Bouillaises★.*
Office de Tourisme r. du Marché ✆ 04 68 04 21 97.
Paris 885 – Font-Romeu-Odeillo-Via 9 – Andorra-la-Vella 89 – Perpignan 80.

Lou Rouballou 🌿 avec ch, ✆ 04 68 04 23 26, *Fax 04 68 04 14 09,* « Auberge rustique » – AE GB. ✗
juin-sept., déc.-avril et fermé merc. hors saison – **Repas** 125/195 – ☕ 40 – **14 ch** 160/250 – ½ P 250/290

à la Llagonne *Nord : 3 km par D 118 – 243 h. alt. 1600 – ✉ 66210 Mont-Louis :*

Corrieu 🌿, ✆ 04 68 04 22 04, *Fax 04 68 04 16 63,* ≤ – ☎ P. AE ⦿ GB. ✗ rest
3 juin-26 sept. et 22 déc.-28 mars – **Repas** *(74)* - 112/156 🍷, enf. 52 – ☕ 42 – **28 ch** 175/420 – ½ P 230/540

MONTLOUIS-SUR-LOIRE *37270 I.-et-L.* 64 ⑮ *G. Châteaux de la Loire – 8 309 h alt. 60.*
Office de Tourisme ✆ 02 47 45 00 16, Fax 02 47 45 10 87, Mairie ✆ 02 47 45 85 85.
Paris 236 – Tours 11 – Amboise 13 – Blois 48 – Château-Renault 32 – Loches 41.

Ville, pl. Mairie ✆ 02 47 50 84 84, *Fax 02 47 45 08 43,* 🌳 – TV ☎ P. GB
Repas *(fermé 20 déc. au 20 janv.)* 95/250 ♀, enf. 50 – ☕ 40 – **29 ch** 280/350 – ½ P 245/260

MONTLUÇON SP *03100 Allier* 69 ⑪ ⑫ *G. Auvergne – 44 248 h alt. 220.*
Voir *Le Vieux Montluçon★* **BCZ** *: intérieur★ de l'église St-Pierre (sainte Madeleine★★)* **CYZ**, *esplanade du château ≤★ – Collection de vielles★ au musée municipal* **CZ M.**
Office de Tourisme 5 pl. Piquand ✆ 04 70 05 11 44, Fax 04 70 03 89 91.
Paris 331 ① – Moulins 80 ② – Bourges 97 ① – Clermont-Ferrand 111 ① – Limoges 154 ⑤.

Plan page suivante

Domaine Château St-Jean 🌿, près hippodrome par ③ ✆ 04 70 05 04 65, *Fax 04 70 05 97 75,* 🌳, « Demeure du 15e siècle près d'un parc », 🏊, 🌳 – ⇕ TV ☎ ✆ P – 🚶 25 à 100. AE GB
Repas 130 (déj.), 195/320 ♀ – ☕ 65 – **15 ch** 420/610, 5 appart – ½ P 560/760

Ibis, quai Favières ✆ 04 70 28 48 42, *Fax 04 70 28 58 62* – ⇕ ⅹ, ▤ rest, TV ☎ ✆ ♿ P – 🚶 40. AE ⦿ GB — BY b
Repas *(75)* - 95 🍷, enf. 39 – ☕ 36 – **63 ch** 330/350

XXX **Grenier à Sel** avec ch, pl. des Toiles ✆ 04 70 05 53 79, *Fax 04 70 05 87 91,* 🌳, « Hôtel particulier du vieux Montluçon », 🌳 – TV ☎. AE GB — CZ n
fermé vacances de fév., dim. soir et lundi sauf été et fériés – **Repas** 120/390 et carte 270 à 360 ♀ – ☕ 60 – **5 ch** 350/600

X **Safran d'Or,** 12 pl. des Toiles ✆ 04 70 05 09 18, *Fax 04 70 05 55 60* – AE GB — CZ u
fermé 16 août au 10 sept., dim. soir et lundi – **Repas** *(75)* - 98/160 ♀, enf. 50

MONTLUÇON

Barathon (R.) ..... **CZ** 2
Beaulieu (R. de) .. **AX** 4
Blanzat (R. de) ... **AX** 5
Château (R. du) .. **CZ** 6
Châtelet
(Pont du) .... **AX** 8
Courtais (Bd de) **BCZ**
Desmoulins (R. C.) **AX** 9
Dienat (R. du) .... **AX** 10
Egalité (R. de l') .. **AX** 12
Einstein (R. A.) .. **AX** 13
Faucheroux (R.) .. **AX** 14
Favières (Q.) ..... **BY** 15
Fontaine
(R. de la) .... **CZ** 16
Forges (R. Porte) . **CZ** 17
Jaurès (Pl. Jean) .. **CZ** 18
Menut (R. L.) ..... **CY** 22
Nègre (Av. J.) .... **AX** 24
Notre-Dame (Pl.) .. **CZ** 25
Notre-Dame (R.) .. **CZ** 26
Pamparoux (R.) .. **AX** 27
Petit (R. P.) ...... **CY** 30
Picasso (R. P.) .... **CY** 31
Piquand (R. E.) ... **BZ** 32
République (Av.) .. **BY**
St-Pierre (Pl.) ... **BCZ** 35
St-Pierre (R. Fg) . **BY** 36
St-Roch (R.) ..... **BCZ** 38
Semard (R. P.) ... **AX** 40
Serruriers (R.) ... **BCZ** 42
Thomas (Av. A.) .. **AX** 45
Verrerie
(R. et Pl. de la) . **AX** 46
Victor-Hugo (R.) .. **AX** 47
Villon (R. P.) ..... **AX** 49
Voltaire (R.) ..... **AX** 50
5-Piliers (R. des) .. **CZ** 52

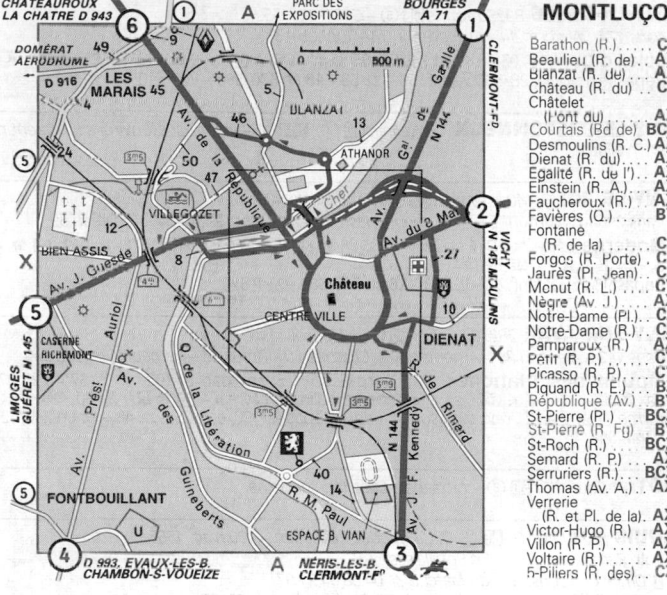

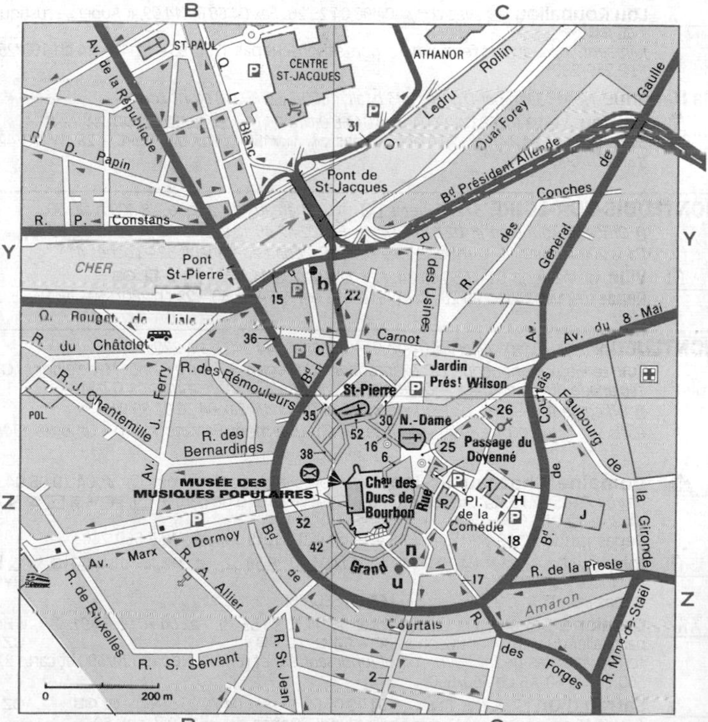

MONTLUEL 01120 Ain 🔢 ② – 5 954 h alt. 190.

Paris 468 – Lyon 25 – Bourg-en-Bresse 47 – Chalamont 21 – Villefranche-sur-Saône 41.

🏠 **Petit Casset** ⌲ sans rest, à La Boisse Sud-Ouest : 2 km ℘ 04 78 06 21 33, Fax 04 78 06 55 20 – 📺 ☎ 🅿️ 🅰🅴 🇬🇧
⌂ 39 – **15 ch** 310/330

MONTMARAULT 03390 Allier 🔢 ⑬ – 1 597 h alt. 480.

Paris 351 – Moulins 46 – Gannat 41 – Montluçon 38 – St-Pourçain-sur-Sioule 28.

✕✕ **France** avec ch, 1 r. Marx Dormoy ℘ 04 70 07 60 26, Fax 04 70 07 68 45 – 📺 ☎ 🅲 🅿️ 🇬🇧
fermé vacances de printemps, 15 nov. au 1ᵉʳ déc. et lundi du 15 oct. au 15 avril – **Repas** 89/275 ⅄ – ⌂ 38 – **8 ch** 245/275 – ½ P 250/265

MONTMÉDY 55600 Meuse 🔢 ① G. Alsace Lorraine – 1 943 h alt. 193.

Voir Remparts★ – Basilique★★ et Recevresse★ d'Avioth N : 8 km.

🚩 Office de Tourisme (fév.-nov. et vacances de Noël) Ville Haute ℘ 03 29 80 15 90, Fax 03 29 80 05 79.

Paris 258 – Charleville-Mézières 67 – Longwy 40 – Metz 101 – Verdun 49 – Vouziers 60.

🏠 **Mâdy**, ℘ 03 29 80 10 87, Fax 03 29 80 02 40, 🏠 – 📺 ☎ 🅰🅴 ⓸ 🇬🇧
fermé 25 déc. au 31 janv., dim. soir et lundi – **Repas** 78/250 ⅄, enf. 65 – ⌂ 35 – **11 ch** 260/300 – ½ P 225/290

MONTMÉLIAN 73800 Savoie 🔢 ⑯ G. Alpes du Nord – 3 930 h alt. 307.

Voir ☀★ du rocher.

🚩 Syndicat d'Initiative Mairie ℘ 04 79 84 07 31, Fax 04 79 84 08 20.

Paris 577 – Grenoble 51 – Albertville 41 – Allevard 25 – Chambéry 15.

🏠 **Comfort Inn Primevère**, N 6 ℘ 04 79 84 12 01, Fax 04 79 84 23 01, 🏠 – 📺 ☎ 🅶 🅿️ –
🏿 30. 🅰🅴 ⓸ 🇬🇧
Repas (60) - 87/108 ⅄, enf. 50 – ⌂ 35 – **42 ch** 295

🏠 **George** sans rest, N 6 ℘ 04 79 84 05 87, Fax 04 79 84 40 14 – ☎ 🅲 ⇦ 🅿️ 🇬🇧
⌂ 30 – **12 ch** 160/200

✕✕✕ **Hostellerie des Cinq Voûtes**, N 6 ℘ 04 79 84 05 78, Fax 04 79 84 28 85, 🏠, « Voûtes moyenâgeuses » – 🅿️ 🅰🅴 ⓸ 🇬🇧 🇯🇨🇧
fermé 25 avril au 1ᵉʳ mai, 16 au 25 août, 2 au 9 oct., dim. soir, lundi et soirs fériés – **Repas** 100 (déj.), 190/400 bc et carte 240 à 350 ⅄

✕✕ **L'Arlequin** (Centre technique hôtelier), N 6 ℘ 04 79 84 33 14, Fax 04 79 84 25 77 – 🅿️ 🅰🅴
🇬🇧
fermé 7 juil. au 23 août, 23 déc. au 3 janv., sam. et le soir sauf vend. – **Repas** 85/150 ⅄, enf. 45

✕ **Viboud** avec ch, Vieux Montmélian ℘ 04 79 84 07 24, Fax 04 79 84 44 07 – 📺 ☎ ⇦ 🅿️.
🅰🅴 🇬🇧
fermé 27 juin au 18 juil., 1ᵉʳ au 16 janv., dim. soir et lundi – **Repas** (dîner sur réservation) (79) - 105/140 ⅄, enf. 45 – ⌂ 35 – **8 ch** 180/220 – ½ P 200

MONTMERLE-SUR-SAÔNE 01090 Ain 🔢 ① – 2 596 h alt. 170.

Paris 422 – Mâcon 28 – Bourg-en-Bresse 45 – Lyon 46 – Villefranche-sur-Saône 13.

🏠🏠 **Rivage**, au pont ℘ 04 74 69 33 92, Fax 04 74 69 49 21, 🏠 – 📺 ☎ 🅰🅴 🇬🇧
fermé 25 oct. au 17 nov., vacances de fév., lundi du 15 juin au 15 sept. et dim. soir – **Repas** 115/310 ⅄, enf. 70 – ⌂ 40 – **22 ch** 280/400 – ½ P 350/370

MONTMEYRAN 26120 Drôme 🔢 ⑫ – 2 360 h alt. 189.

Paris 578 – Valence 16 – Crest 15 – Romans-sur-Isère 26.

✕✕ **Vieille Ferme**, Les Dorelons, Est : 1,5 km par D 125 ℘ 04 75 59 31 64, Fax 04 75 59 49 17,
🏠, « Intérieur rustique », 🌳 – 🅿️ 🇬🇧
fermé août, dim. soir, lundi soir et mardi – **Repas** (prévenir) 135 (déj.), 185/225 ⅄

MONTMIRAIL 84 Vaucluse 🔢 ⑫ – rattaché à Vacqueyras.

MONTMOREAU-ST-CYBARD 16190 Charente 🔢 ③ G. Poitou Vendée Charentes – 1 120 h alt. 90.

🚩 Office de Tourisme Mairie ℘ 05 45 24 04 07.

Paris 482 – Angoulême 31 – Bordeaux 97 – Chalais 16 – Périgueux 68.

✕✕ **Plaisir d'Automne**, pl. Église ℘ 05 45 60 39 40, 🏠 – 🇬🇧
fermé 3 au 18 janv., dim. soir et lundi – **Repas** 75 bc (déj.), 98/230, enf. 55

MONTMORENCY *95 Val-d'Oise* 56 ⑪., 101 ⑤ – *voir Paris, Environs.*

MONTMORILLON *86500 Vienne* 68 ⑮ *G. Poitou Vendée Charentes – 6 667 h alt. 100.*

Voir *Église Notre-Dame : fresques★ dans la crypte Ste-Catherine.*

Paris 350 – Poitiers 51 – Bellac 43 – Châtellerault 56 – Limoges 83 – Niort 121.

XX **Lucullus et Hôtel de France** M avec ch, ☎ 05 49 84 09 09, *Fax 05 49 84 58 68* – GB

Repas *(fermé dim. soir et lundi)* 115/260 ♀, enf. 70 - ***Bistrot de Lucullus*** *(fermé dim. sauf le soir de mai à sept. et sam.)* **Repas** (85bc) - et carte environ 120 ♀, enf. 50 – ☕ 45 – **10 ch** 230/350 – 1/2 P 255/295

MONTMORT *51270 Marne* 56 ⑮ ⑯ *G. Champagne – 583 h alt. 210.*

Env. *Fromentières : retable★★ de l'église SO : 11 km.*

Paris 124 – Reims 44 – Châlons-en-Champagne 40 – Épernay 19 – Sézanne 26.

Cheval Blanc, ☎ 03 26 59 10 03, *Fax 03 26 59 15 88* – GB

Repas 98/450 ♀, enf. 50 – ☕ 40 – **19 ch** 200/350

MONTOIRE-SUR-LE-LOIR *41800 L.-et-Ch.* 64 ⑤ *G. Châteaux de la Loire – 4 065 h alt. 65.*

Voir *Chapelle St-Gilles★ : peintures murales★★ – Pont ←★.*

Office de Tourisme 16 pl. Clemenceau ☎ 02 54 85 23 30, Fax 02 54 85 23 87.

Paris 189 – Le Mans 69 – Blois 44 – La Flèche 81 – Vendôme 20.

XX **Cheval Rouge** avec ch, pl. Foch ☎ 02 54 85 07 05, *Fax 02 54 85 17 42* – AE GB

fermé 16 nov. au 1er déc., 19 janv. au 6 fév., mardi sauf le soir en juil.-août et merc. de sept. à juin – **Repas** (dim. prévenir) 93 (déj.), 133/248 ♀, enf. 62 – ☕ 33 – **15 ch** 156/275 – 1/2 P 235/284

à Lavardin – *245 h. alt. 78 – ✉ 41800 :*

XX **Relais d'Antan,** ☎ 02 54 86 61 33, *Fax 02 54 85 06 46,* – GB

fermé vacances de Toussaint, de fév., lundi soir de nov. à mars et mardi – **Repas** 100/190

MONTPELLIER P *34000 Hérault* 83 ⑦ *G. Languedoc Roussillon – 207 996 h Agglo. 248 303 h alt. 27.*

An 2000 *juil. août : 1er Festival Européen des "Autres" Artistes.*

Voir *Vieux Montpellier★★ : hôtel de Varennes★* **FY M²**, *hôtel des Trésoriers de la Bourse★* **FY Q**, *rue de l'Ancien Courrier★* **EFY 4** – *Promenade du Peyrou★★ : ←★ de la terrasse supérieure – Quartier Antigone★ – Musée Fabre★★* **FY** – *Musée Atger★ (dans la faculté de médecine)* **EX** – *Musée languedocien★ (dans l'hôtel des trésoriers de France)* **FY M¹** – *Château de Flaugergues★ E : 3 km.*

Env. *Parc zoologique de Lunaret★ 6 km par av. Bouisson-Bertrand* **ABT** – *Château de la Mogère★ E : 5 km par D 24* **DU.**

de Montpellier-Méditerranée ☎ 04 67 20 85 00 SE par ③ : 7 km.

Office de Tourisme Triangle Comédie allée du Tourisme ☎ 04 67 60 60 60, Fax 04 67 60 60 61 et 78 av. du Pirée ☎ 04 67 22 06 16, Fax 04 67 22 38 10, Annexes (saison) Gare SNCF r. J.-Ferry ☎ 04 67 92 90 03, rd-pt des Prés d'Arènes ☎ 04 67 22 08 80.

Paris 759 ② – Marseille 171 ② – Nice 328 ② – Nîmes 53 ② – Toulouse 240 ⑤.

Plan pages suivantes

Holiday Inn Métropole, 3 r. Clos René ☎ 04 67 58 11 22, *Fax 04 67 92 13 02,* – 60. AE GB JCB FZ

Repas *(fermé sam. et dim.)* 130 ♀ – ☕ 75 – **76 ch** 700/880, 4 appart

Sofitel Antigone M sans rest, 1 r. Pertuisanes ☎ 04 67 99 72 72, *Fax 04 67 65 17 50* « Piscine sur le toit », – 130. AE GB CU

☕ 95 – **95 ch** 870/970

Astron Méditerranée M sans rest, 45 av. Pirée ☎ 04 67 20 57 57, *Fax 04 67 20 58 58* – cuisinette AE GB JCB DU

☕ 85 – **23 ch** 660/730, 114 appart 660/730

Maison Blanche M, 1796 av. Pompignane ☎ 04 99 58 20 70, *Fax 04 67 79 53 39,* « Maison de style Louisiane », – ch, – 30. AE GB JCB. rest

Repas *(fermé 24 déc. au 2 janv., sam. midi et dim.)* 120/150 – ☕ 60 – **38 ch** 360/520 – 1/2 P 410 DT

Guilhem sans rest, 18 r. J.-J. Rousseau ☎ 04 67 52 90 90, *Fax 04 67 60 67 67* – AE GB JCB EY

☕ 52 – **33 ch** 380/700

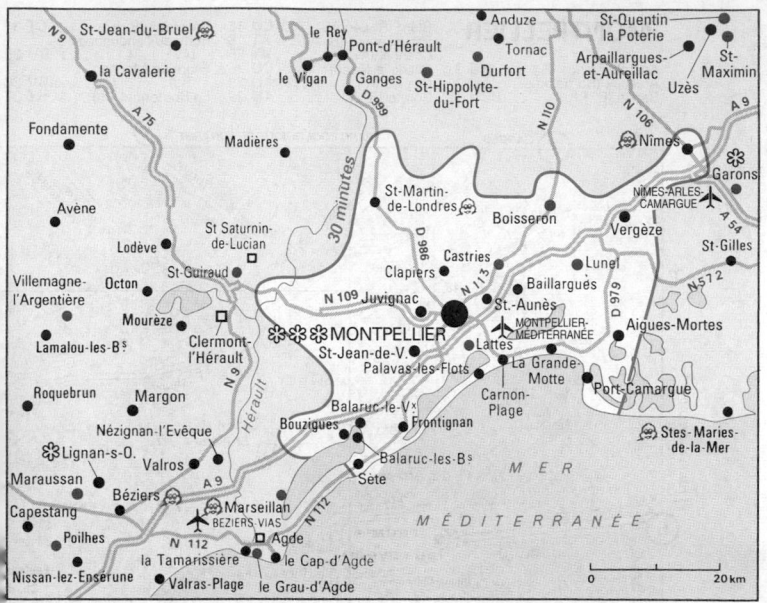

🏛 **Parc** sans rest, 8 r. A. Bège $\mathscr{C}$ 04 67 41 16 49, Fax 04 67 54 10 05 – 🔲 📺 ☎ 📞 📵. 🅰 🖪
⊿ 40 – **19 ch** 210/360
BT k

🏛 **Palais** sans rest, 3 r. Palais $\mathscr{C}$ 04 67 60 47 38, Fax 04 67 60 40 23 – 📳 🔲 📺 ☎ 📞. 🅰 🖪
⊿ 50 – **26 ch** 310/420
EY m

🏛 **Les Troënes** sans rest, 17 av. Émile Bertin Sans par av. Bouisson Bertrand : 1 km **AT**
🖂 34090 $\mathscr{C}$ 04 67 04 07 76, Fax 04 67 61 04 43 – 📺 ☎ 📞. 🖪
⊿ 35 – **14 ch** 280/350

XXXX **Jardin des Sens** (Jacques et Laurent Pourcel) 🅼 avec ch, 11 av. St-Lazare
❀❀❀ $\mathscr{C}$ 04 99 58 38 38, Fax 04 99 58 38 39, 🌣, « Élégant décor contemporain », 🔼 – 📳 🔲 📺
☎ 📞 🅗 📵 – 🔏 20. 🅰 ⓪ 🖪 🅹🅲🅱
CT e
fermé 2 au 30 janv., lundi midi, merc. midi et dim. – **Repas** (nombre de couverts limité,
prévenir) 290 (déj.), 495/715 et carte 570 à 690 – ⊿ 90 – **14 ch** 750/1300
Spéc. Encornets farcis de ratatouille. Filet de turbot rôti et rouelles de pied de porc au jus
de viande. Pastilla de pigeon, jus au cacao. **Vins** Coteaux du Languedoc.

XXX **Chandelier**, 267 r. L. Blum (6e étage) $\mathscr{C}$ 04 67 15 34 38, Fax 04 67 15 34 33, ≼, 🌣, « Restaurant panoramique sous une coupole » – 📳 🔲 📵 🅰 ⓪ 🖪 🅹🅲🅱
CU s
fermé lundi midi et dim. – **Repas** (100) - 155 (déj.), 220/400 et carte 300 à 420

XX **Castel Ronceray**, 130 r. Castel Ronceray par ⑤ 🖂 34070 $\mathscr{C}$ 04 67 42 46 30,
Fax 04 67 27 41 96, 🌣 – 📵, 🅰 ⓪ 🖪
fermé 1er au 22 août, vacances de fév., lundi soir et dim. – **Repas** 130 (déj.), 182/240 ⅋,
enf. 60

XX **Maison de la Lozère**, 27 r. Aiguillerie $\mathscr{C}$ 04 67 66 46 36, Fax 04 67 60 33 22, 🌣, « Salle
voûtée du 13e siècle » – 🔲. 🅰 ⓪ 🖪
FY d
fermé 1er au 15 août, 1er au 15 janv., dim. et lundi – **Repas** (99) - 135 (déj.), 195/300 ⅋

XX **Fabrice Guilleux**, 36 av. J. Cartier $\mathscr{C}$ 04 67 22 26 20 – 🔲. 🅰 ⓪ 🖪
CDU n
fermé août, vacances de fév., sam. midi et dim. – **Repas** 132 (déj.), 170/240, enf. 70

XX **Petit Jardin**, 20 r. J.-J. Rousseau $\mathscr{C}$ 04 67 60 78 78, Fax 04 67 66 16 79, 🌣, « Agréable
terrasse ombragée » – 🖪 🅹🅲🅱
EY a
fermé 1er janv. au 1er fév. et lundi d'oct à mai – **Repas** 85 (déj.), 120/170 ⅍

XX **Vignes**, 2 r. Bonnier d'Alco $\mathscr{C}$ 04 67 60 48 42 – 🅰 🖪
FY e
fermé 7 au 28 août, merc. soir et dim. – **Repas** (99) - 130/280, enf. 70

XX **Cercle des Anges**, 6 bis r. Embouque d'Or $\mathscr{C}$ 04 67 66 35 13, Fax 04 67 66 35 27, 🌣 –
🅰 ⓪ 🖪 🅹🅲🅱
FY b
fermé lundi midi et dim. – **Repas** 90 (déj.), 160/260

MONTPELLIER

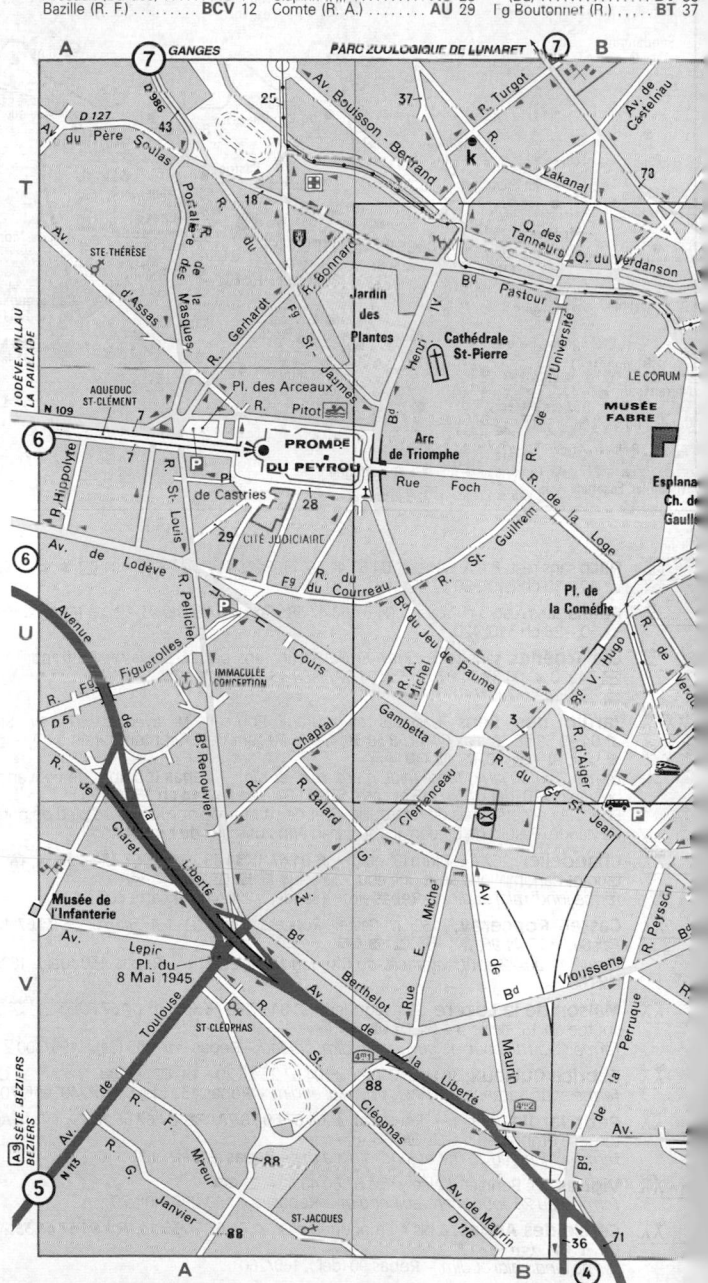

834

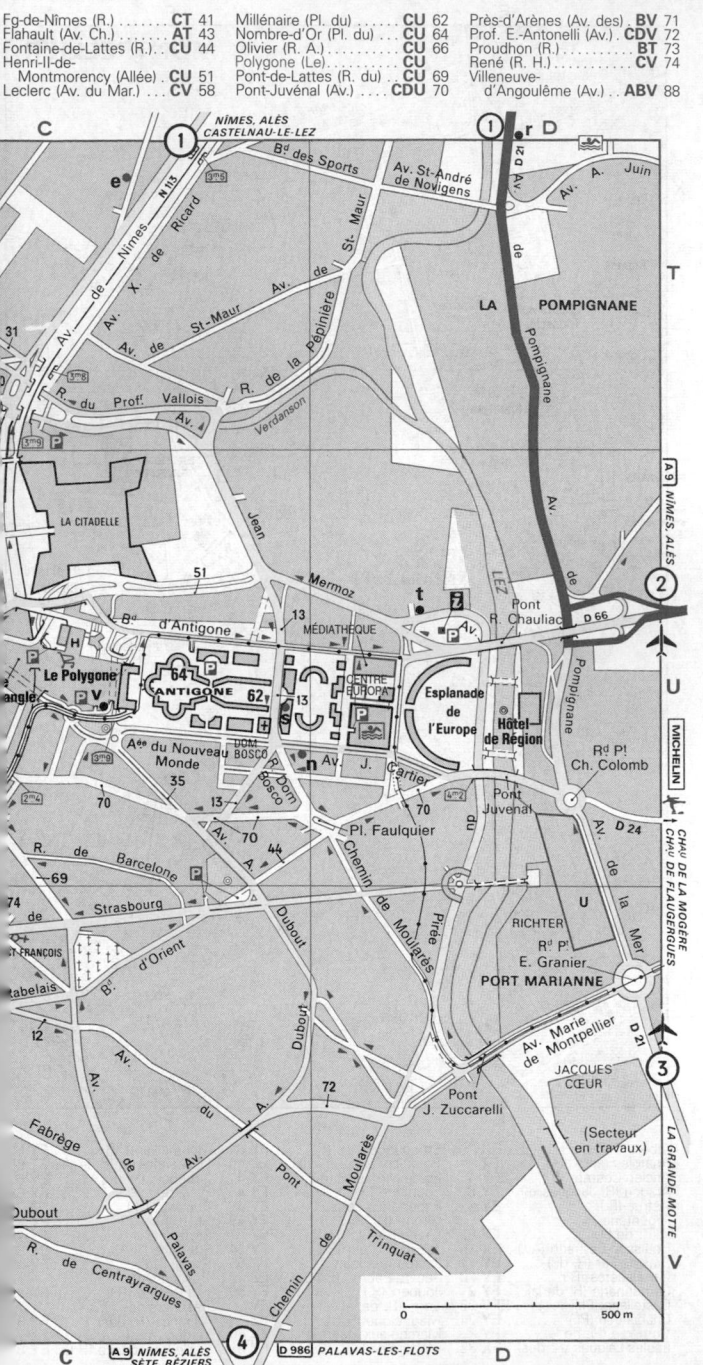

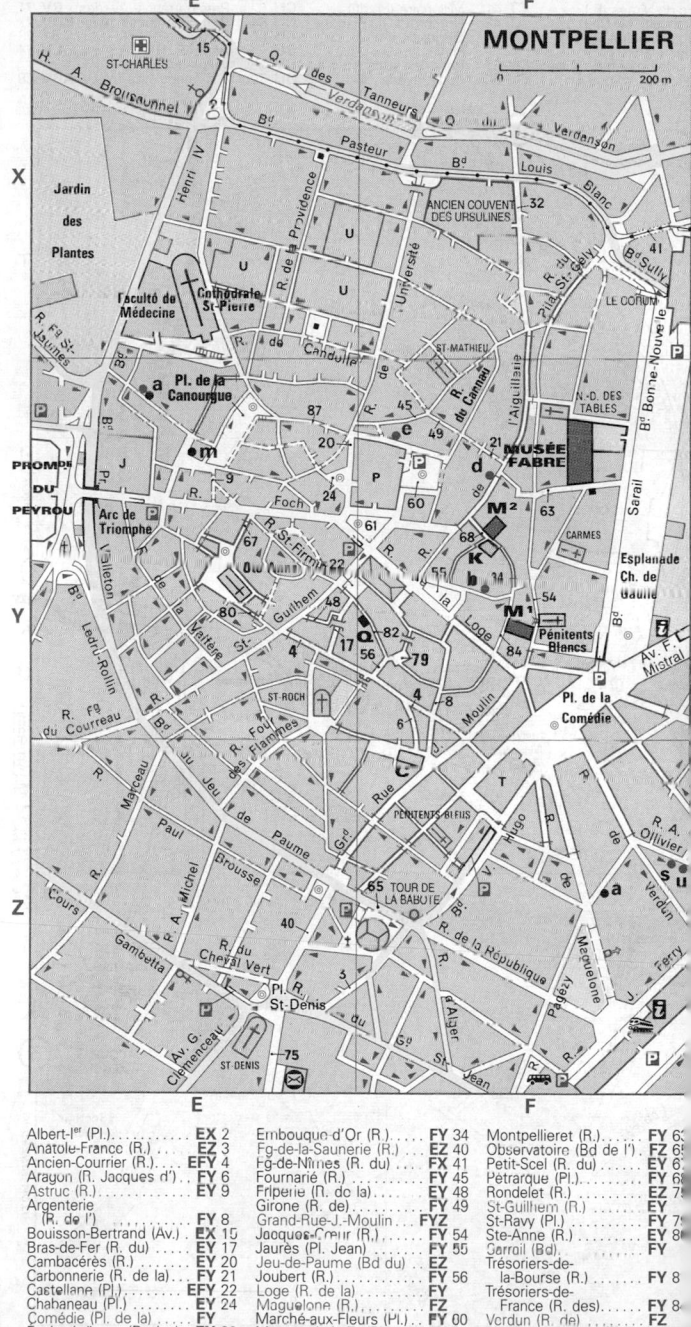

MONTPELLIER

200 m

XX **L'Olivier** (Breton), 12 r. A. Ollivier ☎ 04 67 92 86 28 – ▤. AE ⓓ GB. ✂ FZ u
fermé 25 juil. au 1er sept., dim., lundi et fériés – **Repas** (prévenir) 198/218 et carte 280 à 380
Spéc. Queues de langoustines rôties sur fraîcheur de homard. Filet de boeuf sauce truffes. Petits choux au caramel de noix. **Vins** Picpoul de Pinet, Coteaux du Languedoc.

X **Verdi,** 10 r. A. Ollivier ☎ 04 67 58 68 55, *Fax 04 67 58 28 47* – ▤. AE ⓓ GB JCB FZ s
fermé dim. – **Repas** - cuisine italienne - *(75)* - 148 ♀

rte de Carnon-Pérols *par ③ : 6 km – ✉ 34470 Pérols :*

Eurotel, ZAC Le Fenouillet ☎ 04 67 50 27 27, *Fax 04 67 50 23 27,* ⛱, ⛱ – |‡| ▤ TV ☎ ✆ ♿ P – 🏛 70. AE ⓓ GB JCB
Repas 76/159 ♀, enf. 32 – ☕ 30 – **42 ch** 290/340 – ½ P 230

à l'échangeur A9-Montpellier-sud *par ④ : 2 km – ✉ 34000 Montpellier :*

Novotel, 125 bis av. Palavas ☎ 04 99 52 34 34, *Fax 04 99 52 34 33,* ⛱, ⛱ – |‡| ⇜ ▤ TV ☎ ♿ P – 🏛 100. AE ⓓ GB
Repas carte environ 170 ♀, enf. 55 – ☕ 65 – **162 ch** 710

à Lattes *par ④ : 5 km – 10 203 h. alt. 3 – ✉ 34970 :*

XXXX **Domaine de Soriech,** dans Z.A.C. Soriech, près rd-pt D 189 et D 21, face Castorama ☎ 04 67 15 19 15, *Fax 04 67 15 58 21,* ⛱, « Parc » – ▤ P. AE GB
fermé vacances de fév., lundi soir (et le midi en août) et dim. soir – **Repas** 180 (déj.), 250/420 et carte 310 à 400

XXX **Mazerand,** rte Fréjorgues CD 172 ☎ 04 67 64 82 10, *Fax 04 67 20 10 73,* ⛱, « Terrasses ombragées ouvrant sur le parc » – ▤ P. AE ⓓ GB
Repas *(120)* - 165/320 et carte 270 à 360

X **Bistrot d'Ariane,** à Port Ariane ☎ 04 67 20 01 27, *Fax 04 67 15 03 25,* ⛱, bistrot – ▤. AE GB
fermé 23 déc. au 3 janv. et dim. sauf le midi d'août à déc. – **Repas** 89/230 ♀, enf. 50

X **Les Cuisiniers Vignerons,** Maison des Vins, mas de Saporta ☎ 04 67 06 88 66, *Fax 04 67 06 88 65,* ⛱ – GB
fermé sam. midi et dim. – **Repas** 84 bc (déj.), 98/140 ♀, enf. 45

à St-Jean-de-Védas *par ⑤ et N 112 : 6 km – 5 390 h. alt. 49 – ✉ 34430 :*

Yan's, Parc St Jean, direction salle Victoire 2 ☎ 04 67 47 07 45, *Fax 04 67 47 16 90,* ⛱, ⛱ – ▤ TV ☎ ✆ ♿ P – 🏛 30. AE ⓓ GB JCB
Repas *(fermé 20 déc. au 2 janv., sam. sauf le soir en juil.-août et dim.)* 88/145 🌡 – ☕ 50 – **40 ch** 350/450 – ½ P 270/300

rte de Lodève *par ⑥ : 5 km – ✉ 34080 Montpellier :*

Abélia sans rest, 70 rte Lodève ☎ 04 67 03 17 77, *Fax 04 67 03 28 19* – TV ☎ P. GB
fermé dim. d'oct. à avril – ☕ 36 – **12 ch** 230/285

à Juvignac *par ⑥, rte de Millau : 6 km – 4 221 h. alt. 32 – ✉ 34990 :*

Golf Hôtel de Fontcaude M 🏌, au golf international, Nord-Ouest : 3 km ☎ 04 67 03 34 10, *Fax 04 67 03 34 51,* ←, ⛱, ⛱ – |‡| ▤ TV ☎ ♿ P – 🏛 40. AE ⓓ GB
fermé 6 au 20 fév. – **Repas** 120/160 🌡, enf. 80 – ☕ 60 – **46 ch** 410/540 – ½ P 400

à Clapiers *par ⑦ et D 65 : 8 km – 3 478 h. alt. 25 – ✉ 34830 :*

Les Pins M 🏌, chemin Romarins ☎ 04 67 59 33 00, *Fax 04 67 59 33 99,* ←, ⛱, « Dans une pinède », 🚲, ⛱, 🎾 – |‡| cuisinette, ▤ rest, TV ☎ ✆ P – 🏛 80. AE ⓓ GB JCB
20 mars-15 déc. – **Repas** *(85)* - 120 🌡 – ☕ 45 – **69 ch** 520 – ½ P 425

au Nord *: 5 km par r. Proudhon BT et D 17 – ✉ 34980 Montferrier-sur-Lez :*

Heliotel, rte de Mende, rd-pt Agropolis ☎ 04 67 41 54 00, *Fax 04 67 41 54 54,* ⛱, ⛱ – cuisinette ▤ TV ☎ ✆ ♿ P – 🏛 40. AE GB
Repas *(70)* - 92/128 ♀, enf. 43 – ☕ 38 – **49 ch** 295/315 – ½ P 265

MONTPON-MÉNESTEROL *24700 Dordogne* 75 ③ ⑬ *– 5 481 h alt. 93.*
Paris 537 – Bergerac 40 – Libourne 38 – Périgueux 55 – Ste-Foy-la-Grande 24.

à Ménesterol *Nord : 1,5 km par D 708, D 730 et D 3E1 – ✉ 24700 Montpon-Ménesterol :*

XX **Auberge de l'Éclade,** ☎ 05 53 80 28 64, *Fax 05 53 80 28 64,* ⛱ – ▤. GB
fermé 1er au 20 mars, 1er au 20 oct., mardi soir et merc. – **Repas** 80 (déj.), 130/240

Les noms des localités citées dans ce guide
sont soulignés de rouge
sur les **cartes Michelin** à 1/200 000.

MONT-PRÈS-CHAMBORD 41250 L.-et-Ch. **64** ⑰ – 2 786 h alt. 108.

Paris 194 – Orléans 71 – Blois 12 – Blacieux 7 – Romorantin-Lanthenay 35.

🏠 **St-Florent**, 14 r. Chabardière ℰ 02 54 70 81 00, Fax 02 54 70 78 53, 🍴 – ☎ 👍 🅵 🅰🅴 ☎🅱
🅹🅲🅱, ⚄ ch
fermé 3 janv. au 3 fév., dim. soir de mi-oct. à mi-avril et lundi sauf le soir de mi-avril à mi-oct.
– **Repas** (85) - 100/220 ⅀, enf. 58 – ⊡ 38 – **18 ch** 290/460 – ½ P 280/330

MONTRÉAL 32250 Gers **79** ⑬ G. Midi-Pyrénées – 1 221 h alt. 131.

Paris 726 – Agen 54 – Auch 58 – Condom 16 – Mont-de-Marsan 65 – Nérac 27.

✗ **Chez Simone**, face église ℰ 05 62 29 44 40, Fax 05 62 29 49 94 – 🅰🅴 ☎🅱
⊛ fermé dim. soir et lundi – **Repas** 80/120 ⅀

MONTREDON 11 Aude **83** ⑪ – rattaché à Carcassonne.

MONTREUIL ✏ 62170 P.-de-C. **51** ⑫ G. Picardie Flandres Artois – 2 450 h alt. 54.

Voir Site★ – Citadelle★ : ≤★★ – Remparts★ – Mobilier★ de la chapelle de l'Hôtel-Dieu –
Église St-Saulve★.

🎫 Office de Tourisme 21 r. Carnot ℰ 03 21 06 04 27, Fax 03 21 06 04 27.

Paris 232 – Calais 72 – Abbeville 49 – Arras 80 – Boulogne-sur-Mer 39 – Lille 116.

🏛️ **Château de Montreuil** (Germain) 🍴, chaussée Capucins ℰ 03 21 81 53 04,
⊛ Fax 03 21 81 36 43, 🍴, « Belle demeure dans un jardin fleuri », 🏊, 🗙 – 📺 ☎ 📞 ⟿ 🅿.
🅰🅴 ⓪ ☎🅱 🅹🅲🅱
fermé 17 déc. au 3 fév., lundi d'oct. à avril sauf fériés et jeudi midi – **Repas** 200 (déj.),
300/400, enf. 130 – ⊡ 80 – **14 ch** 860/1110 – ½ P 875/925
Spéc. Tartare de concombre et huîtres creuses. Pêche de petits bateaux rôtie, au sel de
Guérande. Grouse d'Écosse à la fondue d'échalotes (fin août à fin oct.).

✗ **Darnétal** avec ch, pl. Poissonnerie ℰ 03 21 06 04 87, Fax 03 21 86 64 67 – 🅰🅴 ⓪ ☎🅱.
⚄ ch
fermé 26 juin au 10 juil., 20 au 28 déc., lundi soir et mardi – **Repas** 95/190 ⅄ – ⊡ 30 – **4 ch**
220/300

à **La Madelaine-sous-Montreuil** Ouest : 2,5 km par D 139 et rte secondaire – 147 h. alt. 7 –
✉ 62170 Madelaine sous-Montreuil :

✗✗ **Auberge La Grenouillère** (Gauthier) 🍴 avec ch, ℰ 03 21 06 07 22, Fax 03 21 86 36 36,
⊛ 🍴, « Cadre rustique agrémenté de peintures originales des années 20 », 🍴 – ☎ 📞 🅿. 🅰🅴
⓪ ☎🅱
fermé janv., mardi et merc. sauf juil.-août – **Repas** 160 (déj.), 200/400 et carte 300 à 420 –
⊡ 50 – **4 ch** 400/600
Spéc. Cuisses de grenouilles poêlées. Agneau de pré-salé de la baie de Somme. Crêpes
Suzette.

à **Attin** Nord-Ouest : 4 km par N 39 – 560 h. alt. 11 – ✉ 62170 :

✗✗ **Auberge du Bon Accueil**, ℰ 03 21 06 04 21, Fax 03 21 06 04 21 – 🗔. ☎🅱
fermé 21 août au 11 sept., vacances de fév., merc. soir hors saison, dim. soir et lundi –
Repas (81) - 93 bc/177 ⅀, enf. 50

au **Moulinel** Ouest : 9 km par D 139 – ✉ 62170 St-Josse :

✗✗ **Auberge du Moulinel**, ℰ 03 21 94 79 03, Fax 03 21 09 37 14 – 🅿. ☎🅱
fermé 18 au 26 juin, 7 au 31 janv., lundi et mardi sauf vacances scolaires – **Repas** 150/210 ⅀

à **Inxent** Nord : 9 km sur D 127 – 157 h. alt. 28 – ✉ 62170 :

✗ **Auberge d'Inxent** avec ch, ℰ 03 21 90 71 19, Fax 03 21 86 31 67, 🍴, 🍴 – 📺 ☎ 🅿.
⊛ ☎🅱
fermé janv., mardi soir et merc. sauf juil.-août – **Repas** 85/225 ⅀, enf. 40 – ⊡ 40 – **6 ch**
255/370 – ½ P 285/310

MONTREUIL 93 Seine-St-Denis **56** ⑪., **101** ⑰ – voir à Paris, Environs

---

MONTREUIL-AUX-LIONS 02310 Aisne **56** ⑬ – 1 001 h alt. 150.

Paris 74 – Château-Thierry 17 – Laon 100 – Meaux 27 – Reims 79 – Soissons 62.

✗✗ **Auberge des Templiers** avec ch, 82 av. de Paris ℰ 03 23 70 40 65, Fax 03 23 70 18 93
⊛ 🍴, 🍴 – ☎ 📞. ☎🅱
fermé 16 oct. au 8 nov., mardi soir et merc. – **Repas** 85/190 ⅄ – ⊡ 37 – **3 ch** 250/290

MONTREUIL-BELLAY 49260 M.-et-L. 🔢 ⑧ G. Châteaux de la Loire – 4 041 h alt. 50.

Voir Château★★ – Site★.

🏢 Office de Tourisme (mars-déc.) pl. de la Concorde ℰ 02 41 52 32 39, Fax 02 41 52 32 35, Mairie ℰ 02 41 40 17 60, Fax 02 41 40 17 69.

Paris 335 – Angers 53 – Châtellerault 72 – Chinon 39 – Cholet 61 – Poitiers 81 – Saumur 16.

✕ **Hostellerie St-Jean**, 432 r. Nationale ℰ 02 41 52 30 41 – 🅿. ⅁⅁
🔄 fermé 21 au 28 fév., dim. soir sauf fêtes et lundi – **Repas** 80/210 ⅄

MONTREUIL-L'ARGILLÉ 27390 Eure 🔢 ⑭ – 706 h alt. 170.

Paris 152 – L'Aigle 26 – Argentan 50 – Bernay 22 – Évreux 56 – Lisieux 34 – Vimoutiers 28.

🏨 **Courteilles** Ⓜ ⌗ sans rest, N 138, rte d'Orbec ℰ 02 32 47 41 41, Fax 02 32 47 41 51 – cuisinette 📺 📶 ✆ 🅿. ⅁⅁
🔄 35 – **20 ch** 280/370

✕ **Auberge de la Truite**, ℰ 02 32 44 50 47, Fax 02 32 44 00 66, « Collection d'orgues de Barbarie » – 🅿. ⅁⅁
fermé 24 juin au 3 juil., 15 janv. au 15 fév., mardi soir et merc. – **Repas** 90/190, enf. 50

MONTREVEL-EN-BRESSE 01340 Ain 🔢 ⑫ – 1 973 h alt. 215.

Paris 397 – Mâcon 24 – Bourg-en-Bresse 18 – Pont-de-Vaux 22 – St-Amour 25 – Tournus 36.

✕✕ **Léa** (Monnier) ℰ 04 74 30 80 84, Fax 04 74 30 85 66 – 🅿. ⅁⅁ ⅁ ⅁
⅍ fermé 22 juin au 5 juil., 21 déc. au 11 janv., dim. soir et merc. – **Repas** (nombre de couverts limité, prévenir) 150/300 et carte 260 à 430
Spéc. Gâteau de foies de volailles. Poulet de Bresse à la crème et aux morilles. Parfait glacé aux pralines. **Vins** Seyssel, Montagnieu.

✕ **Comptoir**, ℰ 04 74 25 45 53 – 🍽. ⅁⅁
fermé 22 juin au 5 juil., 21 déc. au 11 janv., merc. sauf le soir en juil.-août et mardi soir – **Repas** (78) - 92/130 ⅄

rte de Bourg-en-Bresse Sud : 2 km sur D 975 – ✉ 01340 Montrevel-en-Bresse :

🏨 **Pillebois** Ⓜ, ℰ 04 74 25 48 44, Fax 04 74 25 48 79, 🍸, 🏊, 🎾 – 📺 ✆ ✆ 🅿 – 🔌 30. ⅁⅁
L'Aventure ℰ 04 74 30 86 83 **Repas** 98/255, enf. 75 – 🔄 38 – **30 ch** 270/310 – ½ P 280/300

MONTRICHARD 41400 L.-et-Ch. 🔢 ⑯ ⑰ G. Châteaux de la Loire – 3 786 h alt. 62.

Voir Donjon★ : ✳★★.

🏢 Office de Tourisme (Rameaux-sept.) 1r. du Pont ℰ 02 54 32 05 10, Fax 02 54 32 28 80.
Paris 219 – Tours 45 – Blois 35 – Châteauroux 80 – Châtellerault 95 – Loches 33 – Vierzon 73.

🏰 **Château de la Menaudière** ⌗, Nord Ouest : 2,5 km par rte Amboise D 115 ℰ 02 54 71 23 45, Fax 02 54 71 34 58, ≤, 🍸, parc, 🏊, ✕ – 📺 ✆ ✆ 🅿 – 🔌 25. ⅁⅁ ⅁ ⅁
⅁⅁ 🌿 rest
fermé 2 janv. au 1er mars, dim. soir et lundi d'oct. à avril – **Repas** 120 (déj.), 220/320 ⅄, enf. 80 – 🔄 70 – **27 ch** 600/850 – ½ P 550/675

🏨 **Tête Noire**, 24 r. Tours ℰ 02 54 32 05 55, Fax 02 54 32 78 37 – ✆ ✆ 🅿. ⅁⅁
fermé 8 janv. au 5 fév.
Repas 100/265 ⅄, enf. 55
🔄 37 – **36 ch** 200/350 – ½ P 298/350

🏨 **Croix Blanche** sans rest, 64 r. Nationale ℰ 02 54 32 30 87, Fax 02 54 32 48 06 – 📺 ✆ ✆.
⅁⅁ ⅁ ⅁
15 mars-1er nov. – 🔄 38 – **19 ch** 235/315

Chissay-en-Touraine Ouest : 4 km par D 176 – 871 h alt. 63 – ✉ 41400 :

🏰 **Château de Chissay** ⌗, ℰ 02 54 32 32 01, Fax 02 54 32 43 80, ≤, 🍸, « Château du 15e siècle, parc », 🏊, 🛎 ✆ ✆ 🅿 – 🔌 30 à 100. ⅁⅁ ⅁ ⅁⅁. 🌿 rest
15 mars-15 nov. – **Repas** 185/295 ⅄ – 🔄 65 – **19 ch** 490/820, 14 appart. – ½ P 590/740

MONTRICOUX 82800 T.-et-G. 🔢 ⑱ ⑲ G. Périgord Quercy – 909 h alt. 113.

Voir Bruniquel : site★, vieux bourg★, château ≤★ SE : 5 km.

Paris 633 – Cahors 51 – Gaillac 38 – Montauban 24 – Villefranche-de-Rouergue 58.

✕✕✕ **Les Gorges de l'Aveyron**, Le Bugarel ℰ 05 63 24 50 50, Fax 05 63 24 50 52, 🍸, « Parc surplombant l'Aveyron », ✕ – 🅿. ⅁ ⅁⅁
fin mars-15 oct. et fermé dim. soir et lundi sauf juil.-août – **Repas** 148/250 et carte 250 à 420

MONTRIOND (Lac de) 74 H.-Savoie 🔢 ⑧ – rattaché à Morzine.

MONTROC-LE-PLANET 74 H.-Savoie **74** ⑨ – rattaché à Argentière.

MONTROND-LES-BAINS 42210 Loire **73** ⑱ G. Vallée du Rhône – 3 627 h alt. 356.

🔹 Syndicat d'Initiative 1 r. des Écoles ℘ 04 77 94 64 74.
Paris 445 – St-Étienne 31 – Lyon 61 – Montbrison 15 – Roanne 49 – Thiers 81.

🏨🏨 **Hostellerie La Poularde** (Etéocle), ℘ 04 77 54 40 06, Fax 04 77 54 53 14, ⅃ – 🟦 📺 ☎
✿✿ 🚗 – 🔏 30. 🅰🅴 ⓸ 🆖 🆓
fermé 2 au 15 janv., dim. soir en nov. à avril, mardi midi, merc. midi et lundi – **Repas** (dim. prévenir) 255/610 et carte 520 à 960 – ⌷ 95 – **10 ch** 490/590, 5 appart, 3 duplex
Spéc. Foie gras poché à la lie de vin. Saint-Jacques et huîtres poêlées, oursinade au coulis de claire (15 oct. au 15 fév.). Pigeonneau en vessie. **Vins** Condrieu, Saint-Joseph.

🏨 **Motel du Forez**, 37 rte Roanne ℘ 04 77 54 42 28, Fax 04 77 94 66 58 – 📺 ☎ ✆ ⅙ 🅿 🅰🅴
🍴 ⓸ 🆖
Repas (dîner seul.) 60/130 🍷 – ⌷ 30 – **18 ch** 240/280 – ½ P 275

🏨 **Clrius**, bd Château, rte St-Étienne ℘ 04 77 54 89 22, Fax 04 77 54 84 32 – cuisinette 📺 ☎
🍴 ⅙ 🅿 – 🔏 25. 🅰🅴 ⓸ 🆖
fermé 24 déc. au 7 janv. – **Repas** snack 82/102 🍷, enf. 45 – ⌷ 35 – **46 ch** 250/300 – ½ P 270

🍴🍴 **Vieux Logis**, 4 rte Lyon ℘ 04 77 54 42 71, Fax 04 77 54 42 71, 🌇 – 🆖
fermé 1er au 15 sept., 19 fév. au 2 mars, dim. soir et lundi – **Repas** 120/240

MONTROUGE 92 Hauts-de-Seine **60** ⑩., **101** ㉕ – voir à Paris, Environs.

MONTS 37260 I.-et-L. **64** ⑮ – 6 221 h alt. 50.
Paris 255 – Tours 18 – Azay-le-Rideau 13 – Chenonceaux 42 – Chinon 33.

🍴 **Auberge du Moulin**, au Vieux Bourg ℘ 02 47 26 76 86, Fax 02 47 26 76 86 – 🅿. 🆖
fermé 25 juil. au 10 août, 2 au 15 janv., lundi et mardi – **Repas** 95/215

Le MONT-ST-MICHEL 50116 Manche **59** ⑦ G. Normandie Cotentin, G. Bretagne – 72 h alt. 10.
Voir Abbaye★★★ – Remparts★★ – Grande-Rue★ – Jardins de l'abbaye★ – Musée historique★ – coqs de montres★ – Le Mont n'est entouré d'eau qu'aux grandes marées.
🔹 Office de Tourisme Corps de Garde des Bourgeois ℘ 02 33 60 14 30.
Paris 354 – St-Malo 58 – Alençon 134 – Avranches 22 – Dinan 55 – Fougères 44 – Rennes 70

🏨🏨 **Auberge St-Pierre** ☞, ℘ 02 33 60 14 03, Fax 02 33 48 59 82, 🌇 – 📺 ☎ 🅰🅴 ⓸ 🆖
🆓
fermé janv. – **Repas** (78) 92/290 🍷, enf. 50 – ⌷ 50 – **21 ch** 520/620 – ½ P 440/460

🏨 **Croix Blanche** ☞, ℘ 02 33 60 14 03, Fax 02 33 48 59 82, 🌇 – 📺 ☎. ⓸ 🆖
fermé 15 nov. au 2 fév. et jeudi – **Repas** 110/290 🍷, enf. 48 – ⌷ 50 – **9 ch** 550/605 – ½ P 480/510

à la Digue Sud : 2 km sur D 976 :

🏨🏨 **Relais St-Michel** Ⓜ ☞, ℘ 02 33 89 32 00, Fax 02 33 89 32 01, ≤ Mont-St-Michel, 🌇
🍴 – 📶 ⅏ 📺 ☎ ✆ ⅙ 🅿 – 🔏 30. 🅰🅴 ⓸ 🆖 ✂ ch
Repas 90 (déj.)/290 🍷, enf. 55 – ⌷ 65 – **32 ch** 450/1250, 7 appart – ½ P 640/1440

🏨 **Relais du Roy**, ℘ 02 33 60 14 25, Fax 02 33 60 37 69 – 📺 ☎ ⅙ 🅿. 🅰🅴 🆖. ✂ ch
23 mars-30 nov. – **Repas** 90/210, enf. 48 – ⌷ 50 – **27 ch** 360/450 – ½ P 360/410

🏨 **Mercure** Ⓜ, ℘ 02 33 60 14 18, Fax 02 33 60 39 28, 🌇 – ⅏ 📺 ☎ ⅙ 🅿 – 🔏 80. 🅰🅴 🆖
12 fév.-5 nov. – **Pré Salé :** Repas carte environ 190, enf. 58 – ⌷ 58 – **100 ch** 480/600

🏨 **Digue**, ℘ 02 33 60 14 02, Fax 02 33 60 37 59, ≤ – 🟦 rest. 📺 ☎ 🅿. 🅰🅴 ⓸ 🆖 🆓. ✂ ch
1er avril-12 nov. – **Repas** 90/210 🍷, enf. 52 – ⌷ 36 **ch** 350/460 – ½ P 360/405

à Beauvoir Sud : 4 km par D 976 – 426 h. – ✉ 50170 Pontorson

🏨 **Beauvoir**, ℘ 02 33 60 09 39, Fax 02 33 48 59 65 – 📺 ☎ 🅿. 🆖
🍴 *15 fév.-15 nov.* – **Repas** 75/280, enf. 50 – ⌷ 42 – **18 ch** 290/360 – ½ P 292

MONTSALVY 15120 Cantal **76** ⑬ G. Auvergne – 970 h alt. 800.
Voir Puy-de-l'Arbre ☀★ NE : 1,5 km.
🔹 Office de Tourisme r. du Tour-de-Ville ℘ 04 71 49 21 43, Fax 04 71 49 29 54.
Paris 589 – Aurillac 31 – Rodez 59 – Entraygues-sur-Truyère 13 – Figeac 57.

🏨🏨 **Nord**, ℘ 04 71 49 20 03, Fax 04 71 49 29 00, 🌇 – 📺 ☎ ✆ 🅿. 🅰🅴 ⓸ 🆖 🆓
🍴 *15 avril-31 déc.* – **Repas** 88/250 🍷, enf. 45 – ⌷ 43 – **20 ch** 260/350 – ½ P 290/340

MONTSAUCHE-LES-SETTONS 58230 Nièvre **65** ⑯ G. Bourgogne – 714 h alt. 574.

Voir Lac des Settons★ SE : 5 km.

🛃 Syndicat d'Initiative pl. de l'Ancienne Gare ℰ 03 86 84 55 90, Fax 03 86 84 55 90.

Paris 254 – Autun 43 – Avallon 40 – Clamecy 56 – Nevers 89 – Saulieu 25.

⚔ **Idéal**, ℰ 03 86 84 51 26, Fax 03 86 84 57 46, 佘, 舜 – ☎ **P**. GB
🍴 fermé janv., fév. et lundi du 1er sept. au 30 avril – **Repas** 69 bc/165 ⵛ, enf. 45 – ⵦ 35 – **15 ch** 160/270 – ½ P 100/135

MONT-SAXONNEX 74130 H.-Savoie **74** ⑦ G. Alpes du Nord – 880 h alt. 1000 – Sports d'hiver : 1 100/1 570 m ≰ 7.

Voir Église ⁂★★ 15 mn.

🛃 Syndicat d'Initiative ℰ 04 50 96 97 27, Fax 04 50 96 92 08 et (hors saison) Mairie ℰ 04 50 96 90 56.

Paris 568 – Chamonix-Mont-Blanc 52 – Thonon-les-Bains 54 – Annecy 50 – Bonneville 9.

⚔ **Jalouvre** ⌂, ℰ 04 50 96 90 67, 佘 – ☎ **P**. GB. ⁄⁄ rest
1er juin-17 sept. et 1er nov.-2 mai – **Repas** 100/165 ⵛ, enf. 45 – ⵦ 45 – **14 ch** 155/250 – ½ P 265

Les MONTS-DE-VAUX 39 Jura **70** ④ – rattaché à Poligny.

MONTSÉGUR 09 Ariège **86** ⑤ – rattaché à Lavelanet.

MONTSOREAU 49730 M.-et-L. **64** ⑫ ⑬ G. Châteaux de la Loire – 561 h alt. 77.

Voir ⁂★★ – Église★ de Candes-St-Martin SE : 1,5 km.

Paris 296 – Angers 74 – Châtellerault 66 – Chinon 19 – Poitiers 82 – Saumur 11 – Tours 59.

✕✕ **Diane de Méridor**, ℰ 02 41 51 71 76, Fax 02 41 38 15 93, ≼ – **P**. GB
fermé merc. midi et mardi sauf juil.-août – **Repas** 75 (déj.), 99/215 ⵛ, enf. 49

MORANGIS 91 Essonne **61** ①., **101** ㉟ – voir à Paris, Environs.

MORESTEL 38510 Isère **74** ⑭ G. Vallée du Rhône – 2 972 h alt. 220.

Paris 499 – Bourg-en-Bresse 72 – Chambéry 70 – Grenoble 70 – Lyon 64 – La Tour-du-Pin 16.

🏨 **France**, Gde rue ℰ 04 74 80 04 77, Fax 04 74 33 07 47 – 🆃🆅 ☎ ⇔ – 🛦 25. 🅰🅴 GB
Repas (fermé dim. soir et lundi) 120/240 🍷, enf. 80 – ⵦ 40 – **11 ch** 260/425 – ½ P 245/265

✕ **Grille**, N 75 ℰ 04 74 80 02 88, Fax 04 74 80 05 10 – 🍽 **P**. 🅰🅴 ⓪ GB
🍴 fermé dim. soir – **Repas** 80 bc/180 ⵛ, enf. 60

MORET-SUR-LOING 77250 S.-et-M. **61** ⑫, **106** ㊻ G. Ile de France – 4 174 h alt. 50.

Voir Site★.

🛃 Office de Tourisme 4 bis pl. Samois ℰ 01 60 70 41 66, Fax 01 60 70 82 52.

Paris 74 – Fontainebleau 10 – Melun 27 – Nemours 17 – Sens 44.

✕✕ **Hostellerie du Cheval Noir** avec ch, 47 av. J. Jaurès ℰ 01 60 70 32 91, Fax 01 60 70 80 21, 佘 – 🆅 ☎. 🅰🅴 ⓪ GB
💯 **Repas** (fermé vacances de fév. et lundi soir) (100) - 140/500 – ⵦ 42 – **8 ch** 270/450 – ½ P 290/415

✕✕ **Auberge de la Palette**, 10 av. J. Jaurès ℰ 01 60 70 50 72, Fax 01 64 31 17 99 – GB
fermé 5 au 14 avril, 16 août au 8 sept., 6 au 21 janv., mardi soir et merc. – **Repas** 110/280, enf. 50

à Veneux-les-Sablons Ouest : 3,5 km – 4 298 h. alt. 76 – ✉ 77250 :

✕✕ **Rôtisserie du Bon Abri**, av. Fontainebleau ℰ 01 60 70 55 40, Fax 01 64 31 12 27, 佘 – 🅰🅴 ⓪ GB
fermé 30 juil. au 10 août, 26 au 29 déc., vacances de fév., dim. soir, mardi soir et lundi – **Repas** 175 bc (déj.), 189/290 ⵛ, enf. 60

MOREY-ST-DENIS 21220 C.-d'Or **65** ⑳ – 639 h alt. 275.

Paris 319 – Beaune 30 – Dijon 16.

✕✕ **Castel de Très Girard** avec ch, 7 r. Très Girard ℰ 03 80 34 33 09, Fax 03 80 51 81 92, 佘, ⌇ – 🆅 ☎ ✔ **P** – 🛦 15. 🅰🅴 ⓪ GB 🎴
Repas (fermé merc.) 120 (déj.), 180/250 ⵛ – ⵦ 65 – **12 ch** 470/900

MORGAT 29 Finistère 58 ⑭ G. Bretagne – ⊠ 29160 Crozon.

Voir *Phare* ⩻* – *Grandes Grottes**.

🛈 Office de Tourisme (saison) bd de la Plage ℘ 02 98 27 29 49.

Paris 590 – Quimper 51 – Brest 60 – Châteaulin 37 – Douarnenez 43 – Morlaix 85.

🏨 **Grand Hôtel de la Mer** M̩, ℘ 02 98 27 02 09, Fax 02 98 27 02 39, ⩻, « Parc », ⚲ – 🛗 📺 ☎ ✆ & 🅿 – 🔏 20 à 30. ⅁⅁. ⚸
avril-oct. – **Repas** *(fermé lundi midi et mardi midi)* 110/198 ⵒ, enf. 80 – ⵒ 58 – **78 ch** 495/598 – 1/2 P 453

🏨 **Ville d'Ys** ⏁, ℘ 02 98 27 06 49, Fax 02 98 26 21 88, ⩻ – 🛗 ☎ 🅿. ⅁⅁. ⚸ rest
Pâques-30 sept. – **Repas** *(dîner seul.)* 88/240 ⵒ, enf. 45 – ⵒ 42 – **41 ch** 295/450 – 1/2 P 270/355

🏨 **Julia** ⏁, ℘ 02 98 27 05 89, Fax 02 98 27 23 10, 🛋 – 📺 ☎ ✆ 🅿. ⅁⅁ ⅁⅁. ⚸ rest
fermé 2 nov. au 19 déc., 5 janv. au 19 fév., mardi midi et lundi sauf vacances scolaires – **Repas** 82/270, enf. 50 – ⵒ 40 – **20 ch** 220/350 – 1/2 P 275/340

MORILLON 74 H.-Savoie 74 ⑧ – rattaché à Samoëns.

MORLAAS 64160 Pyr.-Atl. 85 ⑦ G. Aquitaine – 3 094 h alt. 287.

Paris 771 – Pau 13 – Tarbes 38.

🏨 **Bourgneuf** ⏁, ℘ 05 59 33 44 02, Fax 05 59 33 07 74 – 📺 ☎ ✆ & 🅿. ⅁⅁
fermé 24 oct. au 15 nov. – **Repas** *(fermé sam. midi et dim. soir)* 60 bc/250 ⵒ, enf. 50 – ⵒ 25 – **12 ch** 220/260 – 1/2 P 180

Les prix Pour toutes précisions sur les prix indiqués dans ce guide, reportez-vous aux pages explicatives.

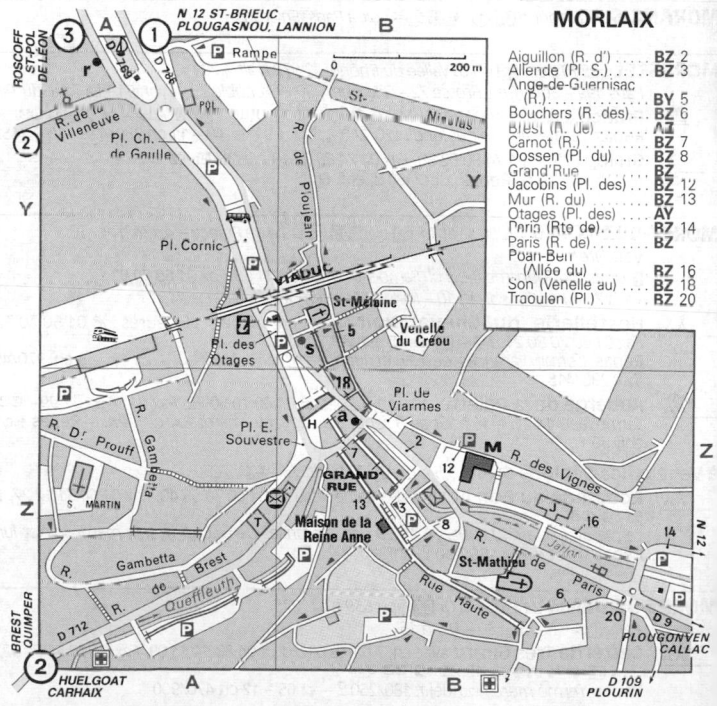

MORLAIX

Aiguillon (R. d')	**BZ** 2
Allende (Pl. S.)	**BZ** 3
Ange-de-Guernisac (R.)	**BY** 5
Bouchers (R. des)	**BZ** 6
Brest (R. de)	**AZ**
Carnot (R.)	**BZ** 7
Dossen (Pl. du)	**BZ** 8
Grand'Rue	**BZ**
Jacobins (Pl. des)	**BZ** 12
Mur (R. du)	**BZ** 13
Otages (Pl. des)	**AY**
Paris (Rte de)	**BZ** 14
Paris (R. de)	**BZ**
Poan-Ben (Allée du)	**BZ** 16
Son (Venelle au)	**BZ** 18
Traoulen (Pl.)	**BZ** 20

MORLAIX ⟨SP⟩ 29600 Finistère 58 ⑥ G. Bretagne – 16 701 h alt. 7.

Voir Viaduc★ – Grand'Rue★ – Maison de "la Reine Anne" (intérieur★) – Vierge★ dans l'église St-Mathieu – Musée★ **M**.

Env. Calvaire★★ de Plougonven 12 km par D 9.

🛈 Office de Tourisme pl. des Otages ✆ 02 98 62 14 94, Fax 02 98 63 84 87.

Paris 538 ② – Brest 59 ② – Quimper 77 ② – St-Brieuc 87 ②.

Plan page ci-contre

Europe, 1 r. Aiguillon ✆ 02 98 62 11 99, Fax 02 98 88 83 38 – 🛗 📺 ☎ ✆ – 🔬 25. ⟨AE⟩ ⟨O⟩
GB   BZ a

Le Lof ✆ 02 98 88 81 15 **Repas** 85/165 �, enf. 71 – � 40 – **60 ch** 195/360 – ½ P 280/380

Port sans rest, 3 quai de Léon ✆ 02 98 88 07 54, Fax 02 98 88 43 80 – 📺 ☎ ✆. ⟨AE⟩
                                                                                                         AY r

� 30 – **25 ch** 180/240

Fontaine, ZA la Boissière par ① et rte Lannion : 3 km ✆ 02 98 62 09 55,
Fax 02 98 63 82 51 – 📺 ☎ ✆ 🅿️ – 🔬 20. ⟨AE⟩ GB. ✆ rest
fermé 25 déc. au 1er janv. – **Repas** (fermé sam. et dim. sauf août) 68/120 ♪ – � 38 – **38 ch** 220/290 – ½ P 220

Les Bruyères sans rest, par rte de Plouigneau Est sur D 712 : 3 km ⌧ 29610 Plouigneau
✆ 02 98 88 08 68, Fax 02 98 88 66 54, ✿ – 📺 ☎ ✆ 🅿️, GB
fermé 24 déc. au 2 janv. – � 35 – **32 ch** 230/290

Campanile, Z.A. du Launay par r. de la Villeneuve AY Ouest : 3 km ✆ 02 98 63 34 63,
Fax 02 98 63 55 66, ⍟ – ✆ 📺 ☎ ✆ 🅿️ – 🔬 20. ⟨AE⟩ ⟨O⟩ GB
Repas 88/103 ♪, enf. 39 – � 36 – **50 ch** 315

Marée Bleue, 3 rampe St Mélaine ✆ 02 98 63 24 21 – GB   BY s
fermé 1er au 23 oct., dim. soir et lundi sauf juil.-août – **Repas** 80/235 ♪

MORNANT 69440 Rhône 74 ⑪, 110 ㉒ G. Vallée du Rhône – 3 900 h alt. 380.

Paris 479 – Lyon 25 – St-Étienne 37 – Givors 12 – Rive-de-Gier 14 – Vienne 24.

Poste avec ch, ✆ 04 78 44 00 40, Fax 04 78 44 19 07, ⍟ – ☰ rest, 📺 ☎. ⟨AE⟩ GB
fermé dim. soir – **Repas** 75/240 ♪, enf. 60 – � 34 – **13 ch** 180/300 – ½ P 280

MORNAS 84550 Vaucluse 81 ① G. Provence – 2 087 h alt. 37.

Paris 648 – Avignon 41 – Bollène 11 – Montélimar 43 – Nyons 45 – Orange 13.

Manoir, N 7 ✆ 04 90 37 00 79, Fax 04 90 37 10 34, ⍟ – ☰ rest, 📺 ☎ ⟨⟩ 🅿️ – 🔬 15. ⟨AE⟩
GB
fermé mi-nov. à début déc., mi-janv. à début fév., dim. soir et lundi du 15 sept. au 30 mai –
Repas 100/220 ♪, enf. 45 – � 40 – **25 ch** 180/310 – ½ P 300

MORTAGNE-AU-PERCHE ⟨SP⟩ 61400 Orne 60 ④ G. Normandie Vallée de la Seine – 4 584 h
alt. 260.

Voir Boiseries★ de l'église N.-Dame.

🛈 Office de Tourisme 2 pl. Gén.-de-Gaulle ✆ 02 33 85 11 18, Fax 02 33 83 76 76.

Paris 157 – Alençon 39 – Chartres 80 – Lisieux 88 – Le Mans 73 – Verneuil-sur-Avre 41.

Tribunal, 4 pl. Palais ✆ 02 33 25 04 77, Fax 02 33 83 60 83, ⍟ – 📺 ☎. GB
fermé 20 déc. au 6 janv. – **Repas** (70) – 90/190 ♪, enf. 55 – � 40 – **14 ch** 260/320 –
½ P 280/300

au Pin-la-Garenne Sud : 9 km par rte Bellême sur D 938 – 620 h. alt. 158 – ⌧ 61400 Mortagne-au-
Perche :

Croix d'Or, ✆ 02 33 83 80 33, Fax 02 33 83 06 03 – 🅿️. GB
fermé 5 fév. au 4 mars, merc. sauf juil.-août et mardi soir – **Repas** 58/220 ♪, enf. 45

MORTAGNE-SUR-GIRONDE 17120 Char.-Mar. 71 ⑥ G. Poitou Vendée Charentes – 972 h
alt. 51.

Voir Chapelle★ de l'Ermitage St-Martial S : 1,5 km.

🛈 Syndicat d'Initiative (saison juin-sept.) 1 pl. des Halles ✆ 05 46 90 52 90, Fax 05 46 90 61 25.

Paris 511 – Royan 33 – Blaye 55 – Jonzac 31 – Pons 26 – La Rochelle 116 – Saintes 36.

Auberge de la Garenne ⌂, ✆ 05 46 90 63 69, Fax 05 46 90 50 93, ⍟, 🛥, ✿ – 📺 ☎
🅿️. GB
fermé 15 déc. au 1er janv., dim. soir et lundi du 15 sept. au 15 mai – **Repas** 70/200 ♪, enf. 42
– � 32 – **11 ch** 230/300 – ½ P 230/250

Pas de publicité payée dans ce guide.

MORTAGNE-SUR-SÈVRE 85290 Vendée  ⑤ G. Poitou Vendée Charentes – 5 724 h alt. 115.

🛈 Office de Tourisme (fermé janv.) av. de la Gare ☎ 02 51 65 11 32, Fax 02 51 65 11 32.
Paris 360 – Angers 71 – La Roche-sur-Yon 57 – Bressuire 41 – Cholet 10 – Nantes 62.

🏠 **France**, pl. Dr Pichat ☎ 02 51 65 03 37, Fax 02 51 65 27 83, 😤, 🔲, 🛋 – 🛗, 🖃 rest, 📺 ☎
– 🔬 15 à 40. 🖭 ⅏, ⅏ rest
fermé sam. et dim. de nov. à mars – **Taverne** (fermé sam. midi et dim. de nov. à mars)
Repas 165/326 ♀, enf. 48 – **Petite Auberge** (déj. seul.) *(fermé sam. et dim.)* **Repas**
80/100 ♀, enf. 48 – ♀ 45 – **23 ch** 250/350 – ½ P 270/445

MORTEAU 25500 Doubs  ⑦ G. Jura – 6 458 h alt. 780.

🛈 Office de Tourisme pl. de la Halle ☎ 03 81 67 18 53, Fax 03 81 67 62 34
Paris 469 – Besançon 64 – Basel 122 – Belfort 90 – Neuchâtel 39 – Pontarlier 32.

XX ❀ **Auberge de la Roche** (Feuvrier), au Pont de la Roche Sud-Ouest : 3 km par D 437
✉ 25570 Gd Combe Châteleu ☎ 03 81 68 80 05, Fax 03 81 68 87 64, 🛋 – 🖪. ⅏
fermé 3 au 12 juil., 18 au 25 sept., 15 au 31 janv. dim. soir et lundi – **Repas** 140/420 et carte
250 à 400 ♀
Spéc. Goujonnettes de truite fario au beurre blond. Jambonnettes de cuisses de grenouilles et grenouilles désossées. Filet de faisan, jus au sureau (1ᵉʳ oct. au 15 janv.). **Vins**
Côtes du Jura, Arbois-Pupillin.

à Grand'Combe-Châteleu Sud-Ouest : 5 km par D 437 et D 47 – 1 301 h. alt. 760 – ✉ 25570 .
Voir *Fermes anciennes*★.

XX **Faivre**, ☎ 03 81 68 84 63, Fax 03 81 68 87 80 – ⅏
fermé 25 juil. au 21 août, dim. soir et lundi – **Repas** 108 bc (déj.), 130/300 ♀

MORTEMART 87330 H.-Vienne  ⑥ G. Berry Limousin – 152 h alt. 300.
Paris 392 – Limoges 40 – Dollac 15 – Confolens 31 – St-Junien 20.

XX **Relais** avec ch, ☎ 05 55 68 12 09, 😤 – 📺. ⅏
fermé vacances de fév., mardi soir sauf du 15 juil. au 31 août et merc. – **Repas** 98/250 ♀ –
♀ 45 – **5 ch** 250/300 – ½ P 350

MORZINE 74110 H.-Savoie  ⑧ G. Alpes du Nord – 2 967 h alt. 960 – Sports d'hiver : 1 000/
2 460 m ≰ 6 ≰ 57 ⅙.
Voir *Le Pléney* ✳★ *par téléphérique – Pointe de Nyon* ✳★.
Env. *Col de Joux Plane* ✳✳ S : 10 km.
🛈 Office de Tourisme (saison) pl. de la Crusaz ☎ 04 50 74 72 72, Fax 04 50 79 03 48.
Paris 593 ② – Thonon-les-Bains 33 ① – Annecy 79 ② – Cluses 29 ② – Genève 62 ②.

Plan page ci-contre

🏨 **Dahu** ⑤, ☎ 04 50 75 92 92, Fax 04 50 75 92 50, ≤, 😤, 🎿, 🔲, 🔲, 🛋 – 🛗 📺 ☎ 🖪 –
🔬 15 à 25. ⅏, ⅏ rest   B z
20 juin-6 sept. et 20 déc.-10 avril – **Repas** *(fermé mardi en hiver)* 155/275 – ♀ 65 – **40 ch**
570/1125, 4 duplex – ½ P 675/912

🏨 **Samoyède** Ⓜ, ☎ 04 50 79 00 79, Fax 04 50 79 07 91, ≤, 😤, 🛋 – 🛗 📺 ☎ 🖪. 🖭 ⓞ ⅏
⅏, ⅏ rest   B g
15 juin-mi-sept. et 15 déc.-fin avril – **Repas** 115/250, enf. 60 – ♀ 55 – **27 ch** 370/750 –
½ P 480/800

🏨 **Champs Fleuris**, ☎ 04 50 79 14 44, Fax 04 50 79 27 75, ≤, 😤, 🎿, 🔲, 🛋, ✵ – 🛗 📺 ☎
☎, 🔬 20 à 30. ⅏, ⅏ rest   A f
15 juin-15 sept. et 18 déc.-18 avril – **Repas** 160/220 – ♀ 55 – **49 ch** 480/1250 – ½ P 600/
860

🏨 **Les Airelles**, ☎ 04 50 74 71 21, Fax 04 50 79 17 49, ≤, 😤, 🎿, 🔲, 🛋 – 🛗 cuisinette 📺
☎ 🖪 – 🔬 30 à 50. ⓞ ⅏ ⅏. ⅏ rest   A b
hôtel : 15 mai-25 sept. et 1ᵉʳ déc.-20 avril ; rest. : 1ᵉʳ juin-20 sept. et 1ᵉʳ déc.-20 avril – **Les
Jardins d'Ulysse : Repas** 95/380, enf. 48 – ♀ 65 – **43 ch** 690/890, 9 studios – ½ P 750/
820

🏨 **Bergerie** sans rest, ☎ 04 50 79 13 69, Fax 04 50 75 95 71, ≤, 🎿, 🔲, 🛋 – 🛗 cuisinette 📺
☎ ☎. ⅏   B h
fin juin-mi-sept. et 20 déc.-14 avril – ♀ 60 – **5 ch** 400/600, 22 studios 800/1000

🏨 **Tremplin**, ☎ 04 50 79 12 31, Fax 04 50 75 95 70, ≤, 😤, 🛋 – 🛗 📺 ☎ ☎ 🖪.
⅏   A n
18 déc.-18 avril – **Repas** 140 (déj.), 160/260 ⅙ – ♀ 60 – **34 ch** 500/1000 – ½ P 600/750

🏨 **Clef des Champs**, ☎ 04 50 79 10 13, Fax 04 50 79 08 18, ≤, 🎿, 🔲, 🛋 – 📺 ☎ 🖪. ⅏
⅏ rest   B e
15 juin-5 sept. et 20 déc.-10 avril – **Repas** (90)-130/150 – ♀ 60 – **27 ch** 350/550 – ½ P 410

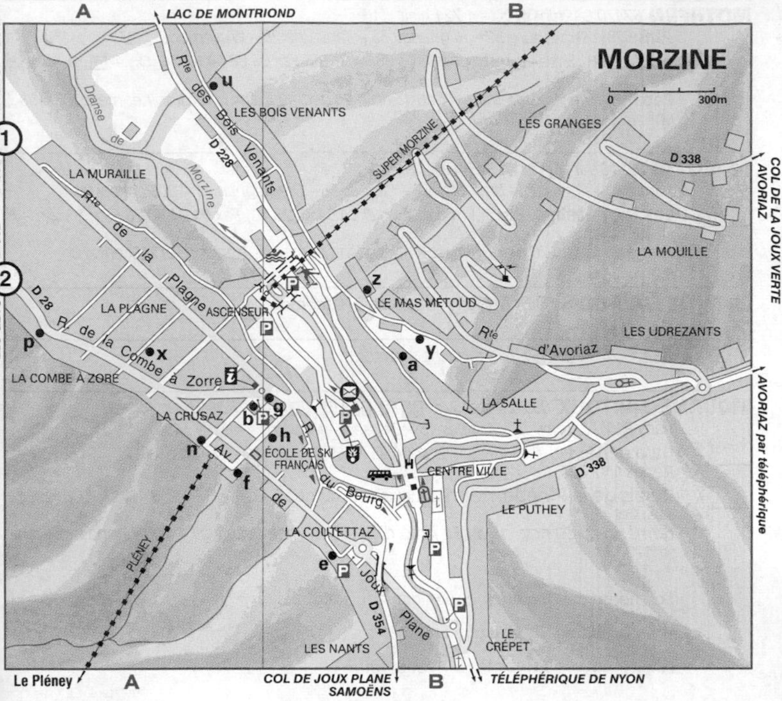
MORZINE
0
300m
A
B
LAC DE MONTRIOND
THONON-LES-B.
D 902
LES GETS
1
2
Rte des Bois Venants
LES BOIS VENANTS
D 228
Dranse de Morzine
LA MURAILLE
Rte de la Plagne
LA PLAGNE
ASCENSEUR
D 28
R. de la Combe à Zorre
LA COMBE À ZORE
LA CRUSAZ
Av. de Joux Plane
ÉCOLE DE SKI FRANÇAIS
R. du Bourg
LA COUTETTAZ
D 354
LES NANTS
PLÉNEY
SUPER MORZINE
LES GRANGES
D 338
COL DE LA JOUX VERTE
AVORIAZ
LA MOUILLE
LE MAS MÉTOUD
Rte d'Avoriaz
LES UDREZANTS
LA SALLE
CENTRE VILLE
LE PUTHEY
AVORIAZ par téléphérique
LE CRÊPET
Le Pléney
COL DE JOUX PLANE
SAMOËNS
TÉLÉPHÉRIQUE DE NYON
u
z
y
a
x
p
g
b
h
n
f
e

Bel'Alpe, ✆ 04 50 79 05 50, *Fax 04 50 79 22 76*, ≤, ⛷, 🌳 – TV ☎ P. ◐ GB.
✂ rest — A x
5 juil.-5 sept. et 20 déc.-5 avril – **Repas** 120/160 – ☕ 38 – **22 ch** 310/390 – ½ P 370/400

Hermine Blanche M ⛵, ✆ 04 50 75 76 55, *Fax 04 50 74 72 47*, ≤, ⛱, 🏋, ⛷, 🌳 – |‡|
TV ☎ P. GB. ✂ rest — B y
20 juin-3 sept. et 23 déc.-20 avril – **Repas** (dîner seul. en hiver) 95 – ☕ 38 – **25 ch** 300/460 – ½ P 360

Les Côtes ⛵, ✆ 04 50 79 09 96, *Fax 04 50 75 97 38*, ≤, 🏋, ⛷, 🌳, 🎾 – |‡| cuisinette TV
☎ 🚗 P. GB. ✂ rest — B a
1er juil.-4 sept. et 23 déc.-10 avril – **Repas** (dîner seul.) 100/120 – ☕ 48 – **6 ch** 300/330, 19 studios 420/650 – ½ P 330/360

Combe Humbert sans rest, ✆ 04 50 79 06 70, *Fax 04 50 79 25 03*, ≤, 🌳 – |‡| TV ☎ 🚗
P. GB — A p
☕ 35 – **10 ch** 260/280

Ours Blanc ⛵, ✆ 04 50 79 04 02, *Fax 04 50 75 97 82*, ≤, ⛷, 🌳 – TV ☎ P. GB.
✂ rest — A u
25 juin-6 sept. et Noël-Pâques – **Repas** 110/130 – ☕ 45 – **23 ch** 200/340 – ½ P 330/350

au lac de Montriond *Nord-Est : 5 km –* ✉ *74110 :*

Voir *Lac*★.

Office de Tourisme ✆ *04 50 79 12 81, Fax 04 50 79 04 06.*

Les Sapins, ✆ 04 50 75 90 56, *Fax 04 50 75 96 43*, ≤ lac, ⛱ – TV ☎ P. AE ◐ GB
11 mai-24 sept., 16 déc.-29 avril et fermé mardi soir (sauf hôtel) et merc. en mai, juin et sept. – **Repas** 70 (déj.), 100/250 ♀, enf. 50 – ☕ 38 – **18 ch** 280/350 – ½ P 340/360

MOSNAC *17 Char.-Mar.* 71 ⑥ *– rattaché à Pons.*

A good moderately priced meal : ☺ **Repas** 100/130

MOTHERN *67470 B.-Rhin* **57** ⑳ – *1 721 h alt. 115.*

Paris 523 – Strasbourg 52 – Haguenau 33 – Karlsruhe 28 – Wissembourg 23.

🏠 **A L'Ancre**, 2 rte Lauterbourg 🕾 03 88 94 81 99, Fax 03 88 54 67 74, 😤 – **TV** 🕾 🦐 & 🅿. ⬥ **GB**
🕾 **Repas** *(fermé 1ᵉʳ au 15 mars, 1ᵉʳ au 15 nov., 26 déc. au 6 janv., mardi soir et merc.)* 85/168 ♈,
enf. 45 – ⬜ 38 – **16 ch** 290 – ½ P 280

La MOTTE *83920 Var* **84** ⑦ – *1 993 h alt. 79.*

Paris 860 – Fréjus 21 – Brignoles 52 – Cannes 56 – Draguignan 11 – St-Raphaël 24.

✕✕ **Les Pignatelles**, Est : 1 km par D 47 🕾 04 94 70 25 70, Fax 04 94 70 26 55, 😤, 🐎 – 🅿.
⬥ ⓞ **GB**
fermé 15 fév. au 26 mars, dim. soir hors saison et merc. – **Repas** 130/240, enf. 70

La MOTTE-AU-BOIS *59 Nord* **51** ⑭ – *rattaché à Hazebrouck.*

MOTTEVILLE *76 S.-Mar.* **52** ⑬ – *rattaché à Yvetot.*

MOUANS-SARTOUX *06370 Alpes-Mar.* **84** ⑧, **114** ⑬, **115** ㉔ – *7 989 h alt. 120.*

Paris 910 – Cannes 10 – Antibes 15 – Grasse 8 – Mougins 4 – Nice 34.

✕✕ **Gavroche**, 1 pl. Gén. de Gaulle 🕾 04 93 75 69 72, 😤 – ⬥ ⓞ **GB**
Repas 110/220

✕ **Relais de la Pinède**, rte La Roquette-sur-Siagne 1,5 km par D 409 🕾 04 93 75 28 29, 😤
– 🅿. **GB**
fermé 15 au 30 nov., 15 au 31 janv., dim. soir et merc. sauf juil.-août – **Repas** (prévenir)
99/170

Les noms des localités citées dans ce guide

sont soulignés de rouge

sur les **cartes Michelin** à 1/200 000.

MOUCHARD *39330 Jura* **70** ④ ⑤ – *997 h alt. 285.*

Paris 395 – Besançon 39 – Arbois 10 – Dole 36 – Lons-le-Saunier 47 – Salins-les-Bains 9.

✕✕ **Chalet Bel'Air** avec ch, 🕾 03 84 37 80 34, Fax 03 84 73 81 18, 🐎 – 🔳 rest, **TV** 🕾 🅿. ⬥
ⓞ **GB**
fermé 21 au 28 juin, 22 nov. au 13 déc., dim. soir et merc. sauf vacances scolaires – **Repas**
(80) - 130/400 ♈ • **- Rôtisserie :** Repas 130 ♈, enf. 80 – ⬜ 40 – **10 ch** 250/450 – ½ P 265/365

MOUDEYRES *43150 H.-Loire* **76** ⑱ – *111 h alt. 1177.*

Paris 572 – Le Puy-en-Velay 26 – Aubenas 64 – Langogne 59.

🏠 **Pré Bossu** ⟡, 🕾 04 71 05 10 70, Fax 04 71 05 10 21, salle à manger réservée aux non-
fumeurs, « Authentique chaumière dans un village classé », 🐎 – 🕾 🅿. ⬥ **GB**. ⬥ rest
Pâques-1ᵉʳ nov. et fermé le midi sauf sam. et dim. – **Repas** 175/365 ♈ – ⬜ 65 – **10 ch**
395/495 – ½ P 525/575

MOUGINS *06250 Alpes-Mar.* **84** ⑨, **115** ㉔ ㊳ *G. Côte d'Azur* – *13 014 h alt. 260.*

Voir Site★ – Ermitage N.-D. de Vie : site★, ≼★ SE : 3,5 km.

🅱 Office de Tourisme *(fermé dim. et lundi d'oct. à juin)* av. J.-Ch.-Mallet 🕾 04 93 75 87 67, et
Fax 04 92 92 04 03.

Paris 908 – Cannes 8 – Antibes 13 – Grasse 11 – Nice 32 – Vallauris 10.

🏰 **Mougins** 🅼 ⟡, 205 av. Golf (rte Antibes) 2,5 km 🕾 04 92 92 17 07, Fax 04 92 92 17 08,
😤, « Jardin fleuri », ⯐, 🐎, ✕ – ❌ 🔳 🕾 & 🅿 – 🔏 50. ⬥ ⓞ **GB**
Repas *(fermé 26 nov. au 26 déc. et 9 janv. au 31 mars)* (155) - 190 – ⬜ 95 – **51 ch** 1100/1250
– ½ P 865

🏠 **Manoir de l'Étang** ⟡, Bois de Font-Merle (rte Antibes) - allée du Manoir 2 km
🕾 04 93 90 01 07, Fax 04 92 92 20 70, ≼, 😤, « Parc », ⯐, 🐎 – **TV** 🕾 🅿. **GB** **JCB**
mi-fév.-oct. – **Repas** *(fermé lundi hors saison)* 150 (déj.), 190/250 ♈ – ⬜ 65 – **20 ch**
600/1000 – ½ P 555/755

🏠 **Arc Hôtel**, rte Valbonne 🕾 04 93 75 77 33, Fax 04 92 92 20 57, 😤, ⯐, 🐎, ✕ – **TV** 🕾 🦐
& 🅿 – 🔏 40. ⬥ ⓞ **GB**. ⬥ rest
Repas 110 (déj.), 120/250 – ⬜ 41 – **44 ch** 550/600

XXXX **Moulin de Mougins** (Vergé) avec ch, à Notre-Dame-de-Vie, Sud-Est : 2,5 km par D 3
🏵️ ☎ 04 93 75 78 24, Fax 04 93 90 18 55, 🍽️, « Ancien moulin à huile du 16ᵉ siècle », 🌳 – 🖥️
📺 ☎ 🅿️ 🖭 ⓞ ⒼⒷ
fermé 29 janv. au 7 mars – **Repas** (fermé lundi) 250 (déj.), 550/740 et carte 500 à 750 –
😐 90 – **3 ch** 850/950, 4 appart 1800
Spéc. Poupeton de fleur de courgette à la truffe noire. Tian de légumes du soleil et filets de
Saint Pierre. Coeur de filet de boeuf truffé. **Vins** Côtes de Provence blanc, Coteaux Varois
rouge.

XXX **Ferme de Mougins**, à St-Basile (rte de Valbonne) ☎ 04 93 90 03 74, Fax 04 92 92 21 48,
🍽️, – 🅿️ 🖭 ⒼⒷ
fermé nov., dim. soir et lundi du 15 sept. au 15 juin sauf fêtes – **Repas** 195 (déj.), 275/375 et
carte 450 à 550

XXX **Les Muscadins** avec ch, au village ☎ 04 92 28 28 28, Fax 04 92 92 88 23, ≤, 🍽️, « Belle
décoration intérieure » – 🖥️ ch, 📺 ☎ ✔️ 🅿️, 🖭 ⓞ ⒼⒷ
fermé début nov. au 27 déc. – **Repas** (fermé mardi sauf juil.-août) 160 bc (déj.), 185/250 et
carte 240 à 380 ⛿ – 😐 80 – **8 ch** 900/1400 – ½ P 650/900

XX **L'Amandier de Mougins**, au village ☎ 04 93 90 00 91, Fax 04 92 92 89 95, ≤, 🍽️,
« Ancien pressoir du 14ᵉ siècle » – 🖭 ⓞ ⒼⒷ
Repas 155/190 ⛿, enf. 65

XX **Terrasse et Hôtel du Village** 🦮 avec ch, 31 bd Courteline ☎ 04 92 28 36 20,
Fax 04 92 28 36 21, ≤, 🍽️ – 🖥️ rest, 📺 ☎. 🖭 ⒼⒷ
fermé 15 nov. au 15 déc. – **Repas** (fermé jeudi midi et merc.) 130 (déj.), 190/280 ⛿ – 😐 90 –
4 ch 900/1500

XX **Broche de Fer**, à St-Basile (rte Valbonne) ☎ 04 92 92 08 08, Fax 04 92 92 88 54, 🍽️ – 🅿️.
🖭 ⓞ ⒼⒷ
fermé 1ᵉʳ au 15 mars, 1ᵉʳ au 15 nov., jeudi midi et merc. sauf juil.-août – **Repas** 98 (déj.),
120/185 ⛿, enf. 50

XX **Feu Follet**, au village ☎ 04 93 90 15 78, Fax 04 92 92 92 62, 🍽️, « Terrasse » – 🖭 ⒼⒷ
fermé 15 nov. au 15 déc., dim. soir de nov. à mars, mardi midi d'avril à oct. et lundi – **Repas**
128 (déj.), 168/300 ⛿

X **Bistrot de Mougins**, au village ☎ 04 93 75 78 34, Fax 04 93 75 25 52 – 🖥️. 🖭 ⒼⒷ
fermé 1ᵉʳ au 15 déc., 7 au 21 janv., merc. (sauf le soir en juil.-août) et sam. midi – **Repas**
(prévenir) 125 (déj.)/180 ⛿

X **Clos St-Basile**, à St-Basile (rte de Valbonne) ☎ 04 92 92 93 03, Fax 04 92 92 19 34, 🍽️ –
🅿️. 🖭 ⒼⒷ
fermé 18 fév. à mi-mars, jeudi midi et merc. sauf juil.-août – **Repas** 120 (déj.), 155/280 ⛿

X **Brasserie de la Méditerranée**, au village ☎ 04 93 90 03 47, Fax 04 93 75 72 83, 🍽️,
bistrot – 🖥️. 🖭 ⒼⒷ
fermé 10 au 20 déc. – **Repas** (95) - 138 (déj.), 165/198 ⛿

MOULIN-DU-PONT 29 Finistère 🖽 ⑮ – rattaché à Quimper.

MOULINS 🅿️ 03000 Allier 🖾 ⑭ G. Auvergne – 22 799 h alt. 240.
Voir Cathédrale Notre-Dame★ : triptyque★★★, vitraux★★ – Jacquemart★ – Mausolée du
duc de Montmorency★ (chapelle du lycée) B – Musée d'Art et d'Archéologie★ : oeuvres
médiévales★★, collection de faïences★ M².
🖪 Office de Tourisme 11 r. F.-Péron ☎ 04 70 44 14 14, Fax 04 70 34 00 21.
Paris 299 ① – Bourges 101 ① – Clermont-Ferrand 104 ⑤ – Nevers 55 ① – Roanne 99 ④.

Plan page suivante

🏨 **Paris-Jacquemart**, 21 r. Paris ☎ 04 70 44 00 58, Fax 04 70 34 05 39, 🍽️, 🏊 – 🛗,
🖥️ rest, 📺 ☎ 🅿️ 🖭 ⓞ ⒼⒷ   DY p
fermé 16 au 31 juil. et 7 au 29 janv. – **Repas** (fermé dim. soir) 150 bc/450 – 😐 55 – **27 ch**
350/650 – ½ P 435/600

🏠 **Parc**, 31 av. Gén. Leclerc ☎ 04 70 44 12 25, Fax 04 70 46 79 35 – 🖥️ rest, 📺 ☎ ✔️ 🅿️. ⒼⒷ
fermé 7 au 22 juil., 29 sept. au 7 oct. et 22 déc. au 3 janv. – **Repas** (fermé sam.) 98/220 🍷 –
😐 38 – **28 ch** 210/350 – ½ P 260/280   BX a

XXX **Cours**, 36 cours J. Jaurès ☎ 04 70 44 25 66, Fax 04 70 20 58 45 – 🖥️. 🖭 ⒼⒷ   DY x
fermé 1ᵉʳ au 15 juil. et merc. – **Repas** 98/320 et carte 210 à 380 ⛿, enf. 50

rte de Paris par ① : 8 km – ✉️ 03460 Trevol :

🏨 **Relais Mercure** 🅼, ☎ 04 70 46 84 84, Fax 04 70 46 84 80, 🍽️, parc, 🏊 – 🛗 ⇔ 📺 ☎ ✔️
🅿️ – 🔬 130. 🖭 ⓞ ⒼⒷ
Repas (fermé dim. d'oct. à avril) 120/130 ⛿, enf. 52 – 😐 45 – **41 ch** 345/400

MOULINS

Allier (Pl. d') . . . . CDZ
Allier (R. d') . . . . DYZ
Alsace-Lorraine
(Av. d') . . . . BX 3
Ancien-Palais (R.) . . . . DY 4
Bourgogne
(R. de) . . . . BV, DY 6
Bréchimbault (R.) . . . . DZ 7
Cerf-Volant (R.) . . . . BV 8
Clermont-Ferrand
(Rte de) . . . . AX 10
Desboutins (R.) . . . . BX 16
Fausses-Braies
(R. des) . . . . DY 19
Flèche (R. de la) . . . . DZ 20
Grenier (R.) . . . . DY 25
Horloge (R. de l') . . . . DZ 26
Hôtel-de-Ville
(Pl. de l') . . . . DY 27
Jeu-de-Paume
(R. du) . . . . BV 28
Laussédat
(Pl. du Col.) . . . . DY 29
Leclerc
(Av. Gén.) . . . . BX 30
Libération (Av. de la) . . . . AX 31
Montilly (Rte de) . . . . AX 32
Orfèvres (R. des) . . . . DY 33
Pascal (R. Blaise-) . . . . CZ 34
Péron (R. F.) . . . . DY 35
République (Av.) . . . . BX 36
Tanneries (R. des) . . . . BV, DY 38
Tinland (R.M.) . . . . CY 39
Vert-Galant
(R. du) . . . . CDY 40
4-Septembre (R.) . . . . DZ 42

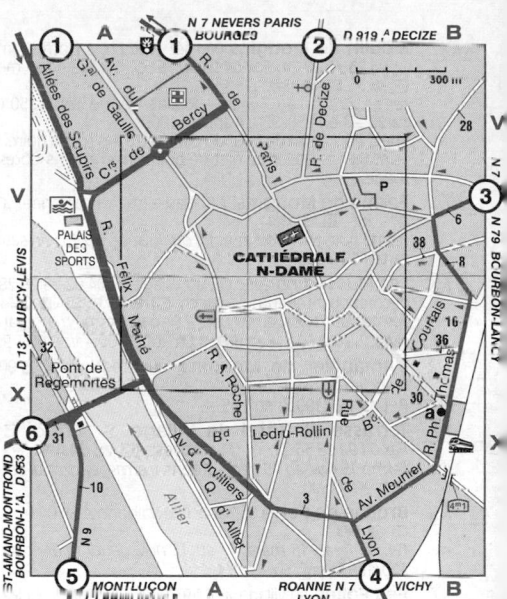

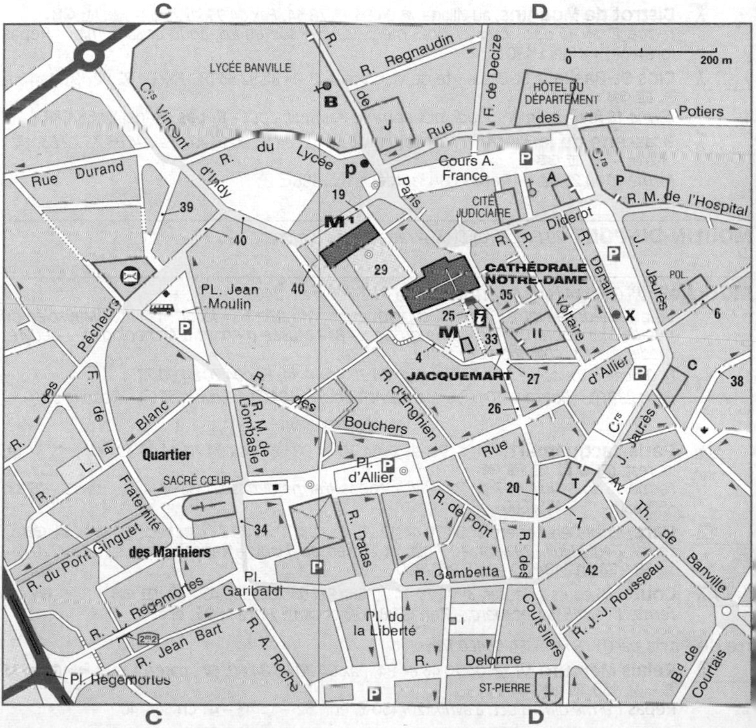

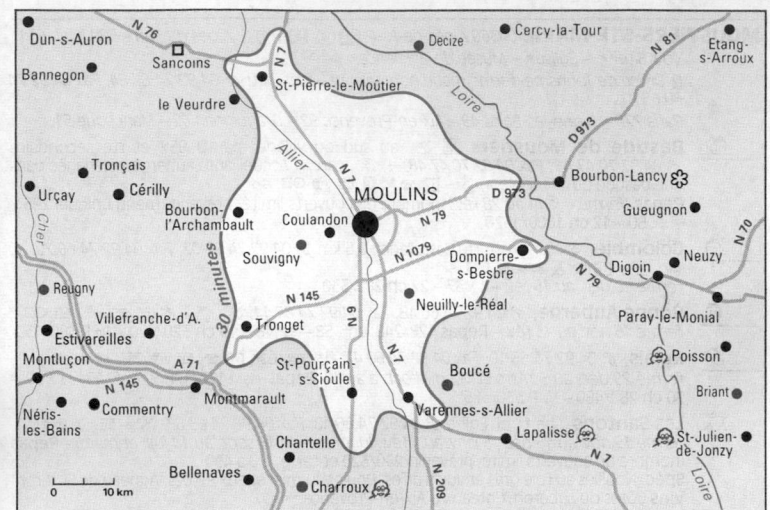

à Coulandon *par* ⑥, *D 945 et rte secondaire : 7 km – 554 h. alt. 250 –* ✉ *03000 :*

   🏨 **Chalet** ॐ, ℘ 04 70 44 50 08, *Fax 04 70 44 07 09*, ≼, 斎, « Parc », ⊥ – ⚊ ☎ ℃ ᴊ 🄿 AE
        ① GB
        fermé 16 déc. au 31 janv. – **Montagut :** Repas 115/250 – ⊐ 48 – **28 ch** 310/480 –
        ½ P 355/420

MOULINS-ENGILBERT *58290 Nièvre* ⑥⑨ ⑥ *G. Bourgogne – 1 711 h alt. 215.*
        Paris 298 – Autun 50 – Château-Chinon 17 – Corbigny 40 – Moulins 73 – Nevers 57.

   🏠 **Bon Laboureur,** ℘ 03 86 84 20 55, *Fax 03 86 84 35 52* – ⚊ ☎. GB
        fermé 1ᵉʳ au 15 janv. – **Repas** 68/238 ⅀, *enf.* 55 – ⊐ 34 – **23 ch** 200/350 – ½ P 195/290

   ✕ **Cadran,** ℘ 03 86 84 33 44, 斎 – GB
        fermé fév. – **Repas** 58 *(déj.),* 89/230 ⅀, *enf.* 45

MOULINS-LA-MARCHE *61380 Orne* ⑥⓪ ④ *– 816 h alt. 257.*
        Paris 158 – Alençon 43 – L'Aigle 18 – Argentan 47 – Mortagne-au-Perche 17.

   ✕ **Dauphin,** ℘ 02 33 34 50 55, *Fax 02 33 34 25 35* – 🄿 AE GB
        fermé 4 au 27 sept., 25 janv. au 11 fév., dim. soir de juin à sept., mardi d'oct. à mai et lundi –
        Repas 65 *(déj.),* 110/190 ᴊ, *enf.* 41

Le MOULLEAU *33 Gironde* ⑦⑧ ② ⑫ *– rattaché à Arcachon.*

MOURÈZE *34800 Hérault* ⑧③ ⑤ *G. Languedoc Roussillon – 100 h alt. 200.*
        Voir Cirque★★.
        Paris 728 – Montpellier 50 – Bédarieux 23 – Clermont-l'Hérault 8.

   🏠 **Hauts de Mourèze** ॐ *sans rest,* ℘ 04 67 96 04 84, *Fax 04 67 96 25 85*, ≼, *parc,* ⊥ – 🄿.
        GB. ℅
        25 mars-1ᵉʳ nov. – ⊐ 30 – **16 ch** 280/360

MOUSTERLIN (Pointe de) *29 Finistère* ⑤⑧ ⑮ *– rattaché à Fouesnant.*

       Si vous cherchez un hôtel tranquille,
       consultez d'abord les cartes de l'introduction
       ou repérez dans le texte les établissements indiqués avec le signe ॐ.

MOUSTIERS-STE-MARIE 04360 Alpes-de-H.-P. **81** ⑰, **114** ⑧ G. Alpes du Sud – 580 h alt. 631.

Voir Site★★ – Église★ – Musée de la Faïence★

🛈 Office de Tourisme (fermé matin hors saison) Hôtel-Dieu ℰ 04 92 74 67 84, Fax 04 92 74 60 65.

Paris 775 – Digne-les-Bains 49 – Aix-en-Provence 92 – Draguignan 62 – Manosque 51.

🏨🏨 **Bastide de Moustiers** Ⓜ 🦢, au sud du village, par D 952 et rte secondaire ℰ 04 92 70 47 47, Fax 04 92 70 47 48, ≤, 🍽, parc, « Accueillante auberge aménagée dans une bastide du 17ᵉ siècle », 🔁 – 📺 🕿 🖘 🅿. 🆎 ⑩ 🆖. ✀
Repas (fermé 4 janv. au 28 fév.) (nombre de couverts limité, prévenir)(menu unique) 295 ⵊ – 🖃 80 – **12 ch** 1000/1520

🏠 **Colombier** 🦢 sans rest, rte Castellane : 0,5 km ℰ 04 92 74 66 02, Fax 04 92 74 66 70, ≤, ㊰, ✀ – 📺 🕿 🖘 🅿. 🆖. ✀
fermé 10 déc. au 15 fév. – 🖃 37 – **22 ch** 280/330

🏠 **Bonne Auberge**, ℰ 04 92 74 66 18, Fax 04 92 74 65 11, 🍽, 🏊, 🛁 📺 🕿 🖘. 🆎 🆖
fermé 15 nov. au 15 fév. – **Repas** 120/248, enf. 58 – 🖃 48 – **19 ch** 320/520 – ½ P 380/430

🕊 **Relais**, ℰ 04 92 74 66 10, Fax 04 92 74 60 17 – |🛁|, 🍽 rest, 📺 🕿. 🆎 ⑩ 🆖. ✀ rest
fermé 29 déc. au 3 mars et vend. d'oct. à avril – **Repas** (80) 127/178 ⵊ, enf. 45 – 🖃 50 – **20 ch** 280/480 – ½ P 330/305

✕✕ **Les Santons** (Abert), pl. Église ℰ 04 92 74 66 48, Fax 04 92 74 63 67, 🍽 – 🆎 ⑩ 🆖
😊 fermé 15 nov. au 15 déc., 3 janv. au 5 fév., lundi soir du 16 sept. au 14 juil. et mardi – **Repas** (nombre de couverts limité, prévenir) 230/320 et carte 290 à 490
Spéc. Nouilles au foie gras et aux truffes. Poulet au miel et aux épices. Agneau de Sisteron. **Vins** Côtes du Lubéron, Coteaux d'Aix-en-Provence.

✕✕ **Ferme Ste-Cécile**, rte de Castellane : 1,5 km ℰ 04 92 74 64 18, Fax 04 92 74 63 51, 🍽 – 🅿. 🆖
fermé 15 nov. au 7 déc., vacances de fév., dim. soir et lundi sauf juil.-août – **Repas** 125 (déj.), 185/260 bc ⵊ, enf. 65

MOUTHIER-HAUTE-PIERRE 25920 Doubs **70** ⑥ G. Jura – 356 h alt. 450.

Voir Belvédère de Mouthier ≤★★ SE : 2,5 km – Gorges de Nouailles★ SE : 3,5 km – Roche de Haute-Pierre ≤★ N : 5 km puis 30 mn – Belvédère du moine de la vallée★★.

Paris 443 – Besançon 39 – Baume-les-Dames 54 – Pontarlier 21 – Salins-les-Bains 42.

🏨🏨 **Cascade** 🦢, ℰ 03 81 60 95 30, Fax 03 81 60 94 55, ≤ vallée, rest. non-fumeurs exclusivement – 📺 🕿 🖘 🅿. 🆎 🆖. ✀
20 fév.-11 nov. – **Repas** 110/280 – 🖃 45 – **19 ch** 290/370 – ½ P 320/360

MOÛTIERS 73600 Savoie **74** ⑰ G. Alpes du Nord – 4 295 h alt. 480.

🛈 Office de Tourisme pl. St-Pierre ℰ 04 79 24 04 23, Fax 04 79 24 56 05.

Paris 638 – Albertville 27 – Chambéry 76 – St-Jean-de-Maurienne 87.

🏠 **Ibis**, colline Champoulet ℰ 04 79 24 27 11, Fax 04 79 24 30 03, ≤ – |🛁| ❖ 📺 🕿 🖘 🅿. 🆎 ⑩ 🆖
Repas (75) - 95 ⵊ, enf. 39 – 🖃 35 – **61 ch** 390

✕ **Voûte**, 1/2 Grande rue ℰ 04 79 24 23 23, Fax 04 79 24 23 23, 🍽 – 🔲. 🆖. ✀
fermé 1ᵉʳ au 15 juin, 23 déc. au 7 janv., dim. soir et lundi – **Repas** 99/230 ⵊ

MOUX-EN-MORVAN 58230 Nièvre **65** ⑰ – 744 h alt. 502.

Paris 263 – Autun 31 – Château-Chinon 29 – Clamecy 71 – Nevers 91 – Saulieu 16.

🕊 **Beau Site**, ℰ 03 86 76 11 75, Fax 03 86 76 15 84, 🍽, parc – 🅿. 🆖. ✀
fermé 30 nov. au 15 fév. – **Repas** (fermé 26 déc. au 30 janv., dim. soir et lundi du 19 nov. au 20 mars) 69/195 ⵊ, enf. 52 – 🖃 33 – **20 ch** 147/292 – ½ P 190/240

MOUZON 08210 Ardennes **56** ⑩ G. Champagne – 2 637 h alt. 160.

Voir Église Notre-Dame★.

Paris 245 – Charleville-Mézières 40 – Carignan 7 – Longwy 63 – Sedan 18 – Verdun 63.

✕✕ **Les Échevins**, 33 r. Ch. de Gaulle ℰ 03 24 26 10 90, Fax 03 24 29 05 95 – 🆖
😊 fermé 1ᵉʳ au 24 août, 9 au 25 janv., dim. soir et lundi sauf fériés – **Repas** 100/195

MOYE 74 H.-Savoie **74** ⑤ – rattaché à Rumilly.

MUHLBACH-SUR-MUNSTER 68380 H.-Rhin 62 ⑱ G. Alsace Lorraine – 631 h alt. 460.

Paris 461 – Colmar 24 – Gérardmer 38 – Guebwiller 32.

Perle des Vosges 🦢, 🛵 03 89 77 61 34, Fax 03 89 77 74 40, ≤, 🌳, *᱂* – 🛎 ☎ 📲 –
🏥 100. 🍽 ⅜ rest
fermé 15 nov. au 1ᵉʳ déc. et 4 janv. au 2 fév. – **Repas** 80/225 ⍩ – 🚉 45 – **40 ch** 220/350,
5 appart – ½ P 225/375

MUIDES-SUR-LOIRE 41500 L.-et-Ch. 64 ⑧ – 1 115 h alt. 82.

🗓 Syndicat d'Initiative Mairie 🛵 02 54 87 50 08, Fax 02 54 87 01 25.

Paris 170 – Orléans 47 – Blois 21 – Châteauroux 108.

XX **Bon Terroir**, 20 r. 8-Mai 🛵 02 54 87 59 24, Fax 02 54 87 59 19, 🌳 – 📲 🖭 ⓪ 🍽
fermé 16 fév au 16 mars, lundi et mardi – **Repas** 105/245 ⍩

MULHOUSE 🐾 68100 H.-Rhin 66 ⑨ ⑩ G. Alsace Lorraine – 108 357 h Agglo. 223 856 h alt. 240.

Voir Parc zoologique et botanique★★ CV – Place de la Réunion★ : Hôtel de Ville★★ FY H¹
(musée historique★★) – Vitraux★ du temple St-Étienne – Musée de l'automobile-collection
Schlumpf★★★ BU – Musée français du chemin de fer★★★ AV – Musée de l'Impression sur
étoffes★ FZ M⁶ – Electropolis : musée de l'énergie électrique★ AV M².

Env. Musée du Papier peint★ : collection★★ à Rixheim E : 6 km DV M⁷.

🛫 de Bâle-Mulhouse (Euro-Airport) par ③ : 27 km, 🛵 03 89 90 31 11 à St-Louis et ☎ 061
🛵 325 31 11 à Bâle (Suisse).

🚃 🛵 08 36 35 35 35.

🗓 Office de Tourisme 9 av. Mar.-Foch 🛵 03 89 35 48 48, Fax 03 89 45 66 16.

Paris 464 ⑤ – Basel 34 ③ – Belfort 40 ⑤ – Freiburg-im-Breisgau 59 ② – Strasbourg 118 ①.

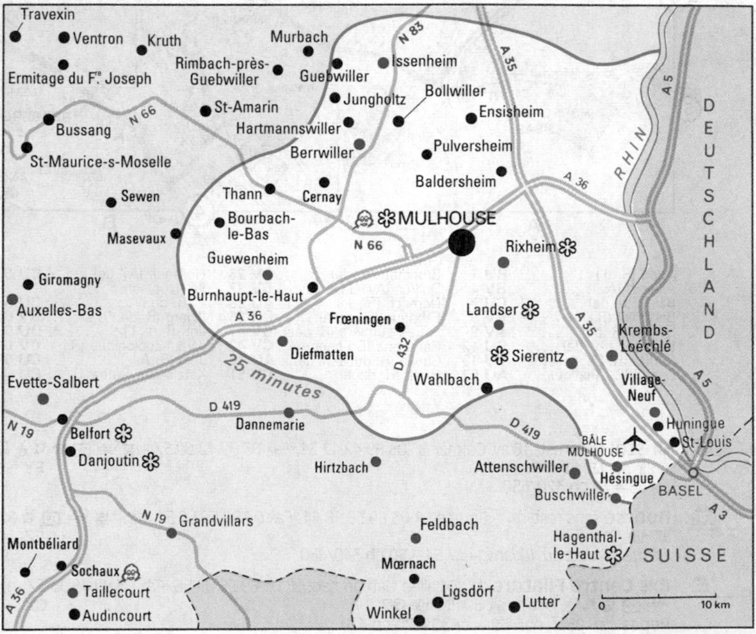

Parc Ⓜ, 26 r. Sinne 🛵 03 89 66 12 22, Fax 03 89 66 42 44 – 🛗 ⛩ 🖃 📺 ☎ 📞 🐾 🚗 –
🏥 80. 🖭 ⓪ 🍽   FZ **a**
Repas (fermé 1ᵉʳ au 27 août, sam. midi et dim.) 180 bc (déj.)/350 ⍩ – 🚉 90 – **76 ch** 700/2000

Mercure Centre Ⓜ, 4 pl. Gén. de Gaulle 🛵 03 89 36 29 39, Fax 03 89 36 29 49, 🌳 – 🛗
⛩ 🖃 📺 ☎ 📞 🚗 – 🏥 120. 🖭 ⓪ 🍽   FZ **b**
Repas (78) - 105/145 ⍩, enf. 50 – 🚉 60 – **96 ch** 695/720

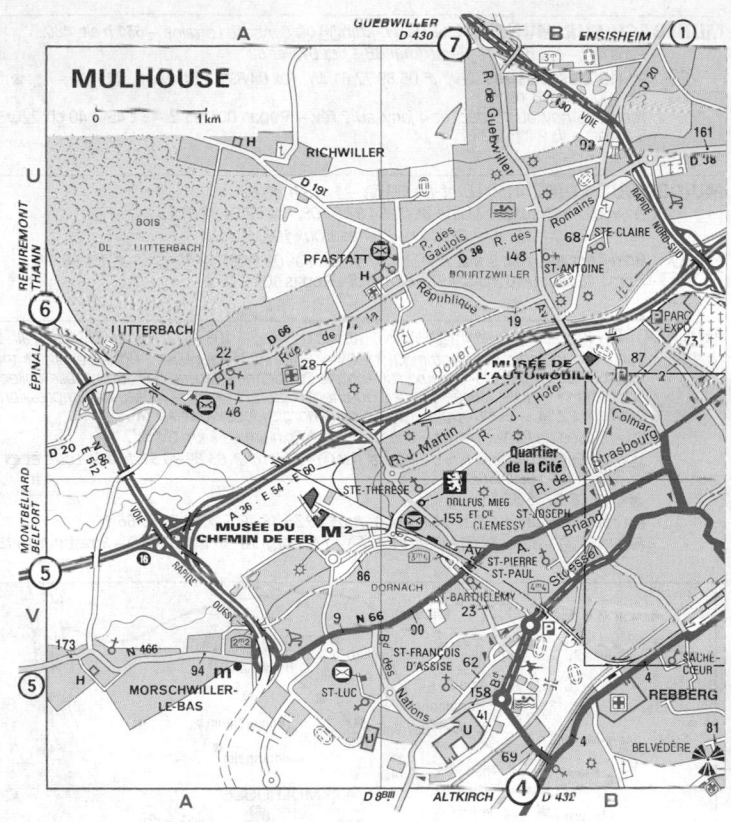

MULHOUSE

0   1 km

RICHWILLER

PFASTATT

LUTTERBACH

MUSÉE DE L'AUTOMOBILE

Quartier de la Cité

MUSÉE DU CHEMIN DE FER

DORNACH

MORSCHWILLER-LE-BAS

ST-FRANÇOIS D'ASSISE

ST-LUC

REBBERG

BELVÉDÈRE

GUEBWILLER D 430   ENSISHEIM

ALTKIRCH D 432

🏨 **Bristol** sans rest, 18 av. Colmar ℘ 03 89 42 12 31, Fax 03 89 42 50 57 – 🛗 ⇄ 🔟 ☎ ✆ 🕭 🅿
– 🔬 30. 🅰🅴 ⓪ 🆖 🃏
☲ 45 – **70 ch** 320/650
     FY e

🏨 **Bourse** sans rest, 14 r. Bourse ℘ 03 89 56 18 44, Fax 03 89 56 60 51, ⇌ – 🛗 ⇄ 🔟 ☎ ✆.
🅰🅴 ⓪ 🆖 🃏
fermé 20 déc. au 10 janv. – ☲ 54 – **50 ch** 340/480
     FZ d

🏨 **Ibis Centre Filature** Ⓜ, 34 allée Nathan Katz ℘ 03 89 56 09 56, Fax 03 89 45 53 57 – 🛗
⇄ 🔟 ☎ ✆ 🕭 ⇌ – 🔬 50. 🅰🅴 ⓪ 🆖
Repas (75)- 95 ♈, enf. 39 – ☲ 35 – **70 ch** 420
     GX f

🏨 **Bâle** sans rest, 19 passage Central ℘ 03 89 46 19 87, Fax 03 89 66 07 06 – 🔟 ☎ ⓪
🆖
☲ 38 – **32 ch** 180/315
     FY p

🏨 **Ibis Centre Gare**, 53 r. Bâle ℘ 03 89 46 41 41, Fax 03 89 56 24 26 – 🛗 ⇄ 🗏 rest, 🔟 ☎
🕭 🅿 – 🔬 30. 🅰🅴 ⓪ 🆖
A l'Étoile ℘ 03 89 45 21 00 (fermé dim.) Repas carte environ 170 ♈, enf. 42 – ☲ 35 – **66 ch**
315/335
     GY n

MONESTIER-DE-CLERMONT 38650 Isère 🟥 ⑭ G. Alpes du Nord – 905 h alt. 825.

🖪 Syndicat d'Initiative (en saison, matin seul.) Parc Municipal ℘ 04 76 34 15 99.

Paris 602 – Grenoble 35 – La Mure 30 – Serres 74 – Sisteron 108.

Au Sans Souci 🔊, à St-Paul-lès-Monestier, Nord-Ouest : 2 km sur D 8 - alt. 800
℘ 04 76 34 03 60, Fax 04 76 34 17 38, ≼, 🏛, 🔟, 🍴, 🛠 – 🔟 ☎ ✆ 🅿. 🖼
fermé janv., dim. soir et lundi sauf juil.-août – Repas 89/230 🍷, enf. 55 – ☲ 38 – **13 ch**
180/320 – ½ P 315

Piot 🔊, ℘ 04 76 34 07 35, Fax 04 76 34 12 74, 🏛, parc – 🔟 ☎ ✆ 🅿. 🖼
mi-fév.-mi-nov. et fermé dim. soir et lundi d'oct. à mai – Repas (55) - 85/158 🍷, enf. 52 –
☲ 38 – **18 ch** 195/290 – ½ P 200/270

Le MONETIER-LES-BAINS 05 H.-Alpes 🟥 ⑦ – rattaché à Serre-Chevalier.

La MONGIE 65 H.-Pyr. 🟥 ⑱ ⑲ G. Midi-Pyrénées – Sports d'hiver : 1 800/2 500 m ⛷ 2 ⛷ 31 –
✉ 65200 Bagnères-de-Bigorre.

Voir Le Taoulet ≼ ** N par téléphérique – Col du Tourmalet ✳ ** O : 4 km.

Env. Pic du Midi de Bigorre ✳ ***, accès par le col du Tourmalet puis par route à péage
ouverte en été NO : 10 km.

🖪 Office de Tourisme ℘ 05 62 91 94 15, Fax 05 62 95 33 13.

Paris 842 – Bagnères-de-Luchon 71 – Pau 87 – Bagnères-de-Bigorre 26 – Tarbes 46.

Pourteilh, ℘ 05 62 91 93 33, Fax 05 62 91 90 88 – |🛗| 🔟 ☎ ⟷ – 🔬 20. 🖭 🖼. 🛠 rest
15 juin-15 sept. et 15 déc.-fin avril – Repas (15 déc.-fin avril) 100/170 – ☲ 50 – **42 ch**
490/560 – ½ P 380/410

MONNAIE 37380 I.-et-L. 🟥 ⑮ – 2 829 h alt. 113.

Paris 228 – Tours 17 – Château-Renault 15 – Vouvray 11.

Soleil Levant, ℘ 02 47 56 10 34, Fax 02 47 56 45 22 – 🖼
fermé 1er au 14 août, 2 au 15 janv., dim. soir, merc. soir et lundi – Repas 99/190 🍷, enf. 50

La-MONNERIE-LE-MONTEL 63 P.-de-D. 🟥 ⑥ – rattaché à Thiers.

MONPAZIER 24540 Dordogne 🟥 ⑯ G. Périgord Quercy – 531 h alt. 180.

Voir Place centrale★.

🖪 Office de Tourisme pl. des Cornières ℘ 05 53 22 68 59, Fax 05 53 74 30 08.

Paris 558 – Périgueux 72 – Sarlat-la-Canéda 50 – Bergerac 46 – Villeneuve-sur-Lot 45.

Edward 1er 🔊 sans rest, ℘ 05 53 22 44 00, Fax 05 53 22 57 99, ≼, « Demeure du
19e siècle », 🔟, 🍴 – 🔟 ☎ ✆ 🅿. 🖭 ① 🖼
1er avril-1er nov. – ☲ 65 – **13 ch** 370/1000

MONSÉGUR 33580 Gironde 🟥 ③ – 1 537 h alt. 62.

Paris 629 – Bergerac 53 – Langon 35 – Libourne 50 – Marmande 23 – La Réole 16.

Grand Hôtel, ℘ 05 56 61 60 28, Fax 05 56 61 63 89, 🏛 – 🔟 ☎ ⟷. 🖼
fermé dim. soir et lundi d'oct. à mars – Repas 55/170 🍷 – ☲ 25 – **11 ch** 130/250 –
½ P 260/330

MONT voir au nom propre du mont.

MONTAGNY 42840 Loire 🟥 ⑧, 🟥 ㉓ – 1 124 h alt. 530.

Paris 406 – Roanne 15 – Lyon 76 – Montbrison 77 – St-Étienne 97 – Thizy 8.

Philippe Degoulange, ℘ 04 77 66 11 31, Fax 04 77 66 15 63 – 🖼
fermé 13 au 20 mars, 31 juil. au 22 août, jeudi soir, dim. soir et lundi – Repas 90 (déj.),
125/260 🍷

MONTAGNY-LÈS-BEAUNE 21 Côte-d'Or 🟥 ⑨ – rattaché à Beaune.

When looking for a quiet hotel
use the maps in the introduction
or look for establishments with the sign 🔊.

MONTAIGU *85600 Vendée* **67** ④ *– 4 323 h alt. 40.*

Env. Mémorial de vendée ★★ : le logis de la Chabotterie★ (salles historiques★★) SO : 14 km, le chemin de la Mémoire des Lucs★ SO : 24 km **G. Poitou Vendée Charentes.**

Paris 387 – Nantes 33 – La Roche-sur-Yon 39 – Cholet 36 – Fontenay-le-Comte 88.

au Pont de Sénard *Nord : 7 km par N 137 et D 77 – ✉ 85600 St-Hilaire-de-Loulay :*

Pont de Sénard Ⓜ, ☏ 02 51 46 49 50, *Fax 02 51 94 11 11*, – TV ☎ ♿ P – 30. AE GB. rest
fermé 26 déc. au 3 janv. et dim. soir – **Repas** 90/340 ℣, enf. 60 – 37 – **23 ch** 250/360 – ½ P 300/320

MONTARGIS 45200 *Loiret* **61** ⑫ *G. Bourgogne – 15 020 h alt. 95.*

Voir Collection Girodet★ du musée **M**[1].

Office de Tourisme pl. du 18-juin ☏ 02 38 98 00 87, Fax 02 38 98 82 01.

Paris 112 ① – Auxerre 81 ② – Bourges 117 ④ – Orléans 73 ⑤ – Sens 51 ②.

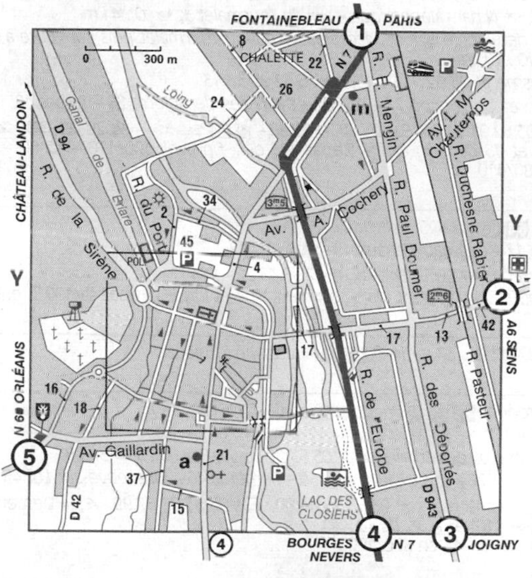

MONTARGIS

Anatole-France (Bd) . Y 2
Ancien-Palais (R.) . . . . Z 3
Baudin (Bd Paul) . . . YZ 4
Belles-Manières (Bd) Z 5
Bon-Guillaume (R. du) Z 6
Carnot (R. Lazare) . . . Y 8
Cormenin (R.) . . . . . . Z 12
Decourt (R. E.) . . . . . Y 13
Dr-Roux (R. du) . . . . . Y 15
Dr-Szigeti (Av. du) . . . Y 16
Dorée (R.) . . . . Z
Fg de la Chaussée (R. du) . . . . YZ 17
Fg d'Orléans (R. du) . . . . YZ 18
Ferry (Pl. Jules) . . . . . Z 20
Jaurès (R. Jean) . . . . Y 21
Kléber (R.) . . . . Y 22
Laforge (R. R.) . . . . . . Z 23
Lamy (R. Jean) . . . . . Y 24
Longeard (R. du) . . . . Y 26
Moulin-à-Tan (R. du) . Z 28
Pêcherie (R. de la) . . Z 30
Poterne (R. de la) . . . Z 32
Pougin-de-la-Maisonneuve (R.) . Z 33
Prés.-Roosevelt (R.) . Y 34
République (Pl. de la) . . . . Z 36
Sédillot (R.) . . . . Y 37
Tellier (R. R.) . . . . Z 39
Vaublanc (R. de) . . . . . Z 41
Verdun (Av. de) . . . . . Y 42
18-Juin-1940 (Pl. du) . Z 45

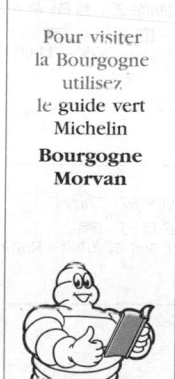

Pour visiter
la Bourgogne
utilisez
le guide vert
Michelin
Bourgogne
Morvan

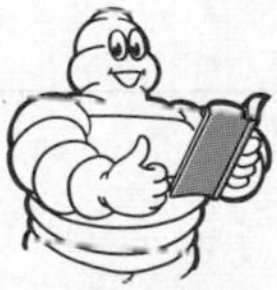

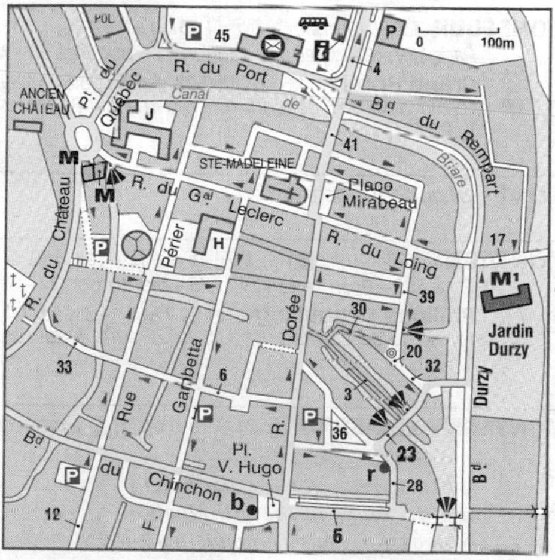

Ibis Ⓜ, 2 pl. V. Hugo 𝒫 02 38 98 00 68, Fax 02 38 89 14 37 – 📶 🔆 📺 ☎ & ⇔ 🄿 – 🛆 25. **Z b**
ⒶⒺ ⑩ ⒼⒷ
Brasserie de la Poste : Repas (70)-112/152 ♀, enf. 65 – ⊊ 35 – **49 ch** 310/350

XXX **Gloire** avec ch, 74 av. Gén. de Gaulle 𝒫 02 38 85 04 69, Fax 02 38 98 52 32 – 🍴 rest, 📺 ☎ **Y m**
⇔. ⒼⒷ
fermé 15 au 30 août, 16 fév. au 15 mars, mardi et merc. – Repas 170/265 et carte 300 à 390 ♀
– ⊊ 40 – **12 ch** 250/350
Spéc. Salade de homard. Panaché de poissons grillés. Caravane des douceurs. **Vins** Sancerre, Menetou-Salon.

XX **Le Coche de Briare** avec ch, 72 pl. République 𝒫 02 38 85 30 75, Fax 02 38 93 44 68 – 🍴 rest, 📺 ☎. ⒼⒷ **Z r**
fermé 30 juil. au 22 août, 18 fév. au 6 mars, dim. soir et lundi sauf fériés – Repas 100/270 ♀,
enf. 75 – ⊊ 35 – **10 ch** 170/260

X **Chez Pierre**, 22 r. J. Jaurès 𝒫 02 38 85 22 65 – 🍴 🄿. ⒼⒷ **Y a**
fermé 25 juil. au 16 août, 1ᵉʳ au 15 janv., dim. soir et lundi – Repas 95/175 ♀

rte de Ferrières par ①, N 7 et rte secondaire – ⊠ 45210 Fontenay-sur-Loing :

🏛 **Domaine de Vaugouard** ⑤, 𝒫 02 38 89 79 00, Fax 02 38 89 79 01, ≤, 🍽, parc, « Au
milieu d'un golf », ⑤, 🍴 – 📺 ☎ & 🄿. 🄿 – 🛆 120. ⒶⒺ ⑩ ⒼⒷ 🇯🇨🇧
Repas *(fermé dim. soir de nov. à mars)* 160/220 – ⊊ 60 – **20 ch** 550/1390, 15 duplex –
½ P 490/840

à Amilly par ③ : 5 km – 11 029 h. alt. 110 – ⊠ 45200 :

🏛 **Belvédère** sans rest, 192 r. J. Ferry 𝒫 02 38 85 41 09, Fax 02 38 98 75 63, ☞ – 🔆📺 ☎
& 🄿. ⒼⒷ
fermé 16 au 31 août et 15 déc. au 7 janv. – ⊊ 50 – **24 ch** 210/320

XX **Auberge de l'Écluse**, r. Ponts (au bord du Canal) 𝒫 02 38 85 44 24, 🍽 – 🄿. ⒼⒷ. 🌮
fermé dim. soir et lundi – Repas 145/230

par ④ et N 7 – ⊠ 45200 Montargis :

🏛 **Climat de France** Ⓜ, av. Antibes (centre commercial) : 3 km 𝒫 02 38 98 20 21,
Fax 02 38 89 19 16, 🍽 – 📺 ☎ & & 🄿 – 🛆 30. ⑩ ⒼⒷ
fermé dim. soir de nov. à mars – Repas 95/130 ♀, enf. 42 – ⊊ 35 – **40 ch** 320

X **Relais du Miel**, rte Nevers : 6,5 km 𝒫 02 38 85 32 02, Fax 02 38 98 47 60, 🍽 – 🄿. ⒼⒷ
Repas (70) - 105/160 ♀, enf. 60

Le MONTAT 46 Lot ⁷⁹ ⑱ – *rattaché à Cahors.*

MONTAUBAN 🄿 82000 T.-et-G. ⁷⁹ ⑰ ⑱ G. Midi-Pyrénées – 51 224 h alt. 98.
Voir *La vieille ville*★ : *portail*★ *de l'hôtel Lefranc-de-Pompignan* **Z E** – *Musée Ingres*★ – *Place
Nationale*★ – *Dernier Centaure mourant*★ *(bronze de Bourdelle)* **Z B**.
Env. *Pente d'eau de Montech*★ : *15 km par ③ et D 928.*
🄑 *Office de Tourisme Ancien Collège pl. Prax* 𝒫 05 63 63 60 60, Fax 05 63 63 65 12.
Paris 643 ① – Toulouse 55 ③ – Agen 74 ④ – Albi 72 ② – Auch 85 ③ – Cahors 61 ①.

Plan page suivante

🏛 **Mercure** Ⓜ, 12 r. Notre-Dame 𝒫 05 63 63 17 23, Fax 05 63 66 43 66 – 🍴 🔆 🍴 📺 ☎ &
& – 🛆 15 à 50. ⒶⒺ ⑩ ⒼⒷ **Z s**
Repas 85/210, enf. 45 – ⊊ 55 – **44 ch** 460/530

XXX **Cuisine d'Alain et Hôtel Orsay** avec ch, face gare 𝒫 05 63 66 06 66,
Fax 05 63 66 19 39, 🍴 – 🍴 📺 ☎ & 🄿 – 🛆 15. ⒶⒺ ⑩ ⒼⒷ **Y f**
fermé 6 au 20 août, 24 déc. au 4 janv., dim., lundi midi et fériés – Repas 130/320 et carte
270 à 400 ♀, enf. 70 – ⊊ 42 – **20 ch** 290/340

XX **Au Chapon Fin**, 1 pl. St-Orens 𝒫 05 63 63 12 10, Fax 05 63 20 47 43 – 🍴. ⒼⒷ **Y d**
fermé 23 juil. au 20 août, vend. soir et sam. – Repas 85/260, enf. 60

XX **Au Fil de l'Eau**, 14 quai Dr Lafforgue 𝒫 05 63 66 11 85, Fax 05 63 66 11 85 – 🍴. ⑩ ⒼⒷ **X e**
🇯🇨🇧
fermé 7 au 21 août, dim. soir et lundi – Repas 89 bc (déj.), 130/320, enf. 55

X **Mille Saveurs**, 6 r. St-Jean 𝒫 05 63 66 37 51 – 🍴. ⒼⒷ **X a**
fermé 30 juil. au 23 août, 7 au 15 janv., dim. soir et lundi – Repas 65 (déj.), 105/195

par ① et N 20 : 4 km – ⊠ 82000 Montauban :

🏛 **Climat de France**, 𝒫 05 63 66 51 61, Fax 05 63 66 70 80 – 🍴 rest, 📺 ☎ & & 🄿. ⒼⒷ
Repas *(fermé sam. midi)* 89/109 ♀, enf. 39 – ⊊ 34 – **36 ch** 280

MONTAUBAN

Abbaye (R. de l') . . . . Z
Alsace-Lorraine (Bd). . . . . . X 3
Arago (R.) . . . . Z
Banque (R. de la) . . . . Z
Barbazan (R.) . . . . Z
Bourdelle (Pl.) . . . . Z 4
Bourjade (Pl. L.) . . . . Z 6
Briand (Av. A.) . . . . Y 7
Cambon (R.) . . . . Z 9
Carmes (R. des) . . . . Z 10
Chamier (Av.) . . . . Y 12
Cladel (R. L.) X
Comédie (R. de la) . . . . Z 13
Consul-Dupuy (Allée du) . . Z 14
Coq (Pl. du) . . . . Z 16
Dr-Alibert (R.) X
Dr-Lacaze (R. du) . . . . Z 19
Doumerc (Bd B.) X
Foch (Pl. du Mar.) . . . . Z
Fort (R. du) . . . . Z
Gambetta (Av.) . . . . YZ
Garrisson (Bd G.) . . . . YZ
Gaulle (Av. Ch.-de) . . . . Y 25
Grand'Rue Sapiac . . . . Z
Grand'Rue Villenouvelle . . X 28
Guibert (Pl.) . . . . Z 29
Herriot (Av. E.) . . . . Y 30
Hôtel-de-Ville (R. de l') . . . . Z 31
Ingres (R. D.) X
Jourdain (R. A.) . . . . Z
Lacapelle (Fg) . . . . YZ
Lafon (R. Mary) . . . . Z 32
Lafon (R. du Pasteur L.) . . Y 34
Lagrange (R. L.) . . . . YZ 35
Leclerc (Pl. du Gén.) . . . . . Z
Libération (Pl. de la) X
Lycée (R. du) . . . . Z
Malcousinat (R.) . . . . Z 36
Mandoune (R. de la) . . . . . . Z
Marceau-Hamecher (Av.) . Y 37
Marre (R. H.) . . . . Z
Marty (Pl. A.) . . . . XY
Martyrs (Carrefour des) . . . Z 46
Mayenne (Av.) . . . . Y 50
Michelet (R.) . . . . Z 51
Midi-Pyrénées (Bd) . . . . Z 52
Monet (R. J.) . . . . Z 53
Montauriol (Bd) . . . . Y
Montmurat (Q. de) . . . . Z 54
Mortarieu (Allées de) . . . . . Z 56
Moustier (Fg du) . . . . Z
Nationale (Pl.) . . . . Z
Notre-Dame (R.) . . . . Z 60
Piquard (Sq. Gén.) . . . . Z 62
Pouvillon (R. E.) . . . . Z
Prax-Paris (Pl.) . . . . Z
République (R. de la) . . . . . Z 63
Résistance (R. de la) . . . . . Z 64
Roosevelt (Pl. F.) . . . . Z 66
St-Jean (R.) . . . . X 67
Ste-Claire (R.) . . . . Z
Sapiac (Pont de) . . . . YZ 68
Sarrail (R. Gén.) . . . . Y 70
Verdun (Q. de) . . . . Z 71
10e-Dragons (Av. du) X
11e-Rég.-d'Infanterie (Av. du) . . . . X 73
19-Août-1944 (Av. du) . . . . X 75
22-Septembre (Pl. du) . . . . . Z 76

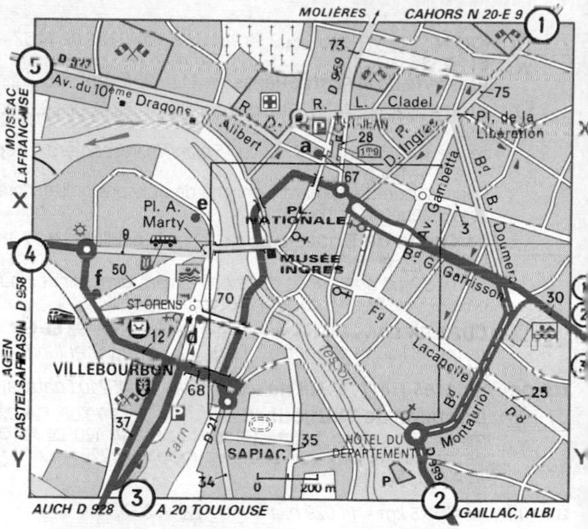

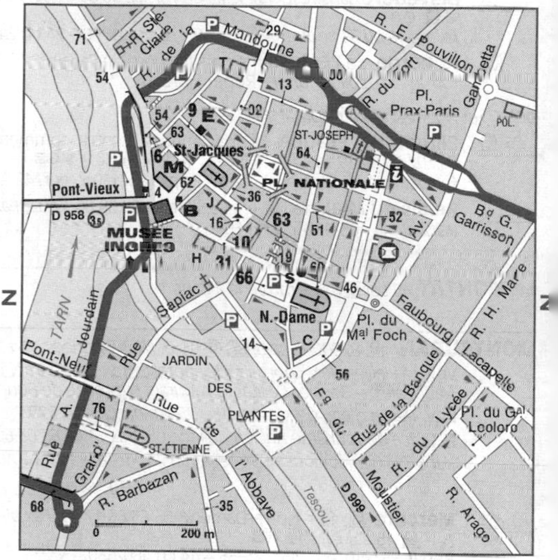

Un automobiliste averti utilise le **guide Michelin** *de l'année.*

MONTAUBAN-DE-LUCHON *31 H.-Garonne 85 ⑳ – rattaché à Bagnères-de-Luchon.*

MONTAUROUX *83440 Var 84 ⑧, 114 ⑫ ㉕, 115 ㉓ G. Côte d'Azur – 2 773 h alt. 364.*

Office de Tourisme pl. du Clos ✆ 04 94 47 75 90.

Paris 895 – Cannes 33 – Draguignan 42 – Fréjus 29 – Grasse 21.

rte de Grasse *Sud-Est : 3 km – ✉ 83340 Montauroux :*

XX **Auberge des Fontaines d'Aragon,** D 37 ✆ 04 94 47 71 65, *Fax 04 94 47 71 65,* 🏠, 🌳 – **P**. GB
fermé 1er au 15 nov., 10 au 20 janv. et merc. – **Repas** 215/380

rte de Draguignan *Sud : 5 km – ✉ 83440 Montauroux :*

X **Jardin de l'Espicier,** D 562 ✆ 04 94 47 75 41, 🏠 – **P**. AE ⓓ GB
fermé 15 nov. au 15 déc., merc. soir hors saison et lundi – **Repas** 98/178 🍷, enf. 48

MONTBARD 🚇 21500 Côte-d'Or **[65]** ⑦ G. Bourgogne – 7 108 h alt. 221.

Voir *Parc Buffon*★ – *Abbaye de Fontenay*★★★ E : 6 km par D 905.

🚹 *Office de Tourisme r. Carnot ✆ 03 80 92 03 75, Fax 03 80 92 03 75.*

Paris 236 – *Dijon 81* – *Autun 88* – *Auxerre 75* – *Troyes 100.*

🏠 **L'Écu,** 7 r. A. Carré ✆ 03 80 92 11 66, *Fax 03 80 92 14 13,* 🏠 – 🍽 TV ☎ 📞, AE ① GB
🔸100🔸 **Repas** *(fermé mardi midi du 9 nov. au 11 avril)* 99/360 �« – 🖙 50 – **23 ch** 320/450 – ½ P 360/380

🏠 **Gare** sans rest, 10 av. Mar. Foch ✆ 03 80 92 02 12, *Fax 03 80 92 41 72,* parc – 🍽 TV ☎ 📞
🅿 GB
🖙 45 – **34 ch** 160/360

✕✕ **Cyclamen,** 6 av. Mar. Foch ✆ 03 80 92 06 46, *Fax 03 80 92 08 62,* 🏠 – GB
fermé 1ᵉʳ au 27 déc., 1ᵉʳ au 20 fév., sam. midi d'oct. à mai, dim. soir et lundi – **Repas**
92/156 �«, enf. 51

à Fain-lès-Montbard *Sud-Est : 6 km par N 905 – 341 h. alt. 220 – ✉ 21500 :*

🏰 **Château de Malaisy** ⩘, ✆ 03 80 89 46 54, *Fax 03 80 92 30 16,* parc, 🎿, 🏊, – TV ☎ 📞
& 🅿 – 🔏 25 à 150. GB. ✸
Repas 150/245 �«, enf. 70 – 🖙 50 – **24 ch** 295/615 – ½ P 328/486

MONTBAZON 37250 I.-et-L. **[64]** ⑮ G. Châteaux de la Loire – 3 354 h alt. 59.

🚹 *Office de Tourisme "La Grange Rouge" - N10 - ✆ 02 47 26 97 87, Fax 02 47 34 01 78.*

Paris 250 – *Tours 16* – *Châtellerault 58* – *Chinon 41* – *Loches 33* – *Saumur 69.*

🏰 **Château d'Artigny** ⩘, Sud-Ouest : 2 km par D 17 ✆ 02 47 34 30 30,
Fax 02 47 34 30 39, ≤ l'Indre, 🏠, « Parc », 🎿, 🏊, ✕✕ – 🕴 TV ☎ 📞 🅿 – 🔏 60. AE ① GB
JCB
fermé 3 déc. au 13 janv. – **Repas** 240/480 �« – 🖙 90 – **43 ch** 900/1800, 4 duplex –
½ P 910/1360

Port Moulin au Fil de l'Eau sans rest,, « Pavillon au bord de la rivière » – TV ☎ 🅿, AE
① GB JCB
fermé 3 déc. au 13 janv. – **Repas** voir *Château d'Artigny* – 🖙 90 – **9 ch** 750/890

🏰 **Domaine de la Tortinière** ⩘, Nord : 2 km par N 10 et D 287 ✆ 02 47 34 35 00,
Fax 02 47 65 95 70, ≤ vallée de l'Indre, 🏠, « Dans un parc », 🏊, ✕✕ – TV ☎ 📞 & 🅿 –
🔏 30. GB. ✸
fermé 21 déc. au 1ᵉʳ mars – **Repas** *(fermé dim. soir du 1ᵉʳ nov. au 31 mars)* (prévenir) 230 bc
(déj.), 295/420 �«, enf. 110 – 🖙 85 – **15 ch** 680/1150, 6 appart – ½ P 620/1050

🏠 **Relais de Touraine,** Nord : 2 km rte Tours ✆ 02 47 26 06 57, *Fax 02 47 26 18 40,* 🏠, 🌿
– TV ☎ 🅿 – 🔏 50. GB
fermé janv. – **Repas** 145/220 �« – 🖙 40 – **21 ch** 260/340 – ½ P 340/380

✕✕✕ **Chancelière "Jeu de Cartes",** 1 pl. Marronniers ✆ 02 47 26 00 67, *Fax 02 47 73 14 82*
🕊 – ▪. GB
fermé 24 au 31 juil., 10 fév. au 5 mars, sam. midi, dim. soir et lundi – **Repas** (110) - 130/230

✕✕ **Auberge de la Courtille,** av. Gare ✆ 02 47 26 28 26, *Fax 02 47 26 14 34* – GB
fermé 15 juil. au 8 août, dim. soir et merc. – **Repas** 110/230 �«

Ouest : *5 km par N 10, D 287 et D 87 – ✉ 37250 Montbazon :*

✕✕ **Moulin Fleuri** ⩘ avec ch, ✆ 02 47 26 01 12, *Fax 02 47 34 04 71,* ≤, « Ancien moulin au
bord de l'Indre », – TV ☎ 📞 🅿, AE GB JCB
fermé 1ᵉʳ fév. au 9 mars, dim. soir du 15 nov. au 30 mars et lundi sauf fériés – **Repas** (120) -
175/310 �«, enf. 70 – 🖙 48 – **12 ch** 210/305 – ½ P 273/363

MONTBÉLIARD 🚇 25200 Doubs **[66]** ⑧ G. Jura – 29 005 h Agglo. 117 510 h alt. 325.

Voir *Le Vieux Montbéliard*★ : *hôtel Beurnier-Rossel*★ Z **M**¹ – *Sochaux : Musée de l'aventure*★.

🚹 *Office de Tourisme 1 r. H.-Mouhot ✆ 03 81 94 45 60, Fax 03 81 94 14 04.*

Paris 420 ④ – *Besançon 77* ④ – *Mulhouse 60* ② – *Belfort 23* ② – *Vesoul 62* ①.

Plan page suivante

🏠 **Bristol** sans rest, 2 r. Velotte ✆ 03 81 94 43 17, *Fax 03 81 94 15 29* – 🍽 TV ☎ 📞 🅿
🔏 50. AE GB. ✸   Z b
fermé août et 27 déc. au 3 janv. – 🖙 35 – **43 ch** 210/440

🏠 **Balance,** 40 r. Belfort ✆ 03 81 96 77 41, *Fax 03 81 91 47 16* – 🕴 TV ☎ 📞 & 🅿 – 🔏 15. AE
🔸100🔸 ① GB. ✸   Z s
fermé 23 déc. au 3 janv. – **Repas** *(fermé le midi du 1ᵉʳ au 23 août, sam. midi et dim.)* 69 (déj.),
100/185 �« – 🖙 48 – **42 ch** 300/450 – ½ P 315/385

819

MONTBÉLIARD

🏠 **Joffre,** 34 bis av. Mar. Joffre ℰ 03 81 94 44 64, Fax 03 81 94 37 40 – 🛗 🍽️ 🔟 ☎ 📶 🕭 🗜️ –
🏛️ 20. 🅰️ ⑩ 🆖
X a
Repas snack *(fermé août, vend., sam. et dim.)* (dîner seul.) 95 🍷 – ⌂ 47 – **62 ch** 305/330 –
½ P 250

🏠 **Les Relais Verts,** le Pied des Gouttes ℰ 03 81 90 10 69, Fax 03 81 90 15 18, 🍽️ – 🛗 🍽️,
🍽️ rest, 🔟 ☎ 📶 🕭 🗜️ – 🏛️ 25. 🅰️ ⑩ 🆖 🆑
X v
Tire-Bouchon *(fermé sam. midi)* **Repas** 78/250 🍷, enf. 45 – ⌂ 50 – **42 ch** 330/380 –
½ P 490/550

🏠 **Ibis,** le Pied des Gouttes ℰ 03 81 90 21 58, Fax 03 81 90 44 37, 🍽️ – 🍽️ 🍽️ 🔟 ☎ 🕭 🗜️ –
🏛️ 30. 🅰️ ⑩ 🆖
X v
Repas (75) - 95 🍷, enf. 39 – ⌂ 35 – **62 ch** 330/360

XXX **Tour Henriette,** 59 fg Besançon ℰ 03 81 91 03 24, Fax 03 81 96 71 43 – 🅰️ ⑩ 🆖
fermé 14 juil. au 15 août, dim. soir et sam. – **Repas** 100 (déj.), 150 bc/250 bc et carte 260 à
390 🍷
Z r

XX **St-Martin,** 1 r. Gén. Leclerc ℰ 03 81 91 18 37, Fax 03 81 91 18 37 – 🅰️ ⑩ 🆖
fermé 31 juil. au 20 août, sam., dim. et fériés – **Repas** 180/280
Z u

MONTBENOIT *25650 Doubs* 🔟 ⑦ *G. Jura* – *238 h alt. 804.*
Voir *Ancienne abbaye*★ : *stalles*★★, *niche abbatiale*★★.
🛈 *Office de Tourisme* ℰ 03 81 38 10 32, Fax 03 81 38 12 97.
Paris 464 – Besançon 59 – Morteau 18 – Pontarlier 15.

à Maisons-du-Bois *Sud-Ouest : 4 km sur D 437 – 461 h. alt. 810 –* ✉ *25650 :*

X **Saugeais** avec ch, ℰ 03 81 38 14 65, Fax 03 81 38 11 27, 🍽️ – 🔟 ☎ 📶 🗜️. 🆖. 🍽️ ch
🍽️ *fermé 10 au 31 janv., dim. soir et lundi* – **Repas** 68/165 🍷, enf. 40 – ⌂ 45 – **7 ch** 200/260 –
½ P 250

MONT-BLANC (Tunnel du) *74 H.-Savoie* 🔟 ⑧ ⑨ – *voir à Chamonix-Mont-Blanc.*

MONTBONNOT-ST-MARTIN *38 Isère* 🔟 ⑤ – *rattaché à Grenoble.*

MONTBOUCHER-SUR-JABRON *26 Drôme* 🔟 ① – *rattaché à Montélimar.*

MONTBRISON ◁🚲▷ *42600 Loire* 🔟 ⑰ *G. Vallée du Rhône* – *14 064 h alt. 391.*
Voir *Intérieur*★ *de l'église N.-D.-d'Espérance.*
🛈 *Office de Tourisme cloître des Cordeliers* ℰ 04 77 96 08 69, Fax 04 77 96 20 88.
Paris 463 – St-Étienne 37 – Lyon 76 – Le Puy-en-Velay 101 – Roanne 67 – Thiers 69.

🏨 **Hostellerie du Lion d'Or,** 14 quai Eaux Minérales ℰ 04 77 58 34 66, Fax 04 77 58 73 13,
🍽️ 🍽️ – 🔟 ☎ 📶 🗜️. 🍽️ rest
🍽️ 🏛️ 30. 🅰️ 🆖. 🍽️ rest
fermé 26 déc. au 12 janv. et dim. soir sauf juil.-août – **Repas** *(fermé dim soir sauf juil.-août*
et sam. sauf le soir de mai à oct.) 80/285 🍷 – ⌂ 45 – **19 ch** 230/395 – ½ P 285/358

à Savigneux *Est : 1,5 km par D 496 – 2 391 h. alt. 382 –* ✉ *42600 :*

🏠 **Marytel** sans rest, 95 rte Lyon ℰ 04 77 58 72 00, Fax 04 77 58 42 81 – 🔟 ☎ 📶 🕭 🗜️ –
🏛️ 40. 🅰️ 🆖
⌂ 35 – **33 ch** 250/310

XX **Yves Thollot,** 93 rte Lyon ℰ 04 77 96 10 40, Fax 04 77 58 31 92, 🍽️ – 🗜️. 🅰️ 🆖
🍽️ *fermé 1er au 21 août, vacances de fév., dim. soir et lundi* – **Repas** 120/310

MONTBRON *16220 Charente* 🔟 ⑮ *G. Poitou Vendée Charentes* – *2 422 h alt. 141.*
Paris 462 – Angoulême 30 – Nontron 23 – Rochechouart 37 – La Rochefoucauld 14.

🏨 **Hostellerie Château Ste-Catherine** 🍽️, au Sud : 4,5 km par rte Marthon
ℰ 05 45 23 60 03, Fax 05 45 70 72 00, ◁, 🍽️, « Demeure du 17e siècle dans un parc », 🏊 –
🔟 ☎ 📶 🗜️. 🅰️ 🆖
fermé fév. – **Repas** *(fermé dim. soir de nov. à mars)* 120 (déj.), 160/230 – ⌂ 49 – **16 ch**
350/600 – ½ P 350/500

MONTCEAU-LES-MINES *71300 S.-et-L.* 🔟 ⑰ ⑱ *G. Bourgogne* – *22 999 h alt. 285.*
Env. *Mont-St-Vincent : tour* ✳️★★ *12 km par* ②.
🛈 *Office de Tourisme 1 pl. Hôtel-de-Ville* ℰ 03 85 57 38 51, Fax 03 85 58 15 33 *Annexe (dim.*
et jours fériés mi-avril-fin-sept.). Musée archéologie J. Régnier.
Paris 327 ① *– Chalon-sur-Saône 45* ① *– Autun 42* ① *– Mâcon 70* ② *– Moulins 90* ③.

MONTCEAU-LES-MINES

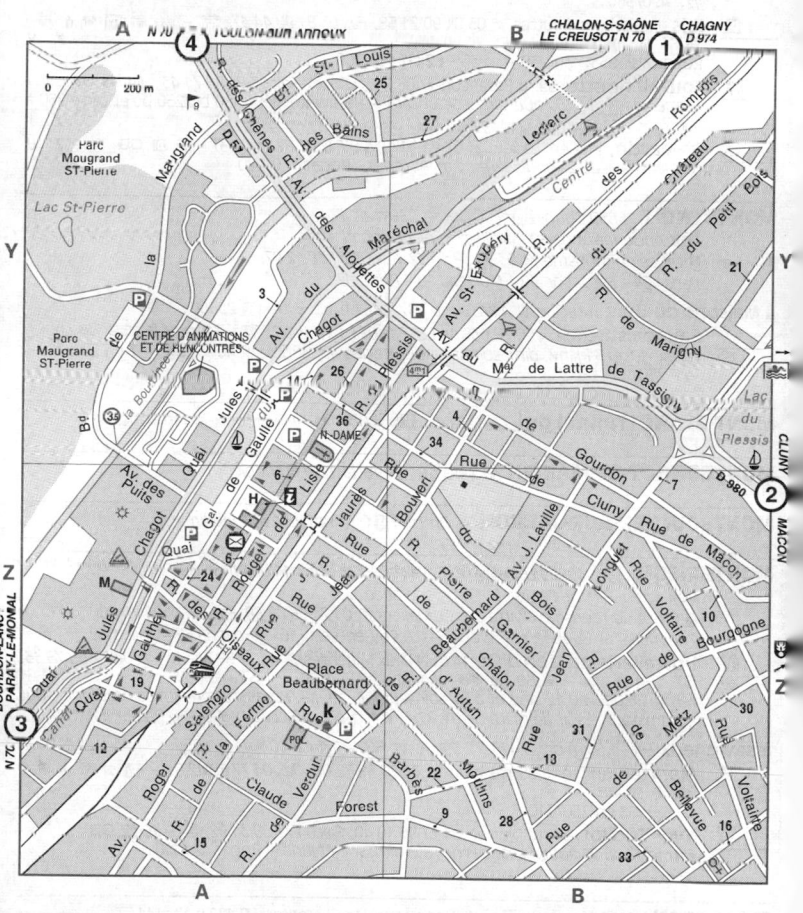

PARIS
et
ENVIRONS

Ⓟ *75 Plans :* ⑩, ⑪, ⑫ *et* ⑭ *G. Paris – 2 152 333 h.*
Région d'Ile-de-France 10 651 000 h. – alt. Observatoire 60 m
Place de la Concorde 34 m.

ARRONDISSEMENTS

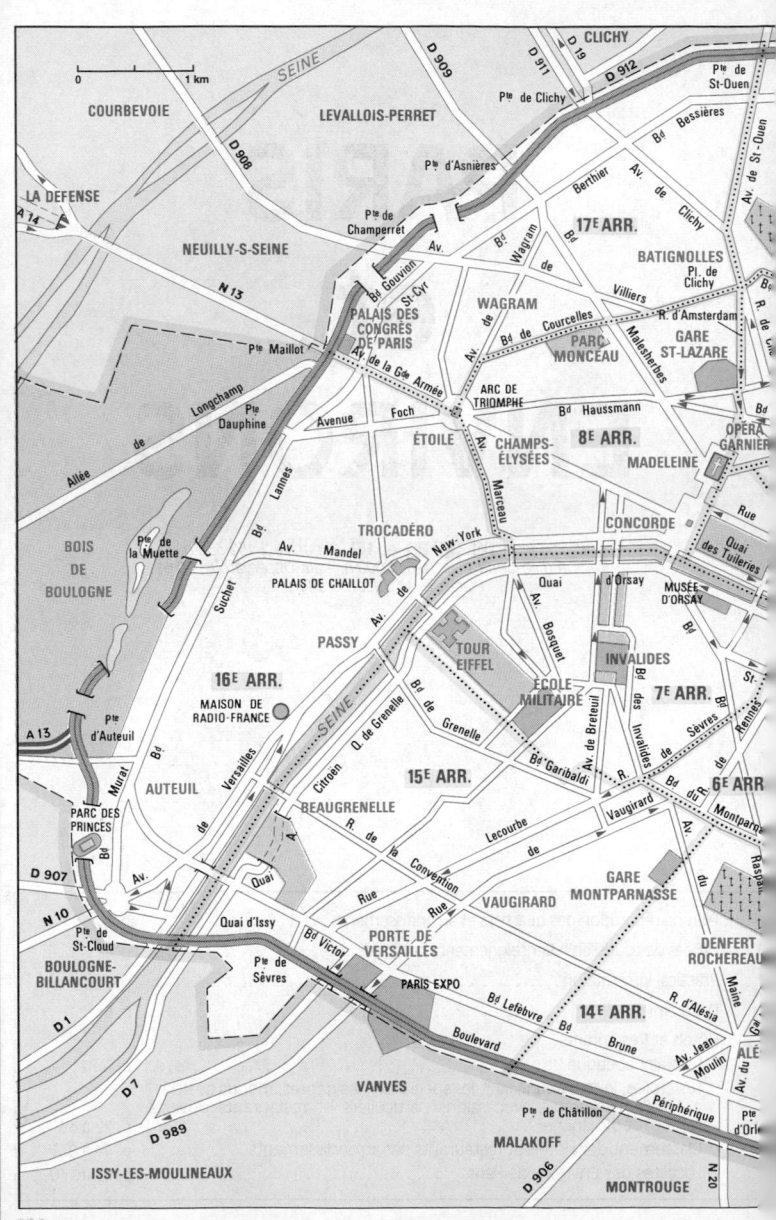

ET QUARTIERS

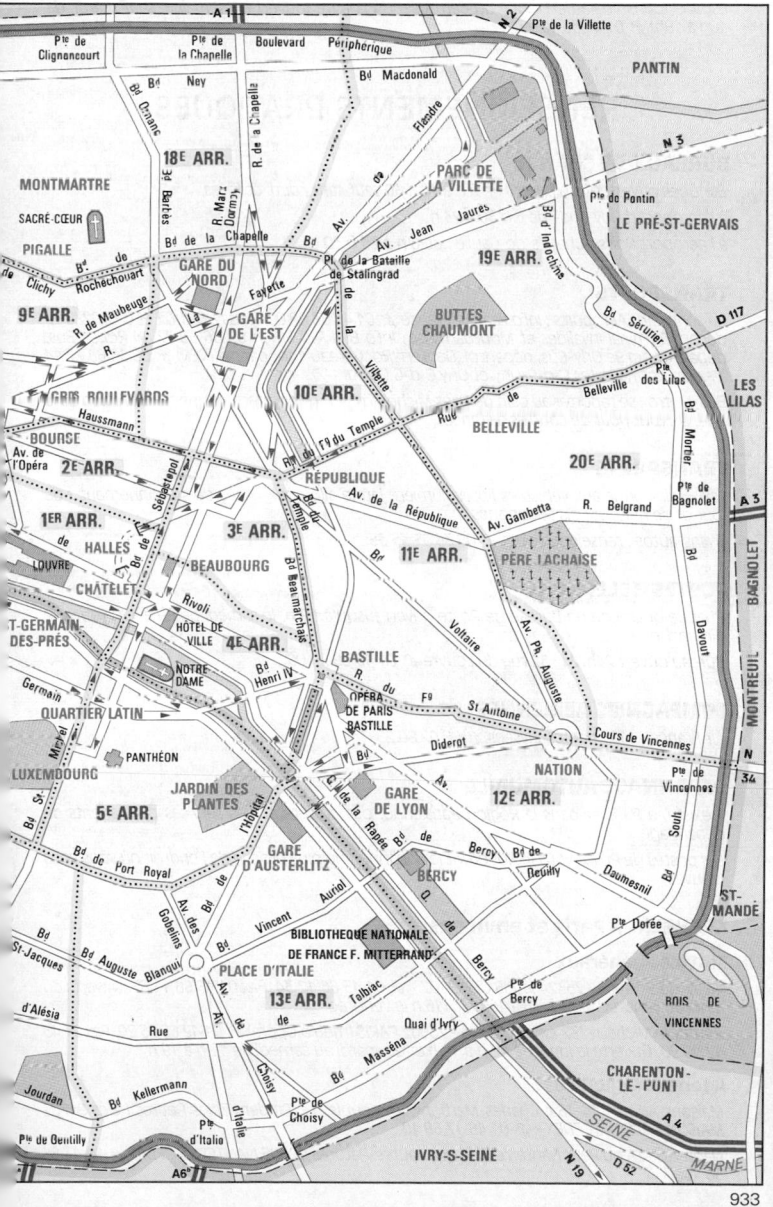

OFFICES DE TOURISME

127 Champs-Élysées 8ᵉ ☎ 08 36 68 31 12, Fax 01 49 52 53 20 (7 jours/7)

Bureaux Annexes (fermés dim.) Gare de Lyon ☎ 01 43 43 33 24 et Tour Eiffel ☎ 01 45 51 22 15 (de mai à sept. de 11h à 18h)

Espace Tourisme Ile-de-France du Carrousel du Louvre (ouvert en semaine, sauf mardi, de 10h à 19h) ☎ 01 44 50 19 98

RENSEIGNEMENTS PRATIQUES

BUREAUX DE CHANGE

Banques ouvertes (la plupart), de 9 h à 16 h 30 sauf sam., dim. et fêtes.

à l'aéroport d'Orly-Sud : de 6 h 30 à 23 h

à l'aéroport Roissy-Charles-de-Gaulle : de 6 h à 23 h 30

TRANSPORTS

Liaisons Paris Aéroports : Info cars Air France ☎ 01 41 56 89 00 (Roissy-C-d-G1 et C-d-G2/Orly, départ Terminal Invalides et Montparnasse ; Info Bus R.A.T.P ☎ 08 36 68 77 14 Roissy-Bus, départ Opéra 9e Orly-Bus, départ pl. Denfert-Rochereau 14e ; par rail (RER) ☎ 08 36 68 77 14 il existe des navettes C-d-G-Orly et Orly C-d-G (7 jours/7)

Bus-Métro : se reporter au plan de Paris Michelin nº 11. Le bus permet une bonne vision de la ville, surtout pour de courtes distances

TRANSPORTS

Taxi : faire signe aux véhicules libres (lumière jaune allumée) - Aires de stationnement - de jour et de nuit : appels téléphonés

Trains-autos : renseignements ☎ 08 36 35 35 35

POSTES-TELEPHONE

Chaque quartier a un bureau de Poste ouvert jusqu'à 19 h, le samedi de 8h à 12h fermé le dimanche

Bureau ouvert 24h/24 : 52 rue du Louvre ☎ 01 40 28 20 00

COMPAGNIES AERIENNES

Air France : 119 Champs-Élysées ☎ 08 02 80 28 02

DEPANNAGE AUTOMOBILE

Il existe, à Paris et dans la Région Parisienne, des ateliers et des services permanents de dépannage.

Les postes de Police vous indiqueront le dépanneur le plus proche de l'endroit où vous vous trouvez

MICHELIN à Paris et environs

Services généraux

46 av. de Breteuil - 75324 PARIS CEDEX 07 - ☎ 01 45 66 12 34, Fax 01 45 66 11 63. Ouverts du lundi au vendredi de 8 h 45 à 16 h 30 (16 h le vendredi)

Boutique Michelin : 32 av. de l'Opéra - 75002 PARIS (métro Opéra) ☎ 01 42 68 05 20, Fax 01 45 42 10 50. Ouverte le lundi de 12 h à 19 h et du mardi au samedi de 10 h à 19 h

Agences régionales :

Maisons-Alfort : 14-16 r. Charles-Martigny, Immeuble "Le Tandem ZI les Petites Haies 94702 MAISONS-ALFORT CEDEX - ☎ 01 45 17 68 10

Nanterre : ZA du Petit Nanterre 47 r. des Hautes-Pâtures 92005 NANTERRE CEDEX ☎ 01 47 86 58 10

PRACTICAL INFORMATION

TOURIST INFORMATION

Paris "welcome" Office (Office de Tourisme de Paris) ; 127 Champs-Elysées, 8th ℘ 08 36 68 31 12, Fax 01 49 52 53 20

American Express 11 rue Scribe, 9 th ℘ 01 47 14 50 00, Fax 01 42 68 17 17

FOREIGN EXCHANGE OFFICES

Banks . close at 4.30 pm and at week-end

Orly Sud Airport : daily 6.30 am to 11 pm

Charles-de-Gaulle Airport : daily 6.am to 11.30 pm

TRANSPORT

Airports-Roissy-Charles de Gaulle ℘ 01 48 62 12 12 · Orly Aérogare ℘ 01 49 75 15 15

Bus-Métro (subway) : for full details see the Michelin Plan de Paris n° 11. The métro is quickest but the bus is good for sightseeing and practical for short distances

Taxis : may be hailed in the street when showing the illuminated sign-available, day and night al taxi ranks or called by telephone

POSTAL SERVICES

Local post offices : open Mondays to Fridays 8 am to 7 pm ; Saturdays 8 am to noon

General Post Office, 52 rue du Louvre, 1st : open 24 hours, ℘ 01 40 28 20 00

AIRLINES

AMERICAN AIRLINES : 100 r. Fg. St-Honore, 8th, ℘ 00 01 07 20 70 .

DELTA AIRLINES · 4 r. Scribe, 9th, ℘ 01 47 68 92 92

UNITED AIRLINES : 55 r. Raspail, 6th, ℘ 08 01 72 72 72

T.W.A. : 6 r. Christophe-Colomb, 8th ℘ 08 01 89 28 92

BRITISH AIRWAYS : 13-15 bd de la Madeleine, 1st, ℘ 01 44 77 23 00

AIR FRANCE : 119 Champs-Elysées, 8th, ℘ 08 02 80 28 02

AIR INTER EUROPE . 49 Champs-Élysées, 8th, ℘ 01 42 99 21 01

BREAKDOWN SERVICE

Some garages in central and outer Paris operate a 24-hour breakdown service. If you break down the police are usually able to help by indicating the nearest one

TIPPING

In France, in addition to the usual people who are tipped (the barber or ladies' hairdresser, hat-check girl, taxi-driver, doorman, porter, et al.), the ushers in Paris theaters and cinemas, as well as the custodians of the "men's" and "ladies" in all kinds of establishments, expect a small gratuity.

TIPPING

In restaurants, the tip ("service") is always included in the bill to the tune of 15 %. However you may choose to leave in addition the small change in your plate, especially if it is a place you would like to come back to, but there is no obligation to do so.

DÉCOUVRIR

AN 2000

Toute l'année : l'Université de tous les savoirs (conférences au Conservatoire National des Arts et Métiers) - fév. : Le Mur pour la Paix (installation monumentale sur le Champ de Mars) - 12 janv.-10 avril : Le Temps, vite (exposition au Centre Georges-Pompidou) - 1er fév.-7 mai : Magnum⁰, essais sur le monde (exposition à la BNF) - 2 fév.-3 avril : I.N.R.I. : la vie de Jésus (exposition à la Maison européenne de la photographie) - 14 mars-26 juin : 1900 (exposition à la Galerie Nationale du Grand Palais) - mars-juin : Utopie, la quête de la société idéale en occident (exposition à la BNF) - 16 mars : Changement de temps (exposition à l'Arc de Triomphe) - 14 avril-10 juil. : L'Empire du temps (exposition au musée du Louvre) - 13-15 juin : Le Train littérature Europe 2000, (lectures/rencontres/débats avec des écrivains de 40 pays d'Europe) - 25 mai : Changement de temps (exposition au Panthéon) - 31 mai-11 sept. : Picasso sculpteur (exposition au Centre Georges-Pompidou) - 21 juin : Périphérock, fête de la musique sur le périphérique - Printemps-été : Un jeu d'enfants (création, exposition) - 14 juillet : l'Incroyable Pique-Nique sur la Méridienne Verte - sept.-déc. : Festival d'automne - 3 oct.-8 janv. : Visions du futur (exposition à la Galerie Nationale du Grand Palais) - 11 oct.-15 janv. : Les bons génies de la vie domestique (exposition au Centre Georges-Pompidou) - nov. : Le plus beau jour de ma vie (exposition à la Maison européenne de la photographie) - 15 déc.-15 juin : Mille ans de héros populaires européens (exposition au musée des Arts et Traditions populaires) - 15 déc. : La Nativité pour le 3e millénaire (spectacle au théâtre du Chatelet)

PERSPECTIVES CÉLÈBRES ET PARIS VU D'EN HAUT

≼★★★ depuis l'Obélisque de la place de la Concorde : Champs-Élysées, Arc de Triomphe, Grande Arche de la Défense. La Madeleine, Assemblée nationale. - ≼★★★ depuis la terrasse du Palais de Chaillot : Tour Eiffel, École Militaire, Trocadéro. - ≼★★ depuis le pont Alexandre III : Invalides, Grand et Petit Palais - Tour Eiffel★★★ - Tour Montparnasse★★★ - Tour Notre-Dame★★★ - Dôme du Sacré-Cœur★★★ - Plate-forme de l'Arc de Triomphe★★★

QUELQUES MONUMENTS HISTORIQUES

Le Louvre★★★ (cour carrée, colonnade de Perrault, la pyramide) - Tour Eiffel★★★ - Notre-Dame★★★ - Sainte-Chapelle★★★ - Arc de Triomphe★★★ - Invalides ★★★ (Tombeau de Napoléon) - Palais-Royal★★ - Opéra★★ - Conciergerie★★ - Panthéon★★ - Luxembourg ★★

Églises : *Notre-Dame★★★ - La Madeleine★★ - Sacré-Coeur★★ - St-Germain-des-Prés★★ - St-Étienne-du-Mont★★ - St-Germain-l'Auxerrois★★*

Dans le Marais : *Place des Vosges★★★ - Hôtel Lamoignon★★ - Hôtel Guénégaud★★ - Palais Soubise★★*

QUELQUES MUSÉES

Le Louvre★★★ - Orsay★★★ (milieu du 19e s. jusqu'au début du 20e s.) - Art moderne ★★★ (Centre Pompidou) - Armée★★★ (Invalides) - Arts décoratifs★★ (107, rue de Rivoli) - Musée National du Moyen Âge et Thermes de Cluny★★ - Rodin★★ (Hôtel de Biron) - Carnavalet★★ (Histoire de Paris) - Picasso★★ - Cité des Sciences et de l'Industrie★★★ (La Villette) - Marmottan★★ - Orangerie★★ (des Impressionnistes à 1930) - Jacquemart-André★★

Réouvertures et création : *janv. : Réouverture du Centre Georges-Pompidou et courant de l'année du musée Guimet - fév. : Réouverture du Musée des Arts et Métiers - Sept. : création d'un jardin médiéval au musée national du Moyen-Age*

MONUMENTS CONTEMPORAINS

La Défense★★ (C.N.I.T., la Grande Arche) - Centre Georges-Pompidou★★ - Forum des Halles - Institut du Monde Arabe★ - Opéra-Bastille - Bibliothèque Nationale de France à Tolbiac (BNF)

QUARTIERS PITTORESQUES

Montmartre★★★ - Le Marais★★★ - Île St-Louis★★ - les Quais★★ (entre le Pont des Arts et le Pont de Sully) - St-Germain-des-Prés★★ - Quartier St-Séverin★★

Liste alphabétique des hôtels et restaurants

Restaurants de Paris et de la banlieue

Les bonnes tables... à étoiles

✿ ✿ ✿

84	XXXXX	Alain Ducasse - 16e
64	XXXXX	Lucas Carton *(Senderens)* - 8e
64	XXXXX	Taillevent *(Vrinat)* - 8e
48	XXXX	Ambroisie (L') *(Pacaud)* - 4e
58	XXXX	Arpège *(Passard)* - 7e
44	XXXX	Grand Vefour - 1er
64	XXXX	Pierre Gagnaire - 8e

✿ ✿

64	XXXXX	Ambassadeurs (Les) - 8e	89	XXXX	Guy Savoy - 17e
64	XXXXX	Lasserre - 8e	58	XXXX	Le Divellec - 7e
64	XXXXX	Laurent - 8e	89	XXXX	Michel Rostang - 17e
64	XXXXX	Ledoyen - 8e	86	XXXX	Pré Catelan - 16e
64	XXXXX	Régence (Le) - 8e	126	XXXX	Trois Marches (Les) Versailles
53	XXXXX	Tour d'Argent - 5e			
64	XXXX	Astor (L') - 8e	89	XXX	Apicius - 17e
44	XXXX	Carré des Feuillants - 1er	84	XXX	Jamin - 16e
64	XXXX	Élysées (Les) - 8e	85	XXX	Relais d'Auteuil - 16e
84	XXXX	Faugeron - 16e	103	XXX	Relais Ste-Jeanne Cergy-Pontoise Ville Nouvelle
44	XXXX	Gérard Besson - 1er	58	XXX	Violon d'Ingres - 7e

✿

64	XXXXX	Bristol - 8e	89	XXX	Amphyclès - 17e
60	XXXXX	"Cinq" (Le) - 8e	65	XXX	Bath's - 8e
44	XXXXX	Espadon (L') - 1er	92	XXX	Beauvilliers - 18e
78	XXXX	Célébrités (Les) - 15e	58	XXX	Cantine des Gourmets - 7e
65	XXXX	Clovis - 8e	45	XXX	Céladon - 2e
44	XXXX	Drouant - 2e	79	XXX	Chen-Soleil d'Est - 15e
44	XXXX	Goumard - 1er	103	XXX	Chiquito Cergy-Pontoise Ville Nouvelle
86	XXXX	Grande Cascade - 16e			
58	XXXX	Jules Verne - 7e	100	XXX	Comte de Gascogne (Au) Boulogne-Billancourt
84	XXXX	Maison Prunier - 16e			
65	XXXX	Marée (La) - 8e	65	XXX	Copenhague - 8e
44	XXXX	Meurice (Le) - 1er	79	XXX	Duc (Le) - 14e
78	XXXX	Montparnasse 25 - 14e	65	XXX	El Mansour - 8e
71	XXXX	Muses (Les) - 9e	89	XXX	Faucher - 17e
78	XXXX	Relais de Sèvres - 15e	53	XXX	Hélène Darroze - 6e
71	XXXX	Rest. Opéra - 9e			

45	XXX	Il Cortile - 1er
53	XXX	Jacques Cagna - 6e
65	XXX	Jardin - 8e
53	XXX	Paris - 6e
85	XXX	Pergolèse - 16e
85	XXX	Port Alma - 16e
74	XXX	Pressoir (Au) - 12e
53	XXX	Relais Louis XIII - 6e
89	XXX	Sormani - 17e
71	XXX	Table d'Anvers - 9e
112	XXX	Tastevin Maisons-Laffitte
89	XXX	Timgad - 17e
65	XXX	"W" (Le) - 8e
108	XX	Auberge du Château "Table des Blot" Dampierre-en-Yvelines

89	XX	Béatilles (Les) - 17e
58	XX	Bellecour - 7e
48	XX	Benoît - 4e
89	XX	Braisière - 17e
85	XX	Conti - 16e
65	XX	Luna - 8e
66	XX	Marius et Janette - 8e
54	XX	Maxence - 6e
89	XX	Petit Colombier - 17e
58	XX	Récamier - 7e
75	XX	Trou Gascon (Au) - 12e
115	XX	Truffe Noire Neuilly-sur-Seine

Le "Bib Gourmand"

1er arrondissement
46 ✗ Ardoise (L')

2e arrondissement
45 ✗✗ Pays de Cocagne
46 ✗ Pierrot

3e arrondissement
48 ✗✗ Ambassade d'Auvergne
49 ✗ Pamphlet

5e arrondissement
55 ✗ Moissonnier

6e arrondissement
54 ✗✗ Maître Paul (Chez)
55 ✗ Bistrot d'Alex
55 ✗ Épi Dupin (L')

7e arrondissement
59 ✗✗ Champ de Mars
59 ✗ Bon Accueil (Au)
59 ✗ Olivades (Les)
59 ✗ P'tit Troquet

8e arrondissement
67 ✗ Boucoléon
67 ✗ Ferme des Mathurins

9e arrondissement
71 ✗✗ 16 Haussmann
72 ✗ Jean (Chez)
72 ✗ Petite Sirène
de Copenhague
72 ✗ Pré Cadet

11e arrondissement
49 ✗✗ Péché Mignon
49 ✗✗ Repaire de Cartouche
49 ✗ Astier

12e arrondissement
75 ✗✗ Traversière
75 ✗ Biche au Bois (A la)
75 ✗ Jean-Pierre Frelet

13e arrondissement
75 ✗ Anacréon
75 ✗ Avant Goût (L')

14e arrondissement
79 ✗✗ Monsieur Lapin
81 ✗ Régalade

15e arrondissement
80 ✗✗ Caroubier
81 ✗ Murier
80 ✗ Troquet

16e arrondissement
86 ✗ Cuisinier François

17e arrondissement
90 ✗✗ Léon (Chez)
90 ✗ Café d'Angel
90 ✗ Caves Petrissans

ENVIRONS

Asnières-sur-Seine
98 ✗✗ Petite Auberge

Bois-Colombes
99 ✗ Chefson

Gagny
109 ✗✗ Vilgacy

Triel-sur-Seine
125 ✗ St-Martin

Versailles
129 ✗✗ Étape Gourmande
129 ✗✗ Potager du Roy
126 ✗✗ Valmont

Pour souper après le spectacle

(Nous indiquons entre parenthèses l'heure limite d'arrivée)

65	✗✗✗✗	Fouquet's - 8ᵉ (0 h 30)
54	✗✗✗	Atelier Maître Albert - 5ᵉ (0 h 15)
71	✗✗✗	Charlot "Roi des Coquillages" - 9ᵉ (1 h)
79	✗✗✗	Dôme - 14ᵉ (0 h 30)
85	✗✗✗	Pavillon Noura - 16ᵉ (0 h)
45	✗✗✗	Pierre " A la Fontaine Gaillon " - 2ᵉ (0 h)
54	✗✗✗	Procope - 6ᵉ (1 h)
65	✗✗✗	Yvan - 8ᵉ (0 h)
54	✗✗	Alcazar - 6ᵉ (1 h)
89	✗✗	Ballon des Ternes - 17ᵉ (0 h 30)
79	✗✗	Bistro 121 - 15ᵉ (0 h)
49	✗✗	Blue Elephant - 11ᵉ (0 h)
48	✗✗	Bofinger - 4ᵉ (1 h)
71	✗✗	Brasserie Café de la Paix - 9ᵉ (1 h)
71	✗✗	Brasserie Flo - 10ᵉ (1 h 30)
45	✗✗	Café Drouant - 2ᵉ (0 h)
79	✗✗	Coupole - 14ᵉ (2 h)
92	✗✗	Dagorno - 19ᵉ (0 h 15)
66	✗✗	Fermette Marbeuf 1900 - 8ᵉ (0 h)
59	✗✗	Françoise (Chez) - 7ᵉ (0 h)
45	✗✗	Gallopin - 2ᵉ (0 h 30)
90	✗✗	Georges (Chez) - 17ᵉ (0 h 30)
71	✗✗	Grand Café - 9ᵉ (jour et nuit)
45	✗✗	Grand Colbert - 2ᵉ (1 h)
110	✗✗	Ile (L') Issy-les-Moulineaux (0 h)
71	✗✗	Julien - 10ᵉ (1 h 30)
54	✗✗	Pactole (Au) - 5ᵉ (0 h)
66	✗✗	Persiennes (Les) - 8ᵉ (0 h)
71	✗✗	Petit Riche (Au) - 9ᵉ (0 h 15)
66	✗✗	Pichet (Le) - 8ᵉ (0 h)
45	✗✗	Pied de Cochon (Au) - 1ᵉʳ (jour et nuit)
123	✗✗	Régency 1925 St-Maur-des-Fossés (1 h)
45	✗✗	Rôtisserie Monsigny - 2ᵉ (0 h)
72	✗✗	Terminus Nord - 10ᵉ (1 h)
45	✗✗	Vaudeville - 2ᵉ (2 h)
66	✗✗	Village d'Ung et Li Lam - 8ᵉ (0 h)
79	✗✗	Vin et Marée - 14ᵉ (0 h)
85	✗✗	Zébra Square - 16ᵉ (0 h)
66	✗	Appart' (L') - 8ᵉ (0 h)
55	✗	Balzar - 5ᵉ (0 h 15)
72	✗	Bistro des Deux Théâtres - 9ᵉ (0 h 30)
86	✗	Bistrot de l'Étoile Lauriston - 16ᵉ (0 h)
90	✗	Bistrot de l'Étoile Niel - 17ᵉ (0 h)
67	✗	Bistrot de Marius - 8ᵉ (0 h)
54	✗	Bookinistes (Les) - 6ᵉ (0 h)
54	✗	Bouillon Racine - 6ᵉ (0 h)
86	✗	Brasserie de la Poste - 16ᵉ (0 h)
86	✗	Butte Chaillot - 16ᵉ (0 h)
46	✗	Café Marly - 1ᵉʳ (1 h)
66	✗	Cap Vernet - 8ᵉ (0 h)
55	✗	Dominique - 6ᵉ (1 h)
72	✗	I Golosi - 9ᵉ (0 h)
72	✗	Michel (Chez) - 10ᵉ (0 h)
75	✗	Paul (Chez) - 13ᵉ (0 h)
80	✗	Père Claude - 15ᵉ (0 h)
49	✗	Petit Bofinger - 4ᵉ (0 h)
116	✗	Petit Bofinger Neuilly-sur-Seine (0 h)
72	✗	Petite Sirène de Copenhague - 9ᵉ (0 h)
81	✗	Régalade - 14ᵉ (0 h)
55	✗	Rotonde - 6ᵉ (1 h)
59	✗	Thoumieux - 7ᵉ (0 h)

Le plat que vous recherchez

Une andouillette

48	XX	Ambassade d'Auvergne - 3e
79	XX	Coupole - 14e
54	XX	Marty - 5e
75	XX	Petit Marguery - 13e
55	X	Allard - 6e
49	X	Anjou-Normandie - 11e
72	X	Catherine (Chez) - 9e
90	X	Caves Petrissans - 17e
49	X	Chardenoux - 11e
81	X	Château Poivre - 14e
59	X	Côté 7eme (Du) - 7e
67	X	Ferme des Mathurins - 8e
59	X	Fontaine de Mars - 7e
46	X	Georges (Chez) - 2e
49	X	Grizzli - 4e
55	X	Moissonnier - 5e
75	X	Paul (Chez) - 13e
81	X	Petit Mâchon - 15e
118	X	Pouilly Reuilly (Au) à Le Pré St-Gervais
46	X	Relais Chablisien - 1er
86	X	Scheffer - 16e

Du boudin

48	XX	Ambassade d'Auvergne - 3e
59	XX	Chez Eux (D') - 7e
49	X	Anjou-Normandie - 11e
75	X	Auberge Aveyronnaise (L') - 12e
49	X	Bascou (Au) - 3e
59	X	Fontaine de Mars - 7e
55	X	Marlotte - 6e
55	X	Moissonnier - 5e
75	X	Paul (Chez) - 13e
118	X	Pouilly Reuilly (Au) à Le Pré St-Gervais
81	X	St-Vincent - 15e

Une bouillabaisse

44	XXXX	Goumard - 1er
89	XXX	Augusta - 17e
71	XXX	Charlot "Roi des Coquillages" - 9e
79	XXX	Dôme - 14e
90	XX	Auberge des Dolomites - 17e
75	XX	Frégate - 12e
115	XX	Jarrasse L'Écailler de Paris à Neuilly-sur-Seine

85	XX	Marius - 16e
126	XX	Orée du Bois à Vélizy-Villacoublay
79	XX	Senteurs de Provence (Aux) - 15e

Un cassoulet

48	XX	Benoît - 4e
59	XX	Chez Eux (D') - 7e
71	XX	Julien - 10e
90	XX	Léon (Chez) - 17e
45	XX	Pays de Cocagne - 2e
71	XX	Quercy - 9e
66	XX	Sarladais - 8e
49	XX	Sousceyrac (A) - 11e
111	XX	St-Pierre à Longjumeau
124	XX	Table d'Antan à Ste-Geneviève-des-Bois
75	XX	Trou Gascon (Au) - 12e
49	X	Auberge Pyrénées Cévennes - 11e
46	X	Dauphin - 1er
80	X	Gastroquet - 15e
75	X	Quincy - 12e
59	X	Thoumieux - 7e

Une choucroute

48	XX	Bofinger - 4e
79	XX	Coupole - 14e
72	XX	Terminus Nord - 10e
72	X	Alsaco Winstub (L') - 9e
42	X	Brasserie Le Louvre - 1er

Un confit

121	XXX	Cazaudehore à St-Germain-en-Laye
59	XX	Chez Eux (D') - 7e
85	XX	Paul Chêne - 16e
45	XX	Pays de Cocagne - 2e
71	XX	Quercy - 9e
72	XX	Saintongeais - 9e
66	XX	Sarladais - 8e
75	XX	Trou Gascon (Au) - 12e
80	XX	Vendanges (Les) - 14e
108	X	Aub. Landaise à Enghien-les-Bains
49	X	Bascou (Au) - 3e
72	X	Deux Canards (Aux) - 10e
75	X	Françoise (Chez) - 13e
80	X	Gastroquet - 15e
46	X	Lescure - 1er
49	X	Monde des Chimères - 4e
59	X	Thoumieux - 7e

Un coq au vin

111	XX	Bourgogne à Maisons-Alfort
123	XX	Coq de la Maison Blanche à St-Ouen
75	X	la Biche au Bois (A) - 12ᵉ
92	X	Marie-Louise - 18ᵉ
81	X	St-Vincent - 15ᵉ

Des coquillages, crustacés, poissons

44	XXXX	Goumard - 1ᵉʳ
58	XXXX	Le Divellec - 7ᵉ
84	XXXX	Maison Prunier - 16ᵉ
65	XXXX	Marée (La) - 8ᵉ
89	XXX	Augusta - 17ᵉ
71	XXX	Charlot "Roi des Coquillages" - 9ᵉ
54	XXX	Closerie des Lilas - 6ᵉ
79	XXX	Dôme - 14ᵉ
79	XXX	Duc (Le) - 14ᵉ
89	XXX	Pétrus - 17ᵉ
85	XXX	Port Alma - 16ᵉ
09	XX	Ballon des Ternes - 17ᵉ
59	XX	Bar au Sel - 7ᵉ
48	XX	Bofinger - 4ᵉ
71	XX	Brasserie Flo - 10ᵉ
79	XX	Coupole - 14ᵉ
89	XX	Dessirier - 17ᵉ
75	XX	Frégate - 12ᵉ
59	XX	Gaya Rive Gauche - 7ᵉ
58	XX	Glénan (Les) - 7ᵉ
71	XX	Grand Café - 9ᵉ
115	XX	Jarrasse L'Écailler de Paris à Neuilly-sur-Seine
71	XX	Julien - 10ᵉ
65	XX	Luna - 8ᵉ
129	XX	Marée de Versailles à Versailles
66	XX	Marius et Janette - 8ᵉ
54	XX	Marty - 5ᵉ
45	XX	Pied de Cochon (Au) - 1ᵉʳ
66	XX	Stella Maris - 8ᵉ
90	XX	Taïra - 17ᵉ
72	XX	Terminus Nord - 10ᵉ
79	XX	Vin et Marée - 14ᵉ
66	X	Bistrot de Marius - 8ᵉ
49	X	Bistrot du Dôme - 4ᵉ
66	X	Cap Vernet - 8ᵉ
55	X	Espadon Bleu (L') - 6ᵉ
90	X	Huîtrier (L') - 17ᵉ
86	X	Vin et Marée - 16ᵉ

Des escargots

48	XX	Benoît - 4ᵉ
59	XX	Champ de Mars - 7ᵉ
98	XX	Escargot (A l') à Aulnay-sous-Bois
90	XX	Léon (Chez) - 17ᵉ
55	X	Allard - 6ᵉ
72	X	Alsaco Winstub (L') - 9ᵉ
46	X	Bistrot St-Honoré - 1ᵉʳ
67	X	Ferme des Mathurins - 8ᵉ
55	X	Moissonnier - 5ᵉ
55	X	Moulin à Vent (Au) - 5ᵉ
75	X	Quincy - 12ᵉ

Une paëlla

115	XXX	San Valero à Neuilly-sur-Seine
108	X	Aub. Landaise à Enghien-les-Bains
75	X	Françoise (Chez) - 13ᵉ
86	X	Rosimar - 16ᵉ

Une grillade

74	XXX	Train Bleu - 12ᵉ
71	XX	Brasserie Flo - 10ᵉ
123	XX	Coq de la Maison Blanche à St Ouen
79	XX	Coupole - 14ᵉ
66	XX	Fermette Marbeuf 1900 - 8ᵉ
45	XX	Gallopin - 2ᵉ
71	XX	Julien - 10ᵉ
45	XX	Pied de Cochon (Au) - 1ᵉʳ
45	XX	Rôtisserie Monsigny - 2ᵉ
72	XX	Terminus Nord - 10ᵉ
45	XX	Vaudeville - 2ᵉ
55	X	Joséphine "Chez Dumonet" - 6ᵉ
90	X	Rôtisserie d'Armaillé - 17ᵉ
55	X	Rôtisserie d'en Face - 6ᵉ

De la tête de veau

89	XXX	Apicius - 17ᵉ
90	XX	Léon (Chez) - 17ᵉ
80	XX	les Frères Gaudet (Chez) - 15ᵉ
54	XX	Marty - 5ᵉ
98	XX	Petite Auberge à Asnières-sur-Seine
85	XX	Petite Tour - 16ᵉ
71	XX	Quercy - 9ᵉ
49	X	Astier - 11ᵉ
75	X	Bistrot de la Porte Dorée - 12ᵉ
90	X	Caves Petrissans - 17ᵉ
81	X	Coteaux (Les) - 15ᵉ
81	X	Petit Mâchon - 15ᵉ
72	X	Pré Cadet - 9ᵉ
59	X	Thoumieux - 7ᵉ

Des tripes

90	ХХ	Georges (Chez) - 17e
49	Х	Anjou-Normandie - 11e
55	Х	Bistrot d'Alex - 6e
49	Х	Chardenoux - 11e
81	Х	Château Poivre - 14e
49	Х	Fernandises (Les) - 11e
59	Х	Thoumieux - 7e

Des fromages

| 66 | ХХ | Androuët - 8e |

Des soufflés

| 59 | Х | Cigale - 7e |
| 45 | Х | Souffé- 1er |

CUISINE VÉGÉTARIENNE

| 46 | Х | Entre Ciel et Terre - 1er |

Cuisines d'Ailleurs

Antilles, Réunion, Seychelles
79	XX	Créole (La) - 14ᵉ
54	X	Coco de Mer - 5ᵉ
81	X	Flamboyant - 14ᵉ

Belge
| 54 | X | Bouillon Racine - 6ᵉ |

Britannique
| 82 | | Bertie's (H. Baltimore) 16ᵉ |

Chinoise, Thaïlandaise et Vietnamienne
79	XXX	Chen-Soleil d'Est - 15ᵉ
85	XXX	Tsé-Yang - 16ᵉ
46	XX	Baan Boran - 1ᵉʳ
49	XX	Blue Elephant - 11ᵉ
120	XX	Bonheur de Chine à Rueil Malmaison
79	XX	Erawan - 15ᵉ
115	XX	Foc Ly à Neuilly-sur-Seine
59	XX	Foc Ly - 7ᵉ
59	XX	Tan Dinh - 7ᵉ
85	XX	Tang - 16ᵉ
66	XX	Village d'Ung et Li Lam - 8ᵉ
55	X	Palanquin - 6ᵉ

Espagnole
115	XXX	San Valero à Neuilly-sur-Seine
54	XX	Catalogne - 6ᵉ
86	X	Rosimar - 16ᵉ

Grecque
54	XX	Mavrommatis - 5ᵉ
59	X	Apollon - 7ᵉ
55	X	Délices d'Aphrodite (Les) - 5ᵉ

Hongroise
| 72 | XX | Paprika - 9ᵉ |

Indienne
65	XXX	Indra - 8ᵉ
45	XX	Gandhi - 2ᵉ
54	XX	Yugaraj - 6ᵉ

Italienne
45	XXX	Il Cortile - 1ᵉʳ
104	XXX	Romantica à Clichy
89	XXX	Sormani - 17ᵉ
58	XX	Beato - 7ᵉ
85	XX	Bellini - 16ᵛ
71	XX	Chateaubriant (Au) - 10ᵉ
85	XX	Conti - 16ᵉ
45	XX	Delizie d'Uggiano - 1ᵉʳ
59	XX	Gildo - 7ᵉ
85	XX	Giulio Rebellato - 16ᵉ
89	XX	Paolo Petrini - 17ᵉ
112	XX	Ribot à Maisons-Laffitte
85	XX	San Francisco - 16ᵉ
66	XX	Stresa - 8ᵉ
85	XX	Vinci - 16ᵉ
55	X	Bauta - 6ᵉ
55	X	Cafetière - 6ᵉ
55	X	Emporio Armani Caffé - 6ᵉ
80	X	Fontana Rosa - 15ᵉ
72	X	I Golosi - 9ᵉ
72	X	Il Sardo - 9ᵉ
93	X	Rughetta - 18ᵉ

Japonnaise
54	XX	Inagiku - 5ᵉ
45	XX	Kinugawa - 1ᵉʳ
66	XX	Kinugawa - 8ᵉ
66	XX	Shozan - 8ᵉ
66	XX	Suntory - 8ᵉ
59	X	Miyako - 7ᵉ
90	X	Nagoya - 17ᵉ
76		Benkay (H. Nikko) - 15ᵉ
87		Yamato (H. Méridien) - 17ᵉ

Libanaise
| 85 | XXX | Pavillon Noura - 16ᵉ |
| 85 | XX | Fakhr el Dine - 16ᵉ |

Nord-Africaine
65	XXX	El Mansour
89	XXX	Timgad - 17ᵉ
85	XX	Al Mounia - 16ᵉ
80	XX	Caroubier - 15ᵉ
86	XX	El Malouf - 16ᵉ
49	XX	Mansouria - 11ᵉ
115	XX	Riad à Neuilly-sur-Seine
72	XX	Wally Le Saharien - 9ᵉ
54	XX	Ziryab - 5ᵉ
92	X	Oriental (L') - 18ᵉ
55	X	Table de Fez - 6ᵉ
98	X	Tour de Marrakech à Antony
92	X	Village Kabyle - 18ᵉ

Portugaise

| 46 | ✂✂ | Saudade - 1er |

Russe

| 55 | ✂ | Dominique - 6e |

Scandinave

65	✂✂✂	Copenhague - 8e
72	✂	Petite Sirène de Copenhague - 9e
65		Flora Danica (Copenhague) - 8e

Tibétaine

| 55 | ✂ | Lhassa - 5e |

Turque

| 75 | ✂✂ | Janissaire - 12e |

Dans la tradition : bistrots et brasseries

Les bistrots

1ᵉʳ arrondissement

46	X	Bistrot St-Honoré
46	X	Dauphin
46	X	Lescure
46	X	Souletin
46	X	Tour de Montlhéry, Chez Denise

2ᵉ arrondissement

46	X	Georges (Chez)
46	X	Pierrot

3ᵉ arrondissement

49	X	Bascou (Au)

4ᵉ arrondissement

48	XX	Benoît
49	X	Grizzli
49	X	Petit Bofinger

5ᵉ arrondissement

55	X	Moissonnier
55	X	Moulin à Vent (Au)
55	X	Reminet

6ᵉ arrondissement

55	X	Allard
55	X	Joséphine "Chez Dumonet"

7ᵉ arrondissement

59	X	Bistrot de Paris
59	X	Bistrot du 7ᵉ
59	X	Côté 7ᵉᵐᵉ (Du)
59	X	Fontaine de Mars
59	X	P'tit Troquet

9ᵉ arrondissement

72	X	Catherine (Chez)
72	X	Relais Beaujolais

11ᵉ arrondissement

49	X	Astier
49	X	Chardenoux
49	X	Fernandises (Les)

12ᵉ arrondissement

75	X	Bistrot de la Porte Dorée
75	X	Quincy
75	X	Zygomates (Les)

13ᵉ arrondissement

75	XX	Petit Marguery
75	X	Avant Goût (L')
75	X	Françoise (Chez)
75	X	Paul (Chez)

14ᵉ arrondissement

81	X	Régalade

15ᵉ arrondissement

80	XX	les Frères Gaudet (Chez)
81	X	Bistro d'Hubert
81	X	Coteaux (Les)
81	X	Os à Moelle (L')
81	X	P'tits Bouchons de François Clerc (Les)
81	X	Petit Bofinger
81	X	Petit Mâchon
81	X	St-Vincent

16ᵉ arrondissement

86	X	Mathusalem
86	X	Scheffer
86	X	Victor

17ᵉ arrondissement

90	XX	Léon (Chez)
90	X	Ampère (L')
90	X	Café d'Angel
90	X	Caves Petrissans
90	X	Clou (Le)

18ᵉ arrondissement

92	X	Bouclard
93	X	Étrier (L')
92	X	Marie-Louise
93	X	Rughetta

ENVIRONS

Bois-Colombes

99	X	Chefson

Levallois-Perret

111	X	Petit Poste

Neuilly-sur-Seine

116	X	Bistrot d'à Côté Neuilly
116	X	Petit Bofinger

Pré St-Gervais (Le)

118	X	Pouilly Reuilly (Au)

St-Cloud

121	X	Garde-Manger

Les brasseries

1er arrondissement

45	XX	Pied de Cochon (Au)
42		Brasserie Le Louvre (H. Louvre)
42		234 Rivoli (H. Inter-Continental)

2e arrondissement

45	XXX	Gallopin
45	XX	Grand Colbert
45	XXX	Vaudeville

4e arrondissement

| 48 | XX | Bofinger |

5e arrondissement

| 54 | XXX | Marty |
| 55 | X | Balzar |

6e arrondissement

| 55 | X | Rotonde |
| 50 | | Brasserie Lutétia (H. Lutétia) |

7e arrondissement

| 59 | X | Thoumieux |

9e arrondissement

71	XX	Brasserie Café de la Paix
72	XXX	Brasserie Flo
71	XX	Grand Café
68		Brasserie Haussmann Millenium (H. Commodore)

10e arrondissement

71	XX	Brasserie Flo
71	XX	Julien
72	XX	Terminus Nord

12e arrondissement

| 74 | XXX | Train Bleu |

14e arrondissement

| 79 | XXX | Dôme |

15e arrondissement

| 76 | | Brasserie (H. Sofitel-Sèvres) |
| 76 | | Brasserie Pont Mirabeau (H. Nikko) |

17e arrondissement

| 89 | XX | Ballon des Ternes |

ENVIRONS

Issy-les-Moulineaux

| 110 | X | Coquibus |

Roissy-en-France

| 120 | | Aviateurs (H. Hilton) |

Restaurants proposant
des menus de 100 F à 160 F

15e arrondissement

80	✗✗	Caroubier
80	✗✗	Copreaux
79	✗✗	Erawan
80	✗✗	Étape (L')
80	✗✗	Gauloise
79	✗✗	Senteurs de Provence (Aux)
81	✗	Agape (L')
81	✗	Coteaux (Les)
80	✗	Fontana Rosa
80	✗	Gastroquet
81	✗	Murier
80	✗	Père Claude
81	✗	Petit Bofinger
81	✗	Petit Mâchon
80	✗	Petit Plat
80	✗	Troquet

16e arrondissement

86	✗✗	El Malouf
85	✗✗	Fakhr el Dine
86	✗	Brasserie de la Poste
86	✗	Butte Chaillot

86	✗	Cuisinier François
86	✗	Mathusalem
86	✗	Ormes (Les)

17e arrondissement

90	✗✗	Auberge des Dolomites
90	✗✗	Léon (Chez)
90	✗	Ballot (Chez)
90	✗	Clou (Le)
90	✗	Impatient (L')
90	✗	Petite Provence
90	✗	Soupière

18e arrondissement

92	✗	Bouclard
92	✗	Marie-Louise
93	✗	Rughetta
92	✗	Village Kabyle

19e arrondissement

| 92 | ✗✗ | Chaumière |
| 92 | ✗✗ | Dagorno |

20e arrondissement

| 92 | ✗✗ | Allobroges (Les) |

ENVIRONS

Antony
98	✗✗	Amandier (L')
98	✗	Philosophes (Les)
98	✗	Tour de Marrakech

Asnières-sur-Seine
| 98 | ✗✗ | Petite Auberge |

Aulnay-sous-Bois
| 98 | ✗✗ | Escargot (A l') |

Bois-Colombes
| 99 | ✗ | Chefson |

Bougival
| 99 | ✗✗✗ | Camélia |

Bry-sur-Marne
| 101 | ✗✗ | Auberge du Pont de Bry |

Carrières-sur-Seine
| 101 | ✗✗ | Panoramic de Chine |

Chatou
| 104 | ✗✗ | Canotiers (Les) |

Conflans-Ste-Honorine
| 105 | ✗✗ | Confluent de l'Oise (Au) |

Corbeil-Essonnes
| 105 | ✗✗✗ | Armes de France (Aux) |
| 105 | ✗✗ | Auberge du Barrage |

Croissy-sur-Seine
| 105 | ✗ | Buissonnière |

Évry (Agglomération d')
| 109 | ✗✗ | Canal |

Fontenay-sous-Bois
| 109 | ✗ | Musardière |

Gagny
| 109 | ✗✗ | Vilgacy |

Garches
| 109 | ✗ | Tardoire |

Gometz-le-Chatel
| 109 | ✗✗ | Mancelière |

Issy-les-Moulineaux
| 110 | ✗✗ | Manufacture |

Ivry-sur-Seine
| 110 | ✗ | Oustalou (L') |

Plein air

1ᵉʳ arrondissement
45   XX   Palais Royal

5ᵉ arrondissement
54   XX   Ziryab

7ᵉ arrondissement
58   XX   Maison de l'Amérique Latine

8ᵉ arrondissement
64   XXXXX   Laurent
66   XX   Cercle Ledoyen

14ᵉ arrondissement
79   XXX   Pavillon Montsouris

16ᵉ arrondissement
86   XXXXX   Grande Cascade
86   XXXX   Pré Catelan

19ᵉ arrondissement
92   XXX   Pavillon Puebla

ENVIRONS

Asnières-sur-Seine
98   XXX   Van Gogh

Aulnay-sous-Bois
98   XX   Escargot (A l')

Cergy-Pontoise Ville Nouvelle
103   XX   Moulin de la Renardière

Chennevières-sur-Marne
104   XXX   Écu de France

Gagny
109   XX   Vilgacy

Livry-Gargan
111   XX   Petite Marmite

Maisons-Laffitte
112   XXX   Tastevin

Montreuil
115   XXX   Gaillard

St-Germain-en-Laye
121   XXX   Cazaudehore

Vaucresson
126   XXX   Auberge de la Poularde

Restaurants avec salons particuliers

1er arrondissement
44	XXXX	Carré des Feuillants
44	XXXX	Goumard
44	XXXX	Grand Vefour
45	XXX	Macéo
45	XX	Kinugawa
45	XX	Palais Royal
45	XX	Pauline (Chez)
45	XX	Pied de Cochon (Au)

2e arrondissement
44	XXXX	Drouant
45	XXX	Céladon
45	XXX	Pierre '' A la Fontaine Gaillon ''
45	XX	Rôtisserie Monsigny

3e arrondissement
48	XX	Ambassade d'Auvergne

4e arrondissement
48	XX	Benoît
48	XX	Bofinger

5e arrondissement
53	XXXXX	Tour d'Argent
54	XX	Marty
54	XX	Ziryab
55	X	Moissonnier

6e arrondissement
54	XXX	Procope
53	XXX	Relais Louis XIII
54	XX	Alcazar
54	XX	Bastide Odéon
54	XX	Maître Paul (Chez)
54	XX	Maxence
54	XX	Rond de Serviette
55	X	Bistrot d'Alex

7e arrondissement
58	XXXX	Arpège
58	XXX	Cantine des Gourmets
59	X	Champ de Mars
58	XX	Ferme St-Simon
58	XX	Maison de l'Amérique Latine
58	XX	Récamier
59	X	Thoumieux

8e arrondissement
64	XXXXX	Lasserre
64	XXXXX	Laurent
64	XXXXX	Ledoyen
64	XXXXX	Lucas Carton
64	XXXX	Taillevent
65	XXXX	Fouquet's
66	XX	Androuët
66	XX	Bistrot du Sommelier
66	XX	Marius et Janette

9e arrondissement
71	XXX	Table d'Anvers
71	XX	Petit Riche (Au)

11e arrondissement
48	XX	Aiguière (L')

12e arrondissement
74	XXX	Pressoir (Au)

14e arrondissement
79	XXX	Pavillon Montsouris
79	XX	Chaumière des Gourmets
79	XX	Coupole
79	XX	Vin et Marée

15e arrondissement
78	XXXX	Célébrités (Les)
79	XXX	Chen-Soleil d'Est
80	XX	Gauloise

16e arrondissement
84	XXXX	Faugeron
86	XXXX	Grande Cascade
86	XXXX	Pré Catelan
84	XXX	Jamin
85	XXX	Port Alma
86	X	Vin et Marée

17e arrondissement
89	XXXX	Guy Savoy
89	XXXX	Michel Rostang
89	XXX	Amphyclès
89	XX	Ballon des Ternes
90	XX	Beudant
90	XX	Léon (Chez)
89	XX	Petit Colombier
90	X	Petite Auberge

18e arrondissement
92	XXX	Beauvilliers

19e arrondissement
92	XX	Pavillon Puebla
92	XX	Dagorno

Restaurants ouverts samedi et dimanche

1er arrondissement

44	XXXXX	Espadon (L')
44	XXXX	Goumard
44	XXXXX	Meurice (Le)
45	XX	Pied de Cochon (Au)
46	X	Café Marly
46	X	Dauphin

2e arrondissement

44	XXXX	Drouant
45	XX	Grand Colbert
45	XX	Vaudeville

3e arrondissement

48	XX	Ambassade d'Auvergne

4e arrondissement

48	XX	Benoît
48	XX	Bofinger
49	X	Petit Bofinger

5e arrondissement

53	XXXXX	Tour d'Argent
54	XX	Marty
54	XX	Mavrommatis
54	XX	Toutoune (Chez)
55	X	Balzar
55	X	Lhassa

6e arrondissement

54	XXX	Procope
54	XX	Méditerranée
54	XX	Yugaraj

7e arrondissement

58	XXXX	Le Divellec
58	XXXX	Jules Verne
58	XXX	Cantine des Gourmets
59	XX	Bar au Sel
59	XX	Champ de Mars
59	XX	Foc Ly
59	X	Côté 7eme (Du)
59	X	Thoumieux

8e arrondissement

64	XXXXXX	Ambassadeurs (Les)
64	XXXXX	Bristol
64	XXXXX	Régence (Le)
65	XXXX	Obélisque (L')
66	XX	Fermette Marbeuf 1900
66	XX	Marius et Janette
66	X	Appart' (L')
67	X	Bistrot de Marius
67	X	Café Indigo
66	X	Cap Vernet
66	X	Spicy

9e arrondissement

71	XXX	Charlot "Roi des Coquillages"
71	XX	Brasserie Café de la Paix
71	XX	Grand Café
72	X	Bistro des Deux Théâtres

10e arrondissement

71	XX	Brasserie Flo
71	XX	Julien
72	XX	Terminus Nord

12e arrondissement

74	XXX	Train Bleu
75	XX	Janissaire
75	X	Temps des Cerises
75	X	Viaduc Café

13e arrondissement

75	X	Paul (Chez)

14e arrondissement

79	XXX	Dôme
79	XXX	Pavillon Montsouris
79	XX	Coupole
79	XX	Créole (La)
79	XX	Vin et Marée
80	X	Bistrot du Dôme

15e arrondissement

78	XXXX	Célébrités (Les)
79	XXXX	Ciel de Paris
80	XX	Bermuda Onion
79	XX	Bistro 121
80	XX	Caroubier
80	XX	Gauloise
80	X	Fontana Rosa
80	X	Père Claude
80	X	Petit Plat

ENVIRONS

PARIS
Hôtels - Restaurants
par arrondissements

(Liste alphabétique des Hôtels et Restaurants, voir p. 7 à 21)

G 12 : Ces lettres et chiffres correspondent au carroyage du **Plan de Paris** Michelin n° 🔟,
Paris Atlas n° 🔟🔟, **Plan avec répertoire** n° 🔟🔟 et **Plan de Paris** n° 🔟🔟.

En consultant ces quatre publications vous trouverez également les parkings les plus
proches des établissements cités.

Opéra - Palais-Royal
Halles - Bourse

1ᵉʳ et 2ᵉ arrondissements

1ᵉʳ : ⊠ 75001 - 2ᵉ : ⊠ 75002

Ritz, 15 pl. Vendôme (1ᵉʳ) ℘ 01 43 16 30 30, *Fax 01 43 16 31 78,* ☆ , « Belle piscine et luxueux centre de remise en forme », ⅙ – ⊞ ≡ 🖵 ☎ ✆ – ⚿ 30 à 80. ⏃ ⓪ ⏃ ⏃. ✳ ch   **G 12**
voir rest. *L'Espadon* ci-après **- Bar Vendôme** ℘ 01 43 16 33 63 **Repas** carte 410 à 600 ♀ – ⊒ 200 – **175 ch** 3300/4500, 45 appart.

Meurice, 228 r. Rivoli (1ᵉʳ) ℘ 01 44 58 10 10, *Fax 01 44 58 10 15,* ⅙ – ⊞, ≡ ch, 🖵 ☎ ✆. ⏃ ⓪ ⏃ ⏃. ✳ rest   **G 12**
voir rest. *Le Meurice* ci-après – ⊒ 175 – **125 ch** 3500/4100, 35 appart.

Inter - Continental, 3 r. Castiglione (1ᵉʳ) ℘ 01 44 77 11 11, *Fax 01 44 77 14 60,* ☆ – ⊞ ✆≈ ≡ 🖵 ☎ ✆ ⅙ – ⚿ 400. ⏃ ⓪ ⏃ ⏃   **G 12**
234 Rivoli ℘ 01 44 77 10 40 **Repas** 195 et carte 250 à 370 – **Terrasse Fleurie** *(mai-sept. et fermé sam. et dim.)* **Repas** 300 ♀ – ⊒ 150 – **443 ch** 3250/3800, 75 appart.

Costes, 239 r. St-Honoré (1ᵉʳ) ℘ 01 42 44 50 00, *Fax 01 42 44 50 01,* ☆ , « Bel hôtel particulier décoré avec élégance », ⅙, ◰ – ⊞ ≡ 🖵 ☎ ✆ ⅙ – ⚿ 30. ⏃ ⓪ ⏃ ⏃   **G 12**
Repas carte 270 à 470 ♀ – ⊒ 150 – **80 ch** 1750/3500, 3 appart.

Vendôme Ⓜ, 1 pl. Vendôme (1ᵉʳ) ℘ 01 55 04 55 00, *Fax 01 49 27 97 89,* « Hôtel particulier du 18ᵉ siècle » – ⊞ ≡ 🖵 ☎ ✆ ⅙ – ⚿ 40. ⏃ ⓪ ⏃ ⏃   **G 12**
Café de Vendôme ℘ 01 55 04 55 55 *(fermé sam. et dim.)* **Repas** 190 (déj.)/210 , enf. 100 – ⊒ 165 – **22 ch** 2300/3200, 7 appart.

Westminster, 13 r. Paix (2ᵉ) ℘ 01 42 61 57 46, *Fax 01 42 60 30 66* – ⊞ ✆≈, ≡ ch, 🖵 ☎ ✆ ⅙ – ⚿ 50. ⏃ ⓪ ⏃ ⏃   **G 12**
voir rest. *Céladon* ci-après – ⊒ 110 – **84 ch** 2400/2950, 18 appart.

Louvre, pl. A. Malraux (1ᵉʳ) ℘ 01 44 58 38 38, *Fax 01 44 58 38 01,* ☆ – ⊞ ≡ 🖵 ☎ ✆ ⅙ – ⚿ 15 à 80. ⏃ ⓪ ⏃ ⏃   **H 13**
Brasserie Le Louvre : **Repas** 135/180 , enf. 75 – ⊒ 125 – **190 ch** 2050/4000.

Castille Ⓜ, 37 r. Cambon (1ᵉʳ) ℘ 01 44 58 44 58, *Fax 01 44 58 44 00* – ⊞ ✆≈ ≡ 🖵 ☎ ✆ ⅙ – ⚿ 30. ⏃ ⓪ ⏃ ⏃   **G 12**
voir rest. *Il Cortile* ci-après – ⊒ 150 – **86 ch** 2276/2964, 7 appart, 14 duplex.

Lotti, 7 r. Castiglione (1er) ℘ 01 42 60 37 34, Fax 01 40 15 93 56 – 劇 ✦ ≡ 🅣🅥 ☎ ✇. 🆎 ⓞ GB JCB
G 12
Repas 160/220 et carte 280 à 430 ♀ ⊑ 110 – **128 ch** 2250/3350.

Edouard VII sans rest, 39 av. Opéra (2e) ℘ 01 42 61 56 90, Fax 01 42 61 47 73 – 劇 ≡ 🅣🅥 ☎
– 🔬 15 à 25. 🕮 ⓞ GB
G 13
⊑ 110 – **65 ch** 2100/2400, 4 appart.

Royal St-Honoré 🅼 sans rest, 221 r. St-Honoré (1er) ℘ 01 42 60 32 79,
Fax 01 42 60 47 44 – 劇 ✦ ≡ 🅣🅥 ☎ ✇ ৬. 🆎 ⓞ GB JCB. ✆
G 12
⊑ 105 – **67 ch** 1600/2100, 5 appart.

Normandy, 7 r. Échelle (1er) ℘ 01 42 60 30 21, Fax 01 42 60 45 81 – 劇 ✦ 🅣🅥 ☎ ✇ –
🔬 30. 🆎 ⓞ GB JCB. ✆ rest
H 13
L'Échelle ℘ 01 42 60 48 83 (fermé août, sam. et dim.) **Repas** 160 , enf. 80 – ⊑ 130 –
111 ch 1000/1830, 4 appart.

Régina, 2 pl. Pyramides (1er) ℘ 01 42 60 31 10, Fax 01 40 15 95 16, 斎 , « Hall "Art Nouveau" » – 劇 ✦ ≡ 🅣🅥 ☎ ✇ – 🔬 30. 🆎 ⓞ GB JCB
H 13
Repas (fermé août, sam., dim. et fériés) (155 bc) 170/280 bc ♀ – ⊑ 100 – **116 ch** 1720/2350,
14 appart.

Opéra Richepanse 🅼 sans rest, 14 r. Richepanse (1er) ℘ 01 42 60 36 00,
Fax 01 42 60 13 03 – 劇 ≡ 🅣🅥 ☎ ✇. 🆎 ⓞ GB JCB
G 12
⊑ 75 – **35 ch** 1550/1800, 3 appart.

Golden Tulip Washington Opéra 🅼 sans rest, 50 r. Richelieu (1er) ℘ 01 42 96 68 06,
Fax 01 40 15 01 12, « Hôtel particulier de la marquise de Pompadour, terrasse ≤ Palais
Royal » – 劇 ≡ 🅣🅥 ☎ ✇ ৬. 🆎 ⓞ GB JCB. ✆
G 13
⊑ 80 – **36 ch** 1080/1350.

Stendhal sans rest, 22 r. D. Casanova (2e) ℘ 01 44 58 52 52, Fax 01 44 58 52 00 – 劇 ≡ 🅣🅥
☎ ✇. 🆎 ⓞ GB JCB
G 12
⊑ 100 – **20 ch** 1470/2030.

Cambon 🅼 sans rest, 3 r. Cambon (1er) ℘ 01 44 58 93 93, Fax 01 42 60 30 59 – 劇 ≡ 🅣🅥 ☎
✇. 🆎 ⓞ GB JCB
G 12
⊑ 85 – **40 ch** 1480/1780.

Mansart sans rest, 5 r. Capucines (1er) ℘ 01 42 61 50 28, Fax 01 49 27 97 44 – 劇 🅣🅥 ☎. 🆎
ⓞ GB JCB. ✆
G 12
⊑ 60 – **57 ch** 750/1650.

Novotel Les Halles 🅼, 8 pl. M.-de-Navarre (1er) ℘ 01 42 21 31 31, Fax 01 40 26 05 79,
斎 – 劇 ✦ ≡ 🅣🅥 ☎ ৬ – 🔬 15 à 90. 🆎 ⓞ GB JCB
H 14
Repas (99) carte environ 180 ♀, enf. 50 – ⊑ 82 – **271 ch** 1130/1235.

L'Horset Opéra 🅼 sans rest, 18 r. d'Antin (2e) ℘ 01 44 71 87 00, Fax 01 42 66 55 54 – 劇
✦ ≡ 🅣🅥 ☎ ✇. 🆎 ⓞ GB JCB
G 13
⊑ 80 – **55 ch** 990/1480.

Noailles 🅼 sans rest, 9 r. Michodière (2e) ℘ 01 47 42 92 90, Fax 01 49 24 92 71, décor
contemporain – 劇 🅣🅥 ☎ ✇. 🆎 ⓞ GB JCB
G 13
⊑ 50 – **61 ch** 1050/1200, 6 appart.

États-Unis Opéra sans rest, 16 r. d'Antin (2e) ℘ 01 42 65 05 05, Fax 01 42 65 93 70 – 劇
≡ 🅣🅥 ☎ ✇ – 🔬 25. 🆎 ⓞ GB JCB. ✆
G 13
⊑ 60 – **45 ch** 680/1050.

Violet 🅼 sans rest, 7 r. J. Lantier (1er) ℘ 01 42 33 45 38, Fax 01 40 28 03 56 – 劇 🅣🅥 ☎ ✇ ৬.
🆎 ⓞ GB JCB. ✆
J 14
⊑ 55 – **30 ch** 600/800.

Malte Opéra sans rest, 63 r. Richelieu (2e) ℘ 01 44 58 94 94, Fax 01 42 86 88 19 – 劇 🅣🅥
☎ ✇. 🆎 ⓞ GB JCB. ✆
G 13
⊑ 85 – **54 ch** 990/1290, 5 duplex.

Favart sans rest, 5 r. Marivaux (2e) ℘ 01 42 97 59 83, Fax 01 40 15 95 58 – 劇 🅣🅥 ☎ ✇. 🆎
ⓞ GB JCB
F 13
⊑ 20 – **37 ch** 510/625.

Britannique sans rest, 20 av. Victoria (1er) ℘ 01 42 33 74 59, Fax 01 42 33 82 65 – 劇 🅣🅥 ☎
✇. 🆎 ⓞ GB JCB. ✆
J 14
⊑ 62 – **40 ch** 750/1025.

Grand Hôtel de Champagne sans rest, 17 r. J.-Lantier (1er) ℘ 01 42 36 60 00,
Fax 01 45 08 43 33 – 劇 🅣🅥 ☎ ✇. 🆎 ⓞ GB JCB
J 14
⊑ 60 – **43 ch** 791/894.

Relais du Louvre sans rest, 19 r. Prêtres-St-Germain-L'Auxerrois (1er) ℘ 01 40 41 96 42,
Fax 01 40 41 96 44 – 劇 🅣🅥 ☎. 🆎 ⓞ GB JCB
H 14
⊑ 60 – **20 ch** 650/1500.

🏠 **Louvre St-Honoré** sans rest, 141 r. St-Honoré (1er) ℘ 01 42 96 23 23, Fax 01 42 96 21 61
– 🛗 📺 ☎ ⛄ 🚿 &. AE ⓞ GB JCB. ✿
☐ 75 – 40 ch 750/1000.　　　　　　　　　　　　　　　　　　　　　　　**H 14**

🏠 **Place du Louvre** sans rest, 21 r. Prêtres-St-Germain-L'Auxerrois (1er) ℘ 01 42 33 78 68,
Fax 01 42 33 09 95 – 🛗 📺 ☎ ⛄. AE ⓞ GB JCB　　　　　　　　　　　　**H 14**
☐ 55 – 20 ch 540/880.

🏠 **Molière** sans rest, 21 r. Molière (1er) ℘ 01 42 96 22 01, Fax 01 42 60 48 68 – 🛗 📺 ☎. AE ⓞ
GB JCB. ✿　　　　　　　　　　　　　　　　　　　　　　　　　　　　　　　　　**G 13**
☐ 70 – 32 ch 770/870.

🏠 **Ducs de Bourgogne** sans rest, 19 r. Pont-Neuf (1er) ℘ 01 42 33 95 64,
Fax 01 40 39 01 25 – 🛗 📺 ☎ ⛄. AE ⓞ GB JCB　　　　　　　　　　　　　　**H 14**
☐ 60 – 50 ch 540/950.

🏠 **Grand Hôtel de Besançon** Ⓜ sans rest, 56 r. Montorgueil (2e) ℘ 01 42 36 41 08,
Fax 01 45 08 08 79 – 📺 ☎ ⛄. AE ⓞ GB JCB. ✿　　　　　　　　　　　　　**G 14**
☐ 60 – 20 ch 830/980.

🏠 **Baudelaire Opéra** sans rest, 61 r. Ste Anne (2e) ℘ 01 42 97 50 62, Fax 01 42 86 85 85 – 🛗
📺 ☎ ⛄. AE ⓞ GB JCB　　　　　　　　　　　　　　　　　　　　　　　　　**G 13**
☐ 45 – 24 ch 540/740, 5 duplex.

🏠 **Louvre Ste-Anne** sans rest, 32 r. Ste-Anne (1er) ℘ 01 40 20 02 35, Fax 01 40 15 91 13 – 🛗
📺 ☎ &. AE ⓞ GB JCB　　　　　　　　　　　　　　　　　　　　　　　　　　**G 13**
☐ 60 – 20 ch 696/890.

🏠 **Vivienne** sans rest, 40 r. Vivienne (2e) ℘ 01 42 33 13 26, Fax 01 40 41 98 19 – 🛗 📺 ☎.
GB　　　　　　　　　　　　　　　　　　　　　　　　　　　　　　　　　　　　**F 14**
☐ 40 – 44 ch 375/525.

🏠 **Opéra Richelieu** sans rest, 20 r. Molière (1er) ℘ 01 42 60 31 20, Fax 01 42 60 32 06 – 🛗 📺
☎ ⛄ &. AE ⓞ GB JCB. ✿　　　　　　　　　　　　　　　　　　　　　　　　**G 13**
☐ 60 – 29 ch 900.

XXXXX **L'Espadon** - Hôtel Ritz, 15 pl. Vendôme (1er) ℘ 01 43 16 30 80, Fax 01 43 16 33 75, 🌤 –
❀　　■. AE ⓞ GB JCB. ✿　　　　　　　　　　　　　　　　　　　　　　　　**G 12**
Repas 400 (déj.)/850 et carte 620 à 820
Spéc. Côtelettes de lièvre, jus court et gouttes de chartreuse (oct. à déc.). Grosse sole cuite
à l'arête aux coquillages. Boeuf aux légumes mijotés.

XXXX **Grand Vefour**, 17 r. Beaujolais (1er) ℘ 01 42 96 56 27, Fax 01 42 86 80 71, « Ancien café
❀❀❀ du Palais Royal fin 18e siècle » – ■. AE ⓞ GB JCB. ✿　　　　　　　　　　**G 13**
fermé août, 20 au 27 déc., sam. et dim. – **Repas** 360 (déj.)/790 et carte 670 à 830
Spéc. Ravioles de foie gras à l'émulsion de crème truffée. Turbot ''quadrillé'', tomate et
crème d'amande. Mangue et litchis, biscuit coco aux gousses de vanille.

XXXX **Le Meurice** - Hôtel Meurice, 228 r. Rivoli (1er) ℘ 01 44 58 10 50, Fax 01 44 58 10 15 – ■.
❀　　AE ⓞ GB JCB. ✿　　　　　　　　　　　　　　　　　　　　　　　　　　　**G 12**
Repas 320 (déj.)/520 et carte 400 à 600
Spéc. Turbot au beurre salé. Ailes de pigeon au miel et citron. Soufflé vanille, amandes,
compotée d'abricots.

XXXX **Carré des Feuillants** (Dutournier), 14 r. Castiglione (1er) ℘ 01 42 86 82 82,
❀❀ Fax 01 42 86 07 71 – ■. AE ⓞ GB JCB　　　　　　　　　　　　　　　　　**G 12**
fermé août, sam. midi et dim. – **Repas** 320 (déj.)et carte 490 à 730
Spéc. Saint-Jacques et truffe blanche d'Alba en fine galette (oct.-nov.). Filets de palombe
grillés, macaroni aux cèpes (automne). Fraises des bois en feuilles croustillantes (été).

XXXX **Drouant**, pl. Gaillon (2e) ℘ 01 42 65 15 16, Fax 01 49 24 02 15, « Siège de l'Aca-
❀　　démie Goncourt depuis 1914 » – voir aussi rest. **Café Drouant** ■. AE ⓞ GB
JCB　　　　　　　　　　　　　　　　　　　　　　　　　　　　　　　　　　　**G 13**
fermé août – **Repas** 290/650 et carte 500 à 700 ♉
Spéc. Raviole d'oeuf au coulis de truffes. Brochette de homard à l'ail doux et aux cèpes.
Entrecôte de veau de lait poêlée.

XXXX **Gérard Besson**, 5 r. Coq Héron (1er) ℘ 01 42 33 14 74, Fax 01 42 33 85 71 – ■. AE ⓞ GB
❀❀ JCB　　　　　　　　　　　　　　　　　　　　　　　　　　　　　　　　　　**H 14**
fermé sam. sauf le soir de sept. à juin et dim. – **Repas** 300 (déj.)/580 et carte 580 à 790 ♉
Spéc. Homard breton. Truffes (hiver). Gibier (saison).

XXXX **Goumard**, 9 r. Duphot (1er) ℘ 01 42 60 36 07, Fax 01 42 60 04 54 – 🛗 ■. AE ⓞ GB
❀　　JCB　　　　　　　　　　　　　　　　　　　　　　　　　　　　　　　　　　**G 12**
fermé lundi – **Repas** - produits de la mer - 395 (déj.) et carte le soir 450 à 610
Spéc. Cuisses de grenouilles poêlées à l'ail doux. Bouillabaisse. Bar de ligne à la crème de
langoustines.

XXXX **Céladon** - Hôtel Westminster, 15 r. Daunou (2ᵉ) ℘ 01 42 61 77 42, Fax 01 42 60 30 66 – 🍽.
❀ 🆎 ⓪ 🆐 🃏 **G 12**
fermé août, sam., dim. et fériés – **Repas** 280 bc (déj.)/320 et carte 390 à 540
Spéc. Oeufs mollets frits en coque de pomme de terre. Filets de merlan poêlés au sésame.
Ananas rôti, tulipe coco et nage d'épices.

XXX **Macéo,** 15 r. Petits-Champs (1ᵉʳ) ✉ 75001 ℘ 01 42 97 53 85, Fax 01 47 03 36 93 – 🍽 🆐,
❀ **G 13**
fermé dim. – **Repas** 180 (déj.), 220/240 ☒.

XXXX **Il Cortile** - Hôtel de Castille, 37 r. Cambon (1ᵉʳ) ℘ 01 44 58 45 67, Fax 01 40 15 97 64, 🌳 –
❀ 🆎 ⓪ 🆐 🃏 **G 12**
fermé sam., dim. et fériés – **Repas** - cuisine italienne 290 (déj.)et carte 300 à 370
Spéc. Cannelloni à l'encre, chair de tourteau et homard. Piccata de veau à la sauge.
Croustillant au gianduja, croquant au lait.

XXX **Pierre " A la Fontaine Gaillon ",** pl. Gaillon (2ᵉ) ℘ 01 47 42 63 22, Fax 01 47 42 82 84,
🌳 – 🍽. 🆎 ⓪ 🆐 🃏 **G 13**
fermé août, sam. midi et dim – **Repas** 185 et carte 260 à 450 ☒.

XX **Pierre Au Palais Royal-Arabian,** 10 r. Richelieu (1ᵉʳ) ℘ 01 42 96 09 17,
Fax 01 42 96 09 62 – 🍽. 🆎 ⓪ 🆐 🃏 **H 13**
fermé 24 déc. au 2 janv. et dim. – **Repas** carte 240 à 340 ☒.

XX **Palais Royal,** 110 Galerie de Valois - Jardin du Palais Royal (1ᵉʳ) ℘ 01 40 20 00 27,
Fax 01 40 20 00 82, 🌳, « Terrasse dans le jardin du Palais Royal » – 🆎 ⓪ 🆐 🃏 **G 13**
fermé 20 déc. au 5 janv., sam. midi d'oct. à avril et dim. – **Repas** carte 250 à 350 ☒.

XX **Chez Pauline,** 5 r. Villédo (1ᵉʳ) ℘ 01 42 96 20 70, Fax 01 49 27 99 89 – 🍽. 🆎 ⓪ 🆐
🃏 **G 13**
fermé 7 au 20 août, sam. sauf le soir d'oct. à mai et dim. – **Repas** (170) - 220 et carte 300 à
440 ☒.

XX **Café Drouant,** pl. Gaillon (2ᵉ) ℘ 01 42 65 15 16, Fax 01 49 24 02 15, 🌳 – 🍽. 🆎 ⓪ 🆐
🃏 **G 13**
Repas 200 et carte 280 à 400 ☒.

XX **Pays de Cocagne,** -Espace Tarn- 111 r. Réaumur (2ᵉ) ℘ 01 40 13 81 81,
Fax 01 40 13 87 70 – 🍽. 🆎 ⓪ 🆐 🃏 **G 14**
fermé 31 juil. au 27 août, 25 au 31 déc., sam. midi, dim. et fériés – **Repas** - cuisine du
Sud-Ouest - 98/160 ☒.

XX **Au Pied de Cochon** (ouvert jour et nuit), 6 r. Coquillière (1ᵉʳ) ℘ 01 40 13 77 00,
Fax 01 40 13 77 09, 🌳, brasserie – 🍴 🍽. 🆎 ⓪ 🆐 **H 14**
Repas carte 200 à 310 ☒.

XX **Aristippe,** 8 r. J. J. Rousseau (1ᵉʳ) ℘ 01 42 60 08 80, Fax 01 42 60 11 13 – 🍽. 🆎 🆐 **H 14**
fermé sam. midi et dim. – **Repas** - produits de la mer - 180 (déj.)/235 et carte 200 à
280 ☒.

XX **Rôtisserie Monsigny,** 1 r. Monsigny (2ᵉ) ℘ 01 42 96 16 61, Fax 01 42 97 40 97 – 🍽. 🆎
🆐 🃏 **G 13**
fermé 1ᵉʳ au 24 août, sam. midi et dim. – **Repas** (130) - 180 ☒.

XX **Kinugawa,** 9 r. Mont Thabor (1ᵉʳ) ℘ 01 42 60 65 07, Fax 01 42 60 45 21 🍽. 🆎 ⓪ 🆐
🃏 ❀ **G 12**
fermé 23 déc. au 5 janv., dim. et fériés – **Repas** - cuisine japonaise - carte 250 à 450 ☒.

XXX **Gallopin,** 40 r. N.-D.-des-Victoires (2ᵉ) ℘ 01 42 36 45 38, Fax 01 42 36 10 32, « Brasserie
fin 19ᵉ siècle » – 🆎 ⓪ 🆐 **G 14**
fermé sam. en juil.-août et dim. – **Repas** (119 bc) - 156/178 bc et carte 190 à 320 ☒.

XX **Soufflé,** 36 r. Mont-Thabor (1ᵉʳ) ℘ 01 42 60 27 19, Fax 01 42 60 54 98 – 🍽. 🆎 ⓪ 🆐
🃏 **G 12**
fermé dim. et fériés – **Repas** 165/198 et carte 200 à 290 ☒.

XXX **Vaudeville,** 29 r. Vivienne (2ᵉ) ℘ 01 40 20 04 62, Fax 01 49 27 08 78, brasserie – 🆎 ⓪
🆐 ❀ **G 14**
Repas (138) - 189 bc et carte 160 à 290 ☒.

XXX **Grand Colbert,** 2 r. Vivienne (2ᵉ) ℘ 01 42 86 87 88, Fax 01 42 86 82 65, brasserie – 🍽. 🆎
⓪ 🆐 🃏 **G 13**
Repas 155 et carte 200 à 280 ☒.

XX **Delizie d'Uggiano,** 18 r. Duphot (1ᵉʳ) ℘ 01 40 15 06 69, Fax 01 40 15 03 90 – 🆎 ⓪ 🆐
🃏 **G 12**
fermé sam. midi et dim. – **Repas** - cuisine italienne - (100) - 225/375 et carte 230 à 330 ☒.

XX **Gandhi,** 66 r. Ste-Anne (2ᵉ) ℘ 01 47 03 41 00, Fax 01 49 10 03 73 – 🍽 **G 13**
fermé dim. – **Repas** - cuisine indienne - 79 (déj.), 149/179 et carte 210 à 280 ☒.

XXX **Poquelin,** 17 r. Molière (1er) ℰ 01 42 96 22 19, *Fax 01 42 96 05 72* – ■. AE ① GB
JCB
G 13
fermé 1er au 20 août, sam. midi, lundi midi et dim. – **Repas** 189 et carte 270 à 370 ℤ.

XX **Baan Boran,** 43 r. Montpensier (1er) ℰ 01 40 15 90 45, *Fax 01 40 15 90 45* – ■. GB
⊖ ⊗
G 13
fermé dim. soir – **Repas** - cuisine thaïlandaise - 70 (le midi en semaine)et carte 150 à 250 ℤ.

XXX **Saudade,** 34 r. Bourdonnais (1er) ℰ 01 42 36 30 71, *Fax 01 42 36 27 77* – ■. AE GB
⊗
H 14
fermé juil. et dim. – **Repas** - cuisine portugaise - 129 (déj.)et carte 180 à 280.

XXX **Willi's Wine Bar,** 13 r. Petits-Champs (1er) ℰ 01 42 61 05 09, *Fax 01 47 03 36 93* – GB
G 13
fermé dim. – **Repas** 148 (déj.)/185 ℤ.

X **Bistrot St-Honoré,** 10 r. Gomboust (1er) ℰ 01 42 61 77 78, *Fax 01 42 61 77 78* – AE GB
JCB
G 13
fermé 8 au 15 août, Noël au Jour de l'An, sam. soir et dim. – **Repas** 130 et carte 190 à 360 ℤ.

X **Chez Georges,** 1 r. Mail (2e) ℰ 01 42 60 07 11, bistrot – AE GB ⊗
G 14
fermé 1er au 21 août, dim. et fériés – **Repas** carte 220 à 350.

X **Café Marly,** 93 r. Rivoli - Cour Napoléon (1er) ℰ 01 49 26 06 60, *Fax 01 49 26 07 06,* ⊕,
« Décor original dans le Grand Louvre » – ■. AE ① GB
H 13
Repas carte environ 250 ℤ.

X **Café Runtz,** 16 r. Favart (2e) ℰ 01 42 96 69 86, *Fax 01 40 20 92 95,* bistrot – AE ① GB
fermé 30 juil. au 20 août, sam. (sauf le soir de sept. à juin), dim. et fériés – **Repas** - cuisine
alsacienne - carte 170 à 270 ℤ.
F 13

X **Pierrot,** 18 r. Étienne Marcel (2e) ℰ 01 45 08 00 10 – ■. AE GB
H 15
⊛ *fermé août, 4 au 10 janv., sam. midi et dim.*
Repas (98) - carte 170 à 260 ℤ.

X **L'Ardoise,** 28 r. Mont-Thabor (1er) ℰ 01 42 96 28 18 – GB
G 12
⊛ *fermé 8 au 15 mai, août, sam. midi et lundi.*
Repas 170 ℤ.

X **Relais Chablisien,** 4 r. B. Poirée (1er) ℰ 01 45 08 53 73, *Fax 01 45 08 53 73,* « Maison du
17e siècle » – ■. GB. ⊗
J 14
fermé août, sam. et dim. – **Repas** carte 180 à 290 ℤ.

X **Tour de Montlhéry, Chez Denise** (ouvert jour et nuit), 5 r. Prouvaires (1er)
ℰ 01 42 36 21 82, *Fax 01 45 08 81 99* – ■. GB
H 14
fermé 14 juil. au 15 août , sam. et dim. – **Repas** carte environ 230.

X **Chez la Vieille "Adrienne",** 1 r. Bailleul (1er) ℰ 01 42 60 15 78, *Fax 01 42 33 85 71* – AE
GB
H 14
fermé sam., dim. et le soir sauf jeudi – **Repas** (prévenir) 150 et carte 270 à 330 ℤ.

X **Souletin,** 6 r. Vrillière (1er) ℰ 01 42 61 43 78, *Fax 01 42 61 43 78,* bistrot – GB
G 14
fermé sam. midi, dim. et fériés – **Repas** 200 et carte 160 à 250 ℤ.

X **Lescure,** 7 r. Mondovi (1er) ℰ 01 42 60 18 91, bistrot – ■. GB
G 11
fermé août, 22 déc. au 1er janv., sam. et dim. – **Repas** 110 et carte 110 à 180 ℤ.

X **Entre Ciel et Terre,** 5 r. Hérold (1er) ℰ 01 45 08 49 84, rest. exclusivement non-fumeurs
– ① GB
G 14
fermé 22 juil. au 20 août, sam. et dim. – **Repas** - cuisine végétarienne - (74) - 97/107 et carte
130 à 180.

X **Dauphin,** 167 r. St-Honoré (1er) ℰ 01 42 60 40 11, *Fax 01 42 60 01 18* – AE ① GB
JCB
H 13
Repas carte 180 à 280.

Bastille - République
Hôtel de Ville

3ᵉ, 4ᵉ et 11ᵉ arrondissements

3ᵉ : ⊠ 75003 – 4ᵉ : ⊠ 75004 – 11ᵉ : ⊠ 75011

Pavillon de la Reine ⤸ sans rest, 28 pl. Vosges (3ᵉ) ℘ 01 40 29 19 19, Fax 01 40 29 19 20, « Belle décoration intérieure » – 🛗 🗏 📺 ☎ ✆ 🖘. 🆎 ① ⒼⒷ ⒿⒸⒷ   J 17
≅ 115 – **31 ch** 1900/2350, 14 appart, 10 duplex.

Holiday Inn Ⓜ, 10 pl. République (11ᵉ) ℘ 01 43 55 44 34, Fax 01 47 00 32 34 – 🛗 ⤨ 🗏 📺 ☎ ✆ ⅙ – 🔏 25 à 150. 🆎 ① ⒼⒷ ⒿⒸⒷ   G 17
Au 10 de la République : Repas *(135)*-carte 195 à 300 ⓨ – ≅ 125 – **318 ch** 1995/2995.

Villa Beaumarchais Ⓜ ⤸, 5 r. Arquebusiers (3ᵉ) ℘ 01 40 29 14 00, Fax 01 40 29 14 01 – 🛗 🗏 📺 ☎ ✆ ⅙ – 🔏 30. 🆎 ① ⒼⒷ ⒿⒸⒷ   H 17
Repas *(fermé dim)* 135 (déj.)/165 ⓨ – ≅ 120 – **45 ch** 1680/2200, 5 appart.

Jeu de Paume ⤸ sans rest, 54 r. St-Louis-en-l'Île (4ᵉ) ℘ 01 43 26 14 18, Fax 01 40 46 02 76, « Ancien jeu de paume du 17ᵉ siècle » – 🛗 📺 ☎ ✆ – 🔏 25. 🆎 ① ⒼⒷ ⒿⒸⒷ   K 16
≅ 80 – **30 ch** 950/1625.

Bretonnerie sans rest, 22 r. Ste-Croix-de-la-Bretonnerie (4ᵉ) ℘ 01 48 87 77 63, Fax 01 42 77 26 78 – 🛗 📺 ☎ ✆ ⒼⒷ. ⨯   J 16
fermé 28 juil. au 24 août – ≅ 60 – **24 ch** 660/830, 3 appart, 3 duplex.

命命 **Little Palace** Ⓜ, 4 r. Salomon de Caus (3ᵉ) ℰ 01 42 72 08 15, Fax 01 42 72 45 81 – 🛗 ⇔
🗐 📺 ☎ ✆, 🅰🅴 ⓪ ☒ ᴊᴄʙ. ℀ rest
G 15
Repas *(fermé 13 juil. au 16 août, vend. soir, sam. et dim.)* carte environ 160 ♀ – ☲ 60 –
57 ch 760/860.

命命 **Caron de Beaumarchais** sans rest, 12 r. Vieille-du-Temple (4ᵉ) ℰ 01 42 72 34 12,
Fax 01 42 72 34 63 – 🛗 🗐 📺 ☎ ✆. 🅰🅴 ⓪ ☒ ᴊᴄʙ
J 16
☲ 54 – **19 ch** 730/810.

命命 **Meslay République** sans rest, 3 r. Meslay (3ᵉ) ℰ 01 42 72 79 79, Fax 01 42 72 76 94 – 🛗
📺 ☎. 🅰🅴 ⓪ ☒ ᴊᴄʙ. ℀
G 16
☲ 45 – **39 ch** 756/862.

命命 **Beaubourg** sans rest, 11 r. S. Le Franc (4ᵉ) ℰ 01 42 74 34 24, Fax 01 42 78 68 11 – 🛗 📺 ☎
✆. 🅰🅴 ⓪ ☒ ᴊᴄʙ. ℀
H 15
☲ 42 – **28 ch** 630/700.

命命 **Verlain** sans rest, 97 r. St-Maur (11ᵉ) ℰ 01 43 57 44 88, Fax 01 43 57 32 06 – 🛗 🗐 📺 ☎ ✆.
🅰🅴 ⓪ ☒ ᴊᴄʙ. ℀
G 19
☲ 45 – **38 ch** 580/650.

命命 **Axial Beaubourg** sans rest, 11 r. Temple (4ᵉ) ℰ 01 42 72 72 22, Fax 01 42 72 03 53 – 🛗
🗐 📺 ☎ ✆. 🅰🅴 ⓪ ☒ ᴊᴄʙ. ℀
J 15
☲ 50 – **39 ch** 500/690.

命命 **Lutèce** sans rest, 65 r. St-Louis-en-l'Ile (4ᵉ) ℰ 01 43 26 23 52, Fax 01 43 29 60 25 – 🛗 🗐 📺
☎ ✆. 🅰🅴 ☒. ℀
K 16
☲ 60 – **23 ch** 890.

命命 **Deux Iles** sans rest, 59 r. St-Louis-en-l'Ile (4ᵉ) ℰ 01 43 26 13 35, Fax 01 43 29 60 25 – 🛗 🗐
📺 ☎ ✆. 🅰🅴 ☒. ℀
K 16
☲ 55 – **17 ch** 760/890.

命命 **Rivoli Notre Dame** sans rest, 19 r. Bourg Tibourg (4ᵉ) ℰ 01 42 78 47 39,
Fax 01 40 29 07 00 – 🛗 📺 ☎ ✆ ㋐. 🅰🅴 ⓪ ☒ ᴊᴄʙ. ℀
J 16
☲ 45 – **31 ch** 550/760.

命 **Vieux Saule** sans rest, 6 r. Picardie (3ᵉ) ℰ 01 42 72 01 14, Fax 01 40 27 88 21 – 🛗 ⇔ 🗐
☎. 🅰🅴 ⓪ ☒ ᴊᴄʙ. ℀
H 17
☲ 55 – **31 ch** 490/790.

命 **Nord et Est** sans rest, 49 r. Malte (11ᵉ) ℰ 01 47 00 71 70, Fax 01 43 57 51 16 – 🛗 📺 ☎. 🅰🅴
⓪ ☒. ℀
G 17
fermé août et 24 déc. au 2 janv. – ☲ 35 – **45 ch** 320/360.

命 **Grand Prieuré** sans rest, 20 r. Grand Prieuré (11ᵉ) ℰ 01 47 00 74 14, Fax 01 49 23 06 64 –
🛗 📺 ☎ 🅰🅴 ⓪ ☒ ᴊᴄʙ. ℀
G 17
☲ 30 – **32 ch** 340/380.

命 **Nice** sans rest, 42 bis r. Rivoli (4ᵉ) ℰ 01 42 78 55 29, Fax 01 42 78 36 07 – 🛗 📺 ☎ ✆.
☒
J 16
☲ 35 – **23 ch** 380/500.

命 **Prince Eugène** sans rest, 247 bd Voltaire (11ᵉ) ℰ 01 43 71 22 81, Fax 01 43 71 24 71 – 🛗
📺 ☎ ✆. 🅰🅴 ⓪ ☒ ᴊᴄʙ
K 21
☲ 32 – **35 ch** 345/405.

命 **Croix de Malte** sans rest, 5 r. Malte (11ᵉ) ℰ 01 48 05 09 36, Fax 01 43 57 02 54 – 🛗 ⇔ 📺
☎. 🅰🅴 ⓪ ☒ ᴊᴄʙ
H 17
☲ 50 – **29 ch** 571/637.

XXXX **L'Ambroisie** (Pacaud), 9 pl. des Vosges (4ᵉ) ℰ 01 42 78 51 45 – 🗐. 🅰🅴 ☒. ℀
J 17
❀❀❀ *fermé 1ᵉʳ au 21 août, vacances de fév., dim. et lundi* – **Repas** carte 830 à 1 200
Spéc. Feuillantine de langoustines aux graines de sésame. Selle et carré d'agneau en
nougatine d'ail. Tarte fine sablée au chocolat.

XX **Ambassade d'Auvergne**, 22 r. Grenier St-Lazare (3ᵉ) ℰ 01 42 72 31 22,
⊜ Fax 01 42 78 85 47 – 🗐. 🅰🅴 ☒ ᴊᴄʙ
H 15
fermé 1ᵉʳ au 16 août – **Repas** 170 et carte 200 à 300 ♀.

XX **Bofinger**, 5 r. Bastille (4ᵉ) ℰ 01 42 72 87 82, Fax 01 42 72 97 68, brasserie, « Décor Belle
Époque » – 🗐. 🅰🅴 ⓪ ☒ ᴊᴄʙ
J 17
Repas 119 bc (déj.)/189 bc et carte 220 à 250 ⅃.

XX **L'Aiguière**, 37 bis r. Montreuil (11ᵉ) ℰ 01 43 72 42 32, Fax 01 43 72 96 36 – 🗐. 🅰🅴 ⓪ ☒
ᴊᴄʙ
K 20
fermé sam. et dim. – **Repas** 138/278 bc (sauf vend. soir) et carte 275 à 340.

XX **Benoît**, 20 r. St-Martin (4ᵉ) ℰ 01 42 72 25 76, Fax 01 42 72 45 68, bistrot – 🗐. 🅰🅴
J 15
❀ *fermé août* – **Repas** 200 (déj.)et carte 350 à 490 ♀
Spéc. Soupe d'étrilles. Tête de veau ravigote. Poulet fermier en croûte de sel.

XX **A Sousceyrac**, 35 r. Faidherbe (11e) ℰ 01 43 71 65 30, Fax 01 40 09 79 75 – ≡. **①**
GB
fermé août, sam. midi et dim. – **Repas** 185 et carte 250 à 340 ♀.
J 19

XX **L'Excuse**, 14 r. Charles V (4e) ℰ 01 42 77 98 97, Fax 01 42 77 88 55 – **Æ** GB
fermé 2 au 17 août et dim. – **Repas** (170) 150 (déj.)/185 et carte 270 à 370 ♀.
J 16

XX **Vin et Marée**, 276 bd Voltaire (11e) ℰ 01 43 72 31 23, Fax 01 40 09 05 24 – ≡. **Æ**
GB
Repas - produits de la mer - 170/220 et carte 190 à 250 ♀.
K 21

XX **Blue Elephant**, 43 r. Roquette (11e) ℰ 01 47 00 42 00, Fax 01 47 00 45 44, « Décor typique » – ≡, **Æ** **①** GB
fermé 24 au 27 déc. et sam. midi – **Repas** - cuisine thaïlandaise - 150 (déj.)/300 et carte 200 à
300.
J 18

XX **Mansouria**, 11 r. Faidherbe (11e) ℰ 01 43 71 00 16, Fax 01 40 24 21 97 – ≡. GB. ✵ K 19
fermé lundi midi et dim. – **Repas** - cuisine marocaine - 172/280 bc et carte 190 à 260.

XX **Les Amognes**, 243 r. Fg St-Antoine (11e) ℰ 01 43 72 73 05, Fax 01 43 28 77 23 – GB K 20
fermé 1er au 21 août, lundi midi, sam. midi et dim. – **Repas** 180 ♀.

XX **Les Jumeaux**, 73 r. Amelot (11e) ℰ 01 43 14 27 00 – GB
fermé août, 1er au 7 janv., dim. et lundi – **Repas** (145) - 180 ♀.
H 17

XX **Péché Mignon**, 5 r. Guillaume Bertrand (11e) ℰ 01 43 57 68 68, Fax 01 49 83 91 62 – **Æ**
GB
fermé 14 août au 14 sept., dim. soir et lundi – **Repas** (110) - 159.
H 19

XX **Repaire de Cartouche**, 99 r. Amelot (11e) ℰ 01 47 00 25 86, Fax 01 43 38 85 91 – ≡.
GB
fermé 20 juil. au 20 août, dim. et lundi – **Repas** carte 160 à 250.
H 17

X **Bistrot du Dôme**, 2 r. Bastille (4e) ℰ 01 48 04 88 44, Fax 01 48 04 00 59 – ≡. **Æ** ꟼ J 17
fermé dim. et lundi en août – **Repas** - produits de la mer - 180/245 et carte 200 à 250 ♀.

X **Petit Bofinger**, 6 r. Bastille (4e) ℰ 01 42 72 05 23, Fax 01 42 72 04 94 – ≡. **Æ** GB
Repas 95 bc (déj.)/145.
J 17

X **Pamphlet**, 38 r. Debelleyne (3e) ℰ 01 42 72 37 24, Fax 01 42 72 12 53 – GB
fermé 8 au 20 août, 1er au 15 janv., sam. midi et dim.
Repas (120) - 160.
H 17

X **Auberge Pyrénées Cévennes**, 106 r. Folie Méricourt (11e) ℰ 01 43 57 33 78 – ≡. **Æ**
GB
fermé 14 juil. au 15 août, 1er au 10 janv., sam. midi et dim. – **Repas** 159 et carte 160 à 280 ♀.
G 17

X **Grizzli**, 7 r. St-Martin (4e) ℰ 01 48 87 77 56, 壽, bistrot – **Æ** GB ꞘCB
fermé dim. – **Repas** 120 (déj.)/160 et carte 185 à 270 ♀.
J 15

X **Astier**, 44 r. J.-P. Timbaud (11e) ℰ 01 43 57 16 35, bistrot – GB
fermé vacances de printemps, 27 juil. au 28 août, 23 déc. au 2 janv., sam. et dim. – **Repas**
(prévenir) (115) - 145.
G 18

X **Au Bascou**, 38 r. Réaumur (3e) ℰ 01 42 72 69 25, bistrot – **Æ** GB
fermé août, Noël au Jour de l'An, sam. midi et dim. – **Repas** 180 ♀.
G 16

X **Monde des Chimères**, 69 r. St-Louis-en-L'Ile (4e) ℰ 01 43 54 45 27, Fax 01 43 29 84 88
GB
fermé dim. et lundi – **Repas** (65) - 89 (dîner)/160 et carte 260 à 390.
K 16

X **Chardenoux**, 1 r. J. Vallès (11e) ℰ 01 43 71 49 52, bistrot – **Æ** GB ꞘCB
fermé août, sam. midi et dim. – **Repas** carte 160 à 230 ♀.
K 20

X **Clos du Vert Bois**, 13 r. Vert Bois (3e) ℰ 01 42 77 14 85 – GB
fermé 30 juil. au 24 août, lundi soir et sam. midi – **Repas** 89 (déj.), 130/183 bc et carte 240 à
320 ♀.
G 16

X **Anjou-Normandie**, 13 r. Folie-Méricourt (11e) ℰ 01 47 00 30 59 – GB. ✵
fermé août, sam. et dim. – **Repas** (déj. seul.) (78) - 99/185 bc et carte 150 à 220 ♀, enf. 69.
H 18

X **Les Fernandises**, 19 r. Fontaine au Roi (11e) ℰ 01 48 06 16 96, bistrot – GB
fermé 31 juil. au 30 août, dim. et lundi – **Repas** 100/130 et carte 180 à 270 ♀.
G 18

X **Au C'Amelot**, 50 r. Amelot (11e) ℰ 01 43 55 54 04, Fax 01 43 14 77 05 – GB
fermé août, 31 déc. au 10 janv., dim. et lundi – **Repas** 140 (déj.)/160 ♀.
H 17

X **Piton des Iles**, 174 r. Roquette (11e) ℰ 01 43 48 61 09 – GB
fermé lundi midi et dim. – **Repas** - cuisine réunionnaise - 68 (déj.)et carte 120 à 180 ♀.
H 20

Quartier Latin - Luxembourg
St-Germain-des-Prés

5ᵉ et 6ᵉ arrondissements

5ᵉ : ⊠ 75005 - 6ᵉ : ⊠ 75006

Lutétia, 45 bd Raspail (6ᵉ) ℘ 01 49 54 46 46, *Fax 01 49 54 46 00,* ₣ᵤ – ⧈ ⧘ ≡ 🅣🅥 ☎ ❤ –
⚛ 300. 🆎 ⓪ 🆖 🅹🅲🅱
voir rest. **Paris** ci-après **- Brasserie Lutétia** ℘ 01 49 54 46 76 **Repas** *(165)*-195 , enf. 65 –
⊆ 135 – **220 ch** 1900/2500, 30 appart.   **K 12**

Victoria Palace sans rest, 6 r. Blaise-Desgoffe (6ᵉ) ℘ 01 45 49 70 00, *Fax 01 45 49 23 75* –
⧈ ⧘ ≡ 🅣🅥 ☎ ❤ ঝ ☜ – ⚛ 30. 🆎 ⓪ 🆖 🅹🅲🅱
⊆ 95 – **65 ch** 1700/2200.   **L 11**

Aubusson sans rest, 33 r. Dauphine (6ᵉ) ℘ 01 43 29 43 43, *Fax 01 43 29 12 62,* « Hôtel
particulier à l'élégant décor intérieur » – ⧈ ⧘ ≡ 🅣🅥 ☎ ❤ ঝ ☜. 🆎 🆖   **J 13**
⊆ 110 – **47 ch** 1450/2200, 3 studios.

Relais Christine 🅼 🍃 sans rest, 3 r. Christine (6ᵉ) ℘ 01 40 51 60 80, *Fax 01 40 51 60 81,*
« Élégante décoration intérieure » – ⧈ ⧘ ≡ 🅣🅥 ☎ ❤ ☜ – ⚛ 20. 🆎 ⓪ 🆖 🅹🅲🅱 **J 14**
⊆ 110 – **35 ch** 1950/2350, 16 duplex.

Littré sans rest, 9 r. Littré (6ᵉ) ℘ 01 45 44 38 68, *Fax 01 45 44 88 13* – ⧈ 🅣🅥 ☎ ❤ – ⚛ 25.
🆎 ⓪ 🆖 🅹🅲🅱. ⧗
⊆ 70 – **88 ch** 1650/1850, 3 appart.   **L 11**

Bel Ami St-Germain-des-Prés 🅼 sans rest, 7 r. St-Benoit (6ᵉ) ℘ 01 42 61 53 53,
Fax 01 49 27 09 33, « Bel aménagement contemporain » – ⧈ ≡ 🅣🅥 ☎ ❤ ঝ. 🆎 ⓪ 🆖
🅹🅲🅱
⊆ 95 – **115 ch** 2200/2400.   **J 13**

🏨🏨🏨 **Buci** M sans rest, 22 r. Buci (6ᵉ) ℰ 01 55 42 74 74, *Fax 01 55 42 74 44* – 📶 🗏 📺 ☎ � 🐾 ໒. ᴁᴇ
⓪ ᴳᴮ ᴶᴄᴮ. ⁿⁿ
☐ 90 – **24 ch** 1300/1950.
J 13

🏨🏨🏨 **L'Abbaye** ⦖ sans rest, 10 r. Cassette (6ᵉ) ℰ 01 45 44 38 11, *Fax 01 45 48 07 86* – 📶 🗏 📺
☎ 🐾 ᴁᴇ ᴳᴮ, ⁿⁿ
K 12
42 ch ☐ 1160/1700, 4 duplex.

🏨🏨🏨 **Relais St-Germain** M sans rest, 9 carrefour de l'Odéon (6ᵉ) ℰ 01 43 29 12 05,
Fax 01 46 33 45 30, « Bel aménagement intérieur » – 📶 cuisinette 🗏 📺 ☎ 🐾 ᴁᴇ ⓪ ᴳᴮ
ᴶᴄᴮ
K 13
18 ch ☐ 1290/1850, 4 studios.

🏨🏨🏨 **Madison** M sans rest, 143 bd St-Germain (6ᵉ) ℰ 01 40 51 60 00, *Fax 01 40 51 60 01*,
« Beau mobilier » – 📶 🗏 📺 ☎. ᴁᴇ ⓪ ᴳᴮ ᴶᴄᴮ
J 13
54 ch ☐ 810/1650.

🏨🏨🏨 **Relais Médicis** M sans rest, 23 r. Racine (6ᵉ) ℰ 01 43 26 00 60, *Fax 01 40 46 83 39* – 📶 🗏
📺 ☎ 🐾. ᴁᴇ ⓪ ᴳᴮ ᴶᴄᴮ. ⁿⁿ
K 13
10 ch ☐ 1260/1595

🏨🏨🏨 **Left Bank St-Germain** sans rest, 9 r. Ancienne Comédie (6ᵉ) ℰ 01 43 54 01 70,
Fax 01 43 26 17 14 – 📶 🗏 📺 ☎. ᴁᴇ ⓪ ᴳᴮ ᴶᴄᴮ. ⁿⁿ
K 13
31 ch ☐ 1082/1351.

🏨🏨🏨 **Holiday Inn Saint-Germain-des-Prés** M sans rest, 92 r. Vaugirard (6ᵉ)
ℰ 01 49 54 87 00, *Fax 01 49 54 87 01* – 📶 🌐 🗏 📺 ☎ ໒. 🌐 – 🔬 60. ᴁᴇ ⓪ ᴳᴮ ᴶᴄᴮ **L 12**
☐ 85 – **134 ch** 1250/1400.

🏨🏨🏨 **Angleterre** sans rest, 44 r. Jacob (6ᵉ) ℰ 01 42 60 34 72, *Fax 01 42 60 16 93* – 📶 📺 🐾.
ᴁᴇ ⓪ ᴳᴮ ᴶᴄᴮ. ⁿⁿ
J 13
☐ 60 – **23 ch** 750/1250, 4 appart.

🏨🏨🏨 **Villa** M sans rest, 29 r. Jacob (6ᵉ) ℰ 01 43 26 60 00, *Fax 01 46 34 63 63*, « Original décor
contemporain » – 📶 🌐 🗏 📺 ☎ 🐾. ᴁᴇ ⓪ ᴳᴮ ᴶᴄᴮ. ⁿⁿ
J 13
☐ 80 – **32 ch** 900/2000.

🏨🏨🏨 **St-Grégoire** M sans rest, 43 r. Abbé Grégoire (6ᵉ) ℰ 01 45 48 23 23, *Fax 01 45 48 33 95* –
📶 🗏 📺 ☎ 🐾. ᴁᴇ ⓪ ᴳᴮ ᴶᴄᴮ. ⁿⁿ
L 12
☐ 60 – **20 ch** 890/1490.

🏨🏨🏨 **Millésime Hôtel** ⦖ sans rest, 15 r. Jacob (6ᵉ) ℰ 01 44 07 97 97, *Fax 01 46 34 55 97* – 📶
🗏 📺 ☎ 🐾. ᴁᴇ ᴳᴮ. ⁿⁿ
J 13
☐ 60 – **21 ch** 900/1150.

🏨🏨 **Résidence Henri IV** M sans rest, 50 r. Bernardins (5ᵉ) ℰ 01 44 41 31 81,
Fax 01 46 33 93 22. 📶 cuisinette 📺 ☎ 🐾 ᴁᴇ ⓪ ᴳᴮ
K 15
☐ 40 – **8 ch** 700/900, 5 appart.

🏨🏨 **Rives de Notre-Dame** M sans rest, 15 quai St-Michel (5ᵉ) ℰ 01 43 54 81 16,
Fax 01 43 26 27 09, ⩽, « Maison du 16ᵉ siècle, décor provençal » – 📶 🗏 📺 ☎ 🐾 – 🔬 15. ᴁᴇ
⓪ ᴳᴮ ᴶᴄᴮ
J 14
☐ 85 – **10 ch** 1100/2500.

🏨🏨 **Au Manoir St-Germain-des-Prés** sans rest, 153 bd St-Germain (6ᵉ) ℰ 01 42 22 21 65,
Fax 01 45 48 22 25 – 📶 🗏 📺 ☎ 🐾. ᴁᴇ ⓪ ᴳᴮ ᴶᴄᴮ. ⁿⁿ
J 12
32 ch ☐ 950/1456.

🏨🏨 **Ste-Beuve** M sans rest, 9 r. Ste-Beuve (6ᵉ) ℰ 01 45 48 20 07, *Fax 01 45 48 67 52* – 📶 🗏
📺 ☎ 🐾. ᴁᴇ ⓪ ᴳᴮ ᴶᴄᴮ. ⁿⁿ
L 12
☐ 80 – **22 ch** 800/1800.

🏨🏨 **Panthéon** sans rest, 19 pl. Panthéon (5ᵉ) ℰ 01 43 54 32 95, *Fax 01 43 26 64 65*, ⩽ – 📶 🗏
📺 ☎. ᴁᴇ ⓪ ᴳᴮ ᴶᴄᴮ. ⁿⁿ
L 14
☐ 50 – **34 ch** 800/1000.

🏨🏨 **Jardins du Luxembourg** M ⦖ sans rest, 5 imp. Royer-Collard (5ᵉ) ℰ 01 40 46 08 88,
Fax 01 40 46 02 28 – 📶 🗏 📺 ☎. ᴁᴇ ⓪ ᴳᴮ ᴶᴄᴮ. ⁿⁿ
L 14
☐ 50 – **26 ch** 810/860.

🏨🏨 **Tour Notre-Dame** sans rest, 20 r. Sommerard (5ᵉ) ℰ 01 43 54 47 60, *Fax 01 43 26 42 34*
– 📶 🗏 📺 ☎ 🐾. ᴁᴇ ⓪ ᴳᴮ ᴶᴄᴮ
K 14
☐ 60 – **48 ch** 890/955.

🏨🏨 **Villa des Artistes** M ⦖ sans rest, 9 r. Grande Chaumière (6ᵉ) ℰ 01 43 26 60 86,
Fax 01 43 54 73 70 – 📶 📺 ☎ 🐾. ᴁᴇ ⓪ ᴳᴮ ᴶᴄᴮ. ⁿⁿ
L 12
☐ 55 – **59 ch** 695/1300.

🏨🏨 **Relais St-Sulpice** M ⦖ sans rest, 3 r. Garancière (6ᵉ) ℰ 01 46 33 99 00,
Fax 01 46 33 00 10 – 📶 🌐 🗏 📺 ☎ ໒. ᴁᴇ ⓪ ᴳᴮ ᴶᴄᴮ. ⁿⁿ
K 13
☐ 50 – **26 ch** 950/1250.

🏨🏨 **Grand Hôtel St-Michel** sans rest, 19 r. Cujas (5ᵉ) ℰ 01 46 33 33 02, *Fax 01 40 46 96 33* –
📶 🗏 📺 ☎ ໒. ᴁᴇ ⓪ ᴳᴮ ᴶᴄᴮ. ⁿⁿ
K 14
☐ 55 – **38 ch** 690/890, 7 appart.

🏨 **Fleurie** sans rest, 32 r. Grégoire de Tours (6ᵉ) ℘ 01 53 73 70 00, Fax 01 53 73 70 20 – 🛗 🗏 🖭 ☎ 📞 ⅍ ⅍ ⅍ ⅍
⌷ 50 – **29 ch** 800/1350.
K 13

🏨 **St-Germain-des-Prés** sans rest, 36 r. Bonaparte (6ᵉ) ℘ 01 43 26 00 19, Fax 01 40 46 83 63 – 🛗 ⅍ 🗏 🖭 ☎ 📞 🅰🅴 ☯
⌷ 50 – **30 ch** 780/1350.
J 13

🏨 **Saints-Pères** sans rest, 65 r. des Sts-Pères (6ᵉ) ℘ 01 45 44 50 00, Fax 01 45 44 90 83 – 🛗
🗏 🖭 ☎ 🅰🅴 ☯ ⅍
⌷ 70 – **35 ch** 850/1250, 4 appart.
J 12

🏨 **Royal St-Michel** Ⓜ sans rest, 3 bd St-Michel (5ᵉ) ℘ 01 44 07 06 06, Fax 01 44 07 36 25 –
🛗 ⅍ 🗏 🖭 ☎ 📞 🅰🅴 ☯ ⒿⒸⒷ
⌷ 60 – **39 ch** 930/1160.
K 14

🏨 **Notre Dame** sans rest, 1 quai St-Michel (5ᵉ) ℘ 01 43 54 20 43, Fax 01 43 26 61 75, ⩽ – 🛗
⅍ 🗏 🖭 ☎ 📞 ⅍
⌷ 40 – **23 ch** 680/1100, 3 duplex.
K 14

🏨 **Relais St-Jacques** sans rest, 3 r. Abbé de l'Épée (5ᵉ) ℘ 01 53 73 26 00, Fax 01 43 26 17 81 – 🛗 🗏 🖭 ☎ 🕭 – 🖽 20. 🅰🅴 ⓞ ☯ ⒿⒸⒷ ⅍
⌷ 72 – **23 ch** 1170/1365.
L 14

🏨 **St-Christophe** sans rest, 17 r. Lacépède (5ᵉ) ℘ 01 43 31 81 54, Fax 01 43 31 12 54 – 🛗 🖭
☎ 🅰🅴 ⓞ ☯
⌷ 50 – **31 ch** 450/680.
L 15

🏨 **Sully St-Germain** Ⓜ sans rest, 31 r. Écoles (5ᵉ) ℘ 01 43 26 56 02, Fax 01 43 29 74 42, ⅙
– 🛗 🗏 🖭 ☎ 🅰🅴 ⓞ ☯ ⒿⒸⒷ ⅍
⌷ 50 – **58 ch** 800/1200.
K 15

🏨 **Parc St-Séverin** sans rest, 22 r. Parcheminerie (5ᵉ) ℘ 01 43 54 32 17, Fax 01 43 54 70 71
– 🛗 🖭 ☎ 🅰🅴 ⓞ ☯ ⒿⒸⒷ ⅍
⌷ 55 – **27 ch** 530/1550.
K 14

🏨 **Jardin de Cluny** sans rest, 9 r. Sommerard (5ᵉ) ℘ 01 43 54 22 66, Fax 01 40 51 03 36 – 🛗
🗏 🖭 ☎ 📞 🅰🅴 ⓞ ☯ ⒿⒸⒷ ⅍
⌷ 50 – **40 ch** 750/1100.
K 14

🏨 **Jardin de l'Odéon** Ⓜ sans rest, 7 r. Casimir Delavigne (6ᵉ) ℘ 01 46 34 23 90, Fax 01 43 25 28 12 – 🛗 🖭 ☎ 🕭 🅰🅴 ☯
⌷ 55 – **41 ch** 695/1060.
K 13

🏨 **Prince de Conti** sans rest, 8 r. Guénégaud (6ᵉ) ℘ 01 44 07 30 40, Fax 01 44 07 36 34 – 🛗
⅍ 🗏 🖭 ☎ 🕭 🅰🅴 ⓞ ☯ ⒿⒸⒷ ⅍
⌷ 79 – **26 ch** 1017/1555.
J 13

🏨 **Clos Médicis** Ⓜ sans rest, 56 r. Monsieur Le Prince (6ᵉ) ℘ 01 43 29 10 80, Fax 01 43 54 26 90 – 🛗 🗏 🖭 ☎ 📞 🕭 🅰🅴 ⓞ ☯ ⒿⒸⒷ
⌷ 60 – **38 ch** 790/1200.
K 14

🏨 **Odéon Hôtel** Ⓜ sans rest, 3 r. Odéon (6ᵉ) ℘ 01 43 25 90 67, Fax 01 43 25 55 98, « Maison du 17ᵉ siècle » – 🛗 ⅍ 🗏 🖭 ☎ 📞 🅰🅴 ⓞ ☯ ⒿⒸⒷ ⅍
⌷ 70 – **33 ch** 756/1512.
K 13

🏨 **Grands Hommes** sans rest, 17 pl. Panthéon (5ᵉ) ℘ 01 46 34 19 60, Fax 01 43 26 67 32, ⩽
– 🛗 🗏 🖭 ☎ – 🖽 20. 🅰🅴 ⓞ ☯ ⒿⒸⒷ
⌷ 50 – **32 ch** 800/1200.
L 14

🏨 **de l'Odéon** sans rest, 13 r. St-Sulpice (6ᵉ) ℘ 01 43 25 70 11, Fax 01 43 29 97 34, « Maison du 16ᵉ siècle » – 🛗 🗏 🖭 ☎ 📞 🅰🅴 ⓞ ☯ ⒿⒸⒷ
⌷ 60 – **29 ch** 880/1300.
K 13

🏨 **Prince de Condé** sans rest, 39 r. Seine (6ᵉ) ℘ 01 43 26 71 56, Fax 01 46 34 27 95 – 🛗 ⅍
🗏 🖭 ☎ 🅰🅴 ⓞ ☯ ⒿⒸⒷ ⅍
⌷ 79 – **12 ch** 1017/1850.
K 12

🏨 **Régent** sans rest, 61 r. Dauphine (6ᵉ) ℘ 01 46 34 59 80, Fax 01 40 51 05 07 – 🛗 🗏 🖭 ☎.
🅰🅴 ⓞ ☯ ⒿⒸⒷ ⅍
⌷ 60 – **25 ch** 750/1100.
J 13

🏨 **Select** Ⓜ sans rest, 1 pl. Sorbonne (5ᵉ) ℘ 01 46 34 14 80, Fax 01 46 34 51 79 – 🛗 🗏 🖭 ☎
📞 🅰🅴 ⓞ ☯ ⒿⒸⒷ
⌷ 40 – **68 ch** 670/920.
K 14

🏨 **Albe** sans rest, 1 r. Harpe (5ᵉ) ℘ 01 46 34 09 70, Fax 01 40 46 85 70 – 🛗 🗏 🖭 ☎ 📞 🅰🅴 ⓞ
☯ ⒿⒸⒷ ⅍
⌷ 55 – **45 ch** 600/880.
K 14

🏨 **Agora St-Germain** sans rest, 42 r. Bernardins (5ᵉ) ℘ 01 46 34 13 00, Fax 01 46 34 75 05
– 🛗 🗏 🖭 ☎ 📞 🅰🅴 ⓞ ☯ ⒿⒸⒷ ⅍
⌷ 50 – **39 ch** 610/860.
K 15

🏨 **Bréa** sans rest, 14 r. Bréa (6ᵉ) ℘ 01 43 25 44 41, *Fax 01 44 07 19 25* – 🛗 📺 ☎ 📶, 🖭 ⓪ 🆖.
⛵
L 12
🛏 55 – **23 ch** 700/900

🏨 **Ferrandi** sans rest, 92 r. Cherche-Midi (6ᵉ) ℘ 01 42 22 97 40, *Fax 01 45 44 89 97* – 🛗 🗏 📺
☎ 📶, 🖭 ⓪ 🆖 🚗
L 11
🛏 65 – **42 ch** 620/1280.

🏨 **Dacia-Luxembourg** sans rest, 41 bd St-Michel (5ᵉ) ℘ 01 53 10 27 77, *Fax 01 44 07 10 33*
– 🛗 🗏 📺 ☎ 📶, 🖭 ⓪ 🆖 🆑 ⛵
K 14
🛏 50 – **38 ch** 600/750.

🏨 **Marronniers** 🍃 sans rest, 21 r. Jacob (6ᵉ) ℘ 01 43 25 30 60, *Fax 01 40 46 83 56* – 🛗 🗏
📺 ☎ 📶, 🆖 ⛵
J 13
🛏 65 – **37 ch** 600/1100.

🏨 **Pierre Nicole** 🍃 sans rest, 39 r. Pierre Nicole (5ᵉ) ℘ 01 43 54 76 86, *Fax 01 43 54 22 45* –
🛗 📺 ☎ 📶, 🖭 ⓪ 🆖 ⛵
M 13
🛏 35 – **33 ch** 350/450.

🏨 **St-Jacques** sans rest, 35 r. Écoles (5ᵉ) ℘ 01 44 07 45 45, *Fax 01 43 25 65 50* – 🛗 📺 ☎ 📶,
🖭 ⓪ 🆖 🆑 ⛵
K 15
🛏 35 – **35 ch** 385/620.

🏨 **Maxim** sans rest, 28 r. Censier (5ᵉ) ℘ 01 43 31 16 15, *Fax 01 43 91 93 87* – 🛗 ⁶⁄⁴ 📺 ☎. 🖭
⓪ 🆖 🆑
M 15
🛏 46 – **36 ch** 571/637.

🏨 **Familia** sans rest, 11 r. Écoles (5ᵉ) ℘ 01 43 54 55 27, *Fax 01 43 29 61 77* – 🛗 📺 ☎. 🖭 ⓪
🆖 ⛵
L-K 15
🛏 38 – **30 ch** 395/580.

🏨 **Dauphine St-Germain** sans rest, 36 r. Dauphine (6ᵉ) ℘ 01 43 26 74 34,
Fax 01 43 26 49 09 – 🛗 ⁶⁄⁴ 🗏 📺 ☎ 📶, 🖭 ⓪ 🆖 🆑
J 13
🛏 75 – **30 ch** 620.

🏨 **Sèvres Azur** sans rest, 22 r. Abbé-Grégoire (6ᵉ) ℘ 01 45 48 84 07, *Fax 01 42 84 01 55* – 🛗
📺 ☎. 🖭 ⓪ 🆖 🆑
K 11-12
🛏 40 – **31 ch** 445/550.

🏨 **California** sans rest, 32 r. Écoles (5ᵉ) ℘ 01 46 34 12 90, *Fax 01 46 34 75 52* – 🛗 ⁶⁄⁴ 🗏 📺
☎. 🖭 ⓪ 🆖 ⛵
K 14-15
🛏 50 – **44 ch** 800/1200.

XXXXX **Tour d'Argent** (Terrail), 15 quai Tournelle (5ᵉ) ℘ 01 43 54 23 31, *Fax 01 44 07 12 04*,
🌸🌸 < Notre-Dame, « Petit musée de la table. Dans les caves, spectacle historique sur le vin » –
🗏, 🖭 ⓪ 🆖
K 16
fermé lundi – **Repas** 350 (déj.) et carte 830 à 1 140
Spéc. Quenelles de brochet "André Terrail". Caneton "Tour d'Argent". Crêpes "Belle
Époque".

XXX **Jacques Cagna**, 14 r. Grands Augustins (6ᵉ) ℘ 01 43 26 49 39, *Fax 01 43 54 54 48*, « Mai-
🌸 son du Vieux Paris » – 🗏, 🖭 ⓪ 🆖 🆑
J 14
fermé 29 juil. au 22 août, 24 au 30 déc., sam. midi, lundi midi et dim. – **Repas** 270
(déj.)/490 et carte 550 à 610
Spéc. Escargots "petits gris" en surprise. Poularde de Houdan en deux services. Gibier
(saison).

XXX **Paris** - Hôtel Lutétia, 45 bd Raspail (6ᵉ) ℘ 01 49 54 46 90, *Fax 01 49 54 46 00*, « Décor
🌸 inspiration "Art-Déco" » – 🗏, 🖭 ⓪ 🆖 🆑
K 12
fermé fin juil. à fin août, sam., dim. et fériés – **Repas** 265 (déj.), 365/465 et carte 340 à 480
Spéc. Cannelloni de foie gras de canard à la truffe. Turbot cuit au sel de Guérande et algues
bretonnes. Le "Tout chocolat".

XXX **Relais Louis XIII** (Martinez), 8 r. Grands Augustins (6ᵉ) ℘ 01 43 26 75 96,
🌸 *Fax 01 44 07 07 80*, « Maison historique, caveau du 16ᵉ siècle » – 🗏, 🖭 🆖 🆑
J 14
fermé 31 juil. au 20 août, vacances de fév., lundi midi et dim. – **Repas** 220 (déj.)/350 et carte
360 à 490
Spéc. Soufflé de poularde, ris de veau et écrevisses. Double côte de veau de lait à
l'estragon. Millefeuille tiède à la vanille.

XXX **Hélène Darroze**, 4 r. d'Assas (6ᵉ) ℘ 01 42 22 00 11, *Fax 01 42 22 25 40* – 🗏, 🖭 🆖
🌸 🆑
K 12
fermé 22 juil. au 20 août, dim., lundi et week-ends fériés – **Repas** 240 (déj.)/580 et carte 340
à 550 🍷 **Table d'Hélène : Repas** carte 170 à 200
Spéc. Escaoutoun landais au brebis. Foie gras de canard des Landes. La flognarde
d'Hortense.

XXX **Closerie des Lilas,** 171 bd Montparnasse (6e) ☎ 01 40 51 34 50, Fax 01 43 29 99 94, 🌫,
« Ancien café littéraire » – AE ◑ GB JCB
M 13
Repas 250 bc (déj.)et carte 300 à 430 - *Brasserie :* **Repas** carte 170 à 300 ♀.

XXX **Atelier Maître Albert,** 1 r. Maître Albert (5e) ☎ 01 46 33 13 78, Fax 01 44 07 01 86 – ▤.
AE GB
K 15
fermé dim. et fêtes – **Repas** (150) - 200.

XXX **Procope,** 13 r. Ancienne Comédie (6e) ☎ 01 40 46 79 00, Fax 01 40 46 79 09, « Ancien
café littéraire du 18e siècle » – ▤. AE ◑ GB
K 13
Repas (99) - 130 (déj.)/178 et carte 220 à 310 ♀.

XX **Mavrommatis,** 42 r. Daubenton (5e) ☎ 01 43 31 17 17, Fax 01 43 36 13 08 – ▤. GB. ✼
fermé lundi – **Repas** - cuisine grecque - 120 (déj.)/170 et carte 200 à 280 ♀.
M 15

XX **Maxence** (Van Laer), 9 bis av Montparnasse (6e) ☎ 01 45 67 24 88, Fax 01 45 67 10 22 –
ছ3 ▤. AE GB
L 11
fermé 1er au 15 août, sam. midi et dim. – **Repas** (150) - 190/320 et carte 290 à 390 ♀
Spéc. Grosses langoustines grillées, huile pimentée et salade d'herbes. Ris de veau braisé,
caramel de porto, topinambours confits. Gaufre chaude et confiture.

XX **Ziryab,** à l'Institut du Monde Arabe, 1 r. Fossés-St-Bernard (5e) ☎ 01 53 10 10 20,
Fax 01 44 07 30 98, ≤ Paris, 🌫, « Terrasse panoramique » – ▤. AE GB. ✼
K 16
fermé dim. soir et lundi – **Repas** - cuisine orientale - 250/320 et carte 240 à 310.

XX **Chat Grippé,** 87 r. Assas (6e) ☎ 01 43 54 70 00, Fax 01 43 26 42 05 – ▤. AE GB   LM 13
fermé août, sam. midi, dim. midi et lundi – **Repas** 140 (déj.)/205 et carte 250 à 340 ♀.

XX **Alcazar,** 62 r. Mazarine (6e) ☎ 01 53 10 19 99, Fax 01 53 10 23 23, « Original cadre
contemporain » – ▤. AE ◑ GB JCB
J 13
Repas (140 bc) - 160 bc et carte 240 à 330 ♀.

XX **Inagiku,** 14 r. Pontoise (5e) ☎ 01 43 54 70 07, Fax 01 40 51 74 44 – ▤. GB   K 15
fermé 1er au 15 août et dim. – **Repas** - cuisine japonaise - 88 (déj.), 148/348 et carte 220 à
270.

XX **Marty,** 20 av. Gobelins (5e) ☎ 01 43 31 39 51, Fax 01 43 37 63 70, brasserie, « Cadre des
années 30 » – ▤. AE ◑ GB JCB
M 15
Repas (120) - 200 et carte 190 à 290 ♀, enf. 59.

XX **Catalogne,** 4 cour du Commerce St-André (6e) ☎ 01 55 42 16 19, Fax 01 55 42 16 33 – AE
◑ GB
K 13
fermé dim. et lundi – **Repas** - cuisine catalane - (dîner seul.) 295 et carte environ 280 ♀.

XX **Les Brézolles,** 5 r. Mabillon (6e) ☎ 01 53 10 16 10, Fax 01 56 24 98 59 – ▤. GB   K 13
fermé août, lundi midi, dim. et fériés – **Repas** 215 et carte 160 à 260 ♀.

XX **Méditerranée,** 2 pl. Odéon (6e) ☎ 01 43 26 02 30, Fax 01 43 26 18 44 – ▤. AE GB   K 13
Repas (150) - 180 et carte 215 à 280 ♀.

XX **Au Pactole,** 44 bd St-Germain (5e) ☎ 01 46 33 31 31, Fax 01 46 33 07 60 – ▤ GB JCB K 15
fermé 7 au 31 août, sam. midi et dim. – **Repas** (160) - 179 et carte 220 à 300 ♀.

XX **Chez Maître Paul,** 12 r. Monsieur-le-Prince (6e) ☎ 01 43 54 74 59, Fax 01 46 34 58 33 –
🐾 ▤. AE ◑ GB JCB
K 13
fermé lundi midi et dim. en juil.-août – **Repas** 165/195 bc et carte 190 à 350.

XX **Yugaraj,** 14 r. Dauphine (6e) ☎ 01 43 26 44 91, Fax 01 46 33 50 77 – ▤. AE ◑ GB JCB.
✼
J 14
fermé lundi – **Repas** - cuisine indienne - 140 (déj.), 180/290.

XX **Rond de Serviette,** 97 r. Cherche-Midi (6e) ☎ 01 45 44 01 02, Fax 01 42 22 50 10 – AE ◑
GB JCB
L 11
fermé 26 juil. au 21 août, dim. et lundi – **Repas** (98) - 138/280 bc ♀.

XX **Bastide Odéon,** 7 r. Corneille (6e) ☎ 01 43 26 03 65, Fax 01 44 07 28 93 – AE GB   K 13
fermé 30 juil. au 21 août, vacances de Noël, dim. et lundi – **Repas** 152/192 ♀.

XX **Chez Toutoune,** 5 r. Pontoise (5e) ☎ 01 43 26 56 81, Fax 01 40 46 80 34 – ▤   K 15
fermé lundi – **Repas** (138) - 198 ♀.

X **Coco de Mer,** 34 bd St-Marcel (5e) ☎ 01 47 07 06 64, Fax 01 47 07 41 88 – AE GB   M 16
fermé 15 au 31 août, lundi midi et dim. – **Repas** - cuisine des Seychelles - (98) - 135/170 et
carte environ 210 ♀.

X **Campagne et Provence,** 25 quai Tournelle (5e) ☎ 01 43 54 05 17, Fax 01 43 29 74 93 –
▤. GB
K 15
fermé lundi midi, sam. midi et dim. – **Repas** 230 et carte 270 à 340.

X **Bouillon Racine,** 3 r. Racine (6e) ☎ 01 44 32 15 60, Fax 01 44 32 15 61, « Cadre ''Art
Nouveau'' » – AE GB
K 14
Repas - cuisine flamande - (79) - 107 (déj.)/189 et carte 190 à 270 ♀, enf. 59.

X **Les Bookinistes,** 53 quai Grands Augustins (6e) ☎ 01 43 25 45 94, Fax 01 43 25 23 07 –
▤. AE ◑ GB JCB
J 14
fermé sam. midi et dim. midi – **Repas** 180 (déj.)et carte 220 à 270 ♀.

× **Dominique,** 19 r. Bréa (6ᵉ) ℰ 01 43 27 08 80, *Fax 01 43 26 08 35* — 🍽. ⅫⅢ ⓪ ⒼⒷ ⒿⒸⒷ L 12
fermé 23 juil. au 21 août, dim. et lundi – **Repas** - cuisine russe - (dîner seul.) 180 et carte 250
à 300 ⅋.

× **Allard,** 41 r. St-André-des-Arts (6ᵉ) ℰ 01 43 26 48 23, *Fax 01 46 33 04 02*, bistrot – 🍽. ⅫⅢ
⓪ ⒼⒷ ⒿⒸⒷ K 14
fermé 30 juil. au 21 août et dim. – **Repas** *(150)* - 200 et carte 260 à 300.

× **L'Espadon Bleu,** 25 r. Grands Augustins (6ᵉ) ℰ 01 46 33 00 85 – 🍽. ⅫⅢ ⒼⒷ ⒿⒸⒷ J 14
fermé 1ᵉʳ au 21 août, dim. et lundi – **Repas** - produits de la mer - *(135)* - 195 ⅋.

× **Rotonde,** 105 bd Montparnasse (6ᵉ) ℰ 01 43 26 48 26, *Fax 01 46 34 52 40*, brasserie — 🍽.
ⅫⅢ ⒼⒷ ⒿⒸⒷ – **Repas** *(142)* - 190 ⅋. L 12

× **Les Bouchons de François Clerc,** 12 r. Hôtel Colbert (5ᵉ) ℰ 01 43 54 15 34,
Fax 01 46 34 68 07, « Maison du vieux Paris » – ⅫⅢ ⒼⒷ K 15
fermé sam. midi et dim. midi – **Repas** *(137)* - 227.

× **Marmite et Cassolette,** 157 bd Montparnasse (6ᵉ) ℰ 01 43 26 26 53,
Fax 01 43 26 43 40 – ⅫⅢ ⒼⒷ ⒿⒸⒷ M 13
fermé août, vacances de fév. sam. et dim. – **Repas** *(80)* - 100/140 ⅋.

× **Rôtisserie d'en Face,** 2 r. Christine (6ᵉ) ℰ 01 43 26 40 98, *Fax 01 43 54 54 48* – 🍽. ⅫⅢ
⓪ ⒼⒷ ⒿⒸⒷ J 14
fermé sam. midi et dim. – **Repas** *(135)* - 159 (déj.)/230 ⅋.

× **Joséphine "Chez Dumonet",** 117 r. Cherche-Midi (6ᵉ) ℰ 01 45 48 52 40,
Fax 01 42 84 06 83, bistrot – ⅫⅢ ⒼⒷ L 11
fermé août, sam. et dim. – **Repas** carte 210 à 350 ⅋.

× **Emporio Armani Caffé,** 149 bd St-Germain (6ᵉ) ℰ 01 45 48 62 15, *Fax 01 45 48 53 17* –
🍽. ⅫⅢ ⓪ ⒼⒷ – *fermé dim.* – **Repas** - cuisine italienne - carte 220 à 300. J 13

× **L'Épi Dupin,** 11 r. Dupin (6ᵉ) ℰ 01 42 22 64 56, *Fax 01 42 22 30 42* – ⅫⅢ ⒼⒷ K 12
🍴 *fermé 31 juil. au 20 août, Noël au Jour de l'An, sam. et dim.* – **Repas** (nombre de couverts
limité, prévenir) *(115 bc)* - 175.

× **Marlotte,** 55 r. Cherche-Midi (6ᵉ) ℰ 01 45 48 86 79, *Fax 01 45 44 34 80* – 🍽. ⅫⅢ ⓪
ⒼⒷ – *fermé août, sam. midi et dim* – **Repas** carte 200 à 225. K 12

× **Rôtisserie du Beaujolais,** 19 quai Tournelle (5ᵉ) ℰ 01 43 54 17 47, *Fax 01 56 24 43 71* –
🍽. ⒼⒷ K 15
fermé lundi – **Repas** carte 175 à 265 ⅋.

× **Cafetière,** 21 r. Mazarine (6ᵉ) ℰ 01 46 33 76 90, *Fax 01 43 25 76 90* – ⒼⒷ J 13
fermé 3 au 24 août, 24 déc. au 5 janv., dim. et lundi – **Repas** - cuisine italienne - carte 190 à
280 ⅋.

× **Casa Corsa,** 25 r. Mazarine (6ᵉ) ℰ 01 44 07 38 98 – 🍽. ⅫⅢ ⒼⒷ J 13
fermé août, lundi midi et dim. – **Repas** - cuisine corse - 90 (déj.) et carte 220 à 300 ⅋.

× **Au Moulin à Vent,** 20 r. Fossés-St-Bernard (5ᵉ) ℰ 01 43 54 99 37, *Fax 01 40 46 92 23*,
bistrot – ⒼⒷ. ⚘ K 15
fermé août, Noël au Jour de l'An, dim. et lundi – **Repas** carte 260 à 340 ⅋.

× **Bistrot d'Alex,** 2 r. Clément (6ᵉ) ℰ 01 43 54 09 53, *Fax 01 43 25 77 66* – 🍽. ⅫⅢ ⒼⒷ
🍴 ⒿⒸⒷ *fermé 7 au 15 août, 24 déc. au 2 janv., sam. midi et dim.* – **Repas** 140/170 et carte
170 à 260. K 13

× **Balzar,** 49 r. Écoles (5ᵉ) ℰ 01 43 54 13 67, *Fax 01 44 07 14 91*, brasserie – 🍽. ⅫⅢ ⒼⒷ K 14
Repas carte 160 à 240 ⅋.

× **Moissonnier,** 28 r. Fossés-St-Bernard (5ᵉ) ℰ 01 43 29 87 65, bistrot – ⒼⒷ K 15
🍴 *fermé 1ᵉʳ août au 1ᵉʳ sept., dim. soir et lundi.*
Repas 150 (sauf sam. soir) et carte 180 à 290.

× **Bauta,** 129 bd Montparnasse (6ᵉ) ℰ 01 43 22 52 35, *Fax 01 43 22 10 99* – ⒼⒷ M 12
fermé sam. midi et dim. – **Repas** - cuisine vénitienne - 149 et carte 270 à 300 ⅋.

× **Reminet,** 3 r. Grands Degrés (5ᵉ) ℰ 01 44 07 04 24, *Fax 01 44 07 17 37* – ⅫⅢ ⒼⒷ K 15
fermé 14 au 29 août, 1ᵉʳ au 15 janv., mardi midi et lundi – **Repas** 85 (déj.)/110 (dîner sauf
week-ends) et carte 200 à 250 ⅋.

× **Palanquin,** 12 r. Princesse (6ᵉ) ℰ 01 43 29 77 66 – ⒼⒷ K 13
fermé dim. – **Repas** - cuisine vietnamienne - 72 (déj.), 115/155 et carte 160 à 250 ⅋.

× **Lhassa,** 13 r. Montagne Ste-Geneviève (5ᵉ) ℰ 01 43 26 22 19 – ⒼⒷ K 15
fermé lundi – **Repas** - cuisine tibétaine - *(60)* - 70 (déj.)/136 et carte 120 à 165 ⅋.

× **Les Délices d'Aphrodite,** 4 r. Candolle (5ᵉ) ℰ 01 43 31 40 39, *Fax 01 43 36 13 08*, bistrot – 🍽. ⒼⒷ. ⚘ M 15
fermé dim. – **Repas** - cuisine grecque - *(92)* - carte 170 à 220 ⅋.

× **Table de Fez,** 5 r. Ste-Beuve (6ᵉ) ℰ 01 45 48 07 22 – ⒼⒷ L 12
fermé août et dim. – **Repas** - cuisine marocaine - carte 220 à 300.

Faubourg St-Germain
Invalides - École Militaire

7ᵉ arrondissement

7ᵉ : ✉ 75007

Pont Royal Ⓜ, 7 r. Montalembert ℰ 01 42 84 70 00, Fax 01 42 84 71 00 – 🛗 📺 ☎ ✆
🕭 – 🏛 40. 🄰🄴 ⓪ 🄶🄱 🄹🄲🄱. ⌘
Repas (fermé août, sam. et dim.) (déj. seul.) (145) - 195 ♀ – ⌇ 150 – **75 ch** 2001/3280.
J 12

Montalembert Ⓜ, 3 r. Montalembert ℰ 01 45 49 68 68, Fax 01 45 49 69 49, 🌣,
« Décoration originale » – 🛗 📺 ☎ ✆ – 🏛 25. 🄰🄴 ⓪ 🄶🄱
Repas carte 250 à 320 – ⌇ 100 – **48 ch** 1750/2300, 8 appart.
J 12

Duc de Saint-Simon ⤳ sans rest, 14 r. St-Simon ℰ 01 44 39 20 20, Fax 01 45 48 68 25
– 🛗 📺 ☎ ✆. 🄰🄴 🄶🄱. ⌘
⌇ 75 – **29 ch** 1400/1525, 5 appart.
J 11

Golden Tulip Cayré Ⓜ sans rest, 4 bd Raspail ℰ 01 45 44 38 88, Fax 01 45 44 98 13 – 🛗
✆✕ 📺 ☎ ✆ 🕭. 🄰🄴 ⓪ 🄶🄱 🄹🄲🄱
⌇ 80 – **120 ch** 1400/1600.
J 12

Bellechasse Ⓜ sans rest, 8 r. Bellechasse ℰ 01 45 50 22 31, Fax 01 45 51 52 36 – 🛗 ✆✕
📺 ☎ 🕭. 🄰🄴 ⓪ 🄶🄱
⌇ 79 – **41 ch** 965/1253.
H 11

Verneuil sans rest, 8 r. Verneuil ℰ 01 42 60 82 14, Fax 01 42 61 40 38, « Belle décoration
intérieure » – 🛗 📺 ☎. 🄰🄴 ⓪ 🄶🄱. ⌘
⌇ 60 – **26 ch** 690/1030.
J 12

Tourville Ⓜ sans rest, 16 av. Tourville ℰ 01 47 05 62 62, Fax 01 47 05 43 90 – 🛗 📺 ☎
✆. 🄰🄴 ⓪ 🄶🄱 🄹🄲🄱
⌇ 60 – **30 ch** 890/1990.
J 9

Lenox Saint-Germain sans rest, 9 r. Université ℰ 01 42 96 10 95, Fax 01 42 61 52 83 –
🛗 📺 ☎ ✆. 🄰🄴 ⓪ 🄶🄱
⌇ 45 – **34 ch** 680/1500.
J 12

Splendid Ⓜ sans rest, 29 av. Tourville ℰ 01 45 51 29 29, Fax 01 44 18 94 60 – 🛗 📺 ☎ ✆
🕭. 🄰🄴 ⓪ 🄶🄱
⌇ 55 – **48 ch** 690/930.
J 9

🏨 **Bourgogne et Montana** sans rest, 3 r. Bourgogne   ✆ 01 45 51 20 22, *Fax 01 45 56 11 98* – 🔄 📺 ☎ ✆. 🆎 ⑩ 🆚 🇯🇨🇧   H 11
� 75 – 28 ch 930/1300, 4 appart.

🏨 **Eiffel Park Hôtel** Ⓜ sans rest, 17 bis r. Amélie   ✆ 01 45 55 10 01, *Fax 01 47 05 28 68* – 🔄
🍴 📺 ☆ ✆ – ⚒ 25. 🆎 ⑩ 🆚 🇯🇨🇧. ※   J 9
⊆ 55 – 36 ch 650/750.

🏨 **Les Jardins d'Eiffel** Ⓜ sans rest, 8 r. Amélie   ✆ 01 47 05 46 21, *Fax 01 45 55 28 08* – 🔄
🔄 📺 ☎ ✆ ♿ ☞. 🆎 ⑩ 🆚 🇯🇨🇧   H 9
⊆ 65 – 81 ch 720/980.

🏨 **La Bourdonnais** sans rest, 111 av. La Bourdonnais   ✆ 01 47 05 45 42, *Fax 01 45 55 75 54*
– 🔄 📺 ☎. 🆎 ⑩ 🆚 🇯🇨🇧   J 9
⊆ 47 – 57 ch 590/810, 5 appart.

🏨 **Muguet** Ⓜ sans rest, 11 r. Chevert   ✆ 01 47 05 05 93, *Fax 01 45 50 25 37* – 🔄 📺 ☎ ✆
🆎 🆚   J 9
⊆ 45 – 45 ch 520/600.

🏨 **Cadran** Ⓜ sans rest, 10 r. Champ-de-Mars   ✆ 01 40 62 67 00, *Fax 01 40 62 67 13* – 🔄 🍴
📺 ☎ ✆ 🆎 ⑩ 🆚. ※   J 9
⊆ 55 – 42 ch 895/980.

🏨 **Relais Bosquet** sans rest, 19 r. Champ-de-Mars   ✆ 01 47 05 25 45, *Fax 01 45 55 08 24*
🔄 📺 ☎ ✆ 🆎 ⑩ 🆚 🇯🇨🇧   J 9
⊆ 60 – 40 ch 950/1000.

🏨 **Timhôtel Invalides** sans rest, 35 bd La Tour Maubourg   ✆ 01 45 56 10 78,
Fax 01 47 05 65 08 – 🔄 📺 ☎ ✆. 🆎 ⑩ 🆚 🇯🇨🇧   H 10
⊆ 60 – 30 ch 950/1200.

🏨 **Sèvres Vaneau** sans rest, 86 r. Vaneau   ✆ 01 45 48 73 11, *Fax 01 45 49 27 74* – 🔄 🍴 📺
☎. 🆎 ⑩ 🆚   K 11
⊆ 70 – 39 ch 875/984.

🏨 **St-Germain** sans rest, 88 r. Bac   ✆ 01 49 54 70 00, *Fax 01 45 48 26 89* – 🔄 📺 ☎ ✆. 🆎
🆚. ※   J 11
⊆ 60 – 29 ch 550/900.

🏨 **Varenne** ⌛ sans rest, 44 r. Bourgogne   ✆ 01 45 51 45 55, *Fax 01 45 51 86 63* – 🔄 📺 ☎.
🆎 🆚   J 10
⊆ 52 – 24 ch 620/750.

🏨 **Derby Eiffel Hôtel** sans rest, 5 av. Duquesne   ✆ 01 47 05 12 05, *Fax 01 47 05 43 43* – 🔄
📺 ☎. 🆎 ⑩ 🆚. ※   J 9
⊆ 65 – 43 ch 750/1000.

🏨 **Londres Eiffel** sans rest, 1 r. Augereau   ✆ 01 45 51 63 02, *Fax 01 47 05 28 96* – 🔄 📺 ☎.
🆎 ⑩ 🆚 🇯🇨🇧. ※   J 8
⊆ 40 – 30 ch 595/695.

🏨 **Beaugency** sans rest, 21 r. Duvivier   ✆ 01 47 05 01 63, *Fax 01 45 51 04 96* – 🔄 📺 ☎. 🆎
⑩ 🆚   J 9
⊆ 45 – 30 ch 500/730.

🏨 **Champ-de-Mars** sans rest, 7 r. Champ-de-Mars   ✆ 01 45 51 52 30, *Fax 01 45 51 64 36* –
🔄 📺 ☆ 🆚. ※   J 9
⊆ 35 – 25 ch 390/460.

🏨 **Bersoly's** sans rest, 28 r. Lille   ✆ 01 42 60 73 79, *Fax 01 49 27 05 55* – 🔄 📺 ☎. 🆎
🆚   J 13
fermé août – ⊆ 50 – 16 ch 700/750.

🏨 **L'Empereur** sans rest, 2 r. Chevert   ✆ 01 45 55 88 02, *Fax 01 45 51 88 54*, ≤ – 🔄 📺 ☎. 🆎
⑩ 🆚 🇯🇨🇧   J 9
⊆ 45 – 38 ch 460/530.

🏨 **France** sans rest, 102 bd La Tour Maubourg   ✆ 01 47 05 40 49, *Fax 01 45 56 96 78* – 🔄 📺
☎ ✆. 🆎 ⑩ 🆚 🇯🇨🇧. ※   J 9
⊆ 35 – 60 ch 395/500.

🏨 **Chomel** sans rest, 15 r. Chomel   ✆ 01 45 48 55 52, *Fax 01 45 48 89 76* – 🔄 📺 ☎. 🆎 ⑩
🆚 🇯🇨🇧. ※   K 12
⊆ 60 – 23 ch 790/1190.

🏨 **Lévêque** sans rest, 29 r. Cler   ✆ 01 47 05 49 15, *Fax 01 45 50 49 36* – 🔄 📺 ☎ ✆. 🆎 🆚.
※
⊆ 40 – 50 ch 300/470.

🏨 **Turenne** sans rest, 20 av. Tourville   ✆ 01 47 05 99 92, *Fax 01 45 56 06 04* – 🔄 📺 ☎. 🆎
⑩ 🆚 🇯🇨🇧   J 9
⊆ 38 – 34 ch 360/590.

XXXX **Arpège** (Passard), 84 r. Varenne 🕾 01 45 51 47 33, Fax 01 44 18 98 39 – 🗏. AE ① GB
🕸🕸🕸 JCB
         J 10
fermé sam. et dim. – **Repas** 390 (déj.) et carte 660 à 1 040 ♀.
Spéc. Homard breton et miel d'acacia au vinaigre de Xérès. Dragée de pigeonneau à
l'hydromel. Tomate confite farcie aux douze saveurs (dessert).

XXXX **Jules Verne**, 2ᵉ étage Tour Eiffel, ascenseur privé pilier sud 🕾 01 45 55 61 44,
🕸 Fax 01 47 05 29 41, ≤ Paris – 🗏. AE ① GB JCB. ℅
         J 7
Repas 290 (déj.)/680 et carte 550 à 670 ♀.
Spéc. Langoustines tièdes, salade de "tomates-grappe". Ris de veau et tournedos de
homard en cocotte. Millefeuille de crêpes à l'orange.

XXXX **Le Divellec**, 107 r. Université 🕾 01 45 51 91 96, Fax 01 45 51 31 75 – 🗏. AE ① GB JCB. ℅
🕸🕸 *fermé Noël au Jour de l'An, lundi en juil.-août et dim.* – **Repas** - produits de la mer -
290/420 (déj) et carte 550 à 850
         H 10
Spéc. Homard à la presse avec son corail. Turbot braisé aux truffes. Dos de cabillaud sur
peau aux oeufs de hareng.

XXX **Violon d'Ingres** (Constant), 135 r. St-Dominique 🕾 01 45 55 15 05, Fax 01 45 55 48 42 –
🕸🕸 🗏. AE GB
         J 8
fermé août, dim. et lundi – **Repas** 240 (déj.)/490 et carte 390 à 500 ♀.
Spéc. Salade de Saint-Jacques aux truffes (oct. à avril). Suprême de bar croustillant aux
amandes. Tatin de pieds de porc caramélisée.

XXX **Cantine des Gourmets**, 113 av. La Bourdonnais 🕾 01 47 05 47 96, Fax 01 45 51 09 29 –
🕸 🗏. AE GB
         J 9
Repas 240 (déj.), 380/480 et carte 400 à 530 ♀.
Spéc. Beignets de langoustines et blanc-manger de sole en escabèche. Daurade royale,
parmesane de brocoli aux coquillages. Pintade aux noix et oranges confites.

XXX **Maison des Polytechniciens**, 12 r. Poitiers 🕾 01 49 54 74 54, Fax 01 49 54 74 84,
« Hôtel particulier du 18ᵉ siècle » – AE ① GB
         H 12
fermé 31 juil. au 28 août, sam. et dim. – **Repas** *(170)* - 210 et carte 250 à 360.

XXX **Pétrossian**, 144 r. Université 🕾 01 44 11 32 32, Fax 01 44 11 32 35 – 🗏. AE ① GB   H 10
fermé lundi midi, sam. midi et dim. – **Repas** (déj.)/320 et carte 370 à 600 ♀.

XXX **Petit Laurent**, 38 r. Varenne 🕾 01 45 48 79 64, Fax 01 45 44 15 95 – 🗏. AE ① GB JCB J 11
fermé août, sam. midi et dim. – **Repas** 190/260 et carte 270 à 360 ♀.

XX **Bellecour** (Goutagny), 22 r. Surcouf 🕾 01 45 51 46 93, Fax 01 45 50 30 11 – 🗏. AE ① GB
🕸 *fermé août, sam. midi et dim.* – **Repas** 220
         H 9
Spéc. Quenelles de brochet. Truffière de Saint-Jacques (15 déc. au 15 avril). Lièvre à la
cuillère (15 oct. au 15 déc.).

XX **Récamier**, 4 r. Récamier 🕾 01 45 48 86 58, Fax 01 42 22 84 76, 🍴 – 🗏. AE ① GB K 12
🕸 *fermé dim.* – **Repas** carte 300 à 450 ♀.
Spéc. Oeufs en meurette. Mousse de brochet sauce Nantua. Boeuf bourguignon.

XX **Maison de l'Amérique Latine**, 217 bd St-Germain 🕾 01 45 49 33 23,
Fax 01 40 49 03 94, 🍴, « Dans un hôtel particulier du 18ᵉ siècle, terrasse ouverte sur le
jardin », 🚗 – AE ① GB. ℅
         J 11
fermé 4 au 28 août, 22 déc. au 2 janv., sam., dim. et fériés – **Repas** (déj. seul. en hiver)
198 (hiver)/230(été)et carte 300 à 360.

XX **Beato**, 8 r. Malar 🕾 01 47 05 94 27, Fax 01 45 55 64 41 – 🗏. AE GB JCB   H 9
fermé 15 juil. au 15 août, 24 déc. au 1ᵉʳ janv. et dim. – **Repas** - cuisine italienne - *(130)* - 145 et
carte 250 à 310 ♀.

XX **Tante Marguerite**, 5 r. Bourgogne 🕾 01 45 51 79 42, Fax 01 47 53 79 56 – 🗏. AE ① GB
JCB
         H 11
fermé août, sam. et dim. – **Repas** 190 et carte 270 à 350.

XX **Ferme St-Simon**, 6 r. St-Simon 🕾 01 45 48 35 74, Fax 01 40 49 07 31 – 🗏. AE ① GB
fermé 5 au 15 août, sam. midi et dim. – **Repas** 180 (déj.), 200/280 et carte 280 à 380. J 11

XX **Télégraphe**, 41 r. de Lille 🕾 01 42 92 03 04, Fax 01 42 92 02 77 – 🗏. AE ① GB HJ 12
fermé 1ᵉʳ au 21 août et sam. midi – **Repas** 150 (déj.), 250/450 et carte 250 à 400 ♀.

XX **Vin sur Vin**, 20 r. Monttessuy 🕾 01 47 05 14 20 – 🗏. GB   H 8
fermé 1ᵉʳ au 20 août, 23 déc. au 3 janv., sam. midi, lundi midi et dim. – **Repas** carte 290 à
410 ♀.

XX **Les Glénan**, 54 r. Bourgogne 🕾 01 47 05 96 65, Fax 01 45 51 27 34 – 🗏. AE GB   J 10
fermé août, vacances de fév., sam., dim. et fériés – **Repas** - produits de la mer - 210
bc/260 bc et carte 320 à 380.

XX **Bamboche**, 15 r. Babylone 🕾 01 45 49 14 40, Fax 01 45 49 14 44 – 🗏. AE GB   K 11
fermé sam. midi et dim. – **Repas** 190 et carte 290 à 420 ♀.

XX **New Jawad,** 12 av. Rapp ℰ 01 47 05 91 37, *Fax 01 45 50 31 27* – 🗏. 🝳 ⓐ 🝳   **H 8**
Repas - cuisine indienne et pakistanaise - 99/140 et carte 180 à 200 🖫.

XX **Gildo,** 153 r. Grenelle ℰ 01 45 51 54 12, *Fax 01 45 51 54 12* – 🗏. 🝳 🝳 🝳   **J 9**
fermé 25 juil. au 25 août, Noël au Jour de l'An, lundi midi et dim. – Repas - cuisine italienne
(149) - carte 250 à 380.

XX **D'Chez Eux,** 2 av. Lowendal ℰ 01 47 05 52 55, *Fax 01 45 55 60 74* – 🗏. 🝳 ⓐ 🝳   **J 9**
fermé 1er au 20 août et dim. – Repas *(180)* - 220 (lunch)et carte 260 à 420.

XX **Bar au Sel,** 43 quai d'Orsay ℰ 01 45 51 58 58, *Fax 01 40 62 97 30* – 🝳 ⓐ 🝳   **H 9**
Repas - produits de la mer - 190 et carte 200 à 300 🖫.

XX **Foc Ly,** 71 av. Suffren ℰ 01 47 83 27 12, *Fax 01 46 24 48 46* – 🗏. 🝳 🝳   **K 8**
Repas - cuisine chinoise et thaïlandaise - 140 bc/160 bc et carte 160 à 250, enf. 70.

XX **Tan Dinh,** 60 r. Verneuil ℰ 01 45 44 04 84, *Fax 01 45 44 36 93*   **J 12**
fermé août et dim. – Repas - cuisine vietnamienne - carte 250 à 310.

XX **Gaya Rive Gauche,** 44 r. Bac ℰ 01 45 44 73 73, *Fax 01 45 44 73 73* – 🝳 🝳   **J 12**
fermé août et dim. – Repas - produits de la mer - carte 310 à 480 🖫.

XX **Chez Françoise,** Aérogare des Invalides ℰ 01 47 05 49 03, *Fax 01 45 51 96 20*, 🌣 – 🝳
ⓐ 🝳 🝳 – Repas *(120)* - 155 (déj.), 179/300 et carte 200 à 300 🖫.   **H 10**

XX **Champ de Mars,** 17 av. La Motte-Picquet ℰ 01 47 05 57 99, *Fax 01 44 18 94 69* – 🝳 ⓐ
🝳 🝳   **J 9**
🝳 *fermé 17 juil. au 20 août et lundi*   Repas 155 bc/108 bc et carte 210 à 330.

X **Cigale,** 11 bis r. Chomel ℰ 01 45 48 87 87, *Fax 01 45 48 87 87* – 🗏. 🝳   **K 12**
fermé sam. midi et dim. – Repas 180/250 et carte 180 à 220 🖫.

X **Les Olivades,** 41 av. Ségur ℰ 01 47 83 70 09, *Fax 01 42 73 04 75* – 🝳 🝳 🝳   **K 9**
🝳 *fermé 1er au 23 août, sam. midi, lundi midi et dim.*
Repas *(130)* - 179 et carte environ 300.

X **Bistrot de Paris,** 33 r. Lille ℰ 01 42 61 15 84, *Fax 01 49 27 06 09*, évocation bistrot 1900
– 🝳 🝳 – Repas *(169)* bc.   **J 12**

X **P'tit Troquet,** 28 r. Exposition ℰ 01 47 05 80 39. *Fax 01 47 05 80 39.* bistrot – 🝳   **J 9**
🝳 *fermé 1er au 20 août, Noël au Jour de l'An, lundi midi et dim.* – Repas (nombre de couverts
limité, prévenir) 162 🖫.

X **Thoumieux** avec ch, 79 r. St-Dominique ℰ 01 47 05 49 75, *Fax 01 47 05 36 96*, brasserie
– 🗏 rest, 🆃🆅 ☎. 🝳 🝳   **H 9**
Repas 100/180 bc et carte 160 à 270 🖫 – 🛏 50 – **10 ch** 800/900.

X **Maupertu,** 94 bd La Tour Maubourg ℰ 01 45 51 37 96 – 🝳   **J 10**
fermé 12 au 29 août, vacances de fév., sam. et dim. – Repas 145 et carte 220 à 300 🖫.

X **L'Oeillade,** 10 r. St-Simon ℰ 01 42 22 01 60 – 🗏. 🝳   **J 11**
fermé 15 août au 1er sept., sam. midi, lundi midi et dim. – Repas 98 (déj.), 168/250 et carte
200 à 320.

X **Fontaine de Mars,** 129 r. St-Dominique ℰ 01 47 05 46 44, *Fax 01 47 05 11 13*, 🌣,
bistrot – 🝳 🝳 – Repas carte 200 à 300 🖫.   **J 9**

X **Chez Collinot,** 1 r. P. Leroux ℰ 01 45 67 66 42 – 🝳   **K 11**
fermé août, sam. (sauf le soir d'oct. à juin) et dim. – Repas *(100)* - 135/200 🖫

X **Du Côté 7ème,** 29 r. Surcouf ℰ 01 47 05 81 65, *Fax 01 47 05 80 03*, bistrot – 🝳 ⓐ 🝳 🝳
Repas *(155)* - 195 bc.   **H 9-10**

X **Au Bon Accueil,** 14 r. Montessuy ℰ 01 47 05 46 11 – 🝳   **H 8**
🝳 *fermé 5 au 20 août, sam. et dim.*
Repas 145 (déj.)/165 et carte 290 à 390 🖫.

X **Florimond,** 19 av. La Motte-Picquet ℰ 01 45 55 40 38, *Fax 01 45 55 40 38* – 🝳   **J 9**
fermé 29 juil. au 22 août, 22 déc. au 2 janv., sam. et dim. – Repas 108/168 et carte 190
à 280.

X **Auberge Bressane,** 16 av. La Motte-Picquet ℰ 01 47 05 98 37, *Fax 01 47 05 92 21* – 🗏.
🝳 🝳 🝳   **J 9**
fermé 7 au 20 août et sam. midi – Repas *(115)* - 129 bc (déj.)/149 bc bc et carte 200 à 280.

X **Miyako,** 121 r. Université ℰ 01 47 05 41 83, *Fax 01 45 55 13 18* – 🗏. 🝳 🝳   **H 9**
fermé 10 au 25 août et dim. – Repas - cuisine japonaise - *(100)* - carte 120 à 190 🖫.

X **Calèche,** 8 r. Lille ℰ 01 42 60 24 76, *Fax 01 47 03 31 10* – 🗏. 🝳 ⓐ 🝳 🝳   **J 12**
fermé 5 au 28 août, 25 déc. au 31 déc., sam. et dim. – Repas 100/175 et carte 180 à 260 🖫.

X **Apollon,** 24 r. J. Nicot ℰ 01 45 55 68 47, *Fax 01 47 05 13 60*   **H 9**
fermé 20 déc. au 10 janv. et dim. – Repas - cuisine grecque - *(85)* - 138 et carte 185 à 205 🖫.

X **Bistrot du 7e,** 56 bd La Tour-Maubourg ℰ 01 45 51 93 08, *Fax 01 45 50 33 24* – 🝳
🝳 – *fermé sam. midi et dim. midi* – Repas 78 (déj.)/98 🖫.   **J 10**

Champs-Élysées
St-Lazare - Madeleine

8ᵉ arrondissement

8ᵉ : ⊠ 75008

Plaza Athénée, 25 av. Montaigne ℰ 01 53 67 66 65, Fax 01 53 67 66 66, 龠, Ⅰ₅ – 🛗 ☰ 📺 ☎ ✆ – 🔬 20 à 60. 🅰🅴 ① 🆑🅱 🅹🅲🅱. ⋙
G 9
voir rest. **Le Régence** ci-après - **Relais-Plaza** ℰ 01 53 67 64 00 *(fermé 30 juil. au 28 août et vacances de fév.)* **Repas** *(165bc)*-240 et carte 330 à 530 – **La Cour Jardin** (terrasse) ℰ 01 53 67 66 02 *(mai-oct.)* **Repas** carte 360 à 500 ♀ – ☲ 160 – **143 ch** 3000/4800, 42 appart.

Bristol, 112 r. Fg St-Honoré ℰ 01 53 43 43 00, Fax 01 53 43 43 01, « Belle cour intérieure avec jardin à la française », Ⅰ₅, ⊠, 龠 – 🛗 ☰ ch, 📺 ☎ ✆ 🚗 – 🔬 30 à 60. 🅰🅴 ① 🆑🅱 🅹🅲🅱. ⋙
F 10
voir rest. **Bristol** ci-après – ☲ 185 – **154 ch** 3150/4200, 26 appart.

Four Seasons George V, 31 av. George V ℰ 01 49 52 70 00, Fax 01 49 52 70 10, Ⅰ₅ – 🛗 ☰ 📺 ☎ ✆ & – 🔬 30 à 60. 🅰🅴 ① 🆑🅱 🅹🅲🅱. ⋙
F 8
voir rest. **Le "Cinq"** ci-après – ☲ 183 – **185 ch** 3017/4264, 60 appart.

Crillon, 10 pl. Concorde ℰ 01 44 71 15 00, Fax 01 44 71 15 02, Ⅰ₅ – 🛗 ⋙ ☰ 📺 ☎ ✆ – 🔬 30 à 60. 🅰🅴 ① 🆑🅱 🅹🅲🅱
G 11
voir rest. **Les Ambassadeurs** et **L'Obélisque** ci-après – ☲ 185 – **117 ch** 3450/4400, 43 appart.

Prince de Galles, 33 av. George-V ℰ 01 53 23 77 77, Fax 01 53 23 78 78, 龠, Ⅰ₅ – 🛗 ⋙ ☰ 📺 ☎ ✆ – ⋙ ch
G 8
Jardin des Cygnes : **Repas** 280(déj.)/320 ♀ – ☲ 165 – **138 ch** 2350/3700, 30 appart.

Royal Monceau, 37 av. Hoche ℰ 01 42 99 88 00, Fax 01 42 99 89 90, 龠, « Piscine et centre de remise en forme », Ⅰ₅, ⊠ – 🛗 ☰ 📺 ☎ ✆ 🚗 – 🔬 25 à 100. 🅰🅴 ① 🆑🅱 🅹🅲🅱. ⋙
E 8
voir rest. **Le Jardin** ci-après - **Carpaccio** ℰ 01 42 99 98 90, fax 01 42 99 89 94 cuisine italienne*(fermé 22 juil. au 28 août)* **Repas** carte 300 à 410 ♀ – ☲ 220 – **142 ch** 3200/3850, 38 appart.

🏨 **Lancaster**, 7 r. Berri ℘ 01 40 76 40 76, *Fax 01 40 76 40 00*, ㋡ , « Décor élégant », ℔ – ▯
㊁, ▤ ch, ▥ ☎ ✆ – ▦ 16. ▨ ⓪ ▩ ▫ ✄ ch **F 9**
Repas (résidents seul.) carte 310 à 360 ♈ – ☲ 132 – **50 ch** 1968/2886, 10 appart.

🏨 **Vernet**, 25 r. Vernet ℘ 01 44 31 98 00, *Fax 01 44 31 85 69* – ▯ ▤ ▥ ☎ ✆ ▨ ⓪ ▩ ▫
✄ rest **F 8**
voir rest. *Les Élysées* ci-après – ☲ 140 – **42 ch** 2500/2800, 9 appart.

🏨 **de Vigny** M, 9 r. Balzac ℘ 01 42 99 80 80, *Fax 01 42 99 80 40*, « Élégante installation » –
▯ ▤ ch, ▥ ☎ ✆ ▨ ⓪ ▩ ▫ **F 8**
Repas carte 260 à 390 ♈ – ☲ 120 – **26 ch** 2200/2500, 11 appart.

🏨 **San Régis**, 12 r. J. Goujon ℘ 01 44 95 16 16, *Fax 01 45 61 05 48*, « Bel aménagement
intérieur » – ▯ ▤ ▥ ☎ ✆ ▨ ⓪ ▩ ▫ ✄ **G 9**
Repas (fermé août) 210 (déj.)et carte 260 à 440 ♈ – ☲ 120 – **33 ch** 1800/3200, 11 appart.

🏨 **Sofitel Le Faubourg** M, 15 r. Boissy d'Anglas ℘ 01 44 94 14 14, *Fax 01 44 94 14 28*. ℔
▯ ㊁ ✄ ▥ ☎ ✆ ▦ ⟲, ▨ ⓪ ▩ ▫ **G 11**
Café Faubourg : **Repas** carte 230 à 330 ♈ – ☲ 125 – **164 ch** 3200/4000, 7 appart, 3
duplex.

🏨 **Sofitel Arc de Triomphe**, 14 r. Beaujon ℘ 01 53 89 50 50, *Fax 01 53 89 50 51* – ▯ ㊁
▤ ▥ ☎ ✆ ▦ – ▦ 40. ▨ ⓪ ▩ **F 8**
voir rest. *Clovis* ci-après – ☲ 140 – **123 ch** 2700/3800.

🏨 **Hyatt Regency** M, 24 bd Malesherbes ℘ 01 55 27 12 34, *Fax 01 55 27 12 35*, ℔ – ▯
㊁ ▤ ▥ ☎ ✆ ▦ – ▦ 20. ▨ ⓪ ▩ ▫ **F 11**
Café M (fermé sam. midi et dim. midi) **Repas** carte 200 à 310 – ☲ 140 – **81 ch** 3200/3600,
4 appart.

🏨 **Astor** M ⌗, 11 r. d'Astorg ℘ 01 53 05 05 05, *Fax 01 53 05 05 30*, ℔ – ▯ ㊁, ▤ ch, ▥ ☎
✆ ▦. ▨ ⓪ ▩ ▫
voir rest. *L'Astor* ci-après – ☲ 150 – **129 ch** 1910/3275, 5 appart. **F 11**

🏨 **Marriott** M, 70 av. Champs-Élysées ℘ 01 53 93 55 00, *Fax 01 53 93 55 01*, ㋡ , ℔ – ▯ ㊁
▤ ▥ ☎ ✆ ▦ ⟲ – ▦ 150. ▨ ⓪ ▩ ▫ ✄ **F 9**
Pavillon (fermé sam. midi et dim. soir) **Repas** 260/280 ♈ – ☲ 180 – **174 ch** 3700/5200,
18 appart.

🏨 **California**, 16 r. Berri ℘ 01 43 59 93 00, *Fax 01 45 61 03 62*, ㋡ , « Importante collection
de tableaux » – ▯ ㊁ ▤ ▥ ☎ ✆ – ▦ 20 à 100. ▨ ⓪ ▩ ▫ ✄ **F 9**
Repas (fermé 31 juil. au 27 août, sam. et dim.) (déj. seul.) (160) - 190 ♈ – ☲ 160 – **161 ch**
2800/3000, 13 duplex.

🏨 **Balzac** M, 6 r. Balzac ℘ 01 44 35 18 00, *Fax 01 44 35 18 05* – ▯ ㊁ ▤ ▥ ☎ ✆ ▨ ⓪ ▩
▫ **F 8**
voir rest. *Pierre Gagnaire* ci-après – ☲ 120 – **56 ch** 2000/2500, 11 appart.

🏨 **Warwick** M, 5 r. Berri ℘ 01 45 63 14 11, *Fax 01 45 63 75 81* – ▯ ㊁ ▤ ▥ ☎ ✆ –
▦ 30 à 110. ▨ ⓪ ▩ ▫ ✄ ch **F 9**
voir rest. *Le W* ci-après – ☲ 135 – **142 ch** 2700/3500, 5 appart.

🏨 **Concorde St-Lazare**, 108 r. St-Lazare ℘ 01 40 08 44 44, *Fax 01 42 93 01 20*, « Hall fin
19e siècle, superbe salon de billards » – ▯ ㊁ ▤ ▥ ☎ ✆ – ▦ 25 à 150. ▨ ⓪ ▩ ▫ **E 12**
Café Terminus ℘ 01 40 08 43 30 **Repas** 158/210 bc ♈, enf. 45 – ☲ 120 – **258 ch** 2800,
11 appart.

🏨 **La Trémoille**, 14 r. La Trémoille ℘ 01 47 23 34 20, *Fax 01 40 70 01 08* – ▯ ▤ ▥ ☎ ✆ –
▦ 25. ▨ ⓪ ▩ ▫ **G 9**
Louis d'Or (fermé août, sam., dim. et fériés) **Repas** 220 ♈ – ☲ 120 – **107 ch** 2290/3370.

🏨 **Napoléon** sans rest, 40 av. Friedland ℘ 01 47 66 02 02, *Fax 01 47 66 82 33* – ▯ ▤ ▥ ☎
✆ – ▦ 30 à 60. ▨ ⓪ ▩ ▫ **F 8**
☲ 130 – **102 ch** 1700/2500.

🏨 **Château Frontenac** sans rest, 54 r. P. Charron ℘ 01 53 23 13 13, *Fax 01 53 23 13 01* –
▯ ▥ ☎ ✆ – ▦ 25. ▨ ⓪ ▩. ✄ **G 9**
☲ 90 – **100 ch** 1020/1540, 4 appart.

🏨 **Bedford**, 17 r. de l'Arcade ℘ 01 44 94 77 77, *Fax 01 44 94 77 97* – ▯ ▤ ▥ ☎ ✆ – ▦ 50.
▨ ▩. ✄ rest **F 11**
Repas (fermé 31 juil. au 27 août, sam. et dim.) (déj. seul.) (160) - 190 – ☲ 75 – **134 ch**
880/1280, 11 appart.

🏨 **Queen Elizabeth**, 41 av. Pierre-1er-de-Serbie ℘ 01 53 57 25 25, *Fax 01 53 57 25 26* – ▯
㊁ ▤ ▥ ☎ ✆ – ▦ 30. ▨ ⓪ ▩ ▫ **G 8**
Repas (fermé août, sam. et dim.) 100 bc/250 bc – ☲ 105 – **50 ch** 1400/2000,
12 appart.

Montaigne M sans rest, 6 av. Montaigne ☎ 01 47 20 30 50, *Fax 01 47 20 94 12* – AE GB JCB G 9
95 – **29 ch** 1400/2000.

Élysées Star M sans rest, 19 r. Vernet ☎ 01 47 20 41 73, *Fax 01 47 23 32 15* – 30. AE GB JCB F8
90 – **42 ch** 2125/4325.

Bradford Élysées sans rest, 10 r. St-Philippe-du-Roule ☎ 01 45 63 20 20, *Fax 01 45 63 20 07* – AE GB JCB. F 9
100 – **50 ch** 1490/1690.

Royal Hôtel M sans rest, 33 av. Friedland ☎ 01 43 59 08 14, *Fax 01 45 63 69 92* – AE GB JCB F 8
110 – **58 ch** 1500/2200.

Élysées-Ponthieu et Résidence sans rest, 24 r. Ponthieu ☎ 01 53 89 58 58, *Fax 01 53 89 59 59* – cuisinette AE GB JCB F 9
78 – **91 ch** 1096/1161, 6 appart.

Powers sans rest, 52 r. François 1er ☎ 01 47 23 91 05, *Fax 01 49 52 04 63* – AE GB JCB G 9
78 – **55 ch** 585/1800.

Sofitel Champs-Élysées M, 8 r. J. Goujon ☎ 01 40 74 64 64, *Fax 01 40 74 64 99*, – 15 à 150. AE GB JCB G 9
Les Signatures *(fermé sam., dim. et fériés)* **Repas** 250 et carte 220 à 320 – 140 – **40 ch** 2700/5100.

Résidence du Roy M sans rest, 8 r. François 1er ☎ 01 42 89 59 59, *Fax 01 40 74 07 92* – cuisinette – 25. AE GB JCB G 9
105, 28 appart 2100/3700, 4 studios, 3 duplex.

Concortel sans rest, 19 r. Pasquier ☎ 01 42 65 45 44, *Fax 01 42 65 18 33* – AE GB JCB F 11
50 – **46 ch** 640/890.

Résidence Monceau sans rest, 85 r. Rocher ☎ 01 45 22 75 11, *Fax 01 45 22 30 88* – AE GB JCB. E 11
50 – **51 ch** 760/920.

Chateaubriand sans rest, 6 r. Chateaubriand ☎ 01 40 76 00 50, *Fax 01 40 76 09 22* – AE GB JCB F 9
80 – **28 ch** 1500/1800.

New Roblin, 6 r. Chauveau-Lagarde ☎ 01 44 71 20 80, *Fax 01 42 65 19 49* – 20. AE GB JCB F 11
Mazagran *(fermé sam., dim. et fériés)* **Repas** 92/155 – 65 – **77 ch** 920/1500.

Beau Manoir sans rest, 6 r. de l'Arcade ☎ 01 42 66 03 07, *Fax 01 42 68 03 00*, « Bel aménagement intérieur » – AE GB JCB F 11
29 ch 1100/1365, 3 appart.

L'Arcade M sans rest, 9 r. de l'Arcade ☎ 01 53 30 60 00, *Fax 01 40 07 03 07* – 25. AE GB JCB F 11
55 – **37 ch** 820/1040, 4 duplex.

Monna Lisa M, 97 r. La Boétie ☎ 01 56 43 38 38, *Fax 01 45 62 39 90* – AE GB JCB F 9
Caffe Ristretto *(fermé 10 au 20 août et dim.)* **Repas** carte 260 à 340 – 150 – **22 ch** 1200/2000.

Élysées Mermoz M sans rest, 30 r. J. Mermoz ☎ 01 42 25 75 30, *Fax 01 45 62 87 10* – AE GB JCB F 10
60 – **26 ch** 750/920, 5 appart.

Franklin Roosevelt sans rest, 18 r. Clément-Marot ☎ 01 53 57 49 50, *Fax 01 47 20 44 30* – AE GB. G 9
90 – **45 ch** 1200/2200.

Lavoisier M sans rest, 21 r. Lavoisier ☎ 01 53 30 06 06, *Fax 01 53 30 23 00* – AE GB JCB F 11
70 – **30 ch** 1190/2500.

Queen Mary M sans rest, 9 r. Greffulhe ☎ 01 42 66 40 50, *Fax 01 42 66 94 92* – AE GB JCB F 12
85 – **35 ch** 780/995.

Lido M sans rest, 4 passage Madeleine ☎ 01 42 66 27 37, *Fax 01 42 66 61 23* – AE GB JCB F 11
32 ch 980/1210.

🏨 **Étoile Friedland** sans rest, 177 r. Fg St-Honoré 🔎 01 45 63 64 65, *Fax 01 45 63 88 96* –
📶 🖥 📺 ☎ 🚲 ৬, ⁂ ⓪ 🆖 🄹🄲🄱
F 9
🍽 80 – 40 ch 1100/1500.

🏨 **Élysées Céramic** sans rest, 34 av. Wagram 🔎 01 42 27 20 30, *Fax 01 46 22 95 83*, « Façade "Art Nouveau" » – 📶 🖥 📺 ☎ ⁂ ⓪ 🆖
E 8
🍽 45 – 57 ch 950/1050.

🏨 **Relais Mercure Opéra Garnier** Ⓜ sans rest, 4 r. de l'Isly 🔎 01 43 87 35 50,
Fax 01 43 87 03 29 – 📶 🍴 🖥 📺 ☎ 🚲 ৬,
F 12
🍽 80 – 139 ch 1050/1390.

🏨 **Atlantic Hôtel** sans rest, 44 r. Londres 🔎 01 43 87 45 40, *Fax 01 42 93 06 26* – 📶 📺 ☎.
⁂ ⓪ 🆖 🄹🄲🄱. ⁂
E 12
🍽 55 – 85 ch 580/995.

🏨 **Comfort St-Augustin** sans rest, 9 r. Roy 🔎 01 42 93 32 17, *Fax 01 42 93 19 34* – 📶 🖥
📺 ☎. ⁂ ⓪ 🆖 🄹🄲🄱. ⁂
F 11
🍽 50 – 62 ch 730/880.

🏨 **Vignon** Ⓜ sans rest, 23 r. Tronon 🔎 01 47 42 27 65, *Fax 01 47 42 04 60* 📶 🖥 📺 ☎ 🚲 ৬.
⁂ 🆖. ⁂
F 12
🍽 55 – 30 ch 700/850.

🏨 **Flèche d'or** Ⓜ sans rest, 29 rue d'Amsterdam 🔎 01 48 74 06 86, *Fax 01 48 74 06 04* – 📶
🖥 📺 ☎ 🚲, ⁂ ⓪ 🆖
E 12
🍽 40 – 61 ch 750/850.

🏨 **Arc Élysée** Ⓜ sans rest, 45 r. Washington 🔎 01 45 63 69 33, *Fax 01 45 63 76 25* – 📶 🖥 📺
☎ 🚲. ⁂ ⓪ 🆖 🄹🄲🄱
F 9
🍽 60 – 23 ch 856/992.

🏨 **Mayflower** sans rest, 3 r. Chateaubriand 🔎 01 45 62 57 46, *Fax 01 42 56 32 38* – 📶 📺 ☎.
⁂ ⓪ 🆖 🄹🄲🄱
F 9
🍽 00 – 24 ch 000/000.

🏨 **West-End** sans rest, 7 r. Clément-Marot 🔎 01 47 20 30 78, *Fax 01 47 20 34 42* – 📶 🖥 📺
☎ 🚲. ⁂ ⓪ 🆖 🄹🄲🄱
G 9
🍽 85 – 50 ch 950/1500.

🏨 **l'Élysée** sans rest, 12 r. Saussaies 🔎 01 42 65 29 25, *Fax 01 42 65 64 28* – 📶 🖥 📺 ☎ 🚲. ⁂
⓪ 🆖 🄹🄲🄱. ⁂
F 11
🍽 65 – 32 ch 780/1280.

🏨 **Astoria** sans rest, 42 r. Moscou 🔎 01 42 93 63 53, *Fax 01 42 93 30 30* 📶 🍴 🖥 📺 ☎ 🚲.
⁂ ⓪ ⓞ 🄹🄲🄱. ⁂
D 11
🍽 00 – 06 ch 000/1090.

🏨 **Cordélia** sans rest, 11 r. Greffulhe 🔎 01 42 65 42 40, *Fax 01 42 65 11 81* – 📶 📺 ☎. ⁂ ⓪
🆖. ⁂
F 12
🍽 60 – 30 ch 760/870.

🏨 **Fortuny** sans rest, 35 r. de l'Arcade 🔎 01 42 66 42 08, *Fax 01 42 66 00 32* – 📶 🖥 📺 ☎. ⁂
⓪ 🆖. ⁂
F 11
🍽 55 – 30 ch 800/900.

🏨 **Lord Byron** sans rest, 5 r. Chateaubriand 🔎 01 43 59 89 98, *Fax 01 42 89 46 04* – 📶 📺 ☎
🚲, ⁂ ⓪ 🆖 🄹🄲🄱. ⁂
F 9
🍽 65 – 25 ch 690/990, 6 appart.

🏨 **Pavillon Montaigne** Ⓜ sans rest, 34 r. J. Mermoz 🔎 01 53 89 95 00, *Fax 01 42 89 33 00*
– 📶 🖥 📺 ☎. ⁂ ⓪ 🆖 🄹🄲🄱
F 10
🍽 45 – 18 ch 765/1010.

🏨 **New Orient** sans rest, 16 r. Constantinople 🔎 01 45 22 21 64, *Fax 01 42 93 83 23* – 📶 📺
☎. ⁂ ⓪ 🆖
E 11
🍽 39 – 30 ch 395/620.

🏨 **Alison** sans rest, 21 r. de Surène 🔎 01 42 65 54 00, *Fax 01 42 65 08 17* – 📶 📺 ☎. ⁂ ⓪
🆖 🄹🄲🄱. ⁂
F 11
🍽 45 – 35 ch 480/880.

🏨 **Newton Opéra** sans rest, 11 bis r. de l'Arcade 🔎 01 42 65 32 13, *Fax 01 42 65 30 90* – 📶
🖥 📺 ☎ 🚲. ⁂ ⓪ 🆖 🄹🄲🄱. ⁂
F 11
🍽 60 – 31 ch 760/860.

🏨 **Madeleine Haussmann** Ⓜ sans rest, 10 r. Pasquier 🔎 01 42 65 90 11,
Fax 01 42 68 07 93 – 📶 🖥 📺 ☎ 🚲. ⁂ ⓪ 🆖 🄹🄲🄱
F 11
🍽 40 – 36 ch 600/650.

🏨 **Ministère** sans rest, 31 r. Surène 🔎 01 42 66 21 43, *Fax 01 42 66 96 04* – 📶 📺 ☎ 🚲. ⁂
🆖 🄹🄲🄱
F 11
🍽 50 – 28 ch 590/840.

XXXXX
❀❀
Les Ambassadeurs - Hôtel Crillon, 10 pl. Concorde   𝒫 01 44 71 16 16,
Fax 01 44 71 15 02, « Cadre 18ᵉ siècle » – 🗐. 🆎 ⑩ 🆖 🄹🄲🄱. ⚡
Repas 380 (déj.)/780 et carte 620 à 860   **G 11**
Spéc. Gaufre de pomme de terre, brandade de morue et caviar osciètre. Agneau ''de la
tête aux pieds'', courgette aux légumes niçois. Truffe glacée à la fleur de thym et ganache
fondue.

XXXXX
❀❀
Taillevent (Vrinat), 15 r. Lamennais   𝒫 01 44 95 15 01, *Fax 01 42 25 95 18* – 🗐. 🆎 ⑩ 🆖
🄹🄲🄱. ⚡   **F 9**
fermé 22 juil. au 22 août, sam., dim. et fériés – **Repas** (nombre de couverts limité, prévenir)
750 et carte 650 à 900
Spéc. Boudin de homard au fenouil. Escalopes de foie d'oie poêlées au banyuls. Gourmandise au chocolat et à la cardamone.

XXXXX
❀❀
Lasserre, 17 av. F.-D.-Roosevelt   𝒫 01 43 59 53 43, *Fax 01 45 63 72 23*, « Toit ouvrant » –
🆎 ⑩ 🆖 🄹🄲🄱. ⚡   **G 10**
fermé août, lundi midi et dim. – **Repas** 340 (déj.), 800/1200 et carte 560 à 740
Spéc. Croustille de foie gras de canard. Double tronçon de turbot piqué au romarin.
Rosettes d'agneau en fraîcheur d'herbes et aux champignons.

XXXXX
❀❀❀
Lucas Carton (Senderens), 9 pl. Madeleine   𝒫 01 42 65 22 90, *Fax 01 42 65 06 23*, « Authentique décor 1900 » – 🗐. 🆎 ⑩ 🆖 🄹🄲🄱. ⚡   **G 11**
fermé 1ᵉʳ au 20 août, sam. midi, lundi midi et dim. – **Repas** 395 (déj.) et carte 760 à 1 140 ♈
Spéc. Huîtres de Belon rôties dans leur coquille lutée. Langoustines royales au vermicelle
croquant, œuf coque et mouillettes. Canard ''Apicius'' rôti au miel et épices.

XXXXX
❀❀
Ledoyen, carré Champs-Élysées (1ᵉʳ étage)   𝒫 01 53 05 10 01, *Fax 01 47 42 55 01* voir
aussi rest. **Cercle Ledoyen** – 🗐 ℙ. 🆎 ⑩ 🆖 ⚡   **G 10**
fermé août, sam. et dim. – **Repas** 320 (déj.)/620 et carte 710 à 940 ♈
Spéc. Grosses langoustines bretonnes croustillantes. Blanc de turbot braisé, pommes
rattes au beurre de truffe. Millefeuille au citron, sorbet fromage blanc.

XXXXX
❀
Bristol - Hôtel Bristol, 112 r. Fg St-Honoré   𝒫 01 53 43 43 40, *Fax 01 53 43 43 01*, 🍴 – 🗐.
🆎 ⑩ 🆖 🄹🄲🄱.   **F 10**
Repas 360/680 et carte 640 à 800
Spéc. Ravioles de foie gras de canard au bouillon de cèpes (automne). Lasagnes ouvertes
de queue de boeuf à la moelle et vin rouge (hiver). Noix de ris de veau au bâton de cannelle.

XXXXX
❀
Le "Cinq" - Hôtel Four Seasons George V, 31 av. George V   𝒫 01 49 52 70 00,
Fax 01 49 52 70 10   **G 8**
Repas 395 (déj.)/1250 et carte 600 à 900
Spéc. Œuf poché au jus de truffes. Pigeon en bécasse. Nid feuilleté au caramel demi-sel.

XXXXX
❀❀
Le Régence - Hôtel Plaza Athénée, 25 av. Montaigne   𝒫 01 53 67 65 00,
Fax 01 53 67 66 66 – 🗐. 🆎 ⑩ 🆖 🄹🄲🄱. ⚡   **G 9**
fermé 14 juil. au 28 août, 3 au 16 janv., sam. et dim. – **Repas** 290 (déj.), 410/585 et carte 420
à 610 ♈
Spéc. Pied de cochon et foie gras en tartines. Homard breton cuit sur la braise au romarin.
Pêche blanche rôtie à la verveine (été).

XXXXX
❀❀
Laurent, 41 av. Gabriel   𝒫 01 42 25 00 39, *Fax 01 45 62 45 21*, 🍴, « Agréable terrasse
d'été » – 🗐 🆎 ⑩ 🆖. ⚡   **G 10**
fermé sam. midi, dim. sauf le soir de juin à oct. et fériés – **Repas** 390/730 et carte 580 à 830
Spéc. Homard entier en salade. Veau de lait sous la mère. Fondant moka-guanaja.

XXXXX
❀❀
Les Élysées - Hôtel Vernet, 25 r. Vernet   𝒫 01 44 31 98 98, *Fax 01 44 31 85 69*, « Belle
verrière » – 🗐. 🆎 ⑩ 🆖 🄹🄲🄱. ⚡   **F 8**
fermé 24 juil. au 25 août, 18 au 30 déc., sam., dim. et fériés – **Repas** 350 (déj.), 520/850 et
carte 630 à 980 ♈
Spéc. Epeautre ''comme un risotto'' aux produits du marché. Saint-Pierre au plat aux olives
niçoises. Chausson feuilleté au chocolat amer.

XXXX
❀❀❀
Pierre Gagnaire - Hôtel Balzac, 6 r. Balzac   𝒫 01 44 35 18 25, *Fax 01 44 35 18 37* – 🗐. 🆎
⑩ 🆖   **F 8**
fermé 3 au 9 avril, 17 juil. au 24 août, dim. midi, sam. et fériés – **Repas** 520 (déj.), 960/1500 et
carte 800 à 1 000
Spéc. Langoustines bretonnes en tempura. Canard frotté de cumin, marmelade de girolles
à la papaye. Biscuit soufflé au chocolat.

XXXX
❀❀
L'Astor - Hôtel Astor, 11 rue d'Astorg   𝒫 01 53 05 05 20, *Fax 01 53 05 05 30* – 🗐. 🆎 ⑩
🆖 🄹🄲🄱   **F 11**
fermé 31 juil. au 28 août, sam. et dim. – **Repas** 298/580 et carte 440 à 630 ♈
Spéc. Araignée de mer en gelée anisée. Blanc de bar cuit en peau, sauce verjutée. Arlettes
croustillantes au café.

XXXX ✿ **La Marée,** 1 r. Daru ✆ 01 43 80 20 00, *Fax 01 48 88 04 04* – ▤. AE ⓓ GB E 8
fermé 29 juil. au 14 août, sam. midi et dim. – **Repas** - produits de la mer - carte 400 à 600
Spéc. Belons au champagne. Ravioles d'huîtres au foie gras de canard. Bar "Marie-do".

XXXX **Chiberta,** 3 r. Arsène-Houssaye ✆ 01 53 53 42 00, *Fax 01 45 62 85 08* – ▤. AE ⓓ GB JCB F 8
fermé août, sam. midi et dim. – **Repas** 290/590 et carte 400 à 550 ♀.

XXXX ✿ **Clovis** - Hôtel Sofitel Arc de Triomphe, 14 r. Beaujon ✆ 01 53 89 50 53, *Fax 01 53 89 50 51* – AE ⓓ GB F 8
fermé août, Noël au Jour de l'An, sam. et dim. – **Repas** 290/490 et carte 350 à 420 ♀
Spéc. Pressé de queue de boeuf. Bar rôti, purée de pois et petites crêpes (automne-hiver). Coeur de filet de boeuf, ravioles de pommes de terre.

XXXX **Fouquet's,** 99 av. Champs Élysées ✆ 01 47 23 50 00, *Fax 01 47 23 50 55,* 佘 – AE ⓓ GB JCB F 8
Repas 285 et carte 370 à 530.

XXX **Maison Blanche,** 15 av. Montaigne (6ᵉ étage) ✆ 01 47 23 55 99, *Fax 01 47 20 09 56,* ≤, 佘, « Décor contemporain » – |‡| ▤. AE GB G 9
fermé août, 1ᵉʳ au 10 janv., lundi midi, sam. midi et dim. – **Repas** carte 450 à 550

XXX ✿ **Jardin** - Hôtel Royal Monceau, 37 av. Hoche ✆ 01 42 99 98 70, *Fax 01 42 99 89 94,* 佘 – ▤. AE ⓓ GB JCB. ✻ E 8
fermé sam. et dim. sauf en août – **Repas** 320/460 et carte 450 à 710
Spéc. Loup de mer rôti en tronçon. Lapin en deux cuissons aux truffes et artichauts. Figues rôties dans leur feuille aux épices.

XXX ✿ **Le W** - Hôtel Warwick, 5 r. Berri ✆ 01 45 61 82 08, *Fax 01 45 63 75 81* – ▤. AE ⓓ GB JCB. ✻ G 9
fermé 29 juil. au 3 sept., 23 déc. au 7 janv., sam., dim. et fériés – **Repas** 230 (déj.)/320 et carte 330 à 540
Spéc. Tronçons de turbot, côtes de blettes et palourdes. Aiguillette de boeuf Maine-Anjou, jus de daube au banyuls. Palet de chocolat équatorial, glace au thé vert.

XXX **L'Obélisque** - Hôtel Crillon, 6 r. Boissy d'Anglas ✆ 01 44 71 15 15, *Fax 01 44 71 15 02* ▤. AE ⓓ GB JCB G 11
fermé 29 juil. au 27 août – **Repas** 295 et carte 320 à 390 ♀.

XXX **Marcande,** 52 r. Miromesnil ✆ 01 42 65 19 14, *Fax 01 40 76 03 27,* 佘 – AE GB F 10
fermé 5 au 21 août, sam., dim. et fêtes – **Repas** 240 et carte 250 à 410.

XXX ✿ **Copenhague,** 142 av. Champs-Élysées (1ᵉʳ étage) ✆ 01 44 13 86 26, *Fax 01 42 25 83 10,* 佘 – ▤. AE ⓓ GB JCB. ✻ F 8
fermé 29 mai au 4 juin, 31 juil. au 27 août, sam. midi, dim. et fériés – **Repas** - cuisine danoise - 260 bc/290 et carte 310 à 380 - ***Flora Danica :*** **Repas** 175 bc /280, enf. 85 et carte 280 à 330
Spéc. Assiette gourmande "Copenhague". Noisettes de renne "à notre façon". Crêpes aux mûres jaunes.

XXX ✿ **El Mansour,** 7 r. Trémoille ✆ 01 47 23 88 18 – ▤. AE ⓓ GB. ✻ G 9
fermé 7 au 19 août, lundi midi et dim. – **Repas** - cuisine marocaine - carte 270 à 390
Spéc. Tagines. Couscous. Pâtisseries Fassies.

XXX **Yvan,** 1bis r. J. Mermoz ✆ 01 43 59 18 40, *Fax 01 42 89 30 95* – ▤. AE ⓓ GB JCB F-G 10
Repas 188/298 et carte 270 à 360.

XXX ✿ **Bath's,** 9 r. La Trémoille ✆ 01 40 70 01 09, *Fax 01 40 70 01 22* – ▤. AE GB. ✻ G 9
fermé août, sam. et dim. – **Repas** 190 et carte 250 à 350 ♀.
Spéc. Pressé d'artichaut au foie gras. Côte de veau de lait, raviole aux morilles. Tartelette d'orange.

XXX **Indra,** 10 r. Cdt-Rivière ✆ 01 43 59 46 40, *Fax 01 44 07 31 19* – ▤. AE ⓓ GB F 9
fermé sam. midi et dim. – **Repas** - cuisine indienne - 195 (déj.), 220/300 et carte 200 à 280.

XX **Café Mosaïc,** 46 av. George V ✆ 01 47 20 18 09, *Fax 01 47 23 30 90,* 佘, « Décor contemporain » – ▤. AE ⓓ GB JCB. ✻ F 8
fermé sam. et dim. – **Repas** *(180)* - 220 et carte 260 à 390 ♀.

XX **Spoon,** 14 r. Marignan ✆ 01 40 76 34 44, *Fax 01 40 76 34 37,* « Décor contemporain » – ▤. AE ⓓ GB JCB G 9
fermé sam. et dim. – **Repas** - cuisine et vins du monde - carte 280 à 380.

XX ✿ **Luna,** 69 r. Rocher ✆ 01 42 93 77 61, *Fax 01 40 08 02 44* – ▤. AE GB E 11
fermé dim. et fériés – **Repas** - produits de la mer - carte 280 à 400 ♀
Spéc. Galette de langoustines aux choux nouveaux. Daurade royale au gingembre. Saint-Pierre à la vapeur "route des Indes".

XX **Tante Louise,** 41 r. Boissy-d'Anglas ✆ 01 42 65 06 85, Fax 01 42 65 28 19 – ▣. AE ⓪ GB
JCB
                                                  F 11
fermé août, sam. et dim. – **Repas** 190/280 et carte 250 à 360 ♀.

XX **Cercle Ledoyen,** carré Champs-Élysées (rez-de-chaussée) ✆ 01 53 05 10 02,
Fax 01 47 42 55 01, 🍴 – ▣. AE ⓪ GB JCB. ❀
                                                  G 10
fermé dim. – **Repas** carte 240 à 290 ♀.

XX **Shozan,** 11 r. de la Trémoille ✆ 01 47 23 37 32, Fax 01 47 23 67 30 – ▣. AE ⓪ GB
JCB
                                                  G 9
fermé 7 au 22 août, sam. midi et dim. – **Repas** - cuisine franco-japonaise - 230 (déj.)/400 et
carte 310 à 420 ♀

XX **Grenadin,** 46 r. Naples ✆ 01 45 63 28 92, Fax 01 45 61 24 76 – ▣. AE GB JCB   E 11
fermé sam. midi et dim. – **Repas** 200/330 et carte 280 à 370 ♀.

XX **Hédiard,** 21 pl. Madeleine ✆ 01 43 12 88 99, Fax 01 43 12 88 98 – ▣. AE ⓪ GB   F 11
fermé dim. – **Repas** 180/240 et carte 240 à 340 ♀.

XX **Sarladais,** 2 r. Vienne ✆ 01 45 22 23 62, Fax 01 45 22 23 62 – ▣. AE GB JCB   E 11
fermé sam. midi et dim. – **Repas** 165 (dîner)/200 et carte 250 à 400 ♀.

XX **Fermette Marbeuf 1900,** 5 r. Marbeuf ✆ 01 53 23 08 00, Fax 01 53 23 08 09, « Décor
1900, céramiques et vitraux d'époque » – ▣. AE ⓪ GB   G 9
Repas *(148)* - 178 et carte 230 à 430 ♀.

XX **Marius et Janette,** 4 av. George-V ✆ 01 47 23 41 88, Fax 01 47 23 07 19, 🍴 – ▣. AE ⓪
GB JCB
✿   G 8
Repas - produits de la mer - 300 bc/600 bc et carte 370 à 530
Spéc. Bar grillé en croûte de sel. Loup grillé à l'écaille. Aïoli de turbot.

XX **Suntory,** 13 r. Lincoln ✆ 01 42 25 40 27, Fax 01 45 63 25 86 – ▣. AE ⓪ GB JCB. ❀ F 9
Repas - cuisine japonaise - 140 (déj.), 360/620 et carte 320 à 460 ♀.

XX **Androuët,** 6 r. Arsène Houssaye ✆ 01 42 89 95 00, Fax 01 42 89 68 44 – ▣. AE GB F 8
fermé sam. midi et dim. – **Repas** - fromages et cuisine fromagère - *(140)* - 210 (déj.),
250/300 et carte 250 à 400 ♀.

XX **Stella Maris,** 4 r. Arsène Houssaye ✆ 01 42 89 16 22, Fax 01 42 89 16 01 – ▣. AE ⓪ GB
JCB   F 8
fermé 14 au 21 août, sam. midi et dim. – **Repas** 175 (déj.), 320/460 et carte 340 à 440 ♀.

XX **Stresa,** 7 r. Chambiges ✆ 01 47 23 51 62 – ▣. AE ⓪ GB. ❀   G 9
fermé sam. et dim. – **Repas** - cuisine italienne - (prévenir) carte 300 à 400 ♀.

XX **Les Persiennes,** 28 r. Marbeuf ✆ 01 56 69 26 90, Fax 01 53 75 39 89 – ▣. AE GB G 9
fermé 1er au 23 août, sam. midi et dim. – **Repas** - cuisine méridionale - 190/350 bc et carte
190 à 320 ♀.

XX **Bistrot du Sommelier,** 97 bd Haussmann ✆ 01 42 65 24 85, Fax 01 53 75 23 23 – ▣.
AE   F 11
fermé août, Noël au Jour de l'An, sam. et dim. – **Repas** 390 bc/650 bc (dîner) et carte 280 à
400 ♀, enf. 90.

XX **Kinugawa,** 4 r. St-Philippe du Roule ✆ 01 45 63 08 07 – ▣. AE ⓪ GB JCB. ❀   F 9
fermé 23 déc. au 5 janv., dim. et fériés – **Repas** - cuisine japonaise - carte 250 à 450.

XX **Les Bouchons de François Clerc,** 7 r. Boccador ✆ 01 47 23 57 80, Fax 01 47 23 74 54
– ▣. AE GB JCB   G 9
fermé sam. midi et dim. – **Repas** 227.

XX **Village d'Ung et Li Lam,** 10 r. J. Mermoz ✆ 01 42 25 99 79, Fax 01 42 25 12 06 – ▣. AE
⓪ GB JCB   F 10
fermé sam. midi et dim. midi – **Repas** - cuisine chinoise et thaïlandaise - 118/188 et carte
150 à 220 ♀.

XX **Le Pichet,** 68 r. P. Charron ✆ 01 43 59 50 34, Fax 01 42 89 68 91 – ▣. AE ⓪ GB G 9-F 9
fermé sam. sauf le soir de sept. à avril et dim. – **Repas** carte 280 à 450.

XX **Bistro de l'Olivier,** 13 r. Quentin Bauchart ✆ 01 47 20 17 00, Fax 01 47 20 17 04 – ▣.
GB JCB   G 8
fermé sam. midi et dim. – **Repas** (nombre de couverts limité, prévenir) *(130)* - 190 ♀.

X **Cap Vernet,** 82 av. Marceau ✆ 01 47 20 20 40, Fax 01 47 20 95 36, 🍴 – ▣. AE ⓪ GB
JCB   F 8
Repas - produits de la mer - carte 240 à 320 ♀.

X **L'Appart',** 9 r. Colisée ✆ 01 53 75 16 34, Fax 01 53 76 15 39 – ▣. AE GB JCB   F 9
Repas *(120)* - 185 bc et carte 220 à 290 ♀.

X **Spicy,** 8 av. Franklin Roosevelt ✆ 01 56 59 62 59, Fax 01 56 59 62 50 – ▣. AE GB JCB F 10
Repas *(120)* - 159 et carte 190 à 290 ♀, enf. 69.

※ **Saveurs et Salon,** 3 r. Castellane *ℰ* 01 40 06 97 97, *Fax 01 40 06 98 06* ▤. ⬛ ⬛ F 12
fermé 1er au 21 août, sam. et dim. – **Repas** *(105)* - 190 ₴.

※ **Zo,** 13 r. Montalivet *ℰ* 01 42 65 18 18, *Fax 01 42 65 10 91* – ▤. ⬛ ⬛ F 11
fermé sam. midi et dim. midi – **Repas** *(98)* - carte 170 à 290 ₴.

※ **Bistrot de Marius,** 6 av. George V *ℰ* 01 40 70 11 76, 🍽 – ⬛ ⬛ ⬛ ⬛ G 8
Repas carte 200 à 270 ₴.

※ **Rocher Gourmand,** 89 r. Rocher *ℰ* 01 40 08 00 36, *Fax 01 40 08 05 29* – ⬛ E 10
fermé 31 juil. au 27 août, sam. midi et dim. – **Repas** *(145)* - 180/270.

※ **Ferme des Mathurins,** 17 r. Vignon *ℰ* 01 42 66 46 39, *Fax 01 42 66 00 27* – ⬛ ⬛
🐾 ⬛ F 12
fermé août, dim. et fériés – **Repas** 170/230 et carte 190 à 330 ₴.

※ **Version Sud,** 3 r. Berryer *ℰ* 01 40 76 01 40, *Fax 01 40 76 03 96* – ▤. ⬛ ⬛ ⬛ ⬛ F 9
fermé 14 au 20 août, sam. midi et dim. – **Repas** (prévenir) carte 220 à 290 ₴.

※ **Café Indigo,** 12 av. George V *ℰ* 01 47 20 89 56, *Fax 01 47 20 76 16* – ▤. ⬛ ⬛ ⬛ G 8
Repas carte 220 à 300.

※ **Boucoléon,** 10 r. Constantinople *ℰ* 01 42 93 73 33, *Fax 01 42 93 17 44* – ⬛ ⬛ E 11
🐾 *fermé 31 juil. au 20 août, sam. et dim.* – **Repas** (nombre de couverts limité, prévenir) carte
140 à 190 ₴.

voir rest. **Opéra** et **Brasserie Café de la Paix** ci-après - **La Verrière** *(fermé août, 18 déc. au 2 janv., sam. et fériés)* **Repas** (déj. seul.) 275 ₽ – ☲ 165 – **514 ch** 1950/4000, 22 appart.

Opéra - Gare du Nord
Gare de l'Est - Grands Boulevards

9ᵉ et 10ᵉ arrondissements

9ᵉ : ⊠ 75009 - *10ᵉ :* ⊠ 75010

Grand Hôtel Inter-Continental, 2 r. Scribe (9ᵉ) ✆ 01 40 07 32 32, *Fax 01 40 07 33 86*, 🖼 – 📱 ✣ ▤ 📺 ☎ ❤ ♿ 🅿 – 🔏 300. 🆎 ⓞ 🄶🄱 🄹🄲🄱   **F 12**

Scribe Ⓜ, 1 r. Scribe (9ᵉ) ✆ 01 44 71 24 24, *Fax 01 42 65 39 97* – 📱 ✣ ▤ 📺 ☎ ❤ ♿ – 🔏 50. 🆎 ⓞ 🄶🄱 🄹🄲🄱   **F 12**
voir rest. **Les Muses** ci-après - **Jardin des Muses :** **Repas** (130)-160 ₽ – ☲ 140 – **206 ch** 2600/3300, 11 appart.

Millennium Commodore Ⓜ, 12 bd Haussmann (9ᵉ) ✆ 01 49 49 16 00, *Fax 01 49 49 17 00*, 😤 – 📱 ✣, ▤ ch, 📺 ☎ ❤ ♿ – 🔏 80. 🆎 ⓞ 🄶🄱 🄹🄲🄱   **F 13**
Brasserie Haussmann : **Repas** (145)-185bc, ₽ – ☲ 150 – **150 ch** 2500/5200, 13 appart.

Ambassador, 16 bd Haussmann (9ᵉ) ✆ 01 44 83 40 40, *Fax 01 42 46 20 83* – 📱 ✣, ▤ ch, 📺 ☎ ❤ – 🔏 110. 🆎 ⓞ 🄶🄱 🄹🄲🄱   **F 13**
voir rest. **16 Haussmann** ci-après – ☲ 145 – **282 ch** 1900/2300, 4 appart.

Villa Opéra Drouot Ⓜ sans rest, 2 r. Geoffroy Marie (9ᵉ) ✆ 01 48 00 08 08, *Fax 01 48 00 80 60*, « Décor baroque » – 📱 ▤ 📺 ☎ ❤ ♿. 🆎 ⓞ 🄶🄱 🄹🄲🄱   **F 14**
☲ 105 – **26 ch** 1300/1800, 3 duplex.

Terminus Nord Ⓜ sans rest, 12 bd Denain (10ᵉ) ✆ 01 42 80 20 00, *Fax 01 42 80 63 89* – 📱 ✣ 📺 ☎ ❤ ♿ – 🔏 70. 🆎 ⓞ 🄶🄱 🄹🄲🄱   **E 16**
☲ 82 – **236 ch** 1096/1160.

Holiday Inn Paris Opéra, 38 r. Échiquier (10ᵉ) ✆ 01 42 46 92 75, *Fax 01 42 47 03 97* – 📱 ✣ ▤ 📺 ☎ ❤ ♿ – 🔏 60. 🆎 ⓞ 🄶🄱 🄹🄲🄱. ✾ ch   **F 15**
Repas *(fermé sam. midi et dim.)* 95/190 bc ₽ – ☲ 90 – **92 ch** 1290/1550.

🏨🏨🏨 **Lafayette** M sans rest, 49 r. Lafayette (9ᵉ) 🖉 01 42 85 05 44, *Fax 01 49 95 06 60* – 🛗 🗐 🗍 cuisinette 🍽 📺 ☎ 🌜 🕭. 🖭 ⓪ ☺ ᴊᴄʙ. 🍽 rest **F 14**
☐ 79 – **96 ch** 850/1130, 7 appart.

🏨🏨🏨 **St-Pétersbourg**, 33 r. Caumartin (9ᵉ) 🖉 01 42 66 60 38, *Fax 01 42 66 53 54* – 🛗 🗐 📺 ☎ 🌜 – 🔏 25. 🖭 ⓪ ☺ ᴊᴄʙ. 🍽 rest **F 12**
Relais 🖉 01 42 66 85 90 *(fermé août, sam. et dim.)* **Repas** 148 ☧ – ☐ 70 – **100 ch** 980/1100.

🏨🏨 **Richmond Opéra** sans rest, 11 r. Helder (9ᵉ) 🖉 01 47 70 53 20, *Fax 01 48 00 02 10* – 🛗 🗐 📺 ☎ 🌜. 🖭 ⓪ ☺ ᴊᴄʙ. 🍽 **F 13**
☐ 55 – **59 ch** 725/850.

🏨🏨 **Carlton's Hôtel** sans rest, 55 bd Rochechouart (9ᵉ) 🖉 01 42 81 91 00, *Fax 01 42 81 97 04*, « Sur le toit, terrasse panoramique » – 🛗 📺 ☎ 🌜. 🖭 ⓪ ☺ ᴊᴄʙ **D 14**
☐ 50 – **108 ch** 800/850.

🏨🏨 **Albert 1ᵉʳ** M sans rest, 162 r. Lafayette (10ᵉ) 🖉 01 40 36 82 40, *Fax 01 40 35 72 52* – 🛗 🗐 📺 ☎ 🌜. 🖭 ⓪ ☺ ᴊᴄʙ. 🍽 **E 16**
☐ 50 – **55 ch** 510/640.

🏨🏨 **Opéra Cadet** M sans rest, 24 r. Cadet (9ᵉ) 🖉 01 53 34 50 50, *Fax 01 53 34 50 60* – 🛗 🗐 📺 ☎ 🌜 ⇔ – 🔏 50. 🖭 ⓪ ☺ ᴊᴄʙ **F 14**
☐ 70 – **82 ch** 930/1070, 3 appart.

🏨🏨 **Bergère Opéra** sans rest, 34 r. Bergère (9ᵉ) 🖉 01 47 70 34 34, *Fax 01 47 70 36 36* – 🛗 🗐 📺 ☎ 🔏 40. 🖭 ⓪ ☺ ᴊᴄʙ. 🍽 **F 14**
☐ 80 – **134 ch** 890/1190.

🏨🏨 **Franklin** sans rest, 19 r. Buffault (9ᵉ) 🖉 01 42 80 27 27, *Fax 01 48 78 13 04* – 🛗 🍽 📺 ☎ 🌜. 🖭 ⓪ ☺ ᴊᴄʙ **E 14**
☐ 78 – **68 ch** 919/1253.

🏨🏨 **Caumartin** sans rest, 27 r. Caumartin (9ᵉ) 🖉 01 47 42 95 95, *Fax 01 47 42 88 19* – 🛗 🍽 🗐 📺 ☎ 🌜 🖭 ⓪ ☺ ᴊᴄʙ **E 12**
☐ 80 – **40 ch** 1017/1213.

🏨🏨 **Grand Hôtel Haussmann** sans rest, 6 r. Helder (9ᵉ) 🖉 01 48 24 76 10, *Fax 01 48 00 97 18* – 🛗 🗐 📺 ☎ 🌜. 🖭 ⓪ ☺ ᴊᴄʙ. 🍽 **F 13**
☐ 55 – **59 ch** 730/930.

🏨🏨 **Blanche Fontaine** 🐾 sans rest, 34 r. Fontaine (9ᵉ) 🖉 01 44 63 54 95, *Fax 01 42 81 05 52* – 🛗 🍽 📺 ☎ 🌜 ⇔. 🖭 ⓪ ☺ ᴊᴄʙ. 🍽 **D 13**
☐ 80 – **62 ch** 990/1290, 4 appart.

🏨🏨 **Anjou-Lafayette** sans rest, 4 r. Riboutté (9ᵉ) 🖉 01 42 46 83 44, *Fax 01 48 00 08 97* – 🛗 📺 ☎ 🌜. 🖭 ⓪ ☺ ᴊᴄʙ **E 14**
☐ 50 – **39 ch** 520/720.

🏨🏨 **Touraine Opéra** sans rest, 73 r. Taitbout (9ᵉ) 🖉 01 48 74 50 49, *Fax 01 42 81 26 09* – 🛗 🍽 📺 ☎ 🌜. 🖭 ⓪ ☺ ᴊᴄʙ **E 13**
☐ 78 – **39 ch** 919/1253.

🏨🏨 **Paris-Est** sans rest, 4 r. 8 Mai 1945 (cour d'Honneur gare de l'Est)(10ᵉ) 🖉 01 44 89 27 00, *Fax 01 44 89 27 49* – 🛗 🗐 📺 ☎. 🖭 ☺ **F 16**
☐ 55 – **45 ch** 555/1080.

🏨🏨 **Français** sans rest, 13 r. 8-Mai 1945 (10ᵉ) 🖉 01 40 35 94 14, *Fax 01 40 35 55 40* – 🛗 📺 ☎ 🌜 – 🔏 20. 🖭 ⓪ ☺ ᴊᴄʙ **E 16**
☐ 39 – **71 ch** 450/490.

🏨🏨 **Moulin** M sans rest, 39 r. Fontaine (9ᵉ) 🖉 01 42 81 93 25, *Fax 01 40 16 09 90* – 🛗 🍽 📺 ☎ 🌜. 🖭 ⓪ ☺ ᴊᴄʙ **D 13**
☐ 75 – **50 ch** 951/1246.

🏨🏨 **Trois Poussins** M sans rest, 15 r. Clauzel (9ᵉ) 🖉 01 53 32 81 81, *Fax 01 53 32 81 82* – 🛗 cuisinette 🍽 📺 ☎ 🌜 🕭. 🖭 ☺ ᴊᴄʙ. 🍽 **E 13**
☐ 49 – **40 ch** 700/980.

🏨🏨 **Celte La Fayette** sans rest, 25 r. Buffault (9ᵉ) 🖉 01 49 95 09 49, *Fax 01 49 95 01 88* – 🛗 📺 ☎. 🖭 ⓪ ☺ ᴊᴄʙ **E 14**
☐ 60 – **50 ch** 600/800.

🏨🏨 **Printania** sans rest, 19 r. Château d'Eau (10ᵉ) 🖉 01 42 01 84 20, *Fax 01 42 39 55 12* – 🛗 📺 ☎ 🌜. 🖭 ⓪ ☺ ᴊᴄʙ. 🍽 **F 16**
☐ 48 – **51 ch** 595/800.

🏨🏨 **Monterosa** M sans rest, 30 r. La Bruyère (9ᵉ) 🖉 01 48 74 87 90, *Fax 01 42 81 01 12* – 🛗 📺 ☎. 🖭 ⓪ ☺ ᴊᴄʙ **E 13**
☐ 35 – **36 ch** 420/660.

🏨🏨 **Comfort Hôtel République** sans rest, 9 r. Pierre Chausson (10ᵉ) 🖉 01 40 18 11 00, *Fax 01 40 18 11 06* – 🍽 📺 ☎ 🌜 🕭. 🖭 ⓪ ☺ ᴊᴄʙ **F 16**
☐ 55 – **58 ch** 650/730.

🏨 **Mercure Monty** sans rest, 5 r. Montyon (9ᵉ) ℰ 01 47 70 26 10, *Fax 01 42 46 55 10* – |�|
🌂 📺 ☎ ✰ – 🏛 50. 🄰🄴 ⑩ 🄶🄱 🄹🄲🄱
☞ 60 – **71 ch** 790/850.
F 14

🏨 **Pré** sans rest, 10 r. P. Sémard (9ᵉ) ℰ 01 42 81 37 11, *Fax 01 40 23 98 28* – |�| 📺 ☎ ✰. 🄰🄴 ⑩
🄶🄱
☞ 60 – **40 ch** 495/650.
E 15

🏨 **Résidence du Pré** sans rest, 15 r. P. Sémard (9ᵉ) ℰ 01 48 78 26 72, *Fax 01 42 80 64 83* –
|�| 🌂 📺 ☎ ✰. 🄰🄴 ⑩ 🄶🄱 🄹🄲🄱
☞ 50 – **40 ch** 445/530.
E 15

🏨 **Sudotel Grands Boulevards** sans rest, 42 r. Petites-Écuries (10ᵉ) ℰ 01 42 46 91 86,
Fax 01 40 22 90 85 – |�| 📺 ☎ ✦. 🄰🄴 ⑩ 🄶🄱 🄹🄲🄱
☞ 55 – **49 ch** 650/1000.
F 15

🏨 **Gotty** sans rest, 11 r. Trévise (9ᵉ) ℰ 01 47 70 12 90, *Fax 01 47 70 21 26* – |�| 📺 ☎ ✰. 🄰🄴 ⑩
🄶🄱 🄹🄲🄱
☞ 45 – **44 ch** 650/700.
F 14

🏨 **Acadia** Ⓜ sans rest, 4 r. Geoffroy Marie (9ᵉ) ℰ 01 40 22 99 99, *Fax 01 40 22 01 82* – |�| ▤
📺 ☎ ✰ ✦. 🄰🄴 ⑩ 🄶🄱 🄹🄲🄱. 🌂
☞ 85 – **36 ch** 890/1090.
F 14

🏨 **Axel** sans rest, 15 r. Montyon (9ᵉ) ℰ 01 47 70 92 70, *Fax 01 47 70 43 37* – |�| 🌂 ▤ 📺 ☎.
🄰🄴 ⑩ 🄶🄱 🄹🄲🄱
☞ 55 – **38 ch** 790/890.
F 14

🏨 **Paix République** sans rest, 2 bis bd St-Martin (10ᵉ) ℰ 01 42 08 96 95, *Fax 01 42 06 36 30*
– |�| 📺 ☎. 🄰🄴 ⑩ 🄶🄱 🄹🄲🄱. 🌂
☞ 45 – **45 ch** 680/1280.
G 16

🏨 **Trinité Plaza** sans rest, 41 r. Pigalle (9ᵉ) ℰ 01 42 85 57 00, *Fax 01 45 26 41 20* – |�| 📺 ☎
✦. 🄰🄴 ⑩ 🄶🄱 🄹🄲🄱
☞ 30 – **42 ch** 650/740.
E 13

🏨 **Corona** ⏱ sans rest, 8 cité Bergère (9ᵉ) ℰ 01 47 70 52 96, *Fax 01 42 46 83 49* – |�| 📺 ☎ ✦
✦. 🄰🄴 ⑩ 🄶🄱 🄹🄲🄱
☞ 50 – **56 ch** 720/830, 4 appart.
F 14

🏨 **Montréal** sans rest, 23 r. Godot-de-Mauroy (9ᵉ) ℰ 01 42 65 99 54, *Fax 01 49 24 07 33* – |�|
🌂 📺 ☎ ✦. 🄰🄴 ⑩ 🄶🄱 🄹🄲🄱. 🌂
☞ 40 – **12 ch** 590/640, 6 appart.
F 12

🏨 **Alba** ⏱ sans rest, 34 ter r. La Tour d'Auvergne (9ᵉ) ℰ 01 48 78 80 22, *Fax 01 42 85 23 13* –
|�| cuisinette 📺 ☎ ✦. 🄰🄴 ⑩ 🄶🄱 🄹🄲🄱. 🌂
☞ 40 – **24 ch** 550/1400.
E 14

🏨 **Peyris** sans rest, 10 r. Conservatoire (9ᵉ) ℰ 01 47 70 50 83, *Fax 01 40 22 95 91* – |�| 📺 ☎.
🄰🄴 ⑩ 🄶🄱 🄹🄲🄱
☞ 50 – **50 ch** 550/700.
F 14

🏨 **Gare du Nord** sans rest, 33 r. St-Quentin (10ᵉ) ℰ 01 48 78 02 92, *Fax 01 45 26 88 31* – |�|
📺 ☎. 🄰🄴 ⑩ 🄶🄱. 🌂
☞ 45 – **47 ch** 426/622.
E 16

🏨 **Amiral Duperré** Ⓜ sans rest, 32 r. Duperré (9ᵉ) ℰ 01 42 81 55 33, *Fax 01 44 63 04 73* – |�|
🌂 📺 ☎ ✦. 🄰🄴 ⑩ 🄶🄱 🄹🄲🄱
☞ 45 – **52 ch** 570/636.
D 13

🏨 **Riboutté-Lafayette** sans rest, 5 r. Riboutté (9ᵉ) ℰ 01 47 70 62 36, *Fax 01 48 00 91 50* –
|�| 📺 ☎ ✦. 🄰🄴 🄶🄱 🄹🄲🄱
☞ 35 – **24 ch** 460/490.
E 14

🏨 **Relais du Pré** sans rest, 16 r. P. Sémard (9ᵉ) ℰ 01 42 85 19 59, *Fax 01 42 85 70 59* – |�| 📺
☎ ✦. 🄰🄴 ⑩ 🄹🄲🄱
☞ 50 – **34 ch** 465/560.
E 15

🏨 **Ibis Gare de l'Est** Ⓜ, 197 r. Lafayette (10ᵉ) ℰ 01 44 65 70 00, *Fax 01 44 65 70 07* – |�| 🌂,
▤ ch, 📺 ☎ ✦ ⊜. 🄰🄴 ⑩ 🄶🄱
Repas carte environ 160 ♀ – ☞ 39 – **165 ch** 440/490.
E 17

🏨 **St-Laurent** Ⓜ sans rest, 5 r. St-Laurent (10ᵉ) ℰ 01 42 09 59 79, *Fax 01 42 09 83 50* – |�| ▤
📺 ☎ ✦. 🄰🄴 ⑩ 🄶🄱 🄹🄲🄱
☞ 50 – **44 ch** 650/800.
E-F 16

🏨 **Champagne-Mulhouse** sans rest, 87 bd Strasbourg (10ᵉ) ℰ 01 42 09 12 28,
Fax 01 42 09 48 12 – |�| 🌂 📺 ☎. 🄰🄴 ⑩ 🄶🄱 🄹🄲🄱
☞ 46 – **31 ch** 624/748.
E 15

🏨 **Ibis Lafayette** sans rest, 122 r. Lafayette (10ᵉ) ℰ 01 45 23 27 27, *Fax 01 42 46 73 79* – |�|
🌂 📺 ☎ ✦ ✦. 🄰🄴 ⑩ 🄶🄱
☞ 39 – **70 ch** 450/505.
E 16

🏠 **Campanile Gare du Nord** sans rest, 232 r. Fg St-Martin (10ᵉ) ℘ 01 40 34 38 38, *Fax 01 40 34 38 50* – 🛗 ⇄ 📺 ☎ ❄. 🖭 ⓘ 🆖   **DE 17**
🞓 42 – 90 ch 455/465.

🏠 **Suède** sans rest, 106 bd Magenta (10ᵉ) ℘ 01 40 36 10 12, *Fax 01 40 36 11 98* – 🛗 ⇄ 📺 ☎ ❄. 🖭 ⓘ 🆖 �🇯🇨🇧   **L 15-16**
🞓 46 – 52 ch 571/637.

🏠 **Capucines** sans rest, 6 r. Godot de Mauroy (9ᵉ) ℘ 01 47 42 25 05, *Fax 01 42 68 05 05* – 🛗 📺 ☎. 🖭 ⓘ 🆖 🇯🇨🇧   **F 12**
🞓 38 – 45 ch 520/600.

🏠 **Gilden Magenta** sans rest, 35 r. Yves Toudic (10ᵉ) ℘ 01 42 40 17 72, *Fax 01 42 02 59 66* – 🛗 📺 ☎. 🖭 ⓘ 🆖   **F 17**
🞓 40 – 32 ch 340/410.

XXXX **Opéra** - Grand Hôtel Inter-Continental, pl. Opéra (9ᵉ) ℘ 01 40 07 30 10, *Fax 01 40 07 33 86*,
ॐ « Cadre Second Empire » – ▤. 🖭 ⓘ 🆖 🇯🇨🇧   **F 12**
fermé août, vacances de Noël, sam., dim. et fériés – **Repas** 240 (déj.), 345/585 et carte 450 à 610 ♀
Spéc. Tarte croustillante de langoustines royales. Daube de sanglier et pied de cochon en ravioli de potiron (oct. à fév.). Le ''tout chocolat''.

XXXX **Les Muses** - Hôtel Scribe, 1 r. Scribe (9ᵉ) ℘ 01 44 71 24 26, *Fax 01 44 71 24 64* – ▤. 🖭 ⓘ
ॐ 🆖 🇯🇨🇧   **F 12**
fermé août, sam., dim. et fériés – **Repas** 250/320 et carte 270 à 440 ♀
Spéc. Salade de pied de cochon farci, cromesquis d'oreilles. Gibier (saison). Feuilleté aux amandes et crème pralinée.

XXX **Table d'Anvers** (Conticini), 2 pl. d'Anvers (9ᵉ) ℘ 01 48 78 35 21, *Fax 01 45 26 66 67* ▤.
ॐ 🖭 🆖 🇯🇨🇧   **D 14**
fermé sam. midi et dim. – **Repas** 250 (déj.)/320 et carte 440 à 600 ♀
Spéc. Sashimi de thon sauce gingembre. Bar en crème, chausson aux crosnes et oursins. Le chocolat en six formes et six épices.

XXX **Charlot ''Roi des Coquillages''**, 12 pl. Clichy (9ᵉ) ℘ 01 53 20 48 00, *Fax 01 53 20 48 09* – ▤. 🖭 ⓘ 🆖   **D 12**
Repas - produits de la mer - *(148 bc)* - 178 et carte 280 à 360 ♀.

XX **Au Chateaubriant**, 23 r. Chabrol (10ᵉ) ℘ 01 48 24 58 94, *Fax 01 42 47 09 75*, collection de tableaux – ▤. 🖭 🆖 🇯🇨🇧   **E 15**
fermé août, dim. et lundi – **Repas** - cuisine italienne - *(128)* - 165 et carte 200 à 330 ♀.

XX **16 Haussmann** - Hôtel Ambassador, 16 bd Haussmann (9ᵉ) ℘ 01 44 83 40 58,
🞃 *Fax 01 48 00 06 38* – ▤. 🖭 ⓘ 🆖   **F 13**
fermé sam. midi et dim. – **Repas** *(165)* - 190 ♀.

XX **Au Petit Riche**, 25 r. Le Peletier (9ᵉ) ℘ 01 47 70 68 68, *Fax 01 48 24 10 79*, bistrot, « Cadre fin 19ᵉ siècle » – ▤. 🖭 ⓘ 🆖 🇯🇨🇧   **F 13**
fermé dim. – **Repas** 140 (dîner), 165 (déj.)/180 et carte 200 à 350 ♀.

XX **Brasserie Café de la Paix** - Grand Hôtel Inter-Continental, 12 bd Capucines (9ᵉ) ℘ 01 40 07 30 20, *Fax 01 40 07 33 86* – ▤. 🖭 ⓘ 🆖 🇯🇨🇧. 🞖   **F 12**
Repas 170 et carte 230 à 350 ♀, enf. 90.

XX **Bistrot Papillon**, 6 r. Papillon (9ᵉ) ℘ 01 47 70 90 03, *Fax 01 48 24 05 59* – ▤. 🖭 ⓘ 🆖 🇯🇨🇧   **E 15**
fermé 22 au 30 avril, 11 août au 3 sept., sam. sauf le midi de mai à sept. et dim. – **Repas** 150 et carte 230 à 290 ♀.

XX **Julien**, 16 r. Fg St-Denis (10ᵉ) ℘ 01 47 70 12 06, *Fax 01 42 47 00 65*, « Brasserie ''Belle Époque'' » – ▤. 🖭 ⓘ 🆖 🇯🇨🇧   **F 15**
Repas *(138)* - 189 bc et carte 180 à 290.

XX **Grand Café** (ouvert jour et nuit), 4 bd Capucines (9ᵉ) ℘ 01 43 12 19 00, *Fax 01 43 12 19 09*, brasserie, « Décor ''Belle Époque'' » – ▤. 🖭 ⓘ 🆖   **F 13**
Repas 178 et carte 210 à 330 ♀.

XX **Quercy**, 36 r. Condorcet (9ᵉ) ℘ 01 48 78 30 61, *Fax 01 48 78 16 29* – 🖭 ⓘ 🆖 🇯🇨🇧   **E 14**
fermé août, dim. et fériés – **Repas** *(128)* - 152 et carte 190 à 330.

XX **Grange Batelière**, 16 r. Grange Batelière (9ᵉ) ℘ 01 47 70 85 15, *Fax 01 47 70 85 15* – ▤. 🖭 🆖   **F 14**
fermé 6 au 27 août, sam. midi, dim. et fériés – **Repas** 160/300 ♀.

XX **Brasserie Flo**, 7 cour Petites Écuries (10ᵉ) ℘ 01 47 70 13 59, *Fax 01 42 47 00 80*, « Cadre 1900 » – ▤. 🖭 ⓘ 🆖   **F 15**
Repas *(138 bc)* - 189 bc et carte 190 à 260 ♀.

XX **Terminus Nord,** 23 r. Dunkerque (10ᵉ) ☎ 01 42 85 05 15, *Fax 01 40 16 13 98*, brasserie – ▤. ᴬᴱ ⓪ ᴳᴮ
E 16
Repas 189 bc et carte 180 à 250 ♈, enf. 62.

XX **Brasserie Flo,** Magasin du Printemps (6ᵉ étage)(9ᵉ) ☎ 01 42 82 58 81, *Fax 01 45 26 31 24* – ▤. ᴬᴱ ᴳᴮ
F 12
fermé dim. et fériés – **Repas** *(135 bc)* - carte 160 à 260 ♈.

XX **Paprika,** 28 av. Trudaine (9ᵉ) ☎ 01 44 63 02 91, *Fax 01 44 63 09 62* – ᴳᴮ
E 14
fermé dim. soir – **Repas** - cuisine hongroise - 80 (déj.), 120/180 et carte 240 à 340 ♈.

XX **Saintongeais,** 62 r. Fg Montmartre (9ᵉ) ☎ 01 42 80 39 92, *Fax 01 42 80 39 92* – ᴬᴱ ⓪ ᴳᴮ
ᴶᶜᴮ
E 14
fermé 14 au 27 août, sam. et dim. – **Repas** 139/168 et carte 190 à 280.

XX **Wally Le Saharien,** 36 r. Rodier (9ᵉ) ☎ 01 42 85 51 90, *Fax 01 45 86 08 35* – ▤. ᴳᴮ
⁂
E 14
fermé lundi midi et dim. – **Repas** - cuisine nord-africaine - 240 et carte 180 à 240 ♈.

X **Chez Jean,** 8 r. St-Lazare (9ᵉ) ☎ 01 48 78 62 73, *Fax 01 48 78 35 30* – ᴳᴮ
E 14
⊛ *fermé sam. midi et dim.*
Repas 185 ♈.

X **Petite Sirène de Copenhague,** 47 r. N.-D. de Lorette (9ᵉ) ☎ 01 45 26 66 66 – ᴳᴮ E 13
⊛ *fermé août, dim. et lundi* – **Repas** - cuisine danoise - (prévenir) 120 (déj.)/160 et carte 190 à 310 ♈.

X **Pré Cadet,** 10 r. Saulnier (9ᵉ) ☎ 01 48 24 99 64 – ▤. ᴬᴱ ⓪ ᴳᴮ ᴶᶜᴮ
F 14
⊛ *fermé 1ᵉʳ au 8 mai, 5 au 20 août, Noël au Jour de l'An, sam. midi et dim.* – **Repas** (nombre de couverts limité, prévenir) 150/250 et carte 250 à 300.

X **L'Oenothèque,** 20 r. St-Lazare (9ᵉ) ☎ 01 48 78 08 76, *Fax 01 40 16 10 27* – ▤. ᴳᴮ
ᴶᶜᴮ
E 13
fermé sam. et dim. – **Repas** 180 et carte 210 à 320 ♈.

X **I Golosi,** 6 r. Grange Batelière (9ᵉ) ☎ 01 48 24 18 63, *Fax 01 45 23 18 96*, « Décor de style vénitien » – ▤. ᴳᴮ
F 14
fermé août, sam. soir et dim. – **Repas** - cuisine italienne - carte 180 à 260 ♈.

X **Bistro de Gala,** 45 r. Fg Montmartre (9ᵉ) ☎ 01 40 22 90 50, *Fax 01 40 22 98 30* – ▤. ᴬᴱ
ᴳᴮ
F 14
fermé 1ᵉʳ au 7 mai, 1ᵉʳ au 20 août, sam. midi et dim. – **Repas** *(150)* - 170 ♈.

X **Bistro des Deux Théâtres,** 18 r. Blanche (9ᵉ) ☎ 01 45 26 41 43, *Fax 01 48 74 08 92* – ▤. ᴬᴱ ᴳᴮ
E 12
Repas 179 bc.

X **Aux Deux Canards,** 8 r. Fg Poissonnière (10ᵉ) ☎ 01 47 70 03 23, *Fax 01 47 70 18 85* – ▤. ᴬᴱ ⓪ ᴳᴮ
F 15
fermé 25 juil. au 25 août, sam. midi, lundi midi et dim. – **Repas** carte 160 à 240.

X **Chez Catherine,** 65 r. Provence (9ᵉ) ☎ 01 45 26 72 88, bistrot – ⓪ ᴳᴮ
E 13
fermé 5 août au 4 sept., 30 déc. au 8 janv., lundi soir, sam., dim. et fériés – **Repas** carte 200 à 290 ♈.

X **Petit Batailley,** 26 r. Bergère (9ᵉ) ☎ 01 47 70 85 81 – ᴬᴱ ⓪ ᴳᴮ ᴶᶜᴮ
F 14
fermé 20 juil. au 20 août, 25 au 31 déc., sam. midi et dim. midi – **Repas** 150/250 ♈.

X **Relais Beaujolais,** 3 r. Milton (9ᵉ) ☎ 01 48 78 77 91, bistrot – ᴳᴮ
E 14
fermé août, sam., dim. et fériés – **Repas** carte 150 à 220 ♨.

X **Chez Michel,** 10 r. Belzunce (10ᵉ) ☎ 01 44 53 06 20, *Fax 01 44 53 61 31* – ᴳᴮ
F 15
fermé 1ᵉʳ au 24 août, 25 déc. au 4 janv., dim. et lundi – **Repas** 180 ♈.

X **L'Alsaco Winstub,** 10 r. Condorcet (9ᵉ) ☎ 01 45 26 44 31 – ᴳᴮ
E 15
fermé mi-juil. à fin août, sam. midi et dim. – **Repas** 87 (déj.), 95/190 bc et carte 120 à 170 ♈.

X **L'Excuse Mogador,** 21 r. Joubert (9ᵉ) ☎ 01 42 81 98 19 – ᴳᴮ
F 12
fermé août, 24 au 31 déc., lundi soir, vend. soir, sam. et dim. – **Repas** 80 (déj.)/100 et carte 100 à 130 ♈.

X **Il Sardo,** 46 bis r. Clichy (9ᵉ) ☎ 01 48 78 25 38, *Fax 01 48 78 25 38* – ᴬᴱ ᴳᴮ
E 12
fermé août, sam. midi et dim. – **Repas** - cuisine italienne - *(90)* - carte 170 à 260 ♈.

PARIS p. 73

Bastille - Gare de Lyon
Place d'Italie - Bois de Vincennes

12ᵉ et 13ᵉ arrondissements

12ᵉ : ✉ 75012 - 13ᵉ : ✉ 75013

Sofitel Paris Bercy M, 1 av. Terroirs de France (12ᵉ) ℰ 01 44 67 34 00, Fax 01 44 67 34 01 – 劇 ✳ ≡ 📺 ☎ ℰ ⅃ – 🏛 250. ㋎ ⑪ ㏌ ㏌. ✻ rest   **NP 20**
Repas 220 ℤ – ㊂ 120 – **376 ch** 1380/1750, 10 duplex.

Holiday Inn Bastille M sans rest, 11 r. Lyon (12ᵉ) ℰ 01 53 02 20 00, Fax 01 53 02 20 01 劇 ✳ ≡ 📺 ☎ ℰ ⅃ – 🏛 75. ㋎ ⑪ ㏌ ㏌   **L 18**
㊂ 90 – **125 ch** 995, 3 appart.

Novotel Gare de Lyon M, 2 r. Hector Malot (12ᵉ) ℰ 01 44 67 60 00, Fax 01 44 67 60 60, ㋡, ▨ – 劇 ✳ ≡ 📺 ☎ ℰ ⅃ ⇔ – 🏛 75. ㋎ ⑪ ㏌ ㏌   **L 18**
Repas (95) - 110/180 ℤ, enf. 50 – ㊂ 75 – **253 ch** 910.

Novotel Bercy M, 85 r. Bercy (12ᵉ) ℰ 01 43 42 30 00, Fax 01 43 45 30 60, ㋡ – 劇 ✳ ≡ 📺 ☎ ℰ ⅃ – 🏛 80. ㋎ ⑪ ㏌   **M 19**
Repas (99) - 138 ℤ, enf. 50 – ㊂ 72 – **129 ch** 820/860.

Holiday Inn Tolbiac M sans rest, 21 r. Tolbiac (13ᵉ) ℰ 01 45 84 61 61, Fax 01 45 84 43 38 – 劇 ✳ ≡ 📺 ☎ ℰ ⅃ – 🏛 25. ㋎ ⑪ ㏌ ㏌   **P 18**
㊂ 70 – **71 ch** 1300/1400.

Mercure Pont de Bercy M sans rest, 6 bd Vincent Auriol (13ᵉ) ℰ 01 45 82 48 00, Fax 01 45 82 19 16 – 劇 ≡ 📺 ☎ ℰ – 🏛 35. ㋎ ⑪ ㏌   **M 18**
㊂ 65 – **89 ch** 790.

Mercure Blanqui M sans rest, 25 bd Blanqui (13ᵉ) ℰ 01 45 80 82 23, Fax 01 45 81 45 84 – 劇 ✳ ≡ 📺 ☎ ℰ – 🏛 20. ㋎ ⑪ ㏌ ㏌   **P 15**
㊂ 65 – **50 ch** 750/1000.

1003

🏨 **Pavillon Bastille** M sans rest, 65 r. Lyon (12ᵉ) ℰ 01 43 43 65 65, *Fax 01 43 43 96 52*, « Élégant décor contemporain » – 📳 ✻ 🖹 📺 ☎ ℰ. 🖭 ⓪ ⅁⅁ 🥢 **K 18**
⌕ 75 – **25** ch 840/955.

🏨 **Nation** M sans rest, 33 av. Dr A. Netter (12ᵉ) ℰ 01 40 04 90 90, *Fax 01 40 04 99 20* – 📳 ✻ 🖹 📺 ☎ ℰ ⇔. 🖭 ⓪ **M 12**
⌕ 79 – **49** ch 952.

🏨 **Paris Bastille** M sans rest, 67 r. Lyon (12ᵉ) ℰ 01 40 01 07 17, *Fax 01 40 01 07 27* – 📳 🖹 📺 ☎ ℰ – 🛎 25. ⅁⅁ 🥢 **K 18**
⌕ 75 – **37** ch 800/820.

🏨 **Ibis Gare de Lyon** M sans rest, 43 av. Ledru-Rollin (12ᵉ) ℰ 01 53 02 30 30, *Fax 01 53 02 30 31* – 📳 ✻ 🖹 📺 ☎ ℰ ⇔ – 🛎 25. 🖭 ⓪ ⅁⅁ **K 18**
⌕ 39 – **119** ch 480/500.

🏨 **Relais Mercure Bercy** M, 77 r. Bercy (12ᵉ) ℰ 01 53 46 50 50, *Fax 01 53 46 50 99*, 🏝 – 📳 ✻ 🖹 📺 ☎ ℰ ᵶ ᵶ – 🛎 40. 🖭 ⓪ ⅁⅁ 🥢 **M 19**
Repas (99) - 129 ᵶ, enf. 45 – ⌕ 50 – **364** ch 670/700.

🏨 **Relais de Lyon** sans rest, 64 r. Crozatier (12ᵉ) ℰ 01 43 44 22 50, *Fax 01 43 41 55 12* – 📳 📺 ☎. 🖭 ⓪ ⅁⅁ 🥢 **K 19**
⌕ 40 – **33** ch 350/480.

🏨 **Résidence Vert Galant** ⌂ sans rest, 43 r. Croulebarbe (13ᵉ) ℰ 01 44 08 83 50, *Fax 01 44 08 83 69* – 📺 ☎ ℰ. 🖭 ⓪ ⅁⅁ 🥢 **N 15**
⌕ 40 – **15** ch 450/500.

🏨 **Slavia** sans rest, 51 bd St-Marcel (13ᵉ) ℰ 01 43 37 81 25, *Fax 01 45 87 05 03* – 📳 📺 ☎ ℰ. 🖭 ⓪ ⅁⅁ 🥢 **M 16**
⌕ 40 – **37** ch 370/400, 6 appart.

🏨 **Terminus-Lyon** sans rest, 19 bd Diderot (12ᵉ) ℰ 01 43 43 24 03, *Fax 01 43 44 09 00* – 📳 📺 ☎. 🖭 ⓪ ⅁⅁ 🥢 🥢 **L 18**
⌕ 48 – **60** ch 430/580.

🏠 **Manufacture** M sans rest, 8 r. Philippe de Champagne (13ᵉ) ℰ 01 45 35 45 25, *Fax 01 45 35 45 40* – 📳 🖹 📺 ☎ ℰ. 🖭 ⓪ ⅁⅁ 🥢 🥢 **N 16**
⌕ 42 – **57** ch 690/800.

🏠 **Agate** sans rest, 8 cours Vincennes (12ᵉ) ℰ 01 43 45 13 53, *Fax 01 43 42 09 39* – 📳 📺 ☎. 🖭 ⅁⅁ 🥢 **L 22**
⌕ 35 – **43** ch 340/420.

🏠 **Ibis Place d'Italie** M sans rest, 25 av. Stephen Pichon (13ᵉ) ℰ 01 44 24 94 85, *Fax 01 44 24 20 70* – 📳 ✻ 📺 ☎ ℰ ⇔. 🖭 ⓪ ⅁⅁ **N 16**
⌕ 40 – **58** ch 440/480.

🏠 **Ibis Italie Tolbiac** M sans rest, 177 r. Tolbiac (13ᵉ) ℰ 01 45 80 16 60, *Fax 01 45 80 95 80* – 📳 ✻ 📺 ☎ ℰ ℰ. 🖭 ⓪ ⅁⅁ **P 15**
⌕ 39 – **60** ch 430/450.

🏠 **Lux Hôtel Picpus** sans rest, 74 bd Picpus (12ᵉ) ℰ 01 43 43 08 46, *Fax 01 43 43 05 22* – 📳 🖹 📺 ☎. ⅁⅁ **L 22**
⌕ 35 – **38** ch 280/395.

🏠 **Touring Hôtel Magendie** M sans rest, 6 r. Corvisart (13ᵉ) ℰ 01 43 36 13 61, *Fax 01 43 36 47 48* – 📳 📺 ☎ ℰ – 🛎 30. ⅁⅁ **N 14**
⌕ 28 – **112** ch 345/400.

🏠 **Nouvel H.** sans rest, 24 av. Bel Air (12ᵉ) ℰ 01 43 43 01 81, *Fax 01 43 44 64 13* – 📺 ☎ ℰ. 🖭 ⓪ ⅁⅁ **L 21**
⌕ 43 – **28** ch 375/580.

🏠 **Arts** sans rest, 8 r. Coypel (13ᵉ) ℰ 01 47 07 76 32, *Fax 01 43 31 18 09* – 📳 📺 ☎ ℰ. 🖭 ⓪ ⅁⅁ 🥢 **N 16**
⌕ 30 – **37** ch 295/360.

XXX **Au Pressoir** (Seguin), 257 av. Daumesnil (12ᵉ) ℰ 01 43 44 38 21, *Fax 01 43 43 81 77* – 🖹. 🖭 ⅁⅁ 🥢
❀ **M 22**
fermé août, sam. et dim. – **Repas** 420 et carte 370 à 480 ᵶ
Spéc. Assiette de fruits de mer tiède (oct. à avril). Lièvre à la royale (oct.-nov.). Poêlée de fraises des bois et framboises.

XXX **Train Bleu**, Gare de Lyon (12ᵉ) ℰ 01 43 43 09 06, *Fax 01 43 43 97 96*, brasserie, « Cadre 1900 - fresques évoquant le voyage de Paris à la Méditerranée » – 🖭 ⓪ ⅁⅁ 🥢 **L 18**
Repas (1ᵉʳ étage) 255 bc et carte 220 à 390 ᵶ, enf. 75.

XXX **L'Oulette**, 15 pl. Lachambeaudie (12ᵉ) ℰ 01 40 02 02 12, *Fax 01 40 02 04 77*, 🏝 – 🖭 ⓪ ⅁⅁ **N 20**
fermé sam. midi et dim. – **Repas** 165/260 bc et carte 290 à 340 ᵶ.

XX **Au Trou Gascon**, 40 r. Taine (12ᵉ) ℘ 01 43 44 34 26, *Fax 01 43 07 80 55* – ▣. 🅰🅴 ⓞ 🅶🅱
₰ 🅹🅲🅱 **M 21**

fermé août, 25 déc. au 2 janv., sam. midi et dim. – **Repas** (nombre de couverts limité, prévenir) 200 (déj.)/320 bc et carte 270 à 410

Spéc. Chipirons poêlés, piperade froide (été). Petit pâté chaud de cèpes (saison). Volaille de Chalosse rôtie aux champignons.

XX **Frégate**, 30 av. Ledru-Rollin (12ᵉ) ℘ 01 43 43 90 32 – ▣. 🅶🅱 **L 18**
fermé août, dim. et lundi – **Repas** - produits de la mer - 160/190 ☨.

XX **Gourmandise**, 271 av. Daumesnil (12ᵉ) ℘ 01 43 43 94 41, *Fax 01 43 45 59 78* – ▣. 🅰🅴 🅶🅱
🅹🅲🅱 **M 22**

fermé 30 juil. au 21 août, dim. soir et lundi – **Repas** (145 bc) - 175/220 et carte environ 250, enf. 110.

XX **Petit Marguery**, 9 bd. Port-Royal (13ᵉ) ℘ 01 43 31 58 59, bistrot – 🅰🅴 ⓞ 🅶🅱 🅹🅲🅱 **M 15**
fermé août, 24 déc. au 2 janv., dim. et lundi – **Repas** 165 (déj.), 215/285 ☨.

XX **Traversière**, 40 r. Traversière (12ᵉ) ℘ 01 43 44 02 10, *Fax 01 43 44 64 20* – 🅰🅴 🅶🅱
⊛ 🅹🅲🅱 **K 18**

fermé 29 juil. au 21 août, dim. soir et lundi – **Repas** (110) 130 (déj.), 165/238 ☨, enf. 70.

XX **Les Marronniers**, 53 bis bd Arago (13ᵉ) ℘ 01 47 07 58 57, *Fax 01 47 07 46 09* – ▣. 🅶🅱
🅹🅲🅱 **N 14**

fermé 6 au 29 août, vacances de fév., dim. soir et lundi – **Repas** 135 (déj.)/180 et carte 185 à 230 ☨.

XX **Sologne**, 164 av. Daumesnil (12ᵉ) ℘ 01 43 07 68 97, *Fax 01 43 44 66 23* – ▣. 🅰🅴 🅶🅱 **M 21**
fermé sam. midi et dim. – **Repas** 165/230 ☨.

XX **Janissaire**, 22 allée Vivaldi (12ᵉ) ℘ 01 43 40 37 37, *Fax 01 43 40 38 39* – 🅰🅴 ⓞ 🅶🅱 **M 20**
fermé lundi – **Repas** - cuisine turque - 62 (déj.)/130 ☨.

X **Bistrot de la Porte Dorée**, 5 bd Soult (12ᵉ) ℘ 01 43 43 80 07, *Fax 01 43 43 80 07* – ▣.
ⓞ🅱 **N 22**

Repas 195 bc.

X **Jean-Pierre Frelet**, 25 r. Montgallet (12ᵉ) ℘ 01 43 43 76 65 – ▣. 🅶🅱 **L 20**
⊛ *fermé août, sam. midi et dim.*
Repas (105) - 150 et carte 200 à 240 ☨.

X **Quincy**, 28 av. Ledru-Rollin (12ᵉ) ℘ 01 46 28 46 76, *Fax 01 46 28 46 76*, bistrot – ▣ **L 17**
fermé 15 août au 15 sept., vacances de fév., sam., dim. et lundi – **Repas** carte 250 à 400.

X **Anacréon**, 53 bd St-Marcel (13ᵉ) ℘ 01 43 31 71 18, *Fax 01 43 31 94 94* – ▣. 🅰🅴 ⓞ 🅶🅱
⊛ 🅹🅲🅱 ❀ **M 16**

fermé 6 au 13 mars, août, dim. et lundi – **Repas** 120 (déj.)/180.

X **Chez Jacky**, 109 r. du Dessous-des-Berges (13ᵉ) ℘ 01 45 83 71 55, *Fax 01 45 86 57 73* –
▣. 🅶🅱 **P 18**

fermé août, sam. et dim. – **Repas** 188 et carte 250 à 360 ☨.

X **Temps des Cerises**, 216 r. Fg St-Antoine (12ᵉ) ℘ 01 43 67 52 08, *Fax 01 43 67 60 91* – ▣.
🅰🅴 ⓞ 🅶🅱 🅹🅲🅱 **K 20**

fermé août et lundi – **Repas** 100/230 et carte 220 à 300 ☨.

X **L'Avant Goût**, 26 r. Bobillot (13ᵉ) ℘ 01 53 80 24 00, *Fax 01 53 80 00 77*, bistrot – ▣.
⊛ 🅶🅱 **P 15**

fermé 2 au 8 mai, 15 au 21 août, 2 au 8 janv., dim. et lundi – **Repas** (nombre de couverts limité, prévenir) (59) 145/190 ☨.

X **À la Biche au Bois**, 45 av. Ledru-Rollin (12ᵉ) ℘ 01 43 43 34 38 – 🅰🅴 ⓞ 🅶🅱 **K 18**
⊛ *fermé mi-juil. à mi-août, 25 au 31 déc., sam. et dim.*
Repas 115/128 et carte 130 à 190.

X **L'Auberge Aveyronnaise**, 40 r. Lamé (12ᵉ) ℘ 01 43 40 12 24, *Fax 01 43 40 12 15* – ▣.
🅰🅴 ⓞ 🅶🅱 **N 20**

fermé 14 juil. au 15 août, dim. soir et lundi – **Repas** (87) - 120/150.

X **Viaduc Café**, 43 av. Daumesnil (12ᵉ) ℘ 01 44 74 70 70, *Fax 01 44 74 70 71*, ✿ – 🅶🅱 **L 18**
Repas carte 150 à 230 ☨.

X **Chez Françoise**, 12 r. Butte aux Cailles (13ᵉ) ℘ 01 45 80 12 02, *Fax 01 45 65 13 67*,
bistrot – 🅰🅴 ⓞ 🅶🅱 🅹🅲🅱 ❀ **P 15**

fermé août, Noël au Jour de l'An et dim. – **Repas** 72 (déj.), 109/179 et carte 140 à 290 ☨.

X **Chez Paul**, 22 r. Butte aux Cailles (13ᵉ) ℘ 01 45 89 22 11, bistrot – 🅶🅱. ❀ **P 15**
Repas carte 170 à 260.

X **Les Zygomates**, 7 r. Capri (12ᵉ) ℘ 01 40 19 93 04, *Fax 01 44 73 46 63*, bistrot – 🅶🅱
❀ **N 21**

fermé août, sam. midi et dim. – **Repas** 80 (déj.)/130 et carte 180 à 220 ☧

Vaugirard - Gare Montparnasse
Grenelle - Denfert-Rochereau

14e et 15e arrondissements

14e : 75014 - 15e : 75015

Hilton, 18 av. Suffren (15e) 01 44 38 56 00, *Fax 01 44 38 56 10,* – – 20 à 400. J 7
Pacific Eiffel 01 44 38 57 77 **Repas** *(138)*-182/325 – 125 – **453 ch** 1900/2500, 9 appart.

Nikko, 61 quai Grenelle (15e) 01 40 58 20 00, *Fax 01 40 58 24 44,* – – 600. K 6
voir rest. ***Les Célébrités*** ci-après **- *Brasserie Pont Mirabeau*** 01 40 58 20 75 *Fax 01 40 58 21 50* **Repas** *(130)*-180 , enf. 85 – ***Benkay*** 01 40 58 21 26 *Fax 01 40 58 21 30 - cuisine japonaise* **Repas** 145(déj.), 340/650 – 120 – **758 ch** 2000/2550, 6 appart.

Méridien Montparnasse, 19 r. Cdt Mouchotte (14e) 01 44 36 44 36, *Fax 01 44 36 49 00,* – – 25 à 500. rest M 11
voir rest. ***Montparnasse 25*** ci-après **- *Justine*** 01 44 36 44 00 *Fax 01 44 36 49 03* **Repas** 208/300 , enf. 75 – 125 – **913 ch** 2000/2300, 40 appart.

Sofitel Porte de Sèvres Ⓜ, 8 r. L. Armand (15e) 01 40 60 30 30, *Fax 01 45 57 04 22,* – – 450. N 5
voir rest. ***Relais de Sèvres*** ci-après **- *Brasserie :*** **Repas** *(110)*- 140 enf. 60 – 100 – **525 ch** 1600/1900, 14 appart.

Sofitel Forum Rive Gauche Ⓜ, 17 bd St-Jacques (14e) 01 40 78 79 80, *Fax 01 45 88 43 93,* centre de conférences, – – – 25 à 1 200. N 13-14
La Table et la Forme (menu basses calories) *(fermé 24 juil. au 21 août)* **Repas** 175 bc, enf. 65 – ***Patio :*** **Repas** 139 (déj) et carte 140 à 230 , enf. 51 – 125 – **766 ch** 1400/2000, 16 appart.

Novotel Porte d'Orléans Ⓜ, 15-19 bd R. Rolland (14ᵉ) ℘ 01 41 17 26 00,
Fax 01 41 17 26 26 – 🛗 ✳ ☰ 📺 ☎ ✆ ♿ ⇦ – 🏛 100. 🅰🅴 ⓪ 🅶🅱 🄵🄲🄱
S 12
Repas 165/250 ♈, enf. 50 – ⇌ 70 – **150 ch** 900/1380.

Novotel Vaugirard Ⓜ, 257 r. Vaugirard (15ᵉ) ℘ 01 40 45 10 00, *Fax 01 40 45 10 10.* 🍴.
🛗 – 🛗 ✳ ☰ 📺 ☎ ✆ ♿ – 🏛 300. 🅰🅴 ⓪ 🅶🅱
M 9
- Transatlantique : Repas *(95)*-165 , enf. 50 – ⇌ 75 – **184 ch** 920/950, 3 appart.

Mercure Montparnasse Ⓜ, 20 r. Gaité (14ᵉ) ℘ 01 43 35 28 28, *Fax 01 43 35 78 00* – 🛗
✳ ☰ 📺 ☎ ✆ ♿ – 🏛 50. 🅰🅴 ⓪ 🅶🅱
M 11
Bistrot de la Gaité : Repas 189 ♈ – ⇌ 80 – **181 ch** 1200, 4 appart.

L'Aiglon sans rest, 232 bd Raspail (14ᵉ) ℘ 01 43 20 82 42, *Fax 01 43 20 98 72* – 🛗 ☰ 📺 ☎
✆. 🅰🅴 ⓪ 🅶🅱 🄵🄲🄱
M 12
⇌ 40 – **34 ch** 630/850, 4 appart.

Mercure Porte de Versailles Ⓜ sans rest, 69 bd Victor (15ᵉ) ℘ 01 44 19 03 03,
Fax 01 48 28 22 11 – 🛗 ✳ ☰ 📺 ☎ ✆ ♿ ⇦ – 🏛 250. 🅰🅴 ⓪ 🅶🅱
N 7
⇌ 90 – **91 ch** 1165/1425.

Mercure Tour Eiffel Ⓜ sans rest, 64 bd Grenelle (15ᵉ) ℘ 01 45 78 90 90,
Fax 01 45 79 95 55 – 🛗 ✳ ☰ 📺 ☎ ✆ ♿ ⇦ – 🏛 25. 🅰🅴 ⓪ 🅶🅱 🄵🄲🄱
K 7
⇌ 75 – **76 ch** 1300/1500.

Holiday Inn Garden Court sans rest, 10 r. Gager Gabillot (15ᵉ) ℘ 01 44 19 29 29,
Fax 01 44 19 29 39 – 🛗 ✳ 📺 ☎ ✆ ♿ ⇦ – 🏛 30. 🅰🅴 ⓪ 🅶🅱 🄵🄲🄱
M 9
⇌ 80 – **60 ch** 850/1200.

Raspail Montparnasse sans rest, 203 bd Raspail (14ᵉ) ℘ 01 43 20 62 86,
Fax 01 43 20 50 79 – 🛗 ☰ 📺 ☎ ✆. 🅰🅴 ⓪ 🅶🅱 🄵🄲🄱. ✍
M 12
⇌ 50 – **38 ch** 560/950.

Lenox Montparnasse sans rest, 15 r. Delambre (14ᵉ) ℘ 01 43 35 34 50,
Fax 01 43 20 46 64 – 🛗 📺 ☎ ✆. 🅰🅴 ⓪ 🅶🅱 🄵🄲🄱
M 12
⇌ 50 – **52 ch** 590/730.

Bailli de Suffren sans rest, 149 av. Suffren (15ᵉ) ℘ 01 56 58 64 64, *Fax 01 45 67 75 82* –
🛗 📺 ☎ ✆. 🅰🅴 ⓪ 🅶🅱 🄵🄲🄱. ✍
L 9
⇌ 65 – **25 ch** 610/815.

Delambre Ⓜ sans rest, 35 r. Delambre (14ᵉ) ℘ 01 43 20 66 31, *Fax 01 45 38 91 76* – 🛗 📺
☎ ✆ ♿. 🅰🅴 🅶🅱. ✍
M 12
⇌ 42 – **30 ch** 460/550.

Alizé Grenelle sans rest, 87 av. É. Zola (15ᵉ) ℘ 01 45 78 08 22, *Fax 01 40 59 03 06* – 🛗 ☰
📺 ☎ ✆. 🅰🅴 ⓪ 🅶🅱 🄵🄲🄱
L 7
⇌ 52 – **50 ch** 540/580.

Mercure Paris XV Ⓜ sans rest, 6 r. St-Lambert (15ᵉ) ℘ 01 45 58 61 00,
Fax 01 45 54 10 43 – 🛗 ✳ ☰ 📺 ☎ ♿ ⇦ – 🏛 30. 🅰🅴 ⓪ 🅶🅱
M 7
⇌ 65 – **56 ch** 830/880.

Tour Eiffel Dupleix Ⓜ sans rest, 11 r. Juge (15ᵉ) ℘ 01 45 78 29 29, *Fax 01 45 78 60 00* –
🛗 ✳ 📺 ☎ ✆. 🅰🅴 ⓪ 🅶🅱 🄵🄲🄱
K 7
⇌ 45 – **40 ch** 650/850.

Apollinaire sans rest, 39 r. Delambre (14ᵉ) ℘ 01 43 35 18 40, *Fax 01 43 35 30 71* – 🛗 📺
☎. 🅰🅴 ⓪ 🅶🅱
M 12
⇌ 45 – **36 ch** 630/790.

Orléans Palace Hôtel sans rest, 185 bd Brune (14ᵉ) ℘ 01 45 39 68 50,
Fax 01 45 43 65 64 – 🛗 ✳ ☰ 📺 ☎ ✆ 🏛 30. 🅰🅴 ⓪ 🅶🅱
R 11
⇌ 60 – **92 ch** 695/850.

Alésia Montparnasse sans rest, 84 r. R. Losserand (14ᵉ) ℘ 01 45 42 16 03,
Fax 01 45 42 11 60 – 🛗 ✳ 📺 ☎. 🅰🅴 ⓪ 🅶🅱 🄵🄲🄱
N 10
⇌ 45 – **45 ch** 550/620.

Beaugrenelle St-Charles sans rest, 82 r. St-Charles (15ᵉ) ℘ 01 45 78 61 63,
Fax 01 45 79 04 38 – 🛗 📺 ☎ ✆. 🅰🅴 ⓪ 🅶🅱 🄵🄲🄱
K 7
⇌ 52 – **51 ch** 510/580.

Arès sans rest, 7 r. Gén. de Larminat (15ᵉ) ℘ 01 47 34 74 04, *Fax 01 47 34 48 56* – 🛗 📺 ☎
✆. 🅰🅴 ⓪ 🅶🅱 🄵🄲🄱
K 8
⇌ 47 – **42 ch** 570/1200.

Versailles sans rest, 213 r. Croix-Nivert (15ᵉ) ℘ 01 48 28 48 66, *Fax 01 45 30 16 22* – 🛗 📺
☎. 🅰🅴 ⓪ 🅶🅱
N 7
⇌ 50 **41 ch** 495/690.

Terminus Vaugirard sans rest, 403 r. Vaugirard (15ᵉ) ℘ 01 48 28 18 72,
Fax 01 48 28 56 34 – 🛗 ☎ – 🏛 25. 🅶🅱. ✍
N 7
fermé 17 au 27 déc. – ⇌ 50 – **89 ch** 600/700

🏨 **Abaca Messidor** sans rest, 330 r. Vaugirard (15ᵉ) ℰ 01 48 28 03 74, *Fax 01 48 28 75 17*, 🛋 – 📶 ⇆ 🍽 📺 ☎ ✆ – 🏊 20. 🆎 ⓪ 🆖   **M 8**
🛏 70 – **72 ch** 690/950.

🏨 **Daguerre** Ⓜ sans rest, 94 r. Daguerre (14ᵉ) ℰ 01 43 22 43 54, *Fax 01 43 20 66 84* – 📶 📺 ☎ ৬. 🆎 ⓪ 🆖 🗾 ⅍   **N 11**
🛏 42 – **30 ch** 420/650.

🏨 **Ibis Brancion** Ⓜ sans rest, 105 r. Brancion (15ᵉ) ℰ 01 56 56 62 30, *Fax 01 56 56 62 31* – 📶 ⇆ 📺 ☎ ✆ ৬. 🆎 ⓪ 🆖   **P 8-9**
🛏 39 – **71 ch** 420/450.

🏨 **Lilas Blanc** Ⓜ sans rest, 5 r. Avre (15ᵉ) ℰ 01 45 75 30 07, *Fax 01 45 78 66 65* – 📶 📺 ☎. 🆎 ⓪ 🆖   **K 8**
🛏 38 – **32 ch** 390/490.

🏨 **Acropole** sans rest, 199 bd Brune (14ᵉ) ℰ 01 45 39 64 17, *Fax 01 45 42 18 21* – 📶 📺 ☎. 🆎 ⓪ 🆖 ⅍   **R 12**
🛏 35 – **43 ch** 326/422.

🏨 **Sèvres-Montparnasse** sans rest, 153 r. Vaugirard (15ᵉ) ℰ 01 47 34 56 75, *Fax 01 40 65 01 86* – 📶 📺 ☎. 🆎 ⓪ 🆖 ⅍   **L 10**
🛏 40 – **35 ch** 430/550.

🏨 **Istria** sans rest, 29 r. Campagne Première (14ᵉ) ℰ 01 43 20 91 82, *Fax 01 43 22 48 45* – 📶 📺 ☎ ✆. 🆎 ⓪ 🆖 🗾 ⅍   **M 12**
🛏 50 – **26 ch** 600/700.

🏨 **Lion** sans rest, 1 av. Gén. Leclerc (14ᵉ) ℰ 01 40 47 04 00, *Fax 01 43 20 38 18* – 📶 ⇆ 📺 ☎ ✆. 🆎 ⓪ 🆖   **N 12**
🛏 50 – **33 ch** 420/580.

🏨 **Apollon Montparnasse** sans rest, 91 r. Ouest (14ᵉ) ℰ 01 43 95 62 00, *Fax 01 43 95 62 10* – 📶 📺 ☎ ✆. 🆎 ⓪ 🆖 🗾   **N 10-11**
🛏 35 – **33 ch** 405/480.

🏨 **Résidence St-Lambert** sans rest, 5 r. E. Gibez (15ᵉ) ℰ 01 48 28 63 14, *Fax 01 45 33 45 50* – 📶 📺 ☎. 🆎 ⓪ 🆖 🗾   **N 8**
🛏 42 – **48 ch** 490/590.

🏨 **Carladez Cambronne** sans rest, 3 pl. Gén. Beuret (15ᵉ) ℰ 01 47 34 07 12, *Fax 01 40 65 95 68* – 📶 📺 ☎ ✆. 🆎 ⓪ 🆖 🗾   **M 9**
🛏 40 – **27 ch** 415/465.

🏨 **Parc** sans rest, 60 r. Beaunier (14ᵉ) ℰ 01 45 40 77 02, *Fax 01 45 40 81 99* – 📶 📺 ☎. 🆎 🆖 🗾   **R 12**
🛏 40 – **24 ch** 380/465.

🏨 **Châtillon Hôtel.** sans rest, 11 square Châtillon (14ᵉ) ℰ 01 45 42 31 17, *Fax 01 45 42 72 09* – 📶 📺 ☎. 🆖   **P 11**
🛏 48 – **31 ch** 350/450.

🏨 **Aberotel** sans rest, 24 r. Blomet (15ᵉ) ℰ 01 40 61 70 50, *Fax 01 40 61 08 31* – 📶 📺 ☎ ✆ ৬. 🆎 ⓪ 🆖 🗾   **L 9**
🛏 50 – **28 ch** 540/750.

🏨 **Paix** sans rest, 225 bd Raspail (14ᵉ) ℰ 01 43 20 35 82, *Fax 01 43 35 32 63* – 📶 📺 ☎ ✆. 🆎 🆖 ⅍   **M 12**
🛏 35 – **39 ch** 420/580.

🏨 **Pasteur** sans rest, 33 r. Dr Roux (15ᵉ) ℰ 01 47 83 53 17, *Fax 01 45 66 62 39* – 📶 📺 ☎ ✆. 🆖   **M 10**
🛏 40 – **19 ch** 395/650.

XXXX **Les Célébrités** - Hôtel Nikko, 61 quai Grenelle (15ᵉ) ℰ 01 40 58 21 29, *Fax 01 40 58 21 50*,
❀ ≤ – 🍽. 🆎 ⓪ 🆖 🗾   **K 6**
fermé août – **Repas** 290/420 et carte 400 à 600.
Spéc. Friture de langoustines au curry. Tronçon de gros turbot rôti. Filet d'agneau au thym.

XXXX **Montparnasse 25** - Hôtel Méridien Montparnasse, 19 r. Cdt Mouchotte (14ᵉ)
❀ ℰ 01 44 36 44 25, *Fax 01 44 36 49 03* – 🍽 🅿. 🆎 ⓪ 🆖 ⅍   **M 25**
fermé août, fériés et week-ends – **Repas** 250 (déj.), 320/510 et carte 390 à 460
Spéc. Homard bleu au nectar de groseilles à maquereau (juin à sept.). Lièvre façon royale (sept. à déc.). Soufflé au chocolat amer (déc. à mars).

XXXX **Relais de Sèvres** - Hôtel Sofitel Porte de Sèvres, 8 r. L. Armand (15ᵉ) ℰ 01 40 60 33 66,
❀ *Fax 01 45 57 04 22* – 🆎 ⓪ 🆖 🗾   **N 5**
fermé 29 juil. au 20 août, sam., dim. et fériés – **Repas** 245/385 bc et carte 320 à 420 ♟
Spéc. Ravioles de homard au saté et basilic pourpre. Saint-Pierre rôti aux piments doux. Fondant au chocolat.

XXX **Morot Gaudry,** 6 r. Cavalerie (15ᵉ) (8ᵉ étage) ℰ 01 45 67 06 85, *Fax 01 45 67 55 72*, ≤, 😊
– 📱 🗐. 𝔸𝔼 ⓞ 🖼 K 8
fermé août, sam. et dim. – **Repas** 180/490 bc et carte environ 355 ₤.

XXX **Le Duc,** 243 bd Raspail (14ᵉ) ℰ 01 43 20 96 30, *Fax 01 43 20 46 73* – 🗐. 𝔸𝔼 ⓞ 🖼
€ 🖼 M 12
fermé sam. midi, dim. et lundi – **Repas** - produits de la mer - 280 et carte 320 à
590
Spéc. Tartare de germon (juin à sept.). Bar cru. Filet de bar aux palourdes sauce au thym
(été).

XXX **Pavillon Montsouris,** 20 r. Gazan (14ᵉ) ℰ 01 45 88 38 52, *Fax 01 45 88 63 40*, ≤, 😊,
« Pavillon 1900 en bordure du parc » – 🅿. 🖼. 🛇 R 14
Repas 228/298.

XXX **Dôme,** 108 bd Montparnasse (14ᵉ) ℰ 01 43 35 25 81, *Fax 01 42 79 01 19*, brasserie – 🗐. 𝔸𝔼
ⓞ 🖼 🖼 LM 12
Repas - produits de la mer - carte 320 à 440 ₤.

XXX **Maison Courtine,** 157 av. Maine (14ᵉ) ℰ 01 45 43 08 04, *Fax 01 45 45 91 35* – 🗐. 🖼.
🛇 N 11
fermé 30 juil. au 28 août, sam. midi et dim. – **Repas** 175 ₤.

XXX **Chen-Soleil d'Est,** 15 r. Théâtre (15ᵉ) ℰ 01 45 79 34 34, *Fax 01 45 79 07 53* – 🗐. 𝔸𝔼 🖼
€ 🖼 K 6
fermé 10 au 25 août et dim. – **Repas** - cuisine chinoise - 250/490 et carte 320 à
440
Spéc. Aumônière de langouste à la vapeur. Cuisses de grenouilles sautées au sel et poivre
de Se Tchuang. Canard pékinois en trois services.

XXX **Ciel de Paris,** Tour Maine Montparnasse, au 56ᵉ étage (15ᵉ) ℰ 01 40 64 77 64,
Fax 01 43 21 48 37, ≤ Paris – 📱 🗐. 𝔸𝔼 ⓞ 🖼 🖼 M 11
Repas 198 (déj.)/295 (dîner) et carte 300 à 520 ₤.

XX **Yves Quintard,** 99 r. Blomet (15ᵉ) ℰ 01 42 50 22 27, *Fax 01 42 50 22 27* – 🗐. 🖼
🖼 M 8
fermé 7 au 20 août, sam. midi et dim. – **Repas** (100) - 135 (déj.), 190/250.

XX **La Dînée,** 85 r. Leblanc (15ᵉ) ℰ 01 45 54 20 49, *Fax 01 40 60 73 76* – 𝔸𝔼 🖼 🖼 M 5
fermé sam. et dim. – **Repas** 210/310.

XX **Chaumière des Gourmets,** 22 pl. Denfert-Rochereau (14ᵉ) ℰ 01 43 21 22 59,
Fax 01 43 21 26 00 – 𝔸𝔼 🖼 N 12
fermé août, sam. midi et dim. – **Repas** 170/255 ₤.

XX **Vin et Marée,** 108 av. Maine (14ᵉ) ℰ 01 43 20 29 50, *Fax 01 43 27 84 11* – 🗐. 𝔸𝔼
🖼 N 11
Repas - produits de la mer - carte 180 à 240 ₤.

XX **La Coupole,** 102 bd Montparnasse (14ᵉ) ℰ 01 43 20 14 20, *Fax 01 43 35 46 14*, « Brasserie
parisienne des années 20 » – 🗐. 𝔸𝔼 ⓞ 🖼 🖼 L 12
Repas (138 bc) - 179 bc (déj.)/189 bc et carte 180 à 300 ₤.

XX **Aux Senteurs de Provence,** 295 r. Lecourbe (15ᵉ) ℰ 01 45 57 11 98,
Fax 01 45 58 66 84 – 𝔸𝔼 ⓞ 🖼 🖼 M 6
fermé 7 au 21 août, sam. midi et dim. – **Repas** - produits de la mer - (125) - 152 et carte
environ 290 ₤.

XX **Philippe Detourbe,** 8 r. Nicolas Charlet (15ᵉ) ℰ 01 42 19 08 59, *Fax 01 45 67 09 13* – 🗐.
𝔸𝔼 ⓞ 🖼 🖼 L 10
fermé sam. midi et dim. – **Repas** (145) - 180 (déj.)/220 ₤.

XX **Monsieur Lapin,** 11 r. R. Losserand (14ᵉ) ℰ 01 43 20 21 39, *Fax 01 43 21 84 86* – 🗐. 𝔸𝔼
🖼 N 11
fermé août, mardi midi et lundi – **Repas** (nombre de couverts limité, prévenir) 180/300 et
carte 260 à 360.

XX **Bistro 121,** 121 r. Convention (15ᵉ) ℰ 01 45 57 52 90, *Fax 01 45 57 14 69* – 🗐. 𝔸𝔼 ⓞ 🖼
🖼 M 7
Repas 188/250 bc et carte 280 à 370 ₤.

XX **La Créole,** 122 bd Montparnasse (14ᵉ) ℰ 01 43 20 62 12, *Fax 01 42 79 94 39* – 🗐 𝔸𝔼 ⓞ
🖼 M 12
Repas - cuisine antillaise - 130/250 bc et carte 200 à 250.

XX **Erawan,** 76 r. Fédération (15ᵉ) ℰ 01 47 83 55 67, *Fax 01 47 34 85 98* – 🗐. 𝔸𝔼 🖼. 🛇 K 8
fermé 1ᵉʳ au 20 août et dim. – **Repas** - cuisine thaïlandaise - (79) - 122/175 et carte 150
à 240.

XX **Caroubier,** 82 bd Lefebvre (15e) ✆ 01 40 43 16 12 – GB **P 8**
fermé 21 juil. au 21 août.
Repas - cuisine nord-africaine - 95/145 et carte 170 à 200 ♀.

XX **Bermuda Onion,** 16 r. Linois (15e) ✆ 01 45 75 11 11, *Fax 01 40 59 92 94* – ▤. AE ◑ GB **K 6**
Repas (dîner seul.) 195 et carte 280 à 350.

XX **Napoléon et Chaix,** 46 r. Balard (15e) ✆ 01 45 54 09 00, *Fax 01 45 58 00 78* – ▤. AE GB **M 5**
fermé août, 1er au 7 janv., sam. midi et dim. – **Repas** 170 et carte 200 à 300 ♀.

XX **Les Vendanges,** 40 r. Friant (14e) ✆ 01 45 39 59 98, *Fax 01 45 39 74 13* – AE GB **R 11**
fermé août, sam. et dim. – **Repas** 150/200 et carte environ 200 ♀.

XX **Clos Morillons,** 50 r. Morillons (15e) ✆ 01 48 28 04 37, *Fax 01 48 28 70 77* – AE GB JCB **N 8**
fermé sam. midi et dim. – **Repas** *(150)* - 175/250 ♀.

XX **Copreaux,** 15 r. Copreaux (15e) ✆ 01 43 06 83 35 – ▤. GB **M 9**
fermé août, lundi soir et dim. – **Repas** 119 bc/175 et carte 200 à 270 ♀.

XX **Gauloise,** 59 av. La Motte-Picquet (15e) ✆ 01 47 34 11 64, *Fax 01 40 61 09 70,* 余 – AE GB JCB **K 8**
Repas *(130)* - 160 et carte 200 à 290 ♀, enf. 75.

XX **Filoche,** 34 r. Laos (15e) ✆ 01 45 66 44 60 – ▤. GB. ※ **K 8**
fermé 25 juil. au 31 août, vacances de Noël, sam. et dim. – **Repas** *(146)* - 169.

XX **L'Étape,** 89 r. Convention (15e) ✆ 01 45 54 73 49, *Fax 01 45 58 20 91* – ▤. AE GB **M 6**
fermé 7 au 20 août, sam. midi et dim. – **Repas** 130/170 et carte 170 à 260.

XX **Chez les Frères Gaudet,** 19 r. Duranton (15e) ✆ 01 45 58 43 17, *Fax 01 45 58 42 65,* bistrot – AE ◑ GB **M 6**
fermé sam. midi et dim. – **Repas** *(140)* - 170/215.

X **Fontana Rosa,** 28 bd Garibaldi (15e) ✆ 01 45 66 97 84, *Fax 01 47 83 96 30,* 余 – AE GB JCB **L 9**
Repas - cuisine italienne - *(89)* - 120 et carte 210 à 300 ♀.

X **L'Épopée,** 89 av. É. Zola (15e) ✆ 01 45 77 71 37, *Fax 01 45 77 71 37* – AE GB JCB **L 7**
fermé août, sam. midi et dim. – **Repas** *(160)* - 185.

X **Les Cévennes,** 55 r. Cévennes (15e) ✆ 01 45 54 33 76, *Fax 01 44 26 46 95* – ▤. GB **L 6**
fermé août, sam. midi et dim. – **Repas** 175 ♀.

X **Gastroquet,** 10 r. Desnouettes (15e) ✆ 01 48 28 60 91, *Fax 01 45 33 23 70* – AE GB **N 7**
fermé août et week-ends – **Repas** *(125)* - 155 et carte 210 à 300.

X **Père Claude,** 51 av. La Motte-Picquet (15e) ✆ 01 47 34 03 05, *Fax 01 40 56 97 84* – ▤. AE GB **K 8**
Repas 120/170 et carte 280 à 350 ♀.

X **de la Tour,** 6 r. Desaix (15e) ✆ 01 43 06 04 24, *Fax 01 43 56 03 32* – AE GB **J 8**
fermé août, sam. midi et dim. – **Repas** 125 (déj.)/198 et carte 260 à 380.

X **Bistrot du Dôme,** 1 r. Delambre (14e) ✆ 01 43 35 32 00 – ▤. AE GB **M 12**
Repas - produits de la mer - carte 210 à 300 ♀.

X **L'O à la Bouche,** 124 bd Montparnasse (14e) ✆ 01 56 56 01 55, *Fax 01 43 21 07 87* – ▤. AE GB JCB **M 12**
fermé 16 au 23 avril, 6 au 27 août, 1er au 7 janv., lundi midi et dim. – **Repas** *(105)* - 140 (déj.), 190/270 et carte 250 à 300 ♀.

X **Petit Plat,** 49 av. É. Zola (15e) ✆ 01 45 78 24 20, *Fax 01 45 78 23 13* – ▤. GB **L 6**
fermé 1er au 20 août, dim. et lundi – **Repas** 135 et carte 200 à 250 ♀.

X **A la Bonne Table,** 42 r. Friant (14e) ✆ 01 45 39 74 91, *Fax 01 45 43 66 92* – AE ◑ GB **R 11**
fermé 17 au 30 juil., 19 au 25 fév., sam. midi et dim. – **Repas** 146 et carte 180 à 300 ♀.

X **Contre-Allée,** 83 av. Denfert-Rochereau (14e) ✆ 01 43 54 99 86, *Fax 01 43 25 05 28* – AE GB **N 13**
fermé sam. midi et dim. – **Repas** 195.

X **Pascal Champ,** 5 r. Mouton-Duvernet (14e) ✆ 01 45 39 39 61, *Fax 01 45 39 39 61* – GB **N 12**
fermé août, dim. soir et lundi – **Repas** 99 (déj.), 119/159 et carte 165 à 280 ♀.

X **Troquet,** 21 r. F. Bonvin (15e) ✆ 01 45 66 89 00, *Fax 01 45 66 89 83* – GB. ※ **L 9**
fermé 1er au 24 août, dim. et lundi.
Repas 130 (déj.), 160/175 ♀.

✗ **Les P'tits Bouchons de François Clerc,** 32 bd Montparnasse (15ᵉ)
  φ 01 45 48 52 03, *Fax* 01 45 48 52 17, bistrot – ▣ ⊞ ᴶᶜᴮ   **L 11**
  fermé sam. midi et dim. – **Repas** *(125)* - 174 ♀.

✗ **Murier,** 42 r. Olivier de Serres (15ᵉ) *φ* 01 45 32 81 88 ⊞   **N 8**
  fermé 7 au 27 août, sam. midi et dim.
  Repas *(79)* - 145 ♀.

✗ **Petit Bofinger,** 46 bd Montparnasse (15ᵉ) *φ* 01 45 48 49 16, bistrot – ▣ ⊞   **L 11**
  Repas 95 bc (déj.)/145 ♀.

✗ **Bistro d'Hubert,** 41 bd Pasteur (15ᵉ) *φ* 01 47 34 15 50, *Fax* 01 45 67 03 09 – ▣ ⓪
  ⊞   **L 10**
  fermé sam. midi et dim. midi du 20 juin au 15 sept. – **Repas** *(160)* - 210 ♀.

✗ **L'Os à Moelle,** 3 r. Vasco de Gama (15ᵉ) *φ* 01 45 57 27 27, *Fax* 01 45 57 27 27, bistrot –
  ⊞. ❀   **M 6**
  fermé août, dim. et lundi – **Repas** 165 (déj.)/190.

✗ **Plage Parisienne,** Port de Javel Haut (15ᵉ) *φ* 01 40 59 41 00, ≤, 佘, « Bord de Seine » –
  ▣. ▣ ⓪ ⊞   **L 5**
  fermé sam. midi – **Repas** carte 190 à 340.

✗ **Château Poivre,** 145 r. Château (14ᵉ) *φ* 01 43 22 03 68 – ▣ ⊞ ᴶᶜᴮ   **N 11**
  fermé 6 au 20 août, 23 déc. au 3 janv. et dim. – **Repas** 89 et carte 165 à 275 ♀.

✗ **Régalade,** 49 av. J. Moulin (14ᵉ) *φ* 01 45 45 68 58, *Fax* 01 45 40 96 74, bistrot – ▤. ⊞.
  ❀   **R 11**
  fermé août, sam. midi, dim. et lundi – **Repas** (prévenir) 185.

✗ **du Marché,** 59 r. Dantzig (15ᵉ) *φ* 01 48 28 31 55, *Fax* 01 48 28 18 31 – ▣ ⓪ ⊞
  ᴶᶜᴮ   **N 8**
  fermé 15 juil. au 15 août, sam. midi et dim. – **Repas** 168.

✗ **Les Gourmands,** 101 r. Ouest (14ᵉ) *φ* 01 45 41 40 70, *Fax* 01 45 41 17 66 – ▣ ⊞   **N 10**
  fermé mi-juil. à mi-août, dim. et lundi – **Repas** *(105)* - 145/185.

✗ **St-Vincent,** 26 r. Croix-Nivert (15ᵉ) *φ* 01 47 34 14 94, *Fax* 01 45 66 02 80, bistrot – ▤. ▣
  ⊞   **L 8**
  fermé 31 juil. au 20 août, sam. midi et dim. – **Repas** 180 bc/300 bc.

✗ **Petit Mâchon,** 123 r. Convention (15ᵉ) *φ* 01 45 54 08 62, bistrot – ⊞   **M 7**
  fermé août, dim. et lundi – **Repas** 110 (déj.), 145/200 bc et carte 200 à 260 ♀.

✗ **L'Amuse Bouche,** 186 r. Château (14ᵉ) *φ* 01 43 35 31 61, *Fax* 01 45 38 96 60 – ⊞ **N 11**
  fermé août, lundi midi et dim. – **Repas** (nombre de couverts limité, prévenir) *(145)* - 178 ♀.

✗ **Les Coteaux,** 26 bd Garibaldi (15ᵉ) *φ* 01 47 34 83 48, bistrot – ⊞. ❀   **L 9**
  fermé août, lundi soir, sam. et dim. – **Repas** 140.

✗ **Flamboyant,** 11 r. Boyer-Barret (14ᵉ) *φ* 01 45 41 00 22 – ▤. ▣ ⊞   **N 11**
  fermé – Repas - cuisine antillaise - 70 bc (déj.)et carte 150 à 200 ♨.

✗ **L'Agape,** 281 r. Lecourbe (15ᵉ) *φ* 01 45 58 19 29 – ⊞   **M 7**
  fermé août, sam. midi et dim. – **Repas** 95/120.

Passy - Auteuil - Chaillot
Bois de Boulogne

16ᵉ arrondissement

16ᵉ : ✉ *75016 ou 75116*

Raphaël, 17 av. Kléber ✉ 75116 ℘ 01 53 64 32 00, *Fax 01 53 64 32 01*, ☆, « Élégant cachet ancien et terrasse panoramique avec ≼ Paris » – 🛗 ❄ 🖭 �📺 ☎ ⅌ – 🛎 50. 🅰🅴 ⓸ 🅶🅱 🅹🅲🅱
F 7
Jardins Plein Ciel *(mai-sept.)* **Repas** (buffet) 295 – **Salle à Manger** *(fermé août, sam. et dim.)* **Repas** 298/460 ⓨ – ☲ 180 – **75 ch** 2400/2900, 25 appart.

Parc 🅼 ⤫, 55 av. R. Poincaré ✉ 75116 ℘ 01 44 05 66 66, *Fax 01 44 05 66 00*, ☆, « Atmosphère de belle demeure anglaise » – 🛗 ❄ 🖭 �📺 ☎ ⅌ ⅙ – 🛎 30 à 250. 🅰🅴 ⓸ 🅶🅱 🅹🅲🅱
G 6
voir rest. **Alain Ducasse** ci-après **- Relais du Parc** ℘ 01 44 05 66 10 **Repas** carte 280 à 360 ⓨ – ☲ 140 – **116 ch** 2165/2825, 3 duplex.

St-James Paris ⤫, 43 av. Bugeaud ✉ 75116 ℘ 01 44 05 81 81, *Fax 01 44 05 81 82*, ☆, « Bel hôtel particulier du 19ᵉ siècle », 🏋, 🌭 – 🛗 🖭 �📺 ☎ ⅌ 🄵 – 🛎 25. 🅰🅴 ⓸ 🅶🅱 🅹🅲🅱 F 5
Repas *(fermé week-ends et fériés)* (résidents seul.) 290 – ☲ 115 – **20 ch** 1900/2300, 28 appart 3000/4200, 8 duplex.

Baltimore 🅼, 88 bis av. Kléber ✉ 75116 ℘ 01 44 34 54 54, *Fax 01 44 34 54 44*, « Belle décoration intérieure » – 🛗 ❄ 🖭 �📺 ☎ ⅌ – 🛎 80. 🅰🅴 ⓸ 🅶🅱 🅹🅲🅱
G 7
Bertie's ℘ 01 44 34 54 34 - cuisine britannique *(fermé août, sam., dim et fériés.)* **Repas** (200)-250/350 et carte 300 à 350 – ☲ 150 – **105 ch** 2275/2690.

Hôtel K. 🅼 sans rest, 81 av. Kléber ✉ 75116 ℘ 01 44 05 75 75, *Fax 01 44 05 74 74*, « Architecture et décoration contemporaine », 🏋 – 🛗 ❄ 🖭 �📺 ☎ ⅌ ⅙ ⎗. 🅰🅴 ⓸ 🅶🅱 🅹🅲🅱
G 7
☲ 100 – **83 ch** 1750/3250.

Trocadero Dokhan's sans rest, 117 r. Lauriston ✉ 75116 ℘ 01 53 65 66 99, *Fax 01 53 65 66 88*, « Élégante décoration et beau mobilier » – 🛗 ❄ 🖭 �📺 ☎ ⅌. 🅰🅴 ⓸ 🅶🅱 🅹🅲🅱 ⤫ G 6
☲ 140 – **41 ch** 2500/2800, 4 appart.

Square Ⓜ sans rest, 3 r. Boulainvilliers ⊠ 75016 ℘ 01 44 14 91 90, *Fax 01 44 14 91 99*, « Architecture et décoration contemporaines » – 📶 🗏 📺 ☎ 🖐 ⅃ ⇔, 🝙 ⓪ ☖ 🃟
⅋
K 5
voir rest *Zébra Square* ci-après – ☲ 90 – **22 ch** 1400/2600.

Pergolèse Ⓜ sans rest, 3 r. Pergolèse ⊠ 75116 ℘ 01 53 64 04 04, *Fax 01 53 64 04 40*, « Décor contemporain » – 📶 ⅋ 🗏 📺 ☎ 🖐 🝙 ⓪ ☖ 🃟
E 6
☲ 80 – **40 ch** 1050/1900.

Élysées Regencia Ⓜ sans rest, 41 av. Marceau ⊠ 75116 ℘ 01 47 20 42 65, *Fax 01 49 52 05 42*, « Belle décoration » – 📶 ⅋ 🗏 📺 ☎ 🖐 🝙 ⓪ ☖ 🃟
G 8
☲ 115 – **41 ch** 1300/2000.

Villa Maillot Ⓜ sans rest, 143 av. Malakoff ⊠ 75116 ℘ 01 53 64 52 52, *Fax 01 45 00 60 61* – 📶 🗏 📺 ☎ 🖐 ⅃ – 🎘 25. 🝙 ⓪ ☖ 🃟
F 6
☲ 120 – **39 ch** 1700/1950, 3 appart.

Garden Élysée Ⓜ ⧫ sans rest, 12 r. St-Didier ⊠ 75116 ℘ 01 47 55 01 11, *Fax 01 47 27 79 24* – 📶 ⅋ 🗏 📺 ☎ 🖐 ⅃. 🝙 ⓪ ☖ 🃟. ⅋
G 7
☲ 100 – **48 ch** 1200/1650.

Majestic sans rest, 29 r. Dumont d'Urville ⊠ 75116 ℘ 01 45 00 83 70, *Fax 01 45 00 29 48* – 📶 ⅋ 📺 ☎. 🝙 ⓪ ☖ 🃟
F 7
☲ 80 – **27 ch** 1155/1870, 3 appart.

Auteuil Ⓜ sans rest, 8 r. F. David ⊠ 75016 ℘ 01 40 50 57 57, *Fax 01 40 50 57 50* – 📶 ⅋ 🗏 📺 ☎ 🖐 ⅃ ⇔ – 🎘 35. 🝙 ⓪ ☖ 🃟
K 5
☲ 79 – **94 ch** 1083/1535.

Argentine Ⓜ sans rest, 1 r. Argentine ⊠ 75116 ℘ 01 45 02 76 76, *Fax 01 45 02 76 00* – 📶 ⅋ 📺 ☎ 🖐 ⅃. 🝙 ⓪ ☖ 🃟
F 7
☲ 79 – **40 ch** 1370/1640.

Élysées Sablons Ⓜ sans rest, 32 r. Greuze ⊠ 75116 ℘ 01 47 27 10 00, *Fax 01 47 27 47 10* – 📶 ⅋ 📺 ☎ 🖐. 🝙 ⓪ ☖ 🃟
G 6
☲ 79 – **41 ch** 1017/1360.

Élysées Bassano sans rest, 24 r. Bassano ⊠ 75116 ℘ 01 47 20 49 03, *Fax 01 47 23 06 72* – 📶 ⅋ 📺 ☎ 🖐. 🝙 ⓪ ☖ 🃟
G 8
☲ 79 – **40 ch** 1096/1371.

Alexander Ⓜ sans rest, 102 av. V. Hugo ⊠ 75116 ℘ 01 45 53 64 65, *Fax 01 45 53 12 51* – 📶 🗏 📺 ☎ 🖐. 🝙 ⓪ ☖ 🃟. ⅋
G 6
☲ 95 – **62 ch** 990/1690.

Frémiet sans rest, 6 av. Frémiet ⊠ 75016 ℘ 01 45 24 52 06, *Fax 01 42 88 77 46* – 📶 📺 ☎ 🖐. 🝙 ⓪ ☖ 🃟
J 6
☲ 65 – **36 ch** 650/1200.

Élysées Union sans rest, 44 r. Hamelin, ⊠ 75116 ℘ 01 45 53 14 95, *Fax 01 47 55 94 79* – 📶 cuisinette 🗏 📺 ☎ 🖐. 🝙 ⓪ ☖
G 7
☲ 45 – **28 ch** 900/1030, 13 appart.

Résidence Impériale Ⓜ sans rest, 155 av. Malakoff ⊠ 75116 ℘ 01 45 00 23 45, *Fax 01 45 01 88 82* – 📶 ⅋ 🗏 📺 ☎. 🝙 ⓪ ☖
E 6
☲ 55 – **37 ch** 790/890.

Kléber sans rest, 7 r. Belloy ⊠ 75116 ℘ 01 47 23 80 22, *Fax 01 49 52 07 20* – 📶 ⅋ 🗏 📺 ☎ 🖐. 🝙 ⓪ ☖ 🃟. ⅋
G 7
☲ 60 – **22 ch** 1090/1390.

Floride Étoile sans rest, 14 r. St-Didier ⊠ 75116 ℘ 01 47 27 23 36, *Fax 01 47 27 82 87* – 📶 📺 ☎ 🖐 – 🎘 30. 🝙 ⓪ ☖ 🃟. ⅋
G 7
☲ 60 – **63 ch** 850/980.

Jardins du Trocadéro Ⓜ sans rest, 35 r. Franklin ⊠ 75116 ℘ 01 53 70 17 70, *Fax 01 53 70 17 80* – 📶 ⅋ 🗏 📺 ☎ 🖐. 🝙 ⓪ ☖ 🃟. ⅋
H 6
☲ 75 – **18 ch** 1250/1450.

Passy Eiffel sans rest, 10 r. Passy ⊠ 75016 ℘ 01 45 25 55 66, *Fax 01 42 88 89 88* – 📶 📺 ☎ 🖐. 🝙 ⓪ ☖
J 6
☲ 50 – **48 ch** 726/862.

Sévigné sans rest, 6 r. Belloy ⊠ 75116 ℘ 01 47 20 88 90, *Fax 01 40 70 90 73* 📶 📺 ☎ 🖐. 🝙 ⓪ ☖ 🃟
G 7
☲ 50 – **30 ch** 700/860.

Régina de Passy sans rest, 6 r. Tour ⊠ 75116 ℘ 01 55 74 75 75, *Fax 01 45 25 23 78* – 📶 📺 ☎ 🖐 – 🎘 30. 🝙 ⓪ ☖
H-J 6
☲ 65 – **63 ch** 800.

Résidence Foch sans rest, 10 r. Marbeau ⊠ 75116 ℘ 01 45 00 46 50, *Fax 01 45 01 98 68* – 📶 📺 ☎. 🝙 ⓪ ☖ 🃟. ⅋
F 6
☲ 55 – **25 ch** 910.

🏨🏨 **Victor Hugo** sans rest, 19 r. Copernic ✉ 75116 ℰ 01 45 53 76 01, *Fax 01 45 53 69 93* – 🛗
📺 ☎ 💪 📠 ⑩ 🆖 JCB 🚭
➡ 65 – **75 ch** 705/890.   **G 7**

🏨🏨 **Chambellan Morgane** sans rest, 6 r. Keppler ✉ 75116 ℰ 01 47 20 35 72,
Fax 01 47 20 95 69 – 🛗 📺 ☎ 💪 📠 ⑩ 🆖 JCB 🚭   **GF 8**
➡ 60 – **20 ch** 800/950.

🏨🏨 **Étoile Maillot** sans rest, 10 r. Bois de Boulogne (angle r. Duret) ✉ 75116
ℰ 01 45 00 42 60, *Fax 01 45 00 55 89* – 🛗 📺 ☎ 📠 ⑩ 🆖 JCB   **F 6**
➡ 45 – **28 ch** 570/850.

🏨🏨 **Royal Élysées** sans rest, 6 av. V. Hugo ✉ 75116 ℰ 01 45 00 05 57, *Fax 01 45 00 13 88* –
🛗 📺 ☎ 📠 ⑩ 🆖   **F 7**
➡ 50 – **35 ch** 1300/1400.

🏨🏨 **Résidence Marceau** sans rest, 37 av. Marceau ✉ 75116 ℰ 01 47 20 43 37,
Fax 01 47 20 14 76 – 🛗 📺 ☎ 📠 ⑩ 🆖 JCB   **G 8**
➡ 50 – **30 ch** 750/850.

🏨 **Hameau de Passy** Ⓜ 🦢 sans rest, 48 r. Passy ✉ 75016 ℰ 01 42 88 47 55,
Fax 01 42 30 83 72 – 📺 ☎ 💪 📠 ⑩ 🆖 JCB   **J 5-6**
➡ 30 – **32 ch** 530/590.

🏨 **Eiffel Kennedy** sans rest, 12 r. Boulainvilliers ✉ 75016 ℰ 01 45 24 45 75,
Fax 01 42 30 83 32 – 🛗 ⇆ 📺 ☎ 📠 ⑩ 🆖 JCB   **K 5**
➡ 55 – **30 ch** 790/890.

🏨 **Gavarni** sans rest, 5 r. Gavarni ✉ 75116 ℰ 01 45 24 52 82, *Fax 01 40 50 16 95* – 🛗 📺 ☎
💪 📠 ⑩ 🆖 JCB 🚭   **J 6**
➡ 38 – **30 ch** 410/540.

🏨 **Queen's Hôtel** sans rest, 4 r. Bastien Lepage ✉ 75016 ℰ 01 42 88 89 85,
Fax 01 40 50 67 52 – 🛗 ⇆ 📺 ☎ 💪 📠 ⑩ 🆖 JCB   **K 4**
➡ 40 – **22 ch** 390/660.

🏨 **Nicolo** sans rest, 3 r. Nicolo ✉ 75116 ℰ 01 42 88 83 40, *Fax 01 42 24 45 41* – 🛗 📺 ☎ 💪
📠 ⑩ 🆖 JCB   **J 6**
➡ 35 – **28 ch** 480/730.

🏨 **Longchamp** sans rest, 68 r. Longchamp ✉ 75116 ℰ 01 44 34 24 14, *Fax 01 44 34 24 24*
– 🛗 📺 ☎ 💪 📠 ⑩ 🆖 JCB   **G 6**
➡ 50 – **23 ch** 750.

🏨 **Palais de Chaillot** sans rest, 35 av. R. Poincaré ✉ 75116 ℰ 01 53 70 09 09,
Fax 01 53 70 09 08 – 🛗 📺 ☎ 💪 📠 ⑩ 🆖 JCB 🚭   **G 6**
➡ 42 – **28 ch** 480/640.

🏨 **Boileau** sans rest, 81 r. Boileau ✉ 75016 ℰ 01 42 88 83 74, *Fax 01 45 27 62 98* – 📺 ☎ 💪
– 🏛 15. 📠 ⑩ 🆖   **M 3**
➡ 45 – **30 ch** 400/490.

XXXXX **Alain Ducasse,** 59 av. R. Poincaré ✉ 75116 ℰ 01 47 27 12 27, *Fax 01 47 27 31 22*, « Bel
🕸🕸🕸 hôtel particulier de style "Art Nouveau" » – ▤. 📠 ⑩ 🆖 JCB 🚭   **G 6**
fermé 13 juil. au 17 août, 22 déc. au 3 janv., sam. et dim. – **Repas** 980/1490 et carte 880 à
1100 ♀
Spéc. Langoustines rafraîchies, nage réduite, caviar osciètre. Pièce de boeuf Rossini,
pommes soufflées. Coupe glacée de saison.

XXXX **Faugeron,** 52 r. Longchamp ✉ 75116 ℰ 01 47 04 24 53, *Fax 01 47 55 62 90*, « Décor
🕸🕸 élégant » – ▤. 📠 🆖 JCB 🚭   **G 7**
fermé août, 23 déc. au 3 janv., sam. sauf le soir d'oct. à avril et dim. – **Repas** 320 (déj.),
500/580 bc et carte 500 à 700 ♀
Spéc. Oeufs coque à la purée de truffes. Gibier (saison). Truffes (janv. à mars).

XXXX **Maison Prunier,** 16 av. V. Hugo ✉ 75116 ℰ 01 44 17 35 85, *Fax 01 44 17 90 10*, « Cadre
🕸 "Art Déco" » – ▤. 📠 ⑩ 🆖 JCB   **F 7**
fermé 24 juil. au 21 août, dim. et lundi – **Repas** - produits de la mer - carte 450 à 650 ♀
Spéc. Assiette saintongeaise. Saint-Pierre en cocotte lutée. Assiette dégustation "le grand
chocolat".

XXX **Jamin** (Guichard), 32 r. Longchamp ✉ 75116 ℰ 01 45 53 00 07, *Fax 01 45 53 00 15* – ▤.
🕸🕸   **G 7**
fermé 29 juil. au 22 août, sam. et dim. – **Repas** 300 (déj.)/410 et carte 420 à 680
Spéc. Turbot de Bretagne en tronçon rôti. Piccata de ris de veau. Rouelles de homard et
ragoût de légumes sauce civet (mai à oct.).

XXX **Relais d'Auteuil** (Pignol), 31 bd. Murat ⊠ 75016 ℘ 01 46 51 09 54, *Fax 01 40 71 05 03*
❀❀ ⊟. AE ⓞ GB JCB **L 3**
fermé août, lundi midi, sam. midi et dim. – **Repas** 270 (déj.), 520/610 et carte 440 à 690
Spéc. Amandine de foie gras. Dos de bar à la croûte poivrée. Madeleines au miel de
bruyère, glace miel et noix.

XXX **Pergolèse** (Corre), 40 r. Pergolèse ⊠ 75116 ℘ 01 45 00 21 40, *Fax 01 45 00 81 31* – ⊟.
❀ AE GB JCB **F 6**
fermé août, sam. et dim. – **Repas** 235/390 et carte 330 à 470
Spéc. Ravioli de langoustines au beurre de foie gras. Saint-Jacques rôties en robe des
champs (nov. à mars). Moelleux au chocolat, glace vanille.

XXX **Tsé-Yang**, 25 av. Pierre 1er de Serbie ⊠ 75016 ℘ 01 47 20 70 22, *Fax 01 49 52 03 68*,
« Cadre élégant » – ⊟. AE ⓞ GB JCB. ❀ **G 8**
Repas - cuisine chinoise - 180 (déj.), 200/300 et carte 250 à 350.

XXX **Port Alma** (Canal), 10 av. New York ⊠ 75116 ℘ 01 47 23 75 11, *Fax 01 47 20 42 92* – ⊟.
❀ AE ⓞ GB JCB **H 8**
fermé août, dim. et lundi – **Repas** - produits de la mer - 200 (déj.) et carte 300 à 440 ℤ
Spéc. Langoustines rôties aux tomates confites. Gaspacho de homard (mai à oct.). Fricassée de sole au foie gras de canard.

XXX **Pavillon Noura**, 21 av. Marceau ⊠ 75116 ℘ 01 47 20 33 33, *Fax 01 47 20 60 31* – ⊟. AE
ⓞ GB. ❀ **G 8**
Repas - cuisine libanaise - 168 (déj.), 280/350 et carte 250 à 380.

XX **Zébra Square**, 3 pl. Clément Ader ⊠ 75016 ℘ 01 44 14 91 91, *Fax 01 45 20 46 41*,
« Décor moderne original » – AE ⓞ GB JCB **K 5**
Repas (115) - 167/303 et carte 200 à 320 ℤ.

XX **Marius**, 82 bd Murat ⊠ 75016 ℘ 01 46 51 67 80, *Fax 01 47 43 10 24*, 😤 – AE GB **M 2**
fermé 30 juil. au 22 août, sam. midi et dim. – **Repas** carte 190 à 250.

XX **Giulio Rebellato**, 136 r. Pompe ⊠ 75116 ℘ 01 47 27 50 26 – ⊟. AE GB. ❀ **G 6**
fermé 24 juil au 14 août – **Repas** - cuisine italienne - 185 (déj. en semaine) et carte 270 à
400.

XX **Al Mounia**, 16 r. Magdebourg ⊠ 75116 ℘ 01 47 27 57 28, « Décor mauresque » – ⊟. AE
GB. ❀ **G 7**
fermé 12 juil. au 31 août et dim. – **Repas** - cuisine marocaine - (le soir, prévenir) carte 200 à
300 ℤ.

XX **Fakhr el Dine**, 30 r. Longchamp ⊠ 75016 ℘ 01 47 27 90 00, *Fax 01 53 70 01 81* – AE ⓞ
GB **G 7**
Repas - cuisine libanaise - 150/160 et carte 160 à 220.

XX **San Francisco**, 1 r. Mirabeau ⊠ 75016 ℘ 01 46 47 75 44, *Fax 01 46 47 75 44* – AE ⓞ
GB **L 5**
fermé dim. – **Repas** - cuisine italienne - carte 240 à 330 ℤ.

XX **Bellini**, 28 r. Lesueur ⊠ 75116 ℘ 01 45 00 54 20, *Fax 01 45 00 11 74* – ⊟. AE GB **F 7**
fermé août, Noël au Jour de l'An, sam. midi et dim – **Repas** - cuisine italienne - (150) -
180 (déj.) et carte 240 à 320.

XX **Paul Chène**, 123 r. Lauriston ⊠ 75116 ℘ 01 47 27 63 17, *Fax 01 47 27 53 18* – ⊟. AE ⓞ
GB **G 6**
fermé 5 au 27 août, 25 déc. au 2 janv., sam. midi et dim – **Repas** 200/250 et carte 260 à
350.

XX **Conti**, 72 r. Lauriston ⊠ 75116 ℘ 01 47 27 74 67, *Fax 01 47 27 37 66* – ⊟. AE ⓞ GB **G 7**
❀ *fermé 5 au 27 août, 23 déc. au 2 janv., sam., dim. et fériés* – **Repas** - cuisine italienne -
198 (déj.) et carte 310 à 400
Spéc. Tortellini au crabe (mai à sept.). Osso bucco au barolo (nov.-déc.). Figues rôties farcies
aux amaretti (sept.-oct.).

XX **Vinci**, 23 r. P. Valéry ⊠ 75116 ℘ 01 45 01 68 18, *Fax 01 45 01 60 37* – ⊟. GB **F 7**
fermé 1er au 21 août, sam. et dim. – **Repas** - cuisine italienne - 180 et carte 260 à 320 ℤ.

XX **Tang**, 125 r. de la Tour ⊠ 75116 ℘ 01 45 04 35 35, *Fax 01 45 04 58 19* – ⊟. AE GB **H 5**
fermé 1er au 21 août, 23 déc. au 2 janv., sam. midi et dim. – **Repas** - cuisine chinoise et
thaïlandaise - 200 (déj.)/250 et carte 380 à 495.

XX **Chez Géraud**, 31 r. Vital ⊠ 75016 ℘ 01 45 20 33 00, *Fax 01 45 20 46 60*, « Fresque en
faïence de Longwy » – ⊟. GB **H 5**
fermé août, sam. et dim – **Repas** 180 et carte 240 à 330.

XX **Fontaine d'Auteuil**, 35bis r. La Fontaine ⊠ 75016 ℘ 01 42 88 04 47, *Fax 01 42 88 95 12*
– ⊟. AE GB **K 5**
fermé 1er au 20 août, sam. midi et dim. – **Repas** 175 ℤ.

XX **Petite Tour**, 11 r. de la Tour ⊠ 75116 ℘ 01 45 20 09 31, *Fax 01 45 20 09 31* – AE ⓞ GB
JCB **H 6**
fermé août et dim. – **Repas** (150) - carte 250 à 440 ℤ.

XX **El Malouf**, 1 bd Exelmans ⊠ 75016 ℘ 01 45 25 53 25, Fax 01 45 20 87 85 – ▤. ᴁᴇ ⓞ
GB
M 4
fermé août et sam. midi – **Repas** - cuisine tunisienne - *(110)* - 150 et carte 160 à 230.

XX **Detourbe Duret**, 23 r. Duret ⊠ 75116 ℘ 01 45 00 10 26, Fax 01 45 00 10 16 – ▤. ᴁᴇ ⓞ
GB ᴊᴄʙ
F 6
fermé sam. midi et dim. – **Repas** 168 bc/220.

X **A et M le Bistrot**, 136 bd Murat ⊠ 75016 ℘ 01 45 27 39 60, Fax 01 45 27 69 71, 🛋 – ᴁᴇ
M 3
fermé 29 juil. au 20 août, sam. midi et dim. – **Repas** 170.

X **Vin et Marée**, 2 r. Daumier ⊠ 75016 ℘ 01 46 47 91 39, Fax 01 46 47 69 07 – ᴁᴇ GB M 3
Repas - produits de la mer - carte 180 à 240.

X **Les Bouchons de François Clerc**, 79 av. Kléber ⊠ 75016 ℘ 01 47 27 87 58,
Fax 01 47 04 60 97 – ᴁᴇ GB
G 7
Repas 227 ⅀.

X **Butte Chaillot**, 110 bis av. Kléber ⊠ 75116 ℘ 01 47 27 88 88, Fax 01 47 04 85 70 – ▤. ᴁᴇ
ⓞ GB ᴊᴄʙ
G 7
Repas 150/195 et carte 200 à 270 ⅀.

X **Cuisinier François**, 19 r. Le Marois ⊠ 75016 ℘ 01 45 27 83 74, Fax 01 45 27 83 74 – ᴁᴇ
ⓞ GB ᴊᴄʙ
M 3
fermé août, vacances de fév., dim. et lundi – **Repas** 160 et carte 310 à 410 ⅀.

X **Les Ormes**, 8 r. Chapu ⊠ 75016 ℘ 01 46 47 83 98, Fax 01 46 47 83 98 – ᴁᴇ GB M 4
fermé 1ᵉʳ au 25 août, 25 au 31 déc., lundi midi et dim. – **Repas** *(125)* - 160/190 et carte 200 à
260 ⅀.

X **Gare**, 19 chaussée de la Muette ⊠ 75016 ℘ 01 42 15 15 31, Fax 01 42 15 15 23, 🛋,
« Décor original dans une gare de 1854 » – ᴁᴇ GB
J 5
Repas carte 185 à 260 ⅀.

X **Tablier Bleu**, 17 bd Exelmans ⊠ 75016 ℘ 01 46 47 80 08, Fax 01 46 47 80 30 – ▤. ᴁᴇ
GB
M 4
Repas *(125)* - 170 ⅀.

X **Bistrot de l'Étoile Lauriston**, 19 r. Lauriston ⊠ 75016 ℘ 01 40 67 11 16,
Fax 01 45 00 99 87 – ▤. ᴁᴇ ⓞ GB ᴊᴄʙ
F 7
fermé sam. midi et dim. – **Repas** 165 (déj.), 190 bc/250 bc et carte 210 à 270 ⅀.

X **Rosimar**, 26 r. Poussin ⊠ 75016 ℘ 01 45 27 74 91 – ▤. ᴁᴇ GB ᴊᴄʙ K 3
fermé août, Noël au Jour de l'An, sam. midi, dim. et fériés – **Repas** - cuisine espagnole -
130 (déj.)/175 et carte 180 à 260 ⅀.

X **Scheffer**, 22 r. Scheffer ⊠ 75116 ℘ 01 47 27 81 11, bistrot – ᴁᴇ GB H 6
fermé 24 déc. au 1ᵉʳ janv., sam. en juil. - août et dim. – **Repas** carte 150 à 200 ⅀.

X **Mathusalem**, 5 bis bd Exelmans ⊠ 75016 ℘ 01 42 88 10 73, Fax 01 42 88 42 43, bistrot
– GB
M 4
fermé sam., dim. et fériés – **Repas** *(98)* - 133 ⅀.

X **Brasserie de la Poste**, 54 r. Longchamp ⊠ 75116 ℘ 01 47 55 01 31 – ᴁᴇ GB G 7
Repas 90/140 et carte 170 à 270 ⅀.

X **Victor**, 101 bis r. Lauriston ⊠ 75116 ℘ 01 47 27 72 21, bistrot – ▤. ᴁᴇ GB G 7
fermé 1ᵉʳ au 23 août, sam. midi, dim. et fériés – **Repas** carte 200 à 270.

au Bois de Boulogne :

XXXX **Pré Catelan**, rte Suresnes ⊠ 75016 ℘ 01 44 14 41 14, Fax 01 45 24 43 25, 🛋, « Pavillon
Napoléon III », 🍽 – ▤ ᴘ. ᴁᴇ ⓞ GB ᴊᴄʙ
H 2
❀❀
fermé vacances de fév., dim. et lundi du 29 oct. au 8 mai – **Repas** 295 (déj.), 550/690 et carte
450 à 700
Spéc. Carotte confite, caramel au pain d'épice. Oursin cuit en coque (15 oct. au 15 avril).
Turbot aux algues fraîches.

XXXX **Grande Cascade**, allée de Longchamp (face hippodrome) ⊠ 75016 ℘ 01 45 27 33 51,
Fax 01 42 88 99 06, 🛋, « Pavillon Napoléon III » – ᴘ. ᴁᴇ ⓞ GB ᴊᴄʙ
AZ 41
❀
fermé 25 janv. au 25 fév. – **Repas** 355/790 et carte 560 à 760
Spéc. Macaroni aux truffes et céleri. Fricassée de langoustines aux artichauts poivrades et
pignons. Caneton de Challans rôti aux épices.

XXX **Terrasse du Lac**, Pavillon Royal - rte Suresnes ⊠ 75116 ℘ 01 40 67 11 56,
Fax 01 45 00 31 24, ≤, 🛋 – ᴘ. ᴁᴇ GB ᴊᴄʙ
G 4
fermé 24 déc. au 1ᵉʳ janv., dim. soir de mai à sept., week-ends et le soir d'oct. à avril – **Repas**
210/380 et carte 290 à 370 ⅀.

Batignolles - Ternes Wagram

17ᵉ arrondissement

17ᵉ : ✉ 75017

🏨 **Meridien Étoile** Ⓜ, 81 bd Gouvion St-Cyr ℘ 01 40 68 34 34, Fax 01 40 68 31 31 – 🛗 ⥹⥺ 🔲 📺 ☎ ✆ & – 🏛 50 à 1 500. 🆎 ⓪ ☖ ᴊᴄʙ **E 6**
Café Arlequin ℘ 01 40 68 30 85 **Repas** 175, enf. 65 – **Yamato** ℘ 01 40 68 30 41, cuisine japonaise *(fermé août, 2 au 8 janv., sam. midi, dim., lundi et fériés)* **Repas** 135(déj.)/180 – ☲ 99 – **1 008 ch** 2000/2500, 17 appart.

🏨 **Concorde La Fayette** Ⓜ, 3 pl. Gén. Koenig ℘ 01 40 68 50 68, Fax 01 40 68 50 43, « Bar panoramique au 33ᵉ étage » – 🛗 ⥹⥺ 🔲 📺 ☎ ✆ – 🏛 40 à 2 000. 🆎 ⓪ ☖ ᴊᴄʙ **E 6**
- *L'Arc-en-Ciel* (buffet) ℘ 01 40 68 51 25 *(fermé août)* **Repas** 198 ♀ – **Les Saisons** (rest.- salon de thé) ℘ 01 40 68 51 19 **Repas** (130)-159, enf. 60 – ☲ 135 – **968 ch** 1850/2350, 19 appart.

🏨 **Splendid Étoile** sans rest, 1 bis av. Carnot ℘ 01 45 72 72 00, Fax 01 45 72 72 01 – 🛗 📺 ☎ ✆ 🆎 ⓪ ☖. ⪕ **F 7**
☲ 90 – **53 ch** 1020/1330, 4 appart.

🏨 **Balmoral** sans rest, 6 r. Gén. Lanrezac ℘ 01 43 80 30 50, Fax 01 43 80 51 56 – 🛗 ⥹⥺ 🔲 📺 ☎ ✆. 🆎 ⓪ ☖ **E 7**
☲ 60 – **57 ch** 700/950.

🏨 **Regent's Garden** sans rest, 6 r. P. Demours ℘ 01 45 74 07 30, Fax 01 40 55 01 42, 🌳 – 🛗 📺 ☎ ✆. 🆎 ⓪ ☖ ᴊᴄʙ. ⪕ **E 7**
☲ 55 – **39 ch** 730/1400.

🏨 **Banville** sans rest, 166 bd Berthier ℘ 01 42 67 70 16, Fax 01 44 40 42 77, « Atmosphère élégante » – 🛗 🔲 📺 ☎ ✆. 🆎 ⓪ ☖ ᴊᴄʙ **D 8**
☲ 65 – **38 ch** 795/1100.

🏨 **Villa Alessandra** Ⓜ ⪖ sans rest, 9 pl. Boulnois ℘ 01 56 33 24 24, Fax 01 56 33 24 30 – 🛗 ⥹⥺ 🔲 📺 ☎ ✆ & ⪘. 🆎 ⓪ ☖ ᴊᴄʙ. ⪕ **E 8**
☲ 90 – **49 ch** 950/1300.

🏨 **Magellan** ⪖ sans rest, 17 r. J.B.-Dumas ℘ 01 45 72 44 51, Fax 01 40 68 90 36, 🌳 – 🛗 📺 ☎ ✆. 🆎 ⓪ ☖. ⪕ **D 7**
☲ 45 – **75 ch** 615/650.

🏨 **Champerret Élysées** sans rest, 129 av. Villiers ✆ 01 47 64 44 00, *Fax 01 47 63 10 58* – 🛗
✦ 🔲 📺 📞 ✆. 🅰🅴 ⓞ 🇬🇧 ᴊᴄʙ. ✸
🖙 65 – **45 ch** 550/700.   **D 7**

🏨 **Tilsitt Étoile** Ⓜ sans rest, 23 r. Brey ✆ 01 43 80 39 71, *Fax 01 47 66 37 63* – 🛗 🔲 📺 📞 ✆.
🅰🅴 ⓞ 🇬🇧 ᴊᴄʙ
🖙 65 – **38 ch** 610/850.   **E 8**

🏨 **de Neuville** sans rest, 3 r. Verniquet ✆ 01 43 80 26 30, *Fax 01 43 80 38 55* – 🛗 📺 📞. 🅰🅴
ⓞ 🇬🇧 ᴊᴄʙ
🖙 55 – **28 ch** 750.   **C 8**

🏨 **Cheverny** sans rest, 7 Villa Berthier ✆ 01 42 12 44 00, *Fax 01 47 63 26 62* – 🛗 🔲 📺 📞 ✆
– 🔏 40. 🅰🅴 ⓞ 🇬🇧 ᴊᴄʙ. ✸
🖙 60 – **48 ch** 600/900.   **D 7**

🏨 **Mercure Étoile** Ⓜ sans rest, 27 av. Ternes ✆ 01 47 66 49 18, *Fax 01 47 63 77 91* – 🛗 ✦
🔲 📺 📞 ✆. 🅰🅴 ⓞ 🇬🇧 ᴊᴄʙ
🖙 70 – **56 ch** 990.   **E 8**

🏨 **Quality Inn Pierre** Ⓜ sans rest, 25 r. Th.-de-Banville ✆ 01 47 63 76 69,
Fax 01 43 80 63 96 – 🛗 ✦ 📺 📞 ✆ 🔏 30. 🅰🅴 ⓞ 🇬🇧 ᴊᴄʙ   **D 8**
🖙 72 – **50 ch** 990/1300.

🏨 **Ternes Arc de Triomphe** Ⓜ sans rest, 97 av. Ternes ✆ 01 53 81 94 94,
Fax 01 53 81 94 95 – 🛗 ✦ 🔲 📺 📞 ✆ 🔏. 🅰🅴 ⓞ 🇬🇧 ᴊᴄʙ   **E 6**
🖙 70 – **39 ch** 810/1350.

🏨 **Neva** Ⓜ sans rest, 14 r. Brey ✆ 01 43 80 28 26, *Fax 01 47 63 00 22* – 🛗 🔲 📺 📞 ✆ 🔏. 🅰🅴
ⓞ 🇬🇧 ᴊᴄʙ. ✸
🖙 60 – **31 ch** 600/900.   **E 8**

🏨 **Étoile St-Ferdinand** sans rest, 36 r. St-Ferdinand ✆ 01 45 72 66 66, *Fax 01 45 74 12 92*
– 🛗 📺 📞 ✆. 🅰🅴 ⓞ 🇬🇧 ᴊᴄʙ. ✸
🖙 60 – **42 ch** 950/1300.   **E 6-7**

🏨 **Monceau** sans rest, 7 r. Rennequin ✆ 01 47 63 07 52, *Fax 01 47 66 84 44* – 🛗 ✦ 📺 📞
✆. 🅰🅴 ⓞ 🇬🇧 ᴊᴄʙ
🖙 75 – **25 ch** 918/983.   **E 8**

🏨 **Harvey** sans rest, 7 bis r. Débarcadère ✆ 01 55 37 20 00, *Fax 01 40 68 03 56* – 🛗 🔲 📺 📞
✆. 🅰🅴 ⓞ 🇬🇧 ᴊᴄʙ
🖙 40 – **32 ch** 620/750.   **E 6**

🏨 **Monceau Étoile** sans rest, 64 r. de Levis ✆ 01 42 27 33 10, *Fax 01 42 27 59 58* – 🛗 📺 📞.
🅰🅴 ⓞ 🇬🇧
🖙 45 – **26 ch** 600/650.   **D 10**

🏨 **Étoile Park Hôtel** sans rest, 10 av. Mac Mahon ✆ 01 42 67 69 63, *Fax 01 43 80 18 99* – 🛗
📺 📞 ✆. 🅰🅴 ⓞ 🇬🇧 ᴊᴄʙ
🖙 65 – **28 ch** 510/790.   **E 8**

🏨 **Royal Magda** sans rest, 7 r. Troyon ✆ 01 47 64 10 19, *Fax 01 47 64 02 12* – 🛗 📺 📞 ✆. 🅰🅴
ⓞ 🇬🇧 ᴊᴄʙ. ✸
🖙 45 – **26 ch** 680/765, 11 appart.   **E 8**

🏨 **Monceau Élysées** sans rest, 108 r. Courcelles ✆ 01 47 63 33 08, *Fax 01 46 22 87 39* – 🛗
📺 📞. 🅰🅴 ⓞ 🇬🇧
🖙 55 – **29 ch** 650/900.   **E 9**

🏨 **Astrid** sans rest, 27 av. Carnot ✆ 01 44 09 26 00, *Fax 01 44 09 26 01* – 🛗 📺 📞 ✆. 🅰🅴 ⓞ
🇬🇧 ᴊᴄʙ
🖙 50 – **40 ch** 570/800.   **E 7**

🏨 **Comfort Hôtel Villiers Étoile** Ⓜ sans rest, 6 r. Lebouteux ✆ 01 40 53 05 05,
Fax 01 40 53 05 06 – 🛗 ✦ 📺 📞 ✆ 🔏. 🅰🅴 ⓞ 🇬🇧 ᴊᴄʙ   **D 10**
🖙 70 – **55 ch** 800/900.

🏨 **Étoile Péreire** ॐ sans rest, 146 bd Péreire ✆ 01 42 67 60 00, *Fax 01 42 67 02 90* – 🛗 📺
📞 ✆. 🅰🅴 ⓞ 🇬🇧 ᴊᴄʙ. ✸
🖙 60 – **21 ch** 620/810, 5 duplex.   **D 7**

🏨 **Flaubert** sans rest, 19 r. Rennequin ✆ 01 46 22 44 35, *Fax 01 43 80 32 34* – 🛗 📺 📞 🔏. 🅰🅴
ⓞ 🇬🇧
🖙 45 – **37 ch** 490/680.   **D 8**

🏨 **Campanile,** 4 bd Berthier ✆ 01 46 27 10 00, *Fax 01 46 27 00 57*, 🌫 – 🛗 ✦ 🔲 📺 📞 ✆
🔏 🚗 – 🔏 15 à 40. 🅰🅴 ⓞ 🇬🇧   **B 10**
Repas *(80)* - 98/116 🍷, enf. 39 – 🖙 39 – **246 ch** 550.

XXXX **Guy Savoy**, 18 r. Troyon *⋯* 01 43 80 40 61, *Fax 01 46 22 43 09* – ▤. ▤ ⓪ ▥ ▦ E 8
❀❀ *fermé 15 juil. au 15 août, sam. midi et dim.* – **Repas** 950 et carte 620 à 800 ♀
      Spéc. Soupe d'artichaut à la truffe. Turbotin rôti entier et marmite de légumes (été).
      Fondant chocolat au pralin feuilleté.

XXXX **Michel Rostang**, 20 r. Rennequin *⋯* 01 47 63 40 77, *Fax 01 47 63 82 75*, « Cadre élé-
❀❀ gant » – ▤. ▤ ⓪ ▥ ▦   D 8
      fermé 1er au 20 août, sam. midi, lundi midi et dim. – **Repas** 365 (déj.), 660/860 et carte 620 à
      800
      Spéc. Foie gras chaud de canard poêlé au parfum de moka. Galette d'artichaut aux truffes
      (20 déc. au 15 mars). Canette au sang en deux services.

XXX **Apicius** (Vigato), 122 av. Villiers *⋯* 01 43 80 19 66, *Fax 01 44 40 09 57* – ▤. ▤ ⓪ ▥ ▦
❀❀ *fermé août, sam. et dim.* – **Repas** 600 et carte 440 à 620   D 8
      Spéc. Foie gras de canard en aigre-doux aux radis noirs confits. Pigeon farci au vieux
      jambon et champignons. Grand dessert "tout chocolat".

XXX **Faucher,** 123 av. Wagram *⋯* 01 42 27 61 50, *Fax 01 46 22 25 72*, ☞ – ▤ ▥ ▦   D 8
❀ *fermé sam. et dim.* – **Repas** 500 et carte 320 à 470 ♀
      Spéc. Oeuf au plat, foie gras chaud et coppa grillée. Ris de veau cuits dorés, beurre
      d'échalote, pommes "Nikko". Soufflé aux épices, sauce chocolat.

XXX **Sormani** (Fayet), 4 r. Gén. Lanrezac *⋯* 01 43 80 13 91, *Fax 01 40 55 07 37* – ▤. ▥ ▦ E 7
❀ *fermé 1er au 22 août, sam., dim. et fériés* – **Repas** - cuisine italienne - 250 (déj.), 350/450 et
      carte 350 à 410 ♀
      Spéc. Soupe de fagioli au lard et scampi. Tagliatelles aux truffes blanches (oct. à déc.).
      Minestrone de la mer.

XXX **Pétrus**, 12 pl. Mar. Juin *⋯* 01 43 80 15 95, *Fax 01 47 66 49 86* – ▤. ▤ ⓪ ▥ ▦   D 8
      fermé 1er au 15 août – **Repas** - produits de la mer - 235 et carte 350 à 540 ♀.

XXX **Amphyclès** (Groult), 78 av. Ternes *⋯* 01 40 68 01 01, *Fax 01 40 68 91 88* – ▤. ▤ ⓪ ▥ ▦
❀ *fermé sam. midi et dim.* – **Repas** 295 (déj.), 580/680 et carte 380 à 520 ♀   E 7
      Spéc. Araignée de mer en carapace. Omble chevalier au jus de melon et porto. Foie gras de
      canard poêlé à la mijotée de cocos.

XXX **Augusta**, 98 r. Tocqueville *⋯* 01 47 63 39 97, *Fax 01 47 63 39 97* – ▤. ▥   C 9
      fermé 7 au 28 août, sam. et dim. – **Repas** - produits de la mer - carte 410 à 520.

XXX **Timgad**, 21 r. Brunel *⋯* 01 45 74 23 70, *Fax 01 40 68 76 46*, « Décor mauresque » – ▤. ▤
❀ ⓪ ▥. ☀   E 7
      Repas - cuisine marocaine - carte 250 à 360
      Spéc. Couscous méchoui. Pastilla. Tagine d'agneau.

XX **Petit Colombier** (Fournier), 42 r. Acacias *⋯* 01 43 80 28 54, *Fax 01 44 40 04 29* – ▤. ▤
❀ ▥   E 7
      fermé 1er au 21 août, sam. (sauf le soir de sept. à avril) et dim. – **Repas** 200 (déj.)/360 et
      carte 320 à 430 ♀
      Spéc. Quenelles de homard breton. Pot au feu de foie gras. Lièvre à la royale (1er oct. au
      10 déc.).

XX **Les Béatilles** (Bochaton), 11 bis r. Villebois-Mareuil *⋯* 01 45 74 43 80, *Fax 01 45 74 43 81*
❀ – ▤. ▤ ▥   E 7
      fermé 1er au 21 août, 23 au 31 déc., sam. et dim. – **Repas** 210/380 et carte 300 à 410
      Spéc. Noms d'escargots et champignons des bois. Petit brochet rôti au lard, poêlon de
      girolles (15 juin au 15 oct.). La "Saint-Cochon" (15 oct. au 28 fév.).

XX **Braisière** (Vaxelaire), 54 r. Cardinet *⋯* 01 47 63 40 37, *Fax 01 47 63 04 76* – ▤ ▥ D 9
❀ *fermé 22 avril au 3 mai, août, sam. et dim.* – **Repas** 195 et carte 270 à 410
      Spéc. Salade de Saint-Jacques (oct. à avril). Ris de veau entier et "patates" au foie gras.
      Gratinée au fenouil.

XX **Dessirier**, 9 pl. Mar. Juin *⋯* 01 42 27 82 14, *Fax 01 47 66 82 07* – ▤. ▤ ⓪ ▥ ▦   D 8
      Repas - produits de la mer - 218 et carte 300 à 440 ♀.

XX **Graindorge**, 15 r. Arc de Triomphe *⋯* 01 47 54 00 28, *Fax 01 47 54 00 28* – ▤ ▥   E 7
      fermé 6 au 21 août, sam. midi et dim. – **Repas** (138) - 168 (déj.), 195/280 et carte 230 à 320.

XX **L'Atelier Gourmand**, 20 r. Tocqueville *⋯* 01 42 27 03 71, *Fax 01 42 27 03 71* – ▤
      ▥   D 10
      fermé 7 au 20 août, sam. sauf le soir du 15 sept. au 15 juin et dim. – **Repas** (145) - 185 ♀.

XX **Paolo Petrini**, 6 r. Débarcadère *⋯* 01 45 74 25 95, *Fax 01 45 74 12 95* – ▤. ▤
      ▥   E 6
      fermé 1er au 20 août et sam. midi – **Repas** - cuisine italienne - 130 (déj.)/190 et carte 270 à
      350 ♀.

XX **Truite Vagabonde**, 17 r. Batignolles *⋯* 01 43 87 77 80, *Fax 01 43 87 31 50*, ☞ – ▤ ▥
      fermé lundi en août-sept. et dim. soir – **Repas** 250 bc/350 bc et carte 280 à 370.   D 11

XX **Ballon des Ternes**, 103 av. Ternes *⋯* 01 45 74 17 98, *Fax 01 45 72 18 84*, brasserie – ▤
      ▥ ▦   E 6
      fermé 28 juil. au 28 août – **Repas** carte 200 à 300 ♀.

XX **Chez Georges,** 273 bd Péreire ℘ 01 45 74 31 00, *Fax 01 45 74 02 56* – ⊞ ⱼⲥⲃ ⅍ E 6
Repas carte 210 à 290 ♈.

XX **Auberge des Dolomites,** 38 r. Poncelet ℘ 01 42 27 94 56, *Fax 01 42 27 39 57* – ⅍
⊞ E 8
fermé 29 juil. au 29 août, dim. et lundi – **Repas** 138/190 et carte 230 à 340 ♈.

XX **Taïra,** 10 r. Acacias ℘ 01 47 66 74 14, *Fax 01 47 66 74 14* – ▤. ⅍ ① ⊞ E 7
fermé 15 au 31 août, sam. midi et dim. – **Repas** - produits de la mer - 190/350 et carte 300 à
400 ♈.

XX **Coco et sa Maison,** 18 r. Bayen ℘ 01 45 74 73 73, *Fax 01 45 74 73 52* – ⅍ ① ⊞ E 7
fermé août, 23 déc. au 5 janv., sam. midi et dim. – **Repas** *(150)* - carte 220 à 390 ♈.

XX **Beudant,** 97 r. des Dames ℘ 01 43 87 11 20, *Fax 01 43 87 27 35* – ▤. ⅍ ① ⊞
ⱼⲥⲃ D 11
fermé 7 au 23 août, sam. midi et dim. – **Repas** 165/300 et carte 210 à 350 ♈.

XX **Souad et Sophie,** 27 av. Niel ℘ 01 47 63 04 24, *Fax 01 44 15 92 20* – ▤. ⅍ ① ⊞ D 8
fermé dim. – **Repas** - produits de la mer - 170 ♈.

XX **Chez Léon,** 32 r. Legendre ℘ 01 42 27 06 82, *Fax 01 46 22 63 67*, bistrot – ⅍ ①
⊞ D 10
⊕ *fermé août, sam. et dim.* – Repas (nombre de couverts limité, prévenir) 140/195 et carte
230 à 360 ♈.

X **Rôtisserie d'Armaillé,** 6 r. Armaillé ℘ 01 42 27 19 20, *Fax 01 40 55 00 93* – ▤. ⅍ ①
⊞ ⱼⲥⲃ E 7
fermé 1er au 20 août, sam. midi et dim. – **Repas** *(165)* - 230 et carte 250 à 300.

X **Bistrot de l'Étoile Niel,** 75 av. Niel ℘ 01 42 27 88 44, *Fax 01 42 27 32 12* – ▤. ⅍ ① ⊞
ⱼⲥⲃ D 8
fermé sam. midi et dim. – **Repas** *(135)* - 165 et carte 220 à 300 ♈.

X **Soupière,** 154 av. Wagram ℘ 01 42 27 00 73, *Fax 01 46 22 27 09* – ▤. ⅍ ⊞ D 9
fermé 6 au 30 août, sam. midi et dim. – **Repas** 140/320 et carte 210 à 320.

X **Petite Auberge,** 38 r. Laugier ℘ 01 47 63 85 51, *Fax 01 47 63 85 81* – ⅍ ⊞ D 7-8
fermé août, lundi midi et dim. – **Repas** (nombre de couverts limité, prévenir) *(140)* - 170.

X **Caves Petrissans,** 30 bis av. Niel ℘ 01 42 27 52 03, *Fax 01 40 54 87 56*, 🐜, bistrot – ⅍
⊞ D 8
⊕ *fermé 29 juil. au 20 août, sam., dim. et fériés* – Repas 170 et carte 200 à 280 ♈.

X **L'Impatient,** 14 passage Geffroy Didelot ℘ 01 43 87 28 10 – ⊞ D 10-11
fermé 7 au 27 août, vacances de fév., lundi soir, sam. et dim. – **Repas** 102 (déj.), 120/285 et
carte 240 à 310 ♈.

X **Troyon,** 4 r. Troyon ℘ 01 40 68 99 40, *Fax 01 40 68 99 57* – ⅍ ⊞. ⅍ E 8
fermé sam. midi et dim. – **Repas** (prévenir) 198 ♈.

X **Café d'Angel,** 16 r. Brey ℘ 01 47 54 03 33, *Fax 01 47 54 03 33*, bistrot – ⊞ E 8
⊕ *fermé 1er au 20 août, Noël au Jour de l'An, sam., dim. et fériés* – Repas *(90)* - 110 (déj.)/180 et
carte le midi ♈.

X **L'Ampère,** 1 r. Ampère ℘ 01 47 63 72 05, *Fax 01 47 63 37 33*, bistrot – ⅍ ⊞ D 9
fermé sam. midi et dim. – **Repas** carte 180 à 250.

X **Chez Ballot,** 14 r. Thann ℘ 01 42 27 25 43 – ⊞ D 10
fermé août, sam. et dim. – **Repas** *(95)* - 148 et carte 170 à 250 ♈.

X **Bistro du 17e,** 108 av. Villiers ℘ 01 47 63 32 77, *Fax 01 42 27 67 66* – ▤. ⅍ ⊞ D 8
Repas 169 bc.

X **Petit Gervex,** 2 r. Gervex ℘ 01 43 80 53 63, *Fax 01 40 53 93 53*, 🐜 – ① ⊞ C 8
fermé 24 juil. au 20 août, vacances de Noël, dim. soir et sam. – **Repas** *(115)* - carte 190 à
270 ♈.

X **Petite Provence,** 69 rue des Dames ℘ 01 45 22 03 03 – ⊞ D 11
fermé 8 au 30 août, sam. midi, dim. midi et lundi – **Repas** - spécialités provençales et de
poissons (nombre de couverts limité, prévenir) *(105)* - 135 et carte 230 à 370 ♈.

X **Le Clou,** 132 r. Cardinet ℘ 01 42 27 36 78, *Fax 01 42 27 89 96*, bistrot – ⊞ C 10
fermé 31 juil. au 30 août, sam. midi, dim. et fériés – **Repas** 98 et carte 180 à 260 ♈.

X **L'Huîtrier,** 16 r. Saussier-Leroy ℘ 01 40 54 83 44, *Fax 01 40 54 83 86* – ⅍ ⊞ E 8
fermé 14 juil. au 31 août, dim. de mai à juil. et lundi – **Repas** - produits de la mer - carte 230
à 360 ♈.

X **Nagoya,** 16 r. Brey ℘ 01 45 72 61 68 – ⊞ E 8
fermé 15 au 31 août et dim. – **Repas** - cuisine japonaise - carte 120 à 180 ⚘.

Montmartre
La Villette - Belleville

18ᵉ, 19ᵉ et 20ᵉ arrondissements

18ᵉ : ⊠ 75018 - 19ᵉ : ⊠ 75019 - 20ᵉ : ⊠ 75020

🏛️ **Terrass'Hôtel** Ⓜ, 12 r. J. de Maistre (18ᵉ) ℰ 01 46 06 72 85, Fax 01 42 52 29 11, 😤,
« Terrasse panoramique sur le toit » – 🛗 � ☰ rest, 📺 ☎ 🅅 – 🔏 25 à 100. 🆎 ① ⴳ🅱
🅹🅲🅱   **C 13**
Terrasse ℰ 01 44 92 34 00 **Repas** 130 bc/168 ♈, enf. 60 – ⬭ 75 – **88 ch** 920/1540,
13 appart.

🏛️ **Holiday Inn** Ⓜ, 216 av. J. Jaurès (19ᵉ) ℰ 01 44 84 18 18, Fax 01 44 84 18 20, 😤, ⅙ – 🛗
⍳ ☰ 📺 ☎ 🅅 🕭 🄿 – 🔏 15 à 140. 🆎 ① ⴳ🅱 🅹🅲🅱, ⅍ rest   **C 21**
Repas (89) - 180 ♈, enf. 45 – ⬭ 75 – **176 ch** 1650/2050, 6 appart.

🏨 **Mercure Montmartre** sans rest, 3 r. Caulaincourt (18ᵉ) ℰ 01 44 69 70 70,
Fax 01 44 69 70 71 – 🛗 ⍳ ☰ 📺 ☎ 🅅 🕭 – 🔏 20 à 70. 🆎 ① ⴳ🅱   **D 12**
⬭ 70 – **308 ch** 1000/1070.

🏨 **Holiday Inn Garden Court** Ⓜ sans rest, 23 r. Damrémont (18ᵉ) ℰ 01 44 92 33 40,
Fax 01 44 92 09 30 – 🛗 ⍳ ☰ 📺 ☎ 🕭 – 🔏 20. 🆎 ① ⴳ🅱   **C 13**
⬭ 95 – **54 ch** 950.

🏨 **Parc des Buttes Chaumont** sans rest, 1 pl. Armand Carrel (19ᵉ) ℰ 01 42 08 08 37,
Fax 01 42 45 66 91 – 🛗 ☰ 📺 ☎ 🅅. 🆎 ① ⴳ🅱   **D 19**
⬭ 50 – **45 ch** 480/650.

🏠 **Clarine** Ⓜ, 147 av. Flandre (19ᵉ) ℰ 01 44 72 46 46, Fax 01 44 72 46 47 – 🛗 ⍳ ☰ rest, 📺
☎ 🅅 🕭 🖴 – 🔏 70. 🆎 ① ⴳ🅱 🅹🅲🅱   **B 19**
Repas carte 90 à 120 ♈, enf. 36 – ⬭ 40 – **207 ch** 400/430.

🏨	**Roma Sacré Coeur** sans rest, 101 r. Caulaincourt (18ᵉ) ℰ 01 42 62 02 02, *Fax 01 42 54 34 92* – 📶 📺 ☎. ᴁᴱ ⓞ ᴳᴮ ᴊᶜᴮ ⌂ 37 – **57** ch 410/480.	**C 14**
🏨	**Palma** sans rest, 77 av. Gambetta (20ᵉ) ℰ 01 46 36 13 65, *Fax 01 46 36 03 27* – 📶 📺 ☎. ᴁᴱ ⓞ ᴳᴮ ᴊᶜᴮ ⌂ 35 – **32** ch 340/425.	**G 21**
🏨	**Crimée** sans rest, 188 r. Crimée (19ᵉ) ℰ 01 40 36 75 29, *Fax 01 40 36 29 57* – 📶 🖃 📺 ☎. ᴁᴱ ᴳᴮ ᴊᶜᴮ. ⋘ ⌂ 35 – **31** ch 320/350.	**C 18**
🏨	**Laumière** sans rest, 4 r. Petit (19ᵉ) ℰ 01 42 06 10 77, *Fax 01 42 06 72 50* – 📶 📺 ☎. ᴳᴮ ⌂ 36 – **54** ch 295/390.	**D 19**
🏨	**Super Hôtel** sans rest, 208 r. Pyrénées (20ᵉ) ℰ 01 46 36 97 48, *Fax 01 46 36 26 10* – 📶 📺 ☎. ᴁᴱ ᴳᴮ. ⋘ ⌂ 35 – **32** ch 250/520.	**G 21**
🏨	**Abricôtel** sans rest, 15 r. Lally Tollendal (19ᵉ) ℰ 01 42 08 34 49, *Fax 01 42 40 83 95* – 📶 📺 ☎ ✆ &. ᴁᴱ ⓞ ᴳᴮ. ⋘ ⌂ 35 – **39** ch 305/400.	**D 18**
🏨	**Eden Hôtel** sans rest, 90 r. Ordener (18ᵉ) ℰ 01 42 64 61 63, *Fax 01 42 64 11 43* – 📶 📺 ☎ ✆. ᴁᴱ ⓞ ᴳᴮ ᴊᶜᴮ ⌂ 40 – **35** ch 395/450.	**B 14**
🏨	**Damrémont** sans rest, 110 r. Damrémont (18ᵉ) ℰ 01 42 64 25 75, *Fax 01 46 06 74 64* – 📶 ⋙ 📺 ☎ ✆. ᴁᴱ ⓞ ᴳᴮ ᴊᶜᴮ. ⋘ ⌂ 40 – **35** ch 440/490.	**B 13**

XXX 🍀	**Beauvilliers** (Carlier), 52 r. Lamarck (18ᵉ) ℰ 01 42 54 54 42, *Fax 01 42 62 70 30*, 🌤, « Décor original, terrasse » – 🖃. ᴁᴱ ᴳᴮ ᴊᶜᴮ *fermé lundi midi et dim.* – **Repas** 185 (déj.)/400 et carte 450 à 580 Spéc. Artichaut frais farci de tourteau. Timbale de macaroni aux ris de veau et foie gras. Canard en aiguillettes aux figues.	**C 14**
XXX	**Pavillon Puebla,** Parc Buttes-Chaumont, entrée : av Bolivar, r. Botzaris (19e) ℰ 01 42 08 92 62, *Fax 01 42 39 83 16*, 🌤, « Agréable situation dans le parc » – 🅿. ᴁᴱ ᴳᴮ *fermé 8 au 21 août, dim. et lundi* – **Repas** 190/260 et carte 360 à 500.	**E 19**
XX	**Cottage Marcadet,** 151 bis r. Marcadet (18ᵉ) ℰ 01 42 57 71 22 – 🖃. ᴳᴮ. ⋘ *fermé 1ᵉʳ au 10 avril , 29 juil. au 28 août et dim.* – **Repas** 165 (déj.)/225 et carte 220 à 330.	**C 13**
XX	**Les Allobroges,** 71 r. Grands-Champs (20ᵉ) ℰ 01 43 73 40 00 – ᴁᴱ ᴳᴮ *fermé 1ᵉʳ au 22 août, 23 avril au 1ᵉʳ mai, dim., lundi et fériés* – **Repas** 97/250 et carte 200 à 325.	**K 22**
XX	**Dagorno,** 190 av. J. Jaurès (19ᵉ) ℰ 01 40 40 09 39, *Fax 01 48 03 17 23* – 🖃. ᴁᴱ ᴳᴮ ᴊᶜᴮ **Repas** 149 et carte 210 à 300 ⍭.	**C 20**
XX	**Relais des Buttes,** 86 r. Compans (19ᵉ) ℰ 01 42 08 24 70, *Fax 01 42 03 20 44*, 🌤 – ᴳᴮ *fermé août, sam. midi et dim.* – **Repas** 185 et carte 230 à 350 ⍭.	**E 20**
XX	**Chaumière,** 46 av. Secrétan (19ᵉ) ℰ 01 42 06 54 69, *Fax 01 42 06 28 12* – 🖃. ᴁᴱ ⓞ ᴳᴮ **Repas** 143/198 bc et carte 200 à 380.	**E 18**
XX	**Au Clair de la Lune,** 9 r. Poulbot (18ᵉ) ℰ 01 42 58 97 03, *Fax 01 42 55 64 74* – ᴁᴱ ⓞ ᴳᴮ *fermé 25 août au 15 sept., lundi midi et dim.* – **Repas** 165 et carte 210 à 300.	**D 14**
X	**Poulbot Gourmet,** 39 r. Lamarck (18ᵉ) ℰ 01 46 06 86 00, *Fax 01 46 06 86 00* – ᴳᴮ *fermé 14 au 20 août et dim. sauf le midi d'oct. à mai* – **Repas** (115) - 190 et carte 300 à 350.	**C 14**
X	**L'Oriental,** 76 r. Martyrs (18ᵉ) ℰ 01 42 64 39 80, *Fax 01 42 64 39 80* – ᴁᴱ ᴳᴮ. ⋘ *fermé 23 juil. au 24 août et dim.* – **Repas** - cuisine nord-africaine - 85 (déj.)/210 et carte 150 à 200 ⍭.	**D 13-D4**
X	**Marie-Louise,** 52 r. Championnet (18ᵉ) ℰ 01 46 06 86 55, bistrot – ᴳᴮ *fermé 1ᵉʳ au 31 août, dim. et lundi* – **Repas** 130 et carte 180 à 300.	**B 15**
X	**Bouclard,** 1 r. Cavallotti (18ᵉ) ℰ 01 45 22 60 01, *Fax 01 45 22 00 48*, bistrot – ᴁᴱ ᴳᴮ *fermé lundi midi, sam. midi et dim.* – **Repas** 125 et carte 210 à 350.	**D 12**
X	**Village Kabyle,** 4 r. Aimé Lavy (18ᵉ) ℰ 01 42 55 03 34, *Fax 01 42 86 08 35* – ᴳᴮ. ⋘ *fermé lundi midi et dim.* – **Repas** - cuisine nord-africaine - 160/295 et carte 160 à 190 ⍭.	**B 14**

※ **Aucune Idée ?**, 2 pl. St-Blaise (20ᵉ) ✆ 01 40 09 70 67, Fax 01 43 48 05 67 – 🖭 ⏣ 🎴 **H 22**
fermé 2 au 9 avril, 13 au 20 août, sam. midi, dim. soir et lundi – **Repas** 125 (déj.)/165 et carte 220 à 260 ⌐.

※ **Perroquet Vert**, 7 r. Cavalotti (18ᵉ) ✆ 01 45 22 49 16, Fax 01 42 93 70 29 – 🖭 ⏣ **D 12**
fermé août, sam. midi et dim. – **Repas** 168 ⌐.

※ **L'Étrier**, 154 r. Lamarck (18ᵉ) ✆ 01 42 29 14 01, bistrot – 🍴. ⏣ **C 12**
fermé 6 au 13 mars, 15 août au 7 sept., dim. et lundi – **Repas** (nombre de couverts limité, prévenir) *(82)* - 92 (déj.)/170.

※ **Rughetta**, 41 r. Lepic (18ᵉ) ✆ 01 42 23 41 70, Fax 01 42 23 41 70, bistrot – ⏣. ✻ **D 13**
fermé 6 au 30 août et lundi – **Repas** - cuisine italienne - (nombre de couverts limité, prévenir) 109/180 bc et carte 150 à 220 ⌐.

ENVIRONS
Hôtels - Restaurants
40 km environ autour de Paris

F 15 : Ces lettres et ces chiffres correspondent au carroyage des **plans Michelin Banlieue de Paris** n° 18, n° 20, n° 22, n° 24 et 26.

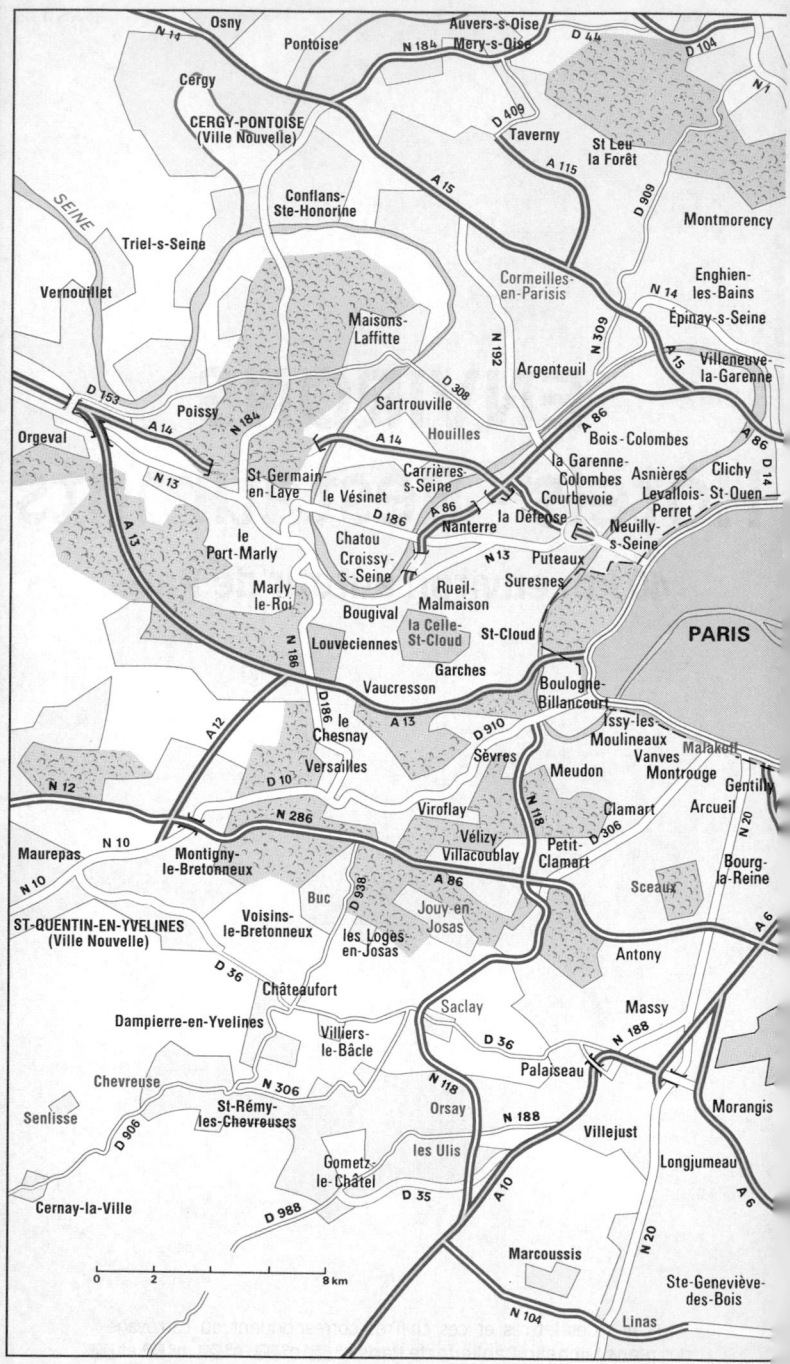

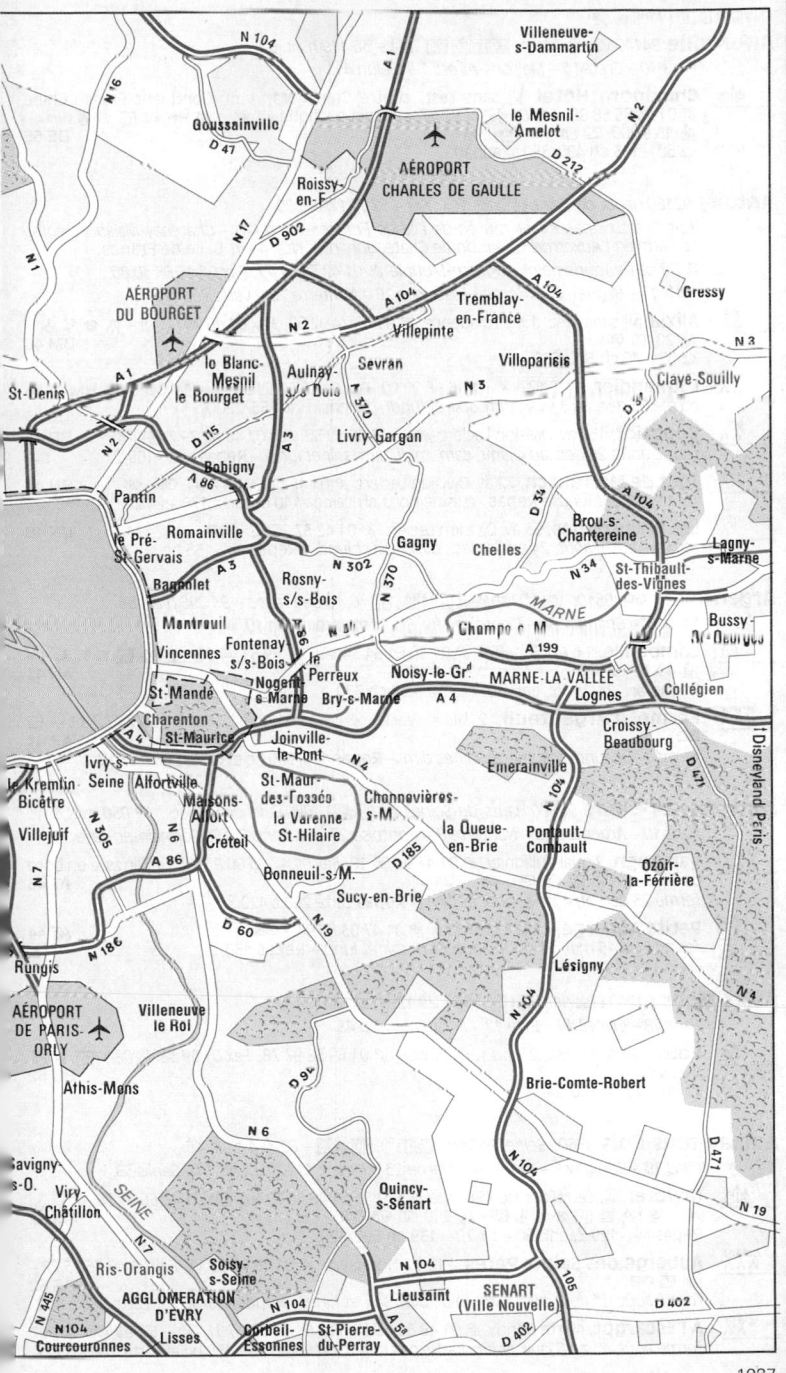

Alfortville 94140 Val-de-Marne **101** ㉗, **24** , **25** – 36 119 h alt. 32.

　　Paris 10 – Créteil 6 – Maisons-Alfort 1 – Melun 41.

🏨　**Chinagora Hôtel** Ⓜ sans rest, centre Chinagora, 1 pl. Confluent France-Chine
　　ℰ 01 43 53 58 88, Fax 01 49 77 57 17, « Jardin exotique », � – 🛗 ⁕ 🔲 TV ☎ 🅱 🚗 –
　　🔏 15 à 200. ⚠ ⓞ ☜ 🈯 ⌦
　　⌦ 50 – **183 ch** 490/550, 4 appart.　　　　　　　　　　　　　　　　　BE 55

Antony 92160 Hauts-de-Seine **101** ㉕, **22** , **25** – 57 771 h alt. 80.

　　Voir Sceaux : parc★★ et musée de l'Île-de-France★ N : 4 km – Châtenay-Malabry : église
　　St-Germain-l'Auxerrois★, Maison de Chateaubriand★ NO : 4 km, G. Île de France.

　　🛈 Office de Tourisme pl. Auguste-Mounie ℰ 01 42 37 57 77, Fax 01 46 66 30 80.

　　Paris 13 – Bagneux 9 – Corbeil-Essonnes 26 – Nanterre 28 – Versailles 17.

🏨　**Alixia** Ⓜ sans rest, 1 r. Providence ℰ 01 46 74 92 92, Fax 01 46 74 50 55 – 🛗 ☎ 🗤 🅱 –
　　🔏 20. ⚠ ☜
　　⌦ 55 – **40 ch** 500/650.　　　　　　　　　　　　　　　　　　　　　BM 46

XX　**L'Amandier**, 8 r. Église ℰ 01 46 66 22 02, Fax 01 46 66 61 86 – 🔲. ⚠ ☜ ⌦　BM45-46
　　fermé 23 déc. au 3 janv., dim. soir et lundi – **Repas** (110) - 155/220 ⅄.

XX　**Boucalot**, 157 av. Division Leclerc ℰ 01 46 66 19 32, Fax 01 46 66 79 74 – ☜　　BP 46
　　fermé août, 26 déc. au 4 janv., sam. midi, dim. soir et lundi – **Repas** (135) - 169 ⅄.

X　**Tour de Marrakech**, 72 av. Division Leclerc ℰ 01 46 66 00 54 – 🔲. ⚠ ☜ ⌦　BN 46
　　fermé août et lundi – **Repas** - cuisine nord-africaine - 140 et carte 170 à 240.

X　**Les Philosophes**, 53 av. Division Leclerc ℰ 01 42 37 23 22 – ☜　　　　　　BN 46
　　fermé 7 au 29 août, 24 au 31 déc., dim. soir et lundi – **Repas** (95) - 135 bc.

Argenteuil ⬮ 95100 Val-d'Oise **101** ⑭, **18** , **25** G. Île de France – 93 096 h alt. 33.

　　Paris 17 – Chantilly 38 – Pontoise 19 – St-Germain-en-Laye 19.

🏨　**Campanile**, 1 r. Ary Scheffer ℰ 01 39 61 34 34, Fax 01 39 61 44 20 – 🛗 ⁕ TV ☎ 🗤 🅱 –
　　🔏 40. ⚠ ⓞ ☜
　　Repas (80) - 98/116 ⅄, enf. 39 – ⌦ 39 – **99 ch** 370.　　　　　　　　AR 41

XXX　**Ferme d'Argenteuil**, 2 bis r. Verte ℰ 01 39 61 00 62, Fax 01 30 76 32 31 – ⚠
　　☜　　　　　　　　　　　　　　　　　　　　　　　　　　　　　　　AP 41
　　fermé août, lundi soir, mardi soir et dim. – **Repas** 180/350 bc et carte 260 à 350 ⅄.

Asnières-sur-Seine 92600 Hauts-de-Seine **101** ⑮, **18** , **25** G. Île de France – 71 850 h alt. 37.

　　Paris 10 – Argenteuil 8 – Nanterre 8 – Pontoise 27 – St-Denis 7 – St-Germain-en-Laye 20.

XXX　**Van Gogh**, 2 quai Aulagnier ℰ 01 47 91 05 10, Fax 01 47 93 00 93, 🌣, « Terrasse en bord
　　de Seine » – 🅿. ⚠ ⓞ ☜ ⌦　　　　　　　　　　　　　　　　　　AT 46
　　fermé 23 déc. au 4 janv., sam. et dim. – **Repas** carte 260 à 420 ⅄.

XX　**Petite Auberge**, 118 r. Colombes ℰ 01 47 93 33 94 – ☜　　　　　　　AT 44
🐌　fermé 8 au 15 mai, 14 au 21 août, dim. soir et lundi – **Repas** 150.

Athis-Mons 91200 Essonne **101** ㊱, **25** – 29 123 h alt. 85.

　　Paris 18 – Créteil 14 – Évry 12 – Fontainebleau 48.

🏨　**Rotonde** sans rest, 25 bis r. H. Pinson ℰ 01 69 38 97 78, Fax 01 69 38 48 02 – TV ☎ 🅿.
　　☜ ⌦　　　　　　　　　　　　　　　　　　　　　　　　　　　　BU 52
　　⌦ 30 – **22 ch** 300/340.

Aulnay-sous-Bois 93600 Seine-St-Denis **101** ⑱, **20** , **25** – 82 314 h alt. 46.

　　Paris 19 – Bobigny 8 – Lagny-sur-Marne 23 – Meaux 31 – St-Denis 14 – Senlis 38.

🏨　**Novotel** Ⓜ, carrefour de l'Europe N 370 ℰ 01 48 66 22 97, Fax 01 48 66 99 39, 🌣, 🏊,
　　🌿 – 🛗 ⁕ 🔲 TV ☎ 🗤 🅱 – 🔏 200. ⚠ ⓞ ☜　　　　　　　　　　AM 62
　　Repas (98) - 129 ⅄, enf. 50 – ⌦ 70 – **139 ch** 590/620.

XXX　**Auberge des Saints Pères**, 212 av. Nonneville ℰ 01 48 66 62 11, Fax 01 48 66 25 22 –
　　🔲. ⚠ ☜　　　　　　　　　　　　　　　　　　　　　　　　　　AS 62
　　fermé août, 1er au 7 janv., sam. midi, dim. soir et lundi – **Repas** 195/360 et carte 280 à 410.

XX　**À l'Escargot**, 40 rte Bondy ℰ 01 48 66 88 88, Fax 01 48 68 26 91, 🌣 – ⚠ ⓞ ☜ AR 62
　　fermé août, 1er au 8 janv. et lundi – **Repas** (dîner, prévenir) 130/450 bc et carte 200 à 350 ⅄.

Auvers-sur-Oise 95430 Val-d'Oise 101 ③, 106 ⑥ G. Ile de France – 6 129 h alt. 30.

Voir Maison de Van Gogh★ – Parcours-spectacle "voyage au temps des Impressionnistes"★ au château de Léry.

🏛 Office de Tourisme Manoir des Colombières r. de La Sansonne ℘ 01 30 36 10 06, Fax 01 34 48 08 47.

Paris 34 – Compiègne 78 – Beauvais 54 – Chantilly 29 – L'Isle-Adam 8 – Pontoise 7.

XX **Hostellerie du Nord**, r. Gén. de Gaulle ℘ 01 30 36 70 74, Fax 01 30 36 72 75, 🏡 – **P.** 🖭 **GB** **JCB**
fermé 4 au 14 avril, 15 août au 4 sept., sam. midi, dim. soir et lundi – **Repas** 250 bc (déj.), 270/370 ♚.

X **Auberge Ravoux**, face Mairie ℘ 01 30 36 60 60, Fax 01 30 36 60 61, « Ancien café d'artistes dit "Maison de Van Gogh" » – 🖭 ⓪ **GB** **JCB**. ✱
fermé mardi soir et merc. soir hors saison, dim. soir et lundi soir – **Repas** (nombre de couverts limité, prévenir) (155) - 195 ♚.

Bagnolet 93170 Seine-St-Denis 101 ⑰, 20, 25 – 32 600 h alt. 96.
Paris 8 – Bobigny 9 – Lagny-sur-Marne 32 – Meaux 38.

🏨 **Novotel Porte de Bagnolet** M, av. République, échangeur porte de Bagnolet ℘ 01 49 93 63 00, Fax 01 43 60 83 95, ⊥ – 📱 ✳ 🖥 📺 ☎ ✆ ⅋ ⟵ – 🕍 500. 🖭 ⓪ **GB** **JCB**   AZ 56
Repas (98) - carte environ 180 ♚, enf. 50 – � 70 – **611 ch** 840/880, 3 appart.

🏩 **Campanile**, 30 av. Gén. de Gaulle, échangeur Porte de Bagnolet ℘ 01 48 97 36 00, Fax 01 48 97 95 60 – 📱 ✳ 🖥 📺 ☎ ✆ ⅋ **P** – 🕍 15 à 200. 🖭 ⓪ **GB**   AZ 56
Repas (80) - 98/120 ♨, enf. 39 – ⊐ 39 – **274 ch** 465/550.

Le Blanc-Mesnil 93150 Seine-St-Denis 101 ⑰, 20, 25 – 46 956 h alt. 48.
Paris 19 – Bobigny 5 – Lagny-sur-Marne 29 – St-Denis 10 – Senlis 39.

🏨 **Bleu Marine** M, 219 av. Descartes ℘ 01 48 65 52 12, Fax 01 45 91 07 75, 🏡 – 📱 ✳ 🖥 📺 ☎ ⅋ ⟵ **P**. 🕍 45 🖭 ⓪ **GB**   AN 60
Repas (fermé sam. midi) (145) - 165 ♚, enf. 49 – ⊐ 55   **126 ch** 590.

voir aussi Le Bourget

Bobigny 93000 Seine-St-Denis 101 ⑰, 20, 25 – 44 659 h alt. 42 –
An 2000 28 mai : "Solstices" Fête de la Bergère (Spectacles) - 14-19 juin : Endless house, titre provisoire (Chorégraphie).
Paris 13 – St-Denis 9.

🏩 **Campanile**, 304 av. Paul Vaillant-Couturier ℘ 01 48 31 37 55, Fax 01 48 31 53 30 – 📱 ✳ 📺 ☎ ✆ ⅋ **P** – 🕍 15 à 30. 🖭 ⓪ **GB**   AU 59
Repas (80) - 90/116 ♚, enf. 39 – ⊐ 39 – **112 ch** 395.

Bois-Colombes 92270 Hauts-de-Seine 101 ⑮, 18, 25 – 24 415 h alt. 37.
Paris 12 – Nanterre 8 – Pontoise 24 – St-Denis 9 – St-Germain-en-Laye 19.

XXX **Bouquet Garni**, 7 r. Ch. Chefson ℘ 01 47 80 55 51, Fax 01 47 60 15 55 – **GB**   AT 44
fermé août, sam. et dim. – **Repas** 178/243 ♚.

X **Chefson**, 17 r. Ch. Chefson ℘ 01 42 42 12 05, Fax 01 42 42 12 05, bistrot – **GB**   AT 44
fermé août, vacances de fév., sam. et dim. – **Repas** (nombre de couverts limité, prévenir) 70 (déj.), 125/165 et carte 160 à 240 ♚.

Bougival 78380 Yvelines 101 ⑬, 18, 25 G. Ile de France – 8 552 h alt. 40.
🏛 Syndicat d'Initiative 7 r. du Gén.-Leclerc ℘ 01 39 69 21 23.
Paris 19 – Rueil-Malmaison 5 – St-Germain-en-Laye 6 – Versailles 8 – Le Vésinet 7.

🏩 **Maréchaux** ⚓ sans rest, 10 côte de la Jonchère ℘ 01 30 82 77 11, Fax 01 30 82 78 40, parc, ✱ – 📱 📺 ☎ ⅋ **P**. – 🕍 20 à 150. 🖭 ⓪ **GB** **JCB**   AY33-AZ33
⊐ 45 – **48 ch** 550/630.

XXX **Camélia**, 7 quai G. Clemenceau ℘ 01 39 18 36 06, Fax 01 39 18 00 25, 🏡 – 🖭 ⓪ **GB**   AZ 31
fermé 30 juil. au 20 sept., 23 au 30 déc., dim. soir et lundi – **Repas** 140/185 bc et carte 195 à 260.

Dans ce guide

un même symbole, un même caractère,
imprimé en couleur ou en noir, en maigre ou en **gras**
n'ont pas tous fait la même signification.

Lisez attentivement les pages explicatives.

Boulogne-Billancourt 🔎 *92100 Hauts-de-Seine* 101 ㉔, 22, 25 *G. Île de France –* 101 743 h alt. 35.

Voir *Musée départemental Albert-Kahn* ★ : *jardins* ★ – *Musée Paul Landowski* ★.
Paris 10 – Nanterre 14 – Versailles 12.

🏨🏨 **Golden Tulip** M, 37 pl. René Clair ℘ 01 49 10 49 10, Fax 01 46 08 27 09, 🌧 – 📶 ﹚﹚ ▤
🔟 ▤ 🕾 📞 ♿ – 🔬 150. 🖭 ⓪ 🆚 🄲🄱 **BC 42**
L'Entracte ℘ 01 49 10 49 50 **Repas** (130)-160(déj.) et carte 190 à 290 – 🖙 90 – **180 ch**
1290/1800.

🏨🏨 **Acanthe** M sans rest, 9 rd-pt Rhin et Danube ℘ 01 46 99 10 40, Fax 01 46 99 00 05 – 📶
﹚﹚ ▤ 🔟 📞 ⟿ – 🔬 35. 🖭 ⓪ 🆚 🄲🄱 **BB 39**
🖙 75 – **69 ch** 895/995.

🏨 **Adagio** M, 20 r. Abondances ℘ 01 48 25 80 80, Fax 01 48 25 33 13, 🌧 – 📶 ﹚﹚ ▤ 🔟 🕾
♿ ⟿ – 🔬 60. 🖭 ⓪ 🆚 🄲🄱 **BB 40**
Repas (fermé 1er au 27 août, sam., dim. et fériés) (115) - 150 ♈ – 🖙 75 – **75 ch** 825.

🏨 **Sélect Hôtel** sans rest, 66 av. Gén.-Leclerc ℘ 01 46 04 70 47, Fax 01 46 04 07 77 – 📶 ▤
🔟 🕾 📞 🄿 – 🔬 20. 🖭 ⓪ 🆚 🄲🄱 **BC 40**
🖙 45 – **63 ch** 510/600.

🏨 **Paris** sans rest, 104 bis r. Paris ℘ 01 46 05 13 82, Fax 01 48 25 10 43 – 📶 🔟 🕾 📞 🖭 ⓪
🆚 **BB40-41**
🖙 39 – **31 ch** 355/430.

🏨 **Bijou Hôtel** sans rest, 15 r. V. Griffuelhes, pl. Marché ℘ 01 46 21 24 98, Fax 01 46 21 12 98
– 📶 🔟 🕾 🖭 ⓪ 🆚 **BC 41**
🖙 30 – **50 ch** 320/350.

🏨 **Olympic Hôtel** sans rest, 69 av. V. Hugo ℘ 01 46 05 20 69, Fax 01 46 04 04 07 – 📶 🔟 🕾.
🖭 🆚 **BC 41**
🖙 35 – **36 ch** 350/440.

XXX **Au Comte de Gascogne** (Charvet), 89 av. J.-B. Clément ℘ 01 46 03 47 27,
☺ Fax 01 46 04 55 70, « Jardin d'hiver » – ▤. 🖭 ⓪ 🆚 **BB 40**
fermé 7 au 13 août, sam. midi et dim. – **Repas** 260/460 et carte 410 à 620
Spéc. Les foies gras de canard. Ragoût de homard. Pigeon farci et confit aux lentilles du
Puy.

XX **L'Auberge**, 86 av. J.-B. Clément ℘ 01 46 05 67 19, Fax 01 46 05 23 16 – ▤. 🖭 ⓪ 🆚
🄲🄱 **BB 40**
fermé août, sam. midi et dim. soir – **Repas** 170/250 et carte 280 à 360 ♈.

XX **Aux Merveilles de l'Océan**, 117 av. J.-B. Clément ℘ 01 48 25 43 88, Fax 01 41 10 94 40
– ▤. 🖭 🆚 **BB 40**
fermé sam. midi et dim. soir – **Repas** 198 bc et carte 250 à 400.

XX **Ferme de Boulogne**, 1 r. Billancourt ℘ 01 46 03 61 69, Fax 01 46 04 55 70 – 🖭
🆚 **BB 40**
fermé 1er au 21 août, sam. midi et dim. – **Repas** (140) - 175 et carte 220 à 310 ♈.

X **Songe de Poliphile**, 79 bd République ℘ 01 49 10 05 41 – ▤. 🖭 🆚 **BC 41**
fermé sam., dim. et fériés – **Repas** carte 220 à 310.

X **Grange**, 34 quai Le Gallo ℘ 01 46 05 22 38, Fax 01 48 25 19 66 – ▤. 🖭 ⓪ 🆚 **BC 39**
fermé août, sam. et dim. – **Repas** 170 ♈.

Le Bourget 93350 Seine-St-Denis 101 ⑰, 20, 25 *G. Île de France –* 11 699 h alt. 47.

Voir *Musée de l'Air et de l'Espace* ★★.
Paris 12 – Bobigny 5 – Chantilly 38 – Meaux 39 – St-Denis 6 – Senlis 37.

🏨🏨 **Novotel** M, 2 r. Perrin, ZA pont Yblon au Blanc-Mesnil ⊠ 93150 ℘ 01 48 67 48 88,
Fax 01 45 91 08 27, 🌧, ☃, ﹚﹚ ▤ 🔟 🕾 ♿ 🄿 – 🔬 200. 🖭 ⓪ 🆚 **AM 59**
Repas carte environ 200 ♈, enf. 50 – 🖙 65 – **143 ch** 650/680.

🏨🏨 **Bleu Marine** M, aéroport du Bourget - Zone aviation d'affaires ℘ 01 49 34 10 38,
Fax 01 49 34 10 35 – 📶 ﹚﹚ ▤ 🔟 🕾 ♿ 🄿 – 🔬 15 à 60. 🖭 ⓪ **AM 58**
Repas 145 ♈, enf. 60 – 🖙 65 – **86 ch** 750.

Bourg-la-Reine 92340 Hauts-de-Seine 101 ㉕, 22, 25 – 18 499 h alt. 56.

Voir *L'Hay-les-Roses : roseraie* ★★ *E : 1,5 km*, G. Île de France.
🛈 Office de Tourisme 1 bd Carnot ℘ 01 46 61 36 41, Fax 01 46 61 61 08.
Paris 10 – Boulogne-Billancourt 17 – Évry 24 – Versailles 17.

🏨 **Alixia** sans rest, 82 av. Gén. Leclerc ℘ 01 46 60 56 56, Fax 01 46 60 57 34 – 📶 ﹚﹚ 🔟 🕾 📞
♿ ⟿. 🖭 ⓪ 🆚 **BJ 47**
🖙 45 – **41 ch** 530/550.

Brie-Comte-Robert 77170 S.-et-M. 101 ㊴ G. Ile de France – 11 501 h alt. 90.

Voir Verrière★ du chevet de l'église – 🛈 Syndicat d'Initiative (ouvert merc. et sam. après-midi et dim. matin) pl. Jeanne-d'Évreux ℘ 01 64 05 30 09.

Paris 31 – Brunoy 9 – Évry 20 – Melun 19 – Provins 56.

🏠 **À la Grâce de Dieu** M, 79 r. Gén. Leclerc (N 19) ℘ 01 64 05 00 76, Fax 01 64 05 60 57 – 📺 ☎ 🅿. ◐ ⊖🗷

fermé 10 au 24 août – **Repas** (fermé dim. soir) 109/210 🖫, enf. 60 – 🖙 50 – **18 ch** 185/290.

Brou-sur-Chantereine 77177 S.-et-M. 101 ⑲, 25 – 4 469 h alt. 120.

Paris 35 – Coulommiers 40 – Meaux 28 – Melun 48.

XX **Lotus de Brou**, 2 ter r. Carnot ℘ 01 64 21 01 44 – ⊖🗷. ⨯

fermé mi-août à mi-sept. et lundi – **Repas** - cuisine chinoise et thaï - carte 160 à 240.

Bry-sur-Marne 94360 Val-de-Marne 101 ⑱, 25 – 15 826 h alt. 40.

Paris 16 – Créteil 11 – Joinville-le-Pont 6 – Nogent-sur-Marne 4 – Vincennes 9.

XX **Auberge du Pont de Bry**, 3 av. Gén. Leclerc ℘ 01 48 82 27 70 – 🄰🄴 ⊖🗷   BC 65

fermé août, dim. soir et lundi – **Repas** 155 et carte 200 à 260.

Carrières-sur-Seine 78420 Yvelines 101 ⑭, 18 , 25 – 11 469 h alt. 52.

Paris 20 – Argenteuil 9 – Nanterre 10 – Pontoise 29 – St-Germain-en-Laye 6.

XX **Panoramic de Chine**, 1 r. Fermettes ℘ 01 39 57 64 58, Fax 01 39 15 17 68, 🏠 – 🅿. 🄰🄴 ◐ ⊖🗷. ⨯   AT 36

fermé 16 au 31 août – **Repas** - cuisine chinoise et thaï - 88/198 et carte 140 à 180 ⅜.

CERGY-PONTOISE

Bougara (Av. Redouane)... **BV** 4	Delarue (Av. du Gén.-G.) .. **BX** 16	Moulin-à-Vent
Bouticourt (R. Ch.)....... **BV** 6	Genottes (Av. des) ...... **AV** 28	(Bd du) .... **AV** 47
Constellation (Av. de la) ... **AV** 15	Lavoye (R. Pierre) .... **BV** 40	Petit-Albi (R. du)......... **AV** 55
	Mendès-France (Mail)... **AX** 44	Verdun (Av. de)........... **BX** 76
	Mitterrand (Av. Fr.) ...... **BVX** 45	Viosne (Bd de la) ...... **BVX** 83

1031

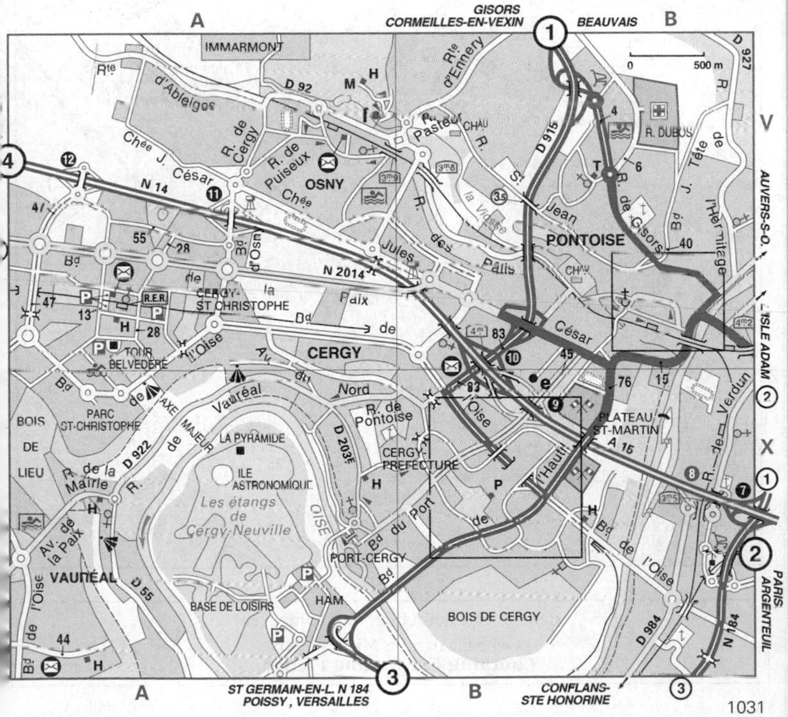

Cergy-Pontoise Ville Nouvelle P *95 Val-d'Oise* 55 ⑳, 106 ⑤, 101 ② *G. Ile de France.*
Paris 36 ② – Mantes-la-Jolie 40 ④ – Pontoise 3 – Rambouillet 61 ④ – Versailles 34 ③.

Cergy – *48 226 h. alt. 30 – ✉ 95000 :*

Astrée sans rest, 3 r. Chênes Émeraude par bd Oise ✆ 01 34 24 94 94, *Fax 01 34 24 95 15* – |$| ▤ TV ☎ ✆ ♿ ⇔ – 🎤 60. AE ⓞ GB JCB — Y a
☕ 60 – **55 ch** 580/850.

Novotel M ⛆, 3 av. Parc, près préfecture ✆ 01 30 30 39 47, *Fax 01 30 30 90 46*, 🏖, 🏊, 🌳 – |$| ✈, ▤ ch, TV ☎ ✆ ♿ P – 🎤 100. AE ⓞ GB — Z g
Repas *(95)* - carte 160 à 230 ♀, enf. 50 – ☕ 65 – **191 ch** 560/600.

XXX **Les Coupoles,** 1 r. Chênes Emeraude par bd Oise ✆ 01 30 73 13 30, *Fax 01 30 73 46 90* – ▤. AE ⓞ GB — Y n
fermé sam. et dim. – **Repas** *(130)* - 175/275 bc et carte 240 à 350.

CERGY-PRÉFECTURE

Arts (Pl. des) ... Z 2	Étoile (Allée de l') ... Y 21	Platanes (Allée des) ... Z 59
Boucle (R. de la) ... Y 3	Galeries (R. des) ... Y 24	Préfecture (Parvis de la) ... Z 63
Bourgognes (R. des) ... Z 5	Gare (R. de la) ... Z 25	Préfecture (R. de la) ... Z 64
Chênes-Émeraudes (R. des) . Y 13	Grouettes (Av. des) ... Z 33	Prieuré (R. du) ... Z 66
Colombia (Square) ... Y 14	Herbes (R. aux) ... Y 34	Théâtre (Allée du) ... Z 71
Diapason (Square du) ... Y 17	Italiens (R. des) ... Y 39	Traversière (R.) ... Y 74
Écureuil (R. de l') ... Y 19	Marché-Neuf (R. du) ... Y 43	Vergers (R. des) ... Z 77
	Pays-de-France (R. des) ... Y 52	Villarceaux (R. de) ... Y 81
	Pergola (Pl. de la) ... Z 53	

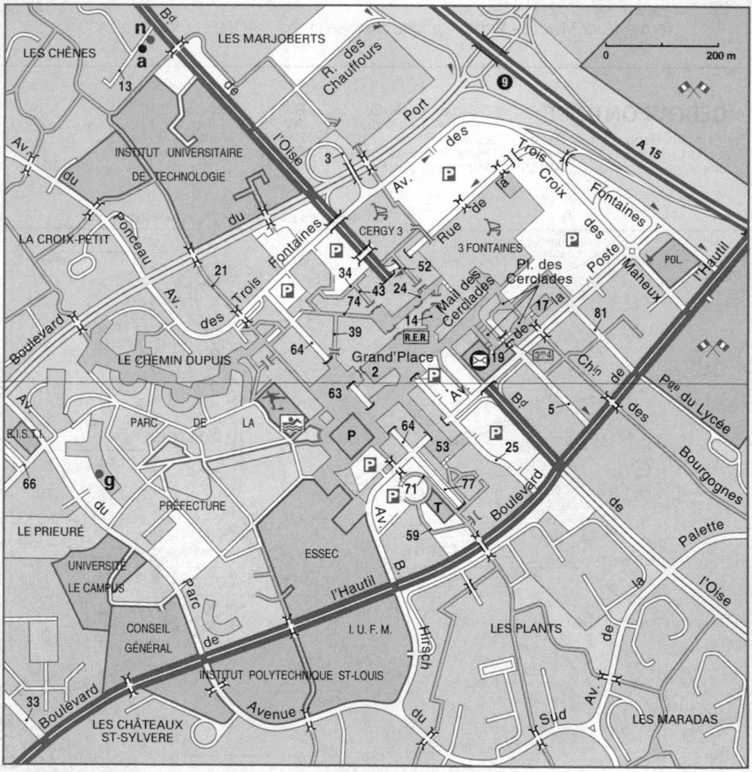

Cormeilles-en-Vexin – 802 h. alt. 111 – ⊠ 95830 :

XXX ⬩⬩ **Relais Ste-Jeanne** (Cagna), sur ancienne D 915, ℰ 01 34 66 61 56, Fax 01 34 66 40 31,
⬩⬩ 🍽 – 🅿. 🆎 ⓞ ☒
fermé 28 juil. au 26 sept., 23 au 27 déc., dim. soir, mardi soir et lundi – **Repas** 450 bc
(déj.)/650 et carte 500 à 620
Spéc. Soufflé landais, escalope de foie gras au jus acidulé. Paupiettes de filets de sole,
Volaille de Bresse en cocotte forestière.

Hérouville au Nord-Est par D 927 : 8 km – 439 h. alt. 120 – ⊠ 95300 :

XX **Vignes Rouges**, pl. Église, ℰ 01 34 66 54 73, Fax 01 34 66 20 88, 🍽 – 🗐. 🆎 ☒
fermé 1er au 9 mai, 7 au 24 août, 4 au 14 janv., dim. soir et lundi – **Repas** 174/245

Méry-sur-Oise – 6 179 h. alt. 29 – ⊠ 95540 :

🛈 Syndicat d'Initiative 30 av. M.-Perrin ℰ 01 34 64 85 15.

XXX **Chiquito** (Mihura), rte Pontoise 1,5 km par D922 ℰ 01 30 36 40 23, Fax 01 30 36 42 22, ⬩⬩
⬩⬩ ⬛ 🅿. 🆎 ⓞ ☒
fermé 2 au 9 janv., sam. midi, dim. soir et lundi – **Repas** (prévenir) 300/380 et carte 330 à
370
Spéc. Escargots de Bourgogne et grenouilles au beurre d'herbes. Ris de veau braisés aux
légumes confits. Gâteau basque, glace à l'Izarra.

Osny – 12 195 h. alt. 37 – ⊠ 95520 :

XX **Moulin de la Renardière**, r. Gd Moulin, ℰ 01 30 30 21 13, Fax 01 34 25 04 98, 🍽,
« Ancien moulin dans un parc » – 🅿. 🆎 ⓞ ☒ ⬩⬩ AV f
fermé dim. soir et lundi – **Repas** 174.

Pontoise 🅿 – 27 150 h. alt. 48 – ⊠ 95300 :

🛈 Office de Tourisme 6 pl. du Petit-Martroy ℰ 01 30 38 24 45, Fax 01 30 73 54 84

🏨 **Campanile**, r. P. de Coubertin ℰ 01 30 38 55 44, Fax 01 30 30 48 87, 🍽 – 📺 ☎ ⬩⬩ 🅿 –
🔁 25. 🆎 ⓞ ☒ BVX e
Repas (75)-88/103 ♀, enf. 39 – ⬩⬩ 36 – **81 ch** 295.

PONTOISE

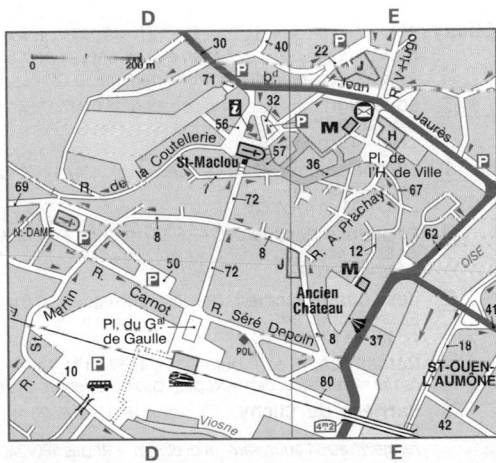

Cernay-la-Ville 78720 Yvelines 🔢 ㉛, 🔢 ㉒ – 1 757 h alt. 170.

Voir Abbaye★ des Vaux-de-Cernay O : 2 km, G.Île de France.

Paris 46 – Chartres 52 – Longjumeau 27 – Rambouillet 12 – Versailles 24

🏛 **Abbaye des Vaux de Cernay** ⬩⬩, Ouest : 2,5 km par D 24 ℰ 01 34 85 23 00,
Fax 01 34 85 20 95, ≤, 🍽, « Ancienne abbaye cistercienne du 12e siècle dans un parc », ⬩⬩,
⬩⬩ – 📺 ☎ ⬩⬩ 🅿 – 🔁 25 à 500. 🆎 ⓞ ☒ ⬩⬩
Repas 265/415 ♀, enf. 90 – ⬩⬩ 80 – **117 ch** 410/1900, 3 appart – ½ P 700/800.

Charenton-le-Pont 94220 Val-de-Marne 101 ㉗, 24, 25 – 21 872 h alt. 45.
Paris 8 – Alfortville 4 – Ivry-sur-Seine 4.

🏰 **Novotel Atria** M, 5 pl. Marseillais (r. Paris) ☎ 01 46 76 60 60, Fax 01 49 77 68 00, 佘 – 劇
🛬 📺 ☎ ✆ 🕹 ⇌ – 🔬 15 à 180. ⅋ ⓞ ☜
BD 55
Repas (98) - 128 ♈, enf. 50 – ⇌ 65 – **133 ch** 760/875.

Châteaufort 78117 Yvelines 101 ㉒ – 1 427 h alt. 153.
Paris 35 – Arpajon 30 – Chartres 75 – Versailles 11.

❌❌ **Belle Époque**, 10 pl. Mairie ☎ 01 39 56 95 48, Fax 01 39 56 99 93, 佘 – ⅋ ⓞ ☜ **BP 27**
fermé 14 au 31 août, dim. soir et lundi – **Repas** 175/280 et carte 250 à 340 ♈.

Chatou 78400 Yvelines 101 ⑬, 18, 25 G. Île de France – 27 977 h alt. 30.
Paris 17 – Maisons-Laffitte 14 – Pontoise 34 – St-Germain-en-Laye 5 – Versailles 13.

❌❌ **Les Canotiers**, 16 av. Mar. Foch ☎ 01 30 71 58 69, Fax 01 30 71 48 60 – ▤. ⅋ ☜
JCB **AW 33**
fermé 1ᵉʳ au 28 août, dim. soir et lundi – **Repas** (89) - 119 (déj.), 159/259 ♈, enf. 79.

Chennevières-sur-Marne 94430 Val-de-Marne 101 ㉘, 24, 25 – 17 857 h alt. 108.
Paris 19 – Coulommiers 54 – Créteil 10 – Lagny-sur-Marne 25.

❌❌❌ **Écu de France**, 31 r. Champigny ☎ 01 45 76 00 03, ≤, 佘, « Cadre rustique, terrasse fleurie en bordure de rivière », 🌿 – 🅿. ☜. ✾ **BG 65**
fermé 4 au 11 sept., dim. soir et lundi – **Repas** carte 250 à 350.

Clamart 92140 Hauts-de-Seine 101 ㉕, 22, 25 – 47 227 h alt. 102.
🛈 *Office de Tourisme 22 rue P.-V.-Couturier ☎ 01 46 42 17 95, Fax 01 46 42 44 30.*
Paris 10 – Boulogne-Billancourt 6 – Issy-les-Moulineaux 4 – Nanterre 18 – Versailles 14.

🏠 **Trosy** sans rest, 41 r. P. Vaillant-Couturier ☎ 01 47 36 37 37, Fax 01 47 36 88 38 – 劇 📺 ☎.
⅋ ☜ **BG 42**
⇌ 35 – **40 ch** 400/500.

Clichy 92110 Hauts-de-Seine 101 ⑮, 18, 25 – 48 030 h alt. 30.
🛈 *Office de Tourisme 61 r. Martre ☎ 01 47 15 31 61, Fax 01 47 15 30 45.*
Paris 10 – Argenteuil 8 – Nanterre 9 – Pontoise 27 – St-Germain-en-Laye 21.

🏰 **Sovereign** sans rest, 14 r. Dagobert ☎ 01 47 37 54 24, Fax 01 47 30 05 80 – 劇 📺 ☎ ✆
⇌. ⅋ ⓞ ☜ **AU 46**
⇌ 40 – **42 ch** 390/450.

🏠 **Europe** sans rest, 52 bd Gén. Leclerc ☎ 01 47 37 13 10, Fax 01 40 87 11 06 – 劇 📺 ☎ 🅿 –
🔬 25. ⅋ ⓞ ☜ **AU 47**
⇌ 45 – **43 ch** 410/460.

🏠 **Résidence Europe** sans rest, 15 r. P. Curie ☎ 01 47 37 12 13, Fax 01 47 37 15 43 – 劇 📺
☎. ⅋ ⓞ ☜ **AU 47**
⇌ 45 – **28 ch** 460.

🏠 **des Chasses** sans rest, 49 r. Pierre Bérégovoy ☎ 01 47 37 01 73, Fax 01 47 31 40 98 – 劇
📺 ☎ ✆. ⅋ ⓞ ☜ **AU 46**
⇌ 40 – **35 ch** 300/400.

❌❌❌ **Romantica**, 73 bd J. Jaurès ☎ 01 47 37 29 71, Fax 01 47 37 76 32, 佘 – ⅋ ☜ **AU 46**
fermé sam. midi et dim. – **Repas** - cuisine italienne - 215 (déj.), 250/395 et carte 320 à 430 ♈.

❌❌ **Barrière de Clichy**, 1 r. Paris ☎ 01 47 37 05 18, Fax 01 47 37 77 05 – ▤. ⅋ ⓞ
☜ **AV 47**
fermé 1ᵉʳ au 31 août, sam. midi et dim. – **Repas** 180/240 et carte 220 à 360.

Participez à notre effort permanent
de mise à jour

Adressez-nous vos remarques
et vos suggestions.

Cartes et guides Michelin
46 avenue de Breteuil - 75324 Paris Cedex 07

Conflans-Ste-Honorine *78700 Yvelines* 101 ③ *G. Ile de France – 31 467 h alt 25 Pardon national de la Batellerie (fin juin).*
Voir ←★ de la terrasse du parc – Musée de la Batellerie.
Office de Tourisme 1 r. René Albert ✆ 01 34 90 99 09, Fax 01 39 19 80 77.
Paris 38 – Mantes-la-Jolie 41 – Poissy 12 – Pontoise 8 – Versailles 28.

XX **Au Confluent de l'Oise,** 15 cours Chimay ✆ 01 39 72 60 31, *Fax 01 39 19 99 90,* ←, – P. AE GB
fermé 27 août au 10 sept., 8 au 20 janv., dim. soir et lundi sauf fériés – **Repas** *(109)* - 139/198 bc et carte 210 à 290 ♀.

X **Au Bord de l'Eau,** 15 quai Martyrs-de-la-Résistance ✆ 01 39 72 86 51 – ▤. GB
fermé 12 au 28 août, lundi et le soir sauf sam. – **Repas** 169/295.

Corbeil-Essonnes *91100 Essonne* 101 ㊲ *– 40 345 h alt. 37.*
Office de Tourisme 4 pl. P.-V.-Couturier ✆ 01 64 96 23 97, Fax 01 60 88 05 37.
Paris 58 ④ – Fontainebleau 33 ③ – Évry 6 ④ – Créteil 26 ① – Melun 21 ②.
Plans pages suivantes

XXX **Aux Armes de France** avec ch, 1 bd J. Jaurès ✆ 01 64 96 24 04, *Fax 01 60 88 04 00* – ▤ rest, TV ☎ P. AE ① GB JCB **AZ a**
fermé août – **Repas** *(fermé sam. midi et dim. soir)* 120/335 et carte 260 à 460 – ☕ 37 – **11 ch** 170/210 – ½ P 262.

au Coudray-Montceaux *Sud-Est par ⑤ : 5 km – 2 494 h. alt. 81 – ✉ 91850 :*

Mercure M ⟡, rte Milly-la-Forêt sur D 948 : 1 km ✆ 01 64 99 00 00, *Fax 01 64 93 95 55,* , « Parc avec aménagements sportifs », ⛱, 🎾 – |‡| ⇐, ▤ ch, TV ☎ ✆ ♿ P – 🏛 15 à 200. AE ① GB JCB
Repas *(105)* - 135 ♀, enf. 60 – ☕ 68 – **125 ch** 670.

XX **Auberge du Barrage,** par bord de Seine, 40 ch. de Halage ✆ 01 64 93 81 16, *Fax 01 69 90 41 32,* ←, – AE ① GB JCB **CH 62**
fermé 3 oct. au 2 nov., dim. soir et lundi – **Repas** 160/285 et carte 230 à 400 ♀.

Courbevoie *92400 Hauts-de-Seine* 101 ⑮, 18, 25 *G. Ile de France – 65 389 h alt. 28.*
Paris 10 – Asnières-sur-Seine 4 – Levallois-Perret 5 – Nanterre 5 – St-Germain-en-Laye 18.

George Sand sans rest, 18 av. Marceau ✆ 01 43 33 57 04, *Fax 01 47 88 59 38,* « Décor évoquant l'époque de George Sand » – |‡| TV ☎ ✆. AE ① GB JCB **AV 41**
☕ 50 – **31 ch** 465/550.

Central sans rest, 99 r. Cap. Guynemer ✆ 01 47 89 25 25, *Fax 01 46 67 02 21* – |‡| TV ☎ P. AE ① GB **AV 41**
☕ 32 – **55 ch** 360/420.

Quartier Charras :

Mercure La Défense 5 M, 18 r. Baudin ✆ 01 49 04 75 00, *Fax 01 47 68 83 32* – |‡| ⇐ ▤ TV ☎ ✆ ♿ 🚗 – 🏛 150. AE ① GB JCB **AV 41**
Charleston Brasserie ✆ 01 49 04 75 85 **Repas** 110/130 ♀, enf. 50 – ☕ 79 – **509 ch** 800/1080, 6 appart.

au Parc de Bécon :

XX **Trois Marmites,** 215 bd St-Denis ✆ 01 43 33 25 35, *Fax 01 43 33 25 35* – ▤. AE ① GB **AV 43**
fermé août, sam. et dim. – **Repas** (déj. seul.) *(165)* - 195.

Créteil P *94000 Val-de-Marne* 101 ㉗, 24, 25 *G. Ile de France – 82 088 h alt. 48.*
Voir Hôtel de ville★ : parvis★.
Office de Tourisme 1 r. F.-Mauriac ✆ 01 48 98 58 18, Fax 01 42 07 09 65.
Paris 14 – Bobigny 19 – Évry 32 – Lagny-sur-Marne 30 – Melun 36.

Novotel M ⟡, au lac ✆ 01 56 72 56 72, *Fax 01 56 72 56 73,* , ⛱ – |‡| ⇐ ▤ TV ☎ ✆ P – 🏛 80. AE ① GB **BJ 58**
Repas *(98)* - carte 150 à 180, enf. 60 – ☕ 68 – **110 ch** 565/625, 5 appart.

Croissy-sur-Seine *78290 Yvelines* 101 ⑬, 18, 25 *– 9 098 h alt. 24.*
Paris 21 – Maisons-Laffitte 11 – Pontoise 29 – St-Germain-en-Laye 5 – Versailles 10.

X **Buissonnière,** 9 av. Mar. Foch (près église) ✆ 01 39 76 73 55 – GB **AX 32**
fermé 15 août au 15 sept., dim. soir et lundi – **Repas** *(120)* - 150 et carte 185 à 240.

CORBEIL-ESSONNES

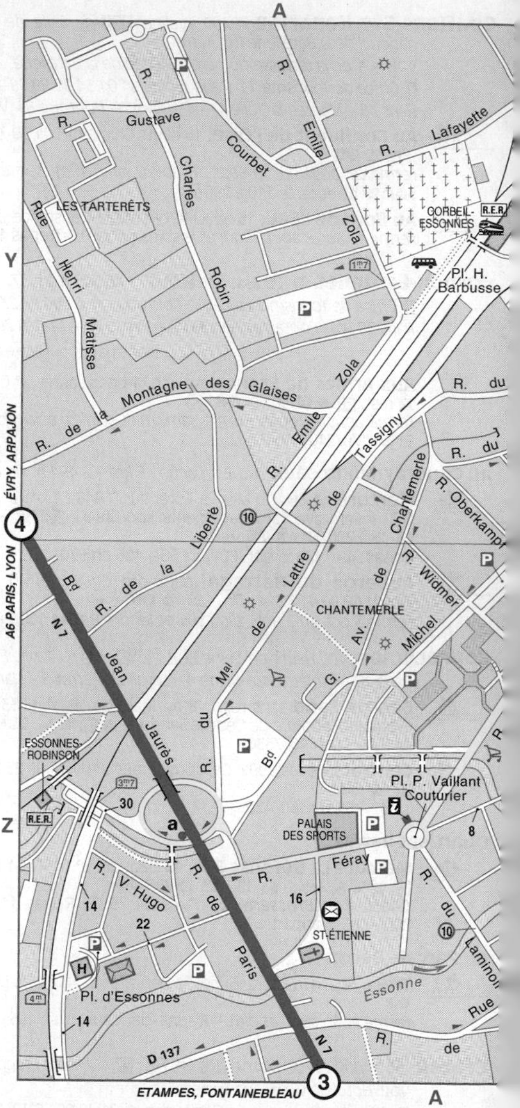

Dans ce guide

un même symbole, un même caractère,
imprimé en couleur ou en noir, en maigre ou en **gras**
n'ont pas tout à fait la même signification.

Lisez attentivement les pages explicatives.

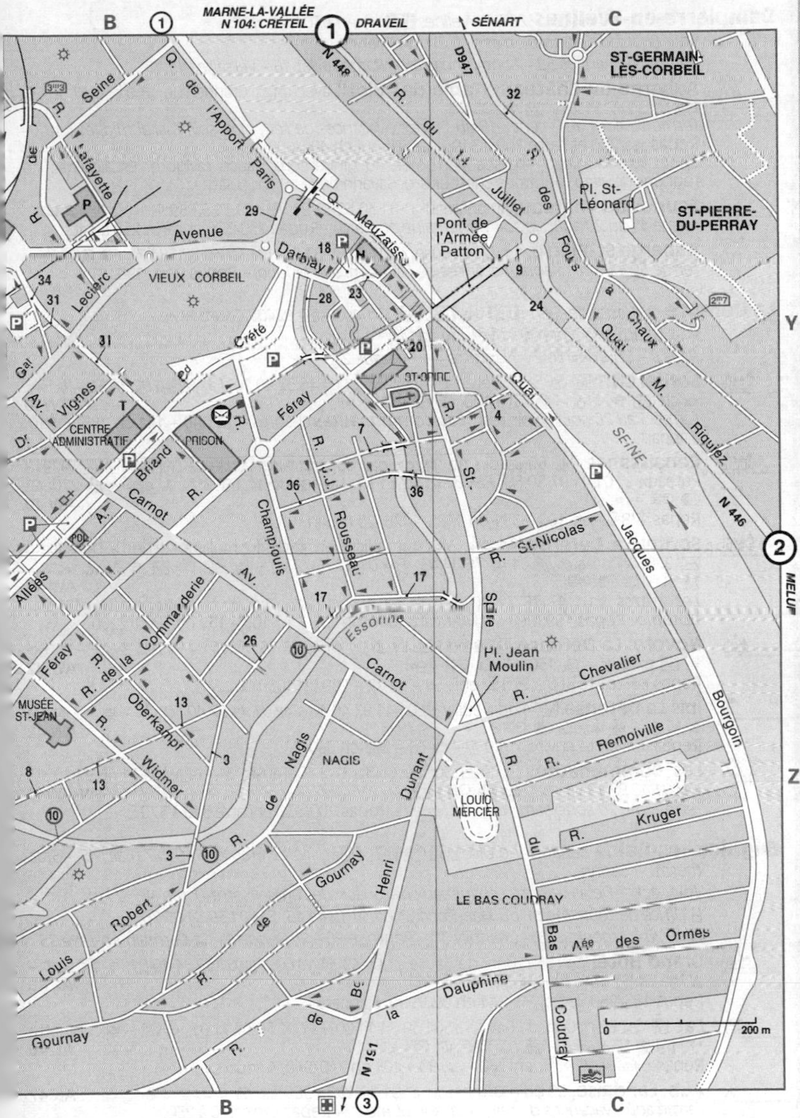

B ① MARNE-LA-VALLÉE
N 104: CRÉTEIL ① DRAVEIL \ SÉNART C

ST-GERMAIN-
LÈS-CORBEIL

D947
32

Seine
Q. de l'Apport Paris

Pl. St-
Léonard

ST-PIERRE-
DU-PERRAY

Lafayette
P
Avenue
29
Q. Darblay
18
Mauzaise

Pont de
l'Armée
Patton
9

Leclerc
34
31
P
VIEUX CORBEIL
28
23
24
Y

Crété
31
Vignes
Av.
P
20
ST-SPIRE
Quai
Chaux
Quai M. Riquiez

Av.
Féray
CENTRE
ADMINISTRATIF
P
Briand
PRISON
4
St.
N 446

Carnot
R.
Champrouis
36
R. J. J.
7
36
St.
SEINE

P

Alléés
Carnot
Pol.
R. St-Nicolas
Jacques
②
MÉLUN

Féray
R. de la Commanderie
Essonne
17
17
Spire
Pl. Jean
Moulin
Chevalier
Bourgoin

MUSÉE
ST-JEAN
Oberkampf
13
26
⑩
de Nagis
Carnot
R.
R.
Remoiville
Z

8
13
Widmer
NAGIS
LOUIS
MERCIER
du
R.
Kruger

⑩
3
⑩
R.
Gournay
Henri
LE BAS COUDRAY

Robert
de
Dunant
Bas
Allée des Ormes

Louis
R.
Dauphine
Coudray
0   200 m

Gournay
P.
de
la
N 151

B
✚ / ③
C

1037

Dampierre-en-Yvelines 78720 Yvelines 101 ③① – 1 030 h alt. 100.

Voir *Château de Dampierre*★★, G. Ile de France.

Paris 44 – Chartres 58 – Longjumeau 29 – Rambouillet 16 – Versailles 19.

XX **Auberge du Château ''Table des Blot''** avec ch, 1 Grande rue 🕿 01 30 47 56 56,
❄️ Fax 01 30 47 51 75 – 🖾 🕿. 🖭 GB
fermé 20 août au 2 sept., 18 au 29 déc., vacances de fév., dim. soir, mardi midi et lundi –
Repas 180/250 et carte 250 à 310 – 🖃 50 – **14 ch** 400/600
Spéc. Tête de veau pressée parfumée au gingembre, sauce ravigote. Escalopines de
rognons de veau, pommes chatouillard. Savarin tiède au chocolat.

XX **Écuries du Château,** au château 🕿 01 30 52 52 99, Fax 01 30 52 59 90 – 🅿. 🖭 ① GB
fermé 1er au 20 août, le soir en semaine et mardi – **Repas** 230/330 et carte 250 à 340.

XX **Auberge St-Pierre,** 1 r. Chevreuse 🕿 01 30 52 53 53, Fax 01 30 52 58 57 – ① GB JCB
fermé 30 juil. au 13 août, vacances de fév., dim. soir et lundi – **Repas** (150) · 190.

La Défense 92 Hauts-de-Seine 101 ⑭, 18 , 25 G. Paris – ✉ 92400 Courbevoie.

Voir *Quartier*★★ : *perspective*★ *du parvis.*

Paris 9 – Courbevoie 2 – Nanterre 4 – Puteaux 2.

🏨 **Sofitel CNIT** M ⅍, 2 pl. Défense ✉ 92053 🕿 01 46 92 10 10, Fax 01 46 92 10 50 – 🛗 ↙,
🖃 ch, 🖾 🕿 ℃ 🕭 – 🔼 20 à 100. 🖭 ① GB
AV-AW40
fermé 5 au 20 août - voir rest. **Les Communautés** ci-après – 🖃 140 – **141 ch** 1850/1910,
6 appart.

🏨 **Renaissance** M, 60 Jardin de Valmy, par bd circulaire, sortie La Défense 7 ✉ 92918
Puteaux 🕿 01 41 97 50 50, Fax 01 41 97 51 51, 𝄜 – 🛗 ↙ 🖾 🕿 ℃ 🕭 🚗 – 🔼 220. 🖭
① GB JCB ⅍
AW 46
Repas 178 ♀ – 🖃 100 – **331 ch** 1325/1425, 20 appart.

🏨 **Sofitel La Défense** M ⅍, 34 cours Michelet, par bd circulaire sortie La Défense 4
✉ 92060 Puteaux 🕿 01 47 76 44 43, Fax 01 47 76 72 10 – 🛗 ↙ 🗐 🖾 🕿 ℃ 🕭 🚗 –
🔼 100. 🖭 ① GB
AW 41
Les 2 Arcs 🕿 01 47 76 72 30 (fermé vend. soir, dim. midi et sam.) **Repas** 275/320 ♀ –
Botanic : Repas 199 (déj) et dîner carte environ 255 – 🖃 100 – **152 ch** 1800/2200.

🏨 **Novotel La Défense** M, 2 bd Neuilly 🕿 01 41 45 23 23, Fax 01 41 45 23 24, ← – 🛗 ↙
🗐 🖾 🕿 ℃ 🕭 – 🔼 130. 🖭 ① GB JCB
AW 42
Repas (98) · carte 160 à 270 ♀, enf. 50 – 🖃 72 – **280 ch** 1030/1230.

🏨 **Ibis La Défense** M, 4 bd Neuilly 🕿 01 41 97 40 40, Fax 01 41 97 40 50, 🍴 – 🛗 ↙ 🗐 🖾
🕿 ℃ 🕭 – 🔼 40. 🖭 ① GB
Repas (75) · carte environ 140 🍴 – 🖃 39 – **286 ch** 580.

XXX **Les Communautés** - Hôtel Sofitel CNIT, 2 pl. Défense, 5e étage 🕿 01 46 92 10 30,
Fax 01 46 92 10 50 – 🗐. 🖭 ① GB JCB
AV-AW40
fermé 5 au 20 août, sam., dim. et fériés – **Repas** 200/350 et carte 310 à 370 ♀.

Enghien-les-Bains 95880 Val-d'Oise 101 ⑤, 18 , 25 G. Île de France – 10 077 h alt. 45 – Stat.
therm. – Casino.

Voir *Lac*★ – Deuil-la-Barre : chapiteaux historiés★ *de l'église Notre-Dame NE : 2 km.*

🛈 Office de Tourisme pl. du Mar.-Foch 🕿 01 34 12 41 15, Fax 01 39 34 05 76.

Paris 20 – Argenteuil 5 – Chantilly 31 – Pontoise 20 – St-Denis 11 – St-Germain-en-Laye 25.

🏨 **Grand Hôtel** ⅍, 85 r. Gén. de Gaulle 🕿 01 39 34 10 00, Fax 01 39 34 10 01, ←, 🍴, 🌳 –
🖾 🕿 ℃ 🕭 🅿 – 🔼 35. 🖭 ① GB
AL 46
Repas 185/250 ♀ – 🖃 90 – **44 ch** 890/990, 3 appart.

🏨 **Lac** M ⅍, 89 r. Gén. de Gaulle 🕿 01 39 34 11 00, Fax 01 39 34 11 01, ←, 🍴 – 🛗 cuisinette
↙ 🖾 🕿 ℃ 🕭 🚗 – 🔼 120. 🖭 ① GB
AL 46
Repas (115) · 155/190 ♀, enf. 60 – 🖃 80 – **105 ch** 740/940, 4 appart.

X **Aub. Landaise,** 32 bd d'Ormesson 🕿 01 34 12 78 36 – 🗐. 🖭 GB
AK 47
fermé août, vacances de fév., dim. soir et merc. – **Repas** carte 170 à 230.

Épinay-sur-Seine 93800 Seine-St-Denis 101 ⑮, 18 , 25 – 48 762 h alt. 34.

Voir *Commune de la "Méridienne Verte".*

Paris 16 – Argenteuil 5 – Bobigny 13 – Pontoise 21 – St-Denis 5.

🏨 **Myriades,** 127 rte St-Leu 🕿 01 42 35 81 63, Fax 01 42 35 81 62 – 🛗, 🗐 rest, 🖾 🕿 ℃ 🅿 –
🔼 30. GB
AN 49
Repas (fermé dim. soir et sam.) (62) · 83/123 ♀, enf. 44 – 🖃 35 – **50 ch** 280.

🏨 **Ibis,** 1 av. 18-Juin-1940 🕿 01 48 29 83 41, Fax 01 48 22 93 03, 🍴 – 🛗 ↙ 🖾 🕿 ℃ 🕭 🚗
🅿 – 🔼 25 à 50. 🖭 ① GB JCB
AM 46
Repas (75) · 95 ♀, enf. 39 – 🖃 39 – **91 ch** 305.

Évry (Agglomération d') 91 Essonne 101 .

Paris 32 – Fontainebleau 36 – Chartres 80 – Créteil 30 – Étampes 36 – Melun 23.

Évry P *G. Ile de France* – 45 531 h. alt. 54 – ⊠ 91000 .

An 2000 25 mai-7 janv. : *Épiphanies (Exposition).*

Voir *Cathédrale de la Résurrection★.*

🖫 *Office de Tourisme de l'Agglomération d'Évry 23 cours B.-Pascal, Évry-Centre ℰ 01 60 78 79 99, Fax 01 60 78 03 01.*

🏨 **Mercure** M, 52 bd Coquibus (face cathédrale) ℰ 01 69 47 30 00, Fax 01 69 47 30 10, � – 🖩 �╳ 🖿 📺 ☎ 📞 🕭 🚐 – 🛦 15 à 100. 🝙 ⓞ 🖎 **CE 57**
Repas *(fermé dim. midi, fériés le midi et sam.)* 145 🕹, enf. 55 – 🖙 67 – **114 ch** 575/620.

🏨 **Novotel** M, Z.I. Évry, quartier Bois Briard, 3 r. Mare Neuve ℰ 01 69 36 85 00, Fax 01 69 36 85 10, �, ⛲, 🦴 – 🖩 🌳 🖿 📺 ☎ 📞 🕭 📖 – 🛦 250 🝙 ⓞ 🖎 **CE 56**
Repas *(99)* - carte 130 à 180 🕹, enf. 50 – 🖙 65 – **174 ch** 575/620.

🏠 **Ibis** M, Z.I. Évry, quartier Bois Briard, 1 av. Lac ℰ 01 60 77 74 75, Fax 01 60 78 06 03, � – 🖩 🌳 🖿 ☎ 📞 🕭 📖 – 🛦 60. 🝙 ⓞ 🖎 **CE 56**
Repas *(75)* - 95 🕹, enf. 39 – 🖙 35 – **90 ch** 350.

à Courcouronnes – *13 262 h. alt. 80* – ⊠ 91080 Évry-Courcouronnes :

╳╳ **Canal**, 31 r. Pont Amar (près hôpital) ℰ 01 60 78 34 72, Fax 01 60 79 22 70 – 🝙 🖎 **CD 55**
☜ *fermé 14 au 20 août, sam. et dim. –* **Repas** 79/300 et carte 150 à 250 🕹.

à Lisses – *6 860 h. alt. 86* – ⊠ 91090 :

🏨 **Léonard de Vinci** M, av. Parcs ℰ 01 64 97 66 77, Fax 01 64 97 59 21, �, centre de balnéothérapie, 🖵, ⛲, 🦴, ╳ – 🖩, 🖿 rest, 📺 ☎ 📞 🕭 📖 – 🛦 15 à 100. 🝙 🖎 **CG 55**
Repas *(95)* - 150/250 🕹 – 🖙 50 – **72 ch** 540/790.

Fontenay-sous-Bois 94120 Val-de-Marne 101 ⑰, 20 , 24 – 51 868 h alt. 70.

🖫 *Office de Tourisme 4 bis av. Charles-Garcia ℰ 01 43 94 33 48, Fax 01 43 94 02 93.*
Paris 16 – Créteil 12 – Lagny-sur-Marne 24 – Villemomble 8 – Vincennes 4.

🏨 **Mercure** M, av. Olympiades ℰ 01 49 74 88 88, Fax 01 43 94 17 73 – 🖩 🌳 🖿 📺 ☎ 📞 🕭 – 🛦 15 à 70. 🝙 ⓞ 🖎 **BA 62**
fermé sam. midi et dim. midi – **Repas** carte 160 à 230 🕹, enf. 50 – 🖙 65 – **133 ch** 685/735.

╳ **Musardière**, 61 av. Mar. Joffre ℰ 01 48 73 96 13 – 🖿. 🝙 🖎 **BA 62**
fermé 1er au 21 août, lundi soir, mardi soir et dim. – **Repas** *(98)* - 155 et carte 190 à 270.

Gagny 93220 Seine-St-Denis 101 ⑱, 20 – 36 059 h alt. 70.

Paris 16 – Bobigny 9 – Raincy 3 – St-Denis 17.

╳╳ **Vilgacy**, 45 av. H. Barbusse ℰ 01 43 81 23 33, Fax 01 43 81 25 53, � – 🖎 **AW 65**
☜ *fermé 10 au 31 août, dim. soir et lundi –* **Repas** *(120)* - 148/186 et carte 220 à 260.

Garches 92380 Hauts-de-Seine 101 ⑭, 22 , 26 – 17 957 h alt. 114.

Paris 16 – Courbevoie 9 – Nanterre 8 – St-Germain-en-Laye 15 – Versailles 9.

╳ **Tardoire**, 136 Grande Rue ℰ 01 47 41 41 59 – 🖎 🖃 **BB 36**
fermé 15 juil. au 15 août, 2 au 8 janv., dim. soir et lundi – **Repas** 100 (déj.), 160/180 et carte 160 à 280 🕹.

La Garenne-Colombes 92250 Hauts-de-Seine 101 ⑭, 18 , 26 – 21 754 h alt. 40.

🖫 *Office de Tourisme 24 r. E. d'Orves ℰ 01 47 85 09 90.*
Paris 16 – Argenteuil 6 – Asnières-sur-Seine 4 – Courbevoie 2 – Nanterre 3 – Pontoise 29.

╳╳ **Auberge du 14 Juillet**, 9 bd République ℰ 01 42 42 21 79, Fax 01 42 42 24 56 – 🝙 ⓞ 🖎 🖃 **AU 42**
fermé août, lundi soir, sam., dim. – **Repas** 180 et carte 260 à 340.

Gentilly 94250 Val-de-Marne 101 ㉘, 24 , 26 – 17 093 h alt. 46.

Voir *Commune de la "Méridienne Verte".*
Paris 7 – Créteil 15.

🏨 **Mercure** M, 51 av. Raspail ℰ 01 47 40 87 87, Fax 01 47 40 15 88, � – 🖩 🌳 🖿 📺 ☎ 📞 🕭 🚐 – 🛦 40. 🝙 ⓞ 🖎 **BE 50**
Repas *(fermé vend. soir, sam., dim. et fériés)* *(98)* - 130 🕹, enf. 50 – 🖙 65 – **88 ch** 695/725.

Gometz-le-Chatel 91940 Essonne 101 ㉝ 1 763 h alt. 168.

Paris 33 – Arpajon 21 – Évry 30 – Rambouillet 25 – Versailles 27.

╳╳ **Mancelière**, 83 rte Chartres ℰ 01 60 12 30 10, Fax 01 60 12 53 10 – 🝙 🖎. ╳
fermé 30 juil. au 21 août, sam. midi et dim. – **Repas** 160 et carte 260 à 300.

Goussainville *95190 Val-d'Oise* 101 ⑦ *– 24 812 h alt. 95.*

Paris 28 – Chantilly 24 – Pontoise 33 – Senlis 28.

Médian M, 2 av. F. de Lesseps (par D 47) ✆ 01 39 88 93 93, *Fax 01 39 88 75 65*, – 30. AE GB. rest
Repas (69) - 85/142, enf. 49 – 42 – **49 ch** 520, 6 appart.

Gressy *77410 S.-et-M.* 101 ⑩ *– 868 h alt. 98.*

Paris 32 – Meaux 19 – Melun 58 – Senlis 34.

Manoir de Gressy M, ✆ 01 60 26 68 00, *Fax 01 60 26 45 46*, rest, – 100. AE GB JCB
fermé 22 déc. au 1er janv. – **Repas** 195, enf. 80 – 95 – **86 ch** 1050/1400.

Issy-les-Moulineaux *92130 Hauts-de-Seine* 101 ㉕, 22, 25 *G. Île de France – 46 127 h alt. 37.*

Voir *Musée de la Carte à jouer*★.

Office de Tourisme espl. de l'Hôtel-de-Ville ✆ 01 40 95 65 43, Fax 01 40 95 67 33.

Paris 8 – Boulogne-Billancourt 3 – Clamart 4 – Nanterre 16 – Versailles 15.

Campanile, 213 r. J.-J. Rousseau ✆ 01 47 36 42 00, *Fax 01 47 36 88 93* – rest, – 45. AE GB BD 42
Repas (82) - 90/116, enf. 39 – 39 – **164 ch** 440.

L'Ile, Parc Ile St-Germain, 170 quai Stalingrad ✆ 01 41 09 99 99, *Fax 01 41 09 99 19*, –. AE GB BD 42
Repas (110) - 210/350 et carte 230 à 300.

Manufacture, 20 espl. Manufacture (face au 30 r. E. Renan) ✆ 01 40 93 08 98, *Fax 01 40 93 57 22*, – . AE GB BD 44
fermé 8 au 22 août, sam. midi et dim. – **Repas** 155/180.

River Café, 146 quai Stalingrad ✆ 01 40 93 50 20, *Fax 01 41 46 19 45*, – AE GB JCB P 3
fermé sam. midi – **Repas** (160) - 190, enf. 80.

Coquibus, 16 av. République ✆ 01 46 38 75 80, *Fax 01 41 08 95 80*, brasserie – AE GB BD 43
fermé 28 juil. au 21 août, sam. midi et dim. – **Repas** (130) - 170/270.

Ivry-sur-Seine *94200 Val-de-Marne* 101 ㉖, 24, 25 *– 53 619 h alt. 60.*

Paris 7 – Créteil 10 – Lagny-sur-Marne 30.

L'Oustalou, 9 bd Brandebourg ✆ 01 46 72 24 71, *Fax 01 46 70 36 86* – AE GB BE 54
fermé 28 juil. au 16 août, lundi soir, mardi soir, sam. et dim. – **Repas** (103) - 154.

Joinville-le-Pont *94340 Val-de-Marne* 101 ㉗, 24, 25 *– 16 657 h alt. 49.*

Syndicat d'Initiative 23 r. de Paris ✆ 01 42 83 41 16, Fax 01 49 76 92 28.

Paris 11 – Créteil 6 – Lagny-sur-Marne 24 – Maisons-Alfort 4 – Vincennes 5.

Bleu Marine M, 16 av. Gén. Galliéni ✆ 01 48 83 11 99, *Fax 01 48 89 51 58*, – 80. AE GB BE 61
Repas (125) - 165, enf. 49 – 65 – **91 ch** 470.

Cinépole sans rest, 8 av. Platanes ✆ 01 48 89 99 77, *Fax 01 48 89 43 92* – . AE GB BE 61
32 – **34 ch** 300.

Le Kremlin-Bicêtre *94270 Val-de-Marne* 101 ㉖, 24, 25 *– 19 348 h alt. 60.*

Paris 6 – Boulogne-Billancourt 11 – Évry 29 – Versailles 27.

Campanile, bd Gén. de Gaulle (pte d'Italie) ✆ 01 46 70 11 86, *Fax 01 46 70 64 47*, – 100. AE GB BE 51
Repas (82) - 98/116, enf. 39 – 39 – **150 ch** 415.

Lésigny *77150 S.-et-M.* 101 ㉙, 25 *– 7 865 h alt. 95.*

Paris 34 – Brie-Comte-Robert 8 – Évry 28 – Melun 27 – Provins 64.

au golf *par rte secondaire, Sud : 2 km ou par Francilienne : sortie n° 19 – ✉ 77150 Lésigny :*

Réveillon, ferme des Hyverneaux ✆ 01 60 02 25 26, *Fax 01 60 02 03 84*, golf – – 80. AE GB BR 73
Repas (fermé sam. midi) (110) - 160, enf. 55 – 50 – **48 ch** 350/390.

Levalloi-Perret 92300 I lauts-de-Seine **101** ⑮, **18**, **25** – 47 548 h alt. 30.

Paris 9 – Argenteuil 10 – Nanterre 9 – Pontoise 29 – St-Germain-en-Laye 21.

Evergreen Laurel M, 8 pl. G. Pompidou ℰ 01 47 58 88 99, Fax 01 47 58 88 88, Iᴧ – 🛗 cuisinctte ✵ 🖃 🎦 📺 📞 ⟵ 🚗 🕭 150. 🕮 ⓞ ⅁⅂ 🚙, 🞉 AV 44
Canton Palace : Repas 190 (déj.)/280 ⌾ – *Café Laurel :* Repas 175 ⌾ – ⇄ 100 – 338 ch 1800/2200.

Espace Champerret sans rest, 26 r. Louise Michel ℰ 01 47 57 20 71, Fax 01 47 57 31 39 – 🛗 📺 📞 🕮 ⓞ ⅁⅂ 🚙 – ⇄ 40 – 33 ch 395/425, 3 duplex. AW 45

Champagne Hôtel M sans rest, 20 r. Baudin ℰ 01 47 48 96 00, Fax 01 47 58 13 29 – 🛗 📺 📞 🕮 ⅁⅂ – ⇄ 40 – 30 ch 330/440. AV 44

Parc sans rest, 18 r. Baudin ℰ 01 47 58 61 60, Fax 01 48 07 92 – 🛗 📺 📞 🕮 ⅁⅂ AV 44 – ⇄ 40 – 52 ch 420/590.

ABC Champerret sans rest, 63 r. Danton ℰ 01 47 57 01 55, Fax 01 47 57 54 23 – 🛗 📺 📞 📞 🕮 ⓞ ⅁⅂ – ⇄ 34 – 39 ch 340/390. AW 44

Splendid'Hôtel sans rest, 73 r. Louise Michel ℰ 01 47 37 47 03, Fax 01 47 37 50 01 – 🛗 ✵ 📺 📞 🕮 ⓞ ⅁⅂ 🚙 – ⇄ 40 – 47 ch 359/429. AW 45

Rôtisserie, 24 r. A. France ℰ 01 47 48 13 82 – 🖃, 🕮 ⅁⅂ AW 45
fermé sam. midi et dim. – Repas 160.

Jardin, 9 pl. Jean Zay ℰ 01 47 39 54 02, Fax 01 47 39 59 99, 🌣 – 🕮 ⅁⅂ AV 45
fermé août, sam. midi, dim. et fériés – Repas 150/185.

Petit Jardin, 58 r. Kléber ℰ 01 47 48 10 91, Fax 01 47 48 11 28 – 🕮 ⅁⅂ AV 44
fermé août, sam. et dim. – Repas (98) - 120 bc et carte 175 à 210.

Petit Poste, 39 r. Rivay ℰ 01 47 37 34 46, bistrot – 🕮 ⅁⅂ AV 45
fermé août, vacances de Noël, lundi soir, sam. midi et dim. – Repas carte environ 190.

Lieusaint 77127 S.-et-M. **101** ㊳ – 5 200 h alt. 89.

Paris 45 – Brie-Comte-Robert 11 – Évry 12 – Melun 15.

Flamboyant M, 98 r. Paris (près N 6) ℰ 01 60 60 60 60, Fax 01 60 60 05 32, 🌣, 🏊, 🎾 – 🛗, 🖃 rest, 📺 📞 📞 ⅙ P – 🕭 45. 🕮 ⓞ ⅁⅂
Repas *(fermé dim. soir)* 100/180 ⅗, enf. 45 – ⇄ 58 – 71 ch 315/390.

Livry-Gargan 93190 Seine-St-Denis **101** ⑱, **20**, **25** – 35 387 h alt. 60.

🄑 Office de Tourisme 5 pl. F.-Mitterrand ℰ 01 43 30 61 60, Fax 01 43 30 48 41.
Paris 19 – Aubervilliers 14 – Aulnay-sous-Bois 5 – Bobigny 8 – Meaux 26 – Senlis 42.

Petite Marmite, 8 bd République ℰ 01 43 81 29 15, Fax 01 43 02 69 59, 🌣 – 🖃 ⅁⅂ –
formé 3 au 31 août, vacances de fév., dim. soir et merc. – Repas 185 et carte 250 à 320 ⌾, enf. 100. AU 65

Les Loges-en-Josas 78350 Yvelines **101** ㉓, **22**, **25** – 1 506 h alt. 160.

Paris 32 – Bièvres 7 – Chevreuse 14 – Palaiseau 12 – Versailles 6.

Relais de Courlande M ≫, 23 av. Div. Leclerc ℰ 01 30 83 84 00, Fax 01 39 56 06 72, 🌣, Iᴧ, 🎾 – 🛗 ✵ 📺 📞 ⅙ P. 🕭 100. 🕮 ⓞ ⅁⅂ 🚙 BL 31
Repas 180/450 ⌾, enf. 90 – ⇄ 60 – 53 ch 550/750 – ½ P 465/510.

Longjumeau 91160 Essonne **101** ㉟, **25** – 19 864 h alt. 78.

Paris 21 – Chartres 70 – Dreux 85 – Évry 16 – Melun 41 – Orléans 112 – Versailles 27.

St-Pierre, 42 Grande Rue (F. Mitterrand) ℰ 01 64 48 81 99, Fax 01 69 34 25 53 – 🖃. 🕮 ⓞ ⅁⅂ 🚙 BV 45
fermé 30 juil. au 20 août, lundi soir et dim. – Repas 135/170 et carte 250 à 330 ⌾, enf. 98.

à Saulx-les-Chartreux Sud-Ouest par D 118 – 4 141 h. alt. 75 – ⌷ 91160 :

St-Georges ≫, rte de Montlhéry : 1 km ℰ 01 64 48 36 40, Fax 01 64 48 89 48, ≤, 🌣, parc, 🎾 – 🛗 📺 📞 P – 🕭 150. 🕮 ⓞ ⅁⅂ BX42-43
fermé mi-juil. à mi-août – Repas 160/450 – ⇄ 40 – 41 ch 380/430.

Louveciennes 78430 Yvelines **101** ⑬, **25** – G. Île de France – 7 446 h alt. 125.

Paris 23 – St-Germain-en-Laye 6 – Versailles 9.

Aux Chandelles, 12 pl. Église ℰ 01 39 69 08 40, Fax 01 39 69 37 94, 🌣, 🎾 – 🕮 ⅁⅂
fermé 15 au 31 août, sam. midi et merc. – Repas 135/280 bc ⌾. AZ 29

Maisons-Alfort 94700 Val-de-Marne **101** ㉗, **24**, **25** – G. Île de France – 53 375 h alt. 37.

Paris 10 – Créteil 5 – Évry 35 – Melun 40.

Bourgogne, 164 r. J. Jaurès ℰ 01 43 75 12 75, Fax 01 43 68 05 86 – 🖃. 🕮 ⅁⅂ BG 57
fermé août, sam. et dim. – Repas 180 et carte 270 à 460.

Maisons-Laffitte 78600 Yvelines **101** ⑬, **18** , **25** G. Île de France – 22 173 h alt. 38.

Voir *Château★*, G. Île de France.

🛈 Office de Tourisme 41 av. de Longueil ℰ 01 39 62 63 64, Fax 01 39 12 02 89.

Paris 22 – Mantes-la-Jolie 38 – Poissy 9 – Pontoise 21 – St-Germain-en-Laye 8 – Versailles 24.

🏛 **Climat de France**, 2 r. Paris (accès par av. Verdun) ℰ 01 39 12 20 20, Fax 01 39 62 45 54, 🍴, ⛱ – 📺 ☎ & 🅿 – 🔏 25. 🆎 ⓞ 🆖

AN 33

Repas (78)- 89/105 ⅄, enf. 39 – � 39 – **66 ch** 340.

XXX **Tastevin** (Blanchet), 9 av. Eglé ℰ 01 39 62 11 67, Fax 01 39 62 73 09, 🍴, ⛱ – 🅿. 🆎 ⓞ
🆖 🗾 – fermé 10 août au 3 sept., vacances de fév., lundi soir et mardi – **Repas** 240 et
carte 340 à 500

AN 32

Spéc. Foie gras chaud au vinaigre de cidre. Gibier (saison). Sanciaux aux pommes (sept. à
mai).

XX **Rôtisserie Vieille Fontaine**, 8 av. Grétry ℰ 01 39 62 01 78, Fax 01 39 62 13 43, 🍴,
« Demeure bourgeoise dans un parc » – 🆎 🆖

AM 33

fermé 8 au 14 août, dim. soir et lundi – **Repas** 177.

XX **Ribot**, 5 av. St-Germain ℰ 01 39 62 01 53, Fax 01 39 62 01 53 – 🆎 🆖

AN 32

fermé 1ᵉʳ au 16 août, sam. midi et dim. – **Repas** - cuisine italienne - 95 (déj.), 145/165 et
carte 160 à 220.

Marcoussis 91460 Essonne **101** ㉞ – 5 680 h alt. 79.

🛈 Syndicat d'Initiative 13 r. Alfred Dubois ℰ 01 69 01 76 50.

Paris 30 – Arpajon 10 – Évry 17.

X **Les Colombes de Bellejame**, 97 r. A. Dubois ℰ 01 69 80 66 47, Fax 01 69 80 66 47 –
🆖

fermé 10 au 30 juil., dim. soir, mardi soir et merc. – **Repas** (35)125/170, enf. 45.

Marly-le-Roi 78160 Yvelines **101** ⑫ ⑬, **18** , **25** G. Île de France – 16 741 h alt. 90.

Voir *Parc★★* – *Paris 23 – Saint-Germain-en-Laye 4 – Versailles 9.*

XX **Village**, 3 Grande Rue ℰ 01 39 16 28 14, Fax 01 39 58 62 60 – 🆖

AZ 28

fermé août, sam. midi, dim. soir et lundi – **Repas** (nombre de couverts limité, prévenir) 140
bc/180 et carte 220 à 290, enf. 90.

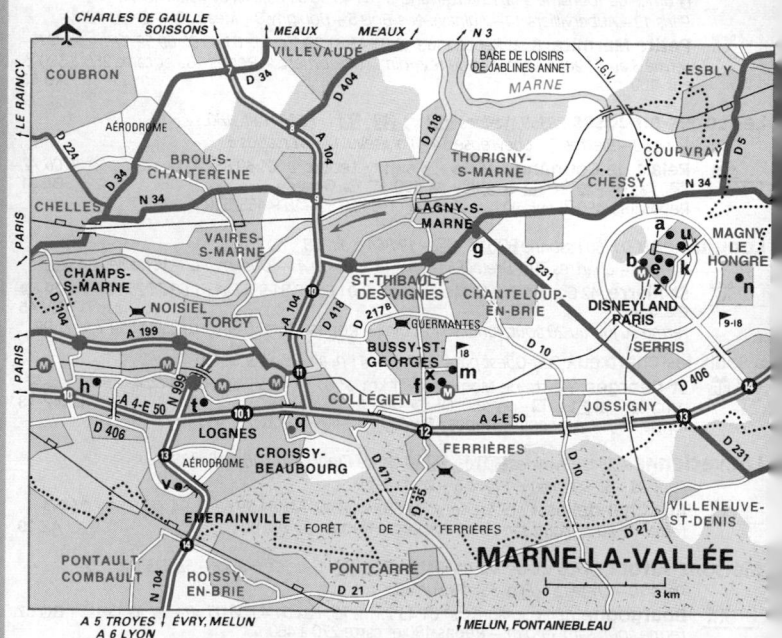

Marne-la-Vallée *77206 S.-et-M.* **101** ⑲ ⑳, **24** *G. Ile de France.*

🛈 *Maison du Tourisme d'Ile-de-France Disney Village* ℘ *01 60 43 33 33, Fax 01 60 43 36 91.*
Paris 28 – Meaux 28 – Melun 41.

Plan page ci-contre

à Bussy-St-Georges – *1 545 h. alt. 105 –* ⊠ *77600 :*

🏨 **Holiday Inn** Ⓜ, 39 bd Lagny **(f)** ℘ 01 64 66 35 65, Fax 01 64 66 03 10, 斎, ⻌ – 📶 🌬 ≡
📺 ☎ ✆ & 🚗 – 🔏 80. 🆎 ⓘ ⑤B 🔤
Repas 169 ⅊, enf. 60 – ⊡ 80 – **120 ch** 996.

🏨 **Golf Hôtel** Ⓜ ⌀, 15 av. Golf **(m)** ℘ 01 64 66 30 30, Fax 01 64 66 04 36, 斎, ⻌, 🎿, ⚞ –
📶 🌬 📺 ☎ ✆ & 🅿 – 🔏 120. 🆎 ⓘ ⑤B. ⋇ rest
Repas *(69)* - 79/155, enf. 46 – ⊡ 65 – **94 ch** 475/600.

🏨 **Sol Inn Paris Bussy** Ⓜ, 44 bd A. Giroust **(x)** ℘ 01 64 66 11 11, Fax 01 64 66 29 05, 斎 –
📶 ≡ 📺 ☎ ✆ & 🚗 – 🔏 90. 🆎 ⓘ ⑤B
Repas carte 160 à 210 – ⊡ 48 – **87 ch** 450/540.

à Champs-sur-Marne – *21 611 h. alt. 80 –* ⊠ *77420 :*

Voir *Château*★ *(salon chinois*★★*) et parc*★★*.*

🏨 **Ibis**, cité Descartes, bd Newton **(h)** ℘ 01 64 68 00 83, Fax 01 64 68 02 60, 斎 – 📶 🌬 📺 ☎
✆ & 🚗 🅿 – 🔏 45. 🆎 ⓘ ⑤B
Repas *(75)* - 95 ⅊, enf. 39 – ⊡ 39 – **110 ch** 295.

à Croissy-Beaubourg – *2 396 h. alt. 102 –* ⊠ *77183 :*

🍴🍴🍴 **L'Aigle d'Or**, 8 r. Paris **(q)** ℘ 01 60 05 31 33, Fax 01 64 62 09 39, 斎, ⚞ – 🅿. 🆎 ⓘ ⑤B
🔤 – *fermé dim. soir* – **Repas** 180/450 et carte 380 à 460 ⅊.

à Disneyland Paris *accès par autoroute A 4 et bretelle Disneyland.*

Voir *Disneyland Paris*★★★ *(voir Guide Vert Disneyland Paris).*

🏨 **Disneyland Hôtel** Ⓜ, **(U)** ℘ 01 60 45 65 00, Fax 01 60 45 65 33, ✆, « Bel ensemble de
style victorien à l'entrée du parc d'attractions », 🇮🇸, 🄷, ⚞ – 📶 🌬 ≡ 📺 ☎ & 🅿 –
🔏 25 à 50. 🆎 ⓘ ⑤B 🔤. ⋇
California Grill grill - (dîner seul.) **Repas** 275 , enf.125 – *Inventions* (buffet) **Repas**
180 (déj.)/250 , enf. 140 – **478 ch** ⊡ 2450/3700, 18 appart.

🏨 **New-York** Ⓜ, **(e)** ℘ 01 60 45 73 00, Fax 01 60 45 73 33, ✆, 斎, « Ambiance du Manhattan des années 30 », 🇮🇸, 🄸, 🄷, ⋇ – 📶 🌬 ≡ 📺 ☎ ✆ & 🅿 – 🔏 1 500. 🆎 ⓘ ⑤B 🔤.
⋇
Manhattan Restaurant (dîner seul.) **Repas** 195 , enf. 55 – *Parkside Diner :* **Repas**
115 , enf. 55 – **536 ch** ⊡ 1550/1850, 27 appart.

🏨 **Newport Bay Club** Ⓜ, **(z)** ℘ 01 60 45 55 00, Fax 01 60 45 55 33, ✆, 斎, centre de
conférences, « Évocation du bord de mer de la Nouvelle Angleterre », 🇮🇸, 🄸, 🄷 – 📶 🌬
📺 ☎ & 🅿 – 🔏 1 500. 🆎 ⓘ ⑤B 🔤. ⋇
Cape Cod : **Repas** 115 , enf. 55 – *Yacht Club* (dîner seul.) **Repas** 195/235 , enf. 55 –
1 082 ch ⊡ 1300/1700, 11 appart.

🏨 **Séquoia Lodge** Ⓜ, **(k)** ℘ 01 60 45 51 00, Fax 01 60 45 51 33, ✆, 斎, « Atmosphère d'un
hôtel des Montagnes Rocheuses », 🇮🇸, 🄸, 🄷, ⚞ – 📶 🌬, ≡ rest, 📺 ☎ ✆ & 🅿 – 🔏 75.
🆎 ⓘ ⑤B 🔤. ⋇
Hunter's Grill (dîner seul.) **Repas** (menu unique) 150 , enf. 55 – *Beaver Creek Tavern*
(dîner seul.) **Repas** 115 , enf. 55 – **1 001 ch** ⊡ 1195/1395, 10 appart.

🏨 **Cheyenne**, **(a)** ℘ 01 60 45 62 00, Fax 01 60 45 62 33, 斎, « Reconstitution d'une petite
ville du Far-West », ⚞ – 🌬 ≡ rest, 📺 ☎ & 🅿. 🆎 ⓘ ⑤B 🔤. ⋇
Chuck Wagon Café (self) **Repas** carte environ 130 ⅊, enf. 40 – **1 000 ch** ⊡ 990.

🏨 **Santa Fé**, **(u)** ℘ 01 60 45 78 00, Fax 01 60 45 78 33, 斎, « Construction évoquant les
pueblos du Nouveau Mexique » – 🌬 📺 ☎ & 🅿. 🆎 ⓘ ⑤B 🔤. ⋇
La Cantina (self) **Repas** carte environ 130 ⅊, enf. 40 – **1 000 ch** ⊡ 850.

à Émerainville – *6 766 h. alt. 109 –* ⊠ *77184 :*

🏨 **Ibis**, ZI Pariest bd Beaubourg **(v)** ℘ 01 60 17 88 39, Fax 01 64 62 12 34 – 📶 🌬 📺 ☎ ✆ &
🅿 – 🔏 150. 🆎 ⓘ ⑤B
Repas *(85)* - 105 ⅊, enf. 39 – ⊡ 39 – **80 ch** 340/360.

à Lagny-sur-Marne – *18 643 h. alt. 51 –* ⊠ *77400 :*

Voir *Château de Guermantes*★ *S : 3 km par D 35.*

🛈 *Office de Tourisme 1 pl. de la Fontaine* ℘ *01 64 02 15 15, Fax 01 64 30 42 52.*

🍴 **Relais Fleuri**, 1 av. Stade **(g)** ℘ 01 64 30 06 42, Fax 01 64 30 06 42, 斎, ⚞ – 🅿. ⑤B
fermé août, lundi et le soir sauf sam. – **Repas** 70 (déj.), 155/260 et carte 190 à 360 ⅊.

à Lognes – *12 973 h. alt. 97* – ✉ *77185 :*

🏨 **Frantour,** 55 bd Mandinet (t) ℘ 01 64 80 02 50, *Fax 01 64 80 02 70,* 佘, *Ғ*ᵴ – 🛗 ✸ 📺 ☎ ❤ ❺ 🅖 60. 🖭 ⓞ 🅖🅑 🅙🅒🅑
Repas *(fermé 31 juil. au 20 août, sam. midi, dim. midi et fériés le midi)* (75) - 95/150 ♈, enf. 62 – ☲ 64 – **57 ch** 470/600, 28 duplex.

à Magny-le-Hongre – *331 h. alt. 117* – ✉ *77700 :*

🏨 **Moulin de Paris** 🅼, 60 r. Moulin à Vent (n) ℘ 01 60 43 77 77, *Fax 01 60 43 78 88,* 佘, *Ғ*ᵴ, ⬛, – 🛗 🗐 📺 ☎ ❤ ❺ 🅖 25. 🖭 ⓞ 🅖🅑
Repas (85) - 115 ♈, enf. 49 – ☲ 50 – **82 ch** 420.

Massy *91300 Essonne* 🔟🟥 ㉕, 🟨🟨, 🟨🟥 – *38 574 h alt. 78.*
Paris 20 – Arpajon 19 – Évry 21 – Palaiseau 3 – Rambouillet 39.

🏨 **Mercure** 🅼, 21 av. Carnot (gare T.G.V.) ℘ 01 69 32 80 20, *Fax 01 69 32 80 25,* 佘 – 🛗 ✸ ▤ 📺 ☎ ❤ ❺ ⟜ 🅿 – 🅖 100. 🖭 ⓞ 🅖🅑 🅙🅒🅑 **BS 43**
Repas *(fermé 22 juin au 20 août, vend. soir, dim. midi et sam.)* (105 bc) - 125 bc/350 bc, enf. – ☲ 65 – **116 ch** 620/650.

🍴🍴 **Pavillon Européen,** 5 av. Gén. de Gaulle ℘ 01 60 11 17 17, *Fax 01 69 20 05 60* – ▤ 🅖🅑 **BR 43**
fermé dim. soir – **Repas** 170/290.

Maurepas *78310 Yvelines* 🔟🟥 ㉑ – *19 718 h alt. 165.*
Voir *France Miniature★ NE : 3km, G. Île de France.*
Paris 40 – Houdan 28 – Palaiseau 35 – Rambouillet 17 – Versailles 20.

🏨 **Mercure** 🅼, N 10 ℘ 01 30 51 57 27, *Fax 01 30 66 70 14,* 佘 – 🛗 ✸ ▤ 📺 ☎ ❤ 🅿 – 🅖 25 à 80. 🖭 ⓞ 🅖🅑 🅙🅒🅑 **BM 15**
Repas *(fermé vend. soir, sam. et dim. midi)* (90) - 120 🥂, enf. 55 – ☲ 65 – **91 ch** 515/565.

Le Mesnil-Amelot *77990 S.-et-M.* 🔟🟥 ⑨ – *705 h alt. 80.*
Paris 31 – Bobigny 21 – Goussainville 13 – Meaux 29 – Melun 68 – Senlis 25.

🏨 **Radisson** 🅼 ♨, La Pièce du Gué ℘ 01 60 03 63 00, *Fax 01 60 03 74 40,* 佘, *Ғ*ᵴ, ⬛, ⟡ – 🛗 ✸ ▤ 📺 ☎ ❤ ❺ ⟜ 🅿 – 🅖 300. 🖭 ⓞ 🅖🅑 🅙🅒🅑
Repas 115 bc (déj.), 145 bc/195 bc, enf. 65 – ☲ 95 – **240 ch** 1450/1680.

Meudon *92190 Hauts-de-Seine* 🔟🟥 ㉔, 🟨🟨, 🟨🟥 – *G. Île de France* – *45 339 h alt. 100.*
Voir *Terrasse★ : ✳★ – Forêt de Meudon★.*
Paris 11 – Boulogne-Billancourt 4 – Clamart 4 – Nanterre 16 – Versailles 10.

au sud *à Meudon-la-Forêt* – ✉ *92360 :*

🏨 **Mercure Ermitage de Villebon** 🅼, rte Col. Moraine ℘ 01 46 01 46 86, *Fax 01 46 01 46 99,* 佘 – 🛗 ✸ ▤ ch, 📺 ☎ ❤ ❺ 🅿 – 🅖 60. 🖭 ⓞ 🅖🅑 **BH 39**
Repas (100) - 160/250 🥂, enf. 70 – ☲ 65 – **63 ch** 780/910.

Montmorency *95160 Val-d'Oise* 🔟🟥 ⑤, 🟨🟥 – *G. Île de France* – *20 920 h alt. 82.*
Voir *Collégiale St-Martin★ – Commune de la "Méridienne Verte".*
Env. *Château d'Écouen★★ : musée de la Renaissance★★ (tenture de David et de Beth-sabée★★★).*
🅱 *Office de Tourisme 1 av. Foch ℘ 01 39 64 42 94.*
Paris 22 – Enghien-les-Bains 4 – Pontoise 23 – St-Denis 10.

🍴🍴 **Au Coeur de la Forêt,** av. Repos de Diane et accès par chemin forestier ℘ 01 39 64 99 19, *Fax 01 34 28 17 52,* 佘, ⟡ – 🅿. 🅖🅑 **AG 48**
fermé 8 au 31 août, 17 au 28 fév., jeudi soir et lundi – **Repas** 155/190 et carte 250 à 300.

Write us...

If you have any comments on the contents of this Guide.

Your praise as well as your criticisms will receive careful consideration and, with your assistance, we will be able to add to our stock of information and, where necessary, amend our judgments.

Thank you in advance!

Montreuil 93100 Seine St-Denis **101** ⑰, **20** , **25** G. Ile de France – 94 754 h alt. 70.

🛈 Office de Tourisme 1 r. Kléber ℰ 01 42 87 38 09, Fax 01 42 27 27 13.
Paris 8 – Bobigny 9 – Lagny-sur-Marne 31 – Meaux 37 – Senlis 47.

XXX **Gaillard**, 71 r. Hoche ℰ 01 48 58 17 37, Fax 01 48 70 09 74, 🍽, � – **P**. **GB**   AZ 57
fermé 6 au 21 août, dim. soir et lundi soir – **Repas** 150/220 et carte 250 à 360 ⅀.

Montrouge 92120 Hauts-de-Seine **101** ㉕, **22** , **25** – 38 106 h alt. 75.
Paris 5 – Boulogne-Billancourt 6 – Longjumeau 18 – Nanterre 14 – Versailles 17.

🏨 **Mercure** Ⓜ, 13 r. F.-Ory ℰ 01 58 07 11 11, Fax 01 58 07 11 21 – 🛗 ❧, 🍽 rest, 📺 ☎ ✆ ♿
🚗 – 🕍 120. 🌆 ⓞ **GB** ⌨   BE 48
Repas (fermé dim. midi et sam.) (99) - 135 ⅀, enf. 50 – ⅏ 72 – **186 ch** 960/1060, 6 appart.

Morangis 91420 Essonne **101** ㉝, **25** – 10 043 h alt. 85.
Voir Commune de la "Méridienne Verte"
Paris 22 – Évry 14 – Longjumeau 5 – Versailles 24.

XXX **Sabayon**, 15 r. Lavoisier ℰ 01 69 09 43 80, Fax 01 64 48 27 28 – 🍽. **GB**   BV 49
fermé août, lundi soir, mardi soir, sam. midi et dim – **Repas** 185/335 et carte 200 à 330 ⅀.

Nanterre 🅿 92000 Hauts-de-Seine **101** ⑭, **18** , **25** – 84 565 h alt. 35.
🛈 Office de Tourisme 4 r. du Marché ℰ 01 47 21 58 02, Fax 01 47 25 99 02.
Paris 13 – Beauvais 82 – Rouen 121 – Versailles 15.

🏨 **Mercure La Défense** Ⓜ, r. des 3 Fontanot ℰ 01 46 69 68 00, Fax 01 47 25 46 24 – 🛗
❧, 🍽 rest, 📺 ☎ ✆ ♿ 🚗 – 🕍 130. 🌆 ⓞ **GB** ⌨   AV 39
Repas (fermé le soir du 14 juil. au 29 août, dim. midi, sam. et fériés) (110) - 140/185 ⅀, enf. 60
– ⅏ 72 – **135 ch** 1030/1080, 25 appart.

🏨 **Quality Inn** Ⓜ, 2 av. B. Frachon ℰ 01 46 95 08 08, Fax 01 46 95 01 24 – 🛗 ❧ 🍽 📺 ☎ ♿
🚗 – 🕍 30. 🌆 ⓞ **GB**   AV 37
Repas (fermé août, 24 déc. au 2 janv., vend. soir, sam. et dim.) (115) - 135 ⅀ – ⅏ 65 – **85 ch**
760/810.

Neuilly-sur-Seine 92200 Hauts-de-Seine **101** ⑮, **18** , **25** G. Ile de France – 61 768 h alt. 34.
Paris 8 – Argenteuil 12 – Nanterre 5 – Pontoise 31 – St-Germain-en-Laye 18 – Versailles 16.

🏨 **Courtyard** Ⓜ, 58 bd V. Hugo ℰ 01 55 63 64 05, Fax 01 55 63 64 66, 🍽 – 🛗 ❧ 🍽 📺 ☎
✆ ♿ 🚗 – 🕍 220. 🌆 ⓞ **GB** ⌨ ❧ rest   AW 44
Repas 180 ⅀ – ⅏ 95 – **173 ch** 740/1450, 69 appart.

🏨 **Paris Neuilly** sans rest, 1 av. Madrid ℰ 01 47 47 14 67, Fax 01 47 47 97 42 – 🛗 ❧ 🍽 📺
☎ ✆ ♿. 🌆 ⓞ **GB**   AX 42
⅏ 73 – **74 ch** 910/1010, 6 appart.

🏨 **Jardin de Neuilly** ⬙ sans rest, 5 r. P. Déroulède ℰ 01 46 24 51 62, Fax 01 46 37 14 60 –
🛗 📺 ☎ ✆. 🌆 ⓞ **GB**. ❧   AX 44
⅏ 95 – **30 ch** 800/1200.

🏨 **Parc** sans rest, 4 bd Parc ℰ 01 46 24 32 62, Fax 01 46 40 77 31 – 🛗 📺 ☎. 🌆 ⓞ **GB**
⌨   AV 43
⅏ 45 – **71 ch** 700/800.

XXX **San Valero**, 209 ter av. Ch. de Gaulle ℰ 01 46 24 07 87, Fax 01 47 47 83 17 – 🌆 ⓞ **GB**.
❧   AW 42
fermé 23 déc. au 7 janv. et dim. – **Repas** - cuisine espagnole - 160 (déj.)/200 et carte 240 à
350 ⅀.

XX **Truffe Noire** (Jacquet), 2 pl. Parmentier ℰ 01 46 24 94 14, Fax 01 46 24 94 60 – 🌆 **GB**
⌨   AX 44
❀ fermé août – **Repas** 195 et carte 300 à 400
Spéc. Ravioli de homard (avril à juin). Truffes d'été et d'hiver (saisons). Gibier (oct. au
15 déc.).

XX **Riad**, 42 av. Ch. de Gaulle ℰ 01 46 24 42 61 – 🍽. 🌆 ⓞ **GB**. ❧   AX 44
fermé 7 au 19 août, sam. midi et dim. – **Repas** - cuisine marocaine - carte 280 à 380.

XX **Foc Ly**, 79 av. Ch. de Gaulle ℰ 01 46 24 43 36, Fax 01 46 24 48 46 – 🍽. 🌆 **GB**   AW 42
Repas - cuisine chinoise - 99/109 et carte 180 à 270 🍶, enf. 75.

XX **Jarrasse L'Écailler de Paris**, 4 av. Madrid ℰ 01 46 24 07 56, Fax 01 40 88 35 60 – 🍽.
🌆 ⓞ **GB** ⌨   AX 42
fermé 1ᵉʳ au 20 août – **Repas** - produits de la mer - 215 et carte 350 à 500.

✗ **Les Feuilles Libres**, 34 r. Perronet ✆ 01 46 24 41 41, Fax 01 46 40 77 61 – 🖩. 🖽
 🖼 **AX 44**
 fermé 8 au 22 août, sam. midi et dim. – **Repas** *(90)* - 150/220 et carte 180 à 280.

✗ **Bistrot d'à Côté Neuilly**, 4 r. Boutard ✆ 01 47 45 34 55, Fax 01 47 45 15 08, bistrot –
 🖽 ⓞ 🖼 🖼 **AX 42**
 fermé sam. midi et dim. – **Repas** 129 (déj.)/192 ♈.

✗ **Petit Bofinger**, 18 av. Ch. de Gaulle ✆ 01 47 22 37 25, Fax 01 46 24 95 35, bistrot – 🖩.
 🖽 🖼 **E 6**
 Repas 95 bc (déj.)/145.

✗ **Catounière**, 4 r. Poissonniers ✆ 01 47 47 14 33, Fax 01 55 24 93 72 – 🖩. 🖽 🖼 **AX 43**
 fermé août, sam. midi et dim. – **Repas** 186.

✗ **Les Pieds dans l'Eau**, 39 bd Parc ✆ 01 47 47 64 07, Fax 01 47 22 09 55, 🌫, « Terrasse
 en bord de Seine » – 🖽 ⓞ 🖼 **AW 43**
 fermé sam. midi et dim. d'oct. à mars – **Repas** *(130)* - 180 et carte 210 à 330 ♈.

Nogent-sur-Marne 🔭 94130 Val-de-Marne 🔟🔟 ㉗, 🔢 , 🔢 *G. Île de France* – 25 248 h
 alt. 59.
 🛈 *Office de Tourisme 5 av. Joinville ✆ 01 48 73 73 97, Fax 01 48 73 75 90.*
 Paris 13 – Créteil 8 – Montreuil 5 – Vincennes 4.

🏰 **Mercure Nogentel** 🖾, 8 r. Port ✆ 01 48 72 70 00, Fax 01 48 72 86 19, 🌫 – 🛗 🌫 📺 ☎
 🍽 – 🕍 15 à 200. 🖽 ⓞ 🖼 🖼 **BC 62**
 Le Canotier : **Repas** *(155)*-185 – ☲ 65 – **60 ch** 550/610.

🏠 **Campanile**, quai du port (Pt de Nogent) ✆ 01 48 72 51 98, Fax 01 48 72 05 09, 🌫 – 🛗
 🌫, 🍽 ch, 📺 ☎ ☎ 🕍 🍽 – 🕍 40. 🖽 ⓞ 🖼 **BC62-63**
 Repas 98/116 🍷, enf. 39 – ☲ 42 – **84 ch** 450.

Noisy-le-Grand 93160 Seine-St-Denis 🔟🔟 ⑱, 🔢 , 🔢 *G. Île de France* – 54 032 h alt. 82.
 🛈 *Office de Tourisme Ancienne Mairie 167 r. P.-Brossolette ✆ 01 43 04 51 55, Fax 01 43 03
 79 48.*
 Paris 19 – Bobigny 17 – Lagny-sur-Marne 13 – Meaux 37.

🏰 **Mercure** 🖾, 2 bd Levant ✆ 01 45 92 47 47, Fax 01 45 92 47 10, 🍷 – 🛗 🌫 🖩 📺 ☎ ☎ 🕍
 🍽 – 🕍 150. 🖽 ⓞ 🖼 **BB 67**
 Les Météores (fermé sam. midi et dim. midi) **Repas** *(95)*-125 ♈, enf. 60 – ☲ 70 – **192 ch**
 550/670.

🏰 **Novotel Atria** 🖾, 2 allée Bienvenüe-quartier Horizon ✆ 01 48 15 60 60,
 Fax 01 43 04 78 83, 🌫, 🛝 – 🛗 🌫 🖩 📺 ☎ ☎ 🕍 🍽 🖩 – 🕍 250. 🖽 ⓞ 🖼 **BC 67**
 Repas *(100)* - 125 ♈, enf. 70 – ☲ 70 – **144 ch** 590/650.

✗✗ **Amphitryon**, 56 av. A. Briand ✆ 01 43 04 68 00, Fax 01 43 04 68 10, 🌫 – 🖩. 🖽
 🖼 **BA 68**
 fermé 5 au 25 août, sam. midi et dim. soir sauf fériés – **Repas** 130/230 et carte 250 à 290.

Orgeval 78630 Yvelines 🔟🔟 ⑪ – 4 509 h alt. 100.
 Paris 31 – Mantes-la-Jolie 23 – Pontoise 25 – St-Germain-en-Laye 11 – Versailles 22.

🏰 **Moulin d'Orgeval** 🐾, r. Abbaye, Sud : 1,5 km ✆ 01 39 75 85 74, Fax 01 39 75 48 52, 🌫,
 « Parc ombragé avec étang », 🛝 – 📺 ☎ ☎ 🖩 – 🕍 15 à 30. 🖽 ⓞ 🖼 🖼
 Repas *(fermé 22 au 30 déc. et dim. soir)* *(160)* - 220/350 ♈ – ☲ 75 – **12 ch** 650/800.

Orly (Aéroports de Paris) 94310 Val-de-Marne 🔟🔟 ㉖, 🔢 , 🔢 – 21 646 h alt. 89.
 ✈ ✆ 01 49 75 15 15.
 Paris 16 – Corbeil-Essonnes 23 – Créteil 12 – Longjumeau 14 – Villeneuve-St-Georges 9.

🏰 **Hilton Orly** 🖾, près aérogare ✉ 94544 ✆ 01 45 12 45 12, Fax 01 45 12 45 00, 🍷 – 🛗 🌫
 🖩 📺 ☎ 🖩 – 🕍 280. 🖽 ⓞ 🖼 🖼 **BR 51**
 Repas 198 et carte 125 à 220 – ☲ 125 – **356 ch** 1090/1490.

🏰 **Mercure** 🖾, N 7, Z.I. Nord, Orlytech ✉ 94547 ✆ 01 46 87 23 37, Fax 01 46 87 71 92 – 🛗
 🌫 🖩 📺 ☎ ☎ 🖩 – 🕍 40. 🖽 ⓞ 🖼 **BP 51**
 Repas 145/190 ♈, enf. 50 – ☲ 69 – **190 ch** 780/880.

Aérogare d'Orly Ouest :

✗✗✗ **Maxim's**, 2e étage ✉ 94547 ✆ 01 49 75 16 78, Fax 01 46 87 05 39, ≼ – 🖩. 🖽 ⓞ
 🖼 **BS 51**
 fermé août, 22 déc. au 2 janv., sam., dim. et fériés – **Repas** 230/480 et carte 300 à
 440 ♈.

à Orly ville : – *21 646 h. alt. 71.*

🏨 **Climat de France - Air Plus** M, 58 voie Nouvelle (près Parc G. Méliès) ℰ 01 41 80 75 75, Fax 01 41 80 12 12, 佘 – 🛉 ⇆ ▤ 📺 ☎ ら 📵, ᴀᴇ ⑨ ⒼⒷ ᴊᴄʙ **BN 54**
Repas *(fermé sam., dim. et fériés)* 87 – ☲ 35 – **72 ch** 420.

*Voir aussi à **Rungis***

Ozoir-la-Ferrière 77330 S.-et-M. 101 ㉚, 106 ㉝ – *19 031 h alt. 110.*

🛈 *Syndicat d'Initiative pl. de la Mairie ℰ 01 60 40 10 20, Fax 01 64 40 09 91.*
Paris 35 – Coulommiers 43 – Lagny-sur-Marne 19 – Melun 31 – Sézanne 84.

XXX **Gueulardière**, 66 av. Gén. de Gaulle ℰ 01 60 02 94 56, Fax 01 60 02 98 51, 佘 – ᴀᴇ ⒼⒷ
fermé août, vacances de fév., dim. soir et lundi – **Repas** 195/350, enf. 100.

Palaiseau ⃟ 91120 Essonne 101 ㉞, 22 , 25 – *28 395 h alt. 101.*

Paris 22 – Arpajon 19 – Chartres 72 – Évry 21 – Rambouillet 36.

🏨 **Novotel** M, 18 r. É. Baudot (Z.I. Massy) ℰ 01 64 53 90 00, Fax 01 64 47 17 80, 佘 , ⅃, ☞ – 🛉 ⇆, ▤ rest, 📺 ☎ ら 📵 – 🕰 15 à 180. ᴀᴇ ⒼⒷ **BS 43**
Repas *(99)* - carte 180 à 220 ♈, enf. 50 – ☲ 65 – **147 ch** 580/630.

Pantin 93500 Seine-St-Denis 101 ⑯, 20 , 25 – *47 303 h alt. 26.*

Voir *Centre international de l'Automobile★*, G. Île de France.
🛈 *Office de Tourisme 25 ter r. du Pré-St-Gervais ℰ 01 48 44 93 72, Fax 01 48 44 18 51.*
Paris 5 – Bobigny 5 – Montreuil 7 – St-Denis 5.

🏨 **Référence** M, 22 av. J. Lolive ℰ 01 48 91 66 00, Fax 01 48 44 12 17, 佘 , ⅙ – 🛉 ⇆, ▤ rest, 📺 ☎ ら ☞ – 🕰 15 à 70. ᴀᴇ ⑨ ⒼⒷ ᴊᴄʙ, ⅏ rest **AW 54**
Repas *(fermé août, sam. et dim.)* 170 – ☲ 82 – **123 ch** 886/952.

🏨 **Mercure Porte de Pantin** M, 25 r. Scandicci ℰ 01 49 42 85 85, Fax 01 48 46 07 90 – 🛉 ▤ 📺 ☎ ら ☞ – 🕰 25 à 100. ᴀᴇ ⑨ ⒼⒷ **AV-AW54**
Repas *(95)* - 125 ♈, enf. 55 – ☲ 75 – **129 ch** 770/810, 9 appart.

Le Perreux-sur-Marne 94170 Val-de-Marne 101 ⑱, 24 , 25 – *28 477 h alt. 50.*

🛈 *Office de Tourisme pl. R.-Belvaux ℰ 01 43 24 26 58, Fax 01 43 24 26 58.*
Paris 15 – Créteil 11 – Lagny-sur-Marne 23 – Villemomble 7 – Vincennes 6.

XXX **Les Magnolias**, 48 av. Bry ℰ 01 48 72 47 43, Fax 01 48 72 22 28 – ▤. ᴀᴇ ⑨ ⒼⒷ **BC 63**
fermé 7 au 27 août, sam. midi et dim. – **Repas** *(165)* - 210.

XX **Les Lauriers**, 5 av. Neuilly-Plaisance ℰ 01 48 72 45 75, 佘 – ᴀᴇ ⒼⒷ **BA 63**
fermé dim. soir et lundi – **Repas** 180 et carte 250 à 350.

X **Rhétais**, 42 ter av G. Péri ℰ 01 43 24 08 29, 佘 – ᴀᴇ ⒼⒷ **BC 63**
fermé août, dim. soir et lundi – **Repas** 182/185 bc et carte 200 à 270 ♈.

Petit-Clamart 92 Hauts-de-Seine 101 ㉔, 22 , 25 – ⊠ 92140 Clamart.

Voir *Bièvres : Musée français de la photographie★ S : 1 km*, G. Île de France.
Paris 13 – Antony 9 – Clamart 5 – Meudon 6 – Nanterre 21 – Sèvres 9 – Versailles 9.

XX **Au Rendez-vous de Chasse**, 1 av. du Gén. Eisenhower ℰ 01 46 31 11 95, Fax 01 40 94 11 40 – ▤ 📵, ᴀᴇ ⑨ ⒼⒷ ᴊᴄʙ **BK 40**
fermé dim. soir et lundi soir – **Repas** *(130)* - 170/240 ♈, enf. 95.

Poissy 78300 Yvelines 101 ⑫ G. Île de France.

Voir *Collégiale Notre-Dame★ – Villa Savoye★.*
🛈 *Office de Tourisme 132 r. du Gén.-de-Gaulle ℰ 01 30 74 60 65, Fax 01 39 65 07 00.*
Paris 33 ③ – Mantes-la-Jolie 29 ④ – Pontoise 20 ② – St-Germain-en-Laye 6 ③.

Plan page suivante

XX **Bon Vivant**, 30 av. É. Zola (e) ℰ 01 39 65 02 14, Fax 01 39 65 28 05, ≤, 佘 – ⒼⒷ
fermé août, vacances de fév., dim. soir et lundi – **Repas** 200.

XX **L'Esturgeon**, 6 cours 14-Juillet (a) ℰ 01 39 65 00 04, Fax 01 39 79 19 94, ≤ – ᴀᴇ ⑨ ⒼⒷ
100 *fermé août, dim. soir et jeudi* – **Repas** 200 et carte 280 à 400 ♈.

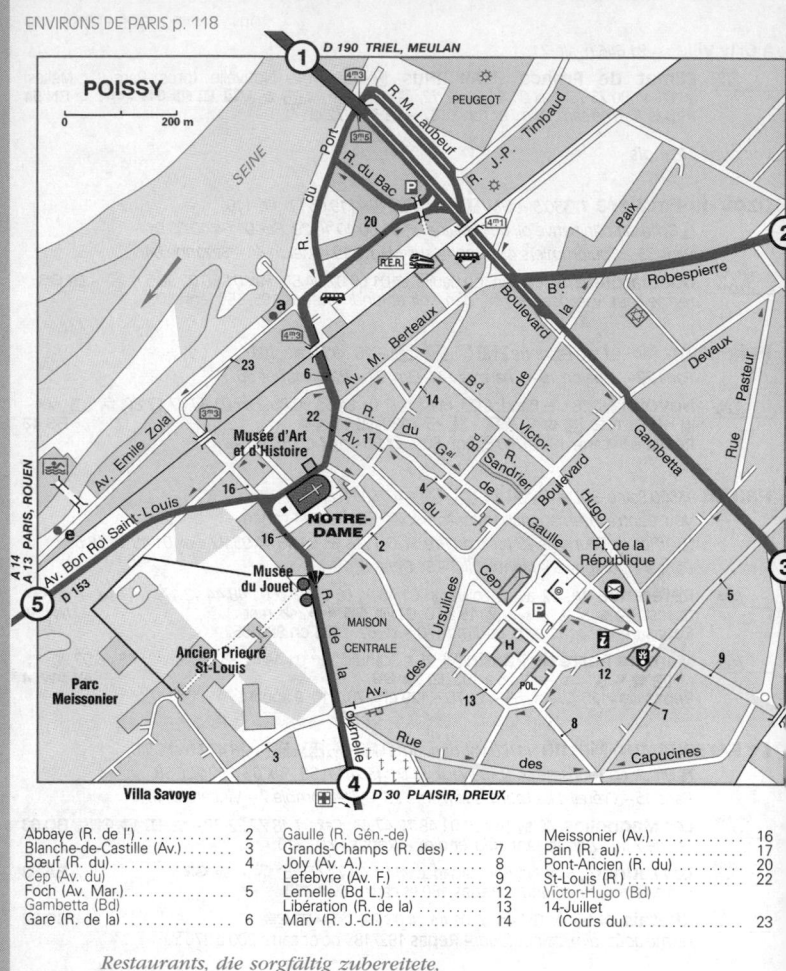

POISSY

D 190 TRIEL, MEULAN

SEINE

A 14 · A 13 PARIS, ROUEN

D 153

NOTRE-DAME

Musée d'Art et d'Histoire

Musée du Jouet

Ancien Prieuré St-Louis

Parc Meissonier

MAISON CENTRALE

Villa Savoye

D 30 PLAISIR, DREUX

Abbaye (R. de l')	2	Gaulle (R. Gén.-de)		
Blanche-de-Castille (Av.)	3	Grands-Champs (R. des)	7	
Bœuf (R. du)	4	Joly (Av. A.)	8	
Cep (Av. du)		Lefebvre (Av. F.)	9	
Foch (Av. Mar.)	5	Lemelle (Bd L.)	12	
Gambetta (Bd)		Libération (R. de la)	13	
Gare (R. de la)	6	Marv (R. J.-Cl.)	14	

Meissonier (Av.)	16
Pain (R. au)	17
Pont-Ancien (R. du)	20
St-Louis (R.)	22
Victor-Hugo (Bd)	
14-Juillet (Cours du)	23

Restaurants, die sorgfältig zubereitete,
preisgünstige Mahlzeiten anbieten, sind
durch das Zeichen 🕸 kenntlich gemacht.

Pontault-Combault 77340 S.-et-M. 🔢 ㉙, 🟦 , 🟦 – 26 804 h alt. 94.
Paris 29 – Créteil 25 – Lagny-sur-Marne 18 – Melun 34.

🏨 **Saphir Hôtel** Ⓜ, aire des Berchères sur N 104 ℘ 01 64 43 45 47, Fax 01 64 40 52 43, 🕳,
🏊, ⛴, ✵ – 🛗 🗄 📺 ☎ ✆ 🛄 🚗 🅿 – 🔥 150. ◭ ⓞ ☲ 🇯🇨🇧   **BH 74**
Repas (87) · 160 🍴, enf. 60 – 🖵 60 – **158 ch** 500/550, 21 appart.

Le Port-Marly 78560 Yvelines 🔢 ⑬, 🟦 , 🟦 – 4 181 h alt. 30.
Paris 22 – St-Germain-en-Laye 3 – Versailles 11.

🍴🍴 **Auberge du Relais Breton,** 27 r. Paris ℘ 01 39 58 64 33, Fax 01 39 58 35 75, 🕳, 🐎 –
◭ ☲   **AX 29**
fermé août, dim. soir et lundi – **Repas** 159/239 bc et carte 270 à 370.

Le Pré St-Gervais 93310 Seine-St-Denis 🔢 ⑯, 🟦 , 🟦 – 15 373 h alt. 82.
Paris 9 – Bobigny 6 – Lagny-sur-Marne 29 – Meaux 37 – Senlis 47.

🍴 **Au Pouilly Reuilly,** 68 r. A. Joineau ℘ 01 48 45 14 59, bistrot – ◭ ☲   **AW 55**
fermé août, sam. midi et dim. – **Repas** carte 200 à 270 🍷.

Puteaux *92800 Hauts-de-Seine* 🗺 ⑭, 🔢 , 🔢 – *42 756 h alt. 36.*
Paris 10 – Nanterre 5 – Pontoise 34 – St-Germain-en-Laye 14 – Versailles 16.

🏛 **Syjac** M sans rest, 20 quai de Dion-Bouton ℘ 01 42 04 03 04, Fax 01 45 06 78 69 – 📶 📺 ☎ 🔌 25. 🕮 ⑩ 🖭 — AX 41
🍽 60 – **30 ch** 570/980, 3 duplex.

🏛 **Princesse Isabelle** sans rest, 72 r. J. Jaurès ℘ 01 47 78 80 06, Fax 01 47 75 25 20 – 📶 ▤ 📺 ☎ 🚗 🕮 ⑩ 🖭 — AX 41
🍽 60 – **29 ch** 725/1200.

🏨 **Vivaldi** sans rest, 5 r. Roque de Fillol ℘ 01 47 76 36 01, Fax 01 47 76 11 45 – 📶 📺 ☎ ✆ 🕮 ⑩ 🖭 — AX 41
🍽 45 – **27 ch** 540/560.

🏨 **Dauphin** sans rest, 45 r. J. Jaurès ℘ 01 47 73 71 63, Fax 01 46 98 08 82, 🛠 – 📶 📺 ☎ 🕮 ⑩ 🖭 — AX 41
🍽 50 – **38 ch** 560.

🍴🍴 **Chaumière**, 127 av. Prés. Wilson - rd-pt des Bergères ℘ 01 47 75 05 46, Fax 01 47 75 05 46 – ▤ 🕮 🖭 — AX 39
fermé 4 au 27 août, dim. soir, lundi soir et sam. – **Repas** (14h) - 175 et carte 230 à 320 ⌀.

🍴🍴 **Table d'Alexandre**, 7 bd Richard Wallace ℘ 01 45 06 33 63, Fax 01 41 38 27 42 – 🕮 🖭 — AX 41
fermé 22 juil. au 20 août, sam., dim. et fériés – **Repas** 170 et carte 200 à 300.

La Queue-en-Brie *94510 Val-de-Marne* 🗺 ㉙, 🔢 , 🔢 – *9 897 h alt. 95.*
Paris 21 – Coulommiers 51 – Créteil 13 – Lagny-sur-Marne 22 – Melun 33 – Provins 67.

🏠 **Relais de Pincevent**, av. Hippodrome ℘ 01 45 94 61 61, Fax 01 45 93 32 69, 🌿 – 📺 ☎ 🛠 📵 🔌 60. 🖭 — BH 68
Repas (déj.)/120 🕭 – 🍽 35 – **58 ch** 320/490.

🍴🍴🍴 **Auberge du Petit Caporal**, 42 r. Gén. de Gaulle (N 4) ℘ 01 45 76 30 06, Fax 01 45 76 30 06 – ▤ 🕮 🖭 — BJ 70
fermé août, vacances de fév, mardi soir, merc. soir et dim. – **Repas** 160/230 et carte 290 à 460.

Quincy-sous-Sénart *91480 Essonne* 🗺 ㊳ – *7 079 h alt. 76.*
Paris 33 – Brie-Comte-Robert 7 – Évry 11 – Melun 23.

🍴 **Lisière de Sénart**, 33 r. Libération ℘ 01 69 00 87 15, 🌿 – 🕮 🖭
fermé 15 au 31 août, 15 au 28 fév., dim. soir, mardi soir et merc. – **Repas** 150 (déj.), 175/230 et carte 210 à 310 ⌀.

Roissy-en-France (Aéroports de Paris) *95700 Val-d'Oise* 🗺 ⑧ – *2 054 h alt. 85 –*
An 2000 *Toute l'année : Aéroport 2000, réalisation d'oeuvres agricoles visibles du ciel.*
✈ *Charles-de-Gaulle* ℘ 01 48 62 22 80.
Paris 26 – Chantilly 26 – Meaux 39 – Pontoise 38 – Senlis 27.

à Roissy-ville :

🏨🏨 **Copthorne** M, allée Verger ℘ 01 34 29 33 33, Fax 01 34 29 03 05, 🌿, 🛠, 🔳 – 📶 🕸 ▤ 📺 ☎ ✆ 🛠 🚗 🔌 150. 🕮 ⑩ 🖭 💱
Repas *(fermé dim. midi et sam.)* 160 ⌀ – 🍽 90 – **238 ch** 1450/2050.

🏨🏨 **Bleu Marine** M, Z.A. parc de Roissy ℘ 01 34 29 00 00, Fax 01 34 29 00 11, 🛠 – 📶 🕸 ▤ 📺 ☎ ✆ 🛠 🚗 📵 🔌 80. 🕮 ⑩ 🖭 💱
Repas 165 et carte 190 à 267 ⌀, enf. 49 – 🍽 55 – **153 ch** 870/980.

🏨🏨 **Mercure** M, allée Verger ℘ 01 34 29 40 00, Fax 01 34 29 00 18, 🌿 – 📶 🕸 ▤ 📺 ☎ 🛠 📵 🔌 90. 🕮 ⑩ 🖭
Repas (98) - carte 170 à 300 🕭, enf. 50 – 🍽 70 – **198 ch** 1200, 4 appart.

🏠 **Campanile**, Z.A. parc de Roissy ℘ 01 34 29 80 40, Fax 01 34 29 80 39, 🌿 – 📶 🕸 📺 ☎ ✆ 🛠 📵 🔌 100. 🕮 ⑩ 🖭
Repas (80) - 98/116 ⌀, enf. 39 – 🍽 39 – **264 ch** 525.

🏠 **Ibis** M, av. Raperie ℘ 01 34 29 34 34, Fax 01 34 29 34 19 – 📶 🕸 ▤ 📺 ☎ ✆ 🛠 🚗 📵 🔌 70. 🕮 ⑩ 🖭 💱
Repas (75) - 95/135 🕭, enf. 69 – 🍽 42 – **300 ch** 750.

à l'aérogare n° 2 :

🏨🏨 **Sheraton** M ⚓, Aérogare n° 2 ℘ 01 49 19 70 70, Fax 01 49 19 70 71, ≤, « Architecture contemporaine originale », 🛠 – 📶 🕸 ▤ 📺 ☎ ✆ 🛠 📵 🔌 60. 🕮 ⑩ 🖭 💱
Les Étoiles *(fermé 15 juil. au 27 août, sam. et dim.)* **Repas** 310 (déj.)/350 – **Les Saisons :** **Repas** 195 (déj.)/250, enf. 120 – 🍽 135 – **242 ch** 2130/2800, 14 appart.

à Roissypole :

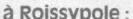 **Hilton** Ⓜ ⌖, ⊠ 95700 ℰ 01 49 19 77 77, Fax 01 49 19 77 78, *⒗*, 🔲 – 📳 ⤬ ≡ 🆅 ☎ 📞 ⌖ ⇆ – ⚖ 500. ☒ ◑ 🆖 🆙 – % rest
Gourmet (fermé 14 juil. au 31 août, sam. et dim.) **Repas** 205 (déj.), 300/350 , enf. 55 –
Aviateurs - brasserie *(week-ends dîner seul.)* **Repas** 85/185 et carte 200 à 280 , enf. 55 –
Oyster bar - produits de la mer *(fermé 14 juil. au 31 août, sam. et dim.)* **Repas**
carte 230 à 350 , enf. 55 – �ⓔ 120 – **379 ch** 1930/2830, 4 appart.

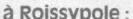 **Sofitel** Ⓜ, Zone centrale Ouest ℰ 01 49 19 29 29, Fax 01 49 19 29 00, 🔲, ⌖ – 📳 ⤬ ≡ 🆅 ☎ 📞 ⌖ 🅿 – ⚖ 140 ⒗ ☒ ◑ 🆖 🆙
Repas brasserie *(85)* -140 ⌖ – ⊽ 90 – **344 ch** 1550/2100, 8 appart.

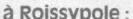 **Novotel** Ⓜ, ℰ 01 49 19 27 27, Fax 01 49 19 27 99 – 📳 ⤬ ≡ 🆅 ☎ 📞 ⌖ 🅿 – ⚖ 60. ☒ ◑ 🆖 🆙
Repas *(99)* - carte environ 160 �7, enf. 50 – ⊽ 70 – **201 ch** 850.

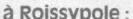 **Ibis** Ⓜ, ℰ 01 49 19 19 19, Fax 01 49 19 19 21, ⌂ – 📳 ⤬, ≡ rest, 🆅 ☎ 📞 ⌖ ⇆ 🅿 – ⚖ 80. ☒ ◑ 🆖 – % rest – **Repas** *(77)* - 97 ⌖, enf. 39 – ⊽ 39 – **556 ch** 455/555.

Z.I. Paris Nord II – ⊠ 95912 :

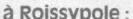 **Hyatt Regency** Ⓜ ⌖, 351 av. Bois de la Pie ℰ 01 48 17 18 19, Fax 01 48 17 17 17, ⌂, « Original décor contemporain », *⒗*, 🔲, ⌖ – 📳 ⤬ ≡ 🆅 ☎ 📞 ⌖ 🅿 – ⚖ 300. ☒ ◑ 🆖 🆙
Repas *195* (déj.)/220 �7 – ⊽ 110 – **388 ch** 1730/1930, 6 appart.

Voir aussi *ressources hôtelières au* **Mesnil-Amelot (77 S.-et-M.)**

Romainville 93230 Seine-St-Denis **101** ⑰, **20** , **25** – 23 563 h alt. 110.
Paris 10 – Bobigny 4 – St-Denis 12 – Vincennes 5.

XXX **Chez Henri**, 72 rte Noisy ℰ 01 48 45 26 65, Fax 01 48 91 16 74 – ≡ 🅿. ☒ 🆖   **AV 57**
fermé 1er au 21 août, sam. midi, lundi soir, dim. et fériés – **Repas** 180 et carte 280 à 340.

Rosny-sous-Bois 93110 Seine-St-Denis **101** ⑰, **20** , **25** – 37 489 h alt. 80.
Paris 17 – Bobigny 7 – Le Perreux-sur-Marne 4 – St-Denis 15.

🏨 **Holiday Inn Garden Court** Ⓜ, 4 r. Rome ℰ 01 48 94 33 08, Fax 01 48 94 30 05, ⌂ – 📳 ⤬, ≡ rest, 🆅 ☎ 📞 ⇆ 🅿 – ⚖ 15 à 100. ☒ ◑ 🆖   **AY 61**
Vieux Carré (fermé sam. midi et dim. midi) **Repas** *(105)*-140 ⌖, enf. 60 – ⊽ 70 – **97 ch** 570.

🏠 **Comfort Inn**, 1 r. Lisbonne ℰ 01 48 12 30 30, Fax 01 45 28 83 69 – 📳 ⤬, ≡ rest, 🆅 ☎ 📞 ⌖ ⇆ 🅿 – ⚖ 30 à 70. ☒ ◑ 🆖 – % ch   **AX 61**
Repas *(fermé août, vacances de Noël , vend. soir, sam. et dim.)* *(79)* - 114/150 �7, enf. 50 – ⊽ 50 – **100 ch** 420/450.

Rueil-Malmaison 92500 Hauts-de-Seine **101** ⑭, **18** , **25** *G. Ile de France* – 66 401 h alt. 40.
Voir Château de Bois-Préau★ – Buffet d'orgues★ de l'église – Malmaison : musée★★ du château.
🅱 *Office de Tourisme 160 av. Paul-Doumer ℰ 01 47 32 35 75, Fax 01 47 14 04 48 et La Capitainerie 11 pl. des Impressionnistes ℰ 01 47 16 72 66, Fax 01 47 49 46 68.*
Paris 14 – Argenteuil 12 – Nanterre 3 – St-Germain-en-Laye 9 – Versailles 12.

🏨 **Novotel Atria** Ⓜ, 21 av. Ed. Belin ℰ 01 47 16 60 60, Fax 01 47 51 09 29, *⒗* – 📳 ⤬, ≡ rest, 🆅 ☎ 📞 ⌖ ⇆ – ⚖ 180. ☒ ◑ 🆖 🆙   **AW 34**
Repas *(fermé dim. midi, fériés le midi et sam.)* *(95)* - 120 �7, enf. 50 – ⊽ 70 – **118 ch** 800/870.

🏢 **Cardinal** sans rest, 1 pl. Richelieu ℰ 01 47 08 20 20, Fax 01 47 08 35 84 – 📳 🆅 ☎ 📞 ⌖ 🅿. ☒ ◑ 🆖 – ⊽ 55 – **63 ch** 650/790.   **AY 35**

XX **Rastignac**, 1 pl. Europe ℰ 01 47 32 92 29, Fax 01 47 32 93 35 – ≡. ☒ 🆖   **AW 34**
fermé 1er au 20 août, 24 déc. au 2 janv., sam., dim. et fériés – **Repas** 195/395 et carte 240 à 320 �7.

XX **Pavillon des Muettes**, 4 r. René Cassin ℰ 01 47 08 41 68, Fax 01 47 08 43 20, ⌂ – ☒ 🆖   **AX 36**
fermé 8 au 21 août, vacances de fév., sam. midi, dim. soir et lundi – **Repas** 190 et carte 200 à 250 �7.

XX **Bonheur de Chine**, 6 allée A. Maillol ℰ 01 47 49 88 88, Fax 01 47 49 48 68 – ≡. ☒ ◑ 🆖   **AZ 37**
fermé lundi – **Repas** - cuisine chinoise - 98 (déj.), 160/230 et carte 150 à 300 ⌖.

Rungis 94150 Val-de-Marne **101** ㉖, **24** , **25** – 2 939 h alt. 80 Marché d'Intérêt National.
Voir Commune de la "Méridienne Verte".
Paris 14 – Antony 5 – Corbeil-Essonnes 29 – Créteil 10 – Longjumeau 11.

à Pondorly : *accès : de Paris, A6 et bretelle d'Orly ; de province, A6 et sortie Rungis*

Holiday Inn M, 4 av. Ch. Lindbergh ⊠ 94656 ℘ 01 49 78 42 00, Fax 01 45 60 91 25 – 📶
✶ 🖃 🔟 ☎ 👌 🅿 – 🔏 15 à 150. 🖭 ⓘ 🖼 **BM 50**
Repas (98) - 169 ♈ – ⊡ 80 – **171 ch** 920/1120.

Grand Hôtel Mercure Orly M, 20 av. Ch. Lindbergh ⊠ 94656 ℘ 01 46 87 36 36,
Fax 01 46 87 08 48, ⒌ – 📶 ✶ 🖃 🔟 ☎ 👌 ⇔ 🅿 – 🔏 15 à 140. 🖭 ⓘ 🖼 **BM 50**
Repas 135/195 ♈, enf. 65 – ⊡ 75 – **190 ch** 1120/1180.

Novotel M, Zone du Delta, 1 r. Pont des Halles ℘ 01 45 12 44 12, Fax 01 45 12 44 13, ⒌ –
📶 ✶ 🖃 🔟 ☎ 👌 🅿 – 🔏 15 à 150. 🖭 ⓘ 🖼 **BM 50**
Repas carte environ 160 ♈, enf. 50 – ⊡ 69 – **181 ch** 850/890.

Ibis, 1 r. Mondétour ⊠ 94656 ℘ 01 46 87 22 45, Fax 01 46 87 84 72, 🏤 – 📶 ✶ 🔟 ☎ 👌
👌 🅿 – 🔏 60. 🖭 ⓘ 🖼 – Repas (95) - 150 bc, enf. 39 – ⊡ 39 – **119 ch** 375. **BM 50**

à Rungis-ville :

✗ **Charolais**, 13 r. N.-Dame ℘ 01 46 86 16 42 – 🖭 ⓘ 🖼 **BN 50**
fermé 14 août au 4 sept., sam. et dim – Repas 150/225.

St-Cloud 92210 Hauts-de-Seine 101 ⑭, 22, 25 G. Île de France – 28 597 h alt. 63.
Voir Parc★★ (*Grandes Eaux★★*) – Église Stella Matutina★.
Paris 13 – Nanterre 8 – Rueil-Malmaison 6 – St Germain 17 – Versailles 11.

Villa Henri IV, 43 bd République ℘ 01 46 02 59 30, Fax 01 49 11 11 02 – 📶 🔟 ☎ 👌 🅿 –
🔏 15. 🖭 ⓘ 🖼 **BB 38**
Bourbon (fermé 24 juil. au 22 août et dim. soir) Repas (90)-120/180 ♈ – ⊡ 48 – **36 ch**
470/560.

Quorum, 2 bd République ℘ 01 47 71 22 33, Fax 01 46 02 75 64, 🏤 – 📶, 🖃 rest, 🔟 ☎
👌 ⇔ 🅿. 🖭 ⓘ 🖼 **BB 38**
Repas (fermé sam. et dim) (85) - 128 ⅞ – ⊡ 45 – **58 ch** 480/520.

✗ **Garde-Manger**, 21 r. Orléans ℘ 01 46 02 03 66, Fax 01 46 02 11 55, bistrot – 🖼 **BB 39**
fermé dim. et fériés – Repas (72) - carte 170 à 220 ♈.

St-Denis ⟨S⟩ 93200 Seine-St-Denis 101 ⑯, 20, 25 G. Île de France – 89 988 h alt. 33 – 17 juin :
An 2000 "Solstices" Carnavalcade et Ateliers de création artistique - juin-oct. : "Changement
de Temps" (exposition).
Voir Basilique★★★ – Stade de France★ – Commune de la "Méridienne Verte".
🅱 Office de Tourisme 1 r. de la République ℘ 01 55 87 08 70, Fax 01 48 20 24 11.
Paris 11 – Argenteuil 10 – Beauvais 78 – Bobigny 9 – Chantilly 43 – Pontoise 26 – Senlis 42.

Ibis Stade de France Sud M sans rest, r. Coquerie ℘ 01 55 93 36 00,
Fax 01 55 93 36 36 – 📶 ✶ 🖃 🔟 ☎ 👌 🅿. 🖭 ⓘ 🖼 – ⊡ 39 – **95 ch** 345. **AS 51**

Campanile, 14 r. J. Jaurès ℘ 01 48 20 74 31, Fax 01 48 20 74 26 – 📶 ✶ 🔟 ☎ 👌 ⇔ –
🔏 25. 🖭 ⓘ 🖼 – Repas (80) - 98/116 ♈, enf. 39 – ⊡ 39 – **99 ch** 460/520. **AP 51**

✗ **Les Verdlots**, 26 bd M. Sembat ℘ 01 42 43 24 33, Fax 01 42 43 43 44 – 🖃. 🖼 **AR 50**
fermé août, dim. et lundi Repas 70 (déj.), 105/195 ♈.

St-Germain-en-Laye ⟨S⟩ 78100 Yvelines 101 ⑬, 18, 25 G. Île de France – 39 926 h alt. 78.
Voir Terrasse★★ – Jardin anglais★ – Château★ : musée des Antiquités nationales★★ –
Musée du Prieuré★.
🅱 Office de Tourisme 38 r. Au Pain ℘ 01 34 51 05 12, Fax 01 34 51 36 01.
Paris 24 ③ – Beauvais 81 ① – Dreux 68 ③ – Mantes-la-Jolie 35 ④ – Versailles 14 ③.

Plan page suivante

Ermitage des Loges M, 11 av. Loges ℘ 01 39 21 50 90, Fax 01 39 21 50 91, 🏤, 🐾 – 📶
🔟 ☎ 👌 🅿 – 🔏 30 à 150. 🖭 ⓘ 🖼. 🛇 rest **AY x**
Repas 98/175 et carte 230 à 330 ♈, enf. 60 – ⊡ 60 – **56 ch** 580/690 – ½ P 545.

✗ **Clémentine**, 24 r. St-Pierre ℘ 01 34 51 77 78, Fax 01 39 73 87 32 – 🖭 🖼 🍴 **AZ v**
fermé août, dim. et lundi – Repas 80 (déj.), 149/169 et carte 290 à 550.

✗ **Feuillantine**, 10 r. Louviers ℘ 01 34 51 04 24 – 🖃. 🖭 🖼 **AZ a**
Repas (98) - 148 ♈.

par ① **et D 284 : 2,5 km** – ⊠ 78100 St-Germain-en-Laye :

Forestière M ⌂, 1 av. Prés. Kennedy ℘ 01 39 10 38 38, Fax 01 39 73 73 88, « En lisière
de forêt », 🐾 – 📶 🔟 ☎ 👌 🅿 – 🔏 30. 🖭 ⓘ 🖼 🍴
voir rest. **Cazaudehore** ci-après – ⊡ 80 – **25 ch** 850/1100, 5 appart.

Cazaudehore, 1 av. Prés. Kennedy ℘ 01 30 61 64 64, Fax 01 39 73 73 88, 🏤, « Jardin
fleuri », 🐾 – 🅿. 🖭 ⓘ 🖼 🍴
fermé lundi sauf fériés – Repas (190) - 290 bc (déj.)/390 bc et carte 280 à 400.

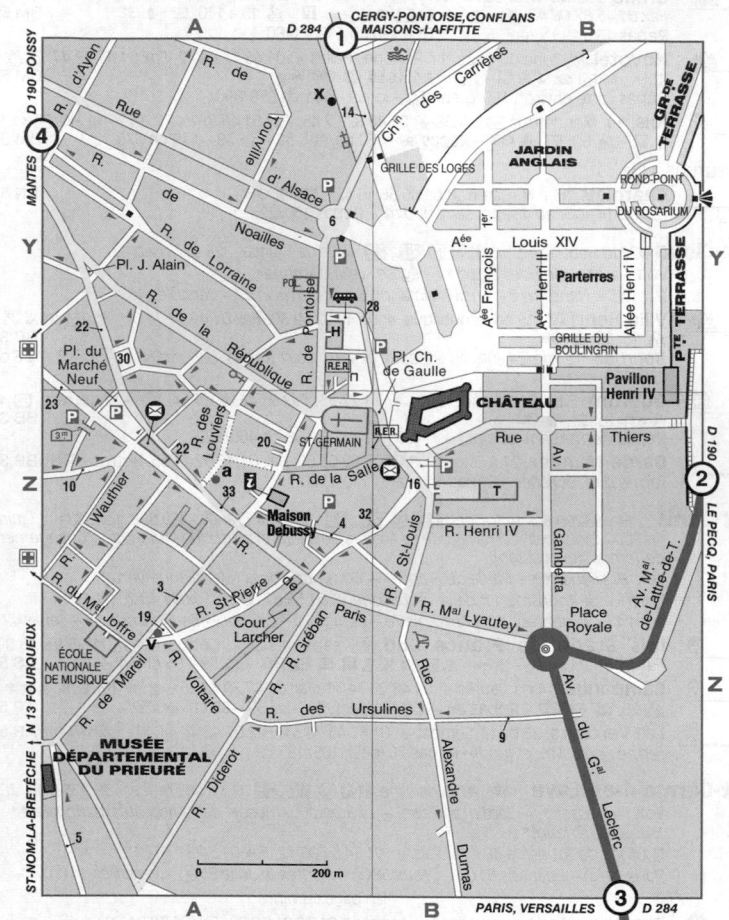

St-Leu-la-Forêt 95320 Val d'Oise **101** ④ – 14 489 h alt. 120.

Paris 27 – Nanterre 21 – Beauvais 60 – Chantilly 29 – L'Isle-Adam 14 – Pontoise 14.

XX **Petit Castor**, 68 r. Paris ℰ 01 39 32 94 13, *Fax 01 30 40 85 52* – 🍽. ᴁᴇ ᴳᴮ
fermé août, dim. soir et merc. – **Repas** 100/250 et carte 250 à 400 ₤.

St-Mandé 94160 Val-de-Marne **101** ㉗, **24**, **25** *G. Île de France*– 18 684 h alt. 50.

Paris 7 – Créteil 10 – Lagny-sur-Marne 29 – Maisons-Alfort 6 – Vincennes 2.

XX **Ambassade de Pékin**, 6 av. Joffre ℰ 01 43 98 13 82, *Fax 01 43 28 31 93* – 🍽. ᴁᴇ
ᴳᴮ – **Repas** - cuisine chinoise et thaïlandaise 72 (déj.) et carte 150 à 200 ₰. **BA 56**

X **Aux Capucins**, 44 av. Gén. de Gaulle ℰ 01 43 28 23 93, *Fax 01 43 28 10 90* – 🍽. ᴁᴇ
ᴳᴮ **BB 56**
fermé 1er au 22 août, 20 au 27 déc., sam. midi et dim. – **Repas** 128 et carte 170 à 210 ₤.

St-Maur-des-Fossés 94100 Val-de-Marne **101** ㉗, **24**, **25** – 77 206 h alt. 30.

🖪 Office de Tourisme 70 av. République ℰ 01 42 83 84 74, Fax 01 42 83 84 74.
Paris 12 – Créteil 6 – Nogent-sur-Marne 5.

XX   **Auberge de la Passerelle**, 37 quai de la Pie ℰ 01 48 83 59 65, Fax 01 48 89 91 24 – 🗏.
🗚 ⬛   **BH 61**
fermé dim. soir et merc. – **Repas** 190/260 et carte 220 à 320.

XX   **Gourmet**, 150 bd Gén. Giraud (quartier de la Pie) ℰ 01 48 86 86 96, Fax 01 48 86 86 96,
🏠 – ⬛   **BH 62**
fermé 15 août au 10 sept., dim. soir et lundi – **Repas** (150) - 180/250 et carte 240 à
320 ☕.

à La Varenne-St-Hilaire – ⊠ 94210 :

🏨   **Winston** sans rest, 119 quai W. Churchill ℰ 01 48 85 00 46, Fax 01 48 89 98 89 – 📺 ☎ 🅿.
🗚 ⬤ ⬛ 🇯🇨🇧   **BG 65**
⊆ 40 – 23 ch 500/600.

XXX   **Bretèche**, 171 quai Bonneuil ℰ 01 48 83 38 73, Fax 01 42 83 63 19, 🏠 – ⬛. 🗚
⬛   **BJ 64**
fermé dim. soir et lundi – **Repas** 160 et carte 270 à 340.

XX   **Régency 1925**, 96 av. Bac ℰ 01 48 83 15 15, Fax 01 48 89 99 74 – ⬛. 🗚 ⬤ ⬛   **BH 65**
Repas 140 et carte 250 à 300 ☕.

X   **Gargamelle**, 23 av. Ch. Péguy ℰ 01 48 86 04 40, 🏠 – 🗚 ⬤ ⬛   **BG 65**
fermé 15 au 31 août, vacances de fév., dim. soir et lundi – **Repas** (95) - 165 bc/195.

St-Maurice 94410 Val-de-Marne **101** ㉗ – 11 157 h alt. 50.

Paris 8 – Évry 34 – Fontainebleau 66 – Chartres 94 – Étampes 56 – Melun 40.

XXX   **Michel B.**, 6 r. P. Verlaine ℰ 01 48 89 40 90, Fax 01 48 89 48 23, 🏠 – ⬛. 🗚 ⬛   **BE 59**
fermé août, vacances de fév., dim. et lundi – **Repas** (150) - 190 et carte 300 à 410 ☕.

St-Ouen 93400 Seine-St-Denis **101** ⑯, **18**, **25** – 42 343 h alt. 36.

Voir Commune de la "Méridienne Verte".

🖪 Office de Tourisme pl. République ℰ 01 40 11 77 36, Fax 01 40 11 01 70.
Paris 9 – Bobigny 11 – Chantilly 46 – Meaux 47 – Pontoise 26 – St-Denis 3.

🏨   **Sovereign**, 54 quai Seine ℰ 01 40 12 91 29, Fax 01 40 10 89 49 – 📳 📺 ☎ 📞 ⅄ 🅿 – 🛗 30.
🗚 ⬤ ⬛ 🌸 rest   **AS 49**
Repas (fermé sam. et dim.) (75) - 110 ☕ – ⊆ 37 – **104 ch** 305/340.

XX   **Coq de la Maison Blanche**, 37 bd J. Jaurès ℰ 01 40 11 01 23, Fax 01 40 11 67 68, 🏠
– ⬛. 🗚 ⬤ ⬛ 🇯🇨🇧   **AT 49**
fermé dim. – **Repas** 180 et carte 235 à 345.

St-Pierre-du-Perray 91280 Essonne **101** ㊳ – 3 342 h alt. 88.

Paris 42 – Brie-Comte-Robert 16 – Évry 9 – Melun 20.

🏨   **Novotel** 🅼, golf de Greenparc ℰ 01 69 89 75 75, Fax 01 69 89 75 50, 🏠, 🏋️, ⬛ – 📳 🏊
⬛ 📺 ☎ 📞 ⅄ 🅿 – 🛗 120. 🗚 ⬤ ⬛ 🇯🇨🇧
Repas (98) - 128 ☕, enf. 50 – ⊆ 65 – **78 ch** 580/720.

St-Quentin-en-Yvelines 78 Yvelines **101** ㉑, **25** G. Île de France.

Paris 33 – Houdan 31 – Palaiseau 22 – Rambouillet 21 – Versailles 14.

Montigny-le-Bretonneux – 31 687 h. alt. 162 – ⊠ 78180 :

🏨   **Mercure** 🅼, 9 pl. Choiseul ℰ 01 39 30 18 00, Fax 01 30 57 15 22, 🏠 – 📳 🏊 ⬛ 📺 ☎ 📞
⅄ 🍽 – 🛗 20 à 70. 🗚 ⬤ ⬛   **BJ 23**
Repas (fermé 24 déc. au 3 janv., vend. soir, dim. midi et sam.) (95) - 125/165 ☕, enf. 55 –
⊆ 65 – **74 ch** 620/670.

🏨   **Auberge du Manet** 🦢, 61 av. Manet ℰ 01 30 64 89 00, Fax 01 30 64 55 10, 🏠 – 🏊
📺 ⅄ 🅿 🗚 ⬤ ⬛ 🇯🇨🇧   **BL 21**
Repas 140 (dîner), 160/215 ☕, enf. 50 – ⊆ 60 – **35 ch** 500/600.

🏨   **Holiday Inn Garden Court** 🅼, r. J.-P. Timbaud (rte Bois d'Arcy sur D 127)
ℰ 01 30 14 42 00, Fax 01 30 14 42 42, 🏠 – 📳 🏊 📺 ☎ 📞 ⅄ 🅿 – 🛗 20 à 60. 🗚 ⬤ ⬛
🇯🇨🇧   **BH 22**
Repas (fermé week-ends) (72) - 98/135 ☕ – ⊆ 55 – **81 ch** 650.

Voisins-le-Bretonneux – 11 220 h. alt. 163 – ⊠ 78960 .

Voir *Vestiges de l'abbaye Port-Royal des Champs★ SO : 4 km.*

🏨 **Novotel St-Quentin Golf National** Ⓜ ⑤, au Golf National, Est : 2 km par D 36
⊠ 78114 Magny-lès-Hameaux ℰ 01 30 57 65 65, Fax 01 30 57 65 00, ≼, ⇪, ℐₐ, ⅃, ☞, ✵
– ᗑ ⅍▭ ▥ ☎ ✆ ₺ 🄿 – 🏛 15 à 180. ⚎ ⓪ ☲   **BN 25**
Repas carte 140 à 230 ⴹ, enf. 50 – ⴲ 65 – **130 ch** 725/790.

🏨 **Relais de Voisins** ⑤, av. Grand-Pré ℰ 01 30 44 11 55, Fax 01 30 44 02 04, 🛱 – ▥ ☎ ✆
₺ 🄿 – 🏛 40. ☲. ☲   **BM 23**
fermé 1ᵉʳ au 15 août – Repas *(fermé dim. soir)* 79/159 ⅃ – ⴲ 32 – **54 ch** 350/370.

🏨 **Port Royal** ⑤ sans rest, 20 r. H. Boucher ℰ 01 30 44 16 27, Fax 01 30 57 52 11, ☞ – ▥
☎ ✆ ₺ 🄿.   **BM 24**
ⴲ 35 – **40 ch** 290/328.

St-Rémy-lès-Chevreuse 78470 Yvelines ⏢ ㉜ – 5 589 h alt. 73.

Voir *Chevreuse : site★ – Vallée de Chevreuse★.*

Env. *Château de Breteuil★★ SO : 8 km, G. Ile de France.*

🛈 *Office de Tourisme 1 r. Ditte ℰ 01 30 52 22 49 (ouvert merc., sam., dim. et jours fériés)
Bureau d'Accueil en face de la Gare du RER.*

Paris 38 – Chartres 61 – Longjumeau 22 – Rambouillet 21 – Versailles 16.

XX **Cressonnière,** 46 r. de Port Royal, direction Milon ℰ 01 30 52 00 41, Fax 01 30 47 28 31,
🛱 – ⚎ ☲
fermé 16 au 31 août, dim. soir de nov. à avril, mardi et merc. – **Repas** *(195)* - 240/450 et carte
340 à 430.

Ste-Geneviève-des-Bois 91700 Essonne ⏢ ㉟ ㊱ G. Ile de France – 31 286 h alt. 78.

Voir *Commune de la "Méridienne Verte".*

🛈 *Office de Tourisme Le Donjon 8 av. du Château ℰ 01 60 16 29 33, Fax 01 60 15 56 78.*

Paris 27 – Arpajon 12 – Corbeil-Essonnes 15 – Étampes 31 – Évry 10 – Longjumeau 10.

XX **Table d'Antan,** 38 av. Gde Charmille du Parc, près H. de Ville ℰ 01 60 15 71 53,
Fax 01 60 15 71 53 – ☲   **CC 48**
fermé 8 août au 4 sept., dim. soir, mardi soir, merc. soir et lundi – **Repas** 155/295 et carte
220 à 320 ⴹ.

Sartrouville 78500 Yvelines ⏢ ⑬, ⑱, ㉕ – 50 329 h alt. 46.

Paris 21 – Maisons-Laffitte 2 – Pontoise 18 – St-Germain-en-Laye 8 – Versailles 20.

XX **Jardin Gourmand,** 109 rte Pontoise (N 192) ℰ 01 39 13 18 88, Fax 01 61 04 03 07 – ▤.
⚎ ☲   **AN 37**
fermé 7 au 20 août et dim. – **Repas** 140/280 et carte 230 à 380.

Savigny-sur-Orge 91600 Essonne ⏢ ㊱ – 33 295 h alt. 81.

Voir *Commune de la "Méridienne Verte".*

Paris 23 – Arpajon 19 – Corbeil-Essonnes 17 – Évry 11 – Longjumeau 6.

XX **Au Ménil,** 24 bd A. Briand ℰ 01 69 05 47 48, Fax 01 69 44 09 44 – ▤. ⚎ ☲
fermé 15 juil. au 15 août, lundi soir et mardi – **Repas** 99 bc/240 ⅃.

Sevran 93270 Seine-St-Denis ⏢ ⑱, ⑳, ㉕ – 48 478 h alt. 50.

Paris 21 – Bobigny 10 – Meaux 27 – Villepinte 4.

🏨 **Campanile,** 5 r. A. Léonov ℰ 01 43 84 67 77, Fax 01 43 83 27 40 – ᗑ ⅍▭ ▥ ☎ ✆ ₺ 🄿 –
🏛 25. ⚎ ⓪ ☲   **AN 65**
Repas *(80)* - 90/116 ⴹ, enf. 39 – ⴲ 39 – **55 ch** 395.

Sèvres 92310 Hauts-de-Seine ⏢ ㉔, ㉒, ㉕ G. Île de France – 21 990 h alt. 48.

Voir *Musée National de céramique★★ – Étangs★ de Ville d'Avray O : 3 km.*

Paris 12 – Boulogne-Billancourt 3 – Nanterre 14 – St-Germain-en-Laye 19 – Versailles 8.

XX **Auberge Garden,** 24 rte Pavé des Gardes ℰ 01 46 26 50 50, Fax 01 46 26 58 58, 🛱 – ⚎
☲   **BF 38**
fermé 7 au 29 août, 24 déc. au 2 janv., sam. midi et dim. soir – **Repas** *(150)* - 178 ⴹ.

Soisy-sur-Seine 91450 Essonne ⏢ ㊲ – 7 145 h alt. 39.

Paris 34 – Évry 4 – Fontainebleau 39 – Chartres 83 – Étampes 40 – Melun 26.

XX **Terrasse des Donjons,** 74 av. République ℰ 01 60 75 66 06, Fax 01 60 75 66 44, 🛱 –
☲   **CB 59**
fermé sam. midi, dim. soir et lundi – **Repas** *(118)* - 160.

Sucy-en-Brie 94370 Val-de-Marne 101 ㉘, 24 , 25 – 25 839 h alt. 96.

Voir *Château de Gros Bois★ : mobilier★★ S : 5 km*, G. Ile de France.

Paris 21 – Créteil 7 – Chennevières-sur-Marne 4.

quartier les Bruyères *Sud-Est : 3 km :*

  Tartarin ♨, carrefour de la Patte d'Oie ℰ 01 45 90 42 61, Fax 01 45 90 52 55, 🍴 – 📺 ⚙ ❤ – 🔬 30. ⚙ 🅂   BM 68
Repas *(fermé août, mardi soir, merc. soir, jeudi soir et lundi)* 125/275 – ⏣ 37 – **11 ch** 295/325.

  Terrasse Fleurie, 1 r. Marolles ℰ 01 45 90 40 07, Fax 01 45 90 40 07, 🍴 – **P**. 🆎 ⓞ 🅂   BM 68
fermé août, le soir (sauf vend. et sam.) et merc. – **Repas** 110/190, enf. 60.

Suresnes 92150 Hauts-de-Seine 101 ⑭, 18 , 25 G. Ile de France – 35 998 h alt. 42.

Voir *Fort du Mont Valérien (Mémorial National de la France combattante).*

🛈 *Office de Tourisme 50 bd Henri-Sellier ℰ 01 41 18 18 76, Fax 01 41 18 18 78.*

Paris 12 – Nanterre 5 – Pontoise 33 – St-Germain-en-Laye 14 – Versailles 13.

  Novotel 🏢, 7 r. Port aux Vins ℰ 01 40 99 00 00, Fax 01 45 06 60 06 – 📶 🔄 📺 ☎ ❤ ⅓
🚗 – 🔬 25 à 100. 🆎 ⓞ 🅂 🇯🇨🇧   AY 40
Repas *(101)* - 150 ⏣, enf. 50 – ⏣ 70 – **107 ch** 820/850, 3 appart.

  Atrium 🏢 sans rest, 68 bd H. Sellier ℰ 01 42 04 60 76, Fax 01 46 97 71 61, 🐟 – 📶 📺 ☎ ⅓
🚗 – 🔬 60. 🆎 ⓞ 🅂 🇯🇨🇧   AZ 39
⏣ 55 – **42 ch** 650.

  Astor sans rest, 19 bis r. Mt Valérien ℰ 01 45 06 15 52, Fax 01 42 04 64 65 29 – 📶 📺 ☎. 🆎 ⓞ
🅂 ✄   AY 39
⏣ 42 – **51 ch** 370.

Taverny 95150 Val-d'Oise 101 ④ G. Ile de France – 25 151 h alt. 92.

Voir *église★.*

Paris 28 – Beauvais 60 – Chantilly 30 – L'Isle-Adam 15 – Pontoise 13.

  Campanile, centre commercial les Portes de Taverny ℰ 01 30 40 10 85, Fax 01 30 40 10 87, 🍴 – 🔄 📺 ☎ ⅓ **P**. – 🔬 25. 🆎 ⓞ 🅂
Repas *(75)* - 88/103 ⏣, enf. 39 – ⏣ 36 – **75 ch** 385.

Tremblay-en-France 93290 Seine-St-Denis 101 ⑱, 20 , 25 – 31 385 h alt. 60.

Paris 29 – Aulnay-sous-Bois 6 – Bobigny 13 – Villepinte 4.

au Tremblay-Vieux-Pays :

  Cénacle, 1 r. Mairie ✉ 93290 ℰ 01 48 61 32 91, Fax 01 48 60 43 89 – 🆎 🅂   AJ 68
fermé août, sam. midi et dim. – **Repas** 230/400 bc et carte 280 à 390, enf. 100.

Triel-sur-Seine 78510 Yvelines 101 ① ② G. Ile de France – 9 615 h alt. 20.

Voir *Église St-Martin★.*

Paris 39 – Mantes-la-Jolie 27 – Pontoise 14 – Rambouillet 55 – St-Germain-en-Laye 12.

  St-Martin, 2 r. Galande (face Poste) ℰ 01 39 70 32 00, Fax 01 39 74 30 34 – 🅂
fermé 1er au 26 août, dim. soir, lundi soir et merc. – **Repas** *(nombre de couverts limité, prévenir)* 99/153, enf. 55.

Vanves 92170 Hauts-de-Seine 101 ㉘, 22 , 25 – 25 967 h alt. 61.

Paris 7 – Boulogne-Billancourt 4 – Nanterre 17.

  Mercure Porte de la Plaine, 36 r. Moulin ℰ 01 46 48 55 55, Fax 01 46 48 56 56 – 📶 🔄 📺 ☎ ❤ ⅓   BD 45
Repas *(95)* - 135 ⏣, enf. 50 – ⏣ 70 – **384 ch** 1030/1090, 4 appart.

  Parc des Expositions 🏢 sans rest, 18 r. E. Baudouin ℰ 01 41 46 06 46, Fax 01 41 46 06 47 – 📶 📺 ☎ ❤ ⅓ 🚗 – 🔬 30. 🆎 🅂 ✄   BD 44
⏣ 60 – **125 ch** 650/850.

  Ibis 🏢 sans rest, 43 r. J. Bleuzen ℰ 01 40 95 80 00, Fax 01 40 95 96 99 – 📶 🔄 📺 ☎ ❤ ⅓ 🚗. 🆎 ⓞ 🅂   BD 45
⏣ 39 – **71 ch** 415/455.

  Pavillon de la Tourelle, 10 r. Larmeroux ℰ 01 46 42 15 59, Fax 01 46 42 06 27, 🍴, 🌳 – **P**. 🆎 ⓞ 🅂 🇯🇨🇧   BE 44
fermé 24 juil. au 21 août, 16 au 26 fév., dim. soir et lundi – **Repas** *(150)* - 195/470 bc et carte 290 à 490 ⏣.

Vaucresson 92420 Hauts-de-Seine 101 ㉓, 22 , 25 – 8 118 h alt. 160.

Voir Étang de St-Cucufa★ NE : 2,5 km – Institut Pasteur - Musée des Applications de la Recherche★ à Marnes-la-Coquette SO : 4 km, G. Île de France.

Paris 17 – Mantes-la-Jolie 44 – Nanterre 17 – St-Germain-en-Laye 12 – Versailles 5.

Voir plan de Versailles.

XXX **Auberge de la Poularde,** 36 bd Jardy (près autoroute) D 182 ℘ 01 47 41 13 47, Fax 01 47 01 41 32, 斎 – ℙ. ⌶⌶ ◑ ⓖⒷ
U a
fermé août, vacances de fév., dim. soir, mardi soir et merc. – Repas 175 et carte 280 à 380.

Vélizy-Villacoublay 78140 Yvelines 101 ㉔, 22 , 25 – 20 725 h alt. 164.

Paris 19 – Antony 13 – Chartres 81 – Meudon 9 – Versailles 6.

▥▥ **Holiday Inn** M, av. Europe, près centre commercial Vélizy II ℘ 01 39 46 96 98, Fax 01 34 65 95 21, ◰ – ▯ ✻ ▤ ☎ ⅋ ⅊ ℙ – ▵ 170. ⌶⌶ ◑ ⓖⒷ. ✻ rest
BJ 39
Repas 185/225 – ⵣ 85 – **182 ch** 1290/1490.

XX **Orée du Bois,** 2 r. M. Sembat ℘ 01 39 46 38 40, Fax 01 30 70 88 67, 斎 – ⌶⌶ ⓖⒷ   BH 35
fermé août, sam. et dim. – Repas (125) - 155/180 et carte 280 à 340.

Vernouillet 78540 Yvelines 101 ① G. Île de France – 8 676 h alt. 24.

Voir Clocher★ de l'église.

Paris 37 – Mantes-la-Jolie 25 – Pontoise 16 – Rambouillet 53 – Versailles 28.

XX **Les Charmilles** ⌂ avec ch, 38 av. P. Doumer ℘ 01 39 71 64 02, Fax 01 39 65 98 62, 斎 , ☞ – ▮▾ ☎ ⅋ ℙ – ▵ 30. ⓖⒷ
Repas (fermé dim. soir et lundi) (110) - 160/230 ⵣ – ⵣ 35 – **9 ch** 230/330 – ½ P 280/310.

Versailles ℗ 78000 Yvelines 101 ㉓, 22 , 25 G. Île de France – 87 789 h alt. 130 –

An 2000 juin-mai : L'année des jardins au château de Versailles (Spectacles, expositions, fêtes).

Voir Château★★★ – Jardins★★★ (Grandes Eaux★★★ et fêtes de nuit★★★ en été) – Ecuries Royales★ – Trianon★★ – Musée Lambinet★ Y **M**.

Env. Jouy-en-Josas : la "Diège"★ (statue) dans l'église, 7 km par ③.

🛈 Office de Tourisme 2 bis av. Paris ℘ 01 39 24 88 88, Fax 01 39 50 68 07 et (fermé lundi) îlot des Manèges 6 a v. du Gén.-de-Gaulle ℘ 01 39 53 31 63.

Paris 21 ① – Beauvais 95 ⑦ – Dreux 60 ⑥ – Évreux 88 ⑦ – Melun 64 ③ – Orléans 128 ③.

Plans pages suivantes

▥▥▥ **Trianon Palace** M ⌂, 1 bd Reine ℘ 01 30 84 38 00, Fax 01 39 49 00 77, ≤, parc, « Élégant décor début de siècle », ⌶₅, ◰, ✼ – ▯ – ▤ ch, � ☎ ⅋ ⟷ ℙ – ▵ 15 à 200. ⌶⌶ ◑ ⓖⒷ ⌺Ⓑ
X r
voir rest. **Les Trois Marches** ci-après **- Café Trianon** ℘ 01 30 84 38 80 Repas (155)-195380 ⵣ, enf. 75 – ⵣ 160 – **163 ch** 2200/2900, 27 appart.

▥▥▥ **Sofitel Château de Versailles** M, 2 bis av. Paris ℘ 01 39 07 46 46, Fax 01 39 07 46 47, ⌶₅ – ▯ ▤ ▥ ☎ ⅋ ⟷ – ▵ 90. ⌶⌶ ◑ ⓖⒷ ⌺Ⓑ. ✻ rest
Y a
Repas (fermé 29 juil. au 20 août et 23 au 30 déc.) 175/290 – ⵣ 115 – **146 ch** 1400/1600, 6 appart.

▥▥ **Versailles** M ⌂ sans rest, 7 r. Ste-Anne ℘ 01 39 50 64 65, Fax 01 39 02 37 85 – ▯ ✻ ▥ ☎ ⅋ ⅊ ℙ – ▵ 25. ⌶⌶ ◑ ⓖⒷ ⌺Ⓑ – ⵣ 57 – **46 ch** 520/620.
Y p

▥▥ **Résidence du Berry** M sans rest, 14 r. Anjou ℘ 01 39 49 07 07, Fax 01 39 50 59 40 – ▯ ✻ ▥ ☎ ⅋. ⌶⌶ ◑ ⓖⒷ ⌺Ⓑ – ⵣ 55 – **38 ch** 520/640.
Z s

▥▥ **Relais Mercure** M sans rest, 19 r. Ph. de Dangeau ℘ 01 39 50 44 10, Fax 01 39 50 65 11 – ▯ ▥ ☎ ⅋ ⟷ – ▵ 25. ⌶⌶ ◑ ⓖⒷ ⌺Ⓑ – ⵣ 47 – **60 ch** 460/500.
Y n

▥ **Ibis** sans rest, 4 av. Gén. de Gaulle ℘ 01 39 53 03 30, Fax 01 39 50 06 31 – ▯ ✻ ▥ ☎ ⅋ ⟷. ⌶⌶ ◑ ⓖⒷ – ⵣ 39 – **85 ch** 425.
Y u

▥ **Home St-Louis** sans rest, 28 r. St-Louis ℘ 01 39 50 23 55, Fax 01 30 21 62 45 – ▥ ☎. ⌶⌶ ⓖⒷ ⌺Ⓑ – ⵣ 35 – **25 ch** 220/350.
Z d

XXXX **Les Trois Marches** - Hôtel Trianon Palace, 1 bd Reine ℘ 01 39 50 13 21, Fax 01 30 21 01 25, ≤, 斎 – ▤ ℙ. ⌶⌶ ◑ ⓖⒷ ⌺Ⓑ
X r
✿✿ fermé 1ᵉʳ août au 1ᵉʳ sept. – Repas 320 (déj.), 750/850 ⵣ
Spéc. Filets de lisette caramélisés au sel de Guérande. Ris de veau rôti en marinière. Ananas rôti au daïquiri frappé.

XX **Valmont,** 20 r. au Pain ℘ 01 39 51 39 00, Fax 01 30 83 90 99, 斎 – ▤. ⌶⌶ ◑ ⓖⒷ ⌺Ⓑ
Y v
⌁ fermé dim. soir et lundi
Repas 118/160 et carte 180 à 230.

VERSAILLES

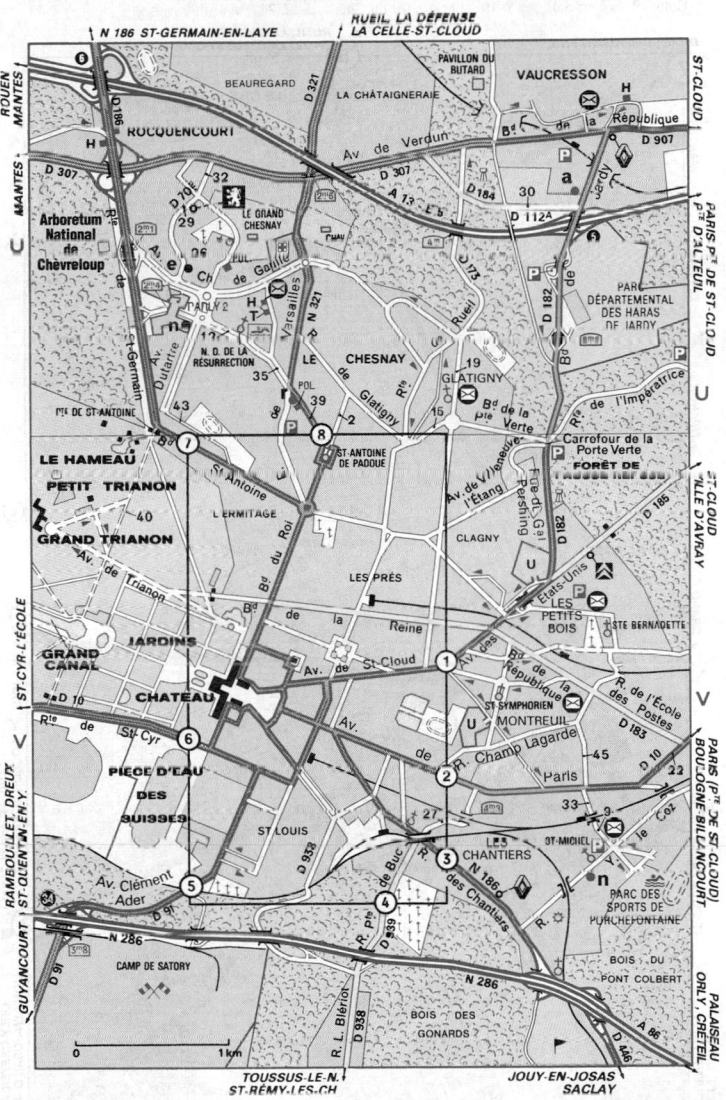

VERSAILLES

XXX **Marée de Versailles,** 22 r. au Pain ℘ 01 30 21 73 73, Fax 01 39 50 55 87, 斎 – 国. 皿
　Y　t
fermé 3 au 18 août, 22 au 25 déc., vacances de fév., dim. et lundi – **Repas** - produits de la mer - 290 et carte 220 à 280 ♈.

XX **Potager du Roy,** 1 r. Mar-Joffre ℘ 01 39 50 35 34, Fax 01 30 21 69 30 – 国. 皿
🍴 GB
　Z　r
fermé sam. midi, dim. soir et lundi. – **Repas** (130) - 175/280 ♈.

XX **Étape Gourmande,** 125 r. Yves Le Coz ℘ 01 30 21 01 63, 斎 – GB
　V　n
🍴
fermé 30 juil. au 24 août, dim. soir, mardi soir et merc. – **Repas** 128 (déj.)/168 et carte 200 à 320 ♈.

X **Chevalet,** 6 r. Ph. de Dangeau ℘ 01 39 02 03 13, Fax 01 39 50 81 41 – GB JCB
　Y　b
fermé 7 au 28 août, lundi soir et dim. – **Repas** (89) - 118 (déj.)/155 ♈.

X **Cuisine Bourgeoise,** 10 bd Roi ℘ 01 39 53 11 38, Fax 01 39 53 25 26 – 皿 GB
XY　k
fermé 5 au 28 août, sam. midi, dim. et lundi – **Repas** (120) - 175 (déj.), 250/310 et carte 255 à 350 ♈.

X **L'Annexe,** 20 r. au Pain ℘ 01 39 50 33 00, Fax 01 39 50 55 87, 斎 – 国. 皿 GB
　Y　t
fermé lundi midi et dim. – **Repas** (118) - 148 ♈.

X **Le Falher,** 22 r. Satory ℘ 01 39 50 57 43, Fax 01 39 49 04 66 – 皿 GB. 彩
　Y　m
fermé 10 au 24 août, sam. midi et dim. **Repas** (120) - 138/185 et carte 220 à 310 ♈.

au Chesnay – 29 542 h. alt. 120 – ✉ 78150 :

🏨 **Novotel** 🅼, 4 bd St-Antoine ℘ 01 39 54 96 96, Fax 01 39 54 94 40 – 劇 ♨ 国 🔟 ☎ ℃ 戋
🚗 – 🏊 90. 皿 ⓞ GB
　X　z
Repas (95) - 125 ♈, enf. 50 – ⚌ 65 – **105 ch** 600/650.

🏨 **Mercure** 🅼 sans rest, r. Marly-le-Roi, face centre commercial Parly II ℘ 01 39 55 11 41, Fax 01 39 55 06 22 – 劇 ♨ 国 🔟 ☎ ℃ 戋 🅿 – 🏊 15. 皿 ⓞ GB JCB
　U　e
⚌ 65 – **80 ch** 660.

🏨 **Ibis** sans rest, av. Dutartre, centre commercial Parly II ℘ 01 39 63 37 95, Fax 01 39 55 18 66
– 劇 ♨ 🔟 ☎ 戋, 皿 ⓞ GB – ⚌ 39 – **72 ch** 415.
　U　n

XX **Au Comptoir Nordique,** 6 av. Rocquencourt ℘ 01 39 55 13 31, Fax 01 39 55 40 57, 斎
– 🅿. 皿 ⓞ GB
　U　r
fermé 1er au 25 août et dim. soir – **Repas** 145 et carte 150 à 200 ♈, enf. 53 - **Brasserie :** **Repas** (70)-95/145 et carte 170 à 260 , enf. 53.

Le Vésinet 78110 Yvelines 🔢 ⑬, 🔢 , 🔢 – 15 945 h alt. 44.
　🅱 Office de Tourisme Hôtel-de-Ville 60 bd Carnot ℘ 01 30 15 47 00 et 3 av. des Pages ℘ 01 30 15 47 80, Fax 01 30 15 47 77.
　Paris 19 – Maisons-Laffitte 9 – Pontoise 25 – St-Germain-en-Laye 5 – Versailles 16.

🏨 **Auberge des Trois Marches,** 15 r. J. Laurent (pl. Église) ℘ 01 39 76 10 30, Fax 01 39 76 62 58 – 劇 🔟 ☎ ℃. 皿 ⓞ GB
AW 31
fermé 6 au 20 août – **Repas** (fermé dim. soir) (110) - 152 ♈ – ⚌ 40 – **15 ch** 450/510.

Villejuif 94800 Val-de-Marne 🔢 ㉖, 🔢 , 🔢 – 48 405 h alt. 100.
　Paris 8 – Créteil 11 – Orly 7 – Vitry-sur-Seine 3.

🏨 **Relais Mercure Timing** 🅼, 116 r. Ed. Vaillant ℘ 01 47 26 06 06, Fax 01 46 77 80 21, 🎋, 🌊 – 劇 ♨, 国 ch, 🔟 ☎ ℃ 🅿 – 🏊 15 à 300. 皿 ⓞ GB
BH 50
Repas (fermé le midi du 14 juil. au 10 août, sam. et dim. midi) (120) - 150 ♈, enf. 50 ⚌ 65 – **148 ch** 625/665.

🏨 **Campanile,** 20 r. Dr Pinel ℘ 01 46 78 10 11, Fax 01 46 77 88 94, 斎 – 劇 ♨ 🔟 ☎ ℃ 戋 🅿
– 🏊 50. 皿 ⓞ GB – **Repas** (80) - 98/116 ♈, enf. 39 – ⚌ 39 – **72 ch** 360.
BG 50

Villejust 91140 Essonne 🔢 ㉞ – 1 324 h alt. 162.
　Paris 25 – Chartres 65 – Étampes 32 – Évry 20 – Longjumeau 5 – Melun 45 – Versailles 23.

à Courtaboeuf 7 *sur D 118 : 2 km –* ✉ 91971 :

🏨 **Campanile,** av. des Deux Lacs ℘ 01 69 31 16 17, Fax 01 69 31 07 18, 斎 – ♨ 🔟 ☎ ℃ 戋
GB 🅿. 皿 ⓞ GB – **Repas** 80/103 ♈, enf. 35 – ⚌ 36 – **76 ch** 340.
BX 38

Villeneuve-la-Garenne 92390 Hauts-de-Seine 🔢 ⑮, 🔢 , 🔢 – 23 824 h alt. 30.
　Voir Commune de la "Méridienne Verte".
　Paris 13 – Nanterre 13 – Pontoise 24 – St-Denis 3 – St-Germain-en-Laye 23.

XXX **Les Chanteraines,** av. 8 Mai 1945 ℘ 01 47 99 31 31, Fax 01 41 21 31 17, ≤, 斎 – 🅿. 皿
GB
AP 48
fermé 15 au 22 août, dim. soir et sam. – **Repas** 185 et carte 270 à 340 ♈.

Villeneuve-le-Roi 94290 Val-de-Marne **101** ㉖ – 20 325 h alt. 100.

Paris 21 – Créteil 9 – Arpajon 31 – Corbeil-Essonnes 22 – Évry 15.

XX **Beau Rivage**, 17 quai de Halage *ℰ* 01 45 97 16 17, Fax 01 49 61 02 60, ≤ – ◑ GB
JCB **BS 58**
fermé août , vacances de fév., merc. soir d'oct. à avril, dim. soir, mardi soir et lundi – Repas
180 et carte 250 à 360.

Villeneuve-sous-Dammartin 77230 S.-et-M. **101** ⑨ – 413 h alt. 70.

Paris 35 – Bobigny 25 – Goussainville 17 – Meaux 26 – Melun 71 – Senlis 27.

🏠 **Hostellerie du Château** M ⑤ sans rest, 28 r. Paris *ℰ* 01 60 54 60 80,
Fax 01 60 54 61 00, parc, ※ – 🔟 ☎ ℰ 🅿 . GB
☲ 55 – **6 ch** 700/900, 6 duplex 1200.

XXX **Amarande**, 28 r. Paris *ℰ* 01 60 54 92 92, Fax 01 60 54 92 92, 🈷 , parc – 🅿 . ℀ GB
fermé août, 2 au 13 janv., dim. sauf le midi d'avril à oct. et lundi – Repas 175 (déj.), 255/315.

Villeparisis 77270 S.-et-M. **101** ⑲ , **25** – 18 790 h alt. 72.

Paris 25 – Bobigny 14 – Chelles 10 – Tremblay-en-France 5.

🏠 **Relais du Parisis**, Z.I. L'Ambrésis *ℰ* 01 64 27 83 83, Fax 01 64 27 94 49, 🈷 , 🛲 , 🛲 – 🔟 ☎
GB ℰ ㅎ 🅿 . ℀ GB **AN 74**
Repas *(fermé dim. soir)* 82/210 ♈, enf. 45 – ☲ 42 – **44 ch** 280.

Villepinte 93420 Seine-St-Denis **101** ⑧, **20** , **25** – 30 303 h alt. 60.

Paris 29 – Bobigny 18 – Meaux 30 – St-Denis 21.

🏠 **Campanile**, 2 r. J. Fourgeaud *ℰ* 01 48 60 35 47, Fax 01 48 61 49 33, 🈷 – ⇥ 🔟 ☎ ℰ ㅎ
GB 🅿 – 🔬 25. ℀ ◑ GB JCB **AL 68**
Repas 80/103 ♈, enf. 39 – ☲ 36 – **53 ch** 380.

Villiers-le-Bâcle 91190 Essonne **101** ㉓, **22** , **25** – 953 h alt. 153.

Paris 32 – Arpajon 27 – Rambouillet 28 – Versailles 11.

XX **Petite Forge**, *ℰ* 01 60 19 03 88, 🈷 – ℀ GB **BS 30**
fermé sam. et dim. – Repas 250 et carte 330 à 410 ♈.

Vincennes 94300 Val-de-Marne **101** ⑰, **24** , **25** – 42 267 h alt. 51.

Voir Château★★ – Bois de Vincennes★★ : Zoo★★, Parc floral de Paris★★, Musée des Arts
d'Afrique et d'Océanie★, G. Paris.
🛈 Office de Tourisme 11 av. Nogent *ℰ* 01 48 08 13 00, Fax 01 43 74 81 01.
Paris 8 – Créteil 11 – Lagny-sur-Marne 26 – Meaux 46 – Melun 52 – Montreuil 2 – Senlis 49.

🏠 **St-Louis** M sans rest, 2 bis r. R. Giraudineau *ℰ* 01 43 74 16 78, Fax 01 43 74 16 49 – 🛗 🔟
☎ ℰ ㅎ – 🔬 25. ℀ ◑ GB JCB **BB 57**
☲ 55 – **25 ch** 570/760.

🏠 **Daumesnil Vincennes** sans rest, 50 av. Paris *ℰ* 01 48 08 44 10, Fax 01 43 65 10 94 – 🛗
▤ 🔟 ☎ ℰ . ℀ ◑ GB JCB **BB 57**
☲ 40 – **50 ch** 480/600.

🏠 **Donjon** sans rest, 22 r. Donjon *ℰ* 01 43 28 19 17, Fax 01 49 57 02 04 – 🛗 🔟 ☎
GB **BB 57**
fermé 21 juil. au 27 août – ☲ 33 – **25 ch** 330/370.

X **Rigadelle**, 26 r. Montreuil *ℰ* 01 43 28 04 23 – ℀ ◑ GB **BB 57**
fermé août, dim. soir et lundi – Repas (nombre de couverts limité, prévenir) (120) - 160 et
carte 235 à 330 ♈.

Viroflay 78220 Yvelines **101** ㉔, **22** – 14 689 h alt. 115.

Paris 17 – Antony 16 – Boulogne-Billancourt 8 – Versailles 4.

XX **Chaumière**, 3 av. Versailles *ℰ* 01 30 24 48 76, Fax 01 30 24 59 69, 🈷 – ◑ GB **BG 34**
fermé 14 au 20 août, merc. soir et lundi – Repas (140) - 175/240.

Viry-Châtillon 91170 Essonne **101** ㊱ – 30 580 h alt. 34.

Paris 27 – Corbeil-Essonnes 16 – Évry 9 – Longjumeau 9 – Versailles 32.

XXX **Dariole de Viry**, 21 r. Pasteur *ℰ* 01 69 44 22 40, Fax 01 69 96 88 87 – ▤ . ℀ GB **BX 52**
fermé vacances de Noël, sam. midi et dim. – Repas 250.

X **Marcigny**, 27 r. D. Casanova *ℰ* 01 69 44 04 09 – ▤ . GB
fermé 1ᵉʳ au 18 août, dim. soir et lundi – Repas 99/220, enf. 80. **BY 52**

PARTHENAY ◁ভ▷ 79200 Deux-Sèvres ⑥⑦ ⑱ G. Poitou Vendée Charentes   10 809 h alt. 175

Voir Site★ : ⩘★ du Pont-Neuf – Pont et porte St-Jacques★ **Y** **B** – Rue de la Vaux-St-Jacques★ **Y** – Église★ de Parthenay-le-Vieux par ④ : 1,5 km.

🏛 *Office de Tourisme 8 r. de la Vau-St-Jacques ℘ 05 49 64 24 24, Fax 05 49 64 52 29.*

Paris 378 ② – Poitiers 48 ② – Bressuire 32 ① – Niort 42 ④ – Thouars 39 ①.

Aiguillon (R. Louis) . **Z** 2
Bombarde (R.) . . . . . **YZ** 4
Château (R. du) . . . . **Y** 6
Citadelle (R. de la) . **Y** 8
Férolle (R.) . . . . **Y** 14
Fur̃on (R. le) . . . . . **Z** 15
Godineau (R.) . . . . . . **Y** 16
Jaurès (R. Jean) . . . **Z** 17
Mailleraye
  (Bd de la) . . . . . . **YZ** 22
Mendès-France
  (Av. P.) . . . . **Z** 23
Mitterrand (Bd F.) . . **Z** 24
Niquet (R. Gaston) . **Z** 26
Picard
  (Pl. Georges) . . . . **Z** 27
Place (R. de la) . . . . **YZ** 29
Poste (R. de la) . . . . **Z** 30
Saunerie (R. de la) . **Z** 31
Sirot (Bd des) . . . . . **Y** 34
Vauvert (Pl. du) . . . . **Y** 35
Victor-Hugo (R.) . . . **Z** 38

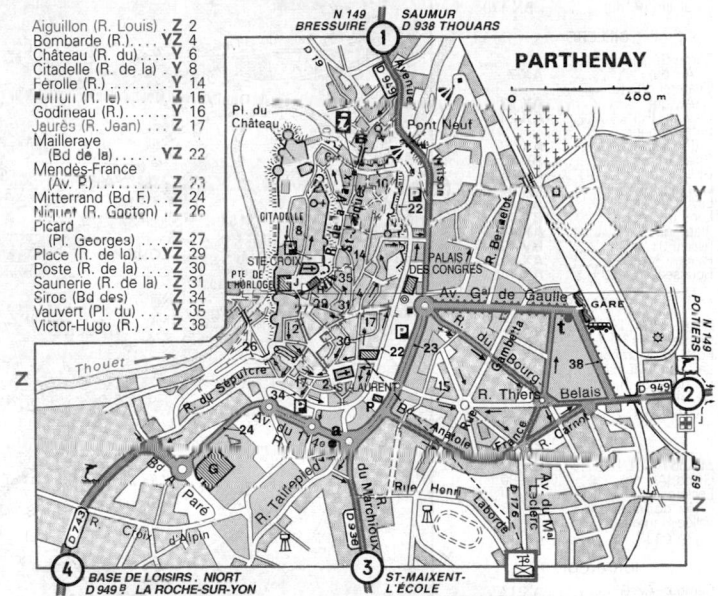

🏨 **St-Jacques** sans rest, 13 av. 114ᵉ R.I. ℘ 05 49 64 33 33, Fax 05 49 94 00 69 – |╪| 📺 ☎ ⩘ ♿
🅿 AE ⓞ ⅭⒷ ⱼⒸⒷ
  ⌷ 42 – **46 ch** 210/355
  Z a

🍴🍴 **Nord** avec ch, 86 av. Gén. de Gaulle ℘ 05 49 94 29 11, Fax 05 49 64 11 72 – 🗐 rest, 📺 ☎.
AE ⓞ ⅭⒷ
  Z t
  fermé 23 déc. au 8 janv. et sam. – **Repas** ₙₒ (dîner), 108/235 ₰, enf. 50 – ⌷ 34 – **10 ch**
  280/310 – ½ P 275

Les pages explicatives de l'introduction
vous aideront à mieux profiter de votre **guide Michelin**

PARVILLE 27 Eure ⑤⑤ ⑯ – rattaché à Évreux.

PASSENANS 39 Jura ⑦⓪ ④ – rattaché à Poligny.

PATRIMONIO 2B H.-Corse ⑨⓪ ③ – voir à Corse.

PAU 🅿 64000 Pyr.-Atl. ⑧⑤ ⑥ ⑦ G. Aquitaine – 82 157 h Agglo. 144 674 h alt. 207 – Casino.

Voir Boulevard des Pyrénées ⩘★★★ DEZ – Château★★ : tapisseries★★★ – Musée des Beaux-Arts★ EZ.

Circuit automobile urbain.

✈ de Pau-Pyrénées : ℘ 05 59 33 33 00, par ① : 12 km.

🏛 Office de Tourisme pl. Royale ℘ 05 59 27 27 08, Fax 05 59 27 03 21 et pl. Monnaie ℘ 05 59 27 41 24.

Paris 779 ① – Bayonne 113 ⑥ – Bordeaux 200 ① – Toulouse 198 ② – Zaragoza 234 ⑤.

PAU

Bérard (Cours Léon) ..... **BV** 12
Condorcet (Allée) .... **BV** 31
Corps Franc Pommiès et du 49e R.I. (Bd) ..... **CX** 37
Dufau (Av.) .... **BVX** 50
Gaulle (Av. Gén. de) .... **BV** 75
Lyautey (Cours) .... **BVX** 101
14 Juillet (R. du) .... **BX** 170

BILLERE

Baron Séguier (Av. du) .... **AX** 7
Château d'Este (Av. du) .... **AX** 23
Claverie (R.) .... **AX** 24
Entrepreneurs (R. des) .... **AX** 57
Galas (R. de) .... **BV** 70
Golf (R. du) .... **AX** 81
Lalanne (Av.) .... **AVX** 91
Lavoir (R. du) .... **AX** 95
Lons (Av. de) .... **ABV** 100
Piedmont (R.) .... **AX** 129
Pilar (R.) .... **BV** 130
Plaine (R. de la) .... **AX** 132
Rousseau (R. J.J.) .... **AX** 145

BIZANOS

Albert 1er (Av.) .... **BCX** 2
Clemenceau (R. G.) .... **BX** 27
Foch (R. Maréchal) .... **BX** 64
Larribau (Chemin) ...... **CX** 93
Pic du Midi (R. du) ..... **CX** 127
République (Av. de la) .... **CX** 138

GELOS

Barthou (R. L.) .... **BX** 9
Gélos (Av. de) .... **BX** 80
Leclerc (Av. du Maréchal) ..... **BX** 96
Vallée Heureuse (Av. de la) .... **BX** 162

JURANÇON

Cambot (Av. G.) .... **AX** 17
Corps Franc Pommiès (Av. du) .... **AX** 36
Espagne (Pont d') .... **AX** 58
Gaulle (R. Ch. de) .... **AX** 77
Ollé-Laprune .... **AX** 115

LESCAR

Carrérot (Av.) .... **AV** 19
Coustettes (Chemin des) .... **AV** 42
Lacau (R.) .... **AV** 89
Santos-Dumont (Av.) .... **AV** 147
Vigné (Côte du) .... **AV** 168

LONS

Ampère (Av. André-Marie) .... **AV** 3
Ariste (R.) .... **AV** 6
Château (R. du) .... **AV** 22
Dassault (Av. Marcel) .... **AX** 45
Ecoles (R. des) .... **AV** 51

Clarine sans rest, 80 r. E. Garet ✆ 05 59 82 58 00, *Fax 05 59 27 30 20* – 35. AE GB – 38 – **41 ch** 360/395 — BY n

de Gramont sans rest, 3 pl. Gramont ✆ 05 59 27 84 04, *Fax 05 59 27 62 23* – AE GB – 35 – **37 ch** 280/495 — AY t

Roncevaux sans rest, 25 r. L. Barthou ✆ 05 59 27 08 44, *Fax 05 59 27 08 01* – AE GB – 45 – **39 ch** 325/450 — AZ f

Commerce, 9 r. Mar. Joffre ✆ 05 59 27 24 40, *Fax 05 59 83 81 74,* – – 60. AE GB — EZ q
Repas *(fermé dim. et fériés)* 90/160 – 35 – **51 ch** 225/325 – 1/2 P 255/270

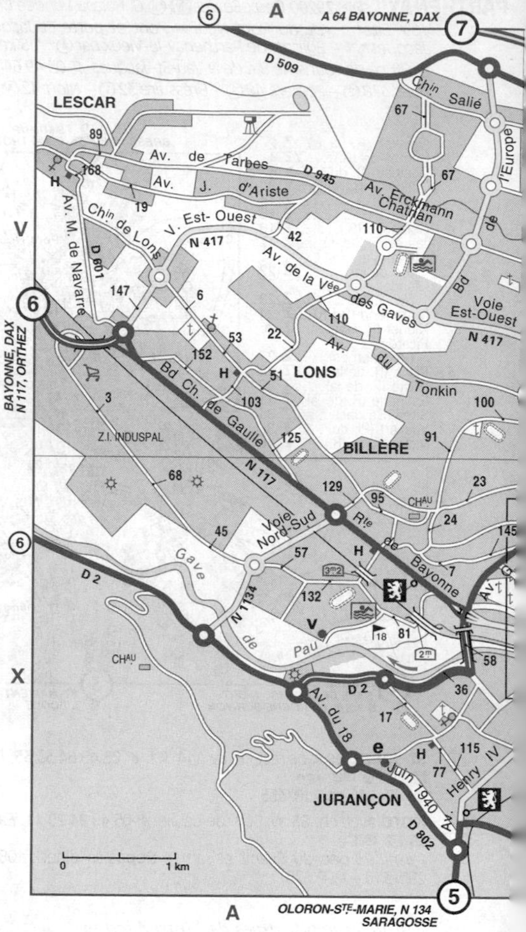

Montpensier sans rest, 36 r. Montpensier ✆ 05 59 27 42 72, *Fax 05 59 27 70 95* – AE GB – 40 – **22 ch** 250/370 — DY h

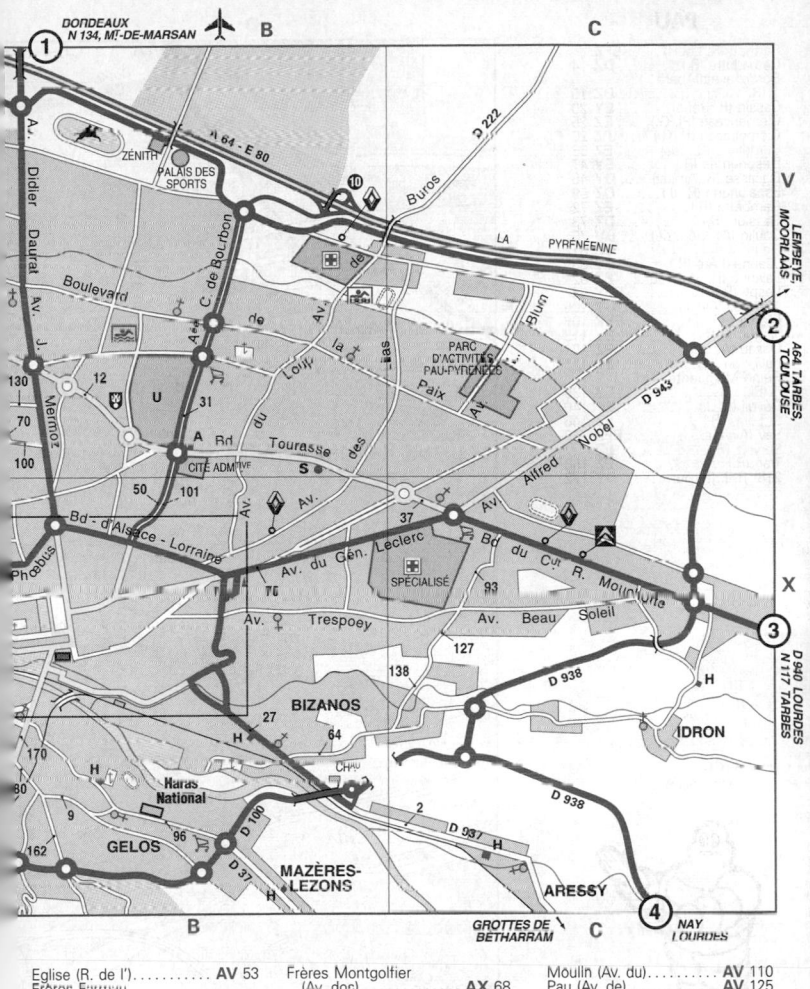

🏠 **Bourbon** sans rest, 12 pl. Clemenceau ℘ 05 59 27 53 12, *Fax 05 59 82 90 99* – 🛗 📺 ☎. 🖭 ⓘ ⒼⒷ   EZ **d**
  ⬜ 37 – **33 ch** 220/340

🏠 **Central** sans rest, 15 r. L. Daran ℘ 05 59 27 72 75, *Fax 05 59 27 33 28* – cuisinette 🍽 📺 ☎ ✆. 🖭 ⓘ ⒼⒷ   DZ **t**
  ⬜ 35 – **28 ch** 185/350

🏠 **Ibis** sans rest, 26 r. Samonzet ℘ 05 59 83 71 83, *Fax 05 59 83 82 51* – 🛗 🍽 📺 ☎ ♿ 🅿 –   EZ **a**
  ⚠ 20. 🖭 ⓘ ⒼⒷ
  ⬜ 35 – **60 ch** 310/325

XXX **Chez Pierre**, 16 r. L. Barthou ℘ 05 59 27 76 86, *Fax 05 59 27 08 14* – ▤. 🖭 ⓘ ⒼⒷ   EZ **x**
  ⒿⒸⒷ
  fermé 2 au 9 janv., sam. midi et dim. sauf fériés – **Repas** 200 et carte 260 à 460

PAU

Barthou (R. Louis) ...... EFZ
Bernadotte (R.)......... DZ 14
Bordenave-d'Abère (R.) .... DZ 15
Cassin (R. René) .... EY 20
Clemenceau (Pl. G.) ...... EZ 25
Clemenceau (R. G.)..... FZ 28
Cordeliers (R. des)...... EZ 33
Despourrins (R.)......... EY 47
Ducasse (R. Amiral) .... DY 48
Espalungue (R. d')...... DZ 59
Gambetta (R.)........... EZ 72
Gassion (R.)............ DZ 73
Gaulle (Av. Gén. de) .... BV 75
Henri IV (R.)............ DZ 87
Jeanne-d'Arc (R.)....... DY 88
Lalanne (R. Mathieu).... EZ 92
Lespy (R.)............. EFY 98
Mermoz (Av. J.)......... DY 105
Monnet (R. J.)......... EYZ 108
Nogue (R.).............. EY 113
Ossau (Av. d')........... EZ 121
Palassou (R.)........... EY 123
Reine Marguerite (Pl.) .... EZ 135
Réveil (R. J.).......... EY 140
St-Louis (R.) .... EZ 146
Say (Av. L.)........... EFZ 149
Serviez (R.)............. EZ
Tran (R.).............. EZ 158
218e R. I. (R. du)....... DY 172

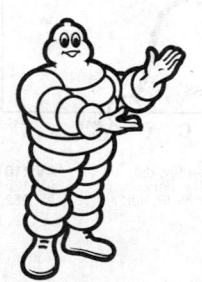

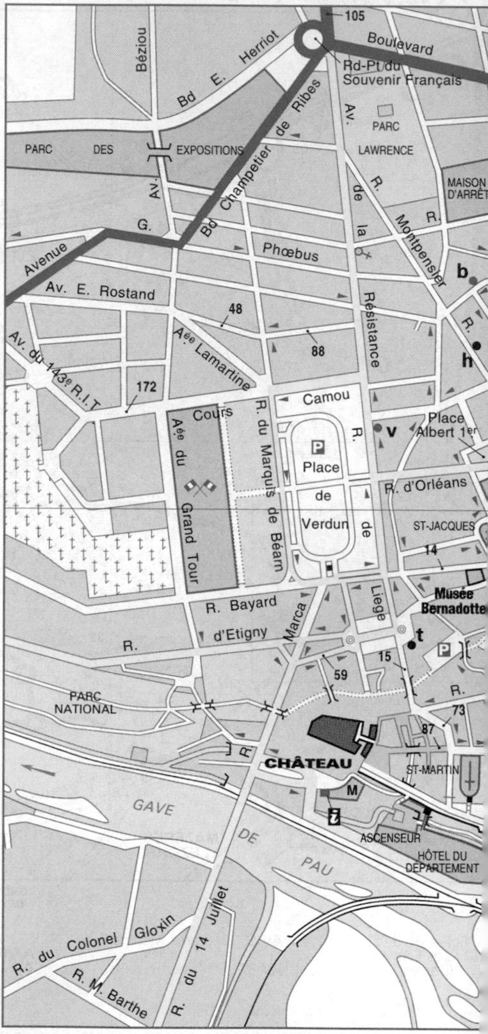

XXX **Au Fin Gourmet,** 24 av. G. Lacoste (face gare) ✆ 05 59 27 47 71, *Fax 05 59 82 96 77*, – ▤. AE ⓓ GB — EZ v
fermé 24 juil. au 7 août, vacances de fév., dim. soir et lundi – **Repas** 100/220 et carte 220 à 340 ♀

XX **Viking,** 33 bd Tourasse ✆ 05 59 84 02 91, *Fax 05 59 80 21 05* – ▤ P. AE ⓓ GB — BV s
fermé 1er au 15 août, dim. sauf le midi de sept. à juin et sam. midi – **Repas** 130/220

XX **Michodière,** 34 r. Pasteur ✆ 05 59 27 53 85 – GB. ✂ — DY b
fermé 1er au 20 août et dim. – **Repas** 68 (déj.), 85/130

X **La Concha,** 36 r. Liège ✆ 05 59 27 55 09, *Fax 05 59 27 11 76*, – ▤. GB — AY v
Repas - produits de la mer - carte 120 à 200 ♀

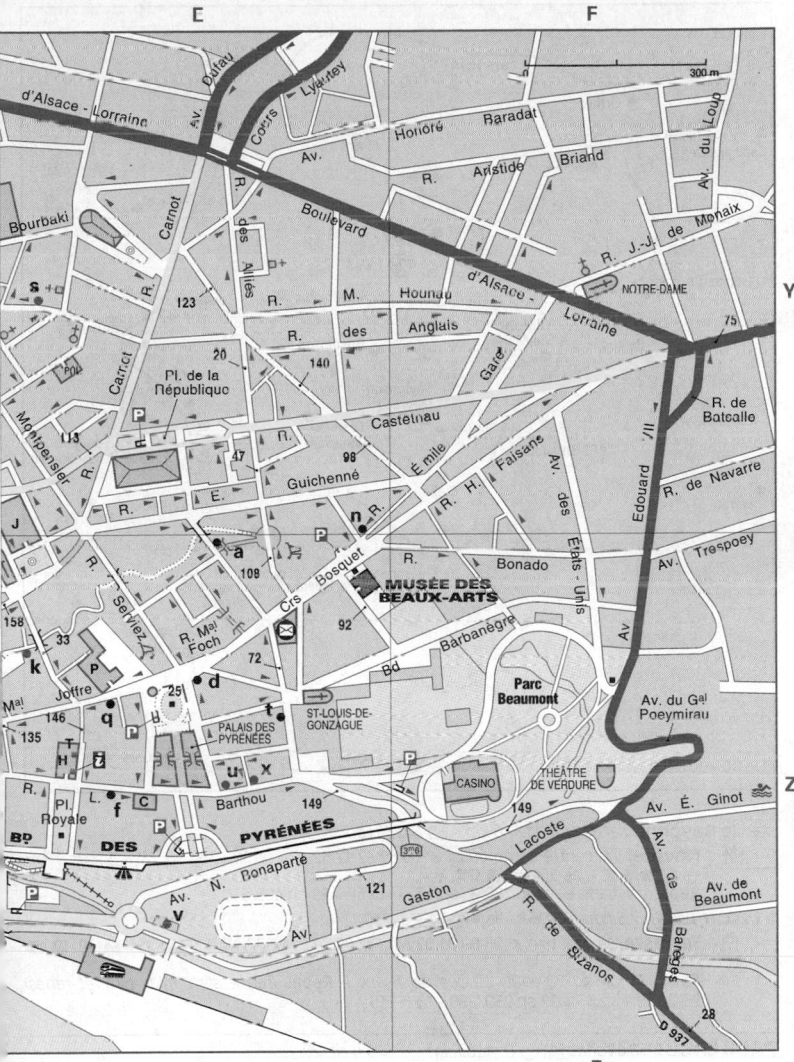

✗	**Planche de Boeuf,** 30 r. Pasteur ℘ 05 59 27 62 60, Fax 05 59 27 96 22 – GB *fermé août, dim. soir, merc. soir et lundi* – **Repas** 68 bc (déj.), 90/160 ⅃	AY s
✗	**Brasserie Le Berry,** 4 r. Gachet ℘ 05 59 27 42 95, 龠 – ▤. GB *fermé 15 au 30 avril* – **Repas** carte 120 à 180 ⅄	EZ u
✗	**Table d'Hôte,** 1 r. Hédas ℘ 05 59 27 56 06, Fax 05 59 27 56 06, 龠 – GB *fermé vacances de Pâques, de Toussaint, lundi sauf le soir en juil.-août et dim.* – **Repas** 118/149, enf. 45	EZ k

à Jurançon : 2 km – 7 538 h. alt. 177 – ⌗ 64110 :

XXX	**Chez Ruffet,** 3 av. Ch. Touzet ℘ 05 59 06 25 13, Fax 05 59 06 52 18, 龠, cadre rustique – GB *fermé dim. soir et lundi* – **Repas** 100 bc (déj.), 160/185 et carte 300 à 380 ⅄, enf. 80	AX e

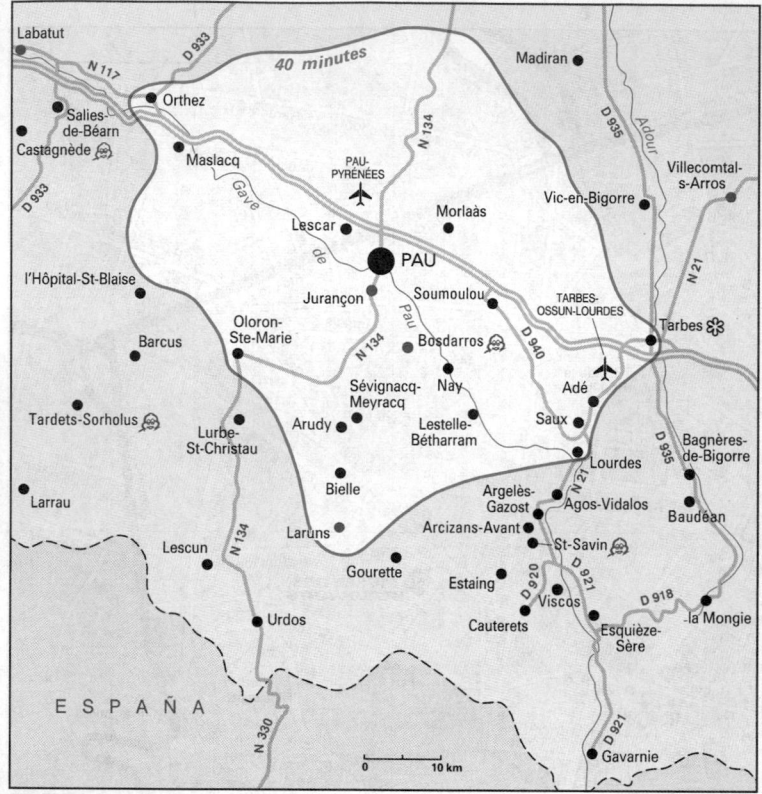

rte de Bayonne *par* ⑥ *et N 117 : 6 km –* ✉ *64230 Lescar :*

🏨 **Novotel** Ⓜ, centre commercial ℰ 05 59 32 17 32, Fax 05 59 32 34 98, 斎, ⊾, ☞ – ⇤×
⬛ 🅾 📺 ☎ ⅋ ♿ 🅿 – ⅍ 40. 🄰🄴 ⓞ 🄶🄱 🄹🄲🄱
Repas *(73)* - carte environ 180 ⬧, enf. 52 – ⌂ 58 – **89 ch** 495/550

à Lescar *par* ⑥ *: 7,5 km – 5 793 h. alt. 179 –* ✉ *64230 :*

🏠 **Terrasse,** 1 r. Maubec ℰ 05 59 81 02 34, Fax 05 59 81 08 77, 斎 – 📺 ☎ 🅿 – ⅍ 30. 🄰🄴 ⓞ
🄶🄱
fermé 31 juil. au 20 août, 23 déc. au 7 janv. – **Repas** *(fermé sam. midi, dim. et fériés)*
95/200 ⬧ – ⌂ 35 – **22 ch** 250/280 – ½ P 235

PAUILLAC 33250 Gironde 🄷🄸 ⑦ *G. Aquitaine –* 5 670 h alt. 20.
Voir *château Mouton Rothschild* ★ *: musée* ★★ *NO : 2 km.*
🄱 *Office de Tourisme la Verrerie* ℰ 05 56 59 03 08, Fax 05 56 59 23 38.
Paris 560 – Bordeaux 53 – Arcachon 117 – Blaye 16 – Lesparre-Médoc 23.

🏨 **Château Cordeillan Bages** Ⓜ 🦞, Sud : 1 km par D 2 ℰ 05 56 59 24 24,
❀❀ Fax 05 56 59 01 89, 斎, ☞ – 🛗 📺 ☎ ✆ ♿ 🅿 🄰🄴 ⓞ 🄶🄱 🄹🄲🄱
fermé 15 déc. au 31 janv. – **Repas** *(fermé sam. midi et lundi) (165)* - 195/390 et carte 310 à
510 ⬧ – ⌂ 80 – **25 ch** 950/1350 – ½ P 820/1145
Spéc. Aubergine marinée à l'huile d'olive et poêlée de langoustines au thym-citron. Dos de
bar rôti et pied de veau caramélisé. Carré d'agneau de Pauillac à la fricassée de légumes.
Vins Graves blanc, Pauillac.

🏠 **France et Angleterre,** 3 quai A. Pichon ℰ 05 56 59 01 20, Fax 05 56 59 02 31 – 🛗 📺 ☎
🦞100 – ⅍ 25. 🄰🄴 ⓞ 🄶🄱 🄹🄲🄱 ❀
fermé 20 déc. au 10 janv., dim. soir et lundi du 1ᵉʳ oct. au 15 avril – **Repas** 85/220 ⬧, enf. 45
– ⌂ 35 – **29 ch** 320/380 – ½ P 300/350

La PAULINE 83 Var 84 ⑮ – rattaché à Toulon.

PAULX 44270 Loire-Atl. 67 ② – 1 311 h alt. 15.
　　Paris 422 – Nantes 40 – La Roche-sur-Yon 47 – Challans 18 – St-Nazaire 62.
　XX　**Les Voyageurs,** pl. Église ℘ 02 40 26 02 76, Fax 02 40 26 02 77 – 🖃. 🖭 ⑩ ⅁ℬ
　🐾　fermé 21 août au 10 sept., vacances de fév., dim. soir et lundi sauf fériés – Repas 105/295 ♀

PAVILLON (col du) 69 Rhône 73 ⑧ – rattaché à Cours-la-Ville.

PAVIN (Lac) 63 P.-de-D. 73 ⑬ ⑭ – rattaché à Besse-en-Chandesse.

PAYRAC 46350 Lot 75 ⑱ – 492 h alt. 320.
　　Paris 533 – Cahors 49 – Sarlat-la-Canéda 51 – Brive-la-Gaillarde 53 – Figeac 61.
　🏠　**Hostellerie de la Paix,** ℘ 05 65 37 95 15, Fax 05 65 37 90 37, 🏊 – 🗔 ☎ 🅿. – 🅰️ 25. 🖭
　⅁ℬ　⑩ ⅁ℬ
　　fermé 2 janv. au 15 fév. – Repas 80/160 ♀, enf. 45 – 🖙 35 – 50 ch 295/345 – ½ P 315

PÉAULE 56130 Morbihan 63 ⑭ – 2 188 h alt. 82.
　　Paris 457 – Vannes 37 – Ploërmel 45 – Redon 26 – La Roche-Bernard 10.
　🏠　**Auberge Armor Vilaine,** pl. Ste-Anne (près église) ℘ 02 97 42 91 03,
　⅁ℬ　Fax 02 97 42 82 27 – 🗔 ☎ 📞. ⅁ℬ
　　fermé janv., dim. soir et lundi sauf juil.-août et fériés – Repas (55) - 70/250 ♀, enf. 55 – 🖙 40
　　– 15 ch 210/250 – ½ P 240/290

PÉCY 77970 S.-et-M. 61 ③ – 565 h alt. 132.
　　Paris 68 – Coulommiers 23 – Meaux 45 – Melun 39 – Provins 25 – Sézanne 51.
　X　**Auberge Paysanne** 🕭 avec ch, à Cornefève, Sud : 3 km par rte secondaire
　　℘ 01 64 60 25 70, Fax 01 64 01 54 12, ≤, 🌇, parc – 🅿. ⅁ℬ
　　fermé 1ᵉʳ fév. au 15 mars, lundi et mardi – Repas 100 (déj.), 140/180, enf. 50 – 🖙 38 – 10 ch
　　145/180 – ½ P 210/250

PÉGOMAS 06580 Alpes-Mar. 84 ⑧, 114 ㉖, 115 ⑭ – 4 618 h alt. 18.
　　Paris 902 – Cannes 11 – Draguignan 60 – Grasse 9 – Nice 38 – St-Raphaël 38.
　🏠　**Bosquet** 🕭 sans rest, chemin des Périssols - rte Mouans-Sartoux ℘ 04 92 60 21 20,
　　Fax 04 92 60 21 49, parc, 🏊, 🎾 – cuisinette 🗔 ☎ 🅿. 🖭 ⅁ℬ. 🛉
　　fermé 1ᵉʳ fév. au 1ᵉʳ mars – 🖙 35 – 16 ch 280/340, 7 studios
　XXX　**Relais du Pas de l'Aï,** rte de Tanneron Sud-Ouest par D 109 et D 309 : 2 km
　　℘ 04 93 60 98 47, Fax 04 93 42 81 84, ≤, 🌇 – 🅿. 🖭 ⅁ℬ
　　fermé 13 au 24 nov., dim. soir, lundi soir et mardi midi d'oct. à mars – Repas 170/325 et
　　carte 280 à 390
　X　**L'Écluse,** au bord de la Siagne   Ouest : 1,5 km par rte secondaire ℘ 04 93 42 22 55,
　　Fax 04 93 40 72 65, 🌇, « Terrasse au bord de l'eau » – 🖭 ⅁ℬ
　　fermé 15 oct. au 15 nov., en semaine d'oct. au 15 avril et lundi du 16 avril au 30 sept. –
　　Repas 90 (déj.), 130/175, enf. 50

　à St-Jean Sud-Est : 2 km par D 9 – ✉ 06550 La Roquette-sur-Siagne :
　🏠　**Chasseurs** sans rest, ℘ 04 92 19 18 00, Fax 04 92 19 19 61 – cuisinette 🗔 ☎ 📞 ⟸ 🅿.
　　⅁ℬ. 🛉
　　fermé 22 oct. au 12 nov. – 🖙 35 – 17 ch 200/260, 3 studios

PEILLON 06440 Alpes-Mar. 84 ⑩, 115 ㉗ G. Côte d'Azur – 1 139 h alt. 200.
　　Voir Village★ – Fresques★ dans la chapelle des Pénitents Blancs.
　　🗿 Syndicat d'Initiative à la Mairie ℘ 04 93 79 91 04.
　　Paris 952 – Monaco 28 – Contes 13 – L'Escarène 13 – Menton 37 – Nice 21 – Sospel 34.
　🏠🏠　**Auberge de la Madone** 🕭, ℘ 04 93 79 91 17, Fax 04 93 79 99 36, ≤, 🌇, « Au pied
　　d'un village pittoresque, terrasse fleurie et jardin », 🎾, 🎾 – 🙾 ☎ 🅿. ⅁ℬ. 🛉 ch
　　fermé 20 oct. au 20 déc., 7 au 31 janv. et merc. – Repas (160) - 230 bc/320 ♀ – 🖙 75 – 20 ch
　　580/1030 – ½ P 720/870

　　Annexe Lou Pourtail 🏠 🕭 sans rest,, ≤ – 🛉
　　fermé 20 oct. au 20 déc., 7 au 31 janv. et merc. – 🖙 75 – 6 ch 240/410

PEISEY-NANCROIX 73210 Savoie **74** ⑱ G. Alpes du Nord – 521 h alt. 1320.

🛈 Office de Tourisme ℘ 04 79 07 94 28, Fax 04 79 07 95 34.

Paris 667 – Albertville 57 – Bourg-St-Maurice 14.

🏠 **Vanoise** ❧, à Plan Peisey : 4 km ℘ 04 79 07 92 19, Fax 04 79 07 97 48, ≤, 😭, ⊒ – 📺 ☎ 🄿, ⊟, ❄

26 juin-1er sept. et 18 déc.-25 avril – **Repas** 98/140, enf. 55 – 🖙 50 – **34 ch** (½ pens. seul.) – ½ P 285/340

PÉLUSSIN 42410 Loire **76** ⑩ G. Vallée du Rhône – 3 132 h alt. 420.

Paris 515 – St-Étienne 41 – Annonay 30 – Tournon-sur-Rhône 59 – Vienne 27.

🍴🍴 **Guy Chenavier** avec ch, ℘ 04 74 87 61 51, Fax 04 74 87 63 96, 😭 – ▤ rest, 📺 ☎ 💳 🄿, ⊟, ❄ rest

fermé 13 au 19 juil. et dim. soir – **Repas** 80 (déj.), 115/270 ⅊, enf. 62 – 🖙 32 – **6 ch** 180/260 – ½ P 230/260

PELVOUX (Commune de) 05340 H.-Alpes **77** ⑰ G. Alpes du Sud – 335 h alt. 1260 – Sports d'hiver : 1 250/2 300 m ⅝6 ⅍.

Voir Route des Choulières : ≤★★ E.

Paris 706 – Briançon 23 – L'Argentière-la-Bessée 12 – Gap 86 – Guillestre 33.

Le Sarret :

🏠 **Condamine** ❧, ℘ 04 92 23 35 48, Fax 04 92 23 49 71, ≤, 🚃 – 📺 ☎ 🄿, ⊟, 🆎 ⊟, ❄ rest
1er juin-15 sept. et 20 déc.-31 mars – **Repas** 80/120, enf. 60 – 🖙 40 – **19 ch** 190/290 – ½ P 290

Ailefroide – alt. 1510 :

Voir Pré de Madame Carle : paysage★★ NO : 6 km.

🏠 **Chalet Hôtel Rolland** ❧, ℘ 04 92 23 32 01, Fax 04 92 23 49 97, ≤, 😭, 🚃 – ☎ 🄿, ⊟, ❄ rest

18 juin-10 sept. – **Repas** 75 (déj.), 90/135 ⅊, enf. 50 – 🖙 36 – **24 ch** 310 – ½ P 255

PÉNESTIN 56760 Morbihan **63** ⑭ – 1 394 h alt. 20.

Voir Pointe du Bile ≤★ S : 5 km, G. Bretagne.

🛈 Office de Tourisme allée du Grand Pré ℘ 02 99 90 37 74, Fax 02 99 90 47 08.

Paris 461 – Nantes 85 – Vannes 46 – La Baule 31 – La Roche-Bernard 18 – St-Nazaire 45.

🏨 **Loscolo** ❧, Pointe de Loscolo Sud-Ouest : 4 km ℘ 02 99 90 31 90, Fax 02 99 90 32 14, ≤, 😭, 🚃 – 📺 ☎ ⅙ 🄿, ⊟

hôtel : 21 avril-1er nov. ; rest. : 29 avril-30 sept. et fermé mardi midi et merc. midi – **Repas** 165/380 ⅊, enf. 100 – 🖙 65 – **15 ch** 350/620 – ½ P 410/530

PENHORS 29 Finistère **58** ⑭ – rattaché à Pouldreuzic.

PENNEDEPIE 14 Calvados **55** ③ – rattaché à Honfleur.

PENVÉNAN 22710 C.-d'Armor **59** ① – 2 489 h alt. 70.

Paris 509 – St-Brieuc 62 – Guingamp 32 – Lannion 20 – Tréguier 8.

🍴 **Crustacé,** ℘ 02 96 92 67 46 – ⊟

fermé 14 nov. au 16 déc., lundi soir du 15 oct. au 31 mars, mardi soir et merc. sauf juil.-août – **Repas** 84/310 ⅊, enf. 60

PENVINS 56 Morbihan **63** ⑬ – rattaché à Sarzeau.

PERI 2A Corse-du-Sud **90** ⑯ – voir à Corse.

PÉRIGNAC 17 Char.-Mar. **71** ⑤ – rattaché à Pons.

PÉRIGNAT-LÈS-SARLIÈVE 63 P.-de-D. **73** ⑭ – rattaché à Clermont-Ferrand.

PÉRIGNY 86 Vienne **68** ⑬ – rattaché à Poitiers.

1068

PÉRIGUEUX Ⓟ *24000 Dordogne* 🔢 ⑤ *G. Périgord Quercy – 30 280 h alt. 86.*

Voir *Cathédrale St-Front★ (retable★★ dans l'abside) – Église St-Étienne de la Cité★ AZ K – Quartier du Puy St-Front★ : rue Limogeanne★, escalier★ de la maison Lajoubertie BY E – Galerie Daumesnil★ face au n° 3 de la rue Limogeanne – Musée du Périgord★ BY M¹.*

✈ de Périgueux-Bassilac 𝒫 05 53 02 79 75 par ② : 8 km.

🛈 *Office de Tourisme rd pt de la Tour Mataguerre* 𝒫 *05 53 53 10 63, Fax 05 53 09 02 50.*
Paris 486 ① – Agen 139 ③ – Bordeaux 123 ④ – Limoges 94 ① – Poitiers 197 ⑤.

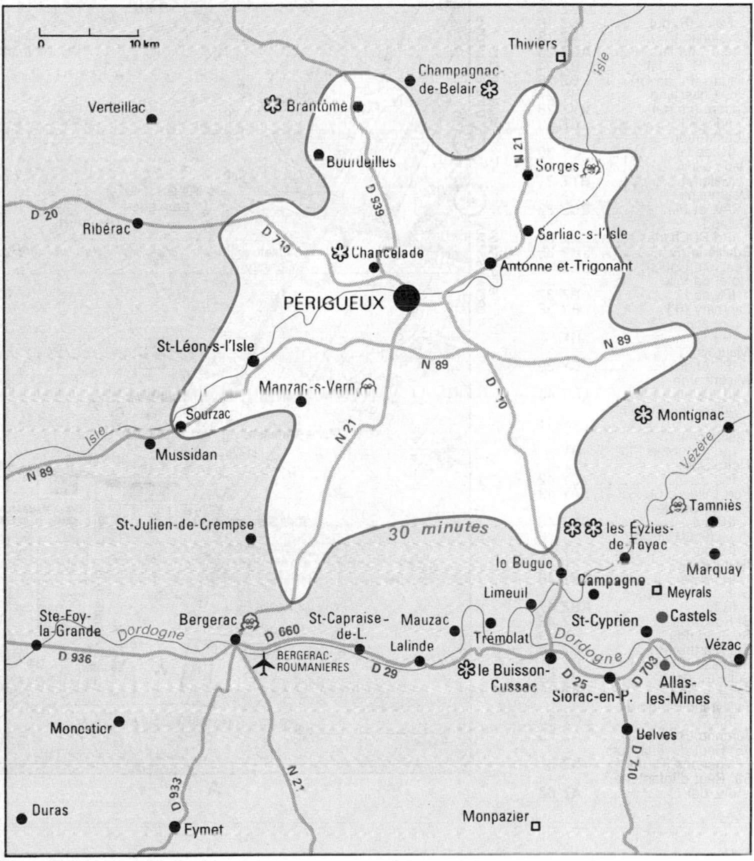

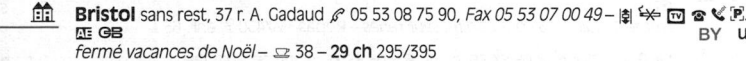

🏨🏨	**Bristol** sans rest, 37 r. A. Gadaud 𝒫 05 53 08 75 90, Fax 05 53 07 00 49 – 📶 ⇝ 📺 ☎ ✆ 🅿. 🆎 ☒	BY **u**

AE GB

fermé vacances de Noël – � 38 – **29 ch** 295/395

🏠	**Périgord**, 74 r. V. Hugo 𝒫 05 53 53 33 63, Fax 05 53 08 19 74, 🌺 – 📺 ☎ ⇝ – 🏛 20. ☒ ❀ ch	AY **r**

fermé 15 oct. au 4 nov., vacances de fév., dim. soir et sam. d'oct. à fév. – Repas (75) - 85/170 ⅀, enf. 50 – ⊡ 35 – 20 ch 215/300 – ½ P 240/250

🏠	**Ibis**, 8 bd G. Saumande 𝒫 05 53 53 64 58, Fax 05 53 07 51 79, 🌺 – 📶 ⇝ 📺 ☎ ✆ 🅿 – 🏛 25. 🆎 ⓞ ☒	CZ **a**

Repas (75) - 95 ⅀, enf. 39 – ⊡ 35 – **89 ch** 305/330

XX	**Roi Bleu,** 2 r. Montaigne 𝒫 05 53 09 43 77, Fax 05 53 09 43 77 – 🆎 ⓞ ☒ 📇	BY **z**

fermé 1ᵉʳ au 7 janv., sam. midi et dim. – Repas 110 (déj.), 165/250 bc ⅀

PÉRIGUEUX

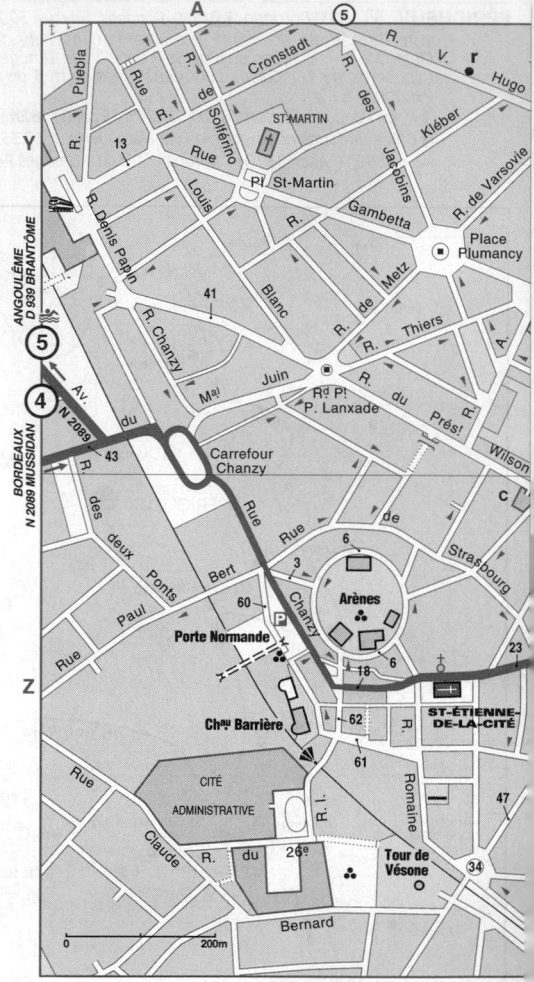

※※ **Rocher de l'Arsault,** 15 r. L'Arsault ℰ 05 53 53 54 06, Fax 05 53 08 32 32 – 🔳 🄿 🄰🄴 ⓞ
🄶🄱   CY s
fermé 17 juil. au 6 août et dim. sauf fériés – **Repas** 155/450 ♈, enf. 65

※ **Le 8,** 8 r. Clarté ℰ 05 53 35 15 15, Fax 05 53 35 15 15, 🏠 – 🄰🄴 🄶🄱   BZ n
fermé 1er au 15 juil., 24 déc. au 1er janv., dim. et lundi – **Repas** (nombre de couverts limité, prévenir) 165/400 ♈

※ **Clos St-Front,** 5 r. Vertu ℰ 05 53 46 78 58, Fax 05 53 46 78 20, 🏠 – 🔳. 🄶🄱
fermé 1er au 11 juin, 15 janv. au 9 fév., lundi et mardi sauf le soir en juil.-août – **Repas** (85) -
110/150 ♈   BY r

※ **L'Univers,** 3 r. Eguillerie ℰ 05 53 53 34 79, Fax 05 53 06 70 76, 🏠 – 🄶🄱   BY e
fermé 8 au 31 janv., dim. sauf juil.-août – **Repas** (fermé dim. soir sauf juil.-août, mardi midi
en juil.-août et lundi) 90/220 ♈

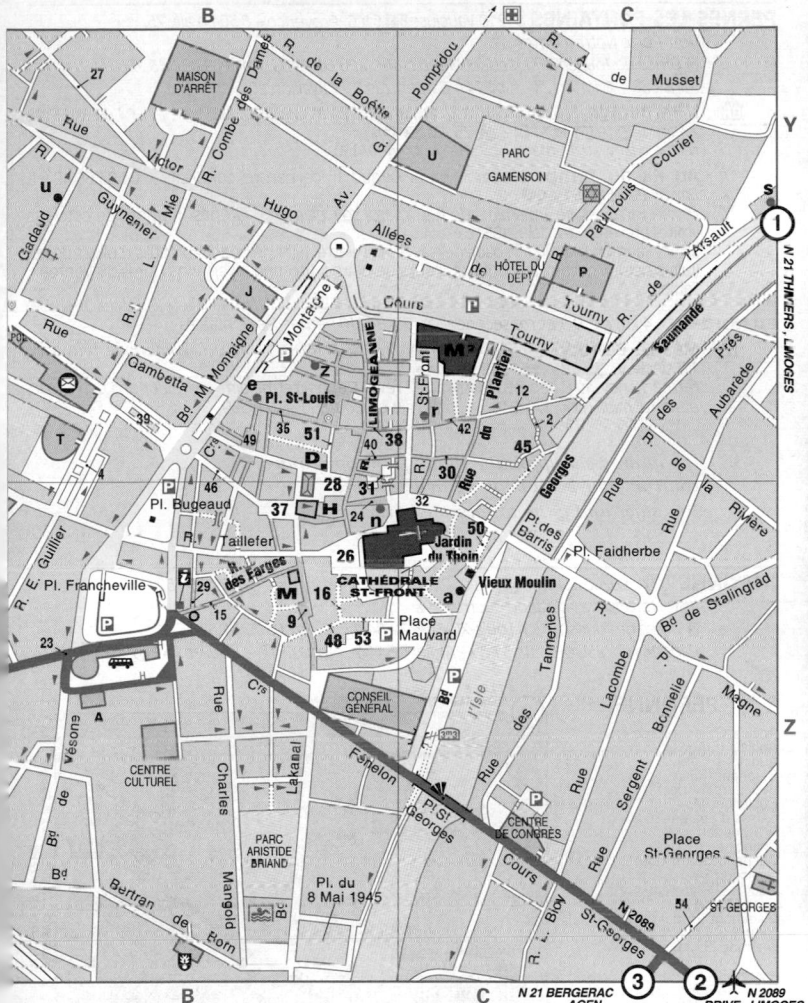

à Antonne-et-Trigonant par ① : 10,5 km – 1 050 h. alt. 106 – ⌂ 24420 :
Voir *Architecture intérieure* du château des Bories NE : 2 km.*

🏠 **L'Écluse** ⌂, ℰ 05 53 06 00 04, Fax 05 53 06 06 39, 🌇, « Dans un parc au bord de l'Isle »
– 📶 📺 ☎ ✆ 🅿️ – 🛗 120. ᴁ ⓪ ⒼⒷ
Repas 95 bc/250 ⓨ – ⌷ 50 – **47 ch** 230/320 – ½ P 260/310

à Chancelade par ⑤, D 710 et D 1 : 5,5 km – 3 718 h. alt. 88 – ⌂ 24650 :
Voir *Abbaye*.*

🏰 **Château des Reynats** ⌂, ℰ 05 53 03 53 59, Fax 05 53 03 44 84, 🌇, parc, ⌇, ✗ – 📶
🥂 📺 ☎ ✆ 🕭 🅿️ – 🛗 15 à 60. ᴁ ⓪ ⒼⒷ ᴊᴄᴮ
fermé janv. et fév. – **L'Oison** *(fermé dim. soir et lundi en nov. et déc., sam. midi et lundi
midi)* **Repas** 140(déj.)190/350 ⓨ – ⌷ 60 – **32 ch** 500/690, 5 appart – ½ P 480/755
Spéc. Millefeuille de foie gras chaud. ''Mixed grill'' de poissons. Canard de Challans aux
épices. **Vins** Bergerac.

PERNES-LES-FONTAINES 84210 Vaucluse **81** ⑫ G. Provence – 8 304 h alt. 75.

Voir Porte Notre-Dame★.

🅱 Office de Tourisme pl. Gabriel Moutte ℰ 04 90 61 31 04, Fax 04 90 61 33 23.

Paris 688 – Avignon 23 – Apt 44 – Carpentras 6 – Cavaillon 20.

🏨 **L'Hermitage** ⤸ sans rest, rte Carpentras : 2 km ℰ 04 90 66 51 41, Fax 04 90 61 36 41, « Parc », 🏊, – 📺 ☎ ❤ 🅿 – 🔬 25. 🅰🅴 ◉ 🆑🅱
fermé 6 janv. au 1ᵉʳ mars – ☞ 50 – **20 ch** 400/450

✗ **Au Fil du Temps** (Robert), pl. L. Giraud (face centre culturel) ℰ 04 90 66 48 61,
❀ Fax 04 90 66 48 61 – 🆑🅱. ✑
fermé vacances de Toussaint, de fév., mardi soir et merc. – **Repas** (nombre de couverts limité, prévenir) 105 (déj.), 195/295
Spéc. Saumon mariné à la badiane, sauce aigrelette. Filet de boeuf au coulis d'olives noires (juin à oct.). Moelleux au chocolat, coulis de poire (automne-hiver) **Vins** Côtes du Ventoux, Sablet.

au Nord-Est : 4 km par D 1 et rte secondaire – ⊠ 84210 Pernes-les-Fontaines :

🏨 **Mas La Bonoty** ⤸, ℰ 04 90 61 61 09, Fax 04 90 61 35 14, 😤, « Ancienne ferme du 17ᵉ siècle », 🏊, 🌳 – 🅿. 🅰🅴 🆑🅱 🅼🅱
fermé 12 nov. au 8 déc. et 14 janv. au 12 fév. – **Repas** (fermé dim. soir et lundi d'oct. à mars et mardi midi) (120) - 170/230 ♀ – ☞ 50 – **8 ch** 300/350 – ½ P 360

If you are held up on the road - from 6pm onwards -
confirm your hotel booking by telephone.
It is safer and quite an accepted practice.

PÉRONNE ⬳ 80200 Somme **53** ⑬ G. Picardie Flandres Artois – 8 497 h alt. 52.

Voir Historial de la Grande Guerre★.

🅱 Office de Tourisme 1 r. Louis-XI ℰ 03 22 84 42 38, Fax 03 22 84 51 25.

Paris 141 ② – St-Quentin 31 ① – Amiens 54 ② – Arras 48 ① – Doullens 54 ③.

PÉRONNE

Les rues
sont sélectionnées
en fonction
de leur importance
pour la circulation
et le repérage
des établissements cités.
Les rues secondaires
ne sont qu'amorcées.

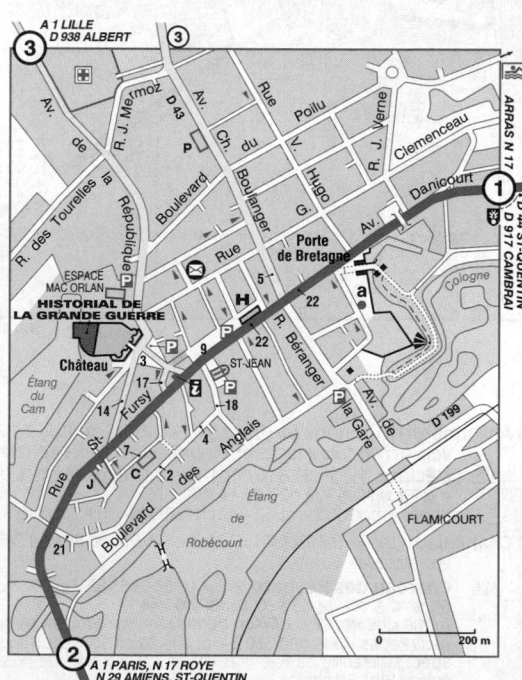

XX **Quenouille,** 4 av. Australiens N 17 par ① ℰ 03 22 84 00 62, Fax 03 22 84 67 50, 斧, 溢 – 臣, Ⅲ ⅭⒼⒷ
fermé 31 avril au 20 mai, 24 août au 8 sept., dim. soir et lundi – **Repas** 95/185 ⌾

XX **Hostellerie des Remparts** avec ch., 23 r. Beaubois (a) ℰ 03 22 04 01 22, Fax 03 22 84 31 96, 斧 – 回 ☎ ⇔ – ⚏ 20. ⅢⒺ ⑩ ⅭⒼⒷ
Repas (60) - 90 bc (déj.), 95/350 ⌾ – � 35 – **16 ch** 220/450 – ½ P 200/300

à Rancourt par ① et N 17 : 10 km – 143 h. alt. 143 – ⊠ 80360 :

🏠 **Prieuré** Ⓜ, ℰ 03 22 85 04 43, Fax 03 22 85 06 69, ※ – 回 ☎ ℰ 🅿 – ⚏ 25 à 35. ⅭⒼⒷ
🅖Ⓢ *fermé dim. soir* – **Repas** 78/260 ⌾ – ⊶ 42 – **25 ch** 295/555

rte de Paris par ② : 3 km – ⊠ 80200 Péronne :

🏢 **Campanile,** ℰ 03 22 84 22 22, Fax 03 22 84 16 86, 斧 – ⁵⁶ 回 ☎ ℰ & 🅿 – ⚏ 25. ⅢⒺ ⑩ ⅭⒼⒷ
Repas (76) - 88/103 ⌾, enf. 39 – ⊶ 36 – **39 ch** 295

Aire d'Assevillers sur A 1 par ②, rte d'Amiens (N 29) et rte secondaire : 15 km – ⊠ 80200 Péronne :

🏛️ **Mercure,** ℰ 03 22 85 78 30, Fax 03 22 85 78 31, 斧 – |亨| ⁵⁶ ▤ 回 ☎ & 🅿 – ⚏ 30 à 60. ⅢⒺ ⑩ ⅭⒼⒷ
Repas (92) - 119 ⌾, enf. 40 – ⊶ 55 – **69 ch** 350/530

PÉROUGES 01800 Ain **74** ② ③, **110** ⑧ G. Vallée du Rhône – 851 h alt. 290.
Voir Cité★★ : place de la Halle★★★.
🅑 Syndicat d'Initiative Entrée de la Cité ℰ 04 74 61 01 14.
Paris 462 – Lyon 36 – Bourg-en-Bresse 39 – Villefranche-sur-Saône 58.

🏛️ **Ostellerie du Vieux Pérouges** ⊗, ℰ 04 74 61 00 88, Fax 04 74 34 77 90, « Intérieur vieux bressan », 溢 – 回 ☎ ℰ ⇔ 🅿 – ⚏ 30. ⅭⒼⒷ
Repas 200/500 ⌾, enf. 100 – ⊶ 70 – **15 ch** 750/1100

Pavillon 🏠 ⊗, – 回 ☎ ℰ. ⅭⒼⒷ
voir rest. ci-dessus – ⊶ 70 – **13 ch** 450/750

PERPIGNAN 🅟 66000 Pyr.-Or. **86** ⑲ G. Languedoc Roussillon – 105 983 h Agglo. 157 873 h alt. 60.
An 2000 1-3 juin : Ida y Vuelta 2000 (Concerts).
Voir Le Castillet★ – Loge de mer★ BY K – Hôtel de Ville★ BY H – Cathédrale St-Jean★ – Palais des Rois de Majorque★ – Musée numismatique Joseph-Puig★ – Cabestany : tympan★ de l'église SE : 4 km par D 22.
✈ de Perpignan-Rivesaltes : ℰ 04 68 52 60 70, par ① : 6 km.
🅑 Office de Tourisme Palais des Congrès pl. A.-Lanoux ℰ 04 68 66 30 30, Fax 04 68 66 30 26 et (saison)) Hôtel-de-Ville.
Paris 857 ① – Andorra-la-Vella 168 ⑥ – Béziers 93 ① – Montpellier 155 ① – Toulouse 204 ①.

Plans pages suivantes

🏨 **Villa Duflot** Ⓜ, 109 av. V. Dalbiez par ④ puis direction autoroute : 3 km ℰ 04 68 56 67 67, Fax 04 68 56 54 05, 斧, parc, « Patio », 🏊 – ▤ 回 ☎ ℰ & 🅿 – ⚏ 80. ⅢⒺ ⑩ ⅭⒼⒷ ⒿⒸⒷ
Repas 200 à 300 ⌾ – ⊶ 60 – 25 ch 640/840 – ½ P 560/660

🏠 **Park Hôtel,** 18 bd J. Bourrat ℰ 04 68 35 14 14, Fax 04 68 35 48 18 – |亨| ▤ 回 ☎ ℰ & ⇔ – ⚏ 50. ⅢⒺ ⑩ ⅭⒼⒷ ⒿⒸⒷ   CY y
Chapon Fin (fermé 1ᵉʳ au 15 janv. et dim.) **Repas** 130(déj)/300 ⌾, enf. 70 – ⊶ 45 – **67 ch** 250/480

🏠 **Mas des Arcades** Ⓜ, par ④ : 2 km sur N 9 ⊠ 66100 ℰ 04 68 85 11 11, Fax 04 68 85 21 41, 斧, 🏊, ※ – |亨| ▤ 回 ☎ ℰ & ⇔ 🅿 – ⚏ 150. ⅭⒼⒷ. ※
Relais Jacques 1ᵉʳ : **Repas** (98)-160 /180, enf. 68 – ⊶ 48 – **140 ch** 396/516, 3 appart – ½ P 296/356

🏠 **Mercure** Ⓜ sans rest. 5 cours Palmarole ℰ 04 68 35 67 66, Fax 04 68 35 58 13, ⅃ℐ – |亨| ⁵⁶ ▤ 回 ☎ ℰ & – ⚏ 40. ⅢⒺ ⑩ ⅭⒼⒷ ⒿⒸⒷ   BY b
⊶ 55 – **55 ch** 430/490, 5 duplex

🏠 **Windsor,** 8 bd Wilson ℰ 04 68 51 18 65, Fax 04 68 51 01 00 – |亨| ⁵⁶, ▤ ch, 回 ☎ ℰ 🅿 – ⚏ 15. ⅢⒺ ⑩ ⅭⒼⒷ. ※ rest   BY t
Repas (fermé sam. midi et dim.) (65) - 85 bc (déj.)/125 bc ⌾ – ⊶ 45 – **30 ch** 350/460, 15 appart – ½ P 310/360

PERPIGNAN

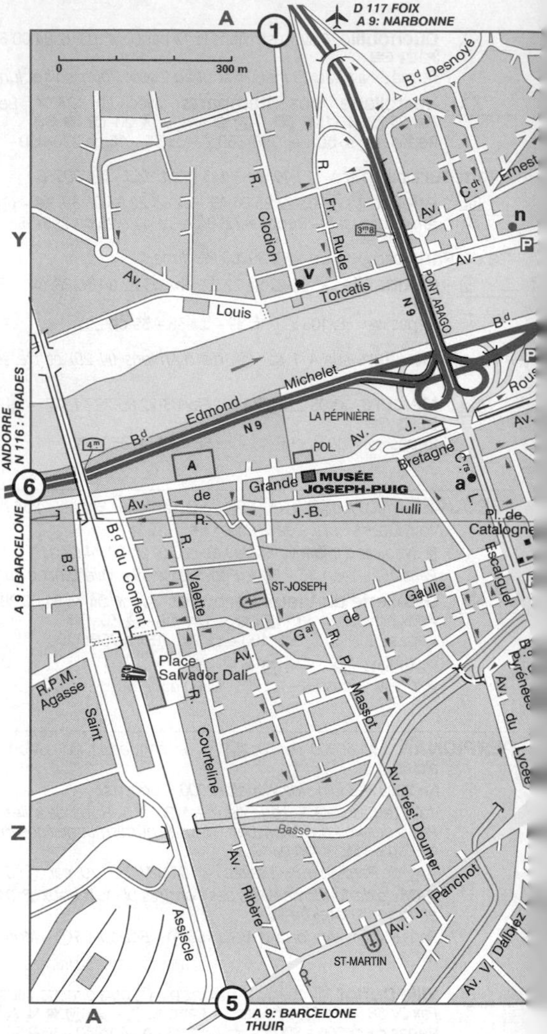

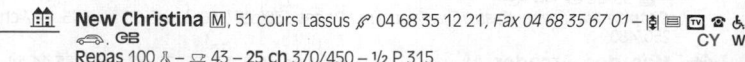

New Christina Ⓜ, 51 cours Lassus ☎ 04 68 35 12 21, *Fax 04 68 35 67 01* – 🛗 ▤ 📺 ☎ ♿ 🚗. GB — CY w
Repas 100 🍷 – ☕ 43 – **25 ch** 370/450 – ½ P 315

Ibis, 16 cours Lazare Escarguel ☎ 04 68 35 62 62, *Fax 04 68 35 13 38* – 🛗 ⇔ ▤ 📺 ☎ ♿ 🅿 – 🏛 15 à 100. AE ⓓ GB — AY a
Repas *(55)* - 95 🍷, enf. 39 – ☕ 35 – **100 ch** 360/420

Clarine, 170 av. Guynemer par ③ ☎ 04 68 66 00 00, *Fax 04 68 66 02 02* – 🛗, ▤ rest, 📺 ☎ ♿ 🚗 🅿 – 🏛 50. AE ⓓ GB
Repas *(63)* - 83/103 🍷, enf. 39 – ☕ 38 – **90 ch** 310 – ½ P 261

Kennedy sans rest, 9 av. P. Cambres ✉ 66100 ☎ 04 68 50 60 02, *Fax 04 68 67 55 10* – 🛗 ▤ 📺 ☎ ♿ 🚗 🅿. AE ⓓ GB JCB — CZ k
☕ 32 – **25 ch** 270/295

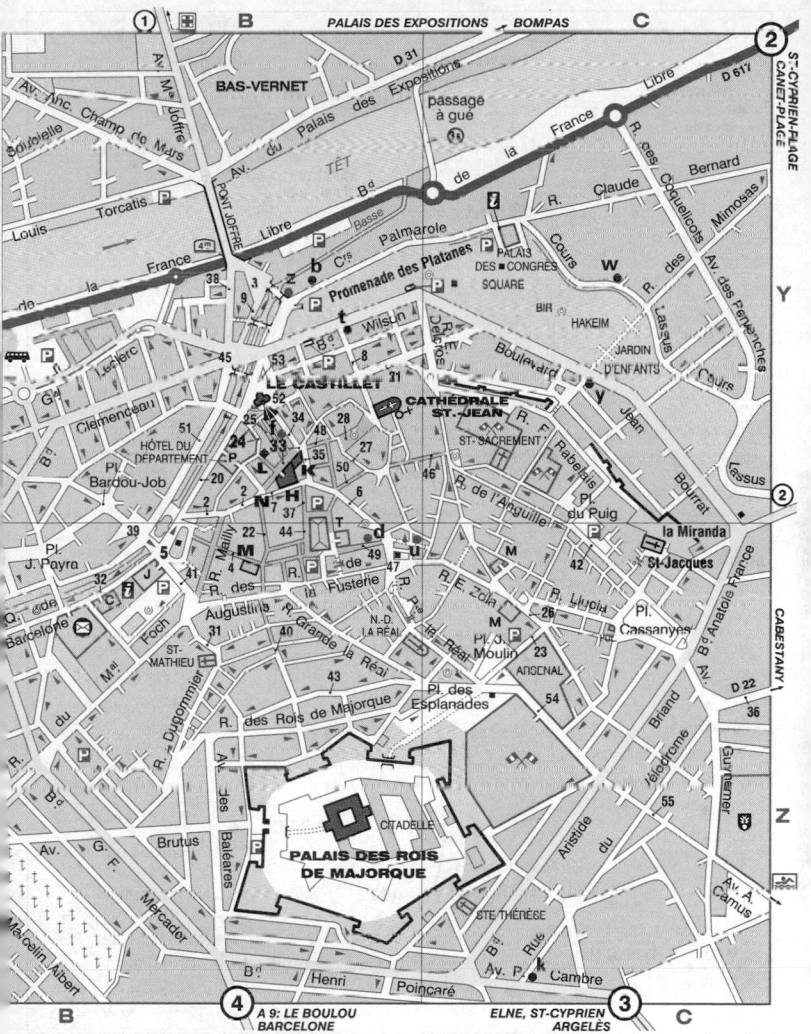

	Pyrénées Hôtel sans rest, 122 av. L. Torcatis *ℰ* 04 68 61 19 66, *Fax 04 68 52 75 77* – 📺 ☎ 🅿️. 🖭 🖼
	AY **v**
	🍽 30 – **20 ch** 140/315

🍴🍴	**Côté Théâtre,** 7 r. Théâtre *ℰ* 04 68 34 60 00, *Fax 04 68 34 60 00* – 🖩. 🖭 🕦 🖼 BZ **d** *fermé 23 juil. au 7 août, 31 déc. au 8 janv., dim. et lundi* – **Repas** *(148)* - 280 bc/ 340 🍷

🍴🍴	**Clos des Lys,** chemin de la Fauceille par ④ *et N 114, dir. Argelès : 4 km* ✉ 66100 *ℰ* 04 68 54 97 60, *Fax 04 68 54 60 60,* 🏡, 🌳 – 🖩 🅿️. 🖭 🖼 *fermé dim. soir et lundi* – **Repas** *(79)* - 99/340, enf. 60

🍴🍴	**Les Antiquaires,** pl. Desprès *ℰ* 04 68 34 06 58, *Fax 04 68 35 04 47* – 🖩. 🖭 🕦 🖼
🍷	🖭 BZ **u**
	fermé 3 au 24 juil., dim. soir et lundi – **Repas** 130/220 🍷

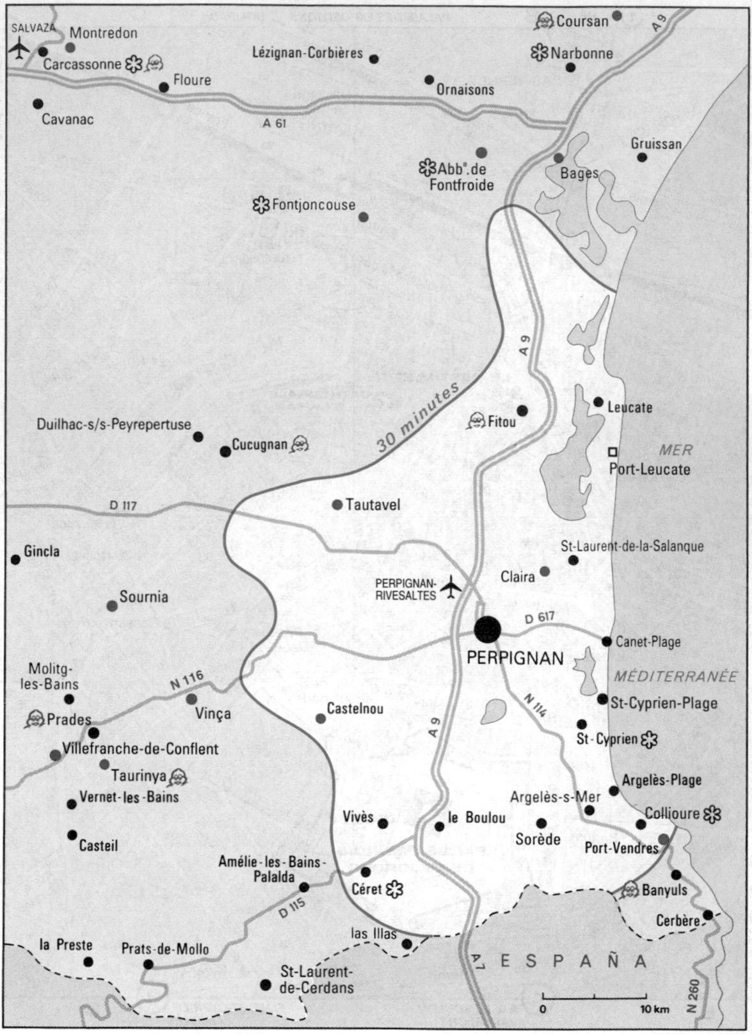

XX **Passerelle,** 1 cours Palmarole ✆ 04 68 51 30 65, *Fax 04 68 51 90 57* – ▤. AE ⓓ GB
fermé vacances de Noël, lundi midi et dim. – **Repas** - produits de la mer - 100 ♨ **BY z**

XX **Les Casseroles en Folies,** 72 av. L. Torcatis ✆ 04 68 52 48 03, *Fax 04 68 52 47 96* – ▤. AE ⓓ GB **AY n**
fermé 1/06 au 30/09, 20/12 au 3/01, lundi sauf le midi du 1/03 au 30/09, jeudi du 1/10 au 1/03, mardi et merc. – **Repas** 100/250, enf. 50

X **Casa Sansa,** 4 r. Fabrique Couverte ✆ 04 68 34 21 84, *Fax 04 68 35 19 65*, ☂, bistrot – AE ⓓ GB **BY f**
fermé lundi midi et dim. – **Repas** - spécialités catalanes - *(49)* - 140 ♀

par ① *près échangeur Perpignan-Nord : 10 km* – ✉ *66600 Rivesaltes :*

🏨 **Ariotel** Ⓜ, ✆ 04 68 38 55 38, *Fax 04 68 38 55 66*, ☂, ♿, 🏊 – 🛗 ▤ 📺 ☎ ✆ ♿ 🅿 – 🏛 15 à 80. AE GB
Repas *(fermé dim. soir d'oct. à mars)* *(75)* - 90/165 ♨, enf. 45 – ☕ 45 – **64 ch** 350/370 – ½ P 298

par ② , *D 617 et rte secondaire : 5 km –* ⊠ *66000 Perpignan :*

XXX **Mas Vermeil,** Traverse de Cabestany ℘ 04 68 66 95 96, Fax 04 68 66 89 13, 佘, parc,
« Ancienne exploitation vinicole, patio » – 🅿. ◪ ☒
Repas (95) - 220/300 bc 🖩, enf. 100

Le PERRAY-EN-YVELINES 78610 Yvelines 🖪🖪 ⑨, 🔟🔟🔟 ㉘ – 4 645 h alt. 180.
Paris 47 – Chartres 47 – Arpajon 36 – Mantes-la-Jolie 45 – Rambouillet 6 – Versailles 27.

XXX **Auberge des Bréviaires,** aux Bréviaires Ouest : 3,5 km par D 61 ℘ 01 34 84 98 47,
Fax 01 34 84 65 88, 佘 – ◪ ☒
fermé 1ᵉʳ au 15 août, 18 au 26 déc., vacances de fév., dim. soir, lundi et mardi – **Repas** (145) -
210/263 et carte 290 à 400 🖩

Le PERREUX-SUR-MARNE 94 Val-de-Marne 🖪🖪 ⑪, 🔟🔟🔟 ⑰ ⑱, 🔟🔟🔟 ⑱ – *voir à Paris. Environs.*

PERRIER 63 P.-de-D. 🔟🖪 ⑭ – *rattaché à Issoire.*

Dans ce guide
un même symbole, un même caractère,
imprimé en couleur ou en **noir,** *en maigre ou en* **gras,**
n'ont pas tout à fait la même signification.
Lisez attentivement les pages explicatives.

PERROS-GUIREC 22700 C.-d'Armor 🖪🖪 ① *G. Bretagne – 7 497 h alt. 60 –* Casino A.
Voir Nef romane★ de l'église B *– Pointe du château ≼★ – Table d'orientation ≼★* B E *–*
Sentier des douaniers★★ – Chapelle N.-D. de la Clarté★ 3 km par ② *– Sémaphore ≼★ 3,5 km*
par ②.
🖪 *Office de Tourisme 21 pl. de l'Hôtel-de-Ville* ℘ 02 96 23 21 15, Fax 02 96 23 04 72.
Paris 518 ① *– St-Brieuc 74* ① *– Lannion 12* ① *– Tréguier 19* ①.

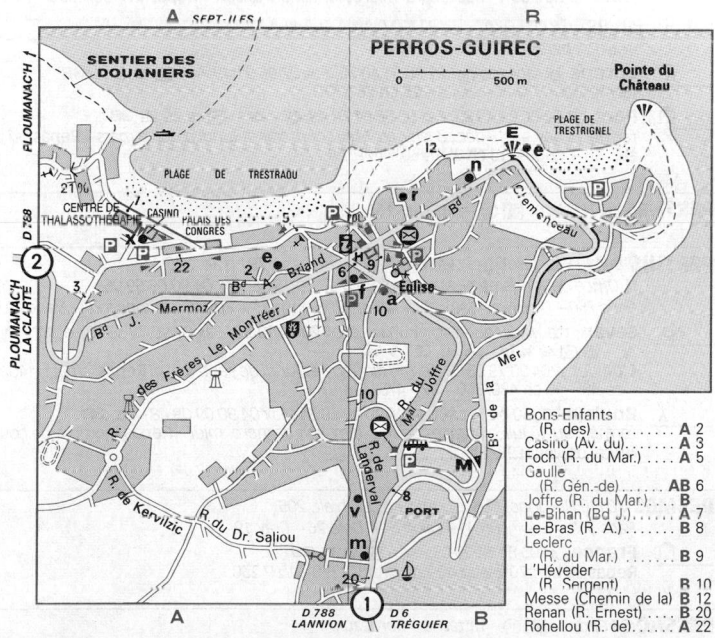

Bons-Enfants (R. des)	**A**	2
Casino (Av. du)	**A**	3
Foch (R. du Mar.)	**A**	5
Gaulle (R. Gén.-de)	**AB**	6
Joffre (R. du Mar.)	**B**	
Le-Bihan (Bd J.)	**A**	7
Le-Bras (R. A.)	**B**	8
Leclerc (R. du Mar.)	**B**	9
L'Héveder (R. Sergent)	**B**	10
Messe (Chemin de la)	**B**	12
Renan (R. Ernest)	**B**	20
Rohellou (R. de)	**A**	22

🏠 **Manoir du Sphinx** ≫, 67 chemin de la Messe 🕿 02 96 23 25 42, Fax 02 96 91 26 13, ≤ mer et les îles, 🍽 – ≒ 📺 ☎ ℃ 🚗 🅿. 🅰 GB. ✵ B e
fermé 4 janv. au 20 fév. – **Repas** (fermé dim. soir d'oct. à mars et lundi midi) 130 (déj.), 185/300 🍷, enf. 85 – 🖙 52 – **20 ch** 600/620 – ½ P 620

🏠 **Printania** M ≫, 12 r. Bons Enfants 🕿 02 96 49 01 10, Fax 02 96 91 16 36, ≤ la mer et les îles, 🍽 – ≒ 📺 ☎ ℃ 🚗 🅰 ① GB JCB. ✵ rest A e
fermé 15 déc. au 15 janv. – **Repas** (fermé sam. et dim. d'oct. à mars) (130) - 165/215 – 🖙 60 – **33 ch** 597/694 – ½ P 509/557

🏠 **Au Bon Accueil**, 11 r. Landerval 🕿 02 96 23 25 77, Fax 02 96 23 12 66, 🍽 – 📺 ☎ ℃ 🅿. 🅰 GB B v
Repas (fermé dim. soir sauf juil.-août) 90/250 ⅛ – 🖙 38 – **21 ch** 320/420 – ½ P 370

🏠 **Les Feux des Iles** ≫, 53 bd Clemenceau 🕿 02 96 23 22 94, Fax 02 96 91 07 30, ≤, 🍽, 🍽 – 📺 ☎ ℃ 🚗 🅿. 🅰 ① GB JCB. ✵ B n
fermé 1er au 12 oct., 6 au 14 fév., dim. soir et lundi d'oct. à avril – **Repas** (fermé dim. soir d'oct. à avril et lundi sauf le soir de mai à sept.) (98) - 140/310 🍷, enf. 83 – 🖙 48 – **18 ch** 350/690 – ½ P 530/630

🏠 **Relais Mercure** M sans rest, 100 av. Casino 🕿 02 96 91 22 11, Fax 02 96 91 24 78 – ≒ 📺 ☎ ℅. 🅰 GB A x
🖙 45 – **49 ch** 460/510

🏠 **France** ≫, 14 r. Rouzic 🕿 02 96 23 20 27, Fax 02 96 91 19 57, ≤, 🍽 – 📺 ☎ 🅿. GB. ✵ B r
début avril-début oct. – **Repas** 99/169 – 🖙 48 – **30 ch** 280/400 – ½ P 315/350

🏠 **Sternes** sans rest, rd-pt Perros-Guirec par ① 🕿 02 96 91 03 38, Fax 02 96 23 13 01, ℔ – 📺 ☎ ℃ 🚗 🅿. 🅰 ① GB
fermé 23 déc. au 6 janv. – 🖙 35 – **20 ch** 240/300

🏠 **Hermitage** ≫, 20 r. Frères Le Montréer 🕿 02 96 23 21 22, Fax 02 96 91 16 56, 🍽 – 📺 ☎ 🅿. 🅰 GB. ✵ rest B f
20 avril-20 sept. – **Repas** (1er juin-20 sept.) (dîner seul.)(résidents seul.) 98/120 ⅛ – 🖙 34 – **23 ch** 250/320 – ½ P 280/290

🏠 **Levant**, 91 r. E. Renan (sur le Port) 🕿 02 96 23 20 15, Fax 02 96 23 36 31, ≤ – ≒ 📺 ☎ ℃. 🅰 GB B m
Repas (fermé 8 au 31 déc., dim. soir et vend. sauf juil.-août) 70/190 🍷, enf. 50 – 🖙 33 – **22 ch** 250/340 – ½ P 305/343

❌❌ **Crémaillère**, pl. Église 🕿 02 96 23 22 08 – 🅰 ① GB B a
fermé 15 nov. au 1er déc., mardi midi et lundi hors saison – **Repas** (80) - 98/189 🍷

à Ploumanach par ② : 6 km – ✉ 22700 Perros-Guirec :
Voir Rochers★★ – Parc municipal★★.

🏠 **Europe** M sans rest, 🕿 02 96 91 40 76, Fax 02 96 91 49 74 – 📺 ☎ ℅ 🅿. GB
fermé 2 au 17 janv. – 🖙 43 – **23 ch** 260/370

🏠 **Parc**, 🕿 02 96 91 40 80, Fax 02 96 91 60 48, 🍴, 🍽 – 📺 ☎ 🅿. 🅰 GB
fermé 13 nov. au 16 déc., 3 janv. au 7 fév., dim. soir et lundi d'oct. à mars – **Repas** 78/158 🍷, enf. 46 – 🖙 30 – **10 ch** 255/260 – ½ P 270/290

PERTHES 52 H.-Marne **61** ⑨ – rattaché à St-Dizier.

PERTUIS 84120 Vaucluse **84** ③, **114** ③ G. Provence – 15 791 h alt. 246.
🅱 Office de Tourisme pl. Mirabeau 🕿 04 90 79 15 56, Fax 04 90 09 59 06.
Paris 750 – Digne-les-Bains 95 – Aix-en-Provence 23 – Apt 36 – Avignon 76 – Manosque 35.

🏠 **Sevan**, rte Manosque Est : 1,5 km 🕿 04 90 79 19 30, Fax 04 90 79 35 77, ≤, 🍴, 🏊, 🍽, 🍽 – ≒ 📺 ☎ 🅿 – 🛎 80. 🅰 ① GB
L'Olivier 🕿 04 90 79 08 19 (fermé dim. soir et lundi de sept. à mai) **Repas** 95 (déj.), 140/180 🍷 – 🖙 49 – **46 ch** 480/630 – ½ P 475/498

❌ **Boulevard**, 50 bd Pecout 🕿 04 90 09 69 31, Fax 04 90 09 09 48 – 🍽. GB
fermé 3 au 16 juil., vacances de fév., dim. soir et merc. midi – **Repas** (nombre de couverts limité, prévenir) 98/140 🍷

PESMES 70140 H.-Saône **66** ⑭ G. Jura – 1 006 h alt. 205.
Paris 362 – Besançon 41 – Dijon 51 – Dole 26 – Gray 19.

🏠 **France**, 🕿 03 84 31 20 05, 🍽 – 📺 ☎ 🅿. GB
Repas 90 bc/170 🍷 – 🖙 40 – **10 ch** 210/270 – ½ P 230

PESSAC 33 Gironde **71** ⑨ – rattaché à Bordeaux.

PETIT-CLAMART 92 Hauts-de-Seine 📖 ⑩,, 📖 ⑭ – voir à Paris, Environs.

PETITE-FORÊT 59 Nord 📖 ④ – rattaché à Valenciennes.

La PETITE-PIERRE 67290 B.-Rhin 📖 ⑰ G. Alsace Lorraine – 623 h alt. 340.

Paris 433 – Strasbourg 55 – Haguenau 39 – Sarreguemines 48 – Sarre-Union 24.

🏨 **Clairière** M ⍦, rte d'Ingwiller (D 7) : 1,5 km ℘ 03 88 71 75 00, Fax 03 88 70 41 05, 🍴, ⅃₅, ⌧ – 🛗, ▤ rest, 📺 ☎ ⛒ ⅁ 🅿 – 🏊 100. ⒶⒺ ⓞ ⒼⒷ
Repas 142/335, enf. 68 – ⌑ 52 – **50 ch** 400/650 – ½ P 428/553

🏨 **Aux Trois Roses** ⍦, ℘ 03 88 89 89 00, Fax 03 88 70 41 28, ≤, 🍴, ⌧, 🌿, ℀ – 🛗 📺 ☎ – 🏊 30. ⒶⒺ ⒼⒷ
Repas (fermé dim. soir et lundi soir) 98/265 ♀, enf. 45 – ⌑ 55 – **42 ch** 330/600 – ½ P 350/470

🏨 **Vosges,** ℘ 03 88 70 45 05, Fax 03 88 70 41 13, ≤, ⅃₅, 🌿 – 🛗, ▤ rest, 📺 ☎ ⅁ 🅿 – 🏊 25. ⒶⒺ ⒼⒷ ⒿⒸⒷ
fermé 24 juil. au 10 août et fév. – Repas (fermé mardi) 100/300 ♀, enf. 65 – ⌑ 55 – **33 ch** 295/490 – ½ P 315/470

🏨 **Lion d'Or,** ℘ 03 88 70 45 06, Fax 03 88 70 45 56, ≤, 🍴, ⌧, 🌿, ℀ – 🛗 📺 ☎ 🅿. ⒶⒺ ⒼⒷ
fermé 25 juin au 4 juil. et 3 janv. au 3 fév. – Repas 120/290 ♀, enf. 65 – ⌑ 50 – **40 ch** 300/450 – ½ P 370/400

à l'Étang d'Imsthal Sud-Est : 3,5 km par D 178 – ⊠ 67290 La Petite-Pierre :

🏨 **Auberge d'Imsthal** ⍦, ℘ 03 88 01 49 00, Fax 03 88 70 40 26, ≤, 🍴, ⅃₅, 🌿 – 🛗 📺 ☎ ⛒ 🅿 – 🏊 25. ⒶⒺ ⓞ ⒼⒷ ⒿⒸⒷ, ℀ rest
fermé janv. et mardi du 15 sept. au 31 mars – Repas (80) - 140/235 ♀ – ⌑ 50 – **23 ch** 290/660 – ½ P 320/480

à Graufthal Sud-Ouest : 11 km par D 178 et D 122 – ⊠ 67320 :

🏨 **Au Vieux Moulin** ⍦, ℘ 03 88 70 17 28, Fax 03 88 70 11 25, ≤, 🍴, 🌿 – 📺 ☎ ⛒ 🅿. ⒼⒷ
fermé 28 juin au 10 juil. et vacances de fév. – Repas (fermé mardi soir) 50 (déj.), 85/190 ♀, enf. 40 – ⌑ 35 – **14 ch** 227/390

🍴 **Cheval Blanc,** 19 r. Principale ℘ 03 88 70 17 11, Fax 03 88 70 12 37, 🍴 – 🅿. ⒼⒷ. ℀
fermé 2 au 23 janv., lundi soir et mardi – Repas 105/260 ♀

PETIT-PALAIS 84 Vaucluse 📖 ⑫ ⑬ – rattaché à L'Isle-sur-la-Sorgue.

Le PETIT-PRESSIGNY 37350 I.-et-L. 📖 ⑤ – 394 h alt. 80.

Paris 288 – Poitiers 74 – Le Blanc 39 – Châtellerault 36 – Châteauroux 71 – Tours 62.

🍴🍴🍴 **Promenade** (Dallais), ℘ 02 47 94 93 52, Fax 02 47 91 06 03 – ▤. ⒼⒷ
fermé 25 sept au 11 oct., 2 au 24 janv., dim. soir, mardi midi et lundi – Repas 110/400 et carte 260 à 410
Spéc. Bouillon de carottes aux fèves, sarriette et lard. Géline de Touraine rôtie au citron et beurre d'écrevisses. Canette persillée, pommes fondantes et foie gras rôti. Vins Touraine, Touraine-Mesland.

Le PETIT QUEVILLY 76 S.-Mar. 📖 ⑥ – rattaché à Rouen.

PETRETO-BICCHISANO 2A Corse-du-Sud 📖 ⑰ – voir à Corse.

PEYRAT-LE-CHÂTEAU 87470 H.-Vienne 📖 ⑲ G. Berry Limousin – 1 194 h alt. 426.

🅱 Office de Tourisme r. du Lac ℘ 05 55 69 48 75, Fax 05 55 69 47 82.
Paris 420 – Limoges 54 – Aubusson 45 – Guéret 53 – Tulle 77 – Ussel 79 – Uzerche 58.

🏨 **Auberge du Bois de l'Étang,** ℘ 05 55 69 40 19, Fax 05 55 69 42 93, 🌿 – ▤ rest, ☎ 🅿 – 🏊 40. ⒶⒺ ⓞ ⒼⒷ
fermé 15 déc. au 15 janv., dim. soir et lundi du 15 nov. au 30 mars – Repas 75/195 ♀, enf. 45 – ⌑ 30 – **27 ch** 170/290 – ½ P 170/230

🏨 **Voyageurs,** ℘ 05 55 69 40 02, Fax 05 55 69 49 69 – ☎ ⛒. ⒼⒷ. ℀
1ᵉʳ mars-30 sept. – Repas 75/155 ♣ – ⌑ 38 – **14 ch** 190/300 – ½ P 220/260

au Lac de Vassivière – ✉ 87470 Peyrat-le-Château.

Voir *Centre d'art contemporain de l'île de Vassivière★★*.

🏨 **Golf du Limousin** ॐ, ✆ 05 55 69 41 34, Fax 05 55 69 49 16, ☞, ☞ – 📺 ☎ ✆ 🅿. ☞. ☞ rest

1er avril-30 oct. – **Repas** 86/168 �§, enf. 68 – ☑ 36 – **18 ch** 252/298 – ½ P 264/289

PEYRENS 11 Aude 🎱🎱 ⑳ – rattaché à Castelnaudary.

PÉZENAS 34120 Hérault 🎱🎱 ⑮ G. Languedoc Roussillon – 7 613 h alt. 15.

Voir *Vieux Pézenas★★ : Hôtels de Lacoste★, d'Alfonce★, de Malibran★*.

🛈 Office de Tourisme pl. Gambetta ✆ 04 67 98 35 45, Fax 04 67 98 96 80.

Paris 741 – Montpellier 54 – Agde 20 – Béziers 25 – Lodève 40 – Sète 37.

à Nézignan-l'Évêque Sud : 5 km par N 9 et D 13 – 753 h. alt. 40 – ✉ 34120 Pézenas :

🏨 **Hostellerie de St-Alban** Ⓜ ॐ, 31 rte Agde ✆ 04 67 98 11 38, Fax 04 67 98 91 63, ☞, ⚓, ☞, ☞ – 📺 ☎ ✆ ᴄ 🅿. ☞. ☞

fermé 1er déc. au 15 janv. – **Repas** 145/300 �§, enf. 55 – ☑ 60 – **14 ch** 390/530 – ½ P 435/505

PÉZENS 11 Aude 🎱🎱 ⑫ – rattaché à Carcassonne.

PFAFFENHOFFEN 67350 B.-Rhin 🎱🎱 ⑱ G. Alsace Lorraine – 2 285 h alt. 170.

Voir *Musée de l'Imagerie peinte et populaire alsacienne★*.

Paris 457 – Strasbourg 37 – Haguenau 15 – Sarrebourg 50 – Sarre-Union 48 – Saverne 29.

✗✗ **De l'Agneau** avec ch, ✆ 03 88 07 72 38, Fax 03 88 72 20 24, ☞, ☞ – 📺 ☎ ☞. ☞. ☞

fermé 15 août au 5 sept., dim. soir de sept. à mai et lundi – **Repas** 70 (déj.), 160/350 �§ – ☑ 35 – **15 ch** 250/450 – ½ P 380

PFULGRIESHEIM 67 B.-Rhin 🎱🎱 ⑱ – rattaché à Strasbourg.

PHALSBOURG 57370 Moselle 🎱🎱 ⑰ G. Alsace Lorraine – 4 189 h alt. 365.

🛈 Office de Tourisme 4 r. Lobau ✆ 03 87 24 42 42, Fax 03 87 24 42 42.

Paris 435 – Strasbourg 60 – Metz 107 – Sarrebourg 16 – Sarreguemines 50.

🏨 **Erckmann-Chatrian,** pl. d'Armes ✆ 03 87 24 31 33, Fax 03 87 24 27 81, ☞ – 📺 ☎ – ❄ 25. ☞

fermé lundi soir et mardi midi – **Repas** 68/255 ᠄ – ☑ 42 – **18 ch** 200/290

✗✗✗ **Au Soldat de l'An II** (Schmitt), 1 rte Saverne ✆ 03 87 24 16 16, Fax 03 87 24 18 18, ☞, ❀ « Ancienne grange au décor rustique » ☞

fermé 29 oct. au 10 nov., 2 au 22 janv., dim. soir et lundi – **Repas** 185 bc (déj.), 250/520 et carte 370 à 550 �§, enf. 85

Spéc. Copeaux de foie gras aux artichauts. Brocard à la ''Julie douce'' (juin à fév.). Mille-feuille de quetsches à la cannelle (août à janv.). **Vins** Muscat, Pinot gris.

à Bonne-Fontaine Est : 4 km par N 4 et rte secondaire – ✉ 57370 Phalsbourg :

🏨 **Notre-Dame de Bonne Fontaine** ॐ, ✆ 03 87 24 34 33, Fax 03 87 24 24 64, 🖾 – 📶 📺 ☎ ✆ ᴄ 🅿. – ❄ 40. ᴀᴇ ⓪ ☞ ᴊᴄʙ

fermé 12 au 31 janv. et 19 au 26 fév. – **Repas** 87/270 bc �§, enf. 56 – ☑ 45 – **34 ch** 265/450 – ½ P 295/360

PHILIPPSBOURG 57230 Moselle 🎱🎱 ⑱ – 504 h alt. 215.

Paris 451 – Strasbourg 60 – Haguenau 29 – Wissembourg 46.

✗✗ **Tilleul,** ✆ 03 87 06 50 10, Fax 03 87 06 58 89, ☞ – 🅿. ᴀᴇ ⓪ ☞

fermé 1er au 15 oct., janv., lundi soir, mardi soir et merc. – **Repas** 65 (déj.), 98/300 �§, enf. 50

à l'étang de Hanau Nord-Ouest : 5 km par N 62 et rte secondaire – ✉ 57230 Philippsbourg :

Voir *Étang★, G. Alsace Lorraine.*

🏨 **Beau Rivage** ॐ sans rest, ✆ 03 87 06 50 32, Fax 03 87 06 57 46, ≤, 🖾 – 📺 ☎ 🅿. – ❄ 25. ☞

fermé fév. – ☑ 45 – **27 ch** 175/600

PIANA 2A Corse-du-Sud 🎱🎱 ⑮ – voir à Corse.

Le PIAN-MÉDOC 33290 Gironde **71** ⑧ – 5 078 h alt. 30.
　Paris 590 – Bordeaux 25 – l'esparre-Médoc 55.

🏨　**Pont Bernet**, à Louens *β* 05 56 70 20 19, Fax 05 56 70 22 90, 😄, parc, 🔄, ✕ – 🔲 ☎ 👤
　　P – 🅰 50. 🆎 ⓘ 🆖
　　Repas (fermé dim. soir et lundi d'oct. à mars)) 95/300, enf. 50 – ⊑ 45 – **18 ch** 340/370 –
　　½ P 360

PICHERANDE 63113 P.-de-D. **73** ⑬ – 491 h alt. 1116.
　Paris 484 – Clermont-Ferrand 64 – Issoire 48 – Le Mont-Dore 31.

🏔　**Central Hôtel,** *β* 04 73 22 30 79, Fax 04 73 22 37 02 – 🆖
🍴　fermé 1ᵉʳ oct. au 2 déc. – **Repas** (dîner pour résidents seul.) 70/150 👄 – ⊑ 28 – **16 ch**
　　80/160 – ½ P 170

PIEDICROCE 2B H.-Corse **90** ④　voir à Corse.

PIERRE-BÉNITE 69 Rhône **74** ⑪,, **110** ㉔ – rattaché à Lyon.

PIERRE-DE-BRESSE 71270 S.-et-L. **70** ③ G. Bourgogne – 1 981 h alt. 202.
　Voir Écomusée de la Bresse bourguignonne★.
　🅱 Office de Tourisme de Louhans (15 avril-15 sept.) pl. du Château *β* 03 85 76 24 95.
　Paris 355 – Beaune 47 – Chalon-sur-Saône 42 – Dole 36 – Lons-le-Saunier 37.

🏔　**Poste,** face Château *β* 03 85 76 24 47 – ☎ **P**. 🆖
🍴　fermé 24 déc. au 4 janv. – **Repas** 70/210 👄 – ⊑ 30 – **13 ch** 170/300 – ½ P 185/260

à Charette-Varennes Nord-Ouest : 6,5 km par D 73 – 316 h. alt. 182 – ✉ 71270 :

🅼　**Doubs Rivage** 🦢, *β* 03 85 76 23 45, Fax 03 85 72 89 18, 😄, 🌳 – 🔲 ☎ 👤 **P**. 🆖
🍴　fermé 20 déc. au 10 janv., fév., dim. soir et lundi sauf juil. août et fériés – **Repas** 80/245 👄,
　　enf. 50 – ⊑ 40 – **10 ch** 190/250 – ½ P 250/300

The Guide changes, so renew your Guide every year.

PIERREFITTE-EN-AUGE 14130 Calvados **55** ⑨ – 122 h alt. 59.
　Paris 193 – Caen 46 – Deauville 20 – Le Havre 47 – Lisieux 15.

🍴　**Auberge des Deux Tonneaux,** par D 48 et D 280ᴬ : 5 km *β* 02 31 64 09 31,
　　Fax 02 31 64 69 69, 😄 – 🆖
　　fermé 15 nov. au 15 fév., dim. soir et lundi sauf vacances scolaires – **Repas** carte 140 à 280,
　　enf. 55

PIERREFITTE-SUR-SAULDRE 41300 L.-et-Ch. **64** ⑳ – 835 h alt. 125.
　Paris 187 – Bourges 55 – Orléans 63 – Aubigny-sur-Nère 23 – Blois 74 – Salbris 13.

🍴🍴　**Lion d'Or,** *β* 02 54 88 62 14, Fax 02 54 88 62 14, « Cadre rustique », 🌳 – 🆖
　　fermé 4 au 20 sept., 5 au 13 mars, lundi et mardi sauf fériés – **Repas** 175/225

PIERREFONDS 60350 Oise **56** ③ G. Picardie Flandres Artois – 1 548 h alt. 81.
　Voir Château★★ – St-Jean-aux-Bois : église★ O : 6 km.
　🅱 Office de Tourisme pl. de l'Hôtel-de-Ville *β* 03 44 42 81 44, Fax 03 44 42 37 73.
　Paris 90 – Compiègne 15 – Beauvais 75 – Soissons 32 – Villers-Cotterêts 18.

🍴　**Blés d'Or** avec ch, 8 r. J. Michelet *β* 03 44 42 85 91, Fax 03 44 42 98 94, 😄 – 🔲 ☎ 👤
　　🍽. 🆖
　　fermé janv. – **Repas** (fermé merc.) 98/220 – ⊑ 45 – **6 ch** 260/320 – ½ P 290

à Chelles Est : 4,5 km par D 85 – 334 h. alt. 75 – ✉ 60350 :

🍴🍴　**Relais Brunehaut** 🦢 avec ch, *β* 03 44 42 85 05, Fax 03 44 42 83 30, 😄, « Auberge
　　rustique », 🌳 cuisinette 🔲 ☎ 👤 **P**. 🆖, 🍽 rest
　　fermé 15 janv. au 15 fév. et lundi – **Repas** (fermé merc. et jeudi du 15 nov. au 30 avril, lundi
　　et mardi) 150/280 – ⊑ 48 – **7 ch** 260/360 – ½ P 350/370

à St-Jean-aux-Bois : 6 km par D 85 – 319 h. alt. 71 – ✉ 60350 :

🍴🍴🍴　**Auberge A la Bonne Idée** 🦢 avec ch, 3 r. Meuniers *β* 03 44 42 84 09,
　　Fax 03 44 42 80 45, 😄 – 🍽 rest, 🔲 ☎ 👤 **P**. – 🅰 20. 🆎 🆖
　　fermé mi-janv. à mi-fév. – **Repas** 150/380 et carte 200 à 390 👄 – ⊑ 55 – **23 ch** 280/480 –
　　½ P 480

PIERREFONTAINE-LES-VARANS 25510 Doubs 66 ⑰ – 1 505 h alt. 695.
Paris 456 – Besançon 51 – Montbéliard 58 – Morteau 31 – Pontarlier 45.

Commerce avec ch, ℰ 03 81 56 10 50, Fax 03 81 56 01 89 – 🖵 ☎ ✆. GB
fermé 20 déc. au 20 janv., dim. soir et lundi sauf juil.-août – **Repas** 65/200 ⅌, enf. 40 – ☲ 38
– **10 ch** 120/270 – ½ P 240/270

PIERREFORT 15230 Cantal 76 ⑬ – 1 017 h alt. 950.
Paris 548 – Aurillac 61 – Entraygues-sur-Truyère 54 – Espalion 61 – St-Flour 30.

Midi M, ℰ 04 71 23 30 20, Fax 04 71 23 39 34 – 🖵 ☎ ✆ ⇖. GB. ⚜ rest
Repas 75/160 ⅌ – ☲ 35 – **13 ch** 270/280 – ½ P 270/290

PIERRELATTE 26700 Drôme 81 ① G. Vallée du Rhône – 11 770 h alt. 50.
Voir Ferme aux crocodiles★ S : 4 km par N 7 jusqu'à l'échangeur avec la D 59.
🛈 Office de Tourisme (fermé dim.) pl. Champs-de-Mars ℰ 04 75 04 07 98, Fax 04 75 98 40 65.
Paris 627 – Bollène 16 – Montélimar 22 – Nyons 45 – Orange 34 – Pont-St-Esprit 17.

Tricastin sans rest, r. Caprais-Favier ℰ 04 75 04 05 82, Fax 04 75 04 19 36 – 🖵 ☎ ⇖ 🅿.
GB
☲ 36 – **13 ch** 224/263

Centre sans rest, 6 pl. Église ℰ 04 75 04 28 59, Fax 04 75 98 83 29 – 🛗 🖵 ☎ 🅿. GB
☲ 35 – **21 ch** 240/295

Gourmand-Gourmet, 6 pl. Église ℰ 04 75 96 83 10, Fax 04 75 96 46 18 – 🗏 🅿. AE ⓪
GB
fermé 4 au 21 août, vacances de fév., vend. soir et sam. – **Repas** 95 (déj.), 150/250 ⅌,
enf. 50.

PIETRANERA 2B H.-Corse 90 ② ③ – voir à Corse (Bastia).

PIGNA 2b H.-Corse 90 ⑬ – voir à Corse (Ile-Rousse).

PILAT-PLAGE 33 Gironde 78 ⑫ – voir à Pyla-sur-Mer.

Le PIN-LA-GARENNE 61 Orne 60 ④ – rattaché à Mortagne-au-Perche.

PINSOT 38 Isère 77 ⑥ – rattaché à Allevard.

PIOGGIOLA 2B H.-Corse 90 ⑬ – voir à Corse.

PIRIAC-SUR-MER 44420 Loire-Atl. 63 ⑬ G. Bretagne – 1 442 h alt. 7.
Voir Pointe du Castelli ≤★ SO : 1 km.
Paris 468 – Nantes 92 – La Baule 19 – La Roche-Bernard 33 – St-Nazaire 33.

Poste, 26 r. Plage ℰ 02 40 23 50 90, Fax 02 40 23 68 96 – 🖵 ☎. AE GB
hôtel : 10 avril-11 nov.; rest. : Pâques-2 nov. et fermé lundi sauf juil.-août – **Repas** 95/125,
enf. 45 – ☲ 37 – **15 ch** 230/330 – ½ P 260/305

PISCIATELLO 2A Corse-du-Sud 90 ⑰ – voir à Corse (Ajaccio).

PISIEU 38270 Isère 77 ② – 362 h alt. 400.
Paris 519 – Annonay 44 – Grenoble 68 – Romans-sur-Isère 45 – Tournon-sur-Rhône 59.

Auberge de Pisieu, ℰ 04 74 84 57 94, 🏡 – 🗏. GB
fermé 28 août au 2 sept., 21 fév. au 5 mars, mardi soir et merc. – **Repas** 60 bc (déj.),
95/155 ⅃, enf. 45

PISSOS 40410 Landes 78 ④ G. Aquitaine – 970 h alt. 46.
Paris 662 – Mont-de-Marsan 55 – Biscarrosse 35 – Bordeaux 83 – Castets 62 – Mimizan 43.

Café de Pissos avec ch, ℰ 05 58 08 90 16, Fax 05 58 08 96 89, 🏡, 🌳 – 🖵 🅿. GB
fermé 15 nov. au 1er déc., mardi soir et merc. sauf juil.-août – **Repas** 75 (déj.), 100/240 ⅃,
☲ 35 – **5 ch** 220/310 – ½ P 210/240

PITHIVIERS 〈🚗〉 45300 Loiret 🇬🇧 ⑳ G. Châteaux de la Loire – 9 327 h alt. 115.

🅱 Office de Tourisme (fermé dim.) Mail-Ouest Gare Routière ℘ 02 38 30 50 02, Fax 02 38 30 55 00.

Paris 83 ① – Fontainebleau 46 ② – Orléans 44 ⑥ – Chartres 73 ⑥ – Montargis 45 ④

Couronne (R. de la)	3
Croissant (Fg du)	6
Église. R. de l'	8
Gambetta (Av.)	9
Gare de Marchandises (R. de la)	12
Maison-Rouge (R. de)	13

Marsainvilliers (R. de)	14
Martroi (Pl. du)	15
Pithiviers-le-V. (R. de)	16
Rouloirs (R. des)	17
Sanitas (R. du)	20
Tonnelat (R. G.)	22
11-Novembre (Av. du)	23

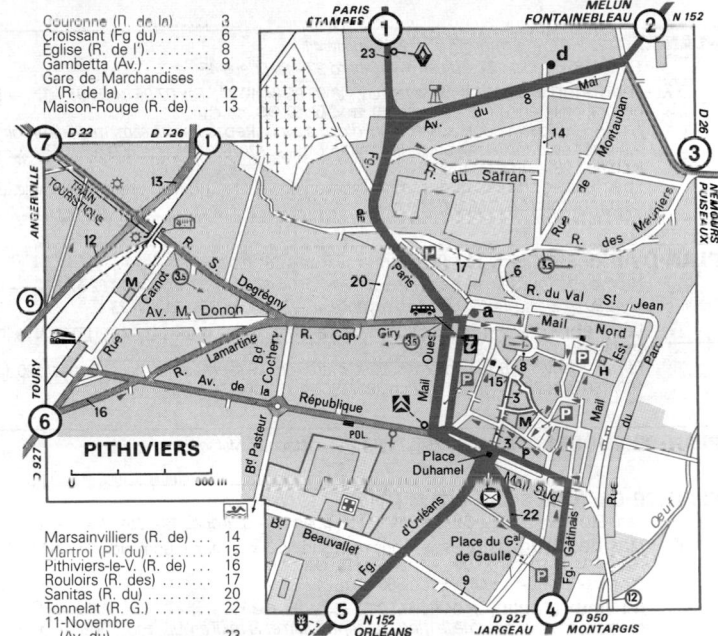

PITHIVIERS

🏨 **Relais St-Georges**, av. du 8 Mai (d) ℘ 02 38 30 40 25, Fax 02 38 30 09 05, 🚗 – 🔀 📺 ☎ 🛏 ⚬ 🏧 – 🏧 25. 🆎 ⓪ 🔤
Repas (fermé dim. et soirs fériés) 75 (dîner), 98/145 ⵚ, enf. 50 – ⵛ 37 – **43 ch** 300/380 – ½ P 285/325

XX **Aux Remparts**, 2 Mail Nord (a) ℘ 02 38 30 34 99, Fax 02 38 30 64 52 – 🔤
fermé 14 juil. au 15 août, Noël au Jour de l'An, dim. soir, lundi soir et mardi – **Repas** 100 bc (déj.)/250 ⵚ

PIZAY 69 Rhône 🇬🇧 ①,, 🇬🇧 ⑦ – rattaché à Belleville.

PLAILLY 60128 Oise 🇬🇧 ⑪ – 1 636 h alt. 100.
Paris 39 – Compiègne 49 – Beauvais 58 – Chantilly 15 – Meaux 33 – Pontoise 41 – Senlis 15.

XX **Gentilhommière**, 25 r. G. Bouchard (derrière église) ℘ 03 44 54 30 20, Fax 03 44 54 31 27, 🌠 – 🔤
fermé 14 au 31 août, 19 fév. au 5 mars, dim. soir et lundi – **Repas** 106/225 ⵚ

La PLAINE-SUR-MER 44770 Loire Atl. 🇬🇧 ① – 2 104 h alt. 26.
Voir Pointe de St-Gildas★ O : 5 km. G. Poitou Vendée Charentes.
Paris 445 – Nantes 58 – Pornic 9 – St-Michel-Chef-Chef 7 – St-Nazaire 27.

🏨 **Anne de Bretagne** Ⓜ 🅂, au Port de Gravette Nord-Ouest : 3 km ℘ 02 40 21 54 72, Fax 02 40 21 02 33, ⟨, 🌠, 🏊, 🚗, ※ – 📺 ☎ ⚬ 🅿 – 🏧 30. 🆎 🔤
fermé 2 janv. au 13 fév. – **Repas** (fermé dim. soir d'oct. à mai, mardi midi de juin à sept. et lundi) (98) - 128/385 ⵚ, enf. 78 – ⵛ 62 – **24 ch** 610/730 – ½ P 610/660

Les prix Pour toutes précisions sur les prix indiqués dans ce guide, reportez-vous aux pages explicatives.

PLAISIANS 26170 Drôme 🔠 ③ – 157 h alt. 612.

Paris 694 – Carpentras 45 – Nyons 34 – Vaison-la-Romaine 26.

✗ **Clue,** pl. Église ✆ 04 75 28 01 17, Fax 04 75 28 29 17, 🏤 – 🆒 🅿
🍃 1ᵉʳ avril-30 sept.; week-ends de nov. à mars et fermé mardi midi et lundi – **Repas** 135/165

PLANCOËT 22130 C.-d'Armor 🔠 ⑤ – 2 507 h alt. 41.

Paris 418 – St-Malo 27 – Dinan 17 – Dinard 22 – St-Brieuc 45.

✗✗✗ **Jean-Pierre Crouzil** Ⓜ avec ch, ✆ 02 96 84 10 24, Fax 02 96 84 01 93, 🏤, « Belle
❀❀ décoration intérieure » – 🆒 rest, 🆒 📺 ✆ 🅿. 🆔 🆖. 🛇 ch
fermé 5 au 30 janv., dim. soir et lundi d'oct. à avril – **Repas** (fermé sam. midi, dim. soir sauf
juil.-août et lundi) (week-ends prévenir) 220 (déj.), 320/600 et carte 400 à 610 ⵢ – ⵣ 85 –
8 ch 680/980 – ½ P 600/875
Spéc. Huîtres chaudes et glacées au sabayon de Vouvray. Homard breton au lambic. Blanc
de turbot fourré à l'araignée de mer.

PLAN-D'AUPS 83640 Var 🔠 ⑭, 🔢 ㉚ G. Provence – 361 h alt. 670.

🅱 Office de Tourisme pl. de L'Hôtel-de-Ville ✆ 04 42 04 57 57, Fax 04 42 62 57 57.

Paris 801 – Marseille 45 – Aix-en-Provence 46 – Brignoles 39 – Toulon 73.

🏠 **Lou Pebre d'Aï** 🛇, ✆ 04 42 04 50 42, Fax 04 42 62 55 52, 🏤, ⵗ, 🌸 – 📺 ✆ ✆ 🅿. 🆔
🆔 🆖
fermé 2 janv. au 6 fév., mardi soir et merc. du 15 sept. au 15 mai – **Repas** 120 (déj.),
160/250 ⵢ, enf. 60 – ⵣ 38 – **12 ch** 280/380 – ½ P 300/338

PLAN-DE-CUQUES 13 B.-du-R. 🔠 ⑬,, 🔢 ㉘ – rattaché à Marseille.

PLAN-DE-LA-TOUR 83120 Var 🔠 ⑰, 🔢 ㊱ – 1 991 h alt. 69.

Paris 863 – Fréjus 30 – Cannes 76 – Draguignan 37 – St-Tropez 19 – Ste-Maxime 10.

🏠 **Mas des Brugassières** 🛇 sans rest, Sud : 1,5 km par rte Grimaud ✆ 04 94 55 50 55,
Fax 04 94 55 50 51, ⵗ, 🌸, ✗ – ⵗ ✆ 🅿. 🆖
20 mars-10 oct. – ⵣ 44 – **11 ch** 560

✗ **Au Vieux Moulin,** ✆ 04 94 43 02 07, 🏤 – 🆒. 🆖
mi-mars-1ᵉʳ nov. et fermé le merc. de sept. à juin et le midi en juil.-août – **Repas** (95 bc) -169,
enf. 55

à Courruero Sud : 3,5 km par rte Grimaud – ✉ 83120 Plan de la Tour :

🏠 **Parasolis** 🛇 sans rest, ✆ 04 94 43 76 05, Fax 04 94 43 77 09, ≤, ⵗ, 🌸 – cuisinette ✆ 🅿.
🛇
20 mars-30 sept. – ⵣ 40 – **9 ch** 550, 3 studios

PLAN-D'ORGON 13750 B.-du-R. 🔠 ① – 2 294 h alt. 85.

Paris 700 – Avignon 23 – Aix-en-Provence 60 – Arles 39 – Marseille 77 – Nîmes 56.

🏠 **Flamant Rose** 🛇, rte St-Rémy ✆ 04 90 73 10 17, Fax 04 90 73 19 61, 🏤, ⵗ, 🌸 –
🆒 rest, 📺 ✆ 🅿. 🆖
fermé janv., fév. et merc. midi – **Repas** 79 (déj.), 98/165 ⵢ, enf. 48 – ⵣ 38 – **29 ch** 290/350 –
½ P 278/308

PLAN-DU-VAR 06 Alpes-Mar. 🔠 ⑲, 🔢 ⑯ – ✉ 06670 Levens.

Voir Gorges de la Vésubie★★★ NE – Défilé du Chaudan★★ N : 2 km.

Env. Bonson : site★, ≤★★ de la terrasse de l'église, retable de St-Benoît★ dans l'église
NO : 9 km, G. Côte d'Azur.

Paris 872 – Antibes 39 – Cannes 49 – Nice 33 – Puget-Théniers 34 – Vence 27.

✗✗ **Cassini** avec ch, rte Nationale ✆ 04 93 08 91 03, Fax 04 93 08 45 48, 🏤 – 📺 ✆ ⵦ. 🆔
🆖
fermé 12 au 25 nov., vacances de fév., dim. soir sauf juil.-août et lundi – **Repas** (80) -
140/230 ⵕ, enf. 60 – ⵣ 30 – **10 ch** 140/250 – ½ P 200/250

PLAPPEVILLE 57 Moselle 🔠 ⑬ – rattaché à Metz.

PLASCASSIER 06 Alpes-Mar. 🔠 ⑧ – rattaché à Valbonne.

PLATEAU D'ASSY 74480 H.-Savoie **74** ⑧ G. Alpes du Nord.

Voir ❄★★★ – Église★ : décoration★★ – Pavillon de Charousse ❄★★ O : 2,5 km puis 30 mn –
Lac Vert★ NE : 5 km – Plaine-Joux ≼★★ NE : 5,5 km.

🛈 Office de Tourisme av. J.-Arnaud ℘ 04 50 58 80 52, Fax 04 50 93 83 74.

Paris 602 – Chamonix-Mont-Blanc 29 – Annecy 84 – Bonneville 44 – Megève 23.

♡ **Tourisme** sans rest, ℘ 04 50 58 80 54, Fax 04 50 93 02 11, ≼, 🚗 ☎ 🅿. 🍴
fermé 15 juin au 3 juil., 14 oct. au 1er nov. et lundi – ⌥ 32 – **14 ch** 130/250

PLÉNEUF-VAL-ANDRÉ 22370 C.-d'Armor **59** ④ – 3 600 h alt. 52 – Casino au Val-André.

Paris 447 – St-Brieuc 28 – Dinan 43 – Erquy 9 – Lamballe 16 – St-Cast 30 – St-Malo 53.

au Val-André Ouest : 2 km, G. Bretagne – ✉ 22370 Pléneuf-Val-André :

Voir Pointe de Pléneuf★ N 15 mn – Le tour de la Pointe de Pléneuf ≼★★ N 30 mn.

🛈 Office de Tourisme 1 r. W.-Churchill ℘ 02 96 72 20 55, Fax 02 96 63 00 34.

🏨🏨 **Grand Hôtel du Val André** ⯎, 80 r. Amiral Charner ℘ 02 96 72 20 56,
Fax 02 96 63 00 24, ≼, 🚗 – 🛏 ☎ & 🅿 – 🕍 30. 🍴. ❄ rest
hôtel : 11 mars-13 nov. – **Repas** (1er mai-1er oct. et fermé lundi et mardi sauf juil.-août)
(dîner seul. en semaine) 90/165 – ⌥ 47 – **39 ch** 437/487 – ½ P 399/449

✕✕ **Au Biniou**, 121 r. Clemenceau ℘ 02 96 72 24 35, Fax 02 96 63 03 23 – 🍴
✕ fermé fév., mardi soir et merc. sauf juil.-août – **Repas** 95/200 🍷, enf. 60

✕✕ **Mer** avec ch, r. Amiral Charner ℘ 02 96 72 20 44, Fax 02 96 72 85 72 – 🛏 ☎. 🍴 🍴
fermé 15 nov. au 20 déc., 3 janv. au 3 fév. et mardi d'oct. à mars – **Repas** 77 (déj.), 95/260 🍷,
enf. 42 – ⌥ 35 – **12 ch** 350 – ½ P 335/380

Annexe Nuit et Jour 🛏 sans rest, – cuisinette 🛏 ☎. 🍴 🍴
⌥ 35 – **8 ch** 300/350

PLESSIS-PICARD 77 S.-et-M. **61** ① ②., **106** ㉝ – rattaché à Melun.

PLESTIN-LES-GRÈVES 22310 C.-d'Armor **58** ⑦ G. Bretagne – 3 237 h alt. 45.

Voir Lieue de Grève★ – Corniche de l'Armorique★ N : 2 km.

🛈 Office de Tourisme pl. de la Mairie ℘ 02 96 35 61 93, Fax 02 96 54 12 54.

Paris 529 – Brest 78 – Guingamp 46 – Lannion 18 – Morlaix 21 – St-Brieuc 78.

🛏 **Côtes d'Armor**, rte Corniche Nord : 4 km par D 42 ℘ 02 96 35 63 11, Fax 02 96 35 67 04,
≼, 🚗 – 🛏 ☎ 🅿 & 🅿. 🍴 🍴
1er avril-2 nov., fermé mardi midi hors saison et lundi sauf le soir en saison – **Repas** (90) –
120/195 🍷, enf. 60 – ⌥ 45 – **20 ch** 335/375 – ½ P 340/365

🛏 **Les Panoramas** sans rest, rte Corniche Nord : 5,5 km par D 42 ℘ 02 96 35 63 76,
Fax 02 96 35 09 10, ≼ – 🛏 ☎ 🅿 & 🅿. 🍴 🍴
fermé lundi d'oct. à mai – ⌥ 42 – **13 ch** 270/370

PLEURS 51230 Marne **61** ⑥ – 713 h alt. 90.

Paris 124 – Troyes 54 – Châlons-en-Champagne 50 – Épernay 50 – Sézanne 14.

✕✕ **Paix** avec ch, ℘ 03 26 80 10 14, Fax 03 26 80 12 69 – 🍴 rest, 🛏 ☎ 🅿. 🍴
🍴 fermé 15 juil. au 4 août, 26 déc. au 8 janv., dim. soir et lundi – **Repas** 70/265 🍷, enf. 50 –
⌥ 35 – **7 ch** 220 – ½ P 220

PLÉVEN 22130 C.-d'Armor **59** ⑤ – 578 h alt. 80.

Voir Ruines du château de la Hunaudaie★ SO : 4 km, G. Bretagne.

Paris 430 – St-Malo 37 – Dinan 24 – Dinard 31 – St-Brieuc 37.

🏨🏨 **Manoir de Vaumadeuc** ⯎, ℘ 02 96 84 46 17, Fax 02 96 84 40 16, « Manoir du
15e siècle dans un parc » – ☎ 🅿. 🍴 🍴 🍴. ❄ rest
22 avril-1er nov. – **Repas** (dîner seul.)(résidents seul.) 195/290 🍷 – ⌥ 50 – **13 ch** 590/1100 –
½ P 490/745

PLEYBER-CHRIST 29410 Finistère **58** ⑥ G. Bretagne – 2 828 h alt. 131.

Paris 549 – Brest 54 – Châteaulin 48 – Morlaix 11 – Quimper 67 – St-Pol-de-Léon 27.

🛏 **Gare**, ℘ 02 98 78 43 76, Fax 02 98 78 49 78, 🚗 – 🛏 ☎ 🍴. 🍴 🍴. ❄
fermé 20 déc. au 10 janv., dim. soir sauf juil.-août et sam. midi – **Repas** 65 (déj.), 92/175 🍷 –
⌥ 32 – **8 ch** 230/265 – ½ P 240/285

PLOEMEUR *56270 Morbihan* 58 ⑫ – *17 637 h alt. 45.*
Paris 507 – Vannes 62 – Concarneau 50 – Lorient 6 – Quimper 67.

à Lomener *Sud : 4 km par D 163 – ✉ 56270 Ploemeur :*

Vivier ⛺, ☎ 02 97 82 99 60, *Fax 02 97 82 88 89,* ≤ île de Groix – TV ☎ ✆ 🚗 P. AE ⓓ GB
fermé 12 au 26 nov. et dim. soir sauf juil.-août – **Repas** 110/250 ♀, enf. 75 – ☕ 50 – **14 ch** 370/530 – ½ P 450/500

PLOËRMEL *56800 Morbihan* 63 ④ – *6 996 h alt. 93.*
ℹ *Office de Tourisme 5 r. du Val* ☎ *02 97 74 02 70, Fax 02 97 73 31 82.*
Paris 416 – Vannes 47 – Lorient 88 – Loudéac 43 – Rennes 69.

Roi Arthur M ⛺, au lac au Duc : 1,5 km par D 8 ☎ 02 97 73 64 64, *Fax 02 97 73 64 50,* ≤, parc, « Au bord d'un lac et d'un golf », Fб, 🏊 – |‡| cuisinette, ▤ rest, TV ☎ ✆ ♿ P – 🏛 100. AE ⓓ GB
fermé 10 au 28 fév. – **Repas** *(100)* - 135/240 – ☕ 58 – **46 ch** 420/590, 12 duplex – ½ P 405/445

Lancelot M ⛺ sans rest, au lac au Duc : 1,5 km par D 8 ☎ 02 97 73 58 58, *Fax 02 97 73 58 59* – ▤ TV ☎ ✆ ♿ P – 🏛 70 à 150. AE GB
fermé janv. – ☕ 55 – **28 ch** 420/480

PLOEUC-SUR-LIÉ *22150 C.-d'Armor* 58 ⑩ – *2 932 h alt. 207.*
Paris 456 – St-Brieuc 22 – Lamballe 27 – Loudéac 23.

Commerce, ☎ 02 96 42 10 36, *Fax 02 96 42 85 77,* 🌳, 🪑 – ☎. GB
fermé 23 janv. au 21 fév., dim. soir et lundi de nov. à mars – **Repas** *(55)* - 68/148 ♀, enf. 40 – ☕ 30 – **42 ch** 150/220 – ½ P 230

PLOGOFF *29770 Finistère* 58 ⑬ – *1 902 h alt. 70.*
Paris 613 – Quimper 47 – Audierne 10 – Douarnenez 30 – Pont-l'Abbé 42.

Ker-Moor, rte Audierne : 2,5 km ☎ 02 98 70 62 06, *Fax 02 98 70 32 69,* ≤ – TV ☎ ✆ P. AE GB – **Repas** 82/330 ♀, enf. 50 – ☕ 42 – **18 ch** 180/420 – ½ P 276/376

PLOMBIÈRES-LES-BAINS *88370 Vosges* 62 ⑯ *G. Alsace Lorraine – 2 084 h alt. 429 – Stat. therm. (avril-fin oct.).*
Voir *La Feuillée Nouvelle* ≤★ *5 km par* ②.
ℹ *Office de Tourisme 16 r. Stanislas* ☎ *03 29 66 01 30, Fax 03 29 66 01 94.*
Paris 379 ④ *– Épinal 37* ④ *– Belfort 75* ② *– Gérardmer 43* ① *– Vesoul 53* ② *– Vittel 61* ④.

PLOMBIÈRES-LES-BAINS

Église (Pl. de l')	3
Français (Av. Louis)	4
Franche-Comté (Av. de)	5
Gaulle (Av. du Gén.-de)	8
Hôtel-de-Ville (Rue de l')	9
Léopold (Av. du Duc)	10
Liétard (R.)	13
Stanislas (R.)	16

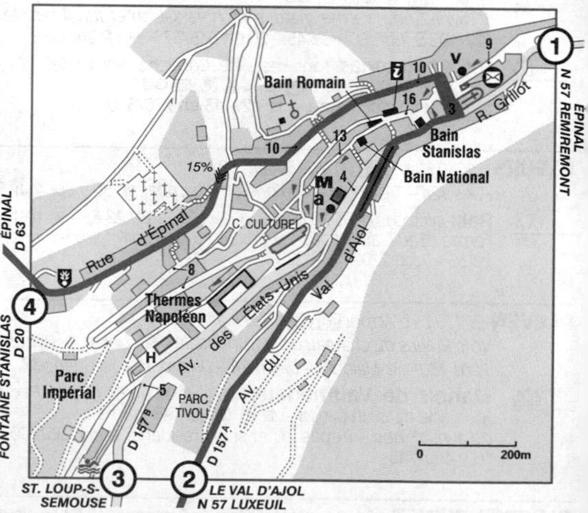

Pour un bon usage des plans de villes voir les signes conventionnels dans l'introduction.

Beauséjour, 26 av. L. Français **(a)** ☎ 03 29 66 01 50, *Fax 03 29 66 09 45,* 🌳 – |‡|, ▤ rest, TV ☎ ✆. AE GB – **Repas** 85/145 ♀ – ☕ 45 – **23 ch** 315/355 – ½ P 255/330

Commerce, r. Hôtel de Ville **(v)** ☎ 03 29 66 00 47, *Fax 03 29 30 01 18,* 🏖 – TV ☎. ⓓ GB
1er avril-20 oct. – **Repas** *(60)* - 85/170 🍷, enf. 47 – ☕ 30 – **42 ch** 195/215 – ½ P 185/230

près de la Fontaine Stanislas *par ④ et D 20 : 4 km – alt. 600 –* ⊠ *88370 Plombières-les-B. :*

🏠 **Fontaine Stanislas** ॐ, *ℰ* 03 29 66 01 53, *Fax* 03 29 30 04 31, ≤, « En forêt », ☞ – ⛌
Ⓦ ॐ ❦ ⇐ 🄿 🄰🄴 🄶🄱, ※ rest
1er avril-15 oct. – **Repas** 98/220 ₰, enf. 60 – ⊑ 40 – **16 ch** 165/330 – ½ P 290

PLOMEUR *29120 Finistère* 🄻🄷 ⑭ *G. Bretagne – 3 272 h alt. 33.*
Paris 582 – Quimper 26 – Douarnenez 34 – Pont-l'Abbé 6.

🏠🏠 **Ferme du Relais Bigouden** ॐ sans rest, à Pendreff, rte Guilvinec : 2,5 km
ℰ 02 98 58 01 32, *Fax* 02 98 82 09 62, ☞ – Ⓦ ☎ 🄿, 🄶🄱
1er mars-31 oct. – ⊑ 36 – **16 ch** 280/320

PLOMODIERN *29550 Finistère* 🄻🄷 ⑮ *– 1 912 h alt. 60.*
Voir Retables* de la chapelle Ste-Marie-du-Ménez Hom N : 3,5 km – Charpente* de la
chapelle St-Côme NO : 4,5 km.
Env. Ménez-Hom ※ ⁂ N : 7 km par D 47, G. Bretagne.
🄱 *Office de Tourisme pl. de l'Église ℰ* 02 98 81 27 37.
Paris 562 – Quimper 28 – Brest 61 – Châteaulin 14 – Crozon 25 – Douarnenez 20.

🏠 **Porz-Morvan** ॐ sans rest, Est : 3 km par rte secondaire *ℰ* 02 98 81 53 23,
Fax 02 98 81 28 61, ☞, ※ – Ⓦ ☎ 🄿, 🄶🄱
1er avril-30 sept., week-ends et vacances scolaires – ⊑ 35 **12 ch** 300/320

※※ **Auberge des Glazicks,** *ℰ* 02 98 81 52 32, *Fax* 02 98 81 52 32 – 🄶🄱. ※
☜ fermé 2 au 31 oct., 28 fév. au 7 mars, mardi sauf le soir en juil.-août et lundi – Repas
130/450 ₰, enf. 70

Pas de publicité payée dans ce guide.

PLONÉOUR-LANVERN *29720 Finistère* 🄻🄷 ⑭ *– 4 619 h alt. 71.*
Paris 581 – Quimper 25 – Douarnenez 25 – Guilvinec 15 – Plouhinec 21 – Pont-l'Abbé 7.

🏠 **Voyageurs,** derrière l'église *ℰ* 02 98 87 61 35, *Fax* 02 98 82 62 82 – ▤ rest, Ⓦ ☎ ❦ 🄿.
🄰🄴 ① 🄶🄱
fermé 3 au 15 nov., vend. soir et sam. hors saison – **Repas** (59) -71 (déj.), 100/295 ₰, enf. 55 –
⊑ 38 – **12 ch** 210/320 – ½ P 270/295

🏯 **Ty Didrouz** ॐ, r. Croas ar Bléon *ℰ* 02 98 87 62 30, *Fax* 02 98 82 62 43 – Ⓦ ☎ ❦ ♿ 🄿.
🄶🄱 🄶🄱.
fermé Noël au 1er janv. – **Repas** (fermé vend. soir hors saison) 54 bc (déj.), 68/210 ₰ – ⊑ 33
– **15 ch** 240/260 – ½ P 260/280

PLOUBALAY *22650 C.-d'Armor* 🄻🄶 ⑤ *G. Bretagne – 2 334 h alt. 32.*
Voir Château d'eau ※⁑ : 1 km NE
Paris 410 – St-Malo 17 – Dinan 18 – Dol-de-Bretagne 34 – Lamballe 36 – St-Brieuc 56.

※※ **Gare,** 4 r. Ormelets *ℰ* 02 96 27 25 16, *Fax* 02 96 82 63 22, 😊 – 🄰🄴 🄶🄱. ※
☜ fermé mardi midi et merc. midi en juil.-août, mardi soir et merc. de sept. à juin – Repas
105/220 ₰

PLOUDALMÉZEAU *29830 Finistère* 🄻🄷 ③ *– 4 874 h alt. 57.*
Voir Clocher-porche* de Lampaul-Ploudalmézeau N : 3 km, G. Bretagne.
🄱 *Office de Tourisme (15 juin-15 sept.) pl. Chanoine Grall ℰ* 02 98 48 12 88, *Fax* 02 98
48 11 88.
Paris 612 – Brest 25 – Landerneau 43 – Morlaix 75 – Quimper 94.

※ **Voyageurs** avec ch, pl. Église *ℰ* 02 98 48 10 13, *Fax* 02 98 48 19 92 – Ⓦ ☎. 🄶🄱
☜ **Repas** (fermé dim. soir et lundi d'oct. à avril) (49) - 80/195 ₰ – ⊑ 40 – **9 ch** 180/270 –
½ P 240/300

PLOUER-SUR-RANCE *22490 C.-d'Armor* 🄻🄶 ⑥ *G. Bretagne – 2 438 h alt. 62.*
Paris 409 – St-Malo 23 – Dinan 11 – Dol-de-Bretagne 20 – Lamballe 52 – St-Brieuc 69.

🏠🏠 **Manoir de Rigourdaine** ॐ sans rest, rte de Langrolay puis rte secondaire : 3 km
ℰ 02 96 86 89 96, *Fax* 02 96 86 92 46, ≤, parc, « Ancienne ferme dominant l'estuaire de la
Rance » – Ⓦ ☎ ❦ ♿ 🄿. 🄰🄴 🄶🄱. ※
1er avril-15 nov. – ⊑ 40 – **14 ch** 330/450, 5 duplex

PLOUESCAT 29430 Finistère 🖫🖫 ⑤ G. Bretagne – 3 689 h alt. 30.

🏛 Office de Tourisme (juin-août) 8 r.de la Mairie 𝒫 02 98 69 62 18, Fax 02 98 61 91 74 et (hors saison) à la Mairie 𝒫 02 98 69 60 13.

Paris 570 – Brest 48 – Brignogan-Plages 16 – Morlaix 33 – Quimper 92 – St-Pol-de-Léon 15.

× **L'Azou**, r. Gén. Leclerc 𝒫 02 98 69 60 16, Fax 02 98 61 91 26 – 🖭 ⓪ 🖭
♋ fermé 25 sept. au 18 oct., merc. midi et mardi sauf juil.-août – **Repas** (65 bc) - 82/300 ⅋, enf. 52

PLOUFRAGAN 22 C.-d'Armor 🖫🖫 ③ – rattaché à St-Brieuc.

PLOUGASTEL-DAOULAS 29470 Finistère 🖫🖫 ④ G. Bretagne – 11 139 h alt. 113.

Voir Calvaire★★ – Site★ de la chapelle St-Jean NE : 5 km – Kernisi ❋★ SO : 4,5 km.

Env. Pointe de Kerdéniel ❋★★ SO : 8,5 km puis 15 mn.

Paris 595 – Brest 11 – Morlaix 59 – Quimper 63.

🏛 **Kastel Roc'h**, à l'échangeur de la D 33^A 𝒫 02 98 40 32 00, Fax 02 98 04 25 40, ☞ – 🕼 🖵
♋ ☎ 🖭 – 🛦 20 à 80. 🖭 🖭. ❋ rest
fermé 1er au 10 janv. – **Repas** (fermé dim. soir d'oct. à mai) (60) - 75/135 ⅃, enf. 50 – � 40 –
46 ch 400/450 – ½ P 430

×× **Chevalier de l'Auberlac'h**, r. Mathurin Thomas 𝒫 02 98 40 54 56, Fax 02 98 40 65 16,
🕼 – 🖭 🖭
fermé dim. soir – **Repas** 78 (déj.), 130/175

PLOUGUERNEAU 29880 Finistère 🖫🖫 ④ – 5 255 h alt. 60.

🏛 Office de Tourisme 𝒫 02 98 04 70 93, Fax 02 98 04 58 75.

Paris 605 – Brest 26 – Landerneau 36 – Morlaix 69 – Quimper 92.

à la Plage de Lilia Nord-Ouest : 5 km par D 71 :

🏛 **Castel Ac'h**, 𝒫 02 98 04 70 11, Fax 02 98 04 58 43, ≤ – 🖵 ☎ 🖭. 🖭. ❋ rest
fermé 6 janv. au 2 fév., dim. soir et lundi d'oct. à avril – **Repas** 90 (déj.), 145/260 – ☐ 45 –
25 ch 200/300 – ½ P 260/340

PLOUHINEC 29780 Finistère 🖫🖫 ⑭ – 4 524 h alt. 101.

Paris 596 – Quimper 33 – Audierne 5 – Douarnenez 17 – Pont-l'Abbé 28.

🏛 **Ty Frapp**, r. de Rozavot 𝒫 02 98 70 89 90, Fax 02 98 70 81 04 – 🖵 ☎ 🗶 🖭. 🖭. ❋ ch
♋ fermé nov., déc., dim. soir et lundi sauf juil.-août – **Repas** 72/200 ⅃, enf. 50 – ☐ 38 – **16 ch**
280 – ½ P 320

PLOUMANACH 22 C.-d'Armor 🖫🖫 ① – rattaché à Perros-Guirec.

PLUGUFFAN 29 Finistère 🖫🖫 ⑮ – rattaché à Quimper.

POCÉ-SUR-CISSE 37 I.-et-L. 🖫🖫 ⑯ – rattaché à Amboise.

Le POËT-LAVAL 26 Drôme 🖫🖫 ② – rattaché à Dieulefit.

POILHES 34 Hérault 🖫🖫 ⑭ – rattaché à Capestang.

POILLY-LEZ-GIEN 45 Loiret 🖫🖫 ② – rattaché à Gien.

POINCY 77 S.-et-M. 🖫🖫 ⑬ – rattaché à Meaux.

POINTE voir au nom propre de la pointe.

POINT-SUBLIME 04 Alpes-de-H.-P. 🖫🖫 ⑥, 🖫🖫 ⑨ G. Alpes du Sud – ✉ 04120 Castellane.

Voir ≤★★★ sur Grand Canyon du Verdon 15 mn – Couloir Samson★★ S : 1,5 km – Rougon
≤★ N : 2,5 km – Clue de Carejuan★ E : 4 km.

Env. Belvédères SO : de l'Escalès★★★ 9 km, de Trescaïre★★ 8 km, du Tilleul★★ 10 km, des
Glacières★★ 11 km, de l'Imbut★★ 13 km.

Paris 800 – Digne-les-Bains 72 – Castellane 18 – Draguignan 52 – Manosque 76.

× **Auberge du Point Sublime** avec ch, 𝒫 04 92 83 60 35, Fax 04 92 83 74 31, ≤, 🕼 – ☎
🖭. 🖭
1er avril-2 nov. – **Repas** (74 bc) - 110/200 ⅋, enf. 52 – ☐ 39 – **14 ch** 250/300 – ½ P 260/280

Le POIRÉ-SUR-VIE *85170 Vendée* 🄌 ⑬ *5 326 h alt. 42.*

Paris 436 – La Roche-sur-Yon 16 – Cholet 66 – Nantes 54 – Les Sables-d'Olonne 43.

🏠 **Centre,** ℘ 02 51 31 81 20, Fax 02 51 31 88 21, 🏊, 🌳 – 📺 ☎ – 🏛 15. 🆎 ⒼⒷ
🚗 fermé dim. soir – **Repas** (48) - 75/278 ⴲ – 🍴 38 – **27 ch** 225/345 – ½ P 186/268

POISSON *71 S.-et-L.* 🄌 ⑪ – *rattaché à Paray-le-Monial.*

POISSY *78 Yvelines* 🄌 ⑲,, **106** ⑰,, **101** ⑫ – *voir à Paris, Environs.*

POITIERS 🅿 *86000 Vienne* 🄌 ⑬ ⑭ *G. Poitou Vendée Charentes* *78 894 h Agglo. 107 625 h alt. 116.*

Voir Église N.-D.-la-Grande★★ (façade★★★) – Église St-Hilaire-le-Grand★★ – Cathédrale St-Pierre★ – Église Ste-Radegonde★ DZ D – Baptistère St-Jean★ – Grande salle★ du Palais de Justice DY J – Boulevard Coligny ← ★ – Musée Ste-Croix★★.

Env. Le Futuroscope★★ : Images-Studio★★★ *12 km par* ①.

✈ de Poitiers Biard : ℘ 05 49 30 04 40 AV

🄱 Office de Tourisme 8 r. Grandes-Écoles ℘ 05 49 41 21 24, Fax 05 49 88 65 84.

Paris 338 ① – *Angers 133* ⑥ – *Limoges 121* ③ – *Nantes 183* ⑥ – *Niort 75* ⑤ – *Tours 103* ①.

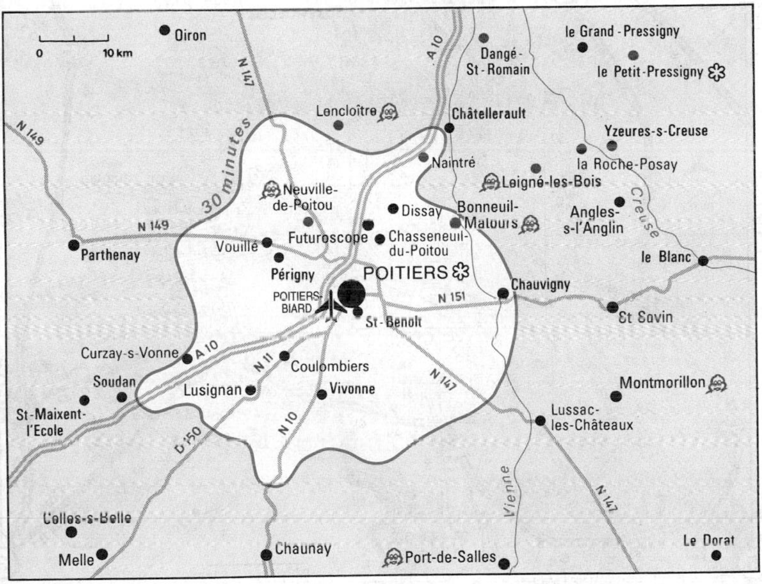

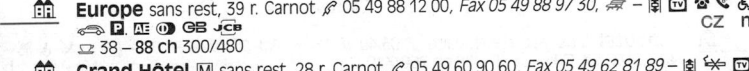

🏩 **Europe** sans rest, 39 r. Carnot ℘ 05 49 88 12 00, Fax 05 49 88 97 30, 🌳 – 🛗 📺 ☎ ✆ 🕭
🚗 🅿. 🆎 ⓞ ⒼⒷ ⒿⒸⒷ
🍴 38 – **88 ch** 300/480   CZ n

🏩 **Grand Hôtel** Ⓜ sans rest, 28 r. Carnot ℘ 05 49 60 90 60, Fax 05 49 62 81 89 – 🛗 ⚡ 📺
🔵100 ☎ ✆ 🕭 🚗, 🆎 ⓞ ⒼⒷ   CZ k
🍴 49 – **41 ch** 399/499, 6 appart

🏩 **Frémont** sans rest, 32 bd Abbé Frémont ℘ 05 49 37 31 31, Fax 05 49 37 67 42 – 📺 ☎ 🕭
🕭 🅿. ⒼⒷ   DY h
🍴 40 – **10 ch** 330/390

🏠 **Mascotte** Ⓜ. Z.I. République 2 ℘ 05 49 88 42 42, Fax 05 49 88 42 44, 🛁 – ⚡ 📺 ☎ ✆ 🕭
🚗 🅿 – 🏛 30. 🆎 ⓞ ⒼⒷ   AV d
Repas (fermé sam. et dim.) 75/125 ⴲ – 🍴 42 – **46 ch** 295/380 – ½ P 285

🏠 **Ibis Beaulieu,** quartier Beaulieu ℘ 05 49 61 11 02, Fax 05 49 01 72 76 – ⚡ 🍴 📺 ☎ ✆
🚗 🕭 🖥 – 🏛 40. 🆎 ⓞ ⒼⒷ   BX t
Repas (fermé dim. midi et fériés) (75) - 82 🍴, enf. 39 – 🍴 36 – **47 ch** 295/350

POITIERS

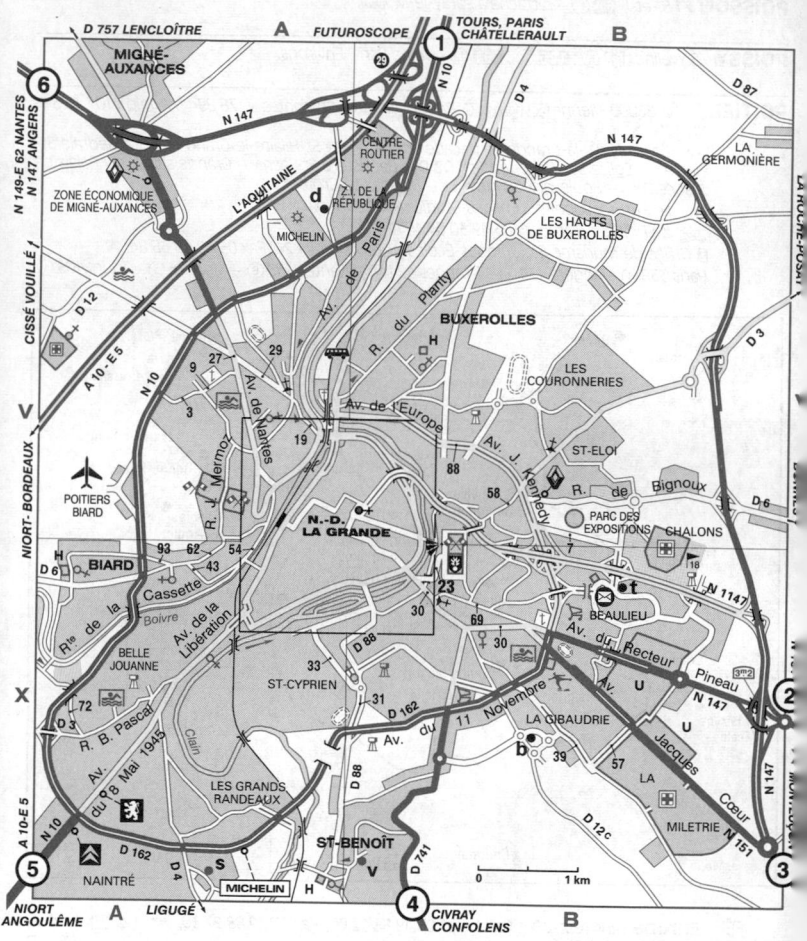

Gibautel sans rest, rte Nouaillé ℰ 05 49 46 16 16, *Fax 05 49 46 85 97* – 📺 ☎ ❤ & 🖭 –
🔏 25. 🖭 ① 🆖 – ⏤ 35 – **36 ch** 250/310
    BX b

Maxime, 4 r. St-Nicolas ℰ 05 49 41 09 55, *Fax 05 49 41 09 55* – 🍽. 🖭 ① 🆖 🆓
fermé 14 juil. au 15 août, sam (sauf le midi d'oct. à fév.) et dim. – **Repas** 100/260 et carte
260 à 380 ⅊
    DZ u

des 3 Piliers (Massonnet), 37 r. Carnot ℰ 05 49 55 07 03, *Fax 05 49 50 16 03*, 🏠 – 🍽. 🖭
🆖
    CZ n
fermé dim. soir et lundi sauf fériés – **Repas** 140 (déj.), 180/260 et carte 310 à 410 ⅊
Spéc. Ravioles de langoustines au basilic. Noix de ris de veau braisée aux cèpes (sept. à
oct.). Gourmandise au chocolat. **Vins** Haut-Poitou.

St-Hilaire, 65 r. T. Renaudot ℰ 05 49 41 15 45, *Fax 05 49 60 20 32*, « Salle voûtée du
12ᵉ siècle, ambiance médiévale » – 🍽. 🖭 ① 🆖
    CZ b
fermé 1ᵉʳ au 15 janv., lundi sauf le midi en juil.-août et dim. – **Repas** 99/290 ⅊, enf. 90

POITIERS

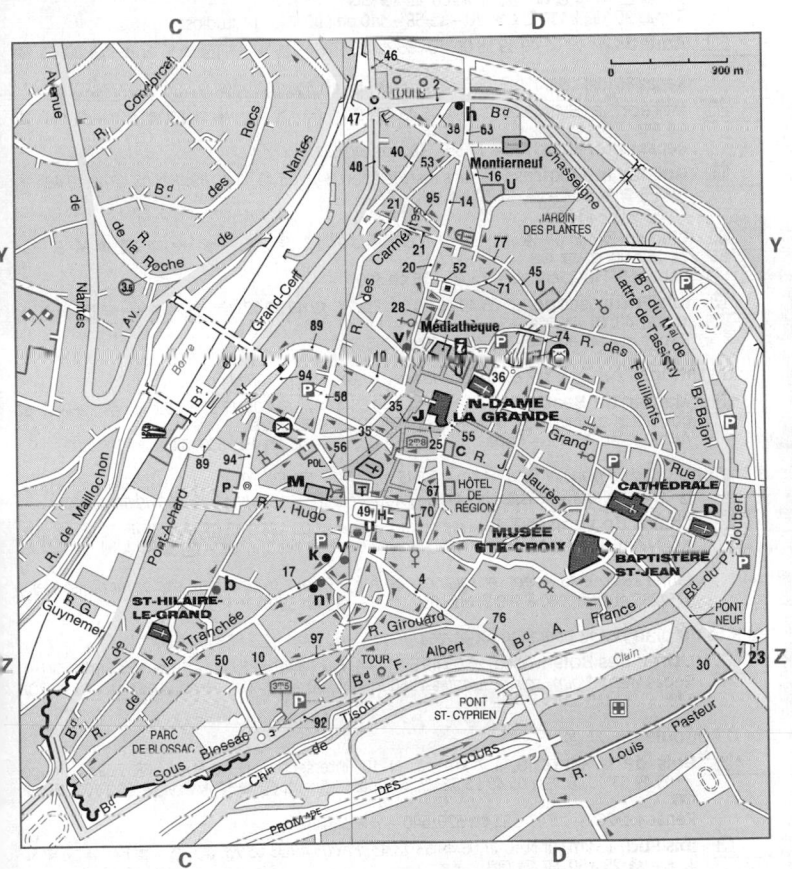

Abbé-Frémont (Bd)	DY	2
Alexandre (R. J.)	DZ	4
Blossac (R. de)	CZ	10
Boncenne (R.)	CDY	12
Bouchet (R. Jean)	DY	14
Bretonnerie (R. de la)	DY	16
Carnot (R.)	CZ	17
Chaine (Rue de la)	DY	20
Champagne (R. de)	DY	21
Coligny (Bd)	DZ	23
Cordeliers (R. des)	DY	25
Descartes (R. René)	DY	28
Fg-du-Pont-Neuf	DZ	30
Gambetta (R.)	DY	35
Gaulle (Pl. Ch. de)	DY	36
Gabillet (R. H.)	DY	38
Grand-Rue	DY	
Grignon de Montfort (R.)	DY	40
Hôtel-Dieu (R. de l')	DY	45
Intendant-le-Nain (R. de l')	DY	46
Jean-de-Berry (Pl.)	DY	47
Jeanne-d'Arc (Bd)	DY	48
Leclerc (Pl. du Mar.)	DZ	49
Léopold (R.)	CZ	50
Libération (Av. de la)	CZ	51
Liberté (Pl. de la)	DY	52
Macé (R. Jean)	DY	53
Marché-N.-Dame (R. du)	DYZ	55
Marne (R. de la)	CY	56
Mouton (R. du)	DY	63
Oudin (R. H.)	DY	67
Puygarreau (R. du)	DZ	70
Rat (R. Pierre)	DY	71
Riffault (R.)	DY	74
St-Cyprien (R.)	DZ	76
St-Germain (R.)	DY	77
Solférino (Bd)	CY	89
Tison (Bd de)	CZ	92
Verdun (Bd de)	CY	94
3 Rois (R. des)	DY	95
125e-R.-I. (R. du)	CZ	97

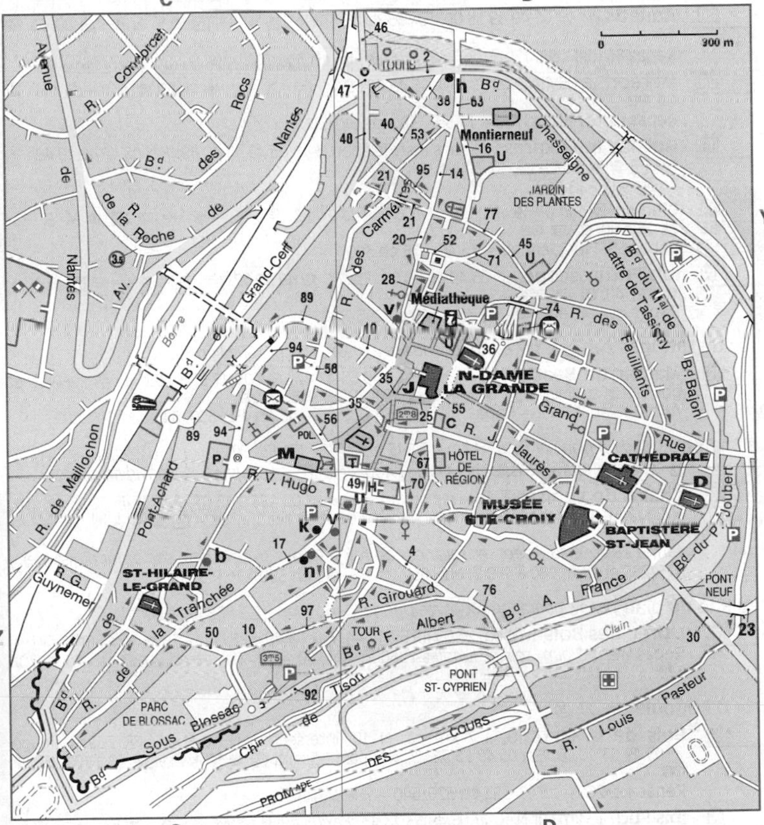

X **Pavé de la Villette,** 21 r. Carnot ✆ 05 49 60 49 49, *Fax 05 49 50 63 41* – ▤. AE ⓓ GB CZ v
fermé sam. midi et dim. – **Repas** 100/130 ♀, enf. 50

X **L'Aquarium,** 12 r. Croix-Blanche ✆ 05 49 88 92 33, *Fax 05 49 88 92 33* – GB DY v
fermé 1er au 15 août, sam. midi et dim. – **Repas** - produits de la mer - 109/219 ♀, enf. 48

à Chasseneuil-du-Poitou *par ① : 9 km – 3 002 h. alt. 75 – ✉ 86360 :*

Office de Tourisme pl. du Centre ✆ 05 49 52 83 64, Fax 05 49 52 59 31 (hors saison) ✆ 05 49 52 77 19.

Mercure M, N 10 ✆ 05 49 52 90 41, *Fax 05 49 52 51 72*, – ▤ TV ☎ ✆ & P – 25 à 110. AE ⓓ GB
Repas *(90)* - 130, enf. 65 – ☕ 55 – **89 ch** 480/590

🏨 **Château Clos de la Ribaudière** ⚘, au village ℰ 05 49 52 86 66, Fax 05 49 52 86 32, 屛, parc, ⊼ – ৠ, ■ rest, ⊡ ☎ ℰ ৬, ℙ – 🔏 80. ▦ ◑ ☜ ⋐
Repas 130 (déj.), 160/295 ♀ – ⇌ 60 – **41 ch** 390/820 – ½ P 450/490

au Futuroscope par ① : 12 km – ⊠ 86360 Chasseneuil-du-Poitou :

🏰 **Park Plaza** Ⓜ, Téléport 1 ℰ 05 49 49 07 07, Fax 05 49 49 55 49, 屛, 🎿, ⊼ – ৠ ⇔, ■ rest, ⊡ ☎ ℰ ৬, ℙ – 🔏 20 à 160. ▦ ◑ ☜ ⋐
Repas (118) - 142/215 – ⇌ 95 – **279 ch** 790/1170, 4 appart – ½ P 1060/2220

🏰 **Novotel Futuroscope** Ⓜ, ℰ 05 49 49 91 91, Fax 05 49 49 91 90, 屛, ⊼ – ৠ cuisinette ⇔= ■ ⊡ ⊡ ☎ ℰ ৬, ℙ – 🔏 30 à 200. ▦ ◑ ☜
Repas 90 (déj.)/130 ♀, enf. 70 – ⇌ 58 – **110 ch** 590/710, 18 studios

🏨 **Aquatis** Ⓜ, ℰ 05 49 49 55 00, Fax 05 49 49 55 01 – ৠ ⇔= ■ ⊡ ☎ ℰ ৬, ℙ – 🔏 80. ▦ ◑ ☜
Repas 86 (déj.), 99/120 ♀, enf. 49 – ⇌ 48 – **84 ch** 330/395

🏨 **Météor**, ℰ 05 49 49 09 10, Fax 05 49 49 09 11, 屛, ⊼ – ৠ ⇔= ■ ⊡ ☎ ℰ ৬, ℙ – 🔏 150. ▦ ◑ ☜
Repas carte environ 140 – ⇌ 59 – **300 ch** 340/500

🏨 **Holiday Inn Express** Ⓜ sans rest, Téléport 3 ℰ 05 49 49 10 49, Fax 05 49 49 10 48 – ৠ ⇔= ⊡ ☎ ℰ ৬, ℙ – 🔏 30. ▦ ◑ ☜
⇌ 30 – **194 ch** 430

🏨 **Clarine**, ℰ 05 49 49 01 01, Fax 05 49 49 01 10, 屛, ⊼ – ৠ ⇔= ■ ⊡ ☎ ℰ ৬, ℙ – ⊜ 🔏 25 à 60. ▦ ◑ ☜
Repas 65/110 ♨, enf. 45 – ⇌ 40 – **75 ch** 390

🏨 **Ibis Futuroscope**, ℰ 05 49 49 90 00, Fax 05 49 49 90 09, 屛, ⊼ – ৠ ⇔= ■ ⊡ ☎ ℰ ৬, ℙ – 🔏 40. ▦ ◑ ☜
Repas (75) - 95, enf. 40 – ⇌ 35 – **140 ch** 298/340

rte de Limoges par ③, N 147 et rte secondaire : 10 km – ⊠ 86550 Mignaloux :

🏨 **Manoir de Beauvoir** Ⓜ, ℰ 05 49 55 47 47, Fax 05 49 55 31 95, ≤, 屛, « Parc et golf » – ৠ cuisinette ⊡ ☎ ℰ ℙ – 🔏 25 à 80. ▦ ◑ ☜. ⅏ rest
fermé 16 au 27 déc. – Repas 108, enf. 55 – ⇌ 55 – **43 ch** 430/600, 3 appart 600/800

à St-Benoît Sud du plan par D 88 : 4 km – 5 843 h. alt. 77 – ⊠ 86280 .
🛈 Office de Tourisme (saison) salle de l'Abbaye ℰ 05 49 88 42 12, Fax 05 49 56 08 82.

XXX **Chalet de Venise** Ⓜ ⚘ avec ch, au village ℰ 05 49 88 45 07, Fax 05 49 52 95 44, 屛, « Élégante installation, jardin et terrasse au bord de l'eau », 🐎 – ⊡ ☎ ℰ ৬, ℙ. ▦ ◑ ☜ ⋐
fermé 28 août au 3 sept. et vacances de fév. – Repas (fermé dim. soir et lundi) 150 (déj.), 175/295 et carte 280 à 380 ♀, enf. 85 – ⇌ 45 – **12 ch** 380 – ½ P 375
BX   v

au Sud du plan par av. Libération AX et rte Ligugé (D 4) : 4 km – ⊠ 86280 St-Benoît :

XX **L'Orée des Bois** avec ch, ℰ 05 49 57 11 44, Fax 05 49 43 21 40 – ⊡ ☎ ℰ ℙ. ☜
Repas (fermé dim. soir et lundi) 85/260 ♀, enf. 60 – ⇌ 40 – **16 ch** 205/380 – ½ P 270/320
AX   s

rte d'Angoulême par ⑤ :

🏨 **Bois de la Marche**, à 7 km par N 10 (intersection N 10-N 11) ⊠ 86240 Ligugé ℰ 05 49 53 10 10, Fax 05 49 55 32 25, 屛, parc, ⊼ – ৠ ⊡ ☎ ℰ ৬, ℙ – 🔏 40 à 100. ▦ ◑ ☜
Repas 105/260 – ⇌ 49 – **53 ch** 320/540 – ½ P 314/424

🏨 **Ibis Sud**, à 3 km sur N 10 ℰ 05 49 53 13 13, Fax 05 49 53 03 73, 屛, ⊼ – ৠ ⇔= ■ ⊡ ☎ ℰ ৬, ℙ – 🔏 25 à 50. ▦ ◑ ☜
Repas (75) - 95 ♨, enf. 39 – ⇌ 35 – **82 ch** 360

🏨 **Mondial** sans rest, à 6 km par N 10 (sortie Hauts-de-Croutelle) ⊠ 86240 ℰ 05 49 55 44 00, Fax 05 49 55 33 49, ⊼ – ⊡ ☎ ℰ ℙ – 🔏 30. ▦ ◑ ☜
⇌ 38 – **40 ch** 270/450

XXX **Chênaie**, à 6 km par N 10 (sortie Hauts-de-Croutelle) ℰ 05 49 57 11 52, Fax 05 49 52 68 66, 屛, « Jolie salle à manger ouvrant sur le jardin », 🐎 – ℙ. ▦ ☜
fermé 24 au 30 janv., dim. soir et lundi sauf fériés – Repas 125/220 et carte 250 à 360

à Périgny par ⑥, N 149 et rte secondaire : 17 km – ⊠ 86190 Vouillé :

🏨 **Château de Périgny** ⚘, ℰ 05 49 51 80 43, Fax 05 49 51 90 09, ≤, 屛, « Anciennes demeures dans un grand parc », ⊼, ⅍ – ☎ – 🔏 25 à 80. ▦ ◑ ☜
Repas 125 (déj.), 155/325 ♀ – ⇌ 60 – **38 ch** 420/920, 4 appart – ½ P 475

POIX-DE-PICARDIE 80290 Somme 52 ⑰ G. Picardie Flandres Artois – 2 191 h alt. 106.
🛈 Office de Tourisme r. du Docteur Barbier ℰ 03 22 90 07 04, Fax 03 22 90 19 08.
Paris 134 – Amiens 30 – Abbeville 44 – Beauvais 47 – Dieppe 86 – Forges-les-Eaux 42.

à Caulières Ouest : 7 km par N 29 – 188 h alt. 185 – ⌧ 80590 :

XX **Auberge de la Forge**, ℰ 03 22 38 00 91, Fax 03 22 38 08 48 – ⊖⊟
Repas (dim. prévenir) (85) 100/260 ♀, enf. 50

POLIGNY 39800 Jura 70 ④ G. Jura – 4 714 h alt. 373.
Voir Collégiale★ – Culée de Vaux★ S : 2 km – Cirque de Ladoye ≤★★ S : 2 km.
🛈 Office de Tourisme cour des Ursulines ℰ 03 84 37 24 21, Fax 03 84 37 22 37.
Paris 397 – Besançon 58 – Dole 37 – Lons-le-Saunier 30 – Pontarlier 64.

🏠 **Paris** sans rest, 7 r. Travot ℰ 03 84 37 13 87, Fax 03 84 37 23 39, ☒ – ☎ ☞, ⊖⊟
2 fév.-2 nov – ⌹ 38 – **22 ch** 250/350 – ½ P 310/340

aux Monts de Vaux Sud-Est : 4,5 km par rte de Genève – ⌧ 39000 Poligny :

Voir ≤★.

🏛 **Hostellerie des Monts de Vaux** ॐ, ℰ 03 84 37 12 50, Fax 03 84 37 09 07, ≤, �╗,
parc, ⅍ – ☒ ☎ ✆ ☞ ☐ – ☆ 15. ⊠ ⓞ ⊖⊟
fermé début nov. au 27 déc., mardi sauf le soir en juil.-août et merc. midi de sept. à juin –
Repas 180 (déj.)/400 ♀ – ⌹ 75 – **10 ch** 600/950 – ½ P 750/900

à Passenans Sud-Ouest : 11 km par N 83 et D 57 – 281 h. alt. 320 – ⌧ 39230 :

🏨 **Revermont** ॐ, ℰ 03 84 44 61 02, Fax 03 84 44 64 83, ≤, �╗, ⅏, ✐, ⅍ – ⅋ ☒ ☎ ✆
☞ ☞ – ☆ 25. ⊠ ⓞ ⊖⊟
fermé 1ᵉʳ janv. au 1ᵉʳ mars, dim. soir et lundi d'oct. à mars – Repas 100/280 ♀ – ⌹ 48 – **28 ch**
335/425 – ½ P 310/355

à Montchauvrot Sud-Ouest : 13 km par N 83 – ⌧ 39230 Sellières :

🏨 **Fontaine**, ℰ 03 84 85 50 02, Fax 03 84 85 56 18, parc – ☒ ☎ ☞ – ☆ 40. ⊖⊟
fermé 21 déc. au 1ᵉʳ fév., dim. soir et lundi du 26 sept. à juin – Repas 90/260 ♀ – ⌹ 40 –
20 ch 230/350 – ½ P 290/320

POLLIAT 01310 Ain 74 ② – 2 025 h alt. 260.
Paris 414 – Mâcon 25 – Bourg-en-Bresse 11 – Lyon 74 – Villefranche-sur-Saône 54.

🏠 **Place**, ℰ 04 74 30 40 19, Fax 04 74 30 42 34 – ☎. ⊖⊟
fermé 1ᵉʳ au 15 juil., 1ᵉʳ au 15 oct., dim. soir et lundi – Repas 92/270 ♀, enf. 60 – ⌹ 35 – **8 ch**
140/290 – ½ P 225/270

X **Coq Bressan**, ℰ 04 74 30 40 16, Fax 04 74 25 75 91 – ⊖⊟
fermé 13 juin au 1ᵉʳ juil., 17 au 28 oct., 23 au 26 janv., mardi soir , merc. soir et jeudi – Repas
80/190

POLMINHAC 15800 Cantal 76 ⑫ – 1 135 h alt. 650.
Paris 561 – Aurillac 16 – Murat 36 – Vic-sur-Cère 5.

🏠 **Bon Accueil**, près gare ℰ 04 71 47 40 21, Fax 04 71 47 40 13, ≤, ⅏, ✐ – ▤ rest, ☎ ✆
☞. ⊖⊟. ⅍
fermé 15 oct. au 1ᵉʳ déc., dim. soir et lundi midi sauf vacances scolaires – Repas 65/145 ₰,
enf. 40 – ⌹ 38 – **23 ch** 245/290 – ½ P 240/265

La POMARÈDE 11400 Aude 82 ⑳ – 163 h alt. 304.
Paris 749 – Toulouse 54 – Auterive 58 – Carcassonne 48 – Castres 37 – Gaillac 72.

XX **Hostellerie du Château de la Pomarède**, ℰ 04 68 60 49 69, Fax 04 68 60 49 71,
🌬 – ☞. ⓞ ⊖⊟
fermé mardi midi et lundi – Repas 95 (déj.), 125/275, enf. 55

Send us your comments on the restaurants we recommend
and your opinion on the specialities and local wines they offer.

PONS 17800 Char.-Mar. **71** ⑤ G. Poitou Vendée Charentes – 4 412 h alt. 39.

Voir Donjon★ de l'ancien château – Hospice des Pèlerins★ SO par D 732 – Boiseries★ du château d'Usson 1 km par D 249.

🛈 Syndicat d'Initiative (15juin-15sept.) Donjon de Pons ℘ 05 46 96 13 31 Point d'Accueil 31 r. E.-Combes ℘ 05 46 96 11 92.

Paris 496 – Royan 42 – Blaye 60 – Bordeaux 98 – Cognac 23 – La Rochelle 101 – Saintes 23.

🏠🏠 **Auberge Pontoise,** 23 av. Gambetta ℘ 05 46 94 00 99, Fax 05 46 91 33 40, 🌳 – ▤ rest, 📺 ☎ 🚗. GB
fermé 8 au 31 janv., dim. soir et lundi d'oct. à mai – **Repas** 110/330 ♀ – ☲ 40 – **21 ch** 250/400 – ½ P 275/350

🏠🏠 **Bordeaux,** 1 av. Gambetta ℘ 05 46 91 31 12, Fax 05 46 91 22 25, 🌳 – 📺 ☎ 🔧 🚗. AE GB
fermé lundi midi et dim. d'oct. à Pâques – **Repas** 90/240 ⅃ – ☲ 40 – **15 ch** 200/260 – ½ P 240

à Pérignac Nord-Est : 8 km par rte de Cognac – 964 h. alt. 41 – ✉ 17800 :

✗✗ **Gourmandière,** ℘ 05 46 96 36 01, Fax 05 46 96 36 01, 🌳, 🌿 – GB
 🐾 fermé en mars, 2 au 26 oct., dim. soir et lundi – **Repas** 85 (déj.), 105/280

à Mosnac Sud : 11 km par rte Bordeaux et D 134 – 431 h. alt. 23 – ✉ 17240 :

🏰🏰 **Moulin de Marcouze** M ⤸, ℘ 05 46 70 46 16, Fax 05 46 70 48 14, « Élégante hostellerie au bord de la Seugne », ⻌, 🌿 – ▤ 📺 ☎ 🔧 ₺ 🅿. AE GB JCB
1ᵉʳ avril-31 oct. – **Repas** 160/275 – ☲ 80 – **10 ch** 575/780 – ½ P 760/810

Utilisez le guide de l'année.

PONTAILLAC 17 Char.-mar. **71** ⑮ – rattaché à Royan.

Le PONT-À-LA-PLANCHE 87 H.-Vienne **72** ⑥ – rattaché à St-Junien.

PONT-A-MOUSSON 54700 M.-et-M. **57** ⑬ G. Alsace Lorraine – 14 645 h alt. 180.

Voir Place Duroc★ – Anc. abbaye des Prémontrés★.

🛈 Office de Tourisme 52 pl. Duroc ℘ 03 83 81 06 90, Fax 03 83 82 45 84.
Paris 327 – Metz 31 – Nancy 29 – Toul 48 – Verdun 66.

🏠 **Bagatelle** sans rest, 47 r. Gambetta ℘ 03 83 81 03 64, Fax 03 83 81 12 63 – 📺 ☎ 🅿. GB
fermé 24 déc. au 2 janv. – ☲ 45 – **18 ch** 275/365

✗ **Fourneau d'Alain,** 64 pl. Duroc (1ᵉʳ étage) ℘ 03 83 82 95 09 – ❶ GB
fermé 2 au 15 nov., merc. soir et lundi – **Repas** (65) - 85 (déj.), 130/245 ♀

à Blénod-lès-Pont-à-Mousson Sud : 2 km par N 57 – 4 768 h. alt. 189 – ✉ 54700 :

✗ **Auberge des Thomas,** 100 av. V. Claude (N 57) ℘ 03 83 81 07 72, Fax 03 83 82 34 94, 🌳 – AE GB
fermé 1ᵉʳ au 26 août, vacances de fév., merc. soir, dim. soir et lundi – **Repas** (nombre de couverts limité, prévenir) 105/250 ♀

PONTARLIER ◁▷ 25300 Doubs **70** ⑥ G. Jura – 18 104 h alt. 838.

Voir Vitraux modernes★ de l'église St-Bénigne – Les Rosiers ≼★★ 2 km par ② – Cluse★★ de Pontarlier 4 km par ② – Château de Joux★ 4 km par ②.
Env. Grand Taureau ⁂★★ 11 km par ②

🛈 Office de Tourisme 14 bis r. de la Gare ℘ 03 81 46 48 33, Fax 03 81 46 83 32.
Paris 449 ③ – Besançon 57 ④ – Dole 90 ③ – Lausanne 68 ② – Lons-le-Saunier 82 ③.

Plan page ci-contre

🏠 **Villages Hôtel** M, 68 r. Salins par ③ : 1 km ℘ 03 81 46 71 78, Fax 03 81 46 67 37 – 📺 ☎ 🔧 ₺ 🅿 – ☲ 40. AE GB
Repas (75) - 90/195 ⅃, enf. 45 – ☲ 45 – **53 ch** 260/310 – ½ P 300

🏠 **Campanile,** par ③ : 1 km ℘ 03 81 46 66 66, Fax 03 81 39 51 56, 🌳 – ⛏ 📺 ☎ 🔧 ₺ 🅿 – ☲ 40. AE ❶ GB
Repas (72) - 103 ♀, enf. 39 – ☲ 36 – **48 ch** 295

🏠 **Parc** sans rest, 1 r. Moulin Parnet ℘ 03 81 46 85 92, Fax 03 81 46 36 15 – ⬚ 📺 ☎ 🚗 🅿. GB JCB
fermé 23 déc. au 3 janv. – ☲ 35 – **18 ch** 160/380

A s

✗✗ **Gourmandine,** 1 av. Armée de l'Est ℘ 03 81 46 65 89, Fax 03 81 39 08 75 – GB
fermé 26 juin au 23 juil., 25 janv. au 3 fév., mardi soir et merc. – **Repas** 115/380 ♀, enf. 85

B e

PONTARLIER

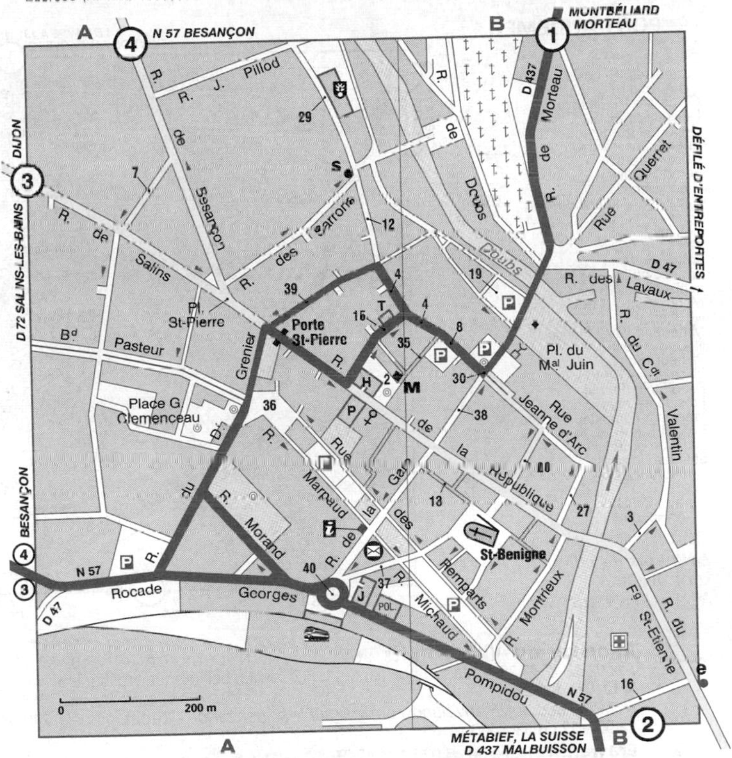

à Doubs par ④ : 2 km – 1 677 h. alt. 813 – ⌧ 25300 :

  ✗ **Doubs Passage**, 11 Gde Rue, D 130 – ℰ 03 81 39 72 71 – **GB**
    fermé 21 au 27 août, dim. soir et lundi – Repas 95/175 ♀, enf. 50

PONTAUBAULT 50220 Manche 59 ⑧ – 492 h alt. 25.
    Paris 340 – St-Malo 61 – Avranches 8 – Dol-de-Bretagne 35 – Fougères 39 – Rennes 76

  🏠 **Treize Assiettes**, Nord : 1 km sur D 43ᴱ (ancienne rte d'Avranches) ℰ 02 33 58 14 03,
    Fax 02 33 68 28 41, 😀, 🏊, 🐎 – 📺 ☎ 📞 🄿 🕮 ① **GB**
    Repas 89/380 ♀, enf. 50 – ⌛ 40 – **38 ch** 370/450 – ½ P 350/380

au Sud-Ouest : 2,5 km sur D 43 – ⌧ 50220 Céaux :

  🏠 **Relais du Mont**, ℰ 02 33 70 92 55, *Fax 02 33 70 94 57*, 🐎 – 📺 ☎ ♿ 🄿 – 🔬 50. 🕮 ①
    GB
    Repas 88/208 ♀, enf. 50 – ⌛ 50 – **30 ch** 340/440 – ½ P 340/430

à Céaux Ouest : 4 km sur D 43 – 397 h. alt. 20 – ⌧ 50220 :

  ✗ **Au P'tit Quinquin** avec ch., ℰ 02 33 70 97 20, *Fax 02 33 70 97 42* – 📺 ☎ 🄿. **GB**
  🍴 *fermé 5 janv. au 15 fév., dim. soir et lundi du 15 sept. au 31 mai* – Repas 72/175 ♀, enf. 45 –
    ⌛ 32 – **19 ch** 150/255 – ½ P 195/250

PONTAUBERT 89 Yonne 65 ⑯ – rattaché à Avallon.

PONT-AUDEMER 27500 Eure 55 ④ G. Normandie Vallée de la Seine – 8 975 h alt. 15.

Voir Vitraux★ de l'église St-Ouen.

🟦 Office de Tourisme pl. Maubert ℘ 02 32 41 08 21, Fax 02 32 57 11 12.

Paris 161 ① – Le Havre 41 ① – Rouen 51 ① – Caen 74 ⑤ – Évreux 68 ② – Lisieux 36 ④.

PONT-AUDEMER

Canel (R. Alfred)	2
Carmélites (R. des)	3
Clemencin (R. Paul)	5
Cordeliers (R. des)	6
Delaquaize (R. S.)	7
Déportés (R. des)	8
Épée (Impasse de l')	9
Félix-Faure (Quai)	
Ferry (R. Jules)	
Gambetta (R.)	13
Gaulle (Pl. Général de)	14
Gillain (Pl. Louis)	16
Goulley (Pl. J.)	
Jaurès (R. Jean)	18
Joffre (R. Mar.)	19
Kennedy (Pl.)	
Leblanc (Quai R.)	20
Maquis-Surcouf (R.)	21
Maubert (Pl.)	22
Mitterrand (Quai François)	23
N.-D.-du-Pré (R.)	
Pasteur (Bd)	
Place-de-la-Ville (R.)	24
Pot-d'Étain (Pl. du)	25
Président-Coty (R. du)	26
Président-Pompidou (Av. du)	
République (R. de la)	27
Sadi-Carnot (R.)	
St-Ouen (Impasse)	29
Seule (Rue de la)	30
Thiers (R.)	32
Verdun (Pl. de)	34
Victor-Hugo (Pl.)	35

*Les plans de villes
sont orientés
le Nord en haut.*

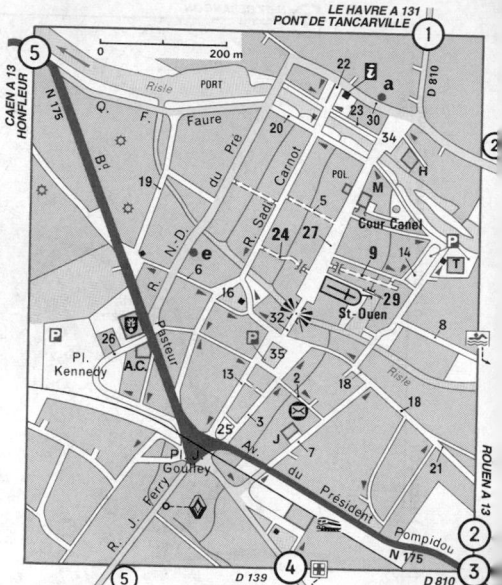

XX **Auberge du Vieux Puits** avec ch, 6 r. N.-D.-du-Pré (e) ℘ 02 32 41 01 48, Fax 02 32 42 37 28, « Maison normande du 17ᵉ siècle, bel intérieur rustique », 🚗 – 📺 ☎ ⓋP.. GB. 🛏 ch
fermé 17 déc. au 26 janv., lundi et mardi sauf le soir en saison – **Repas** 170 (déj.), 240/330 ♀ – 🗌 50 – **12 ch** 320/450

XX **Erawan**, 4 r. Seüle (a) ℘ 02 32 41 12 03, 🏭 – ⓞ GB, 🛏
fermé août, dim. soir et merc. – **Repas** - cuisine thaïlandaise - 125/230

à Campigny par ③ et D 29 : 6 km – 807 h. alt. 121 – ⊠ 27500 :

XXX **Le Petit Coq aux Champs** 🐾 avec ch, ℘ 02 32 41 04 19, Fax 02 32 56 06 25, 🏭, « Chaumière dans un parc fleuri », 🍴 – 📺 ☎ Ⓟ. Æ ⓞ GB JCB
fermé 2 au 24 janv. – **L'Andrien :** Repas *(125)bc*-190/390 et carte 280 à 500 ♀, enf. 80 – 🗌 60 – **12 ch** 590/865 – ½ P 700/740

PONTAULT-COMBAULT 77 S.-et-M. 61 ② ⑩,, 101 ㉙ – voir à Paris, Environs.

PONTAUMUR 63380 P.-de-D. 73 ⑬ – 859 h alt. 535.

Paris 398 – Clermont-Ferrand 42 – Aubusson 50 – Le Mont-Dore 53 – Montluçon 68.

🏠 **Poste**, ℘ 04 73 79 90 15, Fax 04 73 79 73 17 – 📺 ☎ 🚗 – 🔬 25. GB
fermé 15 déc. au 1ᵉʳ fév., dim. soir et lundi sauf juil.-août – **Repas** 88/250 ♀, enf. 55 – 🗌 35 – **15 ch** 220/270 – ½ P 220/240

*When looking for a hotel or restaurant use the most efficient method.
Look for the names of towns underlined in red
on the Michelin maps scale: 1:200 000.
But make sure you have an up-to-date map!*

PONT-AVEN 29930 Finistère 58 ⑪ ⑯ G. Bretagne – 3 031 h alt. 18.

Voir Promenade au Bois d'Amour★.

🔹 Office de Tourisme 5 pl. Hôtel-de-Ville ℰ 02 98 06 04 70, Fax 02 98 06 17 25.

Paris 534 – Quimper 34 – Carhaix-Plouguer 63 – Concarneau 16 – Quimperlé 18.

ХХХ **Moulin de Rosmadec** (Sébilleau) M 🦢 avec ch, près pont centre ville
💠 ℰ 02 98 06 00 22, Fax 02 98 06 18 00, ≼, « Ancien moulin sur l'Aven, décor et mobilier
bretons » – 🔟 ☎ 📱 ⅋ **GB**
fermé 15 au 30 nov. et fév. – **Repas** (fermé dim. soir hors saison et merc.) (nombre de
couverts limité, prévenir) 170/300 et carte 325 à 410 ♀ – ☑ 47 – **4 ch** 480
Spéc. Homard grillé. Suprême de filets de sole, spaghettis de légumes et palourdes. Crêpes
flambées.

rte Concarneau Ouest : 4 km par D 783 – ✉ 29930 Pont-Aven :

ХХХ **Taupinière** (Guilloux), ℰ 02 98 06 03 12, Fax 02 98 06 16 46, 🌿 – 📱 📶 ① **GB**
💠 fermé 24 sept. au 18 oct., lundi soir sauf juil.-août et mardi – **Repas** (prévenir) 265/465 et
carte 310 à 460
Spéc. Gâteau de foie gras au tourteau (printemps-été). Pain perdu aux queues de langoustines (printemps-été). Crumble de rhubarbe (juin à sept.).

PONTCHARTRAIN 78 Yvelines 60 ⑨, 106 ⑱ – ✉ 78760 Jouars-Pontchartrain.

Env. Domaine de Thoiry★★ NO : 12 km, G. Ile de France.

Paris 38 – Dreux 42 – Mantes-la-Jolie 31 – Montfort-l'Amaury 9 – Versailles 18.

ХХ **L'Aubergade**, rte Nationale ℰ 01 34 89 02 63, Fax 01 34 89 85 72, 🌇, « Beau jardin
fleuri, volière », 🌿 – 📱 **GB**
fermé 5 au 25 août, dim. soir du 15 oct. au 15 mai et lundi soir – **Repas** 185/250 ♀

ХХ **Bistro Gourmand**, 7 rte Pontel N 12 ℰ 01 34 89 25 36, Fax 01 34 89 48 31 – **GB**
fermé 1er au 21 août, 5 au 12 fév., dim. soir et lundi – **Repas** (95) - 138/165 ♀

à Ste-Apolline Est : 3 km par N 12 et D 134 – ✉ 78370 Plaisir :

ХХХ **Maison des Bois**, ℰ 01 30 54 23 17, Fax 01 30 68 92 26, 🌇, « Demeure rustique », 🌿
– 📱 📶 **GB**
fermé jeudi soir sauf en août, lundi en août et dim. soir – **Repas** 210 et carte 260 à 410

à Ergal Sud-Est : 5 km par D 15 et D 23 – ✉ 78760 Jouars-Pontchartrain :

ХХ **Auberge d'Ergal**, 2 r. Chambord ℰ 01 34 89 87 87, Fax 01 34 89 55 65, 🌇, « Jardin
ombragé », 🌿 – 📱 **GB**
fermé 15 août au 8 sept., 15 au 28 fév., dim. soir et lundi sauf fériés – **Repas** 140/190

Le PONT-DE-BEAUVOISIN 30480 Isère 74 ⑭ ⑮ G. Alpes du Nord – 2 369 h alt. 280.

Paris 525 – Grenoble 60 – Chambéry 36 – Bourg-en-Bresse 98 – Lyon 79 – La Tour-du-Pin 21.

🏠 **Morris**, Sud-Est : 2 km par D 82 rte Voiron ℰ 04 76 37 02 05, Fax 04 76 32 92 88, 🌇, 🌿 –
🕸 🔟 ☎ ⅋ 📱 **GB** **JCB**
Repas 70/200 ♨, enf. 45 – ☑ 32 – **14 ch** 200/300 – ½ P 200/240

PONT-DE-BRAYE 72310 Sarthe 64 ⑤.

Paris 206 – Le Mans 59 – La Ferté-Bernard 52 – Tours 47 – Vendôme 33.

ХХ **Petite Auberge**, ℰ 02 43 44 45 08, Fax 02 43 44 18 57 – **GB**
fermé 12 janv. au 1er fév., lundi et mardi de sept. au 14 juil. – **Repas** 70/186 ♀, enf. 42

PONT-DE-BRIQUES 62 P.-de-C. 51 ⑪ – rattaché à Boulogne-sur-Mer.

PONT-DE-CHAZEY-VILLIEU 01 Ain 74 ③ – rattaché à Meximieux.

PONT-DE-CHERUY 38230 Isère 74 ⑬, 110 ⑱ – 4 700 h alt. 220.

Paris 486 – Lyon 35 – Belley 58 – Bourgoin-Jallieu 28 – Grenoble 92 – Meximieux 25.

🏠 **Bergeron** sans rest, près Église ℰ 04 78 32 10 08, Fax 04 78 32 11 70 – ☎. **GB**
☑ 30 – **17 ch** 120/320

PONT-DE-CLAIX 38 Isère 77 ⑤ – rattaché à Grenoble.

PONT-DE-DORE 63 P.-de-D. 73 ⑮ – rattaché à Thiers.

PONT-DE-FILLINGES 74 H.-Savoie 🔢 ⑦ – rattaché à Bonne.

PONT-DE-L'ARCHE 27340 Eure 🔢 ⑥ G. Normandie Vallée de la Seine – 3 022 h alt. 20.
　　　Paris 111 – Rouen 19 – Les Andelys 29 – Elbeuf 15 – Évreux 35 – Louviers 11.

🏛🏛　**Tour** Ⓜ sans rest, 41 quai Foch ℰ 02 35 23 00 99, Fax 02 35 23 46 22, 🐎 – 📺 ☎ ✆. 🏧 ⓪
　　GB. ✑
　　🖛 35 – **18 ch** 330

✕✕　**Pomme,** aux Damps 1,5 km au bord de l'Eure ℰ 02 35 23 00 46, Fax 02 35 23 52 09, 🏡,
　　🐎 – 🅿. GB
　　fermé 8 au 15 mars, 2 au 23 août, 24 déc. au 2 janv., dim. soir, mardi soir et merc. – **Repas**
　　125/195 Ⓨ

PONT-DE-L'ISÈRE 26 Drôme 🔢 ② – rattaché à Valence.

Le PONT-DE-PACÉ 35 I.-et-V. 🔢 ⑯ – rattaché à Rennes.

PONT-DE-PANY 21410 Côte d'Or 🔢 ⑪.
　　　Paris 292 – Dijon 23 – Avallon 87 – Beaune 37 – Saulieu 56.

🏛🏛　**Château La Chassagne** ✎, au Nord par D 33 et rte secondaire : 2 km
　　ℰ 03 80 49 76 00, Fax 03 80 49 76 19, 🏡, « Château du 19ᵉ siècle dans un parc », 🎣, ⑊,
　　✑ – 📳 📺 ☎ ✆ & 🅿 – 🛎 25. 🏧 ⓪ GB. ✑ rest
　　1ᵉʳ avril-31 oct. – **Repas** (fermé lundi) 185/210 Ⓨ – 🖛 100 – **8 ch** 690/1200, 4 appart –
　　½ P 655/865

PONT-DE-POITTE 39130 Jura 🔢 ⑭ G. Jura – 638 h alt. 450.
　　　Paris 426 – Champagnole 35 – Genève 91 – Lons-le-Saunier 16.

✕✕　**Ain** avec ch, ℰ 03 84 48 30 16, Fax 03 84 48 36 95, 🏡 – 📳 rest, 📺 ☎ ✆. GB
　　fermé 15 déc. au 15 janv., dim. soir et lundi – **Repas** 90/250 Ⓨ – 🖛 35 – **9 ch** 210/270 –
　　½ P 230/260

PONT-DE-ROIDE 25150 Doubs 🔢 ⑱ G. Jura – 4 983 h alt. 351.
　　　Paris 475 – Besançon 73 – Belfort 37 – La Chaux-de-Fonds 55 – Porrentruy 29.

🏛　**Voyageurs** sans rest, 15 pl. Gén. de Gaulle ℰ 03 81 96 92 07, Fax 03 81 92 27 80 – 📺 ☎
🔢100　✆ 🅿. ⓪ GB
　　fermé dim. – 🖛 30 – **16 ch** 180/240

✕　**Tannerie,** 1 pl. Gén. de Gaulle ℰ 03 81 92 48 21, 🏡 – ⓪ GB
🔢　fermé 20 déc. au 11 janv., dim. soir et merc. – **Repas** 56 (déj.), 85/190 Ⓨ, enf. 37

PONT-DE-SALARS 12290 Aveyron 🔢 ③ – 1 422 h alt. 700.
　　　Paris 654 – Rodez 25 – Albi 88 – Millau 47 – St-Affrique 56 – Villefranche-de-Rouergue 70.

🏛　**Voyageurs,** ℰ 05 65 46 82 08, Fax 05 65 46 89 99 – 📳 rest, 📺 ☎ ✆ 🅿 🏧 ⓪ GB
🖝　fermé 1ᵉʳ fév. au 1ᵉʳ mars, dim. soir et lundi d'oct. à juin – **Repas** (60) - 78 bc/195 Ⓨ – 🖛 32 –
　　27 ch 220/310 – ½ P 230/270

PONT-DE-VAUX 01190 Ain 🔢 ⑫ – 1 913 h alt. 177.
　　　Paris 382 – Mâcon 23 – Bourg-en-Bresse 39 – Lons-le-Saunier 69.

✕✕　**Raisin** avec ch, ℰ 03 85 30 30 97, Fax 03 85 30 67 89 – 📺 ☎ ✆ & 🅿. 🏧 ⓪ GB
🖝　fermé 5 janv. au 5 fév., dim. soir hors saison et lundi sauf fériés – **Repas** 125/350 Ⓨ, enf. 75 –
　　🖛 43 – **18 ch** 300/370

✕✕　**Commerce** avec ch, ℰ 03 85 30 30 56, Fax 03 85 30 65 04 – 📺 ☎ 🛏. GB
　　fermé vacances de Toussaint, mardi soir et merc. – **Repas** 98/260 – 🖛 35 – **10 ch** 220/250
　　– ½ P 270

à St-Bénigne Nord-Est : 3 km sur D 2 – 823 h. alt. 208 – ⌧ 01190 Pont-de-Vaux :

✕✕　**St-Bénigne,** ℰ 03 85 30 96 48, Fax 03 85 30 96 48, 🏡 – 🅿. GB
　　fermé 9 au 25 oct., 12 fév. au 4 mars, mardi soir et lundi – **Repas** 95/235 ⑂, enf. 55

à Arbigny Nord : 5 km par D 933 – 314 h. alt. 280 – ⌧ 01190 :

🏛　**Moulin de la Brevette** ✎, au Nord : 1,5 km ℰ 03 85 36 49 27, Fax 03 85 30 66 91 – ☎
　　✆ 🅿. 🏧 ⓪ GB 🔢. ✑ rest
　　mi-mars-mi-oct. – **Repas** (dîner seul.) 120/178 Ⓨ, enf. 80 – 🖛 45 – **21 ch** 350/390 –
　　½ P 350

1098

PONT-D'HÉRAULT 30 Gard 80 ⑯ – rattaché au Vigan.

PONT-D'OUILLY 14690 Calvados 55 ⑪ G. Normandie Cotentin – 1 002 h alt. 65.
  Voir Roche d'Oëtre★★ S : 6,5 km.
  🛈 Syndicat d'Initiative 🖉 02 31 69 59 54.
  Paris 267 – Caen 41 – Briouze 25 – Falaise 19 – Flers 21 – Villers-Bocage 37 – Vire 40.

🏨 **Commerce**, 🖉 02 31 69 80 16, Fax 02 31 69 78 08, 🌅, 🍽 – 📺 ☎ 📞, 🅰 GB
⌨ fermé 1er au 10 oct., mi-janv. à mi-fév., dim. soir et lundi – **Repas** 70/195 ♈, enf. 50 – ♒ 30 –
  12 ch 150/250 – ½ P 220/240

à St-Christophe Nord : 2 km par D 23 – ⊠ 14690 Pont d'Ouilly :
  ✕✕ **Auberge St-Christophe** ☕ avec ch, 🖉 02 31 69 81 23, Fax 02 31 69 26 58, 🌅, 🍽 –
    📺 ☎ 🅿 🅰 GB
    fermé 28 août au 5 sept., vacances de Toussaint, de fév., dim. soir et lundi – **Repas**
    100/260 ♈, enf. 58 – ♒ 40   **7 ch** 280 – ½ P 295

PONT-DU-BOUCHET 63 P. de-D. 73 ⑬ – ⊠ 63380 Pontaumur.
  Env. Méandre de Queuille★★ NE : 11,5 km puis 15 mn, G. Auvergne.
  Paris 389 – Clermont-Ferrand 39 – Pontaumur 14 – Riom 36 – St-Gervais-d'Auvergne 19

🏨 **Crémaillère** ☕, 🖉 04 73 86 80 07, Fax 04 73 86 93 17, ≤, 🌅, 🍽 – 📺 ☎ 📞 🅿, GB, ⅜
⌨ fermé 15 déc. au 15 janv., vend. soir et sam. hors saison – **Repas** 75/220 ♈ – ♒ 33 – **16 ch**
  260/340   ½ P 240/255

*Towns underlined in red on the **Michelin maps***
at a scale of 1 : 200 000 are included in this Guide.

Use the latest map to take full advantage of this information.

PONT-DU-CHAMBON 19 Corrèze 75 ⑩ – rattaché à Marcillac-la-Croisille.

PONT-DU-CHÂTEAU 63430 P.-de-D. 73 ⑮ G. Auvergne – 8 562 h alt. 365.
  🛈 Syndicat d'Initiative Mairie 🖉 04 73 83 73 70, Fax 04 73 83 73 75.
  Paris 424 – Clermont-Ferrand 16 – Billom 12 – Riom 18 – Thiers 30.

✕ **Pierre Villeneuve**, r. Poste 🖉 04 73 83 50 03, Fax 04 73 83 59 36 – GB
  fermé 1er au 21 août, vacances de fév., dim. soir et lundi – **Repas** 100 (déj.), 150/230 ♈,
  enf. 60

✕ **Auberge du Pont**, 70 av. Dr Besserve (rte Thiers) 🖉 04 73 83 00 36, Fax 04 73 83 36 71,
  🌅 – 🅰 ⓞ GB
  fermé 21 août au 3 sept., sam. midi et dim. soir – **Repas** 72 (déj.), 98/200 ♈, enf. 45

PONT-DU-DOGNON 87 H.-Vienne 72 ⑧ G. Berry Limousin – ⊠ 87400 Le Châtenet-en-Dognon.
  Paris 390 – Limoges 32 – Bellac 52 – Bourganeuf 28 – La Souterraine 51.

🏨 **Chalet du Lac** ☕, 🖉 05 55 57 10 53, Fax 05 55 57 11 46, ≤, 🌅, 🛋, 🍽 – ☎ 📞 🅿 –
  🏊 25. 🅰 GB
  fermé janv. – **Repas** (fermé dim. soir sauf juil.-août) 95/230 – ♒ 35 – **16 ch** 250/350 –
  ½ P 275

PONT-DU-GARD 30 Gard 80 ⑲ G. Provence – ⊠ 30210 Remoulins.
  An 2000 1-3 juin : Mise en lumière du pont.
  Voir Pont-aqueduc romain★★★.
  Paris 692 – Avignon 26 – Alès 48 – Arles 38 – Nîmes 26 – Orange 38 – Pont-St-Esprit 41.

🏨 **Colombier** ☕, Est : 1 km par D 981 (rive droite) 🖉 04 66 37 05 28, Fax 04 66 37 35 75,
  🌅, 🍽 ⇆ 🅿 🅰 ⓞ GB
  Repas 68 bc (déj.), 90/165 ♈, enf. 50 – ♒ 38 – **10 ch** 205/295 – ½ P 250/275

au Nord-Ouest : 4 km sur D 981 – ⊠ 30210 Vers-Pont-du-Gard :
  🏨🏨 **Bégude St-Pierre** M, 🖉 04 66 63 63 63, Fax 04 66 22 73 73, 🌅, « Bégude du
    17e siècle », 🛋, 🍽 – 🖥 ☎ 📞 🅿 – 🏊 30. 🅰 ⓞ GB JCB
    Repas (fermé dim. soir et lundi de nov. à mars) 170/300 ♈ – ♒ 75 – **30 ch** 350/680 –
    ½ P 520/585

à Castillon-du-Gard Nord-Est : 4 km par D 19 et D 228 – 759 h. alt. 90 – ⊠ 30210 :

🏰 **Vieux Castillon** ⤵, ℘ 04 66 37 61 61, Fax 04 66 37 28 17, ㈘, patio, « Au coeur d'un
❀   village médiéval », ⌿, – ⒮ 🅟 ⏚ 🅿 ✆ 🗄 P – 🔬 30 à 60. 🆎 ⓞ 🆎 🅼
    fermé début janv. à mi-fév. – **Repas** 300 (déj.), 425/590 et carte 400 à 560 – ☑ 90 – **33 ch**
    980/1695 – ½ P 1070/1430
    Spéc. Langoustines royales en croûte de pomme de terre. Pavé de morue fraîche et
    croustillante, émulsion de ratatouille. Carré d'agneau "comme en Provence". **Vins** Viognier,
    Lirac.

XX **Clos des Vignes**, Nord-Est : 4 km par D 19 et D 228 : ℘ 04 66 37 02 26, ㈘ – 🆎 🅼
    fermé 15 au 22 oct., 15 janv. au 15 fév., lundi et mardi sauf juil.-août – **Repas** 95/145 ⓨ

X   **L'Amphitryon**, pl. 8 Mai 1945 ℘ 04 66 37 05 04, ㈘ – 🅼
    fermé 15 au 30 nov., 15 au 28 fév., mardi et merc. sauf le soir en juil.-août – **Repas**
    160/330 ⓨ

à Collias Ouest : 7 km par D 981 et D 112 – 756 h. alt. 45 – ⊠ 30210 Remoulins :

🏰 **Hostellerie Le Castellas** ⤵, Grand'rue ℘ 04 66 22 88 88, Fax 04 66 22 84 28, ㈘,
    « Décor original dans une ancienne demeure gardoise », ⌿, ㈘ – 🅼 ch, ⏚ ✆ 🅿 🆎 ⓞ
    🆎 🅼
    fermé début janv. à début mars – **Repas** (fermé merc. sauf le soir de juin à sept., lundi midi
    et vend. midi) (150) 185/380 ⓨ – ☑ 85 – **17 ch** 550/850 – ½ P 665/780

PONTEMPEYRAT 43 H.-Loire 🗓 ⑦ – ⊠ 43500 Craponne-sur-Arzon.
    Paris 530 – Le Puy-en-Velay 45 – Ambert 41 – Montbrison 49 – St-Étienne 54.

🏠 **Mistou** 🅼 ⤵, ℘ 04 77 50 62 46, Fax 04 77 50 66 70, « Parc au bord de l'Ance », 🕭, ⌿, –
    ⏚ ✆ 🅿 🔬 20. 🆎 🅼 🆎 ⌀ rest
    fin avril-fin oct. et fermé le midi sauf week-ends et fériés – **Repas** 170/320, enf. 80 – ☑ 55
    – **14 ch** 480/660 – ½ P 495/595

Le PONTET 84 Vaucluse 🗓 ⑫ – rattaché à Avignon.

PONT-ÉVÊQUE 38 Isère 🗓 ⑫., 🗓 ㉟ – rattaché à Vienne.

PONTGIBAUD 63230 P.-de-D. 🗓 ⑬ G. Auvergne – 801 h alt. 735.
    Paris 437 – Clermont-Ferrand 23 – Aubusson 69 – Le Mont-Dore 38 – Riom 25 – Ussel 78.

XX **Poste** avec ch, ℘ 04 73 88 70 02, Fax 04 73 88 79 74 – 🔳 rest, ✆ ✆ ⇦. 🆎 🅼
😋   fermé 1ᵉʳ au 16 oct., janv., dim. soir et lundi sauf juil.-août – **Repas** 82/265 ⌀, enf. 50 – ☑ 35
    – **10 ch** 185/220 – ½ P 210/230

à La Courteix Est : 4 km sur D 941ᴮ – ⊠ 63230 St-Ours :

XXX **L'Ours des Roches**, ℘ 04 73 88 92 80, Fax 04 73 88 75 07, « Décor original » – 🅿. 🆎 ⓞ
    🆎 🅼
    fermé 2 au 18 janv., dim. soir et lundi sauf fériés – **Repas** 100 (déj.), 125/360 et carte 240 à
    340 ⓨ

PONTHIERRY 77 S.-et-M. 🗓 ①, 🗓 ㊹ – ⊠ 77310 St-Fargeau-Ponthierry.
    Paris 45 – Fontainebleau 20 – Corbeil-Essonnes 13 – Étampes 34 – Melun 12.

XX **Auberge du Bas Pringy**, à Pringy - N 7 ℘ 01 60 65 57 75, Fax 01 60 65 48 57, ㈘ – 🅿.
    🆎 ⓞ 🅼
    fermé fin juil.-fin août, lundi soir et mardi sauf fêtes – **Repas** 120/260 ⓨ, enf. 80

PONTIVY 〰 56300 Morbihan 🗓 ⑲ G. Bretagne – 13 140 h alt. 99.
    Voir Maisons anciennes★ (rues du Fil, du Pont, du Dr-Guépin) – Stival : vitraux★ de la
    chapelle St-Mériadec : 3,5 km par ④.
    🅱 Office de Tourisme 61 r. Gén.-de-Gaulle ℘ 02 97 25 04 10, Fax 02 97 27 87 09.
    Paris 463 ① – Vannes 54 ② – Lorient 59 ② – Rennes 109 ① – St-Brieuc 57 ①.

Plan page ci-contre

🏠 **Rohan Wesseling** sans rest, 90 r. Nationale ℘ 02 97 25 02 01, Fax 02 97 25 02 85 – ⒮ ⏚
    ✆ ✆ & 🅿 – 🔬 50. 🆎 🅼   Z u
    ☑ 40 – **19 ch** 305/390

XX **Pommeraie**, 17 quai Couvent ℘ 02 97 25 60 09, Fax 02 97 25 75 93 – 🅼   Y s
😋   fermé 15 au 30 sept., 15 au 30 janv., dim. soir et lundi – **Repas** 89 (déj.), 130/295 ⌀, enf. 60

PONTIVY

Anne-de-Bretagne (Pl.)	Y 2
Caïnain (R.)	Z 3
Couvent (Q. du)	Y 4
Dr-Guépin (R. du)	Y 5
Fil (R. du)	Y 6
Friedland (R. de)	Y 8
Gaulle (R. du Gén.-de)	Y 9
Jaurès (R. Jean)	Z 10
Lamennais (R. J.-M.-de)	Z 13
Le Goff (R.)	Z 16
Lorois (R.)	Y 17
Marengo (R.)	Z 19
Martray (Pl. du)	Y 20
Mitterrand (R. François)	Z 24
Nationale (R.)	YZ
Niémen (Q.)	Y 27
Plooïc (Q. du)	YZ 29
Pont (R. du)	Y 28
Presbourg (Q.)	Y 32
Récollets (Q. des)	Y 33
Viollard (Bd)	Z 38

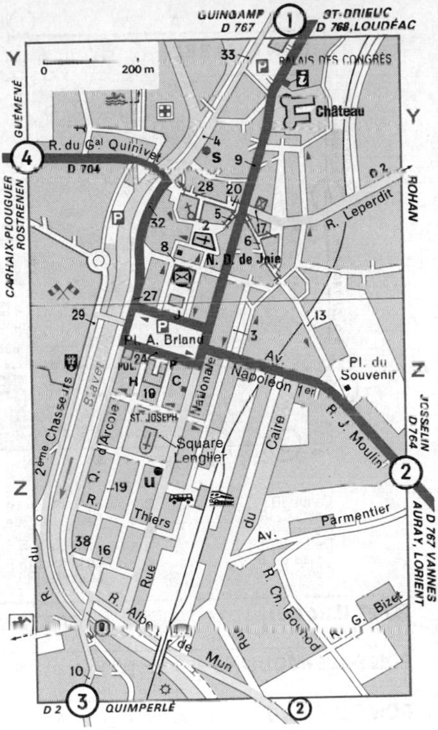

Ne voyagez pas aujourd'hui avec une carte d'hier.

Don't use yesterday's maps for today's journey.

à Quelven *par ③, D 2 et rte de Guern (D 2B) : 10 km – ✉ 56310 Guern :*

Auberge de Quelven Ⓜ sans rest, à la Chapelle ✆ 02 97 27 77 50, *Fax 02 97 27 77 51* – ☎ 🅿. GB
fermé merc. – 30 – **7 ch** 250/280

Participez à notre effort permanent de mise à jour

Adressez-nous vos remarques et vos suggestions.

Cartes et guides Michelin

46 avenue de Breteuil - 75324 Paris Cedex 07

PONT-L'ABBÉ *29120 Finistère* 58 ⑭ ⑮ *G. Bretagne* – *7 374 h alt. 5.*

Voir *Manoir de Kerazan-en-Loctudy★ 3,5 km par ②.*

Env. *Calvaire★★ de la chapelle N.-D.-de-Tronoën O : 8 km.*

Office de Tourisme 10 pl. de la République ✆ 02 98 82 37 99, Fax 02 98 66 10 82.

Paris 575 ① – Quimper 19 ① – Douarnenez 33 ④.

Plan page suivante

Bretagne, 24 pl. République ✆ 02 98 87 17 22, *Fax 02 98 82 39 31*, – ☎. AE GB. A e
ch
fermé 15 janv. au 5 fév. – **Repas** *(fermé dim. soir et lundi hors saison)* 79 (déj.), 130/260 , enf. 60 – 41 – **18 ch** 250/400 – ½ P 305/380

Relais de Ty-Boutic, par ③ : *3 km* ✆ 02 98 87 03 90, *Fax 02 98 87 30 63*, , – 🅿. GB
fermé 11 au 17 sept., 15 fév. au 22 mars, dim. soir et lundi – **Repas** 75 (déj.), 98/290

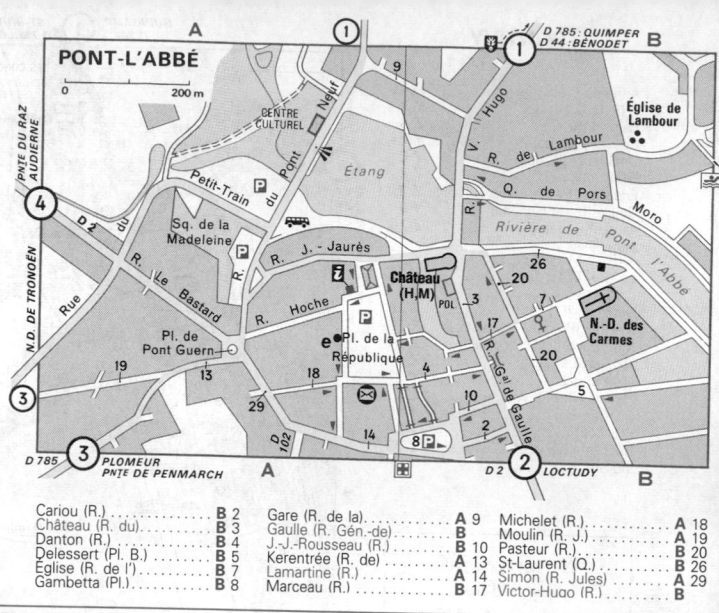

PONT-L'ABBÉ

PONT (Lac de) 21 Côte-d'Or 🖽🖽 ⑰ ⑱ – rattaché à Semur-en-Auxois.

PONT-LES-MOULINS 25 Doubs 🖽🖽 ⑯ – rattaché à Baume-les-Dames.

PONT-L'ÉVÊQUE 14130 Calvados 🖽🖽 ③ G. Normandie Vallée de la Seine – 3 843 h alt. 12.
Voir *La belle époque de l'automobile*★ au Sud par D 48.
🛈 Office de Tourisme r. St-Michel ℰ 02 31 64 12 77, Fax 02 31 64 76 96.
Paris 188 – Caen 48 – Le Havre 40 – Rouen 79 – Trouville-sur-Mer 11.

XX **Auberge de l'Aigle d'Or**, 68 r. Vaucelles ℰ 02 31 65 05 25, *Fax 02 31 65 12 03*, 🍴,
« Ancien relais de poste du 16ᵉ siècle » – 🖪. 🖼
fermé 24 au 30 juin, vacances de fév., dim. soir du 1ᵉʳ nov. au 15 avril, mardi soir et merc. –
Repas 140 (déj.), 195/400

XX **Auberge de la Touques**, pl. Église ℰ 02 31 64 01 69, Fax 02 31 64 89 40, 🍴 – 🖭 🖼
fermé 4 au 22 déc., 8 janv. au 1ᵉʳ fév., lundi soir et mardi – **Repas** 88/185, enf. 50

à la base de loisirs *Sud-Est : 2 km par D 48* – ⊠ 14130 Pont-l'Évêque :

🏨 **Eden Park**, ℰ 02 31 64 64 00, *Fax 02 31 64 12 28*, ≼, 🍴, 🐎 – 📺 ☎ 📞 🖐 🖪 –
🕍 20 à 45. 🖭 ⓸ 🖼
Repas 89/120 ♈, enf. 49 – ⊡ 35 – **50 ch** 305/390 – ½ P 270/315

PONT-L'ÉVÊQUE 60 Oise 🖽🖽 ③ – rattaché à Noyon.

PONTLEVOY 41400 L.-et-Ch. 🖽🖽 ⑰ G. Châteaux de la Loire – 1 423 h alt. 99.
Voir *Ancienne abbaye*★.
Paris 211 – Tours 52 – Amboise 25 – Blois 27 – Montrichard 8.

XX **de l'École** avec ch, ℰ 02 54 32 50 30, Fax 02 54 32 33 58, 🍴, 🐎 – ☎ 📞 🖪. 🖼. 🛇
fermé 1ᵉʳ fév. au 7 mars et mardi – **Repas** (dim. prévenir) 102/260 ♈, enf. 66 – ⊡ 46 – **11 ch**
285/400 – ½ P 335

PONTMAIN 53220 Mayenne 🖽🖽 ⑲ – 935 h alt. 164.
Paris 325 – Domfront 41 – Fougères 18 – Laval 52 – Mayenne 44.

🏨 **Auberge de l'Espérance** (Centre d'Aide par le Travail), 9 r. Grange ℰ 02 43 05 08 10,
🖼 *Fax 02 43 05 03 19*, 🍴 – 🛗 🖭 ☎ 🖐,
Repas 58 bc/94 ♈, enf. 40 – ⊡ 30 – **11 ch** 205/225 – ½ P 161/199

PONTOISE 95 Val-d'Oise 📗 ⑳., 📗 ⑤ ⑥., 📗 ③ – voir à Paris, Environs (Cergy-Pontoise Ville Nouvelle).

PONTORSON 50170 Manche 📗 ⑦ G. Normandie Cotentin – 4 376 h alt. 15.

🛈 Office de Tourisme pl. Église ℘ 02 33 60 20 65, Fax 02 33 60 85 67.

Paris 354 – St-Malo 49 – Avranches 22 – Dinan 46 – Fougères 39 – Rennes 61.

🏨 **Bretagne**, r. Couesnon ℘ 02 33 60 10 55, Fax 02 33 58 20 54 – 📺 ☎ 🛂 🄰🄴 ☒ 🄹🄲🄱
fermé 5 janv. au 10 fév. et lundi hors saison – **Repas** 89/280 ☒, enf. 40   ☐ 39 – 14 ch
250/400 – ½ P 280/340

🏨 **Relais Clemenceau**, bd Clemenceau ℘ 02 33 60 10 96, Fax 02 33 60 25 71 – 📺 ☎ 🄿.
☒
fermé 10 janv. au 10 fév., dim. soir et lundi sauf de juin à août – **Repas** (fermé dim. soir et
lundi de sept. à mai) 60/180 ⅜, cnf. 40   ☐ 35 – 17 ch 130/280 – ½ P 180/230

PONT-RÉAN 35170 I.-et-V. 📗 ⑥.

Paris 361 – Rennes 15 – Châteaubriant 56 – Fougères 68 – Nozay 60 – Vitré 52.

🍴🍴 **Auberge de Réan** avec ch, ℘ 02 99 42 24 80, Fax 02 99 42 28 66, 🌳 – 📺 ☎ 🛂 ☒ ⸰🛂
fermé vacances de fév., dim. soir et lundi – Repas 90/250 – ☐ 45 – 9 ch 195/275 – ½ P 290

PONT-ST-PIERRE 27360 Eure 📗 ⑦ G. Normandie Vallée de la Seine – 882 h alt. 15.

Voir Boiseries★ de l'église – Côte des Deux-Amants ⩽★★ SO : 4,5 km puis 15 mn – Ruines de
l'abbaye de Fontaine-Guérard★ NE : 3 km.

Paris 107 – Rouen 21 – Les Andelys 15 – Évreux 47 – Louviers 24 – Pont-de-l'Arche 15.

🍴🍴🍴 **Bonne Marmite** ⤸ avec ch, ℘ 02 32 49 70 24, Fax 02 32 48 12 41 – 📺 ☎ 🛂 –
🍴 15 à 25. 🄰🄴 🄾 ☒ 🄹🄲🄱, ⸰🛂 ch
fermé 24 juil. au 12 août, 20 fév. au 10 mars, dim. soir et lundi sauf fériés – **Repas** 98 (déj.),
145/490 bc et carte 230 à 350 ☒ – ☐ 45 – 9 ch 370/550 – ½ P 355/440

🍴🍴 **Auberge de l'Andelle**, ℘ 02 32 49 70 18, Fax 02 32 49 59 43 – 🄰🄴 ☒
Repas (80) – 115/265 ☒

PONT-STE-MARIE 10 Aube 📗 ⑰ – rattaché à Troyes.

Les PONTS-NEUFS 22 C.-d'Armor 📗 ③ – ⊠ 22120 Hillion.

Paris 445 – St-Brieuc 15 – Dinan 54 – Dinard 54 – Lamballe 10 – St-Malo 60.

🍴 **Cascade**, sur D 786 ℘ 02 96 32 82 20, Fax 02 96 32 82 20, ⩽ – 🄿. ☒
fermé dim. soir et lundi – **Repas** 70 bc (déj.), 105/145

Le PORGE 33680 Gironde 📗 ① – 1 230 h alt. 8.

Paris 628 – Bordeaux 52 – Andernos-les-Bains 18 – Lacanau-Océan 26 – Lesparre-Médoc 54.

🍴🍴 **Vieille Auberge**, ℘ 05 56 26 50 40, Fax 05 56 26 50 40, 🌳, 🌲 – 🄿. ☒
1ᵉʳ avril-5 nov. et fermé mardi soir sauf du 15 juin au 15 sept. et merc. – Repas 130

PORNIC 44210 Loire-Atl. 📗 ① G. Poitou Vendée Charentes – 9 815 h alt. 20 – Casino le Môle.

🛈 Office de Tourisme pl. de la Gare ℘ 02 40 82 04 40, Fax 02 40 82 90 12.

Paris 437 – Nantes 50 – La Roche-s-Yon 81 – Les Sables-d'Olonne 96 – St-Nazaire 30.

🏨🏨 **Alliance** 🅼 ⤸, plage de la Source, Sud : 1 km ℘ 02 40 82 21 21, Fax 02 40 82 80 89, ⩽,
centre de thalassothérapie, 🛁, 🍴 ‖ ⇄ 📺 ☎ 🛂 ♿ 🄿 – 🍴 70. 🄰🄴 🄾 ☒ 🄹🄲🄱. ⸰🛂 rest
Repas 165 ☒ – ⊻ 75 – 88 ch 650/1060   ½ P 645/770

🏨 **Relais St-Gilles** ⤸, 7 r. F. de Mun ℘ 02 40 82 02 25 – 📺 ☎. ☒. ⸰🛂 rest
hôtel : 1ᵉʳ avril-10 oct. ; rest. : 10 juin-20 sept. – **Repas** (dîner seul.) 120 – ☐ 38 – 26 ch
305/375 – ½ P 290/325

🏨 **Beau Soleil** sans rest, 70 quai Leray ℘ 02 40 82 34 58, Fax 02 40 82 43 00, ⩽ – 📺 ☎ 🛂.
☒
☐ 39 – 18 ch 340/470

🏨 **Alizés** sans rest, 44 r. Gén. de Gaulle ℘ 02 40 82 00 51, Fax 02 40 82 87 32 – 📺 ☎ 🛂 ♿ 🄿.
☒. ⸰🛂
☐ 38 – 29 ch 300/360

🍴🍴 **Beau Rivage**, plage Birochère, Sud Est : 2,5 km ℘ 02 40 82 03 08, Fax 02 51 74 04 24, ⩽
– 🍴. 🄰🄴 ☒
fermé 8 au 26 déc., janv., merc. soir, dim. soir et lundi hors saison – **Repas** 125/340 ☒,
enf. 65

1103

à Ste-Marie *Ouest : 3 km –* ⊠ *44210 Pornic :*

🏠 **Les Sablons** ⌂, ℘ 02 40 82 09 14, Fax 02 40 82 04 26, ℀ – 📺 🅿 🖭 , GB , ⌘
    Repas *(fermé dim. soir et lundi hors saison)* 100/250, enf. 50 – ☲ 40 – **26 ch** 360/420 –
    ½ P 330/360

PORNICHET *44380 Loire-Atl.* 🖽 ⑭ *G. Bretagne – 8 133 h alt. 12 – Casino.*
    🖪 *Office de Tourisme 3 bd République* ℘ *02 40 61 33 33, Fax 02 40 11 60 88 et (juil.-août)*
    pl. de la Gare ℘ *02 40 61 08 92.*
    Paris 448 – Nantes 72 – La Baule 6 – St-Nazaire 11.

🏨 **Sud Bretagne** Ⓜ, 42 bd République ℘ 02 40 11 65 00, Fax 02 40 61 73 70, 🖀, « Jolie
    décoration intérieure », 🖄, 🖂, 🖛 – 🕸 📺 ☎ 🅿 – 🔬 40. 🖭 ◑ GB JCB
    Repas *(fermé fév., dim. soir et lundi) (165)* - 225/300 – ☲ 65 – **26 ch** 600/1200, 3 appart –
    ½ P 750/1050

🏨 **Villa Flornoy** ⌂, 7 av. Flornoy *(près Hôtel de Ville)* ℘ 02 40 11 60 00, Fax 02 40 61 86 47,
    « Décoration intérieure soignée », 🖛 – 📺 ☎ 📞 – 🔬 20. 🖭 ◑ GB , ⌘ rest
    hôtel : vacances de fév.-1ᵉʳ nov. ; rest. : Pâques-fin sept. – **Repas** *(fermé lundi hors saison)*
    (dîner seul.) 120/145 ⚱ – ☲ 42 – **21 ch** 390/540 – ½ P 375/425

🏨 **Ibis**, 66 bd Océanides ℘ 02 51 73 13 13, Fax 02 40 61 74 74, 🖀, centre de thalassothéra-
    pie – 🕸 🖛 📺 ☎ 📞 🖧 🚗 – 🔬 30. 🖭 ◑ GB
    Repas 125 ⚱, enf. 40 – ☲ 45 – **88 ch** 550/580

🏠 **Régent**, 150 bd Océanides ℘ 02 40 61 05 68, Fax 02 40 61 25 53, ≼, 🖀 – 🍴 rest, 📺 ☎.
    🖭 GB
    fermé déc. et janv. – **Repas** *(fermé dim. soir et lundi du 15 sept. au 15 juin)* 120/198 ⚱,
    enf. 48 – ☲ 39 – **14 ch** 315/460 – ½ P 325/362

PORQUEROLLES (Ile de) ★★★ *83400 Var* 🖽 ⑯, 🔢 ㊼ *G. Côte d'Azur.*
    Accès *par transports maritimes.*
    ⛴ *depuis* **La Tour Fondue** *(presqu'île de Giens). Traversée 20 mn - Renseignements et*
    tarifs : Transport et Vision Sous-Marine ℘ *04 94 58 95 14, Fax 04 94 58 91 73 (La Tour*
    Fondue) – Transports Maritimes et Terrestres du Littoral Varois (TVL) ℘ *04 94 58 21 81*
    (La Tour Fondue).
    ⛴ *depuis* **Cavalaire.** *(traversée 1 h 40 mn)* ou **Le Lavandou** *(traversée 50 mn)* ou
    La Croix Valmer *(traversée 1 h 30) Renseignements et tarifs : "Vedettes Iles d'Or"*
    15 quai Gabriel Péri ℘ *04 94 71 01 02 (Le Lavandou), Fax 04 94 71 78 95.*
    ⛴ *depuis* **Miramar.** *Service saisonnier - Traversée 25 mn - Renseignements et tarifs : Voir*
    ci-dessus.
    ⛴ *depuis* **Toulon.** *Services saisonniers - Traversée 1 h - Renseignements et tarifs :*
    Transmed 2000 quai Kronstad ℘ *04 94 92 96 82 (Toulon), Fax 04 94 91 98 57.*

🏨 **Mas du Langoustier** ⌂, Ouest : 3,5 km du port ℘ 04 94 58 30 09, Fax 04 94 58 36 02,
✿   ≼, 🖀, parc, « Dans un site sauvage dominant le littoral », 🖾ₒ, ℀ – 🕸 📺 ☎ 📞 🖧 –
    🔬 20 à 50. 🖭 ◑ GB
    fin avril-début oct. – **Repas** 340 bc/520 et carte 290 à 500 – ☲ 125 – **44 ch** *(½ pens. seul.),*
    5 appart – ½ P 1078/1357
    Spéc. Millefeuille de brandade de morue. Saint-Pierre au raisiné de l'île. Pigeon rôti au miel
    d'eucalyptus et réglisse. **Vins** Porquerolles, Côtes de Provence.

PORT-BRILLET *53410 Mayenne* 🖽 ⑲ *– 1 813 h alt. 122.*
    Paris 295 – Fougères 37 – Laval 18 – Mayenne 46 – Rennes 61.

✕ **Brillet-Pontin** avec ch, r. Forges ℘ 02 43 01 28 00, Fax 02 43 01 28 01, 🖀, 🖛 – 📺 ☎
    📞. 🖭 GB , ⌘ ch
    fermé 23 déc. au 4 janv., dim. soir et lundi – **Repas** 90/130 ⚱ – ☲ 30 – **4 ch** 190 – ½ P 160

PORT-CAMARGUE *30 Gard* 🖽 ⑱ *– rattaché au Grau-du-Roi.*

PORT-CROS (Ile de) ★★ *83400 Var* 🖽 ⑯ ⑰, 🔢 ㊽ ㊾ *G. Côte d'Azur.*
    Accès *par transports maritimes.*
    ⛴ *depuis* **Le Lavandou.** *Traversée 35 mn - ou* **La Croix Valmer.** *Traversée 1 h*
    Renseignements et tarifs : "Vedettes Iles d'Or" 15 quai Gabriel Péri ℘ *04 94 71 01 02*
    (Le Lavandou), Fax 04 94 71 78 95.
    ⛴ *depuis* **Cavalaire.** *Traversée 45 min- ou* **Miramar** *Traversée 45 mn - services saison-*
    niers - Renseignements et tarifs : Voir ci-dessus.
    ⛴ *depuis le* **Port de la Plage d'Hyères.** *Traversée 1 h – Renseignements et tarifs :*
    Transport et Vision Sous-Marine ℘ *04 94 58 95 14, Fax 04 94 58 91 73.*

🏠 **Manoir** ⑤, ℘ 04 94 05 90 52, *Fax* 04 94 05 90 89, ≼, 斎, parc, ⤵ – ☎ ✆ – 🔬 15. **GB**. ❀ ch
hôtel : 15 avril-4 oct. ; rest : 29 avril-4 oct. – **Repas** 265/320, enf. 160 – ☞ 70 – **19 ch**
(½ pens. soul.), 4 duplex – ½ P 870/1050

PORT-DE-CARHAIX 29 Finistère 🞄 ⑰ – rattaché à Carhaix.

PORT-DE-GAGNAC 46 Lot 🞄 ⑲ – rattaché à Bretenoux.

PORT-DE-LA-MEULE 85 Vendée 🞄 ⑪ – voir à Yeu (île d').

PORT-DE-LANNE 40300 Landes 🞄 ⑰ – 665 h alt. 28.
Paris 755 – Biarritz 37 – Mont-de-Marsan 76 – Bayonne 29 – Dax 23 – Peyrehorade 7.

XX **Vieille Auberge** ⑤ avec ch, ℘ 05 58 89 16 29, *Fax* 05 58 89 12 89, 斎, « Auberge rustique avec jardin fleuri et petit musée des traditions locales », ⤵, 斎 – 🔟 ☎ 🅿
1er mai-fin sept. – **Repas** (fermé lundi midi et mardi midi) 120/185 ⒴ – ☞ 45 – **10 ch**
450/500 – ½ P 320/450

Le PORT-DE-SALLES 86 Vienne 🞄 ⑤ – rattaché à l'Isle-Jourdain.

PORT-DES-BARQUES 17750 Char.-Mar. 🞄 ⑬ – 1 455 h alt. 3.
🛈 Syndicat d' Initiative Mairie ℘ 05 46 84 80 01, en saison ℘ 05 46 84 87 47.
Paris 486 – La Rochelle 50 – Royan 48 – Rochefort 12 – Saintes 45.

🏠 **Auberge du Labrador,** 49 av. l'Ile Madame, ℘ 05 46 83 92 60, *Fax* 05 46 84 43 18, ≼, 斎 – 🔟 ☎ ✆ **GB**
fermé 8 janv. au 8 fév. – **Repas** (fermé mardi midi et lundi d oct. à avril) 95/207 ⒴, enf. 50 – **12 ch** ☞ 275/375 – ½ P 230/255

PORT-EN-BESSIN 14 Calvados 🞄 ⑭ G. Normandie Cotentin – 2 308 h alt. 10 – ⌧ 14520 Port-en-Bessin-Huppain.
Paris 269 – Caen 38 – St-Lô 45 – Bayeux 9 – Cherbourg 93.

🏠 **Chenevière** Ⓜ ⑤, Sud : 1.5 km par D 6 ℘ 02 31 51 25 25, *Fax* 02 31 51 25 20, 斎, parc, « Demeure du 19e siècle » – 📧 🔟 ☎ ✆ 🅿 – 🔬 40. 🆎 ⓞ **GB** 🗌
fermé 2 janv. au 8 fév. – **Repas** 150 (déj.), 250/420, enf. 85 – ☞ 90 – **18 ch** 995/1490, 3 appart – ½ P 885/985

🏠 **Mercure** Ⓜ ⑤, sur le Golf, Ouest : 2 km par D 514 ℘ 02 31 22 44 44, *Fax* 02 31 22 36 77, ≼, 斎, ⤵, 斎, ❅ – 📧 ❅ 🔟 ☎ ✆ ❅ 🅿 – 🔬 40. 🆎 **GB**
Repas (72) - 115/165 ⒴, enf. 52 – ☞ 60 – **63 ch** 495/720, 7 duplex – ½ P 400

Les PORTES-EN-RÉ 17 Char.-Mar. 🞄 ⑫ – voir à Ré (Ile de).

PORTET-SUR-GARONNE 31 H.-Gar. 🞄 ⑩ – rattaché à Toulouse.

PORT-GOULPHAR 56 Morbihan 🞄 ⑪ – voir à Belle-Ile-en-Mer.

PORT-GRIMAUD 83 Var 🞄 ⑰, 🞄 ㊲ G. Côte d'Azur – ⌧ 83310 Cogolin.
Voir ≼★ de la tour de l'Église oecuménique.
Paris 870 – Fréjus 28 – Brignoles 61 – Hyères 47 – St-Tropez 8 – Ste-Maxime 7 – Toulon 67.

🏠 **Giraglia** ⑤, sur la plage ℘ 04 94 56 31 33, *Fax* 04 94 56 33 77, ≼ golfe, 斎, « Au bord de la mer », ⤵, 🛥 – 📧 🔳 🔟 ☎ 🅿 – 🔬 25. 🆎 ⓞ **GB**
début mai-mi-oct. – **Repas** 210 (déj.)/280, enf. 120 – ☞ 95 – **49 ch** 1700/2200 – ½ P 950/1450

à La Foux Sud : 2 km sur N 98 – ⌧ 83310 Cogolin :

XX **Port Diffa,** ℘ 04 94 56 29 07 – 🔳 🅿. 🆎 ⓞ **GB**. ❀
fermé 6 nov. au 25 déc. et lundi du 5 janv. au 30 juin et du 1er au 29 oct. – **Repas** - cuisine marocaine - 173

PORTICCIO 2A Corse-du-Sud 🞄 ⑰ – voir à Corse.

PORTIGLIOLO 2A Corse-du-Sud **90** ⑰ – voir à Corse (Coti-Chiavari).

PORTIVY 56 Morbihan **63** ⑫ – rattaché à Quiberon.

PORT-JOINVILLE 85 Vendée **67** ⑪ – voir à Yeu (Ile d').

PORT-LESNEY 39600 Jura **70** ⑤ G. Jura – 431 h alt. 251.
🏛 Syndicat d' Initiative ℰ 03 84 73 82 72.
Paris 399 – Besançon 37 – Arbois 13 – Dole 40 – Lons-le-Saunier 50 – Salins-les-Bains 10.

🏛 **Château de Germigney** 🦐, ℰ 03 84 73 85 85, Fax 03 84 73 88 88, 🏡, « Ancienne
✿ demeure dans un parc, beaux aménagements » – 🔌 📺 ☎ ✆ 🔥 🅿 – 🔏 25. 🆎 ⓞ 🆖
fermé début janv. à mi-fév et mardi sauf juil.-août – **Repas** *(fermé mardi hors saison et le
midi sauf dim. et fériés)* 180/395 et carte 300 à 420 🍷 – **L'Orangerie** *(fermé dim. et fériés)*
(dîner seul.) environ 150 – 🍽 80 – **14 ch** 700/1200 – ½ P 710/1010
Spéc. Tête de cochon braisée. Pavé de saumon mi-cuit et morteau poêlée. Moelleux au
chocolat praliné. **Vins** Arbois blanc et rouge.

PORT-LEUCATE 11 Aude **86** ⑩ – rattaché à Leucate.

PORT-MANECH 29 Finistère **58** ⑪ G. Bretagne – ✉ 29920 Névez.
Paris 547 – Quimper 43 – Carhaix-Plouguer 75 – Concarneau 19 – Quimperlé 30.

🏠 **Port,** ℰ 02 98 06 82 17, Fax 02 98 06 62 70, 🏡, 🌳 – ☎. 🆖
Pâques-fin sept. – **Repas** *(fermé lundi)* 95/300 🍷, enf. 58 – 🍽 38 – **30 ch** 290/400 –
½ P 240/335

PORT MARLY 78 Yvelines **55** ⑳., **106** ⑱., **101** ⑬ – voir à Paris, Environs.

PORT-MORT 27940 Eure **55** ⑰, **106** ① – 839 h alt. 19.
Paris 86 – Rouen 55 – Les Andelys 11 – Évreux 33 – Vernon-sur-Eure 12.

✕✕ **Auberge des Pêcheurs,** ℰ 02 32 52 60 43, Fax 02 32 52 07 62, 🏡, 🌳 – 🅿. 🆖
fermé 1er au 21 août, 29 janv. au 13 fév., lundi soir et mardi – **Repas** 105/160 🍷

PORT NAVALO 56 Morbihan **63** ⑫ – rattaché à Arzon.

PORTO 2A Corse-du-Sud **90** ⑮ – voir à Corse.

PORTO-POLLO 2A Corse-du-Sud **90** ⑱ – voir à Corse.

PORTO-VECCHIO 2A Corse-du-Sud **90** ⑧ – voir à Corse.

PORTS 37800 I.-et-L. **68** ④ – 343 h alt. 42.
Paris 285 – Tours 50 – Châtellerault 27 – Chinon 33 – Loches 45.

✕ **Grillon,** Le Bec des Deux Eaux, Sud-Est : 2 km ℰ 02 47 65 02 74 – 🆖. 🌳
🍽 *fermé 1er au 11 juil., 15 sept. au 1er oct., jeudi soir et vend.* – **Repas** 70/280 🍷, enf. 40

PORT-SUR-SAÔNE 70170 H.-Saône **66** ⑤ – 2 521 h alt. 228.
Paris 346 – Besançon 64 – Bourbonne-les-Bains 46 – Épinal 77 – Gray 53 – Vesoul 14.

à Vauchoux Sud : 3 km par D 6 – 108 h. alt. 210 – ✉ 70170 :

✕✕✕ **Château de Vauchoux,** ℰ 03 84 91 53 55, Fax 03 84 91 65 38, 🏡, « Pavillon de
chasse du 18e siècle, parc », 🏊, 🌳 – 🅿. 🆎 ⓞ 🆖
fermé 15 au 28 fév. et lundi midi – **Repas** *(prévenir)* 200/420 et carte 290 à 530

PORT-VENDRES 66660 Pyr.-Or. **86** ⑳ G. Languedoc Roussillon – 5 370 h alt. 3.
Env. Tour Madeloc ✳★★ SO : 8 km puis 15 mn.
🏛 Office de Tourisme 3 q. P.-Forgas ℰ 04 68 82 07 54, Fax 04 68 82 53 48.
Paris 893 – Perpignan 32.

✕✕ **Côte Vermeille,** quai Fanal ℰ 04 68 82 05 71, Fax 04 68 82 05 71, ⇐ – 🍽. 🆎 🆖
fermé 15 nov. au 5 déc., dim. soir et lundi hors saison – **Repas** 108 bc (déj.), 185/250 🍷

La POSTE-DE-BOISSEAUX *28 E.-et-L.* 🗺 ⑲ – *rattaché à Angerville (91 Essonne).*

POUILLY-EN-AUXOIS *21320 Côte-d'Or* 🗺 ⑱ *G. Bourgogne – 1 372 h alt. 390.*
    Paris 272 – Dijon 45 – Avallon 66 – Beaune 47 – Montbard 60.

à Chailly-sur-Armançon *Ouest : 6,5 km par D 977bis – 193 h. alt. 387 – ⊠ 21320 Pouilly-en-Auxois :*

🏨 **Château de Chailly** M 🌳, ℘ 03 80 90 30 30, Fax 03 80 90 30 00, ☕, 🌳, ✵ – ≡ ❄ 📺
    ☎ ⚙ 🄿 – 🔬 80. 🄰🄴 ① ⑤ 🄹🄲🄱
    fermé 10 déc. au 18 janv.et en semaine de nov. à mars – **Armançon** *(dîner seul.) (fermé lundi)* **Repas** 280/470 ♀, enf. 105 – **Rubillon** *(fermé le soir sauf lundi)* **Repas** 120(déj.), 190/220 ♀, enf. 85 – ☷ 90 – **37 ch** 1670/2170, 8 appart – ½ P 1052/1179

à Vandenesse-en-Auxois *Sud-Est : 7 km par N 81 et D 977 bis – 220 h. alt. 360 – ⊠ 21320 :*

✗ **L'Auxois**, ℘ 03 80 49 22 36, Fax 03 80 49 22 36, ☕, ♣ – 🄶🄱
🍴 *fermé 20 déc. au 27 janv., dim. soir d'oct. à juil. et lundi –* **Repas** 80/190 ♀, enf. 45

à Ste-Sabine *Sud-Est : 8 km par N 81, D 977bis et D 970 – 183 h. alt. 365 – ⊠ 21320 Pouilly-en-Auxois :*

🏨 **Hostellerie du Château Ste-Sabine** 🌳, ℘ 03 80 49 22 01, Fax 03 80 49 20 01, ≼,
    « *Parc agrémenté d'animaux* », 🌳 – ≡ 📺 ☎ ⚙ 🄿 – 🔬 25. 🄶🄱 ✵
    fermé 2 janv. au 25 fév. – **Repas** 150/350 bc, enf. 85 – ☷ 50 – **16 ch** 355/750 – ½ P 382/575

POUILLY-LE-FORT *77 S.-et-M.* 🗺 ② – *rattaché à Melun.*

POUILLY-SOUS-CHARLIEU *42720 Loire* 🗺 ⑧ – *2 834 h alt. 264.*
    Paris 383 – Roanne 15 – Charlieu 6 – Digoin 43 – Vichy 74.

✗✗✗ **Loire**, ℘ 04 77 60 81 36, Fax 04 77 60 76 06, ☕ ✾ –🄿 🄰🄴 🄶🄱
    fermé 1er au 6 mars, vacances de Toussaint, de fév., merc. soir de nov. à mars, dim. soir et lundi – **Repas** 105/320 et carte 180 à 350 ♀

POUILLY-SUR-LOIRE *58150 Nièvre* 🗺 ⑬ *G. Bourgogne – 1 708 h alt. 168.*
    🛈 *Office de Tourisme (fermé oct.) 61 r. W.-Rousseau ℘ 03 86 39 03 75, Fax 03 86 39 18 30.*
    Paris 204 – Bourges 58 – Clamecy 54 – Cosne-sur-Loire 16 – Nevers 38 – Vierzon 79.

🏨 **Relais de Pouilly** M, quai de Loire, Sud : 2 km (près échangeur) ℘ 03 86 39 03 00,
    Fax 03 86 39 07 47, ☕, 🌳 – 📺 ☎ ⚙ ⚙ 🄿 🄰🄴 ① 🄶🄱
    Repas (69)- 88/175 ♀, enf. 49 – ☷ 39 – **24 ch** 250/375 – ½ P 310/335

POULDREUZIC *29710 Finistère* 🗺 ⑭ – *1 854 h alt. 51.*
    Paris 589 – Quimper 26 – Audierne 17 – Douarnenez 17 – Pont-l'Abbé 16.

🏨 **Ker Ansquer** 🌳, à Lababan, Nord-Ouest : 2 km par D 2 ℘ 02 98 54 41 83,
    Fax 02 98 54 32 24, sculptures régionales, ☕ – cuisinette 📺 ☎ 🄿 🄶🄱
    1er avril-1er nov. – **Repas** *(sur réservation seul.) (fermé le midi sauf week-ends)* 110 (dîner),
    125/325 ♀, enf. 65 – ☷ 40 – **11 ch** 380, 5 appart – ½ P 360

à Penhors *Ouest : 4 km par D 40 – ⊠ 29710 Plogastel-St-Germain :*

🏨 **Breiz Armor** M 🌳, à la plage ℘ 02 98 51 52 53, Fax 02 98 51 52 30, ≼, ☕, 🎮, 🌳 – 📺
    ☎ ⚙ 🄿 – 🔬 20 à 50. 🄶🄱
    hôtel : 8 avril-2 oct., 24 déc.-2 janv. et fermé lundi sauf juil.-août – **Repas** *(11 mars-22 oct.,
    8 nov.-2 janv. et fermé lundi sauf juil.-août)* 77/268 ♀, enf. 40 – ☷ 42 – **26 ch** 380/415,
    6 studios – ½ P 400/415

Le POULDU *29 Finistère* 🗺 ⑫ *G. Bretagne – ⊠ 29360 Clohars-Carnoët.*
    Env. St-Maurice : site★ et ≼★ du pont NE : 7 km.
    🛈 *Office de Tourisme bd de l'Océan ℘ 02 98 39 93 42, Fax 02 98 96 90 99.*
    Paris 522 – Quimper 55 – Concarneau 37 – Lorient 23 – Moëlan-sur-Mer 10 – Quimperlé 14.

🏨 **Panoramique** sans rest, au Kérou-plage ℘ 02 98 39 93 49, Fax 02 98 96 90 16 – ☎ ⚙ 🄿
    🄶🄱
    1er avril-1er nov. – ☷ 35 – **25 ch** 320/350

POULIGNY-NOTRE-DAME *36 Indre* 🗺 ⑲ – *rattaché à La Châtre*

Le POULIGUEN 44510 Loire-Atl. 63 ⑭ G. Bretagne – 4 912 h alt. 4.

🛈 Office de Tourisme Port Sterwitz ℘ 02 40 42 31 05, Fax 02 40 62 22 27.
Paris 457 – Nantes 81 – La Baule 4 – Guérande 8 – St-Nazaire 22.
Voir plan de La Baule.

🏠 **Beau Rivage**, 11 r. J. Benoit ℘ 02 40 42 31 61, Fax 02 40 42 82 98, ≤, 🏤, 🖍, 🔲 – 🛗 📺
☎ 🅿 – 🛎 25. 🇬🇧. 🛇 rest
8 avril-1er nov. – **Repas** (fermé merc. midi et mardi en avril, mai et oct.) 110/180 ♀ – ⬜ 45 –
65 ch 350/480 – ½ P 450
AZ **r**

XXX **Voile d'Or**, 14 av. Plage ℘ 02 40 42 31 68, Fax 02 40 62 33 72, ≤, 🏤 – 🖭 🇬🇧
fermé 1er au 24 nov., mardi sauf le soir en juil.-août et lundi – **Repas** 160 bc/195 et carte
environ 370, enf. 70
AZ **x**

POURVILLE-SUR-MER 76 S.-Mar. 52 ④ – rattaché à Dieppe.

POUZAUGES 85700 Vendée 67 ⑯ G. Poitou Vendée Charentes – 5 473 h alt. 225.

Voir Puy Crapaud 🌿★★ SE : 2,5 km – Moulins du Terrier-Marteau★ : ≤★ sur le bocage
O : 1 km par D 752 – Bois de la Folie ≤★ NO : 1 km.
Env. St-Michel-Mont-Mercure 🌿★★ du clocher de l'église NO : 7 km par D 752.
🛈 Office de Tourisme r. Georges-Clemenceau ℘ 02 51 91 82 46, Fax 02 51 57 01 69.
Paris 386 – La Roche-sur-Yon 55 – Bressuire 29 – Chantonnay 21 – Cholet 38 – Nantes 85.

🏨 **Auberge de la Bruyère** 🏖, 12 r. Dr Barbanneau ℘ 02 51 91 93 46, Fax 02 51 57 08 18,
≤, 🏤, 🖭 – 🛗 📺 ☎ 🅿 – 🛎 20 à 50. 🖭 ⓪ 🇬🇧
Repas (fermé vend. soir, dim. soir et sam. d'oct. à avril) (57) - 82/230, enf. 48 – ⬜ 40 – **28 ch**
250/370 – ½ P 270/330

POUZAY 37 I.-et-L. 68 ④ – rattaché à Ste-Maure-de-Touraine.

Le POUZIN 07250 Ardèche 76 ⑳ G. Vallée du Rhône – 2 693 h alt. 90.

Paris 586 – Valence 26 – Avignon 107 – Die 59 – Montélimar 28 – Privas 16.

🏠 **Avenue**, ℘ 04 75 63 80 43, Fax 04 75 85 93 27 – 📺 ☎ 📞, 🖭 ⓪ 🇬🇧 🇯🇧
fermé 1er au 8 mai, 18 sept. au 9 oct., 18 au 31 déc., sam. et dim. – **Repas** snack 70 ♀, enf. 35
– ⬜ 28 – **14 ch** 195/240 – ½ P 195/210

PRADES ◈ 66500 Pyr.-Or. 86 ⑰ G. Languedoc Roussillon – 6 009 h alt. 360.

Voir Abbaye St-Michel-de-Cuxa★ S : 3 km – Village d'Eus★ NE : 7 km.
Env. Prieuré de Serrabone★★ E : 28 km.
🛈 Office de Tourisme 4 r. V.-Hugo ℘ 04 68 05 41 02, Fax 04 68 05 21 79.
Paris 901 – Perpignan 45 – Mont-Louis 36 – Olette 16 – Vernet-les-Bains 11.

🏨 **Pradotel** 🅼 sans rest, av. Festival, sur la rocade ℘ 04 68 05 22 66, Fax 04 68 05 23 22, ≤,
🏊, 🖭 – 📺 ☎ 🖕 🅿 – 🛎 25. 🇬🇧
fermé dim. de nov. à mars – ⬜ 36 – **39 ch** 305/355

🏠 **Hexagone** 🅼 sans rest, rd-pt de Molitg, sur la rocade ℘ 04 68 05 31 31,
Fax 04 68 05 24 89 – 📺 ☎ 📞 🅿. 🖭 ⓪ 🇬🇧
⬜ 40 – **30 ch** 375/405

🏡 **Les Glycines**, 129 av. Gén. de Gaulle ℘ 04 68 96 51 65, Fax 04 68 96 45 57 – 📺 ☎ 🚗.
⓪ 🇬🇧
Repas (fermé 1er au 15 janv., sam. midi et dim. sauf juil.-août) 70/120 ♀, enf. 35 – ⬜ 35 –
19 ch 250/280 – ½ P 240

X **Jardin d'Aymeric**, 3 av. Gén. de Gaulle ℘ 04 68 96 53 38, Fax 04 68 96 53 38 – ■. ⓪
🇬🇧
fermé 26 juin au 9 juil., vacances de fév., dim. soir et lundi – **Repas** 98/170 ♀, enf. 45

à Taurinya Sud : 6 km par D 27 – 248 h. alt. 545 – ⬜ 66500 :

XX **Auberge des Deux Abbayes**, ℘ 04 68 96 49 53, 🏤, 🖭 – 🇬🇧
fermé vacances de Toussaint, le soir (sauf sam.) de nov. à mars, mardi soir et merc. – **Repas**
110/165 ♀, enf. 45

Le PRADET 83220 Var 84 ⑮, 114 ㊻ G. Côte d'Azur – 9 704 h alt. 1.

Voir Musée de la mine de Cap Garonne : grande salle★, 3 km au Sud par D 86.
🛈 Office de Tourisme pl. Gén.-de-Gaulle ℘ 04 94 21 71 69, Fax 04 94 08 56 96.
Paris 847 – Toulon 12 – Draguignan 77 – Hyères 11.

🏨 **Azur** 🏖, 163 av. Raimu ℘ 04 94 21 68 50, Fax 04 94 08 27 00, 🏤, 🏊, 🖭 – ■ 📺 ☎ 📞 🅿
– 🛎 30. 🖭 🇬🇧
Repas 120/195 ♀ – ⬜ 55 – **20 ch** 380/500 – ½ P 385/445

aux Oursinières *Sud : 3 km par D 86 –* ⊠ *83220 Le Pradet :*

🏠🏠 **L'Escapade** ⑤ sans rest, ℘ 04 94 08 39 39, Fax 04 94 08 31 30, « Jardin fleuri », ⬛, 🐎
– 📺 ☎ ⇐, 🄰🄴 ⨎ 🄹🄲🄱, ⅏
Pâques-mi-oct. – ⌑ 70   **15 ch** 695/1300

✕✕ **Chanterelle,** ℘ 04 94 08 52 60, Fax 04 94 08 31 30, �, 🐎 – 🄶🄱
fermé janv., fév. et merc. d'oct. à Pâques – **Repas** 160/240

PRALOGNAN-LA-VANOISE 73710 Savoie 🔢 ⑱ *G. Alpes du Nord – 667 h alt. 1425 – Sports d'hiver : 1 410/2 360 m ⥵ 1 ⩶ 13 ⅍.*
Voir *Site⋆ – Parc national de la Vanoise⋆⋆ – La Chollière⋆ SO : 1,5 km puis 30 mn – Mont Bochor ⬃⋆ par téléphérique.*
🛈 *Office de Tourisme* ℘ 04 79 08 79 08, Fax 04 79 08 76 74.
Paris 666 – Albertville 55 – Chambéry 103 – Moûtiers 28.

🏠🏠 **Les Airelles** ⑤, les Darbelays, Nord . 1 km ℘ 04 79 08 70 32, Fax 04 79 08 73 51, ⬃, �,
⬛ – 📺 ☎ ⇐, 🄿, ⓘ 🄶🄱, ⅏ rest
1er juin-17 sept. et 22 déc.-15 avril – **Repas** 95/140 – ⌑ 50 – **22 ch** 385/450 – ½ P 365/415

🏠🏠 **Grand Bec,** ℘ 04 79 08 71 10, Fax 04 79 08 72 22, ⬃, �, 🄻🄺, ⬛, 🐎, ⅏ – 🄸 📺 ☎ ⇐,
🄶🄱, ⅏ rest
28 mai-24 sept. et 20 déc.-20 avril – **Repas** 130/210 ⅑, enf. 60 – ⌑ 55 – **39 ch** 500 –
½ P 400

🏠 **Capricorne** ⑤, ℘ 04 79 08 71 63, Fax 04 79 08 76 25, ⬃ – 📺 ☎ 🄿, 🄶🄱 🄹🄲🄱
juin-sept. et 20 déc.-20 avril – **Repas** 110/165 ⅊, enf. 40 – ⌑ 35 – **15 ch** 360 – ½ P 320

⚲ **Parisien** ⑤, ℘ 04 79 08 72 31, Fax 04 79 08 76 26, ⬃, �, 🐎 – 📺 ☎ 🄿, 🄶🄱
⇐ *1er juin-20 sept. et 20 déc.-20 avril –* **Repas** 70/170 ⅑, enf. 50 – ⌑ 32 – **24 ch** 150/360 –
½ P 250/320

PRA-LOUP 04 Alpes de H.-P. 🔢 ⑨ *rattaché à Barcelonnette.*

PRAMOUSQUIER 83 Var 🔢 ⑰,, 🔢 ㊾ *– rattaché à Cavalière.*

Le PRARION 74 H.-Savoie 🔢 ⑧ *– rattaché aux Houches.*

PRATS-DE-MOLLO-LA-PRESTE 66230 Pyr.-Or. 🔢 ⑱ *G. Languedoc Roussillon – 1 102 h alt. 740.*
Voir *Ville haute⋆.*
🛈 *Office de Tourisme pl. Le Foiral* ℘ 04 68 39 70 83, Fax 04 68 39 74 51.
Paris 914 – Perpignan 61 – Céret 32.

🏠 **Bellevue,** ℘ 04 68 39 72 48, Fax 04 68 39 78 04, 🐎 – 🄴 rest, 📺 ☎ 🄿, ⓘ 🄶🄱
3 mars-2 nov. et vacances scolaires – **Repas** 95/180, enf. 56 – ⌑ 36 – **18 ch** 220/280 –
½ P 190/250

🏠 **Touristes,** ℘ 04 68 39 72 12, Fax 04 68 39 79 22, 🐎 – ☎ 🄿, ⓘ 🄶🄱
1er avril-31 oct. – **Repas** (68) - 88/170 ⅑, enf. 45 – ⌑ 45 – **28 ch** 210/300 – ½ P 240/270

⚲ **Costabonne,** ℘ 04 68 39 70 24, Fax 04 68 39 77 52 – 📺 ☎, ⓘ 🄶🄱
⇐ **Repas** 79/160 ⅑, enf. 45 – ⌑ 35 – **18 ch** 150/230 – ½ P 200/225

⚲ **Ausseil,** ℘ 04 68 39 70 36, Fax 04 68 39 70 36, � – ☎, ⓘ 🄶🄱
1er fév. 31 oct. **Repas** 88/138 ⅊, enf. 48 – ⌑ 35 – **12 ch** 130/210 – ½ P 250

à La Preste *: 8 km – Stat. therm. (07-02/16-12) –* ⊠ *66230 Prats-de-Mollo-La-Preste :*

🏠 **Ribes** ⑤, ℘ 04 68 39 71 04, Fax 04 68 39 78 02, ⬃ vallée du Tech – ☎ 🄿, ⓘ 🄶🄱, ⅏ rest
1er avril-20 oct. – **Repas** (60) - 90/155 ⅊, enf. 40 – ⌑ 38 – **24 ch** 165/345 – ½ P 190/245

Le PRAZ 73 Savoie 🔢 ⑱ *– rattaché à Courchevel.*

Les PRAZ-DE-CHAMONIX 74 H.-Savoie 🔢 ⑧ ⑨ *– rattaché à Chamonix.*

PRAZ-SUR-ARLY 74120 H.-Savoie 🔢 ⑦ *– 922 h alt. 1036 – Sports d'hiver : 1 036/2 000 m ⥵ 12
⅍.*
🛈 *Office de Tourisme (saison) route du Val d'Arly* ℘ 04 50 21 90 57, Fax 04 50 21 98 08.
Paris 606 – Chamonix Mont-Blanc 41 – Albertville 27 – Chambéry 78 – Megève 5.

Griyotire Ⓜ ⚓, rte La Tonnaz ☏ 04 50 21 86 36, Fax 04 50 21 86 34, ≤, ㈙, « Élégant chalet savoyard » – 📺 ☎ ✆, ☲ ⓪ ☞
hôtel : mi-juin-24 sept. et vacances de Noël-mi-avril ; rest. : 24 juin-10 sept. et vacances de Noël-mi-avril – **Repas** *(fermé le midi sauf en été)* (65) - 90/130 ⬧ – ☲ 40 – **18 ch** 380/460 – ½ P 400

Edelweiss sans rest, rte Megève ☏ 04 50 21 93 87, Fax 04 50 21 96 40, ≤, ㈘ – 📺 ☎ ☜ 🅿, ☞ ✗
☲ 40 – **16 ch** 400/500

PRÉCY-SOUS-THIL 21390 Côte-d'Or 🔠 ⑰ G. Bourgogne – 603 h alt. 323.
Paris 245 – Dijon 66 – Auxerre 84 – Avallon 39 – Beaune 80 – Montbard 33 – Saulieu 15.

Loriot, ☏ 03 80 64 56 33, Fax 03 80 64 47 50, ㈙, ☞ – 📺 ☎ ✆ 🅿, ☞
fermé 2 au 22 janv., dim. soir et lundi midi d'oct. à juin – **Repas** 85/185 ⬧, enf. 50 – ☲ 35 – **11 ch** 270/340 – ½ P 240

PRÉCY-SUR-OISE 60460 Oise 🔠 ⑪, 🔟𝟔 ⑦ – 3 137 h alt. 33.
Voir Église★ de St-Leu-d'Esserent NE : 3,5 km, G. Ile de – Commune de la Méridienne Verte.
Paris 45 – Compiègne 46 – Beauvais 37 – Chantilly 9 – Creil 12 – Pontoise 36 – Senlis 17.

Condor, 14 r. Wateau (D 92) ☏ 03 44 27 60 77, Fax 03 44 27 62 18 – 🗏. ☲ ☞
fermé 1ᵉʳ au 15 août, vacances de fév., mardi soir et merc. – **Repas** 98/275 ⬧, enf. 64

PRÉ-EN-PAIL 53140 Mayenne 🔠 ② – 2 422 h alt. 230.
Paris 215 – Alençon 24 – Argentan 40 – Domfront 38 – Laval 66 – Mayenne 37.

Bretagne, r. A. Briand (N 12) ☏ 02 43 03 13 00, Fax 02 43 03 16 71 – 📺 ☎ 🅿. ☞
fermé 15 déc. au 15 janv. et dim. soir – **Repas** 71/165 ⬧, enf. 45 – ☲ 35 – **18 ch** 180/250 – ½ P 235/280

PREIGNAC 33210 Gironde 🔠 ⑩ – 1 992 h alt. 8.
Paris 616 – Bordeaux 40 – Langon 5 – Libourne 48.

Le Cap, ☏ 05 56 63 27 38, Fax 05 56 63 27 38, ㈙, « Au bord de la Garonne », ☞ – 🅿. ☞
fermé 2 au 22 nov., 2 au 18 avril, dim. soir et lundi – **Repas** 120/160

La PRENESSAYE 22 C.-d'Armor 🔠 ⑳ – rattaché à Loudéac.

PRENOIS 21 Côte-d'Or 🔠 ⑲ – rattaché à Dijon.

Le PRÉ-ST-GERVAIS 93 Seine-St-Denis 🔠 ⑪,, 𝟭𝟬𝟭 ⑯ – voir à Paris, Environs.

La PRESTE 66 Pyr.-Or. 🔠 ⑰ – rattaché à Prats-de-Mollo.

PRIAY 01160 Ain 🔠 ③, 𝟭𝟭𝟬 ⑨ – 948 h alt. 300.
Paris 456 – Lyon 57 – Bourg-en-Bresse 29 – Nantua 39.

Mère Bourgeois, ☏ 04 74 35 61 81, Fax 04 74 35 43 49, ㈙ – ⇦. ☞
fermé déc., merc. et jeudi sauf juil.-août – **Repas** 125/340 ⬧, enf. 65

PRIVAS 🅿 07000 Ardèche 🔠 ⑲ G. Vallée du Rhône – 10 080 h alt. 300.
🗓 Office de Tourisme 3 pl. du Gén.-de-Gaulle ☏ 04 75 64 33 35, Fax 04 75 64 73 95.
Paris 601 ② – Valence 41 ② – Montélimar 34 ③ – Le Puy-en-Velay 94 ④.

Plan page ci-contre

Chaumette, av. Vanel ☏ 04 75 64 30 66, Fax 04 75 64 88 25, ㈙, ⌿, – 🛗 🗏 📺 ☎ ✆ 🅿 –
🅰 45. ☲ ⓪ ☞   B e
Repas *(fermé sam. midi)* (70) - 115/250 ⬧ – ☲ 45 – **36 ch** 345/440 – ½ P 315/325

Gourmandin, angle r. P. Filliat ☏ 04 75 64 51 52, Fax 04 75 64 77 83, ㈙ – 🗏. ☲ ☞
fermé 16 août au 2 sept., dim. soir et merc. – **Repas** 98/238 ⬧, enf. 42   B v

au col de l'Escrinet par ④ : 13 km – ✉ 07000 Privas :

Panoramic Escrinet ⚓, ☏ 04 75 87 10 11, Fax 04 75 87 10 34, ≤ vallée, ⌿, ☞ –
🗏 rest, 📺 ☎ 🅿. ☲ ⓪ ☞
15 mars-15 nov. et fermé dim. soir et lundi du 15 mars au 15 juin – **Repas** 130/300 ⬧, enf. 70 – ☲ 40 – **20 ch** 270/480 – ½ P 320/380

PRIVAS

Baconnier (R. L.) .... B 2
Bœufs (Pl. des) .... A 3
Champ-de-Mars (Pl. du) .. B 5
Coux (Av. de) .... B 7
Durand (R. H.) .... B 10
Esplanade (Cours de l') .. B 9
Faugier (Av. C.) .... A 12
Filliat (R. P.) .... B 14
Foiral (Pl. du) .... A 16
Gaulle (Pl. Ch.-de) .... B 17
Hôtel-de-Ville (Pl. de l') .... B 18
Mobiles (Bd des) .... B 20
Ouvèze (R. d') .... B 22
Petit-Tournon (Av. du) .... B 24
République (R. de la) .... B 26
St-Louis (Cours) .... A 28
Vanel (Av. du) .... B 30

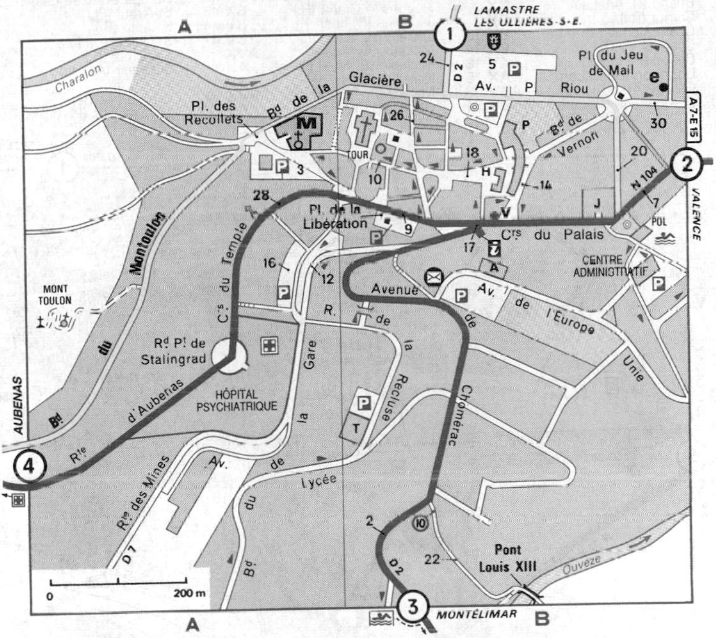

Un automobiliste averti utilise le **guide Michelin** *de l'année*

PROPRIANO *2A Corse-du-Sud* 90 ⑱ – *voir à Corse.*

PROVENCHÈRES-SUR-FAVE *88490 Vosges* 62 ⑱ *G. Alsace Lorraine* – *733 h alt. 404.*

Paris 407 – Colmar 45 – Épinal 64 – St-Dié 15 – Sélestat 34 – Strasbourg 81.

Auberge du Spitzemberg , à la Petite Fosse, Nord Ouest : 7 km par D 45 et voie forestière ✆ 03 29 51 20 46, *Fax 03 29 51 10 12*, ←, , « Dans la forêt vosgienne », – GB
fermé 2 au 25 janv. et mardi – **Repas** 88/160 ♀, enf. 45 – ☕ 42 – **11 ch** 270/390 – ½ P 235/280

PROVINS 77160 S.-et-M. 61 ④ *G. Champagne* – *11 608 h alt. 91.*

*Voir Ville Haute*** **AV** *: remparts* ★★*, tour de César*★★ *:* ←★ *, Grange aux Dîmes*★ **AV E** – *Groupe de statues*★★ *dans l'église St-Ayoul* **BV** – *Choeur*★ *de l'église St-Quiriace* **AV** – *Musée du Provinois : collections*★ *de sculptures et de céramiques* **AV M.**

Env. *St-Loup-de-Naud : portail*★★ *de l'église*★ *7 km par* ④.

Office de Tourisme pl. Honoré de Balzac ✆ 01 64 60 26 26, Fax 01 64 60 11 97.

Paris 88 ⑤ – *Fontainebleau 53* ④ – *Châlons-en-Champagne 99* ② – *Sens 47* ④.

Plan page suivante

Aux Vieux Remparts M , 3 r. Couverte - Ville Haute ✆ 01 64 08 94 00, *Fax 01 60 67 77 22*, – TV ☎ – 25. AE GB **AV b**
Repas 150/360 – ☕ 55 – **25 ch** 420/750 – ½ P 440/490

Ibis, par ⑤ *: 1,5 km, rte de Paris ✆ 01 60 67 66 67, Fax 01 60 67 86 67*, , – TV ☎ – 25. AE GB
Repas (75) - 95 , enf. 39 – ☕ 35 **51 ch** 295

PROVINS

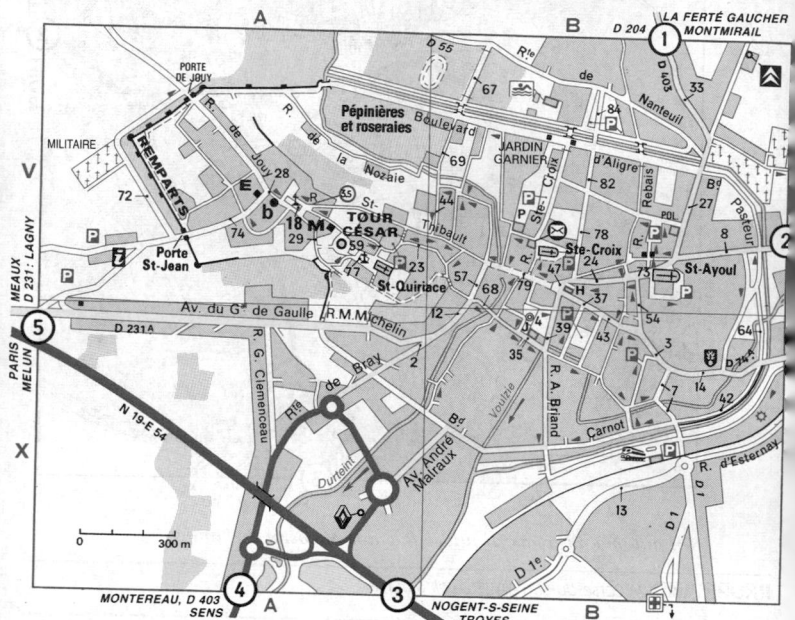

PUGET-THÉNIERS 06260 Alpes-Mar. **81** ⑲, **115** ⑬ ⑭ G. Alpes du Sud – 1 703 h alt. 405.

Voir Vieille ville★ – Groupe sculpté★ et retable de N.-D-de-Secours★ dans l'église – Statue★ de Maillol – Entrevaux : Site★★, Ville forte★, ≼★ de la citadelle O : 7 km.

🖪 Office de Tourisme (saison) 𝄐 04 93 05 05 05, Fax 04 93 05 05 05.

Paris 838 – Digne-les-Bains 89 – Draguignan 92 – Manosque 129 – Nice 65.

🏠 **Alizé** sans rest, N 202 (face gare) 𝄐 04 93 05 06 20, Fax 04 93 05 06 20, ♨ – 📺 ☎ 🅿, 🖭.
✵
☲ 38 – **15 ch** 250/280

✗ **L'Amandier,** N 202 (face gare) 𝄐 04 93 05 05 13, Fax 04 93 05 05 13 – 🖭
🍴 fermé 5 au 27 nov., 8 au 29 janv., dim. soir et lundi sauf juil.-août – **Repas** 85/130

PUILLY-ET-CHARBEAUX 08370 Ardennes **5 6** ⑩ – 258 h alt. 274.
Paris 285 – Charleville-Mézières 53 – Carignan 9 – Sedan 30 – Verdun 71.

✗ **Auberge de Puilly,** à Puilly 𝄐 03 24 22 09 58, Fax 03 24 22 09 58
🍴 fermé 7 au 14 mars, 21 au 31 août et merc. – **Repas** 55/215

PUJAUDRAN 32 Gers **82** ⑦ – rattaché à L'Isle-Jourdain.

PUJOLS 47 L.-et-G. **79** ⑤ – rattaché à Villeneuve-sur-Lot.

PULIGNY-MONTRACHET 21 Côte-d'Or 🔠 ⑨ – rattaché à Beaune.

PULVERSHEIM 68840 H.-Rhin 🔠 ⑱ – 2 021 h alt. 235.
　Paris 470 – Mulhouse 12 – Belfort 47 – Colmar 32 – Guebwiller 13 – Thann 17.

à l'Écomusée Nord-Ouest : 2,5 km – ⊠ 68190 Ungersheim :

🏠　**Loges de l'Ecomusée** Ⓜ 🕭, ℘ 03 89 74 44 95, Fax 03 89 74 44 68, 🍴, 🎠 –
　cuisinette 📺 ☎ ✆ 🅿 – 🏛 250. 🖼
　Taverne ℘ 03 89 74 44 49 **Repas** 98/198 🍷 – 🖃 34 – **30 ch** 335/370, 10 studios – ½ P 260

PUPILLIN 39 Jura 🔠 ④ – rattaché à Arbois..

PUSIGNAN 69330 Rhône 🔠 ⑫, 🔢 ⑰ – 2 720 h alt. 221.
　Paris 476 – Lyon 26 – Montluel 14 – Meyzieu 5 – Pont-de-Chéruy 9.

🦐　**Closerie,** ℘ 04 78 04 40 50, Fax 04 78 04 44 05, 🍴 – 🅿 🆎 🖼
　fermé 15 au 31 août, dim. soir et lundi – **Repas** 135 (déj.), 185/290 et carte 210 à 340

PUTANGES-PONT-ECREPIN 61210 Orne 🔠 ② G. Normandie Cotentin – 1 032 h alt. 230.
　Paris 212 – Alençon 58 – Argentan 20 – Briouze 15 – Falaise 17 – La Ferté-Macé 25 – Flers 31.

🏠　**Lion Verd,** ℘ 02 33 35 01 86, Fax 02 33 39 53 32 – 📺 ☎ 🅿. 🖼
🐟　fermé 20 déc. au 31 janv. – **Repas** 75/340, enf. 45 – 🖃 30 – **18 ch** 180/320 – ½ P 200/290

PUTEAUX 92 Hauts-de-Seine 🔠 ⑳,., 🔢 ⑭ – voir à Paris, Environs.

PUYBRUN 46130 Lot 🔠 ⑲ – 672 h alt. 146.
　Paris 524 – Brive-la-Gaillarde 41 – Aurillac 70 – Cahors 85.

🏠　**Arts,** ℘ 05 65 10 16 60, Fax 05 65 10 16 61, 🍴 – 📺 ☎ ✆. 🆎 ① 🖼
　fermé janv. – **Repas** (fermé dim. soir et lundi du 1er oct. au 15 mai) (75) - 105/145 🍷, enf. 40 –
　🖃 35 – **12 ch** 260 – ½ P 260

Le **PUY-DE-DÔME** 63 P-de-D 🔠 ⑭ – voir à Clermont-Ferrand.

Le **PUY-EN-VELAY** 🅿 43000 H.-Loire 🔠 ⑦ G. Vallée du Rhône – 21 743 h alt. 629 Pèlerinage
(15 août).
　Voir Site★★★ – La cité épiscopale★★★ BY : Cathédrale Notre-Dame★★, cloître★★ (trésor
　d'Art religieux★★ dans la salle des États du Velay) – Chapelle St-Michel d'Aiguilhe★★ AY –
　Vieille ville★ – Rocher Corneille ✳≤★ – Musée Crozatier : section lapidaire★, dentelles★ –
　Espaly St-Marcel : ≤★ du rocher St-Joseph 2 km par D 589.
　Env. Ruines du château de Polignac★ 🌸≤★ 6 km par ③ – Christ★ dans l'église
　de Lavoûte-sur-Loire et souvenirs de famille★ dans le château de Lavoûte-Polignac
　13 km par ①.
　🄱 Office de Tourisme pl. du Breuil ℘ 04 71 09 38 41, Fax 04 71 05 22 62 et (juil.-août) r. des
　Tables ℘ 04 71 05 99 02.
　Paris 545 ③ – Clermont-Ferrand 130 ③ – Mende 89 ② – St-Étienne 76 ①.

Plan page suivante

🏠　**Regina,** 34 bd Mar. Fayolle ℘ 04 71 09 14 71, Fax 04 71 09 18 57 – 🛗, 🍽 rest, 📺 ☎ ✆ 🕭
　🐟 – 🏛 20. 🆎 🖼
　　　　　　　　　　　　　　　　　　　　　　　　　　　　　　　　　　BZ　d
　Repas (fermé dim. soir et lundi du 1er nov. au 31 mars) (85) - 145/240 🍷 – 🖃 55 – **27 ch**
　270/385 – ½ P 335

🏠　**Parc** sans rest, 4 av. C. Charbonnier ℘ 04 71 02 40 40, Fax 04 71 02 18 72 – 🛗 📺 ☎ ✆. 🆎
　① 🖼
　　　　　　　　　　　　　　　　　　　　　　　　　　　　　　　　　　AZ　s
　fermé 28 déc. au 2 janv. – 🖃 35 – **22 ch** 330/380

🏠　**Chris'tel,** 15 bd A.-Clair par D 31 AZ ℘ 04 71 09 95 95, Fax 04 71 02 71 31 – 🛗 ⇆ 📺 ☎ ✆
🐟　🅿. 🆎 ① 🖼 🕞. ⁒ rest
　fermé 15 déc. au 15 janv. – **Repas** (fermé vend. soir, sam. et dim.) (55) - 80 🍷 – 🖃 45 – **30 ch**
　250/495 – ½ P 320/345

🏠　**Brivas** Ⓜ, à Vals-près-du-Puy par D31 ⊠ 43750 ℘ 04 71 05 68 66, Fax 04 71 05 65 88, 🍴
　– 🛗 ⇆ 📺 ☎ ✆ 🅿 – 🏛 40. 🆎 🖼 🕞
　fermé 25 déc. au 1er janv., et sam. midi – **Repas** 99/250 🍷, enf. 60 – 🖃 39 – **48 ch** 280/430 –
　½ P 305

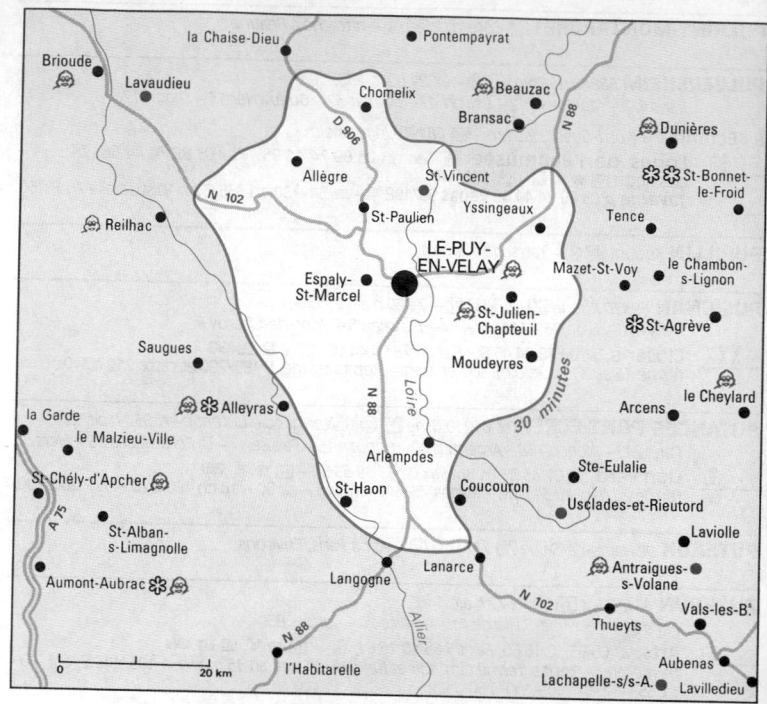

Val Vert, rte Mende par ② : *1,5 km sur N 88* ℰ 04 71 09 09 30, *Fax* 04 71 09 36 49 – 📺 ☎
✵ 🕭 🅿. 🆀🅴 🇬🇧 ᴊᴄʙ
fermé 21 au 29 déc. et sam. midi de nov. à mars – **Repas** *(58)* - 108/310 🍷, enf. 50 – 🍽 42 –
23 ch 260/330 – ½ P 297

🏨 **Dyke Hôtel** sans rest, 37 bd Mar. Fayolle ℰ 04 71 09 05 30, *Fax* 04 71 02 58 66 – 📺 ☎ ✵
🚗. 🕥 🇬🇧
fermé Noël au Jour de l'An – 🍽 30 – **15 ch** 190/250
BZ r

🏨 **Ibis St-Laurent**, 1 av. Aiguilhe ℰ 04 71 02 22 22, *Fax* 04 71 09 22 96 – 📱 ✵ 📺 ☎ ✵ 🕭 🅿
– 🔏 25. 🆀🅴 🇬🇧
Repas *(55)* - 95 🍷, enf. 39 – 🍽 35 – **57 ch** 295/320
AY b

𝖃𝖃𝖃 **Tournayre**, 12 r. Chênebouterie ℰ 04 71 09 58 94, *Fax* 04 71 02 68 38, « *Salle voûtée du
16ᵉ siècle* » – 🆀🅴 🇬🇧
fermé janv., dim. soir et lundi – **Repas** 115/350 et carte 220 à 320 🍷
AY f

𝖃𝖃 **Bateau Ivre**, 5 r. Portail d'Avignon ℰ 04 71 09 67 20, *Fax* 04 71 09 67 20 – 🆀🅴 🇬🇧
fermé 20 au 27 juin, 1ᵉʳ au 14 nov., dim. et lundi – **Repas** 110/185 🍷, enf. 60
BZ k

𝖃𝖃 **Olympe**, 8 r. Collège ℰ 04 71 05 90 59, *Fax* 04 71 05 90 59 – 🇬🇧
fermé 20 mars au 3 avril, 20 nov. au 4 déc., lundi sauf août et dim. soir – **Repas** 100/310 🍷
BZ x

𝖃 **Lapierre**, 6 r. Capucins ℰ 04 71 09 08 44 – 🇬🇧
fermé nov., 5 au 18 fév., dim. soir hors saison et mardi
Repas 100/195
AZ u

𝖃 **Poivrier**, 69 r. Pannessac ℰ 04 71 02 41 30, *Fax* 04 71 02 59 25 – 🇬🇧
fermé vacances de fév. et lundi – **Repas** 80/160
AY v

par ① : *9 km par N 88 et rte de Chaspinhac-Rosières* – ✉ 43700 Blavozy :

🏨 **Moulin de Barette** ⌂, ℰ 04 71 03 00 88, *Fax* 04 71 03 00 51, 🌇, parc, 🏊, 🎾 –
cuisinette 📺 ☎ ✵ 🅿 – 🔏 100. 🇬🇧
fermé 15 janv. au 15 fév., dim. soir et lundi du 1ᵉʳ nov. à Pâques – **Repas** 89/220 🍷, enf. 52 –
🍽 38 – **27 ch** 280/350, 12 studios – ½ P 270/290

LE PUY-EN-VELAY

Aiguières (R. Porte) .... AZ 2
Becdelièvre (R.) .... AY 3
Bouillon (R. du) .... BY 5
Card.-de-Polignac (R.) .... BY 8
Chamarlenc (R. du) .... AY 10
Charbonnier (Av. C.) .... AZ 12
Chaussade (R.) .... BZ
Chênebouterie (R.) .... AY 13
Clair (Bd A.) .... AZ 14
Collège (R. du) .... BZ 17
Consulat (R. du) .... AY 19
Courrerie (R.) .... AZ 20
Crozatier (R.) .... BZ 23
Dr-Chantemesse (Bd) .... AY 24
Fayolle (Bd Mar.) .... BZ
Foch (Av. Mar.) .... BZ
For (Pl. du) .... BY 27
Gambetta (Bd) .... AY 29
Gaulle (Av. Gén.-de) .... ABZ 30
Gouteyron (R.) .... AY 31
Grangevieille (R.) .... AY 32
Martouret (Pl. du) .... ABZ 34
Monteil (R. A. de) .... AY 35
Pannessac (R.) .... AY
Philibert (R.) .... AY 36
Pierret (R.) .... BZ 37
Plot (Pl. du) .... AZ 38
Raphaël (R.) .... AY 39
République (Bd. de la) .... BY 40
Roche-Taillade (R.) .... AY 42
St-François Régis (R.) .... BY 43
St-Georges (R.) .... BY 45
St-Gilles (R.) .... AZ
St-Jean (R. du Fg) .... BY 46
St-Louis (Bd) .... AZ
St-Maurice (Pl.) .... AY 47
Séguret (R.) .... AY 48
Tables (Pl. des) .... AY 49
Tables (R. des) .... AY 52
Vallès (R. J.) .... BY 54
Vaneau (R.) .... AY 55
Verdun (R.) .... BY 58

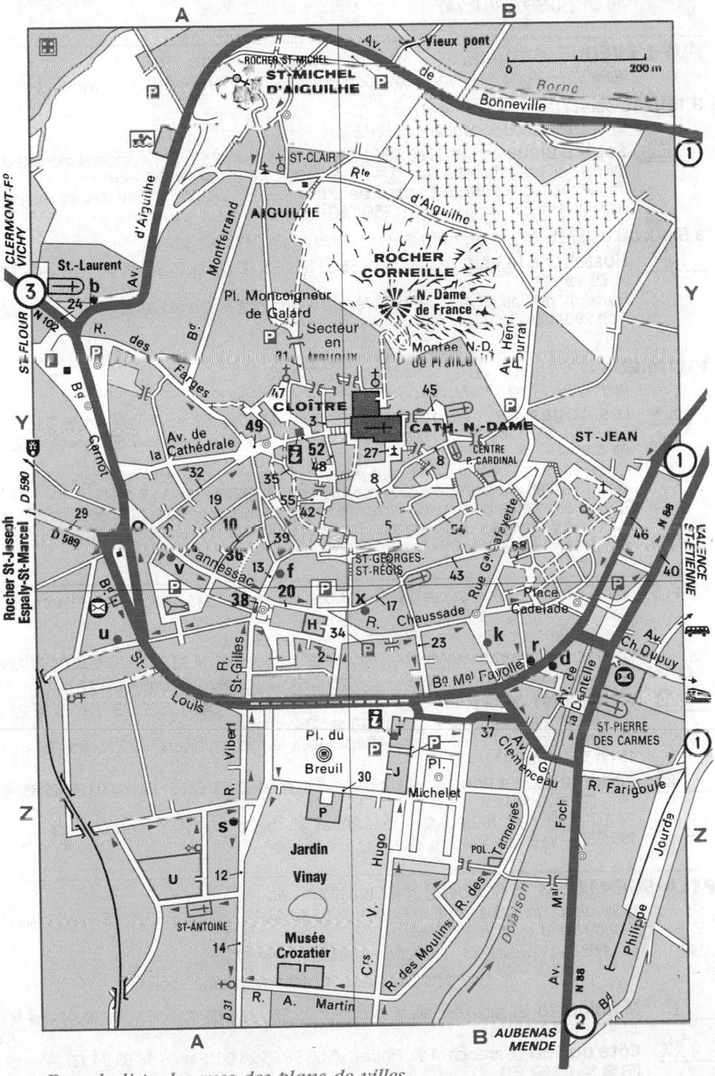

Dans la liste des rues des plans de villes,
les noms en rouge indiquent les principales voies commerçantes.

à Espaly-St-Marcel _par ③ : 3 km – 3 516 h. alt. 650 – ⊠ 43000 Le Puy-en-Velay :_

XX **L'Ermitage** avec ch, rte Clermont-Ferrand ℰ 04 71 07 05 05, Fax 04 71 07 05 00, 佘 – cuisinette 📺 ☎ ✦ & 🅿. – 🔬 25. ⅁⅌
fermé janv. et fév. – **Repas** _(fermé lundi)_ 98/200 – ☲ 45 – **21 ch** 250/400

PUY-GUILLAUME 63290 P.-de-D. 🔟🔟 ⑤ – 2 634 h alt. 285.
Paris 380 – Clermont-Ferrand 51 – Lezoux 27 – Riom 34 – Thiers 15 – Vichy 22.

🏨 **Relais Hôtel de Marie** Ⓜ, av. E. Vaillant ℰ 04 73 94 18 88, Fax 04 73 94 73 98, 佘 – 🛗
⊜ 📺 ☎ ✦ & 🅿. ⅁⅌
fermé 4 fév. au 14 mars, dim. soir et lundi – **Repas** 60 bc (déj.), 85/180 ⅄, enf. 32 – ☲ 37 –
16 ch 250/380 – ½ P 240

PUY-L'ÉVÊQUE 46700 Lot 🔟🔟 ⑦ G. Périgord Quercy – 2 209 h alt. 130.
Paris 591 – Agen 71 – Cahors 31 – Gourdon 42 – Sarlat-la-Canéda 56 – Villeneuve-sur-Lot 43.

à Touzac _Ouest : 8 km par D 8 – 412 h. alt. 75 – ⊠ 46700 :_
Env. Château de Bonaguil★★ N : 10,5 km.

🏰🏰 **Source Bleue** ⤢, ℰ 05 65 36 52 01, Fax 05 65 24 65 69, 佘, « Anciens moulins dans un
joli parc au bord du Lot », 🎣, ⅃ – 📺 ☎ & 🅿. – 🔬 25. ⅍⅁ ⓪ ⅁⅌ ⅉⅽⅉ
1ᵉʳ avril-8 déc. – **Source Enchantée** ℰ 05 65 30 63 18 (fermé janv., fév. et merc.) **Repas**
100/235, enf. 55 – ☲ 36 – **18 ch** 350/500 – ½ P 349/424

à Mauroux _Sud-Ouest : 12 km par D 8 et D 5 – 371 h. alt. 213 – ⊠ 46700 :_

🏰🏰 **Hostellerie le Vert** ⤢, ℰ 05 65 36 51 36, Fax 05 65 36 56 84, ≤, 佘, ⅃, ☞ – 📺 ☎ ✦
🅿. ⅍⅁ ⓪ ⅁⅌
fermé 12 nov. au 13 fév. – **Repas** _(fermé vend. midi et jeudi)_ 120/250 ⅄, enf. 50 – ☲ 40 –
7 ch 290/400 – ½ P 325/380

PUYMIROL 47270 L.-et-G. 🔟🔟 ⑮ G. Aquitaine – 777 h alt. 153.
Paris 649 – Agen 17 – Moissac 34 – Villeneuve-sur-Lot 30.

🏯🏯 **Les Loges de l'Aubergade** (Trama) Ⓜ ⤢, 52 r. Royale ℰ 05 53 95 31 46,
❆❆ Fax 05 53 95 33 80, 佘, « Maison des 13ᵉ et 17ᵉ siècles » – ▤ rest, 📺 ☎ ⟷ – 🔬 25. ⅍⅌
⓪ ⅁⅌ ⅉⅽⅉ
fermé vacances de fév., lundi sauf le soir en saison et dim. soir hors saison – **Repas** 200
(déj.), 295/680 et carte 490 à 720 – ☲ 100 – **11 ch** 880/1410 – ½ P 1200
Spéc. Papillote de pomme de terre à la truffe. Langoustines à la noix de coco, gingembre
et beurre d'orange. Double corona "Trama", feuille de tabac au poivre. **Vins** Côtes de Duras,
Buzet.

PUY-ST-VINCENT 05290 H.-Alpes 🔟🔟 ⑰ G. Alpes du Sud – 235 h alt. 1325 – Sports d'hiver :
1 400/2 700 m ≤ 1 ⅏ 15 ⅀.
Voir Les Prés ≤★ SE : 2 km – Église★ de Vallouise N : 4 km.
🅱 _Office de Tourisme Les Alberts, Chapelle St-Jacques ℰ 04 92 23 35 80, Fax 04 92 23 45 23._
Paris 704 – Briançon 21 – Gap 84 – L'Argentière-la-Bessée 10 – Guillestre 31.

🏨 **Saint-Roch** ⤢, aux Prés, Est : 1 km par D 404 ℰ 04 92 23 32 79, Fax 04 92 23 45 11,
≤ vallée et montagnes, 佘, ⅃ – 🛗 📺 ☎. ⅁⅌. ⅁⅌
10 juin-3 sept. et 16 déc.-5 avril – **Repas** (self le midi en hiver) 140/250, enf. 75 – ☲ 50 –
15 ch 390 – ½ P 410/420

🏨 **Pendine** ⤢, aux Prés, Est : 1 km par D 404 ℰ 04 92 23 32 62, Fax 04 92 23 46 63, ≤, 佘,
☞ – 📺 ☎ 🅿. ⅁⅌. ⅋
24 juin-3 sept. et 16 déc.-10 avril – **Repas** 85 (déj.), 110/190 ⅄, enf. 60 – ☲ 46 – **28 ch**
190/350 – ½ P 270/330

PYLA-SUR-MER 33115 Gironde 🔟🔟 ⑫ G. Aquitaine – alt. 7.
🅱 _Syndicat d'Initiative rd-pt du Figuier ℰ 05 56 54 02 22, Fax 05 56 22 58 84 et Pavillon de la
Grande Dune ℰ 05 56 22 12 85._
Paris 651 – Bordeaux 73 – Arcachon 8 – Biscarrosse 34.

Plans Voir plan d'Arcachon agglomération..

🏨 **Maminotte** ⤢ sans rest, allée Acacias ℰ 05 57 72 05 05, Fax 05 57 72 06 06 – ☎ ✦. ⅁⅌
☲ 45 – **12 ch** 490   AY n

XX **Côte du Sud** Ⓜ avec ch, 4 av. Figuier ℰ 05 56 83 25 00, Fax 05 56 83 24 13, 佘 – ▤ rest,
📺 ☎ ✦. ⅍⅌ ⓪ ⅁⅌   AY s
début fév.-11 nov. – **Repas** - produits de la mer - 108/165 ⅄, enf. 70 – ☲ 45 – **8 ch** 480/600

✗ **G. Tissier,** bd Océan *℘ 05 56 54 07 94, Fax 05 56 83 20 98, ☆ – ▣. ⒼⒷ* AY e
fermé 3 janv. au 13 fév., dim. soir et lundi sauf juil.-août – **Repas** 105 (déj.), 150/250 ⌾,
enf. 45

à Pilat-Plage *Sud : 3 km par D 218 – ⊠ 33115 Pyla-sur-Mer.*
Voir **Dune★★** : ✳ ▲ ▲.

🏨 **Haïtza** ⚓, pl. L. Gaume *℘ 05 57 52 79 27, Fax 05 56 22 10 23, ☞ – ▣ ☎ ℙ. ⒶⒺ ⓪ ⒼⒷ.*
✿ rest
hôtel : 1ᵉʳ avril-15 oct. ; rest. : 1ᵉʳ juil.-15 sept. – **Repas** (dîner seul.)(résidents seul.) – ⌿ 45 –
46 ch 600 – ½ P 430/455

✗ **Corniche** ⚓ avec ch, *℘ 05 56 22 72 11, Fax 05 56 22 70 21, ≤ plage et océan, ☆ – ▣*
☎. ⒼⒷ
Pâques-1ᵉʳ nov. – **Repas** *(fermé merc. sauf juil.-août)* 95/150, enf. 65 – ⌿ 45 – **15 ch**
250/580 ½ P 300/500

QUARRÉ-LES-TOMBES *89630 Yonne* ⑥⑤ ⑯ *G. Bourgogne – 735 h alt. 457.*
Paris 232 – Auxerre 72 – Avallon 19 – Château-Chinon 49 – Clamecy 49 – Dijon 117.

✗✗ **Morvan** Ⓜ avec ch, *℘ 03 86 32 29 29, Fax 03 86 32 29 28 – ▣ ☎ ℂ ♿ ℙ. ⒶⒺ ⓪ ⒼⒷ*
⊛ *fermé 3 janv. au 2 mars –* **Repas** *(fermé dim. soir et lundi hors saison)* 105/250, enf. 60 –
⌿ 45 – **8 ch** 255/430 – ½ P 295/360

aux Lavaults *Sud-Est 5 km par D 10 – ⊠ 89630 Quarré-les-Tombes :*

✗✗✗ **Auberge de l'Âtre** (Salamolard) ⚓ avec ch, *℘ 03 86 32 20 79, Fax 03 86 32 28 25, ☆,*
« Jardin fleuri », ☞ – ▣ ☎ ℂ ♿ ℙ – 🅰 30. ⒶⒺ ⓪ ⒼⒷ ⒿⒸⒷ
❀ *fermé 18 juin au 5 juil., 1ᵉʳ fév. au 5 mars, mardi soir et merc. sauf du 14 juil. au 15 sept. –*
Repas (prévenir) 145/295 et carte 260 à 360 ⌾, enf. 70 – ⌿ 50 – **7 ch** 380/600
Spéc. Oeufs en meurette. Pigeonneau rôti au miel et à l'hydromel. Soufflé chaud au marc
de Bourgogne. **Vins** Bourgogne blanc, Coulanges-la-Vineuse.

aux Brizards *Sud-Est : 8 km par D 55 et D 355 – ⊠ 89630 :*

🏨 **Auberge des Brizards** Ⓜ ⚓, *℘ 03 86 32 20 12, Fax 03 86 32 27 40, ☆,* « Dans la
campagne, parc avec étangs, jardin fleuri », ☞, ✿ – ▣ ☎ ℂ ℙ – 🅰 50. ⒶⒺ ⓪ ⒼⒷ
fermé 5 janv. au 10 fév. – **Repas** *(fermé lundi sauf de juil. au 15 sept.)* 100 (déj.), 160/300,
enf. 50 – ⌿ 50 – **16 ch** 280/550, 4 duplex – ½ P 340/520

Les QUATRE-CROIX *45 Loiret* ⑥① ⑬ – *rattaché à Courtenay.*

QUATRE-ROUTES-D'ALBUSSAC *19 Corrèze* ⑦⑤ ⑨ – *alt. 600 – ⊠ 19380 Albussac.*
Voir *Roche de Vic* ✳★ *S : 2 km puis 15 mn, G. Berry Limousin.*
Paris 497 – Brive-la-Gaillarde 26 – Aurillac 72 – Mauriac 69 – St-Céré 40 – Tulle 19.

🏠 **Roche de Vic,** *℘ 05 55 28 15 87, Fax 05 55 28 01 09, ☆, ⅃, ☞ – ▣ ☎ ℂ ℙ. ⒼⒷ*
fermé 1ᵉʳ janv. au 15 mars, dim. soir et lundi sauf juil.-août et fériés – **Repas** (70) 88/180 ⌾,
enf. 45 – ⌿ 38 – **13 ch** 170/260 – ½ P 260

QUÉDILLAC *35290 I.-et-V.* ⑤⑨ ⑮ – *1 018 h alt. 85.*
Paris 390 – Rennes 39 – Dinan 29 – Lamballe 45 – Loudéac 57 – Ploërmel 45.

✗✗✗ **Relais de la Rance** avec ch, *℘ 02 99 06 20 20, Fax 02 99 06 24 01 – ▣ ☎ ℙ. ⒶⒺ ⓪ ⒼⒷ*
⊛ *fermé 24 déc. au 15 janv. et dim. soir –* **Repas** 105/350 et carte 220 à 310 ⌾, enf. 57 – ⌿ 36
– **13 ch** 240/360

Les QUELLES *67 B.-Rhin* ⑥② ⑧ – *rattaché à Schirmeck*

QUELVEN *56 Morbihan* ⑤⑨ ⑫ – *rattaché à Pontivy.*

QUENZA *2A Corse-du-Sud* ⑨⓪ ⑦ – *voir à Corse.*

QUESTEMBERT 56230 Morbihan 🔠 ④ G. Bretagne – 5 076 h alt. 100.

🏢 Office de Tourisme H. Belmont 𝒫 02 97 26 56 00, Fax 02 97 26 54 55.

Paris 447 – Vannes 28 – Ploërmel 33 – Redon 34 – Rennes 99 – La Roche-Bernard 22.

XXXX **Bretagne** (Paineau) Ⓜ avec ch., r. St-Michel 𝒫 02 97 26 11 12, Fax 02 97 26 12 37, 斎, 🐾
🌸🌸 – 📺 ✔ & 🅿. 🕮 🅶🅱 🄹🄲🄱

fermé 4 au 10 déc., 1er au 21 janv., lundi sauf le soir en juil.-août et mardi midi en juil.-août –
Repas (prévenir) 210 (déj.), 295/520 et carte 480 à 680 ♀ – � 95 – **9 ch** 980/1400 – ½ P 850
Spéc. Huîtres en paquets au beurre mousseux à l'estragon. Grosses langoustines saisies
aux épices. Pieds et paquets "version bretonne". **Vins** Muscadet.

QUETTEHOU 50630 Manche 🔠 ③ G. Normandie Cotentin – 1 395 h alt. 14.

🏢 Office de Tourisme pl. de la Mairie 𝒫 02 33 43 63 21.

Paris 342 – Cherbourg 29 – Barfleur 10 – St-Lô 67 – Valognes 16.

🏠 **Demeure du Perron** ⑤, 𝒫 02 33 54 56 09, Fax 02 33 43 69 28, 斎, parc, 🐾 – 📺 ☎ &.
🈸 🅿. 🅶🅱

hôtel : fermé dim. du 15 nov. au 31 mars – **Repas** (fermé 28 janv. au 12 fév., dim. soir du
15 sept. au 30 juin et lundi midi) 85/128 ♀, enf. 48 – ⊷ 42 – **15 ch** 235/300 – ½ P 235/260

X **Chaumière** avec ch, 𝒫 02 33 54 14 94, Fax 02 33 44 09 87 – 📺 ☎. 🅶🅱
🈸 fermé vacances de Toussaint, de fév., dim. soir et merc. – **Repas** 58/200 ♂ – ⊷ 25 – **5 ch**
130/300 – ½ P 150/250

QUETTEVILLE 14130 Calvados 🔠 ⑱ – 263 h alt. 85.

Paris 182 – Le Havre 33 – Deauville 22 – Évreux 82.

🏰 **Hostellerie de la Hauquerie-Chevotel** Ⓜ ⑤, 𝒫 02 31 65 62 40,
Fax 02 31 64 24 52, ≤, 斎, ⬛, 🐾 – 🛗 cuisinette, 🍴 rest, 📺 ☎ ✔ & 🅿 – 🚗 20. 🕮 🅶🅱
fermé mi-janv. à mi-fév. – **Repas** 160/320 ♀ – ⊷ 75 – **19 ch** 800/1400

La QUEUE-EN-BRIE 94 Val-de-Marne 🔠 ① ②,, 🔢 ㉙ – voir à Paris, Environs.

QUEYRAC 33 Gironde 🔠 ⑯ – rattaché à Lesparre-Médoc.

QUIBERON 56170 Morbihan 🔠 ⑫ G. Bretagne – 4 623 h alt. 10 – Casino.

Voir Côte sauvage★★ NO : 2,5 km.

🏢 Office de Tourisme 14 r. Verdun 𝒫 02 97 50 07 84, Fax 02 97 30 58 22.

Paris 504 ① – Vannes 46 ① – Auray 28 ① – Concarneau 98 ① – Lorient 47 ①.

Plan page suivante

🏨 **Sofitel Thalassa** ⑤, pointe de Goulvars 𝒫 02 97 50 20 00, Fax 02 97 30 46 32, ≤, institut de thalassothérapie, 🛁, ⬛, 🐾, ❀ – 🛗 ⇆ 📺 ☎ & 🅿 – 🚗 25. 🕮 ① 🅶🅱. ❀ rest
Repas 250 – ⊷ 90 – **133 ch** 850/1935, 17 appart – ½ P 860/1308   B   a

🏨 **Sofitel Diététique** Ⓜ ⑤, pointe de Goulvars 𝒫 02 97 50 20 00, Fax 02 97 30 47 63, ≤,
斎, institut de thalassothérapie, 🛁, ⬛, 🐾, ❀ – 🛗 ⇆ 📺 ☎ & 🅿. 🕮 ① 🅶🅱.
❀ rest   B   v
Repas - menu diététique seul. - (résidents seul.) 250 – ⊷ 90 – **76 ch** (pension seul.) – P 1435

🏨 **Europa** Ⓜ ⑤, à Port-Haliguen, Est : 2 km par D 200 𝒫 02 97 50 25 00, Fax 02 97 50 39 30,
≤, 🛁, ⬛, 🐾 – 🛗 📺 ☎ 🅿 – 🚗 20. 🅶🅱. ❀ rest
1er avril-15 nov. – **Repas** 110/300 ♂, enf. 65 – ⊷ 65 – **53 ch** 520/720 – ½ P 470/550

🏨 **Ker Noyal** ⑤, 51 ch. des Dunes 𝒫 02 97 50 08 41, Fax 02 97 30 58 20, 🐾 – 📺 ☎ 🅿 –
🚗 25. 🕮 ① 🅶🅱. ❀ rest   B   e
15 mars-15 oct. – **Repas** 100/490 – ⊷ 55 – **94 ch** 550/700 – ½ P 570

🏨 **Bellevue** ⑤, r. Tiviec 𝒫 02 97 50 16 28, Fax 02 97 30 44 34, ⬛ – 📺 ☎ 🅿. 🕮 🅶🅱.
❀ rest   B   d
avril-sept. – **Repas** 100/160 ♀, enf. 65 – ⊷ 50 – **36 ch** 505/720 – ½ P 410/540

🏨 **Roch Priol** ⑤, r. Sirènes 𝒫 02 97 50 04 86, Fax 02 97 30 50 09 – 🛗 📺 ☎ ✔ 🅿. 🅶🅱
🈸 15 fév.-15 nov. – **Repas** 68/189 ♂, enf. 44 – ⊷ 38 – **45 ch** 340/395 – ½ P 410/430   B   h

🏨 **Petite Sirène**, 15 bd R. Cassin 𝒫 02 97 50 17 34, Fax 02 97 50 03 73, ≤, 斎 – 📺 ☎ 🅿.
⊛ 🅶🅱. ❀   B   b
1er avril-15 oct. – **Repas** (fermé merc. sauf juil.-août) 100/340 ♀ – ⊷ 42 – **14 ch** 344/410,
4 appart, 15 studios 700/830

🏨 **Ibis** Ⓜ, av. Marronniers, pointe de Goulvars 𝒫 02 97 30 47 72, Fax 02 97 30 55 78, 斎, 🛁,
⬛ – ⇆ 📺 ☎ ✔ & 🅿 – 🚗 15 à 35. 🕮 ① 🅶🅱   B   r
Repas (85) - 105/140 ♂, enf. 40 – ⊷ 45 – **75 ch** 590/610, 20 duplex

🏨 **Albatros**, 19 r. Port-Maria 𝒫 02 97 50 15 05, Fax 02 97 50 27 61, ≤, 斎 – 🛗 📺 ☎ ✔ & 🅿
🈸 – 🚗 25. 🅶🅱   A   s
Repas 80/132 ♀, enf. 43 – ⊷ 41 – **35 ch** 360/470 – ½ P 330/390

1118

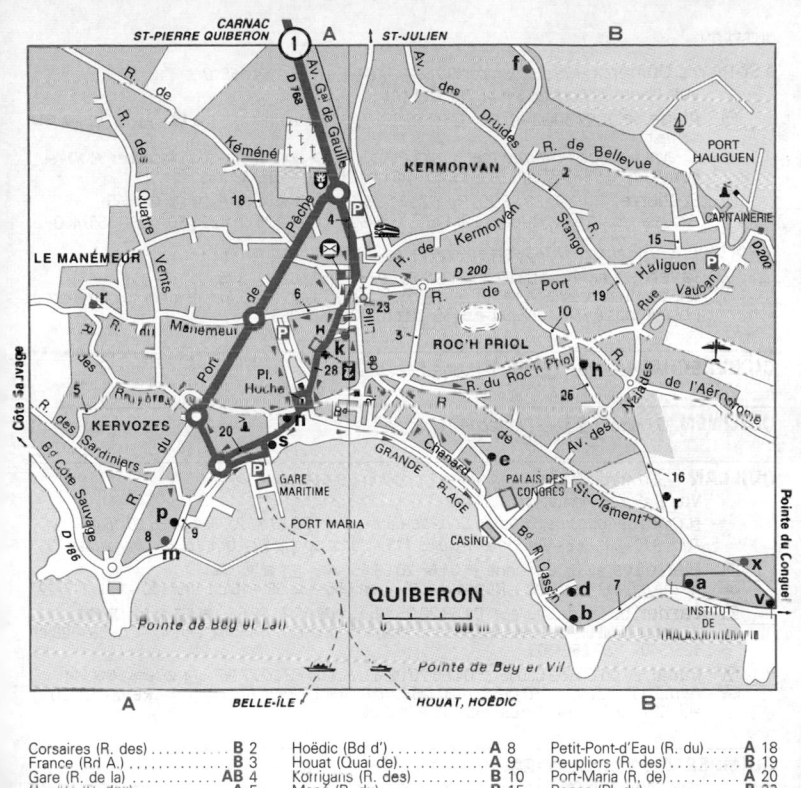

Analysis

🏠 **Druides,** 6 r. Port Maria ℘ 02 97 50 14 74, Fax 02 97 50 35 72 – 📶 📺 ☎ ✆. 🔤 ⓪
🔤   A n
     hôtel : mars-oct. ; rest : avril-sept. – **Repas** 80/170 ⚜, enf. 49 – ⚌ 48 – **31 ch** 380/590 –
     1/2 P 380/450

🏠 **Neptune,** 4 quai de Houat à Port Maria ℘ 02 97 50 09 62, Fax 02 97 50 41 44, ≤ – 📶 📺
     ☎, 🔤   A p
     fermé lundi – **Repas** 89/215, enf. 50 – ⚌ 40 – **21 ch** 325/400   1/2 P 355/385

🏖 **Baie** ⚓ sans rest, à St-Julien, Nord : 2 km ℘ 02 97 50 08 20, Fax 02 97 50 41 51 – ☎ 🅿. 🔤
     🔤
     Pâques-nov. – ⚌ 35 – **19 ch** 325/365

💥 **Relax,** 27 bd Castero à la plage de Kermorvan ℘ 02 97 50 12 84, Fax 02 97 50 12 84, ≤, 🍴
💥 – 🅿. 🔤 ⓪ 🔤   B f
     fermé début janv. à mi-fév., dim. soir d'oct. à mars et lundi sauf juil.-août – **Repas** 78/190 ⚜,
     enf. 52

💥 **Jules Verne,** 1 bd d'Hoëdic à Port-Maria ℘ 02 97 30 55 55, Fax 02 97 30 55 55, ≤, 🍴 –
💥 🔤   A m
     fermé 1er au 20 déc., 20 janv. au 3 fév., mardi soir et merc. hors saison – **Repas** - produits de
     la mer - 90/345

💥 **Ancienne Forge,** 20 r. Verdun ℘ 02 97 50 18 64 – 🔤 ⓪ 🔤   A k
💥 *fermé janv., dim. et lundi sauf juil.-août* – **Repas** 82/250 ⚜, enf. 51

💥 **Verger de la Mer,** bd Goulvars ℘ 02 97 50 29 12 – 🔤 🔤   B x
💥 *fermé 5 janv. au 15 fév., mardi soir et merc.* – **Repas** 98/180 ⚜, enf. 65

💥 **Chaumine,** à Manémeur ℘ 02 97 50 17 67, Fax 02 97 50 17 67 – 🔤   A r
     fermé 1er au 8 mars, 12 nov. au 22 déc., lundi sauf le soir en saison et dim. soir hors saison –
     Repas 82 (déj.), 142/275, enf. 55

à St-Pierre-Quiberon Nord : 5 km par D 768 – 2 184 h. alt. 12 – ⊠ 56510 :

Voir Pointe du Percho ≤ ★ au NO : 2,5 km.

🏨 **Plage**, ℰ 02 97 30 92 10, Fax 02 97 30 99 61, ≤ – |இ| cuisinette 📺 ☎ 🄿 – 🍴 25. 🆀 🕕 🖼,
℁ rest
1ᵉʳ avril-fin sept. et fermé merc. midi et jeudi midi hors saison sauf vacances scolaires –
Repas (72) - 92/159 🖢, enf. 50 – 🖙 47 – **46 ch** 420/620 – ½ P 380/490

🏨 **St-Pierre**, ℰ 02 97 50 26 90, Fax 02 97 50 37 98 – 📺 ☎ ✆ 🕭 🄿, 🆀 🕕 🖼 🄹🄲🄱
Pâques-oct. – **Repas** 50 (déj.), 89/195 🖢, enf. 50 – 🖙 45 – **28 ch** 420/450 – ½ P 355/400

à Portivy Nord : 6 km par D 768 et rte secondaire – ⊠ 56170 :

🍴 **Taverne** avec ch, ℰ 02 97 30 91 61, Fax 02 97 30 72 52, ≤ – 🖼
fév.-oct., vacances de Noël, et fermé mardi du 15 sept. au 16 juin et lundi soir en mars et
oct. – **Repas** 89/340, enf. 50 – 🖙 35 – **8 ch** 270 – ½ P 255

QUIÉVRECHAIN 59 Nord 🗟🗟 ⑤ – rattaché à Valenciennes.

QUILINEN 29 Finistère 🗟🗟 ⑮ – rattaché à Quimper.

QUILLAN 11500 Aude 🗟🗟 ⑦ G. Languedoc Roussillon – 3 818 h alt. 291.

Voir Défilé de Pierre Lys★ S : 5 km.

🄱 Office de Tourisme 31 bd du Gén.-de-Gaulle ℰ 04 68 20 11 23, Fax 04 68 20 16 45.
Paris 819 – Foix 63 – Andorre-la-Vieille 115 – Carcassonne 52 – Limoux 28 – Perpignan 77.

🏨 **Pierre Lys**, av. Carcassonne ℰ 04 68 20 08 65, ☞ – 📺 ☎ 🄿, 🖼
fermé mi-nov. à mi-déc. – **Repas** 70/235 🖗, enf. 55 – 🖙 35 – **16 ch** 185/300 – ½ P 217/227

🏨 **Cartier**, bd Ch. de Gaulle ℰ 04 68 20 05 14, Fax 04 68 20 22 57 – |இ| 📺 ☎ ✆, 🖙 🖼
15 mars-15 déc. – **Repas** (fermé sam. en mars et déc.) 77/160 🖗, enf. 42 – 🖙 36 – **28 ch**
185/340 – ½ P 250/300

🏨 **Canal**, 36 bd Ch. de Gaulle ℰ 04 68 20 08 62, Fax 04 68 20 27 96 – 📺 ☎ 🚗. 🖼. ℁
fermé 15 au 30 oct., 30 déc. au 20 janv., dim. soir et lundi hors saison – **Repas** 70/230 🖗,
enf. 50 – 🖙 35 – **14 ch** 165/265 – ½ P 210/260

QUIMPER 🄿 29000 Finistère 🗟🗟 ⑮ G. Bretagne – 59 437 h alt. 41.

Voir Cathédrale St-Corentin★★ – Le vieux Quimper★ : Rue Kéréon – Jardin de l'Évêché ≤ ★
BZ K – Mont-Frugy ≤★ ABZ – Musée des Beaux-Arts★★ BY M³ – Musée départemental
breton★ BZ M² – Musée de la faïence Jules Verlingue★ AX M¹ – Descente de l'Odet★★ en
bateau 1 h 30 – Festival de Cornouaille (fin juil.).
Env. Calvaire de Quilinen★ N : 10 km par D 770.
🛧 de Quimper-Cornouaille ℰ 02 98 94 30 30, par D 40 : 8 km AX.
🄱 Office de Tourisme pl. Résistance ℰ 02 98 53 04 05, Fax 02 98 53 31 33.
Paris 564 ③ – Brest 71 ① – Lorient 68 ③ – Rennes 217 ③ – St-Brieuc 128 ①.

Plans pages suivantes

🏨🏨 **Novotel**, par bd Le Guennec, près centre commercial de Kerdrezec ℰ 02 98 90 46 26,
Fax 02 98 53 01 96, ☞, 🏊, ☞ – |இ| ⇔ 📺 ☎ ✆ 🕭 🄿 – 🍴 80. 🆀 🕕 🖼   AX n
Repas (75) - 100/155, enf. 55 – 🖙 55 – **92 ch** 470/510

🏨 **Mascotte** 🅼, 6 r. Th. Le Hars ℰ 02 98 53 37 37, Fax 02 98 90 31 51 – |இ| ⇔ 📺 ☎ ✆ 🕭 –
🍴 25. 🆀 🕕 🖼   BZ d
Repas (fermé sam. et dim. de sept. à mai) (dîner seul.) (75) - 95/150 🖢 – 🖙 45 – **63 ch**
355/445

🏨 **Gradlon** sans rest, 30 r. Brest ℰ 02 98 95 04 39, Fax 02 98 95 61 25 – 📺 ☎ ✆. 🆀 🕕 🖼.
℁   BY a
fermé 20 déc. au 15 janv. – 🖙 59 – **22 ch** 410/575

🏨 **Tour d'Auvergne**, 13 r. Réguaires ℰ 02 98 95 08 70, Fax 02 98 95 17 31 – |இ| 📺 ☎ ✆ 🄿.
🆀 🕕 🖼   BZ e
fermé dim. d'oct. à avril et sam. midi – **Repas** 138/290 🖢, enf. 73 – 🖙 59 – **38 ch** 440/590 –
½ P 475/490

🏨 **Ibis** 🅼, r. G. Eiffel ℰ 02 98 90 53 80, Fax 02 98 52 18 41 – ⇔ 📺 ☎ ✆ 🕭 🄿 – 🍴 15 à 30. 🆀
🕕 🖼   BV f
Repas (75) - 95 🖢, enf. 39 – 🖙 35 – **72 ch** 340/405

🏨 **Relais Mercure** sans rest, 21 bis av. Gare ℰ 02 98 90 31 71, Fax 02 98 53 09 81 – |இ| 📺
✆ 🕭 🚗 🄿 – 🍴 15 à 30. 🆀 🖼   BX a
🖙 40 – **63 ch** 365/480

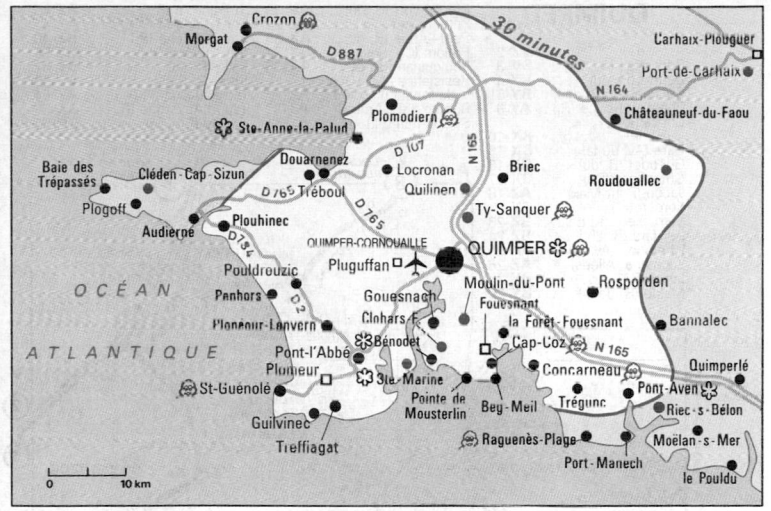

XXX **Acacias,** bd Creac'h Gwen ℘ 02 98 52 15 20, Fax 02 98 10 11 48, 🐟 – **P.** GB   **BX b**
fermé 6 au 29 août, sam. midi, dim. soir et lundi soir – **Repas** 105/250 et carte 200 à 300

XX **L'Ambroisie** (Guyon), 49 r. Elie Fréron ℘ 02 98 95 00 02, Fax 02 98 95 88 06 – GB. ⚘
🕸 *fermé 26 juin au 10 juil., vacances de Toussaint et de fév., dim. soir en hiver et lundi sauf le*
🦞 *soir en été* – **Repas** 120/340 et carte 290 à 370   **BY u**
Spéc. Cannelloni de blé noir à la chair de crabe. Homard au jus de crustacés et fondue
d'artichaut (été). Crêpe aux pommes caramélisées.

XX **Capucin Gourmand,** 29 r. Réguaires ℘ 02 98 95 43 12, Fax 02 98 95 13 34 – AE ① GB
JCB   **BZ r**
fermé 1ᵉʳ au 20 fév., lundi midi et dim. – **Repas** 100/360

XX **Fleur de Sel,** 1 quai Neuf ℘ 02 98 55 04 71, Fax 02 98 55 04 71 – GB. ⚘   **AX v**
🦞 *fermé 23 déc. au 5 janv., sam. midi et dim.*
Repas (90) - 118/210 ⛾

X **Folle Blanche,** 39 bd Kerguelen ℘ 02 98 95 76 76, 🌴 – AE GB   **BZ n**
fermé vacances de printemps, de Noël, lundi hors saison et dim. – **Repas** 92/140 ⛾, enf. 50

X **Rive Gauche,** 9 r. Ste-Catherine ℘ 02 98 90 06 15 – GB   **BZ v**
🍽 *fermé 15 au 30 juin, vacances de Toussaint, dim. et lundi* – **Repas** 80/180, enf. 55

X **L'Assiette,** 5 bis r. J. Jaurès ℘ 02 98 53 03 65 – GB. ⚘   **BZ s**
🍽 *fermé 30 juil. au 21 août, lundi soir et dim.* – **Repas** 65/130 ⛾

à Ty-Sanquer Nord : 7 km par D 770 – ⌧ 29000 Quimper :

XX **Auberge Ti-Coz,** ℘ 02 98 94 50 02, Fax 02 98 94 56 37 – **P.** GB
🦞 *fermé 15 au 30 sept., dim. soir et lundi* – **Repas** (75) - 98/240 ⛾, enf. 55

à Quilinen par ① et D 770: 11 km – ⌧ 29510 Landrevarzec :

X **Auberge de Quilinen,** ℘ 02 98 57 93 63, Fax 02 98 58 54 99 – GB
fermé 7 août au 4 sept., dim. soir, mardi soir, merc. soir et lundi – **Repas** 92/180 ⛾, enf. 50

à Moulin-du-Pont par ⑤, rte de Bénodet : 9 km – ⌧ 29000 Quimper :

XX **Pins d'Argent,** ℘ 02 98 54 74 24, Fax 02 98 51 71 47 – **P.** GB
fermé 1ᵉʳ au 15 mars, dim. soir et lundi sauf juil.-août – **Repas** 92/220 ⛾

au Sud-Ouest par bd Poulguinan - AX - et D 20 : 5 km – ⌧ 29700 Pluguffan :

XXX **Roseraie de Bel Air,** ℘ 02 98 53 50 80, Fax 02 98 53 50 80, « Maison bretonne du
19ᵉ siècle », 🐟 – **P.** AE GB
fermé dim. soir et lundi – **Repas** 138/300

à Pluguffan par ⑥ et D 40 : 7 km – 3 238 h. alt. 90 – ⌧ 29700 :

🏠 **Coudraie** ⌗ sans rest, impasse du Stade ℘ 02 98 94 03 69, Fax 02 98 94 08 42, 🐟 – TV
🕿 ⚲ **P.** GB
fermé vacances de fév. et dim. hors saison – ⌕ 52 – **11 ch** 250/300

QUIMPER

Astor (R.) .... AYZ 2
Bécharles (Av. de) ... BV 3
Beurre (Pl. au) .... BY 4
Boucheries (R. des) . . BY 6
Chapeau-Rouge (R.) . . AY 9
Concarneau (R. de) .... BX 10
Gare (Av. de la) ...... BX 15
Guéodet (R. du) ..... BY 16
Gutenberg (Bd) ...... BX 17
Jacob (Pont Max) .... AZ 18
Kéréon (R.) .... AY
Kerguélen (Bd de) ..... BZ 23
Le Hars (R. Th.) ...... BZ 24
Libération (Av. de la) . BX 25
Locmaria (Allées) .... AZ 26
Luzel (R.) .... BY 28
Mairie (R. de la) ...... BY 29
Moulin-Vert (R. du) .... AV 30
Parc (R. du) .... ABZ 34
Pont-l'Abbé (R. de) .... AX 35
Potiers (Ch. des) ...... BX 37
Poulguinan (Bd de) .... AX 38
Résistance-et-du-Gén. de-Gaulle (Pl. de la) AZ 40
Ronarc'h (R. Amiral) ... AZ 42
St-Corentin (Pl.) .... BZ 43
St-François (R.) .... BZ 45
St-Mathieu (R.) .... AZ 47
Ste-Catherine (R.) .... BZ 48
Ste-Thérèse (R.) .... BZ 50
Sallé (R. du) .... BY 52
Steir (Q. du) .... AZ 53
Terre-au-Duc (Pl.) .... AY 54
Tour-d'Auvergne (R.) .... BX 58
Ty-Nay (Rte de) .... BV 60

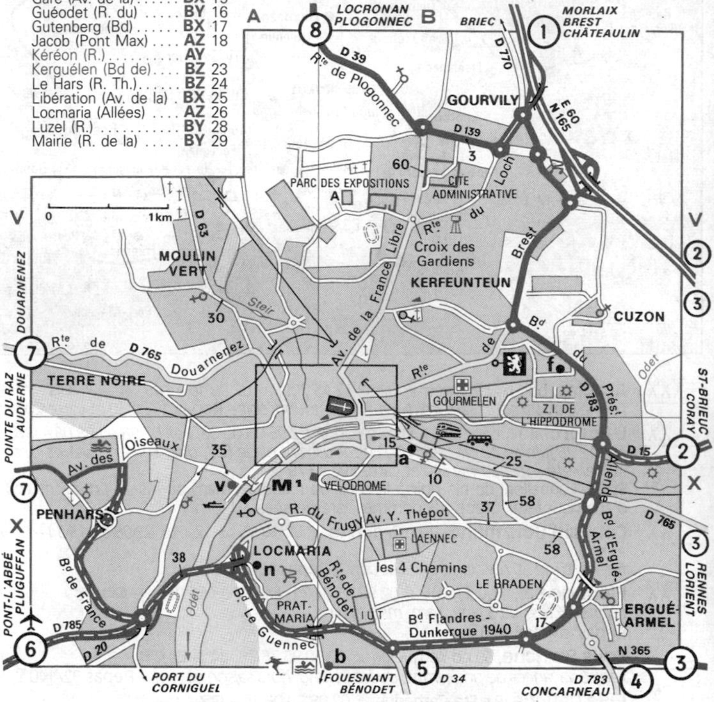

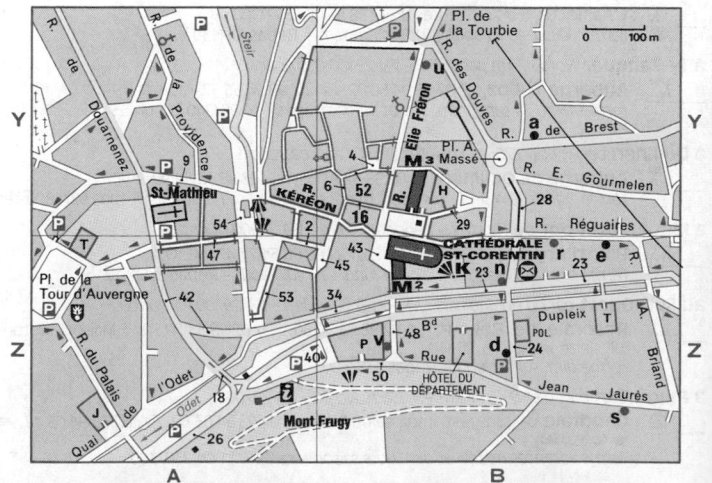

QUIMPERLÉ 29300 Finistère 🔢 ⑫ ⑰ G. Bretagne – 10 748 h alt. 30.

Voir Église Ste-Croix★★ – Rue Dom-Morice★.

🄳 Office de Tourisme Le Bourgneuf ℰ 02 98 96 04 32, Fax 02 98 96 16 12.

Paris 519 – Quimper 48 – Carhaix-Plouguer 56 – Concarneau 31 – Pontivy 54 – Rennes 171.

🏠 **Novalis** Ⓜ, rte Concarneau : 2,5 km ℰ 02 98 39 24 00, Fax 02 98 39 12 10 – 🆃🆅 ☎ ✇ & 🄿
⊛ – 🛆 25 à 50.

Repas (fermé sam. midi et dim.) (65) 85 ♀ – ⊡ 58 – 25 ch 246/287 – ½ P 244

🏠 **Kervidanou** Ⓜ, zone commerciale de Kervidanou par rte Concarneau : 4 km
⊛ ℰ 02 98 39 18 00, Fax 02 98 96 35 11 – 😐 🆃🆅 ☎ ✇ & 🄿 – 🛆 15 à 20. 🆎 🆊
fermé 20 déc. au 4 janv. – **Repas** (fermé vend., sam. et dim.) (dîner seul.) 85/125 ⅃ – ⊡ 35 –
44 ch 260 – ½ P 245/255

🍴🍴 **Bistro de la Tour**, 2 r. Dom. Morice ℰ 02 98 39 29 58, Fax 02 98 39 21 77 – 🆊
fermé sam. midi et dim. soir sauf du 14 juil. au 31 août – **Repas** 80 (déj.), 99/360 bc ♀

🍴🍴 **Relais du Roch,** rte du Pouldu par D 49 : 2 km ℰ 02 98 96 12 97, Fax 02 98 39 22 40, 🌳
– 🄿. 🆊
fermé 26 juin au 2 juill., 2 au 8 oct., 5 au 18 janv., dim. soir et lundi **Repas** 87/360, enf. 40

QUINCIÉ-EN-BEAUJOLAIS 69430 Rhône 🔢 ⑨ – 1 059 h alt. 325.

Paris 428 – Mâcon 32 – Roanne 68 Beaujeu 7 – Bourg-en-Bresse 54 – Lyon 61.

🏠 **Mont-Brouilly**, Est : 2,5 km par D 37 ℰ 04 74 04 33 73, Fax 04 74 04 30 10, 🍴, 🌳 –
▭ rest, 🆃🆅 ☎ ✇ & 🄿 – 🛆 25. 🆎 🆊
fermé 22 au 29 déc., fév., lundi sauf le soir d'avril à sept. et dim. soir d'oct. à mars – **Repas**
90/250 ♀, enf. 50 – ⊡ 36 – **29 ch** 280/340 – ½ P 295

QUINCY-SOUS-SÉNART 91 Essonne 🔢 ①., 🔢 ㊳ – voir Paris, Environs.

QUINÉVILLE 50310 Manche 🔢 ③ G. Normandie Cotentin – 306 h alt. 29.

Paris 334 – Cherbourg 37 – Barfleur 21 – Carentan 31 – St-Lô 60.

🏠 **Château de Quinéville** ⌂, ℰ 02 33 21 42 67, Fax 02 33 21 05 79, parc, « Château du
18e siècle », 🍴 – 🆃🆅 ☎ ✇ & 🄿. 🆎 🆊
fermé 5 janv. au 31 mars et merc. midi du 1er oct. au 20 déc. – **Repas** 140/250 ♀ – ⊡ 50 –
24 ch 500/600 – ½ P 430/450

QUINGEY 25440 Doubs 🔢 ⑮ – 980 h alt. 275.

Paris 398 – Besançon 23 – Dijon 85 – Dole 37 – Gray 55.

🍴 **Truite de la Loue** avec ch, ℰ 03 81 63 60 11, Fax 03 81 63 84 77 – 🆃🆅 ☎ ⇜ 🆎 🆊 🆊
⊛ fermé 20 déc. au 20 janv., dim. soir et lundi d'oct. à mai – **Repas** 85/235 ♀, enf. 45 – ⊡ 35 –
11 ch 198/265 – ½ P 235/245

QUINSAC 33360 Gironde 🔢 ⑪ – 1 866 h alt. 80.

Paris 590 – Bordeaux 14 – Langon 33 – Libourne 39.

au Port Neuf Nord : 4 km par D 10 et D 14 – ⊠ 33360 Camblanès-et-Meynac :

🍴 **Maison du Fleuve**, ℰ 05 56 20 06 40, Fax 05 56 20 01 04, ≼, �ி☆, « Au bord de la
Garonne » – 🄿. 🆎 🆊. ✻
fermé janv., dim. soir et lundi d'oct. à mars – **Repas** (prévenir) 85 (déj.), 135/240 ♀, enf. 70

QUINSON 04500 Alpes-de-H.-P. 🔢 ⑤, 🔢 ⑦ – 274 h alt. 370.

Paris 789 – Digne-les-Bains 63 – Aix-en-Provence 77 – Brignoles 44 – Castellane 73.

🏠 **Relais Notre-Dame**, ℰ 04 92 74 40 01, Fax 04 92 74 02 10, 🌺, 🍴, 🌳 – ☎ 🄿. 🆎 🆊
✻ ch
15 mars-15 déc., et fermé dim. soir et lundi sauf juil.-août – **Repas** 87 (déj.), 95/210 ♀,
enf. 50 – ⊡ 40 – **15 ch** 270/320 – ½ P 260/285

RAGUENÈS-PLAGE 29 Finistère 🔢 ⑪ G. Bretagne – ⊠ 29920 Névez.

Paris 546 – Quimper 42 – Carhaix-Plouguer 74 – Concarneau 18 Pont-Aven 12.

🏠🏠 **Chez Pierre** ⌂, ℰ 02 98 06 81 06, Fax 02 98 06 62 09, 🌺, 🌳 – 🆃🆅 ☎ ✇ & 🄿. 🆊
⊛ ✻ rest
8 avril-25 sept. – **Repas** (fermé merc.) (90) - 110/295, enf. 78 – ⊡ 38 – **35 ch** 220/444 –
½ P 260/380

🏠 **Men Du** ⌂ sans rest, ℰ 02 98 06 84 22, Fax 02 98 06 76 69, ≼, 🌳 – ☎ 🄿. 🆊
1er avril-30 sept. – ⊡ 38 – **14 ch** 290/350

RAISMES *59 Nord* 53 ④ *– rattaché à Valenciennes.*

RAMATUELLE *83350 Var* 84 ⑰, 114 ㊲ *G. Côte d'Azur – 1 945 h alt. 136.*

Voir *Col de Collebasse* ≤★ *S : 4 km.*

Paris 876 – Fréjus 36 – Le Lavandou 37 – St-Tropez 10 – Ste-Maxime 16 – Toulon 72.

Baou , ☎ 04 94 79 20 48, *Fax 04 94 79 28 36*, ≤ village et campagne, , , –
TV ☎ P. AE ⓓ GB
8 avril-15 oct. – ***Terrasse :*** Repas 190/360 – ☐ 90 – **33 ch** 800/1950, 8 duplex – 1/2 P 670/1245

Ferme d'Hermès sans rest, Sud-Est : 2,5 km par rte l'Escalet et chemin privé ☎ 04 94 79 27 80, *Fax 04 94 79 26 86*, « Demeure provençale dans le vignoble », , – cuisinette TV ☎ . GB
1er avril-1er nov. et 27 déc.-10 janv. – ☐ 80 – **8 ch** 750/880

Forge, r. Victor Léon ☎ 04 94 79 25 56, *Fax 04 94 79 25 56* – . AE ⓓ GB
1er mars-15 nov. et fermé le midi en juil.-août et merc. hors saison – **Repas** *(100)* - 175 ♀, enf. 80

à la Bonne Terrasse *Est : 5 km par D 93 et rte de Camarat – ✉ 83350 Ramatuelle :*

Chez Camille, ☎ 04 94 79 80 38, ≤, , « Agréablement situé en bordure de mer » – P. GB
1er avril-2 oct. et fermé lundi soir et mardi de sept. à mai et lundi midi et mardi midi de juin à août – **Repas** - bouillabaisse et poissons grillés - (week-end et saison, prévenir) 230/440

Use this year's Guide.

RAMBOUILLET SP *78120 Yvelines* 60 ⑧ ⑨, 106 ㉗ ㉘ *G. Ile de France – 24 343 h alt. 160.*

Voir *Boiseries★ du château – Parc★ : laiterie de la Reine★* **Z B** *– Bergerie nationale★ – Forêt de Rambouillet★.*

ℹ *Office de Tourisme à l'Hôtel-de-Ville pl. de la Libération* ☎ *01 34 83 21 21, Fax 01 34 57 34 58.*

Paris 53 ① – Chartres 42 ③ – Mantes-la-Jolie 51 ① – Orléans 90 ③ – Versailles 33 ①.

RAMBOUILLET

Chasles (R.) .... **Z** 2
Commune (R. de la) .... **Y** 3
Félix-Faure (Pl.) ...... **Z** 5
Gaulle (R. du Gén.-de) .... **Z** 6
Humbert (R. Gén.) ...... **Z** 7
Libération (Pl. de la) .... **Z** 8
Louvière (R. de la) ..... **Z** 9
Poincaré (R. Raymond) .. **Y** 12
Providence (R. de la) .... **Y** 13
Thome (Pl. André) ...... **Y** 16

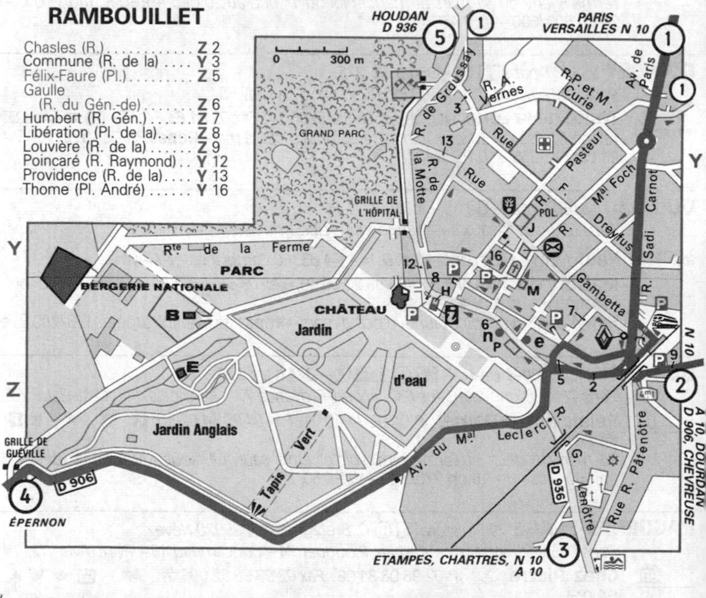

Cheval Rouge, 78 r. Gén. de Gaulle ☎ 01 30 88 80 61, *Fax 01 34 83 91 60* – . AE GB
fermé 20 juil. au 18 août, mardi soir et merc. – **Repas** *(98)* - 135/185 ♀ **Z n**

Poste, 101 r. Gén. de Gaulle ☎ 01 34 83 03 01 – AE GB **Z e**
fermé 24 déc. au 8 janv., dim. soir, jeudi soir et lundi – **Repas** 125/165 ♀

par ② *rte de Chevreuse (D 906) : 2 km – ✉ 78120 Rambouillet :*

XX **Louvetier,** 19 r. Étang de la Tour ☎ 01 34 85 61 00, *Fax 01 34 84 01 10,* – P. GB
fermé dim. soir et lundi – **Repas** produits de la mer - *(150)* - 210 ♀

RANCÉ *01390 Ain* 73 ⑩, 110 ④ – *410 h alt. 282.*
Paris 441 – Lyon 32 – Bourg-en-Bresse 45 – Villefranche-sur-Saône 14.

X **Rancé,** ☎ 04 74 00 81 83, *Fax 04 74 00 87 08,* – . AE GB
fermé dim. soir, mardi soir et lundi – **Repas** 80/295 ♀, enf. 65

RANÇON *87290 H.-Vienne* 72 ⑦ *G. Berry Limousin – 544 h alt. 217.*
Paris 372 – Limoges 39 – Bellac 13 – La Souterraine 34.

X **L'Oie et le Gril,** ☎ 05 55 68 15 06, *Fax 05 55 60 20 62* – GB
fermé 15 sept. au 15 oct., mardi soir et merc. – **Repas** 65 (déj.), 125/130

RANCOURT *80 Somme* 53 ⑬ – *rattaché à Péronne.*

RANDAN *63310 P.-de-D.* 73 ⑤ *G. Auvergne – 1 429 h alt. 407.*
Voir *Villeneuve-les-Cerfs : pigeonnier★ O : 2 km.*
Syndicat d'Initiative à la Mairie ☎ 04 70 41 50 02, Fax 04 70 56 14 79.
Paris 372 – Clermont-Ferrand 41 – Gannat 21 – Riom 25 – Thiers 30 – Vichy 14.

XX **Centre** avec ch, ☎ 04 70 41 50 23, *Fax 04 70 56 14 78* – ☎. GB
fermé 23 oct. au 7 déc., mardi soir et merc. – **Repas** 62/220 ♀, enf. 45 – 33 – **8 ch** 160/260 – ½ P 170/215

RÂNES *61150 Orne* 60 ② *G. Normandie Cotentin – 1 015 h alt. 237.*
Syndicat d'Initiative à la Mairie ☎ 02 33 39 73 87, Fax 02 33 39 79 77.
Paris 214 – Alençon 40 – Argentan 20 – Bagnoles-de-l'Orne 19 – Falaise 35.

St-Pierre, ☎ 02 33 39 75 14, *Fax 02 33 35 49 23,* – TV ☎. AE GB JCB
Repas *(fermé vend. soir)* *(68 bc)* - *78*/195 ♀, enf. 48 – 40 – **12 ch** 245/345 – ½ P 295

RAON-L'ÉTAPE *88110 Vosges* 62 ⑦ – *6 780 h alt. 284.*
Voir *Église★ d'Etival-Clairefontaine S : 6 km,* **G. Alsace Lorraine.**
Office de Tourisme (saison) r. J.-Ferry ☎ 03 29 41 83 25.
Paris 373 – Épinal 45 – Nancy 68 – Neufchâteau 112 – St-Dié 19 – Sarrebourg 53.

XX **Relais Lorraine Alsace** M avec ch, 31 r. J. Ferry ☎ 03 29 41 61 93, *Fax 03 29 41 93 09,* – TV ☎. AE GB
fermé nov. et lundi – **Repas** 77/180 ♀ – 30 – **10 ch** 285/330 – ½ P 250

RASTEAU *84 Vaucluse* 81 ② – *rattaché à Vaison-la-Romaine.*

RAZ (Pointe du) ★★★ *29 Finistère* 58 ⑬ *G. Bretagne.*
Voir ★★.
Paris 618 – Quimper 52 – Douarnenez 35 – Pont-l'Abbé 47.

à La Baie des Trépassés *par D 784 et rte secondaire : 3,5 km :*

Baie des Trépassés , ✉ 29770 Plogoff ☎ 02 98 70 61 34, *Fax 02 98 70 35 20,* ≤ – rest, TV ☎ P. GB
10 fév.-22 nov. – **Repas** 105/300 ♀, enf. 46 – 44 – **27 ch** 310/380 – ½ P 287/384

Relais de la Pointe du Van , ✉ 29770 Cléden-Cap-Sizun ☎ 02 98 70 62 79, *Fax 02 98 70 35 20,* ≤, – ☎ P. GB
1er avril-30 sept. – **Repas** 105/215 ♀, enf. 46 – 44 – **25 ch** 270/380 – ½ P 329/384

Repas 70/185

Repas à prix fixes :
des menus à prix intermédiaires à ceux indiqués sont généralement proposés.

RÉ (Ile de) ★ _17 Char.-Mar._ 🗺 ⑫ _G. Poitou Vendée Charentes._
   Accès : _par le pont routier (voir à La Rochelle)._

Ars-en-Ré – _1 165 h alt. 4 –_ ⊠ _17590_ .

🛈 _Office de Tourisme pl. Carnot_ ✆ _05 46 29 46 09, Fax 05 46 29 68 30._
Paris 508 – La Rochelle 36 – Fontenay-le-Comte 84 – Luçon 72.

🏠 **Martray,** Le Martray, Est : 3 km par D 735 ✆ _05 46 29 40 04, Fax 05 46 29 41 19,_ ☞ –
   ▦ rest, 📺 ☎. 🆎 ⑩ ᴊᴄʙ
   1ᵉʳ avril-5 nov. – **Repas** _150_ ♈, enf. _60_ – ☷ _40_ – **14 ch** _350/420_ – ½ P _380/390_

✕✕ **Bistrot de Bernard,** 1 quai Criée ✆ _05 46 29 40 26, Fax 05 46 29 28 99,_ ☞ – ᴳᴮ
   fermé 11 nov. au 20 déc., 4 janv. au 15 fév., lundi soir et mardi d'oct. à mars – **Repas**
   _130/400_ ♈

✕ **Cabane du Fier,** Le Martray, Est : 3 km par D 735 ✆ _05 46 29 64 84,_ ≼, ☞ – 🅿. ᴳᴮ
   mars-nov. et fermé mardi soir et merc. sauf juil.-août – **Repas** _carte 160 à 230_ ♈

Le Bois-Plage-en-Ré – _2 014 h alt. 5 –_ ⊠ _17580_ .

🛈 _Office de Tourisme 18 r. de l'Église_ ✆ _05 46 09 23 26, Fax 05 46 09 13 15._
Paris 495 – La Rochelle 23 – Fontenay-le-Comte 72 – Luçon 60.

🏠 **L'Océan,** 172 r. St-Martin ✆ _05 46 09 23 07, Fax 05 46 09 05 40,_ ☞, 🎋 – 📺 ☎ ❤ 🅿. 🆎
   ᴳᴮ
   fermé 5 janv. au 10 fév. – **Repas** _(fermé merc. sauf vacances scolaires) 130/180_ ♈, enf. _50_ –
   ☷ _50_ – **24 ch** _400/550_ – ½ P _365/430_

🏠 **Gollandières** ⌂, av. Plage ✆ _05 46 09 23 99, Fax 05 46 09 09 84,_ ☞, ⛱, 🎋 – 📺 ☎ 🅿 –
   🏛 _15_ à _60._ 🆎 ⑩ ᴳᴮ ᴊᴄʙ
   fermé 26 nov. au 12 déc. et 20 janv. au 10 fév. – **Repas** _(fermé dim. soir, mardi midi et lundi
   en hiver sauf vacances scolaires) 125/168_ ♈, enf. _68_ – ☷ _45_ – **34 ch** _410/500_ – ½ P _420/470_

La Flotte – _2 452 h alt. 4 –_ ⊠ _17630_ .

🛈 _Office de Tourisme quai Sénac_ ✆ _05 46 09 60 38, Fax 05 46 09 64 88._
Paris 490 – La Rochelle 17 – Fontenay-le-Comte 66 – Luçon 54.

🏠🏠 **Richelieu** Ⓜ ⌂, av. Plage ✆ _05 46 09 60 70, Fax 05 46 09 50 59,_ ≼, ☞, centre de thalas-
✻ sothérapie, 🎋, ⛱, 🎋, ✕✕ – ▦ rest, 📺 ☎ ❤ ⅙. 🅿 – 🏛 _60._ 🆎 ᴳᴮ
   Repas _(fermé 5 janv. au 5 fév.) 300/400 et carte 370 à 470_ ♈ – ☷ _100_ – **39 ch** _800/2000,_
   5 appart – ½ P _800/2500_
   Spéc. Homard grillé, beurre de corail. Capuccino de Saint-Jacques. Médaillons de lotte aux
   pétales de tomate confite. **Vins** Blanc et rouge de l'Ile de Ré.

🏠 **Français** sans rest, cours F. Faure ✆ _05 46 09 60 06, Fax 05 46 09 58 77_ – 📺 ☎. 🆎 ⑩
   ᴳᴮ
   1ᵉʳ avril-1ᵉʳ nov. et 23 déc.-3 janv. – ☷ _32_ – **29 ch** _280/480_

☂ **Hippocampe** sans rest, r. Château des Mauléons ✆ _05 46 09 60 68, Fax 05 46 09 68 84_ –
   ☎. ᴳᴮ
   ☷ _30_ – **13 ch** _135/320_

✕✕ **Lavardin,** r. H. Lainé ✆ _05 46 09 68 32, Fax 05 46 09 54 03_ – ▦. ᴳᴮ
   fermé 13 nov. au 14 déc., 8 janv. au 4 fév., mardi soir et merc. hors saison – **Repas** _120/340_ ♈

✕✕ **L'Écailler,** 3 quai Sénac ✆ _05 46 09 56 40,_ ☞, « Maison du 17ᵉ siècle sur le port » – ᴳᴮ
   Pâques-1ᵉʳ nov. et fermé lundi – **Repas** - produits de la mer seul. - _carte 220 à 260_ ♈

Les Portes-en-Ré – _660 h alt. 4 –_ ⊠ _17880_ .

🛈 _Office de Tourisme 52 r. de Trousse-Chemise_ ✆ _05 46 29 52 71, Fax 05 46 29 52 81._
Paris 516 – La Rochelle 44 – Fontenay-le-Comte 92 – Luçon 81.

✕✕ **Auberge de la Rivière,** Ouest : 1 km sur D 101 ✆ _05 46 29 54 55, Fax 05 46 29 40 32,_
☂ ☞, 🎋 – 🅿. 🆎 ᴳᴮ
   fermé 15 nov. au 20 déc. , janv. à mi-fév., mardi et merc. sauf juil.-août – **Repas** _(110) -
   130/370_ ♈, enf. _55_

Rivedoux-Plage – _1 163 h alt. 2 –_ ⊠ _17940_ .

🛈 _Office de Tourisme pl. République_ ✆ _05 46 09 80 62, Fax 05 46 09 80 62._
Paris 485 – La Rochelle 13 – Fontenay-le-Comte 61 – Luçon 49.

🏠 **Auberge de la Marée,** rte St-Martin ✆ _05 46 09 80 02, Fax 05 46 09 88 25,_ « Jardin
   fleuri », 🎋, 🎋 – 📺 ☎ ⅙, ⇦ 🅿. ᴳᴮ
   hôtel : 1ᵉʳ avril-3 nov. ; rest. : 15 mai-25 sept. et fermé lundi midi et mardi midi – **Repas** _100
   (déj.), 160/350,_ enf. _60_ – ☷ _50_ – **30 ch** _(½ pens. seul.)_ – ½ P _380/660_

🏠 **Rivotel,** 154 av. Dunes (D 201) ✆ _05 46 09 89 51, Fax 05 46 09 89 04,_ ≼, ☞, 🎋 – 📺 ☎ ⅙.
   🅿. 🆎 ⑩ ᴳᴮ
   10 mars-10 nov. – **Repas** _98 (déj.)/150_ ♈ – ☷ _50_ – **35 ch** _440/830_ – ½ P _410/590_

St-Clément-des-Baleines – 607 h alt. 2 – ⊠ 17590.

Voir L'Arche de Noé (parc d'attractions) : Naturama★ (collection d'animaux naturalisés) –
Phare des Baleines ✿★ N : 2.5 km.

🚹 Office de Tourisme 200 r. du Centre ℰ 05 46 29 24 19, Fax 05 46 29 08 14.
Paris 511 – La Rochelle 39 – Fontenay-le-Comte 87 – Luçon 76.

Chat Botté sans rest, 2 pl. Église ℰ 05 46 29 21 93, Fax 05 46 29 29 97, ☞ – 📺 ☎ 🅿. ⴳⴲ
fermé 1er au 15 déc. et 3 janv. au 12 fév. – ⴳ 65 – **19 ch** 440/630

Chat Botté, r. Mairie ℰ 05 46 29 42 09, Fax 05 46 29 29 77, ⴳⴲ, ☞ – 🕮 ⴳⴲ
fermé 20 nov. au 20 déc., 10 janv. au 15 fév. et lundi du 20 sept. au 10 avril – **Repas**
135/375 et carte 250 à 350 ⴲ

St-Martin-de-Ré – 2 512 h alt. 14 – ⊠ 17410.

Voir Fortifications★.

🚹 Office de Tourisme av. V.-Bouthillier ℰ 05 46 09 20 06, Fax 05 46 09 06 18.
Paris 495 – La Rochelle 23 – Fontenay-le-Comte 71 – Luçon 60.

Jetée 🅼 sans rest, quai G. Clemenceau ℰ 05 46 09 36 36, Fax 05 46 09 36 06 – 🕮 📺 ☎ ⴳ
ⴳⴲ – ⴳ 25. 🕮 ⴳⴲ
ⴳ 42 – **31 ch** 490/830

Galion 🅼 sans rest, allée Guyane ℰ 05 46 09 03 19, Fax 05 46 09 13 26, ≼ – 📺 ☎ ❤ ⴳ
ⴳⴲ, 🕮 ⓞ ⴳⴲ
ⴳ 45 – **31 ch** 460/610

Port sans rest, 29 quai Poithevinière ℰ 05 46 09 21 21, Fax 05 46 09 06 85 – 📺 ☎. ⴳⴲ
ⴳ 36 – **35 ch** 420/480

Colonnes, 19 quai Job-Foran ℰ 05 46 09 21 58, Fax 05 46 09 21 49, ≼, ⴳ – 📺 ☎ 🅿. ⴳⴲ
fermé 15 déc. au 1er fév. – **Repas** (fermé merc.) (99) - 139/239 ⴲ, enf. 45 – ⴳ 45 – **30 ch**
480/580 – ½ P 350/420

Ste-Marie-de-Ré 17740 🕮 ⑱ – 1 806 h alt. 9.

🚹 Office de Tourisme pl. d'Antioche ℰ 05 46 30 22 92, Fax 05 46 30 01 68.
Paris 488 – La Rochelle 16 – Fontenay-le-Comte 65 – Luçon 53.

Atalante ⴳ, ℰ 05 46 30 22 44, Fax 05 46 30 13 49, ≼, centre de thalassothérapie, parc,
🕮, 🖃, ✿ – 📺 ☎ 🅿 – ⴳ 80. 🕮 ⓞ ⴳ – ⴳ 40 – **65 ch** 485/1160 – ½ P 440/680

RÉALMONT 81120 Tarn 🕮 ① – 2 631 h alt. 212.

Paris 707 – Toulouse 79 – Albi 20 – Castres 25 – Graulhet 19 – Lacaune 57 – St-Affrique 85.

Noël avec ch, r. H. de Ville ℰ 05 63 55 52 80, Fax 05 63 55 69 91, ⴳⴲ – 📺 ☎ – ⴳ 50. 🕮 ⓞ
ⴳⴲ, ✿
fermé vacances de fév., dim. soir et lundi – **Repas** (75) - 95/250 ⴲ, enf. 65 – ⴳ 28 – **8 ch**
195/320 – ½ P 220/260

Les Secrets Gourmands, 72 av. Gén. de Gaulle (N 112) ℰ 05 63 79 07 67,
Fax 05 63 79 07 69, ⴳⴲ – 🅿. ⴳⴲ
fermé 15 janv. au 10 fév., dim. soir et mardi – **Repas** 105/290 ⴲ

REDON ⴳ 35600 I.-et-V. 🕮 ⑤ G. Bretagne – 9 260 h alt. 10.

Voir Tour★ de l'église St Sauveur.

🚹 Office de Tourisme pl. de la République ℰ 02 99 71 06 04, Fax 02 99 71 01 59.
Paris 412 ① – Nantes 79 ② – Rennes 66 ① – St-Nazaire 53 ② – Vannes 58 ③.

Plan page suivante

Bel Hôtel sans rest, 42 av. J. Burel à St-Nicolas-de-Redon par ② ⊠ 44460 St-Nicolas-de-
Redon ℰ 02 99 71 10 10, Fax 02 99 72 33 03 – 📺 ☎ ❤ ⴳ 🅿. ⴳⴲ
fermé 31 déc. au 3 janv. et dim. en déc.-janv. – ⴳ 36 – **33 ch** 185/310

Jean-Marc Chandouineau avec ch, 10 av. Gare ℰ 02 99 71 02 04, Fax 02 99 71 08 81 –
📺 ☎ 🅿. 🕮 ⓞ ⴳⴲ   Y s
fermé 27 avril au 4 mai, dim. soir et sam. – **Repas** 110/350 ⴲ ⴳ 50 – **7 ch** 380/450 –
½ P 350/450

Bogue, 3 r. des Etats ℰ 02 99 71 12 95, Fax 02 99 71 12 95 – 🕮 ⴳⴲ   Y r
fermé 21 au 28 août, vacances de fév., jeudi d'oct. à avril et dim. soir – **Repas** 79/295 ⴲ

rte de La Gacilly par ① et D 873 : 3 km – ⊠ 35600 Redon :

Moulin de Via, ℰ 02 99 71 05 16, Fax 02 99 71 08 36, ⴳⴲ, ☞ – 🅿. ⴳⴲ
fermé 28 fév. au 16 mars, dim. soir, mardi soir et lundi – **Repas** 100 (déj.), 150/330 et carte
200 à 270 ⴲ, enf. 75

REDON

Bonne-Nouvelle (Bd). **Y** 2
Bretagne (Pl. de) .... **Y** 3
Desmars (R. Joseph) **Y** 5
Douves (Pont des) .. **Z** 6
Douves (R. des) ... **YZ**
Duchesse-Anne (Pl.). **Y** 7
Duguay-Trouin (Quai) .... **Z** 8
Duguesclin (R.) .... **YZ** 9
Enfer (R. d') .... **Z** 13
États (R. des)....... **Y** 14
Foch (R. du Mar.) ... **Y** 16
Gare (Av. de la) ..... **Y** 17
Gascon (Av. E.) ..... **Y** 19
Grande-Rue......... **Z** 23
Jeanne-d'Arc (R.).... **Z** 25
Jeu-de-Paume (R. du) .... **Z** 26
Liberté (Bd de la) .... **Y** 30
Notre-Dame (R.) .... **Y** 32
Parlement (Pl. du)... **Y** 33
Plessis (R. du) ...... **Z** 34
Port (R. du)......... **Z** 36
Richelieu (R.) .... **Y** 39
St-Nicolas (Pont) .... **Z** 43
Victor-Hugo (R.)..... **Y** 50

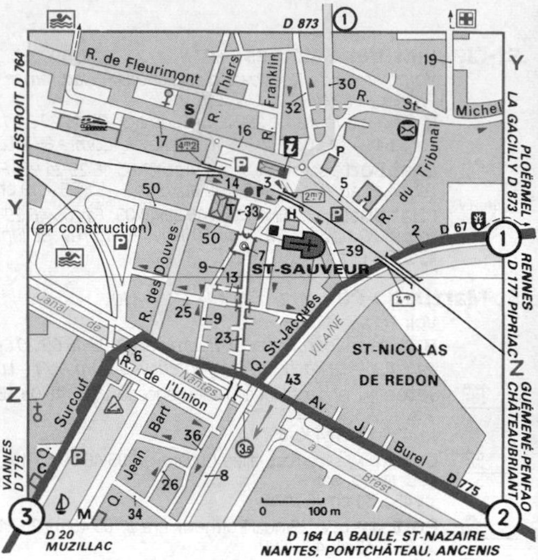

When looking for a hotel or restaurant use the most efficient method.
Look for the names of towns ***underlined in red***
on the ***Michelin maps*** *scale: 1:200 000.*
But make sure you have an up-to-date map!

REICHSFELD *67140 B.-Rhin* 62 ⑨ *– 295 h alt. 336.*
Paris 504 – Strasbourg 49 – Barr 8 – Sélestat 19 – Molsheim 29 – Villé 14.

✕ **Bleesz** avec ch, ✆ 03 88 85 50 61, *Fax 03 88 85 50 61* – P. GB
fermé janv., fév., merc. et jeudi – **Repas** 100/330 ♀ – ☕ 35 – **8 ch** 265 – ½ P 250

REICHSTETT *67 B.-Rhin* 62 ⑩ *– rattaché à Strasbourg.*

REILHAC *43 H.-Loire* 76 ⑤ *– rattaché à Langeac.*

REIMS SP *51100 Marne* 56 ⑥ ⑯ *G. Champagne – 180 620 h Agglo. 206 437 h alt. 85.*

Voir *Cathédrale Notre-Dame*★★★ *– Basilique St-Remi*★★ *: intérieur*★★★ *– Palais du Tau*★★ **BY V** *– Caves de Champagne*★★ **BCX, CZ** *– Place Royale*★ *– Porte Mars*★ *– Hôtel de la Salle*★ **BY R** *– Chapelle Foujita*★ *– Bibliothèque*★ *de l'ancien Collège des Jésuites* **BCZ B** *– Musée St-Rémi*★★ **CZ M**[4] *– Musée-hôtel Le Vergeur*★ **BX M**[3] *– Musée des Beaux-Arts*★ **BY M**[2] *- Fort de la Pompelle (casques allemands*★*) 9 km par* ③.

✈ *Reims-Champagne* ✆ *03 26 07 15 15, par* ⑩ *: 6 km.*

ℹ *Office de Tourisme 12 bd Gén. Leclerc* ✆ *03 26 77 45 00, Fax 03 26 77 45 19.*

Paris 144 ⑦ *– Bruxelles 235* ⑩ *– Châlons-en-Champagne 49* ④ *– Lille 207* ⑨.

Plans pages suivantes

✿✿✿ **Boyer "Les Crayères"** M, 64 bd Vasnier ✆ 03 26 82 80 80, *Fax 03 26 82 65 52*, ≤, « Élégante demeure dans un parc », – 🛗 ▤ TV ☎ P. AE ① GB JCB **CZ a**
fermé 23 déc. au 12 janv. – **Repas** *(fermé mardi midi et lundi)* (nombre de couverts limité, prévenir) 990 bc/1090 bc et carte 580 à 790 – ☕ 130 – **16 ch** 1480/2180, 3 appart
Spéc. Salade de pigeon. Filet de Saint-Pierre rôti au four, légumes de Provence à la purée de basilic. Emincé de veau de lait à la cocotte, jus au romarin. **Vins** Champagne.

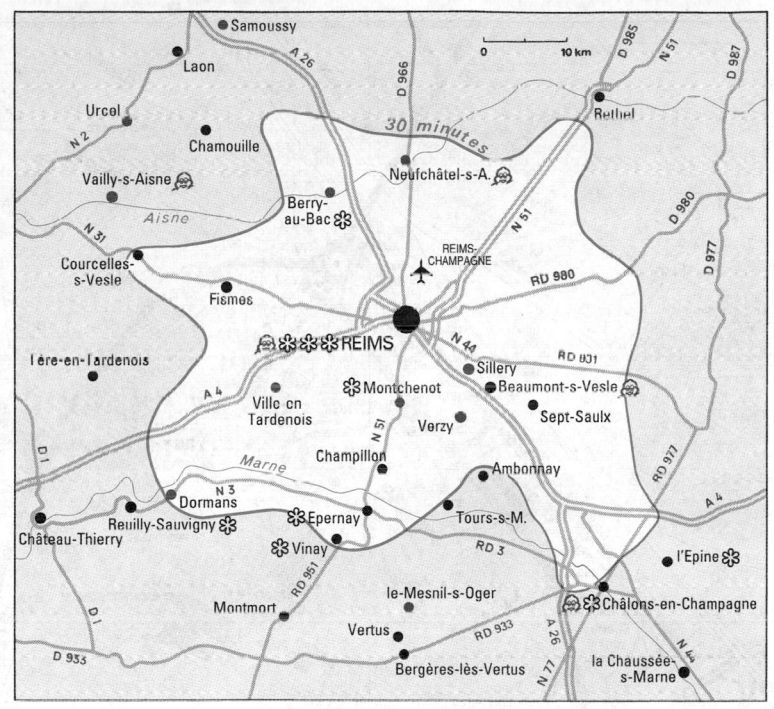

ⓗⓗⓗ **Grand Hôtel des Templiers** sans rest, 22 r. Templiers ℘ 03 26 88 55 08, *Fax 03 26 47 80 60*, ⬛ – |▯| 🆂 ⓣⓥ ☎ ⅙ 🅿. 🄰🄴 ⓞ 🅶🅱
⊇ 95 – **17 ch** 950/1400   BX a

ⓗⓗ **Assiette Champenoise** Ⓜ 🆂, a Tinqueux, 40 av. Paul Vaillant-Couturier ⊠ 51430
℘ 03 26 84 64 64, *Fax 03 26 04 15 69*, 🏠, « Parc », ⬛ – |▯|, ▤ rest, ⓣⓥ ☎ ⅙ 🅿 – 🕍 50. 🄰🄴
ⓞ 🅶🅱   V e
Repas 295/495 bc – ⊇ 75 – **62 ch** 545/970 – ½ P 725/925

ⓗⓗ **Mercure-Cathédrale** Ⓜ, 31 bd P. Doumer ℘ 03 26 84 49 49, *Fax 03 26 84 49 84* – |▯|
🆄🆇 ▤ ⓣⓥ ☎ ⅙ ⇔ – 🕍 20 à 150. 🄰🄴 ⓞ 🅶🅱 🅹🄲🄱   AY v
Repas *(fermé sam. midi et dim. midi)* (110) · 140/185 ♈, enf. 50 – ⊇ 58 – **126 ch** 500/555

ⓗⓗ **Paix** Ⓜ, 9 r. Buirette ℘ 03 26 40 04 08, *Fax 03 26 47 75 04*, 🏠, ⬛, ☞ – |▯| 🆄🆇 ▤ ⓣⓥ ☎ ⅙
⇔ – 🕍 60. 🄰🄴 ⓞ 🅶🅱 🅹🄲🄱   AY q
Repas brasserie carte environ 140 ♂, enf. 58 – ⊇ 58 – **106 ch** 420/690

ⓗⓗ **Quality Hôtel** Ⓜ, 37 bd P. Doumer ℘ 03 26 40 01 08, *Fax 03 26 40 34 13* – |▯| 🆄🆇 ▤ ⓣⓥ
☎ ⅙ 🅿 – 🕍 50. 🄰🄴 ⓞ 🅶🅱 🅹🄲🄱   AY t
Orphée *(fermé lundi midi, sam. midi et dim.)* **Repas** (95) - 180/250 ♈, enf. 58 – ⊇ 58 – **79 ch**
430/480

ⓗⓗ **Holiday Inn Garden Court** Ⓜ, 46 r. Buirette ℘ 03 26 47 56 00, *Fax 03 26 47 45 75*, 🏠
– |▯| 🆄🆇 ▤ ⓣⓥ ☎ ⅙ – 🕍 30. 🄰🄴 ⓞ 🅶🅱 🅹🄲🄱   AY f
Repas *(fermé sam. midi et dim.)* 86/98 ♈, enf. 47 – ⊇ 55 – **82 ch** 580

ⓗⓗ **Univers,** 41 bd Foch ℘ 03 26 88 68 08, *Fax 03 26 40 95 61* – |▯| ⓣⓥ ☎ ⅙ – 🕍 20 à 70. 🄰🄴
ⓞ 🅶🅱 🅹🄲🄱   AX a
Repas 95/195 ♈ – ⊇ 50 – **42 ch** 425/450

ⓗⓗ **Continental** sans rest, 93 pl. Drouet-d'Erlon ℘ 03 26 40 39 35, *Fax 03 26 47 51 12* – |▯|
ⓣⓥ ☎ ⅙. 🄰🄴 ⓞ 🅶🅱 🅹🄲🄱   AXY r
fermé 22 déc. au 7 janv. – ⊇ 50 – **50 ch** 330/620

ⓗⓗ **Porte Mars** sans rest, 2 pl. République ℘ 03 26 40 28 35, *Fax 03 26 88 92 12* – |▯| ⓣⓥ ☎ ⅙.
🄰🄴 ⓞ 🅶🅱   AX k
⊇ 50 – **24 ch** 340/395

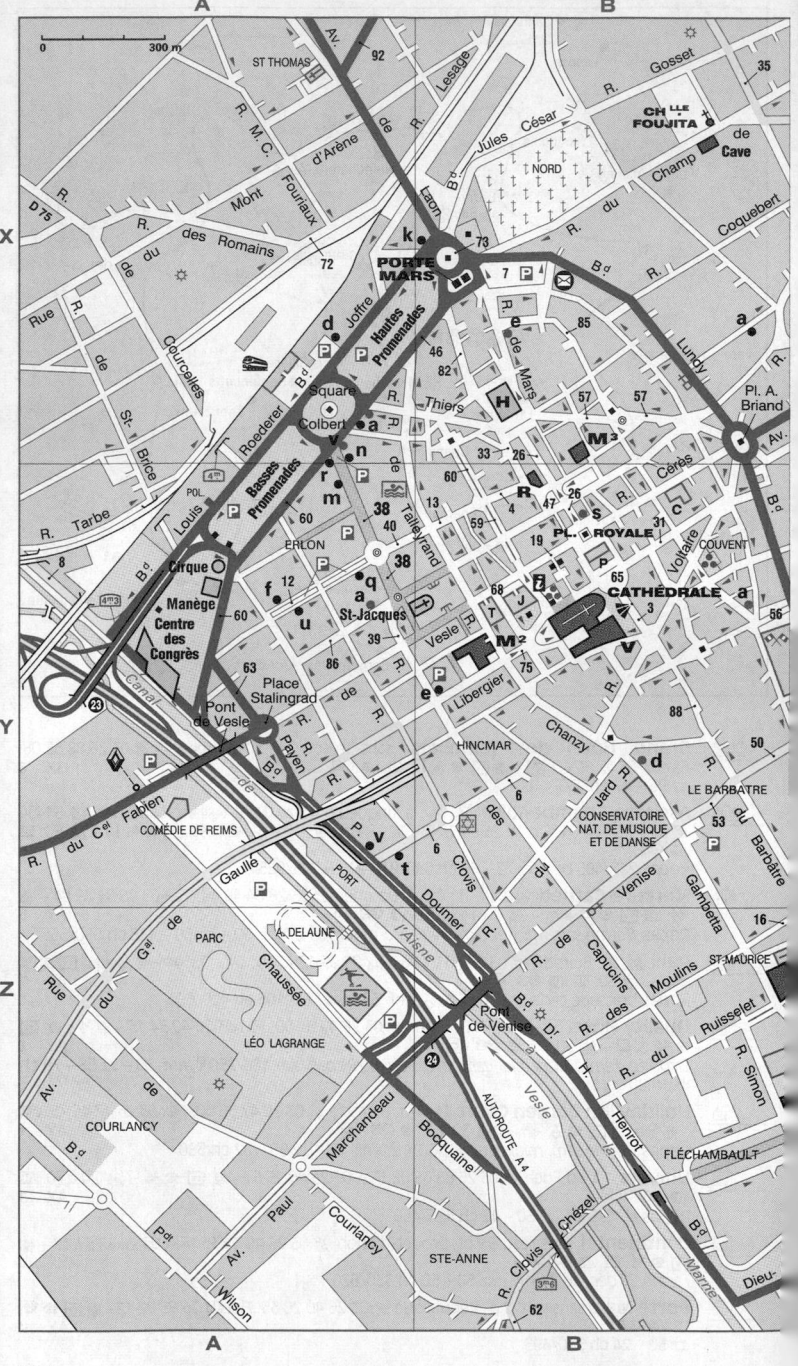

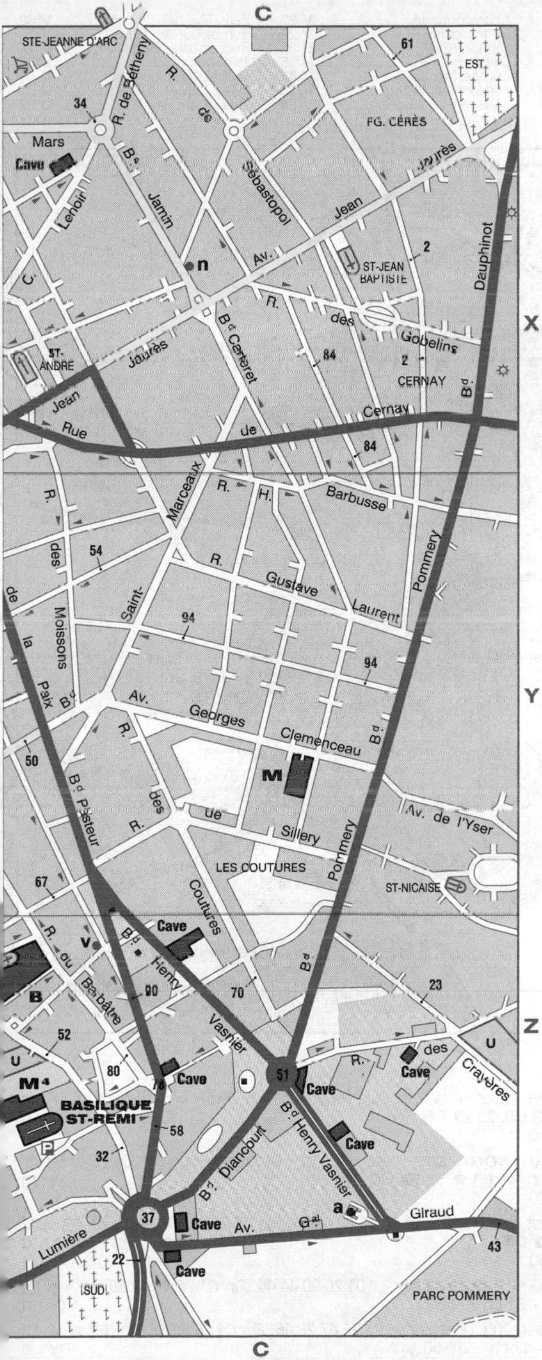

REIMS

REIMS

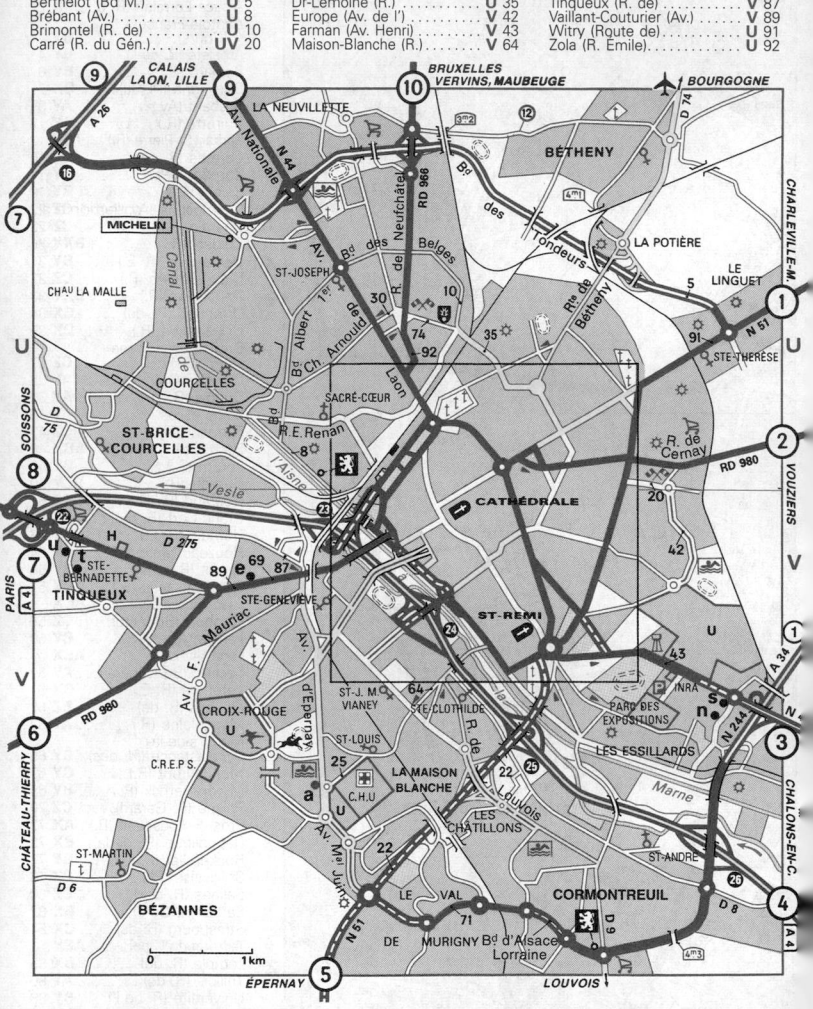

New Hôtel Europe M sans rest, 29 r. Buirette ✆ 03 26 47 39 39, Fax 03 26 40 14 37 – |彰|
✦✕ 🍽 🔟 ☎ 🐧 🅿 – 🔏 30. 🆎 ① 🆖 𝗝𝗖𝗕
⛫ 55 – **54 ch** 430/480 — AY u

🏨 **Grand Hôtel du Nord** sans rest, 75 pl. Drouet-d'Erlon ✆ 03 26 47 39 03,
Fax 03 26 40 92 26 – |彰| ✦✕ 🔟 ☎. 🆎 ① 🆖 𝗝𝗖𝗕
⛫ 35 – **49 ch** 260/320 — AY m

🏨 **Ibis Centre** sans rest, 28 bd Joffre ✆ 03 26 40 03 24, Fax 03 26 88 33 19 – |彰| ✦✕ 🔟 ☎ 🐧
🖧 – 🔏 25 à 40. 🆎 ① 🆖
⛫ 36 – **92 ch** 320/450 — AX d

🏨 **Crystal** sans rest, 86 pl. Drouet-d'Erlon ✆ 03 26 88 44 44, Fax 03 26 47 49 28, � – |彰| 🔟
☎ 🐧. 🆎 🆖 – ⛫ 38 – **31 ch** 290/380 — AXY n

🏨 **Cathédrale** sans rest, 20 r. Libergier ✆ 03 26 47 28 46, Fax 03 26 88 65 81 – 🔟 ☎ 🐧. 🆎
① 🆖 𝗝𝗖𝗕 – ⛫ 40 – **17 ch** 265/350 — BY e

XXX **Chardonnay**, 184 av. Épernay ☎ 03 26 06 08 60, Fax 03 26 05 81 56 – 🗚 ⓪ 🇬🇧
JCB
V a
fermé 30 juil. au 6 août, sam. midi et dim. soir – **Repas** 150/420 et carte 230 à 430 ⓨ

XXX **Millénaire**, 4 r. Bertin ☎ 03 26 08 26 62, Fax 03 26 84 24 13 – 🗚 ⓪ 🇬🇧   BY s
fermé sam. midi et dim. – **Repas** 155/400 et carte 300 à 360 ⓨ

XXX **Foch**, 37 bd Foch ☎ 03 26 47 48 22, Fax 03 26 88 78 22 – ▤. 🗚 ⓪ 🇬🇧 JCB   AX a
fermé 31 juil. au 20 août, vacances de fév., sam. midi, dim. soir et lundi – **Repas** 175/230 et
carte 240 à 420

XX **Continental**, 95 pl. Drouet d'Erlon ☎ 03 26 47 01 47, Fax 03 26 40 95 60, 🏤 – ▤. 🗚 ⓪
AXY r
Repas (79) - 99/193 ⓨ, enf. 66

XX **Vigneron**, pl. P. Jamot ☎ 03 26 79 06 09, Fax 03 26 79 06 07, 🏤, « Belle collection d'af-
fiches anciennes » – ▤. 🇬🇧   BY a
fermé 1er au 20 août, 23 déc. au 2 janv., sam. et dim. – **Repas** (nombre de couverts limité,
prévenir) 180/360 ⓨ

XX **Flo**, 96 pl. Drouet d'Erlon ☎ 03 26 91 40 50, Fax 03 26 91 40 54, 🏤, brasserie – ▤. 🗚 ⓪
🇬🇧   AX v
Repas 169 bc ⓨ, enf. 49

XX **Vigneraie**, 14 r. Thillois ☎ 03 26 88 67 27, Fax 03 26 40 26 67 – 🗚 🇬🇧   AY a
fermé 1er au 20 août, vacances de fév., dim. soir, merc. midi et lundi – Repas (nombre de
couverts limité, prévenir) 95 (déj.), 140/280, enf. 60

XX **Vonelly-Gambetta**, 13 r. Gambetta ☎ 03 26 47 22 00, Fax 03 26 47 22 43, 🏤 – 🗚 ⓪
🇬🇧   BY d
fermé 23 juil. au 13 août, dim. soir et lundi – **Repas** 95 bc/270 ⓨ

X **Brasserie Le Boulingrin**, 48 r. Mars ☎ 03 26 40 96 22, Fax 03 26 40 03 92, 🏤 – ▤. 🗚
🇬🇧   BX e
fermé dim. – **Repas** 100 bc/150 ⓨ

X **Jamin**, 18 bd Jamin ☎ 03 26 07 37 50, Fax 03 26 02 09 64 – 🇬🇧   CX n
fermé 16 au 30 août, 24 au 31 janv., dim. soir et lundi – **Repas** 78 bc (déj.), 110 bc/130,
enf. 54

X **Charmes**, 11 r. Brûlart ☎ 03 26 85 37 63, Fax 03 26 36 21 00 – 🇬🇧   CZ v
fermé 22 juil. au 6 août, 19 au 25 fév., sam. midi et dim. – **Repas** (68) -130/160 ⓨ, enf. 55

rte de Châlons-en-Champagne *vers* ③ : *5 km* – ✉ 51100 Reims :

🏨 **Mercure Parc des Expositions** Ⓜ, ☎ 03 26 05 00 08, Fax 03 26 85 64 72, 🏤, 🏊 – ▥
🍴, ▤ rest, 📺 ☎ ❤ ⚙ ▣ – 🔏 25 à 100. 🗚 ⓪ 🇬🇧 JCB   V s
Repas (98) - 120/160, enf. 58 – 🍽 58 – **101 ch** 440/495

🏨 **Reflets Bleus**, 12 r. G. Voisin ☎ 03 26 82 59 79, Fax 03 26 82 53 92, 🏤 – 📺 ☎ ❤ ⚙ ▣ –
🔏 25. 🗚 🇬🇧   V n
Repas *(fermé sam. midi et dim. soir)* 98/158 ⓨ, enf. 50 – 🍽 45 – **41 ch** 285 – ½ P 280

à Sillery *par* ③ *et D 8e* : *11 km* – *1 520 h. alt. 90* – ✉ 51500 :

XX **Relais de Sillery**, ☎ 03 26 49 10 11, Fax 03 26 49 12 07, 🏤, 🌳 – ⓪ 🇬🇧
fermé 16 août au 5 sept., vacances de fév., dim. soir, mardi soir et lundi – **Repas** 96/240 ⓨ

à Montchenot *par* ⑤ : *11 km* – ✉ 51500 Rilly-la-Montagne :

XXX **Grand Cerf** (Giraudeau), N 51 ☎ 03 26 97 60 07, Fax 03 26 97 64 24, 🏤, 🌳 – ▣. 🗚 ⓪
🇬🇧
❀ *fermé 8 au 31 août, 15 au 28 fév., dim. soir et merc.* – **Repas** 185 (déj.), 285/470 et carte 360
à 510
Spéc. Homard, poire en vinaigrette aigre douce. Tourte de Saint-Jacques (oct. à avril). Ris de
veau au sirop d'érable. **Vins** Coteaux champenois blanc, Ludes.

par ⑦ , *autoroute A 4 sortie Tinqueux* : *6 km* – ✉ 51430 Tinqueux :

🏨 **Novotel** Ⓜ, ☎ 03 26 08 11 61, Fax 03 26 08 72 05, 🏤, 🏊 – ▥ ▤ 📺 ☎ ❤ ⚙ ▣ –
🔏 30 à 150. 🗚 ⓪ 🇬🇧   V u
Repas (90) - 120 ⓨ, enf. 52 – 🍽 60 – **127 ch** 475/525

🏨 **Ibis**, ☎ 03 26 04 60 70, Fax 03 26 84 24 40 – ▥ ▤ 📺 ☎ ❤ ⚙ ▣ – 🔏 35. 🗚 🇬🇧   V u
Repas (62) - 81/99 ⓨ, enf. 24 – 🍽 37 – **75 ch** 315/340

🏨 **Campanile-Ouest**, ZA Sarah Bernhardt ☎ 03 26 04 09 46, Fax 03 26 84 25 87, 🏤 – ▥
📺 ☎ ❤ ⚙ ▣ – 🔏 25. 🗚 ⓪ 🇬🇧   V t
Repas (72) - 103 ⓨ, enf. 39 – 🍽 36 – **49 ch** 315

REIPERTSWILLER 67340 B.-Rhin 🔟🔟 ⑬ *G. Alsace Lorraine* – *946 h alt. 230.*
Paris 446 – Strasbourg 57 – Bitche 19 – Haguenau 33 – Sarreguemines 47 – Saverne 32.

🏨 **Couronne** Ⓜ 🐾, 13 r. Wimmenau ☎ 03 88 89 96 21, Fax 03 88 89 98 22, 🌳 – 📺 ☎ ❤
fermé 15 au 30 nov. et fév. – **Repas** *(fermé lundi et mardi)* 95 (déj.), 150/210 ⓨ – 🍽 60 –
16 ch 295/360 – ½ P 310/340

Le RELECQ-KERHUON 29 Finistère 58 ④ – rattaché à Brest.

La REMIGEASSE 17 Char.-Mar. 71 ⑭ – voir à Oléron (Ile d').

REMIREMONT 88200 Vosges 62 ⑯ G. Alsace Lorraine – 9 068 h alt. 400.

Voir Rue Ch.-de-Gaulle★ – Crypte★ de l'abbatiale St-Pierre.

🛈 Office de Tourisme 2 r. Charles-de-Gaulle ℘ 03 29 62 23 70, Fax 03 29 23 96 79.

Paris 393 ⑤ – Épinal 27 ⑤ – Belfort 70 ② – Colmar 80 ① – Mulhouse 81 ② – Vesoul 65 ④.

REMIREMONT

Abbaye (Pl. de l')	**A** 2
Calvaire (Av. du)	**A** 3
Courtine (R. de la)	**A**
Écoles (R. des)	**A** 5
États-Unis (R. des)	**A** 6
Franche-Pierre (R.)	**A** 7
Gaulle (R. Ch.-de)	**AB**
Prêtres (R. des)	**B** 14
Utard (Pl. H.)	**A** 15
Xavée (R. de la)	**A** 16
5ᵉ-et-15ᵉ-B.C.P. (R. des)	**B** 18

🏠 **Cheval de Bronze** sans rest, 59 r. Ch. de Gaulle ℘ 03 29 62 52 24, Fax 03 29 62 34 90 –
📺 🛋 🅿 🅰🅴 GB B s
⊡ 37 – **35 ch** 180/350

XX **Clos Heurtebise,** 13 chemin des Capucins par r. Capit. Flayelle B ℘ 03 29 62 08 04,
Fax 03 29 62 38 80, 🍴, 🌿 – 🅿. 🅰🅴 GB. ⋙
fermé 13 au 20 juin, 9 au 23 oct., 8 au 22 janv., dim. soir, merc. soir et lundi – **Repas** 95/265 ⳋ

à St-Étienne-lès-Remiremont par ① : 2 km – 4 085 h. alt. 400 – ⌧ 88200 :

XX **Chalet Blanc** Ⓜ avec ch, 34 r. Pêcheurs (face centre commercial) ℘ 03 29 26 11 80,
Fax 03 29 26 11 81, 🍴 – 📺 ☎ 🕹 🅿. GB
fermé 15 août au 1ᵉʳ sept. – **Repas** (fermé dim. soir et lundi) 115/340 ⳋ – ⊡ 40 – **7 ch**
280/340 – ½ P 315/355

à Fallières par ④ et D 3 : 4 km – ⌧ 88200 :

🏠🏠 **Logis des Prés Braheux,** ℘ 03 29 62 23 67, Fax 03 29 62 01 40, 🍴, 🌿 – 📺 ☎ 🕹 🛋
🅿. 🅰🅴 GB. ⋙
fermé 1ᵉʳ au 8 août, 1ᵉʳ au 8 nov., 1ᵉʳ au 8 janv., dim. soir et lundi – **Repas** (60) - 95/225 ⳋ,
enf. 45 – ⊡ 38 – **14 ch** 195/340 – ½ P 310

REMOULINS 30210 Gard 80 ⑲ ⑳ G. Provence – 1 771 h alt. 27.

Paris 688 – Avignon 23 – Alès 50 – Arles 36 – Nîmes 23 – Orange 34 – Pont-St-Esprit 42.

🏠 **Moderne,** 8 av. Geoffroy-Perret ℘ 04 66 37 20 13, Fax 04 66 37 01 85 – 🛏 rest, 📺 ☎ 🕹
🛋. 🅰🅴 ⓞ GB
fermé 22 oct. au 12 nov., vend. soir d'oct. à mars et sam. d'oct. à juin – **Repas** (65) - 92/150 🐾,
enf. 48 – ⊡ 38 – **22 ch** 270/320 – ½ P 290/320

à St-Hilaire-d'Ozilhan Nord-Est : 4,5 km par D792 – 618 h. alt. 55 – ⌧ 30210 :

🏠 **L'Arceau** 🦢, ℘ 04 66 37 34 45, Fax 04 66 37 33 90, 🍴 – 📺 ☎ 🅿. 🅰🅴 ⓞ GB
fermé dim. soir et lundi d'oct. à Pâques – **Repas** 100/225, enf. 60 – ⊡ 38 – **25 ch** 300/345 –
½ P 280

RENAISON *42370 Loire* **73** ⑦ – *2 563 h alt. 387.*

Voir *Bourg★ de St-Haon-le-Châtel N : 2 km – Barrage de la Tache : rocher-belvédère★ O : 5 km, G. Vallée du Rhône.*

Paris 391 – Roanne 11 – Chauffailles 44 – Lapalisse 40 – St-Étienne 92 – Thiers 65 – Vichy 57.

XX **Jacques Coeur** avec ch, *℘ 04 77 64 25 34, Fax 04 77 64 43 88,* 😤 – 🔟 ☎. 🖭 ☑️ *fermé mi-fév. à mi-mars, dim. soir et lundi* – **Repas** *(90)* - 130/190 ⅃ – � 35 – **8 ch** 220/295 – ½ P 230/265

RENNES ℗ *35000 I.-et-V.* **59** ⑰ *G. Bretagne – 197 536 h Agglo. 245 065 h alt. 40.*

Voir *Le Vieux Rennes★★ – Jardin du Thabor★★ – Retable★★ à l'intérieur★ de la cathédrale St-Pierre* **AY** *– Musées* **BY** **M** *: de Bretagne★★, des Beaux-Arts★★ – Écomusée du pays de Rennes★* **VD.**

✈ *de Rennes-St-Jacques : ℘ 02 99 29 60 00, par* ⑦ *: 7 km.*

🚇 *Office de Tourisme 11 r. St-Yves ℘ 02 99 67 11 11, Fax 02 99 67 11 10.*

Paris 349 ③ *– Angers 128* ④ *– Brest 245* ⑨ *– Caen 183* ⑦ *– Le Mans 154* ③ *– Nantes 109* ⑥.

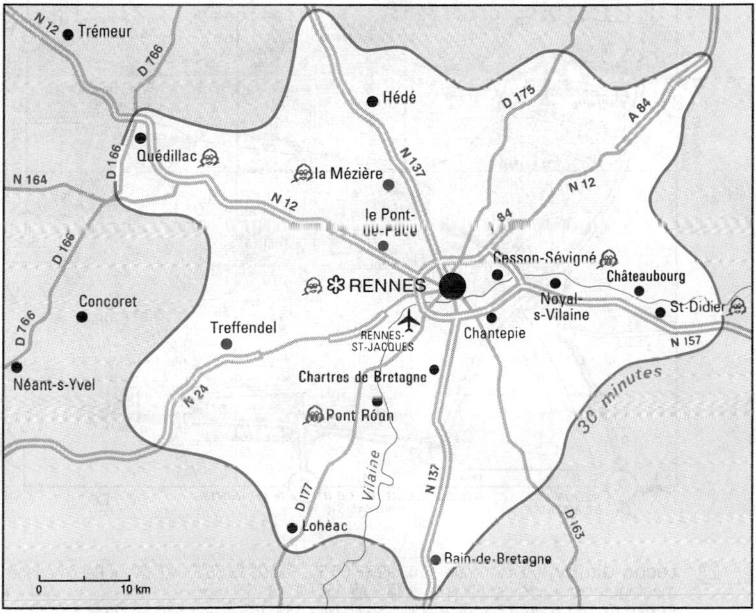

🏨 **Novotel** Ⓜ, av. Canada, près centre commercial Alma ⊠ 35200 *℘ 02 99 86 14 14, Fax 02 99 78 82 21* – 🛏 🌡 🔲 🔟 ☎ ↳ ₚ – 🛎 15 à 90. 🖭 ☑️ 🄶🄱 **CV e**
Repas carte environ 190 ♈, enf. 50 – � 60 – **100 ch** 510/570

🏨 **Mercure Pré Botté** Ⓜ sans rest, r. Paul Louis Courier *℘ 02 99 78 82 20, Fax 02 99 78 82 21* – 🛏 🌡 🔲 🔟 ☎ ↳ ₚ ↝ – 🛎 25. 🖭 ☑️ 🄶🄱 **BZ t**
� 60 – **104 ch** 550/775

🏨 **Mercure Colombier,** 1 r. Cap. Maignan *℘ 02 99 29 73 73, Fax 02 99 30 06 30* – 🛏 🌡 🔲 🔟 ☎ ↳ ₚ ↝ – 🛎 150. 🖭 ☑️ 🄶🄱 **ABZ m**
Repas *(95)* - 125 ♈, enf. 45 – � 60 – **140 ch** 520/570

🏨 **Anne de Bretagne** sans rest, 12 r. Tronjolly *℘ 02 99 31 49 49, Fax 02 99 30 53 48* – 🛏 🌡 🔲 🔟 ☎ ↳ ↝ – 🛎 20. 🖭 ☑️ 🄶🄱 🄹🄲🄱 **AZ q**
⊐ 16 **43 ch** 470/585

🏨 **Relais Mercure** Ⓜ sans rest, 6 r. Lanjuinais *℘ 02 99 79 12 36, Fax 02 99 79 65 76* – 🛏 🌡 🔲 🔟 ☎ ↳ ₚ ↝. 🖭 🄶🄱 **AY n**
⊐ 50 – **48 ch** 390/490

RENNES

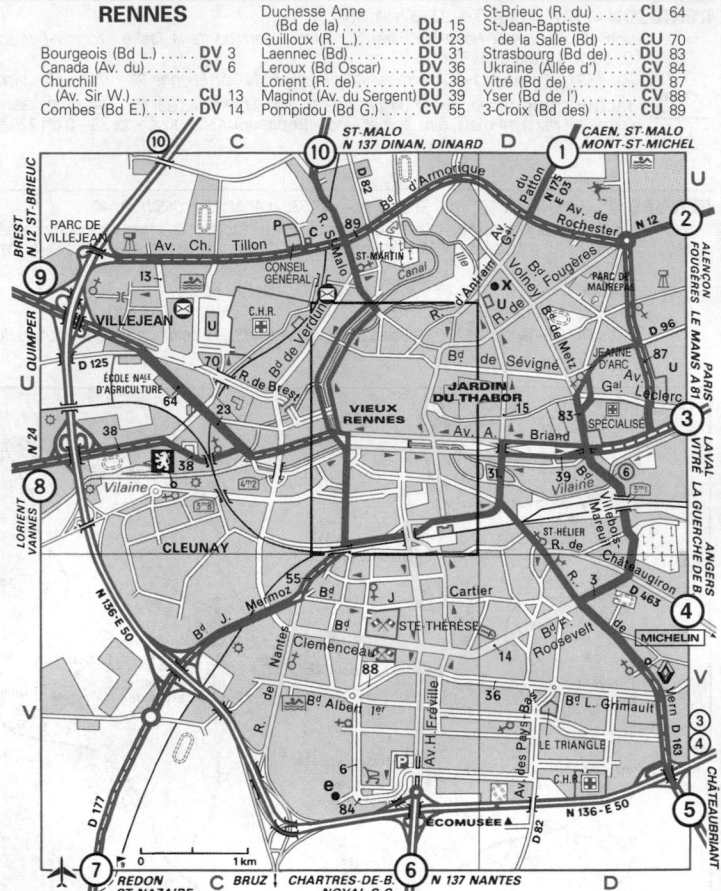

🏨 **Lecoq-Gadby**, 156 r. Antrain ℰ 02 99 38 05 55, Fax 02 99 38 53 40, 斎, « Bel aménagement intérieur », 🛫 – 🛗 🆗 🏧 🖬 📞 ✆ 🕭 👜 – 🛆 150. 🖭 ⑩ 🖸 🗩
DU x
Repas (fermé 6 au 12 août et dim. soir) (90) - 135/185 🍷 – 🖙 70 – **11 ch** 580/790 –
½ P 580/670

🏨 **Président** sans rest, 27 av. Janvier ℰ 02 99 65 42 22, Fax 02 99 65 49 77 – 🛗 🆗 📞 ✆
🔚. 🖭 🖸
BZ n
fermé 21 juil. au 7 août et 22 déc. au 2 janv. – 🖙 40 – **34 ch** 310/395

🏨 **Sévigné** sans rest, 47 av. Janvier ℰ 02 99 67 27 55, Fax 02 99 30 66 10 – 🛗 🆗 📞 ✆ 🕭. 🖭
⑩ 🖸
BZ a
🖙 38 – **44 ch** 400/420

🏨 **Climat de France** Ⓜ sans rest, 6 pl. Gare ℰ 02 99 30 25 80, Fax 02 99 31 84 88 – 🛗 🗐
🆗 📞 ✆ 🕭. 🖭 ⑩ 🖸
BZ s
🖙 50 – **47 ch** 420

🏨 **Astrid** Ⓜ sans rest, 32 av. L. Barthou ℰ 02 99 30 82 38, Fax 02 99 31 88 55 – 🛗 🆗 📞 🕭. 🖭
⑩ 🖸 🗩
BZ u
🖙 38 – **30 ch** 305/360

🏨 **Lanjuinais** sans rest, 11 r. Lanjuinais ℰ 02 99 79 02 03, Fax 02 99 79 03 97 – 🛗 🆗 📞 ✆. 🖭
⑩ 🖸
AZ v
🖙 43 – **33 ch** 200/330

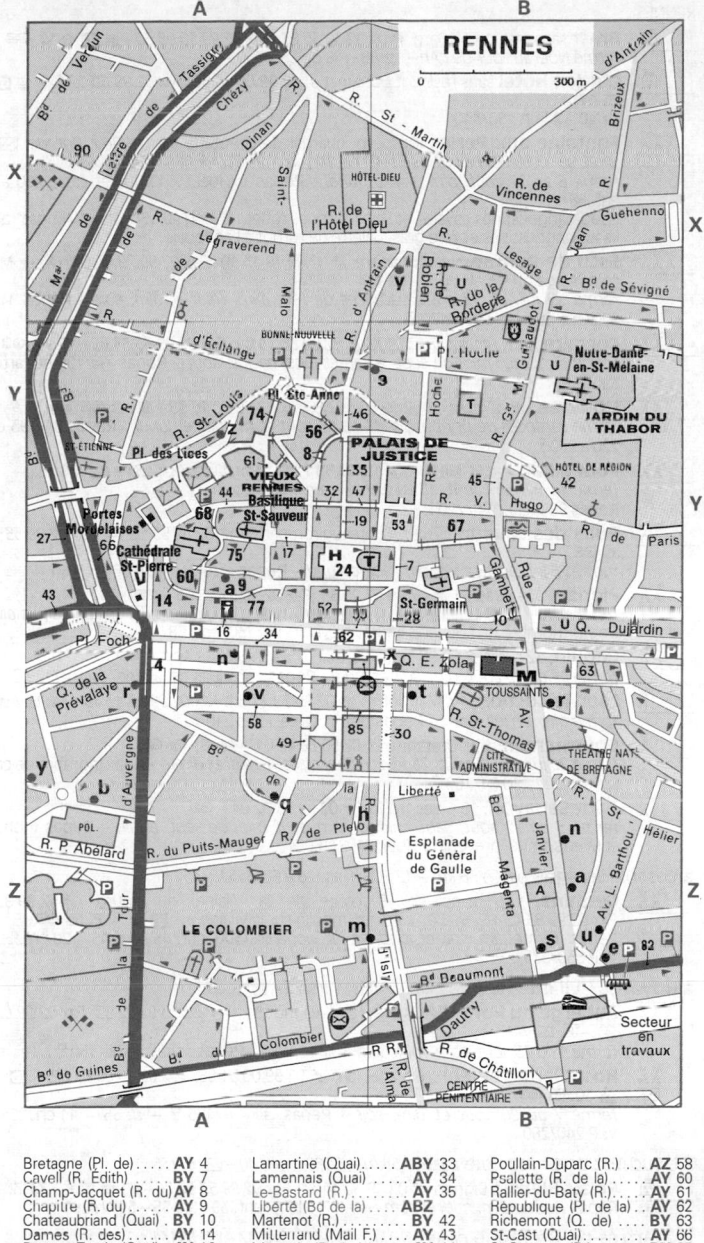

RENNES

0   300 m

🏠 **Brest** sans rest, 15 pl. Gare ☎ 02 99 30 35 83, Fax 02 99 30 08 60 – 🛗 📺 ☎ ✆. GB
fermé Noël au Jour de l'An – 🍽 40 – **48 ch** 250/350   BZ   e

🏠 **Garden Hôtel** sans rest, 3 r. Duhamel ☎ 02 99 65 45 06, Fax 02 99 65 02 62 – 🛗 📺 ☎ ✆.
AE GB   BZ   r
🍽 40 – **24 ch** 250/330

XXX **Fontaine aux Perles** (Gesbert), quartier de la Poterie par ④ *(96 r. Poterie)* ⊠ 35200
❀ ☎ 02 99 53 90 90, Fax 02 99 53 47 77, 🌭, 🌾 – 🅿. AE ⓞ GB JCB
fermé 6 au 22 août, dim. soir et lundi – **Repas** 100 (déj.), 140/400 et carte 290 à 380 ♀,
enf. 68
Spéc. Langoustines royales et Saint-Jacques rôties (1er oct. au 15 mars). "Mimosa" de ris de
veau, langoustines et foie gras. Galette de turbot à l'andouille.

XXX **Escu de Runfao**, 11 r. Chapître ☎ 02 99 79 13 10, Fax 02 99 79 43 80, 🌭, « Maison à
colombage du 17e siècle » – AE GB   AY   a
fermé 29 juil. au 17 août, vacances de fév., sam. midi et dim. soir – **Repas** 145 (déj.),
290/445 et carte 350 à 470 ♀

XXX **Corsaire**, 52 r. Antrain ⊠ 35700 ☎ 02 99 36 33 69, Fax 02 99 36 33 69 – AE ⓞ GB
fermé dim. sauf midi de sept. à juin et lundi en juil.-août – **Repas** 110/198 et carte 230 à
390 ♀, enf. 68   BX   y

XXX **L'Ouvrée**, 18 pl. Lices ☎ 02 99 30 16 38, Fax 02 99 30 16 38 – AE ⓞ GB JCB   AY   z
⊛ *fermé vacances de printemps, 1er au 15 août, sam. midi et lundi* – **Repas** 84/195 et carte
220 à 300 ♀

XX **Four à Ban**, 4 r. St-Mélaine ☎ 02 99 38 72 85, Fax 02 99 38 72 85 – 🍽. GB   BY   s
⊛ *fermé 14 juil. au 7 août, 15 au 22 fév., sam. midi et dim.*
Repas 98 (déj.), 130/220 ♀

XX **Puits des Saveurs**, 262 r. Chateaugiron par ④ ☎ 02 99 53 18 14, Fax 02 99 53 16 45 –
🅿. GB
fermé 26 juil. au 18 août, dim. soir et lundi – **Repas** 89 (déj.), 145/280, enf. 60

XX **Florian**, 12 r. Arsenal ☎ 02 99 67 25 35, Fax 02 99 67 25 35 – GB   AZ   b
fermé 5 au 22 août, 22 déc. au 4 janv., sam. midi, dim. sauf le midi de sept. à juin et lundi –
Repas (nombre de couverts limité, prévenir) 105/230, enf. 68

XX **Chouin**, 12 r. Isly ☎ 02 99 30 87 86, Fax 02 99 31 39 72 – GB JCB   BZ   h
fermé 1er au 16 août, dim. soir et lundi – **Repas** - produits de la mer - (79) - 99/129 ♀

X **Léon le Cochon**, 1 r. Mar. Joffre ☎ 02 99 79 37 54, Fax 02 99 55 17 49 – 🍽. AE ⓞ GB
fermé dim. en juil.-août – **Repas** bistrot carte 130 à 210 ♀   BY   x

X **Gourmandin**, 4 pl. Bretagne ☎ 02 99 30 42 01 – 🍽. AE ⓞ GB   AYZ   r
⊛ *fermé 29 juil. au 22 août, 26 fév. au 6 mars, sam. midi et dim.* – **Repas** (nombre de couverts
limité, prévenir) 84/160 ♀

X **Petit Sabayon**, 16 r. des Trente ☎ 02 99 35 02 04 – GB   AZ   y
fermé 5 au 22 août, sam. midi et dim. sauf midi de sept. à juin – **Repas** (nombre de
couverts limité, prévenir) 78 (déj.), 108/160 🍴

à Cesson-Sévigné par③ : 6 km – 12 708 h. alt. 28 – ⊠ 35510 :

XX **Germinal** 🛏 avec ch, 9 cours de la Vilaine, au bourg ☎ 02 99 83 11 01,
⊛ Fax 02 99 83 45 16, ≤, 🌭, « Ancien moulin sur la Vilaine » – 📺 ☎ ✆ 🅿. AE GB
Repas *(fermé dim. soir et lundi en juil.-août)* 105/300, enf. 45 – 🍽 45 – **20 ch** 350/450 –
½ P 330/375

à Noyal-sur-Vilaine par③ : 12 km – 4 089 h. alt. 75 – ⊠ 35530 :

XXX **Auberge du Pont d'Acigné**, rte d'Acigné : 3 km ☎ 02 99 62 52 55, Fax 02 99 62 21 70,
🌭 – 🅿. AE GB
fermé 9 au 25 août, sam. midi, dim. soir et lundi – **Repas** 95 (déj.), 165/350 ♀

XX **Hostellerie Les Forges** avec ch, ☎ 02 99 00 51 08, Fax 02 99 00 62 02 – 📺 ☎ 🅿 –
⊛ 🛁 30. AE GB
fermé 7 au 20 août et dim. soir – **Repas** (59) - 75/185 ♀ – 🍽 35 – **11 ch** 225/310 –
½ P 240/260

Z.I. Sud-Est de Chantepie par④ : 5 km – 5 898 h. alt. 40 – ⊠ 35135 :

🏠 **Relais Bleus**, r. Bignon ☎ 02 99 32 34 34, Fax 02 99 53 57 26 – 📺 ☎ ✆ 🅿 – 🛁 30. AE GB
⊛ Repas *(fermé dim. midi et sam.)* (67) - 82/115 🍴, enf. 39 – 🍽 35 – **50 ch** 280

à Chartres-de-Bretagne par⑥ : 10 km – 5 543 h. alt. 37 – ⊠ 35131 :

🏠🏠 **Chaussairie** sans rest, sur ancienne rte de Nantes ☎ 02 99 41 14 14, Fax 02 99 41 33 44 –
📺 ☎ ✆ 🚳 🅿 – 🛁 15 à 30. AE GB. ✄
fermé 26 déc. au 1er janv. – 🍽 40 – **35 ch** 270/330

XX **Braise**, 92 r. Nationale ☎ 02 99 41 21 29, Fax 02 99 41 33 80, 🌭 – 🅿. AE GB
fermé 5 au 25 août, 2 au 10 janv., dim. soir et lundi soir – **Repas** 95/300 ♀

rte de Lorient *par ⑥, N 24 : 6 km – ✉ 35650 Le Rheu :*

XXX **Manoir du Plessis,** ☎ 02 99 14 79 79, *Fax 02 99 14 69 60*, 🏞, « Demeure de maître dans un parc » – P. AE GB
fermé 26 déc. au 3 janv., dim. soir et lundi sauf fériés – **Repas** 98 (déj.), 135/230 et carte 260 à 320

au Pont-de-Pacé *par ⑨ : 10 km – ✉ 35740 Pacé :*

XXX **Griotte,** r. Dr Léon ☎ 02 99 60 15 15, *Fax 02 99 60 26 84*, – P. AE ① GB
fermé 1er au 15 mars, 26 juil. au 28 août, dim. soir, mardi soir et merc. – **Repas** (85) - 105/280 et carte 160 à 280 ♀, enf. 65

à La Mézière *par ⑩, sortie Gévezé : 15 km – 2 142 h. alt. 106 – ✉ 35520 :*

XX **Les Agapes,** 22 pl. Église ☎ 02 99 69 39 27, *Fax 02 99 69 32 42*, 🏞 – GB
fermé 7 au 22 août, dim. soir et lundi – **Repas** 88 (déj.), 130/190 ♀, enf. 55

rte de St-Malo *par ⑩ - sortie St-Grégoire : 6,5 km – ✉ 35760 St-Grégoire :*

Mascotte M, Espace Performance Alphasis ☎ 02 99 23 78 78, *Fax 02 99 23 78 33*, 🏞 – 🛗 ✈ ▤ ▢ ☎ 📞 ♿ – P – 🏛 20 à 60. AE ① GB
Repas *(fermé sam. et dim.)* (79) - 95/144 🍷 – ☕ 45 – **48 ch** 400/510

La RÉOLE *33190 Gironde 75 ⑬ – 4 273 h alt. 44.*

Paris 626 – Bordeaux 74 – Casteljaloux 42 – Duras 25 – Libourne 47 – Marmande 34.

XX **Les Fontaines,** 8 r. Verdun ☎ 05 56 61 15 25, *Fax 05 56 61 15 25*, 🏞, – AE ① GB
fermé 15 nov. au 1er déc., 6 au 13 fév., dim. soir et lundi – **Repas** (nombre de couverts limité, prévenir) 80/240 ♀, enf. 50

RESTONICA (Gorges de la) *2B H.-Corse 90 ⑤ – voir à Corse (Corte).*

RETHEL *08300 Ardennes 56 ⑦ G. Champagne – 7 923 h alt. 80.*

Syndicat d'Initiative Hôtel-de-Ville ☎ 03 24 39 51 40, Chalet du bureau du tourisme r. Gambetta ☎ 03 24 39 51 45.
Paris 190 – Charleville-Mézières 46 – Reims 42 – Laon 58 – Verdun 107.

Moderne, pl. Gare ☎ 03 24 38 44 54, *Fax 03 24 38 37 84* – ▤ rest, TV ☎ 📞 – 🏛 70. AE ① GB
Repas 100/160, enf. 55 – ☕ 35 – **21 ch** 210/260 – ½ P 235

RETHONDES *60 Oise 56 ③, 106 ⑪ – rattaché à Compiègne.*

REUGNY *03190 Allier 69 ⑫ – 263 h alt. 204.*

Paris 317 – Moulins 66 – Bourbon-l'Archambault 42 – Montluçon 15 – Montmarault 45.

XX **Table de Reugny,** ☎ 04 70 06 70 06, *Fax 04 70 06 70 06*, 🏞, – GB
fermé 1er au 15 sept., 2 au 15 janv., merc. soir, dim. soir et lundi – **Repas** (75) - 105/225 ♀

REUILLY-SAUVIGNY *02850 Aisne 56 ⑮ – 189 h alt. 78.*

Paris 111 – Reims 49 – Épernay 34 – Château Thierry 17 – Soissons 46 – Troyes 116.

XXX **Auberge Le Relais** (Berthuit) avec ch, ☎ 03 23 70 35 36, *Fax 03 23 70 27 76*, – ▤ TV ☎ 📞 P. AE ① GB. ✀ ch
✿ *fermé 15 au 30 août, 11 fév. au 8 mars, mardi et merc.* – **Repas** 170/430 et carte 370 à 470 – ☕ 56 – **7 ch** 285/500
Spéc. Grosses langoustines rôties. Noix de Saint-Jacques (15 oct. au 15 avril). Noisettes d'agneau à la fondue d'oignons blancs. **Vins** Cumières.

REVEL *31250 H.-Gar. 82 ⑳ G. Midi-Pyrénées – 7 520 h alt. 210.*

Office de Tourisme pl. Philippe-VI-de-Valois ☎ 05 61 83 50 06, Fax 05 62 18 06 21.
Paris 746 – Toulouse 51 – Carcassonne 46 – Castelnaudary 21 – Castres 28 – Gaillac 63.

Midi, 34 bd Gambetta ☎ 05 61 83 50 50, *Fax 05 61 83 34 74*, 🏞 – TV ☎ 📞. ① GB
Repas *(fermé 12 nov. au 5 déc. et dim. soir d'oct. à mars)* 90/250 ♀, enf. 60 – ☕ 35 – **17 ch** 220/400 – ½ P 190/280

XX **Lauragais,** 25 av. Castelnaudary ☎ 05 61 83 51 22, *Fax 05 62 18 91 79*, 🏞, « Intérieur rustique », – P. AE ① GB
Repas 130/360 ♀

au Nord *par rte de Castres : 3 km –* ⊠ *31250 Revel :*

XX **Auberge des Mazies** ॐ *avec ch,* ℘ *05 61 27 69 70, Fax 05 62 18 06 37,* 😚, 🦌 – 📺
🅿 🕿 ✦ 🗜 🖭 ⓪ ☗ ⒿⒸⒷ ✿ ch
fermé 23 oct. au 2 nov. et 26 déc. au 23 janv. – **Repas** *(fermé dim. soir et lundi)* 75 (déj.),
95/250 ♀, enf. 50 – ⯊ 35 – **7 ch** 275/295 – ½ P 240

à St-Ferréol *Sud-Est : 3 km par D 629 –* ⊠ *31250 :*

Voir *Bassin de St-Ferréol★.*

🏨 **Hôtellerie du Lac** ॐ, ℘ *05 62 18 70 80, Fax 05 62 18 71 13,* ≤, ⬛, 🦌 *– cuisinette* 📺
☗☗ 🕿 ✦ & 🗜 – 🛁 50. ☗ ☗ ch
Repas *(fermé dim. soir sauf juil.-août)* (69) - 85/175 &, enf. 55 – ⯊ 33 – **25 ch** 300/330,
4 duplex – ½ P 270

REVENTIN-VAUGRIS *38 Isère* 🐫 ⑪ *– rattaché à Vienne.*

REVIGNY-SUR-ORNAIN *55800 Meuse* 🐫 ⑲ *– 3 528 h alt. 144.*

Paris 237 – Bar-le-Duc 17 – St-Dizier 29 – Vitry-le-François 34.

XXX **Les Agapes et Maison Forte** (Joblot) ॐ *avec ch, pl. Henriot du Coudray*
✿ ℘ *03 29 70 56 00, Fax 03 29 70 59 30,* 😚, « *Maison du 17ᵉ siècle* », 🦌 – 📺 🕿 ✦ & 🗜. 🖭
⓪ ☗ ✿ ch
fermé 28 juil. au 17 août, 14 au 21 fév., dim. soir, lundi midi et soirs fériés – **Repas**
165/320 ♀, enf. 65 – ⯊ 60 – **7 ch** 300/700
Spéc. Pot-au-feu de foie gras. Poulet en croûte de foin. Soufflé à la mirabelle de Lorraine.
Vins Chardonnay, Pinot noir de Meuse.

RÉVILLE *50760 Manche* 🐫 ③ *– 1 205 h alt. 12.*

Voir *La Pernelle* ✳★★ *du blockhaus O : 3 km – Pointe de Saire : blockhaus* ≤★ *SE : 2,5 km,*
G. Normandie Cotentin.

Paris 348 – Cherbourg 33 – Carentan 45 – St-Lô 73 – Valognes 23.

X **Au Moyne de Saire** *avec ch,* ℘ *02 33 54 46 06, Fax 02 33 54 14 99 –* 🕿 🗜. ☗ ✿ rest
☗☗ *fermé 30 oct. au 15 nov., 1ᵉʳ fév. au 10 mars et merc. d'oct. à mai* – **Repas** (62) - 82/240,
enf. 40 – ⯊ 37 – **11 ch** 185/280 – ½ P 215/300

REY *30 Gard* 🐫 ⑯ *– rattaché au Vigan.*

REZÉ *44 Loire-Atl.* 🐫 ③ *– rattaché à Nantes.*

Le RHIEN *70 H.-Saône* 🐫 ⑦ *– rattaché à Ronchamp.*

RHINAU *67860 B.-Rhin* 🐫 ⑩ *– 2 286 h alt. 158.*

Paris 513 – Strasbourg 40 – Marckolsheim 27 – Molsheim 38 – Obernai 27 – Sélestat 25.

XXX **Au Vieux Couvent** (Albrecht), ℘ *03 88 74 61 15, Fax 03 88 74 89 19,* 😚 – 🖭 ⓪ ☗
✿ *fermé 3 au 19 juil., mardi et merc.* – **Repas** 160/480 et carte 330 à 450 ♀, enf. 100
Spéc. Rillettes d'anguilles. Rognon de veau, ficelle à l'alsacienne. Pomme de Noël aux fruits
du Bäreawecka (nov.-déc.). **Vins** Sylvaner, Tokay-Pinot gris.

RIANS *83560 Var* 🐫 ④, 🐫 ⑰ ⑱ *– 2 720 h alt. 406.*

🛈 *Office de Tourisme pl. du Posteuil* ℘ *04 94 80 33 37, Fax 04 94 80 33 37.*
Paris 774 – Marseille 71 – Aix-en-Provence 34 – Avignon 100 – Manosque 34 – Toulon 80.

🏠 **Esplanade,** *au village* ℘ *04 94 80 31 12 –* 📺 🕿 ✦. 🖭 ☗
☗☗ *fermé sam. hors saison* – **Repas** 78/130 &, enf. 40 – ⯊ 30 – **9 ch** 260 – ½ P 200

XX **Roquette,** *rte Manosque : 1 km* ℘ *04 94 80 32 58,* 😚 – 🗜. ☗
🦞 *fermé 15 nov. au 1ᵉʳ déc., 2 au 10 janv., dim. soir et lundi sauf fériés* – **Repas** 140/260 ♀,
enf. 55

rte de St-Maximin *: 5 km par D 3 –* ⊠ *83560 Rians :*

XXX **Bois St-Hubert** Ⓜ ॐ *avec ch,* ℘ *04 94 80 31 00, Fax 04 94 80 55 71,* 😚, *parc,* « *Belle*
décoration intérieure », ⬛ – 📺 🕿 ✦ 🗜. 🖭 ⓪ ☗
fermé 5 janv. au 15 mars, lundi soir et mardi sauf du 1ᵉʳ juin au 15 sept. – **Repas** 180/250 et
carte 330 à 500 ♀, enf. 95 – ⯊ 70 – **8 ch** 600/950 – ½ P 600/700

Voir *Grand'Rue*★★ : tour des Bouchers★.

🖼 *Office de Tourisme* 1 Grand'Rue ℘ 03 89 73 62 22, Fax 03 89 73 23 62.

Paris 433 ⑤ – *Colmar* 14 ③ – *Mulhouse* 59 ④ – *St-Dié* 42 ⑤ – *Sélestat* 16 ②.

RIBEAUVILLÉ

Abbé Kremp (R. de l')	**A** 2
Bergheim (Rte de)	**D**
Château (R. du)	**A** 3
Flesch (R.)	**B** 5
Fontaine (R. de la)	**A** 6
Frères-Mertian (R. des)	**A** 7
Gaulle (Av. du Gén.-de)	**B** 9
Gouraud (Pl.)	**B** 10
Grand'Rue	**AB**
Halle-aux-Blés (R.)	**B** 12
Juifs (R. des)	**B**
Klee (R.)	**B**
Klobb (R.)	**A**
Lutzelbach (R. du)	**A**
Mairie (Pl. de la)	**A** 13
Marne (R. de la)	**A**
Rempart-de-la-Streng (R. du)	**AB**
République (Pl. de la)	**A**
Sainte-Marie-aux-Mines (Rte)	**A** 15
Sinne (Pl. de la)	**A** 16
Tanneurs (R. des)	**B** 18
Vignoble (R. du)	**A**
1re-Armée (Pl. de la)	**B**
3-Décembre (R. du)	**AB**

« Zone piétonne en saison »

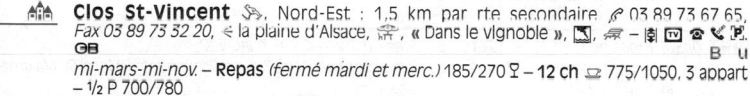

🏨 **Clos St-Vincent** ⤴, Nord-Est : 1,5 km par rte secondaire ℘ 03 89 73 67 65, Fax 03 89 73 32 20, ≤ la plaine d'Alsace, 🌳, « Dans le vignoble », 🏊, 🌳 – 🛗 📺 ☎ ✆ 🅿. 🖩, 🍴 – 🛗 🍽 ♿ 🅿 – 🛉 30. 🆎 ⒼⒷ **B u**

mi-mars-mi-nov. – **Repas** *(fermé mardi et merc.)* 185/270 ⛫ – **12 ch** ⇆ 775/1050, 3 appart – ½ P 700/780

🏨 **Ménestrel** 🎥 sans rest, 27 av. Gén. de Gaulle par ④ ℘ 03 89 73 80 52, Fax 03 89 73 32 39, 🖩, 🌳 – 🛗 ⚡ ☎ ♿ 🅿 – 🛉 30. 🆎 ⒼⒷ
fermé 15 fév. au 15 mars – ⇆ 70 – **28 ch** 410/550

🏨 **Tour** ⤴ sans rest, 1 r. Mairie ℘ 03 89 73 72 73, Fax 03 89 73 38 74, 🖩 – 🛗 📺 ☎ 🅿. 🆎 ⓪ ⒼⒷ **A a**
fermé 1er janv. au 15 mars – ⇆ 42 – **35 ch** 325/445

🏨 **Cheval Blanc,** 122 Grand Rue ℘ 03 89 73 61 38, Fax 03 89 73 37 03 – 📺 ☎. ⒼⒷ
fermé 15 nov. au 1er déc. et 20 déc. au 1er fév. – **Repas** *(fermé lundi)* 55 (déj.), 120/200 🍷, enf. 40 – ⇆ 40 – **25 ch** 200/310 – ½ P 240/270 **A e**

🍴🍴 **Relais des Ménétriers,** 10 av. Gén. de Gaulle ℘ 03 89 73 64 52, Fax 03 89 73 69 94 – ⒼⒷ **B s**
fermé 29 juin au 14 juil., 25 déc. au 1er janv., jeudi soir, dim. soir et lundi – **Repas** 58 (déj.), 95/198 ⛫

🍴 **Wistub Zum Pfifferhüs,** 14 Grand rue ℘ 03 89 73 62 28, Fax 03 89 73 80 34, rest. non-fumeurs exclusivement, « Cadre typiquement alsacien » – ⒼⒷ. ❄ **B k**
fermé 3 au 13 juil., 7 fév. au 8 mars, merc. et jeudi – **Repas** *(prévenir)* carte environ 180 🍷

rte de Ste-Marie-aux-Mines par ⑤ sur D 416 : 4 km – ⊠ 68150 :

※※ **Au Valet de Coeur et Hostel de la Pépinière** avec ch, ℰ 03 89 73 64 14,
☺ Fax 03 89 73 88 78, ≼ – ⫿ ☎ ✆ ⇔ 🅿 AE ⓪ ⊜ ⫿
Repas (fermé mardi midi et lundi) 190/420 et carte 320 à 430 ☿ – ⊂⊃ 50 – **21 ch** 270/400 –
½ P 400/450
Spéc. Presskopf de cochon de lait. Escalope de foie gras poêlée aux coings (oct.-nov.). Filet
d'omble chevalier et rosace de pommes de terre. **Vins** Pinot blanc, Pinot noir.

RIBÉRAC 24600 Dordogne 🗝🗝 ④ G. Périgord Quercy – 4 118 h alt. 68.
Env. Aubeterre-sur-Dronne : église monolithe★★ O : 17 km.
🗓 Office de Tourisme pl. Gén.-de-Gaulle ℰ 05 53 90 03 10, Fax 05 53 91 35 13.
Paris 507 – Périgueux 39 – Angoulême 59 – Barbezieux 59 – Bergerac 53 – Libourne 66.

🏠 **Rêv'Hôtel** Ⓜ, rte de Périgueux : 1,5 km ℰ 05 53 91 62 62, Fax 05 53 91 48 96, 🍽 – 📺 ☎
✆ ㅎ 🅿 – 🔬 25. ⊜
Repas (59) - 88/158 ♨, enf. 40 – ⊂⊃ 32 – **17 ch** 190/240 – ½ P 205

🏠 **France,** ℰ 05 53 90 00 61, Fax 05 53 91 06 05, 🍽 – 📺 ☎ ✆. ⊜
fermé 15 nov. au 15 déc., mardi midi et lundi sauf juil.-août – **Repas** 80 (déj.), 100/260 ☿,
enf. 50 – ⊂⊃ 40 – **12 ch** 195/280 – ½ P 240/270

Les RICEYS 10340 Aube 🖸🖸 ⑰ G. Champagne – 1 421 h alt. 180.
Paris 210 – Troyes 47 – Bar-sur-Aube 53 – St-Florentin 58 – Tonnerre 37.

※※ **Magny** ☞ avec ch, D 452 ℰ 03 25 29 38 39, Fax 03 25 29 11 72, 🍽, 🏊, – 📺 ☎ ✆ ㅎ 🅿.
☺ ⊜
fermé 10 janv. au 25 fév., mardi soir d'oct. à avril et merc. sauf le soir de mai à sept. – Repas
70/210 ♨, enf. 45 – ⊂⊃ 35 – **12 ch** 270/320 – ½ P 270/295

RIEC-SUR-BELON 29340 Finistère 🖸🖸 ⑪ ⑯ – 4 014 h alt. 65.
🗓 Office de Tourisme pl. l'Église ℰ 02 98 06 97 65, Fax 02 98 06 93 73.
Paris 530 – Quimper 39 – Carhaix-Plouguer 62 – Concarneau 21 – Quimperlé 13.

au Port de Belon Sud : 4 km par C 3 et C 5 – ⊠ 29340 Riec-sur-Belon :

※ **Chez Jacky,** ℰ 02 98 06 90 32, Fax 02 98 06 49 72, ≼, « En bordure du Belon » – ⊜
mars-début oct. et fermé lundi – **Repas** - produits de la mer seul. - (en saison, prévenir)
190/450 ☿, enf. 45

RIEUPEYROUX 12240 Aveyron 🖾🖾 ① – 2 348 h alt. 750.
Paris 626 – Rodez 40 – Albi 54 – Carmaux 33 – Millau 94 – Villefranche-de-Rouergue 24.

🏠 **Commerce,** ℰ 05 65 65 53 06, Fax 05 65 65 56 58, 🍽, 🏊, 🐎 – ⫿ 📺 ☎ ✆ ㅎ 🅿 – 🔬 30.
AE ⓪ ⊜
fermé 20 déc. au 20 janv., dim. soir et lundi du 15 sept. au 15 juin – **Repas** 90/150 ♨, enf. 45
– ⊂⊃ 32 – **22 ch** 230/300 – ½ P 270

RIEZ 04500 Alpes de H.-P. 🖾🖸 ⑯, 🖽🖾 ⑦ G. Alpes du Sud – 1 707 h alt. 520.
Voir Baptistère★ – Echassier fossile★ au musée "Nature en Provence" – Mont St-Maxime
✳★ NE : 2 km.
🗓 Office de Tourisme 4 allée Louis-Gardiol ℰ 04 92 77 82 80, Fax 04 92 77 79 67.
Paris 776 – Digne-les-Bains 41 – Brignoles 65 – Castellane 59 – Manosque 34 – Salernes 46.

🏠🏠 **Carina** sans rest, ℰ 04 92 77 85 43, Fax 04 92 77 85 44 – ☎ ✆ 🅿. ⊜. ✿
avril-oct. – ⊂⊃ 35 – **30 ch** 300/380

RIGNAC 12390 Aveyron 🖾🖾 ① – 1 668 h alt. 500.
Voir Commune de la "Méridienne Verte".
Paris 612 – Rodez 28 – Aurillac 88 – Figeac 39 – Villefranche-de-Rouergue 30.

🏠 **Marre,** rte Belcastel ℰ 05 65 64 51 56, 🍽, 🐎 – ☎ ⇔ 🅿. ⊜
fermé vacances de Pâques, de Noël, dim. soir et lundi sauf juil.-août – **Repas** (50) - 72 bc/160 ☿,
enf. 48 – ⊂⊃ 28 – **13 ch** 185/225 – ½ P 200/220

☼ **Delhon,** rte Belcastel ℰ 05 65 64 50 27 – ☎. AE ⊜
☺ fermé dim. soir et sam. d'oct. à juin – **Repas** 60 bc/150 bc – ⊂⊃ 30 – **18 ch** 130/240 –
½ P 180/195

RIGNY 70 H.-Saône 🖸🖸 ⑭ – rattaché à Gray.

RILLÉ *37340 I.-et-L.* **64** ⑬ – *275 h alt. 82.*

Paris 265 – *Tours 38* – Angers 73 – Chinon 39 – Saumur 39.

🏠 **Logis du Lac** ⤴, Ouest : 2 km par D 49 ℘ 02 47 24 66 61, 😗, 🍴 – ☎ ⚞ 🅿, 🅶🅱
  fermé vacances de Toussaint, 8 fév. au 8 mars, merc. et dim. du 16 sept. au 14 juin – **Repas** 70 bc/145, enf. 50 – ☑ 39 – **6 ch** 210/240 – ½ P 210

RILLIEUX-LA-PAPE *69 Rhône* **74** ⑪ ⑫,, **110** ⑮ – *rattaché à Lyon.*

RILLY-SUR-LOIRE *41150 L.-et-Ch.* **64** ⑯ – *321 h alt. 66.*

Paris 209 – *Tours 39* – Amboise 15 – Blois 23 – Montrichard 19.

🏠 **Auberge des Voyageurs,** ℘ 02 54 20 98 85, Fax 02 54 20 98 48, 🟦 – ☎ 🅿, 🅶🅱
  fin mars-début nov. et week-ends de nov. à mars – **Repas** 85/220 ♈ – ☑ 30 – **17 ch** 260/280 – ½ P 290

RIMBACH-PRÈS-GUEBWILLER *68 H.-Rhin* **62** ⑱ – *rattaché à Guebwiller.*

RIMONT *09420 Ariège* **86** ③ – *513 h alt. 525.*

Paris 789 – Foix 31 – Auch 126 – St-Gaudens 56 – St-Girons 13 – Toulouse 94.

✗ **Poste,** pl. 8-Mai ℘ 05 61 96 33 23, Fax 05 61 96 33 23, 😗 – 🅶🅱
  fermé 10 au 30 janv., lundi soir et mardi soir sauf juil.-août – **Repas** 60/145 ♨, enf. 45

RIOM ⬗ *63200 P.-de-D.* **73** ④ *G. Auvergne* – *18 793 h alt. 363.*

Voir *Église N.-D.-du-Marthuret*★ : *Vierge à l'Oiseau*★★★ – *Maison des Consuls*★ **B** – *Cour*★ *de l'hôtel Guimoneau* **D** – *Ste-Chapelle*★ *du Palais de Justice* **L** – *Cour*★ *de l'Hôtel de Ville* **H** – *Tour de l'Horloge*★ **E** – *Musées : Auvergne*★ **M**¹, *Mandet*★ **M**² – *Mozac : chapiteaux*★★, *trésor*★★ *de l'église*★ *2 km par* ④ – *Marsat : Vierge noire*★★ *dans l'église SO : 3 km par D 83.*
Env. *Châteaugay : donjon*★ *du château et* ✳★ *7,5 km par* ③ – *Ruines du château de Tournoël*★ : ✳★ *8 km par* ④.

🅱 *Office de Tourisme 16 r. Commerce* ℘ 04 73 38 59 45, Fax 04 73 38 25 15.

Paris 413 ① – Clermont-Ferrand 16 ③ – Montluçon 75 ① – Thiers 48 ② – Vichy 39 ①.

RIOM

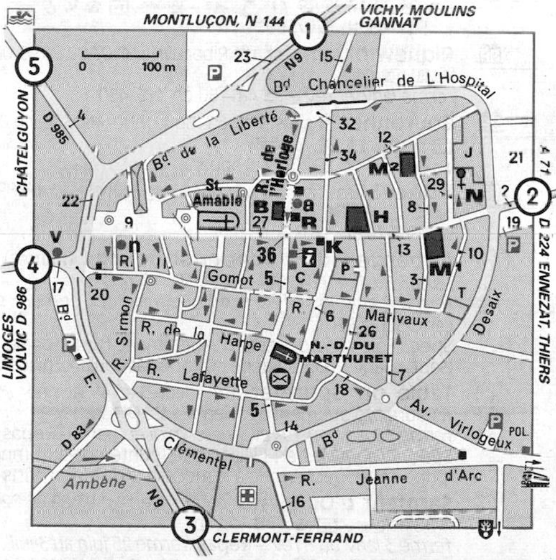

✗✗ **Les Petits Ventres,** 6 r. A. Dubourg (n) ℘ 04 73 38 21 65, Fax 04 73 63 12 21 – 🟦, 🅰🅴 ⓪ 🅶🅱
  fermé 27 août au 14 sept., vacances de fév., dim. soir, lundi soir et mardi – **Repas** (85) - 100/240 ♈, enf. 50 • *Brasserie des Petits Ventres* ℘ 04 73 64 01 77 **Repas** (52)-62 ♈, enf. 35.

RIOM

✗ **Flamboyant,** 21 bis r. Horloge (a) ✆ 04 73 63 07 97, Fax 04 73 63 07 97, 🏤 – AE GB
  fermé dim. soir en hiver, mardi midi en été et lundi – **Repas** 115/180 ♀

✗ **Magnolia,** 11 av. Cdt Madeline (v) ✆ 04 73 38 08 25, Fax 04 73 38 08 25 – ▤. GB
🍴 fermé 20 juil. au 15 août, dim. et lundi – **Repas** 70/190 ♀

à l'échangeur A 71 par ② : 2 km – ✉ 63200 Riom :

🏨 **Anémotel** M, Z.A.C. Les Portes de Riom ✆ 04 73 33 71 00, Fax 04 73 64 00 60, 🏤 – |≡| ▤
  TV ⚒ ᕒ P – 🛏 20. AE GB
  Repas (72) - 92/180 ♀, enf. 40 – � 40 – **43 ch** 305 – ½ P 285

rte de Marsat Sud-Ouest : 2,5 km par D 83 – ✉ 63200 Riom :

✗✗ **Moulin de Villeroze,** ✆ 04 73 38 58 23, Fax 04 73 38 92 26, 🏤 – P. AE ① GB
  fermé 1er au 20 août, 26 au 30 déc., dim. soir et lundi – **Repas** 120 (déj.), 155/250 ♀

RIOM-ÈS-MONTAGNES 15400 Cantal 🔟 ④ – 3 225 h alt. 840.
  🛈 Office de Tourisme pl. Ch.-de-Gaulle ✆ 04 71 78 07 37, Fax 04 71 78 16 87.
  Paris 511 – Aurillac 71 – Clermont-Ferrand 92 – Ussel 45.

🏨 **St-Georges** M, 5 r. Cap. Chevalier ✆ 04 71 78 00 15, Fax 04 71 78 24 37 – |≡| TV ⚒ ᕒ ᕒ.
🍴 AE GB
  Repas 75/215 ♀, enf. 35 – ⊐ 30 – **14 ch** 195/295

RIORGES 42 Loire 🔟 ⑦ – rattaché à Roanne.

*Les localités dont les noms sont **soulignés de rouge***
*sur les **cartes Michelin** à 1/200 000 sont citées dans ce guide.*

Utilisez une carte récente pour profiter de ce renseignement.

RIQUEWIHR 68340 H.-Rhin 🔟 ⑱ ⑲ G. Alsace Lorraine – 1 075 h alt. 300.
  Voir Village★★★.
  🛈 Office de Tourisme (Pâques-11 nov. et vacances scolaires) 2 r. 1ère-Armée ✆ 03 89 49 08 40, Fax 03 89 49 08 49.
  Paris 437 – Colmar 12 – Gérardmer 59 – Ribeauvillé 4 – St-Dié 46 – Sélestat 20.

🏨 **Hôtel Le Schoenenbourg** M 🦢 sans rest, r. Piscine ✆ 03 89 49 01 11,
  Fax 03 89 47 95 88, 🏤, ⌁, 🐎 – |≡| ↦ TV ⚒ ᕒ ᕒ ᕒ P. AE GB
  ⊐ 52 – **45 ch** 370/560

🏨 **Riquewihr** sans rest, rte Ribeauvillé ✆ 03 89 86 03 00, Fax 03 89 47 99 76, ≤ – |≡| TV ⚒ ᕒ
  AE ① GB
  fermé janv. et fév. – ⊐ 48 – **50 ch** 310/420

🏨 **Couronne** 🦢 sans rest, 5 r. Couronne ✆ 03 89 49 03 03, Fax 03 89 49 01 01 – cuisinette
  TV ⚒ P – 🛏 20. AE GB
  ⊐ 46 – **36 ch** 290/390, 4 appart

🏨 **L'Oriel** 🦢 sans rest, 3 r. Ecuries Seigneuriales ✆ 03 89 49 03 13, Fax 03 89 47 92 87 – |≡| TV
  ⚒ ᕒ. AE ① GB ᴊᴄʙ
  ⊐ 49 – **19 ch** 370/510

✗✗✗ **Auberge du Schoenenbourg** (Kiener), r. Piscine ✆ 03 89 47 92 28,
❀ Fax 03 89 47 89 84, 🏤 – ▤ P. AE GB
  fermé 7 janv. au 10 fév., le midi de mai à oct. et merc. soir de nov. à avril – **Repas** 190/420 et carte 300 à 420 ♀
  Spéc. Foie gras de canard légèrement fumé, poêlé aux pommes. Assiette du chasseur (sept. à janv.). Gâteau tiède au chocolat coulant, glace vanille. **Vins** Riesling, Pinot noir.

✗✗ **Table du Gourmet** (Brendel), 5 r. 1e Armée ✆ 03 89 49 09 09, Fax 03 89 49 04 56,
❀ « Cadre typiquement alsacien » – AE GB ♀
  fermé 10 janv. au 19 fév., merc. midi et mardi – **Repas** 230/420 et carte 320 à 430
  Spéc. Grenouilles en Fleischnaka (printemps-automne). Turbot frémis au lait et verveine (printemps). Pêche rôtie à la mousse de lait (été). **Vins** Tokay-Pinot gris, Riesling.

✗✗ **Sarment d'Or** 🦢 avec ch, 4 r. Cerf ✆ 03 89 86 02 86, Fax 03 89 47 99 23, « Maison du
  17e siècle » – TV ⚒. GB. ❀ ch
  fermé 3 janv. au 8 fév. (fermé 25 juin au 3 juil., 3 janv. au 8 fév., dim. soir, mardi midi et lundi) 120/320 ♀, enf. 60 – ⊐ 50 – **9 ch** 340/470 – ½ P 380/460

à Zellenberg Est : 1 km par D 1ᴮ – 343 h. alt. 300 – ✉ 68340 :

🏨 **Au Riesling,** ✆ 03 89 47 85 85, Fax 03 89 47 92 08, ≤, 🏤 – |≡| ⚒ ᕒ P. GB. ❀
  fermé janv., fév., dim. soir et lundi – **Repas** 98/280 ♀, enf. 45 – ⊐ 48 – **36 ch** 290/450 –
  ½ P 300/400

XXX **Maximilien** (Eblin), ℰ 03 89 47 99 69, Fax 03 89 47 99 85, ≤ – **P**, **AE** **①** **GB**
🍴 fermé vacances de fév., dim. soir, vend. midi et lundi – **Repas** 185 (déj.), 225/445 et carte 370
à 500 ♀
Spéc. Tartare de truite aux cuisses de grenouilles. Croustillant de sandre aux grenouilles et
champignons. Gourmandise au chocolat mi-amer. **Vins** Riesling, Pinot noir.

X **Caveau du Vigneron**, 5 rte Ostheim ℰ 03 89 47 81 57 – 🍽. **GB**
fermé 31 janv. au 24 fév., mardi soir hors saison et merc. – **Repas** 95/120 ♀, enf. 45

RISCLE 32400 Gers **82** ② – 1 770 h alt. 105.
Env. Termes-d'Armagnac : ✳* du donjon NE : 8,5 km par D 935 et D³, G. Aquitaine.
🅱 Office de Tourisme ℰ 05 62 69 74 01, Mairie ℰ 05 62 69 70 10.
Paris 742 – Mont-de-Marsan 48 – Aire-sur-l'Adour 17 – Auch 70 – Pau 62 – Tarbes 55.

XX **Pigeonneau**, 36 av. Adour ℰ 05 62 69 85 64, Fax 05 62 69 85 64 – **GB**
fermé dim. soir, mardi soir , lundi – **Repas** 98 (déj.), 145/195, enf. 65

X **Relais du Pont d'Arcole** avec ch, rte Bordeaux : 1,5 km ℰ 05 62 69 71 40,
🛏 Fax 05 62 69 84 36, 🍽, 🐾 – **TV** **☎** **P**, **GB**
fermé vend. soir sauf juil.-août et dim. soir – **Repas** 70/160 ⅃ – 🖵 35 – **12 ch** 160/240 –
½ P 205

RISOUL 05600 H.-Alpes **77** ⑱ – 526 h alt. 1117.
Env. Belvédère de l'Homme de Pierre ✳** S : 15 km G. Alpes du sud.
Paris 719 – Briançon 37 – Gap 61 – Guillestre 2 – St-Véran 34.

🏠 **Bonne Auberge** 🦶, au village ℰ 04 92 45 02 40, Fax 04 92 45 13 12, ≤ Massif du Pel-
🛏 voux, 🍽, 🐾 – **☎** **P**, **GB**, ※ rest
1ᵉʳ juin-20 sept. et 26 déc.-31 mars – **Repas** 85/110, enf. 50 – 🖵 30 – **25 ch** 320/325 –
½ P 280/285

RISTOLAS 05460 H.-Alpes **77** ⑲ – 72 h alt. 1630.
Paris 734 – Briançon 52 – Gap 96 – Guillestre 34.

🏠 **Chalet de Ségure** 🦶, ℰ 04 92 46 71 30, Fax 04 92 46 79 54, ≤, 🍽 – **☎** 🐾. **GB**
🛏 31 mai-25 sept. et 20 déc.-5 avril – **Repas** (fermé lundi) (dîner seul.) (résidents seul.)
80/130 ♀ – 🖵 38 – **10 ch** 260 – ½ P 285

RIVA-BELLA 14 Calvados **55** ② – voir à Ouistreham-Riva-Bella.

RIVE-DE-GIER 42800 Loire **73** ⑲, **110** ㉛ G. Vallée du Rhône – 15 623 h alt. 225.
Paris 497 – Lyon 39 – St-Étienne 23 – Montbrison 64 – Roanne 107 – Thiers 130 – Vienne 27.

XXX **Hostellerie La Renaissance** avec ch, 41 r. A. Marrel ℰ 04 77 75 04 31,
🛏 Fax 04 77 83 68 58, 🍽, 🐾 – **☎** **P**, **AE** **①** **GB**
fermé dim. soir, merc. soir et lundi – **Repas** 100/500 et carte 300 à 500 – 🖵 60 – **6 ch**
220/270

à Ste-Croix-en-Jarez Sud-Est : 10 km par D 30 – 329 h. alt. 450 – ✉ 42800 :

X **Prieuré** 🦶 avec ch, ℰ 04 77 20 20 09, Fax 04 77 20 20 80, 🍽 – 🍽 rest, **TV** **☎**. **AE** **①** **GB**.
🛏 ※
fermé 8 janv. au 15 fév., dim. soir hors saison et lundi – **Repas** 60/230, enf. 55 – 🖵 38 – **4 ch**
230/300 – ½ P 250/260

RIVEDOUX-PLAGE 17 Char.-Mar. **71** ⑫ – voir à Ré (Ile de).

La-RIVIÈRE-ST-SAUVEUR 14 Calvados **55** ④ – rattaché à Honfleur.

RIVIÈRE-SUR-TARN 12640 Aveyron **80** ④ – 757 h alt. 380.
Paris 640 – Mende 72 – Millau 14 – Rodez 64 – Sévérac-le-Château 32.

♨ **Clos d'Is**, ℰ 05 65 59 81 40, Fax 05 65 59 84 03, 🍽, 🐾 – **☎** **P**, **GB**
🛏 **Repas** (fermé dim. soir d'oct. à mars) 72/180 ♀, enf. 45 – 🖵 35 – **22 ch** 200/295 –
½ P 215/278

La RIVIÈRE-THIBOUVILLE 27 Eure 55 ⑮ – alt. 72 – ⊠ 27550 Nassandres.
Paris 138 – Rouen 49 – Bernay 15 – Évreux 35 – Lisieux 39 – Pont-Audemer 34

XX   **Soleil d'Or** avec ch., ℘ 02 32 45 00 08, Fax 02 32 46 89 68, 斎, 氣, – ⊡ ☎ 🄿 – ▲ 30. 🖭
GB
fermé dim. soir – **Repas** 105/230 ♈, enf. 48 – ☲ 40 – **12 ch** 320/585 – ½ P 270/442

RIXHEIM 68 H.-Rhin 87 ⑲ – rattaché à Mulhouse.

ROANNE ◁🆂🅿▷ 42300 Loire 73 ⑦ G. Vallée du Rhône – 41 756 h alt. 265.
Env. Belvédère de Commelle-Vernay ≤★ : 7 km au S par quai Sémard **BV**.
≃ Roanne-Renaison : ℘ 04 77 66 85 77, par D 9 **AV** : 5 km.
🄳 Office de Tourisme (fermé dim.) 1 cours République ℘ 04 77 71 51 77, Fax 04 77 70 96 62.
Paris 398 ④ – Clermont-Ferrand 106 ③ – Lyon 88 ② – St-Étienne 87 ②.

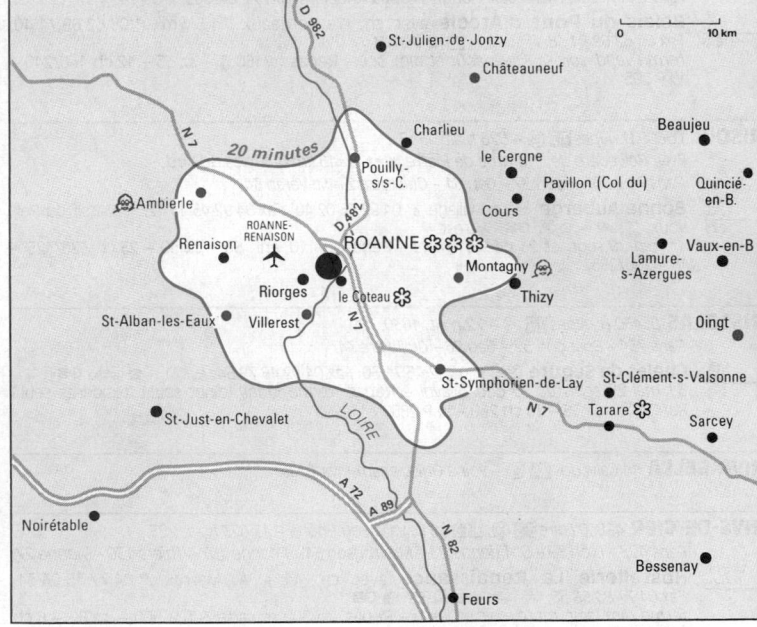

🏨🏨   **Troisgros** Ⓜ, pl. Gare ℘ 04 77 71 66 97, Fax 04 77 70 39 77, « Élégant décor contempo-
❀❀❀   rain », 氣 – 🛗 🕮 ⊡ ☎ ⬤. 🖭 ⓞ GB ᴊᴄʙ   CX **r**
fermé 1ᵉʳ au 16 août, vacances de fév., mardi et merc. – **Repas** (nombre de couverts limité,
prévenir) 690/830 et carte 460 à 870 ♈, enf. 200 – ☲ 125 – **13 ch** 900/1400, 5 appart
Spéc. Court-bouillon d'écrevisses et jeunes légumes aigre-doux (juin à déc.). Loup sur
l'arête, meunière aux cèpes secs. Tripes de veau "al dente" à la truffe noire. **Vins** Côte
Roannaise.

🏛   **Grand Hôtel** sans rest, 18 cours République (face gare) ℘ 04 77 71 48 82,
Fax 04 77 70 42 40 – 🛗 ⊡ ☎ ✆ 🄿 – ▲ 60. 🖭 ⓞ GB   CX **f**
fermé 2 au 21 août et 24 déc. au 2 janv. – ☲ 45 – **30 ch** 280/430

🏠   **Campanile**, 38 r. Mâtel ℘ 04 77 72 72 73, 斎 – ⬞✦ ⊡ ☎ ✆ ᗑ 🄿 – ▲ 25. 🖭 ⓞ GB
Repas 88/103 ♈, enf. 36 – ☲ 36 – **46 ch** 315   BV **n**

XXX   **L'Astrée**, 17 bis cours République (face gare) ℘ 04 77 72 74 22, Fax 04 77 72 72 23 – 🗏.
GB   CX **f**
fermé 1ᵉʳ au 23 août, sam. et dim. – **Repas** 105/400 et carte 250 à 300 ♈

X   **Central**, 20 cours République (face gare) ℘ 04 77 67 72 72, Fax 04 77 72 57 67, bistrot –
🗏. GB   CX **r**
fermé 1ᵉʳ au 21 août, dim. et lundi – **Repas** (prévenir) 150 ♈

ROANNE

Alsace-Lor. (R.) .... CY 2
Anatole-France (R.) CY 3
Benoît (Bd C.)..... AV 5
Cadore (R. de) .... CX 7
Carnot (R.)........ BV 8
Clemenceau (Pl. G.) DX 10
Clermont (R. de)... CY 12
Dourdein (R. A.) ... AV 14
Edgar-Quinet (Bd) . BV 15
Foch (R. Mar.) ... CDY
Gaulle (Av. Ch.-de) . AV 16
Gaulle (Bd Ch.-de) . BV 17
Gaulle (R. Ch.-de) .. CY 18
Hoche (R.) .... AV 19
Hôtel-de-Ville (Pl.) .. DY 20
Jaurès (R. Jean) . CDY
Joffre (Bd Mar.) ... BV 21
Lattre-de-T. (Pl. de) CX 22
Libération
(Av. de la)........ DY 23
Loire (Levée de la). DY 24
Marne (Av. de la) .. BV 26
Renaison (Levée du) DY 28
République
(Crs de la)..... CXY 32
Roche (R. A.) ..... DX 34
Semard (Q. P.) .... BV 35
Thiers (Bd de) ..... AV 36
Thomas (Bd A.) ... AV 38
Vachet (R. J.) ..... AV 40
Villemontais (R. de) AV 42

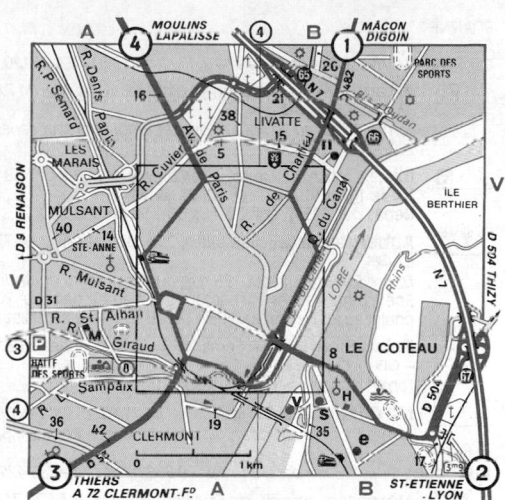

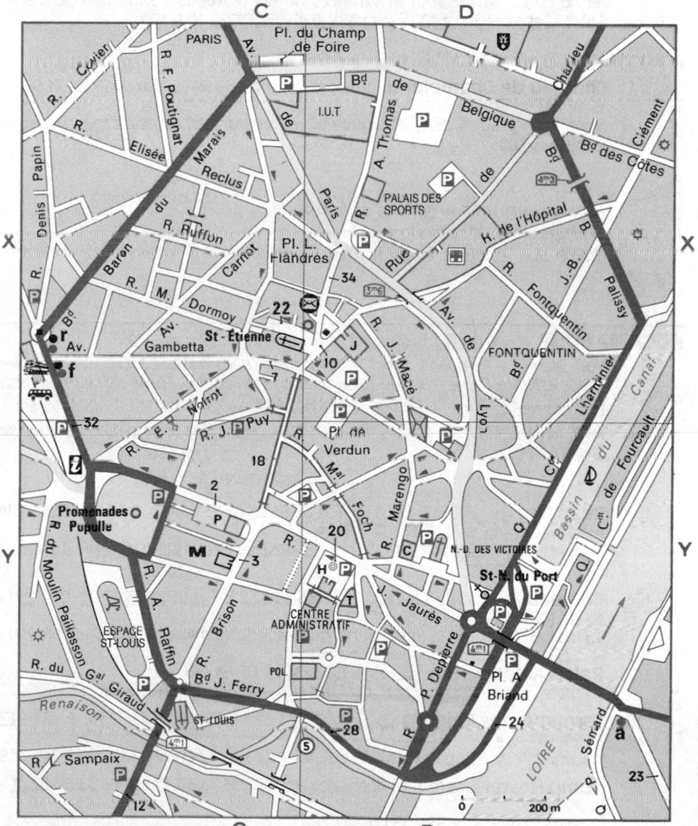

au Coteau *(rive droite de la Loire) – 7 469 h. alt. 350 –* ⊠ *42120 Le Coteau :*

🏠 **Artaud,** 133 av. Libération ℘ 04 77 68 46 44, Fax 04 77 72 23 50 – 🍽 rest, 📺 ☎ ✆ 🚗 –
🔼 100. 🖭 ⑩ 🇬🇧 🇯🇨🇧   BV e
fermé 30 juil. au 20 août et dim. et lundi midi sauf fériés – **Repas** 98/360 ♀ – � 48 – **25 ch**
280/480 – ½ P 230

🏠 **Ibis,** 53 bd Ch. de Gaulle, ZI Le Coteau - BV ℘ 04 77 68 36 22, Fax 04 77 71 24 99, 🌣, 🔽 –
🔆 🔟 ☎ ✆ ৬ 🅿 – 🔼 60. 🖭 ⑩ 🇬🇧
Repas (79) - 125 🍴, enf. 39 – � 36 – **66 ch** 320/340

🍴🍴🍴 **Auberge Costelloise** (Alex), 2 av. Libération ℘ 04 77 68 12 71, Fax 04 77 72 26 78 – 🍽.
🎖 🖭 🇬🇧   DY a
fermé 5 août au 4 sept., 26 déc. au 2 janv., dim. et lundi – **Repas** (90) - 130/370 ♀
Spéc. Langoustines à la bergamote et au lait de coco. Risotto de ris de veau, langoustine et
poulet au jus de homard. Pain perdu au miel d'acacia et aux pommes. **Vins** Côte Roannaise.

🍴🍴 **Relais Fleuri,** quai P. Sémard ⊠ 42300 Roanne ℘ 04 77 67 18 52, Fax 04 77 67 72 07, 🌿
– 🇬🇧   BV v
fermé dim. soir et merc. – **Repas** 115/250 ♀

🍴 **Ma Chaumière,** 3 r. St-Marc ℘ 04 77 67 25 93, Fax 04 77 67 25 93 – 🇬🇧   BV s
fermé 31 juil. au 21 août, dim. soir et lundi – **Repas** 115/195 ♀

à Riorges *Ouest : 3 km par D 31 - AV – 9 868 h. alt. 295 –* ⊠ *42153 :*

🍴🍴🍴 **Marcassin** avec ch, rte St-Alban-les-Eaux ℘ 04 77 71 30 18, Fax 04 77 23 11 22, 🌣 – 📺
☎. 🖭 🇬🇧, ✇ ch
fermé 30 juil. au 22 août et vacances de fév. – **Repas** *(fermé dim. soir et sam.)* (95) -
110/320 et carte 200 à 300 ♀ – � 35 – **9 ch** 250/300 – ½ P 300

à Villerest *par ③ : 6 km – 4 104 h. alt. 363 –* ⊠ *42300 :*

🍴🍴 **Château de Champlong,** près golf ℘ 04 77 69 69 69, Fax 04 77 69 71 08, 🌣, parc –
🅿. 🖭 🇬🇧
fermé 13 nov. au 1ᵉʳ déc., 22 janv. au 10 fév., mardi midi de nov. à fév., dim. soir et lundi –
Repas 105/300 ♀

Restaurants, die sorgfältig zubereitete,
preisgünstige Mahlzeiten anbieten, sind
durch das Zeichen ⊛ kenntlich gemacht.

ROCAMADOUR *46500 Lot* 🔢 ⑱ ⑲ *G. Périgord Quercy – 627 h alt. 279.*
Voir *Site*★★★ *– Remparts* ✳ ★★★ *– Tapisseries*★ *dans l'Hôtel de Ville – Vierge noire*★ *dans la*
chapelle Notre-Dame – Musée-trésor Francis-Poulenc★ *– Féerie du rail : maquette*★.
🛈 *Office de Tourisme Maison du Tourisme* ℘ *05 65 33 62 59, Fax 05 65 33 22 01.*
Paris 535 ① *– Cahors 64* ③ *– Brive-la-Gaillarde 55* ① *– Figeac 46* ② *– Gourdon 33* ③ *–*
St-Céré 31 ①.

Plan page suivante

🏠 **Beau Site** 🌿, ℘ 05 65 33 63 08, Fax 05 65 33 65 23, ≤, 🌣, « Hall d'accueil d'inspiration
médiévale » – 📶 ☎ ✆ 🅿. 🖭 ⑩ 🇬🇧 🇯🇨🇧   BZ a
6 fév.-12 nov. – **Repas** 115/320 ♀, enf. 55 - *Bistrot :* **Repas** 62/89♀, enf. 45 – � 55 – **43 ch**
385/495 – ½ P 395

🏠 **Château** 🌿, rte du Château ℘ 05 65 33 62 22, Fax 05 65 33 69 00, 🌣, 🔽, 🌿, ✇ –
🍽 ch, 📺 ☎ ✆ ৬ 🅿 – 🔼 60. 🖭 ⑩ 🇬🇧   AZ r
25 mars-5 nov. – Repas *(fermé lundi midi sauf du 17 mai au 17 sept.)* (80) - 98/220 🍴, enf. 50
– � 50 – **59 ch** 380/480 – ½ P 380/440
Relais Amadourien 🏠 🌿, – 📺 ☎ ✆ 🅿. 🖭 ⑩ 🇬🇧
25 mars-5 nov. – **Repas** voir **H. du Château** – � 38 – **20 ch** 250/290 – ½ P 290/298

🏠 **Terminus des Pèlerins** 🌿, ℘ 05 65 33 62 14, Fax 05 65 33 72 10, ≤, 🌣 – 📺 ☎ ✆
🖭 ⑩ 🇬🇧 🇯🇨🇧   BZ e
15 avril-1ᵉʳ nov. – **Repas** 70/245 ♀, enf. 47 – � 38 – **12 ch** 220/340 – ½ P 245/318

🏠 **Comp'Hostel** sans rest, à l'Hospitalet ℘ 05 65 33 73 50, Fax 05 65 33 69 60, 🔽 – 📺 ☎ ✆
৬ 🅿. 🇬🇧   BY u
22 avril-30 sept. – � 35 – **15 ch** 240/280

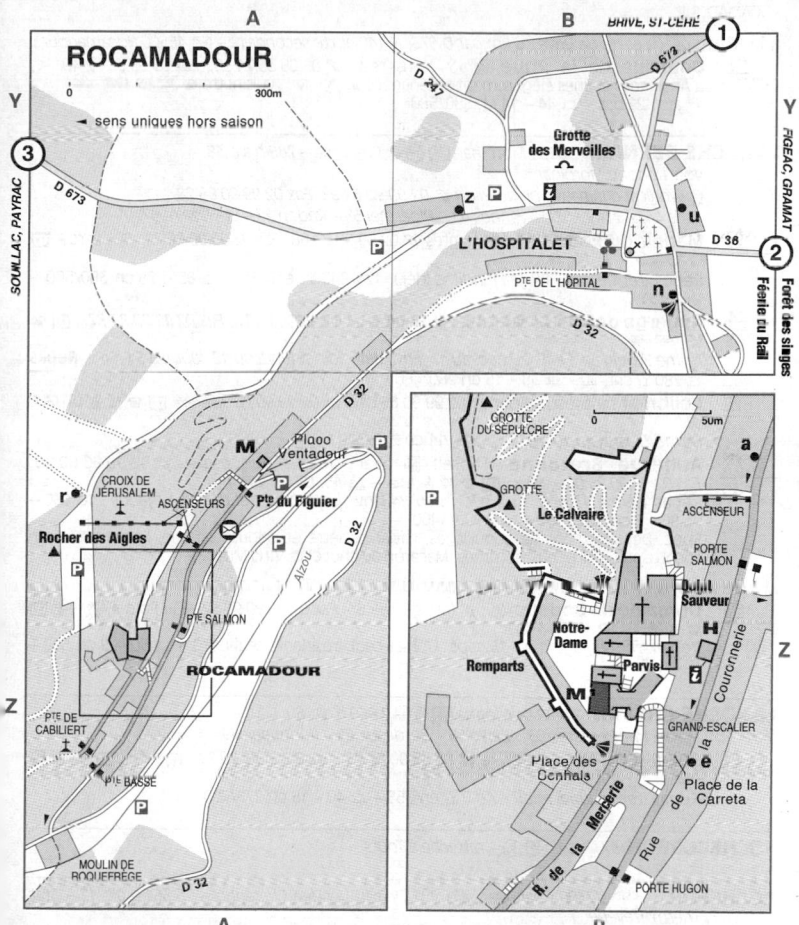

ROCAMADOUR

0 — 300m

← sens uniques hors saison

🏨 **Belvédère,** à l'Hospitalet 🖉 05 65 33 63 25, *Fax 05 65 33 69 25,* ≤ site de Rocamadour, 🍴 – 📺 ☎ 🅿. 🖭 ⓪ ⅁⅁
                                                                  BY **n**
1er avril-2 nov. – **Repas** 72 (déj.), 82/240 ♀, enf. 50 – ☲ 38 – **18 ch** 260/375 – 1/2 P 270/300

🏨 **Panoramic,** à l'Hospitalet 🖉 05 65 33 63 06, *Fax 05 65 33 69 26,* ≤, 🍴, ♨, ☞ – 📺 ☎ 🅿. 🖭 ⓪ ⅁⅁ ⅉ⅃⅁
                                                              BY **z**
6 fév.-3 nov. et fermé vend. sauf vacances scolaires – **Repas** (dîner seul.) 78/210 ♀, enf. 50 – ☲ 40 – **20 ch** 310/340 – 1/2 P 320/340

rte de Payrac par ③, 4 km par D 673 et rte secondaire – ⊠ 46500 Rocamadour :

🏨 **Les Vieilles Tours** ⑊, 🖉 05 65 33 68 01, *Fax 05 65 33 68 59,* ≤, 🍴, parc, « Demeure ancienne, fauconnier du 13e siècle », ♨ – 📺 ☎ ✆ 🅿. 🖭 ⅁⅁ ⅉ⅃⅁
1er avril-13 nov. – **Repas** (fermé le midi sauf dim. et fêtes) 125/200, enf. 56 – ☲ 55 – **17 ch** 300/480 – 1/2 P 350/440

rte de Brive par ①, 2,5 km par D 673 – ⊠ 46500 Rocamadour :

🏨 **Troubadour** ⑊, 🖉 05 65 33 70 27, *Fax 05 65 33 71 99,* ≤, 🍴, ♨, ☞ – 🍽 rest, 📺 ☎ ✆ 🅿. 🖭 ⓪ ⅁⅁
15 fév.-15 nov. – **Repas** (dîner seul.)(résidents seul.) 130/170, enf. 55 – ☲ 50 – **10 ch** 360/450 – 1/2 P 320/450

à la Rhue *par ① et rte de Brive : 6 km par D 673, N 140 et rte secondaire –* ⊠ *46500 Rocamadour :*

🏨 **Domaine de la Rhue** Ⓜ ॐ sans rest, ℘ 05 65 33 71 50, Fax 05 65 33 72 48, ≤, « Anciennes écuries élégamment aménagées », ⊼, 🐎 – cuisinette ☎ 🅿. ⓞ ⓖⓑ. ॐ 1ᵉʳ avril-22 oct. – ☑ 44 – **14 ch** 380/580

La ROCHE-BERNARD 56130 Morbihan 🅖🅘 ⑭ G. Bretagne – 766 h alt. 38.

Voir Pont du Morbihan★.

🪧 Syndicat d'Initiative pl. du Pilori ℘ 02 99 90 67 98, Fax 02 99 90 88 28.
Paris 447 – Nantes 71 – Vannes 41 – Ploërmel 55 – Redon 27 – St-Nazaire 37.

🏨 **Manoir du Rodoir** Ⓜ, rte Nantes ℘ 02 99 90 82 68, Fax 02 99 90 76 22, 🌐, parc – 📺 ☎ ❤ ❹ 🅿. – 🕹 80. ⓖⓑ
Repas (fermé dim. soir et lundi) 95 (déj.), 125/240 ⅊, enf. 60 – ☑ 65 – **26 ch** 380/500 – ½ P 400

🏨 **Auberge des Deux Magots**, pl. Bouffay ℘ 02 99 90 60 75, Fax 02 99 90 87 87 – 📺 ☎ ❤. ॐ
fermé 26 juin au 3 juil., 20 déc. au 15 janv., dim. soir et lundi du 15 sept. au 31 juin – **Repas** 85/280 ⅊, enf. 50 – ☑ 35 – **15 ch** 280/480

🏠 **Colibri** Ⓜ sans rest, r. Four ℘ 02 99 90 66 01, Fax 02 99 90 75 94 – ᨞ 📺 ☎ ❤ ❹ 🅿. ⓖⓑ. ॐ
fermé 28 janv. au 10 fév. – ☑ 34 – **11 ch** 210/320

🏮🏮🏮🏮 **Auberge Bretonne** (Thorel) Ⓜ avec ch, pl. Duguesclin ℘ 02 99 90 60 28, ❀❀ Fax 02 99 90 85 00 – 🛐 ᨞ 📺 ☎ ❤ ❹ – 🕹 15. 🖭 ⓞ ⓖⓑ 🅹🅲🅱
Repas (fermé 13 nov. au 2 déc., 4 au 24 janv., lundi midi, vend. midi et jeudi) 210/630 – ☑ 90 – **8 ch** 900/1500 – ½ P 900/1400
Spéc. Délicate gelée de coquillages, caviar osciètre et velouté safrané. Homard cuit en cocotte au tilleul et aux pommes. Macaron au chocolat. Vins Muscadet

rte de Redon Est : 6 km par D 34 et rte secondaire – ⊠ 56130 La Roche-Bernard :

🏨 **Domaine de Bodeuc** ॐ, ℘ 02 99 90 89 63, Fax 02 99 90 90 32, ≤, « Parc », ⊼ – 🛐 📺 ☎ ❤ 🅿. 🖭 ⓞ ⓖⓑ. ॐ rest
Repas (fermé 15 juin au 15 sept.) (dîner seul.)(résidents seul.) 170 – ☑ 50 – **8 ch** 590 – ½ P 465

La ROCHE-CHALAIS 24490 Dordogne 🅗🅕 ③ – 2 860 h alt. 60.

Paris 514 – Bergerac 63 – Blaye 65 – Bordeaux 66 – Périgueux 69.

🏨 **Soleil d'Or**, 14 r. Apre Côte ℘ 05 53 90 86 71, Fax 05 53 90 28 21, 🌐 – ᨞ 📺 ☎ ❤ ❹ 🅿. ⓖⓑ
Repas (fermé lundi midi) 75/240 ⅊, enf. 55 – ☑ 40 – **15 ch** 275/400

ROCHECORBON 37 I.-et-L. 🅖🅘 ⑮ – rattaché à Tours.

ROCHEFORT ⬨ 17300 Char.-Mar. 🅗🅘 ⑬ G. Poitou Vendée Charentes – 25 561 h alt. 12 – Stat. therm. (fév.-déc.).

Voir Corderie royale★★ – Maison de Loti★ AZ B – Musée d'Art et d'Histoire★ AZ M¹ – Les Métiers de Mercure★ (musée) BZ D – Echillais : façade★ de l'église 4,5 km par ②.
Env. Croix hosannière★ de Moëze SO : 12 km.
Accès Pont de Martrou. Péage en 1999 : auto 25 F (AR 40 F), voiture et caravane 45 F (AR 70 F), P.L. 50 à 65 F (AR 80 à 110 F).
🪧 Office de Tourisme av. Sadi-Carnot ℘ 05 46 99 08 60, Fax 05 46 99 52 64 Annexe (été) : Porte de l'Arsenal.
Paris 471 ① – La Rochelle 39 ③ – Royan 40 ② – Limoges 193 ① – Niort 62 ① – Saintes 45 ③.

Plan page ci-contre

🏨 **Corderie Royale** Ⓜ ॐ, r. Audebert (près Corderie Royale) ℘ 05 46 99 35 35, Fax 05 46 99 78 72, ≤, 🌐, « Ancienne artillerie royale au bord de la Charente », 🎠, ⊼, 🐎 – 🛐, 🍴 rest, 📺 ☎ ❤ ❹ 🅿. – 🕹 40 à 150. 🖭 ⓞ ⓖⓑ 🅹🅲🅱   BY h
fermé dim. soir et lundi de nov. à Pâques – **Repas** 100 (déj.), 150/320, enf. 120 – ☑ 60 – **50 ch** 495/980, 3 appart – ½ P 485

🏨 **Les Remparts**, 43 r. C. Pelletan (aux Thermes) ℘ 05 46 87 12 44, Fax 05 46 83 92 62, 🌐 – 🛐 📺 ❤ – 🕹 30. ⓖⓑ. ॐ rest   BY s
Repas 75 bc/105 ⅊, enf. 38 – ☑ 38 – **73 ch** 365 – ½ P 340

🏨 **Paris**, 27 av. La Fayette ℘ 05 46 99 33 11, Fax 05 46 99 77 34 – 🛐, 🍴 rest, 📺 ☎ ❤ – 🕹 45. ⓖⓑ   AZ d
fermé 17 déc. au 10 janv. – **Repas** (fermé vend. soir de mars à mai et d'oct. à fév. et dim.) (100) - 129/210 ⅊, enf. 60 – ☑ 37 – **38 ch** 260/360 – ½ P 310/320

ROCHEFORT

Donnez-nous votre avis sur les tables que nous recommandons,
sur leurs spécialités et leurs vins de pays.

🏛 **Ibis** M, 1 r. Bégon ℰ 05 46 99 31 31, *Fax 05 46 87 24 09* – 📶 ⇔ ▤ 📺 ☎ ✇ 🔥 **P.** 🖭 ⑩
GB. 🛠 rest   BY **n**
Repas *(75)* - 95 ⅃, enf. 39 – 🖵 35 – **44 ch** 315/350

XXX **L'Escale de Bougainville**, quai Louisiane (port de plaisance) ℰ 05 46 99 54 99,
Fax 05 46 99 54 99, ≼, 🌤 – ▤. GB   BY **k**
fermé 10 au 31 janv., dim. soir et lundi – **Repas** 98 (déj.), 160/230 bc et carte 310 à 440

XX **Tourne-Broche**, 56 av. Ch. de Gaulle ℰ 05 46 99 20 19, *Fax 05 46 99 72 06* – 🖭 GB. 🛠
fermé 1er au 21 janv., mardi midi, dim. soir et lundi – **Repas** 110/230   AZ **e**

par ② : 3 km rte de Royan avant pont de Martrou – ✉ *17300 Rochefort* :

🏛 **Belle Poule**, ℰ 05 46 99 71 87, *Fax 05 46 83 99 77*, 🌤, 🌿 – **P.** ☎ ✇ 🔥 **P.** 🖭 ⑩ GB
fermé 1er au 14 nov., dim. soir et vend. hors saison – **Repas** 110/180, enf. 48 – 🖵 35 – **20 ch**
280/305 – ½ P 285

ROCHEFORT-EN-TERRE *56220 Morbihan* 63 ④ *G. Bretagne* – *645 h alt. 40.*
    Voir *Site★ – Maisons anciennes★*.
    🛈 *Syndicat d'Initiative pl. des Halles* ℰ 02 97 43 33 57, *Fax 02 97 43 33 57.*
    Paris 425 – Ploërmel 34 – Redon 25 – Rennes 82 – La Roche-Bernard 26 – Vannes 35.

XX **Hostellerie du Lion d'Or**, ℰ 02 97 43 32 80, *Fax 02 97 43 30 12*, « Maison du
🍴 16e siècle » – GB
fermé 22 au 30 nov., 20 janv. au 3 fév., merc. (sauf juil.-août) et mardi soir – **Repas** 85/260 ⅃,
enf. 58

Les plans de villes
sont orientés le Nord en haut.

ROCHEFORT-EN-YVELINES *78730 Yvelines* 60 ⑨, 106 ④ *G. Ile de France* – *783 h alt. 140.*
    Voir *Site★ – Vaisseau★ de l'église de St-Arnoult-en-Yvelines SO : 3,5 km.*
    Paris 51 – Chartres 43 – Dourdan 9 – Étampes 26 – Rambouillet 15 – Versailles 48.

XX **Brazoucade**, 51 r. Guy le Rouge ℰ 01 30 41 49 09, *Fax 01 30 88 41 55* – ▤ **P.** GB
    Repas 110/210 ⅃

XX **Escu de Rohan**, 15 r. Guy le Rouge ℰ 01 30 41 31 33, *Fax 01 30 41 47 52* – GB
    fermé dim. soir et lundi – **Repas** 110 (déj.), 185/250 ⅃

ROCHEFORT-SUR-NENON *39 Jura* 66 ⑭ – *rattaché à Dôle.*

La ROCHEFOUCAULD *16110 Charente* 72 ⑭ *G. Poitou Vendée Charentes* – *3 448 h alt. 75.*
    Voir *Château★*.
    🛈 *Office de Tourisme 1 r. des Tanneurs* ℰ 05 45 63 07 45.
    Paris 445 – Angoulême 21 – Confolens 43 – Limoges 82 – Nontron 37 – Ruffec 40.

🏛 **L'Auberivières**, rte Mansle ℰ 05 45 63 10 10, *Fax 05 45 63 02 60* – ▤ rest, 📺 ☎ ✇ **P.** 🖭
🍴 GB. 🛠 ch
fermé 1er au 15 août, 25 déc. au 1er janv. et dim. – **Repas** 68/155 ⅃ – 🖵 32 – **10 ch** 195/250
– ½ P 181/193

🏛 **Vieille Auberge de la Carpe d'Or**, ℰ 05 45 62 02 72, *Fax 05 45 63 01 88* – 📺 ☎ ✇ 🔥
🍴 **P.** – 🏛 80. 🖭 GB
Repas 68/180 ⅃, enf. 40 – 🖵 30 – **25 ch** 220/295 – ½ P 195/240

ROCHEGUDE *26790 Drôme* 81 ② – *1 053 h alt. 121.*
    Paris 645 – Avignon 47 – Bollène 8 – Carpentras 34 – Nyons 31 – Orange 16.

🏯 **Château de Rochegude** 🦢, ℰ 04 75 97 21 10, *Fax 04 75 04 89 87*, ≼, 🌤, parc, ⅃,
🛠 – 📶 📺 ☎ ✇ **P.** – 🏛 25. 🖭 ⑩ GB JCB
fermé mardi midi, dim. soir et lundi hors saison – **Repas** 250/550 ⅃ – 🖵 100 – **26 ch**
1350/2000, 3 appart

La ROCHE-L'ABEILLE *87 H.-Vienne* 72 ⑰ – *rattaché à St-Yrieix-la-Perche.*

ROCHE-LEZ-BEAUPRÉ *25 Doubs* 66 ⑮ – *rattaché à Besançon.*

La Rochelle ℗ 17000 Char.-Mar. 🗓 ⑫ G. Poitou Vendée Charentes – 71 094 h Agglo. 100 264 h alt. 1 – Casino AX.

Voir Vieux Port★★ : tour St-Nicolas★, ※★★ de la tour de la Lanterne★, plan-relief★ dans la tour de la Chaîne – Le quartier ancien★★ : Hôtel de Ville★ CDZ H, Hôtel de la Bourse★ CZ C, Porte de la Grosse Horloge CZ N Port des Minimes : aquarium★ AX – Parc Charruyer★ – Musées : Muséum d'Histoire naturelle★★ DY, Nouveau Monde★ CDY M', Beaux-Arts★ CDY M² – d'Orbigny Bernon★ (histoire rochelaise et céramique) CY M⁸, maritime★ (Neptunéa) CDZ M¹⁵ – Automates★ (place de Montmartre★★) CZ M¹.

Accès à l'Ile de Ré par le pont par ④. Péage en 1999 : auto (AR) 110 F (saison) 60 F (hors saison), auto et caravane 180 F (saison), 100 F (hors saison), camion 120 à 300 F, moto 15 F, gratuit pour piétons et vélos..

Renseignements par Régie d'Exploitation des Ponts : ℘ 05 46 00 51 10, Fax 05 46 43 04 71.
✈ de la Rochelle-Laleu : T.A.T. Air Liberté ℘ 05 46 42 18 27 NO : 4,5 km V. 🛈 Office de Tourisme quartier du Gabut, pl. de la Petite-Sirène ℘ 05 46 41 14 68, Fax 05 46 41 99 85.
Paris 471 ① – Angoulême 145 ② – Bordeaux 186 ③ – Nantes 135 ① – Niort 66 ①.

🏨🏨 **France-Angleterre et Champlain** sans rest, 20 r. Rambaud ℘ 05 46 41 23 99, Fax 05 46 41 15 19, « Ancien hôtel particulier avec agréable jardin », 🌳 – 🛗 🖭 📺 ☎ ⚑ ⬚ – 🛎 40. ℀ ⑩ ☞ – ☑ 55 – **36 ch** 320/580, 4 appart CY b

🏨🏨 **Monnaie** Ⓜ 🌿 sans rest, 3 r. Monnaie ℘ 05 46 50 65 65, Fax 05 46 50 63 19, « Ancienne demeure du 17ᵉ siècle » – 🛗 🖭 📺 ☎ ⚒ ⟷ – 🛎 25. ℀ ⑩ ☞ ☑ 58 – **31 ch** 480/630, 4 appart CZ z

🏨🏨 **Novotel** Ⓜ 🌿, av. Porte Neuve ℘ 05 46 34 24 24, Fax 05 46 34 58 52, 🌳, 🏊 – 🛗 ✳ 🖭 📺 ☎ ⚒ 🅿 – 🛎 à 120. ℀ ⑩ ☞ CY t
Repas (79) - 97/115 bc ♓, enf. 55 – ☑ 57 – **94 ch** 520/670

🏨🏨 **Les Brises** 🌿 sans rest, chemin digue Richelieu (av. P. Vincent) ℘ 05 46 43 89 37, Fax 05 46 43 27 97, ≤ les îles, « Terrasse en bordure de mer » – 🛗 📺 ☎ ⟷ 🅿. ℀ ⑩ ☞ ☑ 55 – **46 ch** 435/645 AX q

🏨🏨 **Relais Mercure Océanide** Ⓜ, quai L. Prunier ℘ 05 46 50 61 50, Fax 05 46 41 24 31, ≤ – 🛗 ⍾ 📺 , 🖭 ch, 📺 ☎ ⚒ 🕴 🅿 – 🛎 15 à 120. ℀ ⑩ ☞ DZ e
Repas (75) - 100 ♓, enf. 46 – ☑ 52 – **123 ch** 460/560

🏨🏨 **Mercure** sans rest (rest. prévu en mai), 23 quai Valin ℘ 05 46 41 20 68, Fax 05 46 41 81 24, 🏊 – 🛗 ✳ 🖭 📺 ☎ ⚒ – 🛎 80. ℀ ⑩ ☞ DZ r
☑ 55 – **44 ch** 500/900

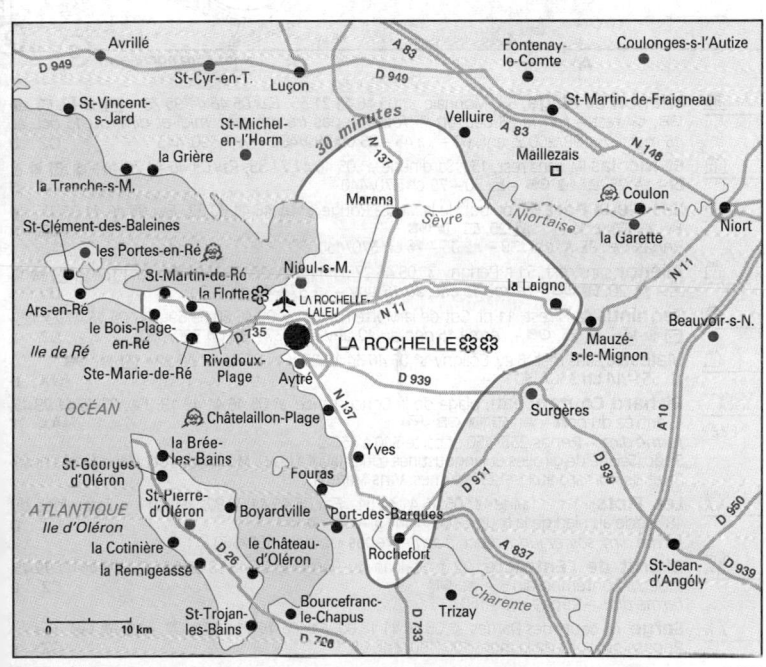

LA ROCHELLE

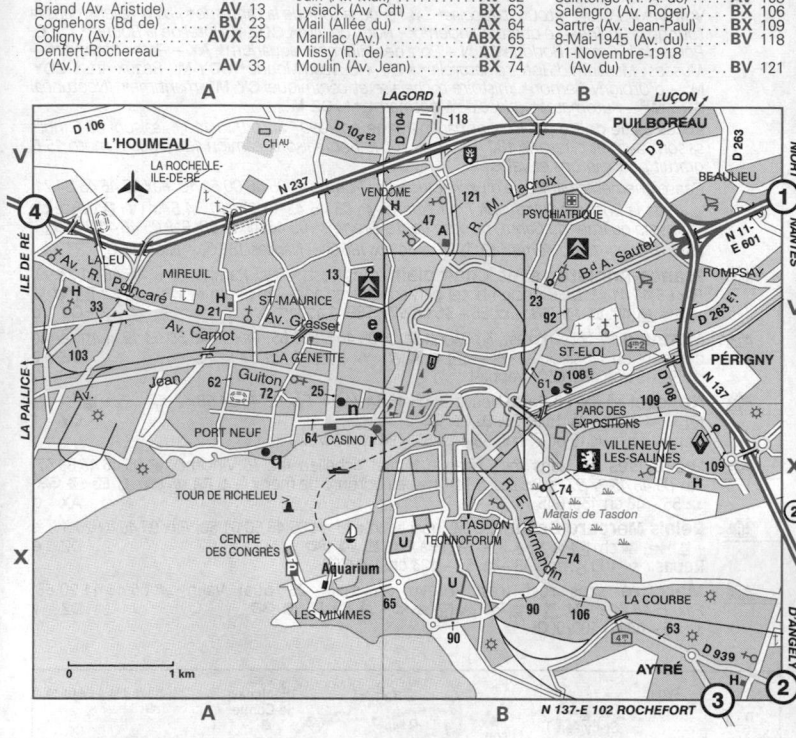

🏨 **Trianon et Plage**, 6 r. Monnaie 𝒫 05 46 41 21 35, Fax 05 46 41 95 78 – 📺 ☎ 🅿. 🆎 ⓪ GB, ✻ rest – fermé 23 déc. au 1er fév. – **Repas** (fermé sam. midi et dim. du 15 oct. au 15 mars) (70) - 98/200 ⌾, enf. 60 – ⌷ 45 – **25 ch** 380/480 – ½ P 390/445   CZ **b**

🏨 **St-Nicolas** M sans rest, 13 r. Sardinerie 𝒫 05 46 41 71 55, Fax 05 46 41 70 46 – 🛗 📺 ☎ 🅿 – 🔬 25. 🆎 ⓪ GB – ⌷ 50 – **79 ch** 370/440   Z **d**

🏨 **Ibis Vieux Port** M, pl. Cdt de la Motte Rouge 𝒫 05 46 41 60 22, Fax 05 46 41 93 47 – 🛗 ✻ ☰ 📺 ☎ 📹 & – 🔬 25. 🆎 ⓪ GB
Repas (75) - 95 ⌾, enf. 39 – ⌷ 37 – **76 ch** 370/430   DZ **n**

🏨 **Aliénor** sans rest, 51 r. Perigny 𝒫 05 46 27 31 31, Fax 05 46 27 09 34, 🖁, 🖼 – 🛗 📺 ☎ ✆ 🅿 – 🔬 20. 🆎 GB – fermé 15 déc. au 15 janv. – ⌷ 37 – **40 ch** 370   BV **s**

🏨 **Terminus** sans rest, 11 pl. Cdt de la Motte Rouge 𝒫 05 46 50 69 69, Fax 05 46 41 73 12 – 📺 ☎ ✆ – 🔬 25. GB – fermé 15 déc. au 10 janv. – ⌷ 37 – **30 ch** 320/360   DZ **x**

🏨 **Majestic** sans rest, 6 av. Coligny 𝒫 05 46 34 10 23, Fax 05 46 67 38 92 – 📺 ☎. GB
⌷ 35 – **14 ch** 330/430   AVX **n**

XXXX **Richard Coutanceau**, plage de la Concurrence 𝒫 05 46 41 48 19, Fax 05 46 41 99 45,
❀❀ < entrée du port – ☰. 🆎 ⌷ GB 🇯🇨🇧   AX **r**
fermé dim. – **Repas** 235/450 et carte 340 à 430 ⌾
Spéc. Salade de girolles et langoustines rôties (avril à nov.). Mouclade rochelaise (mai à nov.). Civet de homard aux petits légumes. **Vins** Mareuil.

XX **Les Flots**, 1 r. Chaîne 𝒫 05 46 41 32 51, Fax 05 46 41 90 80, <, 🍴, « Estaminet du 18e siècle au pied de la tour de la Chaîne » – ☰. ⓪ GB
fermé dim. soir et lundi d'oct. à avril – **Repas** 135 (déj.), 195/360 ⌾   CZ **g**

XX **Bistrot de l'Entracte**, 22 r. St-Jean-du-Pérot 𝒫 05 46 50 62 60, Fax 05 46 41 99 45,
« Décor contemporain » – ☰. GB   CZ **a**
fermé dim. – **Repas** (110) - 160

XX **Serge**, 46 cours des Dames 𝒫 05 46 41 18 80, Fax 05 46 41 95 76, 🍴 – 🆎 ⓪ GB 🇯🇨🇧
Repas - produits de la mer - 100/190, enf. 68   CZ **s**

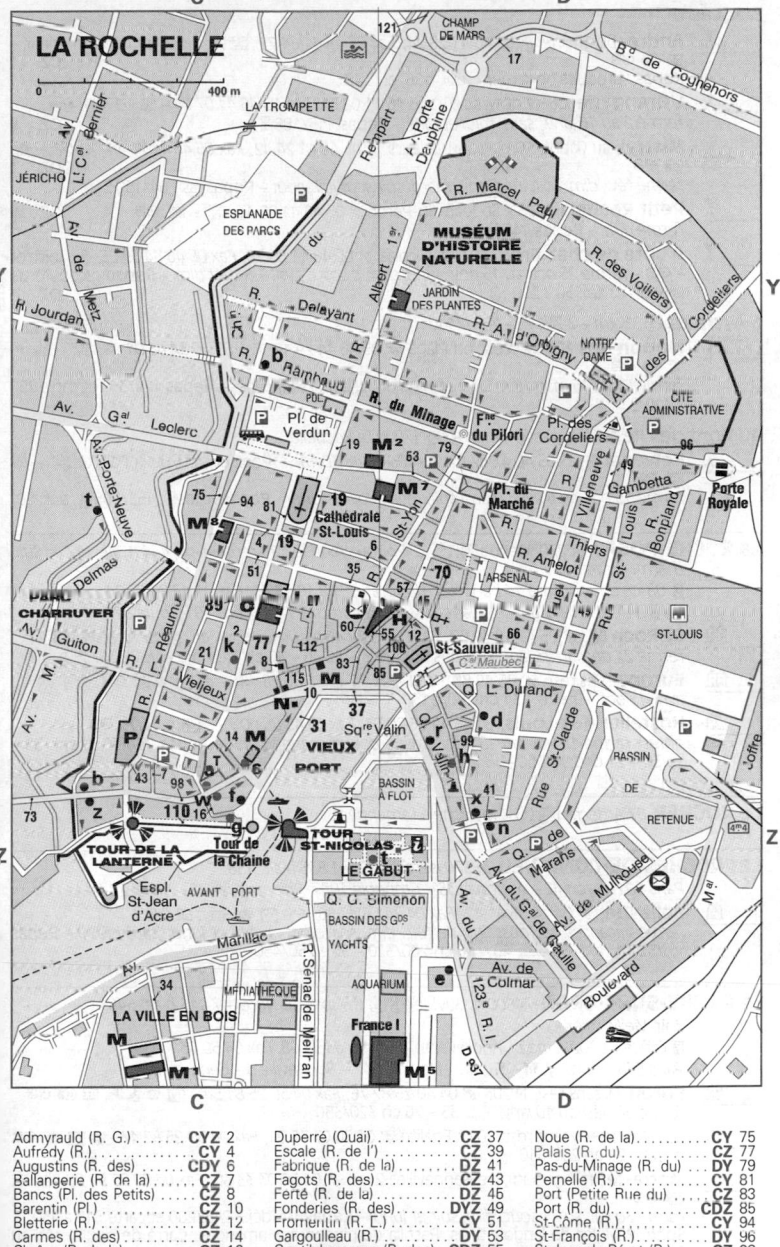

LA ROCHELLE

※ **André**, pl. Chaîne ✆ 05 46 41 28 24, Fax 05 46 41 64 22, 🌦, « Salles au décor marin » –
🆎 ⓞ ☯️   CZ   f
Repas - produits de la mer - *(122)* -156, enf. 48

※ **L'Orangerie**, 26 r. Admyrault ✆ 05 46 41 08 31, Fax 05 46 41 07 24 – 🆎 ⓞ ☯️ ᴶᶜᴮ
fermé 2 au 16 janv., sam. midi et dim. – **Repas** 115/188 ♀   CZ   k

※ **Mistral**, au Gabut, 10 pl. Coureauleurs ✆ 05 46 41 24 42, Fax 05 46 41 76 14, ≤, 🌦 – 🔳.
☯️ ☯️   CDZ   t
fermé fév., dim. soir, lundi soir, mardi soir sauf juil.-août – **Repas** *(55)* - 64/150 ♀

※ **Petit Rochelais**, 25 r. St-Jean-du-Pérot ✆ 05 46 41 28 43, 🌦 – 🔳. ☯️   CZ   w
fermé dim. – **Repas** 145 ♀

※ **A Côté de chez Fred**, 30 r. St-Nicolas ✆ 05 46 41 65 76, Fax 05 46 34 59 25, 🌦, bistrot
– ☯️ – fermé 25 oct. au 15 nov., lundi sauf le soir d'avril à oct. et dim. – **Repas** - produits de
la mer - carte 150 à 220   DZ   h

à Aytré *par ③ : 5 km – 7 786 h. – ⊠ 17440 :*

XXX **Maison des Mouettes**, bd Plage ✆ 05 46 44 29 12, Fax 05 46 34 66 01, ≤, 🌦 – 🔳 🅿.
🆎 ⓞ ☯️
fermé 1ᵉʳ au 15 mars, dim. soir et lundi d'oct. à mai sauf fériés – **Repas** 129/340 et carte 250
à 420 ♀

au Pont de l'île de Ré *par ④ : 7 km – ⊠ 17000 La Rochelle :*

※ **Belvédère**, ✆ 05 46 42 62 62, Fax 05 46 43 30 16, ≤ Pont et port de la Pallice, 🌦 – 🆎
ⓞ ☯️
fermé 15 oct. au 8 avril, mardi soir, merc. soir et lundi – **Repas** 70 (déj.), 155/205 &, enf. 50

La ROCHE-POSAY 86270 Vienne 🔟🔢 ⑤ G. Poitou Vendée Charentes – 1 444 h alt. 112 – Stat.
therm. – Casino.
🄱 Office de Tourisme 14 bd Victor-Hugo ✆ 05 49 19 13 00, Fax 05 49 86 27 94.
Paris 316 – Poitiers 62 – Le Blanc 29 – Châteauroux 77 – Loches 49 – Tours 82.

🏨 **St-Roch** 🅼, ✆ 05 49 19 49 00, Fax 05 49 19 49 19, 🌧, 🌦 – |🛗|, 🔳 ch, 🔳 🕿 ℅ & 🅿. ☯️
fermé 24 déc. au 23 janv. – **Repas** 90/120 ♀ – 🖴 36 – **36 ch** 320/465 – ½ P 335/350

🏨 **Europe** sans rest, ✆ 05 49 86 21 81, Fax 05 49 86 66 28, 🌧 – |🛗| 🔳 🕿 🅿. ☯️
avril-15 oct. – 🖴 28 – **31 ch** 190/215

🏠 **Hostellerie St-Louis**, ✆ 05 49 86 20 54, Fax 05 49 86 00 79 – 🔳 🕿 ℅ 🅿. ☯️
☯️ hôtel : fermé 15 nov. au 15 déc. ; rest. : ouvert mars-15 nov. – **Repas** 73/150 ♀, enf. 39 –
🖴 30 – **21 ch** 280/300 – ½ P 250

Le ROCHER 07 Ardèche 🔢⓪ ⑧ – rattaché à Largentière.

Les ROCHES-DE-CONDRIEU 38370 Isère 🔟🔢 ⑪ – 1 836 h alt. 158.
Paris 501 – Lyon 42 – Annonay 35 – Grenoble 103 – Rive-de-Gier 22 – Vienne 14.

🏠 **Bellevue**, ✆ 04 74 56 41 42, Fax 04 74 56 47 56, ≤ – 🔳 🕿 🚗. 🆎 ☯️
fermé vacances de Toussaint, de fév., dim. soir d'oct. à avril et lundi (sauf hôtel) – **Repas**
100/320 &, enf. 50 – 🖴 40 – **16 ch** 200/320 – ½ P 250/450

La ROCHE-SUR-FORON 74800 H.-Savoie 🔟🔢 ⑥ G. Alpes du Nord – 7 116 h alt. 548.
Voir Vieille ville★★.
🄱 Office de Tourisme pl. Andrevetan ✆ 04 50 03 36 68, Fax 04 50 03 31 38.
Paris 556 – Annecy 34 – Thonon-les-Bains 42 – Bonneville 8 – Genève 25.

🏠 **Foron** 🅼 sans rest, N 203 ✆ 04 50 25 82 76, Fax 04 50 25 81 54 – 🔳 🕿 & 🅿. 🆎 ⓞ ☯️
fermé 20 déc. au 10 janv. – 🖴 35 – **26 ch** 320/350

🏠 **Les Afforets** sans rest, 101 r. Egalité ✆ 04 50 03 35 01, Fax 04 50 25 82 47 – |🛗| 🔳 🕿. ☯️
🖴 32 – **28 ch** 235/310

XXX **Marie-Jean** (Signoud), rte Bonneville : 2 km ✆ 04 50 03 33 30, Fax 04 50 25 99 98 – 🅿. 🆎
☯️ ☯️
🕸 fermé 30 juil. au 21 août, dim. soir et lundi – **Repas** 160 (déj.), 215/280 et carte 310 à 430
Spéc. Ravioles de langoustines. Pastilla de pigeon aux amandes. Carré de poulet rôti au
four aux fruits secs. **Vins** Roussette de Seyssel, Mondeuse d'Arbein.

à Arenthon *Nord-Est : 6 km par N 503 et D 19⁰ – 952 h. alt. 439 – ⊠ 74800 :*

※ **Auberge Savoyarde "La Rôtisserie"**, ✆ 04 50 25 57 16, Fax 04 50 25 58 97, 🌦 –
🆎 ☯️ – fermé 24 juil. au 10 août, 2 au 18 janv., dim. soir et lundi – **Repas** -cuisine sur braise
et à la broche - 90 (déj.), 155/260 ♀, enf. 80

La ROCHE-SUR-YON

📮 85000 Vendée **8**7 ⑬ ⑭ G. Poitou Vendée Charentes – 45 219 h alt. 75.

🛈 Office de Tourisme r. G.-Clemenceau ℘ 02 51 36 00 85, Fax 02 51 47 46 57.

Paris 417 ② – Cholet 67 ② – Nantes 67 ① – Niort 90 ③ – La Rochelle 76 ③.

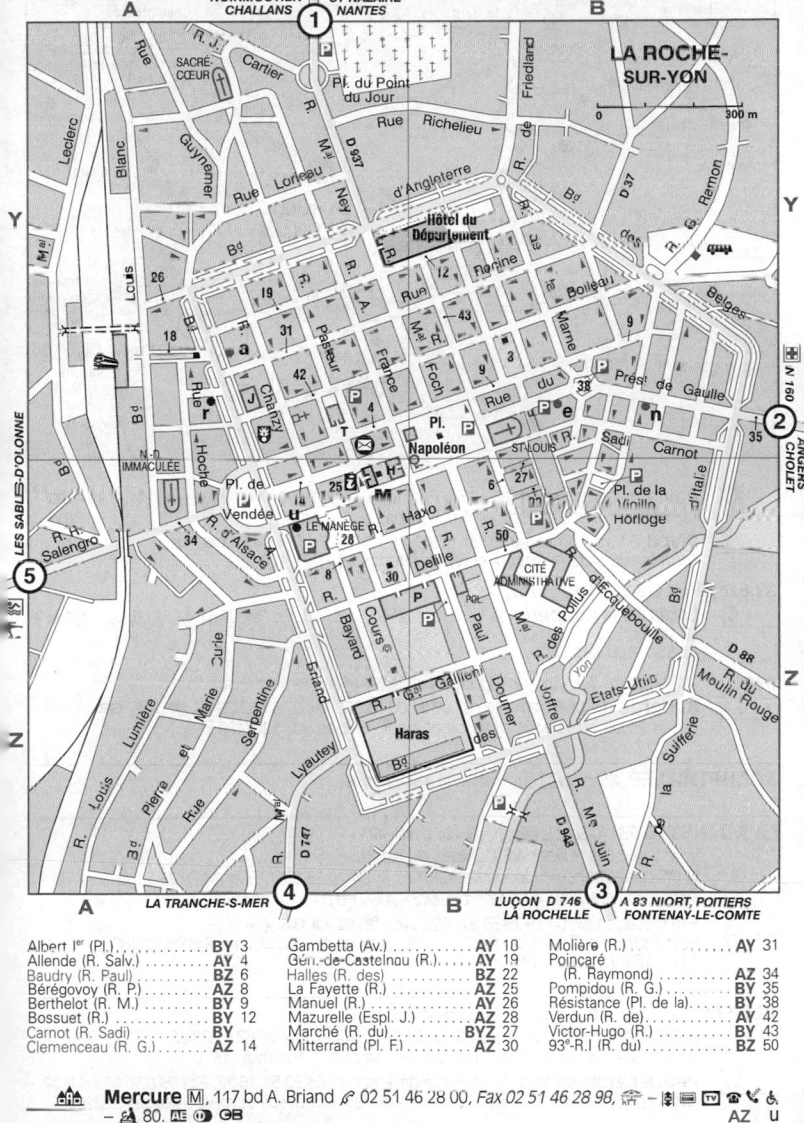

Albert Ier (Pl.) . . . . **BY** 3	Gambetta (Av.) . . . . **AY** 10	Molière (R.) . . . . **AY** 31
Allende (R. Salv.) . . . . **AY** 4	Gén.-de-Castelnau (R.). . . . **AY** 19	Poincaré
Baudry (R. Paul) . . . . **BZ** 6	Halles (R. des) . . . . **BZ** 22	(R. Raymond) . . . . **AZ** 34
Bérégovoy (R. P.) . . . . **AZ** 8	La Fayette (R.) . . . . **AZ** 25	Pompidou (R. G.) . . . . . . **BY** 35
Berthelot (R. M.) . . . . **BY** 9	Manuel (R.) . . . . **AY** 26	Résistance (Pl. de la). . . . . **BY** 38
Bossuet (R.) . . . . **BY** 12	Mazurelle (Espl. J.) . . . . . . **AZ** 28	Verdun (R. de). . . . . **AY** 42
Carnot (R. Sadi) . . . . **BY**	Marché (R. du). . . . . **BYZ** 27	Victor-Hugo (R.) . . . . **BY** 43
Clemenceau (R. G.) . . . . . **AZ** 14	Mitterrand (Pl. F.) . . . . **AZ** 30	93e-R.I (R. du) . . . . **BZ** 50

🏨🏨 **Mercure** Ⓜ, 117 bd A. Briand ℘ 02 51 46 28 00, Fax 02 51 46 28 98, ♔ – 🕸 🔲 📺 ☎ ✆ 🕭 ‹‹ – 🛏 80. 🆎 ⓪ ☒☒ **AZ u**
Repas 72 bc (déj.), 105/155 � – � 57 – **67 ch** 450/495

🏨 **Napoléon** sans rest, 50 bd A. Briand ℘ 02 51 05 33 56, Fax 02 51 62 01 69 – 🕸 📺 ☎ ✆ ‹‹ – 🛏 40. 🆎 ⓪ ☒☒ ⒿⒸⒷ **AY r**
fermé 24 déc. au 2 janv. – � 38 – **29 ch** 280/380

🍴🍴 **St-Charles**, 38 r. de Gaulle ℘ 02 51 47 71 37, Fax 02 51 44 96 07 – ▤. ☒☒ **BY e**
fermé août, sam. midi et dim. – **Repas** 98/205 �

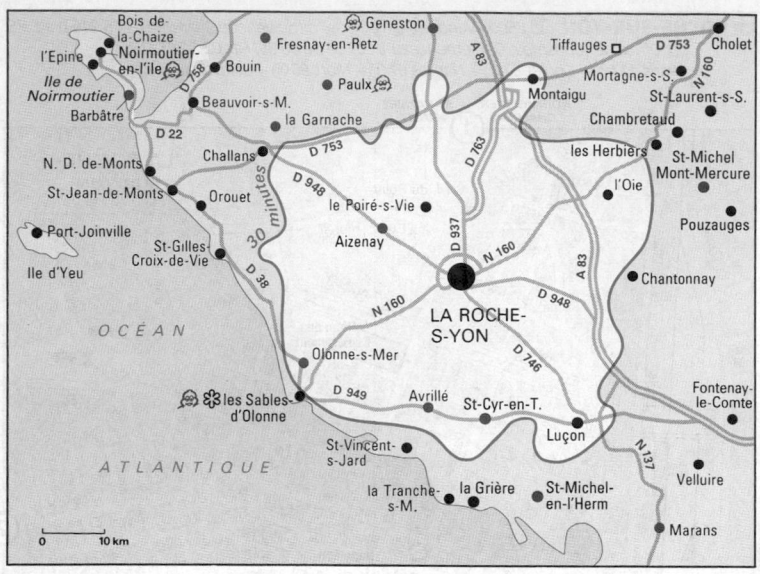

✗✗	**Pavillon Gourmand,** 85 r. Prés.de Gaulle ℰ 02 51 07 08 09, Fax 02 51 37 66 90 – **GB**	
	fermé sam. midi, lundi soir et dim. – **Repas** *(90)* - 120/260 ♀	BY n
✗	**Rivoli,** 31 bd A. Briand ℰ 02 51 37 43 41, Fax 02 51 37 43 41 – **GB**. ✻	AY a
	fermé août, sam. midi, dim. et fériés – **Repas** 98 (déj.), 120/189	

à l'Est *par ③, D 948 et D 80 : 5 km :*

🏠	**Logis de la Couperie** ॐ *sans rest,* ℰ 02 51 37 21 19, Fax 02 51 47 71 08, ✍ – **TV ☎ P.**
	AE GB. ✻
	⊆ 65 – **7 ch** 295/560

par ⑤ *et ancienne rte des Sables-d'Olonne : 4 km –* ✉ *85000 La Roche-sur-Yon :*

| ✗✗ | **Auberge de la Borderie,** ℰ 02 51 08 95 95, Fax 02 51 62 25 78, 🍽 – **P. GB** |
| | *fermé 25 juil. au 15 août, dim. soir et lundi* – **Repas** *(80)* - 120/180 ♀ |

ROCHETAILLÉE 42 Loire **76** ⑨ – *rattaché à St-Étienne.*

La ROCHETTE 73110 Savoie **74** ⑯ – *3 124 h alt. 360.*

Voir *Vallée des Huiles★ NE, G. Alpes du Nord.*

🚩 *Office de Tourisme Maison des Carmes* ℰ 04 79 25 53 12, Fax 04 79 25 53 12.

Paris 591 – *Grenoble 48 – Albertville 24 – Allevard 9 – Chambéry 29.*

✗	**Parc** avec ch, ℰ 04 79 25 53 37, 🍽, ✍ – **P. AE ① GB JCB**
🐌	*fermé sam. du 1ᵉʳ sept. au 15 déc. et dim. soir du 1ᵉʳ sept. à juin* – **Repas** 80/185 ♨ – ⊆ 34 –
	12 ch 160/210 – ½ P 225/240

RODEMACK 57570 Moselle **57** ④ – *771 h alt. 190.*

🚩 *Office de Tourisme pl. des Baillis* ℰ 03 82 51 25 50, Fax 03 82 51 29 85.

Paris 355 – *Longwy 47 – Luxembourg 19 – Metz 45 – Thionville 16.*

| ✗✗ | **Petite Carcassonne,** 12 pl. Porte de Sierck ℰ 03 82 51 26 22, Fax 03 82 51 26 44, 🍽 – |
| | **GB** – *fermé 21 août au 3 sept., vacances de fév., mardi soir et merc.* – **Repas** 153/208 ♀ |

RODEZ **P** 12000 Aveyron **80** ② *G. Midi-Pyrénées* – *24 701 h alt. 635.*

Voir *Clocher★★★ de la cathédrale N.-Dame★★ – Musée Fenaille★* BZ **M1.**

✈ *de Rodez-Marcillac : T.A.T.* ℰ 05 65 42 20 30, par ③ : 10 km.

🚩 *Office de Tourisme pl. Foch* ℰ 05 65 68 02 27, Fax 05 65 68 78 15.

Paris 632 ① – *Albi 81 ② – Aurillac 88 ① – Clermont-Ferrand 216 ①.*

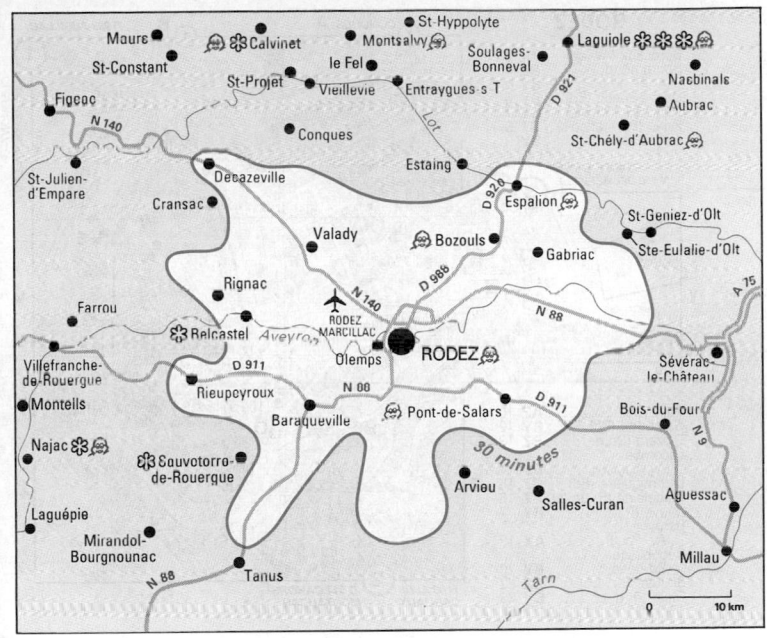

🏨🏨	**Tour Maje** sans rest, bd Gally ✆ 05 65 68 34 68, Fax 05 65 68 27 56 – 劇 📺 ☎ ❤ – 🅰 15. 🆎 ⓞ 😁 – ⊆ 45 – **41 ch** 320/480, 3 appart	BZ **s**
🏠	**Libertel** Ⓜ, 46 r. St-Cyrice ✆ 05 65 76 10 30, Fax 05 65 76 10 33, 🍴 – 劇 🌂 📺 ☎ ❤ 🅰 ⓞ 😁 **Repas** (fermé lundi midi et dim.) 70 bc (déj.), 98/195 ⊆ 45 – **45 ch** 309/335 – ½ P 245	BX **a**
🏠	**Midi**, 1 r. Béteille ✆ 05 65 68 02 07, Fax 05 65 68 66 93 – 劇, 🍽 rest, 📺 ☎ ❤ 🄵. 🅰 ⓞ 😁 fermé 23 déc. au 6 janv. – **Repas** (fermé dim. midi) 60 (déj.), 90/140 ⅌, enf. 45 – ⊆ 40 – **34 ch** 230/260 – ½ P 240/280	ABY **v**
🏠	**Biney** sans rest, r. Victoire-Massol ✆ 05 65 68 01 24, Fax 05 65 75 22 98 – 劇 📺 ☎ ❤. 😁 ⊆ 40 – **26 ch** 280/340	BY **k**
🏠	**Climat de France**, face gare (Nord par D 901 AX） ✆ 05 65 87 11 00, Fax 05 65 87 11 01 – 劇 📺 ☎ ❤ 🕭 – 🅰 20. 🅰 ⓞ 😁, ⨉ rest – **Repas** (fermé 24 déc. au 4 janv., dim. midi et sam.) (67 bc) - 91/139, enf. 39 – ⊆ 34 – **40 ch** 305/555 – ½ P 260	
✕✕	**Les Jardins de l'Acropolis**, à Bourran, par ③ : 1,5 km ✆ 05 65 68 40 07, Fax 05 65 60 40 67 😁 fermé 1ᵉʳ au 12 août, vacances de fév., dim. soir et lundi – **Repas** 80 (déj.), 100/250 🍴	
✕✕	**Goûts et Couleurs**, 38 r. Bonald ✆ 05 65 42 75 10, Fax 05 65 42 75 10, 🍴 – 🅰 ⓞ 😁 fermé 4 au 22 sept., 8 janv. au 3 fév., dim. et lundi – **Repas** 100 (déj.), 140/360 ⅌, enf. 50	BY **e**
✕✕	**St-Amans**, 12 r. Madeleine ✆ 05 65 68 03 18 – 🍽 😁 fermé 15 fév. au 15 mars, dim. soir et lundi **Repas** 100/280	BZ **v**
✕	**Kiosque**, av. V. Hugo (jardin public) ✆ 05 65 68 56 21, 🍴 – 😁 fermé dim. soir de sept. à avril **Repas** 90/219 🍴	AY **n**

rte d'Espalion par ① BX : 3 km – ✉ 12850 Onet-le-Château :

🏠	**Bastide**, rd-pt St-Marc ✆ 05 65 67 08 15, Fax 05 65 67 43 32 劇 📺 ☎ 🕭 🄵 – 🅰 120. 🅰 ⓞ 😁 – **Repas** (65) - 87/200 ⅌, enf. 40 – ⊆ 35 – **38 ch** 270/310 – ½ P 230	

rte d'Espalion par ① et D 988 : 12 km – ✉ 12630 Gages :

🏨🏨	**Causse Comtal** Ⓜ 🛏, ✆ 05 65 74 90 98, Fax 05 65 46 92 69, 🍴, 🎣, ⊐, 🌳, ⨉ – 📺 ☎ ❤ 🄵 – 🅰 80. 🅰 ⓞ 😁 – fermé janv., sam. et dim. de Toussaint à Pâques – **Repas** 155/240 🍴, enf. 60 – ⊆ 70 – **110 ch** 390	

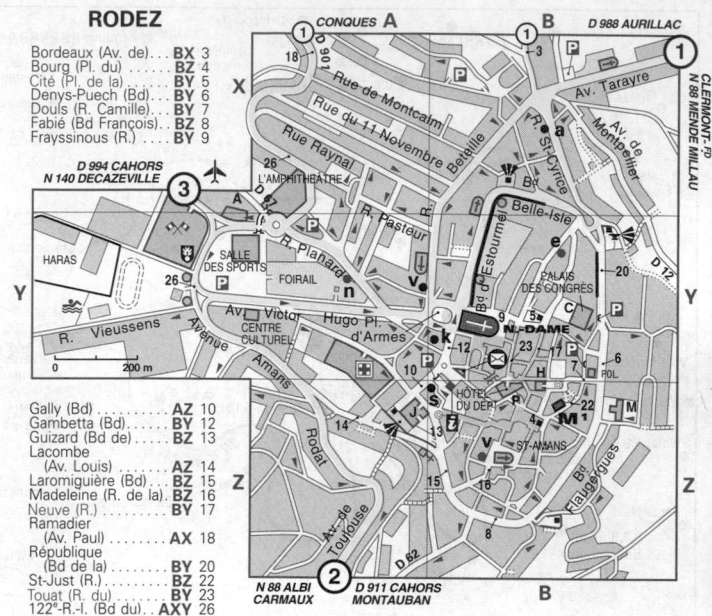

RODEZ

Bordeaux (Av. de)... **BX** 3
Bourg (Pl. du) ...... **BZ** 4
Cité (Pl. de la) ..... **BY** 5
Denys-Puech (Bd)... **BY** 6
Douls (R. Camille).... **BY** 7
Fabié (Bd François).. **BZ** 8
Frayssinous (R.) .... **BY** 9

Gally (Bd) .... **AZ** 10
Gambetta (Bd)...... **BY** 12
Guizard (Bd de) ..... **BZ** 13
Lacombe
(Av. Louis)....... **AZ** 14
Laromiguière (Bd)... **BZ** 15
Madeleine (R. de la). **BZ** 16
Neuve (R.) .... **BY** 17
Ramadier
(Av. Paul) .... **AX** 18
République
(Bd de la) .... **BY** 20
St-Just (R.) .... **BZ** 22
Touat (R. du) ...... **BY** 23
122ᵉ-R.-I. (Bd du).. **AXY** 26

à Olemps *Ouest par ② : 3 km – 3 032 h. alt. 580 –* ✉ *12510 :*

🏠🏠 **Les Peyrières** ⌖, ✆ 05 65 68 20 52, Fax 05 65 68 47 88, 🌧, ⚊, 📺 ☎ ✆ & 🅿 – 🔬 20.
🖭 ⬛ ✹ ch – **Repas** *(fermé dim. soir sauf juil.-août et lundi midi)* 100/300 🍷 – � 42 –
50 ch 300/420 – ½ P 300/330

rte de Conques *Nord, par ① et D 901* **AX** :

🏛🏛 **Hostellerie de Fontanges** ⌖, à 3,5 km ✆ 05 65 77 76 00, Fax 05 65 42 82 29, 🌧,
parc, « Demeure du 16ᵉ siècle », ⚊, ✗ – 📺 ☎ ✆ 🅿 – 🔬 100. 🖭 ⬛ 🖭 GB JCB
Repas *(fermé sam. midi et dim. soir du 15 oct. au 31 mars)* 98/230 ⌖, enf. 55 – ⊃ 40 – **42 ch**
320/420, 4 appart – ½ P 300/395

🏠 **Campanile**, rd-pt des Moutiers à 2 km ✆ 05 65 42 97 08, Fax 05 65 42 66 69, 🌧 – ⇺,
⬛ rest, 📺 ☎ & 🅿 – 🔬 20. 🖭 ⬛ 🖭 GB
Repas *(75)* - 88/103 ⌖, enf. 39 – ⊃ 36 – **46 ch** 315

ROGNES *13840 B.-du-R.* **84** ③ *G. Provence – 3 450 h alt. 311.*
Voir *Retables★ dans l'église.*
🛈 *Office de Tourisme 5 pl. de la Fontaine* ✆ *04 42 50 13 36, Mairie* ✆ *04 42 50 22 05.*
Paris 738 – Marseille 48 – Aix-en-Provence 19 – Cavaillon 41 – Manosque 54.

❌❌ **Les Olivarelles**, Nord-Ouest : 6 km par D 66 et rte secondaire ✆ 04 42 50 24 27,
Fax 04 42 50 17 99, 🌧, ☀ – 🅿. GB
 *fermé 1ᵉʳ au 15 mars, vacances de Toussaint, mardi, merc. et jeudi en hiver, dim. soir et
lundi –* **Repas** *(prévenir)* *(135)* - 175/300 ⌖, enf. 75

ROHAN *56580 Morbihan* **58** ⑲ *G. Bretagne – 1 604 h alt. 55.*
Paris 453 – Vannes 52 – Lorient 72 – Pontivy 17 – Quimperlé 88.

❌ **Eau d'Oust**, rte Loudéac ✆ 02 97 38 91 86, Fax 02 97 38 91 86, 🌧 – 🖭 GB
 fermé 20 mars au 3 avril, dim. soir et lundi – **Repas** *(en hiver, dîner sur réservation)* 90/250

ROISEY *42520 Loire* **76** ⑩ *– 626 h alt. 510.*
Paris 519 – St-Étienne 46 – Annonay 26 – Tournon-sur-Rhône 55 – Vienne 32.

❌❌ **Chanterelle**, Sagnemorte ✆ 04 74 87 47 27, Fax 04 74 87 47 27, ≤ chaîne montagneuse,
🌧, parc – 🅿. GB
 fermé janv., merc. et jeudi d'oct. à avril, lundi et mardi de mai à sept. – **Repas** 92/240 ⌖

ROISSY-EN-FRANCE 95 Val-d'Oise 📙📙 ⑪,, 📕📕 ⑧ – voir à Paris, Environs.

ROLLEBOISE 78270 Yvelines 📙📙 ⑱ – 461 h alt. 20.

Paris 64 – Rouen 72 – Dreux 42 – Mantes-la-Jolie 10 – Vernon 15 – Versailles 55.

🏰 **Château de la Corniche** ⤸, 𝄢 01 30 93 20 00, Fax 01 30 42 27 44, ≤ vallée de la Seine, 斎, ♨, ∜ – 🍽 📺 🕿 ♦ 🄿, 🅰 30, 🖭 ⑩ 🖼 🎫 fermé 20 déc. au 6 janv., lundi sauf le soir d'avril à oct. et dim. soir – **Repas** 160 (déj.), 220/360 ♀ – 😅 60 – **35 ch** 490/900 – ½ P 400/700

ROMAINVILLE 93 Seine-St-Denis 📙📙 ⑪,, 📕📕 ⑰ – voir à Paris, Environs.

ROMANÈCHE-THORINS 71570 S.-et-L. 📙 ① G. Vallée du Rhône – 1 710 h alt. 187.

Voir "Le Hameau du vin" ★ – Parc zoologique et d'attractions Touroparc★.
Paris 408 – Mâcon 16 – Chauffailles 49 – Lyon 58 – Villefranche-sur-Saône 24.

🏰 **Les Maritonnes**, près gare 𝄢 03 85 35 51 70, Fax 03 85 35 58 14, 斎, « Parc fleuri », ♨ – 🍽 ch, 📺 🕿 ♦ 🄿, 🅰 25, 🖭 ⑩ 🖼 fermé 20 déc. au 19 janv. – **Repas** 150 (déj.), 195/420 ♀, enf. 100 – 😅 65 – **20 ch** 430/570 – ½ P 620

ROMANS-SUR-ISÈRE 26100 Drôme 📙📙 ② G. Vallée du Rhône – 32 734 h alt. 162.

Voir Tentures★★ de l'église St-Barnard – Musée de la Chaussure★ M – Musée diocésain d'Art sacré★ à Mours-St-Eusèbe, 4 km par ①.
🛈 Office de Tourisme Le Neuilly pl. J.-Jaurès 𝄢 04 75 02 28 72, Fax 04 75 05 91 62.
Paris 561 ⑤ – Valence 21 ④ – Die 77 ④ – Grenoble 81 ② – St-Étienne 120 ⑤ – Vienne 72 ⑤.

Plan page suivante

🏢 **Primevère** Ⓜ, clos des Tanneurs 𝄢 04 75 05 10 20, Fax 04 75 05 67 67, 斎, ♨ – 🏍, 🍽 rest, 📺 🕿 ♦ 🄿 – 🅰 35, 🖭 ⑩ 🖼 🎫 AZ n
Repas (65) - 89/165 ♀, enf. 48 – 😅 37 – **32 ch** 320 – ½ P 260/280

🏢 **Cendrillon** sans rest, 9 pl. Carnot 𝄢 04 75 02 83 77, Fax 04 75 05 35 33 – 📺 🕿. 🖭 ⑩ 🖼 AZ s
fermé dim. d'oct. à mars – 😅 28 – **28 ch** 150/230

✕✕ **Parc**, 6 av. Gambetta par ② 𝄢 04 75 70 26 12, Fax 04 75 05 08 23, 斎, « Terrasse fleurie », ∜
fermé dim. soir et lundi – **Repas** 135/330

✕✕ **Fourchette**, 8 r. Solferino 𝄢 04 75 02 12 94, Fax 04 75 05 07 01, 斎, « Terrasse ombragée », 斎 – 🖼. ∜ CY d
fermé 13 au 20 juin, 25 sept. au 2 oct., vacances de fév., jeudi soir en hiver, dim. soir et lundi – **Repas** 100 (déj.), 140/280 ♀

✕✕ **Chevet de St-Barnard**, 1 pl. aux Herbes 𝄢 04 75 05 04 78, Fax 04 75 05 04 78 – 🖼 BY a
fermé 11 juil. au 2 août, dim. soir, mardi soir et merc. – **Repas** 85/240 ♀

✕ **Carillon**, 40 pl. Jacquemart 𝄢 04 75 02 29 91, Fax 04 75 72 13 04, 斎 – 🖭 ⑩ 🖼 BY n
Repas 80/180 ♀, enf. 45

à Bourg-de-Péage AZ – 9 248 h. alt. 151 – ⊠ 26300 :

🏰 **Don Angelo** Ⓜ, bd Alpes-Provence 𝄢 04 75 72 44 11, Fax 04 75 72 20 01, 斎, 🏋, ♨, 斎 – 🏍🍽 📺 🕿 ♦ 🦽 🄿 🅰 15 à 30. 🖭 🖼, ∜ rest AZ u
Repas (fermé dim. soir) 140 (déj.), 275/350 – **38 ch** 😅 540/840 – ½ P 470/605

à l'Est : par ② et N 92 : 4 km – ⊠ 26750 St-Paul-lès-Romans :

🏰 **Karene Hôtel** Ⓜ, 𝄢 04 75 05 12 50, Fax 04 75 05 25 17, 斎, ♨, 斎 – 📺 🕿 ♦ 🄿 🅰 15 à 30. 🖭 ⑩ 🖼 – fermé 20 déc. au 6 janv. et sam. de nov. à Pâques – **Repas** (fermé sam. et dim.) (dîner seul.) 100/140 ♀ – 😅 50 – **23 ch** 295/350 – ½ P 310

à Granges-lès-Beaumont par ⑤ : 6 km – 791 h. alt. 155 – ⊠ 26600 :

✕✕✕ **Les Cèdres** (Bertrand), 𝄢 04 75 71 50 67, Fax 04 75 71 64 39, 斎, ♨, 斎 – 🍽 🄿. 🖼
❀ fermé 21 août au 8 sept., 24 déc. au 4 janv., lundi et mardi – **Repas** (nombre de couverts limité, prévenir) 175 (déj.), 270/430 ♀
Spéc. Brochette de noix de Saint-Jacques grillées. Filet de rouget rôti, tomates confites, jus aux anchois et huile d'olive. Financier tiède aux framboises (été). **Vins** Hermitage blanc, Crozes-Hermitage rouge.

à St-Paul-lès-Romans par ② : 8 km – 1 401 h. alt. 171 – ⊠ 26750 :

✕✕✕ **Malle Poste**, 𝄢 04 75 45 35 43, Fax 04 75 71 40 48 – 🍽. 🖭 ⑩ 🖼
fermé 15 au 31 août, 1er au 15 janv., mardi midi, dim. soir et lundi – **Repas** (75) - 135 (déj.), 190/360

ROMANS-SUR-ISÈRE BOURG-DE-PÉAGE

Clerc (R. des) .... CY 4
Cordeliers (Côtes des) .... CY
Ecosserie (R. de l') .... BY 8
Faure (Pl. M.) .... BY
Fontaine-des-Cordeliers (R.) .. CY 10
Gailly (Pl. E.) ...... BY
Guillaume (R.) .... AZ 12
Herbes (Pl. aux) .. BY 14
Jacquemart (Côte) .... BY 15
Jacquemart (R.) .. AZ 16
Massenet (Pl.) ... CY 17
Mathieu-de-la-Drôme (R.)... CY 18
Merlin (R.) .... CY 20
Mouton (R. du) ... BY 22
Palestro (R.) ..... AZ 24
Perrot-de-Verdun (Pl.) .... BY 26
Sabaton (R.) ..... CY 28
Ste-Marie (R.) .... CY 29
Semard (R. P.) .... AZ 30
Trois-Carreaux (R.) .... CY 32
Victor-Hugo ...... AZ 34

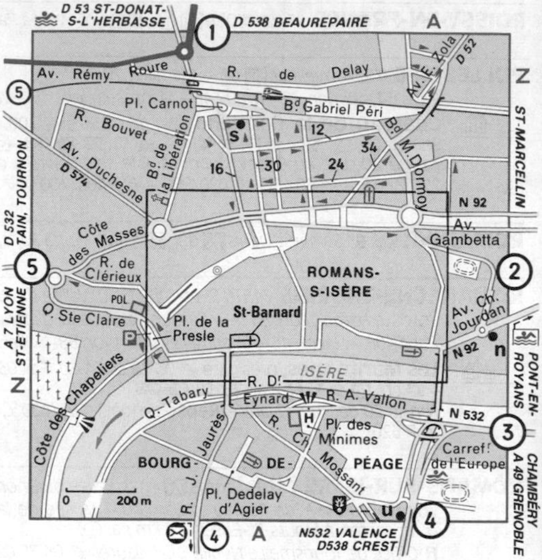

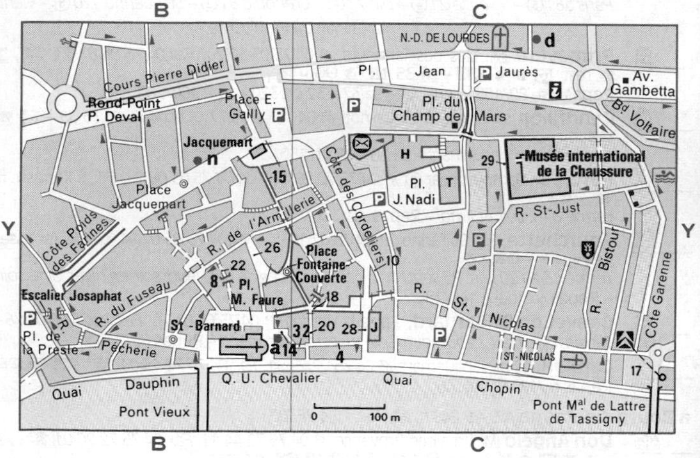

ROMANSWILLER *67 B.-Rhin* 87 ⑭ – *rattaché à Wasselonne.*

ROMILLY-SUR-SEINE *10100 Aube* 61 ⑤ – *15 557 h alt. 76.*

Paris 125 – Troyes 40 – Châlons-en-Champagne 83 – Nogent-sur-Seine 18 – Sens 61.

Auberge de Nicey M, 24 r. Carnot ✆ 03 25 24 10 07, *Fax 03 25 24 47 01*, – – 30. AE GB
fermé dim. midi en août, sam. midi et dim. soir – **Repas** 100/200 – 52 – **24 ch** 360/450 – 1/2 P 380

ROMORANTIN-LANTHENAY SP *41200 L.-et-Ch.* 64 ⑱ *G. Châteaux de la Loire – 17 865 h alt. 93.*

Voir *Maisons anciennes*★ **B** – *Vues des ponts*★ – *Musée de Sologne*★ **M**².
Env. *Aliotis, l'Aquarium de Sologne*★ *au lieu-dit le Moulin des Tourneux E : 8 km par* ②.
Office de Tourisme 32 pl. de la Paix ✆ *02 54 76 43 89, Fax 02 54 76 96 24.*
Paris 204 ① – *Bourges 73* ③ – *Blois 42* ⑤ – *Orléans 67* ① – *Tours 93* ④ – *Vierzon 34* ③.

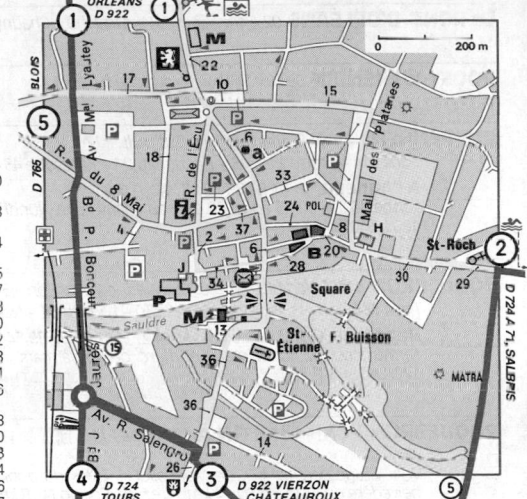

ROMORANTIN-LANTHENAY

Grand Hôtel du Lion d'Or Ⓜ, 69 r. Clemenceau (a) ℰ 02 54 94 15 15, Fax 02 54 88 24 87, 斧, « Belle décoration intérieure, patio fleuri » – ⋕ 🖬 🔟 ☎ 📞 🕭 🚐 – 🔬 50. 🆎 ⓪ 🅶🅱 ·🅹🅲🅱
fermé mi-fév. à mi-mars et mardi midi hors saison – **Repas** (nombre de couverts limité, prévenir) 450/650 et carte 500 à 750 ♀ – ⊡ 110 – **13 ch** 700/1900, 3 appart
Spéc. Cuisses de grenouilles à la Rocambole. Langoustines bretonnes rôties. Fraises confites au vin rouge (juin à oct.). **Vins** Pouilly Fumé, Bourgueil

Pyramide Ⓜ 🕭, r. Pyramide par ① ℰ 02 54 76 26 34, Fax 02 54 76 22 28, 斧 – ⋕ 🔟 ☎ 🕭 🄵 – 🔬 60. 🅶🅱
Repas 80/175 ♀ – ⊡ 45 – **66 ch** 200/240 – ½ P 230

Lanthenay (Valin) 🕭 avec ch, à Lanthenay par ① : 2,5 km, pl. Église ℰ 02 54 76 09 19, Fax 02 54 76 72 91, 斧 – 🔟 ☎ 🆎 🅶🅱
fermé 15 au 31 juil., 24 déc. au 15 janv., dim. soir et lundi – **Repas** 108/300 ♀ – ⊡ 58 – **10 ch** 260/320 – ½ P 260/290
Spéc. Filet de merval à la vigneronne. Daube d'huîtres et pieds de porc au vin rouge (sept. à avril). Lièvre à la royale (saison). **Vins** Cheverny blanc, Mennetou Salon.

Cabrière, 30 av. Villefranche par ③ ℰ 02 54 76 38 94, Fax 02 54 76 38 94 – 🅶🅱
fermé dim. soir et lundi – **Repas** 65 (déj.), 89/198, enf. 50

RONCE-LES-BAINS 17 Char.-Mar. 🛚 ⑭ G. Poitou Vendée Charentes – alt. 6 – ⊠ 17390 La Tremblade.
🛈 Office de Tourisme pl. Brochard ℰ 05 46 36 06 02, Fax 05 46 36 38 17.
Paris 507 – Royan 25 – Marennes 9 – Rochefort 31 – La Rochelle 69.

Grand Chalet, 2 av. La Cèpe ⊠ 17390 ℰ 05 46 36 06 41, Fax 05 46 36 38 87, ≤ île d'Oléron, 斧 – ☎. 🆎 ⓪ 🅶🅱
fermé mi nov. à début fév. – **Repas** (fermé lundi hors saison et mardi) 89 (déj.), 140/250 ♀ – ⊡ 40 – **28 ch** 290/380 – ½ P 310/350

RONCHAMP 70250 H.-Saône 🚗🚗 ⑦ – 3 088 h alt. 380.
Voir Chapelle★★, G. Jura.
Paris 399 – Besançon 88 – Belfort 22 – Lure 12 – Luxeuil-les-Bains 31 – Vesoul 43.

au Rhien Nord : 3 km – ⊠ 70250 Ronchamp :

Rhien Carrer 🕭, ℰ 03 84 20 62 32, Fax 03 84 63 57 08, 斧, 斧, 🍴 – 🔆 🔟 ☎ 📞 🕭 🄵 – 🔬 30. 🅶🅱
Repas 58/220 ♀, enf. 40 – ⊡ 35 – **21 ch** 160/240 – ½ P 170/200

à Champagney Est : 4,5 km par D 4 – 3 283 h. alt. 370 – ⊠ 70290 :

Commerce, ℰ 03 84 23 13 24, Fax 03 84 23 24 33, 斧, 🚲, – 🔟 ☎ 📞 🄵 🆎 ⓪ 🅶🅱 ·🅹🅲🅱
fermé 24 déc. au 9 janv. – **Repas** 65/250 ♀, enf. 40 – ⊡ 50 – **25 ch** 200 – ½ P 100

Le ROND-D'ORLÉANS 02 Aisne 🔢 ③ ④ – rattaché à Chauny.

ROOST-WARENDIN 59 Nord 🔢 ⑯ – rattaché à Douai.

ROPPENHEIM 67480 B.-Rhin 🔢 ③ – 808 h alt. 117.
Paris 514 – Strasbourg 43 – Haguenau 24 – Karlsruhe 43 – Wissembourg 35.

✗ **A l'Agneau**, 🖉 03 88 86 40 08, 🍽 – 🈁 **GB**
fermé 15 juil. au 15 août, 20 déc. au 6 janv., dim., lundi et le midi sauf sam. – **Repas** carte 180 à 310 ♈

ROQUEBRUN 34460 Hérault 🔢 ⑭ G. Languedoc Roussillon – 550 h alt. 89.
Paris 764 – Montpellier 99 – Béziers 30 – Lodève 63 – Narbonne 46 – St-Pons 39.

✗ **Petit Nice** avec ch, 🖉 04 67 89 64 27, Fax 04 67 89 54 70, ≤ – **GB**
fermé janv., fév., lundi, mardi et merc. de nov. à mars – **Repas** 90 bc/275 bc – ☲ 38 – **8 ch** 170/260 – ½ P 280

ROQUEBRUNE-CAP-MARTIN 06190 Alpes-Mar. 🔢 ⑩, 🔢 ㉘ G. Côte d'Azur – 12 376 h alt. 70.
Voir Village perché★★ : rue Moncollet★, ⋇★★ du donjon★ – Cap Martin ≤★★ – ≤★★ du belvédère du Vistaëro SO : 4 km. Site★ de Gorbio N : 8 km par D 50.
🄱 Office de Tourisme 20 av. P.-Doumer 🖉 04 93 35 62 87, Fax 04 93 28 57 00.
Paris 958 – Monaco 9 – Menton 3 – Monte-Carlo 8 – Nice 27.

Plans : voir à Menton.

🏨 **Vista Palace** M ⍩, Grande Corniche par ③ rte La Turbie D 2564 : 4 km 🖉 04 92 10 40 00, Fax 04 93 35 18 94, ≤ Monaco et la côte, 🍽, « Piscine panoramique et parc en terrasses », 🔧, 🛋, 🏄 🈁 ⋇ 🖻 🔋 ⚙ ⅊ – 🛗 80. 🔢 🔢 🔢
fermé 1er fév. au 15 mars – **Vistaero** 🖉 04 92 10 40 20 **Repas** 245/580 ♈ – **Corniche** (15 mai-30 sept. et fermé le soir sauf juil.-août) **Repas** 235/325 ♈ – ☲ 150 – **50 ch** 1600/2300, 18 appart – ½ P 1400/1550

🏨 **Victoria** sans rest, 7 prom. Cap-Martin 🖉 04 93 35 65 90, Fax 04 93 28 27 02, ≤ – 🈁 📺 ☎ ⚙ 🔢 🔢 **GB**
fermé 8 janv. au 8 fév. – ☲ 40 – **32 ch** 450/560   AX k

🏨 **Alexandra** sans rest, 93 av. W. Churchill 🖉 04 93 35 65 45, Fax 04 93 57 96 51, ≤ – 🛗 🈁 📺 ☎ 🅿 🔢 **GB**
☲ 46 – **40 ch** 414/570   AX a

🏨 **Westminster** sans rest, 14 av. L. Laurens par ③ et N 98, rte de Monaco par basse corniche 🖉 04 93 35 00 68, Fax 04 93 28 88 50, ≤, « Jardin en terrasses », 🏄 – ☎ 🅿 🔢 ⓞ **GB**. ⋇ – 15 fév.-15 oct. – ☲ 30 – **28 ch** 310/490

✗✗✗ **Roquebrune** (Mme Marinovich), 100 av. J. Jaurès par ③ et N 98, rte de Monaco par basse corniche 🖉 04 93 35 00 16, Fax 04 93 28 98 36, ≤ Cap Martin et la mer, 🍽 – 🈁. 🔢 ⓞ **GB** 🔢
fermé 4 nov. au 5 déc. et le midi de juin à août sauf sam. et dim. – **Repas** (prévenir) 230 (déj.)/360 et carte 340 à 700 ♈
Spéc. Bouillabaisse. Poissons de pays en croûte de sel ou en papillote. **Vins** Bellet, Bandol.

✗✗ **Au Grand Inquisiteur**, 18 r. Château (accès piétonnier) au vieux village par ③ : 3,5 km 🖉 04 93 35 05 37, Fax 04 93 35 05 37, « Salle voûtée dans une maison du 14e siècle » – 🈁. **GB**. ⋇
fermé 1er nov. au 25 déc., mardi midi et lundi – **Repas** (nombre de couverts limité, prévenir) 150/222 ♈

✗✗ **Hippocampe**, 44 av. W. Churchill 🖉 04 93 35 81 91, Fax 04 93 35 81 91, ≤ baie et littoral, 🍽 – 🔢 ⓞ **GB**   AX h
fermé 2 au 15 mai, 15 oct. au 16 nov. et lundi – **Repas** (prévenir) 160/240

✗✗ **Les Deux Frères** avec ch, pl. Deux Frères, au village par ③ : 3,5 km 🖉 04 93 28 99 00, Fax 04 93 28 99 10, ≤, 🍽 – 📺 ☎. 🔢 ⓞ **GB**
Repas (fermé 15 nov. au 15 déc., dim. soir sauf juil.-août et lundi) 120 bc (déj.), 195/245 ♈ – ☲ 45 – **10 ch** 385/545

✗✗ **Corail**, 7 prom. du Cap 🖉 04 93 41 37 69, 🍽 – 🈁. 🔢 ⓞ **GB**   AX k
fermé 6 janv. au 6 fév. et lundi – **Repas** - cuisine vietnamienne et chinoise - 88

✗ **Les Tables du Berger**, 4 r. V. Hugo, quartier Carnolès 🖉 04 93 57 40 60 – 🈁. **GB**
fermé 12 juil. au 12 août, dim. soir et lundi – **Repas** (75) - 95 (déj.), 145/280 ♈   AX v

La ROQUEBRUSSANNE 83136 Var 84 ⑮, 114 ㉜ – 1 235 h alt. 365.
Paris 814 – Toulon 38 – Aix-en-Provence 59 – Aubagne 46 – Brignoles 15.

🏠 **Auberge de la Loube**, 𝒫 04 94 86 81 36, Fax 04 94 86 86 79, �︎ ☐ 📺 ☎ ❤ ⬛ 🇬🇧
Repas *(fermé 1er au 16 oct., vacances de fév., lundi soir et mardi)* 99/139 – ⌸ 35 –
8 ch 380

La ROQUE-D'ANTHÉRON 13640 B.-du-R. 84 ② G. Provence – 3 923 h alt. 183.
Voir Abbaye de Silvacane★★ E : 2 km.
🅱 *Office de Tourisme 3 cours Foch 𝒫 04 42 50 58 63, Fax 04 42 50 59 81.*
Paris 731 – Aix-en-Provence 28 – Cavaillon 34 – Manosque 59 – Marseille 57.

🏠 **Mas de Jossyl**, 𝒫 04 42 50 71 00, Fax 04 42 50 75 94, 🚏, ⌷, 📺 ☎ ❤ 🅿, ▲ 25. ⬛
🇬🇧 – **Repas** *(fermé 2 au 20 janv. et mardi d'oct. à mai)* 85 *(déj.)*, 110/180, enf. 65 – ⌸ 40 –
22 ch 450 – ½ P 385

ROQUEFORT-LES-PINS 06330 Alpes-Mar. 84 ⑨ – 4 714 h alt. 184.
Paris 917 – Nice 25 – Cannes 17 – Grasse 14.

🏠🏠 **Auberge du Colombier**, au Colombier, rte de Nice, sur D 2085 𝒫 04 92 60 33 00,
Fax 04 93 77 07 03, 🚏, parc, ⌷, ❀ – 📺 ☎ ❤ 🅿 – ▲ 25. ⬛ ⓪ 🇬🇧 🇯🇨🇧
fermé 5 janv. au 15 fév. – **Repas** *(fermé mardi en mars et du 1er oct. au 22 déc.)* (150) - 195 ⵛ,
enf. 60 – ⌸ 50 – **18 ch** 270/650 – ½ P 435/545

La ROQUE-GAGEAC 24250 Dordogne 75 ⑰ G. Périgord Quercy – 447 h alt. 85.
Voir Site★★.
Paris 543 – Brive-la-Gaillarde 64 – Sarlat-la-Canéda 13 – Cahors 54 – Périgueux 70.

🏠🏠 **Belle Étoile**, 𝒫 05 53 29 51 44, Fax 05 53 29 45 63, ≤, 🚏 – ≣ rest, ☎ ❤ ⟷, ⬛ ⓪ 🇬🇧
fin mars-fin oct. – **Repas** *(fermé lundi de mars à juin)* 125/200 – ⌸ 40 – **16 ch** 310/340 –
½ P 350

🏠 **Gardette**, 𝒫 05 53 29 51 58, Fax 05 53 31 19 37, 🚏 – ☎ 🅿, 🇬🇧
16 avril-1er nov. – **Repas** 115/245, enf. 50 – ⌸ 35 – **15 ch** 180/300 – ½ P 300/350

✕✕ **Plume d'Oie** M avec ch, 𝒫 05 53 29 57 05, Fax 05 53 31 04 81, ≤ ⟷ 📺 ☎. 🇬🇧 🇯🇨🇧
*fermé fin nov. au 20 déc., mi-janv. à début mars, sam. midi en juil.-août, mardi midi de sept.
à juin et lundi* – **Repas** *(nombre de couverts limité, prévenir)* 195/295 ⌸ 65 – **4 ch**
400/450

rte de Vitrac *Sud-Est par D 703 – ✉ 24250 La Roque Gageac :*

🏠🏠 **Périgord**, à 3 km 𝒫 05 53 28 36 55, Fax 05 53 28 48 73, parc, ⌷, ❀ – ≣ rest, 📺 ☎ 🅿. ⬛
🇬🇧 – *fermé 10 déc. au 10 fév., dim. soir et lundi de mars à nov.* – **Repas** 90/250, enf. 50 –
⌸ 40 – **40 ch** 270/360 – ½ P 300/360

✕✕ **Les Prés Gaillardou**, à 4 km 𝒫 05 53 59 67 89, Fax 05 53 31 07 37, 🚏, ❀ – 🅿. 🇬🇧
fermé 5 janv. au 10 fév. et lundi sauf le soir en saison – **Repas** (78) - 110/280

ROQUEMAURE 30150 Gard 81 ⑪ ⑫ G. Provence – 4 647 h alt. 19.
Paris 669 – Avignon 19 – Alès 75 – Nîmes 49 – Orange 11 – Pont-St-Esprit 32.

🏠 **Clément V**, rte Nîmes 𝒫 04 66 82 67 58, Fax 04 66 82 84 66, 🚏, ⌷ – 📺 ☎ ❤ ⟷ 🅿, 🇬🇧
fermé vacances de Toussaint, Noël au Jour de l'An, fév., vend., sam. et dim. hors saison –
Repas *(dîner seul.)* *(résidents seul.)* 95/125 ⵛ, enf. 50 – ⌸ 38 – **20 ch** 320/350 – ½ P 275/
295

ROSAY 78 Yvelines 55 ⑱, 106 ⑮ – rattaché à Mantes-la-Jolie.

ROSBRUCK 57 Moselle 57 ⑯ – rattaché à Forbach.

ROSCOFF 29680 Finistère 58 ⑥ G. Bretagne – 3 711 h alt. 7 – Casino.
Voir Église N.-D.-de-Croas-Batz★ – Aquarium Ch. Pérez★.
🅱 *Office de Tourisme 46 r. Gambetta 𝒫 02 98 61 12 13, Fax 02 98 69 75 75.*
Paris 564 ① – Brest 65 ① – Landivisiau 27 ① – Morlaix 27 ① – Quimper 100 ①.

Plan page suivante

🏠🏠🏠 **Brittany** ≫, bd Ste Barbe 𝒫 02 98 69 70 78, Fax 02 98 61 13 29, ≤, 🚏, « Ancien manoir
reconstitué élégamment aménagé », ☐ – 🛗 📺 ☎ & 🅿 – ▲ 30. ⬛ 🇬🇧 🇯🇨🇧 ❀ rest
22 mars-15 oct. – **Repas** *(fermé lundi sauf le soir en saison, sam. midi et dim. midi)*
135/310 ⵛ – ⌸ 65 – **25 ch** 620/890 – ½ P 590/690   Z a

🏠🏠 **Gulf Stream** ≫, r. Marquise de Kergariou par r. E. Corbière : 1 km 𝒫 02 98 69 73 19,
Fax 02 98 61 11 89, ≤, ⌷, ❀ – 🛗 📺 ☎ 🅿 – ▲ 50. ⬛ 🇬🇧 ❀ rest
20 mars-15 oct. – **Repas** *(fermé dim. soir)* 130/300 – ⌸ 48 – **52 ch** 400/540 – ½ P 440/550

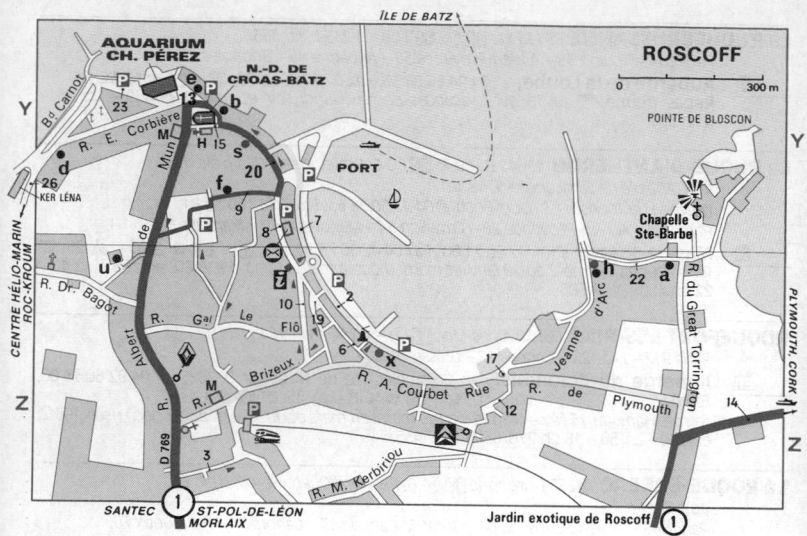

Talabardon, pl. Église ℰ 02 98 61 24 95, Fax 02 98 61 10 54, ≼ – 🛗 TV ☎ 📞 📳 – 🔬 40.
🖭 ① 🆖, 🛠 rest – 1ᵉʳ mars-31 oct. – **Repas** (fermé jeudi midi et dim. soir) (100) - 130/280,
enf. 60 – 🖵 55 – **39 ch** 420/660 – ½ P 390/480
Y b

Thalasstonic Ⓜ, r. V. Hugo ℰ 02 98 29 20 20, Fax 02 98 29 20 19, ≼, centre de thalasso-thérapie, 📶, 🏊, 🔲 – 🛗 TV ☎ 📞 🔥 📳. 🖭 🆖, 🛠 rest
fermé 2 janv. au 8 fév. – **Repas** (90) - 130 ⚍ – 🖵 50 – **54 ch** 435/580 – ½ P 435/505

Armen Le Triton ≫ sans rest, r. Dr Bagot ℰ 02 98 61 24 44, Fax 02 98 69 77 97, 🌱, 🛠 – 🛗 TV ☎ 📞 📳. 🖭 🆖
15 fév.-15 nov. – 🖵 37 – **45 ch** 265/350
Z u

Résidence sans rest, r. des Johnies ℰ 02 98 69 74 85, Fax 02 98 69 78 63, 🌱 – 🛗 TV ☎.
🖭 🆖 – 15 mars-15 nov. – 🖵 30 – **30 ch** 260/350
Y f

H. Bellevue, r. Jeanne d'Arc ℰ 02 98 61 23 38, Fax 02 98 61 11 80, ≼ – TV ☎.
🆖
fermé 15 nov. au 20 déc. et 3 janv. au 15 mars voir rest. **Bellevue** ci-après – 🖵 40 – **18 ch**
300/380 – ½ P 330/350
Z h

Ibis sans rest, pl. Église ℰ 02 98 61 22 61, Fax 02 98 61 11 94 – TV ☎ 📞 ♿. 🖭 ①
🆖
🖵 35 – **40 ch** 365
Y e

Aux Tamaris sans rest, r. É. Corbière ℰ 02 98 61 22 99, Fax 02 98 69 74 36, ≼ – 🛗 TV ☎
📞. 🖭 🆖 – 1ᵉʳ mars-15 nov. – 🖵 37 – **27 ch** 270/340
Y d

XXX **Temps de Vivre** (Crenn), pl. Église ℰ 02 98 61 27 28, Fax 02 98 61 19 46, ≼ – 🖭 🆖 🃏
😊 fermé 1ᵉʳ au 23 oct., vacances de fév., mardi midi en juil.-août, dim. soir de sept. à juin et
lundi – **Repas** 110/390 et carte 270 à 360
Y e
Spéc. Choux farcis au tourteau. Turbot en cocotte, cocos de Paimpol, jus et pieds de veau
(août à oct.). Pince de tourteau rôtie et légumes mijotés.

XX **Rest. Bellevue,** bd Ste-Barbe ℰ 02 98 61 15 67, Fax 02 98 61 26 52, ≼ – 🆖
😊 fermé 3 janv. au 1ᵉʳ fév. et lundi
Z h
Repas 105/250

XX **L'Écume des Jours,** quai d'Auxerre ℰ 02 98 61 22 83, Fax 02 98 61 22 83, 🏠 – 🆖
😊 fermé 1ᵉʳ déc. au 1ᵉʳ fév., mardi et merc. sauf juil.-août
Repas 88/240 ⚍, enf. 45
Z x

X **Surcouf,** r. Amiral Réveillère ℰ 02 98 69 71 89 – 🆖
Y s
1ᵉʳ avril-10 nov. et fermé merc. sauf juil.-août – **Repas** (60) - 92/150 ⚍, enf. 42

ROSHEIM 67560 B.-Rhin 62 ⑨ G. Alsace Lorraine – 4 016 h alt. 190.

Voir Église St-Pierre et St-Paul★.

🟦 Office de Tourisme à la Mairie pl. de la République ℰ 03 88 50 75 38, Fax 03 88 49 23 08.
Paris 483 – Strasbourg 32 – Erstein 19 – Molsheim 9 – Obernai 7 – Sélestat 33.

🏨 **Hostellerie du Rosenmeer**, Nord-Est : 2 km sur D 35 ℰ 03 88 50 43 29,
Fax 03 88 49 20 57, 余, 爾 – 嶼, ⓟ rest, ⓣ ☎ ✆ ⒫ – 월 20. ⒶⒺ ⒼⒷ
fermé mi-fév. à début mars – **Repas** (fermé dim. soir et lundi) 120/400 ⓨ - **winstub
d'Rosemer** (fermé dim. sauf le soir de Pâques à nov. et lundi) **Repas** 56 (déj.),
carte 140 à 190 ⓨ – ⷮ 55 – **20 ch** 290/540 – ½ P 440/540

🍴🍴 **Auberge du Cerf**, 120 r. Gén. de Gaulle ℰ 03 88 50 40 14, Fax 03 88 50 40 14 – ⒼⒷ
ⷮ fermé 25 juin au 3 juil., 8 au 15 janv., dim. soir et lundi – **Repas** 60 (déj.), 85/195 ⓨ

🍴 **Petite Auberge** Ⓜ avec ch, 41 r. Gén. de Gaulle ℰ 03 88 50 40 60, Fax 03 88 50 40 60,
余 – cuisinette, ⓟ rest, ⓣ ☎ ✆ ⒫. ⒼⒷ
fermé 24 janv. au 13 fév. – **Repas** (fermé mardi soir de nov. à mai et merc.) 100/300 ⓨ –
ⷮ 35 (½ pens. seul.) 9 appart 280/550 – ½ P 280

La ROSIÈRE 14 Calvados 54 ⑮ – rattaché à Arromanches-les-Bains.

La ROSIÈRE 1850 73 Savoie 74 ⑱ ⑲ G. Alpes du Nord – alt. 1820 – Sports d'hiver : 1 100/
2 600 m ⎌ 19 ⚡ – ⊠ 73700 Bourg-St-Maurice.
Altiport ℰ 04 79 06 83 40.
🟦 Office de Tourisme ℰ 04 79 06 80 51, Fax 04 79 06 83 20.
Paris 667 – Albertville 77 – Bourg-St-Maurice 23 – Chambéry 125 – Chamonix-Mont-
Blanc 60.

🏨 **Relais du Petit St-Bernard** 🛁, ℰ 04 79 06 80 48, Fax 04 79 06 83 40, ≤ montagnes,
余 – ☎. ⒼⒷ
24 juin-10 sept. et 20 déc.-25 avril – **Repas** 95 ⓨ – ⷮ 38 – **20 ch** 240/350 – ½ P 320/365

Les ROSIERS-SUR-LOIRE 49350 M.-et-L. 64 ⑫ G. Châteaux de la Loire – 2 204 h alt. 22.
🟦 Syndicat d'Initiative pl. du Mail ℰ 02 41 51 90 22, Mairie Fax 02 41 51 89 85.
Paris 304 – Angers 32 – Baugé 27 – Bressuire 66 – Cholet 62 – La Flèche 45 – Saumur 18

🍴🍴🍴 **Jeanne de Laval** (Augereau) avec ch, rte Nationale ℰ 02 41 51 80 17,
❀ Fax 02 41 38 04 18, « Jardin fleuri » 爾 – ⓟ rest, 爾 ☎ ⒫. ⒶⒺ ⒼⒷ. ✳ rest
fermé 15 nov. au 28 déc., lundi sauf le soir en saison – **Repas** 190/440 et carte 260 à 400 ⓨ –
ⷮ 58 – **4 ch** 380/600 – ½ P 630/660
Spéc. Foie gras de canard au torchon. Poissons de Loire au beurre blanc (avril à oct.). Ris de
veau braisé aux truffes. Vins Savennières, Saumur-Champigny.

Annexe Ducs d'Anjou 🏨 🛁 sans rest,, 爾 – ⓣ ☎. ⒶⒺ ⒼⒷ
fermé 15 nov. au 28 déc. et lundi hors saison – ⷮ 58 – **7 ch** 480/580

🍴🍴🍴 **Toque Blanche**, rte Angers ℰ 02 41 51 80 75, Fax 02 41 38 06 38 – ⓟ ⒫. ⒼⒷ
fermé mardi soir et merc. – **Repas** 110 bc/230 ⓨ

🍴🍴 **Val de Loire** avec ch, pl. Église ℰ 02 41 51 80 30, Fax 02 41 51 95 00 – ⓣ ☎ ✆. ⒼⒷ
ⷮ fermé 15 fév. au 20 mars – **Repas** 75/195 ⓨ – ⷮ 40 – **9 ch** 240/280 – ½ P 212/230

ROSNY-SOUS-BOIS 93 Seine-St-Denis 56 ⑪, 101 ⑰ – voir à Paris, Environs.

ROSOY 89 Yonne 61 ⑭ – rattaché à Sens.

ROSPORDEN 29140 Finistère 58 ⑯ – 6 485 h alt. 125.
🟦 Syndicat d'Initiative (juillet-août) "Cité des Étangs"Le Moulin r. Hippolyte-le-Bas ℰ 02 98
59 27 26, hors saison ℰ 02 98 66 99 00.
Paris 546 – Quimper 23 – Carhaix-Plouguer 51 – Concarneau 14 – Pontivy 78 – Quimperlé 26.

🏨 **Jet'otel**, pl. Gare ℰ 02 98 66 99 99, Fax 02 98 66 94 98 – 嶼 ⓣ ☎ – 월 40. ⒼⒷ
fermé 1er au 15 janv. – **Repas** (fermé dim. soir du 15 sept. au 30 juin) 68 (déj.), 90/248 ⓑ,
enf. 48 – ⷮ 40 – **27 ch** 220/260 – ½ P 250

La ROTHIÈRE 10500 Aube 61 ⑱ – 121 h alt. 137.
Paris 222 – Chaumont 59 – Bar-sur-Aube 18 – Troyes 40.

🏨 **Auberge de la Plaine**, D 396 ℰ 03 25 92 21 79, Fax 03 25 92 26 16, 余, 爾 – ⓣ ☎ ⒫.
ⷮ ⒼⒷ – fermé 22 au 26 déc. – **Repas** (fermé vend. soir et sam. midi d'oct. à mars) 75/199 ⓑ,
enf. 60 – ⷮ 35 – **17 ch** 170/260 – ½ P 190/225

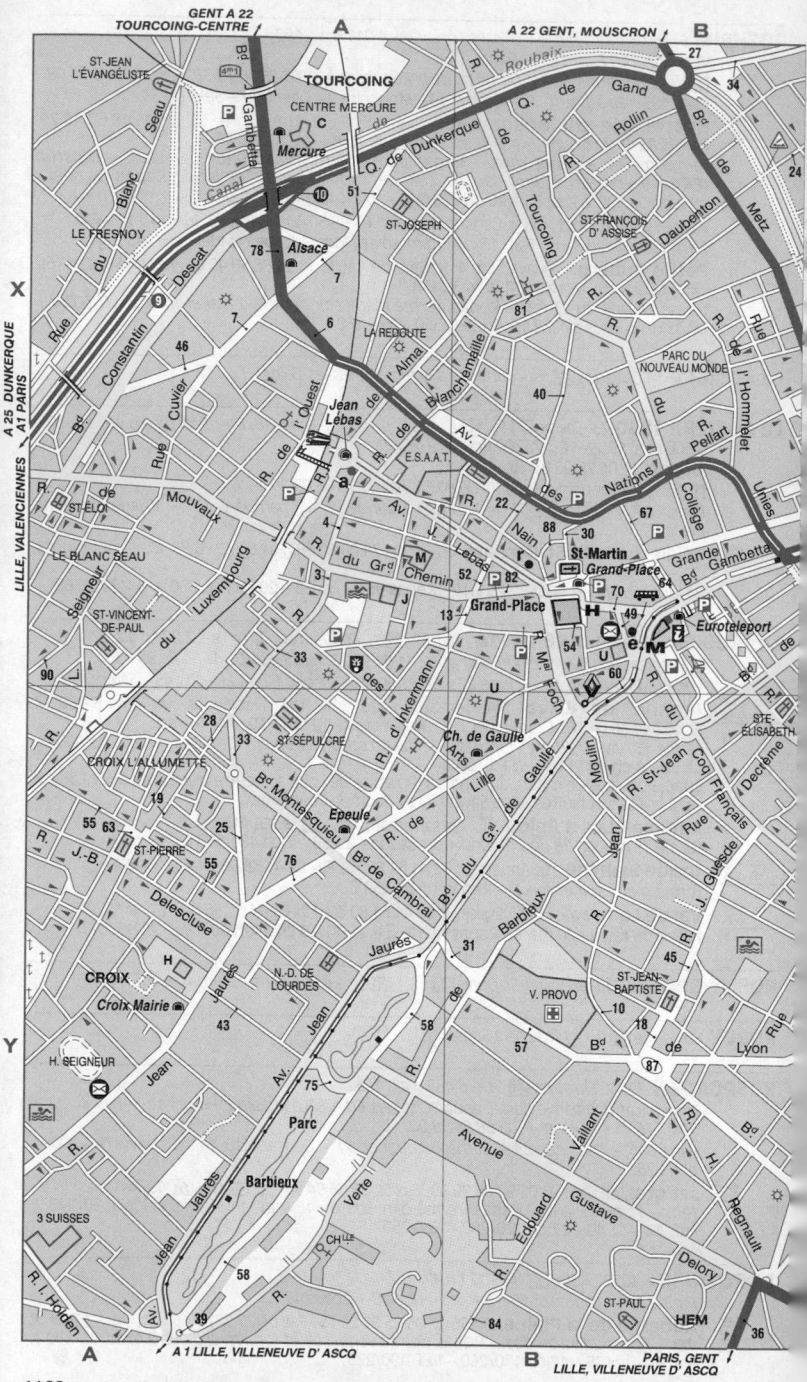

ROUBAIX 59100 Nord **51** ⑥ ⑯, **111** ⑮ *G. Picardie Flandres Artois* – *97 746 h alt. 27.*

Voir *Centre des archives du monde du travail* BX M – *Parc Barbieux* – *Chapelle d'Hem*★
(murs-vitraux★★ *de Manessier) 5 km, voir plan de Lille* JS **B.**

🖫 *Office de Tourisme 78 bd Gén.-Leclerc ☎ 03 20 65 31 90, Fax 03 20 65 31 83.*

Paris 233 ⑩ – *Lille 14* ⑩ – *Kortrijk 24* ④ – *Tournai 22* ⑦.

Accès et sorties : voir plan de Lille.

🏛 **Grand Hôtel Mercure** M, 22 av. J. Lebas ☎ 03 20 73 40 00, *Fax 03 20 73 22 42* – 🛗 ✱
　　　🔟 ☎ ✔ ♿ – 🔬 25 à 200. 🆀 ⓞ ☵
　　　Repas *(fermé vend. soir, dim. midi et sam.)* 130 ♨ – 🚬 65 – **92 ch** 540/620　　　　BX　**r**

🏨 **Ibis**, 37 bd Gén. Leclerc ☎ 03 20 45 00 00, *Fax 03 20 73 59 31* – 🛗 ✱ 🔟 ☎ ♿ ⇔. 🆀 ⓞ
☵ ☵
Repas *(fermé dim.)* 81 ♈ – 🚬 35 – **89 ch** 300　　　　　　　　　　　　　　　　　BX　**e**

✕✕ **Chez Charly**, 127 r. J. Lebas ☎ 03 20 70 78 58, *Fax 03 20 73 49 11* – ☵. ✘
fermé vacances de printemps, août et dim. – **Repas** *(déj. seul.)* 100/180　　　　AX　**a**

à Lys-lez-Lannoy *Sud-Est : 5 km par D 206* – *12 300 h. alt. 28* – ✉ *59390 :*

✕✕ **Auberge de la Marmotte,** 5 r. J.-B. Lebas ☎ 03 20 75 30 95, *Fax 03 20 81 16 34* – 🅿.
☵
　　　　　　　　　　　　　　　　　　　　　　　　plan de Lille　JS　**f**
fermé août, vacances de fév., dim. soir, mardi soir, merc. soir et lundi – **Repas** *(80 bc)* -
98/300 ♈

ROUDOUALLEC 56110 Morbihan **58** ⑯ – *772 h alt. 167.*

Paris 522 – *Quimper 34* – *Carhaix-Plouguer 30* – *Concarneau 36* – *Lorient 64* – *Vannes 109.*

✕ **Bienvenue,** ☎ 02 97 34 50 01, *Fax 02 97 34 54 90* – 🅿. ☵
☵
fermé vacances de fév. et lundi – **Repas** 74/245 ♈

In this Guide,

a symbol or a character, printed in **black** *or another colour*

in light or **bold** *type,*

does not have the same meaning.

Please read the explanatory pages carefully.

ROUEN 🅿 76000 S.-Mar. **55** ⑥ *G. Normandie Vallée de la Seine* – *102 723 h Agglo. 380 161 h*
alt. 12.

Voir *Cathédrale Notre-Dame*★★★ – *Le Vieux Rouen*★★★ : *※*★★ *du beffroi* BZ, *Église*
St-Ouen★★, *Église*★★ *et Aître*★★ *St-Maclou, Palais de Justice*★★, *rue du Gros-Horloge*★★, *rue*
St-Romain★★ BZ, *place du Vieux-Marché*★, *verrière*★★ *de l'église Ste-Jeanne-d'Arc* AY **D**,
rue Ganterie★, *rue Damiette*★ CZ - *35, rue Martainville*★ CZ – *Église St-Godard*★ BY,
Demeure★ *(musée de l'Éducation)* CZ **M**¹⁵ – *Musées : Beaux-Arts*★★★, *Le Secq des Tour-*
nelles★★ BY **M**¹³, *Céramique*★★ BY **M**³, *Antiquités*★★ CY **M**¹ – *Jardin des Plantes*★ EX – *Côte*
Ste-Catherine ※★★★ EV, *3,5 km* – *Bonsecours : ※*★★ *du calvaire et* ≤★★ *du monument à*
Jeanne d'Arc FX, *3 km* – *Canteleu* ≤★ *de la terrasse de l'église* DV, *4 km* – *Centre Universitaire*
※★★ EV.

Env. *St-Martin de Boscherville : anc. abbatiale St-Georges*★★, *11 km par* ⑦.

✈ *de Rouen-Vallée de Seine : ☎ 02 35 79 41 00, par* ③ *: 9 km.*

Bacs: *de Dieppedalle : renseignements ☎ 02 35 36 20 81 ; du Petit-Couronne ☎ 02 35 32*
40 21.

🖫 *Office de Tourisme 25 pl. de la Cathédrale ☎ 02 32 08 32 40, Fax 02 35 08 32 44.*

Paris 131 ⑥ – *Amiens 121* ① – *Caen 123* ⑥ – *Le Havre 88* ⑧ – *Le Mans 197* ⑥.

Plans pages suivantes

🏛 **Mercure Champ de Mars** M, 12 av. A. Briand ☎ 02 35 52 42 32, *Fax 02 35 08 15 06* –
🛗 ✱, 🍽 rest, 🔟 ☎ ♿ ⇔ 🅿 – 🔬 25 à 100. 🆀 ⓞ ☵ ☵　　　　　　　　　CZ　**j**
Repas *(100)* - 135/175, enf. 50 – 🚬 60 – **139 ch** 470/580

🏛 **Mercure Centre** M sans rest, 7 r. Croix de Fer ☎ 02 35 52 69 52, *Fax 02 35 89 41 46* – 🛗
✱ 🍽 🔟 ☎ ♿ – 🔬 35. 🆀 ⓞ ☵ ☵　　　　　　　　　　　　　　　　BZ　**f**
🚬 60 – **125 ch** 560/590

Dieppe, pl. B. Tissot ✆ 02 35 71 96 00, *Fax 02 35 89 65 21* – |‡|, ▤ rest, TV ☎. AE ⓓ GB BY z
Quatre Saisons : Repas 138/218 ♀ – ☕ 50 – **41 ch** 350/630 – ½ P 385

Dandy sans rest, 93 bis r. Cauchoise ✆ 02 35 07 32 00, *Fax 02 35 15 48 82* – |‡| TV ☎ 📞 🚗. AE GB AY p
fermé Noël au Jour de l'An – ☕ 50 – **18 ch** 400/470

Tulip'inn M ♨ sans rest, 15 r. Pie ✆ 02 35 71 00 88, *Fax 02 35 70 75 94* – |‡| TV ☎ 📞 ♿ 🚗 P – 🏫 25. AE ⓓ GB AY h
☕ 55 – **48 ch** 440/510

Versan sans rest, 3 r. J. Lecanuet ✆ 02 35 07 77 07, *Fax 02 35 70 04 67* – |‡| TV ☎ 📞 ♿. AE ⓓ GB JCB BCY a
☕ 39 – **36 ch** 295/415

Ibis Rive Droite M, 56 quai Gaston Boulet ✆ 02 35 70 48 18, *Fax 02 35 71 68 95*, ⛱ – |‡| ✕ TV ☎ 📞 ♿ P – 🏫 25. AE ⓓ GB EV a
Repas *(75)* - 95 🍷, enf. 39 – ☕ 35 – **88 ch** 330/350

Viking sans rest, 21 quai Havre ✆ 02 35 70 34 95, *Fax 02 35 89 97 12* – |‡| TV ☎. AE ⓓ GB JCB AZ y
☕ 37 – **38 ch** 285/345

Bordeaux sans rest, 9 pl. République ✆ 02 35 71 93 58, *Fax 02 35 71 92 15* – |‡| TV ☎ 📞. AE ⓓ GB BZ e
☕ 38 – **48 ch** 260/360

Ibis Rive Gauche sans rest, 44 r. Amiral Cécille ✉ 76100 ✆ 02 35 63 27 27, *Fax 02 35 63 27 11* – |‡| ✕ TV ☎ ♿ 🚗. AE ⓓ GB AZ m
☕ 35 – **80 ch** 275

Cardinal sans rest, 1 pl. Cathédrale ✆ 02 35 70 24 42, *Fax 02 35 89 75 14* – |‡| TV ☎. GB BZ r
fermé 16 déc. au 2 janv. – ☕ 38 – **20 ch** 260/410

Lisieux sans rest, 4 r. Savonnerie ✆ 02 35 71 87 73, *Fax 02 35 89 31 52* – TV ☎. AE ⓓ GB JCB BZ b
fermé 22 déc. au 7 janv. et dim. – ☕ 40 – **30 ch** 250/360

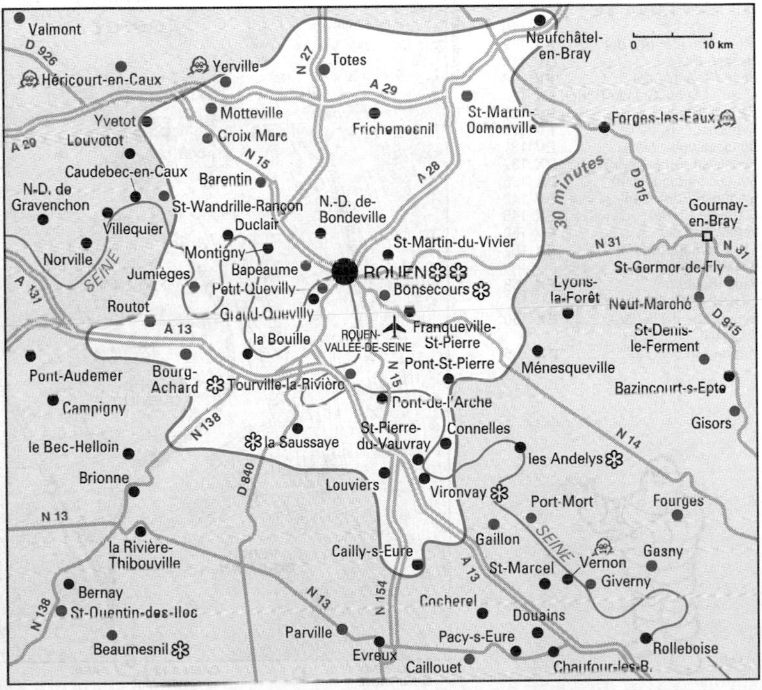

ROUEN

Alliés (Av. des) .... **DX** 4
Ango (R. Jean) .... **EV** 7
Béthencourt (Quai de)....... **EV** 14
Bicheray (Av. du Commandant) **DV** 15
Bois-des-Dames (Av. du)..... **EV** 17
Boisguilbert (Bd de)......... **EV** 18
Bonsecours (Rte de) .... **EV** 21
Briand (R. Aristide)........... **DX** 33
Brossolette (Bd)............. **DX** 34
Bruyères (Rond-Point des) ... **EX** 36
Caen (Av. de)................ **EV** 37
Canteleu (Route de).......... **DV** 39
Carnot (Av.)................. **DV** 40
Chasselièvre (R.)............ **EV** 52
Clères (Chemin de).......... **EV** 54
Coquelicots (R. des)......... **EX** 55
Corneille (R. Pierre) .... **EX** 58
Corniche (Route de la)....... **FV** 60
Darnétal (Route de) .... **FV** 64
Duclair (R. de)............... **DV** 69
Elbeuf (R. d')................ **EX** 75
Europe (Av. de l')............ **EV** 78
Europe (Bd de l')........... **EVX** 79
Felling (Av. de).............. **EX** 82
Fond du Val (Allée du)....... **EV** 85
France (Quai de)............. **DV** 87
Gaulle (Bd Charles-de)....... **DX** 88
Grand-Cours (Av. du) .... **EX** 91
Grand'Mare (Av. de la)....... **FV** 92
Jean-Jaurès (Av.) .... **DX** 97
Jean-Jaurès (Bd)............. **DV** 99
La Fayette (R.)............... **EV** 103
Leclerc (Av. Général) .... **DV** 105
Leclerc-de-Hauteclocque
(Av. du Gén.)............. **DX** 106
Lesseps (Bd Ferdinand-de)... **EV** 107
Maréchal-Juin (Av. du) .... **FV** 109
Martyrs-de-la-Résistance
(R. des)................. **DV** 110
Mont-Riboudet (Av. du) ...... **EV** 112
Nansen (R.).................. **DV** 114
Pène (R. Annie de)........... **FV** 118
Quatre-Mares (Grande R. de). **EX** 122
Renard (R. du)............... **EV** 125
République (R. de la)......... **FV** 126
Rondeaux (Av. Jean)......... **EV** 131
Roosevelt (Bd Franklin)...... **DX** 132
Ste-Lucie (Rond-Point)....... **DX** 135
Siegfried (Bd André)......... **EV** 142
Sotteville (R. de)............ **EX** 145
Verdun (Bd de) .... **EV** 150
11-Novembre (Bd du) .... **EX** 157

AMFREVILLE..........

Paris (Route de) .... **FX** 158

BONSECOURS..............

République (R. de la)........ **EX** 160

GRAND-QUEVILLY..........

Verdun (Bd de) .... **DX** 165

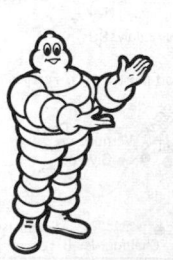

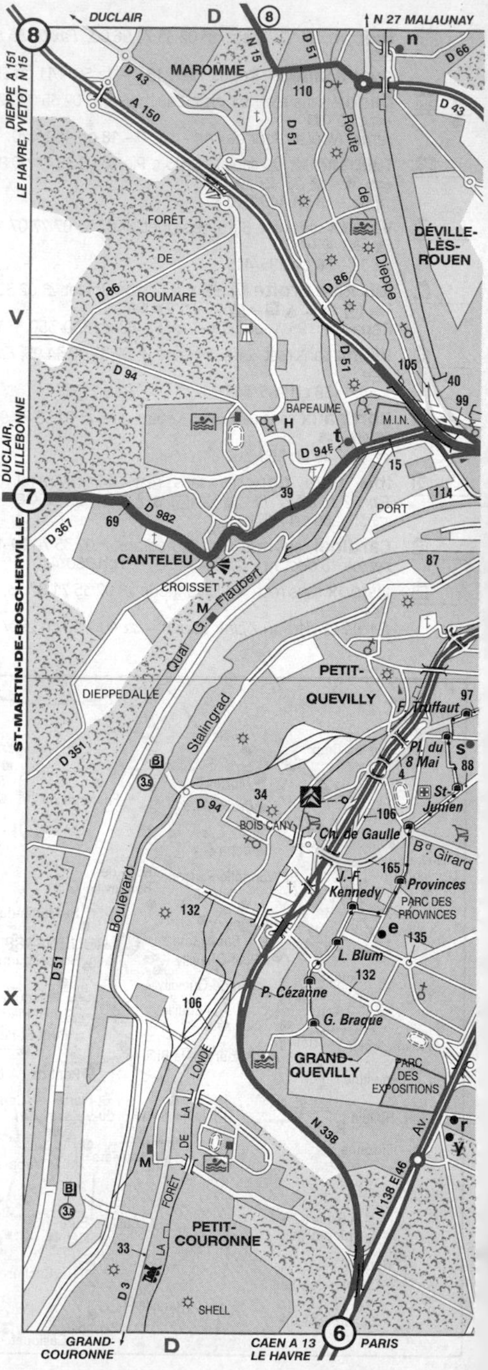

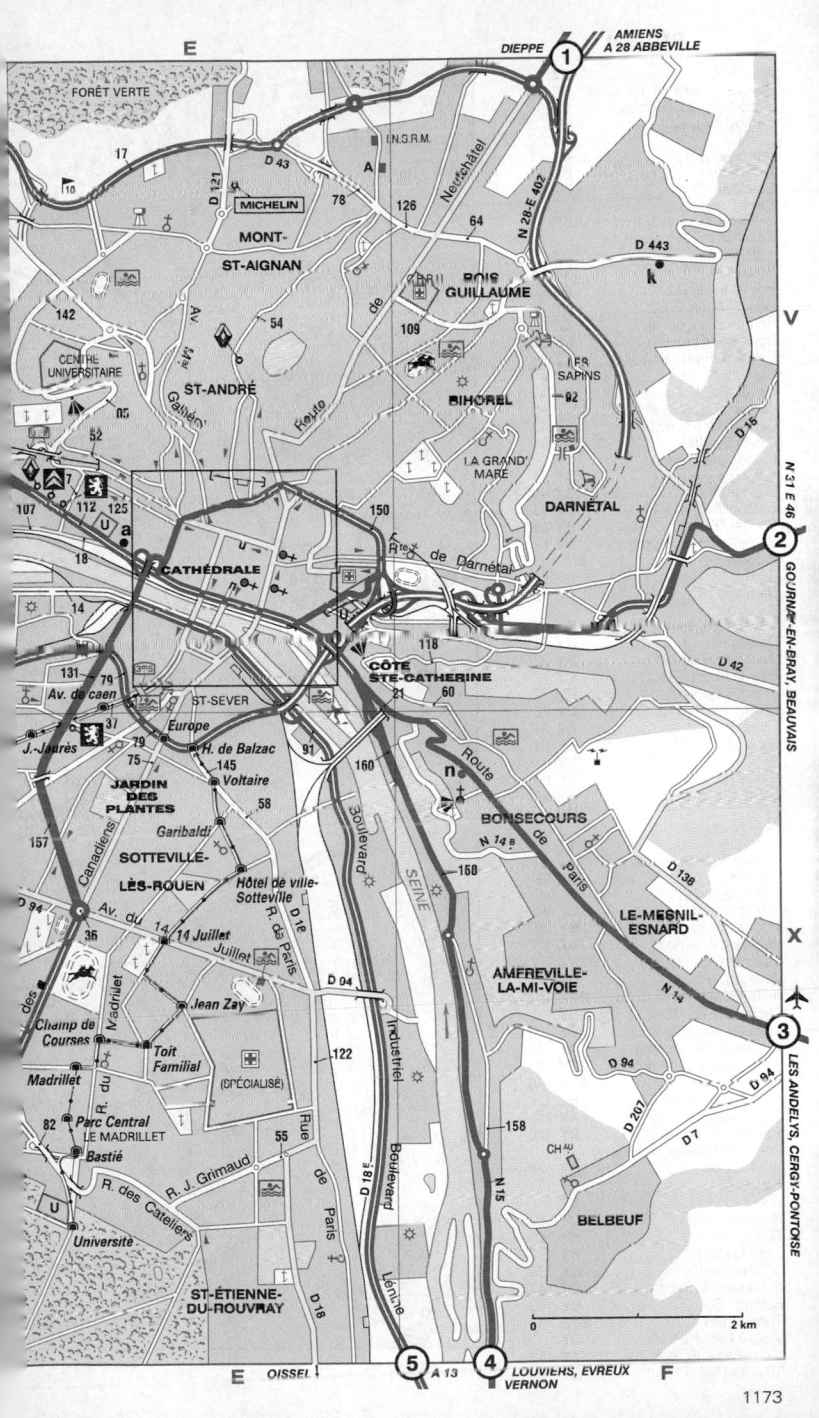

ROUEN

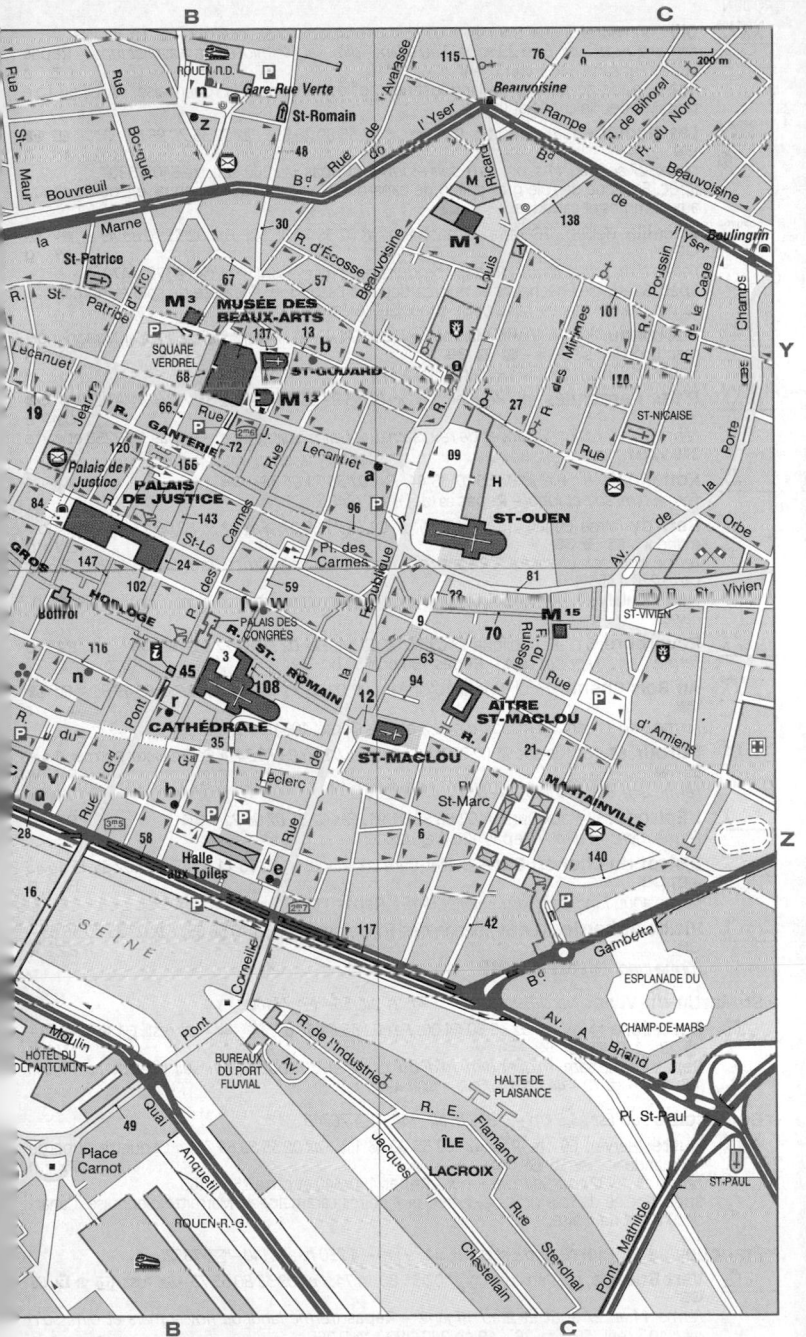

XXXX **Gill** (Tournadre), 9 quai Bourse ☎ 02 35 71 16 14, *Fax 02 35 71 96 91* – 🖩. 🆎 ⓪ ☖
✿✿ *fermé 9 au 19 avril, 6 au 29 août, 2 au 9 janv., dim. sauf le midi d'oct. à avril et lundi* – **Repas**
230/600 et carte 340 à 480 ⚱, enf. 120   BZ **a**
Spéc. Salade de queues de langoustines poêlées. Pigeon à la rouennaise, ravioli au foie
gras. Millefeuille chocolat (hiver).

XXX **Les Nymphéas** (Kukurudz), 9 r. Pie ☎ 02 35 89 26 69, *Fax 02 35 70 98 81*, 🍽 – 🆎 ⓪
✿   AY **h**
fermé 27 août au 11 sept., dim. soir et lundi – **Repas** 165/260 et carte 310 à 390
Spéc. Escalope de foie gras chaud de canard. "Sauvageon" à la rouennaise. Soufflé chaud
aux pommes et calvados.

XXX **L'Écaille** (Tellier), 26 rampe Cauchoise ☎ 02 35 70 95 52, *Fax 02 35 70 83 49* – 🖩. 🆎
☖   AY **g**
fermé dim. soir et lundi – **Repas** - produits de la mer - 160/410 et carte 370 à 470 ⚱
Spéc. Salade des pêcheurs et huîtres tièdes à l'estragon. Fricassée de sole et homard au
sabayon de crustacés. Millefeuille chocolaté, crème à la vanille.

XXX **Couronne**, 31 pl. Vieux Marché ☎ 02 35 71 40 90, *Fax 02 35 71 05 78*, « Maison normande du 14ᵉ siècle » – 🆎 ⓪ ☖   AY **d**
Repas 118 (déj.), 150/245 et carte 300 à 370

XXX **P'tits Parapluies**, pl. Rougemare ☎ 02 35 88 55 26, *Fax 02 35 70 24 31* – 🆎 ⓪ ☖
ᴊᴄʙ   CY **e**
fermé 6 au 21 août, vacances de fév., sam. midi, dim. soir et lundi – **Repas** 150/258 et carte
240 à 400

XX **Rouennais**, 5 r. Pie ☎ 02 35 07 55 44, *Fax 02 35 71 96 38* – ☖   AY **s**
fermé dim. soir et lundi – **Repas** 89 (déj.), 102/240 ⚱

XX **Beffroy** (Mme Engel), 15 r. Beffroy ☎ 02 35 71 55 27, *Fax 02 35 89 66 12*, « Cadre nor-
✿ mand » – 🆎 ⓪ ☖   BY **b**
fermé dim. soir et mardi – **Repas** (nombre de couverts limité, prévenir) (100)-200/275 et
carte 270 à 355 🍶
Spéc. Timbale de homard et langoustines. Turbot au vinaigre de cidre. Canard à la rouennaise.

XX **Reverbère**, 5 pl. République ☎ 02 35 07 03 14, *Fax 02 35 89 77 93* – 🆎 ☖   BZ **e**
fermé 7 au 20 août et dim. – **Repas** 180 bc/330 bc

XX **Au Bois Chenu**, 23 pl. Pucelle d'Orléans ☎ 02 35 71 19 54, *Fax 02 35 89 49 83* – 🆎 ⓪
☖   AY **r**
fermé 5 au 11 sept., dim. soir d'oct. à mars – **Repas** 106/162 ⚱, enf. 55

XX **Dufour**, 67 r. St-Nicolas ☎ 02 35 71 90 62, *Fax 02 35 89 70 34*, « Cadre vieux normand » –
🆎 ☖   BZ **w**
fermé dim. soir et lundi – **Repas** (89) - 120/230 ⚱

X **L'Épisode**, 37 r. aux Ours ☎ 02 35 89 01 91, *Fax 02 35 07 06 21* – ☖   BZ **n**
fermé merc. et dim. – **Repas** 120 (déj.)/260 ⚱

X **Bistrot du Chef en Gare**, Buffet-Gare (1ᵉʳ étage) ☎ 02 35 71 41 15, *Fax 02 35 15 14 43*
– 🆎 ☖   BY **n**
fermé août, lundi soir, sam. midi et dim. – **Repas** 110 ⚱

X **Vieille Auberge**, 37 r. St-Étienne-des-Tonneliers ☎ 02 35 70 56 65, *Fax 02 35 70 56 65* –
☖   BZ **v**
fermé lundi – **Repas** 98/189 ⚱

à St-Martin-du-Vivier *Nord-Est : 8 km – 1 445 h. alt. 56* – ⊠ 76160 :

🏨 **Bertelière** Ⓜ ⌘, ☎ 02 35 60 44 00, *Fax 02 35 61 56 63*, 🍽, 🌳 – 🖩 rest, 📺 ☎ ✆ ⚙ 🅿 –
🔔 25 à 150. 🆎 ⓪ ☖ ᴊᴄʙ   FV **k**
Repas *(fermé sam. midi et dim. midi du 15 juil. au 30 août et dim. soir de sept. au 14 juil.)*
129/179 – ☕ 70 – **44 ch** 430/710 – ½ P 490

à Bonsecours *Sud-Est : 3,5 km – 6 898 h. alt. 144* – ⊠ 76240 :

XXX **Butte** (Hervé), 69 rte Paris ☎ 02 35 80 43 11, *Fax 02 35 80 69 74*, « Coquette auberge
✿ normande » – 🆎 ☖   FX **n**
fermé 1ᵉʳ au 22 août, dim. et lundi – **Repas** 150/340 et carte 250 à 460
Spéc. Poêlée de foie gras de canard aux poires caramélisées. Marmite dieppoise. Canar-
deau à la rouennaise.

à Franqueville-St-Pierre *Sud-Est par N 14 : 9 km – 4 230 h. alt. 140* – ⊠ 76520 :

🏠 **Vert Bocage**, rte Paris par ③ ☎ 02 35 80 14 74, *Fax 02 35 80 55 73* – 🖩 rest, 📺 ☎ 🅿. 🆎
☖
fermé 14 au 27 août et 2 au 14 janv. – **Repas** *(fermé lundi de nov. à mars et dim. soir)*
105/210 ⚱, enf. 55 – ☕ 28 – **19 ch** 240/280 – ½ P 265

au Parc des Expositions *Sud par N 138 : 6 km :* – ⊠ *76800 St-Étienne-du-Rouvray :*

🏨 **Novotel** Ⓜ, ℰ 02 32 91 76 76, Fax 02 32 91 76 86, 🛱 , parc, 🏊, ✻ – 📧 🛳 📺 🕿 ❤ ໓
   🅿 🛗 150. 🆔 🕦 🆖 🇯🇨🇧   DX y
   Repas *(95)* - carte 130 à 240 ♀, enf. 50 – ⊃ 60 – **134 ch** 490/540

🏨 **Ibis Sud Parc Expo** Ⓜ, ℰ 02 35 66 03 63, Fax 02 35 66 62 55 – ✻ 📺 🕿 ❤ ໓ 🅿 –
   🛗 25 à 70. 🆔 🕦 🆖   DX r
   Repas *(75)* - 100 ♀, enf. 39 – ⊃ 35 – **76 ch** 310

au Grand Quevilly *Sud-Ouest : 5,5 km près Parc des Expositions* – *27 658 h. alt. 6* – ⊠ *76120 :*

🏨 **Soretel**, av. Provinces ℰ 02 35 69 63 50, Fax 02 35 69 42 28 – 📧 📺 🕿 – 🛗 15 à 100. 🆔
   🕦 🆖   DX e
   Repas *(fermé sam. midi et dim. soir)* 88/167 ♀ – ⊃ 44 – **45 ch** 335/370 – ½ P 280

au Petit Quevilly *Sud-Ouest : 3 km* – *22 600 h. alt. 5* – ⊠ *76140 :*

🍴🍴🍴 **Les Capucines**, 16 r. J. Macé ℰ 02 35 72 62 34, Fax 02 35 03 23 84, 🛱 – 🆔 🕦 🆖
   🇯🇨🇧   DX s
   fermé sam. midi et dim. soir **Repas** 165/300 et carte 250 à 300 ♀, enf. 70

à Montigny *par ⑦, D 94ᴱ et D 86 : 10 km* – *1 051 h. alt. 110* – ⊠ *76380 :*

🏨 **Relais de Montigny**, r. Lieutenant Aubert ℰ 02 35 36 05 97, Fax 02 35 36 19 60, 🛱 , 🐎
   – 📺 🕿 ❤ 🚗 🅿 – 🛗 25. 🆔 🕦 🆖
   fermé 26 déc. au 8 janv. **Repas** *(fermé sam. midi)* *(100)* - 130/245 ♀, enf. 95 – ⊃ 55 – **22 ch**
   350/440 – ½ P 390/430

à Bapeaume-lès-Rouen *Nord-Ouest : 3 km* – ⊠ *76820 :*

🍴🍴 **Vieux Moulin**, 3 r. S. Lecoeur ℰ 02 35 36 39 59, Fax 02 35 36 02 56, 🛱 – 🅿. 🆔
   🆖   DV t
   Repas 120/280

à Notre-Dame-de-Bondeville *Nord-Ouest : 7,5 km* – *7 684 h. alt. 25* – ⊠ *76960 :*

🍴 **Les Elfes** avec ch, ℰ 02 35 74 36 21, Fax 02 35 75 27 09 – 📺 🅿. 🆖   DV n
   fermé 1ᵉʳ au 20 août – **Repas** *(fermé dim. soir et merc.)* 98/215 ♀, enf. 50 – ⊃ 30 – **7 ch**
   195/225

ROUFFACH *68250 H.-Rhin* 🗺️ ⑲ *G. Alsace Lorraine* – *4 303 h alt. 204.*
   Paris 479 – *Colmar 15* – *Basel 57* – *Belfort 56* – *Guebwiller 11* – *Mulhouse 28* – *Thann 26.*

🏰 **Château d'Isenbourg** 🦢, ℰ 03 89 78 58 50, Fax 03 89 78 53 70, <, 🛱 , 🏋️, 🏊, 🏊,
   🌳, ✻ – 📧, 🍽 rest, 📺 🕿 🅿 – 🛗 25. 🆔 🕦 🆖 🇯🇨🇧
   fermé 16 janv. au 10 mars – **Repas** 280/700 bc ♀ – ⊃ 90 – **40 ch** 900/1600 – ½ P 910/1260

🏨 **A la Ville de Lyon**, r. Poincaré ℰ 03 89 49 65 51, Fax 03 89 49 76 67, 🛱 – 📧 📺 🕿 🅿 –
   🛗 40. 🆔 🕦 🆖
   fermé 20 au 28 déc. – voir rest. **Philippe Bohrer** ci-après **- Brasserie Chez Julien**, ℰ 03 89
   49 69 80 **Repas** 60/150 ♀, enf. 60 – ⊃ 50 – **42 ch** 280/610 – ½ P 415/625

🍴🍴🍴 **Philippe Bohrer**, r. Poincaré ℰ 03 89 49 62 49, Fax 03 89 49 76 67 – 🍽 🅿. 🆔 🕦 🆖
❄️   *fermé 24 au 27 déc., 28 fév. au 12 mars, merc. midi et lundi* – **Repas** 140/400 et carte 290 à
   410 ♀, enf. 90
   Spéc. Moelleux d'anguilles. Lieu jaune sur pommes fondantes et morilles. Carré d'agneau à
   la croûte d'olives noires. **Vins** Tokay-Pinot gris, Pinot noir.

à Bollenberg *Sud-Ouest : 6 km par N 83 et rte secondaire* – ⊠ *68250 Rouffach :*

🍴🍴 **Auberge au Vieux Pressoir**, ℰ 03 89 49 60 04, Fax 03 89 49 76 16, 🛱 , « Décor alsacien » – 🅿. 🆔 🕦 🆖
   fermé 20 au 27 déc. – **Repas** 95/395 bc ໓

ROUFFIAC-TOLOSAN *31 H.-Gar.* 🗺️ ⑧ – *rattaché à Toulouse.*

Le ROUGET *15290 Cantal* 🗺️ ⑪ – *910 h alt. 614.*
   Paris 553 – *Aurillac 25* – *Figeac 43* – *Laroquebrou 16* – *St-Céré 38* – *Tulle 75.*

🏨 **Voyageurs**, ℰ 04 71 46 10 14, Fax 04 71 46 93 89, 🛱 , 🏊 – 📺 🕿 🅿. 🆖
🐕   *fermé vacances de fév.* – **Repas** *(fermé dim.soir d'oct. à avril)* 60/160 ♀ – ⊃ 30 – **30 ch** 220 –
   ½ P 230

Read the introduction with its explanatory pages
*to make the most of your **Michelin Guide**.*

ROUGIVILLE 88 Vosges 62 ⑰ – rattaché à St-Dié.

ROULLET 16 Charente 72 ⑬ – rattaché à Angoulême.

Le ROURET 07 Ardèche 80 ⑨ – rattaché à Ruoms.

Les ROUSSES 39220 Jura 70 ⑮ ⑯ G. Jura – 2 840 h alt. 1110 – Sports d'hiver : 1 100/1 680 m ≤ 40 ⵏ.

Voir Gorges de la Bienne★ O : 3 km.

🛈 Office de Tourisme r. Pasteur ℘ 03 84 60 02 55, Fax 03 84 60 52 03.

Paris 462 – Genève 42 – Gex 30 – Lons-le-Saunier 65 – Nyon 22 – St-Claude 31.

France, ℘ 03 84 60 01 45, Fax 03 84 60 04 63, 🈸 – 📺 ☎ – 🔥 25. 🖭 ⓞ ⒼⒷ
fermé 24 avril au 12 mai et 20 nov. au 15 déc. – **Repas** 140/435 ⵏ, enf. 60 – ⵣ 50 – **33 ch**
430/720 – ½ P 395/550

Redoute, ℘ 03 84 60 00 40, Fax 03 84 60 04 59 – 📺 ☎ 🅿. ⒼⒷ
fermé 9 nov. au 15 déc. – **Repas** 85/145 ⵏ, enf. 45 – ⵣ 39 – **25 ch** 360 – ½ P 340

Village sans rest, 344 r. Pasteur ℘ 03 84 34 12 75, Fax 03 84 34 12 76 – 📺 ☎ ⵕ ⵠ.
ⒼⒷ
fermé 1er au 15 juin et 1er au 15 déc. – ⵣ 35 – **10 ch** 250/300

à la Cure Sud-Est : 2,5 km par N 5, rte de Genève – ✉ 39220 Les Rousses :

Arbez Franco-Suisse Ⓜ avec ch, ℘ 03 84 60 02 20, Fax 03 84 60 08 59, 🈸 – 📺 ☎ 🅿.
ⒼⒷ. ⵥ rest
fermé nov., lundi soir et mardi hors saison – **Repas** 130/240 **Brasserie :** **Repas** (75)-
carte environ 100 ⵏ, enf. 40 – ⵣ 40 – **10 ch** 270/380 – ½ P 310/320

à Noirmont Nord : 3 km par D 29E – ✉ 39220 Les Rousses :

Chamois ⵞ, ℘ 03 84 60 01 48, Fax 03 84 60 39 38, ≤ – 📺 ☎ 🅿. ⒼⒷ. ⵥ rest
fermé 25 avril au 15 mai, 20 nov. au 3 déc., vend. soir et dim. soir hors saison – **Repas**
78/145 ⵏ, enf. 45 – ⵣ 35 – **12 ch** 280/300 – ½ P 300

à Bois-d'Amont Nord : 8 km par D 29E et D 415 – 1 350 h. alt. 1050 – ✉ 39220 :

L'Atelier, ℘ 03 84 60 94 15, Fax 03 84 60 97 29 – ⒼⒷ
fermé vacances de printemps, de Toussaint, lundi soir, merc. hors saison et dim. soir –
Repas 65 (déj.), 125/250 ⵏ

ROUSSILLON 84220 Vaucluse 81 ⑬ G. Provence – 1 165 h alt. 360.

Voir Site★★.

🛈 Office de Tourisme pl. de la Poste ℘ 04 90 05 60 25, Fax 04 90 05 60 25.

Paris 727 – Apt 11 – Avignon 51 – Bonnieux 10 – Carpentras 37 – Cavaillon 30 – Sault 31.

Mas de Garrigon ⵞ, Nord : 3 km par C 7 et D 2 ℘ 04 90 05 63 22, Fax 04 90 05 70 01,
🈸, parc, ⵙ – 📺 ☎ 🅿. 🖭 ⓞ ⒼⒷ Ⓙ🅲🅱. ⵥ
Repas (fermé 15 nov. au 28 déc., lundi sauf le soir de mai à sept. et mardi midi) 160 (déj.),
320/360 ⵏ, enf. 95 – ⵣ 90 – **9 ch** 760/800 – ½ P 680/725

Les Sables d'Ocre Ⓜ sans rest, rte d'Apt ℘ 04 90 05 55 55, Fax 04 90 05 55 50, ⵙ, ⵑ –
▣ 📺 ☎ ⵕ 🅿 ⒼⒷ
fermé 6 nov. au 15 déc. et 15 janv. au 1er mars – ⵣ 50 – **22 ch** 340/650

David, pl. Poste ℘ 04 90 05 60 13, Fax 04 90 05 75 80, ≤ falaises et vallée, 🈸 – ▣. 🖭 ⓞ
ⒼⒷ
24 mars-12 nov. et fermé lundi sauf fériés – **Repas** (week-ends et fêtes prévenir) (80) - 135
bc/270 ⵏ, enf. 65

Dans ce guide

un même symbole, un même caractère,
imprimé en couleur ou en **noir**, en maigre ou en **gras**
n'ont pas tout à fait la même signification.

Lisez attentivement les pages explicatives.

ROUSSILLON 38150 Isère 🇷🇷 ① – 7 365 h alt. 200.

Paris 509 – Annonay 28 – Grenoble 91 – St-Étienne 68 – Tournon-sur-Rhône 43 – Vienne 20.

🏨 **Medicis** Ⓜ sans rest, r. Fernand Léger 𝒫 04 74 86 22 47, Fax 04 74 86 48 05 – 📺 ☎ ໕
🚗 🅿 – 🛗 60. 🇬🇧
⊇ 46 – **15 ch** 230/370

🏨 **Europa**, rte Valence 𝒫 04 74 11 10 80, Fax 04 74 86 15 11 – |🛗|, 🍴 rest, 📺 ☎ ৫ 🅿, 🝙 🇬🇧
🇯🇵
Repas (fermé 1ᵉʳ au 15 août et 2 au 10 janv.) 96/205, enf. 45 – ⊇ 35 – **26 ch** 179/250 –
½ P 240/269

ROUTOT 27350 Eure 🇫🇷 ⑲ G. Normandie Vallée de la Seine – 1 043 h alt. 140.

Voir La Haye-de-Routot : ifs millénaires★ N : 4 km.

Paris 145 – Le Havre 59 – Rouen 36 – Bernay 45 – Évreux 69 – Pont-Audemer 19.

🍽🍽 **L'Écurie**, 𝒫 02 32 57 30 30, Fax 02 32 57 30 30 – 🇬🇧
fermé 31 juil. au 7 août, vacances de fév., dim. soir, merc. soir et lundi – **Repas** 105/
245 ⌄

ROUVRES-EN-XAINTOIS 88500 Vosges 🇫🇷 ⑭ – 337 h alt. 330.

Paris 355 – Épinal 43 – Lunéville 59 – Mirecourt 9 – Nancy 52 – Neufchâteau 33 – Vittel 18.

🏨 **Burnel** 🦢, au village 𝒫 03 29 65 64 10, Fax 03 29 65 68 88, 🍴, 🐴 – 📺 ☎ ৫ 🅿, 🝙
🇬🇧
fermé 23 au 31 déc. et dim. soir hors saison – **Repas** (65) - 88/295 ⌄ – ⊇ 55 – **23 ch** 205/325
– ½ P 220/275

ROUVRES-LA-CHÉTIVE 88 Vosges 🇫🇷 ⑬ – rattaché à Neufchâteau.

ROUVROIS-SUR-OTHAIN 55 Meuse 🇫🇷 ② – rattaché à Longuyon (M.-et-M.).

ROYAN 17200 Char.-Mar. 🇫🇷 ⑮ G. Poitou Vendée Charentes – 16 837 h alt. 20 – Casino Royan Pontaillac A.

Voir Front de mer★ – Église Notre-Dame★ E – Corniche★ et Conche★ de Pontaillac.

Bac: pour le Verdon-s-Mer 𝒫 05 46 38 35 15.

🛈 Office de Tourisme Palais des Congrès 𝒫 05 46 23 00 00 et 05 46 05 04 71, Fax 05 46 38 52
01 et Rd-Pt de la Poste 𝒫 05 46 05 04 71, Fax 05 46 06 67 76.

Paris 505 ① – Bordeaux 121 ② – Périgueux 178 ② – Rochefort 40 ⑤ – Saintes 36 ①.

Plans pages suivantes

🏨 **Novotel** Ⓜ 🦢, bd Carnot - Conche du Chay 𝒫 05 46 39 46 39, Fax 05 46 39 46 46, ≤ mer,
🍽, centre de thalassothérapie, 🗲 – |🛗| 🌊 📺 ☎ ৫ 🅿 – 🛗 15 à 130. 🝙 ⓞ 🇬🇧
🇯🇵   A b
Repas (99) - 118/145 ⌄, enf. 65 – ⊇ 62 – **83 ch** 050

🏨 **Family Golf Hôtel** sans rest, 28 bd Garnier 𝒫 05 46 05 14 66, Fax 05 46 06 52 56, ≤ – |🛗|
📺 🐾 🅿 🇬🇧   C m
15 mars-fin oct. – ⊇ 45 – **33 ch** 400/550

🏨 **Les Bleuets**, 21 façade Foncillon 𝒫 05 46 38 51 79, Fax 05 46 23 82 00 – 📺 ☎ ৫. 🇬🇧.
🦢   B a
fermé 16 fév. au 4 mars – **Repas** (fermé vend. et dim. hors saison) (dîner seul.) (79) 105 ⌄ –
⊇ 32 – **16 ch** 274/379 – ½ P 269/319

🏨 **Beau Rivage** sans rest, 9 façade Foncillon 𝒫 05 46 39 43 10, Fax 05 46 38 22 50, ≤ – |🛗|
🌊 📺 ☎ ৫. 🇬🇧   B z
fermé 15 déc. au 15 janv. – ⊇ 40 – **22 ch** 340/450

🏨 **Corinna** 🦢 sans rest, 5 r. Amazones 𝒫 05 46 39 82 53 – ☎ ৫ 🅿. 🇬🇧. 🦢   A d
Pâques-fin sept. – ⊇ 34 – **14 ch** 280/300

🍴 **Pasteur** sans rest, 40 r. Pasteur 𝒫 05 46 05 14 34, Fax 05 46 05 90 60 – ☎ ৫. 🇬🇧
⊇ 28 – **15 ch** 180/300   B s

🍽🍽 **Chalet**, 6 bd La Grandière 𝒫 05 46 05 04 90 – 🍴. 🝙 ⓞ 🇬🇧   C u
fermé 10 janv. au 5 fév. – **Repas** 115 (déj.), 148/290 ⌄, enf. 60

🍽🍽 **Relais de la Mairie**, 1 r. Chay 𝒫 05 46 39 03 15, Fax 05 46 39 13 32 – 🍴. 🝙 ⓞ
🇬🇧   A k
fermé 13 nov. au 5 déc., vacances de fév., dim. soir et jeudi soir d'oct. à mai et mardi –
Repas 85/185 👍, enf. 48

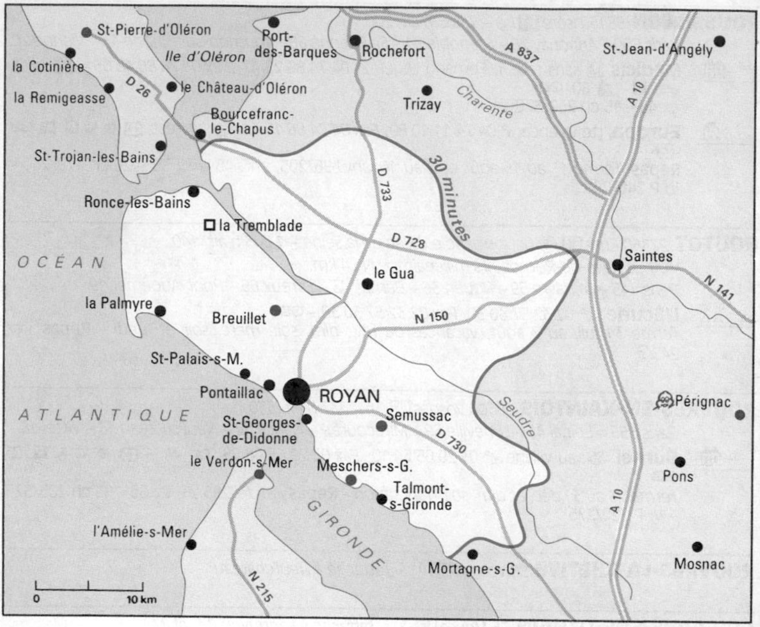

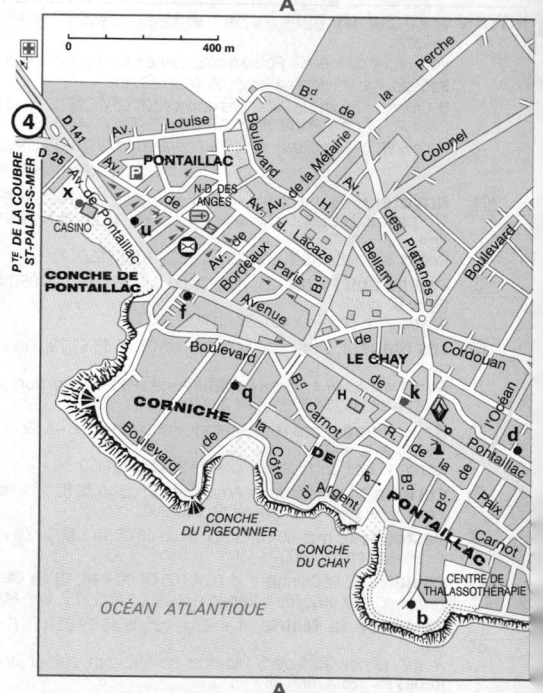

ROYAN

Alsace-Lorraine (R.) . . . . . . **B** 3
Briand (Bd A.) . . . . **B** 5
Conche-du-Chay (Av. de la). . . . . **A** 6
Desplats (R. du Colonel) . . . . **B** 7
Dr. Audouin (Bd du) . . . . . . **B** 8
Dr. Gantier (Pl. du) . . . . **C** 9
Dugua (R. P.) . . . . **B** 10
Europe (Cours de l') . . . . . . **C**
Façade de Foncillon . . . . . . **B** 12
Foch (Pl. Mar.) . . . . **C** 15
Foncillon (R. de) . . . . **B** 16
Font-de-Cherves (R.) . . . . . **B** 17
Gambetta (R.) . . . . **B**
Gaulle (Pl. Ch.-de) . . . . **B** 19
Germaine-de-la-Falaise (Bd) . . . . **AB** 20
Grandière (Bd de la). . . . . . **C** 21
Leclerc (Av. Mar.) . . . . **C** 26
Libération (Av. de la) . . . . . **C** 28
Loti (R. Pierre). . . . . **B**
Notre-Dame (R.) . . . . **B** 32
Parc (Av. du) . . . . **C** 35
République (Bd de la) . . . . **B** 40
Rochefort (Av. de) . . . . **B** 42
Schuman (Pl. R.). . . . . **B** 45
Semis (Av. des). . . . . **C** 46
Thibeaudeau (Rd-Pt. du Cdt.). . . . . **B** 48
5-Janvier-1945 (Bd du) . . . **B** 52

Les pastilles numérotées des plans de villes ①, ②, ③ sont répétées sur les ***cartes Michelin à 1/200 000.*** *Elles facilitent ainsi le passage entre les* ***cartes*** *et les* ***guides Michelin.***

à Pontaillac

Grand Hôtel de Pontaillac sans rest, 195 av. Pontaillac ✆ 05 46 39 00 44, *Fax 05 46 39 04 05*, ≤ – ▮ TV ☎ ⇔. GB — A u
15 avril-30 sept. – ☕ 45 – **41 ch** 550/600

Résidence de Saintonge ⛰, 10 allée des Algues ✆ 05 46 39 00 00, *Fax 05 46 39 07 00* – TV ☎ P. GB — A q
8 avril-30 sept. – ***Pavillon Bleu :*** **Repas** 68/180 ♀, enf. 45 – ☕ 39 – **40 ch** 230/350 – ½ P 340/360

Belle-Vue sans rest, 122 av. Pontaillac ✆ 05 46 39 06 75, *Fax 05 46 39 44 92*, ≤ – TV ☎ P. AE ⓓ GB — A f
mars-oct. – ☕ 38 – **18 ch** 375

Jabotière, esplanade de Pontaillac ✆ 05 46 39 91 29, *Fax 05 46 38 39 93*, ≤ Conche de Pontaillac – AE GB JCB — A x
fermé 21 au 27 déc., 2 janv. au 2 fév. et lundi hors saison – **Repas** 145/400 et carte 320 à 400 ♀

rte de St-Palais *par ④ : 3,5 km – ✉ 17640 Vaux sur-Mer :*

Résidence de Rohan ⛰ sans rest, Conche de Nauzan ✆ 05 46 39 00 75, *Fax 05 46 38 29 99*, ≤, « Villas dans un parc dominant la plage », 🏖, 🎾 – TV ☎ 📞 P. AE GB
25 mars-11 nov. – ☕ 57 – **41 ch** 560/750

Au moment de chercher un hôtel ou un restaurant, soyez efficace. Sachez utiliser les noms ***soulignés en rouge*** *sur les* ***cartes Michelin*** *à 1/200 000.*
Mais ayez une carte à jour!

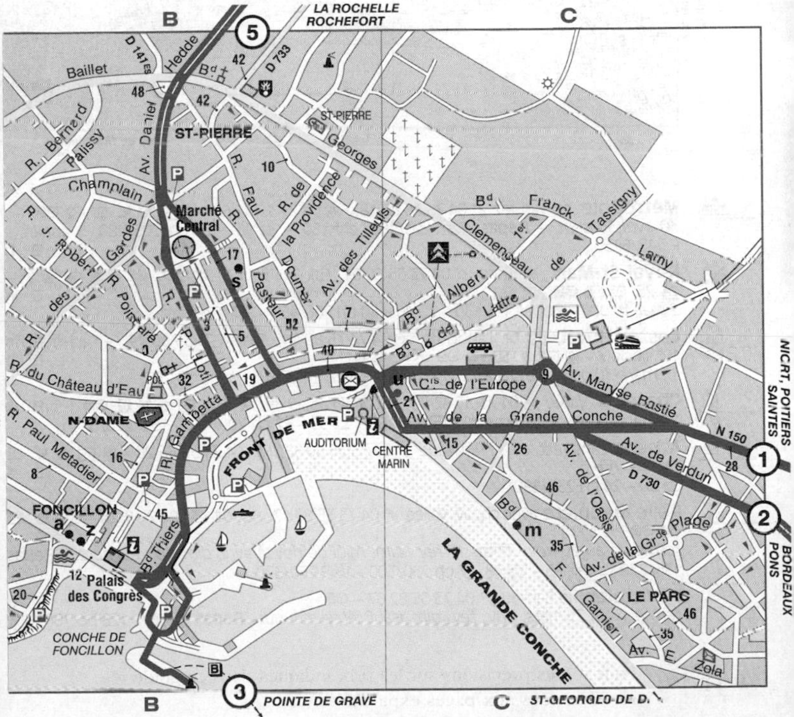

ROYAT 63130 P.-de-D. **73** ⑭ G. Auvergne – 3 950 h alt. 450 – Stat. therm. (fin mars/fin oct.) – Casino B.

Voir Église St-Léger★.

Circuit automobile de montagne d'Auvergne.

🛈 Office de Tourisme 1 av. Auguste-Rouzaud 🖉 04 73 29 74 70, Fax 04 73 35 81 07.

Paris 428 – Clermont-Ferrand 5 – Aubusson 90 – La Bourboule 47 – Le Mont-Dore 40.

Accès et sorties : voir plan de Clermont-Ferrand.

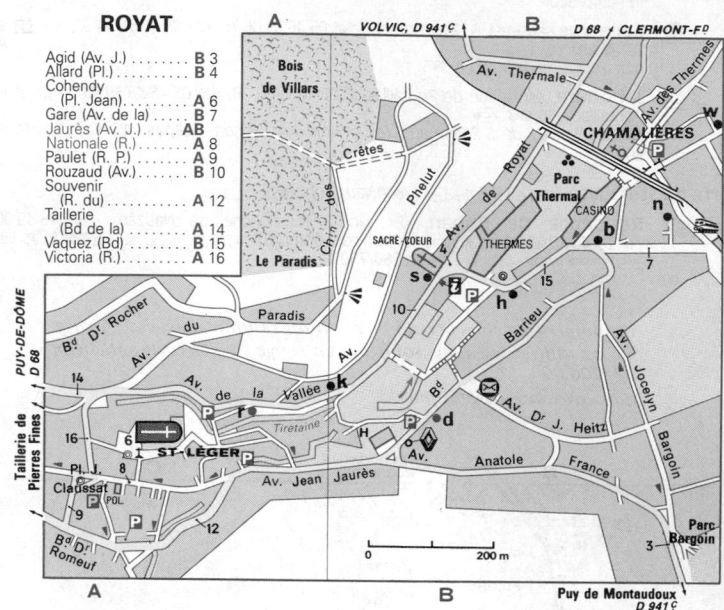

ROYAT

Agid (Av. J.) .... **B** 3
Allard (Pl.) .... **B** 4
Cohendy
  (Pl. Jean) .... **A** 6
Gare (Av. de la) .... **B** 7
Jaurès (Av. J.) .... **AB**
Nationale (R.) ...... **A** 8
Paulet (R. P.) ...... **A** 9
Rouzaud (Av.) ...... **B** 10
Souvenir
  (R. du) .... **A** 12
Taillerie
  (Bd de la) .... **A** 14
Vaquez (Bd) .... **A** 15
Victoria (R.) .... **A** 16

🏨🏨 **Métropole**, bd Vaquez 🖉 04 73 35 80 18, Fax 04 73 35 66 67 – |❚| 🆃🆅 ☎ ✆. ▣ ⓞ ▣
  30 avril-30 sept. – **Repas** (125) - 145/165, enf. 80 – ☲ 46 – **61 ch** 205/480, 5 appart –
  P 345/615   **B h**

🏨🏨 **Royal St-Mart**, av. Gare 🖉 04 73 35 80 01, Fax 04 73 35 75 92, 🌣, 🌳 – |❚| 🆃🆅 ☎ 🄿 –
  ⚬ 25. ▣ ⓞ ▣
  2 mai-1er oct. – **Repas** 130/150 – ☲ 40 – **50 ch** 200/450 – P 270/520   **B n**

🏨🏨 **Castel Hôtel**, pl. Dr Landouzy 🖉 04 73 35 80 14, Fax 04 73 35 80 49, ≼, « Hôtel fin
  19e siècle » – |❚| 🆃🆅 ☎ ⓞ ▣ JCB. ⚖ ch
  1er mars-30 oct. – **Repas** 80/210 – ☲ 33 – **54 ch** 145/320 – ½ P 210/265 **B b**

🏨 **Chatel**, av. Vallée 🖉 04 73 35 82 78, Fax 04 73 35 79 49, 🌣 – |❚| 🆃🆅 ☎ ✆ 🄿. ▣ **B k**
  20 mars-25 oct. – **Repas** 82/220 ♈, enf. 55 – ☲ 39 – **32 ch** 200/450 – ½ P 270/310

🏨 **Athena** sans rest, av. A. Rouzaud 🖉 04 73 35 80 32, Fax 04 73 35 66 26 – |❚| 🆃🆅 ☎ ✆. ▣
  ⓞ ▣ JCB
  ☲ 30 – **24 ch** 230/290   **B s**

XX **Belle Meunière** avec ch, av. Vallée 🖉 04 73 35 80 17, Fax 04 73 29 92 18, 🌣 – 🆃🆅 ☎. ▣
  ⓞ ▣
  fermé 1er au 20 nov., 1er au 15 fév., sam. midi de nov. à avril, dim. soir et merc. – **Repas** **A r**
  135/270 ♈, enf. 65 – ☲ 38 – **7 ch** 230/300 – ½ P 260/300

X **L'Hostalet**, bd Barrieu 🖉 04 73 35 82 67 – ▣   **B d**
  fermé 1er au 25 mars, janv., fév., dim. (sauf fêtes) et lundi – **Repas** 78 (déj.), 128 bc/188

Les prix   Pour toutes précisions sur les prix indiqués dans ce guide,
              reportez-vous aux pages explicatives.

ROYE 80700 Somme 52 ⑳ G. Picardie Flandres Artois – 6 333 h alt. 88.
Paris 113 ⑤ – Amiens 46 ⑤ – Compiègne 42 ⑤ – Arras 75 ⑤ – St-Quentin 47 ②.

ROYE

Amiens (R. d') 3
Basse-Ville (R.) 4
Cordeliers (R. des) 6
Dr-Duquesnel (R.) 7
Est (Bd de l') 9
Fontaines (R. des) 10
Goyencourt (R. de) 12
Jean-Jaurès (Av.) 13
Lavaquerie (R.) 15
Leclerc (Bd Gén.) 16
Paris (R. de) 18
République (Pl. de la) 19
St-Gilles (R.) 21

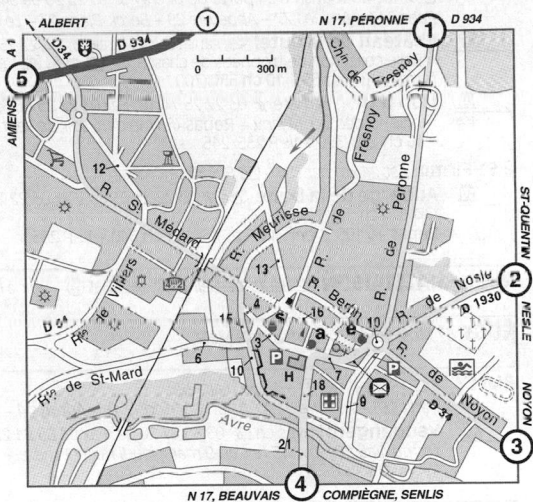

*Pas de publicité
payée dans ce guide*

XXX **Flamicho** (Mme Klopp), pl. H. de Ville (a) , ℰ 03 22 87 00 56, Fax 03 22 78 46 77 – ▤ ⑩
☼ GB
fermé 23 déc. au 15 janv., dim. soir et lundi – **Repas** 150/595 et carte 300 à 610 ♈
Spéc. Flamiche aux poireaux (sept. à mai). Escabèche d'anguille de Somme. Caneton croisé
au vinaigre d'aubépine.

XX **Florentin et Hôtel Central** avec ch, 36 r. Amiens (s) ℰ 03 22 87 11 05,
Fax 03 22 87 42 74 – ▤ rest, ▥ ☎. ஊ GB
fermé 15 au 31 août, dim. soir et lundi – **Repas** 88/220 – �□ 30 – **8 ch** 230/320

XX **Nord** avec ch, pl. République (e) ℰ 03 22 87 10 87, Fax 03 22 87 46 88 – GB
fermé 10 au 28 fév., 15 au 31 juil., mardi soir et merc. – **Repas** 95/295 ♈, enf. 65 – �□ 30 –
7 ch 165/180

ROYE 70 H.-Saône 66 ⑦ – rattaché à Lure.

Le ROZIER 48150 Lozère 80 ④ ⑤ G. Languedoc Roussillon – 157 h alt. 400.
Voir *Terrasses du Truel* ≼≺ E : 3,5 km – Gorges du Tarn★★★.
Env. *Chaos de Montpellier-le-Vieux*★★★ S : 11,5 km – Corniche du Causse Noir ≼≺★★ SE :
13 km puis 15 mn.
🛈 Office de Tourisme ℰ 05 65 62 60 89, Fax 05 65 62 60 27.
Paris 640 – Mende 63 – Florac 57 – Millau 23 – Sévérac-le-Château 31 – Le Vigan 72.

🏨 **Grand Hôtel de la Muse et du Rozier** Ⓜ ⌂, à La Muse (D 907) rive droite du Tarn
✉ 12720 Peyreleau (Aveyron) ℰ 05 65 62 60 01, Fax 05 65 62 63 88, ≼, ⚘, « Au bord du
Tarn », ⊿, ☞ – ▥ ☎ ⅌. ஊ ⑩ GB
1ᵉʳ avril-2 nov. – **Repas** 95 (déj.), 160/220 ♈ – �□ 65 – **38 ch** 505/670 – ½ P 470/550

🏨 **Doussière** sans rest, ℰ 05 65 62 60 25, Fax 05 65 62 65 48, ☞ – ☎ ⅌. GB
Pâques-11 nov. – �□ 34 – **20 ch** 235/315

RUCH 33350 Gironde 75 ⑬ – 509 h alt. 100.
Paris 564 – Bordeaux 48 – Bergerac 56 – La Réole 27.

🏨 **Château Lardier** ⌂ sans rest, ℰ 05 57 40 54 11, Fax 05 57 40 72 35, ⊿, ☞ – ▥ ☎ ⅌.
GB
1ᵉʳ mars-31 oct. – �□ 30 – **9 ch** 250/300

A good moderately priced meal : 🍽 **Repas** 100/130

RUE 80120 Somme 52 ⑥ *G. Picardie Flandres Artois* – 2 942 h alt. 9.

Voir *Chapelle du St-Esprit★ : intérieur★★*.

🛈 *Office de Tourisme 54 porte de Bécray 𝒫 03 22 25 69 94, Fax 03 22 25 76 26.*

Paris 213 – Amiens 77 – Abbeville 29 – Berck-Plage 23 – Le Crotoy 8.

🏥 **Château de Broutel** ⟋ sans rest, r.Marais 𝒫 03 22 25 75 07, Fax 03 22 25 04 32, parc, « Belle collection de trophées de chasse » – 🔟 ☎ 📞 🄟 – 🛦 200. 🆚
fermé fév. – ☲ 55 – **10 ch** 550/700

🏥 **Lion d'Or**, r. Barrière 𝒫 03 22 25 74 18, Fax 03 22 25 66 63 – 🔟 ☎. 🆚. 🛠 ch
fermé 18 déc. au 14 janv. – **Repas** *(fermé dim. soir de sept. à juin)* 85/190 ♀, enf. 55 – ☲ 35 – **16 ch** 240/320 – ½ P 235/245

à St-Firmin *Est : 4 km par D 4 –* ✉ 80550 Le Crotoy :

🏥 **Auberge de la Dune** ⟋, 𝒫 03 22 25 01 88, Fax 03 22 25 66 74, 🏡, 🌭 – 🔟 ☎ 📞 🕹 🄟. 🆚. 🛠 ch
Repas 88/195 ♀, enf. 45 – ☲ 45 – **11 ch** 340 – ½ P 285

RUEIL-MALMAISON 92 Hauts-de-Seine 55 ⑳,, 101 ⑭ – *voir à Paris, Environs.*

RUGY 57 Moselle 57 ④ – *rattaché à Metz.*

RULLY 71150 S.-et-L. 70 ① – 1 635 h alt. 220.

Paris 333 – Beaune 21 – Chalon-sur-Saône 18 – Autun 44 – Chagny 17 – Le Creusot 32.

XX **Vendangerot** avec ch, 𝒫 03 85 87 20 09, Fax 03 85 91 27 18, 🏡 – 🔟 ☎ 📞 🄟. 🆚
fermé 4 au 20 janv., 15 fév. au 9 mars, jeudi midi et merc. – **Repas** 98/240 ♀ – ☲ 40 – **14 ch** 190/300 – ½ P 278

RUMILLY 74150 H.-Savoie 74 ⑤ *G. Alpes du Nord* – 9 991 h alt. 334.

🛈 *Office de Tourisme de l'Albanais 𝒫 04 50 64 58 32, Fax 04 50 64 69 21.*

Paris 534 – Annecy 24 – Aix-les-Bains 21 – Bellegarde-sur-Valserine 37 – Genève 58.

X **Boîte à Sel**, 27 r. Pont-Neuf 𝒫 04 50 01 02 52, Fax 04 50 01 02 52 – 🔟. 🆚
fermé 1er au 24 août, dim. soir et lundi – **Repas** 68 (déj.), 78/150 ♨, enf. 35

à Moye *Nord-Ouest : 4 km par D 231 – 697 h. alt. 472 –* ✉ 74150 :

🏥 **Relais du Clergeon** ⟋, 𝒫 04 50 01 23 80, Fax 04 50 01 41 38, ≤, 🏡, 🌭 – ☎ 📞 🄟. 🄰🄴 ① 🆚 🄹🄲🄱
fermé 2 au 30 janv., dim. soir et lundi – **Repas** *(dim. et fêtes prévenir)* (67) - 85/280 ♀, enf. 49 – ☲ 35 – **18 ch** 155/315 – ½ P 240/298

RUNGIS 94 Val-de-Marne 61 ①,, 101 ㉖ – *voir à Paris, Environs.*

RUOMS 07120 Ardèche 80 ⑨ *G. Vallée du Rhône* – 1 858 h alt. 121.

Voir *Défilé★ NO : 2,5 km – Gorges de la Beaume★ O : 4 km – Auriolles : Promenade★ à Labeaume SO : 4 km puis 30 mn.*

🛈 *Office de Tourisme r. Alphonse-Daudet 𝒫 04 75 93 91 90, Fax 04 75 39 78 91.*

Paris 653 – Alès 54 – Aubenas 26 – Pont-St-Esprit 55.

rte des Vans *Sud-Ouest : 3,5 km par D 111 –* ✉ 07120 Ruoms :

🏥 **Chapoulière**, 𝒫 04 75 39 65 43, Fax 04 75 39 75 82, 🏡, 🌭 – 🔟 ☎ 🄟. 🆚
10 mars-31 oct. et fermé dim. soir et lundi en mars et oct. – **Repas** 95/225, enf. 49 – ☲ 45 – **12 ch** 260/320 – ½ P 300

domaine du Rouret *près Grospierres, Sud-Ouest : 11 km par D 111 –* ✉ 07120 Grospierres :

🏥🏥 **Maéva Latitudes Le Rouret** ⟋, 𝒫 04 75 35 77 00, Fax 04 75 93 97 46, ≤, 🏡, « Parc ombragé et complexe de loisirs », 🏋, 🏊, 🔲, 🎾 – 📱 🗐 🔟 ☎ 📞 🕹 🄟 – 🛦 600. 🄰🄴 ① 🆚.
🛠 rest
1er avril-28 oct. – **Repas** (75) - 120, enf. 50 – **113 ch** ☲ 580 – ½ P 520

RUPT-SUR-MOSELLE 88360 Vosges 62 ⑰ – 3 470 h alt. 424.

🛈 *Syndicat d'Initiative Mairie 10 r. de l'Église 𝒫 03 29 24 34 09.*

Paris 402 – Épinal 38 – Belfort 58 – Colmar 82 – Mulhouse 69 – St-Dié 66 – Vesoul 59.

🏥 **Relais Benelux-Bâle**, 69 r. Lorraine 𝒫 03 29 24 35 40, Fax 03 29 24 40 47, 🏡, 🌭 – 🔟 ☎ 📞 📱 🄟. 🄰🄴 🆚
fermé 22 déc. au 15 janv. et dim. soir sauf juil.-août – **Repas** 72 (déj.), 80/250 ♀, enf. 51 – ☲ 35 – **10 ch** 220/320 – ½ P 190/220

Centre, r. Église ℰ 03 29 24 34 73, Fax 03 29 24 45 26 – 📺 ☎ 💺 ⛭ 🅿 – 🛗 20 🆎 ⊙ GB JCB

fermé 12 au 19 juin, 9 au 16 oct., 12 au 19 janv., dim. soir et lundi sauf juil.-août et fériés – **Repas** 75 (déj.), 110/360 ⅀, enf. 60 – ⟺ 38 – **9 ch** 165/310 – ½ P 220/300

RUYNES-EN-MARGERIDE *15320 Cantal* 📶 ⑭ ⑮ – *605 h alt. 920.*

Paris 528 – *Aurillac 90 – Le Puy-en-Velay 82 – St-Chély-d'Apcher 28 – St-Flour 16.*

Moderne, ℰ 04 71 23 41 17, Fax 04 71 23 49 82, 🌫 – 📺 ☎ 💺 🅿 GB
5 mars-mi-oct. – **Repas** (49) 62/150 ⅀, enf. 42 – ⟺ 52 – **20 ch** 108/220 – ½ P 220/230

Les SABLES-D'OLONNE ⟨SP⟩ *85100 Vendée* 🔷 ⑫ *G. Poitou Vendée Charentes* – *15 830 h*
alt. 4 – *Casinos des Pins CY, Casino de la Plage AZ.*

Voir *Le Remblai★*.

🛈 *Office de Tourisme Centre de Congrès "les Atlantes" 1 prom. Joffre ℰ 02 51 96 85 85, Fax 02 51 96 85 71.*

Paris 457 ⑦ – *La Roche-sur-Yon 38 ② – Cholet 107 ② – Nantes 104 ② – Niort 113 ①.*

Plan page suivante

Mercure Ⓜ 🏊, au Lac de Tranchet par la corniche : 2,5 km ℰ 02 51 21 77 77, Fax 02 51 21 77 80, ≤, 🌳, centre de thalassothérapie, 🛗, 🔲 – 🛗 ✦ 🍴 📺 ☎ 💺 ⅙ 🅿 – 🛗 120. 🆎 ⊙ GB. 🍴 rest   CY f
fermé 7 au 21 janv. – **Repas** (100) 150/175 ⅀, enf. 60 – ⟺ 67 – **100 ch** 720/800

Atlantic Hôtel, 5 prom. Godet ℰ 02 51 95 37 71, Fax 02 51 95 37 30, ≤, 🔲 – 🛗, 🍴 rest, 📺 ☎ 💺 ⅙ 🅿 – 🛗 25. 🆎 ⊙ GB   BY e
Sloop (*fermé déc., vend. et dim. d'oct. à mars*) **Repas** 99/250 ⅚, enf. 59 – ⟺ 52 – **30 ch** 450/760 – ½ P 500/600

Roches Noires sans rest, 12 prom. G. Clemenceau ℰ 02 51 32 01 71, Fax 02 51 21 61 00, ≤ – 🛗 📺 ☎ 💺 ⅙. 🆎 GB   BY s
⟺ 45 – **37 ch** 390/670

Arundel, 8 bd F. Roosevelt ℰ 02 51 32 03 77, Fax 02 51 32 86 28 – 🛗 ✦ 📺 ☎ 💺. 🆎 ⊙ GB. 🍴 rest   AZ k
Repas (*1er juin-15 sept.*) (résidents seul.) 105 (déj.), 128/135 – ⟺ 48 – **42 ch** 430/700 – ½ P 400/500

Admiral's sans rest, Port Olona ℰ 02 51 21 41 41, Fax 02 51 32 71 23 – 🛗 📺 ☎ 💺 ⅙ 🅿 – 🛗 25. 🆎 ⊙ GB   AY q
fermé 24 déc. au 5 janv. et dim. en hiver – ⟺ 45 – **33 ch** 380/435

Hirondelles, 44 r. Corderies ℰ 02 51 95 10 50, Fax 02 51 32 31 01 – 🛗 📺 ☎ 💺 ⅙ 🌫 🅿. GB   BZ r
hôtel : 1er avril-6 nov. ; rest. : 1er avril-20 sept. – **Repas** 85/150 ⅀, enf. 50 – ⟺ 38 – **64 ch** 390/410 – ½ P 350

Calme des Pins Ⓜ, 43 av. A. Briand ℰ 02 51 21 03 18, Fax 02 51 21 59 05 – 🛗 ☎ 💺 ⅙ 🅿 GB   CY v
Pâques-30 sept. – **Repas** 90/150, enf. 50 – ⟺ 38 – **45 ch** 370/430 – ½ P 355/375

Antoine, 60 r. Napoléon ℰ 02 51 95 08 36, Fax 02 51 23 92 78 – 📺 ☎ 🌫. GB. 🍴
mars-Toussaint – **Repas** (dîner seul.)(résidents seul.) 100/130 – ⟺ 32 – **20 ch** 320/350 – ½ P 300   AZ a

Les Embruns sans rest, 33 r. Lt Anger ℰ 02 51 95 25 99, Fax 02 51 21 37 95 – 📺 ☎ 💺. GB   AY n
fermé dim. d'oct. à mai – ⟺ 38 – **21 ch** 250/300

Chêne Vert, 5 r. Bauduère ℰ 02 51 32 09 47, Fax 02 51 21 29 65 – 🛗 📺 ☎. 🆎 GB   BZ p
fermé 24 déc. au 15 janv., sam. (sauf hôtel) et dim. d'oct. à mars – **Repas** 52/118 ⅀, enf. 38 – ⟺ 36 – **33 ch** 250/330 – ½ P 290/300

Alizé Hôtel sans rest, 78 av. A. Cabaret ℰ 02 51 32 44 90, Fax 02 51 21 49 59 – 📺 ☎. ⊙ GB   BY n
fermé 20 oct. au 20 fév. et dim. sauf juil.-août – ⟺ 30 – **24 ch** 210/290

Merle Blanc sans rest, 59 av. A. Briand ℰ 02 51 32 00 35, 🌫 – 📺 ☎. 🆎 GB   CY t
⟺ 33 – **23 ch** 150/340

LES SABLES-D'OLONNE

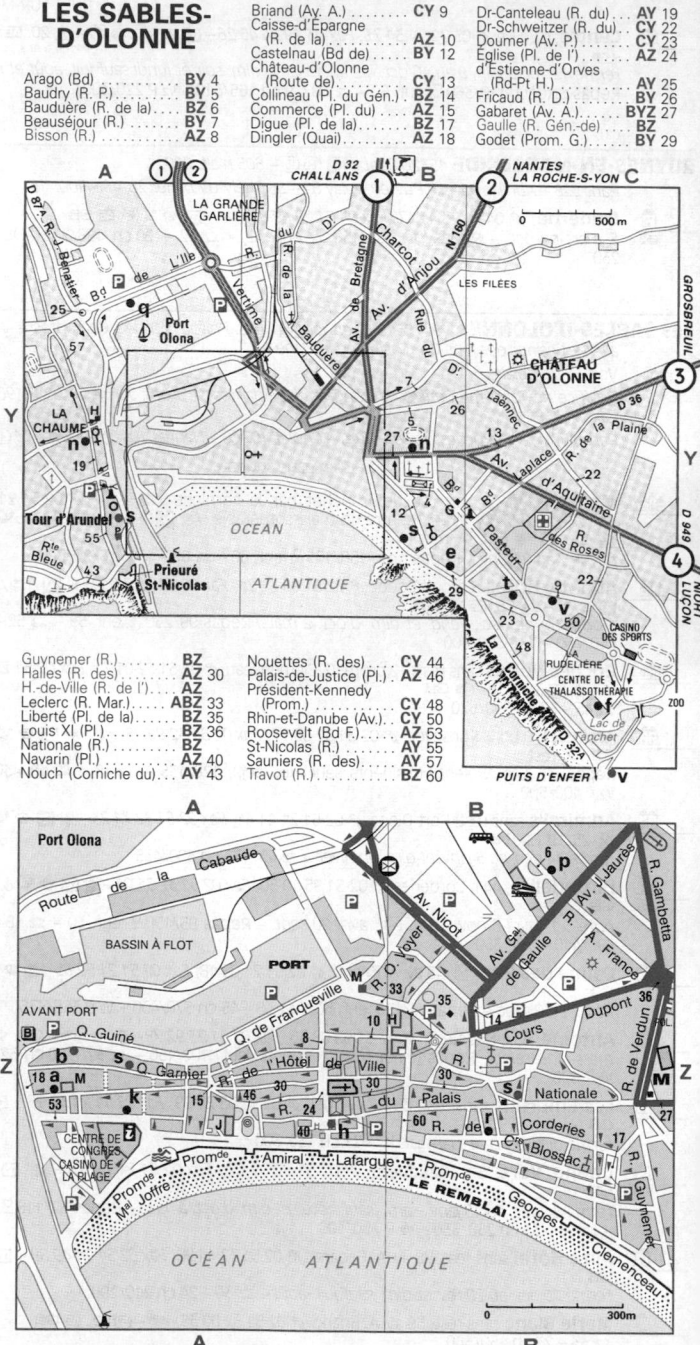

XXX **Beau Rivage** (Drapeau), 1 bd de Lattre de Tassigny, près Lac de Tanchet (par la corniche) ✆ 02 51 32 03 01, *Fax 02 51 32 46 18*, ≤ Océan et les Sables – ▤ ⇔ P. AE ① GB CY v
fermé 13 au 27 nov., 8 au 22 janv., dim. soir et lundi de sept. à juin sauf fériés – **Repas** 260/510 et carte 400 à 560 ♀, enf. 125 - ***Bistrot "la Mytiliade"*** ✆02 51 95 47 47 (rez-de-chaussée) **Repas** 130/150 ♀
Spéc. Millefeuille de langouste (printemps-été). "Côtes" de turbot aux legumes. Farandole des desserts.

XX **Sablier,** 56 r. Nationale ✆ 02 51 21 09 54 – AE GB BZ s
fermé 22 au 28 janv., dim. soir et lundi – **Repas** 98/260 ♀

XX **Navarin,** pl. Navarin ✆ 02 51 21 11 61, *Fax 02 51 96 91 02*, ≤, 余 – ▤. AE GB AZ h
fermé 15 au 30 nov., dim. soir et lundi sauf juil.-août – **Repas** 105/250 ♀

XX **Pêcherie,** 4 quai Boucaniers, la Chaume ✆ 02 51 95 18 27, *Fax 02 51 95 18 27* – GB
fermé 19 au 24 juin, 15 au 30 oct., 8 janv. au 3 fév., lundi en juil.-août, mardi et merc. de sept. à juin – **Repas** 130/230 ♀ AY s

XX **Loulou,** rte Bleue, la Chaume : 4 km ✆ 02 51 21 32 32, *Fax 02 51 21 32 32*, ≤ – GB
fermé 5 nov. au 5 déc., dim. soir de sept. à juin et lundi – **Repas** 120/350

XX **Clipper,** 19 bis quai Guiné ✆ 02 51 32 03 61, *Fax 02 51 95 21 28* – ▤. GB AZ b
fermé 20 au 26 nov., 5 au 25 fév., lundi en juil.-août, mardi soir et merc. de sept. à juin – **Repas** 69/195 ♀

XX **Fleur des Mers,** 5 quai Guiné ✆ 02 51 95 18 10, *Fax 02 51 96 96 10*, 余 – GB AZ s
fermé 15 janv. au 15 fév., dim. soir et lundi – **Repas** 89/145 ♀, enf. 49

La Pironnière *Sud-Est : 4 km par la corniche* – ✉ *85100 Château-d'Olonne :*

XX **Auberge Robinson,** 51 r. du Puits d'Enfer ✆ 02 51 23 92 65, *Fax 02 51 21 28 60* – AE GB
fermé 1er au 21 déc., dim. soir de sept. à mars et lundi – **Repas** 95 (déj.), 150/230 ♀

à l'anse de Cayola *Sud-Est : 7 km par la Corniche* – ✉ *85180 Château-d'Olonne :*

XXX **Cayola,** 76 promenade de Cayola ✆ 02 51 22 01 01, *Fax 02 51 22 08 28*, ≤ mer, « Villa contemporaine avec piscine et terrasse dominant la mer », ⛱, 余 – ▤ P. AE GB
fermé janv., dim. soir et lundi sauf de juin à août – **Repas** 145/495 et carte 230 à 490 ♀, enf. 75

SABLES-D'OR-LES-PINS *22 C.-d'Armor* 59 ④ *G. Bretagne* – ✉ *22240 Fréhel.*
Paris 458 – St-Brieuc 39 – St-Malo 45 – Dinan 46 – Dol-de-Bretagne 62 – Lamballe 27.

Manoir St-Michel ⛰ sans rest, à la Carquois, Est : 1,5 km par D 34 ✆ 02 96 41 48 87, *Fax 02 96 41 41 55*, « Jardin et plan d'eau », 🛋 – TV ☎ P. GB
1er avril-2 nov. – ☕ 42 – **17 ch** 330/650, 3 duplex

Voile d'Or - La Lagune (Hellio), ✆ 02 96 41 42 49, *Fax 02 96 41 55 45*, ≤, 🛋 – TV ☎ ♿ P. AE GB JCB
15 mars-30 nov. – **Repas** *(fermé lundi midi et mardi midi)* 160/400 ♀, enf. 100 – ☕ 60 – **23 ch** 450/780 – 1/2 P 450/650
Spéc. Huitres chaudes, sabayon de cidre et pommes concassées. Homard rôti au beurre salé. Craquant au chocolat amer.

Manoir de la Salle M ⛰ sans rest, r. Lac - Sud-Ouest : 1 km par D 34 ✉ 22240 Plurien ✆ 02 96 72 38 29, *Fax 02 96 72 00 57*, « Demeure du 16e siècle », 🛋 TV ☎ P. AE ① GB
1er avril-31 oct. – ☕ 40 – **14 ch** 250/700

Diane, ✆ 02 96 41 42 07, *Fax 02 96 41 42 67*, 余, 🛋 – |‡| TV ☎ ♿. AE GB
3 avril-15 oct. – **Repas** 80/300 ♀, enf. 55 – ☕ 45 – **28 ch** 350/450 – 1/2 P 350/380

Morgane sans rest, ✆ 02 96 41 46 90, *Fax 02 96 41 57 85*, 🛋 – TV ☎ P. GB
1er avril-30 sept. – ☕ 42 – **19 ch** 320/400

Bon Accueil sans rest, ✆ 02 96 41 42 19, *Fax 02 96 41 57 59*, 🛋 – |‡| ☎ P. GB
8 avril-30 sept. – ☕ 45 – **38 ch** 280/400

Pins, ✆ 02 96 41 42 20, *Fax 02 96 41 59 02*, 🛋 – ☎. AE GB
1er avril-30 sept. – **Repas** 78/198, enf. 46 – ☕ 38 – **22 ch** 240/290 – 1/2 P 310

à Pléhérel-plage *Est : 3,5 km par D 34* – ✉ *22240 Fréhel :*

Plage et Fréhel ⛰, ✆ 02 96 41 40 04, *Fax 02 96 41 57 96*, ≤, 🛋 – ☎ P. GB. ⛔ rest
4 avril-30 sept. et 21 oct.-11 nov. – **Repas** 85/215 ♀, enf. 52 – ☕ 39 – **27 ch** 165/298 – 1/2 P 242/320

Prices For notes on the prices quoted in this Guide, see the explanatory pages.

SABLÉ-SUR-SARTHE 72300 Sarthe 🗺️ ① G. Châteaux de la Loire – 12 178 h alt. 29.

🔹 Office de Tourisme pl. R.-Élizé 🌫 02 43 95 00 60, Fax 02 43 92 60 77.

Paris 251 – Le Mans 60 – Angers 64 – La Flèche 27 – Laval 44 – Mayenne 59.

Hostellerie St-Martin, 3 r. Haute St-Martin 🌫 02 43 95 00 03, 🏠 – ⚎ ⓘ ⚏. ⚜
Repas 95/185, enf. 55

à Solesmes Nord-Est : 3 km par D 22 – 1 277 h. alt. 28 – ⊠ 72300 :

Voir Statues des "Saints de Solesmes"★★ dans l'église abbatiale★ (chant grégorien) – Pont ⇐★.

Grand Hôtel, 🌫 02 43 95 45 10, Fax 02 43 95 22 26, ℔ – ⫯ 📺 ☎ 🅿 – ⚐ 50. ⚎ ⓘ ⚏
Repas (fermé dim. soir de nov. à mars) 140/220 ⚜ – ⚌ 60 – **34 ch** 450/600 – ½ P 450

au Golf Sud-Ouest : 5 km par rte de Pincé (D 159) et rte secondaire – ⊠ 72300 Sablé-sur-Sarthe :

Martin Pêcheur, 🌫 02 43 95 97 55, Fax 02 43 92 37 10, ⇐, 🏠 – ⚏ 🅿. ⚏
fermé le soir de déc. à mars, dim. soir et lundi – **Repas** 113/240 ⚜

SABRES 40630 Landes 🗺️ ④ G. Aquitaine – 1 096 h alt. 78.

Voir Ecomusée★ de la grande Lande NO : 4 km.

Paris 681 – Mont-de-Marsan 36 – Arcachon 93 – Bayonne 110 – Bordeaux 102 – Mimizan 41.

Auberge des Pins ⚐, 🌫 05 58 08 30 00, Fax 05 58 07 56 74, 🏠, parc – ⚍ 📺 ☎ ⚏ 🅿
– ⚐ 25. ⚎ ⓘ ⚏. ⚜ ch
fermé 8 au 22 janv., lundi (sauf hôtel) et dim. soir d'oct. à avril – **Repas** 100/400 ⚜, enf. 70 –
⚌ 55 – **25 ch** 320/700 – ½ P 460

SACHÉ 37 I.-et-L. 🗺️ ⑭ – rattaché à Azay-le-Rideau.

SAIGNES 15240 Cantal 🗺️ ② G. Auvergne – 1 009 h alt. 480.

🔹 Office de Tourisme (juil.-août) Antenne 🌫 04 71 40 62 41 et Mairie 🌫 04 71 40 62 80.

Paris 489 – Aurillac 80 – Clermont-Ferrand 92 – Mauriac 27 – Le Mont-Dore 57 – Ussel 40.

Relais Arverne, 🌫 04 71 40 62 64, Fax 04 71 40 61 14 – 📺 ☎ 🅿. ⚏
fermé 1ᵉʳ au 15 oct., vend. soir et dim. soir sauf juil.-août – **Repas** 75/230, enf. 45 – ⚌ 28 –
10 ch 240/270 – ½ P 227/242

SAIGNON 84 Vaucluse 🗺️ ⑭., 🗺️ ② – rattaché à Apt.

SAILLAGOUSE 66800 Pyr.-Or. 🗺️ ⑯ G. Languedoc Roussillon – 825 h alt. 1309.

Voir Gorges du Sègre★ E : 2 km.

🔹 Office de Tourisme (saison) 🌫 04 68 04 72 89, Fax 04 68 04 05 57.

Paris 873 – Font-Romeu-Odeillo-Via 13 – Bourg-Madame 9 – Mont-Louis 12 – Perpignan 92.

Planes (La Vieille Maison Cerdane), 🌫 04 68 04 72 08, Fax 04 68 04 75 93 – ⚍ 📺 ☎ ⚫. ⚎
ⓘ ⚏
fermé mi-oct. à mi-déc. – **Repas** 100/250, enf. 58 - **Brasserie :** Repas 70 ⚖, enf. 58 – ⚌ 30
– **19 ch** 250/280 – ½ P 295/315

Annexe Planotel ⚐ sans rest, 🌫 04 68 04 72 08, Fax 04 68 04 75 93, ⇐, 🖵, 🌫 – 📺 ☎
🅿. ⚎ ⓘ ⚏
1ᵉʳ fév.-30 sept. et 20 déc.-4 janv. – ⚌ 40 – **20 ch** 250/305

à Llo Est : 3 km par D 33 – 131 h. alt. 1424 – ⊠ 66800 :

Voir Site★.

L'Atalaya ⚐, 🌫 04 68 04 70 04, Fax 04 68 04 01 29, ⇐, 🏠, « Jolie auberge rustique »,
⚏ – 📺 ☎ ⚫ 🅿. ⓘ ⚏. ⚜ rest
Pâques-1ᵉʳ nov. et 20 déc.-15 janv. – **Repas** (fermé lundi midi, mardi midi et merc. midi hors
saison) 168/268 ⚜ – ⚌ 67 – **14 ch** 510/778 – ½ P 582/632

ST-AFFRIQUE 12400 Aveyron 🗺️ ⑬ G. Languedoc Roussillon – 7 798 h alt. 325.

Env. Roquefort-sur-Soulzon : caves de Roquefort★, rocher St-Pierre ⇐★ NE : 11,5 km.

🔹 Office de Tourisme bd Verdun 🌫 05 65 98 12 40, Fax 05 65 98 12 41.

Paris 670 – Albi 82 – Castres 91 – Lodève 67 – Millau 20 – Rodez 80.

Moderne, 54 av. A. Pezet 🌫 05 65 49 20 44, Fax 05 65 49 36 55, 🏠 – 📺 ☎. ⓘ ⚏
Repas (fermé 1ᵉʳ au 28 janv.) (75) -90/280 ⚜, enf. 55 – ⚌ 42 – **28 ch** 200/390 – ½ P 240/280

Palais Gourmand, bd E. Trémolet 🌫 05 65 99 07 43, Fax 05 65 49 37 31, 🏠 – ⓘ ⚏
fermé vacances de fév., mardi soir et merc. sauf mi-juil.-août – **Repas** 80/185 ⚜, enf. 38

ST-AGRÈVE 07320 Ardèche 🔟 ⑨ ⑲ *G. Vallée du Rhône – 2 762 h alt. 1050.*

Voir Mont Chiniac ≤★★.

🏢 *Office de Tourisme Grande Rue ℰ 04 75 30 15 06, Fax 04 75 30 15 06.*

Paris 580 – Le Puy-en-Velay 52 – Aubenas 73 – Lamastre 21 – Privas 71 – St-Étienne 72.

🏠 **L'Arraché,** ℰ 04 75 30 10 12, Fax 04 75 30 24 03, ⌿, – 📺 ☎. 🇬🇧
fermé janv., fév., dim. soir et lundi sauf juil.-août – **Repas** 80/185, enf. 45 – ⧖ 45 – **10 ch** 250/320 – ½ P 215/255

🏊 **Faurie** sans rest, ℰ 04 75 30 11 60, 🌳 – ☎ ⇦ 🅿. 🇬🇧
15 juin-15 sept. – ⧖ 30 – **24 ch** 170/250

✕✕ **Domaine de Rilhac** (Sinz) 🐾 avec ch, Sud-Est : 2 km par D 120, D 21 et rte secondaire
ℰ 04 75 30 20 20, Fax 04 75 30 20 00, ≤, « Ancienne ferme ardéchoise dans la campagne », 🌳 – 📺 ☎ 📞 🅿. 🖽 ⓪ 🇬🇧
fermé janv., fév., mardi soir et merc. – **Repas** 135 (déj.), 175/430 et carte 280 à 380 ♈, enf. 80
– ⧖ 75 – **7 ch** 400/500 – ½ P 460/520
Spéc. Salade de truite fario marinée. Carpaccio de boeuf de Salers au vin de Cornas. Velouté
de châtaignes grillées à la truffe (sept. à déc.). **Vins** Viognier de l'Ardèche, Cornas.

ST-AIGNAN 41110 L.-et-Ch. 🔢 ⑰ *G. Châteaux de la Loire – 3 672 h alt. 115.*

Voir Crypte★★ de l'église★ – Zoo Parc de Beauval★ $: 4 km.

🏢 *Office de Tourisme ℰ 02 54 75 22 85, Fax 02 54 75 22 85.*

Paris 222 – Tours 61 – Blois 40 – Châteauroux 65 – Romorantin-Lanthenay 34 – Vierzon 56.

🏰 **Clos du Cher** 🐾, le Boeuf Couronné, Nord : 1 km ✉ 41140 Noyers-sur-Cher
ℰ 02 54 75 00 03, Fax 02 54 75 03 79, 🍽, parc – 📺 ☎ 📞 🅿. 🖽 ⓪ 🇬🇧 🇯🇨🇧, ﹪ ch
fermé début janv. à mi-fév., merc. soir et jeudi d'oct. à juin – **Repas** 100/350 ♈, enf. 60 –
⧖ 60 – **10 ch** 390/580 – ½ P 395/480

🏠 **Grand Hôtel St-Aignan,** ℰ 02 54 75 18 04, Fax 02 54 75 12 59, ≤ – ☎ ⇦ 🅿 – 🔔 25.
🖽 ⓪ 🇬🇧
fermé 13 au 27 nov., 12 fév. au 4 mars, dim. soir et lundi de nov. à fin mars – **Repas** 90/205 ♈
– ⧖ 35 – **21 ch** 155/560 – ½ P 200/310

En juin et en septembre,

les hôtels sont moins chers qu'en pleine saison, le service est plus soigné.

ST-ALBAN-DE-MONTBEL 73 Savoie 🔢 ⑮ – rattaché à Aiguebelette-le-Lac.

ST-ALBAN-LES-EAUX 42370 Loire 🔢 ⑦ – 843 h alt. 410.

Paris 397 – Roanne 12 – Lapalisse 46 – Montbrison 58 – St-Étienne 88 – Thiers 56 – Vichy 64.

✕ **St-Albanais,** ℰ 04 77 65 84 23, 🍽 – 🇬🇧
fermé vacances de fév., mardi soir et merc. – **Repas** 95/195 ♈

ST-ALBAN-SUR-LIMAGNOLE 48120 Lozère 🔢 ⑮ – 1 928 h alt. 950.

Paris 560 – Mende 40 – Le Puy-en-Velay 76 – Espalion 71 – St-Chely-d'Apcher 13.

🏢 **Relais St-Roch** 🐾, Château de la Chastre ℰ 04 66 31 55 48, Fax 04 66 31 53 26, ⌿, 🌳
– 📺 ☎ 📞 🅿. 🖽 ⓪ 🇬🇧 🇯🇨🇧
1ᵉʳ avril-2 nov. - voir rest. **Petite Maison** ci-après – ⧖ 64 – **9 ch** 680/790 – ½ P 558/608

✕ **Petite Maison,** av. Mende ℰ 04 66 31 56 00, Fax 04 66 31 53 26 – ▤. 🖽 ⓪ 🇬🇧 🇯🇨🇧
1ᵉʳ avril-2 nov. et fermé lundi sauf le soir en juil.-août et mardi midi – **Repas** (98) - 148/298,
enf. 28

ST-AMANDIN 15190 Cantal 🔢 ③ – 284 h alt. 840.

Paris 500 – Aurillac 81 – Clermont-Ferrand 81 – Ussel 56.

✕ **L'Amandine,** ℰ 04 71 78 02 83, Fax 04 71 78 02 83, 🍽 – 🅿. 🇬🇧
*fermé 2 au 10 juin, 27 août au 4 sept., vacances de Toussaint, dim. soir et lundi sauf
juil.-août* – **Repas** 80 (déj.), 95/250, enf. 40

ST-AMAND-MONTROND ⬗ 18200 Cher 🔢 ① ⑪ *G. Berry Limousin – 11 937 h alt. 160.*

Voir Ancienne abbaye de Noirlac★★ 4 km par ⑥.

Env. Château de Meillant★★ 8 km par ① – Ainay-le-Vieil : château★ 11 km par ④.

🏢 *Office de Tourisme (fermé dim. et fêtes) pl. République ℰ 02 48 96 16 86, Fax 02 48 96 46 64.*

Paris 288 ⑤ – Bourges 44 ⑤ – Châteauroux 66 ⑤ – Montluçon 54 ④ – Nevers 70 ③.

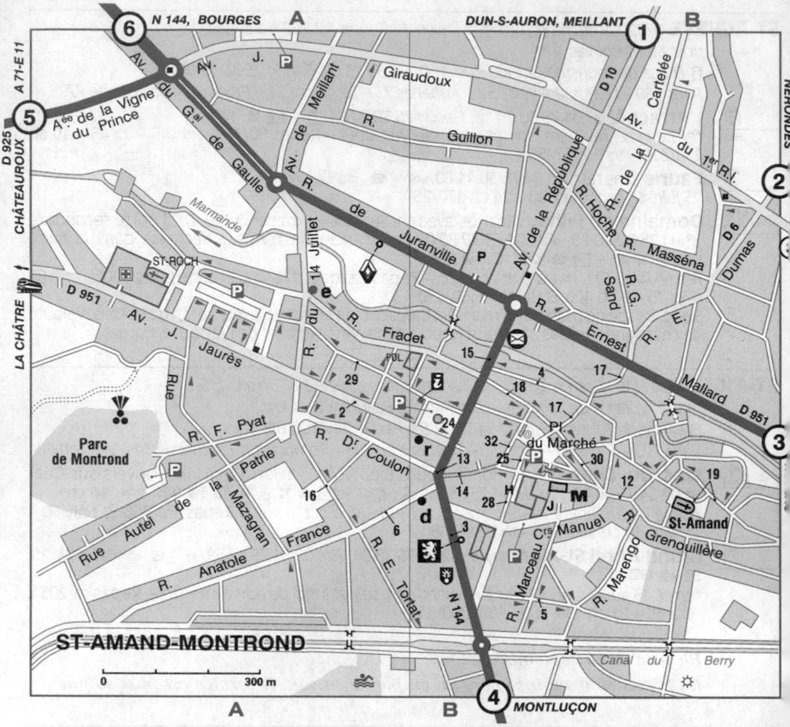

Barbusse (R. H.) . . . . AB 2
Constant (R. B.) . . . . B 3
Contrescarpe (R.) . . . . B 4
Desaix (R.) . . . . B 5
Dr-Vallet (R. du) . . . . A 6
Hôtel-Dieu (R. de l') . . . . B 12
Mutin (Pl.) . . . . B 13
Mutin (R. Porte) . . . . B 14
Nationale (R.) . . . . B 15
Petit-Vougan (R. du) . . . . A 16
Pont-Pasquet
(R. du) . . . . B 17
Porte-de-Bourges (R.) . . . . B 18
Porte-Verte (R.) . . . . B 19
République (Pl. de la) . . . . B 24
Rochette (R.) . . . . B 25
Valette (R. J.) . . . . B 28
Victoires (R. des) . . . . AB 29
Vieilles-Prisons
(R. des) . . . . B 30
Zola (R. Emile) . . . . B 32

Noirlac Ⓜ, rte Bourges par ⑥ : *2 km* ✆ 02 48 96 80 80, *Fax 02 48 96 63 88*, ⛱, 🏊, ✈, ✗ – 📺 ☎ ♿ 🅿 – 🔺 30. AE GB
fermé 26 déc. au 1er janv. – **Repas** *(fermé vend. soir, sam. midi et dim. soir de mi-nov. à Pâques)* *(78)* - 98/150 🍷, enf. 45 – ☕ 38 – **43 ch** 295/340 – ½ P 285

Relais Mercure L'Amandois Ⓜ, 7 r. H. Barbusse ✆ 02 48 63 72 00, *Fax 02 48 96 77 11* – 🛗, ▤ rest, 📺 ☎ 📞 ♿ – 🔺 25. AE ⓓ GB — B r
Repas *(65)* - 80/150 🍷, enf. 50 – ☕ 40 – **27 ch** 320/360

Croix d'Or avec ch, 28 r. 14-Juillet ✆ 02 48 96 09 41, *Fax 02 48 96 72 89* – 📺 ☎ 📞. GB — A e
fermé vend. soir de nov. à mars sauf fériés – **Repas** 100/300 – ☕ 35 – **11 ch** 175/300

Poste Le Relais avec ch, 9 r. Dr Vallet ✆ 02 48 96 27 14, *Fax 02 48 96 97 74* – 📺 ☎ 🅿. AE GB — B d
100
fermé 2 au 18 janv., dim. soir et lundi de nov. à mai – **Repas** 98/255 🍷, enf. 58 – ☕ 35 – **18 ch** 265/285 – ½ P 310

à Noirlac *par ⑥ et D 35 : 4 km* – ✉ *18200 St-Amand-Montrond :*

Auberge de l'Abbaye de Noirlac, ✆ 02 48 96 22 58, *Fax 02 48 96 86 63,* ⛱ – GB
15 fév.-15 nov. et fermé mardi soir d'oct. à mars et merc. – **Repas** 98/170 🍷

à Bruère-Allichamps *par ⑥ : 8,5 km – 609 h. alt. 170 –* ✉ *18200 :*

Les Tilleuls, rte Noirlac ✆ 02 48 61 02 75, *Fax 02 48 61 08 41,* ⛱ – ☎ 🅿. GB. ✗ ch
fermé 19 au 26 juin, 9 au 16 oct., 21 au 31 déc., fév., dim. soir du 15 oct. au 1er mai et lundi – **Repas** 115/250 🍷, enf. 60 – ☕ 42 – **10 ch** 195/270 – ½ P 252/290

ST-AMANS-SOULT *81 Tarn* 83 ⑫ – *rattaché à Mazamet.*

ST-AMARIN *68550 H.-Rhin* 87 ⑱ – *2 400 h alt. 410.*

🔹 *Office de Tourisme 81 r. Charles-de-Gaulle ℘ 03 89 82 13 90, Fax 03 89 82 76 44.*
Paris 438 – Mulhouse 30 – Belfort 43 – Colmar 52 – Épinal 77 – Gérardmer 41.

🏨 **Auberge du Mehrbächel** ⬂, à l'Est, 4 km par rte du Mehrbächel ℘ 03 89 82 60 68, Fax 03 89 82 66 05, ≤ le massif du Rossberg – ☎ ❄ 🅿 – 🍴 25. GB. ❄
fermé 27 oct. au 6 nov., 7 au 31 janv. et vend. – **Repas** 100/180 ♀, enf. 55 – ☲ 48 – **23 ch** 300/320 – ½ P 270/300

ST-AMBROIX *30500 Gard* 80 ⑧ – *3 517 h alt. 142.*

🔹 *Office de Tourisme pl. de l'Ancien Temple ℘ 04 66 24 33 36, Fax 04 66 24 05 83.*
Paris 684 – Alès 20 – Aubenas 56 – Mende 105.

à St-Brès *Nord : 1,5 km par D 904 – 612 h. alt. 156 – ⊠ 30500 :*

XX **Auberge St-Brès** avec ch, ℘ 04 66 24 10 79, Fax 04 66 24 38 30, �, 🌼 – 🆃🆅 ☎ ❄ 🅿.
⬖ GB
fermé 28 août au 1ᵉʳ sept., 2 au 6 oct., 2 au 16 janv., lundi sauf le soir en juil.-août ct dim.soir de sept. à juin – **Repas** 85/285 ♀, enf. 50 – ☲ 40 – **9 ch** 290/320 – ½ P 280

à St-Victor-de-Malcap *Sud-Est par D 51 . 2 km – 506 h. alt. 140 – ⊠ 30500 :*

XX **Bastide des Senteurs** ⬂ avec ch, ℘ 04 66 60 24 45, Fax 04 66 60 26 10, ≤, 🌼, 🛌 –
🆃🆅 ☎ ❄ ᴴ 🅿. ᴀᴇ ⓞ GB
fermé vac. de Toussaint, janv., dim. soir et merc. hors saison, lundi midi et merc. midi en juil.-août – **Repas** 115 (déj.), 170/420 ♀, enf. 70 – ☲ 45 – **9 ch** 420 – ½ P 375

ST-AMOUR *39160 Jura* 70 ⑬ *2 200 h alt. 248.*

Paris 406 – Mâcon 62 – Bourg-en-Bresse 29 – Chalon-sur-Saône 68 – Lons-le-Saunier 33.

X **Commerce,** pl. Chevalerie ℘ 03 84 48 73 05, Fax 03 84 48 86 94 – GB
fermé 15 déc. au 15 janv., dim. soir et lundi sauf juil. août – **Repas** 92/250 ♣, enf. 60

ST-AMOUR-BELLEVUE *71570 S.-et-L.* 74 ① – *492 h alt. 306.*

Paris 403 – Mâcon 11 – Bourg-en-Bresse 47 – Lyon 67 – Villefranche-sur-Saône 33.

XX **Chez Jean Pierre**, ℘ 03 85 37 41 26, Fax 03 85 37 18 40, 🌼 – GB
fermé 26 déc. au 12 janv., merc. soir et jeudi – **Repas** 100/230 ♣, enf. 65

X **Auberge du Paradis**, ℘ 03 85 37 10 26, Fax 03 85 37 47 92, 🌼 – ᴀᴇ ⓞ GB
fermé 8 janv. au 4 fév., lundi soir et mardi – **Repas** 89 (déj.), 140/160 ♀

ST-ANDIOL *13670 B.-du-R.* 84 ① – *2 253 h alt. 55.*

Paris 695 – Avignon 18 – Aix-en-Provence 65 – Arles 37 – Marseille 82.

XX **Berger des Abeilles** ⬂ avec ch, Nord : 2 km par N 7 et D 74ᴱ (rte Cabanes)
℘ 04 90 95 01 91, Fax 04 90 95 48 26, 🌼, 🌼 – 🆃🆅 ☎ 🅿. ᴀᴇ GB
fermé janv., fév., dim. soir et lundi d'oct. à déc. – **Repas** 175/250, enf. 65 – ☲ 72 – **6 ch** 310/400 – ½ P 400

ST-ANDRÉ-DE-CUBZAC *33240 Gironde* 71 ⑧ – *6 341 h alt. 35.*

🔹 *Office de Tourisme (fermé dim. et fériés) 9 allée du Champ de Foire ℘ 05 57 43 64 80, Fax 05 57 43 69 63.*
Paris 560 – Bordeaux 27 – Angoulême 95 – Blaye 25 – Jonzac 63 – Libourne 21 – Saintes 94.

à St-Gervais *Nord-Ouest : 3,5 km par N 137 et D 151ᴱ – 1 204 h. alt. 39 – ⊠ 33240 :*

XX **Au Sarment,** ℘ 05 57 43 44 73, Fax 05 57 43 90 28, 🌼 – GB
fermé 15 au 31 août, 15 au 28 fév., dim. soir et lundi – **Repas** 100/200 ♀, enf. 65

ST-ANDRÉ-DES-EAUX *44 Loire-Atl.* 63 ⑭ – *rattaché à La Baule.*

ST-ANDRÉ-LES-VERGERS *10 Aube* 61 ⑯ – *rattaché à Troyes.*

ST-ANTHÊME *63660 P.-de-D.* 🎯 ⑰ – *880 h alt. 950.*

🛈 *Syndicat d'Initiative pl. de l'Aubépin* 🌳 *04 73 95 47 06, Fax 04 73 95 47 06.*

Paris 469 – St-Étienne 56 – Ambert 23 – Clermont-Ferrand 101 – Feurs 47 – Montbrison 24.

à Raffiny *Sud : 5 km par D 261 –* ✉ *63660 St-Anthème :*

🏠 **Pont de Raffiny,** 🌳 *04 73 95 49 10, Fax 04 73 95 80 21,* ≤ – 🕿 📺. GB

fermé janv. à mi-fév., mars sauf week-ends, dim. soir et lundi sauf du 15 juin au 3 sept. –
Repas *90/170* 🍴, *enf. 48 –* ☕ *37 –* **11 ch** *185/260 – ½ P 240*

ST-ANTOINE-L'ABBAYE *38160 Isère* 🎯 ③ *G. Vallée du Rhône – 873 h alt. 339.*

Voir Abbatiale★.

🛈 *Office de Tourisme Maison du Tourisme et du Patrimoine* 🌳 *04 76 36 44 46, Fax 04 76 36 40 49.*

Paris 555 – Valence 49 – Grenoble 66 – Romans-sur-Isère 25 – St-Marcellin 12.

✗✗ **Auberge de l'Abbaye,** *Mail de l'Abbaye* 🌳 *04 76 36 42 83, Fax 04 76 36 46 13,* 🏠,
« Maison ancienne face à l'Abbaye » – 🅰🅴 ⓪ GB
fermé janv. et mardi sauf d'avril à sept. – **Repas** *75 bc (déj.), 120 bc/295* 🍷

ST-AUBAN *04 Alpes-de-H.-P.* 🎯 ⑯ – *rattaché à Château-Arnoux.*

ST-AUBIN-SUR-MER *14750 Calvados* 🎯 ① *G. Normandie Cotentin – 1 526 h alt. 7 – Casino.*

🛈 *Office de Tourisme Digue Favreau* 🌳 *02 31 97 30 41, Fax 02 31 96 18 92.*

Paris 249 – Caen 20 – Arromanches-les-Bains 19 – Bayeux 27 – Cabourg 32.

🏠🏠 **Clos Normand,** 🌳 *02 31 97 30 47, Fax 02 31 96 46 23,* ≤, 🏠, 🌳 – 📺 🕿 👌 📺. 🅰🅴 GB
JCB

1er avril-1er nov. – **Repas** *78 (déj.), 110/320* 🍷, *enf. 60 –* ☕ *40 –* **27 ch** *350/400, 4 appart –*
½ P 345/375

🏠🏠 **St-Aubin,** 🌳 *02 31 97 30 39, Fax 02 31 97 41 56,* ≤ – 📺 🕿 👌 📺 – 🔔 *25.* 🅰🅴 GB
fermé 1er au 15 déc., 2 janv. au 4 fév., dim. soir et lundi sauf d'avril à sept. – **Repas** *92 (déj.),*
125/300 🍷, *enf. 60 –* ☕ *40 –* **24 ch** *350/500 – ½ P 290/390*

ST-AULAIRE *19 Corrèze* 🎯 ⑧ – *rattaché à Objat.*

ST-AUNÈS *34130 Hérault* 🎯 ⑦ – *2 027 h alt. 32.*

Paris 750 – Montpellier 12 – Lunel 16 – Nîmes 44.

🏠🏠 **Cetus** Ⓜ, *N 113* 🌳 *04 67 70 38 40, Fax 04 67 87 38 04,* 🏠, 🏋, 🏊 – 🔲, 🍴 ch, 📺 🕿 👌 📺
– 🔔 *35.* 🅰🅴 ⓪ GB. 🌳 *rest*
Repas *90/145* 🍷 – ☕ *40 –* **50 ch** *320/410 – ½ P 330*

ST-AUVENT *87310 H.-Vienne* 🎯 ⑯ – *817 h alt. 300.*

Paris 424 – Limoges 32 – Chalus 21 – Rochechouart 11 – St-Junien 15.

✗ **Auberge de la Vallée de la Gorre,** 🌳 *05 55 00 01 27, Fax 05 55 00 01 27 –* 🔲. GB
🐟 *fermé dim. soir et lundi soir –* **Repas** *76/250* 🍷, *enf. 55*

ST-AVÉ *56 Morbihan* 🎯 ③ – *rattaché à Vannes.*

ST-AVOLD *57500 Moselle* 🎯 ⑮ *G. Alsace Lorraine – 16 533 h alt. 260.*

Voir Groupe sculpté★ dans l'église St-Nabor.

Env. Mine-image★ de Freyming-Merlebach NE : 10 km.

🛈 *Office de Tourisme à la Mairie* 🌳 *03 87 91 30 19, Fax 03 87 92 98 02.*

Paris 371 – Metz 44 – Saarbrücken 31 – Sarreguemines 29 – Strasbourg 125.

🏠🏠 **Europe,** *7 r. Altmayer* 🌳 *03 87 92 00 33, Fax 03 87 92 01 23,* 🏠 – 🔹, 🍴 *rest,* 📺 🕿 👌 🚗
📺 – 🔔 *25.* 🅰🅴 GB
Repas *(fermé 1er au 15 août, sam. midi et dim. soir) 150/390* 🍷 – ☕ *55 –* **34 ch** *330/370 –*
½ P 280

✗✗✗ **Neptune,** *à la piscine* 🌳 *03 87 92 27 90, Fax 03 87 92 38 10 –* 🅰🅴 GB. 🌳
fermé 1er juil. au 31 août, lundi et le soir sauf sam. – **Repas** *120/320 et carte 260 à 390*

au Nord *2,5 km sur N 33 (près échangeur A 4) –* ✉ *57500 St-Avold :*

🏠🏠🏠 **Novotel** Ⓜ, 🌳 *03 87 92 25 93, Fax 03 87 92 02 47,* 🏠, *« A l'orée de la forêt »,* 🏊, 🌳 –
🔲 📺 🕿 👌 📺 – 🔔 *25 à 150.* 🅰🅴 ⓪ GB
Repas *(88) - 120/180* 🍷, *enf. 50 –* ☕ *60 –* **61 ch** *480/550*

au Nord-Ouest *par D 72 et D 25⁰ : 5 km –* ⊠ *57740 Longeville-lès-St-Avold :*

XX **Moulin d'Ambach**, ℘ 03 87 92 18 40, Fax 03 87 29 08 68, 佘 – 里. 亜 ⊞
fermé 10 au 28 juil., vacances de fév., dim. soir et lundi – **Repas** 130/360 ♀, enf. 70

ST-AY *45130 Loiret* 🔲🔲 ⑧ *– 2 978 h alt. 100.*
Paris 140 – Orléans 13 – Beaugency 14 – Blois 47.

XXX **Grande Tour**, N 152 ℘ 02 38 88 83 70, Fax 02 38 80 68 05, 佘, 桼 – 里. ⊞
fermé dim. soir et lundi – **Repas** 115/340 et carte 240 à 340, enf. 65

ST-AYGULF *83370 Var* 🔲🔲 ⑱, 🔳🔳🔳 ㉞, 🔳🔳🔳 ㉝ *G. Côte d'Azur – alt. 15.*
🚩 *Office de Tourisme pl. Poste* ℘ 04 94 81 22 09, Fax 04 94 81 23 04.
Paris 878 – Fréjus 5 – Brignoles 69 – Draguignan 33 – St-Raphaël 8 – Ste-Maxime 15.

🏨 **Catalogne** *sans rest*, ℘ 04 94 81 01 44, Fax 04 94 81 32 42, 🟊, 桼 – 🛗 🖭 📺 ☎ 🅿 亜 ⊙ ⊞, 💱
1er avril-25 oct. – � 50 – 32 ch 570/645

ST-BEAUZEIL *82150 T.-et-G.* 🔲🔲 ⑯ *– 120 h alt. 181.*
Paris 622 – Agen 34 – Cahors 57 – Montauban 64 – Villeneuve-sur-Lot 25.

🏨 **Château de l'Hoste** 🕭, *rte Agen (D 656)* ℘ 05 63 95 25 61, Fax 05 63 95 25 50, 佘, *parc,* « *Gentilhommière dans la campagne quercynoise* », 🟊 – ☎ 📞 里 – 🔏 40. 亜 ⊙ ⊞ 💱 *rest*
1er mars-15 nov. et 1er déc.-15 janv. – **Repas** *(fermé dim. soir et lundi du 15 sept. au 15 juin)* 135/180 ♀, enf. 65 – � 50 – 37 ch 280/380, 4 appart – ½ P 350/380

ST-BEAUZIRE *43100 H.-Loire* 🔲🔲 ⑤ *– 236 h alt. 700.*
Paris 488 – Aurillac 98 – Brioude 42 – Clermont-Ferrand 72 – Le Puy-en-Velay 72 – St-Flour 41.

🏨 **Baudière**, D 588, rte Brioude ℘ 04 71 76 81 70, Fax 04 71 76 80 66, 佘, 𝄃𝄃, 🟊, 🔲 – 📺 ☎ 🕭 里 – 🔏 15. 亜 ⊞
fermé 26 déc. au 26 janv. – **Vieux Four** *(fermé lundi)* **Repas** 90/240 🍴, enf. 50 – � 35 – 20 ch 250/290 – ½ P 255

ST-BÉNIGNE *01 Ain* 🔲🔲 ⑫ *– rattaché à Pont-de-Vaux.*

ST-BENOIT *01300 Ain* 🔲🔲 ⑭ *– 488 h alt. 230.*
Paris 502 – Belley 19 – Bourg-en-Bresse 75 – Lyon 75 – La Tour-du-Pin 26 – Voiron 41.

X **Billiemaz**, au pont d'Evieu, Sud-Ouest : 2,5 km ℘ 04 74 39 72 56 – 里. 亜 ⊙ ⊞
fermé 28 juin au 6 juil., 6 au 21 sept., mardi soir et merc. – **Repas** *(65)* - 72/220 ♀

ST-BENOIT *86 Vienne* 🔲🔲 ⑬ ⑭ *– rattaché à Poitiers.*

ST-BENOIT-SUR-LOIRE *45730 Loiret* 🔲🔲 ⑩ *G. Châteaux de la Loire – 1 880 h alt. 126.*
Voir *Basilique★★ – Commune de la "Méridienne Verte".*
Env. *Germigny-des-Prés : mosaïque★★ de l'église★ NO : 6 km – Châteauneuf-sur-Loire : mausolée★ dans l'église St-Martial NO : 10 km.*
🚩 *Office de Tourisme (1er mars-31 oct.) 44 r. Orléanaise* ℘ 02 38 35 79 00.
Paris 141 – Orléans 41 – Bourges 93 – Châteauneuf-sur-Loire 10 – Gien 33 – Montargis 43.

🏨 **Labrador** 🕭 *sans rest*, ℘ 02 38 35 74 38, Fax 02 38 35 72 99, 桼 – 📺 ☎ 🕭 里 – 🔏 50. 亜 ⊞
fermé 25 déc. au 25 janv. – � 43 – 44 ch 300/355

XX **Grand St-Benoit**, 7 pl. St-André ℘ 02 38 35 11 92, Fax 02 38 35 13 79 – 🖃. ⊞
fermé 28 août au 4 sept., 20 déc. au 20 janv., dim. soir et lundi – **Repas** *(98)* - 145/275 ♀

ST-BERTRAND-DE-COMMINGES *31510 H.-Gar.* 🔲🔲 ⑳ *G. Midi-Pyrénées – 217 h alt. 581.*
Voir *Site★★ – Cathédrale Ste-Marie-de-Comminges★ : cloître★★, boiseries★★ et trésor★ – Basilique Saint-Just★ de Valcabrère (chevet★) NE : 2 km.*
Paris 805 – Bagnères-de-Luchon 32 – Lannemezan 26 – St-Gaudens 17 – Tarbes 65.

🏨 **Comminges** 🕭 *sans rest*, face Cathédrale ℘ 05 61 88 31 43, Fax 05 61 94 98 22 – ☎. 亜 ⊞
1er avril-31 oct. – � 40 – 14 ch 180/350

à Aveux *(H.-Pyr.) Sud : 4 km par D 26^A et D 925 – 49 h. alt. 587 –* ⊠ *65370 :*

* **Moulin d'Aveux** avec ch., *&* 05 62 99 20 68, Fax 05 62 99 22 27, 龠, 屏 – ☎ ₽. 🅖🅑
fermé 12 nov. au 5 déc., lundi et mardi sauf du 1er mai au 15 sept. – **Repas** 70 bc (déj.), 125/230 ♣, enf. 40 – ☲ 30 – **10 ch** 230/260 – ½ P 220

à Gaudent *Sud : 6 km par D 26^A, D 925 et D 124 – 34 h. alt. 514 –* ⊠ *65370 :*

* **Chapelle d'Albret** ⌂ avec ch., *&* 05 62 99 21 13, Fax 05 62 99 23 69, 屏 – 📺 ₽. 🅖🅑
fermé 8 au 31 janv., sam. midi et lundi – **Repas** 103 (déj.), 123/150 ♀, enf. 50 – ☲ 25 – **7 ch** 220/280 – ½ P 260/280

ST-BOIL *71390 S.-et-L.* 🔟 ⑪ *– 377 h alt. 240.*
Paris 358 – *Chalon-sur-Saône* 23 – Cluny 28 – Montceau-les-Mines 35 – Mâcon 51.

XX **Auberge du Cheval Blanc** Ⓜ avec ch., *&* 03 85 44 03 16, Fax 03 85 44 07 25, 龠, ⻌,
🅑 – 📺 ☎ & ₽. ⚅
fermé 15 fév. au 15 mars et merc. – **Repas** 120/220 – ☲ 60 – **12 ch** 380/480 – ½ P 420/450

ST-BONNET-EN-CHAMPSAUR *05500 H.-Alpes* 🔢 ⑯ *G. Alpes du Sud – 1 371 h alt. 1025.*
Env. ≤★★ du col du Noyer O : 13,5 km.
🛈 Office de Tourisme pl. Grenette *&* 04 92 50 02 57.
Paris 658 – *Gap* 16 – Grenoble 90 – La Mure 51.

🏠 **Crémaillère** ⌂, *&* 04 92 50 00 60, Fax 04 92 50 01 57, ≤, 龠, 屏 – 📺 ☎ ₽. 🅖🅑. ⚅ rest
Pâques-1er nov. et vacances de fév. – **Repas** 100/195 ♀, enf. 55 – ☲ 40 – **21 ch** 250/330 – ½ P 290/310

ST-BONNET-LE-CHÂTEAU *42380 Loire* 🔢 ⑦ *G. Vallée du Rhône – 1 687 h alt. 870.*
Voir *Chevet de la collégiale* ≤★ – *Chemin des Murailles★.*
🛈 Syndicat d'Initiative (juin-oct., week-ends et vacances scolaires) pl. de la République *&* 04 77 50 52 48, Fax (Mairie) 04 77 50 52 49.
Paris 492 – *St-Étienne* 34 – Ambert 48 – Montbrison 32 – Le Puy-en-Velay 66.

🏠 **Béfranc** ⌂, 7 rte d'Augel *&* 04 77 50 54 54, Fax 04 77 50 73 17, 龠 – 📺 ☎ & & ₽. 🅖🅑
fermé dim. soir et lundi d'oct. à mai – **Repas** 75 bc (déj.), 95/195 ♣, enf. 30 – ☲ 25 – **17 ch** 210/250 – ½ P 190/210

* **Calèche**, 7 r. F. Valette *&* 04 77 50 15 58 – 🅖🅑
fermé fév., dim. soir, mardi soir et merc. – **Repas** 84/240 ♀, enf. 50

ST-BONNET-LE-FROID *43290 H.-Loire* 🔢 ⑨ *– 180 h alt. 1126.*
Paris 560 – *Le Puy-en-Velay* 58 – Valence 68 – Annonay 27 – St-Étienne 52 – Yssingeaux 31.

🏠 **Fort du Pré** ⌂, *&* 04 71 59 91 83, Fax 04 71 59 91 84, 龠, ℟, ⻌, 屏 – cuisinette 📺 ☎
& 🅑 – ▵ 60. 🅖🅑. ⚅ rest
fermé déc., janv., dim. soir et lundi sauf juil.-août – **Repas** 98/250 ♀, enf. 60 – ☲ 40 – **34 ch** 295/380 – ½ P 280/300

XXX **Auberge des Cimes** (Marcon) Ⓜ ⌂ avec ch., *&* 04 71 59 93 72, Fax 04 71 59 93 40, ≤,
❀❀ 屏 – ⅍, ▤ rest, 📺 ☎ & & ₽. 🅐🅔 🅖🅑
15 avril-15 nov. et fermé lundi soir et mardi – **Repas** 200 (déj.), 290/590 et carte 380 à 600 ♀ – ☲ 100 – **12 ch** 800/1200
Spéc. Croustillant de foie gras aux amandes. Agneau noir du Velay en croûte de foin. Menu "champignons" (printemps et automne). **Vins** Saint-Joseph, Côte-rôtie.

XX **André Chatelard**, *&* 04 71 59 96 09, Fax 04 71 59 98 75 – 🅖🅑
fermé janv., fév., merc. soir d'avril à nov., mardi hors saison, dim. soir et lundi – **Repas** 95/380 ♀, enf. 60

ST-BRÈS *30 Gard* 🔢 ⑧ *– rattaché à St-Ambroix.*

ST-BRÉVIN-LES-PINS *44250 Loire-Atl.* 🔢 ① *G. Poitou Vendée Charentes – 8 688 h alt. 9 – Casi-no à St-Brévin-l'Océan.*
Voir *Pont routier St-Nazaire-St-Brévin★*, G. Bretagne.
Pont de St-Nazaire : Passage gratuit.
🛈 Office de Tourisme 10 r. l'Église *&* 02 40 27 24 32, Fax 02 40 39 10 34 et (saison) Bureau d. l'Océan.
Paris 443 – *Nantes* 57 – Challans 62 – Noirmoutier-en-l'Ile 78 – Pornic 18 – St-Nazaire 15.

🏠 **Estuaire** sans rest, parc d'activités de la Guerche, Sud-Est : 1 km ✆ 02 40 27 39 40, Fax 02 40 64 40 98 – ⇔ 🅼 ☎ 🅿 ⚙ ☞
fermé 14 au 29 déc. et dim. soir – ☲ 35 – **25 ch** 265/330

ST-BRIAC-SUR-MER 35800 I.-et-V ⑤⑨ ⑤ – 1 825 h alt. 30.

🛈 Office de Tourisme 49 Grande Rue ✆ 02 99 88 32 47.
Paris 425 – St-Malo 15 – Dinan 23 – Dol-de-Bretagne 33 – Lamballe 41 – St-Brieuc 61.

🏨 **Golf** 🅼 ⬦, bd Houle ✆ 02 99 88 30 30, Fax 02 99 88 07 87, ☆ – ⊕ 🆃🆅 ☎ 🅿 – 🔬 50. 🆎 ☞
Repas 90/180 ⌥, enf. 35 – ☲ 45 – **40 ch** 400/520 – ½ P 315

à Lancieux Sud-Ouest : 2 km par D 786 – ⊠ 22770 :

🏠 **Bains** 🅼 sans rest, 20 r. Poncel ✆ 02 96 86 31 33, Fax 02 96 86 22 85, ☞ – cuisinette 🆅🆅 ☎ & 🅿 🆎 ☞
☟ 38 – **12 ch** 360/520

ST-BRICE-EN-COGLÈS 35460 I.-et-V ⑤⑨ ⑯ – 2 484 h alt. 105.

Paris 338 – St-Malo 65 – Avranches 33 – Fougères 16 – Rennes 53.

🏠 **Lion d'Or**, r. Chateaubriant ✆ 02 99 98 61 44, Fax 02 99 97 85 66, ☆, ☞ – 🆅🆅 ☎ ✆ & 🅿 – 🔬 40, 🆎 ☞
Repas (fermé dim. soir sauf juil.-août) 80/220 ⌥, enf. 45 – ☲ 35 – **30 ch** 240/300 – ½ P 335/350

ST-BRIEUC 🅿 22000 C.-d'Armor ⑤⑨ ③ G. Bretagne – 44 752 h alt. 78.

Voir Cathédrale St-Étienne★ – Tertre Aubé ⩤★ BV.
Env. Pointe du Roselier★ NO : 8,5 km par D 24.
✈ de St-Brieuc-Armor ; ✆ 02 96 94 95 00, 10 km par ①.
🛈 Office de Tourisme 7 r. St-Gouéno ✆ 02 96 33 32 50, Fax 02 96 61 42 16.
Paris 451 ② – Brest 144 ① – Quimper 128 ③ – Rennes 100 ② – St-Malo 72 ②.

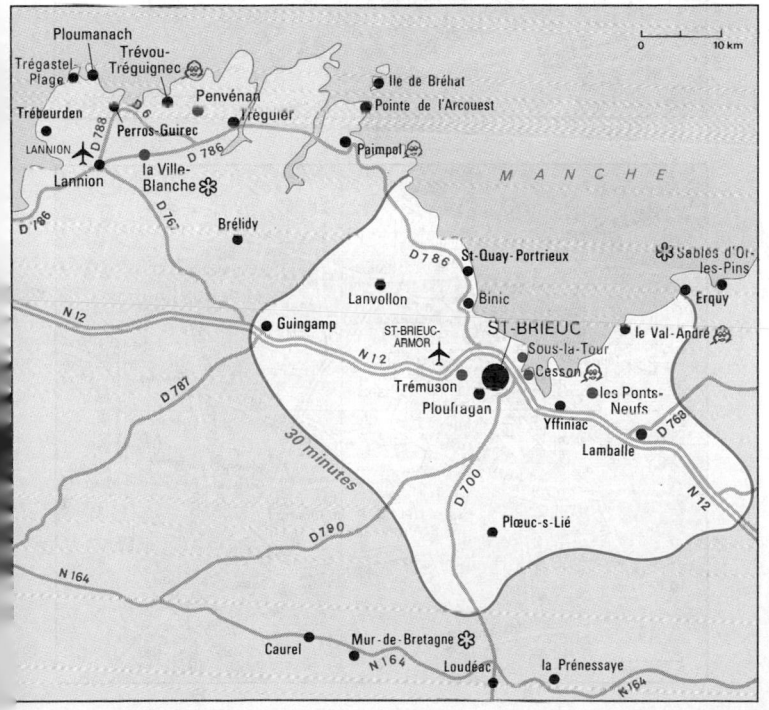

ST-BRIEUC

🏨 **Clisson** ⟫ sans rest, 36 r. Gouët 𝒫 02 96 62 19 29, *Fax 02 96 61 06 95* – 🛗 🗹 ☎ 🐾 ♿ 🅿.
ᴬᴱ 🖙, ⚘
AY e
fermé 18 déc. au 2 janv. – ☲ 38 – **24 ch** 270/430

🏠 **Champ de Mars** Ⓜ sans rest, 13 r. Gén. Leclerc 𝒫 02 96 33 60 99, *Fax 02 96 33 60 05* – 🛗
🗹 ☎ 🐾 ♿ 🖙
BZ s
fermé 23 déc. au 2 janv. – ☲ 38 **21 ch** 250/300

🏠 **Quai des Étoiles** Ⓜ sans rest, 51 r. Gare 𝒫 02 96 78 89 90, *Fax 02 96 70 60 00* 🛗 🗹 ☎
🐾 ♿ 🅿 ᴬᴱ ⓘ 🖙
AZ e
fermé 20 déc. au 5 janv. – ☲ 42 – **41 ch** 255/315

🏠 **Ker Izel** ⟫ sans rest, 20 r. Gouët 𝒫 02 96 33 46 29, *Fax 02 96 61 86 12* – 🗹 ☎ 🐾. 🖙. ⚘
☲ 40 – **22 ch** 225/310
AY a

XXX **Aux Pesked**, 59 r. Légué 𝒫 02 96 33 34 65, *Fax 02 96 33 65 38*, ≤, 🌰 – ▤ 🅿. ᴬᴱ 🖙 🈁
fermé 23 déc. au 15 janv., sam. midi, dim. soir et lundi – **Repas** produits de la mer ⋅
115/380 bc et carte 230 à 340 ♈
AV a

XX **Amadeus**, 22 r. Gouët 𝒫 02 96 33 92 44, *Fax 02 96 61 42 05* – 🖙
AY b
fermé 15 au 31 août, vacances de fév., lundi midi et dim. – **Repas** 98 (dîner), 120 bc/200 ♈

à Sous la Tour *Nord-Est : 3 km par r. Port Légué et D 24* BV – ✉ 22190 Plérin :

XX **Vieille Tour**, 75 r. de la Tour 𝒫 02 96 33 10 30, *Fax 02 96 33 38 76* – ▤. ᴬᴱ 🖙
fermé 16 au 31 août, vacances de fév., sam. midi, dim. soir et lundi – **Repas** (nombre de
couverts limité, prévenir) 120/390 ♈, enf. 100

à Cesson *Est : 3 km par r. Genève* BV – ✉ 22000 :

XXX **Croix Blanche**, 61 r. Genève 𝒫 02 96 33 16 97, *Fax 02 96 62 03 50*, 🌰 – 🖙
🐜 *fermé 1ᵉʳ au 21 août, 19 fév. au 6 mars, dim. soir et lundi* – **Repas** 106/360 et carte 240 à
300

XX **Quatre Saisons**, 61 chemin Courses 𝒫 02 96 33 20 38, *Fax 02 96 33 77 38*, 🌰 – 🖙
fermé 2 au 16 oct., 5 au 18 mars, dim. soir et lundi – **Repas** 110/329 ♈

à Yffiniac *par ④ : 8 km – 3 310 h. alt. 10* – 🗹 22120 :

🏠 **Ibis**, aire de repos N 12 𝒫 02 96 72 64 10, *Fax 02 96 72 71 55* – 🛗 ⥁ 🗹 ☎ 🐾 ♿ 🅿 – 🔏 50.
ᴬᴱ 🖙, ⚘ rest
Repas (75) 95 🍴, enf. 39 – ☲ 37 – **40 ch** 368

à Ploufragan *Sud-Ouest : 5 km par r. Luzel* AX – 10 583 h. alt. 139 – ✉ 22440 :

🏡 **Beaucemaine** ⟫, 𝒫 02 96 78 05 60, *Fax 02 96 78 08 33* – 🗹 ☎ 🅿. 🖙. ⚘ rest
🖙 *fermé 20 déc. au 5 janv.* – **Repas** (fermé dim.) (dîner seul.) 70/100 🍴 – ☲ 30 – **25 ch**
145/270 – ½ P 170/220

à Trémuson *rte de Guingamp par r. Corderie* AX 13 : 8 km – 1 482 h. alt. 141 – ✉ 22440 :

X **Buchon**, 𝒫 02 96 94 85 84, *Fax 02 96 76 78 21* – 🖙
fermé 1ᵉʳ au 15 nov., lundi soir et mardi soir – **Repas** 90/340 ♈

ST-CALAIS 72120 Sarthe 🮲🮲 ⑤ G. Châteaux de la Loire – 4 063 h alt. 155.
Voir Façade✶ de l'église Notre-Dame.
🄱 Office de Tourisme pl. de l'Hôtel-de-Ville 𝒫 02 43 35 82 95, *Fax 02 43 35 15 13*.
Paris 188 – Le Mans 45 – La Ferté-Bernard 33 – Tours 66 – Vendôme 34.

X **St-Antoine**, pl. St-Antoine 𝒫 02 43 35 01 56, *Fax 02 43 35 00 01* – 🖙
fermé 25 au 31 déc., 15 au 28 fév., dim. soir et lundi – **Repas** 70 (déj.), 105/230 ♈

ST-CANNAT 13760 B.-du-R. 🮲🮲 ②, 🮲🮲🮲 ⑭ G. Provence – 3 918 h alt. 216.
🄱 Office de Tourisme (matin hors saison) Plateau de la Pile 𝒫 04 42 57 20 12, *Fax 04 42 57 20
12.*
Paris 735 – Marseille 46 – Aix-en-Provence 17 – Cavaillon 38 – Manosque 61.

au Sud *par rte d'Éguilles et rte secondaire : 2 km* – ✉ 13760 St-Cannat :

XX **Mas de Fauchon** avec ch, chemin de Berre 𝒫 04 42 50 61 77, *Fax 04 42 57 22 56*, 🌰,
🖫, 🌰 – ▤ ch, 🗹 ☎ 🐾 🅿. ᴬᴱ 🖙
fermé vacances de fév. et lundi – **Repas** 153 (déj.), 165/285 – ☲ 60 – **9 ch** 460/650

ST-CAPRAISE-DE-LALINDE 24 Dordogne 🮲🮲 ⑮ – rattaché à Lalinde.

ST-CAST-LE-GUILDO 22380 C.-d'Armor 🮲🮲 ⑤ G. Bretagne – 3 093 h alt. 52.
Voir Pointe de St-Cast ≤✶✶ – Pointe de la Garde ≤✶✶ – Pointe de Bay ≤✶ S : 5 km.
🄱 Office de Tourisme pl. Gén.-de-Gaulle 𝒫 02 96 41 81 52, *Fax 02 96 41 76 19*.
Paris 434 – St-Malo 33 – Avranches 91 – Dinan 34 – St-Brieuc 50.

Arcades, 15 r. Duc d'Aiguillon (rue piétonne) *℘* 02 96 41 80 50, Fax 02 96 41 77 34, 佘 – 🔄 📺 ☎. AE ⓪ GB
1er avril-1er oct. – **Repas** 79/158 ♀, enf. 42 – **32 ch** ⇆ 400/600 – ½ P 310/410

Dunes, r. Primauguet *℘* 02 96 41 80 31, Fax 02 96 41 85 34, ☞, ℀ – 📺 ☎ 🅿. GB. ℀
13 avril-1er oct. – **Repas** 110/380 ♀ – ⇆ 48 – **27 ch** 370/440 – ½ P 370/400

Biniou, rte Dinard : 1,5 km *℘* 02 96 41 94 53, Fax 02 96 41 65 09, ≤ – 🅿. GB
fermé 11 nov. au 22 déc., 4 janv. au 10 fév. sauf week-ends, lundi soir et mardi sauf vacances scolaires – **Repas** 90/280 ♀, enf. 53

ST-CÉRÉ 46400 Lot 🔢 ⑲ ⑳ *G. Périgord Quercy* – *3 760 h alt. 152.*
Voir *Site*★ – *Tapisseries de Jean Lurçat*★ *au casino* – *Atelier-musée Jean Lurçat*★ – *Château de Montal*★★ *O : 3 km.*
Env. *Cirque d'Autoire*★ *: ≤*★★ *par Autoire (site*★ *) O : 8 km.*
🅱 *Office de Tourisme pl. République ℘ 05 65 38 11 85, Fax 05 65 38 38 71.*
Paris 537 – Brive-la-Gaillarde 54 – Aurillac 63 – Cahors 78 – Figeac 42 – Tulle 59.

Trois Soleils de Montal (Bizat) Ⓜ ℀, rte de Gramat, 2 km par D 673 *℘* 05 65 10 16 16, Fax 05 65 38 10 66, ≤, 佘, 🎣, 🏊, ☞, ℀ – 🔄 📺 ☎ 🅿 – 🔺 50. ⓪ GB. ℀ rest
Repas *(fermé janv., lundi sauf le soir d'avril à sept., dim. soir et mardi midi d'oct. à mars)* 145/380 et carte 250 à 330 - *Les Prés de Montal ℘* 05 65 38 28 41 - grill *(fermé 23 oct. au 31 déc., 1er fév. au 15 mars et vend. sauf juil.-août)* **Repas** 105/160, enf. 55 – ⇆ 60 – **28 ch** 580 – ½ P 560
Spéc. Saint-Jacques rôties aux topinambours. Lobe de foie gras rôti. Agneau de lait rôti sur l'os (nov. à avril). **Vins** Cahors, Côtes de Bergerac.

France, rte d'Aurillac *℘* 05 65 38 02 16, Fax 05 65 38 02 98, 佘, 🏊, ☞ – 📺 ☎ ⇦ 🅿. ⓪ GB. ℀ ch
Pâques-oct. – **Repas** (dîner seul.) *(90)* - 120/260 ♀, enf. 70 – **18 ch** (½ pens. seul.) – ½ P 360/380

Coq Arlequin sans rest, av. Dr Roux *℘* 05 65 38 02 13, Fax 05 65 38 37 27 – 📺 ☎ ⇦. GB
⇆ 50 – **16 ch** 280/500

Touring sans rest, pl. République *℘* 05 65 38 30 08, Fax 05 65 38 18 67 – 📺 ☎. GB
fermé 1er au 21 nov. – ⇆ 30 – **27 ch** 249/290

Ric ℀ avec ch, rte Leyme par D 48 : 2,5 km *℘* 05 65 38 04 08, Fax 05 65 38 00 14, ≤ plateau du Quercy, 佘, 🏊, ☞ – 📺 ☎ 🍴 🅿. GB
avril-nov. – **Repas** *(fermé lundi hors saison et sam. midi)* (nombre de couverts limité, prévenir) 130 (déj.), 200/350 – ⇆ 50 – **5 ch** 450 – ½ P 450

ST-CERGUES 74140 H.-Savoie 🔢 ⑯ ⑰ – *2 337 h alt. 615.*
Paris 550 – Thonon-les-Bains 21 – Annecy 54 – Annemasse 9 – Bonneville 24 – Genève 19.

France avec ch, *℘* 04 50 43 50 32, Fax 04 50 94 66 45, 佘, ☞ – 📺 ☎ 🍴 🅿 – 🔺 25. GB
fermé 14 avril au 8 mai, 20 oct. au 6 nov. et dim. soir et lundi sauf du 27 juil. au 26 août – **Repas** 98/250 ♀, enf. 60 – ⇆ 45 – **20 ch** 150/340 – ½ P 220/300

ST-CÉZAIRE-SUR-SIAGNE 06780 Alpes-Mar. 🔢 ⑧, 🔢 ⑫ *G. Côte d'Azur* – *2 182 h alt. 475.*
Voir *Site*★ – *Point de vue*★ – *Grottes de St-Cézaire*★ *NE : 4 km.*
🅱 *Office de Tourisme 1 bd Courmes ℘ 04 93 60 84 30, Fax 04 93 60 84 40.*
Paris 910 – Cannes 32 – Castellane 63 – Draguignan 58 – Grasse 16 – Nice 56.

Auberge du Puits d'Amon, *℘* 04 93 60 28 50 – ▤. GB
fermé 1er au 10 nov., 20 janv. au 15 fév., le soir du 15 oct. au 15 mars, dim. soir et merc. – **Repas** 105/210 ♀, enf. 75

ST-CHAMAS 13250 B.-du-R. 🔢 ① *G. Provence* – *5 396 h alt. 15.*
🅱 *Office de Tourisme Montée des Pénitents ℘ 04 90 50 90 54, Fax 04 90 50 90 10.*
Paris 739 – Marseille 50 – Arles 42 – Martigues 26 – Salon-de-Provence 16.

Rabelais, 10 r. A. Fabre (centre ville) *℘* 04 90 50 84 40, Fax 04 90 50 78 49, 佘, « Salle voûtée du 17e siècle » – ▤. AE ⓪ GB
fermé 16 août au 2 sept. et vacances de fév. – **Repas** *(fermé dim. soir et lundi)* (80) - 115/270

ST-CHAMOND *42400 Loire* 🔢 ⑲ *G. Vallée du Rhône – 38 878 h alt. 388.*
  Paris 508 ① – St-Étienne 11 ③ – Feurs 50 ③ – Lyon 50 ① – Montbrison 52 ③ – Vienne 38 ①.

ST-CHAMOND

Alsace-Lorraine (R.) . . . . . **AZ** 2
Bonnevialle (R. Maurice) **AZ** 3
Charité (R. de la) . . . . **BY** 4
Delay (Bd François) . . . . . **AYZ** 5
Dorian (Pl.) . . . . **AZ** 6
Dugas-Montbel (R.) . . . . . **BZ** 7
Gambetta (R.) . . . . **ABZ** 9
H.-de-Ville (Av. de l') . . . . **BZ** 12
Jeanne-d'Arc (R.) . . . . **AY** 21
Libération (Av. de la) . . **BZ** 22
Liberté (Pl. de la) . . . . **AZ** 23
Montgolfier (Crs A. de) **AZ**
Morel (Pl. Germain) . . . **AZ** 24
République (R. de la) **ABY**
Rivage (R. du) . . . . **AZ** 25
Sabotin (R.) . . . . **AZ** 26
Timbaud (R. P.) . . . . . . **AZ** 28
Trois-Frères (R. des) . . **AZ** 20

🏨 **Ambassadeurs**, 28 av. Libération ☏ 04 77 22 85 80, Fax 04 77 31 96 95 – 📺 ☎ 📞 🅰🅴 ⓪
🍴 GB
  BZ **a**
  Repas *(fermé 30 avril au 8 mai, 23 juil. au 20 août, vend. soir, dim. soir et sam.)* (72) ·
  82/310 ⬩, enf. 50 – ☐ 30 – **16 ch** 250/320 – ½ P 220/260.

à l'Horme *par ② · 3 km – 4 689 h. alt. 320 –* ⊠ *42152 :*

🏨 **Vulcain** *sans rest*, ☏ 04 77 22 17 11, Fax 04 77 29 07 95, ☞ – 🛗 📺 ☎ 📞 ⇔ 🅿 – 🔬 25.
  🅰🅴 GB
  ☐ 38 – **30 ch** 235/365

ST-CHARTIER *36 Indre* 🔢 ⑲ *– rattaché à La Châtre.*

ST-CHÉLY-D'APCHER *48200 Lozère* 🔢 ⑮ *– 4 570 h alt. 1000.*
  🛈 *Office de Tourisme pl. 19 Mars-1962* ☏ *04 66 31 03 67, Fax 04 66 31 30 30.*
  Paris 546 – Aurillac 109 – Mende 45 – Le Puy-en-Velay 86 – Rodez 113 – St-Flour 35.

🏨 **Portes d'Apcher** Ⓜ, *Nord : 1,5 km sur N 9* ☏ 04 66 31 00 46, Fax 04 66 31 28 85, ≼, 🍴,
🍴 ☞ – 📺 ☎ ⅋ ⇔ 🅿 – 🔬 100. GB ⅖
  fermé janv. – **Repas** *(fermé vend. soir de sept. à mars)* 85/205 ⬩, enf. 46 – ☐ 32 – **16 ch** 270
  – ½ P 255

à La Garde *Nord : 9 km par N 9 –* ⊠ *48200 Albaret-Ste-Marie :*

🏨 **Rocher Blanc**, ☏ 04 66 31 90 09, Fax 04 66 31 93 67, 🍴, ⅏, ☞, ⅋ – 📺 ☎ 🅿. GB
  Pâques-1ᵉʳ nov. et fermé dim. soir et lundi sauf juil.-août et fériés – **Repas** (65) · 90 (dîner),
  110/210 ⬩ – ☐ 40 – **21 ch** 280/320 – ½ P 320/340

ST-CHÉLY-D'AUBRAC *12470 Aveyron* 🔢 ③ ④ *– 547 h alt. 700 – Sports d'hiver à Brameloup :*
  1 200/1 390 m ⅊ 9 ⅌.
  🛈 *Syndicat d'Initiative Mairie* ☏ *05 65 44 21 15, Fax 05 65 44 20 01.*
  Paris 595 – Rodez 51 – Espalion 20 – Mende 74 – St-Flour 72 – Sévérac-le-Château 61.

🏨 **Voyageurs** *(annexe* 🏠*),* ☏ 05 65 44 27 05, Fax 05 65 44 21 67 – ☎ 📞 GB. ⅖ ch
🍴 *1ᵉʳ avril-30 sept.* – **Repas** *(fermé sam. midi sauf juil.-août et fériés)* 95/185 ⬩, enf. 65 – ☐ 39
  – **14 ch** 265/300 – ½ P 270/290

1199

ST-CHÉRON 91530 Essonne 🔟 ⑩ – 4 082 h alt. 100.

Paris 43 – Fontainebleau 62 – Chartres 53 – Dourdan 10 – Étampes 21 – Orléans 88.

à St-Évroult Sud : 1,5 km par V 6 – ⊠ 91530 St-Chéron :

XX   **Auberge de la Cressonnière**, ℰ 01 64 56 60 55, Fax 01 64 56 56 37, 佘, « Jardin fleuri », ♣ – **GB**
fermé 1ᵉʳ au 15 sept., 15 au 28 fév., dim. soir et lundi sauf fériés – **Repas** 115/210

ST-CHRISTAU 64 Pyr.-Atl. 🔠 ⑥ – voir à Lurbe-St-Christau.

ST-CIERS-DE-CANESSE 33710 Gironde 🔢 ⑧ – 713 h alt. 40.

Env. Citadelle de Blaye★ NO : 8 km, G. Aquitaine.

Paris 551 – Bordeaux 47 – Blaye 9 – Jonzac 54 – Libourne 42.

🏠   **Closerie des Vignes** Ⓜ ♨, Village Arnauds, Nord : 2 km par D 250 et D 135
ℰ 05 57 64 81 90, Fax 05 57 64 94 44, ≤, ⓛ, ♠ – 📺 ☎ ⛟ ♦ ⅌. **GB**
1ᵉʳ avril-31 oct. – **Repas** (dîner seul.) 140/180 ♈, enf. 80 – ⌧ 45 – **9 ch** 440 – ½ P 400

ST-CIRQ-LAPOPIE 46330 Lot 🔢 ⑨ G. Périgord Quercy – 187 h alt. 320.

Voir Site★★ – Vestiges de l'ancien château ≤★★ – Le Bancourel ≤★ – Bouziès : chemin de halage du Lot★ NO : 6,5 km.

🅱 Office de Tourisme pl. de Sombral ℰ 05 65 31 29 06, Fax 05 65 31 29 06.

Paris 589 – Cahors 25 – Figeac 45 – Villefranche-de-Rouergue 38.

XX   **Auberge du Sombral "Aux Bonnes Choses"** ♨ avec ch, ℰ 05 65 31 26 08,
🏃 Fax 05 65 30 26 37, 佘 – ☎. **GB**
1ᵉʳ avril-15 nov. et fermé mardi soir et merc. d'oct. à juin – Repas (75) · 110/220 ♈ – ⌧ 48 –
8 ch 350/400

à Tour-de-Faure Est : 2 km par D 8 – 296 h. alt. 137 – ⊠ 46330 :

🏠   **Les Gabarres** sans rest, ℰ 05 65 30 24 57, Fax 05 65 30 25 85, ⓛ, ♠ – ☎ ♦ ♦ ⅌. **GB**
15 oct.-15 avril. – ⌧ 40 – **28 ch** 250

Restaurants, die sorgfältig zubereitete,
preisgünstige Mahlzeiten anbieten, sind
durch das Zeichen 🏃 kenntlich gemacht.

ST-CLAIR 83 Var 🔠 ⑯., 🔢 ㊽ – rattaché au Lavandou.

ST-CLAUD 16450 Charente 🔢 ④ – 1 128 h alt. 144.

Paris 436 – Angoulême 41 – Cognac 83 – Limoges 69 – Poitiers 94.

XX   **Claud Gourmand** ♨ avec ch, rte Champagne-Mouton : 2 km ℰ 05 45 71 18 17,
Fax 05 45 71 38 17, 佘, parc, ⅋ – 📺 ☎ ⛟ 🅿 – 🔺 30. **GB**
fermé 23 janv. au 10 fév., dim. soir et lundi du 15 sept. au 15 avril – **Repas** 105 (déj.), 175/190,
enf. 80 – ⌧ 60 – **6 ch** 550/600 – ½ P 740

ST-CLAUDE ◀ 39200 Jura 🔢 ⑮ G. Jura – 12 704 h alt. 450.

Voir Site★★ – Cathédrale St-Pierre★ : stalles★★ – Exposition de pipes et diamants Z **E** –
Gorges du Flumen★ par ②.

Env. Route de Morez ≤★★ 7 km par ① – Crêt Pourri ❊★ E : 6 km puis 30 mn par D 304.

🅱 Office de Tourisme Haut Jura St-Claude 19 r. du Marché ℰ 03 84 45 34 24, Fax 03 84
41 02 72.

Paris 469 ③ – Annecy 87 ② – Genève 63 ② – Lons-le-Saunier 59 ③.

🏨   **Jura**, 40 av. Gare ℰ 03 84 45 24 04, Fax 03 84 45 58 10 – 📺 ☎ ♦ ♦ ⛟. **GB**   Z **a**
Repas (fermé 24 déc. au 17 janv.) 90/220 ⅃ – ⌧ 40 – **35 ch** 220/340 – ½ P 245/310

Plan page ci-contre

à Villard-St-Sauveur par ② et D 290 : 5 km – 588 h. alt. 545 – ⊠ 39200 St-Claude :

🏨   **Hostellerie Au Retour de la Chasse** ♨, ℰ 03 84 45 44 44, Fax 03 84 45 13 95, ≤,
⛟ ⅋ – 📺 ☎ 🅿 – 🔺 30. 🆎 ⓪ **GB**
fermé 3 janv. au 3 fév., jeudi midi du 10 juil. au 28 août, dim. soir et lundi sauf du 9 juil. au
29 août – **Repas** 85/340, enf. 60 – ⌧ 35 – **14 ch** 300/360 – ½ P 320/330

ST-CLAUDE

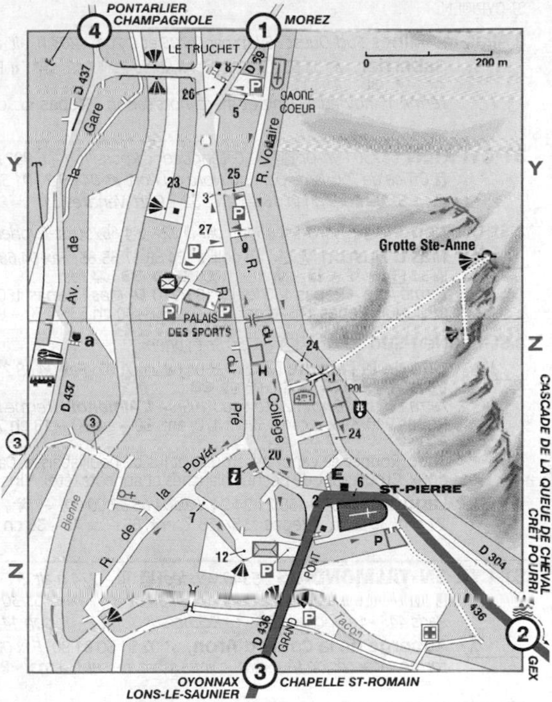

Les rues sont sélectionnées en fonction de leur importance pour la circulation et le repérage des établissements cités. Les rues secondaires ne sont qu'amorcées.

Use this year's Guide.

ST-CLÉMENT-DES-BALEINES *17 Char.-Mar.* 71 ⑫ – *voir à Ré (Île de).*

ST-CLÉMENT-SUR-VALSONNE *69170 Rhône* 73 ⑨ – *467 h alt. 370.*

Paris 461 – Roanne 47 – Lyon 44 – Montbrison 66 – Tarare 6 – Villefranche-sur-Saône 30.

X **St-Clément** avec ch, ✆ 04 74 05 17 80, *Fax 04 74 05 17 80*, – TV ☎. GB
fermé 11 au 21 sept. et 21 janv. au 9 fév. – **Repas** (*fermé lundi soir et mardi sauf juil.-août*) 60 (déj.), 98/210, enf. 45 – 25 – **9 ch** 200/240 – ½ P 180

ST-CLOUD *92 Hauts-de-Seine* 55 ⑳, 101 ⑭ – *voir à Paris, Environs.*

ST-CONSTANT *15600 Cantal* 76 ⑪ – *659 h alt. 260.*

Voir Église de Maurs : statues★ et buste-reliquaire★ NO : 4,5 km, G. Auvergne.

Paris 576 – Aurillac 48 – Rodez 56 – Decazeville 17 – Figeac 23 – Tulle 98.

X **Auberge des Feuillardiers** avec ch, ✆ 04 71 49 10 06, *Fax 04 71 49 11 43*, – GB
fermé 28 août au 10 sept., vacances de fév., mardi soir sauf rest. et merc. sauf juil.-août – **Repas** (nombre de couverts limté, prévenir) 120/250 – 40 – **12 ch** 170/260 – ½ P 210

ST-CYPRIEN *24220 Dordogne* 75 ⑯ *G. Périgord Quercy – 1 593 h alt. 80.*

Paris 546 – Périgueux 57 – Sarlat-la-Canéda 21 – Bergerac 54 – Cahors 68 – Fumel 54.

L'Abbaye, ✆ 05 53 29 20 48, *Fax 05 53 29 15 85*, – TV ☎ P. AE GB
15 avril-25 oct. – **Repas** (dîner seul) 150/360 – 60 – **23 ch** 450/700 – ½ P 420/600

à Castels *Est : 2,5 km sur rte de Sarlat – 402 h. alt. 50 – ✉ 24220 :*

XX **Jardin d'Épicure,** sur D 703 ✆ 05 53 30 40 95, *Fax 05 53 30 40 96*, – P. GB.
fermé sam. midi et merc. – **Repas** 140/260, enf. 70

à Allas-les-Mines *Sud-Ouest : 5 km par D 703 et C 204 – 203 h. alt. 85 –* ⊠ *24220 :*

    ✕   **Gabarrier,** ℰ 05 53 29 22 51, *Fax 05 53 29 47 12,* ㈘, « En bordure de la Dordogne »,
          🏕 – **P.** GB
          fermé 1er nov. au 15 janv. et merc. hors saison – **Repas** 105 (déj.), 135/350, enf. 65

ST-CYPRIEN 66750 *Pyr.-Or.* 🎃 ⑳ *G. Languedoc Roussillon – 6 892 h alt. 5 – Casino.*

    🅿 *Office de Tourisme parking Nord du Port* ℰ 04 68 21 01 33, *Fax 04 68 21 98 33.*
    Paris 877 – Perpignan 15 – Céret 32 – Port-Vendres 21.

à St-Cyprien-Plage *Nord-Est : 3 km par D 22 –* ⊠ *66750 St-Cyprien :*

  🏰🏰 **Mas d'Huston** Ⓜ ⌘, au golf ℰ 04 68 37 63 63, *Fax 04 68 37 64 64,* ≤, « Parc », ⊒, ℀ –
        🛗 ▤ �📺 ☎ ⚒ & **P** – 📶 15 à 100. ⌶ ◉ GB, ℀ rest
        fermé janv. – **Repas** 160 (déj.), 185/270 **Le Mas :** Repas 160/270, enf. 75 – **- Les Parasols**
        (déj. seul.) **Repas** 145 ♎, enf. 75 – � 60 – **50 ch** 535/770 – ½ P 520

à St-Cyprien-Sud : *3 km –* ⊠ *66750 St-Cyprien :*

  🏰🏰 **L'Ile de la Lagune** Ⓜ ⌘, ℰ 04 68 21 01 02, *Fax 04 68 21 06 28,* ≤, ㈘, ⊒, 🛶 – 🛗 ▤
   ❀ 📺 ☎ & 🚗 **P** – 📶 30. ⌶ ◉ GB
        fermé 1er au 16 nov., 22 fév. au 7 mars – **L'Almandin** *(fermé lundi et mardi d'oct. au 15 avril)*
        Repas 210/395 et carte 320 à 470, enf. 80 – � 80 – **18 ch** 780/1050, 4 appart – ½ P 770/
        800
        Spéc. Rouget de canot, ratatouille et jus de bouillabaisse. Carré d'agneau du pays, jus à l'ail
        doux. Croustillant de pêches blanches et abricots (été). **Vins** Côtes du Roussillon-Villages.

   🏨 **Lagune** ⌘, ℰ 04 68 21 24 24, *Fax 04 68 37 00 00,* ≤, ㈘, ⊒, ℀ – 📺 ☎ & **P.** GB
        21 avril-30 sept. – **Repas** 135/155 ♉, enf. 65 – � 45 – **36 ch** 470/490 – ½ P 400/425

ST-CYR-EN-TALMONDAIS 85540 *Vendée* 🎃 ⑪ *– 274 h alt. 31.*

    🅿 *Syndicat d'Initiative Mairie* ℰ 02 51 30 82 82, *Fax 02 51 30 88 29.*
    Paris 443 – La Rochelle 54 – La Roche-sur-Yon 32 – Luçon 14 – Les Sables-d'Olonne 38.

    ✕   **Auberge de la Court d'Aron,** ℰ 02 51 30 81 80, *Fax 02 51 98 99 55,* ㈘ – GB, ℀
          fermé vacances de fév., dim. soir et merc. de sept. à mai – **Repas** (67) - 108/230 ♉

ST-CYR-SUR-MER 83270 *Var* 🎃 ⑭, 🎃 ㊸ *– 7 033 h alt. 10.*

    🅿 *Office de Tourisme pl. de l'Appel du 18-Juin* ℰ 04 94 26 73 73, *Fax 04 94 26 73 74.*
    Paris 814 – Marseille 40 – Toulon 24 – Bandol 8 – Le Beausset 13 – Brignoles 56.

Les Lecques – ⊠ *83270 St-Cyr-sur-Mer :*

   🏨🏨 **Grand Hôtel** ⌘, ℰ 04 94 26 23 01, *Fax 04 94 26 10 22,* ≤, ㈘, « Parc fleuri », ⊒, ℀ –
        🛗 📺 ☎ ⚒ **P.** ⌶ ◉ GB 🇯🇨🇧. ℀ rest
        14 avril-31 oct. – **Repas** (140) - 155/230 ♉, enf. 70 – **56 ch** (½ pens. seul.) – ½ P 455/705

   🏨 **Petit Nice** ⌘, ℰ 04 94 32 00 64, *Fax 04 94 88 72 39,* ⊒, 🏕 – 📺 ☎ **P.** ⌶ GB, ℀ rest
        hôtel : 15 mars-25 oct. ; rest. : 1er avril-15 oct. – **Repas** 125 – ⊠ 38 – **31 ch** 280/350 –
        ½ P 281/351

   🏨 **Chanteplage,** ℰ 04 94 26 16 55, *Fax 04 94 26 25 71,* ≤, ㈘ – 📺 ☎ **P.** GB, ℀ rest
        1er mars-30 nov. – **Repas** (dîner seul.) 100/140 ♉ – ⊠ 40 – **20 ch** 350/480 – ½ P 320/380

rte de Bandol *par D 559 : 4 km –* ⊠ *83270 St-Cyr-sur-Mer :*

  🏨🏨🏨 **Frégate** ⌘, ℰ 04 94 29 39 39, *Fax 04 94 29 39 40,* ≤ littoral, ㈘, parc, « Complexe de
        loisirs et centre de conférences », ⊒, ⊠, ℀ – 🛗 💥 ▤ 📺 ☎ ⚒ & **P** – 📶 20 à 80. ⌶ ◉
        GB, ℀ rest
        Repas 155 bc (déj.), 290/400 ♎ – ⊠ 100 – **95 ch** 1480/2180, 38 appart – ½ P 1000/1095

ST-DALMAS-DE-TENDE 06 *Alpes-Mar.* 🎃 ⑩ ⑳,, 🎃 ⑧ ⑨ *– rattaché à Tende.*

ST-DALMAS-VALDEBLORE 06 *Alpes-Mar.* 🎃 ⑲,, 🎃 ⑥ *– voir à Valdeblore.*

ST-DENIS 93 *Seine-St-Denis* 🎃 ⑪,, 🎃 ⑯ *– voir à Paris, Environs.*

        *Les localités dont les noms sont **soulignés de rouge***
        *sur les **cartes Michelin** à 1/200 000 sont citées dans ce guide.*
        Utilisez une carte récente pour profiter de ce renseignement.

ST-DENIS-D'ANJOU _53290 Mayenne_ 🗺 ① _G. Châteaux de la Loire_ – _1 278 h alt. 51._
  Paris 262 – Angers 44 – Le Mans 71 – Sablé-sur-Sarthe 11.

✗ **Calèche** avec ch, ℘ 02 43 70 61 00, Fax 02 43 70 94 40, 🍴 – 🐾 ❤, 🖭 ⊖В
  hôtel : 1er avril-31 oct. et fermé dim. sauf juil.-août et mardi – **Repas** _(fermé 26 déc. au_
  3 janv., 1er au 21 fév., dim. soir sauf juil.-août et mardi) 69 (déj.), 98/205 ℤ, enf. 50 – ☑ 40 –
  8 ch 250/270 – ½ P 250

ST-DENIS-D'ORQUES _72350 Sarthe_ 🗺 ⑫ – _693 h alt. 120._
  Paris 238 – Le Mans 44 – Alençon 63 – Laval 40 – Mayenne 47 – Sablé-sur-Sarthe 24.

✗✗ **Auberge de la Grande Charnie**, av Libération ℘ 02 43 88 43 12, Fax 02 43 88 61 08 –
  ⊖В, 🍴
  fermé vacances de fév., dim. soir et lundi – **Repas** _(89 bc)_ - 98/218 ℤ, enf. 48

ST-DENIS-LE-FERMENT _27 Eure_ 🗺 ⑧ – _rattaché à Gisors._

ST-DENIS-SUR-SARTHON _61420 Orne_ 🗺 ② – _971 h alt. 193._
  Paris 203 – Alençon 12 – Argentan 40 – Domfront 50 – Falaise 63 – Flers 60 – Mayenne 49.

🏠 **Faïencerie** sans rest, rte d'Alençon (N 12) ℘ 02 33 27 30 16, Fax 02 33 27 17 56, parc – ☎
  🅿, ⊖В
  mai-nov – ☑ 50 – **16 ch** 320/420

Les noms des localités citées dans ce guide

sont soulignés de rouge

sur les **cartes Michelin** à 1/200 000.

ST-DIDIER _35 I.-et-V._ 🗺 ⑱ – _rattaché à Chateaubourg._

ST-DIDIER _84 Vaucluse_ 🗺 ⑬ – _rattaché à Carpentras._

ST-DIDIER-DE-LA-TOUR _38 Isère_ 🗺 ⑭ – _rattaché à La Tour-du-Pin._

ST-DIDIER-EN-VELAY _43140 H.-Loire_ 🗺 ⑧ – _2 723 h alt. 830._
  🄸 Office de Tourisme 5 r. de la République ℘ et Fax 04 71 66 25 72.
  Paris 541 – Le Puy-en-Velay 57 – St-Étienne 25 – St-Agrève 46.

✗✗ **Auberge du Velay**, Grand'place ℘ 04 71 61 01 54, Fax 04 71 61 15 80 – ⊖В
  fermé 16 au 31 août, vacances de fév., dim. soir, lundi soir et mardi – **Repas** 95/310

ST-DIÉ ⬉ _88100 Vosges_ 🗺 ⑰ _G. Alsace Lorraine_ – _22 635 h alt. 350._
  Voir Cathédrale St-Dié★ – Cloître gothique★.
  🄸 Office de Tourisme 8 q. Mar.-de-Lattre-de-Tassigny ℘ 03 29 56 17 62, Fax 03 29 56 72 30.
  Paris 392 ③ – Colmar 56 ① – Épinal 50 ② – Mulhouse 102 ① – Strasbourg 94 ①.

Plan page suivante

🏠 **Ibis**, 5 quai Jeanne d'Arc ℘ 03 29 55 43 44, Fax 03 29 55 49 15 – 🛗 🍴 ▤ 🖭 ☎ ❤ ⅋ –
  🄰 30, 🖭 ⓞ ⊖В, 🍴 rest   B a
  Repas _(75)_ - 95 ℤ, enf. 39 – ☑ 36 – **51 ch** 335/365

🏠 **Moderne**, 64 r. Alsace ℘ 03 29 56 11 71, Fax 03 29 56 45 06, 🍴 – 🖭 ☎ ❤ 🅿, ⊖В, 🍴 ch
  fermé 18 août au 1er sept., 22 déc. au 2 janv., vend. soir et sam. – **Repas** 105/138 ⅋ – ☑ 38
  – **10 ch** 265/395 – ½ P 260/270   B v

🏠 **Vosges et Commerce** sans rest, 57 r. Thiers ℘ 03 29 56 16 21, Fax 03 29 55 48 71 – 🖭
  ☎ ❤ 🚗, 🖭 ⓞ ⊖В   A r
  ☑ 40 – **29 ch** 140/280

✗✗ **Voyageurs**, 22 r. Hellleule ℘ 03 29 56 21 56, Fax 03 29 56 60 80 ⊖В   A u
  fermé vacances de printemps, 20 juil. au 10 août, vacances de Noël, merc. soir, dim. soir et
  lundi – **Repas** 78/115

à Rougiville Ouest : 6 km par ② – ✉ 88100 St-Dié :

🏠 **Haut Fer**, ℘ 03 29 55 03 48, Fax 03 29 55 23 40, ≤, 🛁, 🎋, 🍴 – 🍴 🖭 ☎ ❤ 🅿, 🖭 ⊖В
  fermé 1er au 10 janv. et dim. soir sauf août – **Repas** _(fermé dim.soir et lundi sauf fériés) (65)_ -
  120/200 ⅋, enf. 50 – ☑ 38 – **16 ch** 300/400 – ½ P 280/300

1203

ST-DIÉ

0   200 m

N.-D.-de-Galilée
CLOÎTRE
CATHÉDRALE ST-DIÉ

A   **B**   *GÉRARDMER:* N 415 ①
COLMAR

Une réservation confirmée par écrit ou par fax est toujours plus sûre.

ST-DISDIER 05250 H.-Alpes **77** ⑮ *G. Alpes du Nord* – 157 h alt. 1024.

Voir *Défilé de la Souloise*★ N – Paris 640 – *Gap* 45 – Grenoble 72 – La Mure 33.

🏠 **Auberge La Neyrette** 🕭 , ℰ 04 92 58 81 17, Fax 04 92 58 89 95, ≤, 帘 , « Jardin avec
plan d'eau », 帚 – 📺 ☎ ✔ 🅿. 🝙 ⓪ ☜
fermé 15 nov. au 15 déc. – Repas 105/220, enf. 64 – 🖵 40 – **10 ch** 260/360 – ½ P 300/330

ST-DIZIER

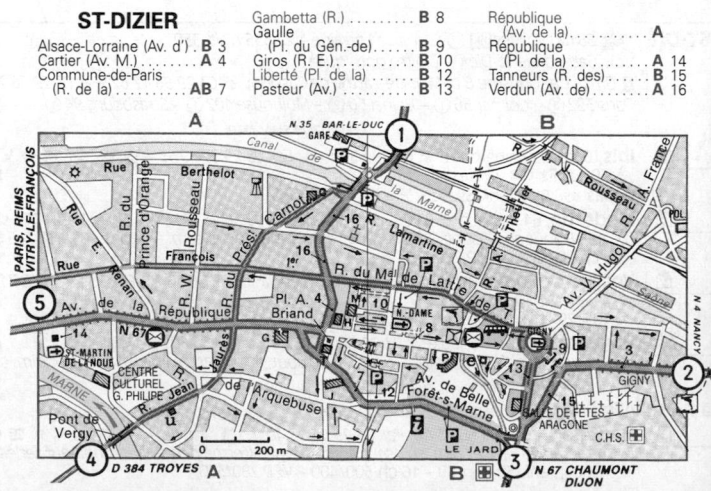

1204

ST-DIZIER 〈SP〉 52100 H.-Marne **61** ⑨ G. Champagne – 33 552 h alt. 147.

🛈 Office de Tourisme 4 av. de Belle Forêt sur Marne ℰ 03 25 05 31 84, Fax 03 25 06 95 51.
Paris 206 ⑨ – Bar-le-Duc 25 ① – Chaumont 74 ③ – Nancy 100 ② – Troyes 86 ④.

Plan page ci-contre

🏠 **Gambetta**, 62 r. Gambetta ℰ 03 25 56 52 10, Fax 03 25 56 39 47 – |≢|, ≣ rest, 📺 ☎ ᴅ 🅿
GB – 🔏 30 à 150. AE ⓞ GB   B e
Repas (fermé dim. soir et soirs fériés) 65/125 ₰ – ☲ 35 – **63 ch** 285/390 – ½ P 225

XX **Gentilhommière**, 29 r. J. Jaurès ℰ 03 25 56 32 97, Fax 03 25 06 32 66 – GB   A u
fermé août, sam. midi, dim. soir et lundi – **Repas** 110/165 ♈

à Perthes par ⑤ : 10 km – ⌧ 52100 :

XXX **Cigogne Gourmande** ⃟ avec ch., ℰ 03 25 56 40 29, Fax 03 25 06 22 81 – ≣ rest, 📺
GB   AE GB
fermé 17 au 30 juil., vacances de fév. et dim. soir – **Repas** 80/450 bc et carte 240 à 350 ♈ –
☲ 38 – **6 ch** 185/265 – ½ P 190

ST-DONAT-SUR-L'HERBASSE 26260 Drôme **77** ② G. Vallée du Rhône – 2 658 h alt. 202.
Paris 549 – Valence 27 – Grenoble 95 – Hauterives 20 – Romans-sur-Isère 14.

XXX **Chartron** Ⓜ avec ch., ℰ 04 75 45 11 82, Fax 04 75 45 01 36, 🏡 – ≣ rest, 📺 ☎ ⬅ 🅿.
AE ⓞ GB
fermé lundi soir sauf juil.-août et mardi – **Repas** 120 (déj.), 160/240 ♈, enf. 80 – ☲ 45 – **7 ch**
300/380 – ½ P 320

X **Mousse de Brochet**, ℰ 04 75 45 10 47, Fax 04 75 45 10 47 – ≣. GB
fermé 26 juin au 11 juil., dim. soir, lundi et le soir en hiver sauf sam. – **Repas** 86/260 ♈

ST-DYÉ-SUR-LOIRE 41500 L.-et-Ch. **64** ⑦ ⑧ G. Châteaux de la Loire – 895 h alt. 96.
Paris 174 – Orléans 51 – Beaugency 20 – Blois 17 – Romorantin-Lanthenay 43.

🏠🏠 **Manoir Bel Air** ⃟, ℰ 02 54 81 60 10, Fax 02 54 81 65 34, ≤, parc – 📺 ☎ 🅿 – 🔏 25 à 40.
GB JCB. ⟡ rest
fermé 15 janv. au 15 fév. – **Repas** 128/248 – ☲ 40 – **43 ch** 280/480 – ½ P 400

SAINTE voir après la nomenclature des Saints.

ST-EMILION 33330 Gironde **75** ⑫ G. Aquitaine – 2 799 h alt. 30.
Voir Site★★ – Église monolithe★ – Cloître des Cordeliers★ – ≤★ de la tour du château du
Roi.
🛈 Office de Tourisme pl. des Créneaux ℰ 05 57 55 58 28, Fax 05 57 55 28 29.
Paris 587 – Bordeaux 41 – Bergerac 58 – Langon 50 – Libourne 8 – Marmande 62.

🏠🏠🏠 **Hostellerie de Plaisance**, pl. Clocher ℰ 05 57 55 07 55, Fax 05 57 74 41 11, ≤, « Au
coeur de la cité médiévale » – |≢| ≣ 📺 ☎ ℃ – 🔏 30. AE ⓞ GB
fermé janv. – **Repas** 150/280 – ☲ 60 – **12 ch** 500/1100, 4 appart

🏠🏠 **Logis des Remparts** sans rest, r. Guadet ℰ 05 57 24 70 43, Fax 05 57 74 47 44, ⃟, 🌿 –
📺 ☎ ℃ 🅿. GB. ⟡
fermé 15 déc. au 15 fév. – ☲ 52 – **17 ch** 450/750

🏠🏠 **Auberge de la Commanderie** sans rest, r. Cordeliers ℰ 05 57 24 70 19,
Fax 05 57 74 44 53 – |≢| 📺 ☎ ℃ 🅿. GB. ⟡
fermé janv. et fév. – ☲ 50 – **17 ch** 350/550

🏠🏠 **Palais Cardinal**, pl. 11 Novembre 1918 ℰ 05 57 24 72 39, Fax 05 57 74 47 54, 🏡, ⃟,
🌿 – 📺 ☎ ℃ ⬅. GB. ⟡ ch
1er avril-30 nov. – **Repas** (fermé merc.) 79/199 ♈, enf. 60 – ☲ 50 – **17 ch** 370/450 –
½ P 385/415

XX **Francis Goullée**, r. Guadet ℰ 05 57 24 70 49, Fax 05 57 74 47 96 – GB
fermé 2 au 18 déc., dim. soir et lundi – **Repas** 130/240 ♈, enf. 60

XX **Clos du Roy**, ℰ 05 57 74 41 55, Fax 05 57 74 41 55 – ≣. GB
fermé vacances de fév., de Toussaint, sam. midi et merc. – **Repas** 100 (déj.), 160/245 ♈,
enf. 50

XX **Tertre**, r. Tertre de la Tente ℰ 05 57 74 46 33, Fax 05 57 74 49 87 – ≣. AE ⓞ GB
15 mars-3 nov. – **Repas** 79 (déj.), 120/350

au Nord-Ouest : 4 km par D 243 – ⌧ 33330 St-Émilion :

🏠🏠🏠 **Château Grand Barrail** ⃟, ℰ 05 57 55 37 00, Fax 05 57 55 37 49, ≤, 🏡, parc,
« Château du 19e siècle au milieu des vignobles », ⃟ – |≢| ≣ 📺 ☎ ℃ ᴅ 🅿 – 🔏 20. AE ⓞ
GB JCB. ⟡ rest
fermé vacances de fév. – **Repas** (fermé dim. soir et lundi de nov. à mars) 180 bc (déj.),
260/380 ♈ – ☲ 100 – **28 ch** 1150/1700 – ½ P 985/1210

ST-ESTEBEN 64640 Pyr.-Atl. 85 ③ – 391 h alt. 100.

Paris 798 – *Biarritz 44* – Bayonne 33 – Pau 117 – St-Jean-Pied-de-Port 29.

XX **Chez Onésime,** ℘ 05 59 29 65 51 – 🅿. 🖼
fermé mars et merc. – **Repas** 190/250 ⌇

ST-ÉTIENNE 🅿 42000 Loire 73 ⑲, 76 ⑨ G. Vallée du Rhône – 199 396 h Agglo. 313 338 h alt. 520.

Voir Le vieux St-Etienne★ : maisons sans escaliers★ (n° 54 et 56 bd Daguerre V 24) – Musée d'Art moderne★★ T **M** – Musée d'Art et d'Industrie : Armes★ – Puits Couriot★ U M² – Site de la manufacture des armes et cycles de St-Etienne : planétarium★ – Guizay ≤★★ S : 10 km.

✈ de St-Étienne-Bouthéon : ℘ 04 77 55 71 71, Fax 04 77 55 71 79, par ⑤: 15 km.
🛈 Office de Tourisme 16 av. de la Libération ℘ 04 77 49 39 00, Fax 04 77 49 39 03.
Paris 520 ① – Clermont-Ferrand 147 ④ – Grenoble 157 ① – Lyon 61 ① – Valence 122 ②.

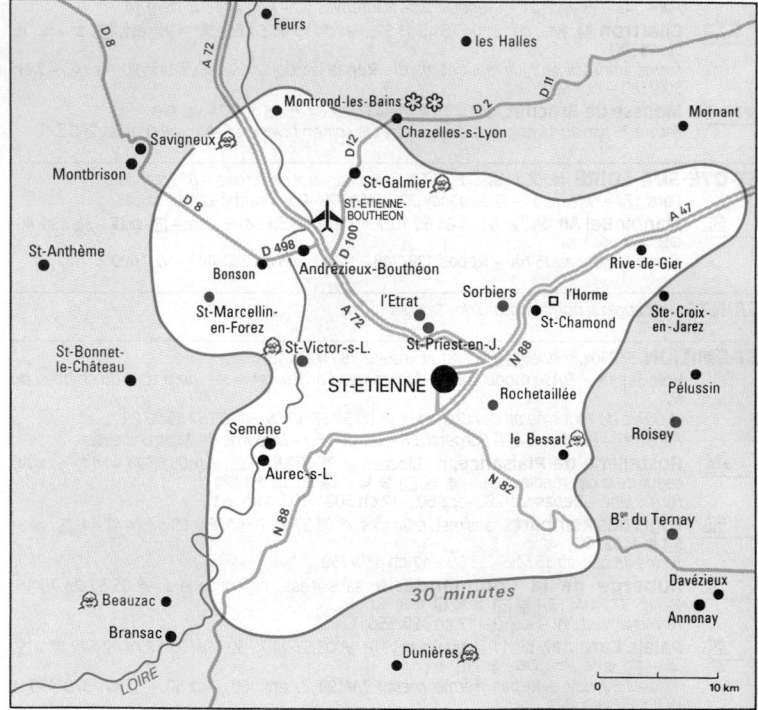

🏨 **Mercure Parc de l'Europe** M, r. Wuppertal, Sud-Est du plan, par cours Fauriel ⊠ 42100 ℘ 04 77 42 81 81, Fax 04 77 42 81 89, 😚 – 🖿 🌢, 🍴 rest, 🖵 ☎ 🚗 🅿 – 🔬 120. 🖭 ◑ 🖼
V a
Ribandière (fermé 31 juil. au 20 août, 23 déc. au 31 déc., dim. soir et sam.) **Repas** 160/230 enf. 80 – ⌇ 65 – **120 ch** 520/700

🏨 **Albatros** M, face au golf par r. Revollier **T** ℘ 04 77 41 41 00, Fax 04 77 38 28 16, ≤, 😚, 🏊, 🐾 – 🖿 🖵 ☎ ℃ 🕹 🚗 🅿 – 🔬 70. 🖭 🖼
fermé 6 au 21 août et 22 déc. au 7 janv. – **Repas** (fermé vend. soir et sam. du 1er nov. au 8 mai) 115/285 ⌇ – ⌇ 65 – **44 ch** 450/500, 3 appart

🏨 **Midi** sans rest, 19 bd Pasteur ⊠ 42100 ℘ 04 77 57 32 55, Fax 04 77 59 11 43 – 🖿 🌢 🖵 ☎ ℃ 🚗. 🖭 ◑ 🖼
V e
fermé août – ⌇ 50 – **33 ch** 335/460

1206

ST-ÉTIENNE

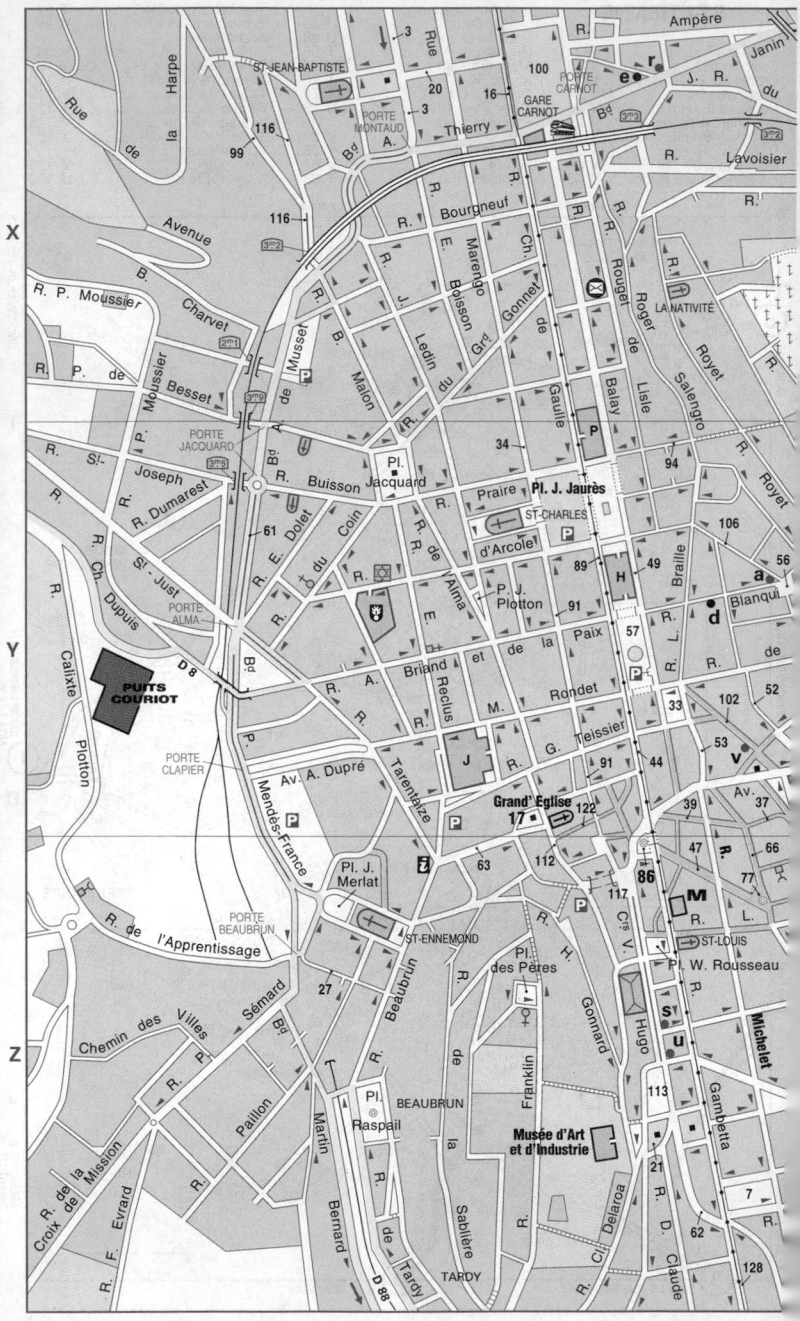

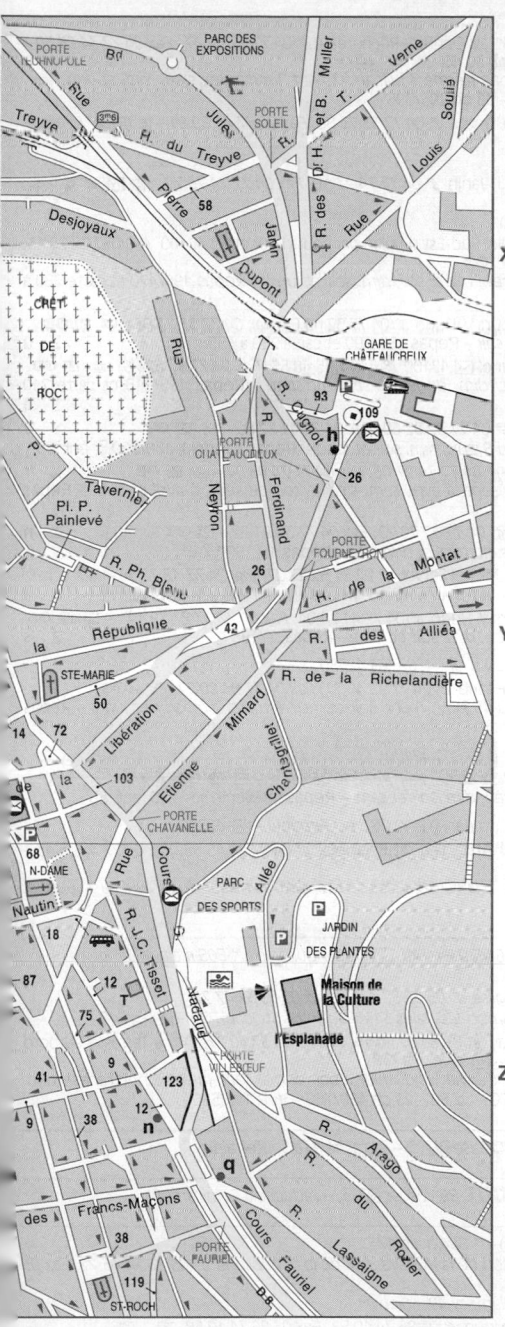

ST-ÉTIENNE

*Les cartes Michelin
sont constamment
tenues à jour.*

1209

🏨 **Terminus du Forez**, 31 av. Denfert-Rochereau   ℰ 04 77 32 48 47, Fax 04 77 34 03 30 –
|‡| ↔, ▤ rest., 🆃🆅 ☎ 🅿 – 🛁 30. 🆎 ⓞ 🆖 🆓   Y   h
fermé 6 au 27 août – **Repas** *(fermé 3 juil. au 27 août, lundi midi, sam. midi et dim.) (69) –*
99/215 ⵏ, enf. 49 – ⴺ 50 – **66 ch** 285/395

🏨 **Ténor** Ⓜ sans rest, 12 r. Blanqui   ℰ 04 77 33 79 88, Fax 04 77 41 69 81 – |‡| 🆃🆅 ☎ ₾ ⎕ –
🛁 30. 🆖   Y   d
ⴺ 38 – **68 ch** 305/355

🏨 **Carnot** sans rest, 11 bd J. Janin   ℰ 04 77 74 27 16, Fax 04 77 74 25 79 – |‡| 🆃🆅 ☎ ✆ ⎕.
🆖   X   e
ⴺ 30 – **24 ch** 180/255

🍴🍴🍴 **Clos des Lilas**, 28 r. Virgile, Sud-Est du plan par cours Fauriel ⊠ 42100   ℰ 04 77 25 28 13,
Fax 04 77 41 58 91, 😊 – 🅿   V   p
fermé août, vacances de fév., mardi soir, dim. soir et lundi – **Repas** 190/420 et carte 280 à
460 ⵏ, enf. 60

🍴🍴🍴 **André Barcet**, 19 bis cours V. Hugo   ℰ 04 77 32 43 63, Fax 04 77 32 23 93 – ▤. 🆎 🆖
fermé 9 au 30 juil. et dim. soir – **Repas** 150/390 et carte 230 à 450   Z   u

🍴🍴🍴 **Chantecler**, 5 cours Fauriel ⊠ 42100   ℰ 04 77 25 48 55, Fax 04 77 37 62 75 – ▤. 🆎 🆖
fermé 22 juil. au 20 août, dim. de juin à sept. et sam. – **Repas** 135/215 et carte 210
à 320 ⵏ   Z   q

🍴🍴 **Nouvelle**, 30 r. St-Jean   ℰ 04 77 32 32 60, Fax 04 77 41 77 00 – ▤. 🆎 🆖   Y   v
fermé 1ᵉʳ au 21 août, 1ᵉʳ au 8 janv., dim. soir et lundi – **Repas** 110 (déj.), 150/350 ⵏ, enf. 80

🍴🍴 **Régency**, 17 bd J. Janin   ℰ 04 77 74 27 06, Fax 04 77 74 98 24 – ▤. 🆎 🆖   X   r
fermé août, lundi soir de sept. à avril, sam. sauf le soir de sept. à avril et dim. – **Repas**
140/225

🍴🍴 **Évohé**, 10 pl. Villeboeuf   ℰ 04 77 32 70 22, Fax 04 77 32 91 52 – 🆎 🆖   Z   n
fermé 31 juil. au 23 août, sam. midi et dim. soir – **Repas** 150/300 ⵏ

🍴 **Corne d'Aurochs**, 18 r. Michel Servet   ℰ 04 77 32 27 27, Fax 04 77 32 72 56 – 🆖
fermé 14 juil. au 1ᵉʳ sept., lundi midi et dim. – **Repas** (72) - 95 (déj.), 108/195 ⵏ   Y   a

🍴 **L'Escargot d'Or**, 5 cours V. Hugo   ℰ 04 77 41 24 04, Fax 04 77 37 27 79, 😊 – 🆎 ⓞ 🆖
   fermé août, vacances de fév., dim. soir et lundi – **Repas** 78/198 🍷   Z   s

à l'Étrat *Nord : 5 km par D 11 – 2 524 h. alt. 460 –* ⊠ 42580 :

🍴🍴 **Yves Pouchain**, rte St-Héand   ℰ 04 77 93 46 31, Fax 04 77 93 90 71, 😊 – 🆖
fermé 15 au 30 juil., 1ᵉʳ au 15 janv., merc. soir de nov. à mars, dim. soir et lundi – **Repas**
102/406 ⵏ, enf. 75

à Rochetaillée *Sud-Est : 8 km par D 8 –* ⊠ 42100 :

🍴 **Yves Genaille**,   ℰ 04 77 32 88 48, Fax 04 77 46 06 41, ≤ – 🆎 ⓞ 🆖 🆓
fermé août, vacances de fév., dim. soir et sam. – **Repas** (prévenir) 105/250, enf. 56

à St-Victor-sur-Loire *Ouest : 10 km par ④ et D 25 (vers Firminy) –* ⊠ 42230 :

🍴🍴 **Auberge La Grange d'Ant'**, lieu-dit Bécizieux   ℰ 04 77 90 45 36, Fax 04 77 35 35 43 –
🅿. 🆖
   *fermé 16 au 29 août, 8 au 25 janv., vacances de fév., dim. soir (sauf du 24 avril au 3 sept.) et
lundi* – Repas 80/360 ⵏ

ST-ÉTIENNE-DE-BAÏGORRY 64430 Pyr.-Atl. 🆇🆇 ③ *G. Aquitaine* – 1 565 h alt. 163.
    Voir *Église St-Etienne*★ .
    🅱 *Office de Tourisme pl. Église*   ℰ 05 59 37 47 28, Fax 05 59 37 47 28.
    Paris 819 – Biarritz 51 – Cambo-les-Bains 31 – Pau 112 – St-Jean-Pied-de-Port 12.

🏨 **Arcé** 😊, rte col d'Ispéguy   ℰ 05 59 37 40 14, Fax 05 59 37 40 27, 😊, « *Terrasse au bord
de la rivière* », ⤢, 🏊, 🎾 – 🆃🆅 ☎ 🅿. ⓞ 🆖
1ᵉʳ avril-mi-nov. – **Repas** *(fermé lundi midi d'oct. à mai sauf juil.-août et fériés)* (dim.
prévenir) 110/215 ⵏ, enf. 70 – ⴺ 50 – **23 ch** 460/750 – ½ P 440/590

ST-ÉTIENNE-DE-FURSAC 23 Creuse 🏒🏒 ⑧ – *rattaché à La Souterraine.*

ST-ÉTIENNE-LÈS-REMIREMONT 88 Vosges 🏒🏒 ⑯ – *rattaché à Remiremont.*

ST-FARGEAU 89170 Yonne 🏒🏒 ③ – 1 884 h alt. 175.
    🅱 *Office de Tourisme Maison de la Puisaye 3 pl. de la République*   ℰ 03 86 74 15 72, Fax 03
    86 74 15 82.
    Paris 184 – Auxerre 44 – Clamecy 49 – Gien 41.

🍴🍴 **Demoiselle**, 1 pl. République   ℰ 03 86 74 10 58, Fax 03 86 74 10 58, 😊 – 🆖
fermé 15 janv. au 15 fév., mardi soir et merc. de sept. à juin – **Repas** 105/210 ⵏ

ST-FARGEAU-PONTHIERRY 77310 S.-et-M. **61** ① – 10 560 h alt. 51.

Paris 43 – Fontainebleau 23 – Créteil 41 – Étampes 36 – Melun 15 – Versailles 49.

Apollonia, N 7, rte de Fontainebleau, ℰ 01 60 65 65 35, Fax 01 64 38 10 41, 徐 – 嶽 ⇆
📺 ☎ ❤ & 🅿 – 🕍 100. 🕮 ⓞ ☲ · 🖼
Repas (95) - 135 ☿, enf. 49 – ☲ 55 – **48 ch** 350/480 – ½ P 300/320

ST-FÉLIX-LAURAGAIS 31540 H.-Gar. **82** ⑲ G. Languedoc Roussillon – 1 177 h alt. 332.

Voir Site★.

🔃 Office de Tourisme ℰ 05 62 18 96 99, Mairie ℰ 05 61 83 01 71, Fax 05 62 18 90 84.
Paris 739 – Toulouse 44 – Auterive 45 – Carcassonne 58 – Castres 38 – Gaillac 65.

Auberge du Poids Public (Taffarello), ℰ 05 61 83 00 20, Fax 05 61 83 86 21, <, 徐,
« Salle à manger rustique », 𝄢 – 📺 ☎ 🍴 – 🕍 25. 🕮 ☲
fermé janv., dim. soir d'oct. à avril – Repas 140/350 et carte 270 à 360 ☿ – ☲ 50 – **13 ch**
285/550 – ½ P 315/440
Spéc. Foie gras de canard en trois préparations. Misto de veau du Lauragais. Millas poêlé,
caramel à l'orange. Vins Gaillac rouge.

ST-FERRÉOL 31 H.-Gar. **82** ⑳ – rattaché à Revel.

ST-FIRMIN 05800 H.-Alpes **77** ⑯ G. Alpes du Nord – 408 h alt. 901.

Paris 642 – Gap 32 – Corps 10 – Grenoble 74 – La Mure 35 – St-Bonnet-en-Champsaur 18.

au Séchier Est : 4 km – ⊠ 05800 St-Firmin :

Coin Tranquille Hôtel Loubet ≫, ℰ 04 92 55 21 12, Fax 04 92 55 32 72, <, 徐, 𝄢 –
☎ ❤ 🅿. ☲
15 juin-20 sept. – Repas 75/141 ☿, enf. 40 – ☲ 29 – **23 ch** 171/280 – ½ P 209/310

ST-FIRMIN 80 Somme **52** ⑥ – rattaché à Rue.

ST-FLORENT 2B H.-Corse **90** ③ – voir à Corse.

ST-FLORENTIN 89600 Yonne **61** ⑮ G. Bourgogne – 6 433 h alt. 120.

Voir Vitraux★ de l'église E.

🔃 Office de Tourisme 8 r. de la Terrasse ℰ 03 86 35 11 86, Fax 03 86 35 11 86.
Paris 161 ③ – Auxerre 32 ② – Troyes 51 ① – Chaumont 139 ② – Dijon 163 ② – Sens 44 ③.

ST-FLORENTIN

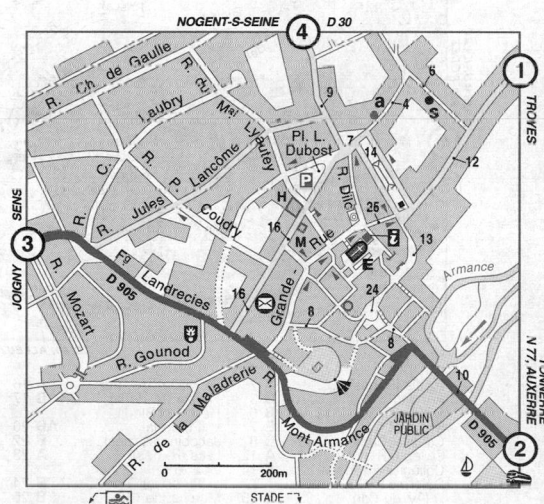

*Une réservation
confirmée par écrit
est toujours plus sûre.*

🏛 **Tilleuls** ⌂, 3 r. Decourtive **(s)** ℘ 03 86 35 09 09, *Fax 03 86 35 36 90*, 🕭, 🎄 – 📺 ☎ 🅿. GB

fermé 26 déc. au 3 janv., vacances de fév., vend. soir de nov. à mars (sauf hôtel) et dim. soir de sept. à mai – **Repas** 90 (déj.), 105/245, enf. 65 – ☷ 45 – **9 ch** 250/340

XXX **Grande Chaumière** (Bonvalot) Ⓜ ⌂ avec ch, 3 r. Capucins **(a)** ℘ 03 86 35 15 12, 🍴 *Fax 03 86 35 33 14*, 🕭, 🎄 – 📺 ☎ 📞 🅿. ΑΕ ① GB. ⚶
fermé 1ᵉʳ au 8 sept., 20 déc. au 18 janv., jeudi midi et merc. – **Repas** 150 (déj.), 225/550 et carte 360 à 460 ♉ – ☷ 62 – **10 ch** 550/850 – ½ P 560
Spéc. Minute de saumon fumé à la crème. Rouget barbet à la vapeur de réglisse. Filet mignon de veau au velouté de foie gras. **Vins** Chablis, Irancy.

à Neuvy-Sautour *par* ① : *7 km – 959 h. alt. 157 –* ✉ *89570* :

XX **Dauphin,** ℘ 03 86 56 30 01, *Fax 03 86 56 40 00*, 🕭 – 🅿. GB
🍴 *fermé 1ᵉʳ au 15 janv., lundi sauf le midi de mai à août et dim. soir* – **Repas** (85) - 105/350 ♉, enf. 60

aux Pommerats *par* ④, *rte de Venizy et D 129 : 4 km –* ✉ *89210 Venizy* :

🏛 **Moulin des Pommerats** ⌂, ℘ 03 86 35 08 04, *Fax 03 86 43 47 88*, 🕭, 🎄 – 📺 ☎ 📞 🅿 – 🔥 30. GB
fermé 12 au 27 déc., dim. soir et lundi d'oct. à mars – **Repas** 95 (déj.), 170/265, enf. 70 – ☷ 55 – **19 ch** 300/450 – ½ P 285/360

ST-FLORENT-LE-VIEIL 49410 M.-et-L. 🔲 ⑲ *G. Châteaux de la Loire – 2 511 h alt. 45.*
Voir *Tombeau*★ *dans l'église – Esplanade* ≤★.
🚹 *Office de Tourisme (mai-20 sept.) à la Mairie* ℘ 02 41 72 62 32, *Fax 02 41 72 62 95.*
Paris 334 – Angers 41 – Ancenis 16 – Châteaubriant 67 – Château-Gontier 63 – Cholet 39.

🏛 **Hostellerie de la Gabelle,** ℘ 02 41 72 50 19, *Fax 02 41 72 54 38*, ≤, 🕭 – 📺 ☎. ΑΕ ① GB
fermé 23 déc. au 1ᵉʳ janv., dim. soir et lundi – **Repas** (70) - 85/250 ♉, enf. 45 – ☷ 40 – **18 ch** 190/265

Read the introduction with its explanatory pages
*to make the most of your **Michelin Guide**.*

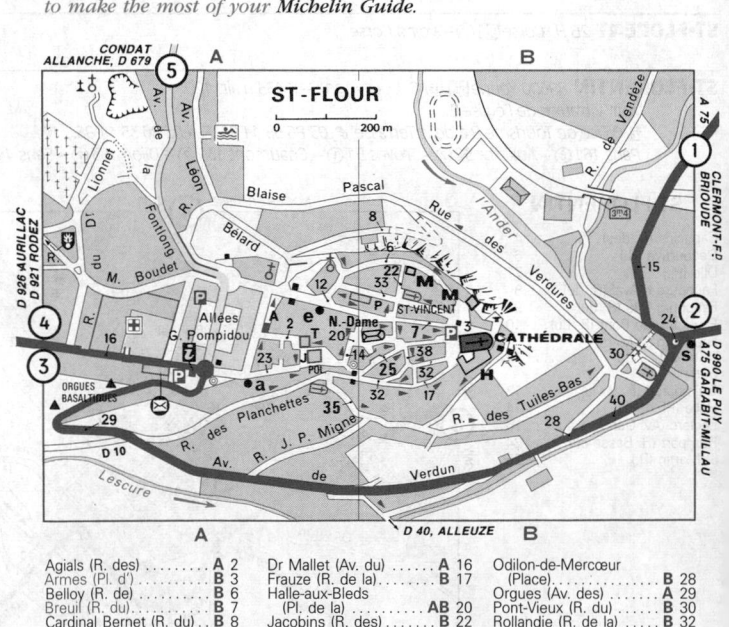

ST-FLOUR ◁SP▷ 15100 Cantal 76 ④ ⑭ G. Auvergne – 7 417 h alt. 783.

Voir Site★★ – Cathédrale★ – Brassard★ dans le musée de la Haute Auvergne **H** – Plateau de la Chaumette : calvaire ❖★ S : 3 km par D 40 puis 30 mn

🛈 Office de Tourisme cours Spy des Ternes ℘ 04 71 60 22 50, Fax 04 71 60 05 14.

Paris 519 ① – Aurillac 75 ④ – Issoire 66 ① – Le Puy-en-Velay 115 ① – Rodez 115 ③.

Plan page ci-contre

Ville basse :

🏨 **Grand Hôtel de l'Étape**, 18 av. République par ② ℘ 04 71 60 13 03, Fax 04 71 60 48 05 – 🛏 📺 ☎ ⛟ ⇦. ᴁ ⓪ ☜ ᴊᴄʙ
Repas (fermé janv., dim. soir et lundi sauf juil.-août) (78) – 99/235 ⚹, enf. 50 – ⊆ 47 – **23 ch** 310/470 – ½ P 280/360

🏨 **St-Jacques**, 8 pl. Liberté ℘ 04 71 60 09 20, Fax 04 71 60 33 81, 🛆 – 🛏 📺 ☎ ⛟. ⓪ ☜ ᴊᴄʙ
fermé 15 nov. au 5 janv., vend. soir et sam. de nov. à Pâques – Repas 90/235, enf. 50 **- Grill** (fermé vend. soir et sam. midi du 5 janv. à Pâques) **Repas** carte 100 à 150 ⚹ – ⊆ 42 – **28 ch** 270/420 – ½ P 270/310 ☐ S

🏨 **Auberge de La Providence**, 1 r. Château d'Alleuze par D 40 (sud du plan) ℘ 04 71 60 12 05, Fax 04 71 60 33 94 – 📺 ☎ ⛟ 🅿. ᴁ ⓪ ☜
fermé 15 oct. au 15 nov., vend. soir et dim. soir en hiver et lundi midi – **Repas** (72) - 85/150 – ⊆ 40 – **10 ch** 280/320 – ½ P 265/300

Ville haute :

🏨 **Europe**, 12 cours Ternes ℘ 04 71 60 03 64, Fax 04 71 60 03 45, ≤ vallée – 🛏 📺 ☎ ⛟. ᴁ ⓪ ☜ A a
Repas 82/320 ⚹, enf. 60 – ⊆ 47 – **44 ch** 263/380 – ½ P 225/325

🏨 **Grand Hôtel des Voyageurs**, 25 r. Collège ℘ 04 71 60 34 44, Fax 04 71 60 00 21 – 🛏 📺 ☎ ⛟ ⓪ ☜ A e
Pâques-1ᵉʳ nov. – **Repas** 88/175, enf. 55 – ⊆ 38 – **25 ch** 240/360 – ½ P 190/300

ST-FRANÇOIS-LONGCHAMP 73130 Savoie 74 ⑰ G. Alpes du Nord – 236 h alt. 1400 – Sports d'hiver : 1 350/2 550 m ⚡ 17.

Paris 634 – Albertville 62 – Chambéry 72 – Moûtiers 34 – St-Jean-de-Maurienne 24.

Station Haute : Longchamp – ⊠ 73130 La Chambre :

🏨 **Cheval Noir**, ℘ 04 79 59 10 88, Fax 04 79 59 10 00, ≤, 🏛, 🛆 – 📺 ☎ 🅿 – 🔬 30. ☜. ❀ rest
juil.-août et 20 déc.-20 avril – **Repas** 105/185 ⚹, enf. 55 – ⊆ 45 – **27 ch** 300/400 – ½ P 408/450

ST-GALMIER 42330 Loire 73 ⑱ G. Vallée du Rhône – 4 272 h alt. 400.

Voir Vierge du Pilier★ et triptyque★ dans l'église.

🛈 Office de Tourisme bd Sud ℘ 04 77 54 06 08, Fax 04 77 54 06 07.

Paris 501 – St-Étienne 26 – Lyon 58 – Montbrison 26 – Montrond-les-Bains 11 – Roanne 59.

🏨 **Charpinière** ⚘, ℘ 04 77 52 75 00, Fax 04 77 54 10 79, 🏛, parc, 🛢, 🛆, ❀ – 📺 ☎ 🅿 – 🔬 40. ᴁ ⓪ ☜ ᴊᴄʙ. ❀ rest
Closerie de la Tour : Repas (75)-95/235 ⚹, enf. 50 – ⊆ 54 – **35 ch** 450 – ½ P 380

🏨 **Forez**, 6 r. Didier Guetton ℘ 04 77 54 00 23, Fax 04 77 54 07 49, 🏛 – 📺 ☎ ⛟ – 🔬 30. ᴁ ⓪ ☜
fermé 1ᵉʳ au 7 mai, 23 au 30 juil. et dim. soir – **Repas** 90/199 ⚹, enf. 55 – ⊆ 42 – **17 ch** 255/310 – ½ P 180/210

XXX **Bougainvillier**, Pré Château ℘ 04 77 54 03 31, Fax 04 77 54 94 95 93, 🏛 – 🗏. ᴁ ☜
fermé 7 au 31 août., vacances de fév., dim. soir et lundi – Repas (prévenir) 130/305 et carte 230 à 320 ⚹

XX **Paillote**, au casino le Lion Blanc ℘ 04 77 54 01 99, Fax 04 77 54 18 57, 🏛 – ☜
fermé mardi et merc. sauf juil.-août – **Repas** 98/198 ⚸

X **Poste**, r. Maurice André ℘ 04 77 54 00 30, ≤ – 🗏. ☜
fermé 17 juil. au 3 août, vacances de fév., mardi soir et merc. – **Repas** (dim. prévenir) 76/240 ⚹, enf. 45

Vous aimez le camping ?
Utilisez le **guide Michelin Camping Caravaning France.**

1213

ST-GAUDENS
31800 H.-Gar. 86 ① G. Midi-Pyrénées – 11 266 h alt. 405.

Voir *Boulevards Jean-Bepmale et des Pyrénées* ≤★.

🛈 Office de Tourisme 2 r. Thiers ℘ 05 61 94 77 61, Fax 05 61 94 77 50.

Paris 788 ② – Bagnères-de-Luchon 46 ③ – Tarbes 65 ④ – Toulouse 94 ②.

ST-GAUDENS

Boulogne (Av. de) . . . **Y** 2
Compagnons-du-Tour
  de-France (R. des). **Y** 3
Foch (Av. Mar.). . . . . **Z** 4
Isle (Av. de l'). . . . . . . **Y** 5
Jaurès (Pl. Jean) . . . **YZ** 6
Joffre (Av. Mar.). . . . . **Z** 7
Leclerc (Av. Gén.) . . . **Y** 8
Mathe (R.) . . . . **Y** 9
Mitterrand (Av. F.) . . **Y** 12
Palais (Pl. du) . . . . . . **Y** 13
Pasteur (Bd) . . . . **Y** 14
Pyrénées (Bd des). . . **Z** 16
République (R. de la) . **Y** 17
Thiers (R.). . . . . **Y** 18
Victor-Hugo (R.) . . . . **Z**

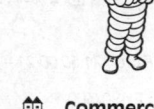

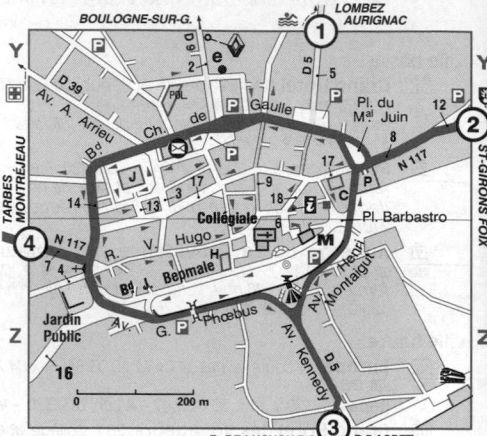

🏨 **Commerce,** av. Boulogne ℘ 05 61 89 44 77, Fax 05 61 95 06 96 – |≎|, ▤ rest., 📺 ☎ ✆ ᕔ, ⟾, ⊞ ◑ ⅏ –
  fermé 24 déc. au 8 janv. – **Repas** 90/190 ⅌, enf. 55 – ⊆ 45 – **49 ch** 250/380 – ½ P 220/280
  Y e

🏨 **Beaurivage,** par av. Mar. Foch : 2 km ℘ 05 61 94 76 70, Fax 05 61 94 76 79, ⇪ – 📺 ☎ ✆
  – ᕤ 50. ⊞ ◑ ⅏ ⅛ᴄ
  Repas 110 et carte 170 à 250 ⅌ – ⊆ 50 – **10 ch** 350/650 – ½ P 450

à Valentine *par av. Mar. Foch : 4 km – 907 h. alt. 370 – ⊠ 31800 St-Gaudens :*

🍴🍴 **Connivence,** rte d'Encausse-les-Thermes (D 39) ℘ 05 61 95 29 31, Fax 05 61 88 36 42,
  ⇪, ⇲ – 🄿. ⅏
  fermé sam. midi et lundi – **Repas** 90 bc (déj.), 125/220 ⅌

à Villeneuve-de-Rivière *par ④ : 5 km – 1 341 h. alt. 386 – ⊠ 31800 :*

🏨 **Hostellerie des Cèdres** ⑤, ℘ 05 61 89 36 00, Fax 05 61 88 31 04, ⇪, manoir du
  17ᵉ siècle, ⅃, ⇲ – 📺 ☎ ✆ 🄿 – ᕤ 20. ⅏
  fermé 15 nov. au 15 déc., dim. soir et lundi de nov. à mars – **Repas** 130/220 ⅌ – ⊆ 59 –
  24 ch 350/500 – ½ P 375/450

ST-GENIEZ-D'OLT
12130 Aveyron 80 ④ G. Midi-Pyrénées – 1 988 h alt. 410.

🛈 Office de Tourisme 4 r. du Cours ℘ 05 65 70 43 42, Fax 05 65 70 47 05.

Paris 618 – Rodez 45 – Espalion 28 – Florac 80 – Mende 68 – Sévérac-le-Château 25.

🏨 **France,** ℘ 05 65 70 42 20, Fax 05 65 47 41 38 – |≎| ⅏ 📺 ☎. ⅏
  avril-oct. – **Repas** (55) - 80/175 ᕕ – ⊆ 33 – **48 ch** 245/285 – ½ P 290/310

ST-GENIS-POUILLY
01630 Ain 70 ⑮ – 5 696 h alt. 445.

Paris 528 – Bellegarde-sur-Valserine 28 – Bourg-en-Bresse 101 – Genève 11 – Gex 10.

🍴🍴 **L'Amphitryon,** Nord : 2 km sur D 984ᶜ et rte de Crozet ℘ 04 50 20 64 64,
  Fax 04 50 42 06 98, ⇪ – 🄿. ⅏
  fermé 8 au 19 août, 28 déc. au 15 janv., dim. soir et lundi – **Repas** 90 (déj.), 150/290 ⅌,
  enf. 60

ST-GÉNIX-SUR-GUIERS
73240 Savoie 74 ⑭ – 1 735 h alt. 235.

🛈 Office de Tourisme r. du Faubourg ℘ 04 76 31 63 16, Fax 04 76 31 71 30.

Paris 517 – Grenoble 61 – Bellay 24 – Chambéry 32 – Lyon 75.

à Champagneux *Nord-Ouest : 4 km par N 516 – 327 h. alt. 214 – ⊠ 73240 :*

🏨 **Bergeronnettes** Ⓜ ⑤, près église ℘ 04 76 31 50 30, Fax 04 76 31 61 29, ≤, ⇪, ▣,
  ⇲ – |≎| cuisinette 📺 ☎ ✆ 🄿 – ᕤ 15. ⅏. ⅏
  Repas 70/200 ⅌, enf. 40 – ⊆ 35 – **18 ch** 310/600 – ½ P 290

ST-GEORGES-DE-DIDONNE *17110 Char.-Mar.* **71** ⑮ *G. Poitou Vendée Charentes – 4 705 h alt. 7.*

Voir Pointe de Vallières★ Pointe de Suzac★ S : 3 km.

🏢 Office de Tourisme bd Michelet ℘ 05 46 05 09 73, Fax 05 46 06 39 99.

Paris 506 – Royan 4 – Blaye 81 – Bordeaux 119 – Jonzac 57 – La Rochelle 81.

🏨 **Colinette et Costabela** 🕭, 16 av. Gde Plage ℘ 05 46 05 15 75, Fax 05 46 06 54 17, 🌤
– 📺 ☎. **GB**
Repas *(fermé le soir et sam. midi du 1er oct. au 30 mars)* (71) · 87/137 🗓, enf. 39 – 🖵 31 –
21 ch 250/360 – ½ P 255/305

🍴 **Floréal** 🕭, 10 allée Repos ℘ 05 46 05 08 12, Fax 05 46 06 30 70, 🌤 – ❄ 📺 ☎ 🅿. **GB**
Repas *(fév.-oct.)* 65/130 🏱 – 🖵 30 – **18 ch** 150/270 – ½ P 190/253

🍴 **Printemps** 🕭, 7 av. Pelletan ℘ 05 46 05 14 65 – ☎ 🅿. **GB**. 🛇
Repas *(Pâques-fin oct.)* (dîner seul.) (résidents seul.) – 🖵 29 – **12 ch** 200/220 – ½ P 240/250

ST-GEORGES-DE-RENEINS *69830 Rhône* **74** ① – *3 509 h alt. 209.*

Paris 423 – Mâcon 29 – Bourg-en-Bresse 49 – Lyon 44 – Villefranche-sur-Saône 10.

🍴 **Sables**, r. Saône ℘ 04 74 67 64 08, Fax 04 74 67 68 23 – 📺 ☎ 🅿. **AE GB**
Repas *(dîner seul.)* 69/92 🏱 – 🖵 30 – **18 ch** 185 – ½ P 230

✕✕ **Hostellerie St-Georges**, N 6 ℘ 04 74 67 62 78, Fax 04 74 67 62 78, 🌤 – ⓘ **GB**
fermé 1er au 23 août, vacances de Noël, dim. soir, mardi soir et merc. – **Repas** 80 (déj.),
115/250

*Restaurants, die sorgfältig zubereitete,
preisgünstige Mahlzeiten anbieten, sind
durch das Zeichen ⑭ kenntlich gemacht.*

ST-GEORGES-D'ESPÉRANCHE *38790 Isère* **74** ⑫, **110** ㊲ – *2 221 h alt. 400.*

Paris 498 – Lyon 36 – Bourgoin-Jallieu 22 – Grenoble 78 – Vienne 21.

✕✕ **Castel d'Espéranche**, ℘ 04 74 59 18 45, Fax 04 74 59 04 40, 🌤, 🌲, 🚲 – 🅿. **AE GB**
fermé 15 août au 6 sept., vacances de fév., mardi et merc. – **Repas** (90) · 138/320 🏱, enf. 80

ST-GEORGES-D'OLÉRON *17 Char.-Mar.* **71** ⑬ – *voir à Oléron (Ile d').*

ST-GEORGES-SUR-LOIRE *49170 M.-et-L.* **63** ⑲ ⑳ *G. Châteaux de la Loire – 3 101 h alt. 50.*

Voir *Château de Serrant★★ NE : 2 km.*

Paris 312 – Angers 19 – Ancenis 41 – Châteaubriant 65 – Château-Gontier 56 – Cholet 47.

✕✕ **Relais d'Anjou**, r. Nationale ℘ 02 41 39 13 38, Fax 02 41 39 13 69 – **AE GB**
fermé 1er au 5 juil., 1er au 15 janv., dim. soir, mardi soir et lundi – **Repas** 180 bc/320 🏱, enf. 80

✕ **Tête Noire**, r. Nationale ℘ 02 41 39 13 12 – **GB**. 🛇
fermé 1er au 23 août, 1er au 7 fév., dim. soir et sam. – **Repas** 72 (déj.), 115/335 🏱

ST-GEORGES-SUR-MOULON *18110 Cher* **65** ⑪ – *645 h alt. 181.*

Paris 216 – Bourges 15 – Cosne-sur-Loire 51 – Gien 64 – Vierzon 32 – Orléans 107

🏨 **St-Georges**, D 940 ℘ 02 48 64 50 14, Fax 02 48 64 13 67 – 📺 ☎ 📶 ➿ 🅿 – 🔏 30. **AE ⓘ**
GB
fermé 15 fév. au 15 mars et dim. soir de nov. à mars – **Repas** 80/190 🏱, enf. 55 – 🖵 35 –
10 ch 210/350 – ½ P 195/295

ST-GERMAIN-DE-JOUX *01130 Ain* **74** ④ ⑤ – *465 h alt. 507.*

Paris 489 – Bellegarde-sur-Valserine 14 – Belley 68 – Bourg-en-Bresse 62 – Nantua 14.

✕✕ **Reygrobellet** avec ch, N 84 ℘ 04 50 59 81 13, Fax 04 50 59 83 74 – 📺 ☎ 📶 ➿ 🅿. **AE**
ⓘ GB. 🛇
fermé 1er au 6 mars, 1er au 17 juil., 22 oct. au 6 nov., dim. soir et lundi – **Repas** 99/200 🏱,
enf. 65 – 🖵 35 – **10 ch** 225/270 – ½ P 230/260

ST-GERMAIN-D'ESTEUIL *33 Gironde* **71** ⑰ – *rattaché à Lesparre-Médoc.*

ST-GERMAIN-DES-VAUX *50440 Manche* 54 ① – *489 h alt. 59.*

Voir *Baie d'Ecalgrain*★★ *S : 3 km – Port de Goury*★ *NO : 2 km.*
Env. *Nez de Jobourg*★★ *S : 7,5 km puis 30 mn –* ≤★★ *sur anse de Vauville SE : 9,5 km par Herqueville*, G. Normandie Cotentin.
Paris 381 – Cherbourg 29 – Barneville-Carteret 48 – Nez de Jobourg 7 – St-Lô 105.

XX **Moulin à Vent,** Est : 1,5 km sur D 45 ✆ 02 33 52 75 20, Fax 02 33 52 22 57, ≤, 🍽, 🐟 –
📶 🗚 🌐
fermé le soir et sam. du 1ᵉʳ nov. au 14 mars, dim. soir et lundi du 15 mars au 30 oct. – Repas
98/170 ♀, enf. 45

ST-GERMAIN-DE-TALLEVENDE *14 Calvados* 59 ⑨ – *rattaché à Vire.*

ST-GERMAIN-DU-BOIS *71330 S.-et-L.* 70 ③ *G. Bourgogne – 1 856 h alt. 210.*
Paris 359 – Chalon-sur-Saône 33 – Dole 58 – Lons-le-Saunier 31 – Mâcon 74 – Tournus 45.

X **Hostellerie Bressane** avec ch, ✆ 03 85 72 04 69, Fax 03 85 72 07 75, intérieur régional
🌐 pittoresque – ☎ 📶. 🌐
fermé 28 août au 4 sept., vacances de Noël, dim. soir et lundi – Repas 56/170 ♫, enf. 38 –
😋 28 – **8 ch** 105/240 – ½ P 195/310

ST-GERMAIN-DU-CRIOULT *14 Calvados* 59 ⑩ – *rattaché à Condé-sur-Noireau.*

ST-GERMAIN-EN-LAYE *78 Yvelines* 55 ⑲ ⑳., 101 ⑬ – *voir à Paris, Environs.*

ST-GERMAIN-LES-ARLAY *39210 Jura* 70 ④ – *465 h alt. 255.*
Paris 402 – Chalon-sur-Saône 58 – Besançon 74 – Dole 41 – Lons-le-Saunier 11.

XX **Hostellerie St-Germain** avec ch, ✆ 03 84 44 60 91, Fax 03 84 44 63 64, 🍽 – 📺 ☎ 📶.
🌐
fermé 15 au 30 nov. – Repas 110/230 ♀ – 😋 35 – **8 ch** 300/400 – ½ P 300

ST-GERMAIN-LES-BELLES *87380 H.-Vienne* 72 ⑱ *G. Berry Limousin – 1 079 h alt. 432.*
🅱 *Office de Tourisme Complexe Touristique Montréal av. du Remblais* ✆ 05 55 71 88 65.
Paris 431 – Limoges 39 – St-Yrieix-la-Perche 33 – Uzerche 26.

XX **Roy Gourmet,** av. Remblai ✉ 87380 ✆ 05 55 71 81 45, Fax 05 55 71 83 91, 🍽 – 📶. 🗚
🌐
fermé vacances de fév., dim. soir, lundi et mardi – Repas 120/480 bc ♀

ST-GERMAIN-L'HERM *63630 P.-de-D.* 73 ⑯ – *533 h alt. 1050.*
Paris 484 – Clermont-Ferrand 68 – Ambert 28 – Brioude 33 – St-Étienne 106.

🏠 **France,** ✆ 04 73 72 00 27, Fax 04 73 72 02 33, 🐟 – ☎ 🍴. 🌐
🌐 *fermé 7 nov. au 5 déc., 5 au 15 janv., merc. en déc. et janv. sauf vacances scolaires* – Repas
80/180 ♫ – 😋 42 – **20 ch** 165/325 – ½ P 215/255

ST-GERMAIN-SUR-L'ARBRESLE *69210 Rhône* 73 ⑲ – *942 h alt. 300.*
Voir *Couvent d'Eveux*★ *S : 5 km*, G. Vallée du Rhône.
Paris 455 – Lyon 29 – Roanne 61 – Tarare 20 – Villefranche-sur-Saône 23.

X **Becs Dorés,** Nord : 2 km par D 19 ✆ 04 74 26 92 00, Fax 04 74 26 92 00, 🍽 – 📶. 🌐
fermé 31 juil. au 20 août, vacances de fév., mardi soir, dim. soir et merc. – Repas 90 (déj.),
140/190 ♀, enf. 80

ST-GERMER-DE-FLY *60850 Oise* 55 ⑧ ⑨ *G. Picardie Flandres Artois – 1 585 h alt. 105.*
Voir *Église*★ – ≤★ *de la D 129 SE : 4 km.*
🅱 *Office de Tourisme pl. de Verdun* ✆ 03 44 82 62 74.
Paris 92 – Rouen 59 – Les Andelys 40 – Beauvais 27 – Gisors 21 – Gournay-en-Bray 8.

XX **Auberge de l'Abbaye,** ✆ 03 44 82 50 73, Fax 03 44 82 64 54 – 🌐
fermé dim. soir, mardi soir et merc. – Repas 70 (déj.), 100/200 ♫, enf. 50

ST-GERVAIS *33 Gironde* 75 ⑪ – *rattaché à St-André-de-Cubzac.*

1216

ST-GERVAIS-D'AUVERGNE 63390 P.-de-D. **73** ③ *G. Auvergne* – 1 419 h alt. 725.

🛈 *Office de Tourisme r. E.-Maison* 🕿 04 73 85 80 94.

Paris 376 – Clermont-Ferrand 55 – Aubusson 72 – Gannat 42 – Montluçon 47 – Riom 39.

🏠 **Castel Hôtel 1904** 🕭, 🕿 04 73 85 70 42, Fax 04 73 85 84 39, « Hostellerie rustique au charme ancien », – 📺 🕿 🆅 🄿, 🄶🄱, 🛪

16 avril-12 nov. – **Repas** *(fermé lundi et mardi)* 179/269 - **Comptoir à Moustaches :** Repas 79/179 ½, cnf 70 – 🖙 40, **17 ch** 330/360 – ½ P 290

🏠 **Relais d'Auvergne,** rte Châteauneuf 🕿 04 73 85 70 10, Fax 04 73 85 85 66 – 📺 🕿 🛪.
🄶🄱

fermé 26 déc. au 1ᵉʳ mars – **Repas** 70/150 ½ – 🖙 32 – **10 ch** 200/220 – ½ P 220

ST-GERVAIS-EN-VALLIÈRE 71350 S.-et-L. **70** ② – 269 h alt. 203.

Paris 325 – Chalon-sur-Saône 24 – Beaune 18 – Chagny 18 – Verdun-sur-le-Doubs 11.

à Chaublanc *Nord-Est : 3 km par D 94 et D 183* – ✉ 71350 St-Gervais-en-Vallière :

🏠 **Moulin d'Hauterive** 🕭, 🕿 03 85 91 55 56, Fax 03 85 91 89 65, 🍴, parc, « Beaux meubles anciens », 🕭, 🏊, 🕴 – 📺 🕿 🛪 🄿 – 🔬 30, 🄰🄴 🄾 🄶🄱 🄹🄲🄱, 🛪 rest
fermé janv., fév., dim. soir d'oct. à mai et lundi soir sauf juil.-août – **Repas** *(dîner seul. sauf fériés et juil.-août)* 160 *(déj.)*, 240/400 ½, enf. 90 – 🖙 70 – **5 ch** 650/750, 9 appart, 5 duplex –
½ P 650/750

Pour les grands voyages d'affaires ou de tourisme,
Guide Rouge MICHELIN : EUROPE.

ST-GERVAIS-LES-BAINS 74170 H.-Savoie **74** ⑧ *G. Alpes du Nord* – 5 124 h alt. 820 – *Sports d'hiver : 850/2 350 m* 🚡 2 🚠 *25* 🎿.

Env. Route du Bettex★★★ *8 km par* ③ *puis D 43 – Le Planey* ❄★★ *S : 10,5 km par D 43 – Site*★★ *de St-Nicolas-de-Véroce S : 9 km – Le Plateau de la Croix* ❄★★ *S : 12 km par D 43.*

🚗 🕿 08 36 35 35 35.

🛈 *Office de Tourisme 115 av. Mont-Paccard* 🕿 04 50 47 76 08, Fax 04 50 47 75 69.

Paris 600 ⑤ *– Chamonix-Mont-Blanc 25* ① *– Annecy 82* ⑤ *– Bonneville 42* ⑤ *– Megève 12* ③.

🏠 **Carlina** 🕭, r. Rosay (w) 🕿 04 50 93 41 10, Fax 04 50 93 56 26, ≤, 🔲, 🔥 – 🕼 📺 🕿 🄿, 🄰🄴 🄾 🄶🄱, 🛪
15 juin-30 sept. et 20 déc.-15 avril – **Repas** 135/180, enf. 75 – 🖙 50 – **34 ch** 433/618 – ½ P 650

🏠 **Val d'Este,** pl. Église (b) 🕿 04 50 93 65 91, Fax 04 50 47 76 29, ≤ – 🕿. 🄰🄴 🄾 🄶🄱
fermé 10 nov. au 18 déc. – **Repas** *(fermé 1ᵉʳ au 10 mai, 10 nov. au 18 déc., merc. d'avril à juin et du 15 sept. au 10 nov.)* 98/178 ½ – 🖙 40 – **15 ch** 255/385 – ½ P 265/330

⚓ **Edelweiss** 🕭 sans rest, chemin du Vorassay par ② (u) 🕿 04 50 93 44 48, Fax 04 50 47 75 05, ≤ – 🕿 🄿. 🄶🄱
🖙 35 – **14 ch** 200/324

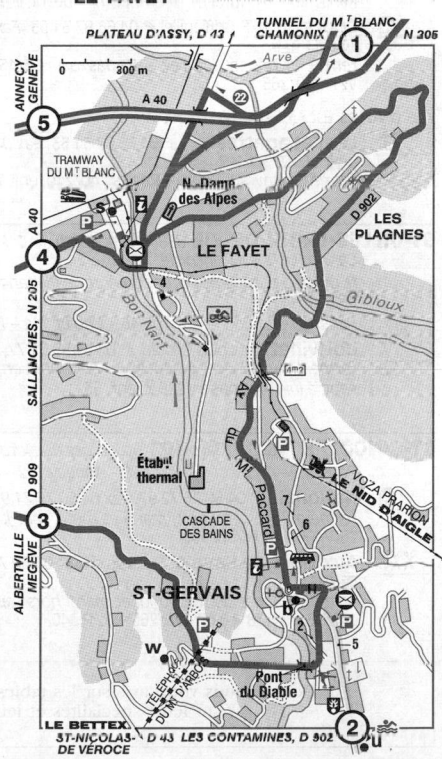

ST-GERVAIS-LES-BAINS LE FAYET

au Bettex *Sud-Ouest : 8 km par D 43 ou par télécabine, station intermédiaire –* ⊠ *74170 St-Gervais-les-Bains :*

🏨 **Arbois-Bettex** Ⓜ ⌂, 𝒫 04 50 93 12 22, Fax 04 50 93 14 42, ≤ Massif Mont-Blanc, 𝓕₆, ⊒ – 🆅 ☎ 🄿, 🅶🄱, ⚘ rest
1ᵉʳ juil.-31 août et 17 déc.-20 avril – **Repas** 138/158 ♀, enf. 65 – ⊂⊃ 60 – **33 ch** 620/920 – ½ P 620/740

🏨 **Flèche d'Or** ⌂, 𝒫 04 50 93 11 54, ≤ Massif Mont-Blanc, 🏛 – ☎. 🄶🄱, ⚘ rest
juil.-août et 20 déc.-10 avril – **Repas** carte 145 à 230 ♭ – ⊂⊃ 42 – **16 ch** 450 – ½ P 480

au Mont d'Arbois *par télécabine –* ⊠ *74190 Le Fayet :*

🏨 **Chez la Tante** ⌂, à la station supérieure (accès piétonnier) 𝒫 04 50 21 31 30, Fax 04 50 21 31 33, ✳ exceptionnel de la chaîne des Aravis au Mont-Blanc, 🏛 – ☎. 🄰🄴 🄶🄱
15 juil.-15 sept. et 15 déc.-30 avril – **Repas** (self au déj. en hiver) 120/200 ♀ – ⊂⊃ 30 – **25 ch** 355 – ½ P 435

voir aussi ressources *aux Houches (au Prarion) et à Megève (sommet du Mont d'Arbois)*

Le Fayet 74190.

🏨 **Deux Gares,** près Gare (s) 𝒫 04 50 78 24 75, Fax 04 50 78 15 47, 🄻 – ⧄ cuisinette 🆅 ☎
🛏 🄶🄱, ⚘
fermé 25 avril au 2 mai et 1ᵉʳ nov. au 15 déc. – **Repas** (65) - 75/85 ♭ – ⊂⊃ 35 – **30 ch** 240/280 – ½ P 250

ST-GILLES 30800 Gard 🎱🎱 ⑨ G. Provence – 11 304 h alt. 10.
Voir Façade★★ et crypte★ de l'église – Vis de St-Gilles★.
🅱 Office de Tourisme pl. Mistral 𝒫 04 66 87 33 75, Fax 04 66 87 16 28.
Paris 728 – *Montpellier 62* – Arles 17 – Beaucaire 27 – Lunel 32 – Nîmes 20.

🏨 **Cours,** 10 av. F. Griffeulle 𝒫 04 66 87 31 93, Fax 04 66 87 31 83, 🏛 – ⧄, 🍽 rest, 🆅 ☎. 🄰🄴
🛏 🄾 🄶🄱 🄹🄲🄱
fermé 15 déc. au 28 fév. – **Repas** (54) - 65/155 ♀, enf. 44 – ⊂⊃ 35 – **34 ch** 250/360 – ½ P 250/265

rte d'Arles *Est : 3,5 km –* ⊠ *13200 Arles :*

🏨 **Les Cabanettes** ⌂, 𝒫 04 66 87 31 53, Fax 04 66 87 35 39, 🏛, ⊒, ⌔ – 🍽 🆅 ☎ ⇔ 🄿
– 🐾 25. 🄰🄴 🄾 🄶🄱 🄹🄲🄱
fermé 25 janv. au 28 fév. – **Repas** 140/210, enf. 75 – ⊂⊃ 60 – **29 ch** 445 – ½ P 380

ST-GILLES-CROIX-DE-VIE 85800 Vendée 🔢🔢 ⑫ G. Poitou Vendée Charentes – 6 296 h alt. 12 – Casino "Le Royal Concorde".
🅱 Office de Tourisme Forum du Port de Plaisance bd Égalité 𝒫 02 51 55 03 66, Fax 02 51 55 69 60.
Paris 461 – *La Roche-sur-Yon 46* – Cholet 111 – Nantes 79 – Les Sables-d'Olonne 32.

✗ **Boisvinet,** 2 r. Louis Cristau 𝒫 02 51 55 51 77, Fax 02 51 55 51 77 – 🍽. 🄶🄱
🛏 *fermé 11 au 27 oct., vacances de fév., lundi en juil.-août, dim soir, mardi soir et merc. de sept. à juin* – **Repas** 83/228 ♀, enf. 53

ST-GINGOLPH 74500 H.-Savoie 🔟 ⑱ G. Alpes du Nord – 677 h alt. 385.
Paris 559 – *Thonon-les-Bains 28* – Annecy 102 – Évian-les-Bains 18 – Montreux 19.

🏨 **National,** 𝒫 04 50 76 72 97, Fax 04 50 76 71 93, ≤ – ☎ 🄿. 🄶🄱, ⚘ ch
fermé mi-oct. à mi-nov., mardi et merc. sauf juil.-août – **Repas** 95/250 ♀ – ⊂⊃ 45 – **13 ch** 250/400 – ½ P 250/300

✗✗✗ **Aux Ducs de Savoie** ⌂ avec ch, 𝒫 04 50 76 73 09, Fax 04 50 76 74 31, ≤, 🏛 – ☎ 🄿.
🄰🄴 🄶🄱
fermé vacances de fév., lundi et mardi hors saison – **Repas** 160/340 et carte 260 à 430 ♀, enf. 95 – ⊂⊃ 38 – **6 ch** 220/265 – ½ P 340

ST-GIRONS 〈SP〉 *09200 Ariège* 86 ③ *– 6 596 h alt. 398.*

Voir *St-Lizier : Cloître*★ *de la cathédrale N : 2 km*, G. Midi-Pyrénées.
Env. *Grotte du Mas d'Azil*★★ *NE . 23 km*, G. Midi-Pyrénées.
🔼 *Office de Tourisme pl. A.-Sentein* ✆ *05 61 96 26 60, Fax 05 61 96 26 69.*
Paris 797 ① *– Foix 44* ② *– Auch 111* ① *– St-Gaudens 43* ① *– Toulouse 102* ①.

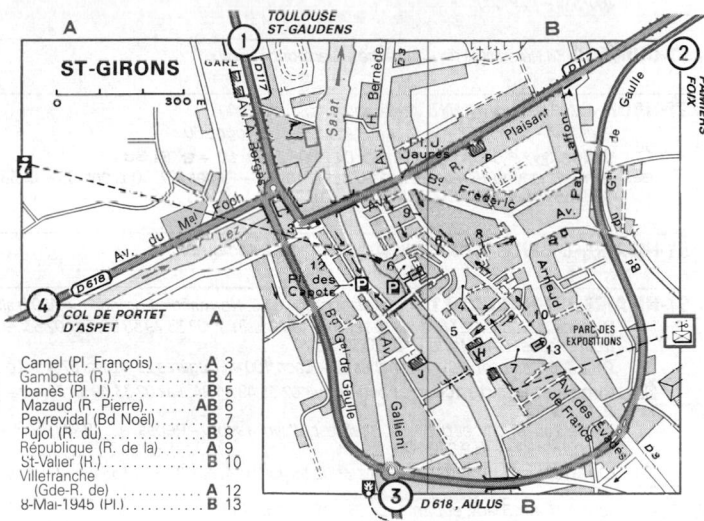

Camel (Pl. François)	**A** 3
Gambetta (R.)	**B** 4
Ibanès (Pl. J.)	**B** 5
Mazaud (R. Pierre)	**AB** 6
Peyrevidal (Bd Noël)	**B** 7
Pujol (R. du)	**B** 8
République (R. de la)	**A** 9
St-Valier (H.)	**B** 10
Villefranche (Gde-R. de)	**A** 12
8-Mai-1945 (Pl.)	**B** 13

🏨 **Eychenne** ᎒, 8 av. P. Laffont ✆ 05 61 04 04 50, *Fax 05 61 96 07 20*, ⚊, 🎇 – 🍴 rest, 📺 ☎ 🅿 🖭 ⓪ 🐵
                                                                    B a
fermé 1ᵉʳ déc. au 31 janv., dim. soir et lundi de nov. à mars sauf fériés – **Repas** 140/325 ⵏ –
🍴 49 – **41 ch** 400/600 – ½ P 380/455

🏨 **Clairière,** par ③ *: 1 km* ✆ 05 61 66 66 66, *Fax 05 34 14 30 30*, ⚊, 🎇 – 📺 ☎ 🐾 ♿ 🅿 🖭 ⓪ 🐵
    Repas 89/250, enf. 50 – 🍴 45 – **19 ch** 280 – ½ P 280

à Lorp-Sentaraille *par* ① *: 4 km – 1 092 h. alt. 361 –* ✉ *09190 St-Lizier :*

🏨 **Horizon 117,** ✆ 05 61 66 26 80, *Fax 05 61 66 26 08*, 🎇, ⚊, 🎇 – 📺 ☎ 🐾 🅿 – 🔺 20. 🖭 ⓪ 🐵
fermé 30 oct. au 13 nov., sam. midi et dim. soir hors saison – **Repas** 75/210 ⵏ, enf. 46 –
🍴 36 – **20 ch** 270/320 – ½ P 280/310

ST-GOBAIN *02410 Aisne* 56 ④ G. Picardie Flandres Artois – *2 321 h alt. 200.*

Voir *Forêt*★★.
Paris 132 – Compiègne 57 – St-Quentin 31 – La Fère 8 – Laon 21 – Noyon 34 – Soissons 31.

🍴 **Parc,** ✆ 03 23 52 80 58, 🎇, 🎇 – 🅿, 🐵
fermé 14 juil. au 14 août, dim. soir et lundi – **Repas** 100/180 ⵏ

ST-GUÉNOLÉ *29 Finistère* 58 ⑭ G. Bretagne – ✉ *29760 Penmarch.*

Voir *Musée préhistorique*★ – ≤★★ *du phare d'Eckmühl*★ *S : 2,5 km – Église*★ *de Penmarch SE : 3 km – Pointe de la Torche* ≤★ *NE : 4 km.*
🔼 *Office de Tourisme pl. du Mar.-Davout* ✆ 02 98 58 81 44, *Fax 02 98 58 86 62.*
Paris 590 – Quimper 34 – Douarnenez 42 – Guilvinec 8 – Pont-l'Abbé 14.

🏨 **Sterenn** ᎒, rte phare d'Eckmühl ✆ 02 98 58 60 36, *Fax 02 98 58 71 28*, ≤ pointe de
  Penmarch – 🍴 rest, 📺 ☎ 🅿 🖭 🐵, 🎇
16 avril-15 oct. et fermé lundi sauf du 12 juin au 18 sept. – **Repas** 80/300 ⵏ, enf. 65 – 🍴 42
– **16 ch** 360/460 – ½ P 420/440

🏨 **Héol** sans rest, r. L. Le Lay ✆ 02 98 58 71 71, *Fax 02 98 58 64 02*, ≤, ⚊ – 📺 ☎ 🅿 🐵 🎇
1ᵉʳ juin-24 sept. – 🍴 42 – **23 ch** 300/440

🏠 **Mer**, 184 r. F. Péron ℘ 02 98 58 62 22, Fax 02 98 58 53 86 – 🆃 ☎. ⅭⒷ
fermé 10 au 25 nov., 15 janv. au 8 fév., dim. soir et lundi hors saison – **Repas** 95/270, enf. 65
– 😐 43 – **10 ch** 320 – ½ P 370/390

🏠 **Ondines** ⬦, rte phare d'Eckmühl ℘ 02 98 58 74 95, Fax 02 98 58 73 99, ☞ – ☎. ⅭⒷ
ⒼⒷ *avril-déc. et fermé mardi sauf du 15 juin au 15 sept.* – **Repas** 75/200 ⅌ – 😐 37 – **15 ch**
280/315 – ½ P 305

ST-GUIRAUD 34 Hérault 🎚🎚 ⑤ – *rattaché à Clermont-l'Hérault.*

ST-HAON 43340 H.-Loire 🎚🎚 ⑯ Ⓖ. Auvergne – 428 h alt. 1000.
Paris 567 – Mende 68 – Le Puy-en-Velay 29 – Langogne 30.

♨ **Vallée** ⬦, ℘ 04 71 08 20 73, Fax 04 71 08 29 21, ☞ – ☎. 🅰🅴 ⅭⒷ
ⒼⒷ *fermé 1ᵉʳ janv.au 15 mars et lundi d'oct. à fin avril* – **Repas** 80/200 ⅌, enf. 55 – 😐 38 – **10 ch**
185/235 – ½ P 250

ST-HILAIRE-D'OZILHAN 30 Gard 🎚🎚 ⑲ – *rattaché à Remoulins.*

ST-HILAIRE-DU-HARCOUËT 50600 Manche 🎚🎚 ⑨ Ⓖ. Normandie Cotentin – 4 489 h alt. 70.
🄱 *Office de Tourisme (1ᵉʳ avril-30 sept.) pl. du Bassin ℘ 02 33 79 38 88, Fax 02 33 79 38 89 et
(toute l'année) à la Mairie ℘ 02 33 79 38 70.*
Paris 340 – Alençon 99 – Avranches 27 – Caen 100 – Fougères 29 – Laval 67 – St-Lô 70.

🏨 **Cygne et Résidence**, rte Fougères ℘ 02 33 49 11 84, Fax 02 33 49 53 70, ☞ – ⅋ 🆃 ☎
ⒼⒷ 🄿 🅰🅴 ⓪ ⅭⒷ
fermé 3 au 17 janv. et dim. soir (sauf rest. d'avril à sept.) – **Repas** (60) - 78/400 bc ⅌ – 😐 37 –
30 ch 250/380 – ½ P 270/370

🏠 **Cléandre** sans rest, rte Fougères ℘ 02 33 49 10 14, Fax 02 33 49 53 69 – ⅋ 🆃 ☎ – 🅰 60.
ⅭⒷ
fermé 1ᵉʳ au 15 janv. et dim. – 😐 35 – **18 ch** 190/250

ST-HILAIRE-DU-ROSIER 38840 Isère 🎚🎚 ③ – 1 731 h alt. 240.
Paris 577 – Valence 39 – Grenoble 63 – Romans-sur-Isère 17 – St-Marcellin 9.

ХХХ **Bouvarel** avec ch, à St-Hilaire-gare, Sud : 4 km ℘ 04 76 64 50 87, Fax 04 76 64 58 47, ☞,
❀ « Jardin fleuri », ⓵, ☞ – 🆃 ☎ 🄿. 🅰🅴 ⓪ ⅭⒷ
fermé 3 au 10 avril, 1ᵉʳ au 9 oct., 7 au 22 janv., lundi sauf le soir en saison et dim. soir –
Repas 220/460 et carte 320 à 500 ⅌, enf. 100 – 😐 75 – **13 ch** 330/390 – ½ P 540
Spéc. Ravioles crémées aux truffes. Turbot braisé au champagne. Lièvre à la broche sauce
poivrade (saison). **Vins** Hermitage, Saint-Joseph.

ST-HILAIRE-LE-CHÂTEAU 23250 Creuse 🎚🎚 ⑨ ⑩ – 296 h alt. 453.
Paris 382 – Limoges 63 – Aubusson 26 – Bourganeuf 14 – Guéret 28 – Montluçon 80.

ХХХ **Thaurion** avec ch, ℘ 05 55 64 50 12, Fax 05 55 64 90 92, ☞, ❀ – 🆃 ☎ 🄿. 🅰🅴 ⓪ ⅭⒷ
15 mars-15 nov. et fermé jeudi midi et merc. sauf juil.-août – **Repas** 99/400 et carte 230 à
310 – 😐 42 – **9 ch** 300/600

ST-HILAIRE-PETITVILLE 50 Manche 🎚🎚 ⑬ – *rattaché à Carentan.*

ST-HILAIRE-ST-FLORENT 49 M.-et-L. 🎚🎚 ⑫ – *rattaché à Saumur.*

ST-HILAIRE-ST-MESMIN 45 Loiret 🎚🎚 ⑨ – *rattaché à Orléans.*

ST-HIPPOLYTE 25190 Doubs 🎚🎚 ⑱ Ⓖ. Jura – 1 128 h alt. 380.
Voir Site★ – Vallée du Dessoubre★ S.
🄱 *Office de Tourisme (saison) ℘ 03 81 96 58 00, Fax 03 81 96 53 45.*
Paris 487 – Besançon 85 – Basel 92 – Belfort 50 – Montbéliard 30 – Pontarlier 72.

🏨 **Bellevue**, rte Maîche ℘ 03 81 96 51 53, Fax 03 81 96 52 40, ☞ – 🆃 ☎ ✆ ⇔ 🄿. 🅰 20.
🅰🅴 ⅭⒷ
fermé 21 au 27 août, 2 au 15 janv., dim. soir et lundi sauf juil.-août – **Repas** 87 (déj.),
130/380 ⅌, enf. 58 – 😐 42 – **16 ch** 240/290 – ½ P 280/310

ST-HIPPOLYTE 68590 H.-Rhin 62 ⑲ G. Alsace Lorraine – 1 078 h alt. 234.
Env. *Château du Haut-Kœnigsbourg★★* . ☀★★ *NO : 8 km*.
Paris 434 – Colmar 20 – Ribeauvillé 7 – St-Dié 42 – Sélestat 10 – Villé 18.

🏨🏨 **Hostellerie Munsch Aux Ducs de Lorraine** ॐ, ✆ 03 89 73 00 09,
Fax 03 89 73 05 46, ≤, 🛋, – 🛗, ▦ rest, 📺 ☎ 🅿 – 🐎 30. 🎫. ⚠ ch
fermé 13 au 30 nov. et 8 janv. au 6 fév. – **Repas** (fermé dim. soir de nov. à mi-mai, vend.
midi et lundi) 95 (déj.), 135/330 ♀ – ☑ 65 – **42 ch** 400/750 – ½ P 490/630

🏨🏨 **Parc** Ⓜ ॐ, ✆ 03 89 73 00 06, Fax 03 89 73 04 30, ☆, 𝄞, 🔲 – 🛗 📺 ☎ 🕭 ⅙ 🅿 – 🐎 80.
🝙 ⓞ 🎫
fermé 10 janv. au 10 fév. – **Repas** (fermé lundi) 145/350 ♀ - **Winstub Rabseppi-Stebel**
(fermé lundi midi) **Repas** 125 et carte 140 à 210 ♀, enf. 65 – ☑ 60 – **25 ch** 400/750,
6 duplex – ½ P 420/600

🏛 **A la Vignette**, ✆ 03 89 73 00 17, Fax 03 89 73 05 69 – 🛗 ☎ ⅙ – 🐎 40. 🎫. ⚠ ch
fermé 26 juin au 6 juil., 18 déc. au 21 janv., mardi soir (sauf hôtel) et merc. hors saison –
Repas 95/250 ♀, enf. 55 – ☑ 39 – **25 ch** 205/380 – ½ P 250/340

ST-HIPPOLYTE 12140 Aveyron 76 ⑫ – 541 h alt. 695.
Paris 590 – Aurillac 44 – Rodez 60 – Entraygues-sur-Truyère 14 – Espalion 41 – Figeac 72.

🏛 **St-Hippolyte** Ⓜ ॐ, ✆ 05 65 66 60 00, Fax 05 65 66 60 01, ≤, ☆, 🔲, 🛏 – 🛗 📺 ☎ 🕭
⅙ 🅿 – 🐎 25. 🎫
1er avril-1er nov. – **Repas** 65 (déj.), 89/175 ♀, enf. 45 – ☑ 40 – **17 ch** 250/420 – ½ P 245/320

ST-HIPPOLYTE-DU-FORT 30170 Gard 80 ⑰ G. Languedoc Roussillon – 3 515 h alt. 165.
🅱 Office de Tourisme "les Casernes" ✆ 04 66 77 91 65, Fax 04 66 77 25 36.
Paris 710 – Alès 35 – Montpellier 51 – Florac 82 – Nîmes 48.

par rte de Lasalle (D 39), Nord : 7 km – ✉ 30170 Monblet :

🍴 **Auberge de Valestalière** ✆ 04 66 85 45 70, ☆, 🛏. 🝙 ⓞ 🎫
fermé 5 janv. au 3 mars, lundi et mardi – **Repas** 100/190, enf. 50

ST-HONORAT (Ile) ★★ 06 Alpes-Mar. 84 ⑨. 115 ㉟ ㊳ G. Côte d'Azur.
Voir *Ancien monastère fortifié★* : ≤★★ – *Tour de l'île★★*.
Accès par transports maritimes.
🚢 *depuis* **Golfe-Juan et Juan-les-Pins** (escale à l'Ile Ste-Marguerite). En saison -
Traversée 45 mn – *Renseignements et tarifs* . Cie Maritimes Cap d'Antibes, Port de Golfe
Juan ✆ 04 93 63 45 94, Fax 04 93 63 74 27 (Golfe-Juan) et ✆ 04 92 93 02 36(Juan-les-Pins).
depuis **Cannes** Traversée 30 min- Renseignements et tarifs: Compagnie Esterel Chante-
clair ✆ 04 93 39 11 82, Fax 04 92 98 80 32.

ST-HONORÉ-LES-BAINS 58360 Nièvre 69 ⑥ G. Bourgogne – 754 h alt. 300 – Stat.
therm. (3 avril-14 oct.) – Casino.
🅱 Office de Tourisme 13 r. Henri-Renaud ✆ 03 86 30 71 70, Fax 03 86 30 71 70.
Paris 309 – Château-Chinon 28 – Luzy 22 – Moulins 69 – Nevers 68 – St-Pierre-le Moutier 67.

🏛 **Lanoiselée**, ✆ 03 86 30 75 44, Fax 03 86 30 75 66, ☆ – 📺 ☎ ⅙ 🅿. 🝙 ⓞ 🎫
avril-sept. **Repas** 100/180 ⅃, enf. 50 – ☑ 38 – **18 ch** 250/410 – P 320/350

🏛 **Auberge du Pré Fleuri**, ✆ 03 86 30 74 96, Fax 03 86 30 64 61, ☆, 🛏 – 📺 ☎ 🕭 🅿. 🝙
🎫
fermé fév., dim. soir et lundi d'oct. à mars – **Repas** 92/195, enf. 60 – ☑ 42 **9 ch** 290/340 –
½ P 390

ST-IGNACE (col de) 64 Pyr.-Atl. 85 ② – rattaché à Ascain.

ST-JACQUES-DES-BLATS 15800 Cantal 76 ③ – 352 h alt. 990.
Paris 541 – Aurillac 35 – Brioude 75 – Issoire 89 – St-Flour 40.

🏛 **Griou**, ✆ 04 71 47 06 25, Fax 04 71 47 00 16, ≤, ☆, 🛏 – ☎ 🕭 ⅙ 🅿. 🎫
🍴 *fermé 15 oct. au 22 déc.* – **Repas** 72/180 ⅃, enf. 45 – ☑ 32 – **20 ch** 220/260 – ½ P 235/260

🏛 **Brunet** ॐ, ✆ 04 71 47 05 86, Fax 04 71 47 04 27, ≤, ☆, 🛏 – ☎ 🕭 ⅙ 🅿. 🎫. ⚠ rest
🍴 *avril-10 oct. et 20 déc.-31 mars* – **Repas** 75/140, enf. 40 – ☑ 32 – **17 ch** 220/280 –
½ P 215/255

⛲ **L'Escoundillou** ॐ, ✆ 04 71 47 06 42, Fax 04 71 47 00 97, ≤, 🛏 – 📺 ☎ 🕭 ⅙ 🅿. 🎫
🍴 *fermé 5 au 16 janv.* – **Repas** 65/130 ♀, enf. 42 – ☑ 35 – **12 ch** 230/250 – ½ P 250/270

ST-JAMES 50240 Manche 59 ⑧ G. Normandie Cotentin – 2 976 h alt. 100.

Voir *Cimetière américain.*

Paris 352 – St-Malo 61 – Avranches 21 – Fougères 30 – Rennes 67 – St-Lô 78.

 **Normandie,** pl. Bagot ℘ 02 33 48 31 45, Fax 02 33 48 31 37 – 🔟 ☎ ⑩ 🅖🅑
fermé 27 déc. au 16 janv. – **Repas** *(fermé dim. soir du 18 nov. au 1ᵉʳ mars)* (55) - 76/230 ⒴,
enf. 55 – ⒮ 37 – **14 ch** 180/270 – ½ P 285

ST-JEAN 06 Alpes-Mar. 84 ⑧., 114 ㉖., 115 ㉞ – rattaché à Pégomas.

ST-JEAN-AUX-BOIS 60 Oise 56 ③ – rattaché à Pierrefonds.

ST-JEAN-CAP-FERRAT 06230 Alpes-Mar. 84 ⑩, 115 ㉗ G. Côte d'Azur – 2 248 h alt. 12.

Voir *Fondation Ephrussi-de-Rothschild*★★ M : site★★, musée lle de France★★, jardins★ –
Phare ❉★★ – Pointe de St-Hospice ⩻★ de la chapelle.

🅱 Office de Tourisme 59 av. D.-Semeria ℘ 04 93 76 08 90, Fax 04 93 76 16 67.

Paris 940 ④ – Nice 9 ④ – Menton 32 ③.

ST-JEAN-CAP-FERRAT

Les flèches noires
indiquent les sens
uniques supplémen-
taires l'été

Albert-Iᵉʳ (Av.)	2
Centrale (Av.)	3
États-Unis (Av. des)	5
Gaulle (Bd Gén. de)	6
Grasseuil (Av.)	7
Libération (Bd)	9
Mermoz (Av. J.)	12
Passable (Ch. de)	13
Phare (Av. du)	14
Puncia (Av. de la)	15
St-Jean (Pont)	16
Sauvan (Bd H.)	17
Semeria (Av. D.)	18
Verdun (Av. de)	20
Vignon (Av. C.)	21

Promeneurs,
campeurs,
fumeurs

soyez
prudents !
Le feu est le plus
terrible ennemi
de la forêt

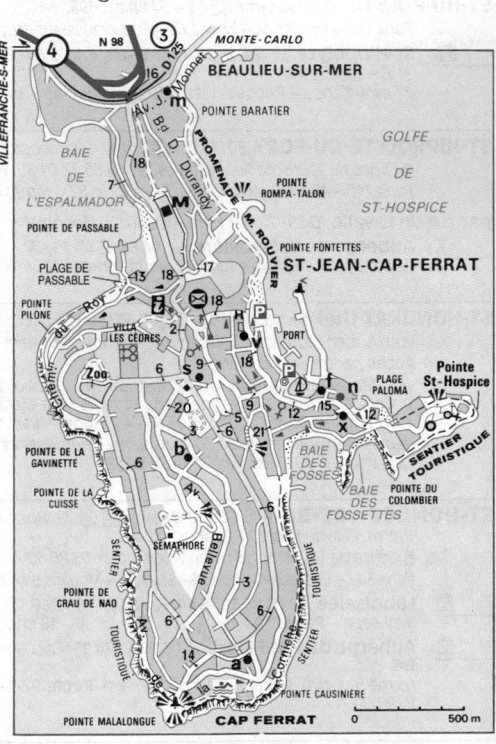

🏨🏨🏨🏨 **Grand Hôtel du Cap Ferrat** M 🗽, bd Gén. de Gaulle au Cap-Ferrat (a)
☸ ℘ 04 93 76 50 50, Fax 04 93 76 04 52, ⩽ mer, 🍴, « Vaste parc, jardin fleuri, piscine en
bord de mer, funiculaire privé », Fᵟ, ⬛, 🌳, ✗ – 📶 ▤ 🔟 ☎ ✆ 🅿 – 🔬 40. 🅰🅴 ⑩ 🅖🅑 🅹🅲🅱.
✗✗
fermé 3 janv. au 1ᵉʳ mars – **Repas** 480/550 et carte 480 à 660 - **Club Dauphin** à la piscine
(déj. seul.) *(avril-oct.)* **Repas** carte 420 à 520, enf. 140 – **44 ch** ⒮ 3300/7100, 9 appart
Spéc. Petites salades de homard, scampi et langoustines. Pavé de loup grillé. Délice crème
brulée et granité framboises. **Vins** Côtes de Provence, Porquerolles.

🏨🏨🏨 **Royal Riviera** M, av. J. Monnet (m) ℘ 04 93 76 31 00, Fax 04 93 01 23 07, ⩽ Cap et
golfe, 🍴, « Jardin fleuri », ⬛, 🏖, 🍴 – 🔌 ▤ 🔟 ☎ 🅿 – 🔬 100. 🅰🅴 ⑩ 🅖🅑. ✗ ch
fermé mi-nov. au 29 déc. – **Panorama :** Repas 240/320 ⒴, enf. 140 – **Pergola** à la piscine
(déj. seul.) *(juil.-sept.)* **Repas** 240 ⒴, enf. 140 – ⒮ 150 – **77 ch** 1400/5200 – ½ P 1020/2095

🏛 **Voile d'Or,** au port (f) ℘ 04 93 01 13 13, Fax 04 93 76 11 17, ≤ port et golfe, 🍽, « Terrasse et piscine en bord de mer », ₣ⓐ, 🏊, ☞ – 🛗 ☰ 🆅 ☎ – 🛎 25. 🆎 🆖 fin mars-oct. – **Repas** 400/600 – ☷ 125 – **45 ch** 1980/4000

🏛 **Brise Marine** ⬩ sans rest, av. J. Mermoz (x) ℘ 04 93 76 04 36, Fax 04 93 76 11 49, ≤ Cap et golfe, ☞ – ☰ 🆅 ☎. 🆎 ⓞ 🆖. ✂ – 1er fév.-1er nov. – ☷ 59 – **17 ch** 730/790

🏛 **Panoramic** ⬩ sans rest, av. Albert 1er (s) ℘ 04 93 76 00 37, Fax 04 93 76 15 78, ≤ Cap et golfe – 🆅 ☎ 🅿. 🆎 ⓞ 🆖 – fermé début nov. au 19 déc. – ☷ 60 – **20 ch** 600/740

🏛 **Clair Logis** ⬩ sans rest, av. Centrale (b) ℘ 04 93 76 04 57, Fax 04 93 76 11 85, « Parc » – 🆅 ☎ &. 🅿. 🆎 ⓞ 🆖 – 15 mars-15 nov. et 15 déc.-15 janv. – ☷ 50 – **18 ch** 340/480

🏛 **Frégate,** (v) ℘ 04 93 76 04 51, Fax 04 93 76 11 93, ≤ – 🆅 ☎. 🆖 hôtel : fermé 20 déc. au 5 janv. ; rest. : fermé 15 nov. au 1er fév. – **Repas** 110/135 ☿ – ☷ 35 – **10 ch** 230/400 – ½ P 240/300

✗ **Capitaine Cook,** av. J. Mermoz (n) ℘ 04 93 76 02 66, 🍽 – 🆖 fermé 15 nov. au 26 déc., jeudi midi et merc. – **Repas** 125/155 ☿

ST-JEAN (Col) 04 Alpes-de-H.-P. 🔲 ⑦ – rattaché à Seyne.

ST-JEAN-D'ANGÉLY 🔷 17400 Char.-Mar. 🔲 ③ ④ G. Poitou Vendée Charentes – 8 060 h alt. 25.

Env. Église St-Pierre★★ à Aulnay, NE : 18 km par ② et D 950.

🅱 Office de Tourisme pl. du Pilori ℘ 05 46 32 04 72, Fax 05 46 32 20 80.

Paris 446 ⑦ – La Rochelle 69 ④ – Royan 67 ③ – Niort 48 ① – Saintes 27 ④.

ST-JEAN-D'ANGÉLY

Abbaye (R. de l') .... A 2
Aguesseau (R. d') .... A 3
Bancs (R. des) .... A 4
Bourcy (R. Pascal) .... B 6
Cumont (Bd P. de) .... B 8
Dubreuil (R. L. A.) .... A 10
Gambetta (R.) .... A
Grosse-Horloge (R.) .... B 12
Gymnase (R. du) .... B 13

Hôtel-de-Ville
(Pl. de l') .... B 14
Jacobins (R. des) .... B 16
Libération (Sq. de la) ..... B 17
Maréchal-Leclerc (Av. du) .. B 19
Maréchaux (R. des) .... AB 20
Porte de Niort
(R. de la) .... B 24
Port-Mahon (Av. de) ...... AB 25

Regnaud (R.) .... A 27
Remparts (R. des) .... B 28
Rose (R.) .... B 29
Taillebourg (Fg) .... A
Texier (R. Michel) .... B 31
Tourneur (R. L.) .... B 32
Tour-Rondo (R.) .... B 33
Verdun (R. de) .... B 35
3-Frères-Gautreau
(R. des) .... A 37
4-Septembre (R. du) .... B 39
11-Novembre (R. du) ...... AB 40

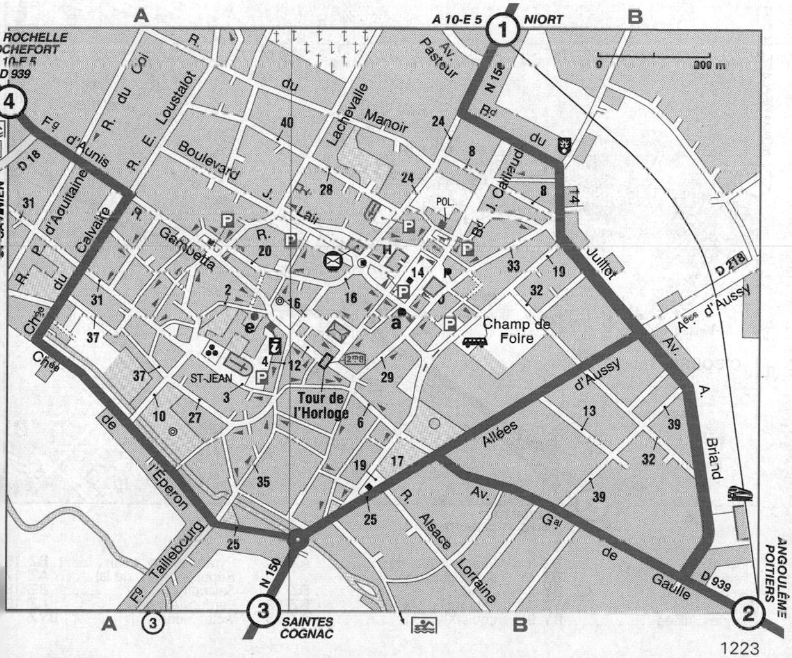

Place, pl. Hôtel de Ville ℰ 05 46 32 69 11, *Fax 05 46 32 08 44*, ⌂ – ≡ rest, 📺 ☎ ✂. 🅰🅴 🆖. ✘ ch
fermé 1ᵉʳ au 4 janv. – **Repas** 70/220 ⅊ – ☲ 32 – **10 ch** 240/280 – ½ P 320/440
B a

Scorlion, 5 r. Abbaye ℰ 05 46 32 52 61, *Fax 05 46 59 14 80*, « Ancienne abbaye royale » –
≡. 🆖
A e
fermé nov., fév., dim. et lundi – **Repas** 160/345 ⅊, enf. 70

ST-JEAN-DE-BLAIGNAC 33420 Gironde 🔟🟝 ⑫ – 405 h alt. 50.

Paris 595 – Bordeaux 40 – Bergerac 55 – Libourne 17 – La Réole 31.

Auberge St-Jean, ℰ 05 57 74 95 50, *Fax 05 57 74 95 50* – ≡. 🆖
fermé 12 au 26 janv., dim. soir et lundi soir – **Repas** 130/320 ⅊, enf. 60

ST-JEAN-DE-BRAYE 45 Loiret 🟨 ⑨ – rattaché à Orléans.

*Les localités dont les noms sont soulignés de rouge
sur les **cartes Michelin** à 1/200 000 sont citées dans ce guide.
Utilisez une carte récente pour profiter de ce renseignement.*

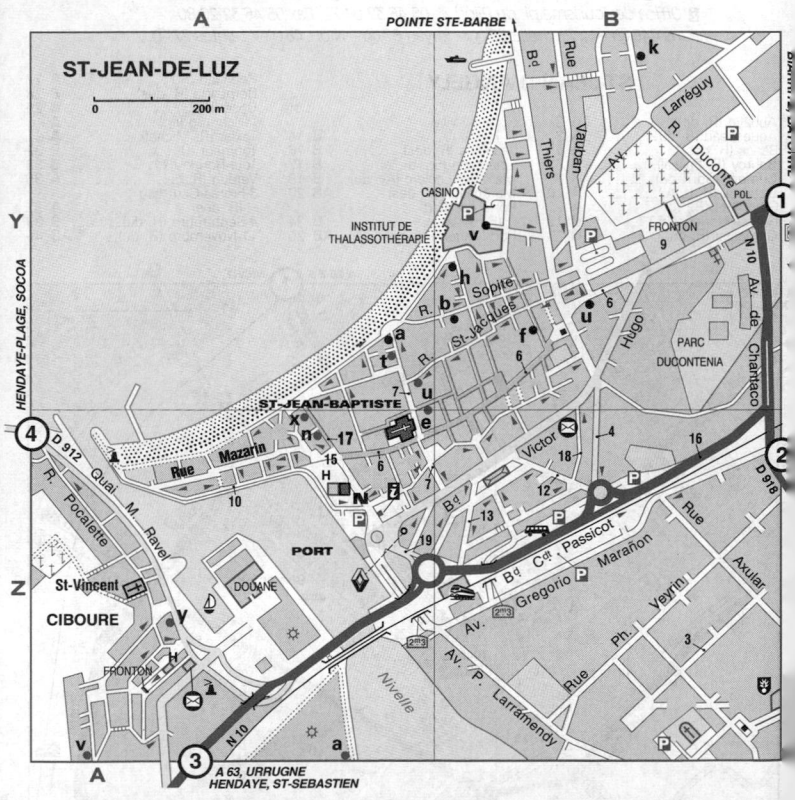

ST-JEAN-DE-LUZ 64500 Pyr.-Atl. 🔢🔢 ② *G. Aquitaine* – 13 031 h alt. 3 – *Casino* **ABY**.

Voir *Église St-Jean-Baptiste*★★ – *Maison Louis-XIV*★ AZ **N** – *Corniche basque*★★ *par* ④ –
Sémaphore de Socoa ⩽★★ *5 km par*④.

🖪 *Office de Tourisme* pl. Mar.-Foch 🎤 05 59 26 03 16, Fax 05 59 26 21 47.
Paris 791 ① – *Biarritz* 18① – *Bayonne* 24① – *Pau* 152① – *San Sebastián* 54③.

Plan page ci-contre

🏨🏨🏨 **Parc Victoria** ⬙, 5 r. Cépé par bd Thiers et rte Quartier du Lac 🎤 05 59 26 78 78,
Fax 05 59 26 78 08, 🌤, « Villa fin 19ᵉ siècle dans un parc », 🔲 – 🔋, ▤ ch, 🔟 ☎ ❤ ♿ 🅿. 🆎
⓪ 🆖 🎴
hôtel : 15 mars-15 nov. – **- Les Lierres** *(1ᵉʳ avril-1ᵉʳ nov. et fermé mardi hors saison)* **Repas**
(165)-230/380 – 🍽 85 – **8 ch** 1100/1450, 4 appart – ½ P 800/975

🏨🏨🏨 **Hélianthal** Ⓜ, pl. M. Ravel 🎤 05 59 51 51 51, Fax 05 59 51 51 54, 🌤, centre de thalassothérapie – 🔋 ▤ 🔟 ☎ ❤ ⬙ – 🍴 25 à 200. 🆎 ⓪ 🆖 ❄   BY **v**
fermé 26 nov. au 17 déc. – **Repas** 215 ♈ – 🍽 80 – **100 ch** 890/1560 – ½ P 720/1000

🏨🏨🏨 **Chantaco**, face au golf par ② : 2 km 🎤 05 59 26 14 76, Fax 05 59 26 35 97, ⩽, 🌤, 🔲, 🌳
– ▤ ch, 🔟 ☎ ❤ 🅿. – 🍴 40. 🆎 ⓪ 🆖 ❄
mai nov. – **Repas** (dîner seul.) 250/380 ♈ – 🍽 80 – **23 ch** 1100/1800 – ½ P 1540/2390

🏨🏨 **Devinière** sans rest, 5 r. Loquin 🎤 05 59 26 05 51, Fax 05 59 51 26 38, « Bel aménagement intérieur », 🌳 – ☎. 🆖   BY **f**
fermé 15 au 30 nov. – 🍽 55 – **8 ch** 650/850

🏨🏨 **Réserve** ⬙, rd-pt Ste-Barbe, Nord : 2 km par bd Thiers 🎤 05 59 51 32 00,
Fax 05 59 51 32 01, ⩽, 🌤, « Jardin et piscine dominant la mer », 🔲, 🌳, ❄ – cuisinette
🔟 ☎ ♿ ⬅ 🅿. – 🍴 60. 🆎 ⓪ 🆖
28 mars-5 nov. – **Repas** *(120)* - 170/290 ♈ – 🍽 70 – **40 ch** 665/900, 36 studios 1500/2100 –
½ P 575/775

🏨🏨 **Marisa** Ⓜ sans rest, 16 r. Sopite 🎤 05 59 26 95 46, Fax 05 59 51 17 06 – 🔋 🔟 ☎ ❤ ♿ ⬅.
🆖 ❄   BY **b**
fermé 1ᵉʳ au 15 mars et 15 au 30 nov. – 🍽 50 – **15 ch** 520/640

🏨 **Villa Bel Air**, Promenade J. Thibaud 🎤 05 59 26 04 86, Fax 05 59 26 62 34, ⩽ – 🔋, ▤ rest,
🔟 ☎. 🆖 ❄ rest   BY **h**
hôtel : 7 avril-12 nov. ; rest : 5 juin-27 sept. et fermé dim. – **Repas** 138/143 – 🍽 42 – **21 ch**
486/661 – ½ P 430/480

🏨 **Les Goëlands**, 4 av. Etcheverry 🎤 05 59 26 10 05, Fax 05 59 51 04 02, 🌳 – 🔟 ☎ 🆎
🆖 ❄ rest   BY **k**
fermé 4 au 31 janv. – **Repas** *(1ᵉʳ avril-2 nov.)* (résidents seul.) 120/140 – 🍽 38 – **35 ch**
290/560 – ½ P 413/460

🏨 **Plage**, promenade J. Thibaud 🎤 05 59 51 03 44, Fax 05 59 51 03 48, ⩽ – ▤ rest, 🔟 ☎
⬅. 🆖 ❄   AY **a**
hôtel : ouvert 1ᵉʳ avril-15 nov. ; rest. : fermé janv., dim. soir et lundi – **Repas** brasserie
95/150 ♈, enf. 39 – 🍽 40 – **27 ch** 410/510 – ½ P 335/395

🏨 **Agur** sans rest, 96 r. Gambetta 🎤 05 59 51 91 11, Fax 05 59 51 91 21 – cuisinette 🔟 ☎. 🆎
⓪ 🆖 ❄   BY **u**
11 mars-14 mai et 27 mai-12 nov. – 🍽 38 – **13 ch** 425/750

🏨 **Maria Christina** sans rest, 13 r. Paul Gélos par bd Thiers et rte quartier du Lac
🎤 05 59 26 81 70, Fax 05 59 26 36 04 – 🔟. 🆖 ❄
mars-oct. – 🍽 40 – **11 ch** 370/510

🍴🍴 **Patio**, 10 r. Abbé Onaindia 🎤 05 59 26 99 11, Fax 05 59 26 99 11 – ⓪ 🆖   AYZ **e**
fermé mardi midi et lundi sauf juil.-août – **Repas** 135/185 ♈

🍴🍴 **Taverne Basque**, 5 r. République 🎤 05 59 26 01 26, 🌤 – 🆎 ⓪ 🆖   AZ **n**
fermé mars, janv., lundi et mardi hors saison
🍶 Repas 110/160 ♈

🍴🍴 **Auberge Kaïku**, 17 r. République 🎤 05 59 26 13 20, Fax 05 59 51 07 47, 🌤, « Maison du
16ᵉ siècle » – 🆎   AZ **x**
fermé 12 nov. au 22 déc., merc. du 15 sept. au 15 juin et lundi midi – **Repas** - produits de la
mer - 145/220 ♈

🍴 **Petit Grill Basque "Chez Maya"**, 4 r. St-Jacques 🎤 05 59 26 80 76, décor basque
ancien – 🆎 ⓪ 🆖   AY **u**
fermé 20 déc. au 20 janv. et merc. – **Repas** 105/145

🍴 **L'Acanthe**, 31 r. Garat 🎤 05 59 26 85 59 – 🆎 🆖   AY **t**
10 fév.- 15 nov. et fermé mardi midi et lundi sauf juil. août Repas 105/185 ♈

par ④ et rte de la Corniche : 4,5 km – ✉ 64122 Urrugne :

🍴🍴 **Auberge de la Corniche**, 🎤 05 59 47 30 23, Fax 05 59 47 30 23, ⩽, 🌳 – 🅿. 🆖
fermé janv., dim. soir et lundi sauf juil.-août – **Repas** 120/520 ♈, enf. 50

Ciboure AZ du plan – *5 849 h alt. 3 :*

Voir *Chapelle N.-D. de Socorri : site*★ *5 km par* ③ – ⊠ *64500*

XX **Chez Dominique,** 15 quai M. Ravel ℘ 05 59 47 29 16, Fax 05 59 47 29 16, ≼, 斎 – ▤. 🗚
Ⓞ ☒ AZ y
fermé fév., dim. soir et lundi sauf de juil. au 15 sept. – **Repas** - produits de la mer - (déj.
seul.) 150

XX **Chez Pantxua,** au port de Socoa par ④ : 2 km ℘ 05 59 47 13 73, Fax 05 59 47 60 38, ≼,
斎 – ☒
12 fév.-2 nov. et fermé lundi soir et mardi – **Repas** - produits de la mer - 140 ♀

X **Chez Mattin,** 63 r. E. Baignol ℘ 05 59 47 19 52 – ▤. 🗚 ☒ AZ v
fermé janv., fév. et lundi – **Repas** carte 160 à 240

X **Arrantzaleak,** chemin de Halage ℘ 05 59 47 10 75, ≼ – 🗚 Ⓞ ☒ AZ a
1ᵉʳ avril-15 déc. et fermé dim. soir hors saison et lundi – **Repas** - produits de la mer - 160

ST-JEAN-DE-MAURIENNE ⬙ *73300 Savoie* **77** ⑦ *G. Alpes du Nord* – *9 439 h alt. 556.*

Voir *Ciborium*★ *et stalles*★★ *de la cathédrale St-Jean-Baptiste.*

🛈 *Office de Tourisme pl. Cathédrale* ℘ *04 79 83 51 51, Fax 04 79 83 42 10.*

Paris 635 ① – *Albertville 63* ① – *Chambéry 73* ① – *Grenoble 103* ① – *Torino 136* ②.

Nord, pl. Champ de Foire ℰ 04 79 64 02 08, Fax 04 79 59 91 31 – 🛗 📺 ☎ 🅿 🆎 ⑩ 🆖. ❀ rest
AY e
fermé oct., dim. soir sauf en fév. et en juil.-août – **Repas** 78/210 ℒ, enf. 50 – 🖙 35 – **19 ch** 205/275 – ½ P 225/230

St-Georges sans rest, 334 r. République ℰ 04 79 64 01 06, Fax 04 79 59 84 84 – ↩ 📺 ☎ 🆎 🆖
AZ s
🖙 38 – **20 ch** 230/300

Europe, 15 av. Mt-Cenis ℰ 04 79 64 06 33, Fax 04 79 64 05 71 – 🛗 📺 ☎ ✆ 🅿 🆎 ⑩ 🆖
AZ v
Repas (fermé dim. hors saison) 75 bc/180 ℒ, enf. 50 – 🖙 40 – **26 ch** 160/350 – ½ P 200

Dorhotel Ⓜ sans rest, r. L. Sibué ℰ 04 79 83 23 83, Fax 04 79 83 23 00 – 🛗 📺 ☎ ✆ 🅿 🆎.
BY n
🛗 40, 🆎 ⑩ 🆓
🖙 40 – **40 ch** 209/253

ST-JEAN-DE-MOIRANS 38430 Isère 🔡 ① – 2 399 h alt. 226.
Paris 550 – Grenoble 25 – Chambéry 46 – Lyon 88 – Valence 83.

Beauséjour avec ch, Sud-Ouest : 2 km sur N 85 , rte Grenoble – Bourgoin-Jallieu ℰ 04 76 35 30 38, Fax 04 76 35 59 80, 🏠 – 📺 ☎ ✆ 🅿 🆎 ⑩ 🆖
fermé 1ᵉʳ au 9 mai, 31 juil. au 22 août, 2 au 10 janv., dim. soir et lundi – **Repas** 150/380 et carte 230 à 320, enf. 70 – 🖙 40 – **7 ch** 250 – ½ P 350

ST-JEAN-DE-MONTS 85160 Vendée 🔡 ⑪ G. Poitou Vendée Charentes – 5 959 h alt. 16 –
Casino La Pastourelle.
🅱 Office de Tourisme Palais des Congrès ℰ 02 51 59 60 61, Fax 02 51 59 62 28.
Paris 457 – La Roche-sur-Yon 58 – Cholet 99 – Nantes 75 – Les Sables-d'Olonne 49.

Mercure Ⓜ ⌛, av. Pays de Monts ℰ 02 51 59 15 15, Fax 02 51 59 91 03, centre de thalassothérapie, 🌊, ☞ – 🛗 📺 ☎ ✆ ₤, 🅿 – 🕍 35 🆎 ⑩ 🆖
5 fév.-5 nov. – **Repas** (87) - 97/160, enf. 44 – 🖙 60 – **44 ch** 725/825

L'Espadon, 8 av. Forêt ℰ 02 51 58 03 18, Fax 02 51 59 16 11 – 🛗 📺 ☎ ✆ ₤ 🅿 🆎 ⑩ 🆖
fermé 15 déc. au 15 janv. – **Repas** 78 (déj.), 98/168 ℒ, enf. 45 – 🖙 39 – **27 ch** 300/340 – ½ P 370/380

Annexe Les Dunes 🛗 ⌛, 1 allée d'Alsace ℰ 02 51 58 10 32, Fax 02 51 59 16 11 – ☎ ₤, 🅿 🆖
1ᵉʳ avril-30 sept. – **Repas** voir **L'Espadon** – 🖙 39 – **44 ch** 300/340 – ½ P 310/340

Robinson (annexe 🏨 Ⓜ🛗 🍴, 30 ch), 28 bd Gén. Leclerc ℰ 02 51 59 20 20, Fax 02 51 58 88 03 🔲 – 🍴 rest, 📺 ☎ ✆ ₤, 🆎 ⑩ 🆖
fermé 4 janv. au 27 janv. – **Repas** 76/215 ℒ – 🖙 40 – **80 ch** 260/420 – ½ P 270/330

Tante Paulette, 32 r. Neuve ℰ 02 51 58 01 12, Fax 02 51 59 77 54, 🏠 – ☎ 🆎 ⑩ 🆖
1ᵉʳ mars-8 nov. – **Repas** 80/155, enf. 50 – 🖙 39 – **32 ch** 190/350 – ½ P 255/320

Cloche d'Or, 26 av. Tilleuls ℰ 02 51 58 00 58, Fax 02 51 58 82 85, 🏠 – 📺 ☎. 🆖 ❀ rest
18 mars-15 oct. – **Repas** (55) - 78/154 ℒ, enf. 42 – 🖙 35 – **25 ch** 280/370 – ½ P 280/330

Petit St-Jean, 128 rte Notre-Dame de Monts ℰ 02 51 59 78 50, 🏠 – 🍴 🅿 🆖
fermé oct., dim. soir, lundi et mardi – **Repas** 98/185

Richelieu avec ch, 8 av. Oeillets ℰ 02 51 58 06 78, Fax 02 51 59 74 45, 🏠 – 📺 ☎. 🆎 🆖 🔲 ❀ ch
fermé janv., fév. et merc. hors saison – **Repas** 98/300, enf. 45 – 🖙 35 – **8 ch** 270/450 – ½ P 310

Quich'Notte, 200 rte N.-D.-de-Monts ℰ 02 51 58 62 64 – 🅿 🆎 🆖
15 mars-15 sept. et fermé mardi midi et lundi sauf juil -août – **Repas** 95/129, enf. 42

à Orouet Sud-Est : 7 km sur D 38 – ⊠ 85160 St-Jean-de-Monts :

Auberge de la Chaumière, D 38 ℰ 02 51 58 67 44, Fax 02 51 58 98 12, 🌊, ☞, ❀ – cuisinette, 🍴 rest, ☎ ₤ 🅿 🆎 ⑩ 🆖, ❀ rest
1ᵉʳ avril-30 sept. – **Repas** (88) - 99/250 ℒ, enf. 60 – 🖙 40 – **37 ch** 270/450

ST-JEAN-DE-SIXT 74450 H.-Savoie 🔡 ⑦ G. Alpes du Nord – 852 h alt. 963.
Voir Défilé des Étroits★ NO : 3 km.
🅱 Office de Tourisme (saison) ℰ 04 50 02 70 14, Fax 04 50 02 78 78.
Paris 565 – Annecy 29 – Chamonix-Mont-Blanc 77 – Bonneville 22 – La Clusaz 4 – Genève 47.

Beau Site ⌛, ℰ 04 50 02 24 04, Fax 04 50 02 35 82, ≤, 🌊, ☞ – 🛗 📺 ☎ 🚗 🅿 🆖 ❀ rest
15 juin-15 sept. et Noël-Pâques – **Repas** 85/150, enf. 55 – 🖙 35 – **15 ch** 240/320 – ½ P 250/310

ST-JEAN-DES-OLLIÉRES 63520 Puy-de-Dôme 🗓🗓 ⑮ – 363 h alt. 652.

Paris 459 – Clermont-Ferrand 45 – Ambert 43 – Billom 17 – Issoire 29 – Thiers 34.

✗ **L'Archou** 🕭 avec ch, 𝒫 04 73 70 92 00, Fax 04 73 70 99 22 – 🕾, 🖭 ᴳᴮ
fermé janv. et merc. – Repas 115/250, enf. 60 – 🖵 30 – **7 ch** 180/250 – ½ P 230/270

ST-JEAN-DE-VÉDAS 34 Hérault 🗓🗓 ⑦ – rattaché à Montpellier.

ST-JEAN-DU-BRUEL 12230 Aveyron 🗓🗓 ⑮ G. Languedoc Roussillon – 820 h alt. 520.

Env. Gorges de la Dourbie★★ NE : 10 km.

🛈 Syndicat d'Initiative 4 Grande-Rue 𝒫 05 65 62 23 64.

Paris 682 – Montpellier 100 – Lodève 44 – Millau 40 – Rodez 106 – Le Vigan 36.

🏠 **Midi-Papillon** 🕭, 𝒫 05 65 62 26 04, Fax 05 65 62 12 97, ⊐, 🖛 – 🕾 🖭, ᴳᴮ
15 avril-11 nov. – Repas 76/211 ⅃ – 🖵 26 – **19 ch** 134/207 – ½ P 197/232

ST-JEAN-DU-DOIGT 29630 Finistère 🗓🗓 ⑥ G. Bretagne – 661 h alt. 15.

Voir Enclos paroissial : trésor★★, église★, fontaine★.

Paris 544 – Brest 75 – Guingamp 61 – Lannion 33 – Morlaix 17 – Quimper 95.

🏠 **Ty Pont**, 𝒫 02 98 67 34 06, Fax 02 98 67 85 94, 🖛 – 🕾. ᴳᴮ
1er avril-1er nov. et fermé mardi midi et lundi sauf du 20 juin au 17 sept. – Repas 80/170 ⅄,
enf. 48 – 🖵 39 – **24 ch** 245/260 – ½ P 245/270

ST-JEAN-EN-ROYANS 26190 Drôme 🗓🗓 ③ G. Alpes du Nord – 2 895 h alt. 250.

🛈 Office de Tourisme pl. de l'Église 𝒫 04 75 48 61 39, Fax 04 75 47 54 44.

Paris 587 – Valence 44 – Die 63 – Romans-sur-Isère 27 – Grenoble 71 – St-Marcellin 21.

🏠 **Castel Fleuri**, pl. Champ de Mars 𝒫 04 75 47 58 01, Fax 04 75 47 79 30, 😃, ⊐, 🖛 – 🖾
🕾 🖭 🖛 – 🔼 20.
fermé 12 nov. au 4 déc., dim. soir et lundi – Repas 87/195 – 🖵 45 – **16 ch** 170/290 –
½ P 360

au col de la Machine Sud-Est : 11 km par D 76 :

Voir Combe Laval★★★.

🏠 **Col de la Machine** 🕭, 𝒫 04 75 48 26 36, Fax 04 75 48 29 12, ≼, ⊐ – 🖾 🕾 🖛 🖭, 🖭
ᴳᴮ
fermé 10 au 24 mars, 15 nov. au 28 déc., dim soir et lundi d'oct. à mai sauf fériés et
vacances scolaires – Repas 90/190, enf. 50 – 🖵 40 – **14 ch** 280 – ½ P 210/270

ST-JEAN-LE-THOMAS 50530 Manche 🗓🗓 ⑦ – 398 h alt. 20.

Paris 346 – St-Lô 63 – St-Malo 83 – Avranches 16 – Granville 17 – Villedieu-les-Poêles 36.

🏠 **Bains**, 𝒫 02 33 48 84 20, Fax 02 33 48 66 42, ⊐, 🖛 – 🕾 🖭, 🖭 🖭 ᴳᴮ
1er avril-1er nov. et fermé jeudi midi et merc. en oct. – Repas 80/179 ⅄, enf. 50 – 🖵 34 –
30 ch 206/360 – ½ P 240/332

ST-JEAN-PIED-DE-PORT 64220 Pyr.-Atl. 🗓🗓 ③ G. Aquitaine – 1 432 h. alt. 159.

Voir Trajet des pèlerins de St-Jacques★.

🛈 Office de Tourisme pl. Ch.-de-Gaulle 𝒫 05 59 37 03 57, Fax 05 59 37 34 91.

Paris 823 ③ – Biarritz 55 ③ – Bayonne 53 ③ – Pau 100 ① – San Sebastián 99 ③.

Plan page ci-contre

🏯 **Pyrénées** (Arrambide), pl. Ch. de Gaulle (a) 𝒫 05 59 37 01 01, Fax 05 59 37 18 97, ⊐ – 🕼
❀ 🖾 🕾 🖛 – 🔼 20. 🖭 🕕 ᴳᴮ 🕸ᴮ. 🛠
fermé 20 nov. au 22 déc., 5 au 28 janv., lundi soir de nov. à mars et mardi du 20 sept. au
30 juin – Repas (dim. et saison - prévenir) 250/550 et carte 370 à 480 – 🖵 90 – **20 ch**
580/950 – ½ P 700/800
Spéc. Petits poivrons farcis à la morue. Lasagne au foie gras et aux truffes. Canard aux
épices. Vins Jurançon, Irouléguy.

🏠 **Central**, pl. Ch. de Gaulle (s) 𝒫 05 59 37 00 22, Fax 05 59 37 27 79, 😃 – 🖾 🕾. 🖭 🕕 ᴳᴮ
🕸ᴮ. 🛠
fermé 15 déc. au 10 fév. – Repas 110/230, enf. 60 – 🖵 48 – **14 ch** 350/490 – ½ P 370/440

à Aincillé par ① et D 18 : 7 km – 110 h. alt. 253 – ✉ 64220 :

✗ **Pecoïtz** 🕭 avec ch, 𝒫 05 59 37 11 88, ≼, 🖛 – 🕾 🖭, ᴳᴮ
fermé 1er janv. au 10 mars et vend. d'oct. à mai – Repas 85/185, enf. 50 – 🖵 30 – **16 ch**
180/210 – ½ P 190/220

1228

ST-JEAN-PIED-DE-PORT

Çaro (Rte de) 2
Citadelle (R. de la) . . 4
Église (R. de l') 6
Espagne (R. d') .....
Franco (R.) 12
Fronton (Av. de) 15
Gaulle (Pl. Ch.-de) ... 16
Liberté (R. de la) 17
St-Jacques (Ch. de) . 18
St-Michel (Rte de)... 21
Trinquet (Pl. du) 24
Uhart (R. d') 27
Zuharpeta (R.) 30

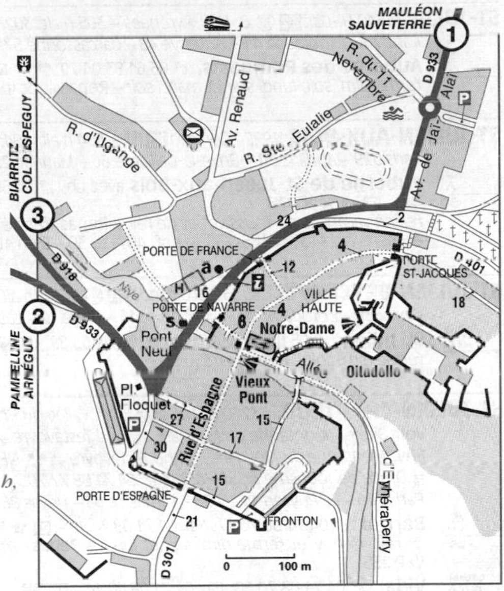

Si vous êtes retardé sur la route, dès 18 h, confirmez votre réservation par téléphone, c'est plus sûr... et c'est l'usage.

Un automobiliste averti utilise le ***guide Michelin*** *de l'année.*

ST-JEAN-SAVERNE *67 B.-Rhin* 87 ⑭ *– rattaché à Saverne.*

ST-JEAN-SUR-VEYLE *01290 Ain* 74 ② *– 926 h alt. 200.*
Paris 401 – Mâcon 10 – Bourg-en-Bresse 31 – Villefranche-sur-Saône 41.

X **Petite Auberge,** ✆ 03 85 31 53 92, *Fax 03 85 31 69 34* – AE GB
fermé 26 juin au 4 juil., vacances de fév., dim. soir d'oct. à avril et lundi – **Repas** 93 bc/235, enf. 50

ST-JOACHIM *44720 Loire-Atl.* 63 ⑮ *G. Bretagne – 3 994 h alt. 5.*
Voir *Tour de l'île de Fédrun*★ *O : 4,5 km – Promenade en chaland*★★.
Paris 440 – Nantes 64 – Redon 41 – St-Nazaire 17 – Vannes 63.

XX **Auberge du Parc** (Guérin) avec ch, Ile de Fedrun ✆ 02 40 88 53 01,
✿ *Fax 02 40 91 67 44*, , « Chaumière briéronne », – ☎ ✆ P. GB
fermé mars, dim. soir et lundi sauf juil.-août – **Repas** 150/380 et carte 240 à 320 ♀ – ☕ 38 – **5 ch** 400 – ½ P 450
Spéc. Anguilles rôties "bords de Loire". Pigeon rôti, réduction de verjus aux épices douces. Sablé breton et parfait au thé-bergamote.

ST-JORIOZ *74410 H.-Savoie* 74 ⑥ *– 4 178 h alt. 452.*
ℹ *Office de Tourisme pl. de l'Église* ✆ *04 50 68 61 82, Fax 04 50 68 96 11.*
Paris 549 – Annecy 9 – Albertville 36 – Megève 52.

Manoir Bon Accueil , à Epagny : 2,5 km par D 10 A ✆ 04 50 68 60 40,
Fax 04 50 68 94 84, , , , – TV ☎ ✆ P – 25. GB. rest
fermé 20 déc. au 20 janv. – **Repas** *(fermé dim. soir hors saison)* 120/180 ☕ 40 **28 ch** 360/500 – ½ P 410/540

ST-JOSSE *62170 P.-de-C.* 51 ⑪ *G. Picardie Flandres Artois – 914 h alt. 35.*
Paris 233 – Calais 71 – Abbeville 49 – Arras 89 – Boulogne-sur-Mer 34.

X **Relais de St-Josse,** ✆ 03 21 94 61 75, – GB
fermé le soir sauf vend. et sam. de nov. à fév., dim. soir sauf juil.-août et lundi – **Repas** 75/215 ♀, enf. 40

ST-JULIA 31540 H.-Gar. 82 ⑲ G. Midi-Pyrénées – 305 h alt. 302.
　　Paris 736 – Toulouse 41 – Auterive 48 – Carcassonne 57 – Castres 38 – Gaillac 58.
　※ **Auberge des Remparts**, ℰ 05 61 83 04 79, 綿 – AE ⑩ GB
　　fermé dim. soir, lundi soir et mardi soir – **Repas** 65 bc (déj.), 95/180 ♨

ST-JULIEN-AUX-BOIS 19220 Corrèze 75 ⑩ – 584 h alt. 594.
　　Paris 529 – Aurillac 54 – Brive-la-Gaillarde 66 – Mauriac 29 – St-Céré 63 – Tulle 51 – Ussel 64.
　※ **Auberge de St-Julien-aux-Bois** avec ch, ℰ 05 55 28 41 94, Fax 05 55 28 37 85, 綿,
　👜 – TV ☎ ✆ 🅿. GB
　　fermé vacances de Toussaint et de fév. – **Repas** (fermé merc. midi en juil.-août, mardi soir
　　et merc. hors saison) 85/230 ♨, enf. 46 – ☲ 30 – **5 ch** 160/260 – ½ P 180/230

ST-JULIEN-BEYCHEVELLE 33250 Gironde 71 ⑦ – 873 h alt. 16.
　　Paris 556 – Bordeaux 48 – Arcachon 113 – Blaye 12 – Lesparre-Médoc 27.
　※※ **St-Julien**, ℰ 05 56 59 63 87, Fax 05 56 59 63 89 – AE GB. ⅏
　　fermé dim. soir – **Repas** 95/350

ST-JULIEN-CHAPTEUIL 43260 H.-Loire 76 ⑦ G. Vallée du Rhône – 1 664 h alt. 815.
　　Voir Site★ – Montagne du Meygal★ : Grand Testavoyre ⛰★★ NE : 14 km puis 30 mn.
　　Env. Montagne du Meygal★ : Grand Testavoyre ⛰★★ NE : 14 km puis 30 mn.
　　🅱 Office de Tourisme pl. St-Robert ℰ 04 71 08 77 70.
　　Paris 566 – Le Puy-en-Velay 20 – Lamastre 53 – Privas 88 – St-Agrève 32 – Yssingeaux 17.
　🏠 **Barriol**, ℰ 04 71 08 70 17, Fax 04 71 08 74 19 – TV ☎ ✆. GB. ⅏
　　1er fév.-1er nov. et fermé dim. soir et lundi – **Repas** 77/180, enf. 58 – ☲ 44 – **11 ch** 285 –
　　½ P 255
　※※※ **Vidal**, ℰ 04 71 08 70 50, Fax 04 71 08 40 14 – AE GB
　　fermé 17 janv. au 1er mars, mardi sauf juil.-août et lundi soir – **Repas** 100/350 et carte 220 à
　　340, enf. 70

ST-JULIEN-DE-CREMPSE 24 Dordogne 75 ⑮ – rattaché à Bergerac.

ST-JULIEN-DE-JONZY 71110 S.-et-L. 73 ⑧ G. Bourgogne – 282 h alt. 508.
　　Voir Portail★ de l'église – Église★ de Semur-en-Brionnais NO : 6 km.
　　Paris 374 – Moulins 83 – Roanne 30 – Charolles 32 – Lapalisse 45 – Mâcon 75.
　※ **Pont** avec ch, ℰ 03 85 84 01 95, Fax 03 85 84 14 61, 綿 – TV ☎ ⇔ 🅿. GB
　　fermé vacances de fév. et lundi soir – **Repas** (58) - 79 (déj.), 89/181 ♨ – ☲ 37 – **7 ch** 200/305
　　– ½ P 248/278

ST-JULIEN-DE-JORDANNE 15 Cantal 76 ② – alt. 920 – ✉ 15590 Mandailles-St-Julien.
　　Voir Vallée de Mandailles★★, G. Auvergne.
　　Paris 553 – Aurillac 25 – Mauriac 54 – Murat 28.
　🏠 **Touristes**, ℰ 04 71 47 94 71, Fax 04 71 47 91 64, 👜 – 🅿. GB
　　1er juil.-1er oct. et vacances de fév. – **Repas** 85/120 – ☲ 30 – **18 ch** 150/200 – ½ P 210/240

ST-JULIEN-D'EMPARE 12 Aveyron 79 ⑩ – rattaché à Figeac.

ST-JULIEN-EN-CHAMPSAUR 05500 H.-Alpes 77 ⑯ – 252 h alt. 1050.
　　Paris 663 – Gap 18 – Grenoble 96 – La Mure 56 – Orcières 22.
　🏠 **Les Chenets** ⅏, ℰ 04 92 50 03 15, Fax 04 92 50 73 06, 綿 – ☎ ⇔. GB
　　fermé 3 au 21 avril, 13 nov. au 27 déc., dim. soir et merc. hors saison – **Repas** 95/200, enf. 50
　　– ☲ 35 – **18 ch** 180/270 – ½ P 265

ST-JULIEN-EN-GENEVOIS ⬇ 74160 H.-Savoie 74 ⑥ – 7 922 h alt. 460.
　　🅱 Syndicat d'Initiative (juil.-août) ℰ 04 50 35 13 78.
　　Paris 528 – Annecy 36 – Thonon-les-Bains 47 – Bonneville 35 – Genève 11 – Nantua 55.
　🏠 **Savoie Hôtel** sans rest, av. L. Armand ℰ 04 50 49 03 55, Fax 04 50 49 06 23 – 🛗 TV ☎ 🅿.
　　AE ⑩ GB
　　☲ 35 – **20 ch** 235/300
　🏠 **Soli** sans rest, r. Mgr Paget ℰ 04 50 49 11 31, Fax 04 50 35 14 64 – 🛗 TV ☎ 🅿. AE ⑩ GB
　　fermé 23 au 31 déc. – ☲ 35 – **29 ch** 210/255

XX **Diligence et Taverne du Postillon**, av. Genève $\mathscr{E}$ 04 50 49 07 55, Fax 04 50 49 52 31, exposition de peintures d'artistes régionaux – 🍽. 🖭 ⓪ 🖼 🕸
fermé 15 août au 4 sept., 9 au 16 janv., dim. soir et lundi – **Taverne du Postillon** (sous-sol)
Repas 150(déj.), 180/320, enf. 130 – **Brasserie : Repas** (81)-120/150 ⅞, enf. 55

à Bossey Est : 5 km par N 206 – 486 h. alt. 438 – ⊠ 74160 :

XXX **Ferme de l'Hospital** (Noguier), $\mathscr{E}$ 04 50 43 61 43, Fax 04 50 95 31 53, 🍸 – 🍽 🖭 🖭 ⓪
🌼 🖼
fermé 1er au 16 août, 1er au 15 fév., dim. soir, mardi midi et lundi – **Repas** (145) - 190/340 et carte 300 à 460 ⅞
Spéc. Gros ravioli des bois, morilles et foie gras. Chartreuse de féra et langoustines. Filet de bœuf en croûte de moelle et rouga. Vins Chignin-Bergeron, Mondeuse d'Arbin.

à Viry Sud-Ouest : 5 km par N 206 – 2 550 h. alt. 504 – ⊠ 74580 :

🏠 **Viry** Ⓜ, $\mathscr{E}$ 04 50 04 82 68, Fax 04 50 04 82 38 – |🛗| 🖭 🕿 🥄 🖭 🖭 🖼
🕾 fermé 23 déc. au 15 janv. – **Repas** 68/145 🖐 – 🖙 35 – **22 ch** 240 – ½ P 215

rte d'Annecy Sud : 9,5 km par N 201 – ⊠ 74350 Cruseilles :

🏛 **Rey**, au Col du Mont-Sion $\mathscr{E}$ 04 50 44 13 29, Fax 04 50 44 05 48, ≤, 🍸, 🏊, 🌳, 🎾 – |🛗| 🖭
🕿 🖭 🖼 🕸 ch
fermé 30 oct. au 13 nov. et 4 au 25 janv. – **Clef des Champs** $\mathscr{E}$ 04 50 44 13 11 (fermé 19 au 22/06, 30/10 au 9/11, 4 au 25/01, dim. soir et lundi) - **Repas** 108/305 ⅞, enf. 60 – 🖙 39 – **30 ch** 275/495 – ½ P 325/436

Use this year's Guide.

ST-JULIEN-LE-FAUCON 14140 Calvados 🏅🖢 ⑬ – 520 h alt. 40.
Paris 190 - Caen 41 - Falaise 32 - Lisieux 14.

X **Auberge de la Levrette**, $\mathscr{E}$ 02 31 63 81 20, Fax 02 31 63 97 05, « Ancien relais de poste » – 🖼
fermé oct., 3 au 12 janv., dim. soir et lundi – **Repas** 98/210 ⅞, enf. 50

ST-JULIEN-SUR-CHER 41320 L.-et-Ch. 🏅🖪 ⑱ – 627 h alt. 110.
Paris 213 – Bourges 65 – Blois 51 – Châteauroux 61 – Vierzon 26.

X **Les Deux Pierrots**, $\mathscr{E}$ 02 54 96 40 07 – 🖼
fermé 30 août au 20 sept., lundi et mardi – **Repas** 140/195

ST-JUNIEN 87200 H.-Vienne 🏅🖄 ⑥ G. Berry Limousin – 10 604 h alt. 240.
Voir Collégiale★ B.
🔢 Office de Tourisme pl. Champ-de-Foire $\mathscr{E}$ 05 55 02 17 93, Fax 05 55 02 94 31.
Paris 420 ① – Limoges 31 ① – Angoulême 71 ③ – Bellac 35 ① – Confolens 28 ③.

Plan page suivante

🏛 **Relais de Comodoliac**, 22 av. Sadi-Carnot $\mathscr{E}$ 05 55 02 27 26, Fax 05 55 02 68 79, 🍸,
🌳 – 🖭 🕿 🥢 🖭 – 🖾 30. 🖭 ⓪ 🖼   Y n
Repas (fermé dim. soir de nov. à fév.) 88/195 ⅞, enf. 55 – 🖙 39 – **28 ch** 250/330 – ½ P 280

🏠 **Boeuf Rouge et Althôtel** Ⓜ, 57 bd V. Hugo $\mathscr{E}$ 05 55 02 31 84, Fax 05 55 02 62 40, 🏊 –
🖭 🕿 🥢 🖭 🖭 – 🖾 25. 🖭 ⓪ 🖼   Y d
Repas (69) - 89/169 ⅞, enf. 49 – 🖙 38 – **51 ch** 220/380 – ½ P 298/320

🏠 **Argos** sans rest, 49 av. H. Barbusse $\mathscr{E}$ 05 55 02 66 85, Fax 05 55 02 68 79 – 🕊 🖭 🕿 🖭
🖼   Y s
fermé 24 déc. au 3 janv. et dim. soir d'oct. à avril – 🖙 35 – **26 ch** 150/250

au Pont à La Planche par ①, N 141 et D 675 : 5 km – ⊠ 87200 St-Junien :

X **Rendez-vous des Chasseurs** avec ch, $\mathscr{E}$ 05 55 02 19 73, Fax 05 55 02 06 98, 🍸 –
🍽 rest, 🖭 🕿 🥢 🖭 – 🖾 20. 🖼
fermé 1er au 15 août, 22 déc. au 1er janv. et vend. – **Repas** 78/250 🖐, enf. 40 – 🖙 35 – **7 ch**
180/280 – ½ P 220/240

par ② rte de Rochechouart, D 675 et rte secondaire : 2 km – ⊠ 87200 St-Junien :

XXX **Lauryvan**, $\mathscr{E}$ 05 55 02 26 04, Fax 05 55 02 25 29, 🍸, 🌳 – 🖭 🖼
fermé 25 sept. au 9 oct., vacances de fév., dim. soir et lundi sauf fériés – **Repas** 125/270 et carte 170 à 270 ⅞

ST-JUNIEN

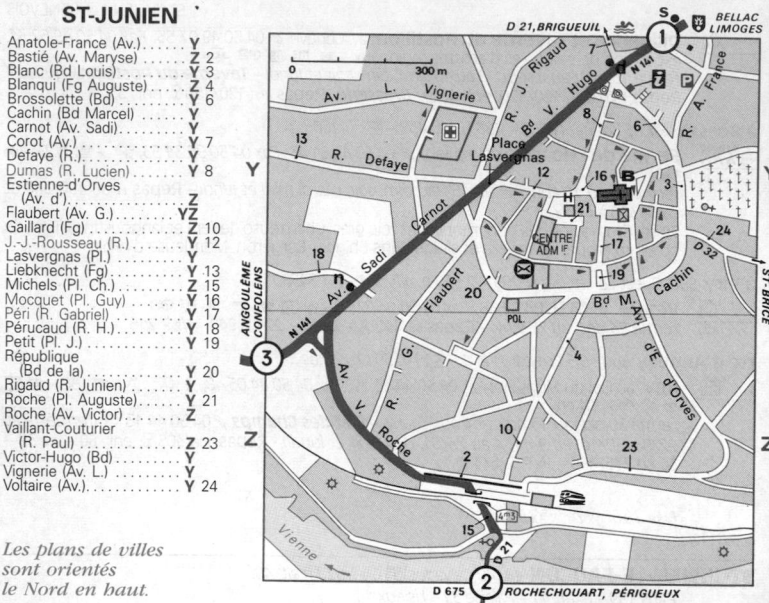

*Les plans de villes
sont orientés
le Nord en haut.*

Une réservation confirmée par écrit ou par fax est toujours plus sûre.

ST-JUST-EN-CHAUSSÉE 60130 Oise 🔢 ① – 4 927 h alt. 105.
Voir Tour★ de l'église à Ravenel E : 5,5 km, G. Picardie Flandres Artois.
Paris 95 – Compiègne 36 – Amiens 49 – Beauvais 29 – Creil 34 – Pontoise 71.

✗ **Flamme Picarde**, 7 r. Montdidier 𝒫 03 44 78 59 25, Fax 03 44 78 59 25, 🏠 – **GB**
   fermé dim. soir, mardi soir et merc. – **Repas** 72/175 ⅃, enf. 55

ST-JUST-EN-CHEVALET 42430 Loire 🔢 ⑦ – 1 422 h alt. 647.
Paris 405 – Roanne 31 – Montbrison 47 – St-Étienne 87 – Thiers 36 – Vichy 50.

✗ **Londres** avec ch, pl. Rochetaillée 𝒫 04 77 65 02 42, Fax 04 77 65 11 71 – 📺 ☎ ✆ **GB**
   fermé vend. soir et sam. d'oct à avril – **Repas** 65/240 ⅄, enf. 50 – ⊇ 32 – **7 ch** 190/320 –
   ½ P 200/280

ST-JUSTIN 40240 Landes 🔢 ⑫ – 917 h alt. 90.
🚾 Office de Tourisme pl. du Foyer 𝒫 05 58 44 86 06, Fax 05 58 44 86 06.
Paris 697 – Mont-de-Marsan 25 – Aire-sur-l'Adour 37 – Casteljaloux 49 – Dax 83 – Pau 90.

✗ **France** avec ch, pl. Tilleuls 𝒫 05 58 44 83 61, Fax 05 58 44 83 89, 🏠 – 📺 ☎. **GB**
   fermé 16 oct. au 6 nov., dim. soir et lundi – **Repas** 120/200 - **Bistro** (fermé 16 oct. au 6 nov.,
   dim. et lundi) **Repas** 70 ⅃ – ⊇ 35 – **8 ch** 240/300 – ½ P 230/260

ST-LARY-SOULAN 65170 H.-Pyr. 🔢 ⑲ G. Midi-Pyrénées – 1 108 h alt. 820 – Stat. therm. (mi-
déc.-fin oct.) – Sports d'hiver : 1 680/2 450 m ⚡2 ⨝30.
🚾 Office de Tourisme 37 r. Principale 𝒫 05 62 39 50 81, Fax 05 62 39 50 06.
Paris 852 – Bagnères-de-Luchon 43 – Arreau 12 – Auch 105 – St-Gaudens 67 – Tarbes 71.

🏨 **Mercure Cristal Parc** Ⓜ ⅌, 𝒫 05 62 99 50 00, Fax 05 62 99 50 10, ≤, 🏠 – 🛗 📺 ☎ ⅋,
   ⟵ 🅿 – 🛎 100. 🆎 ⓞ **JCB**. ✻ rest
   fermé 1er nov. au 15 déc. – **Repas** (fermé 18 oct. au 21 déc.) 105 (déj.)/170 ⅃, enf. 60 –
   ⊇ 60 – **65 ch** 650/810

🏨 **Pergola** ⅌, 𝒫 05 62 39 40 46, Fax 05 62 40 06 55, ≤, 🏠, ⚞ – 🛗 📺 ☎ 🅿 – 🛎 30. 🆎 ⓞ
   GB. ✻ ch
   fermé 3 nov. au 15 déc. – **Repas** (68) - 100/250 ⅄ – ⊇ 40 – **22 ch** 300/360 – ½ P 280/330

🏠 **Aurélia** ⬙, à Vieille-Aure, au Nord : 1,5 km sur D 19, ✆ 05 62 39 56 90, Fax 05 62 39 43 75,
🍴, ⅃, 🐎, ※ – 🛏 📺 ☎ 🅿 – 🔏 30. 🆇🅱. ※ ch
fermé 30 sept. au 15 déc. – **Repas** (résidents seul.)(menu unique) – ⬡ 30 – **20 ch** 210/275 –
½ P 290

🏠 **Pons "Le Dahu"** ⬙, ✆ 05 62 39 43 66, Fax 05 62 40 00 86, ≤, 🐎 – ☎ 🅿 – 🔏 30. 🆇🅱.
※ rest
Repas 50 bc/95 ⅃, enf. 45 – ⬡ 40 – **40 ch** 300 – ½ P 250

🏠 **Neste** ⬙, ✆ 05 62 39 42 79, Fax 05 62 39 58 77, ≤, ⅃ – 🍴 rest, 📺 ☎ 🅿. 🆇🅱. ※
fermé 1er nov. au 10 déc. – **Repas** 72 (déj.)/110 ⅃ – ⬡ 40 – **23 ch** 370/430 – ½ P 310

❌❌ **Grange**, ✆ 05 62 40 07 14, 🍴 – 🅿. 🆇🅱. ※
🏠 *fermé 15 au 31 mai, 6 nov. au 8 déc. et merc.* – **Repas** 65 (déj.), 98/200 ⅃

ST-LATTIER 38840 Isère 🗺 ③ – 1 028 h alt. 170.
Paris 573 – Valence 34 – Grenoble 70 – Romans-sur Isère 13 – St-Marcellin 16.

❌❌ **Auberge du Viaduc** Ⓜ avec ch, N 92 ✆ 04 76 64 51 65, Fax 04 76 64 30 93, 🍴, ⅃ – ☎
✓ 🅿. 🆇🅱
Repas (fermé 5 au 30 déc. et mardi) 125/255 ⅃ – ⬡ 60 – **7 ch** 450 – ½ P 420

❌ **Brun** avec ch, Les Faurics, N 92 ✆ 04 76 64 54 76, Fax 04 76 64 31 78, 🍴 – 🛏 ☎ 🅿. 🅰🅴
🆇🅱
fermé dim. soir de fin sept. à fin mars – **Repas** 75 (déj.), 120/240 ⅃, enf. 50 – ⬡ 35 – **10 ch**
190/230 – ½ P 210

ST-LAURENT-DE-CERDANS 66260 Pyr.-Or. 🗺 ⑱ G. Languedoc Roussillon – 1 489 h alt. 675.
🚩 Syndicat d'Initiative 7 r. Joseph-Nivert ✆ 04 68 39 55 75, Fax 04 68 39 59 59.
Paris 911 – Perpignan 58 – Céret 29.

au Sud-Ouest par D 3 et rte secondaire : 6,5 km – ✉ 66260 St-Laurent-de-Cerdans :

🏨🏨 **Domaine de Falgos** ⬙, N 04 00 39 51 42, Fax 04 68 39 52 30, ≤, 🍴, parc, « Golf,
installations de loisirs », ╔╗, ⬚, ※ – cuisinette 📺 ☎ ✓ & 🅿 – 🔏 15 à 60. ⓞ 🆇🅱
Repas 130 (déj.), 160/245 bc ⅃, enf. 55 – ⬡ 80 – **13 ch** 495/710, 7 appart, 5 duplex –
½ P 575

ST-LAURENT-DE-LA-SALANQUE 66250 Pyr.-Or. 🗺 ⑳ – 7 186 h alt. 2.
Env. Fort de Salses★★ NO : 9 km, G. Languedoc Roussillon.
🚩 Syndicat d'Initiative pl. Gambetta ✆ 04 68 28 31 03, Fax 04 68 28 31 03.
Paris 854 – Perpignan 18 – Elne 26 – Narbonne 62 – Quillan 79 – Rivesaltes 12.

❌❌ **Commerce** avec ch, 2 bd Révolution ✆ 04 68 28 02 21 – 🍴 rest, 📺 ☎ ⬚ – 🔏 25. 🆇🅱.
※
fermé 1er au 15 mars, 1er au 15 nov., lundi sauf le soir en juil.-août et dim. soir de sept. à juin
– **Repas** 100/200 – ⬡ 38 – **14 ch** 210/300 – ½ P 230/280

ST-LAURENT-DE-MURE 69720 Rhône 🗺 ⑬, 🗺 ⑳ – 4 513 h alt. 252.
Paris 480 – Lyon 20 – Pont-de-Chéruy 15 – La Tour-du-Pin 40 – Vienne 33.

🏨🏨 **Hostellerie St-Laurent**, ✆ 04 78 40 91 44, Fax 04 70 40 45 41, 🍴, parc – 📺 ☎ ✓ 🅿 –
🔏 15. 🅰🅴 ⓞ 🆇🅱. ※ rest
fermé 5 au 20 août, 3 au 10 janv., vend. soir, dim. soir, soirs fériés et sam. – **Repas** 95/300 ⅃
– ⬡ 30 – **29 ch** 260/350

ST-LAURENT-DES-ARBRES 30126 Gard 🗺 ⑳ – 1 683 h alt. 60.
Paris 676 – Avignon 20 – Alès 69 – Nîmes 48 – Orange 22.

🏨🏨 **Galinette** Ⓜ ⬙, pl. de l'Arbre ✆ 04 66 50 14 14, Fax 04 66 50 46 30, « Bel aménagement
intérieur », ⅃ – 📺 ☎ ✓ & 🅿. 🅰🅴 ⓞ 🆇🅱. ※
Repas 75 (déj.), 110/220 – ⬡ 70 – **10 ch** 500/1275, 3 appart – ½ P 525/750

ST-LAURENT-DU-PONT 38380 Isère 🗺 ⑤ G. Alpes du Nord – 4 061 h alt. 410.
Voir Gorges du Guiers Mort★★ SE : 2 km – Site★ de la Chartreuse de Curière SE : 4 km.
🚩 Office de Tourisme Vieille Tour, pl. Mairie ✆ 04 76 06 22 55, Fax 04 76 06 21 21.
Paris 562 – Grenoble 34 – Chambéry 28 – La Tour-du-Pin 42 – Voiron 15.

🏠 **Voyageurs**, r. Pasteur ✆ 04 76 55 21 05, Fax 04 76 55 12 68, 🍴 – 📺 ☎. 🅰🅴 ⓞ 🆇🅱 🆓
🏠 *fermé 1er au 15 janv., vend. soir et dim. soir sauf du 14 juil. au 31 août* – **Repas** 66/208,
enf. 48 – ⬡ 40 – **17 ch** 190/310 – ½ P 191/248

❌❌ **Blache**, av. Gare ✆ 04 76 55 29 57, 🍴 – 🆇🅱
fermé 15 au 30 août, vacances de fév., dim. soir et lundi – **Repas** 125/275

ST-LAURENT-DU-VAR 06700 Alpes-Mar. 84 ⑨, 115 ㉖ G. Côte d'Azur – 24 426 h alt. 18.

🛈 Office de Tourisme 1 promenade des Flots Bleus ✆ 04 92 12 40 00, Fax 04 93 14 92 83, (juin à sept.) Cap 3000 Mail Central ✆ 04 93 07 70 70 et Centre ville ✆ 04 92 27 16 99.

Paris 924 – Nice 10 – Antibes 15 – Cagnes-sur-Mer 6 – Cannes 25 – Grasse 33 – Vence 16.

Voir plan de NICE Agglomération.

au Cap 3000 – ⊠ 06700 :

🏨 **Novotel** M, 40 av. Verdun ✆ 04 93 31 61 15, Fax 04 93 07 62 25, 🌧, ⌁, ☞ – 📶 ⇆ ▤
📺 ☎ ✆ ⅙ 🅿 – 🔏 100. 🆎 ① ⅏ ᴊᴄʙ
Repas 97 et carte 170 à 270, enf. 50 – ⊑ 68 – **103 ch** 950

au Port St-Laurent – ⊠ 06700 :

🏨 **Holiday Inn Resort** M, ✆ 04 93 14 80 00, Fax 04 93 07 21 24, ≤, 🌧, ⅃₆, ⌁, ▲₆ – 📶
⇆ ▤ 📺 ☎ ✆ ⅙ – 🔏 150. 🆎 ① ⅏ ᴊᴄʙ, 🛠 rest
Calypso : Repas (130)-160/250 ⅈ, enf. 50 – ⊑ 95 – **125 ch** 1290/1790

XX **Sant'Ana,** ✆ 04 93 07 02 24, Fax 04 93 14 90 34, 🌧 – ▤. 🆎 ① ⅏ ᴊᴄʙ
fermé 5 au 20 nov., 6 au 26 janv. et lundi – **Repas** 145/190 ⅈ

XX **Aigue Marine,** promenade Flots Bleus ✆ 04 93 07 84 55, Fax 04 93 07 88 68, ≤, 🌧 – ▤.
🆎 ① ⅏ – fermé sam. midi de mai à sept. et dim. soir hors saison – **Repas** 128/260 et carte 170 à 210

Les pages explicatives de l'introduction
vous aideront à mieux profiter de votre **guide Michelin**

ST-LAURENT-EN-GRANDVAUX 39150 Jura 70 ⑮ G. Jura – 1 781 h alt. 904.
Paris 443 – Champagnole 23 – Lons-le-Saunier 46 – Morez 11 – Pontarlier 58 – St-Claude 31.

🏠 **Commerce** sans rest, ✆ 03 84 60 11 41, Fax 03 84 60 10 68, ☞ – ☎ ⌁. ⅏
fermé 15 avril au 15 mai, 1ᵉʳ nov. à Noël, dim. soir et lundi – ⊑ 35 – **13 ch** 160/300

🏠 **Poste,** ✆ 03 84 60 15 39, Fax 03 84 60 89 03 – 📺 ☎ ✆ ⌁. ⅏
fermé nov. et sam. midi – **Repas** 80/120 ⅉ – ⊑ 35 – **10 ch** 230/270 – 1/2 P 230

ST-LAURENT-SUR-SAÔNE 01 Ain 69 ⑲ – rattaché à Mâcon.

ST-LAURENT-SUR-SÈVRE 85290 Vendée 67 ⑤ G. Poitou Vendée Charentes – 3 247 h alt. 121.
Paris 362 – Angers 73 – La Roche-sur-Yon 59 – Bressuire 36 – Cholet 14 – Nantes 69.

XX **Chaumière** avec ch, La Trique-N 149 ✆ 02 51 67 88 12, Fax 02 51 67 82 87, « Auberge vendéenne », ⌁, ☞ – 📺 ☎ 🅿. 🆎 ① ⅏
fermé 24 au 30 déc. et sam. d'oct. à mars – **Repas** (89) - 110 (déj.), 150/300, enf. 65 – ⊑ 60 –
20 ch 390/590 – 1/2 P 390/690

ST-LÉGER-EN-YVELINES 78610 Yvelines 60 ⑧, 106 ㉗ – 1 074 h alt. 150.
Paris 56 – Chartres 54 – Dreux 36 – Mantes-la-Jolie 38 – Rambouillet 12 – Versailles 36.

🏠 **Chêne Pendragon** sans rest, 17 r. Croix Blanche ✆ 01 34 86 30 11, Fax 01 34 86 35 08,
☞ – 📺 ☎ ✆ 🅿 – 🔏 20. ⅏ – ⊑ 50 – **17 ch** 380/550

XX **Belle Aventure** ⅌ avec ch, ✆ 01 34 86 31 35, Fax 01 34 86 36 85, 🌧, ☞ – ☎ ✆. ⅏
Repas (fermé dim. soir et lundi) 159 ⅈ – ⊑ 60 – **8 ch** 350/500 – 1/2 P 400/480

ST-LÉGER-LES-MÉLÈZES 05260 H.-Alpes 77 ⑯ G. Alpes du Nord – 182 h alt. 1250 – Sports
d'hiver : 1 260/2 000 m ⅛ 15 🚶.
Paris 670 – Gap 20 – Grenoble 103.

🏠 **L'Écureuil** ⅌, ✆ 04 92 50 40 49, Fax 04 92 50 71 64, ≤, ⌁, ☞ – 📶 ☎ 🅿 – 🔏 15 à 60.
⅏, 🛠 rest – 15 juin-15 sept. et 26 déc.-20 mars – **Repas** 90/180 ⅉ – ⊑ 40 – **40 ch** 260/290
– 1/2 P 240/260

ST-LÉONARD-DE-NOBLAT 87400 H.-Vienne 72 ⑱ G. Berry Limousin – 5 024 h alt. 347.
Voir Église★ : clocher★★.
🛈 Office de Tourisme pl. du Champ-de-Mars ✆ 05 55 56 25 06, Fax 05 55 56 36 97.
Paris 402 – Limoges 21 – Aubusson 68 – Brive-la-Gaillarde 100 – Guéret 62.

🏨 **Grand St-Léonard** (Vallet), 23 av. Champs de Mars ✆ 05 55 56 18 18, Fax 05 55 56 98 32
– 📺 ☎ ✆ ⌁. ⅏ – ▤ 15. 🆎 ①
❀ fermé 15 au 22/05, 15/12 au 15/01, lundi sauf le soir du 15/06 au 15/09 et mardi midi du
15/09 au 15/06 – **Repas** 135/330 et carte 270 à 410 – ⊑ 50 – **13 ch** 310/340 – 1/2 P 400
Spéc. Ravioles de langoustines sauce homardine (juin à sept.). Tournedos de lotte aux
cèpes (sept. à déc.). Filet et queue de boeuf au cahors à la moelle.

XX **Modern** avec ch, 6 bd A. Pressemane ✆ 05 55 56 00 25 – TV ☎ ✆ 🚗. GB
fermé 27 fév. au 1er mai, dim. et lundi du 1er oct au 10 juil. – **Repas** *(ouvert 20 mai-1er nov. et fermé dim., lundi et le midi)* 115/195 ♁, enf. 65 – ☕ 39 – **7 ch** 250/295

X **Gay Lussac,** 18 r. Egalité ✆ 05 55 56 98 45 – GB.
fermé dim. soir et lundi d'oct. à avril – **Repas** 65 bc (déj.), 90/240 ♀, enf. 35

ST-LÉON-SUR-L'ISLE *24110 Dordogne* 75 ⑤ *– 1 934 h alt. 70.*
Paris 516 – Périgueux 25 – Angoulême 81 – Bergerac 39 – Libourne 70.

Gué des Meuniers, ✆ 05 53 80 64 06, *Fax 05 53 80 40 19*, – TV ☎. GB
fermé 15 au 30 nov., dim. soir sauf juil.-août et lundi hors saison – **Repas** 87 (déj.), 125/189 ♀ – ☕ 35 – **8 ch** 380/430 – ½ P 380/430

ST-LEU-LA-FORÊT *95 Val d'Oise* 55 ⑳, 101 ④ *– voir à Paris, Environs.*

ST-LÔ P *50000 Manche* 54 ⑬ *G. Normandie Cotentin – 21 546 h alt. 20.*
Voir *Haras*★.
Office de Tourisme pl. du Gén.-de-Gaulle ✆ 02 33 05 02 09, Fax 02 33 05 26 08.
Paris 304 ② – Caen 74 ② – Cherbourg 80 ① – Laval 136 ⑤ – Rennes 140 ⑤.

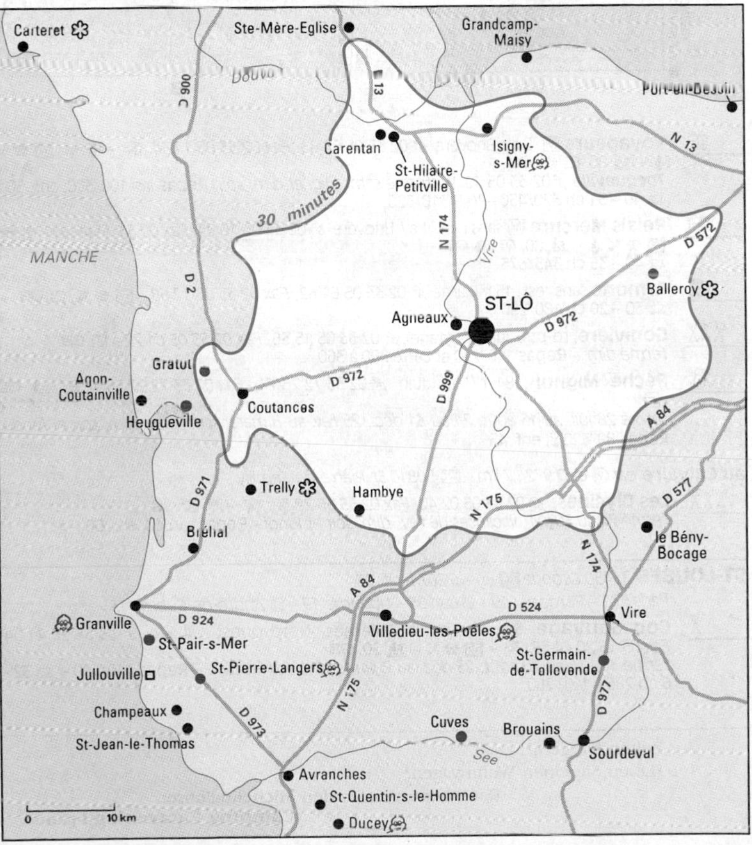

ST-LÔ

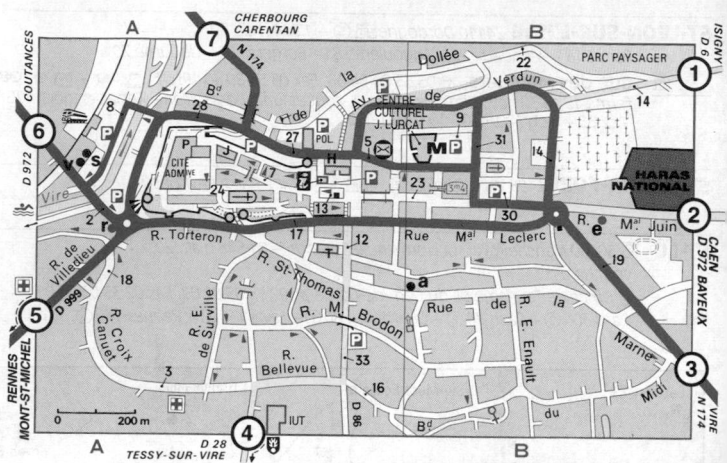

Voyageurs M, 5 av. Briovère ☎ 02 33 05 08 63, Fax 02 33 05 14 34, 🏡 – 📱 ⁕ 📺 ☎ 📞
  🛁 – 🕍 80. 🆎 ⓪ GB
                      A s
Tocqueville ☎ 02 33 05 15 15 *(fermé sam. midi et dim. soir)* Repas *(80)*-100/320, enf. 50 –
  ☑ 40 – **31 ch** 320/450 – ½ P 310/320

Relais Mercure M sans rest, 1 av. Briovère ☎ 02 33 05 10 84, Fax 02 33 56 46 92 – 📱 ⁕
  📺 ☎ 📞 🛁 – 🕍 80. 🆎 ⓪ GB
                      A v
  ☑ 40 – **35 ch** 345/375

Armoric sans rest, 15 r. Marne ☎ 02 33 05 61 32, Fax 02 33 05 12 68 – 📺 ☎ 📞. 🆎 GB
  ☑ 30 – **20 ch** 180/290
                      B a

Gonivière, rd-pt 6 Juin (1ᵉʳ étage) ☎ 02 33 05 15 36, Fax 02 33 05 01 72 – 🆎 GB A r
  fermé dim. – **Repas** 110/280 et carte 200 à 360

Péché Mignon, 84 r. Mar. Juin ☎ 02 33 72 23 77, Fax 02 33 72 27 58 – 🆎 ⓪ GB
  JCB   B e
  fermé 28 juil. au 15 août, 24 au 31 déc., 25 fév. au 8 mars, sam. midi, dim. soir et lundi –
  Repas 89/320 ♀, enf. 45

au Calvaire par ② et D 972 : 7 km – ✉ 50810 St-Pierre-de-Semilly :

Les Glycines, ☎ 02 33 05 02 40, Fax 02 33 56 29 32, 🏡 – 🅿. 🆎 GB
  fermé 24 au 30 juil., vacances de fév., dim. soir et lundi – **Repas** 98/318, enf. 58

ST-LOUBÈS 33450 Gironde **71** ⑨ – 6 207 h alt. 28.

  Paris 571 – Bordeaux 19 – Créon 23 – Libourne 19 – St-André-de-Cubzac 13.

Coq Sauvage ⌂ avec ch, à Cavernes, Nord-Ouest : 4 km ☎ 05 56 20 41 04,
  Fax 05 56 20 44 76, 🏡 – 📺 📞 – 🕍 20. GB
  fermé 31 juil. au 20 août, 23 déc. au 7 janv., sam. soir et dim. – **Repas** 110/180 – ☑ 32 –
  6 ch 285 – ½ P 260

ST-LOUIS 68300 H.-Rhin 🔢 ⑩ – 19 547 h alt. 250.

Paris 497 – Mulhouse 30 – Altkirch 31 – Basel 6 – Belfort 73 – Colmar 62 – Ferrette 25.

🏨 **Berlioz** sans rest, 14 r. Henner (près gare) ℘ 03 89 69 74 44, Fax 03 89 70 19 17 – 📺 ☎
🚗 🄿, 🄰🄴 🄶🄱
🖵 40 – **21 ch** 270/310

XXX **Trianon,** 46 r. Mulhouse ℘ 03 89 67 03 03, Fax 03 89 69 15 94 – 🍽. 🄶🄱. ⚘
fermé 24 juil. au 13 août, 2 au 16 janv, lundi et mardi – **Repas** 140 (déj.), 310/360 et carte
280 à 460

à Huningue *Est : 2 km par D 469 – 6 252 h. alt. 245 – ⊠ 68330 :*

🏨🏨 **Tivoli,** 15 av. Bâle ℘ 03 89 69 73 05, Fax 03 89 67 82 44 – 📶, 🍽 rest, 📺 ☎ 🄿, 🄰🄴 🄶🄱
Repas (fermé 26 juil. au 16 août, 24 déc. au 7 janv., sam. midi et dim.) 145/365 ⌷, enf. 65 –
🖵 60 – **44 ch** 420/450   ½ P 320/350

à Village-Neuf *Nord-Est : 3 km par N 66 et D 21 – 2 920 h. alt. 240 – ⊠ 68128 :*

XX **Mayer,** 2 r. St-Louis ℘ 03 89 67 11 15, Fax 03 89 69 45 08, 😊 – 🄿, 🄶🄱
fermé juil.-août, sam. et dim. sauf d'avril à juin – **Repas** 210 (déj.)/340 ⌷

à Hésingue *Ouest : 4 km par D 419 – 1 713 h. alt. 290 – ⊠ 68220 :*

XXX **Au Boeuf Noir,** ℘ 03 89 69 76 40, Fax 03 89 67 77 29, 😊 – 🍽, 🄰🄴 🄶🄱
fermé 15 au 31 août, vacances de fév., sam. midi et dim. – **Repas** 170 (déj.), 220/340 et
carte 270 à 400

XX **Au Cheval Blanc,** 4 r. Gén. de Gaulle ℘ 03 89 69 70 73, Fax 03 89 69 70 73 – 🄶🄱
fermé 1er au 17 août, 15 au 23 fév., mardi soir et merc. – **Repas** 155 (déj.), 195/380 ⌷

ST-LOUIS-DE-MONTFERRAND 33440 Gironde 🔢 ⑧ – 1 808 h alt. 1.

Paris 573 – Bordeaux 16 – Blaye 40 – Libourne 32 – St-André-de-Cubzac 13.

X **Relais du Marais,** ℘ 05 56 77 41 19 – 🄿, 🄶🄱. ⚘
fermé 14 juil. au 15 août, 24 déc. au 2 janv., sam. et dim. – **Repas** 65 bc (déj.), 105/165

ST-LOUP-DE-VARENNES 71 S. et L. 🔢 ⑨ – *rattaché à Chalon-sur-Saône.*

ST-LOUP-SUR-SEMOUSE 70800 H.-Saône 🔢 ⑥ – 4 677 h alt. 247.

Paris 362 – Épinal 42 – Bourbonne-les-Bains 49 – Gray 85 – Remiremont 34 – Vesoul 36.

🏨 **Trianon,** pl. J.-Jaurès ℘ 03 84 49 00 45, Fax 03 84 94 22 34, 😊 – 📺 ☎. 🄰🄴 🄶🄱
fermé 1er au 15 fév. – **Repas** (fermé sam. midi) 110/200 ⌷, enf. 48   🖵 38 – **13 ch** 195/260 –
½ P 250

ST-LYPHARD 44410 Loire-Atl. 🔢 ⑭ *G. Bretagne* – 2 889 h alt. 12.

Voir *Clocher de l'église* ✳ ★★.
🄱 Office de Tourisme pl. de l'Église ℘ 02 40 91 41 34, Fax 02 40 91 34 96.
Paris 450 – Nantes 75 – La Baule 17 – Redon 41 – St-Nazaire 22.

🏨🏨 **Les Chaumières du Lac et Auberge Les Typhas** 🅼, rte Herbignac
℘ 02 40 91 32 32, Fax 02 40 91 30 33, 😊, « Décoration intérieure soignée », 🌳 – 📺 ☎ 📶
🚿🄿 🄿 🖵 20. 🄶🄱
hôtel : ouvert 5 mars-1er nov. – **Repas** (fermé 2 au 23 nov., 25 janv. au 5 mars, lundi midi en
juil.-août et mardi sauf le soir en juil.-août) 110/270 – 🖵 50 – **20 ch** 390/580 – ½ P 400/470

rte de St-Nazaire *Sud : 3 km par D 47 – ⊠ 44410 St-Lyphard :*

XX **Nézil,** ℘ 02 40 91 41 41, Fax 02 40 91 45 39, 😊, 🌳 – 🄿, 🄶🄱
fermé 20 nov. au 4 déc., 21 fév. au 6 mars, dim. soir sauf juil.-août et lundi – **Repas** 118/250,
enf. 50

à Bréca *Sud : 6 km par D 47 et rte secondaire – ⊠ 44410 St-Lyphard :*

XX **Auberge de Bréca,** ℘ 02 40 91 41 42, Fax 02 40 91 37 41, 😊, « Chaumière briéronne
dans un jardin fleuri », 🌳 – 🄰🄴 🄶🄱
fermé 20 déc. au 15 janv., dim. soir et jeudi sauf juil.-août – **Repas** 125/250 ⌷, enf. 60

à Kerbourg *Sud-Ouest : 6 km par D 51 (rte de Guérande) – ⊠ 44410 St-Lyphard :*

XX **Auberge de Kerbourg** (Jeanson), ℘ 02 40 61 95 15, Fax 02 40 61 98 64, 😊, « Chau-
💠 mière briéronne aménagée avec élégance », 🌳 – 🄿, 🄶🄱
fermé 25 déc. au 10 fév., dim. soir hors saison, lundi sauf le soir en saison et mardi midi –
Repas (en saison, prévenir) 150 (déj.), 200/300
Spéc. Gâteau moelleux d'oreilles de cochon. Rouelles de homard au consommé de pigeon.
Pigeonneau à la réduction de vin rouge.

ST-MACAIRE 33 Gironde 💷 ② – rattaché à Langon.

ST-MACAIRE-EN-MAUGES 49450 M.-et-L. 💷 ⑤ – 5 543 h alt. 101.
Paris 355 – Angers 62 – Ancenis 40 – Cholet 12 – Nantes 48.

🏛 **Gâtine,** ℰ 02 41 55 30 23, Fax 02 41 46 11 30 – 📺 ⓐ ✿ ⇔. GB. ⅌
🚗 fermé 16 juil. au 11 août – **Repas** (fermé dim. soir, soirs fériés et lundi) 72/200 ⅌ – ⇆ 30 –
15 ch 130/290 – ½ P 200/245

ST-MAIXENT-L'ÉCOLE 79400 Deux-Sèvres 💷 ⑫ G. Poitou Vendée Charentes – 6 893 h alt. 85.
Voir Église abbatiale★ – Musée militaire (série d'uniformes★).
🚩 Office de Tourisme Porte Châlon ℰ 05 49 05 54 05, Fax 05 49 05 76 25.
Paris 385 – Poitiers 51 – Angoulême 106 – Niort 24 – Parthenay 30.

🏛🏛 **Logis St-Martin** ⟆, chemin Pissot ℰ 05 49 05 58 68, Fax 05 49 76 19 93, �, parc,
« Demeure du 17e siècle » – 📺 ⓐ ✿ 🅿. 🖭 ⓞ GB 📠. ⅍ ch
fermé janv., dim. soir, lundi midi de nov. à avril, merc. midi et sam. midi de mai à oct. –
Repas (135) - 175 (déj.), 250/395 ⅌ – ⇆ 70 – **11 ch** 480/680 – ½ P 510/670

🏛 **Lika,** rte Niort ℰ 05 49 05 63 64, Fax 05 49 05 53 63, �, 🚗 – 📺 ⓐ ✿ 🅿. – 🛁 25. 🖭 ⓞ
🚗 GB
fermé 23 déc. au 4 janv., sam. et dim. sauf de juin à sept. – **Repas** 66/130 ⅃, enf. 38 – ⇆ 36
– **20 ch** 220/240 – ½ P 210

à Soudan Est : 7,5 km par N 11 – 306 h. alt. 155 – ⊠ 79800.
Voir Musée des Tumulus de Bougon★★.

✕✕ **L'Orangerie** avec ch, ℰ 05 49 06 56 06, Fax 05 49 06 56 10, �, 🚗 – 📺 ⓐ ✿ 🅿. 🖭 GB
fermé 22 nov. au 6 déc., vacances de fév. et dim. soir de sept. à juin – **Repas** 88/235 ⅌,
enf. 50 – ⇆ 38 – **7 ch** 185/240 – ½ P 225

ST-MALO ⟪⟫ 35400 I.-et-V. 💷 ⑥ G. Bretagne – 48 057 h alt. 5 – Casino **AXY**.
An 2000 30 juin : Concerts de musique sacrée.
Voir Site★★★ – Remparts★★★ – Château★★ : musée d'histoire de la ville★ M², tourelles de
guet ⚲★★, tour Quic-en-Groigne1e DZ E – Fort national★ : ⇐★ 15 mn – Vitraux★ de la
cathédrale St-Vincent – Grand Aquarium★★ par ③ – Rothéneuf : Maison de Jacques
Cartier★, 3 km par ① – Usine marémotrice de la Rance : digue ⇐★ S : 4 km par ④.
⬌ de Dinard-Pleurtuit-St-Malo : ℰ 02 99 46 70 28, par ③ : 14 km.
🚩 Office de Tourisme espl. St-Vincent ℰ 02 99 56 64 48, Fax 02 99 40 93 13.
Paris 418 ③ – Avranches 67 ③ – Dinan 32 ③ – Rennes 72 ③ – St-Brieuc 72 ③.

Plan page ci-contre

Intra muros :

🏛🏛 **Central,** 6 Gde rue ℰ 02 99 40 87 70, Fax 02 99 40 47 57 – 📲 📺 ⓐ ⇔ – 🛁 25. 🖭 ⓞ
🚗100 GB 📠 DZ **n**
Pêcherie : Repas 95(déj.), 125/280 ⅌, enf. 75 – ⇆ 60 – **49 ch** 680/1080 – ½ P 540/735

🏛🏛 **Ajoncs d'Or** sans rest, 10 r. Forgeurs ℰ 02 99 40 85 03, Fax 02 99 40 80 70 – 📲 📺 ⓐ. 🖭
ⓞ GB 📠. ⅍ DZ **a**
25 fév.-12 nov. – ⇆ 49 – **22 ch** 440/630

🏛🏛 **Cité** sans rest, 26 r. Ste-Barbe ⊠ 35400 ℰ 02 99 40 55 40, Fax 02 99 40 10 04 – 📲 📺 ⓐ ✿
& ⇔. 🖭 ⓞ GB 📠 DZ **v**
⇆ 55 – **41 ch** 419/605

🏛 **Quic en Groigne** ⟆ sans rest, 8 r. d'Estrées ℰ 02 99 20 22 20, Fax 02 99 20 22 30 – 📺
ⓐ ⇔. 🖭 GB. ⅍ DZ **u**
⇆ 42 – **15 ch** 270/420

🏛 **Palais** sans rest, 8 r. Toullier ℰ 02 99 40 07 30, Fax 02 99 40 29 53 – 📲 📺 ⓐ. 🖭 GB. ⅍
fermé 5 au 31 janv. – ⇆ 40 – **18 ch** 280/380 DZ **k**

🏛 **Jean Bart** sans rest, 12 r. Chartres ℰ 02 99 40 33 88, Fax 02 99 40 33 88 – 📲 📺 ⓐ. GB
1er mars-15 nov. – ⇆ 38 – **18 ch** 296/380 DZ **b**

🏚 **Cartier** sans rest, 1 r. Corne de Cerf ℰ 02 99 56 30 00, Fax 02 99 56 55 54 – 📲 📺 ⓐ. GB.
⅍ DZ **q**
1er avril-15 nov. – ⇆ 40 – **22 ch** 250/380

✕✕ **Chalut** (Foucat), 8 r. Corne de Cerf ℰ 02 99 56 71 58, Fax 02 99 56 71 58 – 🔳. 🖭 GB 📠
❀ fermé mardi midi en juil.-août, dim. soir et lundi – **Repas** (nombre de couverts limité,
🏵 prévenir) 100/350 et carte 240 à 360 ⅌ DZ **d**
Spéc. Étuvée de Saint-Pierre aux champignons sauvages. Saint-Jacques en vinaigrette de
jus de truffes (oct. à avril). Soupière de crustacés au gingembre.

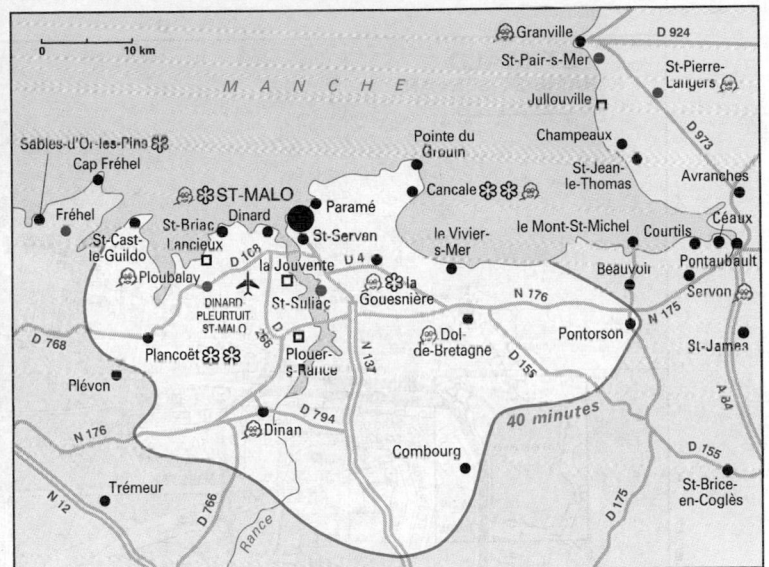

XX **À la Duchesse Anne** (Thirouard), 5 pl. Guy La Chambre 🖉 02 99 40 85 33,
    Fax 02 99 40 00 28, 🍴 – ⊖ℬ. 🛇   DZ e
✿ *fermé déc., janv., dim. soir, lundi midi hors saison et merc.* – **Repas** carte 250 à 320
    Spéc. Foie gras de canard. Homard grillé "Duchesse Anne". Tarte Tatin.

XX **Delaunay,** 6 r. Ste-Barbe 🖉 02 99 40 92 46, *Fax 02 99 56 88 91* – ⊖ℬ   DZ x
    fermé 15 nov. au 15 déc., 15 janv. au 15 fév., dim. et lundi d'oct. à avril – **Repas** *(98)* - 128
    (déj.), 180/240

X **Gilles,** 2 r. Pie qui boit 🖉 02 99 40 97 25 – ⊖ℬ   DZ t
    fermé 22 nov. au 14 déc., vacances de fév., merc. sauf du 19 juil. au 23 août et jeudi du
🏥 *15 nov. au 1ᵉʳ avril* – **Repas** *(nombre de couverts limité, prévenir)* *(75)* - 92/182, enf. 62

X **Ancrage,** 7 r. J. Cartier 🖉 02 99 40 15 97, 🍴 – ⊖ℬ   DZ r
    fermé 15 déc. au 1ᵉʳ fév., merc. et mardi soir hors saison – **Repas** - produits de la mer - 75
    (déj.), 95/165 🍷

St-Malo Est et Paramé – ⊠ 35400 St-Malo :

🏩 **Grand Hotel des Thermes** ⌂, aux Thermes marins, 100 bd Hébert 🖉 02 99 40 75 75,
🌊 *Fax 02 99 40 76 00*, centre de thalassothérapie, *ſ₅*, ⊠ – 🛗, 🍽 rest, 📺 ☎ & ⇔ – 🔥 50.
    ⅍ ⑩ ⊖ℬ . 🗓 . 🛇 rest   BX n
    fermé 6 au 27 janv. – **Cap Horn : Repas** 150/350 🍷, enf. 85 – **Verrière : Repas** 170, enf. 85 –
    ⊇ 75 – **181 ch** 640/3090, 7 appart – ½ P 765/1250

🏨 **Océania** sans rest, 2 r. Joseph Loth 🖉 02 99 56 84 84, *Fax 02 99 56 45 73*, ≼ – 🛗 ⅍ 📺 ☎
    🕻 & ⇔. ⅍ ⑩ ⊖ℬ   AY d
    ⊇ 55 – **70 ch** 550/000

🏨 **Villefromoy** sans rest, 7 bd Hébert 🖉 02 99 40 92 20, *Fax 02 99 56 79 49* – 🛗 📺 ☎ 🅿. ⅍
    ⑩ ⊖ℬ   CX s
    15 mars-15 nov. – ⊇ 55 – **21 ch** 550/750

🏨 **Alexandra** ⌂, 138 bd Hébert 🖉 02 99 56 11 12, *Fax 02 99 56 30 03*, ≼, 🍴 – 🛗, 🍽 rest,
    📺 ☎ & 🅿 – 🔥 20. ⅍ ⑩ ⊖ℬ 🎴 . 🛇 rest   BX h
    Repas 98/340 🍷, enf. 50 – ⊇ 55 – **43 ch** 650/790 – ½ P 480/580

🏨 **Grand Hôtel Courtoisville** ⌂, 69 bd Hébert 🖉 02 99 40 83 83, *Fax 02 99 40 57 83*, 🌿
    – 🛗 ⅍ 📺 ☎ 🅿. ⅍ ⑩ ⅍ rest   BX a
    mi-fév.-mi-nov. et vacances de Noël – **Repas** *(début mars-mi-nov.)* 135/190 🍷, enf. 70 –
    ⊇ 52 – **44 ch** 590/690 – ½ P 450/530

🏨 **Mascotte,** 76 chaussée Sillon 🖉 02 99 40 36 36, *Fax 02 99 40 18 78*, 🍴 – 🛗 ⅍ 📺 ☎ 🕻
🌊 & ⇔. 🍴 30. ⅍ ⑩ ⊖ℬ   BX d
    Repas *(fermé sam et dim. de nov. à mars)* 85 🍷, enf. 45 – ⊇ 45 – **79 ch** 365/515, 9 duplex –
    ½ P 325/385

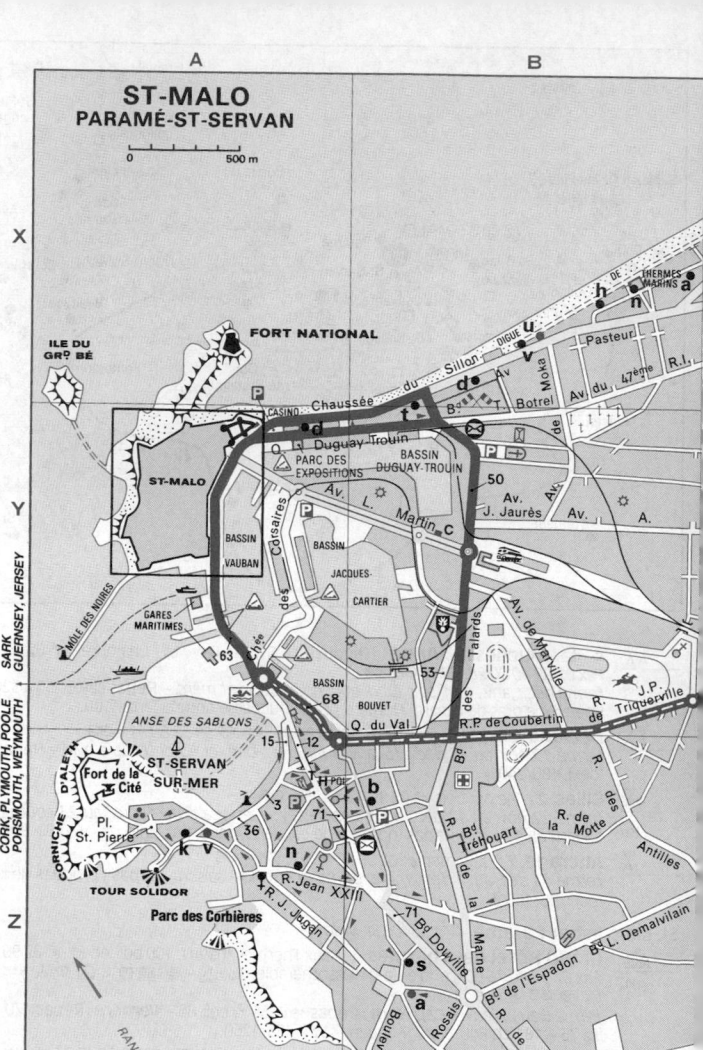

ST-MALO
PARAMÉ-ST-SERVAN

0   500 m

ILE DU GR⁹ BÉ

FORT NATIONAL

CASINO — Chaussée du Sillon
DIGUE
Av.
Botrel
Pasteur
R.I.
THERMES MARINS
DE
Bᵈ
Av. du 47ᵉⁱᵍⁿᵉ

ST-MALO

PARC DES EXPOSITIONS
Duguay-Trouin
BASSIN DUGUAY-TROUIN
Av. J. Jaurès
Av.
A.
Av.
Martin — C

BASSIN VAUBAN

BASSIN JACQUES CARTIER

des Corsaires
de

GARES MARITIMES
63
MÔLE DES NOIRS

BASSIN BOUVET
68
Q. du Val
R.P. de Coubertin
53
Talards
Av. de Marville
J.P.
R. Triqueville
de

SARK
GUERNSEY, JERSEY
CORK, PLYMOUTH, POOLE
PORSMOUTH, WEYMOUTH

ANSE DES SABLONS
15 — 12

ST-SERVAN SUR-MER
Fort de la Cité
CORNICHE D'ALET
Pl. St. Pierre
36
k v
n
R. Jean XXIII
TOUR SOLIDOR
R. J. Jugan
Parc des Corbières

3
71
b
Bᵈ Tréhouart
R. de la Motte
des
Antilles
Bᵈ L. Demalvilain
71
Bᵈ Douville
Marne
de
la
Bᵈ de l'Espadon
R. de la Balue
s
a
Rosais
du
Boulevard

BELVÉDÈRE DU ROSAIS

RANCE

Bᵍᵉ DE LA RANCE
DINARD
4   3   DOL
RENNES
ST-BRIEUC

16 — 1

1240

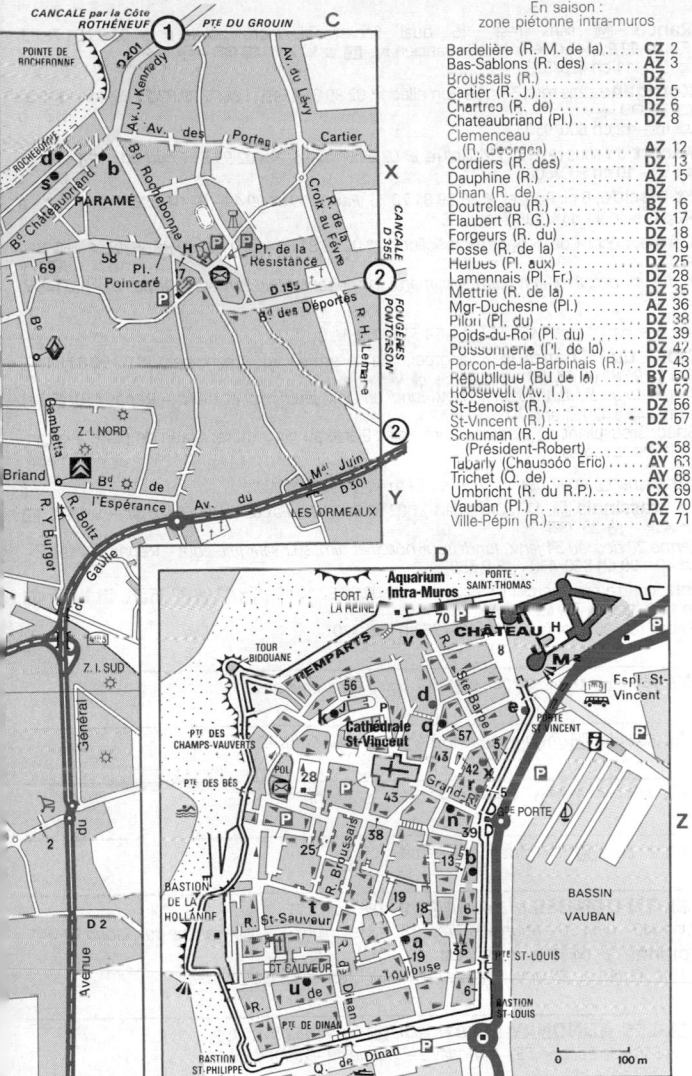

🏠 **Eden** sans rest, 1 r. Étang ℰ 02 99 40 23 48, *Fax 02 99 40 55 86* – 📺 ☎ 🅿. 🌐. ⚡
fermé 15 janv. au 1ᵉʳ mars – 😐 34 – **27 ch** 280/320   CX b

🍴 **Ty Coz**, 57 chaussée Sillon ℰ 02 99 56 09 68, *Fax 02 99 56 09 68* – 🆎 🌐   BX u
fermé 15 janv. au 15 fév., mardi soir hors saison et merc. sauf le soir en saison – **Repas**
88/160 ⾉, enf. 50

à St-Servan-sur-Mer – ⊠ 55400 St-Malo .

🏨 **Valmarin** 🐦 sans rest, 7 r. Jean XXIII ℰ 02 99 81 94 76, *Fax 02 99 81 30 03*, « Élégante
malouinière du 18ᵉ siècle, parc » – 📺 ☎ 🗸 🅿. 🆎 🌐   AZ n
fermé 15 nov. au 25 déc. et 7 janv. aux vacances de fév. – 😐 60 – **12 ch** 550/750

Rance M sans rest, 15 quai Sébastopol (port Solidor) ℘ 02 99 81 78 63, Fax 02 99 81 44 80, ≼, « Mobilier ancien » – 🖵 ☎ ✆ ⟵ ⇔. 🆎 ⒼⒷ 🎴. ⅖
AZ k
⛟ 50 – **11 ch** 425/525

Korrigane sans rest, 39 r. Le Pomellec ℘ 02 99 81 65 85, Fax 02 99 82 23 89, ☞ – 🖵 ☎.
🆎 ⓞ ⒼⒷ 🎴
BZ b
⛟ 65 – **12 ch** 600/950

Ascott ⚘ sans rest, 35 r. Chapitre ℘ 02 99 81 89 93, Fax 02 99 81 77 40, ☞ – 🖵 ☎. ⒼⒷ
BZ s
⛟ 50 – **10 ch** 500/600

XX **St-Placide**, 6 pl. Poncel ℘ 02 99 81 70 73, Fax 02 99 81 89 49 – 🆎 ⒼⒷ. ⅖
BZ a
Repas 88 (déj.), 115/195 ⅌, enf. 65

X **L'Atre**, 7 espl. Cdt Menguy (port Solidor) ℘ 02 99 81 68 39, Fax 02 99 81 56 18, ≼ – 🆎 ⒼⒷ.
⅖
AZ v
fermé mi-déc. à mi-janv., dim. soir, mardi soir de sept. à juin et merc. – **Repas** (75) - 95/145 ⅌, enf. 63

rte de Cancale par ② sur D 355 : 6 km – ⊠ 35400 St-Malo :

XXX **Clos du Chanoine** (Langrée), La Mettrie au Chanoine ℘ 02 99 82 84 57, ⁂ Fax 02 99 82 08 67, 佘, ☞ – 🅿. 🆎 ⓞ ⒼⒷ 🎴
fermé 19 au 30 juin, 13 au 30 nov., lundi en janv., jeudi midi et merc. – **Repas** 130/450 et carte 240 à 420 ⅌, enf. 70
Spéc. Croustillant de pieds de porc. Saint-Pierre au gingembre. Gratin de poire à la cannelle, glace réglisse.

rte de Rennes par ③ et av. Gén. de Gaulle : 3 km – ⊠ 35400 St-Malo :

La Grassinais M, 12 r. Grassinais ℘ 02 99 81 33 00, Fax 02 99 81 60 90, 佘 – ▤ rest, 🖵 ☎ ✆ ℗. – 🅰 25. ⒼⒷ
fermé 20 déc. au 31 janv., lundi (sauf hôtel) et dim. soir sauf juil.-août – **Repas** 105/195 ⅌ – ⛟ 40 – **29 ch** 360/420 – ½ P 350

Ibis, centre commercial La Madeleine ℘ 02 99 82 10 10, Fax 02 99 82 35 74, 佘 – ⇥ 🖵 ☎ ✆ ᔐ 🅿 – 🅰 30. 🆎 ⓞ ⒼⒷ
Repas (75) - 95 ⅌, enf. 39 – ⛟ 40 – **73 ch** 400/470

ST-MANDÉ 94 Val-de-Marne 🗗🗗 ⑪., 🔟🔟 ㉗ – voir à Paris, Environs.

ST-MARCEL 36 Indre 🗗🗗 ⑰ ⑱ – rattaché à Argenton-sur-Creuse.

ST-MARCEL 71 S.-et-L. 🗗🗗 ⑨ – rattaché à Chalon-sur-Saône.

ST-MARCEL 27 Eure 🗗🗗 ⑰ – rattaché à Vernon.

ST-MARCEL-EN-DOMBES 01390 Ain 🗗🗗 ② – 786 h alt. 265.
Paris 440 – Lyon 30 – Bourg-en-Bresse 37 – Meximieux 25 – Villefranche-sur-Saône 30.

X **Colonne**, ℘ 04 72 26 11 06 – ⒼⒷ
fermé 20 déc. au 20 janv., lundi soir et mardi – **Repas** 90/190 ⅌

ST-MARCEL-LÈS-ANNONAY 07100 Ardèche 🗗🗗 ⑨ – 1 152 h alt. 450.
Paris 538 – St-Étienne 35 – Annonay 9 – Vienne 49 – Yssingeaux 56.

au Barrage du Ternay Nord : 2 km par D 306 G. Vallée du Rhône – ⊠ 07100 :

X **Ternay**, ℘ 04 75 67 12 03, Fax 04 75 32 02 80, 佘 – ⒼⒷ
fermé janv., fév., mardi soir et merc. du 15 sept. au 15 juin – **Repas** 99/198 ⅌

ST-MARCELLIN 38160 Isère 🗗🗗 ③ G. Vallée du Rhône – 6 696 h alt. 282.
🗗 Office de Tourisme 2 av. Collège ℘ 04 76 38 53 85, Fax 04 76 38 17 32.
Paris 563 – Grenoble 55 – Valence 47 – Die 75 – Vienne 74 – Voiron 48.

Savoyet-Serve, 16 bd Gambetta ℘ 04 76 38 24 31, Fax 04 76 64 02 99 – ▐, ▤ rest, 🖵 ☎ 🅿 – 🅰 45. 🆎 ⒼⒷ
fermé dim. soir – **Repas** 90/230 ⅊, enf. 44 – ⛟ 35 – **38 ch** 210/380 – ½ P 220/335

XXX **Tivollière**, Château du Mollard ℘ 04 76 38 21 17, Fax 04 76 64 02 99, ≼, 佘 – 🅿. 🆎 ⒼⒷ
fermé dim. soir et lundi – **Repas** 138/280 et carte 200 à 310

ST-MARCELLIN-EN-FOREZ *42680 Loire* 73 ⑱ – *3 133 h alt. 390.*

  Paris 476 – St-Étienne 26 – Craponne-sur-Arzon 43 – Feurs 34 – Montbrison 16.

XX **Manoir du Colombier,** ℰ 04 77 52 90 37, Fax 04 77 52 90 37, 佘, « Demeure du 17ᵉ siècle » – 🅿. GB
  fermé mardi soir et merc. – **Repas** 95/270

ST-MARTIN-BELLE-ROCHE *71 S.-et-L.* 70 ⑪ – *rattaché à Mâcon.*

ST-MARTIN-BELLEVUE *74370 H.-Savoie* 74 ⑥ – *1 412 h alt. 732.*

  Paris 537 – Annecy 11 – Aix-les-Bains 43 – La Clusaz 39 – Genève 38 – Rumilly 34.

🏠 **Beau Séjour** ⯒, à la gare : 1 km ℰ 04 50 60 30 32, Fax 04 50 60 38 44, 佘, ⟜ – 🛗 ☎
GB 🅿. GB
  15 mars-15 déc. – **Repas** *(fermé dim. soir et lundi sauf juil.-août)* 85/225 ♀ – ⥲ 40 – **32 ch** 260/360 – ½ P 280/330

ST-MARTIN-D'ARMAGNAC *32 Gers* 02 ② *rattaché à Nogaro*

  Restaurants, die sorgfältig zubereitete,
  preisgünstige Mahlzeiten anbieten, sind
  durch das Zeichen ⊛ *kenntlich gemacht.*

ST-MARTIN-DE-BELLEVILLE *73440 Savoie* 74 ⑰ *G. Alpes du Nord – 2 341 h alt. 1450 – Sports d'hiver : 1 450/2 850 m* ⯑ 6 ⯑ 40.

  Paris 653 – Albertville 42 – Chambéry 91 – Moûtiers 35.

🏠 **Alp-Hôtel** ⯒, ℰ 04 79 08 92 82, Fax 04 79 08 94 61, <, 佘, ⯑ – 🛗 ☎ ⌂. GB ⯑ rest
  15 déc.-15 avril – **Repas** 175/210 ♀ – ⥲ 73 – **30 ch** 380/750 – ½ P 515/600

🏠 **Edelweiss,** ℰ 04 79 08 96 67, Fax 04 79 08 90 40 – ☎. ⓞ GB. ⯑ rest
  juil.-sept. et 20 déc. avril – **Repas** *(dîner seul en hiver)* 130/150 ♀, enf. 60 – ⥲ 55 – **16 ch** 350/600 – ½ P 460/500

XX **Bouitte,** à St-Marcel, Sud-Est : 2 km ℰ 04 79 08 96 77, 佘 🅿. AE ⓞ GB JCB
  juil.-sept. et 15 déc.-1ᵉʳ mai – **Repas** 135/450, enf. 75

X **Étoile des Neiges,** ℰ 04 79 08 92 80, Fax 04 79 08 90 40, 佘 – ⓞ GB. ⯑
  20 déc.-fin avril – **Repas** 120 (déj.), 150/300 ♀, enf. 60

ST-MARTIN-DE-FRAIGNEAU *85 Vendée* 71 ① – *rattaché à Fontenay-le-Comte*

ST-MARTIN-DE-LONDRES *34380 Hérault* 83 ⑥ *G. Languedoc Roussillon – 1 623 h alt. 194.*

  Paris 752 – Montpellier 26 – Le Vigan 38.

XXX **Les Muscardins,** 19 rte Cévennes ℰ 04 67 55 75 90, Fax 04 67 55 70 28 – ▤. AE ⓞ GB JCB
  fermé fév., lundi et mardi – **Repas** 145 (déj.), 240/390 et carte 350 à 500 ♀, enf. 80

XX **Pastourelle,** chemin de la Prairie ℰ 04 67 55 72 78, Fax 04 67 55 72 78, 佘, ⟜ – 🅿. AE ⓞ GB
  fermé 15 au 30 sept., vacances de fév., mardi soir en hiver et merc. – **Repas** 110/290 ♀, enf. 60

au Sud : *12 km par D 32, D 127 et D 127ᴱᴳ* – ⊠ *34380 Argelliers :*

XX **Auberge de Saugras** ⯒ avec ch, ℰ 04 67 55 08 71, Fax 04 67 55 04 65, 佘, « Ancien mas du 12ᵉ siècle », ⯑ – ☎ ⯑ 🅿. AE ⓞ GB
⊛ *fermé 8 au 30 août, fév., mardi et merc.* – **Repas** (prévenir) 99/420 – ⥲ 39 – **5 ch** 185/205 – ½ P 255

ST-MARTIN-D'ENTRAUNES *06470 Alpes-Mar.* 81 ⑨, 115 ② – *113 h alt. 1050.*

  🅱 *Syndicat d'Initiative Mairie* ℰ 04 93 05 51 04, Fax 04 93 05 57 55.
  Paris 786 – Digne-les-Bains 106 – Barcelonnette 50 – Castellane 66 – Nice 108.

🏠 **Vallière,** ℰ 04 93 05 59 59, Fax 04 93 05 59 60, 佘 – ☎ 🅿. GB
  mars-nov. – **Repas** *(dîner pour résidents seul.)* 100/150 ♀ – ⥲ 52 – **5 ch** 300/420 – ½ P 280/320

ST-MARTIN-DE-RÉ *17 Char.-Mar.* 71 ⑫ – *voir à Ré (Ile de).*

ST-MARTIN-DE-VALAMAS 07310 Ardèche 76 ⑲ – 1 386 h alt. 550.

Env. *Ruines de Rochebonne★ : site★★ E : 7 km*, G. Vallée du Rhône.

🚾 *Office de Tourisme La Place ℘ 04 75 30 47 72, Fax 04 75 30 55 85.*

Paris 596 – Aubenas 57 – Lamastre 29 – Privas 55 – Le Puy-en-Velay 54.

ST-MARTIN-DU-FAULT 87 H.-Vienne 72 ⑦ – *rattaché à Limoges.*

ST-MARTIN-DU-TOUCH 31 H.-Gar. 82 ⑦ – *rattaché à Toulouse.*

ST-MARTIN-DU-VAR 06670 Alpes-Mar. 84 ⑨, 115 ⑯ – 1 869 h alt. 110.

Paris 943 – Nice 28 – Antibes 34 – Cannes 44 – Puget-Théniers 39 – Vence 22.

XXXX **Jean-François Issautier,** rte de Nice (N 202) : 3 km ℘ 04 93 08 10 65,
❀❀ Fax 04 93 29 19 73 – 🍴 **P.** AE ⓞ GB
fermé 9 au 18 oct., janv., lundi et mardi – **Repas** 270 bc/540 et carte 400 à 580
Spéc. Grosses crevettes en robe de pommes de terre. Pied de cochon croustillant. Cul
d'agneau de Sisteron à la menthe et légumes du pays. **Vins** Côtes de Provence, Bellet.

ST-MARTIN-DU-VIVIER 76 S.-Mar. 55 ⑦ – *rattaché à Rouen.*

ST-MARTIN-EN-BRESSE 71620 S.-et-L. 69 ⑩ – 1 603 h alt. 192.

Paris 344 – Beaune 36 – Chalon-sur-Saône 18 – Dijon 77 – Dôle 55 – Lons-le-Saunier 50.

🏠 **Au Puits Enchanté,** ℘ 03 85 47 71 96, Fax 03 85 47 74 58 – ☎ **P.** GB
*fermé 5 au 12 sept., 10 au 30 janv., vacances de fév., dim. soir sauf juil.-août, lundi du 6/11
au 28/02 et mardi* – **Repas** 100/240, enf. 58 – ☕ 40 – **13 ch** 245/315 – ½ P 240/300

ST-MARTIN-LA-GARENNE 78 Yvelines 55 ⑱,, 106 ③ – *rattaché à Mantes.*

ST-MARTIN-LA-MÉANNE 19320 Corrèze 75 ⑩ – 362 h alt. 500.

Voir *Barrage du Chastang★ SE : 5 km*, G. Berry Limousin.

Paris 511 – Brive-la-Gaillarde 58 – Aurillac 66 – Mauriac 49 – St-Céré 56 – Tulle 34 – Ussel 58.

XX **Voyageurs** avec ch, ℘ 05 55 29 11 53, Fax 05 55 29 27 70, �, 🌿 – ☎ 🦽 ⟺ **P.** GB
mi-fév.-mi-nov. et fermé dim. soir et lundi hors saison – **Repas** (60) - 90 (déj.)/200 ☕, enf. 47
– ☕ 30 – **8 ch** 235/305 – ½ P 240/260

ST-MARTIN-LE-BEAU 37270 I.-et-L. 64 ⑮ G. Châteaux de la Loire – 2 427 h alt. 55.

Paris 233 – Tours 20 – Amboise 9 – Blois 46 – Loches 33.

XX **Auberge de la Treille** avec ch, ℘ 02 47 50 67 17, Fax 02 47 50 20 14 – 📺 ☎ 🦽 ⟺. GB
⊜ *fermé 15 au 30 oct., 15 fév. au 10 mars, dim. soir et lundi hors saison* – **Repas** 68/260 ☕ –
☕ 34 – **8 ch** 200/260 – ½ P 235/250

ST-MARTIN-LE-GAILLARD 76260 S.-Mar. 52 ⑤ G. Normandie Vallée de la Seine – 279 h alt. 60.

Paris 168 – Amiens 99 – Dieppe 27 – Eu 12 – Neufchâtel-en-Bray 35 – Rouen 88.

XX **Moulin du Becquerel,** Nord-Ouest : 1,5 km sur D 16 ℘ 02 35 86 74 94,
Fax 02 35 86 99 78, �, « *Dans la campagne* », 🌿 – **P.** GB
fermé 15 janv. au 28 fév., lundi de mars à sept., merc. soir d'oct. à janv. et dim. soir – **Repas**
(95) - 148, enf. 60

ST-MARTIN-LE-VINOUX 38 Isère 77 ⑤ – *rattaché à Grenoble.*

ST-MARTIN-OSMONVILLE 76680 S.-Mar. 52 ⑮ – 775 h alt. 160.

Paris 159 – Amiens 88 – Rouen 32 – Dieppe 40 – Neufchâtel-en-Braye 18.

XX **Auberge de la Varenne,** ℘ 02 35 34 13 80, Fax 02 35 34 59 82, � – GB
fermé dim. soir et lundi – **Repas** 80 (déj.), 120/250 bc ♨, enf. 50

Send us your comments on the restaurants we recommend
and your opinion on the specialities and local wines they offer.

ST-MARTIN-VÉSUBIE *06450 Alpes-Mar.* 84 ⑲, 115 ⑥ *G. Côte d'Azur* – *1 041 h alt. 1000.*

Voir *Venanson* : ≤★, *fresques★ de la chapelle St-Sébastien S : 4,5 km. Le Boréon★★ (cascade★) N : 8 km – Cirque★★ du vallon de la Madone de Fenestre NE : 12 km.*

Office de Tourisme pl. F.-Faure ☏ 04 93 03 21 28, Fax 04 93 03 21 28.

Paris 851 – Antibes 73 – Barcelonnette 111 – Cannes 83 – Menton 66 – Nice 66.

Châtaigneraie ⑤, ☏ 04 93 03 21 22, *Fax 04 93 03 33 99*, ⛱, parc, ⛱ – ☎ P. AE GB JCB. ⚮

1er juin-30 sept. – **Repas** 115 – ☕ 25 – **35 ch** 415/445 – ½ P 325

ST-MATHIEU (Pointe de) *29 Finistère* 58 ③ – *rattaché au Conquet.*

ST-MATHURIN-SUR-LOIRE *49250 M.-et-L.* 64 ⑪ – *1 995 h alt. 25.*

Office de Tourisme ☏ 02 41 57 01 82, Fax (Mairie) 02 41 57 08 02.

Paris 297 – Angers 22 – Baugé 26 – La Flèche 44 – Saumur 28.

Promenade, rte Saumur : 1,5 km sur D 952 ☏ 02 41 57 01 50, *Fax 02 41 57 07 11* – P. GB

fermé 2 au 15 janv., dim. soir, mardi soir et merc. – **Repas** 82/298 bc, enf. 50

ST-MAUR-DES-FOSSÉS *94 Val-de-Marne* 61 ①, 101 ㉗ – *voir à Paris, Environs.*

ST-MAURICE *94 Val-de-Marne* 61 ①, 101 ㉗ – *voir à Paris, Environs.*

ST-MAURICE-DE-BEYNOST *01 Ain* 74 ⑫ – *rattaché à Lyon.*

ST-MAURICE-SUR-MOSELLE *88560 Vosges* 66 ⑧ – *1 615 h alt. 560.*

Office de Tourisme 28 bis r. de la Gare ☏ 03 29 25 12 34, Fax 03 29 25 80 43.

Paris 418 – Épinal 56 – Mulhouse 51 – Belfort 41 – Gérardmer 41 – Thann 31.

Au Pied des Ballons, ☏ 03 29 25 12 54, *Fax 03 29 25 87 74*, ⚔ – cuisinette TV ☎ 🚗 P. GB

fermé 20 oct. au 20 nov. et lundi midi sauf vacances scolaires – **Repas** 77/265 ♀, enf. 42 – ☕ 30 – **19 ch** 185/285 – ½ P 215/245

ST-MAXIMIN *30 Gard* 80 ⑲ – *rattaché à Uzès.*

ST-MAXIMIN-LA-STE-BAUME *83470 Var* 84 ④ ⑤, 114 ⑱ *G. Provence* – *9 594 h alt. 289.*

Voir *Basilique★★ – Ancien couvent royal★.*

Office de Tourisme Hôtel-de-Ville, Accueil Couvent Royal ☏ 04 94 59 84 59, Fax 04 94 59 82 92.

Paris 798 – Aix-en-Provence 44 – Brignoles 22 – Marseille 52 – Rians 24 – Toulon 57.

France, av. Albert 1er ☏ 04 94 78 00 14, *Fax 04 94 59 83 80*, ⛱, ⛱ – TV ☎ 📞 🚗. AE ⓓ GB

Repas *(fermé dim. soir et lundi du 30 oct. au 31 mars)* 139/250 ♀, enf. 65 – ☕ 48 – **26 ch** 350/450 – ½ P 360/390

ST-MÉDARD *46150 Lot* 79 ⑦ – *136 h alt. 170.*

Paris 575 – Cahors 20 – Gourdon 30 – Villeneuve-sur-Lot 59.

Gindreau (Pelissou), ☏ 05 65 36 22 27, *Fax 05 65 36 24 54*, ≤, ⛱ – AE ⓓ GB

fermé 1er au 14 mars, 23 oct. au 29 nov., mardi de sept. à juin et lundi – **Repas** (dim. et fêtes prévenir) 175/400 et carte 240 à 460 ♀, enf. 75

Spéc. Magret de canard mariné "façon carpaccio". Agneau fermier du Quercy. Truffes fraîches (déc. à mars). **Vins** Cahors.

ST-MÉDARD-EN-JALLES *33160 Gironde* 71 ⑨ – *22 064 h alt. 22.*

Paris 593 – Bordeaux 16 – Blaye 60 – Jonzac 96 – Libourne 45 – Saintes 127.

Tournebride, à Hastignan, Ouest : 2 km sur D 107 ☏ 05 56 05 09 08, *Fax 05 56 05 09 08* – ▤ P. AE ⓓ GB

fermé 10 au 31 août, dim. soir et lundi – **Repas** (68) - 98/210 ♀, enf. 50

ST-MICHEL-DE-MONTAIGNE *24230 Dordogne* **75** ⑬ *– 292 h alt. 100.*
Paris 550 – Bergerac 42 – Bordeaux 57 – La Réole 44.

Jardin d'Eyquem M sans rest, ✆ 05 53 24 89 59, *Fax 05 53 61 14 40*, – cuisinette TV ☎ ♿ P. GB. ✗
1er avril-1er nov. – ☕ 48, 5 appart 395/590

ST-MICHEL-EN-L'HERM *85580 Vendée* **71** ⑪ *– 1 999 h alt. 9.*
Office de Tourisme 5 pl. de l'Abbaye hors saison (ouvert seul. jeudi et sam.) ✆ *02 51 30 21 89.*
Paris 452 – La Rochelle 44 – La Roche-sur-Yon 46 – Luçon 15 – Les Sables-d'Olonne 55.

Rose Trémière, 4 r. Église ✆ 02 51 30 25 69, *Fax 02 51 30 25 69* – GB
fermé 12 fév. au 3 mars, dim. soir et merc. – **Repas** 70/250

ST-MICHEL-MONT-MERCURE *85700 Vendée* **67** ⑮ *G. Poitou Vendée Charentes – 1 798 h alt. 284.*
Voir *✳★★ du clocher de l'église.*
Paris 379 – La Roche-sur-Yon 53 – Bressuire 36 – Cholet 31 – Nantes 78 – Pouzauges 7.

Auberge du Mont Mercure, près Église ✆ 02 51 57 20 26, *Fax 02 51 57 78 67* – P. GB
fermé 11 au 24 sept., vacances de fév., mardi soir et merc. – **Repas** 76/175, enf. 50

ST-MIHIEL *55300 Meuse* **57** ⑫ *G. Alsace Lorraine – 5 367 h alt. 228.*
Voir *Sépulcre★★ dans l'église St-Étienne – Pâmoison de la Vierge★ dans l'église St-Michel.*
Office de Tourisme (saison) r. du Palais de Justice ✆ *03 29 89 06 47.*
Paris 287 – Bar-le-Duc 35 – Metz 61 – Nancy 73 – Toul 49 – Verdun 36.

à Heudicourt-sous-les-Côtes *Nord-Est : 15 km par D 901 et D 133 – 169 h. alt. 240 –* ✉ *55210 :*
Voir *Butte de Montsec : ✳★★, monument★ S : 13 km.*

Lac de Madine (annexe), ✆ 03 29 89 34 80, *Fax 03 29 89 39 20*, – TV ☎ ♿ P – 70. GB
fermé 2 au 31 janv., dim. soir du 15 oct. au 15 avril et lundi de sept. à avril – **Repas** 80/270 ♀, enf. 55 – ☕ 42 – **48 ch** 270/330 – ½ P 265/295

Write us...

If you have any comments on the contents of this Guide.

Your praise as well as your criticisms will receive careful consideration and, with your assistance, we will be able to add to our stock of information and, where necessary, amend our judgments.

Thank you in advance!

ST-NAZAIRE *44600 Loire-Atl.* **63** ⑮ *G. Bretagne – 64 812 h Agglo. 131 511 h alt. 4.*
An 2000 *À partir d'avril : Escal' Atlantic (Exposition).*
Voir *Base de sous-marins★ et sortie sous-marine du port★ – Terrasse panoramique★* B – *Pont routier de St-Nazaire-St-Brévin★.*
Accès Pont de Saint-Nazaire : gratuit.
Office de Tourisme pl. F.-Blancho ✆ *02 40 22 40 65, Fax 02 40 22 19 80.*
Paris 439 ① – Nantes 63 ① – La Baule 18 ② – Vannes 77 ③.

Plan page ci-contre

Berry, 1 pl. Gare ✆ 02 40 22 42 61, *Fax 02 40 22 45 34* – TV ☎ AE GB JCB — AY r
fermé 22 déc. au 2 janv. – **Repas** 130/240 ♀ – ☕ 49 – **27 ch** 430/650 – ½ P 370/459

Touraine sans rest, 4 av. République ✆ 02 40 22 47 56, *Fax 02 40 22 55 05*, – TV ☎. AE GB — AZ a
fermé 26 déc. au 1er janv. – ☕ 32 – **19 ch** 130/215

Au Bon Accueil avec ch, 39 r. Marceau ✆ 02 40 22 07 05, *Fax 02 40 19 01 58* – TV ☎. AE GB — AZ n
fermé dim. soir – **Repas** 120/295 ♀ – ☕ 50 – **10 ch** 350/410 – ½ P 375

Moderne, 46 r. Anjou ✆ 02 40 22 55 88 – GB — AZ m
fermé 14 juil. au 1er août, 2 au 11 janv., dim. soir et lundi – **Repas** 85/230 ♀

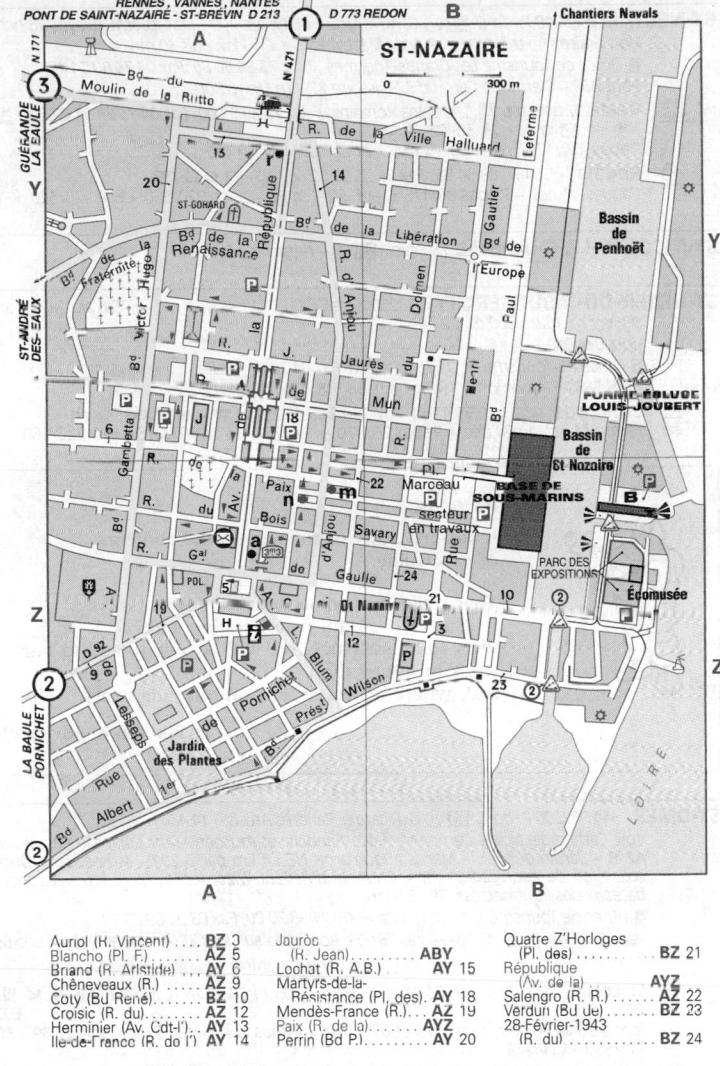

ST-NAZAIRE-EN-ROYANS 26190 Drôme **77** ③ G. Alpes du Nord – 531 h alt. 172.
Paris 578 – Valence 35 – Grenoble 66 – Pont-en-Royans 10 – Romans-sur-Isère 18.

XX **Rome** avec ch, ℰ 04 75 48 40 69, Fax 04 75 48 31 17, ≤, 佘 – 崮, ▤ rest, ▥ ☎ ⇦ 🅿 –
🔏 25. ⓐⒺ ⑩ ☗
fermé 22 oct. au 18 nov., dim. soir et lundi sauf juil.-août – Repas 92/255 – ⚭ 40 – **13 ch**
190/300 – 1/2 P 260/280

XX **Rest. Muraz "du Royans",** ℰ 04 75 48 40 84, Fax 04 75 48 47 06 – ▤. ☗
fermé 13 au 21 juin, 25 sept. au 25 oct., lundi soir et mardi (sauf le midi en juil.-août) –
Repas 85/225 ☙

A good moderately priced meal : ⓐ Repas 100/130

ST-NECTAIRE 63710 P.-de-D. **78** ⑭ G. Auvergne – 664 h alt. 700 – Stat. therm. (5 avril/16 oct.).

Voir Église★★ : trésor★★ – Puy de Mazeyres ☀★ E : 3 km puis 30 mn.

🖪 Office de Tourisme Les Grands-Thermes ℘ 04 73 88 50 86, Fax 04 73 88 54 42.

Paris 459 – Clermont-Ferrand 37 – Issoire 27 – Le Mont-Dore 25.

🏨🏨 **Relais Mercure** Ⓜ, Les Bains Romains ℘ 04 73 88 57 00, Fax 04 73 88 57 02, ❀, ⬥, ⬄ – 🖿 🍽 🔟 📺 🕭 ⌂ – 🔬 30. 🖭 ⓪ 🖭 🖽
Repas 130/170 ♀, enf. 50 – ☑ 50 – **71 ch** 350/480 – P 440

🏨 **Régina**, ℘ 04 73 88 54 55, Fax 04 73 88 50 56, ⬥ – 🔟 ☎ 🖪. 🖭
Pâques-1er nov. – **Repas** 88/175 ♀, enf. 50 – ☑ 32 – **20 ch** 220/350 – ½ P 270/320

ST-NICOLAS-LA-CHAPELLE 73 Savoie **74** ⑦ – rattaché à Flumet.

ST-NIZIER-DU-MOUCHEROTTE 38250 Isère **77** ④ G. Alpes du Nord – 575 h alt. 1170 – Sports d'hiver : 1 162/1 200 m ❄2 ☀.

Voir Belvédère ☀★★.

🖪 Office de Tourisme ℘ 04 76 53 40 60, Fax 04 76 53 44 36.

Paris 583 – Grenoble 16 – Villard-de-Lans 18.

🏨 **Concorde**, ℘ 04 76 53 42 61, Fax 04 76 53 43 28, ≤, 🍴 – ☎ 🖪. 🖭. ☀ ch
🖭 fermé 31 oct. au 24 déc. – **Repas** 85/170 ♨ – ☑ 35 – **31 ch** 207/275 – ½ P 220/260

Write us...

If you have any comments on the contents
of this Guide.

Your praise as well as your criticisms
will receive careful consideration and,
with your assistance, we will be able to add to our
stock of information
and, where necessary, amend our judgments.

Thank you in advance!

ST-OMER ⬛ 62500 P.-de-C. **51** ③ G. Picardie Flandres Artois – 14 434 h alt. 23.

Voir Cathédrale Notre-Dame★★ – Hôtel Sandelin et musée★ – Anc. chapelle des Jésuites★ AZ B – Jardin public★ – Marais audomarois NE : 4 km par D 209 – Musée Henri-Dupuis : collection de coquillages★ M – Coupole d'Helfaut-Wizernes★★, S : 5 km - Ascenseur à bateaux des Fontinettes★ SE : 5,5 km.

🖪 Office de Tourisme r. du Lion d'Or ℘ 03 21 98 70 00, Fax 03 21 88 55 74.

Paris 258 ④ – Calais 42 ④ – Arras 78 ④ – Boulogne-sur-Mer 53 ④ – Ieper 52 ② – Lille 65 ②.

Plan page ci-contre

🏨 **St-Louis**, 25 r. Arras ℘ 03 21 38 35 21, Fax 03 21 38 57 26 – 🍽 rest, 🔟 ☎ 🕭 🖪. 🖭
🖭 🖭   BZ **s**
fermé 23 au 30 déc., sam. midi et dim. midi – **Repas** (60) - 75/155 ♀, enf. 50 – ☑ 39 – **30 ch** 215/330 – ½ P 279

🏨 **Ibis**, 2 r. H. Dupuis ℘ 03 21 93 11 11, Fax 03 21 88 80 20 – 🖿 🍽 🔟 ☎ 🕭 ⌂ 🖪 – 🔬 25. 🖭 ⓪ 🖭. ☀ rest   AZ **v**
Repas (75) - 95 ♀, enf. 39 – ☑ 35 – **66 ch** 290/340

🍴🍴 **Cygne**, 8 r. Caventou ℘ 03 21 98 20 52, Fax 03 21 95 57 12 – 🖭 🖭   AZ **e**
🖭 fermé 16 au 28 août, vacances de fév., dim. soir et lundi sauf fériés – **Repas** 75/265 ♀

à Hallines par ③ et D 211 : 6 km – 1 396 h. alt. 36 – ⬛ 62570 :

🍴🍴🍴 **Hostellerie St-Hubert** ≫ avec ch, ℘ 03 21 39 77 77, Fax 03 21 93 00 86, « Demeure du 19e siècle, parc avec rivière » – 🔟 ☎ 🕭 🖪. 🖭
fermé 8 au 15 janv., dim. soir et lundi – **Repas** 185/300 – ☑ 50 – **8 ch** 400/800

à Tilques par ④, N 43 et rte secondaire : 6 km – 900 h. alt. 27 – ⬛ 62500 :

🏨🏨 **Château Tilques** ≫, ℘ 03 21 88 99 99, Fax 03 21 38 34 23, « Parc », 🍴 – 🍽 🔟 ☎ 🕭 🖪 – 🔬 25 à 100. 🖭 ⓪ 🖭. ☀
Repas 130 (déj.), 210/350, enf. 60 – ☑ 70 – **53 ch** 700/820

1248

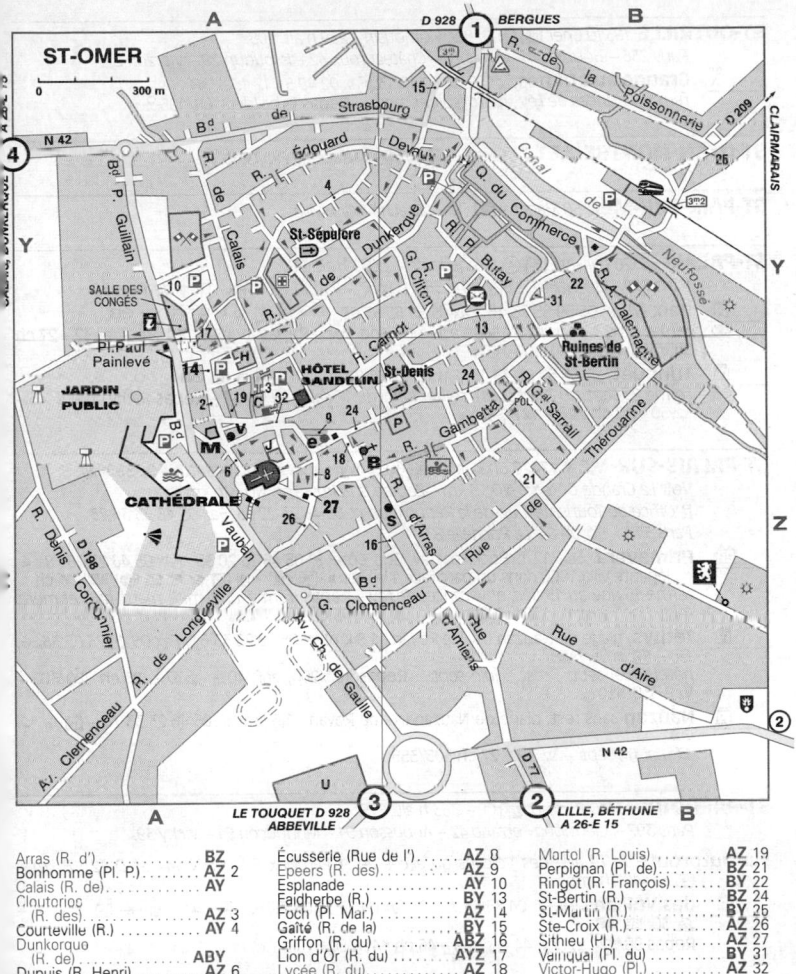

ST-OMER

0   300 m

ST-OMER-EN-CHAUSSÉE *60860 Oise* 55 ⑨ – *1 092 h alt. 99.*

Paris 101 – Compiègne 74 – Aumale 37 – Beauvais 13 – Breteuil 30 – Gournay-en-Bray 28.

XX   **Auberge de Monceaux**, aux Monceaux, Sud ; 1 km sur D 901 ℘ 03 44 84 50 32, Fax 03 44 84 01 85, 佘, « Cadre rustique » – **P**. **GB**
fermé 31 juil. au 11 août, janv., dim. soir, merc. soir et jeudi – **Repas** (dim. prévenir) 120/240 ♀, enf. 70

ST-OUEN *93 Seine-St-Denis* 55 ⑳,, 101 ⑯ – *voir à Paris, Environs.*

ST-OUEN *41 L.-et-Ch.* 64 ⑥ – *rattaché à Vendôme.*

ST-OUEN-LES-VIGNES *37 I.-et-L.* 64 ⑯ – *rattaché à Amboise.*

Les prix   Pour toutes précisions sur les prix indiqués dans ce guide, reportez-vous aux pages explicatives.

ST-OUTRILLE 18310 Cher 👁👁 ⑨ G. Berry Limousin – 259 h alt. 108.

Paris 236 – Bourges 47 – Blois 70 – Châteauroux 42 – Issoudun 29 – Vierzon 27.

※ **Grange aux Dîmes**, ℘ 02 48 51 12 13, Fax 02 48 51 12 13 – ⊖⊟

fermé vacances de fév., mardi soir et merc. – **Repas** 65 bc (déj.), 88/195 ⵚ

ST-OYEN-MONTBELLET 71 S.-et-L. 👁👁 ⑲ ⑳ – rattaché à Fleurville.

ST-PAIR-SUR-MER 50 Manche 👁👁 ⑦ – rattaché à Granville.

ST-PALAIS 64120 Pyr.-Atl. 👁👁 ④ G. Aquitaine – 2 055 h alt. 50.

Paris 789 – Biarritz 67 – Bayonne 56 – Dax 57 – Pau 72 – St-Jean-Pied-de-Port 32.

🏠 **Paix** ⓜ, ℘ 05 59 65 73 15, Fax 05 59 65 63 83, 😊 – 🛗 ⒯⒱ ☎ ❤ ᕆ. ⒜⒠ ⓞ ⊖⊟, ✂ ch

fermé janv., sam. midi de sept. à juin et vend. soir – **Repas** 70/160 ⵚ, enf. 45 – ⵘ 32 – **27 ch** 285/300 – ½ P 250

🏠 **Trinquet**, ℘ 05 59 65 73 13, Fax 05 59 65 83 84, 😊 – ⒯⒱ ☎ ❤. ⊖⊟

fermé 25 sept. au 8 oct., dim. soir et lundi du 1ᵉʳ sept. au 14 juil. – **Repas** 70/150 ⵚ, enf. 45 – ⵘ 30 – **12 ch** 246 – ½ P 246

ST-PALAIS-SUR-MER 17420 Char.-Mar. 👁👁 ⑮ G. Poitou Vendée Charentes – 2 736 h alt. 5.

Voir La Grande Côte★★ NO : 3 km – Zoo de la Palmyre★★ NO : 10 km.

🛈 Office de Tourisme 1 av. de la République ℘ 05 46 23 22 58, Fax 05 46 23 36 73.

Paris 513 – Royan 6 – La Rochelle 83.

🏨 **Primavera** ⑊, 12 r. Brick, par av. Gde Côte ℘ 05 46 23 20 35, Fax 05 46 23 28 78, ≤, « Élégante villa 1900 dans un parc face à la mer », 🏊, ※ – 🛗 ⒯⒱ ☎ ⒫. ⒜⒠ ⓞ ⊖⊟, ✂ ch

fermé 15 nov. au 15 déc. et vacances de fév. – **Repas** (fermé lundi midi, mardi midi et merc. midi d'oct. à mars) 120/240, enf. 50 – ⵘ 55 – **45 ch** 500/700

🏠 **Téthys**, plage de Nauzan (rte de Royan : 1,5 km) ℘ 05 46 23 33 61, Fax 05 46 23 05 36, ≤, 😊 – ⒯⒱ ☎ ⒫. ⊖⊟

hôtel : mai-sept. ; rest. : juin-sept. – **Repas** 100/200, enf. 40 – ⵘ 37 – **23 ch** 280/305 – ½ P 330/350

🏠 **Nauzan** sans rest, plage de Nauzan (rte de Royan : 1,5 km) ℘ 05 46 23 33 73 – ⒯⒱ ☎ ❤. ⊖⊟

1ᵉʳ mai-fin sept. – ⵘ 39 – **27 ch** 305/355

ST-PARDOUX 63440 P.-de-D. 👁👁 ④ – 363 h alt. 615.

Paris 397 – Clermont-Ferrand 42 – Aubusson 91 – Montluçon 51 – Vichy 39.

sur autoroute A 71 aire des Volcans ou accès de St-Pardoux Est par N 144 et D 12 : 8 km – ✉ 63440 Champs :

🏨 **des Volcans** ⓜ, ℘ 04 73 33 71 50, Fax 04 73 33 03 78, ≤, 😊, 🌿 – 🛗 ⒴⒳ ⒯⒱ ☎ ᕆ ⒫. ⒜ 30. ⒜⒠ ⊖⊟

Repas 98/124 ⵚ, enf. 44 – ⵘ 39 – **46 ch** 349/450

ST-PARDOUX-LA-CROISILLE 19320 Corrèze 👁👁 ⑩ – 173 h alt. 410.

Paris 502 – Brive-la-Gaillarde 51 – Aurillac 80 – Mauriac 46 – St-Céré 68 – Tulle 25 – Ussel 51.

🏨 **Beau Site** ⑊, ℘ 05 55 27 79 44, Fax 05 55 27 69 52, ≤, parc, 🏊, ※ – ☎ ⒫. ⒜ 40. ⊖⊟ ✂ rest

1ᵉʳ mai-30 sept. – **Repas** 85 (déj.), 110/250 – ⵘ 39 – **29 ch** 260/360 – ½ P 305/345

ST-PATRICE 37 I.-et-L. 👁👁 ⑬ – rattaché à Langeais.

ST-PAUL 06570 Alpes-Mar. 👁👁 ⑨, 👁👁👁 ㉕ G. Côte d'Azur – 2 903 h alt. 125.

Voir Site★ – Remparts★ – Fondation Maeght★★.

🛈 Office de Tourisme Maison Tour r. Grande ℘ 04 93 32 86 95, Fax 04 93 32 60 27.

Paris 926 – Nice 21 – Antibes 18 – Cagnes-sur-Mer 9 – Cannes 28 – Grasse 22 – Vence 4.

🏤 **Saint-Paul** ⓜ ⑊, 86 r. Grande, au village ℘ 04 93 32 65 25, Fax 04 93 32 52 94, ≤, 😊, « Demeure provençale du 16ᵉ siècle » – 🛗 ▦ ⒯⒱ ☎ ❤ ᕆ. ⒜⒠ ⓞ ⊖⊟. ✂

❀ **Repas** (fermé merc. midi et mardi de janv. à mars) 250 (déj.), 290/560 et carte 300 à 490 ⵚ – ⵘ 95 – **15 ch** 1300/1700, 3 appart – ½ P 1040/1235

Spéc. Cannelloni de homard. Pagre rôti à l'aïoli. Crèmes brûlées aux saveurs de Provence.

🏛️ **Colombe d'Or**, ℘ 04 93 32 80 02, Fax 04 93 32 77 78, 😦, « Cadre ''vieille Provence'', collection de peintures et sculptures modernes », ⬛, 🗏 – 🍽 ch, 📺 ☎ 🅿, 🆎 ⑩ 🆎 🍴
fermé 2 nov. au 20 déc. – **Repas** carte 300 à 400 ♀ – 🖵 60 – **16 ch** 1200/1500, 10 appart –
½ P 910/1035

✕✕ **Couleur Pourpre**, 7 rempart Ouest ℘ 04 93 32 60 14, Fax 04 93 32 60 14 – 🆎 🆎
fermé 8 nov. au 28 déc., le midi de juin à août, merc. midi et mardi – **Repas** 200 ♀

par rte de La Colle-sur-Loup :

🏛️ **Mas d'Artigny** ⤳, rte des Hauts de St-Paul : 3 km ℘ 04 93 32 84 54, Fax 04 93 32 95 36, ⟨, 😦, parc, « Appartements avec piscines privées », ⬛, ✕ – 📱, 🗏 ch, 📺 ☎ 🅿 – 🏅 130.
🆎 ⑩ 🆎 🍴
Repas 280 (déj.), 320/430 ♀, enf. 120 – 🖵 110 – **55 ch** 800/2300, 30 appart – ½ P 960/1610

🏛️ **Grande Bastide** Ⓜ sans rest, 2 km ℘ 04 93 32 50 30, Fax 04 93 32 50 59, ⟨, ⬛, 🗏 – 🗏
📺 ☎ 📞 🅿, 🆎 🆎
15 mars-15 nov. et 26 déc.-4 janv. – 🖵 60 – **11 ch** 950

🏛️ **Hameau** sans rest, 1 km ℘ 04 93 32 80 24, Fax 04 93 32 55 75, « Cadre rustique, jardin en terrasses », ⬛, 🗏 – ☎ 🅿, 🆎
fermé 16 nov. au 22 déc. et 6 janv. au 15 fév. – 🖵 65 – **17 ch** 570/790

🏛️ **Hostellerie des Messugues** ⤳ sans rest, quartier Gardettes par rte Fondation
Maeght : 2 km ℘ 04 93 32 53 32, Fax 04 93 32 94 15, « Piscine originale », ⬛, 🗏 – 📱 ☎ 🅿,
🆎 ⑩ 🆎 🍴
1er avril-30 sept. – 🖵 55 – **15 ch** 550/700

au Sud : 4 km par D 2 et rte secondaire :

🏛️ **Les Bastides de St-Paul** Ⓜ sans rest, 880 chemin Blaquières (D 336 - axe Cagnes-Vence) ℘ 04 92 02 08 07, Fax 04 93 20 50 41, ⬛, 🗏 – 📺 ☎ 📞 ♿ 🅿, 🆎 ⑩ 🆎 🍴
🖵 55 – **17 ch** 450/700

ST-PAUL-CAP-DE-JOUX 81220 Tarn 82 ⑩ – 924 h alt. 158.
Paris 719 – Toulouse 60 – Albi 51 – Castelnaudary 47 – Castres 24 – Montauban 74.

à Viterbe Nord-Ouest : 7 km par D 112 et D 149 – 234 h. alt. 141 – ⊠ 81220 :

✕✕ **Les Marronniers**, ℘ 05 63 70 64 96, Fax 05 63 70 60 96, 😦, 🗏 – 🗏 🅿, 🆎 ⑩ 🆎
fermé vacances de Toussaint, mardi soir de sept. à avril et merc. – **Repas** 68 (déj.), 100/205,
enf. 45

ST-PAUL-DES-LANDES 15250 Cantal 76 ⑪ – 1 105 h alt. 554.
Paris 548 – Aurillac 14 – Figeac 63 – St-Céré 52.

✕ **Voyageurs**, ℘ 04 71 46 38 43, Fax 04 71 46 38 08, 😦 – 🆎
⬛ fermé sam. midi de sept. à mai et lundi soir – **Repas** 55 bc/160 ♀, enf. 45

ST-PAULIEN 43350 H.-Loire 76 ⑦ G. Vallée du Rhône – 1 872 h alt. 795.
Voir Intérieur★ de l'église.
Paris 536 – Le Puy en Velay 14 – La Chaise-Dieu 28 – St-Étienne 89 – Saugues 44.

🏛️ **Voyageurs**, 9 av. Rochelambert (près église) ℘ 04 71 00 40 47, Fax 04 71 00 51 05 –
⬛ rest, 📺 📞 ⤳, 🆎
Repas (fermé dim. soir sauf juil.-août) (50) - 70/150 ⅄, enf. 40 – 🖵 30 – **13 ch** 205/225 –
½ P 210

ST-PAUL-LE-JEUNE 07460 Ardèche 80 ⑧ – 862 h alt. 255.
Voir Banne : ruines de la citadelle ⟨★ N : 5 km, G. Provence.
Paris 676 – Alès 32 – Aubenas 45 – Pont-St-Esprit 54 – Vallon-Pont-d'Arc 29 – Villefort 38.

✕ **Moderne** avec ch, ℘ 04 75 39 82 75 – ☎. 🆎
⬛ fermé fév. et merc. – **Repas** 85/175, enf. 50 – 🖵 28 – **9 ch** 190 – ½ P 210

ST-PAUL-LÈS-DAX 40 Landes 78 ⑦ – rattaché à Dax.

ST-PAUL-LÈS-ROMANS 26 Drôme 77 ③ – rattaché à Romans-sur-Isère.

ST-PAUL-TROIS-CHATEAUX 26130 Drôme 81 ① G. Vallée du Rhône – 6 789 h alt. 90.
Voir Cathédrale St-Paul★ – Barry ⟨★★ S : 8 km.
🅱 Office de Tourisme (fermé lundi matin et jours fériés) r. République ℘ 04 75 96 61 29,
Fax 04 75 96 74 61.
Paris 631 – Montélimar 27 – Nyons 39 – Orange 32 – Vaison-la-Romaine 35 – Valence 72

🏠 **L'Esplan** Ⓜ, pl. l'Esplan ℘ 04 75 96 64 64, Fax 04 75 04 92 36, 斎, « Décor contemporain » – ⋈📶 ▤ 🅣 ☎ – ⚲ 15. ⚑ ⓪ ⬤ 🅹🅲🅱
fermé 15 déc. au 5 janv. – **Repas** *(fermé dim. soir d'oct. au 30 avril et sam. midi)* 118/280 🦴,
enf. 60 – � 50 – **36 ch** 350/550 – ½ P 360/410

✗ **Vieille France-Jardin des Saveurs** (déménagement prévu en été : 1,2 km rte de La
Garde-Adhémar), ℘ 04 75 96 70 47, Fax 04 75 96 70 47 – ⚑ ⬤
fermé vacances de fév., dim. et lundi – **Repas** (nombre de couverts limité, prévenir) *(105)* –
140 (déj.), 170/450 ⓨ

ST-PÉE-SUR-NIVELLE 64310 Pyr.-Atl. 🔠 ② – 3 463 h alt. 30.
Paris 791 – *Biarritz 17* – Bayonne 21 – Cambo-les-Bains 17 – Pau 131 – St-Jean-de-Luz 14.

à Ibarron *rte de St-Jean-de-Luz : 1,5 km* – ✉ 64310 St-Pée-sur-Nivelle :

✗✗ **Fronton,** ℘ 05 59 54 10 12, Fax 05 59 54 18 09, 斎 – ⚑ ⓪ ⬤
fermé 15 fév. au 15 mars, dim. soir et lundi hors saison – **Repas** 135/250

à l'Ouest *par vieille rte de St-Jean-de-Luz D 918 et D 307 : 4 km* – ✉ 64310 St-Pée-sur-Nivelle :

🏠 **Auberge Basque** ⋚ sans rest, ℘ 05 59 54 10 15, ≼, « Jardin ombragé », ⌁ – ☎ 🅿.
⬤ ⛛
Pâques-oct. – ⊇ 35 – **17 ch** 300

ST-PÉRAY 07130 Ardèche 🔠 ⑪ ⑫ – 5 886 h alt. 124.
Voir *Ruines du château de Crussol : site★★★ et ≼★★ SE : 2 km.*
Env. *Saint-Romain-de-Lerps ⁂★★★ NO : 9,5 km par D 287, G. Vallée du Rhône.*
🅱 *Office de Tourisme 45 r. République ℘ 04 75 40 46 75.*
Paris 563 – *Valence 4* – Lamastre 35 – Privas 40 – Tournon-sur-Rhône 15.

à Cornas *Nord : 2 km par N 86* – 2 102 h. alt. 130 – ✉ 07130 :

✗ **Ollier,** ℘ 04 75 40 32 17 – ▤. ⬤
fermé 9 au 29 août, vacances de fév., lundi soir, mardi soir et merc. – **Repas** 70 (déj.),
95/170 ⓨ

à Soyons *Sud : 7 km par N 86* – 1 551 h. alt. 106 – ✉ 07130 :

🏠🏠 **Domaine de la Musardière** Ⓜ, ℘ 04 75 60 83 55, Fax 04 75 60 85 21, 斎, parc, 🔥,
🏊, ✗ – ⋈📶 ▤ 🅣 ☎ 🅿 – ⚲ 30. ⚑ ⬤ ⬤
Repas 125 (déj.), 150/350 – ⊇ 95 – **12 ch** 850/1000 – ½ P 800
La Châtaigneraie 🏠🏠 „, parc, 🏊, ✗ – cuisinette, ▤ ch, 🅣 ☎ 🅿. ⚑ ⓪ ⬤
Repas voir **Domaine de la Musardière** – ⊇ 95 – **18 ch** 650/750 – ½ P 645

ST-PÈRE 89 Yonne 🔠 ⑮ ⑯ – rattaché à Vézelay.

ST-PÈRE-SUR-LOIRE 45 Loiret 🔠 ① – rattaché à Sully-sur-Loire.

ST-PÉREUSE 58110 Nièvre 🔠 ⑥ – 260 h alt. 355.
Paris 296 – Autun 54 – Château-Chinon 14 – Clamecy 57 – Nevers 55.

✗✗ **Madonette,** ℘ 03 86 84 45 37, Fax 03 86 84 46 69, 斎, « Jardin fleuri », ⌁ – ⬤
fermé 15 déc. au 10 fév. – **Repas** 69/265 ⓨ, enf. 58

ST-PIERRE-DE-CHARTREUSE 38380 Isère 🔠 ⑤ *G. Alpes du Nord* – 650 h alt. 885 – *Sports
d'hiver : 900/1 800 m ⚡ 1 ⚡ 12 ⚡.*
Voir *Terrasse de la Mairie ≼★ – Prairie de Valombré ≼★ O : 4 km – Site★ de Perquelin E : 3 km
– La Correrie : musée Cartusien★ du couvent de la Grande Chartreuse NO : 3,5 km –
Décoration★ de l'église de St-Hugues-de-Chartreuse S : 4 km.*
🅱 *Office de Tourisme pl. de la Mairie ℘ 04 76 88 62 08, Fax 04 76 88 68 78.*
Paris 573 – *Grenoble 27* – Belley 63 – Chambéry 39 – La Tour-du-Pin 53 – Voiron 25.

🏠 **Beau Site,** ℘ 04 76 88 61 34, Fax 04 76 88 64 69, ≼, 🏊, ✗ – ⋈📶 ☎ – ⚲ 30. ⓪ ⬤
fermé 17 avril au 2 mai et 15 oct. au 23 déc. – **Repas** *(fermé dim. soir et lundi hors saison)*
95/200 ⓨ, enf. 55 – ⊇ 40 – **27 ch** 320/360 – ½ P 330/360

✗ **Saint-Pierre,** La Diat, Sud-Ouest : 1 km ℘ 04 76 88 65 79, Fax 04 76 88 68 95 – ☎ 🅿. ⬤.
⛛ rest
fermé 15 nov. au 15 déc., dim. soir et lundi hors saison – **Repas** 69/120 ⓨ – ⊇ 40 – **7 ch**
260/320 – ½ P 240/280

✗ **Auberge de l'Âtre Fleuri** ⋚ avec ch, Sud : 3 km sur D 512 ℘ 04 76 88 60 21,
Fax 04 76 88 64 97, 斎, ⌁ – ☎ 🅿. ⬤, ⛛
fermé 12 nov. au 10 déc. – **Repas** *(fermé lundi soir et mardi sauf fév. et juil.-août)* 95/200 ⓨ,
enf. 50 – ⊇ 35 – **7 ch** 230/240 – ½ P 230/240

au col du Cucheron *Nord : 3,5 km par D 512 – Sports d'hiver au Planolet : 1 050/1 500 m 1 6 – ✉ 30300 St Pierre de Charteuse :*

X **Chalet Hôtel du Cucheron** avec ch, ☎ 04 76 88 62 06, *Fax 04 76 88 65 43*, ←, – GB. rest
fermé 16 oct. au 24 déc., 8 au 20 janv., dim. soir et lundi sauf vacances scolaires et fériés – **Repas** 96/160 ♀, enf. 50 – ☕ 33 – **7 ch** 158/215 – ½ P 210/240

ST-PIERRE-D'ENTREMONT *73670 Savoie* 74 ⑮ *G. Alpes du Nord* – *294 h alt. 640.*
Voir *Cirque de St-Même★★ SE : 4,5 km – Gorges du Guiers Vif★★ et Pas du Frou★★ O : 5 km – Château du Gouvernement★ : ≤★ SO : 3 km.*
Office de Tourisme de la Vallée des Entremonts Maison Communale ☎ *04 79 65 81 90, Fax 04 79 65 88 78.*
Paris 552 – Grenoble 48 – Belley 59 – Chambéry 26 – Les Échelles 12 – Lyon 106.

Château de Montbel, ☎ 04 79 65 81 65, *Fax 04 79 65 89 49* – ☎. GB.
fermé 5 au 15 avril, 27 oct. au 4 déc., dim. soir et lundi sauf vacances scolaires – **Repas** *(80)* - 100/200 ♀, enf. 60 – ☕ 34 – **14 ch** 200/270 – ½ P 250/280

ST-PIERRE-DES-CORPS *37 I.-et-L.* 64 ⑮ – *rattaché à Tours.*

ST-PIERRE-D'OLÉRON *17 Char.-Mar.* 71 ⑬ – *voir à Oléron (Ile d').*

Prices For notes on the prices quoted in this Guide, see the explanatory pages.

ST-PIERRE-DU-PERRAY *91 Essonne* 61 ①, 101 ㊳ – *voir à Paris, Environs.*

ST-PIERRE-DU-VAUVRAY *27 Eure* 55 ⑰ – *rattaché à Louviers.*

ST-PIERRE-LAFEUILLE *46090 Lot* 79 ⑧ – *217 h alt. 350.*
Paris 572 – Cahors 10 – Figeac 62 – Payrac 39 – Puy-l'Évêque 33 – Rocamadour 54.

XX **Bergerie** avec ch, N 20 ☎ 05 65 36 82 82, *Fax 05 65 36 82 40*, – TV ☎ P. AE GB
fermé 22 janv. au 19 fév., dim. soir et lundi sauf juil.-août – **Repas** 95/260 ♀, enf. 60 – ☕ 40 – **10 ch** 300/520 – ½ P 320/460

ST-PIERRE-LANGERS *50530 Manche* 59 ⑦ – *357 h alt. 40.*
Paris 333 – St-Lô 63 – St-Malo 83 – Avranches 17 – Granville 11.

XX **Jardin de l'Abbaye,** Croix Barrée ☎ 02 33 48 49 08, *Fax 02 33 48 18 50* – GB
fermé 1er au 15 oct., 6 au 27 fév., dim. soir sauf juil.-août et lundi – **Repas** 98/350, enf. 60

ST-PIERRE-LE-MOUTIER *58240 Nièvre* 69 ③ *G. Bourgogne* – *2 091 h alt. 214.*
Syndicat d'Initiative à la Mairie ☎ *03 86 37 12 09, Fax 03 86 37 45 80.*
Paris 269 – Bourges 70 – Moulins 31 – Château-Chinon 84 – Montluçon 75 – Nevers 25.

XX **Vigne** avec ch, rte Decize ☎ 03 86 37 41 66, *Fax 03 86 37 28 90*, , parc – TV ☎ P. AE GB
hôtel : fermé dim. de sept. à avril – **Repas** *(fermé dim. soir de sept. à avril et merc.)* (dim. et fêtes prévenir) *(85)* - 98/265 ♀ – ☕ 38 – **12 ch** 280/350 – ½ P 290/320

ST-PIERRE-LÈS-AUBAGNE *13 B.-du-R.* 84 ⑭., 114 ㉙ ㉚ – *rattaché à Aubagne.*

ST-PIERREMONT *88700 Vosges* 62 ⑥ – *167 h alt. 251.*
Paris 358 – Nancy 54 – Lunéville 25 – St-Dié 40.

Relais Vosgien, ☎ 03 29 65 02 46, *Fax 03 29 65 02 83*, , – , rest, TV ☎ P. GB
Repas *(fermé vend. soir)* 95/290 ♀, enf. 60 – ☕ 38 – **17 ch** 150/290 – ½ P 230/270

ST-PIERRE-QUIBERON *56 Morbihan* 63 ⑪ ⑫ – *rattaché à Quiberon.*

ST-POL-DE-LÉON 29250 Finistère 58 ⑥ G. Bretagne – 7 261 h alt. 60.

　　Voir Clocher★★ de la chapelle du Kreisker★ : ☀★★ de la tour – Ancienne cathédrale★ – Rocher Ste-Anne : ≤★ dans la descente.

　　🖪 Office de Tourisme (fermé dim. après-midi en saison) pl. de l'Évêché ℘ 02 98 69 05 69, Fax 02 98 69 01 20.

　　Paris 557 – Brest 61 – Brignogan-Plages 30 – Morlaix 20 – Roscoff 5.

🏛　**France** sans rest, 29 r. Minimes ℘ 02 98 29 14 14, Fax 02 98 29 10 57, 🚗 – 🔟 ☎ ❤ 🏧.
🔥100　GB
　　⊊ 30 – **21 ch** 220/280

🕮🕮　**Auberge Pomme d'Api**, 49 r. Verderel ℘ 02 98 69 04 36, « Cadre rustique » – 🕰 GB
🐾　fermé 19 nov. au 4 déc., 18 fév. au 12 mars, dim. soir et lundi sauf juil.-août – Repas 85 bc (déj.), 115/195, enf. 60

ST-PONS 07580 Ardèche 76 ⑲ – 181 h alt. 350.

　　Paris 624 – Valence 76 – Aubenas 24 – Montélimar 21 – Privas 29.

🏛　**Hostellerie Gourmande "Mère Biquette"** 🦐, Nord : 4 km par rte secondaire
　　℘ 04 75 36 72 61, Fax 04 75 36 76 25, ≤, 🏤, 🏊, 🚗, 🕮 – 🔟 ☎ ❤ 🏧, 🕰 GB
　　fermé 15 déc. au 1er fév. – Repas 100/250 ♈, enf. 55 – ⊊ 50 – **9 ch** 340/450 – ½ P 335/405

ST-PONS-DE-THOMIÈRES 34220 Hérault 83 ⑬ G. Languedoc Roussillon – 2 566 h alt. 301.

　　Voir Grotte de la Devèze★ SO : 5 km.

　　🖪 Office de Tourisme pl. du Foirail ℘ 04 67 97 06 65, Fax 04 67 97 29 65.

　　Paris 757 – Béziers 53 – Carcassonne 64 – Castres 54 – Lodève 73 – Narbonne 52.

🕮🕮　**Les Bergeries de Pondérach** 🦐 avec ch, rte Narbonne : 1 km ℘ 04 67 97 02 57,
　　Fax 04 67 97 29 75, 🏤 – 🔟 ☎ 🏧, ⓪ GB JCB
　　1er mars-30 nov. – Repas 98/230 ♈, enf. 60 – ⊊ 48 – **7 ch** 380/490 – ½ P 380/440

🕮　**Route du Sel**, 15 Grand'Rue ℘ 04 67 97 05 14, Fax 04 67 97 13 70 – 🗐. GB
　　fermé fév., dim. soir et lundi – Repas 70 (déj.), 95/210

au Nord : 10 km sur D 907 – ⊠ 34220 St-Pons :

🕮🕮　**Auberge du Cabaretou** 🦐 avec ch, ℘ 04 67 97 02 31, Fax 04 67 97 32 74, ≤ vallée et
🐾　montagne, 🏤, 🚗 – 🔟 ☎ 🏧. ⓪ GB
　　fermé mi-janv. à mi-fév., dim. soir et lundi d'oct. à avril – Repas 95/225 ♈, enf. 65 – ⊊ 45 –
　　11 ch 250/280 – ½ P 260/270

ST-POURÇAIN-SUR-SIOULE 03500 Allier 69 ⑭ G. Auvergne – 5 159 h alt. 234.

　　Voir Église Ste-Croix★ – Musée de la Vigne et du Vin★.

　　🖪 Office de Tourisme pl. Mar. Foch ℘ 04 70 45 32 73, Fax 04 70 45 60 27.

　　Paris 330 – Moulins 32 – Montluçon 64 – Riom 61 – Roanne 80 – Vichy 29.

🏛🏛　**Chêne Vert**, bd Ledru-Rollin ℘ 04 70 45 40 65, Fax 04 70 45 68 50, 🏤 – 🔟 ☎ 🅿 – 🔏 40.
　　🕰 ⓪ GB
　　fermé dim. soir du 15 sept. au 30 juin – Repas (fermé 18 sept. au 2 oct., janv. et lundi sauf le soir du 1er juil. au 15 sept.) 95/200 – ⊊ 40 – **31 ch** 220/300

ST-PRIEST-EN-JAREZ 42270 Loire 73 ⑲ – 5 673 h alt. 605.

　　Paris 522 – St-Étienne 5 – Feurs 38 – Lyon 63 – Montbrison 40 – Vienne 52.

🕮🕮　**Clos Fleuri**, 76 av. Albert Raimond ℘ 04 77 74 63 24, Fax 04 77 79 06 70, 🏤 – 🕰 GB
　　fermé dim. soir – Repas 155/400

ST-PRIEST-TAURION 87480 H.-Vienne 72 ⑧ G. Berry Limousin – 2 506 h alt. 255.

　　Env. ≤★ du parc de Montméry N : 9 km par D 44.

　　Paris 390 – Limoges 14 – Bellac 47 – Bourganeuf 34 – La Souterraine 51.

🏛　**Relais du Taurion**, ℘ 05 55 39 70 14, Fax 05 55 39 67 63, 🏤, 🚗 – 🔟 ☎ ❤ 🏧. GB
　　fermé 15 déc. au 15 janv., dim. soir et lundi de sept. à juin – Repas 105/200, enf. 55 – ⊊ 40 –
　　8 ch 255/310 – ½ P 260/320

ST-PROJET 15 Cantal 76 ⑪ ⑫ – alt. 220 – ⊠ 15340 Calvinet.

　　Paris 605 – Aurillac 47 – Rodez 47 – Figeac 40 – Villefranche-de-Rouergue 64

🍲　**Pont**, ℘ 04 71 49 94 21, Fax 04 71 49 96 10, ≤, 🏤, 🚗 – ☎ 🅿. GB
🐌　Pâques-Toussaint – Repas (56) 70 bc/132 ♈, enf. 48 – ⊊ 40 – **13 ch** 145/370 – ½ P 180/300

ST-QUAY-PORTRIEUX 22410 C.-d'Armor 59 ③ G. Bretagne – 3 018 h alt. 25 – Casino.
   🛈 Office de Tourisme 17 bis r. Jeanne-d'Arc ℰ 02 96 70 40 64, Fax 02 96 70 39 99.
   Paris 470 – St-Brieuc 23 – Étables sur Mer 3 – Guingamp 28 – Lannion 53 – Paimpol 26.

🏨 **Ker Moor** ⟨⟩, 13 r. Prés. Le Sénécal ℰ 02 96 70 52 22, Fax 02 96 70 50 49, ≤ côte et mer,
   ⌂ – |⧫| 🆃🆅 ☎ 🅿 – 🔬 20. 🆎 ⓪ 🆖🅱 🆓🅲🅱. ⁒ rest
   fermé 22 déc. au 4 janv. et dim. soir d'oct. à mars – **Repas** 135/345 ⯑, enf. 85 – ⯑ 60 –
   29 **ch** 425/590 – ½ P 538/570

🏨 **Gerbot d'Avoine**, bd Littoral ℰ 02 96 70 40 09, Fax 02 96 70 34 06, ⌂ – 🖿 rest, 🆃🆅 ☎
   🅿. 🆖🅱
   fermé 13 au 30 nov., 24 janv. au 8 fév., dim. soir et lundi hors saison – **Repas** 90/230 ⯑,
   enf. 50 – ⯑ 45 – **20 ch** 220/340 – ½ P 300/340

🍴 **Mouton Blanc**, 52 quai République ℰ 02 96 70 58 44, Fax 02 96 70 58 44, ≤ – 🆎 🆖🅱
   fermé 15 nov. au 7 déc., 5 au 24 fév., merc. soir et jeudi sauf vacances scolaires – **Repas**
   92/175 ⯑, enf. 55

Les pages explicatives de l'introduction
*vous aideront à mieux profiter de votre **guide Michelin***

ST-QUENTIN ⟨⯑⟩ 02100 Aisne 53 ⑭ G. Picardie Flandres Artois – 60 644 h alt. 74.
   Voir Basilique★ – Hôtel de ville★ – Pastels de Quentin de La Tour★★ au musée Lécuyer.
   🛈 Office de Tourisme 27 r. Victor-Basch, ℰ 03 23 67 05 00, Fax 03 23 67 78 71.
   Paris 164 ⑤ – Amiens 77 ⑥ – Charleroi 160 ③ – Lille 112 ⑥ – Reims 99 ③.

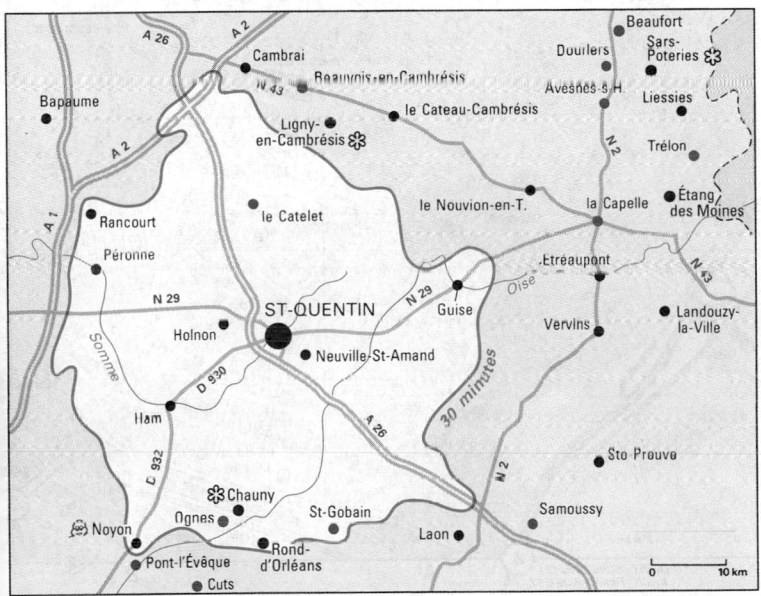

🏨 **Grand Hôtel** Ⓜ sans rest, 6 r. Dachery ℰ 03 23 62 69 77, Fax 03 23 62 53 52 – |⧫| 🆃🆅 ☎ ✆
   ⧫ 🅿 – 🔬 30. 🆎 ⓪ 🆖🅱 🆓🅲🅱
   fermé 30 juil. au 27 août et 22 au 29 déc. – ⯑ 60 – **24 ch** 420/600   BZ **n**

🏨 **Paix et Albert 1er**, 3 pl. 8-Octobre ℰ 03 23 62 77 62, Fax 03 23 62 66 03 – |⧫|, 🖿 rest, 🆃🆅
   ☎ ✆ 🅿 – 🔬 30. 🆎 ⓪ 🆖🅱   BZ **a**
   Brésilien brasserie **Repas** (78)-98/160 ⯑, enf. 60 – **Carnotzet** (dîner seul.) **Repas** (78)-98/
   160 ⯑, enf. 60 – ⯑ 38 – **52 ch** 290/320

🏨 **Ibis** Ⓜ, 14 pl. Basilique ℰ 03 23 67 40 40, Fax 03 23 62 69 36 – |⧫| ⋊, 🖿 rest, 🆃🆅 ☎ ✆ ⧫.
   🆎 ⓪ 🆖🅱   ABZ **r**
   Repas (fermé dim. soir et lundi) 80/159 ⯑, enf. 45 – ⯑ 35 – **49 ch** 315/330

ST-QUENTIN

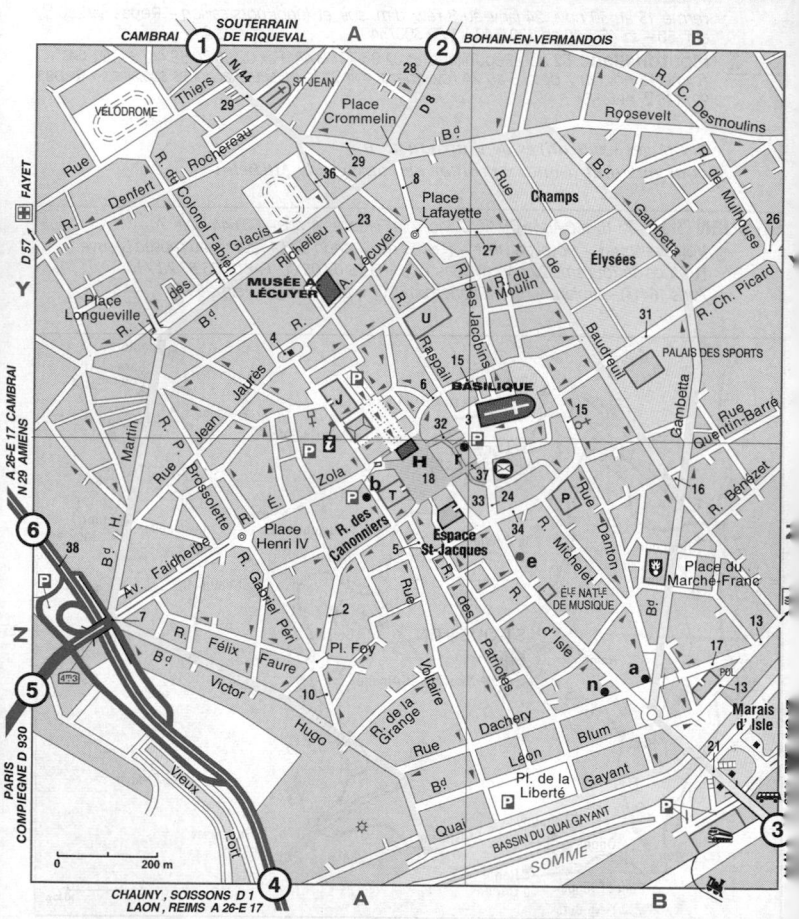

🏬 **Mémorial** sans rest, 8 r. Comédie 📞 03 23 67 90 09, Fax 03 23 62 34 96 – 📺 📞 ✆ 🅿, 🅰🅴
⓪ 🆖
AZ **b**
⟱ 45 – **18 ch** 290/420

XXX **Rond d'Alembert,** 27 r. d'Isle 📞 03 23 64 46 46, Fax 03 23 64 49 90 – 🅰🅴 ⓪ 🆖
fermé 5 au 20 août, sam. et dim. – **Repas** 130/300 et carte 300 à 400 ₤ - **Bistrot**
(rez-de-chaussée) (déj. seul.) **Repas** 75 ₤, enf. 50
BZ **e**

à Neuville-St-Amand par ③ et D 12 : 3 km – 916 h. alt. 82 – ⌧ 02100 :

🏨 **Château** ⑤, 📞 03 23 68 41 82, Fax 03 23 68 46 02, 🍴, parc – 📺 📞 ✆ ⅙ 🅿 – 🔺 25. 🅰🅴
⓪ 🆖, ⅙ ch
fermé 31 juil. au 20 août, 24 au 31 déc., sam. midi et dim. soir – **Repas** 125/345 ₤ – ⟱ 48 –
15 ch 330/390

rte d'Amiens par ⑥ et N 29 : 2 km – ✉ 02100 St-Quentin :

🏨 **Campanile**, ℘ 03 23 67 91 22, Fax 03 23 67 49 55, 徐 – ⇔ 📺 ☎ ✆ & 🖪 – 🔏 25. 🆎 ⓞ
GB

Repas 75/103 ♀ – ☑ 34 – 38 **ch** 315

à Holnon par ⑥ et N 29 : 6 km – 1 199 h. alt. 102 – ✉ 02760 :

🏨 **Pot d'Étain** 🅼, ℘ 03 23 09 34 35, Fax 03 23 09 34 39, 徐 – ⇔ 📺 ☎ ✆ & 🖪 – 🔏 30. 🆎
ⓞ GB

Repas 105 bc/230 – ☑ 40 – **32 ch** 310/350 – ½ P 380

ST-QUENTIN-DES-ISLES 27 Eure 55 ⑮ – rattaché à Bernay.

ST-QUENTIN-EN-YVELINES 78 Yvelines 60 ⑨, 106 ㉙, 101 ㉑ – voir à Paris, Environs.

ST-QUENTIN-LA-POTERIE 30 Gard 80 ⑲ – rattaché à Uzès.

ST-QUENTIN-SUR-LE-HOMME 50 Manche 59 ⑧ rattaché à Avranches.

ST-QUIRIN 57560 Moselle 62 ⑧ G. Alsace Lorraine – 904 h alt. 305.

🛈 Syndicat d'Initiative Mairie ℘ 03 87 08 60 34, Fax 03 87 08 66 44.
Paris 392 – Strasbourg 91 – Baccarat 40 – Lunéville 56 – Phalsbourg 34 – Sarrebourg 19.

XX **Hostellerie du Prieuré** 🅼 avec ch, ℘ 03 87 08 66 52, Fax 03 87 08 66 49 – 📺 ☎ ✆ &
🖪 – 🔏 30.
Repas (fermé vacances de Toussaint, de fév. et merc.) 65 (déj.), 98/250 ♀, enf. 54 – ☑ 35 –
8 ch 230/280 – ½ P 185/200

vers Turquestein Blancrupt rte du Col du Donon, Sud-Est : 5,5 km par D 96 et D 993 – ?? h
alt. 365 – ✉ 57560 Turquestein :

🏨 **Auberge du Kiboki** ⑤, ℘ 03 87 08 60 65, Fax 03 87 08 65 26, 徐, parc, « Auberge
rustique dans un havre de verdure », 🎤, 🏊, 🎾 – 📺 ☎ ✆ 🖪. GB. 🎿
fermé 15 fév. au 18 mars et mardi – Repas (fermé merc. midi du 15 nov. au 18 mars et
mardi) 98/280 ♀, enf. 60 – ☑ 55 – **16 ch** 440/460 – ½ P 430/500

ST-RAPHAËL 83700 Var 84 ⑧, 114 ㉟, 115 ㉝ G. Côte d'Azur – 26 616 h alt. 6 – Casino Z.
Voir Collection d'amphores✶ dans le musée archéologique M.
🛈 Office de Tourisme r. W.-Rousseau ℘ 04 94 19 52 52, Fax 04 94 83 05 40.
Paris 875 ③ – Fréjus 4 ③ – Aix-en-Provence 121 ③ – Cannes 41 ④ – Toulon 96 ③
Accès et sorties : voir plan de Fréjus.

🏨 **Continental** 🅼 sans rest, 100 prom. René Coty ℘ 04 94 83 87 87, Fax 04 94 19 20 24, ≤
– 🛗 ⇔ ☰ 📺 ☎ ✆ & ⇨. 🆎 GB   Z e
☑ 55 – **44 ch** 580/1190

🏨 **Excelsior**, 193 bd F. Martin (prom. R. Coty) ℘ 04 94 95 02 42, Fax 04 94 95 33 82, ≤, 徐 –
🛗 ☰ 📺 ☎ ✆ 🖪. 🆎 ⓞ GB   Z h
Repas 130 (déj.), 150/218 ♀ – ☑ 35 – **36 ch** 900/950 – ½ P 490/580

🏨 **Bleu Marine** 🅼, port Santa-Lucia par ① ℘ 04 94 95 31 31, Fax 04 94 82 21 46, 徐, 🎤, 🏊
– 🛗 ⇔ ☰ 📺 ☎ & ⇨ – 🔏 15 à 200. 🆎 ⓞ GB
Repas 115 bc (déj.), 125/190 &, enf. 55 – ☑ 60 – **100 ch** 650/800 – ½ P 515/535

XXX **L'Arbousier**, 6 av. Valescure ℘ 04 94 95 25 00, Fax 04 94 83 81 04, 徐 – 🆎 ⓞ GB
fermé 18 déc. au 5 janv., dim. soir hors saison et lundi – Repas 145 (déj.), 185/320 et carte
320 à 430   Y r

XX **Gargoulette**, 29 r. P. Aublé ℘ 04 94 95 48 18, Fax 04 94 95 48 18 – ☰. 🆎 ⓞ GB   Z s
fermé janv., mardi midi, merc. midi, jeudi midi en juil.-août, dim. soir et lundi – Repas 120
(déj.), 185/320

XX **Pastorel**, 54 r. Liberté ℘ 04 94 95 02 36, Fax 04 94 95 64 07, 徐, « Terrasse ombragée »
– 🆎 ⓞ GB   Y t
fermé 1er au 15 mars, 1er au 15 nov., 14 au 21 mai, le midi en août, dim. et lundi – Repas (100)
- 160/210

XX **Les Terrasses de l'Orangerie**, prom. René Coty ℘ 04 94 83 10 50, 徐 – 🆎 ⓞ GB
fermé 5/01 au 1/02, lundi midi, mardi midi et merc. midi en juil.-août, dim. soir et lundi de
sept. à juin – Repas (85) - 95 (déj.)/135 ♀   Z m

XX **Sémillon**, 201 pl. Carnot ℘ 04 94 40 56 77, Fax 04 94 40 56 77, 徐 – 🆎 GB   Y n
fermé dim. et lundi sauf le soir en juil.-août – Repas 90 bc (déj.)/140 ♀

ST-RAPHAËL

Aicard (R. J.) .... **Z** 2
Albert-Ier (Quai) .... **Z** 3
Allongue (R. Marius) .... **Y** 5
Barbier (R. J.) .... **Z** 6
Basso (R. Léon) .... **Y** 7

Baux (R. Amiral) .... **Y** 9
Carnot (Pl.) .... **Y** 10
Coty (Promenade
René) .... **Z** 13
Doumer (Av. Paul) ..... **Z** 14
Gambetta (R.) .... **Y** 15
Gounod (R. Ch.) ...... **Z** 17
Guilbaud (Cours Cdt). . **Y** 18

Karr (R. A.) .... **Y** 21
Libération (Bd de la) ... **Z** 22
Liberté (R. de la) ...... **Y** 23
Martin (Bd Félix) ...... **YZ** 24
Péri (Pl. Gabriel) ...... **Y** 26
Remparts (R. des) ..... **Y** 28
Rousseau (R. W.) ..... **Y** 30
Vadon (R. H.) .... **Z** 31

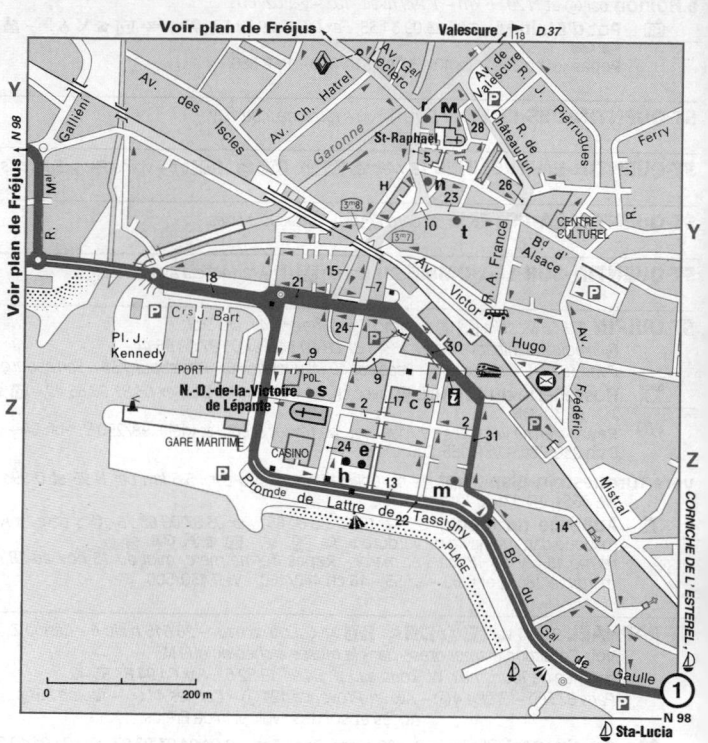

à Valescure *Nord-Est : 5 km* – ⊠ *83700 :*

🏨🏨🏨 **Golf de Valescure** ⑤, au golf ℰ 04 94 52 85 00, *Fax* 04 94 82 41 88, 佘 , parc, ⚄, ⚭ –
🛗 🗏 📺 ☎ ሌ 🅿 – 🔬 15 à 25. 🖭 ⑨ ☜. ❄ rest
fermé 13 nov. au 21 déc. et 7 au 31 janv. – **Les Pins Parasols** (dîner seul.)
Repas 175/205, enf. 65 – **Club House** (déj. seul.) **Repas** 135bc – **40 ch** ☲ 625/960 –
½ P 560/620

🍴🍴 **Jardin de Sébastien**, rte du golf ℰ 04 94 44 66 56, *Fax* 04 94 82 40 55, 佘 – 🅿.
☜
fermé nov., dim. soir et lundi de sept. à juin, lundi midi et jeudi midi en juil.-août – **Repas**
(100 bc) - 135/275

à Boulouris *par ① : 5 km* – ⊠ *83700 St-Raphaël :*

🏨🏨 **Potinière** ⑤, ℰ 04 94 19 81 71, *Fax* 04 94 19 81 72, 佘 , parc, 𝕝⑤, ⚄, ⌧ – ☎ 🅿 – 🔬 60.
🖭 ⑨ ☜
Repas *(fermé le midi de nov. à avril)* 150/350 ⅀, enf. 75 – ☲ 50 – **300 ch** 490/880 –
½ P 425/620

au Dramont *par ① : 6 km* – ⊠ *83530 Agay :*

🏨🏨 **Sol e Mar**, rte Corniche d'Or ℰ 04 94 95 25 60, *Fax* 04 94 83 83 61, ≼ Île d'Or et cap du
Dramont, 佘 , « Face à la mer », ⚄ – 🛗 📺 ☎ 🅿. 🖭 ⑨ ☜
1er avril-15 oct. – **Repas** 150/220 – ☲ 50 – **46 ch** 550/770 – ½ P 480/600

ST-RÉMY *71 S.-et-L.* 📖📖 ⑨ – *rattaché à Chalon-sur-Saône.*

Voir *Les Antiques*★★ : Mausolée★★, Arc municipal★, Glanum★ 1km par ③ – Cloître★ de *l'ancien monastère de St-Paul-de-Mausole par ③ – Hôtel de Sade : dépôt lapidaire★* L.

Env. ⁂★★ de la Caume / km par③.

🛈 *Office de Tourisme pl. J.-Jaurès ℰ 04 90 92 05 22, Fax 04 90 92 38 52.*

Paris 705 ① – Avignon 20 ① – Arles 26 ④ – Marseille 90 ② – Nîmes 43 ④.

ST-RÉMY-DE-PROVENCE

Pas de publicité
payée dans ce guide.

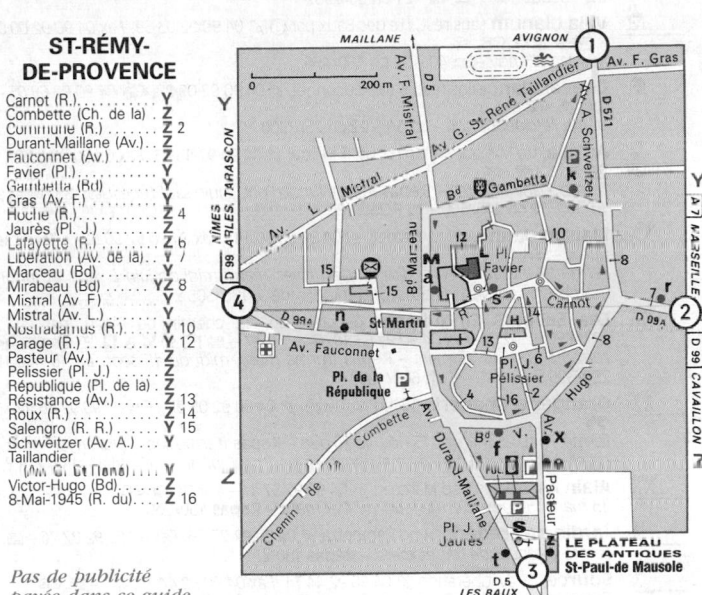

🏨🏨🏨 **Hostellerie du Vallon de Valrugues** Ⓜ ⤴, chemin Canto Cigalo par ② : *1 km* ℰ 04 90 92 04 40, Fax 04 90 92 44 01, ≤, 😶, « Terrasse fleurie au bord de la piscine », ₤₅, 🏊, 🎾, ✖ – 🛗, ☰ ch, 📺 ☎ 🅿 – 🕍 30. 🆎 🖭 ☁
fermé fév. – **Repas** 195 (déj.), 290/480, enf. 110 – 😑 105 – **38 ch** 780/1650, 15 appart
½ P 880/1315

🏨🏨🏨 **Château des Alpilles** ⤴, Ouest : 2 km par D 31 ℰ 04 90 92 03 33, Fax 04 90 92 45 17, 😶, « Demeure du 19ᵉ siècle dans un parc », 🏊, ✖ – 🛗, ☰ ch, 📺 ☎ 🅿 🆎 🖭 ☁ 🈷
🈷 rest
fermé 15 nov. au 20 déc. et 5 janv. au 15 fév. – **Repas** *(fermé le midi du 15 juin au 15 sept. et merc.)* (résidents seul.) 210 et carte 190 à 300 😑 – 😑 95 – **16 ch** 975/1200, 4 appart

🏨🏨 **Les Ateliers de l'Image** Ⓜ ⤴ sans rest, 5 av. Pasteur ℰ 04 90 92 51 50, Fax 04 90 92 43 52, « Cadre contemporain » – 🛗 ☰ 📺 ☎ 🔌 🖭 🆎 ☁ 🈷 Z X
😑 70 – **16 ch** 650/750

🏨🏨 **Les Antiques** ⤴ sans rest, 15 av. Pasteur ℰ 04 90 92 03 02, Fax 04 90 92 50 40, « Parc », 🏊
– ☎ 🅿 🆎 🖭 ☁ Z e
8 avril-20 oct. – 😑 66 – **27 ch** 370/800

🏨🏨 **Castelet des Alpilles** sans rest, 6 pl. Mireille ℰ 04 90 92 07 21, Fax 04 90 92 52 03, 😶 –
📺 ☎ 🅿 🆎 ☁ Z t
25 mars-1ᵉʳ nov. – 😑 48 – **19 ch** 395/520

🏨🏨 **Mas des Carassins** ⤴ sans rest, 1 chemin Gaulois par ③ : *1 km* ℰ 04 90 92 15 48, Fax 04 90 92 63 47, ≤, « Jardin ombragé et fleuri », 😶 – ☎ 🅿 ☁ 🈷 🈷
1ᵉʳ avril-5 nov. – 😑 58 – **10 ch** 405/595

🏨🏨 **Canto Cigalo** ⤴ sans rest, chemin Canto Cigalo par ② : *1 km* ℰ 04 90 92 14 28, Fax 04 90 92 24 48, 😶 – ☎ 🅿 ☁ 🈷
début mars-début nov. – 😑 41 – **20 ch** 285/350

🏨 **L'Amandière** ⤴ sans rest, av. Plaisance du Touch par ① *puis rte Noves : 1 km* ℰ 04 90 92 41 00, Fax 04 90 92 48 38, 🏊, 😶 – 📺 ☎ 🔌 🖭 ☁ 🈷
fermé fin oct. à mi-déc. et début janv. à mi-mars – 😑 41 – **26 ch** 295/360

🏨 **Van Gogh** 🦢 sans rest, 1 av. J. Moulin par ② 𝒞 04 90 92 14 02, *Fax 04 90 92 09 05*, ⅃ –
⊞ ☎ 🚗 🅿. ⃝. ⅏
1ᵉʳ mars-15 nov. – ⬚ 40 – **21 ch** 330/400

🏨 **Soleil** 🦢 sans rest, 35 av. Pasteur 𝒞 04 90 92 00 63, *Fax 04 90 92 61 07*, ⅃ – ⊞ ☎ ⅋ 🅿.
🆎 ⑩ ⃝ 🇯🇨🇧. ⃝. ⃝
avril-début nov. – ⬚ 42 – **21 ch** 304/387   Z z

🏨 **Villa Glanum** sans rest, rte des Baux par ③ 𝒞 04 90 92 03 59, *Fax 04 90 92 00 08*, ⅃, 🌿
– ⊞ ☎ ⅋ 🅿. ⃝. ⅏
15 mars-1ᵉʳ nov. – ⬚ 40 – **28 ch** 360/456

🏨 **Cheval Blanc** sans rest, 6 av. Fauconnet 𝒞 04 90 92 09 28, *Fax 04 90 92 69 05* – ⊞ ☎ ⅋
🚗 🅿. ⃝   Z n
début fév.-début nov. – ⬚ 30 – **22 ch** 250/300

🏔 **Acacia**, rte Maillane : 1 km par av. F. Mistral 𝒞 04 90 92 13 43, *Fax 04 90 92 64 01*, 🍽 , 🌿 –
⊞ ☎ 🅿. ⃝. ⅏
fermé 5 janv. au 5 fév. – **Repas** *(fermé lundi d'oct. à juin sauf fériés)* (65) - 85/160 ⅃, enf. 56 –
⬚ 36 – **12 ch** 245/300 – ½ P 250/280

🍴🍴 **Maison Jaune**, 15 r. Carnot 𝒞 04 90 92 56 14, *Fax 04 90 92 56 32*, « Terrasse ombragée » – ⃝   Y s
fermé 8 janv. au 8 mars, dim. soir en hiver, mardi midi de juin à sept. et lundi – **Repas**
(nombre de couverts limités, prévenir) 120 (déj.), 180/305 ⅃

🍴🍴 **Les Saveurs Singulières** 🦢 avec ch, 12 chemin de Bigau, par ② : *800 m.*
𝒞 04 90 92 02 02, *Fax 04 90 92 63 18*, 🍽 , ⅃, 🌿 – ⊟ ⊞ ☎ ⅋ ⅋ 🅿. 🆎 ⑩ ⃝ 🇯🇨🇧
fermé 5 janv. au 1ᵉʳ mars – **Repas** *(fermé merc. midi du 15 sept. au 15 mai)* 195 (déj.),
250/395 ⅃ – ⬚ 95 – **6 ch** 600/1800

🍴🍴 **Orangerie Chabert**, 16 bd V. Hugo 𝒞 04 90 92 05 95, *Fax 04 90 92 66 28*, 🍽 – ⊟.
⃝   Z f
fermé 1ᵉʳ au 25 mars et 15 nov. au 20 déc. – **Repas** *(fermé sam. midi en juil.-août, dim. soir
d'oct. à mai, mardi midi de mai à sept. et lundi sauf juil.août)* 107 (déj.), 158/218 ⅃, enf. 60

🍴🍴 **Alain Assaud**, 13 bd Marceau 𝒞 04 90 92 37 11 – ⊟. 🆎 ⑩ ⃝   Y a
15 mars-15 nov. et fermé jeudi midi et merc. – **Repas** 150/230

🍴 **Jardin de Frédéric**, 8 bd Gambetta 𝒞 04 90 92 27 76, *Fax 04 90 92 27 76* – ⊟. ⃝
fermé vacances de fév. et merc. – **Repas** 180 ⅃   Y k

🍴 **Source**, 13 av. Libération 𝒞 04 90 92 44 71, *Fax 04 90 92 44 71*, 🍽 – 🆎 ⃝   Y r
fermé 1ᵉʳ au 15 déc., 3 janv. au 3 fév. et merc. sauf fériés – **Repas** 98 (déj.), 160/230

à Verquières *par ②, D 30 et D 29 : 11 km* – 654 h. alt. 48 – ⊠ 13670 :

🍴🍴🍴 **Croque Chou** (Ravoux), pl. Église 𝒞 04 90 95 18 55, 🍽 – ⅏
😷   *fermé vacances de fév., lundi et mardi sauf fériés* – **Repas** (prévenir) 195/225 ⅃
Spéc. Galantine de gigot d'agneau aux senteurs de Provence. Dorade rôtie au vin rouge.
Filet mignon de lapin à l'infusion de sauge. **Vins** Coteaux d'Aix-en-Provence-les Baux, Côtes
du Rhône.

par ④ *et rte des Baux D 27 : 4,5 km* – ⊠ 13210 St-Rémy-de-Provence :

🏰 **Domaine de Valmouriane** 🦢, 𝒞 04 90 92 44 62, *Fax 04 90 92 37 32*, 🍽 , « Mas pro-
vençal aménagé avec élégance, parc », ⅃, ⅋ – ⅙|, ⊟ ch, ⊞ ☎ 🅿. 🆎 ⑩ ⃝ 🇯🇨🇧
Repas 175 bc (déj.), 230/290 ⅃ – ⬚ 75 – **14 ch** 890/1350 – ½ P 745/895

à Maillane *Nord-Ouest : 7 km par D 5* – 1 664 h. alt. 14 – ⊠ 13910 :

🍴🍴 **L'Oustalet Maïanen**, 𝒞 04 90 95 74 60, *Fax 04 90 95 76 17*, 🍽 – ⊟. 🆎 ⃝
fermé 29 nov. à début fév. et le soir en semaine d'oct. à mars – **Repas** *(fermé mardi midi en
juil.-août, dim. soir de sept. à juin et lundi)* 125 (déj.), 165/215 ⅃

ST-RÉMY-LÈS-CHEVREUSE *78 Yvelines* 🔟 ⑨ ⑩,, 🔟🔟 ㉙,, 🔟🔟 ㉜ – *voir à Paris, Environs.*

ST-RÉMY-SUR-DUROLLE *63550 P.-de-D.* 🔟 ⑥ *G. Auvergne* – 2 033 h alt. 620.
Voir *Calvaire* ⅏★ *15 mn.*
Paris 402 – *Clermont-Ferrand 50* – *Chabreloche 13* – *Thiers 7.*

🍴🍴 **Vieux Logis** avec ch, Nord : 3,5 km sur D 201 𝒞 04 73 94 30 78, *Fax 04 73 94 04 70*, ≤,
🍽 – 🅿. ⃝
fermé 22 au 30 oct., 19 au 28 fév., dim. soir et lundi – **Repas** 89 (déj.)/162 ⅃ – ⬚ 90 – **4 ch**
160

ST-RESTITUT *26130 Drôme* 80 ⑩ *G. Vallée du Rhône – 947 h alt. 150.*
Voir Église★ – Clansayes : promontoire ≤★★ N : 8 km.
Paris 635 – Montelimar 31 – Orange 31 – Valence 75.

Castel sans rest, pl. Église ☎ 04 75 04 59 40, *Fax 04 75 04 59 40,* « Demeure du 16e siècle » – ☎ ✆. ✈
1er mars-fin nov. – **5 ch** ☕ 500/600

ST-RIQUIER *80135 Somme* 52 ⑦ *G. Picardie Flandres Artois – 1 166 h alt. 29.*
Voir Intérieur★★ de l'église★.
Office de Tourisme Le Beffroi ☎ 03 22 28 91 72, Fax 03 22 28 02 73 (hors saison) Mairie ☎ 03 22 28 80 40.
Paris 180 – Amiens 45 – Abbeville 10 – St-Omer 83 – Le Tréport 47.

Jean de Bruges M sans rest, ☎ 03 22 28 30 30, *Fax 03 22 28 00 69,* « Demeure du 17e siècle » – TV ☎ ✆. AE GB. ✈
fermé janv. – ☕ 60 – **8 ch** 500/700

ST-ROMAIN-SUR-CHER *41140 L.-et-Ch.* 64 ⑰ *1 236 h alt. 130.*
Paris 216 – Tours 65 – Blois 34 – Montrichard 23 – Romorantin-Lanthenay 30.

St-Romain avec ch, ☎ 02 54 71 71 10, *Fax 02 54 71 72 89* – TV ☎ P. GB
fermé 18 sept. au 16 oct., dim. soir et lundi sauf juil.-août – **Repas** 73/238 ♀ – ☕ 30 – **5 ch** 165/275 – ½ P 230

ST-SALVADOUR *19 Corrèze* 75 ⑨ *– rattaché à Seilhac.*

ST-SAMSON-DE-LA-ROQUE *27680 Eure* 55 ④ *– 271 h alt. 80.*
Voir Phare de la Roque ✳★ *N : 2 km,* **G. Normandie Vallée de la Seine.**
Paris 175 – Le Havre 39 – Beuzeville 14 – Bolbec 24 – Évreux 99 – Honfleur 20.

Relais du Phare, ☎ 02 32 57 61 68, *Fax 02 32 57 61 68,* – GB
fermé dim. soir et lundi – **Repas** (105) - 200/240 et carte 180 à 315

ST-SATURNIN *63450 P.-de-D.* 72 ⑭ *G. Auvergne – 788 h alt. 520.*
Voir Église★★ – Choeur★ de l'abbaye N.-D.-de-Randol SO : 2 km.
Office de Tourisme (été) Point d'Accueil à Aydat et St-Saturnin ☎ 04 73 79 37 69, Fax 04 73 79 37 69.
Paris 437 – Clermont-Ferrand 22 – Issoire 28 – Le Mont-Dore 30 – Thiers 56.

Reine Margot, 21 r. Principale ☎ 04 73 39 05 76
fermé 13 au 28 oct. et sam. de nov. à mars – **Repas** 65 (déj.), 85/120

ST-SATURNIN-DE-LUCIAN *34 Hérault* 83 ⑤ *– rattaché à Clermont-l'Hérault.*

ST-SAUD-LACOUSSIÈRE *24470 Dordogne* 72 ⑯ *951 h alt. 370.*
Paris 447 – Limoges 55 – Brive-la-Gaillarde 101 – Châlus 23 – Nontron 15 – Périgueux 58.

Hostellerie St-Jacques , ☎ 05 53 56 97 21, *Fax 05 53 56 91 33,* « Terrasse et jardin fleuris », – TV ☎ ✆ P. AE GB
1er mars-10 nov. et fermé dim. soir et lundi sauf juil.-août – **Repas** 120/295 ♀ – ☕ 50 – **16 ch** 280/550 – ½ P 320/400

ST-SAUVES-D'AUVERGNE *63 P.-de-D.* 73 ⑬ *– rattaché à La Bourboule.*

ST-SAUVEUR-DE-LANDEMONT *49270 M.-et-L.* 67 ④ *– 587 h alt. 65.*
Paris 364 – Nantes 31 – Ancenis 17 – Cholet 50 – Clisson 27.

Château de la Colaissière , ☎ 02 40 98 75 04, *Fax 02 40 98 74 15,* ≤, « Château Renaissance dans un parc », – TV ☎ P – 50. GB JCB
fermé janv. – **Repas** *(fermé dim. soir et lundi)* 165/320 ♀, enf. 120 – ☕ 75 – **16 ch** 695/1395

ST-SAUVEUR-DE-MONTAGUT *07190 Ardèche* 76 ⑲ *– 1 396 h alt. 218.*
Paris 601 – Valence 38 – Le Cheylard 24 – Lamastre 34 – Privas 24.

Montagut avec ch, pl. Église ☎ 04 75 65 40 31, *Fax 04 75 65 41 86,* – TV. AE GB
fermé 8 au 29 sept., 2 au 16 janv., dim. soir et lundi – **Repas** (85) - 110/260 ♀, enf. 50 – ☕ 35 – **4 ch** 220/270 – ½ P 230

ST-SAVIN *65 H.-Pyr.* 85 ⑰ *– rattaché à Argelès-Gazost.*

ST-SAVIN 86310 Vienne 68 ⑮ – 1 089 h alt. 76.

🛈 Office de Tourisme 20 pl. de la Libération ℰ 05 49 48 11 00, Fax 05 49 48 11 00.
Paris 348 – Poitiers 45 – Belac 62 – Châtellaurt 48 – Montmorillon 19.

🏠 **France,** pl. République ℰ 05 49 48 19 03, Fax 05 49 48 97 07 – 📺 ☎ 📞 ♿ 🅿. AE GB
fermé 15 au 30 nov., vend. (sauf hôtel) et dim. soir d'oct. à mi-avril sauf fériés – **Repas** (68) -
90/240 ♈, enf. 60 – ☲ 30 – **15 ch** 240/340 – ½ P 240

ST-SÉBASTIEN-SUR-LOIRE 44 Loire-Atl. 67 ③ – rattaché à Nantes.

ST SEINE L'ABBAYE 21440 Côte-d'Or 65 ⑲ G. Bourgogne – 326 h alt. 451.
Paris 289 – Dijon 28 – Autun 74 – Châtillon-sur-Seine 57 – Montbard 48.

🏠 **Poste** ﹩, ℰ 03 80 35 00 35, Fax 03 80 35 07 64, 🏡, 🌳 – 📺 ☎ 🖚 🅿. GB
🍴 fermé 20 déc. au 4 janv., fév. et mardi d'oct. à Pâques – **Repas** 80/300 ♈, enf. 50 – ☲ 45 –
19 ch 160/350 – ½ P 270/375

ST-SERNIN-SUR-RANCE 12380 Aveyron 80 ⑫ G. Languedoc Roussillon – 563 h alt. 300.
Paris 701 – Albi 51 – Castres 69 – Lacaune 30 – Rodez 84 – St-Affrique 32.

🏨 **Carayon** ﹩, ℰ 05 65 98 19 19, Fax 05 65 99 69 26, ≼, 🏡, « Parc avec activités de
loisirs », ⅃₅, ⅃, ✗ – 🖩 📺 ☎ ♿ ♿ 🖚 🅿 – ⚱ 30. AE ① GB JCB
fermé dim. soir et lundi d'oct. à avril, vend. soir et sam. midi de nov. à mars – **Repas**
85/350 ♈, enf. 49 – ☲ 46 – **60 ch** 199/399 – ½ P 310/415

Si vous cherchez un hôtel tranquille,
consultez d'abord les cartes de l'introduction
ou repérez dans le texte les établissements indiqués avec le signe ﹩

ST-SERVAN-SUR-MER 35 I.-et-V. 59 ⑥ – rattaché à St-Malo.

ST-SEVER 40500 Landes 78 ⑥ G. Aquitaine – 4 536 h alt. 102.
Voir Chapiteaux★ de l'église.
🛈 Office de Tourisme pl. Tour-du-Sol ℰ 05 58 76 34 64, Fax (Mairie) 05 58 76 00 10.
Paris 730 – Mont-de-Marsan 18 – Aire-sur-l'Adour 32 – Dax 49 – Orthez 36 – Pau 68.

✗✗✗ **Relais du Pavillon** avec ch, au Nord : 2 km carrefour D 933 et D 924 ℰ 05 58 76 20 22,
Fax 05 58 76 25 81, 🏡, ⅃, 🌳 – 📺 ☎ 🅿 – ⚱ 30. AE ① GB
fermé 4 au 9 sept., 4 au 18 janv., dim. soir et lundi – **Repas** 90 (déj.), 150/280 et carte 250 à
320 – ☲ 40 – **12 ch** 230/300 – ½ P 260

à Bas-Mauco Nord-Est : 4,5 km par rte de Mont-de-Marsan – 242 h. alt. 37 – ✉ 40500 :

🏠 **Alios,** ℰ 05 58 76 44 00, Fax 05 58 76 35 38, 🏡, 🌳 – 📺 ☎ 📞 ♿ 🅿. GB. ✗ ch
🍴 **Repas** (fermé dim. et fêtes) 59 bc (déj.), 85/165 ♈ – ☲ 30 – **10 ch** 220/300 – ½ P 220

STS-GEOSMES 52 H.-Marne 66 ③ – rattaché à Langres.

ST-SIMON 31 H.-Gar. 82 ⑧ – rattaché à Toulouse.

ST-SORLIN-D'ARVES 73530 Savoie 77 ⑥ ⑦ G. Alpes du Nord – 291 h alt. 1550.
Voir Site★ de l'église de St-Jean-d'Arves SE : 2,5 km - Col de la Croix de Fer ✳★★ O : 7,5 km
puis 15 mn – Col du Glandon ≼★ puis Combe d'Olle★★ O : 10 km.
🛈 Office de Tourisme Vallée de l'Arvan ℰ 04 79 59 71 77, Fax 04 79 59 75 50.
Paris 657 – Albertville 85 – Le Bourg-d'Oisans 50 – Chambéry 95 – St-Jean-de-Maurienne 22.

🏠 **Beausoleil** ﹩, ℰ 04 79 59 71 42, Fax 04 79 59 75 25, ≼, 🏡, 🌳 – 📺 ☎ 🅿. AE GB.
✗ rest
1ᵉʳ juil.-10 sept. et 15 déc.-20 avril – **Repas** (76) - 98/120, enf. 45 – ☲ 42 – **23 ch** 260/320 –
½ P 350

🏠 **Balme** ﹩, ℰ 04 79 59 70 21, Fax 04 79 59 71 71, ≼, 🏡, 🌳 – ☎ 🅿. GB. ✗ rest
24 juin-10 sept. et 16 déc.-21 avril – **Repas** 98/130 ♈ – ☲ 35 – **26 ch** 240/290 – ½ P 320/
350

ST-SULIAC 35430 I.-et-V.[59] ⑥ – 802 h alt. 30.

Paris 411 – St-Malo 12 – Dinan 20 – Dol-de-Bretagne 21 – Lamballe 60 – Rennes 65.

XX   **Grève**, ℘ 02 99 58 53 83, Fax 02 99 58 35 40, 😤   🖭 😋
1er avril 15 nov. et fermé dim. soir et lundi – **Repas** (95) - 145/195 ♀, enf. 70

ST-SULPICE 81370 Tarn [82] ⑨ – 1 354 h alt. 112.

Paris 687 – Toulouse 31 – Albi 46 – Castres 54 – Montauban 44.

XX   **Auberge de la Pointe**, D 988 ℘ 05 63 41 80 14, Fax 05 63 41 90 24, « Terrasse dominant le Tarn », 😤 – 🖭. 🖭 ⓪ 😋 😋
fermé 11 au 25 oct., mardi soir et merc. de sept. à mai – **Repas** 65 (déj.), 90/200 ♀, enf. 50

ST-SULPICE-SUR-LÈZE 31410 H.-Gar. [82] ⑰ – 1 423 h alt. 200.

Paris 730 – Toulouse 36 – Auterive 14 – Foix 53 – St-Gaudens 65.

XX   **Commanderie**, ℘ 05 61 97 33 61, Fax 05 61 97 33 61, 😤, 😤 – 😋
fermé 18 sept. au 10 oct., 15 au 30 janv., lundi soir et mardi – **Repas** 88/189 ᗡ, enf. 50

ST-SYMPHORIEN-DE-LAY 42470 Loire [73] ⑧ – 1 489 h alt. 446.

Paris 413 – Roanne 18 – Lyon 71 – Montbrison 56 – St-Étienne 75 – Thizy 20.

X   **Auberge des Terrasses**, Nord-Est par N 7 et D 80 : 2 km ℘ 04 77 64 72 87, ≼ – 😋
🍽   fermé 8 janv. au 5 fév., dim. soir et lundi – **Repas** 75/220 ♀

ST-SYMPHORIEN-D'OZON 69360 Rhône [74] ⑪ – 5 167 h alt. 176.

Paris 479 – Lyon 21 – Rive-de-Gier 28 – La Tour-du-Pin 52 – Vienne 14.

XX   **Louvre**, quai H. Berlioz ℘ 04 78 02 80 80, Fax 04 78 02 92 78 – 😋
fermé 12 au 24 août et le soir sauf week-ends – **Repas** 115/200 ♀ - **Bistrot :** Repas 68/98, ♀

ST-THÉGONNEC 29410 Finistère [58] ⑥ G. Bretagne – 2 139 h alt. 83.

Voir Enclos paroissial★★ – Guimiliau : Enclos paroissial★★ , SO : 7,5 km.

Paris 550 – Brest 49 – Châteaulin 53 – Morlaix 13 – Quimper 70 – St-Pol-de-Léon 28.

🏨   **Auberge St-Thégonnec** 🖭, ℘ 02 98 79 61 18, Fax 02 98 62 71 10, 😤, 😤 – 📺 ☎ ❤
🍽   🔌 🖭. 🖭 😋. 🛦 rest
fermé 20 déc. au 5 janv. – Repas (fermé 20 déc. au 5 fév., dim. soir et lundi de sept. à mai et lundi midi en juin-juil.) 110/230 ᗡ, enf. 70 – ☐ 38 – **19 ch** 320/500 – ½ P 380/450

ST-TROJAN-LES-BAINS 17 Char.-mar. [71] ⑭ – voir à Oléron (Île d').

ST-TROPEZ 83990 Var [84] ⑰, [114] ㊲ G. Côte d'Azur – 5 754 h alt. 4.

Voir Musée de l'Annonciade★★ – Port★★ – Môle Jean Réveille ≼★ – Citadelle★ · ≼★ des remparts, ⁕★★ du donjon – Chapelle Ste-Anne ≼★ S : 4 km par av. P. Roussel.

Env. Phare de Camarat★ : ≼★★ SE : 13 km.

🛈 Office de Tourisme q. J.-Jaurès ℘ 04 94 97 45 21, Fax 04 94 97 79 08.

Paris 875 – Fréjus 35 – Aix-en-Provence 120 – Cannes 73 – Draguignan 48 – Toulon 71.

Plan page suivante

🏰   **Byblos** 🖭 ⍟, av. P. Signac ℘ 04 94 56 68 00, Fax 04 94 56 68 01, 😤, 🖪, 🔟, 😤 – 📧 🖃
  📺 ☎ ❤ ⟷ 🖭 – 🍸 80. 🖭 ⓪ 😋 😋
  Z   d
17 avril-mi-oct. – **Repas** 205 (déj.), 290/430 ♀ **Relais Caves du Roy** ℘ 04 94 56 68 20 (dîner seul.) (ouvert toute l'année et fermé lundi et mardi de nov. à mars) **Repas** carte 260 à 430 ♀, enf. 95 – ☐ 140 – **86 ch** 1950/2500, 11 appart – ½ P 1700/2350

🏯   **Résidence de la Pinède** 🖭 ⍟, à la plage de la Bouillabaisse par ① : 1 km
❀   ℘ 04 94 55 91 00, Fax 04 94 97 73 64, ≼ golfe de St-Tropez, 😤, « En bordure de mer »,
  🔟, 🛦₀, 😤 – 📧 🖃 📺 ☎ ❤ 🖭. 🖭 ⓪ 😋. 🛦 rest
Pâques-10 oct. – **Repas** 300 (déj.), 490/740 et carte 500 à 700 ♀ – ☐ 135 – **38 ch** 2850/3960, 4 appart.
Spéc. Consommé de volaille en surprise de ricotta. Saint-Pierre rôti aux aromates, sauce à l'estragon. Gourmandise glacée au chocolat amer. **Vins** Côtes de Provence.

🏯   **Bastide de St-Tropez** 🖭 ⍟, rte Carles : 1 km par av. P. Roussel – Z ℘ 04 94 55 82 55,
  Fax 04 94 97 21 71, 😤, « Belle décoration intérieure », 🔟, 😤 – 🖃 ch, 📺 ❤ 🖭 – 🍸 15.
  🖭 ⓪ 😋
fermé 3 janv. au 15 fév. – **Repas** (fermé lundi et mardi du 2 oct. au 30 avril) 220 (déj.), 310/450 – ☐ 120 – **18 ch** 2200/2700, 8 appart – ½ P 1620/1870

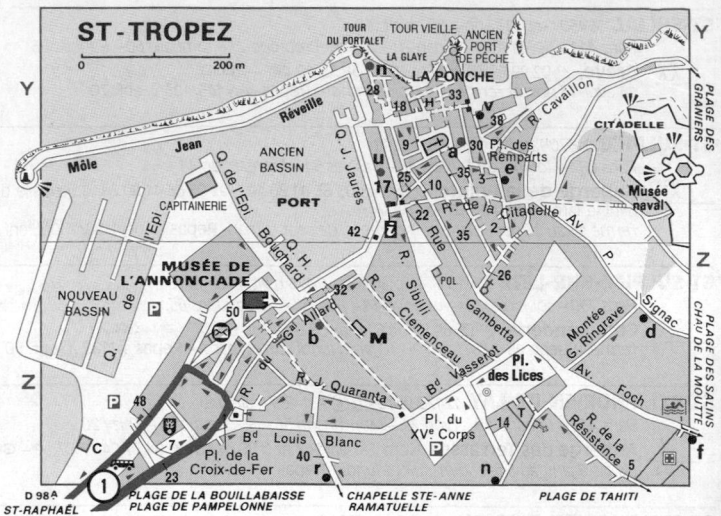

En saison : zone piétonne dans la vieille ville.

🏰 **Domaine de l'Astragale** Ⓜ ⟡, par ① : 1,5 km, chemin de la Gassine
𝒫 04 94 97 48 98, Fax 04 94 97 16 01, 🍽, 🏊, 🌳, 🍴 — 🖥 📺 ☎ & 📶 🅿 — ⚙ 25. 🖭 ⊙ ☢
8 mai-début oct. – **Repas** 280 (dîner) et carte 240 à 310 – ⊿ 95 – **34 ch** 2110/2300 –
½ P 1350/1500

🏰 **Mandarine** ⟡, Sud : 0,5 km par av. P. Roussel, rte Tahiti 𝒫 04 94 79 06 66,
Fax 04 94 97 33 67, 🍽, 🏊, 🌳 — 🖥 ch, 📺 ☎ 🅿 — ⚙ 50. 🖭 ⊙ ☢, ❀ rest
8 mai-début oct. – **Repas** 270 (dîner) et carte 250 à 330 – ⊿ 95 – **39 ch** 1790/2300,
4 duplex – ½ P 1005/2000

🏨 **Ponche** Ⓜ, pl. Révelin 𝒫 04 94 97 02 53, Fax 04 94 97 78 61, 🍽 – 📶 🖥 📺 ☎ 🚗. 🖭
☢   Y v
1ᵉʳ avril-14 nov. – **Repas** 130 (déj.), 190/250 – ⊿ 90 – **18 ch** 1150/1900

🏨 **Yaca**, 1 bd Aumale 𝒫 04 94 55 81 00, Fax 04 94 97 58 50, 🍽, 🏊 – 🖥 📺 ☎. 🖭 ⊙ ☢.
❀ rest   Y e
hôtel : fermé janv. et fév. ; rest. : ouvert mars-oct. – **Repas** carte 340 à 460 – ⊿ 100 – **27 ch**
1350/2500

🏨 **Lices**, av. Augustin Grangeon 𝒫 04 94 97 28 28, Fax 04 94 97 92 01, 🍽, 🏊 – 🖥 ch, 📺 ☎
📶 🅿. 🖭 ⊙ ☢ ☒   Z n
1ᵉʳ avril-12 nov., 26 déc.-4 janv. et vacances de fév. – **Repas** grill (1ᵉʳ juin-30 sept. et fermé
merc.) (dîner seul.) 185/355 ⟡ - **snack de piscine** (déj. seul.) (1ᵉʳ avril-12 nov.) **Repas**
carte 150 à 200 ⟡, enf. 70 – ⊿ 70 – **41 ch** 710/1420

🏨 **Provençal** ⟡, par ① : 2 km, chemin Bonnaventure 𝒫 04 94 97 00 83,
Fax 04 94 97 44 37, 🍽, 🏊, 🌳 – 📺 ☎ 🅿. 🖭 ☢
fermé 15 nov. au 15 déc. et 5 janv. au 15 fév. – **Repas** grill de piscine carte environ 220 –
⊿ 65 – **20 ch** 950/1050

🏠 **Lou Troupelen** sans rest, chemin des Vendanges 𝒫 04 94 97 44 88, Fax 04 94 97 41 76,
🌳 – 📺 ☎ 🅿. 🖭 ⊙ ☢ ☒. ❀   Z f
21 avril-15 oct. – ⊿ 60 – **44 ch** 360/550

🏠 **Lou Cagnard** sans rest, av. P. Roussel 𝒫 04 94 97 04 24, Fax 04 94 97 09 44 – 📺 ☎ 🅿.
☢. ❀   Z r
fermé 3 nov. au 27 déc. – ⊿ 45 – **19 ch** 310/530

XX 〠 **Leï Mouscardins** (Tarridec), au port (Tour du Portalet) ℰ 04 94 97 29 00,
Fax 04 94 97 76 39, ≤ golfe de St-Tropez – 🍽, 📧 ⓪ GB JCB Y n
fermé 12 nov. au 22 déc., 7 janv. au 20 fév., dim. soir et lundi d'oct. à Pâques – **Repas** 280 bc
(déj.)/365 et carte 370 à 570, enf. 150
Spéc. Châtaignes écrasées aux morilles, écrevisses au fumet rouge. Rougets de pays
"friandise". Crêmet aux fruits rouges. **Vins** Côtes de Provence.

XX **Girelier**, quai Jean Jaurès ℰ 04 94 97 03 87, Fax 04 94 97 43 86, 🍽 – 📧 ⓪ GB JCB
1er mars-31 oct., 15 déc.-10 janv. et fermé le midi en juil.-août et lundi de sept. à juin –
Repas 195 ⵏ, enf. 95 Y u

X **Banh Hoï**, 12 r. Petit St-Jean ℰ 04 94 97 36 29, Fax 04 94 97 67 32, 🍽 – 🍽, 📧 GB
24 mars-30 oct. et 22 déc.-6 janv. – **Repas** - cuisine vietnamienne et thaïlandaise (dîner
seul.) carte 190 à 250 ⵏ Y a

X **Petit Charron**, 6 r. Charrons ℰ 04 94 97 73 78, Fax 04 94 97 56 12 – 🍽, 📧 GB JCB
1er mars-11 nov. et fermé merc. hors saison – **Repas** (dîner seul. en juil.-août)(nombre de
couverts limité, prévenir) 165/220 ⵏ Z b

au Sud-Est : par av. Foch - Z – ⊠ 83990 St-Tropez :

🏨 **Bastide des Salins** ⚲ sans rest, à 4 km ℰ 04 94 97 24 57, Fax 04 94 54 89 03,
« Ancienne bastide isolée dans un grand jardin arboré », 🌊, 🦜 – 🍽 📺 ☎ ᴗ 🅿, 📧 GB
1er avril-30 sept. – 🖵 65 – **14 ch** 1400/2200

🏨 **Tartane** ⚲ à 3 km ℰ 04 94 97 21 23, Fax 04 94 97 09 16, 🍽, 🌊, 🦜 – 🍽 ch,
📧 GB, ⚯ rest
hôtel : 1er avril-3 oct. ; rest. : 1er mai-15 sept. – **Repas** snack de piscine (déj. seul.) carte 150 à
250 ⵏ – 🖵 70 – **13 ch** 900/1100

🏨 **Lou Pinet** ⚲, à 2 km ℰ 04 94 97 04 37, Fax 04 94 97 04 98, 🍽, 🌊, 🦜 – 🍽 ch, 📺 ☎ 🅿,
📧 ⓪ GB JCB, ⚯ rest
21 avril-1er oct. – **Repas** (déj. à la carte) 180/300 ⵏ – 🖵 80 – **30 ch** 850/1100 – ½ P 665/790

🏨 **Levant** ⚲ sans rest, à 2,5 km ℰ 04 94 97 33 33, Fax 04 94 97 76 13, 🌊, 🦜 – 📺 ☎ 🅿, 📧
⓪ GB
17 mars-16 oct. – 🖵 62 – **28 ch** 650/895

🏨 **Pré de la Mer** ⚲ sans rest, à 2,5 km ℰ 04 94 97 12 23, Fax 04 94 97 43 91, 🦜 –
cuisinette 📺 ☎ 🅿, 📧 GB
Pâques-30 sept. – 🖵 60 – **12 ch** 760/990

🏨 **Barlière** ⚲ sans rest, à 1,5 km ℰ 04 94 97 41 24, Fax 04 94 97 73 40, 🌊, 🦜 – 📺 ☎ ᴗ
⇦ 🅿, GB
🖵 60 – **22 ch** 590/850

au Sud-Est par av. Paul Roussel et rte de Tahiti :

🏨 **Château de la Messardière** Ⓜ ⚲, à 2 km ⊠ 85990 St-Tropez ℰ 04 94 56 76 00,
Fax 04 94 56 76 01, 🍽, parc, « Dans une pinède dominant la baie », ⒃, 🌊 – 🛗 🍽 📺 ☎ ᴗ
⛴ ⇦ 🅿 – ẞ 80, 📧 ⓪ GB, ⚯ rest
24 mars-28 oct. – **Repas** (dîner seul. de juil. à mi-sept.) 280/460 ⵏ – 🖵 120 – **82 ch**
2000/3500, 6 appart

🏨 **Ferme d'Augustin** ⚲ sans rest, à 4 km ⊠ 83350 Ramatuelle ℰ 04 94 55 97 00,
Fax 04 94 97 40 30, 🌊, 🦜 – 🛗 🍽 📺 ☎ ᴗ 🅿, 📧 GB
20 mars-20 oct. – 🖵 75 – **46 ch** 760/1600

🏨 **St-Vincent** ⚲, à 4 km ⊠ 83350 Ramatuelle ℰ 04 94 97 36 90, Fax 04 94 54 80 37, 🍽,
🌊 – 🍽 ch, 📺 ☎ ᴗ 🅿, 📧 GB
hôtel : 25 mars-15 oct. ; rest. : 1er mai-10 nov. – **Repas** grill de piscine 170/250 – 🖵 80 –
16 ch 1030/1260, 4 duplex – ½ P 500/790

🏨 **Mas Bellevue** ⚲, à 2 km ℰ 04 94 97 07 21, Fax 04 94 97 61 07, 🍽, parc, 🌊, ⚯ – 🍽 ch,
📺 ☎ ᴗ 🅿, 📧 ⓪ GB JCB, ⚯ rest
hôtel : 10 avril-5 nov.; rest: 10 avril-29 oct. – **Repas** grill de piscine 145 (déj.), 180/240 ⵏ –
🖵 75 – **39 ch** 520/1620 – ½ P 460/1010

🏨 **Figuière** ⚲, à 4 km ⊠ 83350 Ramatuelle ℰ 04 94 97 18 21, Fax 04 94 97 68 48, 🍽, 🌊,
🦜 – 🍽 ch, 📺 ☎ ᴗ 🅿, 📧 GB
1er avril-8 oct. – **Repas** grill de piscine carte 190 à 280 ⵏ – 🖵 70 – **39 ch** 600/1050, 3 duplex

rte de Ramatuelle par ① et D 93le – ⊠ 83350 Ramatuelle :

🏨 **Les Bergerettes** Ⓜ ⚲, sur rte secondaire : 5 km ℰ 04 94 97 40 22, Fax 04 94 97 37 55,
≤, 🍽, « Parc », 🌊 – 🍽 ch, 📺 ☎ 🅿, 📧 GB, ⚯ rest
hôtel : Pâques- **Repas** ; rest. : juin-fin août – **Repas** grill de piscine (déj. seul.) carte
environ 170 – 🖵 75 – **29 ch** 980/1130

🏨 **Les Bouis** Ⓜ ⚲, sur rte secondaire, à 6 km ℰ 04 94 79 87 61, Fax 04 94 79 85 20, ≤ mer,
🍽, 🌊, 📺 ☎ ᴗ 🅿, 📧 GB JCB
hôtel : 25 mars-30 oct. ; rest. : 1er avril-30 sept. – **Repas** grill de piscine (déj. seul.) 100/150 ⵏ
– 🖵 72 – **23 ch** 1000/1200

🏠 **Romarine** ॐ, sur rte secondaire, à 3 km ℘ 04 94 97 32 26, Fax 04 94 97 44 45, ≤, 🍽,
ﺔ, 🎿, 🌳, ஜ – cuisinette 🔇 ☎ ⦅ & 🅿. 🖭 🖭. ⅍
Repas *(mai-sept.)* 150/250 ㉨, enf. 75 *grill de piscine* (déj. seul.) *(juil.-août)* **Repas**
100 ㉨, enf. 75 – ☷ 75 – **29 ch** 1400

🏠 **Deï Marres** ॐ, sans rest, sur rte secondaire, à 3 km ℘ 04 94 97 26 68,
Fax 04 94 97 62 76, 🎿, 🌳, ஜ – 🔇 ☎ ⦅ & 🅿. 🖭 🖭
15 mars-15 oct. – ☷ 50 – **22 ch** 750/1200

🍴🍴 **Les Moulins** avec ch, sur D 93, à 4 km ℘ 04 94 97 17 22, Fax 04 94 97 72 70, 🌳 – 🔇 ☎ ⦅
🅿. 🖭 🖭
fermé 10 janv. au 1er mars – **Repas** *(fermé jeudi midi et merc. du 15 sept. au 15 juin et le
midi du 15 juin au 15 sept.)* 290/480 – ☷ 95 – **5 ch** 1250/1450

🍴🍴 **Auberge de l'Oumède,** sur rte secondaire, à 7 km ℘ 04 94 79 81 24,
Fax 04 94 79 93 63, 🍽 – 🅿. 🖭
avril-mi-oct. et 27 au 31 déc. – **Repas** (dîner seul.) 278 ㉨

par ① *et rte secondaire* – ✉ 83580 Cassin :

🏨 **Villa Belrose** Ⓜ ॐ, bd Crêtes, à 3 km ℘ 04 94 55 97 97, Fax 04 94 55 97 98, ≤ golfe de
St-Tropez, 🍽, 🌳 – 🕌 🔇 🖭 ☎ ⦅ & ⇦ 🅿. 🖭 🖭 🖭 🖭 🖭
14 mars-31 oct. et fermé le midi en juil.-août – **Repas** 250 (déj.), 320/450 ㉨ – ☷ 120 – **38 ch**
2400/3600

🏠 **Treizain** ॐ, à 2 km ℘ 04 94 97 70 08, Fax 04 94 97 67 25, ≤, 🍽, 🎿, 🌳 – 🔇 ☎ ⦅ 🅿. 🖭
🖭 🖭
avril-oct. – **Repas** snack de piscine (résidents seul.) 100/120 ㉨ – ☷ 50 – **16 ch** 950/1250

🏠 **Les Capucines** ॐ, à 2 km ℘ 04 94 97 70 05, Fax 04 94 97 55 85, 🍽, 🎿, 🌳 – 🖃 ch, 🔇
☎ 🅿. 🖭 🖭 🖭 🖭
15 avril-15 oct. – **Repas** snack de piscine (déj. seul.) carte environ 130 – ☷ 60 – **24 ch**
780/1300

ST-VAAST-LA-HOUGUE 50550 Manche 🔢 ③ G. Normandie Cotentin – 2 134 h alt. 4.
🅱 Office de Tourisme 1 pl. Gén.-de-Gaulle ℘ 02 33 54 41 37, Fax 02 33 54 41 37.
Paris 344 – Cherbourg 32 – Carentan 41 – St-Lô 69 – Valognes 19.

🏠 **France et Fuchsias,** ℘ 02 33 54 42 26, Fax 02 33 43 46 79, 🍽, 🌳 – 🔇 ☎ – 🛁 25. 🖭
🖭 🖭
🏷100🏷 *fermé 3 janv. au 1er mars, lundi de mi-sept. au 30 avril, lundi midi en mai-juin et mardi midi
de nov. à mars.*
Repas (84) - 125/300 ㉨, enf. 58 – ☷ 44 – **34 ch** 215/455 – ½ P 268/405

🏠 **Granitière,** ℘ 02 33 54 58 99, Fax 02 33 20 34 91, 🌳 – 🔇 ☎ 🅿. 🖭 🖭 🖭. ⅍ rest
18 mars-20 déc. et fermé mardi de nov. à mars – **Repas** (dîner seul.) 85/220 ㉨ – ☷ 45 –
10 ch 400/560 – ½ P 365/445

🍴 **Chasse-Marée,** ℘ 02 33 23 14 08, 🍽 – 🖭
ஜ *fermé janv. et lundi* – **Repas** 80/140 ㉨

ST-VALÉRIEN 89150 Yonne 🔢 ⑬ – 1 666 h alt. 165.
Paris 109 – Fontainebleau 50 – Auxerre 67 – Nemours 33 – Sens 15.

🍴🍴 **Gâtinais,** ℘ 03 86 88 62 78 – 🖭 🖭
fermé 1er au 15 nov., 1er au 4 sept., le soir sauf jeudi, vend. et sam. – **Repas** 98/255

ST-VALERY-EN-CAUX 76460 S.-Mar. 🔢 ③ G. Normandie Vallée de la Seine – 4 595 h alt. 5 –
Casino.
Voir Falaise d'Aval ≤★ O : 15 mn.
🅱 Office de Tourisme Maison Henri-IV ℘ 02 35 97 00 63, Fax 02 35 97 90 73.
Paris 189 – Le Havre 79 – Bolbec 44 – Dieppe 35 – Fécamp 33 – Rouen 59 – Yvetot 31.

🏠 **Les Terrasses,** à la plage ℘ 02 35 97 11 22, Fax 02 35 97 05 83, ≤ – 🔇 ☎. 🖭
fermé 20 déc. au 30 janv., mardi soir et merc. sauf juil.-août – **Repas** (90) - 130/198 ㉨, enf. 50
– ☷ 35 – **12 ch** 220/350 – ½ P 325

🍴🍴 **Port,** quai d'Amont ℘ 02 35 97 08 93, Fax 02 35 97 28 32, ≤ – 🖭
fermé dim. soir sauf juil.-août et lundi – **Repas** 118/198

par rte de Fécamp *vers le Bourg-Ingouville par D 925 et D 68 : 3 km* – ✉ 76460 St-Valéry-
en-Caux :

🍴🍴🍴 **Les Hêtres** Ⓜ ॐ, avec ch, ℘ 02 35 57 09 30, Fax 02 35 57 09 31, 🍽, « Belle chaumière
du 17e siècle dans un jardin fleuri », 🌳 – 🔇 ☎ ⦅ 🅿. 🖭
fermé 8 janv. au 12 fév., lundi et mardi sauf été – **Repas** 165/235 et carte 280 à 490 – ☷ 75
– **5 ch** 580/730

ST-VALERY-SUR-SOMME 80230 Somme 52 ⑥ G. Picardie Flandres Artois – 2 769 h alt. 27.

Voir Digue-promenade★ – Chapelle des Marins ≤★ – Musée Picarvie★ – La baie de Somme★★.

Paris 206 – Amiens 71 – Abbeville 18 – Blangy-sur-Bresle 38 – Le Tréport 25.

🏠 **Relais Guillaume de Normandy** ⊗, quai Romerel, ℰ 03 22 60 82 36,
🕾 Fax 03 22 60 81 82, ≤, 🍽 – 🗏 rest, 🖵 ☎ 🖃 🅿️ 🖭 ⊙ 🅶🅱.
fermé 15 déc. au 15 janv. et mardi sauf du 14 juil. au 31 août – **Repas** 85/210 ♈, enf. 55 –
⊇ 42 – **14 ch** 240/350 – ½ P 330/350

🏠 **Port et des Bains**, 1 quai Balvet ℰ 03 22 60 80 09, Fax 03 22 60 77 90, ≤ – 🗏 rest, 🖵 ☎
🕾 ℂ 🖭 ⊙ 🅶🅱. ⊗ ch
fermé 2 au 15 janv. et merc. d'oct. à avril – **Repas** 85/200 ♈, enf. 55 – ⊇ 50 – **15 ch** 350/500
– ½ P 270/315

XX **Le Nicol's**, 15 r. La Ferté ℰ 03 22 26 82 96, Fax 03 22 60 95 99 – 🖭 🅶🅱
🕾 fermé fév., merc. d'oct à mars et lundi – **Repas** 68/249 ♈, enf. 49

ST-VALLIER 26240 Drôme 77 ① G. Vallée du Rhône – 4 115 h alt. 135.

Paris 529 – Valence 32 – Annonay 21 – St-Étienne 60 – Tournon-sur-Rhône 16 – Vienne 41.

XXX **Albert Lecomte et Hôtel Terminus** Ⓜ avec ch, 116 av. J. Jaurès, rte Lyon
ℰ 04 75 23 01 12, Fax 04 75 23 58 82 – 🗏 🖵 ☎ 🖚 🅿️ 🖭 ⊙ 🅶🅱
fermé 5 au 25 août, vacances de fév., dim. soir et lundi – **Repas** (100) - 130/420 ♈ – ⊇ 50 –
10 ch 280/390 – ½ P 330

XX **Voyageurs**, 2 av. J. Jaurès ℰ 04 75 23 04 42, Fax 04 75 23 46 99, 🍽 – 🗏. 🖭 ⊙ 🅶🅱
fermé 12 au 27 nov., dim. soir et lundi – **Repas** 95/200, enf. 60

En juin et en septembre,
les hôtels sont moins chers qu'en pleine saison, le service est plus soigné.

ST-VALLIER-DE-THIEY 06460 Alpes-Mar. 84 ⑧, 114 ⑫, 115 ㉓ G. Côte d'Azur – 1 536 h
alt. 730.

Voir Pas de la Faye ≤★★ NO · 5 km – Grotte de Beaume Obscure★ S : 2 km – Col de la Lèque
≤★ SO : 5 km.

🖪 Office de Tourisme 10 pl. du Tour ℰ 04 93 42 78 00, Fax 04 93 42 78 00.

Paris 914 – Cannes 29 – Castellane 52 – Draguignan 62 – Grasse 12 – Nice 48.

🏠 **Relais Impérial**, ℰ 04 92 60 36 36, Fax 04 92 60 36 39, 🍽 – 🗐 🖵 ☎ 🛗 40. 🖭 ⊙ 🅶🅱
🅹🅲🅱
- Grill du Palais : Repas (60)-74/110 ♈, enf. 50 – ⊇ 36 – **30 ch** 300/450 – ½ P 295/355

🏠 **Préjoly**, ℰ 04 93 42 60 86, Fax 04 93 42 67 80, 🍽, 🛋 – 🖵 ☎. 🖭 🅶🅱
fermé 10 déc. au 1er fév., dim. soir et lundi sauf juil.-août – **Repas** 115/195 ♈, enf. 60 – ⊇ 40
– **17 ch** 250/380 – ½ P 350/380

ST-VÉRAN 05350 H.-Alpes 77 ⑲ G. Alpes du Sud – 257 h alt. 2042 la plus haute commune
d'Europe – Sports d'hiver : 1 750/2 800 m ⚟ 15 ⚞.

Voir Vieux village★★ – Musée du Soum★.

🖪 Office de Tourisme ℰ 04 92 45 82 21, Fax 04 92 45 84 52.

Paris 732 – Briançon 49 – Guillestre 32.

🏠 **Grand Tétras** ⊗, ℰ 04 92 45 82 42, Fax 04 92 45 85 98, ≤, 🍽, 🛋 – ☎ 🅿️. 🅶🅱
20 mai-11 sept. et 17 déc.-2 avril – **Repas** (87) - 105/135 ♈, enf. 48 – ⊇ 49 – **21 ch** 282/461 –
½ P 334/387

ST-VÉRAND 71570 S.-et-L. 74 ① – 191 h alt. 300.

Paris 404 – Mâcon 12 – Bourg-en-Bresse 48 – Lyon 68 – Villefranche-sur-Saône 34.

🏠 **Auberge du St-Véran**, ℰ 03 85 23 90 90, Fax 03 85 23 90 91, 🍽, 🚲 – 🖵 ☎ 🅿️. 🅶🅱
fermé janv., lundi et mardi de sept. à juin – **Repas** 105/245 ♈, enf. 65 – ⊇ 45 – **11 ch**
240/280 – ½ P 273/401

ST-VIANCE 19 Corrèze 75 ⑧ – rattaché à Brive-la-Gaillarde.

ST-VICTOR-DE-MALCAP 30 Gard 80 ⑧ – rattaché à St-Ambroix.

ST-VICTOR-SUR-LOIRE 42 Loire 73 ⑲ – rattaché à St-Étienne.

ST-VINCENT *43800 H.-Loire* 🗺 ⑦ *– 806 h alt. 605.*

Paris 547 – Le Puy-en-Velay 18 – La Chaise-Dieu 37 – St-Étienne 75.

XX **Renouée,** à Cheyrac, Nord par D 103 ℰ 04 71 08 55 94, Fax 04 71 08 55 94 – ⏹ 🛰
fermé vacances de Toussaint, janv., fév., lundi sauf juil.-août et dim. soir – **Repas** 98/240 ⅞,
enf. 60

ST-VINCENT-DE-TYROSSE *40230 Landes* 🗺 ⑰ *– 5 075 h alt. 24.*

Paris 742 – Biarritz 37 – Mont-de-Marsan 76 – Bayonne 24 – Dax 24 – Pau 102.

🏠 **Twickenham,** av. Gare ℰ 05 58 77 01 60, Fax 05 58 77 95 15, 😊, 🔟 – 🛎 🔟 🕿 📞 📞 –
🍴 50. ⏹
Repas *(fermé vend. soir et dim. soir d'oct. à mai)* 80 (déj.)/160 🍷, enf. 65 – 🖵 35 – **30 ch**
390/460 – ½ P 370/390

XXX **Hittau,** ℰ 05 58 77 11 85, Fax 05 58 77 11 85, 😊, « Ancienne bergerie dans un jardin
fleuri », 🌳 – 📞 🖅 ⓞ ⏹
fermé fév., dim. soir et lundi de sept. à juin et lundi midi en juil.-août – **Repas** (80)
140/400 et carte 260 à 380 ⅞

ST-VINCENT-SUR-JARD *85520 Vendée* 🗺 ⑪ *G. Poitou Vendée Charentes – 658 h alt. 10.*

🛈 *Office de Tourisme Le Bourg* ℰ 02 51 33 62 06, Fax 02 51 33 01 23.

Paris 452 – La Rochelle 69 – La Roche-sur-Yon 35 – Luçon 34 – Les Sables-d'Olonne 24.

🏨 **Océan** 🛏, Sud : 1 km (près maison de Clemenceau) ℰ 02 51 33 40 45, Fax 02 51 33 98 15,
😊, 🔟, 🌳 – 🗐 rest, 🔟 🕿 🍴 📞. ⏹
fermé 20 nov. au 20 fév. et merc. hors saison – **Repas** 80/240 ⅞ – 🖵 37 – **38 ch** 330/440 –
½ P 290/400

X **Chalet St-Hubert** avec ch, rte de Jard ℰ 02 51 33 40 33, Fax 02 51 33 41 94, 🌳 – 🕿 📞.
⏹
fermé 15 nov. au 15 déc., dim. soir et lundi du 15 sept. au 15 juin – **Repas** 85/250, enf. 48 –
🖵 35 – **10 ch** 180/240 – ½ P 260

ST-VRAIN *91770 Essonne* 🗺 ⑩, 🗺 ㊸ *– 2 307 h alt. 75.*

Paris 42 – Fontainebleau 43 – Corbeil-Essonnes 18 – Étampes 22 – Melun 40.

X **Hostellerie de St-Caprais** avec ch, 30 r. St-Caprais ℰ 01 64 56 15 45,
Fax 01 64 56 85 22, 😊 – 🔟. ⏹
fermé 15 juil. au 10 août – **Repas** *(fermé dim. soir et lundi)* 158/195 – 🖵 35 – **5 ch** 290/320
– ½ P 300

ST-WANDRILLE-RANÇON *76490 S.-Mar.* 🗺 ⑤ *G. Normandie Vallée de la Seine – 1 151 h
alt. 16.*

Voir *Abbaye★* (chant grégorien).

Paris 160 – Le Havre 58 – Rouen 32 – Barentin 16 – Duclair 16 – Lillebonne 20 – Yvetot 17.

XX **Auberge des Deux Couronnes,** ℰ 02 35 96 11 44, Fax 02 35 56 56 23, « Maison normande ancienne » – 🖅 ⏹
fermé dim. soir et lundi – **Repas** (90) - 135/165 ⅞, enf. 60

ST-YBARD *19 Corrèze* 🗺 ⑧ *– rattaché à Uzerche.*

ST-YORRE *03 Allier* 🗺 ⑤ *– rattaché à Vichy.*

ST-YRIEIX-LA-PERCHE *87500 H.-Vienne* 🗺 ⑰ *G. Berry Limousin – 7 558 h alt. 360.*

Voir *Collégiale du Moûtier★.*

🛈 *Office de Tourisme 58 bd de l'Hôtel-de-Ville* ℰ 05 55 08 20 72, Fax 05 55 08 10 05.

Paris 433 – Limoges 41 – Brive-la-Gaillarde 63 – Périgueux 62 – Rochechouart 52 – Tulle 75.

à la Roche l'Abeille *Nord-Est : 12 km par D 704 et 17ᴬ – 563 h. alt. 400 – ⊠ 87800 :*

🏨 **Moulin de la Gorce** (Bertranet) 🛏, Sud : 2 km par D 17 ℰ 05 55 00 70 66,
❀❀ Fax 05 55 00 76 57, ≼, « En bordure d'étang, parc » – 🔟 🕿 📞. 🖅 ⓞ ⏹
fermé 20 nov. au 5 déc., vacances de fév.,dim. soir, mardi midi – **Repas** 250 bc (déj.),
275/390 et carte 350 à 480 ⅞ – 🖵 75 – **10 ch** 500/950 – ½ P 775/850
Spéc. Oeufs brouillés aux truffes. Asperges vertes de Provence et langoustines sauce
vanille (15 déc. au 15 mai). Lièvre à la royale (15 oct. au 20 déc.).

ST-ZACHARIE 83640 Var **84** ⑭ – 3 224 h alt. 265.

Env. Ôratoire de St-Jean-du-Puy ≼★, N : 9 km puis 15 mn, G. Provence.

Paris 791 – Marseille 35 – Aix-en-Provence 37 – Brignoles 32 – Rians 40 – Toulon 64.

✗ **Urbain Dubois,** rte St-Maximin sur N 560 : 1 km ℰ 04 42 72 94 28, Fax 04 42 72 94 28 – **P** **AE** **GB**
fermé lundi soir et mardi – **Repas** 95 (déj.), 120/200, enf. 70

STE-ANNE-D'AURAY 56400 Morbihan **63** ② G. Bretagne – 1 630 h alt. 42.

Voir Trésor★ de la basilique – Pardon (26 juil.).

🛈 Syndicat d'Initiative 1 r. de Vannes ℰ 02 97 57 69 16.

Paris 476 – Vannes 17 – Auray 7 – Hennebont 31 – Locminé 27 – Lorient 41 – Quimperlé 57.

🏨 **Croix Blanche,** ℰ 02 97 57 64 44, Fax 02 97 57 50 60, 佘, 寿 – 🔟 ☎ **P.** **AE** ① **GB**, ℠
fermé janv., fév., dim. soir et lundi d'oct. à avril – **Repas** (74) - 95/242, enf. 62 – ☲ 42 – **23 ch** 250/365 – ½ P 270/326

🏠 **Myriam** ℠ sans rest, ℰ 02 97 57 70 44, Fax 02 97 57 50 61 – 🛏 🔟 ☎ **P.** **GB**
1ᵉʳ avril-1ᵉʳ oct. et fermé lundi soir et mardi – ☲ 30 – **30 ch** 270/300

🏠 **Paix** sans rest, ℰ 02 97 57 65 08 – ☎. **GB**
1ᵉʳ mai-1ᵉʳ oct. – ☲ 28 – **24 ch** 170/190

✗✗✗ **L'Auberge** Ⓜ avec ch, ℰ 02 97 57 61 55, Fax 02 97 57 69 10 – 🍽 rest, 🔟 ☎ ❤ **P.** **AE** **GB**
𝕄 fermé 15 nov. au 5 déc., vacances de fév., mardi (sauf juil.-août et le midi de Pâques à oct.)
et merc. – **Repas** 105/381 et carte 290 à 350 ♀, enf. 59 – ☲ 33 – **6 ch** 223/290 – ½ P 262/282

STE-ANNE-DU-PORTZIC 29 Finistère **58** ④ – rattaché à Brest.

STE-ANNE-LA-PALUD (Chapelle de) 29550 Finistère **58** ⑭ G. Bretagne – alt. 65.

Voir Pardon (fin août).

Paris 586 – Quimper 24 – Brest 67 – Châteaulin 20 – Crozon 27 – Douarnenez 16.

🏨 **Plage** ℠, à la plage ℰ 02 98 92 50 12, Fax 02 98 92 56 54, ≼, ⤳, 寿, ℠ – 🛗, 🍽 rest, 🔟 ☎ ❤ **P.** **AE** ① **GB** **JCB**, ℠ rest
𝕊 début avril-mi-nov. et fermé mardi midi sauf juil.-août – **Repas** 250/440 et carte 330 à 470 ♀, enf. 90 – ☲ 80 – **26 ch** 900/1500, 4 appart – ½ P 1000/1100
Spéc. "Kig Ha Farz" de homard. Poêlée de bar aux langoustines. Macaron de fraises à la rhubarbe.

STE-CÉCILE-LES-VIGNES 84290 Vaucluse **81** ② – 1 927 h alt. 108.

Paris 649 – Avignon 45 – Bollène 13 – Nyons 26 – Orange 16 – Vaison-la-Romaine 19.

🏨 **Relais** Ⓜ ℠, ℰ 04 90 30 84 39, Fax 04 90 30 81 79, ≼, 佘, ⤳, 寿 – 🍽 🔟 ☎ ♿ **P** – 🅰 20. **GB** **JCB**
fermé 1ᵉʳ au 15 mars, 1ᵉʳ au 15 oct., dim. soir et lundi du 15 oct. au 15 mars – **Repas** 130/260 – ☲ 50 – **12 ch** 480/850

STE-COLOMBE 84 Vaucluse **81** ⑬ – rattaché à Bédoin.

STE-CROIX-DE-VERDON 04500 Alpes-de-H.P. **81** ⑯ G. Alpes du Sud – 87 h alt. 530.

Paris 787 – Digne-les-Bains 52 – Brignoles 59 – Castellane 58 – Manosque 44 – Salernes 35.

✗ **L'Olivier,** ℰ 04 92 77 87 95, Fax 04 92 77 87 95, « Terrasse panoramique » – **GB**
Pâques-1ᵉʳ nov. et fermé le soir en oct. et merc. sauf juil.-août – **Repas** 98/290 ⅃

STE-CROIX-EN-JAREZ 42 Loire **73** ⑲ – rattaché à Rive-de-Gier.

STE-CROIX-EN-PLAINE 68 H.-Rhin **87** ⑰ – rattaché à Colmar.

STE-CROIX-VOLVESTRE 09230 Ariège **86** ③ – 585 h alt. 300.

Paris 764 – Foix 52 – Toulouse 70 – St-Gaudens 51 – St-Girons 25.

🏠 **Jardin des Troubadours,** ℰ 05 61 04 01 10, Fax 05 61 04 01 24, 佘, 寿 – ☎. **GB**
𝕊 fermé 15 au 30 sept. et lundi de sept. à mai – **Repas** (65) - 75 bc/210 ♀, enf. 45 – ☲ 40 – 12 ch 200/280 – ½ P 220/260

STE-ÉNIMIE 48210 Lozère 80 ⑤ G. Languedoc Roussillon – 473 h alt. 470.

　　Env. ⩽★★ sur le canyon du Tarn S : 6,5 km par D 986.

　　🏢 Office de Tourisme à la Mairie ✆ 04 66 48 53 44, Fax 04 66 48 52 28.

　　Paris 618 – Mende 28 – Florac 28 – Meyrueis 29 – Millau 58 – Sévérac-le-Château 48.

🏠　**Auberge du Moulin,** ✆ 04 66 48 53 08, Fax 04 66 48 58 16, 🏤 – 📺 ☎. 🆖. ⬚ ch
　　fin mars-mi-nov. et fermé dim. soir et lundi midi sauf juil.-août et fériés – **Repas** 90/170 –
　　⭤ 36 – **10 ch** 300/340 – ½ P 295/310

🏠　**Chante-Perdrix** Ⓜ sans rest, rte Millau : 1 km ✆ 04 66 48 55 00, Fax 04 66 48 56 31, ⩽ –
　　📺 ☎ ⴵ 🅿. 🅐🅔 🆖. ⬚
　　1er mai-30 sept. – ⭤ 32 – **13 ch** 270/290

STE-EULALIE 07510 Ardèche 76 ⑱ – 302 h alt. 1233.

　　Paris 594 – Le Puy-en-Velay 48 – Aubenas 46 – Langogne 49 – Privas 50 – Thueyts 39.

🏠　**Nord,** ✆ 04 75 38 80 09, Fax 04 75 38 85 50 – ☎ ⴵ 🅿. 🆖
　　fermé 12 nov. au 12 fév., mardi soir et merc. sauf juil.-août – **Repas** 98/160 ⅃, enf. 45 –
　　⭤ 35 – **15 ch** 240/350 – ½ P 250

STE-EULALIE-D'OLT 12130 Aveyron 80 ④ – 310 h alt. 425.

　　Paris 622 – Rodez 43 – Espalion 25 – Sévérac-le-Château 27.

✄　**Au Moulin d'Alexandre** ⌂ avec ch, ✆ 05 65 47 45 85, Fax 05 65 52 73 78, 🏤, « Mou-
🆖　lin du 16e siècle », 🐎 – ☎
　　fermé du 8 au 19 mai et dim. soir du 7 nov. au 16 avril – **Repas** 65/145 ⅃ – ⭤ 40 – **9 ch**
　　240/280 – ½ P 240

En juin et en septembre,
les hôtels sont moins chers qu'en pleine saison, le service est plus soigné.

STE-EULALIE-EN-BORN 40200 Landes 78 ⑭ – 773 h alt. 26.

　　Paris 676 – Mont-de-Marsan 79 – Arcachon 57 – Bayonne 117 – Bordeaux 97 – Dax 79.

✄✄　**Auberge du Moulin des Cygnes** Ⓜ ⌂ avec ch, au Sud : 1,5 km par D 652 et rte
　　secondaire ✆ 05 58 09 72 63, Fax 05 58 09 74 35, 🏤, parc – 📺 ☎ ⴵ 🅿. 🆖. ⬚ ch
　　hôtel : début avril-fin oct. ; rest : juil.-mi-sept., week-ends en juin et fermé lundi sauf le soir
　　en juil.-août – **Repas** 138/168 ⅃, enf. 50 – ⭤ 40 – **6 ch** 290/390

STE-FEYRE 23 Creuse 72 ⑩ – rattaché à Guéret.

STE-FLORINE 43250 H.-Loire 76 ⑤ – 3 021 h alt. 440.

　　Paris 473 – Clermont-Fd 58 – Brioude 16 – Issoire 20 – Murat 59 – Le Puy-en-Velay 76.

✄　**Florina** avec ch, ✆ 04 73 54 04 45, Fax 04 73 54 02 62 – 📺 ☎ ⴵ. 🆖
🆖　**Repas** (fermé dim. soir) (58) - 80/180 ⅃ – ⭤ 35 – **10 ch** 240/250 – ½ P 230

STE-FORTUNADE 19490 Corrèze 75 ⑨ G. Berry Limousin – 1 605 h alt. 470.

　　Voir Chef-reliquaire★ dans l'église.

　　Paris 487 – Brive-la-Gaillarde 28 – Aurillac 79 – Mauriac 76 – St-Céré 51 – Tulle 9.

à l'Ouest par D 1 et D 94 : 5 km – ✉ 19490 Ste-Fortunade :

✄　**Moulin de Lachaud,** ✆ 05 55 27 30 95, ⩽, 🏤, « Au bord d'un étang », 🐎 – 🅿. 🆖
⌷　fermé fin déc. à fin janv., lundi et mardi – **Repas** 85/265

STE-FOY-LA-GRANDE 33220 Gironde 75 ⑬ ⑭ G. Périgord Quercy – 2 745 h alt. 10.

　　🏢 Office de Tourisme 102 r. de la République ✆ 05 57 46 03 00, Fax 05 57 46 18 15.

　　Paris 556 ⑤ – Périgueux 66 ① – Bordeaux 71 ⑤ – Langon 60 ④ – Marmande 44 ③.

　　Plan page ci-contre

🏠　**Grand Hôtel,** r. République (a) ✆ 05 57 46 00 08, Fax 05 57 46 50 70, 🏤 – 📺 ☎ 🚗. 🅐🅔
　　🆖
　　fermé 2 au 9 nov. et 10 au 26 fév. – **Repas** (fermé sam. midi et merc.) 65 (déj.), 86/195 ⅃,
　　enf. 45 – ⭤ 35 – **16 ch** 270 – ½ P 240

✄　**Au Fil de l'Eau,** à Port-Ste-Foy (s) ✉ 33220 Port-Ste-Foy ✆ 05 53 24 72 60,
　　Fax 05 53 24 94 97, 🏤 – 🅐🅔 🆖
　　fermé 1er au 15 mai, 1er au 15 oct., dim. soir d'oct. à Pâques et lundi – **Repas** 85 (déj.),
　　140/210 ⅃, enf. 50

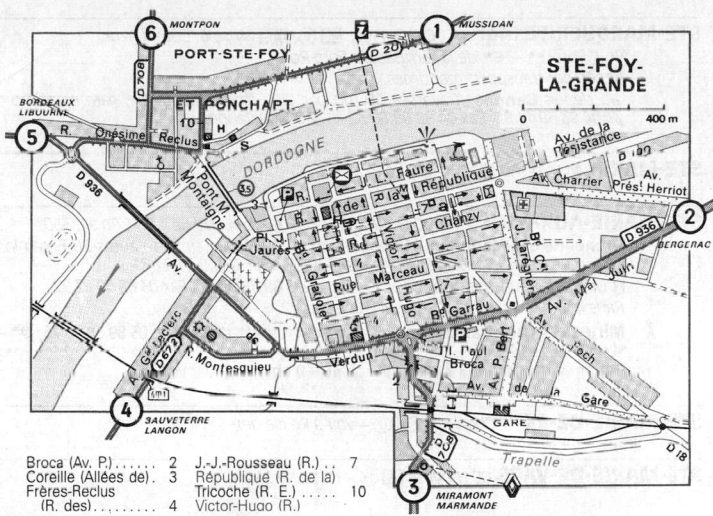

Broca (Av. P.)	2	J.-J.-Rousseau (R.)	7
Coreille (Allées de)	3	République (R. de la)	
Frères-Reclus		Tricoche (R. E.)	10
(R. des)	4	Victor-Hugo (R.)	

par ⑤ *et rte secondaire* – ✉ *33220 Port-Ste-Foy :*

🏠 **Escapade** ≫, *rte Chaumes* ✆ 05 53 24 22 79, Fax 05 53 57 45 05, 🌳, ₤₅, ⅀ – 📺 ☎ 🅿. GB. ✻
fermé 25 nov. au 25 janv., dim. soir et vend. d'oct. à Pâques – **Repas** (prévenir)(dîner seul. sauf dim.) 95/175 ⅀, enf. 50 – 🍴 30 – **12 ch** 240/290 – ½ P 300

STE-FOY-TARENTAISE 73640 Savoie 🟦 ⑲ G. Alpes du Nord– 643 h alt. 1050.
Paris 678 – Albertville 67 – Chambéry 116 – Moûtiers 40 – Val-d'Isère 19.

🏨 **Monal**, ✆ 04 79 06 90 07, Fax 04 79 06 94 72 – 🛗 📺 ☎ ⇔. 🆎 GB
fermé 8 mai au 10 juin et 10 oct. au 11 nov. – **Repas** 85 (déj.), 125/150 ⅀, enf. 45 – ⊒ 35 –
24 ch 165/550 – ½ P 300/320

STE-GEMME-MORONVAL 28 E.-et-L. 🟦 ⑦,, 🔟🔟🔟 ㉕ – rattaché à Dreux.

STE-GENEVIÈVE-DES-BOIS 91 Essonne 🟦🟦 ⑦,, 🔟🔟🔟 ㉟ ㊱ – voir à Paris, Environs.

STE-GENEVIÈVE-SUR-ARGENCE 12420 Aveyron 🟦🟦 ⑬ – 1 143 h alt. 800.
Env. Barrage de Sarrans★★ N : 8 km, G. Midi-Pyrénées.
🅱 Syndicat d'Initiative à la Mairie ✆ 05 65 66 41 46, Fax 05 65 66 29 28.
Paris 581 – Aurillac 59 – Chaudes-Aigues 34 – Espalion 46.

🏠 **Voyageurs**, ✆ 05 65 66 41 03, Fax 05 65 66 10 94, ☀ – 📺 ☎ ✆ ⇔. GB
⇔ *fermé 25 sept. au 10 oct., dim. soir et sam. du 15 nov. au 30 mai* – **Repas** 60/160 ⅄ – ⊒ 30 –
14 ch 190/220 – ½ P 240

STE-LUCIE-DE-TALLANO 2A Corse-du-Sud 🟦🟦 ⑧ – voir à Corse.

STE-MAGNANCE 89420 Yonne 🟦🟦 ⑰ G. Bourgogne– 325 h alt. 310.
Voir Tombeau★ dans l'église.
Paris 224 – Auxerre 63 – Avallon 15 – Dijon 69 – Saulieu 24.

XX **Auberge des Cordois**, N 6 ✆ 03 86 33 11 79 – GB
fermé 7 janv. au 4 fév., mardi soir et merc. – **Repas** 105/210 ⅀, enf. 50

X **Chènevotte**, N 6 ✆ 03 86 33 14 79 – GB
fermé 10 au 20 juin, 25 sept. au 10 oct., 15 nov. au 5 déc., mardi soir et merc. – **Repas** 90
(déj.), 149/180

1271

STE-MARGUERITE (Île) ★★ 06 Alpes-Mar. 84 ⑨, 115 ㉟ ㊴ G. Côte d'Azur.

Voir Forêt★★ – ≼★ de la terrasse du Fort-Royal.

Accès par transports maritimes.

⌖ depuis **Cannes**. Traversée 15 mn par Cie Esterel-Chanteclair, gare maritime des Îles ✆ 04 93 39 11 82, Fax 04 92 98 80 32 – ✉ 06400 Cannes

---

STE-MARIE 44 Loire-Atl. 67 ① – rattaché à Pornic.

STE-MARIE-AUX-MINES 68160 H.-Rhin 87 ⑯ G. Alsace Lorraine – 5 767 h alt. 350.

Tunnel de Ste-Marie-aux-Mines. Péage en 1999 aller simple : autos 20 F, camions 39 à 79 F, moto 12 F - Renseignements par S.A.P.R.R. ✆ 03 29 51 21 71.

🛈 Office de Tourisme pl. du Prensureux ✆ 03 89 58 80 50, Fax 03 89 58 67 92.

Paris 416 – Colmar 32 – St-Dié 24 – Sélestat 22.

⊠ **Mines d'Argent** avec ch, r. Dr Weisgerber (près H. de Ville) ✆ 03 89 58 55 75, 🏤 – 📺 ☎ ✆, GB

Repas 65 (déj.), 88/265 ♈, enf. 45 – ☐ 35 – **9 ch** 180/280 – ½ P 280

STE-MARIE-DE-RÉ 17 Char.-Mar. 71 ⑫ – voir à Ré (Île de).

STE-MARIE-DE-VARS 05 H.-Alpes 77 ⑱ – rattaché à Vars.

Le Guide change, changez de guide tous les ans.

STE-MARIE-LA-BLANCHE 21 C.-d'Or 69 ⑨ – rattaché à Beaune.

STES-MARIES-DE-LA-MER – voir après Saintes.

STE-MARIE-SICCHÉ 2A Corse-du-Sud 90 ⑰ – voir à Corse.

STE-MARINE 29 Finistère 58 ⑮ – rattaché à Bénodet.

STE-MAURE 10 Aube 61 ⑯ – rattaché à Troyes.

STE-MAURE-DE-TOURAINE 37800 I.-et-L. 68 ④ ⑤ G. Châteaux de la Loire – 3 983 h alt. 85.

🛈 Office de Tourisme r. du Château ✆ 02 47 65 66 20, Fax 02 47 31 04 28.

Paris 274 – Tours 39 – Le Blanc 68 – Châtellerault 37 – Chinon 31 – Loches 32 – Thouars 72.

🏨 **Hostellerie des Hauts de Ste-Maure**, av. Ch. de Gaulle ✆ 02 47 65 50 65, Fax 02 47 65 60 24, 🏤, « Ancien relais de poste », ⚡ – 🕪 🍽 📺 ☎ ✆ 👍 🄿 – 🔬 30. 🄰🄴 ⓞ GB 🄹🄲🄱, 🛇 rest

fermé janv., lundi midi et dim. d'oct. à avril – **Poste :** Repas (108)/270 ♈, enf.70 – ☐ 50 – **19 ch** 350/450 – ½ P 385/420

⊠⊠ **Gueulardière** avec ch, av. Ch. de Gaulle ✆ 02 47 65 40 71, Fax 02 47 65 69 47 – 📺 ☎ ✆ 🄿 🄰🄴 ⓞ GB

fermé 8 au 31 janv., dim. soir de sept. à juin sauf hôtel et lundi – **Repas** 72/198 ♈, enf. 52 – ☐ 40 – **16 ch** 220/275 – ½ P 230/270

à l'échangeur autoroute A 10 Ouest : 2,5 km sur rte de Chinon – ✉ 37800 Noyant-de-Touraine :

⊠⊠ **Ciboulette**, ✆ 02 47 65 84 64, Fax 02 47 65 89 29, 🏤 – 🄿. GB

Repas (80) - 100/325 ♈, enf. 50

à Noyant-de-Touraine Ouest : 5 km – 622 h. alt. 92 – ✉ 37800 :

🏨 **Château de Brou** ⌂ sans rest, au Nord : 2 km par rte secondaire ✆ 02 47 65 80 80, Fax 02 47 65 82 92, ≼, parc – ⇟⇟ 🍽 📺 ☎ ✆ 🄿 🄰🄴 ⓞ GB, 🛇

fermé 2 janv. au 10 fév. – ☐ 65 – **11 ch** 490/990

à Pouzay Sud-Ouest : 8 km – 696 h. alt. 51 – ✉ 37800 :

⊠ **Gardon Frit**, ✆ 02 47 65 21 81, Fax 02 47 65 21 81, 🏤 – 🄰🄴 GB

fermé 19 sept. au 4 oct., 6 au 15 mars, mardi et merc. – **Repas** - produits de la mer - (52) - 76 (déj.), 120/209 ♈

STE-MAXIME 83120 Var 🎯🎯 ⑰, 🎯🎯 ㉟, G. Côte d'Azur – 10 015 h alt. 10.

voir Sémaphore ※* N : 1,5 km.

🎯 Office de Tourisme prom. S.-Lorière ℰ 04 94 96 19 24, Fax 04 94 49 19 17 97.

Paris 877 ① – Fréjus 21 ② – Cannes 59 ② – Draguignan 34 ① – Toulon 74 ③.

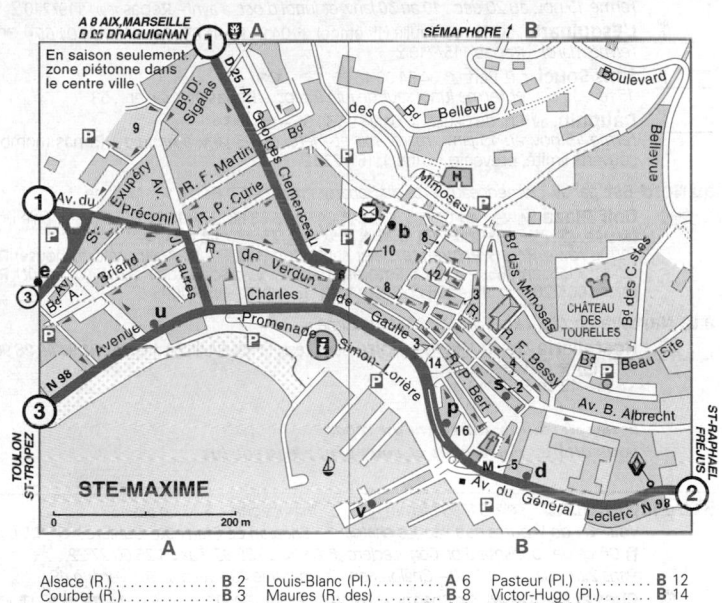

Alsace (R.)	**B** 2	Louis-Blanc (Pl.)	**A** 6	Pasteur (Pl.)	**B** 12
Courbet (R.)	**B** 3	Maures (R. des)	**B** 8	Victor-Hugo (Pl.)	**B** 14
Hoche (R.)	**B** 4	Mermoz (Pl. J.)	**A** 9	15-Août-1944
Libération (Pl. de la)	**B** 5	Mistral (Bd F.)	**B** 10	(Pl. du)	**B** 16

Le Beauvallon, rte de St-Tropez par ③ : 5 km ℰ 04 94 55 78 88, Fax 04 94 55 78 78, ≤, 🍽, parc, 🏖, 🏊, ⛳₀ – 🛗 🗏 📺 ☎ ✆ 🅿 🝙 ① GB JCB
15 avril-15 oct. – **Repas** (dîner seul.) (fermé lundi soir) 380/600 ♀ **- Tai Pan** ℰ 04 94 55 78 22 (14 avril-16 sept.) **Repas** carte 260 à 310 ♀, enf. 75 – ☑ 95 – **70 ch** 2000/13000

Hostellerie la Belle Aurore Ⓜ, 4 bd Jean Moulin par ③ ℰ 04 94 96 02 45, Fax 04 94 96 63 87, ≤ golfe de St-Tropez, 🍽, « En bordure de mer », 🏊, ⛳₀ – 🗏 📺 ☎ ✆ 🅿 🝙 ⓪ GB
hôtel : 15 mars-31 oct. ; rest : 1ᵉʳ avril-31 oct. et fermé merc. sauf du 1ᵉʳ juin au 15 sept. – **Repas** 210/300, enf. 80 – ☑ 90 – **17 ch** 1150/2600 – ½ P 870/1595

Les Santolines sans rest, La Croisette par ③ ℰ 04 94 06 31 34, Fax 04 94 49 22 12, « Jardin fleuri », 🏊, 🍃 – 📺 ☎ ✆ 🅿 🝙 GB
☑ 60 – **13 ch** 580/790

Mas des Oliviers Ⓜ ⏾ sans rest, quartier de la Croisette par ③ : 1 km ℰ 04 94 96 13 31, Fax 04 94 91 19 01 46, ≤, 🏊, 🍃, ❀ – 📺 ☎ ✆ 🅿 🝙 ⓪ GB
fermé 15 janv. au 15 fév. – ☑ 50 – **20 ch** 550/800

Petit Prince Ⓜ sans rest, 11 av. St-Exupéry ℰ 04 94 96 44 47, Fax 04 94 49 03 38 – 🛗 🗏 📺 ☎ ✆ 🅿 🝙 ⓪ GB JCB
☑ 48 – **29 ch** 650/750   A e

Croisette ⏾ sans rest, 2 bd Romarins par ③ ℰ 04 94 96 17 75, Fax 04 94 96 52 40, ❀ – 🛗 📺 ☎ ✆ 🝙 GB. ❀
fermé 3 janv. au 1ᵉʳ mars – ☑ 60 – **17 ch** 790/980

Montfleuri, 3 av. Montfleuri par ② ℰ 04 94 55 75 10, Fax 04 94 49 25 07, 🍽, 🏊, ❀ – 📺 ☎ ✆ 🅿 🝙 ⓪ GB JCB
1ᵉʳ mars-31 oct. – **Repas** 120/195 ♀ – ☑ 50 – **32 ch** 600/850 – ½ P 450/625

Poste sans rest, 11 bd F. Mistral ℰ 04 94 96 18 33, Fax 04 94 96 41 68, 🏊 – 🛗 🗏 📺 ☎. 🝙 ⓪ GB JCB
6 mai 1ᵉʳ oct. – ☑ 45 **24 ch** 440/630   B b

1273

XX **L'Amiral,** galerie marchande du port (1ᵉʳ étage) ℰ 04 94 43 99 36, Fax 04 94 43 99 36, ≤ port et golfe, 🌿, « Toit ouvrant » – 🖭 GB   B v
  fermé 15 nov. au 15 déc., dim. soir et lundi – **Repas** 175/275 ⌾

XX **Danièli,** av. Gén. Leclerc ℰ 04 94 43 96 45, Fax 04 94 96 05 83, 🌿 – 🖭 GB   B d
  fermé 15 nov. au 20 déc., 10 au 30 janv. et lundi d'oct. à avril – **Repas** (89) - 119/210 ⌾

X **L'Esquinade,** av. Ch. de Gaulle (1ᵉʳ étage) ℰ 04 94 96 01 65, Fax 04 94 96 01 65 – GB   B p
  fermé mardi – **Repas** 115/210 ⌾

X **Sans Souci,** r. P. Bert ℰ 04 94 96 18 26, 🌿 – GB   B s
  15 fév.-30 oct. et fermé lundi sauf de juin à sept. – **Repas** 99/139, enf. 58

X **Dauphin,** av. Ch. de Gaulle ℰ 04 94 96 31 56 – 📺. GB   A u
  fermé 15 nov. au 15 janv., mardi soir et merc. du 15 janv. à fin juin – **Repas** (nombre de
  couverts limité, prévenir) 110 (déj.), 165/220 ⌾

au Nord-Est *par av. Clemenceau et rte du Débarquement* – ✉ 83120 Ste-Maxime :

🏨 **Golf Plaza** 🄼 ⌿, au Golf, 5,5 km ℰ 04 94 56 66 66, Fax 04 94 56 66 00, ≤ baie et golf,
  🌿, 🛥, ⌿, 🄺, 🛁 – 🖊 📺 ☎ ⌟ ₺ – 🅰 25 à 80. 🖭 ⓞ GB
  fermé fév. – **Relais Provence** (dîner seul.) **Repas** 205 – *St-Andrew* (club house) **Repas**
  (85)-115/135, enf. 65 – *Costa Smeralda* snack de piscine (déj. seul.) (juil.-août) **Repas**
  carte 160/220 – ⌿ 90 – **106 ch** 1300/1420, 13 appart – ½ P 1005

à La Nartelle *par ② : 4 km* – ✉ 83120 Ste-Maxime :

🏨 **Hostellerie de la Vierge Noire** sans rest, ℰ 04 94 96 33 11, Fax 04 94 49 28 90, ⌿,
  🌿 – 📺 ☎ 🅿. GB
  ⌿ 54 – **12 ch** 620/710

Évitez de fumer au cours du repas :
vous altérez votre goût et vous gênez vos voisins.

STE-MENEHOULD ◈ 51800 Marne 🄵🄶 ⑲ G. Champagne – 5 177 h alt. 137.
  Voir ≤★ *de la butte appelée "Le château"* – *Château de Braux-Ste-Cohière*★ O : 5,5 km.
  🖪 Office de Tourisme 5 pl. Gén.-Leclerc ℰ 03 26 60 85 83, Fax 03 26 60 27 22.
  Paris 222 – *Bar-le-Duc 50* – *Châlons-en-Champagne 49* – *Reims 79* – *Verdun 48.*

🏨 **Cheval Rouge** 🄼, 1 r. Chanzy ℰ 03 26 60 81 04, Fax 03 26 60 93 11 – 📺 ☎ ⌟. 🖭 ⓞ GB
  🄹🄲🄱
  fermé 20 nov. au 11 déc., et lundi d'oct. à Pâques – **Repas** 92/280 ⌾ – ⌿ 38 – **20 ch**
  240/310 – ½ P 250/300

à Florent-en-Argonne *Nord-Est : 7,5 km par D 85* – *234 h. alt. 225* – ✉ 51800 :

🏨 **Jabloire** ⌿ sans rest, ℰ 03 26 60 82 03, Fax 03 26 60 85 45 – 📺 ☎ ⌟ 🅿. 🖭 GB
  fermé fév. et dim. de nov. à mars – ⌿ 38 – **12 ch** 320/380

XX **Auberge La Ményère,** ℰ 03 26 60 93 70, Fax 03 26 60 13 92, 🌿, « Maison du
  16ᵉ siècle » – ⌿
  fermé 22 fév. au 8 mars, dim. soir et lundi – **Repas** (75) - 90/160 ⌾, enf. 60

à Futeau *Est : 13 km par N 3 et D 2* – *173 h. alt. 190* – ✉ 55120 :

XXX **L'Orée du Bois** ⌿ avec ch, Sud : 1 km ℰ 03 29 88 28 41, Fax 03 29 88 24 52, ≤, 🌿 – 📺
  ☎ ⌟ 🅿. 🖭 GB
  fermé vacances de Toussaint, janv., lundi et mardi sauf le soir d'avril à sept. – **Repas**
  120/380 et carte 270 à 420 ⌾, enf. 85 – ⌿ 55 – **14 ch** 360/600 – ½ P 440/460

STE-MÈRE-ÉGLISE 50480 Manche 🄵🄳 ③ G. Normandie Cotentin – 1 556 h alt. 28.
  Paris 316 – *Cherbourg 39* – *St-Lô 42* – *Bayeux 56.*

🏨 **Sainte-Mère** 🄼, rte Caen ℰ 02 33 21 00 30, Fax 02 33 41 38 40 – 🖊 📺 ☎ ⌟ ₺ 🅿 –
  🅰 70. 🖭 ⓞ GB
  fermé 3 au 16 janv. – **Repas** 68 (déj.), 78/139 ⌾ – ⌿ 35 – **41 ch** 260/290 – ½ P 250

STE-PREUVE 02 Aisne 🄵🄶 ⑥ – 75 h alt. 115 – ✉ 02350 Liesse.
  Paris 162 – *St-Quentin 67* – *Laon 23* – *Reims 49* – *Rethel 43* – *Soissons 58* – *Vervins 29*

🏨 **Château de Barive** ⌿, Sud-Ouest : 3 km par rte secondaire ℰ 03 23 22 15 15,
  Fax 03 23 22 08 39, 🌿, parc, « Demeure du 19ᵉ siècle dans la campagne picarde », ⌿, 🌿,
  ⌿ 📺 ☎ ⌟ 🅿 – 🅰 25. 🖭 ⓞ GB
  fermé 20 déc. au 27 janv., merc. midi et mardi – **Repas** 185/350 ⌾ – ⌿ 75 – **14 ch** 480/920 –
  ½ P 500/720

SAINTES ⟨⊕⟩ 17100 Char.-Mar. **71** ④ *G. Poitou Vendée Charentes* – *25 874 h alt. 15.*

Voir *Abbaye aux Dames : église abbatiale★ – Vieille ville★ : cathédrale St-Pierre – Arc de Germanicus★* B *– Église St-Eutrope : église inférieure★* E *– Arènes★ – Musée des Beaux-Arts★* M⁵ *– Musée Dupuy-Mestreau (collections régionales)* M³ *– Polissoir de Grézac (Musée éducatif de préhistoire)* M⁶*.*

🛈 *Office de Tourisme Villa Musso, 62 cours National ℰ 05 46 74 23 82, Fax 05 46 92 17 01.*
Paris 472 ⑥ Royan 36 ⑤ – Bordeaux 117 ④ – Poitiers 138 ⑥ – Rochefort 45 ⑦.

SAINTES

St-Eutrope (R.)	**AZ** 42	St-Pierre (R.)	**AZ** 46		
St-François (R.)	**AZ** 43	St-Vivien (Pl.)	**AZ** 47		
St-Macoult (R.)	**AZ** 45	Victor-Hugo (R.)	**AZ** 49		

Allende
  (Av. Salvador) . . . . **Y** 2
Alsace-Lorraine (R.) . . . . **AZ** 3
Arc de
  Triomphe (R.) . . . . **BZ** 4
Bassompierre (Pl.) . . . . **BZ** 5
Berthonnière (R.) . . . . **AZ** 7
Blair (Pl.) . . . . **AZ** 9
Bois d'Amour (R.) . . . . **AZ** 10
Bourignon (R.) . . . . **Y** 12
Brunaud (R. A.) . . . . **Y** 13
Clemenceau (R.) . . . . **AZ** 15
Denfert-
  Rochereau (R.) . . . . **BZ** 16
Dufaure (Av. J.) . . . . **Y** 18
Foch (Pl. Mar.) . . . . **AZ** 20
Gambetta (Av) . . . . **BZ**
Jacobins
  (R. des) . . . . **AZ** 25
Jean (R. du Doc.) . . . . **Y** 27
Kennedy (Av. J.-F.) . . . . **Y** 31
Lacurie (R.) . . . . **Y** 33
Leclerc (Crs Mar.) . . . . **Y** 34
Lemercier (Cours) . . . . **AZ** 35
Marne (Av. de la) . . . . **BZ** 37
Mestreau (R. F.) . . . . **BZ** 38
Monconseil (R.) . . . . **AZ** 39
National (Cours) . . . . **AZ**
République (Quai) . . . . **AZ** 41

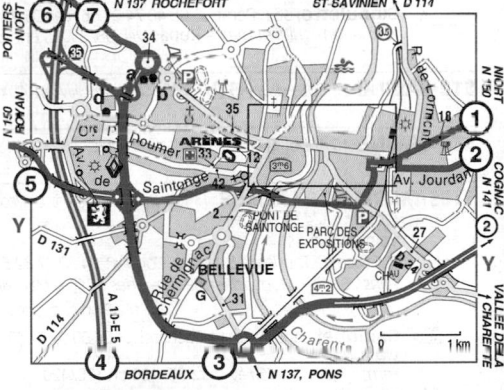

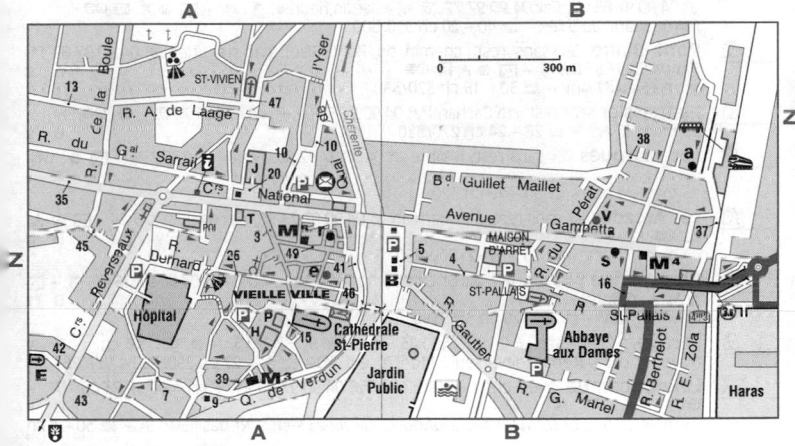

🏨🏨🏨 **Relais du Bois St-Georges** Ⓜ ⑳, r. Royan (D 137) ℰ 05 46 93 50 99, *Fax 05 46 93 34 93,* ≼, 佘, « Dans un parc avec étang ; original décor dans les chambres », ☒ – 団 ⊡ ☎ ℰ ♿ ⬅ 卫 – 益 50. ⊞   **Y** d
Repas 205 bc/590 bc - ***Table du Bois :*** **Repas** *(100bc)* et carte environ 120 ♀ – ☲ 100 – **27 ch** 490/1300, 3 duplex

🏨🏨 **Messageries** ⑳ sans rest, r. Messageries ℰ 05 46 93 64 99, *Fax 05 46 92 14 34* – 団 ☎ ℰ ⬅, ☲ ⊞   **AZ** r
fermé 23 déc. au 3 janv. – ☲ 40 – **34 ch** 260/370

🏨🏨 **Avenue** sans rest, 114 av. Gambetta ℰ 05 46 74 05 91, *Fax 05 46 74 32 16* – 団 ☎ ℰ 卫. ⊞   **BZ** s
fermé 22 déc. au 2 janv. – ☲ 35 – **15 ch** 185/281

🏛️ **Clarine** sans rest, 107 cours Mar. Leclerc ℘ 05 46 74 04 47, Fax 05 46 74 27 89, ⚞ – 📺 ☎
✔️ 🅿️. GB
Y b
fermé 23 déc. au 10 janv. et dim. d'oct. à mars – ⊇ 37 – **35 ch** 305/345

🏠 **Ibis** 🅼, r. Royan ℘ 05 46 74 36 34, Fax 05 46 93 33 39, 🍽️, ⤴️ – ✸ 📺 ☎ ✔️ ♿ 🅿️ – 🔺 50.
🆎 ⓞ GB
Y s
Repas *(fermé dim. midi et sam. d'oct. à mars)* (75) - 95 ♈, enf. 39 – ⊇ 35 – **71 ch** 310/365

🏠 **Terminus** sans rest, 2 r. J. Moulin ℘ 05 46 74 35 03, Fax 05 46 97 24 47 – 📺 ☎ ✔️ ⇦. 🆎
ⓞ GB
BZ a
fermé 23 déc. au 5 janv. – ⊇ 35 – **28 ch** 210/395

✕ **Bistrot Galant**, 28 r. St-Michel ℘ 05 46 93 08 51, Fax 05 46 93 08 51 – 🆎 GB
fermé dim. soir et lundi – **Repas** (79) - 98/200 ♈, enf. 55
AZ e

✕ **Ciboulette**, 36 r. Pérat ℘ 05 46 74 07 36, Fax 05 46 94 14 54 – ▣. 🆎 GB. ✻
fermé sam. midi et dim. – **Repas** (78) - 98/250 ♈, enf. 59
BZ v

STE-SABINE 21 Côte-d'Or 🔢 ⑱ – *rattaché à Pouilly-en-Auxois.*

STE-SAVINE 10 Aube 🔢 ⑯ – *rattaché à Troyes.*

STES-MARIES-DE-LA-MER 13460 B.-du-R. 🔢 ⑲ G. Provence – 2 232 h alt. 1 Pèlerinage des
Gitans★★ (24 et 25 mai).
Voir Église★.
🄑 Office de Tourisme 5 av. Van-Gogh ℘ 04 90 97 82 55, Fax 04 90 97 71 15.
Paris 763 ① – Montpellier 69 ① – Arles 39 ① – Marseille 132 ① – Nîmes 54 ①.

Plan ci-contre

🏛️ **Galoubet** sans rest, rte Cacharel ℘ 04 90 97 82 17, Fax 04 90 97 71 20, ⤴️ – ▣ 📺 ☎ 🅿️.
GB. ✻
B s
fermé 5 janv. au 15 fév. – ⊇ 35 – **20 ch** 320/420

🏛️ **Mas des Rièges** 🌿 sans rest, par rte Cacharel et rte secondaire : 1 km
℘ 04 90 97 85 07, Fax 04 90 97 72 26, <, « Jardin fleuri », ⤴️, ⚞ – 📺 ☎ 🅿️. 🆎 GB
fermé 5 janv. au 5 fév. – ⊇ 40 – **20 ch** 350/500

🏠 **Pont Blanc** 🌿 sans rest, chemin du Pont Blanc par rte Arles ℘ 04 90 97 89 11,
Fax 04 90 97 87 00, ⤴️ – 📺 ☎ ♿ 🅿️. GB
A z
fermé 5 au 31 janv. – ⊇ 30 – **15 ch** 320/360

🏠 **Fangassier** sans rest, rte Cacharel ℘ 04 90 97 85 02, Fax 04 90 97 76 05 – ☎. GB. ✻
20 mars-10 oct. – ⊇ 28 – **24 ch** 270/320
B e

🏠 **Lou Marquès** 🌿 sans rest, r. Vibre ℘ 04 90 97 82 89, Fax 04 90 97 72 24 – 📺 ☎. GB.
✻
A r
15 mars-15 oct. – ⊇ 30 – **15 ch** 320

🏠 **Les Arcades** 🅼 sans rest, r. P. Herman ℘ 04 90 97 73 10, Fax 04 90 97 75 23 – 📺 ☎ ♿.
🆎 GB. ✻
B n
1er mars-1er nov. – ⊇ 35 – **17 ch** 300/360

🏠 **Bleu Marine** 🅼 sans rest, av. Dr Cambon ℘ 04 90 97 77 00, Fax 04 90 97 76 00, ⤴️ – 📺
☎ ✔️ ♿.
B t
7 avril-1er nov. – ⊇ 30 – **26 ch** 350/390

🏠 **Mirage**, r. C. Pelletan ℘ 04 90 97 80 43, Fax 04 90 97 72 22, 🍽️ – ☎. GB. ✻ ch
B v
8 avril-1er oct. – **Repas** (dîner seul.) 110/170, enf. 70 – ⊇ 30 – **27 ch** 290/350 – ½ P 265

✕✕ **L'Hippocampe** avec ch, r. C. Pelletan ℘ 04 90 97 80 91, Fax 04 90 97 73 05, 🍽️ –
GB
B k
18 mars-1er nov. et fermé mardi sauf du 12 juil. au 25 sept. – **Repas** 130/194 – ⊇ 30 – **4 ch**
325

✕ **Impérial**, pl. des Impériaux ℘ 04 90 97 81 84, Fax 04 90 97 74 25, 🍽️ – 🆎 GB
A a
15 avril-5 nov. et fermé mardi hors saison – **Repas** 135/185 ♨, enf. 65

rte du Bac du Sauvage Nord-Ouest : 4 km par D 38 – ✉ 13460 Les Stes-Maries-de-la-Mer :

🏩 **Mas de la Fouque** 🅼 🌿, ℘ 04 90 97 81 02, Fax 04 90 97 96 84, <, 🍽️, parc, « Dans la
Camargue », ⤴️ – ▣ 📺 ☎ ♿ 🅿️. 🆎 GB JCB
25 mars-2 nov. – **Repas** *(fermé lundi midi du 10 sept. au 30 juin et mardi sauf le soir du
1er juin au 10 sept.)* 250/540 ♈ – ⊇ 90 – **14 ch** 1620/1720 – ½ P 1150/1465

🏩 **L'Estelle** 🅼 🌿, ℘ 04 90 97 89 01, Fax 04 90 97 80 36, <, 🍽️, ⤴️, ⚞, ✕ – ▣ 📺 ☎ ♿ 🅿️.
🆎 ⓞ GB JCB. ✻ rest
fermé 3 janv. au 28 fév. – **Repas** *(fermé lundi sauf le soir de mars au 13 nov. et mardi midi)*
165/360 ♨ – **19 ch** ⊇ 1110/1480 – ½ P 790/890

STES-MARIES DE-LA-MER

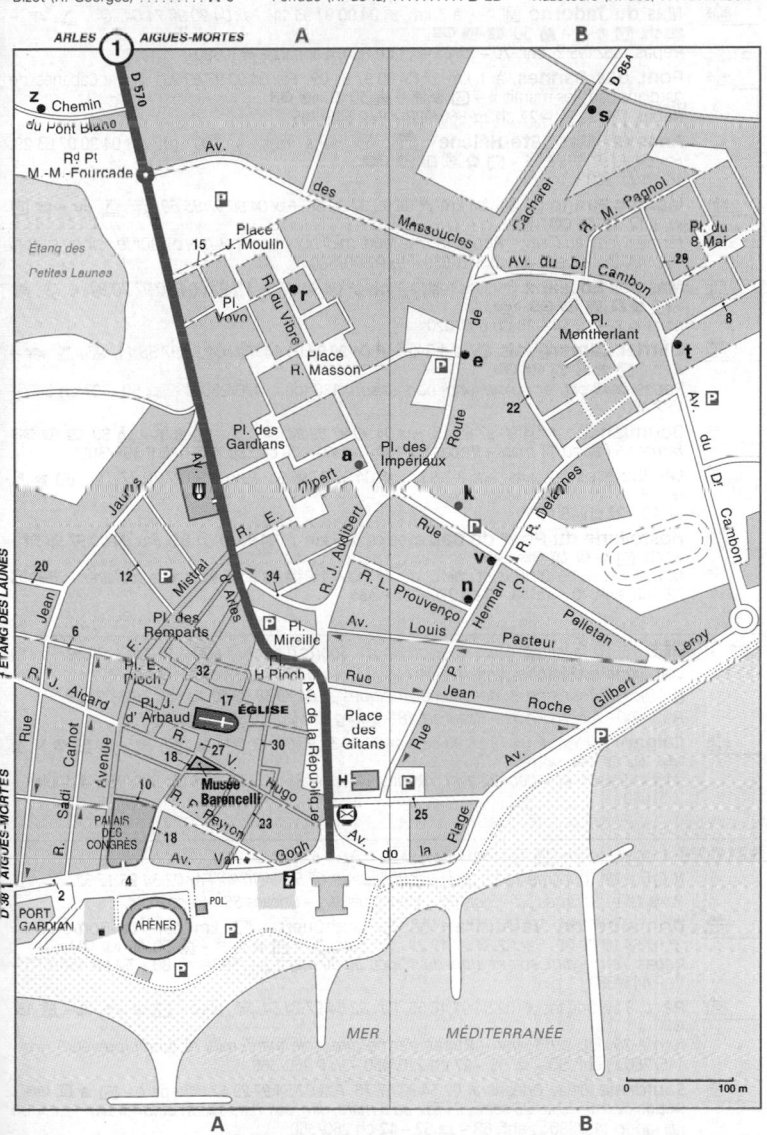

ARLES   AIGUES-MORTES   **A**   **B**

Au service de l'automobiliste :
les **pneus**, les **cartes**, les **guides Michelin**.

rte d'Arles *Nord-Ouest par D 570 –* ⊠ *13460 Les Stes-Maries-de-la-Mer :*

🏨 **Auberge Cavalière** ⑤, à 1 km 🕿 04 90 97 88 88, Fax 04 90 97 84 07, 🎉, « Cabanes de gardians dans les marais », 🏊, 🚲, 💥 – 🔳 rest, 📺 🕿 🔥 🅿 – 🅼 80. 🅰🅴 ① 🆖 🆓
Repas 135/240, enf. 70 – ☲ 50 – **42 ch** 750/1000 – ½ P 650/725

🏨 **Mas du Tadorne** 🅼 ⑤, à 3 km 🕿 04 90 97 93 11, Fax 04 90 97 71 04, 🎉, 🏊, 🚲 – 🔳 ch, 📺 🕿 🅿 – 🅼 50. 🅰🅴 ① 🆖
Repas 135/195 ♈, enf. 70 – ☲ 65 – **11 ch** 850, 4 appart – ½ P 590

🏨 **Pont des Bannes**, à 1 km 🕿 04 90 97 81 09, Fax 04 90 97 89 28, 🎉, « Cabanes de gardians dans les marais » – 📺 🕿 🅿 – 🅼 30. 🅰🅴 ① 🆖
Repas 135/295 ♈ – **27 ch** ☲ 860/980 – ½ P 645/705

Annexe Mas Ste-Hélène 🏨 ⑤ sans rest, à 500 m. 🕿 04 90 97 83 29, Fax 04 90 97 89 28, ≤ – 📺 🕿 🅿. 🅰🅴 ① 🆖
13 ch ☲ 500

🏨 **Mangio Fango** 🅼 ⑤, à 1 km 🕿 04 90 97 80 56, Fax 04 90 97 83 60, 🎉, 🏊, 🚲 – 🔳 📺 🕿 💥 🅿. 🅰🅴 ① 🆖 🆓
fermé 6 janv. au 6 fév. – **Repas** *(fermé jeudi midi hors saison et merc. sauf le soir en saison)* 155/280 ♈ – ☲ 55 – **15 ch** 510/630 – ½ P 500/560

🏨 **Mas des Roseaux** ⑤ sans rest, à 1 km 🕿 04 90 97 86 12, Fax 04 90 97 70 84, ≤, 🏊, 🚲 – 📺 🕿 🅿. 🅰🅴 ① 🆖 🆓. 💥
mars-oct. – ☲ 34 – **15 ch** 600/620

🏨 **L'Étrier Camarguais** ⑤, à 1,5 km 🕿 04 90 97 81 14, Fax 04 90 97 88 11, 🎉, 🏊, 🚲 – 🔳 ch, 📺 🕿 🅿. 🅰🅴 ① 🆖
Repas *(avril-oct. et fermé lundi hors saison)* 120 (déj.), 170/250 ♈ – ☲ 50 – **27 ch** 540 – ½ P 490

🏨 **Boumian** ⑤, 🕿 04 90 97 81 15, Fax 04 90 97 89 94, 🎉, 🏊 – 📺 🕿 🅿 – 🅼 80. 🅰🅴 ① 🆖
fermé 15 fév. au 1er mars – **Repas** 95/180 – ☲ 40 – **28 ch** 350/490 – ½ P 355/395

🏨 **Les Rizières** ⑤ sans rest, à 2,5 km 🕿 04 90 97 91 91, Fax 04 90 97 70 77, 🏊 – 📺 🕿 🅿. 🆖
☲ 40 – **27 ch** 480/530

💥💥 **Hostellerie du Pont de Gau** avec ch, à 5 km 🕿 04 90 97 81 53, Fax 04 90 97 98 54 – 🔳 ch, 📺 🕿 🅿. 🅰🅴 🆖 🆓
fermé 4 janv. au 20 fév. et merc. du 15 nov. à Pâques sauf vacances scolaires – **Repas** 99/280, enf. 70 – ☲ 38 – **9 ch** 270 – ½ P 333

Les SAISIES 73620 Savoie 🗗🗗 ⑰ 🄶. *Alpes du Nord* – *Sports d'hiver : 1 600/1 950 m* 🚡24 🎿.
Voir Signal de Bisanne ❄**★★** *O : 5 km.*
🅱 *Office de Tourisme av. des Jeux Olympiques* 🕿 04 79 38 90 30, Fax 04 79 38 96 29.
Paris 600 – Albertville 31 – Beaufort 18 – Bourg-St-Maurice 56 – Megève 23.

🏨 **Calgary** 🅼 ⑤, 🕿 04 79 38 98 38, Fax 04 79 38 98 00, ≤, 🎉, 🎠, 🏊, 🚲 – 🛗 📺 🕿 💥 🔥 🍽, 🅰🅴 ① 🆖. 💥 rest
24 juin-2 sept. et 9 déc.-22 avril – **Repas** 145, enf. 65 – ☲ 60 – **36 ch** 550/860, 4 duplex – ½ P 630

SALBRIS 41300 L.-et-Ch. 🗗🗗 ⑲ 🄶. *Châteaux de la Loire – 6 083 h alt. 104.*
🅱 *Office de Tourisme 27 bd de la République* 🕿 02 54 94 10 90, Fax 02 54 96 15 52.
Paris 190 – Bourges 50 – Blois 66 – Montargis 101 – Orléans 66 – Vierzon 24.

🏨 **Domaine de Valaudran** 🅼 ⑤, Sud-Ouest : 1,5 km par rte Romorantin 🕿 02 54 97 20 00, Fax 02 54 97 12 22, 🎉, parc, 🏊 – 📺 🕿 🔥 🅿 – 🅼 50. 🅰🅴 ① 🆖
Repas *(fermé dim. soir et lundi du 1er oct. au 30 mars)* 240/380 – ☲ 80 – **32 ch** 450/650 – ½ P 445/660

🏨 **Parc**, 8 av. Orléans 🕿 02 54 97 18 53, Fax 02 54 97 24 34, 🎉, parc – 📺 🕿 🚗 🅿 – 🅼 15. 🆖
fermé 20 déc. au 3 janv. – **Repas** *(fermé dim. soir, mardi midi et lundi)* (prévenir) (100) - 145/250 ♈, enf. 50 – ☲ 55 – **27 ch** 220/450 – ½ P 260/360

🏨 **Sauldraie**, 81 av. Orléans 🕿 02 54 97 17 76, Fax 02 54 97 29 67, 🎉, parc – 📺 🕿 🅿. 🆖
Repas *(fermé 18 au 26 sept., 21 fév. au 6 mars, dim. soir hors saison et lundi sauf le soir en juil.-août)* 115/280 ♈, enf. 68 – ☲ 52 – **12 ch** 260/350

SALERS *15140 Cantal* 76 ② *G. Auvergne – 439 h alt. 950.*

Voir *Grande-Place*★★ – *Église*★ – *Esplanade de Barrouze* ←★.

Office de Tourisme (fév.-11 nov.) pl. Tyssandier-d'Escous ✆ 04 71 40 70 68, Fax 04 71 40 70 94 et (hors saison) Mairie ✆ 04 71 40 72 33.

Paris 515 – Aurillac 44 – Brive la Gaillarde 102 – Mauriac 19 – Murat 43.

Bailliage, r. Notre-Dame ✆ 04 71 40 71 95, *Fax 04 71 40 74 90,* , , – TV ☎ P. AE GB
fermé 15 nov. au 1er fév. – **Repas** 70/170 ♀, enf. 42 – ☕ 39 – **30 ch** 270/360 – ½ P 290/330

Gerfaut sans rest, rte Puy Mary, Nord Est : 1 km par D 680 ✆ 04 71 40 75 75, *Fax 04 71 40 73 45,* ←, , – cuisinette TV ☎ ♿ P. – 25. AE GB
Pâques-1er nov. – ☕ 40 – **20 ch** 270/430, 5 studios

Château de la Bastide , esplanade Barrouze ✆ 04 71 40 71 11, *Fax 04 71 40 75 04,* ←, , – TV ☎. GB
fermé 15 nov. au 20 déc. et 3 au 31 janv. – **Repas** 69/140 ♀, enf. 42 – ☕ 37 – **13 ch** 295/340 – ½ P 305

Les Remparts , esplanade Barrouze ✆ 04 71 40 70 33, *Fax 04 71 40 75 32,* ← Monts du Cantal, , – TV ☎. GB
fermé 15 oct. au 20 déc. – **Repas** 69/165 ♀, enf. 42 – ☕ 37 – **18 ch** 270/300 – ½ P 265/290

à Fontanges *Sud : 5 km par D 35 – 292 h. alt. 692 – ✉ 15140 Salers :*

Auberge de l'Aspre , ✆ 04 71 40 75 76, *Fax 04 71 40 75 27,* ←, , , – TV ☎ ♿ P. GB
fermé 10 déc. au 25 janv., dim. soir et lundi d'oct. à mai – **Repas** 98/185 ♀, enf. 50 – ☕ 40 – **8 ch** 300 – ½ P 305

au Theil *Sud-Ouest : 6 km par D 35 et D 37 – ✉ 15140 St-Martin-Valmeroux :*

Hostellerie de la Maronne , ✆ 04 71 69 20 33, *Fax 04 71 69 28 22,* ←, « Jardin fleuri », , – rest, TV ☎ P. AE GB JCB. rest
25 mars-5 nov. – **Repas** (dîner seul.) 150/280 ♀ – ☕ 60 – **17 ch** 540/680, 4 appart – ½ P 500/550

SALÈVE (Mont) ★★ *74 H.-Savoie* 74 ⑥ *G. Alpes du Nord – alt. 1380 au Grand Piton, 1 184 à la table d'orientation des Treize Arbres* ★★ *(13 km SO d'Annemasse par ④, D 41 puis 15 mn).*

Voir *Téléphérique de Salève*★★.

Paris 543 – Annecy 33 – Thonon-les-Bains 46 – Bellegarde-sur-Valserine 47 – Bonneville 34.

Dusonchet , à La Croisette - alt. 1 176 m. ✉ 74560 Monnetier-Mornex ✆ 04 50 94 52 04, *Fax 04 50 85 03 29,* ←, , – ☎ P. GB. ch
fermé 15 oct. au 20 nov., dim. soir et merc. – **Repas** 85/150 ♀, enf. 50 – ☕ 38 – **10 ch** 200/310 – ½ P 310

SALIES-DE-BÉARN *64270 Pyr.-Atl.* 78 ⑧ *G. Aquitaine – 4 974 h alt. 50 – Stat. therm..*

Env. *Sauveterre-de-Béarn : site*★, ←★★ *du vieux pont, S : 10 km.*

Office de Tourisme r. des Bains ✆ 05 59 38 00 33, Fax 05 59 38 02 95.

Paris 782 – Pau 65 – Bayonne 60 – Dax 38 – Orthez 18 – Peyrehorade 18.

Golf M, rte Orthez, Est : 1 km ✆ 05 59 65 02 10, *Fax 05 59 38 16 41,* , , , – TV ☎ ♿ P. GB
Repas (75) - 90/185 ♀, enf. 45 – ☕ 40 – **32 ch** 270/330 – ½ P 293

à Castagnède *Sud-Ouest : 8 km par D 17, D 27 et D 384 – 212 h. alt. 38 – ✉ 64270 :*

Belle Auberge avec ch, ✆ 05 59 38 15 28, *Fax 05 59 65 03 57,* , , – TV ☎ P. GB
fermé mi-déc. à fin janv. – **Repas** *(fermé dim. soir sauf juil.-août)* 65/120 , enf. 50 – ☕ 27 – **12 ch** 200/250 – ½ P 230

SALIES-DU-SALAT *31260 H.-Gar.* 86 ② *G. Aquitaine – 2 074 h alt. 300.*

Office de Tourisme bd.Jean-Jaurès ✆ 05 61 90 53 93, Fax 05 61 90 47 43.

Paris 773 – Bagnères-de-Luchon 71 – St-Gaudens 25 – Toulouse 79.

Parc M sans rest, 6 r. d'Austerlitz ✆ 05 61 90 51 99, *Fax 05 61 90 43 07* – TV ☎ ♿ P. – 30. AE GB
☕ 30 – **23 ch** 195/295

Campers... Use the current **Michelin Guide**
Camping Caravaning France.

SALIGNAC-EYVIGUES 24590 Dordogne 🔟 ⑰ G. Périgord Quercy – 964 h alt. 297.

Voir *Jardins d'Eyrignac*★ 6 km au Sud par D 61.

Paris 513 – Brive-la-Gaillarde 34 – Sarlat-la-Canéda 18 – Cahors 81 – Périgueux 68.

🏛 **Terrasse** (annexe à 1 km ⚄, 3 ch 🛁 🚗), Place de la Poste ℰ 05 53 28 80 38, Fax 05 53 28 99 67 – 🕿 📞 ☎ GB

Pâques-15 oct. – **Repas** *(fermé merc. midi hors saison)* 88/205 ♀, enf. 55 – ⌷ 44 – **14 ch** 250/380 – ½ P 295

au Nord-Ouest : 2,5 km par D 62ᴮ et rte secondaire – ✉ 24590 Salignac-Eyvigues :

❌❌ **Meynardie**, ℰ 05 53 28 85 98, Fax 05 53 28 82 79, 😋, « Cadre rustique », 🚗 – 📧 GB
🍴 *fermé déc. à mi-fév. et merc.* – **Repas** 75 (déj.), 98/300

à Laval Nord : 7 km rte de Brive-la-Gaillarde – ✉ 24590 Salignac-Eyvigues :

🏛 **Coulier**, sur D 60 ℰ 05 53 28 86 46, Fax 05 53 28 26 33, 😋, 🛁, 🚗 – 📺 ☎ & ⚄ 📞 ☎ GB
fermé 25 nov. au 15 fév., vend. soir et sam. d'oct. à mars – **Repas** 90/240, enf. 42 – ⌷ 40 – **15 ch** 220/290 – ½ P 290

SALINS-LES-BAINS 39110 Jura 🔟 ⑤ G. Jura – 3 629 h alt. 340 – Stat. therm. – Casino.

Voir *Site*★ – *Fort Belin*★.

🛈 Office de Tourisme pl. des Salines ℰ 03 84 73 01 34, Fax 03 84 37 92 85.

Paris 404 – Besançon 42 – Dole 44 – Lons-le-Saunier 51 – Poligny 24 – Pontarlier 46.

🏛 **Grand Hôtel des Bains** sans rest, pl. Alliés ℰ 03 84 37 90 50, Fax 03 84 37 96 80, 🛁, 🔲
🍴100 🏠 📺 ☎ ⚄ 📞. GB
fermé 5 au 20 janv. et dim. d'oct. à avril – ⌷ 43 – **31 ch** 300/395

❌❌ **Rest. des Bains**, pl. des Alliés ℰ 03 84 73 07 54, Fax 03 84 37 99 43 – 📧 GB
fermé 15 au 21 janv., dim. soir et lundi sauf fériés et juil.-août – **Repas** 95/203

rte de Champagnole Sud : 5 km par D 467 – ✉ 39110 Salins-les-Bains :

❌ **Relais de Pont d'Héry**, ℰ 03 84 73 06 54, Fax 03 84 73 19 00, 😋, 🛁, 🚗 – GB
🍴 *fermé 30 oct. au 14 nov., 19 au 27 fév., lundi soir et mardi de sept. à mai* – **Repas** 62/154 ♀, enf. 35

SALLANCHES 74700 H.-Savoie 🔟 ⑧ G. Alpes du Nord – 12 767 h alt. 550.

Voir ❄★★ sur le Mont-Blanc – Chapelle de Médonnet : ❄★★ – Cascade d'Arpenaz★ N : 5 km.

🛈 Office de Tourisme 31 q. Hôtel-de-Ville ℰ 04 50 58 04 25, Fax 04 50 58 38 47.

Paris 588 – Chamonix-Mont-Blanc 28 – Annecy 70 – Bonneville 30 – Megève 14.

🏛🏛 **Hostellerie des Prés du Rosay** ⚄, rte du Rosay ℰ 04 50 58 06 15, Fax 04 50 58 48 70, ≤, 😋, 🚗 – ❙ 📺 ☎ 📞 – 🔬 25. 📧 ⑩ JCB
fermé 1ᵉʳ au 15 nov. et 9 au 24 janv. – **Repas** *(fermé dim. soir et lundi midi du 1ᵉʳ avril au 11 juil. et du 1ᵉʳ sept. au 19 déc.)* 150/315 ♀ – ⌷ 70 – **15 ch** 410/540 – ½ P 460

🏛🏛 **Crémaillère** ⚄, 1,5 km par ancienne rte Combloux ℰ 04 50 58 32 50, Fax 04 50 93 74 16, ≤ chaîne Mont-Blanc, 🚗 – ❙ 📺 ☎ 📞 – 🔬 50. 📧 ⑩ JCB
Repas 100/260 ♀ – ⌷ 45 – **43 ch** 345/395 – ½ P 330/355

🏛 **Les Sorbiers**, 17 r. Dr Bonnefoy ℰ 04 50 58 01 22, Fax 04 50 58 39 55, 😋 – ❙ 📺 ☎ 📞 – 🔬 20. 📧 ⑩ GB. ❌
Repas 75 bc (déj.), 100/220 ♀, enf. 55 – ⌷ 45 – **23 ch** 300/360 – ½ P 280/320

🛖 **Mont-Blanc** sans rest, 83 r. Chenal ℰ 04 50 58 12 47, Fax 04 50 47 87 68 – 📺 ☎. 📧 ⑩ GB
⌷ 30 – **23 ch** 170/270

❌❌ **Bernard Villemot**, 57 r. Dr Berthollet ℰ 04 50 93 74 82, Fax 04 50 58 00 82 – 📧 ⑩ GB
fermé 14 au 20 nov., 6 au 29 janv., dim. soir et lundi – **Repas** (115) - 150/300 ♀, enf. 75

❌❌ **Chaumière**, 73 ancienne rte Combloux ℰ 04 50 58 00 59, Fax 04 50 58 00 59 – ⑩ GB
fermé vacances de Toussaint et lundi – **Repas** 128/198, enf. 48

❌ **St-Julien**, 53 r. Chenal ℰ 04 50 58 02 24 – GB
🍴 *fermé 26 juin au 12 juil., 8 au 21 janv., dim. soir et merc.* – **Repas** 75/165 ♀, enf. 45

à Cordon Sud-Ouest : 4 km par D 113 – 766 h. alt. 871 – Sports d'hiver : 1 000/1 600 m ✚5 – ✉ 74700.

🛈 Office de Tourisme pl. de l'Église ℰ 04 50 58 01 57, Fax 04 50 91 25 36.

🏛🏛 **Les Roches Fleuries** ⚄, ℰ 04 50 58 06 71, Fax 04 50 47 82 30, ≤ chaîne Mont-Blanc, 😋, « Chalet fleuri », 🛁, 🛀, 🚗 – ❙ 📺 ☎ 📞 📧 ⑩ JCB ❌ rest
13 mai-3 sept. et 16 déc.-15 avril – **Repas** 150 (déj.), 200/340 ♀ - **Boîte à Fromages** (dîner seul)(Prévenir) **Repas** 160bc – ⌷ 75 – **25 ch** 950 – ½ P 735

🏛🏛 **Chamois d'Or** ⚄, ℰ 04 50 58 05 16, Fax 04 50 93 72 96, ≤ chaîne Mont-Blanc, 😋, « Chalet fleuri », 🛁, 🛀, ❌ – ❙ 📺 ☎ 🚗 📧 ⑩ GB
1ᵉʳ juin-mi-sept. et 20 déc.-mi-avril – **Repas** (100) - 140/280 ♀ – ⌷ 70 – **28 ch** 450/780 – ½ P 580/620

🏨 **Cordonant** ⊗, 𝒫 04 50 58 34 56, *Fax 04 50 47 95 57*, ≤ chaîne Mont-Blanc, 🏫, 🛌 – 📺 ☎ 🅿. GB. 🛇 rest
mi-mai-25 sept. et 20 déc.-15 avril – **Repas** 130/180 ♀ – ☲ 38 – **16 ch** 340/380 – ½ P 345/385

🏨 **Les Rhodos** ⊗, 𝒫 04 50 58 13 54, *Fax 04 50 58 57 23*, ≤ chaîne Mont-Blanc – 📺 ☎ 🅿. GB
21 avril-1ᵉʳ oct. et 4 déc.-31 mars – **Repas** 75 (déj.), 98/210 ♀, enf. 50 – ☲ 37 – **25 ch** 290 – ½ P 255/280

🏨 **Solneige** ⊗, 𝒫 04 50 58 04 06, *Fax 04 50 91 21 41*, ≤ chaîne Mont-Blanc, 🍴 – 📺 ☎ 🅿. GB
20 déc.-18 sept. – **Repas** (75) - 95/150 – ☲ 35 – **27 ch** 299 – ½ P 270/280

🟡 **Planet** ⊗, 𝒫 04 50 58 04 91, *Fax 04 50 91 38 07*, ≤ chaîne Mont-Blanc, 🏫 – ☎ 🅿. GB
1ᵉʳ juin 20 sept. et 20 déc.-15 avril – **Repas** 95/145 ♀ – ☲ 37 – **28 ch** 300 – ½ P 270/290

SALLEBOEUF 33370 Gironde 🏷 ⑨ – 1 714 h alt. 16.
Paris 585 – Bordeaux 18 – Créon 11 – Libourne 17 – St-André-de-Cubzac 29.

🍴 **Forêt**, Sud-Est : 1,5 km par D 13ᴱ² et rte secondaire 𝒫 05 56 21 25 49, *Fax 05 56 21 25 49*, 🏫, 🍴 – 🅿. GB
fermé dim. soir et lundi – **Repas** 90/200 ♀, enf. 60

SALLES-CURAN 12410 Aveyron 🏷 ⑬ – 1 277 h alt. 887.
Paris 653 – Rodez 40 – Albi 78 – Millau 38 – St-Affrique 41.

🍴🍴 **Hostellerie du Lévézou** ⊗ avec ch, 𝒫 05 65 46 34 16, *Fax 05 65 46 01 19*, ≤, 🏫, Demeure du 14ᵉ siècle, 🍴 – 📺 ☎ – 🏊 25. AE ① GB JCB
avril-nov. et fermé dim. soir et lundi (sauf rest. du 15 sept. à juin) – **Repas** 89 bc (déj.), 130/260 ♀, enf. 70 – ☲ 50 – **18 ch** 300/400 – ½ P 350/450

Les plans de villes
sont orientés le Nord en haut

Les SALLES-SUR-VERDON 83630 Var 🏷 ⑥, 🏷 ⑧ G. Alpes du Sud – 154 h alt. 440.
Voir *Lac de Ste-Croix★★*.
Paris 795 – Digne-les-Bains 60 – Brignoles 56 – Draguignan 49 – Manosque 62.

🏨 **Auberge des Salles** ⊗, 𝒫 04 94 70 20 04, *Fax 04 94 70 21 78*, ≤, 🏫, 🍴 – 🛗 📺 ☎ 🕭 🍴. GB
1ᵉʳ avril-1ᵉʳ nov. et fermé merc. en avril et oct. – **Repas** 92/187 ♀, enf. 48 – ☲ 40 – **30 ch** 330/390 – ½ P 580/640

🏨 **Ste-Anne** sans rest, 𝒫 04 94 70 20 02, *Fax 04 94 84 23 00*, ≤ – ☎. GB. 🛇
1ᵉʳ mars-15 oct. et fermé lundi – ☲ 45 – **19 ch** 280/460

SALON-DE-PROVENCE 13300 B.-du-R. 🏷 ② G. Provence – 34 054 h alt. 80.
Voir *Château de l'Empéri : musée★★*.
Env. *Table d'orientation de Lançon* ≤★★ *12 km par ② puis 15 mn*.
🛈 *Office de Tourisme 56 cours Gimon 𝒫 04 90 56 27 60, Fax 04 90 56 77 09*.
Paris 723 ① – Marseille 54 ② – Aix-en-Provence 37 ② – Arles 45 ③ – Avignon 49 ①

Plan page suivante

🏨 **Mas du Soleil** Ⓜ ⊗, 38 chemin St-Côme (Est - BY - par D 17) 𝒫 04 90 56 06 53, *Fax 04 90 56 21 52*, 🏫, « Bel aménagement intérieur », 🏊, 🍴 – 🗏 📺 ☎ 🕭 🅿 – 🏊 20. AE ① GB JCB
(fermé dim. soir et lundi) – **Repas** 230/650 ♀ – ☲ 70 – **10 ch** 700/1150 – ½ P 900/1025

🏨 **Angleterre** sans rest, 98 cours Carnot 𝒫 04 90 56 01 10, *Fax 04 90 56 71 75* – 📺 ☎ 🕭. AE GB JCB
AY b
fermé 22 déc. au 5 janv. – ☲ 36 – **25 ch** 230/300

🏨 **Sélect** ⊗ sans rest, 35 r. Suffren 𝒫 04 90 56 07 17, *Fax 04 90 56 42 48* – 📺 ☎ 🚗. AE GB JCB. 🛇
AY s
fermé dim. d'oct. à avril – ☲ 38 – **17 ch** 210/260

🍴🍴🍴 **Salle à Manger**, 6 r. Mar. Joffre 𝒫 04 90 56 28 01, 🏫, « Maison bourgeoise aménagée avec élégance » – GB
BY v
fermé dim. sauf le midi du 18 sept. au 2 juil. et lundi – **Repas** (prévenir) (89) - carte environ 180 ♀

🍴🍴 **Craponne**, 146 allées Craponne 𝒫 04 90 53 23 92, 🏫 – GB
BZ m
fermé 10 au 31 juil., 24 déc. au 4 janv., dim. soir et lundi – **Repas** 105/205

SALON-DE-PROVENCE

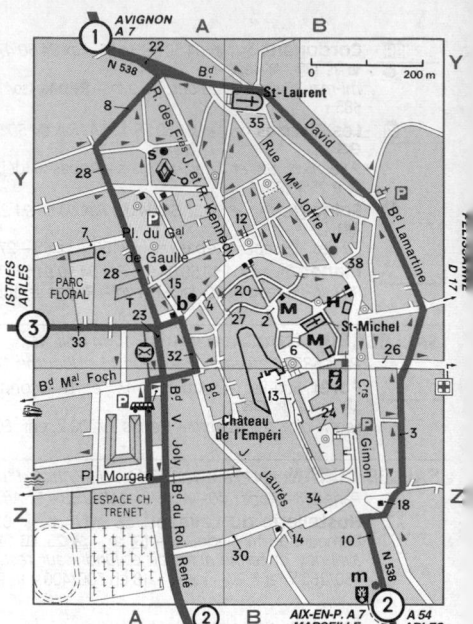

au Nord-Est : 5 km par D 17 BY puis D 16 – ⊠ 13300 Salon-de-Provence :

🏨🏨 **Abbaye de Sainte-Croix** ≫, 𝒷 04 90 56 24 55, Fax 04 90 56 31 12, ≤, 斎, parc, « Ancienne abbaye du 12ᵉ siècle dominant Salon-de-Provence », ⊥, – ▤ ch, 📺 ☎ & 🅿 – ⚲ 100. ⅍ ⑩ ☜ ☜. ⅍ rest
24 mars-5 nov. – **Repas** (fermé lundi midi et jeudi midi sauf fériés) 345 (déj.), 430/595 et carte 370 à 490 – ☲ 120 – **20 ch** 910/1560, 4 appart – ½ P 965/1290
Spéc. Salade de homard. Filet de loup à la compote de poivrons doux. Mignon d'agneau au jus de truffes. **Vins** Coteaux d'Aix-en-Provence-les Baux.

à la Barben Sud-Est : 8 km par ②, D 572 et D 22E – 500 h. alt. 105 – ⊠ 13330 :

🍴🍴 **Touloubre** avec ch, 𝒷 04 90 55 16 85, Fax 04 90 55 17 99, 斎 – ☎ 🅿 – ⚲ 40. ☜
fermé 9 oct. au 22 oct., vacances de fév., dim. soir et lundi – **Repas** 98 (déj.), 125/240, enf. 65 – ☲ 30 – **7 ch** 240 – ½ P 290

au Sud par ②, N 538, N 113 et D 19 (direction Grans) : 5 km – ⊠ 13250 Cornillon :

🏨 **Devem de Mirapier** ≫, 𝒷 04 90 55 99 22, Fax 04 90 55 86 14, ≤, 斎, « Dans un parc de pins et de garrigues », ⊥, ⅍ – ▤ 📺 ☎ &. – ⚲ 30. ⅍ ☜
fermé 15 déc. au 20 janv. et week-ends d'oct. à mars – **Repas** (résidents seul.)(dîner seul.) 120/190 – ☲ 65 – **14 ch** 540/750 – ½ P 630

SALVAGNY 74 H.-Savoie 🟦🟦 ⑧ – rattaché à Samoëns.

Le SAMBUC 13200 B.-du-R. 🟦🟦 ⑩.
Paris 743 – Arles 24 – Marseille 117 – Stes-Maries-de-la-Mer 49 – Salon-de-Provence 66.

🏨🏨 **Mas de Peint** Ⓜ ≫, 2,5 km par rte Salins 𝒷 04 90 97 20 62, Fax 04 90 97 22 20, 斎, parc, ambiance guest house, « Demeure camarguaise du 17ᵉ siècle aménagée avec élégance », ⊥, ⅍ – ▤ rest, 📺 ☎ 🅿. ⅍ ⑩ ☜ 🅹🅲🅱
fermé 10 janv. au 10 mars – **Repas** (fermé merc.) (nombre de couverts limité, prévenir) 190 (déj.)/245 – ☲ 100 – **11 ch** 1195/2180 – ½ P 933/1425

A good moderately priced meal : 🍽 **Repas** 100/130

SAMOËNS 74340 H.-Savoie **74** ⑧ G. Alpes du Nord – 2 148 h alt. 710 – Sports d'hiver : 720/2 480 m ⚡ / ⚡ 69 ⚡.

Voir Place du Gros Tilleul★ – Jardin alpin Jaysinia★

Env. La Rosière ≤★★ N : 6 km – Cascade du Rouget★★ S : 10 km – Cirque du Fer à Cheval★★ E : 13 km.

🅱 Office de Tourisme Gare Routière ℘ 04 50 34 40 28, Fax 04 50 34 95 82.

Paris 585 – Chamonix-Mont-Blanc 63 – Thonon-les-Bains 59 – Annecy 72 – Genève 54.

🏨 **Neige et Roc** ⚡, ℘ 04 50 34 40 72, Fax 04 50 34 14 48, ≤, 🍽, 📳, ⊒, 🌳, ⚒ – 🔁 cuisinette 📺 ☎ ✆ 🅿 – ♨ 25. 🖭. ⚒ rest
1ᵉʳ juin-25 sept. et 15 déc.-15 avril – **Repas** 120 (déj.), 150/200 ⚡ – � 50 – **32 ch** 500/600, 18 studios – ½ P 490

🏨 **Les Glaciers**, ℘ 04 50 34 40 06, Fax 04 50 34 16 75, 🍽, 📳, ⊒, 🌳, ⚒ – 🔁 📺 ☎ 🅿. 🖭 ① 🖭
1ᵉʳ juin-15 sept. et 18 déc.-5 avril – **Repas** 95/160, enf. 60 – ⊒ 50 – **50 ch** 350/550 – ½ P 450/500

🏠 **Edelweiss** ⚡, Nord-Ouest : 1,5 km par rte Plampraz ℘ 04 50 34 41 32, Fax 04 50 34 18 75, ≤ montagnes, 🍽 ☎ 🅿. 🖭
fermé 24 avril au 13 mai et 24 sept. au 16 déc. – **Repas** 90/145 ⚡, enf. 45 – ⊒ 30 – **20 ch** 260/340 – ½ P 310

🏠 **Gai Soleil**, ℘ 04 50 34 40 74, Fax 04 50 34 10 78, ≤, 🍽, 📳, ⊒ – 🔁 cuisinette, ▤ rest, 📺 ☎ 🅿. 🖭
10 juin-16 sept. et 23 déc.-15 avril – **Repas** 82/180 ⚡, enf. 62 – ⊒ 42 – **24 ch** 340/380 – ½ P 330

à Morillon Ouest : 4,5 km – 428 h. alt. 687 – Sports d'hiver 700/2200 m ⚡ 1 ⚡ 7 ⚡ 69 – ✉ 74440 :

🅱 Office de Tourisme ℘ 04 50 90 15 76, Fax 04 50 90 11 47.

🏠 **Morillon**, ℘ 04 50 90 10 32, Fax 04 50 90 70 08, ≤, ⊒, 🌳 – 🔁 ☎ 🅿. 🖭. ⚒ rest
10 juin-16 sept. et 16 déc.-2 avril – **Repas** 85/150 ⚡, enf. 45 – ⊒ 40 – **25 ch** 725 – ½ P 560

à Verchaix Ouest : 6 km par D 907 – 391 h. alt. 800 – ✉ 74440 :

⚒ **Rouge Gorge**, près rd-pt D 907 ℘ 04 50 90 16 77, Fax 04 50 90 74 03 – 🖭
fermé 19 juin au 6 juil., 13 au 30 nov., dim. soir, mardi soir et merc. soir hors saison et lundi – **Repas** (nombre de couverts limité, prévenir) 80 bc (déj.), 120/180 ⚡, enf. 55

à Salvagny Sud-Est : 9 km par D 907 et D 29 – ✉ 74740 Sixt-Fer-à-Cheval :

🏠 **Petit Tetras** ⚡, ℘ 04 50 34 42 51, Fax 04 50 34 12 02, ≤, 🍽, ⊒, 🌳 – 🔁 ☎ 🅿. 🖭 ① 🖭. ⚒ rest
1ᵉʳ juin-17 juil. et 23 déc.-31 mars – **Repas** 95/140 ⚡, enf. 60 – ⊒ 38 – **30 ch** 280/300 – ½ P 300/320

SAMOIS-SUR-SEINE 77920 S.-et-M. **61** ②, **106** ⑯ G. Ile de France – 1 916 h alt. 83.

Voir Ensemble★ (quai, île du Berceau) – Tour Dénecourt ⚡★ SO : 5 km.

Paris 65 – Fontainebleau 7 – Melun 15 – Montereau-Fault-Yonne 22.

⚒⚒⚒ **Maison de Champgosier**, à Samois-le-Haut ℘ 01 64 24 60 71, Fax 01 64 24 80 93, 🍽, 🌳 – 🖭 ① 🖭
fermé 21 au 24 août, 13 au 28 nov., 2 au 16 janv., dim. soir, lundi et mardi – **Repas** (130) - 200/290 et carte 320 à 410, enf. 100

SAMOREAU 77210 S.-et-M. **61** ② – 1 856 h alt. 55.

Paris 65 – Fontainebleau 6 – Melun 17 – Montereau-Faut-Yonne 18 – Nemours 22.

⚒⚒ **Auberge de la Treille**, 5 r. Grande ℘ 01 64 23 71 22, Fax 01 64 23 71 22, 🍽, 🌳 – 🖭
fermé vacances de printemps, 15 au 30 août, 1ᵉʳ au 7 janv., merc. soir, dim. soir et lundi – **Repas** (85) - 120/200

SAMOUSSY 02 Aisne **56** ⑤ – rattaché à Laon.

Les prix Pour toutes précisions sur les prix indiqués dans ce guide, reportez-vous aux pages explicatives.

SANARY-SUR-MER 83110 Var 84 ⑭, 114 ㊹ *G. Côte d'Azur* – *14 730 h alt. 1.*

Voir *Chapelle N.-D.-de-Pitié* ≤★ – *Site*★ *de N.-D.-de-Pépiole 5 km par* ③.

🅱 *Office de Tourisme Jardins de la Ville* ℘ *04 94 74 01 04, Fax 04 94 74 58 04.*

Paris 828 ① – *Toulon 14* ② – *Aix-en-Provence 74* ① – *La Ciotat 23* ① – *Marseille 54* ①.

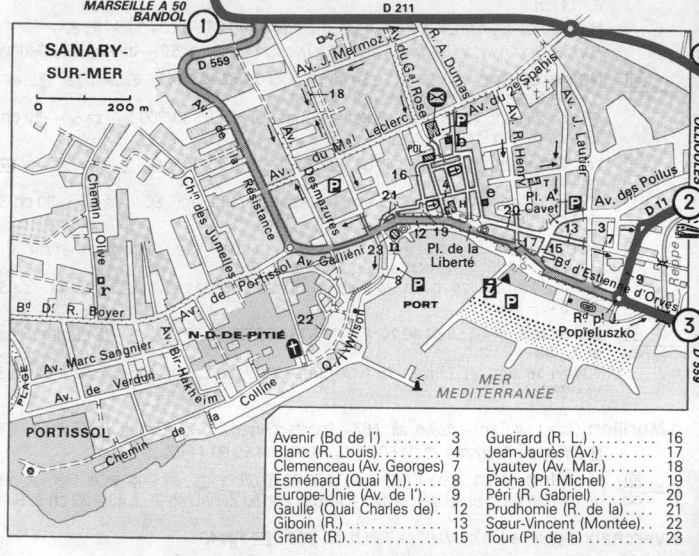

Avenir (Bd de l')	3	Gueirard (R. L.)	16
Blanc (R. Louis)	4	Jean-Jaurès (Av.)	17
Clemenceau (Av. Georges)	7	Lyautey (Av. Mar.)	18
Esménard (Quai M.)	8	Pacha (Pl. Michel)	19
Europe-Unie (Av. de l') . .	9	Péri (R. Gabriel)	20
Gaulle (Quai Charles de) .	12	Prudhomie (R. de la)	21
Giboin (R.)	13	Sœur-Vincent (Montée) . .	22
Granet (R.)	15	Tour (Pl. de la)	23

🏛 **Tour,** quai Gén. de Gaulle (n) ℘ *04 94 74 10 10, Fax 04 94 74 69 49,* ≤, 🏤 – 📺 ☎ ⇐. 📭 ① 🆖

Repas *(fermé mardi soir et merc. hors saison)* 130/250 ♀ – ☷ 40 – **24 ch** 350/520 – ½ P 340/400

🕊 **Synaya** ॐ, chemin Olive (r) ℘ *04 94 74 10 50,* 🚗 – ☎ 🅿. 🆖. 🌱 rest

1ᵉʳ avril-1ᵉʳ nov. – **Repas** (dîner seul.) (résidents seul.) 90 – ☷ 38 – **11 ch** 210/280 – ½ P 245/280

XX **Relais de la Poste,** pl. Poste (b) ℘ *04 94 74 22 20, Fax 04 94 74 22 20,* 🏤 – 🖩. 📭 ① 🆖

fermé dim. soir et lundi de sept. à juin – **Repas** (145) · 185/345, enf. 80

X **Cour des Arts,** r. Barthélémy de Don (e) ℘ *04 94 88 08 05, Fax 04 94 29 00 22,* 🏤 – 🖩. 📭 🆖

fermé nov., dim. soir et lundi de sept. à juin – **Repas** (dîner seul. en juil.-août) (90) · 145/290 ♀

SANCERRE 18300 Cher 65 ⑫ *G. Berry Limousin* – *2 059 h alt. 342.*

Voir *Site*★ – *Esplanade de la porte César* ≤★★ – *Tour des Fiefs* ✳★ – *Carrefour D 923 et D 7* ≤★★ *O : 4 km.*

🅱 *Office de Tourisme Maison des Associations* ℘ *02 48 54 08 21, Fax 02 48 78 03 58 et* *(juin-sept.) Nouvelle Place* ℘ *02 48 54 08 21.*

Paris 205 ① – *Bourges 46* ③ – *La Charité-sur-Loire 25* ② – *Salbris 70* ③ – *Vierzon 68* ③.

Plan page ci-contre

🏛 **Panoramic,** rempart des Augustins (a) ℘ *02 48 54 22 44, Fax 02 48 54 39 55,* ≤, 🛆 – 📶 🌭 📺 ☎ 📞 – 🏊 50. 📭 🆖

Tasse d'Argent : ℘ *02 48 54 01 44 (fermé janv. et merc. d'oct. à mars)* **Repas** 95/280 ♀ – ☷ 41 – **57 ch** 300/370 – ½ P 310/380

XXX **Tour,** Nouvelle Place (e) ℘ *02 48 54 00 81, Fax 02 48 78 01 54* – 🖩. 📭 🆖

Repas 90/260 et carte 210 à 320 ♀, enf. 85

X **Pomme d'Or,** pl. Mairie (s) ℘ *02 48 54 13 30, Fax 02 48 54 19 22* – 🆖

fermé 26 déc.au 4 janv., merc. sauf le midi en juil.-août et mardi – **Repas** (prévenir) 90/200 ♀, enf. 38

à Chavignol par ① et D 183 : 4 km – ✉ 18300 :

XX **Côte des Monts Damnés,** ℘ *02 48 54 01 72, Fax 02 48 54 14 24,* 🏤 – 🖩. 🆖

fermé fév., dim. soir et lundi – **Repas** (85) · 99/245 ♀

SANCERRE

Abreuvoirs
(Rempart des) 2
Fangeuse (R.) 3

Marché-aux-Porcs (R. du)......	5
Nouvelle Place................	6
Paix (R. de la)................	8
Paneterie (R. de la)...........	9
Pavé-Noir (R. du).............	12
Porte-César (R.)..............	13

Porte-Serrure (R.)	15
Puits-des-Fins (R. du)	16
St-André (R.).................	18
St-Jean (R.)..................	20
St-Père (R.)..................	22
Trois-Piliers (R. des)	23

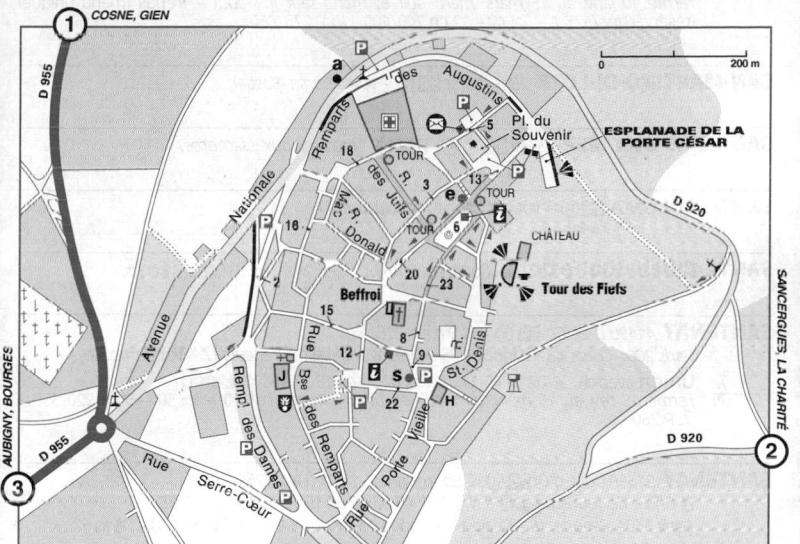

*Les localités dont les noms sont soulignés de rouge
sur les **cartes Michelin** à 1/200 000 sont citées dans ce guide.*

Utilisez une carte récente pour profiter de ce renseignement.

SANCOINS *18600 Cher* 69 ③ *G. Berry Limousin – 3 634 h alt. 210.*

 B *Syndicat d'Initiative (juin-sept.) 23 r. M.-Lucas ℰ 02 48 74 65 85 et (hors saison) Mairie ℰ 02 48 77 52 42.*

 Paris 263 – Bourges 52 – Moulins 50 – Montluçon 69 – Nevers 33 – St-Amand-Montrond 37.

🏠 **Parc** sans rest, r. M. Audoux ℰ 02 48 74 56 60, Fax 02 48 74 61 30, 🐄 – ☎ 🅿, ☞
 fermé 1ᵉʳ au 15 janv. – ☲ *35 –* **11 ch** *250/295*

SANCY (Puy de) *63 P.-de-D.* 73 ⑬ *– voir ressources hôtelières au Mont-Dore.*

SAND *67230 B.-Rhin* 62 ⑩ *– 941 h alt. 159.*

 Paris 501 – Strasbourg 32 – Barr 14 – Erstein 7 – Molsheim 26 – Obernai 15 – Sélestat 21.

🏠 **Hostellerie de la Charrue** 🐄, ℰ 03 88 74 42 66, Fax 03 88 74 12 02 – 📺 ☎ ⚒ 🅿 –
 🔬 20. ☞. ✵
 Repas *(fermé sam. midi et lundi)* 100/180 ♀, enf. 50 – ☲ 40 – **23 ch** 285/330 – ½ P 275

SANDARVILLE *28120 E.-et-L.* 60 ⑰ *– 282 h alt. 171.*

 Paris 106 – Chartres 19 – Brou 24 – Châteaudun 37 – Le Mans 115 – Nogent-le-Rotrou 48.

XXX **Auberge de Sandarville,** près Église ℰ 02 37 25 33 18, 🏡, « Ancienne ferme beau-
 ceronne », 🐄 – ☞
 fermé 7 au 21 août, 16 janv. au 7 fév., dim. soir et lundi – **Repas** *(150)* - *190/330* ♀, enf. 70

SANILHAC _07110 Ardèche_🗓🗓 ⑧ – _343 h alt. 420._
Paris 655 – Largentière 8 – Alès 66 – Aubenas 24.

🏠 **Auberge de la Tour de Brison,** à la Chapelette 𝄢 04 75 39 29 00, _Fax 04 75 39 19 56,_
🛏, 𝒳 – 📶, 🍽 ch, 📺 ☎ ✆ 🅿. 🅶🅱
fermé 10 janv. au 15 mars, mardi soir et merc. sauf juil.-août – **Repas** (menu unique)
(réserver) 145/175 ⅄ – ☲ 40 – **12 ch** 240/400 – ½ P 275/360

SAN-MARTINO-DI-LOTA _2B H.-Corse_🗓🗓 ② – _voir à Corse (Bastia)._

SAN-PEIRE-SUR-MER _83 Var_🗓🗓 ⑰ ⑱,, 🗓🗓🗓 ㊲ – _rattaché aux Issambres._

SANTA-COLOMA 🗓🗓 ⑭ – _voir à Andorre (Principauté d')._

SANTA-GIULIA (Golfe de) _2A Corse-du-Sud_🗓🗓 ⑧ – _voir à Corse (Porto-Vecchio)._

SANTENAY _41190 L.-et-Ch._🗓🗓 ⑥ – _229 h alt. 115._
Paris 200 – Tours 43 – Amboise 25 – Blois 17 – Château-Renault 17 – Vendôme 32.

🍴 **Union** avec ch, 𝄢 02 54 46 11 03, _Fax 02 54 46 18 57_ – 🅿. 🅶🅱. 🎎 ch
⊜ _fermé 15 fév. au 15 mars, dim. soir et lundi –_ **Repas** 76/220 – ☲ 30 – **5 ch** 220/350 –
½ P 280

SANTENAY _21590 Côte-d'Or_🗓🗓 ① _G. Bourgogne – 1 008 h alt. 225 – Casino._
🅱 _Office de Tourisme gare S.N.C.F._ 𝄢 03 80 20 63 15, _Fax 03 80 20 65 98._
Paris 330 – Beaune 18 – Chalon-sur-Saône 23 – Autun 40 – Le Creusot 28 – Dijon 62.

🍴🍴 **Terroir,** pl. Jet d'Eau 𝄢 03 80 20 63 47, _Fax 03 80 20 66 45_ – 🅶🅱
⊜ _fermé 10 déc. au 10 janv., dim. soir et jeudi sauf du 15 juil. au 15 août –_ **Repas** 90 (déj.),
110/235 ⅀, enf. 55

SANT-JULIA-DE-LORIA 🗓🗓 ⑭ – _voir à Andorre (Principauté d')._

Le SAPPEY-EN-CHARTREUSE _38700 Isère_🗓🗓 ⑤ _G. Alpes du Nord – 762 h alt. 1014 – Sports_
d'hiver au Sappey et au Col de Porte : 1 000/1 700 m ⅃ 11 ᴣ.
Env. _Charmant Som_ 🌟✱✱✱ _NO : 9 km puis 1 h._
🅱 _Syndicat d'Initiative (fermé merc.)_ 𝄢 04 76 88 84 05, _Fax 04 76 88 87 16._
Paris 581 – Grenoble 14 – Chambéry 50 – St-Pierre-de-Chartreuse 14 – Voiron 41.

🏠 **skieurs** ⌂, 𝄢 04 76 88 82 76, _Fax 04 76 88 85 76,_ ≼, 🎴, 🛏, 🌳 – 📺 ☎ ✆ 🅿 – 🛁 20. 🖃
⊜ 🅶🅱
fermé avril, nov., déc., dim. soir et lundi – **Repas** 130/250 – ☲ 35 – **18 ch** 310/440 – ½ P 323

🍴🍴 **Pudding,** 𝄢 04 76 88 80 26, _Fax 04 76 88 44 66,_ 🎴 – 🖃 🅶🅱. 🎎
⊜ _fermé 7 au 30 sept., dim. soir et lundi –_ **Repas** 135/300 ⅀, enf. 70

SARCEY _69490 Rhône_🗓🗓 ⑨, 🗓🗓🗓 ⑪ – _690 h alt. 380._
Paris 453 – Roanne 52 – Lyon 35 – Tarare 11 – Villefranche-sur-Saône 22.

🏠🏠 **Chatard** Ⓜ ⌂, 𝄢 04 74 26 85 85, _Fax 04 74 26 89 99,_ 🎴, 🛏, 𝒳 – 📶 📺 ☎ ✆ ⅄ 🅿 –
⊜ 🛁 40. 🖃 🅶🅱
fermé 1er au 23 janv. – **Repas** (fermé dim. soir) 85 (déj.), 115/270 ⅀, enf. 55 – ☲ 42 – **35 ch**
270/330 – ½ P 213/255

SARE _64310 Pyr.-Atl._🗓🗓 ② _G. Aquitaine – 2 054 h alt. 70._
Paris 799 – Biarritz 26 – Cambo-les-Bains 19 – Pau 140 – St-Jean-de-Luz 14.

🏠🏠 **Arraya,** 𝄢 05 59 54 20 46, _Fax 05 59 54 27 04,_ 🎴, « Cadre rustique basque », 🌳 – 📺
☎. 🖃 🅶🅱. 🎎 ch
1er avril-5 nov. – **Repas** 135/190 ⅀ – ☲ 50 – **21 ch** 445/595 – ½ P 440/498

🏨 **Pikassaria** ⌂, quatier Lehembiscay, Sud : 3 km ℘ 05 59 54 21 51, *Fax 05 59 54 27 40*, ≤,
🍴 – 📺 ☎ 🅿 – 🏛 25 GB
20 mars-11 nov. et fermé merc. d'oct. à juin – **Repas** 90/170, enf. 50 – ☲ 32 – **32 ch**
210/270 – ½ P 210/270

🛖 **Baratxartea,** quartier Ihalar, à l'Est : 2 km ℘ 05 59 54 20 48, *Fax 05 59 47 50 84* – 📺 ☎
🅿, GB, ℛ rest
fermé 1er janv. au 15 mars – **Repas** 85/135, enf. 50 – ☲ 35 – **15 ch** 230/270 – ½ P 260/285

SARLAT-LA-CANÉDA ◁▷ 24200 Dordogne 🔢 ⑰ *G. Périgord Quercy* – *9.909 h alt. 145.*

Voir *Vieux Sarlat★★★ : place des Oies★, rue des Consuls★, hôtel Plamon★* Y, *hôtel de Malleville★* Y, – *maison de La Boétie★* Z.

Env. *Décor★ et mobilier★ du château de Puymartin NO : 7 km par* ④.

🛈 *Office de Tourisme pl. Liberté* ℘ *05 53 31 45 45, Fax 05 53 59 19 44 et (juil.-août) Gén.-de-Gaulle* ℘ *05 53 59 18 87.*

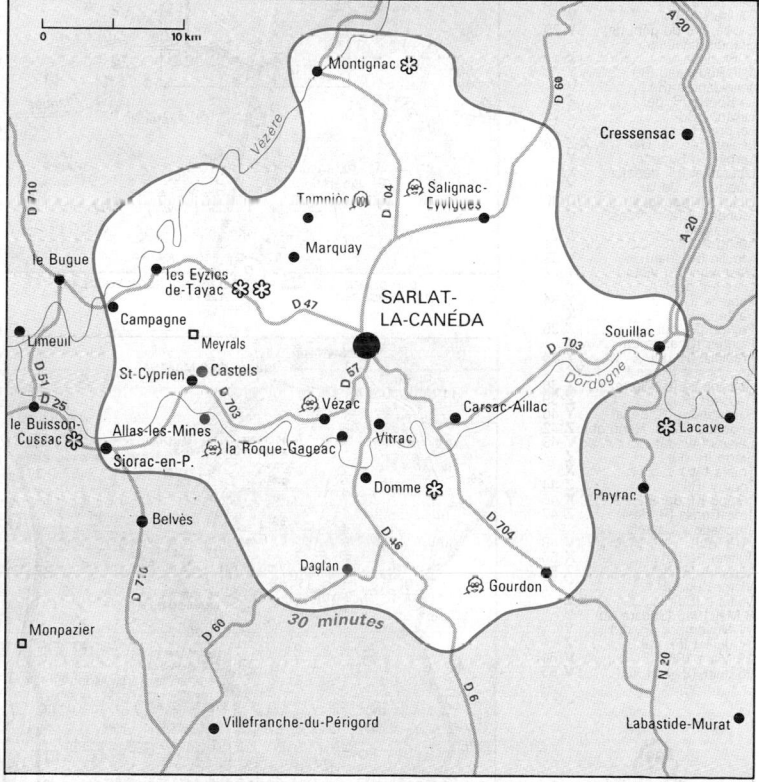

🏨🏨🏨 **de Selves** sans rest, 93 av. de Selves ℘ 05 53 31 50 00, *Fax 05 53 31 23 52*, ▨, 🍴 – 🛗 🗏
📺 ☎ ✆ & ⌂, AE ⓪ GB
V V
fermé 6 janv. au 6 fév. – ☲ 50 – **40 ch** 350/570

🏨 **Madeleine,** 1 pl. Petite Rigaudie ℘ 05 53 59 10 41, *Fax 05 53 31 03 62*, 🍴 – 🛗 📺 ☎ ✆
100 & ⌂ – 🏛 15. AE ⓪ GB JCB
Y e
hôtel : fermé 2 janv. au 8 fév. – **Repas** *(18 mars-13 nov. et fermé lundi midi sauf juil.-août)*
115/215 ⅋, enf. 65 – ☲ 48 – **39 ch** 330/450 – ½ P 360/395

SARLAT-LA-CANÉDA

Restrictions de circulation
et zone piétonne en saison

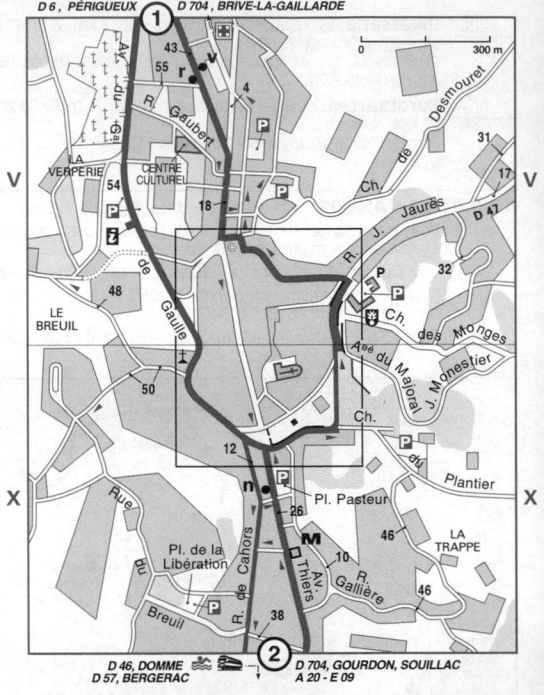

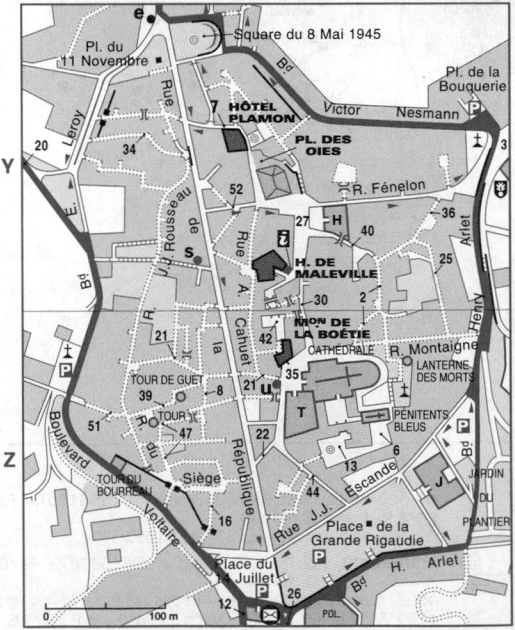

🏠 **St-Albert et Montaigne,** pl. Pasteur ℰ 05 53 31 55 55, Fax 05 53 59 19 99 – 🛗, 🍽 rest,
📺 ☎ 🆈 – 🛎 25, 🆎 🆖, ✂ ch   X   n
fermé dim. soir et lundi de janv. à Pâques – **Repas** 115/170 ♈, enf. 50 – ⛁ 40 – **60 ch**
290/330 – ½ P 290/330

🏠 **Compostelle** sans rest, 64 av. Selves ℰ 05 53 59 08 53, Fax 05 53 30 31 65 – 🛗 📺 ☎ 🆈
🕭 🆖   V   r
Pâques-15 nov. – ⛁ 42 – **20 ch** 290/310

X **Rapière,** pl. Cathédrale ℰ 05 53 59 03 13, Fax 05 53 30 27 84, 🍽 – 🍽. 🆎 ⓪ 🆖
fermé 1er janv. au 1er mars et dim. hors saison – **Repas** 85 (déj.), 145/225 ♈   Z   u

X **Quatre Saisons,** 2 Côte de Toulouse ℰ 05 53 29 48 59, Fax 05 53 59 53 74, 🍽 – 🆎
🆖   Y   c
fermé 7 au 15 juin, 15 au 30 oct., 1er au 7 déc., 22 au 29 fév. et merc. – **Repas** 95/260

au Sud *par* ② *et C 1 : 3 km :*

🏠 **Hoirie** 🐾, ℰ 05 53 59 05 62, Fax 05 53 31 13 90, 🍽, 🌳 – 📺 ☎ 🆈 🄿, 🆎 🆖
15 mars-15 nov. – **Repas** (dîner seul.) 95/190 ♈ – ⛁ 60 – **17 ch** 320/550 – ½ P 340/420

🏠 **Mas de Castel** 🐾, sans rest, ℰ 05 53 59 02 50, Fax 05 53 20 25 02, 🌊, 🌳 – ☎ 🕭 🄿, 🆖,
✂
22 avril-1er nov. – ⛁ 36 – **13 ch** 260/300

par ② *rte de Bergerac et rte secondaire : 3 km –* ⊠ *24200 Sarlat-la-Canéda :*

🏩 **Relais de Moussidière** 🐾, ℰ 05 53 28 28 74, Fax 05 53 28 25 11, ≼, 🍽, « Parc »,
🌊 – 🛗 📺 ☎ 🆈 🕭 🄿, 🆎 🆖
début avril-1er nov. – **Repas** (dîner seul.) 170 – ⛁ 65 – **35 ch** 550/790 – ½ P 485/605

par ① *rte des Eyzies et rte secondaire : 3 km :*

🏠 **Hostellerie Meysset** 🐾, ℰ 05 53 59 08 29, Fax 05 53 28 47 61, ≼, 🍽, parc – ☎ 🆈 🄿.
🆎 ⓪ 🆖
20 avril-20 oct. – **Repas** *(fermé lundi midi et merc. midi)* 115/270 ♈, enf. 50 – ⛁ 50 – **24 ch**
330/480 – ½ P 360/405

SARLIAC-SUR-L'ISLE 24420 Dordogne 🗗🗗 ⑥ – *798 h alt. 102.*
Paris 476 – Périgueux 15 – Brive-la-Gaillarde 65 – Limoges 84.

🍽 **Chabrol,** ℰ 05 53 07 83 39, 🍽 – ☎ 🆈. 🆖. ✂
🕭 *fermé 15 sept. au 7 oct. et lundi –* **Repas** *(fermé 15 sept. au 15 oct., 27 déc. au 3 janv. et
lundi)* 75/260 🍷 – ⛁ 30 – **10 ch** 150/250 – ½ P 300

SARPOIL 63 P.-de-D. 🗗🗗 ⑭ ⑮ – *rattaché à Issoire.*

SARRAS 07370 Ardèche 🗗🗗 ① – *1 837 h alt. 133.*
Voir De la D 506 coup d'oeil★★ sur le défilé de St-Vallier★ S : 5 km, G. Vallée du Rhône.
Paris 530 – Valence 33 – Annonay 20 – Lyon 72 – St-Étienne 59 – Tournon-sur-Rhône 18.

🍽 **Commerce,** ℰ 04 75 23 03 88, Fax 04 75 23 30 38 – 🆖
🕭 *fermé 23 déc. au 15 janv., dim. soir et lundi midi –* **Repas** 66 (déj.), 75/150 ♈ – ⛁ 20 – **9 ch**
130/175 – ½ P 170/200

XX **Vivarais** avec ch, ℰ 04 75 23 01 88, Fax 04 75 23 49 73, 🍽 – 📺 ☎ 🄿. 🆎 🆖 🄹🄲🄱
fermé 1er au 13 août, 25 janv. au 8 fév., dim. soir, mardi et soirs fériés – **Repas** 98/320 ♈ –
⛁ 40 – **7 ch** 250/290

SARREBOURG ◁❐▷ 57400 Moselle 🗗🗗 ⑧ G. Alsace Lorraine – *13 311 h alt. 282.*
Voir Vitrail★ dans la chapelle des Cordeliers B.
🛈 *Office de Tourisme Chapelle des Cordeliers ℰ 03 87 03 11 82, Fax 03 87 03 05 19.*
Paris 439 ④ – Strasbourg 73 ② – Épinal 86 ④ – Lunéville 55 ④ – Metz 95 ④ – St-Dié 72 ④.
Plan page suivante

🏠 **Les Cèdres** 🅼 🐾, par ③ et chemin d'Imling : 3 km ℰ 03 87 03 55 55, Fax 03 87 03 66 33,
🕭 🍽 – 🛗 ✂ 📺 ☎ 🆈 🕭 🄿 – 🛎 100. 🆎 🆖
fermé 22 déc. au 2 janv. – **Repas** *(fermé sam. midi et dim. soir)* 66/179 ♈ – ⛁ 41 – **44 ch**
328/358 – ½ P 238

XX **Mathis,** 7 r. Gambetta (s) ℰ 03 87 03 21 67, Fax 03 87 23 00 64 – 🆖
❀ *fermé 1er au 8 août, 2 au 9 janv., dim. soir, mardi soir et lundi –* **Repas** 180/330 et carte 300 à
400 ♈
Spéc. Macédoine de homard. Fricassée de sandre et poêlée de foie de canard. Baeckeoffe à
l'agneau de lait aux copeaux de truffe(déc. à mars). **Vins** Chasselas, Pinot blanc.

SARREBOURG

Berrichons et Nivernais
(R. des) 2
Bossuet (R.) 3
Cordeliers (Pl. des) 5

Erckmann-Chatrian (R.) 7
Fayolle (Av. Gén.) 8
Foch (R. Mar.) 10
France (Av. de) 12
Gare (R. de la) 13
Grand'Rue
Jardins (R. des) 15

Jean-XXIII (Quai) 16
Lebrun (Quai) 18
Marché (Pl. du) 19
Napoléon (R.) 20
Poincaré (Av.) 21
Président-Schuman (R.) 22
St-Pierre (R.) 24

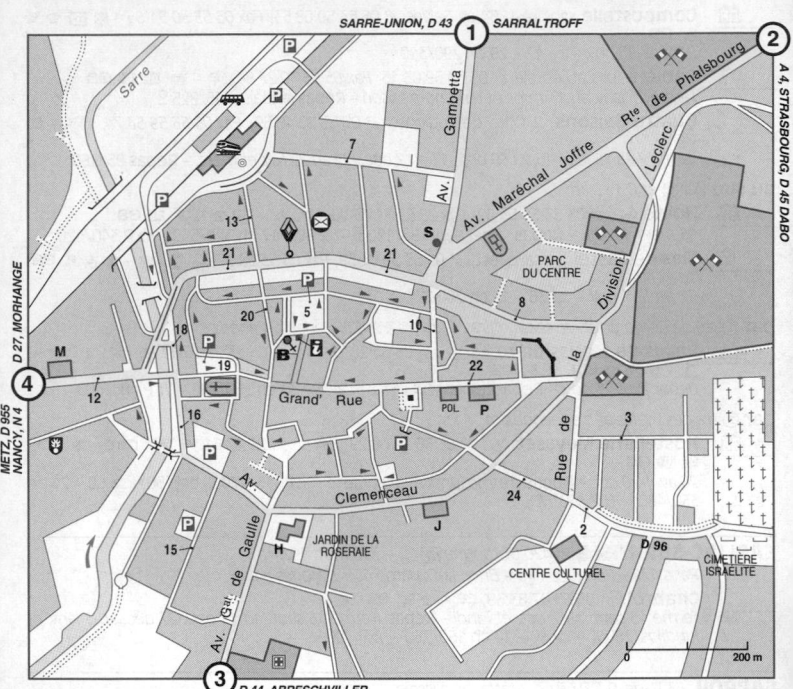

Ne confondez pas :

Confort des hôtels	: ⚸⚸⚸ ... 🏠, 🏠
Confort des restaurants	: 🏮🏮🏮🏮🏮 ... 🍴
Qualité de la table	: 🕸🕸🕸, 🕸🕸, 🕸, 🕸

SARREGUEMINES 〈SP〉 57200 Moselle 57 ⑯ ⑰ G. Alsace Lorraine – 23 117 h alt. 210.

Voir *Musée : jardin d'hiver★★, collection de céramiques★ BZ M. Parc archéologique européen de Bliesbruck-Reinheim : thermes publics★, 9,5 km par* ①.

🛈 *Office de Tourisme 2 r. du Maire-Massing ℘ 03 87 98 80 81, Fax 03 87 98 25 77.*

Paris 396 ③ – *Strasbourg 105 ② – Metz 69 ② – Nancy 91 ② – Saarbrücken 18 ③.*

Plan page ci-contre

🏠 **Union,** 22 r. Geiger ℘ 03 87 95 28 42, *Fax 03 87 98 25 21* – 📺 ☎ 🅿 ÆE ⓪ GB   BY **a**
🍴 *(fermé 15 au 31 août, 23 déc. au 1er janv., sam. et dim.)* – **Repas** 75/145 ♈ – 🖵 36 – **28 ch**
     280/380 – ½ P 235/265

🏠 **Comfort Inn Primevère,** rte Bitche par ① : 2 km ℘ 03 87 95 34 35, *Fax 03 87 95 34 60*
🍴 – 📺 ☎ 🛆 ⅙ 🅿 – 🔬 25. ÆE ⓪ GB
     Repas 69/118 ⅙, enf. 39 – 🖵 39 – **45 ch** 305

🍴🍴🍴 **Auberge St-Walfrid** (Schneider) 🅼 avec ch, par ③ *et rte Grosbliederstroff*
         ℘ 03 87 98 43 75, *Fax 03 87 95 76 75,* 😊, 🌳 – 🛏 📺 ☎ 🛆 ⅙ 🅿 ÆE GB, 🛆 ch
🕸 *fermé 1er au 15 août, 1er au 15 janv., lundi midi, sam. midi et dim.* – **Repas** 130/380 et carte
     350 à 450 ♈ – 🖵 55 – **11 ch** 600/1000
     Spéc. Escalope de foie gras de canard aux épices et vin de noix. Poissons de Lesconil. Gibier
     (saison). **Vins** Côtes de Toul blanc et gris.

1290

SARREGUEMINES

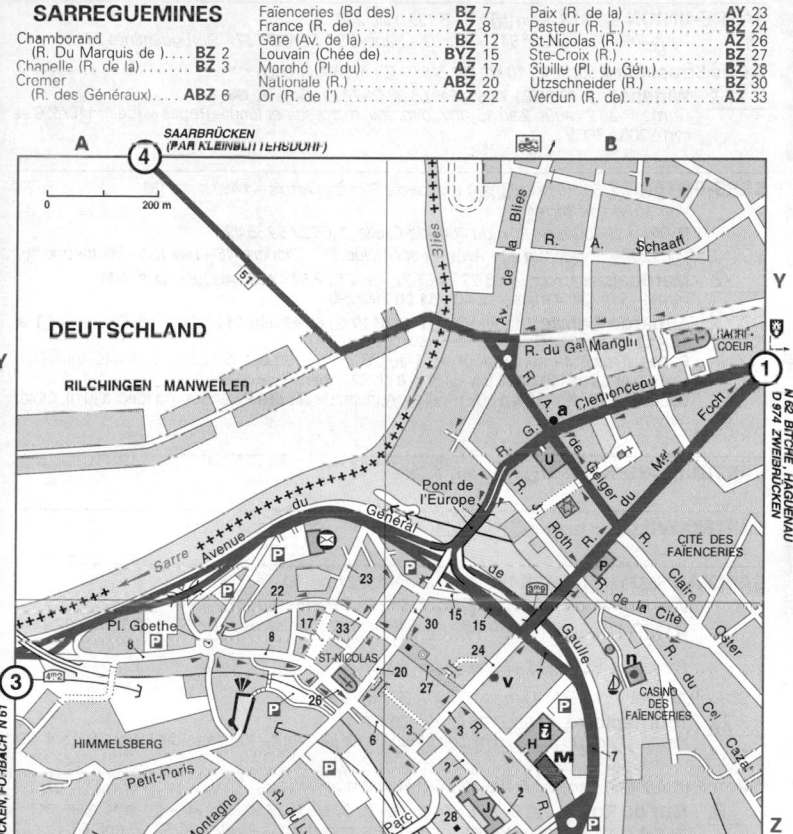

XXX **Auberge du Vieux Moulin,** 135 r. France par ③ : 1,5 km ℰ 03 87 98 22 59,
Fax 03 87 28 12 63 – **P.** GB
fermé 11 juil. au 2 août, 15 janv. au 2 fév., mardi et merc. – **Repas** 170/410 et carte 290 à 400 ₯

X **Casino des Sommeliers,** 4 r. Col. Cazal ℰ 03 87 02 90 41, Fax 03 87 02 90 28 – **P.** GB
fermé 1ᵉʳ au 15 janv., dim. soir et lundi – **Repas** 75 ₰   BZ **n**

X **Bouchon,** 6 r. Pasteur ℰ 03 87 95 47 22, Fax 03 87 95 52 65 – **AE** GB
fermé 1ᵉʳ au 10 août, dim. soir et lundi – **Repas** (50) 88/140 ₯   BZ **v**

rte de Bitche par ① : 11 km sur N 62 – ⊠ 57200 Sarreguemines :

XX **Pascal Dimofski,** ℰ 03 87 02 38 21, Fax 03 87 02 21 36, 佘, ⛲ – **P.** AE ① GB
fermé 1ᵉʳ au 23 août, 1ᵉʳ au 19 janv., lundi soir et mardi – **Repas** 150/420 ₯, enf. 80

SARRE-UNION *67260 B.-Rhin* 🔠 ⑰ *– 3 159 h alt. 240.*
Paris 409 – Strasbourg 84 – Metz 82 – Nancy 79 – St-Avold 37 – Sarreguemines 23.

rte de Strasbourg *Sud-Est : 10 km par N 61 – ⊠ 67260 Burbach :*

XXX **Windhof,** 🔊 03 88 01 72 35, Fax 03 88 01 72 71, 🏡 – **P.** GB
fermé 1er au 21 août, 2 au 15 janv., dim. soir, mardi soir et lundi – **Repas** 65 (déj.), 110/350 et carte 200 à 360 ☨

SARS-POTERIES *59216 Nord* 🔠 ⑥ *G. Picardie Flandres Artois – 1 496 h alt. 181.*
Voir *Musée du Verre★.*
🇧 *Office de Tourisme 20 r. du Gén.-de-Gaulle* 🔊 03 27 59 35 49.
Paris 257 – St-Quentin 78 – Avesnes-sur-Helpe 12 – Charleroi 46 – Lille 107 – Maubeuge 16.

🏠 **Marquais** sans rest, 🔊 03 27 61 62 72, Fax 03 27 57 47 35, 🍸, 💥 – ☎ **P.** GB
fermé 15 fév. au 4 mars – ☲ 40 – **11 ch** 250/290

XXX 🍴 **Auberge Fleurie** (Lequy) avec ch, 🔊 03 27 61 62 48, Fax 03 27 61 56 66, 🏡, 🍸 – **TV** ☎
📞 & P. AE ① GB
Repas *(fermé 18 au 25 août et 3 au 20 janv.)* (nombre de couverts limité, prévenir)
150/340 et carte 190 à 390 ☨ – ☲ 50 – **8 ch** 320/590 – ½ P 400/550
Spéc. Ragoût de homard aux morilles. Agneau de lait des Pyrénées rôti (déc. à juin). Gibier (saison).

SARTÈNE *2A Corse-du-Sud* 🔠 ⑱ *– voir à Corse.*

SARTROUVILLE *78 Yvelines* 🔠 ⑳,, 🔠 ⑱,, 🔠 ⑬ *– voir à Paris, Environs.*

SARZEAU *56370 Morbihan* 🔠 ⑬ *G. Bretagne – 4 972 h alt. 30.*
Voir *Ruines★ du château de Suscinio SE : 3,5 km – Presqu'île de Rhuys★.*
🇧 *Office de Tourisme Centre Bourg, Bâtiment des Trinitaires* 🔊 02 97 41 82 37, Fax 02 97 41 74 95.
Paris 479 – Vannes 23 – Nantes 112 – Redon 62.

à St-Colombier *Nord-Est : 4 km par D 780 – ⊠ 56370 Sarzeau :*

XX 🍴 **Tournepierre,** 🔊 02 97 26 42 19 – **AE GB**
fermé 13 nov. au 4 déc., dim. soir et lundi sauf juil.-août – **Repas** 98 (déj.), 145/260, enf. 65

à Penvins *Sud-Est : 7 km par D 198 – ⊠ 56370 Sarzeau :*

🏠 **Mur du Roy** 🍸, 🔊 02 97 67 34 08, Fax 02 97 67 36 23, ≤, 🏡, 🍸 – **TV** ☎ 📞 & **P.** GB
🍴 *fermé 2 janv. au 2 fév.* – **Repas** *(fermé merc. midi d'oct. à Pâques)* 98/320 ☨, enf. 60 – ☲ 42
– 11 ch 335/445 – ½ P 330/380

XX 🍴 **L'Hortensia,** La Grée Penvins 🔊 02 97 67 42 15, Fax 02 97 67 42 16 – **P.** GB
fermé lundi soir et mardi du 24 sept. au 18 juin sauf vacances scolaires – **Repas** 95 (déj.), 155/320

SASSENAGE *38 Isère* 🔠 ④ *– rattaché à Grenoble.*

SASSENAY *71 S.-et-L.* 🔠 ① *– rattaché à Chalon-sur-Saône.*

SASSETOT-LE-MAUCONDUIT *76540 S.-Mar.* 🔠 ⑫ *– 944 h alt. 89.*
Paris 199 – Le Havre 56 – Bolbec 30 – Fécamp 16 – Rouen 65 – Yvetot 28.

XX 🍴 **Relais des Dalles,** près château 🔊 02 35 27 41 83, Fax 02 35 27 13 91, 🏡, « Jardin
fleuri », 🏊, – **AE GB**
fermé 11 déc. au 4 janv., lundi soir, mardi et merc. sauf juil.-août – **Repas** (dim.
prévenir) 100 (déj.), 145/220 ☨

SAUGUES *43170 H.-Loire* 🔠 ⑯ *G. Auvergne – 2 089 h alt. 960.*
🇧 *Office de Tourisme cours Gervais* 🔊 04 71 77 84 46, Fax 04 71 77 66 40.
Paris 535 – Le Puy-en-Velay 43 – Brioude 51 – Mende 72 – St-Flour 55.

🏠 **Terrasse** M, 🔊 04 71 77 83 10, Fax 04 71 77 63 79 – 🍽 rest, **TV** ☎ 📞 🚗 **AE GB**
fermé 1er déc. au 31 janv., dim. soir et lundi d'oct. à avril – **Repas** 125/190 ☨ – ☲ 40 – **9 ch**
295/320 – ½ P 295

SAULCE-SUR-RHÔNE 26270 Drôme 77 ⑪ – 1 443 h alt. 93.

Paris 590 – Valence 31 – Crest 23 – Montélimar 19 – Privas 27.

🏛 **Clutier,** 62 av. Provence - Les Reys-de-Saulce ℘ 04 75 63 00 22, Fax 04 75 63 12 60, 🏖,
🛖 🛂, ☞ – ☰ 🗹 ☎ ⟿ 🄿 – 🛗 50. ☒
fermé 23 déc. au 17 janv., dim. soir d'oct. à mai et lundi – Repas 78/230 ⅌, enf. 60 – ☵ 38 –
20 ch 200/300 – ½ P 240/260

à Mirmande Sud-Est : 3 km par D 204 G. Vallée du Rhône – 497 h. alt. 204 – ⊠ 26270 :

🏛 **Capitelle** ⓢ, ℘ 04 75 63 02 72, Fax 04 75 63 02 50, ≤, 🏖, « Demeure ancienne » – 🗹
☎, ☒ ⓞ ☒
mars- nov. et fermé mardi sauf le soir de juin à sept. et merc. midi d'oct. à mai – Repas
170/275 – **11 ch** (½ pens. seul.) – ½ P 410/545

SAULCHOY 62870 P.-de-C. 51 ⑫ – 260 h alt. 13.

Paris 219 – Calais 91 – Abbeville 36 – Arras 72 – Berck-sur-Mer 23 – Doullens 44 – Hesdin 16.

✕ **Val d'Authie,** ℘ 03 21 90 30 20, 🏖 – ☒. ⚡
fermé 20 août au 10 sept. et jeudi d'oct. à avril – Repas (dim. prévenir) 90 bc/100 ♨

SAULGES 53340 Mayenne 60 ⑪ G. Normandie Cotentin – 333 h alt. 97.

Paris 254 – Le Mans 59 – Château-Gontier 36 – La Flèche 48 – Laval 33 – Mayenne 41.

🏛🏛 **Ermitage** ⓢ, ℘ 02 43 64 66 00, Fax 02 43 64 66 20, 🏖, « Jardin fleuri », 🛋, 🛂, ☞ –
🗹 ☎ ⚓ 🄿 – 🛗 80. ☒ ⓞ ☒
fermé fév., dim. soir et lundi du 25 sept. au 16 avril – Repas (80) - 105/260 ⅌, enf. 60 – ☵ 55 –
36 ch 380/590 – ½ P 380/490

Restaurants, die sorgfältig zubereitete,
preisgünstige Mahlzeiten anbieten, sind
durch das Zeichen 🍴 kenntlich gemacht.

SAULIEU 21210 Côte-d'Or 65 ⑰ G. Bourgogne – 2 917 h alt. 535.

Voir Basilique St-Andoche★ : chapiteaux★★ – Le Taureau★ (sculpture) par Pompon.
🛈 Office de Tourisme 24 r. d'Argentine ℘ 03 80 64 00 21, Fax 03 80 64 21 96.
Paris 247 ① – Dijon 76 ② – Autun 40 ④ – Avallon 38 ① – Beaune 64 ② – Clamecy 76 ①

SAULIEU

Les localités citées
dans le guide Michelin
sont soulignées
de rouge
sur les **cartes Michelin**
à 1/200 000.

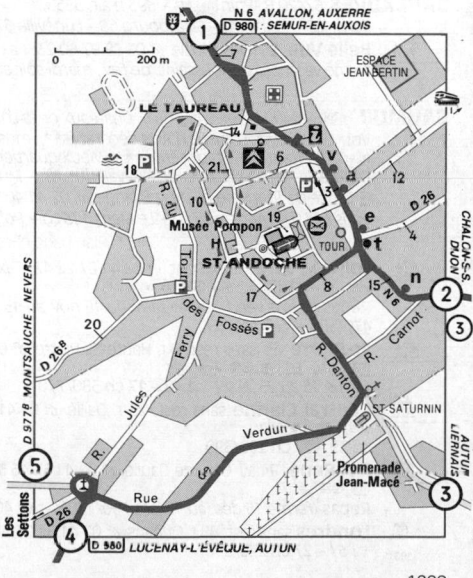

Côte d'Or (Loiseau) M ⟨symbols⟩, 2 r. Argentine (e) ℘ 03 80 90 53 53, Fax 03 80 64 08 92, « Élégante hostellerie agrémentée d'un jardin fleuri », ⟨symbols⟩ – 🛎 ⟨symbols⟩ – 🛏 30. 🃏 ⟨symbols⟩

Repas 490 (déj.), 680/980 et carte 740 à 1 140 ⟨symbol⟩, enf. 150 – ⟨symbol⟩ 150 – **23 ch** 1250/1950, 7 appart, 3 duplex

Spéc. Jambonnettes de grenouilles à la purée d'ail et jus de persil. Sandre à la fondue d'échalotes, sauce au vin rouge. Blanc de volaille de Bresse au foie gras chaud. **Vins** Bourgogne.

Poste, 1 r. Grillot (t) ℘ 03 80 64 05 67, Fax 03 80 64 10 82, « Salle à manger Belle Époque » – ⟨symbols⟩ rest, ⟨symbols⟩ – 🛏 30. 🃏 ⟨symbols⟩
1er mars-30 nov. – **Repas** 108/188, enf. 65 – ⟨symbol⟩ 50 – **45 ch** 260/685 – ½ P 300/450

Borne Impériale avec ch, 16 r. Argentine (v) ℘ 03 80 64 19 76, Fax 03 80 64 30 63, ⟨symbols⟩ –
⟨symbols⟩
fermé 15 nov. au 15 déc., mardi soir et merc. sauf juil.-août – **Repas** 125/315, enf. 70 –
⟨symbol⟩ 45 – **7 ch** 200/300

Auberge du Relais, 8 r. Argentine (a) ℘ 03 80 64 13 16, Fax 03 80 64 08 33 – 🃏 ⟨symbol⟩
Repas 110/190 ⟨symbol⟩, enf. 62

Vieille Auberge avec ch, 15 r. Grillot (n) ℘ 03 80 64 13 74, Fax 03 80 64 00 79, ⟨symbols⟩ – 📮
🃏 ⟨symbol⟩
fermé 3 janv. au 3 fév., mardi soir et merc. sauf juil.-août – **Repas** 75/175 ⟨symbol⟩, enf. 45 – ⟨symbol⟩ 30
– **5 ch** 210/260 – ½ P 240/260

SAULT 84390 Vaucluse 🄪 ⑭ G. Alpes du Sud – 1 206 h alt. 765.
Env. Gorges de la Nesque★★ : belvédère★★ SO : 11 km par D 942 – Mont Ventoux ✳★★★ NO : 26 km.
🅱 Office de Tourisme av. Promenade ℘ 04 90 64 01 21, Fax 04 90 64 15 03.
Paris 722 – Digne-les-Bains 93 – Aix-en-Provence 81 – Apt 31 – Avignon 68 – Carpentras 42.

Hostellerie du Val de Sault ⟨symbol⟩, rte St-Trinit et rte secondaire : 2 km ℘ 04 90 64 01 41, Fax 04 90 64 12 74, ≤ Mont-Ventoux, ⟨symbols⟩ – ⟨symbols⟩
1er avril-début nov. – **Repas** 129 (déj.), 190/230 ⟨symbol⟩, enf. 69 – ⟨symbol⟩ 72 – **11 ch** 790, 5 appart –
½ P 590

Albion, ℘ 04 90 64 06 22, Fax 04 90 64 17 28 – ⟨symbols⟩ ⟨symbols⟩
fermé 15 janv. au 30 mars – **Repas** (fermé dim. soir du 15 sept. au 14 juin) (dîner seul.) (95) -
108 ⟨symbol⟩ – ⟨symbol⟩ 42 – **11 ch** 400/470 – ½ P 295/305

SAULX-LES-CHARTREUX 91 Essonne 🄞 ⑩., 🄟🄟 ㉟ – voir à Paris, Environs (Longjumeau).

SAULXURES 67420 B.-Rhin 🄫 ⑯ – 393 h alt. 535.
Paris 403 – Épinal 71 – Strasbourg 69 – Lunéville 67 – Saint-Dié 27.

Belle Vue, 36 r. Principale ℘ 03 88 97 60 23, Fax 03 88 47 23 71, ⟨symbols⟩ – 📮 ⟨symbol⟩
fermé vacances de Toussaint, de fév., mardi soir et merc. – **Repas** 99/155 ⟨symbol⟩

SAUMUR ⟨SP⟩ 49400 M.-et-L. 🄫 ⑫ G. Châteaux de la Loire – 30 131 h alt. 30.
Voir Château★★ : musée d'Arts décoratifs★★, musée du Cheval★, tour du Guet ✳★ – Église N.-D.-de-Nantilly★ : tapisseries★★ – Vieux quartier★ BY : Hôtel de ville★ H ,tapisseries★ de l'église St-Pierre – Musée de la Cavalerie★ M¹ – Musée des Blindés★ au Sud.
🅱 Office de Tourisme pl. de la Bilange ℘ 02 41 40 20 60, Fax 02 41 40 20 69.
Paris 322 ① – Angers 67 ① – Le Mans 123 ① – Poitiers 93 ③ – Tours 66 ①.

Plan page ci-contre

Loire M ⟨symbol⟩, r. Vieux Pont ℘ 02 41 67 22 42, Fax 02 41 67 88 80, ≤ – 🛎, ⟨symbols⟩ rest, ⟨symbols⟩
⟨symbols⟩📮 – 🛏 50. 🃏 ⟨symbols⟩   BY g
Repas (fermé vend. soir et sam. du 15 nov. au 15 mars) 115/205 ⟨symbol⟩, enf. 50 – ⟨symbol⟩ 52 – **44 ch** 470/590 – ½ P 340/390

St-Pierre ⟨symbol⟩ sans rest, 8 r. Haute-St-Pierre ℘ 02 41 50 33 00, Fax 02 41 50 38 68 – 🛎 ⟨symbols⟩
⟨symbols⟩ ⟨symbols⟩   BY b
fermé 15 au 25 janv. – ⟨symbol⟩ 48 – **17 ch** 380/770

Central Clarine sans rest, 23 r. Daillé ℘ 02 41 51 05 78, Fax 02 41 67 82 35 – ⟨symbols⟩
⟨symbols⟩   BY d
⟨symbol⟩ 39 – **27 ch** 290/390

Roi René, 94 av. Gén. de Gaulle ℘ 02 41 67 45 30, Fax 02 41 67 74 59 – 🛎 ⟨symbols⟩ ⟨symbols⟩. 🃏
⟨symbols⟩   BX a
Repas (fermé 15 déc. au 15 janv.) 90/180 ⟨symbol⟩ – ⟨symbol⟩ 40 – **38 ch** 280/320 – ½ P 275

Londres sans rest, 48 r. Orléans ℘ 02 41 51 23 98, Fax 02 41 51 12 63 – ⟨symbols⟩ ⟨symbol⟩
⟨symbol⟩ 37 – **27 ch** 220/290   ABY x

XXX **Les Menestrels,** 11 r. Raspail ℰ 02 41 67 71 10, Fax 02 41 50 80 64 AE ① GB
fermé dim. soir d'oct. à avril – **Repas** 100 (déj.), 165/340 et carte 300 à 360 ⅞   BZ **u**

XXX **Les Délices du Château,** cour du château ℰ 02 41 67 65 60, Fax 02 41 67 74 60, 🍽,
« Terrasse face au jardin du château » – 🖬. AE ① GB   BZ **f**
fermé 20 déc. au 8 janv., dim. soir, mardi soir et lundi du 15 oct. au 1ᵉʳ avril – **Repas** 130 (déj.),
185/295 et carte 250 à 300 ⅞

X **Auberge St-Pierre,** 6 pl. St-Pierre ℰ 02 41 51 26 25, Fax 02 41 59 89 28, 🍽,
⬚ « Ancienne maison de cordelier du 15ᵉ siècle » – AE GB   BY **r**
fermé 25 sept. au 9 oct., 19 au 25 fév., dim. sauf le soir en juil.-août et lundi – **Repas** (55) -
78/150 ⅞

X **Croquière,** 42 r. Mar. Leclerc ℰ 02 41 51 31 45, Fax 02 41 67 26 71 – AE GB   AZ **a**
fermé 1ᵉʳ au 10 août, dim. soir et lundi – **Repas** (63) - 87/127 ⅞

Z.I. St-Lambert par ① : 3 km – ✉ 49400 St-Lambert-des-Levées :

🏨 **Parc**, av. Fusillés ℰ 02 41 67 17 18, Fax 02 41 67 18 85 – 🖵 ☎ ✆ ₺ 🅟 – 🔏 30. ⅍ ⏀ 🇬🇧
⟍ fermé Noël au Jour de l'An – **Repas** (fermé week-ends) (70) - 82 ♈ – ☷ 38 – **28 ch** 280/330,
12 duplex

à St-Hilaire-St-Florent par av. Foch AXY et D 751 : 3 km – ✉ 49400 Saumur :
Voir École nationale d'Équitation★.

🏛 **Clos des Bénédictins** ♋, ℰ 02 41 67 28 48, Fax 02 41 67 13 71, ≤ Saumur, 🛋, 🏊,
– 🖵 ☎ ✆ ₺ 🅟. ⅍ 🇬🇧 🇯🇨🇧. ⚶ rest
fermé 12 déc. au 24 janv. – **Repas** (98) - 130 bc (déj.), 199/410 bc ♈, enf. 80 – ☷ 60 – **23 ch**
360/595 – ½ P 410/560

à Chênehutte-les-Tuffeaux par av. Foch AXY et D 751 : 8 km – 1 153 h. alt. 29 – ✉ 49350
Gennes :

🏰 **Prieuré** ♋, ℰ 02 41 67 90 14, Fax 02 41 67 92 24, ≤ la Loire, 🛋, « Ancien prieuré des
12ᵉ et 16ᵉ siècles dans un parc boisé dominant la Loire », 🏊, ⚶ – 🖵 ☎ 🅟 – 🔏 25. ⅍ ⏀
🇬🇧 🇯🇨🇧. ⚶ rest
fermé 1ᵉʳ janv. au 28 fév. – **Repas** 240/550 bc – ☷ 90 – **20 ch** 750/1450 – ½ P 900/1200
Les Résidences du Prieuré, – 🖵 ☎. ⅍ ⏀ 🇬🇧 🇯🇨🇧. ⚶
Repas voir ***Prieuré*** – ☷ 90 – **15 ch** 650 – ½ P 700

La SAUSSAYE 27370 Eure 55 ⑳ – 1 840 h alt. 137.
Paris 120 – Rouen 24 – Évreux 40 – Louviers 19 – Pont-Audemer 51.

🏰 **Manoir des Saules** ♋, ℰ 02 35 87 25 65, Fax 02 35 87 49 39, 🛋, « Décoration origi-
✿ nale, beau mobilier ancien », 🌳 – ✂ 🖵 ☎ ✆ ₺ 🅟 – 🔏 15. ⅍ ⏀ 🇬🇧 🇯🇨🇧
fermé 13 au 30 nov., vacances de fév., dim. soir et lundi – **Repas** (nombre de couverts
limité, prévenir) 225/425 ♈, enf. 110 – ☷ 75 – **9 ch** 880
Spéc. Saint- Pierre aux herbes. Tournedos du Manoir, sauce foie gras. Chariot de desserts.

SAUSSET-LES-PINS 13960 B.-du-R. 84 ⑫ G. Provence – 5 541 h alt. 15.
🛈 Office de Tourisme 16 av. du Port ℰ 04 42 45 60 65, Fax 04 42 45 60 68.
Paris 774 – Marseille 38 – Aix-en-Provence 45 – Martigues 11 – Salon-de-Provence 49.

🏛 **Paradou-Méditerranée** ⓜ, au port ℰ 04 42 44 76 76, Fax 04 42 44 78 48, ≤, 🛋, 🏊, –
📶 🖵 🖵 ☎ ✆ ₺ 🅟 – 🔏 50. ⅍ ⏀ 🇬🇧
Repas (fermé sam.) 125/150 ♈ – **41 ch** ☷ 500/600 – ½ P 330/370

XXX **Les Girelles**, ℰ 04 42 45 26 16, Fax 04 42 45 49 65, ≤, 🛋 – 🖵. ⅍ ⏀ 🇬🇧 🇯🇨🇧
fermé 4 au 15 sept., 30 oct. au 9 nov. et 2 au 17 janv. – **Repas** (fermé lundi midi, mardi midi
et merc. midi en juil.-août, dim. soir et lundi de sept. à juin) 138/290 ♈, enf. 95

SAUTERNES 33210 Gironde 79 ① G. Aquitaine – 589 h alt. 50.
Paris 628 – Bordeaux 49 – Bazas 24 – Langon 11.

XX **Saprien**, ℰ 05 56 76 60 87, Fax 05 56 76 68 92, 🛋, 🌳 – 🅟. ⅍ ⏀ 🇬🇧
🐾 fermé 20 au 28 déc., vacances de fév., dim. soir et lundi – **Repas** 119/250, enf. 68

SAUTRON 44 Loire-Atl. 67 ③ – rattaché à Nantes.

SAUVETERRE 30150 Gard 81 ⑪ – 1 378 h alt. 23.
Paris 672 – Avignon 12 – Alès 79 – Nîmes 52 – Orange 15 – Pont-St-Esprit 36.

🏛 **Hostellerie de Varenne** ♋, ℰ 04 66 82 59 45, Fax 04 66 82 84 83, 🛋, « Demeure du
18ᵉ siècle », 🏊, 🌳 – 🖵 ☎ ✆ 🅟. ⅍ ⏀ 🇬🇧
fermé fév. et merc. hors saison – **Repas** 120 (déj.), 185/360 bc ♈ – ☷ 60 – **13 ch** 450/800 –
½ P 440/615

SAUVETERRE-DE-COMMINGES 31510 H.-Gar. 86 ① – 730 h alt. 480.
Paris 799 – Bagnères-de-Luchon 35 – Lannemezan 30 – Tarbes 69 – Toulouse 105.

🏰 **Hostellerie des 7 Molles** ♋, à Gesset, Sud : 3 km par D 9 ℰ 05 61 88 30 87,
Fax 05 61 88 36 42, ≤, « Beau parc », 🏊, ⚶ – 📶 🖵 ☎ ✆ 🅟. ⅍ ⏀ 🇬🇧
fermé 15 fév. au 15 mars, merc. midi et mardi hors saison – **Repas** 195/310 ♈ – ☷ 75 –
19 ch 520/930 – ½ P 625/755

SAUVETERRE-DE-ROUERGUE 12800 Aveyron 🔟 ① G. Midi-Pyrénées– 888 h alt. 460.

Voir *Place centrale★ – Commune de la "Méridienne Verte".*

🛈 Office de Tourisme (mai-oct.) pl. des Arcades ℘ 05 65 72 02 52, Fax 05 65 72 02 85 et (hiver) ℘ 05 65 47 05 32.

Paris 640 – Rodez 35 – Albi 54 – Millau 89 – St-Affrique 83 – Villefranche-de-Rouergue 44.

🏨 **Sénéchal** (Truchon) Ⓜ ⚮, ℘ 05 65 71 29 00, Fax 05 65 71 29 09, 🍴, « Décor contem-
❀ porain », ☒ – 🛏 📺 ☎ 🗝 ⅄ – 🛎 50. 🖭 ⓪ 🖼
fermé 1er janv. à mi-mars, lundi sauf le soir en juil.-août, mardi midi et jeudi midi sauf fériés.
– **Repas** (nombre de couverts limité, prévenir) 150/500 et carte 350 à 520 – ⌷ 80 – **8 ch**
600, 3 appart – ½ P 570
Spéc. Foie gras chaud et froid. Gibier (saison). Cristallin de fraises aux pistils de brède (mai à
nov.). **Vins** Marcillac, Vin d'Entraygues et du Fel.

SAUVIGNY-LES-BOIS 58160 Nièvre 🔟 ④– 1 591 h alt. 210.

Paris 251 – Autun 98 – Decize 27 – Nevers 10.

🍴 **Moulin de l'Etang**, ℘ 03 86 37 10 17, Fax 03 86 37 12 06, 🍴 – 🅿. 🖼
fermé dim. soir en hiver, merc. soir et lundi – **Repas** 110/230

SAUX 65 H.-Pyr. 🔟 ⑧– rattaché à Lourdes.

SAUXILLANGES 63490 P.-de-D. 🔟 ⑮ G. Auvergne– 1 109 h alt. 460.

Voir *Pic d'Usson ⁂★ SO : 4 km.*

Paris 464 – Clermont-Ferrand 49 – Ambert 47 – Issoire 13 – Thiers 46 – Vic-le-Comte 20.

🍴🍴 **Mairie**, pl. St-Martin (face mairie) ℘ 04 73 96 80 32, Fax 04 73 96 80 32 – 🍽. 🖼
fermé 19 juin au 7 juil., 18 sept. au 6 oct., mardi soir sauf juil.-août et merc. – **Repas** 65 (déj.),
110/240 ⅃, enf. 45

Le Guide change, changez de guide tous les ans.

Le SAUZE 04 Alpes-de-H.-P. 🔟 ⑧– rattaché à Barcelonnette.

SAUZON 56 Morbihan 🔟 ⑪– voir à Belle-Ile-en-Mer.

SAVERNE ⬷ 67700 B.-Rhin 🔟 ⑱ G. Alsace Lorraine– 10 278 h alt. 200.

Voir *Château★ : façade★★ – Maisons anciennes★ E – St-Jean-Saverne : chapelle St-Michel★,
⩽★ 4,5 km par D 115 puis 30 mn – Château du Haut-Barr★ : ⩽★★ 5 km par D 102 puis D 171
– Vallée de la Zorn★ par D132 – Église★★ de Marmoutier 6,5 km par ③.*

🛈 Office de Tourisme Zone Piétonne 37 Grand'Rue ℘ 03 88 91 80 47, Fax 03 88 71 02 90.

Paris 449 ① – Strasbourg 39 ③ – Lunéville 88 ④ – St-Avold 84 ① – Sarreguemines 64 ①.

Plan page suivante

🏨 **Chez Jean**, 3 r. Gare ℘ 03 88 91 10 19, Fax 03 88 91 27 45 – 🛗 📺 ☎ 🗝 – 🛎 30. 🖭 ⓪   A v
🖼
fermé 20 déc. au 10 janv. – **Repas** (fermé dim. soir et lundi d'oct. à juin) 98/228 ⅄, enf. 55 -
Winstub s'Rosestiebel (fermé dim. soir et lundi d'oct. à juin) **Repas**
79(déj) et carte 150 à 240 ⅄, enf. 65 – ⌷ 53 – **25 ch** 338/478 – ½ P 398

🏨 **Europe** sans rest, 7 r. Gare ℘ 03 88 71 12 07, Fax 03 88 71 11 43 – 🛗 📺 ☎ 🗝 ⅃. 🖭 ⓪   A e
🖼
⌷ 59 – **28 ch** 340/480

🍴🍴 **Zum Staeffele**, 1 r. Poincaré ℘ 03 88 91 63 94 – 🖭 🖼. ⅏   B a
fermé 10 au 27 juil., 20 déc. au 5 janv., jeudi midi, dim. soir et merc. – **Repas** 110 (déj.),
205/275 ⅄

🍴🍴 **Boeuf Noir** avec ch, 22 Grand'Rue ℘ 03 88 91 10 53, Fax 03 88 71 02 26, 🍴 – 📺 ☎ 🅿 –
🛎 20. 🖼   A b
fermé 14 au 21 mars, 8 au 18 juil., dim. soir et mardi – **Repas** 78 (déj.), 98/285 ⅃ – ⌷ 32 –
12 ch 215/295 – ½ P 265/285

à St-Jean-Saverne Nord : 4 km par D 115 – 559 h. alt. 280 – ⊠ 67700 :

🏨 **Kleiber**, 37 Grand'Rue ℘ 03 88 91 11 82, Fax 03 88 71 09 64 – ⅃ 📺 ☎ 🅿 – 🛎 25. 🖼
ⓔ fermé 1er au 20 janv., sam. midi et dim. soir – **Repas** 80/250 ⅄, enf. 50 – ⌷ 50 – **16 ch**
280/350 – ½ P 300/450

SAVERNE

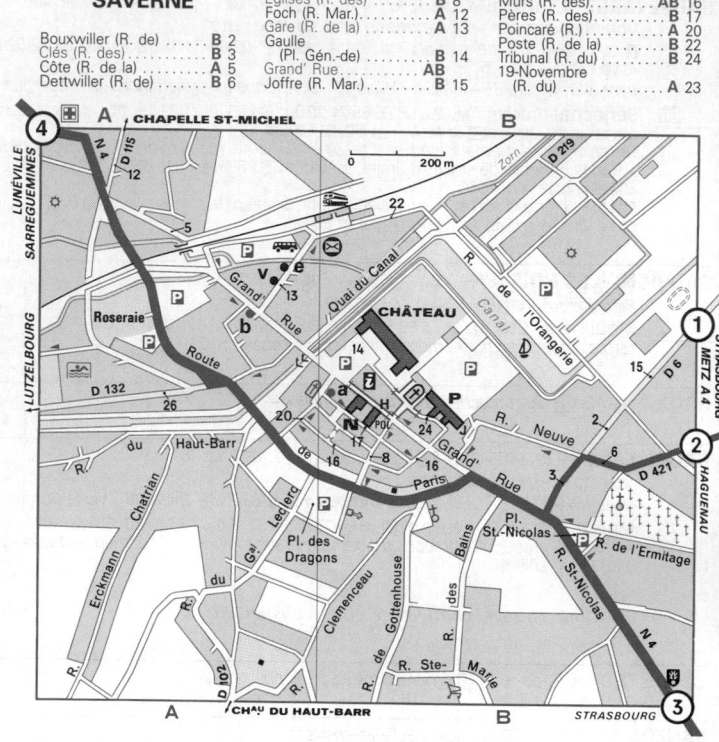

North is at the top on all town plans.

SAVIGNEUX 42 Loire **73** ⑰,, **110** ④ – rattaché à Montbrison.

SAVIGNY-LÈS-BEAUNE 21 Côte-d'Or **69** ⑨ – rattaché à Beaune.

SAVIGNY-SUR-ORGE 91 Essonne **61** ①,, **101** ㊱ – voir à Paris, Environs.

SCEAUX-SUR-HUISNE 72160 Sarthe **60** ⑭ – 472 h alt. 93.
Paris 174 – Le Mans 33 – Châteaudun 75 – La Ferté-Bernard 12 – Mamers 42.
XX **Panier Fleuri**, N 23 ℰ 02 43 93 40 08, Fax 02 43 93 43 86 – **GB**
fermé 16 au 31 août, 15 janv. au 3 fév., mardi soir et merc. – **Repas** 98/200 ⴼ

SCHERWILLER 67750 B.-Rhin **87** ⑯ – 2 278 h alt. 185.
🛈 Office de Tourisme au Corps de Garde ℰ 03 88 92 25 62, Fax 03 88 82 71 74.
Paris 434 – Colmar 27 – Barr 19 – St-Dié 42 – Sélestat 5.
🏨 **Auberge Ramstein** Ⓜ, 1 r. Riesling ℰ 03 88 82 17 00, Fax 03 88 82 17 02, ≤, 😀 – 📺
🕿 ᰔ ᷢ ᷙ **GB**
fermé 15 fév. au 2 mars – **Repas** (fermé dim. soir et merc.) 140/260 ⴼ – ⱬ 40 – **10 ch**
240/350 – ½ P 310/350

SCHIRMECK 67130 B.-Rhin **62** ⑧ G. Alsace Lorraine – 2 167 h alt. 315.
Voir Vallée de la Bruche★ N et S.
🛈 Syndicat d'Initiative Hôtel-de-Ville ℰ 03 88 49 63 80, Fax 03 88 49 63 89.
Paris 406 – Strasbourg 53 – Nancy 102 – St-Dié 39 – Saverne 47 – Sélestat 45.
XX **Sabayon**, 4 r. Gare à Labroque ℰ 03 88 97 04 35, Fax 03 88 48 44 85, 😀 – ■. **GB**
fermé 16 août au 3 sept., 22 au 28 fév., dim. soir et lundi – **Repas** (70) - 120/200 bc ⴼ, enf. 65

1298

à **Barembach** *Nord-Est : 1,5 km – 872 h. alt. 348 –* ⊠ *67130 :*

🏨 **Château de Barembach**, 5 r. Mar. de Lattre de Tassigny, ℰ 03 88 97 97 50, Fax 03 88 47 17 19, 🌿 – 📺 ☎ 🅿 ⚠ 🚐 🌐 ⊛, ℅ rest
Repas 145 (déj.), 195/398 – 🖵 65 – **15 ch** 475/895 – ½ P 487/697

aux **Quelles** *Sud-Ouest : 7,5 km par N 420, D 261 et rte forestière –* ⊠ *67130 Schirmeck :*

🏨 **Neuhauser** 🐾, ℰ 03 88 97 06 81, Fax 03 88 97 14 29, ≼, 🍴, 🏊, 🌿 – 📺 🅿 ⚠ 🚐
🌐
Repas 140/280 ♀ – 🖵 55 – **14 ch** 290/360, 3 chalets – ½ P 340/550

SCHLEITHAL *67160 B.-Rhin* **87** ② *– 1 374 h alt. 155.*
Paris 513 – Strasbourg 61 – Haguenau 33 – Karlsruhe 33 – Sarrebourg 96 – Wissembourg 11.

XX **Café de France**, 282 r. Principale ℰ 03 88 94 32 55, Fax 03 88 53 62 70 – ⚠ 🚐 🌐
fermé merc. – **Repas** 60 (déj.), 95/240 🍴

La SCHLUCHT (Col de) *88 Vosges* **62** ⑱ *G. Alsace Lorraine – alt. 1139 – Sports d'hiver · 1 150/ 1 280 m* ✪2 ♨.
Voir Route des Crêtes★★★ *N et S – Le Hohneck* ✳★★★ *S . 5 km.*
Paris 439 – Colmar 37 – Épinal 56 – Gérardmer 16 – Guebwiller 45 – St-Dié 36 – Thann 45.

🏨 **Collet**, au Collet : 2 km sur rte Gérardmer ⊠ 88400 Gérardmer, ℰ 03 29 60 09 57, Fax 03 29 60 08 77, ≼, 🍴 – 📺 ☎ 🅿 ⚠ 🌐 🌐
fermé 20 mars au 4 avril, 13 nov. au 7 déc. et merc. sauf vacances scolaires – **Repas** 95/165 ♀, enf. 55 – 🖵 55 – **21 ch** 360/670 – ½ P 360/400

SCHWEIGHOUSE-SUR-MODER *67 B.-Rhin* **87** ⑲ *– rattaché à Haguenau.*

SCIEZ (port de) *74 H.-Savoie* **70** ⑰ *– rattaché à Thonon-les-Bains.*

SEBOURG *59 Nord* **53** ⑤ *– rattaché à Valenciennes.*

Le SECHIER *05 H.-Alpes* **77** ⑯ *– rattaché à St-Firmin.*

SECLIN *59113 Nord* **51** ⑯, **111** ② *G. Picardie Flandres Artois – 12 281 h alt. 30.*
Voir Cour★ *de l'hôpital.*
🛈 *Syndicat d'Initiative (fermé jeudi) 9 bd Hentgès* ℰ 03 20 90 00 02.
Paris 212 – Lille 17 – Lens 26 – Tournai 31 – Valenciennes 47.

XX **Auberge du Forgeron** avec ch, 17 r. Roger Bouvry ℰ 03 20 90 09 52, Fax 03 20 32 70 87 – 📺 ☎ 📶 🅿 ⚠ 🌐
fermé 29 juil. au 20 août et 24 au 30 déc. – **Repas** *(fermé dim.)* 135/300 – 🖵 45 – **18 ch** 240/450 – ½ P 302/337

SEDAN ☜ *08200 Ardennes* **53** ⑲ *G. Champagne – 21 667 h alt. 154.*
Voir Château fort★.
🛈 *Office de Tourisme parking du Château* ℰ 03 24 27 73 73, Fax 03 24 29 03 28.
Paris 257 ② *– Charleville-Mézières 24* ② *– Liège 168* ① *– Metz 146* ① *– Reims 105* ②.

Plan page suivante

🏨 **Europe**, 2 pl. Gare ℰ 03 24 27 18 71, Fax 03 24 29 32 00 – 📶 📺 ☎ 📶 🅿 🌐   AZ e
🕮 **Repas** *(fermé vend. soir, sam. midi et dim. soir)* (59) – 79/129, enf. 39 – 🖵 35 – **25 ch** 210/240 – ½ P 210

XXX **Au Bon Vieux Temps**, 3 pl. Halle ℰ 03 24 29 03 70, Fax 03 24 29 20 27 – 🍽, ⚠ 🌐 🌐
🇯🇨🇧   BYZ   r
fermé vacances de fév., dim. soir et lundi sauf fériés – **Repas** (98) – 135/300 et carte 270 à 380 ♀, enf. 55

à **Bazeilles** *par* ① *: 3 km – 1 599 h. alt. 161 –* ⊠ *08140 :*

🏨 **Château de Bazeilles** Ⓜ 🐾, ℰ 03 24 27 09 68, Fax 03 24 27 64 20, 🍴, parc – 📺 ☎ 📶
🍴 🅿 ⚠ 🌐 🇯🇨🇧
L'Orangerie *(fermé 19 au 28 fév., sam. midi, dim. soir et lundi midi)* **Repas** 148/250 ♀, enf. 80 – 🖵 50 – **20 ch** 405/460 – ½ P 435

SEDAN

Alsace-Lorraine (Pl. d') . **BZ** 2
Armes (Pl. d') . . . . **BY** 3
Bayle (R. de) . . . . **BY** 4
Berchet (R.) . . . . **BY** 5
Blanpain (R.) . . . . **BY** 6
Capucins (Rampe) . . . . . **BY** 7
Carnot (R.) . . . . **BY** 8
Crussy (Pl.) . . . . **BY** 9
Fleuranges (R. de) . . . . . **AY** 10
Francs-Bourgeois (R. des) **BY** 12
Gambetta (R.) . . . . **BY** 13
Goulden (Pl.) . . . . **BY** 14
Halle (Pl. de la) . . . . **BY** 15
Horloge (R. de l') . . . . . . **BY** 17
Jardin (Bd du Gd) . . . . . **BY** 18
La Rochefoucauld (R. de) . . . . **BY** 20
Lattre-de-Tassigny (Bd Mar.-de) . . . . **AZ** 21
Leclerc (Av. du Mar.) . . **BY** 24
Margueritte (Av. du G.) . . . . **ABY** 26
Martyrs-de-la-Résistance (Av. des) . **AY** 27
Mesnil (R. du) . . . . **BY**
Nassau (Pl.) . . . . **BZ** 31
Promenoir-des-Prêtres . **BY** 33
Rivage (R. du) . . . . **BY** 34
Rochette (Bd de la) . . . **BY** 35
Rovigo (R.) . . . . **BY** 36
Strasbourg (R. de) . . . . . **BZ** 39
Turenne (Pl.) . . . . **BY** 41
Vesseron-Lejay (R.) . . . . **AY** 42
Wuidet-Bizot (R.) . . . . . . **BZ** 44

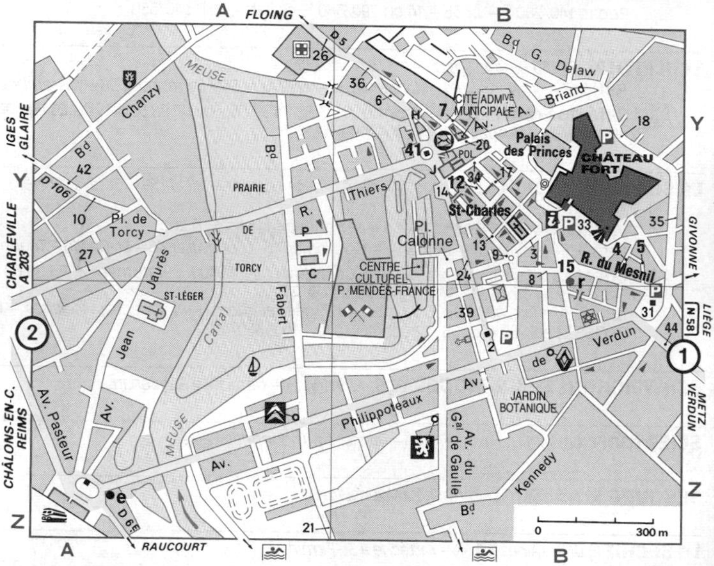

🏨 **Auberge du Port** 🐑, Sud : 1 km par rte Remilly-Aillicourt ✆ 03 24 27 13 89, *Fax 03 24 29 35 58*, 🍴, « Jardin en bord de Meuse », 🅿 – TV ☎ 📞 🅿 – 🏛 25. AE ⊙ GB JCB. ✂
fermé 20 déc. au 5 janv. – **Repas** *(fermé sam. midi et dim. soir)* 98/250 bc 🍷, enf. 85 – ☕ 42 – **20 ch** 280/315 – 1/2 P 295

à Frénois *par ② et D 67 : 3,5 km – ✉ 08200 Sedan :*

🏨 **Campanile,** ✆ 03 24 29 45 45, *Fax 03 24 27 64 52*, 🍴 – ⇔ TV ☎ 📞 ♿ 🅿 – 🏛 25. AE GB
Repas 88/106 🍷, enf. 39 – ☕ 36 – **47 ch** 295

SÉES *61500 Orne* 60 ③ *G. Normandie Cotentin – 4 547 h alt. 186.*
Voir *Cathédrale Notre-Dame★ : choeur et transept★★ – Forêt d'Ecouves★★ SO : 5 km.*
ℹ *Office de Tourisme pl. Gén.-de-Gaulle ✆ 02 33 28 74 79, Fax 02 33 28 18 13.*
Paris 187 – Alençon 22 – L'Aigle 42 – Argentan 24 – Domfront 66 – Mortagne-au-Perche 33.

à Macé *: 5,5 km par rte d'Argentan, D 303 et D 747 – 464 h. alt. 173 – ✉ 61500 :*
Voir *Château d'O★ NO : 5 km.*

🏨 **Ile de Sées** 🐑, ✆ 02 33 27 98 65, *Fax 02 33 28 41 22*, 🍴, parc – TV ☎ 📞 🅿 – 🏛 30. GB. ✂
fermé 15 janv. au 1er mars, dim. soir et lundi – **Repas** 85 bc (déj.), 113/185 🍷, enf. 55 – ☕ 35 – **16 ch** 300/360 – 1/2 P 320

SEGOS *32 Gers* 82 ② *– rattaché à Aire-sur-l'Adour.*

*Towns underlined in red on the **Michelin maps** at a scale of 1 : 200 000 are included in this Guide.*

Use the latest map to take full advantage of this information.

SEGRÉ `<®>` 49500 M.-et-L. **68** ⑨ G. Châteaux de la Loire – 6 434 h alt. 40.

Voir Château de la Lorie* SE : 2 km.

🛈 Office de Tourisme 3 r. Capitaine Hautecloque ℘ 02 41 92 86 83 et Mairie ℘ 02 41 92 17 83.

Paris 309 – Angers 41 – Ancenis 46 – Châteaubriant 40 – Laval 53 – Rennes 87 – Vitré 60.

XX **Corvette**, 37 quai de Lauingen ℘ 02 41 61 06 94, Fax 02 41 92 31 73 – ▤. ䷀ ① ⇔
fermé 1er au 15 août, vacances de fév., dim. soir et lundi – Repas 98/235 ♈

SÉGURET 84 Vaucluse **81** ② – rattaché à Vaison-la-Romaine.

SÉGUR-LES-VILLAS 15300 Cantal **76** ③ – 318 h alt. 1045.

Paris 528 – Aurillac 69 – Allanche 14 – Condat 19 – Mauriac 55 – Murat 18 – St-Flour 41.

🏠 **Santoire**, à La Carrière du Monteil de Ségur Sud : 4 km sur D 3 ℘ 04 71 20 70 68,
Fax 04 71 20 73 44, ≼, ⬛, ⅏ – ▥ ☎ 🅿. ⇔
fermé 15 déc. au 1er fév. – Repas 82/185 ♂, enf. 45 – ⌸ 32 – **28 ch** 250 – ½ P 260

SEIGNOSSE 40510 Landes **78** ⑰ – 1 630 h alt. 15.

Paris 749 – Biarritz 40 – Mont-de-Marsan 83 – Dax 31 – Soustons 13.

au Golf Ouest : 4 km par D 86 – ⊠ 40510 Seignosse :

🏰 **Golf Hôtel** Ⓜ ⅏, ℘ 05 58 41 68 40, Fax 05 58 41 68 41, ≼, 🍴, « Golf en lisière de forêt », ⬛ – ⊟📺 ☎ ✆ 🅿 – 🔏 30. ䷀ ① ⇔
fermé 8 janv. au 4 mars – Repas (dîner seul.) 140/155 ♈, enf. 60 – ⌸ 65 – **45 ch** 482/694 – ½ P 542/617

The Guide changes, so renew your Guide every year.

Le SEIGNUS 04 Alpes-de-H.-P. **81** ⑧ – rattaché à Allos.

SEILH 31 H.-Gar. **82** ⑦ – rattaché à Toulouse.

SEILHAC 19700 Corrèze **75** ⑨ – 1 540 h alt. 500.

Paris 464 – Brive-la-Gaillarde 33 – Aubusson 99 – Limoges 73 – Tulle 15 – Uzerche 16.

🏠 **Relais des Monédières**, rte de Tulle : 1 km ℘ 05 55 27 04 74, Fax 05 55 27 90 03, 🍴, parc, ⅏ – ▥ ☎ ✆ ⇐ 🅿. ䷀ ⇔
fermé 15 déc. au 22 janv. et dim. soir de nov. à Pâques – Repas (58) - 80/190 ♈ – ⌸ 36 – **14 ch** 210/310 – ½ P 240/250

à St-Salvadour Nord-Est : 8 km par D 940, D 44 et D 173E – 292 h. alt. 460 – ⊠ 19700 :

X **Ferme du Léondou**, ℘ 05 55 21 60 04, Fax 05 55 21 60 04 – 🅿. ䷀ ⇔. ⅏
fermé 1er au 7 mars, fév., merc. sauf le midi en juil.-août – Repas 60/230 ♈

SEIN (île de) 29990 Finistère **88** ⑫

🛥 Transports uniquement piétons- depuis **Brest** (saisonnier) traversée 1h30-Renseignements et tarifs : Cie Maritime Penn Ar Bed (Brest) ℘ 02 98 80 24 68, Fax 02 98 44 75 43.
depuis **Audierne** (toute l'année) traversée 1 h-Renseignements et tarifs : Cie Maritime Penn Ar Bed (Brest) ℘ 02 98 80 24 68, Fax 02 98 44 75 43.
🛥 depuis **Camaret** (saisonnier) traversée 1h-Renseignements et tarifs : Cie Maritime Penn Ar Bed (Brest) ℘ 02 98 80 24 68, Fax 02 98 44 75 43.

🏠 **Ar Men** ⅏, rte Phare ℘ 02 98 70 90 77, Fax 02 98 70 93 25, ≼ – ☎ ✆. ⇔
(fermé 1er au 15 oct., dim. soir en juil.-août et merc. sauf juil.-août) – Repas (70) - 100/140 – ⌸ 36 – **10 ch** 210/360 – ½ P 250/300

SÉLESTAT `<®>` 67600 B.-Rhin **62** ⑲ G. Alsace Lorraine – 15 538 h alt. 170.

Voir Vieille Ville* : église Ste-Foy* , église St-Georges* , Bibliothèque humaniste* M – Volerie des Aigles : démonstrations de dressage* au château de Kintzheim : 5 km par ① puis 30 mn – Vallée de la Liepvrette*.

Env. Ebermunster : intérieur** de l'église abbatiale*, 9 km par ①.

🛈 Office de Tourisme Commanderie St-Jean, bd Gén.-Leclerc ℘ 03 88 58 87 20, Fax 03 88 92 88 63.

Paris 436 ① – Colmar 23 ③ – Gérardmer 66 ③ – St-Dié 44 ④ Strasbourg 51 ①.

SÉLESTAT

Armes (Pl. d')........ **BY** 2	
Babil (R. du)........ **BY** 4	
Bibliothèque (R. de la). **BY** 5	
Charlemagne (Bd)..... **BY** 7	
Chevaliers (R. des)... **BYZ** 9	
Clefs (R. des)....... **BYZ** 10	
Église (R. de l')..... **BY** 12	
Gallieni (R. du Gén.)... **AZ** 14	

Hôpital (R. de l')..... **BZ** 15	
Lattre-de-Tassigny (Pl. du Mal-de)..... **BY** 17	
Maire-Knol (Allée du)........ **ABY** 19	
Marché-Vert (Pl. du)... **BY** 20	
Paix (R. de la)....... **AY** 22	
Prés.-Poincaré (R. du).. **BZ**	

Sainte-Barbe (R.)..... **BZ** 26	
Schweisguth (Av.)... **ABY** 27	
Serruriers (R. des).... **BY** 28	
Strasbourg (Pl. Pte-de). **BY** 30	
Victoire (Pl. de la)..... **BZ** 35	
Vieux Marché aux Vins **BY** 36	
4e-Zouaves (R. du).... **BZ** 38	
17-Novembre (R. du) .. **BZ** 39	

Hostellerie de l'Abbaye la Pommeraie Ⓜ, 8 av. Mar. Foch ℰ 03 88 92 07 84, *Fax* 03 88 92 08 71, ♨, « Belle décoration intérieure » – ▐, ▤ rest, ▣ ☎ ⇦. ◮ ①
ⒼⒷ
BY **a**
Repas *(fermé dim. soir et lundi)* 320/420 ♈ - *S'Apfelstuebel (fermé dim. soir)* Repas 180/290 bc ♈, enf. 60 – ⌷ 95 – **11 ch** 800/1500, 3 duplex – ½ P 700/1050

Vaillant, pl. République ℰ 03 88 92 09 46, *Fax* 03 88 82 95 01 – ▐ ▣ ☎ ℰ – ▵ 30. ◮
ⒼⒷ. ⊁ rest
AZ **e**
fermé Noël au Jour de l'An et en fév. – **Repas** *(fermé sam. midi et dim. soir)* 95/225 ♈, enf. 48 – ⌷ 50 – **47 ch** 270/390 – ½ P 260/320

Jean-Frédéric Edel, 7 r. Serruriers ℰ 03 88 92 86 55, *Fax* 03 88 92 87 26, ♨ – ◮ ①
ⒼⒷ ⒿⒸⒷ
BY **e**
fermé 18 juil. au 12 août, vacances de fév., dim. soir, mardi soir et merc. – **Repas** 188/490 et carte 350 à 500
Spéc. Poêlée de fleischnacka au foie gras en salade. Sandre à la choucroute sauce riesling. Poitrine de pigeon au pinot noir. **Vins** Riesling, Tokay-Pinot gris.

Vieille Tour, 8 r. Jauge ℰ 03 88 92 15 02, *Fax* 03 88 92 19 42 – ⒼⒷ BY **s**
fermé 21 fév. au 6 mars et lundi – **Repas** 90/250 ♈

à Baldenheim par ①, D 21 et D 209 : 8,5 km – 875 h. alt. 170 – ⊠ 67600 :

Couronne, r. Sélestat ℰ 03 88 85 32 22, *Fax* 03 88 85 36 27 – ◮ ⒼⒷ
fermé 25 juil. au 6 août, 2 au 8 janv., dim. soir et lundi sauf fériés – **Repas** 190/420 et carte 280 à 440 ♈
Spéc. Jambonnette de grenouilles et flan d'écrevisses. Tatin de sandre au gewürztraminer. Noisettes de chevreuil aux girolles (saison). **Vins** Riesling, Tokay-Pinot gris.

Le Schnellenbuhl *par ②, D 159 et D 424 : 8 km* – ✉ *67600 Sélestat :*

X **Auberge de l'Illwald**, ℰ 03 88 85 35 40, Fax 03 88 85 39 10, � – 🄿. GB
fermé 27 juin au 12 juil., 24 déc. au 12 janv., mardi soir et merc. – **Repas** (55) - carte 145 à 190 ♣, enf. 45

SELLES-SUR-CHER 41130 L.-et-Ch. 🔲 ⑱ G. Châteaux de la Loire – 4 751 h alt. 88.
🚩 Office de Tourisme (15 juin-15 sept.) pl. Ch.-de-Gaulle ℰ 02 54 95 25 44 et (hors saison) à la Mairie ℰ 02 54 95 25 40.
Paris 225 – Blois 43 – Orléans 102 – Romorantin-Lanthenay 21 – St-Aignan 17 – Valençay 15.

XX **Lion d'Or** avec ch, 14 pl. Paix ℰ 02 54 97 40 83, Fax 02 54 97 72 36 – 📺 ☎ 🄿. GB
100 *fermé lundi sauf juil.-août* – **Repas** 85/228 ⅀ – ⥄ 35 – **9 ch** 218/268 – ½ P 229/254

SÉLONCOURT 25 Doubs 🔳 ⑩ – rattaché à Audincourt.

SELONNET 04 Alpes-de-H.-P. 🔳 ⑰ – rattaché à Seyne.

SEMBLANÇAY 37360 I.-et-L. 🔲 ⑭ – 1 489 h alt. 100.
Paris 249 – Tours 16 – Angers 97 – Blois 76 – Le Mans 70.

XX **Mère Hamard** avec ch, pl. Église ℰ 02 47 56 62 04, Fax 02 47 56 53 61, 🌁 – 📺 ☎ ✉ 🄿. GB
fermé fév., dim. soir et lundi hors saison – **Repas** 99/270, enf. 62 – ⥄ 50 – **9 ch** 220/275 – ½ P 290

*Towns underlined in red on the **Michelin maps***
at a scale of 1 : 200 000 are included in this Guide.

Use the latest map to take full advantage of this information.

SEMÈNE 43 H.-Loire 🔳 ⑧ – rattaché à Aurec-sur-Loire.

SEMNOZ (Montagne du) 74 H. Savoie 🔲 ⑥ ⑯ G. Alpes du Nord – ✉ 74000 Annecy.
Voir Crêt de Châtillon ☀ ★★★ (accès par D 41 : d'Annecy 20 km ou du col de Leschaux 14 km, puis 15 mn).
Paris 555 – Annecy 16 – Aix-les-Bains 41 – Albertville 59 – Chambéry 58

sur D 41 – ✉ 74000 Annecy :

Rochers Blancs ⌂, près du sommet, alt. 1 650 ℰ 04 50 01 23 60, Fax 04 50 01 40 68,
< montagnes, 🌁 – ☎ ✉ 🄿. GB
fermé oct. et nov. – **Repas** (fermé nov.) 80/155 ♣, enf. 52 – ⥄ 35 – **20 ch** 180/320 – ½ P 260/300

Semnoz Alpes ⌂, au sommet, alt. 1 704 ℰ 04 50 01 23 17, Fax 04 50 64 53 05, < Mont-Blanc, 🌁 – ☎ 🄿. GB. ♨ rest
12 juin-30 sept. et 25 déc.-vacances de printemps – **Repas** (12 juin-mi-oct. et 20 déc.-vacances de printemps) (65) - 85/200, enf. 40 – ⥄ 39 – **12 ch** 140/280 – ½ P 220/275

SEMUR-EN-AUXOIS 21140 Côte-d'Or 🔲 ⑰ ⑱ G. Bourgogne – 4 545 h alt. 286.
Voir Site★ – Église N.-Dame★ – Pont Joly < ★.
🚩 Office de Tourisme 2 pl. Gaveau ℰ 03 80 97 05 96, Fax 03 80 97 08 85.
Paris 247 ③ – Dijon 82 ③ – Auxerre 86 ③ – Avallon 41 ③ – Beaune 82 ③ – Montbard 20 ①.

Plan page suivante

🏨 **Hostellerie d'Aussois** Ⓜ ⌂, rte Saulieu (s) ℰ 03 80 97 28 28, Fax 03 80 97 34 56, <, 🌁, 🎣, 🔟 – 🔲 rest, 📺 ☎ ✉ ♿ 🄿 – 🔬 25 à 60. 🄰🄴 GB 🄹🄲🄱
Repas (fermé 22 janv. au 11 fév. et dim. soir de fin nov. à fin fév.) 00 (déj.), 95/220 ⅀, enf. 45 ⥄ 40 – **43 ch** 380/600 – ½ P 318

🏨 **Cymaises** ⌂ sans rest, 7 r. Renaudot (u) ℰ 03 80 97 21 44, Fax 03 80 97 18 23, 🌳 – 📺 ☎ ✉ ♿ 🄿. GB
fermé 4 au 21 nov. et 15 fév. au 5 mars – ⥄ 38 – **18 ch** 280/340

au lac de Pont Est : 3 km par D 103⁶ – ✉ 21140 Semur-en-Auxois :

🏠 **Lac** ⌂, ℰ 03 80 97 11 11, Fax 03 80 97 29 25, 🌁, 🌳 – 📺 ☎ ✉ 🄿. 🄰🄴 ① GB 🄹🄲🄱
15 mars-19 nov. – **Repas** (69) - 88/185 ⅀, enf. 55 – ⥄ 38 – **19 ch** 260/320 – ½ P 300/320

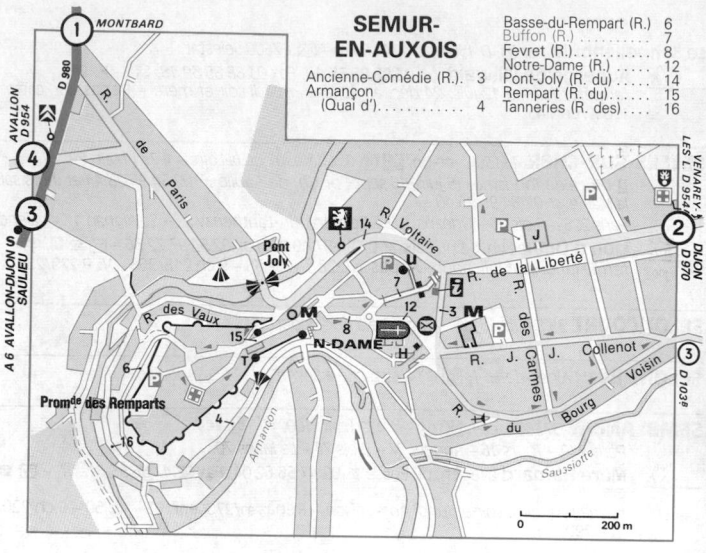

SEMUR-EN-AUXOIS

Ancienne-Comédie (R.) . . 3
Armançon
(Quai d') 4

Basse-du-Rempart (R.) . . 6
Buffon (R.) 7
Fevret (R.) 8
Notre-Dame (R.) 12
Pont-Joly (R. du) 14
Rempart (R. du) 15
Tanneries (R. des) 16

Dans ce guide

un même symbole, un même caractère,
*imprimé en couleur ou en **noir**, en maigre ou en **gras**,*
n'ont pas tout à fait la même signification.
Lisez attentivement les pages explicatives.

SEMUSSAC *17120 Char.-Mar.* **71** ⑮ *– 1 208 h alt. 36.*
Paris 504 – Royan 13 – La Rochelle 83.

XX **Château de Didonne**, ℰ 05 46 05 18 10, Fax 05 46 06 93 93, 😃 , 🐎 – **P**. **GB**
fermé 2 janv. au 10 fév., mardi soir et merc. sauf juil.-août – **Repas** 105/265 ⅀, enf. 40

SÉNAILLAC-LATRONQUIÈRE *46210 Lot* **75** ⑳ *– 169 h alt. 557.*
Paris 564 – Aurillac 42 – Cahors 86 – Figeac 33.

XX **Grandgousier**, ℰ 05 65 40 23 05 – **P**.
fermé 1ᵉʳ janv. au 14 fév., mardi midi et lundi – **Repas** 115/240 ⅀, enf. 60

SENLIS ⬠ *60300 Oise* **56** ⑪ ⑫, **106** ⑧ ⑨ *G. Ile de France – 14 439 h alt. 76.*
Voir Cathédrale N.-Dame★★ – Vieilles rues★ ABY – Place du Parvis★ BY – Église
St-Frambourg★ B – Jardin du Roy ⇐★ – Forêt d'Halatte★ 5 km par la rue du Moulin
Rieul BY – Butte d'Aumont ☀★ 4,5 km par la rue du Moulin Rieul BY puis 30 mn.
Env. Parc Astérix★★ S : 12 km par autoroute A1.
🗓 *Office de Tourisme pl. Parvis-Notre-Dame* ℰ 03 44 53 06 40, Fax 03 44 53 29 80.
Paris 52 ③ – Compiègne 33 ③ – Amiens 105 ③ – Beauvais 52 ⑥ – Meaux 37 ③.

Plan page ci-contre

🏨 **Ibis**, N 324, par ③ : 2 km ℰ 03 44 53 70 50, Fax 03 44 53 51 93 – ⇝ 📺 ☎ & **P** – 🔬 50. **AE**
① **GB**
Repas (75) - 95 ⅀, enf. 39 – ⊑ 35 – **92 ch** 350

XXX **Scaramouche**, 4 pl. Notre-Dame ℰ 03 44 53 01 26, Fax 03 44 53 46 14 – ▤. **AE ① GB**
fermé mardi soir et merc. – **Repas** 155/280 et carte 220 à 310, enf. 65   BY   e

XX **Bourgeois Gentilhomme**, 3 pl. Halle ℰ 03 44 53 13 22, Fax 03 44 53 15 11 – **AE ①**
GB   BY   q
fermé 14 au 28 août, dim. soir et lundi – **Repas** (115) - 145/405 ⅀, enf. 85

XX **L'Épicurien**, 93 r. Moulin St-Tron, Nord : 1,5 km par r. Moulin Rieul ℰ 03 44 53 10 05,
Fax 03 44 53 13 99 – **AE ① GB**
fermé dim. soir et lundi – **Repas** 148/235 ⅀

Apport-au-Pain (R.) . . . . **AY** 2
Boutteville (Cours) . . . . **BY** 5
Bretonnerie
(R. de la) . . . . **AZ** 6
Clemenceau (Av. G.) . . . . **RY** 7
Cordeliers (R. des) . . . . **AZ** 9
Halle (Pl. de la) . . . . **BY** 12

Heaume (R. du) . . . . **AZ** 13
Leclerc (Av. Gén.) . . . . **BY** 15
Montagne St-Aignan
(R. de la) . . . . **AY** 17
Montauban (Rempart du) . . **AY** 19
Moulin St-Rieul (R. du) . . . **BY** 21
Ordent (R.) . . . . **RY** 24
Parvis (Pl. du) . . . . **BY** 26
Puits Tiphaine (R. du) . . . . . **AY** 27

Poterne (R. de la) . . . . **BZ** 29
Poulaillerie (R. de la) . . . . . **AY** 31
St-Vincent (Rempart) . . . . . **BZ** 36
St-Yves-à-l'Argent (R.) . . . . **BZ** 38
Ste Geneviève (R.) . . . . **BZ** 40
Treille (R. de la) . . . . **AY** 42
Vernois (Av. F) . . . . **AY** 47
Vignes (R. des) . . . . **BZ** 49
Villevert (R. de) . . . . **BY** 52

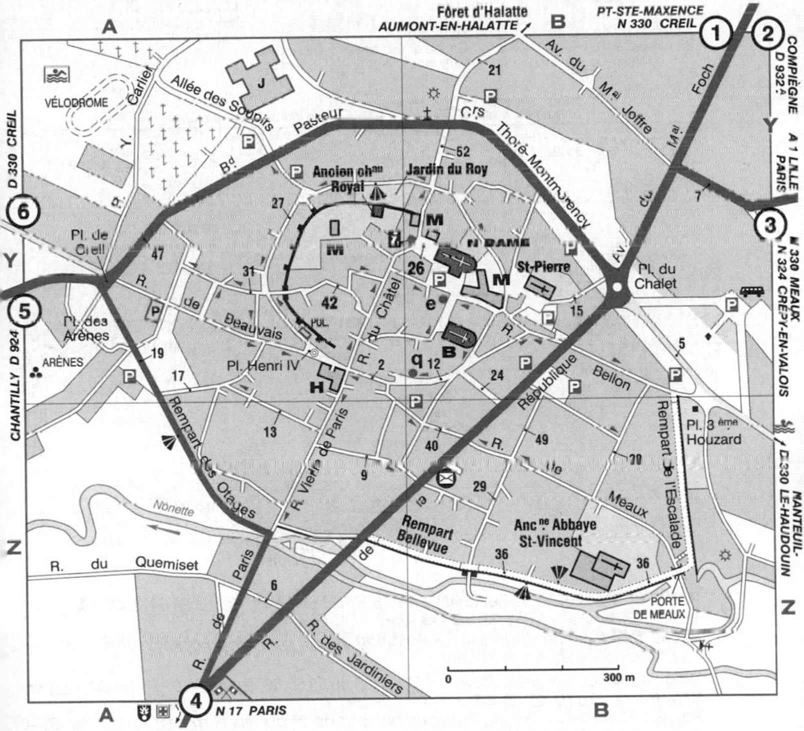

SENNECÉ-LÈS-MÂCON 71 S.-et-L. 69 ⑩ – rattaché à Mâcon.

SENNECEY-LÈS-DIJON 21 Côte-d'Or 66 ⑫ – rattaché à Dijon.

SENONCHES 28250 E.-et-L. 60 ⑥ – 3 171 h alt. 223.

Paris 118 – Chartres 37 – Dreux 38 – Mortagne-au-Perche 42 – Nogent-le-Rotrou 36.

XX **Pomme de Pin** avec ch., r. M. Cauly ℰ 02 37 37 76 62, Fax 02 37 37 86 61, 🈑, 🍽 – TV
🅿 ☎ 🅿 AE GB
fermé 16 au 23 août, 2 au 25 janv., dim. soir et lundi – **Repas** 88/250, enf. 48 – �), 38 – **10 ch**
250/400 – ½ P 250/300

XX **Forêt** avec ch., pl. Champ de Foire ℰ 02 37 37 78 50, Fax 02 37 37 74 98, 🈑 – TV ☎ ✆, AE
🍽 GB
fermé 6 fév. au 6 mars et merc. – **Repas** 75/200 �%, enf. 50 – ☷ 35 – **13 ch** 200/350 –
½ P 290/420

SENONES 88210 Vosges 62 ⑦ G. Alsace Lorraine – 3 157 h alt. 340.

Env. Route de Senones au col du Donon★ NE : 20 km.

Paris 387 – Épinal 56 – Strasbourg 82 – Lunéville 51 – St-Dié 22.

XX **Bon Gîte** avec ch., ℰ 03 29 57 92 46, Fax 03 29 57 93 92 – TV ☎ ✆ 🅿 AE GB
🍽 fermé 22 juil. au 6 août, vacances de fév., dim. soir et lundi – **Repas** 66 (déj.), 99/160 �%,
enf. 40 – ☷ 30 – **7 ch** 250/300 – ½ P 225/255

SENS ⟨89⟩ 89100 Yonne **61** ⑭ *G. Bourgogne* – 27 082 h alt. 70.

Voir *Cathédrale St-Étienne*★★ – *Trésor*★ – *Musée et palais synodal*★ M¹.

🔲 *Office de Tourisme pl. J.-Jaurès* ℰ 03 86 65 19 49, Fax 03 86 64 24 18.

Paris 117 ⑤ – *Fontainebleau 55* ⑤ – *Auxerre 60* ③ – *Montargis 51* ④ – *Troyes 73* ②.

SENS

Alsace-Lorraine (R. d')	2	
Beaurepaire (R.)	3	
Chambonas (Cours)	8	
Cornet (Av. Lucien)	9	
Cousin (Square J.)	10	
Déportés-et-de-la-Résistance (R. des)		
Foch (Bd Mar.)	12	
Garibaldi (Bd des)	13	
Gateau (R. A.)	15	
Grande-Rue	16	
Leclerc (R. du Gén.)	19	
Maupéou (Bd de)	21	
Moulin (Quai J.)	23	
République (Pl. de la)	27	
République (R. de la)	28	

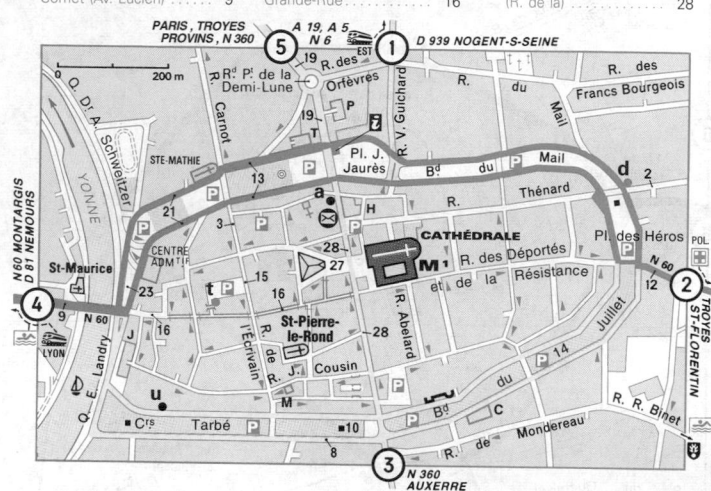

🏠 **Paris et Poste**, 97 r. République (a) ℰ 03 86 65 17 43, *Fax 03 86 64 48 45*, 🍴 – 🛗, 🟰 rest, 📺 ☎ 🚗 – 🔬 30. ⚑ ① ☺ 🇯🇨🇧
Repas *(fermé dim. soir)* 170/340 ♀ - **Postillon** *(fermé dim. soir)* **Repas** 99/126 ♀ – ☐ 50 – **21 ch** 400/750, 4 appart – ½ P 380

🏠 **Virginia** 🅼, par ② *rte de Troyes : 3 km* ℰ 03 86 64 66 66, *Fax 03 86 65 75 11*, 🍴 – 📺 ☎ 🍴 ⚑ 🇵 – 🔬 20 à 50. ⚑ ① ☺
Repas grill *(fermé 23 déc. au 2 janv. et dim. soir du 1ᵉʳ oct. au 1ᵉʳ mai)* 98/135 ♂, enf. 55 – ☐ 32 – **100 ch** 220/270 – ½ P 211/241

🏠 **Archotel**, 9 cours Tarbé (u) ℰ 03 86 64 26 99, *Fax 03 86 64 46 29* – 🛗 📺 ☎ 🍴 🇵 ⚑ ① ☺ 🇯🇨🇧
fermé 25 au 31 déc. – **Repas** snack 58/99 ♀ – ☐ 37 – **44 ch** 265/400 – ½ P 220/275

🍴🍴🍴 **Madeleine** (Gauthier), 1 r. Alsace-Lorraine (d) ℰ 03 86 65 09 31, *Fax 03 86 95 37 41* – 🟰. ⚑ ① ☺
❀ *fermé 9 au 17 juil., 31 juil. au 17 août, 23 déc. au 2 janv., dim. et lundi* – **Repas** (nombre de couverts limité, prévenir) 195 (déj.), 210/360 et carte 360 à 470 ♀ - **Au Crieur de Vin** ℰ 03 86 65 92 80 **Repas** 102/150 ♀, enf. 70
Spéc. Poêlée de foie gras au cassis. Filet de bar rôti à l'huile d'olive. Mousseline au chocolat guanaja. **Vins** Côtes d'Auxerre, Irancy.

🍴🍴🍴 **Potinière**, 51 r. Cécile de Marsangy par ④ ℰ 03 86 65 31 08, *Fax 03 86 64 60 19*, ≤, 🍴, « Belle terrasse au bord de l'Yonne » – ⚑ ☺
fermé 27 août au 5 sept., lundi soir et mardi – **Repas** (en saison, prévenir) 158/320 ♀

🍴🍴 **Clos des Jacobins**, 49 Gde rue (t) ℰ 03 86 95 29 70, *Fax 03 86 64 22 98* – 🟰. ⚑ ☺
fermé 15 au 31 août, Noël au Jour de l'An, mardi soir, dim. soir et merc. – **Repas** 100/290 ♀

🍴🍴 **Auberge de la Vanne**, 176 av. de Senigallia par ③ ℰ 03 86 65 13 63, *Fax 03 86 65 90 85*, ≤, 🍴, « Terrasse au bord de l'eau » – 🇵. ⚑ ☺
fermé 17 au 30 nov., dim. soir et mardi – **Repas** 90/240, enf. 60

à Soucy par ① : *7 km* – *1 316 h. alt. 90* – ⊠ *89100* :

🍴🍴 **Auberge du Regain** avec ch, ℰ 03 86 86 64 62, 🍴 – ☺
fermé 29 août au 19 sept., 28 fév. au 14 mars, dim. soir et lundi – **Repas** 98/245 – ☐ 25 – **5 ch** 130/200 – ½ P 160/200

à Malay-le-Petit *par ② : 8 km – 308 h. alt. 85 – ✉ 89100 :*

X **Auberge Rabelais** avec ch, ✆ 03 86 88 21 44, *Fax 03 86 88 33 79,* ☎ P. GB
fermé 25 oct. au 9 nov., 27 janv. au 11 fév., merc. soir et jeudi sauf fêtes – **Repas** 99/260, enf. 45 – ☕ 35 – **6 ch** 180/280

à Rosoy *par ③ : 5,5 km – ✉ 89100 :*

XX **Auberge de l'Hélix** avec ch, ✆ 03 86 97 92 10, *Fax 03 86 97 19 00 –* TV ☎ P. GB
fermé 7 au 28 août, 12 au 25 fév., dim. soir et lundi – **Repas** 98/210 ♀, enf. 50 – ☕ 29 – **10 ch** 170/250 – ½ P 270

à Subligny *par ④ et N 60 : 7 km – 433 h. alt. 150 – ✉ 89100 :*

X **Haie Fleurie,** La Haie Pelerine, Sud-Ouest : 2 km ✆ 03 86 88 84 44, – P. GB
fermé 17 au 23 juil., merc. soir, dim. soir et jeudi – **Repas** 98/268 ♀

à Villeroy *par ④ et D 81 : 7 km – 242 h. alt. 184 – ✉ 89100 :*

XXX **Relais de Villeroy** avec ch, ✆ 03 86 88 81 77, *Fax 03 86 88 84 04,* – TV ☎ P. GB
fermé vacances de Noël, de fév. et dim. – **Repas** 120 (déj.), 160/290 et carte 250 à 350, enf. 65 – ***Bistro Chez Clément*** *(fermé lundi midi, sam. et dim.)* **Repas** 85, enf.45 – ☕ 42 – **8 ch** 245/285

SEPT-SAULX *51400 Marne 56 ⑰ – 484 h alt. 96.*

Paris 166 – Reims 24 – Châlons-en-Champagne 30 – Épernay 30 – Rethel 58 – Vouziers 59.

Cheval Blanc, ✆ 03 26 03 90 27, *Fax 03 26 03 97 09,* – TV ☎ P – 20. AE GB
fermé 22 janv. au 20 fév. – **Repas** 150 (déj.), 180/540 bc ♀ – ☕ 50 – **22 ch** 350/810, 3 appart – ½ P 555/735

SÉREILHAC *87620 H.-Vienne 72 ⑰ – 1 614 h alt. 322.*

Paris 409 – Limoges 17 – Confolens 51 – Périgueux 77 – St-Yrieix-la-Perche 36.

XX **Relais des Tuileries** avec ch, aux Betoulles Nord-Est : 2 km sur N 21 ✆ 05 55 39 10 27, *Fax 05 55 36 09 21,* – TV ☎ P. GB
fermé 13 au 28 nov., 8 au 30 janv., dim. soir et lundi du 15 sept. au 15 juin – **Repas** 75/275 ♀, enf. 55 – ☕ 35 – **10 ch** 260/280 – ½ P 250

SEREZIN-DU-RHÔNE *69360 Rhône 74 ⑪, 110 ㉔ – 2 257 h alt. 164.*

Paris 477 – Lyon 18 – Rive-de-Gier 24 – La Tour-du-Pin 54 – Vienne 19.

Bourbonnaise, ✆ 04 78 02 80 58, *Fax 04 78 02 17 39,* – TV P – 40. AE GB
Repas 130/265 ♀, enf. 75 - ***Grill :*** **Repas** *(76)*-/99, enf. 39 – ☕ 41 – **39 ch** 270/330

SÉRIGNAN-DU-COMTAT *84 Vaucluse 81 ② – rattaché à Orange.*

SERMERSHEIM *67230 B.-Rhin 87 ⑥ – 677 h alt. 160.*

Paris 506 – Strasbourg 39 – Lahr/Schwarzwald 39 – Obernai 20 – Sélestat 15.

Au Relais de l'Ill M sans rest, r. Rempart ✆ 03 88 74 31 28, *Fax 03 88 74 17 51 –* TV ☎ P. GB.
☕ 40 – **23 ch** 300/400

SERRAVAL *74230 H.-Savoie 74 ⑰ – 430 h alt. 760.*

Paris 566 – Annecy 31 – Albertville 24 – Bonneville 41 – Faverges 9 – Megève 40 – Thônes 10.

Tournette, ✆ 04 50 27 50 13, *Fax 04 50 27 52 68,* – TV ☎ P. GB
fermé 10 au 30 oct. et mardi hors saison – **Repas** 95/150, enf. 60 – ☕ 30 – **18 ch** 210/300 – ½ P 300

SERRE-CHEVALIER 05240 H.-Alpes 77 ⑱ G. Alpes du Sud – Sports d'hiver : 1 200/2 800 m ⛷ 7 ✦ 64 ☒.

Voir ✳ ★★.

Paris 678 – Briançon 7 – Gap 95 – Grenoble 110 – Col du Lautaret 21.

à Chantemerle – ⊠ 05330 St-Chaffrey :

Voir Col de Granon ✳ ★★ N : 12 km.

🛈 Office de Tourisme ℘ 04 92 24 98 97, Fax 04 92 24 98 84.

🏨 **Plein Sud** ॐ sans rest, ℘ 04 92 24 17 01, Fax 04 92 24 10 21, ≤, 🛌, ☒, 🐎 – 🛗 ⇆ 📺
☎ 📞 🅿. 🖸. ✀
17 juin-17 sept. et 16 déc.-15 avril – ⊊ 45 – **42 ch** 460/620

🏨 **Balme** ॐ, ℘ 04 92 24 01 89, Fax 04 92 24 07 74, ≤, 🐎 – 📺 ☎ 📞 🅿. ⅏ ⓿ 🖸. ✀ rest
fin juin-début sept. et déc.-fin mars – **Repas** (dîner seul.) 140 ♀ – ⊊ 50 – **25 ch** 500/600 –
½ P 490

🏠 **Boule de Neige** ॐ, ℘ 04 92 24 00 16, Fax 04 92 24 00 25, 斎, 🐎 – 📺 ☎. ⅏ 🖸
17 juin-3 sept. et 16 déc.-30 avril – **Repas** 140/260, enf. 65 – ⊊ 50 – **9 ch** 430/780 –
½ P 450/510

à Villeneuve-la-Salle – ⊠ 05240 La-Salle-les-Alpes :

Voir Eglise St-Marcellin★ de La-Salle-les-Alpes.

🛈 Office de Tourisme ℘ 04 92 24 98 98.

🏨 **Christiania,** ℘ 04 92 24 76 33, Fax 04 92 24 83 82, ≤, 斎, 🐎 – 📺 ☎ 📞 🅿. 🖸. ✀ rest
24 juin-10 sept. et 15 déc.-15 avril – **Repas** (dîner seul. en hiver) 130/160 – ⊊ 45 – **26 ch**
540 – ½ P 450

✗ **Bidule,** au Bez ℘ 04 92 24 77 80, Fax 04 92 24 85 51, 斎 – 🖸
fermé 1ᵉʳ mai au 1ᵉʳ juin – **Repas** (prévenir) 90 (déj.), 135/255 ♀

au Monêtier-les-Bains – 987 h. alt. 1480 – ⊠ 05220 :

🛈 Office de Tourisme ℘ 04 92 24 98 99.

🏨 **Auberge du Choucas** ॐ, ℘ 04 92 24 42 73, Fax 04 92 24 51 60, 斎, « Décor mon-
tagnard, belle salle de restaurant voûtée », 🐎 – 📺 ☎ 📞. 🖸
fermé 3 au 20 mai et 3 nov. au 10 déc. – **Repas** (fermé 1ᵉʳ au 26 mai, 31 oct. au 16 déc., et
les midis du lundi au jeudi en avril et juin sauf fériés) (95) - 150 (déj.), 200/380 ♀, enf. 80 –
⊊ 70 – **8 ch** 670/770, 4 duplex – ½ P 520/620

🏠 **Europe et des Bains** ॐ, ℘ 04 92 24 40 03, Fax 04 92 24 52 17, 斎 – 📺 ☎. ⅏ ⓿ 🖸
juin-sept. et déc.-avril – **Repas** 100/170 ♀ – ⊊ 50 – **31 ch** 390/400 – ½ P 400/450

🏠 **Alliey,** ℘ 04 92 24 40 02, Fax 04 92 24 40 60, ≤, 斎, 🐎 – ☎. 🖸. ✀ rest
24 juin-1ᵉʳ sept. et 16 déc.-21 avril – **Repas** (dîner seul.) 130/170 ♀, enf. 95 – ⊊ 48 – **24 ch**
410/590 – ½ P 385/475

🏠 **Castel Pélerin** ॐ, Le Lauzet, Nord-Ouest : 6 km par rte Lautaret et rte secondaire
℘ 04 92 24 42 09, Fax 04 92 24 40 34, ≤ – ☎ 🅿. ⅏ 🖸
1ᵉʳ juil.-1ᵉʳ sept. et 23 déc.-31 mars – **Repas** 98 (déj.)/140 ♀ – ⊊ 35 – **6 ch** 460 – ½ P 315

✗ **Chazal,** Les Guibertes, Sud-Est 2,5 km par rte Briançon ℘ 04 92 24 45 54, 斎 – 🖸
fermé 27 juin au 8 juil., 15 nov. au 16 déc., dim. soir, mardi soir, merc. hors saison et lundi –
Repas 99/165

SERRIÈRES 07340 Ardèche 77 ① G. Vallée du Rhône – 1 154 h alt. 140.

🛈 Syndicat d'Initiative (juil.-août) q. J.-Roche ℘ 04 75 34 06 01.

Paris 519 – Annonay 16 – Privas 93 – St-Étienne 54 – Vienne 30.

✗✗✗ **Schaeffer** avec ch, ℘ 04 75 34 00 07, Fax 04 75 34 08 79, 斎 – 🗏 📺 ☎ ⇐ – 🔏 40. ⅏
🖸
fermé vacances de Toussaint, 1ᵉʳ au 25 janv., dim. soir et lundi de sept. à juin et mardi en
juil.-août – **Repas** 135/480 et carte 260 à 370 – ⊊ 46 – **11 ch** 260/350

à l'Ouest : 5 km par N 82 rte d'Annonay et rte secondaire – ⊠ 07340 Félines :

✗ **Coq Hardi,** Le Bas-Larin ℘ 04 75 34 83 56, Fax 04 75 67 31 34, 斎 – 🅿. 🖸
fermé 21 août au 3 sept., vacances de fév., lundi soir, mardi soir et merc. – **Repas** 95/200 ♀,
enf. 50

SERVON 50170 Manche 59 ⑧ – 202 h alt. 25.

Paris 346 – St-Malo 55 – Avranches 15 – Dol-de-Bretagne 29 – St-Lô 73.

✗✗ **Auberge du Terroir** ॐ avec ch, ℘ 02 33 60 17 92, Fax 02 33 60 35 26, 斎, 🐎, ✀ – ☎
📞 ॐ. ✀ rest
🏀
fermé 17 nov. au 3 déc., 18 fév. au 13 mars, sam. midi sauf du 15 juin au 30 sept. et merc. –
Repas 90/240 ♀, enf. 60 – ⊊ 35 – **7 ch** 290/350 – ½ P 310/390

SERVOZ *74310 H.-Savoie* 74 ⑧ *G. Alpes du Nord – 619 h alt. 816.*

Voir *Gorges de la Diosaz★ : chutes★★ E : 1 km.*

Office de Tourisme Maison de L'Alpage ✆ 04 50 47 21 68, Fax 04 50 47 27 06.

Paris 601 – Chamonix-Mont-Blanc 14 – Annecy 84 – Bonneville 43 – Megève 26.

Les Chamois sans rest, près Église ✆ 04 50 47 20 09, *Fax 04 50 47 24 87*, ←, – TV ☎ P. GB.
fermé 13 nov. au 15 déc. – ☐ 40 – **6 ch** 205/370

SESSENHEIM *67770 B.-Rhin* 57 ⑳, 87 ③ *G. Alsace Lorraine – 1 542 h alt. 120.*

Paris 504 – Strasbourg 33 – Haguenau 18 – Wissembourg 44.

A L'Agneau, à Dengolsheim, D 468 ✆ 03 88 86 95 55, *Fax 03 88 86 04 43*, – P. GB
fermé 15 fév. au 1er mars, merc. soir, dim. soir et lundi – **Repas** 150 et carte 230 à 310 ♀

Au Boeuf, 1 r. Église ✆ 03 88 86 97 14, *Fax 03 88 86 04 62*, , « Décor alsacien, petit musée Goethe » – GB
fermé 17 juil. au 10 août, 1er au 16 fév., lundi et mardi – **Repas** 120/300 ♀

Dans ce guide
un même symbole, un même caractère,
imprimé en couleur ou en noir, en maigre ou en gras,
n'ont pas tout à fait la même signification.
Lisez attentivement les pages explicatives.

SÈTE *34200 Hérault* 83 ⑯ *G. Languedoc Roussillon – 41 510 h alt. 4.*

An 2000 *Printemps : Musée international d'Art Modeste.*

Voir *Mont St-Clair★ : terrasse du presbytère de la chapelle N.-D. de la Salette ※★★ AZ – Le Vieux Port★.*

Office de Tourisme 60 Grand'Rue Mario-Roustan ✆ 04 67 74 71 71, Fax 04 67 46 17 54.

Paris 789 ③ – Montpellier 33 ③ – Béziers 56 ② – Lodève 63 ③.

Plan page suivante

Grand Hôtel sans rest, 17 quai Mar. de Lattre de Tassigny ✆ 04 67 74 71 77, *Fax 04 67 74 29 27* – TV ☎ – 25. AE GB — AY t
☐ 50 – **45 ch** 340/640

Port Marine M, Môle St-Louis ✆ 04 67 74 92 34, *Fax 04 67 74 92 33*, ←, – TV ☎ P – 35. AE GB — AZ d
Repas *(fermé lundi midi et dim. du 1er oct. au 30 avril)* (80) - 98/190, enf. 70 – ☐ 50 – **36 ch** 330/520, 6 appart – ½ P 380/460

Rotonde, 17 quai Mar. de Lattre de Tassigny ✆ 04 67 74 86 14, *Fax 04 67 74 86 14* – AE GB — AY t
fermé 30 juil. au 16 août, 2 au 7 janv., sam. midi et dim. – **Repas** 115/235

Palangrotte, rampe P. Valéry - quai Marine ✆ 04 67 74 80 35, *Fax 04 67 74 97 20* – . AE GB — AZ r
fermé dim. soir et lundi sauf juil.-août – **Repas** - produits de la mer - 130 bc/230 ♀, enf. 60

Rest. Alsacien, 25 r. P. Sémard ✆ 04 67 74 77 94 – . AE GB — BY e
fermé juil., dim. soir et lundi – **Repas** 85/155 ♀

sur la Corniche *Sud du plan par D 2 : 2 km :*

Jole des Sables, plage de la Corniche ✆ 04 67 53 11 76, *Fax 04 67 51 24 26*, ← – TV ☎ P – 30. AE GB
Les Flots d'Azur ✆ 04 67 53 01 52 *(fermé vacances de Toussaint, 2/1 au 9/2, dim. soir et lundi d'oct. à mai)* **Repas** 95/230 ♀, enf. 50 – ☐ 40 – **25 ch** 370 – ½ P 340

Tritons sans rest, bd Joliot-Curie ✆ 04 67 53 03 98, *Fax 04 67 53 38 31* – TV ☎ P. AE GB JCB
☐ 38 – **40 ch** 240/545

Sables d'Or sans rest, pl. É. Herriot ✆ 04 67 53 09 98, *Fax 04 67 51 56 06* – TV ☎. AE GB.
☐ 35 – **30 ch** 230/330

Les Terrasses du Lido avec ch, rond-point Europe ✆ 04 67 51 39 60, *Fax 04 67 51 28 90*, , – TV ☎ P – 25. AE GB
fermé 30 janv. au 27 fév. – **Repas** *(fermé dim. soir et lundi sauf juil.-août)* 150/320, enf. 75 – ☐ 50 – **9 ch** 320/500 – ½ P 400/450

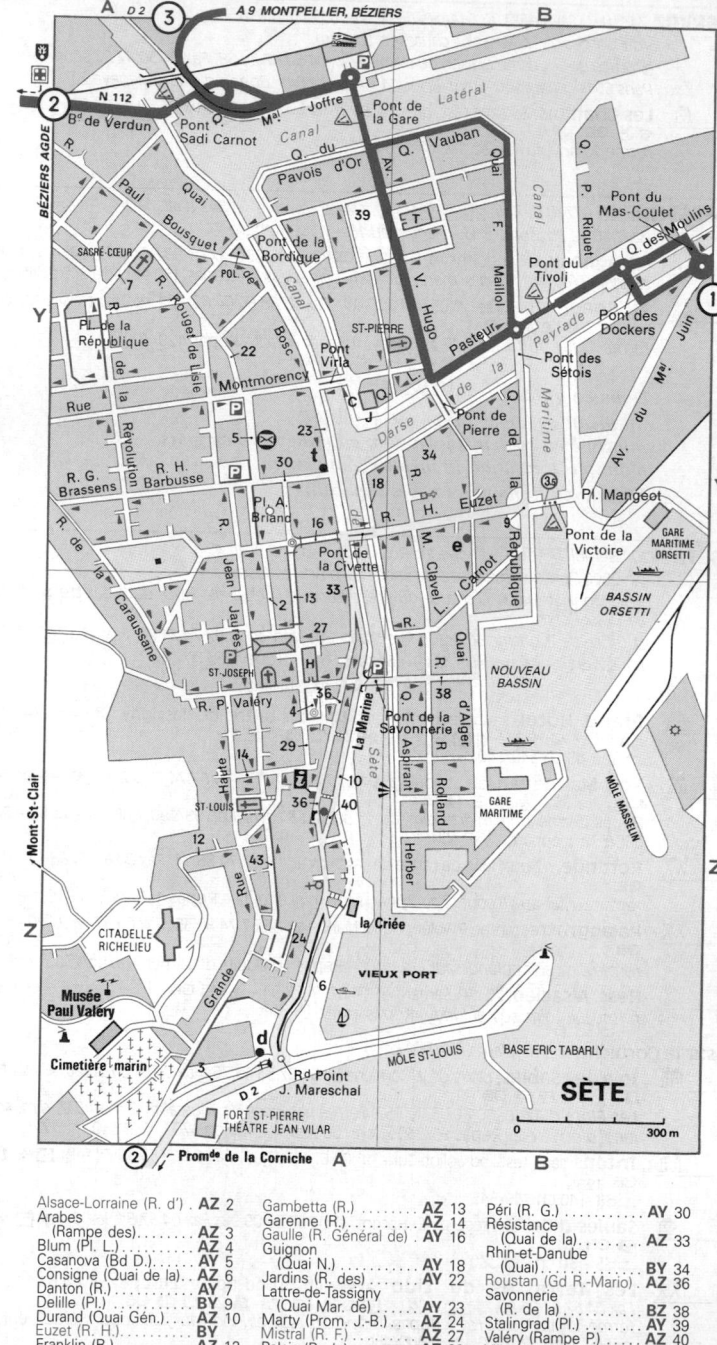

SÈTE

0   300 m

SÉVÉRAC-LE-CHÂTEAU 12150 Aveyron 🗺️ ④ G. Languedoc Roussillon – 2 486 h alt. 735.
🛈 Office de Tourisme r. des Douves ℘ 05 65 47 67 31, Fax 05 65 47 65 94.
Paris 612 – Mende 65 – Rodez 50 – Espalion 47 – Florac 75 – Millau 36.

🏨 **Commerce,** ℘ 05 65 71 61 04, Fax 05 65 47 66 01, 😤, 🔼 – 🕻 📺 ☎ 🍴 ⇔, 🖭 ⓪ 🖼
fermé janv. et dim. soir du 15 sept. au 15 avril – **Repas** 75 (déj.), 95/200 ⽟, enf. 45 – 🖵 40 –
32 ch 250/310 – ½ P 290

🏠 **Causses,** à Sévérac-gare ℘ 05 65 71 60 15, Fax 05 65 47 75 06 – ☎ 🅿, 🖼, 🛠 rest
fermé oct. et dim. soir hors vacances scolaires – **Repas** (fermé oct., les midis et dim. soir de
nov. à mars et lundi midi) 65/150 ᧒, enf. 40 – 🖵 40 – **13 ch** 160/240 – ½ P 185/230

SÉVIGNACQ-MEYRACQ 64260 Pyr.-Atl. 🗺️ ⑥ – 437 h alt. 415.
Paris 800 – Pau 24 – Lourdes 39 – Oloron-Ste-Marie 20.

🍴🍴 **Les Bains de Secours** 🌊 avec ch, rte de Pau (D 934) et voie secondaire : 5 km
℘ 05 59 05 62 11, Fax 05 59 05 76 56, 😤 – 📺 ☎ 🅿, 🖭 ⓪ 🖼
fermé 3 au 18 janv., dim. soir et lundi (sauf hôtel d'avril à oct.) – **Repas** 82 (déj.)/160 ⽟ –
🖵 40 – **7 ch** 295/360 – ½ P 265

SEVRAN 93 Seine-St-Denis 🗺️ ⑪, 🗺️ ⑱ – voir à Paris, Environs.

SÈVRES 92 Hauts-de-Seine 🗺️ ⑩, 🗺️ ⑳ – voir à Paris, Environs.

SÉVRIER 74320 H.-Savoie 🗺️ ⑥ G. Alpes du Nord – 2 980 h alt. 456.
Voir Musée de la Cloche★.
🛈 Office de Tourisme pl. de la Mairie ℘ 04 50 52 40 56, Fax 04 50 52 48 66.
Paris 545 – Annecy 5 – Albertville 40 – Megève 56.

🏰 **Auberge de Létraz** 🅼, ℘ 04 50 52 40 36, Fax 04 50 52 63 36, ≤, 😤, « Jardin face au
lac », 🔼, 🞗 – 🕻 📺 ☎ 🍴 ♿ 🅿, – 🍽 25, 🖭 ⓪ 🖼
Repas (fermé dim. soir et lundi d'oct. à mai) 195/400 ⽟ 🖵 00 **25 ch** 540/920
½ P 520/670

🏨 **Beauregard,** ℘ 04 50 52 40 59, Fax 04 50 52 44 71, ≤, 😤, 🞗 – 🕻 📺 ☎ ♿ 🍽 –
🍽 20 à 100. ⓪ 🖼
fermé 8 déc. au 11 janv. – **Repas** 100/200, enf. 59 – 🖵 38 – **45 ch** 305/500 – ½ P 305/405

🏨 **Résidel** sans rest, Sud : 1 km sur N 508 ℘ 04 50 52 67 50, Fax 04 50 52 67 11, 🞗 –
cuisinette 📺 ☎ 🍴 ♿ 🅿, 🖼
🖵 45 – **14 ch** 280/370, 6 duplex

🍴 **Bistrot du Port,** au port ℘ 04 50 52 45 00, Fax 04 50 52 68 58, ≤, 😤 – 🖭 🖼
mai-sept. – **Repas** grill 130 ⽟, enf. 65

SEWEN 68290 H.-Rhin 🗺️ ⑧ – 539 h alt. 500.
Voir Lac d'Alfeld★ O : 4 km, G. Alsace Lorraine.
Paris 442 – Épinal 79 – Mulhouse 39 – Altkirch 40 – Belfort 32 – Colmar 66 – Thann 25.

🏨 **Hostellerie du Relais des Lacs,** ℘ 03 89 82 01 42, Fax 03 89 82 09 29, « Parc en
bordure de rivière » – 📺 ☎ ⇔ 🅿, 🖭 ⓪ 🖼 🕊
fermé 6 janv. au 7 fév., mardi soir et merc. hors saison – **Repas** 125/250 ⽟ – 🖵 40 – **15 ch**
190/300 – ½ P 240/310

🏨 **Vosges,** ℘ 03 89 82 00 43, Fax 03 89 82 08 33, 😤, 🞗 – 📺 ☎ ⇔ 🅿, 🖭 ⓪ 🖼
fermé 1er au 26 déc., 10 au 20 janv., dim. soir et merc. hors sais. – **Repas** 90/270 ᧒ – 🖵 35 –
15 ch 255/295 – ½ P 270/290

SEYNE 04140 Alpes-de-H.-P. 🗺️ ⑦ G. Alpes du Sud – 1 222 h alt. 1200.
Voir Col du Fanget ≤★ SO : 5 km.
🛈 Office de Tourisme pl. Armes ℘ 04 92 35 11 00, Fax 04 92 35 28 84.
Paris 717 – Digne-les-Bains 42 – Gap 46 – Barcelonnette 43 – Guillestre 75.

à Selonnet Nord-Ouest . 4 km par D 900 – 331 h. alt. 1060 – ✉ 04140 Seyne :

🏨 **Relais de la Forge** 🌊, ℘ 04 92 35 16 98, Fax 04 92 35 07 37, 😤, 🞗 – 📺 ☎ 🍴 🅿, 🖭
⓪ 🖼
fermé 19 nov. au 18 déc., dim. soir et lundi hors vacances scolaires – **Repas** 70/175 ᧒,
enf. 43 – 🖵 40 – **15 ch** 170/285 – ½ P 205/255

au col St-Jean Nord : 12 km par D 900 – Sports d'hiver : 1 500/2 500 m ≴ 16 ≴ – ✉ 04140 Seyne :

🍴 **Les Alisiers,** Sud : 1 km par D 207 ℘ 04 92 35 34 80 – 🅿, 🖼
fermé 5 au 11 juin, 15 nov. au 26 déc., mardi et merc. sauf vacances scolaires – **Repas**
70/200, enf. 40

1311

La SEYNE-SUR-MER *83500 Var* 84 ⑮ *G. Côte d'Azur – 59 968 h alt. 3.*

Voir ≤★ *de la terrasse du fort Balaguier E : 3 km.*

Office de Tourisme pl. Ledru Rollin ✆ 04 98 00 25 70, Fax 04 98 00 25 71.

Paris 835 – Toulon 7 – Aix-en-Provence 80 – La Ciotat 36 – Marseille 60.

XX **L'Aubergade,** 20 r. Faidherbe ✆ 04 94 94 81 95 – ▤. AE GB
fermé août, dim. soir et lundi – **Repas** 95/260 bc ♀

à Fabrégas *Sud : 4 km par rte de St-Mandrier et rte secondaire – ✉ 83500 La Seyne-sur-Mer :*

X **Chez Daniel "rest. du Rivage",** ✆ 04 94 94 85 13, *Fax 04 94 87 25 25*, ≤, 🏠, « Collection d'outils anciens » – P. AE GB
fermé fév., dim. soir et lundi sauf juil.-août – **Repas** - produits de la mer - 230/350

SEYNOD *74 H.-Savoie* 74 ⑥ *– rattaché à Annecy.*

SEYSSEL *74910 H.-Savoie* 74 ⑤ *G. Jura – 1 630 h alt. 252.*

Env. *Grand Colombier* ✻★★★ *SO : 22 km.*

Office de Tourisme Maison du Pays ✆ 04 50 59 26 56, Fax 04 50 56 21 94.

Paris 520 – Annecy 41 – Aix-les-Bains 32.

dans le Val du Fier *Sud : 3 km par D 991 et D 14 G. Alpes du Nord – ✉ 74910 Seyssel :*

Voir *Val du Fier*★.

XX **Rôtisserie du Fier,** ✆ 04 50 59 21 64, *Fax 04 50 56 20 54*, « Terrasse en bordure de rivière », 🏠, ✂ – P. GB.
fermé vacances de Toussaint, de fév., mardi sauf le midi en juil. et merc. – **Repas** 105/250 ♀

SÉZANNE *51120 Marne* 61 ⑤ *G. Champagne – 5 829 h alt. 137.*

Office de Tourisme pl. République ✆ 03 26 80 51 43, Fax 03 26 80 54 13.

Paris 113 – Troyes 62 – Châlons-en-Champagne 60 – Meaux 76 – Melun 90 – Sens 80.

🏠 **Croix d'Or,** 53 r. Notre-Dame ✆ 03 26 80 61 10, *Fax 03 26 80 65 20* – TV ☎ P. AE ⓓ GB
fermé 2 au 17 janv. et mardi – **Repas** *(65)* - 85/295 bc 🍷 – ☕ 35 – **13 ch** 240/350 – ½ P 250/290

🏠 **Relais Champenois,** 157 r. Notre-Dame ✆ 03 26 80 58 03, *Fax 03 26 81 35 32* – ▤ rest, TV ☎ 📞 ♿. AE GB
Repas *(95)* - 115/250 ♀, enf. 50 – ☕ 40 – **15 ch** 200/380

XX **Soleil,** 17 r. Paris ✆ 03 26 80 63 13, *Fax 03 26 80 67 92*, 🏠 – GB
fermé 15 au 30 juil., vacances de fév., mardi soir et merc. – **Repas** 68/240 🍷, enf. 38

X **Mezzanine,** 6 r. Bouvier-Sassot ✆ 03 26 81 50 10, *Fax 03 26 81 96 28*, « Maison ancienne à colombages » – ▤. GB
fermé 1er au 15 août, 2 au 15 janv., dim. soir et lundi – **Repas** 68/250 🍷

SIERCK-LES-BAINS *57480 Moselle* 57 ④ *G. Alsace Lorraine – 1 825 h alt. 147.*

Voir ≤★ *du château fort.*

Office de Tourisme r. du Château ✆ 03 82 83 74 14, Fax 03 82 83 22 10.

Paris 355 – Metz 45 – Luxembourg 32 – Thionville 17 – Trier 51.

à Montenach *Sud-Est : 3,5 km sur D 956 – 369 h. alt. 200 – ✉ 57480 :*

XX **Auberge de la Klauss,** ✆ 03 82 83 72 38, *Fax 03 82 83 73 00*, 🏠, 🏠 – P. GB
fermé 24 déc. au 7 janv. et lundi – **Repas** 160/280 ♀

à Manderen *Est : 7 km par N 153 et D 64 – 376 h. alt. 290 – ✉ 57480 :*

🏠 **Relais du Château Mensberg** ⛰, ✆ 03 82 83 73 16, *Fax 03 82 83 23 37*, 🏠, 🏠 – TV ☎ ♿ P. AE ⓓ GB
fermé 1er au 5 janv. – **Repas** 85/280 ♀, enf. 50 – ☕ 40 – **17 ch** 260/320 – ½ P 320

SIERENTZ *68510 H.-Rhin* 66 ⑩ *– 2 106 h alt. 270.*

Paris 483 – Mulhouse 16 – Altkirch 19 – Basel 17 – Belfort 59 – Colmar 52.

XXX **Auberge St-Laurent** (Arbeit), 1 r. Fontaine ✆ 03 89 81 52 81, *Fax 03 89 81 67 08*, 🏠 – P. GB
✿ *fermé 1er au 14 mars, 3 au 25 juil., lundi et mardi* – **Repas** 120 (déj.), 250/400 et carte 310 à 430 ♀, enf. 80
Spéc. Foie gras de canard au confit de choucroute. Pigeonneau de nid en sauce vineuse. Torche aux marrons.

SIGNY-L'ABBAYE 08460 Ardennes 53 ⑰ G. Champagne – 1 422 h alt. 240.

Paris 218 – Charleville-Mézières 29 – Hirson 40 – Laon 69 – Rethel 24 – Rocroi 29 – Sedan 51.

※※ **Auberge de l'Abbaye** avec ch, ℘ 03 24 52 81 27, Fax 03 24 53 71 72 – 📺 ☎ ✆. GB
⇔ fermé 2 janv. au 28 fév. – **Repas** (fermé mardi soir et merc.) 80/160 ⅗ – ☲ 35 – **10 ch**
240/350 – ½ P 220/280

SIGNY-LE-PETIT 08380 Ardennes 53 ⑰ – 1 280 h alt. 238.

Paris 209 – Charleville-Mézières 36 – Hirson 15 – Chimay 24.

🏠 **Au Lion d'Or**, pl. Église ℘ 03 24 53 51 76, Fax 03 24 53 36 96 – ❦ 📺 ☎ ✆. GB. ❦
fermé 15 déc. au 15 janv. – **Repas** (fermé lundi soir, mardi sauf le midi d'avril à oct. et
merc.) 160 bc/440 bc, enf. 60 – ☲ 50 – **12 ch** 350/450 – ½ P 325/525

SILLÉ-LE-GUILLAUME 72140 Sarthe 60 ⑫ G. Normandie Cotentin – 2 583 h alt. 161.
🛈 Office de Tourisme 13 pl. du Marché ℘ 02 43 20 10 32, Fax 02 43 20 10 32 et Maison du
Lac et de la Forêt ℘ 02 43 20 19 97 (saison) à Sillé-Plage.
Paris 250 – Le Mans 34 – Alençon 39 – Laval 56 – Mayenne 40.

※※ **Bretagne** avec ch, pl. Croix d'Or ℘ 02 43 20 10 10, Fax 02 43 20 03 96 – 📺 ☎ ✆ 🅿. GB
⇔ fermé dim. soir – **Repas** 74/250 ⅞
⦿100⦿ ☲ 35 – **13 ch** 170/240 – ½ P 205

*Les localités dont les noms sont soulignés de rouge
sur les cartes Michelin à 1/200 000 sont citées dans ce guide.*

Utilisez une carte récente pour profiter de ce renseignement.

SILLERY 51 Marne 56 ⑰ – rattaché à Reims

SIORAC-EN-PÉRIGORD 24170 Dordogne 75 ⑯ G. Périgord Quercy – 904 h alt. 77.
🛈 Syndicat d'Initiative (mai-sept.) r. de Siorac ℘ 05 53 31 63 51, Mairie ℘ 05 53 31 60 20.
Paris 536 – Périgueux 60 – Sarlat-la-Canéda 28 – Bergerac 45 – Brive-la-Gaillarde 76.

🏠 **Relais du Périgord Noir**, ℘ 05 53 31 60 02, Fax 05 53 28 37 65, 🌤, ⽔, 🌳 – 📺 ☎. AE
⇔ ⓞ GB
1ᵉʳ mai-15 oct – **Repas** 78/158 ⅞, enf. 45 – ☲ 38 – **39 ch** 340/350 – ½ P 290/300

SIRAN 34210 Hérault 83 ⑬ – 544 h alt. 96.
Voir Chapelle de Centeilles∗∗ N : 2 km, G. Gorges du Tarn.
Paris 822 – Carcassonne 35 – Lézignan-Corbières 20 – Narbonne 37 – Perpignan 96.

🏠🏠 **Villa d'Eleis** 🌤, ℘ 04 68 91 55 98, Fax 04 68 91 48 34, ≤, 🌤, 🌳 – ▤ rest, 📺 ☎ ✆ 🅿.
ⓞ GB
fermé fév, mardi soir et merc. d'oct. à avril – **Repas** 160/390 bc, ⅞ – ☲ 60 – **12 ch** 400/800
– ½ P 375/550

SISTERON 04200 Alpes-de-H.-P. 81 ⑤ ⑥ G. Alpes du Sud – 6 594 h alt. 490.
Voir Site∗∗ – Citadelle∗ : ≤∗ – Église Notre-Dame∗.
🛈 Office de Tourisme à l'Hôtel-de-Ville ℘ 04 92 61 36 50, Fax 04 92 61 19 57.
Paris 710 ① – Digne-les-Bains 39 ② – Barcelonnette 101 ① – Gap 52 ①.

Plan page suivante

🏠🏠 **Grand Hôtel du Cours**, place de l'Église ℘ 04 92 61 04 51, Fax 04 92 61 41 73, 🌤 – 🛗
⦿100⦿ 📺 ☎ ✆ 🚗. AE ⓞ GB   Z r
1ᵉʳ mars-15 nov – **Repas** (85) - 120/155 ⅞, enf. 50 – ☲ 45 – **50 ch** 270/460 – ½ P 240/370

🏠 **Touring Napoléon**, 22 av. Libération par ② ℘ 04 92 61 00 06, Fax 04 92 61 01 19 –
▤ rest, 📺 ☎ ✆ 🅿. AE ⓞ GB JCB
fermé 13 nov. au 15 déc., dim. soir sauf juil.août et le midi sauf dim. de sept. à juin – **Repas**
(70) - 100/150 ⅞, enf. 45 – ☲ 40 – **28 ch** 250/300 – ½ P 218/243

※※ **Becs Fins**, 16 r. Saunerie ℘ 04 92 61 12 04, Fax 04 92 61 28 33, 🌤 – AE ⓞ GB   Y a
⇔ fermé 16 au 23 juin, 1ᵉʳ au 10 déc., dim. soir et merc. sauf juil.-août – **Repas** (90) - 120/288 ⅞,
enf. 68

*Si vous êtes retardé
sur la route, dès 18 h,
confirmez
votre réservation
par téléphone,
c'est plus sûr...
et c'est l'usage.*

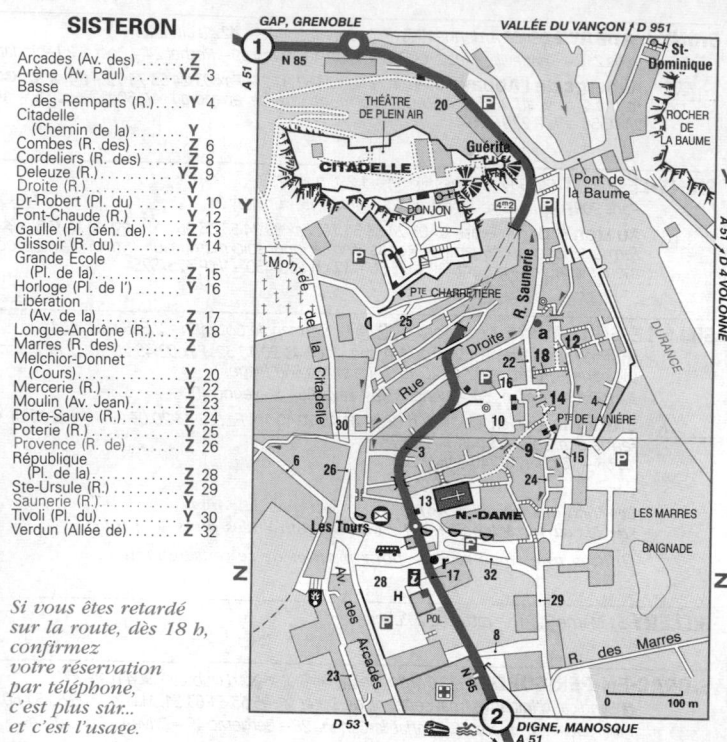

au Nord-Ouest *par* ① *et* N 85 – ⊠ 04200 Sisteron :

🏠 **Ibis** Ⓜ, à 4 km ℰ 04 92 62 62 00, Fax 04 92 62 62 10, ⌁ – ⊱❄ ▤ 🖵 ☎ ✆ ♿ 🅿 – ⚄ 25. ㏂
  ⓪ ㏉
  Repas *(55)* - 95 ⅃, enf. 39 – ⊆ 35 – **43 ch** 320/350

🏠 **Les Chênes**, à 2 km ℰ 04 92 61 13 67, Fax 04 92 61 16 92, ㎡, ⌁, ☞ – 🖵 ☎ ✆ ♿ 🅿 –
  ⚄ 20. ㏂ ㏉
  fermé 22 déc. au 6 fév., lundi midi et dim. sauf juil.-août – **Repas** *(80)* - 95/180, enf. 55 –
  ⊆ 40 – **23 ch** 295/350 – ½ P 250/280

SIX-FOURS-LES-PLAGES 83140 Var 𝟠𝟜 ⑭, 𝟙𝟙𝟜 ㊹ G. Côte d'Azur – 28 957 h alt. 20.

Voir *Fort de Six-Fours* ✳✳ N : 2 km – *Presqu'île de St-Mandrier*★ : ✳✳ E : 5 km – ✳✳✳ du
cimetière de St Mandrier-sur-Mer E : 4 km.

Env. *Chapelle N.-D.-du-Mai* ✳✳ S : 6 km.

🅱 *Office de Tourisme plage de Bonnegrâce* ℰ 04 94 07 02 21, Fax 04 94 25 13 36.
Paris 835 – Toulon 13 – Aix-en-Provence 81 – La Ciotat 37 – Marseille 61.

🏠 **Clos des Pins**, 101 bis r. République ℰ 04 94 25 43 68, Fax 04 94 07 63 07, ㎡ – ▐,
  ⊜ ▤ rest. 🖵 ☎ ✆ ♿ 🅿 ㏂ ⓪ ㏉
  fermé 1ᵉʳ au 20 janv. – **Repas** *(fermé sam. et dim.)* *(dîner seul.)* 80/100 ⅃, enf. 50 – ⊆ 38 –
  26 ch 330/370 – ½ P 320

✕✕✕ **Auberge St-Vincent**, carrefour Pont-du-Brusc (D 559) ℰ 04 94 25 70 50,
  Fax 04 94 07 43 76, ㎡ – ▤ 🅿 ㏂ ⓪ ㏉ 🇯🇨🇧
  fermé lundi sauf le soir du 15 juil. au 30 août et dim. soir – **Repas** 149/269 et carte 260 à 380

à la Plage de Bonnegrâce *Nord-Ouest : 3 km par rte de Sanary* – ⊠ 83140 Six-Fours-les-Plages :

✕✕ **Dauphin**, square Bains ℰ 04 94 07 61 58, Fax 04 94 34 80 44, ㎡ – ㏂ ㏉
  fermé 15 au 28 fév., lundi midi en juil.-août, dim. soir et lundi de sept. à juin – **Repas**
  135/260, enf. 75

1314

au Brusc Sud : 4 km – ⊠ 83140 Six-Fours-les-Plages :

Parc ⟨⟩, 112 r. Bondil ℘ 04 94 34 00 15, Fax 04 94 34 16 94, 佘 – ☎ 🅿. GB. ℅ ch
avril-sept. et fermé dim. soir hors saison – **Repas** 75/155 ⅃, enf. 55 – ☲ 36 – **17 ch** 230/345
– ½ P 268/325

St-Pierre - Chez Marcel, ℘ 04 94 34 02 52, Fax 04 94 34 18 01, 佘 – AE ⑩ GB
fermé janv., mardi soir et merc. du 15 sept. au 15 juin – **Repas** - produits de la mer - 98/198

SIZUN 29450 Finistère 58 ⑤ G. Bretagne – 1 728 h alt. 112.
Voir Enclos paroissial★ – Bannières★ dans l'église de Locmélar N : 5 km.
🛈 Office de Tourisme 3 r. de l'Argoat ℘ 02 98 68 88 40, Fax 02 98 68 86 56 et (hors saison)
Mairie ℘ 02 98 68 80 13.
Paris 571 – Brest 37 – Châteaulin 34 – Landerneau 17 – Morlaix 35 – Quimper 58.

Voyageurs, ℘ 02 98 68 80 35, Fax 02 98 24 11 49 – ☎ 🅿. GB. ℅
fermé 9 sept. au 1er oct., dim. soir et sam. hors saison – **Repas** 75/190 ⅃, enf. 53 – ☲ 36 –
27 ch 265/280 – ½ P 255

SOCCIA 2A Corse-du-Sud 90 ⑮ – voir à Corse.

Restaurants, die sorgfältig zubereitete,
preisgünstige Mahlzeiten anbieten, sind
durch das Zeichen ⊛ kenntlich gemacht.

SOCHAUX 25600 Doubs 66 ⑧ G. Jura – 4 419 h alt. 310.
Voir Musée Peugeot★
Paris 425 – Besançon 77 – Mulhouse 55 – Audincourt 5 – Belfort 18 – Montbéliard 5.
Voir plan de Montbéliard agglomération.

Arianis M, 11 av. Gén. Leclerc ℘ 03 81 32 17 17, Fax 03 81 32 00 90, 佘 – ⪤ ↭, ▤ rest,
🔟 ☎ ⅃ 🅿 – 🔏 100. AE ⑩ GB JCB   AX u
Repas 75/190 ⅃, enf. 45 – ☲ 45 – **65 ch** 370/420 – ½ P 310

Campanile, r. Collège ℘ 03 81 95 23 23, Fax 03 81 32 21 49, 佘 – ↭ 🔟 ☎ ⅃ 🅿 –
🔏 25. AE ⑩ GB   AX d
Repas (75) - 88/103 ⅃, enf. 39 – ☲ 36 – **62 ch** 305

Luc Piguet, 9 r. Delfort ℘ 03 81 95 15 14, Fax 03 81 95 51 21, 佘, ☞ – 🅿. AE ⑩
GB   AX z
fermé 2 au 8 janv., dim. soir et lundi sauf fériés – **Repas** (90) - 105/245 et carte 240 à
350 ⅃

Grilladin, à Étupes par ③, r. Libération ⊠ 25460 ℘ 03 81 94 17 12, Fax 03 81 32 36 04 –
AE GB
fermé 31 juil. au 27 août, sam. midi et dim. – **Repas** 130/170

SOISSONS ◁❨❩▷ 02200 Aisne 56 ④ G. Picardie Flandres Artois – 29 829 h alt. 47.
Voir Anc. Abbaye de St-Jean-des-Vignes★★ – Intérieur★★ de la Cathédrale St-Gervais-et-
St-Protais★ – Musée de l'anc. abbaye de St-Léger★ BY.
🛈 Office de Tourisme 16 pl. Fernand-Marquigny, ℘ 03 23 53 17 37, Fax 03 23 59 67 72.
Paris 102 ⑥ – Compiègne 39 ⑦ – Laon 37 ② – Reims 57 ③ – St-Quentin 61 ①.

Plan page suivante

Campanile, rte Paris par ⑥ : 2 km ℘ 03 23 73 28 28, Fax 03 23 73 02 34, 佘 – ↭ 🔟 ☎
⅃ 🅿 – 🔏 25. AE ⑩ GB
Repas (74) - 88/103 ⅃, enf. 39 – ☲ 36 – **48 ch** 295

Prime, rte Paris par ⑥ : 2 km ℘ 03 23 73 33 04, Fax 03 23 73 31 89 – 🔟 ☎ ⅃ 🅿 –
🔏 25. AE ⑩ GB
Repas 86/109 ⅃, enf. 39 – ☲ 35 – **42 ch** 299

Avenue, 35 av. Gén. de Gaulle ℘ 03 23 53 10 76, Fax 03 23 53 63 45 – GB   BZ v
fermé 24 juil. au 6 août, dim. soir et lundi sauf fériés – **Repas** 98/235 ⅃

SOISSONS

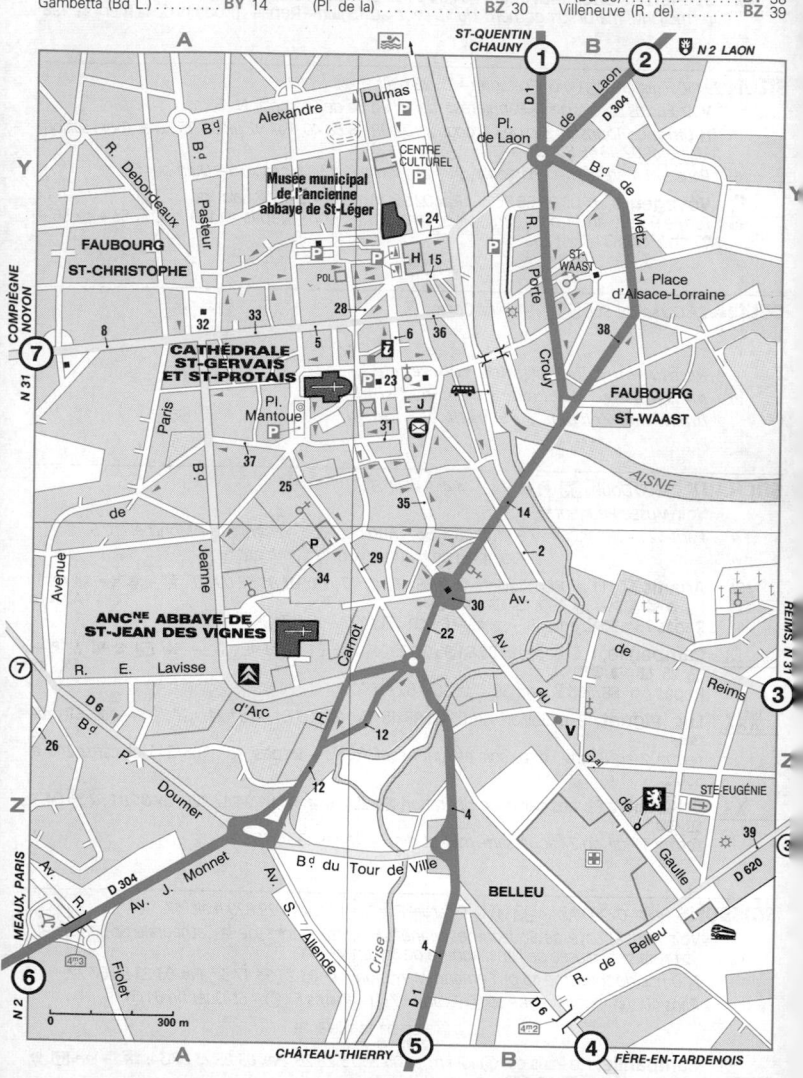

SOISY-SUR-SEINE 91 Essonne **60** ①,, **101** ㊲ – voir à Paris, Environs.

Campers...   Use the current **Michelin Guide**
Camping Caravaning France.

SOLAIZE 69360 Rhône **73** ⑳ – 2 008 h alt. 232.

Paris 476 – Lyon 14 – Rive-de-Gier 26 – La Tour-du-Pin 54 – Vienne 18.

🏨 **Soleil et Jardin** Ⓜ, r. République ℘ 04 78 02 44 90, Fax 04 78 02 09 26, 😋 – 🛗 ❄ 🔲
📺 ☎ ✆ ⅙ 🔲 – 🔏 30. 🕮 ⑪ 🖼
Repas (fermé dim. soir) (98) - 110 (dîner), 135/280 ♈ – 🖙 52 – **22 ch** 390/890 – ½ P 450/550

SOLDEU **86** ⑯ voir à Andorre (Principauté d').

SOLENZARA 2A Corse-du-Sud **90** ⑦ – voir à Corse.

SOLÉRIEUX 26130 Drôme **80** ⑩ – 173 h alt. 112.

Paris 637 – Montélimar 33 – Orange 38 – Valence 78.

🏛 **Ferme St-Michel** 🐾, ℘ 04 75 98 10 66, Fax 04 75 98 19 09, 😋, « Ferme du 16ᵉ siècle
dans un parc séculaire », 🏊, – 📺 ☎ 🔲 – 🔏 15. 🖼 ❄
Repas (fermé 20 déc. au 20 janv., dim. soir, lundi midi et mardi midi) 95 (déj.), 135/185 –
🖙 40 – **14 ch** 360/400 – ½ P 370/390

SOLESMES 72 Sarthe **64** ① ② – rattaché à Sablé-sur-Sarthe.

SONDERNACH 68380 H.-Rhin **87** ⑱ – 540 h alt. 540.

Paris 471 – Colmar 27 – Gérardmer 41 – Guebwiller 28 – Thann 42.

🍴 **A l'Orée du Bois** avec ch, rte du Schnepfenried ℘ 03 89 77 70 21, Fax 03 89 77 70 21, ≤,
🖼 😋 – 📺 🔲, 🖼 ❄ ch
fermé 26 au 30 juin et 8 janv. au 7 fév. – **Repas** (fermé merc. midi et mardi) (60) - 75/220 ♈,
enf. 45 – 🖙 25 – **6 ch** 230/290 – ½ P 245

SONNAZ 73 Savoie **74** ⑮ – rattaché à Chambéry.

SOPHIA-ANTIPOLIS 06 Alpes-Mar. **84** ⑨ – rattaché à Valbonne.

SORBIERS 42290 Loire **73** ⑲ – 7 101 h alt. 560.

🅱 Office de Tourisme 2 av. Charles-de-Gaulle ℘ 04 77 53 08 18.

Paris 517 – St-Étienne 11 – Feurs 43 – Lyon 59 – Montbrison 45 – Vienne 47.

🍴 **Valjoly,** 9 r. Onzon ℘ 04 77 53 60 35, 😋 – 🔲. 🖼
fermé 24 juil. au 21 août, 8 au 14 janv., dim. soir, jeudi soir et lundi – **Repas** 89/260 ♈, enf. 55

SORÈDE 66690 Pyr.-Or. **86** ⑲ G. Aquitaine – 2 160 h alt. 20.

Paris 885 – Perpignan 24 – Amélie-les-Bains-Palalda 32 – Argelès-sur-Mer 7 – Le Boulou 16.

🏛 **St-Jacques** 🐾 sans rest, 45 r. St-Jacques ℘ 04 68 89 00 60, ≤, 🏊 – ☎ 🔲
1ᵉʳ mars-30 oct. – 🖙 35 – **15 ch** 300

🍴 **Salamandre,** 3 rte Laroque ℘ 04 68 89 26 67, Fax 04 68 89 26 67 – 🕮 ⑪ 🖼
fermé 15/11 au 1ᵉʳ/12, 15/01 au 15/3, lundi sauf le soir du 15 juil. au 15 sept. et dim. soir –
Repas 90/130 ♈, enf. 48

SORÈZE 81540 Tarn **82** ⑳ G. Gorges du Tarn – 1 954 h alt. 272.

🅱 Office de Tourisme allée de la Libération. ℘ 05 63 74 16 28, Fax 05 63 74 40 39.

Paris 751 – Toulouse 56 – Carcassonne 44 – Castelnaudary 27 – Castres 27 – Gaillac 66.

🏛 **Pavillon des Hôtes** 🐾, ℘ 05 63 74 44 80, Fax 05 63 74 44 89, 😋, parc, « Dans l'ab-
baye-école du 17ᵉ siècle » – 📺 ☎ ✆ 🔲, 🕮 ⑪ 🖼
fermé janv., dim. soir et lundi – **Repas** 70 bc (déj.), 80/120 ⅙, enf. 35 – 🖙 35 – **18 ch**
230/325 – ½ P 400

SORGES 24420 Dordogne **75** ⑥ G. Périgord Quercy – 1 074 h alt. 178.

🅱 Syndicat d'Initiative Maison de la Truffe ℘ 05 53 46 71 43, Fax 05 53 46 71 43, Fax (Mairie)
05 53 05 95 18.

Paris 467 – Périgueux 21 – Brantôme 24 – Limoges 75 – Nontron 36 – Thiviers 15.

🏨 **Auberge de la Truffe,** sur N 21 ℘ 05 53 05 02 05, Fax 05 53 05 39 27, 😋, 🏊, 🌳 – 📺
☎ ✆ 🔲 🕮 ⑪ 🖼
Repas (fermé dim. soir et lundi midi hors saison) 80/330 ♈, enf. 60 – 🖙 45 – **26 ch** 250/320
– ½ P 300

SORGUES 84700 Vaucluse **81** ⑫ – 17 236 h alt. 24.

Paris 675 – *Avignon 11* – Carpentras 18 – Cavaillon 33 – Orange 18.

XX **Patrick Davico,** 20 r. 19-Mars-1962 ℘ 04 90 39 11 02, Fax 04 90 83 48 42, 😤 – **GB**
fermé 10 au 25 août, dim. soir et lundi – **Repas** 120 (déj.), 180/280 ⟨

SOSPEL 06380 Alpes-Mar. **84** ⑳ *G. Côte d'Azur* – 2 592 h alt. 360.

Voir *Vieux village*★ : *vieux pont*★, *vierge immaculée*★ *dans l'église St-Michel* – Fort
St-Roch★ *S : 1 km par la D 2204.*

🚩 *Office de Tourisme bd de la 1ère D.F.L.* ℘ 04 93 04 15 80, Fax 04 93 04 19 96 et Accueil,
Le Vieux Pont ℘ 04 93 04 15 80.

Paris 972 – Menton 18 – Nice 41 – Tende 37 – Ventimiglia 28.

🏨 **des Étrangers,** bd Verdun ℘ 04 93 04 00 09, Fax 04 93 04 12 31, ᴶᵟ, 🏊, – 🛗 ⁴⁄⁴, 🍽 rest,
📺 ☎. **GB**
fermé 26 nov. au 14 fév. et mardi du 15 sept. au 15 juin – **Repas** 110/240 ⟨ – ⷬ 37 – **35 ch**
320/400 – ½ P 340/400

SOTTEVILLE-SUR-MER 76740 S.-Mar. **52** ③ – 365 h alt. 60.

Paris 190 – Dieppe 24 – Fontaine-le-Dun 11 – Rouen 60 – St-Valery-en-Caux 11.

XX **Les Embruns,** ℘ 02 35 97 77 99, Fax 02 35 57 14 27 – **GB**
fermé 30 sept. au 15 oct., dim. soir et lundi hors saison – **Repas** 75 (déj.), 125/245

SOUCY 89 Yonne **61** ⑭ – *rattaché à Sens.*

SOUDAN 79 Deux-Sèvres **68** ⑫ – *rattaché à St-Maixent-l'École.*

Pas de publicité payée dans ce guide.

SOUILLAC

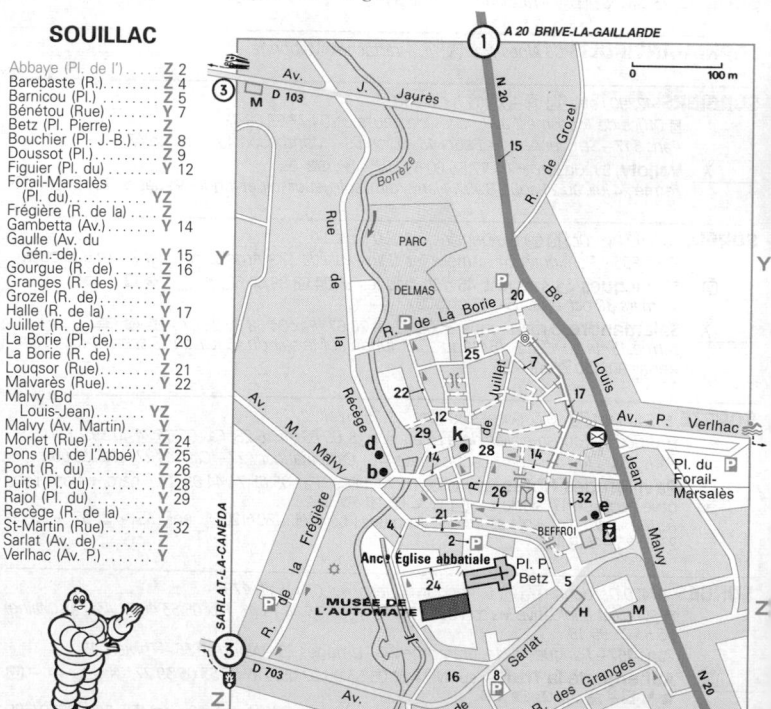

SOULLAC 46200 Lot **75** ⑱ G. Périgord Quercy – 3 459 h alt. 104.

Voir Anc. église abbatiale : bas-relief ''Isaïe''★★, revers du portail★ – Musée national de l'Automate et de la Robotique★.

🛈 Office de Tourisme bd L.-J.-Malvy 🕾 05 65 37 81 56, Fax 05 65 27 11 45.

Paris 519 ① – Brive-la-Gaillarde 39 ① – Sarlat-la-Canéda 29 ③ – Cahors 63 ② – Figeac 66 ②.

Plan page ci-contre

🏨 **Vieille Auberge**, 1 r. Recège 🕾 05 65 32 79 43, Fax 05 65 32 65 19, 🎿, 🏊 – ▤ rest, 📺 🕾 ✆ 🚗 🅿 – 🕍 30. 🕮 ⑩ ⅏ Y b
fermé 15 nov. au 20 déc., dim. soir et lundi de janv. à mars – **Repas** 120/350 ☑, enf. 55 – ☑ 40 – **19 ch** 280/360 – ½ P 360

🏨 **Grand Hôtel**, 1 allée Verninac 🕾 05 65 32 78 30, Fax 05 65 32 66 34, � – 🛗, ▤ rest, 📺 🕾 ✆, 🕮 ⅏ Z e
avril-nov. et fermé merc. en avril et oct. – **Repas** 80/250 ☑ – ☑ 40 – **44 ch** 290/400 – ½ P 260/410

🏨 **Quercy** sans rest, 1 r. Récège 🕾 05 65 37 83 56, Fax 05 65 37 07 22, 🎿, 🌿 📺 🕾 🚗. 🕮 ⑩ ⅏ ⅏ Y d
1er avril-15 nov. – ☑ 35 – **25 ch** 320

🏨 **Auberge du Puits**, 5 pl. Puits 🕾 05 65 37 80 32, Fax 05 65 37 07 16 – 📺 🕾 ✆. ⅏ Y k
fermé déc., janv., lundi midi en saison, dim. soir et lundi hors saison – **Repas** 80/150 ☑ – ☑ 33 – **20 ch** 145/280 – ½ P 195/260

🏨 **Belle Vue** sans rest, 68 av. J. Jaurès · Y 🕾 05 65 32 78 23, Fax 05 65 37 03 89, 🎿, 🌿 – 🛗 🕾 ✆. 🅿.
fermé 5 au 31 janv. – ☑ 35 – **25 ch** 215/245

XX **Redouillé**, 28 av. Toulouse par ② 🕾 05 65 37 87 25, Fax 05 65 37 09 09, � – ▤ 🅿. 🕮 ⅏
fermé 15 fév. à fin mars, dim. soir et lundi – **Repas** 95/130, enf. 60

SOULAC-SUR-MER 33780 Gironde **71** ⑯ G. Aquitaine – 2 790 h alt. 7 – Casino de la Plage.

🛈 Office de Tourisme 68 r. de la Plage 🕾 05 56 09 86 61, Fax 05 56 73 63 76.

Paris 515 – Royan 41 – Bordeaux 98 – Lesparre-Médoc 30.

à l'Amélie-sur-Mer Sud-Ouest : 4,5 km par D 101E – ⊠ 33780 Soulac-sur-Mer :

🏨 **des Pins**, 🕾 05 56 73 27 27, Fax 05 56 73 60 39, �, 🌿 – ▤ rest, 📺 🕾 🅿 – 🕍 15. 🕮 ⑩ ⅏, 🌸 ch
18 mars-12 nov. – **Repas** 100/250 ☑, enf. 55 – ☑ 45 – **34 ch** 240/460 – ½ P 285/410

SOULAGES-BONNEVAL 12 Aveyron **76** ⑬ – rattaché à Laguiole.

SOULAINES-DHUYS 10200 Aube **61** ⑲ – 254 h alt. 153.

Paris 228 – Chaumont 48 – Bar-sur-Aube 18 – Troyes 55.

🏨 **Venise Verte**, r. Plessis 🕾 03 25 92 76 10, Fax 03 25 92 73 97, � – ▤ rest, 📺 🕾 ✆ 🕹 🚗 🅿. ⅏
fermé 24 au 31 déc. – **Repas** (fermé dim. soir d'oct. à mars) 70/170 ☑, enf. 55 – ☑ 40 – 12 ch 250 – ½ P 300

SOUMOULOU 64420 Pyr.-Atl. **85** ⑦ – 1 022 h alt. 296.

Paris 704 – Pau 22 – Lourdes 24 – Nay 17 – Pontacq 12 – Tarbes 29.

X **Béarn** avec ch. N 117 🕾 05 59 16 08 08, Fax 05 59 76 08 01, 🌿 – 📺 🕾 🚗 🅿. 🕮 ⑩ ⅏
Repas 105/245 ☑ – ☑ 38 – **13 ch** 250/280 – ½ P 280

La SOURCE 45 Loiret **64** ⑨ – rattaché à Orléans.

SOURDEVAL 50150 Manche **59** ⑨ – 3 211 h alt. 217.

Voir Vallée de la Sée★ O, G. Normandie Cotentin.

🛈 Office de Tourisme Jardin de l'Europe 🕾 02 33 79 35 61 Mairie 🕾 02 33 79 35 55, Fax 02 33 79 35 59.

Paris 305 – St-Lô 53 – Avranches 37 – Domfront 31 – Flers 31 – Mayenne 65 – Vire 14.

🏨 **Temps de Vivre**, 12 r. Saint Martin 🕾 02 33 59 60 41, Fax 02 33 59 88 34 – 🕾 ✆ 🅿. ⅏
fermé vacances de fév. et lundi sauf août – **Repas** (57) - 68/167 🍷, enf. 38 – ☑ 27 – **7 ch** 170/230 – ½ P 179/189

à Brouains Ouest : 6 km sur D 911 – 242 h. alt. 142 – ⊠ 50150 :

XX **Auberge du Moulin** 🌸 avec ch., 🕾 02 33 59 50 60, Fax 02 33 59 50 60 – 🅿. – 🕍 50. ⅏
fermé 27 déc. au 31 janv., dim. soir sauf juil.-août et lundi – **Repas** 79/180 ☑, enf. 45 – ☑ 30 – **7 ch** 150/180 – ½ P 190

SOURNIA 66730 Pyr.-Or. 86 ⑱ – 376 h alt. 525.

Paris 861 – Perpignan 48 – Font-Romeu-Odeillo-Via 68 – Prades 25 – Quillan 45.

✕ **Auberge de Sournia**, ℘ 04 68 97 72 82 – GB
fermé 4 au 10 sept., janv., dim. soir, mardi soir et merc. sauf juil.-août – **Repas** 65 bc (déj.), 95/160 ⅄, enf. 45

SOURZAC 24 Dordogne 75 ④ – rattaché à Mussidan.

SOUSCEYRAC 46190 Lot 75 ⑳ – 1 064 h alt. 559.

Paris 544 – Aurillac 47 – Cahors 94 – Figeac 41 – Mauriac 72 – St-Céré 16.

✕✕ **Au Déjeuner de Sousceyrac** (Piganiol) avec ch, ℘ 05 65 33 00 56, Fax 05 65 33 04 37
❀ – TV. GB
20 avril-30 oct. et fermé lundi sauf le soir en juil.-août et dim. soir – **Repas** 125 (déj.), 180/240 ⅄ – ⊇ 32 – **8 ch** 230/250 – ½ P 250
Spéc. Millefeuille de foie gras et pommes de terre. Pigeon fermier et ses ravioles d'abats. Crème brûlée aux noix. **Vins** Gaillac, Buzet.

SOUS-LA-TOUR 22 C.-d'Armor 59 ③ – rattaché à St-Brieuc.

Les établissements signalés par un 🍴
proposent des repas soignés à prix modérés.

SOUSTONS 40140 Landes 78 ⑯ – 5 283 h alt. 9.

Voir Étang de Soustons★ O : 1 km, G. Aquitaine.

🛈 Office de Tourisme "La Grange de Labouyrie" ℘ 05 58 41 52 62, Fax 05 58 41 30 63 Bureau Annexe Port d'Albert (juillet-août).

Paris 735 – Biarritz 49 – Mont-de-Marsan 77 – Castets 25 – Dax 26.

🏨 **Pavillon Landais** ⌖, av. Lac ℘ 05 58 41 14 49, Fax 05 58 41 26 03, ≤, 🏤, « Au bord du lac », ⅃, ✻ – TV ☎ ❤ ⅙ 🄿 – 🔬 50. ⁂ ⓪ GB
fermé dim. soir et lundi d'oct. à fin mars – **Repas** 140 bc (déj.), 185/220 ⅄, enf. 90 – ⊇ 47 – **26 ch** 450/600 – ½ P 380/480

🏨 **Bergerie** ⌖, vers le Lac, allée des Soupirs ℘ 05 58 41 11 43, Fax 05 58 41 21 61, « Demeure landaise dans un parc » – TV ☎ ❤ 🄿 ⁂ ⓪ GB. ✻
avril-oct. – **Repas** (résidents seul.) – ⊇ 45 – **12 ch** 260/380 – ½ P 400/450

🍴 **Les Gourmandines**, 18 av. Galleben ℘ 05 58 41 22 52, Fax 05 58 41 34 69, 🏤 – ✦ TV
☎ ❤ 🄿. GB
fermé 24 déc. au 20 janv., dim. soir et lundi sauf juil.-août – **Repas** 60 bc (déj.), 80/140 ⅄ –
⊇ 40 – **13 ch** 225/245 – ½ P 230

La SOUTERRAINE 23300 Creuse 72 ⑧ G. Berry Limousin – 5 459 h alt. 390.

Voir Église★.

🛈 Office de Tourisme pl. Gare ℘ 05 55 63 10 06, Fax (Mairie) 05 55 63 37 27.

Paris 343 – Limoges 56 – Bellac 40 – Châteauroux 74 – Guéret 37.

à l'Est : 7 km par N 145, D 74 et rte secondaire – ✉ 23300 La Souterraine :

🏨 **Château de la Cazine** ⌖, ℘ 05 55 89 60 00, Fax 05 55 63 71 85, ≤, 🏤, « Dans un parc, château du 19ᵉ siècle », 🄵🅰, ⅃, ✻ – 🛗 ✦ TV ☎ ❤ ⅙ 🄿 – 🔬 30. ⁂ GB
fermé 2 janv. au 6 fév., dim. soir, mardi midi et lundi d'oct. à mai – **Repas** 95/210 – ⊇ 65 –
22 ch 370/580 – ½ P 400/450

à St-Étienne-de-Fursac Sud : 11 km par D 1 – 843 h. alt. 322 – ✉ 23290 :

🏨 **Nougier**, ℘ 05 55 63 60 56, Fax 05 55 63 65 47, « Intérieur rustique », 🌴 – TV ☎ ❤. ⁂
GB
début mars-fin nov. et fermé lundi sauf le soir en juil.-août et dim. soir de sept. à juin sauf
fêtes – **Repas** 72 (déj.), 105/220 ⅄, enf. 60 – ⊇ 41 – **12 ch** 260/370 – ½ P 275/330

SOUVIGNY 03210 Allier 69 ⑭ G. Auvergne – 2 024 h alt. 242.

Voir Prieuré St-Pierre★★ – Calendrier★★ dans l'église-musée St-Marc.

Paris 305 – Moulins 13 – Bourbon-l'Archambault 15 – Montluçon 66.

✕✕ **Auberge des Tilleuls**, ℘ 04 70 43 60 70, Fax 04 70 44 85 73, 🏤 – GB
fermé 19 au 27 juin, 2 oct. au 12 oct., vacances de fév., dim. soir et lundi – **Repas** 72 (déj.), 98/235 ⅄, enf. 60

SOUVIGNY-EN-SOLOGNE *41600 L.-et-Ch.* 64 ⑩ *– 440 h alt. 210.*

Paris 175 – Orléans 39 – Gien 43 – Lamotte-Beuvron 15 – Montargis 63.

XX **Perdrix Rouge,** ☎ 02 54 88 41 05, *Fax 02 54 88 05 56,* – AE GB
fermé 30 juin au 6 juil., 29 août au 5 sept., 21 fév. au 1er mars, lundi et mardi – **Repas** (dim. et fêtes prévenir) 80/300

XX **Auberge de la Croix Blanche** avec ch, ☎ 02 54 88 40 08, *Fax 02 54 88 91 06* – ☎ P. GB
fermé 15 janv. au 5 mars, mardi et merc. – **Repas** (75) - 100 bc/235 – ☕ 35 – **9 ch** 180/280 – ½ P 220/270

SOYAUX *16 Charente* 72 ⑭ *– rattaché à Angoulême.*

SOYONS *07 Ardèche* 77 ⑪ ⑫ *– rattaché à St-Péray.*

STELLA-PLAGE *62 P.-de-C.* 51 ⑪ *– rattaché au Touquet.*

STENAY *55700 Meuse* 56 ⑩ *– 3 202 h alt. 182.*

Office de Tourisme pl. Poincaré ☎ 03 29 80 64 22, Fax 03 29 80 62 59.

Paris 243 – Charleville-Mézières 57 – Carignan 20 – Longwy 55 – Sedan 35 – Verdun 46.

Commerce, 16 r. A. Briand ☎ 03 29 80 30 62, *Fax 03 29 80 61 77* – TV ☎. AE GB
fermé vacances de Toussaint, 1er au 6 janv., vend. soir, sam. midi et dim. soir du 15 sept. au 1er mai – **Repas** 85/250 bc ♀ – ☕ 45 – **17 ch** 220/450 – ½ P 300

STIRING-WENDEL *57 Moselle* 57 ⑥ *– rattaché à Forbach.*

Write us...

If you have any comments on the contents of this Guide.

Your praise as well as your criticisms will receive careful consideration and, with your assistance, we will be able to add to our stock of information and, where necessary, amend our judgments.

Thank you in advance!

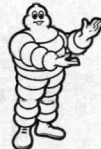

Remberter 🐟, ✆ 04 71 49 50 28, *Fax 04 71 49 52 88*, ≤, 🏊 – 🛗 📺 ☎ 📞 🅿. GB
17 juin-15 sept. et 15 déc.-17 avril – **Repas** (dîner seul. en été sauf week-ends et fériés) 75/168 🍷, enf. 46 **-*Brasserie*** (déj. seul.) *(27 mars-7 avril, 25 avril-17 juin et 15 sept.-15 déc.)* Repas 72 🍷, enf. 40 – ☕ 35 **24 ch** 220/280 – ½ P 280

Rocher du Cerf et Crystal Chalet 🐟, ✆ 04 71 49 50 14, *Fax 04 71 49 54 07* – 📺 ☎ 🅿. AE GB
1er juil.-8 sept. et 18 déc.-1er avril – **Repas** 75/150 🍷, enf. 44 – ☕ 25 – **25 ch** 190/230 ½ P 260

SUPER-SAUZE *04 Alpes-de-H.-P.* **81** ⑧ – *rattaché à Barcelonnette*

Le SUQUET *06 Alpes-Mar.* **84** ⑲, **115** ⑯ – *alt. 400* – ✉ *06450 Lantosque.*
Paris 886 – Levens 18 – Nice 46 – Puget-Théniers 48 – St Martin-Vésubie 20.

Auberge du Bon Puits, ✆ 04 93 03 17 65, *Fax 04 93 03 10 48*, 🌂, parc – 🛗 ▤ 📺 ☎ 🚗 🅿
Pâques-30 nov. et fermé mardi sauf du 15 juil. au 31 août – **Repas** 100/160 🍷, enf. 75 – ☕ 40 – **8 ch** 310/330 – ½ P 320/340

SURESNES *92 Hauts-de-Seine* **55** ⑳, **101** ⑭ – *voir à Paris, Environs.*

Les établissements signalés par un 😋
proposent des repas soignés à prix modérés.

SURGÈRES *17700 Char.-Mar.* **71** ③ *G. Poitou Vendée Charentes – 6 049 h alt. 16.*
Voir *Église Notre-Dame*★.
🅸 *Office de Tourisme angle r. Gambetta/Audry-de-Puyravault* ✆ *05 46 07 20 02, Fax 05 46 07 20 30.*
Paris 444 – La Rochelle 38 – Niort 35 – Rochefort 27 – St-Jean-d'Angély 30 – Saintes 54.

Vieux Puits, 6 r. P. Bert (proche Château) ✆ 05 46 07 50 83 – GB
fermé 20 sept. au 10 oct., vacances de fév., dim. soir et jeudi – **Repas** 98/190 🍷, enf. 45

SURVILLIERS-ST-WITZ *95470 Val-d'Oise* **56** ⑪, **106** ⑧ – *3 661 h alt. 110.*
Paris 37 – Compiègne 47 – Chantilly 15 – Meaux 38 – Pontoise 39 – Senlis 15.

Novotel Ⓜ, sur D 16 par échangeur A1 Survilliers ✆ 01 34 68 69 80, *Fax 01 34 68 64 94*, 🌂, 🏊, 🌳 – ⇹ ▤ 📺 ☎ 📞 ♿ 🅿 – 🎪 100. AE ⓓ GB
Repas carte 130 à 230 🍷, enf. 50 – ☕ 65 – **79 ch** 595/625

SURY-AUX-BOIS *45530 Loiret* **65** ① – *433 h alt. 127.*
Voir *Commune de la "Méridienne Verte".*
Paris 118 – Orléans 41 – Châteauneuf-sur-Loire 17 – Gien 46 – Montargis 32 – Pithiviers 29.

Domaine de Chicamour 🐟, Sud : 3,5 km sur N 60 ✆ 02 38 55 85 42, *Fax 02 38 55 80 43*, 🌂, « Demeure du 19e siècle dans un parc », 🎾 – ☎ 📞 🅿. AE ⓓ GB. ✗ rest
15 mars-10 nov. – **Repas** 100/365 bc 🍷 – ☕ 50 – **12 ch** 350/400 – ½ P 435

SUZE-LA-ROUSSE *26790 Drôme* **81** ② *G. Provence – 1 422 h alt. 92.*
Paris 644 – Avignon 60 – Bollène 7 – Nyons 28 – Orange 23 – Valence 85.

Relais du Château 🐟, ✆ 04 75 04 87 07, *Fax 04 75 98 26 00*, ≤, 🌂, 🏊, 🌳, 🎾 – 🛗, ▤ rest, 📺 ☎ ♿ 🅿 – 🎪 40. AE ⓓ GB
14 mars-30 oct. – **Repas** (89) - 120/255 – ☕ 45 – **39 ch** 390/460 – ½ P 355/385

Comte, rte Bollène ✆ 04 75 04 85 38, *Fax 04 75 04 85 37*, 🌂, 🌳 – 📺 ☎ ♿ 🅿. GB. ✗ rest
Repas 65 (déj.), 90/120 🍷, enf. 45 – ☕ 30 – **11 ch** 280/340

Garlaban, r. Remparts ✆ 04 75 04 04 74, *Fax 04 75 04 01 06*, 🌂 – GB
fermé 2 au 24 janv. et lundi – **Repas** 92/180

TAILLECOURT *25 Doubs* **66** ⑧ – *rattaché à Audincourt.*

TAIN-L'HERMITAGE		Jaurès (Av. J.) . . . . **BC**		**TOURNON-SUR-RHÔNE**	
		Michel (R. F.) . . . . **C** 21			
		Peala (R. J.) . . . . **B** 24			
Batie (Quai de la) . . . . . **C** 3		Prés.-Roosevelt (Av.) . . . . **C** 29		Dumaine (R. A.) . . . . **B** 9	
Defer (Pl. H.) . . . . **C** 8		Rostaing (Q. A.) . . . . . . **C** 30		Faure (R. G.) . . . . **B** 13	
Église (Pl. de l') . . . . **C** 12		Seguin (Q. M.) . . . . **B** 32		Grande-Rue . . . . **B**	
Gaulle		Souvenir-Français		Juventon	
(Q. Gén. de) . . . . **C** 14		(Pl. du) . . . . **C** 33		(Av. M.) . . . . **B** 19	
Grande-Rue . . . . **B** 16		Taurobole (Pl. du) . . . . **BC**		Thiers (R.) . . . . **B** 35	
		8-Mai-1945 (Pl. du) . . . . **BC** 39			

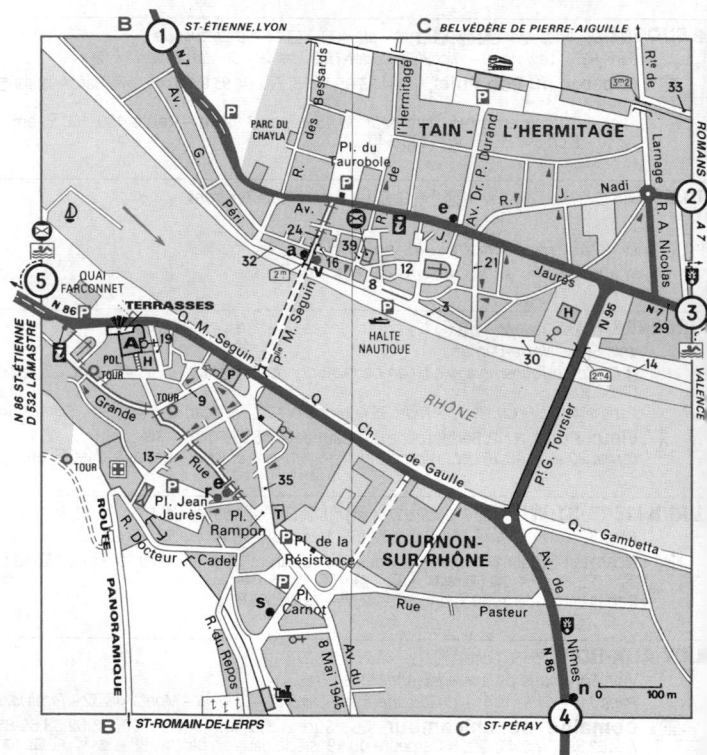

Tain-l'Hermitage *26 Drôme – 5 003 h alt. 124.*

Voir *Belvédère de Pierre-Aiguille★ N : 4 km par D 241 –* ⊠ *26600* .

🛈 *Office de Tourisme (fermé dim.) 70 av. J.-Jaurès ℰ 04 75 08 06 81, Fax 04 75 08 34 59.*
Paris 548 – Valence 17 – Grenoble 98 – Le Puy-en-Velay 106 – St-Étienne 75 – Vienne 59.

🏨🏨 **Pavillon de l'Ermitage,** 1 av. P. Durand ℰ 04 75 08 65 00, Fax 04 75 08 66 05, 🌲, ⅃,
🦶 ⅄ ▤ 📺 ☎ & 🅿 – 🔔 90. 🆎 ⊚ 🇬🇧
Repas 140/280 – ⊑ 56 – **45 ch** 440/585 – ½ P 330   C

🏠 **Les 2 Coteaux** sans rest, 18 r. J. Péala ℰ 04 75 08 33 01, Fax 04 75 08 44 20 – 📺 ☎ ⇦
🆎 🇬🇧   B
fermé 28 déc. au 4 janv. et du 22 janv. au 20 fév. – ⊑ 40 – **22 ch** 170/310

✕✕✕ **Reynaud** Ⓜ avec ch, 82 av. Prés. Roosevelt, par ③ *rte Valence* ℰ 04 75 07 22
Fax 04 75 08 03 53, ≤, 🌲, ⅃, 🌳 – cuisinette, ▤ ch, 📺 ☎ ✔ & 🅿 🆎 ⊚ 🇬🇧 ❀ rest
Repas *(fermé 15 au 23 août, 5 au 26 janv., mardi midi, dim. soir et lundi)* 160/400 et ca
220 à 300 ⅄ – ⊑ 60 – **13 ch** 350/450

✕✕ **Rive Gauche,** 17 r. J. Péala ℰ 04 75 07 05 90, Fax 04 75 07 05 90, 🌲 – 🇬🇧   B
fermé 1ᵉʳ au 23 oct., 22 au 29 janv., dim. soir et lundi – **Repas** *(140)* - 170/295 ⓑ

rte de Romans par ② : 4 km – ⊠ 26600 Tain-l'Hermitage :

🏨 **L'Abricotine**, ℰ 04 75 07 44 60, ℛ – ⊡ ☎ ✇ 🅿, ᴳᴿ
 fermé 20 nov. au 10 déc. et dim. du 10 déc. au 28 fév – **Repas** (dîner seul.) 95 ♀ – ⊡ 35 –
 11 ch 268/318

Tournon-sur-Rhône ◁⑨▷ 07 Ardèche – 9 546 h alt. 125 – ⊠ 07300.

Voir Terrasses⋆ du château B – Route panoramique⋆⋆⋆ B.

🛈 Office de Tourisme Hôtel Tourette ℰ 04 75 08 10 23, Fax 04 75 08 41 28.

Paris 548 – Valence 18 – Grenoble 99 – Le Puy-en-Velay 105 – St-Étienne 76 – Vienne 59

🏨 **Amandiers** Ⓜ sans rest, 13 av. de Nîmes ℰ 04 75 07 24 10, Fax 04 75 07 06 30 – |‡| ⊡ ☎
 ♿ 🅿 – 🕭 30 ⍲ ⓪ ☞ – ⊡ 40 – **25 ch** 290/360   C n

🏨 **Azalées**, 6 av. Gare ℰ 04 75 08 05 23, Fax 04 75 08 18 27, ℛ – ▤ rest, ⊡ ☎ ♿ 🅿 –   B s
 🕭 25. ☞
 fermé 25 déc. au 2 janv. et dim. soir d'oct. à mars – **Repas** 89/163 ⅜, enf. 48 – ⊡ 35 – **35 ch**
 240/200 – ½ P 240

🍴 **Chaudron**, 7 r. St-Antoine ℰ 04 75 08 17 90, Fax 04 75 08 06 61, ℛ – ☞   U r
 🖤 fermé 1ᵉʳ au 15 août, jeudi soir et dim.
 Repas 125/170 ♀, enf. 65

🍴 **Fleur de Sel**, pl. Grillet ℰ 04 75 08 76 78 – ☞   B e
 🖤 fermé 1ᵉʳ au 13 août, dim. soir et lundi – **Repas** 75/185 ♀, enf. 55

TALANT 21 Côte-d'Or 🔢 ⑳ – rattaché à Dijon.

TALENCE 33 Gironde 🔢 ⑨ – rattaché à Bordeaux.

TALLOIRES 74290 H.-Savoie 🔢 ⑥ G. Alpes du Nord – 1 287 h alt. 470.

Voir Site⋆⋆ – Site⋆⋆ de l'Ermitage St-Germain⋆ E : 4 km.

🛈 Office de Tourisme pl. de la Mairie ℰ 04 50 60 70 64, Fax 04 50 60 76 59.

Paris 552 – Annecy 13 – Albertville 34 – Megève 50.

🏨🏨 **Auberge du Père Bise** ⌂, ℰ 04 50 60 72 01, Fax 04 50 60 73 05, ≼, ℱ, « Terrasse
ombragée face au lac, parc », 🛥 – ⊡ ☎ ✇ 🅿 – 🕭 25. ⍲ ⓪ ☞ 🇯🇨🇧
 11 fév.-5 nov. – **Repas** (fermé merc. midi et mardi en oct. et de fév. à avril) 490/880 ♀ –
 ⊡ 100 – **17 ch** 1100/1600, 7 appart – ½ P 1350/2300
 Spéc. Gratin de queues d'écrevisses sauce Nantua. Poularde de Bresse braisée à la crème
 d'estragon. Tatin de pommes de terre, truffes et foie gras sauce Périgueux.

🏨🏨 **L'Abbaye** ⌂, ℰ 04 50 60 77 33, Fax 04 50 60 78 81, ≼, ℱ, « Abbaye bénédictine du
 17ᵉ siècle, terrasse et jardin ombragés », ℱ – ⊡ ☎ ✇ 🅿 ⍲ ☞
 fermé déc. et janv. – **Repas** (fermé dim. soir et lundi de nov. à mars) 195/540 – ⊡ 100 –
 30 ch 920/1670 – ½ P 750/1210

🏨🏨 **Cottage** ⌂, ℰ 04 50 60 71 10, Fax 04 50 60 77 51, ≼, ℱ, « Terrasse ombragée », ⍐,
 ℱ – |‡| ⊡ ☎ ✇ 🅿 ⍲ ⓪ ☞ 🇯🇨🇧 ❀ rest
 15 avril-3 oct. – **Repas** 140 bc (déj.), 180/270 ♀, enf. 95 – ⊡ 80 – **35 ch** 600/1200 –
 ½ P 650/830

🏨🏨 **Les Prés du Lac** ⌂ sans rest, ℰ 04 50 60 76 11, Fax 04 50 60 73 42, ≼, « Jardin au bord
 du lac », 🛥, ℱ – ⊡ ☎ ✇ 🅿 ⍲ ⓪ ☞ 🇯🇨🇧
 1ᵉʳ avril-15 oct. – ⊡ 85 – **16 ch** 790/1300

🏨🏨 **Lac** ⌂, ℰ 04 50 60 71 08, Fax 04 50 60 72 99, ≼, ℱ, ⍐, ℱ – |‡| ⊡ ☎ ✇ 🅿 ⍲ ⓪ ☞,
 ❀ rest
 mi-mai-fin sept. – **Repas** 150 bc (déj.), 180/250 – ⊡ 70 – **40 ch** 670/930, 4 appart –
 ½ P 580/710

🏨 **Beau Site** ⌂, ℰ 04 50 60 71 04, Fax 04 50 60 79 22, ≼, 🛥, ℱ, ❀ – |‡| ⊡ ☎ 🅿 ⍲ ⓪
 ☞, ❀ rest
 12 mai-8 oct. – **Repas** 175/295 ♀, enf. 75 – ⊡ 65 – **29 ch** 500/1100 – ½ P 550/760

🏨 **Charpenterie** ⌂, ℰ 04 50 60 70 47, Fax 04 50 60 79 07, ℱ – |‡| ⊡ ☎ ☞
 fermé 3 janv. au 1 fév. – **Repas** 100/235 ♀, enf. 45 – ⊡ 55 – **18 ch** 430/520 – ½ P 350/450

🍴 **Villa des Fleurs** ⌂ avec ch, ℰ 04 50 60 71 14, Fax 04 50 60 74 06, ℱ, ℱ – ⊡ ☎ ✇ 🅿
 – 🕭 25. ⍲ ☞ 🇯🇨🇧
 fermé 12 nov. au 16 déc., 22 janv. au 4 fév., dim. soir et lundi – **Repas** 150/290 ♀, enf. 110 –
 ⊡ 65 – **8 ch** 490/610 – ½ P 405/545

à Angon Sud : 2 km par D 909a – ⊠ 74290 Veyrier-du-Lac :

🏨 **Les Grillons**, ℰ 04 50 60 70 31, Fax 04 50 60 72 19, ℱ, ⍐, ℱ – ⊡ ☎ ✇ 🅿, ❀ rest
 1ᵉʳ avril-15 nov. – **Repas** 120/180 ♀ – ⊡ 50 – **28 ch** 500 – ½ P 350/450

TALMONT-SUR-GIRONDE 17120 Char.-Mar. **71** ⑮ G. Poitou Vendée Charentes – 83 h alt. 20.

   Voir Site★ de l'église Ste-Radegonde★.

   Paris 504 – Royan 17 – Blaye 68 – La Rochelle 94 – Saintes 35.

XX **L'Estuaire** ⌘ avec ch, au Caillaud, 1 av. Estuaire ℰ 05 46 90 43 85, Fax 05 46 90 43 88, ≤ estuaire et le village – ☎ 🅿. ⚅ ch

   hôtel : 1er mars-30 sept. et fermé mardi et merc. hors saison – **Repas** (fermé 1er au 10 oct., 15 janv. au 15 fév., mardi soir et merc. hors saison) 100/200, enf. 52 – ⌷ 35 – **7 ch** 240/305 – ½ P 260

LA TAMARISSIÈRE 34 Hérault **83** ⑮ – rattaché à Agde.

TAMNIÈS 24620 Dordogne **75** ⑰ – 313 h alt. 200.

   Paris 508 – Brive-la-Gaillarde 51 – Périgueux 59 – Sarlat-la-Canéda 16.

🏨 **Laborderie** ⌘, ℰ 05 53 29 68 59, Fax 05 53 29 65 31, ≤, 🍽, parc, 🛏, 🗕 rest, 📺 ☎ ⚅
🅿. ⚏

   1er avril-1er nov. – **Repas** 90 (déj.), 110/255 ☒, enf. 60 – ⌷ 45 – **40 ch** 200/490 – ½ P 270/390

TANCARVILLE (Pont routier de) ★ 76430 S.-Mar. **55** ④ G. Normandie Vallée de la Seine – 1 326 h alt. 48.

   Voir ≤★ sur estuaire.

   Accès Péage en 1999 : auto 15 F, auto et caravane 19 F, camions et autocars 23 à 40 F, gratuit pour motos ℰ 02 35 39 65 60.

   Paris 169 – Le Havre 29 – Caen 81 – Pont-Audemer 21 – Rouen 60.

XXX **Marine** avec ch, au pied du pont (D 982) ℰ 02 35 39 77 15, Fax 02 35 38 03 30, ≤ pont suspendu et la Seine, 🍽, – 📺 ☎ 🅿 – ⚒ 20. 🆎 ⚏. ⚅ ch

   fermé 24 juil. au 20 août, dim. soir et lundi – **Repas** 150/320 et carte 310 à 440 ☒ – ⌷ 45 – **9 ch** 250/340 – ½ P 320/350

TANINGES 74440 H.-Savoie **74** ⑦ G. Alpes du Nord – 2 791 h alt. 640.

   🅱 Office de Tourisme av. Thézières ℰ 04 50 34 25 05, Fax 04 50 34 83 96.

   Paris 574 – Chamonix-Mont-Blanc 52 – Thonon-les-Bains 49 – Annecy 61 – Genève 43.

XX **Crémaillère,** au lac de Flérier, Sud-Ouest : 1 km ℰ 04 50 34 21 98, Fax 04 50 34 34 88, 🍽, « Au bord du lac » – 🅿.

   fermé 26 juin au 2 juil., 3 janv. au 2 fév., dim. soir et merc. sauf juil.-août – **Repas** (nombre de couverts limité, prévenir) 85 (déj.), 155/225 ☒

TANNERON 83440 Var **84** ⑧, **114** ㉖ – 1 157 h alt. 376.

   Paris 900 – Cannes 19 – Antibes 27 – Draguignan 58 – Grasse 17 – St-Raphaël 36.

XX **Champfagou** ⌘ avec ch, pl. du Village ℰ 04 93 60 68 30, Fax 04 93 60 70 60, ≤, 🍽, 🚲
– ☎ 🅿. 🆎 ⓪ ⚏

   hôtel : fermé oct., nov., mardi et merc. sauf juil.-août ; rest. : fermé nov., mardi soir sauf juil.-août et merc. – **Repas** 125/165 ☒, enf. 65 – ⌷ 35 – **9 ch** 250 – ½ P 320

TANUS 81190 Tarn **80** ⑪ – 464 h alt. 439.

   Voir Viaduc du Viaur★ NE : 7 km, G. Languedoc Roussillon – Commune de la "Méridienne Verte".

   Paris 678 – Rodez 49 – Albi 32 – St-Affrique 67.

🏨 **Voyageurs,** ℰ 05 63 76 30 06, Fax 05 63 76 37 94, 🚲 – 📺 ☎. ⚏
⚏ fermé 1er au 15 janv., dim. soir et lundi sauf juil.-août – **Repas** 85 bc/220 ♨, enf. 40 – ⌷ 40 – **13 ch** 240/300 – ½ P 320/340

TARARE 69170 Rhône **73** ⑨ G. Vallée du Rhône – 10 720 h alt. 383.

   🅱 Office de Tourisme 6 pl. Madeleine ℰ 04 74 63 06 65, Fax 04 74 63 52 69.

   Paris 463 – Roanne 41 – Lyon 47 – Montbrison 61 – Villefranche-sur-Saône 32.

🏨 **Burnichon,** Est par N 7 : 1,5 km ℰ 04 74 63 44 01, Fax 04 74 05 08 52, 🍽 – 📺 ☎ ⚅ 🅿 –
⚒ 30. 🆎 ⓪ ⚏
⚏ **Repas** (fermé dim.) 75/190 ☒, enf. 45 – ⌷ 36 – **34 ch** 170/290 – ½ P 220

XXX **Jean Brouilly,** 3 ter r. Paris ℰ 04 74 63 24 56, Fax 04 74 05 05 48, parc – 🅿. 🆎 ⓪ ⚏
⚘ fermé 6 au 29 août, vacances de fév., dim. (sauf les midis fériés) et lundi – **Repas** 160/380 et carte 260 à 370 ☒

   Spéc. Rillette d'agneau au thym. Tournedos "Milotier". Blanc manger. **Vins** Saint-Véran, Beaujolais

TARASCON *13150 B.-du-R.* **81** ⑪ *G. Provence – 10 826 h alt. 8.*

Voir *Château*★★ : ❋★★ – *Église Ste-Marthe*★ – *Musée Charles-Deméry*★ *(Souleiado)* **M.**

🛈 *Office de Tourisme 59 r. Halles* ℰ *04 90 91 03 52, Fax 04 90 91 22 96.*

Paris 706 ④ – *Avignon 23* ① – *Arles 18* ③ – *Marseille 100* ③ – *Nîmes 27* ④.

TARASCON

Aqueduc (R. de l')... **Y** 2
Arc de Boqui (R.) ... **Y** 3
Berrurier
  (Pl. Colonel) ...... **Z** 4
Blanqui (R.)......... **Z** 5
Briand (Crs Aristide) . **Z** 6
Château (Bd du) .... **Y** 7
Château (R. du) ..... **Y** 8
Halles (R. des)...... **YZ**
Hôpital (R. de l') .... **Z** 9
Jaurès (R. Jean) .... **Y** 12
Jeu-de-Paume
  (R. du).......... **YZ** 14
Ledru-Rollin (R.).... **Z** 15
Mairie
  (Pl. de la)........ **Y** 10
Millaud (R. Ed.).... **YZ** 17
Mistral
  (R. Frédéric) ...... **Z** 18
Monge (R.)......... **Y**
Pelletan (R. F.)...... **Z** 19
Proudhon (R.) ...... **Z** 20
Raffin (R.) .... **Y** 23
République
  (Av. de la) .... **Z** 24
Salengro (Av. R.) .... **Y** 25
Victor-Hugo (Bd) ... **Z**

Le Guide change,
changez de guide
tous les ans.

🏨 **Échevins**, 26 bd Itam ℰ *04 90 91 01 70, Fax 04 90 43 50 11* – |📶|, 🍽 rest, 📺 ☎ &. 🚗
GB
Y a
Pâques-1ᵉʳ nov. – **Mistral** ℰ *04 90 91 27 62 (fermé merc. midi, sam. midi et dim. soir)* **Repas**
(70)-89/125 ♀, enf. 60 – ♀ 40 – **40 ch** 280/350 – ½ P 280/335

TARASCON-SUR-ARIÈGE *09400 Ariège* **86** ④ ⑤ *G. Midi-Pyrénées – 5 533 h alt. 474.*

Voir *Parc pyrénéen de l'art préhistorique*★★ *O : 3 km – Grotte de Niaux*★★ *(dessins*
préhistoriques) SO *: 4 km – Grotte de Lombrives*★ S *: 3 km par N 20.*

🛈 *Office de Tourisme av. des Pyrénées* ℰ *05 61 05 94 94, Fax 05 61 05 57 79.*

Paris 794 – *Foix 16* – *Ax-les-Thermes 27* – *Lavelanet 29.*

🏨 **Confort** sans rest, quai A. Sylvestre ℰ *05 61 05 61 90, Fax 05 61 05 61 90* – 📺 ☎ 🚗 🅿.
GB
fermé 5 au 15 janv. – ♀ 40 – **14 ch** 160/280

TARBES 🅿 *65000 H.-Pyr.* **85** ⑧ *G. Midi-Pyrénées – 47 566 h alt. 320.*

Voir *Musée Massey . musée international de Hussards*★ **M.**

✈ *de Tarbes-Ossun-Lourdes :* ℰ *05 62 32 92 22, par* ④ *: 9 km.*

🚂 ℰ *08 36 35 35 35.*

🛈 *Office de Tourisme 3 cours Gambetta* ℰ *05 62 51 30 31, Fax 05 62 44 17 63.*

Paris 796 ① – *Pau 43* ⑤ – *Bordeaux 218* ① – *Lourdes 18* ④ – *Toulouse 156* ②.

Plan page suivante

🏨🏨 **Henri IV** sans rest, 7 av. B. Barère ℰ *05 62 34 01 68, Fax 05 62 93 71 32* – |📶| 📺 ☎ 🚗. 🖭
⓪ **GB**
AY k
♀ 40 – **23 ch** 320/400

🏨🏨 **Clarine** sans rest, 18 pl. Verdun ℰ *05 62 93 71 58, Fax 05 62 93 34 59* – |📶| 🍽 📺 ☎ ✿. 🖭
GB
AYZ e
fermé 25 déc. au 1ᵉʳ janv. – ♀ 40 – **30 ch** 320/480

✕✕ **L'Ambroisie** (Labarrère), 48 r. Abbé Torné ℰ *05 62 93 09 34, Fax 05 62 93 09 24,* 🍴 – 🍽.
❀ **GB**. ✿
AY n
fermé 29 avril au 10 mai, 13 au 20 août, dim.et fériés – **Repas** 100 (déj.), 170/300 et carte
300 à 400
Spéc. Salade de coeur d'artichaut Lucullus. Tronçon de turbot sur méli-mélo de pied de
porc. Biscuit mi-cuit au chocolat. **Vins** Jurançon, Madiran.

1341

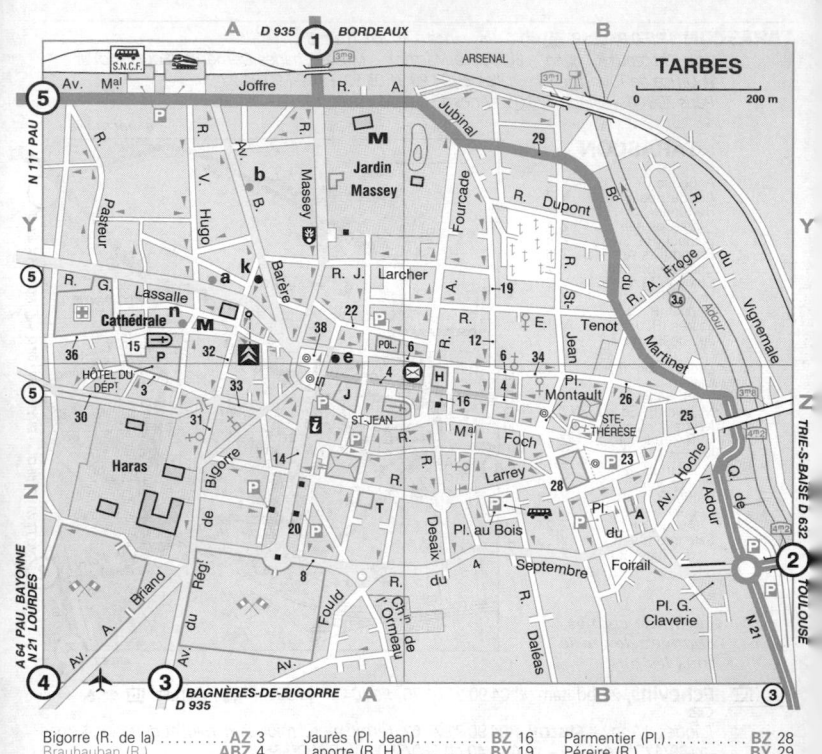

TARBES

♔ **Fil à la Patte**, 30 r. G. Lassalle ℘ 05 62 93 39 23 – ▧. GB   **AY** a
fermé 14 août au 4 sept., 1er au 8 janv., dim. et lundi – **Repas** 97/186 ♈

♔ **Petit Gourmand**, 62 av. B. Barère ℘ 05 62 34 26 86, Fax 05 62 34 26 86, ☺ – AE Ⓢ
GB   **AY** b
fermé 15 août au 15 sept., sam. midi, dim. soir et lundi – **Repas** 110/175

---

rte d'Auch par ② :

♔♔ **Patte d'Oie**, à 4,5 km sur N 21 ✉ 65800 Aureilhan ℘ 05 62 36 40 52, ☺ – **P**. GB
fermé dim. soir et lundi – **Repas** 98 (déj.), 158/185

♔♔ **Relais d'Orleix**, à 5 km sur N 21 ✉ 65800 Orleix ℘ 05 62 36 28 99, Fax 05 62 36 28 99,
☾, ☺ – **P**. GB
fermé 1er au 15 août, dim. soir et lundi – **Repas** 85/160

---

rte de Lourdes par Juillan par ④ : 4 km sur D 921^A – ✉ 65290 Juillan :

♔♔ **L'Aragon** avec ch, ℘ 05 62 32 07 07, Fax 05 62 32 92 50, ☺ – TV ☏ ⚜ **P** – ⛢ 20. AE Ⓢ
GB JCB
fermé dim. soir – **Repas** 180/280 ♈ - **Bistrot** (*fermé dim. soir*) **Repas** (75)bc-98 bc ♈, enf. 50
– ≋ 40 – **12 ch** 250/320 – ½ P 270/285

à l'aéroport par ④ : 9 km – ✉ 65290 Juillan :

♔♔ **Caravelle**, (1er étage) ℘ 05 62 32 99 96, Fax 05 62 32 05 25, < Pyrénées – ▧. AE Ⓢ GB
fermé 24 juil. au 14 août, 8 au 30 janv., sam. midi, dim. soir et lundi – **Repas** 120/300 ♈

rte de Pau *par ⑤ : 6 km – ✉ 65420 Ibos :*

Chaumière du Bois ⅋, ☎ 05 62 90 03 51, *Fax 05 62 90 05 33*, parc, – TV ☎ ℡ ♿ P. AE ⓓ GB
Repas *(fermé dim. soir sauf juil.-août)* (65) - 80/140 – 34 – **22 ch** 280/380 – ½ P 280/320

à la Côte de Ger *par ⑤ : 10 km sur N 117 – ✉ 65420 Ibos :*

XX **Vieille Auberge,** ☎ 05 62 31 51 54, *Fax 05 62 31 55 59*, – ▤ P. AE ⓓ GB
fermé dim. soir et lundi – **Repas** (70) - 100/250

TARDETS-SORHOLUS *64470 Pyr.-Atl. 85 ⑤ – 704 h alt. 220.*
Paris 818 – Pau 62 – Mauléon-Licharre 14 – Oloron-Ste-Marie 28 – St-Jean-Pied-de-Port 49.

XX **Pont d'Abense** ⅋ avec ch, à Abense-de-Haut ☎ 05 59 28 54 60, *Fax 05 59 28 75 91*, , – ☎ P. GB. ✂
fermé 1er au 15 déc., janv., merc. soir et jeudi – **Repas** (nombre de couverts limité, prévenir) 95/180, enf. 50 – 38 – **11 ch** 180/300 – ½ P 200/260

TARGASONNE *66 Pyr.-Or. 86 ⑯ – rattaché à Font-Romeu.*

TARNAC *19170 Corrèze 72 ⑳ G. Berry Limousin – 403 h alt. 700.*
Paris 444 – Limoges 67 – Aubusson 47 – Bourganeuf 44 – Tulle 62 – Ussel 46.

Voyageurs ⅋, ☎ 05 55 95 53 12, *Fax 05 55 95 40 07* – ▤ rest, TV ☎ ℡. GB. ✂ rest
fermé 20 déc. au 5 janv., vacances de fév., dim. soir et lundi du 15 sept. au 15 juin sauf fériés – Repas *(fermé dim. soir et lundi)* 85/165 ♀, enf. 58 – 40 – **15 ch** 235/265 – ½ P 285

The names of main shopping streets are printed in red in the list of streets.

TASSIN-LA-DEMI-LUNE *69 Rhône 73 ⑳, 110 ⑬ – rattaché à Lyon.*

TAULÉ *29670 Finistère 58 ⑥ – 2 796 h alt. 90.*
Paris 546 – Brest 63 – Morlaix 8 – St-Pol-de-Léon 13.

Relais des Primeurs, à la gare, Nord : 1,5 km ☎ 02 98 67 11 03, *Fax 02 98 79 02 70* – ☎ P. OD. ✂ ch
fermé sept. et vend. soir sauf juil.-août – **Repas** (60) - 75/190 ♀, enf. 58 – 32 – **16 ch** 155/215 – ½ P 270

TAURINYA *66 Pyr.-Or. 86 ⑱ – rattaché à Prades.*

TAUTAVEL *66720 Pyr.-Or. 86 ⑨ – 738 h alt. 110.*
Voir Musée de Tautavel★★, G. Languedoc Roussillon.
ℹ *Office de Tourisme* ☎ *04 68 29 44 29, Fax 04 68 29 40 48.*
Paris 866 – Perpignan 31 – Carcassonne 96 – Limoux 82 – Narbonne 74 – Quillan 57.

X **Petit Gris,** rte d'Estagel ☎ 04 68 29 42 42, *Fax 04 68 29 40 49*, ←, – P. AE GB
fermé 3 au 17 janv., le soir d'oct. à Pâques et lundi – **Repas** - grillades et spécialités catalanes - 70/170 ♀, enf. 40

TAVERNY *95 Val-d'Oise 55 ⑳, 101 ④ – voir à Paris, Environs.*

TAVERS *45 Loiret 64 ⑧ – rattaché à Beaugency.*

Le TEIL *07400 Ardèche 80 ⑩ G. Vallée du Rhône – 7 779 h alt. 75.*
Voir Baptistère★ de l'église de Mélas.
ℹ *Office de Tourisme pl. P.-Sémard* ☎ *04 75 49 10 46, Fax 04 75 49 65 20.*
Paris 611 – Valence 51 – Aubenas 34 – Montélimar 7 – Privas 31.

X **Gafferot,** 2 bd Stalingrad ☎ 04 75 49 49 24 – ▤. GB
fermé 25 juin au 18 juil., vacances de fév., merc. soir, dim. soir et lundi – **Repas** 98/250 ♀

Le TEILLEUL 50640 Manche 59 ⑨ – 1 433 h alt. 212.

　　Paris 272 – Avranches 46 – Domfront 20 – Fougères 37 – Mayenne 39 – St-Lô 78.

　　🏨 **Clé des Champs,** Est : 1 km sur N 176 ℰ 02 33 59 42 27, Fax 02 33 59 33 71, 🐎 – 🆃🆅 ☎
　　🍴 ✆ 🚗 🅿 – 🍷 20. 🅰🅴 ⑩ 🆖
　　　　fermé 17 janv. au 3 fév. et dim. soir d'oct. à mars – **Repas** 85/190 ♀, enf. 50 – ☑ 39 – **16 ch**
　　　　215/330 – ½ P 255

TENCE 43190 H.-Loire 76 ⑧ G. Vallée du Rhône – 2 788 h alt. 840.

　　🅱 Office de Tourisme Le Chatiague ℰ 04 71 59 81 99, Fax 04 71 65 47 13.
　　Paris 570 – Le Puy-en-Velay 46 – Lamastre 39 – St-Étienne 54 – Yssingeaux 19.

　　🏨 **Hostellerie Placide,** av. Gare ℰ 04 71 59 82 76, Fax 04 71 65 44 46, 🐎 – 🆃🆅 ☎ 🅿 🅰🅴 ⑩
　　　　🆖, 🍴 rest
　　　　mi-mars-mi-nov et fermé lundi et mardi – **Repas** 85 (déj.), 160/300 ♀, enf. 80 – ☑ 55 –
　　　　17 ch 320/450 – ½ P 380/510

TENDE 06430 Alpes-Mar. 84 ⑳ G. Côte d'Azur – 2 089 h alt. 815.

　　Voir Site★ - vieille ville★ – Fresques★★★ de la chapelle Notre-Dame des fontaines★★ SE :
　　11 km.
　　Paris 895 – Cuneo 45 – Menton 55 – Nice 78 – Sospel 37.

　　🍴 **Auberge Tendasque,** 65 av. 16-Septembre-1947 ℰ 04 93 04 62 26 – 🅰🅴 🆖
　　　　fermé 19 juin au 3 juil. et mardi – **Repas** (70) - 80/125

à Casterino Ouest : 16 km par St-Dalmas-de-Tende et D 91 – ✉ 06430 Tende :

　　🏕 **Les Mélèzes** 🦌, ℰ 04 93 04 95 95, Fax 04 93 04 95 96, ≤, 🌳 – ☎ ✆ 🆖, 🍴 ch
　　🍴 fermé 15 nov. au 28 déc., mardi soir et merc. – **Repas** 70/120, enf. 45 – ☑ 35 – **10 ch**
　　　　140/320 – ½ P 260/290

à St-Dalmas-de-Tende Sud : 4 km par N 204 – ✉ 06430 :

　　🏨 **Prieuré** 🅼 🦌 (Centre d'Aide par le Travail), ℰ 04 93 04 75 70, Fax 04 93 04 71 58, 🌳 , 🐎
　　　　– 🆃🆅 ☎ 🅿 – 🍷 60. 🍴
　　　　fermé Noël au Jour de l'An – **Repas** 90/135 🍷 – ☑ 37 – **24 ch** 250/350 – ½ P 240/268

à la Brigue Sud-Est : 6,5 km par N 204 et D 43 – 618 h. alt. 810 – ✉ 06430 .

　　Voir Collégiale St-Martin★.

　　🏠 **Mirval** 🦌, ℰ 04 93 04 63 71, Fax 04 93 04 79 81, ≤, 🐎 – 🍴 rest, 🆃🆅 ☎ 🅿 🅰🅴 🆖
　　　　1er avril-2 nov. – **Repas** 89/150, enf. 50 – ☑ 38 – **18 ch** 260/360 – ½ P 260/310

TENDU 36 Indre 68 ⑱ – rattaché à Argenton-sur-Creuse.

TERMES 48310 Lozère 76 ⑭ – 172 h alt. 1120.

　　Paris 552 – Aurillac 119 – Mende 56 – Chaudes-Aigues 19 – St-Flour 45.

　　🏠 **Auberge du Verdy,** ℰ 04 66 31 60 97, Fax 04 66 31 66 13, 🐎 – 🆃🆅 🚗 🅿 🆖
　　🍴 fermé 16 janv. au 9 mars – **Repas** 59 bc/120 🍷 – ☑ 28 – **10 ch** 200/240 – ½ P 225

TERNAY Barrage du 07 Ardèche 76 ⑨ – rattaché à St-Marcel-lès-Annonay.

TERRASSON-LAVILLEDIEU 24120 Dordogne 75 ⑦ G. Périgord Quercy – 6 004 h alt. 90.

　　Paris 500 – Brive-la-Gaillarde 21 – Lanouaille 44 – Périgueux 53 – Sarlat-la-Canéda 35.

　　🏠 **Moulin Rouge** 🅼, N 89 ℰ 05 53 50 25 00, Fax 05 53 50 12 20, 🍹, – 🍴 ch, 🆃🆅 ☎ ✆ 🔥 🅿
　　🍴 🍷 30. 🅰🅴 ⑩ 🆖
　　　　Repas (fermé sam. et dim. du 15 sept. au 15 juin) 85/95 ♀ – ☑ 38 – **35 ch** 280/300,
　　　　3 studios – ½ P 270/280

　　🍴🍴🍴 **L'Imaginaire** (Bertranet), pl. Foirail (direction église St-Sour) ℰ 05 53 51 37 27,
　　⚜ Fax 05 53 51 60 37, 🌳 , « Belle salle voûtée d'un ancien hospice du 17e siècle » – 🅰🅴 ⑩ 🆖
　　　　fermé 1er au 14 janv., dim. soir d'oct. à mai , mardi midi et lundi sauf fériés – **Repas** (185) -
　　　　275 ♀, enf. 95
　　　　Spéc. Macaronade de Saint-Jacques aux truffes (1er janv. au 15 mars). Risotto de pigeon au
　　　　foie gras. Crêpes fourrées aux poires. **Vins** Bergerac, Pécharmant.

TERTENOZ 74 H.-Savoie 74 ⑰ – rattaché à Faverges.

TÉTEGHEM 59 Nord 51 ④ – rattaché à Dunkerque.

Le TEULET 19 Corrèze 75 ⑳ – ⊠ 19430 Mercoeur.

Paris 530 – Aurillac 31 – Argentat 23.

🏠 **Relais du Teulet**, N 120 𝄃 05 55 28 71 09, Fax 05 55 28 74 39, 佘, ⊼, ✍ – ☎ ℃ 🅿.
🍽 🖴 30, ⅡⅡ ⓪ ⅭⅠⅩ
Repas 65/150 ⅋, enf. 45 – ⊆ 50 – **18 ch** 230 – ½ P 230

THANN ◁◈▷ 68800 H.-Rhin 66 ⑨ G. Alsace Lorraine – 7 751 h alt. 343.

Voir Collégiale St-Thiébaut★★ – Grand Ballon ❄★★★ N : 19 km.

🏛 Office de Tourisme 6 pl. Joffre 𝄃 03 89 37 96 20, Fax 03 89 37 04 58.

Paris 450 – Mulhouse 21 – Belfort 36 – Colmar 42 – Épinal 87 – Guebwiller 21.

🏰 **Parc** ⟩, 23 r. Kléber 𝄃 03 89 37 37 47, Fax 03 89 37 56 23, 佘, « Maison bourgeoise 1900 dans un jardin », ⅠⅣ, ⊼ – ✍ 🆃🆅 ☎ ℃ 🅿. ⅡⅡ ⓪ ⅭⅠⅩ
Repas (fermé 4 au 15 janv.) 155/280 ⅊, enf. 80 – ⊆ 85 – **20 ch** 450/760 – ½ P 450/780

🏰 **Cigogne** Ⓜ, 𝄃 03 89 37 47 33, Fax 03 89 37 40 18, 佘 – ▮◈ ✍ 🆃🆅 ☎ ℃ ₺ 🅿. ⅭⅠⅩ
🍽 **Repas** (fermé dim. soir et lundi) 80/170 ⅊ – ⊆ 50 – **27 ch** 260/300 – ½ P 320

🏠 **Kléber**, 39 r. Kléber 𝄃 03 89 37 13 66, Fax 03 89 37 39 67, ⅠⅣ – ✍ 🆃🆅 ☎ ℃ 🅿. ⅭⅠⅩ
🍽 **Repas** (fermé 1er au 21 fév., sam. midi et dim.) 85/160 ⅊, enf. 55 – ⊆ 50 – **20 ch** 165/340 – ½ P 300

🏰 **Aux Sapins**, 3 r. Jeanne d'Arc 𝄃 03 89 37 10 96, Fax 03 89 37 23 83, 佘 – 🆃🆅 ☎ ℃ ₺ 🅿.
⓪ ⅭⅠⅩ
fermé 24 déc. au 3 janv. – **Repas** (fermé sam.) 50 (déj.), 100/165 ⅊, enf. 40 – ⊆ 40 – **17 ch** 240/280 – ½ P 260

THANNENKIRCH 68590 H.-Rhin 62 ⑲ G. Alsace Lorraine – 336 h alt. 520.

Voir Route★ de Schaentzel (D 48¹) N : 3 km.

Paris 431 – Colmar 24 – St-Dié 40 Sélestat 16.

🏰 **Auberge La Meunière** ⟩, 𝄃 03 89 73 10 47, Fax 03 89 73 12 31, ≤, 佘, « Décor rustique », ⅠⅣ – ▮◈ 🆃🆅 ☎ ℃ ⇦ 🅿. – 🍽 25. ⅡⅡ ⅭⅠⅩ
25 mars-20 déc. – **Repas** 95 (déj.), 100/195 ⅊, enf. 40 – ⊆ 40 – **23 ch** 320/430 – ½ P 255/350

🏰 **Touring**, 𝄃 03 89 73 10 01, Fax 03 89 73 11 79, ≤, ✍ – ▮◈ 🆃🆅 ☎ 🅿. – 🍽 45. ⅭⅠⅩ
🍽 15 mars-3 janv. – **Repas** 74/172 ⅊, enf. 45 – ⊆ 40 – **45 ch** 214/360 – ½ P 255/330

THARON-PLAGE 44730 Loire-Atl. 67 ①.

Paris 452 – Nantes 56 – Challans 58 – St-Nazaire 24.

🏠 **Les Sables d'Or**, 110 bd Océan 𝄃 02 40 27 82 17, Fax 02 40 39 94 05, ≤ – 🆃🆅 ▱ ₺. ⅭⅠⅩ.
🍽 ❄ ch
fermé 1er janv. au 15 fév., dim. soir et lundi sauf du 15 juin au 15 sept. – **Repas** 84/278 ⅊, enf. 47 – ⊆ 40 – **13 ch** 315/385 – ½ P 400/430

🍴 **Belem**, 56 av. Convention 𝄃 02 40 64 90 06, Fax 02 40 39 43 14 – ▤. ⅭⅠⅩ. ❄
🍽 fermé 1er janv. au 8 fév., dim. soir et lundi de sept. à juin – **Repas** 72/202 ⅊, enf. 50

Le THEIL 15 Cantal 76 ② – rattaché à Salers.

THÊMES 89 Yonne 61 ⑭ – ⊠ 89410 Cézy.

Paris 138 – Auxerre 34 – La Celle-St-Cyr 5 – Joigny 8 – Montargis 50 – Sens 26.

🍴 **P'tit Claridge** ⟩ avec ch, 𝄃 03 86 63 10 92, Fax 03 86 63 01 34, 佘, ✍ – 🆃🆅 ☎ 🅿. ⅡⅡ
ⅭⅠⅩ. ❄ ch
Repas (fermé lundi soir et mardi soir) (95) - 105/380 bc ⅊, enf. 70 – ⊆ 40 – **7 ch** 220/280 – ½ P 300/330

THÉOULE-SUR-MER 06590 Alpes-Mar. 84 ⑧, 114 ㉖, 115 ㉞ – 1 216 h.

🏛 Office de Tourisme 1 Corniche d'Or 𝄃 04 93 49 28 28, Fax 04 93 19 00 04.

Paris 901 – Cannes 11 – Draguignan 59 – Nice 43 – St-Raphaël 37.

à Miramar 5 km par N 98 - rte de St-Raphaël G. Côte d'Azur – ⊠ 06590 Théoule-sur-Mer.

Voir Pointe de l'Esquillon ≤★★ NE : 1 km puis 15 mn.

🏰 **Miramar Beach** Ⓜ, 𝄃 04 93 75 05 05, Fax 04 93 75 44 83, ≤ mer, 佘, ⅠⅣ, ⊼, ⊠, ⅍,
✍, ❄ – ▮◈ ▤ 🆃🆅 ☎ ℃ ₺ 🅿 – 🍽 60. ⅡⅡ ⓪ ⅭⅠⅩ
L'Étoile des Mers : Repas enf. 95 – ⊆ 95 – **58 ch** 800/1800 – ½ P 795/1195

🏰 **Mas Provençal**, 𝄃 04 93 75 40 20, Fax 04 93 75 44 83, ⊼, ❄ – 🆃🆅 ☎ ℃ 🅿. ⅡⅡ ⓪ ⅭⅠⅩ
Repas (75) - 105/195 ⅊, enf. 59 – ⊆ 45 – **26 ch** 300/500 – ½ P 345/395

THÉRONDELS 12600 Aveyron 76 ⑬ – 505 h alt. 965.

Paris 566 – Aurillac 46 – Chaudes-Aigues 49 – Murat 44 – Rodez 87 – St-Flour 48.

🏠 **Miquel**, ℰ 05 65 66 02 72, Fax 05 65 66 19 84, 🌤️, 🌊, 🐴 – 📺 ☎ ❤️ 🅿️, GB
fermé 15 déc. au 15 janv. – **Repas** *(fermé lundi sauf le midi en juil.-août et dim. soir)*
120/160 ♀ – � 35 – **20 ch** 270/310 – ½ P 240/260

THÉSÉE 41140 L.-et-Ch. 64 ⑰ G. Châteaux de la Loire – 1 074 h alt. 80.

Paris 220 – Tours 53 – Blois 38 – Châteauroux 74 – Montrichard 11 – Vierzon 63.

🏠 **Hostellerie du Moulin de la Renne**, ℰ 02 54 71 41 56, Fax 02 54 71 75 09, 🌤️, 🐴 – 📺 ☎ 🅿️, GB
fermé 15 janv. au 15 mars, dim. soir et lundi – **Repas** 85/220, enf. 45 – ⊆ 35 – **15 ch**
135/295 – ½ P 193/260

THEYS 38570 Isère 77 ⑥ G. Alpes du Nord – 1 321 h alt. 615.

🅱 Syndicat d'Initiative Bureau d'Accueil ℰ 04 76 71 05 92 et (hors saison)ℰ 04 76 71 03 17.
Paris 600 – Grenoble 30 – Allevard 19 – Le Bourg-d'Oisans 75 – Chambéry 38.

✕ **Vieux Moulin**, ℰ 04 76 71 02 59, Fax 04 76 71 02 59, 🌤️ – GB
fermé 1ᵉʳ au 14 oct. et lundi sauf juil.-août – **Repas** 95/135, enf. 60

THIÉBLEMONT-FARÉMONT 51300 Marne 61 ⑨ – 587 h alt. 120.

Paris 189 – Bar-le-Duc 42 – Châlons-en-Champagne 43 – Troyes 91 – Vitry-le-François 13.

✕✕ **Champenois** avec ch, N 4 ℰ 03 26 73 81 03, Fax 03 26 73 80 95 – 📺 ☎ 🅿️, ᴁ ⓞ GB
JCB
fermé 1ᵉʳ au 15 oct. et 2 au 15 fév. – **Repas** 105/335 ♀, enf. 65 – ⊆ 35 – **9 ch** 270/370 –
½ P 310/330

Dans ce guide

un même symbole, un même caractère,
*imprimé en couleur ou en **noir**, en maigre ou en **gras**,*
n'ont pas tout à fait la même signification.
Lisez attentivement les pages explicatives.

THIERS ⟨S⟩ 63300 P.-de-D. 73 ⑯ G. Auvergne – 14 832 h alt. 420.

Voir Site★★ – Le Vieux Thiers★ : Maison du Pirou★ N – Terrasse du Rempart ☀★ – Rocher
de Borbes ≼★ S : 3,5 km par D 102.

🅱 Office de Tourisme Château du Pirou ℰ 04 73 80 65 65, Fax 04 73 80 01 32.
Paris 395 ③ – Clermont-Ferrand 43 ② – Lyon 133 ① – St-Étienne 110 ① – Vichy 37 ③.

Plan page ci-contre

à la Monnerie-le-Montel par ① : 6,5 km par N 89 – 2 594 h. alt. 544 – ✉ 63650 :

✕ **Auberge du Piarrou**, ℰ 04 73 80 02 78 – GB
fermé 15 au 30 août, 22 déc. au 10 janv., dim. soir et lundi – **Repas** 95/185 ♀, enf. 45

rte de Clermont-Ferrand par ② : 5 km sur N 89 – ✉ 63300 Thiers :

🏠 **Relais Mercure-Parc de Geoffroy** Ⓜ, ℰ 04 73 80 87 00, Fax 04 73 80 87 01, 🌤️, 🐴
– 🔌 📺 ☎ ❤️ ♿ 🅿️ – 🔔 15 à 50. ᴁ GB
Repas *(fermé vend. soir et sam. midi du 1ᵉʳ mai au 1ᵉʳ oct.)* (69) - 88/250 ♀, enf. 65 – ⊆ 50 –
31 ch 350/400

à Pont-de-Dore par ② : 6 km par N 89 – ✉ 63920 Peschadoires :

🏠 **Éliotel**, rte Maringues ℰ 04 73 80 10 14, Fax 04 73 80 51 02, 🐴 – 📺 ☎ ❤️ 🅿️, GB
fermé 23 déc. au 16 janv. – **Repas** (70) - 90 bc/220 ⅃ – ⊆ 35 – **13 ch** 240/300 – ½ P 240

✕✕ **Ferme des Trois Canards**, Nord-Ouest : 2 km par rte Maringues et rte secondaire
ℰ 04 73 51 06 70, Fax 04 73 51 06 71, 🌤️ – 🅿️, GB
fermé dim. soir – **Repas** 127/300 ♀

à Courty par ③ : 6,5 km par D – ✉ 63300 Thiers :

✕✕ **Moulin Bleu** ⌂ avec ch, ℰ 04 73 80 06 22, Fax 04 73 80 08 16, 🌤️, 🐴 – 📺 ☎ ❤️ 🅿️.
🔔 15. GB
Repas *(fermé dim. soir et lundi)* 88/198 ♀ – ⊆ 37 – **9 ch** 290 – ½ P 235

THIERS

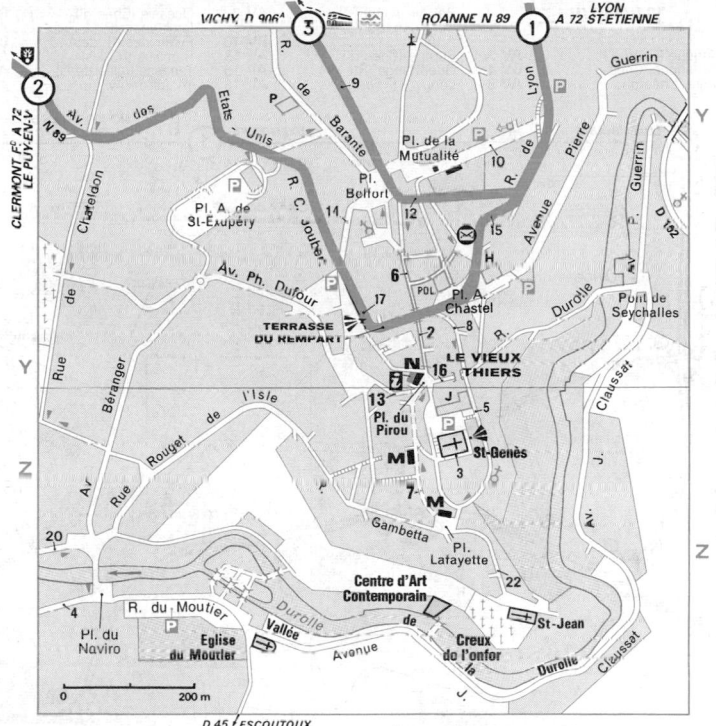

Voir Pas de Compaing ★ NE : 3 km.

🛈 Office de Tourisme Le Bourg ℘ 04 71 47 03 50 et (hors saison) à la Mairie ℘ 04 71 47 01 21, Fax 04 71 47 02 23.

Paris 548 – Aurillac 29 – Murat 23 – Vic-sur-Cère 8.

Casteltinet, ℘ 04 71 47 00 60, Fax 04 71 47 04 08, ≤, 斉 – 濞 🗹 ☎ ✆ 🏿, 🝪 %rest
1er fév.-1er nov. et fermé dim. soir et lundi sauf vacances scolaires – Repas 75/248 – 🖙 40 – 23 ch 235/360 – ½ P 245/260

L'Elancèze (annexe Belle Vallée 10 ch), ℘ 04 71 47 00 22, Fax 04 71 47 02 08 – ☎ 🏿, 🝪
fermé 1er nov. au 22 déc. – Repas (60) - 92/185 ♀ – 🖙 32 – 41 ch 237/272 – ½ P 235/260

Paris 411 – Épinal 49 – Belfort 46 – Colmar 74 – Mulhouse 58 – St-Dié 64 – Vesoul 65.

au Ménil Nord-Est : 3,5 km par D 486 – 1 119 h. alt. 524 – ⊠ 88160 Le Thillot :

Les Sapins, ℘ 03 29 25 02 46, Fax 03 29 25 80 23, 斉 – 🗹 ☎ ✆ 🏿, 🜧 🝪
fermé 27 juin au 7 juil. et 27 nov. au 20 déc. – Repas (fermé lundi midi) 72 (déj.), 110/220 ♀,
enf. 58 – 🖙 32 – 23 ch 245/260 – ½ P 270/280

A good moderately priced meal : 🍽 Repas 100/130

THIONVILLE 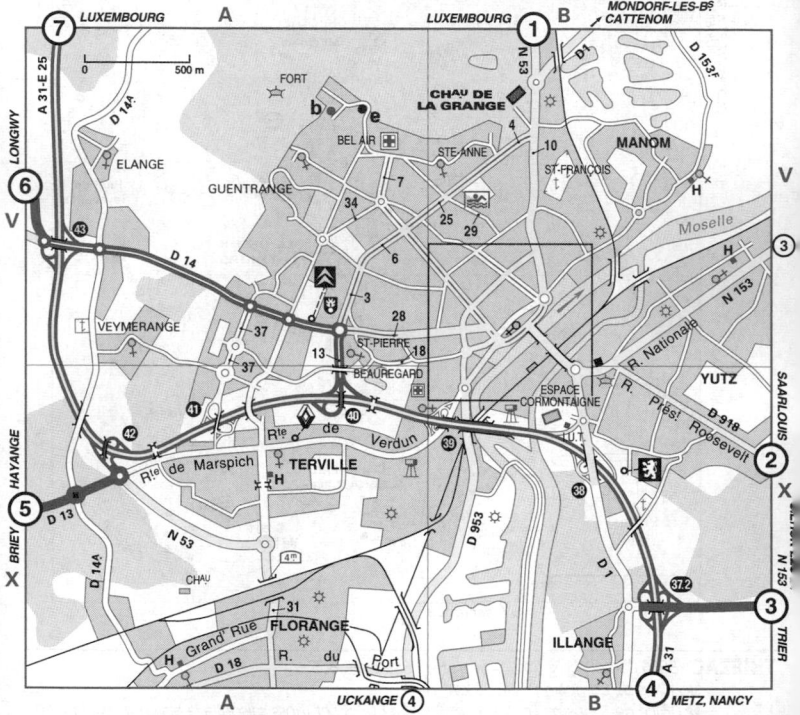 57100 Moselle **57** ③ ④ G. Alsace Lorraine – 39 712 h Agglo. 132 413 h alt. 155.
Voir *Château de la Grange★*.

🛈 *Office de Tourisme 16 r. Vieux-Collège* 𝒸 *03 82 53 33 18, Fax 03 82 53 15 55.*

Paris 340 ④ – *Metz 29* ④ – *Luxembourg 29* ⑦ – *Nancy 84* ④ – *Trier 76* ③ – *Verdun 87* ④.

THIONVILLE

🏨 **Saint-Hubert** Ⓜ sans rest, 2 r. G. Ditsch 𝒸 03 82 51 84 22, Fax 03 82 53 99 61 – 🛗 🧺 📺
☎ ❤ &, 🆎 ⓞ 🆖
⌂ 45 – **44 ch** 410
DZ s

🏨 **Central** sans rest, 1 r. Four Banal 𝒸 03 82 53 70 27, Fax 03 82 53 23 34 – 📺 ☎ ❤, 🆎 ⓞ
🆖 🇯🇨🇧
⌂ 35 – **26 ch** 295/315
AYZ n

🍴 **Concorde** Ⓜ avec ch, 6 pl. Luxembourg (14ᵉ étage) 𝒸 03 82 53 83 18, Fax 03 82 53 40 41,
❄ Thionville – 🛗 📺 ☎, 🆎 🆖
DY a
Repas *(fermé dim. soir et sam. midi)* 190/230 bc et carte 260 à 420 ⏴ – ⌂ 38 – **25 ch**
320/390

au Crève-Cœur – ✉ 57100 Thionville :

🏨 **L'Horizon** ⚘, 𝒸 03 82 88 53 65, Fax 03 82 34 55 84, ⩽, 🎄, 🌿 – 📺 ☎ ❤ – 🕍 25. 🆎 ⓞ
🆖 ❄ rest
AV e
fermé janv., vacances de fév., dim. soir de nov. à mars, sam. midi et lundi midi – **Repas**
195 *(déj.)*, 235/325 – ⌂ 68 – **12 ch** 580/820

🍴 **Auberge Crève-Cœur,** 𝒸 03 82 88 50 52, Fax 03 82 34 89 06, 🎄 – 🅿, 🆎 ⓞ
🆖
AV b
fermé jeudi soir en vacances scolaires, dim. soir et lundi soir – **Repas** 160 *(déj.)*, 200/280 ⏴

THIONVILLE

Berthe-au-Grand-Pied (R.) .... **DY** 8
Ditsch (R.G.) .... **DZ** 12
Hocho (R. Lazare) .... **CY** 16
Luxembourg (R. de) .... **DY** 19
Marchal (Quai P.) .... **DY** 21
Marché (Pl. du) .... **DY** 22
Marie-Louise (Pl.) .... **CZ** 24
Paris (R. de) .... **DZ** 27
République (Pl.) .... **CZ** 30
St-Pierre (R. de) .... **CZ** 33

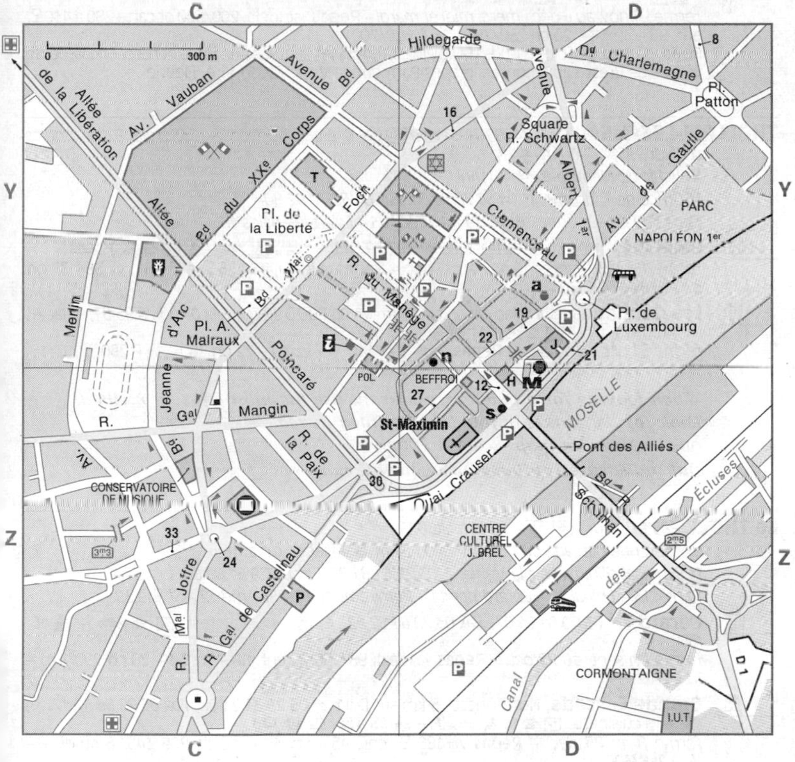

Pas de publicité payée dans ce guide.

THIVIERS *24800 Dordogne* **75** ⑥ *G. Périgord Quercy – 3 590 h alt. 273.*

Syndicat d'Initiative pl. Mar.-Foch ✆ 05 53 55 12 50.

Paris 452 – Périgueux 34 – Brive-la-Gaillarde 81 – Limoges 60 – St-Yrieix-la-Perche 32.

France et Russie sans rest, 51 r. Gén. Lamy ✆ 05 53 55 17 80, *Fax 05 53 52 59 60* – ☎, GB,
fermé 24 déc. au 2 janv. – ☐ 35 – **9 ch** 265/360

THIZY *69240 Rhône* **73** ⑧ *– 2 855 h alt. 553.*

Syndicat d'Initiative Galerie d'animation ✆ 04 74 64 35 23.

Paris 414 – Roanne 23 – Lyon 71 – Montbrison 75.

Terrasse avec ch, Le Bourg Marmand ✆ 04 74 64 19 22, *Fax 04 74 64 25 95*, – ☎ – 100. GB
fermé vacances de Toussaint, de fév., lundi (sauf hôtel) et dim. soir de sept. à juin – **Repas** 75/227 – ☐ 30 – **10 ch** 230/260 – 1/2 P 245

THOIRY *01710 Ain* **74** ⑤ *– 3 015 h alt. 500.*

Paris 527 – Bellegarde-sur-Valserine 27 – Bourg en Bresse 100 – Gex 14.

Les Cépages (Delesderrier), ✆ 04 50 20 83 85, *Fax 04 50 41 24 58*, , – GB
fermé dim. soir et lundi – **Repas** 120 (déj.), 200/390 et carte 330 à 530
Spéc. Truite saumonée légèrement fumée. Féra et écrevisses sur bisque crémeuse (mai à sept.). Suprême de poularde aux morilles et Vin Jaune. **Vins** Chardonnay du Bugey, Seyssel.

THOISSEY _01140 Ain_ 🔢 ① – _1 306 h alt. 175._

Paris 411 – Mâcon 18 – Bourg-en-Bresse 36 – Lyon 60 – Villefranche-sur-Saône 26.

🏨 **Chapon Fin - Paul Blanc** (Maringue) 🦐, _𝒫 04 74 04 04 74, Fax 04 74 04 94 51,_ 🏠, 🌳
✿ – 🛊 📺 ☎ ⬅ 🅿 – 🏊 30. 🆎 ⓓ 🆚
fermé 21 nov. au 6 déc., merc. midi et mardi – **Repas** 150 (déj.), 200/520 et carte 280 à 430 ♀,
enf. 95 – 🍽 58 – **20 ch** 250/700 – ½ P 600/700
Spéc. Gâteau de foies blonds de volaille. Grenouilles sautées aux fines herbes. Fricassée de
volaille de Bresse aux morilles, crêpes Parmentier. **Vins** Mâcon-Viré, Fleurie

---

THOLLON-LES-MÉMISES _74500 H.-Savoie_ 🔢 ⑱ _G. Alpes du Nord – 533 h alt. 920 – Sports
d'hiver : 950/1 960 m ⚡ 1 ≰ 17 ⚡._

Voir Pic de Mémise ✳⋆⋆ _30 mn._

🛈 _Office de Tourisme 𝒫 04 50 70 90 01, Fax 04 50 70 92 80._

Paris 589 – Thonon-les-Bains 19 – Annecy 93 – Évian-les-Bains 13.

🏨 **Bellevue,** _𝒫 04 50 70 92 79, Fax 04 50 70 97 63,_ ≤, 🏠, 🏊, 🌳 – 🛊 📺 ☎ 🦺 🅿. 🆚
fermé 15 au 30 avril et 15 nov. au 15 déc. – **Repas** 82 (déj.), 95/175 ♀, enf. 45 – 🍽 35 – **37 ch**
320/370 – ½ P 370

🏨 **Les Gentianes,** à la télécabine Est : 2 km _𝒫 04 50 70 92 39, Fax 04 50 70 95 51,_ ≤ lac et
montagnes, 🏠 – 📺 ☎ 🅿. 🆚
fermé 31 oct. au 15 déc. – **Repas** (100) · 100/140 ♂ – 🍽 30 – **22 ch** 280 – ½ P 290

_When looking for a hotel or restaurant use the most efficient method.
Look for the names of towns **underlined in red**
on the **Michelin maps** scale: 1:200 000.
But make sure you have an up-to-date map!_

Le THOLY _88530 Vosges_ 🔢 ⑰ – _1 541 h alt. 628._

Voir Grande Cascade de Tendon⋆ NO : 5 km, G. Alsace Lorraine.

🛈 _Syndicat d'Initiative à la Mairie 𝒫 03 29 61 81 82, Fax 03 29 61 89 83._

Paris 413 – Épinal 30 – Gérardmer 11 – Remiremont 19 – St-Amé 12 – St-Dié 39.

🏨 **Gérard,** _𝒫 03 29 61 81 07, Fax 03 29 61 82 92,_ ≤, 🏠, 🌳 – ▤ rest, 📺 ☎ ⬅ – 🏊 15.
🆚
fermé fin sept. au 28 oct. – **Repas** 70 (déj.), 98/150 ♂, enf. 48 – 🍽 38 – **20 ch** 290/370 –
½ P 310

🏨 **Grande Cascade,** Nord-Ouest : 5 km sur D 11 _𝒫 03 29 33 21 08, Fax 03 29 66 37 17,_ ≤,
🏠 – 🛊 cuisinette 📺 ☎ 🦺 ♿ ⬅ 🅿. – 🏊 15 à 50. 🆎 ⓓ 🆚
fermé 8 au 25 déc. – **Repas** 70/180 ♀, enf. 45 – 🍽 39 – **16 ch** 265/345, 8 studios –
½ P 215/300

THOMERY _77810 S.-et-M._ 🔢 ⑫ – _3 025 h alt. 48._

🛈 _Syndicat d'Initiative (début avril-fin oct., les merc. et sam.) 11 r. de la République 𝒫 01 64
70 80 14, Fax 01 64 70 80 14._

Paris 73 – Fontainebleau 9 – Melun 23 – Nemours 21 – Sens 53.

🍴 **Hostellerie Le Vieux Logis** avec ch, 5 r. Sadi Carnot _𝒫 01 60 96 44 77,
Fax 01 60 70 01 42,_ 🏠, 🏊 – 📺 ☎ 🅿. 🆎 🆚
Repas 155/240 ♀ – 🍽 55 – **14 ch** 400 – ½ P 400

THÔNES _74230 H.-Savoie_ 🔢 ⑦ _G. Alpes du Nord – 4 619 h alt. 650._

Voir Vallée de Manigod⋆⋆ S : 3 km – Musée du pays de Thônes⋆.

🛈 _Office de Tourisme (saison) pl. Avet 𝒫 04 50 02 00 26, Fax 04 50 02 11 87._

Paris 556 – Annecy 21 – Albertville 34 – Bonneville 31 – Faverges 19 – Megève 39.

🏨 **Nouvel Hôtel Commerce,** r. Clefs _𝒫 04 50 02 13 66, Fax 04 50 32 16 24_ – 🛊 📺 ☎ 🅿.
🆚
Repas (fermé dim. soir et lundi hors saison) 75/350 ♂, enf. 48 – 🍽 37 – **25 ch** 210/410 –
½ P 250/330

🏨 **Hermitage,** av. Vieux Pont _𝒫 04 50 02 00 31, Fax 04 50 02 04 86_ – 🛊, ▤ rest, 📺 ☎ ⬅
🅿. 🆚. 🍴 rest
fermé 1ᵉʳ au 10 mai, 15 oct. au 5 nov. et lundi midi d'oct. à janv. – **Repas** 70/170 ♀, enf. 42 –
🍽 35 – **43 ch** 180/300 – ½ P 250/270

THONON-LES-BAINS 〰 74200 H.-Savoie **70** ⑰ G. Alpes du Nord – 29 677 h alt. 431 – Stat. therm.

Voir *les Bords du lac★ – Les Belvédères★★* ABY – *Voûtes★* de l'église St-Hippolyte – Domaine de Ripaille★ N : 2 km – Gorges du Pont du Diable★★ 15 km par ②.

🛈 Office de Tourisme pl. Marché ☎ 04 50 71 55 55, Fax 04 50 26 68 33.

Paris 571 ③ – Annecy 75 ③ – Chamonix-Mont-Blanc 100 ③ – Genève 34 ④.

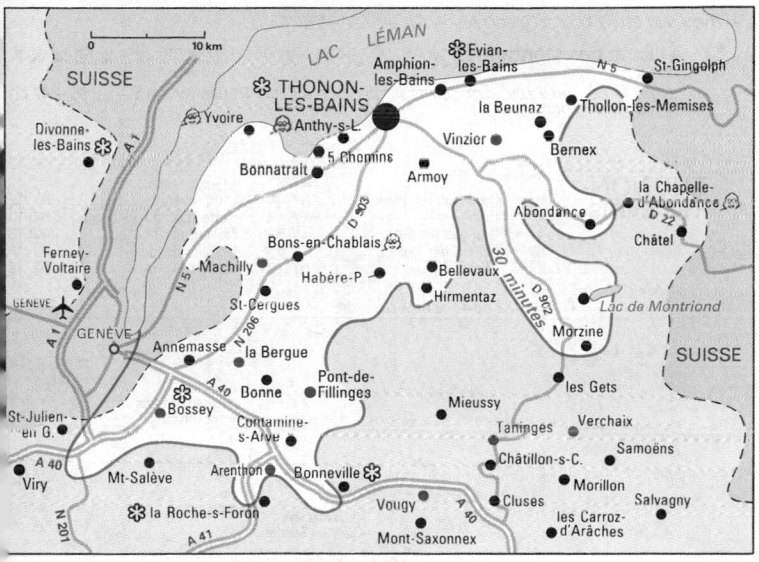

🏨 **Arc en Ciel** [M] sans rest, 18 pl. Crête ☎ 04 50 71 90 00, Fax 04 50 26 27 47, ≦ᔕ, ✍ – 📳
cuisinette 📺 ☎ 🗓 ⟺ 🅿 – 🏛 30. 🅰🅴 ⓘ 🅶🅱 ⋘ rest   BZ **k**
fermé 23 déc. au 2 janv. – 🖙 40 – **40 ch** 390/490

🏨 **Savoie et Léman** (École hôtelière), 2 bd Corniche ☎ 04 50 71 13 80, Fax 04 50 71 16 14,
≦ᔕ, 🍴 – 📳 📺 ☎ 🗓 🅿 – 🏛 60. 🅰🅴 ⓘ 🅶🅱 ⋘ rest   AY **n**
fermé vacances scolaires, sam. soir et dim. – **Repas** 75/155 ⵌ – 🖙 25 – **33 ch** 230/340

🏨 **Alpazur** sans rest, 8 av. Gén. Leclerc ☎ 04 50 71 37 25, Fax 04 50 71 01 24, ≦, ✍ – 📳 📺
☎. 🅶🅱. ⋘   AY **q**
fermé déc. et janv – 🖙 37 – **26 ch** 250/320

🏨 **Trianon du Léman** ᔕ, av. Corzent ☎ 04 50 71 25 78, Fax 04 50 26 51 26, ≦, 🍴, ✍ –
📺 ☎ 🗓 🅿. 🅶🅱. ⋘ ch   AY **s**
21 avril-17 sept. – **Repas** 95/240, enf. 45 – 🖙 39 – **15 ch** 330/440 – ½ P 340/410

🏨 **A l'Ombre des Marronniers**, 17 pl. Crête ☎ 04 50 71 26 18, Fax 04 50 26 27 47, ✍ –
📺 ☎ 🗓 🅿. 🅰🅴 ⓘ 🅶🅱. ⋘   BZ **t**
fermé 15 nov. au 1er déc. – **Repas** (*fermé dim. soir et lundi d'oct. à avril*) 74/200 ⵌ, enf. 50 –
🖙 34 – **17 ch** 290/320 – ½ P 265/275
Annexe Villa des Fleurs 🏨 ᔕ sans rest, 4 av. Jardins ☎ 04 50 71 11 38,
Fax 04 50 26 27 47, ✍ – 📺 ☎. 🅰🅴 ⓘ 🅶🅱. ⋘

🏨 **Côté Sud Léman**, rte Genève par ④ : 3 km ☎ 04 50 70 36 70, Fax 04 50 70 31 05 – 📳
☎ 🗓 🅿 – 🏛 40. 🅰🅴 🅶🅱
Repas (80) - 100/180 ⵌ, enf. 49 – 🖙 35 – **48 ch** 310 – ½ P 240/260

🍴🍴🍴 **Prieuré** (Plumex), 68 Gde rue ☎ 04 50 71 31 89, Fax 04 50 71 31 09 – 🅰🅴 ⓘ
☣   🅶🅱   AY **f**
fermé 4 au 16 avril, 14 au 26 nov., dim. soir, mardi midi et lundi – **Repas** 200 (déj.), 220/380 et
carte 300 à 450
Spéc. Strudels de chèvre. Filets de perche rôtis au savagnin. Ombre chevalier au beurre
demi-sel. **Vins** Roussette de Seyssel, Ripaille.

XX **Les Alpes,** 3 bis r. Italiens $\mathscr{C}$ 04 50 26 51 24 – GB   AZ **a**
fermé 16 juil. au 16 août, dim. sauf le midi de sept. à mai et lundi soir – **Repas** (105) -
145/300 ♀

X **Scampi,** 1 av. Léman $\mathscr{C}$ 04 50 71 10 04, Fax 04 50 71 31 09, ≤, 🐦 – AE ⓪
GB   BY **e**
fermé 4 au 16 avril, 14 au 26 nov., dim. soir et lundi – **Repas** 100/150 ♀, enf. 45

à Armoy *Sud-Est : 7 km par* ② *et D 26* – 775 h. alt. 620 – ⊠ 74200 :

🏨 **A l'Écho des Montagnes,** $\mathscr{C}$ 04 50 73 94 55, Fax 04 50 70 54 07, 🦐 – 🛗 TV ☎ ᵹ. 🅿.
GB
fermé 17 déc. au 7 fév., dim. soir et lundi d'oct. à juin – **Repas** 90/215 ♀ – ⊊ 35 – **47 ch**
170/300 – ½ P 260

THONON-
LES-BAINS

Allobroges
(Av. des) . . . . **BZ** 2

Arts (R. des) . . . . **BZ** 3	Moulin
Bordeaux (Pl. Henry) . . . . . . **AY** 4	(Pl. Jean) . . . . **AY** 12
Grande-Rue . . . . **AYZ**	Ratte (Ch^{in} de la) . . . . **BZ** 13
Granges (R. des) . . . . **BY** 5	Trolliettes (Bd des) . . . . **AZ** 15
Léman (Av. du) . . . . **BY** 6	Ursules (R. des) . . . . **BY** 16
Michaud (R.) . . . . **AY** 10	Vallées (Av. des) . . . . **BZ** 18

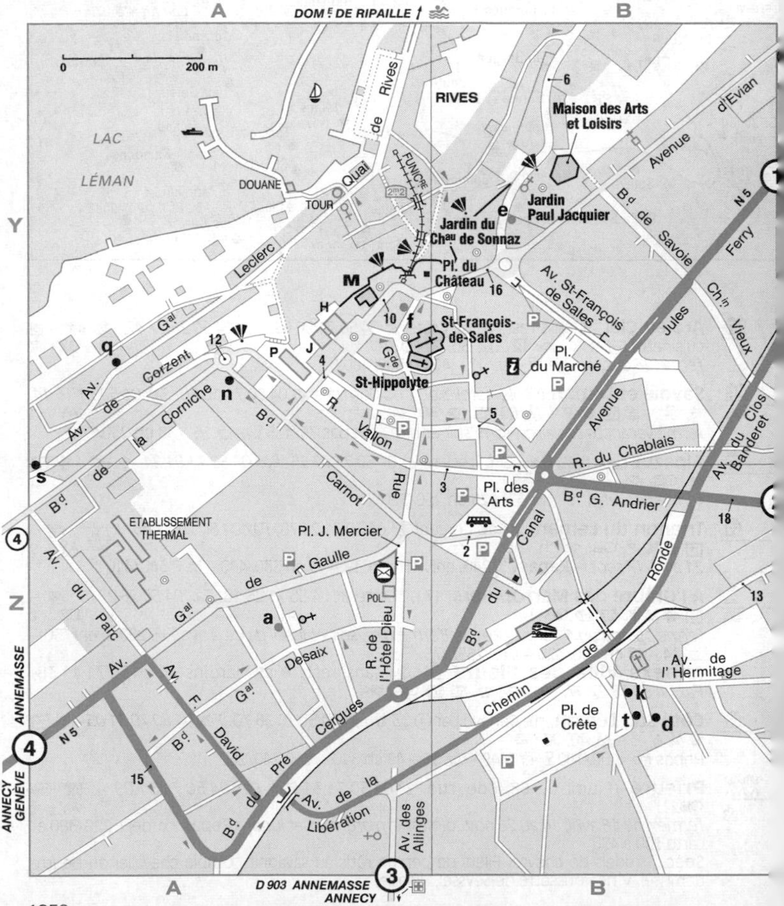

à Anthy-sur-Léman par ④ et D 33 : 6 km – 1 383 h. alt. 400 – ⊠ 74200 Thonon-les-Bains :

ХХ **Lemanthy,** ℘ 04 50 70 61 50, Fax 04 50 70 62 50, <, 斎 – 🖲, 嘔 ⑩ ☎
fermé 20 déc. au 8 janv., dim. soir et merc. – **Repas** 130 (déj.), 170/295, enf. 60

Х **Auberge d'Anthy** ⑤ avec ch, ℘ 04 50 70 35 00, Fax 04 50 70 40 90, 斎 – 🖻 ☎. 嘔 ⑩
☎ ☎
fermé 28 oct. au 5 nov., 3 au 18 fév., lundi soir et mardi – **Repas** 80 (déj.), 165/230 ♀, enf. 70
– ☲ 36 – **7 ch** 231/320 – ½ P 246/281

aux Cinq Chemins par ④ : 7 km – ⊠ 74200 Thonon-les-Bains :

🏨 **Denarié** Ⓜ, ℘ 04 50 72 63 45, Fax 04 50 72 30 69, 斎, ☐, ☞ – 🛊 ☺, 🗏 ch, 🖻 ☎ ❤ 🖲 –
🏿 25. ☎
fermé 22 déc. au 22 janv. et dim. soir sauf juil.-août – **Cinq Chemins** (fermé 7 au 20 juin,
22 déc. au 22 janv., dim. soir et lundi sauf juil.-août) **Repas** 88(déj.), 140/220 ♣, enf. 65 –
☲ 40 – **27 ch** 400/450 – ½ P 350/375

à Bonnatrait par ④ : 9 km G. Alpes – ⊠ 74140 Douvaine :

🏨 **Hôtellerie Château de Coudrée** ⑤, ℘ 04 50 72 62 33, Fax 04 50 72 57 28, 斎,
« Château médiéval dans un parc au bord du lac » ☐, ☒, ❤ – 🖻 ☎ ❤ 🖲 – 🏿 60. 嘔 ⑩
☎ ☎
fermé nov. et 24 janv. au 3 mars – **Repas** (fermé jeudi midi et merc. sauf de juin à sept.) 230
(déj.), 330/500 ♀ – ☲ 98 – **20 ch** 950/1950 – ½ P 790/1290

Pas de publicité payée dans ce guide.

THORENC 06 Alpes-Mar. 🚲 ⑲, 🚲 ⑫, 🚲 ㉓ – alt. 1250 – ⊠ 06750 Andon.
Voir Col de Bleine ≤★★ N : 4 km, G. Alpes du Sud.
Paris 841 – Castellane 36 – Draguignan 66 – Grasse 40 – Nice 59 – Vence 41.

☂ **Voyageurs** ⑤, ℘ 04 93 60 00 18, Fax 04 93 60 03 51, 斎, ☞ – 🖻 ⬅ 🖲. ☎
1er fév.-15 nov. et fermé jeudi sauf vacances scolaires – **Repas** 91/155 ♀ – ☲ 35 – **12 ch**
180/300 – ½ P 300/320

Х **Auberge Les Merisiers** ⑤ avec ch, ℘ 04 93 60 00 23, Fax 04 93 60 02 17, 斎, ☞ – 🖻
☎. 嘔 ☎
fermé 13 au 31 mars et mardi sauf vacances scolaires – **Repas** 99/168, enf. 60 – ☲ 35 –
12 ch 200/250 – ½ P 240/260

THORIGNÉ-SUR-DUÉ 72160 Sarthe 🚲 ⑭ – 1 510 h alt. 82.
Paris 179 – Le Mans 29 – Châteaudun 80 – Mamers 47 – Nogent-le-Rotrou 44 – St-Calais 24.

ХХ **St-Jacques** avec ch, pl. Monument ℘ 02 43 89 95 50, Fax 02 43 76 58 42, ☞ – 🖻 ☎ ❤
♣ 🖲. 嘔 ⑩ ☎ ☎
fermé 26 déc. au 18 janv., dim. soir et lundi d'oct. à juin – **Repas** 98/350 ♣ – ☲ 52 – **15 ch**
330/440 – ½ P 360/480

Le THORONET 83 Var 🚲 ⑥, 🚲 ㉒ – 1 163 h alt. 120 – ⊠ 83340 Le Luc.
Voir Abbaye du Thoronet★★ O : 4,5 km, G. Côte d'Azur.
Paris 846 – Brignoles 24 – Draguignan 21 – St-Raphaël 50 – Toulon 64.

🏨 **Hostellerie de l'Abbaye** ⑤, ℘ 04 94 73 88 81, Fax 04 94 73 89 24, 斎, ☐, – 🗏 ch, 🖻
☎ ❤ ♣ 🖲 – 🏿 25 à 60. 嘔 ☎
Repas (fermé dim. soir de déc. à mars) 120/195, enf. 60 – ☲ 50 – **20 ch** 380 – ½ P 355

THOUARCÉ 49380 M.-et-L. 🚲 ⑪ – 1 546 h alt. 35.
Env. Château★★ de Brissac-Quincé, NE : 12 km, G. Châteaux de la Loire.
Paris 319 – Angers 30 – Cholet 43 – Saumur 38.

ХХ **Relais de Bonnezeaux,** rte Angers : 1 km ℘ 02 41 54 08 33, Fax 02 41 54 00 63, ≤, ☞
– 🗏 🖲. 嘔 ⑩ ☎
fermé 22 au 26 déc., 2 au 22 janv., dim. soir, mardi soir et lundi – **Repas** 100/265 ♀, enf. 65

THOUARS 79100 Deux-Sèvres 🚲 ⑧ G. Poitou Vendée Charentes – 10 905 h alt. 102.
Voir Façade★★ de l'église St-Médard★ – Site★ – Maisons anciennes★.
🄱 Office de Tourisme 3 bis bd Pierre-Curie ℘ 05 49 66 17 65, Fax 05 49 67 87 58.
Paris 551 – Angers 70 – Bressuire 51 – Châtellerault 70 – Cholet 58.

🏠 **Relais** sans rest, Nord : 3 km par rte Saumur ✆ 05 49 66 29 45, *Fax 05 49 66 29 33* – 📺 ☎
📶 GB
🍴 28 – **15 ch** 205/220

XX **Clocher St-Médard** avec ch, 14 pl. St-Médard ✆ 05 49 67 90 50, *Fax 05 49 67 90 51* –
📺 ☎ GB
fermé 7 au 20 août, vacances de fév., lundi (sauf hôtel), sam. midi et dim. soir – **Repas**
130/400 ⅞ – 🍴 38 – **5 ch** 280/350 – ½ P 245/295

THOURON *87140 H.-Vienne* 72 ⑦ – *431 h alt. 374.*
Paris 383 – Limoges 22 – Bellac 23 – Guéret 78.

XXX **Pomme de Pin** Ⓜ ⦂ avec ch, étang de Tricherie, Nord-Est : 2,5 km par D 225
✆ 05 55 53 43 43, *Fax 05 55 53 35 33*, 🌳, 🚗 – 📺 ☎ 🏧. GB. 🍴 ch
fermé 1er au 25 sept., 1er au 25 janv., mardi midi et lundi – **Repas** *(85)* - 130/185 ⅞, enf. 48 –
🍴 35 – **4 ch** 300/330

THUEYTS *07330 Ardèche* 76 ⑱ *G. Vallée du Rhône* – *945 h alt. 462.*
Voir Coulée basaltique★.
🛈 *Office de Tourisme pl. Champ-de-Mars* ✆ 04 75 36 46 79, *Fax 04 75 36 46 79.*
Paris 610 – Le Puy-en-Velay 73 – Privas 47.

🏠 **Marronniers,** ✆ 04 75 36 40 16, *Fax 04 75 36 48 02*, 🌳, 🏊 – 📺 ☎ 🏧 📶. GB. 🍴 rest
fermé 21 déc. au 7 mars – **Repas** 90/190, enf. 55 – 🍴 34 – **19 ch** 240/270 – ½ P 280

THURY-HARCOURT *14220 Calvados* 55 ⑪ *G. Normandie Cotentin* – *1 803 h alt. 45.*
Voir Parc et jardins du château★ – Boucle du Hom★ NO : 3 km.
🛈 *Office de Tourisme 2 pl. St-Sauveur* ✆ 02 31 79 70 45, *Fax 02 31 79 15 42.*
Paris 254 – Caen 28 – Condé-sur-Noireau 20 – Falaise 28 – Flers 32 – St-Lô 66 – Vire 41.

XXX **Relais de la Poste** avec ch, rte Caen ✆ 02 31 79 72 12, *Fax 02 31 39 53 55*, 🌳 – 📺 ☎
⟵ 📶. Æ GB
fermé Noël au 15 janv., dim. soir et lundi de nov. à avril – **Repas** 95 bc *(déj.)*, 150/420 et carte
280 à 360 ⅞ – 🍴 48 – **12 ch** 300/420 – ½ P 360/420

TIERCÉ *49125 M.-et-L.* 64 ① – *3 047 h alt. 30.*
🛈 *Syndicat d'Initiative Mairie* ✆ 02 41 31 14 41.
Paris 279 – Angers 21 – Château-Gontier 34 – La Flèche 34.

XX **Table d'Anjou,** 16 r. Anjou ✆ 02 41 42 14 42, *Fax 02 41 42 64 80*, 🌳 – GB
⟵ *fermé 1er au 14 août, 2 au 9 janv., jeudi soir, dim. soir et lundi* – **Repas** *(69)* - 85/240 ⅞, enf. 49

TIFFAUGES *85130 Vendée* 67 ⑤ *G. Poitou Vendée Charentes* – *1 208 h alt. 77.*
Paris 372 – Angers 79 – La Roche-sur-Yon 55 – Nantes 49 – Cholet 21 – Clisson 20.

🏰 **Barbacane** ⦂ sans rest, pl. Église ✆ 02 51 65 75 59, *Fax 02 51 65 71 91*, 🏊, 🚗 – 📺 ☎
⟵ GB
🍴 47 – **16 ch** 340/489

TIGNES *73320 Savoie* 74 ⑲ *G. Alpes du Nord* – *2 005 h alt. 1648 – Sports d'hiver : 1 550/3 650 m*
⛷ 10 ⛷ 86 🎿.
Voir Site★★ – Barrage★★ NE : 5 km – Panorama de la Grande Motte★★ SO.
Altiport ✆ 04 79 06 46 06, *E : 3 km.*
🛈 *Office de Tourisme Au Lac* ✆ 04 79 40 04 40, *Fax 04 79 40 03 15.*
Paris 696 – Albertville 85 – Bourg-St-Maurice 31 – Chambéry 134 – Val-d'Isère 13.

🏨 **Les Campanules** Ⓜ ⦂, ✆ 04 79 06 34 36, *Fax 04 79 06 35 78*, ≼, 🌳, 🎱 – ⧈ 📺 ☎ 🏧
🔥. Æ GB. 🍴 rest
3 juil.-28 août et 1er nov.-1er mai – **Repas** 150 *(déj.)*, 198/300 – 🍴 85 – **36 ch** 1050, 7 duplex
– ½ P 750/800

🏨 **Village Montana** Ⓜ ⦂, les Almes ✆ 04 79 40 01 44, *Fax 04 79 40 04 03*, ≼, 🌳, balnéothérapie, 🎱, 🏊 – ⧈ 🍴 📺 ☎ 🏧 🔥 ⟵ – 🏧 15 à 90. Æ ⓪ GB. 🍴 rest
15 juin-15 sept. et 1er déc.-15 mai – **- La Cave** *(prévenir)(dîner seul.)* **Repas** 250, enf. 65 –
Les Chanterelles *(dîner seul.)* **Repas** 180, enf. 65 – **La Chaumière : Repas** *(95)* -
145*(déj.)*, 180/220, enf. 65 – 🍴 70 – **82 ch** 1100/1700, 10 duplex – ½ P 850/1100

🏨 **Paquis** ⦂, ✆ 04 79 06 37 33, *Fax 04 79 06 36 59*, ≼ – ⧈ 📺 ☎. GB. 🍴 rest
10 juil.-1er sept. et 25 oct.-5 mai – **Repas** *(25 oct.-20 avril)* 95 *(déj.)*, 130/350 ⅞, enf. 70 –
🍴 50 – **36 ch** 400/650 – ½ P 480/550

🏠 **Refuge** sans rest., ☎ 04 79 06 36 64, Fax 04 79 06 33 78, ≤ – 📺 ☎ 📞 ✆, 👫 ⑤⑤
🚗 49 – **24 ch** 585/880

🏠 **Gentiana** 🅂, ☎ 04 79 06 52 46, Fax 04 79 06 35 61, ≤, 🛏 – 🛗 📺 ☎ ✆ ✆, ⑤⑤, 🎴 rest
30 juin-27 août et 20 oct.-1er mai – **Repas** 110/200 ⑨, enf. 58 – 🚗 50 – **31 ch** 415/690 –
½ P 480/570

🏠 **Neige et Soleil,** ☎ 04 79 06 32 94, Fax 04 79 06 33 18, ≤, 🍽 – 📺 ☎, ⑤⑤, 🎴
fin nov.-5 mai – **Repas** (dîner seul.) 90/130 ⑨ – 🚗 50 – **26 ch** 400/500 – ½ P 480/580

au Val Claret Sud-Ouest : 2 km – 🖂 73320 Tignes :
🅱 Office de Tourisme (saison) ☎ 04 79 40 03 13.

🏨 **Ski d'Or** 🅂, ☎ 04 79 06 51 60, Fax 04 79 06 45 49, ≤ – 🛗 📺 ☎, ⑤⑤ ⑤⑤
1er déc.-1er mai – **Repas** 135 (déj.)/245 ⑨ – 🚗 80 – **22 ch** 650/900 – ½ P 1050

🏠 **Vanoise,** ☎ 04 79 06 31 90, Fax 04 79 06 37 06, ≤ – 🛗 📺 ☎, ⑤⑤, 🎴 rest
10 juil.-30 oct. et 1er janv.-29 juin – **Repas** (30 oct.-30 avril) 70 (déj.), 100/150 ⑧ – 🚗 40 –
21 ch 350/600 – ½ P 350/550

TIL-CHÂTEL 21120 Côte-d'Or ⑥⑥ ⑫ G. Bourgogne – 768 h alt. 275.
Paris 318 – Dijon 27 – Châtillon-sur-Seine 82 – Dole 76 – Gray 42 – Langres 49.

🏠 **Poste,** ☎ 03 80 95 03 53, Fax 03 80 95 19 90 – 📺 ☎ 🚗, ⑤⑤, 🎴 ch
🚗 fermé 23 oct. au 9 nov., 23 déc. au 8 janv., lundi midi et sam. (sauf le soir) d'avril à oct. et
dim. soir – **Repas** 72/200 ⑧, enf. 55 – 🚗 30 – **9 ch** 190/310 – ½ P 210/245

Le TILLEUL 76 S.-Mar. ⑤② ⑪ – rattaché à Étretat.

TILQUES 62 P.-de-C. ⑤① ③ – rattaché à St-Omer.

TONNEINS 47400 L.-et-G. ⑦⑨ ④ – 9 334 h alt. 26.
🅱 Office de Tourisme (fermé dim.) 3 bd Charles-de-Gaulle ☎ 05 53 79 22 79, Fax 05 53 79 39
94.
Paris 601 – Agen 42 – Nérac 38 – Villeneuve-sur-Lot 36.

🏠 **Les Fleurs** Ⓜ sans rest, rte Marmande ☎ 05 53 79 10 47, Fax 05 53 79 46 37 – 📺 ☎ ✆ ✆
🅿 – 🏧 15, ⑤⑤
🚗 34 – **27 ch** 180/285

🍴🍴🍴 **Côté Garonne** (Rabanel) Ⓜ 🅂 avec ch, 36 cours de l'Yser ☎ 05 53 84 34 34,
🅔 Fax 05 53 84 31 31, ≤, « Demeure élégamment aménagée dominant la Garonne » – 🛗 🖥
📺 ☎ ✆ – 🏧 20, ⑤⑤ ⑩ ⑤⑤ ⑤⑤
fermé 21 au 28 août, 1er au 15 nov., dim. soir et lundi – **Repas** 165/420 et carte 370 à 490 ⑨,
enf. 95 – 🚗 85 – **5 ch** 750/850
Spéc. Les trois foies gras de canard. Jambon de Tonneins (hiver). Dégustation de desserts.
Vins Buzet, Côtes de Gascogne.

TONNERRE 89700 Yonne ⑥⑤ ⑥ G. Bourgogne – 6 008 h alt. 156.
Voir Intérieur★ de l'ancien hôpital : mise au tombeau★ – Château de Tanlay★★ 9 km par ①.
🅱 Office de Tourisme 12 r. François-Mitterrand ☎ 03 86 55 14 48, Fax 03 86 54 41 82.
Paris 201 ② – Auxerre 40 ② – Châtillon-sur-Seine 49 ② – Montbard 47 ① – Troyes 62 ①.

Plan page suivante

🏨 **Abbaye St-Michel** 🅂, montée St-Michel, Sud du plan ☎ 03 86 55 05 99,
Fax 03 86 55 00 10, ≤, 🍽, parc, « Ancienne abbaye du 10e siècle », 🎴 – 📺 ☎ ✆ 🅿, ⑤⑤ ⑩
⑤⑤ ⑤⑤
1er avril-13 nov. et fermé dim. soir et lundi de mars au 19 juin – **Repas** 180/390 ⑨ – 🚗 45 –
11 ch 650/1250 – ½ P 520/820

🏠 **Ibis** Ⓜ, par ① et rte Dijon : 2 km ☎ 03 86 54 41 41, Fax 03 86 54 48 28 – 🛏, 🖥 rest, 📺 ☎
✆ ✆ 🅿, 🏧 40, ⑤⑤ ⑩ ⑤⑤ ⑤⑤
Repas (75) - 95 ⑨, enf. 39 – 🚗 35 – **40 ch** 260/280

🍴🍴 **Saint Père,** 2 av. G. Pompidou (a) ☎ 03 86 55 12 84, Fax 03 86 55 12 84, 🍽, collection de
🚗 moulins à café – ⑤⑤
fermé 18 au 27 mars, 8 sept. au 2 oct., mardi soir, merc. soir et jeudi soir de nov. à mars,
dim. soir et lundi – **Repas** 72/230 ⑨, enf. 55

TONNERRE

Campenon (R. Gén.)	2
Colin (R. Armand)	3
Fontenilles (R. des)	4
Fosse-Dionne (R. de la)	5
Gare (Pl. de la)	6
Garnier (R. Jean)	7
Hôpital (R. de l')	9
Hôtel-de-Ville (R. de l')	10
Marguerite-de-Bourgogne (Pl.)	12
Mitterrand (R. F.)	13
Pompidou (Av. G.)	14
Pont (R. du)	15
République (Pl. de la)	16
Roches (Ch. des)	17
Rougemont (R.)	18
St-Michel (R.)	19
St-Nicolas (R.)	20
St-Pierre (R.)	23
Tanneries (R. des)	25

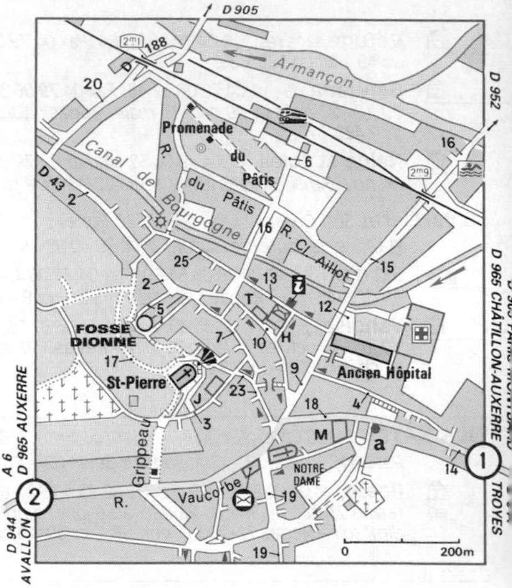

Dans la liste des rues des plans de villes, les noms en rouge indiquent les principales voies commerçantes.

TORCY *71 S.-et-L.* 69 ⑧ *– rattaché au Creusot.*

TORNAC *30 Gard* 80 ⑰ *– rattaché à Anduze.*

TÔTES *76890 S.-Mar.* 52 ⑭ *– 1 059 h alt. 150.*

Paris 164 – Rouen 35 – Dieppe 33 – Fécamp 59 – Le Havre 80.

X **Auberge du Cygne,** 5 r. G. de Maupassant ☏ 02 35 32 92 03, *Fax 02 35 32 91 35,* – P. AE ⓓ GB
Repas 115/190

TOUCY *89130 Yonne* 65 ④ *G. Bourgogne – 2 590 h alt. 200.*

Office de Tourisme (juin-mi-oct.) 20 pl. Frères-Genêt ☏ 03 86 44 15 66, Mairie ☏ 03 86 44 28 44.

Paris 157 – Auxerre 23 – Avallon 75 – Clamecy 44 – Joigny 32 – Montargis 72.

X **Lion d'Or,** r. L. Cormier ☏ 03 86 44 00 76 – GB
fermé 1er au 20 déc., dim. soir et lundi – **Repas** *(80)* - 98/180, enf. 45

TOUËT-SUR-VAR *06710 Alpes-Mar.* 81 ⑲ ⑳, 115 ⑭ *G. Alpes du Sud – 342 h alt. 327.*

Voir *Gorges inférieures du Cians★★ N : 2 km.*

Env. *Villars-sur-Var : Mise au tombeau★★ du retable du maître-autel★, retable de l'Annonciation★ dans l'église E : 8,5 km – Gorges supérieures du Cians★★★ N : 13 km.*

Paris 848 – Nice 55 – Puget-Théniers 10 – St-Étienne-de-Tinée 71 – St-Martin-Vésubie 61.

X **Auberge des Chasseurs,** ☏ 04 93 05 71 11, *Fax 04 93 05 71 11,* – AE ⓓ GB
fermé nov. et mardi – **Repas** *(100 bc)* - 165/195 🍷

TOUL ◈ *54200 M.-et-M.* 62 ④ *G. Alsace Lorraine – 17 281 h alt. 209.*

Voir *Cathédrale St-Étienne★★ et cloître★ – Église St-Gengoult : cloître★★ – Façade★ de l'ancien palais épiscopal* **H** *– Musée municipal★ : salle des malades★* **M.**

Office de Tourisme Parvis Cathédrale ☏ 03 83 64 11 69, Fax 03 83 63 24 37.

Paris 285 ⑤ – Nancy 24 ② – Bar-le-Duc 61 ⑤ – Metz 75 ① – St-Dizier 77 ⑤ – Verdun 79 ①.

Plan page ci-contre

Villa Lorraine sans rest, 15 r. Gambetta ☏ 03 83 43 08 95, *Fax 03 83 64 63 64* – ☎ P. AE ⓓ GB — AZ a
☕ 36 – **25 ch** 208/225

XX **Belle Époque,** 31 av. V. Hugo ☏ 03 83 43 23 71 – ▤. GB — AY s
fermé 23 déc. au 5 janv., sam. midi, lundi soir et dim. – **Repas** 115 (déj.)/186

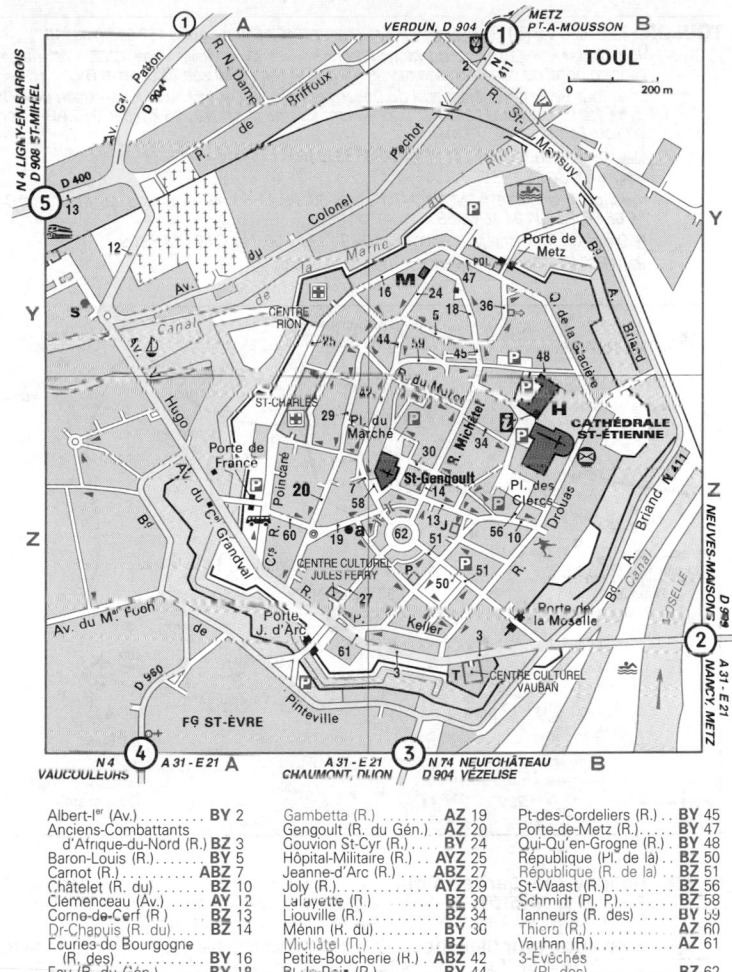

VERDUN, D 904

METZ
PT-A-MOUSSON

0   200 m

CATHÉDRALE
ST-ÉTIENNE

FG ST-ÈVRE

N 4
VAUCOULEURS

A 31 - E 21

A 31 - E 21
CHAUMONT, DIJON

N 74 NEUFCHÂTEAU
D 904 VÉZELISE

à la Z. I. Croix de Metz par ① et rte Villey-St-Etienne : 6 km – ⊠ 54200 Toul :

XXX **Dauphin** (Vohmann), ℰ 03 83 43 13 46, Fax 03 83 64 37 01, 🐀, 📺 – 🖭 ⛽ ⏣
❀ fermé 24 juil. au 14 août, 5 au 12 fév., dim. soir et lundi – **Repas** 189/450 et carte 310 à
430 ℤ
Spéc. Tête, ris et langue de veau en terrine. Foie gras rôti entier aux artichauts. Galette de
pommes caramélisées. **Vins** Côtes de Toul blanc et rouge.

à Lucey par ⑤ et D 908 : 5 km – 558 h. alt. 260 – ⊠ 54200 :

XX **Auberge du Pressoir**, ℰ 03 83 63 81 91, Fax 03 83 63 81 38, 🐀, 📺 – 🖭 ⏣
❀ fermé 16 août au 4 sept., 21 au 31 déc., merc. soir, dim. soir et lundi – **Repas** 78/160 ℤ,
ent. 50

Send us your comments on the restaurants we recommend
and your opinion on the specialities and local wines they offer.

TOULON 🅿 83000 Var 84 ⑮, 114 ㊺ *G. Côte d'Azur* – 167 619 h Agglo. 437 553 h alt. 10.

Voir *Rade*★★ – *Corniche du Mont Faron*★★ : ≼★ **D** – *Vieille ville*★ **GYZ** : *Atlantes*★ de l'ancien hôtel de ville **F**, *Musée naval*★ – *Port*★ – *Navire-Musée "la Dives"*★ **BV**.

Env. *Tour Beaumont (Mémorial du Débarquement*★ *et* ⚹★★★*) au Nord – Baou de 4 Oures* ⚹★★ *NO : 7 km par D 62* **AU** *et D 22 – Mont Caume* ⚹★★ *NO : 15 km par D 62* **AB** *– Fort de la Croix-Faron* ≼★ *N : 7 km* **D**.

✈ de Toulon-Hyères : ℰ 04 94 00 83 83, par ① : 21 km.

🚗 ℰ 08 36 35 35 35.

⛴ pour la Corse : SNCM/CMT(1er avril-30 sept.) 49 av. Infanterie de Marine ℰ 04 94 16 66 66, Fax 04 94 16 66 68.

🛈 *Office de Tourisme pl. J.-Raimu* ℰ 04 94 18 53 00, Fax 04 94 18 53 09.

Paris 839 ④ – *Aix-en-Provence 85* ④ – *Marseille 65* ④.

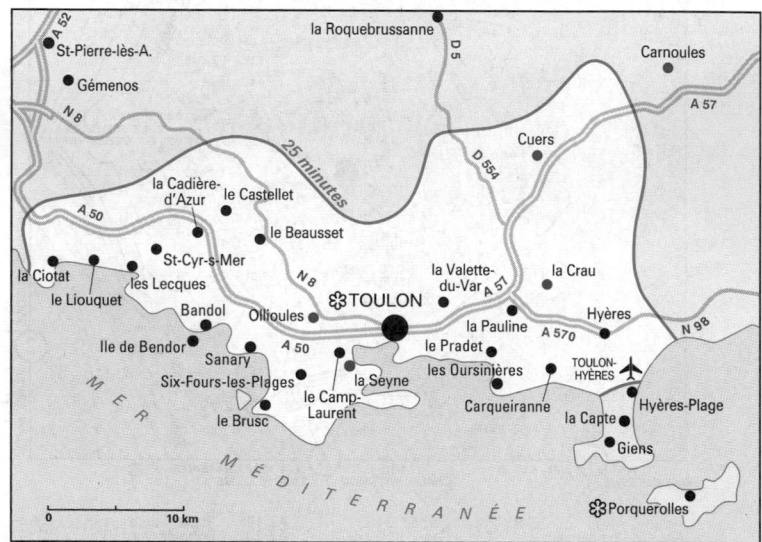

🏨 **Holiday Inn Garden Court** Ⓜ, 1 av. Rageot de la Touche ℰ 04 94 92 00 21, Fax 04 94 62 08 15, �, 🌊, 🎇 – 🛗 ⇔ 🗏 ≡ 📺 ☎ ❤ 🕭 🖚 – 🔬 15 à 60. 🖽 ⓞ 🇬🇧 🇯🇨🇧
Repas *(fermé week-ends de nov. à mai)* (85) -110 – 🖙 55 – **80 ch** 550   EY **b**

🏨 **New Hôtel Tour Blanche** ⬦, près gare départ téléphérique du Mont-Faron ⊠ 83200 ℰ 04 94 24 41 57, Fax 04 94 22 42 25, ≼ Toulon et la rade, �, 🌊, 🖛 – 🛗 ≡ 📺 ☎ 🅿 – 🔬 15 à 110. 🖽 ⓞ 🇬🇧 🇯🇨🇧
CU **a**
Repas 125 bc/180 ☟, enf. 50 – 🖙 60 – **91 ch** 420/510

🏨 **Mercure** Ⓜ, pl. Besagne ℰ 04 98 00 81 00, Fax 04 94 41 57 51, 🌴 – 🛗 ⇔ 📺 ☎ ❤ 🕭 🖚 – 🔬 35. 🖽 ⓞ 🇬🇧
GZ **r**
- Table de l'Amiral : Repas (92)-135/200 ☟ – 🖙 58 – **148 ch** 390/720

🏨 **New Hôtel de l'Amirauté** sans rest, 4 r. A. Guiol ℰ 04 94 22 19 67, Fax 04 94 09 34 72 – 🛗 ≡ 📺 ☎ ❤ 🕭 – 🔬 20. 🖽 ⓞ 🇬🇧 🇯🇨🇧
🖙 48 – **58 ch** 400/440
FY **d**

🏨 **Dauphiné** sans rest, 10 r. Berthelot ℰ 04 94 92 20 28, Fax 04 94 62 16 69 – 🛗 ≡ 📺 ☎. 🖽 ⓞ 🇬🇧
GY **s**
🖙 35 – **55 ch** 265/300

🏨 **Nouvel Hôtel** sans rest, 224 bd Tessé ℰ 04 94 89 04 22, Fax 04 94 92 13 06 – 🛗 ≡ 📺 ☎. 🖽 🇬🇧 🇯🇨🇧
GY **f**
🖙 31 – **29 ch** 169/300

✕✕ **Chamade** (Bonneau), 25 r. Comédie ℰ 04 94 92 28 58 – ≡. 🖽 🇬🇧   FY **m**
�--- *fermé 28 juil. au 28 août, sam. midi, dim. et fériés* – Repas *(nombre de couverts limité, prévenir)* 195
Spéc. Foie gras de canard poêlé aux trois vinaigres. Maquereaux grillés et compotée de pieds de veau. Figues rôties au four (sept. à nov.). Vins Côtes de Provence.

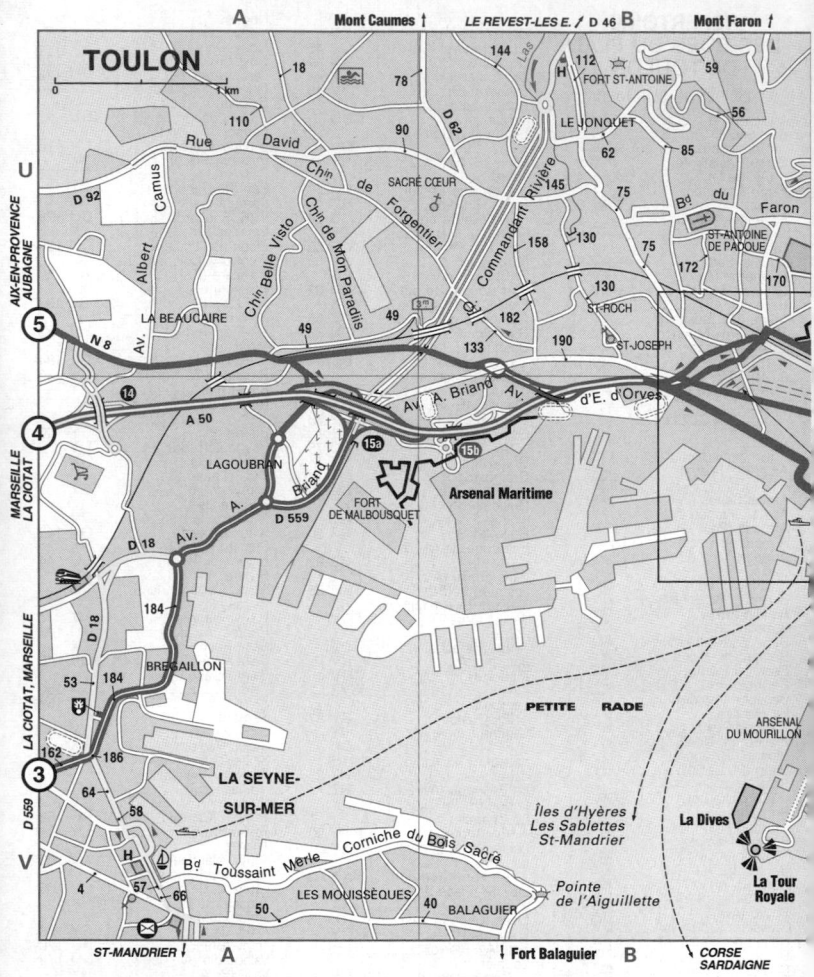

TOULON

XX	**Jardin du Sommelier**, 20 allée Amiral Courbe ✆ 04 94 62 03 27, Fax 04 94 09 01 49 –
	▣ AE GB	FY r
	fermé sam. midi et dim. – **Repas** 120 (déj.), 170/210 ♀

| X | **Au Sourd**, 10 r. Molière ✆ 04 94 92 28 52, Fax 04 94 91 59 92, ்‍ – GB JCB |
| | *fermé dim. et lundi* – **Repas** - produits de la mer - 150 | GY w |

au Mourillon – ⊠ 83000 Toulon :

Voir *Tour royale* ✳ ★ .

🏛	**Corniche**, 17 littoral F. Mistral ✆ 04 94 41 35 12, Fax 04 94 41 24 58, ≤, ்‍ –	‡	⊁ TV ☎
	✆ AE ① GB JCB . ⋙	CV a
	Repas *(fermé dim. soir sauf juil.-août et lundi)* (160) - 210 – ☑ 50 – **19 ch** 450/700, 4 appart –
	1/2 P 730/850

XX	**Lido**, av. F. Mistral ✆ 04 94 03 38 18, Fax 04 94 42 07 65, ≤ rade de Toulon, ்‍ – ▣ P. AE
	GB	CV v
	fermé lundi d'oct. à mai – **Repas** 140/190 ♀, enf. 58

| XX | **Gros Ventre**, 279 littoral F. Mistral ✆ 04 94 42 15 42, Fax 04 94 31 40 32, ்‍ – AE ① GB |
| | *fermé merc. et jeudi* – **Repas** (138) - 100 (déj.), 154/245 ♀, enf. 68 | CV e |

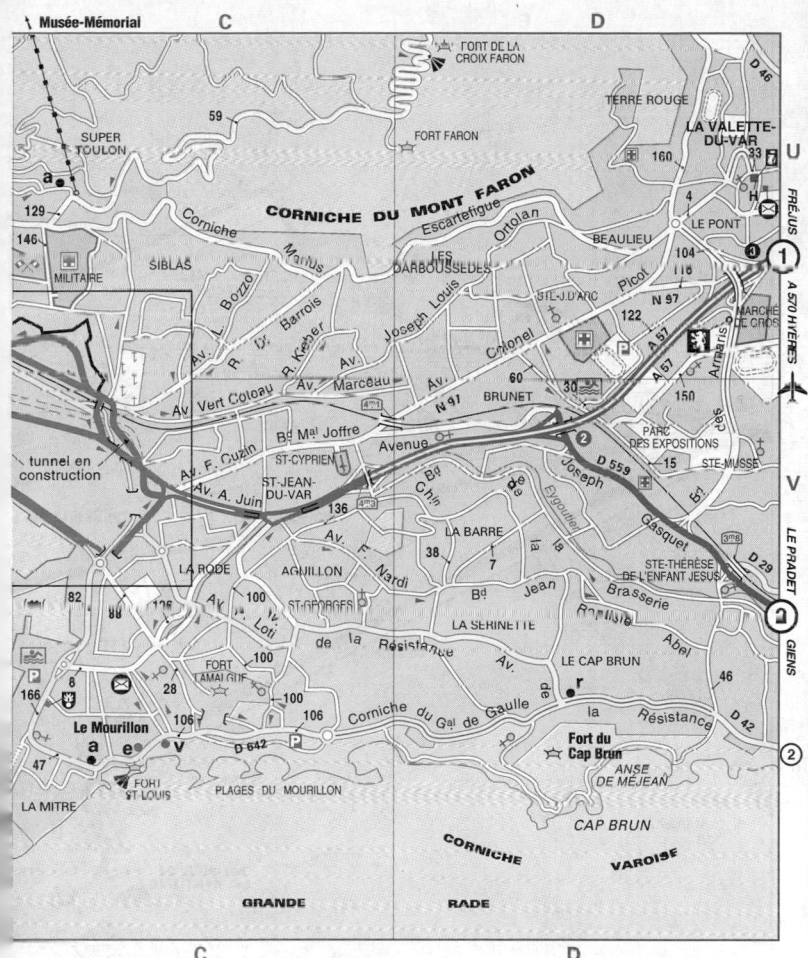

au **Cap Brun** – ⊠ *83100 Toulon* :

 Les Bastidières sans rest, 2371 av. Résistance ☎ 04 94 36 14 73, Fax 04 94 42 49 75, « Jardin provençal fleuri », ⌚, ⛲ – 📺 ☎ & 📶 📺   DV r
 avril-sept. et vacances de Noël – ⌂ 70 – **5 ch** 750/800

à la **Valette-du-Var** *par ① : 7 km – 20 687 h. alt. 64 – ⊠ 83160* :

 Ibis, sortie Valgora (sortie n° 5ᵇ) ☎ 04 94 14 14 14, Fax 04 94 14 10 04, ☕, ⌚ – 📳 ⚒ 🔳
 📺 ☎ & & 📶 📶 – 🔒 15 à 50. 🆎 ⓞ ⊜
 Repas (75) - 95 ⅃, enf. 39 – ⌂ 35 – **84 ch** 320/360

à **La Pauline** *par ① et N 98 : 10 km – ⊠ 83130 La Garde* :

 Clarine, sortie Valgoria (sortie n° 5ᵇ) ☎ 04 94 75 82 25, Fax 04 94 08 42 98, ☕, ⌚ – 📳 📺
 ☎ & & 📶 📶 – 🔒 15 à 30. 🆎 ⓞ ⊜
 Repas *(fermé dim.)* (63) - 83/200 ⅃, enf. 39 – ⌂ 35 – **38 ch** 280/295

au **Camp-Laurent** *par ④ autoroute A50 sortie Ollioules : 7,5 km – ⊠ 83140 Six-Fours* :

 Novotel, ☎ 04 94 63 09 50, Fax 04 94 63 03 76, ☕, ⌚, ⛲ – 📳 ⚒ 🔳 📺 ☎ & 📶 –
 🔒 20 à 90. 🆎 ⓞ ⊜
 Repas carte environ 160 Ⅎ, enf. 50 – ⌂ 55 – **86 ch** 450/495

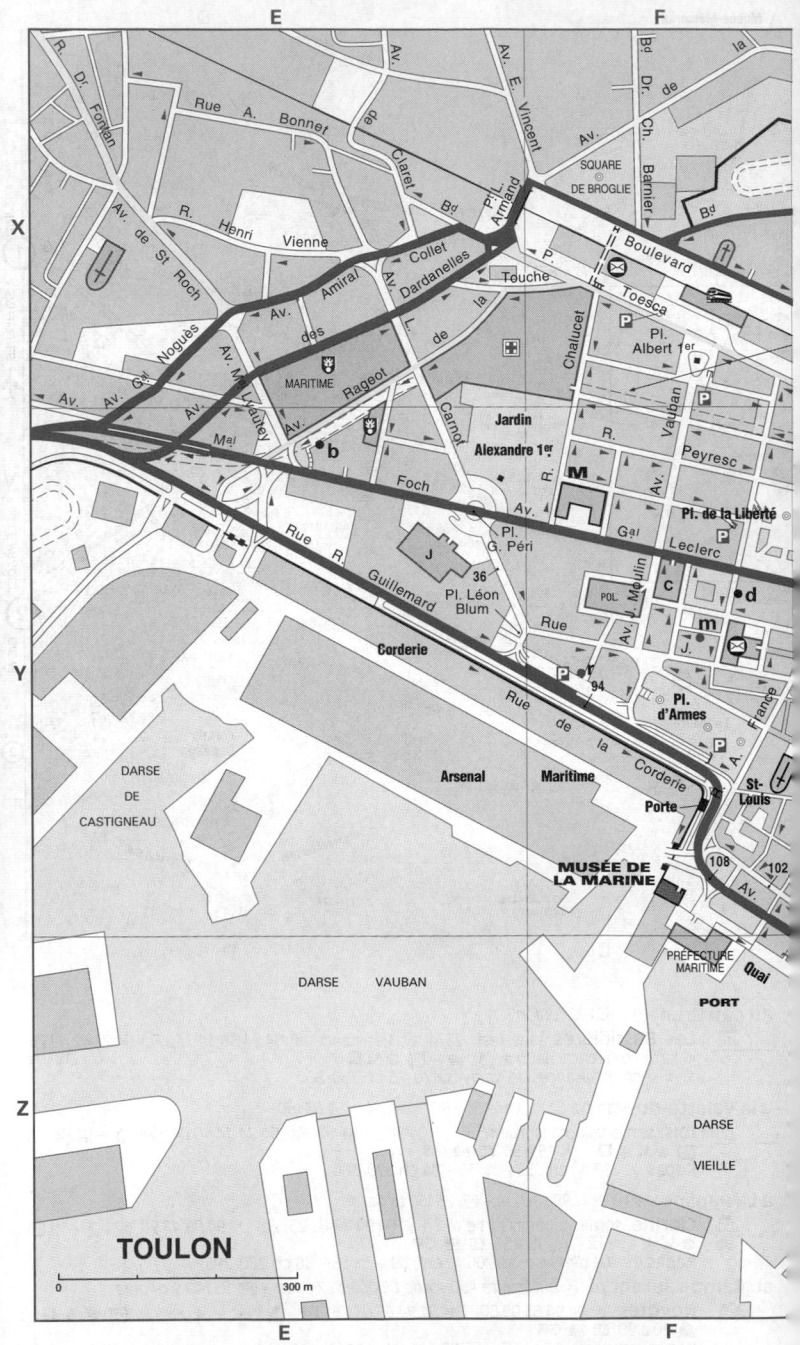

TOULON

0 ——————— 300 m

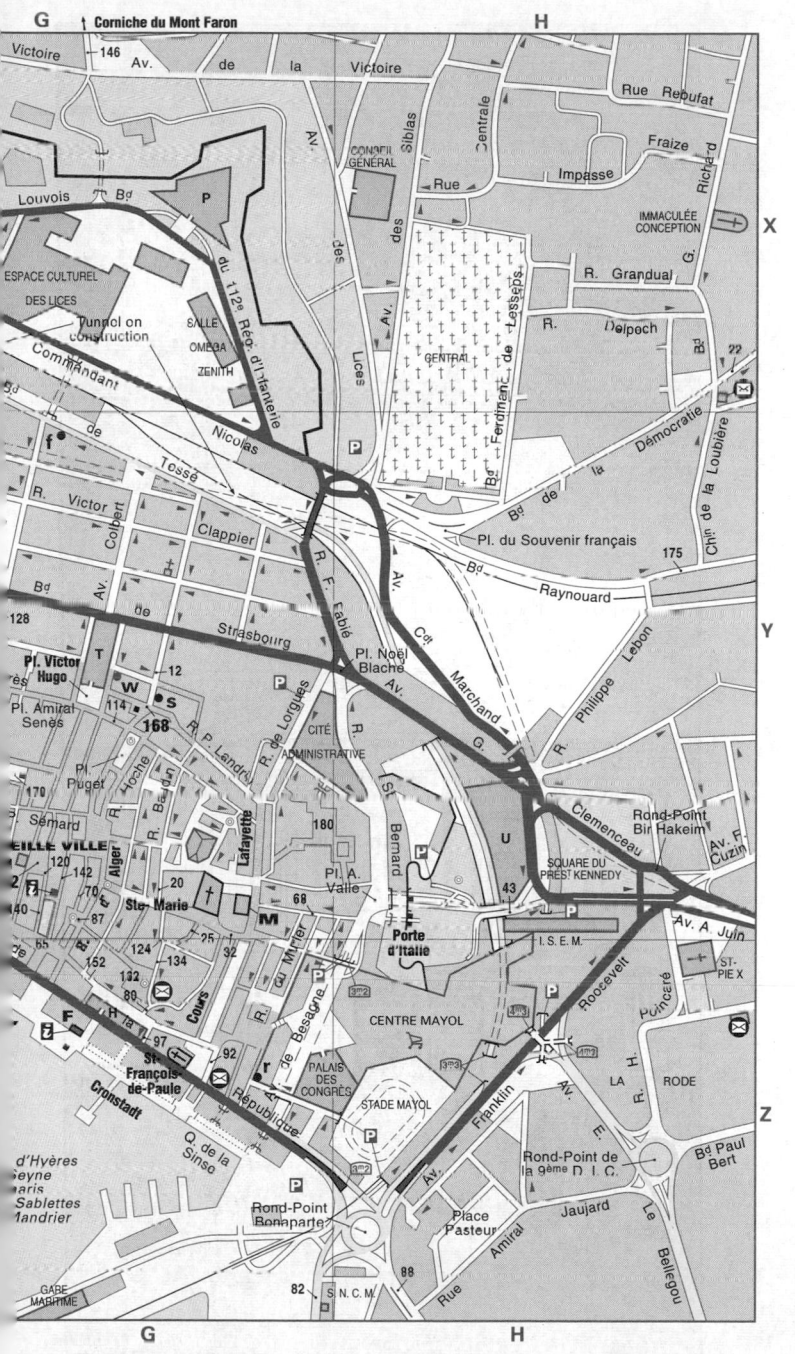

TOULOUSE

P *31000 H.-Gar.* 82 ⑧ *G. Midi-Pyrénées - 358 688 h. - Agglo. 650 336 h - alt. 146.*
Paris 699 ① *– Barcelona 321* ⑤ *– Bordeaux 247* ① *Lyon 536* ⑥ *Marseille 107* ⑤

OFFICE DE TOURISME

Donjon du Capitole ℘ *05 61 11 02 22, Fax 05 61 22 03 63*

RENSEIGNEMENTS PRATIQUES

TRANSPORTS

Auto-train ℘ *08 36 35 35 35.*

AÉROPORT

Toulouse-Blagnac ℘ *05 61 42 44 00* AS

DÉCOUVRIR

AN 2000
Inauguration 15 oct. : "Terre planète vivante" (extension à la Cité de l'espace).

TOULOUSE ET L'AÉRONAUTIQUE
Usine Clément-Ader à Colomiers dans la banlieue Ouest par ⑦

QUARTIERS DE LA BASILIQUE ST-SERNIN ET DU CAPITOLE
Basilique St-Sernin★★★ *- Musée St-Raymond*★★ *- Église les Jacobins*★★ *(vaisseau de l'église*★★*) - Capitole*★ *- Tour d'escalier*★ *de l'hôtel de Bernuy* EY

DE LA PLACE DE LA DAURADE À LA CATHÉDRALE
Hôtel d'Assézat et fondation Bemberg★★ EY *- Cathédrale St-Étienne*★ *- Musée des Augustins*★★ *(sculptures*★★★*)* FY

AUTRES CURIOSITÉS
Muséum d'Histoire naturelle★★ FZ *- Musée Paul-Dupuy*★ FZ *- Musée Georges-Labit*★ DV M⁵

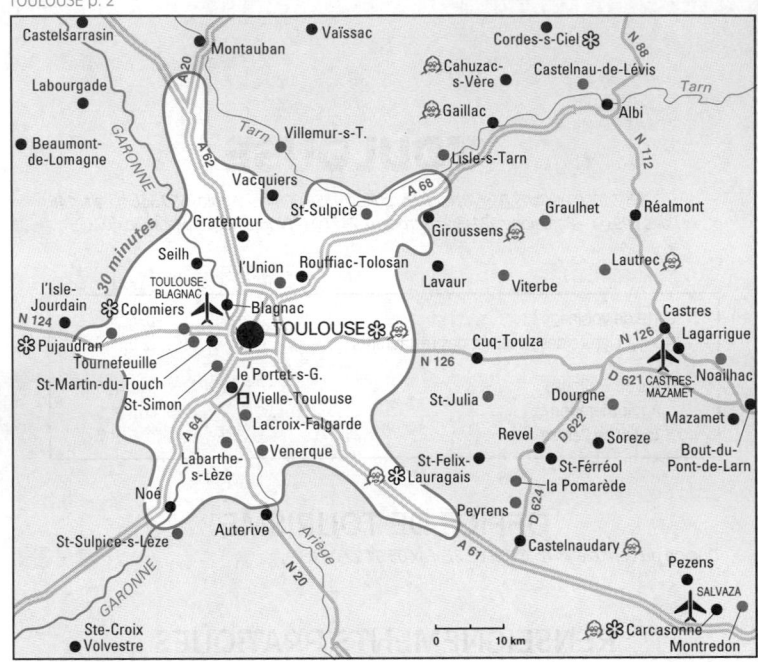

Sofitel Centre M, 84 allées J. Jaurès ℰ 05 61 10 23 10, Fax 05 61 10 23 20 – 🛗 ⇆ 🖿 📺 ☎ 📞 ᴊ ⇔ – 🔬 30 à 150. 🖭 ⓪ ⒼⒷ ᴊᴄʙ. ⅙ p. 7 FX **v**
L'Armagnac : Repas 165 ♀ – 🖙 95 – **119 ch** 1000/1800, 14 appart

Crowne Plaza M, 7 pl. Capitole ℰ 05 61 61 19 19, Fax 05 61 23 79 96, 🍽 – 🛗 ⇆ 🖿 📺 ☎ 📞 ᴊ – 🔬 15 à 50. 🖭 ⓪ ⒼⒷ p. 7 EY **t**
Repas 130/190, enf. 50 – 🖙 100 – **162 ch** 900/1800

Grand Hôtel de l'Opéra M sans rest, 1 pl. Capitole ℰ 05 61 21 82 66, Fax 05 61 23 41 04, ℔ – 🛗 🖿 📺 ☎ 📞 ᴊ – 🔬 30. 🖭 ⓪ ⒼⒷ ᴊᴄʙ p. 7 EY **a**
voir **D. Toulousy-Jardins de l'Opéra** et **Grand Café de l'Opéra** – 🖙 85 – **45 ch** 600/1250, 5 appart

Novotel Centre M 🐾, pl. A. Jourdain ℰ 05 61 21 74 74, Fax 05 61 22 81 22, 🍽, 🔁 – 🛗 ⇆ 🖿 📺 ☎ 📞 ᴊ ⇔ – 🔬 15 à 180. 🖭 ⓪ ⒼⒷ ᴊᴄʙ p. 6 DV **u**
Repas carte 130 à 220 ♀, enf. 50 – 🖙 60 – **125 ch** 540/570, 6 appart

Mercure Atria M, 8 espl. Compans Caffarelli ℰ 05 61 11 09 09, Fax 05 61 23 14 12, 🍽 – 🛗 ⇆ 🖿 📺 ☎ 📞 ᴊ ⇔ – 🔬 15 à 180. 🖭 ⓪ ⒼⒷ p. 6 DV **k**
Repas (80) - 110 ♀, enf. 50 – 🖙 60 – **136 ch** 550/595

Grand Hôtel Capoul M, 13 pl. Wilson ℰ 05 61 10 70 70, 🍽 – 🛗 ⇆ 🖿 📺 ☎ 📞 ᴊ – 🔬 30 à 100. 🖭 ⓪ ⒼⒷ ᴊᴄʙ p. 7 FY **n**
Brasserie le Capoul : ℰ 05 61 21 08 27 **Repas** carte 170 à 220 ♪ – 🖙 60 – **130 ch** 540/620, 6 appart

Brienne M sans rest, 20 bd Mar. Leclerc ℰ 05 61 23 60 60, Fax 05 61 23 18 94 – 🛗 🖿 📺 ☎ 📞 ᴊ 🄿 – 🔬 15 à 50. 🖭 ⓪ ⒼⒷ ᴊᴄʙ p. 6 DV **n**
🖙 50 – **68 ch** 400/480, 3 appart

Mercure St-Georges M, r. St-Jérôme (pl. Occitane) ℰ 05 61 23 11 77, Fax 05 61 23 19 38, 🍽 – 🛗 cuisinette ⇆, 🖿 rest, 📺 ☎ 📞 ᴊ – 🔬 15 à 100. 🖭 ⓪ ⒼⒷ ᴊᴄʙ p. 7 FY **s**
Repas (fermé vend. soir, sam. et dim.) 72/175 bc ♀ – 🖙 70 – **120 ch** 620/670, 28 appart

Mermoz M 🐾 sans rest, 50 r. Matabiau ℰ 05 61 63 04 04, Fax 05 61 63 15 64 – 🛗 cuisinette 🖿 📺 ☎ 📞 ᴊ ⇔ – 🔬 15 à 30. 🖭 ⓪ ⒼⒷ ᴊᴄʙ p. 7 DV **f**
🖙 60 – **52 ch** 515/600

🏨 **Grand Hôtel Jean Jaurès "Les Capitouls"** 🅼 sans rest, 29 allées J. Jaurès
ℰ 05 34 41 31 21, *Fax* 05 61 63 15 17 – |‡| ⇔ 📺 ☎ ୧. ᇰ. – 🔬 30. 🖭 ⓞ ☎ 🗺.
⊑ 60 – 50 ch 560/680
p. 7 FX g

🏨 **Beaux Arts** 🅼 sans rest, 1 pl. Pont-Neuf *ℰ* 05 34 45 42 42, *Fax* 05 34 45 42 43, ≤, « Bel
aménagement intérieur » – |‡| ▤ 📺 ☎ ୧. 🖭 ⓞ ☎ 🗺. ⅏
⊑ 85 – 19 ch 490/980
p. 7 EY v

🏨 **Victoria** sans rest, 76 r. Bayard *ℰ* 05 61 62 50 90, *Fax* 05 61 99 21 02 – |‡| ▤ 📺 ☎ – 🔬 30.
🖭 ⓞ ☎ – ⊑ 45 – 71 ch 350/400
p. 7 FX s

🏨 **Président** 🅼 ⤳ sans rest, 45 r. Raymond IV *ℰ* 05 61 63 46 46, *Fax* 05 61 62 83 60 – 📺 ☎
୧. ᇰ. 🖭 ⓞ ☎ .🗺 – ⊑ 45 – 31 ch 285/370
p. 7 FX k

🏨 **Athénée** sans rest, 13 r. Matabiau *ℰ* 05 61 63 10 63, *Fax* 05 61 63 87 80 – |‡| ▤ 📺 ☎ ୧ 🅿
– 🔬 15 à 30. 🖭 ⓞ ☎ 🗺 – ⊑ 47 – 35 ch 450/490
p. 7 FX a

🏨 **Albert 1er** sans rest, 8 r. Rivals *ℰ* 05 61 21 17 91, *Fax* 05 61 21 09 64 – |‡| 📺 ☎. 🖭 ⓞ ☎
⊑ 45 – 50 ch 290/400
p. 7 EX r

🏨 **Capitole** sans rest, 10 r. Rivals *ℰ* 05 61 23 21 28, *Fax* 05 61 23 87 48 – |‡| 📺 ☎ ୧. 🖭 ⓞ
☎ – ⊑ 40 – 33 ch 240/420
p. 7 EX n

🏨 **Gascogne** sans rest, 25 allées Ch. de Fitte ⊠ 31300 *ℰ* 05 61 59 27 44, *Fax* 05 61 42 25 52
– |‡| 📺 ☎ ୧ ᇰ. ⇔ 🅿. 🖭 ⓞ ☎   ⊑ 40   51 ch 250/300
p. 6 DV a

🏨 **Victor Hugo** sans rest, 26 bd Strasbourg *ℰ* 05 61 63 40 41, *Fax* 05 61 22 66 31 – |‡| 📺 ☎
ᇰ. 🖭 ⓞ ☎
fermé 24 déc. au 3 janv. – ⊑ 40 – 32 ch 240/320
p. 7 FX b

🏨 **Ours Blanc-Wilson** sans rest, 2 r. V. Hugo *ℰ* 05 61 21 62 40, *Fax* 05 61 23 62 34 – |‡| ▤
📺 ☎ ୧. ☎ – ⊑ 40 – 37 ch 280/350
p. 7 FX p

🏨 **Castellane** sans rest, 17 r. Castellane *ℰ* 05 61 62 18 82, *Fax* 05 61 62 58 04 – |‡| cuisinette
📺 ☎ ୧ ᇰ 🅿 – 🔬 15 à 40. 🖭 ⓞ ☎
⊑ 30 – 53 ch 280/480
p. 7 FX f

🏨 **Bordeaux** sans rest, 4 bd Bonrepos *ℰ* 05 61 62 41 09, *Fax* 05 61 63 06 65 – |‡| 📺 ☎ ᇰ.
⇔. 🖭 ⓞ ☎ – *fermé 24 déc. au 2 janv.* – ⊑ 35 – 31 ch 235/320
p. 7 FX e

🏨 **Star** sans rest, 17 r. Baqué ⊠ 31200 *ℰ* 05 61 47 45 15, *Fax* 05 61 47 22 61 – 📺 ☎ ୧. 🖭
ⓞ ☎ – ⊑ 28 – 17 ch 180/210
p. 5 BS e

XXXX **Toulousy-Les Jardins de l'Opéra** · Grand Hôtel de l'Opéra, 1 pl. Capitole
✿ *ℰ* 05 61 23 07 76, *Fax* 05 61 23 63 00 – ▤. 🖭 ⓞ ☎ 🗺
p. 7 EY q
fermé 6 au 29 août, 1er au 8 janv., dim. et lundi – **Repas** 230 (déj.), 300/560 et carte 400 à
600 ♀
Spéc. Ravioli de foie gras de canard au jus de truffes. Pigeon du Lauragais aux épices.
Moelleux à la pistache et chocolat.

XXX **Michel Sarran**, 21 bd A. Duportal *ℰ* 05 61 12 32 32, *Fax* 05 61 12 32 33, 🌧 – ▤. 🖭 ☎
✿ *fermé 29 juil. au 29 août, 22 au 29 déc., sam. et dim.* – **Repas** (nombre de couverts limité,
prévenir) 240 bc/500 bc et carte 320 à 430
p. 6 DV m
Spéc. Petits farcis en anchoïade provençale. Loup cuit et cru au chorizo. Pigeon rôti au
fenouil et à la badiane. **Vins** Côtes de Gascogne, Fronton.

XXX **Frégate**, 1 r. d'Austerlitz (2e étage) *ℰ* 05 61 21 62 45, *Fax* 05 61 22 58 41 – |‡| ▤. 🖭 ⓞ
☎ – **Repas** 180 bc/220 bc et carte 250 à 320
p. 7 FX p

XX **7 Place St-Sernin**, 7 pl. St-Sernin *ℰ* 05 62 30 05 30, *Fax* 05 62 30 04 06, « "Toulousaine"
⇛ élégamment aménagée » – ▤. 🖭 ⓞ ☎. ⅏
p. 7 EX v
fermé lundi midi, sam. midi et dim. – **Repas** (95) · 140/190 ♀

XX **Depeyre**, 17 rte Revel ⊠ 31400 *ℰ* 05 61 20 26 56, *Fax* 05 61 34 83 96 – 🖭 ⓞ ☎
fermé 1er au 21 août, dim. et lundi – **Repas** 100 (déj.), 220/300

XX **Chez Laurent Orsi "Bouchon Lyonnais"**, 13 r. Industrie *ℰ* 05 61 62 97 43,
Fax 05 61 63 00 71 – ▤. 🖭 ⓞ ☎ 🗺
p. 7 FY f
fermé dim., sauf fériés – **Repas** (99) · 145/195 ♀

XX **L'Edelweiss**, 19 r. Castellane *ℰ* 05 61 62 34 70, *Fax* 05 61 62 34 70 – ▤. 🖭 ⓞ ☎ 🗺
fermé 3 au 21 août, dim. et lundi – **Repas** (131) · 165/210 bc ♀
p. 7 FX f

XX **Brasserie "Beaux Arts"**, 1 quai Daurade *ℰ* 05 61 21 12 12, *Fax* 05 61 21 14 80 – 🖭 ⓞ
☎ 🗺
p. 7 EY v
Repas 159 bc, enf. 48

TOULOUSE

Agde (Rte d') . . . . **CS**
Albi (Rte d') . . . . **CS**
Arènes Romaines (Av.) . . . . **AT** 3
Babinet (R. J.) . . . . **AU** 6
Barrière de Paris . . . . **BS** 10
Bayonne (Rte de). . . . . **AT**
Blagnac (Rte de). . . . . **AST**
Bonnefoy (R. Fg.) . . . . **CS** 15
Bordebasse (R. de) . . . . **AS** 17
Brunaud (Av.) . . . . **CT**
Castres (Av. de) . . . . **CT**
Chaubet (Av. Jean) . . . . **CT**
Cornebarrieu (Av. de) . . . . **AS** 33
Crêtes (Bd des) . . . . **CT**
Déodat-de-Sév. (Bd) . . . . **BU** 43
Dillon (Cours) . . . . **BT** 46
Dr-Baylac (Pl. du) . . . . **AT** 47
Eisenhower
(Av. du Gén.) . . . . **AU**
Espagne (Rte d') . . . . **BU**
Etats-Unis (Av. des). . . . . **BS** 55
Fronton (Av. de) . . . . **BS**
Gde-Bretagne (Av. de). . . . . **AT** 67
Gloire (Av. de la). . . . . **CT**
Gonin (Av. Cl.) . . . . **AS**
Grenade (Rte de). . . . . **AS**
Julien (Av. J.) . . . . **BU** 80
Langer (Av. M.) . . . . **BU** 84
Lardenne (Av. de). . . . . **AT**
Lombez (Av. de). . . . . **AT** 88
Minimes (Av. des) . . . . **BS** 104
Mirail (Av. du). . . . . **AU** 106
Narbonne (Rte de) . . . . **BCU**
Pt-Guilheméry (R.). . . . . **CT** 119
Pujol (Av. C.) . . . . **CT** 121
Ramelet-Moundi
(Chemin de). . . . . **AU**
Récollets (Bd des) . . . . **BU** 123
Revel (Rte de) . . . . **CU** 125
Rieux (Av. J.) . . . . **CU**
Saint-Exupéry (Av.) . . . . **CU**
St-Simon (Rte de) . . . . **AU** 136
Ségoffin (Av. V.). . . . . **BU** 140
Suisse (Bd de). . . . . **BST**
Trentin (Bd S.) . . . . **BS** 148
Tucaut (Chemin de) . . . . **AU**
URSS (Av. de l'). . . . . **BU** 154

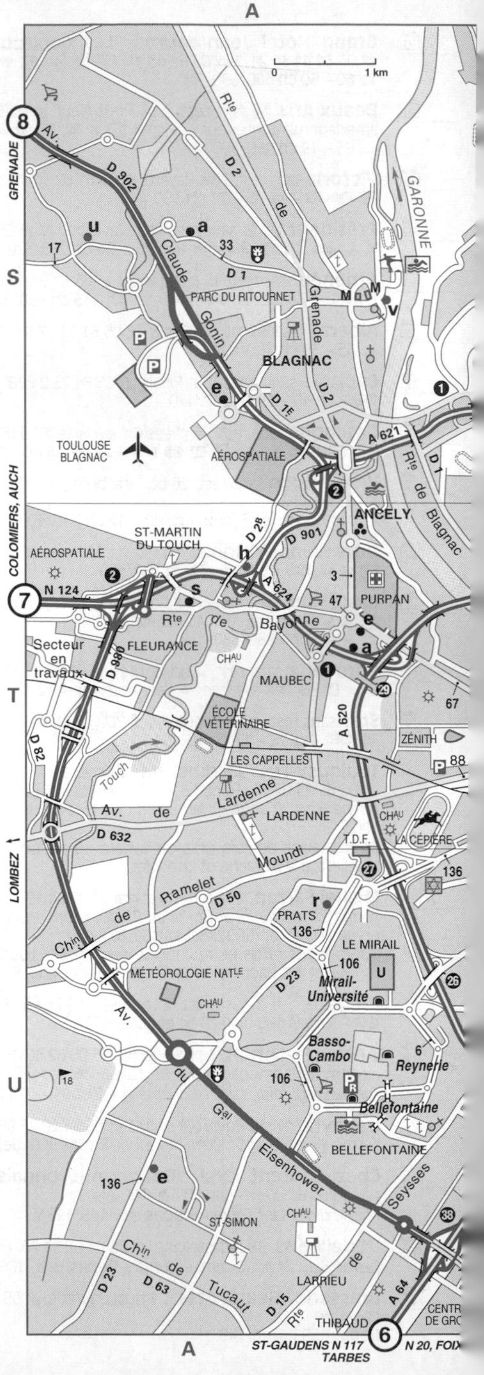

Les principales voies commerçantes figurent en rouge dans la liste des rues des plans de villes.

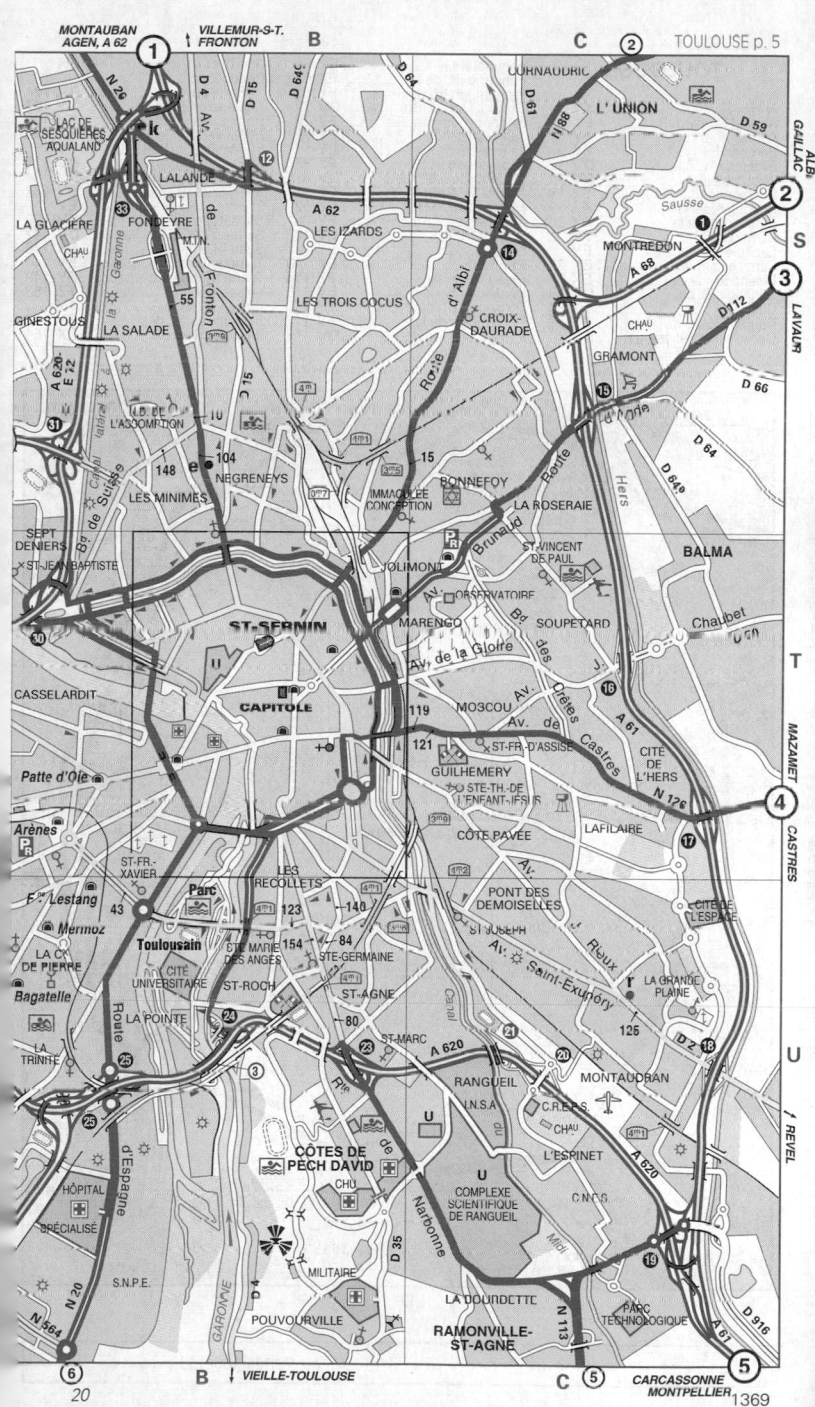

TOULOUSE

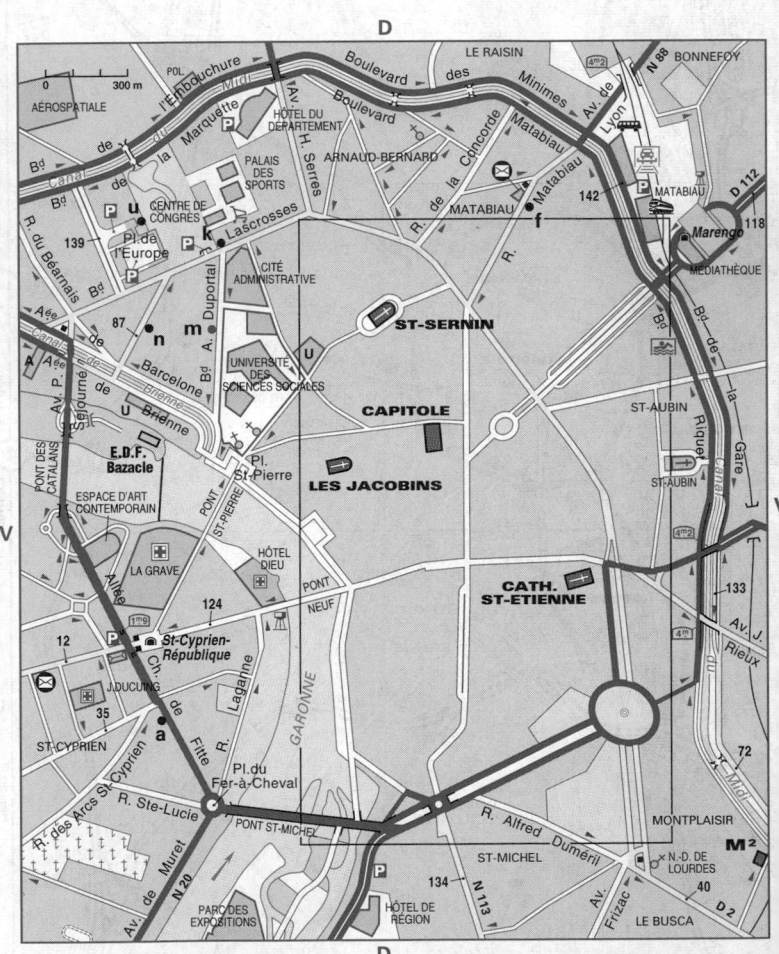

A good moderately priced meal : 🍴 **Repas** 100/130

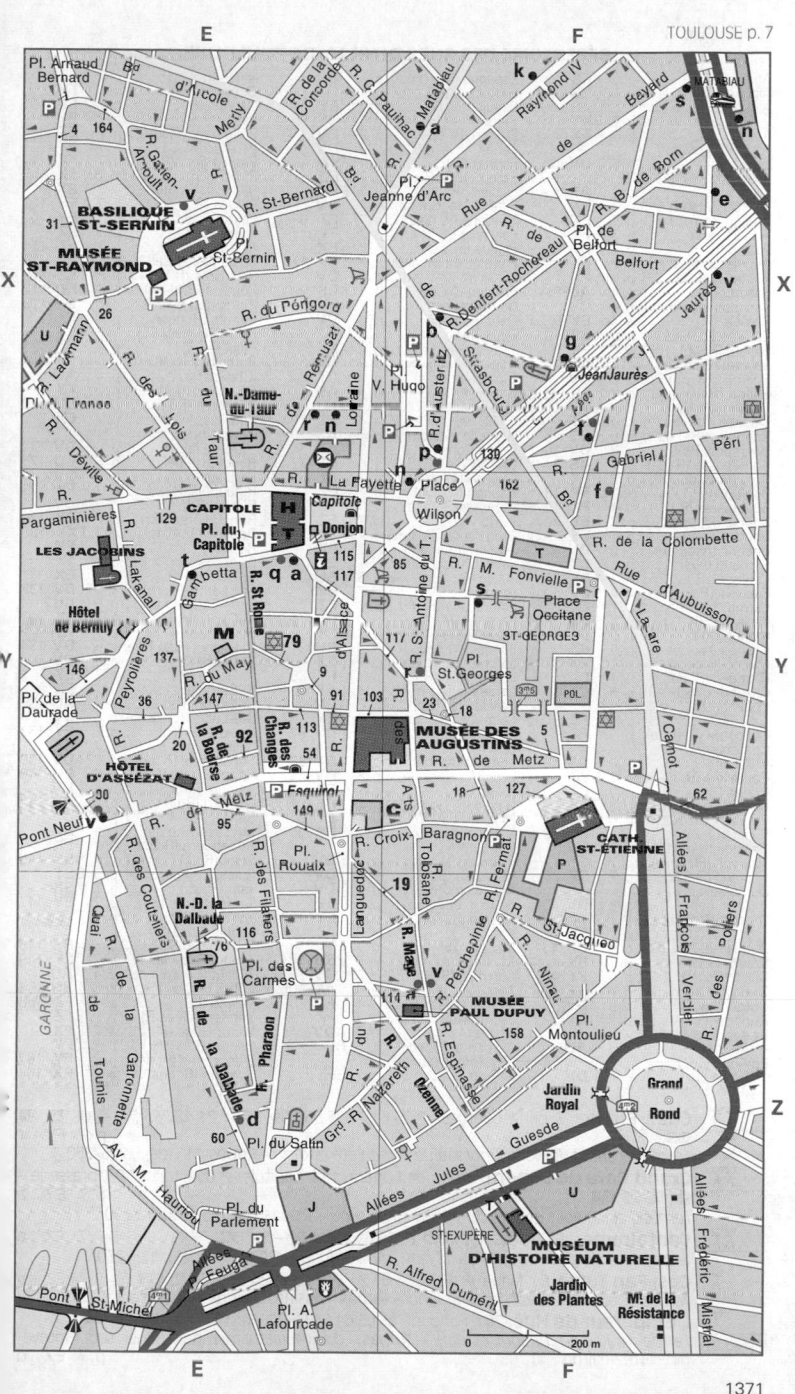

RÉPERTOIRE DES RUES DU PLAN DE TOULOUSE

XX **Chez Emile,** 13 pl. St-Georges ℰ 05 61 21 05 56, *Fax 05 61 21 42 26,* 🍽 – 🍴. 🖭 ⓞ GB
p. 7 **FY** **r**
fermé vacances de Noël, lundi sauf le soir en été et dim. – **Repas** 118 (déj.), 225/250 ⅃

XX **Grand Café de l'Opéra -** Gd H. de l'Opéra, 1 pl. Capitole ℰ 05 61 21 37 03, brasserie –
🖭 🖭 ⓞ GB
p. 7 **EY** **a**
fermé 5 au 21 août et dim. du 15 juin au 15 sept. – **Repas** (130) - carte 150 à 250 ⅃

XX **Cantaloupe,** 49 Gde rue Nazareth ℰ 05 61 55 34 01 – ⓞ GB
P. 7 **FZ** **a**
fermé 19 août au 6 sept., 1er au 11 janv., dim. et lundi – **Repas** 65 (déj.), 125/230 ⅃

X **Cosi Fan Tutte,** 8 r. Mage ℰ 05 61 53 07 24, *Fax 05 61 52 27 92* – 🖭 GB
P. 7 **FZ** **v**
fermé 15 août au 7 sept., dim. et lundi – **Repas** - cuisine italienne - (dîner seul.) 125/210

X **L'Empereur de Huê,** 26 r. Fonderie ℰ 05 61 53 55 72, *Fax 05 61 53 55 72* – GB
fermé 14 juil. au 15 août et dim. – **Repas** - cuisine vietnamienne - (dîner seul.) (prévenir) carte environ 200
p. 7 **EZ** **d**

à Lalande *Nord . 6 km –* ✉ *31200 Toulouse :*

🏨🏨 **Hermès** Ⓜ sans rest, 49 av. J. Zay 🅰 05 61 47 60 47, *Fax 05 61 47 56 08* – 🛗 ✂ 🖭 📺 ☎
✔ 🕹 🄿 – 🖄 15. 🖭 ⓪ 🆚 🄼 – 🖸 30 – **68 ch** 280/340
p. 5 **BS k**

à Gratentour *Nord : 15 km par D 4 et D 14 – 2 518 h. alt. 174 –* ✉ *31150 :*

🏨 **Barry** ⏃, r. Barry 🅰 05 61 82 22 10, *Fax 05 61 82 22 38*, 🏡, 🔝, 🌳 – 📺 ☎ 🕹 🄿 – 🖄 30.
🖭 ⓪ 🆚 🄼 – 🌸 – **Repas** *(fermé 11 au 18 août et vacances de fév.)* 75 (déj.), 110/145
🖸 48 – **22 ch** 300/380 – ½ P 340/380

à l'Union *: 7 km – 11 751 h. alt. 146 –* ✉ *31240 :*

XX **Bonne Auberge,** 2 bis r. Autan Blanc - N 88 🅰 05 61 09 32 26, *Fax 05 61 09 97 53* – 🖃 🄿.
🆚 – *fermé 14 août au 4 sept., sam. midi, dim. soir et lundi* – **Repas** 100 (déj.), 128/225 🏆

à Rouffiac-Tolosan *par② : 12 km – 961 h. alt. 210 –* ✉ *31180 :*

XX **Clos du Loup** avec ch, N 88 🅰 05 61 09 28 39, *Fax 05 61 35 13 97* – 🖃 rest, 📺 ☎ ✔ 🄿.
🆚 – *fermé dim. soir et lundi* – **Repas** 98/210 🏆 – 🖸 30 – **20 ch** 215/265

à Vieille-Toulouse *Sud : 9 km par D 4   867 h. alt. 269   ✉ 31320 :*

🏨 **Flânerie** ⏃ sans rest, rte Lacroix-Falgarde 🅰 05 61 73 39 12, *Fax 05 61 73 18 56*, < la
Garonne, parc, 🔝 – 📺 📺 ✔ ☞ 🄿, 🖭 ⓪ 🆚
fermé 1ᵉʳ au 20 fév. – 🖸 48 – **12 ch** 310/600

à Lacroix-Falgarde *Sud : 13 km par D 4 – 1 478 h. alt. 154 –* ✉ *31120 :*

XX **Bellevue,** 1 av. Pyrénées 🅰 05 61 76 94 97, <, 🏡 – 🄿. 🆚
fermé 16 au 31 oct., mardi soir et merc. de sept. à avril – **Repas** 118/195

à Portet-sur-Garonne *Sud : 10 km par N 20 – 8 030 h. alt. 150 –* ✉ *31120 :*

🏨🏨 **L'Hotan,** 80 rte d'Espagne (N 20) 🅰 05 62 87 14 14, *Fax 05 62 87 14 15*, 🏡 – 🛗 🖃 📺 ☎
✔ 🕹 🄿 – 🖄 15 à 80. 🖭 ⓪ 🆚
fermé dim. midi et sam. – **Repas** 107/165 🍷 – 🖸 49 – **52 ch** 380/430

🏨 **Octel** Ⓜ sans rest, 8 chemin Genêts (Centre Secondo) 🅰 05 62 20 63 63,
Fax 05 62 20 63 67 – cuisinette 🖃 📺 ☎ ✔ 🄿. 🖭 ⓪ 🆚 🄼
🖸 45 – **30 ch** 300/480, 32 studios

X **Baron Ritay,** pl. République 🅰 05 61 72 01 53, *Fax 05 61 72 55 77* – 🖃. 🖭 ⓪ 🆚 🄼
fermé 6 au 27 août et dim. soir – **Repas** 88/215 bc 🏆

au Sud-Ouest *: 6 km par rte de St-Simon :*

XXX **Pastel** (Garrigues), ✉ 31100 🅰 05 62 87 84 30, *Fax 05 61 44 29 22*, 🏡, 🌳 – 🄿. 🖭 ⓪
🆚 ✂   p. 4 **AU   r**
❀ *fermé dim. et lundi* – **Repas** (prévenir) 155 (déj.), 300/370 et carte 270 à 470
Spéc. Coquilles Saint-Jacques "Jubilatoire" (oct. à avril). Tatin de navets glacés au foie gras
(oct. à mai). Agneau de lait de l'Aveyron (janv. à juin). **Vins** Côtes du Frontonnais, Madiran.

à St-Simon *Sud-Ouest : 8 km par D 23 –* ✉ *31100 Toulouse :*

XXX **Les Ombrages,** 48 bis rte St-Simon 🅰 05 61 07 61 28, *Fax 05 61 06 42 26* – 🄿. 🖭 ⓪ 🆚
🄼   p. 4 **AU   e**
fermé 10 au 24 août et lundi – **Repas** 130 (déj.), 165/260 et carte 250 à 380, enf. 80

à Tournefeuille *Ouest : 8 km par D 632* AT *– 16 669 h. alt. 155 –* ✉ *31170 :*

XX **L'Art de Vivre,** 279 chemin Ramelet-Moundi 🅰 05 61 07 52 52, *Fax 05 61 06 41 94*, 🏡 –
🄿. 🖭 ⓪ 🆚 – *fermé mardi soir et merc.* – **Repas** 110 (déj.), 149/270

à Purpan *Ouest : 6 km par N 124 –* ✉ *31300 Toulouse :*

🏨🏨 **Palladia** Ⓜ, 271 av. Grande Bretagne 🅰 05 62 12 01 20, *Fax 05 62 12 01 21*, 🏡, 🔝 – 🛗
✂ 🖃 📺 ☎ ✔ 🕹 ☞ 🄿 – 🖄 300. 🖭 ⓪ 🆚 🄼   p. 4 **AT   c**
Repas *(fermé dim.)* 120 🏆 – 🖸 90 – **91 ch** 850/1200 – ½ P 705/805

🏨🏨 **Novotel Aéroport** Ⓜ, 23 impasse Maubec 🅰 05 61 15 00 00, *Fax 05 61 15 88 44*, 🏡,
🔝, 🌳, 🖃 📺 ☎ ✔ 🕹 ☞ 🄿 – 🖄 15 à 100. 🖭 ⓪ 🆚 🄼   p. 4 **AT   a**
Repas carte environ 160 🏆, enf. 55 – 🖸 65 – **123 ch** 520/540

à St-Martin-du-Touch *Ouest : 8 km par N 124 –* ✉ *31300 Toulouse :*

🏨 **Airport Hôtel** sans rest, 176 rte Bayonne 🅰 05 61 49 68 78, *Fax 05 61 49 73 66*, 🖫 – 🛗
📺 ☎ 🕹 🄿 – 🖄 15. 🖭 ⓪ 🆚 🄼 – 🖸 39 – **45 ch** 299/379   p. 4 **AT   s**

XX **Cantou,** 98 r. Velasquez (D 2ᴮ) 🅰 05 61 49 20 21, *Fax 05 61 31 01 17*, 🏡, 🌳 – 🄿. 🖭 ⓪
🆚 🄼   p. 4 **AT   h**
fermé 10 au 17 août, 1ᵉʳ au 7 janv., sam. et dim. – **Repas** (98) - 160/200 🏆

à Colomiers *par① – sortie n° 4 - puis direction Cornebarrieu par D 63 : 10 km – 26 979 h. alt. 182 –*
✉ *31770 :*

XXX **L'Amphitryon,** chemin de Gramont 🅰 05 61 15 55 55, *Fax 05 61 15 42 30*, <, 🏡 – 🖃 🄿.
🖭 ⓪ 🆚 – **Repas** 145/240 🏆
❀ **Spéc.** Mi-cuit de foie gras de canard. Canette du Lauragais rôtie à l'ail nouveau. Moelleux au
chocolat.

à Blagnac Nord-Ouest : 7 km – 17 209 h. alt. 135 – ⊠ 31700 :

🏨🏨🏨 **Sofitel** Ⓜ, 2 av. Didier Daurat, dir. aéroport (sortie n° 3), ℰ 05 61 71 11 25, Fax 05 61 30 02 43, 斎, ◪, ✍, ✖ – 園 ⊁ 圖 ₪ ☎ ℰ 밀 – 🕿 90. 歴 ⓪ ◑ ᑯᴄᴮ
Caouec : Repas 160/200 ♀ – ☲ 88 – **100 ch** 950/990
p. 4 **AS e**

🏨 **Grand Noble,** 90 av. Cornebarrieu ℰ 05 34 60 47 47, Fax 05 34 60 47 48, 斎 – 園 圖 ₪ ☎
& 밀 – 🛎 15 à 50. 歴 ⓪ ◑ – **Repas** (fermé août, vend. soir, sam. et fériés) 95/200, enf. 65 – ☲ 55 – **44 ch** 330/350 – ½ P 270/300
p.4 **AS a**

✖✖ **Le Goulu,** r. Bordebasse (zone aéroportuaire) ℰ 05 61 15 66 66, Fax 05 61 30 43 07 – 圖
밀. 歴 ◑ ᑯᴄᴮ – fermé 1er au 15 août, 26 déc. au 4 janv., sam. et dim. – **Repas** 120/230 et carte 200 à 320, enf. 55
p.4 **AS u**

✖ **Bistrot Gourmand,** 1 bd Firmin Pons ℰ 05 61 71 96 95, Fax 05 61 71 96 95, 斎 – 歴 ◑
⌖ ◑
fermé 6 au 21 août, 1er au 7 janv., sam. midi, dim. soir et lundi – **Repas** 46 (déj.), 66/160 🌡
p. 4 **AS v**

à Seilh par ⑧ : 15 km – 816 h. alt. 133 – ⊠ 31840 :

🏨🏨 **Maéva Latitudes** Ⓜ ≫, rte Grenade ℰ 05 62 13 14 15, Fax 05 61 59 77 97, ≤, 斎, « Dans un complexe de loisirs », ℱ, ◪, ✖ – 園 圖 ₪ ☎ ℰ & ⇔ 밀 – 🛎 15 à 180. 歴 ◑
◑ – *L'Aéropostale* (dîner seul. du 14 juil. au 20 août) (fermé sam. midi, dim. midi et fériés le midi) Repas (115)-135/169 ♀, enf. 50 – ☲ 49 – **117 ch** 520/700, 56 studios – ½ P 440

TOUQUES 14 Calvados 🆕 ③ – rattaché à Deauville.

Le TOUQUET-PARIS-PLAGE 62520 P.-de-C. 🆕 ⑪ G. Picardie Flandres Artois – 5 596 h alt. 5 – Casinos La Forêt BZ, Quatre saisons AY. Voir Vallée de la Canche★ par ①.
🛈 Office de Tourisme Palais de l'Europe ℰ 03 21 06 72 00, Fax 03 21 06 72 01.
Paris 243 ① – Calais 67 ① – Abbeville 59 ① – Arras 95 ① – Boulogne-sur-Mer 30 ①.
Plan page suivante

🏨🏨🏨 **Westminster,** av. Verger ℰ 03 21 05 48 48, Fax 03 21 05 45 45, ℱ, ◪, ✍ – 園 ☎ 밀 –
🛎 25 à 100. 歴 ◑ ◑
BZ **a**
fermé fév. – **Pavillon** (dîner seul.) (fermé 5 janv. au 1er mars et mardi sauf juil.-août) Repas 250/380 ♀, enf. 100 – **Coffee Shop :** Repas (135)-175, enf. 68 – ☲ 95 – **115 ch** 650/1325 – ½ P 798/958

🏨🏨 **Park Plaza Grand Hôtel** ≫, 4 bd Canche ℰ 03 21 06 88 88, Fax 03 21 06 87 87, 斎, ℱ, ◪, ✍ – 園, 圖 rest, ₪ ☎ ℰ & 밀. 歴 ◑ ◑. ✖ rest
BY **s**
Les Jardins d'Opale (dîner seul.) Repas 195, enf. 50 – *Bistrot* : Repas (95) et carte 160 à 230 🌡, enf. 50 – ☲ 75 – **129 ch** 690/790, 5 appart – ½ P 555/655

🏨🏨 **Manoir Hôtel** ≫, au Golf par ② : 2,5 km ℰ 03 21 06 28 28, Fax 03 21 06 28 29, 斎, « Manoir début de siècle en bordure du golf », ◪, ✍ – ₪ ☎ 밀 – 🛎 15. 歴 ◑ ◑.
✖ rest – fermé janv. – **Repas** 150 – **42 ch** ☲ 635/1210 – ½ P 585/755

🏨🏨 **Holiday Inn Resort** Ⓜ ≫, av. Mar. Foch ℰ 03 21 06 85 85, Fax 03 21 06 85 00, 斎, ℱ, ◪, ✍, ✖ – 園 ⊁ 圖 rest, ₪ ☎ ℰ & 밀 – 🛎 70. 歴 ◑ ◑ ᑯᴄᴮ. ✖ rest
BZ **n**
Picardy : Repas 145 🌡, enf. 60 – ☲ 65 – **56 ch** 740/830, 32 duplex – ½ P 560

🏨🏨 **Novotel** Ⓜ ≫, sur la plage ℰ 03 21 09 85 00, Fax 03 21 09 85 10, ≤, 斎, centre de thalassothérapie, ◪, ⚓ – ⊁ ₪ ☎ ℰ & ⇔ 밀 – 🛎 25 à 40. 歴 ◑ ◑. ✖ rest
fermé 2 au 29 janv. – **Repas** (120) - 158, enf. 65 – ☲ 68 – **146 ch** 730/940, 3 appart
AZ **e**

🏨 **Red Fox** sans rest, r. Metz ℰ 03 21 05 27 58, Fax 03 21 05 27 56 – 園 ₪ ☎ ℰ & ⇔. 歴
◑ ◑ – ☲ 40 – **48 ch** 420/520
AY **r**

🏨 **Artois** sans rest, 123 r. Paris ℰ 03 21 05 17 09, Fax 03 21 05 33 61 – ☎. 歴 ◑ ◑
☲ 40 – **15 ch** 330/420
AZ **v**

🏨 **Forêt** sans rest, 73 r. Moscou ℰ 03 21 05 09 88, Fax 03 21 05 59 40 – ₪ ☎ ℰ. ◑. ✖
fermé vacances de Noël – ☲ 31 – **10 ch** 250/280
AZ **b**

🏨 **Embruns** sans rest, 89 r. Paris ℰ 03 21 05 87 61, Fax 03 21 05 85 09 – ₪ ☎ ℰ. 歴 ◑ ◑.
✖ – fermé 20 déc. au 20 janv. – ☲ 36 – **19 ch** 260/350
AYZ **u**

✖✖✖ **Flavio,** av. Verger ℰ 03 21 05 10 22, Fax 03 21 05 91 55, 斎 – 歴 ◑ ◑ ᑯᴄᴮ
fermé 10 janv. au 10 fév., lundi sauf juil.-août et fériés – **Repas** (130 bc) - 195/720 et carte 380 à 510
BZ **d**

à l'aérodrome Est : 2,5 km par av. de Picardie BZ :

✖✖ **L'Escale,** ℰ 03 21 05 23 22, Fax 03 21 05 84 56, 斎 – 밀. 歴 ◑ ◑
fermé 13 nov. au 14 déc. et jeudi hors saison – **Repas** 160/180 ♀ - *Brasserie :* Repas (65)-90/120 ♀, enf. 45

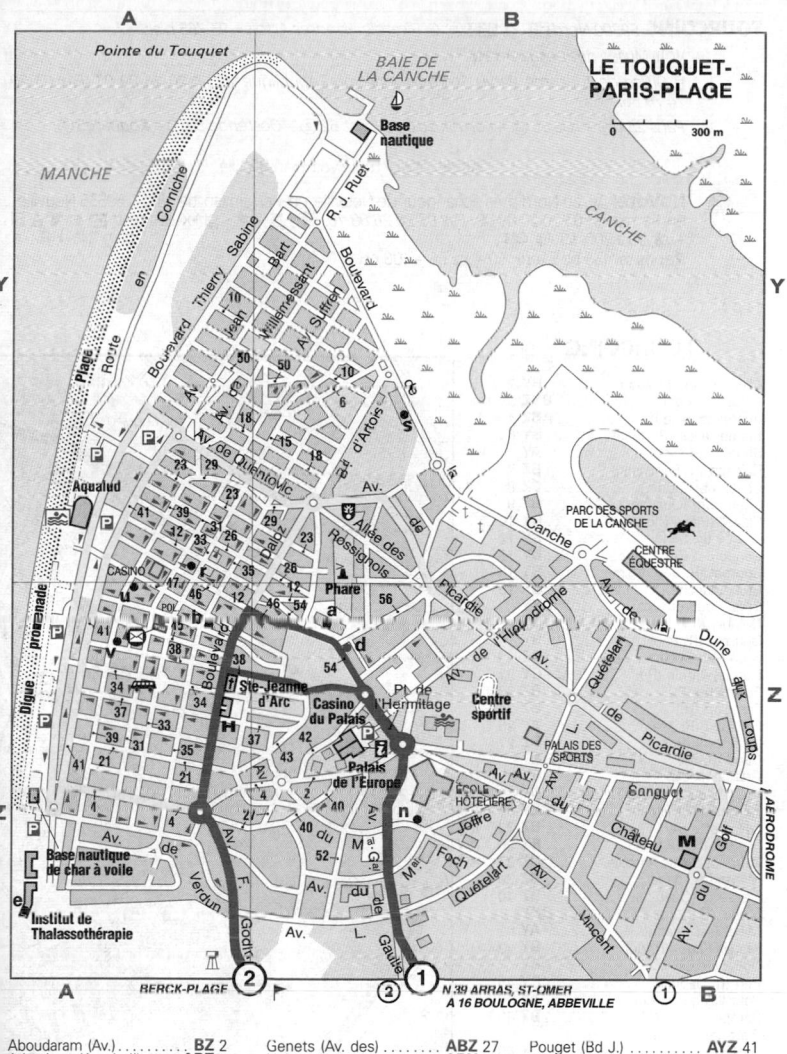

LE TOUQUET-PARIS-PLAGE

à Stella-Plage par ② : 7 km – ⊠ 62780 Cucq :

🏠 **Pelouses,** bd E. Labrasse ℰ 03 21 94 60 86, Fax 03 21 94 10 11, 斎 – 🛊 ⊡ ☎ 🅿. ﭏ ⬤ ⏚

fermé janv., dim. soir et lundi d'oct. à mars – **Repas** 89/195 ⅀, enf. 45 – ⊡ 40 – **30 ch** 230/350 – ½ P 220/270.

TOURCOING 59200 Nord **51** ⑥, **111** ⑭ G. Picardie Flandres Artois – 93 765 h alt. 37.

Voir Musée des Beaux-Arts **M**.

🗗 Office de Tourisme Parvis St-Christophe, pl. République 𝒫 03 20 26 89 03, Fax 03 20 74 79 80.

Paris 234 ⑩ – Lille 15 ⑩ – Kortrijk 20 ④ – Gent 62 ② – Oostende 80 ① – Roubaix 5 ⑦

Accès et sorties : voir plan de Lille.

 Novotel M, au Nord près échangeur de Neuville-en-Ferrain (sortie 18) ⊠ 59535 Neuville-en-Ferrain 𝒫 03 20 28 88 00, Fax 03 20 28 88 10, 佘, ⊼, 禄 – 劇 ⅍, 🍽 rest, 📺 ☎ ✆ & 🅿 – 益 30 à 200. 🖭 ⓪ ☉   plan Lille **HR** e
Repas 93/135 bc ⵣ, enf. 50 – ⵤ 55 – **108 ch** 470/495

TOURCOING

Allende (Bd Salvador)	**BY** 2
Anges (R. des)	**BYZ** 3
Austerlitz (R. d')	**ABZ** 4
Bienfaisance (R. de la)	**BY** 6
Brun-Pain (R. du)	**AY**
Buisson (R. Ferdinand)	**BZ** 7
Chateaubriand (R.)	**CZ** 8
Cherbourg (Quai de)	**BZ** 9
Clavell (Place Miss)	**BY** 10
Cloche (R. de la)	**BY** 12
Condorcet (R.)	**BY** 13
Courbet (R. de l'Amiral)	**BY** 15
Croix-Blanche (R. de la)	**CX** 16
Croix-Rouge (R. de la)	**CXY**
Delobel (R.)	**BY** 18
Doumer (R. Paul)	**BY** 19
Dron (Av. Gustave)	**BZ**
Duguay-Trouin (R.)	**CY** 21
Faidherbe (R.)	**BZ** 22
Famelart (R.)	**BZ** 24
Froissart (R. Jean)	**AY** 25
Gambetta (Bd)	**BZ** 27
Gand (R. de)	**BXY**
Grand'Place	**BY** 28
Hassebroucq (Pl. V.)	**BY** 30
Hénaux (R. Marcel)	**BXY** 31
La-Fayette (Av.)	**BZ** 33
Leclerc (R. du Gén.)	**BY** 36
Lefrançois (Av. Alfred)	**CZ** 37
Marne (Av. de la)	**BZ** 39
Marseille (Quai de)	**BZ** 40
Menin (R. de)	**BXY**
Millet (Av. Jean)	**AY** 42
Moulin-Fagot (R. du)	**BZ** 43
Nationale (R.)	**ABY**
Péri (R. Gabriel)	**BY** 45
Petit-Village (R. du)	**AY** 46
Pompidou (Av. G.)	**BZ** 48
Pont-de-Neuville (R. du)	**CX** 49
République (Pl. de la)	**BY** 51
Résistance (Pl. de la)	**BY** 52
Ribot (R. Alexandre)	**BY** 54
Roosevelt (R. F.)	**BY** 55
Roussel (Pl. Ch.-et-A.)	**BY** 57
St-Jacques (R.)	**BY** 58
Sasselange (R. Ed.)	**BZ** 60
Testelin (R. A.)	**CX** 61
Thiers (R.)	**BZ** 63
Tournai (R. de)	**BZ** 64
Turenne (R.)	**BZ** 66
Victoire (Pl. de la)	**BY** 69
Wailly (R. de)	**BY** 70
Wattine (R. Ch.)	**BZ** 72

WATTRELOS

Vaneslander (R. M.)	**CZ** 67

Comfort Inn Primevère, Parc d'activités de Ravennes-les-Francs ✉ 59910 Bondues ☎ 03 20 36 01 96, *Fax 03 20 24 53 52*, – TV ☎ P – 15 à 40. AE GB
Repas *(fermé dim. soir)* *(75)* - 95/128 ♀, enf. 46 – ☕ 38 – **52 ch** 280 plan Lille **HR b**

Ibis, r. Carnot ☎ 03 20 24 84 58, *Fax 03 20 26 29 58* – TV ☎ – 15. AE GB **BY a**
Repas *(75)* - 95/131 ♀, enf. 39 – ☕ 35 – **102 ch** 300

Daratte, 395 r. Clinquet ☎ 03 20 94 45 65, *Fax 03 20 03 41 84*, – . AE GB
fermé 1er au 20 août, vacances de fév., dim. soir, lundi soir et sam.
Repas 118/330 ♀ plan de Lille **HR d**

Plessy, 31 av. Lefrançois ☎ 03 20 25 07 73, *Fax 03 20 25 43 24* – . AE GB JCB
fermé août, 1er au 7 janv., dim. soir et lundi – **Repas** 115/180 ♀ **BZ d**

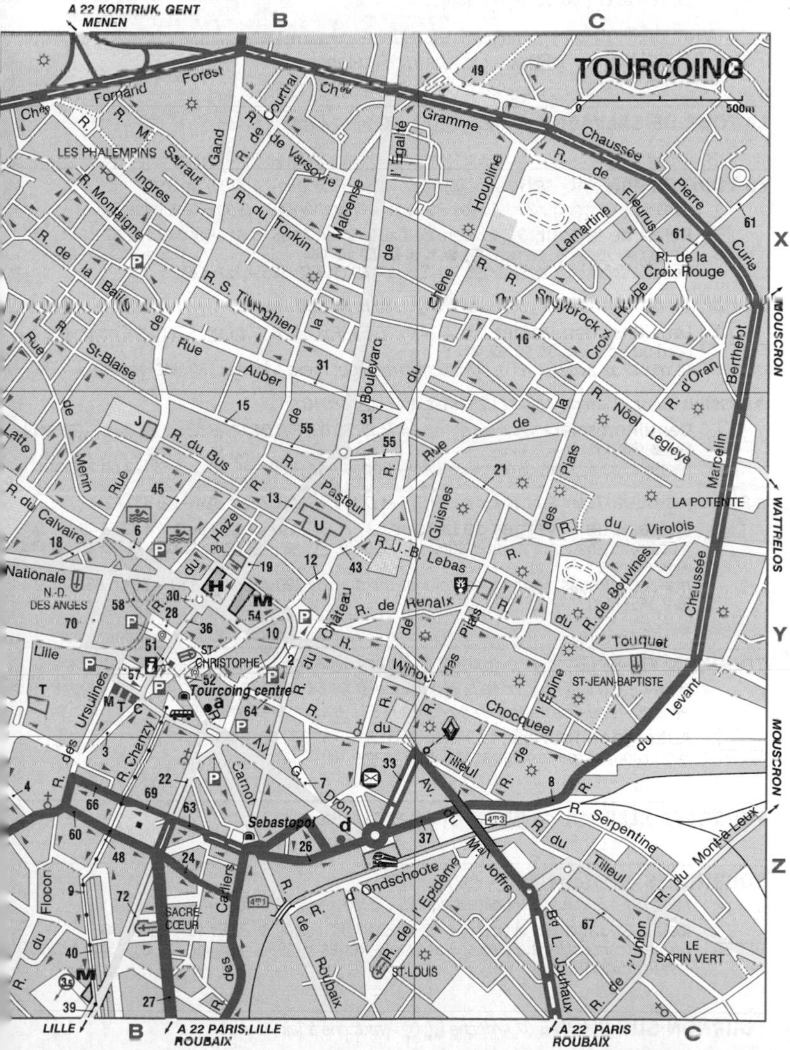

La TOUR D'AIGUES 84240 Vaucluse **81** ⑭, **114** ③ G. Provence – 3 328 h alt. 250.
Paris 755 – Digne-les-Bains 91 – Aix-en-Provence 29 – Apt 36 – Avignon 81.

🏛 **Fenouillets,** rte de Pertuis : 1 km 𝒫 04 90 07 48 22, Fax 04 90 07 34 26, 🌤 – 📺 ☎ 🅿 🄰🄴
🇬🇧 🗗🕻🕒
   Repas (fermé dim. soir et merc.) 98 (déj.)/160 ♀, enf. 60 – 🖭 60 – **13 ch** 270/370 –
   ½ P 307/337

✗ **Auberge de la Tour,** r. A. de Tres 𝒫 04 90 07 34 64, Fax 04 90 07 34 64 – 🖃. 🇬🇧
   fermé 1ᵉʳ au 15 nov., dim. soir et lundi – **Repas** 99 (déj.), 140/240 ♀

La TOUR-D'AUVERGNE 63680 P.-de-D. **73** ⑬ G. Auvergne – 778 h alt. 1000.
Paris 482 – Clermont-Ferrand 59 – La Bourboule 14 – Issoire 61.

🏛 **Terrasse,** 𝒫 04 73 21 50 29, Fax 04 73 21 56 60 – 📺 ☎ 🕻. 🇬🇧
🍴 1ᵉʳ mai-30 sept., vacances de printemps, de Noël et de fév. – **Repas** 58/125 👗, enf. 38 –
   🖭 32 – **28 ch** 160/300 – ½ P 230/250

TOUR-DE-FAURE 46 Lot **79** ⑨ – rattaché à St-Cirq-Lapopie.

La TOUR-DE-SALVAGNY 69 Rhône **74** ⑪,, **110** ⑬ – rattaché à Lyon.

La TOUR-DU-PIN ⟨SP⟩ 38110 Isère **74** ⑭ G. Vallée du Rhône – 6 770 h alt. 350.
Paris 519 – Grenoble 70 – Aix-les-Bains 55 – Chambéry 49 – Lyon 57 – Vienne 55.

🏨 **Relais de la Tour** ⟨⟩, av. Gén. de Gaulle 𝒫 04 74 83 31 31, Fax 04 74 97 87 01, ⟨, 🌤,
🍴 🛄, 🍽, ☞, ✗ – 🖃 rest, 📺 ☎ 🕻 🅿 🄰🄴 ⓐ 🇬🇧
   Repas (fermé dim. soir) 85/195 👗 – 🖭 45 – **40 ch** 330/385 – ½ P 520

à St-Didier-de-la-Tour Est : 3 km par N 6 – 1 310 h. alt. 380 – ✉ 38110 :

✗✗ **Lac - Christian Poulet,** 𝒫 04 74 97 25 53, Fax 04 74 97 01 93, « Terrasse ombragée au
   bord du lac » – 🖃 🅿 🄰🄴 ⓐ 🇬🇧
   fermé 12 au 24 sept., 1ᵉʳ au 13 fév., mardi soir et merc. – **Repas** 160/340, enf. 80

à Cessieu Ouest : 6 km par N 6 – 2 025 h. alt. 309 – ✉ 38110 :

✗✗ **Gentilhommière** ⟨⟩ avec ch, 𝒫 04 74 88 30 09, Fax 04 74 88 32 61, 🌤, ☞ – 📺 ☎ 🅿.
   🄰🄴 ⓐ 🇬🇧. ✗ ch
   fermé 15 au 30 nov., dim. soir et lundi – **Repas** 105/270 ♀, enf. 70 – 🖭 32 – **7 ch** 280/390

à Faverges-de-la-Tour Est : 10 km par N 516 et D 145ᶜ – 1 000 h. alt. 394 – ✉ 38110 :

🏰 **Château de Faverges de la Tour** ⟨⟩, 𝒫 04 74 97 42 52, Fax 04 74 88 86 40, ⟨, 🌤,
   « Beaux aménagements intérieurs, parc, golf », 🛄, ✗ – 🛗 📺 ☎ 🕻 🅿 – 🛗 70. 🄰🄴 ⓐ 🇬🇧
   🗗🕻 ✗ rest
   mai-oct. – **Repas** (fermé lundi midi et mardi midi) 290/460 – 🖭 110 – **36 ch** 850/2200 –
   ½ P 945/1470

TOURNAN-EN-BRIE 77220 S.-et-M. **61** ② – 5 528 h alt. 102.
🄑 Syndicat d'Initiative 2 r. de la République 𝒫 01 64 07 10 77.
Paris 43 – Brie-Comte-Robert 14 – Meaux 30 – Melun 28 – Provins 52.

✗ **Auberge La Tourelle,** 1 r. Melun 𝒫 01 64 25 32 23, 🌤 – 🇬🇧
   fermé août et merc. – **Repas** (déj. seul.) carte 160 à 300

TOURNEFEUILLE 31 H.-Gar. **82** ⑦ – rattaché à Toulouse.

TOURNOISIS 45310 Loiret **60** ⑱ – 332 h alt. 130.
Paris 131 – Orléans 27 – Châteaudun 25 – Beaugency 34 – Blois 64.

✗✗ **Relais St-Jacques** avec ch, 𝒫 02 38 80 87 03, Fax 02 38 80 81 46 – 📺 🅿. 🇬🇧
🍴 fermé vacances de fév., dim. soir et lundi – **Repas** 70/195 👗, enf. 49 – 🖭 31 – **5 ch** 190/230
   – ½ P 215/341

TOURNON-SUR-RHÔNE 07 Ardèche **77** ① – rattaché à Tain-Tournon.

TOURNUS 71700 S.-et-L. 69 ⑳ G. Bourgogne – 6 568 h alt. 193.

Voir *Ancienne abbaye*★★.

🛈 Office de Tourisme 2 pl. Carnot 🕾 03 85 51 13 10, Fax 03 85 32 18 21 et (saison) 2 pl. de l'Abbaye 🕾 03 85 32 59 30, Fax 03 85 32 59 44.

Paris 361 ① – *Chalon-sur-Saône 28* ① – *Bourg-en-Bresse 53* ② – *Mâcon 35* ②.

Hôtel de Greuze 🅼 ♨ sans rest. 5, pl. de l'Abbaye (e) 🕾 03 85 51 77 77, Fax 03 85 51 77 23 – 🛗 🗄 ▦ 📺 🕾 📧 ♿ 🅿 – 🔏 15. 🖭 ⓞ 🖼 🅹🅲🅱
fermé 22 nov. au 10 déc. – ☑ 115 – **21 ch** 685/1460

Rempart 🅼, 2 av. Gambetta (x) 🕾 03 85 51 10 56, Fax 03 85 51 77 22, « Cadre élégant » – 🛗 ▦ 📺 🕾 📧 ♿, ⬅ 📧 – 🔏 40. 🖭 ⓞ 🖼
Repas 175/430 et carte 320 à 450 ♀ – *Bistrot : Repas* (75)-95 ♀, enf. 58 – ☑ 60 – **31 ch** 400/800, 6 appart – ½ P 450/610
Spéc. Salade de queues de langoustines. Croustillant de pied de cochon à l'ortie frite. Volaille de Bresse. **Vins** Mâcon-Uchizy, Givry.

Sauvage, pl. Champ de Mars (u) 🕾 03 85 51 14 45, Fax 03 85 32 10 27 – 🛗, ▦ rest, 📺 🕾 ⬅ – 🔏 20. 🖭 ⓞ 🖼
Repas 84/200 ♀ – ☑ 40 – **30 ch** 550/550 – ½ P 320/395

Paix, 9 r. J. Jaurès (k) 🕾 03 85 51 01 85, Fax 03 85 51 02 30, 🎄 ▦ rest, 📺 🕾 ♿ ⬅ – 🔏 15. 🖼
fermé 22 au 31 oct., 16 janv. au 6 fév. et mardi soir du 15 sept. au 15 juin – **Repas** 92/206 ♀, enf. 50 – ☑ 40 – **24 ch** 262/326 – ½ P 284/314

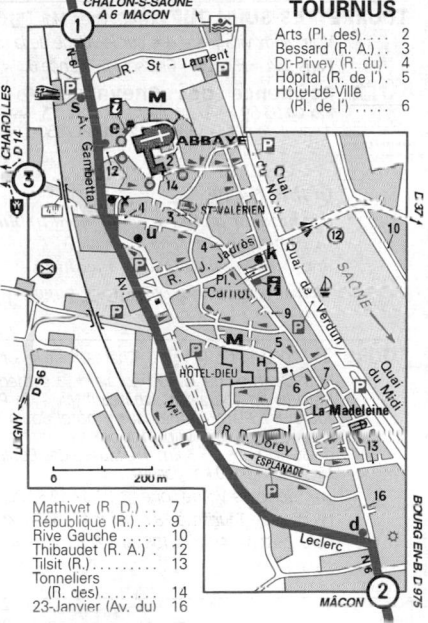

TOURNUS

Rest. Greuze (Ducloux), 1 r. A. Thibaudet (e) 🕾 03 85 51 13 52, Fax 03 85 51 75 42 – ▦. 🖭 ⓞ 🖼
fermé 20 nov. au 8 déc. – **Repas** 285/560 et carte 370 à 650
Spéc. Pâté en croûte "Alexandre Dumaine". Quenelle de brochet "Henri Racouchot". Poulet de Bresse sauté " Jean Ducloux". **Vins** Mâcon blanc, Beaujolais.

Aux Terrasses (Carrette) 🅼 avec ch, 18 av. 23-Janvier (d) 🕾 03 85 51 01 74, Fax 03 85 51 09 99 – ▦ 📺 🕾 ⬅, 🖼
fermé 4 janv. au 4 fév., dim. soir (sauf hôtel en juil.-août), lundi et mardi midi – **Repas** 100 (déj.), 140/270 et carte 190 à 300, enf. 58 – ☑ 40 – **18 ch** 295/510
Spéc. Pâté chaud de colvert. Sandre rôti aux champignons. Rognon de veau à la moutarde de Dijon. **Vins** Mâcon-Uchizy, Givry.

Terminus avec ch, 21 av. Gambetta (s) 🕾 03 85 51 05 54, Fax 03 85 51 79 11, 🎄 – ▦ rest, 📺 🕾 🅿. 🖼
fermé 13 au 17 juin, 3 nov. au 3 déc., mardi soir, jeudi midi et merc. (sauf rest. en juil.-août) – **Repas** 96/290 ♀, enf. 60 – ☑ 40 – **13 ch** 210/340 – ½ P 360

à Lacrost *Est : 2 km par D 37 ou D 975* – 594 h. alt. 170 – ⊠ 71700 :

Petite Auberge, 🕾 03 85 51 18 59, Fax 03 85 51 18 59 – 🖼
fermé 19 juin au 4 juil., 25 déc. au 3 janv., dim. soir et lundi – **Repas** 72 (déj.), 95/205 ♀

à Brancion *par* ③ *et D 14 : 14 km* – ⊠ 71700 Tournus.

Voir *Donjon du château* ≼★.

Montagne de Brancion 🅼 ♨, au col de Brancion 🕾 03 85 51 12 40, Fax 03 85 51 18 64, ≼ monts du Mâconnais, 🎄, 🏋, 🎱, 🌳 – 📺 🕾 ♿ 🅿 – 🔏 15. ⓞ 🖼
mi-mars-mi-nov. – **Repas** (fermé lundi midi et merc. midi) 190 (déj.), 280/380 ♀, enf. 90 – ☑ 80 – **19 ch** 700/810 – ½ P 630/745

TOURRETTES 83440 Var 84 ⑧, 114 ⑪ ㉔ G. Côte d'Azur – 1 375 h alt. 350.

Paris 891 – Castellane 56 – Draguignan 35 – Fréjus 35 – Grasse 26.

  🏠 **Auberge Les Pins,** Domaine Le Chevalier, Sud : 2 km sur D 19 ℘ 04 94 76 06 36,
Fax 04 94 76 27 50, ☞, 🏊, 🐴, ※ – cuisinette 📺 ☎ 📞 & 🅿 AE GB
Repas *(fermé dim. soir sauf de juin à sept.)* 98/198, enf. 65 – ☲ 45 – **8 ch** 330/390
8 studios-360/520 – ½ P 335/355

TOURRETTES-SUR-LOUP 06140 Alpes-Mar. 84 ⑨, 115 ㉕ G. Côte d'Azur – 3 449 h alt. 400.

Voir *Vieux village*★ – ≤★ sur le village de la route des Quenières.

Paris 934 – Nice 29 – Grasse 21 – Vence 6.

  🏠 **Résidence des Chevaliers** ⌇ sans rest, rte Caire ℘ 04 93 59 31 97,
Fax 04 93 59 27 97, ≤ village et côte, 🏊, 🐴 – ☎ 🅿 GB. ※
1er avril-1er oct. – ☲ 62 – **12 ch** 580/850

> *In this Guide,*
> *a symbol or a character, printed in **black** or another colour*
> *in light or **bold** type,*
> *does not have the same meaning.*
> *Please read the explanatory pages carefully.*

TOURS 🅿 37000 I.-et-L. 64 ⑮ G. Châteaux de la Loire – 129 509 h Agglo. 282 152 h alt. 60.

Voir *Quartier de la cathédrale*★★ : *cathédrale St-Gatien*★★, *musée des Beaux-Arts*★★,
historial de Touraine★ *(château)* M1, – *La Psalette*★ , *Place Grégoire de Tours*★ – *Vieux
Tours*★★ : *Place Plumereau*★ , *hôtel Gouin* ★ , *rue Briçonnet*★ – *Quartier de St-Julien*★ :
musée du Compagnonnage★★ , *Jardin de Beaune-Semblançay*★ BY K – *Prieuré
de St-Cosme*★ O : 3 km V – *Musée des Equipages militaires et du Train*★ V M5 – *Grange de
Meslay*★ NE : 10 km par ②.

  ✈ de Tours-Val de Loire ℘ 02 47 49 37 00, NE : 7 km U.

  🅱 Office de Tourisme 78 r. Bernard-Palissy ℘ 02 47 70 37 37, Fax 02 47 61 14 22.

Paris 238 ③ – Angers 108 ⑬ – Bordeaux 348 ⑩ – Le Mans 83 ⑭ – Orléans 116 ③.

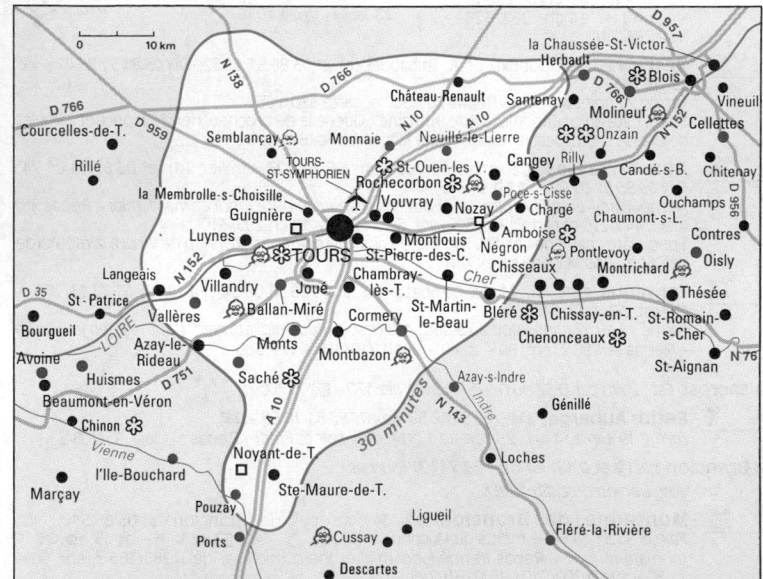

TOURS

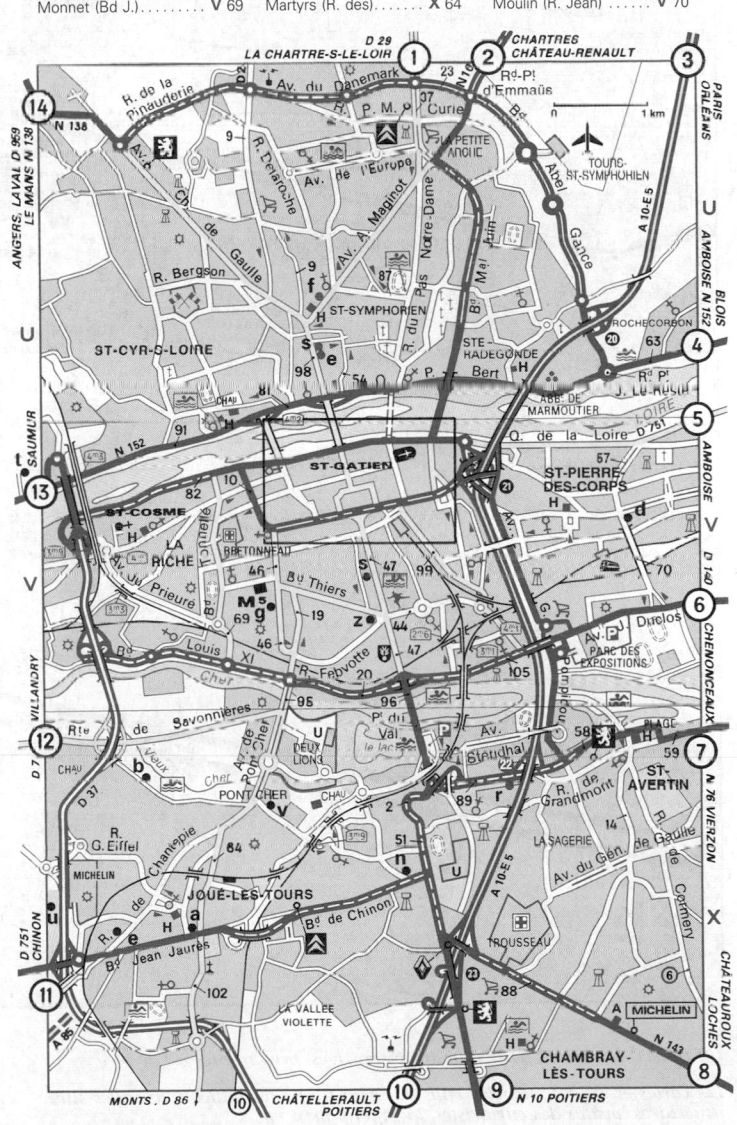

1381

TOURS

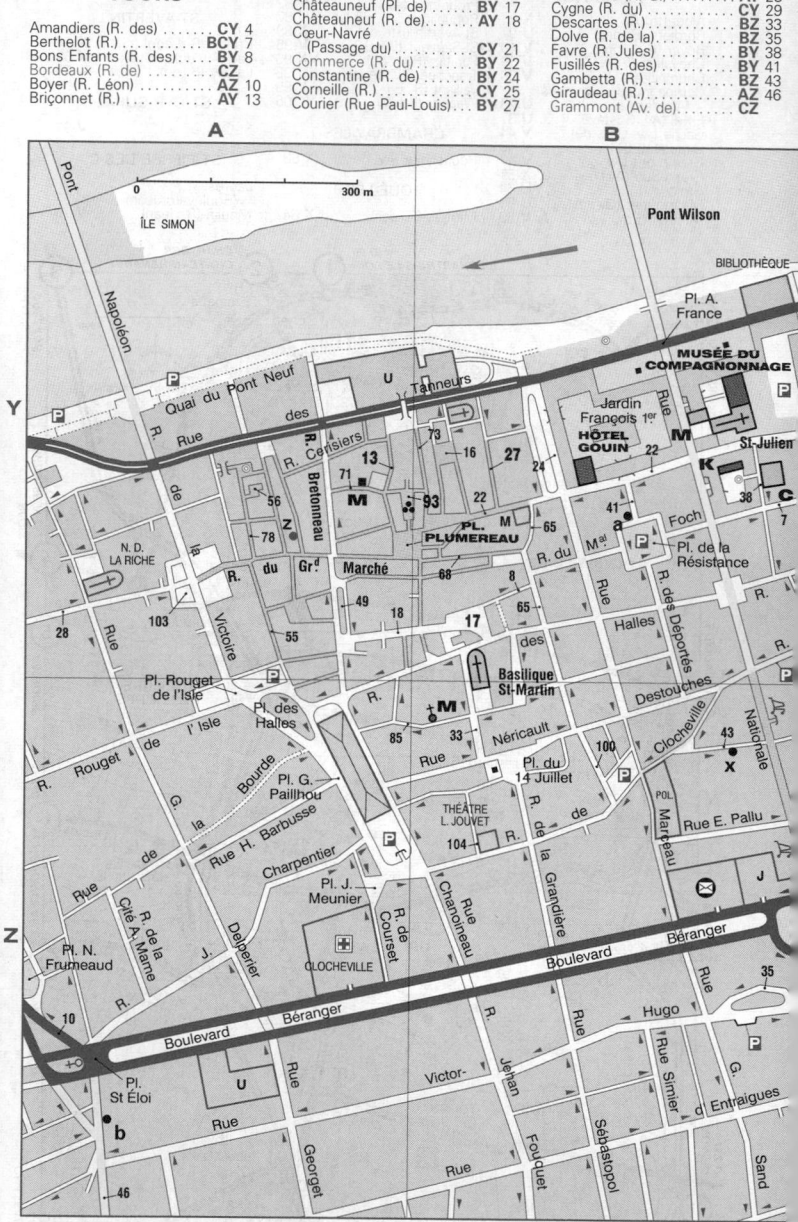

*Un conseil **Michelin** : pour réussir vos voyages, préparez-les à l'avance.*

*Les **cartes** et **guides Michelin** vous donnent toutes les indications utiles sur : itinéraires. visites des curioristés. lovement. brix. etc.*

1382

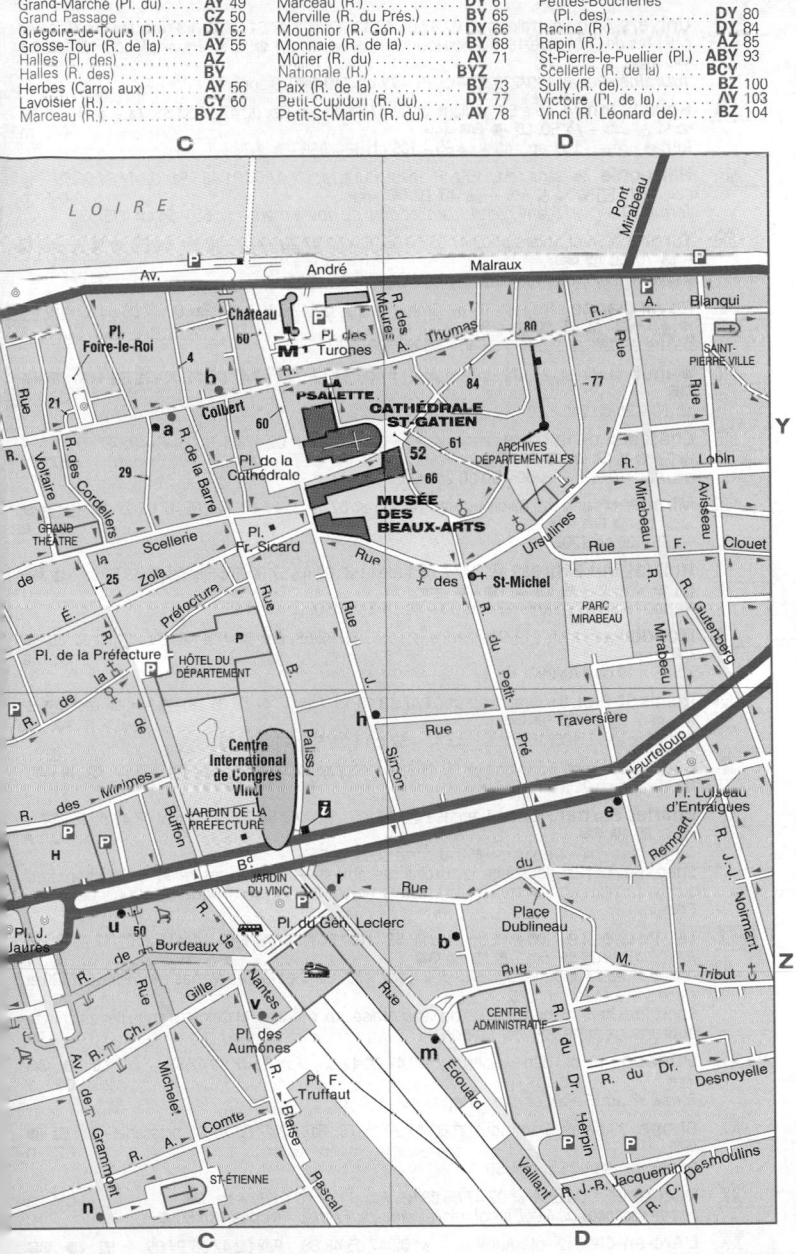

We suggest: for a successful tour, that you prepare it in advance.

Michelin Maps and **Guides**, will give you much useful information on route planning, places of interest, accommodation, prices etc.

Univers, 5 bd Heurteloup ✆ 02 47 05 37 12, Fax 02 47 61 51 80, « Fresques des visiteurs célèbres de l'hôtel de 1846 à nos jours » – ⬥ ✸ ▤ TV ☎ ✆ ₺ ⟲ – 🔒 20 à 120. 🆎 ⓪
GB JCB
CZ u
Touraine : Repas 140/220 ℥, – ⬜ 75 – **77 ch** 710/880, 8 appart

Holiday Inn Ⓜ, 15 r. Ed. Vaillant ✆ 02 47 31 12 12, Fax 02 47 38 53 35, ₤ₔ – ⬥ ✸ ▤ TV
☎ ✆ ₺ ⟲ – 🔒 50. 🆎 ⓪ GB JCB
DZ m
Repas *(100 bc)* - 150, enf. 45 – ⬜ 60 – **105 ch** 590/980

Harmonie ⌂ sans rest, 15 r. F. Joliot-Curie ✆ 02 47 66 01 48, Fax 02 47 61 66 38 – ⬥
cuisinette TV ☎ ✆ ₺ ⟲ – 🔒 40. 🆎 GB JCB
DZ b
fermé 20 déc. au 5 janv., vend., sam. et dim. de nov. à mars – ⬜ 65 – **54 ch** 475/550

Turone Ⓜ, 4 pl. Thiers ✆ 02 47 05 50 05, Fax 02 47 20 22 07 – ⬥ ✸ ▤ TV ☎ ✆ ₺ ⟲ P
– 🔒 70. 🆎 ⓪ GB
V z
Repas 80 (déj.), 100/160 bc ℥ – ⬜ 57 – **120 ch** 520/800

Royal Clarine sans rest, 65 av. Grammont ✆ 02 47 64 71 78, Fax 02 47 05 84 62 – ⬥ TV
☎ ₺ ⟲ – 🔒 35. 🆎 ⓪ GB
V s
fermé 26 déc. au 2 janv. – ⬜ 40 – **50 ch** 308/365

Manoir sans rest, 2 r. Traversière ✆ 02 47 05 37 37, Fax 02 47 05 16 00 – ⬥ TV ☎ ✆. 🆎 ⓪
GB
CZ h
⬜ 30 – **20 ch** 240/320

Châteaux de la Loire sans rest, 12 r. Gambetta ✆ 02 47 05 10 05, Fax 02 47 20 20 14 –
⬥ TV ☎ ✆ P. 🆎 ⓪ GB JCB
BZ x
1er mars-30 nov. – ⬜ 39 – **30 ch** 230/293

Mirabeau sans rest, 89 bis bd Heurteloup ✆ 02 47 05 24 60, Fax 02 47 05 31 09 – ⬥ TV ☎
⟲. 🆎 ⓪ GB JCB
DZ e
⬜ 35 – **25 ch** 220/310

Holiday Inn Express Ⓜ, 247 r. Giraudeau ✆ 02 47 37 00 36, Fax 02 47 38 50 91 – ⬥ ✸
TV ☎ ✆ ₺ P – 🔒 40. 🆎 ⓪ GB JCB
V g
Repas 75 bc/89 ₰, enf. 38 – ⬜ 30 – **48 ch** 390/450

Mondial sans rest, 3 pl. Résistance ✆ 02 47 05 62 68, Fax 02 47 61 85 31 – TV ☎ ✆. 🆎 ⓪
GB JCB
BY a
⬜ 35 – **19 ch** 170/290

Relais St-Éloi, 8 r. Giraudeau ✆ 02 47 38 18 19, Fax 02 47 39 05 38 – ⬥ ✸ ▤ rest, TV ☎
₺ ⟲ – 🔒 30. 🆎 ⓪ GB
AZ b
Repas 80 (déj.), 100/160 bc ℥ – ⬜ 42 – **57 ch** 340/380 – ½ P 325

Cygne sans rest, 6 r. Cygne ✆ 02 47 66 66 41, Fax 02 47 66 05 13 – TV ☎ ⟲. 🆎 ⓪ GB
CY a
⬜ 35 – **24 ch** 260/380

Charles Barrier, 101 av. Tranchée ✉ 37100 ✆ 02 47 54 20 39, Fax 02 47 41 80 95, ☂ –
▤ P. 🆎 ⓪ GB
U e
fermé dim. soir – Repas 150/490 et carte 300 à 490 ℥
Spéc. Grosses langoustines croustillantes aux saveurs d'épices. Pied de cochon farci au ris de veau et aux truffes. Lièvre à la royale (oct. à déc.). **Vins** Montlouis demi-sec, Chinon.

La Roche Le Roy (Couturier), 55 rte St-Avertin ✉ 37200 ✆ 02 47 27 22 00,
Fax 02 47 28 08 39, ☂ – P. 🆎 ⓪ GB
X r
fermé 1er au 24 août, vacances de fév., sam. midi, dim. et lundi – Repas 175 (déj.), 250/380 et carte 310 à 440 ℥, enf. 75
Spéc. Fraîcheur de homard. Ris de veau braisé aux morilles. Matelote d'anguilles au chinon et pruneaux. **Vins** Vouvray, Chinon.

L'Odéon, 10 pl. Gén. Leclerc ✆ 02 47 20 12 65, Fax 02 47 20 47 58 – ▤. 🆎 ⓪ GB
JCB
CZ r
fermé 1er au 15 août et dim. – Repas (90) - 110/235 ℥

Chope, 25 bis av. Grammont ✆ 02 47 20 15 15, Fax 02 47 05 70 51, brasserie – ▤. 🆎 ⓪
GB
CZ n
Repas (78) - 98/125 ℥, enf. 50

Ruche, 105 r. Colbert ✆ 02 47 66 69 83, Fax 02 47 20 41 76 – ▤. GB
CY a
fermé vacances de Noël, lundi midi et dim. sauf fériés – Repas 90/150 ₰

L'Arc-en-Ciel, 2 pl. Aumônes ✆ 02 47 05 48 88, Fax 02 47 66 94 05 – 🆎 ⓪ GB
JCB
CZ v
fermé 1er au 16 août, dim. soir et lundi – Repas 89/250 ℥

Bigarade, 122 r. Colbert ✆ 02 47 05 48 81 – ⓪ GB
CY b
fermé 15 au 31 août, merc. midi et mardi – Repas 98/185 ℥

✗ **Rif,** 12 av. Maginot ⊠ 37100 ℰ 02 47 51 12 44 ⊞ U f
fermé août, dim. soir et lundi – **Repas** - cuisine nord-africaine - carte environ 160 ₰, enf. 45

✗ **L'Atelier Gourmand,** 37 r. Étienne Marcel ℰ 02 47 38 59 87, Fax 02 47 75 09 03, 🍽 –
⚠ ⓄⒷ AY z
fermé 11 au 24 déc. – **Repas** 98

✗ **Bistrot de la Tranchée,** 103 av. Tranchée ⊠ 37100 ℰ 02 47 41 09 08,
⊜ *Fax 02 47 41 80 95*, bistrot – ▤. ⚠ Ⓞ ⊞ U s
fermé 1er au 21 août, dim. et lundi – **Repas** (49) - 69 ♈

Z.I. Milletière *par* ② : *9 km* – ⊠ 37100 Parçay-Meslay :

🏠 **Mercure** Ⓜ, r. Aviation ℰ 02 47 49 55 00, Fax 02 47 49 55 25, 🍽, ⊼ – 📱 🍽 ▤ 🅣🆅 ☎ ⊠ ✆
⊜ & 🄿 – 🍴 300. ⚠ Ⓞ ⊞
Les Vignes *(fermé dim. de nov. à fév.)* **Repas** 85/120 ♈, enf. 55 – � 58 – **93 ch** 480/580

✗✗ **L'Arche de Meslay,** 14 r. Ailes ℰ 02 47 29 00 07, Fax 02 47 29 04 04 – 🄿. ⚠ ⊞
ⓐ *fermé 5 au 28 août, dim. et lundi sauf fériés* – **Repas** 88/210 ♈, enf. 55

à Rochecorbon *par* ① : *6 km* – 2 685 h. alt. 58 – ⊠ 37210 :

🏠 **Les Hautes Roches** Ⓜ, 86 quai Loire ℰ 02 47 52 88 88, Fax 02 47 52 81 30, ≤, 🍽,
⊛ « Chambres troglodytiques », ⊼, 🍽 – 📱 🅣🆅 ☎ ✆ 🄿 – 🍴 15. ⚠ Ⓞ ⊞, 🆇
fermé 15 janv. au 10 mars – **Repas** *(fermé lundi sauf le soir en saison (sauf fériés) et dim. soir hors saison)* 220/290 et carte 320 à 400 ♈ – ⊠ 95 – **15 ch** /50/1450 – ½ P 820/1170
Spéc. Foie gras frais de canard en terrine. Dos de sandre au beurre blanc nantais (sept. à avril). Tarte fine aux pommes caramélisées. **Vins** Vouvray demi-sec, Bourgueil

✗✗ **L'Oubliette,** rte Parcey-Meslay ℰ 02 47 52 50 49, Fax 02 47 52 85 65, 🍽, « Salle creusée dans la roche » – 🄿. ⊞
fermé 1er au 8 sept., vacances de Toussaint, de fév., jeudi hors saison, dim. soir et lundi –
Repas 125/300 ♈

✗✗ **Lanterne,** 48 quai Loire ℰ 02 47 52 50 02, Fax 02 47 52 54 46, 🍽 – ▤ 🄿. ⚠ ⊞ 🏧
ⓐ *fermé 1er au 13 mars, mi-janv. à mi-fév., mardi soir de nov. à mars, dim. soir et lundi* – **Repas** 138/270 ♈

à St-Pierre-des-Corps *Est* : *3,5 km* – **V** – 17 947 h. alt. 48 – ⊠ 37700 :

🏢 **Skippy Dancotel,** 10 r. J. Moulin ℰ 02 47 44 44 67, Fax 02 47 63 19 47, 🍽 – 📱, ▤ rest,
⊜ 🅣🆅 ☎ ✆ 🄿 – 🍴 30 à 150. ⚠ ⊞ V d
Repas *(fermé dim. sauf juil.-août)* (60) - 85/150 ♈, enf. 50 – ⊠ 38 – **32 ch** 285/320 – ½ P 260

à Chambray-lès-Tours *Sud, par rte de Poitiers* : *6,5 km* – **X** – 8 190 h. alt. 90 – ⊠ 37170 :

🏠 **Novotel** Ⓜ, Z.A.C. La Vrillonnerie - N 10 ℰ 02 47 80 18 10, Fax 02 47 80 18 18, 🍽, ⊼ – 📱
🍽 ▤ 🅣🆅 ☎ ✆ & 🄿 – 🍴 25 à 180. ⚠ Ⓞ ⊞
Repas (80) - 120 ♈, enf. 50 – ⊠ 58 – **127 ch** 480/580

🏠 **Ibis,** Z.A.C. La Vrillonnerie - N 10 ℰ 02 47 28 25 28, Fax 02 47 27 84 26, 🍽 – 🍽 🅣🆅 ☎ ✆ &
🄿 – 🍴 60. ⚠ Ⓞ ⊞
Repas (75) - 95 ₰, enf. 39 – ⊠ 35 **80 ch** 315/350

à Joué-lès-Tours *Sud-Ouest, par rte de Chinon* : *5 km* – 36 798 h. alt. 65 – ⊠ 37300 :

🏠 **Château de Beaulieu** ≫, 67 r. Beaulieu ℰ 02 47 53 20 26, Fax 02 47 53 84 20, ≤, 🍽,
parc – ▤ 🅣🆅 ☎ ✆ 🄿 – 🍴 25 à 80. ⚠ Ⓞ ⊞ X b
Repas 165 (déj.), 225/400 – ⊠ 58 – **19 ch** 400/780 – ½ P 450/620

🏠 **Relais Mercure** ≫, Parc des Bretonnières par ⑪ ℰ 02 47 53 16 16, Fax 02 47 53 14 00,
⊜ 🍽, ⊼ – 📱 🍽 ▤ 🅣🆅 ☎ ✆ & 🄿 – 🍴 200. ⚠ Ⓞ ⊞. 🆇 rest X u
Repas *(fermé dim. soir de nov. à mars et sam.)* 77/120 ₰ – ⊠ 50 – **75 ch** 400/560

🏢 **Escurial** Ⓜ, 4 r. E. Branly ℰ 02 47 53 60 00, Fax 02 47 67 75 33, 🍽, ✗ – 📱 🅣🆅 ☎ ✆ & 🄿 –
⊜ 🍴 60. ⚠ Ⓞ ⊞ X v
Repas *(fermé dim. soir)* (58) - 79/190 bc ₰, enf. 39 – ⊠ 35 – **60 ch** 195/280 – ½ P 225

🏢 **Chéops,** 75 bd J. Jaurès ℰ 02 47 67 72 72, Fax 02 47 67 85 38 – 📱 🅣🆅 ☎ ✆ & ⇔ –
🍴 25. ⚠ Ⓞ ⊞ X a
Repas (dîner seul) (75) - 95 ♈ – ⊠ 32 – **58 ch** 198/288 – ½ P 240

🏢 **Parc** sans rest, 17 bd Chinon ℰ 02 47 25 15 38, Fax 02 47 25 11 43 – 📱 🅣🆅 ☎ 🄿. 🍴 20. ⚠
Ⓞ ⊞ 🅹⊞ X n
fermé vacances de fév. – ⊠ 35 – **30 ch** 198/295

🏠 **Chantepie** sans rest, r. Chantepie ℰ 02 47 53 06 09, Fax 02 47 67 89 25 – 🅣🆅 ☎ ✆ 🄿. Ⓞ
⊞ X e
fermé 22 déc. au 8 janv. – ⊠ 40 – **28 ch** 230/289

🏠 **Ariane** sans rest, 8 av. Lac par ⑪ ℰ 02 47 67 67 60, Fax 02 47 67 33 36, ⅃ – 🗹 ☎ ✆ ₺ 🅿 –
🏦 25. 🄶🄱
fermé 20 déc. au 5 janv. – ⌸ 40 – **32 ch** 310

🏠 **Lac**, av. Lac par ⑪ ℰ 02 47 67 37 87, Fax 02 47 67 85 43, 😭 – 🗹 ☎ ✆ ₺ 🅿 – 🏦 25 à 50.
🄰🄴 ⓞ 🄶🄱
fermé dim. d'oct. à Pâques – **Repas** (68) - 91/150 ₰, enf. 42 – ⌸ 42 – **16 ch** 260 – ½ P 260

à Ballan-Miré par ⑪ : 10 km – *5 937 h. alt. 88* – ⊠ *37510* :
🄑 *Office de Tourisme 1 pl. du 11 Novembre ℰ 02 47 53 87 47.*

🏹🏹 **Kiosque**, 8 bis pl. Eglise ℰ 02 47 53 35 02, Fax 02 47 53 35 61 – 🄶🄱
🍴 *fermé 27 mars au 3 avril, 24 juil. au 14 août, 1er au 9 janv., dim. soir, merc. soir et lundi* –
Repas 92/195 ⅒, enf. 50

rte de Savonnières par ⑫ et D 7 : 12 km – ⊠ *37510 Savonnières* :
🏹🏹 **Rest. des Cèdres**, 71 rte Tours ℰ 02 47 73 60 00, Fax 02 47 73 60 01, 😭 – 🅿. 🄶🄱
fermé lundi, mardi, merc. et jeudi d'oct. à mars – **Repas** 135/260 bc ₰

à La Guignière par ⑬ : 4 km – ⊠ *37230 Fondettes* :
🏠 **Manoir** sans rest, ℰ 02 47 42 04 02, Fax 02 47 49 79 29, ⇐ – 🗹 ☎ ✆ 🚗. 🄰🄴 🄶🄱
fermé 11 au 26 mars – ⌸ 26 – **16 ch** 195/220   V t

à La Membrolle-sur-Choisille par ⑭ : 6 km – *2 644 h. alt. 60* – ⊠ *37390* :
🏰 **Hostellerie du Château de l'Aubrière** ℀, rte Fondettes ℰ 02 47 51 50 35,
Fax 02 47 51 34 69, ⇐, 😭, parc, ⅃ – 🗹 ☎ ✆ 🅿 – 🏦 50. 🄰🄴 ⓞ 🄶🄱 🄼🄲🄱. 🕸 rest
Repas *(fermé mardi midi et lundi)* 250/350 ⅒ – ⌸ 60 – **11 ch** 450/1000, 3 appart –
½ P 580/700

TOURS-SUR-MARNE *51150 Marne* 🆅🆆 ⑯ ⑰ – *1 152 h alt. 79.*
Paris 156 – *Reims 30* – *Châlons-en-Champagne 25* – *Épernay 14.*

🏹🏹 **Touraine Champenoise** avec ch, r. Magasin ℰ 03 26 58 91 93, Fax 03 26 58 95 47, 😭
– 🗹 ☎ ✆. 🄰🄴 ⓞ 🄶🄱
Repas 100/260 ⅒, enf. 54 – ⌸ 45 – **10 ch** 210/320 – ½ P 285/305

TOURTOUR *83690 Var* 🆄🆅 ⑥ 🆈🆈🆅 ⑧ ⑨ *G. Côte d'Azur* – *472 h alt. 652.*
Voir Église ✳ ★.
Paris 832 – *Aups 10* – *Draguignan 21* – *Salernes 11.*

🏰 **Bastide de Tourtour** ℀, rte de Flayosc ℰ 04 98 10 54 20, Fax 04 94 70 54 90, ⇐ massif
des Maures, 😭, parc, 🛁, ⅃, 🎾 – 🛗 🗹 ☎ ✆ 🅿 – 🏦 40. 🄰🄴 ⓞ 🄶🄱. 🕸 rest
Repas *(fermé mardi midi, merc. midi, jeudi midi et lundi hors saison)* 160/360 ⅒ – ⌸ 75 –
25 ch 600/1400 – ½ P 770/1000

🏠 **Petite Auberge** ℀, rte Flayosc par D 77 : 1,5 km ℰ 04 94 70 57 16, Fax 04 94 70 54 52,
⇐ massif des Maures, 😭, ⅃ – 🗹 ☎ ✆ 🅿. 🄰🄴 ⓞ 🄶🄱 🄼🄲🄱
fermé 15 nov. au 15 déc. et jeudi – **Repas** 180/250 – ⌸ 60 – **11 ch** 490/880 – ½ P 495/595

🏰 **Auberge St-Pierre** ℀, Est : 3 km par D 51 et rte secondaire ℰ 04 94 70 57 17,
Fax 04 94 70 59 04, ⇐, 😭, « Sur un domaine agricole », 🛁, ⅃, ≈, 🎾 – ☎ 🅿 – 🏦 25. 🄶🄱
1er avril-15 oct. – **Repas** *(fermé jeudi midi et merc.)* (110) - 150/215 ⅒, enf. 85 – ⌸ 55 – **16 ch**
460/600 – ½ P 435/470

🏠 **Mas des Collines** ℀, par rte Villecroze (D 51) et rte secondaire : 2,5 km
ℰ 04 94 70 59 30, Fax 04 94 70 57 62, ⇐ massif des Maures, 😭, ⅃, ≈ – 🛗 🗹 ☎ ✆ 🅿. 🄰🄴
🄶🄱
fermé 3 au 12 mars et 6 au 25 nov. – **Repas** *(fermé mardi midi)* 120/199 ₰ – ⌸ 35 – **7 ch**
470/500 – ½ P 395

🏹🏹🏹 **Les Chênes Verts** (Bajade) ℀ avec ch, rte Villecroze par D 51 : 2 km ℰ 04 94 70 55 06,
🕸 Fax 04 94 70 59 35, ≈ – 🗹 ☎ ✆ 🅿. 🄰🄴 🄶🄱 🄼🄲🄱
fermé 10 au 30 juin, 10 au 20 janv., mardi et merc. – **Repas** (nombre de couverts limité,
prévenir) 260/690 et carte 340 à 500 – ⌸ 70 – **3 ch** 600
Spéc. Truffes noires du pays (déc. à mars). Ecrevisses sautées aux herbes. Risotto aux
cèpes. **Vins** Coteaux Varois, Côtes de Provence.

TOURVILLE-LA-RIVIÈRE *76410 S.-Mar.* 🆅🆅 ⑥ – *1 886 h alt. 11.*
Paris 118 – *Rouen 15* – *Les Andelys 38* – *Elbeuf 11* – *Gournay-en-Bray 63* – *Louviers 20.*

🏹🏹 **Tourville** (Florin), ℰ 02 35 77 58 79, Fax 02 35 81 32 66 – 🅿. 🄶🄱
🕸 *fermé août, 25 au 29 déc. et lundi* – **Repas** (nombre de couverts limité, prévenir) (déj. seul.
sauf vend. et sam.) carte 230 à 460
Spéc. Foie gras frais de canard. Raie à la crème et moutarde. Lièvre à la royale (saison).

La TOUSSUIRE *73 Savoie* 🎿 ⑥ ⑦ *G. Alpes du Nord – alt. 1690 – Sports d'hiver : 1 450/2 400 m* 🚡 *19* 🎿 *– ⊠ 73300 Fontcouverte-la-Toussuire.*
🛈 *Office de Tourisme* ℘ 04 79 83 06 06, Fax 04 79 83 02 99.
Paris 650 – Albertville 78 – Chambéry 88 – St-Jean-de-Maurienne 16

🏨 **Les Soldanelles,** ℘ 04 79 56 75 29, Fax 04 79 56 71 56, ≤, 🖼, 🚿 – 🛗 📺 ☎ 🅿. 🖭 ❄ rest
juil. août et 15 déc.-25 avril **Repas** 110/250, enf. 50 – � 46 – **33 ch** 290/350, 4 appart – ½ P 480/500

🏨 **Les Airelles,** ℘ 04 79 56 75 88, Fax 04 79 83 03 48, ≤ – 🛗 📺 ☎ 🅿. ⓞ 🖭
juil.-août et 15 déc.-25 avril – **Repas** 95/160, enf. 50 – ⊠ 40 – **31 ch** 260/300 – ½ P 390/480

TOUZAC *46 Lot* 79 ⑥ – *rattaché à Puy-l'Évêque.*

TRACY-SUR-MER *14 Calvados* 54 ⑮ – *rattaché à Arromanches-les-Bains.*

TRAENHEIM *67310 B.-Rhin* 87 ⑮ – *496 h alt. 200.*
Paris 470 – Strasbourg 25 – Haguenau 42 – Molsheim 8 – Saverne 22.

🍴 **Zum Loejelgucker,** 17 r. Principale ℘ 03 88 50 38 19, Fax 03 88 31 61 82, 🌿 , « Vieille demeure alsacienne » – 🖭
fermé 17 au 26 janv., lundi et mardi – **Repas** 110/205 🍷

La TRANCHE-SUR-MER *85360 Vendée* 71 ⑪ *G. Poitou Vendée Charentes – 2 065 h alt. 4.*
Env. *Parc de Californie★ (parc ornithologique) E : 9 km.*
🛈 *Office de Tourisme pl. Liberté* ℘ 02 51 30 33 96, Fax 02 51 27 78 71.
Paris 457 – La Rochelle 63 – La Roche-sur-Yon 40 – Les Sables-d'Olonne 40.

🏨 **Les Dunes,** ℘ 02 51 30 32 27, Fax 02 51 27 78 30, 🎣, 🖼 – 🛗 📺 ☎ 🅿. 🖭. ❄
1er avril-24 sept. **Repas** (res) 85/165 🍷, enf. 48 – ⊠ 39 – **50 ch** 349/515

🏨 **Rêve** 🐕, ℘ 02 51 30 34 06, Fax 02 51 30 15 80, ≤, 🌿 , 🏊, 🚿 – 📺 ☎ 🅿. 🖭
7 avril-25 sept. et fermé lundi hors saison – **Repas** 90/270, enf. 60 – ⊠ 45 – **42 ch** 430/480 – ½ P 390/430

🏨 **Océan** 🐕, ℘ 02 51 30 30 09, Fax 02 51 27 70 10, ≤, 🚿 – 📺 ☎ 🍴 & 🅿. 🖭
1er avril-30 sept. – **Repas** (résidents seul.) – ⊠ 50 – **46 ch** 195/500 – ½ P 400/450

🍴 **Milouin,** av. M. Samson ℘ 02 51 27 49 49, Fax 02 51 27 49 49, 🌿 – 🖭 🖭
15 mars-15 nov. et fermé lundi et mardi sauf du 15 juin au 20 sept. – **Repas** 72/195 🍷, enf. 42

à la Grière *Est : 2 km par D 46 –* ⊠ 85360 La Tranche sur Mer :

🏨 **Marinotel** Ⓜ 🐕 sans rest, ℘ 02 51 27 44 20, Fax 02 51 27 43 54, 🏊 – 📺 ☎ & 🅿. 🖭. ❄
Pâques-15 sept. ⊠ 47 – **18 ch** 515

🏨 **Les Cols Verts,** ℘ 02 51 27 49 30, Fax 02 51 30 11 42, 🎣, 🖼 – 🛗 📺 ☎. 🖭 🖭
8 avril-30 sept. et fermé mardi sauf juil.-août – **Repas** (78) - 94/230 🍷, enf. 44 – ⊠ 47 – **34 ch** 350/480 – ½ P 360/410

TRAVEXIN *88 Vosges* 62 ⑰ – *rattaché à Ventron.*

TRÉBEURDEN *22560 C.-d'Armor* 59 ① *G. Bretagne – 3 094 h alt. 81.*
Voir *Le Castel ≤★ 30 mn – Pointe de Bihit ≤★ SO : 2 km – Pleumeur-Bodou : Radôme et musée des Télécommunications★, Planétarium du Trégor★, NE : 5.5 km.*
🛈 *Office de Tourisme pl. Crech'Héry* ℘ 02 96 23 51 64, Fax 02 96 15 44 87.
Paris 524 – St-Brieuc 72 – Lannion 9 – Perros-Guirec 14.

🏨 **Manoir de Lan-Kerellec** 🐕, ℘ 02 96 15 47 47, Fax 02 96 23 66 88, ≤ la côte, 🌿 – 📺 ☎ 🍴 🅿 – 🔬 25. 🖭 ⓞ 🖭 🖲
25 mars-12 nov. – **Repas** (fermé lundi midi et mardi midi sauf juil.-août) 140 (déj.), 190/370 🍷 – ⊠ 85 – **19 ch** 1250/2250

🏨 **Ti al-Lannec** 🐕, ℘ 02 96 15 01 01, Fax 02 96 23 62 14, ≤ la côte, 🌿 , parc, 🎣 – 🛗 📺 ☎ 🍴 🅿 – 🔬 30. 🖭 ⓞ 🖭 🖲. ❄ rest
mi-mars-12 nov. – **Repas** (115) - 135 bc (déj.), 195/395 🍷, enf. 95 – ⊠ 70 – **29 ch** 495/1175 – ½ P 635/860

🏨 **Toëno,** rte Trégastel : 1,5 km ℘ 02 96 23 68 78, Fax 02 96 15 42 54, ≤ 📺 ☎ 🍴 & 🅿. 🖭 🖭
fermé 15 nov. au 15 déc. – **Repas** (dîner seul.) 90/120 🍷 – ⊠ 40 – **17 ch** 300/330 – ½ P 295

TRÉBOUL *29 Finistere* 58 ⑭ – *rattaché à Douarnenez.*

TREFFENDEL 35380 I.-et-V. 👁️👁️ ⑤ – 623 h alt. 115.

Paris 378 – *Rennes* 30 – Ploërmel 34 – Redon 52.

XX **Auberge du Presbytère,** 𝄢 02 99 61 00 76, Fax 02 99 61 00 48, 🌳, 🌾 – 🅿. GB
fermé dim. soir et lundi – **Repas** 100 (déj.), 175/208

TREFFIAGAT 29 Finistère 👁️👁️ ⑭ – *rattaché à Guilvinec.*

TREFFORT 38650 Isère 👁️👁️ ⑭ – 78 h alt. 618.

Paris 602 – *Grenoble* 35 – Monestier-de-Clermont 9 – La Mure 43.

au bord du lac *Sud : 3 km par D 110ᴱ* – ⊠ 38650 Treffort :

🏨 **Château d'Herbelon** 🐦, 𝄢 04 76 34 02 03, Fax 04 76 34 05 44, ≤, 🌳, 🌾 – 📺 ☎ 📞 ℃
🅿. GB. 🍽️ ch
fermé vacances de Toussaint, 1ᵉʳ janv. au 6 mars, lundi soir et mardi sauf juil.-août – **Repas**
100/200, enf. 56 – 🍴 37 – **9 ch** 315/450 – 1/2 P 320/380

TREFFORT 01370 Ain 👁️👁️ ⑬ – 1 779 h alt. 280.

Paris 436 – *Mâcon* 48 – Bourg-en-Bresse 16 – Lons-le-Saunier 56 – Oyonnax 41.

🏨 **L'Embellie,** pl. Marché 𝄢 04 74 42 35 05, Fax 04 74 42 35 65, 🌳 – 📺 ☎ 📞 ℃ 🅿. GB
fermé 11 au 19 sept., vacances de fév. et lundi – **Repas** (fermé fév., 11 au 19 sept., dim. soir
sauf juil.-août et lundi) 110/165 🍷, enf. 50 – 🍴 50 – **8 ch** 225/285

Pour les grands voyages d'affaires ou de tourisme,
Guide Rouge **MICHELIN : EUROPE.**

TRÉGASTEL 22730 C.-d'Armor 👁️👁️ ① *G. Bretagne* – 2 201 h alt. 58.

Voir *Rochers*★★ – Ile Renote★★ NE – Table d'Orientation ≤★.

🅱️ Office de Tourisme pl. Ste-Anne 𝄢 02 96 23 85 97.
Paris 525 – *St-Brieuc* 73 – Lannion 11 – Perros-Guirec 9 – Trébeurden 10 – Tréguier 27.

🏨 **Belle Vue,** 𝄢 02 96 23 88 18, Fax 02 96 23 89 91, 🌾 – 📺 ☎ 🅿. AE ① GB
15 avril-30 sept. – **Repas** (2 mai-30 sept.) 98/260 🍷, enf. 55 – 🍴 55 – **31 ch** 400/580 –
1/2 P 400/550

XX **Auberge Vieille Eglise,** à Trégastel-Bourg, Sud : 2,5 km (rte Lannion) 𝄢 02 96 23 88 31,
Fax 02 96 15 33 75 – 🅿. AE GB
fermé 5 au 26 mars, dim. soir et lundi sauf juil.-août – **Repas** (prévenir) 85 (déj.), 110/300,
enf. 60

au golf de St-Samson *Sud : 3 km par D 788 et rte secondaire* – ⊠ 22560 Pleumeur-Bodou :

🏨 **Golf Hôtel** 🐦, 𝄢 02 96 23 87 34, Fax 02 96 23 84 59, 🦢, 🌾, 🎾 – 📺 ☎ 🔥 🅿 – 🔬 60. AE
① GB 🍴 🍽️ rest
Repas (avril-nov. et fermé dim. soir et lundi sauf juil.-août) (70) - 95/150 🍷 – 🍴 45 – **50 ch**
360/420 – 1/2 P 340

TRÉGUIER 22220 C.-d'Armor 👁️👁️ ② *G. Bretagne* – 2 799 h alt. 40.

Voir *Cathédrale St-Tugdual*★★ : cloître★.

Env. *chapelle St-Gonéry*★ N : 6 km – Le Gouffre★ N : 10 km puis 15 mn.
🅱️ Office de Tourisme Hôtel-de-Ville 𝄢 02 96 92 30 19, Fax 02 96 92 29 25.
Paris 505 – *St-Brieuc* 58 – Guingamp 28 – Lannion 18 – Paimpol 15.

sur le port :

🏨 **Aigue Marine** Ⓜ, 5 r. M. Berthelot 𝄢 02 96 92 97 00, Fax 02 96 92 44 48, ≤, 🌳, 🍸, 🦢,
🌾 – 🔩 cuisinette, 🍽️ rest, 📺 ☎ 🔥 🅿 – 🔬 80. AE GB
fermé 12 au 19 nov., 8 janv. au 7 fév. et dim. de nov. à mars – **Repas** (fermé sam. midi et
dim. soir de sept. à avril, lundi midi et merc. midi) 115/220 🍷, enf. 60 – 🍴 55 – **31 ch**
520/600, 17 studios – 1/2 P 520/560

rte de Lannion *Sud-Ouest : 2 km par D 786 et rte secondaire* – ⊠ 22220 Tréguier :

🏨 **Kastell Dinec'h** 🐦, 𝄢 02 96 92 49 39, Fax 02 96 92 34 03, 🍸, 🌾 – 📺 ☎ 🅿. GB.
🍽️ rest
21 mars-7 oct., 27 oct.-30 déc. et fermé mardi soir et merc. hors saison – **Repas** (dîner
seul.) 135/330 🍷 – 🍴 65 – **15 ch** 510/550 – 1/2 P 460/540

TRÉGUNC 29910 Finistère 58 ⑪ ⑯ – 6 130 h alt. 45.

🚹 Office de Tourisme 16 r. de Pont-Aven ℰ 02 98 50 22 05, Fax 02 98 97 77 60.
Paris 545 – Quimper 28 – Concarneau 7 – Pont-Aven 9 – Quimperlé 28.

🏠 **Auberge Les Grandes Roches** ⟩, Nord-Est : 0,6 km par rte secondaire ℰ 02 98 97 62 97, Fax 02 98 50 29 19, « Fermes aménagées dans un parc, dolmen et menhir » – ☎ ✆ 🅿. 🖼. ✿ ch
hôtel : fermé mi-déc., janv. et vacances de fév. – **Repas** (fin mars-mi-nov. et fermé lundi) (dîner seul.) 98/260, enf. 60 – 🖵 45 – **21 ch** 270/600 – ½ P 300/500

TRELLY 50660 Manche 54 ⑫ – 478 h alt. 20.
Paris 324 – St-Lô 37 – Avranches 37 – Coutances 11 – Villedieu-les-Poêles 24.

🍴🍴 **Verte Campagne** (Bernou) ⟩ avec ch, Sud Est : 1,5 km par D 539 et rte secondaire
✿ ℰ 02 33 47 65 33, Fax 02 33 47 38 03, « Ferme normande ancienne », 🌿 – ☎ 🅿. 🖼
fermé 4 au 10 déc., 24 janv. au 7 fév., dim. soir sauf juil.-août et lundi – **Repas** 140/230 – 🖵 35 – **6 ch** 220/380 – ½ P 290/365
Spéc. Sauté d'ormeaux en coquille (sept. à juin). Chaud-froid de rouget et langoustines aux herbes. Agneau de pré-salé, jus à l'orge perlé (Pâques à fin sept.).

TRÉLON 59132 Nord 53 ⑯ G. Picardie Flandres Artois – 2 923 h alt. 188.
Paris 212 – St-Quentin 76 – Avesnes-sur-Helpe 16 – Charleroi 52 – Lille 114 – Vervins 37.

🍴 **Framboisier,** ℰ 03 27 59 73 34, Fax 03 27 57 07 47 – 🅿. 🖼
fermé 23 août au 13 sept., 2 au 12 fév., dim. soir et lundi – **Repas** (70 bc) - 95 bc/320 ♀

La TREMBLADE 17390 Char.-Mar. 71 ⑭ G. Poitou Vendée Charentes – 4 623 h alt. 4.
Paris 516 – Royan 21 – Marennes 10 – Rochefort 32 – La Rochelle 70.

🏠 **Phoebus** sans rest, 13 ter r. Foran ℰ 05 46 36 29 85, Fax 05 46 36 51 03 – 📺 ☎ ✆. 🖼
fermé 2 au 12 oct. – 🖵 32 – **9 ch** 270/300

TREMBLAY-EN-FRANCE 93 Seine-St-Denis 56 ⑪,, 101 ⑱ – voir à Paris, Environs.

Le TREMBLAY-SUR-MAULDRE 78490 Yvelines 60 ⑨, 106 ㉘ – 668 h alt. 132.
Paris 43 – Houdan 24 – Mantes-la-Jolie 33 – Rambouillet 18 – Versailles 23.

🍴🍴🍴 **Gentilhommière** (Brun), ℰ 01 34 87 80 96, Fax 01 34 87 91 52, 🌳 – 🆎 ❶ 🖼 🃏
✿ fermé août, vacances de fév., lundi soir et mardi – **Repas** 220/360 et carte 280 à 520
Spéc. Morue fraîche avec son rougail. Canard de Challans aux navets confits. Lièvre à la royale (saison).

TREMEUR 22250 C.-d'Armor 59 ⑮ – 613 h alt. 62.
Paris 410 – Rennes 59 – St-Malo 57 – Dinan 26 – Loudéac 55 – St-Brieuc 45.

🏠 **Les Dineux,** voie express N 12, Z.A. Les Dineux ℰ 02 96 84 65 80, Fax 02 96 84 76 35, 🏊,
🌿 – 🛏 rest, 📺 ☎ 🅿 – 🕸 40. 🖼 ✿ ch
fermé 20 déc. au 10 janv. – **Repas** (fermé sam. soir et dim. de sept. à juin) (70) - 89/177 ♀ –
🖵 45 – **15 ch** 360 – ½ P 340

TRÉMINIS 38710 Isère 77 ⑮ G. Alpes du Nord – 173 h alt. 900.
Voir Site★.
Paris 634 – Gap 72 – Grenoble 66 – Monestier-de-Clermont 32 – La Mure 30 – Serres 57.

🏡 **Alpes** ⟩, à Château-Bas ℰ 04 76 34 72 94, 🌿 – 🅿. ✿ rest
🐚 1er mars-31 oct. et fermé dim. soir et lundi hors saison – **Repas** 70/135 🍴, enf. 45 – 🖵 29 –
11 ch 190/290 – ½ P 215/235

TRÉMOLAT 24510 Dordogne 75 ⑯ G. Périgord Quercy – 625 h alt. 53.
Voir Belvédère du Cingle★★ N : 2 km.
🚹 Syndicat d'Initiative îlot St-Nicolas Bourg ℰ 05 53 22 89 33.
Paris 536 – Périgueux 53 – Bergerac 34 – Brive-la-Gaillarde 86 – Sarlat-la-Canéda 47.

🏠 **Vieux Logis** ⟩, ℰ 05 53 22 80 06, Fax 05 53 22 84 89, ≼, 🌳, « Jardin fleuri ouvert sur la campagne », 🏊, 🌿 – 🛏 📺 ☎ 🅿 – 🕸 40. 🖼 ❶ 🖼 🃏
fermé 3 janv. au 12 fév. – **Repas** (ouvert mi-mars-mi-nov. et fermé le midi de sept à juin sauf week-ends et fériés) 210/430 ♀ – 🖵 95 – **18 ch** 840/1420, 6 appart. ½ P 725/1235

TRÉMONT-SUR-SAULX 55 Meuse 🔢 ⑩ – rattaché à Bar-le-Duc.

TRÉMUSON 22 C.-d'Armor 🔢 ③ – rattaché à St-Brieuc.

TRÉPASSÉS (Baie des) 29 Finistère 🔢 ⑬ – rattaché à Raz (Pointe du).

TRÉPIED 62 P.-de-C. 🔢 ① – rattaché à Cucq.

Le TRÉPORT 76470 S.-Mar. 🔢 ⑤ *G. Normandie Vallée de la Seine* – 6 227 h alt. 12 – Casino.
Voir *Calvaire des Terrasses* ≤ ★.
🅱 *Office de Tourisme q. Sadi-Carnot* 𝒫 02 35 86 05 69, Fax 02 35 86 73 96.
Paris 181 – Amiens 90 – Abbeville 37 – Blangy-sur-Bresle 26 – Dieppe 31 – Rouen 94.

 ✗✗　**Homard Bleu**, 45 quai François 1ᵉʳ 𝒫 02 35 86 15 89, Fax 02 35 86 49 21 – 🆎 ⓪ 🆖
　　　fermé 20 déc. au 10 fév. – **Repas** 140/320 ⓨ

 ✗✗　**St-Louis**, 43 quai François 1ᵉʳ 𝒫 02 35 86 20 70, Fax 02 35 50 67 10 – ▤. 🆎 ⓪ 🆖 🆓
　　　fermé 20 nov. au 15 déc. – **Repas** 95/320 ⓨ

TRESSERVE 73 Savoie 🔢 ⑮ – rattaché à Aix-les-Bains.

TRETS 13530 B.-du-R. 🔢 ④ – 7 900 h alt. 241.
🅱 *Office de Tourisme* 𝒫 04 42 61 54 90, Fax 04 42 61 34 26.
Paris 780 – Marseille 43 – Aix-en-Provence 25 – Toulon 72.

 ✗✗　**Clos Gourmand**, 13 bd République 𝒫 04 42 61 33 72, Fax 04 42 29 24 41, 🍴 – ▤. 🆎
　　　⓪ 🆖
　　　fermé vacances de Toussaint, de fév., dim. soir et lundi – **Repas** 100 (déj.), 125/330, enf. 75

TRÉVOU-TRÉGUIGNEC 22660 C.-d'Armor 🔢 ① – 1 210 h alt. 56.
Paris 513 – St-Brieuc 66 – Guingamp 36 – Lannion 14 – Paimpol 29 – Perros-Guirec 11.

 🏨　**Ker Bugalic** 🐾, 𝒫 02 96 23 72 15, Fax 02 96 23 74 71, ≤, « Jardin fleuri », 🎐 – 📺 ☎ ✆
 🅿　🅿. 🆖. 🐾 rest
　　　1ᵉʳ avril-1ᵉʳ oct. – **Repas** *(fermé lundi sauf juil.-août et le midi en semaine sauf du 30 juin au 15 sept.)* (prévenir) 126/230 ⓨ, enf. 80 – 😑 40 – **18 ch** 265/456 – ½ P 375/445

TRIEL-SUR-SEINE 78 Yvelines 🔢 ⑲., 🔢 ① ② – voir à Paris, Environs.

TRIE-SUR-BAÏSE 65220 H.-Pyr. 🔢 ⑨ – 1 011 h alt. 240.
Paris 783 – Auch 49 – Lannemezan 26 – Mirande 24 – Tarbes 32.

 🏠　**Tour**, pl. Mairie 𝒫 05 62 35 52 12, Fax 05 62 35 59 92, 🍴 – 📺 ☎. 🆖
 😑　*fermé 1ᵉʳ au 19 oct.* – **Repas** *(fermé lundi d'oct. à mai)* 58 bc (déj.), 78/130 ⓨ – 😑 30 – **10 ch**
　　　230/250 – ½ P 200/250

TRIGANCE 83840 Var 🔢 ⑥ ⑦, 🔢 ⑨ – 120 h alt. 800.
Paris 824 – Digne-les-Bains 74 – Castellane 20 – Draguignan 41 – Grasse 72.

 🏰　**Château de Trigance** 🐾, accès par voie privée 𝒫 04 94 76 91 18, Fax 04 94 85 68 99,
　　　≤ vallée et montagne, 🍴, « Cadre médiéval » – 📺 ☎ 🅿. 🆎 ⓪ 🆖 🆓
　　　25 mars-31 oct. – **Repas** 210/320 – 😑 75 – **10 ch** 600/950 – ½ P 600/800

 🏠　**Vieil Amandier** 🐾, 𝒫 04 94 76 92 92, Fax 04 94 85 68 65, 🍴, 🏊 – 📺 📺 ᕇ 🅿. 🆎 ⓪
　　　🆖 🆓
　　　15 mars-1ᵉʳ nov. – **Repas** 120/280 ⓨ, enf. 60 – 😑 40 – **12 ch** 300/380 – ½ P 310/400

La TRINITÉ-SUR-MER 56470 Morbihan 🔢 ⑫ *G. Bretagne* – 1 433 h alt. 20.
Voir *Pont de Kerisper* ≤ ★.
🅱 *Office de Tourisme Môle L.-Caradec* 𝒫 02 97 55 72 21, Fax 02 97 55 78 07.
Paris 490 – Vannes 31 – Auray 13 – Carnac 4 – Lorient 40 – Quiberon 22 – Quimperlé 66.

 ✗✗　**L'Azimut** (Le Calvez) avec ch, 𝒫 02 97 55 71 88, Fax 02 97 55 80 15, 🍴 – 📺 ☎ ✆ ᕇ. 🆖
 😊　**Repas** *(fermé mardi soir et merc. du 15 sept. au 15 juin sauf vacances scolaires)* 98 (déj.),
 😑　128/238 et carte 190 à 300 ⓨ, enf. 60 – 😑 60 – **6 ch** 450/680 – ½ P 570/610
　　　Spéc. Homard breton grillé au feu de bois. Saint-Jacques farcies au foie gras (15 oct. au 31 mars). Feuillets craquants d'hydromel (15 nov. au 15 mars).

TRIZAY *17250 Char.-Mar.* **71** ⑭ – *1 049 h alt. 20.*
Paris 479 – La Rochelle 52 – Royan 36 – Rochefort 12 – Saintes 27.

au lac du Bois Fleuri Ouest : 2,5 km par D 238, D 123 et rte decondaire :

XXX **Les Jardins du Lac** Ⓜ ⌖ avec ch, base de loisirs ℘ 05 46 82 03 56, Fax 05 46 82 03 55, ≤, ⌂, « Dans un parc dominant le plan d'eau », ⌲, – ▤ rest, ⒱ ☎ ❤ 戈 Ⓟ – 益 20. ⒢⒝
Repas 120/280 et carte 240 à 400 – ⌂ 70 – **8 ch** 550 – ½ P 540

Les TROIS-ÉPIS *68410 H.-Rhin* **62** ⑱ Ⓖ *Alsace Lorraine – alt. 658.*
Paris 443 – Colmar 11 – Gérardmer 50 – Munster 17 – Orbey 12.

🏠🏠 **Trois Épis** ⌖, ℘ 03 89 49 81 61, Fax 05 89 78 90 48, ≤ forêt vosgienne et plaine d'Alsace, ⌂, ☞ – ▤ ⒱ ☎ ❤ Ⓟ – 益 30. ⒢⒝ ⚘
Repas 92/360 ⚏, enf. 58 – ⌂ 50 – **42 ch** 270/580 – ½ P 325/440

🏠 **Chêneraie** ⌖ sans rest, ℘ 03 89 49 82 34, Fax 03 89 49 86 70, parc – ☎ ❤ Ⓟ. ⒢⒝. ⚘
fermé 1ᵉʳ janv. au 15 fév. et merc. – ⌂ 48 – **19 ch** 210/280

🏠 **Croix d'Or,** ℘ 03 89 49 83 55, Fax 03 89 49 87 14, ≤, ⌂ – ⒱ ☎ ❤ Ⓟ. ⒢⒝
⚙ *fermé fin nov. à début janv. et mardi –* **Repas** 80/195 ⚏, enf. 45 – ⌂ 38 – **12 ch** 180/290 – ½ P 220/270

🎯 **Villa Rosa,** ℘ 03 89 49 81 19, Fax 03 89 78 90 45, ≤, établissement réservé aux non fumeurs exclusivement, ⌲, – ❤ ☎. ⒢⒝ ⚘
fermé 2 janv. au 21 mars et jeudi – **Repas** (dîner seul.) 120 ⚏ – ⌂ 48 – **9 ch** 295/545 – ½ P 295/320

TRONÇAIS *03 Allier* **69** ⑫ – ⊠ *03360 St-Bonnet-Tronçais.*
Voir Forêt de Tronçais★★★ – Étang de St-Bonnet★ NO : 4 km – Étang de Saloup★ S : 5 km,
Ⓖ *Auvergne.*
Paris 311 – Moulins 56 – Bourges 67 – Montluçon 42 – St-Amand-Montrond 24.

🏠🏠 **Tronçais** ⌖, ℘ 04 70 06 11 95, Fax 04 70 06 16 15, « Dans un parc au bord d'un étang », ⚘ – ⒱ ☎ Ⓟ. ⒢⒝. ⚘ rest
15 mars-15 nov. et fermé dim. soir et lundi hors saison – **Repas** 100/190 ⚏, enf. 60 – ⌂ 39 – **12 ch** 225/375 – ½ P 265/315

TRONGET *03 Allier* **69** ⑬ – *1 058 h alt. 460 –* ⊠ *03240 Le Montet.*
Paris 320 – Moulins 29 – Bourbon-l'Archambault 24 – Montluçon 50.

🏠 **Commerce,** ℘ 04 70 47 12 95, Fax 04 70 47 32 53 – ⒱ ☎ ⇦ Ⓟ. ⓪ ⒢⒝
⚙ **Repas** (65) - 75/170 ⚏, enf. 45 – ⌂ 35 – **11 ch** 200/300 – ½ P 230/260

TROO *41800 L.-et-Ch.* **64** ⑤ Ⓖ *Châteaux de la Loire – 320 h alt. 60.*
Voir La "butte" ⁂★ – St-Jacques des Guérêts : peintures murales★ de l'église S : 1 km.
🏢 *Syndicat d'Initiative Mairie ℘ 02 54 72 54 34, Fax 02 54 72 57 44.*
Paris 205 – Le Mans 62 – Château-du-Loir 34 – Tours 54 – Vendôme 28.

XX **Cheval Blanc** Ⓜ avec ch, r. A.-Arnault ℘ 02 54 72 58 22, Fax 02 54 72 55 44, ⌂ – ⒱ ☎ ❤. ⒢⒝
fermé nov. – **Repas** (fermé mardi midi et lundi) 125/300 ⚏ – ⌂ 40 – **9 ch** 270/300 – ½ P 320

TROUVILLE-SUR-MER *14360 Calvados* **55** ③ Ⓖ *Normandie Vallée de la Seine – 5 607 h alt. 2 –*
Casino AY.
Voir Corniche ≤★.
⛳ *de Deauville-St-Gatien : ℘ 02 31 65 65 65, par D 74 : 7 km BZ.*
🏢 *Office de Tourisme 32 bd F.-Moureaux ℘ 02 31 14 60 70, Fax 02 31 14 60 71.*
Paris 199 ③ – Caen 47 ④ – Le Havre 40 ③ – Lisieux 29 ③ – Pont-l'Évêque 11 ③.

Plan page suivante

🏠🏠🏠 **Hostellerie du Vallon** Ⓜ ⌖ sans rest, 12 r. Sylvestre Lasserre ℘ 02 31 98 35 00, Fax 02 31 98 35 10, 邝, ⌲, ⌂ – ▥ ❤ ⒱ ☎ ❤ Ⓟ. ⒜⒠ ⓪ ⒢⒝ **BZ** **v** ⌂ 65 – **60 ch** 600/790

🏠🏠 **Mercure** Ⓜ, pl. Foch ℘ 02 31 87 38 38, Fax 02 31 87 35 41, ⌂ – ▥ ❤ ⒱ ☎ ❤ 戈 – 益 25 à 80. ⒜⒠ ⓪ ⒢⒝ 戈ㄹ. ⚘ rest **AY** **k**
Repas (fermé mi-nov. à mi-déc., dim. soir, mardi midi et lundi) 90 (déj.), 110/200 ⚏, enf. 55 – ⌂ 58 – **80 ch** 605/645

🏠🏠 **St-James** sans rest, 16 r. Plage ℘ 02 31 88 05 23, Fax 02 31 87 98 45 – ⒱ ☎. ⒢⒝. ⚘ **AY** **e** *fermé 5 au 25 janv. –* ⌂ 65 – **10 ch** 400/600

🏠🏠 **Relais de la Cahotte** sans rest, 11 r. V. Hugo ℘ 02 31 98 30 20, Fax 02 31 98 04 00 – ▥ ⒱ ☎ 戈. ⒜⒠ ⓪ ⒢⒝ **AY** **u** *fermé 15 nov. au 15 déc. –* ⌂ 45 – **32 ch** 460

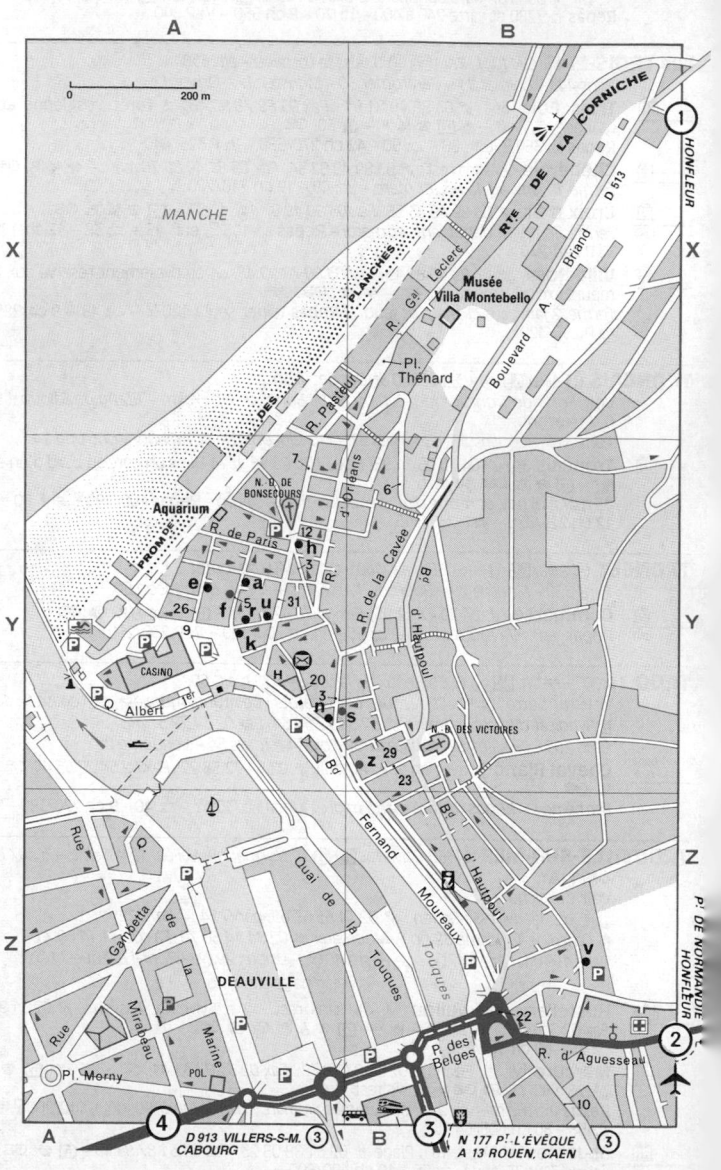

*Entrez à l'hôtel ou au restaurant le Guide à la main,
vous montrerez ainsi au'il vous conduit là en confiance.*

Central, 158 bd F.-Moureaux ℰ 02 31 88 80 84, Fax 02 31 88 42 22, ㍶ – 劇 ⊡ ☜. ⒜ ⒢⒝
Repas brasserie 98/138 ♀ – ⌑ 58 – **26 ch** 300/470   AY n

Sablettes sans rest, 15 r. P. Besson ℰ 02 31 88 10 66, Fax 02 31 88 59 06 – ⊡ ☎ ℰ. ⒢⒝.
℆   AY r
fermé 1er déc. au 31 janv. – ⌑ 40 – **18 ch** 250/400

Maison Normande sans rest, 4 pl. Mar. de Lattre de Tassigny ℰ 02 31 88 12 25,
Fax 02 31 88 78 79 – ⊡ ☎. ⒢⒝. ℆   AY n
⌑ 36 – **16 ch** 280/400

Carmen, 24 r. Carnot ℰ 02 31 88 35 43, Fax 02 31 88 08 03 – ⊡ ☎ ℰ. ⒜ ⓪ ⒢⒝ ⒿⒸⒷ. ℆
fermé 10 au 31 janv. et merc. hors vacances scolaires – **Repas** 95/180 ♀, enf. 55 – ⌑ 37 –
16 ch 380/460 – ½ P 245/360   AY a

Régence, 132 bd F. Moureaux ℰ 02 31 88 10 71, Fax 02 31 88 10 71, « Belles boiseries
peintes du 19e siècle » – ⒜ ⓪ ⒢⒝   BY z
fermé 1er au 26 déc. et lundi sauf juil.-août – **Repas** 148/325

Petite Auberge, 7 r. Carnot ℰ 02 31 88 11 07, Fax 02 31 88 96 39 ⒜ ⒢⒝
fermé vacances de fév., mardi et merc. sauf vacances scolaires – **Repas** (prévenir)
154/199   AY f

Doult avec ch, 4 r. Bains ℰ 02 31 88 10 27, Fax 02 31 88 33 79 ⒢⒝   ABY s
fermé 20 nov. au 8 déc. et lundi – **Repas** 98/220 ♀ – ⌑ 30 – **4 ch** 280/350 – ½ P 275/300

TROYES 🅿 10000 Aube 🗘🗘 ⑯ ⑰ G. Champagne – 59 255 h Agglo. 122 763 h alt. 113.

Voir Cathédrale St-Pierre-et-St-Paul★★ : trésor★ – Le vieux Troyes★★ BZ : Jubé★★ de
l'église Ste-Madeleine★, Basilique St-Urbain★ BYZ B, Église St-Pantaléon★ – Pharmacie★ de
l'Hôtel-Dieu-le-Comte CY M⁴ – Musée d'Art Moderne★★ CY M³ – Maison de l'outil et de la
pensée ouvrière★★ dans l'hôtel de Mauroy★ BZ M² – Musée historique de Troyes et de
Champagne★ et musée de la Bonneterie dans l'hôtel de Vauluisant★ BZ M¹ – Musée des
Beaux-Arts et d'Archéologie★ dans l'abbaye St-Loup.

🛈 Office de tourisme 16 bd Carnot ℰ 03 25 82 62 70, Fax 03 25 73 06 81, Bureau d'accueil
r. Mignard ℰ 03 25 73 36 88.

Paris 170 ⑦ – Dijon 183 ④ – Nancy 186 ④.

Plan page suivante

Poste Ⓜ, 35 r. E. Zola ℰ 03 25 73 05 05, Fax 03 25 73 80 76 – 劇, ▤ rest, ⊡ ☎ ℰ & ⇔ –
🕍 30. ⒜ ⓪ ⒢⒝ ⒿⒸⒷ   BZ a
Les Gourmets ℰ 03 25 73 80 78 Repas (140)-185 & – **Carpaccio** ℰ 03 25 73 84 37 Repas
(66)- et carte 110 à 180 &, enf. 42 – ⌑ 60 – **32 ch** 495/640

Relais St-Jean Ⓜ ℅ sans rest, 51 r. Paillot de Montabert ℰ 03 25 73 89 90,
Fax 03 25 73 88 60 – 劇 ▤ ⊡ ☎ ℰ & 🄿. ⒜ ⓪ ⒢⒝ ⒿⒸⒷ   BZ s
⌑ 60 – **25 ch** 450/690

Royal Hôtel, 22 bd Carnot ℰ 03 25 73 19 99, Fax 03 25 73 47 85 – 劇, ▤ rest, ⊡ ☎ ℰ. ⒜
⓪ ⒢⒝ ⒿⒸⒷ   BZ n
fermé 15 déc. au 7 janv. – **Repas** (fermé sam. midi, dim. soir et lundi midi) 119/165 – ⌑ 48
– **37 ch** 355/550

Champ des Oiseaux Ⓜ ℅ sans rest, 20 r. Linard Gonthier ℰ 03 25 80 58 50,
Fax 03 25 80 98 34, « Maisons des 15e et 16e siècles » – ⊡ ☎ ℰ & ⇔. ⒜ ⓪ ⒢⒝. ℆
⌑ 70 – **12 ch** 490/900   CY c

Troyes sans rest, 168 av. Gén. Leclerc ℰ 03 25 71 23 45, Fax 03 25 79 12 14 ℅⇔ ⊡ ☎ ℰ
& 🄿 – 🕍 15. ⒜ ⓪ ⒢⒝   A k
⌑ 39 – **23 ch** 265/300

Clos Juillet (Colin), 22 bd 14-Juillet ℰ 03 25 73 31 32, Fax 03 25 73 98 59, ㍶, ☞ – ⒜
⒢⒝   CZ h
fermé 13 au 28 août, vacances de fév., dim. et lundi – **Repas** 170/340 et carte 320 à 430 ♀
Spéc. Escalope de foie gras de canard au caramel de ratafia. Couscous de homard.
Suprême de pigeon farci, cuisses confites, jus à la Sarriette. **Vins** Rosé des Riceys, Coteaux
Champenois.

Bourgogne (Dubois), 40 r. Gén. de Gaulle ℰ 03 25 73 02 67, Fax 03 25 71 06 40 – ▤. ⒢⒝
fermé août, dim. midi en juil. et sept., mardi midi en avril et mai et lundi – **Repas** 170/190 ♀
et carte 230 à 335
Spéc. Panaché de ris de veau et lapin. Pavé de boeuf au bouzy. Glace à la vanille et
craquelin. **Vins** Rosé des Riceys, Epineuil.   BY f

Valentino, cour Rencontre (près H. de Ville) ℰ 03 25 73 14 14, Fax 03 25 73 14 14, ㍶ –
⒜ ⒢⒝   BZ s
fermé 21 août au 4 sept., 2 au 22 janv., sam. midi, dim soir et lundi d'oct. à Pâques – **Repas**
110/270 ♀

Vivien, 7 pl. St-Rémy ℰ 03 25 73 70 70, Fax 03 25 73 70 90, ㍶ – ⒜ ⒢⒝   BY p
fermé 5 au 20 sept., 15 au 28 fév., dim. soir et lundi – **Repas** 115/225

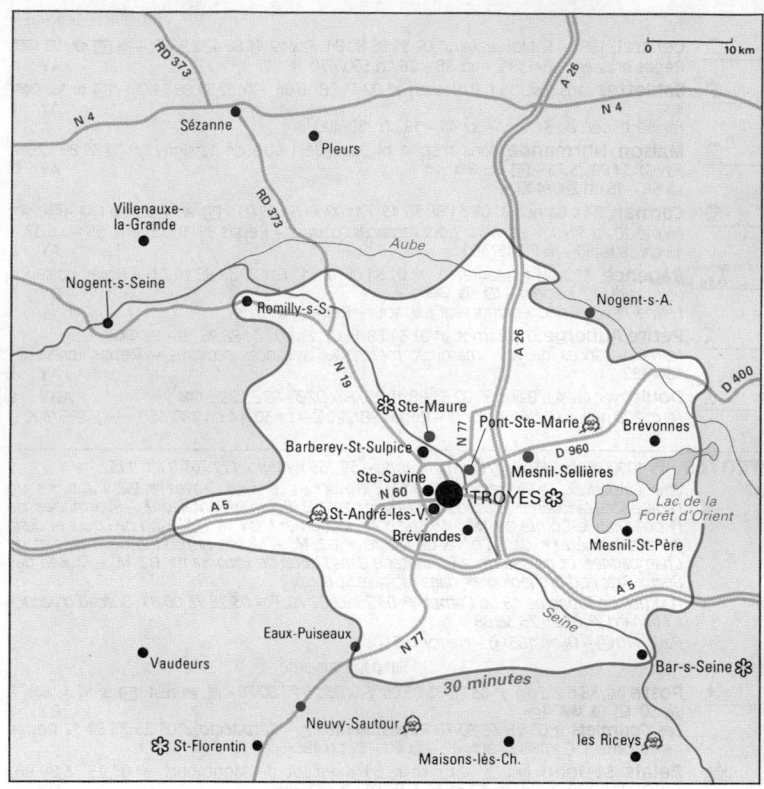

XX **Café de Paris,** 63 r. Gén. de Gaulle 🕿 03 25 73 08 30, *Fax 03 25 73 58 18* – GB
fermé 24 juil. au 11 août, dim. soir et lundi soir – **Repas** 118/235 ♀ BYZ u

---

X **Matines,** 53 r. Simart 🕿 03 25 76 03 82, *Fax 03 25 81 06 98* – AE GB CY m
fermé 14 juil. au 13 août, dim. soir, merc. soir et lundi – **Repas** 110/300 ♀, enf. 50

X **Bistroquet,** pl. Langevin 🕿 03 25 73 65 65, *Fax 03 25 73 07 25,* 😕, brasserie – 🍽
GB BZ d
fermé dim. soir – **Repas** (89)-110/164

à Ste-Maure *Nord : 7 km par D 78 – 1 218 h. alt. 111 –* ⊠ *10150 :*

XXX **Auberge de Ste-Maure,** 🕿 03 25 76 90 41, *Fax 03 25 80 01 55,* 😕, « En bordure de
✿ rivière » – 🅿. AE GB JCB A g
fermé 14 au 28 fév., dim. soir et lundi – **Repas** 150/280 et carte 240 à 470 ♀
Spéc. Foie gras de canard aux senteurs de pêche. Andouillette de Troyes au beurre de
chaource. Gâteau coulant au chocolat noir.

à Pont-Ste-Marie *Nord-Est : 3 km par N 77 – 4 856 h. alt. 110 –* ⊠ *10150 :*

XX **Hostellerie de Pont Ste-Marie,** 34 r. Pasteur (près église) 🕿 03 25 83 28 61,
Fax 03 25 83 28 61, 😕 – GB A n
fermé dim. soir – **Repas** 98/220 ♀

X **Bistrot DuPont,** 5 pl. Ch. de Gaulle 🕿 03 25 80 90 99, *Fax 03 25 80 90 99* – 🍽. AE
😕 GB A s
fermé dim. soir et lundi – **Repas** 90/150 ♀, enf. 70

à Mesnil-Sellières *Nord-Est : 11 km par D 960 – 370 h. alt. 171 –* ⊠ *10220 :*

X **Clef des Champs,** 🕿 03 25 80 65 62, *Fax 03 25 80 07 67,* 😕 – 🅿. AE GB
fermé 1 au 16 janv., dim. soir et lundi – **Repas** 90/235 ♀

TROYES

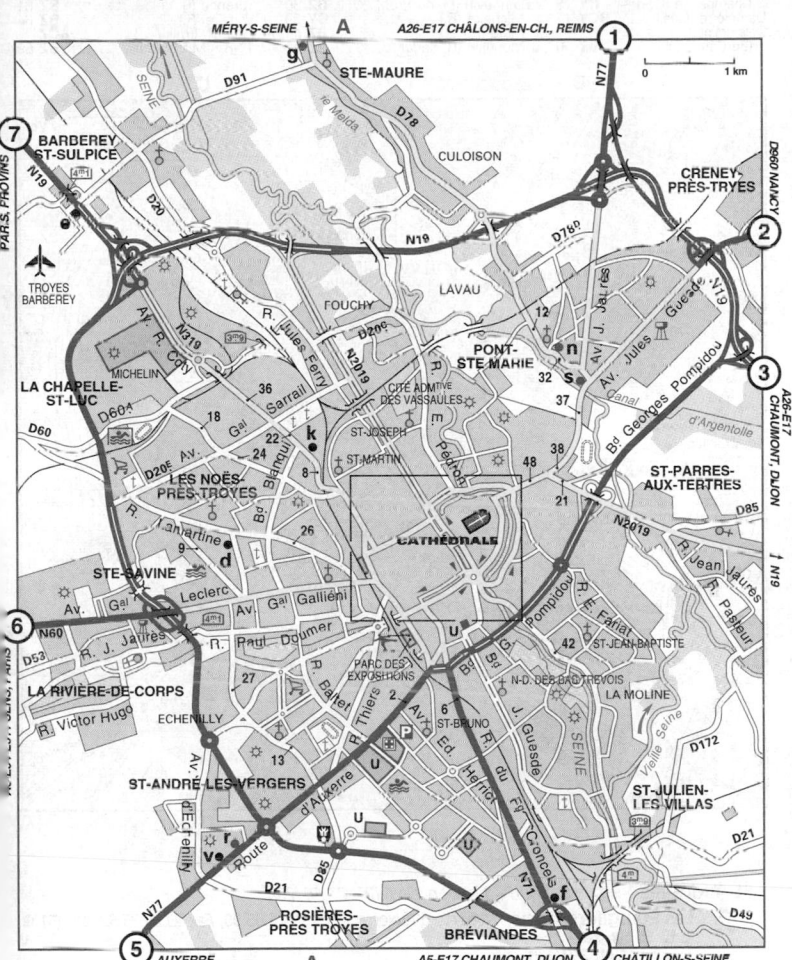

au golf de la Forêt d'Orient *Nord-Est : 19 km par D 960, Romilly puis rte de Géraudot –* ⊠ *10220 Pinet :*

🏨 **Holiday Inn Forêt d'Orient** Ⓜ ⠹, ℘ 03 25 43 80 80, Fax 03 25 41 57 58, 🍽, parc,
« En forêt, entouré d'un golf », ⅃₅, ⌁ – 🛏 🖆 �📺 ☎ 📞 & 🅿 – 🕍 15 à 120. 🆎 ⓞ 🅶🅱
Repas 119/189, enf. 45 – ⌒ 70 – **60 ch** 590/640, 23 appart

à Bréviandes : *5 km – 1 687 h. alt. 117 –* ⊠ *10450 :*

🏠 **Pan de Bois** ⠹, ℘ 03 25 75 02 31, Fax 03 25 49 67 84, 🍽 – 📺 ☎ 📞 & 🅿 – 🕍 40. 🅶🅱
⌖ ch   A f
fermé dim. de nov. à Pâques – **Grill** *(fermé 24 déc. au 1er janv., dim. soir et lundi)* **Repas**
94/170 ⑂, enf. 70 – ⌒ 40 – **31 ch** 270/310 – ½ P 285

TROYES

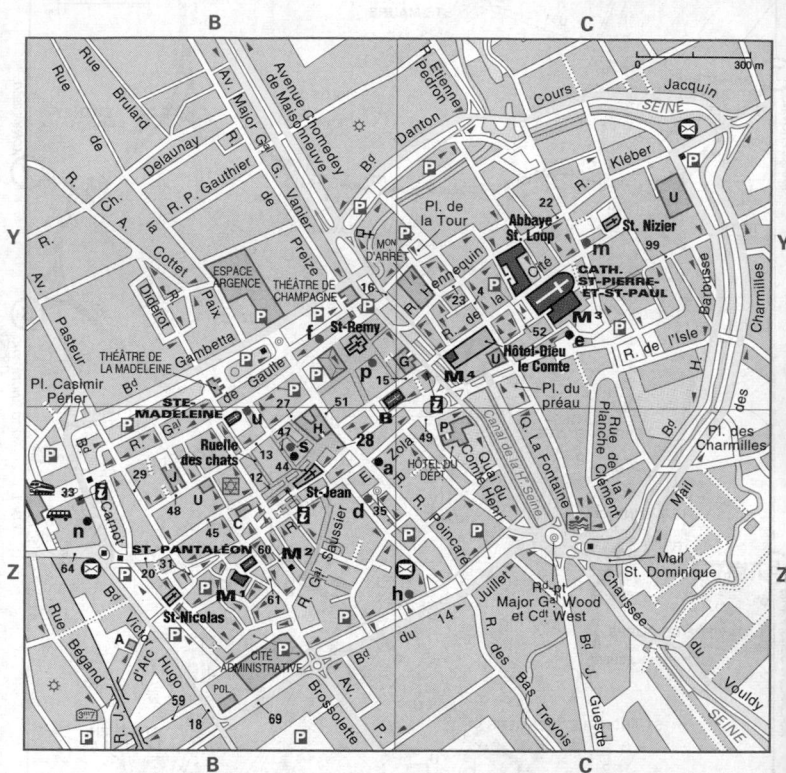

à **St-André-les-Vergers** : 5 km – 11 329 h. alt. 112 – ⊠ 10120 :

🏠 **Les Épingliers** sans rest, 180 rte d'Auxerre ℘ 03 25 75 05 99, Fax 03 25 75 32 22 – 📺 ☎
  📞 🅿. 🖭 ⊙ 🅶🅱
  ⊇ 40 – **15 ch** 230/270
  A v

✕✕ **Gentilhommière**, 180 rte Auxerre ℘ 03 25 49 35 64, Fax 03 25 75 13 55, �; – 🅿. 🅶🅱
🍴 fermé 16 août au 6 sept., dim. soir et merc. – Repas 120/330
  A r

à **Ste-Savine** Ouest : 3 km vers ⑥ – 9 495 h. alt. 116 – ⊠ 10300 :

🏠 **Motel Savinien**, 87 r. Fontaine ℘ 03 25 79 24 90, Fax 03 25 78 04 61, �;, 🎣, 🏊, 🎾 –
🍴 cuisinette 📺 ☎ 📞 🅿. – 🚿 30. 🅶🅱
  A d
  Repas (fermé dim. soir et lundi midi) 70/190 🍷, enf. 42 – ⊇ 40 – **60 ch** 230/270 –
  ½ P 235/245

à **Barberey-St-Sulpice** par ⑦ : 5 km – 654 h. alt. 100 – ⊠ 10600 :

🏨🏨 **Novotel** Ⓜ ⬙, N 19 ℘ 03 25 71 74 74, Fax 03 25 71 74 50, �;, 🏊, ✺ 🔲 📺 ☎ 📞 🕭 🅿
  – 🚿 30 à 60. 🖭 ⊙ 🅶🅱
  A e
  Repas (95) - 125 🍷, enf. 50 – ⊇ 59 – **83 ch** 490/530

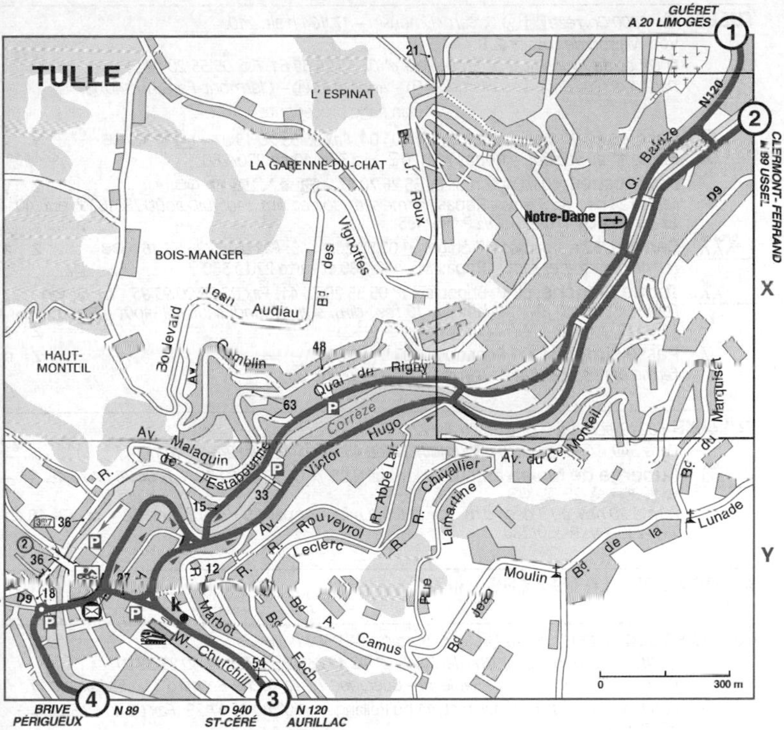

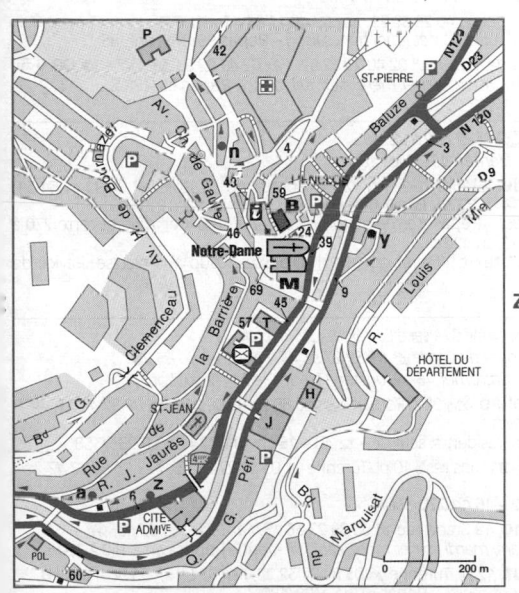

TULLE

GUÉRET
A 20 LIMOGES

CLERMONT-FERRAND
A 89 USSEL

L'ESPINAT

LA GARENNE-DU-CHAT

BOIS-MANGER

HAUT-MONTEIL

Notre-Dame

Bd S. Roux

Vignottes

Bd des

Jean Audiau

Boulevard Cumulin

48

Quai du Rigny

63

Corrèze

Av. Malaquin de l'Estabournie

15

33

Victor Hugo

R. Abbé Lair

R. Chivallier

Lamartine

Av. du Ce Monteil

Bd du Marquisat

Rue

Jeso

Moulin

Bd de la Lunade

X

Y

12

Marbot

Bd A Camus

Bd Foch

W. Churchill

54

BRIVE
PÉRIGUEUX   N 89

D 940
ST-CÉRÉ

N 120
AURILLAC

0   300 m

1397

TULLE P 19000 Corrèze 75 ⑨ *G. Berry Limousin – 17 164 h alt. 210.*
Voir *Maison de Loyac*★ Z B.
Office de Tourisme 2 pl. Émile-Zola ☎ 05 55 26 59 61, Fax 05 55 20 72 93.
Paris 479 ① – Brive-la-Gaillarde 29 ④ – Aurillac 83 ③ – Clermont-Ferrand 140 ②.
Plan page précédente

Gare, 25 av. W. Churchill ☎ 05 55 20 04 04, *Fax 05 55 20 15 87* – TV ☎. GB — Y k
fermé 1er au 15 sept. – **Repas** 70/120 ♀ – 38 – **12 ch** 270/280

Bon Accueil, 10 r. Canton ☎ 05 55 26 70 57 – TV ☎. AE GB — Z y
fermé 24 déc. au 3 janv. – **Repas** *(fermé sam. soir et dim. sauf juil.-août)* 78/160 ♀, enf. 40 – 30 – **11 ch** 170/220 – ½ P 175/195

XXX **Central,** 32 r. J. Jaurès (1er étage) ☎ 05 55 26 24 46, *Fax 05 55 26 53 16* – GB — Z a
fermé dim. soir et sam. – **Repas** (90) - 130/280 et carte 220 à 360 ♀

XX **Toque Blanche,** pl. M. Brigouleix ☎ 05 55 26 75 41, *Fax 05 55 20 93 95* – . AE GB
fermé 1er au 10 juil., 20 janv. au 10 fév., dim. soir et lundi sauf juil.-août – **Repas** (125) - 145/170, enf. 50 — Z z

X **Passé Simple,** 6 r. F. Bonnelys ☎ 05 55 26 00 75 – GB — Z n
fermé dim. soir et lundi – **Repas** 99 bc/175 ♀, enf. 50

TULLINS *38210 Isère* 77 ④ *– 6 269 h alt. 223.*
Paris 549 – Grenoble 32 – Bourgoin-Jallieu 45 – St-Marcellin 24 – Voiron 14.

Auberge de Malatras, Sud : 2 km sur N 92 ☎ 04 76 07 02 30, *Fax 04 76 07 76 48,* – ☎ P – 25. AE GB
fermé 20 nov. au 3 déc., dim. soir et lundi midi – **Repas** 100/350 ♀, enf. 78 – 40 – **18 ch** 180/290 – ½ P 250/280

TUNNEL SOUS LA MANCHE voir à Calais.

La TURBALLE *44420 Loire-Atl.* 63 ⑭ *G. Bretagne – 3 587 h alt. 6.*
Office de Tourisme pl. Ch.-de-Gaulle ☎ 02 40 23 39 87, Fax 02 40 23 32 01.
Paris 462 – Nantes 87 – La Baule 14 – Guérande 7 – La Roche-Bernard 31 – St-Nazaire 27.

Les Chants d'Ailes sans rest, 11 bd Bellanger ☎ 02 40 23 47 28, *Fax 02 40 62 86 43,* ← – TV ☎ P. GB
fermé 15 nov. au 15 déc. – 40 – **19 ch** 250/350

XX **Terminus,** quai St-Paul ☎ 02 40 23 30 29, *Fax 02 40 11 84 44* – AE GB
fermé 15 janv. au 15 fév., dim. soir et lundi hors saison – **Repas** 95/168, enf. 85

X **Chaudron,** rte Guérande 1,5 km ☎ 02 40 23 32 52, *Fax 02 40 62 83 38,* – GB JCB
fermé 15 nov. au 15 déc., mardi soir et merc. sauf juil.-août – **Repas** 85/180 ♀

La TURBIE *06320 Alpes-Mar.* 84 ⑩ *– 2 609 h alt. 495.*
Paris 947 – Monaco 8 – Menton 16 – Nice 16.

XX **Hostellerie Jérôme** (Cirino) avec ch, 20 r. Comte de Cessole ☎ 04 92 41 51 51, *Fax 04 92 41 51 50,* ←, – TV ☎. AE GB JCB
fermé 15 oct. au 15 déc. – **Repas** *(fermé mardi soir et lundi)* 160 (déj.)/240 et carte 270 à 370 ♀, enf. 90 – 60 – **5 ch** 420
Spéc. Spaghetti "pilés" aux truffes et queues d'écrevisses. Loup à la niçoise. Ravioli de chocolat amer.

TURCKHEIM *68230 H.-Rhin* 62 ⑱ ⑲ *G. Alsace Lorraine – 3 567 h alt. 225.*
Office de Tourisme Corps de Garde ☎ 03 89 27 38 44, Fax 03 89 80 83 22.
Paris 446 – Colmar 6 – Gérardmer 46 – Munster 13 – St-Dié 54 – le Thillot 67.

Les Portes de la Vallée, 29 r. Romaine ☎ 03 89 27 95 50, *Fax 03 89 27 40 71,* – TV ☎ P. GB. rest
Repas *(fermé dim. soir)* (résidents. seul.) ♀ – 40 – **16 ch** 194/374 – ½ P 233/358

Berceau du Vigneron sans rest, 10 pl. Turenne ☎ 03 89 27 23 55, *Fax 03 89 27 47 21* – ☎. GB.
15 mars-1er nov. – 32 – **16 ch** 220/390

X **A l'Homme Sauvage,** 19 Grand'rue ☎ 03 89 27 56 15, *Fax 03 89 80 82 03,* – GB
fermé 15 janv. au 15 mars, mardi soir et merc. sauf juil.-août – **Repas** carte 140 à 220 ♀

X **Auberge du Veilleur,** 12 pl. Turenne ☎ 03 89 27 32 22, *Fax 03 89 27 55 56* – . GB
fermé 22 déc. au 4 janv. et merc. – **Repas** 54 (déj.), 98/180 ♀

TURENNE 19500 Corrèze **76** ⑧ G. Périgord Quercy – 740 h alt. 350.

Voir Site★ du château et ≼★★ de la tour de César.

Env. Collonges-la-Rouge : village★★ E : 10 km.

🛈 Syndicat d'Initiative (juin mi sept.) ℘ 05 55 85 91 24 et (hors saison) Mairie ℘ 05 55 85 91 15.

Paris 500 – Brive-la-Gaillarde 16 – Cahors 90 – Figeac 75.

XX **Maison des Chanoines** ॐ avec ch, ℘ 05 55 85 93 43, 佘, « Maison du 16ᵉ siècle » – 🍴 rest,.

1ᵉʳ avril-5 nov. et fermé merc. hors saison, jeudi midi et mardi midi (sauf hôtel) d'oct. à juin – **Repas** (nombre de couverts limité, prévenir) 160/200 ♈ – ⊑ 40 – **6 ch** 340/500 – ½ P 345/430

TURINI (Col de) 06440 Alpes-Mar. **84** ⑲, **115** ⑰ G. Côte d'Azur.

Voir Forêt de Turini★★ – Monument aux Morts ≼★ NE : 4 km.

Env. Pointe des 3 Communes ≼★★ NE : 6,5 km – Pierre Plate ≼★★ S : 7 km – Cime de Peira Cava ≼★★ S : 8,5 km puis 30 mn.

Paris 977 – L'Escarène 24 – Nice 45 – Roquebillière 18 – St-Martin-Vésubie 27 – Sospel 21

🏠 **Trois Vallées** ॐ, ℘ 04 93 91 57 21, Fax 04 93 79 53 62, ≼, 佘 – 🔟 ☎ 🅿, 🝙 ⓪ 🇬🇧
Repas 98 (déj.), 158/350 bc ♈, enf. 75 – ⊑ 55 – **22 ch** 280/600 – ½ P 335/650

Annexe Les Chamois 🏠 ॐ, ℘ 04 93 91 57 42, Fax 04 93 79 53 62, ≼, 佘 – 🔟 ☎. 🝙 ⓪ 🇬🇧
Repas (fermé 13 mars au 15 avril, 13 nov. au 22 déc., lundi, mardi, jeudi et vend. sauf vacances scolaires) (déj. seul.) 72/140 ♈, enf. 45 – ⊑ 55 – **11 ch** 280/525 – ½ P 335/462

TURQUESTEIN-BLANCRUPT 57 Moselle **62** ⑧ – rattaché à St-Quirin.

TURRIERS 04250 Alpes-de-H.-P. **81** ⑥ – 276 h alt. 1040.

Paris 706 – Gap 35 – Digne-les-Bains 65 – Sisteron 35.

🏠 **Roche Cline** ॐ, ℘ 04 92 55 11 38, Fax 04 92 55 11 75, ≼, ⬛, ☞ – ☎ 🅿. 🇬🇧. ⚘
fermé 20 déc. au 10 janv., dim. soir et lundi sauf juil.-août – **Repas** 85/120 ♈, enf. 55 – ⊑ 30 – **16 ch** 195/265 – ½ P 270

TY-SANQUER 29 Finistère **58** ⑮ – rattaché à Quimper.

UCHACQ-ET-PARENTIS 40 Landes **78** ⑥ – rattaché à Mont-de-Marsan.

L'UNION 31 H.-Gar. **82** ⑧ – rattaché à Toulouse.

UNTERMUHLTHAL 57 Moselle **57** ⑱ – rattaché à Baerenthal.

URÇAY 03360 Allier **69** ⑪ ⑫ – 294 h alt. 169.

Paris 303 – Moulins 66 – La Châtre 54 – Montluçon 34 – St-Amand-Montrond 15.

X **L'Étoile d'Or** avec ch, ℘ 04 70 06 92 66, Fax 04 70 06 92 77 – 🅿. 🇬🇧 ⚘ ch
fermé 15 au 31 janv., dim. soir et merc. – **Repas** 70/165 ♈ – ⊑ 30 – **6 ch** 150/200 – ½ P 210

URCEL 02000 Aisne **56** ⑤ – 502 h alt. 153.

Paris 128 – Reims 75 – Fère-en-Tardenois 43 – Laon 13 – Soissons 24 – Vailly-sur-Aisne 13.

XX **Hostellerie de France**, rte Nationale ℘ 03 23 21 60 08, Fax 03 23 21 60 08 – 🅿. 🇬🇧
fermé 24 juil. au 12 août, vacances de fév., lundi soir, mardi soir et merc. soir – **Repas** 135/170

URCUIT 64990 Pyr.-Atl. **85** ③ G. Aquitaine – 1 688 h alt. 32.

Paris 763 – Biarritz 22 – Bayonne 15 – Dax 45 – Orthez 63 – Pau 102.

X **Au Goût des Mets**, Nord-Ouest : 4 km sur D 261 ℘ 05 59 42 95 64, 佘 – 🅿. 🇬🇧
fermé 26 juin au 9 juil., vacances de fév., dim. soir et merc. – **Repas** 70/163 ♈, enf. 45

URDOS 64490 Pyr.-Atl. 🔠🔠 ⑯ – 162 h alt. 780.

Env. *Col du Somport*★★ *SE : 14 km*, G. Aquitaine.

Paris 851 – *Pau 75* – Jaca 45 – Oloron-Ste-Marie 41.

🏠 **Voyageurs-Somport**, ℰ 05 59 34 88 05, Fax 05 59 34 86 74, 🐾 – ☎. 🇬🇧
🍴 *fermé 28 oct. au 28 nov., dim. soir et lundi sauf vacances scolaires* – **Repas** 70/150 ☼, enf. 50
– ☷ 30 – **40 ch** 160/250 – ½ P 180/220

URIAGE-LES-BAINS 38410 Isère 🟣🟣 ⑤ G. Alpes du Nord – alt. 414 – Stat. therm. (01 avril-30 nov.)
– Casino "Palais de la Source".

Voir *Forêt de Prémol*★ *SE : 5 km par D 111.*

🅱 Office de Tourisme (avr.-fin nov.) pl. Déesse-Hygié ℰ 04 76 89 10 27, Fax 04 76 89 26 68.

Paris 580 – *Grenoble 11* – Vizille 10.

🏠🏠 **Grand Hôtel** Ⓜ, ℰ 04 76 89 10 80, Fax 04 76 89 04 62, ≼, 🍽, 🎰, 🖼 – 🛗 📺 ☎ ✆ 🅿 –
🌸 🔏 25. 🖭 ① 🇬🇧
💯 *fermé janv.* – **Les Terrasses** (fermé 27 août au 9 sept., janv., dim. et lundi sauf juil.-août)
Repas 225 bc (déj.), 280/390 ☼, enf. 110 – ☷ 70 – **43 ch** 450/820
Spéc. Pressé de pigeon au foie gras de canard. Fricassée de râble de lapin. Tartelette
noisettes, fraises et chocolat.

🏠 **Les Mésanges** ☜, rte St-Martin-d'Uriage et rte Bouloud : 1,5 km ℰ 04 76 89 70 69,
Fax 04 76 89 56 97, ≼, 🍽, 🏊, 🐾 – 📺 ☎ 🅿 – 🔏 40. 🖭 🇬🇧. ✻
week-ends de mars à Pâques, 1er mai-10 oct. et vacances de fév. – **Repas** 110/250 ☼, enf. 50
– ☷ 40 – **33 ch** 270/350 – P 330/360

🏠 **Manoir**, 62, route de Prémol ℰ 04 76 89 10 88, Fax 04 76 89 20 63, 🍽 – 📺 ☎ ✆ 🅿. 🇬🇧
15 fév.-15 nov. – **Repas** (75) – 110/240 ☼, enf. 55 – ☷ 40 – **15 ch** 170/370 – ½ P 260/380

URMATT 67280 B.-Rhin 🟦🟦 ⑧ ⑨ – 1 243 h alt. 240.

Voir *Église*★ de Niederhaslach NE : 3 km, G. Alsace Lorraine.

Paris 485 – *Strasbourg 44* – Molsheim 15 – Saverne 37 – Sélestat 50 – Wasselonne 22.

🏠🏠 **Clos du Hahnenberg** Ⓜ, ℰ 03 88 97 41 35, Fax 03 88 47 36 51, 🖼, 🏊, ✻ – 🛗 📺 ☎ ✆
✆ 🅿 – 🔏 25. 🖭 🇬🇧
Chez Jacques : **Repas** (60)-100/150 ⅞, enf.50 – ☷ 42 – **33 ch** 300/370 – ½ P 310

🏠 **Poste**, ℰ 03 88 97 40 55, Fax 03 88 47 38 32, 🐾 – 📟 rest, 📺 ☎ 🅿. 🖭 ① 🇬🇧. ✻ ch
fermé 3 au 17 juil., 21 au 29 déc. et lundi – **Repas** 100/350 ⅞ – ☷ 36 – **13 ch** 200/260 –
½ P 240/270

🍴 **A la Chasse** avec ch, ℰ 03 88 97 42 64, Fax 03 88 97 56 23 – 📺 ☎ 🚗 🅿. 🇬🇧
🍴 *fermé 15 fév. au 15 mars et vend.* – **Repas** (42) – 55/190 ☼ – ☷ 35 – **9 ch** 150/220 –
½ P 205/220

URRUGNE 64122 Pyr.-Atl. 🔠🔠 ② G. Aquitaine – 6 098 h alt. 34.

Paris 796 – *Biarritz 22* – Bayonne 29 – Hendaye 9 – San Sebastián 34.

🍴 **Chez Maïté**, près église ℰ 05 59 54 30 27, Fax 05 59 54 30 27 – 🖭 🇬🇧
fermé janv., dim. soir hors saison et lundi – **Repas** 100/175, enf. 65

URT 64240 Pyr.-Atl. 🟣🟣 ⑱ – 1 583 h alt. 41.

Paris 759 – *Biarritz 24* – Bayonne 16 – Cambo-les-Bains 28 – Pau 98 – Peyrehorade 27.

XXXX **Auberge de la Galupe** (Parra), au port de l'Adour ℰ 05 59 56 21 84, Fax 05 59 56 28 66
🌸🌸 – 📟. 🖭 ① 🇬🇧
*fermé mi-janv. à fin fév., lundi sauf le soir du 15 juil. au 31 août et dim. soir du 1er sept. au
14 juil.* – **Repas** (week-end prévenir) 245 (déj.), 360/550 et carte 320 à 550
Spéc. "Pissaladière" de ventrèche de thon des pêcheurs basques. Darne de saumon de
l'Adour à la crème d'estragon (15 mars à fin juil.). Boudin noir et travers de cochon grillé au
citron blanchi. **Vins** Jurançon sec, Irouléguy.

URY 77760 S.-et-M. 🟥🟥 ⑫ – 706 h alt. 117.

Paris 66 – *Fontainebleau 10* – Melun 25 – Nemours 15 – Sens 60.

🏠🏠 **Novotel** ☜, Nord-Est par N 152 et rte secondaire ℰ 01 60 71 24 24, Fax 01 60 71 24 00,
🍽, parc, « En lisière de forêt », 🏊, ✻ – ⚎ 📟 📺 ☎ ✆ 🅿 – 🔏 120. 🖭 ① 🇬🇧
Repas carte 140 à 240 ☼, enf. 50 – ☷ 65 – **127 ch** 550/595

USCLADES-ET-RIEUTORD 07510 Ardèche 🟥🟥 ⑱ – 123 h alt. 1270.

Paris 596 – *Le Puy-en-Velay 51* – Aubenas 47 – Langogne 41 – Privas 58 – Thueyts 99.

à Rieutord :

🍴 **Ferme de la Besse**, ℰ 04 75 38 80 64, Fax 04 75 38 80 64, « Authentique ferme du
15e siècle » – 🅿.
1er avril-1er déc. – **Repas** (prévenir) 98/200, enf. 60

USSAC 19 Corrèze 🔟 ⑧ – rattaché à Brive-La-Gaillarde.

USSAT 09400 Ariège 🔟 ⑤ – 317 h alt. 520.

🛈 Office de Tourisme av.des Thermes, ℘ 05 61 05 75 75.

Paris 797 – Foix 19 – Ax-les-Thermes 24 – Lavelanet 33.

🏨 **Parc** Ⓜ, ℘ 05 61 02 20 20, Fax 05 61 05 10 60, parc, ₤₆, ℀ – ▯ ▧ 🖭 ☎ 🕭 🄿, ㏂ ㏉
㏓ rest
fermé 26 nov. au 31 janv. – **Repas** 65 ₰ – ☲ 38 – **49 ch** 230/280 – ½ P 245

USSEL ‹◈› 19200 Corrèze 🔟 ⑪ G. Berry Limousin – 11 448 h alt. 631.

🛈 Office de Tourisme pl. Voltaire ℘ 05 55 72 11 50, Fax 05 55 72 54 44.

Paris 449 – Aurillac 102 – Clermont-Ferrand 93 – Guéret 102 – Tulle 59.

🏨 **Grand Hôtel de la Gare**, av. P. Sémard ℘ 05 55 72 25 98, Fax 05 55 96 25 63 – 🖭 ☎ 🕭
🄿, ㏉
fermé 29 juin au 10 juil., 1er au 12 oct., 22 déc. au 2 janv., lundi (sauf hôtel) et dim. soir –
Repas 95/165 ㏓, enf. 65 ☲ 52 – **16 ch** 240/300

USTARITZ 64480 Pyr.-Atl. 🔟 ② – 4 263 h alt. 14.

Paris 782 – Biarritz 14 – Bayonne 13 – Cambo-les-Bains 6 – Pau 123 – St-Jean-de-Luz 26.

🍴🍴 **Patoula** ℘ avec ch, face église ℘ 05 59 93 00 56, Fax 05 59 93 16 54, ㏂, « Terrasse en
bordure de rivière », ⚘ – 🖭 ☎ 🕭 🄿, ㏉
fermé 3 janv. au 15 fév. et lundi du 15 sept. au 15 juin – **Repas** (fermé dim. soir du 15 sept.
au 15 juin, jeudi midi du 15 juin au 15 sept., sam. midi et lundi) 120/220 – ☲ 60 – **9 ch**
410/550 – ½ P 405/485

UTELLE 06450 Alpes-Mar. 🔟 ⑲ G. Côte d'Azur – 456 h alt. 800.

Voir Retable★ dans l'église St-Véran – Madone d'Utelle ⁂★★★ SO : 6 km.

Paris 891 – Levens 23 – Nice 52 – Puget-Théniers 53 – St-Martin-Vésubie 33.

🍴 **Bellevue** ℘ avec ch, ℘ 04 93 03 17 19, Fax 04 93 03 19 17, ≼, ㏂ – 🄿
hôtel : juil.-août ; rest. : fermé 3 janv. au 1er fév., merc. hors saison et le soir sauf juil.-août –
Repas 80 (déj.), 100/160 – ☲ 40 – **15 ch** 200/320 – ½ P 250/300

UZERCHE 19140 Corrèze 🔟 ⑧ G. Berry Limousin – 2 813 h alt. 300.

Voir Ste-Eulalie ≼★ E : 1 km.

🛈 Office de Tourisme (avril oct.) pl. de la Libération ℘ 05 55 73 15 71

Paris 447 – Brive-la-Gaillarde 38 – Limoges 56 – Périgueux 88 – Tulle 30.

🏨 **Teyssier**, r. Pont Turgot ℘ 05 55 73 10 05, Fax 05 55 98 43 31, ㏂ – 🖭 ☎ 🕭 🄿, ㏂ ⑩ ㏉
㎶
mi-avril-début nov., mardi midi de mi-sept. à mi-juil. et merc. sauf le soir du 15 juil. au
15 sept. – **Repas** 90/250 ㏓, enf. 65 ☲ 42 – **14 ch** 270/360 – ½ P 300/345

🏨 **Ambroise**, av. Paris ℘ 05 55 73 28 60, Fax 05 55 98 45 73, ㏂, ⚘ – 🖭 ☎ ㎙ 🄿, 🛅 20.
㏉
fermé nov., dim. soir et lundi sauf juil.-août – **Repas** 80/200 ₰ – ☲ 38 – **15 ch** 150/280 –
½ P 210/290

à St-Ybard Nord-Ouest : 6 km par N 20 et D 54 – 591 h. alt. 320 – ⊠ 19140 ·

🍴 **Auberge St-Roch**, ℘ 05 55 73 09 71, Fax 05 55 98 41 63, ㏂ – ▤. ㏉
fermé fin juin-début juil., fin déc.-début janv., dim. soir sauf juil.-août et lundi – **Repas**
75/160 ㏓, enf. 45

Chez le Turc Nord-Ouest : 12 km par N 20 et D 902 – ⊠ 19210 St-Martin-Sepert :

🍴🍴🍴 **Auberge de le Pommeraie**, ℘ 05 55 98 70 70, Fax 05 55 73 52 30, ㏂, ⚘ – 🄿. ㏉
fermé fév., dim. soir et lundi – **Repas** 210/260 et carte 210 à 280

UZÈS 30700 Gard 🔟 ⑩ G. Provence – 7 649 h alt. 138.

Voir Ville ancienne★★ – Duché★ : ⁂★★ de la Tour Bermonde – Tour Fenestrelle★★ – Place
aux Herbes★ – Orgues★ de la Cathédrale St-Théodorit V.

🛈 Office de Tourisme chap. des Capucins ℘ 04 66 22 68 88, Fax 04 66 22 95 19.

Paris 685 ② – Alès 34 ④ – Montpellier 86 ② – Arles 51 ② – Avignon 38 ③ – Nîmes 25 ②.

UZÈS

Alliés (Bd des) .... A 2
Boucairie (R.) .... B 4
Collège (R. du) .... B 6
Dampmartin (Pl.) .... A 7
Dr-Blanchard (R.) .... B 8
Duché (Pl. du) .... A 9
Entre-les-Tours (R.) .... A 10
Évêché (R. de l') .... B 12
Foch (Av. Mar.) .... A 13
Foussat (R. Paul) .... A 14
Gambetta (Bd) .... A
Gide (Bd Ch.) .... AB
Marronniers (Prom.) .... B 16
Pascal (Av. M.) .... B 17
Pelisserie (R.) .... A 18
Plan-de-l'Oume (R.) .... B 19
Port-Royal (R.) .... B 20
Rafin (R.) .... B 21
République (R.) .... A 23
St-Étienne (R.) .... A 25
St-Théodorit (R.) .... B 27
Uzès (R. J.-d') .... A 29
Victor-Hugo (Boulevard) .... A 32
Vincent (Av. Gén.) .... A
4-Septembre (R.) .... A 35

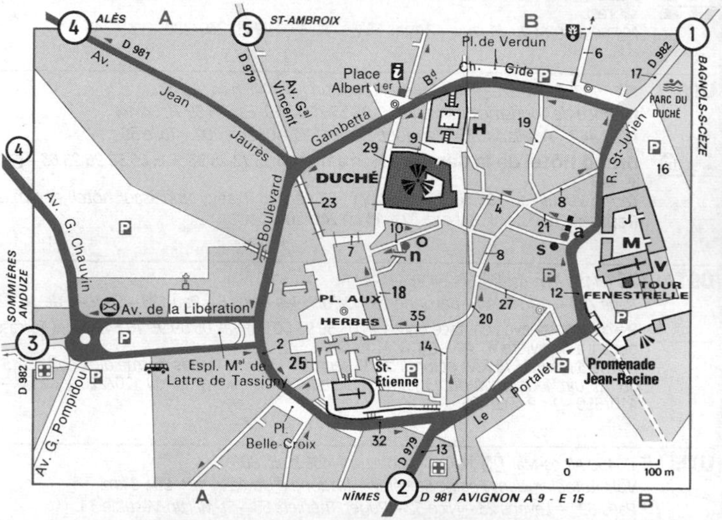

Relais Mercure, rte de Nîmes par ② : *0,5 km* ℘ 04 66 03 32 22, *Fax 04 66 03 32 10*, rest, 70. AE GB
Repas *(fermé le midi, sam. et dim. de nov. à mars)* (85) - 110 ⫯, enf. 50 – ☕ 45 – **64 ch** 330/410

du Général d'Entraigues, 8 r. de la Calade ℘ 04 66 22 32 68, *Fax 04 66 22 57 01*, « Demeure du 15e siècle », 40. AE GB — B s
Repas 135/280 ⫯ – ☕ 60 – **17 ch** 360/550 – ½ P 420/515

Fontaines, 6 r. Entre les Tours ℘ 04 66 22 41 20, « Maison du 16e siècle » – GB
fermé fév., 15 nov. au 9 déc., merc. et jeudi – **Repas** 95/120 ⫯ — A n

à St-Quentin-la-Poterie *par ① et D 5 : 5 km – 2 290 h. alt. 113 – ✉ 30700 :*

Table de l'Horloge, pl. Horloge ℘ 04 66 22 07 01, *Fax 04 66 22 07 01*, – GB.
fermé 15 au 30 nov., jeudi sauf le soir d'avril à juin et merc. d'oct. à juin – **Repas** *(dîner seul. en juil.-août)* (menu unique)(nombre de couverts limité, prévenir) 200

à St-Maximin *par ② et D 981 : 5,5 km – 628 h. alt. 110 – ✉ 30700 :*

Auberge St-Maximim, ℘ 04 66 22 26 41, – AE GB
1er avril-31 oct. et fermé lundi et mardi sauf le soir du 15 juin au 30 sept. – **Repas** (99) - 150/250 ⫯

à Arpaillargues-et-Aureillac *par ③ : 4,5 km – 667 h. alt. 107 – ✉ 30700 :*

H. Marie d'Agoult ℘ 04 66 22 14 48, *Fax 04 66 22 56 10*, « Demeure du 18e siècle, parc », 40. AE GB. rest
20 mars-10 nov. – **Repas** 160 (déj.)/230 ⫯, enf. 100 – ☕ 65 – **29 ch** 850 – ½ P 695

VAAS *72500 Sarthe 64 ③ G. Châteaux de la Loire – 1 564 h alt. 41.*

Paris 237 – Le Mans 43 – Angers 86 – Château-du-Loir 8 – Château-la-Vallière 15.

Vedaquais avec ch, pl. Liberté ℘ 02 43 46 01 41, *Fax 02 43 46 37 60*, – GB
fermé 22 déc. au 4 janv. et vacances de fév. – **Repas** *(fermé dim. soir et lundi)* (60) - 85/225 ⫯ – ☕ 30 – **12 ch** 250/350 – ½ P 230/290

Le Guide change, changez de guide tous les ans.

VACQUEYRAS 84190 Vaucluse **81** ⑫ – 943 h alt. 117.

Voir Clocher★ de la chapelle N.-D. d'Aubune SE : 3 km, G. Provence.
Paris 668 – Avignon 34 – Nyons 36 – Orange 23 – Vaison-la-Romaine 20.

🏠 **Pradet** Ⓜ ⅍ sans rest, ℰ 04 90 65 81 00, Fax 04 90 65 80 27 – 📺 ☎ ⴟ 🅿. 🇬🇧
☲ 40 – **22 ch** 300/400

à Montmirail Est : 2 km par rte secondaire – ✉ 84190 :

🏠🏠 **Montmirail** ⅍, ℰ 04 90 65 84 01, Fax 04 90 65 81 50, 佘, 丈, 淾 – 📺 ☎ ⴟ 🅿. 🇬🇧
2 avril-30 oct. – **Repas** (fermé jeudi midi) 110 (déj.), 160/200 ♀ – ☲ 50 **45 ch** 305/465 –
½ P 423/443

VACQUIERS 31340 H.-Gar. **82** ⑧ – 916 h alt. 200.

Paris 678 – Toulouse 33 – Albi 70 – Castres 79 – Montauban 36.

🏠🏠 **Villa les Pins** ⅍, Ouest : 2 km par D 30 ℰ 05 61 84 96 04, Fax 05 61 84 28 54, 佘, parc –
🅰🇧 📺 ☎ ⴟ 📞 – 🔬 60. 🇬🇧
Repas 80/215 ⅋, enf. 40 – ☲ 40 – **19 ch** 185/290 – ½ P 200/250

VAIGES 53480 Mayenne **60** ⑪ – 1 019 h alt. 90.

Paris 255 – Château-Gontier 38 – Laval 24 – Le Mans 60 – Mayenne 32.

🏠🏠 **Commerce**, ℰ 02 43 90 50 07, Fax 02 43 90 57 40, 佘, 淾 – ▐, 🔳 rest, 📺 ☎ ⴟ 🅿. 🇦🇪
❶ 🇬🇧. 🍽
fermé 7 au 30 janv., dim. soir et vend. soir d'oct. à mars – **Repas** (88) - 102/270 ♀, enf. 65 –
☲ 45 – **29 ch** 320/480 – ½ P 300/330

VAILLY-SUR-AISNE 02370 Aisne **56** ⑤ – 1 980 h alt. 47.

🚪 Office de Tourisme 4 pl. Bouvines ℰ 03 23 74 62 47, Fax 03 23 54 71 54.
Paris 120 – Reims 49 – Château-Thierry 58 – Laon 26 – Soissons 18.

❌❌ **Belle Porte** (Centre d'Aide par le Travail), 48 r. fg de Sommecourt (D 925)
ℰ 03 23 54 67 45, Fax 03 23 54 67 45, 佘, « Jardin fleuri », 淾 – 🅿. 🇦🇪 🇬🇧
⟮ℳ⟯ fermé 29 juil. au 28 août, 19 au 26 fév., sam. midi, dim. soir et lundi – **Repas** 33 (déj.),
145/330 ♀, enf. 65

VAILLY-SUR-SAULDRE 18260 Cher **65** ⑫ G. Berry Limousin – 865 h alt. 205.

Paris 184 – Bourges 56 – Aubigny-sur-Nère 18 – Cosne-sur-Loire 23 – Gien 37 – Sancerre 25.

🍴 **Cerf**, ℰ 02 48 73 71 53, Fax 02 48 73 71 53 – 📺. 🇬🇧
fermé 19 sept. au 4 oct., 2 au 17 janv. et merc. d'oct. à mai – **Repas** 70 bc (déj.), 105/170 ♀ –
☲ 35 – **5 ch** 190/250 – ½ P 230/250

❌❌ **Lièvre Gourmand**, ℰ 02 48 73 80 23, Fax 02 48 73 86 13 – 🇬🇧
⟮ℳ⟯ fermé 18 janv. au 8 fév., dim. soir et lundi – **Repas** (110) - 140/220

VAISON-LA-ROMAINE 84110 Vaucluse **81** ② ③ G. Provence – 5 663 h alt. 193.

Voir Les ruines romaines★★ ; théâtre romain★, musée archéologique Théo-Desplans★ M –
Haute Ville★ – Chapelle de St-Quenin★ – Maître-autel★ de l'anc. cathédrale N.-D. de Naza-
reth, cloître★ B.
🚪 Office de Tourisme pl. Chanoine Sautel ℰ 04 90 36 02 11, Fax 04 90 28 76 04.
Paris 668 ④ – Avignon 50 ③ – Carpentras 27 ⑧ Montélimar 65 ④ – Pont-St-Esprit 41 ④

Plan page suivante

🏠🏠 **Hostellerie le Beffroi** ⅍, Haute Ville ℰ 04 90 36 04 71, Fax 04 90 36 24 78, ≤, 佘,
« Demeures des 16ᵉ et 17ᵉ siècles », 丈, 淾 – 📺 ☎ ⇦ 🅿. 🇦🇪 ❶ 🇬🇧 🇯🇨🇧. 🍽 rest
hôtel : fermé fin janv. à fin mars ; rest. : ouvert avril-oct. – **Repas** (dîner seul. sauf sam. et
dim.) 98 (déj.), 145/240 ♀, enf. 55 – ☲ 50 – **22 ch** 385/700 – ½ P 405/495   **Z a**

🏠 **Burrhus et annexe Les Lis** sans rest, 2 pl. Montfort ℰ 04 90 36 00 11,
Fax 04 90 36 39 05 – 📺 ☎ ⴟ. 🇦🇪 🇬🇧   **Y n**
fermé 12 nov. au 21 déc. et dim. en janv. et fév. – ☲ 32 – **32 ch** 260/450

🏠 **Logis du Château** ⅍, Les Hauts de Vaison ℰ 04 90 36 09 98, Fax 04 90 36 10 95, ≤,
佘, 丈, ⴟ 🅿. 🇦🇪 🇬🇧   **Z s**
25 mars-15 nov. – **Repas** (fermé mardi midi et jeudi midi) 95 (déj.), 114/198, enf. 50 – ☲ 46
– **43 ch** 270/470 – ½ P 302/390

❌❌ **Moulin à Huile** (Bardot), quai Mar. Foch ℰ 04 90 36 20 67, Fax 04 90 36 20 20, ≤, 佘 –
🇬🇧   **Z e**
⟮ℳ⟯ fermé dim. soir et lundi – **Repas** (prévenir) 200 (déj.), 300/400 et carte 360 à 450
Spéc. Terrine de foie gras. Agneau des Alpilles (janv. à juin). Millefeuille à la crème vanillée
(sept. à juin). **Vins** Rasteau, Viognier.

Aubanel (Pl.) . . . . **Z** 2
Bon-Ange (Chemin du) **Y** 3
Brusquet (Chemin du) **Y** 4
Burrus (R.) . . . . **Y** 5
Cathédrale (Pl. de la) . **Y** 6
Chanoine-Sautel (Pl.) . **Y** 7
Coudray (Av.) . . . . **Y** 9
Église (R. de l') . . . . **Z** 10
Évêché (R. de l') . . . . . . **Y** 13
Fabre (Cours H.) . . . . . . **Y** 13
Foch (Quai Maréchal) . **Z** 14
Gontard (Quai P.) . . . . . **Z** 17
Grande-Rue . . . . **Y** 18
Jaurès (R. Jean) . . . . **Y** 22
Mazen (Av. J.) . . . . **Y** 23
Mistral (R. Frédéric) . . **Y** 24
Montée-du-Château . . **Y** 25
Montfort (Pl.) . . . . **Y** 26
Noël (R. B.) . . . . **Y** 27
Poids (Pl. du) . . . . **Z** 29
République (R.) . . . . **Z** 32
St-Quenin (Av.) . . . . **Y** 34
Taulignan (Crs) . . . . **Y** 35
Victor-Hugo (Av.) . . . . . **Y** 36
Vieux-Marché (Pl. du) **Z** 38
11-Novembre (Pl.) . **Y** 40

*Michelin
n'accroche pas
de panonceau
aux hôtels
et restaurants
qu'il signale.*

XX **Brin d'Olivier**, 4 r. Ventoux ☎ 04 90 28 74 79, Fax 04 90 36 13 36, 😤 – 🗏. ⒼⒷ 𝕍 YZ **v**
*fermé 26/3 au 5/4, 25/6 au 5/7, 24/9 au 4/10, 26/11 au 1/12, 24 au 27/12, 17 au 26/1, sam.
midi et merc.* – **Repas** 90 bc (déj.), 140/350 ♈

X **Auberge de la Bartavelle**, pl. Sus Auze ☎ 04 90 36 02 16, 😤 – 🗏. ⒼⒷ Y **d**
fermé 15 nov. au 15 déc. et lundi – **Repas** 100/280 ♈

X **Bateleur**, pl. Th. Aubanel ☎ 04 90 36 28 04 – ⒼⒷ Z **k**
fermé 26 juin au 6 juil., 15 nov. au 15 déc., dim. soir et lundi sauf fériés – **Repas** (prévenir)
100/152 ♈, enf. 68

au Crestet *par* ②, *D 938 et D 76 : 5 km* – *404 h. alt. 310* – ⊠ 84110 :

🏠 **Mas de Magali** ﹥, ☎ 04 90 36 39 91, Fax 04 90 28 73 40, ≤ Mont-Ventoux, 😤, ⍩, ⅀
– 📺 ☎ 🅿. ⒼⒷ
1er avril-15 oct. – **Repas** (dîner seul.) 135 – ☲ 50 – **10 ch** 435/450 – ½ P 350/375

à Entrechaux *par* ②, *D 938 et D 54 : 7 km* *G. Alpes du Sud* – *809 h. alt. 280* – ⊠ 84340 :

XX **St-Hubert**, ☎ 04 90 46 00 05, Fax 04 90 46 00 06, 😤, ⍩ – 🅿. ⒼⒷ
⇔ *fermé 25 sept. au 7 oct., 29 janv. au 3 mars, mardi et merc.* – **Repas** 78/285 ♈, enf. 55

à Séguret *par* ③, *D 977 et D 88 : 10 km* – *798 h. alt. 250* – ⊠ 84110 :

🏠🏠 **Domaine de Cabasse** ﹥, rte Sablet ☎ 04 90 46 91 12, Fax 04 90 46 94 01, ≤, 😤,
« Dans un domaine viticole », ⍩, 🐾 – 📺 ☎ 🅿. ⒶⒺ ⒼⒷ. ⍔
1er avril-6 nov. – **Repas** (fermé lundi midi, mardi midi, jeudi midi et vend. midi sauf juil.-août)
60 (déj.), 95/165 ♈, enf. 60 – ☲ 60 – **12 ch** 450/650 – ½ P 435/535

XXX **Table du Comtat** ﹥ avec ch, ☎ 04 90 46 91 49, Fax 04 90 46 94 27, ≤ plaine et Dentelles de Montmirail, 😤, ⍩ – 🗏 rest, 📺 ☎ 🅿. ⒶⒺ ⓞ ⒼⒷ
fermé 3 fév. au 9 mars, mardi soir et merc. d'oct. à juin sauf fériés – **Repas** 170/460 et carte
250 à 460 ♈, enf. 100 – ☲ 70 – **8 ch** 490/610 – ½ P 600/650

à Rasteau *par* ④, *D 975 et D 69 : 9 km* – *673 h. alt. 200* – ⊠ 84110 :

🏠🏠 **Bellerive** ﹥, rte Violès ☎ 04 90 46 10 20, Fax 04 90 46 14 96, ≤ vignobles et Dentelles de
Montmirail, 😤, ⍩ – 📺 ☎ 🅿. ⒶⒺ ⒼⒷ
début avril-1er nov. – **Repas** (fermé lundi midi, mardi midi et vend. midi) 128/280 ♈, enf. 75
– ☲ 65 – **20 ch** 570/660 – ½ P 520/565

Campers... | Use the current **Michelin** Guide
Camping Caravaning France.

VAISSAC 82800 T.-et-G. **79** ⑱ – 636 h alt. 134.

Paris 639 – Toulouse 78 – Albi 58 – Montauban 23 – Villefranche-de-Rouergue 66.

🏠 **Terrassier,** 𝒫 05 63 30 94 60, Fax 05 63 30 07 40, 😤, 🛋, 📺 ☎ ❮ 🅿 – 🕰 20, ⓞ 🟢
⚼ fermé 2 au 16 janv. – **Repas** (fermé vend. soir de sept. à mai et dim. soir) 80 bc/210, enf. 50
– 🖵 40 – **12 ch** 220/260 – ½ P 240

Le VAL 83143 Var **84** ⑤, **114** ⑳ – 2 893 h alt. 242.

Paris 816 – Aix-en-Provence 62 – Draguignan 41 – Toulon 56.

✗ **Crémaillère,** 𝒫 04 94 86 40 00, Fax 04 94 86 37 02 – 🟢
fermé 4 au 16 avril, 19 oct. au 10 nov., lundi soir et mardi soir sauf juil.-août et merc. –
🦪 **Repas** (75) - 110/235 ♨, enf. 65

VALADY 12330 Aveyron **80** ② – 1 014 h alt. 350.

Paris 620 – Rodez 19 – Decazeville 20.

🏠 **Combes** 😞, 𝒫 05 65 72 70 24, Fax 05 65 72 68 15, 🦅 – 📺 ☎ ❮, 🟢
fermé 5 au 20 janv. – **Repas** (fermé lundi sauf fériés) 88/165 ♨ – 🖵 31 – **13 ch** 220/265 –
½ P 240/255

Le VAL-ANDRÉ 22 C.-d'Armor **59** ④ – voir à Pléneuf-Val-André.

VALAURIE 26230 Drôme **81** ① ② – 386 h alt. 162.

Paris 624 – Montélimar 21 – Nyons 32 – Pierrelatte 13.

🏠 **Domaine Les Mejeonnes** 😞, Ouest : 2 km sur D 541 𝒫 04 75 98 60 60,
Fax 04 75 98 63 44, 😤, parc, 🛋 – 📺 ☎ ❮ 🅿 – 🕰 25, 🅰 ⓞ 🟢
fermé fév. – **Repas** (75) - 95/210 ♈, enf. 55 – 🖵 42 – **10 ch** 360 – ½ P 300/350

✗✗✗ **Valle Aurea** 😞 avec ch, rte Grignan 𝒫 04 75 97 25 00, Fax 04 75 98 59 59, 😤, 🦅 – 🗐
📺 ☎ ❮ 🅿 🟢 ✽
fermé dim. soir et lundi sauf en été – **Repas** 165 (déj.), 225/285 et carte 320 à 450 ♈ – 🖵 73
– **5 ch** 475/615 – ½ P 535/595

✗✗ **Table de Nicole** avec ch, sur D 541 𝒫 04 75 98 52 03, Fax 04 75 98 58 45, 😤, « Jardin
fleuri et terrasse ombragée », 🛋, 🦅 – 🗐 ch, 📺 ☎ ❮ 🅿 🟢
Repas (120) - 145/290 – 🖵 55 – **10 ch** 350/600 – ½ P 370/590

VALBERG 06 Alpes-Mar. **81** ⑨ ⑲, **115** ④ G. Alpes du Sud – alt. 1669 – Sports d'hiver : 1 430/
2 026 m ⚡27 ≰ – ✉ 06470 Péone.

Voir Intérieur⋆ de la chapelle N.-D.-des-Neiges.

🅱 Office de Tourisme 𝒫 04 93 23 24 25, Fax 04 93 02 52 27.

Paris 815 – Barcelonnette 75 – Castellane 68 – Nice 85 – St-Martin-Vésubie 58.

🏠🏠 **Adrech de Lagas,** 𝒫 04 93 02 51 64, Fax 04 93 02 52 33, ≼, 😤 – 🛗 📺 ☎ 🅿, 🅰 🟢, ✽
12 juil.-31 août et 20 déc.-10 avril – **Repas** (½ pens. seul.) – 🖵 50 – **20 ch** 480 – ½ P 380/
450

🏠 **Blanche Neige** Ⓜ, 𝒫 04 93 02 50 04, Fax 04 93 02 61 90, 😤 – 🗐 ☎ 🚗 🅿, 🅰 ⓞ 🟢,
✽
Repas 120/160 – 🖵 50 – **17 ch** 460 – ½ P 395

🏠 **Clé des Champs,** 𝒫 04 93 02 51 45, Fax 04 93 02 62 52, 🗐 – 📺 ☎ 🅿, 🟢, ✽ ch
10 juil. 20 sept. et 20 déc.-15 avril – **Repas** 96/150 – 🖵 48 – **18 ch** 350/360 – ½ P 420

🏠 **Chalet Suisse,** 𝒫 04 93 63 62 62, Fax 04 93 03 62 64, 😤 – 📺 ☎ 🟢
15 juin-15 sept. et 15 déc.-15 avril – **Repas** 115/145, enf. 85 – 🖵 50 – **26 ch** 390/530 –
½ P 325/425

VALBONNE 06560 Alpes-Mar. **84** ⑨, **115** ㉔ ㉕ G. Côte d'Azur – 9 514 h alt. 250.

🅱 Office de Tourisme 11 av. St-Roch 𝒫 04 93 12 34 50, Fax 04 93 12 34 57.

Paris 912 – Cannes 12 – Antibes 15 – Grasse 13 – Mougins 8 – Nice 33 – Vence 24.

🏠🏠 **Armoiries** sans rest, pl. Arcades 𝒫 04 93 12 90 90, Fax 04 93 12 90 91, « Belle décoration
intérieure » – 🛗 🗐 📺 ☎ ❮, 🅰 ⓞ 🟢 🚆
🖵 55 – **16 ch** 560/1000

🏠 **Cigale,** rte Opio 𝒫 04 93 12 24 43, Fax 04 93 12 93 21, 😤 – 📺 ☎ ❮ 🅿, 🟢
fermé 13 au 26 nov. et 15 au 31 janv. – **Repas** (fermé mardi sauf juil.-août) 98/138 ♨ – 🖵 42
– **13 ch** 295/400 – ½ P 270

✗✗ **Auberge Fleurie,** rte Cannes (D 3) : 1,5 km 𝒫 04 93 12 02 80, Fax 04 93 12 22 27, 😤 –
🅿, ⓞ 🟢
🦪 fermé 1er déc. au 2 janv., dim. soir et lundi sauf juil.-août – **Repas** 128/165

Moulin des Moines, pl. Église ✆ 04 93 12 03 41, *Fax 04 93 12 25 24*, – AE GB
fermé sam. midi et dim. soir hors saison – **Repas** 78 bc (déj.), 128/188 ♀

Lou Cigalon, 4 bd Carnot ✆ 04 93 12 27 07 – . GB.
fermé lundi et mardi – **Repas** (nombre de couverts limité, prévenir) 170 (déj.), 230/410 ♀

au golf d'Opio-Valbonne *Nord-Est : 2 km par rte de Biot (D 4 et D 204)* – ✉ *06650 Opio :*

Château de la Bégude, ✆ 04 93 12 37 00, *Fax 04 93 12 37 13*, ←, , « Bastide du 17e siècle, sur le golf », , , – TV ✆ P – 35. AE GB
hôtel : fermé mi-nov. à mi-déc. – **Repas** *(fermé le soir de mi-nov. à mi-déc.)* 130/165 ♀ – 65 – **36 ch** 450/1200 – ½ P 495/645

rte d'Antibes *au Sud par D 3* – ✉ *06560 Valbonne :*

Castel Provence (M) sans rest, à 2,5 km, 30 chemin Pinchinade ✆ 04 93 12 11 92, *Fax 04 93 12 90 01*, , , – TV ✆ P. AE GB
55 – **34 ch** 550/850

Bois Doré, à 3 km sur D 103 ✆ 04 93 12 26 25, *Fax 04 93 12 28 73*, , – (P). AE GB
fermé 7 janv. au 13 fév. et lundi – **Repas** 128/180

à Plascassier *Ouest : 3 km rte de Grasse par D 4* – ✉ *06370 Mouans-Sartoux :*

Relais de Sartoux, ✆ 04 93 60 10 57, *Fax 04 93 60 17 36*, , – TV ✆ (P). AE GB
Repas *(fermé 1er nov. au 1er déc. et merc. hors saison)* 140/260 et carte 210 à 250, enf. 75 – 45 – **12 ch** 340/370 – ½ P 335

à Sophia-Antipolis *Sud-Est : 7 km par D 3 et D 103* – ✉ *06560 Valbonne :*

Grand Hôtel Mercure Sophia Country Club (M), Les Lucioles 2 - 3550 rte Dolines ✆ 04 92 96 68 78, *Fax 04 92 96 68 96*, , , , , – TV ✆ P – 400. AE GB
L'Arlequin : Repas 140/240 ♀, enf. 75 – 70 – **107 ch** 1000/1600

Mercure (M), Les Lucioles 2, r. A. Caquot ✆ 04 92 96 04 04, *Fax 04 92 96 05 05*, , , – TV ✆ P – 120. AE GB
Repas *(139)* - 163/185 bc ♀, enf. 60 – 62 – **104 ch** 750

Novotel (M), Les Lucioles 1, 290 r. Dostoievski ✆ 04 92 38 72 38, *Fax 04 93 95 80 12*, , , , – TV ✆ P – 100. AE GB. rest
Repas grill *(98)* - carte environ 160 ♀, enf. 50 – 62 – **97 ch** 750

Ibis, Les Lucioles 2, r. A. Caquot ✆ 04 93 65 30 60, *Fax 04 93 95 83 99*, , , – TV ✆ (P) – 15. AE GB
Repas *(75)* - 95 ⚲, enf. 39 – 35 – **99 ch** 390/450

VALCEBOLLÈRE *66340 Pyr.-Or.* 86 ⑯ – *37 h alt. 1470.*
Paris 875 – Font-Romeu-Odeillo-Via 27 – Bourg-Madame 9 – Perpignan 106 – Prades 61.

Auberge Les Ecureuils, ✆ 04 68 04 52 03, *Fax 04 68 04 52 34*, « Auberge rustique aménagée avec soin », – TV ✆ – 20. GB
fermé 3 au 24 mai et 13 oct. au 14 déc. – **Repas** *(120)* - 152/260, enf. 68 – 50 – **15 ch** 350/550 – ½ P 340/420

VAL CLARET *73 Savoie* 74 ⑲ – *rattaché à Tignes.*

VALDAHON *25800 Doubs* 66 ⑯ – *3 534 h alt. 645.*
Paris 438 – Besançon 33 – Morteau 31 – Pontarlier 30.

Relais de Franche Comté, ✆ 03 81 56 23 18, *Fax 03 81 56 44 38*, , – TV ✆ (P) – 30. AE GB
fermé 15 déc. au 15 janv., vend. soir, sam. midi sauf juil.-août et dim. soir de nov. à Pâques – **Repas** 72/260 ♀, enf. 37 – 38 – **20 ch** 230/280 – ½ P 260/315

à Chevigney-lès-Vercel *Nord-Est : 3 km par D 50 – 88 h. alt. 630* – ✉ *25530 :*

Promenade, ✆ 03 81 56 24 76, *Fax 03 81 56 29 64*, , – ✆ – 30. GB
fermé nov., dim. soir et lundi sauf juil.-août – **Repas** 90/160 ♀, enf. 42 – 29 – **11 ch** 190/260 – ½ P 180/190

Le VAL-D'AJOL *88340 Vosges* 62 ⑯ *G. Alsace Lorraine* – *4 877 h alt. 380.*
Office de Tourisme 17 r. de Plombières ✆ 03 29 30 61 55, Fax 03 29 30 61 55.
Paris 383 – Épinal 45 – Luxeuil-les-Bains 18 – Plombières-les-Bains 10 – Remiremont 18.

Résidence, r. Mousses par rte Hamanxard ✆ 03 29 30 68 52, *Fax 03 29 66 53 00*, « Parc », , – TV ✆ (P) – 25 à 80. AE GB
fermé 19 nov. au 17 déc., lundi (sauf hôtel) et dim. soir sauf vacances scolaires – **Repas** *(68)* - 98/315 ♀ – 45 – **52 ch** 250/480 – ½ P 300/370

VALDEBLORE (Commune de) *06420 Alpes-Mar.* 84 ⑱ ⑲, 115 ⑥ *G. Côte d'Azur – 664 h alt. 1050 – Sports d'hiver à la Colmiane : 1 400/1 800 m 7.*
Office de Tourisme ✆ 04 93 23 25 90, Fax 04 93 23 25 91.
Paris 840 – Cannes 89 – Nice 72 – St-Étienne-de-Tinée 46 – St-Martin-Vésubie 11.

à St-Dalmas-Valdeblore – ✉ *06420 St-Sauveur-de-Tinée*
Voir Pic de Colmiane ※★★ E 4,5 km accès par télésiège.

Auberge des Murès, rte du col St-Martin ✆ 04 93 23 24 60, *Fax 04 93 23 24 67*, ←, – ☎ P. GB
fermé 1er au 15 nov. – **Repas** *(fermé merc.)* 120/150, enf. 65 – ☕ 40 – **9 ch** 280/340 – ½ P 310/350

VAL-DE-MERCY *89 Yonne* 65 ⑤ *– rattaché à Coulanges-la-Vineuse.*

VAL-D'ISÈRE *73150 Savoie* 74 ⑲ *G. Alpes du Nord – 1 701 h alt. 1850 – Sports d'hiver : 1 850/3 550 m 6 45.*
Voir Rocher de Bellevarde ※★★★ par téléphérique.
Env. Belvédère de la Tarentaise ※★★ SE : 13 km.
Office de Tourisme Maison de Val-d'Isère ✆ 04 79 06 06 60, Fax 04 79 06 04 56.
Paris 697 ① – Albertville 86 ① – Briançon 137 ① – Chambéry 135 ①.

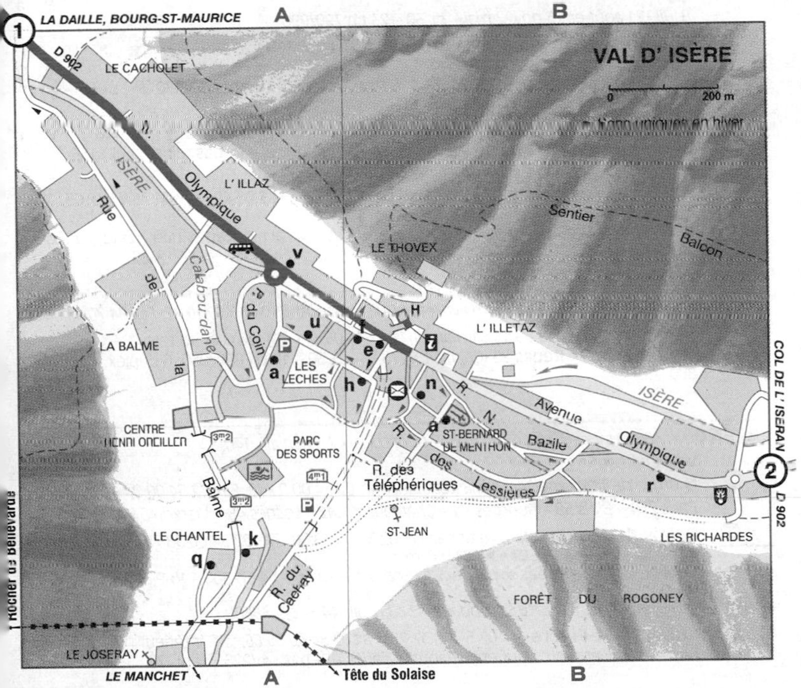

Christiania M, ✆ 04 79 06 08 25, *Fax 04 79 41 11 10*, ←, – ☎ P – 30. AE GB. A a
1er déc.-1er mai – **Repas** 280 (dîner)et carte 370 à 500 – ☕ 85 – **66 ch** 2047/2434, 4 appart – ½ P 1087/1387

Blizzard M, ✆ 04 79 06 02 07, *Fax 04 79 06 04 94*, ←, , balnéothérapie, – ☎ – 30. AE GB B f
5 juil.-30 août et 3 déc.-8 mai – **Repas** *(150)* - 190 (déj.)/210 – ☕ 65 – **68 ch** 1270/3125, 3 appart – ½ P 760/1600

Tsanteleina, ✆ 04 79 06 12 13, *Fax 04 79 41 14 16*, ≤, 🏖, 🏋, 🌳 – |♦| 📺 ☎ 🚗 – 🏛 25. AE GB. ✗ rest B e
juil.-août et 5 déc.-3 mai – **Repas** 160 (déj.), 230/300 ♀ – ☕ 85 – **69 ch** 1000/1400 – ½ P 740/1150

Mercure, ✆ 04 79 06 12 93, *Fax 04 79 41 11 12* – |♦| 📺 ☎ 📞 – 🏛 30. AE ⊙ GB. ✗ rest B h
fermé 5 mai au 15 juin – **Repas** 120/220 ♀, enf. 60 – ☕ 65 – **45 ch** 785/1270 – ½ P 760/860

Savoyarde, ✆ 04 79 06 01 55, *Fax 04 79 41 11 29*, ≤, 🏋 – |♦| 📺 ☎ P. AE ⊙ GB. ✗ rest A u
début déc.-début mai – **Repas** 195/330 – ☕ 70 – **46 ch** (½ pens. seul.) – ½ P 780/875

Kandahar M, ✆ 04 79 06 02 39, *Fax 04 79 41 15 54* – |♦| 📺 ☎ ♿ 🚗 P. GB. ✗ rest A v
5 juil.-25 août et 26 nov.-4 mai – ***Taverne d'Alsace*** (dîner seul. en hiver) **Repas** 115 (déj)/160 🍷, enf. 90 – ☕ 50 – **29 ch** 850/1460 – ½ P 740/890

Altitude M 🐦, ✆ 04 79 06 12 55, *Fax 04 79 41 11 09*, ≤, 🏖, 🏋, 🏊 – |♦| 📺 ☎ ♿ P – 🏛 15. GB. ✗ A k
3 juil.-28 août et 3 déc.-2 mai – **Repas** (88) - 162 ♀, enf. 80 – ☕ 58 – **28 ch** 720/1150, 12 duplex – ½ P 700/750

Galise, ✆ 04 79 06 05 04, *Fax 04 79 41 16 16* – 📺 ☎ 📞. GB. ✗ rest B n
19 déc.-24 avril – **Repas** (dîner seul.) 130/180 – ☕ 65 – **30 ch** 525/740 – ½ P 490/535

Les Lauzes M sans rest, pl. Église ✆ 04 79 06 04 20, *Fax 04 79 41 96 84* – |♦| 📺 ☎ 📞 ♿. GB B a
8 juil.-21 août et 25 nov.-2 mai – ☕ 30 – **23 ch** 790/990

Chamois d'Or 🐦, ✆ 04 79 06 00 44, *Fax 04 79 41 16 58*, ≤ – ☎ P. AE GB. ✗ rest A q
juil.-août et déc.-7 mai – **Repas** *(rest. fermé juil.-août)* (dîner seul.) 170 ♀ – ☕ 65 – **24 ch** (½ pens. seul.) – ½ P 620/700

L'Avancher, rte Fornet ✆ 04 79 06 02 00, *Fax 04 79 41 16 07*, 🏖, 🏊 – ☎. GB B r
hôtel : 3 juil.-22 août et 5 déc.-2 mai ; rest. : 5 déc.-2 mai – **Repas** (dîner seul.) 135/255 ♀, enf. 60 – ☕ 65 – **15 ch** 432/720 – ½ P 540/576

Becca 🐦, Le Laisinant, rte de l'Iseran par ② ✆ 04 79 06 09 48, *Fax 04 79 41 12 03*, 🏖 – 📺 ☎ ♿. GB
hôtel : 24 juin-26 août, 4 déc.-2 mai ; rest. : 16 déc.-29 avril – **Repas** (105) - 125 (déj.)/180 ♀ – **11 ch** ☕ 650/900 – ½ P 610

à la Daille *par ① : 2 km – ✉ 73150 Val-d'Isère :*

ℹ Office de Tourisme (déc.-fin avril et mi-juil.-mi-août) ✆ 04 79 06 19 67, Fax 04 79 41 94 30.

Samovar, ✆ 04 79 06 13 51, *Fax 04 79 41 11 08*, ≤ – 📺 ☎. GB. ✗ rest
10 déc.-25 avril – **Repas** 95 (déj.), 140/225 ♀ – ☕ 50 – **12 ch** 850/950, 6 duplex – ½ P 700/880

VALENÇAY *36600 Indre 64 ⑱ C. Châteaux de la Loire – 2 912 h alt. 140.*

Voir *Château★★.*

ℹ Office de Tourisme 2 av. de la Résistance ✆ 02 54 00 04 42, Fax 02 54 00 04 42.

Paris 234 – Blois 58 – Bourges 74 – Châteauroux 42 – Loches 48 – Vierzon 51.

Relais du Moulin, 94 r. Nationale ✆ 02 54 00 38 00, *Fax 02 54 00 38 79*, 🏋, 🏊, 🌳 – |♦| 📺 ☎ 📞 ♿ P – 🏛 80. AE ⊙ GB. ✗ rest
1er avril-15 nov. – **Repas** 90 bc (déj.), 115/220 🍷 – ☕ 36 – **54 ch** 305 – ½ P 305

à Veuil *Sud : 6 km par D 15 et rte secondaire – 386 h. alt. 140 – ✉ 36600 :*

XX **Auberge St-Fiacre**, ✆ 02 54 40 32 78, *Fax 02 54 40 35 66*, 🏖, intérieur rustique – GB
fermé mardi et merc. sauf en juil-août et fériés – **Repas** 130/225 ♀, enf. 70

VALENCE P *26000 Drôme 77 ⑫ C. Vallée du Rhône – 63 437 h Agglo. 107 965 h alt. 126.*

Voir *Maison des Têtes★ – Intérieur★ de la cathédrale St-Apollinaire – Champ de Mars ≤★ – Sanguines de Hubert Robert★★ au musée* **BZ M.**

✈ de Valence-Chabeuil : ✆ 04 75 85 26 26, par ③ : 5 km **B YZ.**

ℹ Office de Tourisme parvis de la Gare ✆ 04 75 44 90 40, Fax 04 75 44 90 41.

Paris 562 ① – Avignon 126 ⑤ – Grenoble 96 ② – St-Étienne 121 ①.

Plans pages suivantes

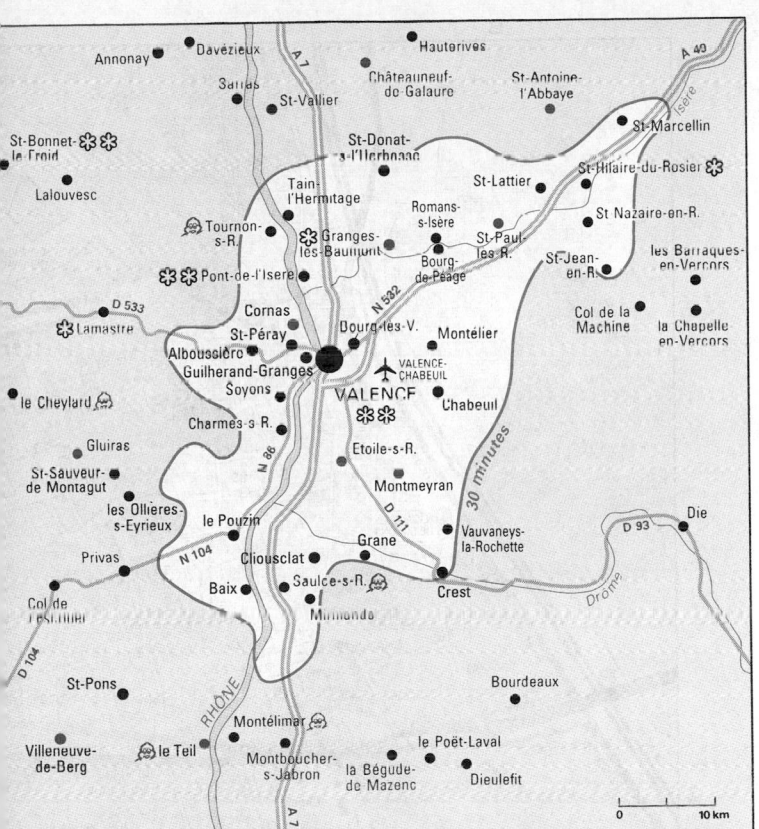

Pic M, 285 av. V. Hugo ℘ 04 75 44 15 32, Fax 04 75 40 96 03, 🏠, ⊥, 🌿 – 🛗 ▣ 🔟 ☎ 📞 🕭
⬅️ 🅿 – 🛎 50. ⅍ ⑩ 🍽 JCB
AX f
Repas (fermé 2 au 14 janv., dim. soir, mardi midi et lundi de nov. à mars sauf fériés) (dim.
prévenir) 290 bc (déj.), 490/690 et carte 430 à 660 ⹄, enf. 140 – ⹃ 100 – **12 ch** 900/1350,
3 appart
Spéc. Salade des pêcheurs au vinaigre de Xérès. Filet de loup au caviar "Jacques Pic". Aile de
pigeon en croûte de noix. **Vins** Hermitage, Saint-Joseph.

Novotel M, 217 av. Provence ℘ 04 75 82 09 09, Fax 04 75 43 56 29, 🏠, ⊥, 🌿, ❊ – 🛗
🍴 ▣ 🔟 ☎ 📞 🕭 🅿 – 🛎 15 à 200. ⅍ ⑩ 🍽 🗫 rest
AX a
Repas (95) - 125/200 ⹄, enf. 50 – ⹃ 59 – **107 ch** 511/590

Yan's Hôtel, rte Montéléger près centre hospitalier ℘ 04 75 55 52 52,
Fax 04 75 42 27 37, 🏠, ⊥, 🌿 – 🍴, ▣ ch, 🔟 ☎ 📞 🅿 – 🛎 15 à 35. ⅍ 🍽
AX b
Repas grill (fermé 11 déc. au 4 janv., sam. et dim. du 8 sept. au 1er juin) 135 ⹄, enf. 55 –
⹃ 55 – **38 ch** 470/570

Ibis, 355 av. Provence ℘ 04 75 44 42 54, Fax 04 75 44 48 80, 🏠, ⊥ – 🛗 ▣ 🔟 ☎ 📞 🕭 🅿 –
🛎 15 à 30. ⅍ ⑩ 🍽
AX n
Repas (85) - 105/135 🍴, enf. 39 – ⹃ 36 – **86 ch** 335/385

France sans rest, 16 bd Gén. de Gaulle ℘ 04 75 43 00 87, Fax 04 75 55 90 51 – 🛗 ▣ 🔟 ☎
📞 ⬅️. ⅍ ⑩ 🍽
CZ w
⹃ 38 – **34 ch** 270/380

St-Jacques, 9 fg St-Jacques ℘ 04 75 42 44 60, Fax 04 75 42 70 88 – ▣ rest, 🔟 ☎ 📞 🅿.
⅍ ⑩ 🍽
DY f
Repas 75/125 – ⹃ 30 – **29 ch** 250/270 – ½ P 235/240

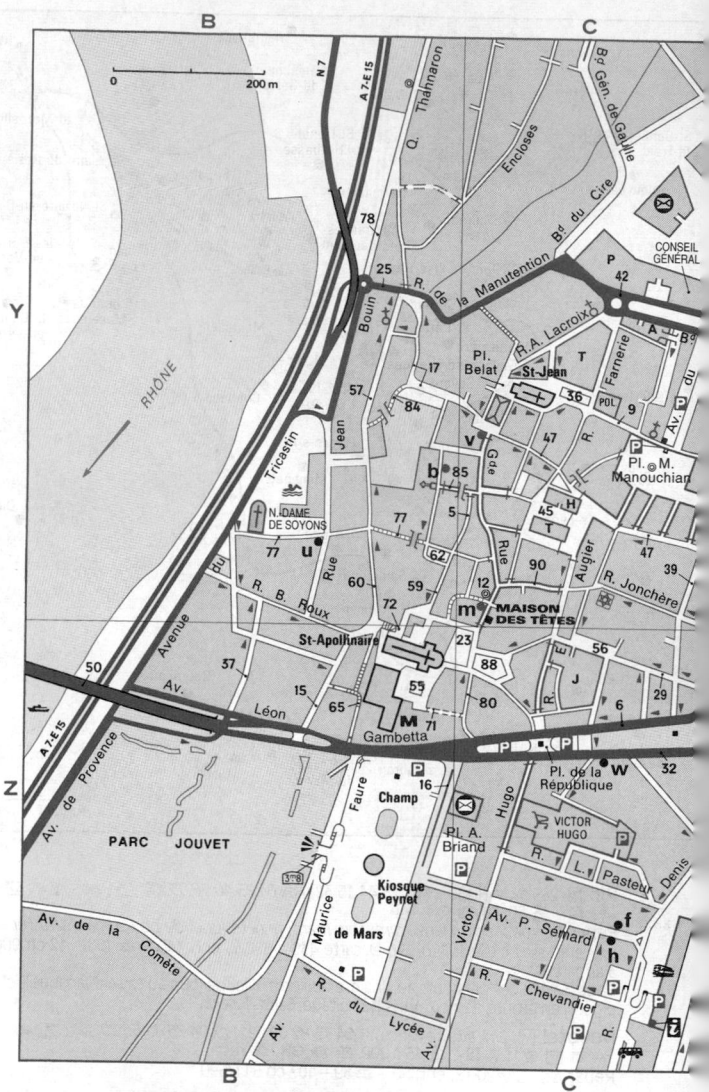

🏨 **Park Hôtel** sans rest, 22 r. J. Bouin ℘ 04 75 82 60 50, *Fax 04 75 42 43 55* – 📺 ☎ 📞 🚗.
AE ① GB
BY **u**
fermé 20 déc. au 4 janv. – ☑ 37 – **21 ch** 275/305

🏨 **Négociants,** 27 av. P. Sémard ℘ 04 75 44 01 86, *Fax 04 75 44 77 57* – 📶 📺 ☎ 🚗. AE ①
GB JCB
CZ **f**
fermé 19 déc. au 4 janv. – **Repas** *(fermé dim.)* 85/210 ☒, enf. 50 – ☑ 45 – **36 ch** 250/360 –
½ P 280/310

🏨 **Europe** sans rest, 15 av. F. Faure ℘ 04 75 82 62 65, *Fax 04 75 82 62 66* – ▤ 📺 ☎ 🚗. AE
① GB – ☑ 37 – **26 ch** 180/315
DY **r**

🏨 **Paris** sans rest, 30 av. P. Sémard ℘ 04 75 44 02 83, *Fax 04 75 41 49 61* – 📶 📺 ☎ 🚗. AE
① GB – *fermé 22 déc. au 3 janv.* – ☑ 35 – **34 ch** 240/280
CZ **h**

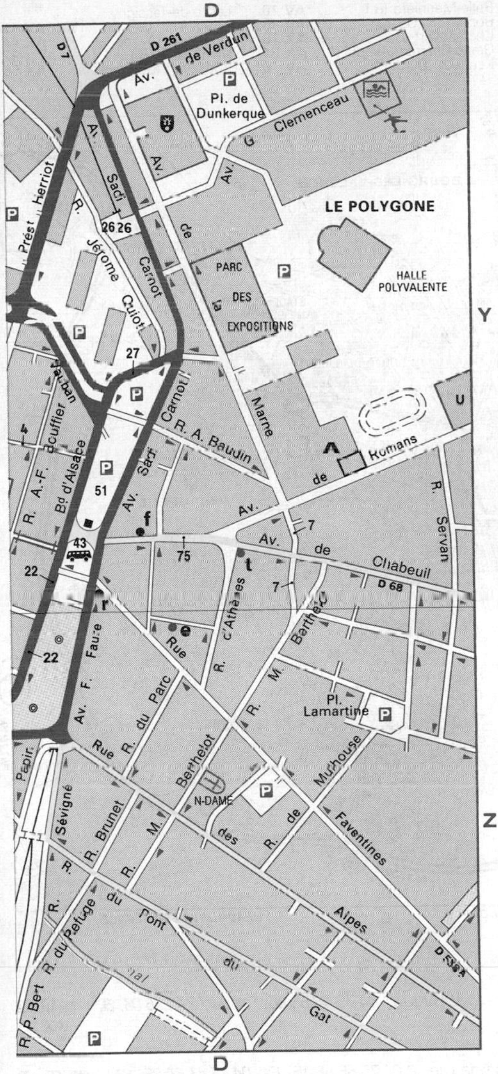

VALENCE

- Alsace (Bd d') .... **DY**
- Arménie (R. d') .... **DY** 4
- Augier (R. Émile) .... **CYZ**
- Balais (R. des) .... **BCY** 5
- Bancel (Bd) .... **CY** 6
- Barrault (R. J.-L.) .... **DY** 7
- Belle Image (R.) .... **CY** 9
- Bonaparte (R. du Lieutenant) ...... **BCY** 12
- Chambaud (R. Mirabel) ..... **BZ** 15
- Championnet (Pl.) .... **BCZ** 16
- Chapeliers (Côte des) ...... **BY** 17
- Clerc (Bd M.) .... **DZ** 22
- Clercs (Pl. des) .... **BCZ** 23
- Docteur Schweitzer (R. du) . **BY** 25
- Dragonne (Pl. de la) .... **DY** 26
- Dupré de Loire (Av.) .... **DY** 27
- Farre (R. du Gén.) .... **CDZ** 29
- Félix Faure (Av.) .... **DZ**
- Gaulle (Bd du Gén.) .... **CZ** 32
- Huguenel (Pl. Ch.) .... **CY** 36
- Jacquet (R. V.) .... **BZ** 37
- Jeu-de-Paume (R. du) .... **CYZ** 39
- Lecardonnel (Pl. L.) .... **CY** 42
- Leclerc (Pl. Gén.) .... **DY** 43
- Liberté (Pl. de la) .... **CY** 45
- Madier-de-Montjau (R.) ..... **CY** 47
- Mistral (Pont Frédéric) .... **BZ** 50
- Montalivet (Pl. de) .... **DY** 51
- Ormeaux (Pl. des) .... **BZ** 55
- Palais (Pl. du) .... **CZ** 56
- Paré (R. Ambroise) .... **BY** 57
- Pérollerie (R.) .... **BY** 59
- Petit-Paradis (R.) .... **BY** 60
- Pierre (Pl. de la) .... **BY** 62
- Repenties (R. des) .... **BZ** 65
- République (Pl. de la) ..... **CZ**
- St-Didier (R.) .... **BCZ** 71
- St-Estève (Côte) .... **BY** 72
- St-Jacques (Faubourg) ...... **DY** 75
- St-Martin (Côte et R.) ..... **BY** 77
- St-Nicolas (Q.) .... **BY** 78
- Saunière (R.) .... **CZ** 80
- Semard (Av. J.-P.) .... **CZ**
- Sylvante (Côte) .... **BY** 84
- Temple (R. du) .... **BCY** 85
- Université (Pl. de l') ..... **CZ** 88
- Vernoux (R.) .... **CY** 90
- Victor Hugo (Av.) .... **CZ**

*Les pastilles numérotées des plans de villes ①, ②, ③ sont répétées sur les **cartes Michelin** à 1/200 000. Elles facilitent ainsi le passage entre les **cartes** et les **guides Michelin**.*

XX **Saint Ruf,** 9 r. Sabaterie ✆ 04 75 43 48 64, *Fax 04 75 42 85 71* – AE GB — BY b
fermé 1er au 23 août, 1er au 15 janv., dim. sauf le midi d'oct. à juin, sam. midi et lundi – **Repas** 155/285, enf. 53

XX **Petite Auberge,** 1 r. Athènes ✆ 04 75 43 20 30, *Fax 04 75 42 67 79* – AE ⓓ GB — DY t
fermé 29 juil. au 23 août, merc. soir et dim. sauf fériés – **Repas** *(85 bc)* - 115/195 ♀

XX **L'Épicerie,** 18 pl. St-Jean (ex Belat) ✆ 04 75 42 74 46, *Fax 04 75 42 10 87,* 🏨 – AE GB — CY v
fermé 31 juil. au 22 août, 22 déc. au 3 janv., sam. midi et dim. – **Repas** 110/320 ♀

XX **Ciboulette,** 6 r. Commerce ✆ 04 75 55 67 74, *Fax 04 75 56 72 83* – ⓓ GB — DZ e
fermé 1er au 15 août, dim. soir et lundi – **Repas** 130/450 bc ♀

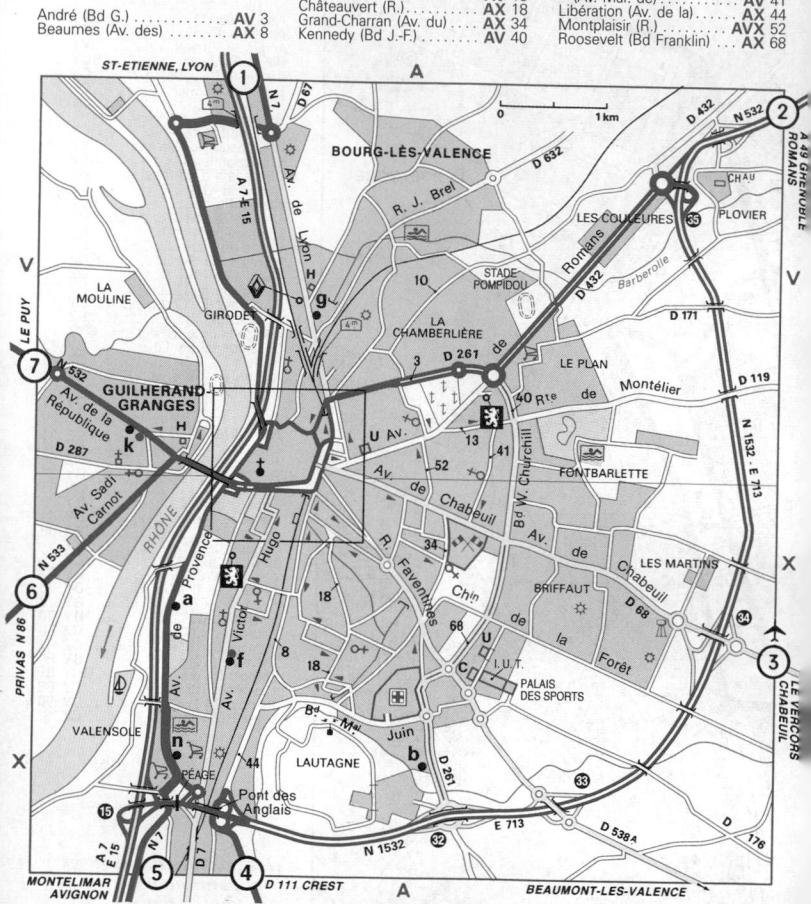

VALENCE

✕ **Auberge du Pin**, 285 bis av. V. Hugo ℰ 04 75 44 53 86, Fax 04 75 40 96 03, 斎 – 国 **P**. **AE**
GB
AX f
Repas (140) - 155 ℐ, enf. 65

✕ **Bistrot des Clercs**, 48 Gde rue ℰ 04 75 55 55 15, Fax 04 75 43 64 85, 斎 – 国. **AE ①**
GB
CY m
fermé 3 au 29 janv., dim. soir et lundi d'oct. à mars – **Repas** (93) - 135 ℐ, enf. 70

à Bourg-lès-Valence – 18 230 h. alt. 142 – ⊠ 26500 :

🏠 **Seyvet**, 24 av. Marc-Urtin ℰ 04 75 43 26 51, Fax 04 75 55 61 49 – 📶, 国 rest, 📺 ☎ ❤ **P** –
🔏 30. **AE ① GB**
AV g
fermé dim. soir hors saison – **Repas** 98/249 ℐ, enf. 50 – ⊐ 35 – **34 ch** 220/305 –
½ P 235

à Pont de l'Isère par ① : 9 km – 2 770 h. alt. 120 – ⊠ 26600 :

🏠 **Batida**, N 7 ℰ 04 75 84 66 86, Fax 04 75 84 10 26, 🌿 – 📺 ☎ ❤ **P**. GB
fermé 3 au 31 janv. – **Repas** 98/128 ⅄ – ⊐ 38 – **18 ch** 275 – ½ P 275

XXXX **Michel Chabran** avec ch, N 7 ✆ 04 75 84 60 09, *Fax 04 75 84 59 65*, 🏠, 🏊 – ▤ TV ☎ ✆ P. AE ⓓ GB JCB
✿✿ *fermé 3 au 29 janv., dim. soir et lundi d'oct. à mars sauf fériés et vacances scolaires* – **Repas** 355/745 et carte 550 à 780, enf. 120 – ☕ 95 – **12 ch** 500/750
Spéc. Salade de homard breton au museau de porc. Turbot de ligne cuit sur l'arête, bouillon crémeux de champignons. Agneau de Rémuzat aux senteurs provençales. **Vins** Hermitage, Crozes-Hermitage.

XXX **Auberge Chalaye**, 17 r. 16 août 1944 ✆ 04 75 84 59 40, *Fax 04 75 84 76 36*, 🏠, 🏊, 🌳 – P. AE GB
fermé dim. soir et lundi – **Repas** 165/280 et carte 240 à 350

à Guilherand-Granges *(Ardèche) – 10 492 h. alt. 130 – ✉ 07500 :*

🏠 **Alpes-Cévennes** sans rest, 641 av. République ✆ 04 75 44 61 34, *Fax 04 75 41 12 41* – 🛗 TV ☎ ✆ 🚗. AE GB — AV k
fermé dim. du 15 oct. au 15 mars – ☕ 28 – **26 ch** 185/225

XX **Les Trois Canards**, 565 av. République ✆ 04 75 44 43 24, *Fax 04 75 41 64 48*, 🏠 – AE ⓓ GB — AV k
😋 *fermé dim. soir et lundi* – **Repas** 75/270, enf. 65

Restaurants serving a good but moderately priced meal are distinguished in the Guide by the symbol 😋

VALENCE-SUR-BAÏSE *32310 Gers* 82 ④ – *1 157 h alt. 117.*

Voir Abbaye de Flaran★ NO : 2 km, G. Midi-Pyrénées.
Office de Tourisme r. Jules-Ferry ✆ 05 62 28 59 19.
Paris 741 – Auch 36 – Agen 51 – Condom 10.

🏠 **Ferme de Flaran**, rte Condom ✆ 05 62 28 58 22, *Fax 05 62 28 56 89*, 🏠, 🏊, 🌳 – TV ☎ P. ⓓ GB
fermé 15 nov. au 15 déc. et janv. – **Repas** *(fermé dim. soir et lundi sauf juil.-août)* 95/180, enf. 45 – ☕ 40 – **15 ch** 245/295 – ½ P 270

VALENCIENNES ⓈⓅ *59300 Nord* 53 ④ ⑤ *G. Picardie Flandres Artois – 38 441 h Agglo. 338 392 h alt. 22.*

Voir Musée des Beaux-Arts★ **BY M.**
Office de Tourisme Maison Espagnole 1 r. Askièvre ✆ 03 27 46 22 99, Fax 03 27 30 38 35.
Paris 208 ⑤ – Lille 55 ⑥ – Arras 68 ⑤ – Bruxelles 104 ② – St-Quentin 80 ⑤.

Plan page suivante

🏨 **Grand Hôtel**, 8 pl. Gare ✆ 03 27 46 32 01, *Fax 03 27 29 65 57* – 🛗 TV ☎ – 🎤 25 à 200. AE ⓓ GB JCB — AX d
Repas 115/250 🍷 – ☕ 55 – **80 ch** 420/530, 6 appart

🏠 **Notre Dame** 🐴 sans rest, 1 pl. Abbé Thellier de Poncheville ✆ 03 27 42 30 00, *Fax 03 27 45 12 68* – 🚭 TV ☎ ✆. AE ⓓ GB JCB — BY s
☕ 40 – **35 ch** 300/400

XX **Musigny**, 90 av. Liège ✆ 03 27 41 49 30, *Fax 03 27 47 91 19* – AE ⓓ GB — CV v
fermé 1er au 8 janv., dim. soir et lundi sauf fériés – **Repas** 160/380

à Quiévrechain *au Nord-Est par N 30 : 12 km – 6 456 h. alt. 32 – ✉ 59920 :*

XX **Manoir de Tombelle**, 135 av. J. Jaurès ✆ 03 27 35 12 30, *Fax 03 27 26 27 61*, 🏠, 🌳, 🎾 – P. GB
fermé 14 juil. au 1er août et le soir sauf vend. et sam. – **Repas** 120 (déj.), 210/295

XX **Au Petit Restaurant**, 182 r. J.-Jaurès ✆ 03 27 45 43 10, *Fax 03 27 26 36 81*, 🏠 – P. GB
fermé 25 juil. au 16 août et sam. – **Repas** 100/250 🍷

à Marly *: 2 km – 12 081 h. alt. 50 – ✉ 59770 :*

X **Les Forges**, 58 r. É. Drue ✆ 03 27 41 31 22, *Fax 03 27 30 28 24* – AE GB — CV n
😋 *fermé 1er au 15 août, dim. soir et lundi* – **Repas** 108/190 🍷

à Sebourg *à l'Est par D 934 et D 250 : 11 km – 1 661 h. alt. 80 – ✉ 59990 :*

XX **Clos de la Perrière**, ✆ 03 27 26 53 33, *Fax 03 27 26 54 63*, 🏠, 🌳 – P. AE GB
fermé 15 août au 9 sept., vacances de fév., dim. soir et lundi – **Repas** 120/220 🍷

X **Mère Lussiez**, ✆ 03 27 26 53 44, *Fax 03 27 26 52 26*, 🏠, « Terrasses fleuries », 🌳 – GB
fermé 11 au 28 sept., janv., mardi soir et merc. – **Repas** 115 bc/180 🍷

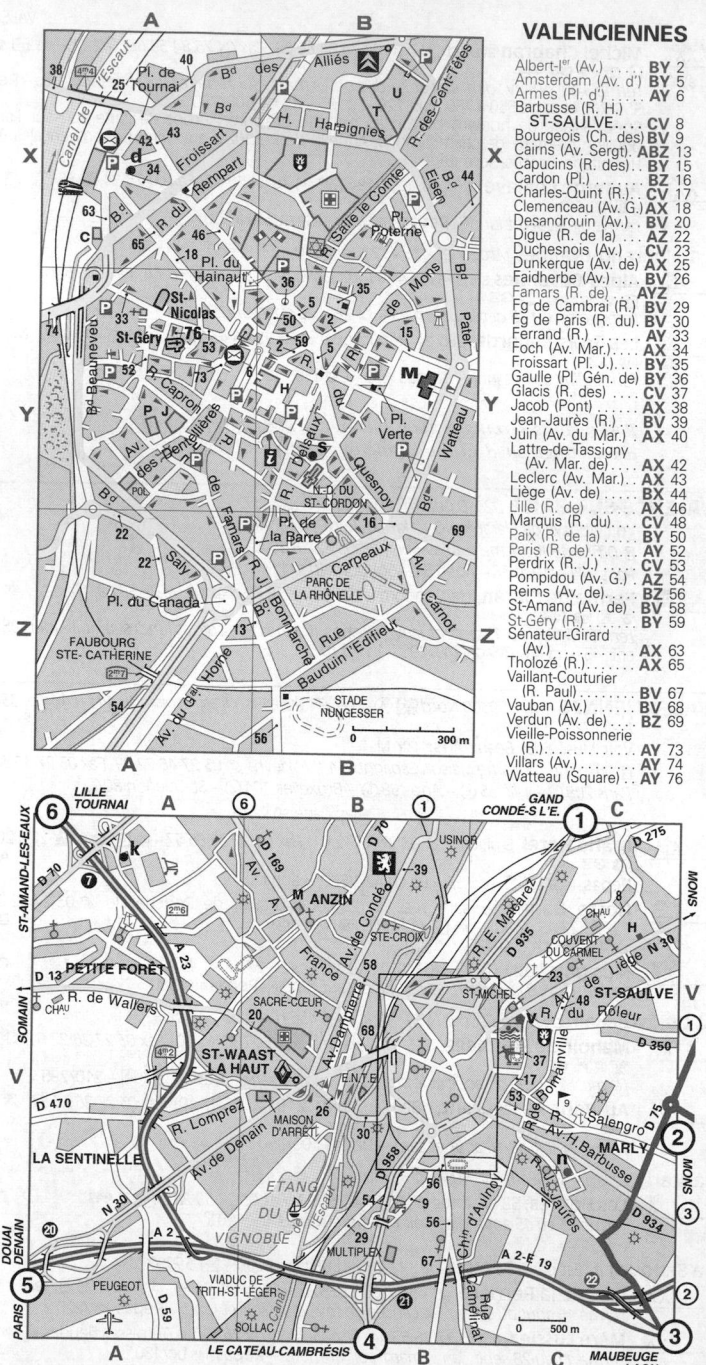

VALENCIENNES

à la Z.I. de Prouvy-Rouvignies *par ⑤ et N 30 : 5 km* – ⊠ *59300 Valenciennes :*

🏨 **Novotel** Ⓜ, ℰ 03 27 21 12 12, Fax 03 27 21 06 02, 余, ⅃, ✍, ⚡, ▤ rest, 📺 ☎ ✇ ⅙ 🅿
– 🕍 20 🄰🄴 ⓞ ☻ 🄹🄲🄱
Repas *(82)* - 102 bc/130 bc, enf. 50 – ⊇ 55 – **76 ch** 490/530

🏨 **Campanile**, ℰ 03 27 21 10 12, Fax 03 27 21 08 55 – ✍ 📺 ☎ ✇ ⅙ 🅿 – 🕍 25. 🄰🄴 ⓞ
☻
Repas 80/103 ☼, enf. 39 – ⊇ 30 – **104 ch** 295

à Raismes *Nord-Ouest : 5 km par D 169* – 14 099 h. alt. 23 – ⊠ *59590 :*

🗙🗙🗙 **Grignotière**, 6 r. J. Jaurès ℰ 03 27 36 91 99, Fax 03 27 36 74 29, 余, ✍ – 🄰🄴 ⓞ ☻
🄹🄲🄱
fermé dim. soir et lundi sauf fériés le midi – Repas 110/210 et carte 190 à 360

à Petite Forêt *Nord-Ouest par A 23 sortie n° 7 : 5 km* – 5 293 h. alt. 28 – ⊠ *59494 :*

🏨 **Campanile**, ℰ 03 27 47 87 87, Fax 03 27 28 95 25, 余 – ✍ 📺 ☎ ✇ ⅙ 🅿 – 🕍 25. 🄰🄴 ⓞ
☻   AV k
Repas 88/103 ☼, enf. 39 – ⊇ 36   **48 ch** 295

VALENTINE *31 H.-Gar.* 🄫 ⑮ – *rattaché à St-Gaudens.*

VALESCURE *83 Var* 🄪 ⑧ – *rattaché à St-Raphael.*

La VALETTE-DU-VAR *83 Var* 🄪 ⑮., 🄫🄫 ㊺ – *rattaché à Toulon.*

VALGORGE *07110 Ardèche* 🄫 ⑧ *G. Vallée du Rhône* – 430 h alt. 560.
Paris 622 – Alès 77 – Aubenas 41 – Langogne 50 – Privas 71 – Le Puy-en-Velay 84.

🏨 **Tanargue**, ℰ 04 75 88 98 98, Fax 04 75 88 96 09, ≼ – 📶 ✍ 📺 ☎ ⇦ 🅿 ⓞ ☻
fermé 3 janv. au 3 mars – Repas *(55)* - 92/195, enf. 50 – ⊇ 40 – **22 ch** 260/360 – ½ P 260/
350

VALLAURIS *06 Alpes-Mar.* 🄪 ⑨., 🄫🄫🄮 ㉟ ㊴ – *rattaché à Golfe-Juan.*

VALLERAUGUE *30570 Gard* 🄫 ⑮ *G. Languedoc Roussillon* – 1 091 h alt. 346.
Paris 691 – Mende 99 – Millau 75 – Nîmes 85 – Le Vigan 22.

🏨 **Hostellerie Les Bruyères**, ℰ 04 67 82 20 06, 余, ⅃ – 📺 ☎ ⇦. ☻
1ᵉʳ mai-30 sept. – Repas 85/150, enf. 50 – ⊇ 35 – **23 ch** 260/290 – ½ P 260/290

🗙🗙 **Petit Luxembourg** avec ch, ℰ 04 67 82 20 44, Fax 04 67 82 24 66 – 📺 ☎. ☻
fermé déc. à mi-janv., dim. soir et lundi – Repas 85/238 ☼, enf. 50 – ⊇ 30 – **8 ch** 220/270 –
½ P 280

rte du Mont-Aigoual *sur D 986 : 4 km* – ⊠ *30570 :*

♨ **Auberge Cévenole**, La Pénarié ℰ 04 67 82 25 17, Fax 04 67 82 26 26, 余 – 📺 ☎ ✇ 🅿.
☻
fermé lundi soir et mardi sauf juil.-août – Repas 58 (déj.), 78/130 ⅄ – ⊇ 30 – **6 ch** 220 –
½ P 250

VALLÈRES *37190 I.-et-L.* 🄬 ⑭ – 699 h alt. 80.
Paris 260 – Tours 23 – Azay-le-Rideau 7 – Chinon 27 – Langeais 11 – Saumur 50.

🗙 **Fournil**, 22 r. Val de Loire ℰ 02 47 45 43 06, Fax 02 47 45 97 59, 余 – ☻. ✍
fermé 15 au 30 nov., 2 au 15 janv., dim. soir et merc. – Repas *(88)* - 110/190, enf. 48

VALLET 44330 Loire-Atl. ⬛⬛ ④ – 6 116 h alt. 54.

◪ Office de Tourisme 1 pl. Ch.-de-Gaulle ℰ 02 40 36 35 87, Fax 02 40 36 29 13.
Paris 374 – Nantes 26 – Ancenis 27 – Cholet 34 – Clisson 10.

🏠 **Don Quichotte** Ⓜ, 35 rte Clisson ℰ 02 40 33 99 67, Fax 02 40 33 99 72, 🍽, 🍃 – 📺 ☎
&. 🅿. ☒ ⬛
fermé 1ᵉʳ au 8 janv. – **Repas** (fermé dim. soir) 98/205 ♀ – �– 40 – **12 ch** 293/314 – ½ P 264

VALLOIRE 73450 Savoie ⬛⬛ ⑦ G. Alpes du Nord – 1 012 h alt. 1430 – Sports d'hiver : 1 430/2 600 m
≰ 2 ≰ 32 ⭑.

Voir Col du Télégraphe ≤⋆ N : 5 km.
Altiport Bonnenuit ℰ 04 79 59 02 00.
◪ Office de Tourisme ℰ 04 79 59 03 96, Fax 04 79 59 09 66.
Paris 664 – Albertville 92 – Briançon 53 – Chambéry 102 – Lanslebourg-Mont-Cenis 58.

🏨 **Sétaz**, ℰ 04 79 59 01 03, Fax 04 79 59 00 63, ≤, 🛝, 🍃 – 📺 🅿. ☒ ⬛
🐾 début juin-20 sept. et 15 déc.-20 avril – **Gastilleur** : Repas (90)-130/200, enf. 60 – �– 48 –
22 ch 350/520 – ½ P 400/480

🏨 **Grand Hôtel de Valloire et du Galibier**, ℰ 04 79 59 00 95, Fax 04 79 59 09 41, ≤,
🛝, 🐛📺 🅿. – 🛁 40. ☒ ⓞ ⬛
17 juin-10 sept. et 17 déc.-15 avril – **L'Escarnavé** : Repas 90/350 ♀, enf. 55 – ⊢ 48 – **45 ch**
320/430 – ½ P 470/510

🏨 **Christiania**, ℰ 04 79 59 00 57, Fax 04 79 59 00 06, 🍽 – 📺 ☎. ☒ ⬛ 🐾 rest
⬛ 15 juin-15 sept. et 1ᵉʳ déc.-20 avril – **Repas** 85/175 ♀ – ⊢ 38 – **26 ch** 260/340 – ½ P 310/
350

aux Verneys Sud : 2 km – ✉ 73450 Valloire :

🏠 **Relais du Galibier**, ℰ 04 79 59 00 45, Fax 04 79 83 31 89, ≤, 🍃 – 📺 ☎ 🅿. ⬛
15 juin-10 sept. et 15 déc.-10 avril – **Repas** 90/170 ♀, enf. 45 – ⊢ 36 – **26 ch** 250/350 –
½ P 370/390

🏠 **Crêt Rond**, ℰ 04 79 59 01 64, Fax 04 79 83 33 24 – 📺 ☎ 🅿. ⬛
⬛ 25 juin-30 sept. et 15 déc.-15 avril – **Repas** 75/160, enf. 45 – ⊢ 40 – **17 ch** 200/320 –
½ P 330

VALLON-PONT-D'ARC 07150 Ardèche ⬛⬛ ⑨ G. Vallée du Rhône – 1 914 h alt. 117.

Voir Gorges de l'Ardèche⋆⋆⋆ au SE – Arche⋆⋆ de Pont d'Arc SE : 5 km.
Paris 658 – Alès 47 – Aubenas 35 – Avignon 81 – Carpentras 89 – Montélimar 49.

🏨 **Clos des Bruyères**, rte des Gorges ℰ 04 75 37 18 85, Fax 04 75 37 14 89, 🍽, 🛝, 🍃 –
⬛ 📖 rest, ☎ &. 🅿. – 🛁 20. ⬛ 🐾 ch
1ᵉʳ avril-30 sept. – **Repas** (dîner seul.) 65/155, enf. 50 – ⊢ 40 – **32 ch** 360 – ½ P 295/310

VALLORCINE 74660 H.-Savoie ⬛⬛ ⑨ G. Alpes du Nord – 329 h alt. 1260 – Sports d'hiver : 1 360/
1 605 m ≰ 2 ⭑.

◪ Office de Tourisme pl. Gare ℰ 04 50 54 60 71, Fax 04 50 54 61 73.
Paris 630 – Chamonix-Mont-Blanc 17 – Annecy 112 – Thonon-les-Bains 97.

🏔 **L'Ermitage** 🍃, au Buet, Sud-Ouest : 2 km par N 506 et rte secondaire ℰ 04 50 54 60 09,
Fax 04 50 54 64 38, ≤, 🍽, 🍃 – ☎ 🅿. ⬛ 🐾 rest
1ᵉʳ fév.-30 sept. et 26 déc.-4 janv. – **Repas** 100/180 ♀, enf. 70 – ⊢ 45 – **15 ch** 360 –
½ P 340/360

🏔 **Mont-Blanc**, ℰ 04 50 54 60 02, Fax 04 50 54 62 03, ≤, 🍃 – ☎ 🅿. ⬛
⬛ 9 juin-17 sept., 22 déc.-3 janv. et 29 janv.-20 mars – **Repas** 82/133 – ⊢ 32 – **24 ch** 186/355 –
½ P 206/294

VALLOUX 89 Yonne ⬛⬛ ⑯ – rattaché à Avallon.

Ne confondez pas :

Confort des hôtels	: 🏨🏨🏨 ... 🏠, 🏔
Confort des restaurants	: XXXXX ... X
Qualité de la table	: ❀❀❀, ❀❀, ❀, 🐾

1416

VALMONT 76540 S.-Mar. 52 ⑫ G. Normandie Vallée de la Seine – 875 h alt. 60.

Voir Abbaye★.

Paris 192 – Le Havre 49 – Rouen 66 – Bolbec 23 – Dieppe 58 – Fécamp 12 – Yvetot 28.

✗ **Auberge du Bec au Cauchois**, Ouest : 1,5 km par rte Fécamp ℘ 02 35 29 77 56, Fax 02 35 29 77 52 – 🅿, 🖼.
fermé dim. soir et lundi – **Repas** 65 (déj.), 98/190 ⅄, enf. 50

VALMOREL 73 Savoie 74 ⑰ G. Alpes du Nord – alt. 1400 – Sports d'hiver : 1 400/2 550 m ≰ 2 ⅙ 34
⅍ – ⊠ 73260 Aigueblanche.

🛈 Office de Tourisme Maison de Valmorel ℘ 04 79 09 85 55, Fax 04 79 09 85 29.

Paris 650 – Albertville 40 – Chambéry 88 – Moûtiers 20.

🏨 **Planchamp** ⌷, accès piétonnier ℘ 04 79 09 97 00, Fax 04 79 09 83 93, ≤ – 🆆 🖻 ⌷,
⌷ 🖼 🐱, ⌷ rest.
hôtel : 1er juil.-30 août et 15 déc.-20 avril ; rest. : 5 déc.-20 avril – **Repas** (90) - 150/180 ⅄ –
⌷ 70 – **37 ch** 410/580

VALOGNES 50700 Manche 54 ② G. Normandie Cotentin – 7 412 h alt. 35.

⌷ de Cherbourg-Maupertus : ℘ 02 33 88 57 60 : 18 km.

🛈 Office de Tourisme 21 r. du Grand-Moulin ℘ 02 33 95 01 26, Fax 02 33 95 23 23 (avril-sept.) pl. Château ℘ 02 33 40 11 55.

Paris 334 – Cherbourg 21 – Caen 102 – Coutances 56 – St-Lô 59.

🏨 **Grand Hôtel du Louvre**, 28 r. Religieuses ℘ 02 33 40 00 07, Fax 02 33 40 13 73 – 🆆 ☎
⌷ ⌷ 🅿, 🖼. 🐱
fermé 20 déc. au 20 janv. – **Repas** (fermé dim. soir d'oct. à avril) (dîner seul.) 72/165 ⅄,
enf. 45 – ⌷ 35 – **22 ch** 140/275 – ½ P 205/265

VALRAS-PLAGE 34350 Hérault 83 ⑮ G. Languedoc Roussillon – 3 018 h alt. 1 – Casino.

🛈 Office de Tourisme pl. R.-Cassin ℘ 04 67 32 36 04, Fax 04 67 32 33 41.

Paris 777 – Montpellier 75 – Agde 26 – Béziers 17.

🏨 **Mira-Mar** 🅼, bd Front de Mer ℘ 04 67 32 00 31, Fax 04 67 32 51 21, ≤, 🖼 – 🕴, ⌷ ch,
🆆 ⌷ ⅍, 🖼 🖼 🐱
1er avril-30 sept. – **Repas** (fermé mardi du 1er avril au 30 juin) 110/285, enf. 50 – ⌷ 45 –
27 ch 500/580, 4 appart – ½ P 440/485

🏨 **Albizzia** 🅼 sans rest, bd Chemin Creux ℘ 04 67 37 48 48, Fax 04 67 37 58 10, 🏊 – 🆆 ☎
⌷ ⅍, 🅿, 🖼 🖼 🐱
⌷ 39 – **28 ch** 360/430

🏨 **Moderne**, pl. Gén. de Gaulle ℘ 04 67 32 25 86, Fax 04 67 32 03 38, 🖼 – ☎ – 🖼 40. 🖼 🖼
🐱
1er mai-30 sept. – **Repas** 69/240 ⅄, enf. 43 – ⌷ 43 – **30 ch** 260/400 – ½ P 305/365

✗✗ **Méditerranée** avec ch, 32 r. Ch. Thomas ℘ 04 67 32 38 60, Fax 04 67 32 30 91 – 🖼 rest,
🆆 ☎, 🖼 🖼 🐱
hôtel : 1er mai-31 oct. ; rest. : fermé 15 au 30 nov., 1er au 15 fév. et lundi – **Repas** 89/280,
enf. 45 – ⌷ 35 – **9 ch** 260/290 – ½ P 270

VALRÉAS 84600 Vaucluse 81 ② G. Provence – 9 069 h alt. 250.

🛈 Office de Tourisme pl. A.-Briand ℘ 04 90 35 04 71, Fax 04 90 35 04 71.

Paris 642 – Avignon 65 – Crest 54 – Montélimar 33 – Nyons 14 – Orange 36.

🏨 **Grand Hôtel**, 28 av. Gén. de Gaulle ℘ 04 90 35 00 26, Fax 04 90 35 60 93, 🖼, 🏊, 🖼 – 🆆
☎ ⌷. 🐱
fermé 21 déc. au 28 janv., sam. soir de nov. à mars et dim. – **Repas** (80) - 99/300 ⅄, enf. 50 –
⌷ 39 – **15 ch** 260/380 – ½ P 290/330

✗ **Délice de Provence**, 6 La Placette (centre ville) ℘ 04 90 28 16 91, Fax 04 90 37 42 49 –
🐱
fermé 1er au 15 nov., mardi soir et merc. – **Repas** 89/210

VALROS 34290 Hérault 83 ⑮ – 1 021 h alt. 60.

Paris 749 – Montpellier 61 – Agde 17 – Béziers 18 – Pézenas 7.

🏨 **Auberge de la Tour**, N 9 ℘ 04 67 98 52 01, Fax 04 67 98 65 31, 🖼, 🏊, 🖼 – 🆆 ☎ 🅿,
🐱
fermé 25 oct. au 15 nov., 15 fév. au 1er mars, dim. soir d'oct. à avril et merc. sauf le soir de
mai à sept. – **Repas** (60) - 95/228 ⅄, enf. 55 – ⌷ 35 – **10 ch** 280 – ½ P 260

VALS-LES-BAINS *07600 Ardèche* 76 ⑲ *G. Vallée du Rhône – 3 661 h alt. 210 – Casino.*
Office de Tourisme 116 bis J.-Jaurès ☎ 04 75 37 49 27, Fax 04 75 94 67 00.
Paris 634 ② – Le Puy-en-Velay 88 ③ – Aubenas 5 ③ – Langogne 58 ③ – Privas 33 ②.

Vivarais, av. C. Expilly (e) ☎ 04 75 94 65 85, *Fax 04 75 37 65 47,* 🏛, 🏊 – 🛗 📺 ☎ 🅿. AE ⓓ GB JCB. ✕ rest
Repas *(100)* - 168/260 🍷 – ☕ 45 – **47 ch** 350/480 – ½ P 400/600

Grand Hôtel des Bains 🐦, (a) ☎ 04 75 37 42 13, *Fax 04 75 37 67 02,* 🏛, parc, 🏊 – 🛗 📺 ☎ 📞 🅿. AE ⓓ GB
1er avril-1er nov. – **Repas** 145/320, enf. 60 – ☕ 55 – **63 ch** 390/710 – P 450/680

Grand Hôtel de Lyon, av. P. Ribeyre (s) ☎ 04 75 37 43 70, *Fax 04 75 37 59 11,* 🏊 – 🛗 📺 ☎ 🚗. AE ⓓ GB
20 avril-1er oct. – **Repas** *(85)* - 95/230 🍷, enf. 50 – ☕ 45 – **33 ch** 290/450 – P 430/490

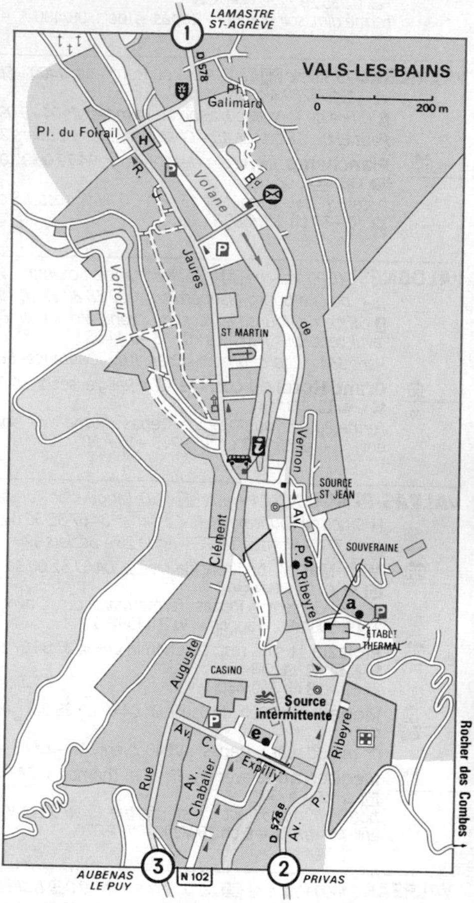

VAL-SUZON *21121 Côte-d'Or* 66 ⑪ *G. Bourgogne – 194 h alt. 361.*
Paris 300 – Dijon 19.

Host. Val-Suzon et Chalet de la Fontaine aux Geais 🐦, N 71 ☎ 03 80 35 60 15, *Fax 03 80 35 61 36,* 🏛, « Jardin fleuri avec volière », 🏛 – 📺 ☎ 🅿 – 🎭 15. AE ⓓ GB JCB. ✕ rest
fermé 15 nov. au 15 déc., dim. soir et lundi d'oct. à mi-mai – **Repas** 130 (déj.), 200/445 🍷, enf. 85 – ☕ 60 – **17 ch** 450/780 – ½ P 585/795

VAL-THORENS *73 Savoie* 77 ⑧ *G. Alpes du Nord – alt. 2300 – Sports d'hiver : 2 300/3 300 m* 🚡 5 ⛷ 25 – ✉ *73440 St-Martin-de-Belleville.*
Voir Cime de Caron ✻ ★★★ (accès par le téléphérique de Caron).
Office de Tourisme Immeuble Estival ☎ 04 79 00 08 08, Fax 04 79 00 00 04.
Paris 669 – Albertville 59 – Chambéry 107 – Moûtiers 32.

Fitz Roy Hôtel Ⓜ 🐦, ☎ 04 79 00 04 78, *Fax 04 79 00 06 11,* ≤, 🏛, 🏊 – 🛗, ▤ rest, 📺 ☎ ♿. AE ⓓ GB
1er déc.-10 mai – **Repas** 250/500 – ☕ 95 – **30 ch** (½ pens. seul.), 3 appart, 3 duplex – ½ P 1250/1850

Le Val Thorens Ⓜ 🐦, ☎ 04 79 00 04 33, *Fax 04 79 00 09 40,* ≤, 🏛 – 🛗 📺 ☎ ♿. AE ⓓ GB. ✕ rest
1er déc.-3 mai – **Repas** 95/180 ***Bellevillois*** (dîner seul.) **Repas** 180/350, enf. 60 – ***Fondue*** ☎ 04 79 00 05 17 (dîner seul.) **Repas** 80/150, enf. 60 – ☕ 70 – **80 ch** 1065/1700 – ½ P 815/850

🏨 **Bel Horizon** 🅼 ♨, 𝄞 04 79 00 04 77, Fax 04 79 00 06 08, ≤, 𝄽 – 🔊 🅣🆅 ☎ ✆ ⅙, 🅖🅱,
※ rest
18 nov.-1er mai – **Repas** *(16 déc.-15 avril) (90)* · 100 (déj.)/170 ♈ – 🖙 70 – **31 ch** 1122 –
1/2 P 721/824

🏨 **Novotel** 🅼 ♨, 𝄞 04 79 00 04 04, Fax 04 79 00 05 93, ≤, 𝄽 – 🔊 ⅄ 🅣🆅 ☎ ✆ ⇦ –
🔺 100, 🅐🅔 ⓞ 🅖🅱
1er déc.-30 avril – **Repas** 95 (déj.), 145/200 ♈, enf. 75 – 🖙 50 – **104 ch** (1/2 pens. seul.)
1/2 P 900

🏨 **Sherpa** ♨, 𝄞 04 79 00 00 70, Fax 04 79 00 08 03, ≤, 𝄽, 𝄼 – 🔊 🅣🆅 ☎, 🅖🅱, ※ rest
1er déc.-1er mai – **Repas** *(90)* · 120 (déj.), 145/170 ♈ – 🖙 70 – **52 ch** (1/2 pens. seul.) –
1/2 P 720/1000

🏨 **Trois Vallées** ♨, 𝄞 04 79 00 01 86, Fax 04 79 00 04 08, ≤ – 🅣🆅 ☎, 🅐🅔 🅖🅱, ※
15 nov.-10 mai – **Repas** (dîner seul.) 135/160 ♈ – 🖙 55 – **28 ch** (1/2 pens. seul.) – 1/2 P 675

🍴🍴 **Bergerie**, immeuble 3 Vallées 𝄞 04 79 00 77 18 – 🅖🅱
12 juil.-25 août et 20 nov.-10 mai – **Repas** carte 200 à 300

*Michelin n'accroche pas de panonceau aux hôtels et restaurants
qu'il signale.*

Le VALTIN *88230 Vosges* 🄒🄒 ⑱ – 101 h alt. 751.
Paris 437 – *Colmar* 46 – Épinal 54 – Guebwiller 54 – St-Dié 27 – Col de la Schlucht 9.

🏠 **Vétiné** ♨ sans rest, Sud : rte de la Schlucht, 1,5 km sur D 23ᴴ 𝄞 03 29 60 99 44,
Fax 03 29 60 80 95 – cuisinette 🅣🆅 ☎ 🅿, 🅖🅱
fermé 15 au 31 mars, 15 nov. au 15 déc., dim. soir et lundi sauf vacances scolaires – 🖙 35 –
15 ch 230/270, 14 studios

🍴🍴 **Auberge du Val Joli** ♨ avec ch, 𝄞 03 29 00 91 37, Fax 03 29 60 81 73, 𝄽, 𝄼, ※ –
🖂 🅣🆅 ☎ 🅿, 🅖🅱
fermé 13 nov. au 1er déc., 8 au 16 janv., dim. soir et lundi sauf vacances scolaires – **Repas**
70/270 ♈, enf. 45 – 🖙 42 – **17 ch** 150/420 – 1/2 P 150/330

VANDENESSE-EN-AUXOIS *21 Côte-d'Or* 🄖🄖 ⑱ – rattaché à Pouilly-en-Auxois.

VANDOEUVRE-LÈS-NANCY *54 M.-et-M.* 🄖🄒 ⑤ – rattaché à Nancy.

VANNES 🅿 *56000 Morbihan* 🄖🄖 ③ *G. Bretagne* – 45 644 h alt. 20.
Voir Vieille ville★★ *AZ* : Place Henri-IV★, Cathédrale★ *B*, Remparts★, Promenade de la
Garenne ≤★★, La Cohue★ (anciennes halles), Musée archéologique★ *dans le château Gaillard M* – Aquarium océanographique et tropical★ *au Sud* – Golfe du Morbihan★★ *en bateau*.
🄱 Office de Tourisme 1 r. Thiers 𝄞 02 97 47 24 34, Fax 02 97 47 29 49.
Paris 460 ② – Quimper 119 ④ – Rennes 113 ② – St-Brieuc 108 ① – St-Nazaire 77 ③.

Plan page suivante

🏨 **Mercure** 🅼, Le parc du Golfe, Sud rte Conleau : 2 km 𝄞 02 97 40 44 52,
Fax 02 97 63 03 20, ≤, 𝄽 – 🔊 ⅄, 🖥 ch, 🅣🆅 ☎ ✆ ⅙ ⇦ 🅿 – 🔺 25 à 60. 🅐🅔 ⓞ 🅖🅱
Dauphin *(fermé dim. soir du 1er mars au 15 avril et du 15 oct. au 28 fév.)* **Repas** 120/
250, enf. 60 – 🖙 55 – **48 ch** 465/560

🏠 **Clarine Image Ste-Anne**, 8 pl. Libération 𝄞 02 97 63 27 36, Fax 02 97 40 97 02 – 🔊
⅄, 🖥 rest, 🅣🆅 ☎ ✆ 🅿, 🅐🅔 🅖🅱   AY x
fermé dim. soir de nov. à Pâques – **Repas** *(65)* · 88/195 ♈, enf. 45 – 🖙 55 – **33 ch** 320/420 –
1/2 P 325

🏠 **Marébaudière** sans rest, 4 r. A. Briand 𝄞 02 97 47 34 29, Fax 02 97 54 14 11 – 🔊 🅣🆅 ☎ ✆
🅿, 🅐🅔 🅖🅱   BZ r
🖙 48 – **41 ch** 360/470

🏠 **Ibis** 🅼, Z.U.P de Ménimur par ① : 1,5 km (r. E. Jourdan) 𝄞 02 97 65 61 11,
Fax 02 97 63 21 33 – 🔊 ⅄ 🅣🆅 ☎ ✆ 🅿 – 🔺 15 à 30. 🅐🅔 ⓞ 🅖🅱
Repas *(75)* · 95 ⅛, enf. 39 – 🖙 37 – **59 ch** 345/410

🏠 **France** sans rest, 57 av. V. Hugo 𝄞 02 97 47 27 57, Fax 02 97 42 59 17 – 🅣🆅 ☎, 🅐🅔   AY a
🅖🅱
fermé 23 déc. au 15 janv. – 🖙 50 – **25 ch** 220/340

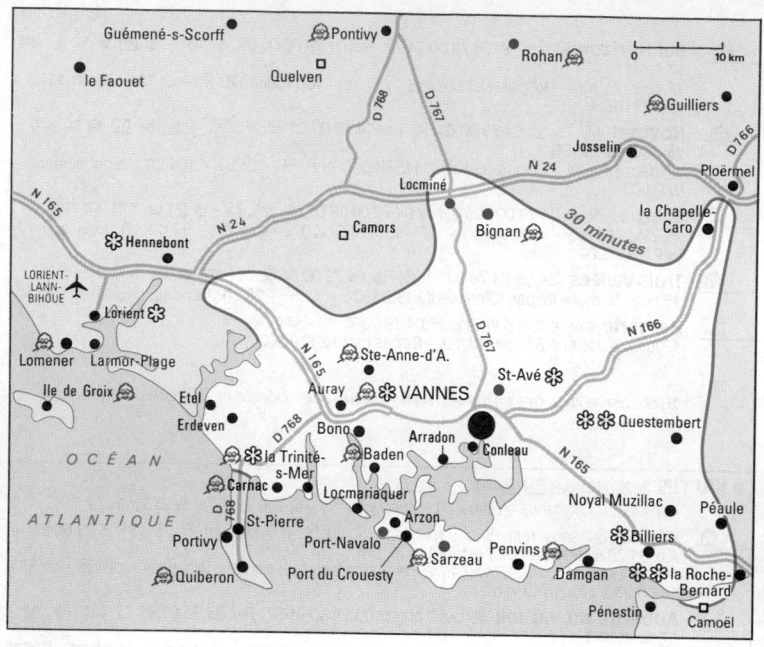

🏠 **Anne de Bretagne** sans rest, 42 r. O. de Clisson ℰ 02 97 54 22 19, Fax 02 97 42 69 10 –
📺 ☎ ✆ ⇦, ⒜⒠ ⓞ ⒢⒝ ⒿⒸⒷ   BY s
⚏ 35 – **20 ch** 210/360

✕✕✕ **Régis Mahé**, pl. Gare ℰ 02 97 42 61 41, Fax 02 97 54 99 01 – ⒜⒠ ⒢⒝   BY h
✿ fermé 15 au 30 nov., vacances de fév., dim. et lundi – **Repas** 165 bc (déj.), 210/380 et carte
290 à 460
Spéc. Filets de rouget poêlés (juin à oct.). Galette de homard et pigeon laquée au miel.
Tarte chaude au chocolat, glace caramel au beurre salé.

✕✕ **Table des Gourmets**, 6 r. A. Le Pontois ℰ 02 97 47 52 44, Fax 02 97 47 52 44 – ⒜⒠
⒢⒝   AZ v
fermé 26 juin au 5 juil., dim. soir hors saison, lundi midi et merc. – **Repas** 120/320, enf. 65

✕ **Roscanvec**, 17 r. Halles ℰ 02 97 47 15 96, Fax 02 97 47 86 39 – ⒜⒠ ⓞ ⒢⒝   AZ s
⚏ fermé 2 au 22 janv., dim. sauf le midi d'oct. à juin et lundi sauf de juil. à sept. – **Repas**
(nombre de couverts limité, prévenir) 88 (déj.), 109/275 ⚏, enf. 60

✕ **Morgate**, 21 r. Fontaine ℰ 02 97 42 42 39, Fax 02 97 47 25 27, 🌳 – ⒢⒝   BY e
fermé 15 au 31 mars, 26 juin au 2 juil., 15 au 30 nov. – **Repas** 85 (déj.), 127/194 ⚏, enf. 68

à St-Avé par ① et D 767, Nord : 6 km (près centre hospitalier spécialisé) – 6 929 h. alt. 50 –
✉ 56890 :

✕✕✕ **Pressoir** (Rambaud), rte de Plescop : 1,5 km (près hôpital) ℰ 02 97 60 87 63,
✿ Fax 02 97 44 59 15 – 🍴 🄿, ⒜⒠ ⓞ ⒢⒝
fermé 1er au 21 mars, 26 juin au 6 juil., 2 au 25 oct., mardi de nov. à mars, dim. soir et lundi –
Repas 180 (déj.), 230/460 et carte 310 à 510 ⚏, enf. 100
Spéc. Galette de rouget aux pommes de terre et romarin. Foie gras de canard en ravioli.
Pomme rôtie sur Kouing Amann.

rte de Plumelec Nord-Est : 6 km par D 126 BY et rte secondaire – ✉ 56890 St-Avé :

🏠 **Moulin de Lesnuhé** ♨ sans rest, ℰ 02 97 60 77 77, Fax 02 97 60 78 39, 🌳 – ☎ ✆ 🄿,
⒜⒠ ⒢⒝
fermé 15 déc. au 15 janv. – ⚏ 33 – **12 ch** 270/290

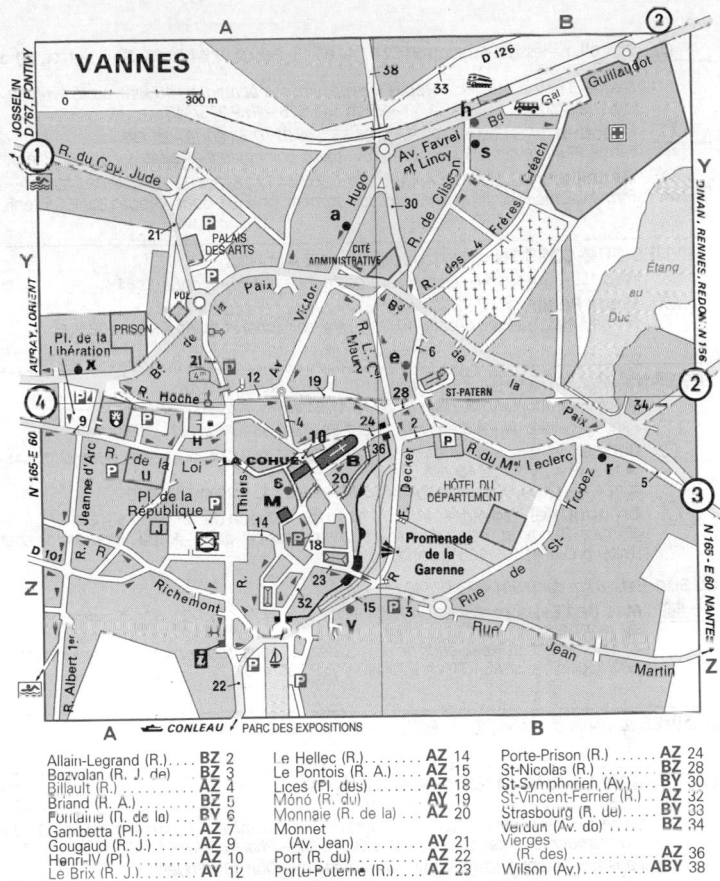

VANNES

D 126

Allain-Legrand (R.)	**BZ** 2	Le Hellec (R.)	**AZ** 14	Porte-Prison (R.)	**AZ** 24
Bazvalan (R. J. de)	**BZ** 3	Le Pontois (R. A.)	**AZ** 15	St-Nicolas (R.)	**BZ** 28
Billault (R.)	**AZ** 4	Lices (Pl. des)	**AZ** 18	St-Symphorien (Av.) . . .	**BY** 30
Briand (R. A.)	**BZ** 5	Mono (R. du)	**AY** 19	St-Vincent-Ferrier (R.) . .	**AZ** 32
Fontaine (R. de la)	**BY** 6	Monnaie (R. de la) . . .	**AZ** 20	Strasbourg (R. de)	**BY** 33
Gambetta (Pl.)	**AZ** 7	Monnet		Verdun (Av. de)	**BZ** 34
Gougaud (R. J.)	**AZ** 9	(Av. Jean)	**AY** 21	Vierges	
Henri-IV (Pl.)	**AZ** 10	Port (R. du)	**AZ** 22	(R. des)	**AZ** 36
Le Brix (R. J.)	**AY** 12	Porte-Poterne (R.)	**AZ** 23	Wilson (Av.)	**ABY** 38

à Conleau Sud-Ouest : 4,5 km – ⊠ 56000 Vannes :

Voir Presqu'île de Conleau★ 50 mn.

🏨 **Roof** Ⓜ ⍐, ℘ 02 97 63 47 47, Fax 02 97 63 48 10, ≤, ⌖, ☞ – ⧈ 🆃🆅 ☎ ⅏ 🅿 – 🕍 20 à 70. 🝙 ⓪ 🇬🇧

Repas 160/330 - **Café de Conleau** (déj. seul. du 5 nov. au 26 mars) **Repas** (74)-105 ♈, enf. 58 – ⍍ 55 – **42 ch** 435/645 – ½ P 442/473

rte d'Arradon par ④ et D 101 : 5 km – ⊠ 56610 Arradon :

🍴🍴 **L'Arlequin**, Parc d'activités de Botquelen (3 allée D. Papin) ℘ 02 97 40 41 41, Fax 02 97 40 52 93, ⌖ – 🅿 🝙 🇬🇧

fermé 21 août au 3 sept., vacances de fév., dim. soir et merc. – **Repas** (80) - 120/220 ♈

à Arradon par ④, D 101, D 101ᴬ et D 127 : 7 km – 4 317 h. alt. 40 – ⊠ 56610 :

Voir ≤★.

🏨 **Logis de Parc er Gréo** ⍐ sans rest, au Gréo, Ouest : 2 km (dir. le Moustoir) ℘ 02 97 44 73 03, Fax 02 97 44 80 48, 🏊, ☞ – ⊁ 🆃🆅 ☎ ⅏ 🅿 🝙 ⓪ 🇬🇧

fermé 1ᵉʳ janv. au 15 fév. – ⍍ 55 – **12 ch** 400/550

🏨 **Vénètes** ⍐, à la pointe : 2 km ℘ 02 97 44 85 85, Fax 02 97 44 78 60, ≤ golfe et les îles – 🆃🆅 ☎. 🇬🇧

Repas 120 (déj.), 180/320 ♈ – ⍍ 46 – **11 ch** 480/680 – ½ P 450/550

🏠 **Stivell**, r. Plessis d'Arradon ✆ 02 97 44 03 15, Fax 02 97 44 78 90, 😤 – 🔲 rest, 📺 ☎ 🅿 – 🔬 20. 🖭 ⊕ 🖼
fermé 13 nov. au 13 déc. – **Repas** (*fermé dim. soir et lundi du 15 sept. au 15 avril*) (58) - 80 bc (déj.), 90/250 ⬚, enf. 39 – ⬚ 50 – **25 ch** 345/375 – ½ P 295/315

🍴🍴 **Logoden**, près Poste ✆ 02 97 44 03 35, Fax 02 97 44 80 19 – 🖭 🖼
😊 *fermé 1er au 10 oct., 15 janv. au 10 fév., merc. soir et jeudi* – **Repas** (59) - 79/240 ⬚, enf. 50

🍴🍴 **Médaillon**, 10 r. Bouruet Aubertot ✆ 02 97 44 77 28, Fax 02 97 44 79 08 – 🖭 🖼
😊 *fermé vacances de Toussaint, dim. soir et merc. sauf juil.-août* – **Repas** 80/190 ⬚, enf. 53

VANNES-SUR-COSSON 45510 Loiret 🖪🖪 ⑩ – 455 h alt. 125.
Paris 150 – Orléans 34 – Gien 36 – Lamotte-Beuvron 24 – Montargis 63.

🍴🍴 **Vieux Relais**, ✆ 02 38 58 04 14, « Maison du 15e siècle » – 🖼
fermé 3 au 20 juil., 16 déc. au 10 janv., dim. soir, lundi et mardi – **Repas** 98/198

Les VANS 07140 Ardèche 🖪🖪 ⑧ G. Vallée du Rhône – 2 668 h alt. 170.
🛈 Office de Tourisme pl. Ollier ✆ 04 75 37 24 48, Fax 04 75 37 27 46.
Paris 668 – Alès 44 – Aubenas 37 – Pont-St-Esprit 66 – Privas 67 – Villefort 24.

🏠 **Carmel** 😊 sans rest, ✆ 04 75 94 99 60, Fax 04 75 94 34 29, ancien couvent, 🔬, 🌳 – 📺 ☎ 📞 🔥 🖿 – 🔬 30. 🖭 ⊕ 🖼
fermé 12 nov. au 15 déc. et 6 janv. au 18 fév. – ⬚ 45 – **26 ch** 280/400

🍴🍴 **Grangousier**, face église ✆ 04 75 94 90 86, « Maison du 16e siècle » – 🖼
1er mars-15 nov. et fermé dim. soir et merc. sauf juil.-août – **Repas** (nombre de couverts limité, prévenir) 105/260 ⬚, enf. 60

au Sud-Est : 6 km par D 901 – ✉ 07140 Les Vans :

🏠🏠 **Mas de l'Espaïre** 😊, ✆ 04 75 94 95 01, Fax 04 75 37 21 00, 😤, 🔬, 🌳 – 📺 ☎ 📞 🖿 – 🔬 20. 🖭 🖼
1er mars-31 oct. et week-ends de nov. et déc. – **Repas** (*fermé merc. midi et lundi de mars à avril*) 130/250 – ⬚ 45 – **30 ch** 350/450 – ½ P 380/400

VANVES 92 Hauts-de-Seine 🖪🖪 ⑩.., 🔟🔟🔟 ㉕ – voir à Paris, Environs.

VARENGEVILLE-SUR-MER 76119 S.-Mar. 🖪🖪 ④ G. Normandie Vallée de la Seine – 1 048 h alt. 80.
Voir Site★ de l'église – Parc des Moustiers★ – Colombier★ du manoir d'Ango, S : 1 km – Ste-Marguerite : arcades★ de l'église O : 4,5 km – Phare d'Ailly ≼★ NO : 4 km.
Paris 196 – Dieppe 10 – Fécamp 56 – Fontaine-le-Dun 19 – Rouen 66.

à Vasterival Nord-Ouest : 3 km par D 75 et rte secondaire – ✉ 76119 Varengeville-sur-Mer :

🏠 **Terrasse** 😊, ✆ 02 35 85 12 54, Fax 02 35 85 11 70, ≼, « Belle demeure face à la mer », 🍴 – ☎ 🅿. 🖼. 🌸 rest
10 mars-15 oct. – **Repas** 98/180 ⬚, enf. 50 – ⬚ 40 – **22 ch** 275/295 – ½ P 275/310

La VARENNE-ST-HILAIRE 94 Val-de-Marne 🖪🖪 ①.., 🔟🔟🔟 ㉘ – voir à Paris, Environs (St-Maur-des-Fossés).

VARENNES-SUR-ALLIER 03150 Allier 🖪🖪 ⑭ – 4 413 h alt. 245.
🛈 Office de Tourisme Mairie ✆ 04 70 45 84 37.
Paris 333 – Moulins 31 – Digoin 59 – Lapalisse 19 – St-Pourçain-sur-Sioule 11 – Vichy 25.

au Sud-Est : 8,5 km par N 209 et D 214 – ✉ 03150 Varennes-sur-Allier :

🏠🏠 **Château de Theillat** 😊, ✆ 04 70 99 86 70, Fax 04 70 99 86 33, ≼, 😤, « Château du 19e siècle dans un parc », 🏋, 🔬, 🍴 – 📲 📺 ☎ 📞 🖿 – 🔬 25 à 100. 🖭 ⊕ 🖼. 🌸 rest
15 mars-15 oct. – **Repas** 120/260 – ⬚ 70 – **18 ch** 650/1230 – ½ P 650

VARETZ 19 Corrèze 🖪🖪 ⑧ – rattaché à Brive-la-Gaillarde.

VARREDDES 77 S.-et-M. 🖪🖪 ⑬.., 🔟🔟🔟 ㉓ – rattaché à Meaux.

VARS 05560 H.-Alpes **77** ⑱ G. Alpes du Sud – 941 h alt. 1850.

Paris 729 – Briançon 47 – Gap 71 – Barcelonnette 43 – Digne-les-Bains 126.

à Ste-Marie-de-Vars – ⊠ 05560 Vars :

   🏠 **Vallon** ⑤, 𝒫 04 92 46 54 72, Fax 04 92 46 61 62, ≤, 🍴, 🐾 – 📺 ☎ 🅿. GB. 🦌 rest
        29 juin-31 août et 20 déc.-20 avril – **Repas** (75) - 95/130 ♀, enf. 56 – � 39 – **33 ch** 275/490 –
        ½ P 345/386

   🏠 **Alpage-le Logis,** 𝒫 04 92 46 50 52, Fax 04 92 46 64 23 – 📺 ☎ 🅿. GB. 🦌
   ⊝ 1er juil.-31 août et 23 déc.-14 avril – **Repas** 80/140 ♀ ⊒ 40 – **17 ch** 440/570 – ½ P 315/410

aux Claux – Sports d'hiver : 1 650/2 750 m ≰ 1 ≴ 52 ≴ – ⊠ 05560 Vars :

   🄱 Office de Tourisme cours Fontanarosa 𝒫 04 92 46 51 31, Fax 04 9246 56 54.

   🏠🏠 **Caribou,** 𝒫 04 92 46 50 43, Fax 04 92 46 59 92, ≤, 🍴, 🔲 – 📲 ☎ 🅿. GB. 🦌 rest
        fermé 1er sept. au 12 déc. – **Repas** 90/170 – ⊒ 48 – **37 ch** 600/920 – ½ P 760

   🏠 **L'Écureuil** Ⓜ ⑤ sans rest, 𝒫 04 92 46 50 72, Fax 04 92 46 62 51, ≤ – 📺 ☎ ℰ 🅿. GB
        25 juin-6 sept. et 5 déc.-25 avril – ⊒ 40 – **19 ch** 500/520

   🏠 **Les Escondus,** 𝒫 04 92 46 67 00, Fax 04 92 46 50 47, ≤, 🍴, 🐾, 🍽 – 📺 ☎ ℰ 🅿. AE
        GB. 🦌 rest
        29 juin-31 août et 15 déc.-30 avril – **Repas** 110/140, enf. 55 – ⊒ 40 – **22 ch** 490/525 –
        ½ P 500/575

   ✗ **Chez Plumot,** 𝒫 04 92 46 52 12, 🍴 – OB
        juil.-août et déc.-avril – **Repas** 90 (déj.), 150/200 ♀, enf. 60

VARZY 58210 Nièvre **65** ⑭ G. Bourgogne – 1 455 h alt. 249.

Paris 224 – La Charité-sur-Loire 37 – Clamecy 17 – Cosne-sur-Loire 42 – Nevers 52.

   ✗ **Auberge de la Poste** avec ch, 𝒫 03 86 29 41 72, Fax 03 86 29 72 67, 🍴 – 📺 ☎ ℰ. GB
  🌿100🌿 fermé fév., lundi du 15 nov. au 15 avril et dim. soir – **Repas** 100/260, enf. 60 – ⊒ 40 – **10 ch**
        200/300

VASSIVIÈRE (Lac de) 87 H.-Vienne **72** ⑲ – rattaché à Peyrat-le-Château.

VASTERIVAL 76 S.-Mar. **52** ④ – rattaché à Varengeville-sur-Mer.

VATAN 36150 Indre **68** ⑧ ⑨ G. Berry Limousin – 2 022 h alt. 140.

Paris 238 – Bourges 51 – Blois 78 – Châteauroux 30 – Issoudun 21 – Vierzon 28.

   🍲 **France,** 𝒫 02 54 49 74 11, 🍴, 🐾 – 📺 ⊖ 🅿. GB
        fermé 28 août au 4 sept., 29 nov au 6 déc., 14 fév. au 9 mars, mardi soir et merc. sauf fériés
        – **Repas** 95/190 ♀ – ⊒ 37 – **12 ch** 150/390 – ½ P 162/260

VAUCHOUX 70 H.-Saône **66** ⑤ – rattaché à Port-sur-Saône.

VAUCLAIX 58140 Nièvre **65** ⑯ – 145 h alt. 281.

Paris 250 – Autun 66 – Avallon 37 – Clamecy 43 – Nevers 68.

   🏠 **Poste,** 𝒫 03 86 22 71 38, Fax 03 86 22 76 00, 🍴, 🔲, 🐾 – ☎. GB
        Repas 98/250 – ⊒ 46 – **18 ch** 205/335 – ½ P 310

VAUCRESSON 92 Hauts-de-Seine **60** ⑩., **101** ㉓ – voir à Paris, Environs.

VAUDEURS 89320 Yonne **61** ⑮ – 478 h alt. 200.

Paris 142 – Troyes 58 – Auxerre 50 – Sens 25.

   ✗✗ **Vaudeurinoise** ⑤ avec ch, 𝒫 03 86 96 28 00, Fax 03 86 96 28 03, 🍴, 🐾 – ☎ 🅿. GB
   ⊝ fermé 1er au 21 janv., mardi soir et merc. sauf juil.-août – **Repas** (dim. prévenir) 85/230 ♀ –
        ⊒ 30 – **7 ch** 175/250 – ½ P 200/250

VAULT DE LUGNY 89 Yonne **65** ⑯ – rattaché à Avallon.

VAUNAVEYS-LA-ROCHETTE 26400 Drôme **77** ② – 448 h alt. 282.

Paris 589 – Valence 26 – Crest 6 – Die 45 – Romans-sur-Isère 54 – Privas 43.

   ✗✗ **Auberge de la Rochette** ⑤ avec ch, à La Rochette Nord : 3 km 𝒫 04 75 25 79 30,
        Fax 04 75 25 79 25, « Jardin fleuri », 🔲, 🐾 – 📺 🐾 🅿. OB. 🦌
        fermé 2 au 27 oct., 1er au 27 fév. et merc. de nov. à avril – **Repas** (fermé dim. soir, jeudi midi
        et merc.) 170/205 – ⊒ 65 – **5 ch** 450/540 – ½ P 425/470

VAUX-EN-BEAUJOLAIS 69460 Rhône 🔢 ⑨ – 669 h alt. 360.

Paris 435 – Mâcon 40 – Roanne 62 – Chaufailles 39 – Lyon 51 – Villefranche-sur-Saône 17.

※※ **Auberge de Clochemerle** Ⓜ avec ch., *℘* 04 74 03 20 16, Fax 04 74 03 28 48, 🌇 – 📺
🐎 ㅊ. ☒

fermé mardi soir et merc. – **Repas** 98/330 ♀ – 🍽 35 – **7 ch** 220/320 – ½ P 250/300

VAUX-LE-PÉNIL 77 S.-et-M. 🔢 ②., 🔢 ㊺ – rattaché à Melun.

VAUX-SOUS-AUBIGNY 52190 H.-Marne 🔢 ③ – 663 h alt. 275.

Paris 304 – Dijon 49 – Gray 43 – Langres 25.

※※ **Auberge des Trois Provinces,** *℘* 03 25 88 31 98 – ☒
🐎 *fermé 17 janv. au 7 fév., dim. soir et lundi* – **Repas** 98/138

VELIZY-VILLACOUBLAY 78 Yvelines 🔢 ⑩., 🔢 ㉔ – voir à Paris, Environs.

VELLES 36330 Indre 🔢 ⑱ – 835 h alt. 135.

Paris 292 – Bourges 84 – Argenton-sur-Creuse 20 – Châteauroux 17 – La Châtre 36.

※ **L'Orée du Bois,** *℘* 02 54 36 13 14, Fax 02 54 36 21 11 – ☒
🐎 *fermé 7 au 14 août, 30 oct. au 6 nov., 1ᵉʳ au 11 janv., dim. soir et lundi* – **Repas** 60/80 ♀,
enf. 45

VELLUIRE 85 Vendée 🔢 ⑪ – rattaché à Fontenay-le-Comte.

VENAREY-LES-LAUMES 21150 Côte-d'Or 🔢 ⑧ ⑱ G. Bourgogne – 3 544 h alt. 235.

Paris 259 – Dijon 67 – Avallon 54 – Montbard 15 – Saulieu 42 – Semur-en-Auxois 13.

à Alise-Ste-Reine *Est : 2 km* – 667 h. alt. 415 – ✉ 21150 :

Voir Mont Auxois★ : ※★ – Château de Bussy-Rabutin★.

※※ **Cheval Blanc,** *℘* 03 80 96 01 55, Fax 03 80 96 01 55 – 🄿. ☒
🐎 *fermé 1ᵉʳ janv. au 15 fév., lundi sauf le midi en juil.-août et dim. soir* – **Repas** 78 (déj.)/205 ♀

VENASQUE 84210 Vaucluse 🔢 ⑬ G. Provence – 785 h alt. 310.

Voir Baptistère★ – Gorges★ E : 5 km par D 4.

🅱 Office de Tourisme Grande-Rue *℘* 04 90 66 11 66, Fax 04 90 66 11 66.

Paris 695 – Avignon 35 – Apt 33 – Carpentras 13 – Cavaillon 32 – Orange 37.

🏨 **Auberge La Fontaine** 🐌, *℘* 04 90 66 02 96, Fax 04 90 66 13 14, ambiance guest
house – cuisinette, 🖻 ch, 📺 🐎 ☒. ☒

Repas *(fermé 12 nov. au 19 déc. et merc.)* (nombre de couverts limité, prévenir) (dîner
seul.) 220 • **Bistro** *(fermé dim. soir et lundi)* **Repas** 90/190 ♀ – 🍽 50, 5 appart

🏠 **Garrigue** 🐌 sans rest, *℘* 04 90 66 03 40, Fax 04 90 66 61 43, 🖲, 🌇 – ⬆➡ 🖻 🐎 🄿. ☒,
🐎

début avril-15 oct. – 🍽 45 – **14 ch** 325/450

VENCE 06140 Alpes-Mar. 🔢 ⑨, 🔢 ㉕ G. Côte d'Azur – 15 330 h alt. 325.

Voir Chapelle du Rosaire★ (chapelle Matisse) – Place du Peyra★ – Stalles★ de
l'ancienne cathédrale **B E** – ⬳★ de la terrasse du château N. D. des Fleurs NO :
2,5 km par D 2210.

Env. Col de Vence ※★★ NO : 10 km par D 2 – St-Jeannet : site★, ⬳★ 8 km par ③.

🅱 Office de Tourisme pl. Grand-Jardin *℘* 04 93 58 06 38, Fax 04 93 58 91 81, Mairie *℘* 04 93
58 06 12.

Paris 928 ① – Nice 24 ① – Antibes 20 ① – Cannes 30 ① – Grasse 26 ②.

Plan page ci-contre

🏰 **Château du Domaine St-Martin** 🐌, rte de Coursegoules par D 2 : 2,5 km
✿ *℘* 04 93 58 02 02, Fax 04 93 24 08 91, ⬳ Vence et littoral, 🌇, parc, 🖲, ✕ – ▐ 🖻 📺 🐎 ✆
ㅊ ⬳ – 🔥 40. ☒ ⓞ ☒.

fermé mi-oct. à mi-déc. – **Repas** *(fermé merc. midi)* 320 (déj.), 400/550 et carte 460 à 660 –
🍽 120 – **34 ch** 4000/4500, 6 appart – ½ P 2500/2750

Spéc. Bouillabaisse de poissons de roche en gelée. Petits rougets du pays grillés. Tarte
soufflée aux citrons, sauce vanille.

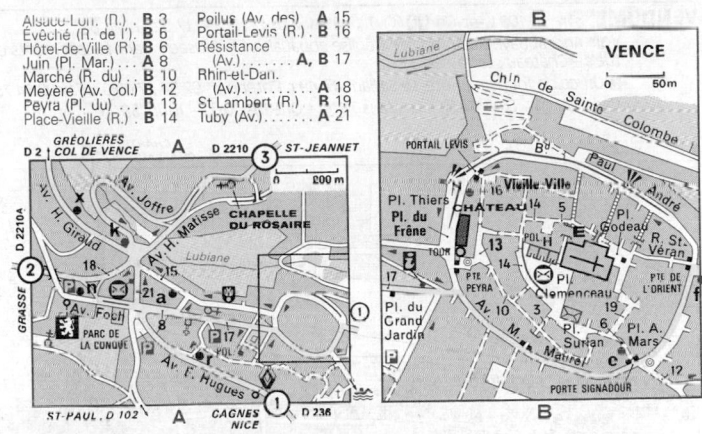

🏨 **Relais Cantemerle** Ⓜ ⌂, 258 chemin Cantemerle par av. Col. Meyère **B**
𝒞 04 93 58 08 18, Fax 04 93 58 32 89, 🍽, « Jardin ombragé », ⌇, 🏕 – 🔲 ch, 🔳 ☎ 🅿. 🆎
GB
hôtel : avril-oct. ; rest. : avril-sept. et fermé mardi midi et lundi sauf juil.-août – **Repas** 220 ⌂
– ⌂ 80 – **1 ch** 680, 19 duplex 1030 – ½ P 610/785

🏨 **Diana** sans rest, av. Poilus 𝒞 04 93 58 28 56, Fax 04 93 24 64 06 – 🕸 cuisinette 🔳 ☎ 🚗.
🆎 ⓪ **GB** **JCB**   **A a**
⌂ 40 – **28 ch** 420/470

🏨 **Mas de Vence** Ⓜ, 539 av. E. Hugues 𝒞 04 93 58 06 16, Fax 04 93 24 04 21, 🍽, ⌇, 🏕 –
🕸 🔳 ☎ 𝒱 ॳ 🚗 🅿 – 🔏 20. 🆎 ⓪ **GB** **JCB**. 🛇 rest   **A r**
Repas 160/175 ⌂, enf. 95 – ⌂ 40 – **41 ch** 395/510 – ½ P 410/420

🏨 **Floréal**, 440 av. Rhin et Danube par ② 𝒞 04 93 58 64 40, Fax 04 93 58 79 69, ⌇, 🏕 – 🕸
🔳 ☎ 🅿 – 🔏 20. 🆎 ⓪ **GB**
Repas 115/195 ⌂ – ⌂ 60 – **43 ch** 730 – ½ P 490/510

🏨 **Villa Roseraie** sans rest, rte de Coursegoules 𝒞 04 93 58 02 20, Fax 04 93 58 99 31,
« Jolie villa 1900 dans un jardin », ⌇, 🏕 – 🔳 ☎ 🅿. 🆎 **GB** **JCB**   **A x**
⌂ 70 – **14 ch** 490/750

🏨 **Parc Hôtel** sans rest, 50 av. Foch 𝒞 04 93 58 27 27, Fax 04 93 58 59 64 – ☎. 🆎 **GB**.
🛇   **A n**
début mars-fin oct. – ⌂ 40 – **13 ch** 260/360

🍴🍴🍴 **Jacques Maximin**, 689 chemin de la Gaude par ① rte Cagnes : 3 km 𝒞 04 93 58 90 75,
❄❄ Fax 04 93 58 22 86, 🍽, 🏕 – 🅿. 🆎 ⓪ **GB**
fermé mi-nov. à mi-déc., dim. soir et lundi sauf fériés – **Repas** (nombre de couverts limité,
prévenir) 240 (déj.), 350/650 et carte 400 à 660
Spéc. Filet de loup rôti à la niçoise. Fritto-Misto de homard bleu aux chips légumières.
Canard entier du lauragais rôti à l'ail, sauce poivrade. **Vins** Bellet, Côtes de Provence.

🍴🍴 **Vieux Couvent**, 37 av. Alphonse Toreille 𝒞 04 93 58 78 58, Fax 04 93 58 78 58 –
GB   **B f**
fermé 10 janv. au 15 mars et merc. – **Repas** (nombre de couverts limité, prévenir) (155) -
195 ⌂

🍴🍴 **Auberge des Templiers**, 39 av. Joffre 𝒞 04 93 58 06 05, Fax 04 93 58 92 68, 🍽 – 🆎
GB   **A k**
fermé 30 oct. au 7 nov., 8 au 22 janv., jeudi midi de juil. à sept. et lundi – **Repas** 205/295 ⌂

🍴 **Auberge des Seigneurs** avec ch, pl. Frêne 𝒞 04 93 58 04 24, Fax 04 93 24 08 01,
« Auberge rustique du 17e siècle » – ☎. 🆎 ⓪ **GB**   **B s**
15 mars-15 nov. – **Repas** (fermé mardi midi, merc. midi et lundi) 170/245 – ⌂ 55 – **6 ch**
280/394

🍴 **Chez Jordi**, 8 r. Hôtel de Ville 𝒞 04 93 58 83 45   **B e**
fermé 15 juil. au 15 août, 23 déc. au 10 janv., dim. et lundi – **Repas** (nombre de couverts
limité, prévenir) 110/145 ⌂

1425

VENDÔME *41100 L.-et-Ch. 64 ⑥ G. Châteaux de la Loire – 17 525 h alt. 82.*

Voir *Anc. abbaye de la Trinité* : église abbatiale** – Musée* dans les bâtiments conventuels – Château : terrasses ≤*.*

Office de Tourisme Hôtel Le Saillant 47-49 r. Poterie ☎ 02 54 77 05 07, Fax 02 54 73 20 81.

Paris 172 ① – Blois 34 ③ – Le Mans 78 ⑥ – Orléans 90 ① – Tours 58 ④.

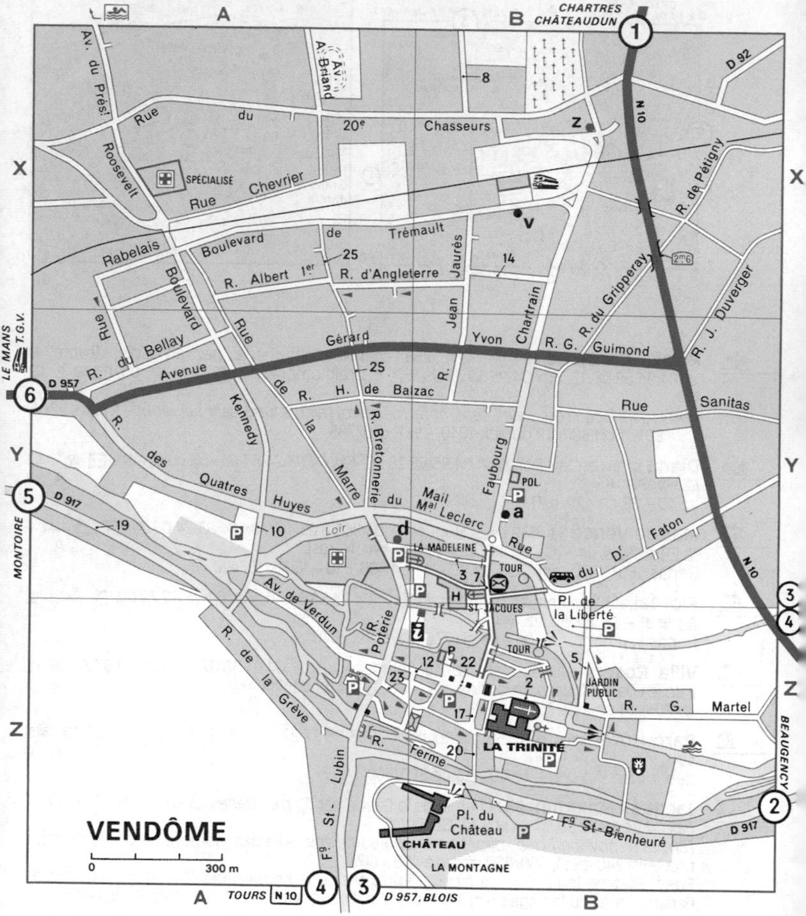

Abbaye (R. de l') .... **BZ** 2	États-Unis (R. des) .... **AY** 10	Rochambeau (R. Mar.) .... **AY** 19
Béguines (R. des) .... **BY** 3	Gaulle (R. Gén.-de) .... **BZ** 12	St-Bié (R.) .... **BZ** 20
Bourbon (R. A.) .... **BZ** 5	Italie (R. d') .... **BX** 14	St-Martin (Pl.) .... **BZ** 22
Change (R. du) .... **BY** 7	Poterie (R.) .... **AZ**	Saulnerie (R.) .... **AZ** 23
Clemenceau (Av. G.) ...... **BX** 8	République (Pl. de la) ..... **BZ** 17	Verrier (R. Cdt) .... **AXY** 25

Vendôme, 15 fg Chartrain ☎ 02 54 77 02 88, *Fax 02 54 73 90 71* – AE GB JCB — **BY a**

Repas *(79)* - 95/240 – 48 – **35 ch** 269/409 – ½ P 289/359

Capricorne, 8 bd de Trémault ☎ 02 54 80 27 00, *Fax 02 54 77 30 63,* – 20. AE GB. rest — **BX v**

fermé 26 déc. au 14 janv. et sam. de nov. à mars – ***Folle Blanche*** *(fermé sam. sauf le soir d'avril à oct. et dim. soir)* **Repas** 110/200, enf. 60 – ***Resto 7e Art*** *(fermé sam. sauf le soir d'avril à oct. et dim. soir)* **Repas** 88/110, enf. 60 – 39 – **29 ch** 270/350 – ½ P 255/285

🏠 **Mercator**, rte Blois par ③ : *2 km* ℘ 02 54 89 08 08, *Fax 02 54 89 09 17* – 🍽 rest, 📺 ☎ 📞
🛏 ⅊, 🅿 – 🅰 80. 🆎 ⓪ 🅶🅱
Repas (fermé dim. soir) 58/130 ⅊, enf. 45 – ⊐ 30 – **51 ch** 230/290 – ½ P 210/290

XX **Paris**, 1 r. Darreau ℘ 02 54 77 02 71, *Fax 02 54 73 17 71* – 🆎 🅶🅱   BX z
fermé 30 juil. au 14 août, dim. soir, mardi soir et lundi – **Repas** 90/275 bc, enf. 65

XX **Auberge de la Madeleine** avec ch., pl. Madeleine ℘ 02 54 77 20 79,
🍽 *Fax 02 54 80 00 02*, 🍴 – 📺 ☎. 🅶🅱   AY d
fermé vacances de fév. – **Repas** (fermé merc.) 85/180 ⅊, enf. 50 – ⊐ 35 – **8 ch** 210/290 –
½ P 235/250

par ① et N 10 : 3 km – ⊠ 41100 Vendôme :

🏠 **Bel air**, ℘ 02 54 72 20 20, *Fax 02 54 73 24 41* – 📺 ☎ 📞 ⅊, 🅿 – 🅰 30. 🆎 🅶🅱
🍽 *fermé 20 déc. au 3 janv., vend. soir (sauf hôtel) et dim. soir hors saison* – **Repas** (40) -
80/100 ⅊, enf. 38 – ⊐ 32 – **31 ch** 190/225 – ½ P 216

aux Fontaines *par ① et N 10 : 15 km* – ⊠ 41100 Vendôme :

XX **Auberge de la Sellerie**, ℘ 02 54 23 41 45, *Fax 02 54 23 48 00*, 🍴 – 🅿. 🅶🅱
fermé 6 au 14 juin, 2 au 23 janv., lundi et mardi
🍽 Repas 99 bc/280

à St-Ouen *Nord-Est : 4 km par D 92 et rte secondaire* BX – *2 958 h. alt. 81* – ⊠ 41100 :

XX **Vallée**, 34 r. Barré-de-St-Venant ℘ 02 54 77 29 93, *Fax 02 54 73 16 96*, 🍴 – 🅿. 🆎 🅶🅱
fermé 15 janv. au 9 fév., merc. soir d'oct. à avril, dim. soir et lundi – **Repas** 91/220 ⅊

Dans la liste des rues des plans de villes,
*les **noms en rouge** indiquent les principales voies commerçantes.*

VENERQUE 31010 H. Gar. 🔲🔲 ⑩ – 2 152 h alt. 176
Paris 718 – Toulouse 24 – Auterive 12 – Pamiers 42 – St-Gaudens 83.

XX **Duc**, allée Duc de Ventadour ℘ 05 61 08 38 32, *Fax 05 61 08 42 13*, 🍴 – 🅶🅱
fermé dim. soir et lundi – **Repas** 65 (déj.), 120/280 🍷

VENEUX-LES-SABLONS 77 S.-et-M. 🔲🔲 ⑫, 🔲🔲🔲 ㊻ – *rattaché à Moret-sur-Loing.*

VENTABREN 13122 B.-du-R 🔲🔲 ② 🔲🔲🔲 ⑭ G. Provence – *3 742 h alt. 210.*
Voir ≤⋆ *des ruines du Château.*
🛈 *Office de Tourisme Grande-Rue* ℘ 04 42 28 76 47, *Fax (Mairie) 04 42 28 79 78.*
Paris 751 – Marseille 33 – Aix-en-Provence 15 – Salon-de-Provence 27.

XX **Petite Auberge**, (près église) ℘ 04 42 28 80 01, ≤, 🍴 – 🅶🅱
fermé janv., dim. sauf le midi en hiver et lundi – **Repas** 120/140

X **Table de Ventabren**, r. F. Mistral ℘ 04 42 28 79 33, *Fax 04 42 28 87 37*, ≤, 🍴, « Terrasse avec belle vue »
fermé 7 au 21 août, Noël au Jour de l'An, dim. soir de nov. à mars, sam. midi et merc. –
Repas (saison et week-ends, prévenir)(menu unique) 85 (déj.)/130 ⅊

VENTRON 88310 Vosges 🔲🔲 ⑰ – *900 h alt. 630* – Sports d'hiver : 630/1 110 m ✠8 ⬩⅋.
Env. Grand Ventron ✳⋆⋆ NE : 7 km, G. Alsace Lorraine.
🛈 *Office de Tourisme 4 pl. de la Mairie* ℘ 03 29 24 07 02, *Fax 03 29 24 23 16.*
Paris 437 – Épinal 53 – Mulhouse 51 – Gérardmer 27 – Remiremont 28 – Thann 31.

🏠 **Bruyères**, ℘ 03 29 24 18 63, *Fax 03 29 24 23 15*, 🍴 – 📺 ☎ 🅿. 🆎 🅶🅱
fermé 1er nov. au 23 déc. – **Repas** (fermé dim. soir et lundi hors saison) 98/145 🍷, enf. 45 –
⊐ 30 – **19 ch** 230 – ½ P 260

X **Frère Joseph**, ℘ 03 29 24 18 23, *Fax 03 29 24 16 61* – 🅶🅱
🍽 Repas 58/130 🍷, enf. 40

à l'Ermitage du Frère Joseph *Sud : 5 km par D 43 et D 43E* – Sports d'hiver : 630/1 110 m ✠8 –
⊠ 88310 Cornimont.

🏨 **Les Buttes** 🐾, ℘ 03 29 24 18 09, *Fax 03 29 24 21 96*, ≤, 🔲 – 🛗, 🍽 ch, 📺 ☎ 🚗 🅿.
🅰 40. 🆎 🅶🅱. 🛐 rest
Repas 95 (déj.), 135/270 ⅊, enf. 65 – ⊐ 70 – **27 ch** 448/980 – ½ P 460/665

Ermitage du Frère Joseph ⚘, ☎ 03 29 24 18 29, *Fax 03 29 24 16 57*, ≤, 🌳, 🅂, 🎾 – |‡| cuisinette 📺 ☎ 📞 🅿 – 🏆 80. GB
Repas 80/145 🍷, enf. 60 – ☕ 40 – **19 ch** 160/510, 35 studios – ½ P 240/395

à Travexin *Ouest : 3 km* – ✉ *88310 Cornimont :*

Géhan, ☎ 03 29 24 10 71, *Fax 03 29 24 10 70*, 🌳, 🛋 – 📺 ☎ 📞 🅿. AE ⓓ GB
fermé 1er au 21 juil. et lundi sauf vacances scolaires – **Repas** (60) - 83/172 🍷, enf. 50 – ☕ 38 – **11 ch** 250 – ½ P 270

VERBERIE *60410 Oise 56 ②, 106 ⑩ – 2 627 h alt. 33.*

Paris 69 – Compiègne 16 – Beauvais 57 – Clermont 30 – Senlis 19 – Villers-Cotterêts 31.

Auberge de Normandie, 26 r. Pêcherie ☎ 03 44 40 92 33, *Fax 03 44 40 50 62*, 🌳 – GB
fermé dim. soir et lundi – **Repas** 98 (déj.), 120/180 🍷

VERCHAIX *74 H.-Savoie 74 ⑧ – rattaché à Samoëns.*

VERDON (Grand Canyon du) ★★★ *04 Alpes-de-H.-P. 81 ⑰, 114 ⑧ ⑨ G. Alpes du Sud.*

Ressources hôtelières *: voir à* ***Trigance, Point Sublime, La Palud-sur-Verdon.***

When looking for a hotel or restaurant use the most efficient method.
Look for the names of towns ***underlined in red***
on the ***Michelin maps*** *scale: 1:200 000.*
But make sure you have an up-to-date map!

Le VERDON-SUR-MER *33123 Gironde 71 ⑮ G. Aquitaine – 1 344 h alt. 3.*

Voir *Pointe de Grave : dune ≤★ N : 4 km.*
Bac: *pour Royan : renseignements ☎ 05 46 38 35 15, Fax 05 56 73 37 70.*
ℹ Office de Tourisme 22 r. François-Lebreton ☎ 05 56 09 61 78, Fax 05 56 09 61 32 et (juil.-août) à la Pointe de la Grave ☎ 05 56 73 70 04.
Paris 508 – Royan 4 – Bordeaux 100 – Lesparre-Médoc 34.

Yachtman, pointe de Grave ☎ 05 56 09 60 45, 🌳 – 🅿. GB
fermé 15 nov. au 15 déc. et le soir d'oct. à avril sauf vend., sam. et dim. – **Repas** 75/185 🍷, enf. 49

VERDUN ⟨SP⟩ *55100 Meuse 57 ⑪ G. Alsace Lorraine – 20 753 h alt. 198.*

Voir *Ville Haute★ : Cathédrale Notre-Dame★, Palais épiscopal★ (Centre mondial de la paix) – Citadelle souterraine★ : circuit★★ – Les champs de bataille★★★ : Mémorial de Verdun, Fort et Ossuaire de Douaumont, Tranchée des Baïonnettes, le Mort-Homme, la Cote 304.*
ℹ Office de Tourisme pl. Nation ☎ 03 29 86 14 18, Fax 03 29 84 22 42 Annexes: Pont Autoroutier, Arche de Verdun, Autoroute de l'Est.
Paris 263 ④ – Bar-le-Duc 54 ④ – Metz 79 ③ – Châlons-en-Champagne 91 ④ – Nancy 95 ③.

Plan page ci-contre

Hostellerie du Coq Hardi, 8 av. Victoire ☎ 03 29 86 36 36, *Fax 03 29 86 09 21* – |‡| 📺 ☎ ♿ – 🏆 25. AE ⓓ GB — CY v
Repas *(fermé vend. sauf fériés)* 215/480 🍷, enf. 98 - ***Bistro* :** Repas 98/150 🍷, enf. 70 – ☕ 78 – **34 ch** 300/795, 3 appart

Prunellia, 48 av. Metz par ③ ☎ 03 29 83 94 94, *Fax 03 29 83 94 95* – 📺 ☎ 📞 ♿ 🅿 – 🏆 25. GB. ⚘ rest
Repas 97/255 🍷, enf. 50 – ☕ 47 – **40 ch** 305

Montaulbain sans rest, 4 r. Vieille-Prison ☎ 03 29 86 00 47, *Fax 03 29 84 75 70* – 📺 ☎. GB — BCY e
fermé 5 au 25 fév. – ☕ 25 – **10 ch** 150/200

aux Monthairons *par ④ et D 34 : 13 km – 367 h. alt. 200 –* ✉ *55320 :*

Hostellerie du Château des Monthairons ⚘, ☎ 03 29 87 78 55, *Fax 03 29 87 73 49*, ≤, 🌳, « Château du 19e siècle dans un parc en bordure de Meuse », 🎣 – 📺 ☎ 📞 ♿ 🅿 – 🏆 25. AE ⓓ GB JCB
fermé 2 janv. au 10 fév., dim. soir, mardi midi et lundi du 15 mai au 14 nov. – **Repas** 130 (déj.), 185/430 🍷, enf. 60 – ☕ 75 – **14 ch** 310/840, 6 appart – ½ P 485/650

VERDUN

Alsace-Lorraine (Av.) ...... CZ 2
Beaurepaire (R.) .... CZ 3
Belle-Vierge (R. de la) .... BY 4
Chevert (Pl.) .... CZ 5
Douaumont (Av. de) .... CY 6
Foch (Pl. Mar.) .... CY 7
Fort de Vaux (R. du) ..... CZ 8
Frères-Boulhaut (R. des) .... CY 9
Lattre-de-Tassigny (Av. Mar. de) .... CY 10
Mautroté (R.) .... DY 13
Mazel (R.) .... CY 14
Prés.-Poincaré (R.) .... CZ 17
République (Quai de la) .... CY 18
Rû (R. de) .... BZ 19
St-Paul (R.) .... CY 20
St-Pierre (R.) .... BY 21
Soupirs (Allée des) .... BY 24

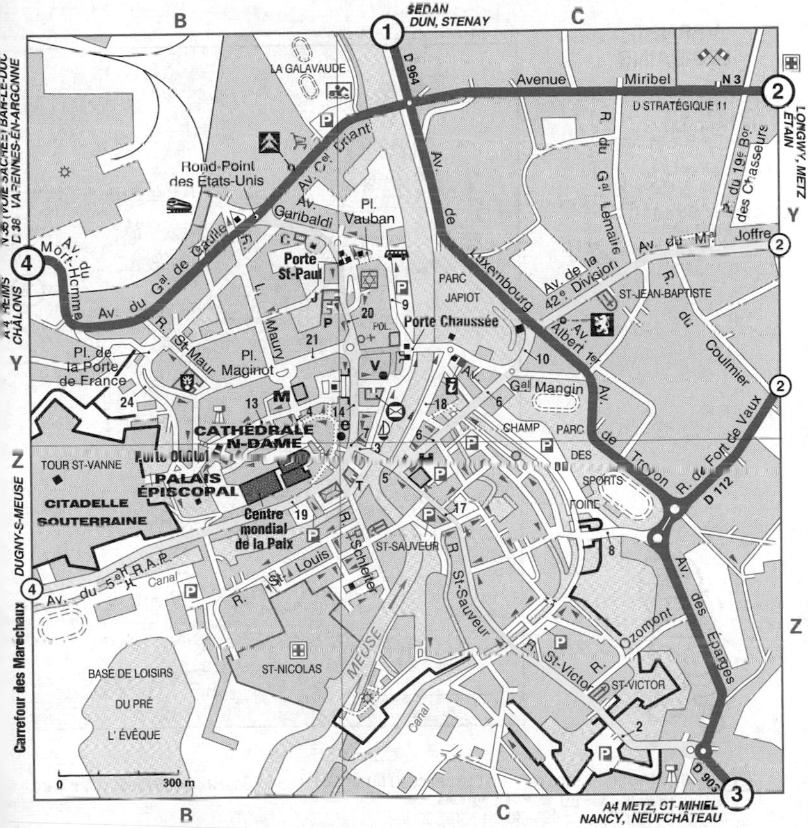

VERDUN-SUR-LE-DOUBS *71350 S.-et-L.* 70 ② *G. Bourgogne – 1 065 h alt. 180.*

Office de Tourisme pl. de la Liberté ☎ 03 85 91 87 52.

Paris 332 – Beaune 24 – Chalon-sur-Saône 23 – Dijon 65 – Dole 48 – Lons-le-Saunier 58.

Hostellerie Bourguignonne M, rte Ciel ☎ 03 85 91 51 45, *Fax 03 85 91 53 81*, – TV ☎ P. AE GB
fermé janv., fév. et merc. d'oct. à avril – **Repas** 120/410 – 55 – **14 ch** 390/550 – ½ P 480

VERGÈZE *30310 Gard* 83 ⑧ *– 3 135 h alt. 30.*

Paris 727 – Montpellier 43 – Nîmes 19.

Passiflore , ☎ 04 66 35 00 00, *Fax 04 66 35 09 21* – ch, ☎. AE GB
Repas *(fermé 2 déc. au 5 fév., dim. sauf juil.-août et lundi)* (dîner seul.) 140 , enf. 45 – 38 – **11 ch** 275/350 – ½ P 270/320

VERLINGHEM *59 Nord* 51 ⑯ *– rattaché à Lille.*

Une réservation confirmée par écrit ou par fax est toujours plus sûre.

VERNET-LES-BAINS 66820 Pyr.-Or. 86 ⑰ *G. Languedoc Roussillon* – *1 489 h alt. 650 – Stat. therm. (15 mars-30 nov.) – Casino.*

Voir Site★ – Église★ de Corneilla-de-Conflent 2,5 km par ①.

🖪 *Office de Tourisme 6 pl. Mairie ℰ 04 68 05 55 35, Fax 04 68 05 60 33.*

Paris 911 ① – Perpignan 55 ① – Mont-Louis 36 ① – Prades 11 ①.

VERNET-LES-BAINS

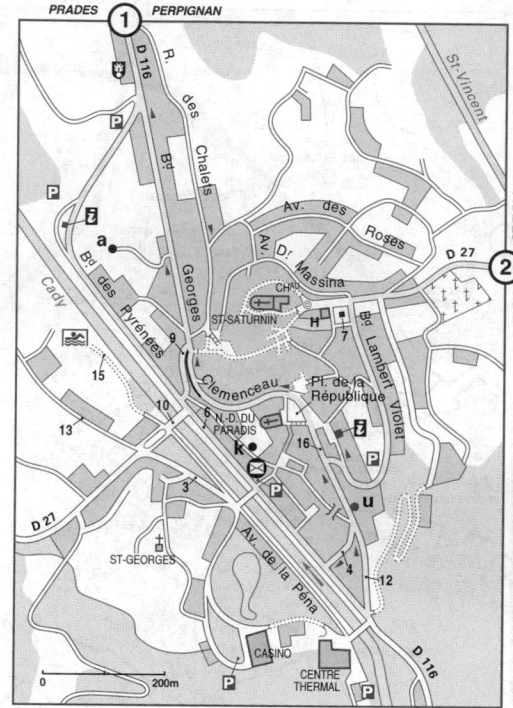

🏠 **Mas Fleuri** 🐾 sans rest, bd Clemenceau **(a)** ℰ 04 68 05 51 94, *Fax 04 68 05 50 77*, « Parc ombragé », ⼀, 🔟 ☎ 🅿 ⒜ ⑩ 🅶🅱 ⬚ ⚡
15 mai-15 oct. – ⬚ 48 – **30 ch** 330/530

🏠 **Princess** 🐾, r. Lavandières **(k)** ℰ 04 68 05 56 22, *Fax 04 68 05 62 45*, 🏡 – 🛗, 🖿 rest, 🔟 ☎ ⚄ ⚄ ⬚ 🅿 – ⒜ 40. ⒜ ⑩ 🅶🅱 🅹🅲🅱 ⚡ rest
15 mars-1ᵉʳ déc. et 22 déc.-3 janv. – **Repas** 85/170 ⚙, enf. 60 – ⬚ 35 – **40 ch** 276/316 – ½ P 258/278

🍴🍴 **Comte Guifred de Conflent** avec ch (collège d'application hôt.), av. Thermes **(u)** ℰ 04 68 05 51 37, *Fax 04 68 05 64 11*, 🏡, 🌲 – 🛗 🔟 ☎ – ⒜ 40. ⒜ ⑩ 🅶🅱
fermé 20 déc. au 31 janv. – **Repas** (75) - 88/165, enf. 55 – ⬚ 40 – **10 ch** 290/390 – ½ P 580/680

à Casteil *Sud : 2 km par D 116* – *102 h. alt. 780* – ⊠ *66820* :

🍴 **Molière** 🐾 avec ch, ℰ 04 68 05 50 97, *Fax 04 68 05 55 11*, ⬕, 🏡, 🌲 – ☎ 🅿 🅶🅱
1ᵉʳ fév.-31 oct. et fermé lundi sauf du 1ᵉʳ juin au 31 août – **Repas** 95/168 ⚥, enf. 45 – ⬚ 35 – **10 ch** 200/260 – ½ P 250

VERNEUIL-SUR-AVRE 27130 Eure 60 ⑥ *G. Normandie Vallée de la Seine* – *6 722 h alt. 155.*

Voir Église de la Madeleine★ – Statues★ de l'église Notre-Dame.

🖪 *Office de Tourisme 129 pl. Madeleine ℰ 02 32 32 17 17, Fax 02 32 32 17 17.*

Paris 117 ② – Alençon 77 ④ – Argentan 77 ⑤ – Chartres 57 ③ – Dreux 38 ② – Évreux 42 ①.

VERNEUIL-SUR-AVRE

Breteuil (Rte de) 2
Briand (R. A.) 4
Canon (R. du) 5
Casati (Bd) 7
Chasles (Av. A.) 8
Clemenceau (R.) 9
Demolins (Av. E.) 10
Ferté-Vidame (Rte de la) 12
Lait (R. au) 13
Madeleine (Pl. de la) 15
Notre-Dame (Pl.) 16
Paul-Doumer (R.) 17
Poissonnerie (R. de la) 18
Pont-aux-Chèvres (R. du) 19
Tanneries (R. des) 21
Thiers (R.) 22
Tour-Grise (R. de la) ... 24
Verdun (Pl. de) 25
Victor Hugo (Av.) 27
Vlaminck (R. M.-de) 30

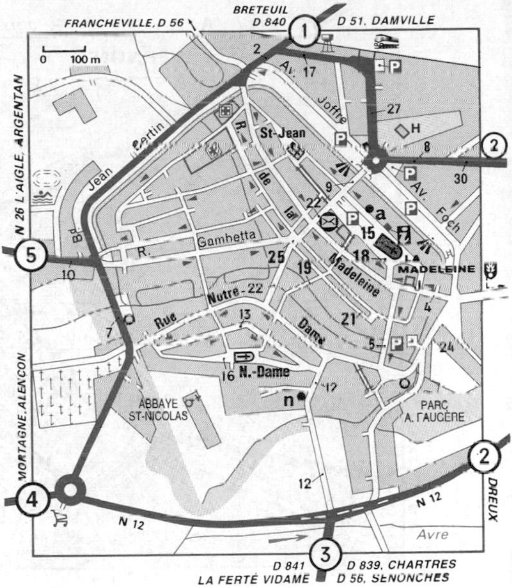

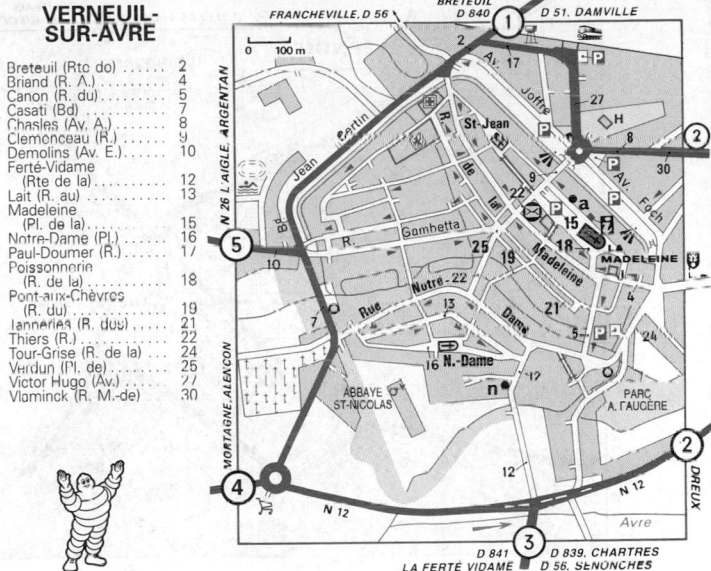

Hostellerie Le Clos, 98 r. Ferté-Vidame (n) ☎ 02 32 32 21 81, *Fax 02 32 32 21 36*, – 20. AE GB JCB
fermé 13 déc. au 20 janv. – **Repas** *(fermé lundi midi sauf fériés)* 195/295 – 95 – **4 ch** 750/850, 6 appart 1250/1450 – ½ P 850/1150

Saumon, 89 pl. Madeleine (a) ☎ 02 32 32 02 36, *Fax 02 32 37 55 80* – – 25. GB
fermé 18 déc. au 4 janv. et dim. soir du 7 nov. au 31 mars – **Repas** (65) - 87/289 – 40 – **29 ch** 220/350

VERNON *27200 Eure* 55 ⑰ ⑱, 106 ① ② *G. Normandie Vallée de la Seine* – *23 659 h alt. 32.*
Voir Église Notre-Dame★ – Château de Bizy★ 2 km par ③ – Notre-Dame-de-la-Mer ≤★ 6 km par ② – Signal des Coutumes ≤★ 7 km par ②.
Office de Tourisme 36 r. Carnot ☎ 02 32 51 39 60, Fax 02 32 51 86 55.
Paris 75 ② – Rouen 63 ③ – Beauvais 65 ⑤ – Évreux 32 ③ – Mantes-la-Jolie 23 ②.

Plan page suivante

Évreux, 11 pl. d'Évreux ☎ 02 32 21 16 12, *Fax 02 32 21 32 73*, – P. AE GB JCB — BY x
100
Relais Normand *(fermé dim. sauf fériés)* **Repas** 130/195 – 35 – **14 ch** 210/350

Les Fleurs, 71 r. Carnot ☎ 02 32 51 16 80, *Fax 02 32 21 30 51* – AE GB. — BX a
fermé 6 au 13 mars, 30 juil. au 21 août, dim. soir et lundi
Repas 130/220

Poste, 26 av. Gambetta ☎ 02 32 51 10 61 – AE GB — BY n
fermé 1er au 8 mars, 1er au 21 août, mardi soir et merc. – **Repas** (90) - 120/185

Bistro, 73 r. Carnot ☎ 02 32 21 29 19 – GB. — BX a
fermé 20 au 27 fév., lundi soir et dim. – **Repas** 88 bc

à St-Marcel *par ④ – 4 398 h. alt. 60 – ✉ 27950 :*

Climat de France, 17 r. Poste ☎ 02 32 71 10 00, *Fax 02 32 21 20 95*, – P – 30. AE GB
Repas 65 (déj.), 80/126, enf. 39 – 35 – **44 ch** 270/290

Haut Marais sans rest, 2 rte Rouen ☎ 02 32 71 22 50, *Fax 02 32 71 22 51* – P. AE GB
fermé 15 au 28 fév. – 33 – **28 ch** 250/290

à Douains *par ③, D 181 et D 75 : 8 km – 346 h. alt. 128 – ✉ 27120 :*

Château de Brécourt ☎ 02 32 52 40 50, *Fax 02 32 52 69 65*, ≤, parc, « Château du 17e siècle », – P – 15 à 200. AE GB
Repas 165 (déj.), 250/370, enf. 125 – 80 – **25 ch** 495/1200 – ½ P 715/1270

VERNON

Utilisez le guide de l'année.

VERNOUILLET 28 E.-et-L. 60 ⑦ – rattaché à Dreux.

VERNOUILLET 78 Yvelines 55 ⑲,, 101 ① – voir à Paris, Environs.

VERQUIÈRES 13 B.-du-R. 84 ① – rattaché à St-Rémy-de-Provence.

VERSAILLES 78 Yvelines 60 ⑨ ⑩,, 101 ㉓ – voir à Paris, Environs.

VER-SUR-LAUNETTE 60 Oise 56 ⑫ – rattaché à Ermenonville.

VERTEILLAC 24320 Dordogne 75 ④ – 706 h alt. 185.
Paris 495 – Angoulême 47 – Périgueux 49 – Brantôme 31 – Chalais 32 – Ribérac 13.

au Nord-Ouest : 5 km par D 1, D 101, C 201 et rte secondaire – ⊠ 24320 St-Martial-Viveyrols :

🏠 **Les Aiguillons** M ⌖, ℰ 05 53 91 07 55, Fax 05 53 91 00 43, ≤, 🛱, parc, 🛅 – 📺 ☎ ⌂ &.
P. 🖭 🇬🇧
fermé 15 déc. au 1er mars – **Repas** (fermé sam. midi, dim. soir et lundi hors saison)
150/250 ♀, enf. 75 – ☑ 40 – **8 ch** 375/450 – ½ P 365/465

VERTOU 44 Loire-Atl. 67 ③ – rattaché à Nantes.

VERTUS 51130 Marne 56 ⑯ G. Champagne – 2 495 h alt. 85.
Voir Mont Aimé★ S : 5 km.
Paris 139 – Reims 48 – Châlons-en-Champagne 31 – Épernay 21 – Montmirail 40.

🏠 **Hostellerie de la Reine Blanche,** av. Louis Lenoir ℰ 03 26 52 20 76,
Fax 03 26 52 16 59, 🏊 – 🗏 📺 ☎ ⌂ 🅿 – 🔏 45. 🖭 ① 🇬🇧 🃏
fermé 1er au 15 fév. – **Repas** 135/295 – ☑ 55 – **30 ch** 395/495 – ½ P 450

à Bergères-les-Vertus Sud : 3,5 km par D 9 – 536 h. alt. 108 – ⊠ 51130 Vertus :

▦▦ **Mont-Aime** ⬎, ℰ 03 26 52 21 51, Fax 03 26 52 21 39, 龠, ⬆, 屵 – rest, ⅶ ☞ ✔ ℙ –
⚄ 45 ⴹ ⱺ ⴳ ☖
fermé vacances de fév. et dim. soir – **Repas** 120/360 ♈, enf. 60 – ⬓ 60 – **30 ch** 300/430
½ P 415

LES VERTUS 76 S.-Mar. ☒ ④ – rattaché à Dieppe.

VERVINS ◁⑩▷ 02140 Aisne ☒ ⑯ G. Picardie Flandres Artois – 2 663 h alt. 147.
Paris 176 – St-Quentin 50 – Charleville-Mézières 68 – Laon 36 – Reims 88 – Valenciennes 78.

▦▦ **Tour du Roy**, 45 r. Gén. Leclerc ℰ 03 23 98 00 11, Fax 03 23 98 00 72, 龠 – ⟲⟳, ☰ ch, ⅶ
☎ ✔ ⅃ ℙ, ⴹ ⱺ ⴳ ☖
Repas (fermé sam. midi) (98) - 180/350 ♈ – ⬓ 80 – **22 ch** 500/1000 – ½ P 500/760

VERZY 51380 Marne ☒ ⑰ G. Champagne – 994 h alt. 210.
Voir Faux de Verzy⋆ S : 2 km.
Paris 103 – Reims 20 – Châlons-en-Champagne 34 – Épernay 25 – Rethel 54 – Vouziers 56.

ⅩⅩ **Au Chant des Galipes**, 2 r. Chanzy ℰ 03 26 97 91 40, Fax 03 26 97 91 44, 龠 – ⴳ
fermé 6 au 14 août, 30 déc. au 19 janv., dim. soir et lundi – **Repas** 85 (déj.), 120/240 ♈

VESCOUS 06 Alpes-Mar. ☒ ⑳ – rattaché à Gilette.

Le VÉSINET 78 Yvelines ☒ ⑳, ☒ ⑬ – voir à Paris, Environs.

Une réservation confirmée par écrit ou par fax est toujours plus sûre.

VESOUL

Aigle-Noir (R. de l')	2
Alsace-Lorraine (R. d')	3
Annonciades (R. des)	4
Bains (R. des)	6
Banque (R. de la)	7
Faure (R. Edgar)	10
Fleurier (R. de)	12
Gare (R. de la)	13
Gaulle (Bd Ch.-de)	14
Genoux (R. Georges)	15
Gevrey (R.)	16
Girardot (R. du Cdt)	20
Grand-Puits (Pl. du)	21
Grandes-Faulx (R. des)	22
Ilottes (R. des)	23
Kennedy (Bd)	24
Leblond (R.)	25
Maginot (R. A.)	26
Morel (R. Paul)	27
Moulin-des-Prés (Pl. du)	28
République (Pl. de la)	29
St-Georges (R.)	30
Salengro (R. Roger)	31
Tanneurs (R. des)	32
Vendémiaire (R.)	33
Verlaine (R.)	35

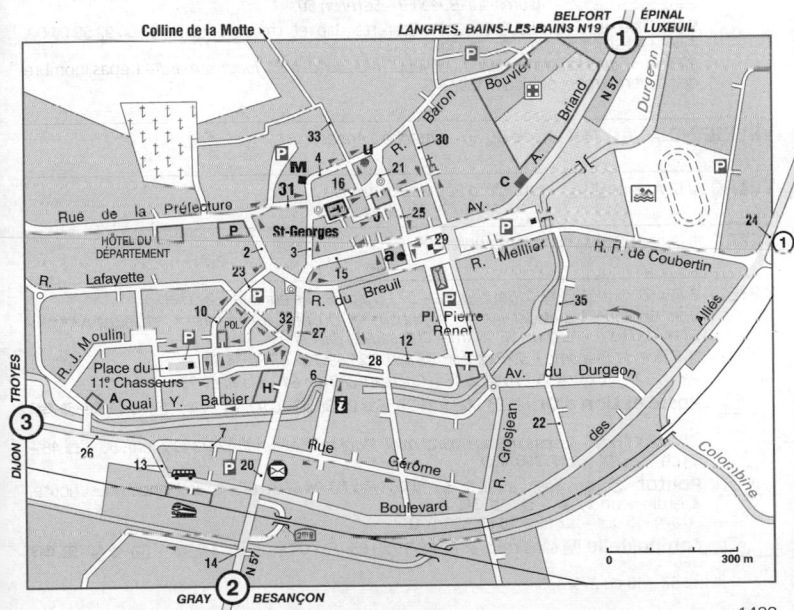

VESOUL 🅿 70000 H.-Saône 🅖🅖 ⑤ ⑥ *G. Jura* – 17 614 h alt. 221.
Voir *Colline de la Motte* ❄ ★ *30 mn* – *Château de Filain* ★ *S : 13 km.*
🛈 *Office de Tourisme r. Bains* ℘ 03 84 97 10 85, Fax 03 84 97 10 71.
Paris 359 ① – *Besançon 49* ② – *Belfort 65* ① – *Épinal 88* ① – *Langres 78* ① – *Vittel 88* ①.

Plan page précédente

🏠 **Lion** sans rest, 4 pl. République (a) ℘ 03 84 76 54 44, Fax 03 84 75 23 31 – 🛗 📺 ☎ 🅿. 🖭
🖽
fermé 6 au 16 août, 26 déc. au 7 janv. et sam. en janv. – ☲ 36 – **18 ch** 244/296

✗ **Caveau du Grand Puits**, r. Mailly (u) ℘ 03 84 76 66 12, Fax 03 84 76 66 12, 🏤 – 🖭 🖽
fermé 15 août au 1ᵉʳ sept., 24 déc. au 2 janv., merc. soir, sam. midi, dim. et fériés – **Repas**
90/140 🍷

VEUIL 36 Indre 🅖🅘 ⑧ – *rattaché à Valençay.*

VEULES-LES-ROSES 76980 S.-Mar. 🅡🅖 ③ *G. Normandie Vallée de la Seine* – 753 h alt. 15.
🛈 *Office de Tourisme (saison) 12 r. du Marché* ℘ 02 35 97 63 05, Fax 02 35 57 24 51.
Paris 187 – *Dieppe 27* – *Fontaine-le-Dun 8* – *Rouen 57* – *St-Valery-en-Caux 8.*

✗✗✗ **Les Galets**, à la plage ℘ 02 35 97 61 33, Fax 02 35 57 06 23 – 🖭 🖽
fermé 5 janv. au 3 fév., mardi soir et merc. hors saison – **Repas** 165/420 et carte 330 à 410 🍷,
enf. 87

Les plans de villes
sont orientés le Nord en haut.

Le VEURDRE 03320 Allier 🅖🅙 ③ *G. Auvergne* – 595 h alt. 190.
Paris 277 – *Bourges 66* – *Moulins 35* – *Montluçon 67* – *Nevers 33* – *St-Amand-Montrond 51.*

🏠🏠 **Pont Neuf**, ℘ 04 70 66 40 12, Fax 04 70 66 44 15, 🏤, parc, 🐟, 🔟, ✗ – 🔆 📺 ☎ 🅿 –
🔏 20. 🖭 ⓪ 🖽 🈶
fermé 25 au 31 oct., 15 déc. au 15 janv. et dim. soir du 15 oct. au 30 mars – **Repas** 90/230 🍷
– ☲ 42 – **46 ch** 265/450 – ½ P 290/330

VEYNES 05400 H.-Alpes 🅗🅘 ⑤ – 3 148 h alt. 827.
Paris 666 – *Gap 25* – *Aspres-sur-Buëch 9* – *Sisteron 50.*

✗✗ **Sérafine**, Les Paroirs Est : 2 km par rte Gap et rte secondaire ℘ 04 92 58 06 00,
Fax 04 92 58 09 11, 🏤 – 🖭 ⓪ 🖽
27 nov.-1ᵉʳ avril et fermé merc. midi, jeudi midi, vend. midi, lundi et mardi – **Repas** (nombre
de couverts limité, prévenir) 150/245

VEYRIER-DU-LAC 74 H.-Savoie 🅗🅔 ⑥ – *rattaché à Annecy.*

VÉZAC 24 Dordogne 🅗🅕 ⑰ – *rattaché à Beynac et Cazenac.*

VÉZAC 15 Cantal 🅗🅖 ⑫ – *rattaché à Aurillac.*

VÉZELAY 89450 Yonne 🅖🅖 ⑮ *G. Bourgogne* – 571 h alt. 285 Pèlerinage (22 juillet).
Voir *Basilique Ste-Madeleine* ★★★ *(tympan* ★★★ *du portail central* ★★★, *chapiteaux* ★★★) –
Site ★ *de Pierre-Perthuis SE : 6 km* – *Château de Bazoches* ★ *S : 12 km.*
🛈 *Office de Tourisme r. St-Pierre* ℘ 03 86 33 23 69, Fax 03 86 33 34 00.
Paris 222 – *Auxerre 53* – *Avallon 16* – *Château-Chinon 61* – *Clamecy 23.*

🏠🏠 **Poste et Lion d'Or**, ℘ 03 86 33 21 23, Fax 03 86 32 30 92, 🏤, 🚗 – 📺 ☎ 🅿. 🖭 ⓪ 🖽
🈶
1ᵉʳ avril-11 nov. – **Repas** *(fermé mardi midi, jeudi midi et lundi)* 120/240 🍷, enf. 60 – ☲ 48 –
39 ch 330/700 – ½ P 360/400

🏠🏠 **Pontot** 🦢 sans rest, ℘ 03 86 33 24 40, Fax 03 86 33 30 05, ≼, ambiance guest'house,
« Jardin fleuri », 🚗 – ☎. ⓪ 🖽 🈶
20 avril-15 oct. – ☲ 65 – **10 ch** 620/920

🏠 **Compostelle** 🅜 sans rest, ℘ 03 86 33 28 63, Fax 03 86 33 34 34, 🚗 – 📺 ☎ 🖱. 🖭 🖽
🈶
☲ 37 – **18 ch** 275/335

à St-Père *Sud-Est : 3 km par D 957 – 348 h. alt. 148 –* ⊠ *89450 :*

Voir *Église N.-Dame★.*

🏨 **L'Espérance** (Meneau) ⤳, ℰ 03 86 33 39 10, Fax 03 86 33 26 15, ≤, « Salle à manger
🕸🕸 dans une verrière s'ouvrant sur le jardin », ⚖ – 🍽 rest, 📺 ☎ ✆ 🅿 – 🔔 50, 🆎 ⑩ 🆚
JCB

fermé fév. – **Repas** *(fermé mardi sauf le soir du 15 juin au 15 oct. et merc. midi)* (prévenir)
300 (déj.), 730/930 et carte 670 à 1 040 – ⚏ 140 – **30 ch** 750/1500, 5 appart – ½ P 1200/
1500

Spéc. Galets de pomme de terre au caviar. Turbot en croûte, beurre de homard. Soufflé
chaud au caramel, salade de fruits. **Vins** Bourgogne-Vézelay, Chablis.

🏠 **Renommée** sans rest, ℰ 03 86 33 21 34, Fax 03 86 33 34 17 – 📺 ☎ ᰛ 🅿 🆚 ⌘
fermé 15 janv. au 28 fév. et mardi – ⚏ 38 – **19 ch** 190/330

à Fontette *Est : 5 km par D 957 –* ⊠ *89450 Vézelay :*

🏨 **Crispol** Ⓜ ⤳, rte Avallon ℰ 03 86 33 26 25, Fax 03 86 33 33 10, ≤ colline de Vézelay, 🏡,
« Décor contemporain », ☞ – 📺 ☎ ᰛ, ☞ 🅿 🆚
fermé 10 janv. au 20 fév. et lundi du 12 nov. à mars – **Repas** 110/280 ⚌ – ⚏ 55 – **12 ch**
370/420 – ½ P 380/420

🏠 **Aquarelles** ⤳, ℰ 03 86 33 34 35, Fax 03 86 33 29 82, 🏡 – ☎ ✆ ᰛ 🅿, 🆚 ⌘ rest
fermé 31 déc. au 10 mars, mardi soir et merc. en nov.-déc. – **Repas** (60)-carte environ 130 ⚌
– ⚏ 32 – **10 ch** 270/305 – ½ P 310

VEZELS-ROUSSY *15130 Cantal* 76 ⑫ – *120 h alt. 730.*
Paris 580 – Aurillac 22 – Entraygues-sur-Truyère 29.

🏠 **Bergerie** ⤳, ℰ 04 71 49 42 90, Fax 04 71 49 44 70, ≤, ㏂, ⚖, ☞ – 📺 ☎ 🅿 🆚
⊚ *fermé janv.* – **Repas** 65/128 ⚌, enf. 35 – ⚏ 25 – **15 ch** 200/220 – ½ P 225

VÉZÉNOBRES *30360 Gard* 80 ⑱ *G. Gorges du Tarn – 1 312 h alt. 213.*

Voir ﹡★ *du sommet du village.*

🎗 *Office de Tourisme (fermé dim. matin)* ℰ 04 66 83 62 02.
Paris 710 – Alès 13 – Nîmes 33 – Uzès 30.

🏠 **Relais Sarrasin,** N 106 ℰ 04 66 83 55 55, Fax 04 66 83 66 83, 🏡, ⚖ – 🛗 📺 ☎ ✆ 🅿.
⊚ 🆚
1er mai-15 sept. et lundi midi – **Repas** 85/125 ⚌, enf. 49 – ⚏ 35 – **18 ch** 175/350 –
½ P 150/295

VIA *66 Pyr.-Or.* 86 ⑯ – *rattaché à Font-Romeu.*

VIALAS *48220 Lozère* 80 ⑦ *384 h alt. 620.*
Paris 657 – Alès 42 – Florac 41 – Mende 65.

XXX **Chantoiseau,** ℰ 04 66 41 00 02, Fax 04 66 41 04 34, ⚖ – 🅿. 🆚 ⌘
15 juin-15 sept. et fermé mardi et merc. – **Repas** 130/300 et carte 230 à 410 ⚌, enf. 60

VIBRAC *16 Charente* 72 ⑬ – *rattaché à Jarnac.*

VIC-EN-BIGORRE *65500 H.-Pyr.* 85 ⑧ – *4 893 h alt. 216.*
Paris 778 – Auch 62 – Pau 45 – Aire-sur-l'Adour 53 – Mirande 38 – Tarbes 18.

🏠 **Tivoli,** pl. Gambetta ℰ 05 62 96 70 39, Fax 05 62 96 29 74, 🏡 – 📺 ☎ ⑩ 🆚
⊚ **Repas** *(fermé lundi)* 59 (déj.), 77/200 ⚌, enf. 35 – ⚏ 30 – **27 ch** 180/250 – ½ P 160/200

XX **Réverbère** ⤳ avec ch, r. Alsace ℰ 05 62 96 78 16, Fax 05 62 96 79 85, 🏡 – 📺 ☎. 🆎 ⑩
⊚ 🆚
fermé 25 déc. au 14 janv. – **Repas** *(fermé dim. soir et lundi)* 78/250 ⚌ – ⚏ 30 – **10 ch**
240/260 – ½ P 238

VICHY ⊲🆂⊳ *03200 Allier* 73 ⑤ *G. Auvergne – 27 714 h alt. 340. – Stat. therm. – Casinos Le Grand*
Café BZ, *Elysée Palace.*

Voir *Parc des Sources★ – Les Parcs d'Allier★ – Chalets★ (boulevard des États-Unis)* BYZ –
Site des Hurlevents ≤★ *4,5 km au* ②.

🎗 *Office de Tourisme 19 r. du Parc* ℰ 04 70 98 71 94, Fax 04 70 31 06 00.
Paris 358 ① – Clermont-Ferrand 55 ③ – Montluçon 95 ⑥ – Moulins 56 ① – Roanne 68 ①.

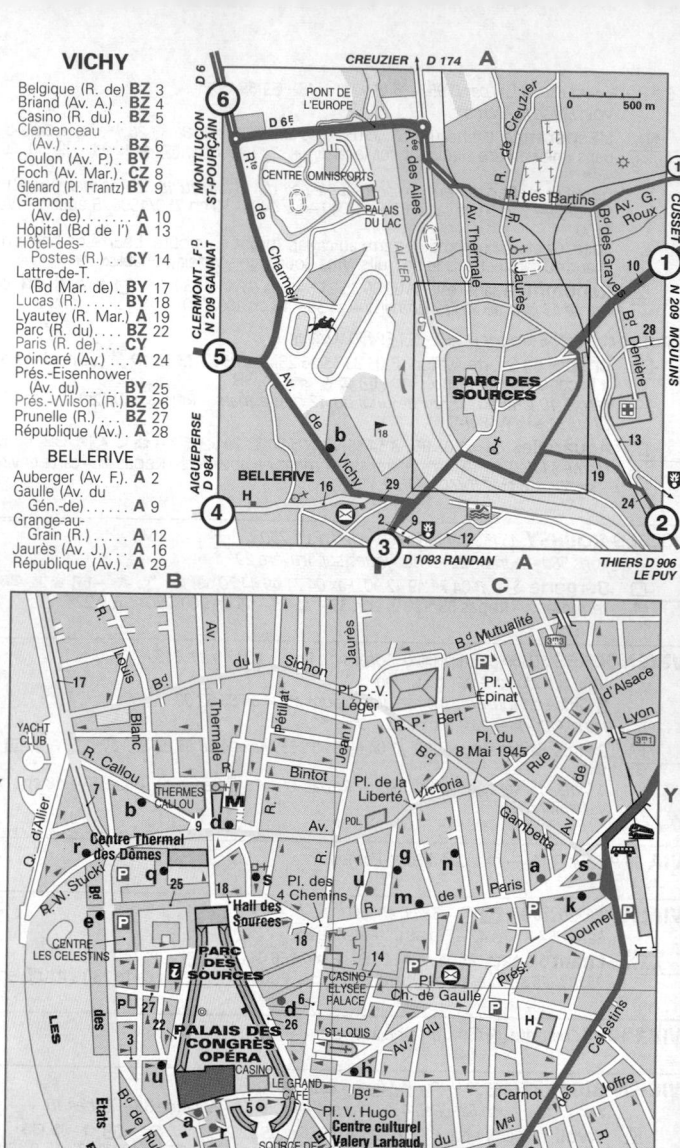

VICHY

Les Célestins M, 111 bd États-Unis ☎ 04 70 30 82 00, *Fax 04 70 30 82 01*, « En bordure du parc d'Allier », – 🏊 – 🛗 ⇔ ▤ TV ☎ ♿ – 🏠 60. AE ⓓ GB JCB. ✂ rest BY e
Les Jardins de l'Empereur *(fermé dim. soir de nov. à mars)* **Repas** 230/360 ꟾ – ***Bistro des Célestins :*** Repas 135/160 ꟾ – ☕ 75 – **120 ch** 930/1490, 10 appart – ½ P 955/1050

Aletti Palace Hôtel, 3 pl. Joseph Aletti ☎ 04 70 31 78 77, *Fax 04 70 98 13 82*, « Élégante atmosphère début de siècle », 🏊 – 🛗 ⇔ ▤ TV ☎ ♿ P – 🏠 150. AE ⓓ GB
La Véranda ☎ 04 70 31 70 29 **Repas** *(98)bc*-130/200 ꟾ, enf. 60 – ☕ 75 – **126 ch** 660/910, 7 appart – ½ P 550/635 BZ u

Novotel Thermalia, 1 av. Thermale ☎ 04 70 31 04 39, *Fax 04 70 31 08 67*, 🏊, – 🛗 ⇔ ▤ TV ☎ ♿ P – 🏠 100. AE ⓓ GB BY q
Repas *(95)* - 120/160 ꟾ, enf. 50 – ☕ 65 **128 ch** 590/715 – P 553/610

Pavillon d'Enghien M, 32 r. Callou ☎ 04 70 98 33 30, *Fax 04 70 31 67 82*, 🏊 – 🛗 TV ☎ – 🏠 15. AE ⓓ GB BY b
fermé 20 déc. au 1ᵉʳ fév. – ***Les Jardins d'Enghien*** *(fermé dim. soir et lundi)* **Repas** *74(déj.)*100/135, enf. 39 – ☕ 39 – **22 ch** 355/480 ½ P 300/360

Magenta, 23 av. W. Stucki ☎ 04 70 31 80 99, *Fax 04 70 31 83 40* – 🛗 TV ☎. AE GB. ✂ rest BY r
hôtel : 15 avril-15 oct. ; rest. : 1ᵉʳ mai-30 sept. – **Repas** 110/140, enf. 50 – ☕ 45 – **62 ch** 450 – ½ P 425

Grignan, 7 pl. Sévigné ☎ 04 70 32 08 11, *Fax 04 70 32 47 07*, – 🛗, ▤ rest, TV ☎ ♿ P – 🏠 35. AE ⓓ GB. ✂ BZ v
fermé 6 janv. au 6 mars – **Repas** 90 bc/109 🍷, enf. 40 – ☕ 37 **115 ch** 220/390 – ½ P 365/370

Chambord, 82 r. Paris ☎ 04 70 31 22 88, *Fax 04 70 31 54 92* – 🛗, ▤ rest, TV ☎. AE ⓓ GB JCB CY k
fermé 2 au 23 janv. et dim. en hiver – ***L'Escargot qui Tette*** *(fermé dim. soir et lundi)* **Repas** 95/220, enf. 50 – ☕ 36 – **28 ch** 200/300 – ½ P 250/300

Moderne, 8 r. M. Durand-Fardel ☎ 04 70 31 20 21, *Fax 04 70 98 45 04* – 🛗, ▤ rest, TV ☎ 📞. AE GB JCB. ✂ rest BY s
30 avril-14 oct. – **Repas** 100 (déj.)/140 – ☕ 35 – **37 ch** 240/420 – ½ P 250/355

Brest et St-Georges, 27 r. Paris ☎ 04 70 98 22 18, *Fax 04 70 98 28 70* – 🛗 TV ☎ P. AE GB. ✂ rest CY m
fermé 10 au 20 mars – **Repas** 90/240 – ☕ 35 – **33 ch** 250/300 – P 340

Ibis M, 1 av. Victoria ☎ 04 70 31 53 53, *Fax 04 70 31 55 05* – 🛗 ⇔ ▤ TV ☎ 📞 ♿ 🚗 – 🏠 60. AE ⓓ GB BY d
Repas *(79)* - 99/120 🍷, enf. 39 – ☕ 42 – **139 ch** 340/390

Venise sans rest, 25 av. A. Briand ☎ 04 70 31 83 23, *Fax 04 70 31 02 97* – 🛗 cuisinette ⇔ TV ☎ – 🏠 50. AE ⓓ GB JCB BZ e
fermé 21 déc. au 8 janv. – ☕ 20 – **25 ch** 207/290

Arverna Hôtel sans rest, 12 r. Desbrest ☎ 04 70 31 31 19, *Fax 04 70 97 86 43* – 🛗 TV ☎ 📞 🚗. AE ⓓ GB JCB CY g
fermé 23 au 29 oct., 15 déc. au 5 janv. et dim. de déc. à fév. – ☕ 37 – **26 ch** 200/290

Vichy Tonic sans rest, 6 av. Prés. Doumer ☎ 04 70 31 45 00, *Fax 04 70 97 67 37* – 🛗 TV ☎. AE ⓓ GB CZ h
☕ 32 – **36 ch** 260/300

Atlanta sans rest, 23 r. Pasteur ☎ 04 70 98 42 95, *Fax 04 70 98 24 01* – TV ☎ 📞 🚗. GB
fermé 20 déc. au 10 janv. – ☕ 40 **11 ch** 185/215 CY n

Londres sans rest, 7 bd Russie ☎ 04 70 98 28 27, *Fax 04 70 98 29 37* – ☎. GB BZ z
25 mars-21 oct. – ☕ 30 **20 ch** 125/252

Jacques Decoret, 7 av. Gramont ☎ 04 70 97 65 06, *Fax 04 70 97 65 06* – ▤. GB
fermé 16 août au 6 sept., vacances de fév., mardi et merc. – **Repas** 155/350 ꟾ CY a
Spéc. Pressé de foie gras de canard aux belles de Fontenay. Pièce de boeuf charolais, crème de boudin et lie de vin rouge. Crème à l'anis vert et fenouil caramélisé.

L'Alambic, 8 r. N. Larbaud ☎ 04 70 59 12 71 – ▤. GB CY u
fermé 20 août au 13 sept., 21 fév. au 11 mars, mardi midi et lundi – **Repas** (nombre de couverts limité, prévenir) 160/280

Table d'Antoine, 8 r. Burnol ☎ 04 70 98 99 71, *Fax 04 70 31 11 39*, – ▤. GB
fermé 1ᵉʳ au 9 mars, 26 sept. au 3 oct., 14 au 27 nov., dim. soir et lundi sauf fériés – **Repas** 105/295, enf. 65 BZ d

Piquenchagne, 69 r. Paris ☎ 04 70 98 63 45 – AE GB CY s
fermé 1ᵉʳ au 15 oct., 23 janv. au 7 fév., mardi soir et merc. – **Repas** 95/170 ꟾ, enf. 58

L'Envolée, 44 av. E. Gilbert ☎ 04 70 32 85 15, *Fax 04 70 32 14 17* – GB CZ b
fermé vacances de toussaint, de fév., mardi soir et merc. – **Repas** 98/205 ꟾ

✕ **Brasserie du Casino**, 4 r. Casino ℰ 04 70 98 23 06, Fax 04 70 98 53 17, « Décor authentique d'une brasserie des années 30 » – ⒼⒷ
BZ a
fermé nov., dim. soir et merc. – **Repas** (89) - 149 �

✕ **L'Aromate**, 9 r. Besse ℰ 04 70 32 13 22, Fax 04 70 32 13 22 – ⒼⒷ
CZ n
fermé 22 juil. au 13 août, 5 au 18 janv., dim. soir, mardi soir et merc. – **Repas** (85) - 115/195 ♰, enf. 55

à Bellerive-sur-Allier : rive gauche - A – 8 543 h. alt. 340 – ✉ 03700 :

🏠 **Campanile**, 74 av. Vichy ℰ 04 70 59 32 33, Fax 04 70 59 81 90, 🌳, 🚗 – ↜ 📺 ☎ ✆ 🅿
– 🏛 25. ⒶⒺ ⓞ ⒼⒷ
A b
Repas 88/103 ♰, enf. 39 – ☕ 36 – **46 ch** 315

à Vichy-Rhue Nord : 5 km par D 174 – ✉ 03300 Cusset :

✕✕ **Fontaine**, ℰ 04 70 31 37 45, Fax 04 70 31 38 60, 🌳 – ⒶⒺ ⓞ ⒼⒷ
fermé 15 au 30 oct., 22 déc. au 10 janv., mardi soir et merc. – **Repas** 125/230 ♰

à Abrest par ② : 4 km – 2 544 h. alt. 290 – ✉ 03200 :

✕✕ **Colombière** avec ch, Sud-Est : 1 km sur D 906 ℰ 04 70 98 69 15, Fax 04 70 31 50 89, ≤,
« Jardin ombragé en terrasses », 🚗 – 📖 rest, 📺 ☎ 🅿 ⒶⒺ ⓞ ⒼⒷ
fermé mi-janv. à mi-fév., du 16 au 22 oct., dim. soir et lundi – **Repas** 95/280 ♰ – ☕ 35 – **4 ch**
190/310

à St-Yorre par ② : 8 km – 3 003 h. alt. 275 – ✉ 03270 :

🏨 **Auberge Bourbonnaise**, 2 av. Vichy ℰ 04 70 59 41 79, Fax 04 70 59 24 94, 🌳, ⚒ – 📺
🍸 ☎ ✆ 🅿 🅿
fermé 5 fév. au 16 mars, lundi midi et dim. soir sauf juil.-août – **Repas** (65) - 85/220 ♰, enf. 40
– ☕ 40 – **16 ch** 295/340, 6 duplex – ½ P 280/320

VIC-LE-COMTE 63270 P.-de-D. ⑦⑧ ⑮ G. Auvergne – 4 155 h alt. 472.
Voir Ste-Chapelle★.
Env. Château de Busséol★ N : 6,5 km – village fortifié de Montpeyroux★ SO : 8 km.
Paris 439 – Clermont-Ferrand 24 – Ambert 57 – Issoire 16 – Thiers 40.

à Longues Nord-Ouest : 4 km par D 225 – ✉ 63270 Vic-le-Comte :

✕✕ **Comté**, ℰ 04 73 39 90 31, Fax 04 73 39 24 58 – 🅿, ⒼⒷ
fermé 24 au 30 juil., 4 au 10 sept., dim. soir et lundi – **Repas** 115/330, enf. 65

VICO 2A Corse-du-Sud ⑨⓪ ⑮ – voir à Corse.

VIC-SUR-CÈRE 15800 Cantal ⑦⑥ ⑫ G. Auvergne – 1 968 h alt. 678.
🅱 Office de Tourisme av. Mercier ℰ 04 71 47 50 68, Fax 04 71 47 58 56.
Paris 556 – Aurillac 21 – Murat 31.

🏨 **Family Hôtel**, ℰ 04 71 47 50 49, Fax 04 71 47 51 31, ≤, ⚒, 🅻, 🌳, ✕ – 📶 cuisinette 📺
☎ ✆ 🅿 – 🏛 35. ⒶⒺ ⓞ ⒼⒷ, ✕ rest
Repas 90/160 ♰, enf. 58 – ☕ 45 – **39 ch** 390/445, 16 studios – ½ P 299/345

🏨 **Beauséjour**, ℰ 04 71 47 50 27, Fax 04 71 49 60 04, ≤, parc, ⚒ – 📶 📺 ☎ 🅿 ⒶⒺ ⒼⒷ,
✕ rest
début mai-début oct. – **Repas** 80/130 ♰ – ☕ 32 – **50 ch** 250/370 – ½ P 250/310

🏨 **Bel Horizon** ⑨, ℰ 04 71 47 50 06, Fax 04 71 49 63 81, ≤, ⚒, 🌳 – 📶 ☎. ⒼⒷ
fermé 16 nov. au 10 déc. – **Repas** 70/250 ♰, enf. 45 – ☕ 33 – **30 ch** 210/280 – ½ P 260/270

au Col de Curebourse Sud-Est : 6 km par D 54 – ✉ 15800 Vic-sur-Cère :

🏨 **Hostellerie St-Clément** ⑨, ℰ 04 71 47 51 71, Fax 04 71 49 63 02, ≤ montagne et
vallée, parc – 📺 ☎ 🅿. ⒼⒷ, ✕
fermé 28 oct. au 7 nov., 3 janv. au 4 fév., dim. soir et lundi hors saison – **Repas** 89/250,
enf. 45 – ☕ 39 – **20 ch** 320 – ½ P 300

VIDAUBAN 83550 Var ⑧④ ⑦, ⑪⑭ ⑫ ㉓ – 5 460 h alt. 60.
🅱 Office de Tourisme pl. F.-Maurel ℰ 04 94 73 10 28, Fax 04 94 73 07 82.
Paris 845 – Fréjus 30 – Cannes 62 – Draguignan 19 – Toulon 63.

🏠 **Fontaine** Ⓜ, rte du Thoronet : 1,5 km ℰ 04 94 99 91 91, Fax 04 94 73 16 49 – 📖 rest, 📺
☎ ✆ 🅿. ⓞ ⒼⒷ, ✕
Repas (dîner seul.) 82/145 ♰ – ☕ 45 – **14 ch** 300/350 – ½ P 290

XX **Bastide des Magnans,** rte La Garde-Freinet ℘ 04 94 99 45 91, Fax 04 94 99 44 35, 🏡 – 🅿, 🆎 ⅁🅱
fermé dim. soir et lundi sauf du 1er juil. au 15 sept. **Repas** (00) 140/100 ⅌

X **Concorde,** pl. G. Clemenceau ℘ 04 94 73 01 19, Fax 04 94 73 01 19, 🏡 – 🆎 ⓞ ⅁🅱
fermé 23 au 30 juin, 8 au 17 nov., mardi soir de nov. à mars et merc. – **Repas** 148/280

VIEILLE-TOULOUSE 31 H.-Gar. 82 ⑱ – *rattaché à Toulouse.*

VIEILLEVIE 15120 Cantal 76 ⑫ G. Gorges du Tarn – 146 h alt. 220.
Paris 602 – Aurillac 44 – Rodez 51 – Entraygues-sur-Truyère 16 – Figeac 44 – Montsalvy 13.

🏠 **Terrasse,** ℘ 04 71 49 94 00. Fax 04 71 49 92 23, 🏡, ⴵ, 🎋, ℀ – ☎ 🅿, ⓞ ⅁🅱
🐄 *1er avril-11 nov.* – **Repas** (58) - 78/200 👶 – ☲ 40 – **26 ch** 260/300 – ½ P 260/300

Les noms des localités citées dans ce guide

sont soulignés de rouge

sur les **cartes Michelin** à 1/200 000.

VIENNE ◁🆂🅿▷ 38200 Isère 74 ⑪ ⑫, 110 ㉞ G. Vallée du Rhône – 29 449 h alt. 160.
Voir Site★ – Cathédrale St-Maurice★★ – Temple d'Auguste et de Livie★★ R – Théâtre romain★ – Église★ et cloître★ de St-André-le-Bas – Esplanade du Mont Pipet ≼★ – Anc. église St-Pierre★ – Groupe sculpté★ de l'église de Ste-Colombe AY – Cité gallo-romaine de St-Romain-en-Gal★★.
🛗 Office de Tourisme 3 cours Brillier ℘ 04 74 53 80 30, Fax 04 74 53 80 31.
Paris 490 ① – Lyon 32 ① – Valence 74 ⑥ Grenoble 90 ② – St-Étienne 49 ①

Plan pages suivantes

🏨 **Pyramide** (Henriroux) M, 14 bd F. Point par ④ ℘ 04 74 53 01 96, Fax 04 74 85 69 73, 🏡,
❀❀ 🍴 –💈✦⚒ 🔟 🔟 ☎ 🚫 ⇦ 🅿–🔼 25. 🆎 ⓞ ⅁🅱 🇯🇨🇧
fermé fév. – **Repas** (fermé mardi et merc.) 290 bc (déj.), 470/690 et carte 570 à 830 ⅌, enf. 110 – ☲ 95 – **20 ch** 770/1080, 4 appart
Spéc. Crème soufflée de dormeur au caviar. Cul de veau de lait aux légumes de la vallée. Piano au chocolat ''Jazz à Vienne''. **Vins** Condrieu, Côtes-du-Rhône.

🏠 **Central** sans rest, 7 r. Archevêché ℘ 04 74 85 18 38, Fax 04 74 31 96 33 – 💈 🔟 ☎ ⇦. 🆎
ⓞ ⅁🅱 🇯🇨🇧   BY   u
fermé 14 au 19 août et 9 déc. au 9 janv. – ☲ 36 – **25 ch** 298/500

XX **Bec Fin,** 7 pl. St-Maurice ℘ 04 74 85 76 72, Fax 04 74 85 15 30, 🏡 – 🍴. 🆎 ⅁🅱   AY   r
🏵 *fermé 8 au 16 août, 25 déc. au 4 janv., dim. soir et lundi*
Repas 98 (déj.), 138/300 ⅌

XX **Cloître,** 2 r. des Cloîtres ℘ 04 74 31 93 57, Fax 04 74 85 03 51, 🏡 – 🍴. ⅁🅱   BY   n
fermé sam. midi, dim. et fériés – **Repas** 98 (déj.)/260 ⅌

X **L'Estancot,** 4 r. Table Ronde ℘ 04 74 85 12 09, Fax 04 74 85 12 09 – ⅁🅱   BY   e
🏵 *fermé 5 au 20 août, 25 déc. au 15 janv., dim., lundi et fériés* **Repas** (58) - 68 (déj.), 79/108

à **Baraton** par ②, D 41, D 75 et C 4 : 13 km – ✉ 38780 Septème :

🏠 **Baraton** 🍴, ℘ 04 74 58 29 66, Fax 04 74 58 27 23, 🏡 – 🔟 ☎ ☚ 🅿, ⓞ ⅁🅱, ⅗ rest
Repas 118/190 – ☲ 40 – **11 ch** 270/290 – ½ P 280

à **Pont-Évêque** par ② : 4 km – 5 385 h. alt. 190 – ✉ 38780 :

🏠 **Midi,** pl. Église ℘ 04 74 85 90 11, Fax 04 74 57 24 99, 🏡, ⴵ, 🎋 – 🔟 ☎ 🅿. 🆎 ⓞ ⅁🅱 🇯🇨🇧
Repas (fermé 23 déc. au 6 janv., le midi et dim.) (dîner seul.) 95 ⅌, enf. 45 – ☲ 38 – **18 ch** 295/390 – ½ P 270/310

à **Reventin-Vaugris (village)** par ④, N 7 et D 131 : 9 km – 1 331 h. alt. 230 – ✉ 38121 :

XX **Maison de l'Aubressin,** Nord : 1 km par rte secondaire ℘ 04 74 58 83 02, ≼ Pyla, 🏡,
« Cadre soigné », 🎋 – 🅿. ⅁🅱
fermé 20 mars au 2 avril, 2 au 15 oct., dim. soir et lundi – **Repas** 240 bc/440 bc, enf. 90

VIENNE

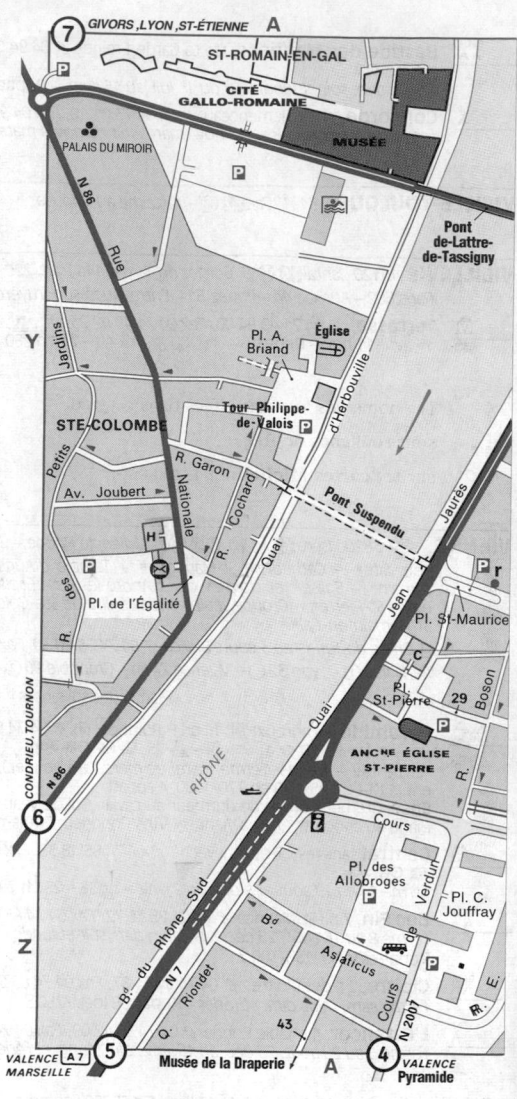

à Chonas l'Amballan *au Sud par* ④ *et N 7 : 9 km – 1 005 h. alt. 250 –* ⊠ *38121 :*

▥▥▥ **Hostellerie du Marais St-Jean** ⌖, ℰ 04 74 58 83 28, Fax 04 74 58 81 96, 佘, 筆 –
   ▥ ☎ ⌣ Ⓟ – ⚥ 30. ⅋ⅇ ⓪ ☒
   fermé 15 au 30 nov. et fév. – **Repas** *(fermé jeudi midi, sam. midi et merc.)* 180/390 ⅋, enf. 85
   – ☲ 65 – **10 ch** 540/590 – ½ P 505/530

▥▥ **Domaine de Clairefontaine** (Girardon) ⌖, ℰ 04 74 58 81 52, Fax 04 74 58 80 93, 佘,
 ❀ parc, ℀ – ▤ rest, ☎ Ⓟ, ⅋ⅇ ⓪ ☒, ℀ rest
   fermé 15 déc. au 31 janv. – **Repas** *(fermé dim. soir, mardi midi et lundi)* 180/450 et carte
   310 à 400 ⅋, enf. 85 – ☲ 55 – **28 ch** 200/600 – ½ P 335/535
   Spéc. Soupière de grenouilles aux mousserons. Sifflets de Saint-Pierre, fricassée de petites
   rattes et artichaut. Caneton de challans en deux façons. **Vins** Crozes-Hermitage, Saint-
   Joseph

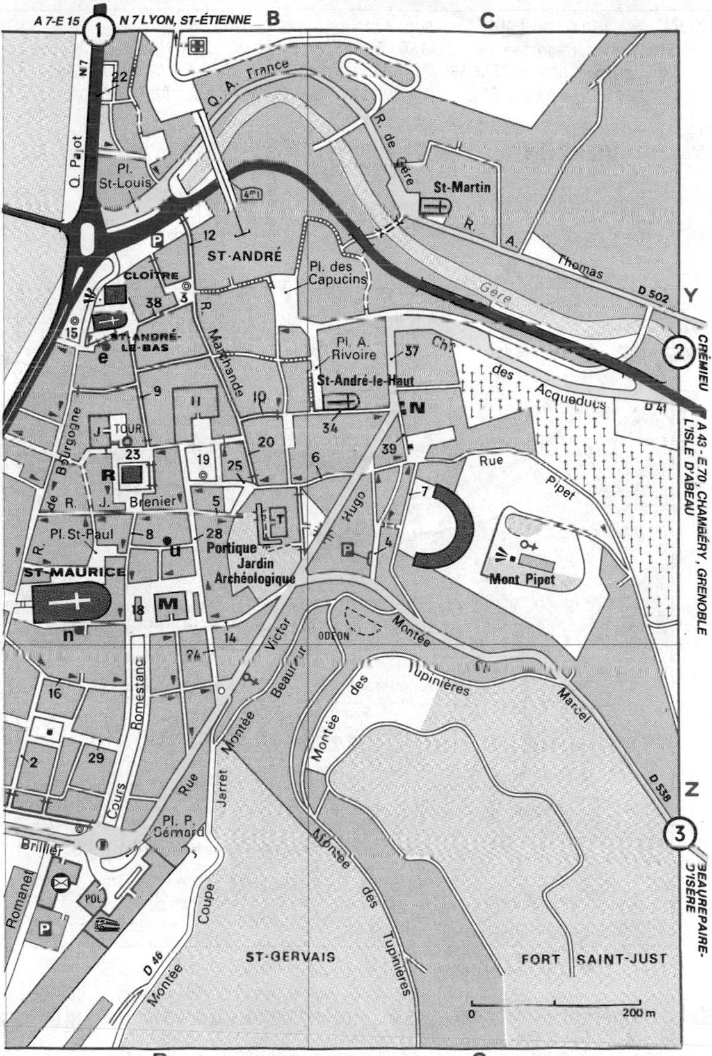

A map of Vienne (France) with street names and numbered locations. Key labels include:

A 7-E 15 — N 7 LYON, ST-ÉTIENNE — **B** — **C**

Q. A. France — R. de Gère — **St-Martin** — R. — A. Thomas — D 502 — **Y**

Q. Pajot — N 7 — Pl. St-Louis — St-André — Pl. des Capucins — Gère — **2** — CRÉMIEU — A 43 - E 70, CHAMBÉRY, GRENOBLE — L'ISLE D'ABEAU

CLOÎTRE — 12 — Marchande — Pl. A. Rivoire — 37 — St-André-le-Haut — des Acqueducs — D 41

ST-ANDRÉ-LE-BAS — 9 — 11 — 10 — 34 — **N** — 39 — Rue — Pipet

Bourgogne — J. TOUR — 23 — 19 — 25 — 20 — 6 — 7 — P — 4 — Mont Pipet

R. — Brenier — 5 — Victor Hugo — Montée — Rue — Pipet

de R. J. — Pl. St-Paul — 8 — 28 — Portique — Jardin Archéologique — ODÉON — Montée — Tupinières — Marcel

ST-MAURICE — U — M — 14 — des — D 538 — **3** — BEAUREPAIRE-D'ISÈRE — **Z**

n — 16 — Romanstang — Jarret — Rue — Montée Beaurevoir — Montée des Tupinières

2 — 29 — Cours — Pl. P. Gémard — Montée des Tupinières — FORT SAINT-JUST

Brillier — POL — D 46 — ST-GERVAIS — Montée des Tupinières

0 —————— 200 m

B — **C**

à Chasse-sur-Rhône *par ① : 8 km (Échangeur A7 - sortie Chasse-sur-Rhône)* – *4 566 h. alt. 180* – ✉ *38670 :*

🏨 **Mercure,** ℰ 04 72 49 58 68, *Fax 04 78 49 58 88,* � – 🛏 ⵏ 🍴 📺 ☎ ❖ & 🅿 – 🛪 25 à 70. Ɐ ① 🆖

Repas *(98)* - 125 ⵏ, enf. 50 – 🍽 65 – **115 ch** 505/635

Dans ce guide

un même symbole, un même caractère,
imprimé en couleur ou en **noir**, en maigre ou en **gras**
n'ont pas tout à fait la même signification.

Lisez attentivement les pages explicatives.

21   1441

Env. Brinay : fresques★ *de l'église SE : 7,5 km par* ④ *et D 27.*

🛈 *Office de Tourisme 26 pl. Vaillant-Couturier* ℘ *02 48 52 65 24, Fax 02 48 71 62 21.*

Paris 211 ① – *Bourges 34* ③ – *Châteauroux 59* ④ – *Orléans 87* ① – *Tours 115* ⑤.

VIERZON

		Dr-P.-Roux (R. du)	**B** 6	Ponts (R. des)	**B**
		Foch (Pl. du Mar.)	**B** 7	République	
		Gaulle (R. Gén.-de)	**A** 9	(Av. de la)	**A** 16
Baron (R. Bl.)	**A** 2	Joffre (R. du Mar.)	**B** 12	Roosevelt (R. Th.)	**B** 18
Briand (Pl. Aristide)	**B** 3	Larchevêque (R. M.)	**A** 13	Voltaire (R.)	**B** 20
Brunet (R. A.)	**B**	Nation (Bd de la)	**A** 14	11-Novembre-1918	
Caucherie (R. de la)	**A** 4	Péri (Pl. Gabriel)	**A** 15	(R. du)	**A** 22

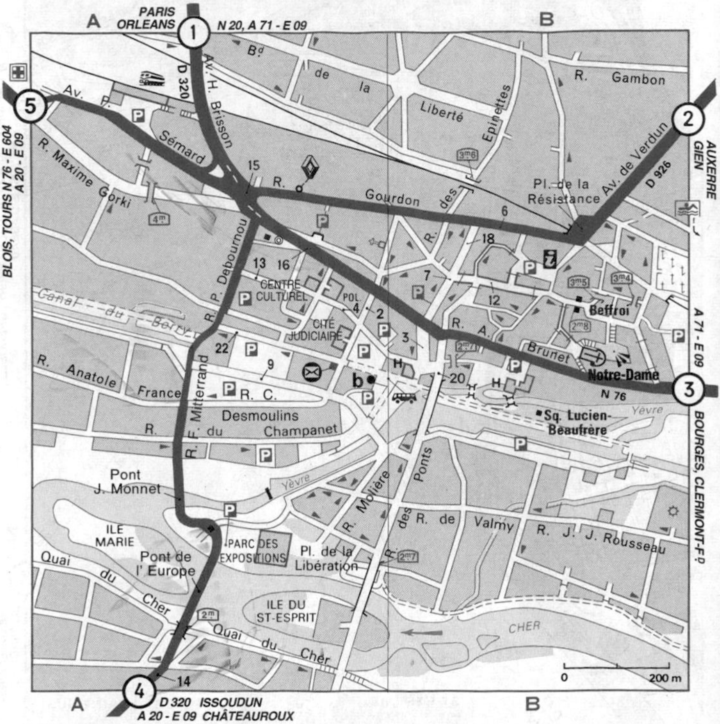

🏨 **Continental**, rte Paris par ① : *1,5 km* ℘ 02 48 75 35 22, Fax 02 48 71 10 39 – 🛗 📺 ☎ 📞
P – 🏛 30. 🖭 ⑩ ⏏
Repas snack (dîner seul.) (résidents seul.) carte environ 120 ♀ – 🖙 45 – **37 ch** 230/280

🏨 **Arche Hôtel**, Forum République ℘ 02 48 71 93 10, *Fax 02 48 71 83 63* – 🛗 📺 ☎ 📞 ⏏
🖭 ⑩ ⏏ **A b**
fermé lundi midi et dim. d'oct. à juin – **Repas** snack *(55)* · 80/130 ♀, enf. 35 – 🖙 35 – **40 ch**
230/350 – ½ P 210/250

à l'échangeur A 71-Vierzon-Est *par* ③ : *4 km* – ✉ 18100 Vierzon :

🏨 **Comfort Inn Primevère**, rte de Bourges ℘ 02 48 75 19 42, Fax 02 48 75 22 02 – ⏏
📺 ☎ 📞 ♿ 🅿 – 🏛 25. 🖭 ⑩ ⏏
Repas *(65)* · 78/90 🍷, enf. 40 – 🖙 35 – **42 ch** 280/325

Vous aimez le camping ?
Utilisez le guide Michelin **Camping Caravaning France.**

VIEUX-BOUCAU-LES-BAINS 40480 Landes 78 ⑯ G. Aquitaine – 1 210 h alt. 5.

🏠 Office de Tourisme Le Mail ℘ 05 58 48 13 47, Fax 05 58 48 15 37.
Paris 740 – Biarritz 45 – Mont-de-Marsan 87 – Bayonne 37 – Castets 28 – Dax 36.

🏠 **Côte d'Argent,** ℘ 05 58 48 13 17, Fax 05 58 48 01 15, 🌲 – 📺 ☎ 🅿. 🆖
fermé 1ᵉʳ oct. au 15 nov. et lundi du 15 nov. à mai – **Repas** 97/180 ₸ – ヱ 34 – **34 ch** 280/340 – ½ P 350/370

VIEUX-MOULIN 60 Oise 56 ③ – rattaché à Compiègne.

VIF 38450 Isère 77 ④ – 5 788 h alt. 320.
Paris 584 – Grenoble 17 – Le Bourg-d'Oisans 45 – Villard-de-Lans 42.

🏠 **Paix,** 10 r. Desaix ℘ 04 76 72 46 75, Fax 04 76 72 74 99, 🌲, 🚲 – 📺 ☎ 🅿. 🆖
🆖 **Repas** 80/170 ₸ – ヱ 38 – **7 ch** 190/280 – ½ P 270

Le VIGAN ⬧ 30120 Gard 80 ⑯ G. Languedoc Roussillon – 4 523 h alt. 221.
Voir Musée Cévenol★.

🏠 Office de Tourisme (en saison : fermé dim. après-midi) pl. Triaire ℘ 04 67 81 01 72, Fax 04 67 81 86 79.
Paris 714 – Montpellier 63 – Alès 64 – Lodève 51 – Mende 102 – Millau 71 – Nîmes 76.

🏠 **Relais du Vigan,** 12 pl. Quai ℘ 04 67 81 63 40, Fax 04 67 81 63 41, 🌲 – 📓 📺 ☎ 📞 – 🏊 40. 🆖
🆖 **Repas** (fermé 12 au 26 nov.) (52) - 63 bc/198 🍴, enf. 50 – ヱ 42 – **14 ch** 260/295 – ½ P 248

🏠 **Commerce** sans rest, 26 r. Barris ℘ 04 67 81 03 28 – ☎ 🅿. 🆖
ヱ 27 – **15 ch** 90/230

au Rey Est : 5 km par D 999 – ✉ 30570 Valleraugue :

🏠 **Château du Rey** ⬧, ℘ 04 67 82 40 06, Fax 04 67 82 47 79, 🌲, parc, 🏊 – 📺 ☎ 🅿. 📀 🆖
fermé janv. et fév. – **L'Abeuradou** ℘ 04 67 82 49 32 (fermé dim. soir et lundi sauf juil.-août)
Repas 110/220 ₸, enf. 49 – ヱ 49 – **13 ch** 355/510 – ½ P 337/414

à Pont d'Hérault Est : 6 km par D 999 – ✉ 30570 Valleraugue :

🏠 **Maurice,** ℘ 04 67 82 40 02, Fax 04 67 82 46 12, 🌲, 🏊, 🚲, 🍴 – 🍽 rest, 📺 ☎ 🅿. 🆖
Repas (fermé dim. soir d'oct. à Pâques) 190/380 – ヱ 46 – **14 ch** 340/500 – ½ P 480

VIGNOUX-SUR-BARANGEON 18500 Cher 64 ⑳ – 1 844 h alt. 157.
Paris 219 – Bourges 25 – Cosne-sur-Loire 68 – Gien 70 – Issoudun 37 – Vierzon 9.

XXX **Prieuré** ⬧ avec ch, rte St-Laurent (D 30) ℘ 02 48 51 58 80, Fax 02 48 51 56 01, 🌲, 🏊, 🚲 – 📺 ☎ 📞 🅿 🆓 🆖
fermé 21 août au 6 sept., 1ᵉʳ au 15 janv., vacances de fév., dim. soir d'oct. à avril, lundi et mardi – **Repas** 100 (déj.), 158/245 – ヱ 40 – **7 ch** 320/390 – ½ P 300/525

VILLAGE-NEUF 68 H.-Rhin 66 ⑩ – rattaché à St-Louis.

VILLAINES-LA-JUHEL 53700 Mayenne 60 ⑫ – 3 171 h alt. 185.
Paris 253 – Alençon 31 – Le Mans 57 – Bagnoles-de-l'Orne 31 – Mayenne 28.

🏠 **Oasis** sans rest, rte Javron : 1 km ℘ 02 43 03 28 67, Fax 02 43 03 35 30, parc – 📺 ☎ 🅿 – 🏊 20. 🆖
ヱ 35 – **14 ch** 230/395

VILLANDRY 37510 I.-et-L. 64 ⑭ – 776 h alt. 50.
Voir Château★★ : jardins★★★, G. Châteaux de la Loire.
Paris 255 – Tours 17 – Azay-le-Rideau 12 – Chinon 32 – Langeais 13 – Saumur 52.

🏠 **Cheval Rouge,** ℘ 02 47 50 02 07, Fax 02 47 50 08 77 – 🍽 rest, ☎ 📞 🅿. 🆖
fermé 1ᵉʳ fév. au 15 mars et lundi – **Repas** 95/180 ₸, enf. 55 – ヱ 40 – **18 ch** 220/270 – ½ P 300/380

VILLAR-D'ARÈNE 05480 H.-Alpes 77 ⑦ – 178 h alt. 1650 – Sports d'hiver : 1 650/2 400 m 🚡4 🎿.
Paris 649 – Briançon 36 – Le Bourg-d'Oisans 32 – La Grave 3 – Grenoble 82.

🏠 **Faranchin,** N 91 ℘ 04 76 79 90 01, Fax 04 76 79 92 88, ≤, 🌲 – ☎ 🅿. 🆒 🆖
1ᵉʳ juin-15 oct. et 20 déc.-25 avril – **Repas** (70) - 90/120 ₸, enf. 47 – ヱ 40 – **39 ch** 230/330 – ½ P 210/290

VILLARD-DE-LANS 38250 Isère ⑦⑦ ④ *G. Alpes du Nord* – *3 346 h alt. 1040* – *Sports d'hiver :
1 050/2 170 m* ⚡ 2 ⚡ 27 ⚡ – *Casino*.

Voir *Gorges de la Bourne*★★★ – *Route de Valchevrière*★ *O par D 215ᶜ*.

Env. *Grottes de Choranche*★★ : *grotte de Coufin*★★ *O : 20 km puis 30 mn*.

🟦 *Office de Tourisme pl. Mure-Ravaud* ℰ 04 76 95 10 38, Fax 04 76 95 98 39, *Centrale de
Réservation* ℰ 04 76 95 96 96.

Paris 589 ① – *Grenoble 35* ① – *Die 69* ② – *Lyon 127* ① – *Valence 69* ② – *Voiron 49* ①.

VILLARD-DE-LANS

Adret (R. de l')	2
Chabert (Pl. P.)	4
Chapelle-en-Vercors (Av.)	5
Dr-Lefrançois (Av.)	6
Francs-Tireurs (Av. des)	8
Galizon (R. de)	9
Gambetta (R.)	10
Gaulle (Av. Gén. de)	12
Libération (Pl. de la)	13
Lycée Polonais (R. du)	14
Martyrs (Pl. des)	15
Moulin (Av. Jean)	16
Mure-Ravaud (Pl. R.)	17
Pouteil-Noble (R. P.)	19
Prof. Nobecourt (Av.)	20
République (R. de la)	22
Roux-Fouillet (R. A.)	23
Victor-Hugo (R.)	26

*Les plans de villes
sont orientés
le Nord en haut.*

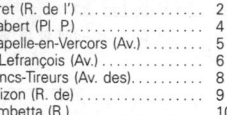

D 215 ⬊ *TÉLÉCABINE CÔTE 2000*

🏨 **Christiania**, av. Prof. Nobecourt **(k)** ℰ 04 76 95 12 51, Fax 04 76 95 00 75, ≤, 佘, 🌊, 🏊,
☞ – 🔌 🔟 ☎ – 🔏 20. 🖭 ⑩ 🗖. 🛠 rest
20 mai-17 sept. et 20 déc.-20 avril – **Tétras** *(fermé merc. hors saison)* **Repas** 130/190 ♀ –
☲ 60 – **23 ch** 370/660 – ½ P 535/615

🏨 **Pré Fleuri** 🦢, rte Cochettes **(t)** ℰ 04 76 95 10 96, Fax 04 76 95 56 23, ≤, 佘, ☞ – 🔟 ☎
🅿. 🗖. 🛠
1ᵉʳ juin-30 sept. et 20 déc.-15 avril – **Repas** *(75)* - 102/200 ♀ – ☲ 43 – **20 ch** 355/410 –
½ P 360

🏨 **Fleur du Roy** 🦢, 166 r. Prof. Lesne **(s)** ℰ 04 76 95 11 91, Fax 04 76 95 56 79, ≤, ☞ – 🔟
☎. 🗖
fermé nov. à mi-déc. – **Repas** *(fermé avril et nov. à mi-déc.)* (dîner seul.)(résidents seul.) 100
– ☲ 38 – **11 ch** 340 – ½ P 380

🏨 **Georges**, av. Gén. de Gaulle **(u)** ℰ 04 76 95 11 75, Fax 04 76 95 92 66, 🏊, ☞, 🍴 – 🔟 ☎
🅿. 🗖. 🛠 rest
18 mai-25 sept. et 18 déc.-24 avril – **Repas** 105/125 🍷, enf. 60 – ☲ 40 – **19 ch** 250/350 –
½ P 160/250

🏨 **Villa Primerose** sans rest, quartier Bains **(d)** ℰ 04 76 95 13 17, ≤, ☞ – ☎ 🅿. 🗖
fermé 1ᵉʳ oct. au 20 déc. – ☲ 25 – **18 ch** 220/250

🍴 **Bacha**, 42 pl. Libération **(r)** ℰ 04 76 95 15 24, 佘 – 🗖
fermé 15 au 30 avril, 15 au 30 nov., 18 au 24 déc., lundi soir et mardi – **Repas** 75 (déj.),
95/170

au Bois-Barbu *Ouest : 3 km par D 215ᵉ* – ⊠ *38250 Villard-de-Lans* :

🍴 **Ferme du Bois Barbu** 🦢 avec ch, **(n)** ℰ 04 76 95 13 09, Fax 04 76 94 10 65, ≤, 佘 –
☎ 🅿. 🖭 🗖
fermé 12 au 23 juin, 13 nov. au 8 déc., dim. soir et merc. sauf vacances scolaires – **Repas** *(90)*
- 120 (déj.)/300 ♀, enf. 50 – ☲ 35 – **8 ch** 230/280 – ½ P 270

au Balcon de Villard *rte Côte 2000, Sud-Est : 4 km par D 215 et D 215ᴮ* – ⊠ *38250 Villard-de-Lans* :

🏨 **Playes** 🦢, ℰ 04 76 95 14 42, Fax 04 76 95 58 38, ≤, 佘, ☞, 🍴 – 🔟 ☎ 🅿. 🗖. 🛠 rest
1ᵉʳ juin-20 sept. et 15 déc.-20 avril – **Repas** 100/170, enf. 55 – ☲ 40 – **23 ch** 330/365 –
½ P 320/340

à Corrençon-en-Vercors *Sud : 6 km par D 215 – 264 h. alt. 1105 –* ⊠ *30250 :*

🏨 **du Golf** Ⓜ ≫, Les Ritons 𝒫 04 76 95 84 84, Fax 04 76 95 82 85, ≤, 🛋, 🌊, ☞ – 📺 ☎ ℃
📶 🅐🅔 ⓪ ⚎
fermé avril et 15 oct. au 15 déc. – **Repas** *(fermé dim. soir et lundi de mars à juin et sept.)* 95
(déj.), 145/195 ♀ – ⊊ 60 – **12 ch** 630/790 – ½ P 615

VILLARD-ST-SAUVEUR 39 Jura 70 ⑮ – rattaché à St-Claude.

VILLARS-LES-DOMBES 01330 Ain 74 ②, 110 ⑥ G. Vallée du Rhône – 3 415 h alt. 281.

Voir *Vierge à l'Enfant★ dans l'église – Parc ornithologique★ S : 1 km.*
🅑 *Office de Tourisme pl. de la Mairie 𝒫 04 74 98 06 29, Fax 04 74 98 12 77.*
Paris 434 – Lyon 36 – Bourg-en-Bresse 30 – Villefranche-sur-Saône 27.

🏨 **Ribotel**, rte Lyon 𝒫 04 74 98 08 03, Fax 04 74 98 29 55, 🏫 – 📳 📺 ☎ ℃ & 🛗 🅿 🅐🅔 ⚎ 🚌
Repas *(fermé 2 au 21 janv., lundi midi et vend. de nov. à mars)* 90/200 ♨, enf. 50 – ⊊ 45 –
47 ch 250/300 – ½ P 270

✗ **Col Vert**, r. Commerce 𝒫 04 74 98 00 33, Fax 04 74 98 12 97 – 🅐🅔 ⚎
fermé 27 nov. au 29 déc., les soirs sauf sam. de nov. à fév., dim. soir, lundi et mardi – **Repas**
95/265

à Bouligneux *Nord-Ouest : 4 km par D 2 – 274 h. alt. 282 –* ⊠ *01330 :*

✗✗✗ **Auberge des Chasseurs** (Dubreuil), 𝒫 04 74 98 10 02, Fax 04 74 98 28 87, 🏫 – ⚎
🌸 *fermé 1er au 8 sept., 20 déc. au 20 janv., mardi soir et merc. –* **Repas** 150/320 et carte 270 à
370 ♀, enf. 95
Spéc. Fricassée de chanterelles aux écrevisses (juin à nov.). Poêlée de Saint-Jacques et
langoustines sauce crustacés (sept. à mai). Poulet de bresse à la crème aux morilles. **Vins**
Vins du Bugey.

✗✗ **Thou,** 𝒫 04 74 98 15 25, Fax 04 74 98 13 57, 🏫, 🌳 – ⚎
fermé 2 au 22 oct., 1er au 23 fév., lundi et mardi – **Repas** 175/320 ♀

✗ **Hostellerie des Dombes,** 𝒫 04 74 98 08 40, Fax 04 74 98 16 63, 🏫 – 🅿. ⚎
fermé 20 au 29 juin, 20 déc. au 6 janv., mardi soir et merc. – **Repas** 120/200

VILLARS-SOUS-DAMPJOUX 25190 Doubs 66 ⑱ – 422 h alt. 362.

Paris 478 – Besançon 76 – Baume-les-Dames 42 – Montbéliard 22 – Morteau 49.

✗✗ **Sur les Rives du Doubs,** à Dampjoux Sud : 1 km 𝒫 03 81 96 93 82, Fax 03 81 96 46 61,
🏫 – 🅿. ⚎, 🌾
fermé 2 au 15 janv., mardi soir et merc. – **Repas** 180/240

à Bief *Sud : 3 km – 132 h. alt. 362 –* ⊠ *25190 :*

✗ **Auberge Fleurie**, 𝒫 03 81 96 53 01, Fax 03 81 96 55 64, 🏫 – 🅿. ⚎
🐟 *fermé 25 août au 10 sept., vacances de fév., mardi soir et merc. sauf fériés –* **Repas** 55 (déj.),
85/150 ♀

VILLÉ 67220 B.-Rhin 62 ⑧ ⑨ G. Alsace Lorraine – 1 550 h alt. 260.

🅑 *Office de Tourisme à la Mairie 𝒫 03 88 57 11 57 et (saison) pl. Marché 𝒫 03 88 57 11 69,
Fax 03 88 57 04 54.*
Paris 418 – Strasbourg 58 – Lunéville 82 – St-Dié 39 – Ste-Marie-aux-Mines 26 – Sélestat 16.

🏨 **Bonne Franquette**, 6 pl. Marché 𝒫 03 88 57 14 25, Fax 03 88 57 08 15 – 🕰 📺 ☎. ⚎
fermé 1er au 8 nov. et 7 au 27 fév. – **Repas** *(fermé dim. soir sauf juil.-août et lundi)*
115/350 bc ♀, enf. 55 – ⊊ 40 – **10 ch** 280/330 – ½ P 250/300

La VILLE-AUX-CLERCS 41160 L.-et-Ch. 64 ⑥ – 1 114 h alt. 143.

Paris 158 – Brou 42 – Châteaudun 27 – Le Mans 73 – Orléans 71 – Vendôme 18.

🏨 **Manoir de la Forêt** ≫, à Fort-Girard, Est : 1,5 km par rte secondaire 𝒫 02 54 80 62 83,
Fax 02 54 80 66 03, ≤, 🏫, parc – 📺 ☎ ℃ 🅿 – 🔬 30. 🅐🅔 ⚎
Repas *(fermé dim. soir et lundi d'oct. à mars)* 160/295 ♀ – ⊊ 50 – **19 ch** 310/400 –
½ P 460/480

La VILLE-BLANCHE 22 C.-d'Armor 59 ① – rattaché à Lannion.

Repas soignés à prix modérés : 🍲 **Repas** 100/130

VILLECOMTAL-SUR-ARROS *32730 Gers* 82 ⑬ – *773 h alt. 177.*
Paris 791 – Auch 49 – Pau 71 – Aire-sur-l'Adour 66 – Tarbes 26.

XX **Rive Droite,** ✆ 05 62 64 83 08, *Fax 05 62 64 84 02,* – AE GB.
fermé vacances de Toussaint, sam. midi et merc. – **Repas** 75 (déj.), 105/210 ♀

VILLECROZE *83690 Var* 84 ⑥, 114 ㉑ *G. Côte d'Azur* – *1 029 h alt. 300.*
Voir *Belvédère★ N : 1 km.*
Office de Tourisme r. A.-Croizat ✆ 04 94 67 50 00, Fax (Mairie)04 94 67 53 29.
Paris 830 – Aups 8 – Brignoles 39 – Draguignan 21.

XX **Colombier,** rte Draguignan ✆ 04 94 70 63 23, *Fax 04 94 70 63 23,* – P. GB
fermé 20 nov. au 9 déc., lundi sauf août et mardi soir en hiver – **Repas** 110/260 ♀, enf. 70

au Sud-Est *par rte de Draguignan et rte secondaire : 3 km* – ✉ *83690 Salernes :*

X **Au Bien Être** avec ch, ✆ 04 94 70 67 57, – TV P. GB. ch
fermé vacances de Toussaint et de fév. – **Repas** *(fermé dim. soir et lundi sauf juil.-août)* 160/180 ♀, enf. 60 – 48 – **8 ch** 335/345 – ½ P 318

VILLEDIEU-LES-POÊLES *50800 Manche* 59 ⑧ *G. Normandie Cotentin* – *4 356 h alt. 105.*
Office de Tourisme pl. des Costils ✆ 02 33 61 05 69, (hors saison) Mairie ✆ 02 33 61 00 16.
Paris 309 – St-Lô 36 – Alençon 122 – Avranches 22 – Caen 79 – Flers 59.

Fruitier M, pl. Costils ✆ 02 33 90 51 00, *Fax 02 33 90 51 01* – TV – 60. GB
fermé 18 déc. au 14 janv. – **Repas** *(68)* - 85/188 ♀, enf. 45 – 35 – **38 ch** 240/280, 10 duplex – ½ P 260/300

St-Pierre et St-Michel, pl. République ✆ 02 33 61 00 11, *Fax 02 33 61 06 52* – TV P. GB
fermé 8 au 28 janv. – **Repas** 115/195 ♀, enf. 40 – 35 – **23 ch** 240/260 – ½ P 260

XX **Manoir de l'Acherie** avec ch, à l'Acherie Est : 3,5 km par N 175 et D 554 ✆ 02 33 51 13 87, *Fax 02 33 61 89 07,* « Dans le bocage normand », – TV P – 50. AE GB.
fermé 6 au 22 nov., vacances de fév., dim. soir de nov. à mars et lundi sauf le midi en juil.-août – **Repas** 95/235 ♀, enf. 50 – 40 – **15 ch** 220/340 – ½ P 340/385

VILLE-EN-TARDENOIS *51170 Marne* 56 ⑮ *G. Champagne* – *530 h alt. 161.*
Paris 124 – Reims 21 – Châlons-en-Champagne 72 – Château-Thierry 38 – Épernay 25.

XX **Auberge du Postillon,** D 380 ✆ 03 26 61 83 67, *Fax 03 26 61 84 64* – AE GB
Repas 90/250

VILLEFORT *48800 Lozère* 80 ⑦ *G. Languedoc Roussillon* – *700 h alt. 600.*
Env. *Belvédère du Chassezac★★ N : 9 km puis 15 mn.*
Office de Tourisme r. l'Église ✆ 04 66 46 87 30.
Paris 625 – Alès 54 – Aubenas 61 – Florac 66 – Mende 57 – Pont-St-Esprit 90.

Balme, Place du Portalet ✆ 04 66 46 80 14, *Fax 04 66 46 85 26,* – AE GB
fermé 16 au 20 oct., 16 nov. au 5 fév., dim. soir et lundi hors saison – **Repas** 120/210 ♀, enf. 50 – 40 – **18 ch** 185/340 – ½ P 245/350

Lac, au bord du lac, Nord par D 906 ✆ 04 66 46 81 20, *Fax 04 66 46 90 95,* ←, – P. GB
1er mars-30 nov. et fermé merc. d'oct. à mai – **Repas** 88/168, enf. 40 – 38 – **10 ch** 260/380 – ½ P 260/320

VILLEFRANCHE-D'ALLIER *03430 Allier* 69 ⑫ *G. Auvergne* – *1 360 h alt. 270.*
Paris 341 – Moulins 51 – Bourbon-l'Archambault 31 – Montluçon 25 – Montmarault 13.

Relais Bourbonnais M, 1 r. Gare ✆ 04 70 07 40 01, *Fax 04 70 07 48 36,* – TV P. GB
fermé 1er au 15 oct., 22 au 26 déc., 15 fév. au 1er mars, lundi (sauf hôtel) et dim. soir – **Repas** 70/240 , enf. 50 – 36 – **14 ch** 220/300 – ½ P 270/280

VILLEFRANCHE-DE-CONFLENT *66500 Pyr.-Or.* 86 ⑰ *G. Languedoc Roussillon* – *261 h alt. 435.*
Voir *Ville forte★ – Fort Liberia★ – Commune de la "Méridienne Verte".*
Office de Tourisme pl. Église ✆ 04 68 96 22 96, Fax 04 68 96 23 93.
Paris 906 – Perpignan 50 – Mont-Louis 30 – Olette 10 – Prades 6 – Vernet-les-Bains 6.

XXX **Auberge Saint-Paul,** 7 pl. Église 𝒫 04 68 96 30 95, Fax 04 68 96 30 95, 🏠 – ⓞ 🅶🅱
fermé 19 au 23 juin, 20 au 29 nov., 5 au 28 janv., mardi d'oct. à Pâques et lundi – **Repas** 140/500 et carte 300 à 380 ♈

VILLEFRANCHE-DE-ROUERGUE 🕊 *12200 Aveyron* 🔟🔟 ⑳ *G. Midi-Pyrénées* – *12 291 h*
alt. 230 Voir *La Bastide★ ; place Notre-Dame★, église Notre-Dame★* – *Ancienne char-treuse St-Sauveur★ par* ③.

🄱 *Office de Tourisme Promenade Guiraudet* 𝒫 05 65 45 13 18, Fax 05 65 45 55 58.
Paris 608 ① – *Rodez 58* ① – *Albi 68* ③ – *Cahors 61* ④ – *Montauban 76* ①.

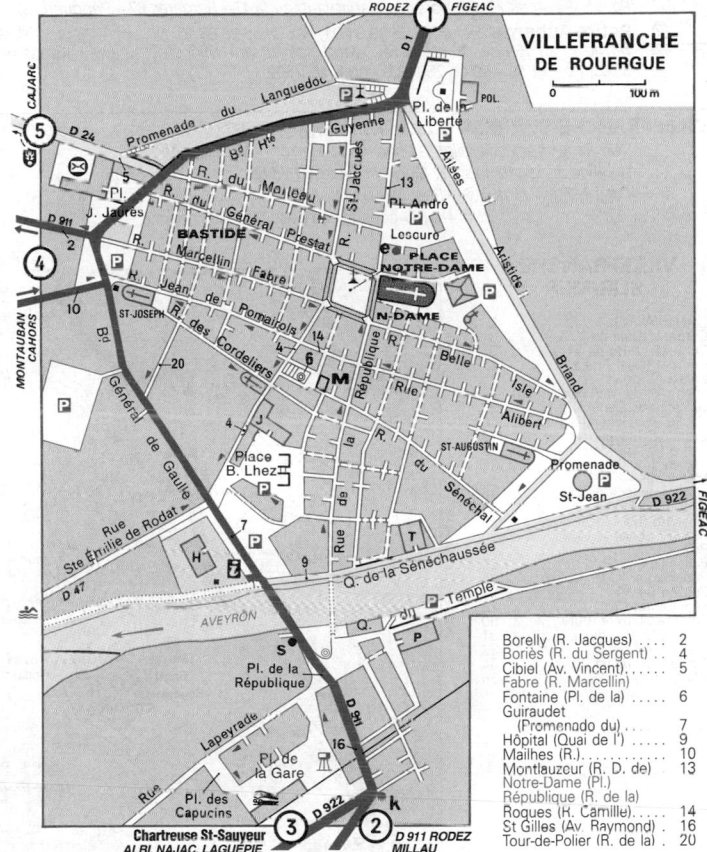

Borelly (R. Jacques) 2
Boriès (R. du Sergent) . . 4
Cibiel (Av. Vincent) 5
Fabre (R. Marcellin)
Fontaine (Pl. de la) 6
Guiraudet
  (Promenade du) . . 7
Hôpital (Quai de l') 9
Mailhes (R.) 10
Montlauzeur (R. D. de) . . 13
Notre-Dame (Pl.)
République (R. de la)
Roques (R. Camille) 14
St Gilles (Av. Raymond) . 16
Tour-de-Polier (R. de la) . 20

🏛 **L'Univers,** pl. République (1ᵉʳ étage) (s) 𝒫 05 65 45 15 63, Fax 05 65 45 02 21 – 📺 ☎ 📞
🚗 – 🛎 50. 🅰🅴 ⓞ 🅶🅱
Repas *(fermé 16 au 23 juin, 17 au 25 nov., vend. soir et sam. d'oct. à juin)* (65) - 79/295 ♴, enf. 60 – ☲ 39 – **30 ch** 185/350 – ½ P 285/320

🏛 **Francotel** Ⓜ, Centre Comm. Hyper U par ① *et D1ᴱ : 1 km* 𝒫 05 65 81 17 22, Fax 05 65 45 56 09, ⌇ – 🛗 📺 ☎ 📞 🄿 – 🛎 80. 🅰🅴 ⓞ 🅶🅱
fermé dim. – **Repas** (60) - 80 ♴, enf. 40 – ☲ 40 – **28 ch** 270/290, 16 duplex – ½ P 260

X **Assiette Gourmande,** pl. A. Lescure (e) 𝒫 05 65 45 25 95, 🏠 – ⓞ 🅶🅱
🚗 *fermé 15 avril au 1ᵉʳ mai, 28 oct. au 5 nov., mardi soir et merc. soir hors saison et dim.* – **Repas** 80/180 ♈, enf. 55

X **Bellevue,** 5 av. du Ségala (k) 𝒫 05 65 45 23 17 – 🅶🅱
🚗 *fermé 26 juin au 3 juil., vacances de Toussaint, de fév., dim. et lundi* – **Repas** 85/280

au Farrou par ① : 4 km – ⊠ 12200 Villefranche-de-Rouergue :

ⓐⓐ **Relais de Farrou** Ⓜ, ℘ 05 65 45 18 11, Fax 05 65 45 32 59, 佘, ℐ₆, ℐ, ☞, ✵ – ✵,
☲ ch, ⓣⓥ ☎ ℣ & Ⓟ – 益 25. ☺ⓑ
fermé 27 oct au 7 nov., 22 au 28 déc. et 19 au 28 fév. – **Repas** *(fermé dim. soir et lundi hors
saison)* (84) - 128/227 ♈, enf. 72 – ⊇ 45 – **26 ch** 260/470 – ½ P 335/410

VILLEFRANCHE-DU-PÉRIGORD 24550 Dordogne ⑦⑤ ⑰ G. Périgord Quercy – 827 h alt. 220.

🚹 *Syndicat d'Initiative (hors saison, ouvert sam., mardi et dim. matin) r. Notre-Dame ℘ 05
53 29 98 37, Fax 05 53 30 40 12.*

Paris 579 – Agen 77 – Cahors 40 – Sarlat-la-Canéda 47 – Bergerac 67 – Périgueux 87.

🏛 **Petite Auberge** ﹠, ℘ 05 53 29 91 01, Fax 05 53 28 88 10, 佘, ☞ – ⓣⓥ ☎ ℣ Ⓟ. ☺ⓑ
ⓢⓑ *fermé 1ᵉʳ au 15 nov., 1ᵉʳ au 15 fév., vend. soir et sam. midi d'oct. à avril* – **Repas** 65 (déj.),
85/225 ♈ – ⊇ 38 – **10 ch** 250/320 – ½ P 260/300

VILLEFRANCHE-SUR-MER 06230 Alpes-Mar. ⑧④ ⑨ ⑩, ⑪⑮ ㉗ G. Côte d'Azur – 8 080 h alt. 30.

Voir Rade★★ – Vieille ville★ – Chapelle St-Pierre★ – Musée Volti★.

🚹 *Office de Tourisme sq. F.-Binon ℘ 04 93 01 73 68, Fax 04 93 76 63 65.*

Paris 937 ⑤ – Nice 6 ③ – Beaulieu-sur-Mer 4 ③

Plans Accès et sorties : Voir plan de Nice.

VILLEFRANCHE-SUR-MER

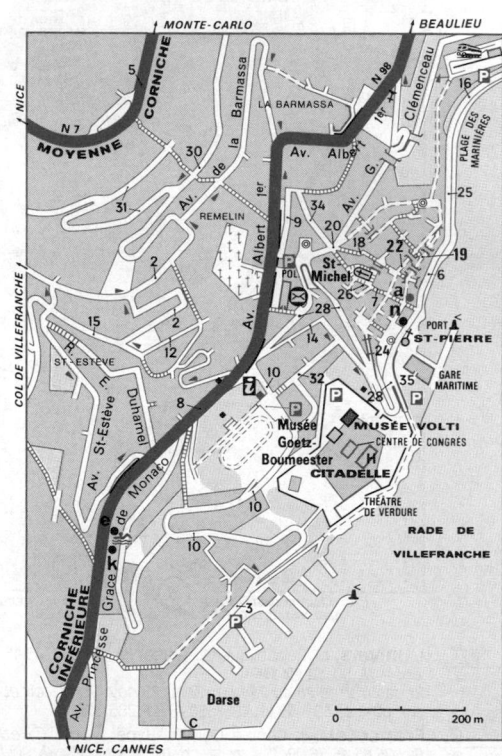

*Les **cartes Michelin**
sont constamment
tenues à jour.*

***Michelin maps**
are kept up to date.*

🏨 **Welcome,** 1 quai Courbet **(n)** ℘ 04 93 76 27 62, Fax 04 93 76 27 66, ≤ port et plage, 佘 –
🕴, 🗐 ch, ⓣⓥ ☎. Ⓐ ⓞ ☺ⓑ ⒿⒸⒷ. ✵ rest
fermé 15 nov. au 21 déc. – **St-Pierre** ℘ 04 93 76 27 27 *(fermé le midi du 15/06 au 15/09,
mardi midi du 15/09 au 15/06 et lundi)* **Repas** 170/320 – ⊇ 40 – **32 ch** 690/950 – ½ P 540/
670

🏨🏨 **Flore** Ⓜ, av. Princesse Grace de Monaco (e) ℘ 04 93 76 30 30, Fax 04 93 76 99 99, ≤, 佘,
⤵ – ⬚ 🎥 ☎ ❤ ὁ, ⟵ 🅿 – 🔔 30, ΑΕ ⑩ ⠛ 🌐

Le Fleuron (fermé 3 au 31 janv.) Repas 260 ♈, enf 75 – ⚃ 65 – **31 ch** 720/1160 –
½ P 480/800

🏨🏨 **Versailles**, av. Princesse Grace de Monaco (k) ℘ 04 93 76 52 52, Fax 04 93 01 97 48,
≤ rade, 佘, ⤵ – ▮ 🗏 ch, 🎥 ☎ 🅿, ΑΕ ⑩ ⠛

fermé nov. et déc. – **Repas** (fermé lundi hors saison) 170 ♈, enf. 100 – ⚃ 65 – **49 ch**
650/900 – ½ P 525/575

XX **Mère Germaine**, quai Courbet (a) ℘ 04 93 01 71 39, Fax 04 93 01 96 44, ≤, 佘 – ΑΕ ⠛
🌐

fermé 20 nov. au 24 déc. – **Repas** 210/280 ♈

VILLEFRANCHE-SUR-SAÔNE ⬦ 69400 Rhône 🎴 ①, 🔢 ③ G. Vallée du Rhône –
29 542 h alt. 190.

🅱 Office de Tourisme 96 r. de la Sous-Préfecture ℘ 04 74 68 05 18, Fax 04 74 68 44 91.

Paris 433 ⑦ – Lyon 35 ⑤ – Bourg-en-Bresse 54 ③ – Mâcon 45 ⑤ – Roanne 73 ⑥.

VILLEFRANCHE-SUR-SAÔNE

🏨 **Plaisance** sans rest, 96 av. Libération ℘ 04 74 65 33 52, Fax 04 74 62 02 89 – ▮ 🎥 ☎ ❤
⟵ 🅿 – 🔔 40, ΑΕ ⑩ ⠛   **AZ n**
fermé 24 déc. au 1ᵉʳ janv. – ⚃ 41 – **68 ch** 374/520

🏨 **Newport**, av. de l'Europe Z.I. Nord-Est ℘ 04 74 68 75 59, Fax 04 74 09 08 89 – 🗏 🎥 ☎ ❤
ὁ 🅿 – 🔔 60, ΑΕ ⠛   **DX v**
Repas (fermé sam. midi et dim.) 79/185 ♈, enf. 48 – ⚃ 38 – **37 ch** 210/200 – ½ P 245

VILLEFRANCHE-SUR-SAÔNE

Carnot (Pl.)	**BZ** 9	République (R. de la)	**AZ** 41	
Faucon (R. du)	**BY** 19	Salengro (Bd Roger)	**AY** 46	
Fayettes (R. des)	**BZ** 20	Savigny (R. J. M.)	**AZ** 47	
Grange-Blazet (R.)	**BZ** 23	Sous-Préfecture (Pl.)	**AZ** 49	
Marais (Pl. des)	**BZ** 32	Sous-Préfecture (R.)	**AZ** 50	
Nationale (R.)	**BYZ**	Stalingrad (R. de)	**BZ** 52	

Belleville (R. de) . . . . . . **BY** 5

[City map of Villefranche-sur-Saône]

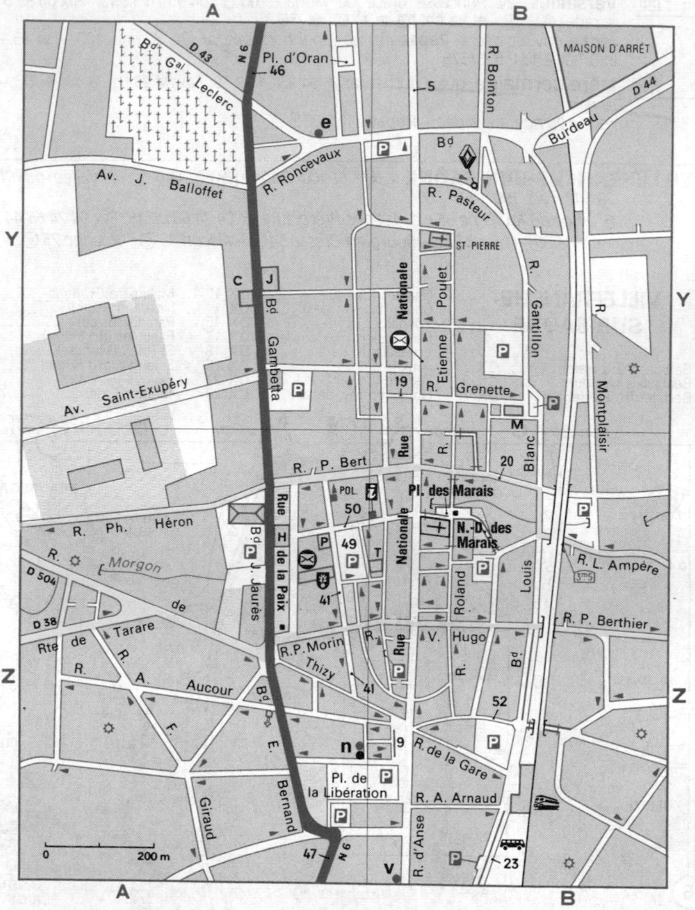

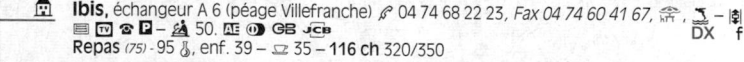

Ibis, échangeur A 6 (péage Villefranche) ✆ 04 74 68 22 23, *Fax 04 74 60 41 67*, 😀, 🛠 – 📶
📺 ☎ 🅿 – 🚗 50. 🖭 ⑩ 🅶🅱 💃💄💅
DX **f**
Repas (75) - 95 🍴, enf. 39 – 🖂 35 – **116 ch** 320/350

XXX **Faisan Doré**, Nord-Est : 2,5 km par bd Burdeau et rte Beauregard ✆ 04 74 65 01 66,
Fax 04 74 09 00 81, 😀 – 🅿. 🖭 ⑩ 🅶🅱
DX **u**
fermé en sept., dim. soir et lundi soir – **Repas** 150/340 et carte 310 à 400 🍷

XXX **Ferme du Poulet** Ⓜ avec ch, 180 r. Mangin, Z.I. Nord-Est ✆ 04 74 62 19 07,
Fax 04 74 09 01 89, 😀 – 🛗, 🍴 ch, 📺 ☎ 📞 🅿 – 🚗 45. 🅶🅱
DX **s**
fermé dim. soir – **Repas** 140 (déj.), 198/320 et carte 280 à 410 🍷 – 🖂 55 – **9 ch** 380/480

XXX **Fontaine Bleue**, 18 r. J. Moulin ✆ 04 74 68 10 37, *Fax 04 74 68 70 38* – 🍴. 🅶🅱 AZ **n**
fermé 15 au 31 août, 20 déc. au 2 janv., merc. midi et dim. – **Repas** (95) - 130/220 et carte
240 à 320 🍷

XX **Cèdre,** 196 r. Roncevaux   *04 74 68 05 69, Fax 04 74 65 04 69,* 🌳 *–* AE GB, 🍴   AY   e
fermé 3 au 24 août, dim. sauf le midi de sept. à juin et lundi soir – **Repas** *110/150* 🍷

X **Juliénas,** r. Anse   *04 74 09 16 55 –* 🖥. GB   BZ   v
🍽   *fermé août, Noël au Jour de l'An, sam. midi et dim. –* **Repas** *85/160* 🍶

VILLEJUIF *94 Val-de-Marne* 101 ①., 101 ⑳   *voir à Paris, Environs.*

VILLEJUST *91 Essonne* 60 ⑩., 101 ㉞ *– voir à Paris, Environs.*

VILLEMAGNE-L'ARGENTIÈRE *34600 Hérault* 83 ④ *G. Languedoc Roussillon – 365 h alt. 193.*
Paris 737 – Montpellier 80 – Bédarieux 8 – Béziers 38 – Lunas 22 – Olargues 24.

X **Auberge de l'Abbaye,**   *04 67 95 34 84,* 🌳 *–* AE ⓪ GB
fermé 9 janv. au 24 fév., dim. soir et lundi – **Repas** *100/260, enf. 50*

VILLEMUR-SUR-TARN *31340 H.-Gar.* 82 ⑧ *G. Midi-Pyrénées – 4 840 h alt. 108.*
Paris 666 – Toulouse 41 – Albi 62 – Castres 74 – Montauban 24.

XXX **Ferme de Bernadou,** rte Toulouse   *05 61 09 02 38, Fax 05 61 35 94 87,* ≼, 🌳 , parc *–*
P. GB *– fermé dim. soir et lundi –* **Repas** *128/230 et carte 210 à 300, enf. 100*

au Sud *: 5 km par D 14 et rte secondaire – ⊠ 31340 Villemur sur Tarn :*

X **Auberge du Flambadou,**   *05 61 09 40 72, Fax 05 61 09 40 72,* 🌳 *–* **P.** GB
fermé dim. soir sauf de mai à sept., merc. soir et lundi – **Repas** *65 (déj.), 98/170* 🍶 *, enf. 40*

VILLENAUXE-LA-GRANDE *10370 Aube* 61 ⑤ *G. Champagne – 2 135 h alt. 80.*
Voir *Déambulatoire★ de l'église.*
Paris 104 – Troyes 60 – La Ferté-Gaucher 36 – Nogent-sur-Seine 15 – Sézanne 24.

🏠 **Flaubert,** pl. Église   *03 25 21 58 26, Fax 03 25 21 59 88,* 🌳 *–* 📺 ☎ 🔧, GB
🍴   *fermé lundi –* **Repas** *(65) - 85/155* 🍷 *, enf. 40 –* ⌸ *30 –* **12 ch** *180/200 – ½ P 260*

VILLENAVE-D'ORNON *33 Gironde* 71 ⑨ *– rattaché à Bordeaux.*

VILLENEUVE D'ASCQ *59 Nord* 51 ⑯., 111 ㉓ *– rattaché à Lille.*

VILLENEUVE-DE-BERG *07170 Ardèche* 80 ⑨ *G. Vallée du Rhône – 2 290 h alt. 320.*
🚉 *Syndicat d'Initiative (hors saison) Mairie   04 75 94 80 09 (juill.-août) Maison de l'Artisanat,*
Hôtel de Malmazot   04 75 94 89 28.
Paris 630 – Valence 71 – Aubenas 16 – Largentière 28 – Montélimar 27 – Privas 45.

X **Auberge de Montfleury,** à la gare, Ouest : 4 km par rte Aubenas   *04 75 94 74 13,*
Fax 04 75 94 74 13, 🌳 *–* **P.** GB
fermé dim. soir et lundi sauf juil.-août – **Repas** *78 (déj.), 98/240* 🍷

VILLENEUVE-DE-MARSAN *40190 Landes* 82 ① ② *G. Aquitaine – 2 107 h alt. 80.*
Paris 703 – Mont-de-Marsan 19 – Aire-sur-l'Adour 22 – Auch 90 – Condom 64.

🏨 **Hervé Garrapit** 🍽 ,   *05 58 45 20 08, Fax 05 58 45 34 14,* 🌳 , 🎱 , 🌭 *–* 📺 ☎ 🔧 **P.** AE
🍴   ⓪ GB
Repas *70/320* 🍷 *–* ⌸ *80 –* **9 ch** *350/900 – ½ P 455/730.*

VILLENEUVE-DE-RIVIÈRE *31 H.-Gar.* 86 ① *– rattaché à St-Gaudens.*

VILLENEUVE-EN-MONTAGNE *71390 S.-et-L.* 69 ⑧ *– 134 h alt. 456.*
Paris 360 – Chalon-sur-Saône 25 – Autun 44 – Beaune 41 – Le Creusot 20 – Mâcon 76.

X **Quatre Vents** 🍽 avec ch,   *03 85 96 99 66, Fax 03 85 96 90 44,* 🌳 *–* 📺. GB
fermé 3 au 10 sept., mardi soir et merc. – **Repas** *(70) - 110/170* 🍷 *–* ⌸ *40 –* **8 ch** *180/250 –*
½ P 230/290

VILLENEUVE-LA-GARENNE *92 Hauts-de-Seine* 55 ⑳., 101 ⑮ *– voir à Paris, Environs.*

VILLENEUVE-LA-SALLE *05 H.-Alpes* 77 ⑧ ⑱ *– rattaché à Serre-Chevalier.*

VILLENEUVE-LE-COMTE 77174 S.-et-M. **61** ②, **106** ㉒ – 1 297 h alt. 126.

Paris 40 – Lagny-sur-Marne 13 – Meaux 19 – Melun 38.

XXX **Bonne Marmite**, 15 r. Gén. de Gaulle ℘ 01 60 43 00 10, Fax 01 60 43 11 01, 斎 – **P**. **AE** **①** **GB**

fermé 6 au 24 août, vacances de fév., mardi et merc. – **Repas** (110) - 160/350 et carte 260 à 420 ♀, enf. 90

VILLENEUVE-LE-ROI 94 Val-de-Marne **61** ①,, **101** ㉖ – voir à Paris, Environs.

VILLENEUVE-LÈS-AVIGNON 30400 Gard **81** ⑪ ⑫ G. Provence – 10 730 h alt. 23.

Voir *Fort St-André*★ : ≤★★ AV – *Tour Philippe-le-Bel* ≤★★ AV – *Vierge en ivoire*★★ et *couronnement de la Vierge*★★ au musée municipal AV **M** – *Chartreuse du Val-de-Bénédiction*★ AV.

🛈 Office de Tourisme 1 pl. Ch.-David ℘ 04 90 25 61 33, Fax 04 90 25 91 55.

Paris 682 ② – Avignon 5 ⑤ – Nîmes 46 ⑥ – Orange 22 ⑦ – Pont-St-Esprit 42 ⑥

Plan : voir à Avignon.

🏨 **Prieuré** ⌂, 7 pl. Chapître ℘ 04 90 15 90 15, Fax 04 90 25 45 39, 斎, parc, « Jardins et
❀ terrasse ombragés », ⬛, 斎, ✻ – ⬜ 🛗 🔟 ☎ ✆ **P** – 🔏 30. **AE** **①** **GB** **JCB**. ✻ rest
18 mars-1ᵉʳ nov. – **Repas** *(fermé merc. d'oct. à avril)* 210/510 et carte 370 à 610 ♀, enf. 120 –
☲ 90 – **26 ch** 570/1350, 10 appart   AV **t**
Spéc. Soupe mousseuse de homard à la réglisse d'Uzès. Canon d'agneau du pays à la fleur
de thym. Chariot de pâtisseries. **Vins** Côtes du Rhône Villages, Cairanne.

🏨 **Magnaneraie** **M** ⌂, 37 r. Camp de Bataille ℘ 04 90 25 11 11, Fax 04 90 25 46 37, 斎,
« Beaux aménagements dans une ancienne demeure du 15ᵉ siècle », ⬛, 斎, ✻ – ⬜ 🔟 ☎
⟺ **P** – 🔏 25. **AE** **①** **GB** **JCB**   AV **b**
Repas 170/450 ♀, enf. 100 – ☲ 75 – **24 ch** 400/1200, 4 appart – ½ P 680/850

🏨 **Atelier** sans rest, 5 r. Foire ℘ 04 90 25 01 84, Fax 04 90 25 80 06, « Maison du 16ᵉ siècle,
patio » – 🔟 ☎ ✆ ⟺. **AE** **①** **GB** **JCB**   AV **e**
fermé début nov. à mi-déc. – ☲ 40 – **19 ch** 280/460

XX **Aubertin**, 1 r. de l'Hôpital ℘ 04 90 25 94 84, Fax 04 90 25 83 07 – ⬛. **GB**   AV **n**
fermé lundi midi et dim. – **Repas** (120) - 180/275 ♀

X **St-André**, 4 bis Montée du Fort ℘ 04 90 25 63 23, Fax 04 90 25 63 23 – **GB**   AV **u**
fermé 1ᵉʳ au 15 nov., mardi midi et lundi – **Repas** 105 (déj.), 135/150

VILLENEUVE-LOUBET 06270 Alpes-Mar. **84** ⑨, **115** ㉕ G. Côte d'Azur – 11 539 h alt. 10.

Voir *Musée de l'Art culinaire*★ *(fondation Auguste Escoffier)* Y **M2**.

🛈 Office de Tourisme 16 av. de la Mer ℘ 04 93 20 49 14, Fax 04 93 20 40 23.

Paris 919 ⑤ – Nice 16 ③ – Antibes 10 ④ – Cannes 20 ⑤ – Grasse 23 ⑥

Voir plan de Cagnes-sur-Mer-Villeneuve-Loubet.

🏨 **Hamotel** ⌂ sans rest, Hameau du Soleil, rte La Colle-sur-Loup ℘ 04 93 20 86 60,
Fax 04 93 73 33 94 – 🛗 🔟 ☎ ✆ ⟺ **P**. **AE** **①** **GB**
☲ 45 – **30 ch** 360/450

à Villeneuve-Loubet-Plage :

🏨 **Galoubet** **M** ⌂ sans rest, 174 av. Castel ℘ 04 92 13 59 00, Fax 04 92 13 59 29, ⬛, 斎 –
⬜ 🔟 ☎ ✆ 🔥 **P** – 🔏 35. **AE** **GB**. ✻   Z **s**
fermé 29 oct. au 15 déc. – ☲ 40 – **22 ch** 400/450

🏨 **Syracuse** sans rest, av. Batterie ℘ 04 93 20 45 09, Fax 04 93 20 29 30, ≤ – 🛗 cuisinette 🔟
☎ 🔥 **P**. **GB**   Z **x**
fermé 20 déc. au 20 janv. – ☲ 35 – **39 ch** 320/650

VILLENEUVE-SOUS-DAMMARTIN 77 S.-et-M. **56** ⑫,, **101** ⑨ – voir à Paris, Environs.

VILLENEUVE-SUR-LOT ◁💲▷ 47300 L.-et-G. **79** ⑤ G. Aquitaine – 22 782 h alt. 51.

Env. *Penne d'Agenais* : table d'orientation ≤★ E : 8 km.

🛈 Office de Tourisme 1 bd République ℘ 05 53 36 17 30, Fax 05 53 49 42 98.

Paris 598 ① – Agen 29 ⑤ – Bergerac 61 ① – Bordeaux 145 ⑥ – Cahors 74 ③.

Plan page ci-contre

🏨 **Résidence** sans rest, 17 av. L. Carnot ℘ 05 53 40 17 03, Fax 05 53 01 57 34 – 🔟 ☎ ✆
⟺. **GB**   BZ **s**
fermé 27 déc. au 4 janv. – ☲ 29 – **18 ch** 135/295

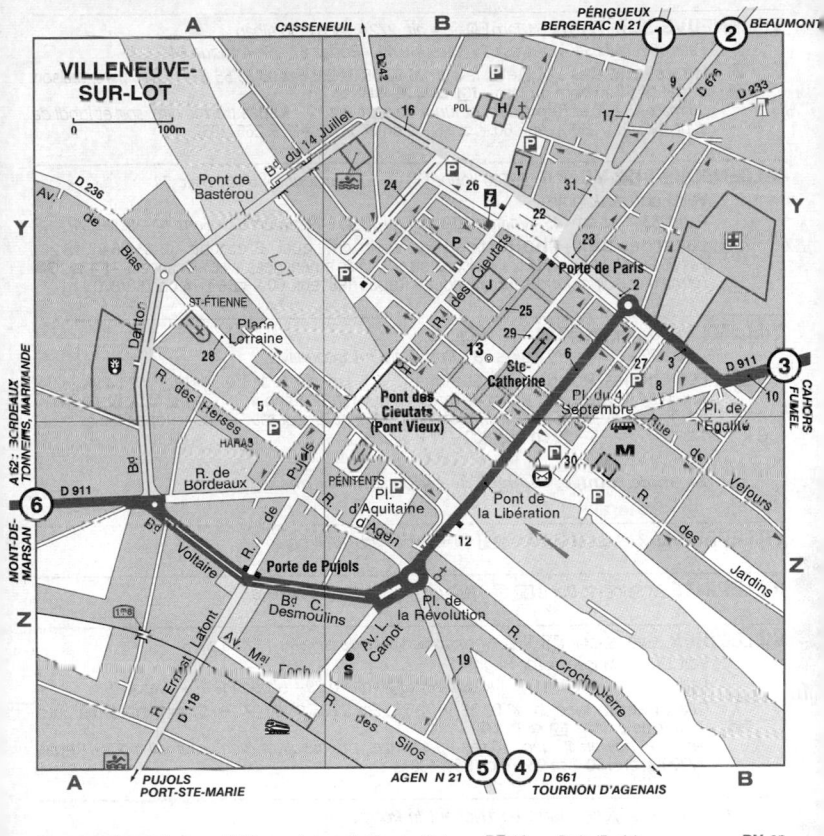

à Pujols *Sud-Ouest : 4 km par D 118 et C 207* **AZ** *– 3 608 h. alt. 180 –* ⊠ *47300 :*

Voir ⩹⋆.

🏨 **Chênes** ⚘ *sans rest*, ℘ 05 53 49 04 55, *Fax 05 53 49 22 74*, ⩹, ⌿, – 📺 ☎ 🅿 – 🔏 20. 🖭
  ① 🖼 ⚘
  ⌂ 50 – **21 ch** 350/420

🍴🍴🍴 **Toque Blanche** (Lebrun), ℘ 05 53 49 00 30, *Fax 05 53 70 49 79*, ⩹, ⌦ – 🗏 🖪, 🖭 ① 🖼
  fermé 19 juin au 3 juil., dim. soir et lundi – **Repas** 145/450 et carte 320 à 560, enf. 80
  Spéc. Oeufs pochés périgourdine et escalopine de foie de canard. Goujonnettes de sole à la
  fricassée de cèpes. Pied de cochon rôti et farci. **Vins** Buzet, Côtes de Duras.

🍴🍴 **Auberge Lou Calel**, ℘ 05 53 70 46 14, *Fax 05 53 70 49 79*, ⩹ Villeneuve, ⌦ – 🖼
  fermé 2 au 7 juin, 5 au 20 janv., mardi soir et merc. sauf août – **Repas** 85/210, enf. 70

rte d'Agen *par* ⑤ *: 3 km –* ⊠ *47300 Pujols :*

🏨 **Campanile**, ℘ 05 53 40 27 47, *Fax 05 53 40 27 50*, ⌦ – 💱 📺 ☎ 🦽 🅿 – 🔏 25. 🖭 ①
  🖼
  Repas (72) - 80/103 ⅋, enf. 39 – ⌂ 36 – **46 ch** 295

VILLENEUVE-SUR-TARN *81 Tarn* 80 ⑫ – *alt. 272* – ⊠ *81250 Alban.*
Paris 696 – Albi 31 – Castres 62 – Lacaune 49 – Rodez 67 – St-Affrique 54.

🏛 **Hostellerie des Lauriers** ⤴, *℘ 05 63 55 84 23, Fax 05 63 55 89 20,* 🏤 *, parc, maison du 18ᵉ siècle au bord du Tarn –* 📺 ☎ ᰔ 🄿, ㏇ *.* ⛌ *ch*
15 mars-15 déc.et fermé dim. et lundi de sept. à avril – **Repas** *(fermé dim. soir et lundi de sept. à mai)* 80/230 ⅄*, enf. 60 –* ⊆ *36 –* **9 ch** *240/320 – ½ P 265/285*

VILLENEUVE-SUR-YONNE *89500 Yonne* 61 ⑭ *G. Bourgogne – 5 054 h alt. 74.*
Voir Porte de Joigny★*.*
Paris 133 – Auxerre 45 – Joigny 18 – Montargis 45 – Nemours 57 – Sens 14 – Troyes 78.

✗✗ **Lucarne aux Chouettes** ⤴ *avec ch, quai Bretoche ℘ 03 86 87 18 26, Fax 03 86 87 22 63,* <, 🏤 *, « Maisons du 17ᵉ siècle aménagées avec élégance » –* 📺 ☎ *.* ㏇
fermé dim. soir et lundi sauf juil.-août – **Repas** *198, enf. 60 –* ⊆ *60 –* **4 ch** *760/870*

VILLENY *41220 L.-et-Ch.* 64 ⑧ *– 324 h alt. 132.*
Paris 165 – Orléans 38 – Blois 38 – Romorantin-Lanthenay 32.

🏛 **Les Chênes Rouges** ⤴*, Sud-Ouest : 2,5 km par D 113 et D 18 ℘ 02 54 98 23 94, Fax 02 54 98 23 99,* 🏤 *, « Dans la forêt, en bordure d'étang »,* ⤣ *–* 📺 ☎ ᰔ ᵴ 🄿*.* ㏜ ㏇
fermé 23 janv. au 15 mars, dim. et lundi de sept. à mai sauf fériés – **Repas** *(dîner seul.) 175/210 –* ⊆ *75 –* **10 ch** *650/800 – ½ P 580/660*

Le Guide change, changez de guide tous les ans.

VILLEPARISIS *77 S.-et-M.* 56 ⑫*,,* 101 ⑲ *– voir à Paris, Environs.*

VILLEPINTE *93 Seine-St-Denis* 56 ⑪*,,* 101 ⑧ *– voir à Paris, Environs.*

VILLEQUIER *76490 S.-Mar.* 55 ⑤ *G. Normandie Vallée de la Seine – 822 h alt. 6.*
Voir Site★ *– Musée Victor-Hugo*★*.*
Paris 164 – Le Havre 51 – Rouen 40 – Bourg-Achard 29 – Lillebonne 13 – Yvetot 18.

✗ **Grand Sapin** *avec ch, ℘ 02 35 56 78 73, Fax 02 35 95 69 27,* <, 🏤 *, « Terrasse au bord de la Seine »,* ⤣ *–* 📺 ☎ 🄿*.* ㏇
fermé 15 nov. au 1ᵉʳ déc., 10 fév. au 1ᵉʳ mars, mardi soir et merc. sauf juil.-août – **Repas** *70/200 ⅄, enf. 50 –* ⊆ *25 –* **5 ch** *250/300*

VILLERAY *61 Orne* 60 ⑮ *– rattaché à Nogent-le-Rotrou.*

VILLEREST *42 Loire* 73 ⑦ *– rattaché à Roanne.*

VILLEROY *89 Yonne* 61 ⑬ *– rattaché à Sens.*

VILLERS-BOCAGE *14310 Calvados* 54 ⑮ *G. Normandie Cotentin – 2 845 h alt. 140.*
🛈 *Office de Tourisme pl. du Gén.-de-Gaulle ℘ 02 31 77 16 14.*
Paris 258 – Caen 28 – Argentan 81 – Avranches 75 – Bayeux 26 – Flers 44 – St-Lô 37 – Vire 35.

✗✗✗ **Trois Rois** *avec ch, ℘ 02 31 77 00 32, Fax 02 31 77 93 25,* ⤣ *–* 📺 ☎ 🄿*.* ㏜ ㏇
🏵
⚜100 *fermé 20 au 26 juin, janv., dim. soir et lundi –* **Repas** *125/310 et carte 180 à 360 –* ⊆ *45 –* **14 ch** *200/400 – ½ P 350*

VILLERS-COTTERÊTS *02600 Aisne* 56 ③ *G. Picardie Flandres Artois – 8 867 h alt. 126.*
Voir Forêt de Retz★ *E par D 973.*
Env. La Ferté-Milon : château★ *(bas-reliefs*★*), vitraux*★ *de l'église St-Nicolas, musée Jean-Racine, S : 9,5 km – Abbaye de Lieu-Restauré : rose*★ *de l'église, O : 9 km.*
🛈 *Office de Tourisme 8 pl. Aristide Briand ℘ 03 23 96 55 10, Fax 03 23 96 49 13.*
Paris 79 – Compiègne 33 – Laon 61 – Meaux 42 – Senlis 40 – Soissons 22.

🏛 **Régent** *sans rest, 26 r. Gén. Mangin ℘ 03 23 96 01 46, Fax 03 23 96 37 57, « Ancien relais de poste du 18ᵉ siècle » –* 📺 ☎ ⇔ 🄿*.* ㏜ ① ㏇ ㎉
fermé dim. de nov. à mars sauf fériés – ⊆ *48 –* **18 ch** *230/410*

✗ **L'Orthographe,** *63 r. Gén. Leclerc ℘ 03 23 96 30 84, Fax 03 23 96 82 71 –* 🄿*.* ㏜ ① ㏇
fermé 13 au 31 juil., dim. soir et lundi – **Repas** *(89) - 120* ℡

VILLERSEXEL 70110 H.-Saône 🔲 ⑥ ⑦ G. Jura – 1 460 h alt. 287.

Paris 386 – Besançon 59 – Belfort 42 – Lure 18 – Montbéliard 35 – Vesoul 28.

🏨 **Terrasse**, rte Lure 🕿 03 84 20 52 11, Fax 03 84 20 56 90, 🎨, 🚗 – 🔟 📞 ⚓ 🦺 🏦. 🆖
🍽 *fermé 15 déc. au 3 janv., dim. soir et lundi midi hors saison* – **Repas** 67/260 ♨, enf. 45 –
🍴 35 – **14 ch** 220/300 – ½ P 240/260

VILLERS-LE-LAC 25130 Doubs 🔲 ⑦ G. Jura – 4 203 h alt. 730.

Voir *Musée de la montre*★ – *Saut du Doubs*★★★ NE : 5 km – *Lac de Chaillexon*★ NE : 2 km.

🚩 *Office de Tourisme r. Berçot 🕿 03 81 68 00 98, Fax 03 81 68 09 63.*

Paris 474 – Besançon 69 – Basel 117 – La Chaux-de-Fonds 16 – Morteau 6 – Pontarlier 37.

🏨 **France** (Droz), 8 pl. Cupillard 🕿 03 81 68 00 06, Fax 03 81 68 09 22, « Collection sur le
🌸 thème de l'art culinaire » – 🔟 📞 – 🛎 30. 🏦 ⓪ 🆖
🍽 *fermé 2 au 10 oct., 24 au 28 déc. et 3 au 28 janv.* – **Repas** *(fermé mardi midi du 10 oct. au
30 avril, dim. soir et lundi)* (120) - 160/390 et carte 280 à 420 ♀, enf. 105 – 🍴 50 – **14 ch** 340 –
½ P 340/560
Spéc. Surprise de foie gras à l'ambroisie du Haut-Doubs. Demi-homard aux noix, jus à la
chicorée. Croustillant de pommes à la bergamote. **Vins** Arbois.

VILLERS-LES-POTS 21 Côte-d'Or 🔲 ⑬ – *rattaché à Auxonne.*

VILLEURBANNE 69 Rhône 🔲 ⑪ ⑫,, 🔲 ⑭ – *rattaché à Lyon.*

VILLIÉ-MORGON 69910 Rhône 🔲 ① – 1 522 h alt. 262.

Voir *La Terrasse* ☀★★ *près du col du Fût d'Avenas NO : 7 km,* G Vallée du Rhône.

Paris 414 – Mâcon 22 – Lyon 58 – Villefranche-sur-Saône 22.

🏨 **Villon**, 🕿 04 74 69 16 16, Fax 04 74 69 16 81, 🎨, 🏊, 🚗, 🎾 – 🔟 📞 ⚓ 🦺 🏦 – 🛎 60. 🆖
🍽 *fermé 17 déc. au 14 janv., dim. soir et lundi du 15 oct. au 15 avril* – **Repas** 115/255 ♀ – 🍴 40
– **45 ch** 285/350 – ½ P 315

VILLIERS-LE-BÂCLE 91 Essonne 🔲 ⑩,, 🔲 ㉓ – *voir à Paris, Environs.*

VILLIERS-LE-MAHIEU 78770 Yvelines 🔲 ⑱ – 601 h alt. 127.

Paris 52 – Dreux 37 – Évreux 61 – Mantes-la-Jolie 18 – Rambouillet 30 – Versailles 32.

🏨 **Château de Villiers le Mahieu** ⊗ *sans rest*, 🕿 01 34 87 44 25, Fax 01 34 87 44 40,
« Parc », 🏊, 🎾 – 🔟 📞 ⚓ 🦺 🏦 – 🛎 25 à 100. 🏦 ⓪ 🆖 🇯🇨🇧
🍽 *fermé 24 au 31 déc.* – 🍴 78 – **36 ch** 610/990

VILLIERS-ST-BENOIT 89130 Yonne 🔲 ④ – 450 h alt. 170.

Paris 151 – Auxerre 32 – Avallon 84 – Cosne-sur-Loire 59 – Montargis 51.

🍴 **Relais St-Benoit** avec ch, 🕿 03 86 45 73 42, Fax 03 86 45 77 90, 🎨 – 🔟 📞 ⚓. 🆖
🍽 *fermé 25 au 30 déc., 20 au 28 fév., dim. soir et lundi* – **Repas** 98/158 ♀ – 🍴 36 – **6 ch**
230/320 – ½ P 235/270

VIMOUTIERS 61120 Orne 🔲 ⑬ G. Normandie Vallée de la Seine – 4 723 h alt. 95.

🚩 *Office de Tourisme 10 av. Gén.-de-Gaulle 🕿 02 33 39 30 29, Fax 02 33 67 66 11.*

Paris 191 – Caen 59 – Alençon 67 – Argentan 31 – Falaise 36 – Lisieux 29.

🏨 **Escale du Vitou** ⊗, rte Argentan : 2 km par D 916 🕿 02 33 39 12 04,
🍽 Fax 02 33 36 13 54, ≼, 🎨, parc, centre de loisirs, 🏊, 🎾 – 🔟 📞 🏦 – 🛎 80. 🆖
Repas *(fermé janv., dim. soir et lundi)* (55) 65/175 ♀, enf. 42 – 🍴 40 – **17 ch** 190/265 –
½ P 210

VINAY 51 Marne 🔲 ⑯ – *rattaché à Épernay.*

VINÇA 66320 Pyr.-Or. 🔲 ⑱ G. Languedoc Roussillon – 1 655 h alt. 247.

🚩 *Syndicat d'initiative (juin-sept.) pl .Bernard Alart 🕿 04 68 05 84 47 et (hors saison) Mairie
🕿 04 68 05 82 13, Fax 04 68 05 94 69.*

Paris 891 – Perpignan 35 – Céret 45 – Font-Romeu-Odeillo-Via 56 – Vernet-les-Bains 22.

🍴 **Petite Auberge**, 🕿 04 68 05 81 47, Fax 04 68 05 85 80 – 🔲. 🏦 🆖
🍽 *fermé dim. soir et merc.* – **Repas** 88 bc/170 ♀, enf. 48

VINCELOTTES *89 Yonne* 🔢 ⑤ – *rattaché à Auxerre.*

VINCENNES *94 Val-de-Marne* 🔢 ⑪,, 🔢 ⑰ – *voir à Paris, Environs.*

VINCEY *88 Vosges* 🔢 ⑮ – *rattaché à Charmes.*

VINEUIL *41 L.-et-Ch.* 🔢 ⑦ – *rattaché à Blois.*

VINEZAC *07 Ardèche* 🔢 ⑧ – *rattaché à Aubenas.*

VINON-SUR-VERDON *83560 Var* 🔢 ④ – *2 752 h alt. 280.*
  Paris 780 – *Digne-les-Bains* 68 – *Aix-en-Provence* 48 – *Brignoles* 56 – *Manosque* 16.

 ✗✗ **Relais des Gorges** avec ch, 6 av. République ℰ 04 92 78 80 24, Fax 04 92 78 96 47 – 📺
  ☎ 🕭 AE ⓪ 🖼
  fermé 20 déc. au 20 janv. – **Repas** 110/280, enf. 65 – ☷ 40 – **10 ch** 230/280 – ½ P 210/260

VINZIER *74500 H.-Savoie* 🔢 ⑰ – *620 h alt. 920.*
  Paris 583 – *Thonon-les-Bains* 14 – *Abondance* 16 – *Genève* 47 – *Montreux* 45.

 ✗ **Relais de Savoie ''Pré aux Merles'',** ℰ 04 50 73 61 05, 🌳, 🍽 – 🅿. 🖼
  15 mars-19 sept., 10 oct.-15 nov. et fermé lundi sauf juil.-août – **Repas** (déj. seul. hors
  saison) 95 (déj.), 120/175 ℤ, enf. 65

Write us...

If you have any comments on the contents of this Guide.

Your praise as well as your criticisms will receive careful
consideration and, with your assistance, we will be able to add
to our stock of information and, where necessary, amend
our judgments.

Thank you in advance!

VIOLÈS *84150 Vaucluse* 🔢 ② – *1 360 h alt. 94.*
  Paris 663 – *Avignon* 33 – *Carpentras* 19 – *Nyons* 33 – *Orange* 13 – *Vaison-la-Romaine* 17.

 ✗✗ **Mas de Bouvau** avec ch, rte Cairanne : 2 km ℰ 04 90 70 94 08, Fax 04 90 70 95 99, 🌳,
  🍽 – 📺 ☎ 🅿. AE 🖼. ✂ ch
  fermé 20 au 30 déc., 2 au 24 janv., dim. soir et lundi – **Repas** (95) - 135/250 ℤ, enf. 65 – ☷ 45
  – **6 ch** 330/395 – ½ P 335/365

VIRE ◀▶ *14500 Calvados* 🔢 ⑨ *G. Normandie Cotentin* – *12 895 h alt. 275.*
  🎫 *Office de Tourisme sq. de la Résistance* ℰ 02 31 68 00 05, Fax 02 31 67 69 40.
  Paris 292 ③ – *St-Lô* 39 ① – *Caen* 62 ① – *Flers* 31 ③ – *Laval* 103 ④ – *Rennes* 117 ④.

  Plan page ci-contre

 🏨 **France,** 4 r. Aignaux ℰ 02 31 68 00 35, Fax 02 31 68 22 65 – 🛗 📺 ☎ 🕭 ⟿. AE 🖼
 🍽 *fermé 22 déc. au 15 janv.* – **Repas** (58) - 72/220 ℤ, enf. 48 – ☷ 35 – **20 ch** 220/350 – ½ P 250
  A a

 🏨 **St-Pierre** 🅼 sans rest, 20 r. Gén. Leclerc ℰ 02 31 68 05 82, Fax 02 31 68 22 65 – 🛗 📺 ☎
  🕭 – 🛗 50. AE 🖼
  fermé 29 déc. au 3 janv. – ☷ 35 – **29 ch** 170/320
  B n

rte de Flers *par* ③ *: 2,5 km sur D 524* – ☒ *14500 Vire :*

 ✗✗✗ **Manoir de la Pommeraie,** ℰ 02 31 68 07 71, Fax 02 31 67 54 21, 🌳, « *Manoir dans
  un parc* » – 🅿. AE ⓪ 🖼
  fermé vacances de fév., dim. soir et lundi – **Repas** 120/300 et carte 290 à 340 ℤ

à St-Germain-de-Tallevende *par* ④ *: 5 km* – *1 584 h. alt. 201* – ☒ *14500 :*

 ✗ **Auberge St-Germain,** pl. Église ℰ 02 31 68 24 13, Fax 02 31 68 89 57, 🌳 – 🖼
 🍽 *fermé vacances de fév., dim. soir et lundi* – **Repas** 70/220 ℤ, enf. 50

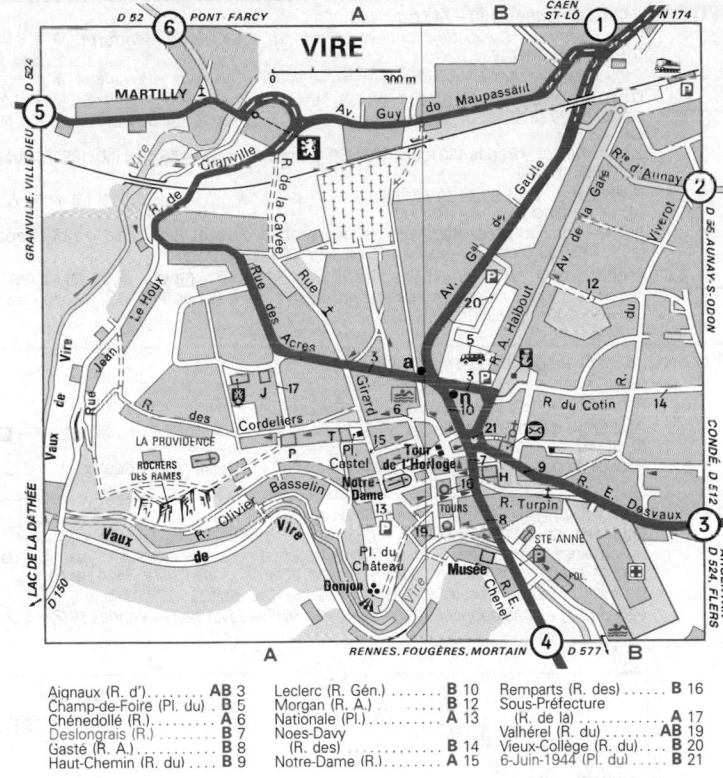

VIRE

The Guide changes, so renew your Guide every year.

VIROFLAY 78 Yvelines 🗺 ⑩,, 🗺 ⑯,, 🗺 ㉔ – voir à Paris, Environs.

VIRONVAY 27 Eure 🗺 ⑰ – rattaché à Louviers.

VIRY 74 H.-Savoie 🗺 ⑥ – rattaché à St-Julien-en-Genevois.

VIRY-CHATILLON 91 Essonne 🗺 ①,, 🗺 ㊱ – voir à Paris, Environs.

VISCOS 65 H.-Pyr. 🗺 ⑱ – 32 h alt. 800 – ✉ 65120 Luz-St-Sauveur.
Paris 844 – Pau 75 – Tarbes 48 – Argelès-Gazost 18 – Cauterets 22 – Lourdes 30.

🏠 **Grange aux Marmottes** Ⓜ ⅏, au village, ℘ 05 62 92 88 88, Fax 05 62 92 93 75, ≼ montagnes, 🍽, ⅏, 🌳 – 🖳 📺 ☎ ✆ &. – 🏛 20. ⅏
fermé 15 nov. au 15 déc. – **Repas** 100/220 – ⊑ 45 – **6 ch** 280/320 – ½ P 280/350

🏠 **Campanules** ⅏ sans rest, ℘ 05 62 92 88 88, Fax 05 62 92 93 75, ≼, ⅏, 🌳 – 📺 ☎ ✆ &. ⅏
fermé 15 nov. au 15 déc. – ⊑ 45 – **8 ch** 230/250

✗✗ **L'Auberge de Viscos** ⅏ avec ch, ℘ 05 62 92 91 13, Fax 05 62 92 93 75, ≼ – 📺. ⅏
fermé 15 nov. au 15 déc. – **Repas** 100/220, enf. 50 – ⊑ 45 – **3 ch** 250 – ½ P 260/280

VITERBE 81 Tarn 🗺 ⑩ – rattaché à St-Paul-Cap-de-Joux.

VITRAC 24200 Dordogne 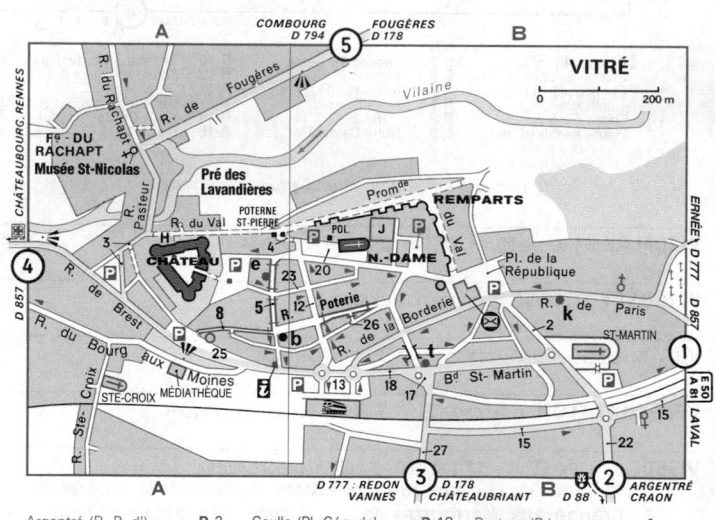█ ⑰ – 743 h alt. 150.

Voir *Site* du château de Montfort NE : 2 km – *Cingle de Montfort* NE : 3,5 km,
G. Périgord Quercy.

Paris 538 – Brive-la-Gaillarde 66 – Sarlat-la-Canéda 8 – Cahors 54 – Périgueux 76.

Domaine de Rochebois M ≫, ≤, ☆, « Parc, piscine et golf », ☒ – ▨ ▦ ☎ ☎ ✆ & ▣ – ▨ 100. ▣ ◑
GB, ✗ rest ℰ 05 53 31 52 52,
Fax 05 53 29 36 88,

22 avril-fin oct. – **Repas** 150 (déj.), 190/450 ♧, enf. 90 – ☷ 90 – **36 ch** 1100/1850, 4 duplex –
½ P 765/1445

Plaisance, ℰ 05 53 31 39 39, *Fax 05 53 31 39 38,* ☆, ☒, ☞, ⋇ – ▨ ▥ ☎ ✆ & ▣ –
▨ 15. ▣ ◑ GB

fermé 15 nov. au 14 fév., sam. midi de mai à sept., dim soir et vend. d'oct. à avril – **Repas** 80
(déj.), 120/230 ❨, enf. 55 – ☷ 44 – **42 ch** 240/400 – ½ P 300/320

Treille avec ch, ℰ 05 53 28 33 19, *Fax 05 53 30 38 54,* ☆ – ▥ ☎ – ▨ 20. ▣ ◑ GB

fermé 16 fév. au 3 mars, dim. soir et lundi d'oct. à avril – **Repas** 98/290 ❨, enf. 70 – ☷ 38 –
8 ch 195/240 – ½ P 280/310

VITRAC 15220 Cantal █ ⑪ – 294 h alt. 490.

Voir *Commune de la "Méridienne Verte".*

Paris 567 – Aurillac 25 – Figeac 43 – Rodez 72.

Auberge de la Tomette ≫, ℰ 04 71 64 70 94, Fax 04 71 64 77 11, ☆, ☒, ☞ – ▥ ☎
▣. ▣ GB

Pâques-15 déc. – **Repas** 98/200 ♧, enf. 50 – ☷ 43 – **9 ch** 340/360, 6 duplex – ½ P 332

VITRÉ 35500 I.-et-V. █ ⑱ *G. Bretagne – 14 486 h alt. 106.*

Voir ≤★★ des D178 B et D857 A – *Château*★★ : *tour de Montalifant* ≤★ – *La Ville*★ : *rue
Beaudrairie*★★ *remparts*★, *église Notre-Dame*★ B – *Tertres noirs* ≤★★ par ④ – *Jardin
public*★ *par* ③ – *Champeaux* : *place*★, *stalles* et *vitraux*★ *de l'église 9 km par* ④.

🛈 Office de Tourisme prom. St-Yves ℰ 02 99 75 04 46, Fax 02 99 74 02 01.

Paris 310 ① – Châteaubriant 52 ③ – Fougères 30 ⑤ – Laval 39 ① – Rennes 38 ④.

Minotel sans rest, 47 r. Poterie ℰ 02 99 75 11 11, *Fax 02 99 75 81 26 –* ▥ ☎ ✆. ▣ GB
☷ 35 – **17 ch** 230/330
A b

Pichet, 17 bd Laval par ① ℰ 02 99 75 24 09, *Fax 02 99 75 81 50,* ☞ – ▣. GB

fermé merc. soir et dim. – **Repas** (nombre de couverts limité, prévenir) 86/175 ❨, enf. 48

XX **Petit Pressoir**, 20 r. Paris $\mathscr{E}$ 02 99 74 79 79, Fax 02 99 74 07 00 – ⊝   B   k
fermé 1ᵉʳ au 20 août, dim. soir et lundi – **Repas** 99/300 ♀

XX **Rest. Petit Billot**, 5 pl. Gén. Leclerc $\mathscr{E}$ 02 99 74 68 88, Fax 02 99 74 75 21 – ⊝   B   t
fermé sam. sauf le midi du 14 juil. au 15 août, dim. soir du 14 juil. au 15 août et vend. soir –
Repas 90/240 ♀

XX **Taverne de l'Écu**, 12 r. Beaudrairie $\mathscr{E}$ 02 99 75 11 09, Fax 02 99 75 82 97, « Maison du
16ᵉ siècle » – ⒜⒠ ⊝   A   e
fermé vacances de Toussaint, de fév., dim. soir sauf juil.-août, mardi soir et merc. – **Repas**
88/200 ♀, enf. 50

VITRY-LE-FRANÇOIS ◁▷ *51300 Marne* **61** ⑧ *G. Champagne* – *17 033 h alt. 105.*
🛈 *Office de Tourisme pl. Giraud* $\mathscr{E}$ 03 26 74 45 30, Fax 03 26 72 12 76.
Paris 176 ⑤ – *Bar-le-Duc 54* ② – *Châlons-en-Champagne 33* ① – *Verdun 95* ②.

VITRY-LE-FRANÇOIS

Armes (Pl. d.)	ABY
Arquebuse (R. de l')	BZ 2
Beaux-Anges (R. des)	BZ 4
Bourgeois (Fg. Léon)	BZ 7
Briand (R. Aristide)	AZ
Chêne-Vert (R. du)	BY 9
Dominé (Bd du Col.)	AZ 10
Domyné-de-Verzet (R.)	BZ 13
Gde-Rue-de-Vaux (R.)	BY
Guesde (R. Jules)	AZ 14
Hôtel-de-Ville (R. de l')	BZ 19
Joffre (Pl. Mar.)	BZ 21
Leclerc (Pl. Mar.)	BV 23
Minimes (R. des)	AY 24
Moll (Av. du Col.)	AY 25
Paris (Av. de)	AY 26
Petit-Denier (R. du)	AY 28
Petite-Rue-de-Vaux	BY 29
Petite-Sainte (R. de la)	AY
Pont (R. du)	BZ 30
République (Av. de la)	BZ 33
Royer-Collard (Pl.)	BZ 34
St-Éloi (Rue)	BY 35
St-Michel (Rue)	ABY 36
Ste-Memje (R.)	BY 37
Sœurs (R. des)	AY 40
Tanneurs (R. des)	AYZ 42
Tour (R. de la)	AY 44
Vieux-Port (Rue du)	BZ 46
Vitry-le-Brûlé (Fg de)	BY 47
106ᵉ-R.-I. (Av. du)	BZ 49

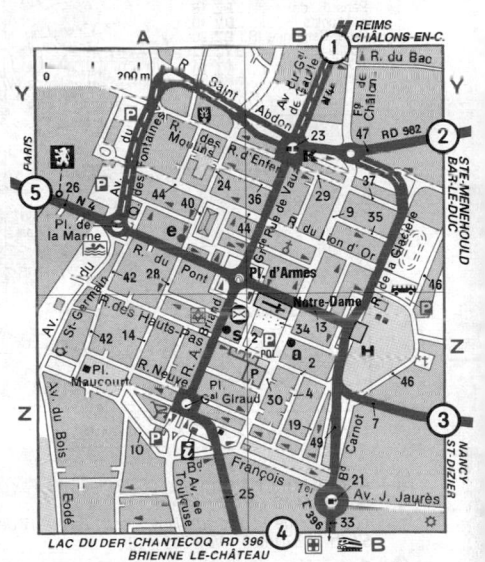

LAC DU DER-CHANTECOQ RD 396
BRIENNE LE-CHÂTEAU

🏛 **Poste**, pl. Royer-Collard $\mathscr{E}$ 03 26 74 02 65, Fax 03 26 74 54 71 – 🛗 📺 ☎ – ⚿ 60. ⒜⒠ ⑩
⊝ ⒿⒸⒷ   BZ   a
fermé 23 déc. au 4 janv. – **Repas** *(fermé dim.)* 108/240 – ☷ 55 – **29 ch** 330/620 –
½ P 398/598

🏨 **Cloche**, 34 r. A. Briand $\mathscr{E}$ 03 26 74 03 84, Fax 03 26 74 15 52, 🍴 – 🐴 📺 ☎ ✆ 🚗, ⒜⒠ ⑩
🍽 ⊝ ⒿⒸⒷ, ✆   AZ   s
fermé 31 juil. au 13 août, 18 au 31 déc. et dim. soir d'oct. à mai – **Repas** 130/280 ♀, enf. 70
Vieux Briscard $\mathscr{E}$ 03 26 41 20 74 *(fermé sam. et dim.)* **Repas** (60)-84 ♀ – ☷ 40 – **22 ch**
190/340

X **Gourmet des Halles**, 11 r. Sœurs $\mathscr{E}$ 03 26 74 48 88, Fax 03 26 72 54 28 – 🍽. ⊝
🍽 **Repas** 66/148 ♀, enf. 42   AY   e

VITTEAUX *21350 Côte-d'Or* **65** ⑱ *G. Bourgogne* – *1 064 h alt. 320.*
Paris 259 – *Dijon 47* – *Auxerre 99* – *Avallon 54* – *Beaune 69* – *Montbard 34* – *Saulieu 34.*

X **Vieille Auberge**, $\mathscr{E}$ 03 80 49 60 88, Fax 03 80 49 68 14, 🍴 – ⒜⒠ ⊝
🍽 *fermé 12 au 26 nov., 5 au 15 janv., dim. soir d'oct. à juin et lundi* – **Repas** (55)-85/170 ♀,
enf. 45

VITTEL 88800 Vosges 62 ⑭ *G. Alsace Lorraine – 6 296 h alt. 347 – Stat. therm. (mi-fév.-fin déc.) – Casino* AY.

Voir *Parc*★.

🛈 Syndicat d'Initiative 136 av. Bouloumié ℘ 03 29 08 08 88, Fax 03 29 08 37 99.

Paris 342 ② – *Épinal 43* ① – *Belfort 124* ① – *Chaumont 85* ② – *Langres 73* ② – *Nancy 71* ①.

VITTEL

Belgique (Av. de)	AZ 2
Bouloumié (Av. A.)	AY 3
Dames (R. des)	BZ 5
Div.-Leclerc (R.)	BZ 7
Flers (Av. R.-de)	BZ 8
Garnier (Av.)	BY 9
Gaulle (Pl. Général-de)	BZ 10
Gérémoy (Allée de)	AY 12
Jeanne-d'Arc (R.)	BZ 13
Joffre (R. Mar.)	BZ 15
Marne (Pl. de la)	AZ 17
Paris (R. de)	BZ 18
St-Nicolas (R.)	BY 19
Sœur-Catherine (R.)	BZ 20
Soulier (R. M.)	BYZ 22
Tilleuls (Av. des)	AY 24
Verdun (R. de)	BZ 26

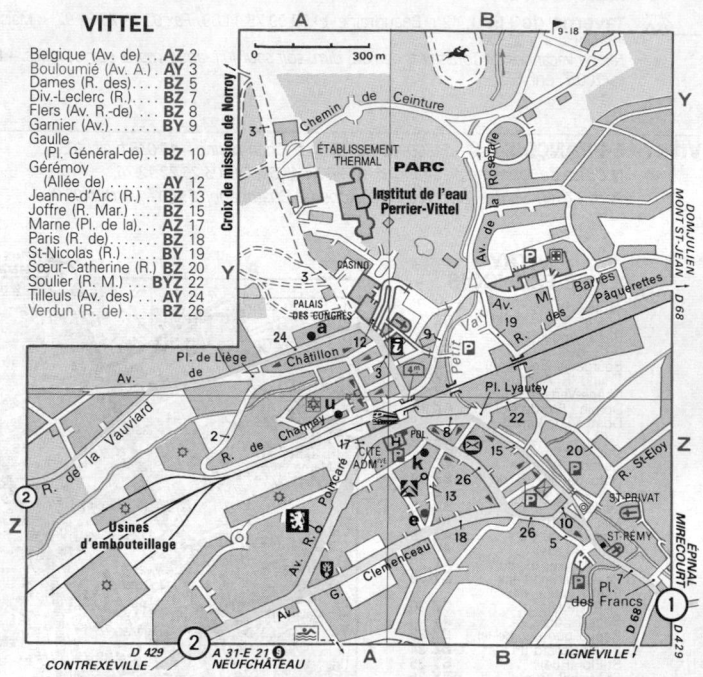

🏨 **Angleterre**, r. Charmey ℘ 03 29 08 08 42, Fax 03 29 08 07 48, ₣₅, ☞ – 🛗 🌡 TV ☎ ✆ 🕭 ᗩ – 🛎 70. ஊ ① GB. ⅜ rest AZ **u**
hôtel : fermé 17 déc. au 5 janv. ; rest. : fermé 17 déc. au 20 janv. – Repas 98/220 ⅜, enf. 55 – **57 ch** ⭥ 370/600 – ½ P 330/410

🏨 **Beauséjour** ⑤, 160 av. Tilleuls ℘ 03 29 08 09 34, Fax 03 29 08 29 84 – ☎. GB AY **a**
15 avril-5 oct. – Repas 74/110 ⅜, enf. 47 – ⭥ 30 – **32 ch** 180/315 – ½ P 272/325

🏨 **Castel Fleuri** ⑤, 218 r. Metz ℘ 03 29 08 05 20, ☞ – ☎ 🅿. GB BZ **k**
hôtel : 20 mai-25 sept. ; rest. : 1er juin-25 sept. – Repas (55) - 90 (dîner), 99/140 – ⭥ 31 – **33 ch** 130/299 – ½ P 233/255

✕ **Rétro**, 158 r. Jeanne d'Arc ℘ 03 29 08 05 28, Fax 03 29 08 05 28 – ஊ ① GB BZ **e**
fermé 19 au 30 juin, 23 déc. au 12 janv., sam. midi et lundi – Repas 67 (déj.), 90/180 ₷, enf. 50

à l'Ouest *par r. des Serres* AZ *: 3 km –* ⊠ 88800 Vittel :

🏨 **Orée du Bois** ⑤, ℘ 03 29 08 88 88, Fax 03 29 08 01 61, 佘, ₣₅, ▨, ☞, ✕ – 🛗 TV ☎ ✆ 🕭 🅿 – 🛎 50. ஊ ① GB ᴊᴄʙ. ⅜ ch
Repas *(fermé dim. soir de nov. à fév.)* 71/190 ⅜, enf. 46 – ⭥ 41 – **41 ch** 266/380 – ½ P 288/318

VIVÈS 66 Pyr.-Or. 86 ⑲ – *rattaché au Boulou.*

> Repas soignés à prix modérés : 🍽 Repas 100/130

Le VIVIER-SUR-MER 35960 I.-et-V. 59 ⑥ – 1 012 h alt. 6.

🅱 Office de Tourisme (ouvert en août) Maison de l'Abbé ℘ 02 99 48 84 38.
Paris 376 – St-Malo 22 – Dinan 36 – Dol-de-Bretagne 8 – Fougères 63.

🏠 **Bretagne** (annexe 🏠 10 ch), ℘ 02 99 48 91 74, Fax 02 99 48 81 10, 🖕 – 📺 ☎ ✆ 🅿 –
🔔 15. 🆎 ⓞ ☺
fermé 15 nov. au 20 fév., dim. soir et lundi – **Repas** (70) - 95/250 ♈, enf. 35 – ☟ 39 – 26 ch
250/330 – ½ P 360

🏠 **Beau Rivage,** 21 r. Mairie ℘ 02 99 48 90 65, Fax 02 99 48 85 40, 🚗 – 🔋 📺 ☎ ✆ 🅱 🅿 🆎
ⓞ ☺
fermé 13 nov. au 15 déc. et vend. du 1ᵉʳ oct. au 30 mars – **Repas** 78/220 ♈, enf. 50 – ☟ 40 –
30 ch 240/280 – ½ P 250/290

VIVONNE 86370 Vienne 68 ⑬ G. Poitou Vendée Charentes – 2 955 h alt. 103.
Paris 355 – Poitiers 19 – Angoulême 94 – Confolens 61 – Niort 65 – St-Jean-d'Angély 89.

🏠 **St-Georges** Ⓜ, Gde rue (près église) ℘ 05 49 89 01 89, Fax 05 49 89 00 22 – 📺 ☎ ✆ 🅱.
ⓞ ☺ 🇯🇨🇧
Repas *(fermé dim.)* (dîner seul.)(résidents seul.) 90 bc ♨ – ☟ 35 – **26 ch** 240/290 –
½ P 240/260

✗ **Treille,** av. Bordeaux ℘ 05 49 43 41 13, Fax 05 49 89 00 72, 🌡 – ☺
fermé 15 au 28 fév. et merc. hors saison – **Repas** (59) - 78/260 ♈, enf. 45

VIZZAVONA (col de) 2B H.-Corse 90 ⑥ – voir à Corse.

VOGELGRUN 68 H.-Rhin 62 ⑳ – rattaché à Neuf-Brisach.

VOIRON 38500 Isère 77 ④ G. Alpes du Nord – 18 686 h alt. 290.
Voir Caves de la Chartreuse★.

🅱 Office de Tourisme 58 Crs Becquart-Castelbon ℘ 04 76 05 00 38, Fax 04 76 65 63 21,
Point I dans l'enceinte des caves de Chartreuse et centre ville.
Paris 548 ① – Grenoble 31 ④ – Chambéry 47 ② – Lyon 86 ① – Valence 90 ④.

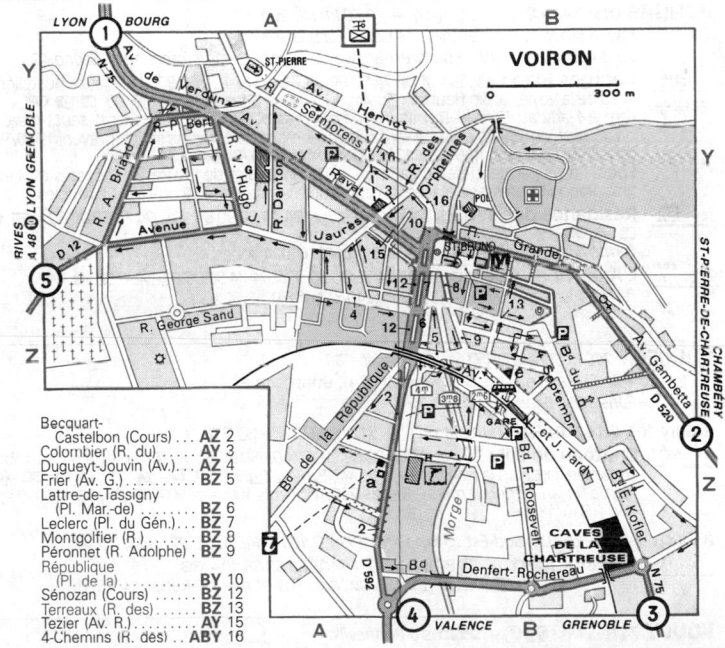

Clarine M, 72 cours Becquart Castelbon ℰ 04 76 65 90 00, Fax 04 76 65 71 22 – ↯ ⇌ ▦
📺 ☎ ✆ ♿ – 🏛 15 à 30. ㏐ ⓞ ㏉ ㎫
AZ a
Taverne du Parc : Repas (75) 95/145 ♈, enf. 50 – ⊑ 38 – **42 ch** 305/320 – ½ P 270

Chaumière ⏏, r. Chaumière (par bd République - **AZ** -dir. Criel) ℰ 04 76 05 16 24,
Fax 04 76 05 13 27, 🌤 – 📺 ☎ ✆ 🅿, ㏐ ㏉. ⏏
fermé 1ᵉʳ au 15 août, 24 déc. au 4 janv., dim.(sauf hôtel) et sam. – Repas 85/200 ⅙, enf. 50 –
⊑ 35 – **20 ch** 180/280 – ½ P 190/235

Serratrice, 3 av. Tardy ℰ 04 76 05 29 88, Fax 04 76 05 45 62 – ㏐ ㏉ ㎫
BZ e
fermé 20 juin au 8 sept., dim. soir et lundi – **Repas** - produits de la mer - 115 bc (déj.),
150/480 ♈

Eden, par ② : 1 km sur D 520 ℰ 04 76 05 17 40, Fax 04 76 05 70 32, ≤, 🌤, 🐾 – 🅿. ㏐ ⓞ
㏉
fermé 28 août au 12 sept., dim. soir et lundi sauf fériés – Repas 100 (déj.), 130/280

VOISINS-LE-BRETONNEUX 78 Yvelines 🗗 ⑨., 🗐 ㉒ – voir à Paris, Environs (St-Quentin-en-Yvelines).

VOLNAY 21 Côte-d'Or 🗗 ① – rattaché à Beaune.

VOLVIC 63530 P.-de-D. 🗗 ⑭ G. Auvergne – 3 930 h alt. 510.

Voir Maison de la Pierre : coulée de lave★ – Musée municipal Marcel-Sahut : dessins de
Daumier★, collection de demi-noix de coco★ – Ruines du château de Tournoël : ⁂★ du
donjon N : 1,5 km.

🛈 Office de Tourisme (15 juin-15 sept.) 23 pl. de l'Église ℰ 04 73 33 58 73, Fax 04 73 33 58
73.

Paris 420 – Clermont-Ferrand 13 – Aubusson 86 – Le Mont-Dore 52 – Riom 7 – Ussel 95.

à Luzet Ouest : 4 km par D 986 rte de Pontgibaud – ✉ 63530 Volvic :

Rose des Vents ⏏, ℰ 04 73 33 50 77, Fax 04 73 33 57 11, ≤, 🌤, ⏚, 🐾, ⏫ – ↯ 📺 ☎
🅿 – 🏛 15 à 50. ㏐ ⓞ ㏉
Pâques-Noël et fermé lundi sauf le soir en juil.-août et dim. soir – Repas 120/250 ⅙, enf. 60
– ⊑ 40 – **26 ch** 270/330 – ½ P 310

VONNAS 01540 Ain 🗗 ② G. Bourgogne – 2 381 h alt. 200.

Env. 8 km N, St Cyr Menthon, Musée de la Bresse★.

Paris 409 – Mâcon 19 – Bourg-en-Bresse 25 – Lyon 72 – Villefranche-sur-Saône 42.

Georges Blanc M ⏏, ℰ 04 74 50 90 90, Fax 04 74 50 08 80, « Élégante hostellerie au
bord de la Veyle, jardin fleuri », ⏚, 🐾, ⏫ – ↯ ▦ 📺 ☎ ✆ ⟷ – 🏛 80. ㏐ ⓞ ㏉
fermé 4 janv. au 12 fév. – Repas (fermé mardi sauf le soir du 15 juin au 15 sept., merc. midi
du 15 sept. au 15 juin et lundi sauf fériés) (nombre de couverts limité, prévenir) 490/900 et
carte 540 à 800, enf. 160 – ⊑ 120 – **32 ch** 850/1900, 6 appart
Spéc. Crêpe parmentière au saumon et caviar. Poulet de Bresse aux gousses d'ail et foie
gras. Panouille bressane glacée à la confiture de lait. **Vins** Mâcon-Azé, Chiroubles.

Résidence des Saules ⏏ sans rest, ℰ 04 74 50 90 51, Fax 04 74 50 08 80 – 📺 ☎ ✆.
㏐ ⓞ ㏉
fermé 4 janv. au 10 fév. – ⊑ 120 – **6 ch** 600/650, 4 appart

L'Ancienne Auberge, ℰ 04 74 50 90 50, Fax 04 74 50 08 80, 🌤 – ㏐ ⓞ ㏉
fermé 4 janv. au 10 fév. – Repas 98/240 ♈, enf. 70

VOUGEOT 21640 Côte-d'Or 🗗 ⑫ – 176 h alt. 239.

Voir Château du Clos de Vougeot★ O, G. Bourgogne.

Paris 326 – Dijon 17 – Beaune 27.

à Gilly-lès-Cîteaux Est : 2 km par D 251 – 517 h. alt. 227 – ✉ 21640 :

Château de Gilly ⏏, ℰ 03 80 62 89 98, Fax 03 80 62 82 34, 🌤, « Ancien palais abbatial
cistercien, jardins à la française », ⏚, 🐾, ⏫ – ↯ 📺 ☎ ✆ ♿ 🅿 – 🏛 100. ㏐ ⓞ ㏉ ㎫
fermé fin janv. à début mars – Repas 210/415, enf. 100 – ⊑ 90 – **38 ch** 700/1500, 9 appart
– ½ P 810/1810

à Flagey-Échezeaux Sud-Est : 3 km par N 71 et D 109 – 448 h. alt. 227 – ✉ 21640 :

Losset Robert, ℰ 03 80 62 88 10, Fax 03 80 62 88 10 – ㏉
fermé 26 juil. au 14 août, 1ᵉʳ au 15 janv., dim. soir et merc. – Repas 140/350

VOUGY 74 H.-Savoie 🗗 ⑦ – rattaché à Bonneville.

VOUILLÉ *86190 Vienne* 68 ⑬ *– 2 574 h alt. 118.*

Paris 347 – Poitiers 17 – Châtellerault 45 – Parthenay 33 – Saumur 87 – Thouars 54

XX **Cheval Blanc** avec ch, ✆ 05 49 51 81 46, *Fax 05 49 51 96 31,* – |‡| TV ☎ ♿ P. AE ⓓ GB

Repas 78/235 ♿, enf. 50 – ☕ 35 – **14 ch** 200/280 – ½ P 210/240

Annexe Clovis M sans rest, TV ☎ ♿ – 🏛 30. AE ⓓ GB

☕ 35 – **30 ch** 260/330

VOULAINES-LES-TEMPLIERS *21290 Côte-d'Or* 65 ⑨ *– 383 h alt. 265.*

Paris 251 – Chaumont 54 – Châtillon-sur-Seine 20 – Dijon 77.

Forestière sans rest, ✆ 03 80 81 80 65, – ☎ P. GB

fermé dim. soir – ☕ 32 – **10 ch** 200/300

VOUTENAY-SUR-CURE *89270 Yonne* 65 ⑥ *– 199 h alt. 130.*

Paris 207 – Auxerre 37 – Avallon 15 – Vézelay 16.

X **Auberge Le Voutenay** avec ch, ✆ 03 86 33 51 92, *Fax 03 86 33 51 91,* – ☎ P. AE GB

fermé 3 janv. au 2 fév., lundi et mardi – **Repas** 110/250 ♀ – ☕ 40 – **6 ch** 280/350 – ½ P 290

VOUVANT *85120 Vendée* 67 ⑯ *G. Poitou Vendée Charentes – 829 h alt. 70.*

Voir *Eglise★ – Château : tour Mélusine★ (✵★).*

Office de Tourisme (saison) ✆ 02 51 00 86 80, Fax 02 51 00 89 42.

Paris 413 – Bressuire 44 – Fontenay-le-Comte 16 – Parthenay 48 – La Roche-sur-Yon 61.

XX **Auberge de Maître Pannetier** avec ch, ✆ 02 51 00 80 12, *Fax 02 51 87 89 37,* – TV ☎. GB

fermé 15 au 30 nov., 16 fév. au 7 mars, dim. soir et lundi sauf juil.-août – **Repas** 75/350, enf. 50 – ☕ 40 – **7 ch** 200/270 – ½ P 285

Pas de publicité payée dans ce guide.

VOUVRAY *37210 I.-et-L.* 64 ⑮ *G. Châteaux de la Loire – 2 933 h alt. 55.*

Paris 241 – Tours 9 – Amboise 17 – Blois 51 – Château-Renault 26.

XX **Grand Vatel** avec ch, 8 av. Brûlé ✆ 02 47 52 70 32, *Fax 02 47 52 74 52,* – ☎ P. AE GB

Repas *(fermé dim. soir et lundi)* 115/350 bc ♀ – ☕ 35 – **6 ch** 250/270 – ½ P 285

XX **Virage Gastronomique,** 25 av. Brûlé ✆ 02 47 52 70 02, *Fax 02 47 52 64 72,* – P. AE GB

fermé 18 au 27 juil., 12 au 21 déc. et mardi – **Repas** 87/268 ♀

à Noizay *Est : 8,5 km par D 46 et D 1 – ✉ 37210 :*

Château de Noizay, ✆ 02 47 52 11 01, *Fax 02 47 52 04 64,* ←, , parc, « Château du 16ᵉ siècle », – TV ☎ P – 🏛 25. AE ⓓ GB. ch

fermé mi-janv. à mi-mars et mardi de nov. à mars – **Repas** 165 (déj.), 240/370 ♀ – ☕ 95 – **14 ch** 995/1450 – ½ P 790/1170

VOUVRAY-SUR-LOIR *72500 Sarthe* 64 ④ *– 836 h alt. 56.*

Paris 239 – Le Mans 46 – La Flèche 46 – Langeais 53 – Tours 41 – Vendôme 55.

XX **Pas Perdus et Hôtel Port Gautier** avec ch, au Port Gautier, Est : 1,5 km par D 64 ✆ 02 43 79 44 62, *Fax 02 43 44 66 03* – TV ☎ P. GB

fermé 14 janv. au 14 fév., lundi (sauf hôtel) et dim. soir de sept. à mai – **Repas** 90/215 ♀ – ☕ 30 – **9 ch** 230/270 – ½ P 245

VOVES *28150 E.-et-L.* 60 ⑱ *– 2 785 h alt. 146.*

Paris 99 – Chartres 24 – Ablis 35 – Bonneval 23 – Châteaudun 37 – Étampes 51 – Orléans 57.

Quai Fleuri, rte Auneau ✆ 02 37 99 15 15, *Fax 02 37 99 11 20,* , parc – TV ☎ P – 🏛 40. AE ⓓ GB JCB

fermé 20 déc. au 9 janv., vend. soir de nov. à avril, dim. et soirs fériés – **Repas** 79/255 ♀, enf. 52 – ☕ 45 – **17 ch** 295/490 – ½ P 330

WAHLBACH *68 H.-Rhin* 66 ⑩ *– rattaché à Altkirch.*

WANGENBOURG 67710 B.-Rhin 62 ⑧ ⑨ G. Alsace Lorraine – alt. 452.

Voir Site★ – Château et cascade du Nideck★★ SO : 9 km puis 1 h 15.

🏢 Office de Tourisme 4 r. du Gén.-de-Gaulle ℰ 03 88 87 33 50, Fax 03 88 87 32 06.

Paris 469 – Strasbourg 42 – Molsheim 30 – Sarrebourg 38 – Saverne 20 – Sélestat 67.

🏨 **Parc** ⚓, ℰ 03 88 87 31 72, Fax 03 88 87 38 00, ≤, 🌇, « Parc ombragé », 🔲, ⚒ – 🛗
cuisinette 📺 ☎ 🅿 – 🔏 35. GB. ⚒
23 mars-15 nov. et 23 déc.-4 janv. – **Repas** (70) - 90/265 ♀, enf. 60 – 🖙 55 – **32 ch** 250/439 –
½ P 335/392

La WANTZENAU 67 B.-Rhin 62 ⑩ – rattaché à Strasbourg.

WASSELONNE 67310 B.-Rhin 62 ⑨ G. Alsace Lorraine – 4 916 h alt. 220.

🏢 Office de Tourisme (15 juin-15 sept.) pl. du Gén.-Leclerc ℰ 03 88 59 12 00, Fax 03 88 59 12 22.

Paris 463 – Strasbourg 26 – Haguenau 42 – Molsheim 15 – Saverne 15 – Sélestat 51.

🏨 **Hostellerie de l'Étoile,** pl. Mar. Leclerc ℰ 03 88 87 03 02, Fax 03 88 87 16 06 – 🍽 rest,
📺 ☎ & 🅿. GB
Repas 60/155 ♀ – 🖙 34 – **30 ch** 145/270 – ½ P 190/230

XX **Au Saumon** avec ch, r. Gén. de Gaulle ℰ 03 88 87 01 83, Fax 03 88 87 46 69, 🌇 – 📺 ☎.
AE ① GB
fermé 26 juin au 3 juil., 2 au 9 oct. et 24 déc. au 1ᵉʳ janv. – **Repas** (fermé lundi sauf juil.-août
et dim. soir) 60 (déj.), 115/230 ♀, enf. 46 – 🖙 35 – **8 ch** 210/250 – ½ P 210/275

à Romanswiller Ouest : 3,5 km par D 224 – 1 155 h. alt. 220 – ✉ 67310 :

X **Aux Douceurs Marines,** 2 rte Wangenbourg ℰ 03 88 87 13 97, Fax 03 88 87 28 21, 🌇
– 🅿, AE GB. ⚒
fermé vacances de Toussaint, de fév., lundi soir sauf juil.-août, mardi soir et merc. – **Repas**
60/240 ♀, enf. 35

WENGELSBACH 67 B.-Rhin 87 ② – rattaché à Niedersteinbach.

WESTHALTEN 68250 H.-Rhin 62 ⑱ G. Alsace Lorraine – 770 h alt. 240.

Paris 479 – Colmar 21 – Guebwiller 11 – Mulhouse 28 – Thann 26.

XXX **Auberge du Cheval Blanc** (Koehler) Ⓜ ⚓ avec ch, ℰ 03 89 47 01 16,
❀ Fax 03 89 47 64 40, ⚒ – 🛗 🍽 📺 ☎ & 🅿 – 🔏 30. GB
fermé 3 au 14 juil., 5 fév. au 16 mars, dim. soir, mardi midi et lundi – **Repas** 200/450 et carte
210 à 420 ♀, enf. 80 – 🖙 55 – **12 ch** 450/520
Spéc. Dégustation de foies gras. Sandre rôti. Noisettes de chevreuil (15 mai au 31 janv.).
Vins Riesling, Tokay-Pinot gris.

WETTOLSHEIM 68 H.-Rhin 62 ⑲ – rattaché à Colmar.

WIMEREUX 62930 P.-de-C. 51 ① G. Picardie Flandres Artois – 7 109 h alt. 7.

Paris 269 – Calais 34 – Arras 120 – Boulogne-sur-Mer 6 – Marquise 12.

🏨 **Centre,** 78 r. Carnot ℰ 03 21 32 41 08, Fax 03 21 33 82 48, ☔ – 🍽 rest, 📺 ☎ ⚒ 🅿. AE GB
fermé 11 déc. au 20 janv. – **Repas** (fermé lundi) (85) - 105/166 ♀ – 🖙 40 – **25 ch** 245/350

XXX **Liégeoise et Atlantic Hôtel** avec ch, digue de mer (1ᵉʳ étage) ℰ 03 21 32 41 01,
Fax 03 21 87 46 17, ≤ – 🛗 📺 ☎ ⚒ 🅿 – 🔏 50. AE ① GB JCB
fermé fév. – **Repas** (fermé dim. soir) 130/230 et carte 275 à 400 ♀ – 🖙 50 – **10 ch** 450 –
½ P 460

XX **Epicure,** 1 r. Gare ℰ 03 21 83 21 83, Fax 03 21 33 53 20 – AE GB
fermé vacances de Noël, dim. soir et merc. – **Repas** (nombre de couverts limité, prévenir)
125/200

WIMILLE 62 P.-de-C. 51 ① – rattaché à Boulogne-sur-Mer.

WINKEL 68480 H.-Rhin – 331 h alt. 575.

Paris 463 – Mulhouse 44 – Altkirch 24 – Basel 37 – Belfort 48 – Colmar 88 – Montbéliard 46.

X **Au Cerf** avec ch, 76 r. Principale ℰ 03 89 40 85 05, Fax 03 89 08 11 10 – GB
fermé 7 au 28 fév., jeudi soir et lundi – **Repas** carte 190 à 310 ♀ – 🖙 40 – **6 ch** 300 –
½ P 290/400

WISEMBACH 88520 Vosges 🆒🆒 ⑱ – 370 h alt. 500.

Paris 407 – Colmar 42 – Épinal 65 – St-Dié 15 – Ste Marie aux-Mines 11 – Sélestat 33

XX **Blanc Ru** avec ch., ℘ 03 29 51 78 51, Fax 03 29 51 70 67, 宗 – 🆒 ☎ ✇, ⑩ ⅭⒷ
fermé 19 sept. au 1ᵉʳ oct., fév., dim. soir et lundi – **Repas** 120/220 ♀, enf. 70 – ⇆ 38 – **7 ch**
280/350 – ½ P 280/320

WISSEMBOURG ◁🆒▷ 67160 B.-Rhin 🆒🆒 ⑲ G. Alsace Lorraine – 7 443 h alt. 157.

Voir Vieille ville★ : église St-Pierre et St-Paul★ – Col du Pigeonnier ⩗★ 5 km par ③.

Env. Village★★ d'Hunspach 11 km par ②.

🅱 Office de Tourisme 9 pl. République ℘ 03 88 94 10 11, Fax 03 88 94 18 82.

Paris 483 ③ – Strasbourg 66 ② – Haguenau 33 ② – Karlsruhe 41 ② – Sarreguemines 81 ③.

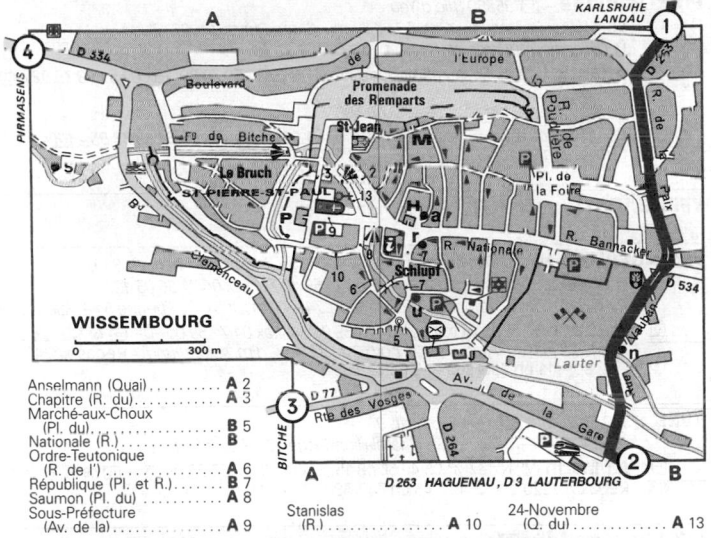

WISSEMBOURG

Anselmann (Quai)	**A**	2
Chapitre (R. du)	**A**	3
Marché-aux-Choux (Pl. du)	**B**	5
Nationale (R.)	**B**	
Ordre-Teutonique (R. de l')	**A**	6
République (Pl. et R.)	**B**	7
Saumon (Pl. du)	**A**	8
Sous-Préfecture (Av. de la)	**A**	9
Stanislas (R.)	**A**	10
24-Novembre (Q. du)	**A**	13

🏨 **Moulin de la Walk** ⟩⟩, 2 r. Walk ℘ 03 88 94 06 44, Fax 03 88 54 38 03, 宗, 굿 – 🆒 ☎ ⅋,
🅟. 🅰🅴 ⅭⒷ, ⅍ ch   **A** s
fermé 22 juin au 8 juil., dim. soir, vend. midi et lundi – **Repas** 180/210 ♀, enf. 65 – ⇆ 38 –
25 ch 330/370 – ½ P 340/360

🏨 **Alsace** sans rest, 16 r. Vauban ℘ 03 88 94 98 43, Fax 03 88 94 19 60 – 🆒 ☎ ✇ ⅋ 🅟. 🅰🅴 ⑩
ⅭⒷ   **B** n
fermé 18 déc. au 8 janv. – ⇆ 32 – **41 ch** 230/286

🏨 **Couronne** 🅼, 12 pl. République ℘ 03 88 94 14 00, Fax 03 88 94 14 27 – 🆒 ☎. ⅭⒷ.
⅍ ch   **B** r
Repas (fermé lundi soir et mardi) 95/180 ♀ – ⇆ 35 – **10 ch** 280/350 – ½ P 230/240

XX **Hostellerie du Cygne** avec ch., 3 r. Sel ℘ 03 88 94 00 16, Fax 03 88 54 38 28, 宗 – 🆒 ☎
✇. ⅭⒷ. ⅍ ch   **B** a
fermé 1ᵉʳ au 16 juil. et merc. – **Repas** (fermé 15 au 25 nov., vacances de fév., jeudi midi et
merc.) 120/335 bc ♀, enf. 70 – ⇆ 16 **ch** 300/400 – ½ P 320/350

XX **L'Ange**, 2 r. République ℘ 03 88 94 12 11, Fax 03 88 94 12 11, 宗 – 🅰🅴 ⅭⒷ   **B** u
fermé 1ᵉʳ au 15 août, vacances de fév., mardi et merc. – **Repas** 230/330 ♂, enf. 65

à Altenstadt par ② : 2 km – ⊠ 67160 Wissembourg :

XX **Rôtisserie Belle Vue**, ℘ 03 88 94 02 30, Fax 03 88 54 80 14, 宗 – 🅟. ⅭⒷ
fermé 7 au 29 août, vacances de fév., lundi et mardi – **Repas** 150/235 ♀

YERVILLE 76760 S.-Mar. 🆒🆒 ⑭ – 1 948 h alt. 156.

Paris 162 – Rouen 32 – Dieppe 43 – Fécamp 48 – Le Havre 68.

XX **Voyageurs**, ℘ 02 35 96 82 55, Fax 02 35 96 16 86, 굿 – 🅟. ⅭⒷ
⦜   fermé dim. soir et lundi sauf fériés – **Repas** 85/275

YEU (Ile d') ★★ 85 Vendée **87** ⑪ G. Poitou Vendée Charentes – 4 941 h.

Accès par transports maritimes, pour **Port-Joinville**.

 ⛴ depuis **Fromentine**. Traversée 40 ou 70 mn – Renseignements à Cie Bio Continent, B.P 16, 85550 La Barre-de-Monts ℘ 02 51 49 59 69, Fax 02 51 49 59 70.

 ⛴ depuis **Fromentine** (de mi-mars à mi-oct.). Traversée 45 min- Renseignements et tarifs:Vedettes Inter-Iles Vendéennes-85630 Barbâtre ℘ 02 51 39 00 00, Fax 02 51 39 54 26.

 ⛴ depuis **Barbâtre (la Fosse) et St-Gilles-Croix-de-Vie** : services saisonniers – Renseignements et Tarifs : Vedettes Inter-Iles Vendéennes 85630 Barbâtre ℘ 02 51 39 00 00, Fax 02 51 39 54 26.

Port-de-la-Meule – ⊠ 85350 L'Ile d'Yeu.

 Voir Côte Sauvage★★ : ⩽★★ E et O – Pointe de la Tranche★ SE

Port-Joinville – ⊠ 85350 L'Ile d'Yeu.

 Voir Vieux Château★ : ⩽★★ SO : 3,5 km – Grand Phare ⩽★ SO : 3 km.

 🛈 Office de Tourisme pl. Marché ℘ 02 51 58 32 58.

🏨 **Atlantic Hôtel** Ⓜ sans rest, quai Carnot ℘ 02 51 58 38 80, Fax 02 51 58 35 92 – 📺 ☎. 🖭 GB. ✀

 fermé 7 au 30 janv. – ⊡ 35 – **15 ch** 390

🏨 **Escale** sans rest, La Croix de port ℘ 02 51 58 50 28, Fax 02 51 59 33 55 – 📺 ☎ ♿. GB

 fermé 15 nov. au 15 déc. – ⊡ 35 – **28 ch** 190/330

YFFINIAC 22 C.-d'Armor **59** ③ – rattaché à St-Brieuc.

YSSINGEAUX ⧼SNCF⧽ 43200 H.-Loire **76** ⑧ G. Vallée du Rhône – 6 118 h alt. 829.

 🛈 Office de Tourisme pl. Carnot ℘ 04 71 59 10 76, Fax 04 71 56 03 12.

 Paris 567 – Le Puy-en-Velay 27 – Ambert 74 – Privas 105 – St-Étienne 51 – Valence 94.

🏨 **Bourbon** Ⓜ, 5 pl. Victoire ℘ 04 71 59 06 54, Fax 04 71 59 00 70 – 📺 ☎ ❤ – 🔬 25. 🖭 GB

 fermé 22 juin au 4 juil., 9 au 21 nov., 2 au 23 janv., dim. soir et lundi – **Repas** 90/240 ⓨ, enf. 40 – ⊡ 50 – **11 ch** 290/360 – ½ P 262/295

YVES 17340 Char.-Mar. **71** ⑬ – 893 h alt. 9.

 Paris 479 – La Rochelle 26 – Châtelaillon-Plage 10 – Rochefort 14.

🏨 **Air Marin** Ⓜ, N 137 ℘ 05 46 56 18 15, Fax 05 46 56 22 27, ⩽, ⊒ – 📺 ☎ ❤ ♿ 🅿. GB

 Repas 70/220 ⓨ – ⊡ 40 – **43 ch** 340/380 – ½ P 290

YVETOT 76190 S.-Mar. **52** ⑬ G. Normandie Vallée de la Seine – 10 807 h alt. 147.

 Voir Verrières★★ de l'église E.

 🛈 Office de Tourisme pl. Victor-Hugo ℘ 02 35 95 08 40, Fax 02 35 95 08 40 et (hors saison) à la Mairie ℘ 02 35 95 14 54.

 Paris 170 – Le Havre 56 – Rouen 36 – Dieppe 55 – Fécamp 35 – Lisieux 88.

🏨 **Havre**, pl. Belges ℘ 02 35 95 16 77, Fax 02 35 95 21 18 – 📺 ☎ ❤ ➾. 🖭 GB

 Closerie ℘ 02 35 95 65 65 (fermé dim. soir sauf fériés) **Repas** (110)-140/170 ⓨ – ⊡ 60 – **28 ch** 260/350 – ½ P 300/400

à Motteville Est : 9 km par N 29 et D 20 – 706 h. alt. 160 – ⊠ 76970 :

🍴🍴 **Auberge du Bois St-Jacques**, à la Gare ℘ 02 35 96 83 11, Fax 02 35 96 23 18 – 🅿. GB

 fermé août, dim. soir, lundi soir et mardi – **Repas** 75 bc/180 ⓨ, enf. 50

à Croix-Mare Est : 8 km par N 15 – 591 h. alt. 156 – ⊠ 76190 Yvetot :

🍴 **Auberge de la Forge**, ℘ 02 35 91 25 94 – 🅿. 🖭 ⓞ GB

 fermé mardi soir et merc. sauf fériés – **Repas** 100/250 bc, enf. 60

YVOIRE 74140 H.-Savoie **70** ⑯ ⑰ G. Alpes du Nord – 432 h alt. 380.

 Voir Village médiéval★ : jardin des Cinq Sens★.

 🛈 Office de Tourisme pl. Mairie ℘ 04 50 72 80 21, Fax 04 50 72 84 21 et (saison) au Port de Plaisance ℘ 04 50 72 87 06.

 Paris 567 – Thonon-les-Bains 16 – Annecy 71 – Bonneville 41 – Genève 27.

🏨 **Pré de la Cure**, ℘ 04 50 72 83 58, Fax 04 50 72 91 15, ⩽, 🏡, 🌳 – 🛗 📺 ☎ ❤ ➾ 🅿. 🖭 ⚌

 3 mars-15 nov. – **Repas** (fermé merc. en mars, oct. et nov.) 108/280 ⓨ, enf. 60 – ⊡ 52 – **25 ch** 355/400 – ½ P 380

Vieux Logis, ✆ 04 50 72 80 24, *Fax 04 50 72 90 76*, « Maison du 14e siècle » – TV ☎ P. AE GB
1er mars-30 nov. – **Repas** *(fermé dim. soir et lundi sauf juil.-août)* 99/220 🍸, enf. 65 – ☕ 42 – **11 ch** 340/360

Port M avec ch, ✆ 04 50 72 80 17, *Fax 04 50 72 90 71*, ≤, « Terrasse au bord du lac » – ch, TV ☎. AE GB. ch
15 mars-20 oct. et fermé merc. d'oct. à avril – **Repas** 120 (déj.), 170/255 🍸 – ☕ 45 – **4 ch** 750/850

Vieille Porte, ✆ 04 50 72 80 14, *Fax 04 50 72 92 04*, « Maison du 14e siècle, terrasse dominant le lac et village », – GB
1er mars-26 nov. et fermé lundi sauf juil.-août – **Repas** 140 (déj.), 175/290 🍸, enf. 55

Les Flots Bleus avec ch, ✆ 04 50 72 80 08, *Fax 04 50 72 84 28*, ≤, « Terrasse ombragée face au lac » – TV ☎. AE GB
avril-début oct. – **Repas** 120/320 🍸, enf. 58 – ☕ 45 – **10 ch** 300/380 – ½ P 350/390

YZEURES-SUR-CREUSE *37290 I.-et-L.* 68 ⑤ – *1 747 h alt. 74.*
Paris 318 – Poitiers 66 – Châteauroux 72 – Châtellerault 28 – Tours 84.

Promenade, ✆ 02 47 91 49 00, *Fax 02 47 94 46 12* – TV ☎. GB
fermé 15 janv. au 15 fév. – **Repas** *(fermé mardi)* 97/297 🍸 – ☕ 50 **15 ch** 290/350

ZELLENBERG *68 H.-Rhin* 62 ⑲ – *rattaché à Riquewihr.*

ZICAVO *2A Corse-du-Sud* 90 ⑦ – *voir à Corse.*

ZONZA *2A Corse-du-Sud* 90 ⑦ – *voir à Corse.*

ZOUFFTGEN *57330 Moselle* 57 ③ – *597 h alt. 250.*
Paris 342 – Luxembourg 19 – Metz 49 – Thionville 16.

Lorraine, ✆ 03 82 83 40 46, *Fax 03 82 83 48 26*, – P. GB
fermé lundi et mardi soir – **Repas** 130/380 🍸, enf. 80

Write us...

If you have any comments on the contents of this Guide.

Your praise as well as your criticisms will receive careful consideration and, with your assistance, we will be able to add to our stock of information and, where necessary, amend our judgments.

Thank you in advance!

Distances

Quelques précisions

Au texte de chaque localité vous trouverez la distance des villes environnantes et celle de Paris.

Les distances sont comptées à partir du centre-ville et par la route la plus pratique, c'est-à-dire celle qui offre les meilleures conditions de roulage, mais qui n'est pas nécessairement la plus courte.

Pour avoir un itinéraire plus détaillé, consultez le minitel : 3615 MICHELIN ou www.michelin-travel.com

Distances

Commentary

The text on each town includes its distance from its immediate neighbours and from Paris.

Distances are calculated from centres and along the best roads from a motoring point of view – not necessarily the shortest.

For more detailed route planning, consult Minitel: 3615 MICHELIN or www.michelin-travel.com

Distanze

Qualche chiarimento

Nel testo di ciascuna località troverete la distanza dalle città viciniori e da Parigi.

Le distanze sono calcolate a partire dal centro delle città e seguendo la strada più pratica, ossia quella che offre le migliori condizioni di viaggio ma che non è necessariamente la più breve.

Per un itinerario più dettagliato, consultate il minitel: 3615 MICHELIN o www.michelin-travel.com

Entfernungen

Einige Erklärungen

In jedem Ortstext finden Sie Entfernungen zu größeren Städten in der Umgebung und nach Paris.

Die Entfernungen gelten ab Stadtmitte unter Berücksichtigung der günstigsten (nicht immer kürzesten) Strecke.

Für Ihre präzise Reiseroute, benutzen Sie Minitel: 3615 MICHELIN oder www.michelin-travel.com

Distancias

Algunas precisiones

En el texto de cada localidad encontrará la distancia de las ciudades más cercanas y la de París.

Los kilómetros están calculados a partir del centro de la ciudad por la carretera más cómoda, es decir la que ofrece mejores condiciones de circulación, pero que no es necesariamente la más corta.

Si desea un itinerario más detallado, consulte el minitel : 3615 MICHELIN o www.michelin-travel.com

Distances entre principales villes
Distances between major towns
Distanze tra le principali città
Entfernungen zwischen den größeren Städten
Distancias entre las ciudades principales

Marseille – Strasbourg

8C3 km

Distance matrix (km) between the following cities, read along the staircase diagonal:
Amiens, Angers, Bayonne, Besançon, Bordeaux, Brest, Caen, Calais, Cherbourg, Clermont-Ferrand, Dijon, Grenoble, Le Havre, Lille, Limoges, Lyon, Le Mans, Marseille, Metz, Montpellier, Mulhouse, Nancy, Nantes, Nice, Orléans, Paris, Perpignan, Reims, Rennes, Rouen, Saint-Étienne, Strasbourg, Toulon, Toulouse, Tours.

Each row lists distances from the named city to the preceding cities (Amiens first):

- **Angers:** 425
- **Bayonne:** 910, 520
- **Besançon:** 505, 661, 888
- **Bordeaux:** 722, 332, 184, 695
- **Brest:** 616, 380, 811, 959, 623
- **Caen:** 244, 246, 764, 640, 568, 376
- **Calais:** 161, 504, 1064, 807, 876, 710, 339
- **Cherbourg:** 367, 297, 835, 91, 647, 866, 548, 124
- **Clermont-Ferrand:** 565, 428, 546, 340, 358, 619, 805, 566, 461
- **Dijon:** 467, 565, 807, 91, 619, 725, 353, 710, 717, 279
- **Grenoble:** 725, 712, 827, 286, 657, 1125, 612, 12, 862, 277, 302
- **Le Havre:** 182, 291, 809, 605, 612, 458, 86, 209, 209, 572, 513, 771
- **Lille:** 122, 521, 997, 539, 606, 709, 353, 112, 476, 209, 112, 579, 291
- **Limoges:** 534, 254, 413, 492, 225, 468, 554, 686, 178, 415, 213, 478, 550, 618
- **Lyon:** 617, 545, 831, 226, 528, 1017, 697, 753, 819, 171, 194, 110, 662, 685, 348
- **Le Mans:** 333, 97, 700, 433, 402, 154, 277, 411, 277, 474, 732, 426, 198, 306, 623, 864
- **Marseille:** 929, 700, 539, 566, 651, 1271, 909, 1009, 1131, 477, 411, 273, 974, 997, 594, 314, 528
- **Metz:** 363, 621, 1097, 266, 922, 572, 572, 463, 695, 547, 269, 572, 538, 364, 462, 720, 776, 760
- **Montpellier:** 914, 681, 535, 524, 486, 1105, 898, 1022, 1051, 425, 297, 342, 912, 983, 300, 373, 735, 171, 687
- **Mulhouse:** 538, 432, 619, 131, 893, 709, 639, 424, 709, 492, 219, 467, 611, 634, 373, 634, 760, 235, 57, 675
- **Nancy:** 366, 591, 1081, 207, 893, 548, 548, 467, 670, 491, 213, 515, 611, 650, 406, 498, 719, 707, 176, 707, 57
- **Nantes:** 515, 91, 513, 748, 326, 298, 292, 593, 317, 463, 656, 803, 378, 608, 307, 186, 975, 811, 817, 682, 427, 682
- **Nice:** 1087, 1048, 858, 697, 1429, 1167, 1224, 1390, 1156, 337, 1133, 286, 753, 270, 559, 356, 1131, 190, 876, 308, 962, 920
- **Orléans:** 272, 219, 648, 392, 460, 543, 273, 424, 397, 299, 356, 270, 426, 685, 61, 473, 144, 933, 693, 427, 521, 366, 144, 931
- **Paris:** 142, 295, 771, 404, 583, 596, 232, 289, 355, 424, 312, 570, 194, 222, 394, 202, 197, 332, 762, 464, 310, 384, 308, 476, 131
- **Perpignan:** 997, 780, 499, 672, 451, 1070, 998, 1094, 1081, 445, 640, 441, 1081, 219, 448, 511, 908, 155, 819, 155, 908, 852, 773, 732, 857
- **Reims:** 174, 432, 980, 333, 720, 733, 384, 275, 506, 348, 207, 492, 207, 272, 492, 531, 207, 190, 195, 962, 319, 366, 268, 476, 220, 144, 938
- **Rennes:** 425, 128, 628, 713, 440, 245, 183, 519, 208, 557, 621, 879, 267, 573, 381, 770, 267, 673, 803, 782, 521, 805, 109, 349, 296, 345, 804, 491
- **Rouen:** 121, 289, 808, 537, 620, 495, 123, 215, 246, 534, 334, 534, 65, 230, 483, 197, 88, 470, 908, 606, 521, 522, 230, 945, 131, 144, 935, 220, 431
- **Saint-Étienne:** 676, 559, 691, 286, 504, 936, 756, 812, 878, 147, 253, 157, 704, 744, 61, 83, 534, 197, 846, 433, 448, 534, 744, 379, 431, 379, 831, 491, 648, 457
- **Strasbourg:** 520, 691, 1254, 246, 1066, 730, 621, 852, 1131, 551, 695, 489, 737, 522, 536, 685, 803, 162, 118, 791, 150, 867, 804, 935, 577, 491, 935, 150, 867, 577, 493
- **Toulon:** 995, 955, 778, 621, 1040, 1079, 810, 872, 1196, 695, 329, 572, 695, 583, 522, 329, 930, 65, 925, 239, 782, 925, 1178, 349, 827, 804, 150, 827, 1085, 804, 239, 839
- **Toulouse:** 839, 576, 247, 730, 533, 865, 678, 997, 923, 329, 533, 727, 854, 307, 381, 536, 676, 407, 784, 243, 840, 907, 564, 835, 839, 574, 205, 839, 574, 907, 205, 996, 407
- **Tours:** 378, 108, 536, 348, 490, 246, 530, 369, 331, 418, 618, 290, 293, 462, 449, 83, 795, 562, 638, 665, 562, 638, 952, 236, 116, 374, 795, 242, 275, 238, 116, 795, 562, 164

Marseille – Strasbourg (example highlighted on the chart).

1469

Principales routes

- Autoroute, double chaussée de type autoroutier
- **N 4** Numéro de route
- **14** Distances partielles
  Distances entre principales villes, voir tableau
- Carte de voisinage : voir à la ville choisie

Main roads

- Motorway, dual carriageway
- **N 4** Road number
- **14** Intermediary distances
  Distances between major towns, see table
- Town with a local map

Principali strade

- Autostrada, doppia carregiata tipo autostrada
- **N 4** Numero della strada
- **14** Distanze parziali
  Distanze fra le principali città, vedere tabella
- Città con carta dei dintorni

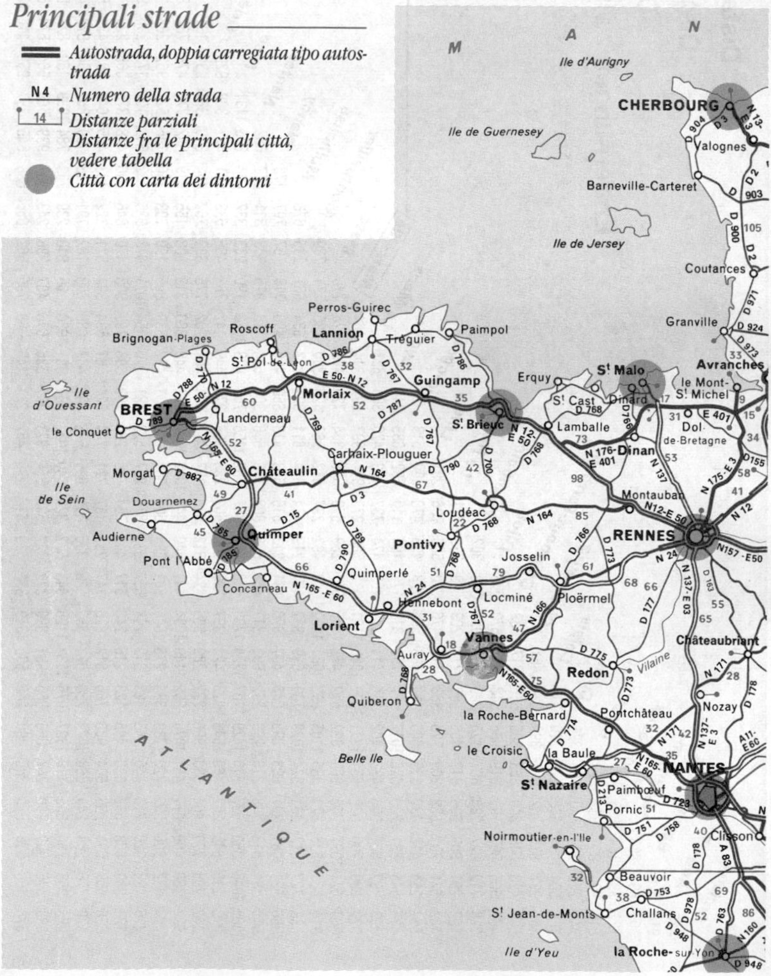

Hauptverkhrsstrassen

- Autobahn, Schnellstraße
- **N 4** Straßennummer
- **14** Teilentfernungen
  Entefernungen zwischen Großstädten, siehe Tabelle
- Stadt mit Umgebungskarte

Carreteras principales

- Autopista, autovía
- **N 4** Número de la carretera
- **14** Distancias parciales
  Distancias entre las ciudades principales, ver cuadro
- Población con mapa de alrededores

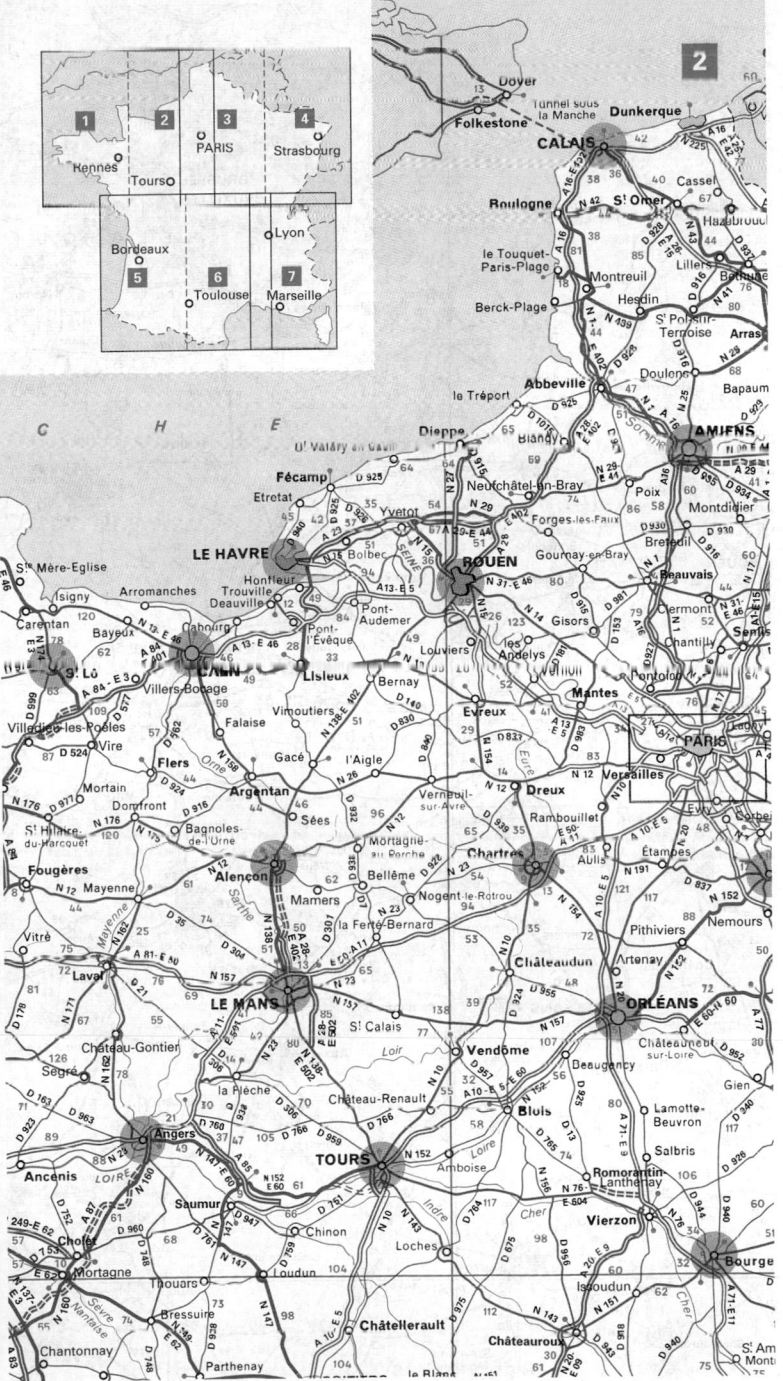

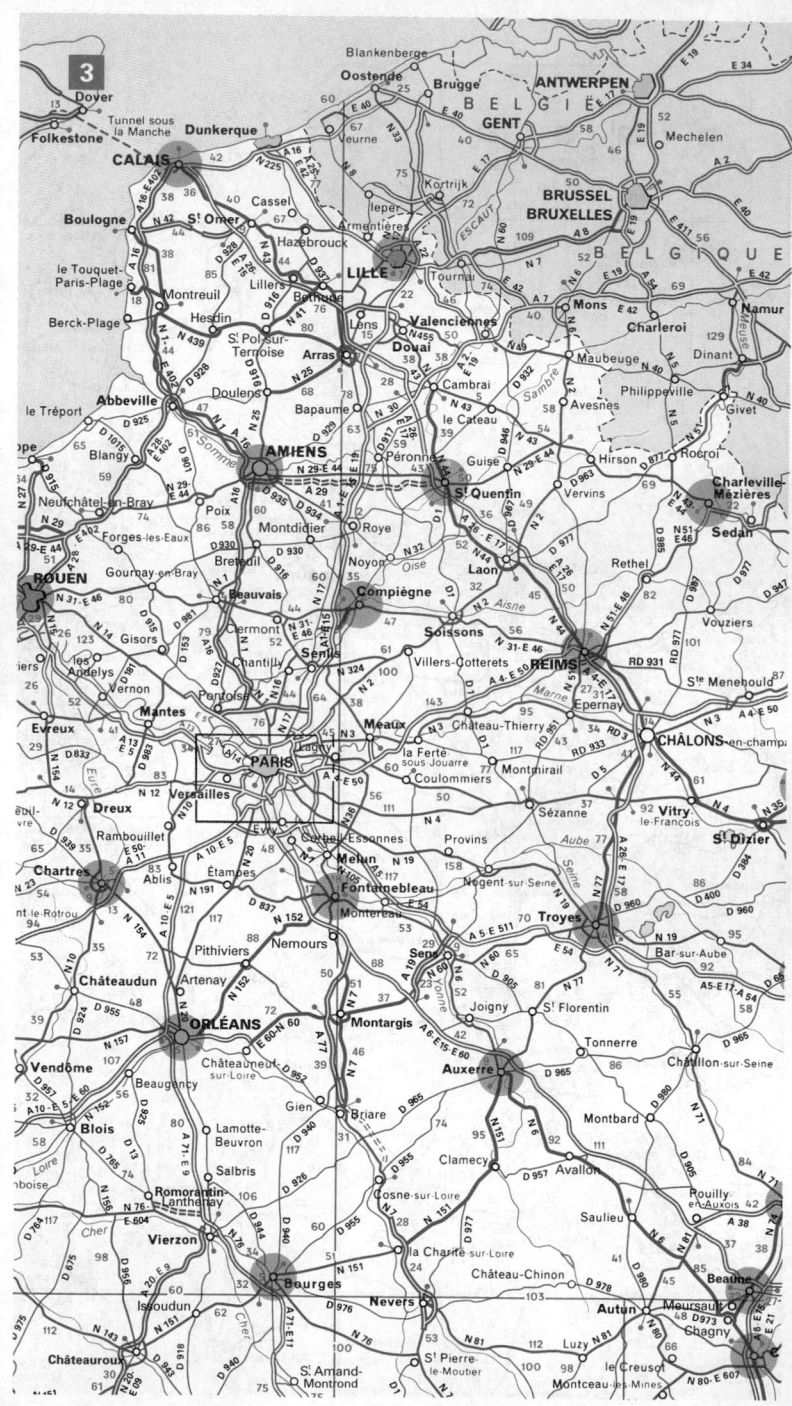

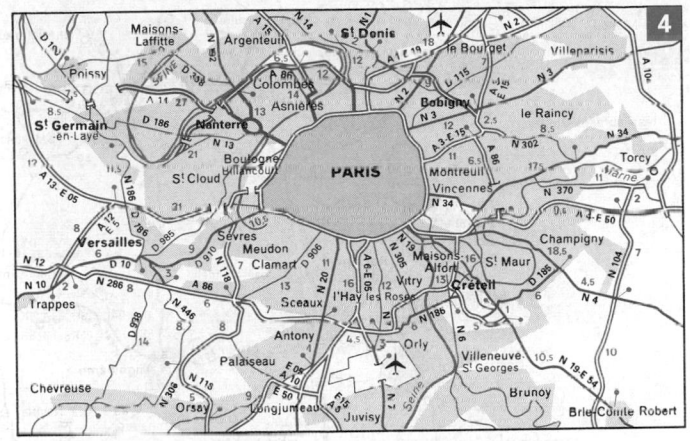

4
Maisons-Laffitte
Argenteuil
St Denis
le Bourget
Villeparisis
Poissy
Colombes
Asnières
Bobigny
le Raincy
St Germain-en-Laye
Nanterre
PARIS
Torcy
Boulogne-Billancourt
St Cloud
Montreuil
Vincennes
Marne
Versailles
Sèvres
Meudon
Clamart
Maisons-Alfort
St Maur
Champigny
Créteil
Trappes
Sceaux
l'Hay les Roses
Vitry
Antony
Orly
Palaiseau
Villeneuve-St Georges
Chevreuse
Orsay
Longjumeau
Juvisy
Seine
Brunoy
Brie-Comte Robert
Arlon
LUXEMBOURG
BUNDESREPUBLIK DEUTSCHLAND
Mannheim
Heidelberg
Montmédy
Stenay
Longwy
Longuyon
Thionville
Briey
Etain
Verdun
Boulay-Moselle
Forbach
Saarbrücken
Sarreguemines
Karlsruhe
METZ
St Avold
Bitche
Wissembourg
Sarre-Union
Haguenau
Pont-à-Mousson
Château-Salins
Meuse
Sarrebourg
Saverne
Commercy
Bar-le-Duc
NANCY
STRASBOURG
Toul
Lunéville
Molsheim
RHIN
Vaucouleurs
Erstein
Marne
Joinville
St Dié
Neufchâteau
Mirecourt
Sélestat
Vittel
Ribeauvillé
Moselle
Épinal
Colmar
Contrexéville
Gérardmer
Neuf-Brisach
Freiburg
Chaumont
Remiremont
Plombières les Bains
Guebwiller
Bourbonne-les-Bains
le Thillot
MULHOUSE
Thann
Schaffhausen
Langres
Luxeuil-les-Bains
Lure
Altkirch
St Michel
Belfort
Vesoul
BÂLE
Montbéliard
Gray
ZURICH
Baume-les-Dames
Solothurn
DIJON
BESANÇON
SUISSE
Luzern
Morteau
Saône
Dole
Neuchâtel
BERN
Seurre
Doubs
Salins
Pontarlier
Poligny
Fribourg
halon-sur-S.
Champagnole
Lons-le-Saunier
Interlaken

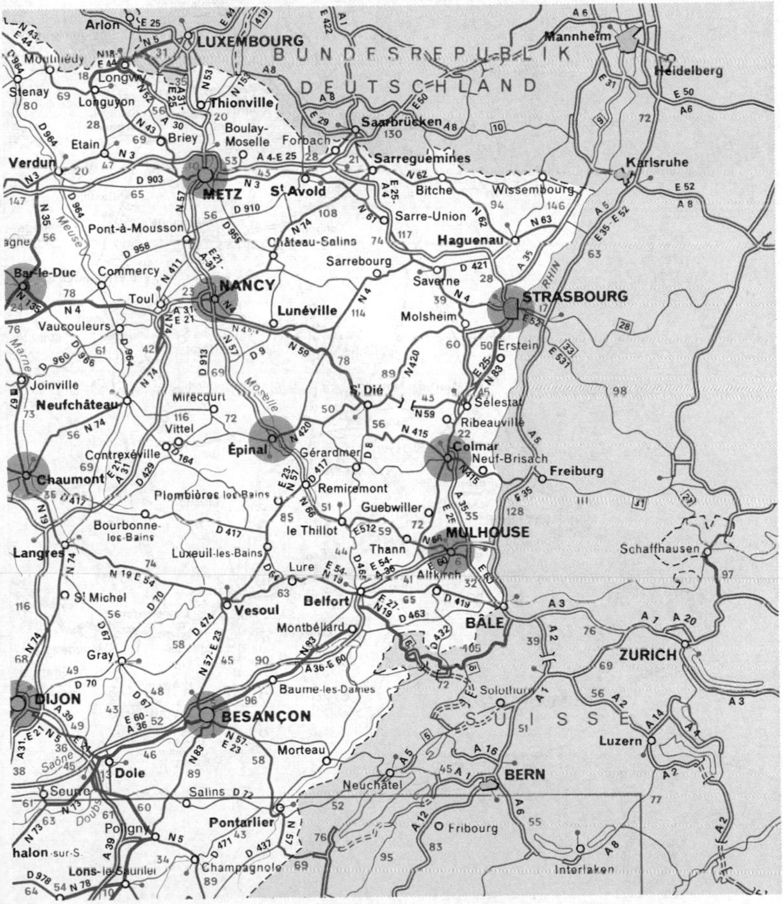

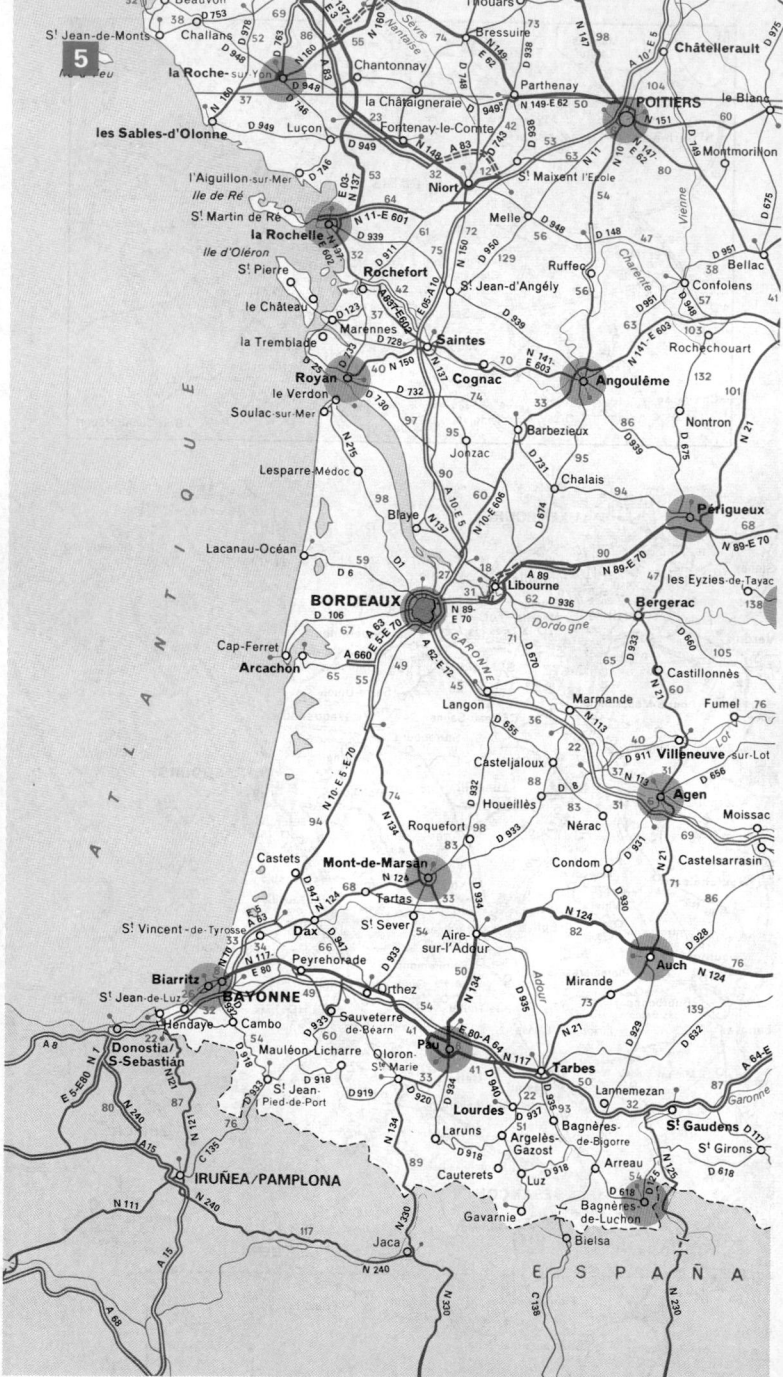

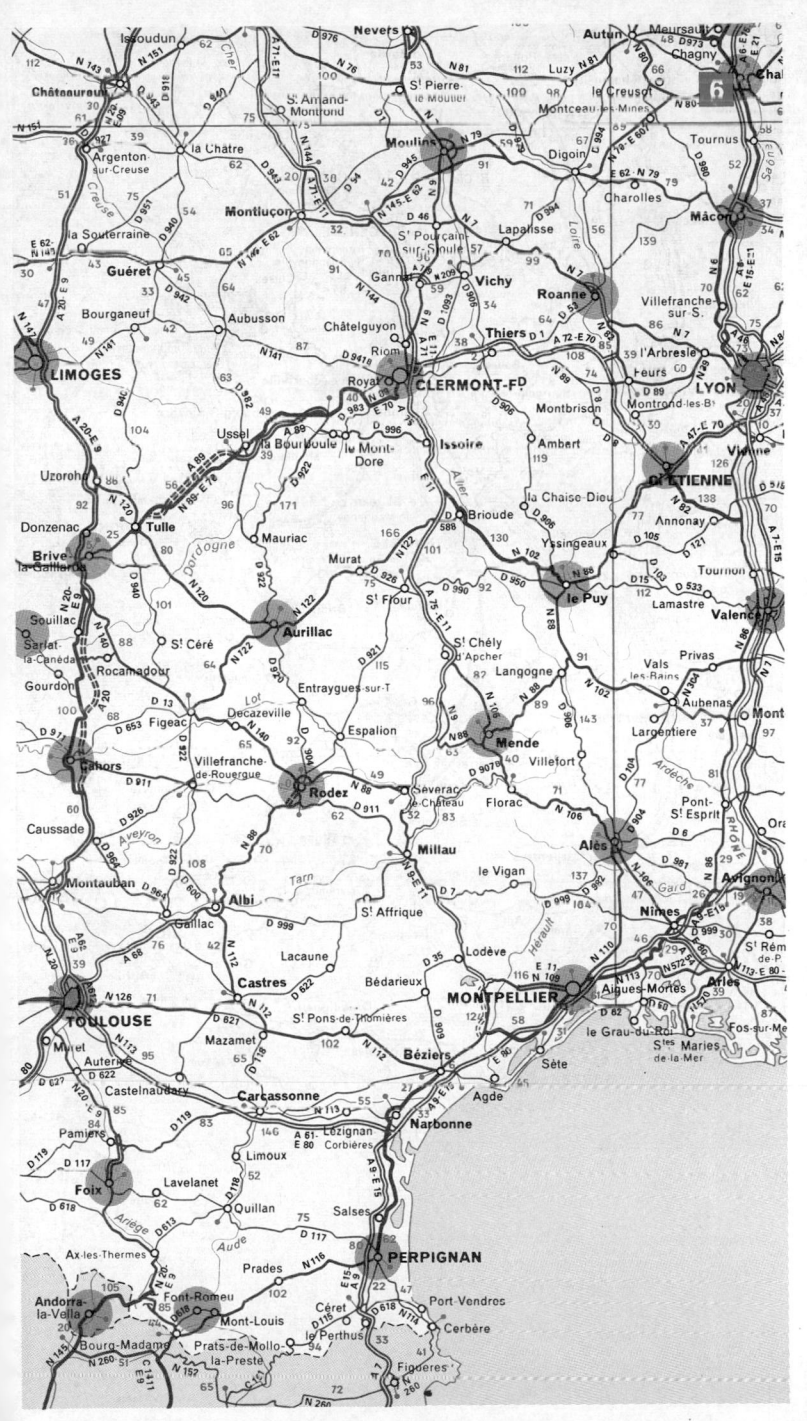

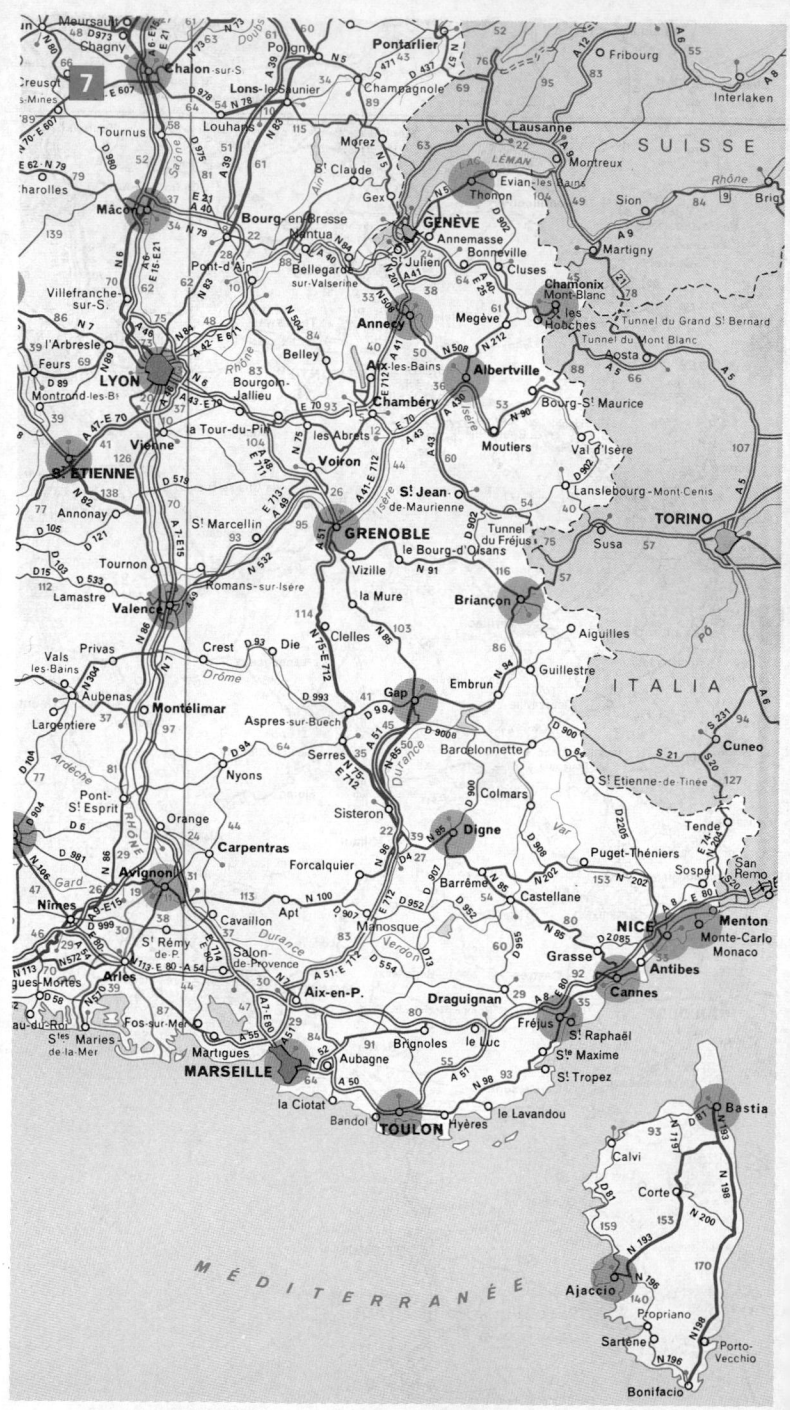

Calendrier des vacances scolaires

Voir pages suivantes

School holidays calendar

See next pages

ACADÉMIES ET DÉPARTEMENTS

Zone A

Caen (14-50-61), Clermont-Ferrand (03-15-43-63), Grenoble (07-26-38-73-74), Lyon (01-42-69), Montpellier (11-30-34-48-66), Nancy-Metz (54-55-57-88), Nantes (44-49-53-72-85), Rennes (22-29-35-56), Toulouse (09-12-31-32-46-65-81-82).

Zone B

Aix-Marseille (04-05-13-84), Amiens (02-60-80), Besançon (25-39-70-90), Dijon (21-58-71-89), Lille (59-62), Limoges (19-23-87), Nice (06-83), Orléans-Tours (18-28-36-37-41-45), Poitiers (16-17-79-86), Reims (08-10-51-52), Rouen (27-76), Strasbourg (67-68).

Zone C

Bordeaux (24-33-40-47-64), Créteil (77-93-94), Paris-Versailles (75-78-91-92-95).

Nota : La Corse bénéficie d'un statut particulier.

2000 MARS

1	M	s Aubin
2	J	s Charles le B.
3	V	s Guénolé
4	S	s Casimir
5	D	s° Olive
6	L	s° Colette
7	M	**Mardi-Gras**
8	M	**Cendres**
9	J	s° Françoise
10	V	s Vivien
11	S	s° Rosine
12	D	**Carême**
13	L	s Rodrigue
14	M	s° Mathilde
15	M	s° Louise
16	J	s° Bénédicte
17	V	s Patrice
18	S	s Cyrille
19	D	s Joseph
20	L	**PRINTEMPS**
21	M	s° Clémence
22	M	s° Léa
23	J	s Victorien
24	V	s° Cath. de Su.
25	S	**Annonciation**
26	D	s° Larissa
27	L	s Habib
28	M	s Gontran
29	M	s° Gwladys
30	J	s Amédée
31	V	s Benjamin

AVRIL

1	S	s Hugues
2	D	s° Sandrine
3	L	s Richard
4	M	s Isidore
5	M	s° Irène
6	J	s Marcellin
7	V	s J.-B. de la S.
8	S	s° Julie
9	D	s Gautier
10	L	s Fulbert
11	M	s Stanislas
12	M	s Jules
13	J	s° Ida
14	V	s Maxime
15	S	s Paterne
16	D	**Rameaux**
17	L	s Étienne H.
18	M	s Parfait
19	M	s° Emma
20	J	s° Odette
21	V	**Vendredi-Saint**
22	S	s Alexandre
23	D	**PÂQUES**
24	L	**Lundi de Pâques**
25	M	s Marc
26	M	s° Alida
27	J	s° Zita
28	V	s° Valérie
29	S	s° Cath. de Si.
30	D	**Jour du Souv.**

MAI

1	L	**FÊTE DU TR.**
2	M	s Boris
3	M	ss Phil., Jacq.
4	J	s Sylvain
5	V	s° Judith
6	S	s° Prudence
7	D	s° Gisèle
8	L	**VICTOIRE 45**
9	M	s Pacôme
10	M	s° Solange
11	J	s° Estelle
12	V	s Achille
13	S	s° Rolande
14	D	**F. Jeanne d'Arc**
15	L	s° Denise
16	M	s Honoré
17	M	s Pascal
18	J	s Éric
19	V	s Yves
20	S	s Bernardin
21	D	s. Constantin
22	L	s Émile
23	M	s. Didier
24	M	s Donatien
25	J	s° Sophie
26	V	s Bérenger
27	S	s Augustin
28	D	**Fête des Mères**
29	L	s Aymard
30	M	s Ferdinand
31	M	**Visitation**

JUIN

1	J	**ASCENSION**
2	V	s° Blandine
3	S	s Kévin
4	D	s° Clotilde
5	L	s Igor
6	M	s Norbert
7	M	s Gilbert
8	J	s Médard
9	V	s° Diane
10	S	s Landry
11	D	**PENTECÔTE**
12	L	**Lundi Pent.**
13	M	s Antoine
14	M	s Élisée
15	J	s° Germaine
16	V	s J.-F. Régis
17	S	s Hervé
18	D	**Fête des Pères**
19	L	s Romuald
20	M	s Silvère
21	M	**ÉTÉ**
22	J	s Alban
23	V	s° Audrey
24	S	s Jean-Bapt.
25	D	s Prosper
26	L	s Anthelme
27	M	s Fernand
28	M	s Irénée
29	J	ss Pierre, Paul
30	V	s Martial

JUILLET

1	S	s Thierry
2	D	s Martinien
3	L	s Thomas
4	M	s Florent
5	M	s Antoine-Marie
6	J	s° Marietta
7	V	s Raoul
8	S	s Thibaut
9	D	s° Amandine
10	L	s Ulrich
11	M	s Benoît
12	M	s Olivier
13	J	ss Henri, Joël
14	V	**FÊTE NAT.**
15	S	s Donald
16	D	N.-D. Mt-Carmel
17	L	s° Charlotte
18	M	s Frédéric
19	M	s Arsène
20	J	s° Marina
21	V	s Victor
22	S	s° Marie-Mad.
23	D	s° Brigitte
24	L	s° Christine
25	M	s Jacques
26	M	ss Anne
27	J	s° Nathalie
28	V	s Samson
29	S	s° Marthe
30	D	s° Juliette
31	L	s Ignace de L.

AOÛT

1	M	s Alphonse
2	M	s Julien
3	J	s° Lydie
4	V	s J.-M. Vianney
5	S	s Abel
6	D	**Transfiguration**
7	L	s Gaétan
8	M	s Dominique
9	M	s Amour
10	J	s Laurent
11	V	s° Claire
12	S	s° Clarisse
13	D	s Hippolyte
14	L	s Evrard
15	M	**ASSOMPTION**
16	M	s Armel
17	J	s Hyacinthe
18	V	s° Hélène
19	S	s Jean-Eudes
20	D	s Bernard
21	L	s Christophe
22	M	s Fabrice
23	M	s° Rose de Lima
24	J	s Barthélemy
25	V	s Louis de F.
26	S	s° Natacha
27	D	s° Monique
28	L	s Augustin
29	M	s° Sabine
30	M	s Fiacre
31	J	s Aristide

2000 SEPTEMBRE

1	V	s Gilles
2	S	s° Ingrid
3	D	s Grégoire
4	L	s° Rosalie
5	M	s° Raïssa
6	M	s Bertrand
7	J	s° Reine
8	V	Nativité de Marie
9	S	s Alain
10	D	s° Inès
11	L	s Adelphe
12	M	s Apollinaire
13	M	s Aimé
14	J	s° Croix
15	V	s Roland
16	S	s° Édith
17	D	s Renaud
18	L	s° Nadège
19	M	s° Émilie
20	M	s Davy
21	J	s Matthieu
22	V	**AUTOMNE**
23	S	s Constant
24	D	s° Thècle
25	L	s Hermann
26	M	ss Côme, Dam.
27	M	s Vinc. de Paul
28	J	s Venceslas
29	V	s Michel
30	S	s Jérôme

2000 OCTOBRE

1	D	s° Th. ce l'E.-J.
2	L	s Léger
3	M	s Gérard
4	M	s Fr. d'Assise
5	J	s° Fleur
6	V	s Bruno
7	S	s Serge
8	D	s° Pélagie
9	L	s Denis
10	M	s Ghislain
11	M	s Firmin
12	J	s Wilfried
13	V	s Géraud
14	S	s Juste
15	D	s° Thérèse d'Avila
16	L	s° Edwige
17	M	s Baudouin
18	M	s Luc
19	J	s René
20	V	s° Adeline
21	S	s° Céline
22	D	s° Élodie
23	L	s Jean de C.
24	M	s Florentin
25	M	s Crépin
26	J	s Dimitri
27	V	s° Émeline
28	S	s Simon
29	D	s° Narcisse
30	L	s Bienvenue
31	M	s Wolfgang

NOVEMBRE

1	M	TOUSSAINT
2	J	Défunts
3	V	s Hubert
4	S	s Charles
5	D	s° Sylvie
6	L	s° Bertille
7	M	s° Carine
8	M	s Geoffroy
9	J	s Théodore
10	V	s Léon
11	S	ARMIST. 1918
12	D	s Christian
13	L	s Brice
14	M	s Sidoine
15	M	s Albert
16	J	s° Marguerite
17	V	s° Élisabeth
18	S	s Aude
19	D	s Tanguy
20	L	s Edmond
21	M	Prés. de Marie
22	M	s° Cécile
23	J	s Clément
24	V	s° Flora
25	S	s° Catherine
26	D	s° Delphine
27	L	s Séverin
28	M	s Jacq. de la Marche
29	M	s Saturnin
30	J	s André

DÉCEMBRE

1	V	s° Florence
2	S	s° Viviane
3	D	Avent
4	L	s° Barbara
5	M	s Gérald
6	M	s Nicolas
7	J	s Ambroise
8	V	Im. Conception
9	S	s Pierre Fourier
10	D	s Romaric
11	L	s Daniel
12	M	s° Chantal
13	M	s° Lucie
14	J	s° Odile
15	V	s Ninon
16	S	s Alice
17	D	s Judicaël
18	L	s Gatien
19	M	s Urbain
20	M	s Abraham
21	J	HIVER
22	V	s° Franç.-Xavière
23	S	s Armand
24	D	s° Adèle
25	L	NOEL
26	M	s Étienne
27	M	s Jean
28	J	ss Innocents
29	V	s David
30	S	s Roger
31	D	s Sylvestre

2001 JANVIER

1	L	J. DE L'AN
2	M	s Basile
3	M	s° Geneviève
4	J	s Odilon
5	V	s Édouard
6	S	Épiphanie
7	D	s Raymond
8	L	s Lucien
9	M	s° Alix de Ch.
10	M	s Guillaume
11	J	s Paulin
12	V	s° Tatiana
13	S	s Hilaire
14	D	s° Nina
15	L	s Remi
16	M	s Marcel
17	M	s° Antoine
18	J	s° Prisca
19	V	s Marius
20	S	s Fabien
21	D	s° Agnès
22	L	s Vincent
23	M	s Barnard
24	M	s Fr. de Sales
25	J	Conv. s. Paul
26	V	s° Mélanie
27	S	s° Angèle
28	D	s Th. d'Aquin
29	L	s Gildas
30	M	s° Martine
31	M	s° Marcelle

FÉVRIER

1	J	s° Ella
2	V	Prés. Seigneur
3	S	s Blaise
4	D	s° Véronique
5	L	s° Agathe
6	M	s Gaston
7	M	s° Eugénie
8	J	s° Jacqueline
9	V	s° Apolline
10	S	s Arnaud
11	D	N.-D. Lourdes
12	L	s Félix
13	M	s° Béatrice
14	M	s Valentin
15	J	s Claude
16	V	s° Julienne
17	S	s Alexis
18	D	s° Bernadette
19	L	s Gabin
20	M	s° Aimée
21	M	s Pierre
22	J	s° Isabelle
23	V	s Lazare
24	S	s Modeste
25	D	s Roméo
26	L	s Nestor
27	M	Mardi-Gras
28	M	Cendres

2001 MARS

1	J	s Aubin
2	V	s Charles
3	S	s Guénolé
4	D	s Casimir
5	L	s° Olive
6	M	s° Colette
7	M	s° Félicité
8	J	s Jean de Dieu
9	V	s° Françoise
10	S	s Vivien
11	D	s° Rosine
12	L	s° Justine
13	M	s Rodrigue
14	M	s° Mathilde
15	J	s° Louise
16	V	s° Bénédicte
17	S	s Patrice
18	D	s Cyrille

Assistance automobile des principales marques :

Cette nouvelle édition propose une liste des principales marques automobiles qui ont un Service d'Assistance avec un numéro de téléphone «vert» gratuit et accessible 24 h/24.

Helpline for main marques of car:

Included in this edition is a list of the main car dealers who have a "green" emergency helpline, free of charge and available 24 hours.

Servizio d'Assistenza delle principali marche automobilistiche

Questa nuova edizione propone una lista delle principali marche automobilistiche che offrono un Servizio d'Assistenza con numero verde gratuito ed accessibile 24 h su 24.

Servicetelefonnummern der wichtigsten Automarken :

Diese Auflage bietet Ihnen eine Liste der wichtigsten Automarken und deren Servicetelefonnummern die täglich 24 Stunden kostenlos zu erreichen sind.

Servicio de Asistencia de las principales marcas de automóviles

En esta nueva edición incluimos una lista de las principales marcas de automóviles que disponen de Servicio de Asistencia con teléfono de llamada gratuita y atención permanente.

CONSTRUCTEURS FRANÇAIS :

CITROEN
62 bd Victor Hugo, 92200 NEUILLY
Numéro Vert 08 00 05 24 24

PEUGEOT Automobiles
Siège et services commerciaux : 75 av. Gde-Armée, 75116 PARIS
Numéro Vert 08 00 44 24 24

RENAULT
34 quai du Point du Jour, BP 103, 92109 BOULOGNE-BILLANCOURT
Numéro Vert 08 00 05 15 15

IMPORTATEURS

BMW
5 av . Ampère, Montigny-le-Bretonneux, 78886 ST-QUENTIN-EN-YVELINES CEDEX,
Numéro Vert 08 00 00 16 24

DAIMLER - CHRYSLER (Jeep - Rover - Chrysler)
Parc de Roquencourt, BP 100, 78153 ROCQUENCOURT CEDEX
Numéro Vert 00 800 1 777 77 77

FIAT AUTO France (Alfa Roméo, Lancia)
Siège Social, 80-82, quai Michelet 92532 LEVALLOIS-PERRET CEDEX
Alfa Roméo : Numéro Vert 08 00 61 62 63
Fiat : Numéro Vert 08 00 34 35 36
Lancia : Numéro Vert 08 00 54 55 56

FORD France
Siège Social 344, av. Napoléon Bonaparte, BP 307, 92506 RUEIL MALMAISON CEDEX
Numéro Vert 08 00 00 50 05

GENERAL MOTORS France - OPEL France (Chevrolet, Pontiac, Buick, Cadillac)
19, av. du Marais, Angle quai de Bezons, BP 84, 95100 ARGENTEUIL
Numéro Vert 08 00 04 04 58

LADA France
10 bd des Martyrs de Chateaubriand, BP 140, 95103 ARGENTEUIL CEDEX
Numéro Vert 08 00 47 49 00

MAZDA
ZI Moimont 2, 95670 MARLY LA VILLE
Numéro Vert 08 01 32 36 26

NISSAN
Siège Social, 13 av. d'Alembert, Parc de Pissaloup, BP 123, 78194 TRAPPES CEDEX
Numéro Vert 08 00 00 77 88

PORSCHE
122 av. du Général Leclerc 92100 BOULOGNE BILLANCOURT
Numéro Vert 08 01 22 92 29

SAAB
Siège Social, 12 rue des Peupliers, BP 701, 92007 NANTERRE CEDEX
Numéro Vert 08 00 19 44 14

TOYOTA
20, bd de la République 92423 VAUCRESSON CEDEX
Numéro Vert 08 00 80 89 35

VOLKSWAGEN - AUDI - SKODA - SEAT
Siège Social et Administratif, 11 av. de Boursonne, BP 62, 02601 VILLERS COTTERETS CEDEX,
Audi : Numéro Vert 08 00 24 24 08
Skoda : Numéro Vert 08 00 40 18 34
Volkswagen : Numéro Vert 08 00 00 24 24

VOLVO
55 av. des Champs Pierreux, 92757 NANTERRE CEDEX
Numéro Vert 08 00 40 09 60

D'où vient cette auto?
Where does that car come from?

Voitures françaises :

Le régime normal d'immatriculation en vigueur comporte :
– un numéro d'ordre dans la série (1 à 3 ou 4 chiffres)
– une, deux ou trois lettres de série (1re série : A, 2e série : B,... puis AA, AB,... BA,...)
– un numéro représentant l'indicatif du département d'immatriculation.

Exemples : 854 BFK 75 : Paris – 127 HL 63 : Puy-de-Dôme.

Voici les numéros correspondant à chaque département :

01 Ain	32 Gers	64 Pyrénées-Atl.
02 Aisne	33 Gironde	65 Pyrénées (Htes)
03 Allier	34 Hérault	66 Pyrénées-Or.
04 Alpes-de-H.-Pr.	35 Ille-et-Vilaine	67 Rhin (Bas)
05 Alpes (Hautes)	36 Indre	68 Rhin (Haut)
06 Alpes-Mar.	37 Indre-et-Loire	69 Rhône
07 Ardèche	38 Isère	70 Saône (Hte)
08 Ardennes	39 Jura	71 Saône-et-Loire
09 Ariège	40 Landes	72 Sarthe
10 Aube	41 Loir-et-Cher	73 Savoie
11 Aude	42 Loire	74 Savoie (Hte)
12 Aveyron	43 Loire (Hte)	75 Paris
13 B.-du-Rhône	44 Loire-Atl.	76 Seine-Mar.
14 Calvados	45 Loiret	77 Seine-et-M.
15 Cantal	46 Lot	78 Yvelines
16 Charente	47 Lot-et-Gar.	79 Sèvres (Deux)
17 Charente-Mar.	48 Lozère	80 Somme
18 Cher	49 Maine-et-Loire	81 Tarn
19 Corrèze	50 Manche	82 Tarn-et-Gar.
2A Corse-du-Sud	51 Marne	83 Var
2B Hte-Corse	52 Marne (Hte)	84 Vaucluse
21 Côte-d'Or	53 Mayenne	85 Vendée
22 Côtes d'Armor	54 Meurthe-et-M.	86 Vienne
23 Creuse	55 Meuse	87 Vienne (Hte)
24 Dordogne	56 Morbihan	88 Vosges
25 Doubs	57 Moselle	89 Yonne
26 Drôme	58 Nièvre	90 Belfort (Ter.-de)
27 Eure	59 Nord	91 Essonne
28 Eure-et-Loir	60 Oise	92 Hauts-de-Seine
29 Finistère	61 Orne	93 Seine-St-Denis
30 Gard	62 Pas-de-Calais	94 Val-de-Marne
31 Garonne (Hte)	63 Puy-de-Dôme	95 Val-d'Oise

Voitures étrangères :

Des lettres distinctives variant avec le pays d'origine, sur plaque ovale placée à l'arrière du véhicule, sont obligatoires (F pour les voitures françaises circulant à l'étranger).

A	Autriche	FIN	Finlande	NL	Pays-Bas
AL	Albanie	FL	Liechtenstein	P	Portugal
AND	Andorre	GB	Gde-Bretagne	PL	Pologne
B	Belgique	GR	Grèce	RL	Liban
BG	Bulgarie	H	Hongrie	RO	Roumanie
BIH	Bosnie-Herzégovine	HR	Croatie	RUS	Russie
CDN	Canada	I	Italie	S	Suède
CH	Suisse	IL	Israël	SK	Slovaquie
CZ	République Tchèque	IRL	Irlande	SLO	Slovénie
D	Allemagne	L	Luxembourg	TN	Tunisie
DK	Danemark	LT	Lituanie	TR	Turquie
DZ	Algérie	LV	Lettonie	UA	Ukraine
E	Espagne	MA	Maroc	USA	États-Unis
EW	Estonie	MC	Monaco	V	Vatican
F	France	N	Norvège	YU	Yougoslavie

Immatriculations spéciales :

CMD Chef de mission diplomatique (orange sur fond vert)

CD Corps diplomatique ou assimilé (orange sur fond vert)

D Véhicules des Domaines

C Corps consulaire (blanc sur fond vert)

K Personnel d'ambassade ou de consulat ou d'organismes internationaux (blanc sur fond vert)

TT Transit temporaire (blanc sur fond rouge)

W Véhicules en vente ou en réparation

WW Immatriculation de livraison

Indicatifs Téléphoniques Internationaux

de/from \ vers/to	A	B	CH	CZ	D	DK	E	FIN	F	GB	GR
A Autriche		0032	0041	00420	0049	0045	0034	00358	0033	0044	0030
B Belgique	0043		0041	00420	0049	0045	0034	00358	0033	0044	0030
CH Suisse	0043	0032		00420	0049	0045	0034	00358	0033	0044	0030
CZ République Tchèque	0043	0032	0041		0049	0045	0034	00358	0033	0044	0030
D Allemagne	0043	0032	0041	00420		0045	0034	00358	0033	0044	0030
DK Danemark	0043	0032	0041	00420	0049		0034	00358	0033	0044	0030
E Espagne	0043	0032	0041	00420	0049	0045		00358	0033	0044	0030
FIN Finlande	0043	0032	0041	00420	0049	0045	0034		0033	0044	0030
F France	0043	0032	0041	00420	0049	0045	0034	00358		0044	0030
GB Royaume Uni	0043	0032	0041	00420	0049	0045	0034	00358	0033		0030
GR Grèce	0043	0032	0041	00420	0049	0045	0034	00358	0033	0044	
H Hongrie	0043	0032	0041	00420	0049	0045	0034	00358	0033	0044	0030
I Italie	0043	0032	0041	00420	0049	0045	0034	00358	0033	0044	0030
IRL Irlande	0043	0032	0041	00420	0049	0045	0034	00358	0033	0044	0030
J Japon	00143	00132	00141	001420	00149	00145	00134	001358	00133	00144	00130
L Luxembourg	0043	0032	0041	00420	0049	0045	0034	00358	0033	0044	0030
N Norvège	0043	0032	0041	00420	0049	0045	0034	00358	0033	0044	0030
NL Pays-Bas	0043	0032	0041	00420	0049	0045	0034	00358	0033	0044	0030
PL Pologne	0043	0032	0041	00420	0049	0045	0034	00358	0033	0044	0030
P Portugal	0043	0032	0041	00420	0049	0045	0034	00358	0033	0044	0030
RUS Russie	81043	81032	81041	810420	81049	81045	*	810358	81033	81044	*
S Suède	0043	0032	0041	00420	0049	0045	0034	00358	0033	0044	0030
USA	01143	01132	01141	001420	01149	01145	01134	011358	01133	01144	01130

Pas de sélection automatique

Important : Pour les communications internationales le zéro (0) initial de l'indicatif interurbain n'est pas à composer (excepté pour les appels vers l'Italie).

H	I	IRL	J	L	N	NL	PL	P	RUS	S	USA	
0036	0039	00353	0081	00352	0047	0031	0048	00351	007	0046	001	**Autriche A**
0036	0039	00353	0081	00352	0047	0031	0048	00351	007	0046	001	**Belgique B**
0036	0039	00353	0081	00352	0047	0031	0048	00351	007	0046	001	**Suisse CH**
0036	0039	00353	0081	00352	0047	0031	0048	00351	007	0046	001	**République CZ Tchèque**
0036	0039	00353	0081	00352	0047	0031	0048	00351	007	0046	001	**Allemagne D**
0036	0039	00353	0081	00352	0047	0031	0048	00351	007	0046	001	**Danemark DK**
0036	0039	00353	0081	00352	0047	0031	0048	00351	007	0046	001	**Espagne E**
0036	0039	00353	0081	00352	0047	0031	0048	00351	007	0046	001	**Finlande FIN**
0036	0039	00353	0081	00352	0047	0031	0048	00351	007	0046	001	**France F**
0036	0039	00353	0081	00352	0047	0031	0048	00351	007	0046	001	**Royaume Uni GB**
0000	0000	00000	0001	00052	0047	0001	0040	00051	007	0046	001	**Grèce GR**
	0039	00353	0081	00352	0047	0031	0048	00351	007	0046	001	**Hongrie H**
0036		00353	0081	00352	0047	0031	0048	00351	*	0046	001	**Italie I**
0036	0039		0081	00352	0047	0031	0048	00351	007	0046	001	**Irlande IRL**
00136	00139	001353		001352	00147	00131	00148	001351	*	001146	0011	**Japon J**
0036	0039	00353	0081		0047	0031	0048	00351	007	0046	001	**Luxembourg L**
0036	0039	00353	0081	00352		0031	0048	00351	007	0046	001	**Norvège N**
0036	0039	00353	0081	00352	0047		0048	00351	007	0046	001	**Pays-Bas NL**
0036	0039	00353	0081	00352	0047	0031		00351	007	0046	001	**Pologne PL**
0036	0039	00353	0081	00352	0047	0031	0048		007	0046	001	**Portugal P**
81036	*	*	*	*	*	81031	81048	*		*	*	**Russie RUS**
0036	0039	00353	0081	00352	0047	0031	0048	0035	007		001	**Suède S**
01136	01139	011353	01181	011352	01147	01131	01148	011351	*	011146		**USA**

Direct dialing not possible

Note: When making an international call, do not dial the first «0» of the city codes (except for calls to Italy).

L'Euro

1999 a vu l'avènement de la monnaie européenne commune : l'EURO.
Onze pays de l'Union Européenne ont d'ores et déjà adopté l'EURO :
l'Allemagne, l'Autriche, la Belgique, l'Espagne, la Finlande, la France,
l'Irlande, l'Italie, le Luxembourg, les Pays-Bas et le Portugal.
Dans ces pays, les prix sont désormais affichés en monnaies nationales
et en euros.
Toutefois, les billets de banque et pièces en euros n'étant disponibles
qu'en 2002, seuls les règlements par chèques bancaires ou cartes de crédit
pourront être libellés en euros.
Dans cette édition, nous avons choisi de mentionner les prix dans
la monnaie nationale.
Les tableaux ci-après indiquent la parité fixe entre l'Euro et les devises
européennes et celle fluctuante de monnaies hors zone Euro, en Décembre 1999.

The Euro

1999 saw the launch of the European single currency: the EURO.
11 countries in the European Union are already using the EURO:
Austria, Belgium, Finland, France, Germany, Ireland, Italy,
Luxembourg, Netherlands, Portugal and Spain.
In each of these countries, prices will today be displayed in the local
currency and in Euros.
However, as Euro notes and coins will not be available until 2002,
payment in Euros is currently only possible by bank or credit cards.
We have therefore retained the local currency prices only for entries
in this year's guide.
The following tables show the fixed rates between the Euro and
other European currencies, together with fluctuating rates for
non-Euro countries as in December 1999.

L'Euro

Il 1999 ha segnato l'avvento della moneta unica europea: l'EURO.
Undici paesi dell'Unione Europea hanno già adottato l'EURO: Austria,
Belgio, Finlandia, Francia, Germania, Irlanda, Italia, Lussemburgo,
Paesi Bassi, Portogallo e Spagna.
In questi paesi i prezzi sono indicati nella moneta nazionale ed in euro.
Non essendo tuttavia disponibili le banconote e le monete in euro che
dal 2002, saranno possibili i pagamenti in euro solo tramite assegni
o carte di credito.
In questa edizione abbiamo scelto di indicare i prezzi nella
moneta nazionale.
Le tabelle che seguono indicano la parità fissa tra l'euro e le valute
europee e quella fluttuante delle valute al di fuori dell'euro,
al Dicembre 1999.

Der Euro

1999 war das Jahr der Einführung der einheitlichen europäischen
Währung: der Euro.
Elf Länder der europäischen Vereinigung haben den Euro eingeführt:
Deutschland, Österreich, Belgien, Spanien, Finnland, Frankreich, Irland,
Italien, Luxemburg, die Niederlande und Portugal.
Die Preise werden in diesen Ländern in der nationalen Währung und
in Euro ausgezeichnet.

Banknoten und Münzen in Euro sind jedoch erst ab 2002 erhältlich.
Die Bezahlung in Euro kann bis zu diesem Zeitpunkt nur per Scheck
oder per Kreditkarte erfolgen.
Aus diesem Grund haben wir uns entschieden in dieser Ausgabe,
die Preise in der nationalen Währung anzugeben.
Die folgenden Tabellen zeigen die festgelegte Parität zwischen dem Euro
und den europäischen Währungen, sowie die schwankenden Paritäten
der Währungen außerhalb der Eurozone mit dem Wechselkurs
von Dezember 1999.

El Euro

En 1999 se ha implantado la moneda europea común : el EURO.
Once países de la Unión Europea han adoptado ya el EURO :
Alemania, Austria, Bélgica, España, Finlandia, Francia, Irlanda, Italia,
Luxemburgo, Países Bajos y Portugal.
En estos países, los precios se indican en moneda nacional y en euros.
Sin embargo, de momento, sólo se podrá pagar en euros con cheques
bancarios o tarjetas de crédito, ya que los billetes y monedas en euros no
estarán disponibles hasta el año 2002.
En esta edición, hemos decidido indicar los precios en moneda nacional.
Los siguientes cuadros indican la paridad fija entre el euro y las divisas
europeas y la paridad fluctuante con las monedas no pertenecientes
a la zona del euro, en Diciembre 1999.

1 € = 13,7603 ATS	A	1 ATS = 0,0726728 €
1 € = 40,3399 BEF	B	1 BEF = 0,0247893 €
1 € = 1,9583 DEM	D	1 DEM = 0,5112918 €
1 € = 166,386 ESP	E	1 ESP = 0,0060101 €
1 € = 6,55957 FRF	F	1 FRF = 0,152449 €
1 € = 5,94573 FIM	FIN	1 FIM = 0,1681879 €
1 € = 1936,27 ITL	I	1 ITL = 0,0005164 €
1 € = 0,787564 IEP	IRL	1 IEP = 1,269738 €
1 € = 40,3399 LUF	L	1 LUF = 0,0247893 €
1 € = 2,20371 NLG	NL	1 NLG = 0,4537802 €
1 € = 200,482 PTE	P	1 PTE = 0,0049879 €

1 € = 0,624 £	GB	1 £ = 1,601 €
1 € = 103,794 Y	J	1 Y = 0,00963 €
1 € = 1,600 CHF	CH	1 CHF = 0,624 €
1 € = 1,013 $	USA	1 $ = 0,986 €

Manufacture française des pneumatiques Michelin
Société en commandite par actions au capital de 2 000 000 000 de F.
Place des Carmes-Déchaux – 63 Clermont-Ferrand (France)
R.C.S. Clermont-Fd B 855 200 507

Michelin et Cie, Propriétaires-Éditeurs, 2000
Dépôt légal Mars 2000 – ISBN 2-06-964091-4

Printed in the EU, 1-2000/1

Photocomposition : A.P.S.-CHROMOSTYLE, Tours
Impression : MAURY Imprimeur, Malesherbes
Brochure : N.R.I., Auxerre

Illustrations Cécile Imbert/MICHELIN : pages 4 à 99 Narratif Systèmes : page 103
Autres illustrations : Rodolphe Corbel.
Nathalie Benavides/MICHELIN : page 930.